# 특별행정법

김 철 용 편

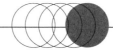

박영사

# 머리말

　행정법은 일반행정법과 특별행정법으로 나눕니다. 우리나라에서는 종래 행정법총론과 행정법각론으로 나뉘어 왔었습니다. 1956년 4월 김도창 선생님은 행정법각론이라는 이름의 책을 저술한 바 있었습니다. 이 책을 보면 행정법총론에 해당하는 부분을 제외하고 행정법의 나머지 부분을 총망라하고 있습니다. 그러나 행정법은 그 범위가 워낙 광범위해서 그 모두를 행정법이라는 이름의 책으로 체계화하는 것은 상상하기 어렵습니다.

　여기 처음으로 우리 세상에 내놓은 특별행정법은 종래 행정법각론에서 다루었던 모든 행정법을 다루고 있지 않습니다. 이 책은 이른바 참조영역이론을 바탕으로 서술한 것이므로 참조영역(Referenzgebieten)만을 다루고 있습니다. 행정법을 참조영역의 고찰을 통하여 참조영역과 일반행정법 및 헌법의 함의(die Implikation) 3자를 서로 종횡으로 왔다 갔다 함으로써 입체적으로 깊이 있는 행정법 이론을 구축하기 위한 것입니다. 이 책에서는 참조영역을 지방자치법, 경찰행정법, 경제행정법, 건설행정법, 환경행정법, 에너지행정법, 공무원법, 공물법으로 선택하였습니다.

　그리고 이 책이 깊이 있는 전문서가 되기 위해서는 각 참조영역의 집필을 전문가가 맡아야 합니다. 한 분이 모든 참조영역을 깊이 있게 집필한다는 것은 불가능하기 때문입니다. 그동안 우리나라에서도 각 참조영역을 꾸준히 천착하는 전문가가 있습니다. 이분들이 이 책의 참조영역을 맡았습니다.

　따라서 이 책의 특징은 이 책의 서술이 참조영역이론을 바탕으로 하고 있다는 점과 각 참조영역을 전문가가 집필하고 있다는 두 가지 점으로 요약할 수 있습니다. 이 책의 간행으로 우리나라 행정법론이 한 단계 높은 차원으로 발전하기를 기대하고 있습니다. 이 책을 저술하기로 한 의도도 바로 이 점 때문입니다.

　그러나 첫술에 배부를 수 없습니다. 특히 코로나 19 전염으로 인한 집회 금지 때문에 집필자들이 모여 의견을 나눌 시간이 없었으므로 여러 가지 미비점이 있을 것입니다. 참조영역-일반행정법-헌법의 함의 3자가 종횡으로 연결되어 있는지, 참조영역 상호 간의 관계가 고려되어 있는지 등의 문제들은 집필자들의 의견 교환이 절대적으로 필요하기 때문입니다.

　우리 집필진은 앞으로 해야 할 일이 많다는 것을 알고 있습니다. 첫째는 이 책을 계속해서 보완하여야 하고, 집필 내용의 수준을 끊임없이 높여나가야 합니다. 한 사람의 작업보다 공동작업이 더 좋은 성과를 가져온다는 것을 일깨워주는 일도 중요합니다. 우리는 개인 작업으로는 우수한 성과를 가져온 일이 있었지만, 공동작업은 우수한 성과를 가져온 일이 매우 드문 사회환경을 경험해 왔습니다. 이 책의 집필자들은 특별행정법의 집필이라는 학문의 세계에서나마 지금까지의 사회환경의 인식을 바꾸어나가는 출발점이 되었으면 하는 것입니다. 둘째는 이 책에서 선정된 8개의 참조영역이 적절한 것이었는지 검토해보아야 합니다. 적절하였다고 한다면, 추가해야 할 참조영역을 새로이 선정하는 작업이 필요합니다. 새로운 시대는 새로운 참조영역을 요구하기 마련입니다. 셋째는 새로운 참조영역의 집필을 담당할 전문가를 찾아내는 일입니다. 때로는 능력 있는 사람을 전문가로 키워나가는 일도 기성 전문가가 해야 할 책무라고 생각합니다. 나아가 서서히 신진대사가 이루어져야 합니다. 현재의 집필진이 이룩한 것을 다음 세대가 이어가면서 발전시켜 나가야 합니다. 새로운 시각에서의 집필이 필요합니다. 따라서 이 책이 현재의 집필진만의 저서가 되어서는 아니 되고, 다음 세대의 집필진에 의한 저서도 되어야 합니다.

이 책의 출간에 즈음하여 제일 먼저 감사드려야 할 분들은 각 참조영역을 집필하신 분들입니다. 한분 한분 모두 우리 사회의 중책을 맡아 바쁜 일정에도 불구하고 기간에 맞추어 집필을 끝내주셨습니다. 경제행정법을 집필하신 이원우 교수께서는 집필 중 서울대학교 부총장에 취임하여 일정에 차질을 가져올 것으로 염려하였지만 끝내 자기 책임으로 원고를 완성하여 주셨습니다. 다음에 자기 참조영역의 집필에 여념이 없는 분들이 나누어 다른 분이 집필하신 영역을 읽고 의견을 제시하여 주신 최선웅 교수님, 김태오 교수님께 감사를 드립니다. 끝으로 다른 집필자의 원고를 읽고 의견을 제시함은 물론 집필 교수님께 원고작성요령 등의 전달, 수령뿐만 아니라 집필 교수님의 의견을 조정하면서 모든 원고를 종합하여 최종원고를 정리하고 출판사와 일정을 조정하며 이 책 출간에 윤활유 역할을 하신 자칭 간사 문상덕 교수님께 감사를 드립니다.

출판 여건이 좋지 않은 상황임에도 불구하고 학문의 발전을 위하여 쾌히 이 책의 출간을 맡아주신 박영사 조성호 이사님께 감사를 드립니다. 그리고 출간 작업을 직접 맡아 훌륭히 완성해 주신 장유나 과장님께도 감사를 드립니다.

2022년 1월
집필자들을 대표하여
편자 김철용 씀

# 차 례

# 제2장 지방자치단체 개관

# 제3장 지방자치단체의 주민

# 제4장 지방자치단체의 자치권(自治權)

# 제5장 지방자치단체의 기관

# 제7장 지방자치단체 상호 간의 관계

## 제8장 국가와 지방자치단체 간의 관계

## 제9장 특별지방자치단체

## 제10장 대도시 등의 행정특례와 지방자치단체의 국제교류 및 협력

# 제3편 경찰행정법

## 제1장 경찰행정법의 기초이론

## 제2장 경찰작용법 일반이론

## 제3장 경찰작용법

# 제4편　경제행정법

이원우 · 김태오

## 제1장 경제행정법의 기초

## 제2장 경제행정법의 원리와 지도이념

## 제3장 경제행정법과 규제개혁

## 제4장 경제행정법과 행정조직

## 제5장 경제규제를 위한 법적 수단

## 제6장 경제행정법과 실효성 확보수단

## 제7장 경제행정법과 법원의 통제

# 제5편    건설행정법

김종보

## 제1장 서론

# 제2장 건축경찰법

## 제3장 국토계획법

## 제4장 재건축 · 재개발

# 제5장 도시개발과 주택건설

# 제6편　환경행정법　　　　　　　　　　　　　　　김현준

## 제1장 환경행정법 총론

## 제2장 개별 환경행정법

# 제7편   에너지행정법

이종영

## 제1장 에너지법 총론

## 제2장 에너지개발법론

## 제3장 에너지사업법론

## 제4장 에너지안전법론

## 제5장 에너지환경법론

## 제6장 에너지효율법론

# 제8편　공무원법

최선웅

## 제1장　총설

## 제2장 공무원

## 제4장 공무원의 권리

# 제5장 공무원의 의무

## 제6장 공무원의 징계책임

## 제7장 공무원의 기타 책임

# 제9편　공물법

송시강

## 제1장 공물법의 의의

## 제2장 공물과 행정절차

# 제1편

---

# 서론

特別行政法

# I. 특별행정법의 전제 이론

## 1. 체계학으로서의 행정법

행정에 관한 법규범은 무수히 많다. 행정법은 행정에 관한 법규범을 대상으로 하고 있으나, 개개의 행정에 관한 법규범 자체가 아니라, 체계(System)와 체계사고(体系思考 · Systemdenken)를 지향하는 학문이다. 체계와 체계사고는 질서와 통일이라는 사고를 전제로 한다. 이러한 사고는 "정의는 사물을 일반화하는 경향이 있다"[1]는 데에서 도출된다. 체계적 사고는 수미일관성(首尾一貫性 · Folgerichtigkeit)과 이해가능성(Einsehbarkeit)을 보장한다. 행정법이 체계를 지향하지 아니하면 평가의 모순을 의식시킬 수 없고, 전문 영역이 일관성 없이 제멋대로 발전하는 것을 막을 수 없다. 행정법이 체계를 지향하면 행정활동을 투명하게 형성하고, 공행정에 필요한 국민에 의한 수용을 확보하는 데 이바지하게 된다. 행정법이 체계적 학문이 아니면 오늘날 행정상황이 직면하고 있는 커다란 과제에 대처할 수 없다. 그 과제란 학문 내지 기술의 진보에 의한 도전과 위험, 사화(私化 · Privatisierungen)의 추세 속에서 발생하는 국가와 사회 간의 책임구조의 변화, 재정의 기본조건의 핍박, 법 · 경제 · 사회사상(事象)의 국제화이다.[2]

## 2. 행정법 체계론의 임무

행정법 체계론은 법실무상, 도그마틱상, 법정책상의 임무를 행한다.

### (1) 법실무상 의무

법실무상 임무는 법실무의 부담경감이다. 즉 실무상 행정법론 특히 일반행정법(행정법총론)은 이른바 저장 창고(Speicher)로서의 작용을 통하여 행정과 사법기관(司法機關)이 의사결정을 하는 데 실무의 부담을 덜어준다. 행정과 사법기관은 되풀이 반복하여 동일하게 나타나는 다수의 문제들을 위해서 표준적 해답이 될 수 있도록 하는 명제를 추상적

---

1) Claus–Wilhelm Canaris, Systemdenken und Systembegriff in der Jurisprudenz, 2, Aufl, 1983[Eberhard Schmidt–Aßmann, Das allgemeine Verwaltungsrecht als Ordnungsidee, 2, Aufl, 2004에서 재인용].
2) Eberhard Schmidt–Aßmann, Das allgemeine Verwaltungsrecht als Ordnungsidee, 2, Aufl, 2004, S.2

인 형태로 준비해 놓고 있기 때문이다. 이 경우, 중요한 역할을 행하는 것은 행정활동의 법 형식, 즉 일반행정법에서 말하는 행정의 행위형식이다. 행정이 행위형식의 보고(寶庫) 창고로서의 기능은 행정형식이 행정사상(事象)을 체계의 핵심 개념과 관련시킴으로써 명백하게 된다. 즉 행정형식에의 분류가 정확하게 되어 관련시키는 것이 순조로울 경우, 예컨대 어떤 조치가 행정행위로 구분되는 경우, 그 조치를 절차상 또는 소송법상 어떻게 취급하여야 하는가에 대하여 계속하여 발생하는 문제는 체계에서 직접 해답할 수 있다. 그러나 순조롭지 못한 경우, 그 경우에도 체계론이 도움이 된다. 왜냐하면 체계론은 인접하는 법제도와의 비교를 가능하게 하고, 근접하는 관계의 기준에 따라 "보간법(補間法)이라는 방법(interpolierend)으로 분류의 문제를 해결하려고 하기 때문이다".3) 입법자도 이와 같은 행정법 체계론의 법 실무상의 기능에 보조를 맞추어 왔다. 입법자는 법규율의 '집합체인 체계의 귀결'을 체계학의 핵심 개념에 결부시킴으로써 체계론의 부담 경감효과를 이용하고 있다.

### (2) 도그마틱(Dogmatik)상 임무

도그마틱상 기능의 핵심은 구체적인 법 문제를 체계에 되돌아가서 논의를 통하여 사후에 충분히 이해될 수 있도록 판단하는 것이다. 즉, 특별행정법의 규정은 일반행정법의 익숙한 법 개념과 법 제도의 도움으로 해석된다. 역으로 이와 같은 법 개념과 법 제도는 계속적으로 변화하는 특별행정법의 축적(Bestand)에 비추어 되풀이되어 재검토된다. 따라서 도그마틱은 체계의 이용임과 동시에 체계의 형성이다. 그러므로 일반행정법은 헌법의 변압기(Transformator)로 작용한다. 일반행정법이 헌법을 수용하여 행정실무에 전달하는 수단으로 사용하지 않으면, 헌법을 행정실무에 침투시키는 일이 일관된 형태로 달성되기 어려울 것이다.

위 기능과 관련하여 법을 개별 사례를 넘어서서 더 나아가 체계적 사고(思考)를 형성하는 것은 법원과 행정법학의 임무이다. 양자는 다른 관점(Ansätzen)에서 그 임무를 행한다. 즉 사법(司法)은 먼저 각 특별행정법률의 개개 요건을 해석할 때 체계적 사고(思考)를 보조수단으로 사용하고, 여기서부터 일반적 명제에로 형성될 수 있는 각 영역에 특유한 문제구조를 서서히 나타내면서 발전시킨다. 행정법학은 도그마틱의 기능을 오히려 이론의 제안(提案)에 의하여 발전시킨다. 이것을 위한 인식의 원천은 규범과 제도 비교에서 얻어지

---

3) Eberhard Schmidt – Aßmann, 위 책 S.4

는 일반법원칙 및 행정활동의 실무에서 사용하여 정착되어진 경험 법칙(Erfahrungssätze)과 납득가능성에 관한 규칙(Plausibilitätsregeln)이다. 근년에는 점차로 비교법이 원천으로 추가되고 있다.

### (3) 법정책상 임무

일반행정법은 제3자에게는 법정책의 수단이다. 즉 법규칙(Rechtsrgel)과 법제도의 상호 비교 및 유사한 영역 간에 행하여지고 있는 문제해결방법의 분석은 개개 법 영역의 내부 및 상호 간의 평가의 모순이나 발전지연을 확연하게 한다. 그것은 의미 있는 법 발전을 위한 자극이 된다. 체계는 정합성(Stimmigkeit)과 유효성(Wirksamkeit)을 목표로 한다. 즉 규율의 새로운 과정은 일반적인 학설과 일반적인 발전 경향을 배경으로 하여 고찰되며, 효과가 서로 상쇄되지 않도록 선택된다. 이 점에 있어 오늘날 행정법의 체계학은 특칙을 정해서 세칙(Details)을 분산하는 방법으로 도피하고 있는 입법자의 행동주의(Aktivismus)를 견제하는 중요한 임무를 갖고 있다. 이 경우 체계는 모범(Kanon)이라기보다는 오히려 공개토론장(Forum)으로 작용한다. 체계는 논증책임(Argumentationslasten)을 배분하여 사법이나 입법에서 법을 경솔하게 분산하여 발전시키고 있는 것을 막고 있다. 일반행정법의 체계로서의 의의를 강조하는 것은 포괄적인 법전화(法典化)를 의미하는 것이 아니다. 오히려 그 반대이다. 즉 일반행정법의 의무는 특히 확고하게 정의된 행정 영역의 내부뿐만 아니라 끊임없이 변화해 가고 있는 국가와 사회 간의 책임구조에도, 개별 사상(事象)이나 발전의 여러 관점들(Einzelvorgängen und Entwicklungsansätzen)에 관찰과 분석들의 틀을 제공하게 된다.

## 3. 행정법의 분류

행정법의 체계는 총론 부분과 각론 부분으로의 분리를 바탕으로 하고 있다. 이것이 곧 행정법총론과 행정법각론이다. 독일 행정법 체계는 일반행정법과 특별행정법으로 나눈다. 독일 행정법이 총론 부분과 각론 부분을 통일적인 개념 틀(Rahmen) 속에 받아들이는 것은 양 영역의 상호관계성(die wechselseitige Bezogenheit)을 강조하려는 의도이다. 이와 같은 총론 부분과 각론 부분으로의 구성은 단순히 소재(素材)를 층으로 나누는 분리(eine bloß stoffabschichtende Trennung)가 아니라, 내용의 형상(形狀)을 표현한 것이다(Ausdruck inhaltlicher Gestaltung). 행정법각론은 장을 바꾸어 설명한다.

## 4. 특수이익의 규율

행정법각론의 개개의 영역을 위해 행정법총론에 의하여 방향 설정이 행하여지는 것은 각 분야의 행정법규가 특수이익을 규율하고 있다는 것을 의미한다. 현대 국가는, 바로 고도의 복잡성 때문에, 각 분야의 행정법규가 확산하여 관철하는 힘을 가진 특수이익과 "특별한 관계(besondere Betroffenheiten)"에 의하여 규정될 위험성에 끊임없이 노출되어 있다. 행정법의 체계론은 이에 대하여 스스로의 영역을 위해 다음과 같은 정당화의 요청으로 대응하려고 한다. 즉 서로 맞대어 비교할 수 있는 행정 분야에서 찾아내지 못하는 개별 전문영역에서의 규준(Standards)은, 일반적인 규율로서 다른 전문 분야에도 적용되거나, 계속해서 법적으로 승인되어야 할, 당해 영역의 특수성에서 도출되는 것이 아닌 경우에는 정당성을 주장할 수 없도록 하는 것이다. 이 요청을 전제로 하여 관계 영역에 관찰능력(Beobachtungsfähigkeit)과 학습준비(Lernbereitschaft)가 행하여져야 한다.

## 5. 헌법에 의한 행정법의 체계적 의미

행정법은 각별히 헌법에 의하여 형성되어야 한다는 점이 지적되어왔다. 헌법에 의한 형성에는 행정법의 외형뿐만 아니라 내용에도 영향을 미친다. 에버하르트 슈미트−아스만(E. Schmidt−Aßmann)에 의하면 뢰네(Ludwig V. Rönne)는 다음과 같이 술회하고 있었다고 한다. 즉 "그러나 헌법에서 확정되어 있는 외형과 외적 한계는 통치권의 행사에 대하여 지켜져야 할 뿐 아니라 행정은 또한 헌법의 의미와 정신에 비추어 행하여져야 한다. 따라서 이에 대응하는 행정법을 확립할 필요가 있다. 행정법은 모든 면에서, 형식상도 내용상도, 헌법의 원칙들을 기초로 해야 하며, 어떤 경우에도 헌법의 원칙들을 침해해서는 아니 된다".[4]

---

4) Eberhard Schmidt−Aßmann, 위 책 S.10

## II. 행정법각론과 참조영역이론

### 1. 행정법각론

#### (1) 일반론

위에서 본 바와 같이 행정법의 체계는 총론 부분과 각론 부분으로 나누어진다. 전자가 행정법총론이고, 후자가 행정법각론이다. 이 책에서는 행정법총론을 일반행정법이라고 부르고, 행정법각론을 특별행정법이라고 부른다. 독일의 예에 따른 것이다.

일반행정법과 특별행정법은 개별법을 소재로 하여 이용하여 왔다. 행정법을 개별법의 집합체로 부른다면, 행정절차법, 행정기본법, 행정심판법, 행정소송법처럼 총칙적 법준칙(rule)을 정한 법률도 있고, 도시계획법, 도로교통법과 같이 영역(분야)별로 법준칙을 정하고 있는 법률도 있다. 법률학의 분류를 보면 총론과 각론으로 나누어 고찰하고 있는 예가 있다. 형법총론과 형법각론, 채권총론과 채권각론 등이 그것이다. 그러나 총론만 있고 각론이 없는 법률학도 있다. 종래 행정법각론의 특징은 다른 법률학 영역과 비교하여 대단히 범위가 넓다. 그 양이 너무 광대하여 모두를 다루기는 사실상 불가능하다. 행정법각론의 최대의 문제점은 행정법각론을 구성하는 개별행정법론의 불균형이다. 이 불균형을 개선하기 위하여 등장한 이론이 다음에 논하게 되는 참조영역이론이다.

#### (2) 우리나라의 경우

우리나라도 행정법총론과 행정법각론으로 행정법을 분류한다. 그러나 행정법각론이라는 이름의 책은 드물다. 그 드문 책 중에서도 행정법각론이라고 하면 김도창 교수가 1956년 4월 저술한 행정법각론을 떠올린다. 행정법각론이라는 이름의 책이 김도창 교수의 행정법각론 이전에도 있었다. 그러나 책의 체계나 내용의 면에서 보면 김도창 교수의 행정법각론은 당시에서는 다른 이의 추종을 불허하는 명작이었다. 우리나라 행정법각론의 연구는 김도창 교수의 행정법각론의 저서를 출발점으로 해도 별문제가 없을 것으로 보인다.

김도창 교수의 행정법각론은 제1장 서론, 제2장 내정법(內政法), 제3장 재정법, 제4장

군정법으로 나누고 있다. 제1장에서는 먼저 행정작용법의 의의를 밝히고 있다. "행정법각론의 연구대상은 행정작용법이다. 행정작용법은 행정조직법과 더불어 행정법학의 중요한 연구 과제를 형성한다. 일반적으로, 행정법총론에서는, 행정작용 전체에 걸친 통칙과 행정조직법(이에 관련하여 공무원법을 포함한다)에 관한 고찰을 그 임무로 하는 데 대하여, 행정법각론은 (생략) 행정작용법의 생태(生態)를 구체적으로 분석함으로써 그 속에서 귀납적으로 어떠한 공통된 원리를 발견하려는 데에 그 사명이 있다. 그런데, 행정작용법이란, 행정 각 부문에 걸쳐 각종의 행정작용을 규율하는 개별적 법규를 총칭한 것이다. 그것은 다른 법 분야(생략)에 있어서와 같이 단일 법전으로 이루어진 것이 아니라, 헌법·법률·행정명령·조약·자치법규·판례법·관습법 등 무수히 산재하는 법규범들로써 형성되어 있는 까닭에, 행정법각론은 이러한 행정작용에 관한 법규범들을 소재로 하여, 이들을 종합·사상(捨象)함으로써 그 속에서 지도 원리를 추출하지 않으면 아니 된다.[5]" 다음은 행정작용의 분류를 밝히고 있다. "행정작용법은 (생략) 통일적인 법전이 아니고 무수한 개별적 법규의 집대성이니 만큼, 이를 연구하는 데 있어서는, 먼저 행정법규의 규율 대상인 행정작용을 어떠한 표준에 의거하여 분류하고 체계화하지 않으면 아니 된다. 이 분류·체계화는 용이한 문제라 할 수 없고 이에 관한 견해도 구구하거니와, 종래 유력한 견해로서, 행정작용을 그 목적을 표준으로 해서 오분(五分)하는 견해가 있다. 이 행정 오분설은 수타인(L. v. Stein)에 의하여 주장되어 19세기 초의 프로이센에서 처음으로 실현되었는데, 그 분류방법은 행정작용을 재무행정·군무행정·외무행정·사법(司法)행정·내부행정으로 분류한다. 이 중에서 재무행정·군무행정·외무행정·사법행정은 국가 자신의 존립과 활동을 위한, 즉 국가목적적 작용이요, 내무행정은 사회공공의 이익을 도모하기 위한 작용, 즉 사회목적적 작용이라 할 수 있다. 우리가 행정법을 연구하는 데 있어서, 행정작용을 위와 같은 방법으로 분류하는 종래의 통설에 따르는 것이 보통이다. 다만, 행정법이 위에 말한 행정작용의 전부를 고찰하는 것이 아니며, 국가목적적 작용 중에서 외무행정(외정·외교)은 국제법에서, 사법(司法)행정은 사법법(司法法)에서 연구하는 것이 원칙이므로 이들은 행정법의 고찰 대상으로부터 제외된다.[6]" 제2장 내정법에서 경찰법, 보육법(공기업법·공물법·공용부담법·보호통제법·경제행정법·사회행정법·문화행정법)을 다룬다. 제3장 재정법에서 재정의 관념, 재정권력작용, 조세, 전매(專賣), 회계, 지방재정을 다룬다. 제4장 군정법에서 서설, 군령(軍令)·군정(軍政)의 기관, 병역, 군사부담(軍事負擔)을 다룬다.

김도창 교수는 1959년 3월 행정법각론의 명칭을 행정법론(하)로 바꾼다. 그 이유를 머

---

5) 김도창, 행정법각론(박영사), 1956. 15쪽.
6) 김도창, 위 책 16쪽.

리말에서 1958년 5월에 출간한 행정법론(상)에 맞추기 위한 것이라고 서술하고 있다. 이 저서에서는 행정조직법을 행정법론(상) 제3편에서 서술하고 있다. 그러나 그 후 행정조직법을 행정법론(상)에서 행정법론(하)로 옮겨 서술한다. 그 이유는 밝히고 있지 않다. 전체적으로 보면, 행정법론(하)는 연구의 소재가 개별법을 가급적 총 망라한다는 점과 행정작용법에 관한 이론체계라는 점이다. 그리고 이러한 서술은 마지막 저서인 신고(新稿) 제4전정판(全訂版)까지 계속되고 있다. 김도창 교수의 행정법론(하)은 그 후에 출간된 우리나라 행정법 저서에 영향을 미쳐 대체로 비슷한 서술의 저서가 대세를 이룬다.

김도창 교수는 1973년 8월 행정법론(하)의 명칭을 일반행정법론(하)으로 바꾼다. 이때 행정법론(상)의 명칭도 일반행정법론(상)이 된다. 김도창 교수는 그 이유를 밝히고 있지 않다. 1972년 11월 21일 국민투표로 확정된 유신헌법 이후의 일이어서 추측이 가능할 뿐이다. 김도창 교수가 사용한 "일반"은 후술하는 일반행정법과 특별행정법에서 사용하고 있는 "일반"과는 같지 않은 것으로 보인다.

## 2. 행정조직법과 행정작용법

위에서 본 바와 같이 김도창 교수는 행정조직법을 행정법론(상)에 서술하였다가, 별다른 설명 없이 행정작용법에 관한 이론체계라고 스스로 언급한 행정법론(하)로 옮겨 서술하고 있다. 이와 같이 행정조직법과 행정작용법을 행정법론(하)으로 묶어 놓을 수 있었던 것은 행정조직법과 행정작용법으로의 분류 그 자체가 정치(精緻)하지 못하고 있기 때문이다. 즉, 흔히 국가나 지방자치단체 등 행정주체의 행정조직을 설정하는 법을 행정조직법이라 하고, 각각의 행정영역에서 행정기관이 어떤 권한을 갖고 이러한 활동을 할 수 있는가 등을 정하고 있는 법을 행정작용법으로 분류하여 설명하고 있지만, 그 분류 자체가 대략적이고 편의적인 것이기 때문이다. 그러나 법률 중에는 행정조직법적 규정과 행정작용법적 규정 모두를 포함하는 것도 있을 수 있고, 어느 것에 해당하는지 명확하지 않는 것도 있을 수 있다.

종래의 행정법론에서는 행정작용법이 중시되었고, 행정조직법은 경시되었다. 그 이유는 외부법과 내부법의 준별론(峻別論)이었고, 행정조직법을 내부법으로 보았기 때문이다. 그러나 오늘날 외부법과 내부법을 준별하는 법적 사고(思考)는 낡은 사고가 되었고, 더욱이 행정조직이 어떻게 규정되는가의 여부에 따라 장래의 행정작용의 내용도 동시에 규정되는 것이므로 오히려 행정조직법이 행정작용법보다 더 중요시되는 경향이 있다.

저자도 2011년(제10판)까지 행정법(II)(박영사)에서 행정조직법을 다루었다. 행정법을 일반행정법과 특별행정법으로 분류한다면, 일반행정법 속에 행정조직법, 행정작용법의 일반 부분, 행정구제법을 포함하는 것이 체계적이라고 생각한다.

## III. 참조영역이론

### 1. 참조영역의 의의

위에서 본 바와 같이 종래의 행정법각론은 개별법 모두를 소재(素材)로 하였다. 그러나 그것은 사실상 불가능하고, 모두를 소재로 하여 저술한 저서도 없다. 오늘날 특별행정법은 개별법 모두를 대상으로 하고 있지 않다. 특정 개별 행정법을 그 대상으로 한다. 곧 참조영역을 대상으로 한다.

참조영역(Referenzgebieten)이란 일반법의 명제(命題)를 위하여 사안(事案)의 소재와 예(例)를 제공하는 특별행정법의 영역을 말한다. 참조영역은 행정법체계를 발전시키는 데에 중요한 역할을 한다. 행정법 일반이론의 일부는 참조영역에 특유한 모범이 될만한 본보기와 비교하거나 일반화함으로써 귀납적으로 생성된다. 연역적으로 유래하는 부분도 끊임없이 개별 행정영역에서 나오는 예에 비추어 해명되고 테스트된다. 일반적인 개념에 의한 사고(思考)에 대하여는 행정임무와 행정목적을 지향하는 것의 중요성이 되풀이 지적되어 온 것이지만, 일반행정법은 참조영역에 의하여 이들 행정임무와 행정목적을 지향하게 된다. 행정임무 지향적 체계에 대한 요청은 행정임무와 행정법 사이의 거리가 다수의 중간 관계에서 서서히 좁혀질 경우에만 충족될 수 있게 된다. 참조영역은 현황 파악과 특별행정법 영역들을 분석하여 파악하는 것으로 시작된다. 특별행정법 영역은 지금까지 얻은 경험에 따라 임무 수행을 가능하게 하는 절차와 수단을 부여하기 때문이다. 그중에서 어떤 수단들·조치들이 특별행정임무를 위해 집행 촉진적인 것이고, 어떤 것이 그렇지 아니할 것인지가 귀납적으로 추론될 수 있다. 참조영역에서는 관련성 사고(Das Denken in Zusammenhängen)가 특히 강하게 요청된다. 즉 법규정(Vorschriften)과 법제도를 개별적으로만 검토하여서는 아니 되고, 서로 관련시켜서 사고하는 것이 매우 중요하다. 그것은 환경행정법 등에서 보는 바와 같이 참조영역이 갖는 고도의 복합성(die hohe Komplexität) 때문이다. 관련성 사고는 행정법 도그마틱의 체계적 방향 설정에 부합한다. 행정법학과 인접 학문의 교류도 중요한 부분이 참조영역에 의하여 실현된다.

## 2. 종래의 행정법각론과 참조영역의 차이

종래의 행정법각론과 참조영역은 다음과 같은 차이점이 있다.

### (1) 대상 범위의 차이

종래의 행정법각론의 대상은 위의 김도창 교수의 저서에서 본 바와 같이 행정작용법을 주 대상으로 하고, 그곳에 행정조직법을 포함시키고 있었다. 이에 대하여 참조영역은 행정조직법을 일반행정법에 흡수시키고, 지금까지 종래의 행정법각론에 다루어 왔던 법제도의 법적 평가에 이용 가능한 요소를 모두 일반행정법에 편성함으로써 종래의 행정법각론에 비하여 그 대상이 가변적이다. 이와 같이 참조영역은 그 대상이 가변적이나 일반행정법과 밀접한 관계를 맺어, 일반행정법과의 관련 속에서 상호학습을 형성하는 형태(formation)를 제시하려고 노력한다.

### (2) 선택가능성 제공

종래의 행정법각론은 개별 행정법규 모두를 포괄하여 이들에 대한 설명을 빠짐없이 행하려고 노력하였다. 이에 대하여 참조영역은 일반행정법과의 관련 속에서 상호학습을 위하여 참조영역의 선택가능성을 부여하고 있다. 이 참조영역의 선택에 관하여는 후술한다.

### (3) 접근 방법의 차이

앞의 행정법 체계론의 임무에서 도그마틱상의 임무, 법정책상의 임무 등을 보았다. 일반행정법 뿐만 아니라 특별행정법도 그 임무를 도그마틱에 한정하지 않는다. 법정책적 임무도 포함한다.

### 1) 참조영역과 정책론

종래의 행정법각론은 개별 행정법규의 해석론에 주력하여 왔다.[7] 이에 대하여 참조영역은 정책론(현대 행정에서는 정책 목적으로 규제, 급부, 유도의 세 종류를 든다)도 그 시야에 두고 있다. 물론 일반행정법도 정책론을 시야에 두고 있다. 그러나 양자는 그 역할에 차이가 있다. 일반행정법의 역할은 주로 입법자를 통제하는 법이론의 탐구에 있다. 이에 대하여 참조영역은 학제성(學際性)을 소생시킨 학식을 획득하려는 데에 있다. 실체적으로 보아 최선의 정책은 무엇인가의 문제나 종래 취하여 왔던 방법의 분석, 정책과 법의 관계, 정책형성에 유용한 법률학의 자세, 국가과 지방자치단체 간의 정책의 조정, 지방자체단체 간의 정책의 조정, 정책조정의 기준, 구체적인 정책과제를 소재로 어디에 법률학이 대응해야 하는 과제가 존재하는지, 법률학이 기여할 수 있는 방법 및 입법사실의 면밀한 검토가 참조영역에서의 정책론의 중심에 있다.

### 2) 참조영역과 문제발견적 개념(heuristischer Begriff)

수많은 법령 등을 고찰의 대상으로 하고 있는 행정법학에는 혹은 고찰의 시작점으로서, 혹은 고찰의 결론으로서 일정한 법개념을 만들어내는 경우가 많다. 특히 법해석론에서는 법개념에는 사상(事象)을 명확하게 구분하는 기능이 강하게 요청된다. 말하자면, 법개념은 복잡하게 나누어져 있는 법규 및 법 현상을 질서 있게 정리하며, 동시에 구체적인 법 효과를 정하는 경우 그 매개 작업을 행하는 관념이라고 할 수 있다. 이와 같이 법 개념에서 구체적 법 효과에 관한 일정한 결론이 도출되지 않더라도 문제 상황을 정리하여 새로운 관점이나 이론을 도출하는 실마리가 되는 개념을 문제발견적 개념이라고 한다.

문제발견적 개념은 매우 유용한 개념이다. 예컨대, 행정법관계를 문제발견적 관점에서 보면, 행정법관계가 발생하고 있는 현상, 그들에 포함되어 있는 법적 문제를 볼 수 있게 된다. 이에 의하여 행정법을 보다 깊게 이해하게 된다. 또한 위에서 본 바와 같이 행정법학의 임무를 법해석론에 한정하지 않고 정책론도 시야에 두고 있으므로 문제발견적 개념도 법개념에 포함시켜 행정법의 체계를 구축할 수 있다. 더 나아가, 현대 행정법학은 극히 다양하고 복합적인 방대한 행정활동을 대상으로 하고 있으므로 문제발견적 능력을 높이는 것은 이들 대상을 관통할 수 있는 관점이나 기본 원리를 형성하는 능력을 높이는 것

---

7) Andreas Voßkuhle교수는 새로운 방법론 지향점으로 행정법학의 내부에서도 연구 활동의 중점이 점점 더 "적용 중심적 해석학(anwendungsbezogenen Interpretationswissenschaft)"에서 "법정립 지향적 행동·결단학(rechtsetzungsorientierten Handlungs−und Entscheidungswissenschaft)"으로 발전해 나가야 한다고 말한다(Hoffmann−Riem·Schmidt Aßmaan·Andreas Voßkuhle(Hrsg,), Grundlagen des Verwnnltungsrechts, Band 1, 2, Aufl., 2012, S.19f.).

과 마찬가지로 매우 중요하다.

## 3. 참조영역의 선택

특별행정법의 영역 중 어떤 영역이 참조영역으로 선택되어야 하는가가 문제이다. 참조영역의 선택은 여러 기준에 의하여 정해진다. 예컨대 전문분야(Sachgebiete)의 중요성, 특정 수단투입의 빈도, 관계 이익이 서로 얽혀 상충하는 분야, 및 분야의 혁신 능력 등의 기준들이다.[8] 우리나라에서는 참조영역이 논의된 바도 없었기 때문에, 그 기준론도 논의된 바 없었다.

종래의 행정법각론은 김도창 교수의 저서 행정법각론에서 볼 수 있는 바와 같이 행정작용법의 목적을 기준으로 하여 분류하였다. 우리나라에서도 오래 전부터 특별행정법에 경찰행정법, 경제행정법 뿐 아니라 행정조직법에 포함되기도 하였던 공무원법, 공물법도 중요 참조영역이 되어 있었다. 물론 경찰행정법 중에는 경찰법의 개념과 법리 등이 일반행정법에 흡수되어 비례원칙이나 행정조사, 행정상 즉시강제 등에서 다루어지고 있다. 그러나 아직도 중요한 참조영역 임에는 변함이 없다.

참조영역의 선택은 행정법 체계를 발전시키는 데에 매우 중요한 역할을 한다. 만일 참조영역으로 선택되어야 할 영역이 참조영역으로 선택되지 않으면 행정법체계에서 함께 고려하여야 할 형태의 사례가 참조영역의 소재에서 제외될 가능성이 커지기 때문이다. 이익배치 상황의 여러 가지 유형, 즉 이면적·삼면적·다면적 행정법관계, 인적·물적 제어(制御) 관점(Steuerungsansätze), 정적 및 동적인 문제 상황을 제시해주는 참조영역의 선택은 현황 파악과 결부된 비교 고찰을 위해서도 중요하다. 또한 판례도 매우 중요하다. 판례가 많은 영역은 참조영역으로 고려되어야 한다. 그러한 점에서 오늘날 지방자치법, 건설행정법, 환경행정법도 중요한 참조영역이 되었고, 에너지 행정법도 최근 중요 참조영역으로 등장하고 있다. 올바른 참조영역을 선택하는 일, 그들을 평가해서 유효하게 활용하는 작업은 분석능력 외에 직관을 필요로 하는 과정들이다. 요컨대, 참조영역의 선택은 일반행정법에서 고찰해야 할 문제의 패턴이 정해지는 것이다. 따라서 이미 선택된 참조영역을 보완하여야 하는 작업(예컨대, 데이터를 공물에서 새로이 다루는 것 등)도 물론 중요하지만, 앞으로 늘어날 새로운 참조영역을 예의 주시하고, 그것을 참조영역으로 선택하는 것은 행정법학이 짊어지고 있는 과제이다.

---

8) Eberhard Schmidt—Assmann, Verwaltungsrechtliche Dogmatik, 2013. S.9(김현준 역, 행정법 도그마틱 2020. 12쪽).

## IV. 일반행정법과 특별행정법의 관계

## 1. 협동

### (1) 부담경감의 효과

#### 1) 일반행정법과 특별행정법의 차이

특별행정법이 개별적인 행정 임무, 예컨대 위험 방지와 같은 일, 환경보호에 관한 일, 경제의 감시와 촉진에 관한 일, 지방자치단체의 급부에 관한 일 및 그 이외에 수없이 많은 일들을 다룬다. 이들 분야의 대부분은 고유한 법률에 의하여 상세히 규정되어 있다. 고유한 법률은 전문법률이다. 전문법률들은 그때그때의 법률 목적을 중심적으로 하여 필요한 수권규정, 관할과 절차규정을 설정하여 그 도움으로 행정이 그 때 그 때의 법률 목적을 달성할 수 있게 한다. 그런 점에서 특별행정법은 모든 전문행정법의 총계(Summe)라고도 말할 수 있다. 이에 비하여 일반행정법은 특별행정법과는 다른 유형을 갖는다. 일반행정법은 전문법 영역을 포괄하여 유효한 법 원리와 법 제도에 전념한다. 여기에는 근본적인 조직, 재량, 행위형식, 절차원칙, 국가책임법 등이 포함된다. 특별행정법이 그의 소재를 그때그때의 전문 법률의 규율과 제어(制御)서 끌어내는 것이라면, 일반행정법은 오히려 법학적 추상(抽象)의 성과이다. 특별행정법 속에 전략적으로 생각되는 것이 중요하다면, 일반행정법 속에는 지속적인 방향 감각, 하나의 질서를 세우는 이념이 중요하다. 행정권의 헌법적 기초가 일반행정법의 중심적 구성 요소를 이룬다. 특히 민주주의 원리, 법치국가 원리의 요청 등에 관한 규정이 여기에 속한다.

#### 2) 일반행정법과 특별행정법의 결합

일반행정법과 특별행정법은 결합되지 않은 채 병렬되어 있는 것이 아니라 다양하게 겹쳐져 결합되어 있다. 일반행정법에서 다루는 행정의 행위형식이나 행정조사·행정정보·행정절차 등 행정 흐름, 행정상 강제집행·행정벌 등 행정의 실효성 확보, 행정 쟁송, 행정상 손해·손실 보상 등은 특별행정법(참조영역)의 고유의 구성과 결합하여 비로소 의미를 가진다. 그러한 의미에서 위의 행정의 행정형식이나 제도들은 참조영역마다 그 모습을 달리할 수 있다. 그럼에도 불구하고 일반행정법에서 일반적 제도로서 이들을 논히고 있는 것은 참조영역 고유의 가치를 떠나 이들 제도들이 추구하는 가치 원리를 별도로 고찰할 필요가 있기 때문이다. 행정법적 사례를 해결하기 위해서는 언제나 일반행정법과 특별행정법 양자의 소재의 인식을 동원시키지 않으면 안 된다. 해당 전문법률의 규정과 일반행정법의 법칙들은 법을 적용할 때 서로 뒤섞여서 작용한다. 특별행정법의 분야에서 때로는 일반행정법을 초월하여 실무적으로 형성되기도 하고, 또한 일반행정법의 축적 기능(Speicherleistung)을 보고 익힐 수 있어서, 일반행정법과 특별행정법은 서로 협동하여 입법의 부담을 경감하게 된다.[9]

## (2) 학습효과

### 1) 일반행정법과 특별행정법 상호 간의 학습

일반행정법과 특별행정법은 서로 밀접하게 관련되어 있어서 많은 점이 마치 동전의 양면처럼 고찰될 수 있다. 바로 이 점이 일반행정법과 특별행정법의 학술적 연구에 도움이 되며, 양자의 자기반성의 기회를 주게 된다.[10] 일반행정법으로서는 실정법의 뒷받침 없는 공리공론(空理空論)이 되어 있지 않는가, 실정법이 새로이 생성해내고 있는 수단에 대응될 수 있는 이론이 되어 있는가를 참조영역의 논의를 지켜보면서 검토할 수 있다. 반대로 참조영역의 각 분야에서는 당해 영역에 한정된 법해석이나 법정책의 결과 해당 분야 만에 한하여 통용되는 이론이 되어 있지 않은지 끊임없이 검정할 수가 있게 된다.

특별행정법의 학습은 일반행정법론을 되풀이하고 깊이 있게 하기 위하여 이용될 수 있다. 반대로 전문법의 개별 사항(세부사항)을 일반론에 관련시키게 되면, 다시 말해서 전문성의 개별사항을 확인하거나 수정하거나 혹은 특별 발전으로서 이해하려고 노력하게 되면, 전문법의 개별 사항이 오랫동안 기억에 남게 된다. 요컨대 특별행정법론은 일반행정법론을 곁에 두고 학습하도록 해야 한다.

### 2) 특별행정법 상호 간의 학습

특별행정법, 즉 참조영역의 학습에서 중요한 것은 일반행정법을 매개로 하는 참조영역 상호 간의 학습의 문제이다. 일반행정법은 참조영역 간의 연결자로서 참조영역 고유의 관

---

9) Eberhard Schmidt－Aßmann · Friedrich Schoch(hrsg), Besonderes Verwaltungsrecht, 14. Aufl, 2008, S.2; Friedrich Schoch(hrsg), Besonderes Verwaltungsrecht, 2018, S.2.

10) 김남진 교수는 "행정법 각론분야가 참조영역으로 불리는 의미는, 행정법학을 구성하고 있는 총론과 각론이 상호 학습관계를 형성하고 있음을 강조하기 위한 것이라고 설명되고 있다"라고 기술하고 있다. 대한민국학술원통신 제316호(2019년 11월 1일), 12쪽.

념이나 사고(思考)를 일정한 정도 추상화하여 다른 참조영역에 이전하는 역할을 행한다. 이러한 과정을 겪어 나감으로써, 예컨대, 자연공원의 효율적인 보호와 이익을 도모하기 위한 용도지구의 지정과 도시지역을 공간적으로 구분하여 토지의 용도와 형태를 규제하기 위한 지역·지구·지역의 지정과를 비교하는 것이 가능하게 되어 법제도의 이론적 평가 소재를 폭넓게 획득할 수 있게 된다.

## 2. 체계형성의 임무와 행정법의 개혁

### (l) 체계 형성의 임무

행정법의 체계는 개별 행정법규에서 시작된다. 개별 행정법규에서 사용되고 있는 정책수단이나 규율규조는 비슷한 정책 목적을 가지고 있는 법규를 모음으로써 그 특색이 명확하게 된다. 이와 같이 개별 행정법규를 모으는 이유는 중간 수준의 도그마틱의 필요성에 있다. 특별행정법은 이에 더하여 특별행정법의 규정 속에 특정 이익 상황에 대한 해결 모델을 제시한다. 특별행정법과 일반행정법의 관련 점은 위에서든 실제적 관련점에 한정되지 않는다. 그와 같은 관련점을 넘어, 동시에 하나의 특별한 이론적 체계적 관계를 형성한다. 일반행정법에게는 법질서의 기초를 이루는 행정의 구상, 행정의 모델을 표명할 기능이 부여되어 있다. 행정부의 다른 국가 기능 등에 대한 위치, 그의 위탁과 행동 기준, 국제적 결정 관련 속에서의 적절한 편입·조정, 사인에 대한 책임, 개인이 갖는 자유와 급부 기대 상황과 관련되는 언명(Aussage) 등이 이 표명에 포함된다. 일반행정법은 헌법의 원리를 만난다. 일반행정법은 헌법원리에 의해 반추(反芻)된다. 예컨대, 지방자치법 제28조 제1항 단서가 규정하고 있는 "다만, 주민의 권리 제한 또는 의무 부과에 관한 사항이나 벌칙을 정할 때에는 법률의 위임이 있어야 한다"는 규정이 헌법에 위반되는가의 여부가 그것이다.[11]

### (2) 행정법의 개혁

위와 같은 형성 과정은 헌법원리에서의 반추에서 다시 왔던 과정을 거쳐 시작점으로 피드백(feedback)된다. 먼저 헌법에서 일반행정법으로 되돌아간다. 헌법원리에 맞지 않는

---

11) Friedrich Schoch(hrsg), Besonderes Verwaltungsrecht, 2018, S.8.

일반행정법은 어떻게 할 것인가. 예컨대 일반행정법의 주요 부분을 구성하는 행정절차법 적용 범위의 문제, 구체적으로 행정절차법 제3조 제2항 제9호의 문제 등이 그것이다. 행정절차법의 적용 범위라고 하는 중요한 사항을 법률이 아닌 시행령에서 제외할 수 있도록 하는 것이 법률유보원칙에 위반되는 것인가 아닌가 이다. 다시 특별행정법으로 되돌아간다. 일반행정법과 특별행정법의 조정의 문제가 제기된다. 예컨대 국가공무원 제75조, 지방공무원법 제67조는 공무원에 대한 징계처분을 행할 때나 강임 · 휴직 · 직위해제 또는 면직처분을 행할 때에는 그 처분권자 또는 처분제청권자는 그 처분의 사유를 적은 설명서를 교부하도록 규정하고 있다. 행정절차법 제23조 제1항은 행정청이 처분을 하는 때에는 당사자에게 그 근거와 이유를 제시하도록 규정하고 있다. 다시 시작점인 개별 행정법규로 되돌아가면서 개별 행정법규는 그 체계성이 보다 심화된다.

이와 같은 과정을 통하여 일반 법제도와 강학상 명제들의 새로운 발전에 대한 불가결한 적응능력(Anpassungsfähigkeit)을 보장한다. 무엇보다 행정법의 개혁능력(Reformfähigkeit)을 총체적으로 보장하는 것이 중요하다. 개혁논의는 애초 참조영역의 작업에 특별한 가치를 두었다. 행정법의 체계 형성은 언제나 연역적으로 그리고 귀납적으로 동시에 행하여짐을 잊어서는 안 된다.[12]

## V. 앞으로의 과제

일반행정법의 표상의 세계(Vorstellungswelt)는 우선적으로 지방자치법, 경찰행정법, 건설행정법, 공무원법 및 공물법의 실물교재(Anschauungsmaterial)에서 발생하였다. 이들 참조영역은 오늘날에도 논의의 여지가 없는 중요한 영역이다. 그 뒤 계속하여 참조영역은 확대되고 있다.

그러나 그럼에도 불구하고, 지금까지 참조영역이 그들의 체계적 이해가 일반행정법에서 당연히 중심점이 되어야 할 우리들 시대의 커다란 행정 과제를 빠짐없이 논의하였다고 할 수 없다. 이러한 의미에서 보면, 경제행정법, 환경행정법, 에너지 행정법 등이 참조영역에 포함되었다고 해서 놀랄 일도 아니다. 앞으로 사회는 변할 것이고, 이 변화에 따라 참조영역도 확대되어 나갈 것이다. 어떤 참조영역을 발굴하는가가 앞으로의 중요한 과제이다. 이들 확대되어 가는 참조영역에 맞추어 행정 · 개인 · 기업 · 단

---

12) Friedrich Schoch(hrsg), 위 책 S.9

체 간의 강화된 협동의 법이 일반행정법에서 통합되고 그를 통하여 구조화되어야 함은 말할 나위가 없다.

그 밖에도 하나의 참조영역이 다른 참조영역들의 임무와 충돌할 경우, 이를 어떻게 조정하며 협동해 가야 하는지 등 문제도 중요한 과제이다.

# 제2편

# 지방자치법

# 제1장 총설

## 제1절 지방자치의 개념과 의의

　지방자치(local autonomy, local self-governing system)란 일정한 지역을 단위로 그 지역의 주민이 주민복리에 관한 사무나 공적 재산의 관리, 기타 법령이 정하는 사무 등을 그들 자신의 책임 하에 직접 또는 스스로 선출한 기관 등을 통하여 처리하게 함으로써, 지방의 공적 의사결정과 지방자치행정의 민주성과 능률성을 제고하고 국가의 민주적 발전을 도모하는 제도라고 할 수 있다.

　지방자치는 현대 민주정치의 요체(要諦)로서 국민주권주의와 주민자치를 지방 차원에서 실현하는 원리이자 제도이다. 즉 지방자치는 정치·경제·행정·교육·법 등 다양한 분야의 지역 사무·사안들에 대하여 직·간접적인 관심과 이해관계를 가지고 있는 주민들이, 그 문제들에 관하여 자율적으로 판단하고 민주적으로 숙의(熟議)·결정하며 그에 대하여 책임지는 '자율과 자기책임의 원리'를 이념적 배경으로 하면서, 각 지방의 특색과 다양성을 발현시켜 현대의 다원적 복합사회가 요구하는 정치적 다원주의를 실현하며, 입헌국가의 통치원리인 권력분립원리를 지방차원에서 구현하고 나아가 헌법이 보장되는 선거권·공무담임권 등의 국민의 기본권을 획기적으로 신장시키는 데에도 기여할 수 있는 의의를 갖는다.[1]

---

1) 헌재 1991. 3. 11. 선고 91헌마21 결정 참조.

# 제2절 지방자치의 기능·필요성

## Ⅰ. 민주주의와의 관계: 민주주의의 정착과 발전에 기여

민주주의 원칙은 국민에 의한 자기결정으로부터 공권력의 정당성을 확보하는 원리이다. 지방자치는 이러한 민주주의의 원리와 제도를 지역적인 차원에서 실현하는 공적 장치라 할 것이다. 민주주의의 본질적 요소는 공동체 차원의 중요 사안에 대한 자기결정의 원리에 있다 할 것인데, 지방자치의 과정을 통하여 민선(民選) 대표가 선출되고 자치 관련 입법·행정 등의 과정에 주민들의 의사가 직·간접적으로 반영되게 되면 원리적·실제적으로 주민의 자기결정기능이 강화되어 민주주의의 질적 도약이 가능하게 되는 것이다. 이처럼 지방자치는 민주주의의 근간(根幹)으로서 '풀뿌리 민주주의'를 구현하는 정치원리면서 민주국가의 구성원리라는 점에서, 이념적·원리적으로 민주주의와 불가분(不可分)·불가결(不可缺)의 관계를 맺고 있다고 하겠다.

또한 지방자치는 주권의 지역적 주체인 주민들의 민주의식을 고양하는 한편 지역의 위정자로 하여금 민주적 정치·행정과정을 체험·학습하게 하는 민주주의의 교육기능·실천기능을 담당하기도 한다. 그리고 지방자치시스템을 통하여 지역의 인재가 민주적 절차를 통하여 발굴·육성되고 국가·사회적으로도 기여할 수 있는 우수한 인재를 확보하는 효과도 기대할 수 있다.

나아가 지방자치를 통한 공적 의사결정시스템의 민주주의적 개선과 발전, 권위적 독재체제의 재출현의 방지 등의 기능을 통하여, 지방자치는 현대 국민주권주의 헌정체제에 있어서 민주주의의 핵심적 구현장치이자 민주주의의 방파제로서도 기능하고 있다고 평가할 수 있다. 우리나라의 민주주의 헌정사를 되돌아보아도, 민주주의가 아직 발달되지 않았거나 후퇴할 때에는 지방자치도 사실상 중단되었거나 퇴보하였으며, 민주주의가 부활하고 크게 진전될 때에는 지방자치도 복원되고 본격적으로 발전하여 왔음을 알 수 있는 것이다.

## Ⅱ. 권력분립의 보완: 국가권력구조의 재구조화(再構造化)

지방자치는 종전의 국가 통치권의 수평적 권력분립(입법권·행정권·사법권)에 더하여, 중앙과 지방 간의 '수직적 권력분립'(자치 행정권·입법권·조직권·재정권 등)을 의미하게 된다. 이처럼 지방자치는 견제와 균형의 원리를 기초로 하는 수평적 권력분립을 보완하여 국가 전체적으로는 권력의 남용을 보다 더 제어할 수 있는 효과를 기대할 수 있다. 특히 입법과 행정의 융화가 심화되는 현대 (의회)민주주의의 위기상황을 고려할 때, 국가 통치권의 수직적 분립 확대는 적지 않은 의미를 갖게 된다. 근래 국가개혁의 차원에서 지방자치의 실질적 발전을 제고하기 위한 지방분권 개혁조치들이 지속적으로 추진되어 왔는데, 그 결과 국가 통치권의 점진적 분권 확대를 통하여 지방의 자치권은 한층 더 실질적인 보장을 받게 되었다. 이제 지방분권의 확대와 지방자치의 실질적 발전을 통한 국가권력구조의 재구조화 및 국가 운영방식의 변화는 시대적인 요구로 받아들여지고 있다고 하겠다.

## Ⅲ. 지역 차원의 자율형 맞춤식 행정의 실현

과거 국가주도 개발 위주의 산업사회에서는 통일성·효율성·신속성을 구현하기 위하여 중앙정부 중심의 집권적 시스템이 위력을 발휘하였으나, 현대는 이미 다양성과 창의성, 자율성이 중시되는 다원적 복합사회, 고도의 지식정보사회로 전환되고 있으며, 이러한 시대적 상황에서는 지방의 개성과 특색, 다양성을 존중하고 이를 자율적으로 발현시킬 수 있는 다원주의적 시스템을 국가 발전의 새로운 동력으로 승화시킬 필요가 있다.

지방자치체제에서는 각 지역의 실정(實情)과 여건, 특수성과 주민의 수요에 대응하는 자율형 맞춤식 행정을 추구하게 되는바, 이를 통하여 공공정책이나 법제의 전국 동시 시행에서 야기될 수 있는 위험부담이나 혼란을 피하면서 각 지역별 필요나 수요에 부합하는 실질적인 행정효과를 도모할 수 있다. 지역 차원의 자율형 맞춤식 행정에서는 국지적 실험이나 시행착오를 거쳐 그 효과나 부작용·문제점을 검증함으로써, 향후 전국적 차원의 통일적 정책으로 채택하게 될 경우 그 문제점이나 부작용을 최소화하는 효과까지 기대할 수 있다. 또한 지역 자율형 행정과정을 통하여 현안에 대한 주민·이해관계자들의 자발적 참여와 쌍방적 토론·협력과정을 거치게 됨으로써, 행정의 민주성을 제고함은 물론 지역의 결속과 연대를 공고히 하는 효과도 기대할 수 있다.

## 제3절 지방자치의 양 요소: 주민자치-단체자치

전통적으로 지방자치는, 주민의 의사에 따라 지방행정을 처리하는 '주민자치'와 지방분권주의를 기초로 하여 국가 내의 일정한 지역을 토대로 독립된 단체가 존재하는 것을 전제로 하여 그 단체의 의회와 기관이 그 사무를 처리하는 '단체자치'를 포함한다.[2] 주민자치와 단체자치는 지방자치의 양 요소를 이루는 것으로서, 각각 그 원리와 특징, 유래 등을 갖고 있으나 현대 지방자치에 있어서는 양자가 상호 접근하면서 일정한 통합을 이루기도 한다.

## I. 주민자치(住民自治): 정치적 의미의 자치

주민자치는 정치적 의미의 자치라고도 하는데, 이는 지방자치를 '지방자치단체와 주민과의 관계'의 측면에서 주민이 자치운영에 참여하는 것에 중점을 두고 이해하는 것이다. 주민자치에서는 지방의 자치권을 주민의 고유권(자연권)으로 본다. 주민의 고유 자치권이 중심이 되므로 지방정부의 형태는 주로 주민의 정치적 대표기관인 의회를 중심으로 하는 기관통합형이 일반적이다. 지방사무의 처리비용은 그 지역의 주인인 주민의 세금 등으로 스스로 충당함을 원칙으로 하게 된다. 지방의 자치권이 존중되므로 지방에 대한 국가의 관여도 직접적인 행정적 관여 보다는 주로 입법적·사법적 감독이 중심을 이룬다. 주민자치 중심으로 지방자치를 발전시켜 온 국가로는 대체로 영미계국가인 영국, 미국, 호주 등을 대표로 들 수 있다

## II. 단체자치(團體自治): 법률적 의미의 자치

단체자치는 지방자치를 '국가와 지역단체(지방자치단체)와의 관계'라는 측면에서, 지역단

---

2) 헌재 2009. 3. 26. 선고 2007헌마843 결정.

체의 자치권을 중심으로 이해하는 것으로서, 자치권은 실정법에 의해 부여된 실정권으로서 국가로부터 지역단체에 전래된 권리로 본다. 단체자치 체제에서는 국가로부터 독립된 지위(법인격)와 자치권을 인정받는 지역단체가 그 자신의 목적과 의사를 가지고 지방행정을 수행하게 된다. 이 경우 지역단체의 형태는, 주로 부여된 자치권을 의결기관과 집행기관으로 분리하여 상호 견제와 균형을 도모하게 하는 기관대립형(분리형)이 중심이 된다. 자치권의 주체로서 지역단체가 중심에 서다보니 자치의 주체로서의 주민이 지위나 입장은 약화되고 지방기관이나 공직자의 영향력이 커지는 관계로 자칫 지방관치화로 흐를 우려가 상존한다. 단체자치에서는 지방에 대한 국가의 관여는 주로 지역단체 등에 대한 행정적 감독수단이 강조된다. 단체자치를 중심으로 지방자치를 발전시켜 온 국가로는 대체로 대륙계국가인 독일, 프랑스와 그 체제를 계수한 일본, 한국 등을 들 수 있다.


## Ⅲ. 양 요소의 접근·통합

원리적으로 지방자치는 주민자치가 그 실체적·본질적 요소이고, 단체자치는 지방자치를 법기술적으로 보장하는 수단이라고 할 수 있다. 이상적으로 지방자치는, 먼저 대외적으로 지역단체(지방자치단체)가 국법에 의해 일정한 수준의 자치권을 보장 받음으로써 자기의 문제를 스스로 결정하고 처리할 수 있는 자율과 책임을 부여하되(단체자치의 측면), 대내적으로는 그러한 지역단체의 조직 구성과 운영이 주권의 지역적 주체인 주민들의 의사와 참여에 따라 민주적으로 이루어질 때(주민자치의 측면) 보다 온전한 것이 될 수 있을 것이다. 즉 진화된 지방자치는 단체자치와 주민자치의 절묘한 조화가 요구되는 것이다.

현실적으로 지방자치에 관한 과거의 이분법적 자치개념은 상호 보완·접근되고 있는 추세로 평가된다. 즉 대륙계국가의 지방자치는 대체로 과거의 관료적 중앙집권체제를 청산하고 민주적 지방분권체제를 채택·심화시키면서 단체자치적 기반에 주민자치적 요소를 가미하면서 발전하여 왔고, 영미계국가의 지방자치는 전통적인 주민자치 중심에서 일정 정도 수정을 가하여 단체자치적 요소를 도입하기도 하고 현대의 행정국가화 현상에 따른 신중앙집권화의 경향을 일부 반영하기도 하였던 것이다. 제2차 세계대전 이후 독립한 많은 신생독립국들 역시 수준이나 정도의 차이는 있으나 각국의 사정에 따라 단체자치와 주민자치적 요소들을 대체로 혼합하거나 절충하여 다양한 지방자치제도를 채택하고 있다고 평가할 수 있다.

## Ⅳ. 우리나라의 단체자치와 주민자치

1948년의 제헌 헌법과 1949년의 지방자치법을 토대로 시작된 우리나라의 지방자치는 초기에는 주로 대륙계국가의 단체자치적 지방자치를 계수하면서 개시되었다. 그 후 1961년의 5·16 군사정변으로 제2공화국이 종료되면서 바로 1961년 10월의 지방자치에 관한 임시 조치법,3) 1962년의 개정 헌법[헌법 제6호, 시행 1963. 12. 17.]4) 등을 통하여 지방자치는 사실상 중단되고 오랜 암흑기에 접어들고 말았다. 이후 1987년의 개정 헌법 등을 바탕으로 1991년에 이르러 비로소 민선의 지방의회가 구성되었고 현대적 지방자치체제가 복원되기 시작하였다. 그 후 단체자치를 보완하거나 조정하는 방향으로 지방자치제도가 점진적으로 개선되어 왔고, 국가사무의 지방이양을 통한 지방분권의 확대5) 역시 국가개혁의 차원에서 지속적으로 이루어져 옴으로써, 단체자치 중심의 전통적인 지방자치의 제도적 틀은 상당 수준 자리 잡게 되었다고 평가할 수 있다.

한편 지방자치의 도입기 및 1990년대의 복원기에 있어서는 단체자치 중심의 제도적 틀을 형성하고 보완하다 보니, 지방자치의 실체적·본질적 요소라고 할 수 있는 주민자치적 요소들은 상대적으로 많이 미흡하였다고 할 수 있다. 다만 이후의 민주화의 진전과 주민의 권리의식·시민의식의 고양에 따라, 지방의 의정 및 행정과정에 주민의 참여와 협력의 필요성이 강조되었고 이를 구현할 수 있는 다양한 주민참여제도가 보완·법제화되었으며,6) 주민 상호간의 자율적 자치조직까지 적극적으로 모색되면서7) 우리나라의 지방자치

---

3) 1961년의 5·16 군사정변 이후 지방자치를 사실상 명목화·무력화시킨 법률로서, 지방의회의 의결을 요하는 사항은 도와 서울특별시에 있어서는 내무부장관의, 시와 군에 있어서는 도지사의 승인을 얻어 시행하도록 하였고, 이우 이어진 법 개정(법률 제707호 제10조, 1961. 9. 1., 제정, 시행 1961. 10. 1.)으로 지방자치단체의 장의 선임방식도 대통령임명제로 전환해 버렸다(법률 제1512호 제9조, 1963. 12. 14., 일부개정, 시행 1963. 12. 17.).

4) 헌법 제6호 부칙 제7조 제3항 "이 헌법에 의한 최초의 지방의회의 구성시기에 관하여는 법률로 정한다."

5) 역대 정권을 이어오면서 점진적·지속적으로 이루어져 온 국가사무의 지방이양(지방분권) 개혁은, 2020년 초에 이르러서는 제20대 국회에서 16개 부처 소관의 46개 법률에 근거한 400개의 사무를 일괄 이양하는 「중앙행정권한 및 사무 등의 지방 일괄 이양을 위한 물가안정에 관한 법률 등 46개 법률 일부개정을 위한 법률」(약칭: 지방일괄이양법) [시행 2021. 1. 1.] [법률 제17007호, 2020. 2. 18., 일괄개정]이 제정되면서 일단락될 수 있었다. 이 법안은 2004년에 처음 국회에 제출되었지만 국회는 국회법상 상임위원회 소관주의에 위배된다는 등의 이유로 접수를 거부하였다. 그 이후 지방일괄이양법의 제정은 난망하였으나 2018년에 이르러 비로소 여·야의 극적 합의로 동 법안을 국회 운영위원회에 회부하기로 하면서 법안 제정이 급물살을 타기 시작했다. 운영위원회는 동 법안을 받아서 관련 개별 상임위원회별로 법안을 나누어 심사하게 하였는데, 이러한 과정을 거쳐서 결국 우여곡절 끝에 16년 만에 본회의를 통과하게 된 것이다. 이로써 지방분권의 확대를 실현하는 획기적인 한 국면이 일단락되었고, 이러한 선례를 바탕으로 앞으로도 중앙의 권한과 사무의 지방이양을 통한 지방분권의 확대가 지속적으로 이루어질 것으로 기대하게 되었다.

6) 예컨대 후술할 주민참여권으로서 주민소환, 주민감사청구, 주민소송, 주민조례청구, 주민참여예산제 등의

에도 주민자치적 요소들이 한층 강화되어 온 것도 사실이다. 앞으로 이러한 방향으로의 지속적인 개선·발전을 통하여, 단체자치의 요소와 주민자치의 요소가 균형과 조화를 이루는 보다 바람직한 지방자치체제가 구축될 것으로 기대한다.

## 제4절 지방자치와 지방행정

### Ⅰ. 지방행정의 개념과 특성

지방행정이란, 지방자치단체나 일정한 공공기관이 그 지방의 이해관계 있는 공적 사무를 처리하는 것을 말한다. 지방행정은 국가행정에 비하여 종합행정과 자치행정의 특성을 보인다. 즉 지방행정은, 국가행정과 같은 행정부처별 할거(割據)적 경향보다는 지역행정의 종합 조정의 특성(종합행정)을 보이고, 지역 주민의 의사를 기초로 자율적인 행정을 추구하는 특성(자치행정)이 강하다는 것이다.

### Ⅱ. 지방자치의 수준과 지방행정의 형태

### 1. 관치적(官治的) 지방행정

중앙집권적 국가에 있어서의 형식적 지방행정을 말하는 것으로서, 관선제 단체장제도

---

법제화를 그 예로 들 수 있겠다.

7) 예컨대 지방자치분권 및 지방행정체제개편에 관한 특별법 제27조~제29조는, 풀뿌리자치의 활성화와 민주적 참여의식 고양을 위하여 읍·면·동에 해당 행정구역의 주민으로 구성되는 주민자치회를 둘 수 있다는 근거규정을 두었다. 다만 아직 주민자치회제도가 공식적으로 활성화되었다고 하기는 어렵다고 할 것인데, 주민자치회와 같은 새로운 주민의 자치·자율조직의 연혁과 도입, 그리고 향후의 운영방향 등에 관한 보다 상세한 논의는 졸고 문상덕, "주민자치조직의 법제화 — 주민자치회에 관한 법률 제정의 방향 모색", (행정법연구 제48호, 2017. 2. 28.)을 참조해 주기 바란다. 이 논문에서 필자는 우선 현재 우리나라의 공식적이고 일반적인 주민자치조직이라 할 수 있는, 읍·면·동 단위의 주민자치센터와 주민자치위원회의 법적 근거, 설치 배경 등을 살펴보고 그 실제적·제도적 한계를 비판적으로 고찰한 후, 입법정책적인 차원에서 현재 일부 지역에서 실시 중인 주민자치회 시범실시안, 추후 새로 도입할 필요가 있다고 보는 주민자치회의 법적 지위와 성격, 설치 단위, 주요 기능, 위원 선임, 행·재정적 지원 등 주민자치회의 전반적 문제들을 고찰함으로써, 향후 주민자치회에 관한 법률의 제정을 위한 기본적인 방향과 시점, 법체계의 골간과 주요 내용을 제시한 바 있다.

와 같이 중앙정부에서 임명·파견된 국가관료가 지방행정의 주요 핵심적 역할을 담당한다. 주로 민주주의와 지방자치의 역사와 전통이 거의 없거나 매우 미약한 권위주의적 중앙집권국가에서 나타나는 지방행정의 형태로서, 우리나라도 2공화국 종료 이후 1990년대 초에 지방자치가 다시 복원되기 전까지는 대체로 이러한 지방행정의 형태를 보였다고 할 수 있다.

## 2. 자치적(自治的) 지방행정

### (1) 완전자치적 지방행정

지방행정 사무가 원칙적으로 지방자치단체의 권한과 책임으로 수행되고, 지방자치단체 내에 중앙정부에서 파견한 국가공무원이 없거나 극히 소수에 지나지 않아 그 역할도 한정되거나 미미한 지방행정의 형태를 의미한다. 지방제도의 다양성이 인정되고 개별 지방자치단체의 자율성이 강하게 보장되며 지역 주민 역시 지방의 의정과 행정과정에 직·간접적으로 폭넓게 참여하는 모습을 보인다. 지방자치의 역사와 전통이 깊은 주요 선진국가의 지방행정이 이러한 예에 가깝다고 할 수 있다.

### (2) 반(半)자치적 지방행정

지방자치단체에 자치권이 인정되고 그에 의하여 지방행정이 이루어지고 있지만, 자치의 범위가 상대적으로 한정되고 담당 사무의 상당한 부분이 국가의 위임사무이며 지방자치단체 내에 중앙정부의 관료가 배치되어 여전히 적지 않은 역할을 담당하고 있고 지방행정에 대한 중앙정부의 감독도 상당히 포괄적으로 이루어지는 형태라고 할 수 있다. 민주주의와 지방자치의 역사와 전통이 상대적으로 짧은 여러 개발도상국가에서 흔히 보이는 지방행정의 형태라고 할 수 있다.

## 3. 소결

우리나라의 지방행정의 형태는, 과거 오랜 기간의 관치적 지방행정의 시기를 지나 1990년대 이후의 지방자치 복원기에는 반자치적 지방행정의 시기를 거쳤으며, 현재는 단체자치와 주민자치의 요소들을 보완하여 점진적으로 완전자치적 지방행정의 형태로 나아가고 있다고 평가할 수 있을 것이다.


## 제5절 지방자치의 헌법적 보장

현행 헌법은 제8장을 '지방자치'의 장(章)으로 설정하고 2개의 조문을 두어 지방자치를 보장하고 있다. 그 제117조는 "① 지방자치단체는 주민의 복리에 관한 사무를 처리하고 재산을 관리하며, 법령의 범위 안에서 자치에 관한 규정을 제정할 수 있다. ② 지방자치단체의 종류는 법률로 정한다."고 규정하고 있고, 제118조는 "① 지방자치단체에 의회를 둔다. ② 지방의회의 조직·권한·의원선거와 지방자치단체의 장의 선임방법 기타 지방자치단체의 조직과 운영에 관한 사항은 법률로 정한다."고 규정하고 있는데, 지방자치단체의 종류, 지방의회의 조직·권한·의원선거, 지방자치단체의 장의 선임방법, 기타 지방자치단체의 조직과 운영에 관한 사항 등 지방자치제도의 주요 내용에 관한 자세한 사항은 법률에 위임하고 있음을 알 수 있다.

이와 같이 지방자치에 관한 헌법의 규정은 비교적 간단하지만, 헌법에 별도의 장(章)을 두고 지방자치를 보장하고 있는 의의와 의미는 매우 크다고 할 수 있다.


## Ⅰ. 지방자치의 헌법적 보장의 의의와 의미

지역공동체와 같은 사회적 구성체는 역사적·사실적으로 국가의 성립 이전부터 형성되어 온 것이지만, 공법인인 지방자치단체는 법리상 헌법에 의하여 비로소 구성된 것이고 동시에 국가의 한 구성부분이 되었다고 할 수 있다. 지방자치 내지 지방자치제도의 보장도 역시 헌법에 의하여 지역공동체에 자치권 내지 자치기능이 보장됨으로써 가능한 것이라고 하겠다. 앞서 살펴본 바와 같이, 헌법은 법률에의 위임을 통하여 지방자치의 구체화를 도모하고 있는데, 이러한 지방자치 관련 법률들은 헌법의 구체화법으로서 헌법원리인 민주국가원리, 법치국가원리, 기본권 보장의 원리 등을 지방자치에 반영하여 지방자치의 제도적 내용을 구성하고 있다.

우리 헌법은 제헌헌법 때부터 지방자치를 헌법적 요구로 명시하고 있는데, 이는 헌법

이 애초부터 지방자치를 객관적 제도로서 보장하고 있음을 의미한다고 할 수 있다. 헌법
재판소도 이러한 지방자치의 제도적 보장을 인정하여, "지방자치는 지역 중심의 지방자
치단체가 독자적인 자치기구를 설치하여 그 고유사무를 국가기관의 간섭 없이 스스로의
책임 아래 처리하는 것을 말하며, 전통적으로 지방자치는 주민의 의사에 따라 지방행정을
처리하는 '주민자치'와 지방분권주의를 기초로 하여 국가 내의 일정한 지역을 토대로 독
립된 단체가 존재하는 것을 전제로 하여 그 단체의 의회와 기관이 그 사무를 처리하는
'단체자치'를 포함하고, 이러한 지방자치는 국민의 기본권이 아닌 헌법상의 제도적 보장
으로 이해된다."[8]고 설시하거나 "헌법은 제117조와 제118조에서 '지방자치단체의 자치'
를 제도적으로 보장하고 있는바, 그 보장의 본질적 내용은 자치단체의 보장, 자치기능의
보장 및 자치사무의 보장이다."[9]라고 설시한 바 있다.

## II. 지방자치의 제도적 보장의 의의와 내용

### 1. 지방자치의 제도적 보장의 의의

종래 독일에서 유래한 제도적 보장(institutionelle Garantie)은 기본권의 보장과는 달리,
제도의 본질적 부분이나 핵심적 내용에 대한 최소한의 보장을 의미하는 것으로 이해되어
왔다. 이러한 제도적 보장의 관점에서는 헌법이 지방자치를 제도로서 보장하는 기본적 의
의는 지방자치행정을 배제하거나 법률로써 지방자치를 폐지 내지 공동화(空洞化)하려는
입법자 등의 시도로부터 지방자치를 보호하려는 데 있다고 보았다. 즉 입법자 등에 의한
지방자치의 배제 내지 그 본질적 부분의 훼손을 금지하려는데 그 기본적 의의가 있다는
것이다.[10]

하지만 우리나라의 경우 헌법에 의한 지방자치의 보장을 이러한 제도적 보장론에서와
같이 최소한의 보장에 한정하여 이해할 필요는 없다고 본다.[11] 우리 헌법 역시 지방자치

---

8) 헌재 2009. 3. 26. 선고 2007헌마843 결정.
9) 헌재 2008. 5. 29. 선고 2005헌라3 결정.
10) 독일에서 유래한 제도적 보장론(institutionelle Garantie)의 형성 배경과 내용, 독일에서의 특수한 역사적
    전개상황 등에 관하여는 최봉석, 지방자치법론, 삼원사, 2018, 19~21쪽을 참조 바람.
11) 사실 지방자치의 제도적 보장론에 대하여는 그 효과, 역사, 의미의 관점에서 한계를 지적하거나 비판적으
    로 바라보는 견해도 적지 않다. 예컨대, "오늘날 지방자치제가 헌법적으로 보장되어 있고, 그 본질은 제도
    적 보장이라고 이해하는 경우, 그 의미는 전통적 제도적 보장론이 의미하는 바와 같은, 단지 본질적 내용
    의 침해금지라는 소극적 의미에 한정되는 것은 아니라 할 것인바, 현대 민주적 법치국가에서는 제도적

에 대한 최소한의 보장은 물론이고 더 나아가 헌법에 반하지 않는 범위 안에서 지방자치단체의 자치권을 광범위하게 보장하는 등의 열린 입장을 갖고 있는 것으로 보는 것이 타당할 것이다.[12]

한편 제도적 보장은 기본권의 보장과 같은 순수한 권리보장은 아니지만 그렇다고 단순히 객관적인 제도의 보장에만 한정되는 것도 아니라고 할 수 있다. 그것은 순수한 주관적 권리와 객관적인 법적 보장의 사이에 위치하는 것으로서, 제도적 보장에 의거하여 정당한 지위에 있는 자에게 그 보장 영역 내에서의 침해에 대한 배제를 구할 수 있는 '주관적 법적 지위"를 부여한다는 점에도 의의를 찾을 수 있다.[13]

## 2. 지방자치의 제도적 보장의 내용

### (1) 지방자치단체의 존립의 보장

지방자치의 제도적 보장의 내용으로는 무엇보다도 지방 차원의 공적 업무를 처리하는 행정단위로서 지방자치단체를 폐지할 수 없다는 점을 들 수 있다. 즉 지방자치단체에 의한 행정유형의 존재를 보장하여야만 하는 것이다. 따라서 공법인인 지방자치단체의 권리능력·행위능력의 박탈이 제한되고 지방의회의 폐지나 실질적 권한의 정지 등도 금지된다. 다만 지방자치단체의 존립의 보장이 특정한 개별 지방자치단체의 존속까지 보장한다

---

보장이론을 통하여 지방자치제의 본질을 보호하여야 할 역사적 배경은 이미 존재하지 않기 때문이다. 따라서 제도적 보장론이 가지는 현대적 의미는 단지 헌법상의 기본권 보장과는 구별되는 보장의 형태를 의미하는 것에 불과한 것으로 보아야 할 것"(조성규, "지방자치제의 헌법적 보장의 의미", 공법연구 제30집 제2호, 2001. 12, 417쪽); "제도적 보장이론이 입법자를 헌법에 구속시키고 헌법상 보장된 제도를 그 폐지나 공동화로부터 보호하기 위한 이론으로서 의미가 있었다면 이는 오늘날 이미 극복되었으며 이를 위해 특별히 제도적 보장이론이라는 버팀목은 더 이상 불필요한 것"(김명연, "지방자치행정의 제도적 보장의 의의와 내용", 공법연구 제32집 제5호, 2004. 6, 674쪽) ; "제도적 보장론은 소극적 의미를 넘어서 지방자치제의 적극적 형성과 발전방안의 구체화와 관련하여서는 전혀 유용하지 않다. 글로벌 경제에서 규모의 경제를 배경으로 하는 집권의 논리와 지역사회의 다양성과 정치민주화를 배경으로 하는 분권의 논리간의 갈등과 충돌의 상황에서 헌법이 입법자에게 지방자치를 통해 헌법의 가치를 최적으로 실현시키도록 하는 규범력을 갖도록 하는 데 있어 제도적 보장론은 무력하다. 이 때문에 제도적 보장이론의 소극성과 무력성에 대한 많은 비판들이 독일은 물론 우리나라에서도 나오고 있다."(선정원 외 5인 공저, 자치입법론, 경인문화사, 2020, 5~6쪽) 등.

12) 이와 관련하여서는 홍정선, 新지방자치법(제4판), 박영사, 2018, 47쪽 참조. 지방자치제에 대한 제도적 보장론에 대한 대안으로서, 헌법의 해석을 통하여 지방자치의 근거와 지방자치단체와 주민의 자율영역을 보호하며 지방자치의 원리를 규범화하려는 이른바 '입헌주의적 지방자치(constitutional localism)'를 주장하는 견해도 주목할 만하다(최상한, "입헌주의적 지방자치론과 자치제도의 확대", 정부학연구 제18권 제3호, 2012, 181쪽).

13) 조성규, "참여정부의 행정분권법제에 대한 평가", 지방자치법연구 통권 제9호, 2005. 6, 37쪽.

는 의미는 아니다.14) 따라서 개별 지방자치단체의 폐지나 분리 등은 입법자가 법률로 실현시킬 수 있다.

### (2) 지방자치단체의 전권한성·자기책임성의 보장

지방자치단체의 전권한성(全權限性)이란, 법률에 특별한 규정이 없는 한 주민복리에 관한 사무 등은 포괄적으로 지방자치단체가 처리할 권한을 갖는다는 것이다. 지방자치단체의 자기책임성(自己責任性)이란, 지방자치단체가 공적 업무의 처리 등에 있어서 법적인 범위 안에서 스스로 선택한 방법과 절차에 따라 자기 고유의 책임으로 결정할 수 있다는 것이다. 이와 같이 지방자치의 제도적 보장은 지방자치단체의 전권한성과 자기책임성의 보장으로 이어진다.

### (3) 지방자치단체의 주관적 법적 지위의 보장

지방자치단체는 공법상의 법인으로서 독자적인 법인격을 가진 권리주체이다. 따라서 지방자치단체는 지방자치제도의 보장의무자(입법자를 포함한 국가기관)에 대하여 헌법적 보장내용을 요구할 수 있는바, 예컨대 국가의 위법한 자치권 침해에 대하여 지방자치단체는 소송을 통하여 법적 구제를 받을 수 있는 주관적 법적 지위를 가진다고 할 것이다.

### (4) 자치권의 보장

헌법에 의한 지방자치의 제도적 보장과 자치권의 위임을 통하여, 국가는 이제 지방자치단체의 지위와 역할에 부합하는 기능의 수행을 위하여 일정한 자치권을 보장하여야 한다. 다만 자치권은 절대적인 권능은 아니며, 헌법과 법률에 의한 일정한 제한과 한계가 인정되는 것이다(지방자치단체의 자치권에 관하여는 제4장에서 詳述).

---

14) 헌법재판소도 "헌법 제117조, 제118조가 제도적으로 보장하고 있는 지방자치의 본질적 내용은 '자치단체의 보장, 자치기능의 보장 및 자치사무의 보장'이라고 할 것이나, 지방자치제도의 보장은 지방자치단체에 의한 자치행정을 일반적으로 보장한다는 것뿐이고 특정자치단체의 존속을 보장한다는 것은 아니므로, 마치 국가가 영토고권을 가지는 것과 마찬가지로, 지방자치단체에게 자신의 관할구역 내에 속하는 영토, 영해, 영공을 자유로이 관리하고 관할구역 내의 사람과 물건을 독점적, 배타적으로 지배할 수 있는 권리가 부여되어 있다고 할 수는 없다."(헌재 2006. 3. 30. 선고 2003헌라2 결정)고 판시하고 있다.

# 제6절 지방자치의 법체계

## Ⅰ. 광의의 지방자치법의 의미

넓은 의미에서 지방자치법이란 지방자치단체의 법적 지위, 주권의 지역적 주체인 주민의 권리와 의무, 자치행정권·입법권·재정권 등 자치권, 지방자치단체의 조직과 기관의 설치·구성, 지방자치단체 내의 의사결정과정, 지방자치단체의 사무, 국가 및 다른 지방자치단체와의 관계 등 지방자치에 관하여 일반적으로 규율하는 공법의 원리와 법규의 총체를 의미한다고 할 수 있다. 실정법으로는 헌법과 지방자치법을 비롯하여 지방자치를 직접 규율하거나 그와 직·간접적으로 관련되는 법률, 법규명령(행정입법), 자치법규 등을 모두 포괄하는 개념으로 이해할 수 있을 것이다.

## Ⅱ. 지방자치법의 체계: 지방자치의 법원(法源)

### 1. 헌법

헌법은 지방자치에 관한 최고규범이다. 현행 헌법은 앞서 기술한 것처럼 독립된 제8장으로 지방자치의 장(章)을 두고 그 제117조 및 118조에서 지방자치에 관한 기본적 사항을 규정하고 지방자치에 관한 주요 사항을 법률에 위임하고 있다.

### 2. 법률

#### (1) 지방자치법

지방자치법은 지방자치에 관한 기본적이고 주요한 사항을 규정한 지방자치 관련 기본법 내지 일반법의 지위와 성격을 가지는 법률이다. 지방자치법은 제1조 (목적)조항에서 "이 법은 지방자치단체의 종류와 조직 및 운영, 주민의 지방자치행정 참여에 관한 사항과 국가와 지방자치단체 사이의 기본적인 관계를 정함으로써 지방자치행정을 민주적이고 능률적으로 수행하고, 지방을 균형 있게 발전시키며, 대한민국을 민주적으로 발전시키려는 것을 목적으로 한다."고 규정하고 있다.

지방자치법은 지방자치를 제도적으로 보장한 1948년의 제헌헌법 하에서 1949년 최초로 제정되었다. 이후 수차례의 일부 개정이 있었고 1988년에는 지방자치단체의 장의 선거제 등을 규정한 전부개정이, 그리고 1990년에는 지방의회 의원과 지방자치단체의 장의 선거 시한을 규정한 일부개정이 이루어짐에 따라 30년 가까운 기간 만에 지방자치체제의 전면 복원이 가능하게 되었다. 이후 현재에 이르기까지 지방자치법은 상당히 많은 횟수의 개정 (50여 회 이상)이 이루어졌는데 이것은 이 기간 동안 그만큼 지방자치제도의 보완·정비 등이 빈번히 요청되고 있었음을 의미한다고 하겠다. 그 후 2018년의 지방분권형 헌법 개정이 무산된 여파를 반영하여 2021년에는 이른바 자치분권 2.0 시대를 여는 지방자치법 전부개정[시행 2022. 1. 13.] [법률 제17893호, 2021. 1. 12. 전부개정]이 단행되었는바,[15] 이를 통하여 향후 우리나라 지방자치제도의 새로운 변화와 도약이 기대되고 있다.

## (2) 그 외의 주요 지방자치 관련 법률

지방자치법 외에 지방자치와 관련되는 주요 법률로는, 지방자치단체의 장 및 지방의회 의원의 선거를 규율하는 공직선거법, 교육의 자주성·전문성과 지방교육의 특수성을 살리기 위한 지방교육자치에 관한 법률, 지방자치단체의 재정 및 회계에 관한 기본원칙 등을 규정한 지방재정법, 지방의 조세제도에 관한 지방세기본법·지방세법, 자치경찰제도의 도입·시행을 위한 국가경찰과 자치경찰의 조직 및 운영에 관한 법률[16] 그 외 지방공무원법, 지방공기업법, 주민등록법, 지방자치단체를 상대로 하는 계약에 관한 법률, 지방교부세법, 주민투표법, 주민소환에 관한 법률, 주민조례발안에 관한 법률, 중앙지방협력회의의 구성 및 운영에 관한 법률 등을 들 수 있다.

이 외에도 지방자치 개혁과 성숙한 지방자치의 발전을 모색하기 위한 특별법으로서, 지방분권 개혁과 지방행정체제의 발전적 개편을 모색하도록 하는 지방자치분권 및 지방행정체제개편에 관한 특별법, 지역 간 불균형 해소를 통하여 국민생활의 균등한 향상을

---

15) 이번 지방자치법 전부개정법률의 주요 내용과 전반적인 평가 및 과제 등에 관한 논의는 김남철, "지방자치법 전부개정에 대한 평가와 과제", 국가법연구 제17집 제1호, 2021. 2, 117~149쪽 등을 참조 바람.
16) 「국가경찰과 자치경찰의 조직 및 운영에 관한 법률」[시행 2021. 1. 1.] [법률 제17689호, 2020. 12. 22., 전부개정]은 기존의 경찰법이 전면 개정된 것으로서, 이 법률을 통하여 2021. 6. 30.까지 자치경찰사무의 수행에 관한 시범운영을 거쳐 2021. 7. 1.부터 (시·도 광역단위의) 자치경찰제도가 전면 실시되었다.

도모하는 국가균형발전특별법, 신행정수도 후속대책을 위한 연기·공주지역 행정중심복합도시 건설을 위한 특별법, 제주특별자치도 설치 및 국제자유도시 조성을 위한 특별법, 세종특별자치시 설치 등에 관한 특별법, 서울특별시 행정특례에 관한 법률 등을 들 수 있다.

## 3. 법규명령

법규명령이란 법률 또는 상위 법규명령의 위임이나 시행을 위하여 행정기관이 정립한 행정입법을 말한다. 대통령령(헌법 75조), 총리령·부령(헌법 95조) 등이 이에 해당하는데, 지방자치 관련 법규명령은 지방자치법 등 상위의 법률에서 위임된 사항을 구체화하거나 법률의 효과적인 시행을 위하여 필요한 것이지만, 국가의 행정기관이 지방자치를 제어 내지 관리하는 데 남용할 수도 있다는 점에서 유의를 요한다.[17)

## 4. 자치법규(조례·규칙)

자치법규란 개별 지방자치단체가 자치입법권에 기하여 법령의 범위 안에서 정립하는 자율적 규범으로서, 현행법상 지방의회가 의결하는 조례, 지방자치단체의 장이 정하는 규칙, 교육감이 정하는 교육규칙 등이 존재한다. 자치법규는 원칙적으로 당해 지방자치단체의 관할 구역 안에서 효력을 발한다는 점에서 국가의 법령에 위반할 수 없고 또한 기초지방자치단체의 자치법규는 광역지방자치단체의 자치법규에 반하여 규정되어서도 안 된다.


# 제7절 지방자치에 대한 법치주의의 역할과 기여


## Ⅰ. 지방자치와 객관적·주관적 법치주의

법치주의는 크게 객관적 법치주의(客觀的 法治主義)와 주관적 법치주의(主觀的 法治主義)의

---

17) 지방자치법 제28조 제2항은 "법령에서 조례로 정하도록 위임한 사항은 그 법령의 하위 법령에서 그 위임의 내용과 범위를 제한하거나 직접 규정할 수 없다."는 조항을 신설하여, 하위 행정입법(법규명령)을 통한 조례제정권의 침해나 제약을 원천적으로 방지하고자 하는 규정을 신설하기도 하였다.

측면을 갖는다. 먼저 객관적 법치주의[18]의 측면에서는 국가구조의 합리적 구성과 운영 그리고 이를 위한 법질서와 법절차를 추구하는데, 법치국가적 법질서를 형성하는 과정에서 헌법과 법령은 지방자치제도와 지방자치단체의 존립을 보장하면서 지방자치단체를 국가로부터 분리하는 수직적 권력분립을 통하여 권력의 제도적 다양성을 강화하며 지방자치권을 보장하는 기능을 수행한다. 한편 주관적 법치주의의 측면에서는 행정권 등 공권력에 대한 국민의 기본권이나 권리 보호기제(機制)의 완비를 추구하는데, 법치주의는 법률우위와 법률유보의 원리에 의거하여 지방행정권 등 공권력 행사의 법적인 근거와 한계를 설정함으로써 이를 통하여 지방행정의 적법성을 확보하고 나아가 주민의 권리 보호 및 구제에 기여하게 된다.

## II. 지방자치의 발전을 위한 법치주의의 역할과 기여

이처럼 법치주의는 지방자치의 제도적 형성과 확립에 관여할 뿐 아니라 자치행정과정에서 야기되는 권익 침해에 대한 객관적 안전망(安全網)으로서도 기능하게 되므로, 지방자치의 안착(安着)과 지속적인 발전을 위해서는 법치주의의 이념과 논리가 실정법령 등을 통하여 지방자치시스템의 형성과 운영에 부단히 투영될 필요가 크다. 지방자치가 복원되고 본격화함에 따라 지방자치의 장(場)에서는 급변하는 상황을 제어할 수 있는 새로운 질서형성요인으로서 법적 원칙과 기준과 같은 '객관적 규범척도'의 역할이 부각되고 있고 이에 기하여 국가와 지방자치단체도 종전의 단순 수직적 종속관계가 아니라 협력적 주체로서의 대등한 법관계로 재정립되어야 할 것이다.

이를 위하여 국가와 지방 사이의 상호 의사결정과정에의 참여 보장, 지방에 대한 국가관여의 원칙 확립과 한계의 설정, 국가관여의 법적 방식·기준·절차 등 국가관여의 법적 한계의 정립, 지방자치를 중시하는 국가입법원칙의 정립과 그러한 취지를 구현하는 입법관행의 형성, 지방자치권의 보호를 위한 사법(司法)적 분쟁해결제도의 완비 등이

---

18) 종래 법치주의는 주로 국가권력에 대하여 국민의 권리와 자유를 보호하는 소위 주관적 법치주의의 관점에서 이해되는 경향이 강했다. 그러나 법치주의의 참된 의미는 소위 객관적 법치주의, 즉 국가 전체의 합리적인 구성과 운영, 그리고 이를 위한 법질서 및 법절차의 확립에 있으며 개인의 권리 보호도 이것의 한 요소라고 할 수 있는 것이다. 이러한 객관적 법질서에 있어 지방자치제도가 중요한 한 축을 이루고 있음은 다언을 요하지 않으며, 지방자치에 관한 법치주의에 바로 우리나라 법치주의의 성패가 달려 있다고도 할 수 있다. 이상은 박정훈, "지방자치단체의 자치권을 보장하기 위한 행정소송", 지방자치법연구 제1권 제2호, 2001. 12, 10쪽.

추구되어야 할 것이다. 또한 지방분권을 통하여 확대된 지방 공권력에 대한 법치주의적 통제 강화를 통하여 지방행정의 책임성을 제고할 필요성도 크다. 이를 위하여 지방행정의 적법성 확보를 위한 주민소송을 비롯한 행정쟁송제도의 보완, 그 외 지방행정에 대한 국가감사체계의 재정비, 지방자치단체 내부의 자체감사체계의 강화, 주권의 지역적 주체인 주민에 의한 민주·법치적 통제장치(주민감사청구·주민소송·주민소환제 등)의 현실성 제고와 활성화를 위한 법제개선, 지방자치단체 내부의 자체법무조직의 재정비 및 지방행정의 담당자인 지방공직자에 대한 법적 소양 및 법지식에 대한 교육·연수의 강화, 주민의 대의기구인 지방의회의 자치입법기능의 확대 및 전문성의 제고 등이 지속적으로 추진되어야 할 것이다.[19]

　　민주주의의 근간이자 민주주의의 전개 현장인 지방자치의 보호와 육성 그리고 지방자치의 왜곡·변질의 방지를 위하여, 향후에도 지방자치에 관한 법원리·법해석에 관한 연구와 개발, 지방자치 관련 법령·자치법규 등 법제의 지속적 정비, 그리고 지방자치분쟁의 법적 해결 및 자치법제 발전의 새 물꼬는 트는 합리적이고 혁신적인 판례의 출현 등이 부단히 이루어지길 기대한다.

---

[19] 이상의 논술과 관련하여 지방자치와 법치주의의 상관성, 법치주의 관점에서 본 지방자치의 문제점, 향후 지방자치에 관한 법치주의의 확립 방향 등에 관한 보다 상세한 논술은 졸고 문상덕, "지방자치와 법치주의 – 분권적 법치국가시스템을 지향하며", 법과 사회 제25호, 2003, 161쪽~199쪽을 참조 바람.

# 제2장 지방자치단체 개관

## 제1절 지방자치단체의 개념과 법적 성격

### Ⅰ. 지방자치단체의 개념

지방자치단체란 국가의 영토의 일부를 구역으로 하고 그 주민을 인적 구성원으로 하여 구역 안의 모든 사람과 물건에 대하여 국법이 허용하는 범위 안에서의 자치권(지배권)을 가지는 법인격을 가진 지역적 자치단체를 말한다.

지방자치단체는 구역, 주민, 자치권을 그 구성요소로 하는데, 구역은 국가의 영토·영해의 일부로서 해당 지방자치단체의 자치권이 미치는 지리적 범위를 말하고, 주민은 해당 지방자치단체에 주소를 둔 국민으로서 지방자치단체의 인적 구성요소를 이루며, 자치권은 지방자치단체가 그 구역에서 자치사무를 자기의 책임으로 처리할 수 있는 권능·권한으로서 조직·입법·행정·재정 등에 관한 자치권을 아우르는 개념이다.

이러한 우리나라의 지방자치단체는 연방국가의 주(예컨대 미국의 State, 독일의 Land 등)나 국가 또는 지방자치단체의 하부 행정조직단위와는 구별되는 개념이라고 할 수 있다. 연방국가의 주는 그 관할구역 내에서 입법·사법·행정에 관한 준주권적 지위를 보유하고 상대적으로 국가적 성격이 강한 법주체이고, 국가나 지방자치단체의 하부 행정조직단위는 행정조직의 계층구조 안에서 행정능률적 조직원리에 입각하여 업무나 기능이 분장된 하부 행정단위를 말하는 것으로, 예컨대 국가 중앙행정기관에 소속된 하급행정기관 또는 지역 일선행정기관(특별지방행정기관)이나 지방자치단체인 인구 50만 이상의 시에 두는 구[20]나 제주특별자치도에 둔 행정시(제주시·서귀포시) 등의 하부 행정구역 내지 조직단위를 말하는 것이다.

## II. 지방자치단체의 법적 성격

### 1. 공법상 법인

지방자치단체는 공법상 법인이면서 그 구역 내의 주민을 인적 구성요소로 한다는 점에서 사단법인(社團法人)의 성격을 가진 것으로 본다. 지방자치법은 "지방자치단체는 법인으로 한다."(법 3조 1항)는 규정을 둠으로써 그 법인성을 명확히 하고 있다. 지방자치법을 공법으로 보는 이상 지방자치단체를 공법상 법인으로 보는 데는 이론이 없다고 하겠다. 지방자치단체는 법인으로서 독립적인 권리의무의 귀속주체가 될 수 있는 권리능력과 법률행위를 비롯한 법적 행위를 그 명의와 책임으로 할 수 있는 행위능력을 보유한다.

공법상 법인으로서 지방자치단체의 특성으로는, 그 설립과 고유의 명칭이 국가의 의사(법률)에 의하고 해산의 자유가 인정되지 않는 점, 목적이 법률에 규정되어 스스로 이를 변경할 수 없고 목적 수행의 의무가 부과되어 있는 점, 권리의무의 주체가 되어 스스로 재산을 취득·관리하고 사업을 수행하며 법률행위인 행정행위·계약 등을 할 수 있는 점, 당사자능력과 소송능력 등을 보유하여 스스로 제소하거나 피소될 수 있는 점, 자신에게 귀속되는 작위 또는 부작위의 효과에 대하여 책임을 부담하는 책임능력(불법행위능력)을 갖는 점[21] 등을 들 수 있다.

그러나 지방자치단체에게 형법상의 범죄능력이나 책임능력이 인정되지는 않으며, 다만 행정법상의 질서 위반과 관련한 양벌규정에 의하여 행위자(소속 공무원) 외에 법인도 처벌되는 경우에 지방자치단체도 그러한 법인에 해당하는 것으로 보고 있다.[22]

---

20) 후술하듯이 지방자치법 제2조 제2항에 의하면 지방자치단체인 구는 '자치구'라 하고 이것은 특별시·광역시의 관할 구역 안에 두는 구만을 말하는 것이다. 한편 법 제3조 제3항에 의하면 특별시·광역시 또는 특별자치시가 아닌 인구 50만 이상의 시에 자치구가 아닌 '구'를 둘 수 있는데 여기서의 구는 자치구가 아니라 기초지방자치단체인 인구 50만 이상의 시의 단순 하부 행정구역를 의미한다.
21) 홍정선, 新행정법특강(제19판), 박영사, 2020, 796쪽.
22) "지방자치단체 소속 공무원이 지방자치단체 고유의 자치사무를 수행하던 중 도로법 제81조 내지 제85조의 규정에 의한 위반행위를 한 경우에는 지방자치단체는 도로법 제86조의 양벌규정에 따라 처벌대상이 되는 법인에 해당한다고 할 것이다."(대법 2005. 11. 10. 선고 2004도2657 판결)

## 2. 공행정의 주체

지방자치단체는 지역의 행정사무의 수행과 관련하여 공행정의 주체(행정주체)의 성격을 가진다. 일반적으로 행정주체로는 시원적인 존재인 국가를 비롯하여 지방자치단체, 그 밖에 공법상 법인 등의 공공단체 등을 들 수 있는데, 지방자치단체는 헌법에 의해 일반적으로 그 존립이 보장되면서(개별 지방자치단체의 존립이 보장되는 것은 아님) 각 지역의 지방행정을 담당하고 그 사무를 집행하는 행정주체로서의 지위가 인정되고 있다.

이러한 지방자치단체의 행정주체성과 관련하여, 지방자치단체가 기본권의 주체도 될 수 있는지가 문제되는데, 헌법재판소는 지방자치단체는 기본권의 주체라기보다는 국민의 기본권을 보호 내지 실현해야 할 책임과 의무를 지닌 기본권의 수범자로 보고 있다.[23] 다만 지방자치단체도 독립법인으로서 그 법적 지위가 보장되고 소송과 관련하여 당사자능력과 소송능력이 인정되므로, 국가권력 등에 의한 자치권 침해가 있는 경우에는 재판청구권(제소권)과 같은 절차적 권리 등이 인정될 수 있다.


# 제2절 지방자치단체의 종류

헌법 제117조 제2항은 "지방자치단체의 종류는 법률로 정한다."고 규정하여 지방자치단체의 종류는 입법자의 입법재량에 놓인 법률사항이라고 할 수 있다. 현행법상 지방자치단체는 크게 보통지방자치단체와 특별지방자치단체로 구분되고 있다.

---

23) "기본권 보장규정인 헌법 제2장의 제목이 "국민의 권리와 의무"이고 그 제10조 내지 제39조에서 "모든 국민은 …… 권리를 가진다."고 규정하고 있으므로 이러한 기본권의 보장에 관한 각 헌법규정의 해석상 국민만이 기본권의 주체라 할 것이고, 공권력의 행사자인 국가, 지방자치단체는 기본권의 "수범자"이지 기본권의 주체가 아니고 오히려 국민의 기본권을 보호 내지 실현해야 할 '책임'과 '의무'를 지니고 있을 뿐이다. 그렇다면 이 사건에서 지방자치단체인 청구인은 기본권의 주체가 될 수 없고 따라서 청구인의 재산권 침해 여부는 더 나아가 살펴볼 필요가 없다."(헌재 2006. 2. 23. 선고 2004헌바50 결정)
그리고 지방의회의 기본권 주체성도 부인한 다음의 판례도 참조 "공법인인 지방자치단체의 의결기관인 청구인 의회는 기본권의 주체가 될 수 없고 따라서 헌법소원을 제기할 수 있는 적격이 없다."(헌재 1998. 3. 26. 선고 96헌마345 결정)

# Ⅰ. 보통지방자치단체

보통지방자치단체란 전국에 보편적으로 존재하고 그 설립목적, 조직·기능 등에 있어서 일반적 성격을 가지며 당해 구역 안에서 종합적인 자치기능을 수행하는 지방자치단체를 말한다.24) 지방자치법상 또는 일반적으로 지방자치단체라고 하면 이 보통지방자치단체를 말한다고 할 것이다. 보통지방자치단체의 종류에는 일반적으로 중층구조가 채택되어,25) 특별시·광역시·특별자치시·도·특별자치도(일반적으로 '시·도'로 약칭)와 시·군·구가 법정되어 있다(지방자치법 2조 1항). 통상 전자는 광역지방자치단체 후자는 기초지방자치단체로 불리는데, 이러한 개념은 법률상의 개념은 아니고 이론(강학) 내지 실제상의 개념이다. 광역지방자치단체인 시·도는 정부의 직할(直轄)로 두고, 기초지방자치단체인 시26)는 도의 관할 구역 안에, 군은 광역시나 도의 관할 구역 안에 두며, 자치구는 특별시와 광역시의 관할 구역 안에 둔다(지자법 3조 2항). 여기서 "직할"로 둔다는 것은 정부와 시·도 사이에 더 이상의 지방자치단체는 없다는 것을 의미하고, "관할 구역 안"에 둔다는 것은 그 구역의 내부에 둔다는 것을 의미할 뿐 각각 정부나 광역지방자치단체의 통제 하에 둔다는 것을 의미하는 것은 아니다. 광역 및 기초지방자치단체는 모두 독자적인 법주체로서 법령에 특별히 정함이 없는 한, 상호 상하관계에 있다기보다는 원칙적으로 독립적이고 대등한 지위를 가지며 각각의 역할 분담에 기초한 협력적 관계에 있다고 하겠다.

---

24) 김철용, 행정법(전면개정 제10판), 고시계사, 2021, 804쪽.
25) 다만 제주특별자치도와 세종특별자치시의 경우에는 각각 「제주특별자치도 설치 및 국제자유도시 조성을 위한 특별법」(약칭: 제주특별법) 제10조 제1항, 「세종특별자치시 설치 등에 관한 특별법」 제6조 제2항에 의해 그 관할구역에 기초지방자치단체를 두지 않으므로, 다른 광역지방자치단체와는 달리 단층구조로 되어 있다.
26) 지방자치법 제10조(시의 설치기준) ① 시는 그 대부분이 도시의 형태를 갖추고 인구 5만 이상이 되어야 한다.
　② 다음 각 호의 어느 하나에 해당하는 지역은 도농(都農) 복합형태의 시로 할 수 있다.
　1. 제1항에 따라 설치된 시와 군을 통합한 지역
　2. 인구 5만 이상의 도시 형태를 갖춘 지역이 있는 군
　3. 인구 2만 이상의 도시 형태를 갖춘 2개 이상의 지역 인구가 5만 이상인 군. 이 경우 군의 인구는 15만 이상으로서 대통령령으로 정하는 요건을 갖추어야 한다.
　4. 국가의 정책으로 인하여 도시가 형성되고, 제128조에 따라 도의 출장소가 설치된 지역으로서 그 지역의 인구가 3만 이상이며, 인구 15만 이상의 도농 복합형태의 시의 일부인 지역

## II. 특별지방자치단체

특별지방자치단체란 보통지방자치단체 외에 특정한 목적을 수행하기 위하여 필요한 경우에 설치할 수 있는 지방자치단체이다. 지방자치법은 보통지방자치단체 외에 "특정한 목적을 수행하기 위하여 필요하면 따로 특별지방자치단체를 설치할 수 있다. 이 경우 특별지방자치단체의 설치 등에 관하여는 제12장에서 정하는 바에 따른다."(지자법 2조 3항)고 규정하고, 이어 제12장을 특별지방자치단체의 장으로 신설하여 제199조부터 제211조까지 13개 조문을 할애하여 특별지방자치단체의 설치, 구역, 규약, 기관구성 및 조직, 운영 등에 관한 상세한 규정을 두고 있다.[27] 이에 따르면 "2개 이상의 지방자치단체가 공동으로 특정한 목적을 위하여 광역적으로 사무를 처리할 필요가 있을 때에는 특별지방자치단체를 설치할 수 있다."(지자법 199조 1항) 특별지방자치단체제도에 관한 자세한 내용은 제9장에서 후술(後述)한다.

한편 전부개정 전의 지방자치법은 특별지방자치단체와 관련하여 그 설치·운영에 관하여 필요한 사항을 대통령령으로 정하도록 하고 있었으나 그러한 대통령령이 제정되지 않음으로 인해 실제로 특별지방자치단체가 설치된 적은 없었다. 그리고 종전의 지방자치법 제8장 제3절 제159조~제164조에 규정되었던 지방자치단체조합의 법적 성격을 둘러싸고 특별지방자치단체의 일종인지에 관하여 견해가 갈리기도 했는데,[28] 이와 관련하여 필자는 당시 특별지방자치단체의 직접적 설치근거가 되는 대통령령이 제정되지 않았던 반면, 지방자치단체조합은 법률인 지방자치법에 직접 근거한 것으로서 지방자치법 체계상으로도 특별지방자치단체에 관한 규정과는 상관없이 지방자치단체 간의 협력수단의 하나로 규정되었던 것이며, 특별지방자치단체도 지방자치단체인 이상 구역·주민·자치권을 그 구성요소로 하면서 지방자치단체의 장과 의회를 두는 등 지방자치단체로서의 최소한의

---

27) 지방자치법 전부개정법률에 반영된 정부의 특별지방자치단체 도입안의 개요와 유사제도와의 비교, 도입안의 쟁점별 분석 및 보완의견 등에 관하여는 졸고 문상덕, "지방자치단체 연계 협력 강화를 위한 지방자치법의 개정과 공법적 평가 – 정부의 특별지방자치단체 도입안을 중심으로 –", 지방자치법연구 제19권 제3호, 2019. 9, 171~192쪽을 참조 바람.

28) 지방자치단체조합의 법적 성격에 대해서는 이를 특별지방자치단체로 보는 대표적인 견해(홍정선, 新지방자치법(제3판), 박영사, 2015, 611쪽; 최우용, "지방자치법상 지방자치단체조합에 관한 한·일 비교", 지방자치법연구 제19권 제1호, 2019. 3, 31쪽 등)와 단순한 법인인 조합으로서 특별지방자치단체로는 보기 어렵거나 그 법적 성격을 판단하기 어렵다는 보는 대표적인 견해(이상수, "지방자치단체 간 사무의 공동처리를 위한 협력방안의 연구", 지방정부연구 7(1), 2003. 5, 143쪽; 김길수, "광역행정 實效化를 위한 특별지방자치단체의 도입에 관한 연구", 한국자치행정학보 제22권 제2호, 2008, 438쪽)로 나뉘어져 있었다고 할 수 있다.

요소를 갖추어야 하는데 지방자치단체조합은 그러한 구성요소들을 갖추고 있다고 하기는 어렵기 때문에, 지방자치단체조합은 특별지방자치단체의 일종으로 보기는 어렵다고 한 바가 있다.[29]

## 제3절 지방자치단체의 명칭과 구역

### I. 지방자치단체의 명칭

지방자치단체의 명칭은 종전(지방자치법 시행 전)과 같이 하고, 이를 바꾸고자 할 때에는 관계 지방의회의 의견을 들어(다만, 주민투표법 제8조에 따라 주민투표를 한 경우에는 그러하지 아니함) 법률로 정한다. 다만, 지방자치단체의 한자 명칭의 변경은 관계 지방의회의 의견을 들어 대통령령으로 정한다(이상 지자법 5조 1·2항).

### II. 지방자치단체의 구역

### 1. 구역의 의의

지방자치단체의 구역이란 국가의 영토 중 지방자치단체의 권한(자치권)이 미치는 지역적 범위를 말한다. 지방자치단체의 구역에는 육지뿐만 아니라 구역 안에 있는 하천·호소 등의 수하천·육지에 접속하는 바다(해면)도 포함된다.[30] 구역의 상공이나 지하도 그 권능이 실질적으로 미치는 범위에 있어서는 자치권의 객체가 된다.

구역의 범위 내지 경계와 관련하여, 지방자치단체의 구역은 원칙적으로 토지를 기초로 이루어지는데 이러한 토지(육지)에 대한 구역은 지적법에 따라 작성된 지적공부의 기재를 기준으로 정해진다.[31] 이에 대하여, 바다(해면)와 같은 공유수면의 해상경계에 관하여는 명시적인 법령상의 규정이 존재한 바 없으므로, 이에 대하여는 불문법상으로 존재한다면

---

29) 동지의 견해로 김철용, 행정법, 805쪽 참조.
30) 헌재 2010. 6. 24. 선고 2005헌라9 결정, 헌재 2015. 7. 30. 선고 2010헌라2 결정.
31) 헌재 2008. 12. 26. 선고 2005헌라11 전원재판부 결정.

그에 따라야 하고 불문법도 존재하지 않으면, 헌법재판소가 지리상의 자연적 조건, 관련 법령의 현황, 연혁적인 상황, 행정권한 행사 내용, 사무 처리의 실상, 주민의 사회·경제적 편익 등을 종합하여 형평의 원칙에 따라 합리적이고 공평하게 해상경계선을 획정할 수밖에 없다고 보고 있다.[32]

## 2. 구역의 변경

지방자치법상 지방자치단체의 구역은 종전과 같이 한다(지자법 5조 1항). 이것은 지방자치법 시행 시 존재한 구역을 그대로 답습한다는 것을 의미하며, 이에 관한 사항을 규정한 법령의 개정 연혁에 비추어 보면 '종전'이라는 기준은 최초로 제정된 법률조항까지 순차 거슬러 올라가게 되어 결국 1948. 8. 15. 당시 존재하던 관할구역의 경계가 원천적인 기준이 된다.[33] 다만 지방자치단체의 구역도 자연현상에 의하여 변경되는 경우도 있고, 법률상으로는 지방자치단체의 폐치(廢置)·분합(分合)[34]과 같이 지방자치단체의 존폐와 관련되는 경우나 그와는 직접 관련 없는 경계변경의 경우가 있을 수 있다. 헌법에 의한 지방자치단체 존립의 일반적 보장에도 불구하고 개별 지방자치단체의 존립까지 보장되는 것은 아니므로 지방자치단체의 폐치·분합이나 경계변경은 가능하다고 하겠다. 지방자치단체의 구역을 바꾸거나 지방자치단체를 폐지하거나 설치하거나 나누거나 합칠 때에는 관

---

32) 헌재 2015. 7. 30. 선고 2010헌라2 결정. 헌법재판소는 이 결정에서, 종전에 해상경계는 국가기본도상의 해상경계선을 기준으로 보았지만 이러한 해상경계선은 국토지리정보원이 국가기본도상 도서 등의 소속을 명시할 필요가 있는 경우 해당 행정구역과 관련하여 표시한 선으로서, 여러 도서 사이의 적당한 위치에 각 소속이 인지될 수 있도록 실지측량 없이 표시한 것에 불과하므로, 이 해상경계선을 공유수면에 대한 불문법상 행정구역에 경계로 인정해 온 종전의 결정은 다음과 같이 변경하기로 하였다. 즉 헌법재판소가 지리상의 자연적 조건, 관련 법령의 현황, 연혁적인 상황, 행정권한 행사 내용, 사무 처리의 실상, 주민의 사회·경제적 편익 등을 종합하여 형평의 원칙에 따라 합리적이고 공평하게 해상경계선을 획정할 수밖에 없다는 것이다. 이 변경된 기준을 적용하여 헌법재판소는 동 사안에 대하여 홍성군과 태안군 사이의 해상경계선은 각 육상지역과 죽도, 안면도, 황도의 각 현행법상 해안선(약최고고조면 기준 — 일정 기간 조석을 관측하여 분석한 결과 가장 높은 해수면)만을 고려하여 등거리 중간선 원칙에 따라 획정한 선으로 한다고 결정한 바 있다.
33) 헌재 2019. 4. 11. 선고 2015헌라2 결정.
34) 지방자치단체의 폐·치·분·합(廢置分合)이란 각각 ① 하나의 지방자치단체를 폐지하고 그 구역을 인접한 다른 지방자치단체의 구역에 편입하는 것, ② 하나의 지방자치단체의 구역 일부를 할애하여 새로 독자적인 지방자치단체를 설립하는 것, ③ 기존의 지방자치단체를 아주 폐지하고 그 구역을 나누어 수개의 새로운 지방자치단체를 설립하는 것, ④ 둘 이상의 지방자치단체를 합병하여 그 구역에 새로운 하나의 지방자치단체를 설립하는 것을 말한다(김철용, 행정법, 807쪽). 지방자치단체의 폐·치·분·합의 경우(구역 변경의 경우 포함)에는 새로 그 지역을 관할하게 된 지방자치단체가 그 사무와 재산을 승계한다. 다만 지역으로 지방자치단체의 사무와 재산을 구분하기 곤란하면 시·도에서는 행정안전부장관이, 시·군 및 자치구에서는 시·도지사가 그 사무와 재산의 한계 및 승계할 지방자치단체를 지정한다(지자법 8조).

계 지방의회의 의견을 들어(다만, 주민투표법 제8조에 따라 주민투표를 한 경우에는 그러하지 아니함) 법률로 정하고, 지방자치단체의 구역 변경 중 관할 구역 경계변경은 대통령령으로 정한다. 이 경우 경계변경의 절차는 이번 지방자치법 전부개정으로 신설된 제6조에서 정한 절차에 따른다(지자법 5조 1항·2항).[35)36)]

---

35) 종전의 지방자치법의 본 조항의 규정내용과 관련하여, 구역의 경계변경도 구역의 일부 변경을 가져오므로 관할 구역의 경계변경과 구역변경의 구분이 문제될 수 있기 때문에 양자의 개념을 분명히 하는 입법적 보완이 필요하다는 지적(홍정선, 新지방자치법, 144쪽)이 있었는데, 이번 지방자치법 전부개정법률에서는 이에 관하여 구역변경 중 관할 구역의 경계변경에 관하여는 (법률이 아니라) 대통령령으로 정하되 경계변경의 절차는 법 제6조에서 정한 절차에 따르도록 하여 구체적인 입법적 보완을 하게 되었다.

36) 지방자치법 제6조(지방자치단체의 관할 구역 경계변경 등) ① 지방자치단체의 장은 관할 구역과 생활권과의 불일치 등으로 인하여 주민생활에 불편이 큰 경우 등 대통령령으로 정하는 사유가 있는 경우에는 행정안전부장관에게 경계변경이 필요한 지역 등을 명시하여 경계변경에 대한 조정을 신청할 수 있다. 이 경우 지방자치단체의 장은 지방의회 재적의원 과반수의 출석과 출석의원 3분의 2 이상의 동의를 받아야 한다.
② 관계 중앙행정기관의 장 또는 둘 이상의 지방자치단체에 걸친 개발사업 등의 시행자는 대통령령으로 정하는 바에 따라 관계 지방자치단체의 장에게 제1항에 따른 경계변경에 대한 조정을 신청하여 줄 것을 요구할 수 있다.
③ 행정안전부장관은 제1항에 따른 경계변경에 대한 조정 신청을 받으면 지체 없이 그 신청 내용을 관계 지방자치단체의 장에게 통지하고, 20일 이상 관보나 인터넷 홈페이지에 게재하는 등의 방법으로 널리 알려야 한다. 이 경우 알리는 방법, 의견의 제출 등에 관하여는 「행정절차법」 제42조·제44조 및 제45조를 준용한다.
④ 행정안전부장관은 제3항에 따른 기간이 끝난 후 지체 없이 대통령령으로 정하는 바에 따라 관계 지방자치단체 등 당사자 간 경계변경에 관한 사항을 효율적으로 협의할 수 있도록 경계변경자율협의체(이하 이 조에서 "협의체"라 한다)를 구성·운영할 것을 관계 지방자치단체의 장에게 요청하여야 한다.
⑤ 관계 지방자치단체는 제4항에 따른 협의체 구성·운영 요청을 받은 후 지체 없이 협의체를 구성하고, 경계변경 여부 및 대상 등에 대하여 같은 항에 따른 행정안전부장관의 요청을 받은 날부터 120일 이내에 협의를 하여야 한다. 다만, 대통령령으로 정하는 부득이한 사유가 있는 경우에는 30일의 범위에서 그 기간을 연장할 수 있다.
⑥ 제5항에 따라 협의체를 구성한 지방자치단체의 장은 같은 항에 따른 협의 기간 이내에 협의체의 협의 결과를 행정안전부장관에게 알려야 한다.
⑦ 행정안전부장관은 다음 각 호의 어느 하나에 해당하는 경우에는 위원회의 심의·의결을 거쳐 경계변경에 대하여 조정할 수 있다.
 1. 관계 지방자치단체가 제4항에 따른 행정안전부장관의 요청을 받은 날부터 120일 이내에 협의체를 구성하지 못한 경우
 2. 관계 지방자치단체가 제5항에 따른 협의 기간 이내에 경계변경 여부 및 대상 등에 대하여 합의를 하지 못한 경우
⑧ 위원회는 제7항에 따라 경계변경에 대한 사항을 심의할 때에는 관계 지방의회의 의견을 들어야 하며, 관련 전문가 및 지방자치단체의 장의 의견 청취 등에 관하여는 제5조제8항을 준용한다.
⑨ 행정안전부장관은 다음 각 호의 어느 하나에 해당하는 경우 지체 없이 그 내용을 검토한 후 이를 반영하여 경계변경에 관한 대통령령안을 입안하여야 한다.
 1. 제5항에 따른 협의체의 협의 결과 관계 지방자치단체 간 경계변경에 합의를 하고, 관계 지방자치단체의 장이 제6항에 따라 그 내용을 각각 알린 경우
 2. 위원회가 제7항에 따른 심의 결과 경계변경이 필요하다고 의결한 경우
⑩ 행정안전부장관은 경계변경의 조정과 관련하여 제7항에 따라 위원회의 심의를 할 때 같은 시·도 안에 있는 관계 시·군 및 자치구 상호 간 경계변경에 관련된 비용 부담, 행정적·재정적 사항 등에 관하여 조정이 필요한 경우 제165조 제1항부터 제3항까지의 규정에도 불구하고 당사자의 신청 또는 직권으로 위원회의 심의·의결에 따라 조정할 수 있다. 이 경우 그 조정 결과의 통보 및 조정 결정 사항의 이행은

## 3. 매립지 등의 귀속의 특례

공유수면 관리 및 매립에 관한 법률에 따른 매립지와 공간정보의 구축 및 관리 등에 관한 법률 제2조 제19호의 지적공부에 등록이 누락되어 있는 토지는, 그 귀속될 지방자치단체를 행정안전부장관이 지방자치단체중앙분쟁조정위원회의 심의·의결에 따라 결정한다(지자법 5조 4~8항). 전자의 경우에는 매립 면허관청 또는 관련 지방자치단체의 장이 준공검사 전에, 후자의 경우에는 지적소관청이 지적공부에 등록하기 전에 각각 행정안전부장관에게 해당 지역의 위치, 귀속희망 지방자치단체 등을 명시하여 그 지역이 속할 지방자치단체의 결정을 신청하여야 한다. 이 경우 매립지의 매립면허를 받은 자는 면허관청에 해당 매립지가 속할 지방자치단체의 결정 신청을 요구할 수 있다.

결정 신청을 받은 행정안전부장관은 지체 없이 그 신청내용을 20일 이상 관보나 인터넷 홈페이지에 게재하는 등의 방법으로 널리 알려야 하고(알리는 방법, 의견 제출 등에 관하여는 행정절차법 제42조·제44조 및 제45조 준용), 위 알림기간이 끝나면 다음 각 호[37])에서 정하는 바에 따라 결정하고, 그 결과를 면허관청이나 지적소관청, 관계 지방자치단체의 장 등에게 통보하고 공고하여야 한다. 행정안전부장관의 귀속 결정에 대하여 이의가 있는 관계 지방자치단체의 장은 그 결과를 통보받은 날부터 15일 이내에 대법원에 소송을 제기할 수 있고, 대법원의 인용결정이 있는 경우에는 행정안전부장관은 그 취지에 따라 다시 결정하여야 한다(지자법 5조 9~10항).

이러한 매립지 등의 귀속방법에 관한 특례는 2009. 4. 1. 지방자치법의 개정(법률 제9577호)으로 종전 지방자치법 제4조가 신설되면서 적용되기 시작하였는데, 이에 따라 그

---

제165조 제4항부터 제7항까지의 규정에 따른다.
37) 지방자치법 제5조 제7항
   1. 제6항에 따른 기간 내에 신청내용에 대하여 이의가 제기된 경우: 제166조에 따른 지방자치단체중앙분쟁조정위원회의 심의·의결에 따라 제4항 각 호의 지역이 속할 지방자치단체를 결정
   2. 제6항에 따른 기간 내에 신청내용에 대하여 이의가 제기되지 아니한 경우: 위원회의 심의·의결을 거치지 아니하고 신청내용에 따라 제4항 각 호의 지역이 속할 지방자치단체를 결정
   그리고 행정안전부장관은 매립지 또는 지적공부 등록누락 토지의 지역이 속할 지방자치단체 결정과 관련하여 위 제7항 제1호에 따라 위원회의 심의를 할 때 같은 시·도 안에 있는 관계 시·군 및 자치구 상호간 매립지 조성 비용 및 관리 비용 부담 등에 관한 조정(調整)이 필요한 경우 지방자치법 제165조 제1항부터 제3항까지의 규정에도 불구하고 당사자의 신청 또는 직권으로 위원회의 심의·의결에 따라 조정할 수 있다. 이 경우 그 조정 결과의 통보 및 조정 결정 사항의 이행은 제165조 제4항부터 제7항까지의 규정에 따른다(지자법 5조 11항). 또한 위원회의 위원장은 제7항 제1호에 따른 심의과정에서 필요하다고 인정되면 관계 중앙행정기관 및 지방자치단체의 공무원 또는 관련 전문가를 출석시켜 의견을 듣거나 관계 기관이나 단체에 자료 및 의견 제출 등을 요구할 수 있다. 이 경우 관계 지방자치단체의 장에게는 의견을 진술할 기회를 주어야 한다(지자법 5조 8항).

이전까지 매립지 등의 관할 결정의 준칙으로 적용되어 온 지형도상 해상경계선 기준이 가지던 관습법적 효력은 위 법 개정으로 매립지 등에 대하여는 변경 내지 제한되게 되었다고 할 수 있다.[38]

## 4. 지방자치단체의 하부 행정구역

특별시·광역시 및 특별자치시가 아닌 인구 50만 이상의 시에는 자치구가 아닌 구를 둘 수 있고, 군에는 읍[39]·면을 두며, 시와 구(자치구 포함)에는 동을, 읍·면에는 리를 둔다. 법 제10조 제2항에 따라 설치된 시(도농복합형태의 시)에는 도시의 형태를 갖춘 지역에는 동을, 그 밖의 지역에는 읍·면을 두되, 자치구가 아닌 구를 둘 경우에는 그 구에 읍·면·동을 둘 수 있다. 특별자치시와 특별자치도의 하부행정기관에 관한 사항은 따로 법률로 정한다(지자법 3조 3~5항).

자치구가 아닌 구와 읍·면·동의 명칭과 구역은 종전과 같이 하고, 이를 폐지하거나 설치하거나 나누거나 합칠 때에는 행정안전부장관의 승인을 받아 그 지방자치단체의 조례로 정한다. 다만, 명칭과 구역의 변경은 그 지방자치단체의 조례로 정하고, 그 결과를 특별시장·광역시장·도지사에게 보고하여야 한다. 리의 구역은 자연 촌락을 기준으로 하되, 그 명칭과 구역은 종전과 같이 하고, 명칭과 구역을 변경하거나 리를 폐지하거나 설치하거나 나누거나 합칠 때에는 그 지방자치단체의 조례로 정한다. 기타 인구 감소 등 행정여건 변화로 인하여 필요한 경우 그 지방자치단체의 조례로 정하는 바에 따라 2개 이상의 면을 하나의 면으로 운영하는 등 행정 운영상 면(행정면)을 따로 둘 수 있고, 동·리에서는 행정 능률과 주민의 편의를 위하여 그 지방자치단체의 조례로 정하는 바에 따라 하나의 동·리를 2개 이상의 동·리로 운영하거나 2개 이상의 동·리를 하나의 동·리로 운영하는 등 행정 운영상 동·리(행정동·행정리)를 따로 둘 수 있다. 그리고 행정동에 그 지방자치단체의 조례로 정하는 바에 따라 통 등 하부 조직을 둘 수 있고, 행정리에도 그 지방자치단체의 조례로 정하는 바에 따라 하부 조직을 둘 수 있다(이상 지자법 7조).

---

38) 대법 2013. 11. 14. 선고 2010추73 판결.
39) 읍의 설치기준(지자법 10조 3항) 읍은 그 대부분이 도시의 형태를 갖추고 인구 2만 이상이 되어야 한다. 다만, 다음 각 호의 어느 하나에 해당하면 인구 2만 미만인 경우에도 읍으로 할 수 있다.
   1. 군사무소 소재지의 면
   2. 읍이 없는 도농 복합형태의 시에서 그 시에 있는 면 중 1개 면

## Ⅲ. 지방자치단체의 사무소의 소재지

지방자치단체의 사무소 소재지와 자치구가 아닌 구 및 읍·면·동의 사무소 소재지는 종전과 같이 하고, 이를 변경하거나 새로 설정하려면 지방자치단체의 조례로 정하는데(이 경우 면·동은 행정면·행정동(行政洞)을 말함), 이와 같이 조례로 정할 때에는 그 지방의회의 재적의원 과반수의 찬성이 있어야 한다(지자법 9조).

# 제3장 지방자치단체의 주민

## 제1절 주민의 의의

　주민이란 지방자치단체의 인적 구성요소로서, 지방자치단체의 구역 안에 주소를 가진 자는 그 지방자치단체의 주민이 된다(지자법 16조). 주민의 자격은 본인의 의사와는 무관하게 법률의 규정에 의하여 그 구성요건이 충족된 경우에 당연히 취득된다.

　지방자치단체의 주민이 되는 것은 공법관계의 문제라고 할 것인데, 주민등록법에 의하면 다른 법률에 특별한 규정이 없으면 주민등록지를 공법관계에서의 주소로 한다고 규정하고 있으므로(주민등록법 23조 1항), 지방자치단체의 주민이란 지방자치단체의 구역 안에 주소, 즉 주민등록법상의 주민등록지가 있는 자를 말한다고 하겠다.[40]

　주민은 국민에 국한되지 않으므로 외국인의 경우에도 일정한 조건하에 주민이 될 수 있다. 출입국관리법에 의하면 외국인등록 및 체류지변경신고는 주민등록 및 전입신고를 갈음한다고 규정하므로(출입국관리법 88조의2 2항), 등록된 외국인의 체류지는 곧 주민등록지와 같은 의미를 가지는 것으로 해석할 수 있고, 따라서 이러한 외국인은 체류지를 관할하는 지방자치단체의 주민의 지위를 가지게 된다고 하겠다. 다만 외국인인 주민은 일정한 경우 법률상 참정권이 제한되기도 한다.[41]

---

40) 김남철, 행정법강론(제5판), 박영사, 2019, 1040쪽.
41) 박균성, 행정법강의(제17판), 박영사, 2020, 979쪽. 예컨대 외국인인 주민의 경우, 지방선거에서의 선거권은 출입국관리법 제10조에 따른 영주의 체류자격 취득일 후 3년이 경과한 자로서 같은 법 제34조에 따라 해당 지방자치단체의 외국인등록대장에 올라 있는 외국인에 한해서만 인정된다(공직선거법 15조 2항 3호).

또한 주민은 자연인에 국한되지 않으므로 법인의 경우에도 일정한 요건 하에 주민이 될 수 있다. 주민등록법은 법인의 주민등록에 대하여는 규정하고 있지 않으므로, 법인의 경우에는 지방자치단체의 구역 안에 주소, 즉 주된 사무소의 소재지(민법 36조) 또는 본점의 소재지(상법 171조)가 있는 경우 주민으로서의 지위를 가진다고 할 것이다. 그러나 법인이 주민으로서 가지는 권리와 의무는 자연인인 주민에 비하면 상당히 제한적이라고 할 수 밖에 없을 것이다.

한편 우리나라의 지방자치단체는 기초와 광역의 중층구조를 채택하고 있으므로, 기초지방자치단체(시·군·자치구)의 주민은 동시에 해당 구역을 관할하는 광역지방자치단체(시·도)의 주민이 되기도 한다.42)

## 제2절 주민의 권리

### I. 의의

주민은 주권의 지역적 주체이고 행정주체인 지방자치단체의 인적 구성요소로서 지방자치법을 비롯한 법령과 자치법규 등에 의하여 다양한 권리(주관적 공권)가 인정되고 있는데, 먼저 소속 지방자치단체의 재산과 공공시설을 이용할 권리와 그 지방자치단체로부터 균등하게 행정의 혜택을 받을 권리, 그리고 지방의 정치·행정과정에 적극적으로 참여할 수 있는 권리로서 지방 선거권·피선거권, 주민투표권, 조례의 제정·개폐청구권, 주민소환권 등 다양한 참여권이 인정되고 있다.

---

42) 다만, 단층구조를 가진 제주특별자치도와 세종특별자치시는 그 관할 구역 안에 기초지방자치단체가 없으므로 예외가 된다.

## II. 재산·공공시설 이용권과 균등하게 행정의 혜택을 받을 권리

## 1. 지방자치단체의 재산 및 공공시설 이용권

### (1) 의의

지방자치단체의 주민은 법령으로 정하는 바에 따라 소속 지방자치단체의 재산과 공공시설을 이용할 권리를 가진다(지자법 17조 2항). 주민은 지방세 등의 납세자로서 그러한 재원으로 설치되거나 운영되는 소속 지방자치단체의 재산과 공공시설을 당연히 이용할 권리가 있음을 확인하고 있는 것이다.

### (2) 이용권의 대상

주민의 이용권의 대상은 소속 지방자치단체의 재산과 공공시설이다. 재산이란 현금 외의 모든 재산적 가치가 있는 물건과 권리를 말하는데, 지방자치단체는 행정목적을 달성하기 위한 경우나 공익상 필요한 경우에는 이러한 재산을 보유할 수 있다(지자법 159조 1항). 지방자치단체의 재산과 공공시설은 개념적으로 구별된다고 할 수 있지만, 여기서의 재산과 공공시설은 지방자치단체가 소유하는 것 뿐 아니라 사용권 등의 권원(權原)을 가진 것이면 문제되지 않으며, 이러한 재산과 공공시설 중 주민의 이용에 제공된 것에 한정된다고 할 것이다. 이용권의 대상이 되는 주된 재산과 공공시설로는, 학문상의 공공용(公共用)공물, 영조물, 공익사업을 수행하는 공기업과 그 물적 시설 등을 들 수 있다.

### (3) 이용권의 주체

이용권의 주체는 해당 지방자치단체의 주민이다. 주민인 이상 자연인과 법인, 내국인과 외국인을 구별하지 않는다. 이용권은 당해 지방자치단체의 주민의 권리이므로, 주민이 아닌 자, 즉 비주민에 대하여는 합리적인 범위 내에서 이용의 제한 내지 차등을 두는 것이 가능하다.[43] 다만 주민이 아닌 경우에도, 당해 지방자치단체 구역

---

43) 예컨대 주민에게는 시립공원의 입장료를 할인해 주면서 비주민에게는 할인혜택을 주지 않는 경우 이러한

안에 거소가 있거나 토지나 영업소 등이 있는 자는, 그 거소나 토지·영업소와 관련되는 범위 안에서 당해 지방자치단체의 주민에 준하여 공공시설의 이용권을 가진다고 할 것이다.[44]

### (4) 이용권의 범위와 한계

주민의 이용권도 절대적인 권리는 아니므로, 도로법, 하천법과 같은 법령이나 자치법규의 범위 안에서만 이용권이 인정된다. 그 외 공물의 공용개시에 의해 정해진 목적 범위, 위험방지와 같은 경찰목적, 공공시설의 수용능력이나 유지·관리를 위한 제한 범위 안에서 이용권이 인정된다고 할 수 있다.

## 2. 균등하게 행정의 혜택을 받을 권리

주민은 법령으로 정하는 바에 따라 지방자치단체로부터 균등하게 행정의 혜택을 받을 권리를 가진다(지자법 17조 2항). 즉 주민은 지방자치단체가 제공하는 행정서비스로부터 정당하거나 합리적인 사유 없이 불평등한 처우를 받지 않을 권리를 가진다는 것이다. 다만 이 규정은 지방자치단체로부터 균등하게 행정의 혜택을 받을 권리를 추상적이고 선언적으로 규정한 것이므로, 이 규정에 의하여 주민에게 구체적이고 특정한 권리가 발생한다거나 지방자치단체의 구체적인 의무가 발생한다고 하기는 어렵다고 할 것이다.[45]

---

이용료 차등도 가능하다고 할 것이다. 시립공원의 설치·운영 경비의 주요 재원은 당해 지방자치단체의 주민이 납부하는 세금에서 충당될 것이므로, 담세자인 주민과 비담세자인 비주민에 대하여 입장료의 차등을 두는 것은 합리적인 것으로서 용인될 수 있을 것이기 때문이다.

44) 김남철, 행정법강론, 2019, 1041쪽.

45) "지방자치법 제13조 제1항은 주민이 지방자치단체로부터 행정적 혜택을 균등하게 받을 수 있다는 권리를 추상적이고 선언적으로 규정한 것으로서, 위 규정에 의하여 주민이 지방자치단체에 대하여 구체적이고 특정한 권리가 발생하는 것이 아닐 뿐만 아니라, 지방자치단체가 주민에 대하여 균등한 행정적 혜택을 부여할 구체적인 법적 의무가 발생하는 것도 아니므로…"(대법 2008. 6. 12. 선고 2007추42 판결)

## Ⅲ. 주민참여권

### 1. 주민참여권의 의의·기능·유형

#### (1) 의의

주민에게 지방의 정치·행정과정에 참여할 수 있는 다양한 권리를 법적으로 보장하는 것은, 주민참여를 제도화하고 이를 강화하는 의미와 효과가 있다. 지방자치에 있어서 주민참여는 지방자치의 본질적 요소인 주민에 의한 자기통치(주민자치)를 구현하는 직접민주주의적인 수단으로서, 지방의 정치·행정과정에 대한 민주성과 책임성을 제고하고 이념적으로는 풀뿌리 민주주의를 실현하는데 기여할 수 있다는 점에서 그 의의를 찾을 수 있다.

그동안 지방분권의 확대에 따라 지방자치체제에 있어서 단체자치의 측면은 점진적으로 개선되어 왔는데, 이제 자치권 확대에 상응하는 행정의 민주성과 책임성의 확보 또한 중요해졌다고 하겠다. 지방행정의 책임성 확보는 국가감독과 같은 외부통제나 지방조직 내부의 자율통제의 강화를 통해서도 어느 정도 달성될 수 있지만, 풀뿌리 민주주의라는 지방자치의 본질상, 주권의 지역적 주체인 주민에 의한 민주적 통제를 강화하여 이를 확보하는 것 또한 매우 유의미하다고 하겠다. 이와 같이 주민참여는 바로 간접민주적 대의제 시스템의 한계에 따르는 지방행정의 민주성과 책임성의 확보를 강화하기 위해서 주권의 지역적 주체인 주민의 직·간접적 참여를 확대하는 수단이라고 할 것이다. 이러한 견지에서, 지방자치법 전부개정법률에서도 주민의 권리에 관한 제17조 제1항을 신설하여 "주민은 법령으로 정하는 바에 따라 주민생활에 영향을 미치는 지방자치단체의 정책의 결정 및 집행 과정에 참여할 권리를 가진다."고 명시적으로 선언하기에 이르렀다.

#### (2) 기능

주민참여권을 법정하고 주민참여를 제도화하게 되면, 주민들로 하여금 보다 접근이 수월한 제도적 참여방법을 선택하게 하여 비제도적 참여(시민운동, 시위·데모, 폭동 등)를 대체할 수 있게 함으로써 그로 인하여 발생하는 문제점을 감쇄시키는 효과가 있다. 즉 주민이 법의 테두리 내에서 지방의 정치·행정과정에 안정적으로 참여할 수 있게 됨으로써, 공익을 신장시키고 의회의 대의기능을 보완하며 소외계층의 정책참여를 강화할 수 있는 효과를 기대할 수 있는 한편 이와 같은 제도적 참여의 보장을 통하여 주민의 의견을 정책에 반영할 수 있는 가능성도 높일 수 있는 것으로 평가된다.

### (3) 유형

일반적으로 주민참여의 유형 내지 형태와 관련하여서는, 지방자치단체의 업무수행과정(의사결정과정 내지 집행과정 등), 직접 또는 간접민주적 참여 여부, 참여자의 자발성 여부, 참여의 제도화 여부 등을 기준으로 다양하게 분류될 수 있다.[46] 지방자치법을 비롯한 현행법상 주민의 공권으로 인정된 주민참여권으로는 지방 선거권·피선거권, 주민투표권, 조례의 제정·개폐청구권, 규칙의 제정·개폐에 대한 의견제출권, 주민감사청구권, 주민소송권, 주민소환권, 지방예산과정참여권, 청원권 등을 들 수 있다.

먼저 지방 선거권·피선거권은 지방자치단체의 대표인 단체장과 주민대의기관인 의회의 의원을 주민이 직접 투표로써 선정하고 또한 그러한 선거과정에 후보로서 출마할 수 있는 권리이고, 주민투표권은 지역의 특정한 정책 등에 관하여 주민이 직접적으로 의사결정의 주체가 되는 참여권이다. 조례의 제정·개폐청구권은 지방의회에 대하여 조례, 즉 자치입법의 제정 내지 개폐에 관한 일정한 의사의 결정을 청구하는 권리이고, 규칙의 제정·개폐에 대한 의견제출권은 규칙(권리·의무와 직접 관련되는 사항으로 한정)의 제정·개폐에 관한 의견을 해당 지방자치단체의 장에게 제출할 수 있는 권리이다. 또한 주민감사청구권은 법정 감사기관에 대하여 지방행정상의 위법 또는 부당한 업무 처리 등에 대하여 감사의 실시를 구하는 권리이고, 주민소송권은 주민이 공익 및 법질서 수호의 차원에서 지방자치단체의 재무회계적 사항에 관하여 법원에 일정한 판결 등을 소구할 수 있는 권리이다. 주민소환권은 주민투표의 방식을 통하여 주민이 지방자치단체의 장이나 의원 등 대표자의 소환 여부를 결정하는 권리이고, 지방예산과정참여권은 주민참여예산제 운영과 관련하여 지방자치단체의 예산편성 등 예산과정에서 주민이 의견을 제출하거나 집행기관과의 협의과정 등에 참여할 수 있는 권리이며, 청원권은 지방자치단체 및 그 기관에 대하여 주민이 원하는 바를 청원할 수 있는 권리를 말한다(행정절차법 등에 의하여 인정되는 청문 등의 행정절차 참여권에 관하여는 본 장에서 상론(詳論)하지 않음).

---

46) 이에 관한 좀 더 상세한 내용은 최봉석, 지방자치법론, 2018, 68~71쪽을 참조 바람.

## 2. 지방 선거권·피선거권

주민은 법령으로 정하는 바에 따라 그 지방자치단체에서 실시하는 지방의회의원과 지방자치단체의 장의 선거(지방선거)에 참여할 권리를 가진다(지자법 17조 3항).

먼저 이 규정에 의한 주민의 선거권의 요건으로 공직선거법 제15조 제2항은, 18세 이상으로서 선거인명부작성기준일 현재 ① 주민등록법 제6조 제1항 제1호(거주자) 또는 제2호(거주불명자)에 해당하는 사람으로서 해당 지방자치단체의 관할 구역에 주민등록이 되어 있는 사람 ② 주민등록법 제6조 제1항 제3호에 해당하는 사람(재외국민)으로서 주민등록표에 3개월 이상 계속하여 올라 있고 해당 지방자치단체의 관할구역에 주민등록이 되어 있는 사람 ③ 출입국관리법 제10조에 따른 영주의 체류자격 취득일 후 3년이 경과한 외국인으로서 같은 법 제34조에 따라 해당 지방자치단체의 외국인등록대장에 올라 있는 사람은 그 구역에서 선거하는 지방자치단체의 의회의원 및 장의 선거권이 있다고 규정하고 있다. 이처럼 현행법은 일정한 법정 요건 하에 국민인 주민은 물론이고 외국인에 대하여도 지방 선거권을 인정하고 있다.

한편 공직선거에 있어서 당선인이 될 수 있는 자격을 의미하는 피선거권은 국적과 연령, 주소지를 피선거권자의 요건으로 하고 있어, 선거권과는 달리 대한민국의 국민이어야 인정되며 외국인은 피선거권이 없다. 지방의회의원 및 지방자치단체의 장의 피선거권은 선거일 현재 계속하여 60일 이상(공무로 외국에 파견되어 선거일 전 60일 후에 귀국한 자는 선거인명부작성기준일부터 계속하여 선거일까지) 해당 지방자치단체의 관할구역에 주민등록이 되어 있는 주민으로서 18세[47] 이상의 국민에게 인정된다(공직선거법 16조 3항).

## 3. 주민투표권

### (1) 의의 및 현황

주민투표권이란 주민이 지방자치단체의 정치·행정적 의사 형성에 참여하여 투표권을 행사하는 직접민주적 참정권을 의미한다. 주민투표권은 지방자치법 및 주민투표법에 의하여 창설된 법률적 공권으로서, 헌법재판소는 주민투표권의 헌법적 기본권성은

---

[47] 피선거권의 하향 조정: 지방의회의원 및 지방자치단체의 장의 피선거권 제한 연령은 종전까지 25세 이상이었으나 2021. 12. 31. 국회본회의 의결에 의한 공직선거법의 개정에 따라 (선거권 연령이 종전 19세에서 18세 이상으로 조정된 것에 맞추어) 피선거권의 제한 연령도 18세 이상으로 조정되었다.

부인한다.48)

지방자치법 제18조는 "① 지방자치단체의 장은 주민에게 과도한 부담을 주거나 중대한 영향을 미치는 지방자치단체의 주요 결정사항 등에 대하여 주민투표에 부칠 수 있다. ② 주민투표의 대상·발의자·발의요건, 그 밖에 투표절차 등에 관한 사항은 따로 법률로 정한다."고 규정하고 이를 받아 2004년 제정·시행된 주민투표법은 국가와 지방자치단체로 하여금 주민투표권자가 주민투표권을 행사할 수 있도록 필요한 조치를 취하여야 한다(법 2조)고 하여 주민투표권 행사를 보장하도록 하고 있다. 다만 주민투표법이 시행된 후 실제 주민투표가 실시된 사안은 현재까지 12건 정도에 그치고 있는 상황이다.49)

### (2) 투표권자

주민투표일 현재 19세 이상의 주민 중 투표인명부 작성기준일 현재 그 지방자치단체의 관할 구역에 주민등록이 되어 있는 사람과 출입국관리 관계 법령에 따라 대한민국에 계속 거주할 수 있는 자격(체류자격변경허가 또는 체류기간연장허가를 통하여 계속 거주할 수 있는 경우를 포함한다)을 갖춘 외국인으로서 지방자치단체의 조례로 정한 사람에게는 주민투표권이 있다. 다만, 공직선거법 제18조에 따라 선거권이 없는 사람에게는 주민투표권이 없다(주민투표법 5조).

### (3) 주민투표의 대상

주민투표법은 주민에게 과도한 부담을 주거나 중대한 영향을 미치는 지방자치단체의 주요 결정사항으로서 그 지방자치단체의 조례로 정하는 사항을 주민투표의 대상으로 규정한다(주민투표법 7조 1항). 실제로 제정된 각 지방자치단체의 주민투표조례에서는 지방자

---

48) "헌법은 제117조, 제118조에서 지방자치단체의 자치를 제도적으로 보장하고 있으나 이에 따라 보장되는 내용은 자치단체의 설치와 존속 그리고 그 자치기능 및 자치사무로서 이는 어디까지나 지방자치단체의 자치권의 본질적 사항에 관한 것이다. 그러므로 자치사무의 처리에 주민들이 직접 참여하는 것을 의미하는 주민투표권을 헌법상 보장되는 기본권이라고 하거나 헌법 제37조 제1항의 "헌법에 열거되지 아니한 권리"의 하나로 보기는 어렵다. 지방자치법은 주민에게 주민투표권, 조례의 제정 및 개폐청구권 등을 부여함으로써 주민이 자치사무에 직접 참여할 수 있는 길을 일부 열어 놓고 있지만 이러한 제도는 어디까지나 입법에 의하여 채택된 것일 뿐 헌법에 의하여 이러한 제도의 도입이 보장되고 있는 것은 아니다."(헌재 2005. 12. 22. 선고 2004헌마530 결정)

49) 주민투표 실시상황에 대하여는 다음의 자료 참조 요망. "[통계] 주민투표, 주민소환, 주민소송 운영 현황" (출처: 행정안전부 HP (https://www.mois.go.kr/frt/bbs/type001/commonSelectBoardArticle.do?bbsId = BBSMSTR_000000000050&nttId = 82669))

치단체의 자치사무(고유사무) 중 그 일부만을 주민투표의 대상으로 규정하고 있다.

한편 ① 법령에 위반되거나 재판중인 사항,[50] ② 국가 또는 다른 지방자치단체의 권한 또는 사무에 속하는 사항,[51] ③ 지방자치단체의 예산[52]·회계·계약 및 재산관리에 관한 사항과 지방세·사용료·수수료·분담금 등 각종 공과금의 부과 또는 감면에 관한 사항, ④ 행정기구의 설치·변경에 관한 사항과 공무원의 인사·정원 등 신분과 보수에 관한 사항, ⑤ 다른 법률에 의하여 주민대표가 직접 의사결정주체로서 참여할 수 있는 공공시설의 설치에 관한 사항(다만, 지방의회가 주민투표의 실시를 청구하는 경우에는 그러하지 않음), ⑥ 동일한 사항(그 사항과 취지가 동일한 경우 포함)에 대하여 주민투표가 실시된 후 2년이 경과되지 아니한 사항은 주민투표에 부칠 수 없다(주민투표법 7조 2항).

### (4) 국가정책에 관한 주민투표

주민투표법은 국가정책에 관한 주민투표도 도입하고 있다. 중앙행정기관의 장은 지방자치단체의 폐치(廢置)·분합(分合) 또는 구역변경, 주요시설의 설치 등 국가정책의 수립에 관하여 주민의 의견을 듣기 위하여 필요하다고 인정하는 때에는 주민투표의 실시구역을 정하여 관계 지방자치단체의 장에게 주민투표의 실시를 요구할 수 있는 것이다. 이 제도는 비록 지방자치단체의 사무가 아닌 중앙행정기관 소관의 국가정책에 관한 것이지만 그 정책에 관하여 이해관계 있는 지역 주민의 의견을 수렴하여 정책의 수립에 참고 내지 반영할 수 있도록 하기 위한 것으로서, 미리 행정안전부장관과의 협의를 거쳐 해당 중앙행정기관의 장이 요구함으로써 이루어지는 주민투표이다(주민투표법 8조 1

---

50) "여기서의 '법령'은 헌법, 법률, 시행령 등과 같은 지방자치단체가 자신의 권한으로 바꿀 수 없는 법령, 즉 지방자치의 한계를 설정하는 법령을 의미하고, 자신의 권한으로 바꿀 수 있는 조례 등 자치법규는 여기에서 말하는 '법령'에 포함된다고 할 수 없다."(서울행법 2011. 8. 16. 자 2011아2179 결정)
    한편 "법령에 위반되는 사항"을 주민투표 배제사항으로 규정한 것에는 문제가 있다고 본다. 왜냐하면 법원의 판결로써 위법이 최종 확인 내지 확정되기 전까지는 지방자치단체의 장을 포함하여 누구도 당해 사항이 법령에 위반되는 것이라고 유권적으로 확정할 수는 없기 때문이다. 현실적으로도 예컨대 주민투표 대상사안에 관하여 지방자치단체의 장이 주민투표의 실시 자체를 반대하는 경우에 법령에 위반됨을 그 이유 내지 명분으로 삼아 주민투표를 발의하지 않을 가능성도 있을 것이다.
51) 예컨대 "미군부대 이전은 지방자치단체의 장의 권한에 의하여 결정할 수 있는 사항이 아님이 명백하므로 지방자치법 제13조의2 소정의 주민투표의 대상이 될 수 없다"고 한 사례(대법 2002. 4. 26. 선고 2002추23 판결 [조례안재의결무효확인]) 참조.
52) "주민투표법 제7조 제2항 제3호에서 주민투표에 부칠 수 없는 사항의 하나로 들고 있는 '예산에 관한 사항'이란 지방자치법 제127조 내지 제131조 등에서 말하는 예산안의 편성 및 의결, 집행 등 예산 자체와 직접 관련되는 사항(예컨대 확정된 정책의 시행을 위한 예산의 배정, 의결 및 집행과 같은 사항)을 말하고, 새로운 재정부담이나 예산편성이 필요한 정책수립에 관한 사항은 위 규정에서 말하는 '예산에 관한 사항'에 해당한다고 할 수는 없다."(서울행법 2011. 8. 16. 자 2011아2179 결정)

항). 중앙행정기관의 장의 요구가 있으면 지방자치단체의 장은 지체없이 이를 공표하여야 하고 공표일부터 30일 이내에 그 지방의회의 의견을 들어야 하며, 의견을 들은 지방자치단체의 장은 그 결과를 관계 중앙행정기관의 장에게 통지하여야 한다. 중앙행정기관의 장의 요구에 대하여 지방자치단체의 장에게 주민투표 발의의무가 발생하는 것은 아닌 것으로 보인다. 이 경우에도 주민투표의 발의권 자체는 지방자치단체의 장에게 있다고 볼 것이기 때문이다.53) 지방자치단체의 장이 지방의회의 의견을 듣고 그 결과로서 주민투표를 발의하겠다고 관계 중앙행정기관의 장에게 통지한 경우에는 발의의무가 발생하는 것으로 볼 것이다.

국가정책에 관한 주민투표에 관하여는 주민투표법 제7조(주민투표의 대상), 제16조(주민투표실시구역), 제24조(주민투표결과의 확정)의 제1항·제5항·제6항, 제25조(주민투표소송 등) 및 제26조(재투표 및 투표연기)의 규정은 적용되지 않는다(법 8조 4항).

### (5) 주민투표에 관한 정보의 제공

지방자치단체의 장은 주민투표와 관련하여 주민이 정확하고 객관적인 판단과 합리적인 결정을 할 수 있도록 지방자치단체의 공보, 일간신문, 인터넷 등 다양한 수단을 통하여 주민투표에 관한 각종 정보와 자료를 제공하여야 한다. 또한 관할선거관리위원회는 주민투표에 관한 정보를 제공하기 위하여 설명회·토론회 등을 개최하여야 하고, 이 경우에는 주민투표에 부쳐진 사항에 관하여 의견을 달리하는 자가 균등하게 참여할 수 있도록 하여야 한다(주민투표법 4조). 또한 관할선거관리위원회는 주민투표안의 내용, 주민투표에 부쳐진 사항에 관한 의견 및 그 이유, 투표절차 그 밖의 필요한 사항을 게재한 주민투표공보를 1회 이상 발행하여야 한다(주민투표법 17조 1항).

---

53) "주민투표법 제8조는 국가정책의 수립에 참고하기 위한 주민투표에 대해 규정하고 있는데 규정의 문언으로 볼 때 중앙행정기관의 장은 실시 여부 및 구체적 실시구역에 관해 상당한 범위의 재량을 가진다고 볼 수 있다. 이를 감안할 때 중앙행정기관의 장으로부터 실시요구를 받은 지방자치단체 내지 지방자치단체장으로서는 주민투표 중앙행정기관에게 실시요구를 발의에 관한 결정권한, 의회의 의견표명을 비롯하여 투표시행에 관련되는 권한을 가지게 된다고 하더라도, 나아가 지방자치단체가 중앙행정기관장으로부터 제8조의 주민투표 실시요구를 받지 않은 상태에서 일정한 경우 해 줄 것을 요구할 수 있는 권한까지 가지고 있다고 보기는 어렵다."(헌재 2005. 12. 22. 선고 2005헌라5 결정)

### (6) 주민투표의 실시요건

지방자치법은 지방자치단체의 장이 일정한 사항에 대하여 직권으로 주민투표에 부칠 수 있는 것으로 규정하고 있으나(지자법 14조 1항),[54] 주민투표법은 지방자치단체의 장이 주민 또는 지방의회의 청구에 의하거나 지방의회의 동의를 얻어 직권에 의하여 주민투표를 실시할 수 있다고 규정하였다. 즉 19세 이상의 주민은 주민투표청구권자 총수의 20분의 1 이상 5분의 1 이하의 범위 안에서 지방자치단체의 조례로 정하는 수 이상의 서명으로 그 지방자치단체의 장에게 주민투표의 실시를 청구할 수 있고, 지방의회는 재적의원 과반수의 출석과 출석의원 3분의 2 이상의 찬성으로 그 지방자치단체의 장에게 주민투표의 실시를 청구할 수 있으며, 지방자치단체의 장이 직권에 의하여 주민투표를 실시하고자 하는 때에는 그 지방의회 재적의원 과반수의 출석과 출석의원 과반수의 동의를 얻어야 한다(주민투표법 9조).


### (7) 주민투표의 발의

지방자치단체의 장은 다음 각 호(1. 제8조(국가정책에 관한 주민투표) 제3항의 규정에 의하여 관계 중앙행정기관의 장에게 주민투표를 발의하겠다고 통지한 경우, 2. 제9조 제2항(주민의 청구) 또는 제5항(지방의회의 청구)의 규정에 의한 주민투표청구가 적법하다고 인정되는 경우, 3. 제9조 제6항(단체장 직권발의)의 규정에 의한 동의를 얻은 경우)의 어느 하나에 해당하는 경우에는 지체 없이 그 요지를 공표하고 관할선거관리위원회에 통지하여야 한다. 이러한 각 호에 해당하는 경우의 지방자치단체의 장의 주민투표 발의는 의무적이라고 해석할 수 있을 것이다. 지방자치단체의 장은 주민투표를 발의하고자 하는 때에는 공표일부터 7일 이내에 투표일과 주민투표안을 공고하여야 한다. 다만, 지방자치단체의 장 또는 지방의회가 주민투표청구의 목적을 수용하는 결정을 한 때에는 주민투표를 발의하지 아니한다(주민투표법 13조).

---

54) 종전에 주민투표법이 시행되기 전의 다음의 판례 참조. "지방자치법 제13조의2 제1항에 의하면, 주민투표의 대상이 되는 사항이라 하더라도 주민투표의 시행 여부는 지방자치단체의 장의 임의적 재량에 맡겨져 있음이 분명하므로, 지방자치단체의 장의 재량으로서 투표실시 여부를 결정할 수 있도록 한 법규정에 반하여 지방의회가 조례로 정한 특정한 사항에 관하여는 일정한 기간 내에 반드시 투표를 실시하도록 규정한 조례안은 지방자치단체의 장의 고유권한을 침해하는 규정이다."(대법 2002. 4. 26. 선고 2002추23 판결)

### (8) 주민투표 실시구역

주민투표는 해당 지방자치단체의 관할구역 전체를 대상으로 실시하는 것이 원칙이나, 예외적으로 특정 지역 또는 주민에게만 이해관계가 있는 사항인 경우 단체장이 지방의회의 동의를 얻으면, 관계 시·군·구 또는 읍·면·동을 대상으로 주민투표를 실시할 수 있다. 국가정책에 관한 주민투표의 경우에는 주민투표의 실시를 요구하는 중앙행정기관의 장이 실시구역을 정하여 관계 지방자치단체의 장에게 요구한다.

### (9) 주민투표에 관한 운동

주민투표법상의 "투표운동"이라 함은 주민투표에 부쳐진 사항에 관하여 찬성 또는 반대하게 하거나 주민투표에 부쳐진 두 가지 사항 중 하나를 지지하게 하는 행위를 말한다(주민투표에 부쳐진 사항에 관한 단순한 의견개진 및 의사표시는 투표운동으로 보지 아니한다). 법령에 의하여 금지 또는 제한되는 경우를 제외하고는 누구든지 자유롭게 투표운동을 할 수 있다. 주민투표법은 주민투표권이 없는 자, 공무원(그 지방의회의 의원 제외), 각급 선거관리위원회의 위원, 방송법에 의한 방송관계자 및 신문·잡지 관련법률상의 언론관계자의 투표운동을 금지하고 있다(주민투표법 21조 2항). 투표운동은 주민투표발의일부터 주민투표일의 전일까지 할 수 있다. 투표운동을 함에 있어서는 야간호별방문 및 야간옥외집회, 투표운동을 목적으로 서명 또는 날인을 받는 행위, 공직선거법에 의한 연설금지장소에서의 연설행위와 확성장치 및 자동차 등의 사용제한에 관한 규정을 위반하는 행위의 방법은 제한된다(주민투표법 22조).

### (10) 주민투표의 형식과 확정

주민투표는 특정한 사항에 대하여 찬성 또는 반대의 의사표시를 하거나 두 가지 사항 중 하나를 선택하는 형식으로 실시하여야 한다(주민투표법 15조).

주민투표에 부쳐진 사항은 주민투표권자 총수의 3분의 1 이상의 투표와 유효투표수 과반수의 득표로 확정된다. 다만, 전체 투표수가 주민투표권자 총수의 3분의 1에 미달되는 경우나 주민투표에 부쳐진 사항에 관한 유효득표수가 동수인 경우에는 찬성과 반대 양자를 모두 수용하지 아니하거나, 양자택일의 대상이 되는 사항 모두를 선택하지 아니하기로 확정된 것으로 본다. 전체 투표수가 주민투표권자 총수의 3분의 1에 미달되는 때에는 개표도 하지 않는다. 관할선거관리위원회는 개표가 끝나거나 위의 사유로 개표를 하지 아니한 때에는 지체 없이 그 결과를 공표한 후 지방자치단체의 장에게 통지하여야 하고 주민투표결과를 통지받은 지방자치단체의 장은 지체없이 이를 지방의회에 보고하여야 한다 (주민투표법 24조 1~3항).[55]

## (11) 주민투표의 확정의 효력

지방자치단체의 장 및 지방의회는 주민투표결과 확정된 내용대로 행정·재정상의 필요한 조치를 하여야 한다(주민투표법 24조 5항). 투표결과 확정된 내용이 실현될 수 있도록 주민투표법상 법적 구속력을 부여한 것이다.[56] 필요한 조치는 행정·재정상의 조치에 국한된다고 볼 것은 아니다. 필요한 경우 조례 제정 등을 위한 입법적 조치 등도 포함되는 것으로 새기는 것이 타당하다고 본다. 한편 국가정책에 관한 주민투표의 경우에는 이 규정이 적용되지 않기 때문에 이 경우에는 투표결과 확정된 내용에 대한 구속력이 인정되지는 않는다고 하겠다.

그리고 지방자치단체의 장 및 지방의회는 주민투표결과 확정된 사항에 대하여 2년 이내에는 이를 변경하거나 새로운 결정을 할 수 없다. 투표로 확정된 주민의 의사에 대하여 일정한 시간적 지속성을 인정하기 위한 것이다. 다만, 제1항 단서의 규정에 의하여 찬성과 반대 양자를 모두 수용하지 아니하거나 양자택일의 대상이 되는 사항 모두를 선택하지 아니하기로 확정된 때에는 그러하지 않다(주민투표법 24조 6항).

## (12) 주민투표쟁송: 소청·소송

주민투표의 효력에 관하여 이의가 있는 주민투표권자는 주민투표권자 총수의 100분의 1 이상의 서명으로 주민투표결과가 공표된 날부터 14일 이내에 관할선거관리위원회 위원장을 피소청인으로 하여 시·군 및 자치구에 있어서는 특별시·광역시·도 선거관리위원회에, 특별시·광역시 및 도에 있어서는 중앙선거관리위원회에 소청할 수 있다. 소청에

---

55) 국가정책에 관한 주민투표인 때에는 관계 중앙행정기관의 장에게 결과를 통지하여야 한다.
56) 주민투표 결과에 법적 구속력을 부여한 것은 타당하지 않다는 비판적 견해(박균성, 행정법강의(제17판), 박영사, 2020, 984쪽)가 제시되기도 하나, 주민의 의사가 집약된 투표결과의 실효성을 확보하는 차원에서 불가피한 규정이라고 판단된다.

대한 결정에 관하여 불복이 있는 소청인은 관할선거관리위원회위원장을 피고로 하여 그 결정서를 받은 날(결정서를 받지 못한 때에는 결정기간이 종료된 날)부터 10일 이내에 특별시·광역시 및 도에 있어서는 대법원에, 시·군 및 자치구에 있어서는 관할 고등법원에 소를 제기할 수 있다. 주민투표에 관한 소청 및 소송의 절차에 관하여는 주민투표법에 규정된 사항을 제외하고는 공직선거법 제219조부터 제229조까지의 규정 중 지방자치단체의 장 및 의원에 관한 규정을 준용한다(주민투표법 25조).

이러한 소청과 소송에 관한 규정 역시 국가정책에 관한 주민투표에 대하여는 적용되지 않으므로, 이 경우에는 불복쟁송으로 다툴 수 없다.[57]

## 4. 조례의 제정·개폐청구권

### (1) 의의 및 법적 성질

조례의 제정·개폐청구권이란 주민이 조례의 제정과 개정, 폐지와 같은 조례의 입법을 청구할 수 있는 권리를 말한다. 후술하듯이 조례입법권은 헌법과 법률에 의하여 지방자치단체에 부여되어 있으며, 조례입법에 관한 세부적 권능은 집행기관인 지방자치단체의 장과 의결기관인 지방의회에 분점(分占)되어 있다. 즉 조례안발의권은 집행기관인 지방자치단체의 장과 지방의회(조례로 정하는 수 이상의 지방의회의원의 찬성으로 발의)에, 조례안 심의·의결권은 지방의회에, 의결된 조례안에 대한 재의요구권은 지방자치단체의 장에게, 확정된 조례안의 공포권은 지방자치단체의 장(예외적으로 지방의회 의장)에게 부여되어 있는 것이다.

주민의 조례의 제정·개폐청구권은 주민이 직접 조례를 제정, 개정, 폐지할 권한을 의미하는 것이 아니라, 그것을 지방의회에 청구할 수 있는 권리를 의미한다. 후술하듯이 법적 요건에 부합하는 주민청구조례안에 대하여는 원칙적으로 법정 기한 내에 지방의회 의

---

57) 헌법재판소도 국가정책에 관한 주민투표에 대하여 소송을 배제한 것을 위헌으로 판단하지 않았다. "주민투표법은…(중략)…지방자치단체의 주요결정사항에 관한 주민투표와 국가정책사항에 관한 주민투표 사이의 본질적인 차이를 감안하여, 이 사건 법률조항에 의하여 지방자치단체의 주요결정사항에 관한 주민투표와는 달리 주민투표소송의 적용을 배제하고 있는 것이므로, 이 사건 법률조항이 현저히 불합리하게 입법재량의 범위를 벗어나 청구인들의 주민투표소송 등 재판청구권을 침해하였다고 보기는 어렵다.…(중략)…이 사건 법률조항이 국가정책에 관한 주민투표의 경우에 주민투표소송을 배제함으로써 지방자치단체의 주요결정사항에 관한 주민투표의 경우와 달리 취급하였다 하더라도, 이는 양자 사이의 본질적인 차이를 감안한 것으로서 입법자의 합리적인 입법형성의 영역 내의 것이라 할 것이고, 따라서 자의적인 차별이라고는 보기 어려우므로, 이 사건 법률조항이 청구인들의 평등권을 침해한다고 볼 수 없다."(헌재 2009. 3. 26. 선고 2006헌마99 결정)

장이 지방의회에 발의하여야 한다는 점에서, 조례의 제정·개폐청구는 이른바 주민발안제도의 실질을 갖는 것으로 평가할 수 있다. 주민의 조례의 제정·개폐청구권은 지방자치법 등 법률에 의하여 창설된 법률적 공권으로서, 헌법재판소는 주민의 조례의 제정·개폐청구권의 헌법적 기본권성은 부인한다.[58]

지방자치법은 조례의 제정·개폐 청구의 청구권자·청구대상·청구요건 및 절차 등에 관한 사항은 따로 법률로 정하도록 하였고(지자법 19조 2항) 이에 따라 「주민조례발안에 관한 법률」(약칭: 주민조례발안법)이 신규 제정되었으며 지방자치법 전부개정법률과 동시에 시행되고 있다(2022. 1. 13. 시행).

## (2) 청구권자와 상대방

18세 이상의 주민으로서, 해당 지방자치단체의 관할 구역에 주민등록이 되어 있는 사람과 출입국관리법 제10조에 따른 영주의 체류자격 취득일 후 3년이 경과한 외국인으로서 같은 법 제34조에 따라 해당 지방자치단체의 외국인등록대장에 올라 있는 사람은, 해당 지방자치단체의 의회에 조례를 제정하거나 개정 또는 폐지할 것을 청구할 수 있다. 다만, 공직선거법 제18조에 따른 선거권이 없는 사람에게는 조례의 제정·개폐청구권이 인정되지 않는다(주민조례발안법 2조).

종전에는 조례의 제정·개폐 청구의 상대방을 지방자치단체의 장으로 규정하고 있었으나 주민조례발안법은 조례에 대한 심의·의결권을 가진 지방의회로 상대방을 변경하였다.

## (3) 청구의 요건

청구권자가 주민조례청구를 하려는 경우에는 다음 각 호[59]의 구분에 따른 기준 이내에서 해당 지방자치단체의 조례로 정하는 청구권자 수 이상이 연대 서명하여야 한다. 청구

---

58) "조례제정·개폐청구권은 법률에 의하여 보장되는 권리에 해당하고, 헌법상 보장되는 기본권이라거나 헌법 제37조 제1항의 '헌법에 열거되지 아니한 권리'로 보기 어려우므로(헌재 2007. 6. 28. 선고 2004헌마643 결정 참조)…(후략)…"(헌재 2014. 4. 24. 선고 2012헌마287 결정)

59) 1. 특별시 및 인구 800만 이상의 광역시·도: 청구권자 총수의 200분의 1
   2. 인구 800만 미만의 광역시·도, 특별자치시, 특별자치도 및 인구 100만 이상의 시: 청구권자 총수의 150분의 1
   3. 인구 50만 이상 100만 미만의 시·군 및 자치구: 청구권자 총수의 100분의 1
   4. 인구 10만 이상 50만 미만의 시·군 및 자치구: 청구권자 총수의 70분의 1
   5. 인구 5만 이상 10만 미만의 시·군 및 자치구: 청구권자 총수의 50분의 1
   6. 인구 5만 미만의 시·군 및 자치구: 청구권자 총수의 20분의 1

권자 총수는 전년도 12월 31일 현재의 주민등록표 및 외국인등록표에 따라 산정한다. 지방자치단체의 장은 매년 1월 10일까지 동조 제2항에 따라 산정한 청구권자 총수를 공표하여야 한다(주민조례발안법 5조).

### (4) 청구의 대상

조례는 지방의회의 심의와 의결에 의하여 정해지므로, 원칙적으로 지방의회의 조례제정·개정·폐지권이 미치는 모든 사항이 청구의 대상이 된다. 다만, 법령을 위반하는 사항, 지방세·사용료·수수료·부담금의 부과·징수 또는 감면하는 사항, 행정기구를 설치하거나 변경하는 사항, 공공시설의 설치를 반대하는 사항은 청구대상에서 제외된다(주민조례발안법 4조).[60]

"법령을 위반하는 사항"을 청구 제외 대상으로 규정한 것과 관련하여, 헌법재판소의 다수의견[61]은 이를 합헌으로 보았으나, 그에 대한 반대의견[62]에서와 같이 '법령 위반 여부'에 관하여 지방의회 의장이 해당 법령과 주민청구조례안의 각 규정 취지나 목적과 내용 및 효과 등을 어떻게 평가하느냐에 따라 달라질 수 있어 의장의 자의적 권한행사 또는 판단오류의 위험성이 내포될 수 있다는 문제점이 있을 수 있을 것이다.[63]

---

60) 실제로도 법령 위반을 이유로, 2005년 '서울특별시 은평구 학교급식지원에 관한 조례' 제정청구, 2013년 '충북학생인권조례' 제정청구가 각하되기도 하였다.
61) 헌재 2009. 7. 30. 선고 2007헌바75 결정 [다수의견] "1. 이 사건 조항들은 조례제정의 한계를 벗어나는 사항에 대한 주민의 조례제정·개폐청구를 배제하기 위한 것이고, 조례 제정·개폐청구의 대상이 되지 않는 '법령을 위반하는 사항'이란 지방자치법 기타 이미 존재하는 법령의 내용과 모순되거나 저촉되는 사항을 일컫는 것으로 해석되므로 이 사건 조항들은 명확성의 원칙에 반하지 아니한다. 2. 헌법 제117조 제1항의 취지에 따라 조례는 법령의 범위 안에서 제정되어야 하며, 이것은 주민이 자치입법에 직접 관여하는 경우에도 마찬가지이고, 이 사건 법률조항들은 이러한 내용을 확인한 것에 불과하다. 한편, 상위법에 위반한 조례안이 일정한 절차를 거쳐 조례로 제정될 수 있도록 하고, 이에 대한 사후적 사법심사를 통해 무효화시키는 것은 지방행정의 낭비 및 회복하기 어려운 법질서의 혼란을 가져올 수 있으므로 이를 방지하기 위하여 이 사건 법률조항들과 같은 사전차단장치를 둔 것이 입법자의 자의적인 법형성권의 행사로서 지방자치제도의 본질적 내용을 침해한다고 볼 수 없다."
62) [재판관 이동흡의 반대의견] "이 사건 조항들은 지방자치단체장이 법령에 위반되는 것으로 판단한 주민의 조례제정개폐청구를 각하할 수 있게 하여 주민자치와 관련된 지방의회의 고유한 권한인 조례제정권을 침해한다. 또한, 조례제정개폐청구의 각하사유인 '법령에 위반하는 사항'은 지방자치단체장이 문제되는 법령과 주민이 발안한 조례안의 각 규정 취지나 목적과 내용 및 효과 등을 어떻게 평가하느냐에 따라 달라질 수 있어 지방자치단체장의 자의적 권한행사의 위험성을 내포하고 있는바, 주민자치의 주체인 주민이 이러한 자의적 권한행사에 따른 각하처분에 대하여 행정쟁송수단으로 불복하여 잘못되었다는 판단을 받기까지 소요되는 상당한 시간적·비용적 부담을 떠안지 않으려 함으로써 지방의회 의원이나 지방자치단체장이 조례발안권을 적절히 행사하지 않는 경우에 주민에게 제3의 조례발안권을 부여하여 지방행정 운영에 민의를 제대로 반영하기 위하여 마련된 주민의 조례제정개폐청구제도가 유명무실해질 수 있다. 따라서 이 사건 조항들은 주민자치제도의 본질적 내용을 침해하여 헌법에 위반된다."
63) 지방의회 의장의 각하처분에 대하여는 청구인이 행정심판·행정소송과 같은 불복쟁송을 제기하여 다툴

### (5) 청구의 절차

#### 1) 대표자 증명서의 발급 및 공표

청구권자가 주민조례청구를 하려는 경우에는 청구인의 대표자를 선정하여야 하며, 선정된 대표자는 조례의 제정·개정·폐지 청구서와 주민청구조례안을 첨부하여 지방의회의 의장에게 대표자 증명서 발급을 신청하여야 한다. 지방의회의 의장은 신청을 받으면 대표자가 청구권자인지를 확인하여 대표자 증명서를 발급하고 그 사실을 공표하여야 한다(주민조례발안법 6조).

#### 2) 서명요청 등

대표자는 청구권자에게 청구인명부에 서명할 것을 요청할 수 있다. 대표자는 청구권자에게 서명요청권을 위임할 수 있으며, 이를 위임한 경우에는 수임자의 성명 및 위임 연월일을 해당 지방의회의 의장에게 신고하여야 한다. 이 경우 지방의회의 의장은 즉시 위임신고증을 발급하여야 한다. 대표자는 청구권자에게 위 서명을 갈음하여 전자적 방식으로 생성된 청구인서명부에 정보시스템을 이용하여 전자서명법 제2조 제2호에 따른 전자서명을 할 것을 요청할 수 있다. 대표자 또는 수임자는 대표자 증명서 발급사실의 공표가 있은 날부터 시·도의 경우에는 6개월 이내에, 시·군 및 자치구의 경우에는 3개월 이내에 서명과 전자서명을 요청하여야 한다(주민조례발안법 7·8조).

#### 3) 청구인명부의 작성·제출 및 공표

청구인명부에 서명하려는 청구권자는 청구인명부에 성명, 생년월일, 주소 또는 체류지, 서명 연월일을 적고, 서명하거나 도장을 찍어야 한다. 다만, 청구권자가 전자서명을 하는 경우에는 전자문서로 생성된 청구인명부에 위 사항을 적은 것으로 본다. 대표자는 청구인명부에 서명(전자서명 포함)한 청구권자의 수가 청구의 요건에 정한 청구권자 수 이상이 되면 법정 서명요청 기간이 지난 날부터 시·도의 경우에는 10일 이내에, 시·군 및 자치구의 경우에는 5일 이내에 지방의회의 의장에게 청구인명부를 제출하여야 한다. 전자서

---

수도 있겠지만, 불복쟁송에 따르는 주민의 시간적·경제적 부담 등을 감안할 때 불복쟁송을 포기하게 되면 자의적이거나 잘못된 의장의 법적 판단으로 주민의 조례 제·개폐청구가 무산되어 버릴 수도 있게 될 것이다. 따라서 이러한 관점에서 입법론적으로는 현행법과 같이 법령 위반 여부를 청구대상의 문제로 하여 의장이 그 수리과정에서 판단하게 하기 보다는, 의장은 일단 해당 주민청구조례안을 지방의회에 발의하도록 하고 주민대의기관인 의회가 당해 주민청구조례안의 심의과정에서 법령 위반 여부를 판단할 수 있도록 하는 것이 바람직할 것으로 본다.

명의 경우에는 대표자가 지방의회의 의장에게 정보시스템에 생성된 청구인명부를 직접 활용하도록 요청하여야 한다. 지방의회의 의장은 청구인명부를 제출받거나 청구인명부의 활용을 요청받은 날부터 5일 이내에 청구인명부의 내용을 공표하여야 하며, 공표한 날부터 10일간 청구인명부나 그 사본을 공개된 장소에 갖추어 두어 열람할 수 있도록 하여야 한다(주민조례발안법 9·10조).

### 4) 이의신청 등

지방의회의 의장은 청구인명부의 서명이 법 제11조 제1항 각 호의 어느 하나에 해당하는 경우 해당 서명을 무효로 결정하고 청구인명부를 수정한 후 그 사실을 즉시 대표자에게 알려야 한다. 청구인명부의 서명에 이의가 있는 사람은 청구인명부의 열람기간에 지방의회의 의장에게 이의를 신청할 수 있고, 의장은 열람기간이 끝난 날부터 14일 이내에 이를 심사·결정하여야 한다. 이 경우 이의신청이 이유 있다고 결정하는 경우에는 청구인명부를 수정하고, 그 사실을 이의신청을 한 사람과 대표자에게 알려야 하며, 이의신청이 이유 없다고 결정하는 경우에는 그 뜻을 즉시 이의신청을 한 사람에게 알려야 한다(주민조례발안법 11조).

### (6) 청구의 수리 또는 각하

지방의회의 의장은 다음 각 호[64]의 어느 하나에 해당하는 경우로서 주민조례발안법 제4조(청구 제외 사항), 제5조(청구요건) 및 제10조 제1항(청구인명부의 제출 등. 제11조 제5항에서 준용하는 경우 포함)에 따른 요건에 적합한 경우에는 주민조례청구를 수리하고, 요건에 적합하지 아니한 경우에는 주민조례청구를 각하하여야 한다.[65] 이 경우 수리 또는

---

64) 1. 제11조 제2항(같은 조 제5항에 따라 준용되는 경우를 포함하며, 이하 같다)에 따른 이의신청이 없는 경우
 2. 제11조 제2항에 따라 제기된 모든 이의신청에 대하여 같은 조 제3항(같은 조 제5항에 따라 준용되는 경우를 포함한다)에 따른 결정이 끝난 경우
65) 지방의회 의장의 각하처분에 대하여는 청구인이 행정심판·행정소송과 같은 사후 불복쟁송을 제기하여 다툴 수도 있겠지만, 불복쟁송에 따르는 시간적·경제적 부담 등을 감안할 때 불복쟁송을 포기하게 되면 자의적이거나 잘못된 단체장의 법적 판단으로 주민의 조례 제정·개폐청구가 무산되어 버리는 문제가 있을 수 있다는 것이다. 이러한 관점에서, 현행법과 같이 법령 위반 여부를 청구의 (대상)요건으로 보아 지방자치단체의 장이 그 수리과정에서 판단하게 하기 보다는, 단체장은 일단 주민청구조례안을 지방의회에 부의하도록 하고 다만 조례안에 대한 단체장의 의견첨부 과정에서 필요 시 법령 위반의 의견을 제시할 수 있도록 하며, 주민대의기관인 의회가 그 심의과정에서 당해 주민청구조례안의 법령 위반 여부를 판단할 수 있도록 하는 것이 바람직하다고 본다.

각하 사실을 대표자에게 알려야 한다. 지방의회의 의장은 주민조례청구를 각하하려면 대표자에게 의견을 제출할 기회를 주어야 한다. 기타 주민조례청구의 수리 절차에 관하여 필요한 사항은 지방의회의 회의규칙으로 정한다(주민조례발안법 12조 1·2·4항).

### (7) 지방의회에 발의

지방의회의 의장은 지방자치법 제76조 제1항[66]에도 불구하고 주민조례청구를 수리한 날부터 30일 이내에 지방의회의 의장 명의로 주민청구조례안을 발의하여야 한다. 즉 주민인 청구권자가 제출한 주민청구조례안을 지방의회 의장이 그 명의로 의회에 발의하도록 하고 있는 것이다.

### (8) 지방의회의 심사절차 등

지방의회는 주민청구조례안이 수리된 날부터 1년 이내에 주민청구조례안을 의결하여야 한다. 다만, 필요한 경우에는 본회의 의결로 1년 이내의 범위에서 한 차례만 그 기간을 연장할 수 있다. 지방의회는 심사 안건으로 부쳐진 주민청구조례안을 의결하기 전에 대표자를 회의에 참석시켜 그 청구의 취지(대표자와의 질의·답변을 포함한다)를 들을 수 있다. 지방자치법 제79조 단서에도 불구하고 주민청구조례안은 동 조례안을 수리한 당시의 지방의회의원의 임기가 끝나더라도 다음 지방의회의원의 임기까지는 의결되지 못한 것 때문에 폐기되지 아니한다. 이외에 주민청구조례안의 심사 절차에 관하여 필요한 사항은 지방의회의 회의규칙으로 정한다(주민조례발안법 13조).

## 5. 규칙의 제·개정, 폐지에 대한 의견제출권

### (1) 의의

지방자치법 전부개정법률에서는 지방자치단체의 장이 정하는 규칙의 제·개정, 폐지에 대한 주민의 의견제출권이 신설되었는바, 이것은 그동안 규칙이 상위법령이나 조례의 위임에 따라 주민의 권리·의무에 영향을 미치는 경우가 있음에도 그러한 규칙의 제·개정,

---

66) 제76조(의안의 발의) ① 지방의회에서 의결할 의안은 지방자치단체의 장이나 조례로 정하는 수 이상의 지방의회의원의 찬성으로 발의한다.

폐지와 관련된 주민의 의견 제출에 대하여 처리가 미흡한 측면이 있었기에 이를 보완·개선하고자 한 것이다.

### (2) 절차 및 처리

주민은 규칙(권리·의무와 직접 관련되는 사항으로 한정)의 제·개정 또는 폐지와 관련된 의견을 해당 지방자치단체의 장에게 제출할 수 있고(이 경우 법령이나 조례를 위반하거나 법령이나 조례에서 위임한 범위를 벗어나는 사항은 의견 제출 대상에서 제외됨), 지방자치단체의 장은 제출된 의견에 대하여 제출일로부터 30일 이내에 검토 결과를 의견을 제출한 주민에게 통보하도록 하고 있다. 주민의 의견 제출, 지방자치단체의 장의 의견 검토와 결과 통보의 방법 및 절차는 해당 지방자치단체의 조례로 정하도록 하였다(이상 지자법 20조).

## 6. 주민감사청구권

### (1) 의의

주민감사청구권이란, 주민이 해당 지방자치단체와 그 장의 권한에 속하는 사무의 처리가 법령에 위반되거나 공익을 현저히 해친다고 인정되는 경우 해당 지방자치단체의 감독기관에게 감사를 청구할 수 있는 권리를 말한다. 이것은 주권의 지역적 주체인 주민이 지방자치단체와 그 장의 사무 처리의 위법성 또는 부당성을 이유로 감독기관으로 하여금 감사권을 발동하게 함으로써 자치행정을 감시하는 한편으로 사무와 관련된 주민의 권익을 보호하는 기능을 갖는다. 물론 주민이 감사 자체에 직접 참여하는 것은 아니고 감독기관으로 하여금 감사하게 한다는 점에서 타율적 통제로서의 한계를 갖는 것이기도 하다.

### (2) 청구권자와 상대방

지방자치단체의 18세 이상의 주민으로서 다음 각 호[67]의 어느 하나에 해당하는 사람(공직선거법 제18조에 따른 선거권이 없는 사람은 제외)은, 시·도는 300명, 법 제198조에 따른

---

[67] 1. 해당 지방자치단체의 관할 구역에 주민등록이 되어 있는 사람
2. 출입국관리법 제10조에 따른 영주(永住)할 수 있는 체류자격 취득일 후 3년이 경과한 외국인으로서 같은 법 제34조에 따라 해당 지방자치단체의 외국인등록대장에 올라 있는 사람

인구 50만 이상 대도시는 200명, 그 밖의 시·군 및 자치구는 150명 이내에서 그 지방자치단체의 조례로 정하는 수 이상의 18세 이상의 주민이 연대 서명하여 그 지방자치단체와 그 장의 권한에 속하는 사무의 처리가 법령에 위반되거나 공익을 현저히 해친다고 인정되면 시·도의 경우에는 주무부장관에게, 시·군 및 자치구의 경우에는 시·도지사에게 감사를 청구할 수 있다(지자법 21조 1항). 청구의 상대방인 주무부장관과 시·도지사는 각각 감독기관의 지위에서 감사권이 부여되었다고 하겠다.

### (3) 감사청구의 대상

주민감사청구의 대상은 해당 지방자치단체와 그 장의 권한에 속하는 사무이다. 자치사무는 물론이고 단체위임사무나 기관위임사무도 감사청구의 대상이 될 수 있다. 다만 법률상 수사나 재판에 관여하게 되는 사항, 개인의 사생활을 침해할 우려가 있는 사항, 다른 기관에서 감사하였거나 감사 중인 사항(다만, 다른 기관에서 감사한 사항이라도 새로운 사항이 발견되거나 중요 사항이 감사에서 누락된 경우와 제22조 제1항에 따라 주민소송의 대상이 되는 경우에는 그러하지 않음), 동일한 사항에 대하여 제22조 제2항 각 호의 어느 하나에 해당하는 소송이 진행 중이거나 그 판결이 확정된 사항은 감사청구대상에서 제외된다(지자법 21조 2항).

### (4) 청구의 사유

주민은 지방자치단체와 그 장의 권한에 속하는 사무의 처리가 법령에 위반되거나 공익을 현저히 해친다고 인정되면 감사를 청구할 수 있다. 주민의 권리침해까지를 요건으로 하는 것은 아니며 당해 사무의 처리가 위법 또는 부당하다고 인정되면 감사의 청구가 가능하다. 여기서 '해당 사무의 처리가 법령에 위반되거나 공익을 현저히 해친다고 인정되면'이란 주민들이 주민감사를 청구하는 단계에서 '해당 사무의 처리가 법령에 반하거나 공익을 현저히 해친다고 인정될 가능성'을 주장하는 것으로 족하며, 주민들로 하여금 '해당 사무의 처리가 법령에 위반되거나 공익을 현저히 해친다고 인정될 것'을 증명할 것까지 요구하는 것은 아니다.[68]

---

68) "지방자치법 제16조 제1항에서 규정한 '해당 사무의 처리가 법령에 위반되거나 공익을 현저히 해친다고 인정되면'이란 감사기관이 감사를 실시한 결과 피감기관에 대하여 시정요구 등의 조치를 하기 위한 요건 및 주민소송에서 법원이 본안에서 청구를 인용하기 위한 요건일 뿐이고, 주민들이 주민감사를 청구하거나

한편 감사기관이 지방자치단체 외부의 감독기관인 국가의 주무부장관 또는 시·도지사이고, 특히 자치사무에 대한 행정안전부장관 또는 시·도지사에 의한 일반적 외부감사는 원칙적으로 법령 위반사항, 즉 합법성 감사에 한정된다는 점을 고려하면(지자법 190조 1항), 주민감사청구에 있어서 국가 등의 외부감사기관이 법령 위반(위법)의 경우 뿐 아니라 공익을 현저히 해치는 경우(부당)에 대하여도 감사할 수 있도록 한 것은 지방자치단체의 자치권 침해의 소지가 없지 않다 할 것이다.[69]

## (5) 감사청구기간

감사청구는 당해 사무처리가 있었던 날이나 끝난 날부터 3년이 지나면 제기할 수 없다(지자법 21조 3항). 행정의 안정성과 계속성을 고려한 규정이라고 할 것이다.

## (6) 감사청구의 절차

주민이 감사를 청구하려면 청구인의 대표자를 선정하여 청구인명부에 적어야 하며, 청구인의 대표자는 감사청구서를 작성하여 주무부장관 또는 시·도지사에게 제출하여야 한다. 주무부장관이나 시·도지사는 청구를 받은 날부터 5일 이내에 그 내용을 공표하여야 하며, 청구를 공표한 날부터 10일간 청구인명부나 그 사본을 공개된 장소에 갖추어두어 열람할 수 있도록 하여야 한다. 청구인명부의 서명에 관하여 이의가 있는 사람은 법정 열람기간에 해당 주무부장관이나 시·도지사에게 이의를 신청할 수 있다. 이의신청을 받으면 법정 열람기간이 끝난 날부터 14일 이내에 심사·결정하되, 그 신청이 이유 있다고 결정한 때에는 청구인명부를 수정하고, 이를 이의신청을 한 사람과 청구인의 대표자에게 알려야 하며, 그 이의신청이 이유 없다고 결정한 때에는 그 뜻을 즉시 이의신청을 한 사람에게 알려야 한다. 주무부장관이나 시·도지사는 이의신청이 없는 경우 또는 제기된 모든

---

주민소송을 제기하는 단계에서는 '해당 사무의 처리가 법령에 반하거나 공익을 현저히 해친다고 인정될 가능성'을 주장하는 것으로 족하며, '해당 사무의 처리가 법령에 반하거나 공익을 현저히 해친다고 인정될 것'이 주민감사청구 또는 주민소송의 적법요건이라고 볼 수는 없다. 왜냐하면 '해당 사무의 처리가 법령에 위반되거나 공익을 현저히 해친다고 인정되는지 여부'는 감사기관이나 주민소송의 법원이 구체적인 사실관계를 조사·심리해 보아야지 비로소 판단할 수 있는 사항이기 때문이다. 만약 이를 주민감사청구의 적법요건이라고 볼 경우 본안의 문제가 본안 전 단계에서 먼저 다루어지게 되는 모순이 발생할 뿐만 아니라, 주민감사를 청구하는 주민들로 하여금 주민감사청구의 적법요건으로서 '해당 사무의 처리가 법령에 위반되거나 공익을 현저히 해친다고 인정될 것'을 증명할 것까지 요구하는 불합리한 결과가 야기될 수 있다."(대법 2020. 6. 25. 선고 2018두67251 판결)

69) 동지의 견해로 홍정선, 新지방자치법, 178쪽.

이의신청에 대하여 심사·결정이 끝난 경우 감사청구의 법정 요건을 갖춘 때에는 청구를 수리하고, 그러하지 아니한 때에는 청구를 각하하되, 수리 또는 각하 사실을 청구인의 대표자에게 알려야 한다(지자법 21조 4~8항).

## (7) 감사의 실시

주무부장관이나 시·도지사는 감사청구를 수리한 날부터 60일 이내에 감사청구된 사항에 대하여 감사를 끝내야 하며, 감사결과를 청구인의 대표자와 해당 지방자치단체의 장에게 서면으로 알리고, 공표하여야 한다. 다만, 그 기간에 감사를 끝내기가 어려운 정당한 사유가 있으면 그 기간을 연장할 수 있다. 이 경우 이를 미리 청구인의 대표자와 해당 지방자치단체의 장에게 알리고, 공표하여야 한다. 주무부장관이나 시·도지사는 주민이 감사를 청구한 사항이 다른 기관에서 이미 감사한 사항이거나 감사 중인 사항이면 그 기관에서 실시한 감사결과 또는 감사 중인 사실과 감사가 끝난 후 그 결과를 알리겠다는 사실을 청구인의 대표자와 해당 기관에 지체 없이 알려야 한다. 주무부장관이나 시·도지사는 주민 감사청구를 처리(각하 포함)할 때 청구인의 대표자에게 반드시 증거 제출 및 의견 진술의 기회를 주어야 한다(지자법 21조 9~11항).

## (8) 감사결과에 따른 조치

주무부장관이나 시·도지사는 감사결과에 따라 기간을 정하여 해당 지방자치단체의 장에게 필요한 조치를 요구할 수 있다. 이 경우 그 지방자치단체의 장은 이를 성실히 이행하여야 하고 그 조치결과를 지방의회와 주무부장관 또는 시·도지사에게 보고하여야 한다. 또한 주무부장관이나 시·도지사는 조치요구내용과 지방자치단체의 장의 조치결과를 청구인의 대표자에게 서면으로 알리고, 공표하여야 한다(지자법 21조 12·13항).

# 7. 주민소송권

## (1) 주민소송의 의의와 기능

주민소송은 주민이 지방자치단체의 재무회계관련 행위에 관하여 위법하거나 업무를 게을리한 사실에 대하여 지방자치단체의 대표인 지방자치단체의 장을 상대방으로 하여 제기하는 소송을 말한다. 주권의 지역적 주체이자 납세자인 주민이 직접 참여하여 소송을 제기하고 법원을 통한 사법통제에 의하여 지방자치단체의 위법한 업무처리 등을 시정하거나 손해배상 등을 할 것을 소구(訴求)함으로써 지방행정의 적법성·책임성을 제고하고 지방재정의 건전성을 확보하는 기능을 갖는다고 하겠다.[70]

### (2) 주민소송의 성격 및 관할

현행법상의 주민소송은, 지방자치단체의 재무회계관련 행위라는 대상범위의 한정이 있으나 기본적으로 행정작용의 효력 여부를 다투거나 공무원의 불법행위의 책임 등을 묻는 소송이라는 점에서 행정소송의 성격을 갖는다고 볼 수 있다. 따라서 소송절차에 있어서도 지방자치법상의 관련 규정 외에 행정소송법이 준용된다(지자법 22조 18항). 그리고 행정소송의 성격을 가지므로 주민소송의 관할법원은 해당 지방자치단체의 사무소 소재지를 관할하는 행정법원(행정법원이 설치되지 아니한 지역에서는 행정법원의 권한에 속하는 사건을 관할하는 지방법원본원을 말한다)으로 하고 있다(지자법 22조 9항).

### (3) 주민감사청구 전치주의(前置主義)

#### 1) 의의

앞서 살펴본 주민감사청구와 주민소송은 별개의 제도이지만, 현행 지방자치법은 양 제도를 연계하여 주민감사청구를 한 주민만이 주민소송을 제기할 수 있도록 함으로써 원칙적으로 주민소송의 제기에 앞서 주민감사청구를 거치도록 하는 주민감사청구 전치주의를 채택하고 있다. 이 제도는 주민소송 대상에 관한 불복사항이 있을 경우, 이를 바로 법원에 제소하여 다투기보다 먼저 감사를 청구하여 감사기관의 전문지식을 활용하고 간이·신속한 행정적 해결 또는 시정을 도모하게 함으로써, 상대적으로 시간적·경제적 부담이 큰 소송절차를 보완적으로 사용하게 하는 한편 남소에 따르는 법원의 부담도 경감하려는 데 그 입법취지가 있다고 하겠다.

---

70) 우리나라의 주민소송제도는 연혁적으로 미국의 납세자소송과 이를 모델로 한 일본의 주민소송 등을 참고로 하여 설계되었다고 할 수 있다.

## 2) 주민감사청구 전치요건의 충족

주민감사청구 전치는 주민소송의 소송요건이므로 그 충족 여부는 수소법원의 직권조사 사항이다. 주민소송이 주민감사청구 전치요건을 충족하였다고 하려면 지방자치법 제21조 에서 정한 주민감사청구의 적법요건을 모두 갖추고, 나아가 지방자치법 제22조 제1항 각 호의 어느 하나에도 해당하여야 한다.[71] 이러한 요건의 충족은 사실심 변론종결 시까지 구비하면 된다.

최근의 대법원 판례[72]에서는, 지방자치법 제22조 제1항 제2호(판결 당시는 제17조 제1항 제2호)에 정한 '감사 결과'에는 감사기관이 주민감사청구를 수리하여 일정한 조사를 거친 후 주민감사청구사항의 실체에 관하여 본안판단을 하는 내용의 결정을 하는 경우뿐만 아 니라, 감사기관이 적법한 주민감사청구를 부적법하다고 오인하여 위법하게 수리거부(각하 결정)를 하는 경우까지도 포함한다고 본다. 즉 주민감사청구가 지방자치법에서 정한 적법 요건을 모두 갖추었음에도, 감사기관이 해당 주민감사청구가 부적법하다고 오인하여 더 나아가 구체적인 조사·판단을 하지 않은 채 각하하는 결정을 한 경우에는, 감사청구한 주민은 위법한 각하결정 자체를 별도의 항고소송으로 다툴 필요 없이(다투는 것이 가능은 하지만), 지방자치법이 규정한 다음 단계의 권리구제절차인 주민소송을 바로 제기할 수 있 다고 본 것이다.[73]

지방자치법 제22조 제1항 각 호의 주민소송의 적법요건은, 전치절차인 주민감사청구가 수리되거나 그에 따라 실제로 감사가 진행됨을 전제로 그 결과나 후속조치 등에 대하여 불복하는 경우에 제기할 수 있는 것과 같이 규정하고 있다. 즉 제1호는 주민감사청구를 수리는 하였으나 일정한 기간 내에 감사를 완료하지 않은 때를 상정하고 있고, 제2호~제 4호는 주민감사청구에 대하여 수리 후 감사를 하였거나 감사결과에 따른 일정한 조치를 취한 경우 등을 상정하고 있는 것이다. 그런데 적법한 주민감사청구를 하였으나 이를 수

---

71) 지방자치법 제22조 제1항 각 호
   1. 주무부장관이나 시·도지사가 감사청구를 수리한 날부터 60일(제21조제9항 단서에 따라 감사기간이 연 장된 경우에는 연장기간이 끝난 날을 말한다)이 지나도 감사를 끝내지 아니한 경우
   2. 제21조제9항 및 제10항에 따른 감사 결과 또는 같은 조 제12항에 따른 조치 요구에 불복하는 경우
   3. 제21조제12항에 따른 주무부장관이나 시·도지사의 조치 요구를 지방자치단체의 장이 이행하지 아니한 경우
   4. 제21조제12항에 따른 지방자치단체의 장의 이행 조치에 불복하는 경우
72) 대법 2020. 6. 25. 선고 2018두67251 판결.
73) 이와 관련하여 우리 지방자치법 제22조 제1항과 유사한 규정(日本 地方自治法 제242조의2 2항)을 가지고 있는 일본의 판례도 위와 대동소이한 판단을 하고 있어 간단히 소개한다. "적법한 주민감사청구를 부적법 하다고 하여 각하한 경우에 당해 청구를 한 주민은 곧바로 주민소송을 제기할 수 있을 뿐만 아니라, 동일 한 재무회계상의 행위 또는 해태사실을 대상으로 하여 다시 주민감사청구를 하는 것도 허용된다.(最高裁 1998. 12. 18, 民集 52卷9, 2039쪽)"(宇賀克也, 地方自治法概説(第4版), 有斐閣, 2011, 282~283쪽)

리하여야 할 감사기관이 (위법하게) 수리거부(각하결정)한 경우에, 그에 불복하여 제기한 주민소송을 (주민감사청구의 수리가 없었다는 이유로) 법원이 소송요건(전치요건) 불비를 이유로 부적법 각하한다면, 이것은 지나치게 형식논리적으로 접근한 것으로서, 감사기관의 착오 내지 오류에 따른 책임을 주민에게 전가시키는 것이라는 비판을 피하기 어려울 것이고, 주민통제의 강화를 도모하려는 주민소송의 목적이나 입법취지에도 부합하지 않는 것이라고 할 것이다. 주민감사청구의 전치는 주민소송의 요건이므로 법원의 직권조사사항이고, 따라서 적법한 주민감사청구에 대하여 감사기관이 (위법하게) 수리거부(각하)한 경우에는, 감사기관의 수리처분의 존부나 수리거부(각하) 처분의 공정력 등과 무관하게, 법원이 직권조사와 심리를 통하여 전치요건을 충족한 적법한 소로서 받아들여야 한다는 것이다.

한편 주민감사청구가 요건미비로 인하여 부적법하고 이를 이유로 각하된 경우에는 주민소송의 전치요건을 충족한 것으로 볼 수 없어 주민소송 역시 각하될 것이다.


### (4) 주민소송의 대상

#### 1) 의의

주민소송은 다음과 같은 지방자치단체의 재무회계 관련 사항을 대상으로 제기할 수 있는데, 법 제22조 제1항은 공금의 지출에 관한 사항, 재산의 취득·관리·처분에 관한 사항, 해당 지방자치단체를 당사자로 하는 매매·임차·도급 계약이나 그 밖의 계약의 체결·이행에 관한 사항 또는 지방세·사용료·수수료·과태료 등 공금의 부과·징수를 게을리한 사항을 감사청구한 주민은 그 감사청구한 사항과 관련이 있는 위법한 행위나 업무를 게을리 한 사실에 대하여 해당 지방자치단체의 장(사무처리권한을 소속 기관장에게 위임한 경우에는 그 소속기관장을 말함)을 상대방으로 하여 소송을 제기할 수 있다고 규정하고 있다.

일반적으로 주민감사 청구는 해당 지방자치단체와 그 장의 권한에 속하는 사무 전반을 대상으로 하는데 비하여, 주민소송은 공금의 지출에 관한 사항 등 지방자치단체의 재무회계 관련 사항에 대하여만 소송을 제기할 수 있음에 유의하여야 한다. 따라서 주민이 감사청구한 사항과 주민소송의 대상이 재무회계 관련 사항으로서 동일하면 제소에 문제가 없다. 감사청구한 사항과 주민소송의 대상이 동일하지 않더라도 관련이 있으면(예컨대 보조금 지급중지를 감사청구하였으나 이미 지급되었으므로 손해배상을 할 것을 요구하는 소송의 제기) 역시 주민소송의 제기에 문제가 없다고 볼 수 있다.[74] 또한 법률상 주민감사청구에서 배제

74) 홍정선, 新지방자치법, 186쪽. 관련 판례로서, "주민감사청구가 '지방자치단체와 그 장의 권한에 속하는 사무의 처리'를 대상으로 하는 데 반하여, 주민소송은 '그 감사청구한 사항과 관련이 있는 위법한 행위나

되는 사항(지자법 22조 2항 각호)은 주민감사청구를 할 수 없으므로 주민소송의 대상도 되지 않는다고 할 것이다.

## 2) '공금의 지출에 관한 사항'에 관한 판례의 해석

주민소송의 대상은 재무회계 관련 행위에 한정되므로, '공금의 지출에 관한 사항'에 관하여도 이러한 해석은 관철된다. 판례[75]도 "주민소송의 대상으로서 '공금의 지출에 관한 사항'이란 지출원인행위, 즉 지방자치단체의 지출원인이 되는 계약 그 밖의 행위로서 당해 행위에 의하여 지방자치단체가 지출의무를 부담하는 예산집행의 최초 행위와 그에 따른 지급명령 및 지출 등에 한정되고, 특별한 사정이 없는 한 이러한 지출원인행위 등에 선행하여 그러한 지출원인행위를 수반하게 하는 당해 지방자치단체의 장 및 직원, 지방의회 의원의 결정 등과 같은 행위는 포함되지 않는다." 따라서 이러한 "선행행위에 위법사유가 존재하더라도 이는 주민소송의 대상이 되지 않는다."고 보고 있다.

하지만 같은 판례에서, "지출원인행위 등을 하는 행정기관이 선행행위의 행정기관과 동일하거나 선행행위에 대한 취소·정지권을 갖는 경우 지출원인행위 등을 하는 행정기관은 지방자치단체에 직접적으로 지출의무를 부담하게 하는 지출원인행위 단계에서 선행행위의 타당성 또는 재정상 합리성을 다시 심사할 의무가 있는 점, 이러한 심사를 통하여 선행행위가 현저하게 합리성을 결하고 있다는 것을 확인하여 이를 시정할 수 있었음에도 그에 따른 지출원인행위 등을 그대로 진행하는 것은 부당한 공금 지출이 되어 지방재정의 건전하고 적정한 운용에 반하는 점, 지출원인행위 자체에 고유한 위법이 있는 경우뿐만 아니라 선행행위에 간과할 수 없는 하자가 존재하고 있음에도 이에 따른 지출원인행위 등 단계에서 심사 및 시정의무를 소홀히 한 경우에도 당해 지출원인행위를 위법하다고 보아야 하는 점 등에 비추어 보면, 선행행위가 현저하게 합리성을 결하여 그 때문에 지방재정의 적정성 확보라는 관점에서 지나칠 수 없는 하자가 존재하는 경우에는 지출원인행위 단계에서 선행행위를 심사하여 이를 시정해야 할 회계관계 법규상 의무가 있다고 보아야 한다. 따라서 이러한 하자를 간과하여 그대로 지출원인행위 및 그에 따른 지급명령·지출 등 행위에 나아간 경우에는 그러한 지출원인행위 등 자체가 회계관계 법규에 반

---

업무를 게을리한 사실'에 대하여 제기할 수 있는 것이므로, 주민소송의 대상은 주민감사를 청구한 사항과 관련이 있는 것으로 충분하고, 주민감사를 청구한 사항과 반드시 동일할 필요는 없다. 주민감사를 청구한 사항과 관련성이 있는지는 주민감사청구사항의 기초인 사회적 사실관계와 기본적인 점에서 동일한지에 따라 결정되는 것이며 그로부터 파생되거나 후속하여 발생하는 행위나 사실은 주민감사청구사항과 관련이 있다고 보아야 한다."(대법 2020. 7. 29. 선고 2017두63467 판결 [주민소송])
75) 대법 2011. 12. 22. 선고 2009두14309 판결.

하여 위법하다고 보아야 하고, 이러한 위법사유가 존재하는지를 판단할 때에는 선행행위와 지출원인행위의 관계, 지출원인행위 당시 선행행위가 위법하여 직권으로 취소하여야 할 사정이 있었는지 여부, 지출원인행위 등을 한 당해 지방자치단체의 장 및 직원 등이 선행행위의 위법성을 명백히 인식하였거나 이를 인식할 만한 충분한 객관적인 사정이 존재하여 선행행위를 시정할 수 있었는지 등을 종합적으로 고려해야 한다."고도 판단하고 있음을 간과하지 말아야 한다.

### 3) '재산의 취득·관리·처분'이나 '공금의 부과·징수를 게을리한 사항'에 관한 판례의 해석

'재산의 취득·관리·처분에 관한 사항'이나 '공금의 부과·징수를 게을리한 사항'이란 지방자치단체의 재산의 취득 또는 그 소유에 속하는 재산의 가치를 유지·보전 또는 실현함을 직접 목적으로 하는 행위 또는 그와 관련된 공금의 부과·징수를 게을리한 행위를 말하고, 그 밖에 재무회계와 관련이 없는 행위는 그것이 지방자치단체의 재정에 어떤 영향을 미친다고 하더라도, 주민소송의 대상이 되는 '재산의 취득·관리·처분에 관한 사항'이나 '공금의 부과·징수를 게을리한 사항'에 해당하지 않는다.

판례76)는 이행강제금과 관련하여, "이행강제금은 지방자치단체의 재정수입을 구성하는 재원 중 하나로서 '지방세외수입금의 징수 등에 관한 법률'에서 이행강제금의 효율적인 징수 등에 필요한 사항을 특별히 규정하는 등 그 부과·징수를 재무회계 관점에서도 규율하고 있으므로, 이행강제금의 부과·징수를 게을리한 행위는 주민소송의 대상이 되는 공금의 부과·징수를 게을리한 사항에 해당한다."고 본 바 있다. 또 다른 판례77)는, "주민소송은 원칙적으로 지방자치단체의 재무회계에 관한 사항의 처리를 직접 목적으로 하는 행위에 대하여 제기할 수 있고, 지방자치법 제17조(현행법 제22조) 제1항에서 주민소송의 대상으로 규정한 '재산의 취득·관리·처분에 관한 사항'에 해당하는지도 그 기준에 의하여 판단하여야 한다."고 하면서, "특히 도로 등 공물이나 공공용물을 특정 사인이 배타적으로 사용하도록 하는 점용허가가 도로 등의 본래 기능 및 목적과 무관하게 그 사용가치를 실현·활용하기 위한 것으로 평가되는 경우에는 주민소송의 대상이 되는 재산의 관리·처분에 해당한다."고 판단하기도 하였다.78)

---

76) 대법 2015. 9. 10. 선고 2013두16746 판결.
77) 대법 2016. 5. 27. 선고 2014두8490 판결.
78) 본 사례는, 공유 도로의 일정 지하부분을 점용료를 받으면서 특정 종교단체의 시설 용도로 사용할 수 있도록 점용허가한 경우로서, 일종의 임대유사행위로 본 것으로 판단된다.

## (5) 주민소송의 당사자

### 1) 원고적격

지방자치법 제21조에 따라 적법한 감사청구를 한 주민은 주민소송의 원고적격이 인정된다. 감사청구한 주민이 복수인 경우에는 그 전원이나 일부 혹은 1인에 의한 제소도 가능하다. 다만 감사청구는 (18세 이상의) 주민만이 가능하므로 법인이나 법인격 없는 단체의 원고적격은 인정되기 어렵다고 하겠다.

소송 계속(繫屬) 중에 소송을 제기한 주민이 사망하거나 지방자치법 제16조에 따른 주민의 자격을 잃으면 소송절차는 중단된다(지자법 22조 6항). 감사청구에 연서한 다른 주민은 앞의 사유가 발생한 사실을 안 날부터 6개월 이내에 소송절차를 수계(受繼)할 수 있는데, 이 기간에 수계절차가 이루어지지 않으면 그 소송절차는 종료된다(지자법 22조 7항). 주민소송이 이미 진행 중이면 다른 주민은 같은 사항에 대하여 별도의 소송을 제기할 수 없다(지자법 22조 5항). 이는 판결 간의 모순 방지와 소송경제를 도모하기 위함이다.

### 2) 피고적격

주민소송의 피고는 지방자치법 제22조 1항에 따라, 해당 지방자치단체의 장(해당 사항의 사무처리에 관한 권한을 소속 기관의 장에게 위임한 경우에는 그 소속 기관의 장)이 된다. 다만 아래에서 설명하는 제4호 소송의 경우에는 제1단계에서는 해당 지방자치단체의 장 등이 피고가 되지만, 원고가 승소한 경우에 이어지는 제2단계 소송에서는 부당이득을 얻거나 손해를 끼친 직원 등의 상대방이 피고가 된다.

## (6) 주민소송의 제소사유 및 제소기간

주민소송은, ① 주무부장관이나 시·도지사가 감사청구를 수리한 날부터 60일(제21조 제9항 단서에 따라 감사기간이 연장된 경우에는 연장기간이 끝난 날을 말한다)이 지나도 감사를 끝내지 아니한 경우 ② 제21조 제9항 및 제10항에 따른 감사 결과 또는 같은 조 제12항에 따른 조치 요구에 불복하는 경우 ③ 제21조 제12항에 따른 주무부장관이나 시·도지사의 조치 요구를 지방자치단체의 장이 이행하지 아니한 경우 ④ 제21조 제12항에 따른 지방자치단체의 장의 이행 조치에 불복하는 경우에, 그 감사청구한 사항과 관련이 있는 위법한 행위나 업무를 게을리 한 사실에 대하여 제기할 수 있다(지자법 22조 1항).

그리고 위 각 사유에 따른 소송의 제소기간은, 다음 각 호의 어느 하나에 해당하는 날로부터 90일 이내에 제기하여야 한다. 즉 위 ①의 경우에는 해당 60일이 끝난 날(제21조 제9항 단서에 따라 감사기간이 연장된 경우에는 연장기간이 끝난 날을 말한다), ②의 경우에는 해당 감사 결과나 조치 요구 내용에 대한 통지를 받은 날, ③의 경우에는 해당 조치를 요구할 때에 지정한 처리기간이 끝난 날, ④의 경우에는 해당 이행 조치결과에 대한 통지를 받은 날이 그에 해당한다.

### (7) 소송의 종류

#### 1) 제1호 소송: 중지청구소송

해당 행위를 계속하면 회복하기 어려운 손해를 발생시킬 우려가 있는 경우 당해 행위의 전부 또는 일부의 중지를 요구할 수 있다(지자법 22조 2항 1호). 이러한 중지청구소송은 해당 행위를 중지할 경우 생명이나 신체에 중대한 위해가 생길 우려가 있거나 그 밖에 공공복리를 현저하게 해칠 우려가 있으면 제기할 수 없다(지자법 22조 3항).

#### 2) 제2호 소송: 취소(변경)소송, 무효등확인소송

행정처분인 해당 행위의 취소 또는 변경을 요구하거나 그 행위의 효력 유무 또는 존재 여부의 확인을 요구할 수 있다(법 제22조 2항 2호). 여기서의 행정처분은 행정소송법상의 처분개념과 같다고 보는 것이 일반론이다. 다만 무효등확인소송의 경우 행정소송법상의 무효등확인소송과는 달리 제소기간의 제한이 있다는 점에 유의하여야 한다(지자법 22조 4항: 제1호~제4호 소송은 법정 각 사유에 해당하는 날부터 90일 이내에 제기하여야 함).

#### 3) 제3호 소송: (부작위)위법확인소송

게을리한 사실의 위법 확인을 요구할 수 있다(지자법 22조 2항 3호). 이 소송은 행정소송법상의 부작위위법확인소송을 연상시키게 하지만, 그와는 달리 제3호 소송은 처분을 매개로 하지는 않으므로 그 대상이 처분의 부작위에 한정되지는 않는다고 보는 것이 타당하다.

## 4) 제4호 소송: 손해배상 또는 부당이득반환 청구 또는 변상명령 요구소송

### 가. 의의

해당 지방자치단체의 장 및 직원, 지방의회의원, 해당 행위와 관련이 있는 상대방에게 손해배상청구 또는 부당이득반환청구를 할 것을 요구할 수 있다. 다만, 그 지방자치단체의 직원이 회계관계직원 등의 책임에 관한 법률 제4조에 따른 변상책임을 져야 하는 경우에는 변상명령을 할 것을 요구하는 소송을 말한다.

여기서 유의할 것은, 제4호 소송은 원고인 주민이, 손해를 야기하거나 부당이득을 얻은 자 등에게 직접 손해배상이나 부당이득의 반환을 청구하는 것이 아니라, 피고인 지방자치단체의 장에게 위의 관련 상대방에 대하여 손해배상의 청구, 부당이득반환의 청구, 변상명령을 할 것을 요구하는 소송이라는 점이다.

### 나. 손해배상·부당이득반환 또는 변상명령의 실현

제4호 소송에서 손해배상 또는 부당이득반환의 청구를 명하는 판결이 확정된 때는 지방자치단체의 장은 판결 확정일로부터 60일 이내에 관련 상대방에 대하여 그 판결에 의한 손해배상금 또는 부당이득반환금의 지불을 청구하여야 한다. 다만, 손해배상금이나 부당이득반환금을 지불하여야 할 당사자가 지방자치단체의 장이면 지방의회 의장이 지불을 청구한다(지자법 23조 1항). 만일 지불청구를 받은 자가 소정 기한 내에 손해배상금이나 부당이득반환금을 지불하지 아니하는 경우에는 해당 지방자치단체는 손해배상 또는 부당이득반환 청구를 목적으로 하는 소송을 제기하여야 한다.[79] 이 경우 그 소송의 상대방이 지방자치단체의 장이면 그 지방의회의 의장이 그 지방자치단체를 대표한다(지자법 23조 2항).

한편 제4호 소송에서 변상명령요구소송이 확정된 때에는 지방자치단체의 장은 판결 확정일로부터 60일 이내를 기한으로 하여 해당 당사자에게 판결에 따라 결정된 금액을 변상할 것을 명령하여야 하고, 명령을 받은 자가 위 기한까지 변상금을 지급하지 아니하면 지방세 체납처분의 예에 따라 징수할 수 있다. 변상명령을 받은 자가 변상명령에 불복하는 경우에는 행정소송을 제기할 수 있지만 행정심판법에 따른 행정심판청구는 제기할 수

---

79) 이러한 2단계의 소송방식에 대하여는 비판적인 견해가 있다. 즉 주민소송에서 손해배상 또는 부당이득반환의 청구권이 확인되었고 그러한 판결에 따른 지불청구를 하였음에도 관련 상대방이 지불하지 않는 경우에, 다시 그 상대방에 대하여 소송을 제기하여 집행하도록 하는 방식은, 관련 상대방에 대한 책임 추궁을 너무 어렵거나 복잡하게 할 뿐 아니라 집행절차의 경제적 측면에서도 적절치 않다는 것이다. 따라서 이러한 경우에는, 다시 소를 제기하게 할 것이 아니라, 바로 관련 상대방(원인행위자)에 대하여 행정행위 형식으로 지불명령을 하도록 하는 방식이 더 효율적이고 합리적이라는 것이다(선정원, "주민소송과 변상명령", 지방자치법연구 통권 제9호, 286쪽).

없다(지자법 24조).

## (8) 소송비용 등 실비보상

소송을 제기한 주민은 승소(일부 승소 포함)한 경우 그 지방자치단체에 대하여 변호사 보수 등의 소송비용, 감사청구절차의 진행 등을 위하여 사용된 여비, 그 밖에 실제로 든 비용을 보상할 것을 청구할 수 있다. 이 경우 지방자치단체는 청구된 금액의 범위에서 그 소송을 진행하는 데에 객관적으로 사용된 것으로 인정되는 금액을 지급하여야 한다(지자법 22조 17항).

## (9) 주민소송의 운영실태 및 활성화방향

2006년 지방자치법에 처음 도입된 주민소송제도는, 제도 입안 당시 소송 남발로 인하여 지방행정이 위축될 것이라는 정부 측의 우려와는 달리 그동안 제기된 주민소송의 건수 등을 볼 때 그다지 활성화되지 못한 것으로 보인다.[80] 사건유형 중에는 지방의원에 대한 의정비 인상분 환수요구가 가장 많았고, 그 뒤로 업무추진비 위법지출, 예산 부적절 집행낭비의 순서로 소송이 제기되었는바, 소송대상은 재무회계행위 중 공금의 지출에 관한 사항이 대부분이었고, 소송의 종류로는 제4호 소송이 압도적으로 많았다. 소송결과와 관련해서는 주민이 일부 승소한 사례 외에는 대부분이 주민패소(기각판결 또는 각하판결)로 종결되었다.

모처럼 제도화된 주민소송이 이와 같이 제대로 활용되지 못하고 지지부진한 데는 여러 가지 원인이나 이유가 있을 수 있으나, 그 활성화방안으로는 주민감사청구전치주의 하에서 주민감사청구에 요구되는 주민의 수가 과다하게 책정되어 있다는 점에서 이를 다소 완화할 필요가 있다는 점,[81] 주민이 승소한 경우에도 현재와 같이 단순히 실비의 변상에 그칠 것이 아니라 공익의 대변자로 나서서 실제 지방자치단체에 이익을 가져다 준 주민에게 일정한 정도의 승소보상금[82]을 보장함으로써 단순히 주민의 자발적인 사명감 내지

---

[80] 2020. 12. 31. 기준으로, 총 45건의 주민소송이 제기되어 그중 39건이 종결되었고 6건이 진행 중이다. 2006년 도입 후 15년이 경과하고 있으므로 연평균 3건 정도의 주민소송이 제기되고 있을 뿐이다(행정안전부 HP > 주민소송 운영현황(2020. 12. 31. 기준)).
[81] 이 부분은 이번 지방자치법 전부개정을 통하여 법률상의 기준이 다소 완화되었다(지자법 21조 1항 참조).
[82] 주민소송 도입 시 다수 시민사회단체의 입법청원을 받아 당시 야당의원 20여 명이 추진한 법률안(납세자 소송법안)에서는 소송 결과 손해 발생의 예방 등 경제적 이익이 있으면 소송비용 등에 대한 실비변상 외에 그 이익의 10분의 1(10억 원 한도)을 보상금으로 제공하는 안이 제시된 바 있었다.

정의감에만 맡겨두지 않도록 하는 점 등이 제안되기도 하였다.[83]

## 8. 주민소환권

### (1) 주민소환의 의의와 기능

주민소환이란 주민의 의사에 의하여 지방공직자를 공직으로부터 해임시키는 제도이다. 지방자치법은 주민이 직접 선출한 그 지방자치단체의 장(교육감 포함) 및 지방의회의원(비례대표 지방의회의원은 제외)을 해임(소환)할 권리가 있음을 규정하고 있다(지자법 25조 1항).

주민소환제도는 직접민주제의 한 수단으로 주민이 대표자(공직자)를 임기 종료 전에 공직으로부터 해임시킬 수 있도록 하여, 유권자인 주민의 참여와 결정으로 지방행정을 민주적으로 통제하고 행정에 대한 책임성을 확보할 수 있도록 하려는 데 그 취지가 있다. 일반적으로 지방행정은 선출직 대표자들에 의한 간접민주제 내지 대의제를 원칙으로 하고 있지만, 주민들로부터 위임을 받은 대표자들이 주민의 의사에 반한 행위 등을 하였을 때에는 주권의 지역적 주체이자 유권자인 주민이 대표자 소환을 통하여 직접 그 책임을 물을 수 있도록 함으로써 대의제의 한계를 보완하고자 한 것이다.

지방자치법은 주민소환제를 도입하면서 주민소환의 투표 청구권자·청구요건·절차 및 효력 등에 관하여는 따로 법률로 정하도록 하였고, 이에 따라 「주민소환에 관한 법률」(이하 '주민소환법'으로 약칭함)이 제정되어 2007년부터 시행되고 있다. 현재의 주민소환의 절차는 법정 수 이상의 주민에 의한 주민소환의 투표 청구, 주민소환 투표의 실시, 투표결과에 따른 주민소환의 결정(공직 해임) 등의 순서로 이루어지고, 이러한 주민소환투표사무는 공직선거법에 의한 지방선거 관할선거관리위원회가 관리한다.

### (2) 주민소환의 사유

현행 지방자치법 및 주민소환법은 소환의 사유에 관하여는 특별히 규정하고 있지 않다. 즉 주민소환의 사유는 법정요건은 아닌 것이다. 다만 통상적으로는 대상자의 비위, 위법행위, 무능력, 정책실패 등을 소환사유의 예로 들 수 있을 것이다.

이와 같은 소환사유를 법률에 규정하지 않은 것을 입법미비로 볼 것은 아니라고 본다.

---

[83] 이에 관한 보다 상세한 내용은 졸고 문상덕, "지방자치 관련 소송제도의 재검토", 행정법연구 제54호, 2018. 8, 16~18쪽을 참조 바람.

그것은 우리 입법자들은 주민소환제를 일종의 정치적 책임을 묻는 절차로 입법화한 것이지 일정한 법적 책임을 심판하는 절차로 설계하지는 않은 것으로 해석되기 때문이다. 예컨대 탄핵제도의 경우에는 "직무집행에 있어서 헌법이나 법률을 위배"한 위법행위를 사유로 설정하고 그 최종심사 역시 사법기관인 헌법재판소에 의한 법적 판단에 의하도록 하고 있다(헌법 65조). 이에 비하여 주민소환제도는 유권자인 주민의 투표에 의한 정치적인 해임제도이므로 그 사유 역시 반드시 법적인 사유에 한정되지 않는 것이 바람직하고, 따라서 주민소환 사유를 법정하지 않은 것도 위헌으로 보기는 어렵다고 하겠다.[84]

### (3) 주민소환 투표권자

주민소환을 위한 투표권은, 주민소환투표인명부 작성기준일 현재 다음 각 호의 어느 하나에 해당하는 자(1. 19세 이상의 주민으로서 당해 지방자치단체 관할구역에 주민등록이 되어 있는 자(「공직선거법」 제18조의 규정에 의하여 선거권이 없는 자를 제외한다) 2. 19세 이상의 외국인으로서 「출입국관리법」 제10조의 규정에 따른 영주의 체류자격 취득일 후 3년이 경과한 자 중 같은 법 제34조의 규정에 따라 당해 지방자치단체 관할구역의 외국인등록대장에 등재된 자)에게 인정된다(주민소환법 3조 1항).

### (4) 주민소환의 대상

주민소환의 대상은 해당 지방자치단체의 장(교육감 포함) 및 지방의회의원(비례대표 지방

---

84) "법 제7조 제1항 제2호 중 시장에 대한 부분이 주민소환의 청구사유에 제한을 두지 않은 것은 주민소환제를 기본적으로 정치적인 절차로 설계함으로써 위법행위를 한 공직자뿐만 아니라 정책적으로 실패하거나 무능하고 부패한 공직자까지도 그 대상으로 삼아 공직에서의 해임이 가능하도록 하여 책임정치 혹은 책임행정의 실현을 기하려는 데 그 입법목적이 있다. 입법자는 주민소환제의 형성에 광범위한 입법재량을 가지고, 주민소환제는 대표자에 대한 신임을 묻는 것으로 그 속성이 재선거와 같아 그 사유를 묻지 않는 것이 제도의 취지에도 부합하며, 비민주적, 독선적인 정책추진 등을 광범위하게 통제한다는 주민소환제의 필요성에 비추어 청구사유에 제한을 둘 필요가 없고, 업무의 광범위성이나 입법기술적인 측면에서 소환사유를 구체적으로 적시하기 쉽지 않으며, 청구사유를 제한하는 경우 그 해당 여부를 사법기관에서 심사하게 될 것인데 그것이 적정한지 의문이 있고 절차가 지연될 위험성이 크므로, 법이 주민소환의 청구사유에 제한을 두지 않는 데에는 나름대로 상당한 이유가 있고, 청구사유를 제한하지 아니한 입법자의 판단이 현저하게 잘못되었다고 볼 사정 또한 찾아볼 수 없다. 또 위와 같이 청구사유를 제한하지 않음으로써 주민소환이 남용되어 공직자가 소환될 위험성과 이로 인하여 주민들이 공직자를 통제하고 직접참여를 고양시킬 수 있는 공익을 비교하여 볼 때, 법익의 형량에 있어서도 균형을 이루었으므로, 위 조항이 과잉금지의 원칙을 위반하여 청구인의 공무담임권을 침해하는 것으로 볼 수 없다."(헌재 2009. 3. 26. 선고 2007헌마843 결정)

의회의원은 제외한다)이다(지자법 20조 1항, 지방교육자치에 관한 법률 24조의2 1항). 지방공직자 중 주민이 직접 선출한 공직자를 대상으로 하되 비례대표 지방의회의원을 제외하고 있음을 알 수 있다.

비례대표 의원을 대상에서 제외한 것에 대하여는 적절하다는 비판도 제기되고 있는데, 비례대표 의원도 선출방식의 차이가 있을 뿐 주민대의기관인 지방의회의 의원으로서 지역구의원과 원칙적으로 권한과 의무 내지 그 역할을 동등하게 인정받고 있으므로, 굳이 주민소환의 대상에서 제외하여야 할 합리적인 근거가 미비하다는 것이다. 주민소환의 대상을 비선출직 공직자에게까지 확대하고 있는 외국사례들도 있는 만큼, 주민소환제 도입의 취지에 따라 민주적 통제 강화를 통한 책임성 확보를 위해서는 향후 비례대표 의원도 주민소환의 대상에 포함시키는 것이 바람직하다고 본다.

## (5) 주민소환투표 청구 및 서명 요청

전년도 12월 31일 현재 주민등록표 및 외국인등록표에 등록된 주민소환투표청구권자[85]는 소환대상별로 다음 각 호에 해당하는 주민 수 이상의 서명으로 그 소환사유를 서면에 구체적으로 명시하여 관할선거관리위원회에 주민소환 투표의 실시를 청구할 수 있다. 시·도지사의 경우에는 당해 지방자치단체의 주민소환투표청구권자 총수의 100분의 10 이상, 시장·군수·자치구청장의 경우에는 당해 지방자치단체의 주민소환투표청구권자 총수의 100분의 15 이상, 지역구 의회의원의 경우에는 당해 지방의회의원의 선거구 안의 주민소환투표청구권자 총수의 100분의 20 이상의 서명으로 소환투표의 청구를 할 수 있다(주민소환법 7조 1항).[86]

---

85) 주민소환투표청구권자 총수는 전년도 12월 31일 현재의 주민등록표 및 외국인등록표에 의하여 산정한다. 지방자치단체의 장은 매년 1월 10일까지 제4항의 규정에 의하여 산정한 주민소환투표청구권자 총수를 공표하여야 한다(주민소환법 7조 4·5항).
86) 다만 시·도지사에 대한 주민소환투표를 청구함에 있어서 당해 지방자치단체 관할구역 안의 시·군·자치구 전체의 수가 3개 이상인 경우에는 3분의 1이상의 시·군·자치구에서 각각 주민소환투표청구권자 총수의 1만분의 5이상 1천분의 10이하의 범위 안에서 대통령령이 정하는 수 이상의 서명을 받아야 한다. 당해 지방자치단체 관할구역 안의 시·군·자치구 전체의 수가 2개인 경우에는 각각 주민소환투표청구권자 총수의 100분의 1이상의 서명을 받아야 한다(주민소환법 7조 2항). 역시 시장·군수·자치구의 구청장 및 지역구지방의회의원에 대한 주민소환투표를 청구함에 있어서 당해 시장·군수·자치구의 구청장 및 당해 지역구지방의회의원 선거구 안의 읍·면·동 전체의 수가 3개 이상인 경우에는 3분의 1이상의 읍·면·동에서 각각 주민소환투표청구권자 총수의 1만분의 5이상 1천분의 10이하의 범위 안에서 대통령령이 정하는 수 이상의 서명을 받아야 한다. 당해 시장·군수·자치구의 구청장 및 당해 지역구지방의회의원 선거구 안의 읍·면·동 전체의 수가 2개인 경우에는 각각 주민소환투표청구권자 총수의 100분의 1이상의 서명을 받아야 한다(주민소환법 7조 3항).

그리고 주민소환투표청구인대표자와 서면에 의하여 소환청구인대표자로부터 서명요청권을 위임받은 자는 대통령령이 정하는 서명요청 활동기간 동안 주민소환투표의 청구사유가 기재되고 관할선거관리위원회가 검인하여 교부한 주민소환투표청구인서명부를 사용하여 주민소환투표청구권자에게 서명할 것을 요청할 수 있다(주민소환법 9조 1항).

### (6) 주민소환 투표의 청구제한기간

주민소환 투표의 청구는 그 남용 등을 방지하기 위하여 일정한 청구제한기간이 법정되어 있다. 즉 주민소환법은 선출직 지방공직자의 임기개시일부터 1년이 경과하지 아니한 때, 선출직 지방공직자의 임기만료일부터 1년 미만일 때, 해당 선출직 지방공직자에 대한 주민소환투표를 실시한 날부터 1년 이내인 때의 어느 하나에 해당하는 때에는 주민소환투표의 실시를 청구할 수 없다고 규정하고 있다(주민소환법 8조).

위 청구제한 기간설정은 각각, 선출직 공직자의 임기 초에는 소신에 따라 정책을 추진할 수 있는 기회를 주어야 하는 점, 임기 종료가 임박한 때에는 소환의 실익이 없는 점, 주민소환투표가 부결되었음에도 반복적으로 주민소환투표를 청구하는 폐해를 방지하려는 점에 그 입법목적이 있다고 할 것이다.[87] 요컨대 주민소환의 제도적 장점에도 불구하고 그 남용을 방지하여 지방자치행정의 안정성을 확보하기 위한 불가피한 제한이라 볼 수 있다.

### (7) 주민소환투표 청구에 대한 처리

#### 1) 요건불충족에 따른 청구각하

관할선거관리위원회는 주민소환법 제27조 제1항의 규정에 의하여 준용되는 주민투표법 제12조 제1항의 규정에 의하여 소환청구인대표자가 제출한 주민소환투표청구가 주민소환법 제11조 각 호의 어느 하나에 해당하는 경우에는 이를 각하하여야 하고, 이 경우 소환청구인대표자에게 그 사유를 통지하고 이를 공표하여야 한다.

#### 2) 요건충족에 따른 투표발의와 공보발행

관할선거관리위원회는 주민소환투표청구가 적법하다고 인정하는 경우에는 지체 없이 그 요지를 공표하고, 소환청구인대표자 및 해당 선출직 지방공직자에게 그 사실을 통지하

---

87) 헌재 2009. 3. 26. 선고 2007헌마843 결정에서는 주민소환투표의 청구제한기간 설정을 합헌이라고 판단하였다.

여야 하고, 법 제14조 제2항의 규정에 의한 대상자의 소명요지 또는 소명서 제출기간이 경과한 날부터 7일 이내에 주민소환투표일과 주민소환투표안(소환청구서 요지 포함)을 공고하여 주민소환투표를 발의하여야 한다(주민소환법 12조). 발의 시에는 주민소환투표대상자가 제출하는 소명요지를 함께 공고하여야 한다.

한편 관할선거관리위원회는 주민소환투표안의 내용, 주민소환투표에 부쳐진 사항에 관한 의견과 그 이유, 투표절차 및 그 밖에 필요한 사항을 게재한 책자형 주민소환투표공보를 1회 이상 발행하여야 한다(주민소환법 12조의2 1항).

### (8) 주민소환투표의 실시

주민소환투표일은 법 제12조 제2항의 규정에 의한 공고일부터 20일 이상 30일 이하의 범위 안에서 관할선거관리위원회가 정한다. 다만, 주민소환투표대상자가 자진사퇴, 피선거권 상실 또는 사망 등으로 궐위된 때에는 주민소환투표를 실시하지 아니한다.

관할선거관리위원회는 주민소환투표청구가 적법하다고 인정하는 때에는 지체 없이 주민소환투표대상자에게 서면으로 소명할 것을 요청하여야 하고, 요청을 받은 주민소환투표대상자는 그 요청을 받은 날부터 20일 이내에 500자 이내의 소명요지와 소명서(필요한 자료를 기재한 소명자료를 포함한다)를 관할선거관리위원회에 제출하여야 한다. 이 경우 소명서 또는 소명요지를 제출하지 아니한 때에는 소명이 없는 것으로 본다.

### (9) 주민소환투표의 형식과 실시구역

주민소환투표는 찬성 또는 반대를 선택하는 형식으로 실시한다. 지방자치단체의 동일 관할구역에 2인 이상의 주민소환투표대상자가 있을 때에는 하나의 투표용지에 그 대상자별로 찬성 또는 반대를 선택하는 형식으로 주민소환투표를 실시할 수 있다(주민소환법 15조).

주민소환투표의 실시구역 관련하여서는, 지방자치단체의 장에 대한 주민소환투표는 당해 지방자치단체 관할구역 전체를 대상으로 하고, 지역구 지방의회의원에 대한 주민소환투표는 당해 지방의회의원의 지역선거구를 대상으로 한다(주민소환법 16조).

## (10) 주민소환투표의 효력

### 1) 권한행사의 정지 및 권한대행

주민소환투표대상자는 관할선거관리위원회가 주민소환투표안을 공고한 때부터 주민소환투표결과를 공표할 때까지 그 권한행사가 정지된다. 지방자치단체의 장의 권한이 정지된 경우에는 부단체장이 권한을 대행한다. 권한행사가 정지된 지방의회의원은 그 정지기간 동안 공직선거법 제111조의 규정에 의한 의정활동보고를 할 수 없다. 다만, 인터넷에 의정활동보고서를 게재할 수는 있다(주민소환법 21조).

### 2) 주민소환투표결과의 확정

주민소환은 주민소환투표권자 총수의 3분의 1 이상의 투표와 유효투표 총수 과반수의 찬성으로 확정된다. 전체 주민소환투표자의 수가 주민소환투표권자 총수의 3분의 1에 미달하는 때에는 개표를 하지 아니한다. 관할선거관리위원회는 개표가 끝난 때에는 지체 없이 그 결과를 공표한 후 소환청구인대표자, 주민소환투표대상자, 관계중앙행정기관의 장, 당해 지방자치단체의 장(지방자치단체의 장이 주민소환투표대상자인 경우에는 권한을 대행하는 당해 지방자치단체의 부단체장 등) 및 당해 지방의회의 의장(지방의회의원이 주민소환투표대상자인 경우에 한하며, 지방의회의 의장이 주민소환투표대상자인 경우에는 당해 지방의회의 부의장)에게 통지하여야 한다. 개표를 하지 아니한 때에도 또한 같다(주민소환법 22조).

### 3) 주민소환투표의 효력

주민소환이 확정된 때에는 주민소환투표대상자는 그 결과가 공표된 시점부터 그 직을 상실한다. 그 직을 상실한 자는 그로 인하여 실시하는 이 법 또는 공직선거법에 의한 해당 보궐선거에 후보자로 등록할 수 없다(주민소환법 23조).

## (11) 주민소환투표에 대한 소청 및 소송

주민소환투표의 효력에 관하여 이의가 있는 해당 주민소환투표대상자 또는 주민소환투표권자(주민소환투표권자 총수의 100분의 1 이상의 서명을 받아야 한다)는 주민소환투표결과가 공표된 날부터 14일 이내에 관할선거관리위원회 위원장을 피소청인으로 하여 지역구시·도의원, 지역구자치구·시·군의원 또는 시장·군수·자치구의 구청장을 대상으로

한 주민소환투표에 있어서는 시·도선거관리위원회에, 시·도지사를 대상으로 한 주민
소환투표에 있어서는 중앙선거관리위원회에 소청할 수 있다. 위 소청에 대한 결정에 관
하여 불복이 있는 소청인은 관할선거관리위원회 위원장을 피고로 하여 그 결정서를 받
은 날(결정서를 받지 못한 때에는 공직선거법 제220조 제1항의 규정에 의한 결정기간이 종료된 날을
말한다)부터 10일 이내에 지역구시·도의원, 지역구자치구·시·군의원 또는 시장·군
수·자치구의 구청장을 대상으로 한 주민소환투표에 있어서는 그 선거구를 관할하는 고
등법원에, 시·도지사를 대상으로 한 주민소환투표에 있어서는 대법원에 소를 제기할
수 있다. 이와 같은 주민소환투표에 관한 소청 및 소송이 제기되거나 법정 재투표가 실
시되는 때에는 그 결과가 확정된 후에 보궐선거를 실시하여야 한다(주민소환법 24조).

## 9. 지방예산과정참여권

### (1) 주민참여예산제도의 의의

주민참여예산제도란 주민들이 지방자치단체의 예산편성 등 예산과정에, 협의·심의·
제안 등의 다양한 방법으로 직접 참여하는 제도를 말한다. 주민참여예산제도는 재정민주
주의 강화의 한 방안으로 논의된 것인데, 이러한 주민참여예산제도가 도입됨으로써 그동
안 지방자치단체의 장 내지 행정조직 등의 전유물로 되어 있던 예산편성 등의 예산과정
이 주민에게 공개됨은 물론 그러한 과정에 주민이 참여하여 의사를 개진하는 등의 참여
권을 보장받게 됨으로써, 지방자치의 본질인 주민자치의 구현, 재정민주주의의 신장 및
지방재정에 대한 민주적 통제, 투명하고 공정한 예산행정의 실현, 주민의사에 기한 예산
의 편성 등의 다양한 긍정적 효과를 기대할 수 있는 것이다.
다만 주민참여예산제도를 통한 주민의 참여권 보장은 절차적 권리를 보장하는 의미를
갖는 것이지 지방예산 편성 등에 관한 실체적인 결정권을 부여하는 것은 아님을 유의하
여야 한다.

### (2) 주민참여예산제도의 연혁

주민참여예산제도는 1989년 브라질의 포르투 알레그레(Porto Alegre)시에서 세계 최초로
도입된 이후 유럽과 미주 뿐 아니라 많은 국가들에도 확산되어 왔다.

우리나라의 경우에는 주민참여예산제도의 법률적 근거가 설정되기 전인 2004년에 광주광역시 북구에서 시민단체의 요구를 받아들여 주민참여예산조례를 제정하면서 전국 최초로 실시한 이후, 울산광역시 동구 등 여러 지방자치단체에서 자발적으로 도입하기 시작하였다. 이후 2005. 6. 지방재정법이 개정되어 주민참여예산제도도의 법적 근거가 신설되었고(다만 이 시기의 지방재정법은 주민참여예산제도의 의무적 실시를 규정하지는 않았고 지방자치단체별로 자율적으로 그 도입 내지 시행 여부를 정하도록 하였음), 중앙정부는 2006년과 2010년에는 '주민참여예산제 표준조례안'과 '주민참여예산제 조례모델안(3가지)'을 각각 마련하여 지방정부에 권고하기도 하였다. 이후 2011. 3.의 지방재정법의 개정을 통해서는 드디어 전국의 지방자치단체에 대하여 주민참여예산제도의 의무적 실시를 규정하였고, 2018. 3.의 지방재정법 개정에서는 주민이 참여할 수 있는 범위를 예산의 편성과정에 국한하지 않고 (지방자치법 제39조에 따른 지방의회의 의결사항을 제외한) 예산과정 전반으로 확대하기에 이르렀다. 이에 따라 예산의 편성, 집행, 결산, 평가 등 다양한 예산과정에 주민이 참여할 수 있게 되었다. 또한 이 시기의 개정법에서는 주민이 참여할 수 있는 방법도 확대하여 후술하는 주민참여예산위원회 등 주민참여예산기구를 설치하고 운영하는 것도 가능하게 되었다. 다만 주민참여예산기구의 구성·운영과 그 밖에 주민참여예산제도 운영 등에 필요한 세부적인 사항은 지방자치단체의 조례로 정하도록 위임함으로써 각 지방자치단체의 상황과 의사에 따라 자율적으로 정하도록 하였다.[88]

### (3) 주민참여예산제도의 법령상 근거

현행 지방재정법 제39조는 "지방예산 편성 등 예산과정의 주민 참여"라는 제하에, "① 지방자치단체의 장은 대통령령으로 정하는 바에 따라 지방예산 편성 등 예산과정(지자법 제39조에 따른 지방의회의 의결사항은 제외)에 주민이 참여할 수 있는 제도(이하 "주민참여예산제도"라 한다)를 마련하여 시행하여야 한다. ② 지방예산 편성 등 예산과정의 주민 참여와 관련되는 다음 각 호의 사항(1. 주민참여예산제도의 운영에 관한 사항 2. 지방의회에 제출하는 예산안에 첨부하여야 하는 의견서의 내용에 관한 사항 3. 그 밖에 지방자치단체의 장이 주민참여예산제도의 운영에 필요하다고 인정하는 사항)을 심의하기 위하여 지방자치단체의 장 소속으로 주민참여예산위원회 등 주민참여예산기구를 둘 수 있다. ③ 지방자치단체의 장은 주민참여예산제도를 통하여 수렴한 주민의 의견서를 지방의회에 제출하는 예산안에 첨부하여야 한

---

88) 주민참여예산위원회의 경우 전국 대부분의 지방자치단체에서 구성하여 운영하고 있다.

다. ④ 행정안전부장관은 지방자치단체의 재정적·지역적 여건 등을 고려하여 대통령령으로 정하는 바에 따라 지방자치단체별 주민참여예산제도의 운영에 대하여 평가를 실시할 수 있다. ⑤ 주민참여예산기구의 구성·운영과 그 밖에 필요한 사항은 해당 지방자치단체의 조례로 정한다."로 규정함으로써 주민참여예산제도의 법률적 근거를 두고 있다.

한편 지방재정법시행령 제46조는 지방예산 편성 등 예산과정에 주민이 참여할 수 있는 방법으로 공청회 또는 간담회, 설문조사, 사업공모, 그 밖에 주민의견 수렴에 적합하다고 인정하여 조례로 정하는 방법 등을 설정하였고, 지방자치단체의 장은 수렴된 주민의견을 검토하고 그 결과를 예산과정에 반영할 수 있다고 규정하기도 하였다.

### (4) 조례를 통한 구체적 법제화

이러한 주민참여예산제도가 법령상 도입되어 일반적으로 실시되게 됨에 따라, 주민은 이제 지방자치단체의 예산편성 등 예산과정에 다양한 방식과 절차로 참여할 권리를 보장받게 되었다고 할 것이다. 다만 제도의 주요 내용은 법령상 지방자치단체의 조례에 위임되어 있으므로 제도의 구체적 설계나 주민의 예산과정참여권의 세부적 내용은 각 지방자치단체의 조례가 정함에 따라 다양하거나 상이할 수 있다는 점에 주의를 요한다.[89]

## 10. 청원권(請願權)

### (1) 의의

헌법은 모든 국민에게 기본권의 하나로서 "법률이 정하는 바에 의하여 국가기관에 문서로 청원할 권리"를 부여하고 있고, "국가는 청원에 대하여 심사할 의무를 진다."고 규정하고 있다. 이에 따라 제정된 청원법은 청원권의 내용을 보다 구체화하고 있고 국가기관 등은 국민의 청원에 대하여 심사·처리할 의무 외에 결과통지의무도 있음을 확인하고 있다. 이러한 헌법과 청원법에 따라 주민은 지방자치단체 및 그 기관에 대하여 원하는 바를 청원할 권리가 인정되고 있는 것이다. 그리고 누구든지 청원을 하였다는 이유로 차별대우를 받거나 불이익을 강요당하지는 않는다(청원법 12조).

---

89) 예컨대 일례(一例)로서 "서울특별시 시민참여예산제 운영 조례"의 세부 내용 참조(서울특별시 홈페이지 http://www.law.go.kr/DRF/lawService.do?OC=poweresca&target=ordin&MST=1518091&type=HTML&mobileYn=).

### (2) 청원대상기관

청원법 제3조는 청원대상기관으로서 국가기관 외에도 지방자치단체와 그 소속기관, 법령에 의하여 행정권한을 가지고 있거나 행정권한을 위임 또는 위탁받은 법인·단체 또는 그 기관이나 개인까지 인정하고 있다.

### (3) 청원사항

주민은 피해의 구제, 공무원의 위법·부당한 행위에 대한 시정이나 징계의 요구, 법률·명령·조례·규칙 등의 제정·개정 또는 폐지, 공공의 제도 또는 시설의 운영, 그 밖에 국가기관 등의 권한에 속하는 사항에 관하여 청원할 수 있다(청원법 4조).[90]

다만 재판에 간섭하거나 법령에 위배되는 내용의 청원은 수리하지 않고(지자법 74조), 누구든지 타인을 모해(謀害)할 목적으로 허위의 사실을 적시하는 청원은 할 수 없다(청원법 11조).

### (4) 청원의 방법

청원은 문서로 청원사항 관장기관에 대하여 하여야 하는데, 청원서에는 청원자의 성명(법인인 경우에는 그 명칭과 대표자의 성명) 및 주소를 적고 서명·날인하여야 한다. 제출기한의 제한은 없다.

지방의회에 대한 청원은 지방의회의원의 소개를 받아 청원서를 제출하여야 하는데(지자법 73조 1항), 이와 같이 지방의회에 청원할 때에 반드시 지방의회 의원의 소개를 얻도록 한 것이 청원권의 과도한 제한은 아닌지를 묻는 사안에서, 헌법재판소는 "지방의회 의원의 소개를 얻도록 한 것은 의원이 미리 청원의 내용을 확인하고 이를 소개하도록 함으로써 청원의 남발을 규제하고 심사의 효율을 기하기 위한 것이고, 지방의회 의원 모두가 소

---

90) 다만 다음의 사항들에 대하여는 청원을 수리하지 않도록 하고 있다(법 5조 1항).
   1. 감사·수사·재판·행정심판·조정·중재 등 다른 법령에 의한 조사·불복 또는 구제절차가 진행 중인 때
   2. 허위사실로 타인으로 하여금 형사 또는 징계처분을 받게 하거나 국가기관 등을 중상모략하는 사항인 때
   3. 사인간의 권리관계 또는 개인의 사생활에 관한 사항인 때
   4. 청원인의 성명·주소 등이 불분명하거나 청원내용이 불명확한 때
      청원접수기관이 위 사유로 불수리 시에는 그 사유를 명시하여 청원인에게 통지하여야 한다(법 5조 2항).

개의원이 되기를 거절하였다면 그 청원내용에 찬성하는 의원이 없는 것이므로 지방의회에서 심사하더라도 인용가능성이 전혀 없어 심사의 실익이 없으며, 청원의 소개의원도 1인으로 족한 점을 감안하면 이러한 정도의 제한은 공공복리를 위한 필요·최소한의 것이라고 할 수 있다."고 하여 합헌결정을 한 바 있다.[91]

## (5) 청원의 심사 및 처리

일반적으로 청원의 수리기관은 청원 사항에 대하여 성실하고 공정하게 심사·처리하고 90일 이내(부득이한 경우 60일 이내에서 1회 연장 가능)에 청원인에게 그 처리결과를 통지하여야 한다(청원법 9조). 처리결과의 통지행위와 관련하여, 대법원은 행정소송의 대상(처분성)이 아니라고 보았고 헌법재판소도 헌법소원의 대상이 되지 않는다고 판단하였다.[92] 위 처리기간 이내에 처리되지 아니하는 경우 청원인은 청원을 관장하는 기관에 이의신청을 할 수 있다(청원법 9조의2).

지방의회에 대한 청원과 관련하여서는, 지방의회의 의장은 청원서를 접수하면 소관 위원회나 본회의에 회부하여 심사를 하게하고, 청원을 소개한 의원은 소관 위원회나 본회의가 요구하면 청원의 취지를 설명하여야 한다. 위원회가 청원을 심사하여 본회의에 부칠 필요가 없다고 결정하면 그 처리결과를 의장에게 보고하고, 의장은 청원한 자에게 알려야 한다(지자법 75조). 지방의회가 채택한 청원으로서 그 지방자치단체의 장이 처리하는 것이 타당하다고 인정되는 청원은 의견서를 첨부하여 지방자치단체의 장에게 이송한다. 지방자치단체의 장은 그 청원을 처리하고 그 처리결과를 지체 없이

---

91) 헌재 1999. 11. 25. 선고 97헌마54 결정.

92) "헌법 제26조 제1항의 규정에 의한 청원권은 국민이 국가기관에 대하여 어떤 사항에 관한 의견이나 희망을 진술할 권리로서 단순히 그 사항에 대한 국가기관의 선처를 촉구하는데 불과한 것이므로 같은 조 제2항에 의하여 국가가 청원에 대하여 심사할 의무를 지고 청원법 제9조 제4항에 의하여 주관관서가 그 심사처리결과를 청원인에게 통지할 의무를 지고 있더라도 청원을 수리한 국가기관은 이를 성실, 공정, 신속히 심사, 처리하여 그 결과를 청원인에게 통지하는 이상의 법률상 의무를 지는 것은 아니라고 할 것이고, 따라서 국가기관이 그 수리한 청원을 받아들여 구체적인 조치를 취할 것인지 여부는 국가기관의 자유재량에 속한다고 할 것일 뿐만 아니라 이로써 청원자의 권리의무, 그밖의 법률관계에는 하등의 영향을 미치는 것이 아니므로 청원에 대한 심사처리결과의 통지 유무는 행정소송의 대상이 되는 행정처분이라고 할 수 없다."(헌재 2000. 10. 25. 선고 99헌마458 결정)
  "적법한 청원에 대하여 국가기관이 이를 수리, 심사하여 그 결과를 청원인에게 통보하였다면 이로써 당해 국가기관은 헌법 및 청원법상의 의무이행을 다한 것이고, 그 통보 자체에 의하여 청구인의 권리의무나 법률관계가 직접 무슨 영향을 받는 것도 아니므로 비록 그 통보내용이 청원인이 기대하는 바에는 미치지 못한다고 하더라도 그러한 통보조치가 헌법소원의 대상이 되는 구체적인 공권력의 행사 내지 불행사라고 볼 수는 없다."(대법 1990. 5. 25. 선고 90누1458 판결)

지방의회에 보고하여야 한다(지자법 76조).

## 제3절 주민에 대한 정보공개

### I. 의의

현대 지방자치에 있어서 지방자치단체의 사무처리의 투명성과 공정성을 높이고 민주성과 책임성을 제고하기 위하여 주민의 참여를 촉진하며 이를 통하여 지역공동체의 발전과 주민의 복리를 증진시키기 위해서는, 무엇보다도 지방자치단체의 공적 활동과 이와 관련한 다양한 지방자치 관련 정보를 주민이 알도록 하는 것이 필요하다.

이번 지방자치법 전부개정법률은 제26조(주민에 대한 정보공개) 조항을 신설하여, 지방자치에 있어서 주민에 대한 정보공개의 중요성을 확인하면서 지방자치단체의 지방자치정보 공개의무를 규정하게 되었다.

### II. 지방자치정보 공개의 실시

지방자치단체는 사무처리의 투명성을 높이기 위하여 공공기관의 정보공개에 관한 법률에서 정하는 바에 따라 지방의회의 의정활동, 집행기관의 조직, 재무 등 지방자치에 관한 정보(지방자치정보)를 주민에게 공개하여야 하고, 행정안전부장관은 주민의 지방자치정보에 대한 접근성을 높이기 위하여 법령에 따라 공개된 지방자치정보를 체계적으로 수집하고 주민에게 제공하기 위한 정보공개시스템을 구축·운영할 수 있다(지자법 26조).

# 제4절 주민의 의무

## Ⅰ. 의의

주민은 이상과 같이 다양한 권리를 보장받는 한편으로 법령으로 정하는 바에 따라 주민으로서 일정한 의무를 지기도 한다.

## Ⅱ. 의무의 내용

지방자치법은 주민은 법령으로 정하는 바에 따라 소속 지방자치단체의 비용을 분담하여야 하는 의무를 진다고 규정하고 있다(지자법 27조). 이러한 비용분담의무는 지방자치단체의 존립 및 그 목적사무의 수행을 위하여 필요한 비용을 주민이 부담하여야 한다는 것이다.

비용부담의무는 법적인 의무이므로 그에는 일정한 법적 근거가 요구되는데, 현행 법률상 인정되는 비용부담의무로는 주민의 지방세 납부의무(지자법 152조, 지방세기본법·지방세법의 관련 규정), 지방자치단체의 공공시설의 이용 또는 재산의 사용에 대한 사용료 납부의무(지자법 153조), 지방자치단체의 사무서비스 제공에 대한 수수료 납부의무(지자법 154조 1항), 지방자치단체의 재산 또는 공공시설의 설치로 주민의 일부가 특히 이익을 받을 경우에 인정될 수 있는 분담금 납부의무(지자법 155조) 등을 들 수 있다.

기타 주민은 개별 법령 또는 조례 등이 정하는 바에 의하여 그 외의 의무를 질 수도 있다.

# 제4장 지방자치단체의 자치권(自治權)

## 제1절 자치권의 의의와 성질

### I. 자치권의 의의

지방자치단체의 자치권은 헌법에 의하여 국가로부터 지방자치단체에 전래된 자치적 고권(高權)을 말한다. 이러한 자치권은 지방자치단체가 그 기능에 적합한 임무의 수행을 위하여 필요로 하는 공권을 의미하기도 한다. 자치권은 포괄적인 것으로서, 내용적으로 자치조직권, 자치행정권, 자치입법권, 자치재정권 등을 포함하되 이러한 개별 자치권의 단순한 집합체는 아니다.

자치권은 절대적 권능은 아니기 때문에 국법에 의한 제한과 법적 한계가 인정된다. 다만 자치권에 대한 법적 제한은 지방자치의 보장의 헌법적 한계 내에서만 가능하다고 하겠다. 즉 자치권에 대한 제한이 불합리하여 자치권의 본질을 훼손하는 정도에 이른다면 이는 헌법에 위반된다고 볼 수 있다.[93]

---

93) "헌법상의 자치권의 범위는 법령에 의하여 형성되고 제한되며, 다만 지방자치단체의 자치권은 헌법상 보장을 받고 있으므로 비록 법령에 의하여 이를 제한하는 것이 가능하다고 하더라도 그 제한이 불합리하여 자치권의 본질을 훼손하는 정도에 이른다면 이는 헌법에 위반된다고 보아야 할 것이다."(헌재 2006. 2. 23. 선고 2004헌바50 결정).

## Ⅱ. 자치권의 성질

자치권의 성질은 지방자치에 관한 각국의 역사와 전통, 법제도 형성의 과정 등에 따라 다소 상이하게 받아들여지고 있다. 이와 관해서는 크게 고유권설, 전래권설, 신고유권설 등으로 학설이 나뉘고 있다.

### 1. 고유권설(固有權說)

고유권설은 지역단체(지방자치단체)는 국가 이전에 존재하던 주민들의 자연적 결합체로서 자치권은 지방 내지 주민의 고유의 권리로 본다. 따라서 자치권은 국법으로 창설된 권리(實定權)가 아니고, 자연적 권리로서 형성된 것으로 국가에 의하여 추인된 것으로 이해한다.

### 2. 전래권설(傳來權說, 자치위임설)

전래권설은 국가권력의 단일성·독점성에 근거하여, 지방자치단체(지역단체)는 국가가 실정법을 통하여 설립한 것이고 그 자치권도 국가로부터 지방자치단체(지역단체)에 전래(傳來) 내지 위임된 권능으로 이해한다. 지방자치단체는 국가의 조직화된 한 부분으로서, 국가와의 법관계 역시 헌법이 근거를 부여하였고 지방자치단체의 자치권도 국법에 의하여 부여되었다고 본다. 전래권설은 우리나라에서의 지배적인 견해라고 할 수 있다.

### 3. 신(新)고유권설

신고유권설은 개인이 자연권인 기본권을 누리는 것과 같이 지역단체도 기본권 유사의 권리를 갖는다고 본다. 신고유권설은 일본에서 주장된 학설로서, 단체자치를, 자연법에 의해 근거지우려 하는 것은 아니고, 일본 헌법이 규정하는 국민주권의 원리와 기본적 인권 보장의 규정을 근거로 단체자치의 근거를 재구성하고자 한다. 즉 기본적 인권의 보장은 개인의 자기결정권의 보장을 의미하는데 그것과 마찬가지로, 일본의 지방공공단체(지역단체)도 단체기본권이 보장된다고 보아야 하고, 또한 지방공공단체 쪽이 국가보다도 국민주권원리의 실현에 적합하다는 것이 고유의 단체자치의 근거가 된다는 것이다. 다만 신고유권설에 대해서는 전국가적(前國家的)인 지방공공단체의 고유권의 실증성(實證性)이 충분히 설명되고 있지 않다는 지적이 있다.[94]

## 제2절 자치조직권

### I. 자치조직권의 정의와 의의

지방자치단체는 공법상의 법인으로서 그 자체로서는 의사를 형성하거나 행위를 할 수 없기 때문에 민주적인 의사 결정과 효율적인 사무 집행을 위하여 그 내부에 기능적 단일체인 기관들을 두게 된다. 이러한 기관의 전체를 조직이라 부르고 그러한 조직을 설치, 변경, 폐지할 수 있는 힘을 조직권력(Organisationsgewalt)이라 한다.[95] 요컨대 자치조직권이란 헌법과 법령 등에 의하여 지방자치단체에 부여된 자율적인 조직권력을 말한다고 할 수 있다. 그리고 자치인사권(지방자치단체의 조직·기관에 두는 지방공무원의 임명·복무 등의 자치인사권)도 넓은 의미의 자치조직권에 포함시킬 수도 있을 것이다.

지방자치 내지 지방분권은 사무의 합리적인 배분 및 그에 대한 사무수행의 자율성의 보장을 본질적 내용으로 하는바, 사무수행에 대한 자율성의 보장은 당연한 그 이면으로서 사무수행 기구 및 조직에 대한 자치조직권의 보장을 포함하여야 한다. 자치조직권이 수반되지 않는 사무배분 및 권한의 이양은 형식적인 자치 및 분권에 지나지 않기 때문이다.[96]

### II. 지방자치단체에 관한 국가의 조직권력

지방자치단체에 관한 조직권력은 기본적으로 국가에 있는바, 헌법은 지방의회의 조직·권한·의원선거와 지방자치단체의 장의 선임방법 기타 지방자치단체의 조직과 운영에 관한 사항을 법률로 정하도록 하고 있고(헌법 118조 2항),[97] 지방자치법은 지방자치단

---

94) 塩野宏, 行政法Ⅲ, 有斐閣, 2012, 129쪽 (宇賀克也, 地方自治法槪說(第7版), 有斐閣, 2017, 5쪽에서 재인용).
95) 홍정선, 新지방자치법, 246쪽 참조.
96) 조성규, "지방재정과 자치조직권", 지방자치법연구 제14권 4호, 2014.12, 70쪽.

체의 장 및 집행기관, 지방의회 및 의원 등 지방자치단체의 주요 조직·기관 등에 대한 기본적인 사항을 규정하면서, 지방자치단체의 사무 분장을 위한 행정기구의 설치기준 등은 국가의 법령인 대통령령(지방자치단체의 행정기구와 정원기준 등에 관한 규정)에 위임하고 있으며(지자법 125조 2항), 동 규정은 지방자치단체의 행정기구의 조직과 운영에 관한 대강과 지방공무원의 정원의 기준 등에 관하여 규정하고 있다.

## Ⅲ. 지방자치단체의 자치조직권

하지만 그러한 헌법과 법령의 범위에서는 지방자치단체에도 일정한 조직권력이 인정된다. 예컨대 지방자치에 관한 일반법인 지방자치법은, 자치구가 아닌 구와 읍·면·동 및 리의 폐치분합 및 명칭·구역의 변경을 자치입법인 조례로 정하도록 하였고(지자법 7조 1·2항), 지방자치단체의 사무 분장을 위하여 필요한 행정기구의 설치를 대통령령으로 정하는 기준에 따라 조례로 정할 수 있도록 하였으며(지자법 125조 2항), 의회 사무처 등의 설치(법 102조), 지방자치단체의 소속 행정기관인 직속기관, 사업소, 출장소, 합의제 행정기관, 심의회·위원회 등의 자문기관의 설치·운영 등에 관하여도 조례로 정할 수 있도록 하고 있다(지자법 126~130조).

개별법에 의하여 자치조직권을 인정하고 있는 예를 들어보면, 먼저 「국가경찰과 자치경찰의 조직 및 운영에 관한 법률」(이하 경찰법이라 한다)은 자치경찰제의 전국적 도입에 따라 시·도자치경찰위원회를 설치하면서 그 위원의 임명방법(경찰법 20조 8항), 위원회의 운영에 필요한 사항(경찰법 26조 4항), 위원회의 사무를 처리하기 위한 사무기구의 조직·정원·운영 등(경찰법 27조 4항)에 관한 사항은 대통령령으로 정하는 기준에 따라 시·도조례로 정하도록 하고 있고, 또한 제주특별자치도의 설치 및 국제자유도시 조성을 위한 특별법 제44조는 자치조직권에 관한 제주특별자치도의 특례를 도조례로 정할 수 있도록 하고 있기도 하다.

---

97) 다만 지방자치단체에는 의회를 두고 지방자치단체의 장도 두는 것을 전제로 하고 있으므로(헌법 118조 1항) 이 점에 관해서는 입법자도 구속된다고 하겠다.

# Ⅳ. 자치조직권 제한의 실태 및 개선의 필요성

그동안 지방자치단체의 자치조직권은 법령의 개정과 더불어 중앙정부 권한의 지방이양 등 분권화 추세에 따라 일부 변동도 있었지만, 근본적으로 지방자치단체의 행정 조직관리 등에 관한 많은 사항들이 법률 또는 대통령령에 의해 직접적인 제약을 받아 왔다. 지방자치단체의 조례 등으로 정할 수 있는 자치조직권의 여지도 매우 협소한 범위에서만 재량권이 인정되어 온 것도 사실이다. 아울러 자치조직권을 제약하고 있는 법률 또는 대통령령을 살펴보면, 감독기관의 승인을 받거나 보고하여야 하는 의무규정 그리고 중앙정부로부터의 지방자치단체 조직 및 정원의 적정성 유지와 더불어 다른 지방자치단체와의 균형을 유지할 수 있도록 시정 및 권고규정의 적용 등으로 인하여 지방자치단체의 자치조직권의 범위는 상당히 제한되어 있었던 것이다.[98]

이러한 자치조직권의 제약의 실태는 지방분권 개혁의 취지 내지 지방자치의 바람직한 발전을 위해서 향후 변화되거나 개선되어야 할 필요성이 크다. 다만 최근의 지방자치법 전부개정을 통한 지방자치제도의 개혁에서는 이러한 방향으로의 개선의 가능성이 보이고 있기도 하다.[99]

---

98) 최창호 · 강형기, 지방자치학, 삼영사, 2014, 221쪽 참조.

99) 지방자치법 전부개정법률에서는 먼저 제4조(지방자치단체의 기관구성 형태의 특례) 조항을 두고, "① 지방자치단체의 의회(이하 "지방의회"라 한다)와 집행기관에 관한 이 법의 규정에도 불구하고 따로 법률로 정하는 바에 따라 지방자치단체의 장의 선임방법을 포함한 지방자치단체의 기관구성 형태를 달리 할 수 있다. ② 제1항에 따라 지방의회와 집행기관의 구성을 달리하려는 경우에는 「주민투표법」에 따른 주민투표를 거쳐야 한다."고 규정하고 있는데, 이것은 법률에 의한 지방자치단체의 조직(기관구성) 형태의 획일화의 단점을 완화하고 지방자치단체의 자치조직권을 신장시키고자 하는 입법취지가 담겨있다고 하겠다. 그리고 제103조 제2항에서는 지방의회 사무기구의 인력운영의 자율성을 제고하기 위하여 지방의회 사무직원에 대한 임면 · 교육 · 훈련 · 복무 · 징계 등을 지방의회의 의장이 처리하도록 함으로써, 의회 사무기구의 조직 및 인사의 자율성을 개선하고자 하였다. 한편 제28조 제2항에서는 "법령에서 조례로 정하도록 위임한 사항은 그 법령의 하위 법령에서 그 위임의 내용과 범위를 제한하거나 직접 규정할 수 없다."는 조항을 신설하여 하위 행정입법(법규명령)을 통한 조례제정권의 침해나 제약을 원천적으로 방지하고자 하였는바, 자치조직권과 관련하여서도 국가 법령의 개입의 가능성을 낮출 수 있는 계기가 될 것으로 본다.

# 제3절 자치행정권

## Ⅰ. 자치행정권의 의의

지방자치단체는 지방행정을 담당하는 주체로서 그 기관을 통하여 스스로 그 사무를 자율적으로 처리할 행정권한을 가지는데, 이를 자치행정권이라고 한다. 지방자치단체는 주민의 공공복리를 위한 각종의 비권력적 행정을 수행하는 사업단체이면서 동시에 일정한 범위 안에서 권력행정도 수행하는 권력단체이기도 하다.[100]

## Ⅱ. 자치행정권의 주요 내용

지방자치법 및 관련 법률에 근거할 때, 우선 지방자치단체는, 급부행정의 영역에 있어서 예컨대 주민의 복지를 위한 각종의 사회보장행정 내지 복지행정(국민기초생활보장법, 긴급복지지원법, 노인복지법 등), 공공시설의 설치·관리(지자법 161조), 지방공기업의 설치·운영(지자법 163조 및 지방공기업법), 도로와 도시공원(도로법, 도시공원법 등) 및 하천(하천법 등) 등의 설치·관리 등 주민복리의 증진을 위한 다양한 급부행정 수행권을 갖는다. 또한 권력행정 영역에 있어서는, 예컨대 도시관리계획 등 도시계획의 입안·결정권(국토의 계획 및 이용에 관한 법률), 사회인프라의 건설 등 공익사업의 추진을 위한 공용부담특권(공익사업을 위한 토지 등의 취득 및 보상에 관한 법률 등), 지역 내 주민의 생활안전·교통·경비·(법령이 정하는) 수사 등에 관한 자치경찰행정권(경찰법), 또한 예컨대 식품위생 및 영업질서의 확보를 위한 각종의 명령권·제재처분권과 행정대집행 등의 강제집행권(식품위생법 등) 등의 강제권을 보유하고 공익실현행정 내지 질서행정을 수행하고 있기도 하다.

---

100) 김철용, 행정법, 831쪽.

# 제4절 자치입법권

## 제1관 일반론

### Ⅰ. 자치입법의 의의

자치입법이란 지방자치단체가 스스로의 권능으로 조례와 같은 자치법규를 정립하는 기능 또는 그 결과로 형성된 법규를 말한다. 헌법과 법률에 의하여 지방자치단체는 사무 처리 등과 관련한 법적인 규율을 스스로 결정할 수 있는 자치입법권능을 부여받고 있는데, 이러한 자치입법권은 지방자치단체의 자기결정권의 핵심적 요소가 되는 것이다. 지방자치의 본질적 의미가 민주주의에 있고 민주주의의 본질은 자기결정의 원리라고 할 때, 지방자치단체의 자기결정권의 유무를 판단함에 있어 가장 중요한 요소는 규범정립권의 유무라고 할 것인바, 그러한 점에서 자치입법권은 가장 중요한 자치고권이 되는 것이다.[101]

전국에 걸쳐 통일적·획일적으로 적용되는 국법에 대하여, 자치입법은 지방자치단체별 그 지역 안에서의 개별·구체적 필요에 따라 자율적으로 창출되고 적용되는 법규이므로, 이러한 자치입법의 현장은 '법창조(法創造)의 최첨단 실험실'[102]이 된다. 각 지방자치단체별로 그 지역의 상황과 입법수요에 대응하여 자치입법이 이루어지면 그 내용이나 효과에 따라 성패(成敗)가 갈리기도 하는데, 성공적인 입법일 경우에는 다른 지방자치단체에 모범 사례로 벤치마킹(benchmarking)되거나 나아가 국가 단위의 입법에도 영향을 주어 전국적 차원의 법제도의 창출과 시행에 따르는 입법 위험(risk)을 줄이게 하는 등 새로운 국법 형성에 있어서도 선도적 역할을 수행할 수도 있다.[103]

---

101) 조성규, "지방자치의 보장과 헌법개정", 공법연구 제34집 제1호, 2005. 11, 139~140쪽.
102) 北村喜宣, 自治体環境行政法, 良書普及會, 1997, 2~3쪽 참조.
103) 과거 1992년에 청주시에서 행정정보공개조례가 제정·시행되면서 국내에서는 처음으로 행정정보공개제도가 시작되었고, 이후 여러 지방자치단체가 청주시조례를 벤치마킹하여 행정정보공개제도를 확대·발전시켰으며, 이어 1998년에는 드디어 국가 차원의 공공기관의 정보공개에 관한 법률이 시행됨으로써, 지방에서 먼저 조례로 법제화되어 성공적으로 안착한 뒤에 그 영향을 받아 국가법제로까지 승격·채택되기에 이르는 새로운 입법현상이 나타나게 되었다.

## II. 자치입법의 기능

자치입법의 주요 기능으로는, 먼저 지방자치단체 내부관계에서는 ① 지방자치단체의 지역진흥 및 정책수단기능 ② 자치행정의 근거·지침 제시 및 체계화기능 ③ 자치행정을 구속하는 기능(지방의회에 의한 단체장·집행기관 견제기능) ④ 행정의 지속성·계속성 유지기능 등이 있고, 주민과의 관계에서는 ① 주민욕구의 실현 내지 주민의사의 수렴기능 ② 주민의 권리의무의 명시기능 ③ 주민의 계발·선도기능 등을 수행하며, 지방자치단체의 외부관계에 있어서는 먼저 국가와의 관계에서 ① 국가법제의 지방단위에서의 종합화기능 ② 국가법제의 보완기능 ③ 국가법제의 선도기능 ④ 국가시책에의 호소기능 등이, 국가 이외의 외부관계에서는 ① 다른 지방자치단체의 정책유도기능 ② 지역 외에 대한 파급기능 등이 있는 것으로 평가할 수 있다.[104]

## III. 자치입법의 법적 근거와 종류

헌법은 "지방자치단체는…(중략)…법령의 범위 안에서 자치에 관한 규정을 제정할 수 있다."(헌법 117조 1항)고 하여 직접 지방자치단체의 자치입법권을 부여하고 있다. 다만 헌법상 자치입법(자치법규)의 형식 등이 구체적으로 명시되어 있지는 않다.

이에 따라 지방자치법은 자치입법에 관한 보다 상세한 규정을 두고 있는데 자치입법의 형식으로서 '조례'(지자법 28조)와 지방자치단체의 장의 '규칙'(지자법 29조)을 규정하고 있고, 지방교육자치에 관한 법률은 시·도 교육감의 '교육규칙'(지방교육자치법 25조)을 규정하고 있다. 그 외 지방의회가 내부 운영에 관하여 정하는 의회규칙(지자법 52조)이나 회의 운영에 관하여 정하는 회의규칙(지자법 83조)도 넓은 의미에서는 자치입법에 포함된다고 할 것이다.

---

104) 박영도, 自治立法의 理論과 實際, 한국법제연구원 연구보고 98−2, 1998, 20~25쪽 참조.

# Ⅳ. 자치입법(조례)의 성질

헌법이 자치입법권을 보장하고 있지만, 이러한 자치입법의 성질에 관하여는 견해가 나뉘고 있다. 지방자치단체의 자치입법의 성질을 크게 자주입법으로 보는 견해와 국가로부터의 위임입법으로 보는 학설이 그것이다. 이와 관련하여 자치입법의 핵심인 조례를 중심으로 살펴본다.[105]

## 1. 조례자주입법설

조례자주입법설도 그 전제가 되는 지방자치권을 자연권적인 고유권으로 보느냐 국가로부터의 전래권으로 보느냐에 따라 입장이 나뉘고 있다.

### (1) 고유권설에 입각한 조례자주입법설

이 견해는 지방자치권을 자연권적 고유권(固有權)으로 보는 전제 하에 자치입법권, 즉 조례제정권 역시 시원적인 권리로서 자치사무에 대한 입법에 관한 한 조례의 전권사항이라고 본다. 따라서 자치입법권을 규정한 헌법 제117조 제1항도 지방자치단체의 고유한 자치입법권의 존재를 확인하는 의미를 가지는 것에 그친다고 본다.

### (2) 전래설에 입각한 조례자주입법설

이 견해는 지방자치권을 국가로부터 전래(傳來)된 권리로 보는 전제 하에 자치입법권, 즉 조례제정권 역시 국가로부터 전래된 권리로서 법률이 지방자치의 본질을 침해하지 않는 한 자치사무에 관한 조례 역시 국가의 법률을 위반할 수 없다고 본다(법률우위의 원칙 적용). 다만 법률의 위임이 있어야만 조례의 제정이 가능한 것은 아니라고 보아 법률유보의 원칙은 적용되지 않는다고 본다.

---

105) 보다 자세히는 홍정선, 新지방자치법, 325쪽을 참조 바람.

## 2. 조례위임입법설

지방자치권은 국가로부터 전래된 것이므로 그 일부를 구성하는 자치입법권 즉 조례제정권도 국가권력으로부터 나온 것이므로, 자치입법권 역시 국가입법권의 하위에 위치한 행정입법과 다름이 없이 자치사무에 관한 조례라 하더라도 법률에 위반되어서는 안 될 뿐 아니라(법률우위의 원칙의 적용), 행정입법에 있어서와 같은 법률의 위임도 필요하다는 견해이다(법률유보의 원칙도 적용).106)

## 3. 소결(사견)

현대적 의미의 지방자치의 역사와 자치입법의 전통이 상대적으로 약한 우리나라에 있어서, 지방자치권을 지방자치단체의 자연권적인 고유권으로 보는 데에는 한계가 있다. 따라서 통설과 같이 지방자치권의 성질을 국가로부터 전래된 권리로 보는 전제 하에서, 법령의 범위 안에서 자치입법권을 직접 지방자치단체에 부여하고 있는 헌법의 취지, 독립된 공법인으로서 자치행정의 주체가 되는 지방자치단체의 법적 성격, 주민의 정치적 대의기관으로서 민주적 정당성이 강한 지방의회가 조례의 심의·의결권을 행사한다는 점, 자치입법의 경우에는 헌법상 대통령 등의 행정입법에 요구되는 '위임'에 관한 명시적 규정이 존재하지 않는 점 등을 종합하여, 필자는 자치입법(조례)의 성질과 관련하여 전래설에 입각한 조례자주입법설에 동의한다.

## V. 자치입법의 효력

## 1. 자치법규 상호 간의 위계와 효력

조례와 규칙(교육규칙 포함) 등 자치법규 형식 상호 간에는 조례가 규칙의 상위 규범으로서 그 효력이 규칙에 우선한다. 지방자치법도 "지방자치단체의 장은 법령이나 조례가 위임한 범위에서 그 권한에 속하는 사무에 관하여 규칙을 제정할 수 있다."(지자법 29조)고

---

106) 이러한 조례위임입법설의 입장에 서면서도, 위임의 방식과 관련해서는 (행정입법의 경우와는 달리) 위임이 반드시 구체적이어야 하는 것은 아니고 추상적이어도 가능하다는 견해(수정 조례위임입법설)도 있다 (홍정선, 新지방자치법, 326쪽).

하여 조례가 규칙의 상위규범임을 전제로 하고 있고, 판례도 조례가 규칙의 상위규범이라고 해석하고 있다.[107]

한편 지방자치법은 "시·군 및 자치구의 조례나 규칙은 시·도의 조례나 규칙을 위반하여서는 아니 된다."(지자법 30조)고 하여 기초지방자치단체의 자치법규가 광역지방자치단체의 자치법규를 위반할 수 없음을 규정하고 있다. 따라서 시·도의 조례나 규칙에 반하는 시·군 및 자치구의 조례나 규칙은 무효라고 할 것이다. 이 규정은 구역과 주민을 같이 하는 기초 및 광역지방자치단체 사이에서의 법규 간 모순·저촉을 방지하여 행정과 법질서의 통일성을 확보하고 주민생활의 혼란을 피하기 위한 취지에서 규정된 것이다.

## 2. 자치법규의 효력범위

자치법규는 원칙적으로 속지법(屬地法)적 효력을 가진다. 따라서 그 효력의 공간적 범위는 지방자치단체의 관할 구역으로 한정된다. 구역 내에서는 원칙적으로 모든 사람(구역 내에 주민등록을 가진 주민과 주소를 둔 법인 등)에 대해서 효력을 가진다고 본다. 다만 예외적으로 지방공무원에 관련되는 것과 공공시설에 관련되는 자치법규 중에는 지방자치단체의 구역 밖에서 속인적 효력을 가지는 것이 있을 수 있다.[108]

한편 조례와 규칙은 시간적으로 특별한 규정이 없으면 공포한 날부터 20일이 지나면 효력을 발생한다(지자법 32조 8항). 그리고 소급입법금지의 원칙에 따라 주민의 자유나 권리를 침해하거나 과태료 등 벌칙을 부과하는 자치법규는 원칙적으로 소급효가 인정되지 않는다. 다만 이러한 내용과 무관하거나 오히려 주민에게 이익을 주는 경우에는 소급효가 인정될 수 있다.

---

107) "지방자치단체의 사무에 관한 조례와 규칙은 조례가 보다 상위규범이라고 할 수 있고…"(대법 1995. 7. 11. 선고 94누4615 전원합의체 판결)
108) 자치법규가 구역 밖에서도 효력을 가지는 경우의 예
　① 공공시설을 관계 지방자치단체의 동의를 얻어 그 지방자치단체의 구역 밖에 설치한 경우
　② 소관사무의 일부를 다른 지방자치단체 또는 그 장에게 위탁하여 처리하게 하는 경우
　③ 지방자치단체의 장이 그 권한에 속하는 사무의 일부를 다른 지방자치단체의 구역에 있는 법인 또는 단체에 위탁하는 경우

## VI. 자치법규 규정형식의 적정성

원칙적으로 자치법규의 형식 중 조례 또는 규칙으로 정할 사항은 각각 그 형식에 맞게 규정하는 것이 바람직하다. 다만 현실적으로 조례 또는 규칙으로 정할 사항이 명확히 구분되지는 않으나, 대체로 조례로 정할 사항으로는 법령이 명시적으로 조례로 정하도록 한 사항, 주민의 권리·의무에 관한 사항, 지방자치단체의 재정부담 수반사항, 행정조직·기관의 설치에 관한 사항, 기타 의회의결을 거침으로써 주민의사를 반영시킬 필요가 있는 사항 등을 들 수 있고, 규칙으로 정할 사항으로는 법령이 명시적으로 규칙으로 정하도록 한 사항, 기관위임사무 관련 집행사항, 집행기관의 전속적 권한에 속하는 사항, 조례의 위임 또는 시행을 위한 사항 등을 들 수 있다.

### 제2관 조례

### I. 조례의 의의

조례(條例, Satzung)는 자치법규의 주된 형식으로서, 지방자치법은 헌법이 보장한 지방자치단체의 자치입법권을 조례제정권으로 구체화하고 있다(지자법 28조). 조례는 지방자치단체가 법령의 범위 안에서 그 사무에 관하여 지방의회의 의결로써 정립하는 자치법규라고 정의할 수 있다.

### II. 조례의 성질

조례는 원칙적으로 지방자치단체의 관할 구역 안에서 적용되는 지역법으로서의 자치법규지만, 국가의 법령(법률 및 법규명령)과 같이 원칙적으로 일반적인 구속력, 즉 주민의 권리의무에 직접적인 효력(대외적 효력)을 발생시키거나 지방자치단체의 기관 등을 구속하는 '법규'로서의 성질을 가진다. 다만 헌법과 지방자치법의 규정에 따라, 국법체계 안에서 국가의 법령을 위반하여서는 안 되는 법령 하위규범이라고 하겠다.

그런데 조례를 국가의 법규명령(대통령령·총리령·부령 등)과 같은 행정입법의 일종으로 볼 것인지에 관하여는 견해가 갈리고 있다. 이에 대해서는 조례를 행정활동의 산물, 즉 행정입법의 성질을 가지는 것으로 보는 견해가 다수인 것으로 보인다.[109] 하지만 사견으로는 법률종속입법으로서 행정기관에 대한 위임입법을 원칙으로 하는 행정입법과 지방자치단체에 부여된 자치입법권에 의한 조례는 그 성질을 동일하게 볼 것은 아니라고 본다. 즉 자치입법권을 직접 부여하고 있는 헌법 제117조 제1항의 규정내용에 행정입법의 근거규정[110]에서와는 달리 상위법령의 '위임'에 의한다는 표현이 없고, (후술하듯이) 지방자치법 제28조 제1항 단서가 주민의 권리 제한, 의무 부과, 벌칙과 같은 침해적 내용의 조례에 대하여는 법률의 위임이 있어야 한다고 규정하고 있지만 그러한 조례 외에는 반드시 법률의 위임이 있어야 하는 것은 아닌 것이며, 조례의 제정주체인 지방자치단체는 국가행정기관과 같은 단순 행정기관이 아니라 독립적인 법인격을 갖는 법주체이고, 조례안 의결권을 행사하는 지방의회 역시 주민의 직접선거로 구성되는 주민대표기관으로서 민주적 정당성이 인정된 기관이라는 점 등을 종합하여 볼 때, 조례는 원칙적으로 상위 법령의 구체화를 위한 위임에 의거하거나 상위 법령의 시행을 위하여 단순 집행적·기술적 사항만을 정하도록 하는 종속적 법규로서의 행정입법과는 그 성질을 같은 것으로 보기 어렵다고 할 것이다.[111]


## III. 조례의 종류


조례는 법령의 제정근거에 따라서, 법령이 일정한 사항을 반드시 조례로 정하도록 입법의무를 부여한 의무조례[112]와 지방자치단체의 재량으로 제정 여부 등을 정할 수 있는 임의조례로 구분된다. 그리고 후자인 임의조례는 다시 법령상 근거가 있는 경우[113]와 근거가 없는 경우가 있을 수 있다. 의무조례와 법령상 근거가 있는 임의조례는 위임조례로

---

109) 홍정선, 新지방자치법, 327쪽; 김남철, 행정법강론, 1070쪽; 조성규, "조례의 제정과정에 대한 법적 검토", 지방자치법연구 제7권 제1호, 2007. 3, 74쪽 등.
110) 대한민국헌법 제75조 대통령은 법률에서 구체적으로 범위를 정하여 위임받은 사항과 법률을 집행하기 위하여 필요한 사항에 관하여 대통령령을 발할 수 있다.
　　제95조 국무총리 또는 행정각부의 장은 소관사무에 관하여 법률이나 대통령령의 위임 또는 직권으로 총리령 또는 부령을 발할 수 있다.
111) 같은 취지의 주장으로 김철용, 행정법, 832쪽.
112) 예컨대 지방자치법 제46조(지방의회의 의무 등) ① 지방의회는 지방의회의원이 준수하여야 할 지방의회의원의 윤리강령과 윤리실천규범을 조례로 정하여야 한다.
113) 예컨대 법령이 "~일정한 사항을 조례로 정할 수 있다."고 규정한 경우, 그 법령상의 근거에도 불구하고 조례의 제정 여부는 지방자치단체의 재량(임의)에 맡겨져 있다고 하겠다.

부를 수 있고, 법령상 근거가 없는 임의조례는 자치조례로 부를 수 있다.


## Ⅳ. 조례의 규율대상과 범위

조례의 규율대상 사무와 관련하여, 지방자치단체는 그 관할구역의 자치사무와 법령에 의하여 지방자치단체에 속하는 사무(단체위임사무)를 처리하므로 이러한 사무에 대하여는 조례를 제정할 수 있다. 다만 이러한 사무에 대하여도, 조례로 규율하려는 내용이 지방자치법 제28조 제1항 단서에 의한 주민의 권리 제한, 의무 부과, 벌칙 설정에 관한 경우에는 법률의 위임이 있어야만 조례의 제정이 가능하다. 기관위임사무에 대한 조례 제정의 가능성에 관해서는, 기관위임사무의 경우 위임기관이 속한 국가 등의 사무의 성질을 유지하고 있어 지방자치단체의 사무는 아니므로 원칙적으로 기관위임사무는 조례의 규율대상이 될 수 없다고 할 것이나, 예외적으로 법령이 기관위임사무에 관한 일정한 사항을 조례로 정하도록 위임한 경우에는 조례로써 규율하는 것도 가능하다고 하겠다.[114] 그 외의 기관위임사무에 대한 자치적 규율은 수임기관인 지방자치단체의 장에 의한 규칙으로 정하는 것이 일반적이다.

한편 조례의 규율범위와 관련하여, 법령의 위임에 의한 위임조례의 경우에는 다른 위임입법과 마찬가지로 위임범위를 벗어나거나 위임내용에 저촉되면 상위 법령 위반이 되어 효력이 부정된다(무효). 따라서 위임조례의 규율범위는 위임의 범위와 내용에 한정된다.[115] 이에 비하여 자치조례의 경우에는 법령의 위임 없이도 그 입법재량에 따라 일정한 사항을 조례로 정할 수 있다. 다만 법령의 위임근거가 없다고 하여도 관련되는 상위의 법령을 위반할 수는 없으므로 그 위반 시에는 역시 효력이 없다.

---

114) "지방자치법 제15조(현행 제28조 제1항), 제9조에 의하면, 지방자치단체가 자치조례를 제정할 수 있는 사항은 지방자치단체의 고유사무인 자치사무와 개별법령에 의하여 지방자치단체에 위임된 단체위임사무에 한하는 것이고, 국가사무가 지방자치단체의 장에게 위임된 기관위임사무는 원칙적으로 자치조례의 제정범위에 속하지 않는다 할 것이고, 다만 기관위임사무에 있어서도 그에 관한 개별법령에서 일정한 사항을 조례로 정하도록 위임하고 있는 경우에는 위임받은 사항에 관하여 개별법령의 취지에 부합하는 범위 내에서 이른바 위임조례를 정할 수 있다."(대법 2000. 5. 30. 선고 99추85 판결)
115) 우리나라에서는 후술하듯이 지방자치법 제28조 제1항 단서에 따라 주민의 권리 제한, 의무 부과, 벌칙 설정 관련 조례(침해적 조례)의 경우에는 반드시 법률의 위임이 있어야 하므로 이러한 내용의 조례는 기본적으로 위임조례라 할 수 있고, 그 이외의 경우에도 법령은 상위 법규로서 조례에 일정한 사항을 위임할 수도 있기 때문에, 조례입법의 실제에 있어서는 위임조례가 제정되는 사례가 상당히 많다.

## V. 조례의 한계(조례와 법령의 관계)

### 1. 법률(법령)의 우위

헌법은 "법령의 범위 안에서" 자치에 관한 규정을 제정할 수 있다(헌법 117조 1항)고 하고 지방자치법도 "법령의 범위에서"[116) 조례를 제정할 수 있다(지자법 28조 1항 본문)고 규정하고 있다. 앞서 살펴본 것처럼, 우리나라에서의 자치입법권(조례제정권)은 대체로 국가로부터의 전래된 권능으로 평가되고 있고 따라서 자치입법에 대하여도 국가 법률(법령)의 우위원칙은 당연히 적용되는 것으로 보는 데 거의 일치하고 있다.

헌법의 "법령[117)의 범위 안에서"와 지방자치법의 "법령의 범위에서"의 의미와 관련하여 학설과 판례는 법률(법령) 우위의 원칙을 선언한 것으로 이해하면서, 조례는 상위법인 국가의 법령에 위반되지 않는 범위에서 용인될 수 있는 것으로서 법령의 목적·입법취지나 내용에 모순·저촉되어서는 안 된다는 의미로 해석하고 있다.[118) 따라서 상위법인 법령에 위반되는 조례는 효력이 없다(무효). 이러한 차원에서 법령의 규정에 의한 지방자치단체의 장의 전속적 권한이나 고유의 권한을 법령상의 근거 없이 제약하거나 침해하는 조례는 허용될 수 없다고 본 판례들도 존재한다.[119)

---

116) 종전의 지방자치법은 "법령의 범위 안에서"로 규정하였으나 이번 지방자치법 전부개정법률에서는 "법령의 범위에서"로 그 표현을 수정하였는바, 이러한 수정이 실질적인 의미의 변경까지를 의도한 것은 아닌 것으로 판단된다.

117) 법령에는 헌법을 비롯하여 법률과 법규명령(대통령령·총리령·부령) 및 이들의 직접적인 위임에 의하여 제정된 고시·훈령·예규 등과 국내법적 효력을 가진 조약, 일반적으로 승인된 국제법규 등이 포함된다. 법령의 위임에 의하여 제정된 고시 등의 성질 내지 효력과 관련하여서는 다음과 같은 대표적인 판례를 참조 바람.
"법령의 규정이 특정 행정기관에 그 법령 내용의 구체적 사항을 정할 수 있는 권한을 부여하면서 그 권한 행사의 절차나 방법을 특정하고 있지 않아 수임행정기관이 행정규칙인 고시의 형식으로 그 법령의 내용이 될 사항을 구체적으로 정하고 있는 경우, 그 고시가 당해 법령의 위임 한계를 벗어나지 않는 한, 그와 결합하여 대외적으로 구속력이 있는 법규명령으로서 효력을 가진다."(대법 2008. 4. 10. 선고 2007두4841 판결)

118) "지방자치법 제15조(현행 제28조 제1항)에서 말하는 '법령의 범위 안'이라는 의미는 '법령에 위반되지 아니하는 범위 안'이라는 의미로 풀이되는 것이다."(대법 2000. 11. 24. 선고 2000추29 판결)

119) "지방자치단체장의 기관구성원 임명·위촉권한이 조례에 의하여 비로소 부여되는 경우는 조례에 의하여 단체장의 임명권한에 견제나 제한을 가하는 규정을 둘 수 있다고 할 것이나 상위 법령에서 단체장에게 기관구성원 임명·위촉권한을 부여하면서도 임명·위촉권의 행사에 대한 의회의 동의를 받도록 하는 등의 견제나 제약을 규정하고 있거나 그러한 제약을 조례 등에서 할 수 있다고 규정하고 있지 아니하는 한 당해 법령에 의하여 임명·위촉권은 단체장에게 전속적으로 부여된 것이라고 보아야 할 것이어서 하위 법규인 조례로써는 단체장의 임명·위촉권을 제약할 수 없다 할 것이고 지방의회의 지방자치단체 사무에 대한 비판, 감시, 통제를 위한 행정사무감사 및 조사권의 행사의 일환으로 위와 같은 제약을 규정하

## 2. 조례의 제정범위를 제한하는 하위 법령의 금지

이번 지방자치법 전부개정법률에서는 제28조 제2항을 신설하여, "법령에서 조례로 정하도록 위임한 사항은 그 법령의 하위 법령에서 그 위임의 내용과 범위를 제한하거나 직접 규정할 수 없다."고 규정하였는데,[120] 이것은 그동안 법령이 조례에 위임한 사항에 대하여도 그 법령의 하위의 법령에서 조례로 위임된 내용과 범위를 제한하거나 직접 규정하는 경우가 적지 않아 하위법규인 조례의 입법 여지를 실질적으로 제약하여 온 입법관행 내지 입법상황을 개선하기 위한 조치라고 할 수 있다. 이와 같이 조례의 제정범위를 제한하는 하위 법령의 입법금지규정을 통하여 적어도 위임조례의 경우에는 법령에 의한 입법적 제약 없이 조례입법의 여지를 보장받게 되었다고 할 것이다.

## 3. 국법의 공백사항 또는 규율사항에 대한 조례입법의 가능성

한편 법령에서 직접 규율하고 있지 않은 사항(국법 공백사항)에 대하여는 관련 법령의 취지에 반하지 않는 한 조례의 제정이 가능하다고 할 것이다. 법령에서 이미 규율하는 사항에 대하여도 조례가 법령과 다른 목적으로 규율하는 경우에는 허용될 수 있고, 또한 법령과 조례가 동일한 목적과 대상에 대하여 규율하는 경우에도 법령상의 기준을 상회하는 지역기준을 조례로 정하는 것도 법령이 용인하는 취지라고 해석된다면 그러한 조례 역시 법령 위반이라고는 할 수 없다.[121] 다만 이와 같은 조례와 법령의 관계는 적어도 후술하는 침해적 내용의 조례의 경우에는 법률의 위임(법률유보)이 있다는 조건 하에서만 인정될 수 있다는 점에 유의할 필요가 있다.[122]

---

는 조례를 제정할 수도 없다."(대법 1993. 2. 9. 선고 92추93 판결)

"지방의회가 집행기관의 인사권에 관하여 견제의 범위 내에서 소극적·사후적으로 개입하는 것은 허용되나, 집행기관의 인사권을 독자적으로 행사하거나 동등한 지위에서 합의하여 행사할 수는 없고, 그에 관하여 사전에 적극적으로 개입하는 것도 원칙적으로 허용되지 아니한다."(대법 2009. 9. 24. 선고 2009추53 판결)

120) 다만 이 규정은 시기적으로 지방자치법 전부개정법률 시행 이후 최초로 제정·개정되는 하위 법령부터 적용한다(지자법 부칙 3조).

121) "지방자치단체는 법령에 위반되지 아니하는 범위 내에서 그 사무에 관하여 조례를 제정할 수 있는 것이고, 조례가 규율하는 특정사항에 관하여 그것을 규율하는 국가의 법령이 이미 존재하는 경우에도 조례가 법령과 별도의 목적에 기하여 규율함을 의도하는 것으로서 그 적용에 의하여 법령의 규정이 의도하는 목적과 효과를 전혀 저해하는 바가 없는 때, 또는 양자가 동일한 목적에서 출발한 것이라고 할지라도 국가의 법령이 반드시 그 규정에 의하여 전국에 걸쳐 일률적으로 동일한 내용을 규율하려는 취지가 아니고 각 지방자치단체가 그 지방의 실정에 맞게 별도로 규율하는 것을 용인하는 취지라고 해석되는 때에는 그 조례가 국가의 법령에 위반되는 것은 아니다."(대법 1997. 4. 25. 선고 96추244 판결)

122) "주민의 권리제한 또는 의무부과에 관한 사항이나 벌칙에 해당하는 조례를 제정할 경우에는 그 조례의

## 4. 침해적 조례의 법률유보

조례와 법률유보의 문제는, 주민의 권리를 제한하거나 의무를 부과하는 등의 침해적 조례를 제정할 때 법률의 위임이 있어야 하는지의 문제이다. 지방자치법 제28조 제1항 단서는 조례로 "주민의 권리 제한 또는 의무 부과에 관한 사항이나 벌칙을 정할 때에는 법률의 위임이 있어야 한다."고 하여, 법률의 위임이 없이는 위와 같은 침해적 내용의 조례를 정할 수 없음을 분명히 하고 있다. 그런데 이렇게 법률유보를 적용하여 조례 입법권을 실질적으로 제약하는 지방자치법 제28조 제1항 단서를 둘러싸고는, 지방자치단체에 자치입법권을 부여한 헌법의 취지에 위반되는 것은 아닌지와 관련하여 합헌설과 위헌설이 대립하여 왔다.

### (1) 합헌설

학계의 다수설적 입장이라고 할 수 있는 합헌설은, 위 단서조항이 국민의 모든 자유와 권리는 법률에 의해서만 제한할 수 있도록 한 기본적 침해의 법률유보의 원칙(헌법 37조 2항)에 따른 것으로서 헌법상 당연한 것을 규정한 것으로 보는 점, 국민의 전체의사의 표현으로서의 법률과 제한적인 지역단체 주민의 의사표현인 조례와의 사이에는 그 민주적 정당성에 있어서 차이를 인정할 수밖에 없고, 국민의 기본권에 관한 원칙적 규율 기타 국민의 자유와 권리의 제한적 규율은 전국적인 민주적 정당성이 있는 법률의 위임이 있을 경우에만 가능하며, 헌법 제37조 제2항에서 말하는 법률은 국회가 제정한 형식적 의미의 법률이라는 점에 대하여 의문이 없다는 점 등을 논거로, 적어도 침해적 조례의 제정에 있어서는 법률유보의 원칙이 적용되어야 하므로 위 단서의 규정은 합헌이라는 것이다.

### (2) 위헌설

위헌설은, 앞에서 살펴본 것처럼 헌법은 지방자치단체에 법령의 범위 안에서 자치입법권을 행사할 수 있도록 하여 지방자치단체는 법령에 위반되지 않으면 조례 등 자치입법을 정할 수 있는 것으로 보아야 할 것이나(법률(법령)우위의 적용), 위 단서조항은 침해적 조례에 대해서는 법률의 위임까지 요구하고 있는바(법률유보도 적용), 이것은 헌법

성질을 묻지 아니하고 법률의 위임이 있어야 하고 위임 없이 제정된 조례는 효력이 없다."(대법 2007. 12. 13. 선고 2006추52 판결)

에 의하여 보장된 지방자치단체의 자치입법권을 헌법 취지에 반하여 과도하게 제한하는 것으로서 위헌이라고 주장한다. 이 결과 지방자치단체는 침해적 내용의 조례에 대해서는 자주적으로 조례를 정할 수 없고, 행정입법인 법규명령에서와 마찬가지로 법률의 명시적인 위임이 있는 경우에만 관련 조례를 정할 수 있게 되어, 지방자치단체에 포괄적인 자치입법권을 부여한 헌법의 취지(지방자치의 기본이념)에 부합하지 않게 되었다고 주장한다.

### (3) 판례(합헌설적 입장)

대법원은 지방자치법 제28조 제1항 단서와 관련하여 합헌설의 입장을 제시하고 있다. 즉 "지방자치법 제15조(현재의 제28조 제1항 단서)는 원칙적으로 헌법 제117조 제1항과 같이 지방자치단체의 자치입법권을 보장하면서, 국민의 권리 제한·의무 부과에 관한 사항을 규정하는 조례의 중대성에 비추어 입법 정책적 고려에서 법률의 위임을 요구한다고 규정한 것으로 이는 기본권 제한에 대하여 법률유보원칙을 선언한 헌법 제37조 제2항의 취지에 부합하므로 조례제정에 있어서 법률의 위임근거를 요구하는 것이 위헌성이 있다고 할 수 없다."[123]고 판시한 것이다. 다만 판례는 법률의 위임은 반드시 필요하다고 하면서도, 그 위임의 정도는 행정입법인 법규명령과는 달리 '포괄적 위임'만 있어도 된다고 보아 위임의 정도를 완화하는 입장을 취하고 있다.[124]

### (4) 소결(사견)

이상 살펴본 바와 같이, 다수설과 판례는 침해적 조례에 대하여 법률의 위임을 요구하는 지방자치법 제28조 제1항 단서를 합헌으로 보고 있다. 합헌설은 헌법 제37조 제2항 등을 논거로 하여 국민의 기본권 침해에 대하여 보다 더 만전을 기하려는 입장이라고 이해할 수도 있을 것이다.

---

123) 대법 1995. 5. 12. 선고 94추28 판결.
124) "자치입법으로서 조례의 특수성을 고려하여 법규명령에 대한 법률의 위임과는 달리 보고 있다. 즉, 조례 제정권자인 지방의회는 민주적 정당성을 지니고 있는 주민의 대표기관이고 헌법이 지방자치단체에 포괄적 자치권을 보장하고 있는 취지로 볼 때 조례에 대한 법률의 위임은 법규명령과 같이 반드시 구체적으로 범위를 정할 필요는 없으며 포괄적인 것이면 된다."(헌재 1995. 4. 20. 선고 92헌마264 병합결정) "법률이 주민의 권리의무에 관한 사항에 관하여 구체적으로 아무런 범위도 정하지 아니한 채 조례로 정하도록 포괄적으로 위임하였다고 하더라도 행정관청의 명령과는 달라, 조례도 주민의 대표기관인 지방의회의 의결로 제정되는 지방자치단체의 자주법인 만큼, 지방자치단체가 법령에 위반되지 않는 범위 내에서 주민의 권리의무에 관한 사항을 조례로 제정할 수 있다."(대법 1991. 8. 27. 선고 90누6613 판결)

하지만 사견으로는, 자치입법권을 보장한 헌법규정과의 조화로운 해석의 관점에 서서, 법 제28조 제1항 단서와 같이 침해적 조례에 법률의 위임을 요구하여 자치입법권을 과도하게 제한하는 것은 문제가 있고 위헌의 여지도 있다고 본다. 즉 헌법 제117조 제1항은 법령에 위반하지 않는 범위 안에서 지방자치단체에 대하여 입법권을 부여한 것이고, 따라서 이 조항은 헌법 제40조의 국회입법의 원칙, 헌법 제37조 제2항의 기본권 제한의 법률유보의 원칙 등에 대하여 헌법 스스로가 설정한 예외적 조항이라고 해석할 수도 있을 것으로 본다. 자치입법권을 직접 부여한 헌법 제117조 제1항은, 행정입법의 근거를 설정한 헌법 제75조(대통령령), 제95조(총리령·부령)에서와 같이 '위임'에 관한 근거를 명시하지 않았다는 점도 유의할 필요가 있다.[125]

조례도 강행규범의 성질을 가지는 '법규'인 이상 당연히 침해적 내용을 담을 수 있어야 하고 또한 그러한 내용의 법규를 입법권자인 지방자치단체가 자율적으로 정할 수 있어야 '자치'입법으로서 실질적 의미를 가질 것인데, 침해적 조례를 정함에 있어 일일이 국가의 법률의 위임이 있어야 한다고 하게 되면 자치입법인 조례를 타치입법(他治立法)화하는 것이 아닐까 생각한다. 실제로도 조례의 정립 필요성은 개별 지방자치단체마다 사안 내지 입법상황에 따라 제각각 다를 수 있는 것인데, 이러한 개별적인 자치입법 상황마다 일일이 법률의 위임이 전제되어야 하는 것으로 한다면, 결국 자치입법의 수요에 대응한 적절한 조례의 정립은 불가능하거나 매우 어려워질 수밖에 없을 것이기 때문에, 지방자치법 제28조 제1항 단서조항은 법령에 반하지 않는 범위 안에서 자치입법권을 보장한 헌법의 규정과 취지에 부합하지 않는 위헌의 소지가 있다고 보는 것이다.[126]


## 5. 조례와 벌칙규정

위의 일반적인 침해적 조례와는 달리, (과태료가 아닌 형벌인) 벌칙을 정하는 조례의 경우에도 법률의 개별적인 위임이 필요한 지에 관하여는, 헌법상의 죄형법정주의의 원칙과 조

---

125) 동지의 견해로서 이기우·하승수, 지방자치법, 대영문화사, 2007, 321쪽의 아래 내용 참조.
    "헌법 제117조 제1항은 지방자치단체에게 자치입법권과 자치행정권을 부여해 주민에 대한 관할권을 부여한 것이라고 본다. 따라서 헌법 제117조 제1항은 헌법 제40조에 의한 국회의 입법권에 대한 예외로서 지방자치단체의 입법권을 설정한 것으로서 헌법에 의해 직접 부여된 지방자치단체의 고유한 입법권이라고 본다. 이 점에서 조례는 법률에 의해 그 내용이 규정되는 행정입법과는 본질적으로 성질을 달리한다는 것이다."
126) 기본권 제한의 법률유보원칙을 규정한 헌법 제37조 2항 및 국회입법의 원칙을 규정한 헌법 제40조 그리고 자치입법권을 보장한 헌법 제117조 제1항 사이의 조화로운 해석을 통한 자치입법권 보장의 헌법적 취지 등에 관하여는 선정원 등 5인 공저, 자치입법론, 93쪽 이하의 필자의 저술부분을 참조 바람.

례 입법권과의 관계에서 법률의 위임이 필요하다고 보는 것이 타당하다. 현행 지방자치법 제28조 제1항 단서도 조례로 벌칙을 정할 때에는 법률의 위임이 있어야 한다고 하여 법률유보의 원칙을 적용하고 있다.

조례의 실효성 확보의 차원에서, 조례 위반 행위에 대하여 형벌 같은 벌칙을 조례로 정할 수 있도록 일반적인 유보조항을 두자는 견해도 있지만, 행정규제(권리제한·의무부과)나 행정질서벌(과태료)의 설정과는 달리, 형사범의 창설과 형벌의 부과는 원칙적으로 국가사무로 보아야 하고,[127] 이러한 형벌의 창설에 있어서는 국민의 인권 보장의 측면에서 한층 신중을 기할 필요가 있으며, 헌법상의 엄격한 죄형법정주의원칙 선언과 그 취지에 비출 때 조례로 벌칙(형벌)을 정함에 있어서는 법률의 개별적인 위임이 필요하다고 보는 것이 바람직하다고 본다.[128]

## 6. 조례 위반에 대한 과태료(過怠料)

지방자치법은 조례를 위반한 행위에 대하여 조례로써 1천만 원 이하의 과태료를 정할 수 있다고 규정하고 있다(지자법 34조 1항). 이렇게 조례 위반행위에 대하여 조례로써 행정질서벌인 과태료를 설정할 수 있다고 하더라도, 과태료 규정의 전제가 되는 과태료 부과 대상행위를 조례로 정하는 것은 주민의 권리 제한이나 의무 부과와 같은 침해적 내용에 해당되므로 이를 조례로 규정함에 있어서는 지방자치법 제28조 제1항 단서에 따라 법률의 위임이 필요하다. 따라서 지방자치법 제34조 제1항에 의하여 과태료를 조례로 정할 수 있는 경우는, 법률에서 조례에 일정한 의무의 부과를 위임하면서도 그 위반에 대한 벌칙조항을 두고 있지 않거나 처벌조항을 조례에 위임한 경우에 한정된다고 할 것이다. 조례에 의한 과태료는 해당 지방자치단체의 장이나 그 관할 구역 안의 지방자치단체의 장이 부과·징수한다(지자법 34조 2항).

---

127) 박윤흔, 최신 행정법강의(하)(개정27판), 2004, 132쪽; 박균성, 행정법강의, 170쪽.
128) 과거에 조례 위반행위에 대하여 형벌(3월 이하의 징역 또는 금고) 제정권까지 규정하였던 구 지방자치법 제20조에 대하여는 위헌이라는 주장이 강하게 제기되었고 입법자는 이러한 주장을 받아들여 1994년의 지방자치법 개정 시에 위 규정(형벌부분)을 삭제하였던 사정이 있었음도 상기할 필요가 있다.

# VI. 조례의 제정절차

## 1. 조례안의 발의

조례안을 비롯하여 지방의회에서 의결할 의안은 지방자치단체의 장이나 조례로 정하는 수 이상의 지방의회의원의 찬성으로 발의한다.[129] 의원이 조례안을 발의하는 때에는 발의 의원과 찬성 의원을 구분하되, 해당 조례안의 제명의 부제로 발의 의원의 성명을 기재하여야 한다. 다만, 발의 의원이 2명 이상인 경우에는 대표발의의원 1명을 명시하여야 한다(지자법 76조 4항). 지방의회의 위원회는 그 직무에 속하는 사항에 관하여 의안을 제출할 수 있다(지자법 76조 2항). 위의 의안은 그 안을 갖추어 의장에게 제출하여야 한다. 지방의회의원이 발의한 제정조례안 또는 전부개정조례안 중 지방의회에서 의결된 조례안을 공표하거나 홍보하는 경우에는 해당 조례안의 부제를 함께 표기할 수 있다(이상 지자법 76조).

주민은 지방자치법이 정한 절차와 방법에 따라 법정 주민 수 이상의 연서로 당해 지방자치단체의 의회에 조례의 제정이나 개폐를 청구할 수 있다. 지방의회의 의장은 적법한 청구로 수리한 경우에는 그 날부터 30일 이내에 주민청구조례안을 지방의회에 의장의 명의로 발의하여야 한다(자세히는 주민의 조례의 제정·개폐청구권 부분 참조).

## 2. 입법예고와 조례안예고

조례안을 마련한 지방자치단체의 장(행정청)은 조례안을 (지방의회에 제출하기 전에) 행정절차법 제41조~제44조에서 정한 바에 따라 공보를 통한 공고의 방법으로 입법예고하여야 하고(법정 예외사유에 해당하는 경우에는 제외), 이에 대하여 누구든지 의견을 제출한 경우에는 특별한 사유가 없으면 이를 존중하여 처리하여야 하며 또한 그 처리결과를 통지하여야 한다.

한편 조례안이 지방의회에 제출된 이후에는 지방의회는 심사대상인 조례안에 대하여 5

---

129) 지방자치단체의 장이 조례안을 발의하는 경우에 조례안을 의회에 제출하기 전까지 집행기관에서 거치는 절차로는 대체로, ① 업무 주관부서에서의 조례안 준비 ② 법제담당부서에서의 조례원안 심사 내지 조례원안의 수정·보완 ③ 지방자치단체의 장 소속의 조례·규칙심의회의 심의 ④ 지방자치단체의 장의 결재를 통한 조례안의 확정 ⑤ 지방의회에 조례안 제출 등이다.

일 이상의 기간을 정하여 그 취지, 주요 내용, 전문을 공보나 인터넷 홈페이지 등에 게재하는 방법으로 예고할 수 있다. 조례안예고의 방법, 절차, 그 밖에 필요한 사항은 회의규칙으로 정한다(지자법 77조).

## 3. 심의와 의결

지방의회에 제출된 조례안은 사무기구가 이를 접수한다. 사무기구는 접수한 조례안을 의안등록부에 등재하고 그 요지서를 작성하여 의장의 결재를 받는다. 이렇게 하여 지방의회에 정식으로 발의된 조례안은 해당 상임위원회 또는 특별위원회에 배정되어 심의절차를 거치게 되며 본회의에 회부되게 되면 심의와 함께 의결절차를 거치게 된다.

지방의회가 새로운 재정부담을 수반하는 조례를 의결하려면 미리 지방자치단체의 장의 의견을 들어야 한다(지자법 148조).[130]

## 4. 이송과 공포·재의요구, 확정

조례안이 지방의회에서 의결되면 의장은 의결된 날부터 5일 이내에 그 지방자치단체의 장에게 이송하여야 하고 지방자치단체의 장은 이송받은 조례안을 20일 이내에 공포하여야 한다. 지방자치단체의 장은 이송받은 조례안에 대하여 이의가 있으면 이송받은 날부터 20일 이내에 이유를 붙여 지방의회로 환부(還付)하고 재의(再議)를 요구할 수 있다. 이 경우 조례안의 일부에 대하여 또는 조례안을 수정하여 재의를 요구할 수는 없다. 재의를 요구받은 조례안은 재의에 부쳐지고 재적의원 과반수의 출석과 출석의원 3분의 2 이상의 찬성으로 전(前)과 같은 의결을 하면 그 조례안은 조례로서 확정된다. 지방자치단체의 장이 이송받은 날부터 20일 이내에 공포하지 아니하거나 재의를 요구하지 않더라도 그 조례안은 조례로서 확정된다. 지방자치단체의 장은 확정

---

130) 다만 새로운 재정 부담을 수반하는 조례임에도 지방자치단체의 장의 의견을 듣지 않고 의결한 조례의 효력에 대하여 판례는 무효는 아니라는 입장이다.
　　"지방의회가 새로운 재정 부담을 수반하는 조례를 의결하고자 할 때에는 지방자치단체의 장의 의견을 들어야 한다고 규정하고 있는 지방자치법 제123조는 지방재정의 계획적이고 건전한 운영을 확보하기 위한 것으로서, 그 규정 취지가 지방의회가 지방자치단체의 장의 의견에 반드시 따라야 한다는 것이 아님은 물론이고 지방자치단체의 장 역시 지방자치법 제19조 제3항에 따라 지방의회가 의결한 조례에 대하여 재의를 요구할 수 있는 점 등에 비추어 보면, 피고가 지방자치법 제123조에 위반하여 원고의 의견을 듣지 아니하고 새로운 재정 부담을 수반하는 조례를 제정하였거나 재의결을 하였다고 하더라도 이를 가지고 곧바로 무효라고 할 수는 없는 것이므로 이 사건 재의결이 지방자치법 제123조에 위반되어 효력이 없다는 원고의 이 부분 주장은 이유 없다."(대법 2004. 4. 23. 선고 2002추16 판결)

된 조례를 지체 없이 공포하여야 한다. 확정된 조례가 지방자치단체의 장에게 이송된 후 5일 이내에 지방자치단체의 장이 공포하지 아니하면 지방의회의 의장이 공포한다. 지방자치단체의 장이 조례를 공포하였을 때에는 즉시 해당 지방의회의 의장에게 통지하여야 하고 지방의회의 의장이 조례를 공포하였을 때에는 그 사실을 즉시 해당 지방자치단체의 장에게 통지하여야 한다. 조례는 특별규정이 없는 한 공포한 날부터 20일이 지나면 효력을 발생한다. 조례는 지방자치단체의 장이 공포하는 경우에는 지방자치단체의 공보에 게재하는 방법으로 공포하고 예외적으로 지방의회의 의장이 공포하는 경우에는 공보나 일간신문에 게재하거나 게시판에 게시하는 방법으로 한다. 조례의 공포일은 조례를 게재한 공보나 일간신문이 발행된 날 또는 게시판에 게시된 날이다(이상 지자법 32~33조).

## 5. 보고와 통보

조례를 제·개정 또는 폐지할 경우 지방의회에서 이송된 날부터 5일 이내에 시·도지사는 행정안전부장관에게, 시장·군수 및 자치구의 구청장은 시·도지사에게 그 전문(全文)을 첨부하여 각각 보고하여야 하며, 보고를 받은 행정안전부장관은 이를 관계 중앙행정기관의 장에게 통보하여야 한다. 이러한 감독기관에의 조례 보고 및 통보제도는 조례에 대한 정보제공 및 사후 합법성감독을 위한 보조적 수단으로 이해할 수 있다.

## Ⅶ. 조례에 대한 통제

조례는 지방자치단체의 자율적인 입법의 산물이지만, 조례 역시 국법체계 내에서 전체적인 법질서에 부합하는 적법한 것이어야 하므로, 조례의 적법성을 확보하기 위하여 법제도적으로 다양한 통제수단이 마련되어 있다.

## 1. 행정기관에 의한 통제

### (1) 지방자치단체의 장의 재의요구 및 제소

집행기관인 지방자치단체의 장은 의결기관인 지방의회로부터 조례안을 이송받은 경우에 그에 대하여 이의가 있으면 이송받은 날부터 20일 이내에 이유를 붙여 지방의회로 환부(還付)하고 재의(再議)를 요구할 수 있다. 이 경우 지방자치단체의 장은 조례안의 일부에 대하여 또는 조례안을 수정하여 재의를 요구할 수는 없다(지자법 32조 3항).

그런데 재의요구를 받은 지방의회가 재의에 부쳐 재적의원 과반수의 출석과 출석의원 3분의 2 이상의 찬성으로 전과 같은 의결을 하면 그 조례안은 조례로서 확정된다. 재의결을 통하여 조례가 확정된 경우에도 재의결된 사항이 법령에 위반된다고 인정되면 지방자치단체의 장은 대법원에 제소할 수 있다. 이 경우 필요하다고 인정되면 그 의결의 집행을 정지하게 하는 집행정지결정을 신청할 수 있다(지자법 192조 3·4항).

한편 조례안재의결무효확인소송에서는 조례안 재의결의 내용 일부만이 법령에 위반되어 위법한 경우에도, 대법원은 의결 일부에 대한 효력을 배제하는 것은 결과적으로 전체적인 의결 내용을 변경하는 것으로 의결기관인 지방의회의 고유권한을 침해하는 것이 되고 나아가 일부만의 효력 배제는 자칫 전체적인 의결 내용을 지방의회의 당초 의도와는 다른 내용으로 변질시킬 우려가 있다는 등의 이유로, 조례안 재의결 전부의 효력을 부정하고 있다(무효 선언).[131]

### (2) 감독기관의 재의요구 또는 제소의 지시, 직접제소

지방의회의 의결이 법령에 위반되거나 공익을 현저히 해친다고 판단되면 시·도에 대하여는 주무부장관이, 시·군 및 자치구에 대하여는 시·도지사가 해당 지방자치단체의 장에게 재의를 요구하게 할 수 있다. 그리고 시·군 및 자치구의회의 의결이 법령에 위반

---

131) "조례안 일부가 법령에 위반되어 위법한 경우에 의결 일부에 대한 효력을 배제하는 것은 결과적으로 전체적인 의결 내용을 변경하는 것으로 의결기관인 지방의회의 고유권한을 침해하는 것이 된다. 뿐만 아니라 일부만의 효력 배제는 자칫 전체적인 의결 내용을 지방의회의 당초 의도와는 다른 내용으로 변질시킬 우려가 있다. 또한 재의요구가 있는 때에는 재의요구에서 지적한 이의사항이 의결 일부에 관한 것이더라도 의결 전체가 실효되고 재의결만이 새로운 의결로서 효력이 생긴다. 따라서 의결 일부에 대한 재의요구나 수정 재의요구는 허용되지 않는다. 이러한 점들을 종합하면, 재의결 내용 전부가 아니라 일부만 위법한 경우에도 대법원은 의결 전부의 효력을 부인하여야 한다."(대법 2017. 12. 5. 선고 2016추5162 판결)

된다고 판단됨에도 불구하고 시·도지사가 재의를 요구하게 하지 아니한 경우 주무부장관이 직접 시장·군수 및 자치구의 구청장에게 재의를 요구하게 할 수 있고, 재의 요구 지시를 받은 시장·군수 및 자치구의 구청장은 의결사항을 이송받은 날부터 20일 이내에 지방의회에 이유를 붙여 재의를 요구하여야 한다. 이러한 재의 요구 지시에 따른 단체장의 재의 요구에 대하여 지방의회가 가중의결정족수로 재의결한 경우, 그 재의결된 사항이 법령에 위반된다고 판단됨에도 불구하고 해당 지방자치단체의 장이 소(訴)를 제기하지 아니하면 시·도에 대해서는 주무부장관이, 시·군 및 자치구에 대해서는 시·도지사(법 제192조 제2항에 따라 주무부장관이 직접 재의 요구 지시를 한 경우에는 주무부장관을 말함)가 그 지방자치단체의 장에게 제소를 지시하거나 직접 제소 및 집행정지결정을 신청할 수 있다. 이 경우의 제소의 지시는 재의결에 대한 단체장의 제소기간(재의결된 날부터 20일)이 지난 날부터 7일 이내에 하고, 해당 지방자치단체의 장은 제소지시를 받은 날부터 7일 이내에 제소하여야 한다. 주무부장관이나 시·도지사는 위 기간이 지난 날부터 7일 이내에 직접 제소 및 집행정지결정을 신청할 수 있다. 또한 지방의회의 의결이 법령에 위반된다고 판단되어 주무부장관이나 시·도지사로부터 재의요구지시를 받은 지방자치단체의 장이 재의를 요구하지 아니하는 경우(법령에 위반되는 지방의회의 의결사항이 조례안인 경우로서 재의요구지시를 받기 전에 그 조례안을 공포한 경우를 포함한다)에는 주무부장관이나 시·도지사는 의결사항을 이송받은 날부터 20일의 기간이 지난 날부터 7일 이내에 대법원에 직접 제소 및 집행정지결정을 신청할 수 있다. 지방의회의 의결이나 재의결된 사항이 둘 이상의 부처와 관련되거나 주무부장관이 불분명하면 행정안전부장관이 재의요구 또는 제소를 지시하거나 직접 제소 및 집행정지결정을 신청할 수 있다(이상 지자법 192조).

## 2. 입법 및 사법기관에 의한 통제

국가 입법기관인 국회와 사법기관인 법원·헌법재판소 역시 지방자치단체의 조례의 합법성을 확보하기 위하여 국가감독의 일환으로 일정한 적법성 통제를 수행할 수 있다.

국회의 경우에는 법률의 제·개정 또는 폐지를 통하여 하위법인 조례의 제·개정 또는 폐지를 유도하거나 도모할 수 있다.

법원의 경우에는 대법원에 제기한 조례안 무효확인소송을 통하여 조례안의 무효 여부의 판단을 할 수 있는 외에도, 조례에 근거한 처분을 다투는 행정소송에서 조례의 위법 여부가 재판의 전제가 되는 경우에는 구체적 규범통제방식에 의한 조례의 위법성 심사를 통하여 사법적 통제를 할 수 있다(헌법 107조 2항, 행정소송법 6조 1항 참조). 다만 조례 자체가 이른바 처분법규의 성질을 가지는 예외적인 경우에는 조례 자체로 행정소송(항고소송)의 대상이 될 수 있으므로 법원은 그 취소 또는 무효 여부를 직접 판단할 수 있다. 그리고 이 경우의 행정소송의 피고는 지방자치단체나 그 조례안을 의결한 지방의회가 아니라 지방자치단체의 법적 대표이자 집행기관의 장으로서 당해 조례를 공포한 지방자치단체의 장이다.132)

헌법재판소의 경우에는, 조례로 주민의 기본권이 침해되는 경우 국민인 주민은 헌법재판소에 공권력에 의한 기본권 침해를 이유로 헌법소원 심판의 청구가 가능하고, 헌법재판소는 헌법소원 심판에 대한 심리·결정에 의하여 조례에 대한 사법적 통제를 할 수 있다(헌법재판소법 68조).133)

## 제3관 규칙·교육규칙

## I. 지방자치단체의 장의 규칙

### 1. 의의와 유형

자치법규의 일종으로서 규칙이란, 헌법 제117조 제1항 및 지방자치법 제29조에 의하여 지방자치단체의 집행기관인 지방자치단체의 장이 법령 또는 조례가 위임한 범위 안에서 그 권한에 속하는 사무에 관하여 규정하는 자치법규를 말한다.

---

132) 이른바 두밀분교폐지조례사건. "조례가 집행행위의 개입 없이도 그 자체로서 직접 국민의 구체적인 권리의무나 법적 이익에 영향을 미치는 등의 법률상 효과를 발생하는 경우 그 조례는 항고소송의 대상이 되는 행정처분에 해당하고, 이러한 조례에 대한 무효확인소송을 제기함에 있어서 행정소송법 제38조 제1항, 제13조에 의하여 피고적격이 있는 처분 등을 행한 행정청은, 행정주체인 지방자치단체 또는 지방자치단체의 내부적 의결기관으로서 지방자치단체의 의사를 외부에 표시한 권한이 없는 지방의회가 아니라, 구 지방자치법(1994. 3. 16. 법률 제4741호로 개정되기 전의 것) 제19조 제2항, 제92조에 의하여 지방자치단체의 집행기관으로서 조례로서의 효력을 발생시키는 공포권이 있는 지방자치단체의 장이다."(대법 1996. 9. 20. 선고 95누8003 판결)

133) "조례는 지방자치단체가 그 자치입법권에 근거하여 자주적으로 지방의회의 의결을 거쳐 제정한 법규이기 때문에 조례 자체로 인하여 직접 그리고 현재 자기의 기본권을 침해받은 자는 그 권리구제의 수단으로서 조례에 대한 헌법소원을 제기할 수 있다."(헌재 1995. 4. 20. 선고 92헌마264 결정)

## 2. 규칙의 규율범위

규칙은 지방자치단체의 장이 그 권한에 속하는 모든 사무, 즉 지방자치단체의 자치사무와 단체위임사무는 물론이고 기관위임사무의 처리에 관하여도 정립할 수 있다. 규칙은 법령이나 조례 등 상위 규범의 위임에 의하여 정립되는 위임규칙이 원칙이나, 이론적으로는 상위규범에 위반되지 않는 범위 안에서 그 시행에 필요한 사항을 정하는 직권규칙(집행규칙)을 정립할 수도 있다고 본다. 위임규칙으로는 위임된 범위 안에서 주민의 권리·의무에 관한 사항도 정할 수 있지만 직권규칙으로는 주민의 권리·의무에 관한 사항은 규정할 수 없다.

## 3. 규칙의 제·개정, 폐지 절차

규칙은 집행기관의 장인 지방자치단체의 장이 정립하는 것이므로 조례와는 달리 지방의회에의 발의하거나 심의·의결하는 절차와는 무관하다. 따라서 규칙의 제·개정, 폐지의 절차는 주로 집행기관 단위에서 이루어진다. 주요 절차는, 먼저 일정한 주관부서가 필요 시 관련부서와의 협의를 거쳐 규칙원안을 마련하고 (법정예외사유에 해당하지 않는 한) 행정절차법 제41조 제1항에 따라 입법예고를 거치며, 집행기관 내 법제부서의 심사, 조례·규칙심의회의 심의·의결 등을 거쳐 지방자치단체의 장의 결재로서 규칙은 확정된다.

다만 규칙을 확정하고 공포하기에 앞서, 지방자치단체의 장은 감독기관에 대하여 규칙을 사전 보고하여야 한다. 즉 규칙 공포예정 15일 전에 시·도지사는 행정안전부장관에게, 시장·군수 및 자치구의 구청장은 시·도지사에게 그 전문(全文)을 첨부하여 각각 보고하여야 하며, 보고를 받은 행정안전부장관은 이를 관계 중앙행정기관의 장에게 통보하여야 한다(지자법 35조). 규칙의 사전보고제도는 규칙에 대한 감독적 통제를 위한 보조적 수단이라고 할 수 있다.

## 4. 공포

규칙은 지방자치단체의 장이 공포하여야 하고(조례와는 달리 법정공포기한은 없음), 부칙에 시행일이 정하여져 있으면 그 시행일에 효력을 발생하나, 특별한 규정이 없으면 공포한 날부터 20일이 지나면 효력을 발생한다.

## 5. 규칙의 제·개정, 폐지에 대한 주민의 의견 제출

이번 지방자치법 전부개정법률에 의하여 규칙(권리·의무와 직접 관련되는 사항으로 한정)의 제·개정 또는 폐지에 관한 주민의 의견제출권이 신설되었다는 점은 전술한 바와 같다.

## II. 교육감의 교육규칙

교육규칙이란 지방자치단체의 교육·학예 등에 관한 사무를 관장하는 집행기관의 장인 시·도 교육감이 지방교육자치에 관한 법률 제25조에 의하여 정립하는 자치법규를 말한다. 교육규칙의 성질, 규율범위, 제정절차 등은 앞서 기술한 규칙과 대동소이하다.

## 제5절 자치재정권

## 제1관 자치재정권의 개념·의의 및 법적 근거

## I. 개념과 의의

자치재정권이란 지방자치단체의 수입·지출 활동과 지방자치단체의 자산 및 부채를 관리·처분하는 활동을 말하는 지방재정(지방재정법 2조 1호. 이하 '지재법'이라 한다)에 관한 지방자치단체의 자치권(재정고권)을 의미한다. 즉 자치재정권이란 지방자치단체가 예산의 범위 내에서 그 사무의 처리에 소요되는 경비 등에 충당하기 위하여 필요한 수입을 확보하고 지출을 관리하며 자산 및 부채를 관리·처분하는 재정상의 자치권을 말하는 것이다. 이처럼 자치재정권은 내용적으로 수입과 지출, 예산과 재정행정 등에 관한 고권을 포함하고 있으며, 여기서 수입고권은 지방세·분담금 등의 공과(公課)고권과 수수료·사용료 등의 수익고권을 내용으로 한다.

지방자치단체가 자율적인 의사 결정과 책임 있는 행정 수행을 하기 위해서는 그에 상응하는 자치재정권이 보장되어야 한다. 하지만 지방자치단체의 재정 형편은 그리 녹록치 않은 상황이다. 지방자치단체의 전국평균 재정자립도(일반)[134]가 상당히 낮을 뿐 아니라 재정자립도의 지역별 격차 또한 상당히 큰 상황인데, 이러한 문제가 좀처럼 개선되지도 않고 있는 것이다.[135] 이러한 심각하고 불균형적인 지방재정의 현실은 지방행정의 자율성·창의성 및 책임성을 약화시키고 지방자치의 건전한 발전에도 상당한 장해를 초래할 수 있다. 따라서 국가와 지방자치단체는 모두 지방재정의 여건과 상황을 양호하고 건실하게 조성할 수 있도록 과감한 제도 개선을 추진함과 함께 재정 운용에 있어서도 다각적인 노력을 부단히 경주하여야 할 것이다.

## II. 법적 근거

헌법은 자치재정권의 보장에 관한 직접적인 규정은 두고 있지 않지만, 헌법 제117조 제1항은 "지방자치단체는…(중략)…재산을 관리하며"라는 표현을 두고 있는데, 여기서 지방자치단체가 재산을 관리할 수 있다는 것은 지방자치단체가 수입과 지출을 자기책임으로 운영할 수 있음을 의미한다고 할 것이고 따라서 이 부분은 지방자치단체의 재정고권을 표현하는 것으로서 그 헌법적 근거가 될 수 있다고 본다.[136]

그리고 지방재정에 관한 주요 법률로는, 지방자치법 제7장 "재무"(제136조~163조)부분과 그 제162조에 따라 제정된 지방재정에 관한 기본법 내지 일반법적 성격의 지방재정법, 지방세기본법·지방세법·지방세징수법, 공유재산 및 물품관리법, 지방회계법, 지방자치단체 기금관리기본법, 지방자치단체 보조금 관리에 관한 법률, 지방공기업법 등을 들 수 있다. 이러한 법률은 지방자치단체의 자치재정권을 보장하고 지방재정 운영의 기본원칙을 확립하며 자치재정권의 내용을 구체화하면서 그 한계와 제한을 설정하고 있다.

---

134) 재정자립도 산정공식 = (지방세＋세외수입) / 지방자치단체 예산규모 × 100
135) 지방자치단체의 전국평균 재정자립도(일반)는 2021년 현재 48.7%로, 채 50%가 되지 못하고 있다. 게다가 재정자립도의 지역별 격차 역시 커서, 광역지방자치단체의 경우 재정자립도가 가장 높은 서울특별시가 80.6%인데 비하여 가장 낮은 전라남도는 27.0%에 불과하고, 기초지방자치단체의 경우 재정자립도가 10%가 되지 않는 지역도 3곳이나 있을 정도이다(행정안전부, 2021년도 지방자치단체 통합재정 개요(상), 2021. 5, 273~274쪽).
136) 홍정선, 新지방자치법, 525쪽.

## 제2관 지방자치단체의 재정 운영

### Ⅰ. 건전재정 운영의 원칙

지방자치단체는 그 재정을 수지균형(收支均衡)의 원칙에 따라 건전하게 운영하여야 한다(지자법 137조). 지방재정법도 "지방자치단체는 주민의 복리증진을 위하여 그 재정을 건전하고 효율적으로 운용하여야 하며, 국가의 정책에 반하거나 국가 또는 다른 지방자치단체의 재정에 부당한 영향을 미치게 하여서는 아니 된다."(지재법 3조 1항)고 하여, 건전재정 운영의 원칙을 거듭 확인하면서 지방재정 운용의 기본원칙을 선언하고 있다. 한편 이와 관련하여 국가는 지방재정의 자주성과 건전한 운영을 조장하여야 하며 국가의 부담을 지방자치단체에 넘겨서는 안 된다(지자법 137조 2항).

### Ⅱ. 중기지방재정계획의 수립 및 제출

지방자치단체의 장은 지방재정을 계획성 있게 운용하기 위하여 매년 다음 회계연도부터 5회계연도 이상의 기간에 대한 중기지방재정계획을 수립하여 예산안과 함께 지방의회에 제출하고, 회계연도 개시 30일 전까지 행정안전부장관에게 제출하여야 한다. 그리고 지방자치단체의 장은 중기지방재정계획을 수립할 때에는 행정안전부장관이 정하는 계획수립 절차 등에 따라 그 중기지방재정계획이 관계 법령에 따른 국가계획 및 지역계획과 연계되도록 하여야 한다(지재법 33조 1·2항). 또한 중기지방재정계획의 수립에 관한 지방자치단체의 장의 자문에 응하도록 각 지방자치단체의 조례로 지방재정계획심의위원회를 구성·운영한다(지재법 33조 9항).

### Ⅲ. 지방채무 및 지방채권의 관리

지방자치단체의 장이나 지방자치단체조합은 법률로 정하는 바에 따라 지방채를 발행할 수 있다. 또한 지방자치단체의 장은 법률로 정하는 바에 따라 지방자치단체의 채무부담의 원인이 될 계약의 체결이나 그 밖의 행위를 할 수 있고, 공익을 위하여 필요하다고 인정하면 미리 지방의회의 의결을 받아 보증채무부담행위를 할 수 있다. 지방자치단체는 조례나 계약에 의하지 아니하고는 그 채무의 이행을 지체할 수 없다. 지방자치단체는 법령이나 조례의 규정에 따르거나 지방의회의 의결을 받지 아니하고는 채권에 관하여 채무를 면제하거나 그 효력을 변경할 수 없다(이상 지자법 139조). 임의로 채무를 면제하는 행위는 결과적으로 지방재정을 악화시킬 수 있기 때문에 원칙적으로 금지한 것이다.

## Ⅳ. 재정운용상황의 공시 및 보고

지방자치단체의 장은 예산 또는 결산의 확정 또는 승인 후 2개월 이내에 예산서와 결산서를 기준으로 지방재정 운용의 주요 사항137)을 인터넷 홈페이지 등을 통하여 주민에게 공시하여야 한다. 지방자치단체의 장은 공시한 날부터 5일 이내에 지방의회와 시·군·자치구의 경우는 시·도지사에게, 시·도는 행정안전부장관에게 보고하여야 한다. 이 경우 시·도지사는 관할 시·군·자치구의 내용을 포함하여 보고하여야 한다. 위의 공시와는 별도로 지방자치단체의 장은 해당 지방자치단체의 세입·세출예산 운용상황을 특별한 사유가 없으면 매일 주민에게 공개하여야 한다. 이 경우 주민이 인터넷 홈페이지를 통하여 세입·세출예산 운용상황을 세부사업별로 조회할 수 있도록 하여야 한다(이상 지재법 60조).

## Ⅴ. 성과중심의 재정운영과 국가시책의 구현

지방자치단체의 장은 재정활동의 성과관리체계를 구축하고 예산의 성과계획서 및 성과보고서를 작성하여야 한다(지재법 5조 1·2항). 한편 지방자치단체는 국가시책을 달성하기 위하여 노력하여야 하는데, 그 시책 달성을 위하여 필요한 경비의 국고보조율과 지방비부담률은 법령으로 정하도록 하고 있다(지자법 138조).

---

137) 지방재정 운용의 주요 사항으로는, 세입·세출예산의 운용상황(성과계획서와 성과보고서 포함), 재무제표, 채권관리 현황, 기금운용 현황, 공유재산의 증감 및 현재액, 지역통합재정통계, 지방공기업 및 지방자치단체 출자·출연기관의 경영정보, 중기지방재정계획 등이 있다. 자세히는 지방재정법 제60조 제1항 각호 참조.

# 제3관 예산과 결산

## I. 예산

### 1. 예산의 의의와 기능

예산이란, 일정 회계연도[138]에 있어서 사항적으로 표기되고 예정된 지방자치단체의 세입·세출의 예정준칙으로서 당해 회계연도의 재정행위의 실질적 준칙이 되는 것이다. 예산은 지방의회의 의결로써 성립하지만 조례와 같은 자치법규의 형식은 아니다. 예산은 공적 사무 수행을 위한 필요 수단을 준비하는 기능과 그 심의·의결 및 결산의 승인을 주민 대의기관인 지방의회가 수행함으로써 민주적인 기능을 가지게 된다.

### 2. 예산의 내용

예산은 예산총칙,[139] 세입·세출예산, 계속비,[140] 채무부담행위 및 명시이월비를 총칭한다(지재법 40조 1항). 한 회계연도의 모든 수입은 세입으로 하고 모든 지출은 세출로 하는데, 이러한 세입과 세출은 모두 예산에 편입되어야 한다. 지방자치단체의 세출은 지방채 외의 세입을 재원으로 하여야 하는데, 다만 부득이한 경우에는 지방채로 충당할 수 있다.

지방자치단체는 예측할 수 없는 예산 외의 지출이나 예산초과지출에 충당하기 위하여 세입·세출예산에 예비비를 계상하여야 한다. 예비비의 지출은 다음 연도 지방의회의 승인을 받아야 한다(지자법 144조). 그리고 지방자치단체의 장은 예산을 변경할 필요가 있으면 추가경정예산안을 편성하여 지방의회의 의결을 받아야 한다(지자법 145조).

---

138) 지방자치단체의 회계연도는 매년 1월 1일에 개시하여 그 해 12월 31일에 종료된다(지자법 140조).
139) 예산총칙에는 세입·세출예산, 계속비, 채무부담행위 및 명시이월비에 관한 총괄적 규정과 지방채 및 일시차입금의 한도액 그 밖에 예산집행에 관하여 필요한 사항을 정하여야 한다(지재법 40조 2항).
140) 지방자치단체의 장은 한 회계연도를 넘어 계속하여 경비를 지출할 필요가 있으면 그 총액과 연도별 금액을 정하여 계속비로서 지방의회의 의결을 받아야 한다(지재법 143조). 계속비로 지출할 수 있는 연한(年限)은 그 회계연도부터 5년 이내로 하지만, 필요하다고 인정될 때에는 지방의회의 의결을 거쳐 다시 그 연한을 연장할 수 있다(지재법 42조 2항).

## 3. 예산의 성립과 변경

### (1) 예산안의 편성·제출 및 심의·의결

지방자치단체의 장은 매 회계연도마다 예산안을 편성하여 시·도는 회계연도 시작 50일 전까지, 시·군 및 자치구는 회계연도 시작 40일 전까지 지방의회에 제출하여야 한다(지자법 142조 1항). 지방자치단체는 법령 및 조례로 정하는 범위에서 합리적인 기준에 따라 그 경비를 산정하여 예산에 계상하여야 하고, 모든 자료에 의하여 엄정하게 그 재원을 포착하고 경제 현실에 맞도록 그 수입을 산정하여 예산에 계상하여야 한다. 그리고 지방자치단체의 장이 예산을 편성할 때에는 지재법 제33조에 따른 중기지방재정계획과 제37조에 따른 투자심사 결과를 기초로 하여야 한다(지재법 36조 1·2·4항). 또한 지방재정법 제39조와 법시행령 및 각 지방자치단체의 조례에 기하여 지방예산편성과정에 주민이 참여할 수 있는 절차가 마련된 경우에는, 참여한 주민의 의견을 수렴하여 그 의견서를 지방의회에 제출하는 예산안에 첨부하여야 한다.

이렇게 편성·제출된 예산안에 대하여는 시·도의회에서는 회계연도 시작 15일 전까지, 시·군 및 자치구의회에서는 회계연도 시작 10일 전까지 심의하여 의결하여야 한다. 이 경우 지방의회는 지방자치단체의 장의 동의 없이 지출예산 각 항의 금액을 증가하거나 새로운 비용항목을 설치할 수 없다.[141] 다만 지방자치단체의 장은 예산안을 제출한 후 부득이한 사유로 그 내용의 일부를 수정하려면 수정예산안을 작성하여 지방의회에 다시 제출할 수 있다(지자법 142조 3·4항).

### (2) 예산안의 이송·보고

지방의회의 의장은 예산안이 의결되면 3일 이내에 지방자치단체의 장에게 이송하여야 한다. 예산을 이송 받은 지방자치단체의 장은 지체 없이 시·도에서는 행정안전부장관에게, 시·군 및 자치구에서는 시·도지사에게 각각 보고하고, 그 내용을 고시하여야 한다. 다만, 지방자치법 제108조에 따른 재의요구를 할 때에는 그러하지 않다(지자법 133조).

---

141) 따라서 지방의회가 지출예산 각 항의 금액을 삭감하거나 비목을 폐지하는 등의 소극적인 수정을 하는 것은 지방자치단체의 장의 동의 없이도 가능하다고 할 것이다.

### (3) 재의의 요구와 재의결·제소

지방자치단체의 장은 지방의회의 의결이 예산상 집행할 수 없는 경비를 포함하고 있다고 인정되거나(지자법 121조 1항), 지방의회가 ① 법령에 따라 지방자치단체에서 의무적으로 부담하여야 할 경비나 ② 비상재해로 인한 시설의 응급 복구를 위하여 필요한 경비를 줄이는 의결을 할 때(지자법 121조 2항), 그리고 예산안의 의결이 법령에 위반되는 경우(지자법 120조 1항)에는 그 의결사항을 이송받은 날부터 20일 이내에 이유를 붙여 재의를 요구할 수 있다.

이러한 재의의 요구에 대하여 지방의회에서 재의한 결과 재적의원 과반수의 출석과 출석의원 3분의 2 이상의 찬성으로 전과 같은 의결을 하면 그 의결사항은 확정된다. 다만 지방자치단체의 장은 재의결된 사항이 법령에 위반된다고 판단되면 재의결된 날부터 20일 이내에 대법원에 소를 제기할 수 있고, 이 경우 필요하다고 인정되면 그 의결의 집행을 정지하게 하는 집행정지결정을 신청할 수 있다(지자법 120조 3항 및 이에 의하여 준용되는 192조 4항).


### (4) 임시예산(準豫算)

지방의회에서 새로운 회계연도가 시작될 때까지 예산안이 의결되지 못하면 지방자치단체의 장은 지방의회에서 예산안이 의결될 때까지 다음의 목적(① 법령이나 조례에 따라 설치된 기관이나 시설의 유지·운영 ② 법령상 또는 조례상 지출의무의 이행 ③ 이미 예산으로 승인된 사업의 계속)을 위한 경비는 전년도 예산에 준하여 집행할 수 있다(지자법 146조). 이렇게 집행된 예산은 당해 회계연도의 예산이 성립하면 그 성립된 예산에 의하여 집행된 것으로 본다.


### (5) 예비비

지방자치단체는 예측할 수 없는 예산 외의 지출이나 예산초과지출에 충당하기 위하여 세입·세출예산에 예비비를 계상하여야 한다. 예비비제도는 추가경정예산의 빈번한 편성이나 불필요한 의회의 소집을 피하고 긴급한 경우에 대비하기 위한 것이다. 일반회계에의 예비비 편성은 의무적인 것이라고 할 수 있다.[142] 예비비의 지출은 다음 연도 지방의회

---

142) 지방자치단체의 회계는 일반회계와 특별회계로 구분되는데, 특별회계는 법률이나 지방자치단체의 조례로 설치할 수 있다(지자법 126조).

(다음 연도에 최초로 소집되는 지방의회로, 정례회를 의미하는 것은 아님)의 승인을 받아야 한다(지자법 144조). 하지만 승인을 얻지 못하였더라도 이미 이루어진 예산집행의 효력에는 영향이 없고 다만 그 이상의 예비비의 집행은 허용되지 않는다.

### (6) 추가경정예산(追加更正豫算)

예산이 정하여진 후에 생긴 사유로 말미암아 이미 정해진 예산을 변경할 필요가 있는 경우에는 지방자치단체의 장은 추가경정예산안을 편성하여 지방의회의 의결을 받아야 한다. 추가경정예산안 편성의 횟수의 제한은 없고, 추가경정예산안에 대하여도 지방의회는 지방자치법 제142조에 따라 소극적인 수정만 가능하며 지방자치단체의 장은 수정예산안을 작성하여 다시 제출할 수 있다(지자법 145조 2항).

## II. 결산(決算)

결산이란 예산계획에 기하여 이루어진 지방자치단체의 재정활동을 지방의회가 통제하는 절차로서, 행정작용의 경제성과 합목적성, 합법성 등의 심사 통제에 기여하는 것이다. 지방의회가 결산을 승인하게 되면 지방자치단체의 장과 집행기관은 책임을 면하게 되고 이제 지방의회가 정치적·법적 책임을 부담하게 된다.

지방자치단체의 장은 출납 폐쇄 후 80일 이내에 결산서와 증빙서류를 작성하고 지방의회가 선임한 검사위원의 검사의견서를 첨부하여 다음 연도 지방의회의 승인을 받아야 한다. 결산의 심사결과 위법 또는 부당한 사항이 있는 경우에 지방의회는 본회의 의결 후 지방자치단체 또는 해당 기관에 변상 및 징계조치 등 그 시정을 요구하고, 지방자치단체 또는 해당 기관은 시정요구를 받은 사항을 지체 없이 처리하여 그 결과를 지방의회에 보고하여야 한다. 지방자치단체의 장은 결산 승인을 받으면 5일 이내에 시·도에서는 행정안전부장관에게, 시·군 및 자치구에서는 시·도지사에게 각각 보고하고 그 내용을 고시하여야 한다(지자법 150조 1·2항).

## 제4관 지방자치단체의 수입과 지출

## Ⅰ. 지방자치단체의 수입

지방자치단체의 수입은 크게 지방세, 부담금·보조금·지방교부세, 사용료·수수료·분담금, 지방채, 특별공과금, 사법상 수입(재산소득, 영업이익, 주민기부 등) 등으로 구성된다.

이러한 수입을 유형별로 구분하면, 공법상 수입(지방세, 특별공과금 등)과 사법상 수입(영업이익 등), 세수입(지방세)과 세외수입(사용료, 수수료, 분담금 등), 정상적 수입(세수입 등)과 일시적 수입(지방채), 자주재원(지방세, 수수료 등)과 의존재원(지방교부세, 보조금, 지방채 등), 일반재원(용도불특정: 지방세, 지방교부세 등)과 특정재원(보조금, 지방채 등)으로 나뉜다.

### 1. 지방세

#### (1) 의의 및 성질

지방세는 지방자치단체가 수입을 목적으로 세법상의 요건에 해당하는 경우에 금전적인 급부의무를 부과하는 조세로서 지방재정의 중심적인 요소이다. 지방세는 공과금의 일종으로서 조세이므로 특정급부에 대한 반대급부가 아니고 원칙적으로 일부 목적세를 제외하고는 특정 목적에 이바지하기 위한 것도 아니다.

#### (2) 지방세의 법적 근거

헌법은 법률이 정하는 바에 의한 국민의 납세의 의무를 규정하면서(헌법 38조) 조세의 종목과 세율을 법률로 정하도록 하는(헌법 59조) 조세법률주의를 천명하고 있으므로, 지방세의 경우에도 세원의 발굴과 결정, 납세의무의 부과는 원칙적으로 입법권을 가진 국가(국회)의 권능에 속한다고 할 수 있다. 한편 지방세의 부과는 공권의 행사에 의한 침해 내지 권력행정에 해당하므로 법률유보의 원칙상 반드시 법률의 근거를 필요로 한다. 따라서 지방자치단체는 법률(지방세기본법, 지방세법 등)로 정하는 바에 따라서 지방세를 부과·징수할 수 있다(지자법 152조).

## (3) 지방세조례주의의 인정 여부

한편 법률의 근거 내지 위임 없이도 지방자치단체가 조례로써 지방세의 세목, 과세객체, 과세표준, 세율 등을 독자적으로 정할 수 있는지의 문제, 이른바 지방세조례주의를 인정할 수 있을 것인지에 관하여는 견해가 엇갈리고 있다. 이를 긍정하는 견해는, 헌법이 보장하는 지방자치권에는 지방자치단체의 과세자주권도 포함된다고 하면서 헌법상의 조세법률주의는 국세에 관해서만 적용되는 원칙이므로 지방세조례주의는 인정된다고 본다. 하지만 헌법상의 조세법률주의 및 법률이 정하는 바에 의한 납세의 의무, 국민의 기본권 제한에 관한 일반적 법률유보조항(헌법 37조 2항) 등을 근거로 지방세조례주의에 대해서는 이를 부정하는 견해가 다수인 것으로 보인다. 즉 지방세의 경우에도 국세와 마찬가지로 지방세법률주의가 원칙이며 조례로써 이를 정하기 위해서는 적어도 법률적인 근거나 위임이 필요하다는 것이다.[143]

지방세조례주의와 관련된 법률 상황을 살펴보면, 먼저 주민에게 지방세 납부를 부과하는 조례를 정하려면 침해적 조례에 대한 법률유보규정에 따라 법률의 위임이 있어야 하는바(지자법 28조 단서. 다만 이 경우의 법률의 위임은 구체적인 위임은 물론 포괄적인 위임도 허용될 수 있다는 것이 학설과 판례), 지방세기본법은 이 법 또는 지방세관계법에서 정하는 바에 따라 지방자치단체의 지방세의 과세권을 인정하며(지방세기본법 4조) 특히 조례와의 관계에서는 지방자치단체가 지방세의 세목, 과세대상, 과세표준, 세율, 그 밖에 부과·징수에 필요한 사항을 정할 때에는 이 법 또는 지방세관계법에서 정하는 범위에서 조례로 정하여야 한다고 규정(지방세기본법 5조 1항)하여, 이른바 지방세에 관한 포괄적인 위임을 하고 있는 것으로 볼 수 있으나 - 그래서 일단 지방세조례주의가 허용되는 것으로 보이나 - 다만 지방세기본법은 그러한 조례는 "이 법 또는 지방세관계법에서 정하는 범위에서" 정

---

143) 헌법재판소도 같은 취지에서, "지방자치법 제15조(현행 제28조)에서 '지방자치단체는 법령의 범위 안에서 그 사무에 관하여 조례를 제정할 수 있다'는 규정과 위 헌법규정(117조 1항)을 아울러 살펴보면, 지방자치단체에 대하여 자치입법권을 인정하고 있다. 헌법상 국회에 법률을 제정할 권한을 준 것과 마찬가지로 주민자치를 구체화하는 자치입법권인 조례를 제정할 권한을 준 것이다. 다만, 이 조례권을 행사할 수 있는 한계로서 첫째, 법령의 범위 안에서 둘째, 지방자치단체의 사무에 관한 사항이어야 하는 것으로 제한하고 있다. 이와 같은 지방자치단체의 자치입법권인 조례를 제정할 권한을 부여한 필연적인 결과로 지방자치단체에는 과세권이 있고, 이 과세권은 헌법이 보장하는 권리이므로 조세법률주의와 조세평등주의가 적용되는 것이다.…(중략)…조례가 헌법에 합치하기 위해서는 그 내용 자체가 헌법에 위반되지 말아야 하는 것 외에도, 헌법 제59조에 규정된 조세법률주의의 원칙상 법률에 형식적 실질적인 근거를 두고 있어야 하며, 나아가 그 근거법률도 헌법에 합치하여야 한다."(헌재 1998. 4. 30. 96헌바62 결정)

해져야 한다고 함으로써, 지방세에 관한 조례는 법률이 정하는 범위에 한정되어서만 정해질 수 있는 것이고, 따라서 현행법상으로는 제한된 의미의 지방세조례주의가 허용되는 것으로 볼 수 있을 것이다.[144)

### (4) 지방세의 종류

지방세는 과세주체에 따라 특별시세, 광역시세, 특별자치시세, 도세, 특별자치도세 또는 시·군세, 구세(자치구의 구세)로 분류된다(지방세기본법 2조 3호). 또한 과세의 목적 및 대상에 따라 보통세와 목적세로 나뉘는데, 보통세의 세목으로는 취득세, 등록면허세, 레저세, 담배소비세, 지방소비세, 주민세, 지방소득세, 재산세, 자동차세가 있고, 목적세의 세목으로는 지역자원시설세, 지방교육세가 있다(지방세기본법 7조). 지방세의 과세주체에 따른 보통세·목적세의 각 세목은 지방세기본법 제8조에 구체적으로 규정되어 있다.

## 2. 부담금·보조금·지방교부세

### (1) 부담금(교부금)

부담금은 교부금이라고도 불리는 것으로서, 국가 등이 일정한 경비 등을 부담하여 교부하는 금원을 말한다. 지방재정법은 지방자치단체나 그 기관이 법령에 따라 처리하여야 할 사무로서 국가와 지방자치단체 간에 이해관계가 있는 경우에는 원활한 사무처리를 위하여 국가에서 부담하지 아니하면 아니 되는 경비는 국가가 그 전부 또는 일부를 부담하고, 국가가 스스로 하여야 할 사무를 지방자치단체나 그 기관에 위임하여 수행하는 경우 그 경비는 국가가 전부를 그 지방자치단체에 교부하여야 한다(지재법 21조)고 규정하고 있다. 시·도나 시·도지사가 시·군 및 자치구 또는 시장·군수·자치구의 구청장에게 그 사무를 집행하게 할 때에도 시·도는 그 사무 집행에 드는 경비를 부담하여야 한다(지재법 28조).

### (2) 보조금

보조금은 지방자치단체에 대한 국가 등의 재정보조금을 의미하는 것으로서, 지방재정

---

144) 동지의 견해로 최철호, "자치재정권의 확보방안의 법적 고찰 – 조세법률주의와 지방세조례주의를 중심으로", 지방자치법연구 제16권 제4호, 2016. 12, 77쪽.

법은 국가 또는 시·도로 하여금 정책상 필요하다고 인정할 때 또는 지방자치단체의 재정 사정상 특히 필요하다고 인정할 때에는 예산의 범위에서 지방자치단체에 보조금을 교부 할 수 있도록 하고 있다(지재법 23조 1·2항).

이러한 보조금은 사업목적이 지정되지 않는 일반보조금과 사업목적이 지정되는 특별보 조금으로 구분할 수 있는데, 후자의 경우에는 사용목적의 지정 외에도 사용상의 제한이 설정되기도 하고 지방자치단체도 보조금에 대응하는 자체 재원(matching fund)의 마련이 요구되기도 한다는 점에서 지방자치단체에게는 적지 않은 재정적 부담을 주기도 한다.[145]

### (3) 지방교부세

지방교부세란 국가가 지방교부세법에 따라 재정적 결함이 생기는 지방자치단체에 교 부하는 금액을 말한다(지방교부세법 2조 1호). 지방교부세를 통하여 지방자치단체의 행정 수행에 필요한 필수적인 재정수요액의 부족재원을 보전하고, 지역 간의 세원 편재로 인 한 지방재정의 격차를 조정하여 지방재정의 안정적·계획적 운영을 도모하기 위한 제도 인 것이다.

지방교부세의 재원은 내국세의 일정비율 등으로 법률상 확정되어 있어,[146] 지방교부세 는 단순히 국고로부터 교부되는 금액이라기보다는 내국세액에 대하여 지방자치단체가 가

---

145) 보조금 지급의 대상사업과 기준보조율은 보조금 관리에 관한 법률 시행령 제4조 제1항에 의거 그 [별표 1]에서 정하고 있다. 예컨대 배수개선사업(7호) 또는 방조제 개·보수사업(국가관리−8호 가.)의 경우 기준보조율이 100%이나, 산불방지 시설·장비 확충 및 운영사업(48호)은 기준보조율이 40%이다. 국고 보조사업으로서 최근 지방자치단체가 많은 재정적 부담을 느끼고 있는 복지관련 사업의 경우, 예컨대 기초생활보장수급자 생계급여사업(80호)의 경우 기준보조율은 원칙적으로 서울은 50%, 지방은 80%이 고, 영유아보육료 및 가정양육수당 지원사업(89호)은 원칙적으로 서울은 35%, 지방은 65%인데, 보조되 지 않는 나머지 부분은 지방자치단체가 대응재원으로 편성하여야 한다. 그런데 이러한 재원은 지방재정 법 제21조가 정하고 있는 국가와 지방자치단체가 부담할 경비 중 지방비로 부담할 경비에 속함에 따라 제22조에 의해 다른 사업보다 우선하여 그 회계연도의 지방자치단체의 예산에 계상하도록 하고 있다. 그 결과 지방예산의 상당 부분이 보조사업의 대응재원으로 우선 편성되고 나면 지방자치단체 자체의 사 업에 투여될 수 있는 재원은 상당히 제한될 수밖에 없고, 이로 인하여 지방재정의 운용에 적지 않은 어려 움이 초래되고 있기도 한 것이다.
146) 지방교부세법 제4조(교부세의 재원) ① 교부세의 재원은 다음 각 호로 한다.
  1. 해당 연도의 내국세(목적세 및 종합부동산세, 담배에 부과하는 개별소비세 총액의 100분의 45 및 다 른 법률에 따라 특별회계의 재원으로 사용되는 세목의 해당 금액은 제외한다. 이하 같다) 총액의 1만분 의 1,924에 해당하는 금액
  2. 「종합부동산세법」에 따른 종합부동산세 총액
  3. 「개별소비세법」에 따라 담배에 부과하는 개별소비세 총액의 100분의 45에 해당하는 금액
  4. 제5조제3항에 따라 같은 항 제1호의 차액을 정산한 금액
  5. 제5조제3항에 따라 같은 항 제2호의 차액을 정산한 금액
  6. 제5조제3항에 따라 같은 항 제3호의 차액을 정산한 금액

지는 고유의 몫이라고 할 수 있다. 앞서 살펴본 보조금이 지방자치단체의 재정보충을 직접 목적으로 하는 데 비하여, 지방교부세는 지방자치단체 간의 세원 편재 등에 따른 재정적 불균형을 시정하는 재정균형화를 직접 목적으로 하는 것이다.[147] 지방교부세의 종류는 보통교부세[148]·특별교부세·부동산교부세 및 소방안전교부세로 구분되며(지방교부세법 3조), 그 종류별 재원 역시 법정되어 있다(지방교부세법 4조 2항).

## 3. 사용료·수수료·분담금

### (1) 의의 및 특징

사용료란 지방자치단체가 제공하는 공공시설의 이용 또는 재산의 사용에 대하여 지방자치단체가 그 사용자에 대하여 징수할 수 있는 금전을 말한다(지자법 153조). 그 예로는 도립공원의 입장료, 지방도로의 통행료, 도립의료원의 진료비 등을 들 수 있다. 국가의 공공시설의 경우에도 지방자치단체 또는 그 장이 관리하는 것으로서 지방자치단체가 그 관리경비를 부담하는 경우에는 법령에 특별한 규정이 있는 경우를 제외하고는 당해 지방자치단체 또는 그 장은 조례 또는 규칙이 정하는 바에 의하여 공공시설의 사용료를 징수할 수 있고, 이 경우 징수한 사용료는 당해 지방자치단체의 수입이 된다(지재법 31조).

수수료란 지방자치단체의 사무가 특정인을 위한 것일 경우 그 사무에 대하여 징수할 수 있는 반대급부를 말하는데, 그 예로는 여권발급에 따른 인지대, 각종 민원증명서류 발급에 대한 수수료 등을 들 수 있다. 지방자치단체는 국가나 다른 지방자치단체의 위임사무가 특정인을 위한 것일 경우에도 그 사무에 대하여 수수료를 징수할 수 있는데, 이 경우의 수수료는 법령에 달리 정함이 없는 한 그 지방자치단체의 수입이 된다(지자법 154조).

분담금이란 공적 재산 또는 공공시설의 설치·확충·개선에 소요되는 비용 중에서

---

147) 이와 같이 지방자치단체 간의 재정불균형을 시정하기 위한 제도로는, 국가에 의해 교부되는 '지방교부세' 외에도, 특별시장·광역시장이 관할 구역 안의 자치구 상호 간의 재정력 격차를 조정하기 위한 '자치구 조정교부금'(지재법 29조의2)과 시·도지사가 관할 구역 안의 시·군의 재정력 격차를 조정하기 위한 '시·군 조정교부금'(지재법 29조), 그리고 지방자치단체가 교육기관 및 교육행정기관을 설치·경영함에 필요한 재원의 전부 또는 일부를 국가가 교부하여 교육의 균형 있는 발전을 도모하기 위한 '지방교육재정교부금'(지방교육재정교부금법) 등이 있다.

148) 보통교부세는 지방교부세 금액의 거의 대부분을 차지하는 것으로서 그 용도가 특정되어 있지 않다. 보통교부세는 해마다 기준재정수입액이 기준재정수요액에 못 미치는 지방자치단체에 대하여 그 미달액을 기초로 교부한다. 다만, 자치구의 경우에는 기준재정수요액과 기준재정수입액을 각각 해당 특별시 또는 광역시의 기준재정수요액 및 기준재정수입액과 합산하여 산정한 후, 그 특별시 또는 광역시에 교부한다(지방교부세법 6조 1항).

그 재산이나 시설을 수익하는 주민이 수익의 범위 안에서 그 비용의 일부를 부담하는 금액을 말한다. 지방자치단체는 그 재산 또는 공공시설의 설치 등으로 주민의 일부가 특히 이익을 받으면 그 수익자로부터 그 이익의 범위에서 분담금을 징수할 수 있는 것이다(지자법 155조).

### (2) 사용료 등의 징수조례 및 부과·징수와 불복절차

사용료·수수료 또는 분담금의 징수에 관한 사항은 조례로 정한다. 다만, 국가가 지방자치단체나 그 기관에 위임한 사무와 자치사무의 수수료 중 전국적으로 통일할 필요가 있는 수수료에 관한 사항은 다른 법령의 규정에도 불구하고 대통령령으로 정하는 표준금액으로 징수하되, 지방자치단체가 다른 금액으로 징수하고자 하는 경우에는 표준금액의 100분의 50의 범위에서 조례로 가감 조정하여 징수할 수 있다. 사기나 그 밖의 부정한 방법으로 사용료·수수료 또는 분담금의 징수를 면한 자에 대하여는 그 징수를 면한 금액의 5배 이내의 과태료를, 공공시설을 부정사용한 자에 대하여는 50만 원 이하의 과태료를 부과하는 규정을 조례로 정할 수 있다. 과태료의 부과·징수, 재판 및 집행 등의 절차에 관한 사항은 질서위반행위규제법에 따른다(지자법 156조).

사용료·수수료 또는 분담금은 공평한 방법으로 부과하거나 징수하여야 하고 그 징수는 지방세 징수의 예에 따른다. 사용료·수수료 또는 분담금의 부과나 징수에 대하여 이의가 있는 자는 그 처분을 통지받은 날부터 90일 이내에 그 지방자치단체의 장에게 이의신청할 수 있고, 지방자치단체의 장은 이의신청을 받은 날부터 60일 이내에 이를 결정하여 알려야 한다. 사용료·수수료 또는 분담금의 부과나 징수에 대하여 행정소송을 제기하려면 지방자치단체의 장으로부터 위의 결정을 통지받은 날부터 90일 이내에 처분청을 당사자로 하여 소를 제기하여야 한다. 위 결정기간 내에 결정의 통지를 받지 못하면 그 결정기간이 지난 날부터 90일 이내에 소를 제기할 수 있다. 이의신청의 방법과 절차 등에 관하여는 지방세기본법 제90조와 제94조부터 제100조까지의 규정을 준용한다(지자법 157조).

## 4. 지방채

지방채(地方債)란 지방자치단체 등이 재정수단 확보의 한 방법으로 채무자가 되어 제3자로부터 자본을 차용하는 것을 말한다. 즉 지방자치단체 등에 의한 기채(起債)가 지방채인 것이다. 지방자치단체의 장이나 지방자치단체조합의 장은 따로 법률로 정하는 바에 따라 지방채를 발행할 수 있는데(지자법 139조 1항), 이를 구체적으로 규율하고 있는 것이 지방재정법이다.

지방자치단체의 장은 공유재산의 조성 등 소관 재정투자사업과 그에 직접적으로 수반되는 경비의 충당이나 재해예방 및 복구사업 등(지재법 11조 1항 1~4호)을 위한 자금 조달에 필요할 때에는 지방채를 발행할 수 있다. 지방자치단체조합의 장도 그 조합의 투자사업과 긴급한 재난복구 등을 위한 경비를 조달할 필요가 있을 때 또는 투자사업이나 재난복구사업을 지원할 목적으로 지방자치단체에 대부할 필요가 있을 때에는 지방채를 발행할 수 있다. 이 경우 행정안전부장관의 승인을 받은 범위에서 조합의 구성원인 각 지방자치단체 지방의회의 의결을 얻어야 한다. 그리고 이에 따라 발행한 지방채에 대하여는 조합과 그 구성원인 지방자치단체가 그 상환과 이자의 지급에 관하여 연대책임을 진다(지재법 11조 4·5항).

## 5. 特別公課金

지금까지 기술한 수입원 외에 제4의 공과금으로도 불리는 수입원으로서 특별공과금이 있다.[149] 특별공과금은 조세가 아니고 특별한 반대급부가 없으며 일반적인 재정수요를 위한 수입목적으로 사용할 수 없고 법정 목적에 한하여만 사용되어야 한다.

---

149) 특별공과금의 하나로 환경개선비용부담법에 의한 환경개선부담금을 들 수 있다. 이것은 환경오염의 원인자로 하여금 환경개선에 필요한 비용을 부담하게 하여 환경개선을 위한 투자재원을 합리적으로 조달함으로써 국가의 지속적인 발전의 기반이 되는 쾌적한 환경을 조성하는 데 목적이 있는 것으로서, 환경부장관은 경유를 연료로 사용하는 자동차의 소유자로부터 환경개선부담금을 부과·징수한다(법 9조 1항). 환경부장관은 시·도지사에게 그 관할구역의 환경개선부담금의 부과·징수권을 위임할 수 있는데, 이 경우에는 징수된 금액 중 일부를 대통령령으로 정하는 바에 따라 징수비용으로 지급할 수 있고, 이것은 해당 시·도의 수입이 되는 것이다.

## 6. 사법상 수입

지방자치단체 소유의 부동산 임대수입, 일반재산의 매각에 따른 재산수입, 기업운영 등에 따른 사업소득, 주민의 기부에 의한 수입 등이 사법상의 수입에 해당한다.


## II. 지방자치단체의 지출

### 1. 사무 경비의 지출

지방자치단체는 그 관할 구역의 자치사무의 수행에 필요한 경비는 당해 지방자치단체가 그 전액을 부담하고 지출할 의무도 진다. 다만 위임된 사무에 관하여 필요한 경비는 당해 지방자치단체가 지출할 의무는 지되, 그 사무를 위임한 국가나 지방자치단체가 경비를 부담하여야 한다(지자법 158조).


### 2. 기부·보조, 공금 지출의 제한

지방자치단체는 그 소관에 속하는 사무와 관련하여, 법률에 규정이 있거나 국고보조재원에 의한 것으로서 국가가 지정한 경우, 용도를 지정한 기부금에 의한 경우, 보조금을 지출하지 아니하면 사업을 수행할 수 없는 경우로서 지방자치단체가 권장하는 사업을 위하여 필요하다고 인정되는 경우(이 경우의 지출은 해당 사업에의 지출근거가 조례에 직접 규정되어 있는 경우로 한정됨)와 공공기관에 지출하는 경우에만 개인 또는 법인·단체에 기부·보조, 그 밖의 공금 지출을 할 수 있다(지재법 17조 1항).


### 3. 지출원인행위

지방자치단체의 지출 원인이 되는 계약이나 그 밖의 행위, 즉 지출원인행위는 지방자치단체의 장이 하되, 소속 공무원에게 위임하여 지출원인행위를 하게 할 수 있다. 지방자치단체의 장이나 그 위임을 받은 공무원(이하 "재무관"이라 함)이 지출원인행위를 할 때에는 법령, 조례 및 규칙에서 정하는 바에 따라 배정된 예산의 범위에서 하여야 한다. 다만,

다른 법률에 별도의 규정이 있는 경우에는 그러하지 아니하다(지방회계법 29조). 재무관은 명시이월비에 대하여 예산 집행상 부득이한 사유가 있을 때에는 해당 회계연도와 다음 회계연도에 걸쳐 지출하여야 할 지출원인행위를 할 수 있다(지방회계법 30조).

## 제5관 지방자치단체의 재산과 공공시설

### I. 재산의 보유와 기금의 설치

지방자치단체는 행정목적을 달성하기 위한 경우나 공익상 필요한 경우에는 재산을 보유하거나 특정한 자금을 운용하기 위한 기금을 설치할 수 있다. 지방자치법은 이러한 재산의 보유, 기금의 설치·운용에 관하여 필요한 사항은 조례로 정한다고 하고 있다(지자법 159조).

하지만 지방자치단체가 소유하는 공유재산이나 물품의 보호 및 관리·처분, 그리고 지방자치단체가 설치하는 기금의 관리·운용의 중요성과 그 공공성 및 지방재정 운영의 효율성을 도모하기 위하여, 이들에 관하여는 국가적 관여 또한 적지 않다. 그래서 지방자치단체가 소유하는 공유재산 및 물품에 관하여는 공유재산 및 물품관리법이, 그리고 지방자치단체에 설치하는 기금의 관리 및 운용에 관하여는 지방자치단체 기금관리기본법이 각각 기본적이고 중요한 사항들을 규율하고 있으며, 지방자치단체는 이러한 법률의 위임 내지 그 범위 안에서 조례의 제정을 통하여 재산과 기금을 관리·운용하고 있다.

### II. 재산의 관리와 처분

재산이란 현금 외의 모든 재산적 가치가 있는 물건과 권리를 말하는데(지자법 159조 1항), 지방자치단체의 재산은 법령이나 조례에 따르지 아니하고는 교환·양여(讓與)·대여하거나 출자 수단 또는 지급 수단으로 사용할 수 없다(지자법 160조).

## Ⅲ. 공공시설

지방자치단체는 주민의 복지를 증진하기 위하여 공공시설을 설치할 수 있는데, 공공시설의 설치와 관리에 관하여 다른 법령에 규정이 없으면 조례로 정한다. 공공시설은 관계 지방자치단체의 동의를 받아 그 지방자치단체의 구역 밖에 설치할 수도 있다(지자법 161조).

## 제6관 지방자치단체의 재정위기에 대한 대응

## Ⅰ. 서론

지방자치단체에 자치재정권이 보장된다고 하여, 지방자치단체가 재정위기 상황에 처했을 때 그것을 스스로의 자력만으로 해결하도록 방치하거나 지방자치단체의 파산(선고)으로 귀결되도록 하는 것은 모두 바람직하다고는 하기 어렵다고 본다. 우리 지방재정법은 지방자치단체의 재정위기 상황과 관련하여 아직 파산제도[150]는 도입하고 있지 않으며, 국가(중앙정부)와 지방자치단체가 재정위기단체제도 또는 긴급재정관리제도 등을 통하여 능동적·효과적으로 대응하도록 규율하고 있다.

---

[150] 지방자치단체 파산제도와 관련하여, 현재 우리나라의 경우 지방재정법상 지방자치단체의 기준재정수입액이 기준재정수요액에 미달되는 경우 그 재정부족분을 지방교부세(특히 보통교부세)로 지원하게 되어 있으므로 적어도 제도적·이론적으로는 지방재정의 파산이 발생할 수 없는 재정시스템을 갖추고 있다. 다만 향후 지방자치단체의 파산제도를 도입할 수도 있다는 가정 하에 그 법제도적 도입 가능성을 살펴보면 일단 다음과 같은 논지에 동의할 수 있다고 본다. 이에 참고를 요한다.
"지방자치단체에게는 재정에 대한 자기책임성이 헌법적으로 보장되는 결과, 국가의 감독·후견적인 지방자치단체 파산선고제도의 도입은 지방자치의 헌법적 보장을 통해 그 자체로 규범적 한계에 봉착한다. …(중략)… 법률을 통한 지방자치단체 파산제의 도입 자체가 금지되는 것은 아니라 하더라도 그에 대한 규범적 한계는 분명하게 존재하는 것으로, 파산의 경우에도 지방자치권의 본질적 내용을 침해하는 것이어서는 안 된다. 그 결과 파산으로 지방자치단체가 소멸하거나 자치권이 박탈되는 소위 청산형의 파산은 허용될 수 없으며, 회생형 내지 재건형의 제도만이 허용될 수 있고, 그러한 경우에도 파산의 목적 및 지향점은 통치단체로서 지방자치단체가 공적인 기능을 다시 자기책임으로써 원활하게 수행하도록 하기 위한 것이어야 하며, 공적 기능의 박탈 또는 국가에 의한 공적 기능의 대체가 되어서는 안 된다."
(조성규, "지방자치단체 파산제 도입의 법적 문제", 행정법연구 제38호, 2014. 2, 179~180쪽.)

## II. 재정위기 지방자치단체

### 1. 재정운용의 보고 및 재정 분석·진단

지방자치단체의 장은 지방재정법시행령 제65조에 정하는 바에 따라 예산, 결산, 출자, 통합부채, 우발부채, 그 밖의 재정 상황에 관한 재정보고서를 행정안전부장관에게 제출하여야 하고(지재법 54조), 행정안전부장관은 재정보고서의 내용을 분석하고 특히 지방자치단체의 재정 상황 중 채무 등에 대하여 재정위험 수준을 점검하여야 하며, 재정분석 결과 재정의 건전성과 효율성 등이 현저히 떨어지는 지방자치단체 또는 재정위험 수준이 대통령령으로 정하는 기준을 초과하는 지방자치단체에 대하여는 지방재정위기관리위원회(지재법 56조)의 심의를 거쳐 대통령령으로 정하는 바에 따라 재정진단을 실시할 수 있다(지재법 55조 1~3항).

### 2. 재정위기단체·재정주의단체의 지정

행정안전부장관은 재정분석 및 재정진단 결과 등을 토대로 지방재정위기관리위원회의 심의를 거쳐 해당 지방자치단체를 재정위기단체(재정위험 수준이 심각하다고 판단되는 지방자치단체) 또는 재정주의단체(재정위험 수준이 심각한 수준에 해당되지 아니하나 지방자치단체 재정의 건전성 또는 효율성 등이 현저하게 떨어졌다고 판단되는 지방자치단체)로 지정할 수 있다(지재법 55조의2 1항).

### 3. 재정위기단체 등의 의무·제한

재정위기단체로 지정된 지방자치단체의 장(이하 '재정위기단체의 장'이라 함)은 재정건전화계획을 수립하여 지방의회의 의결을 얻어 행정안전부장관의 승인을 받아야 한다. 이 경우 시장·군수 및 자치구의 구청장은 시·도지사를 경유하여야 한다. 재정위기단체의 장이 예산을 편성할 때에는 재정건전화계획을 기초로 하여야 하고, 재정건전화계획의 이행상황을 지방의회 및 행정안전부장관에게 보고하여야 한다. 이 경우에도 시장·군수 및 자치구의 구청장은 시·도지사를 경유하여야 한다. 행정안전부장관은 재정위기단체의 재정건전화계획 수립 및 이행상황에 대하여 필요한 사항을 권고하거나 지도할 수 있고, 재정위기단체의 장은 특별한 사유가 없는 한 그 권고 또는 지도에 따라야 한다. 재정위기단체의 장은 행정안전부장관의 승인과 지방의회의 의결을 얻은 재정건전화계획에 의하지 아니하고는 지방채의 발행, 채무의 보증, 일시차입, 채무부담행위를 할 수 없고, 대통령령으로 정하는 규모 이상의 재정투자사업에 관한 예산을 편성할 수 없다(지재법 55조의4). 그리고 행정안전부장관은 재정위기단체의 재정건전화계획 수립 및 이행 결과가 현저히 부진하다고 판단하는 경우에는 교부세를 감액하거나 그 밖의 재정상의 불이익을 부여할 수 있다(지재법 55조의5).

한편 행정안전부장관은 재정주의단체로 지정된 지방자치단체에 대하여 지방재정위기관리위원회의 심의를 거쳐 재정건전화계획의 수립 및 이행을 권고하거나 재정건전화에 필요한 사항을 지도할 수 있다(지재법 55조의3).


## III. 긴급재정관리

### 1. 긴급재정관리단체의 지정 등

행정안전부장관은 지방자치단체가 다음 각 호(1. 재정위기단체로 지정된 지방자치단체가 제55조의3에 따른 재정건전화계획을 3년간 이행하였음에도 불구하고 재정위기단체로 지정된 때부터 3년이 지난 날 또는 그 이후의 지방자치단체의 재정위험 수준이 재정위기단체로 지정된 때보다 대통령령으로 정하는 수준 이하로 악화된 경우 2. 소속 공무원의 인건비를 30일 이상 지급하지 못한 경우 3. 상환일이 도래한 채무의 원금 또는 이자에 대한 상환을 60일 이상 이행하지 못한 경우)의 어느 하나에 해당하여 자력으로 그 재정위기상황을 극복하기 어렵다고 판단되는 경우에는 해당 지방자치단체를 긴급재정관리단체로 지정할 수 있다. 이 경우 행정안전부장관은 긴급재정관리단체로 지정하려는 지방자치단체의 장(이하 '긴급재정관리단체의 장'이라 한다)과 지방의회의 의견을 미리 들어야 한다(지방자치단체의 장도 일정한 법정 위기사유에 직면하여 긴급재정관리가 필요하다고 판단하는 경우에는 지방의회의 의견을 들은 후 행정안전부장관에게 긴급재정관리단체의 지정을 신청할 수 있다)(지재법 60조의3).

## 2. 긴급재정관리단체에 대한 대책

행정안전부장관은 국가기관 소속 공무원 또는 재정관리에 관한 업무 지식과 경험이 풍부한 사람을 긴급재정관리인으로 선임하여 긴급재정관리단체에 파견하여야 한다. 긴급재정관리인은 긴급재정관리계획안의 작성 및 검토, 긴급재정관리계획의 이행상황에 대한 점검 및 보고·자료제출 요구, 그 밖에 긴급재정관리단체의 재정위기 극복을 위하여 필요한 업무를 수행한다(지재법 60조의4).

긴급재정관리단체의 장은 긴급재정관리계획안을 작성하여 긴급재정관리인의 검토를 받아 지방의회의 의결을 거친 후 행정안전부장관의 승인을 받아야 한다. 다만, 긴급재정관리단체의 장은 직접 긴급재정관리계획안을 작성하는 것이 적절하지 아니한 경우로서 대통령령으로 정하는 경우에는 긴급재정관리인으로 하여금 긴급재정관리계획안을 작성하게 하여야 한다(지재법 60조의5).

긴급재정관리단체의 장은 긴급재정관리계획을 성실히 이행하여야 하고, 행정안전부장관 또는 긴급재정관리인은 긴급재정관리단체의 긴급재정관리계획의 이행상황을 점검하거나 보고 또는 자료제출을 요구할 수 있다. 이 경우 긴급재정관리단체의 장은 이에 성실히 따라야 한다. 긴급재정관리단체의 장은 예산안을 편성하는 경우에도 긴급재정관리계획에 따라야 하고, 긴급재정관리계획에 따르지 아니하고는 지방채의 발행, 채무의 보증, 일시차입, 채무부담행위를 할 수 없으며, 대통령령으로 정하는 규모 이상의 재정투자사업에 관한 예산을 편성할 수 없다(지재법 60조의6~60조의8).

# 제5장 지방자치단체의 기관

## 제1절 기관구성의 형태

  지방자치단체의 조직(기관구성) 형태는 다양하게 존재할 수 있는데, 일반적으로는 기관통합형, 기관분립형(기관대립형), 주민총회형 등을 들 수 있다. 기관통합형과 기관분립형은 간접민주제적 지방자치체제에서 의결기능을 담당하는 기관과 집행기능을 담당하는 기관이 각각 통합적 형태로 존재하는지 아니면 상호 분립(대립)적인 형태로 존재하는지에 따라 구분되는 것으로서 (각국의 사정이나 역사에 따라 상이하기는 하지만) 대체로 지방자치단체의 기관구성 형태는 이 양자 중의 어느 하나나 양자의 적절한 절충의 형태로 존재한다고 할 수 있다. 한편 주민총회형은 지방자치단체를 직접민주제적으로 운영하는 조직형태로서, 유권자인 주민 전체로 구성되는 주민총회가 최고의사결정기구로서 역할을 수행하는 것이다. 현재 극히 일부 국가에서의 소규모 지방자치단체를 제외하고는 그 예가 거의 존재하지 않는 상황이다. 이하 위 세 가지의 기관구성의 형태를 중심으로 좀 더 구체적으로 살펴본다.

## Ⅰ. 기관통합형

### 1. 의의

기관통합형은 지방자치단체의 의결기능과 집행기능이 하나의 기관에 통합된 형태로서,

주로 주민대표기구로서 강한 민주적 정당성을 가진 의회에 통합적인 기능이 부여되며, 의회가 집행기관의 구성이나 기관담당자의 선출 등에도 직·간접적으로 관여하는 조직형태이다. 기관통합형은 국가권력구조 내지 정부구성형태에 있어서의 의원내각제와 유사한 제도로서, 의회 의장이 지방자치단체의 대표(예컨대 시장 등)의 지위를 겸하는 경우가 존재하고, 집행기능은 의회가 구성하는 위원회나 의회 선임의 행정관에게 위임하여 수행하는 경우도 많다. 이러한 의회 중심의 기관통합형 구조는 주로 주민자치적 전통이 강한 영미 국가들에서 많이 채택되고 있다.

## 2. 기관통합형의 장·단점

기관통합형 조직형태에서는 권한과 책임이 주민대표기구인 의회에 집중되어 책임정치를 구현할 수 있고, 의회 중심 내지 의회 우위의 구조로 인하여 의회와 집행기관의 대립의 소지가 적어 안정성을 확보할 수 있으며, 의회가 집행기관의 구성이나 운영에 직·간접적으로 관여하므로 지방의 정책 결정과 그 집행 작용의 유기적 관련성을 제고할 수 있다는 점 등을 장점으로 들 수 있다.

이에 비하여 단점으로는, 단일기관인 의회에 권한이 집중되어 견제와 균형의 미흡으로 의회의 권력이 남용될 소지가 있고, 집행조직의 행정을 통제하고 조정할 단일 집행책임자가 없거나 집행책임자의 민주적 권위가 부족하여 행정의 통일성과 종합성 등을 확보하기 어려울 수 있다는 점, 그리고 행정에 대한 전문지식과 경험이 없거나 적은 의원 등이 직접 행정책임을 맡는 경우, 행정의 전문성이 약화되거나 행정의 정치화의 가능성도 우려하지 않을 수 없다는 점들이다.

## II. 기관분립(대립)형

### 1. 의의

기관분립(대립)형은 지방자치단체의 의결기관과 집행기관을 분리하여 양 기관이 그 구성과 존속에 있어서 독립적으로 존립하면서 상호 견제와 균형에 의하여 자치행정을 수행하는 조직형태를 말한다. 기관분립형은 국가권력구조 내지 정부구성형태에 있어서의 대통령제와 유사한 조직형태로서, 의결기관인 의회는 자치입법, 예산 등의 의사결정기능과 집행기관에 대한 감시·통제기능 등을 수행하고 집행조직인 지방자치단체의 장과 집행기관은 자치행정의 집행기능 등을 주로 수행하게 된다.

우리나라의 경우, 지방자치법은 지방자치단체의 의결기관인 의회와 (지방자치단체의 장을 포함한) 집행기관을 분리·독립시킨 기관분립형 조직형태를 원칙으로 하고 있으며, 집행기관의 장인 지방자치단체의 장도 의원과 마찬가지로 주민직선으로 선출하도록 하는 이른바 수장제(首長制)를 채택하고 있다.

그런데 지방자치법 전부개정법률은 제4조(지방자치단체의 기관구성 형태의 특례) 조항을 신설하고 "① 지방자치단체의 의회(이하 "지방의회"라 한다)와 집행기관에 관한 이 법의 규정에도 불구하고 따로 법률로 정하는 바에 따라 지방자치단체의 장의 선임방법을 포함한 지방자치단체의 기관구성 형태를 달리 할 수 있다. ② 제1항에 따라 지방의회와 집행기관의 구성을 달리하려는 경우에는 「주민투표법」에 따른 주민투표를 거쳐야 한다."고 규정하여, 현재의 획일적인 지방자치단체 기관구성 방식의 한계를 보완하고 주민에게 좀 더 자율적인 자치조직권을 부여하기 위한 법적 근거를 마련하였다. 다만 이와 같은 기관구성 형태의 변경에 관한 후속 법률은 아직 미정인 관계로, 이 문제는 일단 향후의 입법동향에 맡겨져 있다고 할 것이다.


## 2. 기관분립형의 장·단점

기관분립형의 장점으로는, 집행기관이 의결기관으로부터 분리되어 있음으로써 행정의 전문화와 능률성 제고에 유리하고, 양 기관 간 상호 견제와 균형이 가능해져 어느 기관의 전횡이나 부패 등을 방지하는 데 효과적일 수 있는 점들을 들 수 있고, 단점으로는 의회와 집행기관 간 대립 내지 마찰의 소지가 있고 이럴 경우 양 기관 간의 조정이 여의치 않을 수 있으며, 지방행정이 주로 단체장과 집행기관 중심으로 이루어져 행정에 주민의 의사를 반영할 기회가 상대적으로 미흡할 수 있다는 점 등을 들 수 있다.


## Ⅲ. 주민총회형

유권자인 주민 전체로 구성되는 주민총회가 지방자치단체의 최고의사결정기구로서 직접민주주의에 충실하게 지방자치단체가 운영될 수 있는 조직구성형태를 말한다. 지방자치가 민주주의의 구현장치인 점을 고려할 때, 주민총회형은 민주주의를 실현하는 데에는 가장 직접적이고 효과적인 조직형태가 될 수 있을 것이나, 현대 지방행정의 대규모화·광역화, 행정의 전문화 및 신속한 의사결정의 필요성 등을 감안할 때 실제로 활용되기는 어렵거나 효율성이 떨어지는 측면이 많으며, 실제로도 독일이나 스위스의 일부 소규모 지방자치단체에서만 이러한 조직형태를 채택하고 있는 데 그치고 있다.

## 제2절 지방의회

### Ⅰ. 지방의회의 의의

헌법은 제118조 제1항에서 "지방자치단체에 의회를 둔다."고 하여 지방의회를 지방자치단체의 필수적 기관으로 규정하면서 그 제2항에서는 "지방의회의 조직·권한·의원선거와 지방자치단체의 장의 선임방법 기타 지방자치단체의 조직과 운영에 관한 사항은 법률로 정한다."고 하여 지방의회에 관한 구체적인 사항은 대부분 법률에 유보함으로써 지방의회제도의 형성을 입법자의 입법재량에 맡기고 있다.

현행법상 지방의회는 주민의 정치적 대표(대의)기관으로서, 지방자치단체의 장과 집행기관에 대한 감시통제기능, 조례를 중심으로 하는 자치입법기능, 예산의 심의·의결과 결산기능, 지역발전과 주민의견 수렴을 통한 지역정책의 형성·추진기능 등을 담당함으로써 풀뿌리 민주주의를 구현하는 지방자치체제의 핵심적인 역할을 수행하도록 되어 있다.

하지만 우리나라의 지방자치체제는 제도적·현실적으로 기관분립형 구조 하에서 이른바 강시장—약의회의 성격이 강했던 것이 사실이다. 그런데 지방자치는 자율적 결정과 자기책임을 본질로 하는 것이므로, 이러한 지방자치단체의 주요 의사는 주민의 정치적 대표들로 구성되는 지방의회에서의 진지한 토론과 신중한 의결을 통하여 결정되는 것이 바람직하다. 의사결정기관으로서의 지방의회의 위상과 기능의 강화는, 중앙정치와 국가행정의 강한 영향 하에 있는 지방의 정치와 행정을, 그 지역의 주민대표인 의원들을 중심으로 하여 지역적 고유성과 특수성을 충실히 반영하는 방향으로 진작시킬 수 있게 한다는 점에서 지방자치의 근본적 취지에 부합하는 것이다. 독임기관인 지방자치단체의 장의 대표성만으로는 지방자치단체에 있어서 풀뿌리민주주의의 온전한 실현을 기대하기는 어려울 수 있기 때문이다.[151]

따라서 주민을 대변하는 지방의회의 권한과 역할을 강화하고 의원의 전문성과 책임성을 제고함으로써, 지방의회가 그 법적 지위와 기능에 부합하는 역할과 책임을 다하도록 제도와 운영을 개선해 가는 것은 향후 우리나라의 지방자치의 발전을 위하여 매우 중대한 과제임을 강조해 두고 싶다.


## II. 지방의회의 형태

지방의회제도는 각국의 지방자치의 역사와 전통, 정치·사회적 상황이나 여건 등에 따라 다양한 모습으로 형성되어 왔으나, 의원정수의 규모에 따라 크게 대의회제와 소의회제로 분류할 수 있다.

먼저 대의회제(大議會制)는 수십 명 내지 백여 명 이상의 다수의 의원으로 구성되는 대규모 의회제도를 말하는데, 이것은 지방의회의 주민대표성을 제고하는데 역점을 두어 지방자치의 본질을 주민의 정치교육의 장이자 민의의 장으로 인식하는 나라에서, 가능하면 많은 주민이 지방의회에 참여하여 각 지역과 직능 등의 이익을 골고루 대변하도록 하려는 취지에서 설계된 것이다. 대의회제의 지방의원은 일반적으로 무보수·명예직으로서 활동하는 경우가 많고 영국과 프랑스 등의 유럽국가와 일본 등에서 주로 채택된 것을 알 수 있다.

한편 소의회제(小議會制)는 수 명에서 10~20명을 넘지 않은 비교적 소수의 의원으로 구성되는 소규모 의회제도를 말하는데, 이것은 지방자치의 경영적 측면을 중시하여 의회 운영의 능률성과 의원의 전문성 등을 강조하고 있다. 적은 수의 의원이지만 특히 전문성을 발휘하여 상당한 수준의 의정활동을 수행하게 되므로 의원들은 유급직으로 상당한 보수를 지급받기도 하는데, 주로 미국의 도시정부와 캐나다 등에서 쉽게 찾아볼 수 있다.

우리나라의 경우에는 후술하듯이 대체로 대의회제를 채택하고 있는데,[152] 다만 종래 무보수·명예직이었던 의원제도를 법 개정을 통하여 2006년부터 유급직으로 전환하기도 하였다.

---

151) 문상덕, "지방의회제도의 문제점과 발전방안", 행정법연구 제34호, 2012. 12, 258쪽.
152) 의원 수가 많은 지방자치단체인 서울특별시와 경기도의 경우에는 의원이 100명을 상회하는 등 대체로 대규모 의회제도(대의회제)를 채택·운영하고 있다고 할 수 있겠다.

## III. 지방의회의 지위와 성격

### 1. 주민대표기관

간접민주제를 원칙으로 하는 지방자치체제에 있어서, 지방의회는 주권의 지역적 주체인 주민(유권자)들의 직접·보통·평등·비밀선거로 선출되는 의원으로 구성되는 주민의 정치적 대표기관이다. 따라서 지방의회의 의사와 행위는 원리적으로 모든 주민의 의사와 행위로 간주되기도 한다.[153]

지방자치법은 제37조(의회의 설치)에서 "지방자치단체에 주민의 대의기관인 의회를 둔다."고 규정하고 있다. "주민의 대의기관"이란 표현은 2014. 1. 21. 개정법률에서 삽입되었는데, 이것은 지방의회의 주민대표성을 법률상으로도 보다 분명히 하고자 하는 입법취지가 있었다고 하겠다. 다만 여기서 말하는 지방의회의 주민대표성은 주민의 정치적 대표성을 의미하는 것으로, 지방의회 스스로는 독자적 권리능력은 없다는 점에서 지방자치단체의 장이 대외적으로 법인인 지방자치단체를 법적으로 대표하여 개별·구체적인 법률행위를 할 수 있는 점과는 구별하여야 한다.

### 2. 의결기관

지방의회는 지방자치단체의 주요 사무에 관한 최고의사결정기관이다. 지방자치법은 지방의회의 의결사항들을 직접 예시하면서 그 외에도 조례로 정하는 바에 따라 지방의회에서 의결되어야 할 사항을 따로 정할 수 있다고 하고 있다(지자법 47조).

### 3. 집행기관에 대한 감시통제기관

지방의회는 지방자치단체 내부에서 집행기관에 대한 감시통제기능을 행함으로써 견제와 균형을 통해 지방행정의 적법·타당성을 확보하고 주민의 권익 침해를 보호하는 역할을 수행한다. 이러한 감시통제기능을 효과적으로 수행하도록 지방자치법상 지방의회에는 보고징수권, 질문권, 서류제출요구권, 출석답변요구권, 문서열람권, 행정사무감사·조사권

---

153) 김철용, 행정법, 819쪽; 홍정선, 新지방자치법, 249쪽.

등의 다양한 대집행기관 감시통제권한이 부여되어 있다.

## 4. 자치입법기관

헌법은 지방자치단체에 법령의 범위 안에서 자치에 관한 규정을 정할 수 있음을 규정함으로써(헌법 117조 1항) 지방자치단체에 자치입법권을 부여하고 있는데, 이러한 자치입법의 핵심은 지방자치법 제28조에 조례입법권으로 나타나고 있으며, 조례입법의 과정에서는 지방의회가 조례안에 대한 발의권, 발의된 조례안에 대한 심사권과 의결권을 행사하게 됨으로써 명실공이 자치 '입법'기관이라고 할 수 있다고 본다. 이러한 조례입법권은 지방의회에 전속적인 것으로서 그 지역에 적용되는 자치법규를 주민대표의 자격에서 당해 지방의회가 결정할 수 있는 권능이다.

## 5. 행정기관?

논자에 따라서는 지방의회를 행정기관으로 보는 견해가 존재하고 있는데,[154] 이러한 견해는 지방의회는 국회와 같은 헌법상 의미의 의회는 아니라고 하면서, 지방의회는 전체적으로 국가 차원의 삼권분립 가운데 행정권(행정부)의 한 구성부분이자 행정주체인 지방자치단체의 내부기관이므로 지방의회의 법적 성격 역시 행정기관으로 보아야 한다는 것이다.

그러나 지방의회는 헌법상 국가로부터 독립적인 법인격을 갖는 지방자치단체에 반드시 두어야 할 '의회'라는 점,[155] 지방의회는 선출직의원으로 구성되는 주민의 정치적 대표기관으로서(이 점을 명확하게 하기 위해서 2014년의 지방자치법 개정에서는 굳이 지방의회를 주민의 대의기관이라고 명시하였다는 점은 기술하였다.) 일반 행정기관과는 비교할 수 없는 온전한 민주적 정당성이 인정된다는 점, 지방자치단체에 대하여도 국가 차원의 삼권분립체계를 적용하여 그 하나의 권력인 행정권(행정부)에만 속하는 하위 행정단체로 보아야 할 원리적·법리적 근거는 명확하지 않거나 미흡하고, 오히려 지방자치단체는 국가기능의 일부인 행정권에 대한 수직적 권력분립에 그치는 것이 아니라 입법권을 포함한 포괄적 권력주체로서 국가와 수직적인 권력분립관계를 이루고 있으므로 지방자치단체는 독자적인 행정주체

---

154) 대표적으로 홍정선, 新지방자치법, 251~252쪽; 김남철, 행정법강론, 1064쪽 등. 이러한 견해가 학계의 다수의 견해로 보인다.
155) 대한민국헌법 제118조 ① 지방자치단체에 의회를 둔다.

이면서 동시에 일정한 입법주체로서의 지위도 갖는다고 보는 것156)이 타당하다는 점(헌법 체계상으로도 지방자치 내지 지방자치단체 관련 조항은 제3장 국회, 제4장 정부(대통령·행정부), 제5장 법원, 제6장 헌법재판소, 제7장 선거관리와 구분하여 제8장 지방자치에서 별도의 장으로 규정함),157) 지방의회는 명칭 그대로 당해 지역에 있어서의 의회로서 그 권한과 기능의 실질이 행정기관보다는 오히려 국회와 유사하여, 통상의 행정기관이 수행하는 집행적 기능보다는 주로 정치적 기능(지방의회에 대한 정당참여 및 의원의 정당공천 등도 참조) 및 조례·예산·재산(공공시설) 등 자치사무의 핵심적 사항에 관한 의사결정기능을 수행한다는 점, 지방의회의 조례입법은 비록 법령의 범위 안이라는 한계는 있으나 위임입법을 본질로 하는 통상의 행정입법과는 다르므로(이에 관하여는 자치입법 부분에서 자세히 후술함), 조례의 성격을 단순히 행정입법의 일종으로 단정하기 보다는 헌법에 의하여 창설된 지역사단으로서의 지방자치단체에 헌법이 직접 부여한 자치적 법규로 보는 것이 타당하다는 점 등을 종합할 때, 학계 다수의 견해와 같이 지방의회를 단순히 행정기관이라고 보는 시각에는 동의하기 어렵다는 것이 필자의 사견이다.

## Ⅳ. 지방의회와 정당참여

공직선거 등 지방자치의 주요 과정에 정당의 참여를 허용할지의 문제는 원칙적으로 입법자의 재량사항이라고 할 수 있다. 하지만 오늘날 주요 선진국의 지방자치과정에는 일반적으로 정당의 참여를 허용하고 있다.

---

156) 이기우, "조례활성화를 위한 지방의회의 역할 강화", 지방자치법연구 통권 제20호, 2008. 12, 125쪽.
157) 지방자치단체가 지방행정을 담당하는 행정주체의 일종이긴 하나 그렇다고 하여 지방자치단체의 자치고권이 모두 행정권만을 내용으로 한다고는 볼 수 없다. 지방자치단체는 행정주체의 일종이긴 하지만, 헌법은 지방자치단체에 행정권 외에 자치입법권도 직접 부여하고 있기 때문이다(헌법 117조 1항). 물론 헌법이 지방자치단체에 대하여 연방국가의 주와 같은 준국가성을 부여하고 있는 것은 아니며 지방자치단체는 어디까지나 국가 구성부분의 일부라는 점에는 틀림이 없다. 하지만 그렇다고 하여 우리 헌법이 지방자치단체를 행정권한만을 갖는 존재로 한정한 것도 아니라고 본다. 따라서 지방자치단체를 단순히 행정권에 속하는 '행정'기관이라고 보는 시각에는 동의하기 어렵다. 지방자치단체는 행정'기관'이라기보다는 헌법에 의하여 직접 지방행정권과 자치입법권 등을 부여 받은 독자적인 법주체로서 권리능력과 행위능력, 당사자능력 등을 보유한 공법인이라는 사실을 간과해서는 안 될 것이다. 요컨대 필자의 관점에서는, 우리 헌법 속에서 지방자치단체와 지방의회를 적어도 행정부에 속하는 행정기관의 일종으로 한정짓는 논거를 찾아보기는 어려우며, 지방자치단체는 헌법과 법령에 의하여 제한된 범위의 것이지만 행정권을 행사하는 행정주체이면서 동시에 지역의 자치입법권도 행사하는 입법주체로서의 성격도 가진다고 생각한다. 이러한 의미에서 조례의결권이라는 자치입법권의 핵심적 권능을 보유하는 지방의회도 당연히 입법기관으로서의 성격도 갖는다고 하여야 할 것이다.

지방자치 내지 지방선거 과정에 정당의 참여를 허용하는 논거로는, 정당을 통한 주민의사 조직화, 정당 매개에 의한 지방의회의 집행부에 대한 효과적인 견제, 정당정치의 발전 및 신진정치인의 발굴·육성, 선거 시 입후보자에 대한 파악 등이 용이하다는 점을 들 수 있다. 이에 반해 정당의 참여를 배제하고자 하는 논거로는, 지방의 중앙정치에의 예속 가능성, 과도한 정당 간 대립으로 인한 지방의 의정 및 행정의 혼란 야기, 지방대표자의 정당지도자에 대한 맹종과 그로 인한 비리나 부패 초래, 정당의 당내 민주주의의 취약성으로 인한 지방자치에의 부작용 초래 등을 들 수 있다.

우리나라도 종래 특히 기초의회 의원의 경우에는 공직선거 및 선거부정방지법 제47조 제1항 및 제84조의 개정으로 정당 공천을 배제한 적이 있었으나, 2005. 6. 30.의 선거법 개정으로 2006년 지방선거부터는 광역 및 기초의 모든 지방자치단체의 장 및 지방의원의 선거에서 정당의 공천을 전면 허용하게 되었다.158) 물론 정당의 공천이 의무사항이거나 강제되는 것은 아니다.

이와 같이 지방선거 내지 지방자치과정에 정당의 참여가 전면적으로 허용됨에 따라 정당 참여의 장점이나 긍정적인 면들은 최대한 살려나가야 하겠지만, 그로 인한 부작용이나 문제점도 적지 않으므로 그러한 부정적인 면들은 최소화될 수 있도록 제도시행 상황의

---

158) 기초의회 의원의 정당의 추천 또는 지지 표방 금지규정(구 공직선거 및 선거부정방지법 제84조)에 대한 헌법소원에서 헌법재판소는 "우리의 정치현실 및 정당운영의 비민주성, 지연·혈연·학연이 좌우하는 선거풍토와 그 위에 지방자치를 실시한 경험이 일천(日淺)하다는 점을 감안"하여 합헌결정을 한 적이 있었다(헌재 1999. 11. 25. 선고 99헌바28 결정). 그러나 그 후 기초의회 의원 선거 시에 후보자가 정당으로부터의 지지 또는 추천 받음을 표방할 수 없다는 구 공직선거 및 선거부정방지법 제84조 제1항에 대한 헌법소원에서는 다음과 같이 위헌결정을 내린 바 있다(헌재 2003. 5. 15. 선고 2003헌가9 결정).
"선거에 당하여 정당이냐 아니면 인물이냐에 대한 선택은 궁극적으로 주권자인 국민의 몫이고, 입법자가 후견인적 시각에서 입법을 통하여 그러한 국민의 선택을 대신하거나 간섭하는 것은 민주주의 이념에 비추어 바람직하지 않기 때문에, 기초의회의원선거에서 정당의 영향을 배제하고 인물 본위의 투표가 이루어지도록 하겠다는 구체적 입법의도는 그 정당성이 의심스럽다.…(중략)…현실적으로 후보자에 대한 정당의 지지·추천 여부는 유권자들이 선거권을 행사함에 있어서 중요한 참고사항이 될 수밖에 없는데도 불구하고, 무리하게 후보자의 정당표방을 금지하는 경우에는 유권자들은 누가 누구이고 어느 후보가 어떠한 정치적 성향을 가졌는지도 모르는 상태에서 투표를 하거나 아니면 선거에 무관심하게 되어 아예 투표 자체를 포기할 수도 있다. 이러한 점들을 종합할 때, 정당표방을 금지함으로써 얻는 공익적 성과와 그로부터 초래되는 부정적인 효과 사이에 합리적인 비례관계를 인정하기 어려워, 법익의 균형성을 현저히 잃고 있다고 판단된다.…(중략)…법 제84조의 의미와 목적이 정당의 영향을 배제하고 인물 본위의 선거가 이루어지도록 하여 지방분권 및 지방의 자율성을 확립시키겠다는 것이라면, 이는 기초의회의원 선거뿐만 아니라 광역의회의원선거, 광역자치단체장선거 및 기초자치단체장선거에서도 함께 통용될 수 있다. 그러나 기초의회의원선거를 그 외의 지방선거와 다르게 취급을 할 만한 본질적인 차이점이 있는가를 볼 때 그러한 차별성을 발견할 수 없다. 그렇다면, 위 조항은 아무런 합리적 이유 없이 유독 기초의회의원 후보자만을 다른 지방선거의 후보자에 비해 불리하게 차별하고 있으므로 평등원칙에 위배된다." 다만 위 헌법재판소 결정 이후에도 같은 법 제47조 제1항의 기초의회 의원에 대한 '정당의 추천(공천) 배제'부분은 여전히 남아있었으나 2005. 6. 30. 선거법 개정에는 이 조항도 삭제되었으며, 이로 인하여 기초의회 의원 후보자에 대한 정당의 추천(공천)도 전면적으로 가능하게 되었던 것이다.

면밀한 검증을 통한 지속적인 제도개선이 이루어져야 할 것이다. 중앙당 위주로 작동하는 우리의 정당정치 현실에서 정당의 참여로 인한 지방의 중앙정치에의 예속, 지방의정에서의 과도한 정당(교섭단체) 간 대립, 지방대표자의 정당지도자에 대한 맹종과 비민주적인 정당 운영으로 인한 지방자치에의 부정적 효과 등에 대하여 경계하여야 할 것이다. 특히 무엇보다 지방선거 공천과정의 투명성과 공정성, 민주성 등을 확보하기 위한 부단한 노력과 제도의 개선이 강하게 요구된다고 본다. 이를 위하여 선진 각국의 지방선거 공천제도를 비교·고찰하여 '상향식 공천방식의 법제화' 등 우리의 제도 개선에도 유의미한 내용들을 참고할 필요성이 크다.159)

## V. 지방의회의 조직과 기관

지방의회는 주민의 보통·평등·직접·비밀선거로 선출되는 지방의회의원으로 구성된다(지자법 38조). 그리고 지방의회의 조직에는 의장과 부의장을 두고 위원회, 교섭단체, 사무기구 등의 기관을 둔다.

### 1. 의장·부의장

지방의회는 의원 중에서 임기 2년의 의장과 부의장을 두는데, 시·도의 경우 의장 1명과 부의장 2명을, 시·군 및 자치구의 경우 의장과 부의장 각 1명을 무기명투표로 선거한다.160) 지방의회의원 총선거 후 처음으로 선출하는 의장·부의장 선거는 최초집회일에 실시한다(지자법 57조).

의장은 의회를 대표하고 회의의 주재자로서 의사(議事)를 정리하며 회의장 내의 질서를 유지한다. 그리고 의장은 지방의회의 행정사무에 관한 행정청으로서 의회의 사무를 감독하고 소속 공무원을 지휘·감독한다. 의장은 위원회에 출석하여 발언할 수 있다. 부의장

---

159) 이에 관한 상세한 연구로서 최신의 논문으로는 권경선, "지방선거에서의 정당공천제에 관한 법적 과제에 관한 연구", 지방자치법연구 제21권 제1호, 2021. 3. 20, 12~26쪽을 참조 바람.

160) 판례는 지방의회 의장의 선거는 행정처분의 일종으로서 항고소송의 대상이 된다고 본다.
"지방의회의 의장은 지방자치법 제43조, 제44조의 규정에 의하여 의회를 대표하고 의사를 정리하며, 회의장 내의 질서를 유지하고 의회의 사무를 감독할 뿐만 아니라 위원회에 출석하여 발언할 수 있는 등의 직무권한을 가지는 것이므로, 지방의회의 의사를 결정공표하여 그 당선자에게 이와 같은 의장으로서의 직무권한을 부여하는 지방의회의 의장선거는 행정처분의 일종으로서 항고소송의 대상이 된다고 할 것이다."(대법 1995. 1. 12. 선고 94누2602 판결)

은 의장이 사고가 있을 때에는 그 직무를 대리한다. 의장과 부의장이 모두 사고가 있을 때에는 임시의장을 선출하여 의장의 직무를 대행하게 한다. 지방의회의 의장이나 부의장이 궐위(闕位)된 경우에는 보궐선거를 실시하는데, 당선된 의장이나 부의장의 임기는 전임자의 남은 임기로 한다.

지방의회의 의장이나 부의장이 법령을 위반하거나 정당한 사유 없이 직무를 수행하지 아니하면 지방의회는 재적의원 4분의 1 이상의 발의와 재적의원 과반수의 찬성으로 불신임을 의결할 수 있다. 불신임의결이 있으면 의장이나 부의장은 별도의 해임행위가 없어도 그 직에서 (자동으로) 해임된다.[161]

## 2. 위원회

### (1) 위원회의 설치 및 종류

지방의회는 조례로 정하는 바에 따라 위원회를 둘 수 있다(지자법 64조 1항). 위원회에 관하여 지방자치법에서 정한 것 외에 필요한 사항은 조례로 정한다(지자법 71조).[162]

위원회는 의회 운영의 전문성과 능률성을 기하기 위한 것으로서 본회의에 앞서 안건을 심의하는 심의위원회의 성격을 가지는 바, 의결권을 위임하지 않는 한 본회의의 의결권을 행사할 수는 없다. 이러한 위원회에는 소관 의안과 청원 등을 심사·처리하는 상임위원회와 특정한 안건(여러 개의 상임위원회 소관과 관련되거나 특별한 사안에 대한 조사 등이 필요한 안건)을 심사·처리하기 위하여 설치하는 특별위원회가 있다(지자법 64조 2항).

위원회의 설치는 원칙적으로 조례가 정하는 바에 따르지만, 예외적으로 윤리특별위원회의 경우에는 종전의 임의설치에서 필수설치기구로 바뀌었다. 즉 지방자치법 전부개정법률은 지방의회의원의 윤리강령과 윤리실천규범 준수 여부 및 징계에 관한 사항을 심사하기 위하여 윤리특별위원회를 두고 동 위원회는 의원의 윤리강령과 윤리실천규범 준수 여부 및 의원 징계에 관한 사항을 심사하기 전에 법 제66조에 따른 윤리심사자문위원회[163]의 의견을 들어야 하며 그 의견을 존중하여야 한다(지자법 65조).

---

161) 판례는 지방의회 의장에 대한 불신임의결 역시 행정처분의 일종으로서 항고소송의 대상이 된다고 본다. "지방의회 의장에 대한 불신임의결은 의장으로서의 권한을 박탈하는 행정처분의 일종으로서 항고소송의 대상이 된다."(대법 1994. 10. 11. 자 94두23 결정)
162) 위원회에 관한 조례의 규정대상으로는 예컨대, 위원회 명칭, 위원정수, 소관, 위원의 임기, 선임, 위원장, 간사, 의사정리권, 질서유지권, 소집, 정족수, 비밀회의, 공청회 절차, 의사록 등을 들 수 있다.
163) 윤리심사자문위원회 역시 필수설치기구로서, 지방의회의원의 겸직 및 영리행위 등에 관한 지방의회의 의장의 자문과 의원의 윤리강령과 윤리실천규범 준수 여부 및 징계에 관한 윤리특별위원회의 자문에

위원회의 위원은 본회의에서 선임한다. 그리고 위원회에는 위원장과 위원의 자치입법 활동 등을 전문적으로 지원하기 위하여 지방의회의원이 아닌 전문지식을 가진 위원(전문위원)을 둘 수 있다(지자법 68조).164) 전문위원은 각 위원회에 배속된 의회 사무기구 직원인데, 위원회별 소관 안건 등에 대하여 전문적 식견과 경험을 바탕으로 조사·연구·보고의 기능을 수행한다는 점에서 의회의 전문성 제고에 있어서 매우 중요한 의미를 갖는 직위이다.

### (2) 위원회의 권한

위원회는 그 소관에 속하는 의안과 청원 등 또는 지방의회가 위임한 특정한 안건을 심사할 권한을 가진다(지자법 67조). 그리고 지방자치단체의 장 또는 관계공무원 등을 회의에 출석시켜 질의에 답변하게 할 수 있으며, 위원장은 해당 지방의회 의원이 아닌 자에 대하여 방청을 허가할 수 있고 위원회의 질서를 유지하기 위하여 필요한 때에는 방청인의 퇴장을 명할 수 있다(지자법 69조).

한편 위원회의 역할과 권한은 원칙적으로 본회의에서 심의할 안건을 준비·정리하고 심의하며 본회의에서 조언적인 역할을 수행하는 데 그치는 것이나, 일정한 경우 소극적인 의미의 의결권을 행사할 수도 있다. 즉 현행 법률상 위원회의 의결권을 명문으로 규정하고 있지는 않지만, 지방자치법은 위원회에서 본회의에 부칠 필요가 없다고 결정된 의안은 본회의에 부칠 수 없고 다만 위원회의 결정이 본회의에 보고된 날부터 폐회나 휴회 중의 기간을 제외한 7일 이내에 의장이나 재적의원 3분의 1 이상이 요구하면 그 의안을 본회의에 부쳐야 하며 이러한 요구가 없으면 그 의안은 폐기된다고 규정하고 있는데(지자법 81조), 이것은 위원회가 해당 안건을 본회의에 부치지 않기로 결정한 후 의장이나 재적의원

---

응하기 위하여 윤리특별위원회에 둔다. 윤리심사자문위원회의 위원은 민간전문가 중에서 지방의회의 의장이 위촉하고, 이 외의 그 구성 및 운영에 필요한 사항은 의회의 회의규칙으로 정한다(지자법 66조).
164) 통상적으로 주민의 정치적 대표로서의 의원들은 해당 의안 관련 정책적·행정적·법적인 전문성을 두루 갖추기는 쉽지 않다. 따라서 위원회별로 전문적인 지식과 경험을 가진 전문위원들을 배속시켜, 회의 중은 물론 그 전후로 관련 자료의 수집·조사 및 연구, 위원회에 상정되는 의안에 대한 전문적인 검토 및 보고 등을 수행하게 함으로써 의원들의 부족한 전문성을 보완하도록 하려는 것이다. 다만 이러한 제도적 취지에도 불구하고 현실적으로는 수행하여야 할 업무량에 비하여 전문위원의 수가 부족한 것으로 평가되고 있고 주로 관련 분야의 공무원 등으로 보직되고 있어 전문성도 그리 높다고는 하기 어려우며, 무엇보다도 대통령령인 「지방자치단체의 행정기구와 정원기준 등에 관한 규정」 제15조 제2항에 기한 [별표 5]에서 광역 및 기초의회 별로 의원의 정수 규모에 따른 전문위원의 총 정수와 직급 및 직급별 정수 등을 획일적으로 통제하고 있어, 개별 지방자치단체의 여건이나 필요상황에 따라 전문위원제도를 자율적·적극적으로 활용하는 데에도 상당한 어려움이 노정되고 있다. 따라서 의회 내지 의원의 전문성 제고를 위하여 향후 전문위원제도를 어떻게 개선시키고 잘 활용하게 할 것인지에 관한 다양한 방안이 모색될 필요가 있다.

3분의 1 이상의 요구가 없을 경우에는 당해 안건이 폐기됨을 의미하는 것으로서, 이러한 예외적인 경우에는 위원회가 해당 안건에 관한 (폐기)의결권을 행사한 결과가 되는 것이라고 볼 것이다.

### (3) 위원회의 개회

위원회는 본회의의 의결이 있거나 의장 또는 위원장이 필요하다고 인정할 때, 재적위원 3분의 1 이상의 요구가 있는 때에 개회한다. 폐회 중에는 지방자치단체의 장도 의장 또는 위원장에게 이유서를 붙여 위원회의 개회를 요구할 수 있다(지자법 70조).

## 3. 지방의회의 사무기구

### (1) 사무처 · 사무국 · 사무과의 설치

지방의회의 사무를 처리하기 위하여 사무기구를 둘 수 있는데, 시 · 도의회에는 조례로 정하는 바에 따라 사무처를 둘 수 있고 시 · 군 및 자치구의회에는 사무국이나 사무과를 둘 수 있다(지자법 102조).

### (2) 사무기구 직원 인사권(임용권)의 독립과 지휘 · 감독

사무처에는 지방공무원으로 보하는 사무처장과 직원을, 사무국이나 사무과에는 사무국장 또는 사무과장과 직원을 둘 수 있고(지자법 102조). 사무처장 · 사무국장 또는 사무과장은 지방의회의 의장의 명을 받아 의회의 사무를 처리한다(지자법 104조 1항). 지방의회에 두는 사무직원의 수는 인건비 등 대통령령으로 정하는 기준에 따라 조례로 정하고(지자법 103조 1항), 사무직원의 임용 · 보수 · 복무 · 신분보장 · 징계 등에 관하여는 지방자치법에서 정한 것 외에는 지방공무원법을 적용한다(지자법 104조 2항).

지방의회의 의장은 지방의회 사무직원을 지휘 · 감독하고 법령과 조례 · 의회규칙으로 정하는 바에 따라 그 임면 · 교육 · 훈련 · 복무 · 징계 등에 관한 사항을 처리한다(지자법 103조 2항). 이 규정은 이른바 지방의회의 인사권 독립을 실현한 규정으로서 지방의회의 의장이 의회 사무기구 소속의 직원에 대한 임면을 비롯하여 인사권을 전적으로 행사하게 된 것을 의미한다. 이 규정은 이번 지방자치법 전부개정법률에 의하여 개정된 것으로서, 종전에는 사무직원의 임명권은 의회 의장의 추천에 따라 지방자치단체의 장이 행사하였다. 원래 1949년 제정된 최초의 지방자치법에서는 지방의회 사무직원의 임명권이 의회 의장에게 있었으나 1988년의 지방자치법 전면개정 시에 임명권이 지방자치단체의 장에게로 옮겨졌던 것이다.165) 그것이 이제 다시 지방의회 의장에게로 복원된 것이라고 할 수 있다. 이와 같은 지방의회의 인사권 독립규정에 따라, 지방자치법시행령에서 규정하고 있던 그 지방자치단체의 집행기관 소속 공무원의 의회 사무직원 겸무가능 규정도 삭제되었고 지방자치단체의 장 소속의 인사위원회와는 별개로 지방의회 의장 소속의 인사위원회도 신설되었다(지방공무원법 7조).166)

그리고 지방의회 사무기구의 인사권 독립에 따른 의회 내의 공무원 인사적체로 인한 문제점을 해소하고 의회 사무직원의 균형 있는 인력배치 및 지방의회 발전을 위하여 지방의회 간 인사교류의 활성화도 도모되고 있다. 이에 따라 지방공무원법이 개정되어 행정안전부와 지방의회, 지방자치단체의 집행기관과 지방의회, 그리고 지방의회 상호 간(광역의회 – 기초의회, 기초의회 상호 간)의 인사교류에 대한 법률적 근거가 신설되었으며, 협의를 통하여 원활한 인사교류가 이루어질 수 있도록 하였다(지방공무원법 30조의2).

## 4. 원내 교섭단체

지방의회의 원내 교섭단체는 동일한 정당이나 정치적 그룹에 속하는 의원이 공동의 정

---

165) 이렇게 30여 년 간 의회 사무기구 직원에 대한 임명권이 지방자치단체의 장에 주어짐으로써 의회사무를 수행하는 사무직원임에도 지방의회 의장의 인사권은 독립되어 있지 않았고 그 결과 지방의회의 자율적 운영이나 충실한 의회 기능의 수행에 일정한 한계가 있다는 비판이 이어져 왔다. 사무직원의 업무 처리에 있어서는 지방의회의장의 지휘·감독에 따르게 되어 있었지만, 그 임명에 있어서는 의장의 추천에 따라 지방자치단체의 장이 임명하도록 되어있어, 비록 의장에게 추천권은 있었다고 해도 사무직원들로서는 임명권자인 단체장을 의식하지 않을 수 없었고, 또한 순환근무제의 원칙에 따라 사무기구에 근무하던 직원들도 통상 다시 집행기관으로 복귀하도록 예정되어 있기 때문에, 의회 소속원으로서 지방의회 의원들의 단체장 견제기능에 조력하는 데 한계에 놓일 수밖에 없다는 비판이 지속되었던 것이다. 이에 따라 지방의회의 본래 기능 제고를 위해서는, 의회 사무기구에 대한 중앙정부나 단체장의 통제를 원칙적으로 배제함과 동시에, 사무직원에 관한 임명 등 인사권을 지방의회 의장에게 독립적으로 부여하여 사무직원들이 오로지 의정활동의 조력에만 전념할 수 있도록 시스템을 바꾸는 것이 바람직하다는 주장이 제기되어 온 것이다(이에 대하여는 졸고 문상덕, "현행 지방자치법의 한계와 개선방안", 지방자치법연구 제18권 제2호, 2018. 6, 142~143쪽 참조).

166) 지방공무원법은 지방자치단체에 임용권자별로 인사위원회를 설치하도록 하고 있는바, 의회 사무기구 직원의 임용권(인사권)이 지방자치단체의 장으로부터 지방의회의 의장에게로 전속됨에 따라 의장 소속의 인사위원회가 신설되게 된 것이다(지방공무원법 7조).

치적 입장을 바탕으로 결합된 조직으로서, 지방의회의 사무 처리에 협력하기 위하여 구성된 협력체(원내 정당 또는 정치단체)인 동시에 지방의회의 의사형성을 준비하거나 그 효과적인 의사형성과 결정 등에 기여하기 위한 것이다. 원내 교섭단체는 권리능력 없는 사단의 성격을 가진다고 볼 수 있다.

원내 교섭단체에 관하여 지방자치법에는 별도의 규정이 없으나, 지방자치단체에 따라서는 조례로 의회 원내 교섭단체제도를 도입하는 경우가 있다. 예컨대 서울특별시의회 교섭단체 구성·운영 조례(3조 1항)는, 의회에 10명 이상의 소속 의원을 가진 정당은 하나의 교섭단체가 되고 다른 교섭단체에 속하지 아니하는 10명 이상의 의원으로 따로 교섭단체를 구성할 수 있도록 하고 있다.


# VI. 지방의회의 권한 및 의무

## 1. 의결권

지방의회의 의결권이라 함은 지방자치단체의 중요사항에 대한 의사와 정책을 결정하는 권한으로서 지방의회가 그 관할사항에 대하여 행하는 합동적인 의사결정권을 의미한다. 이러한 의결권은 지방의회가 지방자치단체의 의결기관으로서 가지는 가장 본질적인 권능에 해당한다. 지방의회의 의결사항을 정하는 방법으로는 개괄주의(무제한주의)와 열기주의(제한주의)가 있는데, 현행 지방자치법은 열기주의를 취하여 지방자치법을 비롯한 개별법과 조례 등에서 의결사항으로 정하고 있는 사항에 한하여 지방의회가 의결권을 행사할 수 있도록 하고 있다.[167]

지방자치법 제47조는 지방의회의 의결사항으로서 조례의 제정·개정 및 폐지, 예산의 심의·확정, 결산의 승인, 법령 외의 사용료·수수료·분담금·지방세 또는 가입금의 부과와 징수, 기금의 설치·운용, 대통령령으로 정하는 중요 재산의 취득·처분, 대통령령으로 정하는 공공시설의 설치·처분, 법령과 조례 외의 의무부담이나 권리의 포기, 청원의 수리와 처리, 외국 지방자치단체와의 교류협력에 관한 사항, 그 밖에 법령에 따라 그 권한에 속하는 사항을 규정하고 있고, 그 외에 조례로 정하는 바에 따라 지방의회에서 의결되어야 할 사항을 따로 정할 수 있도록 하고 있다. 위 제47조 외에도 지방자치법의 개별조

---

167) 김철용, 행정법, 849쪽.

항에서 지방의회의 의결이 필요한 사항을 정하기도 하는데, 예컨대 행정사무조사권의 발동(지자법 49조), 지방자치단체장의 공익상 보증채무부담행위(지자법 139조 3항), 지방자치단체의 폐치분합, 구역·명칭 변경에 관한 의견제출(지자법 5조 3항) 등이 그것이다.

지방의회의 의결권 중 조례의 제정·개정 및 폐지(조례입법권)에 관한 상세한 내용은 앞에서 이미 서술한 바와 같다(제4장 제4절 제2관 조례 부분 참조).

## 2. 출석 및 보고·답변 요구권

지방의회나 그 위원회는 지방자치단체의 장이나 관계 공무원의 출석을 요구할 수 있고 행정사무의 처리상황을 보고하게 하거나 질문할 수 있으며 답변하게 할 수 있다. 이 경우 지방자치단체장 또는 관계 공무원은 지방의회나 그 위원회의 요구가 있을 때에는 출석·답변하여야 한다. 지방의회나 그 위원회에 출석하여 답변할 수 있는 관계 공무원은 조례로 정한다(지자법 51조 2·3항).

## 3. 서류제출 요구권

지방의회의 본회의나 위원회는 그 의결로 안건의 심의와 직접 관련된 서류의 제출을 해당 지방자치단체의 장에게 요구할 수 있다(위원회가 요구를 할 때에는 의장에게 보고하여야 함). 주의할 것은 이러한 서류제출요구권은 본회의나 위원회에 인정되는 것이지 의원 개인에게 인정되는 것은 아니라는 점이다.[168] 서류제출 요구는 늦어도 그 서류 제출일 3일 전까지 하여야 한다. 폐회 중에 의원으로부터 서류제출요구가 있을 때에는 의장이 이를 요구할 수 있다. 의회의 적법한 서류제출 요구에 대해서는 단체장은 법령이나 조례에서 특별히 규정한 경우를 제외하고는 이에 응하여야 한다. 다만 서류제출 요구는 본회의 또는 위원회가 안건의 심의와 직접 관련이 있는 서류에 대하여 하여야 한다. 이러한 법적 요건을 갖춘 서류제출 요구는 구속력을 갖지만 법적 요건을 갖추지 않은 경우에는 반드

---

168) 대법원도 이를 확인하여 다음과 같이 판시하고 있다.
  "의회의 의결권과 집행기관에 대한 행정감사 및 조사권은 의결기관인 의회 자체의 권한이고 의회를 구성하는 의원 개개인의 권한이 아닌바, 의원은 의회의 본회의 및 위원회의 의결과 안건의 심사 처리에 있어서 발의권, 질문권, 토론권 및 표결권을 가지며 의회가 행하는 지방자치단체사무에 대한 행정감사 및 조사에서 직접 감사 및 조사를 담당하여 시행하는 권능이 있으나, 이는 의회의 구성원으로서 의회의 권한행사를 담당하는 권능이지 의원 개인의 자격으로 가지는 권능이 아니므로 의원은 의회의 본회의 및 위원회의 활동과 아무런 관련 없이 의원 개인의 자격에서 집행기관의 사무집행에 간섭할 권한이 없다."(대법 1992. 7. 28. 선고 92추31 판결)

시 이에 응할 의무는 없고 법적 요건을 갖추어 요구하도록 권고할 수 있다. 서류제출은 서면, 전자문서 또는 컴퓨터의 자기테이프·자기디스크, 그 밖에 이와 유사한 매체에 기록된 상태 등 제출 형식을 지정할 수 있다(이상 지자법 48조 참조).

## 4. 행정사무감사 및 조사권

집행기관에 대한 지방의회의 감시통제의 일환으로 지방의회가 당해 지방자치단체의 사무 처리에 대하여 감사 또는 조사를 실시하는 것이다. 행정사무감사와 행정사무조사의 방법상의 차이는 없다고 할 수 있으나, 일반적으로 행정사무감사는 사무 일반에 대하여 포괄적·정례적으로 시행하는 것인데 비하여(본회의의 의결 불요), 행정사무조사는 필요에 따라 특정 사안에 대하여 본회의 의결을 거쳐 부정례적으로 실시한다는 점에서 차이가 있다.

### (1) 행정사무감사권

#### 1) 시기·기간 및 감사대상
지방의회는 매년 1회 그 지방자치단체의 사무에 대하여 시·도에서는 14일의 범위에서, 시·군 및 자치구에서는 9일의 범위에서 행정사무감사를 실시한다(지자법 49조 1항).

감사는 원칙적으로 당해 지방자치단체의 사무(자치사무)에 대하여 실시하는데 국가 등으로부터의 위임사무에 대해서는 예외적으로만 당해 지방의회에 의한 행정사무감사가 허용된다. 즉 지방자치단체 및 그 장이 위임받아 처리하는 국가사무와 시·도의 사무에 대하여 국회와 시·도의회가 직접 감사하기로 한 사무 외에는 그 감사를 각각 해당 시·도의회와 시·군 및 자치구의회가 할 수 있는 것이다. 논리적으로 보면 국가 또는 시·도 위임사무에 대하여는 국회나 시·도의회가 감사를 하는 것이 바람직하나, 국회 또는 시·도의회가 매년 모든 위임사무에 대하여 정례적인 감사를 하기는 어렵고 이 경우 직접 감사하지 않는 경우에는 감사공백이 발생할 수 있으므로, 위임사무이기는 하지만 해당 시·도의회와 시·군 및 자치구의회로 하여금 감사할 수 있도록 특별히 규정한 것이다. 이 경우 국회와 시·도의회는 그 감사결과에 대하여 그 지방의회에 필요한 자료를 요구할 수 있다(지자법 49조 3항).

## 2) 감사계획서의 본회의 승인

지방의회는 해당 지방자치단체의 사무를 감사하려는 경우에는 본회의에서 하거나 소관 상임위원회별로 또는 특별위원회(이하 감사위원회)를 구성하여 하게 할 수 있다. 본회의에서 직접 감사를 할 경우에는 감사계획서[169]를 작성하여 의결하고 지체 없이 해당 지방자치단체의 장에게 통보하여야 한다. 위원회가 감사할 경우에는 위원회가 감사계획서를 작성하여 본회의에 제출하고 그 승인 의결을 받아 감사를 실시하는데, 의장은 감사계획서가 본회의에서 승인되면 지체 없이 해당 지방자치단체의 장에게 통보하여야 한다.

## 3) 감사대상기관

행정사무감사의 대상기관은 해당 지방자치단체, 그 소속 행정기관과 하부행정기관 및 기구, 교육·과학 및 체육에 관한 기관, 해당 지방자치단체가 설치한 지방공기업, 위임·위탁된 사무(지방자치단체에 위임·위탁된 사무는 제외)를 처리하는 단체 또는 기관(다만 본회의가 특히 필요하다고 의결하는 경우로 한정), 지방자치단체 출자·출연 기관 중 지방자치단체가 4분의 1 이상 출자하거나 출연한 법인(다만 본회의가 특히 필요하다고 의결하는 경우에는 지방자치단체의 출자 또는 출연에 관련된 업무·회계·재산으로 한정하여 실시)이다(지자법시행령 44조 1항).

## 4) 감사절차 등

감사를 위하여 필요하면 현지 확인을 하거나 서류 제출을 요구할 수 있으며, 지방자치단체의 장 또는 관계 공무원이나 그 사무에 관계되는 자를 출석하게 하여 증인으로서 선서한 후 증언하게 하거나 참고인으로서 의견을 진술하도록 요구할 수 있다. 증언에서 거짓증언을 한 자는 고발할 수 있으며, 서류제출을 요구받은 자가 정당한 사유 없이 서류를 정하여진 기한까지 제출하지 아니한 경우, 같은 항에 따라 출석요구를 받은 증인이 정당한 사유 없이 출석하지 아니하거나 선서 또는 증언을 거부한 경우에는 500만 원 이하의 과태료를 부과할 수 있다. 이 외 감사를 위하여 필요한 사항은 국정감사 및 조사에 관한 법률에, 선서·증언·감정 등에 관한 절차는 국회에서의 증언·감정 등에 관한 법률에 준하여 대통령령으로 정하도록 하였다(이상 법 49조 4·5·7항).

---

[169] 감사계획서에는 ① 감사위원회 편성 ② 감사일정 ③ 감사요령 ④ 기타 조례로 정하는 사항이 포함되어야 한다.

### 5) 감사결과의 처리

지방의회는 본회의의 의결로 감사 또는 조사 결과를 처리한다. 지방의회는 감사 결과 해당 지방자치단체나 기관의 시정이 필요한 사유가 있을 때에는 시정을 요구하고, 지방자치단체나 기관에서 처리함이 타당하다고 인정되는 사항은 그 지방자치단체나 기관으로 이송한다. 지방자치단체나 기관은 시정 요구를 받거나 이송받은 사항을 지체 없이 처리하고 그 결과를 지방의회에 보고하여야 한다(지자법 50조).

## (2) 행정사무조사권

### 1) 조사권 발의

지방의회는 지방자치단체의 사무 중 특정 사안에 관하여 본회의 의결로 본회의나 위원회에서 조사하게 할 수 있다. 조사를 발의할 때에는 이유를 밝힌 서면으로 하여야 하며, 재적의원 3분의 1 이상의 찬성이 있어야 한다(법 49조 1·2항). 지방의회가 폐회 중 또는 휴회 중인 경우 조사의 발의가 있으면 지방의회의 집회 또는 재개의 요구가 있는 것으로 본다.

### 2) 조사권의 행사방법 및 결과처리

행정사무조사권의 발동방법 등은 행정사무감사권과 원칙적으로 동일하다. 다만 감사권 행사와 다른 점은 조사권은 특정 사안에 대하여 수시로 발동될 수 있는 데 반하여 감사는 일반 사안에 대하여 매년 1회만 실시된다는 점이다. 조사결과의 처리절차도 위 감사결과의 처리절차와 원칙적으로 같다고 할 수 있다.

## 5. 자율권·선거권

지방의회는 의회 운영에 관하여 집행기관 등으로부터 아무런 관여나 간섭을 받지 않고 스스로를 규율하는 권한을 갖는다. 즉 의회가 가진 자율권으로서 회의규칙의 제정, 의회의 개회와 폐회 및 회기 결정, 질서의 유지, 징계, 의회의 자격심사 등을 들 수 있다.

한편 지방의회는 법령이나 조례에 의한 선거권을 갖는데, 의장·부의장의 선거, 임시의장의 선거, 상임위원장의 선거, 지방자치단체조합회의 위원의 선거 등이 이에 해당한다.

## 6. 지방의회의 의무

지방의회는 지방의회의원이 준수하여야 할 지방의회의원의 윤리강령과 윤리실천규범을 조례로 정하여야 한다. 그리고 지방의회는 소속 의원들이 의정활동에 필요한 전문성을 확보하도록 노력하여야 한다(지자법 46조).

## VII. 지방의회의 회의

### 1. 회의의 종류 및 절차

지방의회는 매년 2회 정례회를 개최한다. 정례회의 집회일, 그 밖에 정례회 운영에 필요한 사항은 해당 지방자치단체의 조례로 정하도록 하여 자율적인 운영이 가능하도록 하였다(지자법 53조).

임시회는 지방자치단체의 장이나 조례로 정하는 수 이상의 지방의회의원이 요구하면 지방의회 의장이 15일 이내에 소집하여야 한다. 다만, 의장과 부의장이 부득이한 사유로 임시회를 소집할 수 없으면 의원 중 최다선의원이, 최다선의원이 2명 이상인 경우에는 그 중 연장자의 순으로 소집할 수 있다. 임시회의 소집은 긴급 시를 제외하고는 집회일 3일 전에 공고하여야 한다. 총선거 후 최초로 집회되는 임시회는 지방의회 사무처장·사무국장·사무과장이 지방의회의원 임기 개시일부터 25일 이내에 소집한다. 그리고 지방자치단체를 폐지하거나 설치하거나 나누거나 합쳐 새로운 지방자치단체가 설치된 경우에 최초의 임시회는 지방의회 사무처장·사무국장·사무과장이 해당 지방자치단체가 설치되는 날에 소집한다(이상 지자법 54조).

지방자치단체의 장이 지방의회에 제출할 안건은 지방자치단체의 장이 미리 공고하여야 한다. 다만, 회의 중 긴급한 안건을 제출할 때에는 그러하지 않다(지자법 55조).

### 2. 회의일수 및 회기

회의와 관련하여 개회·휴회·폐회와 회기는 지방의회가 의결로 정하고, 연간 회의의 총일수와 정례회 및 임시회의 회기는 해당 지방자치단체의 조례로 정한다(지자법 56조).

## 3. 회의의 정족수

### (1) 의사정족수(議事定足數)

지방의회는 재적의원 3분의 1 이상의 출석으로 개의한다. 이를 의사정족수라 하며 회의 참석 인원이 위의 의사정족수에 미치지 못할 때에는 의장은 회의를 중지하거나 산회를 선포한다(지자법 72조).

### (2) 의결정족수(議決定足數)

의결 사항은 지방자치법에 특별히 규정된 경우 외에는 재적의원 과반수의 출석과 출석의원 과반수의 찬성으로 의결한다. 의장은 의결에서 표결권을 가지며, 찬성과 반대가 같으면 부결된 것으로 본다(지자법 73조). 이와 같은 일반적인 의결정족수 외에 지방자치법은 개별 사안에 따라서 별도의 특별 발의정족수 및 의결정족수를 정하고 있기도 하다.[170]

## 4. 회의의 운영

### (1) 표결방법

본회의에서 표결할 때에는 조례 또는 회의규칙으로 정하는 표결방식에 의한 기록표결로 가부(可否)를 결정한다. 다만, 다음 각 호[171]의 어느 하나에 해당하는 경우에는 무기명

---

170) 지방자치법상 특별 발의정족수 및 의결정족수

| 안 건 | 발의정족수 | 의결정족수 |
|---|---|---|
| 조례안 재의요구 | 지방자치단체의 장의 요구 | 재적의원 과반수출석과 출석의원 2/3 이상의 찬성 |
| 의원의 자격심사 | 재적의원 1/4 이상 연서 | 자격상실의결은 재적의원 2/3 이상 찬성 |
| 의원의 징계 | 재적의원 1/5 이상, 의원 10인 이상 | 제명은 재적의원 2/3 이상 찬성 |
| 회의의 비공개 | 의원 3인 이상 | 출석의원 2/3 이상 찬성 or 의장이 독자 결정 |

171) 1. 제57조에 따른 의장·부의장 선거
　　 2. 제60조에 따른 임시의장 선출
　　 3. 제62조에 따른 의장·부의장 불신임 의결
　　 4. 제92조에 따른 자격상실 의결
　　 5. 제100조에 따른 징계 의결
　　 6. 제32조, 제120조 또는 제121조, 제192조에 따른 재의 요구에 관한 의결
　　 7. 그 밖에 지방의회에서 하는 각종 선거 및 인사에 관한 사항

투표로 표결한다(지자법 74조).

## (2) (본)회의 공개의 원칙

지방의회의 회의는 공개를 원칙으로 한다. 지방의회에서의 회의가 투명하고 공정하게 이루어짐으로써 민주의정·책임의정을 구현하기 위한 원칙이라 할 것이다. 다만, 예외적으로 의원 3명 이상이 발의하고 출석의원 3분의 2 이상이 찬성한 경우 또는 의장이 사회의 안녕질서 유지를 위하여 필요하다고 인정하는 경우에는 공개하지 아니할 수 있다(지자법 75조). 회의의 공개는 주민의 방청 허용, 언론의 보도의 자유 보장, 회의록의 공개 등의 방법으로 실현된다.172) 지방의회가 회의공개의 원칙에 반하여 의결하는 경우에는 절차에 위반한 것으로서 그 적법성이 문제될 수 있을 것이다.

이와 관련하여, 지방자치법 제97조에 의한 회의장 질서 방해 방청인에 대한 퇴장명령, 방청석 소란에 대한 모든 방청인의 퇴장조치 등은 회의의 원만한 진행을 위한 것으로서, 비례의 원칙에 반하지 않는 한 회의공개의 원칙에 어긋나지 않는다고 하겠다.

## (3) 의안의 발의·제출

지방의회에서 의결할 의안은 지방자치단체의 장이나 조례로 정하는 수 이상의 지방의회의원의 찬성으로 발의한다. 위원회는 그 직무에 속하는 사항에 관하여 의안을 제출할 수 있다. 의안은 지방자치단체의 장만이 발의할 수 있는 것173)과 의회 내부자율사항으로서 의회의원만이 발의할 수 있는 것,174) 기타 양자 모두 발의할 수 있는 것들이 있다. 의안은 그 안을 갖추어 지방의회의 의장에게 제출하여야 한다. 지방의회의원이 조례안을 발의하는 경우에는 발의 의원과 찬성 의원을 구분하되, 해당 조례안의 제명의 부제로 발의 의원의 성명을 기재하여야 한다. 다만, 발의 의원이 2명 이상인 경우에는 대표발의 의원 1명을 명시하여야 한다. 지방의회의원이 발의한 제정조례안 또는 전부개정조례안 중 지방의회에서 의결된 조례안을 공표하거나 홍보하는 경우에는 해당 조례안의 부제를 함께

---

172) 방청의 자유는 의원 이외의 사람이 회의를 직접 견문하는 자유를, 보도의 자유는 회의 내용을 보도기관이 일반주민에게 알리는 자유를, 회의록의 공개는 회의기록을 주민이 열람할 수 있는 상태에 두는 것을 말한다.

173) 예컨대, 지방자치단체의 장의 전속적인 권한에 속하는 사항, 예산안·결산안의 발의, 선결처분의 승인발의 등.

174) 예컨대, 의회규칙의 제정, 개회·휴회·폐회와 회의일수의 결정, 의장·부의장의 선출과 불신임의결, 임시의장의 선출, 위원회의 구성, 회의규칙의 제정, 의원의 사직허가·자격심사·자격상실·징계의 의결 등.

표기할 수 있다(이상 지자법 76조).

지방의회는 심사대상인 조례안에 대하여 5일 이상의 기간을 정하여 그 취지, 주요 내용, 전문을 공보나 인터넷 홈페이지 등에 게재하는 방법으로 예고할 수 있다. 조례안 예고의 방법, 절차, 그 밖에 필요한 사항은 회의규칙으로 정한다(지자법 77조).

지방자치단체의 장이 예산상 또는 기금상의 조치가 필요한 의안을 제출할 경우에는 그 의안의 시행에 필요할 것으로 예상되는 비용에 대한 추계서와 그에 따른 재원조달방안에 관한 자료를 의안에 첨부하여야 한다(지자법 78조).

### (4) 회기계속의 원칙

지방의회에 제출된 의안은 회기 중에 의결되지 못한 것 때문에 폐기되지 않고 다음 회기에 계속 심의할 수 있다. 다만 의원의 임기가 끝나는 경우에는 그러하지 않다(지자법 79조).

### (5) 일사부재의 원칙

일사부재의(一事不再議)의 원칙은 지방의회에서 부결된 의안은 같은 회기 중에 다시 발의하거나 제출할 수 없다는 원칙이다(지자법 80조). 이것은 소수파에 의한 의사방해(filibuster)나 고의지연 등을 배제하여 의회의 원활한 운영을 보장하기 위한 것이라고 할 수 있다.

다만 전 회기에 부결된 의안도 회기를 달리하는 경우에는 다시 발의 또는 제출되어 의결될 수 있다. 의제로 채택되었으나 철회되어 의결되지 아니한 안건, 지방의회(본회의)의 의결이 아닌 위원회의 의결,[175] 같은 의안에 대한 사정변경(동일한 의안이라도 새로운 이유, 사실관계의 변경 등의 사유가 있으면 의안의 내용이 변경됨)이 있어 같은 의안으로 보기 어려운 경우 등에는 일사부재의의 원칙이 적용되지 않는다고 할 것이다.

---

175) 지방자치법 제81조는 위원회에서 본회의에 부칠 필요가 없다고 결정된 의안은 본회의에 부칠 수 없는데, 다만 위원회의 결정이 본회의에 보고된 날부터 폐회나 휴회 중의 기간을 제외한 7일 이내에 의장이나 재적의원 3분의 1 이상이 요구하면 그 의안을 본회의에 부쳐야 한다고 규정하고 있다.

### (6) 의장·의원의 제척

지방의회의 의장이나 의원은 본인·배우자·직계존비속 또는 형제자매와 직접 이해관계가 있는 안건에 관하여는 그 의사에 참여할 수 없다. 다만, 의회의 동의가 있으면 의회에 출석하여 발언할 수 있다(지자법 82조).

### (7) 회의록

지방의회는 회의록을 작성하고 회의의 진행내용 및 결과와 출석의원의 성명을 적어야 한다. 회의록에는 지방의회의 의장과 지방의회에서 선출한 지방의회의원 2명 이상이 서명하여야 하고, 의장은 회의록 사본을 첨부하여 회의 결과를 그 지방자치단체의 장에게 알려야 한다. 의장은 회의록을 의원에게 배부하고, 주민에게 공개한다. 다만, 비밀로 할 필요가 있다고 지방의회의 의장이 인정하거나 지방의회에서 의결한 사항은 공개하지 아니한다(이상 지자법 84조).

### (8) 회의규칙

지방의회는 회의의 운영에 관하여 지방자치법에서 정한 것 외에 필요한 사항은 회의규칙으로 정한다(지자법 83조). 회의규칙은 지방의회가 회의의 운영에 관하여 법률의 범위 내에서 자율적으로 정하는 자치규범의 일종이라 할 수 있다. 회의규칙으로는 지방자치법상 회의규칙으로 정하도록 명시하고 있는 방청인에 대한 단속(지자법 97조 4항), 의원 징계에 관한 사항(지자법 101조) 등과 그 밖에 법률상 정해지지 않은 회의 운영에 필요한 사항을 정할 수 있다. 회의규칙은 형식적인 면에서 법령보다 하위의 효력을 갖는 것으로 원칙적으로 대내적 효력만 갖는 규범으로서 의회의 구성원인 의회의원에게만 효력이 미친다고 볼 것이다. 다만 원내에 출석한 제3자, 예컨대 방청인·증인·감정인 등에게는 예외적으로 회의규칙의 효력이 미칠 수 있다.

# 제3절 지방의회 의원

## Ⅰ. 의원의 법적 지위

지방의회의 의원은 주민대표기관인 지방의회의 구성원으로서, 주민의 자유위임[176]에 따라 정치적 의미에서 주민의 의사를 대표하는 기관이다.[177] 본격적인 지방자치시대의 전개와 더불어 주민의 대표로서의 지방의회의원에게 요구되는 능력과 자질로는, 무엇보다도 주민 속에 묻혀있는 가치 있는 욕구를 찾아내는 커뮤니케이션(소통)능력, 주민욕구를 통합하여 정책 또는 입법으로써 표현하는 응용력, 정책 등에 관한 고도의 전문성, 의회에서 논쟁할 수 있는 정치력 등을 들 수 있겠다.

한편 의원은 실정법상 공무원으로서 헌법 제7조의 "국민전체에 대한 봉사자"로서의 (광의의) 공무원에 포함되고, 지방공무원법상 특수경력직인 정무직공무원에 해당하며(따라서 이른바 직업공무원인 경력직 일반직공무원 등과는 근무관계 등에서 차이가 있다), 직무관련 불법행위 야기 시의 국가배상법상의 공무원, 수뢰죄 등 신분범죄 시의 형법상의 공무원에도 해당한다.

종래 지방의원은 무보수·명예직공무원으로 평가되기도 하였으나, 2003. 7.의 지방자치법 개정으로 명예직 규정이 삭제되고 2006년부터는 유급직으로 전환됨으로써, 현재는 무보수·명예직 공무원으로는 볼 수 없게 되었다.

## Ⅱ. 의원의 임기

임기는 지방의원의 한시적 주민대표성을 의미하는데, 임기를 통하여 의원에 대한 주기적 평가와 함께 정치적 의사 형성의 변화에 따른 지방의회의 구성원 교체가 가능하게 된다. 지방의회의원의 임기는 4년으로 한다(지자법 39조). 다만 보궐선거의 경우에는 전임자의 잔임기

---

176) 자유위임이란 대표제원리의 본질적인 요청으로서, 주민대표인 의원은 주민의 직접선거에 의하여 선출되더라도 그 구체적·개별적 의사에 구속되지 않고, "공공의 이익을 우선하여 양심에 따라"(지자법 44조 1항) 법률의 범위 안에서 자유로운 확신에 의거하여 행동하여야 하며 소속 정당이나 단체의 정책에 의해서도 제한될 수 없음을 의미한다.
177) 현행법상 지방의회 의원에게는 국회의원과는 달리 면책특권이나 불체포특권은 인정되지 않는다.

간, 증원선거의 경우에는 종전의 지방의회의원의 잔임기간 중에 재임하게 된다.

의원의 신분은 주민의 보통·평등·직접·비밀선거로 취득된다. 총선거에 의한 임기는 전임 의원의 임기만료일 다음 날부터 개시된다. 다만, 천재지변 등의 이유로 전임 의원의 임기만료 이후에 총선거를 실시한 경우나 보궐선거·증원선거에 있어서는 당선일부터 임기가 개시된다.

## III. 의원의 권리

### 1. 직무상 권리

지방의회의원은 직무 수행과 관련하여, 조례로 정하는 수 이상의 의원의 찬성으로 의안을 발의할 수 있고, 단체장이나 관계 공무원에 대하여 사무 처리에 관하여 질문하거나 심의 중인 안건에 관하여 위원장, 발의자, 단체장 및 관계공무원 등에 대하여 질의할 수 있다. 그리고 의원은 의안에 대한 찬반 토론을 할 수 있고 본회의·위원회 등에서 표결할 수 있으며, 본회의나 위원회의 서류제출 요구권 행사에 의거, 직무상 필요한 문서를 열람할 수 있다.

### 2. 재산상 권리

먼저 지방의회의원은 의정활동비(의정자료 수집·연구 및 이를 위한 보조 활동에 사용되는 비용을 보전하기 위하여 매월 지급), 공무상 여비(본회의나 위원회의 의결이나 의장의 명에 따라 공무로 여행할 때 지급), 월정수당(2006년도부터 의원의 직무활동에 대하여 지급)[178]에 대한 수급권

---

178) 명예직규정의 삭제와 지방의원의 유급화: 종래 지방의원을 무보수·명예직으로 하고 실비변상 수준의 급여만 지급하자, 경제적인 여유가 없는 능력가나 정치신인들의 의회 진출이 어려워졌고, 생계문제 등으로 의원들이 직무에 전념하기 곤란하였다는 점, 그로 인한 각종 이권에의 개입 가능성, 품위유지의 곤란성 등이 문제됨에 따라, 의회의 전문성과 대표성 제고, 직무전념성 강화 등을 위하여 (무보수)명예직 규정을 삭제, 월정수당을 신설하여 지급함으로써 유급직으로 전환하기에 이른 것이다.
　이러한 월정수당의 법적 성격에 관하여 우리 대법원은 이를 직무활동에 대한 대가로 지급되는 보수의 일종으로 보고 있다. "지방의회 의원의 직무활동에 대하여 매월 지급되는 것으로서, 지방의회 의원이 전문성을 가지고 의정활동에 전념할 수 있도록 하는 기틀을 마련하고자 하는 데에 그 입법 취지가 있다는 점을 고려해 보면, 지방의회 의원에게 지급되는 비용 중 적어도 월정수당(제3호)은 지방의회 의원의 직무활동에 대한 대가로 지급되는 보수의 일종으로 봄이 상당하다." (대법 2009. 1. 30. 선고 2007두13487 판결)

을 갖는다. 위 각 비용은 대통령령으로 정하는 기준을 고려하여 해당 지방자치단체의 의정비심의위원회에서 결정하는 금액 이내에서 지방자치단체의 조례로 정한다. 다만, 공무상 여비는 의정비심의위원회 결정 대상에서 제외한다(지자법 40조).

한편 지방의회의원이 직무로 인하여 신체에 상해를 입거나 사망한 경우와 그 상해나 직무로 인한 질병으로 사망한 경우에는 보상금을 지급할 수 있다. 보상금의 지급기준은 대통령령으로 정하는 범위에서 해당 지방자치단체의 조례로 정한다(지자법 42조).


## Ⅳ. 의원의 의무

### 1. 공공이익 우선의무·성실의무

지방의회의원은 공공의 이익을 우선하여 양심에 따라 그 직무를 성실히 수행하여야 한다(지자법 44조 1항). 의원은 주민 전체의 대표자로서 공공의 이익 내지 주민 전체의 이익과 특정한 주민 혹은 소속 정당의 이익 등이 충돌하는 경우에는 전자를 우선하여 양심에 따라 그 직무를 성실히 수행하여야 한다는 것이다.


### 2. 청렴의 의무·품위유지의무

지방의원은 청렴의 의무를 지며, 의원으로서의 품위를 유지하여야 한다(지자법 44조 2항). 청렴의 의무와 품위유지의무는 지방의회 의원이 공직자이자 봉사자로서 지는 기본적인 법적 의무이자 윤리적 의무라고 할 수 있다.


### 3. 영리행위금지의무

#### (1) 지방자치법상 의무

지방의회의원은 지위를 남용하여 재산상의 권리·이익 또는 직위를 취득하거나 다른 사람을 위하여 그 취득을 알선해서는 안 된다. 지방의회의원은 해당 지방자치단체, 법 제43조 제5항 각 호의 어느 하나에 해당하는 기관·단체 및 그 기관·단체가 설립·운영하는 시설과 영리를 목적으로 하는 거래를 하여서는 안 된다. 또한 소관 상임위원회의 직무와 관련된 영리행위를 하지 못하며, 그 범위는 해당 지방자치단체의 조례로 정한다(지자법 44조 3~5항).

### (2) 지방자치단체를 당사자로 하는 계약에 관한 법률(약칭: 지방계약법)상 의무

지방의회의원은 그 지방자치단체와 영리목적 계약을 체결할 수 없다. 그리고 다음 각호[179]의 어느 하나에 해당하는 자가 사업자(법인의 경우 대표자)인 경우에는 그 지방자치단체와 영리를 목적으로 하는 수의계약을 체결할 수 없다(지방계약법 33조 1·2항).

## 4. 겸직금지의무

지방의원은 법률상의 일정한 직을 겸할 수 없고,[180] 이에 위반하는 경우에는 당연 퇴직

---

[179] 지방자치단체와 영리목적의 수의계약을 체결할 수 없는 사업자(법인의 경우 대표자)(지방계약법 33조 2항)
  1. 지방자치단체의 장의 배우자
  2. 지방자치단체의 지방의회의원의 배우자
  3. 지방자치단체의 장 또는 그 배우자의 직계 존속·비속
  4. 지방자치단체의 지방의회의원 또는 그 배우자의 직계 존속·비속
  5. 지방자치단체의 장 또는 지방의회의원과 다음 각 목의 관계에 있는 사업자(법인을 포함한다. 이하 같다)
  가. 「독점규제 및 공정거래에 관한 법률」 제2조제3호에 따른 계열회사
  나. 「공직자윤리법」 제4조제1항에 따른 등록대상으로서 소유 명의와 관계없이 지방자치단체의 장 또는 지방의회의원이 사실상 소유하는 재산이 자본금 총액의 100분의 50 이상인 사업자
  6. 지방자치단체의 장과 제1호·제3호·제5호에 해당하는 자가 소유하는 자본금 합산금액이 자본금 총액의 100분의 50 이상인 사업자
  7. 지방자치단체의 지방의회의원과 제2호·제4호·제5호에 해당하는 자가 소유하는 자본금 합산금액이 자본금 총액의 100분의 50 이상인 사업자
[180] 지방의원이 겸할 수 없는 직(지자법 43조 1항)
  1. 국회의원, 다른 지방의회의원
  2. 헌법재판소 재판관, 각급 선거관리위원회 위원
  3. 「국가공무원법」 제2조에 따른 국가공무원과 「지방공무원법」 제2조에 따른 지방공무원(「정당법」 제22조에 따라 정당의 당원이 될 수 있는 교원은 제외한다)
  4. 「공공기관의 운영에 관한 법률」 제4조에 따른 공공기관(한국방송공사, 한국교육방송공사 및 한국은행을 포함한다)의 임직원
  5. 「지방공기업법」 제2조에 따른 지방공사와 지방공단의 임직원
  6. 농업협동조합, 수산업협동조합, 산림조합, 엽연초생산협동조합, 신용협동조합, 새마을금고(이들 조합·금고의 중앙회와 연합회를 포함한다)의 임직원과 이들 조합·금고의 중앙회장이나 연합회장
  7. 「정당법」 제22조에 따라 정당의 당원이 될 수 없는 교원
  8. 다른 법령에 따라 공무원의 신분을 가지는 직

한다.[181] 겸직금지의무는 의원의 직무수행 전념과 직무집행의 공정성을 확보하기 위한 것이다.

정당법 제22조에 따라 정당의 당원이 될 수 있는 교원이 지방의회의원으로 당선되면 임기 중 그 교원의 직은 휴직된다. 의원이 당선 전부터 지방자치법(43조 1항)상의 겸직 금지의 직을 제외한 다른 직을 가진 경우에는 임기개시 후 1개월 이내에, 임기 중 그 다른 직에 취임한 경우에는 취임 후 15일 이내에 지방의회의 의장에게 서면으로 신고하여야 하며, 그 방법과 절차는 해당 지방자치단체의 조례로 정한다. 지방의회의 의장은 의원의 겸직신고를 받으면 그 내용을 연 1회 이상 해당 지방의회의 인터넷 홈페이지에 게시하거나 지방자치단체의 조례로 정하는 방법에 따라 공개하여야 한다. 의원이 다음 각 호[182]의 기관·단체 및 그 기관·단체가 설립·운영하는 시설의 대표, 임원, 상근직원 또는 그 소속 위원회(자문위원회는 제외한다)의 위원이 된 경우에는 그 겸한 직을 사임하여야 한다. 지방의회의 의장은 의원이 다음 각 호[183]의 어느 하나에 해당하는 경우에는 그 겸한 직을 사임할 것을 권고하여야 하고, 이 경우 의장은 법 제66조에 따른 윤리심사자문위원회의 의견을 들어야 하며 그 의견을 존중하여야 한다. 의장은 의원의 행위 또는 양수인이나 관리인의 지위가 법 제43조 제5항 또는 제6항에 따라 제한되는지와 관련하여 윤리심사자문위원회의 의견을 들을 수 있다(이상 지자법 43조 2~7항).

## 5. 그 밖의 의무

그 밖에 지방의회의원은 본회의나 소속 위원회에 출석할 의무(지자법 72조 참조), 의사에 관한 법령이나 조례, 의회규칙(지자법 52조)·회의규칙(지자법 83조) 등의 준수의무, 회의장에서의 질서유지의무(지자법 94조 참조)·모욕 등 발언의 금지의무(지자법 95조)·타인의 발언방해 등의 금지의무(지자법 96조), 지방의회가 의원이 준수하도록 조례로 정한 의원윤리강령과 윤리실천규범의 준수의무(지자법 46조 참조) 등을 지는 것으로 볼 수 있다.

---

9. 그 밖에 다른 법률에서 겸임할 수 없도록 정하는 직
181) 지방자치법은 지방의회의 의원이 겸할 수 없는 직에 취임할 때에는 의원의 직에서 퇴직한다(지자법 90조 1호)고 규정하고 있다.
182) 1. 해당 지방자치단체가 출자·출연(재출자·재출연을 포함한다)한 기관·단체
　　2. 해당 지방자치단체의 사무를 위탁받아 수행하고 있는 기관·단체
　　3. 해당 지방자치단체로부터 운영비, 사업비 등을 지원받고 있는 기관·단체
　　4. 법령에 따라 해당 지방자치단체의 장의 인가를 받아 설립된 조합(조합설립을 위한 추진위원회 등 준비단체를 포함한다)의 임직원
183) 1. (법 제43조) 제5항(사임하여야 할 겸직)에 해당하는 데도 불구하고 겸한 직을 사임하지 아니할 때
　　2. 다른 직을 겸하는 것이 제44조 제2항(청렴의무, 품위유지의무)에 위반된다고 인정될 때

# V. 의원의 정책지원 전문인력

## 1. 정책지원 전문인력 서론

지방자치법 전부개정법률은 지방의회의원의 의정활동을 전문적으로 지원하기 위하여 지방의회의원 정수의 2분의 1 범위에서[184] 해당 지방자치단체의 조례로 정하는 바에 따라 지방의회에 정책지원 전문인력을 둘 수 있도록 하였다(지자법 41조 1항).

이번에 도입하게 된 정책지원 전문인력과 관련하여서는, 그동안 지방의회의원의 유급보좌관 내지 그와 유사한 기능을 수행하는 인력의 도입 요구가 지속적으로 이어져 오고 있던 것으로, 각 지방자치단체별로 이러한 인력을 도입, 활용하기 위하여 조례의 제정 등 다양한 시도가 있었지만 법률상 그에 관한 직접적인 근거 규정이 없어 지방의회와 단체장 및 중앙정부 사이에 갈등이나 법적 분쟁이 지속되어 왔고, 이에 대하여 대법원은 지방의회 의원의 유급보좌관은 반드시 법률에 근거를 두어야 할 사항인데도 그러한 법률적 근거 없이 조례로 유급보좌관을 두려는 시도는 위법하다고 판단함으로써 의원의 유급보좌관 도입 시도는 차단해 왔었던 쟁점사안이었다.[185]

---

[184] 다만 인원 충원 시 일시선발에 따른 재정 및 행정부담 등을 감안하여 그 규모는, 2022년 12월 31일까지는 지방의회의원 정수의 4분의 1 범위에서, 2023년 12월 31일까지는 지방의회의원 정수의 2분의 1 범위에서 연차적으로 도입하도록 하였다(지자법 부칙 6조).

[185] "[1] 지방재정법 제36조 제1항은 "지방자치단체는 법령 및 조례로 정하는 범위에서 합리적인 기준에 따라 그 경비를 산정하여 예산에 계상하여야 한다."고 규정하고 있다. 여기서 '법령 및 조례로 정하는 범위에서'란 예산안이 예산편성 기준 등에 관하여 직접 규율하는 법령이나 조례에 반해서는 안 될 뿐만 아니라 당해 세출예산의 집행목적이 법령이나 조례에 반해서도 안 된다는 것을 의미한다고 보는 것이 타당하므로, 지방의회가 의결한 예산의 집행목적이 법령이나 조례에 반하는 경우 당해 예산안 의결은 효력이 없다.
[2] 갑 광역시의회가 '상임(특별)위원회 행정업무보조 기간제근로자 42명에 대한 보수 예산안'을 포함한 2012년도 광역시 예산안을 재의결하여 확정한 사안에서, 위 근로자의 담당 업무, 채용규모 등을 종합해 보면, 지방의회에서 위 근로자를 두어 의정활동을 지원하는 것은 실질적으로 유급보좌인력을 두는 것과 마찬가지여서 개별 지방의회에서 정할 사항이 아니라 국회의 법률로 규정하여야 할 입법사항에 해당하는데, 지방자치법이나 다른 법령에 위 근로자를 지방의회에 둘 수 있는 법적 근거가 없으므로, 위 예산안 중 '상임(특별)위원회 운영 기간제근로자 등 보수' 부분은 법령 및 조례로 정하는 범위에서 지방자치단체의 경비를 산정하여 예산에 계상하도록 한 지방재정법 제36조 제1항의 규정에 반하고, 이에 관하여 한 재의결은 효력이 없다."(대법원 2013. 1. 16. 선고 2012추84 판결)
"지방자치단체 인사위원회위원장이 시간선택제임기제공무원 40명을 '정책지원요원'으로 임용하여 지방의회 사무처에 소속시킨 후 상임위원회별 입법지원요원(입법조사관)에 대한 업무지원 업무를 담당하도록 한다는 내용의 채용공고를 하자, 행정자치부장관이 위 채용공고가 법령에 위반된다며 지방자치단체장에게 채용공고를 취소하라는 내용의 시정명령을 하였으나 이에 응하지 않자 채용공고를 직권으로 취소한 사안에서, 위 공무원의 임용은 국회의 법률로 규정하여야 할 입법사항인데 위 공무원을 지방의회

다만 제주의회의 경우에는 이전부터 지방의회 내지 의원의 정책지원 전문인력으로서 제주특별자치도 설치 및 국제자유도시 조성을 위한 특별법(약칭: 제주특별법) 제39조 및 도 조례에 근거하여 정책연구위원제도를 도입, 운영하여 왔는데, 이러한 제주의 사례는 이번 지방자치법 전부개정에 의한 정책지원 전문인력제도의 도입에 있어서 선도적인 모델이 된 것으로 평가되고 있다.[186]

## 2. 정책지원 전문인력제도의 주요 내용

지방자치법 전부개정법률은 지방의회의원의 정책지원 전문인력과 관련하여 그 직급·직무 및 임용절차 등 운영에 필요한 사항은 대통령령으로 정하도록 규정하고 있는바(지자법 41조 2항), 대통령령인 지방자치법시행령(제36조)에서는 정책지원 전문인력의 공식명칭을 '정책지원관'으로 명명하고, 그 직무는 "지방의회의원의 의정자료 수집·조사·연구 및 지방자치법 제47조부터 제52조까지(지방의회의 권한사항)와 제83조에 관련된 의정활동 지원"으로 설정하였으며, 직무범위와 관련된 세부사항은 위의 범위에서 조례로 정할 수 있도록 하였다(지자법시행령 36조 2항).

정책지원관은 지방공무원으로 보는데, 지방자치단체의 행정기구와 정원기준 등에 관한 규정에 의거, 그 직급은 시·도는 6급 이하, 시·군·구는 7급 이하의 일반직지방공무원[187]으로 임명하도록 하였다.

## VI. 의원에 대한 징계

지방의회는 의원이 지방자치법이나 자치법규에 위배되는 행위를 하면 윤리특별위원회의 심사를 거쳐 의결로써 징계할 수 있다(지자법 98조). 의원에 대한 징계는 지방의회의 품위와 질서의 유지를 위한 의회의 자율적인 제재라고 할 수 있다. 지방의회의 의장은 징계 대상 의원이 있어 징계요구가 있으면 윤리특별위원회에 회부한다(지자법 98조 1항).

---

에 둘 수 있는 법적 근거가 없어 그 임용을 위한 채용공고는 위법하고, 이에 대한 직권취소처분이 적법하다고 한 사례"(대법 2017. 3. 30. 선고 2016추5087 판결)

186) 최춘규, "지방의회 정책지원전문인력 도입에 관한 입법적 연구 – 제주도의회 정책자문위원의 법적 고찰 및 시사점을 중심으로", 입법학연구 제17집 제2호, 2020. 8, 175쪽.

187) 정책지원관은 일반직지방공무원으로 임명하는데, 다만 임기제공무원으로 임명하는 경우에는 지방공무원임용령 제3조의2제1호에 따른 일반임기제공무원만으로 임명할 수 있다(지방자치단체의 행정기구와 정원기준 등에 관한 규정 15조 6항).

법률상 의원에 대한 징계의 종류에는 ① 공개회의에서의 경고 ② 공개회의에서의 사과 ③ 30일 이내의 출석정지 ④ 제명이 있는데, 제명 의결에는 재적의원 3분의 2 이상의 찬성이 있어야 한다(지자법 100조). 징계에 관하여 지방자치법에 규정된 것 외에 필요한 사항은 회의규칙으로 정한다(지자법 101조).

지방의회의 징계의결에 대하여 법원은 그러한 징계의결로 의원의 권리에 직접 법률효과를 미치는 것이므로 '행정처분의 일종'으로서 행정소송(항고소송)의 대상이 됨을 인정하였고,[188] 이 경우의 항고소송의 피고는 의결기관인 당해 '지방의회'라고 보았다.


## VII. 의원 체포 및 확정판결의 통지

수사기관의 장은 체포되거나 구금된 지방의회의원이 있으면 지체 없이 해당 지방의회의 의장에게 영장의 사본을 첨부하여 그 사실을 알려야 하고, 각급 법원장은 의원이 형사사건으로 공소(公訴)가 제기되어 판결이 확정되면 지체 없이 해당 지방의회의 의장에게 그 사실을 알려야 한다(지자법 45조).


## VIII. 의원의 신분 상실

### 1. 사망과 사직

의원은 임기 중 사망한 경우에는 당연히 의원의 신분을 상실하게 된다. 본인이 의원직을 사직하고자 희망하는 경우에는 지방의회는 그 의결로 의원의 사직을 허가할 수 있되, 폐회 중에는 의장이 허가할 수 있다(지자법 89조).[189] 사직은 원칙적으로 서면(辭職書)에 의

---

188) 서울고법 1993. 2. 18. 92구3672 제2특별부판결: 상고 [의원제명취소무효확인]
"지방의회의 소속의원에 대한 제명처분은 집행기관의 처분을 기다리지 아니하고 바로 의원으로서의 지위를 상실시키는 법률효과를 가져와 지방주민에 의한 선거의 효과를 부정하는 결과를 낳게 되는 것이기 때문에 단순한 의회 내부규율의 문제를 떠나 일반시민법질서에 속하는 법률적 쟁송으로서 행정처분의 일종에 속하고, 지방의회의원의 제명에 관하여 국회의원의 경우와 같이 사법심사를 배제하는 특별한 규정이 없으므로 사법심판의 대상으로 보는 것이 국민의 재판청구권을 보장하고 있는 헌법 제27조의 해석에도 맞는다."
189) 의원직의 수행은 의무적인 것은 아니므로 지방의회의 사직 허가는 본인의 진의를 확인하기 위한 요식절차라고 할 것이며, 따라서 본인이 사직을 진심으로 원하는 경우에는 허가하여야 할 것이다.

하고, 사직의 의사표시가 외부의 기만, 강박, 강요 등에 의한 것일 경우에는 지방의회나 의장의 허가의 위법을 행정소송상 다툴 수 있을 것이다.

## 2. 퇴직

지방의회의 의원은 ① 법 제43조 제1항 각 호의 의원이 겸할 수 없는 직에 취임할 때, ② 피선거권이 없게 될 때(지방자치단체의 구역변경이나 없어지거나 합한 것 외의 다른 사유로 그 지방자치단체의 구역 밖으로 주민등록을 이전하였을 때를 포함한다), ③ 징계에 따라 제명될 때 의원의 직에서 퇴직된다(지자법 90조).

## 3. 자격심사 및 자격상실의결

지방의회의 의원은 다른 의원의 자격에 대하여 이의가 있으면 재적의원 4분의 1 이상의 찬성으로 의장에게 자격심사를 청구할 수 있다. 심사 대상인 지방의회의원은 자기의 자격심사에 관한 회의에 출석하여 변명은 할 수 있으나, 의결에는 참가할 수 없다(지자법 91조).

위의 의원에 대한 자격상실의결은 재적의원 3분의 2 이상의 찬성이 있어야 한다. 심사 대상 의원은 자격상실이 확정될 때까지는 그 직을 상실하지 아니한다(지자법 92조).

## 4. 주민소환의 확정

지방자치법과 주민소환에 관한 법률에 따라 지방의회의원에 대한 주민소환이 확정된 때에는 그 대상자는 결과가 공표된 시점부터 그 직을 상실한다(주민소환법 23조 1항).

## 제4절 지방자치단체의 집행기관

지방자치단체의 집행기관은 지방자치단체라는 공법인의 사무를 집행하는 기관, 즉 법령에서 부여된 사무와 지방의회에서 결정한 정책·사업·계획 등의 사무의 집행을 담당하는 지방자치단체의 장과 그를 보조·보좌하는 행정기구와 소속 행정기관 등을 말한다.

# 제1관 지방자치단체의 장

## Ⅰ. 지방자치단체의 장의 직 인수위원회

### 1. 제도 도입의 배경

종전에는 선출직인 지방자치단체의 장의 선거 이후에도 당선인이 지방자치단체의 장의 직을 체계적·효율적으로 인수하기 위한 인수위원회 등에 관한 근거 법령이 존재하지 않아 지방자치단체 간 인수위원회의 구성과 운영 등이 통일되지 못하는 문제가 있었다. 이에 따라 지방자치법 전부개정법률에서는 당선인을 보좌하여 지방자치단체의 장의 직 인수 관련 업무를 담당하기 위한 인수위원회 근거 조항이 신설되게 되었다.

### 2. 인수위원회

공직선거법 제191조에 따른 지방자치단체의 장의 당선인은 지방자치법에서 정하는 바에 따라 지방자치단체의 장의 직 인수를 위하여 필요한 권한을 갖는다. 그리고 당선인을 보좌하여 지방자치단체의 장의 직 인수와 관련된 업무를 담당하기 위하여 당선이 결정된 때부터 해당 지방자치단체에 지방자치단체의 장의 직 인수위원회를 설치할 수 있다. 인수위원회는 당선인으로 결정된 때부터 지방자치단체의 장의 임기 시작일 이후 20일의 범위에서 존속하고, 다음 각 호[190]의 업무를 수행한다. 인수위원회는 위원장 1명 및 부위원장 1명을 포함하여 시·도는 20명 이내, 시·군 및 자치구는 15명 이내의 위원으로 구성하며, 위원장·부위원장 및 위원은 명예직으로 하고, 당선인이 임명하거나 위촉한다.[191] 인수위원회의 구성·운영 및 인력·예산 지원 등에 필요한 기타의 사항은 해당 지방자치단체의 조례로 정한다(이상 지자법 105조).

---

190) 1. 해당 지방자치단체의 조직·기능 및 예산현황의 파악
  2. 해당 지방자치단체의 정책기조를 설정하기 위한 준비
  3. 그 밖에 지방자치단체의 장의 직 인수에 필요한 사항
191) 지방공무원법 제31조 각 호의 어느 하나에 해당하는 사람은 인수위원회의 위원장·부위원장 및 위원이 될 수 없다.

## Ⅱ. 지방자치단체의 장의 종류와 지위

### 1. 지방자치단체의 장의 종류

지방자치단체의 종류에 따른 지방자치단체의 장은, 특별시에 특별시장, 광역시에 광역시장, 특별자치시에 특별자치시장, 도와 특별자치도에 도지사, 시에 시장, 군에 군수, 자치구에 구청장이 된다(지자법 106조). 그리고 광역지방자치단체인 시·도의 교육·학예 관련 사무분야의 지방자치단체의 장은 교육감이 된다(지방교육자치법 18조).

### 2. 지방자치단체의 장의 지위

#### (1) 지방자치단체의 법적 대표

지방자치단체의 장은 법률행위 등에 있어서 지방자치단체를 외부에 대하여 대표한다.192) 대표는 단체조직의 일부이므로 타인을 위한 대리와는 구분된다.

지방의회가 주민의 정치적 대표(대의)기관임에 비하여, 지방자치단체의 장은 행정행위나 법률행위 등 법적인 행위를 유효하게 하는 법적 대표기관이다. 따라서 지방자치단체의 내부적 의사결정과정은 복수의 기관에 분산되어 있더라도 그 외부적 의사표시는 원칙적으로 지방자치단체의 장에게 통합되어 행사된다고 할 것이다.

#### (2) 지방자치단체의 집행기관의 장

지방자치단체의 장은 공법인인 지방자치단체의 집행기관의 장으로서 그 사무를 총괄하는 독임제 최고행정청이다. 따라서 지방자치단체의 장은 지방의회 등의 권한에 속하지 않고 법령이나 자치법규 등에 의하여 그의 권한으로 부여된 사항에 관한 의사결정기관(행정청)이다. 또한 지방자치단체의 장은 최고행정기관으로서, 그 사무의 처리와 관련하여 소속 직원(지방의회의 사무직원은 제외)을 지휘·감독하고 법령과 조례·규칙으로 정하는 바에 따라 그 임면 등에 관한 인사권을 행사하며, 교육훈련·복무·징계 등에 관한 사항을 처

---

192) 지방자치단체의 장의 대표권은 법률에 의하여 직접 부여된 것으로, 지방자치법 제114조(지방자치단체의 통할대표권)는 "지방자치단체의 장은 지방자치단체를 대표하고, 그 사무를 총괄한다."고 규정하고 있다.

리한다(지자법 118조).

### (3) 자치권의 행사기관

지방자치단체의 장은 주민의 대표자로서 자치권을 행사한다. 자치권 행사의 주체 중의 하나로서 지방의회의 의결에 대한 재의요구와 예산상 집행 불가능한 의결에 대한 재의요구를 할 수 있고, 선결처분도 할 수 있다(지자법 120~122조 참조).[193]

### (4) 국가 등의 하급행정기관

지방자치단체의 장은 독립된 법인인 지방자치단체의 기관이지만, 예외적으로 법령에 의거하여 국가나 시·도의 사무위임기관의 하급기관으로서의 지위에 놓이게 되기도 한다. 이와 같이 국가 등의 사무위임기관으로부터 위임된 (기관)위임사무를 수행하는 경우 지방자치단체의 장은 그 사무위임기관의 하급행정기관의 지위에 놓이게 된다. 기관위임사무 처리와 관련해서는 위임기관의 지휘·감독권에 구속(사무처리에 관한 훈령·예규 등의 지침과 직무지시, 기타 사후적 감독권 등에 구속)되고, 위임사무의 성질은 국가사무 또는 시·도사무의 성질을 유지하므로 원칙적으로 해당 지방의회의 통제는 받지 않게 됨을 유의하여야 한다.

## III. 신분의 발생과 소멸

우리 헌법은 지방자치단체의 장의 선임방법을 법률에 유보하고 있는데(헌법 118조 2항), 지방자치법은 지방자치단체의 장은 주민이 보통·평등·직접·비밀선거에 따라 선출한다고 규정하고 있다(지자법 107조). 선거에 의한 당선인의 결정방식은 비교다수대표제를 채택하고 있으므로 유효투표의 다수 득표자가 당선된다. 다만 최고득표자가 2인 이상인 때에는 연장자를 당선인으로 결정한다(공직선거법 191조 1항).[194] 지방자치단체의

---

193) 홍정선, 新지방자치법, 402쪽.
194) 한편 공직선거법은 1인 후보 시의 무투표당선제를 채택하고 있다. 즉 후보자등록마감시각에 단체장후보자가 1인이거나 후보자등록마감 후 선거일 투표개시시각 전까지 후보자가 사퇴·사망하거나 등록이 무효로 되어 후보자 수가 1인이 된 때에는 후보자에 대한 투표를 실시하지 아니하고 선거일에 그 후보자를 당선인으로 결정하도록 규정하고 있는 것이다. 이것은 종전에, 대통령선거에서와 같이 1인 후보 시에도

장 선거에 있어서의 피선거권은, 선거일 현재 계속하여 60일 이상 당해 지방자치단체의 관할구역 안에 주민등록(국내거소신고인명부 등재 포함)이 되어 있는 주민으로서 25세 이상의 국민에게 인정된다.

지방자치단체장의 임기는 4년으로 하며 계속 재임은 3기에 한한다(지자법 108조).[195] 지방자치단체의 장의 신분은 임기의 만료, 사임,[196] 퇴직,[197] 주민소환의 확정 등의 사유로 소멸한다. 단체장에 대한 징계에 의한 해임제도는 현행법상 인정되지 않으며, 탄핵소추의 대상에도 포함되지 않는다.


## Ⅳ. 직무의 위임·위탁 및 권한대행·대리 등

### 1. 직무의 위임·위탁

지방자치단체의 장은 조례나 규칙으로 정하는 바에 따라, 그 권한에 속하는 사무의 일부를 보조기관, 소속 행정기관 또는 하부행정기관에 위임할 수 있고 관할 지방자치단체나 공공단체 또는 그 기관(사업소·출장소를 포함한다)에 위임하거나 위탁할 수 있으며, 조사·검사·검정·관리업무 등 주민의 권리·의무와 직접 관련되지 아니하는 사무는 법인·단체 또는 그 기관이나 개인에게 위탁할 수 있다. 지방자치단체의 장이 위임받거나 위탁받은 사무의 일부를 다시 위임하거나 위탁하려면 미리 그 사무를 위임하거나 위탁한 기관의 장의 승인을 받아야 한다(지자법 117조).

---

선거권자 총수의 3분의 1 이상의 득표를 요구하고 있었던 것(공직선거법 187조 1항)에서 변경된 것이다.
195) 계속 재임을 3기로 제한한 입법취지로는, 장기집권으로 인한 지역발전저해 방지와 유능한 인사의 단체장 진출확대 등을 들고 있는데, 헌법재판소는 이 제도를 합헌으로 본 바 있다(헌재 2006. 2. 23. 선고 2005헌마403 결정). 다만 이 결정에는, 이 조항이 주민의 자율적인 결정권을 침해하여 "자치"의 본질과 조화되지 않고, 민주주의 및 지방자치의 기본원리에 반하며 부적절하고 지나친 방법을 통하여 자치단체 장들의 공무담임권을 침해함으로써 헌법에 위반된다고 본 반대의견도 있었다.
196) 단체장이 사임하려면 지방의회의 의장에게 미리 사임일을 적은 서면(사임통지서)으로 알려야 하고(의회의 의결은 불요) 그 사임일에 사임된다. 다만, 사임통지서에 적힌 사임일까지 지방의회의 의장에게 사임통지가 되지 아니하면 지방의회의 의장에게 사임통지가 된 날에 사임된다(지자법 111조).
197) 지방자치단체의 장은 아래와 같은 법정요건에 해당하는 경우 자동으로 직에서 퇴직된다(지자법 112조).
　1. 지방자치단체의 장이 겸임할 수 없는 직에 취임할 때
　2. 피선거권이 없게 될 때(지방자치단체의 구역변경이나 없어지거나 합한 것 외의 다른 사유로 그 지방자치단체의 구역 밖으로 주민등록을 이전하였을 때를 포함한다)
　3. 법 제110조에 따라 (지방자치단체의 폐치분합으로) 단체장의 직을 상실할 때

## 2. 권한대행 · 대리

지방자치단체의 폐치분합에 따라 새로 지방자치단체의 장을 선출하여야 하는 경우에는, 그 지방자치단체의 장이 선출될 때까지 시 · 도지사는 행정안전부장관이, 시장 · 군수 및 자치구청장은 시 · 도지사가 각각 그 직무를 대행할 사람을 지정하여야 한다. 다만, 둘 이상의 동격의 지방자치단체를 통 · 폐합하여 새로운 지방자치단체를 설치하는 경우에는 종전의 지방자치단체의 장 중에서 해당 지방자치단체의 장의 직무를 대행할 사람을 지정한다(지자법 110조).

한편 지방자치단체의 장이 궐위되거나 공소 제기된 후 구금상태에 있는 경우, 의료법에 따른 의료기관에 60일 이상 계속 입원한 경우에는 부단체장이 그 권한을 대행한다. 지방자치단체의 장이 그 직을 가지고 그 지방자치단체의 장 선거에 입후보하면 예비후보자 또는 후보자로 등록한 날부터 선거일까지 부단체장이 그 지방자치단체의 장의 권한을 대행한다. 한편 지방자치단체의 장이 출장 · 휴가 등 일시적 사유로 직무를 수행할 수 없으면 부단체장이 그 직무를 대리한다. 권한대행 및 대리에 있어, 부지사나 부시장이 2인 이상인 시 · 도에 있어서는 대통령령이 정하는 바대로(행정부시장 · 부지사, 정무부시장 · 부지사의 순으로) 그 권한을 대행하거나 직무를 대리한다. 권한을 대행하거나 직무를 대리할 부단체장이 부득이한 사유로 직무를 수행할 수 없으면 그 지방자치단체의 규칙에 정해진 직제 순서에 따른 공무원이 그 권한을 대행하거나 직무를 대리한다(이상 지자법 124조).

## V. 지방자치단체의 장의 권한

### 1. 대표 · 총괄권

지방자치단체의 장은 지방자치단체를 대표하고 그 사무를 총괄할 권한을 갖는다(지자법 114조).

## 2. 사무의 관리·집행권

지방자치단체의 장은 집행기관의 장(독임제 최고행정청)으로서, 그 지방자치단체의 사무와 법령에 따라 지방자치단체의 장에게 위임된 사무를 관리하고 집행할 권한을 갖는다(지자법 116조).

## 3. 지휘·감독권 및 임면권 등

지방자치단체의 장은 하부행정기관(자치구 아닌 구의 구청장, 읍장, 면장, 동장 등)에 대하여 지휘·감독권을 가진다(지자법 131조). 시·도지사는 위임사무에 관하여 시·군 및 자치구 또는 그 장를 지도·감독한다(지자법 167조). 지방자치단체의 장은 소속 직원(지방의회의 사무직원은 제외)을 지휘·감독하고 법령과 조례·규칙으로 정하는 바에 따라 그 임면·교육훈련·복무·징계 등에 관한 사항을 처리한다(지자법 118조).

## 4. 재무에 관한 권한

우선 지방자치단체의 장은 매 회계연도의 예산안 편성·제출권을 가지는바, 편성된 예산안은 시·도는 회계연도 개시 50일 전까지, 시·군 및 자치구는 회계연도 시작 40일 전까지 지방의회에 제출하여야 한다(지자법 142조 1항). 그리고 지방자치단체의 장은 따로 법률로 정하는 바에 따라 지방채를 발행할 수 있고, 법률로 정하는 바에 따라 지방자치단체의 채무부담의 원인이 될 계약의 체결이나 그 밖의 행위를 할 수 있다. 또한 공익을 위하여 필요하다고 인정하면 미리 지방의회의 의결을 받아 보증채무부담행위를 할 수 있다(지자법 139조).

## 5. 주민투표발의권

지방자치단체의 장은 주민에게 과도한 부담을 주거나 중대한 영향을 미치는 지방자치단체의 주요 결정사항 등에 대하여 주민투표에 부칠 수 있다. 다만 이러한 단체장의 주민투표발의권은, 주민투표법의 관련 규정에 의하여 일정한 제한이 설정되어 있기도 하다(자세히는 앞의 주민투표 부분 참조).

## 6. 지방의회에 대한 권한

### (1) 지방의회와 집행기관의 기본관계

앞서 살펴본 대로 우리나라의 지방자치단체의 조직(기관구성) 형태는 기관분립(대립)형으로 설계되어 있다. 지방의회는 지방자치단체의 의결기관이고 지방자치단체의 장은 지방자치단체의 대표이자 집행기관의 장으로서, 이 양 기관은 상호 존중 하에 권한의 배분을 통하여 견제와 균형을 도모하도록 하고 있다.

### (2) 지방의회에 대한 지방자치단체의 장의 주요 권한

지방자치단체의 장이 지방의회를 견제하는 경우에도 법령 또는 자치법규 등에 의하여 그에게 속한 권한을 행사하여야 하고, 법적인 근거가 없거나 한계를 넘어서는 권한 행사에 의해 지방의회를 견제할 수는 없다.

지방자치법이 인정하는 지방의회에 대한 지방자치단체의 장의 권한으로는, 지방의회 출석·진술권, 지방의회의 임시회 소집요구권·위원회 개최요구권, 단체장이 지방의회에 부의할 안건의 공고권, 지방의회에서 의결할 안건의 발의권, 조례안공포권, 지방의회의 의결에 대한 재의(再議)요구권 및 제소권 등이 있다.

### (3) 재의요구 및 제소권

재의요구권이란, 지방자치단체의 장이 지방의회가 행한 의결에 이의가 있거나 그 의결이 위법, 월권, 현저한 공익 침해, 집행 불능 등의 사유가 있다고 판단할 때에 의결의 효력을 거부하고 의회에 재의를 요구할 수 있는 권한을 말한다.

지방자치법상 재의를 요구할 수 있는 사유로는, 조례의 제·개폐 의결에 단체장이 이의가 있는 경우(32조 3항), 의회의 의결이 월권, 법령 위반, 공익의 현저한 저해가 있는 경우(120조 1항), 의회의 의결에 예산상 집행불가능한 경비가 포함된 경우(121조 1항), 법령에 따라 지방자치단체에서 의무적으로 부담하여야 할 경비 또는 비상재해로 인한 시설의 응급 복구를 위하여 필요한 경비를 줄이는 의결을 할 때(121조 2항), 의회의 의결이 법령 위반, 공익의 현저히 저해가 있어 주무부장관 또는 시·도지사의 재의요구 지시가 있는 경우(192조 1항)이다.

지방자치단체의 장은 위와 같은 경우의 지방의회의 의결(조례안 포함)을 이송받은 날부터 20일 이내에 재의를 요구할 수 있고, 재의요구에는 이유를 붙여야 하되 의결의 일부에 대하여 또는 의결을 수정하여 재의를 요구할 수는 없다. 재의요구는 의회 폐회 중에도 가능하고 폐회 중에 재의요구가 있으면 단체장에 의한 임시회의 소집요구가 있는 것으로 본다. 의회에서의 재의 결과 재적의원 과반수 출석과 출석의원 3분의 2 이상의 찬성으로 전과 같은 의결(재의결)을 하면 의결사항은 확정되며 그렇지 않은 경우에는 의안은 폐기된다. 지방자치단체의 장은 재의결된 사항이 법령에 위반된다고 인정되면(제소는 위법 사유에 한함) 대법원에 소(訴)를 제기할 수 있다(이상 법 120조).

## 7. 선결(先決)처분권

지방자치단체의 장의 선결처분권은, 의회의 의결을 요하는 사항이지만 의회가 성립되지 않거나 시간적 긴급성 또는 의결의 지체 등의 사유로 의회의 의결에 앞서서 지방자치단체의 장이 이를 결정·집행하지 않으면 안 된다고 판단하는 경우의 처분권한을 말한다.

즉, 지방자치단체의 장은 지방의회가 성립되지 아니한 때(의원이 구속되는 등의 사유로 제64조에 따른 의결정족수에 미달하게 될 때를 말한다)와 지방의회의 의결사항 중 주민의 생명과 재산보호를 위하여 긴급하게 필요한 사항198)으로서 지방의회를 소집할 시간적 여유가 없거나 지방의회에서 의결이 지체되어 의결되지 아니할 때에는 선결처분(先決處分)을 할 수 있도록 한 것이다. 단체장이 선결처분을 한 때에는 지체 없이 지방의회에 보고하여 승인을 받아야 한다. 승인을 받지 못하면 그 선결처분은 그때부터 효력을 상실한다.199) 지방의회의 승인이나 승인거부에 관한 사항은 지방자치단체의 장이 지체 없이 공고하여야 한다(지자법 122조). 지방자치단체장은 선결처분을 하였을 때에는 감독기관인 행정안전부장관(시·도의 경우)이나, 시·도지사(시·군·구의 경우)에 보고하여야 한다(지자법시행령 70조 2항).

---

198) '지방자치법시행령 제70조 제1항 "주민의 생명과 재산보호를 위하여 긴급하게 필요한 사항"이란 다음 각 호의 어느 하나에 해당하는 것을 말한다.
    1. 천재지변이나 대형화재로 인한 피해의 복구 및 구호
    2. 중요한 군사안보상의 지원
    3. 급성감염병에 대한 예방조치
    4. 그 밖에 긴급하게 조치하지 아니하면 주민의 생명과 재산에 중대한 피해가 발생할 우려가 있는 사항
199) 따라서 선결처분이 지방의회의 승인을 얻지 못한 경우에도, 만일 선결처분 자체가 요건상 하자가 있는 것은 아니라면, 선결처분에 근거하여 이미 이루어진 결정은 효력을 지속한다고 하여야 한다.

## 8. 자치입법에 관한 권한

지방자치단체의 장은 우선 조례 입법과 관련하여, 지방의회에 조례 제·개정·폐지안의 발의권을 가지고, 조례안이 의회에서 의결되어 이송된 때에는 이를 20일 이내에 공포할 권한을 가진다.200) 의회의 조례안 의결에 대하여는 단체장의 재의(再議)요구권 및 재의결에 대한 제소권이 인정된다. 한편 지방자치단체의 장은 법령이나 조례의 위임 또는 그 집행을 위하여 직권으로 규칙을 정할 수 있다.


## VI. 과도한 단체장 중심구조의 문제점과 개선방향

우리나라의 지방자치단체의 기관구성은 기본적으로 기관분립(대립)형을 취하면서도 특히 지방자치단체의 장에게 무게중심이 쏠려 있어, 이상 살펴본 것처럼 다양한 권한이 단체장에게 집중되어 있는 이른바 강시장·약의회형의 체제를 형성하고 있다. 그런데 이러한 강시장·약의회형의 경우, 무엇보다 단체장에게 권한이 집중되어 있는 결과 제도의 취지와는 달리 부작용의 우려도 적지 않다.

일반적으로 지방자치단체의 장의 직위에서 갖출 것이 요구되는 정치적·정책적·행정적·법적 능력 등에도 불구하고 현실적으로 선거과정에서 그러한 능력을 골고루 갖춘 인물이 선출되리라는 보장이 없기 때문이다. 의회의 견제적 역할이 상대적으로 미약하고 주민 참여가 그다지 활발하지 않은 현실에서는, 단체장을 중심으로 작동하고 있는 지방자치 행정체제가 혹시라도 단체장의 독선이나 전횡, 무능력 등과 겹치게 되면 여러 가지 심각한 문제들을 야기할 가능성이 있다. 예컨대 단체장의 불순한 동기에 의한 공권력의 사권화, 각종 이권사업 내지 정실관계에의 개입, 인허가권 행사 등을 둘러싼 행정비리, 단체장의 선심성·인기성 정책·사업의 남발, 정책 및 행정능력 부족으로 인한 행정의 비효율성과 혼선, 무소신 운영으로 인한 행정의 역할 및 기능의 왜곡 등이 문제될 수 있는 것이다. 게다가 기관분립형 자치구조에서는 단체장과 의회가 대립할 경우 이를 해소할 적절한 방법을 찾기가 쉽지 않다는 문제도 있다.201)

---

200) 이송된 조례안을 20일 이내에 단체장이 재의요구나 공포를 하지 않아 확정된 경우, 재의요구된 조례안이 지방의회에서 재의결되어 확정된 경우에는 지체 없이 공포하여야 한다.
201) 문상덕, "현행 지방자치법의 한계와 개선방안", 지방자치법연구 제18권 2호, 2018. 6, 6쪽.

요컨대 단체장 중심으로 권한이 집중되어 있는 지방자치행정시스템의 문제점을 개선하기 위하여 필자는 기존의 기관분립형 제도의 골간을 유지하면서도 집행기관 내에 기관 간 기능 분화와 권한 분장이라는 집행기관다원주의의 원칙을 도입·확대하는 방안과 주민대표기관으로서의 지방의회의 지위와 역할, 견제권한 등을 강화해 나갈 것을 제안한 바 있다.202)

## 제2관 집행기관의 행정조직

## I. 행정조직조례주의 및 기구·정원의 운영원칙

지방자치단체는 행정사무를 분장·처리하기 위하여 지방자치단체의 장을 보조·보좌하는 다양한 행정기구와 지방공무원을 둘 수 있는데, 이러한 행정기구의 설치와 지방공무원의 정원은 법률 및 대통령령(지방자치단체의 행정기구와 정원기준 등에 관한 규정)으로 정하는 기준에 따라 그 지방자치단체의 조례로 정하도록 하는 행정조직조례주의가 채택되어 있다(지자법 125조 1·2항). 지방자치단체는 법령과 조례 등에 기하여 행정기구를 설치·운영함에 있어서 업무에 상응하고 중복이나 불필요한 기구의 설치를 지양하며 능률적이고 합리적인 행정이 이루어지도록 하여야 한다.203) 그리고 매년 행정안전부장관이 산정하여 통보하는 기준인건비를 기준으로 기구와 정원을 자율적으로 운영하되, 자율성과 책임성이 조화되도록 운영하여야 한다(위 규정 4조 1항).

행정안전부장관은 지방자치단체의 행정기구와 지방공무원의 정원이 적정하게 운영되고 다른 지방자치단체와의 균형이 유지되도록 하기 위하여 필요한 사항을 권고할 수 있고(지자법 125조 3항), 기준인건비제의 도입과 조직자율권의 강화에 상응하여 지방자치단체의 책임성 및 효율성을 강화하기 위하여 지방자치단체의 기구와 정원의 관리·운영 상황을 분석하고, 그 결과 조직운용의 효율성이 지나치게 낮은 지방자치단체에 대하여는 조직진단을 실시하도록 하고 있다(위 규정 34조).

---

202) 구체적으로는 집행기관 내의 중요 직위(기관)에 대한 단체장의 임명권에 대하여 의회의 동의권을 부여하여 기관 상호간에 견제와 균형의 원리를 보다 정밀하게 적용할 것, 단체장의 인사권 전횡이나 비리를 견제할 수 있는 인사위원회의 의결권 강화와 동 위원회의 위원 위촉에 있어서의 의회 동의권 부여, 낮은 재정자립도 하에서 지방재정 운영의 합리화와 합법성을 확보하기 위해 의회의 동의에 의해 임명되는 회계담당관직의 신설, 정책법무기능의 강화를 통해 행정 내부의 법치주의적 담보장치가 작동할 수 있도록 법무담당관제도를 신설 강화할 것 등을 제안하였다(문상덕, 앞의 논문, 14쪽).

203) 지방자치단체의 행정기구와 정원기준 등에 관한 규정[대통령령] 제3조(기구와 정원의 관리목표) 참조.

## II. 부단체장

지방자치단체에는 지방자치단체의 장의 보조기관으로서 부단체장을 둔다. 부단체장은 지방자치단체의 장을 보좌하여 사무를 총괄하고 소속직원을 지휘·감독한다. 부단체장은 궐위 등 일정한 법정 사유가 있는 경우에는 지방자치단체의 장의 권한을 대행하거나 직무를 대리한다.

법령은 지방자치단체의 종류나 규모별로 부단체장의 정수 등에 관하여 정하고 있는데, 먼저 시·도의 경우에는 특별시·광역시 및 특별자치시에 부시장, 도와 특별자치도에 부지사를 두고, 시·군·자치구의 경우에는 시에 부시장, 군에 부군수, 자치구에 부구청장을 두며, 그 정수로는 특별시의 부시장은 3명을 넘지 아니하는 범위에서 대통령령으로, 광역시와 특별자치시의 부시장 및 도와 특별자치도의 부지사는 2명(인구 800만 이상의 광역시나 도는 3명)을 초과하지 아니하는 범위에서 대통령령으로 정하며,204) 시의 부시장, 군의 부군수 및 자치구의 부구청장은 1명으로 한다.

시·도의 부시장·부지사는 정무직 또는 일반직 국가공무원으로 보하는데(이를 행정부시장 또는 행정부지사라 함), 특별시의 경우에는 정무직 국가공무원으로, 나머지 시·도의 경우에는 고위공무원단에 속하는 일반직 국가공무원으로 보한다(지자법시행령 71조 2항). 국가공무원으로 보하는 행정부시장·행정부지사는 시·도의 사무를 총괄하고 소속 공무원을 감독하며, 시·도지사의 제청으로 행정안전부장관을 거쳐 대통령이 임명한다.205) 행정부시장·행정부지사를 2명 두는 시·도의 경우에는 이를 행정(1)부시장·행정(2)부시장 또는 행정(1)부지사·행정(2)부지사로 하고, 그들 사이의 사무분장은 법시행령 [별표 7]에서 정하는 바에 따른다.206)

한편 부시장 또는 부지사를 2명이나 3명 두는 경우에 1명은 대통령령으로 정하는 바에

---

204) 실제 서울특별시의 부시장은 3명, 인구 800만이 넘는 경기도의 부지사도 3명으로 하고 있다.

205) 지방자치단체인 시·도의 행정부시장·부지사를 대통령이 국가공무원으로 임명하는 것의 의의와 관련하여서는 일반적으로 광역지방자치단체인 시·도가 상당량의 국가사무를 위임처리하면서 기초지방자치단체를 지도·감독하고 있는 점을 고려하여 국가 전체의 행정의 통합성과 효율성을 도모하기 위한 것으로 설명되고 있다. 하지만 이 제도는 지방행정의 자율성, 지방자치단체의 자치조직권을 일정 부분 제한하는 의미도 있는 것이어서 향후 비판적 검토의 대상이 되어야 할 것으로 본다. 이에 관한 보다 상세한 논의는 졸고 문상덕, "지방의회제도의 문제점과 발전방안", 행정법연구 34호, 2012. 12, 261~262쪽(특히 각주 6))을 참조 바람.

206) · 행정(1)부시장: 기획·예산관리, 감사, 비상기획, 행정관리, 보건복지, 산업경제, 문화관광, 환경, 교통 및 민방위분야 업무 담당
    · 행정(2)부시장: 도시계획·건설, 상하수도, 주택, 소방·방재분야 업무 담당

따라 정무직·일반직 또는 별정직 지방공무원으로 보하도록 하였는데(이를 정무부시장 또는 정무부지사라 함), 정무부시장·정무부지사는 시·도지사를 보좌하여 정책과 기획의 수립에 참여하고 그 밖의 정무적 업무를 수행하며, 임명은 해당 지방자치단체의 장이 하고 그 구체적 명칭은 조례로 정한다(지자법시행령 71조 4~5항).

시의 부시장, 군의 부군수, 자치구의 부구청장은 일반직 지방공무원으로 보하되, 그 직급은 대통령령으로 정하며 시장·군수·구청장이 임명한다.


## Ⅲ. 소속 행정기관

### 1. 직속기관

지방자치단체는 그 소관 사무의 성격상 별도의 전문기관에서 수행하는 것이 효율적인 경우에는 대통령령 또는 대통령령으로 정하는 바에 따라 지방자치단체의 조례로 자치경찰기관, 소방기관(예, 소방서), 교육훈련기관(예, 공무원교육원·공립대학), 보건진료기관(예, 보건소·지방의료원), 시험연구기관(예, 시정연구원), 중소기업지도기관 등을 직속기관으로 설치할 수 있다(지자법 126조).

### 2. 사업소

지방자치단체는 '특정 업무'를 효율적으로 수행하기 위하여 필요한 때에는 대통령령[207])이 정하는 바에 의하여 당해 지방자치단체의 조례로 사업소를 설치할 수 있다. 개별 지방자치단체가 설치하는 상하수도사업소, 도로사업소 등이 그 대표적인 예이다(지자법 127조).

---

207) 사업소 설치요건(지자법시행령 75조)
  1. 업무의 성격이나 업무량 등으로 보아 별도의 기관에서 업무를 수행하는 것이 효율적일 것
  2. 사업장의 위치상 현장에서 업무를 추진하는 것이 효율적일 것

## 3. 출장소

원격지 주민의 편의와 특정지역 개발촉진을 위하여 필요한 때에 대통령령[208]이 정하는 바에 의하여 조례로 출장소를 설치할 수 있다(지자법 128조). 출장소는 특정 분야의 기능을 수행하는 사업소와는 달리 종합적인 행정기능을 수행하는 기관이다.[209]

## 4. 합의제 행정기관

지방자치단체는 그 소관 사무의 일부를 독립하여 수행할 필요가 있는 때에는 법령 또는 그 지방자치단체의 조례로 정하는 바에 의하여 합의제행정기관을 설치할 수 있다. 합의제행정기관의 설치·운영에 관하여 필요한 사항은 대통령령이나 그 지방자치단체의 조례로 정한다(지자법 129조). 합의제행정기관은 업무상 전문성, 중립성·공정성, 민주성(의견 수렴·이해조절) 등을 확보할 필요가 있을 때 설치하게 된다.[210]

## 5. 자문기관

지방자치단체는 소관 사무의 범위에서 법령이나 그 지방자치단체의 조례로 정하는 바에 따라 자문기관(소관 사무에 대한 자문에 응하거나 협의, 심의 등을 목적으로 하는 심의회, 위원회 등을 말한다)을 설치·운영할 수 있다. 다만 자문기관은 법령이나 조례에 규정된 기능과 권한을 넘어서 주민의 권리를 제한하거나 의무를 부과하는 내용으로 자문 또는 심의 등을 하여서는 안 된다. 자문기관의 설치 요건·절차, 구성 및 운영 등에 관한 사항은 대통령령으로 정한다. 다만, 다른 법령에서 지방자치단체에 둘 수 있는 자문기관의 설치 요건·절차, 구

---

208) 출장소 설치요건(지자법시행령 76조)
    1. 원격지 주민의 편의를 위하여 소관 사무를 분장할 필요가 있을 것
    2. 업무의 종합성과 계속성이 있을 것
    3. 관할구역의 범위가 분명할 것
209) 태백산맥으로 영동과 영서지역으로 나뉜 강원도의 경우, 영서지역인 춘천시에 소재하는 강원도청(본청)에 대하여, 영동지역에서의 도 단위 종합행정을 수행하는 기관으로서 강릉시에 설치된 것이 강원도환동해본부인데, 이것이 출장소의 한 예에 해당한다.
210) 합의제 행정기관의 설치 요건(지자법시행령 77조)
    지방자치단체는 다음 각 호의 어느 하나에 해당하는 경우에는 합의제행정기관을 설치할 수 있다.
    1. 고도의 전문지식이나 기술이 요청되는 경우
    2. 중립적이고 공정한 집행이 필요한 경우
    3. 주민 의사의 반영과 이해관계의 조정이 필요한 경우

성 및 운영 등을 따로 정한 경우에는 그 법령에서 정하는 바에 따른다. 지방자치단체는 자문기관 운영의 효율성 향상을 위하여 해당 지방자치단체에 설치된 다른 자문기관과 성격·기능이 중복되는 자문기관을 설치·운영해서는 안 되며, 지방자치단체의 조례로 정하는 바에 따라 성격과 기능이 유사한 다른 자문기관의 기능을 포함하여 운영할 수 있다. 지방자치단체의 장은 자문기관 운영의 효율성 향상을 위한 자문기관 정비계획 및 조치 결과 등을 종합하여 작성한 자문기관 운영현황을 매년 해당 지방의회에 보고하여야 한다(이상 지자법 130조).

## Ⅳ. 하부행정기관

하부 행정기관이란 지방자치단체의 장에 소속하면서 그 지휘·감독을 받지만 어느 정도 독립성을 가지고 소속 지방자치단체의 사무를 지역적으로 분담·처리하는 기관을 말한다.[211] 하부행정기관의 장으로는 자치구가 아닌 구의 구청장, 읍의 읍장, 면의 면장, 동의 동장을 각각 두고(이 경우 면과 동은 행정면·행정동을 말한다) 일반직 지방공무원으로 보하되 시장·군수·자치구청장이 임명한다(지자법 132조). 하부행정기관의 장은 임명권자인 시장·군수·자치구청장의 지휘·감독을 받아 소관 국가사무 및 지방자치단체의 사무를 맡아 처리하고 소속 직원을 지휘·감독한다(지자법 133조). 지방자치단체는 조례로 정하는 바에 따라 자치구가 아닌 구와 읍·면·동에 소관 행정사무를 분장하기 위하여 필요한 행정기구를 둘 수 있다(이 경우 면·동은 행정면·행정동을 말한다)(지자법 134조).

## 제3관 교육·과학 및 체육에 관한 기관

## Ⅰ. 지방교육자치의 의의

지방자치법은 지방자치단체의 교육·과학 및 체육에 관한 사무를 분장하기 위하여 별도의 기관을 두고, 그 기관의 조직과 운영에 관하여 필요한 사항은 따로 법률로 정한다(지자법 135조)고 규정하고 있는바, 이에 따라 제정된 법률이 「지방교육자치에 관한 법률」

---

211) 홍정선, 新지방자치법, 435쪽.

(이하 '지방교육자치법'이라 함)이다.

　　지방교육자치는 교육의 자주성 및 전문성과 지방교육의 특수성을 살리기 위하여, 지방자치의 영역 내에서 사항의 특수성에 따른 기능적 분립을 도모한 것으로, 현행 지방교육자치법 제2조는 교육·과학·기술·체육 기타 학예(學藝)에 관한 사무(이하 교육 관련 사무)를 광역지방자치단체인 시·도의 자치사무로 규정함으로써, 지방교육자치를 광역단위의 자치로 설정하고 있다.

## II. 교육자치기관

　　시·도 교육자치기관으로서 의결기관은 지방의회이다. 즉 지방의 교육 관련 사무의 심의·의결기능은 해당 시·도의 의결기관인 시·도의회가 수행한다. 다만 개별 시·도의회에는 시·도의 조례로써 상임위원회의 하나인 교육위원회를 설치·운영하고 있기도 하다.212)

　　한편 시·도 단위 교육자치의 집행기관의 장으로는 교육감을 두고 있다. 교육감은 (일반 행정분야의 시·도지사와 같이) 교육자치분야에 있어서 시·도를 대표하고 사무를 총괄하며 국가위임사무를 집행하고 교육규칙을 제정할 수 있다. 교육감은 주민직선으로 선출하고 임기는 4년(3기연임 가능)이며, 일반 지방자치단체의 장과는 달리 교육 관련 사무의 정치적 중립성 보장을 위하여 선거에서의 정당추천(공천)은 허용하지 않고 있다(지방교육자치법 46조 1항). 기타 교육감의 지휘·감독을 받는 하급교육행정기관으로서 1개 또는 2개 이상의 시·군 및 자치구를 관할구역으로 하는 교육지원청을 두며, 교육지원청에 장학관으로 보하는 교육장을 둔다(지방교육자치법 34조).

---

212) 이처럼 현재의 지방의회의 상임위원회의 하나인 교육위원회는, 종전에 법률인 지방자치교육법에 의거하여 시·도 단위의 교육자치의결기관으로 독립적으로 설치되었다가 폐지된 바 있는 시·도교육위원회와는 그 법적 근거나 성격, 구성방식 등을 완전히 달리하는 기관임에 주의를 요한다.

# 제6장 지방자치단체의 사무

## 제1절 지방자치단체의 사무의 구성방식

지방자치단체의 사무의 구성방식은 이른바 사무이원론(事務二元論)과 사무일원론(事務 一元論)에 따라 상이할 수 있다. 사무이원론은 공행정의 주체를 국가와 지방자치단체로 구분하면서 지방자치단체의 사무는 국가로부터 위임된 사무와 그 지방자치단체의 고유의 자치사무로 이원적으로 구분되어 구성된다고 보는 견해이다. 이에 대하여 사무일원론은 지방자치단체를 국가의 한 부분으로 보는 관점에서, 특별한 법령상의 규정이 없는 한 지방자치단체는 (국가)위임사무와 자치사무를 구분하지 않고 그 관할구역 안의 모든 공행정사무를 수행한다고 하는, 즉 지방자치단체의 사무를 일원적으로 파악하는 견해라고 할 수 있다.

우리나라의 경우 헌법상으로는 사무일원론과 사무이원론의 어느 쪽에 바탕을 두고 있는지 명확하다고 보기 어렵다. 하지만, 지방자치법은 제13조 제1항에서 "지방자치단체는 관할 구역의 자치사무와 법령에 따라 지방자치단체에 속하는 사무를 처리한다."로 규정하는바, 전자를 지방자치단체 고유의 자치사무로 후자를 지방자치단체에 위임된 (단체)위임사무로 보는 데에 별 어려움이 없으므로, 지방자치단체의 사무의 구성은 사무이원론에 바탕을 두고 입법된 것으로 해석되고 있다.

## 제2절 사무의 종류와 특성

## I. 사무의 종류

### 1. 자치사무

지방자치단체의 사무 중 자치사무는 지방자치단체가 자기의 책임과 부담 하에 지방자치단체의 존립의 유지 또는 주민의 복지 증진 등을 위하여 처리하는 사무이며, 지방자치단체의 본래적 사무라는 의미에서 고유사무라고도 한다. 자치사무는 당해 지방자치단체가 그 실시 여부를 자주적으로 결정할 수 있음을 원칙으로 하나, 법령에 의하여 사무처리 의무가 부과되는 경우도 있어서 자치사무는 임의적 자치사무와 필요적(의무적) 자치사무로 구분되기도 한다.

### 2. 위임사무

#### (1) 단체위임사무

지방자치단체의 사무 중 단체위임사무는 지방자치단체의 본래의 사무는 아니고, 실체적인 내용상 국가 또는 시·도의 사무지만 개별 법령에 의하여 지방자치단체에 위임되어 처리되는 사무를 말한다. 지방자치법 제13조(지방자치단체의 사무범위) 제1항의 "법령에 따라 지방자치단체에 속하는 사무" 및 제185조 제1항의 "지방자치단체 … 위임받아 처리하는 국가사무"는 단체위임사무를 의미하는 것으로 해석된다. 다만 현행법령상 단체위임사무의 예를 찾아보기는 쉽지 않아 보인다.[213] 현실적으로는 대부분의 사무 위임은 후술하는 기관위임사무로 이루어지고 있는바, 그런 이유로 자치사무와 기관위임사무의 구분이 보다 실질적인 의미를 갖는다고 하겠다.[214]

---

213) 이러한 관점에서 단체위임사무의 폐지론이 주장되어 오기도 하였다.

214) 법령상 기관위임사무의 규정방식은, 예컨대 법률에서 어떤 사무를 중앙부처의 장관의 권한으로 규정하고 (※ 필자는 이러한 규정을 사무배분규정으로 본다), 그 법률의 다른 조문에서 장관의 권한의 일부를 대통령령이 정하는 바에 따라 지방자치단체의 장에게 위임할 수 있다고 규정한 후, 대통령령(통상 법시행령)에서 법 제○조 제○항의 규정에 의한 장관의 권한은 시·도지사 또는 시장·군수·구청장에게 위임한다

## (2) 기관위임사무

위임사무 중 국가 또는 시·도의 사무지만 법령 등에 근거하여 지방자치단체의 기관(통상적으로는 지방자치단체의 장)이 처리하도록 위임된 사무를 기관위임사무라고 한다.[215] 기관위임사무도 위임사무의 일종이지만, 그 수임대상이 독립법인인 지방자치단체 자체가 아니라 그 기관이라는 점, 기관위임사무를 수임한 지방자치단체의 장 등은 당해 사무의 처리의 범위에서는 위임한 국가 또는 시·도 위임기관의 하급행정기관의 지위에 놓이게 된다는 점, 위임에도 불구하고 위임사무의 법적 성격은 국가사무 또는 시·도사무의 성격을 그대로 유지하는 점 등으로 인하여, 기관위임사무를 해당 지방자치단체의 사무라고 할 수는 없다고 하겠다.

기관위임사무와 관련하여, 국가가 지방자치단체와 관련이 깊은 어떠한 공적 사무를 설정함에 있어서, 국가적 통제 내지 전국적 통일성 등을 유지하기 위하여 자치사무로 설정(배분)하지 않고 기관위임사무로 설정하는 것은, 지방분권의 확대를 통한 지방자치 활성화의 방향에는 부합하지 않는 것이다. 기관위임사무의 증가는 불가피하게 자치권 확대의 시대상황에 역행하고 중앙에 의한 지방통제를 온존시켜 지방자치 내지 지방자율화의 위축을 초래할 수 있기 때문이다. 기관위임사무와 관련한 종래의 이러한 폐해를 시정하기 위하여, 지방자치분권 및 지방행정체제개편에 관한 특별법(11조 1항. 이하 '지방분권특별법'이라 한다)은, "국가는 제9조에 따른 사무배분의 원칙에 따라 그 권한 및 사무를 적극적으로 지방자치단체에 이양하여야 하며, 그 과정에서 국가사무 또는 시·도의 사무로서 시·도 또는 시·군·구의 장에게 위임된 사무는 원칙적으로 폐지하고 자치사무와 국가사무로 이분화하여야 한다."고 하여 기관위임사무체제의 혁파를 선언하였으며, 이에 따라 다수의 기관위임사무가 지방이양절차를 통하여 자치사무로 전환(이양)되기도 하였다.

---

는 방식을 취한다(조정찬, "지방자치법제에 관한 뉴 패러다임", 법제 2010년 4월호, 법제처, 24쪽).
215) 기관위임사무 근거 관련 법률규정
　　· 정부조직법 제6조 (권한의 위임 또는 위탁) ① 행정기관은 법령으로 정하는 바에 따라 그 소관사무의 일부를 보조기관 또는 하급행정기관에 위임하거나 다른 행정기관·지방자치단체 또는 그 기관에 위탁 또는 위임할 수 있다.
　　· 지방자치법 제115조 (국가사무의 위임) 시·도와 시·군 및 자치구에서 시행하는 국가사무는 시·도지사와 시장·군수 및 자치구의 구청장에게 위임하여 수행하는 것을 원칙으로 한다. 다만, 법령에 다른 규정이 있는 경우에는 그러하지 아니하다.
　　· 지방자치법 제116조 (사무의 관리 및 집행권) 지방자치단체의 장은 그 지방자치단체의 사무와 법령에 따라 그 지방자치단체의 장에게 위임된 사무를 관리하고 집행한다.

## 3. 보론(補論): 법령상 '지방자치단체의 장'이 처리하도록 규정된 사무의 법적 성격

참고로, 법령상 '지방자치단체의 장'이 처리하도록 규정된 사무가 자치사무인지 기관위임사무인지 그 법적 성격의 구별이 용이하지 않은 문제가 있는바, 이에 관하여 대법원은 다음의 판단기준을 제시하고 있어 주목을 요한다. 즉 "법령상 지방자치단체의 장이 처리하도록 규정하고 있는 사무가 자치사무인지 기관위임사무에 해당하는지 여부를 판단함에 있어서는 그에 관한 법령의 규정 형식과 취지를 우선 고려하여야 할 것이지만 그 외에도 그 사무의 성질이 전국적으로 통일적인 처리가 요구되는 사무인지 여부나 그에 관한 경비부담과 최종적인 책임귀속의 주체 등도 아울러 고려하여 판단하여야 할 것이다."[216]

## II. 사무의 종류별 특성

## 1. 경비 부담

자치사무는 지방자치단체 고유의 사무이므로 그 사무처리에 필요한 경비 역시 지방자치단체 스스로 부담하는 것이 원칙이다. 지방재정법도 이러한 취지에서 "지방자치단체의 관할구역 자치사무에 필요한 경비는 그 지방자치단체가 전액을 부담한다."고 명시하고 있다(지재법 20조).

한편 위임사무(단체위임사무 및 기관위임사무 포함)의 처리에 필요한 경비는 사무를 위임한 국가나 광역지방자치단체가 부담하는 것이 원칙이다. 지방재정법은 "국가가 스스로 행하

---

216) 대법 1999. 9. 17. 선고 99추30 판결. 그런데 이러한 판결태도에 관하여 필자는 지방자치단체의 장이 법률에 의하여 직접 그 처리권한을 부여받은 사무의 경우, 법령상 당해 권한의 '위임'에 관한 근거규정은 별도로 존재하지 않음에도 불구하고 단지 그 사무의 추상적 성격 등에 관한 해석기준(전국적 통일 처리의 필요성 또는 경비부담이나 책임귀속의 주체 등)에 의하여 법원이 자치사무 또는 기관위임사무인 것으로 판정해 버리는 해석방식에는 동의하기 어렵다고 본다. 입법기술적으로도 통상 특정한 공적 사무를 지방자치단체의 자치사무로 배분(배정)하는 경우에는 해당 지방자치단체를 법적으로 대표하고 그 사무총괄집행권을 가진 최고행정청인 지방자치단체의 장이 처리하도록 권한설정(규정)하여 왔고, 보통 기관위임사무라고 하기 위해서는 법률상 국가사무로 규정된 사무권한이 개별 하위법령의 위임근거규정에 의하여 명시적인 위임이 이루어져야 하는데, 위와 같이 법령이 직접 지방자치단체의 장의 처리권한으로 규정한 경우의 관련 법령상으로는 그러한 개별위임규정을 찾아보기 어렵다는 점, 오히려 이러한 경우는 입법자가 법령으로써 지방자치단체에 '자치사무'로 배분(배정)한 것으로 보아야 할 것임에도 이를 단체장에게 위임한 것으로 해석하는 것은 타당치 않다고 할 것이므로, 법령상 지방자치단체의 장이 처리하도록 규정한 사무의 법적 성격은 원칙적으로 해당 지방자치단체의 자치사무로 보아야 할 것으로 본다.

여야 할 사무를 지방자치단체 또는 그 기관에 위임하여 수행하는 경우에, 그 소요되는 경비는 국가가 그 전부를 당해 지방자치단체에 교부하여야 한다."고 하여 국가위임사무 처리경비의 국가부담의 원칙을 명시하고 있고(지재법 21조 2항), "시·도 또는 시·도지사가 시·군 및 자치구 또는 시장·군수·자치구의 구청장으로 하여금 그 사무를 집행하게 하는 때에는 시·도는 그 사무집행에 소요되는 경비를 부담하여야 한다."(지재법 28조)고 하여 시·도위임사무 처리경비의 시·도부담의 원칙 역시 명시하고 있다. 지방자치법도 같은 취지에서 "국가사무나 지방자치단체사무를 위임할 때에는 이를 위임한 국가나 지방자치단체에서 그 경비를 부담하여야 한다."(지자법 158조 단서)고 규정하고 있다.

다만 경비의 부담과는 별개로 경비의 지출의무는 자치사무나 위임사무 공히 지방자치단체가 지는 것이 원칙이다. 지방자치법은 "지방자치단체는 자치사무의 수행에 필요한 경비와 위임된 사무에 필요한 경비를 지출할 의무를 진다."(지자법 158조 본문)고 하고 있다.

## 2. 사무의 감독·감사

지방자치단체의 사무수행에 대한 감독에는 ① 행정의 합법성을 보장하기 위한 합법성 감독(법적 감독, Rechtsaufsicht)과 ② 합목적적으로 수행되고 있는지에 관한 합목적성 감독(전문 감독, Fachaufsicht)이 있다.[217]

자치사무의 처리에 대해서는 자율성이 보장되지만 자치사무도 국가 안의 공행정사무라는 점에서 법치행정의 확보 차원에서 국가의 감독적 통제는 여전히 필요하다. 다만 자치사무에 대한 감독적 통제는 지방자치단체의 자치권 보장의 차원에서 사후적인 합법성 통제에 한정된다고 하여야 한다. 지방자치법도 자치사무에 관한 지방자치단체의 장의 처분이나 명령이 법령에 위반되는 경우에는 시·도에 대하여는 주무부장관이, 시·군 및 자치구에 대하여는 시·도지사가 기간을 정하여 서면으로 시정할 것을 명하고 그 기간에 이행하지 아니하면 이를 취소하거나 정지할 수 있다(지자법 188조)고 하여 위법사유에 기한 사후적 감독적 통제만을 허용하고 있다. 또한 같은 취지에서 감독기관인 행정안전부장관이나 시·도지사는 지방자치단체의 자치사무에 관하여 보고를 받거나 서류·장부 또는 회계를 감사할 수 있고 이 경우 감사는 법령위반사항에 대하여만 실시한다(지자법 190조 1항)고 하여 역시 위법사유에 기한 감사만 허용하고 있다.

---

217) 김남철, 행정법강론, 1108쪽.

한편 위임사무(단체위임사무 및 기관위임사무 포함)의 경우에는 국가나 시·도의 위임기관이 위임사무에 대한 포괄적 지도·감독기관으로서의 지위를 갖기 때문에,[218] 위임사무의 처리에 관한 소극적 또는 적극적 감독이 모두 가능하고, 위법성을 이유로 한 합법성 감독(통제)은 물론이고 부당성을 이유로 한 합목적성 감독(통제)도 가능하다고 하겠다.

## 3. 지방의회의 관여

자치사무는 지방자치단체 고유의 사무이므로, 그에 관하여 지방자치단체의 의결기관이자 집행부 감시견제기관인 지방의회가 의결, 동의, 행정사무감사 및 조사, 공무원의 출석·답변요구, 조례안의 심의·의결 등의 다양한 방법으로 관여할 수 있다고 하겠다.

단체위임사무의 경우에는 위임사무이기는 하나 법령 등에 의하여 지방자치단체에 속하는 사무이므로, 아래의 기관위임사무와는 달리 원칙적으로 지방의회의 관여가 가능하다고 보고 있다. 다만 위임사무라는 속성으로 인하여 법령상 지방의회의 관여가 부분적으로 제한되는 경우도 있다. 예컨대 지방자치법 제41조 제3항에 따라 단체위임사무와 관련하여 국회 또는 시·도의회가 직접 감사하기로 한 사무 외에는 해당 지방의회가 감사를 할 수 있는데, 이것은 사무위임 주체의 의회인 국회 또는 시·도의회가 직접 감사하기로 한 사무의 경우에는 해당 지방의회의 감사는 배제된다는 의미를 함유하고 있는 것으로서 이러한 경우에는 지방의회의 관여가 제한된다고 볼 수 있는 것이다.

한편 기관위임사무의 경우에는 위임기관이 속한 국가나 시·도의 사무의 성격을 유지하므로, 이에 대한 해당 지방의회의 관여는 원칙적으로 불가능하다. 다만 법령상 예외적으로 지방의회의 관여를 허용하는 경우에는 물론 가능하다고 할 것이다. 예컨대, 법령이 직접 조례의 제정을 위임한 경우에는, 예외적으로 기관위임사무에 관하여도 지방의회가 조례안을 심의·의결할 수 있을 것이다. 그리고 앞서 단체위임사무에서 언급한 것처럼 지방자치법의 특별규정에 따라, 사무위임 주체의 의회(국회 또는 시·도의회)가 직접 감사하기로 한 사무 외에는 해당 지방의회가 기관위임사무에 대하여 감사할 수 있다(지자법 49조 3항).

---

218) 지방자치법 제185조 (국가사무나 시·도사무 처리의 지도·감독)
① 지방자치단체나 그 장이 위임받아 처리하는 국가사무에 관하여 시·도에서는 주무부장관, 시·군 및 자치구에서는 1차로 시·도지사, 2차로 주무부장관의 지도·감독을 받는다.
② 시·군 및 자치구나 그 장이 위임받아 처리하는 시·도의 사무에 관하여는 시·도지사의 지도·감독을 받는다.

## 4. 배상책임

사무 수행에 따른 배상책임과 관련하여, 자치사무는 지방자치단체의 고유의 사무이므로 자치사무의 수행과 관련하여 발생한 불법행위에 대해서는 궁극적으로 당해 지방자치단체가 배상책임을 진다고 할 것이지만, 기관위임사무는 위임주체인 국가나 시·도의 사무이므로 그와 관련하여 발생한 불법행위에 대해서는 궁극적으로 국가 또는 시·도가 배상책임을 지는 것이 원칙이다.[219) 다만 사무처리 담당 공무원이 그 수임기관이 소속된 지방자치단체의 공무원으로서 그 봉급지급 등을 당해 지방자치단체가 부담하는 경우에는, 그 지방자치단체도 비용부담자로서 배상책임을 질 수는 있다.

## 제3절 사무 배분법제의 현황과 평가

### Ⅰ. 사무 처리의 기본원칙

지방자치법 제12조는 지방자치단체의 사무 처리의 기본원칙으로서, ① 주민의 편의와 복리 증진을 위한 노력의무 ② 지방자치단체의 조직과 운영의 합리화 및 그 규모의 적정 유지의무 ③ 법령 또는 상급 지방자치단체 조례에 위반하는 사무처리 금지의무 등을 규정하고 있다. 이러한 사무 처리의 기본원칙을 바탕으로 지방자치법은 지방자치단체의 사무 배분의 원칙·기준 및 사무의 범위를 다음과 같이 규정하고 있다.

### Ⅱ. 사무 배분의 원칙

지방자치법은 국가나 지방자치단체로 사무를 배분함에 있어서 다음과 같은 기본원칙을 제시하고 있다(지자법 11조).

---

219) "지방자치단체장 간의 기관위임의 경우에 위임받은 하위 지방자치단체장은 상위 지방자치단체 산하 행정기관의 지위에서 그 사무를 처리하는 것이므로 사무귀속의 주체가 달라진다고 할 수 없고, 따라서 하위 지방자치단체장을 보조하는 하위 지방자치단체 소속 공무원이 위임사무처리에 있어 고의 또는 과실로 타인에게 손해를 가하였더라도 상위 지방자치단체는 여전히 그 사무귀속 주체로서 손해배상책임을 진다."(대법 1996. 11. 8. 선고 96다21331 판결)

첫째는 사무경합금지 내지 사무적정배분의 원칙으로서, 국가는 지방자치단체가 사무를 종합적·자율적으로 수행할 수 있도록 국가와 지방자치단체 간 또는 지방자치단체 상호 간의 사무를 주민의 편익증진, 집행의 효과 등을 고려하여 서로 중복되지 아니하도록 배분하여야 한다.

둘째는 현지성의 원칙 내지 보충성의 원칙으로서, 사무 배분에 있어서는 현지 주민의 기본적 수요를 행정에 반영할 수 있도록 주민과 가까운 행정계층에 우선적으로 사무를 배분하여야 한다는 것이다. 따라서 지역주민생활과 밀접한 관련이 있는 사무는 원칙적으로 시·군 및 자치구의 사무로, 시·군 및 자치구가 처리하기 어려운 사무는 시·도의 사무로, 시·도가 처리하기 어려운 사무는 국가의 사무로 각각 배분하여야 한다는 것이다.

셋째는 책임성의 원칙 및 포괄성의 원칙으로서, 지방자치단체가 그 사무를 자기의 책임 하에 처리할 수 있도록 행정사무에 대한 권한과 책임이 일치되도록 하고, 사무주체·감독관계 및 경비부담 등을 고려하여 배분하여야 한다. 따라서 국가가 지방자치단체에 사무를 배분하거나 지방자치단체가 사무를 다른 지방자치단체에 재배분할 때에는 사무를 배분받거나 재배분받는 지방자치단체가 그 사무를 자기의 책임 하에 종합적으로 처리할 수 있도록 관련 사무를 포괄적으로 배분하여야 한다.


## III. 지방자치단체의 사무범위와 사무배분기준

지방자치법은 제13조에서 지방자치단체의 사무범위(사무 예시)를 그리고 제14조에서는 광역 및 기초지방자치단체의 사무배분의 기준을 규정하여 예시적 개괄수권방식으로 지방자치단체의 사무를 배분하고 있다. 그리고 제15조에서는 지방자치단체의 처리가 제한되는 국가사무를 규정하고 있기도 하다. 이하에서는 이 조항들의 주요 내용과 의미를 살펴본다.


### 1. 지방자치단체의 사무범위

헌법은 "지방자치단체는 주민의 복리에 관한 사무를 처리"한다고 하여 "주민의 복리에 관한 사무"가 지방자치단체의 사무임을 밝히고 있다(헌법 117조 1항).[220]

---

220) 김철용, 행정법, 825쪽.

한편 지방자치법은 "지방자치단체는 관할 구역의 자치사무와 법령에 따라 지방자치단체에 속하는 사무를 처리한다."(지자법 13조 1항)고 하여 지방자치단체가 자치사무와 단체위임사무를 처리함을 규정하고 있다. 그리고 동조 제2항에 지방자치단체의 사무를 예시하고 있는데 7개 분야별로 총 61종의 사무를 들고 있다. 7개 분야는 ① 지방자치단체의 구역·조직 및 행정관리 등에 관한 사무 ② 주민의 복지 증진에 관한 사무 ③ 농림·수산·상공업 등 산업진흥에 관한 사무 ④ 지역개발과 자연환경보전 및 생환환경시설의 설치·관리에 관한 사무 ⑤ 교육·체육·문화·예술의 진흥에 관한 사무 ⑥ 지역민방위 및 지방소방에 관한 사무 ⑦ 국제교류 및 협력 관련 사무이다.

그런데 지방자치법 제13조 제2항 단서에는, "법률에 이와 다른 규정이 있는 경우에는 그러하지 아니하다."라는 규정을 둠으로써, 동항 각호의 각종 예시사무라 할지라도 그것만으로는 종국적으로 지방자치단체의 사무가 되는 것은 아니고, 개별법의 규정이 그와 다른 내용이 있을 때에는 지방자치단체의 사무가 되지 않는 경우도 존재한다는 것을 알 수 있다.[221] 이러한 단서의 규정은 지방자치법이 지방자치단체의 사무를 예시까지 하고서도 입법권을 가진 국가가 그와 다른 내용을 개별 법률로 정하게 되면 지방자치단체의 사무에서 배제될 수 있다는 점에서 지방자치단체의 자치권 보장의 관점에서는 비판의 소지가 없지 않다.

## 2. 지방자치단체의 종류별 사무배분기준

위에서 언급한 지방자치단체의 예시사무 중 첫 번째 분야(제13조 제2항 제1호 "지방자치단체의 구역·조직 및 행정관리 등에 관한 사무")는 지방자치단체의 존립에 관한 사무로서 이는 각 지방자치단체에 공통된 사무로 하고 있다(지자법 14조 1항 단서). 그 이외에 제2호~제7호까지의 사무분야에 대해서는 먼저 광역지방자치단체(시·도)의 사무기준[222]을 정하고

---

221) 예컨대 동항에 지방자치단체의 사무로 예시된 "2. 나. 사회복지시설의 설치·운영 및 관리"사무라도 만일 관련 개별법에서 어떠한 사회복지시설의 설치허가권을 국가기관인 보건복지부장관의 권한으로 규정하게 된다면 그러한 사회복지시설의 설치허가사무는 자치사무가 아니라 종국적으로는 국가사무가 된다는 것이다.

222) 시·도의 사무기준(지자법 14조 1항 1호)
　　가. 행정처리 결과가 2개 이상의 시·군 및 자치구에 미치는 광역적 사무
　　나. 시·도 단위로 동일한 기준에 따라 처리되어야 할 성질의 사무
　　다. 지역적 특성을 살리면서 시·도 단위로 통일성을 유지할 필요가 있는 사무
　　라. 국가와 시·군 및 자치구 사이의 연락·조정 등의 사무
　　마. 시·군 및 자치구가 독자적으로 처리하기에 부적당한 사무
　　바. 2개 이상의 시·군 및 자치구가 공동으로 설치하는 것이 적당하다고 인정되는 규모의 시설을 설치하

있고 그 밖의 사무는 기초지방자치단체(시·군·자치구)의 사무로 하고 있다.[223]

이러한 사무배분기준에 따른 지방자치단체의 종류별 사무는 대통령령으로 정하도록 하고 있는바(지자법 14조 2항), 지방자치법시행령은 위 제2호~제7호 사무분야별 총 50종의 사무에 대하여 각각 시·도 및 시·군·자치구의 사무를 세분하여 구체적으로 정하고 있고(지자법시행령 10조. [별표 1]),[224] 그 외 자치구에서 처리하지 아니하고 특별시·광역시에서 처리하는 사무(제11조 관련. [별표 2]), 인구 50만 이상의 시가 직접 처리할 수 있는 도의 사무(제12조 관련. [별표 3])에 대하여도 구체적으로 정하고 있다. 다만 위에서 언급한대로 이러한 별표의 세부규정에도 불구하고 다른 법률에서 이와 달리 규정하는 때에는 그에 따라야 할 것이다.

한편 시·도와 시·군 및 자치구는 사무를 처리할 때 서로 겹치지 아니하도록 하여야 하며, 사무가 서로 겹치면 시·군 및 자치구에서 먼저 처리한다(지자법 14조 3항). 이것은 주민에 근접하여 그 일상에 더욱 밀착된 자치행정을 수행하는 것은 기초지방자치단체인 시·군 및 자치구이므로 주민의 편리 및 이익실현 도모의 관점에서 어떠한 사무가 광역과 기초지방자치단체 사이에 서로 경합하는 경우에는 기초지방자치단체에서 우선 처리하도록 한 규정이라고 할 것이다.

## 3. 국가사무의 처리 제한

지방자치단체는 주민의 복리와 관련되는 지역적 사무를 처리하는 것이므로, 지역을 넘어서는 국가의 존립이나 전국적 처리의 필요성이 큰 사무 등은 국가사무로 설정하여 국가기관이 처리하는 것이 바람직하다. 이에 지방자치법(15조)은 지방자치단체가 처리할 수 없는 국가사무로서 다음과 같은 7분야의 사무를 들고 있다. ① 외교, 국방, 사법(司法), 국세 등 국가의 존립에 필요한 사무 ② 물가정책, 금융정책, 수출입정책 등 전국적으로 통일적 처리를 할 필요가 있는 사무 ③ 농산물·임산물·축산물·수산물 및 양곡의 수급조절과 수출입 등 전국적 규모의 사무 ④ 국가종합경제개발계획, 국가하천, 국유림, 국토종합개발계획, 지정항만, 고속국도, 일반국도, 국립공원 등 전국적 규모나 이와 비슷한 규모의 사무 ⑤ 근로기준, 측량단위 등 전국적으로 기준을 통일하고 조정하여야 할 필요가 있

---

고 관리하는 사무
223) 시·군 및 자치구의 사무기준(지자법 14조 1항 2호)
　　제1호에서 시·도가 처리하는 것으로 되어 있는 사무를 제외한 사무.
　　다만, 인구 50만 이상의 시에 대하여는 도가 처리하는 사무의 일부를 직접 처리하게 할 수 있다.
224) 지방자치법시행령 [별표 1] 지방자치단체의 종류별 사무(제10조 관련)

는 사무 ⑥ 우편, 철도 등 전국적 규모나 이와 비슷한 규모의 사무 ⑦ 고도의 기술이 필요한 검사·시험·연구, 항공관리, 기상행정, 원자력개발 등 지방자치단체의 기술과 재정능력으로 감당하기 어려운 사무가 그것이다.

다만 "법률에 이와 다른 규정이 있는 경우에는 국가사무를 처리할 수 있다."라는 단서(지자법 15조 단서)를 둠으로써, 위와 같은 사무라 하더라도 입법자가 법률로써 그와 다른 규정을 둔 경우에는 지방자치단체도 그러한 사무를 처리할 수 있는 경우가 있을 수 있다.

# 제7장 지방자치단체 상호 간의 관계

## 제1절 서론

지방자치단체는 그 규모의 대소 등에 관계없이 모두 독립적인 법주체로서 그 상호 간에 대등한 관계에 놓여있다. 특히 광역지방자치단체와 기초지방자치단체 역시 관할구역과 주민 등이 중첩되는 경우에도 상하관계에 있다기보다는 대등한 관계에 있다고 하여야 한다. 다만 자치법규 체계상의 질서 혹은 행정감독적인 측면에서 광역지방자치단체나 그 장의 우위 내지 관여가 법적으로 인정되는 경우가 있음은 불가피한 부분이다.

이렇게 지방자치단체들은 기본적으로 대등한 관계에 있으면서, 한편으로는 상호 공동의 이해관계를 도모하기 위하여 협력관계를 구축할 필요성이 있다. 또한 불가피하게 발생하는 지방자치단체 사이의 분쟁에 대해서는 이를 효과적으로 해결할 분쟁조정시스템이 요구된다. 지방자치법 제8장은 지방자치단체 상호 간의 관계를 규정하면서 지방자치단체 간의 협력방식과 분쟁조정제도에 관하여 규율하고 있다.

## 제2절 지방자치단체 상호 간의 협력관계

현대의 교통통신의 발달과 지식정보사회의 진전, 생활권역·업무권역의 확산, 중복투자에 따른 비효율성 저감의 요청, 지역의 인구과소 및 지역간 격차 해소의 필요성 등을 이유로 지방행정에 있어서도 광역행정의 확대 및 지방자치단체 간 연계·협력의 필요성이 커지고 있다.

지방자치법은 지방자치단체 상호 간의 협력의무를 선언하면서,[225] 일반적인 지방자치단체 간 협력방식으로서 사무의 위탁, 행정협의회, 지방자치단체조합, 협의체와 지방자치단체연합체 등을 법정하고 있다.


## I. 사무의 위탁(委託)

### 1. 의의

사무의 위탁이라 함은 지방자치단체가 그 소관사무의 일부를 다른 지방자치단체 또는 그 장에게 맡겨 그 명의와 책임 하에 처리하도록 하는 것으로서, 행정상 대등 당사자 사이의 사무의 위임을 특히 "위탁"이라고 한다. 지방자치단체나 그 장은 소관 사무의 일부를 다른 지방자치단체나 그 장에게 위탁하여 처리하게 할 수 있다(지자법 168조 1항).

### 2. 위탁의 절차 및 필요조치

#### (1) 사무위탁 규약

지방자치단체 또는 그 장이 사무를 위탁하고자 하는 때에는 관계 지방자치단체와 협의에 따라 규약(規約)을 정하여 이를 고시하여야 한다(지자법 168조 2항). 이 사무위탁 규약은 일종의 공법상 계약에 해당한다고 할 수 있다. 규약에는 ① 사무를 위탁하는 지방자치단체와 사무를 위탁받는 지방자치단체 ② 위탁사무의 내용과 범위 ③ 위탁사무의 관리와 처리방법 ③ 위탁사무의 관리와 처리에 드는 경비의 부담과 지출방법 ③ 그 밖에 사무위탁에 관하여 필요한 사항이 포함되어야 한다(지자법 168조 3항).

---

225) 지방자치법 제147조(지방자치단체 상호 간의 협력) 지방자치단체는 다른 지방자치단체로부터 사무의 공동처리에 관한 요청이나 사무처리에 관한 협의·조정·승인 또는 지원의 요청을 받으면 법령의 범위에서 협력하여야 한다.

## (2) 인력과 예산이관

위탁자는 수탁자의 수탁능력을 점검하고 필요한 인력 및 예산을 이관하여야 하며 해당 사무의 처리에 필요한 교육을 실시하고 사무의 처리지침을 시달하여야 한다.

## 3. 사무위탁의 효과

위탁자는 수탁자의 수탁사무 처리에 관하여 지휘·감독의 권한과 책임을 가진다. 따라서 위탁사무의 처리가 위법 또는 부당하다고 인정될 때에는 이를 취소 또는 정지시킬 수 있고, 수탁자의 사무 처리의 상황을 수시로 감사할 수 있다.

한편 위탁된 사무의 관리와 처리에 관한 조례나 규칙은 규약에 다르게 정하여진 경우 외에는 사무를 위탁받은 지방자치단체에 대하여도 적용한다(지자법 168조 5항).

## 4. 사무위탁의 변경·해지 등

지방자치단체나 그 장은 사무위탁을 변경하거나 해지하려면 관계 지방자치단체나 그 장과 협의하여 그 사실을 고시하여야 한다(지자법 168조 4항).

## II. 행정협의회

## 1. 행정협의회의 의의

지방자치단체는 2개 이상의 지방자치단체에 관련된 사무의 일부를 공동으로 처리하기 위하여 관계 지방자치단체 간의 행정협의회를 구성할 수 있다. 이러한 행정협의회는 법인격이 없다는 점에서 후술하는 지방자치단체조합과는 구별된다.

현대 광역행정의 수요 증가에 따라 둘 이상의 지방자치단체의 관할구역에 걸쳐서 공동적·통일적으로 수행하는 협력적 행정의 필요성이 커졌는데, 행정협의회는 바로 이러한 수요 내지 필요성에 대응하는 협력방식으로서, 실제로도 전국적으로 수십 개의 행정협의회가 구성되어 광역적 협력행정을 위한 공동기구로 활용되고 있다.

## 2. 행정협의회의 구성 및 조직

행정협의회를 구성하려는 지방자치단체의 장은 시·도가 구성원이면 행정안전부장관과 관계 중앙행정기관의 장에게, 시·군 또는 자치구가 구성원이면 시·도지사에게 이를 보고하여야 한다. 지방자치단체는 행정협의회를 구성하려면 관계 지방자치단체 간의 협의에 따라 규약을 정하여 관계 지방의회의 의결을 각각 거친 다음 고시하여야 한다(지자법 169조 1·2항).226) 행정협의회의 규약을 변경하거나 협의회를 폐지하려는 경우에도 위와 같은 절차가 준용된다. 행정안전부장관이나 시·도지사는 공익상 필요하면 관계 지방자치단체에 대하여 협의회를 구성하도록 권고할 수 있다.

행정협의회는 회장과 위원으로 구성하고, 회장과 위원은 규약으로 정하는 바에 따라 관계 지방자치단체의 직원 중에서 선임하며, 회장은 행정협의회를 대표하고 회의를 소집하며 행정협의회의 사무를 총괄한다(지자법 170조).

## 3. 행정협의회의 사무처리방식

행정협의회는 보통 협의대상사무의 성격에 따라서 관리·집행협의회, 연결·조정협의회, 계획협의회 등이 있을 수 있는데, 행정협의회는 그 사무를 처리하기 위하여 필요하다고 인정하면 관계 지방자치단체의 장에게 자료 제출, 의견 개진, 그 밖에 필요한 협조를 요구할 수 있다(지자법 172조).

## 4. 협의사항의 조정

행정협의회가 처리할 사무에 관련되는 사항 중에서 관계 지방자치단체 간에 이견이 있고 그것이 관계 지방자치단체의 의사에 의하여 합의에 이르지 못하는 경우에는 일정한 조정(調整)절차를 통하여 해결책을 모색할 수 있다.

즉 행정협의회에서 합의가 이루어지지 않은 사항에 대하여 관계 지방자치단체의 장이 조정 요청을 하면 시·도 간의 협의사항에 대하여는 행정안전부장관이, 시·군 및 자치구

---

226) 행정협의회 규약에 포함되어야 할 사항(지자법 171조)
① 협의회의 명칭 ② 협의회를 구성하는 지방자치단체 ③ 협의회가 처리하는 사무 ④ 협의회의 조직과 회장 및 위원의 선임방법 ⑤ 협의회의 운영과 사무 처리에 필요한 경비의 부담이나 지출방법 ⑥ 그 밖에 협의회의 구성과 운영에 관하여 필요한 사항

간의 협의사항에 대하여는 시·도지사가 조정할 수 있다. 다만, 관계되는 시·군 및 자치구가 2개 이상의 시·도에 걸치는 경우에는 행정안전부장관이 조정할 수 있다. 행정안전부장관이나 시·도지사가 이러한 조정을 하려면 관계 중앙행정기관의 장과의 협의를 거쳐 지방자치법 제149조에 따른 분쟁조정위원회의 의결에 따라 조정하여야 한다(지자법 173조).

행정안전부장관이나 시·도지사가 조정한 사항에 관하여는 지방자치법 제165조 제3항부터 제6항까지의 규정이 준용된다(지자법 174조 2항).

## 5. 행정협의회의 협의 및 사무처리의 효력

행정협의회를 구성한 관계 지방자치단체는 협의회가 결정한 사항이 있으면 그 결정에 따라 사무를 처리하여야 한다(지자법 174조 1항). 이것은 행정협의회의 결정에 일정한 법적 구속력을 부여함으로써 행정협의회제도의 실효성을 높이려 한 것으로서, 행정협의회는 관계 지방자치단체의 자율적인 의사에 의해 구성되었고 행정협의회의 결정 역시 관계 지방자치단체 간의 협의에 의하여 정해진 것이므로, 그러한 결정에 관계 지방자치단체가 구속되도록 한 것은 행정협의회제도의 실효성 제고를 위하여 타당하다고 본다.

나아가 행정협의회가 관계 지방자치단체 또는 그 장의 명의로 사무를 처리한 경우에는 관계 지방자치단체 또는 그 장이 처리한 것으로 본다(지자법 174조 3항).

## III. 지방자치단체조합

### 1. 의의 및 성격

지방자치단체조합이란 2개 이상의 지방자치단체가 하나 또는 둘 이상의 사무를 공동으로 처리하기 위하여 설립하는 법인을 말한다. 지방자치단체의 사무의 일부를 공동 처리하기 위한 것이므로 일부사무조합을 원칙으로 하고 전부사무조합은 인정될 수 없다.[227] 지방자치단체조합은 관계 지방자치단체와는 구별되는 공법상의 법인[228]으로서 독자적인 권

---

227) 전부사무조합은 지방자치단체의 사무 전부를 공동 처리하기 위한 것이므로 그것은 실질적으로 지방자치단체의 합병을 뜻하는 것이 되어 인정되기 어려운 것이다.
228) 지방자치법 제176조(지방자치단체조합의 설립) ② 지방자치단체조합은 법인으로 한다.

리능력과 행위능력을 가진다. 그리고 지방자치단체 간 일부 사무의 공동 처리를 위한 협력방식이라는 점에서 행정협의회와 유사하나 지방자치단체조합은 독자적인 법인격을 갖는 단체라는 점에서 그 법적 성격을 달리한다. 지방자치단체조합은 그 자체가 지방자치단체의 성격을 갖는 것은 아니라고 할 것이며, 지방자치단체를 구성원으로 한다. 따라서 관계 지방자치단체의 주민이나 지방자치단체의 장 등은 지방자치단체조합의 구성원이 아니다.[229]

이러한 지방자치단체조합이 우리 지방자치법 체계상 특별지방자치단체인지 여부에 관해서는 학설상 통일되어 있지 않으나 필자는 이를 부정하는 입장을 피력한 바 있다(제2장 제2절 Ⅱ. 참조).

## 2. 설립절차

지방자치단체조합은 관계 지방자치단체의 합의에 따라 규약을 정하여 그 지방의회의 의결을 거쳐 시·도는 행정안전부장관의, 시·군 및 자치구는 시·도지사의 승인을 받아 설립된다. 다만, 지방자치단체조합의 구성원인 시·군 및 자치구가 2개 이상의 시·도에 걸치는 경우에는 행정안전부장관의 승인을 받아야 한다(지자법 176조 1항).

## 3. 규약

지방자치단체조합의 규약은 관계 지방자치단체의 장의 협의에 의해 작성되는데, 이러한 협의는 일종의 공법상의 합동행위로 볼 수 있다.

지방자치단체조합의 규약에는 ① 지방자치단체조합의 명칭 ② 지방자치단체조합을 구성하는 지방자치단체 ③ 사무소의 위치 ④ 지방자치단체조합의 사무 ⑤ 지방자치단체조합회의의 조직과 위원의 선임방법 ⑥ 집행기관의 조직과 선임방법 ⑦ 지방자치단체조합의 운영 및 사무처리에 필요한 경비의 부담과 지출방법 ⑧ 그 밖에 지방자치단체조합의 구성과 운영에 관한 사항이 포함되어야 한다(지자법 179조).

---

229) 홍정선, 新지방자치법, 639쪽.

## 4. 조직 및 기관

지방자치단체조합에는 의결기관으로서 지방자치단체조합회의와 집행기관으로서 지방자치단체조합장 및 사무직원을 둔다. 조합회의의 위원과 조합장 및 사무직원은 조합규약으로 정하는 바에 따라 선임한다. 관계 지방자치단체의 의회 의원과 그 지방자치단체의 장은 (지자법 43조 1항과 109조 1항에도 불구하고) 조합회의의 위원이나 조합장을 겸할 수 있다(지자법 177조).

지방자치단체조합회의는 조합의 규약으로 정하는 바에 따라 지방자치단체조합의 중요 사무를 심의·의결한다. 조합회의는 조합이 제공하는 역무에 대한 사용료·수수료 또는 분담금을 조례의 범위 안에서 정할 수 있다. 지방자치단체조합장은 지방자치단체조합을 대표하며 지방자치단체조합의 사무를 총괄한다(지자법 178조). 기타 조례의 제정·개폐, 예산의 결정, 결산의 인정 기타 규약이 정하는 중요한 사항에 대하여 조합회의의 의결을 요구하고 이를 관계 지방자치단체의 장에게 통지한다.

## 5. 지도·감독

시·도가 구성원인 지방자치단체조합은 행정안전부장관의, 시·군 및 자치구가 구성원인 지방자치단체조합은 1차로 시·도지사의, 2차로 행정안전부장관의 지도·감독을 받는다. 다만, 지방자치단체조합의 구성원인 시·군 및 자치구가 2개 이상의 시·도에 걸치는 지방자치단체조합은 행정안전부장관의 지도·감독을 받는다. 행정안전부장관은 공익상 필요하면 지방자치단체조합의 설립이나 해산 또는 규약의 변경을 명할 수 있다(지자법 180조).

## 6. 규약의 변경 및 해산

지방자치단체조합의 규약을 변경하거나 지방자치단체조합을 해산하려는 경우에는 지방자치법 제176조 제1항의 절차(조합의 설립절차)를 준용한다. 지방자치단체조합을 해산한 경우에 그 재산의 처분은 관계 지방자치단체의 협의에 따른다(지자법 181조).

## IV. 지방자치 관련 협의체·연합체

### 1. 의의

지방자치단체의 장이나 지방의회의 의장은 상호 간의 교류와 협력을 증진하고 공동의 문제를 협의하는 등 다양하고 폭넓은 협력관계를 구축할 필요가 있는데, 이러한 필요에 따라 지방자치법상 설립이 허용된 단체가 지방자치 관련 협의체이다.

### 2. 종류

지방자치법은 광역과 기초지방자치단체의 단체장과 의회의장별로 각각 전국적 협의체를 설립할 수 있도록 하고 있다. 즉 시·도지사, 시·도의회의 의장, 시장·군수·자치구의 구청장, 시·군·자치구의회의 의장은 각각 전국적 협의체를 설립할 수 있다.230) 그리고 전국적 협의체가 모두 참가하는 지방자치단체 연합체를 설립하는 것도 가능하다.231) 이러한 협의체나 연합체를 설립한 때에는 그 협의체의 대표자는 지체 없이 행정안전부장관에게 신고하여야 한다(지자법 182조 1~3항).

### 3. 정부 및 국회에 대한 의견제출

전국적 협의체나 연합체는 지방자치에 직접적 영향을 미치는 법령 등에 관하여 행정안전부장관에게 의견을 제출할 수 있으며, 장관은 제출의견을 관계 중앙행정기관의 장에게 통보하여야 한다. 관계 중앙행정기관의 장은 통보된 내용에 대하여 통보를 받은 날부터 2개월 이내에 타당성을 검토하여 행정안전부장관에게 그 결과를 통보하여야 하고, 행정안전부장관은 통보받은 검토 결과를 해당 협의체나 연합체에 지체 없이 통보하여야 한다. 이 경우 관계 중앙행정기관의 장은 검토 결과 타당성이 없다고 인정하면 구체적인 사유 및 내용을 명시하여 통보하여야 하며, 타당하다고 인정하면 관계 법령에 그 내용이 반영될 수 있도록 적극 협력하여야 한다(지자법 182조 4~5항).

---

230) 이에 따라 이른바 지방 4대 협의회로서, 대한민국시도지사협의회, 대한민국시도의회의장협의회, 전국시장·군수·구청장협의회, 전국시·군·자치구의회의장협의회가 설립, 운영되고 있다.
231) 다만 이러한 지방자치단체 연합체는 아직 설립되어 있지 않다.

또한 전국적 협의체나 연합체는 지방자치와 관련된 법률의 제·개정 또는 폐지가 필요하다고 인정하는 경우에는 국회에 서면으로 의견을 제출할 수 있다(지자법 182조 6항).

## 제3절 지방자치단체 상호 간의 분쟁조정

### I. 분쟁조정제도의 취지

지방자치단체 상호 간이나 지방자치단체의 장 상호 간에 사무 처리와 관련하여 의견이 달라 분쟁이 생기게 될 경우, 이에 대한 적절한 분쟁해결시스템이 없으면 지방자치단체 모두에게 손실을 초래하고 행정목적의 달성에도 상당한 지장을 초래할 수 있다. 지방자치단체 상호 간의 분쟁조정제도의 취지는 바로 이러한 경우에 대비하여 분쟁조정기구에 의한 행정적 분쟁조정절차 및 조정사항 이행확보장치를 둠으로써 지방자치단체 상호 간에 발생하는 분쟁을 조기에 적절히 해결하려는 것이다.

### II. 분쟁조정권자

분쟁조정권자는 다른 법률에 특별한 규정이 없으면 지방행정 관련 감독기관이라고 할 수 있는 행정안전부장관이나 시·도지사이다(지자법 165조 1항).

### III. 분쟁조정위원회

분쟁조정권자인 행정안전부장관 또는 시·도지사가 분쟁을 조정하고자 할 때에는 관계 중앙행정기관의 장과의 협의를 거쳐 지방자치법 제166조에 따른 지방자치단체중앙분쟁조정위원회나 지방자치단체지방분쟁조정위원회의 의결에 따라 조정하여야 한다(지자법 165조 3항). 분쟁조정위원회는 지방자치단체 상호 간의 분쟁조정에 관한 "의결기관"이라고 할 수 있는 것이다.

분쟁조정위원회는, 지방자치법 제165조 제1항에 따른 분쟁의 조정과 제173조 제1항에 따른 협의사항의 조정에 필요한 사항을 심의·의결하기 위하여 행정안전부에 지방자치단체중앙분쟁조정위원회(중앙분쟁조정위원회)와 시·도에 지방자치단체지방분쟁조정위원회(지방분쟁조정위원회)를 둔다. 중앙분쟁조정위원회는 시·도 간 또는 그 장 간의 분쟁 등[232]을 심의·의결하고, 지방분쟁조정위원회는 중앙분쟁조정위원회의 심의·의결사항에 해당하지 않는 지방자치단체·지방자치단체조합 간 또는 그 장 간의 분쟁을 심의·의결한다(지자법 166조 2·3항).

중앙분쟁조정위원회와 지방분쟁조정위원회는 각각 위원장을 포함한 11명 이내의 위원으로 구성한다. 분쟁조정위원회는 위원장을 포함한 위원 7명 이상의 출석으로 개의하고, 출석위원 3분의 2 이상의 찬성으로 의결한다. 분쟁조정위원회의 위원장은 분쟁의 조정과 관련하여 필요하다고 인정하면 관계 공무원, 지방자치단체조합의 직원 또는 관계 전문가를 출석시켜 의견을 듣거나 관계 기관이나 단체에 대하여 자료 및 의견 제출 등을 요구할 수 있다. 이 경우 분쟁의 당사자에게는 의견을 진술할 기회를 주어야 한다(지자법 167조 1·2항).


## IV. 분쟁조정의 신청과 직권조정

분쟁조정절차는 분쟁당사자의 일방 또는 쌍방의 신청에 의하여 개시된다(신청주의 원칙). 다만 예외적으로 그 분쟁이 공익을 현저히 저해하여 조속한 조정이 필요하다고 인정되면 당사자의 신청이 없어도 분쟁조정권자의 직권으로 조정할 수 있다(직권조정). 이 경우에 행정안전부장관이나 시·도지사는 분쟁조정의 취지를 미리 당사자에게 알려야 한다(지자법 165조 1·2항).

---

232) 중앙분쟁조정위원회의 심의 의결대상 분쟁은 구체적으로 다음과 같다(지자법 166조 2항).
    1. 시·도 간 또는 그 장 간의 분쟁
    2. 시·도를 달리하는 시·군 및 자치구 간 또는 그 장 간의 분쟁
    3. 시·도와 시·군 및 자치구 간 또는 그 장 간의 분쟁
    4. 시·도와 지방자치단체조합 간 또는 그 장 간의 분쟁
    5. 시·도를 달리하는 시·군 및 자치구와 지방자치단체조합 간 또는 그 장 간의 분쟁
    6. 시·도를 달리하는 지방자치단체조합 간 또는 그 장 간의 분쟁

## V. 분쟁조정결정의 이행의무(구속력)

　행정안전부장관이나 시·도지사는 조정에 대하여 결정을 하면 서면으로 지체 없이 관계 지방자치단체의 장에게 통보하여야 하며, 통보를 받은 지방자치단체의 장은 그 조정결정사항을 이행하여야 한다. 조정결정사항 중 예산이 수반되는 사항에 대하여는 관계 지방자치단체는 필요한 예산을 우선적으로 편성하여야 한다. 이 경우 연차적으로 추진하여야 할 사항은 연도별 추진계획을 행정안전부장관이나 시·도지사에게 보고하여야 한다. 행정안전부장관이나 시·도지사는 조정결정에 따른 시설의 설치 또는 역무의 제공으로 이익을 받거나 그 원인을 일으켰다고 인정되는 지방자치단체에 대하여는 그 시설비나 운영비 등의 전부나 일부를 행정안전부장관이 정하는 기준에 따라 부담하게 할 수 있다. 행정안전부장관이나 시·도지사는 위와 같은 조정결정사항이 성실히 이행되지 아니하면 그 지방자치단체에 대하여 직무이행명령에 관한 지방자치법 제189조를 준용하여 이행하게 할 수 있다(지자법 165조 4~7항).

# 제8장 국가와 지방자치단체 간의 관계

## 제1절 서론

지방자치단체는 국가로부터 완전히 분리되거나 독립된 존재는 아니며 전체 국가를 형성하는 한 구성부분이다. 하지만 지방자치단체는 그 관할구역 안에서 자주적으로 자치사무를 처리하고 그 주민에 대하여 자치고권을 행사하는 독립적 공법인이다. 따라서 지방자치단체를 국가와 수직적 종속관계에 놓여있다거나 국가의 단순한 하급행정기관으로 보아서는 안 된다. 국가와 지방자치단체는 다 같이 국리민복(國利民福)이라는 공통의 목적을 향하여 각각의 역할과 기능을 분담하고 상호 협력하는 관계에 있는 것이다.

한편 헌법의 정신과 규율에 따라 국가는 지방자치단체의 자치권을 법적으로 보장하고 보호하여야 하지만, 한편으로는 국가의 법질서 확립과 지방행정의 적법성 확보를 위하여 지방자치단체에 대한 국가의 관여권도 인정된다. 자치권의 보장과 국가 관여권의 행사는 헌법을 비롯한 실정법의 취지와 규정에 따라 엄격한 조화가 유지되어야 하며, 국가의 관여권이 인정되더라도 그것은 객관적 법치주의의 관점에서 합법적인 방식과 절차에 따라서 행사되고 제어되어야 한다.[233]

지방자치법 전부개정법률은 국가와 지방의 협력을 강조하는 차원에서 제9장의 제목을 종전의 '국가의 지도·감독'에서 '국가와 지방자치단체 간의 관계'로 변경하고 국가와 지방자치단체의 협력의무의 선언(지자법 183조),[234] 이러한 협력관계 형성의 핵심기구로서의

---

[233] 이와 관련된 자세한 논의는 졸고 문상덕, "국가와 지방자치단체의 관계에 관한 기본원칙의 정립 - 분권국가적 재구조화와 객관적 법치주의의 확립의 관점에서", 행정법연구 제9호, 2003. 5, 269~272쪽을 참조 바람.

중앙지방협력회의의 설치조항(지자법 186조)을 신설하였다. 그리고 이 장에는 중앙행정기관과 지방자치단체 간 의견조정 내지 분쟁해소를 위한 행정협의조정위원회의 설치·운영조항(지자법 187조)과 함께, 지방행정과정의 적법성 내지 타당성을 확보하기 위한 다양한 국가 관여수단들이 법정되어 있다.

## 제2절 국가와 지방자치단체 간의 협력

### Ⅰ. 협력의무의 선언

지방자치법 전부개정법률은 국가와 지방자치단체 간의 협력의 필요성을 강조하고, 향후 이러한 방향으로의 관계 형성을 더욱 공고히 하기 위하여 '국가와 지방자치단체의 협력의무'조항(지자법 183조)을 신설하였는바, "국가와 지방자치단체는 주민에 대한 균형적인 공공서비스 제공과 지역 간 균형발전을 위하여 협력하여야 한다."고 규정하고 있다.

### Ⅱ. 중앙지방협력회의의 신설

### 1. 의의

지방자치법 전부개정법률은, 국가와 지방자치단체 간의 협력을 도모하고 지방자치 발전과 지역 간 균형발전에 관련되는 중요 정책을 심의하기 위하여 중앙지방협력회의를 신설하고, 그 구성 및 운영에 관한 사항은 따로 법률로 정하도록 하였는바(지자법 186조), 이에 따라 「중앙지방협력회의의 구성 및 운영에 관한 법률」(이하 '중앙지방협력회의법'으로 약칭함)이 제정되어 시행 중이다(법률 제18297호, 2021. 7. 13. 제정 / 2022. 1. 13. 시행). 동 법률을 중심으로 중앙지방협력회의(이하 '협력회의'라 약칭함)의 구성 및 운영에 관하여 살펴본다.

---

234) 지방자치법 제183조(국가와 지방자치단체의 협력 의무) 국가와 지방자치단체는 주민에 대한 균형적인 공공서비스 제공과 지역 간 균형발전을 위하여 협력하여야 한다.

## 2. 목적 및 기능

협력회의는 국가와 지방자치단체의 대등하고 협력적인 관계를 바탕으로 지방자치 발전과 지역 간 균형발전 정책의 효과를 제고하는 것을 목적으로 한다. 그 기능으로는 국가와 지방자치단체 간 협력에 관한 사항, 국가와 지방자치단체의 권한, 사무 및 재원의 배분에 관한 사항, 지역 간 균형발전에 관한 사항, 지방자치단체의 재정 및 세제에 영향을 미치는 국가정책에 관한 사항, 그 밖에 지방자치 발전에 관한 사항이다(중앙지방협력회의법 1 · 2조).

## 3. 구성 및 운영

협력회의는 중앙정부와 지방자치단체를 대표하는 기관들로 구성되는바, 국가 측에서는 대통령, 국무총리, 기획재정부장관, 교육부장관, 행정안전부장관, 국무조정실장, 법제처장이, 그리고 지방자치단체 측에서는 특별시장 · 광역시장 · 특별자치시장 · 도지사 · 특별자치도지사와 지방자치법 제182조 제1항 제2호~제4호까지의 규정에 따른 전국적 협의체[235]의 대표자 및 그 밖에 대통령령으로 정하는 사람으로 구성한다.

협력회의의 의장은 대통령이 되고, 부의장은 국무총리와 시 · 도지사협의회의 회장이 공동으로 된다. 의장은 협력회의를 소집하고 이를 주재하며, 부의장은 의장에게 회의의 소집을 요청할 수 있으며, 의장이 협력회의에 출석하지 못하는 경우에는 국무총리, 시 · 도지사협의회장의 순으로 그 직무를 대행한다. 협력회의의 구성원은 협력회의에 심의할 안건을 제출할 수 있고, 의장은 제출된 안건의 심의를 위하여 필요한 경우에는 안건과 관련된 중앙행정기관의 장, 지방자치단체의 장, 관계 공무원 또는 해당 분야의 민간전문가를 협력회의에 참석하게 하여 의견을 들을 수 있다. 기타 협력회의의 개최 및 운영에 필요한 사항은 대통령령으로 정한다(이상 중앙지방협력회의법 3조).

## 4. 심의 결과의 활용 등

국가 및 지방자치단체는 협력회의의 심의 결과를 존중하고 성실히 이행하여야 하며, 심의 결과에 따른 조치 계획 및 이행 결과를 협력회의에 보고하여야 한다. 또한 심의 결과를 이행하기 어려운 특별한 사유가 있는 경우에는 그 사유와 향후 조치 계획을 협력회

---

235) 대한민국시도지사협의회, 대한민국시도의회의장협의회, 전국시장 · 군수 · 구청장협의회, 전국시 · 군 · 자치구의회의장협의회

의에 보고하여야 한다. 협력회의는 심의를 위하여 필요하다고 인정하는 경우에는 관계 중앙행정기관의 장, 지방자치단체의 장 및 지방의회의 의장 등에게 필요한 자료의 제출을 요청하거나 의견을 수렴할 수 있다.

## 5. 실무협의회

협력회의에 상정할 안건을 사전에 조정하고 의장으로부터 지시받은 사항을 처리하기 위하여 실무협의회를 둔다. 실무협의회는 다음 각 호236)의 사람으로 구성한다. 실무협의회의 위원장은 행정안전부장관과 시·도지사협의회장이 시·도지사 중에서 지명하는 1명이 공동으로 된다. 위원장은 실무협의회를 소집하고 이를 주재하며, 필요한 경우에는 관계 공무원 또는 해당 분야의 민간전문가를 실무협의회에 참석하게 하여 의견을 들을 수 있다. 기타 실무협의회의 구성 및 운영에 필요한 사항은 대통령령으로 정한다.

## Ⅲ. 국가와 지방자치단체의 협력체제의 정립

지방자치분권 및 지방행정체제개편에 관한 특별법(약칭: 지방분권법)은, 국가와 지방자치단체의 협력체제 정립을 도모하기 위하여, 국가는 지방자치단체와의 상호협력관계를 공고히 하기 위하여 (지방 4대) 협의체의 운영을 적극 지원하고 협의체와 관련 지방자치단체의 의견이 국정에 적극 반영될 수 있도록 하며, 국가 및 지방자치단체는 국가와 지방자치단체 간 또는 지방자치단체 상호 간에 발생하는 분쟁을 효율적으로 해결하기 위하여 분쟁조정기구의 기능을 활성화하고, 분쟁조정체계를 정비하는 등 분쟁조정기능을 강화하도록 하고 있다(지방분권법 17조 1·2항).

---

236) 1. 기획재정부의 차관 중 기획재정부장관이 지명하는 1명, 교육부차관, 행정안전부차관, 국무조정실의 차장 중 국무조정실장이 지명하는 1명, 법제처 차장
　　　2. 특별시·광역시·특별자치시·도·특별자치도의 부시장 또는 부지사(해당 지방자치단체에 부시장 또는 부지사가 2명 이상인 경우에는 해당 시·도지사가 지명하는 1명을 말한다)
　　　3. 「지방자치법」 제182조 제1항 제2호부터 제4호까지의 규정에 따른 전국적 협의체의 대표자가 그 구성원 중에서 지명하는 각 1명
　　　4. 그 밖에 대통령령으로 정하는 사람

# 제3절 국가 관여의 수단

지방행정에 대한 국가 관여수단은, 대상 사무가 위임사무이든 자치사무이든 감독기관의 입장에서 공통적으로 사용할 수 있는 관여수단과, 위임사무 및 자치사무의 법적 성질에 대응하여 각각 차별적으로 사용할 수 있는 다양한 국가 관여수단들이 법정되어 있다.


## Ⅰ. 공통적 관여수단

### 1. 조언·권고·지도 및 자료제출 요구

중앙행정기관의 장이나 시·도지사는 지방자치단체의 사무에 관하여 조언 또는 권고하거나 지도할 수 있으며, 이를 위하여 필요하면 지방자치단체에 자료의 제출을 요구할 수 있다(지자법 184조 1항). 조언·권고·지도는 행정지도의 성질을 가지므로 구속적인 효력은 인정되지 않으나 지방자치단체 측의 입장에서는 경우에 따라서 사실상의 강제력을 갖는 것으로 받아들일 수도 있으므로 신중하게 행사될 필요가 있다. 지방자치법은 위의 조언·권고 또는 지도와 관련하여 지방자치단체의 장으로 하여금 중앙행정기관의 장이나 시·도지사에게 의견을 제출할 수 있도록 규정하고 있다(지자법 184조 3항).


### 2. 재정·기술 지원

국가나 시·도는 지방자치단체가 그 지방자치단체의 사무를 처리하는 데에 필요하다고 인정하면 재정지원이나 기술지원을 할 수 있다(지자법 184조 2항). 이러한 지원행위는 지방자치단체가 그 임무를 효율적이고 원활하게 수행하고 행정의 전문성을 제고하며 재정 부족이나 기술적 문제를 해결할 수 있도록 조력하는 데 의의가 있다.


### 3. 시정명령 및 취소·정지

지방자치단체의 사무(자치사무·단체위임사무)에 관한 그 장의 명령이나 처분이 자치사무의 경우에는 법령에 위반되는 경우 그리고 단체위임사무의 경우에는 법령에 위반되거나 현저히 부당하여 공익을 해친다고 인정되면 시·도에 대하여는 주무부장관이, 시·군 및 자치구에 대하여는 시·도지사가 기간을 정하여 서면으로 시정할 것을 명하고, 그 기간에 이행하지 아니하면 이를 취소하거나 정지할 수 있다(지자법 188조 1항). 이러한 시정명령 및 취소·정지제도는 자치사무와 단체위임사무에 공통적으로 사용가능한 관여수단이지만, 그 발동사유와 수명자인 지방자치단체의 장의 제소가능성 등에서 차이가 있으므로 다음에 관계되는 부분에서 다시 각각 자세히 살펴보기로 한다.

## 4. 지방의회의 의결 및 재의결에 대한 관여수단

### (1) 지방자치단체의 장의 재의요구 및 제소 등

지방의회는 주민대의기관이자 의결기관으로서 법령과 조례에 따른 주요 사항들을 의결한다. 그런데 이러한 지방의회의 의결에 일정한 문제가 있다고 판단되는 경우 이에 대한 1차적인 견제권을 행사할 수 있는 것은 지방자치단체의 장이다. 지방자치단체의 장은 (조례안 의결의 경우) 그에 이의가 있거나(지자법 32조 3항), 의결이 월권, 법령 위반, 공익을 현저히 해치거나(이상 지자법 120조 1항), 예산상 집행할 수 없는 경비를 포함하거나(지자법 121조 1항), 법령에 따라 지방자치단체에서 의무적으로 부담하여야 할 경비 또는 비상재해로 인한 시설의 응급 복구를 위하여 필요한 경비를 줄이는 때(이상 지자법 121조 2항)에는, 그 의결사항을 이송받은 날부터 20일 이내에 이유를 붙여 지방의회에 재의를 요구할 수 있다.

그런데 재의 요구에 대하여 지방의회가 재의한 결과 재적의원 과반수의 출석과 출석의원 3분의 2 이상의 찬성으로 전과 같은 의결(재의결)을 하면 그 의결사항은 확정된다. 다만 지방자치단체의 장은 재의결된 사항이 법령에 위반된다고 판단되면 재의결된 날부터 20일 이내에 대법원에 소(訴)를 제기할 수 있다(지자법 120조 2·3항). 이 경우 필요하다고 인정되면 그 의결의 집행을 정지하게 하는 집행정지결정을 신청할 수 있다(지자법 192조 4항 준용).

이와 같이 지방의회의 의결에 대한 재의요구권, 재의결에 대한 제소권은 지방자치단체의 장이 행사할 수 있는 대 의회 견제권이다. 그런데 만일 지방자치단체의 장이 지방의회의 의결에 일정한 문제가 있음에도 불구하고 재의요구권 및 제소권을 행사하고 있지 않는 경우에, 우리 지방자치법은 감독기관의 일정한 관여권을 인정하고 있다.

## (2) 감독기관의 재의 요구·제소 지시 및 직접제소(지자법 192조)

지방의회의 의결이 법령에 위반되거나 공익을 현저히 해친다[237]고 판단되면 시·도에 대하여는 주무부장관이, 시·군 및 자치구에 대하여는 시·도지사가 해당 지방자치단체의 장에게 재의를 요구하게 할 수 있고, 재의 요구 지시를 받은 지방자치단체의 장은 의결사항을 이송받은 날부터 20일 이내에 지방의회에 이유를 붙여 재의를 요구하여야 한다(재의 요구의무 부과). 그런데 시·군 및 자치구의회의 의결이 법령에 위반된다고 판단됨에도 불구하고 시·도지사가 재의를 요구하게 하지 아니한 경우 주무부장관이 직접 시장·군수 및 자치구의 구청장에게 재의를 요구하게 할 수 있고, 재의 요구 지시를 받은 시장·군수 및 자치구의 구청장은 의결사항을 이송받은 날부터 20일 이내에 지방의회에 이유를 붙여 재의를 요구하여야 한다.

이와 같은 감독청의 재의 요구 지시에 따른 지방자치단체의 장의 재의 요구에 대하여 지방의회가 재의한 결과 재적의원 과반수의 출석과 출석의원 3분의 2 이상의 찬성으로 전과 같은 의결을 하면 그 의결사항은 확정된다.

한편 지방자치단체의 장은 재의결된 사항이 법령에 위반된다고 판단되면 재의결된 날부터 20일 이내에 대법원에 소를 제기할 수 있다. 이 경우 필요하다고 인정되면 그 의결의 집행을 정지하게 하는 집행정지결정을 신청할 수 있다. 주무부장관이나 시·도지사는 재의결된 사항이 법령에 위반된다고 판단됨에도 불구하고 해당 지방자치단체의 장이 소를 제기하지 아니하면 시·도에 대해서는 주무부장관이, 시·군 및 자치구에 대해서는 시·도지사(동조 제2항에 따라 주무부장관이 직접 재의 요구 지시를 한 경우에는 주무부장관을 말한다.)가 그 지방자치단체의 장에게 제소를 지시하거나 직접 제소 및 집행정지결정을 신청할 수 있다.[238] 이 경우 제소의 지시는 지방자치단체의 장이 제소할 수 있는 기간(재의결

---

237) 재의 요구 지시의 사유인 '법령 위반' 외에 '공익을 현저히 해치는 것'을 어떻게 이해할 것인가와 관련해서는 '법령 위반'과 같은 위법에 이르지 않는 부당을 의미하는 것으로 새기는 것이 타당할 것이다. 그 논거로서, 지방자치법 제192조 제4항이 '법령 위반'만을 제소사유로 하고 있을 뿐 '공익을 현저히 해치는 것'을 제소사유로 하고 있지 않다는 점, 행정소송법상 취소소송은 위법한 처분 등을 취소 또는 변경하는 소송이라는 점(행정소송법 4조 1호) 등을 들 수 있겠다(홍정선, 新지방자치법, 681쪽).
238) 이와 관련하여 판례는, 기초지방자치단체인 시·군 및 자치구 지방의회의 재의결에 대한 제소 지시 내지 직접 제소권자는 시·도지사이지 주무부장관은 아니라고 보았다. 즉 대법원(다수의견)은 지방자치법령의 문언과 체계, 제·개정 연혁, 지방자치단체의 조례에 대한 사후통제 가능성 등을 종합적으로 고려하여, 지방의회 재의결에 대하여 제소를 지시하거나 직접 제소할 수 있는 주체로 규정된 '주무부장관이나 시·도지사'는 시·도에 대하여는 주무부장관을, 시·군 및 자치구에 대하여는 시·도지사를 각 의미한다

된 날부터 20일 이내)이 지난 날부터 7일 이내에 하고, 해당 지방자치단체의 장은 제소 지시를 받은 날부터 7일 이내에 제소하여야 한다(제소의무 부과). 그런데 지방자치단체의 장이 제소지시를 받은 발부터 7일 이내에 제소하지 않으면 주무부장관이나 시·도지사는 그 기간이 지난 날부터 7일 이내에 직접 제소할 수 있다.

또한 지방의회의 의결이 법령에 위반된다고 판단되어 주무부장관이나 시·도지사로부터 재의 요구 지시를 받은 지방자치단체의 장이 재의를 요구하지 아니하는 경우(법령에 위반되는 지방의회의 의결사항이 조례안인 경우로서 재의 요구 지시를 받기 전에 그 조례안을 공포한 경우를 포함한다)에는 주무부장관이나 시·도지사는 재의 요구를 할 수 있는 기간(의결사항을 이송받은 날부터 20일 이내)이 지난 날부터 7일 이내에 대법원에 직접 제소 및 집행정지 결정을 신청할 수 있다. 지방의회의 의결이나 재의결된 사항이 둘 이상의 부처와 관련되거나 주무부장관이 불분명하면 행정안전부장관이 재의 요구 또는 제소를 지시하거나 직접 제소 및 집행정지결정을 신청할 수 있다.[239]

## 5. 감사원의 감사

국가최고행정감사기관인 감사원은 헌법과 감사원법의 관련 규정에 기하여 지방자치단체에서 처리되는 사무 전반에 걸쳐 – 위임사무나 자치사무의 구별 없이 – 합법성 감사뿐만 아니라 합목적성 감사도 할 수 있다.

---

고 해석하는 것이 타당하다고 한다. 따라서 당해 사건에서도 강화군의회(피고)의 이 사건 조례안 재의결에 대하여는 인천광역시장이 강화군수에게 제소를 지시하거나 직접 제소할 수 있을 뿐, 원고인 행정자치부장관이 강화군수에게 제소를 지시하거나 직접 제소할 수는 없다고 할 것이므로, 이 사건 소는 법률상 근거가 없는 소로서 부적법하고 따라서 이 사건 소를 각하한다고 판결하였다(대법 2016. 9. 22. 선고 2014추521 전원합의체 판결 [조례안재의결무효확인]).

이 판례에 대하여 필자는, 기초 지방의회에 대한 국가감독 특히 합법성 감독의 수단으로서 인정된 감독기관에 의한 제소 지시 및 직접 제소권은 시·도지사에게 뿐 아니라 최종적으로 중앙정부의 소관부처장인 주무부장관에게도 인정된다고 해석하는 것이, 현행 지방자치법령의 체계해석적 측면이나 국가감독법제의 입법취지적 관점에서 보다 타당하다고 본 바 있다. 이러한 주장의 상세한 논거와 해당 판례에 대한 구체적 정보에 관해서는 졸고 문상덕, "기초 지방의회의 재의결에 대한 제소권자 – 주무부장관의 제소권 인정 여부를 중심으로", 행정판례연구 제22권 제2호(통권 2호), 2017, 271~303쪽을 참조 바람.

239) 이와 관련하여 판례는, 이는 주무부처가 중복되거나 주무부장관이 불분명한 경우에 행정안전부장관이 소송상의 필요에 따라 재량으로 주무부장관의 권한을 대신 행사할 수 있다는 것일 뿐이고, 언제나 주무부장관의 권한행사를 배제하고 오로지 행정안전부장관만이 그러한 권한을 전속적으로 행사하도록 하려는 취지는 아니라고 보았다(대법 2017. 12. 5. 선고 2016추5162 판결).

## 6. 중앙행정기관·지방자치단체 간 협의·조정

중앙행정기관의 장과 지방자치단체의 장이 사무를 처리할 때 의견을 달리하는 경우 이를 협의·조정하기 위하여 국무총리 소속으로 행정협의조정위원회를 두고 있다. 행정협의조정위원회는 위원장 1명을 포함하여 13명 이내의 위원으로 구성되고,[240] 중앙행정기관의 장 또는 지방자치단체의 장의 신청에 의하여 당사자 간에 사무를 처리함에 있어서 의견을 달리하는 사항에 대하여 협의·조정기능을 수행한다(지자법 187조). 행정협의조정위원회의 위원장은 협의·조정사항에 관한 결정을 하면 지체 없이 서면으로 국무총리에게 보고하고 행정안전부장관·관계 중앙행정기관의 장 및 해당 지방자치단체의 장에게 통보하여야 하며, 통보를 받은 관계 중앙행정기관의 장과 그 지방자치단체의 장은 그 협의·조정 결정사항을 이행하여야 한다(지자법시행령 106조 6항).


## II. 위임사무 관련 국가 관여

지방자치법은 위임사무와 관련하여 국가행정기관의 포괄적인 지도·감독권을 인정하고 있다. 위임사무의 경우에는 일반적으로 사무 처리와 관련하여 위임기관 측의 지도·감독권이 인정되는데, 수임기관(단체위임사무-지방자치단체, 기관위임사무-지방자치단체의 장 등)의 사무 처리가 적법하고 타당하게 이루어질 수 있도록 권력적·비권력적인 지도·감독권을 폭넓게 인정하고 있다.


## 1. 위임사무에 대한 지도·감독기관 및 감사

지방자치단체나 그 장이 위임받아 처리하는 국가사무(단체위임사무 또는 기관위임사무)에 관하여 시·도에서는 주무부장관의, 시·군 및 자치구에서는 1차로 시·도지사의, 2차로 주무부장관의 지도·감독을 받는다. 그리고 시·군 및 자치구나 그 장이 위임받아 처리하는 시·도의 사무에 관하여는 시·도지사의 지도·감독을 받는다(지자법 185조). 주무부장관

---

240) 행정협의조정위원회의 위원은 다음 각 호의 사람이 되고 위원장은 제3호에 따른 위촉위원 중에서 국무총리가 위촉한다.
　　1. 기획재정부장관, 행정안전부장관, 국무조정실장 및 법제처장
　　2. 안건과 관련된 중앙행정기관의 장과 시·도지사 중 위원장이 지명하는 사람
　　3. 그 밖에 지방자치에 관한 학식과 경험이 풍부한 사람 중에서 국무총리가 위촉하는 사람 4명

이나 시·도지사는 이러한 지도·감독권에 기하여 위임사무에 대한 감사권을 행사할 수 있다.

한편 앞서 언급한 바와 같이 감사원은 국가최고행정감사기관으로서 헌법과 감사원법에 기하여 위임사무를 포함한 지방자치단체의 사무 전반에 걸쳐 합법성 감사뿐만 아니라 합목적성 감사를 할 수 있는 것으로 해석되고 있다.[241]

## 2. 중복감사의 방지 및 동시감사의 실시

주무부장관, 행정안전부장관 또는 시·도지사가 위임사무에 대한 감사를 실시할 때는 중복감사로 인한 부작용을 방지하기 위하여, 이미 감사원 감사 등이 실시된 사안에 대해서는 새로운 사실이 발견되거나 중요한 사항이 누락된 경우 등 대통령령으로 정하는 경우를 제외하고는 감사 대상에서 제외하고 종전의 감사 결과를 활용하여야 한다(지자법 191조 1항). 또한 주무부장관과 행정안전부장관은 다음 각 호[242]의 어느 하나에 해당하는 감사를 실시하고자 하는 때에는 지방자치단체의 수감부담을 줄이고 감사의 효율성을 높이기 위하여 같은 기간 동안 함께 감사를 실시할 수 있다(지자법 191조 2항). 법 제185조, 제190조 및 제191조 제2항에 따른 감사의 절차·방법 등에 관하여 필요한 사항은 대통령령으로 정한다(지자법 191조 3항).[243]

## 3. 단체위임사무 관련 시정명령 및 정지·취소

### (1) 제도의 개요

지방자치단체의 사무 중 단체위임사무에 관한 지방자치단체의 장의 명령이나 처분이 법령에 위반되거나(위법사유) 현저히 부당하여 공익을 해친다고 인정되면(부당사유), 시·도에 대하여는 주무부장관이, 시·군 및 자치구에 대하여는 시·도지사가 기간을 정하여 서면으로 시정할 것을 명하고 그 기간에 이행하지 않으면 이를 취소하거나 정지할 수 있다(지자법 188조 1항).[244]

---

241) 관련 판례로서, 헌재 2008. 5. 29. 선고 2005헌라3 결정 참조.
242) 1. 제167조에 따른 주무부장관의 위임사무 감사
　　2. 제171조에 따른 행정안전부장관의 자치사무 감사
243) 이에 따라 제정된 것이 「지방자치단체에 대한 행정감사규정」[대통령령 제28211호, 2017. 7. 26. 개정]이다.
244) 자치사무의 경우에는 법령 위반(위법사유)을 이유로만 시정명령 및 취소·정지 가능.

본 조의 지방자치단체의 사무에는 지방자치단체의 장 등에게 위임된 기관위임사무는 포함되지 않는다고 본다. 기관위임사무는 위임기관이 속한 국가 또는 시·도의 사무로서 수임기관이 속한 지방자치단체의 사무로는 볼 수 없기 때문이다. 그리고 기관위임사무에 관한 지방자치단체의 장의 업무 처리가 위법하거나 부당할 경우에는, 정부조직법과 대통령령인 행정권한의 위임 및 위탁에 관한 규정 제6조[245])에 의하여 위임기관이 이를 취소하거나 정지시킬 수 있다.

### (2) 시·도지사의 감독권 불행사에 대한 국가의 감독

한편 단체위임사무에 관한 시장·군수 및 자치구의 구청장의 명령이나 처분이 법령에 위반되거나 현저히 부당하여 공익을 해친다고 인정됨에도 시·도지사가 시정명령을 하지 아니하면 주무부장관은 시·도지사에게 기간을 정하여 시정명령을 하도록 명할 수 있고, 시·도지사가 그 정한 기간에도 시정명령을 하지 아니하면 그 기간이 지난 날부터 7일 이내에 주무부장관이 직접 시장·군수 및 자치구의 구청장에게 기간을 정하여 서면으로 시정할 것을 명하고, 그 기간에 이행하지 아니하면 주무부장관이 시장·군수 및 자치구의 구청장의 명령이나 처분을 취소하거나 정지할 수 있다. 또한 주무부장관은 시·도지사가 시장·군수 및 자치구의 구청장에게 시정명령을 하였으나 이를 이행하지 아니한 데 따른 취소·정지를 하지 아니하는 경우에도 시·도지사에게 기간을 정하여 시장·군수 및 자치구의 구청장의 명령이나 처분을 취소하거나 정지할 것을 명하고, 그 기간에 이행하지 아니하면 주무부장관이 이를 직접 취소하거나 정지할 수 있다(이상 지자법 188조 2~4항).

### (3) 감독청의 취소·정지처분에 대한 제소권 인정 여부

단체위임사무와 관련하여서는 위법 또는 부당을 이유로 한 감독청의 취소 또는 정지처분에 대하여 지방자치단체나 그 장에게 불복 제소권이 인정되지는 않음에 주의를 요한다(자치사무의 경우에는 법 188조 6항에 의거 지방자치단체의 장에게 불복 제소권이 인정됨).

---

245) 행정권한의 위임 및 위탁에 관한 규정 제6조(지휘·감독) "위임 및 위탁기관은 수임 및 수탁기관의 수임 및 수탁사무 처리에 대하여 지휘·감독하고, 그 처리가 위법하거나 부당하다고 인정될 때에는 이를 취소하거나 정지시킬 수 있다."

## 4. 기관위임사무와 직무이행명령

### (1) 직무이행명령제도의 의의 및 취지

지방자치단체의 장이 법령의 규정에 따라 그 의무에 속하는 국가기관위임사무나 시·도기관위임사무의 관리와 집행을 명백히 게을리하고 있다고 인정되면 시·도에 대하여는 주무부장관이, 시·군 및 자치구에 대하여는 시·도지사가 기간을 정하여 서면으로 이행할 사항을 명령할 수 있다(지자법 189조 1항).

기관위임사무에 대하여 직무이행명령제도를 도입한 취지는, 1991년 지방자치제의 전면 복원과 그 본격적인 시행에 즈음하여 국가위임사무 등을 처리하는 지방자치단체의 장이 수임사무의 관리와 집행을 해태할 경우에 대비하여 이에 대한 강제적인 이행보장장치가 필요하였기 때문이다.

### (2) 직무이행명령의 요건 및 불이행에 대한 강제조치

직무이행명령은 지방자치단체의 장이 법령의 규정에 따라 그 의무에 속하는 국가위임사무나 시·도위임사무의 관리와 집행을 명백히 게을리하고 있다고 인정될 때 발령할 수 있다. 그 외 지방자치법 제165조에 의한 분쟁조정위원회의 조정결정사항이 성실히 이행되지 않을 경우에도 준용된다(지자법 165조 7항).

주무부장관이나 시·도지사는 설정한 이행기간에 지방자치단체의 장이 이행명령을 이행하지 않으면 그 지방자치단체의 비용부담으로 대집행 또는 행정상·재정상 필요한 조치를 할 수 있다. 이 경우 행정대집행에 관하여는 행정대집행법이 준용된다(지자법 189조 2항).

한편 시장·군수 및 자치구의 구청장이 기관위임사무의 수행을 게을리함에도 시·도지사가 직무이행명령을 하지 않거나 그 집행을 확보하지 않는 경우에, 보완적으로 주무부장관에게 감독권을 부여하는 규정이 이번 지방자치법 전부개정에 의하여 신설되었다. 즉 주무부장관은 시장·군수 및 자치구의 구청장이 법령에 따라 그 의무에 속하는 국가위임사무의 관리와 집행을 명백히 게을리하고 있다고 인정됨에도 불구하고 시·도지사가 직무이행명령을 하지 아니하는 경우 시·도지사에게 기간을 정하여 이행명령을 하도록 명할 수 있다. 그럼에도 시·도지사가 위 기간에 이행명령을 하지 아니하면 주무부장관은 그 기간이 지난 날부터 7일 이내에 직접 시장·군수 및 자치구의 구청장에게 기간을 정하여 이행명령을 하고, 그 기간에 이행하지 아니하면 주무부장관이 직접 대집행등을 할 수 있다. 또한 주무부장관은 시·도지사가 시장·군수 및 자치구의 구청장에게 직무이행명령을 하였으나 이를 이행하지 아니한 데 따른 대집행등을 하지 아니하는 경우에는 시·도지사에게 기간을 정하여 대집행등을 하도록 명하고, 그 기간에 대집행등을 하지 아니하면 주무부장관이 직접 대집행등을 할 수 있다(이상 지자법 189조 3~5항).

## (3) 직무이행명령에 대한 불복제소

기관위임사무에 있어서 주무부장관과 지방자치단체의 장은 상하행정기관으로서 행정내부적 관계에 놓이는데, 이러한 관계에 있는 상급행정기관의 감독적 명령에 대하여는 하급행정기관의 제소권을 인정하지 않는 것이 통상적이다. 하지만 지방자치법은 기관위임사무의 관리와 집행의 해태에 따른 주무부장관 등의 이행명령에 대하여, 지방자치단체의 장은 그 이행명령서 접수일부터 15일 이내에 대법원에 제소할 수 있고 집행정지결정의 신청도 가능하도록 하고 있다(지자법 189조 3항). 이것은 기관위임사무의 처리와 관련하여 지방자치단체의 장도 하급행정기관의 지위에 놓여있기는 하지만, 통상적인 행정조직 내의 하급행정기관과는 달리 지방자치단체의 장은 독립된 공법인인 지방자치단체의 법적 대표라는 이중적 지위를 갖고 있고, 실제에 있어서도 기관위임사무는 국가 또는 시·도사무의 성격을 유지하고는 있지만 다른 한편으로는 해당 지방자치단체의 관할 구역에서 처리되는 사무라는 지역성을 띠고 있기도 하고 해당 지역 주민들의 이해관계와도 무관하지 않다는 실질을 갖는 경우가 많으므로, 이러한 측면들을 감안하여 당해 지역을 대표하는 지방자치단체의 장이 주무부장관의 직무이행명령에 이의가 있을 경우에는 대법원에 제소하여 법적으로 다투어 볼 수 있는 기회를 부여한 것으로 이해할 수 있겠다.

한편 판례는 기관위임사무의 처리와 관련하여 감독기관 측인 국가가 지방자치단체의 장을 상대로 행정소송(취소소송)을 제기하는 것은 허용되지 않는다고 본다. 국가감독기관은 행정협의조정위원회에 의한 협의·조정절차를 통하여 의견불일치를 해소할 수 있거나, 법원에 의한 판결을 받지 않고서도 행정권한의 위임 및 위탁에 관한 규정이나 지방자치법에서 정하고 있는 지도·감독을 통하여 직무이행명령을 하고 불이행 시에는 필요한 조치를 할 수 있기 때문이라는 것이다.[246]

---

[246] "건설교통부장관은 지방자치단체의 장이 기관위임사무인 국토이용계획 사무를 처리함에 있어 자신과 의

## III. 자치사무 관련 국가 관여

지방자치단체가 자치사무를 수행함에 있어서는 원칙적으로 자율권이 보장되어야 하지만, 자치사무의 처리도 전체 국가 법질서에 부합되도록 해야 하므로 자치사무에 대하여도 국가의 합법성 감독권은 인정된다. 지방자치법도 자치사무의 수행과 관련하여 합법성 감독의 차원에서 국가 관여수단들을 규정하고 있는데, 다만 이러한 국가 관여는 자치권을 최대한 존중하면서 법령이 정하는 방식과 절차에 따라 신중하게 이루어져야 할 것이다.

### 1. 보고의 징수

행정안전부장관이나 시·도지사는 지방자치단체의 자치사무에 관하여 보고를 받을 수 있다(지자법 190조 1항 본문). 본 조항은 이른바 감독기관의 보고징수권에 관한 근거조항으로서, 지방자치단체의 자치사무의 처리상황 등을 파악하고 필요 시 감독권의 행사를 하기 위한 규정이라고 할 수 있다. 다만 이 조항은 일반적 성격의 규정으로서 이에 근거하여 모든 자치사무에 관한 보고를 하도록 하는 일반적 보고징수권이 인정된다고 하기는 어렵고 개별적인 자치사무에 관하여 보고를 받을 수 있는 것이라고 보아야 할 것이다.

### 2. 자치사무에 대한 감사

#### (1) 행정안전부장관 등의 감사

행정안전부장관이나 시·도지사는 지방자치단체의 자치사무에 관하여…(중략)…서류·장부 또는 회계를 감사할 수 있다. 이 경우 자치사무에 대한 감사는 법령위반사항에 대하여만 실시한다(지자법 190조 1항). 즉 자치사무에 대한 감사는 합법성 감사만 허용되고 정

---

견이 다를 경우 행정협의조정위원회에 협의·조정 신청을 하여 그 협의·조정 결정에 따라 의견불일치를 해소할 수 있고, 법원에 의한 판결을 받지 않고서도 행정권한의 위임 및 위탁에 관한 규정이나 구 지방자치법에서 정하고 있는 지도·감독을 통하여 직접 지방자치단체의 장의 사무처리에 대하여 시정명령을 발하고 그 사무처리를 취소 또는 정지할 수 있으며, 지방자치단체의 장에게 기간을 정하여 직무이행명령을 하고 지방자치단체의 장이 이를 이행하지 아니할 때에는 직접 필요한 조치를 할 수도 있으므로, 국가가 국토이용계획과 관련한 지방자치단체의 장의 기관위임사무의 처리에 관하여 지방자치단체의 장을 상대로 취소소송을 제기하는 것은 허용되지 않는다."(대법 2007. 9. 20. 선고 2005두6935 판결)

책의 당·부당에 관한 합목적성 감사는 허용되지 않는다.

한편 감사권 행사의 남용을 방지하기 위하여 감사기관은 감사개시요건을 충족하여야 하고 일정한 법적 절차를 준수하여야만 한다. 즉 행정안전부장관 또는 시·도지사는 감사를 실시하기 전에 해당 사무의 처리가 법령에 위반되는지 여부 등을 확인하여야 한다(지자법 190조 2항). 이 규정은 자치사무에 대한 감사범위와 관련하여 자치사무 전반에 대한 사전적·포괄적인 감사는 허용되지 않고, 특정한 감사대상사무에 관하여 법령위반행위가 확인되었거나 위법행위가 있었으리라는 합리적 의심이 가능한 경우에만 감사할 수 있다고 한정·해석한 헌법재판소의 결정[247])에 따라 지방자치법의 개정(법률 제10344호, 2010. 6. 8.)이 이루어짐으로써 신설된 것이다. 또한 행정안전부장관이 지방자치법 제190조에 따라 수도인 서울특별시의 자치사무에 관한 감사를 하려는 경우에는 사전에 국무총리의 조정을 거쳐야만 하게 되었다(서울특별시 행정특례에 관한 법률 4조 2항).

## (2) 감사원의 감사

헌법재판소는, 국가최고행정감사기관인 감사원은 헌법과 감사원법의 관련 규정에 기하여 지방자치단체의 자치사무에 대하여도 합법성 감사뿐만 아니라 합목적성 감사도 할 수 있는 것으로 본다.[248]) 이와 같이 감사원이 자치사무의 합목적성 감사까지 할 수 있다고 보는 것이 지방자치단체의 자치권을 침해하는 것은 아니냐는 논란과 관련하여, 헌법재판소는 헌법이 감사원을 독립된 외부감사기관으로 정하고 있는 취지, 중앙정부와 지방자치단체는 서로 행정기능과 행정책임을 분담하면서 중앙행정의 효율성과 지방행정의 자주성을 조화시켜 국민과 주민의 복리증진이라는 공동목표를 추구하는 협력관계에 있다는 점을 고려할 때, 지방자치단체의 자치사무에 대한 합목적성 감사의 근거가 되는 이 사건 관련규정은 그 목적의 정당성과 합리성을 인정할 수 있고, 또한 감사원법에서 지방자치단체

---

247) "중앙행정기관이 구 지방자치법 제158조 단서 규정상의 감사에 착수하기 위해서는 자치사무에 관하여 특정한 법령위반행위가 확인되었거나 위법행위가 있었으리라는 합리적 의심이 가능한 경우이어야 하고, 또한 그 감사대상을 특정해야 한다. 따라서 전반기 또는 후반기 감사와 같은 포괄적·사전적 일반감사나 위법사항을 특정하지 않고 개시하는 감사 또는 법령위반사항을 적발하기 위한 감사는 모두 허용될 수 없다.…(중략)…행정안전부장관 등이 감사실시를 통보한 사무는 서울특별시의 거의 모든 자치사무를 감사대상으로 하고 있어 사실상 피감사대상이 특정되지 아니하였고 행정안전부장관 등은 합동감사 실시계획을 통보하면서 구체적으로 어떠한 자치사무가 어떤 법령에 위반되는지 여부를 밝히지 아니하였는바, 그렇다면 행정안전부장관 등의 합동감사는 구 지방자치법 제158조 단서 규정상의 감사개시요건을 전혀 충족하지 못하였다 할 것이므로 헌법 및 지방자치법에 의하여 부여된 서울특별시의 지방자치권을 침해한 것이다."(헌재 2009. 5. 28. 선고 2006헌라6 결정)

248) 관련 판례로서, 헌재 2008. 5. 29. 선고 2005헌라3 결정 참조.

의 자치권을 존중할 수 있는 장치를 마련해두고 있는 점, 국가재정지원에 상당부분 의존하고 있는 우리 지방재정의 현실, 독립성이나 전문성이 보장되지 않은 지방자치단체 자체감사의 한계 등으로 인한 외부감사의 필요성까지 감안하면, 관련규정이 지방자치단체의 고유한 권한을 유명무실하게 할 정도로 지나친 제한을 함으로써 지방자치권의 본질적 내용을 침해하였다고는 볼 수는 없다고 판시하고 있다. 다만 필자는 이러한 헌법재판소의 결정에 대하여 비판적인 입장을 제시한 바 있다.[249]

## 3. 중복감사의 방지 및 동시감사의 실시

주무부장관, 행정안전부장관 또는 시·도지사가 자치사무에 대한 감사를 실시할 때는 중복감사로 인한 부작용을 방지하기 위하여, 이미 감사원 감사 등이 실시된 사안에 대해서는 새로운 사실이 발견되거나 중요한 사항이 누락된 경우 등 대통령령으로 정하는 경우를 제외하고는 감사 대상에서 제외하고 종전의 감사 결과를 활용하여야 한다(지자법 191조 1항). 또한 주무부장관과 행정안전부장관은 다음 각 호[250]의 어느 하나에 해당하는 감사를 실시하고자 하는 때에는 지방자치단체의 수감부담을 줄이고 감사의 효율성을 높이기 위하여 같은 기간 동안 함께 감사를 실시할 수 있다(지자법 191조 2항). 법 제185조, 제190조 및 제191조 제2항에 따른 감사의 절차·방법 등에 관하여 필요한 사항은 대통령령으로 정한다(지자법 191조 3항).[251]

---

249) 감사원 감사가 자치사무의 정책적 당부(합목적성) 감사까지 허용된다고 보는 판례에 대해서는, 자치권 보장과 외부감사의 한계의 차원에서 위헌의 소지가 있다는 것이 필자의 입장이다. 지방자치법에 의한 정부감사, 국정감사 및 조사에 관한 법률에 의한 국회감사 모두 자치권 보장의 차원에서 감사의 대상과 범위를 제한하게 되었고 공공감사에 관한 법률에 의하여 지방자치단체의 자체감사제도도 개선을 이루고 있음에도, 감사원 감사에 대해서만 여전히 포괄적이고 전면적인 감사가 허용된다고 보는 것은 다른 기관의 감사와의 균형이 맞지 않을 뿐 아니라 그러한 독보적 감사권을 인정할 합당한 논거도 찾기 어렵다고 보기 때문이다. 자세히는 졸고 문상덕, "지방자치와 감사(監査)제도 – 현황과 과제", 행정법연구 42호, 2015. 7, 182~183쪽을 참조 바람.
250) 1. 제167조에 따른 주무부장관의 위임사무 감사
　　2. 제171조에 따른 행정안전부장관의 자치사무 감사
251) 이에 따라 제정된 것이 「지방자치단체에 대한 행정감사규정」[대통령령 제28211호, 2017. 7. 26. 개정]이다.

## 4. 자치사무 관련 시정명령 및 취소·정지

### (1) 제도의 개요

앞서 언급한 것처럼 자율권이 보장되는 자치사무의 경우에도 국가 법질서의 확립과 주민의 권리보호의 차원에서 감독기관에 의한 합법성 감독이 인정된다. 지방자치법은 지방자치단체의 사무 중 자치사무에 관한 지방자치단체의 장(법 103조 2항에 따른 사무의 경우에는 지방의회의 의장을 말함)의 명령이나 처분이 법령에 위반된다고 인정되면, 시·도에 대하여는 주무부장관이, 시·군 및 자치구에 대하여는 시·도지사가 기간을 정하여 서면으로 시정할 것을 명하고 그 기간에 이행하지 않으면 이를 취소하거나 정지할 수 있다(지자법 188조 1항 참조)고 규정하고 있다.

취소 또는 정지처분은 그것만으로 지방자치단체의 장의 명령이나 처분을 취소하거나 정지시키는 효력을 발생시킨다(형성적 행정행위). 단체위임사무의 경우에는 법령에 위반한 경우(위법사유) 뿐 아니라 현저히 부당하여 공익을 해치는 경우(부당사유)에도 시정명령 및 취소·정지가 가능한 데 비하여, 자치사무의 경우에는 합법성 감독만이 허용되기 때문에 시정명령 또는 취소·정지의 사유도 위법사유에 한정됨에 유의하여야 한다. 판례는 본 조의 법령 위반의 의미와 관련하여 명시적인 법령 위반의 경우와 더불어 재량권을 일탈·남용하여 위법하게 된 경우까지도 포함하는 것으로 해석하고 있다.[252]

### (2) 시·도지사의 감독권 불행사에 대한 국가의 감독

위에서 본 바와 같이, 자치사무에 관한 지방자치단체의 장의 명령이나 처분이 법령에 위반되는 경우 시·군 및 자치구에 대하여는 시·도지사가 감독청으로서 시정명령 및 취소·정지권을 행사하도록 되어 있으나, 이러한 경우에 해당함에도 시·도지사가 시정명령을 하지 아니하면 주무부장관은 시·도지사에게 기간을 정하여 시정명령을 하도록 명할

---

252) "지방자치법 제157조 제1항(현행 제169조 제1항) 전문 및 후문에서 규정하고 있는 지방자치단체의 사무에 관한 그 장의 명령이나 처분이 법령에 위반되는 경우라 함은 명령이나 처분이 현저히 부당하여 공익을 해하는 경우, 즉 합목적성을 현저히 결하는 경우와 대비되는 개념으로, 시·군·구의 장의 사무의 집행이 명시적인 법령의 규정을 구체적으로 위반한 경우뿐만 아니라 그러한 사무의 집행이 재량권을 일탈·남용하여 위법하게 되는 경우를 포함한다고 할 것이므로, 시·군·구의 장의 자치사무의 일종인 당해 지방자치단체 소속 공무원에 대한 승진처분이 재량권을 일탈·남용하여 위법하게 된 경우 시·도지사는 지방자치법 제157조 제1항 후문에 따라 그에 대한 시정명령이나 취소 또는 정지를 할 수 있다."(대법 2007. 3. 22. 선고 2005추62 판결)

수 있다. 그럼에도 시·도지사가 정한 기간에 시정명령을 하지 아니하면 그 기간이 지난 날부터 7일 이내에 주무부장관이 직접 시장·군수 및 자치구의 구청장에게 기간을 정하여 서면으로 시정할 것을 명하고, 그 기간에 이행하지 아니하면 주무부장관이 시장·군수 및 자치구의 구청장의 명령이나 처분을 취소하거나 정지할 수 있다. 또한 주무부장관은 시·도지사가 시장·군수 및 자치구의 구청장에게 시정명령을 하였으나 이를 이행하지 아니한 데 따른 취소·정지를 하지 아니하는 경우에는 시·도지사에게 기간을 정하여 시장·군수 및 자치구의 구청장의 명령이나 처분을 취소하거나 정지할 것을 명하고, 그 기간에 이행하지 아니하면 주무부장관이 이를 직접 취소하거나 정지할 수 있다(이상 지자법 188조 2~4항).

위 국가 감독에 관한 조항은 이번 지방자치법 전부개정법률에서 신설·보완된 규정들로서, 시·군 및 자치구에 대한 시·도지사의 감독권 행사가 제대로 이루어지지 않는 경우, 국가 감독청인 주무부장관이 감독권을 행사하도록 하여, 기초지방자치단체의 자치사무 수행에 대해서도 그 적법성을 종국적으로 확보할 수 있도록 하기 위한 근거규정이라고 할 수 있다.

### (3) 제소권 부여의 취지와 제도개선안

한편 자치사무에 관한 지방자치단체의 장의 명령이나 처분을 위법을 이유로 취소 또는 정지한 감독기관의 처분에 대하여 이의가 있는 지방자치단체의 장은 그 취소 또는 정지처분을 통보받은 날부터 15일 이내에 대법원에 소를 제기할 수 있다.[253] 이 소송은 감독기관을 피고로 하고 정지 또는 취소처분을 대상으로 하여 그 취소나 무효확인을 소구하는 행정소송의 성격을 가진다고 하겠다. 판례는 감독기관의 정지 또는 취소처분의 전 단계인 시정명령에 대하여는 지방자치법의 규정에 근거하여 본 조의 소송대상이 될 수 없는 것으로 보고 있다.[254]

---

253) 이와 같이 제소권을 인정하면서 대법원을 단심의 전속관할로 한 것은 행정기관 간의 분쟁을 조기에 해결함으로써 공법질서의 안정을 확보하고자 하는 데 그 취지가 있는 것이지만, 현실적으로 대법원의 사건부담에 따른 우려와 법률심인 상고심으로서의 성격에 비추어 지방자치법상의 분쟁사건을 대법원으로 바로 가져가도록 한 것에는 의문도 없지 않다. 사실관계에 대한 면밀한 조사·확인의 필요성이나 심급제 적용을 통한 사실심의 심리기회의 보장, 전국적으로 산재한 개별 지방자치단체의 소송 수행의 편의성 등을 고려할 때, 관할법원의 심급을 적어도 고등법원으로 조정하여 2심 이상을 보장하는 방안도 검토할 만하다고 할 것이다. 이와 관련하여서는 졸고 문상덕, "지방자치 관련 소송제도의 재검토", 행정법연구 54호, 2018. 8, 234쪽을 참조 바람.

254) "지방교육자치에 관한 법률 제3조에 의하여 준용되는 지방자치법 169조 제2항은 자치사무에 관한 명령이나 처분의 취소 또는 정지에 대하여서만 소를 제기할 수 있다고 규정하고, 주무부장관이 지방자치법

자치사무 관련 명령·처분에 대한 감독청의 취소·정지처분에 대하여 이의가 있는 경우, 지방자치단체의 장에게 제소권을 인정하고 있는데, 이것은 제소권을 인정하지 않는 단체위임사무의 경우와는 다른 것으로서, 자치사무 관련 단체장의 처분 등에 대한 국가 감독청의 취소·정지권 행사의 시비와 관련하여, 자치사무에 관한 최종적인 위·적법 여부는 감독청의 행정해석이 아니라 사법기관인 대법원의 판결에 의하여 확정하는 것이 바람직할 것이라는 차원에서, 법치행정의 확립 및 자치권 보호의 관점에서 지방자치단체의 장에게 제소권을 인정한 것은 타당하다고 평가할 수 있겠다.

한편 이 제도와 관련하여 취소 또는 정지처분의 전단계인 감독청의 시정명령에 대하여는 이의가 있어도 달리 다툴 방법이 없다는 점과 함께, 자치사무의 수행과 관련하여 지방자치단체의 장이 자주적 법해석에 기하여 행한 법적용의 결과(명령 또는 처분)를 감독청이 그와는 다른 법해석에 기하여 형성적 행정처분(취소 또는 정지처분)으로 배제할 수도 있도록 함으로써, 지방자치단체의 자치권 존중이라는 측면보다는 국가 감독권의 신속하고 효율적인 행사를 보다 중시하고 있다는 점에 대하여는 문제 제기할 수 있다고 본다. 물론 감독청의 취소 또는 정지처분에 대하여 지방자치단체의 장이 이의가 있는 경우 대법원에 제소할 수 있으므로 감독청에게 형성적 효력을 가지는 일방적인 취소 또는 정지처분권을 인정하는 이러한 제도를 위헌이라고까지 하기는 어렵겠으나, 입법론적으로는 감독청의 입장에서 볼 때 자치사무 관련 지방자치단체의 장의 명령이나 처분이 위법하다고 판단되는 경우에도 바로 취소·정지처분이라는 행정적 결정을 통하여 그 효력을 배제 내지 정지시켜 버리는 것을 허용할 것이 아니라, 우선 시정권고와 같은 행정지도적 방식으로 경고를 한 뒤에, 이에 응하지 않을 경우에는 의심되는 위법상태를 제거하기 위하여 지방자치단체의 장을 피고로 감독청이 대법원에 제소할 수 있도록 하고 위법상태의 신속한 중단을 위하여 집행정지 신청도 할 수 있도록 함으로써, 감독청의 일방적·형성적 행정행위가 아니라 대법원의 사법적 판단에 따라 자치사무에 대한 합법성 통제를 할 수 있도록 하는 방식이 지방자치권의 보호와 국가감독권 행사 사이의 균형과 조화의 관점에서 더욱 바람직하지 않을까 한다.[255]

---

제169조 제1항에 따라 시·도에 대하여 행한 시정명령에 대하여도 대법원에 소를 제기할 수 있다는 규정을 두고 있지 않으므로, 시정명령의 취소를 구하는 소송은 허용되지 않는다."(대법 2014. 2. 27. 선고 2012추183 판결)

[255] 이와 관련된 더 자세한 논의는 졸고 문상덕, "지방분권시대의 자치행정과 법치의 확립", 토지공법연구 제16집 제2호, 2002. 12, 392~393쪽을 참조 바람.

# 제9장 특별지방자치단체

## I. 특별지방자치단체 관련 법률규정의 신설

지방자치법 전부개정법률에서는, 먼저 지방자치단체의 종류를 규정한 제2조 제3항에서 "제1항의 지방자치단체 외에 특정한 목적을 수행하기 위하여 필요하면 따로 특별지방자치단체를 설치할 수 있다. 이 경우 특별지방자치단체의 설치 등에 관하여는 제12장에서 정하는 바에 따른다."고 하여 법률적으로 특별지방자치단체의 설치 가능성을 규정하면서, 지방자치법 제12장을 신설하여 특별지방자치단체에 관한 13개의 조문(제199조~211조)을 둠으로써 특별지방자치단체제도의 본격적인 도입과 전반적인 사항을 규율하게 되었다.

## II. 특별지방자치단체의 목적 · 정의 · 설치 · 구성요소 · 사무위임 등

특별지방자치단체는 법인으로서, "2개 이상의 지방자치단체가 공동으로 특정한 목적을 위하여 광역적으로 사무를 처리할 필요"가 있을 때에 설치할 수 있다고 규정하고 있다. 즉 특별지방자치단체는 복수의 지방자치단체가 '공동'으로 '특정한 목적'을 위하여 '광역적으로 사무를 처리'할 필요가 있을 때 설치할 수 있는 것이다. 그리고 특별지방자치단체를 구성하는 지방자치단체는 "구성 지방자치단체"로 칭함으로써 특별지방자치단체의 구성요소를 지방자치단체로 보고 있는 듯한데,[256] 이러한 구성 지방자치단체는 광역이든

---

[256] 다만 원리적으로는 특별지방자치단체의 구성요소를 지방자치단체라고 볼 것인지 아니면 그 주민이라고 볼 것인지와 관련해서는 해석의 여지가 있는 것으로 보인다. 필자는 특별지방자치단체의 경우 그 구역을

기초지방자치단체든 불문한다(따라서 이론적으로는 광역과 광역, 기초와 기초, 광역과 기초 간의 특별지방자치단체의 설치도 가능하다. 관련조문 지자법 210조). 특별지방자치단체는 구성 지방자치단체의 상호 협의에 따른 규약을 정하여 각 구성 지방자치단체의 지방의회 의결을 거쳐 행정안전부장관의 승인을 받는 절차를 거쳐 설치하도록 하고 있다(규약의 변경절차도 이와 같음. 지자법 202조 2항). 또한 특별지방자치단체와 국가사무 수행의 연계성을 확보하기 위하여, 특별지방자치단체를 설치하기 위하여 국가 또는 시·도 사무의 위임이 필요할 때에는 구성 지방자치단체의 장이 관계 중앙행정기관의 장 또는 시·도지사에게 그 사무의 위임을 요청할 수 있도록 하고 있다. 행정안전부장관이 국가 또는 시·도 사무의 위임이 포함된 규약에 대하여 승인할 때에는 사전에 관계 중앙행정기관의 장 또는 시·도지사와 협의하여야 한다. 구성 지방자치단체의 장이 행정안전부장관의 승인을 받았을 때에는 규약의 내용을 지체 없이 고시하여야 하고, 이 경우 구성 지방자치단체의 장이 시장·군수 및 자치구의 구청장일 때에는 그 승인사항을 시·도지사에게 알려야 한다(이상 지자법 199조).

한편 행정안전부장관은 공익상 필요하다고 인정할 때에는 관계 지방자치단체에 대하여 특별지방자치단체의 설치, 해산 또는 규약 변경을 권고할 수 있다. 이 경우 행정안전부장관의 권고가 국가 또는 시·도 사무의 위임을 포함하고 있을 때에는 사전에 관계 중앙행정기관의 장 또는 시·도지사와 협의하여야 한다(지자법 200조).


## Ⅲ. 특별지방자치단체의 규약

특별지방자치단체의 규약에는 법령의 범위에서, 특별지방자치단체의 목적, 명칭, 구성 지방자치단체, 관할 구역, 사무소의 위치, 사무, 사무처리를 위한 기본계획에 포함되어야

---

원칙상 구성 지방자치단체의 구역을 합한 것으로 하고 있고, 주민의 자격에 관한 법 제16조 및 주민의 권리 등에 관한 조항들을 특별지방자치단체에 준용 제한(배제)하고 있지 않으므로(지자법 210조 단서), 특별지방자치단체의 구역에 주소를 가진 자는 그 특별지방자치단체의 주민으로 보고 있는 것으로 판단된다. 이와 같이 특별지방자치단체의 구역에 주소를 가진 자를 특별지방자치단체의 주민으로 보고 있고, 그 특별지방자치단체의 설치 목적이 공동으로 특정한 목적을 위하여 광역적으로 사무를 처리함으로써 주민의 복리를 증진하려는 데 있다고 하여야 할 것이며, 특별지방자치단체 역시 '지방자치단체'의 일종이라고 볼 수 있으므로, 특별지방자치단체의 구성요소는 원리적으로는 그 구역 안의 주민이라고 할 것이고(구성 지방자치단체의 주민과 중첩적으로 주민이 됨. 동지의 견해로서 최우용, "특별지방자치단체의 의미와 과제", 지방자치법연구 제21권 제3호, 2021. 9. 20, 82~83쪽), 지방자치단체는 주민을 대신하여 규약체결의 당사자인 지위를 가지는 것으로 논리 구성하는 것이 타당하지 않을까 한다(이 쟁점에 관한 좀 더 상세한 내용은 졸고 문상덕, "지방자치단체 연계 협력 강화를 위한 지방자치법의 개정과 공법적 평가 - 정부의 특별지방자치단체 도입안을 중심으로", 184~186쪽을 참조 바람).

할 사항, 지방의회의 조직, 운영 및 의원의 선임방법, 집행기관의 조직, 운영 및 장의 선임방법, 운영 및 사무처리에 필요한 경비의 부담 및 지출방법, 사무처리 개시일, 그 밖에 특별지방자치단체의 구성 및 운영에 필요한 사항이 포함되어야 한다(지자법 202조 1항).

이와 같이 특별지방자치단체 규약은, 그 내용면에서 공법인인 특별지방자치단체의 존립의 근거를 이루고 그 조직과 운영에 관한 가장 기본적이고 핵심적인 사항들을 담고 있다는 점에서, 당해 특별지방자치단체의 기본규범인 자치규범으로서의 성격을 가지는 것으로 파악된다. 규약을 정하는 절차면에서도, 구성 지방자치단체 간 협의(합의)안에 대하여 조례의 제정에서와 같이 각 구성 지방자치단체의 주민대의기관인 지방의회 의결을 요하고 있고, 나아가 국가감독기관인 행정안전부장관의 승인과 사후 (법령의 공포와 유사한) 고시절차도 거치게 하는 등 상당히 엄격한 공식적 절차를 거치게 한다는 점도 중요한 의미를 갖는다고 할 것이다.

이러한 점들을 종합할 때, 개정안이 규정하는 특별지방자치단체의 규약은, 형식적으로는 구성 지방자치단체 간 공법상 합동행위의 산물이지만, 그 실질에 있어서는 입법자가 지방자치법을 통하여 새롭게 창설한 자치법규의 일종으로서, 특별지방자치단체의 '기본규범인 자치법규'의 성격을 가지는 것으로 평가할 수 있다고 본다.257)


## Ⅳ. 특별지방자치단체의 구역

특별지방자치단체의 구역은 구성 지방자치단체의 구역을 합한 것으로 한다. 다만, 특별지방자치단체의 사무가 구성 지방자치단체 구역의 일부에만 관계되는 등 특별한 사정이 있을 때는 해당 지방자치단체 구역의 일부만을 구역으로 할 수 있다(지자법 201조).

---

257) 특별지방자치단체의 규약은 기본규범인 자치법규로서의 성격을 가진다는 점에서, 조례와 규칙을 포함한 특별지방자치단체의 자치법규 상호 간의 위계에 있어서 가장 상위의 자치법규로 보아야 하지 않을까 한다. 그것은 규약이 특별지방자치단체의 목적과 명칭을 비롯하여 특별지방자치단체의 존립의 근거가 되고 그 조직과 운영의 가장 기본적이고 핵심적인 사항을 담고 있기 때문이다. 그 결과 특별지방자치단체 의회가 조례를 제정하거나 특별지방자치단체의 장이 규칙을 정할 때에도 위 규약에 반하는 조례나 규칙을 정할 수는 없는 것으로 새겨야 할 것으로 본다. 참고로 필자와 유사한 견해로서, 특별지방자치단체의 규약을 기본규범으로서 공법상 계약 및 일반 조례와는 그 성립 배경과 제정절차에서 차이가 있는 '특별조례'로 보면서 구성 지방자치단체의 조례보다 상위 개념의 자치법규로 보고 특별지방자치단체도 규약에 반하는 조례를 제정할 수는 없다고 보는 견해로서 최우용, "특별지방자치단체의 의미와 과제", 86쪽을 참조 바람.

## V. 특별지방자치단체의 조직과 기관

특별지방자치단체도 지방자치단체의 일종이므로 그 의회와 그 장을 두도록 하는바, 특별지방자치단체의 의회는 규약으로 정하는 바에 따라 구성 지방자치단체의 의회 의원으로 구성하도록 하고 있다. 즉 구성 지방자치단체의 의회 의원은 특별지방자치단체의 의회 의원을 겸할 수 있다. 특별지방자치단체의 장은 규약으로 정하는 바에 따라 특별지방자치단체의 의회에서 선출한다(간선제). 구성 지방자치단체의 장은 (지자법 109조에도 불구하고) 특별지방자치단체의 장을 겸할 수 있다. 특별지방자치단체의 의회 및 집행기관의 직원은 규약으로 정하는 바에 따라 특별지방자치단체 소속인 지방공무원과 구성 지방자치단체의 지방공무원 중에서 파견된 사람으로 구성한다(이상 지자법 204·205조).


## VI. 특별지방자치단체의 기본계획

특별지방자치단체의 장은 소관 사무를 처리하기 위한 기본계획을 수립하여 특별지방자치단체 의회의 의결을 받아야 한다. 기본계획을 변경하는 경우에도 또한 같다. 특별지방자치단체는 기본계획에 따라 사무를 처리하여야 하고, 특별지방자치단체의 장은 구성 지방자치단체의 사무처리가 기본계획의 시행에 지장을 주거나 지장을 줄 우려가 있을 때에는 특별지방자치단체의 의회 의결을 거쳐 구성 지방자치단체의 장에게 필요한 조치를 요청할 수 있다(지자법 203조).


## VII. 특별지방자치단체의 경비 부담 등

특별지방자치단체의 운영 및 사무 처리에 필요한 경비는 구성 지방자치단체의 인구, 사무 처리의 수혜범위 등을 고려하여 규약으로 정하는 바에 따라 구성 지방자치단체가 분담하는바, 구성 지방자치단체는 이 경비에 대하여 특별회계를 설치하여 운영하여야 한다. 국가 또는 시·도가 사무를 위임하는 경우에는 그 사무를 수행하는 데 필요한 재정적

지원을 할 수 있다(지자법 206조).

특별지방자치단체의 장은 대통령령으로 정하는 바에 따라 사무처리 상황 등을 구성 지방자치단체의 장 및 행정안전부장관(시·군 및 자치구만으로 구성하는 경우에는 시·도지사를 포함한다)에게 통지하여야 한다(지자법 207조).

## Ⅷ. 특별지방자치단체에의 가입·탈퇴 및 해산

특별지방자치단체에 가입하거나 특별지방자치단체에서 탈퇴하려는 지방자치단체의 장은 해당 지방의회의 의결을 거쳐 특별지방자치단체의 장에게 가입 또는 탈퇴를 신청하여야 한다. 신청을 받은 특별지방자치단체의 장은 특별지방자치단체 의회의 동의를 받아 신청의 수용 여부를 결정하되, 특별한 사유가 없으면 가입하거나 탈퇴하려는 지방자치단체의 의견을 존중하여야 한다. 가입 및 탈퇴에 관하여는 특별지방자치단체의 설치에 관한 법 제199조를 준용한다(지자법 208조).

한편 구성 지방자치단체는 특별지방자치단체가 그 설치 목적을 달성하는 등 해산의 사유가 있을 때에는 해당 지방의회의 의결을 거쳐 행정안전부장관의 승인을 받아 특별지방자치단체를 해산하여야 한다. 구성 지방자치단체는 특별지방자치단체를 해산할 경우에는 상호 협의에 따라 그 재산을 처분하고 사무와 직원의 재배치를 하여야 하며, 국가 또는 시·도 사무를 위임받았을 때에는 관계 중앙행정기관의 장 또는 시·도지사와 협의하여야 한다. 다만, 협의가 성립하지 아니할 때에는 당사자의 신청을 받아 행정안전부장관이 조정할 수 있다(지자법 209조).

## Ⅸ. 특별지방자치단체에 대한 규정준용 등

지방자치단체에 관한 규정의 준용과 관련해서는, 시·도, 시·도와 시·군 및 자치구 또는 2개 이상의 시·도에 걸쳐 있는 시·군 및 자치구로 구성되는 특별지방자치단체는 시·도에 관한 규정을, 시·군 및 자치구로 구성하는 특별지방자치단체는 시·군 및 자치구에 관한 규정을 준용한다(지자법 210조 본문. 지방자치법상의 준용 제외 규정들은 210조 단서 참조).

그리고 다른 법률에서 지방자치단체 또는 지방자치단체의 장을 인용하고 있는 경우에는 규약으로 정하는 사무를 처리하기 위한 범위에서는 특별지방자치단체 또는 특별지방자치단체의 장을 인용한 것으로 보고, 다른 법률에서 시·도 또는 시·도지사를 인용하고 있는 경우에는 규약으로 정하는 사무를 처리하기 위한 범위에서는 시·도, 시·도와 시·군 및 자치구 또는 2개 이상의 시·도에 걸쳐 있는 시·군 및 자치구로 구성하는 특별지방자치단체 또는 특별지방자치단체의 장을 인용한 것으로 보며, 다른 법률에서 시·군 및 자치구 또는 시장·군수 및 자치구의 구청장을 인용하고 있는 경우에는 규약으로 정하는 사무를 처리하기 위한 범위에서는 동일한 시·도 관할 구역의 시·군 및 자치구로 구성하는 특별지방자치단체 또는 특별지방자치단체의 장을 인용한 것으로 본다.

# 제10장 대도시 등의 행정특례와 지방자치단체의 국제교류 및 협력

## I. 대도시 등의 행정특례

### 1. 서론

지방자치법은 보통지방자치단체 중 대도시 등의 일부 지방자치단체에 대하여는 다양한 행정적 특례를 둘 수 있음을 규정하고 있는데, 이러한 특례는 단순히 특혜라기보다는 일정한 지방자치단체의 지위와 특수성 내지 특성을 고려하여 보다 효율적인 행정 운영이 가능하도록 하기 위하여 법령이 예외적으로 정하는 행정적 특례라고 할 수 있다.

### 2. 서울특별시의 특례

지방자치법은 서울특별시의 지위·조직 및 운영에 대해서는 수도로서의 특수성을 고려하여 법률로 정하는 바에 따라 특례를 둘 수 있다(지자법 197조 1항)고 규정하고, 이에 따라 제정된 「서울특별시 행정특례에 관한 법률」(약칭: 서울시법)은 서울특별시는 정부의 직할로 두되, 이 법에서 정하는 범위에서 수도로서의 특수한 지위를 가진다(법 2조)고 규정하고 있다.

서울특별시의 일반행정 운영상의 특례로서는, 지방재정법 제11조에 따른 서울특별시의 지방채 발행의 승인 여부를 행정안전부장관이 결정하려는 경우의 국무총리에 대한 보고의무, 행정안전부장관이 지방자치법 제190조에 따라 서울특별시의 자치사무에 관한 감사를 하려는 경우의 국무총리의 조정을 거치도록 한 것, 서울특별시 소속 국가공무원의 임용권 등에 관한 서울특별시장의 권한,[258] 서울특별시 소속 공무원 등에 대한 서훈(敍勳) 추천을 상훈법 제5조 제1항에도 불구하고 서울특별시장이 하도록 한 규정 등을 들 수 있다(이상 법 4조).

그리고 수도권 광역행정 운영상의 특례로서, 수도권 지역에서 서울특별시와 관련된 도로·교통·환경 등에 관한 계획을 수립하고 그 집행을 할 때 관계 중앙행정기관의 장과 서울특별시장의 의견이 다른 경우에는 다른 법률에 특별한 규정이 없으면 국무총리가 이를 조정하고, 조정에 필요한 사항은 대통령령으로 정하도록 한 것을 들 수 있다(법 5조).

## 3. 세종특별자치시와 제주특별자치도의 특례

지방자치법은 (행정중심복합도시인) 세종특별자치시와 (국제자유도시인) 제주특별자치도의 지위·조직 및 행정·재정 등의 운영에 대해서는 행정체제의 특수성을 고려하여 법률로 정하는 바에 따라 특례를 둘 수 있다(지자법 197조 2항)고 규정하고, 이에 따라 제주특별자치도 설치 및 국제자유도시 조성을 위한 특별법, 세종특별자치시 설치 등에 관한 특별법에서는 각각 두 지방자치단체의 설치 목적과 그 기능 수행에 있어 효율적인 다양한 행정 특례들을 부여하고 있다. 특히 제주특별자치도는 집행기관과 도의회의 조직과 기구, 사무의 범위, 자치입법의 가능성, 자치재정의 운영, 교육자치, 자치경찰, 국정참여 및 주민참여 등에 걸쳐 광범위하고 다양한 특례들이 인정되고 있어, 자치분권의 확대와 지방자치단체의 자율성 제고의 관점에서 미래의 발전적인 선도모델이 되고 있다.

## 4. 일반 대도시의 특례

지방자치법은 서울특별시·광역시 및 특별자치시를 제외한 인구 50만 이상 대도시의 행정, 재정 운영 및 국가의 지도·감독에 대해서는 그 특성을 고려하여 관계 법률로 정하는 바에 따라 특례를 둘 수 있다(지자법 198조 1항)고 규정하고 있는바, 먼저 지방자치법상으로 자치구가 아닌 구를 둘 수 있고(지자법 3조 3항) 도가 처리하는 사무의 일부를 직접 처리하게 할 수 있다(지자법 14조 1항 2호).[259]

---

258) 서울특별시장은 4급 이하 일반직 국가공무원 및 연구직 국가공무원의 임면·징계, 그 밖의 임용에 관한 권한을 행사할 수 있으며, 임면제청권은 행정안전부장관과 협의하여 행사할 수 있다.

그리고 서울특별시·광역시 및 특별자치시를 제외한 인구 100만 이상이 기초지방자치단체인 대도시(법률상 공식명칭은 '특례시'[260])와, 실질적인 행정수요, 국가균형발전 및 지방소멸위기 등을 고려하여 대통령령으로 정하는 기준과 절차에 따라 행정안전부장관이 지정하는 시·군·구의 경우에도, 행정, 재정 운영 및 국가의 지도·감독에 대해서는 그 특성을 고려하여 관계 법률로 정하는 바에 따라 추가로 특례를 둘 수 있다(지자법 198조 2항). 특히 지방자치법 전부개정으로 도입된 특례시제도의 경우, 특례시가 직접 처리할 수 있는 도의 사무는 지방자치법시행령 제10조 제4항에 의한 [별표 4]에서 정하고 있고(다만 이 경우에도 법령에 이와 다른 규정이 있는 경우에는 그에 따름), 기타 특례시에는 지방연구원 설치권(지방연구원법 4조), 지방직영기업 등의 투자재원 확보 및 지역개발채권 발행권(지방공기업법 19조 2항) 등의 다양한 특례가 인정되고 있다.[261]

## 5. 자치구의 재원 조정

특별시장이나 광역시장은 지방재정법에서 정하는 바에 따라 해당 지방자치단체의 관할 구역의 자치구 상호 간의 재원을 조정하여야 한다(지자법 196조).

## II. 지방자치단체와 국제교류 및 협력

지방의 국제화시대를 맞이하여, 중앙정부와는 별도로 지방자치단체 차원에서 국제교류 및 협력의 필요성이 점증하고 있는바, 지방자치법 전부개정법률은 이러한 시대적 상황을 반영하여 제10장에 '국제교류·협력'의 장을 신설하고 3개 조문을 신설하였다.

즉 지방자치단체는 국가의 외교·통상 정책과 배치되지 아니하는 범위에서 국제교류·협력, 통상·투자유치를 위하여 외국의 지방자치단체, 민간기관, 국제기구(국제연합과 그 산하기구·전문기구를 포함한 정부 간 기구, 지방자치단체 간 기구를 포함한 준정부 간 기구, 국제 비정부기구 등을 포함한다)와 협력을 추진할 수 있다(지자법 193조).

---

259) 이에 따라 인구 50만 이상의 시가 직접 처리할 수 있는 도의 사무는 지방자치법시행령 제10조 제3항에 의한 [별표 3]에 정해져 있다. 법령에 이와 다른 규정이 있는 경우에는 그에 따른다.
260) 특례시제도가 최초로 적용되는 기초지방자치단체는 2022. 1. 1. 현재 수원시, 용인시, 고양시, 창원시이다.
261) 특례시에 대한 행정적·재정적 특례에 관한 자세한 사항은 김남욱, "대도시 및 특례시의 발전을 위한 공법적 과제", 지방자치법연구 제21권 제3호, 2021. 9. 20, 45~46쪽 [표 3] 참조.

지방자치단체는 국제기구 설립·유치 또는 활동 지원을 위하여 국제기구에 공무원을 파견하거나 운영비용 등 필요한 비용을 보조할 수 있고(지자법 194조), 국제교류·협력 등의 업무를 원활히 수행하기 위하여 필요한 곳에 단독 또는 지방자치단체 간 협력을 통해 공동으로 해외사무소를 설치할 수 있으며 이러한 해외사무소가 효율적으로 운영될 수 있도록 노력해야 한다(지자법 195조).

# 제3편

---

## 경찰행정법

特別行政法

# 총설

경찰행정법은 특별행정법의 여러 참조영역 중 일반행정법 이론이 가장 잘 적용 내지 반영되어 있는 영역에 해당한다. 따라서 경찰행정법을 제대로 이해하기 위하여서는 일반 행정법 이론에 대한 탐구가 절대적으로 요구된다. 이러한 경찰행정법은 공공의 안녕 또는 질서에 대한 위험방지를 내용으로 하는 '행정경찰'작용을 대상으로 하는 것으로, 범죄의 수사와 피의자의 체포를 위한 사법경찰작용은 고찰의 범주에 포함되지 않는다.

경찰행정법은 경찰행정작용의 적법성 여하를 탐구하는 것을 목적으로 한다. 이를 위하여서는 경찰권발동의 근거, 요건, 대상 및 정도라는 관점에서 고찰이 요구되는바, 그 핵심적 내용을 약술하면 다음과 같다.

첫째, 법률유보의 원칙에 따를 때 경찰권발동은 반드시 법률에 근거하여야만 하는바, 이와 관련하여서는 특히 개괄적 수권조항에 근거한 경찰권발동이 허용될 수 있는지 여부가 중점적 문제로 다루어진다.

둘째, 경찰권은 공공의 안녕 또는 질서에 대한 위험이 존재하는 경우에 발동될 수 있다. 따라서 경찰권발동의 요건과 관련하여서는 필연적으로 공공의 안녕, 공공의 질서, 그리고 위험의 개념을 이해할 것이 요구된다.

셋째, 경찰권발동의 요건이 갖추어진 경우에도 경찰권발동이 적법하다는 판단을 받기 위하여는 경찰권발동의 대상이 올바르게 특정되어야만 하는바, 이것이 바로 경찰책임의 문제이다.

마지막으로 경찰권발동이 적법하다는 판단을 받기 위하여는 경찰권이 위험방지를 위하여 필요한 한도 이상으로 발동되지 않아야 하는바, 이러한 문제는 경찰비례의 원칙이란 이름으로 논하여지게 된다.

한편 전술한 바와 같은 경찰행정법의 핵심적 내용을 효과적으로 이해하기 위하여서는 경찰의 개념 및 그의 발전사, 경찰의 분류, 경찰의 조직 등에 대한 이해가 절대적으로 필요하다. 뿐만 아니라 경찰행정법의 총합적 이해를 위하여서는 경찰의 행위형식이나 경찰작용에 대한 구제 등에 대한 이해가 요구되는바, 본서에서는 이들에 관해서도 필요한 범위 내에서 서술을 행하고 있다.

# 제1장 경찰행정법의 기초이론

## 제1절 경찰의 개념

### I. 경찰 개념의 정립 필요성

경찰행정법은 '경찰'에 관한 법이다. 따라서 경찰행정법을 올바르게 이해하기 위하여서는 무엇보다도 경찰행정법의 대상인 경찰의 개념을 적확하게 이해하여야 한다. 이하에서 보듯이 오늘날 '경찰'이란 개념이 다양한 의미로 사용되고 있으며, 이러한 경찰 개념의 다양성이 경찰행정법(학) 자체의 발전에 장해가 될 정도에 이르고 있음을 고려해보면, 경찰의 개념을 올바르게 정립할 필요성은 쉽게 인정될 수 있다.

특히 경찰행정법의 대상을 이루는 행정경찰을 - 경찰행정법 이론에 따를 때 학문적으로 경찰의 개념에 포섭되지도 않는 - 사법경찰(司法警察)과 혼동함으로써 야기되는 문제점은 경찰행정법학의 이론적 체계 구축 내지 발전을 가로막는 가장 큰 장해가 되고 있다. 따라서 경찰행정법에 대한 이해와 학문적 체계의 구축을 위해서는 무엇보다도 경찰행정법의 대상인 경찰의 개념을 명확히 할 필요가 있다.

## II. 경찰개념의 다양성1)

경찰행정법의 내용을 이해하기 위하여서는 제도적 의미의 경찰, 형식적 의미의 경찰, 실질적 의미의 경찰을 분명하게 구분하여야 한다. 경찰의 개념을 이렇게 3가지 측면에서 구분하는 것은 ① 경찰과 질서행정청 간의 권한을 획정하고, ② 경찰과 질서행정청이 개입하기 위한 실질적 전제조건을 확정하고, ③ 법률해석에 영향을 미치는 등 법이론적으로나 실무적으로 중요한 의미를 갖는다.2)

### 1. 제도적 의미의 경찰

제도적 의미의 경찰(Polizei im institutionellen Sinn) 개념을 규정함에 있어서는 그 작용을 담당하는 행정청이 경찰행정청인지 여부가 결정적 기준이 된다. 결국 '제도적으로 경찰이라고 불리는 조직영역에 속하는 모든 행정기관'이 제도적 의미의 경찰에 해당한다. 제도적 의미의 경찰의 범위는 경찰의 조직에 관하여 규정하고 있는 「국가경찰과 자치경찰의 조직 및 운영에 관한 법률」 제12조에 의하여 정해진다. 이렇게 볼 때 자치경찰은 제도적 의미의 경찰에 해당하지만, 민간경비원(업체)은 제도적 의미의 경찰에 해당하지 않는다.

### 2. 형식적 의미의 경찰

형식적 의미의 경찰((Polizei im formellen Sinn)이란 '그때그때의 실정법상 명시적으로 경찰이라고 표현되어 있는 행정기관(즉, 보통경찰기관)이 관장하는 모든 행정작용'을 의미하며, 그 작용의 성질 여하를 불문한다. 형식적 의미의 경찰의 범위를 어떻게 규정할 것인지의 문제는 전적으로 그 나라의 입법정책에 속하는 문제인데, 우리나라에서의 형식적 의미의 경찰의 범위는 경찰관의 직무집행에 관한 실질적 일반법적 지위에 있는 「경찰관 직

---

1) 경찰개념이 이처럼 다양성을 띠게 된 것은 실질적 의미의 경찰개념에 해당하는 경찰작용인 공공의 안녕 또는 질서에 대한 위험방지, 즉 경찰의 실질적 직무범위와 그러한 과제를 수행하도록 조직된 기구인 경찰(행정청)이 더 이상 일치하지 않는 것에서 그 이유를 찾을 수 있다. 이처럼 양자가 일치하지 않는 현상은 위험방지의 직무가 더 이상 경찰(행정청)에게만 맡겨져 있는 것이 아니라 그 밖의 다른 행정청에게도 맡겨져 있으며, 경찰(행정청)의 직무가 위험방지에 국한되지 않고 그를 넘어서 다른 기능에까지 확대되어 있다는 것에 근거한다(Drews/Wacke/Vogel/Martens, Gefahrenabwehr, 9. Aufl., 1986. S. 33).

2) Schoch, "Grundfälle zum Polizei- und Ordnungsrecht", JuS 1994, 391 ff. (393).

무집행법」제2조가 규정하고 있다.

「경찰관 직무집행법」제2조에 따른 경찰관의 직무의 범위는 다음과 같다:

(1) 국민의 생명·신체 및 재산의 보호,

(2) 범죄의 예방·진압 및 수사,

(3) 범죄피해자 보호,

(4) 경비·주요 인사(人士) 경호 및 대간첩·대테러작전수행,

(5) 치안정보의 수집·작성 및 배포,

(6) 교통 단속과 교통 위해의 방지,

(7) 외국정부기관 및 국제기구와의 국제협력,

(8) 그 밖에 공공의 안녕과 질서 유지.

## 3. 실질적 의미의 경찰

실질적 의미의 경찰(Polizei im materiellen Sinn)은 그 작용을 담당하는 행정기관 여하에 관계없이 행정작용의 성질을 표준으로 하여 학문적 의미에서 정립된 개념을 말한다. 한편 독일이나 일본처럼 과거에 경찰권이 강대했던 나라들에서는 제2차 세계대전 이후에 경찰의 기능이 축소되어 종래에 실질적 의미의 경찰의 권한영역에 속해 있었던 광범위한 영역이 대폭 일반 행정기관에 이양되었다.[3] 이런 현상을 직시하여 독일의 경우 종래 사용되어 오던 용어를 바꾸어야 한다는 점이 지적되기도 하는바, 실질적 의미의 경찰을 '감시행정(Überwachungsverwaltung)'이라 하고, 그 중에서 조직법상의 경찰이 담당하고 있는 것만을 경찰(Polizei)이란 용어를 사용하면서, 타 행정기관이 관장하는 실질적 의미의 경찰을 질서유지행정(Ordnungsverwaltung)이라고 부르고 있는 Wolff/Bachof가 그 대표적 예에 해당한다.[4] 다만 이러한 용어 및 개념은 아직까지는 학문적으로 정착된 개념이 아니므로 본서에서는 실질적 의미의 경찰의 개념을 전통적 설명방법에 따라 목적, 권력의 기초, 수

---

3) 이러한 현상을 탈경찰화(Entpolizeilichung)라고 하는데, 독일의 경우 탈경찰화는 특히 영국과 미국의 점령지역에서 먼저 행해졌다. 이런 사정에 관하여 자세한 것은 vgl. Wolff, "Die Gestaltung des Polizei- und Ordungsrechts insbesondere in der britischen Besatzungszone", in: VVDStRL 9, 134 ff.; Gönnenwein, "Die Gestaltung des Polizei- und Ordnungsrechts in den Ländern der amerikanischen und französischen Besatzungszone", in: VVDStRL 9 (1952), 181 ff. 한편 독일경찰법에서 탈경찰화는 세 번에 걸쳐 이루어진 것으로 설명되고 있는바, 이러한 내용에 대하여 자세한 것은 vgl. Knemeyer, Polizei- und Ordnungsrecht, 11. Aufl., 2007, Rn. 6, 10, 16.

4) Wolff/Bachof, Verwaltungsrecht III, 4 Aufl., 1978, S. 26 f. 이러한 용어례에 따르게 되면 경찰이 담당하는 작용만을 경찰이라고 부르게 될 것이므로 실질적 의미의 경찰개념은 사실상 그 의미를 잃어버리게 되는데, 실질적 의미의 경찰개념의 무용성을 주장하는 견해들은 바로 이러한 사고에 기초하고 있는 것으로 보인다.

단 및 내용의 4가지 요소에 착안하여 설명하기로 한다.

## Ⅲ. 실질적 의미의 경찰 개념의 요소

실질적 의미의 경찰은 전통적으로 「공공의 안녕 또는 질서에 대한 위험을 방지하기 위하여(목적) 일반통치권에 근거하여(권력의 기초) 국민에게 명령·강제함으로써(수단) 국민의 자연적 자유를 제한하는(내용) 작용」이라고 정의되어 왔는바, 이하에서 실질적 의미의 경찰의 개념적 요소들을 분설하기로 한다.

### 1. 경찰의 목적

실질적 의미의 경찰은 사회 공공의 안녕 또는 질서의 유지를 직접적 목적으로 한다. 여기서 공공의 안녕이란 "개인의 생명·신체(건강)·명예·자유·재산과 같은 주관적 권리와 법익, 객관적인 성문의 법질서, 국가의 존속·국가 및 그 밖의 공권력주체의 제도 및 행사가 아무런 장해도 받고 있지 않은 상태"를 말하며, 공공의 질서는 "그때 그때의 지배적인 (헌법상의 가치척도에 따른) 윤리관·가치관에 따를 때 그를 준수하는 것이 인간의 원만한 공동생활을 위한 불가결의 전제조건이라고 간주되는, 공중 속에서 인간의 행위에 대한 불문규율의 총체"를 의미한다. 경찰이 사회 공공의 안녕 또는 질서의 유지를 그 목적으로 한다는 점에 주목하면, 다음과 같은 것들은 실질적 의미의 경찰에 해당하지 않는다.

### (1) 국가목적적 행정과의 구별

경찰은 '사회 공공의 안녕 또는 질서의 유지'를 목적으로 하는 사회목적적 행정이다(경찰의 사회목적성). 따라서 같은 명령·강제작용이라고 하여도 그 목적을 달리하는 국가목적적 작용(예: 재무, 외무, 군사, 사법행정)은 실질적 의미의 경찰이 아니다.

### (2) 복리행정과의 구별

경찰은 '소극적으로' 사회 공공의 안녕 또는 질서의 유지를 목적으로 한다(경찰의 소극목적성). 따라서 같은 사회목적적 행정이라고 하여도 '적극적으로' 공공복리의 증진을 목적으로 하는 복리행정, 그 중에서도 특히 명령·강제를 그의 수단으로 하는 공용부담 및 규제행정은 실질적 의미의 경찰이 아니다.

### (3) 사법작용(司法作用)과의 구별

경찰은 사회 공공의 안녕 또는 질서의 유지를 '직접적인' 목적으로 한다. 따라서 개인 상호 간의 법률관계에 관한 법적 질서의 유지를 직접적 목적으로 하는 민사사법작용은 실질적 의미의 경찰이 아니며, 과거의 범죄에 대한 응보 내지 교정적 제재로서 형벌을 과하는 것을 직접적 목적으로 하는 형사사법작용 또한 실질적 의미의 경찰이 아니다.

## 2. 경찰의 권력적 기초

전통적 경찰법 이론은 경찰은 일반통치권에 기초를 둔 작용라는 점에서 소위 포괄적 특별권력에 근거하여 명령·강제하는 작용, 예컨대 국회의 질서를 유지하기 위하여 의장이 행하는 명령·강제작용인 의원경찰(議院警察)이나 법정의 질서를 유지하기 위하여 재판장이 행하는 명령·강제작용인 법정경찰(法廷警察)과는 구별된다는 점을 강조하여 왔다.[5]

이처럼 경찰은 국가의 일반통치권에 의한 작용이므로, 국가의 일반통치권에 복종하는 자는 자연인·법인, 내국인·외국인을 막론하고 경찰권에 복종하여야 한다. 한편 경찰이 다른 행정기관 내지 행정주체에 대하여 경찰권을 발동할 수 있는지의 문제를 여기서 설명하는 경찰의 권력적 기초와 관련하여 논하는 경우가 있는데,[6] 이는 고권력주체의 경찰책임에 관한 문제로서 별론하는 것이 타당하다고 생각하므로 여기서는 설명을 약하기로 한다.

## 3. 경찰의 수단

경찰은 권력으로 국민에게 명령·강제하는 경우가 많이 있으며, 구체적으로는 경찰명

---

5) 김남진/김연태, 행정법 Ⅱ(제252판), 법문사, 2021, 283쪽.
6) 김동희, 행정법 Ⅱ(제25판), 박영사, 2019, 197쪽.

령·경찰처분·경찰허가·경찰강제 등을 그의 주요 수단으로 한다. 다만 여기서 경찰이 권력으로 국민에게 명령·강제하는 작용이라는 것은 경찰작용이 반드시 권력적 수단에 의해서 이루어진다는 것을 뜻하는 것이 아니라, 권력적 수단을 주된 요소로 하는 것이 경찰의 특색을 이룬다는 것을 의미한다. 따라서 비권력적 작용을 통한 경찰작용도 행해질 수 있다.

이처럼 경찰은 권력적 작용을 그의 주된 수단으로 하고 있는 점에서 비권력적 작용(예: 급부행정)과 구별되며, 과형(科刑)을 주로 하는 형사사법작용과도 구별된다.

## 4. 경찰의 내용

경찰은 개인의 자연적 자유를 제한하는 작용이다. 여기서 자연적 자유란 개인이 자신의 신체 및 정신력을 자유롭게 발휘하여 자기가 지배하는 물건을 자유로이 관리·처분 및 이용할 수 있음을 의미한다.

이처럼 경찰은 자연적 자유를 대상으로 그를 제한하거나 혹은 그 제한을 해제해 주는 작용으로서 직접 법률상의 능력이나 권리를 발생·변경·소멸시키지 않는다. 이러한 점에서 경찰은 법률적 능력을 대상으로 하여 권리 등을 발생·변경 또는 소멸시키는 형성적 행위와 구별된다.[7]


## IV. 실질적 의미의 경찰개념의 문제점

전술한 바와 같은 (전통적인) 실질적 의미의 경찰 개념은 오랫동안 우리나라의 경찰행정법학계에서 지지를 받아 왔다. 그러나 이러한 (전통적인) 실질적 의미의 경찰 개념은 근래의 경찰행정법 이론에 비추어 보면 다음과 같은 문제점을 안고 있다.[8]

## 1. 수단/내용 중심의 개념 정립의 문제점

(전통적인) 실질적 의미의 경찰 개념은 주로 경찰의 활동형태, 즉 수단과 내용에 착안하

---

7) 다만 경찰에 의해 개인의 자연적 자유가 제한되는 결과 부수적으로 법률상의 능력이나 권리에 변동이 일어나는 경우가 있을 수 있다(예: 유해식품 폐기명령에 따라 그를 폐기함으로써, 그 물건에 대한 소유권이 소멸되는 경우).
8) 실질적 의미의 경찰개념의 유용성 전반을 검토하고 있는 것으로는 최영규, "경찰의 개념과 경찰법의 범위 —실질적 경찰개념의 유용성 검토", 행정법연구 제25호, 2009, 351쪽 아래.

여 정립된 것이다. 그리고 그에 따르면 경찰 개념은 국민에게 "명령·강제하여" "국민의 자유를 제한"한다는 것을 주요 요소로 하고 있다. 그러나 이러한 전통적인 경찰 개념은 수단과 내용을 지나치게 강조한 나머지 경찰의 목적 내지 본래의 임무가 어디까지나 개인을 '보호'하는 것에 있음을 간과하고 있다. 즉, 경찰작용은 개인의 자유를 제한하는 것이 아니라 그를 보호해 주는 작용이라는 점을 간과하고 있는 것이다.

독일의 경우 이러한 문제점에 대한 인식은 이미 1970년대부터 나타났는데, 독일의 대표적인 행정법 교과서에 등장하는 "법치국가에 있어서의 경찰은 국민의 자유를 제한하기 위한 도구가 아니라, 국민의 자유를 침해하는 위험 및 장해의 방지·제거를 통하여 국민의 자유를 유지하는 법적 도구이다. 그러므로 그것은 약화되어서는 안 되며, 강화되어야 한다"라는 서술은 그러한 경향을 잘 나타내주고 있다.[9] 또한 일본 역시 이러한 문제점에 대한 인식을 토대로 경찰이 '국민의 자유와 권리의 옹호자'라는 점이 강조되고 있는 추세이다.[10]

## 2. 권력독점사상에 근거한 개념 정립의 문제점

(전통적인) 실질적 의미의 경찰 개념은 권력독점(Gewaltmonopol)의 사상을 바탕으로 경찰작용의 주체는 국가라는 것을 전제로 하고 있다. 그러나 20세기 후반부터 위험방지작용이 민간경비업체에 의하여 광범위하게 행해지게 되면서 위험방지라는 국가적 과제의 수행에 있어 민간이 점차적으로 중요한 역할을 수행하게 되었다.[11] 또한 21세기의 이른바 협조적 행정국가(kooperativer Verwaltungsstaat)의 발전과정에서 '민경협력(民警協力, Police—Private—Partnership)'이 경찰과제의 수행에 있어 새로운 모델로 제시되고 있다.[12] 따라서 경찰을 "'일반통치권에 기하여' 국민에게 명령·강제함으로써 국민의 자연적 자유를 제한하는 작용"으로 이해하는 (전통적인) 실질적 의미의 경찰 개념은 그대로 유지되기 곤란하다.

---

9) Wolff/Bachof, Verwaltungsrecht Ⅲ, S. 16.
10) 田村 正博, 『警察行政法の基本的な考え方』, 立花書房, 平成 14년, 1쪽 아래.
11) 이러한 문제에 대한 인식을 토대로 경찰업무의 사화(私化, Privatisierung)에 관한 논의를 전개하고 있는 것으로는 Sung Yong Lee, "Die Privatiesierung der Inneren Sicherheit durch das Bewachungsgewerbe" (Diss. 2007.).
12) 이러한 점에 관하여 자세한 것은 vgl. Kugelmann, Polizei— und Ordnungsrecht, 2. Aufl., 2012, 5. Kap. Rn. 204 ff.; Pitschas, "Neues Verwaltungsrecht im partnerschaftlichen Rechtsstaat?", DÖV 2004, 231 ff. 아울러 민경협력에 관하여 자세한 것은 Stober, "Police—Private—Partnership aus juristisher Sicht", DÖV 2000, 261 ff.

## 3. 소결

(전통적인) 실질적 의미의 경찰 개념이 안고 있는 문제점을 고려할 때, 실질적 의미의 경찰 개념은 재정립이 요구된다고 생각하며, 저자는 실질적 의미의 경찰 개념은 「공공의 안녕 또는 질서에 대한 위험을 방지하고 장해를 제거하거나, 위험에 대한 사전배려를 통하여 공중과 개인을 보호하는 활동」이라고 정의하는 것이 타당하다고 생각한다(私見).

## V. 형식적 의미의 경찰개념과 실질적 의미의 경찰개념의 관계

형식적 의미의 경찰개념과 실질적 의미의 경찰개념은 언제나 일치하는 것은 아니며, 양자는 '부분적으로 중첩하는' 2개의 영역을 형성하고 있다.[13] 한편 형식적 의미의 경찰개념과 실질적 의미의 경찰개념이 '부분적으로 중첩하는' 2개의 영역을 형성하고 있다는 것은 다음과 같은 것을 의미한다. 즉,

(1) 제도적 의미의 경찰이 공공의 안녕 또는 질서에 대한 위험방지라는 실질적 의미의 경찰작용을 행하는 경우에는 양자가 일치한다.

(2) 제도적 의미의 경찰이 공공의 안녕 또는 질서에 대한 위험방지라는 직무 이외에 다른 직무(예: 범죄수사 등)를 담당하거나(순수한 형식적 의미의 경찰활동), 이와 반대로 제도적 의미의 경찰에 속하지 않는 행정기관이 실질적 의미의 경찰작용인 공공의 안녕 또는 질서에 대한 위험방지라는 직무를 행하는 경우(순수한 실질적 의미의 경찰활동)에는 양자는 일치하지 않는다.

## 제2절 경찰개념의 역사적 발전

## I. 개설

'경찰'이란 용어 자체는 오래 전부터 사용되어 왔지만 경찰의 개념은 역사의 흐름에 따

---

13) Knemeyer/Schmidt, Polizei- und Ordnunngsrecht, 4. Aufl., 2016, S. 1.

른 국가의 기능과 본질에 대한 이해 또는 헌법상황의 변화에 따라 많은 변천을 겪어 왔다. 이러한 경찰개념의 변천, 즉 경찰 개념의 발전사에는 경찰국가로부터 법치국가로의 발전이 잘 반영되어 있으며, 법을 통한 국가권력의 약화에 대한 모델이 제시되어 있다. 따라서 오늘날의 경찰의 개념 및 그에 기초한 경찰행정법을 올바르게 이해하기 위하여서는 먼저 '경찰'이란 명칭이 부여되어 있는 국가작용이 시대에 따라 어떻게 변천하여 왔는지의 문제, 즉 경찰개념의 발전사에 대한 인식이 불가피하다.

다만 이하의 논의는 주로 유럽(특히 독일)에서의 경찰개념의 발전사에 초점이 맞추어져 있다. 그 이유는 우리나라의 불행한 경찰역사, 즉 일본에 의하여 주도된 1894년의 갑오개혁을 통해 포도청(捕盜廳)이 폐지되고 내무아문(內務衙門) 소속하에 경무청(警務廳)이 신설되면서 우리나라의 경찰의 전통이 역사적 단절을 경험하게 된 것에서 찾을 수 있다.[14] 즉, 갑오개혁 이후 일본을 매개자로 하여 유럽(특히 독일)의 근대적 의미의 경찰 개념[15]이 우리나라에 도입되었고, 그러한 경찰 개념이 우리나라의 경찰행정법을 지배하게 되었기 때문이다.[16]

## II. 절대국가 이전의 경찰 개념

경찰이란 단어는 그의 어원을 그리스어의 폴리테이아($\pi o \lambda \iota \tau \varepsilon \iota a$)에 두고 있는바, 그리스어의 $\pi o \lambda \iota \tau \varepsilon \iota a$는 '도시국가의 헌법 및 질서 있는 공동사회'를 의미하였다. 한편 $\pi o \lambda \iota \tau \varepsilon \iota a$는 로마어에는 politia로 받아들여졌으며, 로마어의 politia는 '공화국의 헌법과 그를 지지하는 행정활동 전체'를 의미하는 것이었다.

독일에서 경찰 개념이 나타나게 된 것은 15세기 후반이며, 이러한 경찰 개념이 실정법에 확고하게 받아들여진 것은 1530년에 아우그스부르크(Augsburg) 제국의회에서 제정되고 1548년과 1577년에 개정된 제국경찰법(Reichspolizeiordnung)에서이다.[17]

한편 제국경찰법상의 "경찰(gute Policey)"은 '공동체의 질서 있는 상태' 또는 '공동체의

---

14) 이에 관하여는 김남진/김연태, 행정법II, 280쪽 참조.
15) 여기서 근대적 의미의 경찰이란 경찰조직에 경찰이란 공식적인 명칭이 부여되고, 적어도 법치주의에 입각하여 모든 경찰활동이 법령에 근거하여 행해지는 경찰을 의미한다(박범래, 한국경찰사, 경찰대학, 1990, 123쪽).
16) 서정범, "경찰개념의 역사적 발전에 관한 고찰", 중앙법학 제9권 제3호, 2007, 129쪽 아래.
17) 독일의 제국경찰법에 관하여 자세한 것은 Weber, Die Reichspolizeiordnung von 1530, 1548 und 1577, 2002.

질서 있는 상태를 유지하기 위한 모든 활동'을 의미하였다.[18]

## Ⅲ. 절대국가시대의 경찰의 개념

### 1. 절대국가 초기의 경찰 개념

18세기에 발달한 경찰학(Polizeiwissenschaft)[19]의 영향으로 '공동체의 질서 있는 상태를 유지하기 위한 모든 활동'이라고 광범위하게 이해되어 온 경찰로부터 개별적인 국가활동이 분리되기 시작한다. 즉, 우선 경찰로부터 외무행정·재무행정 및 군사행정이 분리되었고, 이어서 통치의 개념이 독립한 후에, 끝으로 사법(행정)이 경찰로부터 독립하게 된다. 그 결과 경찰의 범위는 일단 양적으로는 축소되었다.

그러나 경찰의 범위 내지 권한은 질적으로는 오히려 강화되어 절대국가 시대 초기의 경찰 개념에는 공공복리의 증진까지 포함되게 된다. 따라서 이 시기에 있어서 경찰은 '모든 臣民의 공공복리의 증진(Wohlfahrtspflege)을 위한 권한을 포함한 내무행정의 전 영역'을 의미하였다. 이러한 변화의 결과 절대국가시대 초기에 있어서 경찰은 사실상 아무런 법적 제한을 받지 않는 군주의 행정수단으로 전락하고 말았다. 그리하여 경찰은 '만능(萬能)의 대명사'(eine Art Generaltitel für alles Mögliche)로 인식되기에 이르렀다.

### 2. 프로이센 일반란트법의 제정과 그로 인한 경찰 개념의 변화

계몽주의 사상의 영향을 받은 국법학자 퓌터(J. S. Pütter)는 "교양 있는 국민은 더 이상 국가, 즉 경찰의 후견에 의하여 강제받아서는 안 되며, 따라서 경찰의 고유한 직무는 복

---

18) 다만 이 시대의 경찰개념에는 오늘날 경제행정의 영역에 속하는 사항들(독점, 관세, 도량형, 가격 등)과 종교, 도덕도 포함되었으며, 나아가서 오늘날 순수하게 사법적으로 규율되는 영역(계약법, 후견법, 부동산법, 상속법 등)까지도 포함되어 있었다(Götz/Geis, Allgemeines Polizei‐ und Ordnungsrecht, 17. Aufl., 2020, § 2 Rn. 2). 이 시기의 경찰개념에 관한 설명 일반에 관하여는 vgl. Knemeyer, "Polizeibegriffe in Gesetzen des 15 bis 18 Jahrhunderten", AöR 92, 153 ff.
19) '경찰학(Polizeiwissenschaft)'이란 용어는 독일의 관방학자인 Justi의 저서인 『경찰학원리』(Grundsätze der Polizeiwissenschaft)에 처음 등장한다. 다만 이 시기의 경찰학은 절대국가에 있어서 국가목적의 실천에 필요한 절대주의 국가권력을 기초지우는 학문으로 성립된 것으로서, 오늘날의 사회적 법치국가에 있어서의 경찰학(Police Science)과는 그 원류를 전혀 달리하며, 양자 간에는 적용범위·목적·내용 등에 있어 현격한 차이가 존재한다.

지증진에 대한 배려가 아니라 장래의 악행을 방지하는 것이다"라는 주장을 통하여 절대적 군주권력, 특히 경찰권력의 축소를 제창하였다.[20] 한편 Pütter의 제자였던 슈바레즈(Carl G. Svarez)가 「프로이센 일반란트법(Pr. ALR)」의 입법 기초위원으로 참여하면서 경찰권력의 축소를 내용으로 하는 조항이 동법 제2장 제17절 제10조에 명문으로 규정되게 되는바, 동조는 (복리증진과 위험방지를 명백히 구분하는 것을 전제로) 다음과 같은 것을 그 내용으로 한다: 「공공의 평온, 안녕과 질서를 유지하고, 공중 또는 개개의 구성원에 대한 현존하는 위험을 방지하기에 적합한 조직이 경찰이다」.

이 같은 「프로이센 일반란트법」 제2장 제17절 제10조의 제정으로 인하여 경찰의 업무는 공공의 안녕 또는 질서에 대한 위험방지에 국한되게 되었으며, 복리증진을 위한 경찰의 강제권한이 배척되는 결과를 가져 왔다.

## 3. 「프로이센 일반란트법」의 폐지와 그로 인한 경찰 개념의 변화

경찰의 강제권한을 공공의 안녕 또는 질서에 대한 위험방지에 국한시켰던 프로이센 일반란트법은 프랑스혁명 사상에 대한 보수적인 공무원계급의 두려움과 정치적 복구가 존재하던 19세기 전반의 보수반동기간 중에 제정되어, 복리경찰적 경찰개념의 부활을 가져온 일련의 법규들[21]로 인하여 폐지된다. 그리고 그들 법규들은 경찰이 공공의 안녕 또는 질서에 대한 위험방지뿐만 아니라 공공복리의 증진에 대해서도 권한을 갖는다는 것을 명문으로 규정하였으며(1808년의 「프로이센 지방관청, 경찰관청 및 재무관청의 정비에 관한 명령」 제3조 등), 이를 통하여 경찰의 영역이 소극적인 공공의 안녕 또는 질서의 유지에 국한되는 것이 아니라는 것이 분명하게 되었다. 결국 이러한 일련의 과정을 통하여 경찰의 개념은 다시 절대국가시대 초기의 경찰 개념으로 회귀하기에 이르게 되었다.

## IV. 자유주의적 법치국가시대의 경찰의 개념

정치적으로 자유주의적 · 시민적 법치국가가 성립됨에 따라서 경찰권 또한 정치적으로

---

20) Johann S. Pütter, Institutiones juris publici Germanci, 1770, S. 330 ff. 이러한 Pütter의 주장은 복리증진을 위한 경찰의 권한배제를 내용으로 하는 프로이센 일반란트법(Preußisches Allgemeines Landrecht: Pr. ALR)이란 근대적 법규의 성립을 위한 이론적 기초를 제공하였다.
21) 1795년과 1797년의 「프로이센 복무규정」과 1802년의 「프로이센 행정명령(Pr. VO)」.

제한을 받게 되었다. 이에 따라 절대국가 시대를 지배했던 경찰의 개념 또한 다시 축소되어 복리증진을 위한 경찰의 강제권한이 배척되고, 경찰권의 발동은 소극적으로 공공의 안녕 또는 질서유지에 국한되게 되는바, 이러한 변화의 전환점을 형성한 것이 바로 1882년 6월 14일 프로이센 상급행정법원(Pr. OVG)의 크로이츠베르크 판결(Kreuzberg-Urteil)[22]이다.

## 1. 크로이츠베르크 판결

### (1) 사안

크로이츠베르크 판결에서는 1879년 당시 베를린 경찰국장이 발한 「베를린 외곽의 크로이츠베르크에 있는 전승기념비 주위의 건축구역에서는 기념비 하단에서 도시와 그 주위를 조망하는 것이 방해받지 않고, 또 도시에서 전승기념비를 전망하는 것이 침해받지 않는 정도의 고도 내에서만 건축이 허용된다」는 내용의 경찰명령(Polizeiverordnung)에 근거하여 전승기념비 주위의 건축구역 내에서 건축물(주거용 4층)의 건축허가 발급이 거부된 것이 문제되었다.

### (2) 주문(主文)

프로이센 상급행정법원은 「프로이센 일반란트법 제2장 제17절 제10조에 따를 때 경찰은 위험방지의 권한만을 가지며, 미적인 이익을 추구할 권한은 없기 때문에 크로이츠베르크에 있는 해방전쟁에서의 전승기념비에 대한 조망을 해치지 않게 하기 위하여 도로상의 건축물의 고도를 제한하는 경찰명령은 무효이다」라는 것을 논거로 전승기념비 주위의 건축구역 내에서의 건축허가 발급 거부처분을 위법이라고 판시하였다.

## 2. 크로이츠베르크 판결의 의의

크로이츠베르크 판결을 통하여 경찰의 개념은 다시 공공의 안녕 또는 질서의 유지에 국한되게 된다. 그리고 이러한 소극적인 경찰의 개념은 입법을 통해 법전 속에 받아들여

---

22) Pr.OVGE 9, 353 ff.(Neudruck DVBl. 1985, 219 ff.).

지게 되었는바, "경찰행정청은 공공의 안녕과 질서를 위협하는 위험으로부터 공중 및 개인을 보호하기 위하여 실정법의 범위 내에서 의무적합적 재량에 따라 필요한 조치를 취하여야 한다"고 규정하였던 1931년의 「프로이센 경찰행정법」(Preußisches Polizeiverwalzungsgesetz: Pr.PVG) 제14조가 그 대표적 예이다.[23]

## V. 사회적 법치국가시대의 경찰의 개념

오늘날의 사회적 법치국가(Der sozialistische Rechtastaat)의 국가관으로 인한 경찰개념의 변화가능성은 다음과 같은 두 가지 관점에서 찾아볼 수 있다.

### 1. 급부국가로의 발전

오늘날의 사회적 법치국가는 단순한 위험방지만으로는 만족하지 않는다. 즉, 사회적 법치국가는 사회적 경제적 발전을 적극적으로 형성하여야 할 사회국가적 의무를 지며, 이에 따라서 급부국가(給付國家, Leistungsstaat)로 발전되게 된다. 이러한 국가기능의 발전을 고려하여 위험방지와 급부행정을 하나의 제도로 파악하려는 견해, 특히 공공복리의 증진을 목적으로 하는 권력작용까지 경찰의 개념 속에 포함시키는 견해[24]가 등장하게 되었다. 그러나 경찰행정과 급부행정 간에는 근본적 성격이나 그에 적용될 법원칙에 차이가 존재하므로 그러한 입장은 받아들이기 곤란하다.[25]

### 2. 위험의 사전배려

오늘날의 사회국가의 특색을 보여주는 행정은 '위험의 사전배려(Gefahrenvorsorge)'로 표현될 수 있는데, 이는 국가가 위험의 성립을 장기간에 걸쳐 예방할 과제가 있다는 것을 의미한다. 이러한 사정으로 인하여 오늘날의 사회적 법치국가에서 있어서 경찰의 개념을 이야기할 때에는 전통적 기능인 위험방지 외에 위험의 사전배려 또한 언급해야 한다는 시각이 등장하고 있다.

---

23) 크로이츠베르크 판결이 갖는 현대적 의의에 관하여는 vgl. Kroeschell, "Das Kreuzberg-Urteil", VBlBW 1993, 268 ff.; Rott, "100 Jahre, Kreuzberg-Urteil des Pr.OVG", NVwZ 1982, 364 ff.

24) 예컨대, 土屋 正三, "給付行政의 主體としての警察," 警察研究, 1979. 12.

25) 동지: Drews/Wacke/Vogel/Martens, Gefahrenabwehr, S. 41.

## 3. 소결

사회적 법치국가에 있어서의 국가관을 고려할 때, 사회주의적 법치국가 시대의 경찰의 개념은 "사회공공의 안녕 또는 질서에 대한 위험을 방지하거나 위험에 대한 사전배려를 통하여 공중과 개인을 보호하는 국가활동"을 의미하는 것이라고 정의될 수 있다.[26)

## 제3절 경찰의 종류

### Ⅰ. 행정경찰과 사법경찰

#### 1. 의의

경찰은 직접적 목적을 기준으로 행정경찰과 사법경찰로 구분된다.[27) 행정경찰은 행정 작용의 일부로서의 경찰, 즉 공공의 안녕 또는 질서에 대한 위험방지작용을 의미한다. 이에 반해 사법경찰은 범죄의 수사, 피의자의 체포 등을 목적으로 하는 (형사사법)작용을 말한다. 우리나라에서 이처럼 경찰을 행정경찰과 사법경찰로 구분하기 시작한 것은 갑오개혁(1894년) 이래의 전통이라고 생각된다.[28)

---

26) 이러한 경찰 개념의 정의는 사회적 법치국가시대의 국가관으로 경찰의 개념에 변화를 가져올 수 있는 2가지 관점 중 두 번째 관점인 '위험의 사전배려'와 관련된 논의를 반영한 것이다. 이에 반해 첫 번째 관점은 직접적으로는 경찰 개념의 변화에 영향을 미치지 못한다는 것이 지배적 견해이므로 경찰의 개념 정의에 반영되지 않았다.

27) 다만 우리나라의 경우 지금까지 경찰작용은 주로 사법경찰에 초점을 두고 행해져 왔으며, 그 결과 행정경찰작용이 등한시되는 문제점이 있었다. 그러나 근래에 들어 이러한 문제점에 대한 인식을 토대로 양자의 구분, 나아가서 행정경찰작용에 대한 연구가 행해지고 있음은 주목을 요한다(서정범, "행정경찰에의 초대 – 경찰작용의 Paradigm Shift –", 경찰학연구 제12권 제4호, 2012, 193쪽 아래; 이진수, "경찰권의 확대·집중 경향과 이에 대한 법치주의적 전제 - 행정경찰과 사법경찰 구별론의 관점에서", 법학논집 제21권 제3호, 2017, 143쪽 아래 참조).

28) 이러한 추측을 가능케 하는 사료(史料)로는 1895년에 출간된 유길준의 『서유견문(西遊見聞)』이 있는바, 특히 유길준의 다음과 같은 서술은 주목을 요한다: "경찰제도를 두 가지로 구별해 보면 첫째는 행정경찰이요, 둘째는 사법경찰이다. 행정경찰은 적당한 조치를 취해서 재앙과 피해를 미연에 방지하여 국민들로 하여금 죄를 짓지 않도록 한다. 사법경찰은 이미 죄지은 범인을 수색하거나 체포해서 국민들의 환난을 제거하는 일을 한다. …… 비유 하나를 들어보자. 어떤 사람이 남의 집 울타리를 넘어가려고 할 때 이를 막는 것은 행정경찰이고, 그가 한 발이라도 울타리 위로 넘어가면 무고히 남의 집에 침입하는 잡범이니 사법경찰의 직분에 귀속되며 형법의 처단을 받게 된다. 그러므로 사실은 행정경찰과 사법경찰이 표리관계를 이루는 셈이다(유길준, 서유견문, 交詢社, 1895. 허경진(역), 서유견문: 조선지식인 유길준 – 서양

## 2. 구분의 실익

독일이나 프랑스와 같은 대륙법계 국가의 경우 행정경찰과 사법경찰을 구분하는 가장 큰 이유는 재판관할의 문제에서 찾을 수 있다. 즉, 그들 국가에서는 행정경찰작용은 행정 작용이므로 행정법원의 관할에 속하지만, 사법경찰작용은 일반법원의 관할에 속한다.

그렇다면 행정경찰작용과 사법경찰작용이 모두 일반법원의 관할에 속하는 우리나라의 경우는 왜 양자를 구분하는 것일까? 그것은 양자에 적용될 법규 내지 법원리가 전혀 다르기 때문이다. 즉, 행정경찰은 행정법규 내지 법원리의 적용을 받으며, 사법경찰은 형사법규 내지 형사법원리의 적용을 받기 때문이다.[29]

## 3. 행정경찰의 임무

행정경찰은 1) 공공의 안녕 또는 질서에 대한 위험방지 및 2) 이미 발생한 장해의 제거를 그 임무로 한다. 다만 많은 경찰행정법 문헌들은 행정경찰의 임무를 설명할 때, 공공의 안녕 또는 질서에 대한 "위험방지"만을 강조하는 경향이 있다.[30] 이는 위험은 가까운 장래에 손해가 발생할 충분한 개연성이 존재하는 것을 의미하므로 (아직 손해가 발생하지 않고 있는 상태에서) 경찰이 위험방지를 위하여 개입할 수 있는지의 문제를 놓고 다툼이 있었던 것에 비하여, 장해는 손해가 이미 발생한 것이어서 그를 제거하기 위하여 경찰권을 발동할 수 있다는 것에 관하여는 이론(異論)이 없어서 특별히 그를 논할 실익이 없기 때문이다.[31]

---

을 번역하다, 서해문집, 2005, 293쪽).

29) 현실적으로는 사법경찰작용은 그에 대한 검찰의 지휘가능성을 둘러싼 논란이 있는 것에 반하여, 행정경찰 작용은 경찰 고유의 작용이므로 처음부터 검찰의 지휘가능성이 배제되는 면이 있다는 점에서도 차이를 발견할 수 있다.

30) 이러한 경찰의 위험방지 기능은 모든 국가에 있어 필요적 근본기능이다[Wolff, "Die Gestaltung des Polizei- und Ordnungsrechts in der britischen Besatzungszone", VVDStRL 9, 134 ff., (156)]. 한편 Jellinek는 이런 사정을 "그것 없이는 국가를 생각할 수조차 없는 권한이 존재하는바, 경찰이 이에 속한다"라고 기술하고 있다(Jellinek, Verwaltungsrecht, 3. Aufl., 1931, S. 427).

31) Vogel과 Martens가 경찰법의 고전이라고 일컬어지는 Drews/Wacke의 '일반경찰법(Allgemeines Polizeirecht)' 이란 책의 신판의 제목을 위험방지(Gefahrenabwehr)라고 한 것 또한 이 같은 사정에 기인한 것이라고 할 수 있다(Knemeyer, Polizei- und Ordnungsrecht, Rn. 1).

## II. 예방경찰과 진압경찰

### 1. 의의

경찰은 종래 경찰권 발동의 '시점(時點)'을 기준으로 예방경찰과 진압경찰로 구분되어 왔다. 이 경우 예방경찰은 아직 법익 침해가 발생하기 이전에 위험을 방지하기 위하여 예방적으로(präventiv)으로 행해지는 경찰작용을 의미하며, 진압경찰은 주로 이미 행해진 범죄를 전제로 하여 범죄수사와 소추를 위하여 진압적으로(repressiv) 행해지는 경찰작용을 말한다.[32]

한편 우리나라에서는 종래 예방경찰과 진압경찰을 행정경찰과 사법경찰에 대응되는 개념으로 이해하여 왔다. 이에 따르면 예방경찰과 진압경찰의 구분은 대체로 행정경찰과 사법경찰의 구분과 일치한다. 다만 사법경찰이 모두 진압경찰인 것과 달리, 행정경찰의 경우는 그 안에서 다시 예방경찰과 진압경찰의 구분이 행해질 수 있다. 즉, 범죄를 전제로 하지 않는 경우라 할지라도 법익에 대한 침해가 이미 발생한 경우, 즉 경찰행정법적 의미의 장해가 존재하는 경우에 그를 제거하기 위하여 경찰권이 발동된다면, 그것은 진압경찰에 해당한다.

### 2. 구분의 실익

예방경찰과 진압경찰을 구분할 필요성으로는 다음과 같은 것을 생각해 볼 수 있다.[33]

### (1) 쟁송수단

예방적 조치와 진압적 조치의 구분이 갖는 가장 중요한 법적 효과는 쟁송수단에 관한 것이다. 즉, 예방적 조치가 문제되는 경우에는 행정소송법에 따른 행정소송절차가 개시되

---

32) 예방경찰과 진압경찰의 문제에 관한 전방위적 고찰을 하고 있는 것으로는 박병욱/황문규, "위험예방을 위한 경찰법과 범죄진압을 위한 형사법의 목적·수단상 몇 가지 차이점: 경찰의 활동을 중심으로", 형사정책연구 제23권 제3호, 2012, 199쪽 아래.

33) 후술하는 바와 같이 예방경찰과 진압경찰의 구분은 어려운 문제인데, 그럼에도 불구하고 양자는 구조적 관점에서 구분될 필요가 있다. 이러한 면을 강조하고 있는 것으로는 Denninger, in: Lisken/Denninger, Handbuch des Polizeirechts, 4. Aufl., 2007, E Rn. 157, 192.

는 것에 반하여, 진압적 조치가 문제되는 경우에는 형사법원의 관할에 속하게 된다.[34]


## (2) 기본원리

예방적 조치와 진압적 조치는 그를 지배하는 기본원리를 달리하는바, 이 또한 양자를 구분하는 실익이 된다. 즉, 예방적 조치의 경우에는 경찰법규정에 명시적으로 표현되어 있는 편의주의(便宜主義, Opportunitätsprinzip)의 원칙이 지배하며, 따라서 경찰은 경찰권의 발동 여부에 대하여 결정재량(Entschließungsermessen)을 갖는다. 이에 반하여 형사소추를 위주로 하는 진압적 조치의 경우에는 합법주의(合法主義, Legalitätsprinzip)가 지배하며, 따라서 경찰은 범죄가 발생하면 범죄행위를 수사"하여야만 한다".


## (3) 경찰과 검찰의 관계

예방적 조치와 진압적 조치의 구분은 경찰과 검찰의 관계에도 영향을 미친다. 즉, 예방적 조치가 문제되는 경우에는 해당 조치에 대하여 경찰관청이 지휘권을 갖는다. 그러나 형사소추와 관련하여서는 어떠한 형태로든 검찰의 관여가 행해진다.[35]


## 3. 구별의 기준

종래에는 예방경찰과 진압경찰의 개념을 고려하여 경찰권 발동의 '시점(時點)'을 양자를 구분하는 기준으로 이해하여 왔다.[36] 그러나 오늘날에는 경찰권 발동의 시점이 양자를 구분하는 유일한 기준이 되는 것은 아니며, 조치의 '목적'이 양자의 구분에 있어 중요한 요소로 기능한다는 것이 지배적 견해가 되어 가고 있다. 이러한 입장에 따르면 어떤 조치의 목적이 그 조치를 예방 경찰 또는 진압경찰 중 어느 하나에 귀속시키게 한다.[37]

한편 경찰이 취하는 조치가 어떤 것을 목적으로 하는 것인지를 판단함에 있어서는 그 사안의 '전체적인 인상(Gesamteindruck)'이 기준이 된다. 이는 정상적인 판단에 따를 때 일

---

34) Gusy, Polizei- und Ordnungsrecht, 10. Aufl., 2017, Rn. 484 f.; Schenke, Polizei- und Ordnungsrecht, 10. Aufl., 2018, Rn. 509.

35) 근래 들어 다시 핫이슈로 떠오른 사법경찰과 검찰의 관계를 역사적으로 고찰한 것으로는 김용주, "사법경찰과 검찰의 관계에 대한 역사적 고찰", 고려대학교 대학원 박사논문, 2011년.

36) 정하중, 행정법개론(제12판), 법문사, 2018, 1101쪽.

37) Kugelmann, Polizei- und Ordnungsrecht, 1. Kap. Rn. 48; Würtenberger/Hekmann/Tanneberger, Polizeirecht in Baden-Württemberg, 7. Aufl., 2017, § 4 Rn. 68 ff.

반인에게 그 사안이 어떻게 보이는지가 기준이 된다는 것을 의미한다. 즉, 경찰조치의 목적이 "객관적으로(objektiv)" 볼 때 어디에 놓여 있는지, 조치의 목적 중 어느 것이 객관적으로 우선하는지가 기준이 된다는 것이다.[38] 경찰공무원의 의도는 단지 객관적 목적을 판단함에 있어서 고려될 수 있는 구성요소의 하나로 고려될 뿐이다.[39]

## 4. 특수문제 – 이중기능적(二重機能的) 조치

### (1) 의의

소위 이중기능적 조치(sog. doppelfunktionelle Maßnahmen)란 예방경찰작용(위험방지)뿐만 아니라 진압경찰작용(형사소추) 또한 목적으로 하는 경찰의 조치를 말한다.[40] 경찰의 조치가 이중기능적 성격을 갖는 것으로 볼 수 있는 상황은 일반적으로 주거침입죄와 같은 계속범(Dauerdelikten)과 관련하여 발생한다. 즉, 주거침입에 대한 수사과정에서 경찰이 취하는 조치는 이미 행해진 범죄와 관련해서는 진압경찰작용(형사소추)이지만, 그 범죄행위가 장래에 향하여 계속되는 것과 관련해서는 예방경찰작용이 될 수 있는 것이다.[41]

### (2) 성격

이중기능적 조치는 예방(위험방지)과 진압(형사소추)의 목적을 모두 가지므로 (목적만을 기준으로 해서는) 해당 조치가 예방경찰작용과 진압경찰작용 중 어느 영역에 귀속되는지를 판단할 수 없다. 이 때문에 독일의 학설들은 이중기능적 조치의 성격은 이른바 중점이론(重點理論, Schwerpunkttheorie)을 가지고 판단할 것을 요구하고 있다. 즉, 이중기능적 조치의 경우는 조치의 중점(重點, Schwerpunkt)이 어디에 놓여 있는지를 기준으로 그 귀속이 정해지게 되며, 조치의 중점은 '전체적인 인상(Gesamteindruck)'에 따라 탐구되어야 한다는 것이다.[42] 독일의 경우에는 판례 또한 같은 입장을 취하고 있다.[43]

---

38) Drews/Wacke/Vogel/Martens, Gefahrenabwehr, S. 139.
39) Pieroth/Schlink/Kniesel, Polizei‐ und Ordnungsrecht, 8. Aufl., 2014, § 2 Rn. 14.
40) 이중기능적 조치에 관하여는 vgl. Rieger, Die Abgrenzung doppelfunktionaler Maßnahmen der Polizei, 1994; Schoch, "Doppelfunktionale Maßnahmen der Polizei", Jura 2013, 1115 ff.
41) 이러한 설명에 대하여는 Kugelmann, Polizei‐ und Ordnungsrecht, 1. Kap. Rn. 54 f.
42) Knemeyer, Polizei‐ und Ordnungsrecht, Rn. 122; Pieroth/Schlink/Kniesel, Polizei‐ und Ordnungsrecht, § 2, Rn. 15; Würtenberger/Hekmann/Tanneberger, Polizeirecht in Baden‐Württemberg, § 4 Rn. 68.
43) BVerwGE 47, 255(262 f.); VGH BW DÖV 1989, 171; BayVBl. 1993, 429 (430).

## Ⅲ. 기타의 분류

### 1. 보안경찰과 협의의 행정경찰

행정경찰은 다시 보안경찰과 협의의 행정경찰로 구분된다. 여기서 '보안경찰'이란 공공의 안녕 또는 질서를 유지하기 위하여 다른 행정작용에 수반함이 없이 그것 자체가 독립하여 행해지는 경찰작용을 말하며, 이런 점에서 경찰이란 이름이 붙지 않은 행정기관에 의한 위해방지작용을 의미하는 '협의의 행정경찰작용'과 구분된다.[44]

### 2. 국가경찰과 자치경찰

#### (1) 의의

경찰은 유지권한과 책임의 소재를 기준으로 국가가 유지권한 및 책임을 가지는 국가경찰과 지방자치단체가 유지권한 및 책임을 가지는 자치경찰로 분류된다.

#### (2) 자치경찰의 장점

2000년대에 들어서면서부터 자치경찰의 도입에 관한 논의가 계속되었는바, 이는 자치경찰이 다음과 같은 장점을 갖고 있기 때문이었다. 즉,
① 인권보장과 민주성이 보장되어 주민의 지지를 받기 쉽다.
② 각 지방의 특성에 적합한 경찰행정이 행해질 수 있다.
③ 지방별로 독립된 조직이므로 조직·운영의 개혁이 용이하다.
다만 근래의 자치경찰에 관한 논의는 국가경찰에의 권력집중화를 막기 위한 것에 주안점을 두고 있다는 점에서 이전까지의 자치경찰에 관한 논의와는 그 차원을 약간 달리하고 있다.

---

44) 이러한 설명에 관하여는 김남진/김연태, 행정법Ⅱ, 284쪽.

### (3) 자치경찰제의 도입

2021년 7월에 「국가경찰과 자치경찰의 조직 및 운영에 관한 법률」이 전면적으로 시행됨과 더불어 우리나라에서도 자치경찰제가 전면적으로 시행되기에 이르렀다.

### 3. 보통경찰과 고등경찰

경찰은 그에 의해 보호되는 법익을 기준으로 고등경찰과 보통경찰로 구분된다. 이 경우 보통경찰은 공공의 안녕·질서의 유지를 위한 통상의 경찰작용을 말하며, 고등경찰(또는 정치경찰)은 국가의 안전을 보호하는 경찰을 의미하는 것으로 이해되어 왔다. 이러한 구분은 실질적으로 큰 의미를 갖지는 않는데, 고등경찰을 담당하는 기관으로는 각 경찰서 내의 정보과나 국가정보원 등을 생각해 볼 수 있다.

## 제4절 경찰의 조직

### I. 개관

우리나라의 경찰조직은 - 제주특별자치도의 자치경찰을 제외하면 - 기본적으로 중앙 집권적인 국가행정조직으로 이루어져 있음을 그 기본적인 특색으로 하고 있었다.[45] 그러나 2021년부터 「국가경찰과 자치경찰의 조직 및 운영에 관한 법률」이 전면적으로 시행됨에 따라 우리나라의 경찰조직은 전면적으로 재편되었으며, 현재 경찰조직은 국가경찰과 자치경찰로 이원화되어 있다.

### II. 보통경찰기관

보통경찰기관이란 직접 보안경찰작용을 담당하고 있는 경찰기관을 말하는바, 보통경찰

---

[45] 다만 지방자치단체가 수행하는 협의의 행정경찰작용은 자치경찰로서 존재하고 있었다.

기관은 그의 기능과 권한에 따라 보통경찰행정청, 보통경찰집행기관 및 (보통)경찰의결기관 등으로 구분된다.

## 1. 보통경찰행정청

보통경찰행정청이란 「경찰에 관한 국가의 의사를 결정·표시할 수 있는 권한을 가진 경찰기관」을 말한다. 한편 현행법상 보통경찰행정청으로 볼 수 있는 것으로는 다음과 같은 것이 있다.

### (1) 경찰청장

경찰청장은 최상급의 보통경찰행정청으로서 국가경찰사무를 총괄하고 경찰청 업무를 관장하며, 소속공무원 및 각급 국가경찰기관의 장을 지휘·감독한다. 경찰청장은 치안총감으로 보하며, 국가경찰위원회의 동의를 받아 행정안전부장관의 제청으로 국무총리를 거쳐 대통령이 임명한다. 이 경우 국회의 인사청문을 거쳐야 한다. 경찰청장의 임기는 2년으로 하고, 중임할 수 없다. 한편 경찰청장이 그 직무를 집행하면서 헌법이나 법률에 위배하였을 때에는 국회는 탄핵소추를 의결할 수 있다(「국가경찰과 자치경찰의 조직 및 운영에 관한 법률」 제14조).

### (2) 시·도경찰청장

시·도경찰청장은 국가경찰사무에 대해서는 경찰청장의 지휘·감독을, 자치경찰사무에 대해서는 시·도자치경찰위원회의 지휘·감독을 받아 관할구역의 소관 사무를 관장하고 소속 공무원 및 소속 경찰기관의 장을 지휘·감독한다. 다만, 수사에 관한 사무에 대해서는 국가수사본부장의 지휘·감독을 받아 관할구역의 소관 사무를 관장하고 소속 공무원 및 소속 경찰기관의 장을 지휘·감독한다.

시·도경찰청장은 치안정감·치안감 또는 경무관으로 보하며, 경찰청장이 시·도자치경찰위원회와 협의하여 추천한 사람 중에서 행정안전부장관의 제청으로 국무총리를 거쳐 대통령이 임용한다(동법 제28조).

### (3) 경찰서장

경찰서장은 시·도경찰청장의 지휘·감독을 받아 관할구역의 소관 사무를 관장하고 소속 공무원을 지휘·감독한다. 경찰서장은 경무관, 총경 또는 경정으로 보한다(동법 제30조).

### (4) 해양경찰청장 등[46)]

해양에서의 경찰 및 오염방제에 관한 사무를 관장하게 하기 위하여 해양수산부장관 소속으로 해양경찰청을 둔다. 해양경찰청에 청장 1명과 차장 1명을 두되, 청장 및 차장은 경찰공무원으로 보한다(「정부조직법」 제43조 제2항·제3항)

## 2. 보통경찰의결기관

### (1) 국가경찰위원회

국가경찰위원회는 국가경찰행정에 관한 일정한 사항을 심의·의결하기 위하여 행정안전부에 두는 것으로, 그 성격은 경찰의결기관으로 보는 것이 지배적 견해이다.[47)]

1) 국가경찰위원회의 권한: 경찰위원회는 경찰청장의 임명에 대한 동의권(동법 제14조 제2항)과 경찰의 주요정책 등에 관한 심의·의결권(동법 제10조)을 갖는다. 한편 국가경찰위원회의 심의·의결 사항은 다음과 같다.

① 국가경찰사무에 관한 인사, 예산, 장비, 통신 등에 관한 주요정책 및 경찰 업무 발전에 관한 사항

② 국가경찰사무에 관한 인권보호와 관련되는 경찰의 운영·개선에 관한 사항

③ 국가경찰사무 담당 공무원의 부패 방지와 청렴도 향상에 관한 주요 정책사항

④ 국가경찰사무 외에 다른 국가기관으로부터의 업무협조 요청에 관한 사항

⑤ 제주특별자치도의 자치경찰에 대한 경찰의 지원·협조 및 협약체결의 조정 등에 관한 주요 정책사항

---

46) 지방경찰청장과 경찰서장이 보통경찰행정청의 성격을 갖는 점을 고려하면 지방해양경찰청장과 해양경찰서장 역시 보통경찰행정청으로 보아야 할 것이다.
47) 김남진/김연태, 행정법Ⅱ, 288쪽.

⑥ 시·도자치경찰위원회 위원 추천, 자치경찰사무에 대한 주요 법령·정책 등에 관한 사항, 시·도자치경찰위원회 의결에 대한 재의 요구에 관한 사항

⑦ 제2조에 따른 시책 수립에 관한 사항

⑧ 비상사태 등 전국적 치안유지를 위한 경찰청장의 지휘·명령에 관한 사항

⑨ 그 밖에 행정안전부장관 및 경찰청장이 중요하다고 인정하여 국가경찰위원회의 회의에 부친 사항

2) 국가경찰위원회의 구성: 국가경찰위원회는 위원장 1명을 포함한 7명의 위원으로 구성되는바, 위원장 및 5명의 위원은 비상임, 1명의 위원은 상임(常任)으로 한다. 이 경우 상임위원은 정무직으로 한다(동법 제7조).

3) 국가경찰위원의 임명절차: 국가경찰위원회의 위원은 행정안전부장관의 제청으로 국무총리를 거쳐 대통령이 임명하는데, 행정안전부장관은 위원 임명을 제청할 때 경찰의 정치적 중립이 보장되도록 하여야 한다. 또한 위원 중 2명은 법관의 자격이 있는 사람이어야 하며, 위원은 특정 성(性)이 10분의 6을 초과하지 아니하도록 노력하여야 한다.

4) 국가경찰위원의 임기 및 신분보장: 국가경찰위원회의 위원의 임기는 3년으로 하며, 연임할 수 없다. 위원은 중대한 신체상 또는 정신상의 장애로 직무를 수행할 수 없게 된 경우를 제외하고는 그 의사에 반하여 면직되지 아니한다.

## (2) 시·도자치경찰위원회

「국가경찰과 자치경찰의 조직과 운영에 관한 법률」의 시행과 더불어 시·도자치경찰위원회가 새로이 탄생하게 되었는바, 그의 성격에 관하여는 아직 이론이 정립되지 않은 면이 있다. 다만 경찰 내부적으로는 국가경찰위원회에 준하는 것으로 보아 경찰의결기관으로 이해하고 있는 것으로 보인다.

그러나 시·도자치경찰위원회는 국가경찰위원회와는 여러 가지 면에서 상이성을 보이며, 따라서 그의 성격을 단순한 의결기관으로 규정하는 것은 문제가 있다고 생각한다. 왜냐하면 「국가경찰과 자치경찰의 조직과 운영에 관한 법률」 제18조 제2항은 시·도자치경찰위원회가 '합의제 행정기관'으로서 그 권한에 속하는 업무를 독립적으로 수행한다고 규정하고 있기 때문이다.[48] 뿐만 아니라 동법 제28조 제1항은 자치경찰사무에 대해서는 시·도자치경찰위원회가 시·도경찰청장을 지휘·감독하도록 하고 있는바, 단순한 의결기

---

48) 우리나라에서 법조문에서 합의제 행정기관이라고 하는 경우, 그것은 합의제 행정청을 의미하는 것으로 이해되고 있다.

관이 경찰행정청을 지휘·감독한다는 것은 있을 수 없는 일이기 때문이다. 문제는 그렇다고 하여 시·도자치경찰위원회가 합의제 행정청의 성격을 갖는다고 단언하기 어려운 점(조직, 회의 등)이 존재한다는 것이다. 생각건대 이 문제에 대해서는 향후 학계에서의 논의와 법률정비를 통하여 비로소 확인될 수 있는 부분이라고 생각되므로 여기에서는 간단히 법조문의 내용을 일별하는 선에서 논의를 그치기로 한다.

1) 시·도자치경찰위원회의 권한: 시·도자치경찰위원회는 자치경찰사무에 대해 시·도경찰청장을 지휘·감독하는 것 이외에, 「국가경찰과 자치경찰의 조직과 운영에 관한 법률」 제24조 제4항이 정하는 사항에 대한 심의·의결권을 갖는다(동법 제25조 제1항).

2) 시·도자치경찰위원회의 구성: 시·도자치경찰위원회는 위원장 1명을 포함한 7명의 위원으로 구성하되, 위원장과 1명의 위원은 상임으로 하고, 5명의 위원은 비상임으로 한다. 이 경우 위원은 특정 성(性)이 10분의 6을 초과하지 아니하도록 노력하여야 하며, 위원 중 1명은 인권문제에 관하여 전문적인 지식과 경험이 있는 사람이 임명될 수 있도록 노력하여야 한다(동법 제19조).

3) 시·도자치경찰위원의 임명절차 등: 시·도자치경찰위원회의 위원은 시·도지사가 임명하는바, 상임위원은 시·도자치경찰위원회의 의결을 거쳐 위원 중에서 위원장의 제청으로 시·도지사가 임명한다. 이 경우 위원장과 상임위원은 지방자치단체의 공무원으로 한다(동법 제20조 제1항·제3항).

4) 시·도자치경찰위원의 임기 및 신분보장: 시·도자치경찰위원회 위원장과 위원의 임기는 3년으로 하며, 연임할 수 없다. 보궐위원의 임기는 전임자 임기의 남은 기간으로 하되, 전임자의 남은 임기가 1년 미만인 경우 그 보궐위원은 제1항에도 불구하고 한 차례만 연임할 수 있다(동법 제25조 제1항·제2항).

5) 시·도자치경찰위원회의 운영 등: 시·도자치경찰위원회의 회의는 정기적으로 개최하여야 한다. 다만 위원장이 필요하다고 인정하는 경우, 위원 2명 이상이 요구하는 경우 및 시·도지사가 필요하다고 인정하는 경우에는 임시회의를 개최할 수 있다(동법 제26조). 한편 시·도자치경찰위원회의 사무를 처리하기 위하여 시·도자치경찰위원회에 필요한 사무기구를 둔다(동법 제27조).

## 3. 보통경찰집행기관

보통경찰기관 가운데 보통경찰행정청의 명을 받아 경찰에 관한 국가의사를 실력으로 집행하는 기관을 보통경찰집행기관이라고 하는바, 보통경찰집행기관은 그의 직무의 일반성 여하에 따라 일반경찰집행기관과 특별경찰집행기관으로 구분된다.

### (1) 일반경찰집행기관

일반경찰집행기관이란 경찰업무 일반에 관한 집행기관을 말한다. 경찰집행기관으로는 치안총감 · 치안정감 · 치안감 · 경무관 · 총경 · 경정 · 경감 · 경위 · 경사 · 경장 · 순경 등이 있다.[49]

한편 일반경찰집행기관을 이루는 경찰공무원은 사법경찰에 관한 사무를 아울러 담당하도록 되어 있는데(「형사소송법」 제196조), 이 경우의 경찰기관을 사법경찰관리라고 한다. 이들은 검사의 지휘를 받으며, 「형사소송법」에 따라 직무를 수행한다.

### (2) 특별경찰집행기관

특별경찰집행기관이란 특별한 분야의 경찰작용에 관한 집행기관을 말하는바, 특별경찰집행기관에는 다음과 같은 것이 있다. 즉,

1) 소방, 즉 화재를 예방 · 진압 · 경계하는 업무에 종사하는 소방공무원
2) 군사 및 군인 · 군무원에 관한 경찰집행기관인 군사경찰
3) 간첩의 침투거부 등 대간첩작전을 수행하고 치안업무를 보조하는 의무경찰대(「의무경찰대 설치 및 운영에 관한 법률」 제1조 이하).[50]

---

49) 우리나라의 대다수 교과서들은 "경찰집행기관으로는 치안총감 · 치안정감 · 치안감 · 경무관 · 총경 · 경정 · 경감 · 경위 · 경사 · 경장 · 순경 등이 있다"라고 서술하고 있는데(김남진/김연태, 행정법 Ⅱ, 289쪽; 정하중, 행정법개론, 1103쪽), 이러한 설명은 문제가 있다고 생각된다. 왜냐하면 치안총감 · 치안정감 · 치안감 · 경무관 · 총경 · 경정 · 경감 · 경위 · 경사 · 경장 · 순경은 단지 계급을 의미할 뿐이며, 같은 계급에 있는 경찰공무원이라도 보직에 따라서 보통경찰행정청이 되거나 보통경찰집행기관이 될 수 있기 때문이다. 즉, 예컨대 같은 총경의 계급에 있어도 경찰서장은 보통경찰행정청이 되지만, 경찰청 등의 과장직에 있는 총경은 보통경찰집행기관이 되는 것이다. 다만 치안총감으로 보해지는 것은 현재 경찰청장밖에 없으므로 치안총감은 사실상 보통경찰행정청에 해당한다.

50) 다만 정부가 2022년부터 의무경찰을 더 이상 모집하지 않는 것으로 방침을 정하였으므로, 2021년 12월 입대자들이 전역하는 2023년 6월 이후에는 의무경찰대는 더 이상 존재하지 않게 된다.

## Ⅲ. 특별경찰기관

### 1. 특별경찰기관의 의의

특별경찰기관이란 보통경찰기관에 대립되는 관념으로 협의의 행정경찰작용과 비상경찰작용을 담당하는 경찰기관을 말하는바, 특별경찰기관은 보통경찰기관의 내용을 이루는 특별경찰집행기관(예: 소방공무원, 헌병, 의무경찰대 등)과는 다르다는 점에 유의하여야 한다. 특별경찰기관을 설치하는 이유로는 특별한 내용이나 특정지역에서의 경찰사무는 기술적·전문적 견지에서 볼 때 보통경찰기관과는 별개의 전문적 기관에 맡기는 것이 편리하다는 것이 들어진다.

특별경찰기관에는 협의의 행정경찰기관과 비상경찰기관이 있다.

### 2. 협의의 행정경찰기관

협의의 행정경찰기관이란 협의의 행정경찰작용, 즉 다른 행정작용에 부수하여, 그 영역에서 일어나는 공공의 안녕·질서에 대한 위험을 방지하기 위한 작용을 담당하는 기관을 말한다(예: 위생경찰, 산림경찰 등). 따라서 주된 행정작용을 관장하는 행정기관이 협의의 행정경찰기관이 되며, 이들은 대부분 사법경찰관리로서의 신분을 아울러 가진다(「형사소송법」 제197조; 「사법경찰관리의 직무를 행할 자와 그 직무범위에 관한 법률」 제5조).

### 3. 비상경찰기관

비상경찰기관이란 보통경찰기관의 힘만으로는 치안을 유지할 수 없는 비상사태에서 병력으로써 치안을 담당하는 기관을 말한다. 비상경찰기관의 예로는 「헌법」 제77조에 따라 계엄이 선포되었을 때 병력으로 당해 지역내의 경찰사무를 수행하는 계엄사령관(「계엄법」 제7조 내지 제8조)이 있다.51)

---

51) 한편 비상경찰기관의 예로 종래 계엄사령관 이외에 「위수령(衛戍令)」에 따른 병력출동시의 위수사령관이 들어져 왔다. 그러나 위수령이 군의 질서유지 및 군기유지, 군사시설물의 보호라는 본래 목적 이외로 악용되는 사례가 있는데다가, 상위 법률의 부재로 위헌의 소지가 많다는 점이 지적되면서 2018년 9월에 폐지되었다. 따라서 현행법 하에서는 비상경찰기관으로는 계엄사령관이 있을 뿐이다.

## Ⅳ. 청원경찰과 경비업

### 1. 청원경찰

청원경찰이란 특정한 기관이나 사업자가 소요경비를 부담할 것을 조건으로 관할 지방경찰청장에게 경찰의 배치를 신청하는 경우에, 그의 기관·시설 또는 사업장의 경비를 위하여 배치하는 경찰을 말한다(「청원경찰법」 제2조 참조). 청원경찰은 형식적 의미의 경찰에는 속하지만, 실질적 의미의 경찰이라고 할 수는 없다. 왜냐하면 청원경찰은 직접으로는 사회 공공의 안녕·질서의 유지와 관련이 없으며, 단지 특정한 기관이나 개인을 위한 작용에 불과하기 때문이다.

청원경찰은 청원주가 임용하되, 임용에 있어서는 미리 지방경찰청장의 승인을 받아야 한다(「청원경찰법」 제5조). 한편 청원경찰은 청원주(請願主)와 관할경찰서장의 감독을 받아 그 경비구역 안에 한하여 「경찰관 직무집행법」에 의한 경찰관의 직무를 행한다(「청원경찰법」 제3조).

한편 청원경찰의 근무관계의 성격 일반에 대하여는 많은 논의가 행하여지지 않고 있다. 다만 판례는 국가나 지방자치단체에 근무하는 청원경찰의 근무관계를 그를 공법관계로 보고 있다.

관련판례: 「국가나 지방자치단체에 근무하는 청원경찰은 국가공무원법이나 지방공무원법상의 공무원은 아니지만, 다른 청원경찰과는 달리 그 임용권자가 행정기관의 장이고, 국가나 지방자치단체로부터 보수를 받으며, 산업재해보상보험법이나 근로기준법이 아닌 공무원연금법에 따른 재해보상과 퇴직급여를 지급받고, 직무상의 불법행위에 대하여도 민법이 아닌 국가배상법이 적용되는 등의 특질이 있으며 그외 임용자격, 직무, 복무의무 내용 등을 종합하여 볼 때, 그 근무관계를 사법상의 고용계약관계로 보기는 어려우므로 그에 대한 징계처분의 시정을 구하는 소는 행정소송의 대상이지 민사소송의 대상이 아니다.」[52]

---

52) 대법 1993. 7. 13. 선고 92다47564 판결.

## 2. 경비업

경비업이란 시설경비업무, 호송경비업무, 신변보호업무, 기계경비업무, 특수경비업무의 전부 또는 일부를 도급받아 행하는 영업을 말한다(「경비업법」 제2조). 한편 경비업은 어디까지나 개인이 경영하는 '사기업'에 불과하므로 경찰조직과는 무관하다. 경비업은 지방경찰청장의 허가를 받은 법인이 아니면 이를 영위할 수 없다(「경비업법」 제3조, 제4조).


# 제5절 경찰행정법


## I. 경찰행정법의 의의

경찰행정법이란 "경찰작용에 관한 규율을 내용으로 하는 행정법"을 말한다.[53] 한편 이러한 경찰행정법의 정의로부터 경찰행정법이 경찰작용을 대상으로 하는 '행정법의 일 부문(部門)'으로서의 성격을 갖는다는 결론이 도출된다. 그리고 경찰행정법을 이처럼 경찰작용에 관한 규율을 내용으로 하는 '행정법'이라고 이해하면, 이로부터 경찰행정법의 범위가 명확해진다.[54] 즉, ― 행정경찰과 사법경찰을 구분하는 것을 전제로 할 때 ― 경찰행정법은 '행정경찰작용'을 규율하는 것이며, 사법경찰작용을 지배하는 형사법(특히 형사소송법)에 관한 논의는 경찰행정법과는 전혀 무관하다. 따라서 경찰행정법적 문제를 고찰함에 있어 형사법적 논리를 끌어 들여서는 아니 된다. 그럼에도 불구하고 보통경찰기관이 양자 모두를 수행하고 있는 것 때문에 종래 행정경찰과 사법경찰의 구분을 인식하지 못하고 논의를 전개하여 왔는바, 이러한 접근방식이야말로 경찰행정법학의 발전에 가장 커다란 걸림돌이 되어 왔다.

---

53) 행정법이 "행정에 관한 조직, 작용, 구제에 관한 국내공법"이라고 정의되는 것을 고려하면(서정범/박상희/김용주, 일반행정법(초판), 세창출판사, 2022, 15쪽), 경찰행정법은 경찰행정에 관한 조직, 작용, 구제에 관한 법으로 이해하는 것이 타당함은 물론이다. 그러나 경찰행정에 관한 조직이나 구제는 행정 일반에 관한 그것과 다를 바가 없으므로, '경찰행정법'이란 이름으로 특별히 그들 문제를 따로 다룰 실익은 그리 크지 않다. 따라서 본서에서는 '경찰행정법'을 그 작용에 초점을 맞추어 "경찰작용에 관한 규율을 내용으로 하는 행정법"이라고 정의하기로 한다.

54) 경찰행정법의 범위에 관한 의미있는 고찰로는 최영규, "경찰의 개념과 경찰법의 범위 ― 실질적 경찰개념의 유용성 검토", 행정법연구 제25호, 2009, 351쪽 아래.

## II. 경찰행정법의 규율원리

### 1. 경찰권발동의 규율원리로서의 헌법

독일 행정법의 아버지라고 불리우는 오토 마이어(O. Mayer)는 "헌법은 사라져도 행정법은 남아 있다(Verfassungsrecht vergeht, Verwaltungsrecht besteht)"라는 명제를 통하여 헌법과 행정법이 전혀 별개의 법체계를 형성하고 있음을 강조한 바 있다.[55] 이에 반하여 프릿츠 베르너(F. Werner)는 "구체화된 헌법으로서의 행정법(Verwaltungsrecht als konkretisiertes Verfassungsrecht)"이라는 제목의 논문을 통하여 행정법이 '헌법의 집행법'으로서의 성격을 갖는다는 점을 강조하였다.[56] 베르너의 이러한 주장은 헌법과 행정법과의 관계에 대한 인식에 근본적 전환을 가져온 것으로 평가되며, 오늘날은 이러한 베르너의 견해가 지배적 사고의 지위를 점하고 있다.

한편 행정법이 헌법의 집행법 내지 구체화법의 성격을 갖는다는 것은 결국 행정법은 헌법으로부터 자유로울 수 없다는 것, 즉 행정법의 해석 · 적용 및 이론 전개에 있어서 행정법은 헌법의 기본원리에 구속을 받을 수밖에 없다는 것을 의미한다. 이러한 사정은 행정법의 일 부문(部門)을 형성하고 있는 경찰행정법의 경우 또한 마찬가지이다. 따라서 경찰행정법의 해석 · 적용 및 이론 전개에 있어서 행정법은 헌법의 기본원리에 구속을 받으며, 헌법은 경찰권발동의 규율원리로서 기능하게 된다.[57]

### 2. 경찰행정법의 기본원리

전술한 바와 같이 경찰행정법은 '행정법'의 일 부문으로서의 성격을 갖는다. 따라서 행정법의 기본원리는 경찰행정법에서도 당연히 통용된다. 이는 (행정법총론에서 설명되는) 행정법의 기본원리에 대한 이해가 선행되지 않으면 경찰행정법의 효과적인 학습이 힘들다는 것을 의미한다. 특히 법률유보의 원칙과 법률우위의 원칙을 내용으로 하는 법치행정의

---

55) Mayer, Deutsches Verwaltungsrecht Ⅰ, 3. Aufl., 1920. 한편 이러한 오토 마이어의 명제를 기반으로 오랫동안 행정법학계에서는 행정법의 기술성(技術性)이 강조되어 왔는바, 여기서 행정법의 기술성이란 "행정법은 행정목적을 실현하기 위한 수단을 정한 것으로서, 이 목적에 보다 잘 봉사하기 위한 기술성을 가지고 있다"는 것을 그 내용으로 한다(서정범/박상희/김용주, 일반행정법, 25쪽).

56) Werner, "Verwaltungsrecht als konkretisiertes Verfassungsrecht", DVBl. 1959, 527 ff.

57) 이러한 점을 강조하고 있는 것으로는 서정범, "경찰권 발동의 규율원리로서의 헌법", 공법학연구 제11권 제4호, 2011, 219쪽 아래.

원리에 대한 이해는 반드시 필요하다.


## Ⅲ. 경찰행정법의 이론적 체계

### 1. 전통적인 경찰행정법 이론

일본의 전통적인 경찰행정법 이론은 메이지 헌법 하에서 시작된 논의를 기초로 하여 다나카 지로(田中二郎)에 의해 체계화된 '경찰권의 한계'에 관한 논의가 중심을 이루고 있다. 이러한 경찰권의 한계에 관한 논의에 있어 핵심은 경찰권의 '조리상의' 한계에 관한 것이었는데, 종래 그러한 조리상의 한계로는 경찰소극의 원칙, 경찰공공의 원칙, 경찰책임의 원칙 및 경찰비례의 원칙 등이 열거되어 왔다.58) 그러나 이러한 '경찰권의 한계'에 관한 이론에 대하여는 이미 1960년대부터 체계적이고 통렬한 비판이 계속되었고,59) 결국 동 이론은 경찰행정법 이론으로서의 생명을 다하고 역사의 뒤안길로 사라져 버렸다.

한편 우리나라의 전통적인 경찰행정법 이론 역시 일본에서는 이미 극복되어 사라져 버린 다나카 지로(田中 二郎)의 이론을 바탕으로 하여 그 체계가 형성되었으며, 대다수의 학자들은 여전히 그러한 사고에서 벗어나지 못하고 있다.


### 2. 경찰행정법의 새로운 이론적 체계의 구축 - 4개의 기둥이론

일본의 영향 아래 성립되어 발전된 전통적인 경찰행정법 이론은 현실의 경찰법적 문제 해결에 전혀 도움을 주지 못하며, 경찰행정법 이론에 대한 올바른 이해의 가장 커다란 걸림돌이 되고 있다. 이에 저자는 경찰행정법의 이론적 체계를 전면적으로 새로이 구축해야 된다고 생각한다.

---

58) 일본에서의 경찰권의 조리상의 한계에 관한 다나카 지로의 이론에 대하여는 田中 二郎, 行政法下卷, 全訂第2版, 弘文堂, 1983 참조.
59) 대표적인 비판론으로는 杉村敏正, "憲法·行政法からみた警察權の理論的限界", in: 戒能通孝 編, 警察權, 岩派書店, 1960; 田村正博, 황순평/김혁(공역), 경찰행정법, 도서출판 그린, 2017. 한편 타무라 마사히로(田村 正博)는 경찰관으로 출발하여 일본 경찰대학교장을 거쳐 현재 교토산업대학 법학부교수로 재직중인데, 개인보호를 위한 경찰권행사라는 관점에 입각한 새로운 경찰행정법 이론을 제창하였다(이러한 田村正博의 사고는 田村正博, 警察行法の基本的な考え方에 잘 나타나 있다). 이로 인해 田村 正博은 일본경찰법의 이론적 체계를 새로이 구축하여 일본의 경찰법 이론 발전에 획기적 전기를 가져온 인물로 평가받고 있다.

경찰행정법 이론은 결국 어떠한 경우에 경찰의 활동이 적법한 것으로서 승인될 수 있는 것인가?라는 질문에 답하는 것을 그 목적으로 한다. 그리고 이러한 문제에 관하여는 "경찰권발동의 근거, 요건, 대상, 정도라는 4가지 관점에서 요구되는 원칙이 모두 준수되었을 때 비로소 경찰활동이 적법한 것으로 평가될 수 있다"고 답할 수 있다고 생각한다. 그러므로 저자는 우리나라의 경찰행정법의 이론적 체계를 이러한 관점에서 전면적으로 재구성하여야 한다고 생각하며, 이러한 내용의 이론적 체계를 '4개의 기둥이론'이라고 명명(命名)하고 있다.[60]

## 3. 4개의 기둥이론의 내용[61]

4개의 기둥이론에 따를 때, 경찰권발동이 적법하다는 판단을 받으려면 다음과 같은 4가지 관점에서 요구되는 원칙들이 모두 준수되어야 한다.

### (1) 경찰권 발동의 근거

경찰권발동이 적법하다는 판단을 받으려면 먼저 경찰권의 발동이 법률에 근거한 것이어야 한다. 이 경우 개별적 수권조항(Spezialermächtigung)에 근거하는 경우는 물론, 개괄적 수권조항(Generalklausel)에 근거하는 경우도 부정할 필요는 없다.

### (2) 경찰권 발동의 요건

다음으로 경찰권 발동의 요건을 갖추고 있어야 한다. 이 경우 개별적 수권조항에 근거하는 경우라면 개별 법률이 정하는 요건을 구비하였는지 여부를 판단하는 것으로 충분하며, 그러한 판단과 관련하여 경찰행정법 고유의 법 이론이 정립될 가능성은 존재하지 않는다. 그러나 개괄적 수권조항에 근거하여 경찰권을 발동하는 경우에는 '공공의 안녕 또

---

60) 저자가 생각하는 이론적 체계를 '4개의 기둥이론'이라고 명명하는 이유는 경찰권발동의 근거, 요건, 대상, 정도라는 4가지 관점에서 요구되는 원칙들 중 어느 것 하나라도 준수되지 않으면 경찰권발동은 위법하다는 판단을 면하기 어려운 사정이 건축물을 떠받치는 4개의 기둥 중 어느 것 하나라도 무너지면 건축물 자체가 붕괴되고 마는 것과 일맥상통하는 면이 있다고 생각하기 때문이다. 4개의 기둥이론의 내용에 관하여 자세한 것은 서정범, "경찰행정법의 새로운 이론적 체계의 구축", 홍익법학 제18권 제1호, 2017, 547쪽 아래.
61) 다만 4개의 기둥이론에 관한 서술은 경찰행정법학계에서 일반적으로 통용되는 이론이 아니라 전적으로 저자의 사견에 기초한 것이다. 따라서 경찰행정법 초학자라면 Skip하여도 무방하다.

는 질서에 대한 위험'의 존재 여부를 판단하여야 하는데, 공공의 안녕이나 공공의 질서 그리고 위험의 개념은 모두 불확정적 요소를 안고 있어 그의 해석을 둘러싼 경찰행정법 고유의 법 이론이 성립되게 된다.

### (3) 경찰권 발동의 대상

경찰권발동의 요건이 갖추어졌다면 다음으로 고려하여야 할 것은 경찰권을 누구에게 발동하여야 경찰활동이 적법한 것이 될 수 있는가의 문제인데, 경찰권은 경찰권발동의 대상이 되기에 적합한 지위에 있는 자(경찰책임자)에게만 발동되어야 하는 것이 원칙이다. 이 경우 개별적 수권조항에 근거하는 경우라면 개별 법률에 그 대상자가 규정되어 있으므로 별다른 문제가 없다. 그러나 개괄적 수권조항에 근거하는 경우에는 행위책임과 상태책임의 구분, 행위책임의 귀속, 상태책임의 한계, 다수의 경찰책임자의 문제, 경찰긴급권 등과 같은 복잡한 문제가 발생한다.

### (4) 경찰권 발동의 정도

마지막으로 경찰권 발동이 적법하다는 판단을 받으려면 경찰권발동의 정도에 관한 원칙인 비례의 원칙 또는 과잉금지의 원칙(Übermaßverbot)이라고 불리는 원칙에 따른 요구가 충족되어야 한다. 물론 과소금지의 원칙(Untermaßverbot) 또한 준수되어야 한다.

# 제2장 경찰작용법 일반이론

경찰행정법의 이론은 궁극적으로 경찰작용의 적법성 여부를 판단할 수 있는 전거를 제공하는 것을 그의 목적으로 한다고 할 수 있다. 한편 경찰작용의 적법성 여부는 앞에서 언급한 4개의 기둥이론에 따라 경찰권발동의 근거, 요건, 대상, 정도라는 4가지 관점에서 판단해 보아야 할 것인바, 제2장에서는 이들 문제를 '경찰작용법 일반이론'이란 제하에서 다루어보기로 하겠다.

## 제1절 경찰권 발동의 근거

### Ⅰ. 경찰권발동의 근거에 관한 일반이론

### 1. 법치행정의 원리

#### (1) 의의

경찰행정법이 행정법의 일부문으로서의 성격을 가지므로 행정법의 일반원리인 법치행정의 원리는 경찰행정법에도 당연히 적용된다. 여기서 법치행정의 원리란 「행정권도 헌법과 법률에 의해 행해져야 하며, 만일 행정권이 국민에게 피해를 주는 경우에는 재판 등을 통한 구제제도가 마련되어 있어야 한다는 것」을 의미하며, 행정의 법률적합성의 원칙이라고도 한다.

헌법상의 권력분립에 관한 규정(제40조, 제66조 제4항, 제101조), 기본권보장 조항(제10조 이하), 사법심사에 관한 규정(제107조) 및 그들 규정을 구체화하고 있는 많은 법률들이 법치행정의 원리의 근거를 이룬다. 특히 「행정기본법」 제8조는 「행정작용은 법률에 위반되어서는 아니 되며, 국민의 권리를 제한하거나 의무를 부과하는 경우와 그밖에 국민생활에 중요한 영향을 미치는 경우에는 법률에 근거하여야 한다」라고 규정하여 법치행정의 원리를 직접적으로 규정하고 있다.

## (2) 내용

법치행정의 원리는 법률우위(法律優位)의 원칙 및 법률유보(法律留保)의 원칙을 그 내용으로 하는바, 여기서 법률우위의 원칙이란 헌법과 법률이 행정 및 행정에 관한 그 밖의 규율에 우선한다는 것을 의미한다. 따라서 행정은 헌법과 법률에 위반하여서는 아니 되는바, 이러한 법률우위의 원칙은 행정의 '모든' 영역에서 적용된다.

한편 법률유보의 원칙은 행정활동은 법률에 근거하여 행하여져야만 한다는 것을 의미한다. 이러한 법률유보의 원칙은 1) 법치국가의 원리, 2) (의회)민주주의의 원리 및 3) 기본권 보장의 원리에서 그 근거를 찾을 수 있다.

## (3) 법률유보의 원칙의 적용범위

법률유보의 원칙이 어떠한 행정영역에 적용되는지의 문제, 즉 법률유보원칙의 적용범위에 관하여는 학설의 대립이 있다. 전통적 침해유보설, 급부행정유보설, 전부유보설, 중요사항유보설,[62) 신 침해유보설, 권력행정유보설 등의 대립이 그것이다. 다만 우리나라의

---

62) 우리나라의 헌법재판소는 텔레비전방송 수신료에 관한 결정을 통하여 본질사항유보설에 따르고 있음을 밝힌 바 있다.
참고판례: 「오늘날 법률유보원칙은 단순히 행정작용이 법률에 근거를 두기만 하면 충분한 것이 아니라, 국가공동체와 그 구성원에게 기본적이고도 중요한 의미를 갖는 영역, 특히 국민의 기본권실현과 관련된 영역에 있어서는 국민의 대표자인 입법자가 그 본질적 사항에 대해서 스스로 결정하여야 한다는 요구까지 내포하고 있다(의회유보원칙). 그런데 텔레비전방송수신료는 대다수 국민의 재산권 보장의 측면이나 한국방송공사에게 보장된 방송자유의 측면에서 국민의 기본권실현에 관련된 영역에 속하고, 수신료금액의 결정은 납부의무자의 범위 등과 함께 수신료에 관한 본질적인 중요한 사항이므로 국회가 스스로 행하여야 하는 사항에 속하는 것임에도 불구하고 한국방송공사법 제36조 제1항에서 국회의 결정이나 관여를 배제한 채 한국방송공사로 하여금 수신료금액을 결정해서 문화관광부장관의 승인을 얻도록 한 것은 법률유보원칙에 위반된다」(헌재 1999. 5. 27 선고 98헌바70 결정).

학설의 대부분은 법률유보의 적용범위에 관한 학설 중 어느 한 견해를 취하는 방식을 피하고, 구체적인 행정작용의 성질에 따라 법률유보의 원칙의 적용여부를 논하는 방식을 취하고 있다.[63]

다만 경찰권을 발동하기 위해서는 반드시 법률에 근거하여야 한다는 것에는 학설이 거의 일치하고 있는바, 그 이유는 "경찰행정은 침해행정의 전형으로서 경찰의 (강제적) 조치는 국민의 권리를 필연적으로 침해하게 된다"는 것에서 찾을 수 있다. 결국 경찰의 모든 조치는 침해유보로서의 법률유보의 원칙에 따라 법적 근거를 필요로 한다.

## 2. 직무규범과 권한규범의 구분

직무규범(Aufgabennorm)과 권한규범(Befugnisnorm)의 구분은 경찰권발동의 근거에 관한 논의의 출발점이 된다. 왜냐하면 직무규범과 권한규범의 구분은 경찰권 발동의 근거에 관한 근원적 문제, 즉 경찰권을 발동하기 위해서는 직무규범의 존재로 충분한 것인지, 아니면 그와 같은 직무규범 외에 별도의 권한규범이 필요한 것인지?라는 문제를 고찰하기 위한 전제가 되기 때문이다.

### (1) 독일에서의 논의

독일의 경우에는 공공의 안녕 또는 질서에 대한 위험방지의 직무를 경찰에게 부여하고 있는 통일경찰법모범초안(MEPolG) 제1조 제1항을 직무규범, 경찰은 의무적합적 재량에 따라 필요한 조치를 취한다고 규정하고 있는 동 초안 제8조를 권한규범으로 보아 직무규범과 권한규범의 구분을 인정하고 있다. 그리고 이러한 구분을 전제로 하여 경찰권을 발동하기 위하여서는 직무규범 외에 별도의 권한규범이 필요하다는 것에 학설은 사실상 완전히 일치되어 있다.

### (2) 우리나라에서의 논의

독일의 경우와 달리 우리나라의 경우에는 이 문제에 관하여 학설의 대립이 있다. 즉, 1) 조직규범은 당해 행정청 내지 그 구성원인 공무원의 권한을 일반적·포괄적으로 규정

---

63) 법률유보원칙의 적용범위에 관한 각각의 학설의 내용 및 문제점 등에 관하여 자세한 것은 서정범/박상희/김용주, 일반행정법, 19쪽 아래 참조.

하는 것이 보통이며, 행정청의 활동에는 조직규범 외에 구체적인 작용을 위한 수권을 요하게 하는 데에 법률유보원칙의 의의가 있다는 것에 근거하여 경찰권을 발동하기 위하여서는 특별한 권한규범이 필요하다는 견해와 2) 경찰이 대외적 활동을 하기 위해서는 조직법 또는 직무규범 외에 별도의 권한규범을 필요로 함이 원칙이지만, 직무규범에만 근거하여 활동할 수 있는 경우를 완전히 배제할 수는 없다는 견해의 대립이 그것이다.

생각건대 법치행정의 원리, 특히 법률유보의 원칙이 행정권을 발동하기 위하여 직무규범 이외에 권한규범에 근거할 것을 그 내용으로 한다는 점을 고려할 때 전자의 견해가 법치국가의 원리에 요청에 충실한 것임은 의문의 여지가 없다.[64]

## 3. 경찰권 발동의 법적 근거가 되는 권한규범의 존재형태

### (1) 개관

경찰권 발동의 법적 근거로 권한규범의 존재가 요구된다고 할 때, 그 존재 형태로는 개별적 수권조항과 개괄적 수권조항을 생각할 수 있다.

개별적 수권조항에 의거하여 경찰권을 발동하는 경우 그 한계는 일차적으로 개개조항의 해석을 통하여 얻어질 수 있으며, 개괄적 수권조항에 근거하여 경찰권을 발동하는 경우에 적용되는 법원칙이 포괄적으로 적용되지는 않는다. 즉, 개별적 수권조항에 의거한 경찰권 발동의 경우에도 그의 발동요건의 존재 여부에 관한 판단여지 또는 경찰권 발동 여부에 관한 재량이 문제될 수 있지만, 그 문제는 판단여지 및 재량의 올바른 이해를 통해 해결될 수 있는 것이지 개괄적 수권조항에 근거한 경찰권발동에 있어서와 같이 제 법원칙이 포괄적으로 적용되는 것은 아니다. 바로 여기에 개괄적 수권조항에 근거하여 경찰권이 발동되는 경우와 개별적 수권조항에 근거하여 경찰권이 발동되는 경우를 구분할 실익이 있다.

### (2) 개별적 수권조항

개별적 수권조항(특별조항, Spezialermächtigung)이란 입법자가 미리 경찰권이 발동되어

---

64) 물론 이러한 논의는 경찰권 발동이 침해적 성격을 갖는 경우에 관한 것이다. 경찰의 활동 가운데 비권력적 활동, 즉 직접적으로 국민의 자유나 권리를 침해하는 요소가 없는 경우라면 별도의 권한규범이 없어도 경찰활동이 이루어질 수 있다(이러한 점을 분명히 하고 있는 것으로는 홍정선, 행정법원론(하)(27판), 박영사, 2019, 451쪽).

야 할 경우를 예상하여 경찰권 발동의 요건, 대상, 정도 등을 개별적으로 규정하고 있는 경우를 말한다. 즉, 후술하는 개괄적 수권조항 이외의 일체의 경찰법상의 수권조항을 말한다.

개별적 수권조항의 대표적 예로는 「경찰관 직무집행법」 제3조(불심검문) 이하부터 제10조의4(무기사용)까지의 규정을 들 수 있는데,[65] 경찰권 발동에 관한 개별적 수권조항 중 「경찰관 직무집행법」 제3조 이하의 규정은 특별한 의미를 갖는다. 왜냐하면 실질적 의미의 경찰작용 가운데 전형적인 직무행위에 해당하는 것들이 그곳에 모여 있기 때문이다. 독일의 각 주의 경찰법들 역시 우리의 「경찰관 직무집행법」 제3조 이하의 규정에 상응하는 규정들을 갖고 있는바, 독일의 학자들은 이들 조항에 의거한 경찰작용이 경찰의 전형적인 직무행위라는 점에 착안하여 그들 경찰작용을 '표준적 직무조치(Standardmaßnahme)'라고 부르고 있다.

### (3) 개괄적 수권조항

개괄적 수권조항(일반조항, Generalklausel)이란 경찰권 발동의 근거를 포괄적으로 규정하는 것을 말하는바, 개괄적 수권조항의 전형으로서는 "경찰은 공공의 안녕 또는 질서에 대한 위험을 방지하기 위하여 필요한 조치를 취할 수 있다"고 규정하고 있는 통일경찰법모범초안(MEPolG) 제8조를 들 수 있다.

### (4) 개별적 수권조항과 개괄적 수권조항의 관계

개별적 수권조항과 개괄적 수권조항은 특별법과 일반법의 관계에 있다고 할 수 있다. 따라서 개별적 수권조항과 개괄적 수권조항이 경합하는 경우에는 '특별법우선의 원칙'(lex specialis derogat legi generali)에 따라 언제나 개별적 수권조항이 개괄적 수권조항에 우선하여 적용된다. 즉, 경찰법상의 개괄적 수권조항은 개별적 수권조항이 존재하지 않을 때에 한해서만 적용되는데, 이를 '개괄적 수권조항의 보충성(Subsidiarität)'이라고 한다. 즉, 개괄적 수권조항은 예외적으로 다음과 같은 경우에 한하여 단지 '보충적'으로만 적용된다.

1) 관련 개별적 수권조항이 (명시적/묵시적) 특별히 그의 적용을 허용한 때,
2) 개별적 수권조항이 관련된 사안에 있어서 경찰이 개입하기 위한 요건과 허용되는

---

65) 다만 후술하는 바와 같이 제5조 제1항이나 제6조에 대하여는 그들 조항을 개괄적 수권조항으로 보아야 한다는 견해가 유력하며, 제9조의 유치장에 관한 조항은 사실상 개괄적 수권조항과 아무런 관련이 없다.

조치를 남김없이 규율하고 있지 못할 때,

3) 개괄적 수권조항이 구체적인 경우를 내용상 분명하게 파악하거나, 일정한 경우를 규율하기 위하여서는 개괄적 수권조항에 의존하는 것이 불가피할 때

### (5) 보론: 개괄적 수권조항의 이중적 보충성

경찰권에 근거하여 개인의 권리를 침해하기 위하여서는 법적 근거가 있어야 하는데, 이 경우 경찰법 영역에서 경찰권 발동의 법적 근거가 될 수 있는 것으로는 1) 개괄적 수권조항, 2) 경찰법상의 개별적 수권조항 및 3) 경찰관계법 이외의 법률상의 개별적 수권조항이 있다. 이 경우 개괄적 수권조항은 비경찰법적 규율에 대하여서, 또 경찰법상의 개별적 수권조항에 대하여서도 보충성을 갖는바, 이를 '이중적 보충성(doppelte Subsidiarität)'이라고 한다.

| 개별적 수권조항 | 1. 경찰법 이외의 법률 | 적 용 순 위 |
| | 2. 경찰관계법률<br>(소위 표준적 직무조치) | |
| 개괄적 수권조항 | 3. 경찰상의<br>개괄적 수권조항 | |

### 1) 개괄적 수권조항의 비경찰법적 규율에 대한 보충성

탈경찰화(脫警察化, Entpolizeilichung)[66]가 이루어져 일정한 영역에서의 위험방지가 경찰행정청 이외의 다른 행정청에게 할당되어 있는 경우, 그들 영역 내에서의 위험방지가 문제가 되는 경우에는 경찰은 원칙적으로 개입할 수 없다. 경찰행정청은 단지 원래 권한 있는 행정청이 적시에 개입할 수 없고, 목전에 급박한 위험을 방지하기 위하여 긴급한 조치가 필요불가결한 경우에 한하여 예외적으로 탈경찰화된 영역에서 활동할 수 있을 뿐이다.

---

66) 독일 경찰법의 역사에 있어 탈경찰화는 3차례에 걸쳐 있었던바, 먼저 경찰의 개념에서 복리증진이 탈락되어 가는 과정을 '제1차 탈경찰화'(Entpolizeilichung)라고 한다. 한편 제2차 탈경찰화는 2차 대전 이후 영국과 미국의 점령지역이었던 바이에른 등에서 경찰행정청과 일반 질서행정청의 구분을 전제로 양자가 모두 위험방지를 위하여 활동하는 과정에서 경찰권한의 축소를 가져오게 된 과정을 의미한다. 그리고 제3차 탈경찰화는 1990년대 이래 위험방지의 영역에서 국가가 경찰권을 독점하던 것이 깨어지고 종래 경찰의 직무로 간주되어 오던 영역의 일부가 사인에 의해 행사되게 되어가는 과정, 즉 이른바 경찰의 민영화(또는 私化, Privatisierung)를 말한다. 독일 경찰법 역사에 있어 탈경찰화가 이루어지는 과정에 관하여 자세한 것은 vgl. Knemeyer, Polizei - und Ordnungsrecht, Rn. 6, 10, 16.

### 2) 개괄적 수권조항의 경찰관계법률에 대한 보충성

개괄적 수권조항은 경찰관계법률상의 개별적 수권조항(이는 이른바 표준적 직무조치의 형태로 존재하는 경우가 많다)에 대해서도 보충성을 갖는다.

# Ⅱ. 개괄적 수권조항에 근거한 경찰권 발동

## 1. 개괄적 수권조항의 인정 여부

경찰법 이론상 개별적 수권조항에 근거하여 경찰권을 발동할 수 있다는 것은 의문의 여지가 없다. 이에 반하여 경찰법의 영역에서 '개괄적 수권조항'의 존재를 인정할 수 있는지 여부, 즉 개괄적 수권조항에만 근거하여 경찰권을 발동할 수 있는지 여부에 관하여는 그를 긍정하는 견해와 부정하는 견해의 다툼이 있다.

### (1) 부정설

개괄적 수권조항의 존재를 부정하는 견해는 경찰권을 발동하기 위하여서는 개괄적 수권조항의 존재만으로는 불충분하다는 것, 즉 법률유보의 원칙상 경찰권을 발동하기 위하여서는 개별적인 작용법에 의한 구체적인 법적 수권을 필요로 한다는 것을 그 내용으로 한다. 이러한 견해는 경찰작용의 영역이 법률유보의 본령(本領)이었다는 것을 주된 논거로 한다.

### (2) 긍정설

개괄적 수권조항에 근거한 경찰권 발동을 근정하는 견해로, 오늘날의 다수설이다. 긍정설의 논거는 다음과 같다.[67]

1) 기술혁신과 사회상황·가치관의 변화를 고려할 때, 발생가능한 모든 위험상태를 법률에 포함시키고, 그에 적당한 결과를 결부시키는 것은 사실상 불가능하다. 따라서 개괄적 수권조항을 인정하지 않는다면, 국가의 위험방지업무체계에 중대한 흠결이 존재할 수

---

67) 이하의 내용은 주로 김남진/김연태, 행정법Ⅱ, 295쪽의 내용을 참고한 것이다.

밖에 없게 된다.[68]

  2) 개괄적 수권조항의 내용을 이루는 불확정 법개념(공공의 안녕, 질서, 위험 등)은 학설과 판례에 의하여 어느 정도 상세하게 정해질 수 있으므로, 개괄적 수권조항의 내용·목적 및 범위가 충분히 특정될 수 있다.

  3) 개괄적 수권조항에 근거하여 경찰권을 발동하는 경우에 적용될 법원칙(우리나라에서 말해지고 있는 경찰권의 조리상의 한계)이 충분히 발달되어 있다.[69]

  4) 개괄적 수권조항의 확대해석, 그에 근거한 경찰권 남용 등은 사법심사의 대상이 된다.


### (3) 판례

  우리나라의 대법원이 개괄적 수권조항에 근거한 경찰권 발동을 명시적으로 인정한 사례는 존재하지 않는다. 다만 개괄적 수권조항에 근거한 경찰권발동을 긍정하는 견해 중 일부가 창고를 주택으로 개축하는 것을 청원경찰관이 단속한 사례에 관한 이하의 판례를 자신들의 견해를 뒷받침하는 판례로 들고 있을 뿐이다.

  관련판례: 「청원경찰법 제3조는 청원경찰은 청원주와 배치된 기관, 시설 및 사업장 등의 구역을 관할하는 경찰서장의 감독을 받아 그 경비구역 내에 한하여 경찰관직무집행법에 의한 직무를 행한다고 정하고 있고, 한편 경찰관직무집행법 제2조에 의하면 경찰관은 범죄의 예방진압 및 수사, 경비·요인경호 및 대간첩작전수행, 치안정보의 수집·작성 및 배포, 교통의 단속과 위해의 방지, 기타 공공의 안녕과 질서의 유지 등을 그 직무의무로 하고 있는 터이므로 경상남도 양산군 도시과 단속요원으로 근무하고 있는 청원경찰관인 공소외 김창성 및 이성주가 … 허가 없이 창고를 주택으로 개축하는 것을 단속한 것은 그들의 정당한 직무집행에 속한다고 할 것이므로 이를 폭력으로 방해한 판시 소위를 공무집행방해죄로 다스린 원심조치는 정당하고 이에 소론과 같은 위법이 있다고 할 수 없다.」[70]

  이러한 사정은 헌법재판소 역시 마찬가지인데, 다만 서울특별시 서울광장의 통행 저지 행위(이른바 차벽설치)의 위헌성이 문제가 되었던 사건에서[71] 개괄적 수권조항에 근거한

---

68) 이러한 점을 강조하고 있는 것으로는 정하중, 행정법개론, 1108쪽.
69) 3)과 4)의 내용을 고려하면 법치주의적 관점에서 바라보아도 개괄적 수권조항에 근거한 경찰권 발동은 문제될 것이 없다.
70) 대법 1986. 1. 28. 선고 85도2488 판결.
71) 차벽설치와 관련하여 경찰권발동의 근거를 논하고 있는 것으로는 문병효, "경찰권발동의 근거와 한계에

경찰권 발동을 인정하는 소수의견이 개진된 바 있을 뿐이다.

「가. 이 사건 통행제지행위는 경찰관직무집행법 제5조 제2항에서 말하는 소요사태 진압을 위한 국가중요시설에 대한 접근 또는 통행제한에 해당하지 않을 뿐만 아니라, 법 제6조 제1항의 범죄 예방을 위한 사전 경고나, 범죄행위를 실행할 행위자에 대한 범죄행위의 제지로 볼 수도 없으므로, 위 조항들을 이 사건 통행제지행위의 법적인 근거로 삼기는 어렵다 할 것이다.

나. 이 사건 통행제지행위는 '공공의 안녕과 질서유지'를 위하여 일반시민의 공물에 대한 자유로운 이용행위를 제한한 것으로서, 경찰법 제3조 및 경찰관직무집행법 제2조에서 그 법적인 근거를 찾을 수 있다. ...... 경찰관직무집행법 제2조는 '직무의 범위'라는 제목하에 경찰관의 직무를 제1호 내지 제5호에 나열하고 있고, 그 중 제5호는 '기타 공공의 안녕과 질서유지'를 경찰관의 직무 내용의 하나로 규정하고 있는바, 위 조항들은 경찰의 임무 또는 경찰관의 직무에 관한 규정들이면서, 동시에 경찰의 임무의 하나로서 '기타 공공의 안녕과 질서유지'를 규정한 '일반적 수권조항'으로 해석할 수 있다.

다. 이러한 일반적 수권조항이 경찰권 발동의 법적인 근거가 되는지에 관하여 보건대, 복잡다기하고 변화가 많은 현대사회에서는 경찰권 발동의 요건이나 효과를 빠짐없이 개별적 수권조항으로 규정하는 것이 입법기술상 불가능한 점, ...... 오늘날에는 경찰소극목적의 원칙, 경찰공공의 원칙, 경찰비례의 원칙, 경찰책임의 원칙, 경찰평등의 원칙 등 경찰권 발동에 관한 조리상의 원칙이 충분히 발달되어 있어 일반적 수권조항이 남용될 우려가 크지 않은 점, 설령 일반적 수권조항의 확대 해석이나 이에 기한 권력남용이 발생하더라도 이는 법원에 의해 충분히 억제될 수 있다는 점 등에 비추어 보면, 일반적 수권조항 역시 경찰권 발동의 법적 근거가 된다고 봄이 상당하다.」[72]


## (4) 결어

개괄적 수권조항은 '공공의 안녕 또는 질서에 대한 위험'이라는 막연한 요건하에 경찰권을 발동할 수 있게 함으로써 일견 경찰권 발동이 남용될 소지를 제공하고 있는 것처럼 보인다. 그러나 개괄적 수권조항은 어디까지나 (개별적 수권조항이 없는 경우에) 제2차적·보

---

관한 소고(小考) – 차벽과 물포 사용 등 공권력 행사와 관련하여", 강원법학, 제48권, 2016, 275쪽 아래.
72) 헌재 2011. 6. 30. 선고 2009헌바406 결정, (이동흡/박한철 재판관의 반대의견). 한편 이처럼 서울광장통행 저지행위에 대한 헌법재판소의 결정에 있어 두 재판관의 반대의견이 있었음을 적시하면서, 동 결정을 통하여 헌법재판소는 "재판관들 사이에서 이 문제에 대한 엇갈린 의견을 가지고 있음을 노정시켰을 뿐이다"라는 평가가 행해지고 있기도 하다(김유환, 현대 행정법강의(제5판), 법문사, 2020, 680쪽).

충적으로만 적용되며, 또한 학설과 판례를 통하여 개괄적 수권조항의 내용·목적·범위가 충분히 상세화되고 그 의미도 분명해졌다. 따라서 불확정 법개념을 사용하고 있는 개괄적 수권조항에 근거하여 경찰권을 발동하는 것이 법치국가의 원칙, 특히 법률유보의 원칙에 반하는 것이라고 볼 수는 없다. 더욱이 입법보다 앞서가는 기술의 진보, 사회의 변화 및 위험발생상황의 다양성 등이 엄존함을 고려할 때 경찰법 이론에 있어 개괄적 수권조항이 포기될 수는 없다.[73]

## 2. 우리나라에서의 개괄적 수권조항

전술한 바와 같이 학설상으로는 개괄적 수권조항에 근거한 경찰권 발동을 긍정하는 것이 다수설이다. 그런데 이러한 다수설에 따르는 경우에도 우리나라의 현행법 가운데 과연 어떤 규정을 개괄적 수권조항으로 볼 것인지의 문제는 그대로 남아 있게 되는데, 이 문제와 관련하여서는 어느 것이 다수설이라고 할 수 없을 만큼 학설의 대립이 심각하다.

### (1) 「경찰관 직무집행법」 제2조를 개괄적 수권조항으로 보는 견해

「경찰관 직무집행법」 제2조, 그 가운데 특히 경찰의 직무 중 하나로 "그 밖에 공공의 안녕과 질서 유지"를 규정하고 있는 제7호를 우리나라에서의 개괄적 수권조항의 대표적 예로 보는 견해이다.[74] 이러한 견해는 그 논거로 과거 독일에서 「프로이센 일반란트법(Pr.ALR)」 상의 직무규범으로부터 개괄적 수권조항을 도출하기도 하였다는 역사적 측면을 들고 있으며,[75] 앞에서 소개한 대법원판례를 자신들의 입장을 받아들인 것으로 이해하고 있다.

그러나 「경찰관 직무집행법」 제2조, 특히 제7호를 개괄적 수권조항으로 보는 견해는 "경찰권을 발동하기 위해서 법적 근거를 요한다고 할 때, 그 법적 근거는 단순한 직무규범을 의미하는 것이 아니라 권한규범을 의미하는 것"이라는 통설의 내용과 배치된다. 왜냐하면 「경찰관 직무집행법」 제2조는 근본적으로 (권한규범이 아니라) 직무규범의 성격을 가지고 있을 뿐이기 때문이다. 또한 독일에서 프로이센 시대에 직무규범으로부터 권한규

---

73) 개괄적 수권조항에 근거한 경찰권 발동을 인정할 것인지 여부에 관한 일반적 설명에 관하여는 서정범, "경찰권발동의 근거 - 개괄적 수권조항을 중심으로", 중앙법학 제8권 제1호, 2006, 165쪽 아래; 송시강, "경찰작용과 법률유보 – 일반수권조항에 관한 논의의 재론(再論) –", 홍익법학 제18권 제1호, 2017, 555쪽 아래.
74) 김남진/김연태, 행정법Ⅱ, 295쪽; 하명호, 행정법(제3판), 박영사, 2019, 793쪽 등.
75) 특히 후자의 논거에 관한 설명으로는 정하중, "독일경찰법의 체계와 한국경찰관직무집행법의 개선방향 (상)," 사법행정 제35권 제2호, 1994, 10쪽 아래 참조.

범을 도출하였다는 역사적 배경을 「경찰관 직무집행법」 제2조 제7호를 개괄적 수권조항으로 보는 유일한 근거로 원용할 수는 없다.[76]

### (2) 「경찰관 직무집행법」 제5조 제1항을 개괄적 수권조항으로 보는 견해

「경찰관 직무집행법」 제5조 제1항을 개괄적 수권조항으로 보는 견해는 다음과 같은 것을 논거로 한다. 즉, 1) 「경찰관 직무집행법」 제5조 제1항이 "~ 조치를 할 수 있다"고 규정하여 권한규범의 형태를 취하고 있다는 것, 2) 경찰권 발동의 요건으로 '그 밖의 위험한 사태'와 같은 포괄적인 용어를 사용하고 있다는 것 그리고 3) 제3호에서 그러한 요건이 갖추어져 있는 경우에 '위해를 방지하기 위하여 필요하다고 인정되는 조치'를 취할 수 있다고 하여 경찰이 취할 수 있는 조치를 특정하고 있지 않다.

다만 「경찰관 직무집행법」 제5조 제1항을 독일식의 완벽한 개괄적 수권조항으로 볼 수는 없다. 왜냐하면 위 조항은 공공의 안녕 또는 질서라는 보호법익을 망라적으로 규율하고 있지 못하기 때문이다. 경찰이 보호대상으로 하는 공공의 안녕이라는 보호법익은 개인적 법익(개인의 생명·자유·재산 등)뿐만 아니라 사회적 법익(객관적인 성문의 법질서) 및 국가적 법익(국가의 제도·기능)이 침해받지 않고 있는 상태를 의미한다. 그런데 동 조항은 '사람의 생명 또는 신체에 위해를 끼치거나 재산에 중대한 손해를 끼칠 우려가 있는' 경우에만 경찰권발동을 인정함으로써 결과적으로 경찰권 발동을 개인적 법익에 대한 위험에만 국한시키고 있는데, 이것이 동 조항을 개괄적 수권조항으로 보는 것에 걸림돌이 되고 있다.

한편 이 같은 문제점은 이러한 견해를 주장하는 학자들 스스로가 잘 인식하고 있으며, 이들은 이 문제를 "개인적 법익에 대한 위험의 존재가 인정되는 때에 위해를 방지하기 위하여 필요하다고 인정되는 조치에 대한 수권규정을 사회적 법익이나 국가적 법익에 대한 위험이 존재하는 경우에도 유추할 수 있다"라는 설명을 통하여 유추의 방법으로 해결하려고 한다.[77] 그러나 경찰권의 발동은 그 직접적 상대방에 대해 침익적 효과를 가져 오는 것이 일반적이므로, 「경찰관 직무집행법」 제5조 제1항을 유추를 통하여 사회적 법익이나 국가적 법익에 대한 위험방지를 위한 경찰권 발동의 근거로 보는 것은 국민에게 불이익한 방향으로의 유추를 금지하는 행정법상의 원칙에 반하는 문제가 있다.

---

76) 같은 맥락에서 「경찰관 직무집행법」 제2조와 동일한 규정방식과 내용을 담고 있는 「국가경찰과 자치경찰의 조직 및 운영에 관한 법률」 제3조를 개괄적 수권조항으로 보는 견해 또한 받아들일 수 없음은 자명하다.
77) 이기우, "경찰작용법의 체계", 수사연구 1990년 2월호, 98쪽; 이기춘, "위험방지를 위한 협력의무로서 경찰책임의 귀속에 관한 연구", 고려대학교 박사학위논문, 2002, 43쪽; 홍준형, 경찰통합법에 관한 연구, 치안연구소연구보고서, 1997, 197쪽.

### (3) 「경찰관 직무집행법」제2조 제7호·제5조 제1항·제6조를 개괄적 수권조항으로 보는 견해

이 견해는 개인적 법익에 대한 위험의 존재가 인정되는 때에 위해를 방지하기 위하여 필요하다고 인정되는 조치에 대한 수권규정(「경찰관 직무집행법」제5조 제1항)이 개괄적 수권조항의 성격을 갖는 점은 인정하지만, 동 규정을 사회적 법익이나 국가적 법익에 대한 위험이 존재하는 경우에도 유추적용할 수는 없다는 인식을 논리적 기초로 삼고 있다. 그리고 그러한 인식에 기초하여 사회적 법익이나 국가적 법익에 대한 위험이 존재하는 경우에는 그러한 원인을 제공하는 행위가 1) 범죄를 구성할 가능성과 결부되는 경우에는 「경찰관 직무집행법」제6조를 또 하나의 개괄적 수권조항으로 보면서, 2) 범죄를 구성할 가능성이 없는 경우에는 불가피하게 「경찰관 직무집행법」제2조 제7호를 종국적 의미의 개괄적 수권조항으로 보고 있다. 한편 이러한 견해는 위의 설명방식에 착안하여 「경찰관 직무집행법」제2조 제7호를 제1의 개괄적 수권조항, 동법 제5조 제1항을 제2의 개괄적 수권조항, 동법 제6조를 제3의 개괄적 수권조항이라고 부른다.78)

이 견해는 「경찰관 직무집행법」제5조 제1항을 개괄적 수권조항으로 보는 견해가 갖고 있는 문제점에 효과적으로 대처하는 방안의 하나가 될 수 있다. 그러나 「경찰관 직무집행법」제2조 제7호를 종국적 의미의 개괄적 수권조항으로 보고 있는 점에서 전술한 「경찰관 직무집행법」제2조 제7호를 개괄적 수권조항으로 보는 견해에 대한 비판이 그대로 타당할 수 있다. 또한 이러한 견해는 「경찰관 직무집행법」제2조 제7호를 제1의 개괄적 수권조항, 동법 제5조 제1항을 제2의 개괄적 수권조항, 동법 제6조를 제3의 개괄적 수권조항이라고 부르고 있는데, 이러한 용어례는 그 자체가 개괄적 수권조항이란 의미와 완전히 부합하기 어려운 면이 있다.

### (4) 입법필요설

입법필요설은 개괄적 수권조항의 필요성은 인정하지만 현행법상 개괄적 수권조항은 인정되지 아니하며, 따라서 입법적으로 권한규범의 성격을 갖는 개괄적 수권조항을 두어 개괄적 수권조항이 필요한 현실에 대응하는 것이 요청된다는 것을 내용으로 한다.79)

---

78) 박정훈, 사권보호를 위한 경찰권발동의 연구 – 경찰공공의 원칙에 대한 비판적 검토—, 치안연구소 연구보고서, 2001, 22쪽 아래.
79) 박균성/김재광, 경찰행정법(제4판), 박영사, 2019, 182쪽; 홍정선, 신경찰행정법 입문(초판), 박영사, 2019, 111쪽.

그러나 이러한 견해는 독자적 학설로 보기 곤란한 문제가 있다. 왜냐하면 여기서의 논의는 개괄적 수권조항이 마련되기 전까지 어떤 조항을 해석론상 우리나라에서 개괄적 수권조항으로 볼 수 있는지에 관한 것이고, 입법론으로는 위에서 소개한 견해를 주장하는 학자들 모두 입법이 필요하다는 것에 동의하고 있기 때문이다. 뿐만 아니라 입법필요설은 실질적 관점에서 도저히 받아들일 수 없는 이론이다. 왜냐하면 입법필요설과 같이 현행법상 개괄적 수권조항은 없으며 따라서 입법이 필요하다라는 선에서 논의를 맺게 되면, (개괄적 수권조항이 입법화되기 전까지) 경찰기관이 취하는 조치 중 개별적 수권조항에 근거하지 않는 많은 조치들은 모두 법적 근거의 결여로 인하여 탈법의 영역에 방치되는 결과가 되어 버리기 때문이다.

## (5) 결어

전술한 바와 같이 입법필요설은 해석론상으로는 의미가 전혀 없다. 또한 어떠한 형태로든 직무규범인 「경찰관 직무집행법」 제2조 제7호를 개괄적 수권조항으로 보는 것은 법률유보의 원칙의 내용과 배치되어 받아들일 수 없다.[80] 따라서 일단 권한규범의 형태를 취하고 있는 「경찰관 직무집행법」 제5조 제1항을 개괄적 수권조항으로 고려할 수밖에 없다. 그러나 동법 제5조 제1항은 문언상 사회적 법익과 국가적 법익에 대한 위해방지를 위한 경찰권 발동의 근거가 될 수 없다는 문제를 안고 있다. 이러한 문제를 해결하기 위한 방법으로는 1) 동법 제5조 제1항의 유추를 통해 해결하는 방법과 2) 「경찰관 직무집행법」 제2조 제7호와 결합한 동법 제5조 제1항을 개괄적 수권조항으로 보는 방법[81]을 생각해 볼 수 있다. 그러나 1)의 방법은 국민에게 불이익한 유추를 금지하는 원칙에 반하며, 2)의 방법은 비록 '제5조 제1항과의 결합'을 강조하고 있기는 하지만 직무규범인 「경찰관 직무집행법」 제2조 제7호를 언급하고 있는 문제가 있다.

이러한 문제는 우리나라에는 독일식의 적확한 의미의 개괄적 수권조항은 존재하지 않기 때문에 발생한다.[82] 그런데 이러한 문제를 해결하기 위하여 지금까지 제시된 학설들이 모두 약간씩은 문제점을 안고 있다. 따라서 상대적으로 문제가 적은 학설을 택하고,

---

80) 동지: 홍정선, 신경찰행정법 입문, 110쪽.
81) 이러한 입장을 대표하는 견해로는 손재영, "경찰법상의 개괄적 수권조항", 법학논고 제31집, 2009, 523쪽 아래.
82) 독일의 경찰법에 규정되어 있는 개괄적 수권조항의 의미와 그것이 주는 시사점에 관하여 자세한 것은 이기춘, "우리나라에의 경찰법독일경찰질서법상 개괄적 수권조항 혹은 경찰일반조항의 고찰과 시사점의 도출", 법학연구 제59권 제1호, 2018, 201쪽 아래.

해당 학설이 안고 있는 문제점을 최소화하는 이론을 가지고 문제점을 보완하는 방식에 의할 수밖에 없을 것이다.

## 제2절 경찰권 발동의 요건

개괄적 수권조항에 근거하여 경찰권을 발동하기 위한 요건으로는 '공공의 안녕 또는 질서에 대한 위해(위험과 장해)'의 존재를 들 수 있는바, 이하에서 그들 요건에 관하여 상세히 알아보기로 한다.[83]

## Ⅰ. 공공의 안녕

### 1. 개설 - 공공의 안녕의 의의

경찰법에서 공공의 안녕(öffentliche Sicherheit)이란 종래 「개인의 생명·신체(건강)·명예·자유·재산과 같은 주관적 권리와 법익, 객관적인 성문의 법질서, 국가의 존속·국가 및 그 밖의 공권력주체의 제도 및 행사가 아무런 장해도 받고 있지 않은 상태」를 의미하는 것으로 이해되어 왔다.[84] 즉, 공공의 안녕의 개념은 다음과 같은 3가지 요소로 구성되어 있다: (1) 개인의 주관적 권리와 법익, (2) 객관적 법질서, (3) 국가의 존속, 국가 및 그 밖의 공권력주체의 제도와 행사(국가적 법익).[85]

한편 경찰은 공공의 안녕 이외에 공공의 질서(öffentliche Ordnung)를 보호법익으로 하는바,[86] 종래의 경찰행정법 이론은 이들 양 개념은 부가적으로(additiv/kumulativ) 적용되는

---

83) 개별적 수권조항에 근거하여 경찰권을 발동하는 경우 그 요건은 개별적 수권조항에 정하여져 있으며, 따라서 필요한 경우 해당 조항을 살펴보면 될 일이다. 이런 이유로 여기에서는 개괄적 수권조항에 근거한 경찰권 발동의 요건의 문제에 대해서만 언급하기로 한다.

84) 다만 이들 3가지 보호법익(에 대한 침해)은 중첩되는 경우가 많다. 예컨대 신체에 대한 상해가 있게 되면 개인의 주관적 법익의 불가침성만이 문제되는 것이 아니라 객관적 법질서의 불가침성도 문제가 된다. 왜냐하면 이 경우에 있어 상해를 가하는 행위는 형법 제257조의 상해죄의 구성요건을 충족하게 되기 때문이다.

85) 공공의 안녕의 개념을 둘러싼 일반적 논의에 관하여는 서정범, "경찰법에 있어서의 공공의 안녕의 개념", 공법학연구 제9권 제2호, 2008, 331쪽 아래; 이호용, "독일경찰법상 '경찰' 및 '공공의 안녕'의 개념의 역사적 전개에 관한 연구", 치안정책연구, 제23호, 2009, 1쪽 아래.

86) 경찰법의 보호법익에 관한 논의 전반에 관하여는 손재영, "경찰법상의 보호법익,"법학논고 제36집, 2011, 323쪽 아래; Schoch, "Die Schützgüter der polizei─ und ordnungsrechtlichen Generalklausel", Jura

것이 아니라 '양자택일적으로(alternativ)' 적용되어야 한다는 점을 강조하여 왔다. 이는 개괄적 수권조항에 근거하여 경찰권을 발동하기 위하여서는 단지 공공의 안녕 '또는' 공공의 질서에 대한 위험이 존재하는 것으로 충분하다는 것을 의미한다.[87] 이하에서 '공공의 안녕'이란 개념의 요소들에 관하여 상설하기로 한다.

## 2. 개인의 주관적 권리와 법익

### (1) 개인의 주관적 권리와 법익 개관

개인의 주관적 권리와 법익이란 인간의 작위·부작위, 동물, 자연현상에 의하여 위협을 받는 개인적 이익(예: 생명·건강·자유·재산·명예 등)을 말한다. 헌법상의 기본권, 특히 제3자에 의한 침해로부터 보호되어야 할 기본권(예: 집회의 자유 등) 또한 이에 속한다. 한편 여기서의 개인의 주관적 권리와 법익에는 공법에 의하여 인정되는 법익은 물론이고, 사법에 의하여 보호되는 법익 또한 포함된다.[88]

이처럼 개인의 주관적 권리와 법익이 공공의 안녕의 일부를 형성하고 있다는 사실은 경찰은 공중에 대한 위험뿐만 아니라 개인에 대한 위험도 방지하여야 한다는 것, 나아가 개인의 주관적 권리와 법익의 보호야말로 경찰의 책무 중에서도 가장 중요한 것임을 의미한다.[89]

### (2) 사권보호를 위한 경찰개입의 제한

공공의 안녕에 대한 위험방지를 임무로 하는 경찰이 개인의 주관적 권리와 법익의 보호를 위하여 경찰권을 발동할 수 있다는 것은 의문의 여지가 없다. 그러나 개인의 주관적 권리와 법익의 보호를 위하여 경찰이 개입하는 것이 제한을 받는 경우도 있을 수 있는바, 그러한 제한이 가해지는 방식에는 1) 보충성의 원칙(Subsidiaritätsprinzip)에 따른 제한과 2) 자초위해(自招危害, Selbstgefährdung)에 있어서의 제한의 두 유형이 있다.

---

2003, 177 ff.; Waechter, "Die Schützgüter des Polizeirechts", NVwZ 1997, 729 ff.

87) 한편 경찰의 개입을 허용하는 위험상황이 공공의 안녕 '또는' 공공의 질서에 대한 위험이라고는 하지만, 실제로는 양자 중에서 공공의 안녕에 대한 위험의 방지가 양적으로나 질적으로나 훨씬 더 중요하다.

88) Kugelmann, Polizei- und Ordnungsrecht, 5. Kap. Rn. 36; Götz/Geis, Allgemeines Polizei- und Ordnungsrecht, § 2 Rn. 18.

89) 이러한 점을 강조한 것으로는 Kugelmann, Polizei- und Ordnungsrecht, Kap. 1 Rn. 1; Martens, Der "Schutz des einzelnen im Polizei- und Ordnungsrecht", DÖV 1976, 457 ff.

(가) 보충성의 원칙에 따른 제한: 개인의 주관적 권리와 법익의 보호를 위하여 경찰이 개입하는 것이 제한을 받는 첫 번째 유형으로 보충성의 원칙에 따른 제한이 있다. 여기서 보충성의 원칙이란 「사법상의 권리의 보호와 사인간의 법적 분쟁의 해결은 원칙적으로 경찰의 직무에 속하지 않는다. 따라서 경찰은 법원에 의한 보호가 적시에 행하여질 수 없고 경찰의 개입이 없이는 그 권리의 실현이 불가능하거나 현저하게 곤란한 경우에만 사법상의 권리와 이익을 보호할 권한을 갖게 된다」는 것을 말한다. 이처럼 경찰이 사법상의 권리 등을 보호함에 있어 보충성의 원칙이 적용된다는 것은 가장 신속한 민사소송상의 권리구제(예: 가처분 또는 가압류)보다도 경찰에 의한 보호가 신속한 경우에만 경찰이 사권의 보호를 위하여 개입할 수 있다는 것을 의미한다. 물론 보충성의 원칙 하에서도 일정한 경우 경찰이 사권의 보호를 위하여 개입할 수 있는바, 경찰이 사권의 보호를 위하여 개입하기 위한 전제조건으로는 다음과 같은 것이 있다.

첫째, 법원에 의한 보호가 적시에 행하여질 수 없고 경찰의 개입이 없이는 그 권리의 실현이 불가능하거나 현저하게 곤란할 것[90]

둘째, 근래 들어 사권보호를 위한 경찰 개입의 전제조건으로 권리자의 신청(또는 적어도 동의)가 있어야 한다는 점이 강조되고 있으며,[91] 그 밖에 사권보호를 위한 경찰 개입의 전제조건으로 "주장되는 청구는 증명되어야 한다"는 것을 들고 있는 입장도 있다.

한편 이러한 요건이 충족된 경우라 하더라도 경찰은 증명된 청구를 종국적으로 규율할 수는 없고, 단지 권리의 보호를 위한 '잠정적인' 조치를 취할 수 있을 뿐이라는 것을 유의하여야 한다.

이상의 설명을 토대로 하면 결국 사권의 보호를 위한 경찰개입의 가능성 여부는 다음과 같이 도표화할 수 있다.

---

90) 긴급히 자동차를 운행해야 하는 토지소유권자의 차고의 출구를 다른 승용차가 가로막고 있어서 토지소유권자가 자신의 권리를 민법적으로 구제받기 어려워 경찰이 그 승용차를 견인하는 경우.
91) Pieroth/Schlink/Kniesel, Polizei – und Ordnungsrecht, Rn. 47. 한편 독일의 경우 많은 주의 경찰법이 이러한 내용을 명문으로 규정하고 있다(§ 2 Abs. 2 PolG BW; HessSOG § 1 Abs. 3; SächsPolG § 2 Abs. 2 usw.).

**▮사권보호를 위한 경찰의 개입 가능성 여부**

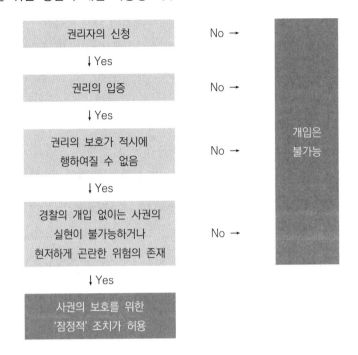

(나) 자초위해에 있어서의 제한: 맹수의 사육, 자동차경주에의 참여, 번지점프, 행글라이딩, 등산, 흡연 등의 경우에서 볼 수 있는 것처럼 개인은 사회적으로 상당한 위험을 무릅쓰면서 자신의 법익에 위해를 가할 수 있는데, 이로 인하여 발생하는 위해을 자초위해(自招危害, Selbstgefährdung)라고 한다. 자초위해의 경우에는 위해방지를 위하여 경찰이 개입하는 것은 원칙적으로 허용될 수 없다. 왜냐하면 개인이 자신의 법익에 스스로 위해를 가할 수 있다는 것 또한 일반적인 행위의 자유(Handlungsfreiheit)의 표현이며, 따라서 헌법이 보호하고 있는 자유의 영역으로 인정되어야 하기 때문이다. 그러나 일반적인 행위의 자유는 일정한 요건 하에서만 존중되는 것이다. 따라서 그러한 요건을 충족하지 못하는 경우에는 자초위해를 방지하기 위하여 경찰이 개입하는 것이 허용될 수도 있는바, 이와 관련하여서는 다음과 같은 점이 고려되어야 한다.

첫째, 자기 자신의 법익에 위해를 가할 수 있는 자기결정의 자유는 그것이 스스로 위해를 가하는 개인의 자유로운 의사에 기한 것일 때에만, 즉 위험이 존재한다는 것을 개인이 인식하고 있을 때에만 인정될 수 있다. 따라서 스스로 위해를 가하는 개인이 자유로운 의사결정을 할 수 없는 정신상태에 있어서 그러한 위험의 존재를 인식하지 못하고 있는 경우에까지(예: 유아, 정신병자, 만취자, 마약중독자) 자기결정의 자유를 존중하여야만 하는 것은 아니다. 따라서 그러한 경우에는 관계인의 의사에 반하여 경찰이 개입할 것이 요구된다.

둘째, 자기 자신의 법익에 위해를 가할 수 있는 자기결정의 자유는 '전적으로 자기 자신에 대한 위해를 초래할 뿐인 경우에만' 존중된다. 이에 반하여 만일 자초위해에 의하여 제3자의 법익이 침해될 위험에 처하게 되는 경우, 즉 자초위해가 공중이나 제3자에 대한 파급효(Ausstrahlungswirkung)를 갖는 경우에는 공공의 안녕에 대한 위험이 존재하며, 따라서 그에 대한 경찰의 개입이 정당화될 수 있다.[92]

결론적으로 자초위해는 스스로 위해를 가하는 개인이 실제로 자유로운 의사결정을 할 수 있는 상태에 있고, 그로 인하여 제3자의 법익이 침해될 위험이 존재하지 않을 때에 한하여 일반적인 행위의 자유의 표현으로서 인정될 수 있다.


### (3) 자초위해와 관련된 특수문제

1) 자살시도: 자초위해와 관련하여 가장 문제시되는 것은 자살을 시도하는 경우에 경찰이 개입할 수 있는지 여부에 관한 것이다. 물론 자살 시도가 동시에 제3자에게도 위험을 가하는 경우라면 당연히 경찰의 개입이 긍정된다. 따라서 자살시도에의 경찰의 개입가능성에 관한 문제를 논의할 실익은 자살시도가 전적으로 자기 자신의 생명만 박탈할 뿐, 제3자에 대한 위험을 초래하지는 않는 경우에 존재한다.

이 문제에 대하여는 (가) 생명이라는 고차원의 법익을 고려할 때 자살이 비밀리에 행하여지는 경우에도 자살시도 그 자체를 공공의 안녕에 대한 위험으로 보아야 하며, 따라서 경찰은 자살시도에 대하여 일반적인 개입의무를 갖는다는 견해[93]와 (나) 개인은 자신의 책임하에 일정한 행위를 할 결정권(여기서는 자살권)을 갖는다는 것을 고려하여 경찰은 자살의 시도가 공중이 보는 앞에서 행해질 때에만 개입할 수 있다는 견해[94]가 대립하고 있다.

적어도 자살을 자유로운 인격의 발현이라고 할 수는 없으며, 따라서 자신의 생명에 대한 처분권을 의미하는 자살을 할 권리가 헌법상의 자유로운 인격발현의 권리로부터 도출된다고 볼 수는 없다. 왜냐하면 자살을 시도하는 사람이 심리적으로 극히 비정상적인 상

---

92) 한편 공중이나 제3자에 대한 파급효를 가짐으로 인하여 경찰의 개입이 정당화되는 자초위해의 예에 관하여는 Götz/Geis, Allgemeines Polizei – und Ordnungsrecht, § 4 Rn. 28; Würtenberger/Heckmann/Tanneberger, Polizeirecht in Baden–Württemberg, Rn. 401.

93) Drews/Wacke/Vogel/Martens, Gefahrenabwehr, S.230; Götz/Geis, Allgemeines Polizei – und Ordnungsrecht, Rn. 32; Kugelmann, Polizei – und Ordnungsrecht, Rn. 64; Pieroth/Schlink/ Kniesel, Polizei – und Ordnungsrecht, Rn. 31.

94) Erbguth/Mann/Schubert, Besonderes Verwaltungsrecht: Kommunalrecht, Polizei – und Ordnungsrecht, Baurecht, 13. Aufl., 2020, Rn. 449.

태에 있거나 극도의 절망감에 빠져 있기 때문에 자살에 대한 자유롭고 자주적인 결정이 있었다고 보기 어렵기 때문이다.[95]

2) 안락사(安樂死): 안락사에 대한 경찰의 개입가능성 문제는 적극적 안락사의 경우와 소극적 안락사의 경우를 나누어 고찰할 필요가 있다.

첫째, 적극적 행위를 통해 죽음을 인위적으로 앞당기는 적극적 안락사(aktive Sterbehilfe)에 대한 경찰의 개입가능성에 대하여는 견해의 대립이 있기는 하나 종래 긍정적으로 보는 견해가 유력하였다.[96]

둘째, 의학적으로 생명연장조치를 포기하는 것(예: 생명을 유지시켜주는 기구를 떼어내는 것)을 의미하는 소극적 안락사(passive Sterbehilfe)는 적극적 안락사와는 달리 판단되어야 한다. 즉, 소극적 안락사는 법적으로 중요한 환자의 의사결정의 대상이 될 수 있다고 보아야 할 것이며, 따라서 경찰의 개입의무를 인정하기 곤란하다.[97]

# 3. 객관적 법질서

## (1) 개설

오늘날의 경찰행정법 이론에 따르면 객관적 법질서의 보호 또한 경찰의 위험방지 직무에 속하며, 이 한도에서 객관적 법질서는 공공의 안녕의 구성요소를 이룬다. 물론, 이에 대하여는 "경찰의 직무인 위험방지는 법익을 보호하는 것이지, 법규범을 보호하는 것은 아니므로 법질서에 대한 불가침은 공공의 안녕의 보호이익이 아니다"라는 의문이 제기되기도 하였다.[98] 그러나 국가적 공동체 내에서 인간의 공동생활의 질서와 형성에 관한 입법기관의 구속적 의사는 법규범 전체에 나타나며, 그 결과 법규범은 그 자체로서 국가의 제도라고 할 것이므로 법규범을 위반한 자는 국가의 의사를 부정한 것으로서 공공의 안

---

95) 또한 (실무적 문제로) 구체적 경우에 있어서 경찰이 분신자살을 행하는 자 또는 손에 독약을 들고 있는 환자가 그러한 행위에 앞서 자유롭고 자주적인 결정을 하였는지 여부를 판단할 수 없는 경우가 대부분이라는 점 또한 이 문제에 대한 고찰을 행함에 있어 고려되어야 한다는 점이 지적되기도 한다(Denninger, in: Lisken/Denninger, Handbuch des Polizeirechts, E. Rn. 22).

96) 다만 독일의 경우 연방 헌법재판소가 2020년 2월 26일에 자살을 업무적으로 도와주는 것을 처벌하는 것을 내용으로 하는 독일형법 제217조를 위헌이라고 판결하였는데, 이러한 판결이 경찰행정법 이론에 어떠한 영향을 미치게 될지는 조금 더 지켜봐야 할 것이다.

97) 소극적 안락사에 대한 우리나라의 법원의 입장에 관하여는 대법 2009. 5. 21. 선고 2009다17417 판결 참조.

98) Olidiges, Polizeirecht, in: Grimm/Papier, Nordrheinwestfälisches Staats— und Verwaltungsrecht, 1986, S. 252.

녕에 대한 위험을 가져오게 된다. 따라서 전체로서의 객관적 법질서는 공공의 안녕의 구성요소로 보는 것이 타당하다고 생각된다.[99]

## (2) 객관적 법질서를 구성하고 있는 중요규범

공공의 안녕의 구성요소를 이루는 객관적 법질서에는 원칙적으로 모든 성문의 법규범이 속한다. 따라서 성문의 법규범에 위반하는 행위는 곧 공공의 안녕을 침해하는 행위이며, 따라서 그에 대한 경찰의 개입을 정당화시킨다. 한편 여기서의 성문의 법규범은 헌법, 법률, 법규명령 및 조례를 포괄하지만, (법규의 성질을 갖지 못하는[100])단순한 행정규칙은 여기서의 성문의 법규범에 속하지 않는다. 또한 모든 성문의 법규범에는 공법규범뿐만 아니라 사법규범도 포함된다. 객관적 법질서를 구성하고 있는 중요규범으로는 다음과 같은 것이 있다.

1) 형법: 공공의 안녕을 유지하기 위한 경찰의 활동 중에서 특히 중요한 영역이 형법질서에의 충돌을 방지하는 것이다. 따라서 객관적으로 형법상의 구성요건을 충족하는 모든 행위가 공공의 안녕을 해치게 된다는 것은 의문의 여지가 없다. 즉, 형법규범에 위반하게 되면 언제나 공공의 안녕에 대한 위험이 존재하는 것이며, 경찰은 그에 개입할 수 있게 된다.

물론 예외적으로 정당방위나 긴급피난과 같은 정당화사유가 존재하는 경우에는 객관적 법질서에 대한 침해가 존재하지 않는 것이 되어 공공의 안녕을 해치지 않는다. 이에 반하여 범죄성립의 주관적 요건(고의, 과실)이 충족되어야만 경찰이 개입할 수 있는 것은 아니며, 또한 친고죄의 경우에도 고소가 있어야만 경찰이 개입할 수 있는 것도 아니다.

2) 행정법규범: 행정법규범 중 특히 명령규범이나 금지규범에 위반하게 되면 공공의 안녕에 대한 장해가 존재하는 것이고, 따라서 그에 대한 경찰권발동이 가능하다. 그러나 행정법상의 절차규정이나 형식규정 또는 행정상 강제집행에 관한 규정을 위반하는 것만으로는 공공의 안녕에 대한 침해가 존재한다고 볼 수 없다. 왜냐하면 이러한 절차규정이나 형식규정들은 행정기관과 그 기관의 행위를 규율하는 것으로서 일반 국민의 행위로 인하여 침해될 수 있는 것이 아니기 때문이다.

---

99) 동지: Drews/Wacke/Vogel/Martens, Gefahrenabwehr, S. 236. 한편 공공의 안녕의 개념에 객관적 법질서가 포함됨을 명문으로 규정하고 있는 입법례도 있는바, 브레멘 경찰행정법(Brem. PolG) 제2조 제2호가 그 대표적 예에 해당한다.

100) 여기서 법규가 갖는 의미, 법규명령과 행정규칙의 차이점 등에 대하여는 서정범/박상희/김용주, 일반행정법, 107쪽 아래 참조.

3) 경찰명령이나 지방자치단체의 조례: 경찰명령(Polizeiverordnung)이나 지방자치단체의 조례가 명령이나 금지를 내용으로 하는 경우, 그에 위반하게 되는 경우 경찰처분(Polizeiverfügung)101)에 의하여 제거될 수 있는 공공의 안녕에 대한 장해가 존재하는 것이 된다.

## 4. 국가의 존속, 국가 및 그 밖의 공권력주체의 제도 등

### (1) 개설

국가와 그의 제도 등의 보호를 공공의 안녕의 구성요소로 보는 경우 국가의 보호를 위하여 경찰이(즉, 국가가) 개인의 권리를 침해하는 결과를 가져오게 됨으로써 자칫 반민주적인 관헌국가(官憲國家, Obrigkeitsstaat)적 사고의 부활을 초래하게 될 위험이 있다. 그러나 그러한 위험은 국가와 그의 제도 등에 대한 보호는 법률로 규율되는 정도를 넘어서서까지 행해지지 않도록 함으로써 제거될 수 있다고 생각되므로, 이를 공공의 안녕의 구성요소로 보는 것은 별다른 문제는 없다고 생각된다.

### (2) 국가의 존속, 국가 및 그 밖의 공권력주체의 제도 등의 내용

1) 국가의 존속: 국가의 존속이란 '영토의 불가침성'과 '국가의 정치적 독립성'을 의미한다. 다만 개인으로서의 국민이 국가의 존속을 위협할 가능성은 사실상 극히 제한되어 있는 것이 사실이다.

2) 국가의 제도(기능): 공공의 안녕의 요소를 이루는 국가의 제도에는 의회, 정부, 법원, 행정청(경찰행정청을 포함한다), 대사, 영사, 영조물 등이 속한다(협의의 국가의 제도). 한편 국가의 제도에는 협의의 그것 이외에 소위 집합적 법익(kollektive Rechtsgüter)이 포함된다. 여기서 집합적 법익이란 (공중과의 관련하에) 국가적으로 조직된 공동체에서의 생활을 고려할 때 그의 보호가 요구되는 법익을 말하는바, 집합적 법익은 그 정의에서 볼 수 있듯이 개인적 보호이익의 단순한 합계와는 구분된다. 이러한 집합적 법익의 예로는 수도의 공급, 오염된 토지의 인인보호 및 자연경관의 보호 등을 들 수 있다.

3) 국가적 행사: 국가적 행사란 국가와 그 밖의 공권력주체가 행하는 각종의 행위를 포

---

101) 여기서 경찰명령이란 경찰행정청이 그의 직무를 수행하기 위하여 발한 법규명령을 말하며, 경찰처분이란 경찰상의 행정행위 가운데 상대방에게 의무를 부과하거나 불이익을 과하는 것을 말한다.

괄한다. 국가주최의 만찬, 국빈방문, 국장(國葬), 관공서의 일반공개행사, 군대의 기동훈련 등이 이에 속한다.

### (3) 기본권과의 관계

개인이 자신의 기본권을 적법하게 행사하는 경우라면, 설혹 그로 인하여 국가 등의 기능 또는 행사에 위험의 문제가 발생하는 경우라 할지라도 경찰이 개입할 수는 없다. 따라서 국가제도와 국가기관에 대한 비판은 공공의 안녕과는 아무런 관련이 없다. 왜냐하면 비판의 자유는 일반적인 의사표현의 자유의 일부를 이루고, 따라서 헌법상의 표현의 자유에 의하여 보장되기 때문이다.[102] 물론 표현의 자유에 의하여 국가적 기관에 대한 자의적인 물리력의 행사, 즉 사람이나 물건에 대한 폭력행사, 불법점거까지 정당화되는 것은 아니다.

## II. 공공의 질서

## 1. 공공의 질서의 개념

공공의 질서(öffentliche Ordnung)란 「그때그때의 지배적인 (헌법상의 가치척도에 따른) 윤리관·가치관에 따를 때 그를 준수하는 것이 인간의 원만한 공동생활을 위한 불가결의 전제조건이라고 간주되는, 공중 속에서 인간의 행위에 대한 불문규율의 총체」를 의미한다.[103]
공공의 질서 개념의 특색은 그 개념의 충족 여부가 사회적인 가치판단, 이른바 사회규범에 의존하고 있다는 점에서 찾아볼 수 있는바, 그 결과 공공의 질서 개념의 충족 여부가 주관적으로 결정되는 문제가 있다. 실제로 동일 내지 유사한 사안에 관한 판단에 있어 때로는 상이한 결론에 도달하기도 하는데, 이러한 사정을 잘 나타내 주는 것이 소위 서바이벌게임(Laserdrome)에 관한 판례이다. 즉, 독일의 경우 뮌스터 상급행정법원(OVG Münster)이 시뮬레이션된 살인행위를 통하여 오락을 제공한다는 것을 이유로 살인행위를 시뮬레이션한 서바이벌게임을 공공의 질서에 반하는 것으로 판시한 것[104]과 달리, 뮌헨

---

102) Götz/Geis, Allgemeines Polizei- und Ordnungsrecht,§ 2 Rn. 41; Schenke, Polizei- und Ordnungsrecht, Rn. 61.
103) 공공의 질서의 개념에 관하여 상세한 것은 서정범, "경찰법에 있어서의 공공의 질서의 개념 - 성도덕에 관한 실증적 사례분석을 토대로 하여", 경찰학연구 제8권, 2005, 8쪽 아래; Baumann, Die öffentliche Ordnung im Polizei- und Ordnungsrecht, DVP 2008, 450 ff.

상급행정법원(VGH München)은 그를 공공의 질서에 반하지 않는 것으로 판시한 바 있는 것이다.[105]

## 2. 공공의 질서 개념의 구성요소

### (1) 공중 속에서의 행위

공공의 질서는 '공중 속에서의 개인의 외부적 행위'를 전제조건으로 한다. 따라서 그의 대상은 단지 행위 또는 상태일 뿐이며, 신념·사상·견해·의도 등은 그것이 외부에 표시되지 않는 한, 공공의 질서의 대상은 되지 않는다.

### (2) 불문(不文)의 행위규율

불문의 행위규율만이 공공의 질서에 속한다. 즉, 공공의 질서 개념의 요소를 이루는 행위규율에서는 국가가 규정한 법규범이 문제가 되는 것이 아니라 공동체의 가치관에 근거한 사회규범이 문제가 된다. 따라서 성문의 법규범이 문제가 되는 경우에는 공공의 안녕이 관련될 뿐이다.

한편 불문의 행위규율 가운데에서도 그를 준수하는 것이 인간의 원만한 공동생활을 위하여 불가결한 것으로 간주되는 행위규율만이 공공의 질서개념을 충족시킨다.

### (3) 지배적 가치관

공공의 질서 개념에 있어서 가장 핵심적인 요소는 전술한 가치관이 명백히 지배적인 다수의 국민에 의해 받아들여져야 한다는 것이다. 만일 다수의 존재가 분명하게 밝혀질 수 없다면 공공의 질서는 위협을 받는 것이 아니다. 따라서 특정한 문제에 관하여 상당수의 소수가 다른 가치관을 갖고 있다면, 공공의 질서에 대한 침해의 문제는 발생하지 않는다.

한편 경찰은 어떠한 경우에도 공공의 질서의 척도가 되는 가치관을 스스로 형성하거나 경찰 고유의 판단기준을 개발하여서는 아니 되며, 단지 확인하여야 할 뿐이다. 따라서 어떤 특수문제에 대한 지배적인 견해가 분명하지 않아 다투어지고 있는 경우에는, 경찰은

---

104) OVG Münster, DÖV 1995, 1004.
105) VGH München, GewArch 1994, 376.

그것을 증거불충분(non liquet)의 상태에 남겨두어야 한다. 즉, 이 경우에 경찰은 공공의 질서라는 이름하에 개입하여서는 아니 된다.

## 3. 공공의 질서 개념의 가변성

### (1) 공공의 질서 개념의 시간적 구속성

공공의 질서를 형성하고 있는 가치관은 정적인 것이 아니고, '시간의 흐름'에 따라 변화하는 가변적인 성격을 갖는데, 이를 공공의 질서 개념의 '시간적 구속성(Zeitbedingtheit)'이라고 한다. 한편 이 같은 가치관의 변화는 자동적으로 이루어지는 것이 아니라, 오히려 현행법 안에 구체화되어 있다. 따라서 적어도 실정법에 저촉되는 가치는 공공의 질서의 구성요소가 될 수 없으며, 그러한 의미에서 공공의 질서의 가치척도는 무엇보다도 현행 헌법에서 찾아야 한다.

한편 공공의 질서를 형성하는 가치판단이 구체적인 때(상황)에 따라 달라질 수도 있다. 예컨대 비키니를 입는 것이 사육제(謝肉祭, Carnival) 기간 중에는 문제될 것이 없으나, 종교적 예식이 진행되는 동안에는 참석자의 감정을 상하게 할 가능성이 있으며, 그 결과 공공의 질서에 반하게 될 수도 있는 것이다.[106]

### (2) 공공의 질서 개념의 장소적 구속성

공공의 질서를 형성하고 있는 가치관은 지역에 따라서 (예컨대 대도시와 농촌지역에 따라서) 달리 나타날 수도 있는데, 이를 공공의 질서 개념의 장소적 구속성이라고 한다. 예컨대 집창촌의 경우 대도시의 환락가에서는 일상적인 것으로서 공공의 질서에 반하는 것이라고 단언하기 곤란한 반면, 농촌에서는 주민의 지배적 가치관을 해치어 공공의 질서에 대한 장해가 될 수도 있다. 이는 지역에 따른 가치관의 상이성을 잘 나타내고 있다고 할 것이다. 다만 교통의 발전, 영화나 텔레비전과 같은 대중매체의 영향으로 (특히 도시와 농촌 간의) 상이한 지역적 가치관이 점차적으로 같아지는 형상이 나타나고 있다.[107]

한편 장소적 구속성의 문제는 같은 도시나 농촌 안에서도 존재할 수 있다. 즉, 같은 도

---

106) 이러한 문제를 명확하게 지적하고 있는 것으로는 Schmidbauer/Steiner/Roese, Kommentar zum Bayerischen Polizeiaufgabebgesetz, 1999, Art 11 Rn. 75.
107) Drews/Wacke/Vogel/Martens, Gefahrenabwehr, S.249.

시 안에서도 폭력적 영화의 선전에 대한 가치판단은 환락가에서와 유치원 주변구역에 따라 달라질 수 있는 것이다.

## 4. 공공의 질서 개념의 존재의의

오늘날에도 공공의 질서라는 보호이익의 정당성을 인정할 수 있는지, 즉 공공의 질서라는 개념이 여전히 존재의의를 갖고 그대로 유지될 수 있는지에 관하여는 학설이 첨예하게 대립하고 있다. 한편 ─ 그 구체적 내용에 있어서는 논자에 따라 조금씩 차이가 있기는 하지만 ─ 그러한 학설의 대립은 크게 다음과 같이 나누어 볼 수 있다. 즉, (1) 공공의 질서 개념 비판론, (2) 공공의 질서 개념 옹호론 그리고 (3) 근래에 새로이 등장한 공공의 질서 개념 자체의 재설정 필요론.

### (1) 공공의 질서 개념 비판론[108]

1) 사실적 관점에서 ─ 과도한 규율의 문제: 오늘날 인간의 생활관계의 대부분이 개별법규에 의하여 규율되고 있으므로 공공의 질서에 대한 위험에 대해 경찰이 개입할 필요성은 거의 존재하지 않는다. 즉, 「경범죄처벌법」이나 「가정의례에 관한 법률」 등에서 볼 수 있듯이 국민의 세세한 활동까지 법률로 규율되고 있는 현실을 고려할 때, 공공의 안녕 조항에 의하여 포섭되지 않음으로 인하여 공공의 질서조항이 적용될 여지는 거의 없다.

2) 헌법이론적 관점에서 ─ 불가능의 문제: 공공의 질서라는 개념은 실정법에 규정되어 있지도 않은 사회적 가치관을 고려하고 있다는 점, 즉 실제로 확인되기 곤란한 가치관을 통하여 헌법적으로 보장되는 기본권(행위의 자유)에 대한 제한을 가져온다는 점에서 문제점을 안고 있다. 더욱이 다른 생각이나 행동을 받아들일 것이 요구되는 다원적(多元的) 민주주의 국가에서는 단일의 가치관이 더 이상 존재하기 어렵다. 즉, 다원적 민주주의 국가에서는 필연적으로 상이한 가치관이 존재할 수밖에 없다. 그리고 이처럼 사회규범과 가치관의 다양성이 헌법적으로 보장된다면, 국가라고 하여 단일의 가치관을 강제할 수는 없는 것이다.

3) 헌법적 관점에서 ─ 위헌의 문제: 공공의 질서의 개념은 그러한 질서의 존재의 확인을 위한 기준이 명확히 확인되지 않으므로 헌법상 요구되는 명확성이 결여되어 있으며,

---

108) 이하의 설명은 공공의 질서 개념에 대하여 다양하게 제기되어 온 비판론을 가장 체계적으로 잘 설명하고 있는 Gusy 교수의 설명방법에 따른 것임을 밝혀 둔다(Vgl. Gusy, Polizeirecht, Rn. 99).

그 결과 공공의 질서의 개념은 법치주의에 반할 소지를 안고 있다.[109]


## (2) 공공의 질서 개념 옹호론

공공의 질서 개념에 대한 비판론에도 불구하고, 오늘날에도 공공의 질서개념의 존재를 인정하여야 할 필요성이 있음을 강조하는 공공의 질서 개념 옹호론 또한 여전히 존재하고 있는데, 그 논거는 다음과 같다.

1) 입법 현실의 간과: 공공의 질서 개념 비판론은 사회적·윤리적 가치관은 이것이 법률에 규정될 때에만 구속력을 갖는다는 점을 그 논거로 삼고 있다. 그러나 이러한 견해는 너무 나아간 견해로서, 논리적 모순을 안고 있다. 왜냐하면 「풍속영업규제법」에서 보듯이 입법자가 종종 사회적·윤리적 가치관에 따라 법률을 제정한다는 사실을 간과하고 있기 때문이다.[110]

2) 새로운 유형의 위험에 대한 대처: 위험방지가 문제되기는 하지만, 그것이 새로운 유형의 위험이기 때문에 그에 대해 아직까지는 형법 또는 기타 행정법규가 규율하고 있지 않은 영역에서는 공공의 질서의 개념은 유지될 수 있다. 즉, 그러한 영역에서는 입법자가 입법을 하기 전까지는 공공의 질서의 개념에 의존하는 것만이 새로운 유형의 위험에 대처하는 수단이 된다.[111] 독일의 뮌스터 상급행정법원이 극우주의자들이 독일 제3제국의 깃발을 나치즘의 고양을 위한 상징으로서 사용하는 것을(예컨대 촛불행진을 행할 때 전쟁의 상징으로 사용되는 경우) 공공의 질서에 반하는 것으로 판시한 것은 그 좋은 예가 될 것이다.[112]

3) 합헌적 질서로서의 공공의 질서: - 그것이 헌법적 질서와 합치하는 경우에는 - 공공의 질서 개념에 근거한 경찰권 발동을 인정할 수 있다. 이러한 견해는 비록 공공의 질서 개념에 대한 비판론의 타당성을 인정하는 것에서 출발하고 있지만, 궁극적으로는 공공의 질서 개념을 옹호하는 견해로 분류할 수 있다.[113]

---

109) 공공의 질서 개념에 대한 우리나라에서의 비판론은 주로 이러한 문제를 그 주된 논거로 하고 있다. 이성용, "독일 경찰법상 공공의 질서개념의 국내법적 수용", 경찰학연구 제12권 제2호, 2013, 19쪽 아래; 김남진/김연태, 행정법Ⅱ, 298쪽; 하명호, 행정법, 794쪽 등.
110) 이러한 점을 강조하고 있는 것으로는 손재영, 경찰법(제4판), 박영사, 2018, 181쪽.
111) Knemeyer, Polizei- und Ordnungsrecht, Rn. 104.
112) OVG Münster, 1994, 966.
113) 이러한 견해의 대표적 예로는 vgl. Poscher, "Öffentliche Ordnug und GG", in; FS Würtenberger, 2013, S. 1029 ff.

## (3) 공공의 질서 개념 자체의 재설정 필요론

근래 들어 공공의 질서 개념 자체를 재설정하여야 한다는 견해가 나타나고 있는바, 이러한 견해는 "우리나라 경찰관직무집행법상 공공의 안녕과 질서는 '질적으로' 객관적 법질서를 뜻하는 결합개념이고, 굳이 구분하자면 전자인 공공의 안녕은 법령에서 직접적으로 보호되는 개별법익과 개별법령의 지시개념이고, 후자인 (공공의) 질서는 헌법, 헌법의 가치질서를 포함하는 전체 법질서를 뜻한다는 의미로 재탄생되어야 한다"는 것을 그 내용으로 한다. 즉, 공공의 질서는 더 이상 공공의 안녕에 해당되지 않는 사정 하에서만 고려되는 후보선수(Reserve)가 아니라 주전선수(Main Player)로서 공공의 안녕을 포함하는 상위개념이고 포용개념으로 이해되어야 한다는 견해이다.[114]

## (4) 결어

공공의 질서 개념 비판론은 틀림없이 나름대로의 타당성을 갖고 있다. 그러나 그렇다고 하여 그러한 사정만으로 공공의 질서 개념을 완전히 포기하는 것은 너무 성급하다고 생각한다. 왜냐하면 일정한 위기상황을 규율하기 위하여는 공공의 안녕이라는 보호이익 외에 공공의 질서의 개념에 의존하는 것이 여전히 불가피한 면이 있기 때문이다. 다만 공공의 질서 개념에 대한 비판론을 고려할 때, 공공의 질서 개념의 근거는 궁극적으로 '헌법상 가치질서'에서 찾아야 할 것이다.[115]

---

114) 이러한 설명에 관하여는 이기춘, "경찰법상 공공의 질서개념의 재설정에 관한 연구", 공법학연구 제19권 제1호, 2018, 457쪽 아래.

115) 공공의 질서가 포기되어서는 안 된다고 하면서, 그 이유로 국가가 헌법에 기초한 "내부평화보장의 사명 (Auftrag zur Sicherung des inneren Friedens)"을 갖는다는 점을 들고 있는 견해(Möstl, Die staatliche Garantie für die öffentliche Sicherheit und Ordnung, 2002, S. 143) 또한 같은 입장이라고 생각된다. 독일의 연방행정법원 및 연방헌법재판소의 판례 또한 근본적으로 이러한 입장을 취하고 있는 것으로 보인다(Vgl. BVerwGE 115, 189 ; BVerfGE 111, 147(154 ff).; BVerfG, NVwZ 2004, 90, 91).

## Ⅲ. 위험(Ⅰ) - 전통적 논의를 중심으로 -

### 1. 개관 - 위험, 리스크, 잔존 리스크의 3단계 모델

경찰행정법학자들은 우리가 일상에서 사용하는 위험이란 개념을 그것의 정도 내지 그 정도에 따른 국가의 대처 필요성 내지 대처방안이란 측면에 착안하여 다음과 같이 셋으로 구분하여 왔다. 그것이 곧 위험(Gefahr), 리스크(Risiko), 잔존 리스크(Restrisiko)이다 - 이른바 3단계 모델.[116]

#### (1) 위험(Gefahr)

비록 그 내용에 있어 여전히 해석의 여지가 있기는 하지만 위험의 개념은 학문적으로 정립되어 있는바, 이에 대하여는 후술 참조.

#### (2) 리스크(Risiko)

리스크란 '수학적으로 보아 사건이 발생할 개연성' 또는 '사건의 실현을 통해 기대되는 손해의 정도와 사건에 특징적인 발생개연성(Eintrittswahrscheinlichkeit)의 산물'을 의미한다.

리스크는 예측이 불가능에 가까울 정도로 불확실하다는 것, 즉 발생개연성이 영(Zero)에 가깝다는 것을 그 본질적 특성으로 한다. 발생개연성이 Zero에 가까움에도 불구하고 리스크에 대한 대비를 논하는 이유는 리스크는 발생개연성은 비록 Zero에 가깝지만, 만일 그것이 현실화되어 발생하는 경우 그로 인한 피해는 가히 재난이라고 불릴 정도로 무한대이기 때문이다.[117]

---

116) 독일에서 3단계 모델에 관한 논의를 불러 일으킨 것으로는 Di Fabio, "Gefahr, Vorsorge, Risiko", Jura 1996, 566 ff.; Reich, Gefahr, Risiko, Restrisiko Das Vorsorgeprinzip am Beispiel des Immissionsschutzrechts, 1989. 한편 이러한 문제에 대해 언급하고 있는 우리나라의 대표적 문헌으로는 김남진, "위험의 방지와 리스크의 사전배려,"고시계, 2008년 3월호, 50쪽 아래; 문병효, "독일의 원자력법제", in: 원자력에너지의 리스크관리법제, 2011년 행정법이론실무학회/ICR센터 공동학술대회 발표자료, 1쪽 아래; 이기춘, "독일 경찰질서행정법상 위험방지론과 리스크대비론의 현대적 변화에 관한 연구", 법학논고 제62집, 2018, 41쪽 아래.

117) 학자들은 리스크가 갖는 이러한 특성을 가리켜 이른바 '영 - 무한대 - 딜레마(Zero-Infinity-Dilemma)'

## (3) 잔존 리스크(Restrisiko)

잔존 리스크는 법적으로 요청된 안정수준을 충족하고 있는, 그리하여 법적으로 허용된 리스크를 의미한다. 즉, 자동차나 항공기처럼 인간생활을 위하여 필요불가결한 것이고, 그 때문에 그러한 과학기술의 이용 자체를 전반적으로 금지할 수 없는 리스크를 말한다.

## (4) 소결

위험, 리스크 그리고 잔존 리스크를 구분하는 이유는 이 3가지 개념 중 어디에 해당하는지에 따라 그에 대한 국가의 대응 또한 달라지게 되기 때문이다.

첫째, 잔존 리스크는 법적으로 허용된 리스크이므로 국가가 그에 법적으로 대처할 필요성이 전혀 없다. 즉, 잔존 리스크는 법적 규율대상이 아니다.

둘째, 이에 반해 위험과 리스크는 국가가 그것에 법적으로 대처하여야 할 필요성이 있다는 점에서 공통된다. 그러나 양자는 국가적 대처방식에 있어 차이가 있다. 즉, 위험에 대해서는 위험방지를, 리스크에 대해서는 사전배려(사전대비)를 하게 된다.

* 위험, 리스크, 잔존 리스크의 관계

| 위험(Gefahr) | 충분한 개연성 | 위험방지 |
|---|---|---|
| 리스크(Risiko) | 단순한 개연성 | 사전배려(사전대비) |
| 잔존 리스크(Restrisiko) | 가능성 | 법적 규율대상 아님 |

## 2. 구체적 위험과 추상적 위험

## (1) 추상적 위험

추상적 위험은 특정한 행위 혹은 상태를 일반적·추상적으로 고찰했을 때 손해가 발생할 충분한 개연성이 있다는 결론에 도달하게 되는 경우에 존재한다. 이러한 추상적 위험에 대해서는 입법의 방식으로 대처하게 된다.

---

라고 부르고 있다.

## (2) 구체적 위험

구체적 위험이란 구체적인, 즉 시간과 장소에 따라서 확정된 또는 확정될 수 있는 상황으로부터 성립하는 위험을 말한다. 경찰이 구체적으로 어떠한 경찰활동(처분 등)을 하기 위하여서는 구체적 위험의 존재를 필요로 한다. 이처럼 구체적 위험의 존재가 경찰작용의 전제조건을 이루고 있기 때문에 구체적 위험의 개념은 경찰행정법 이론의 중핵을 이루고 있다. 따라서 경찰행정법에서 위험이라고 하면, (특별히 '추상적' 위험이라고 하지 않는 한) 구체적 위험을 의미하는 것으로 이해하여야 한다.

## (3) 추상적 위험과 구체적 위험의 관계

대부분의 경우 구체적 위험과 추상적 위험은 동시에 발생한다. 다만 일반적으로는 위험한 사안이 구체적 경우에 있어서 인식가능한 제반 사정에 근거할 때 손해를 가져오지 않는 것으로 판단되는 경우에는, 구체적 위험이 결여되어 있다.

## 3. 구체적 위험 개념

구체적 위험은 일단 「어떤 사실의 정상적인 진행을 방치하게 되면, 가까운 장래에 어떤 상태 또는 행위가 공공의 안녕 혹은 질서에 손해를 가져올 충분한 개연성이 있는 경우」를 말하는 바, 그 개념적 요소는 다음과 같다.

### (1) 손해(Schaden)

손해란 「외부적 영향 또는 공공의 질서의 개념에 속하는 불문의 사회규범 위반으로 인하여 현존하는 법익이 객관적으로 감손(減損)하는 것」을 의미한다. 한편 손해는 예견되는 침해가 일정한 강도(強度)에 이르렀을 때, 즉 공공의 안녕 또는 질서에 대한 법익이 '현저하게' 침해된 경우에 존재한다. 따라서 단순한 불이익(bloße Nachteile)이나 부담(Belästigungen)은 법익의 감손, 즉 손해라고 볼 수 없다. 손해의 개념과 관련하여서는 다음과 같은 것에 유의할 필요가 있다.

1) 단순한 불이익 등과 손해를 구분함에 있어서는 '정상인'의 판단이 척도가 된다. 따

라서 어떠한 침해가 전적으로 관계인의 비정상적인 성질에 기인하는 경우, 즉 단순한 불이익이 개인의 특별한 감정으로 인해 법익의 감손을 가져오는 경우에는 위험의 개념적 요소를 이루는 손해라고 할 수 없다.

2) 손해 여부는 시간과 장소에 따라 달라질 수 있다. 즉, 주간에는 단순한 부담일 뿐인 소음이 야간에는 건강이라는 법익의 감손이 될 수 있으며, 농촌생활의 경우에는 어느 정도 일상적이어서 단순한 부담에 불과한 특정한 냄새가 도시에서는 손해로서 위험원(危險源)이 될 수 있다.

3) 법익의 감손은 '외부적 영향'에 의해 초래되어야 한다. 이는 법익의 감손이 자신의 사정에 기인하거나, 일반적인 자연현상에 의하여 초래되는 경우(예: 상품의 부패)에는 그 법익에 대한 구체적 위험이 되지 못한다는 것을 의미한다. 물론 그로 인해 다른 법익이 침해되는 경우에는 그 한도에서 구체적 위험이 존재할 수 있다.

## (2) 손해발생의 충분한 개연성

1) 개연성: 구체적 위험은 실제로 또는 적어도 경찰이 작용을 행하는 시점을 기준으로 사실상태와 법상태를 합리적으로 판단할 때 가까운 장래에 손해가 발생할 '충분한 개연성'이 있을 것을 전제로 한다. 여기서 개연성(蓋然性, Wahrscheinlichkeit)이 있다고 인정되기 위하여서는 약간의 가능성이 있는 것만으로는 충분하지 않다. 그러나 이것이 손해의 발생이 절대적으로 확실할 것을 요구하는 것은 아니다. 결국 손해발생의 개연성이란 손해발생의 확실성과 단순한 가능성 사이의 광범위한 중간영역이라고 할 수 있다.

2) 충분한 개연성: 구체적 위험의 존재가 인정되기 위하여서는 가까운 장래에 손해가 발생할 '충분한(hinreichend)' 개연성이 있어야 한다. 이 경우 구체적 위험의 존재가 인정되기 위하여 요구되는 개연성의 정도는 위협받는 법익의 가치가 중요하면 중요할수록, 그리고 그러한 법익에 대한 예상 손해가 크면 클수록 더 적어진다.[118]

3) 가까운 장래: 구체적 위험은 '가까운 장래(in naher Zukunft)'에 손해가 발생할 개연성이 있는 경우에 인정된다. 따라서 먼 훗날의 어떤 시점에 이르러야 비로소 손해가 발생할 개연성이 있는 것만으로는 구체적 위험이 존재한다고 할 수 없다. 한편 과거에는 이와 같은 상황을 이른바 "잠재적 위험(latente Gefahr)"이라는 용어를 사용하여 설명하였는데, 잠재적 위험이란 용어는 단지 법상황을 모호하게 만들 뿐이다. 왜냐하면 이 경우에는 사실

---

118) 이러한 내용을 반비례의 법칙 또는 Je-Desto-Formel이라고 하는바, 이러한 용어에 관하여는 vgl. Götz/Geis, Allgemeines Polizei- und Ordnungsrecht, §6 Rn. 7.

상 구체적 위험이 존재하지 않기 때문이다.

### (3) 객관적 위험상황

구체적 위험의 존재 여부에 대한 판단은 필연적으로 예측에 근거할 수밖에 없는데, 그러한 예측은 경찰이 '개입하는 시점에서의' 사실상태와 인식가능성을 기준으로 행해진다. 이는 구체적 위험의 존재여부에 대한 판단은 "사전적(事前的, ex ante)"이라는 것을 의미한다.

한편 사전적 판단과 '사후적(事後的)으로' 실제로 일어나는 일이 반드시 일치하는 것은 아니다. 따라서 사전적으로 행해져야만 하는 경찰의 위험예측의 정확성에 대하여 사후적으로 밝혀진 사실에 근거하여 의문을 제기하는 것은 모순이다. 즉, 경찰이 개입하는 시점에서 제반 상황을 정당하게 평가하여 위험이 존재한다고 판단하여 개입하였다면, 사건의 전개가 시간의 흐름에 따라 경찰이 예측한 것과 달리 진행된다고 하더라도 경찰이 위험의 존재를 전제로 개입한 것은 위법하지 않은 것이 된다.[119)]

## 4. 위험의 유형

### (1) 외관상 위험과 오상위험

1) 외관상 위험: 경찰공무원이 그가 개입하는 시점에서 합리적으로 판단하여 위험의 존재를 긍정할 수 있었던 경우에는, 실제로는 손해가 발생할 염려가 없었다는 것이 사후(事後)에 밝혀진 경우라도 위험의 존재를 인정하는 데에 아무런 문제가 없다. 외관상 위험(外觀上 危險, Anscheingefahr)[120)]이란 이 같은 경우를 말한다. 외관상 위험은 '진정한 의미의 위험(echte Gefahr)'이고, 그 결과 외관상 위험이 존재하는 경우에 경찰의 개입은 적법한 것으로서 허용된다.

2) 오상위험: 경찰공무원은 어떤 상황을 '주관적으로' 위험하다고 판단하였으나, 그 판단이 잘못되었거나 장래의 예측에 하자가 있어 그런 판단에 상응하는 '객관적인' 위험은 실제로 존재하지 않는 경우에 오상위험(誤想危險(Scheingefahr oder Putativgefahr)이 존재한다

---

119) 동지: Gusy, Polizeirecht, Rn. 110 f.; Kugelmann, Polizei- und Ordnungsrecht, 5. Kap. Rn. 112.
120) 외관상 위험을 표현위험(表見危險)이라고도 부른다. 이러한 용어례에 관하여는 이기춘, "경찰질서법상 위험개념 및 표현위험과 위험의 의심", 공법연구 제31권 제4호, 2003, 363쪽 아래.

고 할 수 있다. 이 같은 오상위험은 진정한 의미의 위험이 아니며, 따라서 이 경우에 경찰의 개입은 위법한 것으로 허용되지 않는다.

## (2) 위험의 혐의

1) 의 의: 경찰이 위험이 있다고 판단할 근거를 갖고 있기는 하지만, 그것이 불충분하고 따라서 위험이 존재하지 않을 수도 있다는 것을 경찰 스스로 자각하고 있는 경우를 위험의 혐의(Gefahrenverdacht) 또는 위험의 의심이라고 한다. 위험의 혐의의 경우는 경찰 스스로 위험이 존재하지 않을 수도 있다는 것을 인식하고 있다는 점에서, 적어도 개입을 하는 시점에서는 경찰이 위험의 존재를 확신하고 있는 외관상 위험 및 오상위험의 경우와 개념상 구분된다.[121]

위험의 혐의라는 개념은 위험의 혐의에 해당하는 상황에서 경찰이 취하는 조치의 허용성을 인정할 필요성을 고려하여 만들어졌다. 즉, 경찰의 모든 조치는 위험이 존재하는 경우에만 허용될 수 있는데, 위험의 혐의로 설명되는 상황의 경우에는 위험이 존재한다고 보기 어려운 면이 있어서 경찰이 아무런 조치도 취할 수 없다는 문제가 있었다. 이에 그러한 상황을 '위험의 혐의'라고 부르고, 위험의 혐의가 존재하는 경우에는 적어도 위험의 존재 여부를 확인하기 위한 조치는 허용된다는 이론이 만들어지게 된 것이다.

2) 위험존재의 확인조치: 위험존재의 확인조치(Gefahrerforschungseingriffe)란 직접적으로 위험의 방지에 기여하는 것이 아니라, 事案의 조사와 종국적인 위험방지 조치를 위한 준비에 기여하는 잠정적 조치를 말한다(예: 환경에 대한 위험이 특정의 토지에 기인하는지의 여부를 규명하기 위한 시추와 측량 등).

## (3) 잠재적 위험

처음에는 전혀 위험하지 않던 상황이 사후에 외부적인 사정이 부가됨으로써 경찰상의 보호이익에 대한 구체적 위험으로 되는 경우를 종래 잠재적 위험(潛在的 危險, latente Gefahr)이라고 불러왔는데, 오늘날은 잠재적 위험 개념은 불필요한 것으로 이해하는 것이

---

121) 김성태, "위험에 대한 의심과 위험여부의 확인: 법치주의에서의 안전을 위한 시론적 고찰", 행정법연구 제51권, 2017, 155쪽 아래; Poscher, "Gefahrverdacht, Das ungelöste Problem der Polizeirechtsdogmatik", NVwZ 2001, 141 ff.; Schenke, "Gefahrenverdacht und polizeiliche Verantwortlichkeit", in; FS Friauf, 1996, 455 ff.

지배적 견해이다.[122)

## 5. 장해

경찰작용은 위험이 존재할 때에만 허용되는 것이 아니다. 즉 경찰작용은 위험이 실현되었을 때, 즉 현존하는 법익에 대한 감손 혹은 공공의 질서의 개념에 포함되는 사회규범에 대한 침해가 발생하여 계속되고 있는 경우에도 허용되는데, 이러한 상황을 장해(障害, Störung)라고 부른다. 장해가 존재하는 경우에는 그를 제거하는 조치가 필요한데, 장해의 제거를 위한 조치는 '진압적' 성격을 가지는 점에서, 위험을 방지하기 위해 행해지는 조치가 '예방적'인 것과 그 성격을 달리한다.

## Ⅳ. 위험(Ⅱ) - 전통적인 경찰법상 위험 개념의 변화 내지 종언(終焉)[123)

## 1. 리스크 사회의 도래로 인한 위험개념의 변화

### (1) 판단기준의 변화

전통적인 경찰행정법이론은 구체적 위험의 존재 여부에 대한 판단과 관련하여 원인(행위나 상태)과 손해발생 간의 인과관계의 존재 내지 손해발생의 개연성의 판단기준으로 "일반인의 경험칙" 내지 "전문가적 식견"을 제시하여 왔다. 그러나 이러한 설명방식은 복잡한 정보기술 및 환경적 요인이 중시되는 현대 리스크 사회(Risikogesellschaft)에서는 그 한계를 드러내고 있다. 왜냐하면 어떤 상태나 행위가 일반인의 경험칙이나 전문가적 식견에 따를 때 경찰법상으로 구체적 위험원(危險源)으로 고려된다고 할지라도 당해 사안에 대하여 아직까지 전혀 확인된 실험이나 학문적 지식이 없다면, (구체적 위험의 존재를 긍정하기 위하여 필요한) 손해발생의 충분한 개연성에 대한 판단이 그에 대한 안정성(신뢰성) 부족으

---

122) 잠재적 위험의 문제는 "양돈업자 사건(Schweinmäster-Fall, Vgl. OVG Münster, OVGE 11, 250 ff.)"과 관련하여 논의되기 시작하였는바, 양돈업자 사건의 내용에 관하여는 서정범, 경찰행정법(제2판), 세창출판사, 2022, 124쪽 아래 참조.

123) 위험개념의 변화와 관련된 일반적 논의로는 서정범/박병욱, "경찰법상의 위험개념의 변화에 관한 법적 고찰 - 전통적 위험개념의 작별(?) -", 안암법학 제36집, 2011, 91쪽 아래; Kugelmann, "Der poli-zeiliche Gefahrenbegriff in Gefahr?", DÖV 2003, 761 ff.

로 인하여 더 이상 법적으로 지지될 수 없게 되기 때문이다.

## (2) 환경법이론의 경찰행정법에의 적용가능성

환경법의 영역에서는 기존의 일반적 경험칙만으로는 리스크 진단 및 손해발생과 행위의 인과관계를 명확하게 설명할 수 없다는 점이 일찍부터 인식되어 왔다. 그로 인하여 환경법상 리스크의 판단에 있어서는 '기술수준' 또는 '학문의 수준'과 같은 불확정 법개념이 전통적인 '일반적 경험칙'을 대신하고 있다.

한편 환경법이론을 침해의 강도가 훨씬 더 직접적이고 큰 경찰행정법 영역에 여과없이 그대로 적용할 수 있는지는 논란이 있으나, 독일의 경우 이미 환경법, 기술법 등에서나 사용되던 '일반적으로 인정된 학문과 기술의 수준(der anerkannte Stand von Wissenschaft und Technik)'이라는 개념을 경찰행정법상의 '구체적 위험'의 진단에 사용하고 있다.[124]

# 2. 구체적 위험 개념의 약화

## (1) 온라인 수색

오늘날 전통적인 구체적 위험 개념의 약화현상은 온라인 수색(Online–Durchsuchung)과 같은 경찰의 정보활동에서 뚜렷이 나타나는바, 온라인 수색(Online–Durchsuchung)이란 컴퓨터수색 소프트웨어를 통하여 관련정보를 전자적 방법으로 찾는 것을 말하는바,[125] 이는 컴퓨터 이용자가 인식하지 못하는 가운데 이루어진다는 점을 그 특징으로 한다. 그리고 이러한 점 때문에 형사소송법이나 경찰행정법에 따라 행하여져 왔던 종래의 수색(Durchsuchung)과는 그 성질을 달리한다는 점이 일찍부터 인정되어 왔다.[126]

---

124) 독일의 대표적인 경찰법학자인 굇츠(V. Götz) 교수의 "특정한 상황이 손해로 발전될 수 있는 개연성이 있다고 하는 진단은 확인된 사실로부터 논리적으로 추론되는 것이며, 그의 근거는 경험적 지식이나 일반적으로 인정된 학문과 기술의 수준이다"라는 서술(Götz/Geis, Allgemeines Polizei – und Ordnungsrecht, § 6 Rn. 9)은 이러한 사정을 잘 설명하고 있다.

125) 온라인 수색에 관한 국내에서의 논의로는 박병욱, "경찰상 온라인 수색의 법률적 문제", 경찰법연구 제7권 제1호, 2009, 82쪽 아래.

126) Vgl. BGH, NJW 2007, 930.

## (2) 구체적 위험 개념의 변화

독일 연방헌법재판소는 온라인 수색이 문제가 되었던 판결[127]을 통하여 다음과 같은 2 가지 관점에서 – 비록 미미하기는 하지만 – 구체적 위험 개념의 변화를 도모하고 있다.

1) '가까운 장래에'라는 개념적 요소와 관련하여: 전통적 경찰법이론에 따르는 경우 구체적 위험이 존재한다고 하기 위하여서는 '가까운 장래에(in naher Zukunft)' 손해가 발생할 개연성이 존재하여야 한다. 그런데 독일 연방헌법재판소는 「반드시 가까운 장래에 손해의 발생이 위협되어야 하는 것이 아니라 '예견 가능한 시간 내에(in absehbarer Zeit)' 손해의 발생이 위협된다면 전통적인 구체적 위험 개념에 전체적으로 부합한다」라는 취지의 판결을 하였다.

2) '충분한 개연성'이라는 개념적 요소와 관련하여: 구체적 위험은 손해가 발생할 '충분한 개연성'이 있을 것을 전제로 한다. 그런데 독일 연방헌법재판소의 온라인 수색 판결은 「고도의 보호법익(überragend wichtiges Rechtsgut)에 대한 중대한 위험(drohende Gefahr)이 개별적인 경우에 명백한 사실관계를 통해서 암시되고, 가까운 장래에 그 위험이 도래하리라고 판단된다면 '아직 충분한 개연성이 인정되지 않는 경우에도(noch nicht mit hin- reichender Wahrscheinlichkeit)' 국가의 정보기술시스템을 통한 접근(침해)이 정당화될 수 있다」고 판시하여 손해발생의 충분한 개연성과 관련하여서도 변화의 징후를 보였다.[128]

## 3. 위험의 사전배려

## (1) 위험의 사전배려 개념의 등장 배경

근래 들어 여러 사정이 복잡하게 연계되어 있는 현대적 상황에서 경찰의 책무인 위험 방지를 효과적으로 수행하기 위하여서는 경찰상 '위험의 사전배려(Gefahrenvorsorge)' 활동이 요구된다는 점이 강조되는 추세에 있다. 이러한 변화는 위험이 발생한 이후에 그를 방지하는 것보다 위험의 전단계(前段階, Vorgeld)에서 경찰활동을 통하여 위험 자체가 발생하지 않도록 하는 것이 위험에 대한 대처수단으로 더 효율적이라는 인식이 생겨났기 때

---

127) BVerfGE 120, 274 ff.
128) 동 판결에 대해서는 "충분한 개연성이 인정되기 직전의 단계, 즉 구체적 위험의 전단계(Vorfeld der konkreten Gefahr)에서도 온라인 수색이 법적으로 허용될 수 있다고 해석될 여지를 남겨준다"라는 평가가 행해지기도 한다(이러한 평가에 대하여는 Vgl. Britz, "Vertraulichkeit und Integrität in- formationstechnischer Systeme", DÖV 2008, 411 ff).

문이다. 실제로 9·11 테러를 전후로 제정된 일련의 경찰관련 법률들, 특히 테러관련 법률129)들은 경찰의 책무가 전통적인 위험방지(Gefahrenabwehr)를 넘어서서 위험의 사전배려(Gefahrenvorsorge)로 발전하고 있음을 여실히 보여주고 있다. 즉, 근래의 테러관련 입법들은 그 제정이유에서 국제적 테러로 인한 위협이 상시화(常時化)되어 가고 있는 오늘날에는 위험의 전단계에서의 법적 도구의 지속적 발전이 필요하다는 점을 강조하고 있다.130) 그리고 이들 법률들은 경찰(안전)기관이 구체적 위험의 전단계에서 신원확인을 쉽게 하고, 여권과 신분증에 지문·바이오(생체)·증명사진과 같은 생체지표를 기록하는 것을 가능하게 하였다.

## (2) 위험의 사전배려활동의 허용성

전술한 바와 같은 위험의 사전배려활동은 전통적 구체적 위험 개념을 가지고는 설명할 수 없는 현상이다. 이로 인하여 과연 위험의 전단계에서, 즉 구체적 위험이 존재하지 않는 경우에도 경찰에 의한 위험의 사전배려조치가 허용될 수 있는지에 관하여 다음과 같이 학설이 대립하고 있다. 즉,

1) 경찰의 은밀한 정보수집 활동이나 안전기관 상호간의 정보교환, 프로파일링(비교검색, Rasterfahndung)을 통한 혐의자의 발견 등의 경우 구체적 위험 개념에 완전히 부합하는 상태가 존재하지 않거나 구체적 위험이 확인되지 않은 경우에도 경찰의 정보활동을 통한 기본권 침해활동이 가능한 것으로 이해하는 견해131)와

2) 경찰비례의 원칙이란 관점에서 프로파일링 기법을 활용한 개인정보의 수집과 이용같은 경찰의 정보활동은 기본권 침해가 중대하므로 공공의 안녕에 대한 구체적 위험이 존재하는 경우에만 허용될 수 있다고 하는 견해132)의 대립이 있는 것이다.133)

---

129) 우리나라에서 테러방지법의 제정 필요성 및 제정하는 경우 동법에 담겨져야 할 내용에 관하여 자세한 것은 김용주, "테러방지법 제정의 기본방향에 관한 연구", 경찰학연구 제13권 제3호, 2013, 24쪽 아래 참조.

130) 이러한 입법례에 관하여는 『대테러방지법(Terrorismusbekampfungsgesetz)』에 대한 독일 사민당, 녹색당의 입법안(BT-Drucksache 14/7386, S.1); 대테러방지법에 대한 독일 연방정부의 입법안(BT-Drucksache 14/7727, S.1) 참조.

131) Kugelmann, Polizei- und Ordnungsrecht, 5. Kap. Rn. 175; Wulff, Befugnisnormen zur vorbeu-genden Verbrechensbekämpfung in den Landes- polizeigesetzen, 2003, S.1 ff.

132) 손재영, "프로파일링 기법을 활용한 범죄수사와 범죄예방의 법적 문제", 토지공법연구 제36집, 2007, 385쪽.

133) 다만 전자의 입장에 따르는 학자들도 구체적 위험이 요구되지 않는 정보조치의 경우에는 매우 엄격하게 당해 조치의 적법성 및 비례의 원칙에의 부합여부가 심사될 것을 요구하고 있으며(Schenke,

# 제3절 경찰권 발동의 대상

## Ⅰ. 경찰책임론 서론

### 1. 개관 - 위험방지에 대한 경찰의 대처수단

경찰위반의 행위 혹은 상태로 인한 공공의 안녕과 질서에 대한 위험이 존재하는 경우에는 경찰은 원칙적으로, 즉 제1차적으로 위험방지를 위하여 필요한 조치를 그런 행위 혹은 상태에 대하여 책임있는 자(경찰책임자)에게 발하여야 한다.

다만 경찰책임자가 아예 존재하지 않거나(예: 주인없는 맹수출현) 경찰책임자가 존재는 하지만 그를 발견할 수 없거나 적시에 발견되지 않는 경우에는(예: 교통사고 후에 운전자가 도주하였을 때) 경찰은 자신의 고유수단으로써 위험방지를 하여야 한다.

마지막으로 위에서 언급한 두가지 수단에 의해서는 위험방지를 할 수 없는 경우라면 매우 제한된 요건하에서 경찰은 경찰책임자가 아닌 제3자(비책임자)에게도 - 목전에 급박한 중대한 위험과 사회적 유해성을 이유로 - 위험방지를 위한 조치를 취할 수 있다.

### 2. 경찰책임

#### (1) 의의

경찰책임이란 자신의 행위 또는 자신이 지배하는 물건으로부터 공공의 안녕과 질서에 대한 위험 내지 장해가 발생하지 않도록 해야 할 의무를 말한다. 한편 이러한 경찰책임을 지는 자(경찰책임자)는 위험방지를 위한 경찰의 조치를 수인하여야만 하며, 위험방지를 위한 재정적 부담을 진다. 또한 경찰책임자는 설사 위와 같은 경찰의 조치로 인하여 자신에

---

Allgemeines Polizei- und Ordnungsrecht, Rn. 213), 후자의 견해 역시 프로파일링 기법을 활용한 개인정보의 수집과 이용을 통해 개인의 신체나 생명과 같이 특별히 높은 가치를 갖는 법익에 대한 위험이 방지되어야 하는 곳에서는 구체적 위험의 존재라는 요건에 과도한 요구사항이 세워져서는 안 된다는 점을 강조하고 있다(Schoch, Polizei- und Ordnungsrecht, in: Schmidt-Aßmann(Hrsg.), Besonderes Verwaltungsrecht, 12. Aufl., 2003, Rn. 117 ff.). 이런 점을 고려할 때 경찰의 정보활동의 가능성이라는 실제에 있어서 양 견해간의 차이는 그리 크지 않다고 할 수 있다.

게 재산적 손실이 발생한 경우라고 하더라도 손실보상청구권을 갖지 못한다.

## (2) 경찰책임의 특질

1) 경찰책임은 행위자의 의사, 행위능력, 불법행위능력, 형사책임능력과는 아무런 관련이 없다.

2) 경찰책임은 경찰책임자에게 (사법 또는 형법상의) 고의/과실(Verschulden)이 있는지 여부와는 무관하다. 따라서 어떤 행위가 경찰위반이 되는지의 문제에 있어서는 경찰책임자로서 경찰권발동의 대상이 되는 자가 객관적으로 존재하는 위험상황을 실제로 인식하였는지 또는 인식할 가능성이 있었는지는 전혀 중요하지 않으며, 단지 사회공공의 안녕과 질서에 대한 '객관적인' 위험상황이 존재한다는 것이 문제가 될 뿐이다.

## (3) 경찰책임의 유형

경찰책임은 1) 자신의 행위로 인하여 경찰상의 위험을 야기한 경우에 부담하게 되는 행위책임과 2) 자기가 지배하는 물건의 상태로 인하여 경찰상의 위험이 야기된 경우에 부담하는 상태책임으로 구별된다.

## (4) 경찰책임의 주체

1) 자연인과 사법인(私法人): 모든 자연인, 따라서 어린이나 무능력자도 경찰책임자가 될 수 있다. 또한 사법인도 경찰책임자가 될 수 있다. 따라서 주식회사나 유한회사 등도 경찰책임을 진다.

2) 법인격없는 단체: 합명회사, 합자회사 및 법인격없는 단체는 법인은 아니지만 그의 인적 구조가 사법인과 동일시될 수 있는 면이 있으므로 경찰책임자가 될 수 있다. 따라서 그들에 대한 경찰의 조치, 특히 경찰처분이 허용된다.

3) 국가 등 고권력주체(후술 참조)

## II. 고권력주체의 경찰책임

### 1. 고권력주체의 경찰책임의 의의

경찰법상의 (공공의 안녕 또는 질서에 대한) 위험은 국민 개인의 행위 또는 사소유권의 대상이 되는 물건의 상태로부터만 발생하는 것이 아니라, 국가 및 그 밖의 고권력주체(高權力主體, Hoheitsträger)[134]의 행위 또는 고권적 기능의 행사에 기여하는 물건의 상태로부터도 발생할 수 있다. 그 대표적 예로는 임미시온(Immission), 특히 학교, 비행장, 군사훈련장소로부터 나오는 소음이 주거의 평온을 해치고 그 결과 공공의 안녕의 보호법익인 인근 주민들의 건강을 해치게 되는 경우를 들 수 있다. 오늘날 고권력주체의 행위 등으로부터 경찰법상의 위험이 발생하는 사례는 점차 증대하고 있는바, 그 이유는 오늘날 행정의 기능이 단순히 허가를 내주거나 감시를 행하는 수준을 넘어서 스스로 계획하고, 사회를 형성하고, 변화시키는 등 적극적 활동을 하는 방향으로 변화되고 있는 것에서 찾을 수 있다.[135] 그리고 이처럼 고권력주체의 행위 또는 고권적 기능의 행사에 기여하는 물건의 상태로부터 경찰법상의 위험이 발생하는 경우에 바로 고권력주체의 경찰책임[136]이 문제가 된다.

한편 오늘날 고권력주체의 경찰책임의 문제를 고찰함에 있어서는 실질적 경찰책임과 형식적 경찰책임의 두 가지 관점에서 구분하여 검토할 필요가 있다는 점이 강조되고 있다.[137] 즉, (1) 고권력주체가 그의 직무수행에 있어 경찰관계 법령에 규정되어 있는 공공의 안녕 또는 질서의 유지를 위한 요청에 구속되는지 여부에 관한 문제(실질적 경찰책임의 문제)와 (2) 경찰이 고권적으로 활동하는 국가 및 그 밖의 고권력주체의 기관에 대하여 위험방지를 위한 조치를 취할 수 있는지, 환언하면 행정행위의 발급 등을 통하여 개입할 수 있는 권한을 갖는지에 관한 문제(형식적 경찰책임의 문제)를 구분하여 고찰할 필요가 있는 것이다.

---

134) 여기서 고권력주체라고 함은 국가나 지방자치단체 등과 같은 공행정주체(公行政主體)와 그의 기관, 특히 행정청을 말한다.

135) 실제로도 고권력주체의 행위 등으로부터 경찰법상의 위험이 발생하게 되는 경우는 한층 잦아지고, 그 위험의 강도 또한 심화되고 있는 실정이다(Denninger, in: Lisken/Denninger, Handbuch des Polizeirechts, E Rn. 83).

136) 고권력주체의 경찰책임에 관한 국내에서의 논의로는 손재영, "고권주체의 경찰책임", 환경법연구 제30권 1호, 2008, 113쪽 아래; 이상해, "고권주체의 경찰책임에 관한 일고찰", 토지공법연구 50집, 2010, 347쪽 아래.

137) 김남진/김연태, 행정법 I, 303쪽; 박균성/김재광, 경찰행정법, 192쪽; 홍정선, 신경찰행정법 입문, 2019, 116쪽 아래.

## 2. 고권력주체의 실질적 경찰책임

행정의 법률적합성의 원칙(특히 법률우위의 원칙)이 적용되는 결과 고권력주체 역시 사인과 마찬가지로 그의 직무수행에 있어 경찰관련 법령(주로 법률이나 법규명령)에 구속을 받으며, 그 한도에서 행정의 법률적합성의 원칙은 경찰관련 법령을 준수하여야 할 의무를 포괄한다고 말할 수 있다.[138] 따라서 국가 등의 고권력주체도 자신의 업무수행에 있어 공공의 안녕 또는 질서에 대한 위험이나 장해를 발생하지 않도록 활동할 책임이 있는바, 이는 원칙적으로 고권력주체의 실질적 경찰책임이 인정된다는 것을 의미한다. 물론 그에 대한 예외로서 법률이 명시적으로 실질적 경찰책임을 부인하고 있는 경우도 있을 수 있음은 유의하여야 한다.[139]

## 3. 고권력주체의 형식적 경찰책임

고권력주체가 그 의무를 자발적으로 이행하지 않는 경우에 경찰이 경찰상의 위험을 야기하고 있는 국가 등 공권력주체 및 그의 기관에 대하여 경찰권을 발동하여 개입할 수 있는지의 문제, 즉 국가 등 고권력주체의 형식적 경찰책임이 인정될 수 있는지 여부에 관하여는 다음과 같은 학설의 대립이 있다.[140]

### (1) 부정설

1) 내용: 고권력주체의 형식적 경찰책임을 부정하는 견해는 "다른 고권력주체의 직무수행으로 인하여 공공의 안녕 또는 질서에 대한 위험이 발생하는 경우에도 경찰이 행정행위 등을 통하여 그에 개입하는 것은 허용되지 않으며, 경찰은 권한을 갖고 있는 행정청(필요한 경우에는 해당 행정청의 상급감독청)에 대하여 그러한 사실을 알려 개입을 유도할 수

---

138) Gusy, Polizeirecht, Rn. 140.
139) 대표적 예로는 긴급자동차에 대한 특례를 규정하고 있는 도로교통법 제30조를 들 수 있는바, 도로교통법상 긴급자동차에 대한 특례에 관하여 보다 자세한 것은 김남현, "도로교통법상 긴급자동차의 특권에 관한 연구", 경찰학연구 제6권 제1호, 2006, 43쪽 아래 참조.
140) 다만 이러한 논의는 다른 행정청이 공법적으로 활동하는 경우에 한하여 의미를 갖는다. 환언하면 고권력주체가 순수한 사법적 활동으로 인하여(예: 국유지의 관리와 같은 순수한 국고작용을 행하는 경우 등) 공공의 안녕 또는 질서에 대한 위험이 발생하였다면 경찰이 행정행위 등을 통해 그에 개입할 권한을 갖는다는 것, 즉 고권력주체의 형식적 경찰책임이 인정된다는 것에 사실상 학설은 일치되어 있다. 이는 타 행정기관이 순수한 국고작용(國庫作用)을 행하는 경우에는, 그것이 고권적 활동을 행하는 것이 아니기 때문에 타 행정기관은 아무런 특별한 지위도 향유하지 못한다는 것에 기인한다.

있을 뿐이다."라는 것을 그의 내용으로 한다.[141] 부정설은 종래 독일의 학설과 판례[142]의 주류를 형성하여 왔으며, 우리나라의 경우 또한 부정설이 다수설이다.

2) 논거: 부정설의 논거는 다음과 같다.

첫째, 실질적 경찰책임이 있는 고권력주체에 대하여 경찰이 행정행위라는 방식을 통하여 개입할 권한을 인정하게 되면 공행정주체 상호 간에 권한의 충돌(Kompetenzkonflikt) 문제가 발생할 수 있다.

둘째, 만일에 이러한 영역에서도 경찰의 개입을 인정하게 되면 경찰이 (부분적으로나마) 다른 고권력주체에 비하여 우위에 서게 되는 결과를 가져오게 되는바, 이는 모든 행정분야는 동일한 서열과 등급을 갖는다는 행정조직법상의 기본원리에 반하게 되는 것 또한 부정설의 주요한 논거가 된다.

3) 예외: 다만 부정설을 취하는 학자들 스스로도 경찰이 고권적 조치를 통하여 다른 행정청의 권한영역을 침해할 수 있는 경우를 인정하고 있는바, 경찰의 조치로 인하여 다른 고권력주체에게 할당된 본래의 기능(내지 권한)을 침해하지 않는 경우가 그러하다. 경찰이 경찰책임 있는 고권력주체를 대신하여 (대집행의 방식으로) 먼저 위험상태를 방지한 후에, 고권력주체에게 (대집행에 소요된) 비용의 납부를 명하는 경우가 그 대표적 예로 들어질 수 있다.[143]


## (2) 긍정설

1) 내용: 고권력주체의 형식적 경찰책임을 긍정하는 견해는(긍정설) 고권력주체의 직무 수행으로 인하여 공공의 안녕 또는 질서에 대한 위험이 발생하는 경우에는 경찰이 – 강제조치를 취할 수는 없지만 – 행정행위 등을 통하여 개입할 수 있다는 것을 그 내용으로 한다.[144]

2) 논거: 긍정설의 주된 논거는 "경찰이 실질적 경찰책임을 실현하게 되는 경우 그것은 다른 고권력주체가 자신의 직무를 수행할 권한을 부정하는 것이 아니라 경찰법을 집행하는 것이며, 경찰법의 집행에 대하여는 경찰만이 물적 권한을 갖는다. 따라서 경찰에 의한

---

141) Götz/Geis, Allgemeines Polizei – und Ordnungrescht, 9 Rn. 81; Gusy, Polizeirecht, Rn. 139; Knemeyer, Polizei – und Ordnungrescht, Rn. 352; Pieroth/Schlink/Knesel, Polizei – und Ordnungrescht, 9, Rn. 8.
142) OVG Lüneburg, OVGE 12, 340; VGH Kassel, NJW 1997, 304; Hess. VGH, NVwZ 2002, 889. usw.
143) Vgl. BVerwG, DÖV 1999, 786; BVerwG, DVBl. 2003, 1076 (1078); OVG SH, NVwZ 2000, 1196.
144) Schoch, Polizei – und Ordnungsrecht, S. 326 ff.; Schultes, Die Polizeipflicht von Hoheitsträgern, 1984, S. 96 f.

위험방지법의 집행이 다른 고권력주체의 권한을 침해하는 것이 아니며, 그로 인하여 경찰이 다른 행정청에 비하여 우위에 서게 되는 것도 아니다"라는 것이다.

3) 예외: 다만 고권력주체의 형식적 경찰책임을 긍정하는 입장에 따르고 있는 학자들 스스로도 경찰의 위험방지조치로 인하여 다른 고권력주체의 공법적인 직무수행이 거의 불가능할 정도에 이르는 극단적인 경우에는 그 한도에서 위험방지를 위한 경찰의 권한이 축소될 수 있음을 인정하고 있다.


## III. 행위책임

### 1. 행위책임 일반이론

#### (1) 행위책임의 의의

공공의 안녕 또는 질서에 대한 위험이나 장해가 어떤 사람(자연인은 물론 법인도 포함한다)의 행위로 인하여 발생한 경우 경찰은 원칙적으로 위험이나 장해를 야기한 사람에게 그의 방지 및 제거를 위하여 필요한 조치를 취하여야 한다. 이처럼 자신의 행위에 의하여 야기된 위험을 방지하거나 장해를 제거할 책임을 행위책임이라고 하며, 행위책임을 부담하는 자를 행위책임자라고 한다.


#### (2) 행위책임의 발생

행위책임을 발생시키는 행위에는 작위(作爲) 뿐만 아니라 부작위(不作爲)도 포함된다. 한편 위험 또는 장해의 원인이 되는 부작위는 공공의 안녕 혹은 질서의 유지를 위한 (특별한) 법적인 작위의무가 존재할 때에만 행위책임을 발생시킨다. 따라서 그와 같은 법적 의무가 존재하지 않는 '단순한 무위(無爲)'(bloße Untätigkeit)는 경찰행정법상으로는 아무런 의미가 없다.

### (3) 행위책임의 소멸

행위책임은 사람의 행위로부터 발생한 결과에 대한 책임이기 때문에 그 책임을 부담하게 되는 자가 존재하지 않게 되면 행위책임은 소멸한다. 따라서 자연인(또는 법인)의 행위로 인하여 행위책임이 발생한 경우, 행위책임은 행위책임자의 사망(또는 법인의 합병)에 의하여 소멸한다.

## 2. 행위책임의 귀속원리로서의 원인야기(Ⅰ)[145) – 일반이론

경찰책임은 그의 본질상 형법상의 책임과 달리 단순한 원인책임(原因責任, Kausalhaftung)이다. 따라서 어떤 사람이 경찰책임자로 간주되어 경찰권 발동의 대상이 되기 위하여서는 그가 경찰법상의 위험을 야기하고, 그의 행위가 위험과 인과관계가 있을 것을 전제조건으로 한다.

그런데 실제로 위험이 발생한 경우를 보게 되면, 위험은 단지 하나의 요소에 의하여 야기되는 것이 아니라 병존하는 또는 연결되어 있는 다수의 인과관계적 요소, 즉 근인(近因)과 원인(遠因)의 결합에 의하여 야기되는 것이 보통이다. 따라서 누가 경찰책임자인가를 결정함에 있어서는 다수의 인과관계의 요소 중에 과연 어느 것을 위험에 대한 원인으로 선택할 것인가가 문제된다. 이 때문에 경찰행정법의 영역에서 어떠한 기준에 따라 행위와 결과 간의 인과관계를 결정할 것인가의 문제가 발생하게 되는 것이다.

## 3. 행위책임의 귀속원리로서의 원인야기(Ⅱ) – 경찰책임의 귀속이론

경찰책임은 형법이나 민법상의 책임과 달리 단순한 원인책임의 성질을 갖는데, 이는 경찰법의 영역에서는 인과관계만 인정되면 바로 경찰책임이 성립한다는 것을 의미한다. 따라서 경찰법의 영역에서 인과관계를 인정하기 위한 기준은 – 다른 법 영역에서 사용되어지는 인과관계론을 고려함이 없이 – 이러한 경찰법적 기능에 알맞게 결정되어야 한

---

145) 경찰책임의 귀속원리로 설명되는 '원인야기'는 인과관계를 뜻하는 것으로 받아들일 수 있는바, 이러한 인과관계의 존재는 행위책임은 물론이고 상태책임의 성립을 위한 전제조건을 이룬다. 왜냐하면 상태책임에서도 단지 위험을 야기하고 있는 물건만이 문제가 되기 때문이다[Vgl. Pietzcker, "Polizeirechtlich Störerbestimmung nach Pflichtwidrigkeit und Risikosphäre", DVBl. 1984, 457 ff. (458), 異說 있음]. 그러나 인과관계의 문제는 주로 행위책임과 관련하여 발생하는 것이 일반적이므로, 본서에서는 인과관계의 문제를 행위책임과 관련지어 상세히 설명하는 방식을 취하기로 한다.

다는 것에 관한 한 이론(異論)이 없다. 그러나 구체적으로 어떠한 기준에 따라 인과관계를 인정하여 경찰책임자를 결정할 것인가의 문제에 관하여는 명문의 규정이 존재하지 않으므로 이러한 문제의 해결은 학설상 발전되어 온 경찰책임의 귀속이론에 의존할 수밖에 없다.[146) 지금까지 제시된 학설로는 다음과 같은 것이 있다.

## (1) 조건설

형법에서 발전된 조건설(Bedingungstheorie)은 그것이 없었다면 위험이 발생하지 않았을 것이라고 인정되는 '모든' 조건을 결과에 대한 법적 의미에서의 원인이 되는(kausal) 것으로 보는 견해[147)로서, 독일제국법원의 conditio－sine－qua－non(원인 없으면 결과 없다)라는 공식이 그의 시발점을 이룬다.[148)

형법에서는 위법성조각사유나 책임조각사유(고의·과실)에 의한 책임의 제한이 행해지지만, 경찰법에서는 그와 같은 책임의 한계를 획정하는 장치(또는 책임을 제한하는 여과장치)가 없다. 따라서 조건설에 따르면 인과관계가 무한히 확대되는 결과를 가져온다. 이러한 점을 고려할 때, 조건설은 경찰법에서는 적용되기 곤란하다.

## (2) 상당인과관계설

민법에서 (주로 불법행위와 관련하여) 발전되어 온 상당인과관계설(Adäquanztheorie)은 "경험법칙에 따를 때 일반적으로 발생한 것과 같은 종류의 위험이나 장해를 야기하기에 적합한 조건만이 경찰책임에 있어서의 (또는 법적 의미에서) 원인으로 고려된다"는 것을 그 내용으로 한다.[149) 이러한 내용의 상당인과관계설은 경찰법에서 일반적으로 통용될 수 없는바, 그 이유는 다음과 같다.[150)

---

146) 경찰책임의 귀속이론에 관하여는 서정범, "경찰책임의 귀속원리로서의 원인야기", 강원법학 제10집, 1998, 471쪽 아래; 손재영, "경찰법에 있어서 위험귀속의 법리 － 행위책임에 있어서의 위험귀속과 그 한계를 중심으로 －", 동아법학 제52집, 2011, 255쪽 아래; Hollands, Gefahrenzurechnung im Polizeirecht, 2005.
147) 조건설은 이처럼 중요한 결과를 초래하는 모든 조건을 동가치적으로 파악하고 있다는 점에서 등가설(等價說, Äquivalenztheorie)이라고도 한다.
148) RGStE, 44, 230 ff. 참조.
149) 이처럼 상당인과관계설은 이형적인, 예견될 수 없는 인과관계의 진행을 책임의 근거에서 제외시키고 있는바, 이 때문에 다수인의 이익조절이라는 민법상의 요구에 잘 부응하고 있다는 평가를 받고 있다.
150) 이하의 설명에 관하여는 vgl. Drews/Wacke/Vogel/Martens, Gefahrenabwehr, S. 312; Schenke, Polizei－ und Ordnungsrecht, Rn. 241; Würtenberger/Heckmann/Tanneberger, Polizeirecht in

첫째, 상당인과관계설은 우선 효과적인 위험방지라는 경찰법의 요청을 충족시킬 수 없다. 왜냐하면 사회생활에 있어서는 인과관계의 진행에 있어 예측할 수 없는 이형적인 위험, 환언하면 조건과 결과 간의 상당성이 결여되어 있는 위험이 존재할 수도 있는데, 경찰은 그와 같은 위험을 방지하기 위하여서도 경찰권을 발동할 수 있어야 하기 때문이다. 이런 점을 고려하면 상당인과관계설은 인과관계의 폭을 지나치게 좁히는 결과를 가져온다고 할 수 있다.

둘째, 경험칙에 따를 때 예측가능한 모든 결과에 대하여 경찰법상의 책임이 인정될 수는 없다. 예컨대 상당인과관계설에 따르면 임대차계약의 해지통고를 하고 명도판결을 강제집행하는 임대인은 - 그가 임차인의 노숙의 상태에 대한 상당한 원인을 제공하였기 때문에 - 임차인의 노숙의 상태에 대하여 경찰책임자로서 경찰권발동의 대상이 되어야 할 것이다. 그러나 임대인은 단지 민법에 의해 자신에게 인정되는 임대인의 권리를 행사하고 있을 뿐이므로, 이러한 결론은 전혀 타당하지 못하다. 이런 점을 고려하면 상당인과관계설은 때로는 경찰책임을 너무 확대시키는 결과를 가져 온다.

셋째, 실제에 있어 상당성이 있는 것과 그렇지 않은 것과의 한계를 획정하기가 어렵다.

### (3) 직접원인설

전술한 조건설이나 상당인과관계설에 의해서는 해결할 수 없는 경찰법상의 인과관계의 특수성을 고려하여 경찰법의 목적에 타당한 고유한 인과관계의 개념을 발전시키려는 시도가 학설과 판례상 행해져 왔는바, 이러한 과정에서 제일 먼저 직접원인설(Theorie der unmittelbaren Verursachung)이 등장하게 되었다.

1) 내용: 직접원인설은 "스스로 위험의 영역(Gefahenschwelle, od. Gefahrengrenze)에 들어가는(überschreiten) 행위, 즉 그 자체가 구체적인 위험 또는 장해를 '직접적으로' 초래하는 행위만이 경찰법상의 원인으로 고려된다"는 것을 내용으로 한다(다수설/판례).

직접원인설의 요청에 따르면 경찰위반의 결과에 대한 사소한, 단지 간접적인 원인은 경찰책임을 발생시키지 않는다. 이처럼 단지 간접적인 원인을 야기한 사람을 '간접원인제공자(Veranlasser)'라고 하는바, 그는 경찰책임자가 아니며, 따라서 경찰권 발동의 대상이 되지 않는다. 한편 이와 같은 직접원인설의 요청에 대한 중요한 예외를 이루는 것으로 '의도적 간접원인제공자(Zweckveranlasser)'가 있다(이에 관하여는 후술 참조).

---

Baden - Württemberg, Rn. 302.

2) 비판: 직접원인설은 실제로는 시간적으로 최후에, 독립한 의사결정에 근거하여 인과관계의 진행에 관여한 자가 누구인지를 판단의 기준으로 삼고 있다. 이러한 직접원인설의 설명은 명확하다는 장점은 있으나, 다음과 같은 단점이 있다.

첫째, 시간적으로 최후에 행해진 행위만이 인과관계의 사슬에 있어서 위험의 영역을 넘어서게 되는 원인이 되는 것은 아니다.

둘째, 최후에 행해진 행위를 기준으로 하는 것은 때로 경찰법이 달성하고자 하는 목적의 달성을 곤란케 할 수가 있다. 왜냐하면 최후의 행위가 행해지는 시점에서는 위험이 이미 구체화되어서 최후의 행위자에게 경찰권을 발동할 수 없거나, 그 시점에 이르러 위험을 방지하려면 과도한 희생이 뒤따르게 되기 때문이다.[151]

3) 의도적 간접원인제공자 이론: 의도적 간접원인제공자 이론은 「어떤 사람이 그 자체로는 아무런 문제가 되지 않는 행위이지만 그 행위를 다른 사람이 공공의 안녕 또는 질서를 해하는 행위를 하도록 할 목적으로 행하였다면, 다른 사람의 행위는 그에게(의도적 간접원인제공자에게) 귀속된다」는 것을 핵심내용으로 한다.[152] 한편 다른 사람의 행위를 이유로 의도적 간접원인제공자의 행위책임이 인정되기 위하여는 간접원인제공과 위험을 가져오는 행위 사이에 긴밀한 내적 관계(內的 關係, innerer Zusammenhang)가 형성되어 있어야 한다.[153]


## (4) 위법원인설

후르스트(Hurst)의 이론에 영향을 받아 슈누어(Schnur)에 의하여 창시된[154] 위법원인설은 법질서에 의하여 자신에게 주어진 법적 영역(권리영역)을 일탈하는 경우, 즉 경찰책임자에게 적용되는 법규를 침해하는 위법한 행위가 있는 경우에만 경찰법상의 인과관계의 존재를 인정한다.

위법원인설은 특별한 행위규범이 존재하는 경우에는 행위규범의 수범자(受範者, Adressat)가 명백히 밝혀질 수 있기 때문에 매우 유용한 이론이 될 수 있다. 그러나 실제로

---

151) Gusy, Rn. 335.
152) 의도적 간접원인제공자론에 관하여 자세한 것은 서정범, "경찰권발동에 관한 연구", 고려대학교박사학위논문, 1992, 86쪽 아래; Erbel, "Zur Polizeipflichtigkeit des sog. Zweckveranlassers", JuS 1985, 257 ff.; Muckel, "Abschied vom Zweckveranlasser", DÖV 1998, 18 ff.; Schoch, "Der Zweckveranlasser im Gefahrenabwehrrecht", Jura 2009, 360 ff.
153) 다만 그러한 '긴밀한 내적 관계'의 존재를 무엇을 기준으로 판단할 것인가에 관하여는 학설의 대립이 있는바, 그러한 학설에 관하여 자세한 것은 서정범, 경찰행정법, 171쪽 아래 참조.
154) Vgl. Schnur, "Probleme um den Störerbegriff im Polizeirecht", DVBl. 1962, 1 ff.

누구를 경찰책임자로 볼 것인지가 다투어지는 많은 경우에 있어서는 그러한 특별한 행위 규범이 존재하지 않는 경우가 대부분이다. 따라서 위법원인설만으로는 어떤 행위가 언제 위법한 것이 되는가에 관하여 기준을 제공하지 못하게 되는 면이 있다. 뿐만 아니라 위법원인설이 기준으로 삼는 위법성이란 기준은 법규위반 등을 문제삼지 않는 경찰책임의 이론과는 본래 어울리지 않는다. 이러한 문제점 때문에 위법원인설은 학설상 많은 지지를 받고 있지는 못하다. 판례 또한 기껏해야 경찰책임을 부인하기 위한 논거로서 동 이론을 채용하고 있거나, 아니면 동 이론이 적합하지 않다는 것을 이유로 적용을 거부하고 있을 뿐이다.

### (5) 사회적 비상당원인설

위법원인설의 가장 큰 문제는 특별한 행위규범이 존재하지 않는 경우에는 어떤 행위가 언제 위법한 것이 되는지에 관한 기준을 제공하지 못한다는 것이다. 사회적 비상당원인설 (社會的 非相當原因說, Theorie der sozialinadäquaten Verursachung)은 바로 이처럼 특별한 행위 규범이 존재하지 않는 경우에 경찰법상의 원인야기의 개념을 규정하기 위한 중요한 관점을 제공하기 위하여 등장한 이론으로, 특별한 행위규범이 존재하지 않아서 법적으로 규율되지 않는 행위의 경우에는, 일반적인 생활위험을 사회적으로 비상당(非相當)한 방법으로 제고시킨 자가 경찰책임자가 된다는 것이다.155)

그러나 '사회적으로 상당성이 없다'라는 기준은 그것만으로 경찰법상의 원인야기 여부를 명백히 구분할 수 없는 경우가 많다는 점이 문제시된다.

## 4. 제3자의 행위에 대한 책임

### (1) 시원적 책임과 추가적 책임

행위책임은 원칙적으로 '자신의 행위'에 의하여 야기된 위험을 방지할 책임을 말한다. 따라서 형사미성년자 또는 피성년후견인(被成年後見人) 등의 행위에 대하여는 1차적으로 그들 자신의 행위책임이 인정된다. 이러한 점을 고려하여, 독일에서는 이러한 책임을 '시원적 책임(始原的 責任, originäre Haftung)'이라고 부르고 있다.

---

155) Gusy, Polizeirecht, Rn. 339.

다만 형사미성년자 또는 피성년후견인 등의 행위에 대하여는 그들의 보호의무자가(부모나 후견인 등), 또한 피용인이 직무를 수행하면서 행한 적법한 활동에 대하여는 사용자가 '추가적으로' 행위책임을 부담한다는 것이 인정되어 있다.[156] 독일의 경우 이러한 책임을 추가적 책임(Zusatzhaftung)이라고 한다.[157]

### (2) 추가적 책임의 성질

보호의무자 등의 행위책임은 형사미성년자나 피성년후견인 또는 피용인 등의 책임(시원적 책임)과 중첩적·병렬적으로 지는 책임이다. 보호의무자 등의 행위책임을 중첩적·병렬적 책임이라고 하는 이유는 형사미성년자나 피성년인후견인 또는 피용인이 '시원적' 책임을 부담하기 때문이다.[158]

한편 자기의 보호·감독하에 있는 사람의 행위에 대하여 보호감독자가 부담하는 책임은 경찰법상의 위험을 야기한 형사미성년자나 피성년후견인 또는 피용인자의 지위에 대신하여 부담하는 대위책임(代位責任)이 아니라, 자기의 지배권의 범위 내에서 경찰법상의 위험을 발생케 한 것에 대한 책임으로서 자기책임(自己責任)의 성격을 갖는다.

## Ⅳ. 상태책임

### 1. 상태책임 일반이론

#### (1) 상태책임

상태책임이란 '물건의 상태'로부터 공공의 안녕 또는 질서에 대한 위험이나 장해가 발생한 경우에 그를 방지하거나 제거할 책임을 말한다. 상태책임에서 논하는 물건의 개념은

---

156) 사용자의 책임과 관련하여서는 민법 제756조와는 달리 사용자가 피용인(종업원)의 선임 및 사무감독에 상당한 주의를 하였다는 것을 증명하여도 면책되지 않는다는 것에 주의하여야 한다. 왜냐하면 경찰법의 영역에서는 - 민법 제 750조 이하의 불법행위책임의 경우와 달리 - 고의·과실은 문제가 되지 않기 때문이다.

157) 추가적 책임에 관한 독일에서의 논의에 관하여는 Peine, Die Zusatzverantwortlichkeit im Gefahrena-bwehrrecht, 2012.

158) 우리나라에서 이러한 점을 명시적으로 밝히고 있는 것으로는 김유환, 현대 행정법강의, 683쪽; 홍정선, 신경찰행정법 입문, 120쪽.

민법 제98조의 물건개념에 근거하며, 따라서 여기서 물건이라 함은 "유체물 및 전기 기타 관리할 수 있는 자연력"을 말한다. 동물 또한 여기서의 물건에 속한다. 이러한 상태책임은 그런 상태가 누구에 의하여 발생되었는지의 여부, 또는 상태책임자가 고의나 과실로 그런 위험을 야기하였는지의 여부를 고려함이 없이 전적으로 '물건의 상태'에 의하여 결정된다.

한편 상태책임은 위험 또는 장해가 직접적으로 물건으로부터 발생한 경우에, 즉 물건 그 자체가 직접적인 위험원(Gefahrenquelle)을 형성하고 있는 경우에만 인정된다. 따라서 상태책임의 경우에도 물건의 상태와 위험 또는 장해 간에는 인과관계가 존재하여야 한다.[159]

### (2) 상태책임자

상태책임자는 위험을 야기한 물건의 소유권자 및 그 물건에 대한 사실상의 지배권자 (Inhaber dertatsächlichen Gewalt)가 되는데, 경찰행정법 이론은 '사실상의 지배권자'의 책임에 중점을 두고 있다.[160] 이러한 경찰행정법 이론(구조) 및 법률체계는 소유관계가 분명히 밝혀질 수 없는 경우에 경찰이 소유관계에 관한 조사를 할 필요없이 그 물건의 점유자에게 경찰권을 지체없이 발동하여 위험을 방지할 수 있는 장점을 갖는다.

## 2. 소유권자의 상태책임

### (1) 소유권자의 상태책임 및 한계

어떤 물건으로부터 경찰법상의 위험이 발생하는 경우에 그 물건의 소유권자는 상태책임자가 된다.

다만 소유권자가 언제나 상태책임을 부담하여야만 하는 것은 아니다. 즉, 그로부터 위험이 발생하는 물건의 소유권자라고 할지라도 물건의 상태에 대하여 법적으로 또는 사실적으로 영향을 미칠 수 없게 된 때에는, 그 한도에서 책임이 면제된다. 예컨대 절도나 압

---

159) 동지: 김동희, 행정법Ⅱ, 223쪽; 홍정선, 행정법원론(하), 481쪽.
160) 상태책임자에 관한 본서의 설명방식은 우리나라의 일반적인 경찰행정법 관련 문헌과는 그 내용을 약간 달리하는 면이 있다. 즉, 우리나라의 경찰행정법 문헌들은 "현실적 지배권을 갖는 사람이 상태책임자가 된다. 물론 소유권자가 상태책임을 부담하는 경우도 있지만, 그것은 그가 소유권자이기 때문이 아니라 소유권자로서 현실적 지배권을 가지고 있기 때문이다"라고 설명하는 방식을 취하고 있다.

류 등으로 물건에 대한 사실상의 지배권을 상실한 소유권자는 절취되거나 압류된 물건으로부터 발생한 위험에 대하여 상태책임을 지지 않는다.

### (2) 소유권자의 상태책임의 소멸

위험을 야기하는 물건의 소유권자가 당해 물건에 대한 소유권을 상실하는 경우에는 소유권자의 상태책임 또한 소멸한다. 다만 소유권의 포기(Dereliktion)에 의하여서도 소유권자의 상태책임이 소멸하는지의 여부에 관하여는 1) 위험을 야기하는 물건의 소유권자가 당해 물건에 대한 소유권을 포기한 경우에는 그의 상태책임이 소멸된다는 긍정설과 2) 위험을 야기하는 물건의 소유권자는 당해 물건에 대한 소유권을 포기한 경우에도 원칙적으로 그의 상태책임을 면할 수 없다는 부정설의 대립이 있다.[161] 소유권자의 지배권이 영속적인 것은 아니므로 소유권자가 포기를 통하여 그의 지배권을 상실하면 상태책임 역시 소멸된다고 보는 긍정설이 타당하다. 또한 긍정설과 부정설이 모두 독일의 통일경찰법모범초안 제5조 제3항을 그들의 근거로 들고 있는 바, 동조의 해석에 있어서도 긍정설이 무리가 없다고 여겨진다.

## 3. 사실상의 지배권자의 책임

### (1) 사실상의 지배권자의 의의

사실상의 지배권자(Inhaber der tatsächlichen Gewalt)란 물건에 대한 지배권을 행사하는 자, 즉 사실상 어떤 물건에 대하여 영향력을 미칠 수 있는 사람을 뜻한다. 이 경우 그 사람이 사실상의 지배권을 소지하게 된 법적 근거는 중요하지 않으며, 단지 그 물건에 대한 특정인의 사실상의 지배가 문제가 될 뿐이다. 따라서 불법점유자(예: 도둑 등) 또한 여기서의 사실상의 지배권자에 해당한다.

### (2) 사실상의 지배권자의 상태책임

사실상의 지배권자의 상태책임은 소유권자의 그것과 원칙적으로 병존한다. 다만 사실

---

161) 이 문제에 관한 전반적 논의에 관하여는 Pischel, "Dereliktion und Haftung des Zustandsstörers", VBlBW 1999, 166 ff.

상의 지배권이 소유권자의 의사에 근거함이 없이, 또는 소유권자의 의사에 반하여 행사된 경우(예: 도둑이나 압류재산의 관리인이 소유권자의 의사에 반하여 사실상의 지배권을 행사한 경우)에는 소유권자의 상태책임은 면제된다.

### (3) 사실상의 지배권자의 상태책임의 소멸

사실상의 지배권자가 그의 사실상의 지배권을 상실하게 되면, 그의 상태책임 또한 소멸된다. 한편 이러한 경우에는 경찰은 (행위책임자가 없는 경우에는) 소유권자에게 경찰권을 발동하여 위험을 방지하여야만 한다.

## 4. 상태책임의 범위

### (1) 상태책임의 무제한성과 그에 대한 반론(反論)

상태책임의 범위(한계)[162]와 관련하여 종래의 지배적인 견해는 "상태책임의 성립에 있어서는 경찰위반의 상태가 어떠한 방식으로 발생하였는지는 중요하지 않다. 따라서 어떠한 위험도 상태택임으로부터 분리될 수 없으며, 그를 공중의 위험이라고 간주하여서도 아니 된다"[163]라는 서술을 통하여 상태책임의 무제한성을 강조해 왔다. 이는 상태책임자는 물건으로부터 발생하는 위험에 대하여 그 원인 - 자신의 행위, 제3자의 행위, 고권력주체의 행위, 자연현상 및 돌발적 사건 등 - 여하를 불문하고 언제나 완전히 책임을 져야 한다는 것을 의미한다.[164] 이러한 견해는 그 논거를 '재산권의 사회적 구속성'(「헌법」 제23조 제2항)에서 찾았다. 즉, 물건으로부터 생기는 이익을 향유하는 소유권자는 그 물건의 사용으로 인하여 발생하는 불이익 또한 스스로 부담할 것이 요구되며, 그 손해가 공중에게 부과되어서는 안 된다는 것이다.[165]

한편 상태책임의 범위가 원칙적으로 무제한이라는 전통적 견해에 대하는 상태책임자가 희생자의 지위(Opferposition)에 있을 수 있다는 관점 또는 과잉금지원칙의 관점에서 끊임

---

162) 이러한 문제에 관하여는 서정범, "상태책임의 한계에 관한 고찰 - 이른바 연계원칙의 종언(終焉)? -", 토지공법연구 제48집, 2010, 479쪽 아래; Mohr, "Zur Begrenzung der Zustandshaftung bei Altlasten", NVwZ 2003, 686 ff.

163) Drews/Wacke/Vogel/Martens, Gefahrenabwehr, S. 320 f. usw.

164) 김동희, 행정법 II, 222쪽; 홍정선, 신경찰행정법 입문, 122쪽.

165) Würtenberger/Heckmann/Tanneberger, Polizeirecht in Baden- Württemberg, Rn. 439.

없이 반론이 제기되어 왔다. 이러한 반론은 무엇보다도 상태책임자가 스스로 위험을 야기하지도 않았고 또한 사전에 그러한 문제점을 알 수도 없었음에도 불구하고 위험방지를 위하여 필요한 많은 경비를 부담하여야 한다고 하면, 그것은 구체적인 경우에 있어 매우 부당한 결과를 가져올 수 있다는 점에 착안하고 있다.

## (2) 상태책임의 한계를 획정하려는 시도(Ⅰ) – 개관

20세기 후반에 들어 상태책임의 범위에 관하여 전통적 견해와 같이 무제한적인 상태책임을 인정하는 것은 구체적인 경우에 있어서 비례의 원칙과 같은 헌법적 요청에 반할 수 있다는 인식이 나타나기 시작했다. 즉, 상태책임의 무제한성을 고수하는 경우 상태책임자에게 예기치 못한 부담, 특히 과중한 경제적 손실을 초래할 염려가 있다는 점이 인정되게 된 것이다. 이러한 인식변화가 상태책임의 범위를 제한하려는 시도가 나타난 배경을 이루는바, 프리아우프(Friauf)의 주장이 그 효시를 이루는 것으로 평가되고 있다.[166] 그러나 Friauf 스스로 밝히고 있는 것처럼, 상태책임의 범위를 제한하고자 하는 시도는 단편적으로는 그보다 훨씬 예전부터 행해져 왔었다. 이러한 점을 고려하면 Friauf의 견해는 상태책임의 제한에 대한 '헌법적 근거'를 최초로 제시하였다는 점에서 그 의미를 찾아야 할 것으로 생각된다. 한편 상태책임의 범위를 제한하려는 시도는 크게 다음과 같이 유형화시켜 볼 수 있다: 즉,

1) 상태책임 자체를 부정하는 견해,

2) 상태책임의 제한을 인정하는 견해(이러한 견해는 다시 상태책임의 내용을 수인의무에 국한시키는 견해와 과잉금지원칙에 의한 해결을 도모하는 견해로 나누어 볼 수 있다).[167]

---

166) Friauf, "Zur Problematik des Rechtsgrundes und der Grenzen der polizeilichen Zustandshaftung", in: FS Wacke, 1972, 293 ff.

167) 이들 견해 이외에도 연계원칙(連繫原則, Konnexitätsprinzip)을 부정하는 방법을 통하여 상태책임의 범위를 제한하려는 견해(Griesbeck, Die materielle Polizeipflicht des Zustandsstörers und die Kostentragungspflicht nach unmittelbarer Ausführung und Ersatzvornahme, 1991)가 주장되고 있으며, 저자 역시 그러한 견해에 찬동하고 있다. 그러나 연계원칙을 부정하는 것을 전제로 하는 논의는 독일의 경우에도 학설상 전혀 지지를 받지 못하고 있으며, 우리나라의 경우에는 아예 소개되지도 않고 있는 실정이어서 설명을 약하기로 한다(이에 관하여 자세한 것은 서정범/김연태/이기춘, 경찰법연구(제3판), 세창출판사, 2018, 390쪽 아래).

### (3) 상태책임의 한계를 획정하려는 시도(II) - 상태책임 자체를 부정하는 견해

일정한 경우에 소유권자 등의 상태책임 자체가 부정될 수 있다는 것을 전제로 상태책임의 범위를 제한하려고 하는 견해는 Friauf에 의해 대표된다. Friauf도 물건의 소유자의 상태책임은 '원칙적으로는' 무제한이라는 점을 인정하였다. 다만 Friauf는 "자신(물건의 지배자로서의 속성)과 관련되지 않은, 즉 공중과 관련된 위험영역(전쟁, 현대의 대량교통 등)에서 발생하는 위험까지 소유자에게 부담시키는 것은 타당하지 않다"고 하여 상태책임의 범위가 제한될 수 있음에 대한 헌법적 근거를 최초로 제시하였다.

그러나 이처럼 일정한 경우에 있어 소유권자를 비책임자로 보게 되면 '경찰상의 긴급상태(후술하는「비책임자에 대한 경찰권 발동」참조)'라는 매우 제한된 조건하에서만 소유권자에게 경찰권을 발동하는 것이 허용되며, 그 결과 경찰의 과제인 위험방지의 직무를 효과적으로 수행하는 것이 현저하게 곤란해지거나 불가능해진다.


### (4) 상태책임의 한계를 획정하려는 시도(III) - 상태책임의 제한을 인정하는 견해

상태책임의 '제한'을 통하여 상태책임의 한계를 획정하려는 시도는 크게 두 가지 방향으로 나타나는데, 그 하나는 상태책임의 내용을 수인의무(受忍義務)에 국한시키는 견해이고, 다른 하나는 과잉금지의 원칙에 따른 해결을 도모하는 견해이다.

1) 상태책임의 내용을 수인의무에 국한시키는 견해: 이러한 견해는 상태책임의 성립은 인정하면서, 상태책임의 내용을 수인의무에 국한시키는 방법을 통하여 그로 인한 불합리한 결과(특히 과다한 경제적 손실)를 제거하고자 한다. 이러한 시도를 행한 대표적 학자로는 「토지나 가옥의 소유권자의 상태책임을 인정하는 경우에도 그의 책임은 수인의무에 국한되며, 따라서 그는 위험방지에 소요된 비용을 부담할 의무는 없다」고 주장한 파피어(Papier)를 들 수 있다.[168]

2) 과잉금지의 원칙에 따른 해결을 도모하는 견해: 상태책임의 범위를 무제한적으로 인정하는 경우 발생하는 문제를 과잉금지원칙을 통하여 해결하고자 하는 견해는 제1차적 측면, 즉 경찰책임단계에서는 토지소유자 등을 상태책임자로 확정한 후에, 위험방지 등에 소요되는 비용을 전적으로 그에게 부담시키는 경우에 발생하는 불합리성은 과잉금지원칙을 가지고 해결하고자 한다. 그 대표적 논자로는 마르텐스(Martens)를 들 수 있으며,[169]

---

168) Papier, "Altlasten und polizeiliche Störerhaftung", DVBl. 1985, 873 ff. (878); ders., "Die Verantwortlichkeit für Altlasten im öffentliches Recht", NVwZ 1986, 256 ff.

잔존유해물질(殘存有害物質, Altlasten)에 관한 2001년의 독일 연방헌법재판소의 결정 역시 근본적으로는 이러한 Martens의 입장에 따르고 있는 것으로 보인다. 다만 2001년의 독일 연방헌법재판소 결정의 내용이나 의미, 그리고 그에 대한 비판론 등에 관하여는 번호를 바꾸어 이하에서 상론하기로 한다.

## (5) 상태책임의 한계를 획정하려는 시도(Ⅳ) - 독일 연방헌법재판소의 입장

1) 사안 및 결정내용: 독일 연방헌법재판소의 결정의 전제가 되었던 사건은 토끼가죽으로 모자를 제조하다 폐업한 기업이 공장으로 사용하던 부지를 경매를 통하여 취득하였는데, 토지취득 후 토끼가죽의 탈지(脫脂)작업을 위해 사용하였던 염화탄산수소로 인하여 당해 토지와 지하수가 심각하게 오염되어 있음이 확인된 사례이다.

독일 연방헌법재판소는 문제가 된 사례의 경우처럼 잔존유해물질이 문제되는 경우에 있어서는 독일기본법 제14조의 재산권보장과 비례의 원칙이란 관점을 고려하여 토지소유자의 상태책임이 제한될 수 있는 가능성이 있음을 인정하였다.[170] 특히 종래의 학설들이 상태책임자의 비용부담과 관련하여 기대가능성이란 한계는 인정하였지만 그 기준을 구체화시키지 못하였던 것에 비하여, 2001년 독일 연방헌법재판소의 결정은 형량의 기준을 구체적으로 제시하고 있다는 점에서 이전의 학설이나 판례와는 확연히 구별되는 특징을 갖는다.

2) 형량의 기준: 독일 연방헌법재판소가 형량의 기준으로 제시한 내용은 다음과 같다.

(가) 토지의 거래가치: 무엇보다도 토지의 거래가치가 기대가능성의 한계를 이룬다. 따라서 극단적인 경우 토지소유자는 위험방지를 위하여 토지의 거래가치 전부를 희생하여야 하는 경우도 있으나, 어떠한 경우에도 그의 거래가치를 넘어서까지 희생을 감수할 필요는 없다.

(나) 토지소유자의 선의(善意)·악의(惡意) 등: 토지소유자가 그러한 위험을 인식하고 그를 감수한 경우(예컨대 토지의 취득 당시에 이미 잔존유해물질이 존재한다는 것을 인식하고 있었던 경우) 또는 토지소유자가 행위책임자로서 위험을 야기한 경우(예컨대 쓰레기장의 경영과 같은 위험한 방식으로 토지를 사용하는 것을 허락한 경우 등)에는 정화된 토지의 거래가치를 상회하는 비용부담도 원칙적으로 기대가능성이 있는 것으로 간주된다.

한편 소유권자가 토지의 취득 당시에 과실로 그러한 사실을 인식하지 못한 경우에는

---

169) Drews/Wacke/Vogel/Martens, Gefahrenabwehr, S. 320 f.
170) BVerfGE 102, 1 ff.

'과실의 정도'가 고려되어야 한다. 따라서 잔존유해물질의 존재를 알지 못한 것에 중대한 과실이 있는 경우에는 기대가능성이 없는 것으로 보기 곤란하다.

(다) 토지의 정화비용 등: 예외적으로 토지소유자에게 과해지는 비용부담이 토지의 거래가치를 넘어서지 않는 경우에도 기대가능성이 없는 것으로 간주될 수 있다. 즉, 정화되어야 할 토지가 상태책임자의 재산의 가장 중요한 부분으로서 그와 그의 가족이 삶의 근거를 이루고 있는 경우에는, 토지소유자가 그의 경제적 사정을 고려할 때 더 이상 토지를 유지할 수 없는 경우라면 토지소유자에게 정화비용을 부담시키는 것은 기대가능성의 한계를 벗어나는 것이 된다. 다만 오염토지의 정화비용이 정화가 이루어진 후에 토지소유자가 그 토지를 계속 사용함으로써 얻어지는 이익보다 적은 경우라면 토지소유자에게 정화비용을 부담시키는 것은 기대가능성의 한계를 벗어나지 않는 것이 된다.

3) 연방헌법재판소의 결정에 대한 비판론: 연방헌법재판소의 결정에 대하여는 비판론 또한 상당한바, 이러한 비판론의 주요 논지는 다음과 같다. 즉,

첫째, 연방헌법재판소는 경찰행정청과 법원에게 실무상 거의 극복하기 어려운 과제를 부여하고 있다. 즉, 연방헌법재판소의 입장에 따르면 경찰행정청은 어떤 조치(예: 정화결정)를 취하기에 앞서 토지의 거래가치를 올바르게 산정하여야 하며, 나아가 경우에 따라서는 토지취득 당시의 토지소유자의 선의와 악의도 확인하여야 한다. 또한 토지의 정화비용을 예측하여 산정하여야 하며, 경우에 따라서는 토지의 이용을 통하여 얻어지는 재산적 이익에 대해서도 고려하려야 하는 문제가 발생한다.[171]

둘째, 이처럼 경찰행정청에게 어떤 조치를 행하기에 앞서 전술한 바와 같은 심사를 하여야 할 것을 요구한다면 이는 상태책임이란 법제도 자체를 거의 무의미하게 만들 수 있다. 왜냐하면 경찰법에서는 위험방지가 가장 중요한 문제이며, 이를 위하여 행해지는 조치는 가능한 한 신속하게 행해질 수 있어야만 하기 때문이다.[172]

셋째, 독일 연방 헌법재판소의 결정 내용과 같은 방식으로 상태책임의 제한을 인정하는 것은 다른 사람(특히 고의·과실이 없는 행위책임자)에게 그러한 책임의 제한이 인정되지 않는다고 하면 평등의 원칙에 어긋나게 책임을 제한하는 것이 된다.[173]

4) 평가: 독일 연방헌법재판소의 결정에 대한 평가는 다음과 같이 갈리고 있다. 즉,

(가) 독일 연방헌법재판소의 결정에 대하여는 「'전부 또는 전무'라는 양자택일적 방식을 넘어섬으로써 법정책적으로 만족할 만한 해결을 가능하게 한다. 그리고 이러한 결정을

---

171) Knopp, "Bundes—Bodenschutzgesetz und erste Rechtsprechung", DÖV 2001, 441 ff.
172) Ruder/Schmitt, Polizei— und Ordnungsrecht Baden—Württemberg, 7. Aufl., 2011, Rn. 271.
173) Gusy, Polizeirecht, Rn. 368.

통하여 어떠한 요건 하에, 그리고 어느 정도의 범위 내에서 상태책임자에게 비용을 부담시키는 것이 헌법에 합치되는가?라고 하는 경찰법상 상태책임의 범위에 관한 문제가 해결되었다」고 하여 긍정적으로 평가하는 입장[174]과

(나) "과잉금지의 원칙에 근거하여 상태책임자의 실질적 경찰책임을 제한하고자 하는 연방헌법재판소의 결정에도 불구하고 단지 토지소유자만이 이러한 헌법적 차원의 특권을 향유하는 것인지, 아니면 모든 상태책임자의 상태책임이 제한되어야 하는 것인지에 대하여는 아무것도 결정된 바 없다"는 것을 논거로 연방헌법재판소의 결정에 나타난 입장을 전면적으로 받아들이기는 곤란하다고 하면서 소극적 평가를 내리는 입장의 대립이 있다.

# V. 다수의 경찰책임자에 관한 법적 문제

## 1. 개관

경찰은 경찰상 위해의 방지, 제거를 위하여 경찰책임자에게만 경찰권을 발동할 수 있다. 그런데 현실에 있어서는 하나의 경찰상 위해에 대하여 다수의 경찰책임자가 존재하는 경우가 많은바, 그 이유는 무엇보다도 현대사회에 있어서의 분업의 증가 및 현대사회의 복잡한 생활관계에서 찾을 수 있다. 한편 다수의 경찰책임자가 존재하는 유형으로는 ① 다수의 행위책임자가 존재하는 경우, ② 다수의 상태책임자가 존재하는 경우 및 ③ 행위책임자와 상태책임자가 경합하는 경우 등이 있다.[175]

하나의 경찰상 위해에 대하여 다수의 경찰책임자가 존재하는 경우, 법적으로는 다음의 두 가지가 문제가 제기될 수 있다. 즉,

(1) 경찰상의 위해를 방지·제거하기 위하여 다수의 경찰책임자 중 누구에게 경찰권을 발동할 것인가의 문제, 환언하면 직접적으로 경찰권발동의 대상이 된 경찰책임자가 그에게 공동책임자(Mitstörer)가 있다는 것을 이유로 어느 정도까지 그에 대한 경찰의 조치에 저항할 수 있는지의 문제와,

(2) 경찰이 다수의 경찰책임자 중에서 오직 한 사람에게만 경찰권을 발동하였다면, 그

---

174) Huber/Unger, "Grundlagen und Grenzen der Zustandsverantwortlichkeit des Grundeigentümers im Umweltrecht", VerwArch. 96 (2005), 139 ff.
175) 본서에서 '다수의 경찰책임자에 관한 법적 문제'라는 이름에서 다루는 내용을 '경찰책임의 경합'이라는 문제로 설명하는 경우도 있다(홍정선, 신경찰행정법 입문, 122쪽 아래).

자가 내부관계에서 경찰권이 발동되지 않은 다른 경찰책임자에 대하여 비용상환청구 (Ausgleichanspruch)를 할 수 있는지의 문제가 있는 것이다.176)

## 2. 다수의 경찰책임자 중 누구에게 경찰권을 발동할 것인가?

### (1) 의무적합적 선택재량

다수의 경찰책임자가 존재하는 경우에 누구에게 경찰상의 조치를 취할 것인가는 원칙적으로 경찰의 선택재량에 맡겨져 있다. 따라서 경찰행정청은 그에게 부여된 선택재량에 따라 택일적으로 한 명에게만, 또는 다수의 경찰책임자 전부에게 동시에 경찰권을 발동할 수 있다. 다만 다수의 경찰책임자 중에서 누구에게 경찰권을 발동할 것인가에 관하여 경찰행정청에게 (민법상의 연대채무관계에 준하는) 무제한의 선택재량이 인정되는 것은 아니다. 즉, 이 경우의 선택재량도 완전히 자유로운 것은 아니고 일정한 법적 구속을 받는다. 이러한 점을 고려하여 오늘날에는 이처럼 다수의 경찰책임자가 존재하는 경우 경찰행정청에게는 '의무적합적(pflichtgemäß)' 선택재량이 인정된다고 설명하고 있다.

### (2) 선택재량행사의 기준177)

1) 위험방지의 효율성(Effektivität): 경찰은 공공의 안녕 또는 질서에 대한 위험방지를 목적으로 한다. 따라서 다수의 경찰책임자간의 선택을 하는 데 있어서도 어떤 경찰책임자에게 경찰권을 발동하는 것이 위험을 가장 신속하고 효과적으로 제거할 수 있는지에 중점을 두어 판단하여야 한다. – 신속하고 효과적인 위험방지의 원칙(Der Grundsatz der schnellen und wirksamen Gefahrenbekämpfung).

2) 비례의 원칙: 다수의 경찰책임자 간의 선택의 문제를 위험방지의 효율성이란 관점

---

176) 다수의 경찰책임자에 관한 법적 문제 일반에 관하여는 김현준, "수인의 경찰책임자", 공법연구 제35집 3호, 2007, 233쪽 아래; 서정범, "다수의 경찰책임자에 관한 법적 문제", 공법연구 제24권 제2호, 1996, 383쪽 아래; Garbe, "Die Störerauswahl und das Gebot der gerechten Lastenverteilung", DÖV 1998, 632 ff.; Schoch, "Störermehrheit im Polizei- und Ordnungsrecht", Jura 2012, 685 ff.

177) 다수의 경찰책임자가 존재하는 경우에 경찰에게 인정되는 선택재량을 축소시키려는 경향은 오래전부터 나타나고 있었는데, 이때 적용되는 일반적인 재량권 행사의 기준으로는 종래 다음과 같은 것이 들어져 왔다: ① 원인을 야기한 정도, ② 원인제공의 시점(時點), ③ 행위책임과 상태책임, ④ 이중책임자 (Doppelstörer), ⑤ 급부능력, 고의·과실 등. 다만 오늘날에는 이러한 선택재량 행사의 기준들은 단지 일반적인 경우에 통용되는 지침에 그칠 뿐이며, 엄격히 적용되어야 할 법원칙은 아니라는 점이 강조되고 있다(유지태/박종수, 801쪽; Drews/Wacke/Vogel/Martens, Gefahrenabwehr, S. 303).

에서 해결하려고 하는 경우에도 과연 어떠한 조치를 위험방지에 효율적이라고 볼 수 있는가의 문제가 남는데, 이는 결국 비례의 원칙에 따라 해결하여야 한다. 이렇게 볼 때, 비례의 원칙은 '위험방지의 효율성'을 보완하는 기능을 한다.[178]

### (3) 보론: 구체적 사례의 해결 - 행위책임과 상태책임의 경합의 문제

1) 문제의 제기: 유조차 운전자의 과실로 차량이 전복되어 흘러나온 기름이 인근 토지에 스며들어 지하수를 오염시키고 있는 경우, 경찰은 누구에게 경찰권을 발동하여야 하는 것일까?

2) 설문과 같이 (유조차 운전자)의 행위책임과 (인근 토지의 소유자나 정유회사) 등의 상태책임이 경합하는 경우에 있어서는 "행위책임이 상태책임에 우선한다"는 원칙이 적용되며, 따라서 다른 결정은 재량권의 행사를 하자 있게 만든다고 하는 것이 종래의 지배적 견해였다. 그러나 오늘날에는 행위책임자와 상태책임자가 경합하는 경우에 행위책임 우선의 원칙을 일괄적으로 적용할 수는 없다는 것에 학설이 사실상 일치하고 있다. 왜냐하면 설문과 같은 사례에 있어 만일 행위책임이 상태책임에 우선한다는 원칙을 고집하게 되면 흘러나온 기름의 소유자로서 상태책임자인 석유회사 대신에 행위책임자인 가난한 운송회사직원(유조차 운전사)이 경찰책임자로서 지하수의 오염방지를 위해 지출된 비용을 부담하여야 한다는 결론에 이르게 되는데, 이러한 결론은 전혀 타당하다고 할 수 없기 때문이다.

따라서 행위책임자에게 경찰권을 발동할 수 없거나[179] 행위책임자가 법적 · 사실적 및 재정적 관점에서 신속하고 효과적인 위험방지를 할 수 있다는 것이 보장되지 않을 경우 등에는 상태책임자가 행위책임자보다 우선하여 책임을 져야 하는 경우도 있을 수 있다.[180] 결국 행위책임자와 상태책임자가 경합하는 경우에도 누구에게 경찰권을 발동할 것인가를 결정함에 있어서는 비례의 원칙에 의하여 제한을 받는 위험방지의 효율성을 기준으로 하는 것이 타당하다.

---

178) 다수의 경찰책임자가 존재하는 경우에 있어서의 선택재량의 기준의 문제에 관하여 자세한 것은 이기춘, "다수의 경찰질서책임자이론의 역사적 개관 및 선택재량지도원칙에 관한 연구", 토지공법연구 제73집 제2호, 2016, 417쪽 아래.

179) 경찰행정청이 행위책임자(예: 사고자동차의 운전사)가 누구인지 알 수 없는 경우 및 기타 사실적인 이유로 위험방지를 위하여 행위책임자에게 경찰권을 발동할 수 없는 경우가 그 예이다.

180) Schenke, Polizei- und Ordnungsrecht, Rn. 286.

## 3. 비용상환청구의 문제

### (1) 문제의 의의

다수의 경찰책임자 중 오직 한 사람에게만 경찰권이 발동된 경우, 그 자가 내부관계에서 경찰권이 발동되지 않은 다른 경찰책임자에 대하여 비용상환청구(Ausgleichanspruch)를 할 수 있는지의 여부가 많이 다투어지고 있다. 이러한 사정은 오늘날의 현대사회에서 대규모의 시위나 가옥의 불법점유로 인한 손해, 잔존유해물질 등으로 인한 환경에 대한 유해한 영향 등과 같이 재정적 부담이 아주 큰 경우가 발생하면서 비용상환청구의 문제가 관계인들에게 중대한 의미를 갖게 된 것에서 그 이유를 찾을 수 있다.

### (2) 학설의 대립

이러한 문제에 대한 실정법상 규정은 찾아 볼 수 없으며, 그 결과 이 문제는 전적으로 학설에 맡겨져 있다.

1) 긍정설: 다수의 경찰책임자 중에서 어느 한 사람에게만 경찰권이 발동된 경우, 그 자는 경찰권이 발동되지 않은 다른 경찰책임자에게 비용상환청구권을 행사할 수 있다는 견해로, 긍정설은 연대채무나 사무관리에 관한 민법 규정의 유추적용을 그의 근거로 들고 있다.[181]

2) 부정설: 다수의 경찰책임자 중 어느 한 사람에게만 경찰권이 발동된 경우 경찰권 발동의 대상이 된 사람은 경찰권이 발동되지 않은 다른 경찰책임자에 대하여 비용상환청구권을 행사할 수 없다는 견해인데, 그 논거는 다음과 같다.

첫째, 사무관리 규정의 유추적용 불가: 이 경우에는 경찰권발동의 대상이 된 경찰책임자는 자신의 일을 하는 것이지 다른 경찰책임자의 사무를 대신 수행하는 것이 아니기 때문에 사무관리 규정의 유추적용은 불가능하다.

둘째, 경찰행정청의 청구가 없는 경우에는 (경찰권발동의 대상이 된 경찰책임자 이외의) 다른 경찰책임자에게 연대채무관계가 인정되기 위한 필요적 전제조건인 '의무자로서의 지위(Pflichten-Status)'가 결여되어 있으므로 연대채무에 관한 규정의 유추적용은 불가능하다

3) 절충설: 비용상환문제를 다음과 같이 경우를 나누어 고찰하여야 한다는 견해이다.

---

181) Götz/Geis, Allgemeines Polizei- und Ordnungsrecht, § 9 Rn. 97; Seibert, "Gesamtschuld und Gesamtschuldnerausgleich im Polizei- und Ordnungsrecht", DÖV 1983, 964 ff.

즉, "(가) 다수의 경찰책임자가 존재함에도 불구하고 그 중의 어느 한 사람이 위험방지를 위한 중요한 책임을 갖고 있어서 그에게 경찰권을 발동하는 것만이 재량권의 행사에 하자가 없는 것으로 인정되는 경우에는 그의 비용상환청구권이 부인되지만, (나) 이에 반하여 다수의 경찰책임자 중에서 누구에게 경찰권을 발동할 것인지가 전적으로 경찰행정청의 의사 여하에 달려 있는 경우에는 민법의 연대채무에 관한 규정의 유추에 따른 비용상환청구가 인정되어야 한다"라고 설명하는 견해가 그것이다. 절충설은 특히 (나)의 경우 그와 다른 결론을 인정하게 되면, 위험방지를 위해 소요된 비용을 누가 부담할 것인가의 문제가 순전히 경찰행정청의 우연한 선택에 의존하게 되어 ─ 평등의 원칙이란 관점 하에서 수긍하기 어려운 ─ 불합리한 결과가 야기된다는 것을 주된 논거로 하고 있다.[182]

4) 결어: 다수의 경찰책임자를 둘러 싼 법률관계는 틀림없이 사무관리나 연대채무관계와는 법적 성격을 달리하며, 또 다수의 책임자가 존재하지만 그 중의 어느 한 사람에게 경찰권을 발동하는 것만이 재량권의 행사에 하자가 없는 것으로 인정되는 경우까지도 비용상환청구를 인정할 필요는 없으므로 긍정설을 전면적으로 채용하는 것은 곤란하다. 한편 다수의 경찰책임자 중 누구에게 경찰권을 발동할 것인지가 전적으로 행정청의 의사에 달려 있는 경우에도 비용상환청구를 인정하지 않게 되면 평등의 원칙이란 관점에서 수긍하기 어려운 결론에 달하게 될 것이다. 이렇게 볼 때 결국 절충설의 설명이 가장 무리가 없다고 생각된다.


# VI. 비책임자에 대한 경찰권 발동

## 1. 경찰긴급권 일반이론

### (1) 경찰상의 긴급상태

공공의 안녕 또는 질서에 대한 구체적 위해(危害)에 직면한 경우에 경찰은 원칙적으로 경찰책임자에게 경찰권을 발동하거나 자신의 고유한 수단을 사용하는 방식으로 그에 대처하여야 한다. 그러나 그들 두 가지 방법 모두 공공의 안녕 또는 질서에 대한 급박한 위험을 적시에 방지하기에 적당하지 않은 경우가 있는바, 이러한 상황을 경찰상의 긴급상태

---

182) Schenke, Polizei─ und Ordnungsrecht, Rn. 289.

(polizeilicher Notstand)라고 한다.

## (2) 경찰긴급권의 의의

경찰상의 긴급상태가 존재하는 경우 경찰책임자가 아닌 제3자, 즉 비책임자(非責任者, Nichtstörer)가 위험을 방지할 가능성을 갖고 있다면 경찰은 비책임자에 대하여 위험방지조 치를 취할 수 있다. 즉, 경찰상의 긴급상태 하에서 경찰은 최후의 수단(ultima ratio)으로서 – 행위책임자도 상태책임자도 아닌 – 비책임자에 대하여 경찰권을 발동할 수 있는바, 이러한 경찰의 권한을 경찰긴급권(警察緊急權)이라고 한다.

## (3) 경찰긴급권과 관련된 법적 문제

경찰긴급권과 관련하여서는 다음과 같은 법적 문제가 대두된다. 즉,

1) 경찰책임자가 아닌 제3자에게 경찰권을 발동하는 것은 허용되지만 그것은 경찰책임 자에게 경찰권을 발동하는 경우보다 매우 엄격한 전제조건이 충족된 경우에만 가능하며, 그의 내용상의 범위도 제한을 받는다.

2) 경찰권 발동으로 인하여 손실을 입은 비책임자에게는 상당보상이 행하여져야 하며, 결과제거 청구와 같은 구제수단이 마련되어야 한다.[183]

## 2. 비책임자에 대한 경찰권 발동의 전제조건

### (1) 개관

비책임자에 대한 경찰권 발동은 (경찰책임자에 대한 경찰권 발동에 비하여) 매우 엄격한 전 제조건 하에서만 허용되는바, 전제조건을 개관하면 다음과 같다.[184]

---

183) 경찰긴급권을 둘러싼 법적 문제에 관하여 일반적인 것은 서정범, "비책임자에 대한 경찰권 발동에 관한 법적 고찰", 안암법학 제25집, 2007, 269쪽 아래; Schoch, "Die Notstandspflicht im Polizei- und Ordnungsrecht", Jura 2007, 676 ff.

184) 한편 우리나라의 경찰법 문헌들은 손실보상의 문제를 비책임자에 대한 경찰권 발동이 허용되기 위한 전제조건으로 설명하는 것이 일반적이다. 그러나 이러한 설명은 논리적으로 문제가 있다. 왜냐하면 손실 보상의 문제는 비책임자에게 경찰권을 발동하기 위한 전제조건이라기보다는, 그에 대한 구제의 문제로 보아야 하기 때문이다(동지: 홍정선, 신경찰행정법 입문, 128쪽 아래).

1) 현재의 중대한 위험의 존재

2) 비책임자에 대한 경찰권발동의 보충성

3) (경찰목적을 위한 희생의 한계로서의) 기대가능성

4) 법적 근거의 문제


## (2) 현재의 중대한 위험의 존재

1) 현재의 위험: 현재의 위험(gegenwärtige Gefahr)이란 긴급한 손해의 발생이 예견되는 상태, 즉 가까운 장래에 손해가 발생할 고도의 개연성이 있는 상태를 말한다.[185] 따라서 현재의 위험은 (가) 손해발생의 '시간적인 근접성'(近接性)과 (나) 손해가 발생할 '고도의 개연성'을 구성요소로 한다고 할 수 있다.

2) 중대한 위험: 비책임자에 대한 경찰권 발동이 인정되기 위하여서는 현재의 위험이 존재하는 것 이외에 부가적으로 '중대한 위험(erhebliche Gefahr)'이 존재하여야 하는바, 이는 비례의 원칙으로부터 도출될 수 있다.[186] 여기서 중대한 위험은 일반적으로 중요한 법익에 대한 위험을 의미하는 것으로 이해되고 있다. 한편 여기서의 중요한 법익의 예로는 국가의 존속, 생명·건강 및 자유, 그리고 형법에 의하여 보호되는 법익을 들고 있다.[187]


## (3) 비책임자에 대한 경찰권 발동의 보충성

비책임자에 대한 경찰권 발동은 (경찰책임자에게 경찰권을 발동하거나 경찰 자신의 고유 수단을 사용하는 등의) 다른 방법을 통하여서는 위험의 방지 또는 이미 발생한 장해의 제거가 불가능할 것을·전제조건으로 한다. 즉, 비책임자에게 경찰권을 발동하는 것은 경찰에게 위험을 방지할 수 있는 아무런 가능성도 남아 있지 않을 때 최후의 수단으로서만 허용되는바, 이를 비책임자에 대한 경찰권 발동의 보충성이라고 한다. 한편 비책임자에 대한 경찰권 발동의 보충성과 관련하여서는 다음의 두 가지 문제, 즉 1) 경찰책임자에 대한 조치를 먼저 취할 것 그리고 2) 경찰 자신의 고유한 수단을 먼저 취할 것의 문제를 고찰하여야 한다.

---

185) Götz/Geis, Allgemeines Polizei- und Ordnungsrecht,§ 6, Rn. 27/§ 10 Rn. 6.
186) Schenke, Polizei- und Ordnungsrecht, Rn. 318.
187) Vgl. Götz/Geis, Allgemeines Polizei- und Ordnungsrecht, § 6 Rn. 28/§ 10 Rn. 6.

(가) 공공의 안녕 또는 질서에 대한 위험이 존재하는 경우 경찰은 원칙적으로 경찰책임자에게 위험방지를 위한 조치를 취하여야 한다. 다만 경찰책임자에게 경찰권을 발동하여서는 경찰상의 위험을 방지할 수 없을 때에는 예외적으로 비책임자에게도 경찰권을 발동할 수 있다.

(나) 경찰책임자에 대한 조치가 불가능하거나 불충분하다고 하여 경찰이 바로 비책임자에게 조치를 취할 수 있는 것은 아니다. 오히려 그 경우에도 경찰은 비책임자에게 경찰권을 발동하기에 앞서서 자신의 고유한 수단으로 위험을 방지할 수 있는지의 여부, 있다면 적시에 방지할 수 있는지의 여부를 확인하여야만 한다.

다만 여기서 고유한 수단의 개념은 광의로 이해되어야 한다. 즉, 말 그대로의 경찰 고유의 수단(예: 경찰병력, 무장, 비상대피소, 차단장치 등)을 사용하는 경우는 물론, 권한의 위임을 받은 자에 의하여 행하여지는 것도 경찰 고유의 수단으로 간주될 수 있다.[188] 또한 행정절차법에 따라 행해지는 다른 행정청을 통한 행정응원 또한 경찰행정청의 고유한 수단과 동일하게 이해되어야 한다.[189] 이 경우 재정에 대한 고려는 불필요하다. 즉, 예산이 뒷받침되지 못한다는 것을 이유로, 또는 그 조치를 위하여 소요되는 재정적 지출을 줄이고자 비책임자에게 경찰권을 발동하는 것은 정당화될 수 없다.

### (4) 기대가능성(경찰목적을 위한 희생의 한계)

1) 공공의 안녕이나 질서를 유지하는 것이 궁극적으로 공공복리를 위한 것일 수 있음을 고려할 때 경찰은 이를 위하여 국민에게 일정한 희생을 요구할 수도 있다. 그러나 그 경우에도 기대가능성의 한계를 넘어서는 희생을 요구하여서는 안된다.[190] 따라서 화재가 발생한 병원 안에 있는 거동능력이 없는 환자들을 구조하기 위해 (그의 신체에 대한 침해가능성에도 불구하고) 우연히 자전거를 타고 그 옆을 지나고 있는 자를 정지시켜 불타고 있는 병원건물에 들어가도록 할 수는 없는 것이다. 「수상에서의 수색·구조 등에 관한 법률」 제29조 제1항 단서가 수난구호를 위한 종사명령과 관련하여 노약자, 정신적 장애인, 신체장애인 등에 대하여는 그러한 조치를 취할 수 없음을 규정하고 있는 것은 이러한 사고의 표현이라고 볼 수 있다.

---

188) Drews/Wacke/Vogel/Martens, Gefahrenabwehr, S. 334; Kugelmann, Polizei— und Ordnungsrecht, 8. Kap. Rn. 88.
189) Kugelmann, Polizei— und Ordnungsrecht, 8. Kap. Rn. 88.
190) Schenke, Polizei— und Ordnungsrecht, Rn. 318.

2) 비책임자에 대한 경찰권발동은 그것이 비책임자의 다른 고차원의 의무의 이행에 장해를 가져오지 않을 때에만 가능하다. 따라서 의사의 자동차를 압류함으로써 중환자에 대한 시급한 왕진을 저해하여서는 안 된다.[191]

## (5) 법적 근거의 문제

비책임자에 대한 경찰권발동을 인정하는 개별적 수권조항(Spezialermächtigung)이 존재하는 경우, 경찰이 동 조항에 근거하여 비책임자에 대하여 경찰권을 발동할 수 있음은 의문의 여지가 없다. 그러한 개별적 수권조항의 대표적 예로는 「소방기본법」 제24조 제1항을 들 수 있다.[192] 한편 비책임자에 대한 경찰권발동을 인정하고 있는 개별적 수권조항이 존재하는 경우에는 비책임자에 대한 경찰권발동을 인정하기 위한 전제조건(현재의 중대한 위험의 존재, 비책임자에 대한 경찰권발동의 보충성, 기대가능성)이 충족되었는지의 여부를 심사할 것도 없이 당연히 비책임자에 대한 경찰권발동이 인정된다.[193]

이에 반하여 개괄적 수권조항에만 근거하여 비책임자에 대하여 경찰권을 발동하는 것이 가능한지에 대하여는 학설의 대립이 있다. 즉, "법률에 의한 행정의 원칙에 비추어 볼 때 가장 전형적인 권력작용인 경찰권을 경찰긴급권이라는 단순한 자연법적 근거 또는 개괄조항에 의하여 비책임자인 제3자에 대하여 발동할 수는 없다고 할 것이다"고 하여 부정적으로 보는 견해[194]와 "조리상 인정되는 일정한 요건하에 개괄조항에 근거하여 비책임자인 제3자에 대하여 경찰권을 발동할 수 있다"고 하여 긍정적으로 보는 견해가 대립하고 있는 실정이다.[195]

생각건대 이러한 견해의 대립은 무엇보다도 개괄적 수권조항의 인정여부나 필요성 등에 관한 시각의 차이에 기인하는 것으로 보인다.[196] 즉, 개괄적 수권조항을 긍정하는 입장은 이 문제에 대해서도 긍정적 입장을 취하는 반면, 개괄적 수권조항을 부정하는 입장은 이 문제에 대해서도 부정적 입장을 취하는 것이 일반적이라고 할 수 있다. 생각건대, 위험방지의

---

191) 우리나라의 문헌 가운데 비책임자에 대한 경찰권 발동의 요건과 관련하여 기대가능성의 문제를 언급하고 있는 것으로는 정하중, 행정법개론, 1130쪽; 홍정선, 행정법원론(하), 491쪽.
192) 비책임자에 대한 경찰권발동을 인정하고 있는 개별적 수권조항의 또 다른 예로는 「수상에서의 수색·구조 등에 관한 법률」 제29조 제1항을 들 수 있다.
193) 동지: 김남진/김연태, 행정법Ⅱ, 304쪽.
194) 김동희, 행정법Ⅱ, 225쪽.
195) 김남진/김연태, 행정법Ⅱ, 304쪽.
196) 개괄적 수권조항에 관한 전반적 논의에 관하여는 서정범, "경찰권발동의 근거 —개괄적 수권조항을 중심으로", 중앙법학 제8집 제1호, 2006, 165쪽 아래.

효율성 등을 고려할 때 개괄적 수권조항에 근거한 비책임자에 대한 경찰권발동은 긍정되어야 한다. 그리고 전술한 비책임자에 대하여 경찰권을 발동하기 위한 전제조건은 바로 개괄적 수권조항에 근거하여 비책임자에게 경찰권을 발동하는 경우에 문제가 되는 것이다.

한편 개괄적 수권조항에 근거한 비책임자에 대한 경찰권발동을 인정하는 경우, 현행법상 어떤 조항을 비책임자에 대한 경찰권발동의 근거가 되는 개괄적 수권조항으로 볼 것인가가 문제된다. 이와 관련하여 "눈·비·바람·해일·지진 등으로 인한 재해, 화재·교통사고·범죄, 그 밖의 급작스러운 사고가 발생하였을 때에 현장에 있으면서도 정당한 이유 없이 관계 공무원 또는 이를 돕는 사람의 현장출입에 관한 지시에 따르지 아니하거나 공무원이 도움을 요청하여도 도움을 주지 아니한 사람에 대하여 10만원 이하의 벌금, 구류 또는 과료의 형으로 벌할 것"을 규정하고 있는 「경범죄처벌법」 제3조 제29호를 경찰상 긴급상태의 일반적인 근거규정으로 볼 것이 주장되고 있다.197) 그러나 「경범죄처벌법」상의 처벌조항을 경찰권 발동의 근거 조항으로 보는 것은 곤란하므로, 이 견해에는 찬동할 수 없다. 생각건대 우리나라의 경우 비책임자에 대한 경찰권발동과 관련된 (독일과 같이 적확한) 개괄적 수권조항은 존재하지 않는다. 다만 개괄적 수권조항에 관한 논의(본서 제2절 「개괄적 수권조항에 근거한 경찰권 발동」 참조)를 고려할 때 「경찰관 직무집행법」 제5조 제1항이 비책임자에 대한 경찰권발동의 일반적 근거규정으로 기능할 수 있다고 생각한다.

## 3. 손실보상과 결과제거

비책임자는 자신에 대한 경찰권 발동으로 인하여 자기에게 발생한 손해의 전보를 경찰행정청에게 청구할 수 있는데, 비책임자에 대한 이러한 구제수단이 인정되는 이유는 비책임자는 방지되어야 할 위험의 발생에 대한 책임이 없으므로 위험방지의 부담을 영원히 수인할 필요가 없기 때문이다. 이 경우 비책임자에 대한 구제수단으로는 결과제거청구 및 손실보상의 청구를 고려할 수 있으며, 비책임자는 경우에 따라서는 양자를 함께 청구할 수도 있다.

### (1) 손실보상

비책임자에게 경찰권을 발동하는 것은 비책임자에게 사회적 제약(Sozialbindung)을 넘어

---

197) 홍정선, 신경찰행정법 입문, 128쪽.

서는 '특별한 희생(Sonderopfer)'을 요구하는 것이 되는바, 이것이 비책임자에 대한 구제수단으로 손실보상을 인정하는 이유가 된다. 따라서 비책임자는 자신에 대한 경찰권 발동으로 입은 손실, 특히 원상회복이 불가능한 손실(예: 압류기간 중의 영업손실, 물건의 손괴 등)에 대하여 경찰행정청에 금전으로 손실보상을 해 줄 것을 청구할 수 있다. 그리고 이러한 내용은 우리나라의 실정법에도 이미 반영되어 있다.[198]

### (2) 결과제거

경찰긴급권에 기초한 비책임자에 대한 경찰의 조치(예: 노숙자의 강제배정)는 그의 전제조건이 소멸하면 폐지되어야 한다. 그러나 노숙자를 사인의 주거에 강제배정한 처분의 폐지 후에도 노숙자의 퇴거가 이루어지지 않고 있는 경우처럼 비책임자에 대한 처분이 폐지된 후에도 위법한 권리침해가 여전히 존재하고, 그 결과 처분의 폐지만으로는 비책임자에게 아무런 도움이 되지 못하는 경우가 종종 있다. 이런 경우 비책임자는 경찰긴급권에 근거하여 자신에게 발해졌던 조치의 직접적 결과의 제거를 요구할 수 있는 권리인 결과제거청구권(Folgenbeseitigungsanspruch)[199]을 행사하여 권리구제를 도모할 수 있다.


## VII. 경찰책임의 승계

## 1. 개설

### (1) 공법상 권리·의무의 승계

경찰책임의 승계를 이해하기 위하여는 '공법상 권리·의무의 승계'에 대한 문제를 이해하여야 하는바, 이는 경찰책임의 승계가 공법상 권리·의무의 승계와 동일한 논의에 입각하고 있기 때문이다.

일반적으로 (권리 또는 의무의) 승계란 권리 또는 의무가 귀속되는 법적 지위와 관련하여

---

198) 소방활동 종사명령에 따라 소방활동에 종사한 사람이 그로 인하여 사망하거나 부상을 입은 경우에 있어 손실보상을 규정하고 있는 「소방기본법」 제49조의2 제1항 참조.
199) 결과제거청구권 일반에 관하여 상세한 것은 서정범/박상희/김용주, 일반행정법, 565쪽 아래 참조.

권리주체 내지 의무주체가 바뀌는 것을 말한다. 한편 승계의 본질은 이처럼 권리 내지 의무의 주체가 바뀌지만, 법적 지위는 그대로 유지된다는 데 있다. 한편 승계의 법적 효과는 승계의 개념정의로부터 도출될 수 있다. 즉, 권리승계의 경우에는 피승계인(Rechtsvorgänger)의 권리가 승계인(Rechtsnachfolger)에게 귀속되며, 새로운 권리자는 승계에 의하여 자신에게 귀속된 권리를 주장할 수 있게 된다. 의무승계의 경우에는 승계인이 피승계인의 의무를 부담하게 되고, 새로운 의무부담자는 그 의무를 이행하여야 한다.

### (2) 경찰책임의 승계를 인정할 필요성

1) 경찰상 위해의 효과적 방지 및 제거: 경찰책임 승계의 목적은 우선 효과적인 경찰상 위해의 방지 및 제거에서 찾아야 한다. 경찰상의 위해는 신속하고 효율적으로, 그리고 최소한의 피해를 가져오면서 방지·제거되어야 한다. 한편 이를 위하여서는 (경찰책임의 승계를 인정하여) 경찰상의 위해와 가장 밀접한 관계를 가지고 있고, 그에 대하여 누구보다도 용이한 관리가능성을 가진 승계인에게 경찰상의 위해를 방지·제거하도록 하는 것이 필요하다.

2) 행정의 효율성: 경찰책임의 승계는 행정의 효율성이라는 측면에서도 필요하다. 만일 경찰책임의 승계를 인정하지 않으면 경찰은 승계인에게 다시 행정절차를 진행하여 피승계인에게 행하였던 것과 동일한 내용의 처분을 발해야 하는데, 이는 절차경제에 반하는 것이다. 이런 점을 고려하면 경찰책임의 승계를 인정하여 피승계인에 대한 처분의 효력이 승계인에게도 미치도록 하는 것이 행정절차적 관점에서 효율성이 있다.

### (3) 경찰책임 승계의 한계

경찰책임의 승계는 선의(善意)의 승계인에게 예측할 수 없는 손해를 가져올 수 있으므로 경찰책임의 승계에 일정한 한계를 설정할 필요성이 있는바, 그러한 한계를 설정하는 법원칙으로는 다음과 같은 것이 있다.

1) 법치국가원리: 경찰책임의 승계에 의하여 승계인에게는 새로운 부담이 지워지게 되는 것이므로, 법치국가원리에 따를 때 경찰책임의 승계를 인정하기 위하여서는 그에 관한 법적 근거가 요구된다.

2) 비례의 원칙: 경찰책임의 승계는 선의(善意)의 승계인에게 예측할 수 없는 손해를 가

져올 수 있으므로 승계인의 보호필요성이라는 관점에서 경찰책임 승계의 한계가 도출되어야 한다. 이런 관점에서 「식품위생법」 제78조 등은 제재처분의 효과의 승계와 관련하여 양수인의 책임을 배제하는 명시적 규정을 두고 있다. 그러나 설사 이러한 규정이 없더라도 선의의 양수인에게 제재처분 효과의 승계를 인정하는 것은 비례성의 원칙에 반한다고 생각된다.[200]

3) 신뢰보호의 원칙: 신뢰보호의 원칙은 특히 경찰상의 위험(예컨대 토양오염) 발생이 오래되어 그동안 권리·의무가 여러 차례 이전된 이후에 최후의 승계인에게 경찰조치를 발할 수 있는지 여부가 문제될 때 책임의 승계를 한계지우는 원칙으로 적용될 수 있다.[201]

## 2. 경찰책임의 승계가능성

경찰책임의 승계가능성 여부를 고찰함에 있어 고려해야 될 기준으로 학설상 여러 가지 기준들이 제시되고 있지만, 저자는 그러한 기준들 가운데 적어도 다음과 같은 3가지 기준은 의미가 있다고 생각한다.[202]

### (1) 행위책임과 상태책임

행위책임은 행위자의 행위에 기초하여 성립하는 책임으로서 인적(人的)인 성격이 강하다. 따라서 행위책임은 대부분 일신전속적 성격이 인정되는 특징을 가지며, 따라서 책임의 승계와 친하지 않은 면이 있다. 이에 반해 상태책임은 행위와 상관없이 전적으로 물건에 대한 지배권을 기초로 하여 성립하는 것이므로 물건의 지배권이 이전되면 책임 또한 승계될 가능성이 - 행위책임에 비하여 - 높다.

1) 행위책임의 승계: 이러한 점을 강조하여 종래 행위책임은 승계될 수 없는 것으로 설명하여 왔으나,[203] 근래 들어 이에 대한 반론이 등장하고 있다. (가) 행위책임 또한 상속

---

200) 서정범/김연태/이기춘, 경찰법연구, 454쪽.
201) 경찰책임의 승계에 관한 이러한 서술에 대하여는 김연태, "경찰책임의 승계", 고려법학 제51권, 2008, 231쪽 아래; 최정일, "독일과 한국에서의 경찰책임(특히 행위책임)의 승계 - 2006년 3월 16일자의 독일 연방행정대법원 판결을 중심으로 -", 경찰법연구, 제12권 제1호, 2014, 193쪽 아래; Stückemann, "Die Rechtsnachfolge in dei gefahrenabwehrrechtliche Verhaltens- und Zustandsverantwortlichkeit", JA 2015, 569 ff.
202) 이들 기준 이외에 경찰행정청에게 의해 부과된 의무의 종류가 대체적(代替的) 의무인지 여부 또한 경찰책임의 승계 여부를 판단하는 중요한 기준으로 제시되기도 한다.

등이 원인이 되는 포괄승계의 경우에는 승계가 인정될 수 있다는 견해,[204] (나) (승계가능성과 승계요건을 구분하는 것을 전제로) 행위책임이라고 하여 반드시 승계가 부정되는 것은 아니고 법적 근거(승계규범)가 있는 경우에는 승계가 인정될 수 있다는 견해[205] 등이 그에 해당한다.

2) 상태책임의 승계: 상태책임의 승계 여부에 관하여도 역시 학설의 대립이 있다.[206] 다만 저자는 상태책임의 승계의 경우에도 승계가능성과 승계요건을 구분하는 것을 전제로 이론 구성을 하고 있으므로 일률적으로 승계 여부를 논하는 다른 학설들과는 기본 입장을 달리하고 있다.

## (2) 구체적 책임과 추상적 책임

경찰책임은 경찰행정청이 발한 행정처분에 의하여 경찰의무가 구체화되었는지 여부를 기준으로 구체적 책임과 추상적 책임으로 구별되는데, 경찰책임의 승계가능성의 문제를 논함에 있어서는 구체적 책임과 추상적 책임을 구별할 필요성이 있다.

왜냐하면 경찰책임의 승계는 종래 경찰의무가 행정처분에 의하여 구체화되었을 경우에만, 즉 구체적 책임이 문제되는 경우에만 그의 가능성을 논할 실익이 있는 것으로 설명되어 왔기 때문이다. 이에 반하여 추상적 책임은 아직 주관적 법적 의무를 근거지우지 못하고 단지 권한 있는 행정청에게 개입의 근거만을 줄 뿐이므로, 추상적인 책임의 승계가능성은 원칙적으로 부인된다는 견해가 유력하다.

## (3) 특정승계와 포괄승계

특정승계(特定承繼)란 각각의 권리나 의무를 개별적인 원인에 의하여 승계하는 것을 말하며(예: 매매계약을 통한 토지소유권의 승계 등), 포괄승계(包括承繼)는 단일한 원인에 의하여

---

203) 김동희, 행정법 , 224쪽; 류지태/박종수, 행정법신론(제17판), 박영사, 2019, 1055쪽; 정형근, 행정법(제8판), 피앤씨미디어, 2020, 898쪽; 홍정선, 행정법원론(하), 487쪽; Pieroth/Schlink/Kniesel, Polizei-und Ordnungsrecht,§ 9 Rn. 49.
204) 박균성, 행정법론(하)(제18판), 박영사, 2020, 357쪽.
205) 서정범/김연태/이기춘, 경찰법연구, 456쪽 및 461쪽 아래.
206) 이러한 학설의 대립을 잘 소개하고 있는 것으로는 홍정선, 행정법원론(하), 488쪽 아래 참조. 다만 이 곳에서 학설의 대립을 설명하는 방식은 약간의 문제를 안고 있다고 생각한다. 즉, (2)의 제한적 승계긍정설은 결국 구체적 책임과 추상적 책임의 구분에 따른 결론에 불과하며, (3)의 개별검토설은 상태책임의 경우에만 한정하여 논할 것은 아니라고 생각되기 때문이다.

피승계인의 모든 권리와 의무 전체를 일괄적으로 승계하는 것을 말한다(예: 상속에 의한 승계 등). 한편 특정승계와 포괄승계를 비교하면, 종래 포괄승계의 경우가 특정승계에 비하여 경찰책임이 승계될 가능성이 큰 것으로 설명되어 왔다.


## (4) 소결

위에서 언급한 3가지 기준은 문자 그대로 경찰책임의 승계가능성을 논할 때 고려하여야 할 관점에 불과하며, 그러한 기준만을 가지고 절대적으로 승계가능성 여부에 대한 결론을 내릴 수는 없다. 실제로 각각의 기준마다 승계가능성 여부에 관해서는 예외없이 견해의 대립이 있다. 따라서 구체적 예를 제시하고, 그러한 예에 있어 경찰책임의 승계가능성 여부에 대하여 일률적 결론을 도출하는 것은 (아직까지는) 사실상 불가능하다.[207]


# 제4절 경찰권 발동의 정도


## I. 경찰편의주의와 재량


### 1. 경찰편의주의

(제3절에서 설명한) 경찰권 발동의 전제조건이 충족되어 있는 경우에도 경찰은 반드시 그에 개입하여야만 하는 것은 아니고, 경찰권 발동을 통하여 그에 개입할 지의 여부는 원칙적으로 경찰의 재량에 맡겨져 있다. 이처럼 "경찰권발동의 전제조건이 충족되어 있는 경우에도 그에 대한 개입여부는 원칙적으로 경찰의 의무적합적 재량에 따른다"는 원칙을 경찰편의주의(警察便宜主義, Opportunitätsprinzip)라고 한다.[208] 이러한 경찰편의주의의 필요성을 가장 먼저 학문적으로 설명한 학자로는 프란츠 마이어(F. Mayer)를 들 수 있는데,[209] 경찰편의

---

207) 이러한 3가지 기준을 기본으로 하여 구체적 사례에 대한 검토를 하고 있는 것으로는 김연태, "경찰책임의 승계", 고려법학 제51권, 2008, 231쪽 아래; 서정범, 경찰행정법, 238쪽 아래.
208) 경찰편의주의는 형사소추의 영역에서 발전되어 온 합법주의(合法主義, Legalitätsprinzip)와는 확연히 대비되는 개념인데, 여기서 합법주의란 "범죄의 혐의가 있는 경우에 경찰에게는 고유한 결정권한이 인정되지 않으며, 경찰은 그에 대한 수사를 하여야 할 법적 의무를 부담한다"는 것을 그 내용으로 한다.
209) Mayer, Allgemeines Verwaltungsrecht, 4. Aufl., 1977, S. 49.

주의는 법치주의가 지배하는 오늘날에도 여전히 통용될 수 있는 것으로 이해되고 있다.

## 2. 경찰의 재량권 행사에 대한 통제

### (1) 재량의 한계

경찰권 발동의 전제조건이 충족되어 있는 경우에도 경찰권 발동을 통하여 그에 개입할 수 있는지 여부는 경찰의 재량에 속하는 것이 원칙이며, 이러한 경찰의 재량은 내용을 기준으로 다시 결정재량(Entschließungsermessen)과 선택재량(Auswahlermessen)으로 구분된다. 여기서 결정재량이란 어떠한 행정작용을 할 수도 안 할 수도 있는 자유가 인정되어 있는 경우를 의미하며, 선택재량이란 다수의 행정작용 중 어느 것을 해도 괜찮은 자유가 인정되어 있는 경우를 의미한다.

그러나 경찰편의주의 하에서 경찰에게 인정되는 재량이 무제한의 것은 아니며, 경찰의 재량행사에도 일정한 한계가 뒤따른다. 경찰의 재량행사가 그 한계를 넘어서게 되면, 그 경우에 있어서의 경찰의 재량행사는 위법하다는 판단을 받게 된다. 한편 재량의 한계를 넘어서서 재량행사가 위법하게 되는 유형으로는 다음과 같은 것이 있다.

1) 재량의 유월: 재량의 유월(踰越)이란 경찰의 재량결정이 경찰에게 부여된 재량권의 외적 한계를 넘어서는 경우로서, 재량의 일탈(逸脫)이라고도 한다. 경찰이 법률이 전혀 규정하고 있지 않은 결정을 행하는 경우 등이 그에 해당한다.

2) 재량의 남용: 재량권을 수여한 법률의 목적이나, 비례의 원칙·평등의 원칙과 같은 법원칙(조리)에 위배하여 행사하는 경우처럼 경찰의 재량결정이 재량권의 내적 한계를 벗어난 경우를 재량의 남용(濫用)이라고 한다.

3) 재량의 흠결: 재량의 흠결(欠缺)이란 재량행위를 기속행위로 오인하여 복수행위 간의 형량을 전혀 행사하지 않은 경우로서, 재량의 해태(懈怠)라고도 한다.

### (2) 경찰개입청구권 등

1) 무하자재량행사청구권: 경찰권 발동의 전제조건이 존재하는 경우에도 경찰의 개입의무는 원칙적으로 인정되지 아니하며, 경찰의 개입여부는 그의 의무적합적 재량에 달려 있다. 따라서 원칙적으로 관련된 개인은 경찰권을 발동해 줄 것을 청구할 권리(경찰

개입청구권)를 갖지는 못하며, 단지 형식적(formell) 권리로서의 무하자재량행사청구권만을 갖는다.[210]

2) 재량권의 영으로의 수축: 경찰에게 재량이 인정되는 경우에도 다른 결정을 행할 사실상의 전제조건이나 법적 근거가 전혀 존재하지 않는 경우라면 단지 하나의 결정만이 의무적합적 재량행사의 요구를 충족시키는 적법한 것으로 간주되고, 다른 모든 결정은 위법한 것이 된다. 이러한 경우를 '재량권의 영으로의 수축(Ermessensschrumpfung auf Null)'이라고 한다.

3) 경찰개입청구권: 재량권이 영으로 수축된 결과 경찰이 개입하는 것만이 단지 유일한 허용되는 재량결정인 경우에는 경찰의 개입의무가 인정되는바, 이러한 경우에는 경찰개입청구권이 인정될 수 있다.


### (3) 과소금지의 원칙

경찰의 재량행사가 위법하게 되는 유형 가운데 가장 일반적인 것은 재량이 법의 일반원칙에 위배하여 행사되는 경우이다. 이들 일반원칙 가운데 본절에서 다루는 경찰권 발동의 정도에 관한 원칙으로는 과소금지(過少禁止, Untermaßverbot)의 원칙과 과잉금지(Übermaßverbot)의 원칙을 들 수 있다.

이 경우 과소금지의 원칙은 「경찰의 직무는 효과적으로 달성되어야만 하므로 만일 위험방지가 "불충분한" 경우라면 경찰의 직무를 이행하였다고 할 수 없다」는 것을 그 핵심적 내용으로 하며,[211] 과잉금지의 원칙은 이하에서 상세하게 설명한다.


## II. 경찰비례의 원칙

### 1. 경찰비례의 원칙의 의의

전통적 견해에 따를 때 경찰비례의 원칙[212](Grundsatz der Verhältnismäßigkeit)이란 경찰

---

210) 무하자재량행사청구권 및 경찰개입청구권에 관하여 자세한 것은 서정범/박상희/김용주, 일반행정법, 72쪽 아래 참조.
211) 과소금지의 원칙 및 그것과 비례의 원칙과의 관계 등에 관한 설명에 관하여는 이부하, "비례성 원칙과 과소보호원칙", 헌법학연구, 2007, 제13권 제2호, 275쪽 아래.
212) 비례의 원칙에 관한 독일에서의 논의에 관하여는 Jakobs, "Der Grundsatz der Verhältnismäßigkeit",

행정청이 실현하고자 하는 경찰의 목적과 그 목적 달성을 위한 수단 사이에는 합리적인 비례관계가 유지되어야 한다는 것을 말하는바, 이를 과잉금지의 원칙(Grundsatz der Übermaßverbot)이라고도 한다.[213)]

## 2. 비례의 원칙의 지위 등

### (1) 헌법적 차원의 법원칙

비례의 원칙은 법치국가의 원리와 기본권 자체의 본질로부터 파생된 것으로 법치국가의 원리를 채택하고 있는 나라에서는 헌법차원의 법원칙으로서의 성질과 효력을 갖는다. 물론 우리나라의 헌법에는 독일 기본법과 같이 법치국가의 원리를 명시하고 있는 규정은 없다. 그러나 법치국가의 원리가 우리 헌법의 기본원리를 이룬다는 것은 명백하므로, 우리나라에서도 비례의 원칙은 헌법적 차원의 법원칙으로서의 지위를 갖는다.[214)]

### (2) 비례의 원칙의 적용영역

비례의 원칙은 주로 경찰법에서 발전하였지만 오늘날에는 행정의 모든 영역에서, 그리고 나아가서 입법활동 자체에도 적용되는 것으로 이해되고 있다. 그러나 경찰작용과 관련하여 경찰권이 발동될 경우 및 정도에 관한 법률 규정이 명확하지 않은 경우가 많은 점을 고려할 때, 비례의 원칙의 적용은 여전히 경찰작용과 관련하여 특히 중요한 의미를 갖는다.

한편 비례의 원칙은 개괄적 수권조항에 근거하여 경찰권을 발동하는 경우는 물론 개별적 수권조항에 근거하여 경찰권을 발동하는 경우에도 적용된다. 이 점에서 개괄적 수권조항의 존재를 전제로 한 법원칙인 경찰공공의 원칙이나 경찰책임의 원칙과 구별된다.

---

DVBl. 1985, 97 ff.; Jaestaedt/Lepsius, Verhältnismäßigkeit. Zur Tätigkeit eines verfassungsrechtlichen Schlüsselkonzepts, 2015; Ossenbühl, "Der Grundsatz der Verhältnismäßigkeit, Jura 1997, 617 ff.

213) 비례의 원칙의 개념은 그와 유사한 의미를 가진 다른 원칙과의 구분을 통해 분명해질 수 있는바, 비례의 원칙과 구분하여야 원칙 중 특히 주목할 것은 보충성의 원칙(Subsidiaritätsprinzip)과 수인가능성의 원칙(Zumutbarkeitsgrundsatz)이다. 한편 비례의 원칙과 이들 원칙과의 구분에 관하여 자세한 것은 서정범, 경찰행정법, 253쪽 아래.

214) 동지: 김남진/김연태, 행정법 I , 48쪽.

## (3) 비례의 원칙의 실정법적 근거

우리나라의 경우 비례의 원칙의 내용을 모두 포함하여 명문으로 인정하고 있는 법률은 존재하지 않았으며, 단지 비례의 원칙의 내용을 단편적으로 규정한 것으로 볼 수 있는 규정을 가진 법률들이 있을 뿐이었다. 그리고 그러한 규정의 대표적 예로는 "이 법에 규정된 경찰관의 직권은 그 직무수행에 필요한 최소한도에서 행사되어야 하며 남용되어서는 아니 된다"라고 규정하고 있는 「경찰관 직무집행법」 제1조 제2항을 들어 왔다. 한편 학설상으로는 "국민의 모든 권리와 자유는 … 필요한 경우에 한하여 법률로써 제한할 수 있으며…"라고 규정하고 있는 「헌법」 제37조 제2항 역시 비례의 원칙의 근거조항으로 볼 수 있다는 해석이 행해지고 있었다.

그러나 2021년 3월에 시행된 「행정기본법」 제10조는 비례의 원칙이란 제하에 동 원칙의 내용을 이루는 적합성의 원칙, 필요성의 원칙, 상당성의 원칙을 모두 명문으로 규정하고 있다.

---

**참고**: 「행정기본법」 제10조(비례의 원칙): 행정작용은 다음 각 호의 원칙에 따라야 한다.

1. 행정목적을 달성하는 데 유효하고 적절할 것
2. 행정목적을 달성하는 데 필요한 최소한도에 그칠 것
3. 행정작용으로 인한 국민의 이익 침해가 그 행정작용이 의도하는 공익보다 크지 아니할 것

---

## 3. 경찰비례의 원칙의 내용

경찰비례의 원칙[215]은 경찰조치에 대한 가장 중요한 법적 한계를 이루는바, 그것은 다음과 같은 3가지의 요소를 그 내용으로 하고 있다. 즉,

(1) 적합성의 원칙(Grundsatz der Geeignetheit)

(2) 필요성의 원칙(Grundsatz der Erforderlichkeit, 최소침해의 원칙)

(3) 상당성의 원칙(Grundsatz der Angemessenheit, 협의의 비례의 원칙)[216]

---

215) 이하에서는 경찰비례의 원칙을 '비례의 원칙'이라고 한다.
216) 비례의 원칙의 요소를 이루고 있는 3원칙인 적합성의 원칙, 필요성의 원칙 그리고 상당성의 원칙은 이른 바 단계구조를 이루고 있다. 이는 행정은 다수의 적합한 수단 중에서 필요한 수단을, 필요한 수단 중에서도 상당성 있는 수단을 선택해야 한다는 것을 의미한다.

한편 비례의 원칙은 오늘날 경우에 따라서 광의로 또는 협의로 사용되고 있는데, 이하에서 비례의 원칙이라고 하면 — 특별히 '협의의' 비례의 원칙이라고 하지 않는 한 — 광의의 그것을 뜻하는 것으로 사용하기로 하겠다.

## (1) 적합성의 원칙

적합성의 원칙이란 경찰이 사용하는 수단은 공공의 안녕 또는 질서에 대한 위험을 방지하기에 적합하여야만 한다는 것을 말한다. 이 경우 경찰이 사용하는 수단이 공공의 안녕 또는 질서에 대한 위험을 완전히 방지할 가능성이 있을 것까지 요구되지는 않으며, 위험을 감소시킬 수 있는 것으로 충분하다. 또한 경찰이 취하는 조치 하나만으로 목적을 달성할 수 있는 것이 아니고 다른 조치와 합쳐져서만 목적을 달성할 수 있는 경우에도 동 원칙은 충족되는 것으로 보아야 한다.

이미 취해진 경찰의 조치가 부적합함이 판명된 경우에는 경찰은 동 조치를 취소하여야만 하며, 이미 취해진 조치의 원상회복에 노력하여야 한다. 그리고 완전한 원상회복이 이루어질 수 없는 경우에는 최소한 이미 취해진 조치로 발생한 결과를 완화시키도록 힘써야 한다.

## (2) 필요성의 원칙

1) 의의: 필요성의 원칙이란 경찰의 조치는 설정된 목적을 위해 필요한 것 이상으로 행해져서는 안 된다는 것, 즉 공공의 안녕 또는 질서의 유지라는 경찰목적을 달성할 수 있고 또한 그 목적달성에 적합한 다수의 조치가 있는 경우에는 경찰은 그 중에서 공중과 경찰권 발동의 대상이 되는 자에게 가장 적은 피해를 줄 것이라고 예견되는 조치를 선택하여야만 한다는 것을 말한다. 이런 의미에서 필요성의 원칙을 최소침해의 원칙(Grundsatz des geringsten Eingriffs)이라고도 한다. 이 경우 최소침해의 원칙을 충족시켰는지의 여부는 조치의 방법, 기간의 계속(Dauer) 및 대상의 관점에서 파악되어야 한다. 따라서 붕괴의 위험이 있는 건물에 대하여 개수명령으로도 목적을 달성할 있음에도 불구하고 철거명령을 발하는 것은 필요성의 원칙에 반하는 것이 된다.

2) 대체수단의 제공의 법리: 필요성의 원칙에서 파생되는 당연한 법원리로 경찰책임자 등에 의한 '대체수단의 제공(Angebot des Austauschmittels)'이 인정되어 있는데, 이는 경찰

책임자는 경찰에 의하여 자신에게 부과된 위험방지를 위한 수단 대신에 다른 수단을 사용하여 줄 것을 청구할 수 있다는 것을 내용으로 한다. 이 경우 경찰상 조치의 수범자는 경찰이 비례의 원칙에 반한다고 생각하여 요구하지 않은, 즉 객관적으로 보아 수범자에게 원안(경찰이 명한 조치)보다 더 강도의 부담을 과하는 수단을 제공할 수도 있는바, 이 경우에도 수범자의 의사가 존중되어야 한다고 새겨지고 있다.[217]

한편 대체수단의 제공의 신청은 처분의 시행을 위하여 수범자 등에게 허여된 기일 내에서만 가능하다. 그와 같은 기일이 정하여지지 않은 경우에는 처분이 불가쟁력(不可爭力)을 발생하기 전까지, 즉 당해 처분에 대하여 행정쟁송을 제기할 수 있을 때까지만 그와 같은 신청이 가능하다.[218]

## (3) 상당성의 원칙

상당성의 원칙이란 어떤 조치가 설정된 경찰목적의 실현에 적합하고 필요한 경우라고 하더라도 그 조치를 취함에 따른 불이익이 그것에 의해 초래되는 이익보다 큰 경우에는 그 조치를 취해서는 안 된다는 것을 말하는바, 이를 협의의 비례의 원칙(Grundsatz der Verhältnismäßigkeit i.e.S.)이라고도 한다. "경찰은 대포로 참새를 쏘아서는 안 된다. 그것이 비록 유일한 수단일지라도"라는 법언으로 대변되는 이 원칙은 경찰은 그의 직무인 공공의 안녕 또는 질서에 대한 위험의 방지를 필요한 모든 수단에 의해, 즉 어떤 희생을 치르더라도 행해야 되는 것은 아니라는 것을 의미한다.[219]

---

217) 따라서 예컨대 가옥의 소유권자는 경찰의 개수명령(改修命令) 대신에 붕괴의 위험이 있는 건물을 개수에 소요되는 비용보다 많은 비용을 들여 재축할 것을 신청할 수 있다(Götz/Geis, Allgemeines Polizei− und Ordnungsrecht,§ 11 Rn. 28; Schenke, Polizei− und Ordnungsrecht, Rn. 336).

218) 동지: 김남진/김연태, 행정법 I , 42쪽.

219) Götz/Geis, Allgemeines Polizei− und Ordnungsrecht,§ 11 Rn. 29.

# 제3장 경찰작용법

## 제1절 경찰상의 행정행위와 경찰명령

### I. 개관 - 경찰작용의 중요형식

공공의 안녕 또는 질서에 대한 위해의 방지 및 제거를 위하여 경찰행정청이 취할 수 있는 수단은 실로 다양하며, 또한 끊임없이 새로운 수단들이 등장하고 있다. 그러나 이처럼 다양한 행위형식이 존재하지만 경찰이 경찰상의 목적을 달성하기 위하여 사용하는 행위형식 중 가장 중요한 수단을 꼽는다면, 그것은 '경찰상의 행정행위(Der polizeiliche Verwaltungsakt)' 라고 할 수 있다. 한편 그러한 경찰의 책무는 경찰명령(Polizeiverordnung)을 통해서도 달성될 수 있는바, 이러한 경찰명령에 대해서는 경찰행정청이 행하는 활동 가운데 두 번째로 중요한 형식이라는 평가가 행해지고 있다.[220]

---

220) Drews/Wacke/Vogel/Martens, Gefahrenabwehr, S. 357.

## II. 경찰상의 행정행위

### 1. 경찰상의 행정행위의 의의

경찰상의 행정행위란 공공의 안녕 또는 질서의 유지라는 경찰목적을 위하여 경찰행정청이 발하는 행정행위를 말한다.[221]

경찰상의 행정행위는 말 그대로 '행정행위'이다. 따라서 경찰상의 행정행위의 종류는 행정행위에 관한 일반론을 참고하면 될 것이다.[222] 다만 경찰상의 행정행위 가운데 종래 경찰행정청이 사용해 온 전형적인 행위형식은 경찰처분(행정행위 형식에 의한 경찰하명), 경찰허가, 경찰면제였다. 이런 이유로 여기에서는 이들 3가지에 대하여서만 서술하기로 한다. 한편 경찰면제는 근본적으로 의무의 해제를 내용으로 한다는 점에서 경찰허가와 근본적 구조를 같이 하며, 경찰허가에 관한 설명은 경찰면제에도 그대로 적용된다. 따라서 경찰면제에 관하여는 경찰허가와 다른 점에 관하여 언급하는 정도에서만 서술하도록 하겠다.

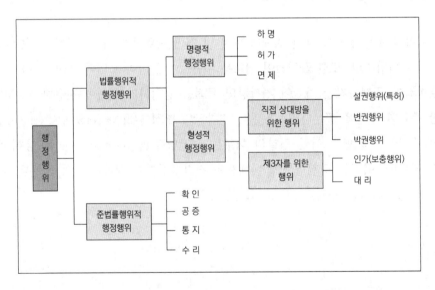

---

221) 본서에서 사용하는 경찰상의 행정행위를 '경찰처분'이라고 부르는 경우도 있지만(정하중, 행정법개론, 1133쪽), 이러한 용어례는 피하는 것이 좋다고 생각한다. 왜냐하면 경찰처분(警察處分, Polizeiverfügung)이란 용어를 탄생시킨 독일의 경우 경찰처분은 '행정행위의 형식에 의한 경찰하명'을 의미하는 것으로 이해되고 있으며, 우리나라에서도 경찰처분을 독일과 마찬가지로 이해하는 견해(김남진/김연태, 행정법 Ⅱ, 318쪽)가 유력해지고 있기 때문이다.

222) 이들 행정행위의 내용에 관하여 자세한 것은 서정범/박상희/김용주, 일반행정법, 162쪽 아래.

## 2. 경찰처분

### (1) 경찰처분의 의의

경찰처분(Polizeiverfügung)이란 경찰목적의 달성을 위하여 특정인 또는 특정된 범위의 다수인에게 작위·부작위·급부·수인의 의무를 명하는 행정행위, 즉 행정행위의 형식에 의한 경찰하명을 말한다.[223]

우리나라의 경우 종래 경찰목적을 위하여 국민에게 의무를 명하는 행정행위를 경찰하명이라고 정의하고, 경찰하명에는 1) 행정행위에 의해 경찰의무가 부과되는 경우와 2) 법률 또는 법규명령에 의해 경찰의무가 부과되는 경우의 2가지가 있다고 설명해 왔다.[224] 그러나 법률 또는 법규명령에 의해 경찰의무가 부과되는 경우는 행정행위가 아니므로 이를 경찰하명이라고 부르는 것은 문제가 있다. 따라서 엄격한 의미에서의 경찰하명은 경찰처분만을 가리킨다.

### (2) 경찰처분의 종류

1) 내용(법률효과)에 의한 분류: 경찰처분은 그 내용을 기준으로 할 때 작위(도로청소의무), 부작위(통행금지), 급부(수수료 납부의무), 수인(대집행의 수인)의 의무를 부과하는 것으로 나누어진다.

2) 경찰처분은 경찰처분을 발급할 당시에 고려하는 대상을 기준으로 대인적 처분·대물적 처분·혼합적 처분으로 나누어지며,

3) 대인적 처분은 다시 규율의 범위를 기준으로 대상자가 특정인인 개별처분과 대상자가 불특정 다수인인 일반처분(Allgemeinverfügung)으로 나누어진다.

### (3) 경찰처분의 성립요건 및 효력요건

경찰처분이 적법하게 성립하여 효력을 발생하기 위해서는 주체·내용·절차 및 형식에 관한 요건(성립요건)을 갖추고, 그 내용이 상대방에게 고지되어야 하는바(효력요건), 그 구체적 내용은 다음과 같다.

---

223) 김남진/김연태, 행정법Ⅱ, 318쪽 등.
224) 김동희, 행정법Ⅱ, 30쪽 아래.

1) 주체에 관한 요건: 경찰처분은 그를 행할 정당한 권한을 가진 경찰기관이 자신에게 부여된 권한 범위내에서 행하여야 한다.

2) 내용에 관한 요건: 경찰처분은 (가) 무엇보다도 헌법과 법률에 적합하여야 하며, (나) 실현가능하고, (다) 명백하여야 한다. (라) 또한 공서양속에 위반하는 것을 내용으로 하여서는 아니 된다.

3) 절차에 관한 요건: 경찰처분은 법률이 정한 일정한 절차를 거쳐 행하여져야 하는데, 그러한 절차적 요건 가운데 오늘날 가장 많이 강조되는 것으로는 청문(「행정절차법」 제28조 이하)과 이유제시(동법 23조)를 들 수 있다.

4) 형식에 관한 요건: 경찰처분은 구술, 문서에 의하는 것 이외에 각종의 표시(수동에 의한 교통신호 등)를 통하여 행해진다. 다만 법이 문서 등 일정한 형식을 요구하는 경우에는 그에 따라야 한다.

5) 고지: 경찰처분 또한 상대방에게 고지되어야 효력을 발생하는 것이 원칙이다.

### (4) 경찰처분의 효력과 구속력

경찰처분이 성립요건과 효력요건을 갖추게 되면 적법하게 성립되어 효력(Wirksamkeit)을 발생하게 되며, 그렇게 효력이 발생한 경찰처분은 다시 상대방, 제3자, 처분청 및 처분청 이외의 국가기관에 대하여 각각 상이한 내용의 구속력(Verbindlichkeit)을 발생시키게 된다. 한편 경찰처분의 구속력은 협의의 구속력(내용적 구속력), 공정력, 구성요건적 효력, 불가쟁력, 불가변력 및 규준력을 그 내용으로 한다.[225]

### (5) 경찰처분의 효과

1) 경찰의무의 발생: 경찰처분은 그 내용에 따라 상대방(특정인 또는 불특정 다수인)에게 그 내용을 이행할 의무를 발생시키는바, 이 같은 의무를 특히 경찰의무라고 한다. 한편 이러한 경찰의무는 행정주체에 대하여 부담하는 것이지 제3자에 대하여 부담하는 것은 아니다. 따라서 의사에게 위급한 환자의 진료의무가 부과된 경우에 그러한 의무는 환자에 대한 것이 아니므로 환자의 의사에 대한 '진료청구권'을 발생시키지는 않는다.

2) 경찰의무와 법률행위: 경찰처분은 단지 경찰위반상태의 방지 · 제거를 목적으로 직

---

225) 이들 구속력의 내용에 관하여는 서정범/박상희/김용주, 일반행정법, 202쪽 아래 등 행정법총론 교과서 중 행정행위의 효력 내지 구속력에 관한 부분 참조.

접 상대방에게 일정한 의무를 부과할 뿐이므로 그 의무에 위반된 상대방의 법률적 행위의 효력을 부인한다던가, 어떤 법률관계의 발생·변경·소멸의 효과를 직접 초래하지 않는 것이 원칙이다. 따라서 경찰기관이 총포·도검 등의 무단양도를 금지시킨 경우에 그러한 금지에 위반한 양도(총포 등의 매매)가 행하여져도 그 행위의 법률적 효력까지 부인되는 것은 아니다.

3) 경찰처분의 효과가 미치는 범위: 대인적 처분의 효과는 그 수명자에게만 발생하는 것에 대하여, 대물적 처분의 효과는 그 물건의 양수인에게 승계됨이 보통이다(대인적 범위). 한편 경찰처분의 효과는 그를 발한 경찰행정청의 관할구역 내에서만 효력을 갖는 것이 원칙이다(지역적 범위).

## 3. 경찰허가

### (1) 경찰허가의 의의

경찰허가란 일반적·상대적 경찰금지를 특정한 경우에 해제하여 적법하게 일정한 행위를 할 수 있게 하는 경찰상의 행정행위를 말한다.

경찰허가는 그 행위가 일반적으로 금지되어야 하기 때문이 아니라 구체적인 경우에 그 행위가 실정법규정에 충돌하는지 여부를 사전에 심사하도록 하여야 하기 때문에 금지되는 것을 해제해 주는 것이다. 따라서 그 행위가 '사회적으로 유해한(sozialschädlich)' 행위이기 때문에 법률이 일반적으로 금지한 행위를 특별히 예외적인 경우에 금지를 해제하여 그를 적법하게 할 수 있게 해 주는 예외적 승인과는 구별하여야 한다.226)

### (2) 경찰허가의 종류

1) 기속허가와 재량허가: 경찰허가는 경찰허가를 발급하는 행정청에게 재량이 인정되는지 여부를 기준으로 기속허가와 재량허가로 구분된다. 여기서 기속허가란 경찰허가의 발급요건이 충족된 경우에 허가청이 허가를 발급할 의무를 지는 경우의 경찰허가를 말하며, 재량허가란 경찰허가의 발급요건이 충족된 경우에도 경찰허가의 발급여부 등과 관련하여 허가청에게 결정재량 및 선택재량이 인정되는 경우의 경찰허가를 말한다.

---

226) 이러한 설명에 관하여 보다 자세한 것은 vgl. Maurer, Allgemeines Verwaltungsrecht, 19. Aufl., 2017, § 9 Rn. 51 ff.

이처럼 경찰허가에는 기속허가와 재량허가가 모두 있을 수 있지만, 일반적으로 경찰허가는 기속허가의 성질을 갖는다고 할 수 있다.

2) 대인적 허가·대물적 허가·혼합적 허가: 경찰허가는 허가를 발급함에 있어서 '사실적인 고려대상'이 무엇인지를 기준으로 대인적 허가·대물적 허가 및 혼합적 허가로 구분된다.

여기서 대인적 허가란 오로지 상대방의 기능·학식·경험 등과 같은 주관적 사정에 착안하여 발급되는 허가를 말하며, 대물적 허가란 오로지 물건의 구조·성질·설비 등의 객관적 사정을 표준으로 발급되는 허가를 말한다. 한편 혼합적 허가란 인적 요소와 물적 요소를 모두 고려하여 행해지는 허가를 말한다. 이러한 경찰허가의 구분은 허가의 효과가 타인에게 이전될 수 있는지의 여부와 관련하여 중요한 의미를 갖는다.

### (3) 경찰허가의 성립요건 및 효력요건

경찰허가도 경찰처분과 마찬가지로 주체·내용·절차·형식 등에 관한 일정한 요건을 갖추어야 성립하며, 고지 등의 요건을 갖추어야 효력이 발생하는데, 이에 관하여는 이미 서술한 바 있다. 따라서 이하에서는 경찰허가와 관련된 특히 중요한 요건에 관하여만 고찰하기로 한다.

1) 신청(출원): 경찰허가는 상대방의 신청에 의하여 행하여지는 것이 보통이며, 이러한 의미에서 경찰허가는 이른바 동의에 의한 행정행위에 해당한다. 한편 경찰허가에 있어서 신청(출원)없이 행하여진 경찰허가는 당연무효인 것으로 보는 견해도 있으나, 신청(출원)없이 행하여진 경찰허가는 그의 효력이 일정기간 부동(浮動) 상태에 있다가 상대방의 동의가 있음으로써 그의 효력이 완성되는 것이라고 생각된다.227) 따라서 신청(출원)없이 행하여진 경찰허가가 언제나 당연무효가 되는 것은 아니다.

2) 시험·검사 등: 경찰허가를 함에 있어서는 일정한 시험을 치르게 하거나(운전면허), 물건·설비 등의 검사를 받게 하는 경우가 있다.

3) 형식: 경찰허가는 경찰허가의 유무 및 그 내용을 명백히 하기 위하여 면허증의 교부, 장부에의 등록과 같은 형식을 취하도록 하고 있는 경우도 있다(「도로교통법」 제69조 등).

4) 수수료·조세 등의 납부: 수수료·조세 등의 납부(면허증교부 등의 수수료)를 경찰허가

---

227) 동지: 김남진/김연태, 행정법Ⅱ, 332쪽; Wolff/Bachof, Verwaltungsrecht Ⅰ, S. 403.

의 요건으로 열거하는 견해도 있으나, 수수료나 조세 등의 납부는 경찰허가 자체의 요건으로 보기는 곤란하며, 경찰허가와는 별개의 행위로 보아야 한다.[228)

5) 이상에서 열거한 것들 외에도 다음과 같은 것들이 경찰허가의 요건으로 설명되고 있다: 즉, (가) 타 기관의 협력(예: 건축허가에 소방서장의 동의를 얻도록 하는 경우), (나) 타인의 동의(예: 건축허가에 인근주민의 동의를 얻도록 하는 것), (다) 거리제한 등.

### (4) 경찰허가의 부관

1) 경찰허가의 부관의 의의: 경찰허가는 경찰처분과 달리 수익적 행정행위로서 부관(附款, Nebenbestimmung)이 붙여지는 경우가 많이 있는데, 여기서 부관이란 "주된 행정행위의 효과를 제한 또는 보충하기 위하여 붙여진 종된 규율"을 의미한다.

2) 경찰허가의 부관의 종류: 경찰허가의 부관에는 조건, 기한, 부담, 철회권의 유보, 법률효과의 일부배제, 경찰허가의 사후변경의 유보 및 수정부담 등이 있다.[229)

3) 경찰허가의 부관의 가능성: 경찰허가는 경찰허가를 발급하는 행정청에게 재량이 인정되는지 여부를 기준으로 기속허가와 재량허가로 구분되는데, 종래의 다수설은 "기속허가에는 부관을 붙일 수 없으나, 재량허가에는 부관을 붙일 수 있다"라고 설명하여 왔다. 그러나 근래에는 기속행위에도 요건충족을 확보하는 목적 하에서는 부관을 붙일 수 있다는 것이 인정되는 추세에 있다.

한편 부관을 붙일 수 있는 경우라고 하여도, 그 부관은 경찰목적을 위하여 필요한 한도 내의 것에 그쳐야 한다.

### (5) 경찰허가의 효과(Ⅰ) - 경찰허가의 효과의 다면성(多面性)

1) 금지의 해제 - 반사적 이익: 경찰허가의 효과와 관련하여 과거에는 경찰허가는 일반적 금지를 해제하여 자연적 자유를 회복시켜 주는 것에 그치고, 그 점에서 적극적으로 배타적 권리·능력이나 포괄적 법률관계를 설정하여 주는 특허와 구별된다는 점이 강조되었다. 이러한 설명에 입각하면 경찰허가로 인해 상대방이 사실상 독점적인 이익을 얻는

---

228) 동지: 김남진/김연태, 행정법Ⅱ, 334쪽.
229) 이러한 경찰허가의 부관의 종류에 관하여는 행정행위의 부관에 관한 일반적 논의가 그대로 타당한데, 행정행위의 부관의 종류에 관한 일반론 전반에 관하여 자세한 것은 서정범/박상희/김용주, 일반행정법, 187쪽 아래 참조.

경우라 하여도 (적어도 기존업자와 신규업자의 관계의 경우에는) 그것은 반사적 이익에 지나지 않으므로, 법적으로 아무런 보호를 받지 못하게 된다.

2) 기본권의 회복: 경찰허가가 일반적 금지를 해제하여 자유를 회복시키는 것인데, 이 경우 회복되는 개인의 자유는 헌법상의 기본권에 해당하는 경우가 대부분이라는 점을(예: 영업허가에 의하여 회복되는 영업의 자유) 고려하면 이러한 개인의 자유가 법의 보호를 받아야 한다는 것은 너무도 자명하다.

3) 결어: 결론적으로 경찰허가의 효과는 권리로서의 측면과 반사적 이익으로서의 측면을 모두 갖고 있다(경찰허가의 효과의 다면성). 따라서 경찰허가의 효과와 관련하여 종래의 설명방법에 따라 반사적 이익의 측면만을 강조하는 것은 바람직하지 못하다.


### (6) 경찰허가의 효과(II) - 그 밖의 중요 쟁점

1) 경찰허가와 타 법률상의 제한과의 관계: 경찰허가는 그 근거가 된 법령상의 경찰금지만을 해제할 뿐이지, 타법(他法)에 의한 금지까지 해제하는 것은 아니다. 예컨대, 공무원이 음식점영업과 관련된 경찰허가를 받은 경우, 동 경찰허가는 「식품위생법」상의 금지만을 해제할 뿐, 공무원법상의 영리업무금지(「국가공무원법」 제64조 제2항)까지 해제해 주는 것은 아니다.

2) 경찰허가와 법률행위의 효력: 경찰허가는 특정행위를 사실상 적법하게 할 수 있도록 하는 데 지나지 않으므로 허가없이 행한 법률행위의 효력과는 관계가 없다. 따라서 경찰허가를 받고 해야 할 행위를 허가없이 행한 경우에도 경찰상의 강제집행이나 경찰벌의 대상은 되지만, 행위 자체는 유효함이 원칙이다.

3) 경찰허가의 효과의 이전 여부: (가) 대인적 경찰허가의 효과는 허가를 받은 자의 일신에 전속되며, 따라서 타인에게 이전·상속될 수 없다. 이에 반하여 (나) 대물적 경찰허가의 효과는 허가를 받은 자에 대해서 뿐만 아니라 허가의 대상이 된 물건의 상속인 또는 양수인에게도 미치는 것이 원칙이다. 한편 (다) 혼합적 경찰허가에 있어서는 물적 시설의 양도·상속이 있는 경우에는 양수인·상속인으로 하여금 새로운 허가를 받도록 함이 보통이며, 이 경우 심사의 대상은 양수인 등의 주관적 사정에 국한되어야 한다.

4) 지역적 효과: 경찰허가는 허가를 발급하는 경찰행정청의 관할구역 내에서만 효력을 갖는 것이 원칙이다. 그러나 성질상 관할구역에 국한시킬 것이 아닌 경우에는(예: 운전면허) 관할구역 외에까지 허가의 효과가 미치게 된다.

## (7) 경찰허가의 갱신

경찰허가에 종기(終期)가 붙여져 있는 경우에는 종기의 도래로 인하여 허가의 효력이 소멸함이 원칙이나, 법령이 관계인의 이익보호나 거래관계의 안정을 도모하기 위하여 허가의 갱신제도를 두고 있는 경우가 있다. 이 경우 허가의 갱신은 새로운 경찰허가가 아니라 종전의 허가에 붙여진 종기의 변경, 즉 기한의 연장으로 이해되고 있다.

한편 종기(終期)가 도래하기 이전에 경찰허가 갱신의 신청을 하였는데 종기가 도래한 이후에 경찰허가 갱신이 거부된 경우에는, 1) 경찰허가의 갱신이 없으면 당해 경찰허가의 효력은 당연히 소멸된다는 견해와 2) 경찰허가의 갱신 거부는 장래에 향하여서만 경찰허가의 효력을 소멸시킨다는 견해가 대립하여 왔다. 생각건대 이 문제는 일률적으로 결정되어야 할 문제는 아니며, 신의칙에 비추어 개별적으로 판단되어야 한다.[230]

## (8) 경찰허가의 취소와 경찰허가의 철회

1) 경찰허가의 취소와 경찰허가의 철회의 의의: 경찰허가의 취소는 성립 당시의 중대하고 명백한 하자 이외의 하자, 즉 '원시적 하자'를 이유로 경찰허가의 효력을 소멸시키는 행정행위를 말한다. 한편 경찰허가의 철회는 아무런 하자 없이 성립한 경찰허가를 그 효력을 존속시킬 수 없는 새로운 사정, 즉 후발적 사정을 이유로 장래에 향하여 소멸시키는 행정행위를 말한다.

2) 경찰허가의 취소와 경찰허가의 철회의 구분: 경찰허가의 취소와 경찰허가의 철회는 다음과 같은 점에서 구분된다.

(가) 경찰허가의 철회는 처분청만이 할 수 있다는 점에서, 처분청 및 상급감독청에 의해 행해지는 경찰허가의 취소와 구별된다.

(나) 경찰허가의 철회는 언제나 장래에 향하여서만 효과를 발생한다는 점에서, 경찰허가의 효력을 소급해서 상실시키기도 하는 경찰허가의 취소와 구별된다.

(다) 경찰허가의 철회는 경찰허가의 효력을 더 이상 존속시킬 수 없는 새로운 사정의 발생을 이유로 하는 점에서, 성립 당시의 중대하고도 명백한 하자 이외의 하자를 이유로 하는 경찰허가의 취소와 구별된다.

---

230) 동지: 김남진/김연태, 행정법 II 340쪽; 정하중, 행정법개론 1140쪽.

## (9) 경찰허가의 취소(철회)와 경찰허가의 실효

경찰허가의 실효는 아무런 하자없이 유효하게 성립한 경찰허가가 일정한 실효사유를 이유로 '당연히' 그 효력을 상실하는 경우를 말한다. 경찰허가의 실효는 이처럼 실효사유가 발생하면 별도의 의사표시를 기다릴 것 없이 당연히 효력이 소멸된다는 점에서, 경찰허가의 효력을 소멸시키는 행정청의 별도의 의사표시에 의하여 비로소 경찰허가의 효력이 소멸되는 경찰허가의 취소나 철회와 구별된다.

## 4. 경찰면제

경찰면제란 법령에 의하여 과하여진 작위·급부·수인의 의무를 특정한 경우에 해제하여 주는 행정행위를 말한다. 면제는 해제되는 의무의 종류가 허가와 다를 뿐 의무를 해제한다는 면에서는 허가와 같은 성질을 가지며, 따라서 허가에 대한 설명은 면제에도 그대로 적용된다. 이런 이유로 면제에 대하여는 설명을 약하기로 한다.

## Ⅲ. 경찰명령

## 1. 경찰명령의 의의

### (1) 경찰명령의 의의

경찰명령(Polizeiordnung)이란 경찰행정청이 공공의 안녕 또는 질서에 대한 위험방지를 위하여 발하는 법규명령을 말한다. 이처럼 경찰명령은 법규명령으로서 '법규'의 성질을 갖는 것만을 의미하므로,[231] 원칙적으로 법규의 성질을 갖지 않는 경찰상의 행정규칙인 경찰규칙(警察規則)은 여기서의 경찰명령에 포함되지 않는다.

경찰명령은 법규명령이므로 일반적·추상적 규율의 성질을 갖는다. 그리고 이러한 점에서 경찰행정청의 개별적·구체적 규율을 주된 내용으로 하는 구체적 조치인 경찰상의 행정행위와 구별된다.[232]

---

231) 여기서 법규라고 함은 「법령의 위임에 의하여 또는 법률의 시행을 위해 제정되는 것으로서, 국가기관은 물론 국민에 대해서도 직접 구속력을 가지는 법규범」을 의미한다.

## (2) 경찰명령의 성질

경찰명령은 법규의 성질을 가지므로 경찰명령에 위반한 행위는 위법한 것이 되며 따라서 그러한 행위로 자신의 권익을 침해당한 자는 행정소송을 제기할 수 있다. 한편 경찰규칙은 법규가 아니므로 경찰규칙에 위반한 행위라고 하더라도 위법한 것이 되지 않음이 원칙이다. 이처럼 경찰규칙 위반이 바로 위법의 문제를 발생하지는 않으나, 경찰규칙의 위반이 궁극적으로 신뢰보호의 원칙이나 평등의 원칙에 위반되는 결과를 가져옴으로써 위법하다는 판단을 받게 되는 경우가 있을 수 있다.

## 2. 경찰명령의 종류

경찰명령은 법률과의 관계 내지 효력을 기준으로 (1) 법률에 종속하지 않고 헌법에 의하여 독자적인 권한의 발동으로 제정되는 것으로서 법률의 효력을 가지는 명령인 법률대위명령(예: 긴급명령)과 (2) 법률의 범위 내에서 제정되어 법률보다 하위의 효력을 가지는 법률종속명령으로 구분된다.

법률종속명령을 다시 수권의 근거 내지 제정범위를 기준으로 구분하면, 법률종속명령에는 (1) 상위법령에 의해 개별적·구체적으로 위임된 사항에 관하여 발하는 명령인 위임명령과 (2) 상위법령의 규정범위 안에서 그 시행에 관한 세부적 사항을 정하는 집행명령이 있다.

## 3. 경찰명령의 성립요건과 효력요건

### (1) 경찰명령의 성립요건

경찰명령이 적법하게 성립하기 위하여서는 주체, 내용, 절차, 형식면에서 다음과 같은 일정한 요건을 갖추어야 한다.

1) 주체에 관한 요건: 경찰명령 역시 헌법 또는 법률에 의하여 수권을 받은 정당한 기관이 제정하여야 한다.

2) 내용에 관한 요건: 경찰명령은 법령에 근거하여 발해져야 하며, 상위법령에 직·

---

232) 경찰상의 행정행위와 경찰명령의 구별실익 및 구별기준에 관하여 자세한 것은 서정범, 경찰행정법, 268쪽 아래.

간접으로 저촉되어서도 아니 된다. 또한 경찰명령은 그 내용이 실현가능하고 명백하여야 한다.

3) 절차에 관한 요건: 경찰명령 가운데 대통령령은 법제처의 심사와 국무회의의 심의를 거쳐야 하며, 총리령 및 부령은 법제처의 심사를 거쳐야 한다(「헌법」 제89조 제3호, 「정부조직법」 제20조 제1항).

4) 형식에 관한 요건: 경찰명령은 조문의 형식을 갖추어야 하며, 대통령령·총리령 및 부령은 각각 그 번호를 붙여 공포한다(「법령 등 공포에 관한 법률」 제10조).

### (2) 경찰명령의 효력요건

경찰명령은 특별한 규정이 없는 한 공포한 날로부터 20일이 경과함으로써 효력이 발생한다(「법령 등 공포에 관한 법률」 제13조). 여기서 공포란 법규명령의 내용을 외부에 표시하는 것을 말하며, 공포는 관보에 게재하는 방법에 의한다.

## 4. 경찰명령의 하자 등

### (1) 하자있는 경찰명령의 효력

경찰명령이 성립 및 효력요건을 갖추지 못한 경우에는 하자있는 경찰명령이 된다. 이 경우 하자있는 경찰명령의 효력에 관하여는 1) 하자있는 경찰명령은 그 하자가 중대하고 명백한 경우에는 무효, 그 정도에 이르지 않는 경우에는 취소할 수 있는 것이 된다는 견해와 2) 경찰명령에 흠이 있는 경우에는 무효이며, 무효와 유효의 중간단계인 취소할 수 있는 경찰명령은 존재하지 않는다는 견해의 대립이 있다.

생각건대 경찰명령 자체에 대한 취소소송이 인정되지 않는 점을 고려할 때, 후자의 견해가 타당하다.

### (2) 하자있는 경찰명령에 대한 취소소송

우리나라의 경우 경찰명령 자체에 대하여 직접적으로 취소소송을 제기하여 다투는 것은 허용되지 않으며, 단지 경찰명령의 위법여부가 구체적 사건에서 재판의 전제가 된 경우에 간접적으로 그 위법여부에 대한 심사가 가능할 뿐이다(구체적 규범통제).

다만, 경찰명령의 형식으로 발하여졌으나, 그것이 실질적으로 처분의 성질을 가지는 것인 때에는 예외적으로 취소소송의 대상이 될 수 있다.

## Ⅳ. 경찰의 그 밖의 행위형식

현대 행정은 나날이 복잡해지고 다양해지고 있으며, 이러한 행정현상의 변화로 인하여 행정의 행위형식 또한 실로 다양해지고 있다. 즉, 가장 고전적인 행위형식인 행정행위 이외에 공법상 계약이나 행정계획이 행정의 주요 행위형식으로 자리잡은 지 이미 오래며, 근래에 들어서는 확약(확언), 비공식적 행정작용, 행정의 자동화결정 등에 이르는 다양한 수단이 행정목적 달성을 위하여 사용되고 있다. 그리고 이런 사정을 가리켜 학자들은 "행정의 행위형식에 정원이란 있을 수 없다"라고 표현하고 있다.

한편 이러한 사정은 경찰행정 또한 마찬가지라고 할 수 있으며, 따라서 그러한 새로운 (경찰)행정의 행위형식에 대해서도 경찰행정법적 관점에서 고찰을 하여야 한다. 그러나 그들 내용을 모두 서술하는 것에는 분량상의 한계가 있으므로, 본서에서는 서술을 생략하기로 한다. 왜냐하면 이들 (경찰)행정의 새로운 수단에 관한 보다 자세한 논의는 국내에 이미 출간되어 있는 행정법총론의 내용을 참고하면 될 것이라고 생각하기 때문이다.

## 제2절 정보와 관련된 경찰의 권한 및 임무

## Ⅰ. 경찰의 정보활동에 관한 일반이론

## 1. 경찰의 정보활동(정보상의 침해)

### (1) 의의

경찰은 종래 그의 임무수행을 위한 수단으로 보호조치, 임시영치, 위험발생방지조치 등과 같은 물리적 접촉에 기반한 활동을 행하여 왔다. 그러나 근래 들어 경찰은 공공장소에서의 비디오 감시(Videoüberwachung), 온라인 수색(Online-Durchsuchung) 등과 같은 정보 관련 활동을 통하여 그의 역할을 수행하고 있다. 한편 경찰의 이 같은 정보활동은 정보의 자기결정권 등의 기본권 침해 문제를 야기하는바, 이러한 점에 착안하여 그를 '정보상의 침해(Informationseingriffe)'라고 부르고 있다.

### (2) 법적 근거

경찰의 정보활동의 법적 근거와 관련하여 과거에는 "경찰에 의한 개인정보의 수집과 처리는 침해적 활동이 아니며, 따라서 경찰은 위험방지와 범죄수사를 위하여 개인정보의 수집·처리를 직무규범(Aufgabennorm)에만 근거하여서도 행할 수 있다"고 하는 것이 일반적으로 승인되어 있었다. 그러나 1983년 12월 15일 독일 연방헌법재판소가 인구조사판결(Volkszählungs-Urteil)에서 「개인정보의 수집과 처리는 '정보의 자기결정권(Rechr auf informationelle Selbstbestimmung)'에 대한 침해를 가져오므로 그를 위하여는 형식적 법률에 의한 법적 근거가 필요하다」고 판시함으로써[233] 개인정보의 수집·처리는 직무규범에만 근거하여 행할 수 없으며, 반드시 별도의 권한규범(Befugnisnorm)에 근거하여야 한다는 것이 인정되기에 이르렀다.[234]

### 2. 경찰의 정보활동의 실정법적 근거

#### (1) 종래의 논의

인구조사판결의 취지를 고려할 때 경찰의 정보활동, 특히 경찰의 개인정보[235] 수집·처리는 반드시 법률에 근거하여야 하는바, 이러한 경찰의 정보활동의 근거가 될 수 있는 것

---

233) BVerfGE 65, 1 ff.
234) 인구조사판결이 나오게 된 배경은 다음과 같다. 즉, 1982년 3월 25일 독일 연방의회는 인구조사계획과 수행, 인구조사계획에 따라 조사된 정보의 사용과 제공에 관한 내용을 규정하고 있는 「인구조사법(Volkszählungsgasetz)」을 통과시키게 된다. 이에 독일 국민들은 동법이 국민의 인격권을 충분히 존중하지 않고 있다는 것을 이유로 동법에 대해 헌법소원을 제기하기에 이르렀던 것이다(인구조사판결의 경위에 대하여 자세한 것은 김일환, 개인정보보호법제의 정비에 관한 연구, 한국법제연구원, 1997, 78쪽 아래 참조.
235) 여기서 "개인정보"란 살아 있는 개인에 관한 정보로서 성명, 주민등록번호 및 영상 등을 통하여 개인을 알아볼 수 있는 정보(해당 정보만으로는 특정 개인을 알아볼 수 없더라도 다른 정보와 쉽게 결합하여 알아볼 수 있는 것을 포함한다)를 말한다(「개인정보보호법」 2조 1호).

으로 거론되었던 것들은 다음과 같다.

### 1) 「경찰관 직무집행법」

인구조사판결의 취지를 고려할 때 경찰의 정보활동, 특히 경찰의 개인정보 수집·처리는 반드시 법률에 근거하여야 한다. 이와 관련하여 과거에는 「경찰관 직무집행법」, 특히 경찰의 직무범위에 '치안정보의 수집·작성 및 배포'를 규정하고 있는 동법 제2조 제4호가 경찰의 개인정보 수집·처리의 법적 근거로 제시되곤 하였다. 그러나 「경찰관 직무집행법」 제2조 제4호는 규정의 방식이나 조문의 위치 등을 고려할 때 단지 직무규범의 성격을 가질 뿐이며, 따라서 경찰에 의한 개인정보 수집·처리의 법적 근거규정이 될 수는 없다.

한편 「경찰관 직무집행법」은 경찰의 직무인 공공의 안녕 또는 질서에 대한 위험의 방지를 위한 구체적 수단들로 불심검문(제3조)·보호조치(제4조)·위험발생방지조치(제5조)·범죄의 예방과 제지(제6조) 등을 규정하고 있는데, 이들 경찰작용과 관련하여서도 물론 정보의 수집·처리가 행해질 수 있다. 그러나 「경찰관 직무집행법」의 해당 조항들은 그들 수단과 관련하여 정보의 수집·처리에 대한 구체적이고 명확한 규정을 두고 있지 않으며, 따라서 이들 조항에 근거한 경찰의 (일반적인) 개인정보 수집·처리 또한 인정되기 곤란하다.

### 2) 「경찰관 직무집행법」 이외의 법률

가) 개별적 경찰작용법: 「집회 및 시위에 관한 법률」, 「풍속영업의 규제에 관한 법률」, 「총포·도검·화약류 등 단속법」 등 개별적인 경찰작용을 규율하는 법률에 경찰에 의한 개인정보의 수집과 처리에 관한 규정이 있다면, 그것은 경찰에 의한 개인정보의 수집·처리의 근거가 될 수 있다. 그러나 이들 법률 역시 대부분 개인정보의 수집·처리의 절차, 한계 등에 대하여 특별한 규정을 두고 있지 않은 실정이다.

나) 「개인정보보호법」: 「개인정보보호법」 제6조의 취지를 고려할 때 경찰작용 또한 동법의 적용을 받게 된다. 그러므로 「개인정보보호법」은 경찰에 의한 개인정보의 수집·처리의 중요한 법적 근거가 될 수 있다. 그러나 「개인정보보호법」을 경찰의 개인정보 처리에 관한 일반적인 법적 근거로 보기에는 곤란한 문제가 있는데, 그 이유는 다음과 같은 점에서 찾을 수 있다.

첫째, 동법은 국가안전보장과 관련된 정보 분석을 목적으로 수집 또는 제공·요청되는 개인정보의 보호에 관하여는 적용되지 아니한다고 하여 개인정보에 대한 기본권침해의 소지가 가장 큰 국가정보기관의 정보 수집·처리에 대하여는 동법의 적용을 배제하고 있다(동법 제58조 제1항).

둘째, 또한 동법은 공공기관의 장이 개인정보파일을 운용하는 경우에는 일정한 사항을 행정안전부장관에게 등록하여야 할 것을 규정하면서도 ① 국가안전, 외교상 비밀 그 밖에 국가의 중대한 이익에 관한 사항을 기록한 개인정보파일과 ② 범죄의 수사, 공소의 제기 및 유지, 형 및 감호의 집행, 교정처분, 보호처분, 보안관찰처분과 출입국 관리에 관한 사항을 기록한 개인정보파일에 대하여는 적용을 배제하고 있다(동법 제32조 제1항, 제2항).[236]

다)「공공기관의 정보공개에 관한 법률」:「개인정보보호법」은 공공기관의 정보공개에 관하여 일반법적 지위에 있다. 따라서 경찰이 보유한 정보 역시 이 법에 의하여 공개되어야 하며, 그 한도에서 동법을 경찰의 개인정보 처리에 관한 근거규정으로 생각해 볼 수 있다. 그러나「공공기관의 정보공개에 관한 법률」역시 경찰의 개인정보 수집·처리에 관한 일반적인 법적 근거로 보기에는 문제가 있는바, 그 이유는 다음과 같다.

첫째, 동법은 국가안전보장에 관련되는 정보 및 보안업무를 관장하는 기관에서 국가안전보장과 관련된 정보 분석을 목적으로 수집되거나 작성된 정보에 대하여는 적용되지 않도록 되어 있다(동법 제4조 제3항 참조).

둘째, ① 국가안전보장·국방·통일·외교관계 등에 관한 사항으로서 공개될 경우 국가의 중대한 이익을 현저히 해할 우려가 있다고 인정되는 정보 및 ② 진행중인 재판에 관련된 정보 등으로 공개될 경우 그 직무수행을 현저히 곤란하게 하거나 형사피고인의 공정한 재판을 받을 권리를 침해한다고 인정할 만한 상당한 이유가 있는 정보 등을 정보공개의 대상에서 배제하고 있다(동법 제9조 제1항 제2호, 제4호 참조).

### 3) 소결

이러한 사정을 고려하면 우리나라의 경우 경찰의 개인정보 수집·처리에 관한 실정법적 근거는 사실상 전무했다고 할 수 있다. 한편 이처럼 경찰의 정보수집·처리에 관한 개별법적 근거가 없다고 하면 마지막으로 개괄적 수권조항을 경찰의 정보수집·처리에 관한 법적 근거로 생각해 볼 수 있으나, 그에 대하여는 학설상으로도 일치를 보지 못하고 있

---

236) 이러한 점을 고려하면 결국「개인정보보호법」은 경찰작용 중 국가정보기관으로서의 작용과 범죄수사분야의 활동을 동법의 통제영역 밖에 놓고 있다고 할 수 있으며, 따라서 그러한 작용과 관련하여서는 동법은 경찰에 의한 개인정보 수집·처리의 법적 근거가 되기 곤란하다는 문제점을 안고 있다.

는 실정이다.[237]

## (2) 입법적 해결

이상의 논의에 따르면 결국 과거 경찰에 의해 행해졌던 개인정보의 수집·처리활동은 「개인정보보호법」이나 「공공기관의 정보공개에 관한 법률」에 의하여 커버되지 않는 한 법률에 근거조차 없는 불법적 활동이라고 판단될 수밖에 없었으며, 이러한 점 때문에 경찰의 개인정보 수집·처리에 관한 근거규정을 마련하는 것은 더 이상 늦출 수 없는 시급한 입법 과제임이 강조되어 왔다. 이러한 경찰의 개인정보 수집·처리에 관한 법적 근거의 부재에 관한 문제는 2020년 12월 「경찰관 직무집행법」 제8조의2 제1항에 "경찰관은 범죄·재난·공공갈등 등 공공안녕에 대한 위험의 예방과 대응을 위한 정보의 수집·작성·배포와 이에 수반되는 사실의 확인을 할 수 있다"라는 규정이 신설되면서 일단락되었다. 즉, 동조는 의문의 여지없는 경찰의 개인정보 수집·처리에 관한 법적 근거라고 할 수 있으며, 이제 경찰은 동조에 근거하여 적법하게 개인정보의 수집·처리를 할 수 있게 되었다.

한편 「경찰관 직무집행법」 제8조의2 제2항은 "제1항에 따른 정보의 구체적인 범위와 처리 기준, 정보의 수집·작성·배포에 수반되는 사실의 확인 절차와 한계는 대통령령으로 정한다"고 규정하고 있는바, 이에 관한 것을 규정하고 있는 것이 바로 「경찰관의 정보 수집 및 처리 등에 관한 규정」이다.

# II. 경찰에 의한 개인정보 수집 및 처리

## 1. 경찰에 의한 개인정보 수집

경찰의 임무수행을 위하여 개인정보가 필요한 경우 경찰은 개인정보를 수집하게 되는 바, 이러한 개인정보 수집의 수단(조치)에는 (1) 전통적인 수단인 「경찰관직무집행법」상의 표준적 직무조치(예: 불심검문 등)와 (2) 사진의 촬영 및 저장, 비디오 감시, 전화통신감청,

---

237) 왜냐하면 우리나라의 경우에는 아직까지도 개괄적 수권조항에 근거한 경찰권발동 자체를 부정시하는 견해가 엄존하며, 또한 (개괄적 수권조항에 근거한 경찰권발동을 인정하는 경우에도 무엇을 개괄적 수권조항으로 볼 것인가에 대하여 학설 대립이 심각한 것에서 알 수 있듯이) 현행법상 정확히 개괄적 수권조항에 해당한다고 볼 수 있는 것조차 없기 때문이다.

온라인 수색 등과 같은 특별한 정보상의 침해조치가 있다.

### (1) 「경찰관 직무집행법」상의 표준적 직무조치

1) 불심검문: 불심검문은 경찰에 의한 정보수집의 가장 전통적인 유형으로 경찰의 임무수행을 위하여 필요한 진술을 획득하는 것을 그 목적으로 하는바, 이러한 불심검문은 「경찰관 직무집행법」 제3조가 정하는 요건을 갖추었을 때에 허용된다.

불심검문 역시 우선적으로는 당사자, 특히 경찰상 위험을 야기한 자에 대하여 행해져야 한다.[238] 그러나 당사자에 대한 질문이 가능하지 않거나 그를 통하여서는 목적을 달성할 수 없는 경우에는 제3자에 대한 질문 등을 통하여 필요한 정보를 수집할 수 있다.

2) 사실의 확인 등: 「경찰관 직무집행법」 제8조에 따르면 경찰관서의 장은 직무 수행에 필요하다고 인정되는 상당한 이유가 있을 때에는 국가기관이나 공사(公私) 단체 등에 직무 수행에 관련된 사실을 조회할 수 있고, 긴급한 경우에는 소속 경찰관으로 하여금 현장에 나가 해당 기관 또는 단체의 장의 협조를 받아 그 사실을 확인할 수 있다. 그리고 이러한 과정에서 경찰에 의한 정보의 수집이 이루어질 수 있다.

### (2) 경찰에 의한 개인정보 수집의 특별한 수단 – 특별한 정보상의 침해조치

1) 개인정보 수집의 특별한 수단의 의미: 여기서 개인정보 수집의 '특별한' 수단이라고 할 때, 그 특별성은 이른바 위험의 전단계에서 정보 수집이 이루어지고 그로 인하여 개인의 기본권을 강하게 침해할 가능성이 있다는 것을 의미한다.

2) 개인정보 수집의 특별한 수단: 개인정보 수집의 특별한 수단으로 고려되는 것으로는 관찰(Observation), 자동차 번호판의 자동인식 및 판독, 사진촬영과 저장 및 비디오 감시(Videoüberwachung)를 위한 기술적 수단의 투입, 신분을 위장한 수사관(verdeckter Ermittler, VE)의 투입, 주거에 대한 감청(akustische Wohnraumüberwachung),[239] 전화통신감청(電話通信監聽, Überwachung der Telekommunikation, TKÜ), 원천전화통신감청(源泉電話通信監聽, Quellen – Überwachung der Telekommunikation, QuellenTKÜ), 통신사실확인자료의 예비적 저장(Vorratsdatenspeicherung), 온라인 수색(Online – Durchsuchung) 등이 있다.[240]

---

238) Drews/Wacke/Vogel/Martens, Gefahrenabwehr, S. 445.
239) 이를 흔히 '대감청(大監聽, Großer Lauschangriff)'이라고 한다.
240) 이러한 수단들은 그들 하나 하나가 모두 중요한 테마로서 많은 법적 문제를 내포하고 있으므로 여기서

경찰에 의한 개인정보 수집의 특별한 수단을 논할 때 빼놓을 수 없는 것은 바로 인터넷이며, 오늘날 인터넷은 경찰에 의한 개인정보 수집의 특별한 수단으로 점차 그 의미가 커지고 있다. 다만 인터넷을 통한 정보의 수집이 정보의 휘발성(揮發性, Flüchtigkeit)[241]과 정보의 신뢰도 결여로 인한 많은 문제를 안고 있음은 유의하여야 한다. 한편 사물인터넷(Intrenet of thing: IoT)의 등장은 사물인터넷을 통한 정보 수집, 그리고 그렇게 얻어진 정보를 기초로 한 경찰활동과 관련하여 경찰행정법 이론상 많은 논의를 불러 일으키고 있다.[242]

3) 「개인정보보호법」상의 영상정보처리기기의 설치·운영 규정: 「개인정보보호법」제25조는 개인정보 수집의 특별한 수단인 영상정보처리기기의 설치·운영의 제한에 관하여 규율하고 있다. 즉, 동조는 제1항에서 동조가 규정하고 있는 경우 이외에는 영상정보처리기기의 설치·운영을 제한하고 있으며, 제2항 이하에서 목욕실 등에 관한 규정, 안내판의 설치 등, 녹음기능의 사용금지 등, 안정성 확보조치에 관하여 규율하고 있다.

## 2. 경찰에 의한 개인정보 처리

### (1) 정보의 처리의 개념

1) 「개인정보보호법」상의 정보의 처리의 개념: 「개인정보보호법」제2조 제2호는 정보의 처리에 관한 개념규정을 갖고 있는바, 그에 따르면 개인정보의 "처리"란 개인정보의 수집, 생성, 연계, 연동, 기록, 저장, 보유, 가공, 편집, 검색, 출력, 정정(訂正), 복구, 이용, 제공, 공개, 파기(破棄), 그 밖에 이와 유사한 행위를 말한다.

2) 학문적 의미의 정보의 처리 개념과의 이동(異同): 독일의 경찰행정법 문헌들은 거의

---

그러한 문제를 모두 설명하는 것은 불가능하다. 한편 독일의 경찰법 교과서들 가운데 위에 열거한 수단들 모두에 대하여 가장 상세히 설명하고 있는 것으로는 Kugelmann, Polizei- und Ordnungsrecht, 7. Kap. Rn. 129 ff.

241) '정보의 휘발성'이란 용어는 학문적으로 정착된 용어는 아니다. 그럼에도 불구하고 저자가 이러한 용어를 사용하는 이유는 예컨대 인터넷상에서 채팅 등을 할 경우 '로그 기록'이 주기억장치인 하드디스크에 저장되는 것이 아니라 일시적으로 컴퓨터의 작업선반이라 할 수 있는 RAM(random access memory)에 잠시 저장되었다가 RAM의 용량이 초과되면 날아가 버린다는 사실에서 찾을 수 있다. 실제로 RAM의 이러한 성질 때문에 RAM을 '휘발성 메모리(Volatile Memory)'라고 한다거나, 법률적인 이유로 로그기록이 애초부터 RAM에도 저장되지 않고 날아가 버리는 경우도 있다는 것 또한 저자가 정보의 휘발성이란 용어를 사용하는 이유가 될 것이다.

242) 사물인터넷과 관련된 이들 문제에 관하여 자세한 것은 박민지/서정범, "사물인터넷을 활용한 경찰활동에 관한 연구 - 그 현황과 허용성에 관한 논의를 중심으로 -", 경찰학연구 제19권 제3호, 2019, 91쪽 아래 참조.

예외없이 정보의 수집(Erhebung)과 정보의 처리(Verarbeitung)를 구분하고 있으며, 이 경우 시간적으로 볼 때 정보의 처리가 정보의 처리에 선행하는 것으로 이해하고 있다.[243] 우리 나라의 학자들 또한 이러한 개념을 기초로 논의를 전개하고 있는 것으로 보인다. 그러나 「개인정보보호법」은 개인정보의 '수집'을 개인정보의 '처리'에 속하는 것으로 규정함으로 써 일반적인 학문상의 용어례와는 다른 입장을 보이고 있다.

### (2) 「개인정보보호법」상의 정보처리 규정

「개인정보보호법」은 제15조 제1항에서 '경찰기관 등 개인정보처리자'(이하 개인정보처리 자라고 한다)는 수집한 개인정보를 그 수집 목적의 범위에서 이용할 수 있음을 규정하고 있으며, 동법 제18조 제1항은 개인정보를 제15조 제1항에 따른 범위를 초과하여 이용하 여서는 아니 된다고 규정하고 있다.[244] 또한 동법 제15조 제2항은 개인정보의 이용목적 이나 이용기간 등을 변경하고자 하는 때에는 정보주체에게 이를 알리고 동의를 받아야 할 것을 규정하고 있다. 이들 외에도 「개인정보보호법」은 민감정보의 처리제한(제23조), 고유식별정보의 처리제한(제24조), 주민등록번호의 처리제한(제24조의2), 영상정보처리처리 기기의 설치·운영제한(제25조), 업무위탁에 따른 개인정보의 처리제한(제27조) 등과 같은 특별한 제한규정을 갖고 있다.

이와 관련하여 2020년 2월 4일의 법률개정을 통해 「개인정보보호법」에 가명정보(假名 情報)에 관한 규정이 신설되었음은 주의를 요한다. 동법 제28조의2(가명정보의 처리 등), 제 28조의3(가명정보의 결합 제한), 제28조의4(가명정보에 대한 안전조치의무 등), 제28조의5(가명 정보 처리시 금지의무 등), 제28조의6(가명정보 처리에 대한 과징금 부과 등) 및 제28조의7(적용 범위)과 같은 조항이 바로 그것이다.

## 3. 개인정보의 보호

경찰에 의한 개인정보 수집·처리의 과정에서 개인이 예측하지 못한 불이익을 입어서는 안 될 것이다. 이에 「개인정보보호법」은 경찰에 의한 개인정보 수집·처리의 전 과정에서 경찰이 개인정보를 소홀히 취급함으로 인하여 개인이 피해를 입는 일이 발생하지 않도록

---

243) 또한 '수집된 정보의 처리'와 같은 표현을 통하여 이러한 점을 분명히 하고 있는 경우도 있다(Kugelmann, Polizei- und Ordnungsrecht, 7. Kap. Rn 217).
244) 이들 조항은 이른바 목적구속의 원칙의 표현으로 볼 수 있다.

하기 위한 규정을 마련하고 있는바, 이 곳에서 동법의 규정 내용을 알아보기로 한다.

## (1) 「개인정보보호법」상의 개인정보 보호의 원칙

경제개발협력기구(OECD)는 1980년에 "「프라이버시 보호와 개인정보의 국제적 유통에 관한 지침(Guideline on the Protection of Privacy and Trans−Border Flows of Personal Date)」"을 통하여 개인정보보호에 관한 8개의 기본원칙을 제시한 바 있다. 「개인정보보호법」은 제3조에서 이들 원칙을 거의 모두 받아들여 규정하고 있다.[245]

## (2) 개인정보의 이용·제공의 제한

개인정보처리자는 개인정보를 제15조 제1항에 따른 범위를 초과하여 이용하거나 제17조 제1항 및 제3항에 따른 범위를 초과하여 제3자에게 제공하여서는 아니 된다(「개인정보보호법」 제18조 제1항). 다만 제18조 제1항에도 불구하고 개인정보처리자는 동조 제2항이 규정하는 사항 중 어느 하나에 해당하는 경우에는 정보주체 또는 제3자의 이익을 부당하게 침해할 우려가 있을 때를 제외하고는 개인정보를 목적 외의 용도로 이용하거나 이를 제3자에게 제공할 수 있다.

## (3) 개인정보를 제공받은 자의 이용·제공 제한

「개인정보보호법」 제19조에 따르면 개인정보처리자로부터 개인정보를 제공받은 자는 다음 각 호의 어느 하나에 해당하는 경우를 제외하고는 개인정보를 제공받은 목적 외의 용도로 이용하거나 이를 제3자에게 제공하여서는 아니 된다.
 1) 정보주체로부터 별도의 동의를 받은 경우
 2) 다른 법률에 특별한 규정이 있는 경우

## (4) 개인정보 파기

경찰기관의 장 등 개인정보처리자는 보유기간의 경과, 개인정보의 처리 목적 달성 등

---

[245] OECD가 제시한 개인정보보호에 관한 8개의 기본원칙 및 「개인정보보호법」 제3조의 내용에 관하여는 서정범/박상희/김용주, 일반행정법, 380쪽 아래 참조.

그 개인정보가 불필요하게 되었을 때에는 지체 없이 그 개인정보를 파기하여야 한다. 다만, 다른 법령에 따라 보존하여야 하는 경우에는 해당 개인정보 또는 개인정보파일을 다른 개인정보와 분리하여서 저장·관리하여야 한다(「개인정보보호법」 제19조 제1항 및 제3항). 한편 개인정보처리자가 개인정보를 파기할 때에는 복구 또는 재생되지 아니하도록 조치하여야 한다(동조 제2항).

## Ⅲ. 경찰정보의 공개

### 1. 경찰공개

#### (1) 경찰공개의 의의

행정의 민주화나 부패방지를 위해서는 필연적으로 행정이 보유하고 있는 정보와 행정기관의 의사결정과정이 공개되어야 한다(행정공개). 이러한 행정공개, 특히 정보의 공개는 행정의 민주화를 위해 채택된 청문제도의 실효성 확보를 위해 반드시 필요하다. 왜냐하면 행정은 행정조사를 통하여 상대방에 대한 방대한 양의 개인정보를 확보하고 있는데 반하여, (만일에 정보의 공개가 부정되어) 개인은 행정이 보유하고 있는 정보를 알 수 없게 된다고 하면 정보 면에서의 무기의 평등성이 보장될 수 없기 때문이다. 이러한 설명은 경찰의 경우에도 그대로 적용된다. 따라서 경찰 또한 경찰이 보유하고 있는 정보와 경찰의 의사결정과정을 공개하여야 하는 문제가 발생하는데, 이를 경찰공개(警察公開)라고 한다.

#### (2) 경찰공개의 내용

경찰공개는 내용적으로 1) 경찰이 보유하고 있는 '정보의 공개'와 2) 경찰의 의사결정과정을 공개하는 '회의의 공개'로 나누어볼 수 있다. 경찰공개를 이렇게 정보공개와 회의공개로 구분하는 이유는 전자가 기록의 공개를 목적으로 하고 있는 것에 반하여, 후자는 의사결정과정의 공개를 목적으로 하는 점에서 양자는 제도의 취지를 달리하기 때문이다.

다만 본서에서는 이 가운데 (경찰)정보의 공개에 대하여서만 간략하게 논하고자 한다.

이는 (경찰)정보의 공개에 대하여는 「공공기관의 정보공개에 관한 법률」이 규율을 하고 있는 것에 반하여, 회의의 공개는 이론상 논의될 뿐 아직 그를 규율하는 실정법이 없기 때문이다. 이런 점에서 볼 때 미국의 정부일조법(政府日照法, Government in the Sunshine Act)[246]과 같은 법률이 우리나라에서도 하루빨리 제정되어야 한다고 생각한다.[247]

## 2. 경찰정보의 공개에 관한 일반이론

### (1) 경찰정보의 공개

경찰정보의 공개란 경찰기관이 보유·관리하고 있는 정보를 국민의 청구에 의하여 공개하는 것을 말하는 바, 이는 전술한 바와 같이 행정의 공정성 확보 및 민주화의 실현을 그 이념으로 한다.

### (2) 경찰정보 공개청구권

1) 의의: 경찰정보 공개청구권이란 개인이 경찰기관에 대하여 그 보유·관리하고 있는 정보를 열람 또는 복사하게 하는 등의 방법으로 공개할 것을 청구하는 권리를 말하는바, 국민의 경찰정보 공개청구권은 법률상 보호되는 구체적인 권리의 성격을 갖는 것으로 이해되고 있다. 경찰정보 공개청구권의 법적 근거로 가장 중요한 것은 1996년에 제정되고 2004년에 전면 개정된 「공공기관의 정보공개에 관한 법률」이다.

2) 경찰정보 공개청구권의 헌법직접권리성: 경찰정보 공개청구권의 법적 근거와 관련하여 과거에는 (알 권리 및 그의 본질적 요소로서의) 경찰정보 공개청구권이 헌법으로부터 직접 도출될 수 있는지 여부를 둘러싸고 학설의 대립이 있었으며, 헌법재판소는 그를 긍정한 바 있다(관련판례 참조). 다만 이러한 논의는 「공공기관의 정보공개에 관한 법률」이 제정된 1996년 이전에는 커다란 의미가 있었으나, 동법이 제정되어 시행되고 있는 오늘날에는 사실상 논의의 실익이 반감되었다고 할 수 있다.

---

246) 회의공개법이라고 번역되기도 한다.
247) 이러한 점을 강조하고 있는 것으로는 김남진/김연태, 행정법Ⅱ, 357쪽.

## 3. 「공공기관의 정보공개에 관한 법률」의 주요내용

「공공기관의 정보공개에 관한 법률」 제4조 제1항은 정보의 공개에 관하여는 다른 법률에 특별한 규정이 있는 경우를 제외하고는 동법이 적용된다고 규정하고 있다. 따라서 「공공기관의 정보공개에 관한 법률」은 경찰정보의 공개에도 원칙적으로 적용되므로 동법의 주요내용을 알아두어야 한다.

### (1) 정보의 의의

「공공기관의 정보공개에 관한 법률」에 따를 때 "정보"란 공공기관이 직무상 작성 또는 취득하여 관리하고 있는 문서(전자문서를 포함한다)·도면·사진·필름·테이프·슬라이드 및 그 밖에 이에 준하는 매체 등에 기록된 사항을 말한다. 물론 정보공개의 대상이 되는 정보는 공개청구의 시점에서 경찰기관이 보유·관리하고 있는 정보에 국한되며, 따라서 대상정보가 폐기되었거나 경찰기관이 더 이상 그 정보를 보유·관리하지 않게 된 경우에는 공개를 청구할 수 없다. 한편 이 경우 그 문서 등이 반드시 원본일 필요는 없다.[248)]

### (2) 정보'공개'의 의의

「공공기관의 정보공개에 관한 법률」에 따를 때 정보의 "공개"란 경찰기관이 이 법에 따라 정보를 열람하게 하거나 그 사본·복제물을 제공하는 것 또는 「전자정부법」 제2조 제10호에 따른 정보통신망을 통하여 정보를 제공하는 것 등을 말한다.

### (3) 정보공개의 원칙과 예외

경찰기관이 보유·관리하는 정보는 국민의 알권리 보장 등을 위하여 「공공기관의 정보공개에 관한 법률」이 정하는 바에 따라 적극적으로 공개하여야 하는 것이 원칙이다(정보공개의 원칙, 동법 제3조). 다만 동법 제9조는 다음 중 어느 하나에 해당되는 정보에 대하여는 이를 공개하지 아니할 수 있음을 규정하고 있다.

1) 다른 법률 또는 법률에서 위임한 명령에 따라 비밀이나 비공개 사항으로 규정된

---

248) 대법 2006. 5. 25. 선고 2006두3049 판결 참조.

정보

2) 국가안전보장·국방·통일·외교관계 등에 관한 사항으로서 공개될 경우 국가의 중대한 이익을 현저히 해칠 우려가 있다고 인정되는 정보

3) 공개될 경우 국민의 생명·신체 및 재산의 보호에 현저한 지장을 초래할 우려가 있다고 인정되는 정보

4) 진행 중인 재판에 관련된 정보와 범죄의 예방, 수사, 공소의 제기 및 유지, 형의 집행, 교정(矯正), 보안처분에 관한 사항으로서 공개될 경우 그 직무수행을 현저히 곤란하게 하거나 형사피고인의 공정한 재판을 받을 권리를 침해한다고 인정할 만한 상당한 이유가 있는 정보

5) 감사·감독·검사·시험·규제·입찰계약·기술개발·인사관리에 관한 사항이나 의사결정 과정 또는 내부검토 과정에 있는 사항 등으로서 공개될 경우 업무의 공정한 수행이나 연구·개발에 현저한 지장을 초래한다고 인정할 만한 상당한 이유가 있는 정보

6) 해당 정보에 포함되어 있는 성명·주민등록번호 등 개인에 관한 사항으로서 공개될 경우 사생활의 비밀 또는 자유를 침해할 우려가 있다고 인정되는 정보

7) 법인·단체 또는 개인의 경영상·영업상 비밀에 관한 사항으로서 공개될 경우 법인 등의 정당한 이익을 현저히 해칠 우려가 있다고 인정되는 정보

8) 공개될 경우 부동산 투기, 매점매석 등으로 특정인에게 이익 또는 불이익을 줄 우려가 있다고 인정되는 정보[249]


### (4) 정보공개청구권자

1) 모든 국민: '모든' 국민은 경찰정보의 공개를 청구할 권리를 가진다. 따라서 경찰정보의 공개에 대하여 구체적이고 개별적인 이익이 존재하여야만 정보공개를 청구할 수 있는 것은 아니다. 한편 여기에서 말하는 국민에는 자연인은 물론 법인, 권리능력 없는 사단·재단도 포함되고, 법인, 권리능력 없는 사단·재단 등의 경우에는 설립목적을 불문한다.[250]

2) 외국인: 「공공기관의 정보공개에 관한 법률」 제5조 제2항은 외국인의 정보공개청구에 관하여는 대통령령으로 정하도록 하고 있는바, 동법 시행령 제3조는 정보공개를 청구할 수

---

249) 여기서의 비공개대상정보에 해당하는지 여부가 다투어졌던 많은 사례에 관하여는 서정범/박상희/김용주, 일반행정법, 361쪽 아래 참조.
250) 대법 2003. 12. 12. 선고 2003두8050 판결 참조.

있는 외국인으로 (가) 국내에 일정한 장소를 두고 거주하거나 학술·연구를 위하여 일시적으로 체류하는 사람과 (나) 국내에 사무소를 두고 있는 법인 또는 단체를 규정하고 있다.

### (5) 정보공개 청구 및 정보공개결정

1) 정보공개 청구방법: 정보공개청구인은 해당 정보를 보유하거나 관리하고 있는 경찰기관에 대하여 일정한 사항을 적은 정보공개청구서를 제출하거나 말로써 정보의 공개를 청구할 수 있다(동법 제10조).

2) 정보공개여부의 결정: 경찰기관은 정보공개의 청구를 받으면 그 청구를 받은 날부터 10일 이내에 공개여부를 결정하여야 한다. 다만, 부득이한 사유로 이 기간 이내에 공개 여부를 결정할 수 없는 때에는 그 기간이 끝나는 날의 다음 날부터 기산(起算)하여 10일의 범위에서 공개 여부 결정기간을 연장할 수 있다(동법 제11조).

### (6) 비용부담

정보의 공개 및 우송 등에 소요되는 비용은 실비의 범위에서 청구인의 부담으로 한다. 다만, 공개를 청구하는 정보의 사용목적이 공공복리의 유지·증진을 위하여 필요하다고 인정되는 경우에는 비용을 감면할 수 있다(동법 제17조).

### (7) 「공공기관의 정보공개에 관한 법률」상 비공개결정에 대한 청구인의 불복절차

1) 이의신청: 청구인이 정보공개와 관련한 공공기관의 비공개 결정 또는 부분 공개 결정에 대하여 불복이 있거나 정보공개 청구 후 20일이 경과하도록 정보공개 결정이 없는 때에는 공공기관으로부터 정보공개 여부의 결정 통지를 받은 날 또는 정보공개 청구 후 20일이 경과한 날부터 30일 이내에 해당 공공기관에 문서로 이의신청을 할 수 있다(동법 제18조 제1항). 이의신청은 임의적 절차이다.

2) 행정심판: 청구인이 정보공개와 관련한 공공기관의 결정에 대하여 불복이 있거나 정보공개 청구 후 20일이 경과하도록 정보공개 결정이 없는 때에는 「행정심판법」에서 정하는 바에 따라 행정심판을 청구할 수 있다. 행정심판 역시 임의적 절차이며, 따라서 청구인은 행정심판을 거치지 않고 행정소송을 제기할 수 있다(동법 제19조 제1항).

3) 행정소송: 청구인이 정보공개와 관련한 공공기관의 결정에 대하여 불복이 있거나 정보공개 청구 후 20일이 경과하도록 정보공개 결정이 없는 때에는 「행정소송법」에서 정하는 바에 따라 행정소송을 제기할 수 있다(제20조 제1항).

# 제3절 경찰의무의 이행확보 수단

## Ⅰ. 경찰의무의 이행확보 수단 개관

### 1. 전통적인 경찰강제론

#### (1) 경찰강제와 경찰벌의 구분

우리나라의 전통적 경찰강제론은 경찰의무의 이행확보를 위한 수단을 일단 경찰강제와 경찰벌로 구분하는 것을 기본적 체계로 발전하여 왔다. 또한 (경찰강제와 경찰벌의 구분을 전제로) 경찰강제는 장래의 의무이행을 확보하기 위한 수단의 성격을 갖는 반면, 경찰벌은 과거의 의무위반에 대한 제재의 성격을 갖는다는 점에서 양자는 그 성질을 달리 한다는 점에 주목하여 왔다.

#### (2) 경찰상의 강제집행과 경찰상의 즉시강제의 구분

전통적 경찰강제론은 경찰강제를 경찰목적을 실현하기 위하여 사람의 신체 또는 재산에 실력을 가하여 경찰상 필요한 상태를 실현하는 사실작용이라고 정의하고, 이를 다시 경찰상의 강제집행과 경찰상의 즉시강제로 나누어 설명하여 왔다. 이 경우 경찰상의 강제집행과 경찰상의 즉시강제의 차이점으로는 '경찰의무의 부과와 그의 불이행'을 드는 것이 일반적이었다.

## 2. 새로운 경향의 경찰강제론

### (1) 경찰상의 즉시강제론에 대한 재검토

1) 경찰상의 즉시강제 개념의 재구성: 전통적 경찰강제론은 경찰상의 즉시강제의 개념을 정의함에 있어 '경찰의무의 부과 및 그의 불이행을 전제함이 없이'라는 개념적 징표를 사용하고 있었다. 그런데 근래 들어 이러한 경찰상의 즉시강제 개념에 변화가 일어나고 있는바, 경찰상의 즉시강제를 정의함에 있어 '사전에 의무를 명함이 없이'라는 개념적 징표를 사용함이 타당하다는 견해251)의 등장을 그 대표적 예로 볼 수 있다. 아울러 경찰상의 '즉시강제(Sofortiger Zwang)'라는 용어 대신에 경찰상의 '즉시집행(Sofortiger Vollzug)'이란 용어를 사용하는 것이 바람직하다는 견해도 나타나고 있다.

2) 경찰조사 개념의 독립: 전통적 경찰강제론에서는 경찰상의 즉시강제에 포함시켜 다루어지기도 했던 경찰에 의한 질문·검사 등과 같은 작용이 '경찰조사'라는 이름으로 독립하여 다루어지고 있다.

### (2) 새로운 경찰의무 이행확보수단의 등장

전통적인 경찰의무 이행확보수단이 그 기능을 제대로 발휘하지 못하거나 약화됨에 따라 새로운 경찰의무 이행확보수단이 등장하고 있다(가산금·과징금 등 금전적 제재, 공급거부, 위반사실의 공표 등).

## 3. 경찰의무의 이행확보수단 개관

경찰의무의 이행확보수단은 크게 (1) 직접적 강제수단과 (2) 간접적 강제수단으로 구분된다. 이 경우 직접적 강제수단은 다시 경찰상의 강제집행과 경찰상의 즉시강제로, 간접적 강제수단은 경찰벌과 그 밖의 수단으로 구분될 수 있다. 일단 전통적 논의에 따라 경찰의무의 이행확보수단을 개관하면 다음과 같이 된다.

---

251) 대표적 견해로는 김남진/김연태, 행정법Ⅱ, 361쪽.

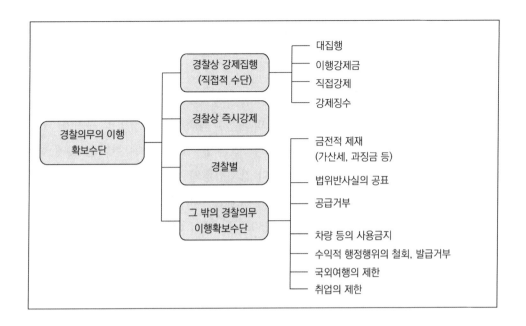

## II. 경찰상의 강제집행

### 1. 경찰상의 강제집행의 의의

경찰상의 강제집행이란 「(경찰행정청의) 경찰하명에 의한 의무의 불이행이 있는 경우에 경찰행정청이 의무자의 신체·재산에 실력을 가함으로써 장래에 향하여 의무를 이행시키거나, 이행이 있은 것과 동일한 상태를 실현하는 경찰작용」을 말한다.

한편 경찰상의 강제집행은 법원의 힘을 빌리지 않고 경찰 스스로의 힘으로 경찰의무의 이행을 강제하는 자력집행의 체계를 갖추고 있다는 점에 그 특색이 있다.

전통적 경찰강제론에서는 경찰상의 강제집행과 경찰상의 즉시강제를 '의무의 존재와 그의 불이행'을 전제로 하는지 여부를 기준으로 구별하여 왔다. 그러나 근래 들어 경찰상의 강제집행과 경찰상의 즉시강제를 '사전에 (경찰하명을 통해서) 의무를 명함이 있었는지 여부'를 기준으로 구분하여야 한다는 견해가 등장하고 있다.[252]

---

252) 김남진/김연태, 행정법Ⅱ, 361쪽. 이러한 견해는 전통적 경찰강제론이 경찰상의 즉시강제로 분류하고 있는 것들의 상당수는 (묵시적으로나마) 의무의 존재를 전제로 하고 있다는 것, 그 결과 전통적 경찰강제론이 경찰상의 즉시강제로 설명해 온 것들 역시 그러한 논리에 따르면 경찰상의 강제집행에 해당하게 된다는 것을 이론적 논거로 한다.

## 2. 경찰상의 강제집행의 근거와 수단

### (1) 경찰상의 강제집행의 법적 근거

경찰상의 강제집행을 하기 위해서는 경찰의무를 부과하는 경찰하명의 근거가 되는 법률 이외에 경찰상의 강제집행을 위한 '별도의' 법적 근거가 있어야 한다는 것에 학설은 사실상 완전히 일치되어 있다. 한편 경찰상의 강제집행의 실정법적 근거로는 경찰활동에 관한 일반적 내용을 담고 있는 「경찰관 직무집행법」 이외에도 「행정대집행법」 등과 같은 개별법을 들 수 있다. 한편 행정기본법은 제30조 및 제31조에서 행정상 강제집행에 관한 내용을 규정하고 있는데, 이들 조항을 경찰상의 강제집행의 근거로 볼 수 있는지에 대하여는 아직까지 정설이 없는 실정이다.

### (2) 경찰상의 강제집행의 수단

1) 「경찰관직무집행법」상의 개괄적 수권조항에 따른 수단: 경찰행정청이 위해방지를 위한 경찰하명을 발하였음에도 불구하고 경찰의무자가 경찰의무를 이행하지 않는 경우에는 – 개별적 수권조항이나 기타 개별법에 별도의 규정이 없는 경우에는 – 경찰관은 「경찰관 직무집행법」상의 개괄적 수권조항에 근거하여 경찰상의 강제집행을 할 수 있다.

2) 「경찰관 직무집행법」상의 개별적 수권조항에 따른 수단: 「경찰관 직무집행법」 제3조 이하에 규정되어 있는 이른바 표준적 직무행위에는 – 경찰상의 즉시강제 이외에 – 경찰하명을 통하여 부과된 의무의 불이행을 개념적 전제로 하는 경찰상의 강제집행이 포함되어 있다고 생각한다. 범인 등이 무기 등을 소지하고 경찰관으로부터 3회 이상의 투기명령 또는 투항명령을 받고도 이에 불응하면서 계속 항거함을 이유로 경찰관이 무기를 사용하는 경우(동법 제10조의 4) 등이 그 대표적 예이다.

3) 기타 개별법상의 수단: 경찰상의 강제집행의 수단으로는 전술한 「경찰관 직무집행법」상의 개괄적 수권조항 및 개별적 수권조항에 근거한 수단 이외에도 개별법에 의한 수단을 들 수 있다. 그러한 개별법에 의한 수단으로는 대집행, 이행강제금, 직접강제(이들에 관하여는 번호를 바꾸어 후술하기로 한다) 및 강제징수가 들어진다.

## (3) 대집행

1) 대집행의 의의: 대집행(代執行, Ersatzvornahme)이란 의무자가 행정상 의무(법령 등에서 직접 부과하거나 행정청이 법령등에 따라 부과한 의무를 말한다)로서 타인이 대신하여 행할 수 있는 의무를 이행하지 아니하는 경우 법률로 정하는 다른 수단으로는 그 이행을 확보하기 곤란하고 그 불이행을 방치하면 공익을 크게 해칠 것으로 인정될 때에 ① 행정청이 의무자가 하여야 할 행위를 스스로 하거나 ② 제3자에게 하게 하고 그 비용을 의무자로부터 징수하는 것을 말한다(「행정기본법」 제30조 제1항 제1호). 대집행의 구체적 절차 등에 관한 상세한 규정을 갖고 있어서 대집행에 관한 일반법으로 이해되고 있는 「행정대집행법」 또한 이와 유사한 개념에 기초하고 있다.

2) 대집행의 유형: 우리나라의 「행정기본법」과 「행정대집행법」은 ① 당해 행정청이 스스로 의무자가 하여야 할 행위를 대신 행하는 경우와 ② 제3자로 하여금 의무자가 하여야 할 행위를 대신 행하게 하는 경우를 모두 대집행으로 보고 있는데, 전자를 자기집행(自己執行, Selbstvornahme), 후자를 타자집행(他者執行, Fremdvornahme)이라고 한다.

한편 학설상으로는 타자집행만을 대집행으로 보아야 하며, 자기집행은 후술하는 직접강제로 보아야 한다는 견해가 유력하다.


## (4) 이행강제금

1) 이행강제금의 의의: 이행강제금[253]이란 의무자가 행정상 의무를 이행하지 아니하는 경우 행정청이 적절한 이행기간을 부여하고, 그 기한까지 행정상 의무를 이행하지 아니하면 금전급부의무를 부과하는 것을 말한다(「행정기본법」 제30조 제1항 제2호).

한편 우리나라의 경우 종래 이행강제금을 '비대체적 작위의무 또는 부작위의무'의 불이행이 있는 경우에만 적용될 수 있는 것으로 이해하기도 하였으나, 오늘날은 대체적 작위의무나 수인의무의 불이행이있는 경우에도 이행강제금을 사용할 수 있는 것으로 보고 있다.[254]

2) 실정법적 근거: 이행강제금 제도는 (건축)허가권자는 시정명령을 받은 후 시정기간

---

253) 이행강제금 제도 일반에 관하여 자세한 것은 서정범, "이행강제금 제도에 관한 고찰", 경찰대학 논문집 제29집, 2009, 3쪽 아래; 이동찬, "이행강제금에 관한 연구: 일반법제정을 중심으로", 토지공법연구 제69권, 2015, 73쪽 아래.
254) 헌재 2004. 2. 26. 선고 2001헌바80, 84, 102, 103, 2002헌바26(병합) 결정 참조.

내에 시정명령을 이행하지 아니한 건축주 등에 대하여는 그 시정명령의 이행에 필요한 상당한 이행기한을 정하여 그 기한까지 시정명령을 이행하지 아니하면 이행강제금을 부과할 수 있음을 규정한 「건축법」 제80조에 처음으로 도입되었다. 그 후 이행강제금은 「농지법」 제65조, 「장애인·노인·임산부 등의 편의증진보장에 관한 법률」 제28조, 「옥외광고물 등 관리법」 제20조의2, 「교통약자의 이동편의증진법」 제34조 등에 계속하여 도입되고 있다. 한편 「행정기본법」이 제31조에서 이행강제금의 부과에 관해 상세한 규정을 갖고 있다는 것은 주목을 요한다.

### (5) 직접강제

직접강제(Unmittelbare Zwang)란 의무자가 행정상 의무를 이행하지 아니하는 경우 행정청이 의무자의 신체나 재산에 실력을 행사하여 그 행정상 의무의 이행이 있었던 것과 같은 상태를 실현하는 것을 말한다(「행정기본법」 제30조 제1항 제3호). 직접강제의 예로는 영업소의 폐쇄조치(「식품위생법」 제79조), 외국인의 강제퇴거(「출입국관리법」 제59조) 등을 들 수 있다.

한편 직접강제는 행정대집행이나 이행강제금 부과의 방법으로는 행정상 의무 이행을 확보할 수 없거나 그 실현이 불가능한 경우에 실시하여야 하며, 직접강제를 실시하기 위하여 현장에 파견되는 집행책임자는 그가 집행책임자임을 표시하는 증표를 보여 주어야 한다(「행정기본법」 제32조 제1항 및 제2항).

## III. 경찰상의 즉시강제와 경찰조사

## 1. 경찰상의 즉시강제

### (1) 의의

경찰상의 즉시강제(sofortiger Zwang)란 현재의 급박한 경찰상의 장해를 제거하기 위한 경우로서 경찰행정청이 곧바로 국민의 신체 또는 재산에 실력을 행사하여 행정목적을 달성하는 것을 말한다(「행정기본법」 제30조 제1항 제4호). 한편 경찰상의 즉시강제는 다음과 같은 두 가지 경우에 행해질 수 있다.

1) 경찰행정청이 미리 행정상 의무 이행을 명할 시간적 여유가 없는 경우

2) 그 성질상 경찰상 의무의 이행을 명하는 것만으로는 경찰목적 달성이 곤란한 경우[255]

## (2) 경찰상의 즉시강제의 근거

경찰상의 즉시강제는 국민의 권리에 대한 중대한 침해를 가져오는 것이므로 오늘날과 같은 실질적 법치국가에 있어서는 경찰상의 즉시강제는 반드시 실정법적 근거를 필요로 한다.[256]

## (3) 경찰상의 즉시강제의 수단

경찰상의 즉시강제의 실정법적 근거로는 경찰작용에 관한 일반적 내용을 규정하고 있는 「경찰관 직무집행법」 외에 「식품위생법」 등과 같은 개별법이 있다.

1) 「경찰관 직무집행법」상의 개괄적 수권조항에 따른 수단: 목전에 급박한 경찰상의 위해를 방지·제거하기 위하여 필요한 경우 또는 그 성질상 미리 의무를 명함에 의해서는 경찰목적을 달성할 수 없는 경우에 ― 개별적 수권조항이나 기타 개별법에 별도의 규정이 없다면 ― 경찰관은 개괄적 수권조항에 근거하여 보충적으로 경찰상의 즉시강제를 할 수 있다.

2) 「경찰관 직무집행법」상의 개별적 수권조항에 따른 수단: 「경찰관 직무집행법」은 제3조(불심검문) 이하에서 이른바 '표준적 직무행위'에 관하여 규정하고 있는데,[257] 종래의 통설은 이들 조치 전부가 여기서 말하는 경찰상의 즉시강제에 해당하는 것으로 보았었다. 그러나 동법 제3조 이하의 조치들 전부를 경찰상의 즉시강제에 해당하는 것으로 보는 것은 곤란하다고 생각한다. 왜냐하면 그들 조치들 가운데에는 (경찰상의 즉시강제의 성격을 갖

---

255) 한편 독일의 경우는 이러한 구분을 전제로 1)의 경우를 즉시집행(即時執行, sofortiger Vollzug), 2)의 경우를 직접시행(直接施行, unmittelbare Ausführung)이라고 부르는 것이 일반적인 것으로 보인다(이들 문제에 관한 독일에서의 논의에 관하여는 vgl. Kugelmann, "Unmittelbare Ausführung und sofortige Anwendung von Verwaltungszwang durch die Polizei", DÖV, 1997, 153 ff.

256) 과거에는 "공공의 안녕 또는 질서에 대한 급박한 위해가 존재하는 경우에 국가는 그 같은 위해를 방지·제거하여 공공의 안녕과 질서를 유지할 자연법적 권리와 의무를 가지며, 따라서 특별한 법률적 근거가 없더라도 경찰상의 즉시강제가 가능하다"고 하여 경찰상의 즉시강제의 이론적 근거를 국가의 일반긴급권에서 찾기도 했었다. 그러나 오늘날은 위와 같은 견해는 찾아보기 어렵다.

257) 표준적 직무행위에 관하여는 이하에서 별도로 서술한다.

는 것이 아니라) 경찰상의 강제집행 또는 경찰조사에 해당하는 것들이 있기 때문이다.[258]

3) 기타 개별법상의 수단

(가) 대인적 강제: 대인적 강제란 사람의 신체에 실력을 가하여 경찰상 필요한 상태를 실현시키는 작용을 말하는 바, 공중위생에 관계되는 법률에서 그 예를 많이 볼 수 있다. 강제격리(「감염병의 예방 및 관리에 관한 법률」 제42조), 강제건강진단(동법 제9조), 수난구호를 위한 원조강제(「수상에서의 수색·구조 등에 관한 법률」 제29조), 치료보호(「마약류관리에 관한 법률」 제40조) 등이 그에 해당한다.

(나) 대물적 강제: 대물적 강제란 물건에 실력을 가하여 경찰상 필요한 상태를 실현시키는 작용을 말한다. 물건의 폐기(「식품위생법」 제56조; 「약사법」 제65조 제2항; 「행형법」 제41조), 물건의 영치(「행형법」 제41조), 물건의 파괴(「옥외광고물 등 관리법」 제10조 제2항), 교통장애물의 제거(「도로교통법」 제66조 제2항, 제67조 제2항) 등이 있다.

(다) 대가택적 강제: 대가택적 강제란 타인의 가택 또는 영업소에 실력을 가하여 경찰상 필요한 상태를 실현시키는 작용을 말한다. 임검·검사 및 수색(「조세범처벌절차법」 제2조 ~ 제5조; 「총포·도검·화약류 등 단속법」 제44조; 「농산물검사법」 제19조) 등이 그 예이다. 다만 종래 대가택적 강제로 설명되었던 이들 수단들은 오늘날은 주로 경찰조사의 영역에서 논의되고 있다.


### (4) 경찰상의 즉시강제의 한계

1) 경찰상의 즉시강제의 한계: 경찰상의 즉시강제를 위해서는 반드시 법적 근거가 있을 것을 요하며, 그 내용 또한 법규의 내용에 적합하여야 한다(즉시강제의 법규상의 한계). 한편 경찰상의 즉시강제는 이러한 법규상의 한계 이외에도 일정한 실체적 한계 내에서만 행할 수 있음을 유의하여야 한다. 즉, 경찰상의 즉시강제는 (특히 즉시집행의 경우) 경찰상의 위해가 목전에 급박하고, 다른 수단으로는 경찰목적을 달성할 수 없을 때에 한하여 행할 수 있다(「행정기본법」 제33조 제1항). 경찰비례의 원칙이 경찰상의 즉시강제의 경우에도 적용됨은 물론이다.

2) 영장주의의 적용여부: 헌법은 개인의 신체·재산 및 가택에 대한 침해에 법관의 영

---

258) 「경찰관직무집행법」상의 표준적 직무행위를 권력적 행정조사에 해당하는 것, 경찰상 즉시강제에 해당하는 것, 하명의 성질을 가지는 것 및 국민에게 불이익을 줄 수 있는 비권력적인 것으로 나누어 설명하는 견해(박균성/김재광, 경찰행정법, 343쪽 아래) 또한 저자와 동일한 문제의식을 가지고 있는 것으로 볼 수 있다.

장을 얻도록 규정하고 있는데(영장주의, 제12조·제16조), 이와 관련하여 영장주의가 경찰상의 즉시강제에도 적용되는지 여부가 문제된다.

예전에는 헌법상의 영장주의는 '형사사법권'의 행사로부터 국민의 기본권을 보장하기 위한 것이므로 경찰상의 즉시강제에는 영장주의의 적용이 없다는 견해(令狀不要說)도 있었으나, 오늘날은 헌법규정의 취지를 고려할 때 영장주의는 경찰상의 즉시강제에도 당연히 적용된다는 것이 지배적 견해이다. 다만, 즉시집행의 경우, 즉 목전에 급박한 위해의 방지 및 제거를 위하여 법관의 영장을 사전에 발급받을 수 없는 경우에는 헌법상의 영장주의에 대한 예외를 인정할 수밖에 없다.[259] 헌법재판소 역시 같은 취지의 결정을 행한 바 있다.


[관련판례]: 「구 음반·비디오물 및 게임물에 관한 법률 제24조 3항에 따른 음반·비디오물 및 게임물의 수거와 폐기는 급박한 상황에 대처하기 위한 것으로서 그 불가피성과 정당성이 충분히 인정되는 경우이므로, 이 사건 법률조항이 영장 없는 수거를 인정한다고 하더라도 이를 두고 헌법상 영장주의에 위배되는 것으로는 볼 수 없다.」[260]


### (5) 경찰상의 즉시강제에 대한 구제

경찰상의 즉시강제는 (하명을 통한 의무부과도 없이) 경찰목적을 위하여 국민의 신체나 재산에 직접적으로 실력을 가하는 권력작용으로서 다른 어떤 작용보다도 국민의 권익을 침해할 가능성이 상당히 높다. 따라서 경찰상의 즉시강제로 인한 국민의 권익침해에 대하여는 구제수단의 필요성이 강하게 요청되며, 그로 인하여 경찰상의 즉시강제에 대한 구제수단에 대한 관심이 높아지고 있다.

1) 적법한 경찰상의 즉시강제에 대한 구제수단: 경찰상의 즉시강제가 법률에 근거하여 적법하게 행하여졌으나, 그로 인해 제3자(또는 경찰책임자)에게 수인의 한도를 넘는 특별한 희생(Sonderopfer)을 가한 경우에는 그에 대한 적절한 손실보상이 행해져야 한다.

「헌법」제23조 제3항의 취지를 고려할 때 손실보상은 법률에 보상규정이 있는 경우에 한하여 인정될 수 있는바, 이에 따라 「소방기본법」 등의 개별법에서 손실보상을 규정하는 경우도 있다. 그러나 종래 「경찰관 직무집행법」에는 손실보상에 관한 규정이 없었으며, 그 결과 (경찰상의 즉시강제를 포함한) 경찰작용으로 특별한 희생을 입은 경우에도 손실

---

259) 동지: 김남진/김연태, 행정법Ⅱ, 371쪽.
260) 헌재 2002. 10. 31. 선고 2000헌가12 결정.

보상을 청구할 수 없는 문제가 있었다. 이처럼 「경찰관 직무집행법」에 손실보상 규정이 없음으로 인하여 발생하는 문제의 해결을 위하여 「경찰관 직무집행법」에 손실보상 규정의 설치를 주장하는 견해들이 나타났으며, 이러한 주장이 받아들여져 2013년에 드디어 「경찰관 직무집행법」에 손실보상 규정(제11조의2)이 도입되기에 이르렀다.

  2) 위법한 경찰상의 즉시강제에 대한 구제수단

  (가) 행정쟁송: 위법 또는 부당한 경찰상의 즉시강제로 인해 권리·이익을 침해당한 자는 행정심판이나 행정소송을 통해 그의 취소 또는 변경을 구할 수 있다. 다만, 경찰상의 즉시강제는 성질상 단기간에 행해지는 조치여서 행정쟁송으로 그의 취소·변경을 구할 법률상 이익이 없는 경우가 많다. 따라서 경찰상의 즉시강제에 대한 행정쟁송은 경찰상의 즉시강제가 비교적 장기간에 걸쳐서 행해지는 경우(예: 강제격리)에만 생각할 수 있다.

  (나) 손해배상의 청구: 경찰상의 즉시강제가 국가배상법상의 공무원의 직무상 불법행위에 해당하는 경우에는 동법에 따라 손해배상을 청구할 수 있는바(「국가배상법」제2조), 이것이 위법한 즉시강제에 대한 가장 적절한 구제수단이다.

  (다) 정당방위: 위법한 경찰상의 즉시강제에 대한 저항이 형법상의 정당방위에 해당하는 경우에는 공무집행방해죄가 성립하지 않게 된다. 따라서 이러한 한도에서 위법한 경찰상의 즉시강제에 대한 구제수단으로 정당방위를 생각할 수도 있다. 다만, 국가적 행위는 일반적으로 적법성의 추정을 받으므로 정당방위를 위법한 즉시강제에 대한 구제수단으로 보는 데에는 문제가 있다.

  (라) 기 타: 과거에는 공무원의 형법상 책임, 「경찰공무원법」이나 「경찰관직무집행법」상의 책임을 위법한 경찰상의 즉시강제에 대한 구제수단으로 열거하기도 했지만, 이를 개인의 권리구제수단으로 보는 것은 무리라고 생각한다.


## 2. 「경찰관 직무집행법」상의 표준적 직무행위


### (1) 불심검문

  1) 불심검문의 의의: 경찰관은 수상한 행동이나 그 밖의 주위 사정을 합리적으로 판단하여 볼 때 어떠한 죄를 범하였거나 범하려 하고 있다고 의심할 만한 상당한 이유가 있는 사람, 또는 이미 행하여진 범죄나 행하여지려고 하는 범죄행위에 관한 사실을 안다고 인정되는 사람을 정지시켜 질문할 수 있는바(동법 제3조 제1항), 이를 불심검문이라고 한

다.[261] 한편 경찰관은 불심검문을 할 때에 그 사람이 흉기를 가지고 있는지를 조사할 수 있다.[262]

2) 불심검문의 성격: 불심검문의 성격에 대하여는 종래 행정경찰작용으로 보는 견해와 사법경찰작용으로 보는 견해의 대립이 있었다. 그러나 불심검문의 성격은 검문의 유형에 따라 달리 판단되어야 한다. 즉, 불심검문이 이미 어떠한 죄를 범하였다고 의심할만한 경우에 행하여지는 경우에는 사법경찰작용의 성격을 가지며, 어떠한 죄를 범하려 하고 있다고 의심할 만한 경우에 행해지는 경우에는 위해를 예방하는 차원에서 행해지는 행정경찰작용의 성격을 갖는다.[263]

3) 임의동행: 경찰관은 불심검문의 대상이 되는 사람을 정지시킨 장소에서 질문을 하는 것이 그 사람에게 불리하거나 교통에 방해가 된다고 인정될 때에는 질문을 하기 위하여 가까운 경찰서·지구대·파출소 또는 출장소(지방해양경찰관서를 포함하며, 이하 "경찰관서"라 한다)로 동행할 것을 요구할 수 있다(동조 제2항). 이 경우 동행을 요구받은 사람은 그 요구를 거절할 수 있는바, 이런 이유로 이를 임의동행이라고 한다.

불심검문을 하거나 동행을 요구할 경우 자신의 신분을 표시하는 증표(경찰공무원증)를 제시하면서 소속과 성명을 밝히고 질문이나 동행의 목적과 이유를 설명하여야 하며, 동행을 요구하는 경우에는 동행 장소를 밝혀야 한다(동조 제4항). 또한 경찰관은 동행한 사람의 가족이나 친지 등에게 동행한 경찰관의 신분, 동행 장소, 동행 목적과 이유를 알리거나 본인으로 하여금 즉시 연락할 수 있는 기회를 주어야 하며, 변호인의 도움을 받을 권리가 있음을 알려야 한다(동조 제5항). 임의 동행의 경우 경찰관은 동행한 사람을 6시간을 초과하여 경찰관서에 머물게 할 수 없다(동조 제6항).

## (2) 보호조치

1) 보호조치의 요건: 경찰관은 수상한 행동이나 그 밖의 주위 사정을 합리적으로 판단해 볼 때 (가) 정신착란을 일으키거나 술에 취하여 자신 또는 다른 사람의 생명·신체·재

---

261) 불심검문이란 용어가 일본에서 유래했을 뿐만 아니라 일반인의 언어 감정에 있어서도 문제점이 있음을 고려할 때, 불심검문이란 용어 대신에 '(직무)질문'이란 용어를 사용하는 것이 바람직하다고 생각한다.
262) 불심검문을 할 때 행해질 수 있는 불심검문의 대상자가 흉기를 가지고 있는지 여부를 조사하는 행위의 성질에 관하여는 실로 다양한 견해가 대립하고 있는바, 이러한 견해 대립의 핵심은 이를 「헌법」 제12조 제3항의 수색으로 볼 수 있는지 여부의 문제에 관한 것이다. 또한 이를 헌법상의 수색에 해당하지는 않는다고 보는 입장은 다시 이를 권력적 행정조사로 보는 견해와 비권력적 행정조사로 보는 견해로 나뉘어져 있다. 이러한 견해의 대립에 관하여 상세한 것은 박균성/김재광, 행정법론(하), 344쪽 아래 참조.
263) 동지: 정하중, 행정법개론, 1110쪽.

산에 위해를 끼칠 우려가 있는 사람, (나) 자살을 시도하는 사람, (다) 미아, 병자, 부상자 등으로서 적당한 보호자가 없으며 응급구호가 필요하다고 인정되는 사람(다만, 본인이 구호를 거절하는 경우는 제외한다) 중 어느 하나에 해당하는 것이 명백하고 응급구호가 필요하다고 믿을 만한 상당한 이유가 있는 사람(이하 "구호대상자"라 한다)을 발견하였을 때에는 보건의료기관이나 공공구호기관에 긴급구호를 요청하거나 경찰관서에 보호하는 등 적절한 조치를 할 수 있다(동법 제4조 제1항). 이 경우 긴급구호를 요청받은 보건의료기관이나 공공구호기관은 정당한 이유 없이 긴급구호를 거절할 수 없다(제2항). 한편 경찰관서에서의 보호는 24시간을 초과할 수 없는바(동조 제7항), 24시간 이내라고 할지라도 보호조치의 요건이 없게 된 경우에는 보호를 계속할 수 없음은 물론이다.

2) 보호조치의 절차: 경찰관은 긴급구호요청이나 보호조치를 하였을 때에는 지체 없이 구호대상자의 가족, 친지 또는 그 밖의 연고자에게 그 사실을 알려야 하며, 연고자가 발견되지 아니할 때에는 구호대상자를 적당한 공공보건의료기관이나 공공구호기관에 즉시 인계하여야 한다(동조 제4항). 경찰관이 구호대상자를 공공보건의료기관이나 공공구호기관에 인계하였을 때에는 즉시 그 사실을 소속 경찰서장이나 해양경찰서장에게 보고하여야 한다(동조 제5항). 이 경우 보고를 받은 소속 경찰서장이나 해양경찰서장은 대통령령으로 정하는 바에 따라 구호대상자를 인계한 사실을 지체 없이 해당 공공보건의료기관 또는 공공구호기관의 장 및 그 감독행정청에 통보하여야 한다(동조 제6항).

3) 임시영치: 임시영치란 물건의 소지가 경찰상 위험을 발생케 할 만한 상당한 이유가 있다고 인정되는 경우에 일시적으로 그 소지를 박탈하여 경찰관이 보관하는 것을 말하는바, 이러한 임시영치는 '공법상의 임치(任置, Verwahrung)'의 성질을 갖는다.264) 한편 임시로 영치하는 기간은 10일을 초과할 수 없다(동조 제7항).


### (3) 위험발생방지조치

1) 위험발생방지조치의 요건: 경찰관은 "사람의 생명 또는 신체에 위해를 끼치거나 재산에 중대한 손해를 끼칠 우려가 있는 천재(天災), 사변(事變), 인공구조물의 파손이나 붕괴, 교통사고, 위험물의 폭발, 위험한 동물 등의 출현, 극도의 혼잡, 그 밖의 위험한 사태가 있을 때에는" 「경찰관 직무집행법」 제5조 제1항 각호가 정하는 조치를 할 수 있다(동법 제5조 제1항).

---

264) 공법상의 임치에 관하여는 서정범/박상희/김용주, 일반행정법, 569쪽 아래 참조.

2) 위험발생방지조치의 절차: 경찰관이 위험발생방지조치를 하였을 때에는 지체 없이 그 사실을 소속 경찰관서의 장에게 보고하여야 하며(동조 제3항), 그러한 조치를 하거나 보고를 받은 경찰관서의 장은 관계 기관의 협조를 구하는 등 적절한 조치를 하여야 한다 (동조 제4항).

3) 위험발생방지를 위한 구체적 수단

(가) 그 장소에 모인 사람, 사물의 관리자, 그 밖의 관계인에게 필요한 경고를 하는 것

(나) 매우 긴급한 경우에는 위해를 입을 우려가 있는 사람을 필요한 한도에서 억류하거나 피난시키는 것

(다) 그 장소에 있는 사람, 사물의 관리자, 그 밖의 관계인에게 위해를 방지하기 위하여 필요하다고 인정되는 조치를 하게 하거나 직접 그 조치를 하는 것


## (4) 범죄의 예방과 제지

경찰관은 범죄행위가 목전(目前)에 행하여지려고 하고 있다고 인정될 때에는 이를 예방하기 위하여 관계인에게 필요한 경고를 하고, 그 행위로 인하여 사람의 생명·신체에 위해를 끼치거나 재산에 중대한 손해를 끼칠 우려가 있는 긴급한 경우에는 그 행위를 제지할 수 있다(동법 제6조).


## (5) 위험방지를 위한 출입

1) 위험방지를 위한 출입의 유형

(가) 긴급출입: 경찰관은 제5조제1항·제2항 및 제6조에 따른 위험한 사태가 발생하여 사람의 생명·신체 또는 재산에 대한 위해가 임박한 때에 그 위해를 방지하거나 피해자를 구조하기 위하여 부득이하다고 인정하면 합리적으로 판단하여 필요한 한도에서 다른 사람의 토지·건물·배 또는 차에 출입할 수 있는데, 이를 긴급출입이라고 한다(동법 제7조 제1항).

(나) 예방출입: 흥행장(興行場), 여관, 음식점, 역, 그 밖에 많은 사람이 출입하는 장소의 관리자나 그에 준하는 관계인은 경찰관이 범죄나 사람의 생명·신체·재산에 대한 위해를 예방하기 위하여 해당 장소의 영업시간이나 해당 장소가 일반인에게 공개된 시간에 그 장소에 출입할 수 있는바, 이를 예방출입이라고 한다. 이 경우 경찰관이 출입하겠다고 요

구하면 정당한 이유 없이 그 요구를 거절할 수 없다(동조 제2항). 한편 경찰관은 대간첩 작전 수행에 필요할 때에는 작전지역에서 위의 장소를 검색할 수 있다.

2) 출입절차 등: 경찰관이 필요한 장소에 출입할 때에는 그 신분을 표시하는 증표를 제시하여야 하며, 함부로 관계인이 하는 정당한 업무를 방해해서는 아니 된다(동조 제4항).


### (6) 사실의 확인 및 출석요구

1) 사실의 확인 등: 경찰관서의 장은 직무 수행에 필요하다고 인정되는 상당한 이유가 있을 때에는 국가기관이나 공사(公私) 단체 등에 직무 수행에 관련된 사실을 조회할 수 있다. 다만, 긴급한 경우에는 소속 경찰관으로 하여금 현장에 나가 해당 기관 또는 단체의 장의 협조를 받아 그 사실을 확인하게 할 수 있다(동법 제8조 제1항).

2) 출석요구: 경찰관은 (가) 미아를 인수할 보호자 확인, (나) 유실물을 인수할 권리자 확인, (다) 사고로 인한 사상자(死傷者) 확인 및 (라) 행정처분을 위한 교통사고 조사에 필요한 사실 확인을 위하여 필요하면 관계인에게 출석하여야 하는 사유·일시 및 장소를 명확히 적은 출석 요구서를 보내 경찰관서에 출석할 것을 요구할 수 있다(동조 제2항). 다만 출석요구서를 통한 출석요구는 전화, 인터넷, SNS 등이 발달한 현대사회에서는 더 이상 유지되기 곤란한 것이 되어 사실상 이미 사문화(死文化)되었다고 할 수 있다.


### (7) 경찰장비의 사용

1) 경찰장비의 개념: "경찰장비"란 무기, 경찰장구(警察裝具), 최루제(催淚劑)와 그 발사장치, 살수차, 감식기구(鑑識機具), 해안 감시기구, 통신기기, 차량·선박·항공기 등 경찰이 직무를 수행할 때 필요한 장치와 기구를 말한다(동법 제10조 제1항).

2) 경찰장비의 사용기준

(가) 위해성 경찰장비의 사용: "위해성 경찰장비", 즉 사람의 생명이나 신체에 위해를 끼칠 수 있는 경찰장비를 사용할 때에는 필요한 안전교육과 안전검사를 받은 후 사용하여야 한다(동조 제2항).

(나) 불법개조의 금지 등: 경찰관은 경찰장비를 함부로 개조하거나 경찰장비에 임의의 장비를 부착하여 일반적인 사용법과 달리 사용함으로써 다른 사람의 생명·신체에 위해를 끼쳐서는 아니 된다(동조 제3항).

(다) 필요한 최소한도: 위해성 경찰장비는 필요한 최소한도에서 사용하여야 한다(동조 제4항).

3) 위해성 경찰장비의 안전성 확보: 경찰청장은 위해성 경찰장비를 새로 도입하려는 경우에는 대통령령으로 정하는 바에 따라 안전성 검사를 실시하여 그 안전성 검사의 결과보고서를 국회 소관 상임위원회에 제출하여야 한다. 이 경우 안전성 검사에는 외부 전문가를 참여시켜야 한다(동조 제5항).


## (8) 경찰장구의 사용

1) 경찰장구의 개념: "경찰장구"란 경찰관이 휴대하여 범인 검거와 범죄 진압 등의 직무 수행에 사용하는 수갑, 포승(捕繩), 경찰봉, 방패 등을 말한다(동법 제10조의2 제2항).

2) 경찰장구의 사용요건: 경찰관은 (가) 현행범이나 사형·무기 또는 장기 3년 이상의 징역이나 금고에 해당하는 죄를 범한 범인의 체포 또는 도주 방지, (나) 자신이나 다른 사람의 생명·신체의 방어 및 보호, (다) 공무집행에 대한 항거(抗拒) 제지를 위하여 필요하다고 인정되는 상당한 이유가 있을 때에는 그 사태를 합리적으로 판단하여 필요한 한도에서 경찰장구를 사용할 수 있다(동조 제1항).


## (9) 분사기의 사용

1) 분사기의 개념: "분사기"란 「총포·도검·화약류 등의 안전관리에 관한 법률」에 따른 분사기를 말하며, 그에 사용하는 최루 등의 작용제를 포함한다.

2) 분사기의 사용요건: 경찰관은 (가) 범인의 체포 또는 범인의 도주 방지 (나) 불법집회·시위로 인한 자신이나 다른 사람의 생명·신체와 재산 및 공공시설 안전에 대한 현저한 위해의 발생 억제를 위하여 부득이한 경우에는 현장책임자가 판단하여 필요한 최소한의 범위에서 분사기 또는 최루탄을 사용할 수 있다(동법 제10조의3).

## (10) 무기의 사용

1) 무기의 개념: "무기"란 사람의 생명이나 신체에 위해를 끼칠 수 있도록 제작된 권총 · 소총 · 도검 등을 말한다(동법 제10조의 4 제2항). 한편 「경찰관 직무집행법」제10조의4에 따를 때 경찰관의 무기사용의 유형은 다음의 2가지, 즉 (가) 사람의 신체에 대한 위해를 수반하지 아니하는 무기사용과 (나) 사람의 신체에 대한 위해를 수반하는 무기사용으로 구분할 수 있다(동조 제1항).

2) 신체에 대한 위해를 수반하지 아니하는 무기사용: 경찰관은 (가) 범인의 체포, 범인의 도주 방지, (나) 자신이나 다른 사람의 생명 · 신체의 방어 및 보호, (다) 공무집행에 대한 항거의 제지를 위하여 필요하다고 인정되는 상당한 이유가 있을 때에는 그 사태를 합리적으로 판단하여 필요한 한도에서 (사람의 신체에 대한 위해를 수반하지 아니하는) 무기를 사용할 수 있다.

3) 신체에 대한 위해를 수반하는 무기사용: 신체에 대한 위해를 수반하는 무기사용은 다음과 같은 경우에 한하여 허용된다.

첫째, 「형법」에 규정된 정당방위와 긴급피난에 해당할 때

둘째, 다음 중 어느 하나에 해당하는 때에 그 행위를 방지하거나 그 행위자를 체포하기 위하여 무기를 사용하지 아니하고는 다른 수단이 없다고 인정되는 상당한 이유가 있을 때

(가) 사형 · 무기 또는 장기 3년 이상의 징역이나 금고에 해당하는 죄를 범하거나 범하였다고 의심할 만한 충분한 이유가 있는 사람이 경찰관의 직무집행에 항거하거나 도주하려고 할 때

(나) 체포 · 구속영장과 압수 · 수색영장을 집행하는 과정에서 경찰관의 직무집행에 항거하거나 도주하려고 할 때

(다) 제3자가 (가), (나)에 해당하는 사람을 도주시키려고 경찰관에게 항거할 때

(라) 범인이나 소요를 일으킨 사람이 무기 · 흉기 등 위험한 물건을 지니고 경찰관으로부터 3회 이상 물건을 버리라는 명령이나 항복하라는 명령을 받고도 따르지 아니하면서 계속 항거할 때

## 3. 경찰조사

### (1) 경찰조사의 개념

경찰조사란 「경찰기관이 경찰상 필요한 자료·정보를 얻기 위하여 행하는 조사작용」을 의미한다. 이 경우 '권력적 수단에 의한 조사'뿐만 아니라 '비권력적 수단에 의한 조사' 또한 포함된다.[265] 경찰조사는 종래 경찰상의 즉시강제에 포함시켜 다루어져 왔으나, 근년에는 양자를 분리하여 고찰하는 경향에 있는데 그 이유는 다음과 같다.

첫째, 경찰조사는 경찰상 필요한 자료를 얻기 위하여 행하는 '준비적·보조적 수단'으로서의 성질을 갖는 점에서, 경찰상 필요한 상태의 실현 그 자체를 목적으로 하는 경찰상의 즉시강제와 구분될 수 있다.

둘째, 경찰조사는 (권력적 작용보다는) 비권력적 작용을 주로 하며 그의 실효성 확보 또한 경찰벌을 통해 행해지는 반면, 경찰상의 즉시강제는 직접적인 실력행사를 통하여 경찰목적을 실현한다.

### (2) 경찰조사의 실정법적 근거와 수단

1) 「경찰관 직무집행법」: 「경찰관 직무집행법」은 경찰조사의 근거로 볼 수 있는 규정을 갖고 있는바, 치안정보의 수집과 작성에 관한 동법 제2조 4호가 대표적 예가 된다. 이 밖에 불심검문(동법 제3조), 사실의 확인(동법 제8조) 등도 경찰조사의 수단으로 활용될 수 있다.

2) 「행정조사기본법」 외: 「행정조사기본법」은 행정조사에 관하여 다른 법률에 특별한 규정이 있는 경우를 제외하고는 동법이 적용된다는 것을 분명히 하고 있으며, 그 결과 경찰조사의 경우에도 동법이 적용된다. 따라서 「행정조사기본법」이 정하고 있는 출석·진술요구, 보고와 자료제출의 요구, 현장조사, 시료채취 등 또한 경찰조사를 위한 수단으로 활용될 수 있다. 그 밖에 개별법에 경찰조사에 관한 규정이 존재한다.

---

[265] 한편 경찰 실무에 있어서는 이러한 의미의 경찰조사(행정조사)와 수사와의 구분 내지 경계획정이 많이 논의되고 있는바, 이러한 문제에 관하여 자세한 것은 김용주, "행정조사와 특별사법경찰관리의 수사의 경계획정 – 특별사법경찰관리의 직무를 중심으로 –", 경찰학연구 제14권 제4호, 2014, 77쪽 아래 참조.

### (3) 경찰조사의 분류

경찰조사의 분류방법 중 가장 중요한 것은 다음의 2가지이다. 즉, 경찰조사는
1) '성질(수단)'을 기준으로 권력적 행정조사와 비권력적 행정조사로 구분되며,
2) '대상'을 기준으로 (가) 대인적 조사(예: 불심검문, 질문, 신체의 수색), (나) 대물적
조사(예: 장부의 검사, 물건의 수거) 및 (다) 대가택적 조사(예: 가택출입 및 수색, 임검)로 구
분된다.


### (4) 경찰조사의 절차법적 한계

1) 영장주의의 적용 여부: 헌법상의 영장주의가 경찰조사에도 적용되는지의 문제에 관
하여는 근본적으로 경찰상의 즉시강제에 관한 논의가 그대로 적용된다. 따라서 원칙적으
로는 경찰조사에도, 특히 형사책임의 추급과 관련되는 경우에는 영장주의가 적용된다.
2) 증표의 제시 등: 경찰조사에 있어 최소한 조사를 행하는 자의 증표 제시가 있어야
한다는 것이 강조되어 왔는바, 「행정조사기본법」(제13조) 및 기타 개별법(「재해구호법」 제
10조 제2항 등)은 경찰조사, 특히 현장조사를 하는 조사원은 그 권한을 나타내는 증표를
지니고 이를 조사대상자에게 내보여야 할 것을 명문으로 규정하고 있다.


### (5) 경찰조사와 관련된 법적 문제

1) 위법한 경찰조사에 기초하여 행해진 경찰상의 행정행위의 위법성을 일반적으로 인
정할 수는 없다. 그러나 경찰조사가 (일정한 요건을 갖추어 행하도록 되어 있음에도 불구하고)
법이 요구하는 요건을 무시하였기 때문에 경찰조사로 볼 수 없을 정도의 것이라면, 그러
한 위법한 경찰조사에 기초하여 행해진 경찰상의 행정행위는 위법성이 인정될 수도 있다.
2) 경찰관의 적법한 경찰조사 목적을 위한 출입·검사를 상대방이 거부하는 경우 실정
법에 명시적 규정이 존재하지 않는 이상, 경찰관은 상대방의 신체 등에 대한 직접적 실력
행사를 통하여 강제로 출입·검사를 할 수는 없다. 그 대신 간접적 강제(예: 영업허가의 철
회)를 할 수 있을 뿐이다.

# Ⅳ. 경찰벌

## 1. 개설

### (1) 경찰벌의 의의

경찰벌(警察罰)이란 경찰법상의 의무위반에 대하여 일반통치권에 근거하여 과하는 제재로서의 처벌을 말한다.

경찰벌은 1) 직접적으로는 과거의 (경찰) 의무위반에 대한 제재를 가함으로써 경찰법규의 실효성을 확보하는 것을, 2) 간접적으로는 경찰의무자에게 심리적 압박을 가함으로써 장래의 의무이행을 확보하는 것을 그의 기능으로 한다.

### (2) 타 개념과의 구별

1) 경찰상 강제집행과의 구별: 경찰벌은 과거의 경찰의무의 위반에 대한 제재로서 경찰의무자에게 심리적 압박을 가하여 의무이행을 확보하는 기능을 갖는다는 점에서, 경찰의무의 불이행이 있는 경우 직접 상대방의 신체나 재산에 실력을 행사하여 의무이행을 확보하는 경찰상의 강제집행과 구별된다.

2) 징계벌과의 구별: 경찰벌은 '일반통치권'에 근거하여 과하는 제재라는 점에서, 특별권력관계 내부 질서를 유지하기 위하여 '특별권력'에 근거하여 과하는 징계벌과 구별된다.

3) 형사벌과의 구별: 경찰벌, 특히 경찰형벌과 형사벌은 피침해규범의 성질을 기준으로 구분된다. 즉, 형사벌이 과해지는 형사범이 법규를 기다리지 않고도 반사회성·반도덕성이 인정될 수 있는 행위(자연범)인 데 대하여, 경찰벌이 과해지는 행정범은 법규가 정한 명령·금지에 위반함으로써 비로소 반사회성·반도덕성을 띠게 되는 행위(법정범)인 점에서 양자는 구별된다. 다만 사회관·윤리관의 변화 내지 발달로 인하여 양자의 구별이 애매해지기도 하고, 때로는 양자가 서로 전화(轉化)될 수도 있다. 따라서 양자의 구별은 상대적이라고 할 수 있다.

### (3) 죄형법정주의의 적용 여부

죄형법정주의는 경찰벌에도 적용된다. 따라서 경찰벌의 부과를 위해서는 반드시 법률에 근거가 있어야 한다. 다만, 법률이 처벌의 대상과 벌칙의 종류 등을 구체적으로 범위를 정하여 경찰벌에 관한 사항을 법규명령(특히 위임명령)에 위임한 경우에는 법규명령(특히 위임명령)으로 경찰벌을 정할 수 있다. 또한 지방자치단체도 법률의 위임이 있는 경우에는 조례로써 경찰벌을 정할 수 있다.

## 2. 경찰벌의 종류

### (1) 경찰형벌

경찰형벌은 경찰법상의 의무위반에 대한 제재로서 형법상의 형(사형·징역·금고·구류·자격정지·자격상실·벌금·과료·몰수)을 과하는 경찰벌을 말한다. 경찰형벌에 대해서는 특별한 규정이 없는 한 원칙적으로 형법총칙이 적용된다.

### (2) 경찰질서벌

경찰질서벌은 경찰법상의 의무위반에 대한 제재로서 과태료가 과해지는 경찰벌이다. 경찰질서벌에 대하여는 형법총칙이 적용되지 않는 경우가 많다. 다만「질서위반행위규제법」은 경찰질서벌인 과태료의 부과와 관련하여 형법총칙과 유사한 규정을 많이 만들어 놓고 있다.

### (3) 경찰형벌과 경찰질서벌의 구별

경찰형벌과 경찰질서벌은 그의 성질, 수단, 형법총칙의 적용여부 및 과벌절차 등에서 차이를 나타내는데, 이를 도표로 정리하면 다음과 같다.

| 구분 | 경찰 형벌 | 경찰질서벌 |
|------|-----------|------------|
| 성질 | '직접적으로' 경찰목적 침해 | '간접적으로' 경찰목적 침해 |
| 수단 | 형법상 형벌 (사형, 징역, 금고, 구류, 자격정지, 자격상실, 벌금, 과료, 몰수) | 과태료 |
| 형법 총칙 | 적용 | (원칙적으로) 적용 안 됨 |
| 과벌 절차 | 형사소송법이 정하는 절차에 따라 법원이 부과 (예외 : 통고처분 등) | 「질서위반행위규제법」에 따라 경찰행정청이 부과 |

## 3. 경찰벌의 과벌절차

### (1) 경찰형벌의 부과절차

경찰형벌은 「형사소송법」이 정하는 절차에 따라 법원에서 부과하는 것이 원칙이지만, 다음과 같은 예외가 인정되어 있다.

1) 통고처분: 「출입국관리법」 위반행위 및 「도로교통법」 위반행위가 있는 경우에 출입국관리사무소장 또는 경찰서장은 형사소송절차에 대신하여 통고처분으로 벌금이나 과료에 상당하는 금액 또는 범칙금의 납부를 명할 수 있다. 통고처분을 받은 자가 통고된 내용을 법정기간 내에 이행한 때에는 일사부재리의 원칙이 적용되어 당해 범칙행위를 이유로 다시 처벌받지 아니한다(「출입국관리법」 제102조 이하; 「도로교통법」 제163조 이하).

2) 즉결심판: 20만원 이하의 벌금·구류 또는 과료의 경찰형벌은 「즉결심판에 관한 절차법」에 따라 즉결심판에 의해 과하여지며, 그 형은 경찰서장이 집행한다(동법 제18조 제1항). 즉결심판에 불복이 있는 피고인은 고지를 받은 날부터 7일 이내에 소관 지방법원 또는 지방법원지원에 정식재판을 청구할 수 있다.

### (2) 경찰질서벌의 부과절차

경찰질서벌인 과태료의 부과절차에 관하여는 「질서위반행위규제법」이 규율하고 있는 바, 동법상의 과태료 부과절차를 약술하면 다음과 같다.

1) 경찰행정청에 의한 과태료부과: 경찰행정청이 과태료를 부과하고자 하는 때에는 미리 당사자에게 통지하고 10일 이상의 기간을 정하여 의견을 제출할 기회를 주어야 하며, 경찰행정청은 의견제출 절차를 마친 후에 질서위반행위, 과태료 금액 등이 명시된 서면으로 과태료를 부과하여야 한다(동법 제17조).

2) 과태료부과처분에 대한 불복 – 이의제기: 경찰행정청의 과태료 부과에 불복하는 당사자는 과태료 부과통지를 받은 날부터 60일 이내에 해당 경찰행정청에 서면으로 이의제기를 할 수 있으며, 이의제기를 받은 행정청은 이의제기를 받은 날부터 14일 이내에 이에 대한 의견 및 증빙서류를 첨부하여 관할법원에 통보하고, 그 사실을 즉시 당사자에게 통지하여야 한다(동법 제21조).

3) 과태료재판의 절차: 경찰행정청으로부터 이의제기 사실을 통보받은 법원은 이를 즉시 검사에게 통지하고 심문기일을 열어 당사자의 진술, 검사의 의견진술 혹은 서면의견을 들어야 하며, 경찰행정청에게도 의견진술기회를 부여할 수 있다(동법 제31조·제32조). 다만 법원은 상당하다고 인정하는 때에는 심문 없이 과태료 재판을 할 수 있으며, 당사자와 검사는 약식재판의 고지를 받은 날부터 7일 이내에 이의신청을 할 수 있다(동법 제44조·제45조). 법원이 이의신청이 적법하다고 인정하는 때에는 약식재판은 그 효력을 잃는다. 이 경우 법원은 심문을 거쳐 다시 재판하여야 한다(동법 제48조·제50조).

과태료 재판은 이유를 붙인 결정으로 하며, 이 결정은 당사자와 검사에게 고지함으로써 효력이 생긴다(동법 제36조·제37조). 당사자와 검사는 과태료 재판에 대하여 즉시항고를 할 수 있으며, 이 경우 항고는 집행정지의 효력이 있다(동법 제38조).


## V. 경찰의무의 이행확보를 위한 그 밖의 수단

경찰의무의 이행확보수단으로는 종래 경찰상의 강제집행, 경찰상의 즉시강제 그리고 경찰벌이 활용되어 왔다. 그러나 그러한 전통적인 수단만으로는 경찰의무의 이행을 효과적으로 확보할 수 없게 되는 문제가 발생하였다. 이처럼 종래의 경찰의무 이행확보수단만으로는 오늘날의 다양한 경찰수요에 충분히 대응할 수 없게 되자, 새로운 종류의 경찰의무 실효성 확보수단이 등장하게 되었다.[266]

---

266) 경찰의무의 이행확보를 위한 새로운 수단들에 관한 것으로는 박광현, "범죄자 신상공개제도에 관한 비판적 고찰", 법학논총 제35권 제2호, 2015, 307쪽 아래; 조성규, "과징금의 법적 성격에 대한 시론적 고찰", 행정법연구 제55집, 2018, 57쪽 아래.

경찰의무의 이행확보를 위한 그 밖의 (새로운) 수단으로는 (1) 과징금이나 가산금 등과 같은 각종의 금전적 제재, (2) 경찰관련 법위반사실(명단/내용)의 공표, (3) 공급거부, (4) 수익적 행정행위의 취소·철회 및 발급거부(관허사업의 제한), (5) 차량 등의 사용금지, (6) 국외여행의 제한 등이 열거되고 있다.[267]

# 제4절 경찰상의 손해전보와 비용상환

## Ⅰ. 경찰상의 손해전보

### 1. 경찰구제의 수단으로서의 경찰상의 손해전보

경찰구제란 경찰기관의 행위로 말미암아 자기의 권익을 침해당한 자가 경찰관청이나 법원에 대하여 그 경찰작용의 시정이나 손해의 전보를 구하는 절차를 총칭한다. 경찰은 그의 책무인 공공의 안녕·질서에 대한 위험방지를 위하여 각종의 경찰활동을 행하는바, 이러한 과정에서 경찰의 적법 또는 위법한 경찰활동으로 인하여 개인이 불이익을 입게 되는 경우가 있다. 이 경우 그러한 불이익을 개인에게 영속적으로 귀속시킬 수는 없다. 따라서 경찰활동으로 인하여 개인이 불이익을 입은 경우 그러한 불이익을 (금전적으로) 어떻게 메꾸어 줄 것인가?라는 법적 문제가 발생하는바, 이것이 바로 '경찰상의 손해전보(損害塡補)'의 문제이다.

경찰상의 손해전보는 이하의 도표에서 보듯이 이러한 경찰구제 가운데 사후적 구제, 실체적 구제(금전적 구제) 수단으로서의 의미를 갖는다.

---

267) 이러한 경찰의무의 이행확보를 위한 그 밖의 수단에 관하여 상세한 것은 서정범/박상희/김용주, 일반행정법, 458쪽 아래 참조.

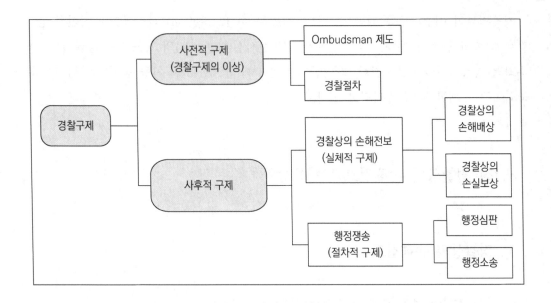

## 2. 경찰상의 손해전보의 유형

경찰상의 손해전보의 유형으로는 다음의 두 가지를 생각해 볼 수 있다. 즉, 그 하나는 (1) 적법한 경찰활동으로 입은 손실에 대한 경찰상의 손실보상이고, 다른 하나는 (2) 위법한 경찰활동으로 입은 손해에 대한 경찰상의 손해배상이다. 한편 (경찰)공무원의 직무상 불법행위로 인하여 개인이 손해를 받은 경우, 개인이 국가 또는 지방자치단체에 대하여 (경찰상의) 손해배상을 청구할 수 있음은 물론이며(「국가배상법」 제2조), 이 또한 경찰상의 손해전보의 중요한 유형 중 하나이다. 다만 이 같은 손해배상의 문제는 국가배상 일반이론에 준하여 생각하면 될 일이므로, 본서에서는 경찰상의 손해배상에 관한 설명은 약하기로 한다. 국내외의 경찰법 교과서들 상당수가 경찰상의 손해배상에 관하여는 별도의 상세한 설명을 하지 않고 있는 것 또한 같은 맥락으로 이해할 수 있다.

## Ⅱ. 경찰상의 손실보상

## 1. 행정상의 손실보상 일반이론

경찰상의 손실보상은 기본적으로 행정상의 손실보상과 그 이론적 기초를 같이 한다.

따라서 경찰상의 손실보상에 관한 논의의 전제로서 행정상의 손실보상 일반론에 관하여 간단히 언급하기로 한다.


## (1) 행정상의 손실보상의 개념

행정상의 손실보상은 「적법한 공권력행사로 인하여 사유재산에 가하여진 특별한 희생에 대하여, 사유재산권의 보장과 공평부담의 견지에서 행정주체가 행하는 조절적인 재산적 전보」를 말하는데, 그 개념적 요소는 다음과 같다.

1) 행정상의 손실보상은 '적법한' 공권력 행사를 그 원인으로 하며, 이 점에서 '위법한' 공권력 행사를 원인으로 하는 행정상의 손해배상과 구별된다

2) 행정상의 손실보상은 '재산상 손실'에 대한 보상의 성격을 가지며, 따라서 생명·신체에 대한 침해에 대해서는 손실보상이 행해지지 않음이 원칙이다.

3) 행정상의 손실보상은 '특별한 희생(Sonderopfer)'에 대한 보상이며, 이 점에서 재산권 자체에 내재하는 사회적 제약(Sozialbindung)과 구분된다.


## (2) 행정상의 손실보상과 행정상의 손해배상의 이동

행정상의 손해배상과 행정상의 손실보상은 양자 모두 행정작용으로 인한 손해나 손실을 금전으로 전보하는 제도라는 점에서는 공통적인 성질을 갖는다. 그러나 이러한 공통점에도 불구하고 양자는 발전 연혁과 성질을 달리하는 별개의 법제도로 이해되어 왔는바, 양자의 구체적인 차이점을 열거하면 다음과 같다.

첫째, 행정상의 손해배상은 개인주의적 사상과 도의적 책임주의를 기초원리로 하는 반면, 행정상의 손실보상은 단체주의적 사상과 사회적 공평부담주의를 기초이념으로 한다.

둘째, 행정상의 손해배상은 위법행위를, 행정상의 손실보상은 적법행위를 원인으로 한다.

셋째 행정상의 손해배상의 경우 그에 관한 일반법으로 「국가배상법」이 존재하지만, 행정상의 손실보상에 관하여는 일반법이 존재함이 없이 개별법이 규율하고 있다(다만, 본서에서 다루고 있는 경찰상의 손실보상에 관하여는 「경찰관직무집행법」 제11조의 2가 사실상 일반법에 준하는 성질을 갖는다고 볼 수도 있다).

넷째, 행정상의 손해배상은 재산적 손해뿐만 아니라 비재산적 손해에 대해서도 행해지는 반면, 행정상의 손실보상은 (원칙적으로) 재산적 손실에 대하여만 행해진다.

다섯째, 행정상의 손해배상의 경우 생명·신체에 대한 침해를 원인으로 하는 손해배상청구권은 양도 및 압류가 불가능한 반면, 행정상의 손실보상청구권은 양도 및 압류가 가능하다.

### (3) 행정상의 손실보상의 법적 근거

「헌법」제23조 제3항은 「공공필요에 의한 재산권의 수용·사용 또는 제한 및 그에 대한 보상은 법률로써 하되 정당한 보상을 지급하여야 한다」고 하여, 공용침해(公用侵害, Enteignung)를 규정하는 법률은 동시에 보상규정을 둘 것을 요구하고 있다. 이는 손실보상규정이 법률에 존재하여야 한다는 것 자체가 행정상의 손실보상의 요건이 된다는 것을 의미한다.

그런데 행정상의 손해배상에 관하여는 「국가배상법」이란 일반법이 있는 것과 달리, 행정상의 손실보상에 관하여는 일반법이 없다. 따라서 현실적으로 행정상의 손실보상을 청구하기 위해서는 문제시 되는 사안에 관하여 개별법이 보상규정을 갖고 있어야만 한다. 이로부터 공용침해의 근거가 되는 법률이 손실보상에 관한 규정을 두어야 함에도 불구하고 그렇지 않은 경우에는 행정상의 손실보상의 실정법적 근거가 무엇인지가 문제된다. 이는 헌법상의 공용침해 조항(제23조 제3항)이 어떤 법적 효력을 갖는가와 밀접한 관련이 있는데, 이 문제에 관하여는 학설의 일치를 보지 못하고 있다. 또한 판례 역시 일관된 내용을 보이지 못하고 있는 것으로 보인다.268)

### 2. 「경찰관 직무집행법」상의 손실보상

### (1) 적법한 경찰활동에 대한 손실보상의 가능성

손실보상 규정이 법률에 존재하여야 한다는 것 자체가 손실보상의 요건이 된다고 하면, 경찰의 적법한 경찰활동으로 인하여 개인이 손실을 입었다고 하더라도 손실보상을 규정하고 있는 법률이 없는 경우에는 개인은 손실보상을 받을 길이 없다. 실제로 우리나라의 경우 오랫동안 적법한 경찰활동에 대한 보상규정이 존재하지 않았기 때문에, 적법한 경찰활동으로 인하여 개인이 손실을 입은 경우에도 손실보상을 받을 수가 없었다.

---

268) 이에 관한 학설과 판례의 내용에 대해서는 서정범/박상희/김용주, 일반행정법, 535쪽 아래 참조.

그러나 (손실보상을 받을 수 있는 다른 요건들을 모두 갖추고 있음에도 불구하고) 단지 손실보상 규정이 존재하지 않는다는 것만으로 손실보상을 받을 수 없는 것의 문제점은 학자들에 의해 오래전부터 지적되어 왔다. 그리고 이러한 문제의 해결을 위하여 2013년 4월 15일의 법개정을 통하여 「경찰관직무집행법」 제11조의2에 「국가는 경찰관의 적법한 직무집행으로 인하여 다음 각 호의 어느 하나에 해당하는 손실을 입은 자에 대하여 정당한 보상269)을 하여야 한다」라는 규정(동조 제1항)이 설치되기에 이르렀다. 따라서 이제는 우리나라에서도 경찰관의 적법한 직무집행으로 인하여 손실을 입은 사람은 손실보상을 청구할 수 있게 되었다.

## (2) 비재산적 법익에 대한 경찰상의 손실보상의 가능성

행정상의 손해배상과 달리 행정상의 손실보상은 재산적 손실에 대하여만 행해짐이 원칙이다. 따라서 적법한 경찰활동으로 인하여 비재산적 법익(생명·신체)에 대한 침해가 발생한 경우는 재산권에 대한 침해가 아닌 점에서 손실보상의 대상이 되지 않으며, 또한 적법한 경찰활동이 원인이 되기 때문에 위법한 직무행위로 인한 손해배상의 요건도 충족되기 어렵다. 그 결과 틀림없이 경찰활동으로 인하여 불이익을 입었음에도 불구하고, 피해자는 아무런 구제도 받지 못하게 되는 문제가 발생한다.

독일의 경우에는 이러한 문제점을 자신들의 관습법에 기초한 희생보상청구권(犧牲補償請求權, Aufopferungsanspruch)의 인정을 통하여 해결하고 있다. 그러나 우리나라의 경우에는 독일식의 희생보상청구권의 인정여부가 학설상 다투어지는 수준에 그치고 있으므로, 독일과 같은 식의 문제해결은 곤란한 면이 있다. 따라서 경찰관의 적법한 경찰활동으로 인한 비재산적 법익 침해에 대한 손실보상이 인정되려면 개별 법률에서 보상규정을 마련하는 것 이외에는 사실상 다른 방법이 없다.

2013년에 법개정을 통하여 「경찰관 직무집행법」에 손실보상규정이 설치되었지만, 당시의 「경찰관 직무집행법」 또한 단지 재산상의 손실에 대해서만 손실보상을 인정하고 있었

---

269) 「경찰관 직무집행법」은 「헌법」 제23조 제3항과 마찬가지로 '정당한 보상'을 지급할 것을 규정하고 있다. 이 경우 정당한 보상의 의미를 어떻게 이해할 것인가의 문제가 있는데, 원칙적으로 완전보상을 해 주어야 하지만 상황에 따라 완전보상을 하회할 수도 있고 또한 생활보상까지 해 주어야 하는 경우도 있을 수 있다는 의미로 이해하여야 할 것이다(서정범/박상희/김용주. 일반행정법, 549쪽. 동지: 김남진/김연태, 행정법Ⅰ, 676쪽). 다만 판례는 여기서의 정당한 보상은 완전보상을 의미한다고 판시한 바 있다. 관련판례: 「「헌법」 제23조 제3항이 규정하는 정당한 보상이란 원칙적으로 피수용재산의 객관적인 재산가치를 완전하게 보상하는 것이어야 한다는 완전보상을 의미한다」(헌재 1995. 4. 20. 선고 93헌바20·66 결정, 94헌바4·9 결정).

다. 그러나 경찰활동의 경우 여타의 행정활동과 달리 (특히 무기사용 등과 관련하여) 비재산적 법익 침해의 문제가 빈발하는 것을 고려할 때 그러한 규정방식에는 문제가 있다는 점이 지적되면서, 결국 2018년의 법 개정을 통하여 생명·신체의 손실에 대한 손실보상규정이 도입되었다(동법 제11조의2 제1항). 이로 인하여 우리나라에서도 경찰관의 적법한 경찰활동으로 인한 비재산적 법익 침해에 대한 손실보상의 길이 열리게 되었다.

### (3) 경찰책임자에 대한 손실보상의 가능성

전통적인 경찰행정법 이론은 경찰책임자의 위험방지의무 – 비용부담의무 – 무보상(無補償)의 원칙이 필연적으로 결합된다는 것을 내용으로 하는 연계원칙(連繫原則, Konnexitäts-prinzip)'에 기초하고 있었다. 이러한 연계원칙에 따르면 경찰책임자는 (경찰상의 위험방지를 위한 의무를 부담하고, 그러한 위험방지조치에 소요되는 비용을 모두 부담하여야 할 뿐만 아니라) 경찰권발동으로 인하여 자신에게 손실이 발생한 경우에도 손실보상을 청구할 수 없다.

그러나 손실발생의 원인에 대하여 책임이 있는 자, 즉 경찰책임자가 자신의 책임의 정도를 초과하는 손실을 입은 경우에도 손실보상을 청구할 수 없도록 하는 것이 과연 타당한 것인지에 대하여는 계속하여 의문이 제기되었다. 한편 「경찰관 직무집행법」은 이러한 지적을 고려하여 손실발생의 원인에 대하여 책임이 있는 자라고 할지라도 자기 자신의 책임에 상응하는 정도를 초과하는 손실을 입은 경우에는 손실보상을 청구할 수 있음을 명문으로 규정하고 있다.

### (4) 「경찰관 직무집행법」 규정에 따른 손실보상의 유형

적법한 경찰활동에 대한 손실보상의 문제와 관련하여서는 손실보상을 입은 사람이 경찰책임자인지, 아니면 그렇지 않은 제3자(비책임자)인지를 고려하여야 한다. 「경찰관 직무집행법」역시 이를 구분하여 규정하고 있는데, 동법에 따를 때 손실보상이 행해지는 유형에는 다음의 2가지가 있다.

1) 비책임자에 대한 손실보상: 비책임자에 대한 손실발생의 원인에 대하여 책임이 없는 자가 생명·신체 또는 재산상의 손실을 입은 경우(손실발생의 원인에 대하여 책임이 없는 자가 경찰관의 직무집행에 자발적으로 협조하거나 물건을 제공하여[270] 재산상의 손실을 입은 경우를

---

270) 경찰관의 직무집행에 자발적으로 협조하거나 물건을 제공하는 사람을 '경찰의 보조자'라고 하며 별도로 그에 대한 손실보상을 논하는 경우가 있는데[홍정선, 행정법원론(하), 521쪽], 이를 특별히 따론 논할

포함한다)

2) 경찰책임자에 대한 손실보상: 경찰책임자, 즉 손실발생의 원인에 대하여 책임이 있는 자가 자기 자신의 책임에 상응하는 정도를 초과하는 생명·신체 또는 재산상의 손실을 입은 경우

### (5) 경찰상의 손실보상의 지급절차

「경찰관 직무집행법」은 경찰상의 손실보상의 지급절차를 대통령령인 「경찰관직무집행법 시행령」에 위임하고 있다.

### (6) 보상금의 지급절차

1) 보상금 지급절차: 경찰청장 또는 지방경찰청장은 손실보상심의위원회의 심의·의결에 따라 보상금을 지급하고, 보상금이 지급된 경우 손실보상심의위원회는 대통령령으로 정하는 바에 따라 경찰위원회에 심사자료와 결과를 보고하여야 한다. 이 경우 경찰위원회는 손실보상의 적법성 및 적정성 확인을 위하여 필요한 자료의 제출을 요구할 수 있다 (「경찰관 직무집행법」 제11조의2 제4항·제5항).

2) 보상금 지급방법: 보상금은 다른 법률에 특별한 규정이 있는 경우를 제외하고는 현금으로 지급하여야 한다. 또한 보상금은 일시불로 지급하되, 예산 부족 등의 사유로 일시금으로 지급할 수 없는 특별한 사정이 있는 경우에는 청구인의 동의를 받아 분할하여 지급할 수 있다(동법 시행령 제10조 제5항·제6항).

3) 보상금의 환수: 경찰청장 또는 지방경찰청장은 거짓 또는 부정한 방법으로 보상금을 받은 사람에 대하여는 해당 보상금을 환수하여야 하며, 환수절차는 대통령령으로 정한다(동법 제11조의2 제4항·제6항).

4) 소멸시효: 손실보상을 청구할 수 있는 권리는 손실이 있음을 안 날부터 3년, 손실이 발생한 날부터 5년간 행사하지 아니하면 시효의 완성으로 소멸한다(동법 제11조의2 제2항).

---

필요는 없다고 생각한다. 「경찰관 직무집행법」 제11조의2 제1항 역시 양자를 구분하지 않고, 보상과 관련하여 동일한 원리가 지배하는 것을 전제로 하고 있다.

## III. 경찰비용의 상환청구[271]

### 1. 경찰비용의 의의와 양태

#### (1) 경찰비용의 개념

우리나라의 경우 경찰비용(Polizeikosten)의 개념은 법률에 규정되어 있지는 않다. 이에 비하여 독일의 경우에는 경찰비용의 개념 자체가 법률에 규정되어 있는 경우가 많은데, 경찰비용을 "일반 경찰행정청과 집행경찰을 위한 직접적 또는 간접적인 인적 지출과 물적 지출"이라고 정의하고 있는 바덴-뷔르템베르크주 경찰법 제82조 제3항이 그 대표적 예이다.

한편 우리나라의 경우 학문상 경찰비용은 "경찰의 위험방지작용으로 인해 발생되는 비용"이라고 정의되기도 하는데,[272] 이는 경찰비용의 정의로서는 받아들이기 곤란하다. 왜냐하면 바덴-뷔르템베르크주 경찰법 제82조의 개념정의에서 볼 수 있듯이 경찰비용은 직접적 비용과 간접적 비용을 모두 포괄하는 개념인데, 경찰비용을 "경찰의 위험방지작용으로 인해 발생되는 비용"이라고 정의하게 되면 직접적 비용이 경찰비용의 개념에서 제외되는 문제가 있기 때문이다.

#### (2) 경찰비용의 양태

경찰비용의 상환청구 여부는 경찰비용의 양태에 따라 그 결론이 달라지는 측면이 있다. 따라서 경찰비용의 상환청구에 대한 이해를 위하여는 경찰비용의 양태를 알아두어야 한다.

1) 직접적 지출과 간접적 지출

(가) 직접적 지출: 직접적 지출(비용)이란 경찰관의 봉급이나 업무용차량의 구입비 등처럼 구체적인 경찰의 업무와 무관하게 경찰조직의 유지를 위하여 기본적으로 지출되는 비용을 말한다. 그리고 이러한 점에 착안하여 이를 '기본적 비용(Grundkosten)'이라고 부르기도 한다. 한편 이러한 기본적 비용과 관련하여서는 처음부터 그러한 비용을 경찰책임자 등에게 부담시킬 수 있는지 여부에 관한 문제가 발생하지 않으며, 그러한 비용은 오직 조

---

271) 서울남부지법 2014. 4. 30. 선고 2013가소47769 판결 참조.
272) 홍정선, 신경찰행정법 입문, 284쪽.

세수입을 통하여서만 충당될 수 있을 뿐이다.

(나) 간접적 지출: 간접적 지출(비용)이란 교통법규에 위반하여 주차된 차량의 견인비용이나 감정(鑑定)비용처럼 경찰상의 평온상태를 창출하기 위해서 행해지는 경찰작용으로 인하여 야기되는 지출을 의미한다. 경찰비용 가운데 경찰책임자 등에게 비용상환을 청구할 수 있는지 여부에 관한 이하의 논의는 바로 이 간접적 지출(비용)을 중심으로 행해진다.

2) 인적 지출과 물적 지출: '인적 지출'이란 경찰의 교육비나 봉급과 같은 것을 말하며, '물적 지출'이란 유니폼이나 자동차의 구입·유지를 위한 지출을 말한다.

## 2. 경찰비용의 국민에의 전가가능성

### (1) 문제의 소재

사인이 경찰권 발동을 유발한 경우 당해 사인에게 경찰권 발동에 소요된 비용상환을 청구할 수 있는가? 이러한 문제가 경찰행정법 이론의 핫 이슈로 대두되게 된 배경은 오늘날의 경찰활동에는 필연적으로 많은 재원이 필요하다는 것, 특히 잔존유해물질(殘存有害物質, Altlasten)이나 공항·원자력발전소에 대한 테러 등과 같이 근래에 새롭게 논의되기 시작한 경찰법상의 위험을 효율적으로 방지하기 위하여서는 천문학적 비용이 소요된다는 것에 대한 인식이 확대된 것과 밀접한 관련이 있다. 즉, 경찰법상의 위험을 야기한 사람이 있음에도 불구하고 그러한 위험방지에 소요되는 비용을 국가가 전적으로 부담하는 것[273]은 문제가 있다는 인식이 국민들 사이에서 팽배해지면서 (경찰) 비용상환 청구의 필요성이 논의되기 시작한 것이다.

### (2) 경찰비용의 전가를 인정하고 있는 법률규정

우리나라의 경우 경찰비용의 국민에의 전가(轉嫁, Überwälzung)[274]를 인정하고 있는 실정법적 규정은 그리 많지 않다. 그리고 이것이 우리나라에서 아직까지 경찰비용의 부담이

---

[273) 여기서 경찰법상의 위험방지에 소요된 비용을 국가가 부담한다는 것은 결국 경찰법상의 위험 야기에 전혀 관여하지 않은 일반 납세자가 그 비용을 부담한다는 것을 의미한다.

274) 경찰비용의 국민에의 전가에 관하여는 서정범, "경찰비용의 국민에의 전가가능성", 홍익법학 제15권 제4호, 2014, 499쪽 아래; Sailer, Haftung für Polizeikosten, in: Lisken/Denninger, Handbuch des Polizeirechts, M; Würtenberger, "Erstattung von Polizeikosten", NVwZ 1983, 192 ff.

란 문제, 특히 경찰비용의 국민에의 전가 가능성에 대한 논의가 그리 활발하지 못한 이유의 하나이다. 그러나 예컨대 불법 축조된 건축물에 대한 철거명령을 건물주가 이행하지 않는 경우 행정청이 스스로 의무자가 하여야 할 행위를 하거나 제3자로 하여금 하게 한 다음 그 비용을 의무자로부터 징수하는 경우(「행정대집행법」 제2조 참조) 또는 불법주차되어 있는 차량의 견인비용을 자동차의 소유자나 운전자로부터 징수하는 경우(「도로교통법」 제35조) 등에서 볼 수 있듯이 경찰비용을 개인이 부담하는 것은 우리나라의 법제상으로도 이미 상당 부분 확립되어 있으며, 국민들 역시 그러한 비용부담은 너무나도 당연한 것으로 받아들이고 있다. 단지 그러한 비용을 경찰비용으로 인식하지 못하고 있는 것이 문제될 뿐이다.

### (3) 경찰비용의 전가가능성 여부에 관한 학설

1) 긍정설: 아직까지 (경찰)비용 상환청구의 문제에 대한 논의는 그리 활발하지 못한 면이 있는바, 그 가장 커다란 이유는 경찰의 활동에 소요되는 비용은 전적으로 국가가 부담하는 것이 당연하다는 인식이 우리 사회를 광범위하게 지배하고 있었다는 것에서 찾을 수 있다. 다만 근래에 들어 이러한 인식에 약간의 변화가 일어나고 있으며, 그에 따라 경찰비용의 전가를 인정하여야 할 필요성을 지적하는 견해가 나타나고 있다.[275]

2) 부정설: 경찰비용의 국민에의 전가가능성을 부정하는 견해 또한 여전히 유력한데, 그러한 견해는 다음과 같은 것을 그 내용으로 한다.[276] 즉,

첫째, 수수료 개념에 내재하는 본질적 한계로 인하여 경찰활동에 소요된 비용을 국민으로부터 징수할 수 없다.

둘째, 경찰의 위험방지 활동이 갖는 공익성으로 인하여 경찰활동에 소요된 비용을 국민으로부터 징수할 수 없다.

셋째, 조세국가의 원리로 인하여 경찰활동에 소요된 비용을 국민으로부터 징수할 수 없다.

넷째, 헌법상 국가의 자유권 보호의무가 인정됨으로 인하여 경찰활동에 소요된 비용을 국민으로부터 징수할 수 없다.

다섯째, 평등의 원칙 때문에 경찰활동에 소요된 비용을 국민으로부터 징수할 수 없다.

---

275) 대표적인 것으로는 김형훈, 경찰비용법 — 경찰법의 완성으로서 —, 좋은 땅, 2013; 서정범, "경찰비용의 국민에의 전가가능성", 홍익법학 제15권 제4호, 2014, 499쪽 아래; 이성용, "경찰책임자의 비용상환에 관한 연구", 경찰학연구 제8권 제1호, 2008, 59쪽 아래.

276) 경찰비용의 국민에의 전가가능성을 부정하는 견해 및 그러한 견해의 문제점에 관하여 상세한 것은 서정범, 경찰행정법, 385쪽 아래.

3) 소결: 경찰비용의 국민에의 전가가능성을 인정할 것인지의 여부에 관하여는 전술한 바와 같이 학설이 대립하고 있는 실정이어서 일률적으로 결론을 내리는 것은 타당하지 못한 면이 있다. 그러나 적어도 거짓신고 등과 같은 특정한 영역에서는 긍정적으로 보는 견해가 유력해 지고 있으며, 상업적 행사의 주최의 경우 또한 경찰비용의 국민에의 전가가능성이 인정될 수 있는 영역으로 제시되고 있다.

## 3. 거짓신고에 관한 법적 문제

### (1) 문제의 소재

경찰비용의 상환청구와 관련하여 가장 문제시 될 뿐만 아니라 그의 가능성이 긍정될 수 있는 것으로 거짓신고[277])의 문제가 있다. 거짓신고는 근래 들어 매년 급증하고 있는 추세를 보이고 있으며, 그 결과 거짓신고에 따른 출동으로 인한 경찰력의 낭비가 심각한 수준에 이르고 있다. 따라서 거짓신고를 억지하는 실질적 효과를 가져올 수 있는 경찰의 효율적 대처방안에 관한 논의가 본격화될 필요성이 있다.[278]

### (2) 거짓신고에 대한 전통적 대처방안

1) 형사법적 대처: 경찰은 종래 거짓신고를 한 사람에게 「경범죄처벌법」 제3조에 따라 벌금 등의 형사처벌을 하거나, - 특히 악성적이라고 판단되는 경우에는 - 형법 제137조에 따라 '위계에 의한 공무집행방해죄'로 형사처벌을 하는 등과 같이 거짓신고를 한 사람에게 형사책임을 묻는 방법으로 대처해 왔다.

2) 민사법적 대처: 근래 들어 경찰의 거짓신고에 대한 대처방안에 약간의 변화가 일어났는바, 형사책임과는 별개로 민사상 손해배상청구를 통해 거짓신고자에 대해 민사책임

---

277) 본서에서는 종래 사용되던 허위신고라는 용어 대신에 '거짓신고'라는 용어를 사용하고자 한다. 이는 무엇보다도 「경범죄처벌법」이 제3조에서 거짓신고라는 용어를 사용하고 있는데, 그 내용이 종래의 허위신고를 의미하는 것으로 생각되기 때문이다. 한편 여기서의 거짓신고는 신고자 스스로 자신의 신고가 사실에 기초한 것이 아님을 인식하고 있다는 점에서, 신고자는 (적어도 신고할 당시에는) 자신의 신고가 사실과 부합된다고 믿고 있는 이른바 오인신고(誤認申告)와는 구별되어야 한다.

278) 거짓신고의 문제에 관하여 상세히 다루고 있는 것으로는 서정범, "거짓신고에 관한 법적 문제", 경찰법연구 제17권 제1호, 2019, 121쪽 아래; Jung－Bum, Suh/Yeong Jin, Kim, "A Study on Countermeasures against False Report from the Perspective of Police (Administrative) Law", Dongguk Law Review, Volume 11, 2018, pp 1.

을 묻는 방법을 경찰이 선택하기 시작했다는 것이다. 한편 법원 역시 거짓신고자의 민사상 손해배상책임을 반복하여 인정하고 있다.[279]

### (3) 거짓신고에 대한 새로운 대처방안 - 경찰행정법적 대처방안

1) 등장배경: 거짓신고자에 대한 민·형사책임을 묻는 방식 위주의 거짓신고에 대한 대처방안은 법학적 관점에서 여러 문제점을 갖고 있다.[280] 뿐만 아니라 거짓신고자에게 민·형사책임을 물어 왔음에도 불구하고 거짓신고는 오늘날 줄어들기는커녕 오히려 날로 증대하고 있는 실정이다. 이는 그러한 대처방안으로는 거짓신고를 억지할 수 없게 되었다는 것을 여실히 보여 준다. 이러한 사정으로 인하여 거짓신고에 대한 경찰의 전통적 대처방안(형사법적 또는 민사법적 대처방안)의 한계를 극복할 수 있는 새로운 방안을 모색할 것이 요구되었는데, 그러한 새로운 방안으로 대두된 것이 경찰행정법 이론, 특히 경찰비용법 이론에 따른 접근이다.

2) 내용: 오랫동안 경찰행정법 이론의 근간을 이루어 왔던 연계원칙을 여기서의 거짓신고에 적용하게 되면, 경찰책임자인 거짓신고자는 자신의 거짓신고를 원인으로 발생한 공공의 안녕 또는 질서에 대한 위험을 방지하기 위한 조치에 소요된 모든 비용을 부담하여야 된다는 결론에 달하게 된다.

한편 거짓신고에 대하여 '비용의 부담'이란 경찰행정법적 관점에 따른 해결을 도모하는 방안은 거짓신고자에 대한 민·형사사책임을 물어 왔던 전통적 대처방안에 비하여 다음과 같은 면에서 보다 효율적이다.

첫째, 거짓신고자에게 민·형사책임을 묻기 위하여는 거짓신고자의 고의 내지 과실이 요구된다. 그런데 고의 내지 과실은 주관적 요소로서 그의 존재를 증명하는 것이 쉽지 않으며, 그 결과 거짓신고자의 책임이 인정되기 어려운 문제가 있다. 이와 달리 경찰책임은 본질적으로 단순한 '원인책임(Kausalhaftung)'의 성질을 가지며, 따라서 경찰책임은 행위자의 고의나 과실을 전제조건으로 하지 않는다. 결국 '경찰비용의 부담'이란 방식은 거짓신고자의 고의나 과실 여부를 묻지 않고 경찰의 위험방지조치에 소요된 비용의 징수를 가능케 해준다(고의·과실에 대한 증명 불요).

둘째, 거짓신고자가 14살에 달하지 않은 경우에는, 형사책임을 물을 수가 없다. 그러나

---

279) 서울남부지법 2014. 4. 30. 선고 2013가소477694 판결 등 참조.
280) 이러한 문제점에 관하여 자세한 것은 서정범, "거짓신고에 관한 법적 문제", 경찰법연구 제17권 제1호, 2019, 121쪽 아래 참조.

경찰책임은 연령이나 행위능력 등을 불문하고 인정되는 것이므로 14살 미만의 아이도 시원적(始原的, originär) 경찰책임자가 될 수 있다. 다만 실제로는 14살 미만의 아이의 보호감독자인 친권자 등이 추가적(zusätzlich) 경찰책임자로서 비용을 부담하게 될 것이다(형사 미성년자의 행위에 대한 책임).

셋째, 민사상 손해배상책임은 가해행위와 '상당인과관계' 내에 있는 손해에 한하여 인정된다. 때문에 거짓신고에 기초한 경찰의 출동과정에서 이형적(異形的, atypisch)인 비용이 발생하는 경우에는 민사상 손해배상책임은 인정되기 곤란하다. 그러나 경찰비용의 부담이란 방식은 이러한 이형적 비용 또한 거짓신고자에 대한 비용부과처분을 통하여 징수할 수 있는 장점이 있다(이형적 비용의 징수).

# 제4편

# 경제행정법

特別行政法

# 제1장 경제행정법의 기초

## 제1절 경제행정법의 개념 및 의의

경제는 재화와 서비스의 생산, 분배 및 소비를 통해 인간의 수요를 계획적으로 충족시키기 위한 모든 제도와 활동을 의미한다. 경제는 국민의 생존, 안녕(安寧) 그리고 발전을 위한 기본적인 토대이다. 그러나 이에 필요한 재화와 서비스는 충분히 제공되지 않는다. 생산요소인 노동, 자본과 토지 등이 희소하기 때문이다. 희소한 생산수단은 효율적으로 사용되어야 한다. 따라서 모든 공동체는 이러한 의미를 갖는 경제가 제대로 기능할 수 있도록 수요를 충족시키고 이에 필요한 기반을 제공하기 위해 노력한다.[1]

이 과정에서 국가는 '입법'과 '행정'을 수단으로 경제주체(기업과 소비자)의 행위 또는 경제생활을 규율하거나 일정한 영향을 미치고자 하며, 때로는 경제과정에 직접 생산자, 소비자로도 참여하기도 한다. 즉, 국가는 독립된 경제주체로서 경제활동을 수행하는 공기업 활동을 하기도 하고(생산자), 조달행정 내지 공공발주를 통해 소비자로 나타나기도 하며(소비자), 제3자로서 다른 경제주체의 활동에 개입하여 영향력을 행사할 수 있다(규제자). 전통적으로 대륙법에서는 이 세 가지 유형을 포괄하여 '경제행정'으로 파악하고, 이에 관한 법규범의 총체를 경제행정법이라 하였다.

---

1) Rolf Stober, Allgemeines Wirtschaftsverwaltungsrecht, 15. Aufl., Stuttgart, 2006, S. 10.

## 제2절 경제행정법의 목적

경제주체의 행위나 경제생활에 대한 국가의 영향력 행사를 포괄하는 경제행정법의 목적은 '공익'으로 집약된다.[2] 구체적으로 위험이나 손해를 방지하기 위한 목적, 리스크를 예방하기 위한 목적, 적극적인 유효경쟁을 형성하기 위한 목적 등으로 세분화될 수 있다.[3]

## Ⅰ. 위험방지

전통적으로 경제행정법은 영업법에서 출발하였다. 영업법에서 국가임무의 핵심은 위험방지(Gefahrenabwehr)이다.[4] 경제영역에서 위험의 예방 및 제거를 그 내용으로 하는 것이다. '위험'이란 가까운 장래에 손해를 야기할 개연성이 충분한 상태를 의미한다. 이러한 위험은 영업을 하려는 자의 인적 요소에 존재할 수도 있고, 영업 그 자체의 특성으로부터 발생할 수도 있다. 영업을 하려는 자에 존재하는 위험은 대체로 영업수행 시 관련법령의 위반이다.[5] 나아가 자유로운 경쟁질서 그 자체를 보호하기 위한 경쟁법적 규제의 목적도 위험방지로 볼 수 있다. 경쟁법은 경쟁질서 자체를 파괴하는 행위를 위험으로 보고 시장 경쟁질서를 전제로 한 위험방지 목적의 경찰법적 개입이다.

## Ⅱ. 리스크예방

현대사회에서 국가임무 내지 행정임무를 위험 개념만으로 설명하기 어렵게 되었다. 위험 단계는 아니지만, 불확실하더라도 손해발생의 개연성이 있고 만일 손해가 발생할 경우

---

2) 경제행정법과 공익에 대하여는 제2장 제1절에서 상세히 설명한다.

3) Peter Badura/Peter M. Huber, in: Schmidt-Aßmann, Besonderes Verwaltungsrecht, 13. Aufl., 2005, 3. Kap, Rn. 79.

4) Michael Fehling, Struktur und Entwicklungslinien des Öffentlichen Wirtschaftsrechts, JuS 2014, S. 1057ff(1058).

5) 이러한 위험은 독일의 경우에는 영업을 하려는 자의 '신뢰성'(Zuverlässigkeit)을 예측하여 판단함으로써 통제된다. 그러나 우리나라의 경우 영업을 하려는 자의 신뢰성을 영업허가의 요건으로 규정하는 경우는 드물다. 사후적으로 관계법령의 위반행위를 영업허가의 취소 또는 정지의 사유로 규정하는 경우가 많다. 이원우, 경제규제법론, 홍문사, 2010, 800쪽.

그 결과가 심각하여 회복하기 어려운 상태가 야기된다면, 전통적인 법리에 따른 위험이 존재하지 않더라 하더라도 이러한 사태를 적절히 예방하여야 할 필요가 인정될 수 있다. 임박한 위험은 아니지만 시기적으로 위험보다 앞선 단계에서도 사전배려적인 규제조치가 요청된다. 특히 경제영역에 대한 위해는 일단 발생하면 회복이 불가능한 경우가 많고, 국민경제 전체에 치명적인 위해를 가할 수 있기 때문에 위해가 발생한 뒤에는 규제를 하더라도 규제의 목적을 달성할 수 없는 경우가 많다. 따라서 전통적 경찰행정의 중심개념인 위험(Gefahren)으로는 경제행정의 목적을 적절히 수행할 수 없다. 위해의 방지 및 제거가 아니라 리스크(Risiko)의 관리가 경제행정의 중심개념으로 자리 잡고 있는 것은 이 때문이다.[6]

현재 학계에는 위험과 리스크를 구분하여 이해하는 견해와 양자를 통일적으로 이해하려는 견해가 나뉘어 있다. 확장된 국가임무영역을 설명하기 위해 두 가지 이론적 접근방식이 존재하는 것이다. 위험이란 위에 정의한 바와 같이 가까운 장래에 손해를 야기할 개연성이 충분한 상태로서 전통적인 행정법이론에서 경찰권발동의 근거가 된다. 이에 비하여 리스크란 위험에 이르지 않은 손해발생의 개연성을 의미하며, 문제된 사안의 특성에 따라 사전배려조치의 근거가 될 수 있다. 이러한 관점에서 두 개념은 법리상 구분될 필요가 있다.

## III. 적극적인 유효경쟁조건의 형성

경제행정법은 효율적이고 정의로운 경쟁질서의 형성을 위해 적극적으로 활용된다. 이는 기존의 시장경쟁질서를 보호하고 유지하는 단순한 경찰행정작용의 차원에 그치는 것이 아니라, 경쟁조건을 적극적으로 형성하고 때로는 사회적 목적 실현을 위해 국가가 개입한다는 점에서 유도행정, 나아가 사회행정목적의 규제까지 포함하는 것이다.

에너지, 통신, 수도 등 생존배려적 성격을 가진 급부가 독점적 사인에 의해 제공되는 경우에는 급부강제, 가격규제 등 일정한 공익목적의 규제가 요구된다. 이러한 급부의 공통된 특징은 국가나 공기업에 의해 제공되었다가 민영화(Privatisierung)로 그 제공의 주체가 민간으로 변경되었다는 점이다. 국가나 공기업에 의해 제공되었기 때문에 민영화가 되었더라도 그 독점력이 해소되기 쉽지 않고, 서비스 제공의 특성상 네트워크 설치비용의

---

6) 이원우, 경제규제법론, 935－936쪽.

부담으로 신규사업자의 진입이 원활하지 않아 경쟁질서가 형성되기 어려운 영역이다. 따라서 시장 및 경쟁의 형성, 민영화 이후에도 여전히 존속하는 공익의 보장 등 공익목적 실현을 위한 경제행정법의 적극적인 역할이 요구된다.

## 제3절 경제행정법의 목적에 따른 경제규제의 구조: 일반경쟁규제와 전문규제

### I. 논의의 기초: 경제규제의 세 가지 차원

경제행정법에서 규제, 감독, 유도, 지도, 조종 등 국가가 경제영역에 개입하는 현상을 설명하는 용어는 매우 다양하며, 여기에 통일된 어법은 아직 존재하지 않는다. 규제의 개념에 대해서도 다양한 이해가 가능하지만, 규제란 공공주체가 생산이나 급부의 주체가 아닌 제3자로서 경제과정에 개입하여 경제주체들의 행위를 규율·유도·조성·금지·통제하는 작용 전체를 의미하는 것으로 파악하는 것이 타당하다. 경제규제의 개념을 이와 같이 파악할 때, 공익실현을 위해 법제도가 개입하는 경제규제의 방식은 이론적으로 세 가지 차원에서 검토될 수 있다.[7]

첫째, 경제규제의 가장 기본적인 요소는 계약의 자유를 중심으로 하는 계약법제와 재산권보장이다. 이는 자유로운 시장질서가 형성되기 위한 최소한의 법제도적 요청이다. 둘째, 계약법제와 재산권보장에 더하여 자유로운 경쟁질서 그 자체를 보호하기 위한 경쟁법적 규제가 동원될 수 있다. 경쟁법적 규제는 경쟁질서 자체를 파괴하는 행위를 금지하고 제재하여야 한다는 관점이 핵심이다. 즉, 시장경쟁질서를 전제로 한 경찰법적 규제를 의미한다. 셋째, 계약법제, 재산권보장 및 경쟁법적 규제에서 더 나아가 효율적이고 정의로운 경쟁질서의 형성을 위한 추가적인 규제가 사용되기도 한다. 이는 앞서 설명한 유도행정, 나아가 사회행정목적의 규제까지 포함하는 것으로 이러한 규제를 전문규제(sector-specific regulation)라 하며, 이에 관한 법제를 일응 공익규제법이라 칭할 수 있을 것이다. 전문규제수단으로는 진입규제, 가격규제, 보편적 역무의무, 지배적 사업자에 대한 강화된 의무부과 등이 존재한다. 이러한 유형의 규제는 경쟁형성을 목적으로 하는 유효경쟁규제

---

7) 이에 대하여 상세한 내용은 이원우, 경제규제법론, 48-61쪽 참조.

와 경쟁 이외의 공익목적을 위한 규제로 나눌 수 있으며, 후자는 다시 영업법상 규제나 산업정책적 규제와 같이 경쟁의 형성·보호와는 무관하지만 경제적 목적을 달성하기 위한 규제와 환경규제, 보편적 서비스 제공과 같이 사회적 목적을 위한 규제, 공공의 안전을 위한 기술규제 등으로 구분할 수 있다. 이상의 분류를 도식화하면 다음 표와 같다. 요 컨대 이른바 전문규제는 유효경쟁규제 이외에도 매우 복합적이고 다양한 정책목표의 달성을 위해 다양한 규제수단을 사용하여야 한다. 역으로 말하면, 경제규제의 유형별로 달성하고자 하는 공익의 요소를 시장의 존재, 경쟁보호, 경쟁형성, 영업상 위해방지·제거, 경제성장, 기술상 위해방지·제거, 환경보호, 소득분배·계층대립해소·사회적 연대강화와 같은 형평성 등으로 세분화할 수 있다.

**규제목적에 따른 규제의 유형**

| 규제목적·기능 | | 경제영역에서 규제유형 |
|---|---|---|
| 시장의 구성요소 | | 재산권법제 |
| | | 계약법제 |
| 경제적 목적 | 경쟁 | 일반경쟁규제(소극적 경쟁질서보호) |
| | | 유효경쟁규제(적극적 경쟁형성규제) |
| | 영업법상 위해(경제적 위해) 방지 및 제거 | 영업법적 규제(협의의 경제규제 : 진입규제·사업영역규제· 가격규제·품질규제 등) |
| | 경제성장·발전 | 산업정책적 규제 |
| 비경제적 목적 | 기술상 위해의 방지 및 제거 | 기술·안전규제 |
| | 환경보호 | 환경규제 |
| | 형평 | 사회정책적 규제 |
| | 기타 | 기타 |

## II. 위험방지를 위한 일반경쟁규제의 근거 및 한계

일반경쟁규제란 경쟁을 보호하기 위하여 국가가 시장에 개입하는 것을 말한다. 일반경쟁법적 규제를 수행하기 위한 개별적 수단으로는 시장지배적 지위의 남용금지, 부당한 공동행위규제, 기업결합규제 등이 있다. 이러한 규제는 시장이 이미 형성되어 있으며, 그 시장이 경쟁적이라는 것을 전제로 하는 규제이다. 일반경쟁규제는 다음과 같은 점에서 정당성을 인정받고 있다.

첫째, 일반경쟁규제는 시장을 경쟁적이고 개방적으로 유지하기 위한 규제로서, 경쟁을 통한 효율성을 극대화하여 소비자후생을 증진시킬 뿐 아니라, 소비자의 선택권, 즉 소비자주권을 보장해준다. 둘째, 일반경쟁규제는 시장구조에 대하여만 개입하며, 경제과정에 직접 개입하지는 않기 때문에 시장기능을 최대한 존중하는 규제라고 할 수 있다. 셋째, 일반경쟁규제수단은 시장의 경쟁을 저해하는 위험이나 장해가 발생한 경우 이를 제거하는 데 일차적인 목적을 두고 있다는 점에서 전통적인 경찰행정의 영역에 속한다. 따라서 경찰권, 즉 규제권의 발동을 위해서는 위험이 존재하여야 하며, 경찰권의 한계나 책임에 관한 일반행정법상 도그마틱이 그대로 적용되는 영역이다.

그러나 이러한 일반경쟁규제는 다음과 같은 경우에 근본적인 한계를 가진다.

첫째, 일반경쟁규제는 유효경쟁이 존재하는 시장을 전제로 할 때에만 의미가 있다. 시장이 형성되어 있지 못한 경우, 시장이 형성되어 있더라도 경쟁이 존재하지 않거나 유효경쟁에 이르지 못한 경우에는 보호의 대상인 유효경쟁이 존재하지 않기 때문에 일반경쟁규제는 논리적, 현실적으로 적절한 수단이 될 수 없다. 유효경쟁이 존재하지 않는 곳에서 일반경쟁법적 수단에 의한 경찰규제를 한다는 것은 불공정한 경쟁질서 내지 독점시장의 구조를 고착화시켜서 종국적으로 시장경쟁질서에 반하는 결과를 초래하게 될 것이다. 이러한 경우에는 공정한 경쟁의 조건을 형성하기 위한 규제가 필요하다. 둘째, 경제규제는 필연적으로 경제정책적 효과를 수반하며, 장래 야기될 경제적 효과에 대한 예측을 필요로 한다. 그러므로 규제체계는 지금 당장의 현실이 아니라 미래사회의 현실도 고려하여야 한다. 또한 규제체계의 변화를 통해 시장구조의 개선을 유도할 수 있다는 점도 고려하여야 한다. 따라서 규제체계는 현재의 시장구조와 지향점으로서 장래 시장구조를 적절하게 반영할 수 있어야 할 것이다. 셋째, 시장과 무관하게 부여된 권리가 존재하는 경우에는 일반경쟁법적 규제만으로 이러한 권리를 보장할 수 없다. 이러한 권리가 경제영역에서 실현되어야 하는 경우에는 시장메커니즘에 대한 교정적 개입이 필요하게 된다. 이러한 규제는 일정한 정책목표를 달성하기 위한 것이기 때문에, 규제 당시에 규제대상 산업이 어떠한 역사적 경제적 혹은 사회적 성격을 가지는가에 따라 규제의 여부 및 정도 그리고 규제방식을 결정하는 데 중요한 차이를 가져온다.

## III. 리스크예방 및 적극적인 유효경쟁형성을 위한 전문규제의 근거 및 한계

위에서 제시한 일반경쟁규제의 한계는 곧 전문규제의 필요성을 말해주고 있다. 이러한 특성이 나타나는 경제영역은 이론적으로 다음과 같이 유형화할 수 있다.

첫째, 독점, 공공재, 외부효과, 정보의 비대칭성 등 시장실패가 발생하는 영역에서는 시장실패를 교정하기 위한 규제가 요구되며, 이러한 한도에서 일반경쟁법의 예외가 적용되어야 한다. 특히 민영화 이후의 사적독점의 규제가 대표적이다. 민영화는 종래 국가가 직접 제공하던 급부를 시장메커니즘을 통해 제공함으로써 효율성을 제고할 것을 핵심적인 목표로 하고 있다. 그런데 민영화가 곧 경쟁시장의 형성을 보장하지 않으며, 오히려 대부분의 경우에는 종래 국가독점기업이 사적독점으로 전환되는 문제를 야기하게 된다. 특히 종래 국가 또는 공기업이 수행하던 공익적 기능이 존속되어야 하는 경우 민간사업자에 대하여 공익적 의무를 부과하여야 할 필요성이 있게 된다. 이러한 관점에서 민영화는 시장 및 경쟁의 형성, 민영화 이후에도 여전히 존속하는 공익의 보장 등 공익목적 실현을 위한 새로운 규제의 필요성을 제기한다.

둘째, 파괴적 과잉경쟁이 야기되는 경우에도 일반경쟁법적 규제로는 효율적인 시장경쟁을 보장할 수 없다. 상대적으로 높은 고정비용이 요구되고, 단기의 한계비용이 저렴한데, – 통신산업이 가장 대표적인 예가 될 수 있다 – 수요가 감소하거나 정체하게 되면, 가동률이 낮아 유휴설비가 증대된다. 이 경우 기업은 비용 이하의 가격설정을 통해서라도 가동률을 높이려 할 것이므로, 한계비용을 기준으로 가격을 설정하게 될 것이다. 이는 평균비용에 못 미치는 가격이 설정된다는 것을 의미한다. 따라서 약탈적 가격설정 등 파괴적인 과잉경쟁이 발생한다. 이러한 상황에서는 가격규제와 같은 전문규제가 요구될 것이다.

셋째, 동태적 효율성의 증진을 위한 영역에서는 경쟁법에 대한 예외가 허용된다. 연구개발에 대한 지원, 기업 간 연구개발협력의 증진, 지적재산권에 관한 특례, 그 밖에 산업정책적 목적의 실현 등이 여기에 해당한다.

넷째, 헌법상 기본권보장의 요구에 부응하기 위하여 경제영역에서 일정한 규제가 요구될 수 있다. 가장 대표적인 예가 생존배려적 급부제공의 영역이다. 통신, 에너지, 수도 등 영역에서는 모든 국민에게 공동체 구성원으로서 최소한 기본적인 수요에 대응하는 급부가 제공되어야 한다. 즉 사회정책적 재분배 목적을 위해 특별한 규제가 허용되어야 한다.

이 외에도 헌법상 기본권보장의 관점에서, 예컨대 인격발현의 자유를 보장한다거나, 정치적 공동체의 의사결정(여론형성)에 참여권을 보장하기 위해, 정보통신 또는 방송 영역에서 시장 외적 이유를 근거로 특별한 경제규제가 요구될 수도 있다. 이상의 규제목적을 위해 계약강제, 보편적 역무제공의무, 가격규제, 접근권 보장 등 일반경쟁규제 이외에 다양한 규제가 추가적으로 요구된다.

　이러한 전문규제에 대하여 다음과 같은 근본적인 문제제기가 이루어지고 있다.

　첫째, 이는 자유 내지 자유경쟁에 대한 제한이라는 비판이 있다. 그러나 유효경쟁규제는 장기적인 관점에서 자유로운 시장경쟁의 형성을 통하여 효율성을 증진시키고자 하는 것이며, 그 밖의 전문규제 역시 실질적인 자유의 보장으로 이해되어야 한다. 외형상 개인의 자유에 대한 침해를 가져오는 것처럼 보이지만, 이것이야말로 진정한 자유를 얻기 위한 것이다. 둘째, 유효경쟁정책에 대하여는 관리경제적 요소를 가지고 있기 때문에 시장경제원리에 반한다는 비판이 제기되고 있다. 그러나 이는 유효경쟁정책에 대한 오해에 기인한다. 유효경쟁정책이 관리경제정책의 문제점을 나타내는 것은 그것이 특정한 경쟁상황을 이상적 경쟁모델로 설정하고 이를 적극적으로 추구할 때 발생하는 것이다. 경쟁조건의 형성을 위한 적극적 경쟁형성적 규제는, 예컨대 독점구조의 제거, 왜곡된 구조시정 등 최소한의 기준만을 설정하고 이를 위한 경쟁조건을 형성하고자 하는 것이 원칙이다. 따라서 관리경제의 문제점은 발생하지 않을 것이다. 셋째, 유효경쟁규제는 유효경쟁이 존재하지 않는 상황에서만 그 정당성이 인정될 수 있는데, 유효경쟁의 존재 여부가 매우 불명확하며 논쟁적이라는 문제가 있다. 이러한 문제점을 극복하기 위해서 오늘날 유효경쟁규제는 경쟁상황에 대한 평가를 전제로 하여야 한다고 본다. 유럽연합이 통신법의 영역에서 유효경쟁의 전제조건으로 경쟁상황평가를 의무화한 것은 시사하는 바가 크다. 경쟁상황 평가의 결과 시장구조가 변화하여 유효경쟁이 달성되었다고 판단되는 경우에는, 이에 상응하여 규제체계도 일반경쟁규제에 의한 규제로 전환되어야 할 것이다. 요컨대 국가독점사업 → 민영화 이후 독과점시장 → 유효경쟁시장으로 시장구조가 변화함에 따라서 규제체계의 성격도 행정조직법적 규제 내지 예산회계법상의 규제 → 시장형성을 위한 적극적 공정경쟁규제와 엄격한 이용자보호 → 일반 영업법적 규제로 변화하여야 한다. 이를 위해서는 각 시장의 특수성에 부합하는 경쟁상황평가제도의 도입이 필수적이라고 하겠다.[8]

---

8) 통신시장과 방송시장에 대해서는 이미 경쟁상황평가가 매년 실시되고 있다.

# 제4절 경제행정법의 헌법상 근거

행정법은 '헌법을 구체화한 법'이다. 따라서 헌법은 경제행정법의 근거이면서, 경제행정의 방향성, 범위 및 한계를 설정하는 규범이다. 경제에 대한 헌법의 태도와 입장에 따라 경제행정법의 실체가 정해질 수 있는 것이다. 헌법이 결정하는 질서와 현실이 만들어내는 질서가 상호조화를 이루는 규범체계가 경제행정법이다.9)

## I. 헌법상 경제질서

## 1. 사회적 시장경제질서

경제질서(Wirtchaftsordnung)는 경제체제(Wirtschaftssystem)와 구별되는 개념이다. 경제체제란 이론적으로 유형화된 경제질서의 모델로서 이념형을 의미하는 것이다. 이에 반해 경제질서란 경제영역에서 구현된 실정법규범의 총체를 의미한다. 경제체제는 시장경제(거래경제)와 계획경제(중앙관리경제)를 양극단으로 해서 혼합경제, 사회적 시장경제, 거시조종적 시장경제, 경제계획에 따른 시장경제, 사회주의적 시장경제 등 다양한 유형으로 분류할 수 있다.10)

우리 헌법재판소는 헌법 제119조를 근거로 "헌법의 경제질서가 사회정의, 공정한 경쟁질서, 경제민주화 등을 실현하기 위한 국가의 규제와 조정을 허용하는 사회적 시장경제"라고 밝히고 있다.11)

독일에 연원을 두고 있는 사회적 시장경제 이론의 고전적 모델은 시장질서가 형성되기 위한 법적·제도적 문제에 관심을 가진다. 사회적 시장경제의 경제정책은 경쟁정책과 사회정책을 핵심으로 한다. 시장에서의 자유(계약의 자유, 경쟁의 자유, 결사의 자유)가 결과적으로 경제력의 집중을 야기하는 한, 시장권력을 통제하기 위해 강력한 국가를 필요로 하며, 경제력남용 및 기업결합의 통제, 카르텔의 금지 및 해체 등이 경제규제의 전형적인

---

9) Josef Ruthig/Stefan Storr, Öffentliches Wirtschaftsreht, 2. Aufl., Heidelberg, 2008, Rn. 3.
10) 경제체제의 유형에 대하여 상세한 설명은 최송화/이원우 역, 롤프 슈토버 저, 경제행정법, 법문사, 1994, 56−72쪽 참조.
11) 헌재 2018. 6. 28. 선고 2016헌바77, 78, 79(병합) 전원재판부 결정.

수단으로 채택된다. 또한 공고한 사회정책의 틀 위에서만 경제정책이 기능을 발휘할 수 있다고 보기 때문에, 경제정책은 사회정책과 유리되지 않고, 오히려 사회정책이 경제정책의 중요한 구성요소를 이룬다.[12]

이러한 사회적 시장경제의 고전적 모델은 그 발전과정에서 이론적 순수성보다 정치적 수용성과 정책의 집행가능성 등 실용적 관점이 중요한 역할을 하였고, 이에 따라 초기 이념적 모델에 상당한 수정이 가해지게 된다. 독일은 1967년에 기본법(GG) 제109조를 개정하여 "전체 국민경제의 발전을 위한 국가의 계획과 조정"을 경제정책의 중심원리로 도입함으로써 경기부양과 경제성장을 위한 재정정책의 헌법적 근거를 마련하였고, 따라서 수정된 사회적 시장경제 모델은 국가의 적극적 재정정책을 허용하여 거시조종적 시장경제 체제의 성격도 함께 포함하게 되었다.[13]

우리나라의 헌법상 경제질서를 사회적 시장경제질서라고 칭하는 견해도 독일의 신자유주의 모델로서 고전적 사회적 시장경제와 같은 의미로 우리 경제질서를 규정하려는 견해는 찾기 어렵다. 우리나라 헌법상 경제질서가 사회적 시장경제질서라고 할 때 사회적 시장경제란 사회국가원리가 구현된 시장경제질서를 의미하는 정도로 이해하는 것이 타당하다. 중요한 것은 오히려 아래에서 보는 바와 같이 경제헌법의 중립성 내지 개방성을 어느 정도로 인정할 것인가의 문제이다. 이에 따라 입법정책의 자율성과 유연성이 확보되고 민주주의 원칙에 따른 경제정책의 형성이 허용되는 범위 내지 정도에 차이가 생기기 때문이다.


## 2. 헌법상 경제질서의 중립성·개방성

독일의 헌법은 특정한 경제질서를 채택하고 있지 않다.[14] 이를 경제헌법의 중립성 또

---

12) 경제정책 내지 시장에 대한 인류학적 사회학적 접근은 이미 아담 스미스에서도 발견된다. 아담 스미스는 국부론에 앞서 도덕감정론(The Theory of Moral Sentiments)을 저술하였는데, 이 책은 자유로운 인간들의 사회 및 이를 기초로 하는 시장경제질서의 정신적·도덕적 조건들에 관한 것이다. 아담 스미스의 도덕감정론에 따르면 인간의 이기심이란 중립적 관찰자의 관점에서 통제되며 또한 그러하여야 한다. 이에 대하여는 박세일/민경국 공역, 아담 스미스 저, 도덕감정론, 비봉출판사, 1996 참조. 합리성의 개념이 분화되어 오늘날과 같이 경제적 합리성으로 축소된 것은 한계효용학파에 이르러서이다. 경제적 합리성만으로 인간의 행동을 설명할 수 없다는 점은 오늘날 행동경제학에 의해 점차 광범위한 지지를 받고 있다. 행동경제학의 창시자인 대니얼 캐너먼은 그의 저서 생각에 관한 생각(Thinking Fast and Slow)(이진원 역, 김영사, 2012)에서 비합리적으로 보이는 이러한 인간의 행동을 실증적으로 설명하고 있다.

13) 서독에서 '거시조종적 경제정책'(globalgesteuerte Wirtschaftspolitik)의 관념이 구체적으로 도입되는 데에는 쉴러의 역할이 주도적이었다. 쉴러의 경제정책에 관한 이론에 대하여는 Schiller, Preisstabilität durch globale Steuerung der Wirtschaft, Walter Eucken Institute, Vorträge und Aufsätze, Bd. 15, Tübingen, 1966 참조.

14) 제2차 세계대전 직후 서독 기본법이 제정되던 당시 경제정책에 관한 정파별 입장에 대한 설명과 이러한

는 개방성이라 하며, 이것이 독일의 확고한 통설[15]이자 판례[16]의 입장이다. 이에 따라, 경제질서의 형성은 의회의 다수당이 자유롭게 형성할 수 있도록 입법자의 몫으로 넘기게 되었다.

우리나라 헌법상 경제질서를 특정한 경제체제로 규정하려는 견해는 헌법상 경제질서가 가지는 규범적 의미를 고려하지 않았거나 아니면 규범적 의미를 지나치게 과소평가한 때문이다. 만일 헌법이 특정한 경제체제를 자신의 경제질서로 채택하였다면, 이 경제체제에 부합하지 않는 경제관련 법령은 위헌으로 될 것이어서 민주주의적인 토론과 타협을 통해 합의를 도출할 여지가 그만큼 축소된다.[17]

사회적 시장경제는 경쟁질서를 유지하기 위한 독점규제정책과 계급갈등을 해소하기 위한 사회정책을 중요한 구성요소로 한다. 우리 헌법 제119조 제2항에서 국가의 규제와 조정을 정당화하는 사유로 네 가지 경우를 상정하고 있다. 이 중 "적정한 소득의 분배", "시장의 지배와 경제력의 남용을 방지하며", "경제주체 간의 조화를 통한 경제의 민주화를 위하여"라는 세 가지 사유는 사회적 시장경제에서 경제정책의 근거를 설명하기 위한 중요한 구성요소이다. 그러나 사회적 시장경제는 규제수단의 측면에서 이른바 시장조화적 개입주의라는 원칙을 채택하고 있고, 이것이 사회적 시장경제질서의 독자성을 특징짓는 중요한 요소를 이루는데, 헌법규정으로부터 이와 같이 경제규제의 방식에 관한 규율을 도출해내는 것은 불가능하다. 더욱이 "균형 있는 국민경제의 성장 및 안정"이라는 요소는 사회적 시장경제론자들이 반대했던 전형적인 케인즈주의 경제정책을 반영하기 위한 규정이다. 따라서 우리 헌법상 경제질서를 사회적 시장경제라고 할 수는 없다고 할 것이다.

우리 헌법상 경제질서를 혼합경제라고 하는 견해도 있으나, 혼합경제라는 개념 자체가 명확한 개념요소를 규정할 수 없고, 매우 다양한 스펙트럼을 포괄하기 때문에, 이를 하나의 특정한 경제체제로서 동질성을 가진 독자적인 유형으로 인정하기는 어렵다고 본다.

한편 오늘날 점차 많은 견해들이 우리 헌법상 경제질서의 개방성 내지 중립성을 인정하고 있다. 개방의 정도에 차이가 있다고 설명할 수는 있지만, 경제헌법의 개방성이나 중립성을 인정한다면, 헌법상 특정한 경제질서를 채택했다는 주장은 그 자체로서 모순된다고 보아야 한다. 경제체제란 '경제규제의 근거' 뿐 아니라 '경제규제의 방식'에 의하여 규정되는

---

헌법제정사에 근거하여 경제헌법의 중립성 내지 개방성의 의미를 논증하는 문헌으로 Martin Kriele, Wirtschaftsfreiheit und Grundgesetz, Zeitschrift für Rechtspolitik 1974, S. 105–111 참조.

15) 최송화/이원우 역, 롤프 슈토버 저, 독일경제행정법, 75–80쪽 참조.

16) BVerfGE 4, 7(17) 참조.

17) 같은 견해로 Oliver Lepsius, Verfassungsrechtlicher Rahmen der Regulierung, in: Fehling/Ruffert (Hg.), Regulierungsrecht, Tübingen, 2010, S. 143–211(153); 전광석, 헌법 제119조, 헌법주석서 I, 법제처, 2010. 2., 469–470쪽 참조.

개념이다. 경제규제의 근거라는 관점에서 보면 상당히 많은 경제체제들이 유사하다는 점을 알 수 있다. 대부분이 시장실패의 교정이나 사회정의의 실현 등을 경제규제의 근거로 제시하고 있기 때문이다. 이들 경제체제 사이의 차이점을 명확하게 구별해주는 것은 오히려 경제규제의 방식 내지 수단의 측면이다. 즉, 직접 경제과정에 개입을 허용하는지, 재정정책에 의한 거시경제정책을 인정할 것인지, 경제계획에 의한 거시정책을 채택할 것인지 등 경제정책의 수단의 차이가 경제체제의 차이를 분명하게 하는 것이다. 따라서 헌법상 경제질서가 어느 특정한 경제체제를 채택하였다는 것은 본래 경제규제의 정당화 사유는 물론이고 경제규제의 수단 내지 방식에 있어서도 특정한 원칙을 채택하였다는 것을 의미한다.

사회적 시장경제든 혼합경제든 특정한 경제체제를 우리 헌법상 경제질서라고 하면서 동시에 경제헌법의 개방성 내지 중립성을 주장하는 것은 경제체제 내지 헌법상 경제질서의 규범적 의미를 '어떠한 경우에 경제규제가 정당화되는가?'라는 경제규제의 근거의 측면에서만 이해하고, 경제규제의 방식 내지 수단의 문제는 경제체제의 구성요소에서 배제할 때 가능하다. 그러나 이는 위에서 논한 바와 같이 경제체제나 경제질서의 관념과 부합하지 않는다고 할 것이다.

## 3. 헌법 제119조의 의의와 성격

### (1) 헌법 제119조 제1항과 제2항의 관계

우리 헌법 제119조 제1항에 따르면 우리나라의 경제질서는 개인과 기업의 자유와 창의를 존중함을 기본으로 한다. 또한 같은 조 제2항에 따르면, 국가는 균형 있는 국민경제의 성장 및 안정, 적정한 소득의 분배, 시장의 지배와 경제력의 남용방지, 경제주체 간의 조화를 통한 경제의 민주화를 위하여 규제와 조정을 할 수 있다. 따라서 우리 헌법상 경제질서의 근간은 제119조 제1항에서 규정한 "개인과 기업의 자유와 창의의 존중"과 제2항에서 규정하고 있는 "국가의 규제와 조정"을 두 축으로 하여 이루어져 있다고 할 것이다. 두 조항은 모두 정의롭고 효율적인 경제질서를 만들기 위한 경제정책의 핵심요소이다.

우리나라의 많은 학자들은 헌법 제119조 제1항과 제2항을 원칙과 예외의 관계로 해석하고 있다.[18] 이러한 견해에 따르면 자칫 경제규제의 보충성을 주장하게 되는데,[19] 이렇

---

18) 예컨대 이덕연, "한국헌법의 경제적 좌표", 공법연구 제33집 제2호, 2005. 2, 1-31쪽, 특히 12쪽 이하; 김성수, "헌법상 경제조항에 대한 개정론", 공법연구 제34집 제4호, 2006. 6, 183-207쪽, 특히 188-190쪽.
19) 강경근, "경제적 자유 보장과 국가의 경제제도 형성의 방향과 한계", 공법연구 제38집 제2호, 2009. 12,

게 되면 우리 헌법상 경제질서를 자유주의적 시장경제라는 특정한 질서로 이해하게 될 우려가 있다. 시장과 자유가 원칙이고 국가의 개입은 시장을 보완하거나 그 폐해를 시정하기 위해서 인정되는 것이라는 견해[20]도 결국 마찬가지 입장으로 귀결될 것이다. 헌법재판소는 이에 대해 명확한 입장을 견지하지 않고 사안에 따라 다른 태도를 보이고 있다. 이러한 입장에 대하여 헌법재판소도 제119조 제1항과 제2항을 원칙－예외의 관계로 보고 있다는 견해도 있고,[21] 실제 그러한 입장을 설시한 것으로 보이는 결정들이 있으나, 이러한 헌재결정들이 제2항을 예외적 보충적으로만 적용되는 것으로 이해하고 있다고 보기는 어렵다는 견해가 유력하다.[22]

　시장은 경쟁을 통하여 혁신과 효율을 이루어낸다. 경쟁은 능력 있는 기업의 승리를 보장하고 무능한 기업을 시장에서 퇴출시킴으로써, 끊임없는 혁신과 효율을 보장하지만, 그 결과 종국적으로는 가장 능력 있는 하나의 기업만이 생존할 수밖에 없게 되며, 이는 필연적으로 사적독점의 폐해를 야기하게 된다. 이것이 근대 서구역사에서 나타난 자유방임주의적 시장경제의 폐해라는 것은 주지의 사실이다.

　그러므로 시장의 지배와 경제력남용 그리고 소득의 차이에 따른 계급갈등을 방지하고 경제주체 간의 조화를 이루기 위하여 행해지는 국가의 규제와 조정은 시장경제질서를 유지하기 위한 기본전제로서의 성질을 가진다고 보아야 할 것이다. 따라서 우리 헌법 제119조 제2항은 이러한 시장경제의 보장조건으로서 국가에게 규제와 조정의 임무를 부여한 것이다. 이러한 관점에서 종래 헌법 제119조 제1항이 헌법상 경제질서의 원칙이고 동조 제2항은 예외라고 이해하는 방식은 수정을 요한다. 제2항의 조건이 충족되지 않으면 제1항에서 선언하고 있는 개인의 자유와 창의가 보장될 수 없다는 점을 고려하여야 할 것이다.

　헌법 제119조 제1항과 제2항을 '원칙－예외'의 관계로 보는 견해는 헌법상 경제질서를 자유주의적 시장경제질서라는 특정한 경제질서로 해석하게 되고 결과적으로 경제질서에 관한 헌법의 중립성 내지 개방성을 해치게 된다. '원칙－예외론'에 따르면, 헌법상의 다양한 가치들이 비교형량의 대상이 아니라 원칙과 예외의 관계로 서열화되며, 이는 헌법상 여러 가치 내지 이익들 사이에 우선순위가 존재한다는 부당한 결과를 가져오게 된다. 헌

---

1－28쪽, 특히 18－19, 27－28쪽 참조.
20) 김문현, "한국헌법상 국가와 시장", 공법연구 제41집 제1호, 2012. 10, 57－79쪽, 66쪽.
21) 예컨대 이덕연, 앞의 논문, 14쪽 각주 37.
22) 김성수, 앞의 논문, 190－194쪽 참조. 김성수 교수는 헌법 제119조에 관한 다수의 헌법재판소 결정례를 분석한 뒤 헌법재판소가 사회적 시장경제질서의 의미를 이해함에 있어서 사회복지와 사회정의를 실현하는 데 중점을 두고 있다고 평가한 다음, 이러한 헌법재판소의 결정은 헌법 제119조 제1항과 제2항의 원칙 －예외관계를 명확하게 인식하지 못하는 것이라고 비판하고 있다.

법 제119조 제1항과 제2항의 관계를 원칙과 예외의 관계로 보지 않고 상호보완의 관계로 보자는 주장은 이러한 문제점을 제거하기 위한 것이다. 헌법상 보호되고 있는 여러 가치와 이익에 우선순위가 없다면, 이들은 상호대등한 관계에서 비교형량의 대상이 되어야 할 것이다.

더욱이 제1항과 제2항을 대립의 관계로 보는 것은 우리 헌법구조나 종래 일반적으로 받아들이는 기본권이론에도 부합하지 않는다. 기본권 간에 가치우선성이 존재하지 않으며, 기본권은 대등하다는 게 종래 지배적 이론이다. 대법원도 "우리 헌법상 경제질서는 '개인과 기업의 경제상의 자유와 창의의 존중'이라는 기본 원칙과 '경제의 민주화 등 헌법이 직접 규정하는 특정 목적을 위한 국가의 규제와 조정의 허용'이라는 실천원리로 구성되고, 어느 한쪽이 우월한 가치를 지닌다고 할 수는 없다."고 판시하여, 헌법 제119조 제1항과 제2항은 대등한 지위를 가지는 것으로 보고 있다.[23]

### (2) 헌법 제119조 제2항의 규범적 의미

헌법 제119조 제2항의 규범적 의미와 관련해서 경제규제는 결국 개인의 경제적 자유와 기본권을 침해하기 때문에 헌법 제37조 제2항에 의한 법률유보 요건을 충족하여야 하며, 따라서 헌법 제119조 제2항은 헌법 제37조 제2항에 흡수되어 해석되어야 한다는 주장이 있다.[24] 그러나 헌법 제119조 제2항은 아래와 같은 헌법적 의미가 있으며, 따라서 우리 헌법상 매우 중요한 의미를 가지는 규정으로서 존속되어야 한다.

첫째, 헌법 제119조 제1항과 제2항의 관계에서 살핀 바와 같이 제2항은 시장경제의 전제조건 내지 보장장치로서의 의미를 가진다. 제2항이 없다면, 헌법상 경제우선성의 확장으로 부당한 결과가 야기될 수 있다. 둘째, 우리 헌법은 경제영역에 있어서 입법자에게 광범위한 형성재량을 부여하고 있다. 시장구조는 일단 왜곡되면 회복되기 어렵다. 따라서 시장의 지배와 경제력 남용을 방지하기 위한 경제규제의 영역에서는 장래효과에 대한 예측판단을 기초로 하여 광범위한 규제와 조정이 이루어질 수밖에 없다(이른바 '간접적 사전예방의 원칙'). 일반적인 기본권제한에 관하여 헌법 제37조 제2항이 규정되어 있음에도 불구하고, 헌법 제119조 제2항이 국가의 규제와 조정에 관하여 특별히 규정한 것은 경제질서의 영역에서 입법자에게 더욱 광범위한 형성의 여지를 부여한 것이라고 해석하여야 할 것이다. 셋째, 제119조 제2항은 경제영역에서의 국가목표를

---

23) 대법 2015. 11. 19. 선고 2015두295 판결.
24) 김성수, 앞의 논문, 197쪽.

규정한 것이다. 즉 국가가 경제규제를 통해 달성하여야 할 공익을 구체화한 것이다.[25] 또한 제119조는 제120조 이하의 경제관련 조항들과 함께 경제영역에서 국가의 임무를 규정하는 국가임무조항으로서의 성격도 가진다.[26] 넷째, 이와 같이 헌법 제119조 제2 항이 경제규제입법에 대하여 광범위한 재량을 부여한 결과, 제119조 제2항의 경제규제 임무를 수행하기 위한 법률에 대한 위헌심사를 함에 있어서는 가장 완화된 심사로서 '합리성 심사'를 적용하여야 한다.[27] 따라서 헌법 제119조 제2항에 열거된 정당화 사 유에 근거한 경제규제입법의 경우에는 그 정책수단이 당해 목적에 합리적으로 관련되 면 합헌으로 판단되어야 할 것이다.[28]

경제규제입법의 위헌심사에서 특히 문제가 되는 것이 비례원칙의 구성요소로서 피해최 소성의 원칙 내지 필요성의 원칙이다. 피해의 최소성을 판단함에 있어서 유의할 것은 가 능한 모든 수단들의 효과를 사후적으로 엄밀하게 분석하여 기본권 침해를 조금이라도 덜 침해하는 수단이 존재하느냐의 여부에 따라 판단하여서는 아니 된다는 것이다. 이러한 방 식에 따르면 거의 모든 입법이 위헌으로 판단될 것이다.[29] 정책적 판단에 부여된 입법재 량을 행사함에 있어서 의회가 가지는 다양한 정책수단의 선택재량을 사후적 관점에서 부 당하다는 이유로 헌법재판소가 이를 쉽게 제한하여서는 아니 된다. 헌법재판소의 위헌심 사는 헌법규범에 명백하게 반하는 행위를 금하기 위한 것이지, 더욱 타당한 정책을 채택 하기 위한 것이 아니다. 따라서 피해최소성의 원칙 위반이라고 하려면, 문제된 당해 수단 이 아닌 더 완화된 다른 수단만을 이용하여 당해 입법목적을 달성할 수 있다는 것이 일견 명백한 경우로 한정하여야 한다. 입법자의 어떤 결정이 위헌이라고 하기 위해서는 입법자 가 헌법상 최소한의 요구도 준수하지 아니한 경우에 해당하여야 하는 것이다.

헌법재판소도 "개인이 기본권의 행사를 통하여 일반적으로 타인과 사회적 연관관계에 놓여지는 경제적 활동을 규제하는 사회·경제정책적 법률을 제정함에 있어서는 입법자에 게 보다 광범위한 형성권이 인정되므로, 이 경우 입법자의 예측판단이나 평가가 명백히

---

25) 같은 견해 김문현, 앞의 논문, 70쪽. 경제규제의 정당화 근거로서 공익의 구체적인 내용에 대해서는 이원 우, 경제규제법론, 34–66쪽.
26) 같은 견해로 최갑선, "경제관련 헌법규정들에 관한 고찰", 헌법논총 제9집, 1998, 727–764쪽.
27) 이원우, 경제규제법론, 209–227쪽, 특히 215쪽 참조.
28) 같은 견해 김문현, 앞의 논문, 74쪽.
29) 극단적으로 이 원칙을 사후적으로 관찰한다면, 예컨대 6개월의 영업정지조치는 5개월 29일의 영업조치와 비교할 때, 그 효과면에서는 차이가 없지만 기본권을 더 침해하므로 위헌이라는 주장도 가능하게 될 것이 다. 따라서 영업정지의 기간을 얼마로 설정하여야 합헌이라고 할 것인지 매우 불명확하게 된다. 영업정지 기간을 10년으로 정하는 것은 지나치다고 할 수 있겠지만, 어느 정도의 기간으로 한정하여야 효과적인 목적달성을 이루면서 최소침해의 원칙을 준수할 수 있을지는 상당부분 입법자 및 행정권의 판단에게 남 겨져 있다고 보아야 할 것이다.

반박될 수 있는가 아니면 현저하게 잘못되었는가 하는 것만을 심사하는 것이 타당하다고 본다."고 하면서, 이러한 경우 "'최소침해의 원칙에 반하는가'에 대한 판단은 '입법자의 판단이 현저하게 잘못되었는가'하는 명백성의 통제에 그치는 것이 타당하다."고 판시하고 있다.[30)]

## II. 경제행정법과 영업의 자유

　경제주체는 자신이 원하는 삶을 살아가고 자아를 실현하기 위해 경제적 활동을 한다. 이를 통해 생계기반을 꾸리고 유지하고 발전시킬 수 있으며, 그렇게 다져진 생계기반은 또 다시 경제적 활동의 목적 달성을 위한 물질적 원천이 된다. 이러한 과정에서 영업의 자유[31)]는 경제주체의 경제활동 목적을 달성하기 위한 핵심적인 헌법상 기본권이다. 즉, 영업의 자유는 경제적 활동의 근간이 되는 헌법상 기본권이자, 올바른 시장질서가 기능하도록 하기 위한 초석(礎石)이다. 영업의 자유는 직업, 직장, 직업수행 및 직업교육장을 자유롭게 선택하여, 스스로 생계기반을 결정할 수 있는 권리이다. 자신이 선택한 직업 영역에서의 활동가능성, 직업의 유지 및 직업의 포기에 대한 자율적인 결정을 보장한다.

　이러한 경제활동이나 영업활동의 효력은 경제주체의 영역 내에 머무르지 않는다. 대부분 경제활동은 대외적으로 일정한 영향력을 갖는다. 다른 경제주체에 직·간접적인 영향을 미치거나, 사회적으로 유해하여 손실을 초래하거나, 독과점으로 시장의 기능이 제대로 작동할 수 없는 환경이 조성될 수 있다. 이와 같이, 경제활동으로 인한 사회적·경제적인 부정적 영향력 때문에 결국 경제주체의 경제활동에는 일정한 제한이 가해지게 된다.

　이러한 제한은 직업선택의 측면을 포함한 경제활동의 개시(開始)를 사전적으로 제한하는 '진입규제'와 직업수행의 차원에서 사후적으로 행해지는 '행위규제'로 폭넓게 대별해볼 수 있다. 진입규제 수단인 특허, 허가, 등록, 신고 또는 일정한 자격을 정한 면허제 등은 경제활동의 자유로운 개시를 제한하는 규제이다. 특히 독일에서 유래하는 3단계 이론에 따르면 제한의 강도에 따라 직업수행의 자유 제한(제1단계), 주관적 사유에 의한 직업선택의 자유 제한(제2단계), 객관적 사유에 의한 직업선택의 자유 제한(제3단계)으로 유형화할 수 있다. 이러한 제한은 각각 '합리적인 공익', '중대한 공익', '월등하게 중대한 공

---

30) 헌재 2002. 10. 31. 선고 99헌바76, 2000헌마505(병합) 전원재판부 결정.
31) 헌법 제15조의 직업선택의 자유는 당연히 영업의 자유와 기업의 자유를 포함한다. 헌재 1996. 12. 26. 선고 96헌가18 결정.

익'으로 정당화될 수 있다는 법리이다. 정당화 범위 내에서 입법자는 광범위한 형성재량을 가질 수 있다.[32]

　영업의 자유는 경제행정법과 접촉면이 가장 넓게 맞닿아 있는 헌법상 기본권이다. 경제행정법은 국가의 규제, 공기업활동, 조달행정 또는 공공발주에 대한 법의 총체인데, 이러한 국가의 활동은 경제주체의 영업의 자유에 직·간접적인 영향력을 미칠 수 있기 때문이다. 규제는 영업의 자유를 제한하는 대표적인 경제행정법의 영역이다. 예컨대, 시장지배력을 갖는 통신사업자에 대한 요금규제는 요금의 경쟁력을 통해 가입자를 유치하기 위한 통신사업자의 영업의 자유를 제한한다.[33] 공기업활동은 독점적 형태를 띠거나 경쟁에 있어 우위를 지닐 가능성이 크기 때문에, 동종 영업을 하는 사인에게는 기울어진 운동장에서의 경쟁 여건을 만드는 것이고, 이는 곧 사인의 기본권 침해로 이어질 수 있다.[34] 조달행정 또는 공공발주의 유형, 규모, 절차와 기준, 그 선정결과 등은 경쟁사업자들 사이에는 민감한 사안일 수밖에 없다.

## III. 경제행정법과 재산권의 보장

　헌법상 재산권도 경제행정법에서 고려되어야 할 핵심적인 기본권이다. 재산권은 생존의 기초이자 자율적인 경제주도를 가능하게 하는 근간으로서 경제활동의 결과는 재산권으로 보호된다. 재산권으로 보호되는 객체를 교환하고 처분하는 것 자체도 경제활동이다. 특히 재산권으로 보호받는 객체를 '이용'함으로써 경제활동이 이루어질 수 있다. 생산요소 또는 생산수단으로서 설비는 재산권의 객체인데, 이를 가동·이용하여야 부가가치 있는 생산결과를 창출해 낼 수 있기 때문이다. 결국, 재산권은 재화의 이용과 거래에 대한 경제주체의 자유롭고 독립적인 결정을 가능하도록 하는 임무를 갖는다. 경제과정의 탈중앙화와 사회적으로 바람직한 성과 및 리스크의 분배는 경제주체의 이러한 자유로운 결정에 기초하는 것이다.[35] 재산권 유형과 재산권의 보호정도 및 재산권의 경제적 활용 유형과 정도는 헌법상 경제질서를 구분하는 근본적인 기준으로도 기능한다.[36]

---

32) 한수웅, 헌법학, 법문사, 2010, 691쪽.
33) 이원우, "통신시장에 대한 공법상 규제의 구조와 문제점", 행정법연구 제11호, 2004. 5, 87쪽. 이러한 요금규제는 영업의 자유 제한이지만, 계약 조건을 형성할 수 있는 자유로서 계약의 자유를 제한하는 것이기도 하다. 계약의 자유는 헌법상 일반적 행동자유권으로부터 파생된다.
34) 이원우, "공공주체의 영리적 경제활동에 대한 법적 고찰", 공법연구 제29집 제4호, 2001. 5, 370쪽.
35) Peter Badura/Peter M. Huber, a.a.O., Rn. 53.
36) Peter Badura/Peter M. Huber, a.a.O., Rn. 52.

재산권의 객체는 물리적 대상으로 제한되지 않는다. 생산요소로 반드시 필요한 자원의 이용권은 공법상 권리의 형식으로 부여되는 것이 일반적인데, 이러한 공법상 권리 그 자체도 재산권으로 보호될 수 있다. 공법상 권리가 배타적 권리의 일유형으로 권리주체에게 사적으로 유용하게 귀속되며, 이러한 공법상 지위가 그 권리주체 고유의 현저한 '자기기여'에 따른 '등가물'이라면, 헌법상 재산권에 따른 보호를 받는다.[37] 이동통신사업자들이 1조에 육박하는 대가를 치르고 취득한 주파수이용권(전파법 제14조)이나 장기간의 모범적인 택시운전에 대한 보상의 차원에서 혹은 고액의 프리미엄을 지급하여 얻은 개인택시운송사업자의 개인택시면허[38]가 그 예이다. 이러한 공법상 권리의 부여는 경제행정법의 연구대상이다.

전형적인 경제활동과 재산권의 이러한 관련성 때문에, 영업의 자유와 재산권의 경합 문제도 발생한다.[39] 일반적으로 헌법상 재산권은 이미 취득한 것(das Erworbene)을 보호하는 것이며, 소득과 활동 그 자체는 영업의 자유에서 보호되는 것이다.[40] 하지만 재산적 가치 있는 것을 영업 목적으로 '이용'한다면, 재산권과 영업의 자유의 보호를 동시에 받을 수 있다. 예컨대, 사육 목적으로 개를 해외에서 국내로 들여오는 것을 금지하는 규제는 영업의 자유 제한이기도 하지만, 해외에서 개에 대한 재산권을 이미 취득하고 이를 국내로 정식으로 들여온 상황을 전제하면 이는 재산권 객체의 이용을 제한하는 것으로도 평가할 수 있다.[41]

우리 헌법재판소는 일관되게 헌법상 재산권을 경제적 가치가 있는 모든 공법상·사법상의 권리라고 보고 있다. 이때, 재산권으로 보호되는 재산권은 사적 유용성 및 그에 대한 원칙적 처분권한을 내포하는 재산가치가 있는 구체적 권리를 의미한다고 한다. 사적 유용성이란 '어떠한 재산권 객체가 권리주체에게 귀속되어 그 주체의 이익을 위해 이용가능함'을 의미한다. 공법상 권리의 주체가 이를 자신의 이익을 위해 이용하여 효용을 얻을 수 있으면 사적 유용성이 존재한다고 볼 수 있다. 또한, 원칙적 처분권은 '자신의 의사에 따라 처분할 수 있어야 함'을 뜻한다. 통상적으로는 타인이 공법상 권리를 활용할 수 있

---

37) 김태오, "경매로 취득한 공법상 권리의 회수와 법적 문제 – 주파수이용권 회수 조치에 대한 독일 연방행정법원의 판례를 소재로 –", 서울법학 제21권 제3호, 287쪽. 경매방식으로 취득한 공법상 권리로서 주파수이용권은 헌법상 재산권이라는 명제는 독일 연방행정법원의 입장이기도 하다. BverwG, Urt. v. 17. 8. 2011. – 6 C 9. 10, Rn. 29.
38) 헌재 2012. 3. 29. 선고 2010헌마443 결정.
39) 이원우, "계열금융사 의결권제한을 둘러싼 법적 쟁점", BFL 제16호, 2006. 3, 56쪽.
40) 김태오, 현대적 재산권의 본질과 한계에 관한 연구: 공법상 권리의 재산권성을 중심으로, 서울대학교 박사학위 논문, 2011, 102쪽.
41) Jan Ziekow, Öffentliches Wirtschaftsrecht, Müchen, 2007, S. 25, Rn. 31.

도록 독립하여 '임대' 또는 '양도'하고, 그 반대급부로 대가를 받는 경우를 일컫는다.[42]

　이러한 헌법상 재산권 역시 제한의 대상이 된다. 입법자는 재산권의 내용과 한계를 설정함에 있어 재산권의 공공복리 적합성을 고려하여야 한다(소위 재산권의 사회적 기속성). 이러한 재산권의 사회적 기속성은 사회국가원리가 재산권 영역에서 투영되어 있음을 의미한다. 이에 따라, 경제주체는 사회국가원리에 따른 재산권의 제한을 수인해야 한다. 재산권의 객체가 갖는 사회적 연관성과 그 기능에 비례하여 제한의 정도가 결정된다.[43] 한편, 공용침해에 따른 재산권의 제한은 특정한 공적 과제의 이행을 위하여 구체적 재산권을 전부 또는 부분적으로 박탈하는 법률 또는 행정행위를 의미한다. 이 경우 재산권의 '박탈'이라는 효과에 대한 금전적 보상만이 주어지므로, 그 요건의 해석은 엄격히 이루어져야 한다.[44]

　경제행정법은 경제활동에 대한 규제와 조종적 성격이 강하기 때문에, 보상이 요구되는 토지재산권 박탈이나 물권적 부담에 따른 재산권 제한의 상황이 발생하는 경우는 많지 않다. 헌법 제23조 제1항 및 제2항에 따라 경제활동에 대한 규제나 조종적 조치 등이 사회적 기속 범위 내이기 때문에 보상 없이 수인해야 할 상황인지 또는 수인한도를 넘는 조정적 보상이 요구되는 상황인지가 주로 문제된다.

---

42) 김태오, "경제적 가치 있는 허가와 새로운 재산권 법도그마틱", 공법연구 제42권 제4호, 2014. 6, 316쪽 이하.
43) 한수웅, 앞의 책, 867－868쪽.
44) 한수웅, 앞의 책, 881쪽. 헌재 2014. 10. 30. 선고 2011헌바129, 172 결정.

# 제2장 경제행정법의 원리와 지도이념

## 제1절 경제행정법과 공익

### I. 서론

경제행정법을 본격적으로 논의하기에 앞서 경제과정에 대한 국가의 관여[45]를 관통하는 공통된 법원리를 찾아야 한다.[46] 경제행정작용의 법적 근거와 한계를 정하는 경제행정법의 원리는 경제행정법령을 제·개정 하거나 이에 근거한 행정작용을 함에 있어 올바른 경제행정의 수단을 선택하는 기준이고, 그 수단을 제대로 적용하기 위한 방향성을 제시해 주며, 개별 경제행정작용의 지도원리를 규명할 수 있게 한다. 이러한 경제행정법의 원리와 지도이념은 경제행정의 실질적인 내용을 밝혀냄으로써 도출될 수 있다. 경제행정의 실질적인 내용은 공익이라고 할 수 있다.[47] 한편, 공익은 경제행정법의 원리와 지도이념을 도출해내기 위해 밝혀야 할 실체이기도 하지만, 공익 그 자체가 경제행정법의 원리와 지도이념으로 기능하기도 한다.

이하에서는 경제행정법의 원리와 지도이념을 도출하기 위한 매개 개념으로서 공익의

---

45) 경제행정에서 국가는 경제과정의 생산자, 소비자, 규제자로 등장할 수 있으므로, 이를 모두 포괄하는 의미에서 경제과정에 대한 국가의 '관여'라는 포괄적인 표현이 적절하다.

46) 경제규제를 조성적·지원적 의미의 경제간섭활동을 포함하는 것으로 이해할 때 경제행정법은 경제규제로 이해할 수 있다. 특히 경제행정법의 공익문제는 주로 경제규제작용과 관련이 있다. 이하에서는 경제행정과 경제규제를 대등한 것으로 상정한다. 최송화, 공익론 - 공익적 탐구, 서울대학교출판부, 2002, 283-284쪽. 경제행정과 경제규제의 관계에 대해서는 제3장에서 상세히 설명하기로 한다.

47) 이원우, 경제규제법론, 12-13쪽; 최송화/이원우 역, 롤프 슈토버 저, 독일경제행정법, 92쪽.

실질적인 내용을 살펴보고, 경제행정법의 원리와 지도이념으로 기능하는 공익의 본질을 설명하고자 한다.

## II. 경제행정의 실적적인 내용으로서의 공익

경제행정법은 경제과정에 대한 국가의 관여를 다루는 법이다. 경제과정에 대한 국가의 관여는 예컨대, 효율·형평·안전·상생발전·소비자보호 등의 목적으로 이루어진다. 경제과정에 대한 이러한 다양한 목적은 결국 '공익'으로 집약된다. 공익은 경제행정의 실질적인 내용이다. 공익은 경제과정에 대한 국가의 관여의 이유이자 목적이고, 정당화 근거이다(공익이론). 이에 반해, 국가의 관여는 사적 이익을 반영하기 위해 발생하는 것으로 보는 시각도 있다(사익이론). 경제행정의 실질적 내용을 둘러싼 입장의 차이를 살펴봄으로써 이를 더욱 구체적이고 체계적으로 이해할 수 있다.

### 1. 공익이론

공익이론은 국가는 공익의 실현을 위해 사적활동에 관여한다는 것이다. 국가의 관여는 다음의 두 가지 전제조건에 의한다.[48] 사적활동에는 시장실패가 존재한다는 것과 이를 시정하기 위한 국가의 관여가 합리적이라는 것이다. 이에 대해, 시장실패를 시정하기 위한 국가의 관여가 합리적이라는 가정에는 동의하지 않는다는 반대의 입장이 있다. 국가의 관여는 시장기능의 유연성을 상실시켜 시장기능의 왜곡을 야기할 수 있다는 것이다. 특히 정보의 불확실성은 시장실패를 악화시킬 뿐만 아니라 정부실패의 원인으로도 지목된다. 이에 대하여, 정부실패는 경제행정의 목표, 경제행정과정의 본질·성질에 기인하는 것이 아니라 공무원 개인이나 절차상의 약점에 따른 것이며, 이러한 문제는 쉽게 고쳐질 수 있을 것이라는 반론이 제기될 수 있다. 그렇지만 공익이론은 이익집단의 영향력에 대해 제대로 대응할 수 없다는 근본적인 한계가 있다. 또한, 공익에 대한 인식이 입법행위로 전환되는 메커니즘을 이론적으로 설명하지 못한다.

---

48) 이원우, 경제규제법론, 15–16쪽.

## 2. 사익이론

경제과정에 대한 국가의 관여는 공익을 위한 것이 아니고, 사적집단의 이해를 대변한다는 이론을 사익이론이라고 한다. 사적집단의 이해를 대변하는 동태적 과정에 주목하여 포획이론이라고도 한다. 이러한 사익이론은 학자에 따라 주장의 논지나 근거에 현저한 차이가 있다.

### (1) 다원주의 정치학자들의 이론

다원주의 정치학자들은 입법·행정과정에서 공공정책에 대한 이익집단의 영향력을 주목한다. 경제과정에 관여하는 국가기관은 시간이 경과함에 따라 그 소관 산업의 지배를 받으며, 경제행정법령의 본래 목적은 이익집단들의 노력에 의해 방해받게 된다는 것이다.[49]

이 이론은 포획이론의 기본적 관점을 조망하도록 하였지만, 실증분석의 결과 다음의 몇 가지 비판을 받기도 한다. 첫째, 국가의 관여로 증진되는 이익은 산업의 이익뿐만 아니라 소비자 집단의 이익도 많이 존재한다는 점이다. 둘째, 경제행정법령은 그 내용이 개정되면서 국가기관도 본래와는 다른 성격으로 계속 변화한다. 셋째, 하나의 국기기관이 이해충돌하는 여러 사업을 소관할 경우, 어느 산업에 포획되는가 문제를 설명해낼 수 없다.

### (2) 법경제학적 포획이론

이 이론은 기본적으로 국가의 관여가 정치적으로 영향력 있는 집단의 사적이익에 봉사한다는 전제에 서 있다. 다만, 이러한 현상 뒤에 숨어 있는 경제적 논리를 법경제학적 분석방법을 통해 밝히려는 견해이다. 이 이론의 기본시각은 다음의 둘로 요약할 수 있다. 첫째, 경제행정법령을 수요·공급의 지배를 받아 배분되는 생산물로 본다는 점과 둘째, 경제행정법령에 대한 수요·공급 곡선의 설명은 카르텔이론을 원용할 수 있다는 것이다. 카르텔형성으로 인한 편익을 수요 측으로 보고, 카르텔형성비용을 공급 측으로 하여 수요·공급의 일반적 법칙에 따라 양자가 균형되는 점에서 자신에게 유리한 경제행정법령을 획득함으로써 기업이 마치 카르텔을 형성하는 것과 같은 효과를 얻게 된다는 것이다.

그러나 경제과정에 대한 국가의 관여와 경제행정법령의 본질(이유, 목적, 기능 등)을 파악

---

49) 이원우, 경제규제법론, 17-20쪽.

하는 것이 이러한 이론의 존재의의임에도 불구하고 행정과정의 결과적 현상과 국가의 관여에 영향을 받는 사적활동만을 분석하고 있는 것에 대한 비판이 가능하다. 법경제학적 분석방법론만 강조하면, 실제 다수 존재하는 공익적 목적의 경제행정법령 형성을 부인하게 되는 것이다. 또한, 경제행정법령 형성과정을 모든 정치세력에게 개방되어 있다고 보고, 그 결과물이 대등한 정치세력 간의 교섭의 대상과 과정으로만 보고 있는 것도 문제이다. 법경제학적 분석방법론은 법·국가의 중립성만 강조하여 그 이데올로기적 성격을 완전히 부인해버리는 결과를 초래한다.

## 3. 공익이론과 사익이론의 조화

공익이론과 사익이론은 경제과정에 대한 국가의 관여의 이유와 실질을 설명하기 위한 논리체계이다. 나름의 장단점이 존재한다. 따라서 경제과정에 대한 국가 관여의 실질적 내용인 공익의 본질을 파악하기 위해 그 성과를 통일적으로 수렴해야 할 필요성이 있다. 사회가 다원화·전문화되고 거래비용·정보비용이 증대하게 되면서, 시장실패가 발생할 수 있음은 주지의 사실이다. 공익이론이 전제하듯, 이러한 시장실패에 따른 문제해결을 위해 국가의 관여가 필요한 상황이다. 이때 국가는 공익의 담당자로서 공동체의 이데올로기를 구현하려는 일정한 목적성을 가진다. 그러나 이러한 방식으로 시장실패를 교정하기 위한 국가의 관여 역시 실패의 가능성이 있다(정부실패). 사익이론에 따르면, 시장실패에 대한 국가의 관여 과정에서 사적주체(이익단체)는 자신들에게 이익을 집중시키려 한다. 그 과정에서 발생하는 사회적 비용은 분산되고, 경제행정법령을 통한 국가의 관여가 의도하고자 하는 수준에 못 미치게 된다. 이를 종합하면, 공익이론적 관점에서 국가의 관여 이유와 실질을 설명하는 것이 타당한 반면, 공익관념이 왜곡되는 구조적 메커니즘은 사익이론적 관점이 옳다. 특히 이러한 정치적 왜곡을 방지하기 위해서는 민주적 절차의 확보가 핵심적이 과제로 등장한다. 정보공개, 주민참여, 행정절차의 공개 등의 제도적 보완이 요청된다.

## III. 경제행정의 원리와 지도이념으로서의 공익

공익은 경제행정의 원리와 지도이념을 도출하기 위한 매개 기능을 수행하기도 하지만, 공익 그 자체가 경제행정의 원리와 지도이념이기도 하다. 공익은 법의 집행과 입법 과정에서 특정인 또는 집단의 사적 이익추구를 제한하고 국가작용을 일정한 방향으로 유도하는 기능을 수행한다. 이러한 공익의 기능은 법발견과 입법의 기초를 구성하는 추상적 원리가 된다.[50] 다만, 공익개념은 지극히 추상적이므로, 개별 경제행정의 영역의 실정법에서 공익이 어떻게 구현되어 있고 어떻게 구현되어야 하는지에 대한 추가적인 해명이 필요하다.

일반적으로 경제행정법 영역에 속하는 실정법질서와 경제행정의 원리와 지도이념으로서의 공익개념은 해석론과 입법정책론이라는 두 차원에서 연결된다. 우선 실정법질서 속에 내포된 공익관념을 구체화하는 작업이 요구된다. 민주적 입법절차를 통해 현행 법령에 공익으로 선언된 가치 내지 이익을 구체화함으로써 실정법규범 속에 내재하는 공익요소를 명확하게 하여 실정법의 해석 적용을 통해 공익이 구현될 수 있도록 하여야 할 것이다. 다음으로는 현행 헌법질서를 전제로 하여 공익실현에 적합한 법령을 제정하기 위한 지침을 도출할 필요가 있다. 헌법규범속에 내재하고 있는 공익요소들이 어떻게 법제도 속에 구현되어야 할 것인지 개별영역별로 구체화하는 작업이 요청된다.[51]

## 1. 경제행정의 근거와 한계

공익은 경제과정에 대한 국가의 관여를 정당화하는 요소이다. 이로써 공익은 경제행정의 규범적 근거이자 한계로 기능하게 된다. 따라서 경제행정과 관련된 실정법질서로 구체화되어 있는 공익은 이를 모두 포괄하는 고차원의 규범적 성격을 지녀야 한다. 공익은 헌법상 법원리로 인정되어야 하는 것이다.[52]

공익개념은 전통적으로 다양한 의미로 사용되어 왔다. 다양한 공익론에 대한 다양한 입장들 사이의 접점은 공동선(共同善) 또는 공동체(res publica)라는 관념이다. 이는 공익이라는 관념을 헌법원리와 연결시켜주고, 효율성을 공익의 요소로 연결시켜주는 고리가 된다. 결론부터 말하자면, 공화주의 원리에서 공익의 헌법적 근거를 찾을 수 있다.

공화주의 원리에 대해서 현재 통설은 헌법 제1조 제1항을 형식적으로 해석하여 군주제의 부정을 의미하는 소극적 의미로만 이해하고 있다. 공화주의의 적극적·실질적 내용은 민주주의와 법치주의와 같은 다른 헌법원리로 흡수되어 발전된 것으로 보는 듯하다. 그러

---

50) 이원우, 경제규제법론, 34–35쪽.
51) 이원우, 경제규제법론, 36쪽.
52) 이원우, 경제규제법론, 39–41쪽.

나 공화국은 단지 국가조직의 원리로만 이해되어서는 안 된다. 일찍이 R. Thoma는 공화국을 다음과 같이 정의한 바 있다. "이 단어의 적극적이고 본래적 의미는 국가를 하나의 res publica로 이해한다. 즉 모든 시민이 지분을 가지고 참여하는 공동체로서 그 공동체 내에서는 모든 권력은 구성원에 봉사하고, 모든 구성원은 전체에 봉사하여야 하는 공동체를 의미한다. 이러한 의미에서 공화국은 신민을 시민으로 만들며, 시민들에게 공동체를 위해 활동할 권한과 의무를 동시에 부여한다."[53]

이러한 이해에 따를 때, 우리는 공화주의 원리로부터 군주제의 부정 이외에 다른 원칙들을 도출해낼 수 있다. 특히 공익과 효율성은 헌법상 공화주의 원리의 구성요소를 이룬다고 볼 수 있다. 공공주체는 공공의 이익을 위해 활동하여야 한다. 이러한 관점에서 공익의무란 민주주의 원리에서 도출되는 정당화의무와 동전의 양면을 이룬다. 그러나 공화주의 원리에서 도출되는 공익의 원리가 구체적으로 어떤 내용을 담고 있는지는 매우 어려운 문제이다. 독일의 경우 이미 오래전부터 합리성원칙(Rationalitätsgebot)이 주요 내용으로 논의되고 있다. 자원의 희소성을 고려할 때, 공익에 봉사하여야 하는 국가가 자신에게 주어진 자원을 비합리적으로 낭비하는 것은 공화주의 원리에서 도출되는 공익의 원리에 반한다고 할 것이다. 그러므로 국가의 활동은 그 목적 내지 목표와 관련해서 뿐 아니라 목적달성을 위한 수단의 사용에 있어서도 공익에 의해 정당화되어야 한다.

## 2. 공익원리의 이중적 기능

공화주의 원리의 구성요소인 공익의 원리는 국가활동에 대하여 수권의 근거이자 제한으로서 기능하며, 국민에 대하여 권리와 의무를 동시에 부여함으로써 이중적 기능을 수행한다.

일반적으로 공익은 기본권 제한의 근거로 인식되고 제도화되어 있다. 기본권과 공익의 관계를 살펴보면, 기본권에 의해 보호되는 개인의 자유라는 이익과 공익, 즉 국가에 의한 기본권제한을 정당화시키는 이익은 서로 충돌되는 것으로 나타난다. 방어권으로서 기본권은 개인의 이익보호를 위해 공익과 충돌하는 모습을 전제한 것이며, 공익은 기본권제한을 정당화시키기 위한 목적으로서 사익과 충돌하는 것은 분명하다.

그러나 공익이 기본권 제한 내지 국가의 규제를 정당화하는 기능만을 수행하는 것으로 이해하여서는 아니 된다. 기본권과 국가의 공익실현의 문제를 좀 더 면밀하게 살펴보면,

---

53) Richard Thoma, in: Anschütz/Thoma (Hg.), Handbuch des Deutschen Staatsrechts, Bd.I, 1.Aufl., 1930, unveränderter Nachdruck, 1998, S. 186f.

국가의 관여를 정당화하는 공익과 개인의 이익을 분리할 수 없음을 알 수 있다. 첫째, 어떤 법률에 의해 어떤 이익의 내용을 구체화할 권능이 부여되는 경우, 이러한 권능은 한편으로 당해 법률의 입법자가 가지는 권능의 범위 내에서 제한되고 또한 입법자가 당해 법률을 통해 규정하고자 했던 이익에 국한된다. 둘째, 기본권은 국가의 관여에 대한 방어권으로서의 성격뿐 아니라, 기본권보호를 위해 제3자의 기본권을 제한하기 위한 정당화 근거로서의 성격도 아울러 가지고 있다. 서로 다른 기본권이 충돌할 때 공익을 위해 하나의 기본권을 제한하는 경우 이는 다른 기본권주체의 기본권 보장기능을 수행하게 된다. 즉, 국가의 관여를 요구하는 사인의 보호이익으로서의 성격을 가진다는 것이다.


## 제2절 경제행정법과 법치주의원리


### I. 서론

규제는 다양한 관점에서 정의될 수 있지만, 공공주체가 일정한 공익목적 달성을 위해 사인의 활동 내지 사회적 과정에 개입하는 것으로 넓게 개념지울 수 있다. 이와 같이 규제의 범위가 넓어지면, 경제행정법에서 국가의 역할 중 '규제'의 비중도 더욱 높아진다. 따라서 경제행정법의 원리와 지도이념인 공익에 대한 논의 외에, 국가가 규제권한을 행사함에 있어 양질의 규제를 유지함으로써 좋은 규제가 이루어지도록 올바른 방향을 설정하고 유도하기 위한 법원칙을 검토할 필요가 있다. 이러한 법원리는 개별영역별로 상당정도 달라질 수 있고 더욱 구체화되어 검토될 수도 있지만, 이하에서 제시하는 원리들은 공통적으로 요구될 수 있는 일반적인 기준을 그 내용으로 하고 있다.[54]


### II. 예측가능성과 명확성의 원리

규제는 행위기준을 설정하는 것이다. 이러한 행위기준에 따라 국가의 관여가 이루어진다. 규제의 대상인 경제주체에게는 행위기준의 예측가능성과 명확성은 필수적이다. 경제

---

54) 이에 대하여 상세한 내용은 이원우, 경제규제법론, 165–173쪽 참조.

의 속성이 동태적인 측면도 있지만, 오늘날 디지털 기술의 비약적인 발전은 규제의 잦은 변경을 초래한다. 잦은 정책 변경은 투자유인을 떨어뜨리고 규제수범자가 법령의 현황을 미처 파악하지 못하는 경우도 빈번하다. 법 상태의 안정성을 보장해주는 것도 예측가능성과 명확성에 중요한 원리로 기능한다. 이러한 규제기준은 사전에 명확히 제시되어야 한다. 헌법재판소는 "규범의 의미 내용으로부터 무엇이 금지되는 행위이고 무엇이 허용되는 행위인지를 수범자가 알 수 없다면 법적 안정성과 예측가능성은 확보될 수 없을 것이고, 또한 법집행 당국에 의한 자의적 집행을 가능하게 할 것"이라고 하여 법령에 대한 예측가능성과 법적 안정성을 강조하고 있다. 행정규제기본법에서도 규제는 "구체적이고 명확하게 규정"되어야 하고(제4조 제1항), 규제영향분석 시 "규제내용의 객관성과 명료성"을 고려하도록 하고 있다(제7조 제1항 제6호).

## III. 법률유보의 원리 – 위임입법의 한계

헌법상 국민의 권리의무에 대한 제한은 법률에 의해서만 가능하다(헌법 제37조 제2항). 규율의 본질적 내용은 의회에서 정해야 하며(헌법 제40조, 의회유보), 일정한 사항을 하위 법령에 위임하더라도 법률에서 구체적으로 범위를 정하여 위임해야 한다(헌법 제75조 및 헌법 제95조, 포괄위임금지의 원칙). 행정규제기본법에서도 규제법정주의 원칙을 확인하고 있다(제4조). 이처럼 하위 법령의 위임에 대한 엄격한 헌법적 한계가 있는 것은 법규적 효력을 가지는 법령제정과정에는 이해관계자의 의견수렴을 위한 참여절차, 관계 정부기관 협의절차, 법제처심의 등의 통제절차가 있는 반면, 고시, 예규, 지침 등 행정규칙에 근거한 규제는 이러한 제도적 보장절차가 체계화되어 있지 않다. 이에 따라, 자의적, 비전문적, 비체계적, 상호 모순적 행정규제가 남발될 위험이 있다. 이로 인한 문제가 발생하더라도 국민의 권리구제에 어려움이 발생할 우려도 있다. 따라서 규제의 전문성과 일관성이 제고될 수 있도록 규제의 주요한 내용은 법규성이 보장되는 법률, 대통령령 또는 부령에 의해 규율되는 것이 바람직하다.

## Ⅳ. 규제에서의 합리성 보장 - 비례원칙(과잉금지의 원칙)

헌법은 정부의 규제 시 국민의 기본권을 과도하게 침해하지 않도록 비례원칙 또는 과잉금지의 원칙을 규제의 기본원리로 채택하고 있다.[55] 이에 따르면, 목적의 정당성, 방법의 적정성, 피해의 최소성, 법익의 균형성을 고려하여야 한다. 행정규제기본법은 규제영향평가의 심사대상으로 이를 명문화하고 있다(제7조 제1항 제1호에서 제3호). 예컨대, 식품안전규제에서 식품의 품질을 최상으로 유지하도록 하는 규제는 목적의 정당성과 방법의 적정성 측면에서 문제가 있다. 식품안전규제의 목적은 국민의 안전건강관리에 최우선 목적이 있기 때문이다. 고가의 고품질 식품보다 저가의 저품질 식품의 구매를 선호하는 소비자도 다수 존재하므로, 안전성에 문제가 없다면 소비자 후생증대를 위해 식품의 품질을 규제하기 보다는 시장기능에 맡기는 것이 바람직할 것이다.


## Ⅴ. 일관성과 통일성

규제는 그 기준의 설정이나 집행의 전과정에서 일관성을 유지하여야 한다. 규제의 내용이 서로 모순되거나 지속성이 없으면 법적 안정성이 보장될 수 없기 때문이다. 규제의 일관성과 통일성 문제는 복수의 규제기관이 존재할 경우에 주로 발생한다. 특히 복수의 규제기관 상호 간에 견해의 차이가 생길 경우 행정조직 내부에서 견해의 차이가 조정되어야 한다. 국민에 대해서는 대외적으로 단일한 의사가 표명되어야 한다(행정의 단일성 원칙). 행정규제기본법에 따른 규제영향분석은 "기존규제와의 중복 여부"를 고려하여야 한다(제7조 제1항 제3호). 실제 하나의 사업영역에 대하여 복수의 규제기관이 규제권한을 가지는 다원화된 규제운영체계는 전문성, 통일성, 책임감, 신속성이 결여될 수 있다. 따라서 규제창구의 단일화는 규제의 통일성 확보, 정보 축적 및 전문성 향상에 유리하고, 수범자 입장에서 규제준수 비용의 절감 및 규제 사항의 복잡성을 감축시킬 수 있는 장점이 있다.

---

55) 헌재 1992. 12. 24. 선고 92헌가8 결정.

## VI. 투명성의 원리

규제에 있어 투명성 확보는 시장참여자 모두가 요구하는 바이다. 행정의 투명성이 높아질수록 행정에 대한 참여와 감시가 용이하여 민주주의의 가치실현에 기여하는 한편, 부패의 발생소지도 사전에 차단하는 효과가 있다. 투명성의 보장은 기업운영에 대해서도 요구되는 가치이다. 법령으로 투명성에 대한 가이드라인이 정해지고 기업이 그 요청에 충실히 따른다면 소비자 입장에서도 시장경제주체로서 합리적인 행동을 할 수 있는 정보제공의 기초를 얻게 된다.

## VII. 자기책임의 원칙

위험을 야기한 자가 이에 대한 책임을 져야 한다는 자기책임의 원칙은 행정법 뿐만 아니라 규제법의 기본원리이다. 위험을 야기한 행위와 그 책임이 분리된다면, 행위에 대한 유인체계가 작동하지 않게 되어 위험예방 또는 제거라는 규제목적을 달성할 수 없고 형평성에 문제가 생길 수 있다. 따라서 수범자의 책임분배를 명확히 함으로써 규제 위반 시 제재의 효과를 적절히 부여해야 한다. 또한 사고 및 피해가 발생할 경우 그 원인을 규명하고 적절한 책임을 부여하기 위하여 단계별 책임소재를 묻는 규제체계를 갖추어 자기책임성을 강화할 필요가 있다.

## 제3절 경제행정법과 사회국가원리

## I. 서론

사회국가원리에 따르면 오늘날 민주적 헌정국가는 사회적 고려를 통해 국가 공동체의 존립기반을 확보하고 유지하여야 한다. 이는 사회적 연대의무를 헌법적으로 수용한 것이다. 사회국가란 "사회정의의 이념을 헌법에 수용한 국가, 사회현상에 대하여 방관적인 국가가 아니라 경제·사회·문화의 모든 영역에서 정의로운 사회질서의 형성을 위하여 사회 현상에 관여하고 간섭하고 분배하고 조정하는 국가이며, 궁극적으로는 국민 각자가 실제로 자유를 행사할 수 있는 그 실질적 조건을 마련해 줄 의무가 있는 국가이다."56) 우리 헌법상 사회적 기본권(헌법 제31조 이하), 인간다운 생활을 할 권리(헌법 제34조 제1항), 인간의 존엄성, 평등원칙, 소유권의 사회적 구속성, 경제조항(헌법 제119조 제2항) 등이 이러한 헌법원리의 근거 내지 발현으로 이해되고 있다.57) 이처럼 헌법이 사회국가원리를 받아들인 이유는 고도로 분업화되고 산업화된 현대 국가에서 생활관계가 더욱 복잡해졌을 뿐만 아니라, 사회적 폐해가 자율적으로 제거되거나 저지될 수 없다는 인식이 있었기 때문이다. 이러한 상황에서 사회국가원리는 자유방임국가를 받아들이지 않겠다는 헌법적 결단이다. 국가의 임무를 기존의 재산분배를 확인하고 위험의 제거에만 머무는 소극적 경찰국가로 제한하지 않고 사회적 연대의 확보를 위한 적극적인 복리증진에도 기여하겠다는 의미이다.58) 이처럼 사회국가원리도 공익의 실질적인 내용을 이루며, 경제행정법의 주요한 원리와 지도이념으로서의 지위를 갖는다.


## II. 사회국가원리와 국가의 임무59)

사회국가의 실현은 국가의 핵심적인 임무이다. 사회국가원리는 비구속적인 입법방침이나 권고 이상의 규범력을 갖는다. 그러나 사회국가원리로부터 특정의 헌법위임이 도출될 수 없다. 사회국가원리는 성격상 그 범위가 구체적으로 정해질 수 없기 때문에 입법자에 의한 구체적인 내용의 형성이 요구되는 원리이다. 이와 달리 헌법위임의 내용이 특정될 수 있는 경우도 있다. 사회국가원리는 최소한의 생존 기반과 필수적인 생활수요를 보장한다. 특히 헌법상 인간다운 생활을 할 권리가 보장되고 있다(헌법 제34조 제1항). 광범위한 입법형성의 자유가 주어져 있으나 "인간다운 생활을 할 권리는 여타 사회적 기본권에 관한 헌법규범들의 이념적인 목표를 제시하고 있는 동시에 국민이 인간적 생존의 최소한을 확보하는 데 있어서 필요한 최소한의 재화를 국가에게 요구할 수 있는 권리를 내용으로 하고 있다."60)

---

56) 헌재 2002. 12. 18. 선고 2002헌마52 결정.
57) 이원우, 경제규제법론, 265–266쪽.
58) 최송화/이원우 역, 롤프 슈토버 저, 동일경제행정법, 법문사, 1996, 93쪽.
59) 최송화/이원우 역, 롤프 슈토버 저, 독일경제행정법, 법문사, 1996, 95쪽.
60) 헌재 1995. 7. 21. 선고 93헌가14 결정.

## Ⅲ. 사회국가원리의 수범자

사회국가원리의 수범자는 일차적으로 입법자, 행정부, 법원이다. 입법자가 사회국가원리를 법률로 구체화해야 한다면, 행정부와 법원은 그 법률을 해석하고, 이익을 형량하며, 재량을 행사를 할 때 사회국가원리를 실현할 임무가 부여된다. 이와 같은 방향성을 고려하면, 사회국가원리는 시대적 상황에 의존적일 수밖에 없다는 점을 알 수 있다. 그렇다고 특별히 국가가 소극적으로 물러날 것을 명령하지도 않는다. 다만, 사회국가원리를 수범자가 현실화하는 과정에서 재정적인 부담을 고려해야 하지만 현재의 경제적 상태의 존속을 보장해줄 필요는 없다.[61]

## Ⅳ. 사회국가원리와 주관적 권리

경제주체는 원칙적으로 사회국가원리 그 자체로부터 특정한 경제활동이나 급부에 대하여 소송에서 주장가능한 주관적 권리를 도출해낼 수 없다. 입법자가 사회국가원리를 어떠한 규범에서 개인의 이익을 위하여 구체화하였거나 하자 없는 재량행사에 대한 권리가 존재하는 경우에 주관적 권리가 비로소 부여된다.[62]

# 제4절 경제행정법의 변화와 그 현대적 원리

## Ⅰ. 서론

경제는 현실과 사회적 환경의 변화에 민감하다. 경제과정에 대한 국가의 관여를 규율하는 경제행정법은 이러한 변화에 따른 현대사회의 특성을 반영하여야 한다. 경제행정법의 핵심인 규제와 그 법원리도 마찬가지이다. 이하에서는 몇 가지 경제행정법의 대표적인 현대적 원리를 규제의 맥락에서 제시해보고자 한다.[63]

---

61) Rolf Strober, Allgemeines Wirtschaftsverwaltungsrecht, S. 47.
62) 최송화/이원우 역, 롤프 슈토버 저, 독일경제행정법, 법문사, 1996, 96쪽.
63) 이에 대하여 상세한 내용은 이원우, 경제규제법론, 170-173쪽 참조.

## II. 효율성 및 최적화의 원리(비용편익분석)

앞서 언급했듯이 오늘날 효율성은 헌법 및 행정법의 일반원리로 인식되고 있다. 효율성은 공익판단의 중요한 요소이며, 현대국가에 있어 국가운영의 핵심개념으로 공공부문의 지도이념이다. 효율성의 원리는 '규제가 일정한 목표를 달성하는데 가장 효율적인 수단을 사용해야 한다.'는 의미와 '규제 목표와 수단의 관계를 고려하여 최적점을 찾아야 한다.'는 의미를 모두 포함한다. 예컨대, 국민의 건강에 치명적인 영향을 미치는 사항에 대해서는 효과성을 고려한 정책수단을 강구해야 하지만, 부수적인 사항에 대해서는 과다한 비용이 발생할 경우 합리적인 조화점을 찾는 것이 효율성 원리에 부합하는 것이다.

규제의 효율성을 위해서는 과학적 증거에 따라 구체적인 판단기준을 수립하는 것이 중요하다. 이를 위해서는 비용편익분석제도를 도입하여 규제가 비례원칙에 비추어 과다한 규제가 되지 않는지 심사하여야 한다(행정규제기본법 제7조 제1항 제4호). 효율성과 최적화가 목표를 지향하는 행위지도 원리라면, 비용편익분석은 이를 구체적으로 실현하기 위한 수단적 성질을 가지는 제도이다.

## III. 규제 개별화의 원리 - 맞춤형 규제

차별적 규제는 평등원리에 반하는 것이다. 이때의 평등은 형식적 평등이 아니라 실질적 평등을 의미한다. 따라서 규제대상별로 그 사정에 맞는 최적화된 규제를 하는 것은 평등원리에 부합하는 것이다. 이는 궁극적으로 비례원칙을 구현하면서 행정비용을 절약하는 것이기도 하다. 대기업의 경우 자율규제능력을 입증한다면 자율규제를 허용함으로써 행정비용을 절약할 수 있다. 이렇게 절약된 예산으로 중소기업에 대한 기술지원과 정보제공을 강화하는 것이 규제원리적으로도 정당화될 수 있다.

## IV. 전문성과 신뢰성의 원리

과학기술의 발전으로 복잡해지는 규제체계 속에서 규제판단의 합리성 및 규제기관에 대한 신뢰성을 확보하기 위해서는 규제기관과 그 인력의 전문성을 확보하는 것이 매우 중요하다. 규제기관의 신뢰를 확보하는 제도적 장치 역시 필요하다. 그래야만 규제기관이 불확실한 위험관리에서 사회적 여론을 유도하는 역할을 담당할 수 있다. 특히 현대과학에서 무오류란 있을 수 없기 때문에, 오히려 검증가능성과 반증가능성이 확보되어야 신뢰성이 보장될 수 있다.

## V. 규제의 세계화

우리나라 법질서 및 이에 근거한 규제체계는 세계화된 국제질서에 편입되고 있다(헌법 제6조). 국제기준과 동떨어진 국내규제는 국내투자활성화에 장애요소이며, 불필요한 무역분쟁의 원인이 된다. 반면, 국내규제의 수준이 국제기준에 비해 미흡할 경우, 국내기업이 외국진출에 장애요소로 작용한다. 따라서 국제적 차원에서 지속적으로 진행되는 규제개혁의 현황을 파악하고 우리나라의 특수성을 고려하여 합리적인 수준으로 받아들일 필요가 있다.

# 제3장 경제행정법과 규제개혁

## 제1절 경제행정법과 규제

### I. 규제 개념의 다차원

규제, 규제법, 규제행정법 등의 용어는 이미 오래전부터 흔히 사용되어 왔지만, 막상 규제의 개념을 엄밀하게 정의하고 연구범위를 명확하게 설정하는 경우는 드물다. 규제의 개념에 대한 일치된 견해는 존재하지 않는데, 이는 다른 나라도 마찬가지이다. 더욱이 각 국가의 역사나 법체계 등에 따라 규제의 개념이 다르게 이해되기도 한다. 그러나 규제의 개념에 대한 다양한 접근방식을 살펴보면 몇 가지 그룹으로 분류될 수 있다. 이들은 일정한 연구목적과의 관련성을 가지고 있으며, 각각의 경우에 합리성을 가지고 있는 것으로 보인다.[64]

### 1. 넓은 의미의 규제

일반적으로 규제는 공공주체(국가, 지방자치단체뿐 아니라 그 밖의 공공주체를 모두 포함한다)가 일정한 공익목적 달성을 위해 사인의 활동 내지 사회적 과정에 개입하는 것으로 이해

---

[64] 규제, 규제행정, 경제행정 등의 개념 및 상호관계에 대하여 상세한 내용은 이원우, "규제국가의 전개와 공법학의 과제 — 과학기술혁신에 따른 공법적 대응을 중심으로 — ", 경제규제와 법 제14권 제2호, 2021. 11, 8 – 15쪽 참조.

된다. 이러한 정의는 규제를 가장 넓게 이해하는 입장이다. 규제, 규제완화, 규제개혁 등 일반적인 용법으로서 규제는 이와 같이 넓은 의미로 사용된다.

## 2. 좁은 의미의 규제

이와는 달리 특정한 문맥에 따라 규제를 특정한 의미로 이해하기도 한다. 예컨대 행정조직을 설계함에 있어서 행정조직 간의 권한배분과 관련하여 규제기능과 정책기능을 분리한다고 할 때, 규제란 규제법규의 집행, 실효성 확보 등과 같이 매우 좁은 의미의 규제를 전제로 한 것이다. 최광의의 규제에서 정책기능을 제외한 기능만을 분리하여 지칭하는 것이기 때문이다.

## 3. 국가성격의 변화에 따른 규제

유럽에서 특히 행정법상 규제라는 개념이 이론적으로나 실정법상 중요한 주제로 다루어지게 된 계기를 제공한 것은 통신, 우편, 에너지, 철도 등 종래 공공부문에서 제공되던 역무의 민영화 문제였다.[65] 이러한 맥락에서 규제란 종래 공공부문에 의해 수행되던 공익기능이 민영화 이후에도 지속적으로 보장될 수 있도록 민영화된 시장에 대해 가해지는 제한을 의미하는 것이었다. 규제법의 주된 내용은 민영화 이후 독과점시장에 경쟁질서를 형성하기 위한 규제(경쟁사업자 간 비대칭적 규제, 불공정거래행위 규제), 독과점에 의한 독점이윤을 방지하고 소비자의 이익을 보호하기 위한 규제 등이다.[66] 독일 행정법학계에서 규제법(Regulierungsrecht)이란 이와 같이 좁은 의미의 이른바 민영화후속법(Privatisierungsfolgenrecht)을 의미하는 것으로 사용되는 것이 일반적이었다. 광의의 규제개념이 지나치게 다종다기한 현상을 포함하고 있기 때문에 공통된 법리를 도출하기 어렵다는 점에서 법적으로 의미 있는 논의를 위해서는 민영화 이후 유효경쟁시장을 형성하고 소비자이익을 보호하기 위한 규제로 제한할 필요성이 긍정될 수 있다. 우리나라에서도 방송통신, 에너지, 철도 등 공익산업규제와 관련하여 규제법적 쟁점이 논의되는 경우 이러한 규제개념

---

65) 이에 대하여는 Matthias Ruffert, § 2 Europäisches Ausland, in: Michael Fehling/Matthias Ruffert (Hg.), Regulierungsrecht, Tübingen, 2010, S. 76ff.; Matthias Ruffert, § 7 Begriff, in: Michael Fehling/Matthias Ruffert (Hg.), Regulierungsrecht, Tübingen, 2010, S. 332ff., 359f. 참조.

66) 민영화 이후 공익보장을 위한 규제로 보편적 서비스규제, 경쟁형성적 경쟁규제(비대칭적 규제), 가격규제, 소비자보호, 노동보호 등을 들 수 있다. 이에 대하여는 이원우, "공기업 민영화와 공공성 확보를 위한 제도개혁의 과제", 공법연구 제31권 제1호, 2002. 11, 21–58쪽 참조.

을 전제로 하는 경우가 늘어나고 있다.

이러한 민영화후속법으로서 규제법에 대한 논의는, 이른바 보장국가(Gewährleistungs-staat)에서 공적 임무수행을 보장하기 위한 수단(Mechanismus zur Sicherstellung der Erfüllung öffentlicher Aufgaben)으로 규제의 성격을 좀더 일반화 내지 보편화하는 방향으로 발전하게 된다. 따라서 규제는 반드시 민영화라는 구체적인 정책과 관련되지 않더라도 현대국가에서 시장에서 달성되지 않는 공적 임무를 수행하기 위한 메커니즘으로 넓게 이해된다. 그러나 '급부국가(Leistungsstaat)에서 보장국가(Gewährleistungsstaat)'라는 모토에서 드러나는 바와 같이 보장국가란 종래 국가가 직접 급부를 제공하던 데서 직접적 급부제공기능은 시장에 맡기고 국가는 이러한 급부가 제공될 수 있도록 보장하는 기능을 담당하는 국가를 의미하는 것이다. 결국 공공부문에서 제공했어야 하는 공익적 급부를 시장에서 제공하도록 해당 시장을 조성하거나 시장에서의 행위를 조정 또는 통제하는 것이 보장국가에서의 규제의 핵심이다. 이는 민영화후속법으로서 규제법에서 규제의 개념과 내용적으로 − 적어도 핵심적인 부분에서 − 일치하는 것이다. 이러한 관점에서 보장국가에서 규제란 행정주체가 경제영역 또는 경제적 의미가 있는 생활영역에 개입하여 영향을 미치는 고권적 작용으로서 특정한 영역에서 경쟁의 조건을 형성·유지하거나 특정 영역에서 실현되어야 할 공익을 직접 수행하는 대신 그 실현을 보장하기 위한 것을 의미한다.[67)]

## 4. 행정법학에서의 규제

개별 행정영역에 존재하는 규제요소를 추출하여 일반행정법의 한 부분으로 다룬다고 할 때의 규제와 특별행정법의 한 분과로서 규제법을 다룬다고 할 때의 규제는 그 범위에서 차이가 나게 된다. 특별행정법의 한 분과로서 규제는 −물론 논자에 따라 그 구성을 다르게 하고 있기 때문에 일률적으로 말할 수는 없지만− 경찰행정법, 환경행정법, 건설행정법, 재정행정법 등 다른 행정영역과의 경계를 염두에 두고 범위를 한정하게 되기 때문에 상대적으로 좁은 의미로 사용할 수밖에 없지만, 일반행정법의 한 부분으로 규제행정법을 서술한다면, 이들 특별행정영역의 범주에 의해 제한받지 않고 규제기능을 수행하는 행정 전반을 포괄하여야 하므로 넓은 의미의 규제개념을 전제로 하게 될 것이다. 특별행정법의 한 분과로 규제행정법을 서술하는 경우에도 규제행정에는 방송통신법, 에너지규제법, 금융규제법, 식품안전규제법, 항공운송법, 철도법 등을 개별행정영역을 포괄하기

---

67) Matthias Ruffert, § 7 Begriff, in: Michael Fehling/Matthias Ruffert (Hg.), Regulierungsrecht, 2010, S. 359f.

때문에 특별행정법의 총론적 성격을 가지게 되므로 중간총론의 성격을 가지게 될 것이다.

## 5. 실정법상의 규제

이상의 논의가 이론적인 관점에서 이루어진 데 반해 실정법상 규제에 관한 법률의 해석론으로서 규제법 내지 규제행정법을 논할 수 있다. 현행법상 행정규제의 개념을 정의하고 행정규제의 일반법적 성격을 부여받고 있는 것이 행정규제기본법이며, 이와 유사하지만 기업활동규제에 대해서만 적용되는 「기업활동 규제완화에 관한 특별조치법」(이하 '기업규제완화법')도 행정규제의 개념을 정의하고 있다. 규제의 개념요소를 주체, 목적, 내용, 수단이라는 관점에서 분석하여 두 법률상 규제개념을 비교해보면, 다음과 같은 차이점이 존재한다.

행정규제기본법에 의하면 규제란 ① 주체: 국가 또는 지방자치단체가, ② 목적: 특정한 행정목적을 실현하기 위하여, ③ 내용: 국민의 권리를 제한하거나 의무를 부과하는 것으로서, ④ 수단: 법령 등 또는 조례·규칙에 규정되는 사항을 말한다(동법 제2조 제1항 제1호). 이에 대하여 기업규제완화법에 의하면, "행정규제"라 함은 ① 주체: 국가, 지방자치단체 또는 법령에 의하여 행정권한을 행사하거나 행정권한을 위임 또는 위탁받은 법인·단체 또는 개인이, ② 목적: 특정한 행정목적의 실현을 위하여, ③ 내용: 기업활동에 직접 또는 간접적으로 개입하는 것을 말한다(동법 제2조 제2호). 행정규제기본법은 기업규제완화법에 비하여 상대적으로 규제의 개념을 협소하게 정의하고 있다. 규제의 '주체'를 국가나 지방자치단체로 한정하고, '규제의 내용'은 침해행정 내지 불이익행정작용만을 규제로 파악하고 있으며, '규제방식 내지 수단'도 법령 등이나 조례·규칙에 의한 경우로 제한하고 있다. 따라서 행정규제기본법에 따라 규제등록 및 공표, 규제영향분석, 규제존속기한, 규제심사, 규제정비 등의 대상이 되는 규제는 이러한 협의의 규제로 국한된다. 그러나 실제 개인이나 기업이 직면하는 정부규제에는 이러한 행정규제기본법상의 규제개념에 포섭되지 않는 경우가 있으며, 기업규제완화법은 이러한 관점에서 규제의 개념을 비교적 넓게 정의하고 있는 것이다.

위 두 법률 이외에도 규제에 관한 일반법적 성격의 법률로 행정조사법, 행정대집행법 등이 있으며, 이들 법률을 토대로 하여 일반행정법의 한 구성부분으로 규제법을 구성할 수 있을 것이다.

이상의 내용을 종합하면, 현재 우리나라 실정법상 규제개념은 규제를 경제규제나 사회규제, 혹은 개별행정의 특정한 영역에 한정시키지 않고 있다는 점에서 기본적으로 광의의 규제를 전제로 하여 이를 입법목적에 따라 규제의 주체, 수단 내지 작용형식 등에 일정한 제한을 가한 것으로 이해된다.

## II. 경제행정법과 규제의 관계

국가는 경제과정에 생산자(공기업 활동), 소비자(조달행정 내지 공공발주), 규제자(다른 경제주체의 활동에 개입)로 등장할 수 있으며, 전통적으로 대륙법에서는 이 세 가지 유형을 포괄하여 경제행정으로 파악하고 이에 관한 법적 연구를 경제행정법이라 하였다. 이에 대하여 영미에서 발전된 경제규제라는 개념은 경제행정에서 생산자 또는 소비자로서 경제활동을 제외하고, 그 대신 전통적인 행정법의 대상이 아니었던 입법부와 사법부에 의한 규제작용을 모두 포함하는 의미로 사용된다. 따라서 경제행정과 경제규제는 대부분의 영역을 공통으로 하고 있다고 할 수 있다. 그러나 앞에서 규제행정의 개념 내지 연구범위와 관련하여 주장한 바와 같이 규제행정의 범위가 확대된다면 같은 맥락에서 경제행정 내지 경제행정법은 경제규제를 포함하는 넓은 영역을 연구대상으로 하게 될 것이다.

## 제2절 규제개혁과 규제완화

## I. 서론

현대국가에서 규제의 역할이나 기능에 대한 평가를 보면, 학계나 실무계를 막론하고 규제를 비판적으로 바라보는 것으로 보인다. 규제는 국민의 자유를 침해하고, 시장메커니즘의 효율성을 떨어뜨려 사회 전체의 비합리성을 증대시키는 중요한 원인으로 취급하는 반면, 규제완화는 개혁의 대명사처럼 사용되고 있다. 규제완화 또는 규제개혁으로 불필요한 행정비용을 감축하고 종래 규제보다 효율적이고 효과적인 제도를 도입하는 데 반대할 사람은 없을 것이다. 그러나 규제완화가 사회적 합리성을 약속한다는 생각은 검증되지 않은 가설이며 도그마에 불과하다. 규제완화는 종종 새로운 경제적 비효율성이나 사회적 문제를 야기하여 재규제(reregulation)의 필요성을 불러일으킨다. Cudahy는 이를 규제와 규제완화 사이의 진자운동이라고 칭한 바 있다.[68] 규제완화는 경쟁파괴적 경쟁을 낳기도 하고, 환경·보건·안전상의 위험을 노출시키기도 한다. 규제나 규제완화 자체가 선악의 문제가 아니라 구체적인 문제상황에서 평가되고 선택되어야 하는 정책수단일 뿐이다.[69]

## II. 규제개혁과 규제완화 정책에 대한 기본관념들의 재검토

### 1. 규제개혁과 규제완화의 개념

규제완화는 그 자체가 목적일 수 없다. 모든 분야에서 규제완화가 현실적으로 가능하지 않을 뿐 아니라 바람직하지도 않을 수 있다. 이에 따라 규제의 양을 감소시키는 것보다 질을 향상시키는 것으로 관심이 이동하면서, 규제완화보다 규제개혁이라는 용어가 선호되고 있다.

규제개혁은 품질을 관리하는 과정이다. 즉, 전형적으로 고비용 저효율의 불량규제를 비규제적인 정책수단 또는 양질의 규제수단으로 전환하는 과정이다. 이 외에, 규제목적의 효율성 뿐 아니라 효과성도 동시에 고려하고, 투명성, 비례성, 책임성, 일관성 등 규제원리나 규제요건의 충족을 위한 관리도 규제품질의 내용으로 관리된다. 한편, 규제개혁은 소비자와 근로자의 부담으로 기업의 이익을 보호하는 정책이 아니다. 이러한 오해로 규제개혁에 대한 불필요한 정치적 반대를 형성하게 되고, 규제개혁에도 장애로 작용한다. 규제가 사적이익의 추구에 따라 왜곡되듯이, 규제개혁이 대기업의 이익추구로 왜곡되는 것도 경계해야 할 것이다.

### 2. 규제와 경쟁

흔히 '시장 vs. 정부', '경쟁 vs. 규제', '효율 vs. 공익'을 대립·충돌관계에 있는 것으로 전제하는 경우가 많다. 시장은 경쟁을 통해 효율을 추구하고, 정부는 규제를 통해 공익을 추구한다는 것이다. 정부의 기능을 중시하는 입장에서는 시장실패를 강조하고, 시장의 기능을 중시하는 입장에서는 정부실패를 강조한다. 전자는 시장실패를 교정하기 위한 규제

---

68) Richard D. Cudahy, "The coming Demise of Deregulation", 10 Yale J. on Reg. 1 (1993).
69) 이에 대하여 상세한 내용은 이원우, 경제규제법론, 134-176쪽 참조.

의 필요성을 중시하는데 반해, 후자는 정부규제의 실패를 교정하기 위한 규제완화의 필요성을 중시한다.

이른바 '시장주의자'들은 규제를 철폐하고 시장기능에 의해 자원배분 또는 의사결정이 이루어지는 시스템을 선호한다. 반대로 '규제주의자'들은 시장기능을 불신하고, 시장은 기업, 자본가, 부유층의 이익을 위한 것으로 파악하여 시장에 대한 통제와 규제의 필요성을 강조한다.

이들 두 입장과는 달리 규제와 경쟁을 선택의 문제로 보지 않고 조화의 문제로 보는 입장도 있다. 규제를 통한 경쟁형성 또는 경쟁촉진, 즉 경쟁을 위한 규제라는 제3의 가능성이 존재하기 때문이다. 발터 오이켄(Walter Eucken)은 시장경쟁의 자유로운 운동이 시장경쟁의 조건 자체를 파괴하는 경향을 가진다고 보고, 국가는 이러한 경향을 차단하는 정책으로 시장경쟁질서를 유지해야 한다고 하였다.[70] 시장경쟁의 조건 자체를 파괴하는 경향의 대표적인 예는 시장의 지배와 경제력 남용이다. 이에 대응하기 위한 헌법 제119조 제2항과 「독점규제 및 공정거래에 관한 법률」(이하 '공정거래법')은 오이켄이 전제하는 규제와 경쟁의 관념과 부합하는 것이다. 국가의 조절적 개입인 규제를 통해 경쟁질서가 유지될 수 있고, 이러한 전제 하에 시장의 자유로운 운동이 최적 균형을 보장할 수 있다. 따라서 규제와 경쟁의 관계는 선택적·대립적 양립불가능의 관계가 아니며, 상호보완적 성격을 가진 협력적 관계이다.

## 3. 규제와 자유

일반적으로 규제는 자유를 제한하며, 규제완화는 자유의 회복을 가져오는 것으로 생각한다. 그러나 이는 국가는 권력을 보유한 강자이고 국민은 국가에 의해 자유를 침해받는 약자라는 관념이 무의식적으로 전제된 것이다. 그러나 피규제자인 국민을 이렇게 단순하게 추상적으로 파악해서는 안 된다. 국민에는 다양한 군상이 모두 포함되어 있다. 이를 고려하면, 현대규제국가에서의 공법관계는 적어도 '규제자－피규제자－규제수익자'라는 3각 구도를 전제해야 한다. 예컨대 '정부－기업－소비자(일반 국민)', '정부－시장지배적 대기업－대기업과 경쟁하는 중소기업', '정부－기업－근로자' 등의 관계로 파악될 수 있다. 이 경우 규제는 직접 상대방의 관점에서는 자유의 제한이지만, 규제수익자에게는 자유의 확대로서의 의미를 가진다. 이러한 관점에서 보면, 규제란 단순히 자유의 억압이 아

---

70) Walter Eucken, Grundsätze der Wirtschaftspolitik, 6. Aufl., Tübingen, 1990.

니라 대립·충돌하는 자유들 사이에 누구의 자유를 보장해줄 것인가의 선택이거나 또는 충돌하는 자유들 사이의 조정으로서의 성질을 가진다.

한편, 공동의 규제상대방이 곧 규제수익자로서의 성격을 가지는 경우도 있다. 각 개인의 합리적인 행위의 합이 사회 전체적으로 합리적이지 않을 수 있는데, 이러한 상황에서 법제도를 통한 개입과 규제는 외형적으로는 개인의 자유를 침해하는 것으로 보일 수 있지만, 실제로는 개인들이 원하는, 그러나 시장기제를 통해서는 달성할 수 없는 결과를 달성하는 데 도움을 준다.[71] 유해한 배기가스를 배출하는 차량을 운행하는 것은 자신에게 직접적인 피해와 비용을 발생시키지 않는 합리적인 판단이다. 그러나 이로 인한 사회적·환경적 손실은 계속 누적되고 증가하여 환경파괴의 비극을 초래한다. 이러한 경우 법제도를 통한 규제 또는 상호합의된 강제가 필요하다. 외형적으로는 개인의 자유를 침해하는 것(배기가스 배출규제)으로 보일 수 있지만, 진정한 자유(깨끗한 공기를 향유할 수 있는 자유)를 가져올 수 있다.

## 4. 규제, 공익 그리고 효율성

정부는 규제를 통해 공익을 추구하고, 시장은 경쟁을 통해 효율을 추구한다면, 규제는 효율성과 대립·충돌되는 것으로 이해될 것이다. 아마도 규제는 비효율적이지만 그러한 비효율을 상쇄할만한 공익을 달성하기 때문에 그러한 한도 내에서 규제가 정당화되는 것으로 설명할 수 있을 것이다. 그러나 위에서 설명한 바와 같이 자유가 효율성을 보장하지 않으며 오히려 사회적 비효율을 야기할 수 있다. 이러한 비효율을 극복하기 위하여 규제가 필요하게 된다. 이러한 경우에는 자유보다 오히려 규제가 효율성을 가능하게 하는 수단이며, 규제목적으로 기능할 수 있다. 실제로 경제규제에 관한 법령들을 살펴보면, 효율성, 능률성, 합리성 등을 규제의 목적으로 채택하고 있는 경우를 어렵지 않게 볼 수 있다.

그렇다면 규제목적으로서의 공익과 효율성은 어떠한 관계에 있는가? 헌법상 공화주의 원리에 따라 국가는 공익에 부합하게 활동하여야 할 헌법상 의무를 부담하고 있다. 공익의 원리를 구성하는 여러 요소 중 합리성의 원리에 따르면, 국가의 활동은 자원을 낭비해서는 안 되며 효율적인 방식을 활용해야 한다. 따라서 효율성은 형평이나 다른 사회적 목표들과 함께 공익을 구성하는 여러 요소 중 하나의 요소라고 할 것이다. 효율성은 다른 공익적 요소와 상호 조화되고 형량되어야 할 대등한 원리이며, 경제규제의 정당성은 다른

---

71) 이는 '죄수의 딜레마'와 '공유지의 비극' 이론으로 잘 설명된다. 이 이론에 대해서는 이원우, 경제규제법론, 104-105쪽; 107-108쪽.

이익 또는 가치들을 형량하여 평가되어야 한다.

## 5. 소결

이상의 논의를 종합하면, 오늘날 국가사회 운영체제로서 정부와 시장을 대립구도로 보아서는 아니 되며, '정부와 시장의 협력'을 통한 최선의 거버넌스 구축을 추구해야 한다.

규제든 규제완화든 헌법과 법에 의해 설정된 공동체질서를 올바로 형성하기 위해 국가가 채택할 수 있는 다양한 임무수행방식 내지 정책수단의 하나일 뿐이다. 문제되는 사안에서 어느 자유 내지 가치를 보호하는 것이 우리 사회의 합리적 발전을 위해 타당한가를 헌법질서에 비추어 검토하는 것이 관건이다.

## Ⅲ. 우리나라 규제완화 정책의 문제점과 개선방안

### 1. 낮은 규제품질

우리나라는 규제완화 정책을 지속적으로 추진해오면서 규제건수가 양적인 면에서 획기적으로 감소하는 추세를 보이고 있다. 그러나 규제의 질은 여전히 낮은 수준에 머물러 있기 때문에 여전히 규제의 불합리성이 논의되고 있다. 규제개혁이 단순히 규제의 양을 감소시키는 규제완화의 문제로만 제한되어서는 안 되는 이유이다.

규제품질의 개념에 대해서도 다양한 입장이 존재한다. 우선 규제품질을 과다한 규제비용 또는 행정비용으로 파악하는 입장이 있다. 규제의 양적 감소에 집중하는 규제개혁 실무는 바로 이러한 입장에서 규제품질을 논하고 있는 것이다. 이와는 달리 규제품질을 규제원칙 및 규제요건을 어느 정도 충족시키고 있는지 여부에 따라 판단하는 입장에 따르면 품질 좋은 규제는 투명성, 비례성, 책임성, 일관성, 목표성 등의 원칙을 충족시켜야 하며, 폭넓은 대중의 지지, 집행가능성, 쉽게 이해될 것, 정치적 동기에 의해 과잉되지 않을 것, 비의도적 부작용의 최소화, 규제비용과 효과 사이의 균형성 등의 규제요건을 만족시켜야 한다. 규제품질을 다층적으로 이해하는 후자의 견해가 바람직하다. 불합리한 규제가 있다면 규제개혁은 위의 원칙과 요건을 충족하는 적절한 규제 상태로 되돌리는 것이어야 한다. 규제폐지로 대응하여 규제되어야 할 위험이 규제되지 않게 되는 결과를 초래해서는 안 된다.

## 2. 낮은 예측가능성

규제는 행위기준이며 게임의 규칙이다. 기준과 규칙이 적절치 않더라도 명확하기만 하다면, 그에 따라 계획을 세울 수 있다. 그런데 예측가능성이 없다면 피규제자들은 행위기준을 설정할 수 없어 아노미 상태에 빠지게 된다.

예측불가능성의 원인과 그 해결방안은 다음과 같다. 첫째, 규제자체가 불명확한 언어로 이해하기 어렵게 설계될 수 있다. 근본적으로는 법령의 개정을 통해 규범의 의미를 명확하게 해야 하지만, 유권해석, 규범해석준칙의 제정 등 규제에 대한 정보제공을 통해 법령상의 불확실성을 제거할 수 있다. 둘째, 행정청에게는 광범위한 재량이 부여되어 있는데, 재량행사의 기준이 명확하게 설정되지 않는 경우도 예측가능성을 어렵게 한다. 하지만 광범위한 재량은 불필요하게 경직된 규제를 방지하고 구체적·개별적 타당성을 기할 수 있는 장점이 있다. 그럼에도 불구하고 재량행사 기준의 예측불가능성 문제는 재량기준의 사전설정을 통해 개선될 수 있다. 셋째, 규제개선이 자주 이루어지면서 해당 분야의 전문가도 새로운 규제제도의 내용을 숙지하기 어려운 경우가 많다. 따라서 규제의 대상행위, 방법 등을 신중하게 법제화하되, 일단 법제화된 규제는 특별한 사유가 없는 한 지속성 있게 유지되어야 한다.

## 3. 낮은 집행율과 준수율

우리나라 규제는 엄격하게 집행되지 않는 경향이 있었다. 그 이유 중 하나로 규제의 비현실성이 언급되기도 한다. 지나치게 엄격하고 가혹하며 비현실적인 규정이 많아 규제기관 스스로 엄격한 집행을 하기 어려운 경우가 있다는 것이다. 규제기준이 지나치게 높으면 대부분의 수범자들은 규제규범을 위반하게 된다. 이에 따라 규범과 현실이 불일치하게 된다. '운이 나빠 걸리면' 제재를 당하지만, 집행률이 낮기 때문에 규제위반의 위험부담은 현저히 낮아진다. 집행율이 낮으면 준수율도 떨어지게 되는 것이다. 이와 같이 집행율과 준수율이 낮으면 규제 정당성은 유지되기 어렵다. 예측가능성도 저하되며, 부패와 행정권한 남용의 고리가 되기도 쉽다. 따라서 현실적으로 집행가능한 규제를 만들고 집행을 철저하게 하는 것이 규제의 품질을 높이는 방법이 될 것이다.

## 4. 원칙적 금지-예외적 허용 방식(positive regulation)에 의한 규제

금지되지 않은 것은 허용되는 것이라는 법언은 규제법의 원칙이다. 규제를 설계함에 있어서도 기본권을 과도하게 제한하지 않으려면 가능한 한 '원칙적 허용－예외적 금지'(negative regulation)의 방식에 따라야 할 것이다. 법령의 해석상 금지되지 않는 경우에도 행정실무상 명백한 허용규정이 없으면 금지하려는 '원칙적 금지－예외적 허용 방식'(positive regulation)의 관행은 입법적으로 그 개선을 유도해야 할 것이다. 예컨대, 신기술 서비스·제품과 관련된 규제의 방식은 규제로 인하여 제한되는 권리나 부과되는 의무는 한정적으로 열거하고 그 밖의 사항은 원칙적으로 허용하도록 명문화되고 있다(행정규제기본법 제5조의2 제1항 제1호).

## 5. 이중(중복)규제

이중(중복)규제(이하 '중복규제')는 복수의 규제기관이 동일사안에 대하여 중복적으로 규제하거나 서로 다른 기준으로 규제하는 것을 의미한다. 중복규제의 원인은 주로 일반경쟁규제기관인 공정거래위원회와 전문규제기관인 금융위원회·방송통신위원회 등 사이에 유사한 권한이 중첩됨에 따른 것이다. 이를 긍정적인 시각으로 바라본다면 가외성(加外性, redundancy)의 원칙에 따라 하나의 규제당국이 간과하기 쉬운 이슈를 다른 규제기관이 보완해준다고 할 수 있을 것이다. 그러나 현실적으로 이러한 규제공백에 대한 보충적 보완장치로서 기능하기보다는 규제기관 사이의 관할권 다툼으로 나타나는 경향이 있고, 그 사이에서 피규제자는 과잉규제와 혼란을 겪는 것이 일반적이다.

중복규제 문제에 대해서는 다음과 같은 세 가지 결론을 내릴 수 있다. 첫째, 원칙적으로 관련법령의 합리적 해석을 통해 해결될 수 있다. 둘째, 행정기관 상호 간의 유사한 권한을 둘러싼 경쟁과 조정은 행정조직 내부에서 이루어져야 하며, 대외적으로 행정은 단일한 입장을 내세워야 한다(소위 '행정의 단일성 원리'). 셋째, 일반경쟁규제기관과 전문규제기관 사이에 중복규제가 문제되는 경우에는 전문규제기관이 우선적인 관할권을 갖는 것으로 해석되어야 한다.

## 6. 규제완화의 역설

우리나라 경제규제의 불합리성은 불필요한 규제가 해소되지 않는다는 점과 필요한 규제가 적절히 이루어지지 않거나 폐지됨으로써 규제제도의 불합리성이 증대되고 있다는 것이다. 이러한 문제는 서로 연결되어 있다. 필요한 규제가 적절하게 정비되지 않는 한, 불필요한 규제가 지속적으로 창출될 수밖에 없다. 이러한 경우를 '규제완화의 역설'이라고 한다. 간단히 말해 규제완화의 역설이란 규제완화가 역설적으로 규제를 강화하는 현상을 의미한다.

정당한 규제가 정치적인 이유로 폐지되면 규제목적을 달성하기 위한 편법적인(?) 규제가 이루어지게 되는데, 이때 규제의 불합리성은 극에 달하게 된다. 예컨대, 전기통신사업법상 요금에 대한 사후규제수단이었던 약관변경명령권(구 전기통신사업법 제30조[72])이 규제개혁위원회의 요구에 따라 폐지되면서, 사전규제인 약관인가 및 신고제[73]를 사실상 '요금인가'제로 운용하였고 사후규제인 금지행위 규제를 요금에도 적용하려는 과정에서 기형적으로 확장해석함으로써 오히려 규제강화로 이어졌다. 약관변경명령권을 확대해서 정상적인 요금규제권한을 부여하고, 금지행위나 약관의 사전규제는 합리화했어야 했다.

규제의 필요성이 존재하고 이론적으로 정당화될 수 있는 한 행정부는 불합리한 규제를 만들어낸다. 일단 불합리한 규제가 만들어지면 비합리성은 확대·재생산되는 경향이 있다. 이러한 불합리한 규제에 대응하여 기업은 규제완화를 요구하게 되는데, 이를 기화로 정당한 규제까지 동시에 폐지를 요구하곤 한다. 때로는 그 주장이 수용되어 정당한 규제가 폐지되면, 이에 따라 다른 편법적인 규제가 발생하고, 새로운 악순환이 반복된다. 이러한 편법적 규제는 통상적인 규제에 비해 기업으로서 회피하기도 어려울 뿐 아니라 규제가 부당하게 이루어지더라도 적절한 규제수단이 결여되어 있는 경우가 많다. 여기에 비정상적인 관행이 살아있는 규제규범으로 자리 잡게 되고 공식적인 규범체계 외곽에서 현실을 강하게 규율하게 된다.

규제완화에 대한 강박관념은 양적 규제완화를 강요하고, 이에 따라 비합리적인 규제체계를 형성시킨다. 단순한 양에 집착하는 것이 아닌 규제의 품질에 대한 평가절차로 불필

---

72) 2007. 1. 3. 법률 제8198호로 폐지되었다.
73) 2020. 6. 9. 법률 제17352호로 요금의 사전규제는 유보신고제로 다시 완화되었다(법 제28조). 시장지배적 지위를 갖는 기간통신사업자에 대해 전기통신서비스의 요금 및 이용조건 등에 따라 특정 이용자를 부당하게 차별하여 취급하는 등 이용자의 이익을 해칠 우려가 크다고 인정되는 경우, 다른 전기통신사업자에게 도매제공하는 대가에 비하여 불공정한 요금으로 전기통신서비스를 제공하는 등 공정한 경쟁을 해칠 우려가 크다고 인정되는 경우에만 신고를 접수한 날로부터 15일 이내에 신고를 반려할 수 있다.

요한 규제를 없애고, 맞춤형 규제를 통해 여건과 상황에 부합하여 규제에 대한 준수율도 높일 수 있는 필요한 규제가 유지되도록 노력해야 할 것이다.


## 제3절 규제형평제도


## Ⅰ. 규제형평제도의 의의와 필요성

### 1. 규제형평의 논의배경과 현행 구제제도의 한계

우리나라 규제개혁의 큰 흐름은 규제권한 남용방지를 위해 행정처분의 기준을 투명화·획일화하여 재량의 여지를 배제하는 것이었다.[74] 규제기관이 권한을 자의적으로 행사할 여지가 있게 되면 법적 안정성을 저해할 뿐 아니라 부패의 고리로 작용할 위험도 존재한다. 실제로 과거 우리 행정현실이 그러했기 때문에 법률에서 행정부에 재량이 부여된 경우 하위 법령을 통해 행정기관 스스로 자신의 재량행사 기준을 획일화된 기속 규정화하는 경향이 생겼다.

그러다보니 규제 현장의 개별적 특수 상황에 맞는 유연한 법집행을 저해하여 불합리한 규제 문제를 야기하는 경우가 있게 되었다. 관할 행정청이 규제권한을 행사함에 있어서 당해 사안의 특수성을 고려할 때 획일적인 재량기준을 그대로 적용하는 것이 법률의 본래 취지에 비추어 불합리하다고 판단하는 경우에도, 재량기준이 시행규칙·고시·훈령 등으로 명확하게 획일적으로 정해져 있다면, 담당 공무원으로서는 적극적으로 재량을 행사하여 이러한 획일적 기준의 예외를 인정하기 어려울 것이고, 이에 따라 불합리한 규제피해가 발생하게 된다는 것이다.

규제기준이 일반적으로는 타당하지만 입법자가 예측하지 못한 특수한 상황에서 그 일반적인 규제기준을 그대로 적용하는 것은 본래 규제목적에도 부합하지 않고 당사자에게 부당한 피해를 야기할 수 있다. 이러한 경우에는 당해 사안에 대해서만 일반적 기준의 적용제외를 인정하는 것이 합리적이다.[75]

---

[74] 재량의 본질에 대하여 학설의 대립은 있지만, 이하에서는 신요건재량설에 따라 효과재량 뿐 아니라 불확정 개념의 해석·적용에서 부여되는 요건판단의 재량도 재량의 범주에 포함되는 것으로 보고 서술하기로 한다.
[75] 규제형평제도에 대하여 상세한 내용은 이원우, "규제형평제도의 구상 – 좋은 규제 시스템 구축을 위한

그러나 현행 규제관련 구제제도는 이러한 문제를 해결할 수 없는 한계를 지니고 있다. 규제개혁제도는 실무상 규제 신설 및 기존 규제의 강화와 같은 제도 자체의 개선을 목적으로 하는 것이어서, 제도 자체가 합리적이라면 특수상황으로 인한 개별적 피해는 구제대상이 될 수 없다. 행정심판제도는 위법한 처분으로 인한 피해를 사후적으로 구제해주는 제도이지만, 규제형평제도는 처분 전에 사전적으로 구제할 것을 목표로 한다. 고충민원처리제도는 국민 및 기업의 고충해결과 불합리한 행정제도를 개선하는 기능을 하고 있어 규제형평제도와 가장 관련성이 있는 제도이다. 그러나 고충민원처리제도도 원칙적으로 위법·부당한 규제에 대한 사후적인 구제제도이다. 위법·부당이 아니더라도 의견표명을 할 수 있지만, 규제기준과 다른 처분을 하라는 의견표명은 할 수 없으며, 단순권고는 구제수단으로 충분한 기능을 발휘할 수 없다. 법령해석심의제도도 적극적 해석을 통해 특별한 상황으로 인한 피해에 대하여 구제기능을 발휘할 수 있을 것이다. 그러나 개별사안의 특수성을 고려하는 것이 아니라 일반적인 상황을 전제로 당해 법령이 어떻게 해석·적용되어야 하는지를 제시하는 데 그 중점을 두고 있다.

## 2. 규제형평제도의 개념

앞서 살펴본 상황과 현행 구제수단의 한계에 따라 요청되는 규제형평제도란, 어떤 규제가 일반적으로는 문제가 없으나, 입법자가 예견하지 못한 특수한 상황에 처해 있는 특정인에게 이 규제기준을 그대로 적용하는 것은 형평의 원리에 비추어 현저히 불합리한 경우, 당해 사안에 한하여 예외적으로 그 규제기준의 적용을 배제하여 구체적·개별적 정당성을 확보하고, 이를 통해 당사자의 피해를 구제 또는 예방하는 제도를 말한다. 여기서 형평 내지 형평성은 획일적이고 엄격한 법령의 집행으로 인하여 야기되는 불합리를 시정함으로써 달성되는 개별사안에 있어서의 정의(Gerechtigkeit im Einzelfall)를 의미한다.

## 3. 법규범의 구조적 문제점과 규제형평제도의 필요성

법의 일반성과 형평성의 긴장관계는 법철학의 근본 문제이다. 소크라테스는 사형집행으로부터 자신을 구하려던 크리톤의 도움을 거절하였는데, 이는 비록 개별사안에서 부정의하더라도 국가와 법질서의 존속을 위해 법률의 엄격성과 집행관철력에 예외를 인정하

---

제언", 행정법연구 제27호, 2010. 8, 1−47쪽 참조.

지 않은 것이다. 플라톤은 법률은 "모두에게 동시에 최선이자 가장 정의로운 것을 내용으로 할 수 없고 가장 적합한 규정을 제정할 수 없기 때문에" 법률보다 우위에 있는 철인이 더 좋은 규율이 있다고 판단하면 구체적인 개별사안에 대해서도 법률의 내용을 변경할 수 있다고 한다.

규제형평제도는 이러한 법철학상 두 개의 상반된 이념을 적절히 조화시키기 위한 노력의 산물이라고 할 것이다. 그러나 예외 없이 법률이 집행되어도 정당한 결과가 나오도록 입법자가 개별법률 제정 시 모든 상황을 다 고려하여 법률을 제정하는 것은 현실적으로 불가능하고, 원칙적으로 개별사안 법률도 평등원칙 내지 자의금지의 원칙상 금지되기 때문에 상반되는 두 개의 이념을 조화하는 것은 쉽지 않다. 이러한 문제를 해소하기 위하여 규제기준을 일괄적으로 조정하더라도 법규범의 구조적 한계로 인해 과잉규제와 과소규제가 반복적으로 나타난다.

이 딜레마를 해결하기 위한 유일한 방법은 형평에 부합하는 법적용을 위해 요구되는 형평조치 권한을 법률집행자에게 부여하는 근거규정을 두는 것, 즉 규제형평제도를 도입하는 것이다.


## II. 규제형평성 제고를 위한 현행 실정법 질서의 발전

### 1. 개설

그간 명시적인 규제형평제도는 없었지만 규제형평의 이념은 우리나라에서도 새로운 것이 아니다. 우리나라에서도 획일적 기준의 적용이 가져오는 불합리한 규제의 문제가 노정되어 왔으며, 이러한 부정의(不正義) 문제를 해결하기 위한 노력이 입법·사법·행정의 차원에서 다양한 방식으로 이루어져 왔다.


### 2. 대법원 판례에서 나타난 규제형평성 제고 노력

제재처분의 기준을 설정함에 있어서 법률에서는 행정청에 재량의 여지를 부여하고 있음에도 불구하고 그 위임에 따른 행정입법에서 이를 기속화하여 규정하고 있는 경우에, 대법원은 그러한 기속성을 완화하여 획일적 처분으로 인한 부정의를 방지하고 구체적 개별적 사안에서 정의로운 제재처분이 이루어질 수 있도록 법리를 발전시켜 왔다.

먼저, 시행규칙에서 제재처분의 기준을 정하고 있는 경우에, 판례는 단순히 행정청 내의 사무처리기준을 규정한 것에 불과하다고 보고 대외적인 구속력을 인정하지 않아 왔다.76) 이를 법규명령 형식의 행정규칙, 특히 재량준칙으로 파악하였던 것이다. 이에 따르면, 행정청은 원칙적으로 재량준칙에 구속되어야 하는 것은 아니고 구체적 사안의 특수성을 감안하여 충분히 적절한 재량권을 행사할 수 있을 뿐 아니라, 재량을 행사하지 않고 획일적 기준을 그대로 적용하면 그것이 오히려 위법하게 된다. 이는 규제형평제도의 취지에 부합하는 것이다.

제재처분의 기준이 시행령에 규정되어 있는 경우에 대법원은 구속력을 갖는다고 보았던 적이 있었으나,77) 최근에는 이를 최고한도로 파악하여 구체적·개별적 사안에 따라 감경할 수 있으며, 감경하지 않으면 위법하다고 판시하고 있다.78) 따라서 제재처분의 기준이 시행령으로 정해진 경우에도 그 기준을 상한으로 하여 구체적·개별적 사안의 특성을 반영하여 재량을 행사하여야 할 것이다.

## 3. 헌법재판소 결정례에 나타난 규제형평성 제고 노력

일정한 위법사유가 있는 경우에 법률에서 이를 인·허가 등에 대한 필요적 취소사유로 규정하는 경우가 있는데, 이러한 획일적 규제는 구체적 타당성을 도외시 한 것이다. 헌법재판소도 "입법자가 임의적 규정으로도 법의 목적을 실현할 수 있는 경우에 구체적 사안의 개별성과 특수성을 고려할 수 있는 가능성을 일체 배제하는 필요적 규정을 둔다면 이는 비례의 원칙의 한 요소인 "최소침해성의 원칙"에 위배된다."고 판시하였다.79) 이는 구체적 사안의 특수성을 고려하지 않은 획일적 규제가 헌법에 반한다는 점을 지적한 것이다.

## 4. 규제형평성 제고를 위한 입법적 노력

입법에서 불확정개념을 사용하고 포괄적·추상적 규율방식을 사용하여 행정에 재량을

---

76) 대법 1990. 1. 25. 선고 89누3564 판결; 대법 1993. 6. 29. 선고 93누5635 판결; 대법 1995. 3. 28. 선고 94누6925 판결; 대법 1996. 4. 12. 선고 95누15418 판결; 대법 1996. 9. 6. 선고 96누914 판결 등.
77) 대법 1997. 12. 26. 선고 97누15418 판결. 그러나 이러한 입장의 판결례는 이 사건이 유일하다.
78) 청소년보호법 시행령상의 위반행위의 종별에 따른 과징금처분기준에 대한 판단이었다. 대법 2001. 3. 9. 선고 99두5207 판결.
79) 지입제 경영 시 사업면허의 필요적 취소를 규정한 여객자동차운송사업법에 대한 결정례이다. 헌재 2000. 6. 1. 선고 99헌가11·12 결정.

부여한 것은 구체적 타당성을 기할 의무를 행정에 부여한 것이다. 형평의 이념을 실현하라는 입법자의 명령인 것이다. 나아가 앞에서 살핀 바와 같이 제재처분의 기준과 관련해서 구체적 타당성의 도모를 강조하는 판례의 입장이 확고하게 지속되자 입법적으로 반영되기에 이르렀다. 즉 시행령과 시행규칙에서 제재처분의 기준을 정하고 있는 경우, 행정처분에 대한 일반기준에서 사안의 구체적 사정에 따라서 그 처분을 감면할 수 있음을 포함시키고 있다.

## 5. 규제형평성 제고를 위한 행정실무의 발전

감사원이 도입한 적극행정 면책제도는 규제형평제도의 목적 및 취지와 궤를 같이하는 시도라고 볼 수 있다.[80] 적극행정이란 공무원이 불합리한 규제를 개선하는 등 공공의 이익을 위해 창의성과 전문성을 바탕으로 적극적으로 업무를 처리하는 행위를 말하는 것이다.[81] 공무원은 적극행정의 결과에 대하여 그의 행위에 고의나 중대한 과실이 없는 경우에는 감사원법상의 징계나 문책 요구 등의 책임으로부터 면제될 수 있다.[82] 행정의 목적은 공익 실현에 있음을 전제로 행정이 보다 적극적인 행정을 펼쳐나갈 수 있는 기초가 마련되었을 뿐 아니라, 구체적 타당성을 확보함으로써 규제형평성을 제고하려는 제도개선의 일환이라고 할 것이다.

## III. 규제형평제도의 설계

규제형평제도의 설계방향은 두 가지로 유형화할 수 있다. 첫째, 재량과 판단여지와는 별개로 개별법률의 집행권한을 가진 해당 규제기관에게 규제형평조치 권한을 부여하는 것이다.[83] 둘째, 예외적인 형평조치를 위해 제3의 규제기관(이하 '규제형평위원회'라 한다.)[84]과 규제형평조치를 위한 특별행정절차를 두는 것이다.

---

80) 시행 초기에는 감사원훈령으로 도입되었지만, 2015년에 감사원법에 법적 근거가 마련되었고, 2021년 2월에 통과된 행정기본법에도 적극행정의 추진에 대한 규정이 명문화되어 있다.
81) 적극행정면책 등 감사소명제도의 운영에 관한 규칙(감사원규칙 제325호) 제2조 제1호.
82) 감사원법 제34조의3 제1항.
83) 미국의 예외인정절차(exceptions process)나 독일의 배제규범(Exklussionsnorm)과 포함규범(Inklussionsnorm)이 대표적이다. 이에 대해서는 이원우, 앞의 논문(주 75), 22−23쪽.
84) 행정규제의 피해구제 및 형평 보장을 위한 법률안은 규제형평위원회의 역할을 국민권익위원회가 수행하는 것으로 상정하였다.

첫 번째 방향은 행정관료의 전문성과 청렴성에 대한 두터운 신뢰를 전제하는 것이다. 규제기관에게 규제형평조치 권한을 직접 부여하면 행정조직법상 처분권한의 침해 문제를 야기하지 않고 처분청이 직접 예외적 조치를 취하기 때문에 형평조치의 실효성도 확보할 수 있다. 장기적인 관점에서는 이러한 모델이 바람직하다.

그러나 현 상황에서 규제형평제도의 설계방향은 두 번째 방식이 불가피하다. 규제기관의 예외적 조치 내지 규제형평조치에 대해 사회적 합의가 형성되기는 쉽지 않은 현실이다. 우리 행정문화의 선진화와 국민의 행정관료에 대한 신뢰가 뒷받침되어야 한다. 또한, 규제기관에 권한을 일일이 부여하기 위해 정비해야 할 대상 법률이 방대한 상황도 고려해야 한다.

이러한 점을 종합해보면, 중립적인 제3기관인 규제형평위원회가 투명하고 객관적인 절차를 통해 규제의 예외를 인정하는 절차를 만들 필요가 있다.[85]


## 제4절 규제와 혁신


## Ⅰ. 혁신과 규제의 관계

규제와 혁신은 갈등관계로 이해되는 경향이 있다. 혁신은 미지의 위험을 야기할 수 있으므로 그 위험의 방지를 위한 규제가 필요한데, 이러한 규제는 또 혁신을 저해하는 요인으로 지목되기 때문이다. 양자를 갈등관계로 이해하면, 갈등관계의 조정은 양자택일의 문제로 환원될 우려가 있다. 그러나 혁신과 규제는 언제나 양립불가능한 것은 아니며, 조정을 통해 갈등관계가 해소되어야 한다. 이를 통해 혁신으로 야기되는 위험을 적절히 규제하면서도 규제가 혁신을 저해하지 않고 혁신으로부터 얻을 수 있는 사회적 편익을 효과적으로 향유할 수 있다.[86]

---

85) 규제형평제도는 정부입법의 형식으로 국민권익위원회가 주도하여「행정규제의 피해구제 및 형평 보장을 위한 법률(안)」(2010. 11. 19., 의안번호 9968)로 발의된 바 있다. 이 법안은 국회 임기만료로 폐기되었다. 그 후 규제형평제도를 축소된 형태로 행정기본법개정안에 반영하려는 시도가 있었으나 모두 폐기되었다. 최근 규제형평제도의 취지가 일부 반영된 규제샌드박스제도가 다양한 규제개혁법안을 통해 도입되고 있다.
86) 규제와 혁신의 관계에 관하여 상세한 내용은 이원우, "혁신과 규제 - 상호 갈등관계의 법적 구조와 갈등 해소를 위한 법리와 법적 수단", 경제규제와 법 제9권 제2호, 2016. 11, 7-29쪽 참조.

## II. 과학기술의 혁신에서 법과 규제의 기능

과학기술의 혁신과 규제의 갈등 관계를 어떻게 조정·해소할 것인지의 문제에 접근할 때 첫 번째 착안점은 법과 규제의 기능에 대한 관념을 재정립하는 데에 있다. 전통적으로 법과 규제는 소극적으로 위험을 방지하는 것이라는 생각이 강했으나, 현대사회에서 법은 통제만이 아니라 사회의 발전방향을 유도하는 조종장치로서 기능은 물론이고 동력장치로서의 기능도 수행하여야 한다. 이렇게 법과 규제의 기능을 이해하게 되면, 혁신이 위험을 수반할 가능성이 있어 이를 규제하려는 경우에도 원칙적으로 금지하기보다 그러한 행위를 허용하고 이를 통해 사회적 유용성을 증진시키면서도 예상되는 위험을 방지할 수 있는 방안을 강구하여야 할 것이다.

## III. 혁신과 규제 간 갈등의 유형

### 1. 유형화의 필요성

과학기술의 혁신과 규제 사이의 갈등은 그 갈등의 구조와 원인에 따라 매우 다양한 양상으로 나타난다. 따라서 새로운 기술 도입에 대한 허용 여부 및 허용할 경우 규제의 방식과 정도를 결정하는 데 고려되어야 할 요소들, 그리고 이러한 고려요소들 간의 비교형량 방법 등에 대해 일정한 지침을 제공할 수 있어야 한다. 이를 위해 갈등의 원인이 되는 이해관계 구조 및 내용에 따라 갈등 사례를 유형화하고, 이러한 갈등구조를 해소하기 위해서 어떠한 요소가 어떻게 고려되어야 하는지 검토하여야 할 것이다.

### 2. 위험상황의 유형에 따른 갈등해소 원칙

새로운 과학기술이 야기할 수 있는 위험상황은 ( i ) 위험의 중대성과 ( ii ) 위험의 발생가능성을 기준으로 4개의 유형으로 구분할 수 있다. ① 위험이 중대하고 발생가능성이 높은 경우(제1유형), ② 위험이 중대하지만 발생가능성이 낮은 경우(제2유형), ③ 위험이 미약하고 발생가능성이 큰 경우(제3유형), ④ 위험도 미약하고 발생가능성도 낮은 경우(제

4유형)로 구분하고 보면, 각 유형별로 규제의 필요성에 차이가 존재하므로 이를 전제로 과학기술의 혁신과 규제 사이의 갈등해소를 위한 원칙을 다르게 설정해야 한다.

제1유형에서는 규제의 필요성이 상대적으로 강하게 요청된다. 이러한 영역에서는 위험방지를 위한 과학기술의 발전을 유도하기 위한 촉진 정책도 동시에 시행되어야 한다. 이에 반해 제4유형에서는 규제의 정당화 근거가 상대적으로 약하기 때문에 불필요한 규제를 과감히 폐지하고 새로운 기술의 적용을 권장하고 혁신을 유도하기 위한 적극적인 촉진정책이 도입되어야 할 것이다. 제2유형의 경우 위험이 발생할 가능성은 적지만 위험이 현실화되면 그 피해가 크기 때문에 피해구제를 보장하는 위험방지를 위한 조건의 부가, 보험가입의무 등 제도적 장치를 마련하면서 규제를 완화할 수 있을 것이다. 제3유형의 경우 기본적으로 규제의 필요성이 인정될 수는 있지만, 사후규제를 통해서도 규제목적을 충분히 달성할 수 있으므로 사전규제가 있다면 이를 폐지하거나 사후규제로 전환하는 방향으로 규제를 정비해야 할 것이다.

그러나 이상의 유형별 규제정책방향은 지극히 추상적인 수준의 논의이다. 위험의 중대성은 관점에 따라 그 의미가 다르다. 따라서 갈등관계의 원인을 좀 더 실질적으로 파악할 수 있으려면, 이해관계의 구조와 성격에 따른 갈등관계의 유형화가 필요하다.

## 3. 이해관계의 구조와 성격에 따른 갈등관계의 유형

혁신과 규제의 갈등은 기존사업자와 신규사업자 사이의 경쟁관계에서 발생하는 경우(유형 Ⅰ, 유형Ⅱ)와 그렇지 않은 경우(유형Ⅲ, 유형Ⅳ)로 구분할 수 있다. 특히 전자의 경제적 이익 충돌 상황에서 간과되어서는 안 되는 대원칙은, 경쟁사업자 상호 이익조정이 아니라 시장 경쟁촉진과 이를 통한 소비자 효용 극대화라는 정책목표가 핵심적인 요소로 고려되어야 한다는 것이다. 법은 경쟁을 보호해야 하지 경쟁자를 보호해서는 안 되는 것이다.

### (1) 유형Ⅰ: 동일상품 경쟁형

우버택시는 기존의 여객운송서비스와 유사하고 에어비앤비는 사실상 숙박서비스를 제공하는 것으로 평가된다. 여기서 야기되는 갈등은 동일한 시장에서 동일한 서비스를 제공함에도 불구하고, 기존사업자와 신규사업자 사이에 규제차별이 발생하게 되어 경쟁조건의 차이를 야기한다는 데 본질이 있다. 이 유형의 갈등을 해소하기 위해서는 두 가지 측면이 검토되어야 한다. 첫째, 기존사업자에 대한 종래 규제가 여전히 유효하고 필요한 것인지에 대한 근본적인 평가를 통해 규제의 폐지 또는 완화가 필요하다면 기존사업자에 대한 규제를 정비하여 동일한 경쟁조건을 창출해 주어야 할 것이다. 둘째, 기존의 규제가 여전히 정당성이 인정된다면, 신규사업자에 대해서도 동일한 규제를 적용하거나 문제되는 특정한 위험을 방지하기 위한 제도적 담보장치를 만들어야 할 것이다.

## (2) 유형II: 대체재 경쟁형

기존사업자와 신규사업자가 제공하는 제품이나 서비스가 다르지만, 기존사업자를 대체할 수 있기 때문에 사업자 간 이해가 충돌될 수 있다. 유형 I 에 비해 신규성이나 사회경제적 파급력이 큰 것이 일반적이다. 운하운송과 철도운송, 마부와 자동차운송, 케이블TV와 IPTV의 관계가 이러한 충돌 유형에 속하는 대표적인 사례이다. 기존사업을 대체하는 혁신은 기존 사업계의 존망을 좌우할 수 있다. 그렇기 때문에 기존 사업계의 저항이 조직적이고 강력하다. 그러나 그만큼 새로운 기술을 적용한 신규사업이 가져오는 편익이 크며, ICT 융합기술을 통한 새로운 상품이나 서비스는 신속하게 시장진입이 허용되지 않으면 도태될 가능성이 높아진다. 따라서 앞서 살펴본 위험의 중대성과 발생가능성이 모두 높은 경우가 아니라면 신속한 절차를 통해 시장에 진입할 수 있는 제도적 장치가 마련되어야 할 것이다.

## (3) 유형III: 기본권 충돌형

새로운 기술의 활용이 이용자의 헌법상 기본권과 충돌하는 경우가 있다. 예를 들면, Health Care나 지능정보기술[87]은 헌법상 보호를 받는 개인정보에 대한 문제를 야기할 수 있다. 이 유형에서는 관련 기본권의 성질과 내용, 관련되는 여러 공익과 사익의 관계를 어떻게 조정할 것인지가 관건이 된다. 그러나 과학기술의 변화로 인해 사회경제적 토대가 달라진 현대사회에서 전통적인 기본권에 대한 현대적 재해석이 요구된다.

---

87) IoT, Cloud, Big Data, Mobile + AI 기술을 지능정보기술이라고 통칭한다.

## (4) 유형Ⅳ: 가치갈등형

새로운 과학기술의 활용이 특정 개인의 이해를 떠나 사회적 가치 또는 이데올로기 차원의 대립에 따라 갈등을 야기하는 경우이다. 배아줄기세포 연구나 유전자변형 등 생명공학기술 분야는 전통적인 윤리관과 충돌할 우려가 있다. 앞의 세 유형은 이미 확립된 법적 권리와 지위가 충돌하기 때문에 실체적 권리관계를 어떻게 조정할 것인지가 핵심과제이지만, 이 유형은 새로운 사회적 합의에 이르는 절차와 과정을 어떻게 형성할 것인지가 중요한 문제가 될 것이다. 따라서 사회적 합의를 이루어 나가기 위한 소통 절차와 과정을 투명하게 만들고 이해관계자의 의견을 실질적으로 수렴하고 설득하는 과정을 거치도록 제도화할 필요가 있다.


# Ⅳ. 혁신과 규제 간 갈등관계 조정을 위한 법적 쟁점

## 1. 비례원칙: 안전과 위험의 비례관계

새로운 기술을 활용한 상품이나 서비스를 규제하는 1차적인 목적은 그로 인한 위험을 방지하여 안전을 보장하기 위한 것이다. 안전과 위험은 0/1의 이진법으로 환원될 수 없다. 위험이 '0'일 것을 목표로 하는 것은 현실적으로 불가능하고 극단적인 제로리스크 기준은 종종 불합리한 결과를 야기하게 된다. 안전은 정도의 문제이다. 어느 정도의 안전이 보장되어야 하는가, 반대로 어느 정도의 위험이 허용될 수 있는가라는 질문에 답하여야 한다. 여기서 전통적인 법원칙인 비례원칙에 따른 판단이 필요하게 된다. 비례원칙에 따른 판단을 위해서는 관련된 여러 이익과 가치들이 고려되어야 한다. 위험의 중대성 및 발생가능성과 함께 건강, 안전, 환경, 윤리적·사회적 리스크와 사회경제적 영향, 적절한 데이터의 취득가능성 등 여러 요소들이 고려되어야 한다. 다양한 고려요소를 고려한 결과는 all or nothing의 이진법이 아니라, 어떠한 조건이 수반되면 예상되는 위험이 최소화될 수 있는지 등 허용을 전제로 부작용을 줄이기 위한 방향에서 검토되어야 한다. 일정한 조건 하에서라면 허용될 수 있는 행위를 조건에 대한 고려 없이 금지하는 것은 비례원칙에 부합하지 않는다.

## 2. 피해구제가능성

어떻게 규제할 것인지를 결정함에 있어 예견되는 위험으로 인한 피해의 구제가능성은 중요한 판단요소가 된다. 만일 어떠한 위험으로부터 야기되는 피해의 구제가능성이 없다면, 그러한 위험은 허용되기 어려울 것이다. 반대로 어떠한 위험으로 인한 피해에 대해 적절한 구제방법이 존재한다면, 그러한 위험을 허용함으로써 얻을 수 있는 편익과 손해를 비교형량하여 적절한 방식으로 위험을 허용할 수 있을 것이다.

흔히 새로운 기술적용의 허용 여부 또는 허용 방식을 결정함에 있어 피침해 법익의 종류(생명이나 신체상 위험)라든가 침해의 비가역성은 중요한 기준이 된다. 그러나 이 외에도 위험의 발생가능성과 위험의 중대성에 의해 결정되는 '위험상황의 유형'에 따라, 그리고 새로운 기술이 제공하는 편익의 중요성에 따라 상대적으로 평가되어야 한다. 법익침해의 가능성이 낮고, 법익침해로 인한 손해의 성질과 정도 등에 비추어 금전배상에 의해 구제가 가능하다면, 새로운 기술의 적용행위를 금지할 것이 아니라 안전성 확보를 조건으로 허용하고 손해가 발생하면 금전적 배상으로 피해를 구제하도록 할 수 있을 것이다.

## 3. 법치주의 원칙: 법의 형식성과 실질적 법치주의

전통적으로 법에 있어서 형식은 법적 안정성을 위한 핵심요소이다. 형식적 법치주의에서는 법률이 일률적·획일적·형식적으로 규율하면 되는 경향이 있었다. 그런데 장래 발생가능한 모든 상황을 미리 예견하여 규정하는 것은 불가능하므로 입법자가 입법 당시에 예견하지 못했던 예외적인 상황이 발생할 수밖에 없다. 새로운 기술의 등장도 이러한 예외적 상황에 해당한다. 이러한 문제를 해결하기 위해서는 과학기술의 발전을 탄력적으로 수용할 수 있도록 법제도의 유연성이 확보되어야 한다. 정해진 기존의 잣대를 예외 없이 새로운 기술에 획일적으로 적용하는 것은 형평에 반하는 것이다.[88]

오늘날의 법치주의는 구체적·개별적 상황에서의 정의가 실현될 수 있도록 법률이 제정되고 집행되어야 함을 의미하는 실질적 법치주의이다. 이미 이러한 실질적 법치주의가 구현되도록 규제기관에 재량이 부여되어 있고, 재량을 충분히 행사함으로써 기술의 발전을 탄력적으로 수용할 수 있는 환경이다. 그러나 우리나라의 행정문화에서 규제기관의 재량권

---

88) 새로운 기술과 서비스에 대한 획일적인 기존 규제의 면제·완화·한시적 적용 유예 등 탄력적인 대응도 불합리와 부정의를 시정하는 형평의 원리에 부합한다. 이러한 규제형평에 대해서는 제3장 제3절 규제형평제도에서 이미 상세히 설명하였다.

행사는 권한의 남용을 야기할 것이라는 우려가 커서 임시허가, 실증특례 등 혁신을 위한 규제의 탄력적 적용 내지 잠정적 · 예외적 허용의 법적 근거가 명문화되어 시행 중에 있다.

## 4. 민주주의 원칙과 거버넌스

이상의 논의들은 모두 어떤 행위의 결과에 대한 고려를 중심으로 한 것이다. 이와는 다른 관점에서 어떤 과정을 통해 이루어지는가에 대한 고려가 필요하다. 이것은 신기술에 직면한 사회에서 민주적 거버넌스 문제이며, 위험배분에 있어서 세대 간, 계층 간 배분적 정의와도 관련된 문제이다.

전문성을 결여한 민주적 통제는 과학기술의 혁신과 발전을 저해할 것이라는 우려도 존재한다. 물론, 현대과학기술의 복잡성으로 인해 위험에 대한 판단에 있어서 전문가들의 역할이 지배적으로 되는 것은 불가피 하지만, 전문가들이 종국적인 의사결정권한을 가지거나 게임의 룰을 독점적으로 지배하게 두어서는 안 된다. 우리 사회가 허용할 수 있는 위험의 정도에 대해서는 사회적 합의가 필요하고 이 과정에 시민들이 (대의) 민주적으로 참여할 수 있는 방법에 대한 고민이 있어야 한다. 참여주체의 다원화, 전문가의 소통 · 설득 역량과 제기된 문제의 수용노력, 투명성이 보장된 공식적 · 비공식적 숙고 절차의 운영 등 다양한 방안이 제안될 수 있다.

다만, 기술의 변화와 시장의 변화 속도를 고려할 때, 민주적이고 참여적인 절차로서 신중한 의사결정도 중요하지만 신속한 결정이라는 요구도 함께 고려한 최적화 방안도 모색해야 한다.

## V. 갈등조정을 위한 법제도[89]

## 1. 혁신을 위한 규제의 기본원칙

혁신을 위해서는 담당 공무원의 적극적인 임무수행이 가장 중요하다. 현행 제도 내에서 법령의 적극적 해석 · 적용으로 혁신을 포용할 수 있는 상황도 얼마든지 있다.[90] 그러

---

89) 이하의 내용은 이원우, "신융합산업 활성화를 위한 규제개혁입법의 현황과 과제", 경제규제와 법 제12권 제2호, 2019. 11, 137−153쪽 참조.
90) 2019. 1월부터 2021. 1월까지 총 410건의 과제가 규제샌드박스(적극행정, 임시허가, 실증특례를 포괄)를

나 혁신을 포용하기 위한 재량을 적극적으로 행사하다가 문제가 발생할 경우, 그에 대한 공무원의 책임을 묻는 감사와 징계, 손해배상책임 등은 적극행정을 제약하는 요인이다. 이를 극복할 수 있도록 혁신을 위한 적극행정 면책제도의 내실화도 상당히 중요한 과제이다.[91]

　　이러한 법해석·집행 과정에서의 적극행정도 중요하지만, 혁신을 위한 규제의 원칙과 이것의 명문화, 그리고 구체적인 제도개선도 함께 이루어져야 한다. 행정규제의 일반법이라 할 수 있는 행정규제기본법은 제5조의2를 신설하여 '우선허용·사후규제'라는 제하에 신기술의 발전을 고려한 규제원칙을 선언하였다. 이에 따르면, 신기술을 활용한 새로운 서비스 또는 제품과 관련된 규제를 법령등이나 조례·규칙에 규정할 때 '네거티브 규제, 포괄적 규제, 탄력적 규제, 사후규제'[92] 등의 규제방식을 우선적으로 고려하도록 규정하고 있다. 이 원칙규정은 국가와 지방자치단체에게 신기술 서비스 및 제품에 관한 규제의 기본원칙과 틀을 제시하고 이러한 원칙에 따를 의무를 부여하였다는 점에 의미가 있다. 실제 위의 네 가지 규제원칙을 반영하여 '규제혁신4법'이라고 불리는 산업융합촉진법, 「정보통신 진흥 및 융합 활성화 등에 관한 특별법」(이하 '정보통신융합법'), 「규제자유특구 및 지역특화발전특구에 관한 규제특례법」(이하 '규제자유특구법'), 「금융혁신지원특별법」(이하 '금융혁신법')에서 '신속처리절차', '임시허가', '실증을 위한 규제특례' 등의 구체적인 제도로 구현되고 있다.[93]

---

통해 승인되었는데, 그 중 실제 현행 법령의 적극적 유권해석이나, 문제가 없음을 명확화해주거나, 소관 행정입법의 개정을 통해 새로운 기술과 서비스를 가능하게 한 적극행정 사례도 30건에 이르렀다. 국무조정실, 규제샌드박스 시행 2년 주요 사례, 2021. 2, 20쪽.

91) 김태오, "제4차 산업혁명의 견인을 위한 규제패러다임 모색: 한국의 규제패러다임을 중심으로", 경제규제와 법 제10권 제2호, 2017. 11, 150−151쪽.

92) 네거티브 규제방식은 "규제로 인하여 제한되는 권리나 부과되는 의무는 한정적으로 열거하고 그 밖의 사항은 원칙적으로 허용하는 규정 방식"(행정규제기본법 제5조의2 제1호), 포괄적 규제방식은 "서비스와 제품의 인정 요건·개념 등을 장래의 신기술 발전에 따른 새로운 서비스와 제품도 포섭될 수 있도록 하는 규정 방식"(행정규제기본법 제5조의2 제2호), 탄력적 규제방식은 "서비스와 제품에 관한 분류기준을 장래의 신기술 발전에 따른 서비스와 제품도 포섭될 수 있도록 유연하게 정하는 규정 방식"(행정규제기본법 제5조의2 제3호), 사후규제방식은 "그 밖에 신기술 서비스·제품과 관련하여 출시 전에 권리를 제한하거나 의무를 부과하지 아니하고 필요에 따라 출시 후에 권리를 제한하거나 의무를 부과하는 규정 방식"(행정규제기본법 제5조의2 제4호)을 말한다.

93) 이 외에도 최근 스마트도시 조성 및 산업진흥 등에 관한 법률(2019. 11. 26., 법률 제16631호)에서는 다양한 스마트시티 규제특례 제도들이 도입되었고, 연구개발특구의 육성에 관한 특별법(2020. 6. 9., 법률 제17349호)에서도 실증을 위한 규제특례제도가 추가되었다.

## 2. 신속처리절차(신속확인절차)

규제혁신4법은 모두 신속처리절차(신속확인절차)를 규정하고 있다.[94) 신속처리절차란 허가 · 승인 · 인증 · 검증 · 인가 · 등록 등(이하 '허가 등')의 필요 여부 등을 신속하게 확인해 주는 절차를 말한다. 신속처리절차는 신기술을 이용한 서비스 등을 제공하려는 자가 해당 법률의 소관 관청(산업통상자원부 장관, 과학기술정보통신부 장관, 중소벤처기업부 장관)에게 해당 신제품 또는 서비스와 관련된 허가등의 필요 여부를 확인해 줄 것을 신청함으로써 개시된다. 소관 관청은 이러한 신청 내용을 관계기관의 장에게 통보하여야 한다. 통보를 받은 관계기관의 장은 자신의 소관사항 여부 및 허가등의 필요 여부를 30일 이내에 회신하여야 한다. 이러한 회신에 따라 허가 또는 임시허가의 필요성이 있다고 판단되는 경우가 아니면, 해당 신청인은 자유로이 신규 기술이나 서비스를 출시할 수 있다. 특히 관계기관의 장이 아무런 회신을 하지 않는 경우에는 그 기관의 소관 업무에 해당하지 않거나 허가 등이 필요하지 않은 것으로 간주된다.

## 3. 임시허가

종래 정보통신융합법에서만 인정되었던 임시허가제도는 최근 산업융합촉진법과 규제자유특구법에서도 도입되었다. 금융혁신법은 이른바 금융혁신서비스에 대한 샌드박스제도의 도입을 중심으로 규율하고 있어 별도로 임시허가제도를 도입하지 않고 있다. 이러한 임시허가제도는 관할관청 및 심의기구에 관한 규정을 제외하면 요건, 절차, 효과 등 그 기본적인 구조와 내용에 있어서 동일하다. 임시허가는 ① 허가 등의 근거가 되는 법령에 기준 · 규격 · 요건 등이 없거나, ② 허가 등의 근거가 되는 법령에 따른 기준 · 규격 · 요건 등을 적용하는 것이 부적합한 경우에 그 신청이 가능하다. 이러한 신청에 대하여 해당 법률의 소관 관청은 소관심의위원회(규제특례심의위원회, 신기술 · 서비스심의위원회, 규제자유특구위원회)의 심의 · 의결을 거쳐 임시허가를 할 수 있다. 임시허가에는 안전성 확보 등을 위하여 필요한 조건을 붙일 수 있다.[95)

임시허가제도는 2014년 정보통신융합법이 처음 제정될 때부터 이미 도입된 바 있다.

---

94) 산업융합촉진법 제10조의2, 정보통신융합법 제36조, 규제자유특구법 제85조 등.
95) 임시허가제도의 이론적 접근에 대한 내용은 김태오, "기술발전과 규율공백, 그리고 행정법의 대응에 대한 시론적 고찰-정보통신 진흥 및 융합 활성화 등에 관한 특별법(소위 ICT 특별법)상 임시허가제도를 중심으로", 행정법연구 제38호, 2014. 2, 83-111쪽.

그러나 실제 이를 적용한 사례가 4개에 불과하였고 사후관리 결여로 사업이 중단[96]되는 등 운영상 많은 문제점이 노정되었고,[97] 이를 해결하기 위해 임시허가의 유효기간은 종래 1년에서 2년으로 하고 1회에 한하여 연장할 수 있도록 개선되었다. 또한 사후관리를 위해 임시허가 기간이 만료하기 전에 관련법령을 정비하도록 규정하고 있다. 만일 "연장된 임시허가의 유효기간 내에 법령 정비가 완료되지 않은 경우에는 법령 정비가 완료될 때까지 유효기간이 연장되는 것으로" 간주하고 있다(제37조 제6항). 다만, 해당 법령 정비가 법률의 개정을 필요로 하는 경우에는 유효기간이 자동적으로 연장되지 않는다.

한편 임시허가 사업자의 손해배상책임은 일반 사업자에 비해 강화되어 있다. 임시허가 사업자가 고의·과실이 없음을 증명하지 못하면 손해배상책임을 지도록 함으로써 입증책임을 전환하고 있고, 이러한 손해배상책임의 이행을 담보하기 위하여 책임보험가입을 의무화하고 있다.


## 4. 실증을 위한 규제특례(규제샌드박스)

실증을 위한 규제특례는 이른바 '한국형 규제샌드박스 제도'라고도 한다. 규제샌드박스란 본래 어린이들에게 안전하고 자유롭게 놀 수 있는 모래놀이터를 제공하는 것처럼 사업자가 새로운 기술이나 서비스를 시험적으로 적용해볼 수 있는 환경을 만들어 주는 제도를 말한다.

실증을 위한 규제특례는 기본적으로 그 요건, 심사절차, 심사기준, 사후관리(법령정비) 등 전반적인 체계에 있어 임시허가제도와 상당히 유사하다.[98] 그러나 임시허가는 사전에 안전성 검증 자료를 제출[99]하도록 하고 있을 뿐 아니라, 안전성 등에 관한 시험·검사를 거쳐 심사 시 이를 적극적으로 반영[100]할 수 있도록 되어 있다. 이에 반해, 실증을 위한

---

96) 구 정보통신융합법상 임시허가제도에 따라 임시허가를 받았던 블루투스전자저울(그린스케일)과 지능형화재대유도시스템(코너스)이 그 예이다.
97) 2019. 1월부터 2021. 1월까지 임시허가는 48건의 실적이 있었다. 이하에서 설명한 실증특례는 332건을 차지하였다. 국무조정실, 규제샌드박스 시행 2년 주요 사례, 20쪽.
98) 규제샌드박스제도는 규제혁신4법에 의해 도입되었는데, 그 규율체계와 방식에 있어서 금융혁신법은 다른 규제혁신법률과 다르게 되어 있다. 이는 다른 규제혁신법률이 주로 신기술의 적용과 관련된 사업을 대상으로 한 규제의 특례를 규율하는 데 반해 금융혁신법의 경우 핀테크와 같이 신기술을 적용하는 경우 외에도 "기존 금융서비스의 제공 내용·방식·형태 등과 차별성이 인정되는 금융업 또는 이와 관련된 업무를 수행하는 과정에서 제공되는 서비스"를 혁신금융서비스로 정의하고 이러한 서비스를 대상으로 기존 금융관련법령의 규제에 대한 특례를 규율하고 있기 때문이다. 이하의 설명은 금융혁신법을 제외한 나머지 법률에 따른 실증을 위한 규제특례제도에 대한 것이다.
99) 정보통신융합법 시행령 제40조 제1항 제4호.
100) 시험 및 검사 결과는 임시허가 여부를 판단하기 위해 열거된 고려요소 중 하나이다(정보통신융합법 시행

규제특례는 그 자체가 '제한적 시험·기술적 검증을 하기 위한 것'으로 규제특례를 인정받은 이후 시험·기술적 검증을 통해 안정성에 대한 입증이 이루어질 수 있는 구조이다. 특히 실증을 위한 '규제특례'는 해당 기술과 서비스가 규제로 인해 금지되거나 제한되는 것을 전제로 '관련 규제의 전부 또는 일부를 적용하지 않는' 법효과를 의도한다. 사후관리(법령정비) 부분도 대부분 임시허가와 비슷한 규율이 이루어지고 있다. 다만, 규제자유특구법은 임시허가의 경우 유효기간이 만료될 때까지 법령정비가 이루어지지 않으면 유효기간이 연장된 것으로 간주하고 있지만, 규제샌드박스와 관련해서는 이러한 규정을 두지 않는 차이점이 있다.

---

령 제40조 제5항 제1호).

# 제4장 경제행정법과 행정조직

## 제1절 경제행정의 임무

다양한 행정임무를 수행하기 위해서는 인적·물적 수단이 갖추어진 대규모의 조직이 필요하다. 경제행정을 위한 임무를 효과적으로 수행하기 위해서도 그에 상응하는 행정조직이 요구된다. 행정조직의 문제는 그 임무를 수행하기에 누가 가장 바람직하고 합리적인지에 대한 판단이 수반된다.

일반적으로 행정임무는 국가(기관)가 수행하는 국가임무이다. 이러한 국가임무는 공임무(öffentliche Aufgabe)의 일종이다. 공임무는 공익목적을 위한 활동의 객관적 범위를 의미한다.[101] 공익은 경제행정법의 원리이자 지도이념이면서, 그 자체가 목적이다.[102] 따라서 경제행정의 임무는 공임무에 속한다고 볼 수 있다.

경제행정에서 국가는 등장 맥락에 따라 경제행정의 임무를 구체화할 수 있을 것이다. 생산자로서의 국가는 경제활동의 주체로서 공공복리를 위하여 국민에게 재화나 서비스를 제공하는 임무를 수행하는 공기업활동을 하면서 이에 필요한 결정을 한다. 소비자로서의 국가는 공임무에 필요한 재화와 서비스를 조달하기 위해 이를 발주하고 그 계약상대방을 정한다. 규제자로서 국가에 부여된 경제행정 임무는 규제의 해석·집행이다. 이를 종합하면, 경제행정의 임무는 경제과정과 관련한 결정을 하고 이를 이행하거나, 또는 규제를 집행하는 것으로 요약할 수 있다.[103]

---

101) 이원우, 경제규제법론, 646－647쪽.
102) 이에 대한 상세는 제2장 제1절 경제행정법과 공익 부분을 참고.
103) Jan Ziekow, Öffentliches Wirtschaftsrecht, S. 45f.

입법자는 이러한 경제행정의 임무를 국가의 행정조직에 맡길 것인지, 독립적인 공기업에 맡길 것인지, 민간에 맡길 것인지 등을 선택할 수 있다. 경제행정 임무의 수행주체를 판단하는 기준은 효과성, 효율성, 재정 여력, 사회경제적 발전상황 등을 종합적으로 고려하여야 한다. 그 결과 경제행정의 임무가 누구에 의해 수행되느냐에 따라 임무수행방식, 재정조달, 통제, 법적 취급 등에서 차이가 발생하게 된다.[104]

## 제2절 행정조직법의 기본원리

### I. 서론

전통적으로 경제행정의 임무는 국가의 행정조직이 수행해왔다. 행정조직은 일반적으로 독임제 구조를 택하고 있다. 현대국가에서 경제행정 환경의 급격한 변화에 적절히 대응하기 위해서는 일사불란한 상명하복의 계서조직으로 구성될 필요가 있다. 여기에는 독임제 행정조직이 적합하다. 한편, 경제규제는 준사법적 성격을 갖고 있으므로, 중립성과 독립성이 강하게 요청되고 합의제위원회 형식이 바람직하다는 주장이 있다. 실제로 이러한 주장을 근거로 방송통신위원회는 방송통신 분야의 합의제위원회로 조직되었다. 이하에서는 헌법상 국가구조적 원리와 행정조직의 기본원리를 살펴본 후, 특히 합의제 행정기관의 특성을 설명하면서 독임제와의 차이점을 비교하기로 한다.[105]

### II. 헌법상 국가구조적 원리와 행정조직의 기본원리

#### 1. 민주주의 원리: 조직원리로서 민주적 통제가능성과 책임성

모든 행정조직은 국민주권주의가 실현될 수 있도록 조직되어야 한다. 민주주의 원리에 따를 때 행정조직법의 기본원리는 행정조직에 대한 민주적 통제의 가능성이 보장되어야 한다는 점이 핵심이다. 특히 정책기능은 민주적 통제의 대상이 되어야 한다. 정책의 당부는

---

104) 이원우, 경제규제법론, 403쪽.
105) 이에 대하여 상세한 내용은 이원우, 경제규제법론, 259-296쪽 참조.

객관적으로 무엇이 옳은가의 문제가 아니라 다수의 국민이 원하는 것인가에 의해 결정되는 것이다. 여기서 말하는 통제와 책임은 '민주적' 통제와 책임을 의미하는 것으로 민주주의 원리는 법치주의원리의 내용인 법적 통제와 법적 책임에서 더 나아가 정치적 통제까지도 요구한다는 것이다. 이러한 의미의 민주적 통제는 의회에 의한 정치적 통제를 핵심내용으로 한다. 따라서 공권력을 행사하는 모든 조직은 그에 대한 통제와 책임이 연쇄적 고리를 통해 의회에 연결될 수 있어야 정당성을 획득할 수 있다(demokratische Legitimationskette). 민주적 정당성의 요청이 강하면 강할수록 이에 대한 정치적 통제가능성이 더욱 강하게 보장되어야 할 것이다.

## 2. 법치주의 원리: 행정조직 법정주의와 명확성, 책임성

행정조직에 있어 법치주의 원리는 행정조직 법정주의이다. 행정조직 법정주의는 행정조직의 기본적 내용, 즉 임무배분, 권한 및 책임의 분배 등이 형식적 법률에 의해 명확하게 규율되어야 하며, 상당 정도 지속적으로 유지될 것을 요구한다. 그러나 행정조직 법정주의의 형식적 측면을 지나치게 강조하면 행정권, 특히 민주적 정당성을 가지고 있는 대통령의 조직권을 지나치게 제한할 우려가 있다. 그렇다고 우리나라 헌법이 행정조직 법정주의를 명문으로 채택하고 있다는 점을 간과할 수는 없을 것이다. 따라서 대통령의 조직권과 의회의 조직통제권을 균형 있게 보장하기 위해서는 조직법정주의의 근본취지를 올바로 이해할 필요가 있다.

행정조직 법정주의의 근본취지는 행정조직 간 임무배분의 명확성을 통해 행정의 책임소재를 명확하게 하고, 이를 통해 국민에게 예측가능성을 보장함과 동시에, 국가행정조직에 대한 의회의 통제권에 실효성을 보장하기 위한 것이다. 또한 지속적 사무분장을 통해 담당업무에 있어서 전문성도 확보될 수 있다(예측가능성 원리, 책임성 원리, 전문성 원리). 행정조직 법정주의가 달성하고자 하는 이러한 원리에 반하지 않는 한, 행정조직의 구성에 대하여는 대통령에게 포괄적인 위임이 가능하며, 이 점에서 행정조직법에 있어서는 포괄적 위임입법의 법리도 완화된다고 보아야할 것이다. 우리 입법실무도 법률은 대강의 내용을 정하고, 구체적인 조직규정은 대통령령인 직제에 의하는 것이 통상적이다.

## 3. 사회국가 원리

현대국가의 임무는 단순히 소극적 경찰(질서유지) 목적달성에 국한되지 않으며 사회적 연대의 확보를 위해 적극적 복리증진에도 기여하여야 한다. 이러한 현대국가의 임무수행은 주로 행정부에 부과되고 있다. 따라서 행정조직은 경찰권 집행조직으로 제한되지 않으며, 필요한 경우 적극적 조성정책의 수립·집행을 위한 조직구조를 갖추어야 한다. 이 점에서 행정조직은 사법권의 조직과 근본적인 차이를 가진다.

## 4. 공화주의 원리

### (1) 합목적성과 효과성

공화주의 원리에 따라 행정은 공익을 실현하여야 한다.[106] 행정조직과 절차는 공익에 의해 뒷받침되는 일정한 목적달성을 위한 수단으로서의 성격을 가진다. 따라서 모든 행정조직과 절차는 당해 임무수행을 효과적으로 달성할 수 있는 방식으로 구성되어야 한다. 이로부터 행정조직과 절차에 있어서 "합목적성 원리"가 도출된다. 이러한 합목적성은 비용을 고려하지 않으며 그 효과에 주목한다는 점에서 결과지향적이다.

### (2) 전문성

이러한 합목적성의 원리는 행정조직법상 전문성의 원리와 연결된다. 일반 행정조직법상 통상적으로 요구되는 전문성은 1차적으로 책임성 내지 관할주의와 동전의 양면이다. 책임의 명확성을 위해 권한배분을 명확하게 하고, 특정 조직이 특정 임무를 담당하게 하면, 각 조직은 자신의 임무의 수행에 자연스럽게 특화되고 전문성을 취득하게 되며, 이러한 전문성은 축적되고 전승된다. 이러한 의미의 전문성을 '제1차적 전문성' 또는 '광의의 전문성' 또는 '일반적 전문성'이라고 부를 수 있을 것이다. 이와 동시에 각 부처는 임용방법이나 임용 후 인사관리를 통해 당해 부처의 구성원이 당해 임무의 수행에 적합한 능력을 보유하게 할 수 있다.

합목적성은 이러한 일반적 의미의 전문성에서 한발 더 나아간다. 당해 임무수행이 고

---

106) 이에 대한 논증은 제2장 경제행정법의 원리와 지도이념 부분에서 다루었다.

도의 전문지식이나 경험을 요구하는 경우 '제1차적 전문성'에만 의존해서는 이러한 요구를 충족할 수 없다. 특히 '고도의' 전문적 지식이 요구되는 동시에 전문적 지식에 대한 다양한 입장 차이가 존재하고, 또 그것이 다양한 이해집단 사이에 대립되는 경우에는 전문적 지식의 내용에 대한 사회적 합의가 필요하게 된다. 이때에는 다양한 이해관계를 대변할 수 있는 전문가들의 합의를 통한 의사결정구조가 조직 및 절차상으로 담보되어야 한다. 이러한 의미에서의 전문성을 '제2차적 전문성', '협의의 전문성' 또는 '고도의 전문성'이라고 칭할 수 있을 것이다.

### (3) 효율성

비교적 최근에 공법상 법원리로 논의되고 있는 '효율성의 원리'는 공익의 원리에서 그 근거를 찾을 수 있다. 전통적으로 효율성은 법적 개념이 아니라 경제학의 핵심 개념으로 이해되어 왔다. 원래 행정은 효율성이 아니라, 효과성 내지 실효성을 목표로 하였다(합목적성). 그 과정에서 효율성은 부수적으로 고려될 뿐이었고, 사적부문을 지배하는 논리였다. 그러나 자원의 희소성에 대한 인식이 확산되고, 특히 공적임무의 증대로 국가가 자신의 임무수행에 재정적 압박을 받게 되면서, 행정임무수행에 있어서도 효율성이 중요한 지도원리로 승인되게 되었다. 그러므로 국가의 활동은 그 목적 내지 목표와 관련해서 뿐 아니라 목적달성을 위한 수단의 사용에 있어서도 공익에 의해 정당화되어야 한다.

## Ⅲ. 합의제 행정조직의 운영원리

### 1. 고도의 전문성

고도의 전문성을 요하는 임무는 다음과 같은 이유에서 합의제 기관에 의해 수행되는 것이 바람직하다. 어떤 임무를 수행함에 있어서 전문성이란 기본적으로 인식능력과 관계된다. 전문성이란 곧 복잡하고 난해한 현상에서 객관적 진실을 취득해내는 인식능력을 의미한다. 그렇다면 행정조직은 어떻게 객관적으로 올바른 인식에 도달할 수 있는가? 특히 고도의 전문지식이 요구되는 객관적인 인식에 있어서 전문가들 사이에 의견의 불일치가 있다면, 이러한 인식작용을 어느 1인의 결정에 맡기는 것보다는 다수의 합의에 의해 결정하도록 하는 것이 합리적이다. 꽁도르세(Marquis de Condorcet)의 '배심원이론'(Jury Theorem)107)은 이러한 합의제의 합리성을 이론적으로 뒷받침한다. 이에 따르면 다음과 같은 두 가지 조건을 만족할 때, 개인보다 집단이, 작은 규모의 집단보다 대규모의 집단이 더 옳은 결정을 내리며, 그룹이 커질수록 옳은 결정의 가능성은 100%에 수렴하게 된다. ① 다수결원칙에 따라 결정이 내려진다. ② 각 개인이 옳은 결정을 내릴 확률이 50% 이상이다. 즉, 합의제에 의하면, 1인의 결정이 가지는 오류의 확률을 다수의 결정에 의해 줄여나갈 수 있다. 따라서 전문적 지식을 요하는 인식작용을 담당하는 기관은 합의제 형식으로 구성하는 것이 타당하다는 결론에 이르게 된다. 이와 같이 합의제는 다양한 의견을 조정하고 통합할 수 있다는 장점이 있으나, 책임성과 민주적 통제에 어려움이 존재한다. 다수결의 본질상 책임이 분산되어 책임소재가 불명확하게 되기 때문이다.

## 2. 독립성·중립성

독립성과 중립성 보장을 위해 행정조직은 어떠한 조직형식을 취하여야 할 것인지에 대해 중요한 시사점을 주는 이론은 입법·행정·사법의 구별부인론의 입장에서 주장한 메르클(Merkl)의 기관양태설이다. 이 이론에 따르면 국가작용은 실정법질서의 단계구조와 그 기관의 양태에 의해서만 구별할 수 있다고 한다.108) 즉, 국가기관은 실정제도상 당해 기관이 수행하는 작용의 기능적 성격에 따라 좌우된다는 것이다.

이러한 메르클의 기관양태설로부터 다음과 같은 행정조직이론상의 시사점을 도출할 수 있다. 첫째, 합의제 기관은 다양한 이해관계의 충돌을 조정하는 데 적합한 조직형식이다. 다양한 이해관계 조정의 가장 대표적인 예는 규범정립이다. 규범정립기능을 수행하는 조직은 합의제 형식으로 설계될 필요가 있다. 의회가 가장 대표적인 예이며, 의회가 아니더라도 규범을 정립하는 기능을 수행하는 경우에는 합의제 기관의 형식을 취하는 것이 바람직하다. 예컨대 방송통신심의위원회는 내용규제의 기준, 즉 행위기준을 정립하는 기능을 수행한다. 둘째, 상호독립적 등격기관은 각 기관의 독립성과 중립성을 보장하는 데 적합한 조직형식이다. 독립성과 중립성을 요하는 기능은 분쟁해결이다. 이해가 대립하는 당사자들의 분쟁을 해결하기 위해서는 당해 분야에 대한 전문적 식견을 가진 자가 외부의 영향을 받지 않고 독립적으로 결정을 내릴 수 있는 조직형식이 요구된다. 또한 독립성 보

---

107) Cass R. Sunstein, A Constitution of Many Minds, New Jersey, 2009, pp. 8-10; Cass R. Sunstein, Going to Extremes: How Like Minds Unite and Divide, New York, 2009, pp. 140-142, 185.
108) Merkl, Allgemeines Verwaltungsrecht, 1927, S. 36 ff.

장을 위해서는 당해 기관이 다른 기관에 의해 통제받지 않는 구조를 취하여야 한다. 이러한 기능을 수행하는 대표적인 기관은 법원이다. 셋째, 상명하복의 계서체기관(종속적 기관복합체)은 신속한 정책결정 및 효율적 효과적 집행기능에 적합한 조직형식이다. 통상적인 집행조직은 대부분 이 유형에 해당한다. 이러한 조직형식은 통일적이고 합목적적인 임무수행을 가능하게 해준다. 따라서 정책부서에 대해서는 독임제 형식의 상명하복의 계서체기관이 가장 적합한 형식이다. 또한 이러한 상명하복의 계서체기관은 민주적 통제와 책임성 원리에 비추어 가장 바람직한 조직형식이다. 중요한 정책결정은 민주적 통제의 대상이 되어야 하는바, 상명하복의 독임제적 계서조직에 있어서는 최고 결정권자에 대한 민주적 통제만으로 정책결정 및 집행의 전체과정에 대한 민주적 통제를 확보할 수 있기 때문에, 의회민주주의원리의 구현에 가장 부합할 것이다.

## 제3절 일반규제기관과 전문규제기관의 관계

### Ⅰ. 문제의 소재

모든 규제기관은 규제권한을 행사한다. 그러나 동일한 규제권한도 규제기관의 조직과 구성 및 그 법적 지위에 따라 전혀 다르게 작용할 수 있다. 특히 어떠한 경제활동에 대해서는 제도적으로 여러 규제기관의 관여가 허용되기도 한다. 예컨대, 방송통신사업자 간 '기업결합'은 공정거래법의 규율대상이기도 하면서, 과학기술정보통신부와 방송통신위원회 소관법인 전기통신사업법, 방송법, 「인터넷 멀티미디어 방송사업법」(이하 'IPTV법')이 중층적으로 적용된다.[109] 방송통신사업자에 대한 규제기관은 공정거래위원회, 과학기술정보통신부, 방송통신위원회가 존재하며, 이들 규제기관의 관할권 중복으로 인한 중복규제와 규제정책의 혼란이 문제될 수 있다.

이러한 관할권 중복 문제는 방송통신 관련법과 공정거래법 상호 간의 관계 문제로 귀착된다. 즉, 규제기관의 관할권은 복수의 실체법규 가운데 어느 법규를 적용할 것인가를 결정하는 것이다.[110]

---

109) 이에 대한 상세는 김태오, "규제행정법의 관점에서 본 유료방송 인수·합병의 쟁점 – 최근 종합유선방송사업자 인수·합병 사례를 중심으로 –", 법과 기업연구 제10권 제1호, 2020. 4, 95쪽 이하 참고.
110) 이에 대하여 상세한 내용은 이원우, 경제규제법론, 297–330쪽 참조.

## II. 규제기관 간 관할권 배분 및 중복의 문제점

국가의 경제에 대한 관여는 시장자체의 존립과 기능을 보장하기 위한 규제와 사회경제적 목적을 위해 시장기능에 개입하여 시장의 결정을 수정·보완 및 대체하는 규제들로 대별할 수 있다. 전자는 일반적으로 개개 산업의 종류나 특성과 관련 없이 이루어지며, 공정거래위원회가 소관하는 공정거래법이 여기에 해당된다. 반면, 후자는 일정한 정책적 목적을 실현하기 위한 것이기 때문에, 규제 당시에 규제대상 산업이 어떠한 역사적·경제적혹은 사회적 성격을 가지는지가 규제의 여부, 규제의 정도 및 그 방식을 결정하는 데 중요한 차이를 가져온다. 과학기술정보통신부나 방송통신위원회의 전기통신사업법·방송법및 IPTV법의 규제가 여기에 속한다.

현행법령상 방송통신사업자의 불공정거래행위에 대한 규제권한은 공정거래위원회와방송통신위원회에 중첩적으로 부여되어 있다. 전기통신사업법 제50조, 방송법 제85조의2, IPTV법 제17조에 따른 금지행위 규제와 공정거래법 제5조에 따른 시장지배적 지위 남용금지와 공정거래법 제45조에 따른 불공정거래행위의 금지규제에는 중첩적인 규제권한행사의 우려가 존재한다. 뿐만 아니라, 방송통신사업자의 기업결합 규제권한은 과학기술정보통신부와 방송통신위원회가 갖고 있음에도 불구하고 통신사업자가 적극적으로 방송사업자를 인수·합병하려는 시도가 일반적인 기업결합 규제의 관할을 갖는 공정거래위원회로부터 금지된 사례도 있다.[111] 규제권한행사의 혼선으로 인한 정책의 일관성 상실과책임귀속의 불명확이라는 문제뿐 아니라, 규제권한의 중복행사로 인해 방송통신사업자의법적 지위에도 불이익을 줄 우려가 있다. 이러한 문제점을 극복하고자 전기통신사업법 제54조는 불이익 조치를 받은 사업자에 대하여는 동일한 행위를 이유로 공정거래법상 시정조치나 과징금을 부과할 수 없도록 규정하고 있다. 그러나 이 규정은 방송통신위원회가금지행위 위반에 대하여 먼저 제재처분을 한 경우에 공정거래위원회의 중복규제를 금지하고 있을 뿐이다. 공정거래위원회가 먼저 제재조치를 취할 수 있는지, 이 경우 방송통신위원회는 규제권한을 행사할 수 없는지, 방송통신위원회가 무혐의 처리하거나 위반의 정도가 미약하여 규제권을 행사하지 않기로 한 경우에도 공정거래위원회는 규제권한을 행사할 수 있는지 등의 문제는 여전히 불명확한 상태로 남아 있다.

---

111) 2016년 통신사업자인 에스케이텔레콤에 의한 유료방송사업자 CJ헬로비전의 인수·합병은 공정거래위원회에 의해 금지되었다. 공정거래위원회 2016. 7. 18. 의결 2016기결1393.

## Ⅲ. 규제관할권 중복문제의 해결방안

### 1. 법집행단계: 방송통신법과 공정거래법의 상호관계

법집행단계에서 방송통신법과 공정거래법의 상호관계는 다음의 법리에 따라 해결된다.

첫째, 방송통신법은 공정거래법의 특별법이다. 이러한 방송통신사업 분야의 특수한 불공정거래행위들에 대한 규제에는 방송통신사업에 대한 전문적 지식, 기술적·공학적 지식이 전제되어야 하고, 방송통신서비스의 특수성도 고려되어야 하기 때문에, 일반경쟁규제기관인 공정거래위원회보다 전문규제기관인 방송통신위원회가 그 규제임무를 수행하는 것이 합목적적이라는 입법자의 의사가 반영된 것이다.

둘째, 공정거래법은 일반법으로서 보충적으로 적용된다. 방송통신법상 명문의 규정이 존재하지 않는 경우, 명문의 배제조항을 규정하거나, 당해 특별법이 일반법에 의존함이 없이 특별법의 규정과 법리에 관한 해석으로 완결된 법집행이 가능할 정도로 발전되어 있어서 특별법이 일반법을 완전히 배제하는 것으로 인정받지 않는 한, 법률적용의 명확성과 완결성의 관점에서 일반법의 적용을 배제하지 못하는 것이 원칙이다.

셋째, 특별법 우선의 원칙은 특별법의 명문규정만을 의미하는 것이 아니라 특별법 규정의 합리적 해석상 도출되는 법명제에 대하여도 적용된다. 이는 어떤 행위가 방송통신 관련법령의 해석상 허용되고 있는데, 이를 금지하는 규정이 공정거래법에 존재하는 경우가 문제된다. 대표적으로 통신사업자들간의 요금관련 합의과정에 구 정보통신부의 행정지도가 있었음에도 공정거래법상 금지되는 부당공동행위(공정거래법 제40조)로 규제한 사례가 이에 해당한다.[112] 이 사례에서의 핵심은 공정거래법에서 명시적으로 금지하는 행위를 전기통신사업법의 해석상 도출되는 법명제(묵시적으로 규정된 법규)가 허용하고 있다면, 특별법 우선의 원칙상 당해 행위가 허용되는 것으로 보아야 하는가이다. 전기통신사업법상 요금규제권[113]을 근거로 통신규제당국은 법해석상 통신사업자로 하여금 요금과 관련한 일정한 합의를 유도할 수 있다고 보아야 하고, 공정거래법 제116조도 개별 법률이나 이에 근거한 적법한 명령에 따른 사업자들의 법적 안정성을 보장하는 규정으로서의

---

112) 이 문제에 대한 상세한 내용은 이원우, "통신시장에 대한 규제법리의 특징과 행정지도에 의한 통신사업자간 요금관련 합의의 경쟁법 적용제외", 행정법연구 제13호, 2005. 5, 155−176쪽 참고.

113) 최근 전기통신사업법 개정으로 15일 이내에 신고를 반려하지 않으면 신고한 요금을 출시할 수 있는 '유보신고제'로 요금규제가 완화되었다(전기통신사업법 제28조 제4항). 그러나 유보신고제가 도입되기 이전에는 '요금인가'를 받아야 했다.

성격을 갖고 있는 것으로 볼 수 있을 것이다.[114]

## 2. 입법론

일반경쟁규제기관과 전문규제기관 간에 권한을 배분함에 있어서는 각 기관의 전문성을 기준으로 특정 권한이 어느 기관에 더 적합할지, 그 권한들이 서로 결합될 때 기대되는 시너지 효과를 고려하여야 한다. 전문성 기준에 의하면 불공정거래행위 규제는 원칙적으로 일반경쟁규제기관에게 부여하여야 할 것이지만, 불공정거래행위 판정에 고도의 전문적 지식이 필요하다면 전문규제기관에 부여하는 것이 타당할 수도 있다. 규제권한들 간의 결합을 고려할 때, 전문규제기관에게 경쟁규제권한도 부여한다면 더욱 시너지 효과를 상승시킬 수 있을 것이다. 더욱이 규제정책의 목적을 기존의 경쟁질서 유지에 둘 것인가, 아니면 유효경쟁의 형성이라는 장기적 시장 효율성에 둘 것인가에 따라 경쟁규제의 전문성 평가가 달라질 수 있다.

## 3. 상호협력

방송통신사업분야에 대한 경제정책 및 경쟁정책의 일관성을 유지하기 위해서는 과학기술정보통신부, 방송통신위원회 및 공정거래위원회가 권한을 행사함에 있어 서로 협력하여야 할 필요성이 있다. 특히 하나의 행정주체인 국가를 대표하는 행정기관들이 국민에 대하여 서로 다른 입장을 표시하고 나아가 이를 관철하려는 것은 행정의 단일성 원리에 반한다. 규제행정기관이 서로 모순되는 규제권한발동으로 피해자의 권리를 침해해서는 안 될 것이다.

이에 대한 대안으로, 공정거래법 제120조는 관계 행정기관의 장이 공정거래법에 따른 경쟁제한이 문제될 수 있는 승인 기타의 처분을 하려고 할 경우 미리 공정거래위원회와 협의할 것을 규정하고 있다. 협의에도 불구하고 경쟁제한적인 내용의 조치를 취하였다면 이를 사후에 통보해야 하고, 공정거래위원회는 경쟁제한사항의 시정에 관한 의견을 제출할 수 있다.

나아가 입법적으로 일반경쟁규제기관과 전문규제기관의 협력의무, 통지의무, 의견청취

---

[114] 그러나 대법원은 전기통신사업자 사이에 이루어진 시내전화요금 담합 등을 내용으로 하는 합의가 공정거래법 제116조에 정한 법령에 따른 '정당한 행위'에 해당하지 않는다고 보았다. 대법 2009. 6. 23. 선고 2007두19416 판결.

의무, 시정조치요구권, 협의의무 등 사안의 정도와 정책의 혼선 및 비일관성 극복의 필요성 정도를 고려하여 제도화하는 방안을 고려해볼 수 있다.

## 제4절 경제행정 조직형식의 다원화

### Ⅰ. 공기업에 의한 경제행정

### 1. 공기업의 개념

공기업이라 함은 '국가나 지방자치단체 등과 같은 공공주체가 소유 혹은 기타 참여지분을 통해 지배적인 영향력을 행사할 수 있는 모든 독립적 생산단위'를 의미한다.[115] 그 법적 형식이 공법상의 형태이건 사법상의 형태이건 상관하지 않으며, 또한 당해 기업이 생산·공급하는 재화나 용역이 공공성을 띠는지의 여부도 문제 삼지 않는다. 그러나 이상의 공기업 개념은 이론적 개념이며, 실정법상 공기업에 대하여 일정한 규제목적을 가지고 법률을 제정하는 경우에는 당해 법령의 규제목적에 비추어 공기업의 개념을 설정하게 된다. 이러한 관점에서 실정법상 「공공기관의 운영에 관한 법률」(이하 '공공기관운영법'), 지방공기업법 등에서는 대상 공기업의 범위를 한정하고 있다.

### 2. 공기업의 목적 및 기능

공기업은 국가의 경제활동 수단이다. 국가는 공기업을 통해 시장에 참여한다. 일반적으로 이러한 공기업은 특별법으로 설립된다. 이 법에는 당해 공기업의 임무도 함께 규정된다. 민법과 상법에 의해 법인의 설립이 자유로이 보장되어 있음에도 입법자가 특별법에서 공기업의 설립근거와 임무를 규정한 것은 공기업의 업무가 본래 국가가 수행하여야 할 국가행정의 영역에 해당함을 의미한다. 일반적으로 공기업이 수행하는 행정임무는 에너

---

115) 공기업의 개념에 대한 일치된 견해는 존재하지 않으며, ① 국가 또는 지방자치단체에 의한 경영(주체), ② 공공성의 실현(목적), ③ 수익성(기업성, 영리성) 등 세 가지 요소를 어디까지 요구하느냐에 따라 견해가 대립해왔다. 공기업 개념에 대한 상세는 이원우, "공기업의 의의와 공법적 통제의 법적 과제", 공법연구 제45집 제3호, 2017. 2, 280-283쪽.

지, 교통, 수도 등 생존배려적 급부제공과 관련된다. 행정목적을 수행하되 법적·경제적으로 독립된 기업적 방식에 의하는 것이 정부가 직접 행하는 것보다 효과적인 경우에 공기업을 설립하는 것이다. 공기업은 결국 행정임무수행의 조직법적 형식을 어떻게 합목적적으로 선택할 것인가의 문제일 뿐이다.

## 3. 공기업의 유형

공공주체는 공기업을 설립·운영함에 있어서 조직형식선택의 자유가 있다. 조직형식은 그 기업의 지배구조를 결정하는 것이므로 어떠한 조직형식을 취하느냐에 따라 조직내부에 대한 조직법적 통제의 범위, 강도, 방식에 차이가 발생한다.

공기업은 법적 독립성이 없는 정부부처의 형식에 의할 수도 있다. 이는 다시 법적으로나 예산상으로 일반행정관서와 통합되어 있어 아무런 독립성이 없는 행정기업과 법적으로 독립성은 없지만 예산과 회계가 분리되어 재정경제상 독립성을 가지는 자기기업으로 나눌 수 있다.

공기업은 공법상 법인격이 부여된 조직형식으로서 공법상 단체, 공법상 재단(공단), 공법상 영조물법인(공사)의 구조를 택할 수 있다. 공법상 단체란 공익목적을 위한 인적 결합체로서 법인격이 부여된 조직을 의미하며, 공공조합 또는 공법상 사단이라고도 한다. 자치행정의 주체로서 고도의 자율성이 보장된다. 공기업의 형식으로 가장 많이 채택되는 공사와 공단은 각각 공법상 영조물법인과 공법상 재단에 해당한다. 공법상 재단이란 특정한 공익목적을 위해 제공된 물적 결합체(재산)로서 법인격이 부여된 것을 말한다. 특정한 공익목적을 위한 통제장치가 보장되기 때문에, 공공성이 특히 강한 급부를 지속적으로 제공하기 위한 경우에 공기업형식으로 고려될 수 있다. 공법상 영조물법인이란 공익목적을 위해 제공된 인적 물적 결합체를 말한다. 공법형식의 공기업 중에서 가장 많이 채택되는 법형식으로서 영리적 행위를 하는 데 가장 적합하다고 할 수 있다. 영조물법인에 의하는 경우 효율적 운영과 수익성을 추구할 수 있으므로 경제활동에 적합하면서도 공공주체는 다양한 방식으로 자신의 의사를 관철시킬 수 있기 때문이다.

공공주체는 자신의 임무를 기업적 방식에 의해 수행하기 위하여 사법상의 회사를 설립하여 운영할 수도 있다. 사법형식의 공기업에 대하여는 원칙적으로 그 근거법률인 민법 또는 상법상의 관계규정이 적용된다. 사법형식의 공기업은 ① 기업경영상 유연성, ② 자금조달의 자율성과 용이성, ③ 다른 기업과의 협력 내지 기업 간 인수·합병 등의 자유, ④ 예산회계법적 통제로부터 해방, ⑤ 시장에 대한 적응성, ⑥ 정치적 영향력 배제 등의 장점이 있다. 공익성보다 기업성이 현저히 강한 경우에는 사법형식을 취하는 것이 합리적일 것이다.

## 4. 공기업의 문제와 공기업의 통제

본래 국가는 경제활동을 위한 조직이 아니다. 국가의 활동은 민주적 정당성과 공익적 요구에 의해 근거를 두어야 하므로, 경제적 활동은 필요한 범위에서 최소한도로 수행되어야 한다. 불필요한 경제활동은 국가가 반드시 수행할 임무에 전념하지 못할 뿐 아니라, 민간부문의 성장을 위축시켜 사회공동체의 발전을 저해할 수도 있다.[116] 또한, 국가의 경제활동 및 참여의 수단인 공기업은 경영손실이 발생할 경우 그 부담은 모두 국민에게 돌아간다는 문제점이 지적되고 있다. 공기업은 독점적 형태를 띠는 것이 일반적인데, 이는 동종의 경제활동을 하는 사인에 대한 기본권 침해로 이어질 수도 있다. 이러한 경제과정의 왜곡은 우리 경제 전체의 효율성을 떨어뜨리고 당해 산업의 발전을 저해할 가능성이 크다.

공기업에 대한 이러한 문제는 결국 공기업의 통제를 통해 관리되어야 한다. 공기업에 대한 통제란 '공기업 활동(작용)을 모니터링하고, 이를 일정한 기준에 입각하여 평가하여, 부적절한 활동(작용)을 시정하는 것'으로 이해할 수 있을 것이다. 공기업 통제는 평가대상(통제대상), 평가기준(통제기준), 시정(통제수단)의 세 가지 요소로 구성된다. 공기업 통제와 관련하여, 한편으로 경영진의 방만한 경영과 권한 남용에 대해 엄격한 통제를 할 수 있어야 하지만, 다른 한편 책임경영을 확립하기 위해 공기업 경영진의 전문성과 자율성도 존중하여야 한다. 이러한 요구를 반영하기 위해 공공기관운영법에서는 다양한 장치를 마련하고 있다. 공기업과 준정부기관에 대한 경영평가는 이러한 목적에서 설계된 공공기관 통제수단으로서 경영성과 평가결과를 인사조치, 예산상 조치, 성과급 지급 등과 연계함으로써 강력한 실효성을 가지고 있다.

대법원이 최근 공기업의 입찰참가자격 제한조치의 처분성을 인정한 것은 올바른 방향으로의 발전이다.[117] 그러나 이는 공공기관운영법 제39조 제2항에 입찰참가자격 제한조치의 근거규정이 마련되었기 때문이다. 공기업이 행하는 일방적 구속적 조치로 인한 피해를 적절히 구제하기 위해서는 공법상 법인격을 가지고 있는 공기업의 행정주체성을 인정하여야 할 것이다.

---

116) 이원우, "공기업 민영화와 공공성확보를 위한 제도개혁의 과제", 44-45쪽.
117) 대법 2013. 9. 12. 선고 2011두10584 판결; 대법 2014. 11. 27. 선고 2013두18964 판결.

## II. 민간에 의한 경제행정: 민영화

### 1. 민영화의 의의

국가의 경제활동 수단인 공기업의 활동은 사기업과의 경쟁에서 비효율성을 노정하기 때문에 민영화의 압력을 받게 된다. 특히 공기업과 동일한 경제활동 영역에 사기업이 존재하는 상황에서는 특별한 사정이 없는 한 국가의 일정한 지원과 독점력을 갖는 공기업이 정당화되기는 더 이상 어렵다. 또한, 현대 사회에서 국가의 기능은 지속적으로 증대되는 경향이 있지만, 다른 한편 종래 국가가 수행하던 기능에 민간의 참여가 다양한 형태로 증가되는 경향도 존재한다. 이러한 전제에서 이루어지는 민영화는 "공기업의 경영 내지 공임무 수행에 있어서 사경제적 방식의 도입"으로 이해할 수 있다. 이러한 민영화의 개념에는 민영화의 대상이 나타나 있다. 민영화의 대상은 공기업 또는 공임무이다.

공임무 내지 공임무수행의 민영화는, 당해 임무수행의 방식이 공기업에 의하고 있는지 아니면 일반 행정관서의 형태에 의하고 있는지에 따라 공기업의 민영화를 수반할 수도 있고, 공기업과는 무관하게 업무의 민간위탁이라는 형식으로 나타나기도 한다. 물론 공기업의 민영화에 있어서도 자신의 임무의 일부를 민간에 위탁함으로써 이른바 외주(out-sourcing)에 의한 민영화 방식을 채택할 수 있다.

공기업의 민영화는 공공주체가 시장참여자로서 활동하던 지위에서 시장에 대한 제3자의 지위로 관여하게 되는 것을 의미한다. 만일 민영화 이후에도 공적 임무가 존재하는 경우에는 규제자로서 시장에 대한 통제권을 규제를 통해 확보하여야 할 것이다. 물론 공적 임무가 더 이상 존재하지 않는 경우에는 시장의 자율성을 최대한 보장하여야 한다.

### 2. 민영화의 유형

민영화는 크게 두 가지 범주로 분류할 수 있다. 첫째 범주에서는 재산권, 임무 혹은 임무담당 등의 이전을 통해 사인이 민영화과정에 개입된다. 여기서는 이를 '실질적 민영화'라 칭할 것이다. 이에 반해 두 번째 범주의 민영화는 행정의 내부에서 법적 형태의 변경을 통해 수행된다. 그러나 정부에게는 지배주주 등의 형식으로 여전히 영향력을 행사할 수 있는 권한이 남아 있다.[118] 이를 여기서는 '형식적 민영화'라 칭한다.

---

118) 이원우, 경제규제법론, 683쪽; Hartmut Maurer, Die verfassungsrechtlichen Grenzen der Privatisierung in

이들 두 민영화 유형은 그 대상에 따라, 즉 무엇이 민영화되는가에 따라 다시 여러 유형으로 분류할 수 있다. 형식적 민영화는 조직민영화와 행위형식 민영화로, 그리고 실질적 민영화는 재산권 민영화, 임무민영화, 기능민영화(임무담당민영화)로 분류할 수 있다. 이 중 재산권민영화의 가장 전형적인 형태는 소유권민영화이며, 사용권민영화, 처분권민영화로 나눌 수 있다. 임무란 활동의 객관적 범위를 말한다. 따라서 임무민영화란 활동영역 자체, 따라서 관할권의 이전을 말하며, 이 경우에는 궁극적 책임이나 감독권 자체의 이양이 뒤따른다. 한편, 임무의 담당은 임무 그 자체와는 구별되며, 임무가 실현되는 단계라는 관점에서 계획·수행·재정·통제의 4가지로 구분할 수 있다. 따라서 계획민영화, 임무수행민영화, 재정민영화, 통제민영화 등으로 구별할 수 있다. 한편 최근에는 임무수행의 과정 내지 절차에 사인이 편입되는 것을 절차민영화라는 개념으로 포괄하여 설명하는 경향이 있다. 어떠한 경우든 임무담당의 민영화(기능민영화)에 있어서는 임무 자체는 공공주체에게 그대로 남아 있으면서 그 임무의 이행만이 전부 혹은 일부 사인에게 이전된다.

실질적 민영화와 형식적 민영화는 민영화의 범위에 따라 완전민영화와 부분민영화로, 민영화의 정도에 따라 무조건적(무제한적) 민영화와 조건적(제한적) 민영화로 구별될 수도 있다.

## 3. 민영화를 위한 법적 수단: 특히 기능민영화[119]를 중심으로

### (1) 공무수탁사인(공권수탁사인: Beliehene)

공무수탁사인이란 특정의 개별적인 고권적 권한을 자신의 이름으로 행사할 권능이 부여된 사법상의 자연인 또는 법인을 말한다. 공무수탁사인의 결정적인 징표는 공임무의 수행을 위해 유인된 사인이 고권적 권한을 행사할 수 있다는 것이다. 고권적 권한은 공법적 정당화 근거에 기초하여 공법적 형식으로 행사되기 때문에, 공무수탁사인을 위해서는 법률상의 근거를 요한다. 이는 법률이나 법률에 근거한 행정행위 혹은 공법상 계약을 통해 이루어 질 수 있다.

---

Deutschland: Gliederungübersicht, JURIDIC INTERNATIONAL XVI/2009, S. 5.

119) 법령의 명문 규정에 의해 또는 헌법구조적 원리상 공임무를 완전히 민간에 이양할 수 없는 경우가 많다. 이에 따를 때 임무민영화는 현실적으로 쉽지 않다. 민영화는 국가임무의 수행방식 변화를 의미하는 것이지 임무의 포기로 귀결되는 것을 뜻하는 것은 아니다. 그 대안으로 고려될 수 있는 것이 바로 임무담당민영화 또는 기능민영화이다. 따라서 민영화를 위한 법적 수단을 기능민영화를 중심으로 살펴보기로 한다.

사인에 대하여는 개별적인 권한만이 수탁될 수 있다. 따라서 공무수탁사인의 법률관계는 특정의 권한에만 관련되는 것이며, 당해 사인의 모든 법적 지위에 대한 것은 아니다. 따라서 하나의 민영화조치를 함에 있어서 공무수탁사인은 법적 수단이 다른 민영화모델, 예컨대, 민간경영모델(경영위탁) 같은 행정보조자모델이나 특허모델 등과 결합될 수 있다. 예컨대 「사회기반시설에 대한 민간투자법」(이하 '민자유치법')에 따른 민간투자자가 사회간접시설을 설치·유지·운영하는 경우 민자유치는 기본적으로 특허모델의 성질을 가지는데, 당해 사업시행자가 동법 제18조에 따라 고권적 권한인 토지수용권을 행사하는 경우 공무수탁사인의 법리가 적용된다.

### (2) 공의무부담(Inpflichtnahme)·공의무부담사인(Inpflichtgenommene)

기능민영화를 위한 법적 수단으로서 공무수탁사인과는 그 성격이 다른 법제로서 이른바 공의무부담이라는 것이 있다. 이는 공임무 수행을 위하여 사인에게 특정한 의무가 부과되는 것을 말한다. 당해 사인은 자신의 의사와 관계없이 의무를 부담한다. 석유 및 석유대체연료 사업법 제17조에 의한 석유수입업자 및 석유판매업자의 석유비축의무, 소득세법 제127조에 의한 소득세원천징수의무, 폐기물관리법 제47조 제2항에 의한 폐기물 회수·처리책임 등이 그 예에 속한다.

공의무부과의 경우에는 공공주체가 임무수행의 부담을 사인에게 일방적으로 부과하는 것으로서, 경제적 자기책임의 강화를 목표로 하며, 이를 통해 임무수행에 있어서 경제적 효율성도 제고된다. 그러나 중소기업에 대하여는 과도한 부담이 되어 오히려 효율성을 저해할 수 있으므로 당해 의무부담이 그 의무를 지게 되는 사인의 객관적 능력에 비추어 수인가능한지 혹은 합목적적인지를 비례원칙의 관점에서 평가하여야 할 것이다. 공의무부담은 사인에게 직접 법률에 의하여 혹은 법률에 근거한 행정행위에 의하여 강제적으로 부과된 의무만을 의미한다.

### (3) 비독립적 행정보조자 모델(행정보조자: Verwaltungshelfer)

공공주체는 공임무를 수행하기 위하여 다양한 형태로 사인을 사용할 수 있는데, 그 중 당해 공공주체를 위하여 비독립적으로 활동하며 단순히 도구로서 공임무수행에 동원되는 경우를 행정보조자(비독립적 행정보조자)라 칭한다. 행정보조자는 공무수탁사인과는 달리 자신의 이름으로 활동하지 않으며, 공공주체의 위임에 의하여 그 지시에 따라 활동한다. 따라서 자기책임의 원리는 제한적으로만 구현된다. 공공주체는 명문의 수권 없이도 자신의 공임무를 수행하기 위하여 행정보조자로서 사인을 이용할 수 있다.

독일에서의 민영화논의에 있어서는 특히 사회간접자본시설의 설치 및 확충을 위한 재정민영화의 수단으로 이른바 민간경영자 모델(Betreibermodell)이 많이 다루어져 왔다. 이 방식에 따르면 민간경영자가 공임무수행을 위해 필요한 시설 등의 설치에 대하여 계획하고, 이에 소요되는 자금을 조달하고, 시설을 건축하여 경영하지만, 제3자에 대하여는 독립된 법적 주체로 등장하지 않고 다만 비독립적 행정보조자로서 이러한 임무수행을 사실상 담당한다.

## (4) 독립적 행정보조자 모델(특허모델: Konzessionsmodell)

위의 비독립적 행정보조자 모델과는 달리 공임무수행에 이용되는 사인이 외부에 대하여 독립적으로(자신의 이름으로) 활동하는 경우에 이 사인은 제3자와 직접적인 법률관계에 선다. 만일 이때 그 사인이 강제적으로 임무수행의 책임을 부담한 것이 아니라 공임무수행에 자발적인 의사로 참여하였고(공의무부담과의 차이), 고권적 권한을 행사하지 않는다면 (공무수탁사인과 차이),[120] 이제까지 설명한 어떠한 범주에도 포함시킬 수 없게 된다. 따라서 이러한 부류를 법리상 새로운 하나의 범주로 묶어 독립적 행정보조자 모델(특허모델)이라 칭하기로 한다.

독립적 행정보조자 모델은 '특허'로 공임무수행의 권한이 부여된다. 특허는 공공주체가 사인에게 특정한 활동을 할 권리를 부여해 주면서 특별한 제한이나 의무(경영의무, 계약의무, 공공주체에의 승인권유보, 공공주체에 의한 가격통제 등)를 견련시키는 경우에 사용한다. 특허권의 부여로 특허권자는 경제적 이익을 획득하게 되므로 당해 사인은 자발적으로 공임무수행에 참여하려 하며, 따라서 공의무부담에서와는 달리 수익적 계기가 중요한 역할을 한다.

독립적 행정보조자 모델(특허모델)에 의하는 경우에는 비독립적 행정보조자에서와는 달리 단순히 사실상의 임무수행만이 아니라 중요한 의사결정과 생산지침의 제정 등도 민간부문으로 이전한다. 따라서 당해 급부의 수요와 공급도 시장기재에 의하여 결정된다. 공공주체는 규제자로서 통제권한을 통해 영향력을 행사할 수 있을 뿐, 원칙적으로 의사결정

---

120) 특허권자에게 개별적으로 법률에 의하여 공법상의 권한이 부여될 수도 있기 때문에 독립적 행정보조자 모델(특허모델)이 공무수탁사인과 결합될 수도 있다.

과정에 직접 개입하지 않는다. 특허권자는 외부에 대하여 법률상 독립적인 권리 및 의사 주체로 나타난다.

### (5) 참가모델(Beteiligungsmodell)

참가모델이란 공공주체가 공임무를 수행하기 위하여 사인과 함께 참가회사를 창립하는 것을 말한다. 공공주체가 어느 정도의 지분으로 참여해야 하는가는 일률적으로 말할 수 없으나, 독일의 경우 원칙적으로 과반수 이상을 공공주체가 가지는 경우를 참가모델로 보고 있다. 독일의 경우 최근 이른바 생존배려의 영역에서 이 방식이 많이 적용되고 있으며, 경찰임무분야에서도 이 모델의 유용성이 인정받고 있다. 이 모델은 종종 '민관협동모델'(Public – Private – Partnerships) 혹은 '협력모델'(Kooperationsmodell) 등으로 불리기도 한다.

이 법제의 특징은 공공주체와 사인이 동등한 자격으로 협력관계를 형성한다는 데에 있다. 당해 공임무는 공공주체와 사인이 공동으로 수행한다. 새로이 창설되는 참가회사가 사법상의 조직형태를 취하게 되므로, 참가모델은 형식적 민영화(조직민영화)를 수반한다. 참가모델은 실질적 민영화로서 민간부문의 노하우 및 창의력 그리고 자본을 유용하게 활용한다는 장점도 갖는다. 다른 한편으로는 공공주체와 사인이 하나의 법주체 안에서 동등한 자격을 가지고 협력하여야 하기 때문에 극복하기 어려운 이익충돌(공익과 사익의 충돌)이 야기된다. 이로 인하여 이 방식의 다른 장점들이 현저히 반감된다는 문제점을 가지고 있다. 참가모델에서 창설되는 참가회사는 한편으로는 기능적으로 민영화된 기업이기도 하지만, 다른 한편으로는 민영화되어야 할 민영화대상 공기업으로서의 성격도 가지고 있다.

## 4. 민영화의 한계와 국가의 역할

민영화의 한계는 헌법적 차원에서 논의되어야 한다. 하지만 현행 헌법상 민영화의 가능성과 한계에 대하여 직접 규정하는 조항은 없다. 따라서 헌법상 국가임무로부터 민영화가 불가능하다는 주장을 도출할 수는 없으며, 이것이 모든 국가임무를 완전히 민영화할 수 있다고 오해되어서도 안 된다. 민영화를 통해 공적 임무의 수행을 사인이 담당하더라도, 국가의 임무 그 자체는 헌법상 여전히 국가에 남아 있는 것이기 때문에, 임무를 완전히 민영화한다는 것은 있을 수 없으며, 그 자체로서 이미 위헌일 것이다. 이것이 바로 민영화 이후 규제를 통한 공공성확보의 헌법적 근거가 된다. 즉 민영화를 통해 국가의 임무는 직접적인 제공임무에서 규제임무로 전환되는 것이다.

다만, 헌법상 인간으로서 존엄과 가치, 행복추구권, 인격형성의 자유 내지 일반적 행동자유권 그리고 인간다운 생활을 할 권리를 위해 요구되는 필수적인 요소는 국가가 이를 보장하여야 할 의무를 지고 있다. 기본권보장의무와 기본권의 효과적 보호를 핵심으로 하는 법치주의원칙을 근거로, 민영화로 인하여 종래 보장되던 기본권보호에 약화를 가져오지 않도록 법제도를 정비할 책무가 국가에 있다. 또한, 사회국가원리에 따라 공기업이 제공하던 급부가 사회간접자본시설 내지 보편적 서비스의 대상이 되는 급부라면, 국가는 민영화 이후에도 그러한 급부가 충분히 효과적으로 제공되고 또한 모든 국민에게 적정한 가격으로 공급되도록 조종할 의무를 져야 한다. 그 밖에 민주주의원칙과 공화주의원칙에 따라 규제의 기준설정과 규제과정에 이해당사자의 참여가 보장되어야 할 것이다.


## III. 제3섹터에 의한 경제행정

### 1. 제3섹터의 역사적 발전과 문제현황

서구사회에서 고전적 의미의 제3섹터는 교회, 노동조합, 직업조합, 시민단체 등 네 가지 원천에 의해 형성되었다. 예컨대, 중세 국가권력에 참여했던 교회가 근대 국가권력으로부터 분리되면서, 종래 교회가 수행했었던 공적 임무 가운데 자선사업과 같이 국가권력의 행사와 직접 무관하고 이를 제공할 유인이 크지 않으면서 교회의 사명으로 설명될 수 있는 임무를 여전히 교회가 담당하게 되는데, 이러한 교회의 공적 임무수행은 오늘날 제3섹터의 중요한 부분을 구성하게 되었다.

오늘날 이러한 제3섹터에 대한 관심이 증가하게 된 것은 국가의 재정위기로 인해 '국가 v. 시장'이라는 대립적인 시각의 문제점이 지적되고 '국가와 시장의 협력'이라는 관점에서 거버넌스를 재구성하여야 한다는 인식이 확산되었기 때문이다. 이러한 배경 하에서 공익적 임무수행의 방식에 변화가 요구되었고, 제3섹터 문제는 이러한 맥락 속에서 이해되어야 한다.[121]

---

121) 이에 대하여 상세한 내용은 이원우, 경제규제법론, 402–417쪽 참조.

## 2. 제3섹터의 개념과 유형

### (1) 개념

제1섹터는 시장, 제2섹터는 국가를 의미한다. 이와 구별되는 제3섹터는 공익목적과 연결되어 있다는 점에서 제2섹터와 중첩된다. 그러나 제3섹터는 공익 또는 공적 임무 가운데, 국가임무나 행정임무에 속하지 않는 공적 임무 또는 공익의 영역이 있다는 것을 전제한다. 즉, 공임무를 국가가 담당하는 국가임무와 국가 이외의 법주체에게 맡겨져 있는 사회임무로 분류한다면, 국가 이외의 법주체가 사회임무의 수행을 담당한다.

일반적으로 국가임무와 사회임무는 그 임무의 성격과 임무수행의 주체에 따라 구분된다. 국가는 헌법과 입법자가 국가임무로 정한 임무를 수행한다. 그러나 국가가 종래 제3섹터에 해당하는 사회임무를 수행하면, 이 임무는 국가부분으로 흡수되어 국가임무로 전환된 것으로 보아야 한다. 사회임무는 제3섹터에서 담당하는 것으로 입법자가 국가의 임무로 의무화하지 않고 임의적 임무의 영역으로 남겨둔 부분이다. 비영리 민간조직이 자발적으로 사회임무를 수행하거나 사기업이 사회임무를 담당하면 그 범위 내에서 제3섹터로 이해해야 한다. 다만, 사회임무가 사기업의 이윤추구를 목적으로 하는 활동으로 변화하면 제3섹터로부터 배제되어야 한다.

따라서 제3섹터란 국가 또는 지방자치단체 이외의 조직에 의한 국가 임무 이외의 비영리적 공익수행으로 정의될 수 있다.

### (2) 유형

#### 1) 기능 및 임무 성격에 따른 분류

사회임무 중에서도 시장친화적·기업적 성격이 강한 임무는 제공되는 급부가 배제성을 가지고 있어서 일정부분 수익자부담의 원리에 따른 비용부과가 가능하다.(시장친화적 제3섹터). 이러한 영역은 동일한 급부를 제공하는 민간기업이 존재하여 민간기업과 제3섹터 간에 경쟁법적 문제를 야기한다. 제3섹터 주체들이 세제상 혜택, 보조금 등 다양한 지원을 받아 민간기업이 경쟁조건에서 차별을 받고 있다고 할 수 있기 때문이다.

사회임무 중 정책목적의 사업을 수행하는 경우는 제공되는 급부가 비배제성을 특징으로 하기 때문에 수요자가 특정되기 어렵다(시장비친화적 제3섹터). 이는 다시 임무수행에서 사회적 의사결정 또는 사회적 가치 및 자원배분과 관련이 있는 경우(예컨대, 환경단체의 환경보호운동)와 그렇지 않은 경우(비영리조직의 교통질서준수운동)로 구분할 수 있다.

## 2) 주체에 따른 분류

제3섹터는 주체의 조직형식에 따라 공법상 조직과 사법상 조직으로 구분된다. 전자는 공법상 단체, 공법상 재단, 공법상 영조물로 구분된다. 사법형식의 조직은 비영리법인과 공사혼합법인으로 나누어 볼 수 있다. 공사혼합법인은 전통적인 제3섹터의 수행주체이고, 비영리법인은 국가재정위기를 극복하기 위한 수단으로 주목받고 있는 민관협력방식에 해당한다.

주체의 관점에서 다른 하나의 분류기준이 될 수 있는 것은 제3섹터에서 제공하는 급부의 수요자가 일차적으로 조직구성원인 경우와 제3자 또는 일반 국민인 경우이다. 전자의 경우는 이른바 기능적 자치행정 영역으로서 이에 대한 법리가 적용될 것이다.

## 3) 재정조달 방식에 따른 분류

재정조달을 국가의 공공재원에 의존한다면, 이에 대한 공법적 통제가 요구된다. 특히 이 경우에는 효율적으로 활동할 유인이 적다. 이들이 수행하는 임무는 효율성 이외의 가치와 관련된 것이다. 그러나 이러한 목적설정이 자원의 낭비를 정당화하는 것은 아니다. 따라서 목적설정에 있어서는 비영리성을 존중해야 하지만, 동일한 목적달성을 위한 수단 가운데 효율성원칙을 준수할 것을 요구하는 것 또한 포기해서는 안 될 것이다.

# 3. 제3섹터의 개선방향: 법적 관점에서

## (1) 제3섹터에 대한 긍정적 전망과 기대

제3섹터는 정부와 시장이 제공하지 않는 급부를 제공한다. 시장실패로 제공되지 않고, 정치적 다수자의 지지를 받지 못하는 공공재는 정부에 의해서도 제공되지 못하는 상황이 발생한다. 전형적인 제3섹터는 바로 이러한 영역에서 가치를 발휘한다. 국가와 시장의 협력을 요하는 영역, 민간부문에 노하우가 집적되어 있으나 비영리적 성격을 가진 경우, 거래비용의 관점에서 국가부문보다 민간부문이 더욱 효율적인 경우 등 제3섹터가 활용될 수 있는 영역에서 제3섹터 방식을 활용하고자 하는 새로운 시도들이 지속되어야 할 것이다.

### (2) 문제점과 개선방향

제3섹터의 실패 원인은 종래 제3섹터에서 제공되던 급부가 시장에서 제공가능하게 되는 경우가 늘어나는 데 반해, 비영리조직의 구조상 의사결정의 비효율성과 민주적 정당성 부재 등 내부거래비용의 증가로 제3섹터는 이에 적절히 대응하지 못하는 경우가 늘어나고 있기 때문이다. 시장친화적 제3섹터의 경우에는 민간부문과의 경쟁도입이 하나의 방안이 될 수 있다. 그러나 경쟁도입의 방식은 궁극적으로 제3섹터가 제1섹터, 즉 시장으로 전이된다는 것을 의미하므로 제3섹터가 점차 위축되고 감소될 우려가 존재한다. 따라서 공공성이 강한 영역에서는 이러한 방식이 바람직한 수단이 될 수 있는지 면밀한 검토가 필요하다. 경쟁의 도입이 바람직하지 않거나 불가능한 영역에서는 제3섹터에 대한 관리와 감독의 개선이 이루어져야 한다. 그러나 관리·감독의 강화는 국가개입의 강화를 의미하고, 곧 자율성의 축소를 야기할 우려가 있다. 이는 제3섹터의 본질에 반한다. 따라서 자율규제에 의한 감독이 우선적으로 고려되어야 한다. 특히 비영리조직 내부의 지배구조 또는 거버넌스를 개선하는 방안이 모색되어야 할 것이다.

## 제5절 자율규제

## Ⅰ. 자율규제의 확대강화와 공법상 이론의 쟁점

전통적인 국가조직으로서 행정관청에 의해 수행되던 여러 임무들은 다양한 형태의 사회 세력, 정치적 단체, 민간기구, 기업 또는 민관협력체 등에 개방되어 수행되고 있다. 자율규제도 이러한 방식의 공적 임무수행 유형에 해당한다. 오늘날 자율규제가 양적·질적으로 확대되는 중요한 요인은 국가임무의 확대와 국가재정의 한계라는 현실적 문제가 작용하고 있다. 국가의 인적·물적 제약을 고려할 때, 민간영역이나 제3섹터에 의해 적절하게 수행될 수 있는 임무는 이들에게 이관하고 국가는 핵심영역에 힘을 집중함으로써, 궁극적으로 국가의 공적 임무수행을 효율적이고 효과적으로 수행하는 것이 바람직하다. 따라서 자율규제의 영역은 여전히 공적 임무영역이며, 공동체적 규범과 가치가 유지되어야 하는 영역이다. 자율규제단체에 대한 적절한 공적 통제를 전제로 적절한 규제권한이 부여되어야 할 것이다.


## II. 자율규제의 다양한 형태

자율규제는 법도그마틱적 개념이 아니고 설명적 개념이다. 자율규제의 유형은 그 주체의 법적 지위와 법률관계의 내용에 따라 여러 가지 법도그마틱적 개념으로 분류될 수 있다.
자율규제 가운데 가장 공적 특성이 강하고, 강력한 규제권한을 부여하는 방식은 이른바 '기능적 자치행정'의 방식이다. 기능적 자치행정이란 국가가 직접 수행하기 적합하지 않은 공적 임무를 합목적적으로 수행하기 위하여, 당해 임무수행에 적절한 공적 주체(공법인 또는 특수법인)를 통해 당해 영역에 대한 일정한 사무를 독립적으로 처리하도록 하는 것을 말한다. 이와 달리, 사인 가운데 당해 임무를 적절히 수행할 자를 선정하여 그에게 공적 임무의 수행을 맡길 수도 있다. 공무수탁사인이나, 비독립적인 행정보조자가 그 예이다. 이상의 경우는 입법적 조치든 행정적 조치든 일정한 공적 조치에 의해 공적 규제임무를 사인이 수행하게 되며, 이러한 사인의 공적 규제는 일정한 법적 효과를 부여받게 된다. 이러한 공적 조치 없이 사인이 순수하게 자발적으로 일정한 행위규제를 하는 경우가 있다. 예컨대, 민간기업 사이에 신사협정(MOU)을 체결하여 일정한 행위를 금지하는 경우를 상정할 수 있다.


## III. 우리나라에서 자율규제조직의 자율규제기능 및 권한의 취약성

### 1. 자율규제에 대한 부정적 인식

우리나라에서 자율규제는 자율규제기관에 대한 사회적 인식과 법적 지위의 미흡으로 그 기능과 중요성이 도외시되고 있다. 업자들의 이익집단인 자율규제기관이 자신의 이해관계에 직접적으로 관련 있는 사안에 대한 규제업무를 적절히 수행할 수 있는가에 대한 의문이 제기되고 있으며, 이것이 자율규제업무의 대폭적인 이양에도 걸림돌이 되고 있다.

## 2. 자율규제에 있어서 규제조직 및 규제방식의 다원화 - 기능적 자치행정에 대한 인식문제

기능적 자치행정이란 사회·경제·문화 등 개별 영역에서 당해 영역에 종사하는 관계자들이 당해 영역에 대한 일정한 사무를 독립적으로 처리하는 것을 말한다. 이와 구분해야 할 것은 임의의 사인들이 임의적으로 조직을 구성하여 자신들의 개별적 이익을 도모하는 것은 '자치'일 수 있으나, 자치'행정'일 수는 없다는 점이다. 자치행정은 근원적으로 국가권력으로부터 유래하는 것이다. 이를 간접국가행정이라 부르는 이유가 여기에 있다.

자치행정의 주체는 국가 공행정의 일부를 위임받아 수행하고 있으며, 그 과정에서 권력성을 발휘한다. 따라서 한편으로는 공동체의 이익이 적절히 반영되고 사익과 조화되는 공동체적 법질서 형성이 요구되며, 다른 한편으로는 자치행정주체의 권력성을 통제할 필요성이 요구된다.

기능적 자치행정은 전혀 새로운 현상이 아니다. 현대사회의 변화는 자치행정 영역의 확대와 새로운 법적 규율을 요구하고 있다. 이러한 변화는 자치행정의 중심을 지방자치에서 기능적 자치행정으로 옮기고 있고, 국민은 정치영역과 행정에서 통합과 참여를 요구하게 된다. 이에 따라, 자치행정은 국가권력의 주체로서 국민의 지위를 강화하고, 구체적인 생활관계 속에서 연대가 공고한 공동체를 형성하기 위한 수단으로 이해된다.

## 3. 기능적 자치행정주체의 조직형식

기능적 자치행정은 원칙적으로 공공단체라는 공법형식에 의해 조직된다. 기능적 자치행정을 공공단체 가운데 어떠한 법형식으로 수행할 것인지는 당해 자율규제조직의 임무와 목적에 따라 결정된다. 자치권을 광범위하게 보장하기 위해서는 공법상 단체의 형식을 취하게 되고, 재단은 일정한 공적목적을 지속적으로 수행하고 이를 위해 일정한 재원이 지속적으로 요구되는 경우에 채택되며, 효율적 운영과 수익성을 추구하면서 자율규제를 하여야 하는 경우에는 영조물법인의 형식을 취하는 것이 타당하다.

## 4. 조직법적 형식에 따른 자율규제권한 범위의 차이

기능적 자치행정은 자율규제를 원칙적으로 공적 조직을 통해 수행하는 방식이며, 공무수탁사인, 행정보조자, 순수한 자율규제 등은 사적 조직을 통해 자율규제를 담당하도록 하는 방식이다. 따라서 조직법적 관점에서 보면, 자치행정의 방식이 가장 강력하고 광범위한 자율규제권한을 부여받는 것이 일반적이며 법리상 타당하다.

자치행정은 사회경제적으로 중요한 규제임무로서 포괄적인 규제권한의 부여가 요구되고, 규제임무의 전문성과 특수성으로 인해 국민의 기본권을 제한할 수 있는 개개 규제권한의 행사에 간여하는 것보다 조직법적 통제가 더욱 적절한 경우에 채택된다. 공무수탁사인은 자율규제에 맡기고자 하는 고권적 권한의 행사가 예외적이고 제한적으로 행사되는 경우에, 혹은 당해 규제업무가 양적으로 그리 방대하지 않아서 이를 위한 조직을 별도로 설치하는 것이 부적절한 경우에 채택된다. 행정보조자는 자율규제조직이 고권적 권한을 행사할 필요가 없으며, 민간부문에서 당해 규제임무를 충분히 수행할 수 있거나 또는 오히려 민간부문에서 그러한 임무를 더 잘 이행할 수 있는 경우에 채택된다. 순수한 사적자치에 의한 규제는 합의에 기초하여 규제권한을 행사할 수 있을 뿐이며, 동의가 없는 한 규제권한의 행사는 불가능하다.

## 5. 자율규제의 확대방안

국가감독기구와 자율규제기구가 병존하는 경우 자율규제에 맡기는 것이 적합한 업무는 ① 위임에 의한 감독보조적 규제기능, ② 일상적·반복적·기능적 성격의 규제업무, ③ 감독기관의 인적·물적 능력의 한계로 인하여 직접 영위하기 어려운 업무, ④ 자율적 질서형성이 요구되는 영역의 규제기능, 예컨대, 전문적 영역 규제, ⑤ 감독기관이 직접 규제하는 것이 기업의 자유와 창의를 억제하게 될 우려가 있는 규제기능 등으로 유형화할 수 있을 것이다.

# 제5장 경제규제를 위한 법적 수단

## 제1절 위임입법에 의한 경제규제

### I. 서론

경제행정은 동태적이고 전문적인 분야를 그 규율의 대상으로 한다는 점에서 다른 행정영역과 차별성을 갖는다. 특히 경제상황의 변동, 기술의 발전, 새로운 사회현상의 등장 등으로 규제체계의 공백 또는 중복 등 혼란이 야기되곤 한다. 전통적인 경찰행정법이나 감독행정법의 법리로는 해결하기 어려운 문제들이 확대되고 있다. 적시의 적절한 대응이 이루어지기 어렵기 때문에, 바람직하지 않은 행위로 인한 폐해가 큰 반면, 그 행위자가 획득하는 경제적 이익은 막대하다. 이러한 문제점을 해결하기 위한 합리적인 대안 중 하나는 위임입법의 적극적인 활용이다.

### II. 위임입법에 의한 경제규제의 필요성과 규제당국의 재량권 확대 문제

일반적으로 위임입법은 ① 국회입법부담의 경감, ② 입법내용의 전문성·복잡성, ③ 규율대상의 동태적 변화에 따른 유연성, ④ 긴급사태에 대한 대처가능성, ⑤ 분산적 해결의 필요성, ⑥ 실험상태에 대한 규율 등을 이유로 인정되고 있다.

앞서 언급했듯이, 경제행정의 복잡성과 전문성, 방대한 규모, 그리고 경제환경의 동태적 변화에 대한 대처 필요성 등을 감안할 때, 경제규제의 세세한 기준을 모두 법률 또는 시행령에서 규정하는 것은 현실적으로 가능하지도 바람직하지도 않다. 따라서 경제규제의 구체적인 내용을 규제당국의 내부 규정으로 위임하는 경우가 많으며, 그 속에서 규제당국의 재량적 판단여지를 상당 부분 인정할 수밖에 없다.

이렇듯, 위임입법이 불가피한 상황에서, 위임입법의 통제는 어떻게 보장할 것인가가 행정법학에서는 중요한 화두이다. 특히 위임입법의 확대는 곧 관할행정청의 권한강화로 이어지기 때문에, 이에 대한 적절한 통제가 이루어져야 한다. 그러나 경제행정 영역에서 광범위한 위임입법이 불가피하다는 점이 부정될 수는 없으므로, 광범위한 위임입법과 그에 대한 통제라는 긴장관계가 유지될 수 있어야 할 것이다.[122]

## Ⅲ. 위임입법의 범위와 한계에 대한 종래의 논의

### 1. 대원칙: 법률유보원칙과 포괄적 위임입법의 금지

#### (1) 권력분립에 의한 국회입법의 원칙: 법률유보와 위임입법

위임입법은 국회의 입법책무를 사실상 무의미하게 만들거나 실질적으로 침해하여서는 안 된다. 따라서 국가공동체와 그 구성원에게 기본적이고 중요한 의미를 갖는 영역, 특히 국민의 기본권 실현에 관련된 영역에 대한 규율은 국민의 대표자인 입법자가 그 본질적 사항에 대하여 스스로 결정하여야 한다. 위임입법의 허용여부 및 그 정도는 기본권 실현에 있어서 중요한 사항, 입법기술적 한계 및 현실적 한계 등을 고려하여 결정된다.

#### (2) 위임입법의 한계: 포괄적 위임입법의 금지

포괄적 위임입법의 금지에 대하여 헌법 제75조는 "법률에 구체적으로 범위를 정하여"라고 규정하고 있다. 이 규정의 해석에 대해 학설은 포괄적 위임입법의 금지는 위임입법에 대하여 위임 대상의 한정성(구체성)과 기준의 명확성이라는 두 가지 요건을 부과하고

---

122) 이에 대하여 상세한 내용은 이원우, 경제규제법론, 421-441쪽 참조.

있다고 본다. 한편 헌법재판소는 이 규정의 의미를 "법률에 대통령령 등 하위법규에 규정될 내용 및 범위의 기본사항이 가능한 한 구체적이고도 명확하게 규정되어 있어서 누구라도 당해 법률 그 자체로부터 대통령령 등에 규정될 내용의 대강을 예측할 수 있어야 함을 의미"한다고 설시하고 있다.[123]

## 2. 위임입법기준의 완화: 구체성의 판단 및 정도

### (1) 구체성의 판단기준

헌법재판소는 위임법률이 국민의 예측가능성을 보장하고 있는지 여부에 대해, "당해 특정조항 하나만을 가지고 판단할 것은 아니고 관련 법조항 전체를 유기적·체계적으로 종합판단하여야 하며, 각 대상법률의 성질에 따라 구체적·개별적으로 검토하여야 한다."고 선언함으로써 위임입법의 기준을 어느 정도 완화하고 있다.[124]

### (2) 구체성·명확성의 요구정도

헌법재판소는 구체성·명확성의 요구정도를 규율대상의 종류와 성격에 따라 차등함으로써 위임입법의 허용범위를 넓히고 있다. 즉, "기본권 침해 영역에서는 급부행정 영역에서보다는 구체성의 요구가 강화되고, 다양한 사실관계를 규율하거나 사실관계가 수시로 변화될 것이 예상될 때에는 위임의 명확성의 요건이 완화되어야 한다."[125] 반면, "처벌법규나 조세법규 등 국민의 기본권을 직접적으로 제한하거나 침해할 소지가 있는 법규에서는 일반적인 급부행정 법규에서와는 달리, 그 위임의 요건과 범위가 보다 엄격하고 제한적으로 규정되어야 한다."[126] 한편, 수범자가 해당 분야의 전문가들인 경우에는 위임의 구체성과 명확성 기준이 완화된다고 본다.

---

123) 헌재 1991. 7. 8. 선고 91헌가4 결정.
124) 헌재 1994. 6. 30. 선고 93헌가15, 16, 17 결정.
125) 헌재 1991. 2. 11. 선고 90헌가27 결정.
126) 헌재 1994. 7. 29. 선고 92헌바49, 52 결정.

## 3. 법률유보 또는 위임입법의 정도에 대한 일반적 기준

### (1) 국민에 대한 영향

벌칙이나 의무부과적 제재적 처분이나 행정강제적 처분 → 그 밖의 행정처분(행정행위) → 행정처분 이외의 행정작용 → 행정작용과 직접 관계없는 행정 내부조직에 관한 사항 등의 순에 따라 위임의 한정성, 구체성 요구가 완화된다.

### (2) 관련되는 기본권의 성질과 규율영역

침해되는 기본권의 성질과 보호 필요성, 영향의 범위 등을 고려하여 국민의 기본권 실현에 중요한 의미를 가지는 사항은 입법자가 직접 규율하여야 한다. 신체의 자유나 표현의 자유 등 정신적 자유보다 경제적 자유에 대한 제한은 위임입법의 범위가 확대될 수 있다.

### (3) 규율대상의 국가사회적 중요성

국가사회적으로 중요한 정책적 결정에 대한 규율에 있어서 정책의 목적, 방향, 추진방법 등은 수권법률에서 명시되어야 하며, 수권규정의 규율밀도에 대한 요구도 커진다.

### (4) 위임입법의 민주적 정당성

위임입법에 대한 절차적 규율 및 수임자의 민주적 정당성, 위임입법에 대한 민주적 통제 확보여부에 따라 수권규정의 규율밀도에 차이가 발생한다. 조례, 대통령령, 부령, 규정(행정규칙) 등의 순서에 따라 수권규정의 규율밀도가 강화되어야 할 것이다.

### (5) 현실적 입법기술의 한계

규율영역 또는 규율사항의 특수성, 고도의 전문기술성 등으로 인하여 입법자가 규율상황을 모두 예측하여 그 규율방향을 정하기를 기대하는 것이 입법능력이나 여건에 비추어 곤란한 경우, 구체성에 대한 요구가 완화될 것이다.

## 4. 경제행정에서 위임입법의 범위와 한계문제

이상의 설명에 따르면, 경제행정 영역에서 위임입법의 범위를 일률적으로 말하기는 어렵다. 규제기준에 관한 규정과 직접 제재처분에 관한 규정에 있어 위임입법의 정도에 차이가 있고, 규제기준을 정하는 경우에도 진입규제와 사후행위규제 기준의 경우에 규율밀도에 대한 요구가 달라질 것이기 때문이다. 금융행정의 예를 들면, 국민경제 전체에 커다란 영향을 미친다는 점에서는 법률유보가 강하게 요구된다고 볼 수도 있지만, 대부분의 규제기준이 주로 금융업자 내지 금융업무 종사자인 전문가 집단을 대상으로 하고 있다는 점, 금융시장의 전문성과 동태적 성격의 측면에서는 위임입법이 상대적으로 광범위하게 허용된다고 할 것이다. 특히 금융시장의 세계화로 금융시장에 대한 규제기준이 세계적으로 수렴하는 경향이 강하다. 따라서 이에 대한 규율을 위임입법에 맡기더라도 수범자들의 예견가능성을 침해한다고 보기 어렵다. 이러한 점들을 종합적으로 고려하면, 경제행정에 있어서 위임입법을 엄격하게 통제할 필요성이 상대적으로 적고, 위임입법에 대한 통제를 완화해야 할 필요성이 제기된다고 하겠다.


## Ⅳ. 위임입법 통제법리의 재검토: 포괄적 위임입법에 대한 위헌심사의 문제점을 중심으로

### 1. 문제의 제기

오늘날 위임입법의 한계에 관한 견해대립은 기본적으로 고전적 형식주의적 민주주의관과 현대적·기능적 민주주의관의 대립에 기인하는 것이다.

민주주의의 핵심은 국민으로부터 직접 민주적 정당성을 부여받고 국민에 대하여 직접 책임을 지는 의회가 중요한 정책에 대한 결정권을 가져야 한다는 데 있다. 따라서 중요한 정책결정은 의회가 제정한 법률에 의하여야 하고, 의회는 이러한 입법권을 불가피하게 위임하여야 하는 경우에도 정책의 목적을 명확하게 설정하면서 목적실현을 위한 수단의 골격을 제시하여야 한다. 이를 통해 수임기관인 행정부는 의회의 정책결정에 부합하도록 위임입법권을 행사할 수 있으며, 이에 대한 사법심사에서 법원통제의 명확한 기준을 획득하게 된다.

포괄적 위임입법의 금지 또는 위임입법의 한계로서 구체성과 명확성 원칙은 민주주의

원칙을 구현하기 위한 형식 내지 수단적 성격을 가지는가, 아니면 그 자체로서 민주주의 원리의 내용을 이루는 실질적·실체적 성격을 가지는가? 만일 후자라면, 명확성 원칙에 반하는 위임입법이라는 이유만으로도 이러한 위임법률은 무효라고 선언될 수 있을 것이다. 그러나 전자라면 이들 원칙에 반한다는 이유로 위헌결정을 하는 것은 최소한도로 축소되어야 할 것이다.

## 2. 포괄적 위임입법에 대한 합헌성 통제의 문제상황

### (1) 문제상황

판례와 통설에 따르면, 법률이 위임을 하면서 구체적이고 명확하게 기준을 제시하지 않는 경우, 해당 법률은 포괄적 위임입법 금지의 법리에 따라 위헌이 된다. 따라서 이에 근거한 법규명령도 무효이고, 이에 근거한 처분은 처분의 내용 자체는 타당한 것이고 헌법 질서에 부합하더라도 위법을 면치 못한다. 그러나 헌법재판소의 위헌결정에 따라 근거 법률 규정이 무효화된다고 하더라도 포괄위임입법 금지의 원칙에 반하지 않을 정도로 법률에 구체성과 명확성을 보완하는 데 그치고, 종전 법규명령의 내용은 그대로 유지할 가능성이 크다. 이러한 법령 정비 후 행정청은 다시 동일한 처분을 하게 될 것이지만, 전과 동일한 처분을 받더라도 상대방은 이제 더 이상 처분의 위법성을 다투지 못한다. 원래부터 처분의 내용 자체는 타당한 것이고 헌법 질서에 부합하는 것이기 때문이다. 그렇다면 포괄적 위임입법 금지의 법리에 의한 위헌성 통제는 사회적으로 금지되어야 하는 불법행위에 대하여 일정한 기한의 이익을 보장하여 이를 보호하는 결과를 가져올 것이다.

또 다른 문제상황은 법률이 위임을 하면서 구체적이고 명확하게 기준을 제시하지 않은 채 포괄적으로 위임하였는데, 이에 따른 법규명령의 내용 자체도 입법자의 의사에 반하거나 헌법적 가치나 기본권을 침해하는 사항을 포함하고 있는 경우이다. 당연히 헌법재판소는 포괄적 위임입법 금지의 법리에 따라 근거법률을 위헌·무효로 선언할 것이다. 이 법률에 근거한 법규명령도 무효이며, 처분도 위법이 되어 취소될 것이다. 그러나 실제 그 처분이 내용적으로도 문제가 되는지에 대해서는 판단된 바 없다. 포괄위임입법 금지라는 형식에만 집중했을 뿐이지 법규명령의 실제 내용과 이에 근거한 처분에 대해서는 아직 최종적인 판단이 유보된 상태이기 때문에, 그 후속조치로 법률이 개정되더라도 여전히 법규명령과 그에 근거한 처분의 내용을 둘러싼 분쟁은 반복될 가능성이 크다.

## (2) 전통적인 위임입법 통제 법리의 재구성

이상의 문제상황들을 검토해 보면, 포괄적 위임입법 금지의 법리에 반한다는 형식적 위헌성을 근거로 근거법률을 무효화시키는 헌법적 해결방식에 따를 때에는 분쟁을 종국적으로 해결하기 어렵고, 때에 따라서는 형식적 합헌성을 위해 불법행위를 허용하는 부조리를 야기할 수 있다는 결론에 이르게 된다. 오히려 포괄적 위임입법이 있고 이에 근거한 법규명령이 제정된 경우, 당해 처분이나 법규명령의 효력을 다투는 것이 분쟁의 종국적이고도 합리적인 해결을 보장하며, 근거법률의 효력은 가능한 한 유지시키는 것이 실질적 정의의 원리에 부합한다. 위헌법률에 대한 통제는 법률규정 자체가 실질적 헌법질서에 명확하게 반하는 경우로 제한하여야 할 것이다.

포괄적 위임입법 금지의 법리로 법률의 위헌선언을 하는 것은 본질적으로 형식적 불법성의 통제라고 할 수 있다. 그러나 실질적 불법을 방지하기 위한 것이라면, 법률 자체로서 위헌이라고 하여 무효로 할 것이 아니라, 이러한 포괄적인 위임입법권을 행정부가 행사함에 있어서 의회의 정책결정에 반하여 이를 남용 하는 경우에만 사후적으로 통제를 하여도 충분할 것이다.

한편 포괄적 위임입법에 의한 법규명령의 실질적 위헌성 내지 위법성에 대하여 행정법적 통제를 함에 있어서 사법심사의 기준은 일차적으로 당해 법률의 목적조항 및 관련조항들의 종합적 해석을 통해 도출되는 의회의 정책목적과 행정법의 일반원리가 될 것이며, 기본권을 중심으로 하는 헌법규범도 중요한 사법심사 기준으로 채택될 수 있을 것이다. 이 경우에는 사법심사의 기준이 되는 규범이 원리 규범으로서 상대적으로 불명확하다고 하겠지만, 이는 의회가 그만큼 광범위한 형성의 여지를 행정부에게 부여한 것으로 이해하여야 할 것이다.


# 제2절 허가·특허·예외적 승인·인가


## I. 서론

경제주체의 경제활동은 기본권으로서 원칙적으로 자유의 영역에 속한다. 그러나 현실에서는 사전규제 또는 진입규제로서 허가·특허·예외적 승인·인가 등[127])이 요구되는 경

---

127) 그 밖에도 신고, 등록, 지정, 인증 등을 요구하는 경우도 있다. 그러나 이하에서는 경제행정법에서 가장

우가 다수 존재한다. 경제활동을 위해 필요한 생산요소의 획득(예: 주파수)이나 생산설비의 가동에도 허가·특허·예외적 승인·인가 등이 필요하다. 허가·특허·예외적 승인·인가 등은 경제주체의 결정과 사적 거래에 다방면의 법효과를 통해 영향을 미친다. 경제활동의 특성, 그 영향력 및 규제의 목적 등을 고려하여 해당 경제활동을 허용하기 위한 기준(Prüfungsmaßstäbe)과 경제활동을 허용한 후의 법적 지위 등에 있어서 차이를 발생시키기 때문이다.

이러한 허가·특허·예외적 승인·인가는 전통적인 행정법학의 논의주제이다. 그러나 행정법학에서 제시하는 각 개념의 구별과 유형분류는 여러 각도에서 문제를 야기한다. 실정법에서 사용되는 용어와 무관하게 이론이 정립되어 실정법 해석론에 도움을 주지 못하고 있는 것은 물론이고, 오히려 혼란을 가중하기도 한다. 이하에서는 이러한 혼란의 원인을 밝혀내고 이를 제거하기 위해 각 유형별 성격과 구별문제를 다루고자 한다.[128]

## II. 허가와 특허의 관계

### 1. 행정행위 분류체계상 허가와 특허의 지위에 관한 기존의 입장

#### (1) 허가와 특허에 대한 전통적 이해

전통적으로 행정행위는 그것이 '의무'와 관련된 것인가 '권리'와 관련된 것인가를 기준으로 명령적 행정행위와 형성적 행정행위로 분류된다. 명령적 행정행위는 상대방에게 의무를 부과하거나 의무를 해제하는 행정행위를 말하며, 형성적 행정행위 권리를 발생·변경·소멸시키는 행정행위를 의미한다고 한다. 이러한 전통적인 분류방식에 따르면 허가는 금지의 해제, 즉 부작위 '의무'의 해제로서 명령적 행정행위이며, 특허는 '권리'설정 행위로서 형성적 행정행위라고 한다. 즉, 의무와 관련된 행위는 그것이 의무의 부과든 의무의 해제든 모두 명령적 행정행위로 분류하고, 권리와 관계되는 행위는 모두 형성적 행정행위로 본다.

---

쟁점이 되고 중요한 위상을 차지하는 허가·특허·예외적 승인·인가를 위주로 살펴보고자 한다.
128) 이에 대하여 상세한 내용은 이원우, 경제규제법론, 259–296쪽 참조.

## (2) 전통적 입장에 대한 문제제기: 허가의 형성행위적 성격

이러한 전통적 입장에 따르면, 허가는 일반적·상대적 금지의 해제를 통하여 자연적 자유를 회복시켜 주는 데 불과하지만, 특허는 사람이 본래적으로 가지고 있지 않은 새로운 권리를 설정한다는 점에서 구별된다고 한다.

그러나 허가에 의하여 회복되는 자연적 자유라는 것도 헌법상 보장되는 자유권에 포함된다는 점에서 허가에 의하여 일정한 행위를 적법하게 할 수 있는 법적 지위, 즉 권리가 형성된다고 보아야 한다. 특히 종래 명령적 행정행위에서의 명령은 통상 명령과 금지만을 의미하는 것이며 허가와 면제를 명령의 개념으로 이해하는 것은 일반적인 언어관용에 반한다는 점, 법학 및 법실무에서 일반적으로 사용되는 형성이라는 용어도 법률관계의 발생·변경·소멸을 포괄적으로 지칭하며, 새로운 권리능력의 설정으로 제한하지 않는다는 점 등을 고려했을 때, 허가를 형성적 행정행위로 파악하고 명령적 행정행위로서의 성격을 부인하는 것이 타당하다.

명령적 행정행위의 개념을 그 용어법에 부합하게 명령과 금지만이 포함되는 것으로 파악한다면, 명령적 행정행위는 국민이 이를 위반한 경우 행정강제에 의해 관철된다는 점에서 다른 행정행위와 구별될 수 있다. 명령적 행정행위는 그 내용상 이행 내지 집행의 문제를 남기기 때문에, 명령에 따른 이행행위가 없을 경우 그 강제를 통한 실효성 확보가 중요한 문제가 된다. 이에 반하여 허가나 면제는 이행행위를 매개하지 아니하고 바로 국민의 법률관계의 변경을 가져 오기 때문에, 행정강제의 문제를 야기하지 않는 것이 원칙이다. 따라서 허가나 면제는 특허·인가 등과 함께 형성행위의 성질을 가지는 것으로 보는 것이 타당하다.


## 2. 허가의 기속행위성

오늘날 통설적 견해에 따르면, 허가란 기본권 행사(예컨대 건축행위)에 잠재적으로 내재해 있는 위험(부실공사로 인한 건축물붕괴 등)을 예방하기 위하여 일정한 법률상 요건(건축법상 허가요건)을 정하여 그 기본권 행사를 잠정적으로 금지하였다가 법률상 요건을 충족하면 이를 회복시켜 주는 것이라고 한다. 따라서 강학상 허가의 대상이 되는 행위(기본권 행사)는 법률에 의하여 필요한 범위 내에서만 제한이 가능하고, 법률상 요건이 충족되면 반드시 허가하여야 하기 때문에 허가는 기속행위라고 한다.

그러나 강학상 허가라고 하여 반드시 기속행위여야 하는지는 의문이다. 강학상 허가의 대표적인 예인 건축법상 건축허가도 건축법 제11조 제4항에 따라 '위락시설 또는 숙박시설에 해당하는 건축물의 용도·규모 또는 형태가 주거환경 또는 교육환경 등 주변환경을 감안할 때 부적합하다고 인정되는 경우'에는 거부될 수 있다. 강학상 허가인 건축허가의 일부에 대하여 거부할 수 있는 재량권이 부여되어 있음을 알 수 있다.

강학상 허가는 기속행위여야 한다는 통설의 주장은 '강학상 허가가 기본권 제한에 해당하므로 헌법 제37조 제2항에 따른 법률에 의한 제한만이 가능하기 때문에, 법률상 요건을 충족하는 한 법률에 규정된 허가요건 이외의 사유를 들어 허가신청을 거부할 수는 없다'는 것이다. 헌법상 기본권 제한에 관한 법률유보의 이론에 따라 기본권에 대한 제한이 법률에 의한 최소한도의 제한이어야 하는 것임은 물론이지만, 그것이 반드시 기속행위로 규정되어야 한다는 것은 논리필연적인 요청이 아니고 합목적적이지도 않다. 당해 기본권 제한의 목적상 필요한 경우에는 기본권 제한의 요건을 불확정 개념에 의하여 제한하거나 일정한 경우에 거부할 수 있는 재량권한을 부여할 수도 있기 때문이다.

## 3. 허가와 특허에 의하여 형성되는 법적 지위의 차이

과거에는 특허에 의해 부여되는 국민의 지위는 권리인 데 반해, 허가에 의해 회복되는 지위는 자연적 자유에 지나지 않는 반사적 이익에 불과하다고 하였다. 그러나 허가도 기본권을 회복시켜주므로 국가에 대한 관계에서 주관적 공권을 보유하게 되는 것이고, 따라서 법적 지위가 형성된다는 점에서 특허의 경우와 동일하다.

이처럼 허가와 특허는 형성적 행정행위라는 공통점이 있다고 보는 입장에서도, 그 법적 성질과 효과에 있어서 차이가 있다고 본다. 즉, 특허에 의하여 부여되는 권리는 국민에게 기본권으로 보장되지 않는 새로운 권리로서 특허에 의하여 국민의 권리범위가 실질적으로 확대되지만(실질적 수익처분), 허가에 의하여 회복되는 법적 지위는 원래 기본권에 의하여 보장되고 있는 자유권이기 때문에 국민의 권리범위가 실질적으로 확대되는 것은 아니라는 것이다(형식적 수익처분). 특히 특허에 의하여 부여되는 권리는 재산권적 성격이 있으며, 제3자에 대하여도 주장할 수 있지만, 허가에 의하여 회복되는 법적 지위를 제3자에 대하여 배타적·독점적으로 주장하지 못한다는 점에 차이가 있다.

그러나 이상과 같은 법적 지위의 차이를 기초로 하여 특허에 의한 권리는 강하게 보호되고, 허가에 의하여 부여되는 권리는 상대적으로 약한 보호를 받는다고 생각해서는 안

된다. 오히려 행정청과의 관계에서는 특허로 부여받은 권리는 여러 가지 공법적 제한을 받으며 강한 행정적 통제를 받는다. 특허의 대상이 되는 사업은 본래 행정 임무의 일부였던 것으로서, 특허에 의해 그것이 민간 부문에 의해 담당되더라도 당해 사업이 가진 사회·경제적 특수성으로 인한 공적규제가 불가피하기 때문이다. 이에 반해, 허가로 회복되는 자유는 기본권으로서 이에 대한 행정규제 권한은 매우 제한될 수밖에 없고, 허가의 발급도 원칙적으로 기속행정 내지 기속성이 강한 행정행위로 이해된다. 요컨대 대(對) 국가의 관계에서는 허가로 회복되는 법적 지위가 더 강력한 보호를 받으며, 제3자에 대한 관계에서는 특허에 의한 법적 지위가 상대적으로 강한 보호를 받는다.

허가와 특허에 의해 부여되는 사인의 법적 지위의 동일성과 상이성을 더욱 명확하게 이해하기 위해서는 행정법 관계의 다극적 구조라는 관점에서 이들 문제를 재조명할 필요가 있다. 행정법 관계를 다극적 구조로 파악한다는 것은 곧 경쟁관계에 있는 사인 상호 간의 관계(경쟁 관계로 인한 이익의 충돌과 조정)를 고려하여 행정작용의 성격을 파악하여야 한다는 것이다. 일정한 업종을 직업으로 영위하려는 다수의 사인들이 기본권으로서 보장받는 직업의 자유는 모든 참여자에게 대등하게 보장되는 경쟁의 자유로 나타난다. 특정인의 독점적 지위 보장은 다른 경쟁자의 기본권 침해를 구성하며, 따라서 헌법 제37조 제2항에서 정하는 기본권 제한의 요건을 충족하는 특별한 사유가 없는 한 기존 업자의 독점적 이익은 인정될 수 없다. 이에 반해 특허는 원칙적으로 독점적 지위를 법적으로 보장받는 것을 그 특징으로 한다. 특허의 경우에는 사회적 위험을 방지하기 위해 또는 사회적 급부의 적정한 제공을 위해 독점적 지위를 보장할 필요성이 있을 뿐 아니라, 특허권자들은 일정한 공법적 의무를 부담하거나 지속적으로 행정에 의한 통제를 받는 대신 일정한 독점적 지위가 보장되기 때문이다.

그렇다면 어떠한 경우에 독점적 지위 내지 경영상의 이익이 법적으로 보장되는 사업에 해당하는가? 독점적 지위 내지 경영상의 이익을 법적으로 보장한다는 것은 일정 부류의 사인에 대하여 타인의 비용 위에 편익을 제공하는 것이고, 이는 곧 경쟁자 사이에서 재화를 분배하는 효과를 가져온다. 특허는 희소한 재화의 분배 문제이다. 희소성은 천연자원과 같이 자연적으로 이미 결정되어 있을 수도 있고(광업권 또는 어업면허 등), 공공재나 유익재(merit goods) 혹은 자연독점 산업과 같이 경제법칙상 인간행위의 결과(시장실패) 필연적으로 발생할 수도 있으며(교통·통신·에너지·수도·폐기물처리 등), 도박과 같이 그 사회적 유해성으로 인해 인위적으로 공익적 차원에서 제도적으로 창출될 수도 있다.

## 4. 허가·특허 구별의 상대성 문제

허가와 특허의 구별은 상대적이라고 할 수 있다. 그것은 양자의 성질 및 효과상의 차이가 일도양단으로 구별되지 않고 하나의 스펙트럼과 같이 여러 중간단계를 가지고 있기 때문이다. 앞에서 검토한 바와 같이, 법현실에서 재량·기속은 다양하게 부여되어 있고, 제3자에 대한 독점적 지위라는 것도 완전한 배타적 독점과 완전히 경쟁적인 경우 이외에 다양한 중간 형태가 가능하다. 더욱이 기본권의 보호범위도 사회·경제·문화적 발전에 따라 변화하는 것이기 때문에, 허가 또는 특허의 법적 지위가 기본권에 의하여 원래 보장되던 이익에 해당하는지 또는 새로이 특정한 예외적 사안에서 권리영역이 형성된 경우에 해당하는지의 구분도 불분명하다. 따라서 허가와 특허의 구별은 더욱 상대적인 의미만을 가지게 된다.


## Ⅲ. 예외적 승인과 허가 및 특허와의 관계

독일의 경우 오래전부터 종래 허가와 특허 등을 모두 형성적 행정행위로서 동일한 성질을 가지는 것으로 보고, 이를 포괄하여 넓은 의미의 허가라고 본다. 이렇게 파악한 넓은 의미의 허가 내지 금지의 해제를 금지의 목적을 기준으로 '예방적 금지의 해제'와 '진압적 금지의 해제'로 구별하는데, 예외적 승인은 바로 진압적 금지의 해제를 말한다.

우리나라의 경우 일반적으로 예외적 승인의 개념은 강학상 허가의 개념과 대비하여 설명되고 있다. 강학상 허가는 행위 자체는 사회적으로 바람직한 것이지만, 일정한 경우에 위해를 가져올 수도 있으므로 그 행사를 일반적으로 금지한 다음, 일정 요건을 충족하면 당해 행위를 허용해주는 것이다. 반면 예외적 승인이란 사회적으로 유해한 것으로 금지되어 있는 행위를 예외적인 경우에 그 금지를 해제하여 이를 적법하게 행사할 수 있게 하는 행위를 말한다.

그러나 예외적 승인과 특허가 서로 어떠한 관계에 있는지에 대하여는 아무런 언급이 없는 것이 일반적이지만, 예외적 승인과 특허는 통일적으로 파악하는 것이 바람직하다. 예외적 승인과 특허를 통일적으로 파악하는 경우에 양자의 구별은 매우 상대화된다. 다만 특허가 경제행정법상 허가와 공기업 특허의 구별로부터 발전된 개념이라는 점에서, 특허의 경우에는 제3자에 대한 관계에서 독점적 지위를 가진다는 점에 상대적 중점이 있으며, 예외적 승인이 경찰법상 허가에서 파생되었다는 점에서 사회적 유해성의 예외라는 점에 상대적 중점을 둔다고 일응 구별할 수 있을 것이다.


## Ⅳ. 허가·특허·예외적 승인의 분류 기준과 착안점

전통적인 행정행위 분류에서 제시하는 유형과 법도그마틱만으로는 현대 행정이 요구하는 세분화된 섬세한 규제수단을 제공할 수 없다. 허가·특허·예외적 승인의 중간적 성격을 가진 다양한 정책수단이 요구되고 또 이것이 바람직한 방향이다. 이러한 현실을 전제로, 다음에서는 허가·특허·예외적 승인의 분류 기준과 착안점에 대해 제시하기로 한다. 이들 기준들은 상호 논리필연적인 연계성을 가지는 것은 아니며, 정책적 필요에 따라 달리 조합될 수 있다.


- 기속인가 재량인가: 허가에도 재량허가가 존재할 수 있다.
- 경쟁 제한적 요소의 유무: 허가나 예외적 승인에도 독점적 지위와 같은 경쟁제한적 요소가 부여될 수 있다.
- 공적 통제 및 의무 부과의 유무: 독점적 지위를 부여하면서도 공적 통제 및 의무는 부과 하지 않을 수 있다.
- 금지의 성격: 잠재적 위험 발생 예방과 구체화된 위험의 진압으로 구분할 수 있다.
- 효과: 법률상 이익인가 반사적 이익인가? 새로운 권리를 형성해주는가?
- 위법행위의 효력: 효력을 배제하는 경우(실질적 위법)와 효력은 유지하면서 제재만 가하는 경우(형식적 위법)로 나누어 볼 수 있다.


## V. 강학상 인가

### 1. 강학상 인가의 의의 및 기능

강학상 인가는 전통적인 행정행위의 일유형으로 분류되기도 하고, 진입규제를 논할 때 인·허가로 묶여 허가와 함께 언급되는 익숙한 개념이기도 하다.[129] 요금인가(승인), 기업

---

129) 선정원, "인가론의 재검토", 행정법연구 제10호, 2003, 171쪽.

결합 인가(승인), 최다액출자자 변경승인,[130] 재개발·재건축 조합의 설립인가, 토지거래 허가 등 넓은 의미에서의 경제활동에 강학상 인가의 수단이 종종 활용되고 있다.

이러한 강학상 인가는 사권형성적 행정행위로서 사법상 법률관계나 권리의 발생, 변경 또는 소멸의 법효과를 좌우하는 경제행정법상 주요한 개입 수단이다. 인가를 받지 않으면 사법상의 법률관계는 무효가 된다.[131] 사법상의 법률효과를 강학상 인가에 의존시키는 것이다.[132]

강학상 인가는 사법상 법률관계의 발생, 변경 또는 소멸에 대해 원칙적으로 경제주체가 자율성을 갖고 이를 주도하지만, 이에 대한 최소한의 공익적 통제를 위하여 보충적으로 규제당국의 동의를 얻도록 하여 사법상 법률관계를 최종적으로 완성시키는 구조이다. 규제당국은 법률이 정한 공익적 관점에 집중하여 심사를 진행한다.[133]

## 2. 전통적인 강학상 인가이론

강학상 인가는 기본행위와 보충행위로 구성된다. 기본행위는 일반적으로 인가의 대상이 되는 사법상 법률관계의 발생, 변경 또는 소멸에 대한 사인 간의 합의이다. 인가의 대상이 되는 기본행위의 경우에는 사인 간의 합의에 머물러 있는 단계이고 인가를 받기 전이기 때문에, 아직 그 합의에 따른 사법상의 법률효과가 발생하지 않는다. 이를 공익적 관점에서 규제당국이 심사하여 인가를 발급하는 처분을 하여야 비로소 사인 간의 합의에 따른 사법상의 법률효과가 생긴다. 이러한 인가 처분을 보충행위로 본다.

이와 같은 '기본행위에 대한 보충행위'라는 인가의 구도는 인가의 효력이 기본행위의 효력에 의존하는 현상을 설명하기 위한 것이다. 따라서 기본행위가 무효이면 그에 대한 인가는 무효이다. 이 경우 인가가 무효라는 선언도 불필요하다.[134] 반대로 인가가 있었다고 기본행위의 하자가 치유되는 것도 아니다.[135]

규제당국의 인가 심사권은 인가를 통해 검토하고자 하는 공익적 목적에 한정된다. 이를 넘어 인가의 대상인 기본행위의 유효한 성립 여부나 권리의 진실성 등에 대한 전반을

---

130) 방송법 제15조의2. 금융회사의 지배구조에 관한 법률 제31조에도 방송법상 최다액출자자 변경승인과 유사한 '대주주 변경승인'제도가 있다.
131) 송시강, "행정행위의 유형론에 대한 재검토 – 허가와 특허, 인가 개념을 중심으로", 홍익법학 제12권 제1호, 2011, 488쪽.
132) Peter Badura/Peter M. Huber, in: Schmidt–Aßmann, Besonderes Verwaltungsrecht, 3. Kap, Rn. 91.
133) 김종보, "강학상 인가와 정비조합 설립인가", 행정법연구 제10호, 2003, 327쪽.
134) 김종보, 앞의 논문(주 133), 328쪽.
135) 송시강, 앞의 논문(주 131), 488쪽.

심사할 필요는 없다. 규제당국에 의한 강학상 인가의 심사 범위가 이렇게 제한되므로, 기본행위의 하자를 이유로 한 인가 처분의 취소 주장을 인정해주지 않는 대법원의 법리가 논리적으로 자연스러워진다. 규제당국은 인가 심사 시 기본행위의 하자를 심사하지 않기 때문이다.[136] 인가 처분에 대한 소송은 인가 자체에 하자가 있을 때만 허용된다.[137]

기본행위에 대한 경제주체의 자율성이 보장되어 있고 인가 시 규제당국의 심사범위가 공익목적으로 제한되어 있기 때문에, 인가는 기속행위로 판단하는 견해가 우세하다. 그러나 실무적으로 인가 심사과정에서 검토하려는 공익적 목적과 이것이 구체화된 인가 기준에 불확정개념이 사용되었거나 기본행위에 깊숙이 개입하여 넓은 범위에서 심사하는 경우에는 인가의 본질이 재량행위임을 부인하기는 어려울 것이다.[138]

인가를 받으면 기본행위가 성립한 시점으로 소급하여 효력이 발생하게 된다. 강학상 인가의 대상이 되는 기본행위가 아니었다면 이미 법률상 효력이 발생했을 것이기도 하고, 소급효를 인정해주지 않을 경우 기본행위의 효력이 발생하지 않는 상황에서 당사자가 임의로 계약관계 등에서 이탈하거나 그 취지에 반하는 행위를 할 우려가 있기 때문이다.[139]

## 3. 강학상 인가이론의 재구성: 허가 또는 특허의 성질을 수반하는 인가이론

전통적인 강학상 인가이론에 따른 기본행위와 보충행위의 이론적 구도가 실무에서 그대로 관철되기는 쉽지 않다. 실정법에서는 인가로 표현되어 있지만, 본질적으로 허가나 특허에 해당하는 경우도 빈번히 목격된다. 예컨대, 은행업법상 은행업의 인가(은행법 제8조)는 허가나 특허에 가깝다. 그렇다면 은행을 설립하기로 한 사법상의 법률행위(자본조달, 출자 등)는 강학상 인가의 기본행위가 아니라 은행업에 대한 허가나 특허의 '요건'에 해당한다. 방송법 제77조에 따른 요금승인도 마찬가지의 구조이다. 유료방송 이용요금의 구조와 체계를 자율적으로 구상하여 사업자가 제출한 요금안은 강학상 인가로서의 기본행위가 아니라 요금 허가나 특허의 '요건'에 해당하는 것으로 볼 수도 있다. 판례에 의해 강학상 인가의 대표적인 사례로 언급되어왔던 재개발·재건축 조합의 설립인가 역시 정비구역 내 배타적인 행정주체의 지위를 조합에게 부여하는 의미에서 강학상 특허에 가깝고, 판례변경을 통

---

136) 김종보, 앞의 논문(주 133), 327-328쪽.
137) 송시강, 앞의 논문(주 131), 493쪽.
138) 김종보, 앞의 논문(주 133), 329쪽.
139) 김종보, 앞의 논문(주 133), 329쪽.

해 그 설권행위로서의 법적 지위로 인정되기에 이르렀다.[140] 이처럼 대다수의 규제에서 인가의 효력은 허가나 특허의 효력에 부수해서 발생한다. 이러한 경우 일차적으로 허가나 특허로 보아야 하고, 인가로서의 성격은 오히려 부차적으로 취급되어야 한다.[141]

## 제3절 금지행위 규제

### I. 금지행위 규제의 의의

일반적으로 사업법은 진입규제와 더불어 영업행위 규제를 사업규제의 중요한 구성요소로 하고 있다. 입법례에 따라서는 영업행위 규제를 별도로 규정하지 않고 법령상 다양한 의무규정을 통해 일정한 작위 또는 부작위의무를 부과하는 방식도 있으나, 우리나라의 사업법은 통상 대표적인 영업행위 규제 가운데 사후규제의 대상을 금지행위라는 하나의 조문에 모아 규정하는 방식을 취하고 있다. 전기통신사업법(이하 '사업법'이라 한다)도 이러한 입법방식에 따라 사업법 제50조에서 공정한 경쟁 또는 이용자 보호를 목적으로 일정한 행위를 금지행위로 규정하고 있다.[142]

통신시장의 발달과 규제완화라는 세계적인 추세에 따라 우리나라 사업법도 사전규제에서 사후규제 중심으로 규제체계의 중점이 이동하고 있다. 이에 따라 사후규제의 핵심적 구성요소인 금지행위 규제의 중요성이 더욱 증대하고 있다.

### II. 금지행위의 유형 및 기준의 개방성 및 그 해석론

#### 1. 문제의 제기

사업법상 금지행위 규제의 체계를 살펴보면, 먼저 사업법에서 금지행위에 해당하는 행위들을 열거하면서 금지행위의 유형 및 기준에 관하여 필요한 사항은 대통령령으로 정하도록 위임하고 있다. 이에 근거하여 사업법 시행령 제42조 및 [별표 4]는 행위유형 및 기

---

140) 김종보, 앞의 논문, 334쪽, 337쪽; 대법 2009. 9. 24. 선고 2008다60568 판결.
141) 이에 대해서는 송시강, 앞의 논문(주 131), 521－522쪽, 525쪽 이하.
142) 방송법 제85조의2와 IPTV법 제17조도 전기통신사업법과 동일한 본질과 체계를 갖는 수단인 금지행위 규제가 규정되어 있다.

준을 구체화하여 규정하고 있다. 그런데 전기통신사업자가 사업법 시행령 [별표 4]에는 규정되어 있지는 않지만, 사업법 해석상 법률에 열거된 어느 하나에 해당하는 것으로 볼 수 있는 행위를 한 경우에, 이러한 행위를 금지행위로 보아 제재할 수 있는지 여부가 문제될 수 있다. 이는 곧 시행령 [별표 4]에 의한 유형 및 기준이 법률상 금지행위의 유형 및 기준을 한정적으로 열거하여 구체화한 것으로 해석할 것인지 아니면 예시적 규정으로 해석할 것인지의 문제로 귀결된다.[143]

## 2. 공정거래법상의 논의

공정거래법 제45조 제1항은 제1호 내지 제9호에서 불공정거래행위의 유형을 열거하고, 제10호에서 "그 밖의 행위로서 공정한 거래를 해칠 우려가 있는 행위"도 불공정거래행위로 규정함으로써 제1호 내지 제9호가 불공정거래행위의 예시적 유형임을 법률에서 명시하고 있다.[144] 한편 공정거래법 제45조 제3항은 불공정거래행위의 유형 및 기준을 대통령령에 위임하고 있다.

그런데 공정거래법 제45조 제1항 제10호의 구체화에 대해서 시행령은 침묵하고 있다. 즉, 제1호부터 제9호까지 법률에서 열거된 불공정거래행위의 유형은 시행령에서 구체화되어 규율되고 있지만, 제10호의 경우는 시행령에 이를 구체화하는 규율이 존재하지 않는 상황이다. 이와 같은 상황에서 공정거래법 제45조 제1항 제10호에 직접 근거해서 불공정거래행위로 규제할 수 있는 것인지에 논란이 있다. 이에 대해 대법원은 현행공정거래법 제45조 제1항 제10호에 상응하는 구 공정거래법 제23조 제1항 제8호의 기능을 "제1호 내지 제7호와 유사한 유형의 불공정거래행위를 규제할 필요가 있는 경우에 이를 대통령령으로 정하여 규제하도록 한 수권규정"이라고 보면서, "시행령에 위 제8호와 관련된 불공정거래행위의 유형 또는 기준이 정하여져 있지 아니한 이상, 문제된 행위가 공정한 거래를 저해할 우려가 있는 행위라고 하여 이를 위 제8호의 불공정거래행위로 의율하여 제재를 가할 수는 없다."고 판시하였다.[145]

---

143) 이하의 내용은 이원우, 경제규제법론, 468-488쪽 참조.
144) 전기통신사업법은 법률에서 열거된 금지행위 유형이 예시적임을 시사하는 공정거래법과 같은 기능의 조항은 존재하지 않는다.
145) 대법 2008. 2. 14. 선고 2005두1879 판결.

## 3. 사업법 해석론

### (1) 한정적 열거규정설

한정적 열거규정설은 아래와 같은 이유를 그 근거로 제시할 수 있을 것이다.

첫째, 법치주의 원칙으로부터 도출되는 법치행정의 원칙은 예견가능성 원칙과 명확성 원칙을 그 구성요소로 한다. 이에 따르면, 금지행위의 유형은 국민의 행위기준으로 작용하므로 사전에 명확하게 규정되어야 한다. 따라서 추상적인 법률규정을 직접 적용하는 것은 허용되지 않는다. 둘째, 죄형법정주의 원칙상 형벌의 구성요건은 명확하게 사전에 제시되어 있어야 한다(명확성 원칙). 사업법상 금지행위는 형벌의 대상이므로, 명시적으로 유형화되지 않은 행위유형을 금지행위로 제재할 수 있다면, 죄형법정주의 원칙에 반한다고 할 것이다.146) 셋째, 사업법이 금지행위의 유형 및 기준을 시행령으로 위임한 취지도 이러한 요구를 반영하여 사전에 명확한 기준을 설정하라는 것으로 이해되어야 한다. 따라서 유형 및 기준의 구체화는 입법자의 명령이며, 그에 따라 구체화하지 않았다면, 그로 인한 불이익을 국민에게 전가할 수 없다.

### (2) 예시규정설

이상의 열거규정설에도 불구하고 아래와 같은 이유에서 예시규정설이 타당하다고 본다.

경제규제의 특수성을 고려하면, 법률에서 위임받은 시행령상의 행위 유형 및 기준은 법률상 특별히 한정적으로 규정하지 않는 한 원칙적으로 예시규정으로 해석하여야 한다. 여기에 경제규제의 특수성을 고려한 해석방법도 필요하다.

① 경제규제 입법은 동태성과 역동성을 그 특징으로 하며, 이로 인해 법규범의 흠결이나 충돌과 같은 불완전성이 야기될 수 있다. 규제국가에서 다양한 규범 해석의 가능성이 있다면 규제정책의 목적을 달성하기 위한 방향으로 해석하여야 한다는 선스틴 교수의 주장은 이러한 특성을 고려한 것이다.147) 법률의 목적·취지가 분명한 경우라면 시행령에

---

146) 대법원도 구 공정거래법 제23조 제1항 제8호에 대해 "형사처벌까지 가능하도록 하고 있는 점"을 전제하면서, "기본적 행위유형이나 이를 가늠할 대강의 기준조차 전혀 제시되어 있지 않아서 수범자인 사업자의 입장에서는 구체적으로 통상의 사업활동 중에 행하여지는 어떤 행위가 위 제8호에서 규정한 '공정한 거래를 저해할 우려가 있는 행위'에 해당하는 것으로서 금지되는지 여부를 예측하기가 매우 어렵다."고 판단하였다(대법 2008. 2. 14. 선고 2005두1879 판결).

147) Cass R. Sunstein, After the Rights Revolution: Reconceiving the Regulatory State, Cambridge, 1990,

열거된 유형 및 기준에 구속되지 않고 법률규정을 직접 적용하여 판단해야 한다.

② 규제국가는 규제공백을 방지해야 하므로, 입법기술상의 한계를 극복하기 위해 포괄적 규정과 예시규정을 결합하여 규율하는 방식을 채택한다. 동태적·역동적 규율대상을 흠결없이 규율하기 위해서는 포괄적·추상적 규정이 불가피하지만, 이로 인해 야기되는 불명확성을 극복하기 위해 그 구체적인 유형을 예시하여 지침을 제공할 필요가 있는 것이다. 따라서 시행령에 의한 행위 유형 및 기준의 구체화는 법률상 추상적 규정의 내용을 명확하게 제시하기 위한 예시적 규정으로 해석하는 것이 원칙이라 할 것이다.

③ 경제규제는 특정한 형식의 행위 유형을 규제하려는 것을 목적으로 하는 것이 아니다. 일정한 경제적 효과 발생을 방지하기 위한 수단으로 일정한 행위 유형을 규제대상으로 정한 것이다. 법률규정상 'A1(요건사실) ⇒ P(법률효과로서 제재)'라고 규정하고 있지만, A1이라는 행위 유형 자체가 문제가 아니라 A1이라는 행위를 통해 발생하는 AA라는 사실상의 결과(경제적 효과)를 방지하기 위한 것이므로 'A(요건사실) ⇒ AA(경제적 효과) ⇒ P(법률효과로서 제재)'라고 해석된다. 입법자는 AA라는 경제적 효과를 금지하기 위해 이러한 사실상의 결과를 가져오는 행위들을 유형화해서 금지행위로 규정한 것이지, 굳이 A1이라는 행위 유형만을 금지하고자 한 것은 아니다.

예컨대, 사업법 제50조 제1항 제5호에서 금지하고 있는 '이용자의 이익을 현저히 해치는 방식으로 전기통신서비스를 제공하는 행위'의 행위 유형은 'AA(경제적 효과 : 이용자 이익의 현저한 저해) ⇒ P(제재)'라는 규범구조로 분석된다. 시행령 [별표 4]는 AA(이용자 이익의 현저한 저해)라는 사실상의 결과를 가져오는 행위 유형을 구체화하여 'A1, A2, A3 … A8 ⇒ AA'라고 규정한 것이다. 경제규제 입법의 특성 내지 본질상 입법자의 의도는 법률에 명시되어 있는 바와 같이 'AA(경제적 효과 : 이용자 이익의 현저한 저해) ⇒ P(제재)'이며, 따라서 'A1, A2, … A8'은 'AA'라는 경제적 효과를 야기하는 대표적인 행위 유형의 예시로 해석하는 것이 타당하다. 따라서 만일 'A9 ⇒ AA'라고 한다면, 법률규정의 해석상으로는 'A9 ⇒ P'라는 결론이 도출될 것이다. 명시적으로 A9가 시행령 [별표 4]에 열거되지 않았더라도 금지행위로 규제할 수 있다는 것이다.

④ 금지행위 유형 및 기준을 시행령에 위임한 것은 관할 관청에게 일종의 입법재량을 부여한 것으로서, 행위 유형의 구체화 가능성을 부여한 것이다. 이는 법률규정상의 행위 유형을 더욱 구체화할 필요성이 존재하는 경우에 한하여 구체화 권한을 부여한 것이지, 모든 행위 유형을 반드시 구체화하여야 한다는 명령으로 이해할 수는 없다. 현대 규제국

---

pp. 160-192 참조.

가에 있어서 규제대상을 한정적으로 열거하는 것이 불가능한 상황에서 규제실무를 담당하는 행정부에 입법자도 스스로 구체화할 수 없는 사항들을 행정부에게 전가할 수는 없는 것이다. 행위의 지침은 구체적인 예시를 통해 당해 법률상의 기준이 어떠한 규범내용을 포함하고 있는지에 대한 방향을 제시하면 되는 것이다. 따라서 사업법 제50조 제3항이 시행령에 위임한 것은 한정적 열거가 아니라 예시적 열거를 위임하고 있는 것으로 해석하는 것이 타당하다.

⑤ 또한 시행령은 법률의 집행수단에 불과한 하위규범이기 때문에, 시행령이 법률의 취지를 축소할 수 없다. 법률해석이 시행령의 해석에 우선하여야 하며, 법률규정의 해석상 금지행위에 해당하면 시행령 [별표 4]에 규정이 없더라도 금지행위로 이해하여야 할 것이다.

### (3) 결론

예견가능성과 명확성 원칙을 충실히 실현하기 위해서는 가능한 한 시행령에 의해 구체적인 유형 및 기준을 명시할 필요가 있다. 그러나 모든 행위 유형을 완전히 시행령에 열거하는 것은 가능하지도 않고 합목적적이지도 않다. 가능한 한도에서 최대한 행위 유형 및 기준을 예시하여 명확성과 예견가능성을 증대하되, 이러한 예시가 불가능한 경우에는 직접 법률 규정의 해석을 통해 입법목적을 달성할 수 있다고 보아야 할 것이다. 이러한 입장을 더욱 명확하게 하기 위해서 입법적 조치가 요구된다.

첫째, 사업법 제50조 제1항 제12호로 '제1호 내지 제11호 이외의 행위로서 공정한 경쟁 또는 이용자의 이익을 저해하거나 저해할 우려가 있는 행위'를 신설하고, 시행령 [별표 4]에 제12호에 해당하는 대표적 유형을 열거하면서 마지막에 포괄적 규정을 두어(예컨대, '등 기타') 포괄주의 방식을 도입하는 것이다. 둘째, 법률규정은 그대로 유지하고 시행령 별표를 개정하여 동일한 목적을 달성할 수도 있다. 즉 사업법 제50조 제1항 제1호 내지 제11호의 유형을 예시하고 있는 시행령 [별표 4] 각 호의 마지막에 각각 포괄적 규정을 신설하여 포괄적 규제방식을 도입[148]하는 것이다.

---

148) 예컨대, 사업법 시행령 [별표 4] 제5호는 '이용자의 이익을 해치는 전기통신서비스의 제공행위'를 금지한다고 하면서, 가.에서 아.까지 구체적으로 금지되는 행위를 열거하고 있는데, 마지막 바.에 '가. 내지 아. 이외의 행위로서 그 밖에 이용자의 이익을 해치는 전기통신서비스의 제공행위'라는 포괄적 규정을 신설하는 것이다.

# 제6장 경제행정법과 실효성 확보수단

## 제1절 시정명령

### Ⅰ. 문제제기

#### 1. 금지행위 위반에 대한 제재와 시정명령의 의의 및 성질

경제행정의 영역에서는 위반행위를 통하여 경제상 이익을 향유할 수 있기 때문에, 이에 대한 적절한 제재수단이 확보되지 않으면 공법상 의무는 준수되기 어렵게 된다. 최근에는 공법상 의무이행 확보를 위해 다양한 수단들이 개발되고 있으나, 가장 전통적이고 여전히 가장 일반적인 방식은 과거 위반행위에 대한 징벌적 제재(과징금, 과태료, 형벌 등)와 그러한 위반행위를 장래에 중지하고 적법한 의무준수로 나아가도록 하는 시정조치이다.

이 두 가지 방식은 그 제도의 취지가 다르기 때문에 동일한 위반행위에 대하여 중복적으로 행사될 수도 있으며(다음 도식의 ⓒ), 어느 하나만이 채택될 수도 있다. 문제되는 행위의 위반의 정도가 특히 미미한 경우에는 과거 행위에 대한 징벌적 제재는 부과하지 않고 시정조치만 부과되며(다음 도식의 ⓑ), 적절한 시정조치가 존재하지 않는 경우에는 징벌적 제재만이 부과될 수도 있다(다음 도식의 ⓐ).

시정조치는 그 자체로서 독립된 새로운 의무를 부과하는 것이므로 추가적인 공법상 준수의무가 발생하며, 이러한 의무를 이행하지 않는 경우, 즉 시정조치에 반하는 행위를 하는 경우에는, 시정조치 위반행위로 인한 추가적 불법성에 대응하여 추가적인 제재조치가 이루어진다(아래 도식의 제재 ②). 만일 피규제자가 시정조치를 준수하면 금지행위 규정은 일단 목적을 달성하게 되고, 따라서 제재 메커니즘은 여기서 그치게 된다. 그런데 규제기관의 시정조치에 따르지 않은 것은 단순히 공법상의 의무불이행에 그치는 것이 아니라 법집행 체계를 부인하고 행정법질서를 파괴하는 행위이기 때문에, 통상적인 법령상 의무위반에 비하여 불법성이 가중되므로, 인·허가 취소 또는 행정형벌과 같이 강력한 제재조치가 취해지는 것이 일반적이다. 이러한 제재도 시정조치라는 공법상 명령위반에 대한 제재이기는 하지만, 당초 부과되었던 공법상 의무위반에 대한 제재(아래 도식의 제재 ①)가 아니라, 그에 더하여 시정조치에 따르지 않은 것에 대한 제재라는 점에서 불법성이 가중되어 강한 제재를 받는 것이며(아래 도식의 제재 ②), 이 점에서 이들 두 제재는 구체적인 제도의 취지가 서로 다르고 따라서 그 내용과 성질도 달리 한다.

이를 도식화 하면 아래와 같다.

**금지행위규정의 실효성 확보를 위한 규범구조**

---

ⓐ 법령상 의무 ⇒ 위반행위 ⇒ 제재 ①
ⓑ 법령상 의무 ⇒ 위반행위 ⇒ 시정조치 ⇒ 불이행 ⇒ 제재 ②
ⓒ 법령상 의무 ⇒ 위반행위 ⇒ 제재 ① + 시정조치 ⇒ 불이행 ⇒ 제재 ②

---

통신사업자가 전기통신사업법상 금지행위를 위반한 경우에도 위에서 설명한 일반적인 경우와 마찬가지로 이러한 위반행위를 시정하게 함으로써 법질서를 회복할 수 있는 법적 장치를 두는 것은 법집행의 실효성을 확보하는 데 필수적이라 하겠다. 전기통신사업법은 금지행위 위반을 형사벌(제99조) 및 과징금(제53조)의 대상으로 규정함과 동시에 시정조치의 대상으로 규정하는 한편(제52조), 금지행위를 시정하기 위한 시정명령에 따르지 않는 행위에 대해서는 전기통신사업의 일부 정지(제52조 제5항), 이행강제금(제52조의2) 및 형사벌(제95조)의 대상으로 규정하여 더욱 강력한 제재의 대상으로 하고 있다.

## 2. 반복적 금지행위 위반과 시정명령 위반의 구별

이상에서 설명한 바와 같이 시정조치 위반행위와 금지행위 위반은 그 개념과 본질상 구별되는 행위이지만, 시정명령의 내용이 부작위 의무를 부과하고 있고, 그러한 의무위반이 내용상 법령상의 부작위 의무위반과 중복되는 때에는 이러한 위반행위가 시정명령 위반행위인지 아니면 단순한 법령상 금지행위 위반행위인지 불분명한 경우가 발생하게 된다. 전자에 해당하는 것으로 본다면 이에 대해서는 더욱 강력한 제재가 가능하기 때문에 그 구별은 실무상 매우 중요한 법적 문제라고 할 것이다.[149]

## II. 시정명령의 이행 여부 문제

### 1. 시정명령의 의의 및 성질

시정명령이란 특정한 과거의 법규위반에 대하여 그 위법사실을 시정하도록 함으로써 정상적인 법질서를 회복하는 것을 목적으로 행해지는 구체적 행정작용으로서 학문적으로는 하명에 해당하는 행정행위이다. 따라서 시정명령은 구체적·개별적 사실을 규율하는 행위이다.

판례 역시 시정명령은 "위반의 행위가 있음을 확인하거나 재발방지 등을 위한 조치를 취하는 것이 아니라 당해 위반행위로 인하여 현실로 존재하는 위법한 결과를 바로 잡는 것을 내용"으로 한다고 보고 있다.[150] 따라서 시정명령은 그 대상과 내용에 있어 구체적이고 명확하게 특정할 수 있는 것이어야 하고, 추상적이고 일반적인 선언적 성격을 가져서는 안 된다.

### 2. 시정명령 위반행위

#### (1) 시정명령의 내용이 작위의무를 부과하는 경우

만일 행정청이 사업자에게 일정한 적극적인 조치를 취하도록 요구하는 작위명령을 내리고 이를 사업자가 이행하였거나 이행하지 않았다면, 시정명령 문제는 상대적으로 간명할 것이다. 현행 전기통신사업법 제52조 제2항 및 동법 시행령 제45조 및 [별표 4]에서는 전기통신사업자가 방송통신위원회의 시정조치명령을 이행하여야 하는 기간을 정하고 있다. 이 기간 내에 사업자가 특정한 작위의무를 이행하였다면 시정명령을 준수한 것이고,

---

149) 이하의 내용에 대하여 상세한 것은 이원우, 경제규제법론, 491-502쪽 참조.
150) 대법 2002. 11. 26. 선고 2001두3099 판결.

이 기간 내에 작위명령을 이행하지 않았다면 사업자는 시정명령을 불이행한 것으로 볼 수 있을 것이다. 만일 이 기간을 경과하여 작위의무를 이행하였다면, 일단 일정한 기간 내에 특정한 작위를 할 것이 시정명령의 내용이므로, 당해 시정명령에 대한 위반행위가 성립한다. 다만 시정명령위반에 대한 제재처분을 함에 있어서 제재의 정도를 결정하는 고려사유가 될 수 있을 것이다.

### (2) 시정명령의 내용이 부작위의무를 부과하는 경우

부작위 명령을 위반한 경우도 원칙적으로 전기통신사업법 시행령 제45조 [별표 5] 제7호에 따라 7일 이내에서 방송통신위원회가 정하는 기간 내에 당해 금지행위를 중지하면 시정명령을 이행한 것이고, 이 기간 내에 중지하지 아니하고 금지행위를 지속하고 있다면 이는 시정명령위반에 해당한다고 볼 것이다.

전기통신사업법 제52조 제1항 제6호 및 제2항에 의해 금지행위를 중지하도록 하는 시정명령이 내려진 후에 동법 시행령 제45조 [별표 5] 제7호에 따라 사업자가 금지행위 중지조치를 7일 이내에 하고, 이로부터 시일이 경과한 다음 다시 동일한 금지행위 위반을 하였다면, 이것을 금지행위에 대한 새로운 위반행위가 아니라 시정조치의 불이행으로 볼 수 있지 않은가하는 의문이 생길 수도 있다. 그러나 이러한 해석은 다음과 같은 이유에서 옳지 않다.

첫째, 위에서 살펴본 바와 같이 시정명령이란 당해 특정한 위반행위로 인한 결과를 바로 잡기 위한 개별·구체적인 하명인데, 만일 시정조치의 내용과 효력이 장래에 대해 계속적으로 미치는 것으로 해석한다면, 이는 일반·추상적인 법령의 내용을 확인하는 것에 지나지 않아 시정조치에 대한 구체성 요구를 해치게 될 것이다. 따라서 특정의 위반행위를 시정한 후에 금지행위를 다시 위반하더라도 이는 이론적으로 법령을 재차 위반한 것으로 볼 것이다.

둘째, 장래를 향해 일반적으로 특정한 행위가 금지되는 것은 이미 법령에 의해 결정되어 있기 때문에, 시정명령을 통해 이를 또 다시 금지하도록 명령할 필요가 없으며, 이러한 명령은 새로운 의무를 부과하지 않기 때문에 독자적인 의의가 인정될 수 없다.

셋째, 이에 대해서 당해 시정명령이 부과됨으로써 이제부터는 동일한 위반행위를 단순히 금지행위 위반으로서가 아니라 시정명령위반으로서 제재할 수 있게 되고, 따라서 동일한 위반행위가 강한 제재처분의 대상이 되기 때문에 국민의 법적 지위에 변화를 가져오게 되며, 이러한 점에서 독자적인 의의가 있다고 반론할지 모른다. 그러나 만일 단순히 동일한 위반행위에 대하여 강력한 제재를 하기 위해서 이러한 시정명령을 내린 것이라면, 이는 월권행위로서 위법한 행정처분이다. 위반행위의 유형적 불법성에 대한 평가는 입법자의 권한에 속하는 것이기 때문이다. 그렇지 않다면 시정명령이라는 행정처분에 의해서 전기통신사업의 일부 정지와 같은 강력한 제재처분의 구성요건을 관할 행정청이 독립적으로 창설할 수 있게 되기 때문이다.

넷째, 적어도 당해 사업자는 금지행위의 중지라는 시정명령에 따라 이미 금지행위를 중지함으로써 '요구된 기간 내에' 시정명령을 '이행'한 것이 된다. 이로써 규범목적은 원칙적으로 실현되었다고 보는 것이 타당하다. 다만 위반행위의 성질에 따라 다음과 같이 유형별로 개별적 고찰이 필요하다.

① 최초의 위법상태를 야기하는 행위와 이 위법상태의 유지에 기여하는 이후의 행위들이 모여서 하나의 위반행위를 이루는 계속적 위반행위의 경우에는 이 위법상태 야기행위 이후에도 위반행위가 종료되지 아니하고 지속되고 있기 때문에, 이러한 위반행위의 중지 내지 종료를 시정명령으로 발할 수 있고, 이에 따라 당해 위반행위를 중지함으로써 시정명령을 이행하게 될 것이다.

② 그러나 이러한 계속적 성질을 가지지 아니하는 일반적인 위반행위의 경우에는 최초의 위법상태 야기행위에 의하여 위반행위가 이미 완료되었기 때문에 중지할 대상행위가 더 이상 존재하지 않게 된다. 따라서 이러한 위반행위에 대해서는 이 글의 모두에서 살핀 바와 같이 제재처분만을 부과하는 것이 통례이다(앞의 도식의 ⓐ).

③ 위반행위의 결과가 남아있는 상태범적 성질을 가지는 때에는 남아 있는 위법성의 제거라는 작위의무를 명할 수는 있으나, 부작위 의무를 명할 수는 없을 것이다.

④ 당해 금지행위의 위반행위가 시간적으로 잇달아 행해지는 다수의 반복적 위반행위로 구성되는 경우가 있다. 이러한 포괄적 위반행위에 있어서는 개개의 위반행위 하나하나에 대하여 개별적 시정명령이나 제재처분을 하는 것이 아니고, 이러한 다수의 행위들을 포괄하여 하나의 위반행위로 취급하기 때문에 하나의 위반행위로 포괄할 수 있는 시간적 연속성의 범위 내에 있는 경우에는 장래의 동종 위반행위의 금지라는 부작위 의무를 부과할 수 있다. 이때 금지행위의 중지라는 시정명령의 규범내용은 일정 기간 동안의 지속적 부작위를 통해서만 실현될 수 있다. 포괄적 위반행위가 지속되고 있는 상태에서 위반행위를 중지하라는 시정명령이 발해졌다면 이러한 시정명령을 이행하기 위해서는 물론 7일 이내에 위반행위가 발생하지 않아야 할 뿐 아니라, 그로부터 상당한 기간 동안 이러한

부작위 상태가 지속되어야 한다. 만일 다시 동종의 위반행위가 발생한 경우에는 이 위반행위가 앞의 위반행위들과 하나의 행위로 포괄될 수 있는지 개별적 상황에 따라 판단하여야 할 것이다.

이와 같이 예외적으로 시정조치 불이행 행위로 포괄할 수 있는 사례로는 시간적 범위에 있어 당해 시정조치의 이행이 완료되었다고 볼 수 없을 만큼 짧은 기간 내에 금지행위 위반이 다시 발생했고, 내용적 범위에 있어 그 금지행위 위반이 종전 시정명령의 대상으로 특정되었던 금지행위의 연속선상에 있는 것으로 평가될 수 있어야 한다. 이러한 때에는 시정조치 불이행 사례로 보아 가중제재할 필요가 있을 것이다. 그러나 이 경우에도 시정명령이 개별·구체적 처분이라는 성격은 유지되어야 할 것이다. 위에서 설명한 포괄적 위반행위에 해당하지 아니하는 복수의 위반행위에 대하여 하나의 절차를 통해 제재하는 경우 각각의 위반행위에 대해서 시정조치가 내려진 것이므로, 각각의 위반행위의 성질에 따라 시정조치 위반여부를 판단하면 될 것이다.

요컨대 시정조치에 따라 금지행위를 중지하고 일정 기간이 경과한 뒤 동일한 금지행위 위반을 하더라도 그것이 포괄적 위반행위에 해당하지 아니하는 한 이는 시정명령 불이행으로 보아서는 안 된다. 동일한 위법행위를 반복하는 행위에 대하여 가중처벌의 필요성이 있다면, 과징금의 가중사유에 해당하는 것으로 보아 처리하거나, 전기통신사업법 제52조 제5항에 금지행위의 반복적 위반행위를 전기통신사업의 일부 정지 사유로 추가하는 것이 타당하다.

### (3) 규제실무상 시정명령의 내용이 법령상 부작위의무를 확인하는 데 그치는 경우

규제실무상 시정명령을 하면서 '법령상 금지행위를 하지 말 것'을 시정조치의 내용으로 부과하는 경우가 있다. 이러한 시정명령의 내용은 금지행위 위반행위가 마치 시정명령 위반행위인 것으로 혼동되는 것으로 보일 수 있다. 시정명령이란 당해 위법행위로 인한 결과를 바로 잡는 것을 본질로 하는 것이지, 단순히 재발방지를 위한 조치가 아니기 때문에 단순히 법령상의 금지행위에 해당하는 행위를 범하지 말라는 내용은 시정명령의 내용이 될 수 없다. 이러한 시정명령은 행정행위로서 시정명령의 구체성·개별성에 반하는 것이다. 시정명령에 따르지 않는 행위를 가중하여 재제하는 것은 시정명령이 법령상 의무 이외에 추가적인 의무를 부과하여 그 위반행위의 불법성이 추가되기 때문이다. 법령상 의무의 내용을 반복하는 시정명령은 결국 법령을 준수하라는 명령에 불과하며 지양되어야 한다. 이미 상론한 바와 같이 동일한 금지행위 위반에 대한 불법성이 크다고 보아 이를 가중제재하기 위한 수단으로 시정명령을 사용한 것이라면 이는 입법권을 침해하는 것으로서 위법한 처분이다. 다만 비록 이론적으로 부당한 것일지라도, 규제실무를 현실적으로 받아들여 이러한 시정명령을 내린다면, 이 경우에는 현실적인 ─ 따라서 법리적으로는 인정될 수 없는 ─ 차선책으로 행위금지명령에 기한을 설정하여 일정한 기간 동안 그러한 행위를 금지하도록 시정명령을 내리는 방안을 고려할 수 있다. 아래에 설명하는 바와 같이 현재 공정거래위원회가 그러한 방식을 사용하고 있다. 이는 행위금지명령이 가지는 불확정성, 법치주의 원칙에 대한 불합치성을 극복하기 위한 보완책이다.

## III. 비교사례: 공정거래위원회의 운영실태

공정거래위원회는 시정조치의 구체성을 확보하고 불이행에 대한 판단기준을 확립하기 위해 운영지침을 마련한 바 있다(2005. 11. 1. 시행).[151] 여기서 시정명령에 대해서는 "시정명령을 받은 날로부터 5년간 효력을 유지한다."고 하면서 "다만, 시정명령일로부터 2년의 시간이 경과한 이후에는 매년마다 피심인은 시장여건의 변화에 맞도록 이 시정명령을 재검토하여 줄 것을 요청할 수 있다."고 하여 시정명령의 유효기간을 두고 있다(지침 VI).

그리고 특히 부작위 명령의 경우는 이를 행위중지명령과 행위금지명령으로 나누면서 행위중지명령은 법위반 행위가 최종 심의일에도 진행 중이거나 위반행위의 효과가 최종 심의일에도 지속되는 경우에 명하고, 행위금지명령은 법 위반행위가 최종 심의일에 이미 종료되었으나, 가까운 장래에 당해 법위반행위와 동일 또는 유사한 행위가 반복될 우려가 있는 경우에 명할 수 있다고 한다(지침 VII). 또한 행위중지명령은 시정조치 기간을 명확하게 정하도록 하고, 행위를 특정하도록 하고 있다. 행위금지명령 역시 단순히 법령의 규정을 반복함으로써 추상적인 법을 반복해서 선언하는 결과를 가져와서는 안 되고 법 위반행위의 유형을 최대한 구체화함으로써 동일하거나 유사한 행위 시 시정조치 불이행으로 제재할 수 있도록 하고 있다. 다만 시정조치는 그것이 지나치게 구체적이어서 장래에 동일 유사한 사례가 거의 발생할 수 없도록 해서도 안 된다고 정하고 있다.

이러한 공정거래위원회의 지침 가운데 행위금지명령에 관한 부분은 이른바 포괄적 일

---

151) 공정거래위원회의 시정조치 운영지침.

죄로 제재할 필요가 있는 예외적인 경우, 즉 금지행위 가운데 일정한 시간적 연속성의 범위 내에서 동일한 유형의 행위를 계속적으로 반복하는 것을 포괄하여 하나의 위반행위로 취급할 수 있는 경우를 상정한 것이라면, 그러한 한도 내에서 '가까운 장래'에 반복될 우려가 있는 행위의 반복을 금지하도록 명할 수는 있을 것이다. 위 지침은 이와 같이 예외적인 상황을 전제로 해서만 타당성을 지닐 뿐이며, 부작위 명령 일반에 대하여 적용하기 위한 것이라면 법리상 인정될 수 없다는 점은 이미 상론한 바와 같다.

## 제2절 과징금

### I. 과징금제도의 의의

과징금이란 법위반행위에 대하여 행정권에 기초하여 부과하는 금전적 부담을 말한다. 주로 경제행정법상의 의무위반행위로 인하여 취득한 불법적 이익을 박탈하기 위해서 그 이익액에 상응하여 가해지는 일종의 행정적 제재금을 말한다. 기존의 과태료나 벌금은 그 액수가 일정하고 적은 편이어서 각종 행정상 의무를 위반하더라도 이보다 많은 이익을 낼 수 있는 경우에는 규제의 실효성이 없었다. 과징금을 산정함에 있어서는 위반행위로 취득한 이익뿐만 아니라 위반행위의 내용, 정도, 기간, 횟수 등을 고려한다. 이러한 과징금은 본래 부당이득 환수를 위해 공정거래법에 규정되었으나, 오늘날 점차 확장되어, 일반적인 영업법상 의무위반에 대한 제재로서도 사용되고 있다. 행정실무상 가장 실효성이 있다고 인정되고 가장 많이 활용되는 방법이기도 하지만, 다른 한편에서는 이중처벌금지에 반한다는 이유로 위헌성이 제기되는 등 그 장단점에 대하여 논란이 제기되고 있다. 이러한 논란에도 불구하고 실효성확보수단 가운데 과징금제도가 중요하게 취급되는 이유는 다음과 같다.[152]

첫째, 경제규제법규 위반행위에 의하여 위반자가 얻는 경제적 이익은 통상 막대한 반면, 위법행위에 대한 제재로서 부과되는 형벌이나 과태료는 이에 비하여 지나치게 적은 경우가 많기 때문에, 형벌이나 과태료와 같은 전통적인 제재수단만으로는 경제적으로 제재의 실효성을 확보할 수 없다. 이러한 문제를 해소하려면 경제규제법규의 위반행위를 통하여 취득

---

[152] 이하의 내용은 이원우, 경제규제법론, 503–522쪽을 요약·정리한 것이다.

할 수 있는 경제적 이익보다 더 큰 경제적 제재가 가해져야 실질적인 제재력을 발휘할 수 있을 것이다. 그런데 규범위반행위가 반드시 적발되어 제재되는 것은 아니기 때문에, 특정 위법행위에 부과될 것으로 예상되는 제재로 인한 경제적 손해액에 동 위법행위가 적발되어 제재처분을 당할 확률을 곱한 금액이 당해 위법행위로 인하여 얻을 수 있는 경제적 이익액을 초과할 정도로 위법행위에 대한 제재가 강력해야 그러한 위법행위를 저지하는 효과를 발휘할 수 있다. 이러한 제재의 효과를 발휘할 수 있는 수단이 바로 과징금제도라고 할 수 있다. 특히 과징금은 위반행위를 한 기업의 매출액대비 일정비율을 기준으로 부과되기 때문에, 위반행위자의 경제적 능력에 따라 다르게 결정된다는 장점이 있다.

둘째, 위법행위를 한 사업자에 대하여 과징금 외에도 인가취소나 영업정지 등의 강력한 행정처분을 내릴 수 있으나, 그럴 경우 당해 위법행위자 외에도 수많은 거래의 상대방들과 일반소비자 및 공익에 커다란 위해를 가져올 우려가 크기 때문에, 영업정지 등의 처분은 현실적으로 활용하기 곤란하다는 문제가 있다. 그러나 영업정지처분을 내리는 대신 영업정지기간에 해당하는 기간의 영업수익에 해당하는 정도의 과징금을 부과한다면, 거래상대방이나 소비자와 공익에 충격을 주지 않으면서도, 당해 위반행위를 한 사업자에 대하여는 영업정지처분을 받은 것과 유사한 제재효과를 발휘할 수 있을 것이다. 따라서 특히 경제규제법 위반행위에 대한 효과적 제재수단으로서 동 위반행위로 취득한 이익을 환수하거나, 영업정지 등에 갈음하여 이에 상응하는 이익을 환수할 수 있는 과징금제도를 활용할 필요가 절실하다.

그 밖에도 최근 시장질서를 저해하는 복잡다기한 위법행위에 관하여 전통적 제재수단인 형벌의 비효율성과 비적합성을 비판하면서, 더 효과적인 다른 제재수단을 강구해야 한다는 이른바 '비범죄화'(decriminalization)의 요구가 설득력을 얻어가고 있다. 시장질서를 저해하는 어떤 행위가 있을 때, 이를 처벌할 필요성이 있음에도 불구하고 형사소송법이 요구하는 엄격한 수준의 입증을 하지 못하여 제대로 형사처벌하지 못하는 경우가 많다. 이렇듯 시장질서를 저해하는 행위는, 시장에서의 위험을 감안할 때 행정상의 제재를 가할 필요성은 오히려 더 높다고도 할 수 있다. 행정상의 제재는 형사적 제재와는 달리 반사회성, 반윤리성 및 고의 등을 요건으로 하지 아니하며,[153] 단지 그러한 행위가 일정한 위험상태를 야기하였거나 위험을 촉발할 개연성이 있기만 하다면 부과할 수 있는 것이다. 이러한 점에서 과징금에 의한 제재는 형사벌에 의한 제재에 비하여 쉽게 부과할 수 있어 경제규제법규의 실효성 확보에 유용하다고 할 수 있다.

---

153) 다만 자본시장법 제430조는 일부 위반행위(제428조, 제429조(제4항은 제외한다) 및 제429조의3 제1항 제2호)에 대한 과징금의 부과 요건으로 고의 또는 중대한 과실을 요구하기도 한다.

## II. 과징금의 법적 성격과 과징금 부과대상행위

과징금의 부과대상 행위의 범위를 어떻게 설정할 것인가는 과징금의 법적 성격을 어떻게 이해하느냐와 밀접한 관련이 있다. 과징금을 법령의 위반을 통해 취득한 이익을 환수함으로써 그러한 위법행위로의 유인을 차단하는 데 기본적 취지가 있다고 본다면(부당이득환수적 과징금), 규제법령 위반을 통하여 경제적 이익이 발생하는 전형적인 행위유형들이 일차적인 과징금 부과대상 행위로 고려될 것이다. 이에 반하여 영업정지처분 등이 현실적으로 곤란한 경우와 영업정지와 동일한 경제적 제재효과를 부과하기 위한 수단으로 과징금을 파악하는 경우(변형과징금)에는 과징금 부과의 대상은 영업상의 의무위반 행위에 대한 제재처분으로서 영업정지나 허가취소 등이 예정되어 있는 경우가 될 것이다. 나아가 과징금을 널리 행정상 의무위반에 대한 금전적 제재라고 이해하는 경우에는(제재적 과징금) 관련법령상의 의무위반행위로서 이에 대한 다른 적절한 제재수단이 없는 모든 위법행위가 일단 과징금의 부과대상 행위로 상정될 수 있을 것이다.

위 견해 중 어느 견해에 의하든 과징금은 전통적인 행정제재로서 행정질서벌이나 행정형벌로는 실효성 있는 제재가 곤란한 경우에 고려될 수 있을 것이다. 실정법상 과징금제도를 전제로 한다면, 과징금의 성격에 대한 위의 세 가지 다른 관점이 모두 타당하다고 할 수 있다.


## III. 과징금과 다른 제재조치와의 관계

과징금과 다른 조치를 병과할 수 있느냐는 과징금과 당해 제재조치의 취지와 목적이 동일한지 여부에 달려있다. 판례와 통설에 따르면, 과징금과 시정명령, 과태료 및 형벌은 원칙적으로 그 규제목적과 성질을 달리하는 것으로서 병과할 수 있다.[154]

먼저 시정명령과 과징금은 모두 위법행위에 대한 행정제재로서의 성격을 가지지만, 시정명령은 위법행위를 시정하여 장래에 적법한 상태를 실현할 것을 목적으로 하기 때문에, 당해 위반행위로 인하여 위반행위자가 취득한 경제적 이익을 환수하거나 제재를 가하려는 과징금과 별개의 목적으로 부과되는 행정제재이다. 따라서 시정명령과 과징금의 병과

---

154) 대법 2004. 4. 9. 선고 2001두6197 판결. 이에 대한 학설의 다양한 입장 및 그 전거에 대하여는 박영도/김호정, 과징금제도의 운용실태 및 개선방안, 한국법제연구원, 2002, 5-27쪽 참조.

는 허용된다.

다음으로 과태료와 행정제재금으로서 과징금의 관계에 대하여는 논란이 있으나, 양자는 별개의 목적을 위한 제도로 병과가 가능하다는 것이 다수의 견해이다.[155] 즉 과태료는 직접 행정목적과 공익을 침해하는 행위가 아니라 간접적으로 행정상의 질서에 장애를 줄 위험이 있는 데 불과한 행위에 대하여 부과되지만, 과징금은 이처럼 위반행위에 대한 평가에 따라 규정된 것이 아니라 위반행위로 인하여 행위자가 취득한 경제적 이익을 환수함으로써 위반행위의 유인을 제거하기 위해서 또는 영업정지처분을 집행하기 곤란한 경우 이를 갈음하여 또는 의무위반에 대하여 실질적인 제재의 효과를 발휘할 수 있도록 강력한 경제적 제재를 부과할 목적으로 부과되는 것이다. 특히 당해 법규의 수범자가 다양한 경제적 능력을 구비하고 있는 경우, 과태료나 벌금은 막대한 경제력을 구비한 대기업에 대해서는 거의 실효성이 없다고 할 수 있지만, 과징금은 매출액을 기준으로 일정율의 액수를 제재금으로 부과하기 때문에 실질적으로 평등한 제재수단이 될 수 있다. 요컨대 행정형벌이나 행정질서벌인 과태료는 모두 일차적으로 과거의 위반행위에 대한 응징에 목적을 두고 있는 데 반하여, 과징금은 위법행위의 발생을 예방하는 데 일차적 목적을 두고 있다는 점에 기본적인 차이가 있다. 따라서 하나의 행위에 대하여 행정형벌과 행정질서벌은 병과할 수 없지만, 이들과 과징금은 병과할 수 있는 것이다.

---

155) 박영도/김호정, 과징금제도의 운용실태 및 개선방안, 5-27쪽.

# 제7장 경제행정법과 법원의 통제

## 제1절 거시경제정책에 대한 법적 통제

### I. 문제제기: 거시경제정책에 있어서 법·법학의 역할

경제위기의 원인은 다양하다. 한 나라의 경제체계나 시스템의 불합리함이 그 원인일 수도 있고, 코로나 19와 같은 우발적 요인으로 발생하기도 하며, 글로벌 경제위기의 여파가 다른 나라의 경제상황을 악화시킬 수도 있다. 법적인 관점에서 보면 경제행정영역에서 법치주의가 정착되지 않은 것도 경제위기를 부추기는 원인이 될 수 있다.

정부주도의 경제발전과정에서 법은 단순히 도구적인 것으로만 이해되었고, 경제영역은 법적 통제의 대상이 아닌 것으로 취급되어 왔다. 경제행정의 영역에서 행정부가 광범위한 재량 내지 판단여지를 부여받는 것이 일반적이며 또한 이것이 바람직한 측면이 있는 것도 사실이다. 그럼에도 불구하고 법에 근거가 없거나 법이 제시하는 객관적 기준도 없이 수행되는 경제행정은 경제행정의 생명이라 할 수 있는 책임성·공정성·투명성·예견가능성 등을 보장해줄 수 없다. 법은 행위의 기준이며, 경제영역에서는 경제주체 간의 게임법칙으로서 작용한다. 원칙 없이 편의에 따라 경제질서의 틀이 좌우된다면 경제주체들 사이에는 공정한 경쟁조건이 확립될 수 없다. 공정한 시장경제질서는 법치주의의 토대 위에서만 확립될 수 있다.

개별경제영역에 대한 미시적 규제는 어느 정도 법적 통제가 이루어져 왔다. 경제행정영역 중에서도 특히 법의 중요성이 간과되어 온 것은 거시경제정책의 영역이다. 국민경제의 기본 틀과 방향을 결정짓는 거시경제정책이 국민경제 전체에 대하여 지니는 중요성을 고려할 때, 거시경제정책에 대한 법적 통제야말로 시장경제질서의 확립에 있어서 관건이라고 할 것이다.[156]

## II. 거시경제정책의 의의와 법적 근거

### 1. 거시경제정책의 의의와 본질

거시경제정책은 거시적 규모에 영향을 미치며, 여기서는 전체 집단의 경제활동을 합산한 결과를 관심대상으로 한다. 그러나 미시적 영역과 거시적 영역은 언제나 상호작용의 관계에 있다. 거시적 단위는 미시적 단위의 결정에 의해 형성된다. 이 미시적 차원의 관계는 시장과 개인의 행위 및 결정에 좌우된다. 반대로 거시경제 정책적 수단들은 개개 경제주체의 행위에 영향을 미칠 것을 목적으로 한다.

이러한 거시경제정책의 본질은 가능한 많은 경제주체들의 개별적 경제적 행위에 대하여 내용적으로 동일한 방식과 동일한 방향으로 영향을 미침으로써 경기변동의 폭을 완화 내지 균등화시키는 데에 있다. 경기가 좋은 경제상황에서는 조세수입이 좋음에도 불구하고 여신의 상환 및 국가지출의 감소를 통해 예비금을 적립함과 동시에 경제성장을 억제하고, 경기가 나쁜 상황에서는 조세수입의 감소에도 불구하고 국가지출의 증대와 여신제공을 통해 경기를 북돋우는 데 있다.

요컨대 거시경제정책은 일정한 경제정책적 목적달성을 위하여 직접 또는 간접적으로 경제과정에 영향력을 행사함으로써, 일정한 경제적 생활관계를 유지·개선하는 장래예측적이고 형성적인 행정작용이다. 따라서 그 성질상 경제행정임무 중 이른바 경제유도임무 내지 경제유도작용에 해당한다. 이러한 거시경제정책은 일반적으로 경제성장, 고용증진, 물가안정 및 국제수지균형 등 네 가지 목표를 동시에 추구한다. 이들 개념은 모두 본래 경제학적인 개념으로 법적 관점에서는 이른바 불확정개념으로서의 성격을 가진다. 이에 따라 그 해석과 적용에 있어서 행정청에게 광범위한 판단여지가 부여되어 있다고 볼 수 있다.

---

156) 거시경제정책에 대한 법적 통제에 대하여 상세한 내용은 이원우, 경제규제법론, 525 – 553쪽 참조.

## 2. 거시경제정책수단의 종류와 법적 근거

### (1) 거시경제정책의 헌법적 근거

헌법상 경제질서의 중립성 또는 개방성은 광범위한 경제정책형성의 자유를 입법자에게 부여하고 있다. 따라서 헌법상 개별 규범에 반하지 않는 한 개개의 입법적 혹은 행정적 결정이 허용된다고 보아야 한다. 현행 헌법 제119조 제2항의 "균형 있는 국민경제의 성장 및 안정"은 거시경제정책의 핵심적 목표를 말하는 것이다. 이로써 헌법은 거시경제정책적 개입의 근거를 마련하고 있다.

### (2) 개별적 거시경제수단의 법적 근거

거시경제정책은 크게 재정정책, 금융통화정책 그리고 국제수지정책으로 구분할 수 있다.
재정정책은 일반적으로 정부지출을 내용으로 하는 세출과 정부수입을 내용으로 하는 세입으로 나누어 살펴볼 수 있다. 세출정책은 다시 그 내용에 따라 정부소비, 정부투자, 이전지출 등으로 나눌 수 있을 것이다. 정부지출 일반에 대하여는 헌법과 국가재정법이 규율하며, 소비지출에 대한 일반법으로는 「국가를 당사자로 하는 계약에 관한 법률」(이하 '국가계약법')이 존재한다. 정부투자나 이전지출은 개별법률에서 그 근거를 부여 하고 있다.157) 정부지출은 재정정책이라는 거시경제정책의 핵심을 이루는 정책수단이지만, 정부의 모든 정책이 결국 예산의 집행을 통해 이루어진다는 점을 고려하면, 정부지출은 종국적으로 경제정책 이외의 사회·문화·복지 등 모든 부문의 정책을 동시에 반영한다고 할 수 있다. 정부수입은 그 대부분이 세입에 의하며 이는 각종 세법에 의해 엄격한 규율을 받고 있다. 물론 세외 수입인 수수료, 사용료, 부담금, 그 밖에 각종의 특별공과금과 과징금 등 벌과금 등은 개별법령에서 규율한다. 정부수입은 그것이 국민의 재산권에 대한 직접적인 제한을 의미하기 때문에 법률유보원칙이 엄격히 준수되고 있으며, 이 점에서 거시경제정책 수단 중 가장 법적 규율이 엄밀하게 시행되고 있는 분야라 할 수 있다.
금융통화정책은 공개시장조작, 지급준비율제도, 재할인율정책 등 간접규제방식에 의한 수단들과 이자율규제, 은행여신규제, 금융기관에 대한 대출규제 등 직접규제방식에 의한 수단들로 나누어 볼 수 있는데, 이들은 한국은행법에 의해 규율되고 있다.158) 그 밖에 금

---

157) 고용보험법 제5조 제1항은 "국가는 매년 보험사업에 드는 비용의 일부를 일반회계에서 부담하여야 한다."고 규정하고 있다.

융통화정책 그 자체라고는 할 수 없지만 금융시장의 안정성 확보를 위한 다양한 건전성 규제를 규정하고 있는 금융감독기구의 설치 등에 관한 법률 및 금융산업의 구조개선에 관한 법률 등이 있다.

국제수지정책은 주로 환율정책이나 외환규제에 의하여 수행되는데, 이에 대하여는 외국환거래법이 규율하고 있다.

그런데 재정정책이 비교적 명확한 법적 근거에 의해 수행되는 데 반해, 금융통화정책은 법적 근거가 불명확하고, 법률, 시행령 및 시행규칙에서 일반적인 사항만을 추상적으로 규정하고 구체적인 기준은 행정규칙에 의해 규율되는 것이 대부분이며, 나아가 아무런 법적 근거 없이 구두(口頭) 지시인 이른바 '창구지도'라는 행정지도의 방식을 통해 수행되는 경우도 많다. 이는 전문성·신속성·유연성 등을 내용으로 하는 금융통화정책의 특수성에도 원인이 있겠으나, 경제행정에 있어서 법치주의의 중요성에 대한 인식이 결여되었던 데 기인한다고 하겠다.


## III. 거시경제정책에 대한 법적 통제와 그 한계

### 1. 헌법상의 원칙에 의한 거시경제정책의 통제와 그 한계

모든 헌법상 원칙들은 모든 국가작용을 구속하는 법규범이다. 거시경제정책의 헌법 적합성은 일반적으로 관철되어야 한다. 다만 헌법규범이 일반적으로 원리 내지 원칙으로서의 성격을 가진다는 점, 그리고 현행 헌법상 경제헌법이 상대적 개방성을 그 특징으로 하고 있다는 점을 고려하면, 헌법규범으로부터 특정의 거시경제정책에 대한 구체적인 지침을 도출하고 이에 따라 합헌성 심사를 하는 것은 어려울 것이다. 여기서는 법치국가원리의 파생원리들을 중심으로 거시경제정책에 대한 통제법리로서 사용되는 경우에 일반적인 행정통제의 경우와 달리 특별히 고려되어야 할 점들을 살펴보기로 한다.


#### (1) 비례의 원칙

비례원칙은 헌법적 원리로서 적합성, 필요성, 상당성을 그 내용적 구성원리로 한다. 적

---

158) 한국은행법 제4장(한국은행의 업무)에서 규정하고 있다.

합성이란 당해 정책수단이 정책목적의 달성을 가능케 하는가에 대한 판단이다. 여기서 주의할 것은 일정한 거시경제 정책목표의 달성을 위해 채택된 정책수단이 사후적으로 불가능하게 되었다고 해서 적합성 원칙에 반한다고 할 수는 없다. 거시경제정책이 가지는 예측적·미래지향적 요소를 고려할 때, 정책수단의 선정 시 일반적으로 받아들여질 수 있었던 경제이론이나 통계적 평가에 기초하여 합리적인 사고 법칙에 따라 예측한 경우에 그러한 목적달성이 가능했던가를 판단하여야 할 것이다. 즉, 당해 정책수단을 채택한 입법자 또는 행정청에 대하여 일정한 범위에서 판단여지 내지 예측여지가 인정되어야 한다. 필요성 원칙이란 당해 목적달성을 가능케 하는 여러 대안 수단들 가운데 가능하면 가장 덜 침해적인 수단을 선택해서 적용하여야 한다는 것이다. 그러나 여기서도 거시경제정책의 예측적 성격이 고려되어야 한다. 상당성 원칙 또는 협의의 비례원칙이란 당해 정책수단을 통해 달성하고자 하는 목적과 이로 인하여 침해되는 국민의 권익을 비교할 때 양자 간에 적정한 비례관계가 있어야 한다는 것이다. 특히 불확정 개념에 근거하는 계획적이고 예측적인 행정활동에 대하여는 다른 적정한 통제 법리가 존재하지 않기 때문에, 비례원칙이 결정적으로 중요한 통제의 척도로 활용된다.


## (2) 법적안정성(예측가능성)

법적안정성은 법치국가 원리의 핵심이라 할 수 있으며, 예측가능성을 전제로 한다. 이는 안정된 경제질서를 위한 필수조건이기도 하다. 일정한 조건 하에 행정이 어떠한 행위로 나아갈 것인지를 아는 경우에만 경제주체는 장기적인 계획을 수립하고 시행착오를 피할 수 있다. 이러한 점에서 한 나라의 경제체제의 효율성은 경제행정법제의 정비수준에 좌우된다고 할 수 있다. 그러나 이는 거시경제정책 작용의 본질적 요구와 상충하기도 한다. 극단적인 예로, 화폐가치의 절상은 비밀유지가 그 정책효과달성에 결정적인 역할을 하기도 한다. 이러한 경기정책에 있어서는 예측가능성이나 이에 근거한 신뢰보호의 희생은 감수되어야 한다. 그러므로 거시경제정책의 수행에 있어서 예측가능성이 철저히 보장되는 것은 원칙적으로 '현재'에 대한 사항에 국한된다. 미래에 대한 예측가능성은 계획보장의 문제이다. 계획작용은 원칙적으로 객관적인 질서형성에 관한 것이며, 예외는 어떤 계획이 특별한 신뢰보호의 구성요건을 충족시키는 경우에만 인정될 수 있을 것이다.

## (3) 소급효금지

경기변동에 대처하기 위해서는 정책내용의 변경이 불가피하다. 이러한 정책변경은 통상 일정한 집단의 불이익을 수반하기 마련이다. 그런데 새로운 정책이나 개정법률의 내용이 공고되면, 현행 제도 하에서 유리한 위치에 있는 경제주체들은 그것이 시행되기 전까지의 기간 동안 그러한 이익 상황을 극대화하고 새로운 정책효과를 회피하고자 한다. 이러한 현상을 방지하기 위해 새로운 제도를 공고한 후 이를 위한 법률이 개정된 다음 그 법들의 효력을 법률효과 발생시점보다 앞으로 소급시키는 경우가 있다. 일반적으로 부진정소급효는 허용되고 진정소급효는 원칙적으로 금지된다. 그러나 예외적으로 부진정소급효도 금지될 수 있으며, 진정소급효라도 허용될 수 있다. 결국은 거시경제정책의 필요성과 그 시행을 통해 야기되는 불이익 간의 비교형량에 의해 결정된다고 하겠다.

## (4) 법치행정의 원칙: 법률의 우위와 법률유보

거시경제정책의 수행에 있어서 법치행정의 원칙이 특히 문제되는 것은 위임입법의 문제이다. 백지위임에 가까운 규정들이 산재해 있으며, 그것도 헌법상 명시된 법규명령이 아닌 규정 혹은 규칙(예컨대, 금융위원회 규정), 나아가 행정규칙(고시, 훈령 등)에 의해 정할 수 있도록 위임되어 있다. 예컨대 최저지급준비금의 계산에 관한 한국은행법 제59조 제1항에서는 "각 금융기관이 보유할 최저지급준비금은 금융통화위원회가 정하는 바에 따라 월별로 계산한다."고 규정하고 있다. 따라서 그 기준은 전적으로 금융통화위원회의 규정에 위임되어 있다. 이러한 위임에 대하여 현재의 판례와 통설은 그 유효성을 인정하고 있으므로 그 자체로서 위헌의 문제는 제기되지 않을 수 있으나, 그 위임의 범위가 방대하고 법률의 위임의 범위를 넘어서 새로운 권리의무에 관한 사항을 규정하는 경우에는 헌법 위반의 문제가 제기될 것이다.

## 2. 기본권 보장과 거시경제정책의 한계: 간접적(사실상) 기본권 침해에 대한 기본권보호

오늘날 거시경제정책 수단은 전통적인 침해행정의 방식이 아닌 경우가 증가하고 있다. 예컨대, 화폐통화정책을 위한 통화량정책, 여신정책 또는 투자정책 등은 대부분 간접적인 수단에 의해 거시경제적 효과를 조종하는 것인데, 이러한 정책들은 명령이나 강제와 같은 전형적인 침해행정적 수단이 아닌 간접적 유도에 의해 수행된다. 따라서 이러한 간접적 (사실상) 방식의 기본권 침해에 대하여 기본권이 보호될 수 있는지가 문제된다.

이 문제에 대해 독일은 이른바 '기본권의 사실상 침해이론'으로 기본권 침해성을 인정한다. 이 이론의 리딩케이스는 연방행정법원의 의약품일람표 판결(Transparenzlisten – Urteil)이다.[159] 독일연방은 1976년 의약품 가격의 안정을 위해 연방보건청 아래 의약품 투명성위원회를 설치하였다. 이 위원회는 운영규정(Geschäftsordnung)을 제정하였는데, 의약품일람표를 작성·공표하여 주요 의약품의 성분, 효능, 부작용, 장비, 용량대비 가격 등을 표시하도록 규정하였다. 이로 인하여 피해를 보게 된 한 의약품 제조업자는 이 일람표로 인해 직업의 자유가 침해된다고 주장하였다. 연방행정법원은 의약품일람표의 공표가 의사들에게 의사결정의 보조자료로 사용될 뿐 권력적 규율이 아니고, 간접적 효력만을 가지며, 경제적 불이익이 의사와 경쟁자라는 제3자의 사적행동에 의해서 야기된다고 하여 기본권의 침해를 부인할 수는 없다고 판단하였다. 개개 기본권의 보호기능을 고려하여 그 종류와 범위에 따라 판단하는 경우에 기본권 주체에 대한 사실상의 관련성도 기본권 침해를 구성할 수 있다고 보았다.

다만, 기본권의 사실상 침해이론은 간접적인 수단에 의한 거시경제정책 조치들도 법적 통제의 대상으로 편입시킬 수 있는 가능성이 있다는 것이다. 기본권의 보호범위가 확장되어 특정 개인의 사실상 불이익이 야기되었더라도, 필수적인 경제정책적 조정이 저지되어서는 안 된다.

## 3. 거시경제정책에 있어서 행정의 자유영역과 그 한계

### (1) 거시경제정책 관련규정에 있어서 재량과 불확정개념의 의의

상당수 거시경제정책 수단의 근거규정에는 법요건 부분에 불확정개념과 법효과 부분에 재량규정이 사용되는 경우가 많다. 이에 대한 다양한 견해가 있지만, 기본적으로는 요건재량을 인정하여 요건규정과 효과규정에 존재하는 행정의 자유를 모두 재량으로 파악하되, 요건규정상의 판단재량과 효과규정에 부여된 행위재량(결정재량 및 선택재량)의 구조적 차이를 인정하여 법요건의 재량과 법효과의 재량에 대한 통제법리를 차별화할 필요가 있다.

---

159) BVerwGE 71, 183(191).

경제정책적 수단의 발동요건이나 그 수단 선택에 관한 사항을 규율하기 위해서는 경제학적 개념을 사용해야 하는데, 이들 개념은 결국 불확정개념으로서의 성격을 갖는다. 법효과 부분의 재량 문제는 일반적인 재량권 통제법리로 해결이 가능하다. 거시경제정책 분야에서는 주로 거시경제정책 관련법령의 해석 및 적용상 불확정개념의 해석·적용이 특히 문제가 된다.

### (2) 거시경제정책과 불확정개념의 해석·적용

#### 1) 전문적·중립적 기관의 결정

다원적 집단의 이익대표성을 가진 구성원들로 구성된 독립적이고 전문적인 위원회에게 불확정개념에 대한 최종적 가치평가적 결정이 맡겨져 있는 경우, 이러한 위원회의 결정에 대하여는 판단여지가 부여되어 있다고 보아 법원은 행정청의 결정을 존중하여 자신의 결정으로 그 결정을 대체하지 않는다. 이 경우 이러한 위원회는 가능한 모든 관점들을 수렴하여 이를 조정하여야 한다. 따라서 위원회의 구성과 그 결정과정 내지 절차가 특별히 투명하고 정형화될 것이 요구되며, 사법적 통제는 주로 이러한 요건에 대한 심사에 국한된다. 현행법상의 거시경제 정책 결정기관 중 금융통화위원회나 금융위원회와 같은 전문적이고 중립적인 기관의 결정에 대하여 판단여지가 인정될 가능성이 많다고 하겠다.

#### 2) 예측여지: 예측결정의 본질과 사법통제의 강도

거시경제정책적 결정은 거시지표에 관한 기존의 자료를 기초로 현재의 경제상황을 분석하고 장래의 경기변동을 예상하여, 국민경제 전체를 장래에 일정한 거시정책적 목표에 이르도록 하기 위해 경제주체의 행위를 일정한 방향으로 유도하는 것을 그 내용으로 하므로, 그 본질상 예측적 성질을 갖는다. 이 예측적 결정에 대하여 판단여지의 한 유형인 예측여지를 인정한다면, 거시경제정책적 결정에 대하여는 언제나 판단여지를 인정하게 될 것이고 사실상 사법통제가 극히 제한된다는 결론에 이르게 될 것이다. 그러나 예측이란 미래사실에 대한 언명이며, 따라서 포섭이 아니라 개연성에 대한 판단이다. 예측이란 그 본질상 불확정개념의 해석·적용의 문제와는 무관한 것이라고 보는 것이 타당하다. 따라서 행정청에게 일정한 범위의 예측권한 내지 예측특권 또는 재량을 인정할 수 있는가는 불확정개념의 문제가 아닌 별도의 독립된 논의로 풀어야 할 것이다.

## (3) 거시경제정책상의 예측결정에 대한 사법심사: 정책문제에 대한 사법적 통제의 가능성과 한계

모든 예측결정에 대해 행정청의 재량을 인정한다면, 대부분의 정책문제에 대한 사법심사는 불가능해질 것이다. 행정결정의 예측적 성격으로부터 판단여지나 재량여지가 존재한다는 결론을 곧바로 도출하는 것은 오류이다. 예측적 결정이 미래에 대한 정책평가의 문제를 그 본질로 하는 경우에만 원칙적으로 행정청의 판단에 우선권이 부여될 수 있다고 보아야 한다.

### 1) 예측여지의 인정요건

판단의 우선권은 구체적인 규범상황으로부터 예측적인 성질을 가진 특정한 형성적 결정에 대하여 인정될 수 있다. 이러한 우선권이 인정되는 행정권한의 핵심적인 요소는 그것이 정책구상적이고(konzeptionell) 정치적인 특징을 가진다는 것이다. 예측적인 성질 이외에, 당해 결정이 개인적 가치 평가로서의 성질을 가지거나, 전문적·독립적이거나, 또는 정책적 내지 정책구상적 성질을 띠고 있음이 개별규정으로부터 도출될 수 있는 경우에만 행정판단의 우선권이 부여되고 사법심사의 제한이 인정될 수 있다.

### 2) 예측결정에 대한 사법심사의 밀도(강도)

행정에 평가의 우선권이 인정되는 한, 그에 상응하여 사법통제의 강도는 완화된다. 판단여지의 일반적인 사법심사의 척도에 대한 공통된 요소는 다음과 같이 정리될 수 있다. ① 정확하고 완전한 사실관계의 조사, ② 법률상 부여된 모든 목적과 기준의 준수, ③ 적절한 평가절차의 준수, ④ (자의의 통제를 포함하여) 명백한 사실상의 하자를 기준으로 한 절차내재적 통제, ⑤ 평가의 기본관점의 개방, ⑥ 절차하자의 회피. Nierhaus는 이러한 판단여지 일반에 대한 심사기준을 예측통제에 대하여 적용하였으며, Hoppe는 이를 다시 더욱 엄밀하고 상세하게 구별하여 다음과 같은 통제의 단계를 체계화하였다.160)

(a) 예측의 기초에 관하여
　－사용가능한 자료를 조사하였고 이를 이용했는지 여부
　－일반적으로 인정되는 경험칙과 합리적인 인식가능성을 고려하였는지 여부

---

160) W. Hoppe, Gerichtliche Kontrolldichte bei komplexen Verwaltungsentscheidung, in: Verwaltungs-srecht zwischen Freiheit, Teilhabe und Bindung, FG BVerwG, 1978, S. 295ff; 310ff.

(b) 예측결정의 추론절차에 관하여

　　－적절하고 학문적으로 통상 받아들여질 수 있는 방법을 선택하였는지 여부

　　－방법이 일관적인지 여부

　　－예측이 일관적인지 여부

　　－예측규범의 해석과 개념충족에 관하여 행정에 자율이 부여되는 범위를 확정하였는지 여부

(c) 예측의 결과에 관하여

　　－절차하자가 있는지 여부


## 제2절 경쟁자소송


## I. 경쟁자소송의 의의

국가 등 공공주체는 개인의 경제활동에 다양한 방식으로 영향력을 행사한다. 그런데 특정 기업에 대한 급부의 제공은 이를 통해 타인(경쟁자)을 불리한 지위에 빠뜨리거나 혹은 타인을 이러한 급부에서 배제하는 결과를 가져온다. 따라서 이러한 불리한 상태에 빠진 국민은 자신에게도 수익자와 동일한 급부를 제공하도록 하거나, 당해 수익자를 대체하여 자신에게 급부를 제공하도록 하거나 혹은 수익자에게 제공된 급부를 제거할 필요가 있다. 이러한 소송을 일반적으로 경쟁자소송이라고 한다.

경쟁자소송의 심사대상은 경쟁에 영향을 미치는 공공주체의 행위이다. 이는 공공주체가 사인들 사이에서 일어나는 희소한 재화의 배분에 직접 혹은 간접적으로 개입하는 경우에 발생한다. 따라서 경쟁자소송을 정확히 파악하려면 사안에서 문제되는 이익대립 상황에 따라 유형화하여 각 유형별로 고찰할 필요가 있다.161)

---

161) 경쟁자소송의 유형에 따른 상세한 설명은 이원우, 경제규제법론, 554－596쪽 참조.

## II. 경쟁자소송의 유형

### 1. 적극적 경쟁자소송과 소극적 경쟁자소송

#### (1) 적극적 경쟁자소송

적극적 경쟁자소송은 행정청으로부터 일정한 수익을 받은 수혜자와 경쟁관계에 있는 자가 자신에게도 동일한 수혜를 제공할 것을 요구하는 소송이다. 이러한 적극적 경쟁자소송이 인정되기 위해서는 우선 실체법적으로 당해 경쟁자에게 적극적 급부청구권이 존재하여야 하고, 소송법적으로는 이를 관철하기 위한 소송형태가 갖추어져 있어야 할 것이다. 가장 적절한 소송 형태는 의무이행소송인데, 현행 행정소송법은 이를 명시적으로 정하고 있지 않으며, 판례는 부정적 입장을 취하고 있다.[162] 따라서 부작위위법확인소송이나 거부처분에 대한 취소소송을 활용할 수밖에 없을 것이다.

#### (2) 소극적 경쟁자소송

소극적 경쟁자소송은 수익적 행정작용을 목적으로 하는 다수의 경쟁자 중 이러한 수혜를 받지 못한 자가 수혜자에 대한 행정작용의 위법을 이유로 그 효력을 다투는 소송이다. 여기에는 이른바 경원관계[163]에 있는 자 중 인·허가를 거부당한 자가 다른 경원자에게 발급된 허가의 위법을 다투는 경우와 일반적 경쟁관계에 있는 자가 특정 경쟁자에 대하여 발급된 수혜적 처분 등을 다투는 경우가 있을 수 있다. 경원자에 대하여 원고적격을 인정하는 데에는 문제가 없으나, 후자의 경우에는 구체적인 경우에 법률상 이익의 존부를 검토하여야 할 것이다.

### 2. 참여소송·배제소송·방어소송

소극적 경쟁자소송 중 경원관계에서 경원자가 제기하는 소송을 배제소송이라 하여 독

---

[162] 대법 1989. 5. 23. 선고 88누8135 판결.
[163] 경원관계란 인·허가 등의 수익적 행정처분을 신청한 여러 사람이 서로 경쟁관계에 있어 일방에 대한 수익적 처분이 타방에 대한 불이익 처분으로 될 수밖에 없는 때를 의미한다.

립된 유형으로 분류하는 견해가 있다.[164] 이에 따르면 경쟁자소송은 다음의 세 유형으로 구분된다.

### (1) 참여소송(Partizipationsklage)

참여소송이란 공공주체가 일정한 수익을 제공하였으나 경쟁관계에 있는 어떤 업자가 이러한 혜택을 받지 못한 경우, 이 업자가 자신에게도 동일한 급부를 제공할 것을 청구하는 소송이다. 참여소송이 제기될 수 있는 전형적인 경우는 보조금의 교부와 할당량이 정해져 있지 않은 허가의 발급에서 나타난다. 그런데 이러한 소송은 다른 경쟁자와의 사이에서 불평등한 취급 및 이로 인한 경쟁의 왜곡 여부가 관건이 되는 것이 아니라, 원고에게 독립적인 적극적 급부청구권이 인정되는지가 관건이다. 이러한 점에서 Huber가 주장하는 바와 같이 참여소송은 본래적 의미의 경쟁자소송이라고 할 수는 없다.[165]

### (2) 배제소송(Verdrängungsklage)

이른바 경원관계에 있는 경쟁자(경원자)가 자신의 경쟁자에 대한 행정청의 수익적 처분을 다투는 경우가 이에 해당한다. 참여소송에서와 마찬가지로 배제소송에 있어서도 수익적 행정에서 제외된 자가 자신에게 일정한 수익적 조치를 취할 것을 행정청에게 요구하는 소송이다. 그러나 여기서는 급부제공의 총량이 제한되어 있기 때문에 원고의 수익적 청구는 기존의 수혜자에 대한 수익적 행정의 효력을 부인함으로써만이 달성될 수 있는 것이다. 따라서 이 경우에는 원고에게 수익적 조치가 취해지지 않은 부작위가 위법할 뿐 아니라, 이미 수익적 조치를 받은 다른 경쟁자 중 적어도 한 경쟁자에 대한 수익적 조치도 위법하여야 한다.

### (3) 방어소송(Abwehrklage)

방어소송이란 특정의 경쟁자에게 위법하게 일정한 수익이 제공되었는데 이로 인하여

---

164) Ulrich Hösch, Probleme der wirtschaftsverwaltungsrechtlichen Konkurrentenklage, Die Verwaltung 1992, S. 211–232.
165) P. M. Huber, §5 Ⅰ. Konkurrentenklagen, in: Stober(Hg.), Rechtsschutz im Wirtschaftsverwaltungs-und Umweltrecht, Stuttgart, 1993, S. 54.

불리한 위치에 서게 된 경쟁자가 위의 경쟁자에게 제공된 수익을 제거하고자하여 제기하는 소송이다. 경쟁자에 대한 위법한 수익적 조치가 경쟁관계에 변화를 가져온 경우 이러한 수익을 제거함으로써 원래의 경쟁상황을 회복하기 위한 소송이다. 예외적 승인이나 보조금 지급이 법적 근거 없이 혹은 위법하게 이루어진 경우 그러한 처분의 효력을 다투는 취소소송이 이에 해당한다.

## III. 경쟁자소송의 유형별 소송요건의 문제점

이상과 같은 기존의 분류는 그저 경쟁관계에서 소송이 제기되는 경우를 경쟁자소송이라는 범주로 묶어 설명하고 있을 뿐, 다른 일반적 소송과 어떠한 차이가 존재하는가에 대하여는 아무런 대답도 주지 못하고 있다. 우리나라의 학설·판례가 경쟁자소송을 제3자의 원고적격이라는 하나의 범주로 보고 있는 것도 경쟁자소송의 본질을 파악하는 데 어려움을 가중시키고 있다. 이에 대한 대안으로 후버(Huber)는 경쟁자소송을 경쟁자진입방어소송, 국고방어소송, 경쟁자수익방어소송, 경쟁자평등규제소송, 경원자배제소송의 다섯 유형으로 분류하였다.166) 특히 후버는 적극적 경쟁자소송 또는 참여소송을 경쟁자소송에서 제외한다. 이는 경쟁관계와 무관하게 일반적 급부소송의 문제로 해결될 수 있기 때문이다. 즉, 이러한 소송에 있어서는 경쟁관계의 침해여부가 문제되지 않고 원고의 청구권의 존부가 독립적으로 판단되어야 한다.

### 1. 경쟁자진입방어소송(Konkurrentenabwehrklage)

경쟁자진입방어소송이란 행정이 새로운 경쟁관계를 형성하여 기존의 경쟁업체에게 추가적인 경쟁을 부담시키는 경우 이에 대항하는 소송을 말한다. 인·허가제 등을 통해 진입규제가 이루어지는 직업에 있어서 기존업체가 신규업자의 시장진입에 대항하기 위한 수단으로 사용된다. 소송형식은 신규 인·허가에 대한 취소소송으로 이루어진다. 이러한 소송은 시장경제질서의 핵심이라 할 수 있는 경쟁을 저지하기 위한 것이기 때문에 엄격히 제한되어야 한다.

종래 판례와 학설상 이러한 소송의 허용성은 당해 인·허가의 법적 성질을 어떻게 보느

---

166) P. M. Huber, Konkurrentenschutz im Verwaltungsrecht, Tübingen, 1991, S. 79-98.

냐에 따라 판단하고 있다. 전통적인 허가와 특허의 구별론을 전제로, 강학상의 허가는 경찰금지를 해제하는 명령적 행위에 불과하고 이 경우 당해 법령상 행정청의 의무는 공익보호를 위한 것이므로 신규허가로 인해 입는 기존업자의 영업상의 이익은 사실상·경제상의 이익에 불과하여 허가의 위법을 다툴 법률상의 이익이 없다고 한다(1유형). 한편 경업자에게 원고적격을 인정한 판례들은 독점적 재산권 내지 경영상의 이익이 법적으로 보호되고 있는지를 판단의 척도로 하고 있는 점과 원고적격 인용의 사례들이 강학상 특허로 분류되어 오던 사업에 해당한다는 점을 볼 때, 형성적 행정행위로서 특허를 받아 사업하고 있는 기존업자에 대하여는 신규진입허가에 대한 취소소송의 원고적격을 인정하고 있다고 볼 수 있다(2유형). 또한, 기존 사업자에게 발급된 인허가가 강학상 허가에 해당하는 경우라도 <u>행정청이 기존 사업자와 경쟁하는 특정 신규 사업자에 대하여만 특별히 독점적 내지 특권적 지위를 부여하여 기존 사업자에게 수인하기 어려운 불이익을 지속적으로 야기하는 때에는 이러한 허가처분의 취소를 구할 원고적격을 인정하여야 한다.</u>[167]

## 2. 국고방어소송(Fiskusabwehrklage)

국고방어소송이란 기존의 업자가 공공주체에 의해 영위되는 경쟁적 경제활동에 대하여 제기하는 소송을 말한다. 공공주체가 기존 민간기업들이 영위하고 있는 업종을 경영수익사업으로 채택하는 경우가 전형적인 사례에 해당한다. 이 유형의 경쟁자소송은 위에서 살펴본 경쟁자진입방어소송과 기본적으로 동일한 구조를 가진다. 차이는 신규진입자가 공공주체라는 점이다.

공공주체의 경제활동에 의해 기존 사업자가 받는 불이익이 법적 이익의 침해인지의 여부가 검토되어야 한다. 기존업자인 국민의 경영상의 이익이나 독점적 지위가 법적으로 보장받고 있는 경우에 권리 침해를 주장할 수 있다는 점은 분명하다. 그에 더하여 공공주체가 경쟁자로 등장하는 경우에는 허가사업의 경우에 있어서도 기존업자의 경쟁의 자유가 침해된다. 공공주체는 자금동원능력이나 담보능력에 있어서 일반 사인과 비교할 수 없는 경쟁력을 가지고 있다. 더욱이 공공주체는 시장경제에 있어서 가장 강력한 경쟁압력인 시장퇴출, 즉 파산의 위험을 부담하지 않는다. 요컨대 공공주체의 영리적 경제활동참가는

---

[167] 최근 약사법 제20조 제5항에 위반한 약국개설등록에 대한 인근 약국개설자의 취소소송에서 원고적격을 인정하는 판결들이 나오고 있는바, 이들 판결은 이러한 이론으로 설명할 수 있다. 이에 대하여 상세한 내용은 이원우, "원고적격 확대를 위한 방법론의 전환 – 독점적 지위의 배제를 구하는 소송을 중심으로", 행정법연구 제66호, 2021.11, 1–33쪽 참조.

기존 사업자에게 결정적인 타격을 가하여 경쟁의 자유를 침해하게 된다. 따라서 공공주체가 영업활동을 하기 위해서는 합헌적인 법률상의 근거를 요한다.

## 3. 경쟁자수익방어소송(Begünstigungsabwehrklage)

공공주체의 개입으로 특정인이 제3자와의 경쟁관계에서 불리한 상태에 처하게 되는 경우 이에 대항하는 소송을 말한다. 이는 보통 행정청이 경쟁관계에 있는 제3자에게 수익적 처분을 함으로써 원고에게 불리한 경쟁상황을 야기한 경우 이러한 제3자에 대한 수익적 처분을 저지하기 위한 수단으로 사용된다. 경쟁자진입방어소송이 경쟁관계의 형성자체를 부인하려는 것인 데 대하여, 경쟁자수익방어소송은 일방에게 수익이 되고 다른 일방에게 불이익이 됨으로써 경쟁을 저해하는 행정개입을 저지하려는 것이다. 예컨대, 경쟁자에 대한 보조금의 지급을 다투는 취소소송이 여기에 해당한다. 소송형식은 취소소송에 의할 것이다.

다만, 경제규제 관련법령은 대부분 공익목적을 위한 규정으로 되어 있어서 처분의 직접상대방이 아닌 자에 대하여는 원고적격을 인정하기 어려운 경우가 많다. 경제규제 관련법령에 의한 행정작용이 경쟁질서에 영향을 미치고 경쟁참여자의 경쟁의 자유를 침해함에도 불구하고, 처분의 근거 법률에서 사익보호성을 도출할 수 없다는 이유로 위법한 행정작용에 대항할 자격을 부여하지 않는 것은 문제가 있다. 경쟁의 파괴는 반드시 경쟁에서 불리한 지위에 서게 되는 경쟁자의 '경쟁의 자유'를 침해한다. 처분의 직접상대방이 아닌 제3자의 주관적 공권을 인정함에 있어서도 처분의 상대방과 마찬가지로 기본권을 보호규범으로 인식하여 원고적격이 있다고 보아야 할 것이다. 비록 대법원 판례는 아니지만, 우리 헌법재판소는 헌법상 경쟁의 자유 침해를 이유로 경쟁자수익방어소송의 원고적격을 예외적으로 인정할 수 있다고 판시하고 있다.[168]

## 4. 경쟁자평등규제소송(Konkurrentengleichstellungsklage)

경쟁자평등규제소송이란 행정청에 대하여 자신과 경쟁관계에 있는 다른 경쟁자에게 부담적 행위를 할 것을 요구하는 소송을 말한다. 즉, 경쟁자 상호 간에 동등한 경쟁조건이 확보되도록 하는 소송이다. 행정청이 경쟁법상의 감독권을 행사하지 않음으로써 야기된 불이익한 경쟁관계를 해소하기 위한 수단으로 많이 사용된다. 여기서 다툼의 대상이 되는

---

168) 이상의 헌법재판소 판시는 헌재 1996. 12. 26. 선고 96헌가18 결정.

행정작용은 제3자효를 가지는 부작위이다. 경쟁자평등규제소송의 형태는 그 본질상 의무이행소송이 가장 적합하지만, 우리나라에서는 인정되지 않고 있으므로 부작위위법확인소송 또는 거부처분 취소소송의 형식으로 다투어야 한다.

그러나 경쟁자평등규제소송의 특수성을 인식하지 못하고 일반적인 경업자소송(경쟁자진입방어소송)에 관한 법리를 그대로 적용하여 원고적격이 대부분 부인되고 있는 실정이다.[169] 법원은 원고들의 영업상의 지위는 사실상의 이익에 불과하다고 하여 소를 불허하고 있다. 하지만 실제 문제되는 것은 일방의 위법한 행위로 인해 헌법상 기본권으로서 영업의 자유가 침해되고 있으므로 이러한 불공정한 경쟁상황을 개선해 달라는 요구가 핵심이다.

경쟁자평등규제소송은 사인 상호 간의 경쟁관계에서 사익 간의 충돌을 공정한 질서유지의 책임을 지고 있는 국가에게 해결해 달라는 것이다. 시장에서의 행위를 규율하는 법규범들은 경제활동을 위한 게임의 규칙이고, 따라서 그것이 경쟁자들에게는 공정한 경쟁을 보장해주는 행위규범으로서 기능한다. 이러한 행위규범의 위배는 객관적 법질서의 위반인 동시에 공정한 경쟁질서의 파괴이고 또한 다른 경쟁자들의 주관적 공권인 경쟁의 자유를 침해하는 것이다. 따라서 비록 관계법령이 직접 경쟁자의 이익보호를 위한 규정을 두고 있지 않더라도 헌법상 경쟁의 자유는 보호되어야 하며, 이를 근거로 취소소송의 원고적격이 인정되어야 할 것이다.


## 5. 경원자배제소송(Konkurrentenverdrängungsklage)

경원자배제소송은 다른 경쟁자에게 수익적 처분이 이루어진 경우 이에 대하여 다툴 뿐 아니라 그러한 수익적 처분의 전부 또는 일부를 자신에게 발급할 것을 구하는 소송이다. 이른바 경원관계에 있는 경쟁자가 다른 경쟁자에게 부여된 행정청의 수익적 처분을 다투어 제기하는 소송이 여기에 속한다. 이러한 경우에는 수익적 처분의 상대방이 아닌 제3자에게도 원고적격을 인정하는 데에 문제가 없으며, 이것이 또한 우리 학설과 판례의 입장이기도 하다. 경원관계에 있어서는 일방에 대한 수익적 처분은 곧 제3자인 경쟁자에 대한 불이익 처분으로 이해될 수 있기 때문이다.

경원관계에서는 당해 행정작용에 의하여 직접 희소한 재화가 배분되므로 원고는 직접 그러한 행정작용(선발 또는 배분결정)의 효력을 다투어야 할 뿐 아니라 당해 배분 결정을 적극적으로 시정할 것을 구하여야 소송의 목적을 달성할 수 있다. 따라서 다른 경쟁자에

---

169) 대법 1989. 5. 23. 선고 88누8135 판결; 대법 1992. 12. 8. 선고 91누13700 판결; 대법 1989. 5. 9. 선고 88누4515 판결.

대한 수익적 처분의 취소와 자신에 대한 거부처분의 취소를 동시에 구하여야 할 것이다.

다만 판례는 "구체적인 경우에 있어서 그 처분이 취소된다 하더라도 허가 등의 처분을 받지 못한 불이익이 회복된다고 볼 수 없을 때에는 당해 처분의 취소를 구할 정당한 이익이 없다."고 하여 일정한 제한을 가하고 있다.[170] 이 경우는 원고가 당해 수익적 처분을 받기 위한 모든 실체적 요건을 갖추지 못하였을 수도 있고, 원고가 다른 경원자들과의 관계에서 순위가 밀렸을 수 있기 때문이다. 그러나 이러한 문제는 본안 심리에서 판단하는 것이 타당하다고 본다. 따라서 그러한 순위에 관계없이 원고적격을 인정하는 것이 바람직하다.

---

170) 대법 1992. 5. 8. 선고 91누13274 판결; 대법 1998. 9. 8. 선고 98두6272 판결.

# 제8장 개별 경제행정법

## 제1절 영업법

### I. 개관

우리나라에서 영업법은 독립된 법분과로 다루어지지 않고 있다. 교과서에서도 영업법이 독립된 영역으로 다루어지지 않고 있으며, 법률가 양성을 위한 각종 프로그램에서도 영업법을 독립된 과목으로 다루는 예는 없다. 실정법 규정도 마찬가지여서 영업법이라는 단일법전이 존재하지 않음은 물론이고, 기존의 영업관계법규도 점차 분화되는 경향을 나타내고 있다. 따라서 독일 영업법상 상설영업과 이동영업의 구별과 같은 총론적 법제도는 한국 법체계에서는 존재하지 아니한다. 영업의 일반적 개념이나 영업허가와 관련된 일반적 규정도 존재하지 아니한다. 각각의 영업 종류별로 독립된 영업허가를 받도록 규정되어 있을 뿐이다. 이러한 상태에서 한국 영업법의 체계를 파악한다는 것은 매우 어려운 일이다.171)

---

171) 우리나라 영업법의 의의와 기본구조에 대하여 상세한 내용은 이원우, 경제규제법론, 797-810쪽 참조.

## II. 영업법의 기본구조

### 1. 영업법의 헌법적 기초

영업법의 헌법적 기초는 헌법 제15조 직업선택의 자유와 제37조 제2항 기본권 제한에 관한 일반적 법률유보 규정이다. 따라서 영업관련법령을 분석하는 데 있어서 가장 기초가 되는 것은 바로 헌법상 직업의 자유이다. 그러나 영업관련법령의 틀을 제공하는 헌법규범이 여기에 제한되는 것은 아니다. 그 밖에 다른 기본권은 물론 헌법구조원리나 국가임무 조항, 경제질서 조항 등은 영업관련법을 입법하고 해석, 적용하는 데 규범적 전제가 된다. 특히 중요한 것이 재산권 보장에 관한 헌법 제23조이다.

헌법 제119조 제1항에서 "대한민국의 경제질서는 개인과 기업의 자유와 창의를 존중함을 기본으로 한다"고 규정하여, 자유주의적 시장원리를 경제질서의 기본원리로 선언하고 있다. 다른 한편 동조 제2항에 따르면 영업의 자유를 포함한 개인의 경제적 활동은 ① 균형 있는 국민경제의 성장 및 안정 ② 적정한 소득분배의 유지 ③ 시장의 지배와 경제력의 남용 방지 ④ 경제주체 간의 조화를 통한 경제의 민주화 등을 위하여 제한될 수 있다. 물론 이 경우에도 헌법 제37조 제2항에 따른 비례원칙의 제한과 동조 제3항의 본질적 내용 침해금지의 원칙은 그대로 요구된다. 나아가 헌법 제120조 이하의 구체적 경제질서에 관한 규정들도 영업의 자유를 제한하는 근거가 될 수 있다. 특히 광물 기타 자원의 국유와 채취 · 개발 · 이용권의 특허(제120조 제1항), 농업의 위탁경영의 법률유보(제121조 제2항), 대외무역의 규제와 조정(제124조), 국방상 또는 국민경제상 긴절한 필요로 인한 사영기업의 국공유화 등의 제한적 허용(제126조), 국가표준제도의 확립(제127조 제2항) 등은 사기업에 대한 시장진입규제의 직접적 근거가 될 수 있다.

### 2. 영업관계법령의 기본내용

영업법의 구체적인 내용은 법률에 의해 형성된다. 이미 언급한 바와 같이 일반적 규정이 존재하지 않고 개별 사업법의 규정에 따라 달리 규정하고 있으므로, 총론적 규정은 존재하지 아니한다. 다만 영업법의 기본구조는 대체로 유사하다고 할 수 있다.

## (1) 영업관청의 조직

영업관련 개별법률들은 그 영역에 따라 관할관청이 따로 존재한다. 예컨대, 식품의약품안전처, 과학기술정보통신부, 방송통신위원회, 금융위원회 또는 지방행정관청으로서 시장 등이 주무관청이다. 독일과 같이 영업법을 관할하는 일반 영업관청은 따로 존재하지 않는다. 많은 경우에 지방자치단체의 장이 지방행정기관으로서 영업허가권을 위임받아 행사하고 있다.

## (2) 진입규제의 유형

진입규제를 위한 수단으로는 특허제, 면허제, 허가제, 등록제, 신고제 등 다양한 방식이 존재한다. 행정통제의 강도를 기준으로 진입규제는 특허제, 허가제, 신고제로 구분할 수 있다. 특허제는 영업허가의 여부를 결정함에 있어서 행정청이 재량을 행사할 수 있다는 데 특징이 있다. 이에 반해 허가제에서는 당사자가 법률에 정한 요건을 충족하여 허가를 신청하면 행정청은 영업허가 여부에 대하여 재량을 행사하지 못하고 허가를 발급하여야 한다. 신고제에서는 당사자가 적법하게 요건을 구비하여 신고를 하면, 행정청의 수리를 요하지 아니하고, 신고만으로 영업을 할 적법한 지위를 취득하게 된다.

그러나 일정한 경우에는 신고에 대한 행정청의 수리가 있어야 비로소 신고의 효력이 발생된다고 하는 경우가 행정실무와 판례에 의해 인정되면서 신고제에 대한 혼란이 야기된 바 있다.[172] 이른바 사실상 허가제로 운영되는 신고제, 완화된 허가제, 수리를 요하는 신고제 등으로 일컬어지는 문제이다. 이러한 경우에 관계법령상 신고제를 어떻게 이해할 것인가에 대하여 학설은 사실상 허가제설, 신고제설, 형식적 심사권설 등의 세 견해로 나뉘어왔다. 수리가 있어야 신고의 효력이 발생한다고 해석될 특별한 규정이 존재하지 않는 한,[173] 원칙적으로 신고제설에 따라 문제를 해결하는 것이 입법자의 의도에도 부합하고, 법리적으로도 타당하다. 그렇지 않으면 법률에 근거 없이 국민의 기본권인 영업의 자유를 부당하게 침해하는 결과가 될 것이다. 신고요건으로 실질적 기준을 설정한 경우에도 이는 사후규제의 기준으로 보아 형식적 신고행위가 있으면 영업의 자유는

---

172) 최근 통과된 행정기본법에 따르면, 수리를 요하는 신고는 "법률에 신고의 수리가 필요하다고 명시되어 있는 경우"이고(행정기본법 제34조), 이 기준에 따라 법제가 정비될 것으로 예상되기 때문에, 이러한 혼선은 다소 줄어들 것이다.

173) 예컨대 외국환거래법 제18조 제3항, 제4항 등과 같이 신고에 대한 거부권이 부여되어 있는 경우에는 수리를 요한다고 해석할 수밖에 없을 것이다.

회복된 것으로 보아야 할 것이다. 행정기본법 제34조가 "법령등으로 정하는 바에 따라 행정청에 일정한 사항을 통지하여야 하는 신고로서 법률에 신고의 수리가 필요하다고 명시되어 있는 경우(행정기관의 내부 업무 처리 절차로서 수리를 규정한 경우는 제외한다)에는 행정청이 수리하여야 효력이 발생한다."고 규정한 것은 이러한 입장을 입법화한 것으로 이해된다.

한편, 면허제는 영업자의 인적요건에 관한 허가제도로 사용되는데, 면허발급이 특허인 경우도 있고, 허가인 경우도 있다. 등록제는 공적장부에 등록을 요하는 것으로서, 역시 등록여부가 행정관청의 재량일 수도 있고, 기속일 수도 있다.

### (3) 진입규제의 요건

영업법상 진입규제의 요건에서 나타나는 기준들을 일반화·추상화하면 다음과 같이 분류할 수 있다.

#### 1) 주관적 요건

(가) 인적 요건

인적 요건이란 일정한 자격을 요구하는 자격요건(Lizenz), 법인성 요구, 결격사유, 기술능력(Befähigung), 신뢰성 등을 의미한다. 한국의 경우에는 독일과는 달리, 극히 예외적인 경우를 제외하고는 영업자의 신뢰성을 포괄적으로 광범위하게 영업허가의 요건으로 규정하는 경우는 존재하지 않는다. 특히 최근에는 규제기준의 명확화와 규제완화의 요구에 따라 불확정개념을 점차 제거하는 경향이 있다. 독일의 경우 신뢰성 요건은 존속요건으로서 영업자의 위반행위에 대한 제재의 근거로 기능하는데, 우리나라의 경우 통상 허가제 영업의 경우 관계법령의 위반행위를 영업허가의 취소 또는 정지의 사유로 규정하는 경우가 많다. 다만 종래에는 "이 법 또는 이 법에 의한 명령에 위반하는 행위"와 같이 특정되지 않은 관계법령 위반행위에 대한 포괄적인 제재규정을 두었으나, 최근 제재의 구성요건을 명확하게 한다는 취지 아래 이러한 규정을 폐지하는 경향이 있다. 따라서 예측하지 못한 위반행위에 대해 적절한 제재조치를 취할 수 없게 되는 문제점이 노출되고 있다.

## (나) 물적 요건

물적 요건으로는 시설기준이 가장 일반적으로 요구되며, 그 밖에도 일정 수준 이상의 자본금이 요구되기도 한다. 금융업을 제외한 대부분의 영업허가에서 일정한 기준 이상의 시설, 장비, 설비 등을 요구하고 있다.

## 2) 객관적 요건

### (가) 수급균형요건

객관적 요건의 가장 대표적인 예는 시장수요를 고려하여 진입을 규제하는 경우에 볼 수 있다. 구체적으로는 거리제한이나 할당제(Kontingentierung) 또는 독점적 사업구역 내지 공급구역제 등의 방식으로 나타난다. 해상여객운송사업, 항공운송사업, 에너지사업 등 당해 재화나 용역의 희소성이 큰 영역에서 그 예를 볼 수 있으며, 이들 영역은 희소성에 따른 규제 필요성으로 인해 통상 공익규제산업으로 불린다.

### (나) 입지요건

입지요건이란 영업장소의 제한을 의미한다. 폐기물처리업, 발전사업 등 도시관리계획에 따른 제한이 가장 대표적이며, 학교나 주거지역 내에서의 특정 영업행위제한도 이에 해당한다.

### (다) 공익요건

공익성(방송법 제10조 제1항 제1호, 은행법 제8조 제2항),[174] 기타 공익적 필요(전기사업법 제7조 제5항)[175] 등과 같이, 개별적 허가 요건 외에 포괄적인 요건으로 공익성을 요구하는 경우가 있다. 이에 대해서는 법령에 구체화된 허가 요건이 바로 공익상 필요를 구체화한 것이기 때문에, 다시 공익상 필요라는 요건을 규정하는 것은 부당하게 행정청의 재량을 확대하고 남용의 우려를 야기한다는 비판이 있다. 이는 당해 영업의 유형과 성질에 따라 별도로 고찰하여야 할 것이다. 공익성이 강한 특허사업의 경우 관계법령의 목적을 한정적인 요건으로 모두 구체화하는 것이 곤란하기 때문에, 공익성이라는 포괄적인 요건이 필요

---

174) 은행법 제8조 제2항은 1998. 1. 13. 전부개정 이후로 은행업 인가 시에 발기인 또는 경영진의 공익성 등을 확인해야 한다는 점을 직접 규정해 왔다. 한편, 현행 은행법 제8조 제2항은 인가요건을 보다 구체화하면서 제6호에서 발기인 및 임원에 대하여 「금융회사의 지배구조에 관한 법률」(2015. 7. 31. 제정) 제5조에 적합할 것을 요구하고 있으며, 나아가 이 법 제5조 제1항 제8호에서 여전히 '공익성' 등을 임원의 자격요건으로 명시하고 있다.

175) 현행 전기사업법 제7조 제5항 제5호상의 "공익상 필요"에 해당한다(2009. 5. 21. 전문개정).

할 수도 있을 것이다. 공익성의 개념이 관련 법령과의 관계 속에서 구체화될 수 있으며, 이러한 관점에서 제한적으로 해석되는 한 공익요건은 허용된다.

### (4) 행위규제 및 실효성 확보

영업행위를 허용하는 법령에서는 소비자보호, 환경보호, 경쟁사업자보호 등 일정한 공익목적 실현을 위해 각 법령별 일정한 행위기준을 규정하고 그 위반에 대하여 시정명령, 영업정지 및 영업허가취소, 영업소 폐쇄명령, 과태료 부과처분, 과징금 부과처분 등 제재조치를 취한다.

## Ⅲ. 영업법 분야의 개혁과 쟁점

### 1. 규제완화와 영업법

각종 영업관련 법령에서 규제완화조치가 취해졌다. 먼저 진입규제에 있어서 종래 허가제로 규제되던 많은 영업이 신고제로 전환되거나, 영업허가의 요건이 완화되었다. 또한 영업수행과정에 있어서도 규제기준이 완화되고, 사업자에게 부과되던 의무들이 폐지 또는 경감되었다.

### 2. 민영화와 영업법

민영화는 새로운 영업의 영역을 민간에게 개방하고 있다. 통신사업, 전력사업, 경비업, 폐기물처리사업, 청소업 등이 대표적이다. 다만 민영화로 인하여 사인에게 영업허가를 발급하는 경우에도 공법적 규제의 필요성이 강한 경우에는 다양한 규제장치가 마련되어야 한다. 민영화는 사적독점을 형성시키게 되기 때문에, 경쟁규제와 소비자보호를 위한 다양한 제도적 장치가 필수적으로 요청된다.

## 3. 사회경제적 발전에 대한 영업법적 대응

4차 산업혁명 시대와 지능정보사회를 맞이하면서, 전통적인 영업법적 규제들이 예상하지 못한 새로운 현상과 기술발전이 목도되고 있다. 이에, 최근 원칙허용−예외금지의 네거티브 규제체계, 적극행정, 임시허가와 규제샌드박스 제도의 도입 등으로 대응이 이루어지고 있다.[176]

# 제2절 방송통신법

## Ⅰ. 방송통신의 특성

### 1. 통신법의 특성

통신법(특히, 전기통신사업법)의 규제체계가 일반 영업법, 공정거래법 그리고 일반적인 소비자보호법과 달리 특별한 이유는 다음의 특징 때문이다. 첫째, 전기통신은 사회경제발전을 위해 중요한 사회간접시설로서, 통신사업은 국가기간산업의 하나이다. 둘째, 전기통신을 통한 의사소통은 인격발현 또는 인간의 존엄성 유지를 위한 가장 기본적인 요소 중 하나일 뿐만 아니라, 지능정보사회에 있어서는 개인의 사회적 활동을 위한 필수불가결한 토대로서, 헌법상 '생존배려'의무의 한 내용을 이룬다. 셋째, 전기통신은 최첨단의 과학기술이 응용되는 분야이며, 기술의 진보도 가장 빨리 진행되는 영역에 속한다. 따라서 고도의 전문적·기술적 지식이 요구된다. 넷째, 전기통신사업은 대표적인 망산업의 하나이다. 유효경쟁이 형성되기 전까지는 일반경쟁규제와는 달리 적극적 경쟁형성정책이 수행되어야 한다. 다섯째, 전기통신사업은 기술발전에 대한 파급효과가 크고 경제성장의 원동력으로서 국가경제발전에 중요한 의미를 지니고 있다. 따라서 통신 사업에 대한 규제에는 산업·정책적 요소가 고려될 것이다.[177]

---

176) 이에 대한 상세는 제3장 제4절에서 설명하였다.
177) 방송통신법의 체계와 내용에 대하여 상세한 설명은 이원우, 경제규제법론, 811−885쪽, 856−881쪽 참조.

## 2. 방송법의 특성

방송법은 망산업이라는 점, 자연독점적 성격을 가진다는 점, 과학기술의 발전에 의존성을 가진다는 점, 헌법상 인격형성과 밀접한 관계를 가지며 표현의 자유의 수단이 되는 매체로서 성격을 가진다는 점 등에 있어서 통신법과 공통된 특징을 가지고 있다. 그러나 통신사업은 헌법상 통신의 자유에 의하여 통신비밀의 보장을 중요한 가치로 두고 통신이용자 상호 간의 원활한 의사소통을 가능하게 하기 위한 규제가 중점이다. 이에 반해, 방송은 국민의 여론형성에 있어서 사회적 영향력이 막대하다는 점에서 여론형성을 위한 매체로서의 기능이 중시되고, 이에 따라 방송매체를 특정한 개인이나 집단이 장악하지 못하도록 규제하고, 어떠한 내용과 체제로 방송이 이루어져야 하는가에 대한 논의가 전면에 있게 된다. 따라서 방송법에 있어서는 방송의 공공성이 강조되고, 산업으로서의 성격은 부차적인 정도로 고려되는 경향이 강하다.


## II. 방송통신 규제체계

## 1. 통신법의 규제체계

전기통신관련법은 효율성과 시장원리를 바탕으로 경제적·산업적 측면을 강조하고 있으며, 경쟁의 활성화와 소비자의 편익증진을 규제목적으로 설정하고 있다. 타인 간의 통신의 매개가 원활하게 이루어져야 한다는 관점에서 헌법상 보호를 받는다.

현행 통신법은 통신의 양방향성, 망외부효과, 자연독점 등의 특성을 고려하여 망과 서비스에 대한 이중적 진입규제 및 요금규제, 공정경쟁촉진, 기술규제, 접속규제 등을 주요 내용으로 하고 있으며, 통신이 모든 국민의 인격형성에 기본적인 수요에 해당한다는 관점에서 보편적 서비스 제공, 이용자차별금지 등 이용자보호에 관한 규제를 중요하게 규정하고 있다. 그 밖에도 통신법에는 ICT 산업육성을 위한 산업정책적 고려가 반영되어 있다. 따라서 통신법은 사업법적인 성격을 가진다.

## 2. 방송법의 규제체계

방송법은 헌법상 표현의 자유 또는 언론의 자유에 그 근거를 두고 있다. 방송법은 규범적·공익적 측면을 강조하고 있으며, 공익성 확보를 위한 엄격한 진입규제(제9조), 다양한 편성·운영규제(제69조 및 제70조), 내용규제(제32조 및 제33조)를 주된 규제수단으로 규정하고 있다. 특히 여론형성의 전달수단이자 그 자체가 여론을 구성하는 요소인 방송의 여론다양성과 시청자의 다양한 방송 선택지 보장을 위하여 사전규제로서 소유·겸영규제도 이루어지고 있다(제8조). 여론다양성은 사후적인 시청점유율 규제를 통해 특정 방송사업자(계열 신문사의 구독률 포함)의 시청점유율이 30프로 이상 넘지 못하도록 규제됨으로써 보장되기도 한다(제69조의2). 나아가 유료방송(케이블, 위성, IPTV) 사업자 간 경쟁, 방송프로그램을 제작하는 지상파·방송채널사용사업자(이하 'PP')[178]와 유료방송사업자 간 경쟁과 유료방송사업자의 가입자 보호를 위한 금지행위 규제도 존재한다(제85조의2).

방송은 여론형성에 기여하고, 민주주의 발전에 이바지한다. 그러나 방송이 불특정다수에게 일방적으로 특정한 내용을 전파하며, 이를 위한 주파수(전파자원)의 희소성으로 인하여 소수의 방송사업자만이 설립될 수 있다는 점, 그리고 전파의 침투성으로 인해 여론형성에 직접적 영향력을 행사한다는 점에서 방송에 대한 규제는 일반적인 규제에 비해 상대적으로 엄격하다. 따라서 방송법은 기본적으로 공익규제법적인 성질을 가진다.


## III. 방송통신의 현재와 미래

### 1. 통신분야의 상황변화와 규제체계의 전환 모색

지능정보사회에서도 통신사업자는 여전히 중요한 기능을 수행한다. 지능정보사회에서 데이터가 핵심연료라면, 통신은 이러한 연료가 전달되는 경로이다. 통신은 데이터가 생성, 수집, 축적되는 기반이기도 하다. 고도화된 망(예: 5G)이 제공되어야 자율주행자동차, 드론, 스마트팩토리 등의 첨단기술이 의도한 목적대로 구현될 수 있다.

이와 같이 오늘날에도 여전히 유효한 통신의 중요성에 비하여 통신사업자의 역할은 점

---

178) 방송채널사용사업자를 PP라고 부르는데, 종편채널, 홈쇼핑, 보도채널, tvN과 같은 일반채널, 영화채널, 스포츠채널 등 유료방송사업자의 상품(기본, 프리미엄 등)에 구성되는 방송사업자를 의미한다.

차 축소되는 경향을 보이고 있다. 음성통화로 부가가치를 창출했던 과거의 수익모델은 데이터 시대를 맞이하며 무용지물이 되었다. 오히려 이러한 통신사업자의 망을 이용한 플랫폼사업자들의 사업영역과 매출이 통신사업자들을 압도하고 있다. 특히 통신사업자의 독과점적 지위는 적극적 유효경쟁을 형성하기 위한 규제를 통해 상당히 완화되는 추세인 반면, 플랫폼사업자들은 규제를 거의 받지 않으면서 그 규모와 지배력을 키워왔고, 통신사업자의 망에 과부하를 줄 정도로 대규모의 데이터를 유통시키고 있다.

전통적인 통신사업자의 위기는 규제완화로 이어졌다. 기간통신사업자의 진입규제는 허가제에서 등록제로 바뀌었다(전기통신사업법 제6조). 통신요금의 규제도 인가제에서 유보신고제로 완화되었다(전기통신사업법 제28조). 기간통신사업자들에 대한 규제 일변도도 새로운 강자인 플랫폼사업자에 대한 규제신설 및 강화 논의로 전환되어 가고 있다. 독과점 또는 자연독점 망산업임을 전제로 한 통신 규제체계에 상당한 변화가 예상되는 시점이다.

## 2. 방송분야의 상황변화와 규제체계의 전환 모색

지상파방송이 방송의 핵심이었던 시절이 있었다. 지상파방송은 방송콘텐츠 기획·제작에서 송출까지 모든 과정을 홀로 담당하였다. 특히 방송용 주파수가 한정되어 있던 관계로 누구나 쉽게 진입할 수 없는 시장이었다. 지상파방송의 독점적 지위로 인한 여론형성력과 시청률은 광고가 지상파방송으로 쏠리게 하였고, 풍부한 재원으로 지상파방송은 양질의 콘텐츠를 제작할 수 있었다. 그 대가로, 주파수 희소성에 따른 시장실패 문제를 해결하기 위하여 배타적 사업권한을 부여하는 대신, 그에 상응하는 공적책무를 부과할 수 있었다.

지상파방송의 힘은 다채널방송인 유료방송사업자로 인해 균열되기 시작하였다. 다양한 장르의 PP가 구성(편성)되면서 지상파방송과 경쟁하게 되었다. 특히 종편 PP가 허용되면서 종합편성을 유일하게 할 수 있었던 지상파방송의 지위를 실질적으로 대체하고 위협할 강한 경쟁자가 등장하였다. 다채널방송의 시초인 케이블방송도 IPTV 등장으로 그 지위를 상실하였다. 현재 유료방송시장은 IPTV를 중심으로 한 적극적인 인수합병을 통해 재편 중이다. 이제 넷플릭스로 대표되는 OTT(Over the Top)[179]까지 가세하였다. 이제 방송사업

---

179) 유료방송을 시청하려면 셋톱박스가 있어야 한다. 그러나 OTT는 셋톱박스 없이 인터넷으로 연결되기만 하면 유료방송과 동일하게 다채널 시청이 가능하다. 셋톱박스(Set 'Top' Box)가 필요 없다는 의미에서 Over the 'Top'인 것이다.

자들은 강력한 글로벌 OTT의 경쟁압력을 견뎌야 한다.

이제 모든 미디어의 소비는 인터넷에서 이루어지고 있다. 광고시장도 소비가 집중되는 인터넷 매체로 쏠리면서 전통적인 방송사업자의 재원이 고갈되어 가고 있다. 특히 여론형성의 주도권은 더 이상 전통적인 방송사업자의 전유물이 아니다. 전통적인 방송사업자를 전제로 한 방송법의 규제체계는 오늘날의 방송미디어 환경과 맞지 않은 상황이다.


# 제3절 개인정보보호법


## Ⅰ. 지능정보사회에서 개인정보보호의 문제상황

지능정보사회는 개인정보 이용환경의 혁명적 변화를 초래하였다. SNS, 클라우드 컴퓨팅, 빅데이터, 인공지능 등 개인정보 활용에 기반한 새로운 ICT 혁신 서비스들이 미래 정보화사회의 인프라를 형성하게 될 것이다. 동시에 프라이버시 침해 유형이나 방식도 이제 더욱 다양화·복잡화되었다. 따라서 개인정보 활용 및 보호의 범위(대상)를 재정립할 필요도 있고, 실질적으로 개인정보를 적절히 보호하면서도 동시에 개인정보를 활용할 수 있도록 개인정보보호체계를 어떻게 재설계할 것인지에 대해서도 논의가 활발하다. 이러한 고민은 최근 데이터3법[개인정보보호법, 「정보통신망 이용촉진 및 정보보호 등에 관한 법률」(이하 '정보통신망법'), 「신용정보의 이용 및 보호에 관한 법률」(이하 '신용정보법')]이 개정되면서 어느 정도 결실을 맺게 되었다.

그럼에도 여전히 데이터 활용은 쉽지 않다. 컴퓨팅파워나 알고리즘보다 얼마나 풍부한 데이터를 제공해서 지속적으로 학습시키느냐에 따라 인공지능의 수준이 결정될 만큼 데이터의 활용은 상당히 중요하다. 이 데이터에는 당연히 개인정보도 포함된다. 요컨대 4차 산업혁명 시대에서 혁신의 핵심요소로 개인정보가 활용되어야 한다.

이러한 문제상황은 우리를 딜레마에 처하게 한다. 한편으로 개인정보가 적절하게 이용될 수 있도록 제도적 기반을 마련해달라는 요구가 제기되고 있고, 다른 한편 개인정보의 활용이 일상화되는 상황에 상응하여 개인정보보호를 강화하여야 한다는 주장이 제기되고 있다.[180]

---

[180] 이하의 내용은 이원우, "지능정보사회에 대응한 개인정보보호법제 개선 방향", 고 류지태 교수 10주기 추모논문집 간행위원회 편, 현대 행정법의 이해, 박영사, 2018, 247-263쪽 참조.

## II. 개인정보보호법의 이론적 전제의 문제

현행 개인정보보호법은 인격권과 프라이버시권으로부터 도출되는 개인정보자기결정권을 개인정보보호의 헌법적 근거로 하여 구축되었다. 따라서 개인정보를 보호하기 위한 법적 수단의 핵심은 정보주체의 동의다. 이러한 동의제도는 정보주체에게 정보가 충분히 제공되고 정보주체가 이러한 정보를 읽고 그 의미를 정확하게 이해한 다음 이를 토대로 합리적으로 동의 여부를 결정한다는 것을 전제로 하고 있다. 그런데 다수의 실증연구에 따르면 이러한 전제는 매우 비현실적인 것으로 나타나고 있다.

동의제도의 근간인 개인정보자기결정권은 절대적인 기본권이 아니며 다른 기본권과 형량되어야 한다. 이는 우리나라 학설[181]과 판례[182]의 확립된 입장이다. 미국형의 개인정보보호 패러다임이 유럽과는 달리 개인정보의 이용을 상대적으로 자유롭게 허용하는 것도 다른 기본권과의 충돌을 조정한 결과로 나타난 것으로 평가되고 있다. 개인정보의 처리를 제한하는 법률은 표현의 자유에 대한 제한이라는 관점에서 합헌성 심사를 받아야 하기 때문이다.

또한, 다수의 개인정보가 모이면 개인의 정보로서가 아니라 공동체 전체의 구조와 경향성을 보여주는 공동체의 정보로서의 성격을 가지게 된다. 이러한 정보는 개인정보의 성격보다 공공재로서의 성격을 더욱 강하게 가진다고 하여야 할 것이다.


## III. 새로운 규제패러다임의 모색

개인정보보호 규제패러다임은 다음의 두 가지 방향에서 이루어져야 한다. 동의제도를 완화하여 개인정보의 이용을 활성화하기 위한 개선이 이루어져야 한다. 다른 한편으로 형식화된 동의제도를 탈피하여 실질적인 개인정보보호를 위한 제도적 보완이 이루어져야 한다.

오늘날 개인정보보호 규제패러다임은 대체로 미국형과 유럽형으로 대별된다. 전자는

---

181) 대표적인 견해로 권건보, "정보주체의 개인정보자기결정권", 고학수 편, 개인정보보호의 법과 정책, 박영사, 2016, 67쪽; 김태오, "데이터 주도 혁신 시대의 개인정보자기결정권 ─ 정보통신망법과 EU GDPR의 동의 제도 비교를 통한 규제 개선방향을 중심으로 ─", 행정법연구 제55호, 2018. 11, 38─39쪽 참조.
182) 헌재 2005. 7. 21. 선고 2003헌마282, 425(병합) 전원재판부 결정; 헌재 2011. 12. 29. 선고 2010헌마293 결정; 대법 2011. 9. 2. 선고 2008다42430 전원합의체 판결 참조.

'원칙허용－예외금지'(opt－out)라는 점에서 개인정보의 이용을 활성화하는 데 친하고, 후자는 '원칙금지－예외허용'(opt－in)이라는 점에서 개인정보의 보호에 방점이 있다고 평가되고 있다. 개인정보의 보호와 이용은 모두 최적화되어야 할 원칙이므로 사전규제 중심의 유럽형 개인정보보호제도와 사후규제 중심의 미국형 개인정보보호제도는 문제되는 이익상황의 유형에 따라 균형 있게 선택 배분됨으로써 적절히 조화되어야 할 것이다.

개인정보보호 규제는 위험의 정도에 따라 차별화되어야 한다. 개인식별성이라는 관점에서 ① 해당 정보만으로 개인을 알아볼 수 있는 정보(협의의 개인식별정보), ② 다른 정보와 쉽게 결합하여 알아볼 수 있는 개인정보(결합식별정보), ③ 가명처리된 개인정보(비식별정보)[183] 등의 유형에 따라 그 위험의 정도는 다르다. 그 밖에 개인정보의 종류와 성격에 따라 그 개인정보가 수집·이용될 때 야기될 수 있는 위험의 성격과 정도 및 발생가능성이 다르다. 이와 같이 위험의 발생가능성이 현저히 다른 개인정보를 모두 동일한 규제의 대상으로 삼아 그 정보처리에 사전동의를 요구하는 것은 비례원칙에 비추어 부당하다.

사전동의 제도는 사실상 형식화되었고 실질적인 개인정보보호기능을 수행하지 못하고 있다. 따라서 대부분의 개인정보이용에 대해서는 원칙적으로 opt－out방식에 의해 사후적으로 동의를 철회할 권리를 부여하고, 동의 여부가 실제로 문제될 만한 소수의 항목에 대해서만 opt－in방식으로 사전에 동의 여부를 결정하도록 하는 방안을 고려해볼 필요가 있다. 동시에 개인정보처리자가 동의를 요구하는 항목을 최소한으로 줄이도록 하여야 할 것이다. 이에 따라 개인정보의 이용을 활성화할 수 있게 될 것이고, 최소한의 항목에 대해서는 실질적인 동의권을 행사할 수도 있는 것이다.

동의제도에 내포된 비현실적인 전제를 고려할 때, 개인정보자기결정권을 실질적으로 보호하기 위해서는 개인정보보호의 중점이 사후규제로 이동될 필요가 있다. 개인정보가 수집된 후 이용되고 제공되는 과정에 대한 투명성 확보와 동의 철회권, 정정청구권 등 접근권 보장, 적절한 보호조치의무, 의무위반에 대한 제재 및 손해배상 제도 등이 정비되어야 할 것이다. 사후규제 중심의 개인정보보호는 이러한 점에서 실제 위험이 발생할 경우 그에 대한 책임을 기본적으로 개인정보처리자에게 부담시키는 제도로 평가할 수 있다.

---

[183] 개인정보보호법은 개인정보의 일부를 삭제하거나 일부 또는 전부를 대체하는 등의 방법으로 추가 정보가 없이는 특정 개인을 알아볼 수 없도록 가명처리함으로써 원래의 상태로 복원하기 위한 추가 정보의 사용·결합 없이는 특정 개인을 알아볼 수 없는 정보를 '가명정보'로 정의내리면서 개인정보의 범주에 가명정보를 포함시키고 있다(개인정보보호법 제2조 제1호 및 제1의2호). 한편 익명정보를 가명정보와 구분하고 있는데(제3조 제7항), 개인정보보호법 제58조의2에서 "시간·비용·기술 등을 합리적으로 고려할 때 다른 정보를 사용하여도 더 이상 개인을 알아볼 수 없는 정보"에는 개인정보보호법을 적용하지 않도록 규정함으로써, 익명정보는 개인정보의 개념에서 제외하고 있는 것으로 해석된다.

## Ⅳ. 개인정보보호를 위한 수단: 사후규제수단으로서 개인정보 유출에 대한 손해배상 책임

개인정보 침해에 대응하기 위해 일차적으로는 개인정보를 침해하는 해킹 등의 행위자체를 규제할 필요가 있지만, 방대한 개인정보를 관리하는 자에게 개인정보보호를 위한 특별한 책임을 부과함으로써 이러한 침해행위를 예방할 수 있을 것이다. 이를 위해 개인정보처리자에게 안전성 보호조치 의무를 부과할 수 있다(개인정보보호법 제29조). 안전성 보호조치는 개인정보의 분실·도난·유출·위조·변조 또는 훼손을 방지하기 위하여 필요한 기술적·관리적 조치이다. 이러한 보호조치 의무를 위반하는 개인정보처리자에 대해서는 매출액의 100분의 3 이하에 해당하는 과징금을 부과할 수 있다(개인정보보호법 제39조의15 제5호). 개인정보처리자의 고의 또는 과실로 개인정보가 분실·도난·유출·변조 또는 훼손된 경우, 법원은 그 손해액의 3배를 넘지 않는 범위에서 손해배상액을 정할 수 있고(개인정보보호법 제39조 제3항), 법정 손해배상청구권도 규정하고 있다(개인정보보호법 제39조의2).

개인정보가 분실·도난·유출·위조·변조 또는 훼손되는 경우 언제나 손해배상 책임이 인정되는지에 대해서는 의문의 여지가 있다. 특히 문제가 되는 것이 개인정보의 유출이다. 안전성 보호조치 의무 위반으로 개인정보가 유출되더라도 그것으로 인하여 반드시 손해가 발생하는 것은 아니며, 근본적으로 과연 어떠한 상태를 '유출'이라고 규정할 것인지에 대해 논란이 있기 때문이다.

안전성 보호조치 의무 위반행위, 즉 위험유발행위와 손해는 구별되어야 한다. 안전성 보호조치 의무를 위반하였다고 해서 바로 손해가 발생하는 것은 아니다. 법익침해를 방지하기 위해 법령에서 일정한 행위를 금지하고자 하는 경우, 일반적으로 법익침해를 야기하는 행위유형(침해행위의 유형)을 금지행위로 규정하는 것이 전통적인 입법방식이다. 따라서 의무위반행위는 곧 침해행위인 경우가 대부분이다. 그러나 오늘날 리스크 관리를 위해 위험발생의 전단계에서 일정한 의무를 부과하는 경향이 나타나고 있으며, 이에 따라 그 자체로서 침해행위라고 할 수 없는 행위유형이 의무위반행위로 규정되는 경우가 있다. 이는 위험발생 개연성에 대한 입법자의 평가가 반영된 것으로 이해하여야 할 것이다. 요컨대 법익에 위해를 가하는 행위는 '의무위반행위 → 침해행위 → 손해'의 단계로 구성되어 있는 것이다.[184]

---

184) 이에 대하여 상세한 내용은 이원우, "개인정보 보호를 위한 공법적 규제와 손해배상책임 – 개인정보 누출을 중심으로", 행정법연구 제30호, 2011. 8, 237–275쪽 참조.

이러한 개념구조에 따르면, 개인정보보호법 제29조에서 요구하는 안전성 보호조치를 위반하는 행위는 위험을 야기하거나 증대시키는 의무위반행위에 해당하며, 분실·도난·유출·위조·변조 또는 훼손은 침해행위에 해당한다. 이러한 침해행위가 구체적인 법익침해를 야기하게 되면 개인정보보호법 제39조에서 말하는 손해가 발생하게 되는 것이다. 물론 실제에서는 의무위반행위가 곧 침해행위인 동시에 법익침해로서 손해발생의 결과를 포함할 수도 있을 것이다. 이러한 논리구조는 손해배상책임의 본질에 비추어도 타당하다고 할 수 있다. 즉, 손해배상의 근거는 위법행위로 인하여 발생한 결과가 시민법질서에 비추어 수인할 수 없다는 '결과의 불법성'에서 찾는 것이 통설과 판례의 입장이다. 이에 대하여 정보통신망법상 개인정보보호를 위한 안전성확보 조치의무 위반행위가 규제의 대상이 되는 것은 의무위반이라는 '행위의 불법성' 때문이다. 따라서 안전성확보 조치의무를 위반하였다는 행위불법으로부터 손해배상책임이 바로 정당화될 수는 없는 것이다.

'유출'의 의미에 관하여 확립된 개념정의가 존재한다고 할 수는 없으나 대법원에 따르면, 유출이라 함은 개인정보가 정보관리주체의 관리·통제권을 벗어나 제3자가 그 내용을 알 수 있는 상태에 이르게 된 것을 의미한다.[185] 이러한 점이 종합적으로 반영되어 최근 대법원은 개인정보유출로 인한 손해배상에 대한 판단기준으로 유출된 개인정보의 종류와 성격, 정보주체의 식별 가능성, 제3자의 열람 여부 및 가능성, 유출된 개인정보의 확산 범위, 추가적인 법익침해 가능성, 개인정보 관리 실태와 유출된 구체적인 경위, 피해 발생 및 확산을 방지하기 위하여 취한 조치 등을 제시한 바 있다.[186]


# 제4절 금융법


## I. 금융규제·감독체계


## 1. 금융규제의 목적

규제목적이란 규제를 통하여 달성하고자 하는 상태로서 법률의 목적조항에 적시되는

---

185) 대법 2014. 5. 16. 선고 2011다24555, 24562 판결. 누출에 대한 판단이지만, 법개정으로 누출을 유출이라는 개념으로 대체하였기 때문에, 누출과 유출은 동일한 개념으로 볼 수 있다.
186) 대법 2019. 9. 26. 선고 2018다222303, 222310, 222327 판결.

것이 통례이다. 금융위원회의 설치 등에 관한 법률 제1조에 따르면, '금융산업의 선진화'와 '금융시장의 안정'을 도모하고 '건전한 신용질서'와 '공정한 금융거래 관행'을 확립하며 '예금자 및 투자자 등 금융 수요자를 보호'함으로써 국민경제의 발전에 이바지하는 것이다. 은행법, 금융지주회사법, 보험업법, 「자본시장과 금융투자업에 관한 법률」(이하 '자본시장법'), 여신전문금융업법, 「금융소비자 보호에 관한 법률」(이하 '금융소비자법'), 그 밖에 금융관련법률의 목적규정을 종합하면, 금융시스템의 안정성 보장, 공정한 금융거래질서의 확립, 금융기관의 건전성과 안전성 유지, 금융소비자 보호 등이 중요한 목적으로 받아들여지고 있다.[187]

## 2. 금융규제의 원칙

규제원칙이란 규제목적의 달성을 위한 전략이다. 금융규제의 목적달성을 위한 전략 내지 규제원칙이 직접 명시적으로 규정된 예는 많지 않다. 금융위원회의 설치 등에 관한 법률 제2조는 "금융감독위원회와 금융감독원은 그 업무를 수행함에 있어 공정성을 유지하고 투명성을 확보하며 금융기관의 자율성을 저해하지 아니하도록 노력하여야 한다."고 규정하고 있다. 이 외에도 책임성, 비례성, 국지성, 혁신성, 경쟁촉진 등이 금융규제의 원칙으로 논의되기도 한다.

## 3. 금융규제기관

금융규제에 관한 일반적인 감독권한은 금융위원회와 금융감독원이 유기적으로 수행하고 있다. 예금보험공사는 예금자보호와 부실금융기관의 정리에 대해 예외적으로 금융규제기능을 수행하고 있다. 금융규제의 목적을 관철시키기 위해서는 조직 및 조직운영의 절차에 있어 전문성·효율성·공정성·독립성·중립성·투명성·책임성 등의 원칙이 관철될 수 있어야 한다.

## 4. 금융규제의 기준

규제기준은 규제목적을 개별적인 제도와 연결하여 구체화한 것이다. 금융규제의 기준

---

187) 금융규제법의 구조와 쟁점에 대하여 상세한 내용은 이원우, 경제규제법론, 882-932쪽 참조.

은 금융규제목적인 금융기관의 건전한 발전·공정경쟁·금융소비자보호 등 금융시장의 바람직한 상태가 구체적으로 어떠한 기준을 충족하여야 하는가를 구체화하여 행위기준이나 상태기준으로 제시된 것을 의미한다. 예컨대 금융기관의 건전성 유지를 위한 자기자본비율 등 재무건전성유지(은행법 제34조, 자본시장법 제30조, 보험업법 제123조 등), 건전한 거래질서유지를 위한 부당권유행위금지(금융소비자법 제21조), 금융거래상 중요 정보 제공(은행법 제52조의2), 미공개 정보이용금지(자본시장법 제174조) 등이 이에 해당한다.

## 5. 금융규제의 수단

현행법상 금융규제수단에는 사전규제로서 진입규제인 인허가제도 이외에도 관계법령 준수 여부에 대한 일반적인 감독(은행법 제44조, 자본시장법 제440조 등), 피규제자의 신고 및 보고의무(은행법 제47조, 자본시장법 제418조 등), 규제기관의 검사권(은행법 제48조, 자본시장법 제419조 등), 위법의 혐의가 있는 경우 진위를 밝히고 증거를 수집하기 위한 조사(자본시장법 제427조), 금지행위 위반에 대한 시정명령 등(은행법 제53조, 자본시장법 제426조 제5항, 보험업법 제134조 등) 및 과징금부과(자본시장법 제428조, 제429조부터 제429조의3, 은행법 제65조의3), 그 외에 법률상의 의무위반에 대한 제재로서 행정질서벌(과태료) 및 행정형벌 등이 포함된다.

특히 행정법상 위험통제 또는 리스크 관리라는 관점에서 규제수단을 다음과 같은 4단계로 분류하는 것이 의미가 있다. ① 감시 및 진단적 수단: 금융기관이 제공한 정보를 검토하는 검사와 위험의 혐의가 있을 경우 발동하는 조사가 여기에 해당한다. ② 예방적 수단: 소비자가 금융상품비교표를 볼 수 있도록 함으로써, 위험을 사전에 방지하는 것이나, 적기시정조치에 의하여 금융기관의 부실화를 사전에 방지하는 것이 예이다. ③ 위험제거수단: 시정명령, 인가의 취소 또는 정지, 행정강제, 원상회복 또는 손해전보 등이 그 예이다. ④ 위반행위에 대한 제재: 금융기관에 대한 영업정지, 인가취소, 임직원에 대한 제재, 과징금, 행정벌 등의 조치가 여기에 해당한다. 인가취소나 영업정지는 위험의 제거수단으로 사용될 수도 있고, 위반행위에 대한 제재로서 사용될 수도 있다.

## II. 금융규제체계에 있어 공법상의 쟁점 및 현안

### 1. 새로운 금융상품 및 서비스에 대한 규제

ICT 기술의 발전으로 블록체인에 기반한 가상화폐가 등장하였고, 핀테크 서비스가 활성화되었으며, 마이데이터 사업으로 알려져 있는 본인신용정보관리업 등 새로운 금융상품 및 서비스의 제공이 보편화되고 있다. 이러한 새로운 금융상품 및 서비스의 허용여부 및 규제여부와 규제방식에 대해 규제가 이루어지지 않거나(예컨대, 가상화폐) 개별법 차원에서 대응(예컨대, 마이데이터 사업에 대해서는 신용정보법)하기도 한다. 특히 금융혁신법을 통한 대응체계도 본격화되었다.

금융혁신법 제2조 제4호에 따르면, 혁신금융서비스는 "기존 금융서비스의 제공 내용·방식·형태 등과 차별성이 인정되는 금융업 또는 이와 관련된 업무를 수행하는 과정에서 제공되는 서비스"이다.[188] 이러한 혁신금융서비스는 금융위원회의 지정을 받으면 지정기간 동안 금융관련법령 중 특례가 인정되어 규제의 적용을 받지 않고 혁신금융서비스를 제공할 수 있다. 그러나 금융혁신법은 지정기간이 만료한 뒤에는 규제샌드박스에 의해 특례로 인정되어 적용이 제외되었던 기존 금융관련법령상 규제를 준수할 것을 전제로 한 규정을 두고 있다. 예컨대 혁신금융사업자는 운영경과보고서를 제출하여야 하는데, 최종 보고서에는 특례가 인정되어 적용이 제외되고 있는 규제의 준수계획을 포함하여 작성하도록 하고 있다.

### 2. 금융감독기구의 통합

금융감독규제의 구조는 금융위원회와 금융감독원의 이원적 체계이다. 금융위원회는 국무총리 소속 합의제 행정기관으로서 공무원으로 구성되어 있다. 금융감독원은 공법상 영조물 법인으로서 독립된 행정주체이나 그 구성원은 공무원이 아니다.

이들 금융감독기관의 통합은 오래전부터 화두가 되어 왔다. 금융산업을 육성하려는 금융정책기관인 금융위원회와 이를 감시하는 금융감독 사이에 견제와 균형의 상실, 상호 모순 및 비효율성과 책임소재의 문제 등은 금융감독기관의 통합 필요성을 정당화하는 요소

---

188) 이에 대한 상세는 이원우, "신용합산업 활성화를 위한 규제개혁입법의 현황과 과제", 145쪽 이하.

였다. 통합 조직의 형식은 합의제 행정기관 방식과 금융청과 같은 외청의 형식을 취하는 방식, 금융부와 같은 행정각부의 형식을 취하는 방식이 있을 수 있다. 간접국가행정주체의 지위를 갖는 공법상 법인인 특수법인으로 설립할 수도 있다.

법리적으로 조직 형식의 선택에는 재량이 주어지지만, 금융감독의 전문성, 독립성, 중립성, 책임성 등의 관점에서 가장 합리적인 방안을 채택하여야 한다. 전문성의 확보라는 측면에서는 공무원 조직보다는 독립된 별도의 법인격을 부여하는 것이 적절하다고 할 수 있다. 국가행정기관으로서 공무원으로 구성되는 경우에는 공무원법 및 예산법상의 제한 때문에 탄력적인 관리가 어렵기 때문이다. 독립성과 중립성의 확보라는 측면에서는 국가인권위원회의 설립과정에서 잘 드러나는 바와 같이 우리나라의 경우 독립행정위원회의 형식이 독립성과 중립성을 강하게 보장받을 수 있다. 책임성이라는 측면에서는 국가행정기관의 형식을 취하는 것이 적절하다. 특수법인으로 독립 법인화하는 경우에도 법치주의적 통제는 가능하지만, 의회에 의한 민주적 통제로부터 연결고리가 약하기 때문에 의회주의 원칙에 비추어 바람직하지 않다는 문제가 있다. 그러나 전문성의 요청이라는 점에서는 오히려 이 점이 장점이 될 수도 있기 때문에, 결국 전문성과 책임성 사이의 비교형량이 이루어져야 할 것이다. 이러한 논의에 비추어 볼 때, 국가행정기관의 형식을 취하는 경우에는 전문성을 보완하기 위한 제도적 보완이 이루어져야 할 것이며, 특수법인화의 방식을 취하는 경우에는 책임성 확보와 공권력 행사에 합당한 공적 통제장치가 적절히 마련되어야 할 것이다.


## 3. 적기시정조치

적기시정조치(prompt corrective action)는 부실가능성이 있는 금융기관에 대하여 적절한 경영개선조치를 취하여, 조기에 금융기관의 경영을 정상화함으로써 금융시장의 안정성을 강화하기 위한 제도이다. 적기시정조치는 사전배려원칙에 따른 리스크행정의 전형으로 금융기관이 부실해지기 이전 단계에서 신속히 대응함으로써 부실화를 예방하고 부실화 진행 시 경영개선명령 등의 조치를 통하여 부실금융기관을 효율적으로 처리하는 것이다.

적기시정조치의 요건은 '금융기관의 자기자본비율이 일정 수준에 미달하는 등 재무상태가 일정한 기준에 미달하는 경우뿐 아니라 거액의 금융사고 또는 부실채권의 발생으로 금융기관의 재무상태가 금융위원회가 사전에 설정한 기준에 미달하게 될 것이 명백하다고 판단되는 경우'이다(금융산업의 구조개선에 관한 법률 제10조 제1항). 금융위원회가 적기시정조치의 기준 및 내용을 정할 수 있어 법요건에 광범위한 재량이 부여되어 있지만, 일단 기준 및 내용을 정한 이후에는 법요건에 해당되는지 여부에 대한 판단재량이 인정되기 어려운 구조이다. 적기시정조치의 요건에 해당하면, 금융위원회는 적기시정조치를 취하여야 한다. 다만, 금융위원회는 그 요건에 일시적으로 미달한 금융기관이 단기간에 그 기준을 충족시킬 수 있다고 판단되면 일정 기간 적기시정조치를 유예할 수 있다(금융산업의 구조개선에 관한 법률 제10조 제3항).

적기시정조치에 대해 금융위원회가 사전에 정하는 자기자본비율 등 지표에 의한 적기시정조치의 발동기준의 적정성에 대한 논란이 있다. 그러나 이에 대한 대체 수단이 개발되지 않고 있는 실정이기 때문에 자기자본비율 등의 지표가 적정한지에 대한 실증적인 연구와 이를 적시에 기준에 반영할 필요가 있을 것이다. 또한, 적기시정조치의 발동여부 및 조치내역의 공개로 해당 금융기관의 부실화가 더 빠르게 진전되고 시장의 불안요인으로 작용할 가능성이 있다는 우려도 있다. 이는 결국 금융행정의 비닉성(祕匿性) 및 금융시장의 안정성이라는 공익적 요소와 당해 금융기관의 투자자보호라는 이익 사이에 비교형량으로 결정될 사항이다. 한편, 적기시정조치 발동 그 자체는 기속으로 규정되어 있지만, 적기시정조치의 발동의 유보가능성이 문제로 지적되고 있다. 투자자의 피해를 더욱 가중시킬 수 있기 때문이다. 이에 대해서는 적기시정조치 유예권을 인정하되, 더욱 엄격한 적기시정조조치 발동지표의 최소한도 요건을 설정하여 이러한 요건을 구비한 경우에는 적기시정조치를 유예할 수 없도록 할 필요가 있다. 마지막으로 적기시정조치의 발동요건을 단순화하면서 구체적으로 명시하자는 주장이 있다. 그러나 적기시정조치의 발동기준이 당해 금융기관의 건전성 여부에 대한 절대적 기준이 될 수 없다. 따라서 금융감독기관에게 일정한 범위 내에서 공익판단에 따라 권한을 행사할 수 있는 여지를 부여할 필요성이 인정되어야 한다.


## 제5절 식품안전법


### I. 식품안전규제의 의의와 목표

현대사회에서 식품사업자에 의한 다양한 가공과 여러 단계의 유통과정을 거치지 않고 개인이 온전히 음식물을 섭취한다는 것은 불가능하다. 식품사업의 전과정에서 식품의 안전성을 확보하는 것은 국민 전체의 건강 및 안전과 직결된 문제로서 사회질서의 유지와 공공복리의 향상을 위해 필수적인 요소이다. 따라서 '식품안전성의 확보'는 최상위의 공익 중 하나다. 그러나 현대사회에서 식품에 대한 소비자의 요구를 안전성 확보로 단순화할 수 없다. 안전성에 대한 요구수준도 과학기술의 발전과 더불어 지속적으로 변화하고 있다. 따라서 식품안전규제법도 식품안전성의 확보라는 기본적인 목표를 달성하면서도 다양한 소비자의 요구를 반영하고, 식품산업의 발전을 도모할 수 있어야 한다.

특히 우리나라의 경우, 식품안전관리에 있어서 ① 최근 심화되고 있는 환경오염으로 인한 식품원료의 오염 증대, ② 시장개방에 따라 급증하고 있는 수입식품의 안전관리기반 취약, ③ 소비자들의 소득 및 생활수준의 향상에 따른 식품안전욕구 증대, ④ 다수 영세업체의 취약한 위생환경 등 식품의 안전성 확보기반 취약, ⑤ 식품안전에 관한 불확실한 정보유통에 따른 혼란 등과 같은 법적·현실적 문제점들이 제기되고 있다. 이러한 문제점을 극복하기 위해서는 현행 식품안전규제 제도 가운데 어떤 제도적·관행적 문제와 관련되어 있는지를 규명하고 이를 합리화 할 필요가 있다.


## II. 식품안전규제법의 체계와 쟁점

현행 식품안전규제법은 세계 안전관리 원칙인 '농장에서 식탁까지'(farm to table)의 원칙을 도입하여, 생산, 가공, 유통, 소비에 이르기까지 전과정을 통해 식품의 안전성과 질의 확보를 추구하고 있다. 이러한 식품안전규제법의 체계는 크게 실체법과 절차법들로 구분할 수 있다. 그러나 이렇게 구별된 각각의 유형이 완벽하게 독립적인 것은 아니다. 예컨대, 인증제도의 경우 그 기능상으로는 정보전달이면서도 절차상으로는 사전절차의 유형에 속할 수도 있다.[189]

식품안전규제를 위한 사전절차로 각종 인증, 승인 방식 및 행정처분 등의 사전절차와 관련된 문제들, 기준설정을 위한 의견수렴(공청회), 기능성 표시광고 자율심의[190] 등 식품행정과 관련한 행정절차 등이 존재하고, 집행절차로는 법률의 집행 모니터링, 검사 및 재검사, 제재 및 처벌 절차 등이 문제되는바, 이들 절차에서 규제의 실효성을 확보

---

189) 식품안전법에 대하여 상세한 내용은 이원우, 경제규제법론, 933 – 990쪽 참조.
190) 건강기능식품에 대한 사전심의제가 헌재 2018. 6. 28. 선고 2016헌가8, 2017헌바476(병합) 전원재판부 결정으로 위헌선언이 된 이후 자율심의제로 변경되었다.

하되 당사자의 절차적 권리가 보장되어야 한다. 이하에서는 실체법적 쟁점에 대해서만 살펴본다.

## 1. 식품내용물 규제

식품내용물 규제에는 식품의 성분 관리, 새로운 식품 및 첨가물, 유전자조작 식품의 시장 진입규제를 위한 사전판매승인, 농약, 살충제 잔여물 등과 같은 오염 물질에 관한 관리 등이 포함된다. 현재 식품내용물규제와 관련해서 가장 문제가 되는 것은 이른바 'Zero-Risk 기준'의 문제점이다.

인체에 유해한 미생물이나 병원체는 식품에서 단 한 마리라도 검출되어서는 안 되는 경우가 있다. 이는 매우 엄격한 기준으로서, ① 치명적인 질병을 일으키는 병원성 세균을 완전히 제거하거나, ② 레토르트, 캔 제품과 같이 완전 멸균공정을 거쳐 상온에서 장기간 보관이 가능하도록 하는 제품에 적용하는 기준방식이다. 미생물의 허용한계치, 검출한계 치 등의 규제기준은 위험가능성의 정도에 비례하여 적정한 수준으로 설정되어야 한다. 특히 현실적으로 리스크를 '0'으로 하는 것은 사실상 불가능하거나 비현실적인 비용을 요구하는 경우가 많다. 특히 종래에는 규제물질이 검출되지 않아 '0'으로 판정되던 것이 측정 기술의 발달에 따라 극소량이 존재하는 것으로 판정되기도 한다는 점을 고려할 필요가 있다. 따라서 리스크 '0'라는 위험기준을 설정하기 위해서는 비용편익 분석을 통해 이러한 상태를 합리적인 비용으로 달성할 수 있다던가, 당해 리스크로 인해 발생할 법익침해가 매우 치명적이라는 등 아주 예외적인 요건을 요구하여야 할 것이다.

## 2. 취급 및 관리 규제

제조와 관련된 위생 및 식품접촉물질에 관한 규제, 수거 회수, 생산 유통된 식품이력관리 추적에 관한 문제 등이 취급 및 관리 규제의 주요 내용을 구성한다.

## 3. 정보전달 규제

현대 리스크사회에서 리스크 관리의 중심은 리스크 관련 정보전달 내지 리스크 소통의 문제로 이동하고 있다.

## (1) 리스크 관련 정보전달

오늘날 식품 관련 위해로 인한 공중보건상 리스크에 대응하는 방식은 리스크 평가,[191] 리스크 관리,[192] 리스크 커뮤니케이션[193] 등 3가지 요소로 구성된다. 식품위생법은 위해평가의 근거를 두고 있으며(제15조), 위해평가 결과에 관한 사항을 공표할 수 있도록 규정하고 있다(제15조의2). 또한, 해당 영업자에 대하여 위해식품 등의 공표를 명할 수 있도록 하고 있다(제73조 제1항). 그러나 이러한 공식적인 공표가 아니라, 언론이나 소비자 또는 소비자 단체에 의해 비공식적으로 리스크가 소비자에게 공표되어 부정확한 정보의 전달 및 공개로 인해 식품업체가 피해를 보는 사례도 종종 목격할 수 있다.

이러한 문제를 해결하기 위해 행정청은 잠재적 위험이 있을 수 있는 검사결과가 나왔을 경우, 해당 사업자에게 통보하여 이에 대한 소명의 기회를 보장하고 재검사 절차를 통해 위해평가 결과에 대한 신빙성을 높일 수 있는 방안을 고려해야 한다. 또한, 검사결과 '위험에 대한 합리적인 의심이 있는 경우'에만 공표할 수 있도록 제한할 필요도 있다. 그러면 소비자들의 알권리를 보호하면서도, 사회적으로 필요 이상의 불안을 조장하지 않게 되어 해당 식품업체의 피해를 최소화할 수 있다. 뿐만 아니라, 자진회수에 대한 고지를 의무화하고 고지받은 행정청은 단계별 위험평가를 통해 이를 공표하는 리콜 제도의 현대화방안이 있다. 한편, 위해가 없는 것으로 밝혀질 경우, 그로 인해 피해를 입은 기업의 손실은 사회 전체가 분담하는 것이 타당하며, 이를 손실보상의 대상으로 하여야 할 것이다.


## (2) 식품표시제도

식품표시제도란 식품에 관한 각종 정보, 즉 구성성분, 중량, 제조일자 및 유통기한, 사용방법, 영양성분 등에 관한 정보를 제품의 포장이나 용기에 표시하도록 하는 것이다. 이는 공정한 거래를 확보하고 궁극적으로 소비자를 보호하기 위한 제도이다.

그러나 식품표시를 통해 사업자가 식품의 기능적 측면을 강조함으로써 타 식품과의 차별성을 드러내고 싶은 희망을 가질 수 있는 반면, 이러한 표시가 허위·과장으로 이

---

191) 식품으로부터 초래되는 위해에 관한 모든 이용 가능한 정보를 수집하여 이를 체계적이고 객관적으로 평가하는 과정.
192) 위험평가의 결과에 비추어 정책적 대안들을 비교하고, 필요한 경우 규제수단들을 포함하여 적절한 통제수단을 선택하여 집행하는 과정.
193) 위험평가자, 위험관리자, 소비자 및 기타 이해당사자들 간에 위험 및 위험관리에 관한 정보와 의견을 상호 교환하는 과정.

어져 국민의 건강권이 침해될 위험도 병존한다. 식품의 기능성 표시를 가능한 널리 허용함으로써 식품정보에 대한 알권리 확대와 식품산업의 육성 효과를 도모할 수 있는 순기능과 식품의 기능성 표시에 따른 역기능을 고려한 적절한 규제가 요구된다. 식품의약품안전처는 부당한 표시 또는 광고로 보지 아니하는 식품 등의 기능성 표시 또는 광고에 관한 규정194)을 제정하여 일반식품의 기능성표시에 관한 규제기준을 더욱 구체화하고 있다.

식품표시제도의 특수 문제로서, 농수산물 원산지표시제도와 관련하여 가공식품에 대한 원료의 원산지를 표시하여야 하는 규정은 국내에만 유일하게 있는 제도이다(농수산물의 원산지 표시에 관한 법률 제5조 제1항 제3호). 외국은 가공식품업체의 마케팅전략에 따른 임의적 표시에 맡기고 있다. 규제이행에 따르는 비용이 많은 것에 비해 편익이 크지 않다는 판단에 따른 것이다. 국산농산물이나 고급원료를 사용하는 가공업자는 적극적으로 원산지를 표시할 것이므로, 이를 임의적 표시사항으로 하고 허위표시에 대한 단속을 강화하는 것이 바람직한 방향이다. 또한 원산지에 관한 정보는 매우 복잡하기 때문에 정확한 원산지에 관한 정보를 표시를 통해 제공하는 데에는 한계가 있으므로, 농수산물이력추적제도나 바코드 등을 통한 정보제공의 합리화 방안을 모색해야 할 것이다.

### (3) 식품 유통기한제도

「식품 등의 표시·광고에 관한 법률」 제4조는 유통기한을 표시하도록 규정하고 있다. 유통기한은 제품의 제조일로부터 소비자에게 판매가 허용되는 기한이다. 그러나 유통기한 제도는 소비자가 식품을 언제까지 섭취 또는 소비해도 좋은지에 대한 정보를 제대로 제공해주지 않아, 유통기한이 경과되어도 섭취가 가능한 식품이 폐기되는 사회적 비용이 발생한다. 따라서 소비기한 제도를 도입하여 소비자에게 정확한 정보를 제공하고, 이를 통해 소비자보호를 강화하면서 식품자원의 낭비도 감소시켜야 한다.195) 또한, 보관저장방법에 따라 소비기한을 다양하게 설정할 필요가 있다. 보관방식에 따라 소비기한이 어떻게 달라지는지에 대한 정보를 제공하여 소비자에게 적절한 정보를 제공해주고, 제조·가공업자나 판매업자에게는 재고관리의 편의를 제공할 수 있다. 새로 도입한 품질유지기한제도

---

194) 이 고시의 근거는 「식품 등의 표시·광고에 관한 법률」 제8조 및 같은 법 시행령 제3조 제1항 별표 1 제3호 나목이다.

195) 최근 식품 등의 표시·광고에 관한 법률이 개정되면서, 2023년부터 소비기한 제도가 새롭게 도입될 예정이다. 개정법에 따른 소비기한은 "식품 등에 표시된 보관방법을 준수할 경우 섭취하여도 안전에 이상이 없는 기한"이다(법 제2조 제12호).

의 보완도 요구된다. 품질유지기한이라는 용어는 그 기한이 지나면 품질이 유지되지 않는다는 의미로 이해될 수 있다. '최상품질유지기한', '최적품질유지기한', '최고품질유지기한' 등으로 변경하는 것이 제도의 취지에 부합한다.

# 제5편

---

# 건설행정법

特別行政法

# 제1장 서론

## I. 각론으로서 건설법

　행정법은 총론과 각론으로 구성되는데 각론 중에서도 중요한 비중을 차지하는 분야가 건설법이다. 건설법은 부동산시장을 구성하는 주택과 택지의 조성에 간여하고 민사법상 부동산으로 분류되는 건물과 토지를 만들어내는 역할을 한다. 이런 이유로 건설법은 민사상 분쟁의 전제로 검토되는 경우가 많을 뿐 아니라 자체적으로도 수많은 판례들을 양산하는 분야이다.

　건설법은 총론의 영향을 받아 다양한 총론적인 쟁점이 문제의 영역마다 공법적 이론의 지배를 받지만, 다른 한편 건설법의 고유한 문제가 다시 총론에 영향을 준다. 이런 점에서 건설(행정)법과 총론은 상호의존적이고 보완적인 관계에 있다.

　건설법이 총론과 중첩되거나 밀접하게 병행하는 영역은 수용과 보상, 행정계획, 강학상 인가, 신고의 처분성, 협의의 소익, 하자의 승계, 공용환권 등 다양하게 펼쳐져 있다. 모든 각론이 그러하듯이, 건설법은 총론에서 발전시킨 논리가 과연 올바른 것으로 현실에서 잘 작동할 수 있는가를 판단하는 실험실의 역할을 한다. 행정법각론으로서 건설법이 총론 연구에 중요한 역할을 할 수 있다는 의미이다.

## II. 건설법의 의의

### 1. 건설법의 개념

건설법은 택지의 조성, 아파트·영업시설·단독주택 등의 건축, 재건축·재개발, 공원·도로 등 도시의 기반시설설치 등 '도시의 물리적 공간형성에 간여하는 공법규정의 총체'를 말한다. 건설법은 원칙적으로 건축물 및 이를 전제로 한 토지관련 공법규정에 그 관심을 한정하므로, 지역적으로는 건축물이 가장 밀집되어 있는 도시가 건설법의 주된 연구대상이다.

건설법은 한편으로는 일반적인 건축물의 허가요건 및 허가절차에 관한 법규를 대상으로 하고(건축법·국토의 계획 및 이용에 관한 법률), 다른 한편으로는 특수한 건축물인 아파트와 주택단지를 건설하기 위한 공법규정 및 재건축·재개발과 관련된 공법규정(주택법·도시 및 주거환경정비법)을 포함한다. 건설법은 여기에서 더 나아가 건축물의 건축을 위한 택지조성사업과 관련된 규정도 대상으로 한다(택지개발촉진법·도시개발법 등).

### 2. 도시와 건축물

#### (1) 도시와 건설법의 관계

도시와 건축물의 관계라는 관점에서 본다면 건축물은 도시를 구성하는 가장 기초적인 단위이다. 건축물들로 구성된 도시는 경제적·사회적으로 건축물이 들어서기에 좋은 조건을 제공하지만, 다른 한편 집약적으로 토지가 사용되고 있다는 점 때문에 건축물에 대한 제약조건이 되기도 한다.

#### (2) 건축물의 거시적 통제

도시와 건축물이 유기적인 관계를 맺고 있다는 전제하에 도시전체의 관점에서 건축물을 통제하는 공법규정들이 마련되어 있다. 이러한 유형의 법률들은 '도시계획'이라는 기준을 통하여 건축물에 대해 토지의 합리적 이용이라는 도시 전체의 관점을 반영시킨다. 건축물이 도시 내의 어떤 위치에서 건축되는가에 따라 상이한 건축허가요건을 적용받게 되는 계기가 된다. 건설법 중에서도 이러한 영역의 법들은 크게 국토계획법제의 영역에 속한다.

### (3) 건축물의 미시적 통제

이와 함께 건설법을 이루는 것으로는 건축경찰법이 있다. 건축경찰법은 건축물로부터 발생하는 위험을 방지하기 위해 발전된 것이며, 토지의 합리적 이용을 위한 국토계획법제와 그 추구하는 공익에서 본질적인 차이를 보인다. 다만 건축경찰법도 건축물이 밀집된 도시에서 가장 많은 적용사례를 발견하게 되므로 도시와 긴밀한 관련을 맺는다.

건축경찰법은 그 역사가 깊어 대도시의 문제가 출현하기 이전, 즉 국토계획법제가 탄생하기 전에 이미 건축물에 대해 공법적인 규제를 해오던 것이다. 건축경찰법은 도시와 건축물의 관계를 본격적으로 고민하기 이전에 만들어진 법제이므로 개별적인 건축물 자체가 갖추어야 할 허가요건만을 통제하는 방식을 사용한다. 그러므로 건축경찰법이 설정한 건축허가요건은 건축물의 입지와 무관하게 모든 건축물에 대해 통일적으로 적용된다.

### (4) 택지의 조성

도시에 건축물이 등장하기 위한 전제로서 택지는 단순히 개별적인 필지상의 건축을 위해 조성되는 것만은 아니다. 오히려 분당, 일산 등의 신도시에서 넓은 면적에 걸쳐 택지를 조성하는 사업이 먼저 진행된 후 그 지상에 아파트 또는 단독주택, 업무시설 등이 건설되는 경우가 더 일반적이다. 이렇게 택지를 조성하고 각각의 택지에 대한 기반시설을 설치하는 과정과 그 법적 근거도 건설법의 관심사이며, 이러한 의미에서 건설법은 도시의 발생 및 개발과정과도 밀접한 관계를 맺는다.

## III. 건설법의 체계

## 1. 건설법의 구성요소

건설법은 개별적인 건축물에서 발생할 수 있는 위험을 방지하기 위한 건축경찰법과 토지의 합리적 이용을 위한 국토계획법, 도시의 낙후지역을 정비하거나 신도시를 건설하기 위한 개발사업법의 3자로 구성된다.

## (1) 건축경찰법

건축경찰법은 건축물로부터 발생하는 위험을 막기 위해 위험방지요건을 정하고 건축물을 건축하는 단계에서 이를 강제하는 법을 말한다. 그 한도에서 토지소유자는 비록 자신의 땅이라 해도 건축물을 마음대로 짓지 못하므로 토지사용권에 제약을 받게 된다. 건축경찰법이라는 용어는 실정법상의 개념이 아니라 학문상의 개념이며, 이 기능을 주로 담당하는 실정법은 건축법이다. 다만 실정법으로서 건축법은 위험방지를 위한 건축경찰법 조항들로만 구성되는 것은 아니고, 국토계획법적 성격의 조항들도 포함하고 있다. 또 소방관계 법률에서 건축물의 위험방지와 관련된 조항들은 건축경찰법으로 분류될 수 있다. 그러므로 강학상 건축경찰법과 실정법인 건축법은 구체적인 범위에서 차이를 보일 수 있다.

## (2) 국토계획법

### 1) 국토계획법의 뜻

국토계획법이란 토지의 합리적 이용을 목적으로 건축물과 토지의 이용권을 통제하는 법을 말한다. 산업화와 도시화과정에서 인류는 그 전에는 경험할 수 없었던 새로운 사회문제와 직면하게 되었다. 거의 대부분의 대도시들에서 주택과 공장처럼 서로 조화되기 어려운 용도의 건축물들이 좁은 장소에 혼재하거나, 교통이 정체되고, 주택은 수요에 비해 항상 부족했다. 이는 도시의 토지를 마구잡이로 개발한 결과였다는 반성을 낳고, 도시에서 토지를 계획적으로 이용하는 것이 매우 중요하다는 공감대가 형성되었다. 도시내 토지를 계획적으로 이용하기 위해 발전된 것이 국토계획법인데[1] 이 법은 대도시의 출현과 더불어 등장한 것이므로 건축경찰법보다 역사가 짧다.

### 2) 국토계획법의 목적

이런 역사적 배경을 가지고 있는 국토계획법은 좁은 도시공간에서 건축물을 적절하게

---

1) 근대 각국의 국토계획법 발달사에 대해서는 日笠 端·日笠康雄, 都市計劃, 共立出版株式會社, 1998, 31쪽 이하; 渡邊俊一, 都市計劃の誕生, 柏書房, 1996, 29쪽 이하 참조.

배치해서 그 안에서 거주하고 활동하는 사람들에게 쾌적한 환경을 제공하는 것을 목적으로 한다. 이 목적을 위해 국토계획법은 토지소유권을 제한하면서, '토지의 합리적 이용'이라는 이상에 부합하는 토지에 한하여 건물을 지을 수 있도록 허락한다. 또 국토계획법은 건축을 허용하는 경우에도 자신이 정하는 허가요건에 맞는 건축물만이 건축허가를 받을 수 있도록 정하고 있다.

그러나 어떤 건축물이 도시 내 토지의 합리적 이용관계에 적합한가를 판단하는 것은, 건축물이 위험한가 여부를 판단하는 것처럼 쉽지 않다. 이를 해결하기 위해 국토계획법은 그 판단의 기준을 좀 더 구체화하기 위한 수단으로서 도시계획이라는 수단을 개발했다. 도시계획은 보통 도시 내 공간을 구획하여 용도지역을 정하고 이를 기초로 건축물의 용도나 형태 같은 허가요건을 정하는 지도의 형태를 띠며, 행정법에서는 이를 '행정계획'이라 부른다.

### 3) 국토계획법과 건축허가요건

도시계획이 도시의 일정한 면적을 구획해서 주거지역·상업지역 등 용도지역을 지정하면 건축물의 용도와 건축물의 형태에 관한 허가요건이 구체적으로 정해진다(국토계획법 제76조 이하). 그리고 이러한 허가요건이 충족되는 건축물은 시장·군수의 허가를 받아 건축이 허용된다(국토계획법 제56조).

국토계획법에 의한 건축허가요건은 건폐율, 용적률, 건축물의 높이 등 형태를 제한하는 요건(형태제한)과 주택, 상가, 공장과 같이 건축물의 허용용도를 제한하는 요건(용도제한)으로 구성된다. 특히 건축물의 형태 및 용도에 관한 허가요건은 건축경찰법처럼 항상 고정되어 있는 것이 아니며, 건축하고자 하는 토지가 어떠한 성격을 가진 지역에 놓여있는가에 따라 달라진다. 지역에 따라 도심(또는 상업지역)에서는 고층의 형태, 상가의 용도로 건축되는 것이 원칙이고, 주거지역에서는 저층의 형태, 주거의 용도로 건축되는 것이 원칙이다.

### 4) 국토계획법의 구성

이렇게 보면 국토계획법을 구성하는 법규정은 크게 도시계획의 종류 및 그 수립절차에 관한 규정 및 그에 의한 허가요건을 정하고 있는 규정, 그리고 건축과 형질변경허가 등을 포함하는 개발행위허가의 절차조항들로 구성된다. 단, 도시계획을 통해 결정되는 건축허가요건은 건축법의 건축허가절차에서 동시에 심사되므로(건축법 제11조 제5항 제3호) 국토계획법에 있어 건축의 절차에 관한 규정은 전체 절차의 일부에 불과하다.

### (3) 개발사업법

#### 1) 개발사업법의 개념

도시개발법, 도시정비법, 주택법 등 개발사업법은 도시 내 토지의 합리적 이용을 추구한다는 점에서 국토계획법과 동일한 계열의 법제이지만, 공법적 수단과 절차를 통해 도시의 질서에 '적극적으로 개입'할 것을 정하고 있다는 점에서 국토계획법과 차이를 보인다. 국토계획법은 도시계획을 통해 도시를 규율하지만, 소극적으로 건축허용성과 건축허가요건만을 통제할 뿐 건축에 대한 주도권은 여전히 개별 토지소유자에게 있다. 이에 반해 개발사업법은 기존의 질서에 전면적으로 개입하여 건축주(사업시행자)를 만들어내며, 이들에게 토지를 수용하거나, 주택을 철거할 권능을 부여한다. 또 이를 통해 확보된 토지상에 공동주택 등을 건설하는 절차를 마련함으로써 개발사업법은 도시를 적극적으로 형성하는 기능을 담당한다.

#### 2) 개발사업법의 주요법률

이렇게 도시의 적극적 건설 또는 개발을 위한 목적으로 제정된 법률로는 도시정비법, 도시개발법(구토지구획정리사업법), 택지개발촉진법, 주택법 및 국토계획법 중 도시계획시설설치에 관한 규정(국토계획법 제43조 이하) 등이 있다.

#### 3) 개발사업법의 다단계성

국토계획법은 건축허가요건만을 규율하므로 대체로 일회의 계획입안과 결정고시로 절차가 완료된다. 이에 비하여 개발사업법은 '구역지정과 개발계획'의 결정·고시 이후에도 다시 구체적으로 '사업계획'이 작성되거나, 장래 건설될 택지나 주택을 배분하기 위한 '권리배분계획'이 수립되는 등 다단계의 행정계획이 필요하다. 이렇게 수립되는 각종의 행정계획은 개발사업의 대상지 전체를 포괄하는 강력한 효력을 갖는다. 이런 점에서 행정계획을 수립하고 사업을 주도적으로 끌고 나가는 '사업시행자'는 개발사업의 중심이다.

## 2. 건축법과 국토계획법의 관계

### (1) 건설법의 체계

현재 건축물을 규율하고 있는 법제는 건축법과 국토계획법을 양대 축으로 구성되고 운영된다.[2] 건축법은 지역과 무관하게 모든 건축물을 통제의 대상으로 하지만, 국토계획법은 도시관리에 관심을 집중하고 건축물도 도시지역을 중심으로 규율하려는 경향을 띤다 (국토계획법 제56조). 다만 이러한 차이에도 불구하고 두 법은 모두 건축물 통제를 최종적인 목적으로 한다는 점에서는 차이를 보이지 않는다.

## (2) 건축물의 통제

건축법과 국토계획법은 건축물의 허가요건을 정하는 법이고, 어떤 건축물도 국토계획법상의 요건과 건축법상의 요건에 반하여 건축될 수 없다. 따라서 건축물을 건축하려는 사람은 건축법이 정하고 있는 요건과 국토계획법이 정하고 있는 요건이 무엇인가를 알아야 하고, 이 요건에 맞게 설계된 건축물만이 건축허가를 받을 수 있다. 이처럼 건축법과 국토계획법이 공히 건축물을 통제하고 있지만, 두 법률은 서로 다른 목적과 역사적 배경을 가지고 있다. 이는 양법의 관심대상과 건물에 대한 통제방식의 차이 등으로 이어진다.

## 3. 국토계획법과 개발사업법의 관계

### (1) 도시계획과 개발사업

도시계획과 개발사업은 서로 중첩되거나 또는 시간적 선후관계에 놓이게 된다. 예컨대 기성시가지에서 재개발사업이 시행되는 곳은 이미 도시계획에 의해 주거지역으로 지정되어 있는 지역일 가능성이 높고, 당해 지역에 다시 정비구역이 지정되므로 두 개의 도시계획이 혼재하게 된다. 신도시를 건설할 때 작성되는 토지이용계획은 도시계획의 지위를 부여받아 도시의 골격을 형성하지만, 다른 한편 택지조성사업이 준공되고 나서도 여전히 지구단위계획으로 그 도시위에 남아 도시를 관리한다.

### (2) 도시의 정비

도시의 일정한 지역은 도시(관리)계획이라는 소극적 수단만으로는 토지의 합리적 이용이라는 목표를 달성할 수 없어 적극적인 개입이 불가피할 수 있다. 도심의 일부가 퇴락하

---

2) 이 양자의 관계에 대하여 자세히는 김종보, "건축법과 도시계획법의 관계", 공법연구, 1998. 6, 333쪽 이하 참조.

여 더 이상 건축물에 대한 허가요건을 설정하는 것만으로는 도시의 기능이 회복되기 어려운 경우가 바로 그러한 예이다. 이렇게 도심의 일정지역이 퇴락하면, 도시를 관통하는 도로망이 원활하게 연결되기 어렵고, 인접지역과 유기적인 역할분담도 불가능해진다. 이 경우에 그 지역의 토지를 모두 수용하여 도시전체와의 관련성을 고려한 재개발사업 등이 시행된다.

### (3) 신도시의 건설

이와는 약간 차원을 달리하지만, 인구집중으로 인한 도시의 주거부족 문제를 해결하기 위해 새로운 주거단지의 건설이 불가피해졌고, 이를 법적으로 규율하고 있는 법이 택지개발촉진법이나 도시개발법이다. 이 법률들에 의해 규율되는 택지조성사업은 기존의 주거지를 전면 개량하는 것과는 출발점이 다르지만 도시의 건설을 위한 적극적 수단을 담고 있다는 점에서 유사성을 띠고 있다. 이러한 계통의 법률들도 역시 부족한 주거수요를 충족시키고, 도시기능을 원활하게 하기 위한 것이라는 점에서 토지의 합리적 이용에 기여한다.

### (4) 개발사업의 근거법인 '개발사업법'

이처럼 도시내 토지의 합리적 이용을 위해, 도시의 정비나 개발을 위한 적극적 수단을 규정하고 있는 법들을 이 책에서는 '개발사업법'이라 부른다. 개발사업법은 국토계획법을 자신의 근간으로 삼고 있는 동시에, 그에서 한 걸음 더 나아가 적극적인 수단을 도입하고 있다. 여기서는 개발사업법의 개념 등에 대하여 더 이상 자세히 언급할 수 없지만, 이 법들에 관해서는 별도의 장을 두어 건설법의 한 분야로서 그 성격을 자세히 검토하기로 한다(후술하는 제4장, 제5장).

## Ⅳ. 건설법의 법원(法源)

건설법은 건축물로부터 발생하는 위험을 방지하기 위한 목적의 건축경찰법과 토지의 합리적 이용을 목적으로 하는 국토계획법제로 구성된다. 국토계획법제는 다시 소극적으로 건축물에 대한 허가요건만을 규제하는가, 행정주체가 적극적으로 개발사업을 시행하는가에 따라 국토계획법과 개발사업법으로 나뉜다.

　이와 같은 건설법의 개념을 기초로 그 법원을 대략 살펴보면 다음과 같다.


　ⅰ) 건축경찰법: 건축법(동법시행령, 동법시행규칙), 건축물의 설비기준 등에 관한 규칙(국토부령, 이하 설비규칙), 건축물의 구조기준 등에 관한 규칙(국토부령, 이하 구조규칙), 건축물의 피난방화구조 등의 기준에 관한 규칙(국토부령, 이하 피난규칙), 건축물대장의 기재 및 관리 등에 관한 규칙(국토부령, 이하 건축물대장규칙).

　ⅱ) 국토계획법: 국토계획법, 개발제한구역의 지정 및 관리에 관한 특별조치법(이하 개발제한구역법), 자연공원법, 도시공원 및 녹지 등에 관한 법률(이하 도시공원법) 등.

　ⅲ) 개발사업법: 도시 및 주거환경정비법(이하 도시정비법), 도시개발법(구 토지구획정리사업법), 택지개발촉진법, 주택법, 도시재정비 촉진을 취한 특별법(이하 재정비촉진법), 산업입지법, 산업집적법, 지역개발 및 지원에 관한 법률, 유통단지건설촉진법 등.

# 제2장 건축경찰법

## 제1절 건축경찰법의 이해

### Ⅰ. 건축법의 의의와 구성

### 1. 건축경찰법의 의의

건축경찰법이란 건축물로부터 발생하는 '위험을 방지'하기 위하여, 토지이용권의 일종인 건축할 권리를 제한하는 법률이다. 이러한 의미의 건축경찰법은 건축물과 관련된 위험이 있는 한 어느 시대, 어느 나라에나 필요한 것이다. 화재나 지진, 홍수 등으로 인한 건축물의 붕괴와 인명피해를 최소화하고자 하는 노력은 국가와 시대를 초월한 모든 사회에 공통되기 때문이다. 따라서 목재나 석재를 이용한 건축이 이루어지고, 그 붕괴 또는 화재 등으로 사람의 생명이 위협받을 수 있는 사회라면 어떠한 형태로든 이에 대한 공법적인 규범이 마련된다. 한국에서 건축경찰법의 기능을 하는 실정법은 건축법이다.

다른 한편, 건축경찰법은 물이나 공기처럼 너무도 기본적인 것이어서, 평상시에는 우리들의 관심을 별로 끌지 못한다. 특히 한국처럼 급속한 성장에 대한 사회적 합의가 강렬한 곳에서는, 안전에 대한 배려가 상대적으로 인색해진다. 시멘트와 철근을 더 들여, 만에 하나 있을지도 모르는 지진에 대비하길 꺼려하는 우리 법문화(法文化)는 건축경찰법의 발전을 가로막는 가장 큰 걸림돌이다. 세월호 사건을 겪은 후 한국 사회가 안전에 대해 조금 더 민감해진 것은 사실이지만 여전히 위험방지에 대한 사회적 합의는 낮은 수준에 머물고 있다.

## 2. 건축경찰법의 구성

### (1) 행정법인 건설법

건설법의 일부로서 건축경찰법은 법학분야 중에서도 공법학 또는 행정법학의 전형적인 연구대상이다. 행정법학은 공익을 위해 국민의 기본권을 제한하는 법률들을 체계적으로 이해하기 위한 이론의 체계이다. 행정법학의 연구대상이 되는 개별법률들을 묶어 이른바 행정법이라 하는데, 이러한 면에서 건축법도 행정법의 일종이다. 위험방지라는 공익을 이유로 토지사용권을 제한하는 법률이기 때문이다.

행정법규가 국민의 기본권을 제한하는 형태는 매우 다양하지만, 그중에서도 가장 전형적인 수법은 일단 대상이 되는 행위를 일반적으로 금지시키고 법이 정하는 요건을 충족하는 자들에 한하여 개별적으로 그 금지를 풀어주는 방식이다. 이렇게 일반적인 금지를 개별적으로 풀어주는 행정청의 행위를 강학상 허가(許可)라 하는데, 도로교통법상의 운전면허, 식품위생법상의 영업허가 등이 그 좋은 예이다.

### (2) 건축법의 구성요소

한국에서 건축물로부터 발생하는 위험을 방지하는 기능을 하는 실정법은 건축법이다. 건축법은 그 목적을 위해 우선 모든 건축물에 대하여 건축을 금지하는 형식을 취하면서 위험하지 않은 건축물만을 개별적으로 허가하는 구조를 취하고 있다. 그러므로 건축법은 건축물로부터 발생하는 위험을 막기 위한 기준을 정하는 조항들(건축허가요건)과, 그러한 기준을 충족하는 건축물에 대하여 개별적으로 건축을 허가하기 위한 절차조항들(건축허가절차)로 구성된다. 이처럼 건축법은 기본적으로 건축허가요건과 건축허가절차를 규율하는 조문들로 이루어져 있지만, 시정명령, 이행강제금 등 불법건축을 통제하기 위한 조항들도 필요하다.

### (3) 불법건축의 통제수단

건축법이 아무리 건축허가요건을 엄격하게 정하고, 허가절차를 완비한다고 해도 무허가 또는 허가내용과 다른 건축물이 등장한다면 건축법의 목적은 달성될 수 없다. 불법건축을 막을 수 있는 수단으로 건축법이 정하고 있는 행정강제 수단은 철거명령과 이행강제금 등이고, 이외에 불법건축에 대한 형사처벌조항도 마련되어 있다.


## II. 건축물의 개념

## 1. 전통적인 건축물개념

### (1) 건축법의 통제대상

건축법은 건축물에서 발생하는 위험으로부터 인간의 생명·신체 등을 보호하기 위한 경찰법이므로, '위험'을 발생시키는 대상과 행위를 특정해서 통제해야 한다. 물론 건축법은 통제하는 대상과 행위를 법치국가원리에 따라 명확하고 한정적으로 정해야 하며, 건축법의 해석도 경찰법의 원리에 따라 엄격하게 이루어져야 한다.

건축법은 건축물을 만들어 내는 행위로 인해 주된 위험상황이 발생한다는 전제하에, '건축물의 건축'을 건축허가의 대상으로 정하고 있다(동법 제11조 제1항). 건축물을 건축하는 과정의 위험방지도 중요하지만 건축이 이루어진 후 고형적인 구조물인 건축물이 남는다는 점을 고려하면 건축물이 사용되는 과정에서 발생하는 위험방지가 더 중요한 요소이다. '건축물(建築物)'과 '건축(建築)'이라는 두 개념요소로 인해 건축허가를 받아야 하는 경우와 그럴 필요가 없는 경우로 나뉘므로 건축법상 건축물과 건축의 개념을 확정하는 것은 매우 중요한 의미를 갖는다.


### (2) 건축물의 개념

건축물에 대하여 건축법은 "토지에 정착하는 공작물 중 지붕과 기둥 또는 벽이 있는 것"을 원칙으로 하면서 기타 이에 준하는 것을 포함시키고 있다(동법 제2조 제1항 제2호).

건축법에 의해 정의된 건축물의 개념요소는 ① 일정한 공작물로서 토지에 정착할 것,[3] ② 지붕과 기둥 또는 벽이 있을 것[4]이다. 건축법에 명시적으로 표현되어 있지는 않지만, 건축물로 인정하기 위해 해석에 의해 추가적으로 필요한 요건은 ③ 자체로서 독립성을 가질 것, ④ 사람이 머물 수 있는 구조일 것 등이다.

이러한 요건 중에 하나라도 결여되면 건축물로 인정될 수 없으므로 건축허가의 대상이 아니다. 이때 건축허가의 대상이 아니라는 것은 건축허가를 받지 않고 시설물을 설치해도 처벌할 수 없다는 의미이다. 이러한 요소들에 의해 주로 건축물의 범위가 결정되지만, 결국 어떠한 시설물이 건축물에 해당하는가 여부는 구체적인 경우에 따라 개별적으로 판단될 수밖에 없다.

## 2. 확장된 건축물개념

### (1) 확장된 건축물개념의 필요성

건축법이 말하는 건축물의 개념은 우리가 통상 사용하는 집 또는 건축물이라는 개념과 유사한 것이지만, 반드시 이에 국한되는 것은 아니다. 사회의 발전과 건축기술의 발전 등으로 종래 전통적 의미의 건축물개념만으로 포섭할 수 없는 건축물들이 등장했기 때문이다.

건축물의 개념을 정의하고 있는 건축법의 규정 중 후단의 문장, 즉 "지하 또는 고가의 공작물에 설치하는 사무소, 공연장, 점포, 차고, 창고 기타 대통령령이 정하는 것"은 바로 건축물의 개념을 넓히기 위해서이다. 이 규정은 1962년 건축법 제정당시에는 없었고, 1970년의 부분개정을 거치면서(1970. 1. 1. 법률 제2188호, 건축법 중 개정법률) 지금과 유사한 형태를 갖추게 되었다.

### (2) 지하 또는 고가(高架)의 공작물

여기서 말하는 지하 또는 고가의 공작물이란 육교, 지하도로 등 건축물의 형태적 요소를 갖추지 못한 공작물을 말하며, 건축법의 특별규정은 이러한 공작물에 부속해서 설치되는 사무소(예컨대 지하철 역무실), 점포(지하도로에 개설된 상점들) 등을 건축물로 포섭하기 위

---

3) 대법 1991. 6. 11. 선고 91도945 판결.
4) 대법 1986. 11. 11. 선고 86누173 판결, "건물이라고 함은 최소한 기둥과 지붕 그리고 주벽이 이루어지면 이를 법률상 건물이라고 할 것이다."; 같은 취지 대법 1977. 4. 26. 선고 76다1677 판결 등.

한 정의 규정이다. 지하 또는 지상의 공작물에 부속해서 설치된 점포 등은 우선 기존의 통상적인 건축물개념과 잘 맞지 않는다. 건축물로서의 독립성이 없고, 그 부분만을 덮는 지붕구조가 잘 파악되지 않으며, 과연 토지에 정착하고 있는 것인가에 대한 의문도 제기될 수 있기 때문이다.

## 3. 건축물과 가설건축물(假設建築物)의 구별

### (1) 가설건축물의 뜻

건축물은 토지에 정착하는 공작물 중 기둥과 벽, 지붕이 있는 것이거나 이에 준하는 것이다. 앞서 지적한 바와 같이 건축물이 되려면, 기둥·벽·지붕이 있을 것, 토지에 정착하는 공작물일 것, 사람이 머물 수 있는 구조일 것 등의 요건을 충족해야 한다. 만약 이러한 요건이 모두 충족되면 이러한 시설은 건축물에 해당되므로, 건축법에 따라 반드시 건축허가를 받거나 건축신고를 해야 한다.

그러나 건축물의 성립요건 중 토지에 정착한다고 하는 요소를 결하고 있는 시설이 있다. 건축법은 이를 가설건축물이라고 칭하면서, 신고대상으로 규율하고 있다(법 제20조 제3항). 가설건축물이란 그 말뜻 그대로 '임시(假)로 설치(設)'한 건축물이며, 다른 요소들은 건축물과 동일하지만, 토지에 정착이라는 요소만을 갖추지 못한 것을 말한다.[5]

### (2) 가설건축물 신고

이처럼 토지에 정착하지 않는 가설건축물은 건축물이 아니며, 건축허가(법 제11조) 또는 건축신고(동법 제14조)의 대상이 아니므로 허가나 신고 없이 설치할 수 있다고 해석해야 한다. 다만 건축법은 일정한 가설건축물에 대해서는 건축물에 준하여 위험을 통제해야 할 필요가 있다고 보고, 신고(申告)의 대상으로 삼고 있다.

가설건축물의 개념을 좁혀 가설건축물의 허용범위를 제한하려고 하는 것은 옳지 않다. 건축법에 의해 명시적으로 제한되지 않으면 원칙적으로 허용되는 것이라는 경찰행정법의 기본원리를 망각한 것이기 때문이다. 이러한 오류는 건축법이 그 적용범위를 넓히기 위해

---

5) 정식의 건축물과 가설건축물을 구별하는 기준을 '토지에 정착'으로 할 것인가 '존치기간'으로 삼을 것인가에 대해서는 논란의 여지가 있다. 자세히는 김종보, "가설건축물의 개념과 법적 성격", 행정법연구 제12호, 2004. 10, 343쪽 이하.

건축물의 개념을 넓혀왔던 건축법의 개정과정과 비교하면 더욱 두드러진다. 신고대상 가설건축물의 개념을 좁히면, 자유로운 가설건축물의 범위가 늘어난다는 점을 인식하지 못하는 한 이러한 오류는 지속될 것이다.

## 4. 도시계획시설부지내 가설건축물 – 기한부건축물(期限附建築物)

### (1) 건축법의 규정

건축법은 일반 가설건축물에 대해서는 신고대상으로 정하면서도 도시계획시설부지[6] 또는 예정지내 3층 이하의 가설건축물에 대해서는 '허가'를 받도록 규정하고 있다(법 제20조 제1항, 제2항). 그리고 이러한 가설건축물의 요건을 대통령령에서 정하고 있는데 철근콘크리트조가 아닐 것, 존치기간이 3년 이내일 것, 전기·수도 등 새로운 간선공급설비의 설치를 요하지 않을 것, 공동주택·판매 및 운수시설 등으로 분양을 목적으로 하지 않을 것 등이다(영 제15조 제1항).

건축법이 이러한 건축물에 대해 명시적으로 가설건축물이라고 이름 붙이고 있지만, 이는 가설건축물이 되기 위한 징표로서 '임시로 설치'된다고 하는 요소가 없다. 즉, 토지에 정착하는 것을 전제로 그 허가요건을 정하고 있는 것이라는 뜻이다. 이렇게 보면 건축법 제20조 제1항이 말하는 가설건축물은 토지에 정착하고, 기둥·벽·지붕이 있는 공작물로서 사람이 머물 수 있는 구조라는 건축물의 개념요소를 모두 충족시킨다.

### (2) 건축물인 기한부건축물

건축법이 건축물의 개념을 정의하고, 그러한 개념요소를 충족하는 공작물은 모두 건축허가를 받거나 건축신고를 하도록 정하고 있으므로 도시계획시설부지내 가설건축물은 '건축물'로서 이론상으로는 제11조에 의한 건축허가를 받아야 하는 건축물이다. 즉 도시계획시설부지내 가설건축물은 그 실질(實質)이 가설건축물이 아니고, 존치기간이 정해진 특수한 건축물이다. 이하에서는 이를 일반건축물 및 가설건축물과 구별하기 위해 '기한부건축물(期限附建築物)'이라 부르는데, 기한부건축물도 건축물이라는 점에서는 진정한 의미

---

6) 도시계획시설부지란 국토계획법 제30조에 의한 도시계획시설결정이 고시되어 도시계획사업이 시행될 것이 확정된 일단의 토지를 말한다. 도시계획시설결정이 내려지면, 장차 도시계획시설을 설치함에 있어 방해가 되는 행위가 일반적으로 금지된다. 예컨대 도로, 학교 등이 이러한 도시계획시설의 대표적인 예이다.

의 가설건축물(법 제20조 제3항)과 구별되어야 한다.


### (3) 가설건축물과 기한부건축물의 관계

축조신고만으로 사용승인절차까지 면제되는 가설건축물과는 달리 기한부건축물은 착공신고와 사용승인의 절차를 거쳐야 한다(법 제21조 제1항, 제22조 제1항). 따라서 기한부건축물과 순수한 의미의 가설건축물(법 제20조 제2항)은 서로 양립할 수 없는 개념이라 보아야 한다. 전자는 건축물이고 후자는 가설건축물이므로 역시 토지에 정착이라는 요소가 양자를 구별하는 결정적인 기준이 된다.


### (4) 기한부건축물과 형사처벌

형사처벌과 관련해서 보면 건축법상 도시지역 안의 불법건축행위는 3년 이하의 징역(법 제108조)에 처해지며, 기한부건축물을 건축허가 없이 건축하면 2년 이하의 징역에 처해진다(법 제110조 제3호). 신고해야 하는 가설건축물을 신고없이 설치하면 200만 원 이하의 벌금에 처해진다(동법 제111조 제1호). 이 경우 어떠한 형벌이 부과되는가의 문제는 건축물과 기한부건축물, 또 가설건축물의 구별에 의해 결정된다.

건축물과 가설건축물은 토지의 정착여부를 기준으로 판단하며, 건축물과 기한부건축물은 도시계획시설구역 내인가, 3층 이하인가 등에 의해 그 요건이 충족되면 기한부건축물로 볼 것이다. 다만 건축허가를 받지 않는 불법건축이므로 이 경우 존치기간에 대한 요건은 판단할 필요가 없다고 해석해야 한다. 존치기간은 건축허가신청에서 당사자의 신청을 통해 비로소 드러나는 것이기 때문이다.


## 5. 신고대상인 공작물


### (1) 공작물의 예외적 통제

건축법은 건축물로부터 발생하는 위험을 방지하기 위하여 국민의 토지사용권을 제한하기 위한 법이다. 그러므로 '건축물'의 건축이 아닌 '공작물'의 설치는 제한할 수 없는 것이 원칙이다. 따라서 건축법상 건축허가를 받아야 하는 것은 건축물에 한하고, 건축물로서 요건을 충족하지 못하는 공작물은 건축허가의 대상이 아니다. 그러나 건축물이 아닌 공작물임에도 불구하고, 공공의 안전을 위해 통제할 필요성이 있는 공작물이 있을 수 있다. 이러한 공작물에 대해 건축법은 건축물에 준하여 신고의 대상으로 정하고, 건축물에 대한 허가요건규정 중의 일부를 준용하고 있다(법 제83조).

### (2) 신고대상인 공작물

건축법이 신고대상으로 정하고 있는 공작물은 ① 높이가 6미터를 넘는 굴뚝, ② 높이 6미터를 넘는 장식탑·기념탑 기타 이와 유사한 것, ③ 높이 4미터를 넘는 광고탑·광고판 기타 이와 유사한 것, ④ 높이 8미터를 넘는 고가수조 기타 이와 유사한 것, ⑤ 높이 2미터를 넘는 옹벽 또는 담장, ⑥ 바닥면적 30제곱미터를 넘는 지하대피호, ⑦ 높이 6미터를 넘는 골프연습장 등의 운동시설을 위한 철탑과 주거지역 및 상업지역 안에 설치하는 통신용 철탑 기타 이와 유사한 것, ⑧ 높이 8미터 이하의 기계식 주차장 및 철골조립식 주차장으로서 외벽이 없는 것, ⑨ 건축조례가 정하는 제조시설·저장시설·유희시설 기타 이와 유사한 것, ⑩ 건축물의 구조에 심대한 영향을 줄 수 있는 중량물로서 건축조례가 정하는 것을 말한다(영 제118조 제1항).

### (3) 신고반려와 취소소송

신고대상인 공작물의 경우 건축물의 허가요건규정 중 일부의 규정이 준용된다. 따라서 이러한 요건이 충족되지 못하는 공작물의 축조신고는 수리될 수 없으나, 이러한 요건이 충족되는 공작물의 축조신고에 대하여는 신고를 거부할 수 없는 것으로 해석해야 한다. 또한 신고의 수리거부에 대해 행정소송(취소소송)을 제기할 수 있다.

# Ⅲ. 건축행위의 개념

## 1. 건축행위의 개념일반

### (1) 건축행위의 개념정의

건축행위란 건축물을 짓는 행위 또는 만들어 내는 행위를 지칭하는 개념이다. 그러나 건축법에는 건축물의 개념만이 존재할 뿐, 이를 만들어 내는 행위로서 건축행위는 구체적으로 정의되어 있지 않다. 물론 건축법은 건축물을 신축·증축·개축·재축(再築)하거나 건축물을 이전하는 것을 건축행위로 규정하고 있다(법 제2조 제1항 제8호). 그러나 이는 건축행위의 종류를 나열하는 것에 그치고 구체적으로 어떠한 행위가 건축행위인가를 정의하고 있는 것은 아니다. 따라서 건축행위의 개념은 건축물의 개념을 전제로 해석에 의해 확정되어야 한다.

판례는 건축물을 짓기 위해 지하부분의 기초공사를 완료한 경우나[7] 기초공사를 마치고 철근으로 기둥부분을 완성하는 행위,[8] 컨테이너를 토지상에 부착하는 행위[9] 등을 건축법상의 건축행위에 해당하는 것으로 보고 있다. 판례는 건축물이 토지에 정착하는 것이라는 점에 초점을 맞춰 이를 토지에 정착시키는 단계의 행위에서부터 건축행위가 있는 것으로 파악하고 있다.[10]

그러나 건축물을 짓기 위한 행위라면, 토지에 정착시켜 실체를 이루기 전의 행위라도 원칙적으로는 건축행위로 보아야 할 것이다. 그러므로 여기서는 건축법상의 건축행위를, '전 과정의 행위가 일체를 이루는 것으로서 하나의 독립된 건축물을 만들어내기 위해 직접 필요한 모든 행위'로 정의한다.

---

7) 대법 1983. 1. 18. 선고 81도1364 판결.
8) 대법 1977. 12. 13. 선고 77도1717 판결.
9) 대법 1991. 6. 11. 선고 91도945 판결; 대법 1992. 6. 8. 자 92두14 결정.
10) 다만 이러한 판례들은 형사판례로서 행정형벌의 대상인 불법건축행위의 기수·미수를 판단하기 위한 개념으로 건축행위를 정의하고 있는 것이므로 일반적인 건축행위개념보다는 좁은 개념이다. 건설법상의 건축행위는 이를 포함하여 건축물의 건축을 위한 행위라면 그 후에 행하여진 것도 포함하는 관념으로 보아야 한다.

### (2) 건축법의 통제범위

이렇게 건축물과 건축행위의 개념을 정의하고 나면 건축법에 의해 규율되는 주된 위험 상황은 우선 물리적으로 건축물이라는 개념에 의해 한정되고 시간적으로는 일정한 행위를 통해 건축물이 만들어질 때까지로 한정된다. 그러므로 건축물이 아니면, 이를 만들어 내는 행위는 건축허가의 대상이 아니다. 또한 건축물을 직접 만들어 내는 행위가 아닌 토지형질변경 등의 행위 또는 건축물이 모두 완성되어 그 후 이를 유지·관리하는 행위, 더 나아가 이를 철거하는 행위도 건축행위에서 제외된다.

### (3) 확장된 건축행위 개념

그러나 국민의 기본권보호에 충실하기 위하여 건축행위 개념을 이렇게 한정적인 것으로 해석하면, 건축행위와 관련된 위험상황에 포괄적으로 대처하는 데에 한계가 있다. 예컨대 건축물의 일부에 '건축물로서의 요건을 갖추지 못한' 일정한 공작물을 추가하는 경우, 추가되는 공작물 자체가 건축물의 요건을 충족하지 못하는 한, 이를 만들어 내는 행위를 건축행위라 보기 어렵다(증축). 또한 기존의 건축물을 헐고 동일한 건축물로 이를 대체(代替)하는 경우, 이미 기존의 건축물에 대하여 건축법이 통제한 바 있다면, 이와 동일성을 유지하는 새로운 건축물에 대하여 또 다시 허가를 받아야 하는가에 대하여 의문이 있을 수 있다(개축).

이러한 해석상 논란의 여지를 없애기 위하여 건축법은 건축행위의 개념을 "건축물을 신축·증축·개축·재축 또는 이전하는 행위"로 넓히고 있다(법 제2조 제1항 제8호). 이 조문은 앞서 지적한 바와 같이 건축행위의 개념을 적극적으로 정의하기 위한 것이 아니라 건축허가의 통제범위를 넓혀 더 많은 위험상황에 대응하기 위한 규정이다. 건축행위의 개념을 넓히고 있는 이 조문에 의해 신축행위뿐 아니라 개축·증축행위 등도 명시적으로 건축행위에 포함된다.

## 2. 신축·증축·개축의 개념

건축법에 의해 건축행위의 일종으로 포섭된 신축·개축·증축 등의 개념은 다시 건축법 시행령에 의해 정의되고 있다(영 제2조 제1항 제1호 내지 제5호). 이처럼 건축행위의 개념이 건축법에 의해 명시적으로 확대되었으므로 이에 포함되는 행위는 건축행위가 되며 모두 허가의 대상이 된다.

건축법시행령에 따르면 신축은 "건축물이 없는 대지에 새로운 건축물을 축조하는 것으로서 개축 또는 재축에 해당하는 것을 제외"한 개념이다. 우선 건축법의 입장에서 원칙적인 건축행위로서 상정하고 있는 것이 바로 건축물의 신축인데, 건축물을 처음으로 만들어 내는 경우이므로 이로 인한 위험을 방지하기 위하여 건축허가를 받아야 한다.

건축법상 개축이라 함은 "기존 건축물의 전부 또는 일부를 철거하고 그 대지 안에 종전과 동일한 규모의 범위안에서 건축물을 다시 축조하는 것"을 말한다. 건축법에서 말하는 개축이란 기존의 건축물이 존재할 것을 전제로 이를 헐고 동일한 규모의 건축물을 다시 짓는 행위이다.

건축법상 증축이라 함은 "기존 건축물이 있는 대지안에서 건축물의 건축면적, 연면적, 층수 또는 높이를 증가시키는 것"을 말한다.[11] 건축법이 상정하고 있는 증축은 기존의 건축물을 옆으로 넓히거나 옥상에 옥탑을 짓는 등의 행위이며 이러한 행위는 위험발생의 요소가 새롭게 생겨나므로 건축행위에 해당하는 것으로 간주된다. 건축경찰법적 관점에서 증축을 건축행위에 포함시키는 이유는 면적이 넓어졌다거나 높이가 증가하였다는 것, 그 자체 때문이 아니라 이로 인해 새로운 위험요소가 발생할 수 있기 때문이다.


## Ⅳ. 건축물의 용도

### 1. 건축법상 건축물의 용도

건설법상 건축물의 용도는 매우 중요한 의미를 갖는다. 건축물의 용도란 말 그대로 건축물이 어떠한 목적으로 사용되는가 하는 것인데, 이러한 의미의 건축물 용도는 건축물의 정체를 결정하는 매우 중요한 요소가 된다. 건축물의 용도는 그 건축물의 쓰임새를 실질적으로 판단해서 정해져야 한다.[12]

건축법은 건축물의 용도를 "건축물의 종류를 유사한 구조, 이용 목적 및 형태별로 묶어 분류한 것"으로 정의하면서(법 제2조 제1항 제3호) 이를 다음과 같이 구분하고 있다(동조 제2항).

---

11) 대법 2000. 1. 21. 선고 99도4695 판결.
12) 대법 2005. 4. 28. 선고 2004두14960 판결(양도소득세 부과처분).

| | |
|---|---|
| 1. 단독주택 | 15. 숙박시설 |
| 2. 공동주택 | 16. 위락(慰樂)시설 |
| 3. 제1종 근린생활시설 | 17. 공장 |
| 4. 제2종 근린생활시설 | 18. 창고시설 |
| 5. 문화 및 집회시설 | 19. 위험물 저장 및 처리 시설 |
| 6. 종교시설 | 20. 자동차 관련 시설 |
| 7. 판매시설 | 21. 동물 및 식물 관련 시설 |
| 8. 운수시설 | 22. 분뇨 및 쓰레기 처리시설 |
| 9. 의료시설 | 23. 교정(矯正) 및 군사 시설 |
| 10. 교육연구시설 | 24. 방송통신시설 |
| 11. 노유자(老幼者)시설 | 25. 발전시설 |
| 12. 수련시설 | 26. 묘지 관련 시설 |
| 13. 운동시설 | 27. 관광 휴게시설 |
| 14. 업무시설 | 28. 그 밖에 대통령령으로 정하는 시설 |

건축법시행령 별표에 각호에 해당하는 건축물들이 나열되어 있지만, 당해 건축물의 용도별 개념정의가 있는 것은 아니므로 그 용도에 속한 건축물의 특성에 비추어 용도별 개념정의를 유추하는 수밖에 없다.

## 2. 건축물의 용도가 갖는 의미

### (1) 건축물의 정체를 결정하는 요소

최초로 건축물을 건축하면서 건축주가 주목하는 것은 어떠한 용도의 건축물을 지을 것인가 하는 점과 이러한 목적에 맞추어 건축물을 어떠한 형태로 지을 것인가 하는 두 가지 점이다. 이러한 의미에서 건축물의 용도(用途)와 형태(形態)는 건축물의 정체를 결정하는 가장 중요한 요소이다. 이 중에서도 특히 건축물의 용도가 먼저 선택되고 그 이후 그 용도에 따른 형태가 결정되는 것이 일반적이므로 건축물의 용도는 건축물의 정체를 결정하는 가장 핵심적인 요소라 할 수 있다.

## (2) 건축법과 용도

따라서 건축법, 국토계획법 등 건축물에 대한 공법적인 제한을 담고 있는 건설법의 입장에서도 역시 건축물의 용도를 통제하는 규정들에서 출발하는 것을 원칙으로 삼고 있다. 특히 건축경찰법에서는 건축물의 용도가 결정되면, 피난요건, 인장강도 등 그에 따른 허가요건의 배열(配列)이 결정된다는 점에서 건축물의 용도가 갖는 의미는 매우 크다.

건축경찰법적 성격을 갖고 있는 건축법의 입장에서는 건축물의 용도를 특별히 금지하는 사유는 없다.[13] 이는 어떠한 용도의 건축물이건 위험하지만 않다면 원칙적으로 허용되어야 한다는 의미이다. 따라서 건축법적 측면에서는 용도가 허용되는가의 문제를 따질 필요는 없는 것이고, 다만 건축물의 용도에 따라 달라지는 구조안전, 피난계단 등 형태와 관련된 건축허가요건에 기존의 건축물이 위반되지 않는가를 살피면 된다. 그 외 일반적인 건축허가요건도 검토되어야 하는 것은 물론이다.

## (3) 국토계획법의 용도제한

국토계획법은 도시계획에 따라 지정된 용도지역별로 허용되는 건축물의 용도를 한정함으로써 토지의 합리적 이용을 확보하려고 하는 법이다. 따라서 국토계획법적 관점에서 용도를 판단하는 것은 그러한 용도가 당해지역에서 허용되는가 여부에 한정된다.[14] 만약 허용되는 것이면, 그를 전제로 건축물의 형태제한요건(건폐율·용적률 등)이 따라 오게 된다.

## 3. 부속용도

## (1) 부속용도의 뜻

건축법상 부속용도는 ① 건축물의 설비·대피 및 위생 기타 이와 유사한 시설의 용도, ② 사무·작업·집회·물품저장·주차 기타 이와 유사한 시설의 용도, ③ 구내식당·구내탁아소·구내운동시설 등 종업원후생복리시설 및 구내소각시설 기타 이와 유사한 시설의

---

13) 매우 예외적으로 건축의 목적 자체가 마약 등을 제조하기 위한 것이거나, 매매춘을 목적으로 하는 경우라면 그 자체로 금지될 수도 있을 것이다.

14) 대법 2008. 3. 14. 선고 2007도11263 판결(종교시설내 납골당); 헌재 2003. 6. 26. 선고 2002헌마402 결정(도시설계지구내 다가구주택금지).

용도, ④ 관계 법령에서 주된 용도의 부수시설로 그 설치를 의무화하고 있는 시설의 용도를 말한다(영 제2조 제13호).

### (2) 부속용도의 인정실익

부속용도라는 개념을 인정하는 가장 큰 이유는 건축물의 주용도가 허용되는 용도일 때 비록 부속용도가 당해 대지에서 허용되지 않는 것이라도 허용될 수 있다는 점에 있다(국토계획법적 관점). 예컨대 창고시설이 허용되지 않는 용도지역이라 해도 주용도가 허용되는 용도이면 그에 부수하여 물품저장을 위한 용도가 허용될 수 있다는 의미이다. 다만 부속용도가 허용된다는 것과 용도변경의 절차를 거쳐야 하는가는 별개의 문제이다.15) 그 외 부속용도에 해당한다고 해도 용적률이나 건폐율의 산정 등 면적계산에는 모두 포함되어야 한다. 또한 부속용도의 위험방지요건은 부속용도의 성격에 따라 추가적인 평가가 이루어질 수 있다.

## V. 건축물의 대지

### 1. 1필지 1대지의 원칙

건축물이 건축되는 대지는 공간정보의 구축 및 관리 등에 관한 법률(이하 공간정보법)에 의해 각 필지로 구획된 토지 즉 필지를 말한다(법 제2조 제1항 제1호). 현행 건축법상으로는 '1필지 1대지의 원칙'이 채택되어 있으며, 1필지로 구성된 대지를 건축허가의 요건으로 하는 것은 민사상 토지소유권과 균형을 유지하기 위함이다. 건축법은 이와 더불어 건축허가 신청시에 대지의 소유권 등을 증명하는 서류를 제출하도록 함으로써(법시행규칙 제6조 제1항 제1호), 소유권의 객체인 필지와 건축허가요건인 대지의 소유·사용관계를 일치시키려는 노력을 기울이고 있다.16)

---

15) 대법 2005. 9. 29. 선고 2005도4592 판결(종합병원과 장례식장).
16) 그러나 건축허가의 발급으로 소유권의 소재나 범위가 변경되는 것은 아니다. 대법 2007. 4. 26. 선고 2005다19156 판결; 대법 2003. 8. 22. 선고 2001두10400 판결 등.

## 2. 필지와 대지의 불일치

그러나 건축법상의 대지는 건축허가를 위한 기본요소일 뿐 민사상 소유권 또는 거래의 객체로서의 필지와 항상 일치할 수만은 없다. 따라서 건축법상의 대지는 공간정보법 또는 민사법상의 필지와 분리되어 다른 형태를 띠기도 한다. 그 대표적인 예가 둘 이상의 필지가 하나의 대지를 이루거나 한 필지의 일부를 대지로 보는 건축법상의 예외조항(영 제3조)이다.[17]

## 3. 공간정보법상 지목으로서 대지

건축법에서 상정하는 대지의 개념과 공간정보법에서 지목으로 설정된 대지는 법적으로 전혀 다른 개념이다. 공간정보법은 토지대장 편성의 근거법으로서 건축허가와 관계없이 개별 필지의 목적을 조사하여 토지대장에 지목을 기재하도록 하고 있다. 예컨대 '나대지'라고 불리는 토지는 공간정보법상 지목은 대지로 되어 있지만 건축물이 없는 토지를 말하고 공간정보법상의 지목은 대지이지만, 건축법상으로는 대지가 아니다.

공간정보법상의 지목이 대지가 아닌 경우 후술하는 국토계획법상의 토지형질변경허가를 받아 지목을 대지로 변경하고 다시 건축법상 건축허가를 받아 건축물이 건축되는 절차를 거치게 된다. 그러므로 건축법은 어떤 토지에 건물을 지어도 좋은지 여부에 대해 결정하는 기능은 원칙적으로 없다.[18] 다만 대지로 신청된 당해 토지상에 건축이 가능하다는 것을 전제로 위험방지 요건만을 통제하는 기능을 담당할 뿐이다.

---

17) 대법 2001. 2. 9. 선고 98다52988 판결 참조; 이에 대한 자세한 설명은 윤혁경, 건축법·조례해설, 기문당, 2001, Ⅰ-131쪽 참조.
18) 현행 건축법상 건축허가 신청에 형질변경허가가 의제되는 조항에 따라 지목이 대지가 아닌 토지에 형징변경허가와 건축허가가 동시에 신청될 수는 있다.

# 제2절 건축허가요건

## 제1관 총칙

### I. 건축허가요건의 의의

건축법은 건축물로부터 발생하는 위험을 방지하기 위해 건축물의 건축행위를 일반적으로 금지시켜 놓고, 자신이 예정하고 있는 허가요건을 충족하는 건축물에 대해서 개별적으로 그 건축을 허가하는 방식을 취하고 있다. 그러므로 건축법상 허가요건은 위험을 방지하기 위해 건축물이 갖추어야 할 기준으로 건축법이 정해 놓은 것을 말한다.

### II. 실체요건과 절차요건

건축법이 정하고 있는 허가요건규정은 다시 건축물 자체가 갖추어야 할 요건규정(좁은 의미의 건축허가요건)과 건축허가절차에서 갖추어야 할 절차요건규정으로 크게 나뉜다. 예컨대 건축물이 피난계단을 갖추어야 하는 요건은 전자에 속하지만, 일정한 건축물의 건축에 건축사의 설계를 요하거나, 공사감리제도를 강제하는 것 등은 후자에 속한다. 이 절에서는 좁은 의미의 건축허가요건으로서 건축물 자체가 갖추어야 하는 허가요건만을 검토하게 되며, 절차상 갖추어져야 할 사항들은 '건축의 절차' 부분에서 설명된다.

### III. 기술적 기준과 허가요건

이하에서 설명되는 건축허가요건으로서 건축법이 특별히 정하고 있는 경우 이외에는 국토부장관이 직접 정하거나 국토부장관이 지정하는 연구기관·학술단체 기타 관련전문기관 등이 국토부장관의 승인을 얻어 정할 수 있도록 되어 있다(법 제68조). 이러한 기술적 기준들은 건축위원회의 심의를 거쳐 승인되어야 하며, 승인된 사항은 고시되어야 한다(동조 제2항, 제3항).

# 제2관 위험방지요건

## Ⅰ. 서론

### 1. 위험방지요건과 위생요건

건축법상 위험방지요건은 주로 직접적인 재난에 대비하기 위한 요건이다. 또 건축물의 위생 및 기능을 확보하여 장기적으로 사람의 건강에 위해를 주지 않기 위한 위생요건도 전통적인 경찰법의 영역에 속하는 것이라 보아도 좋다. 건축물의 위생 및 기능관련 요건은 다음 항에서 살피기로 하고 여기서는 주로 직접적인 재난을 예방하거나 재난상황에서 인명피해를 줄이기 위한 건축허가요건을 살펴보게 된다.

### 2. 건축법과 하위법령

건축법이 만들어진 가장 주된 이유는 건축물로부터 발생하는 위험을 방지하기 위한 것이므로 이곳에서 설명되는 건축허가요건은 건축법의 가장 핵심적인 부분이다. 그러나 건축법은 위험방지요건에 대해 너무 간략하게 조문을 두고 그 조문의 위임에 의해 너무 많은 요건들이 정해지는 구조를 취하고 있다. 건축법에 위험방지에 대한 조항이 너무 개괄적으로 담겨져 있고 이는 건축법의 위험방지 기능을 저하시키는 실질적 이유가 된다.

이와는 다른 일반적 차원에서, 건축법상 위험방지를 위한 기술적 기준들은 시대와 건축기술에 따라 변화의 속도가 빠르고, 그 기술적 측면 때문에 건축법 자체에서 모두 규정하는 것에는 한계가 있다. 이러한 이유로 건축법은 시행령, 시행규칙이라는 일련의 법령 체계 이외에 또 다시 부속법령을 제정하여 재난방지와 관련된 건축허가요건을 자세하게 정하고 있다. 건축물의 설비기준 등에 관한 규칙(이하 '설비규칙'이라 부른다), 건축물의 구조기준 등에 관한규칙(이하 '구조규칙'이라 부른다), 건축물의 피난·방화구조 등의 기준에 관한규칙(이하 '피난규칙'이라 부른다) 등이 그것인데 이하에서는 동 법령들을 포함한 건축법령상의 위험방지요건을 개괄적으로 살펴본다.

## II. 구조안전

건축물은 사람이 머무는 구조를 전제하는 것이므로, 그 구조상의 안전이 보장되어야 한다. 건축물이 평상시 또는 지진 등에 의해 무너지지 않아야 한다는 것은 건축물을 안전하게 사용하기 위한 가장 기본적인 것이기 때문이다. 따라서 건축법은 건축물이 각종 하중(荷重)이나 지진·풍압(風壓) 및 충격 등에 대하여 안전한 구조를 가져야 하도록 정하고 있다(법 제48조 제1항).

이러한 건축법의 규정은 단순히 추상적인 원칙을 선언한 것에 그치는 것은 아니고, 불확정적인 개념을 사용한 건축허가요건이다. 따라서 구조안전과 관련된 법령상의 요건이 충족된 경우에도 안전한 구조가 확보되지 않는 한 건축허가를 거부할 수 있다. 이러한 의미에서 동조문은 구조안전에 관한 건축허가요건의 일반조항이다.


## III. 방화요건

내화구조는 건축물의 피난과 밀접한 관련을 갖고 있다. 화재가 발생한 경우 건축물이 내화구조를 갖추었느냐 여부에 안전한 피난의 가능성이 의존하기 때문이다. 따라서 내화구조의 문제는 피난의 문제와 함께 설명될 수도 있는 것이지만, 여기서는 가급적 둘을 구별하여 설명한다. 화재에 대비한 각종의 건축허가요건 중에 건축물이 불을 이겨내어 지탱할 수 있도록 요구하고 있는 것들은 모두 방화요건으로 검토한다.

내화구조란 화재에 견딜 수 있는 성능을 가진 것으로서 국토부령이 정하는 것을 말한다(영 제2조 제1항 제7호). 건축물의 사용과 관련하여 가장 빈번하게 발생하는 재난이 바로 화재사고이며, 화재사고를 미연에 방지하거나 또는 일정수준 이하의 화재를 이겨낼 수 있는 건축물의 구조를 확보하기 위하여 건축법령은 세밀한 주의를 기울이고 있다.

방화구획은 건축물에 화재가 발생한 경우, 건축물을 구획하여 화재의 진행을 차단하면 화재의 진압을 위한 소방활동을 수월하게 해 주므로, 화재에 대한 대처방안으로 매우 효율적일 수 있다. 또한 건축물에 방화구획을 하는 것은 화재가 발생했을 때 효율적인 피난을 위해서도 매우 유용하다.19) 건축법은 이러한 점에 주목하여 일정 규모 이상의 건축물

---

19) 건축법은 이러한 방화구획을 피난의 관점에서 규율하고 있지만(법 제49조 제2항), 이는 건축물이 화재를 버텨낼 수 있다고 하는 강점을 갖는 것으로 방화와 관련된 곳에서 설명하는 것이 더 타당하다.

에 대해서는 방화구획의 설치를 의무화하고 있다.

건축물이 화재에 잘 버틸 수 있는 내화구조를 갖추고 방화구획이 잘 되어 있는 경우에도 건축물의 내장재료가 불에 약한 것이면 위험이 높아질 수 있다. 이런 의미에서 건축법은 내부마감재료의 내화기준을 정하고, 특정한 용도로 일정면적 이상 사용되는 건축물에 이를 의무화하고 있다(법 제52조, 영 제61조, 피난규칙 제24조).

방화지구란 국토계획법에 의해 구획되는 지구이지만, 전적으로 위험방지를 목적으로 지정된다고 하는 특색을 갖는다.


# Ⅳ. 피난요건

## 1. 피난요건과 방화요건의 구별

건축법이 정하는 피난관련요건은 직통계단, 옥외피난계단, 비상용승강기, 출구관련 요건 등 매우 다양한 형태를 취하고 있다. 통상적으로 피난관련 요건이 검토되는 주된 취지는 화재가 발생할 경우를 대비하는 것이다. 피난계단의 구조 등을 내화구조로 하도록 정하고 있는 조문 등에서 이를 확인할 수 있다.

그러나 건축물과 관련된 재난상황은 반드시 화재에 국한되는 것은 아니다. 예컨대, 지진이나 홍수 등으로 건축물이 붕괴되는 경우, 폭탄테러의 위협이 있거나 가스가 폭발하는 경우 등 건축물에서 사람이 대피해야 하는 위험상황은 화재라는 상황 이외에도 얼마든지 발생할 수 있다.


## 2. 피난요건의 구성

피난과 관련된 건축허가요건은 다시 총론적인 성격을 갖는 것, 대피용통로를 확보하기 위한 것, 건축물로부터 외부로 탈출하기 위한 출구에 관한 것으로 크게 대별된다. 대피용통로라는 표현은 건축법령의 '직통계단', '피난계단', '특별피난계단', '옥외피난계단' 등을 포괄하는 개념이다. 이에서 더 나아가 반드시 비상통로로 만들어지는 것은 아니지만, 재난상황에서 중요한 대피용통로의 기능을 하는 계단 및 복도의 설치기준도 대피용통로의 일종으로 이해한다. 통로 이외에 재난상황에서 건축물 자체로부터 탈출을 돕기 위한 여러 규정들은 출구관련 요건으로 구별하여 볼 수 있다.


## V. 대지의 안전

건축물을 건축하기 위한 토지로서의 대지는 그 자체가 함몰되거나, 침수되는 등의 위험성이 없어야 한다. 엄격히 본다면 이는 건축물 자체의 위험성과는 구별되는 것이지만, 건축물이 토지상에 건축되는 것이라는 점에서 보면 건축물의 위험상황과 불가분적으로 결합되어 있다.

건축법은 이러한 점을 감안하여 건축물의 안전을 위한 전제로서 대지의 안전을 위한 조문을 두고 있다(법 제40조). 우선 대지는 이와 인접하는 도로면보다 높아야 하며, 필요한 하수관·하수구 등이 설치되어야 하며(동조 제1항, 제3항), 만약 대지가 습한 토지 등이면 성토, 지반의 개량 기타 필요한 조치를 취해야 한다(동조 제2항). 손괴의 우려가 있는 토지를 대지로 조성하려면 옹벽 등을 설치해야 한다(동조 제4항).

## 제3관 건축물의 위생 및 기능요건

### I. 설비와 위생관련 요건의 의의

건축허가요건 중 앞서 설명한 위험방지요건과는 약간 달리 건축물의 기능 및 위생을 확보하기 위한 건축허가요건이 있다. 건축물의 기능은 건축물이 제대로 활용되기 위한 각종 설비의 기준을 정함으로써 확보되며, 위생은 통풍·채광 등 건강한 생활을 보장하기 위한 요건들을 통해 보장된다.

건축물이 제대로 기능하고, 그 위생을 보장하는 것이 좁은 의미의 위험방지는 아니라 해도, 넓게 보면 건축물로 인한 생명·신체의 위해방지라는 목적의 건축경찰법적 규정에 해당된다. 건축경찰법은 본질적으로 위험방지라는 목표를 위해 생겨난 것이지만, 건축물에 머무는 사람들의 위생과 건강한 삶을 확보하는 것도 생명·신체에 대한 위해의 발생을 막는 것과 차원을 같이 하는 것이다. 따라서 건축물의 기능을 위해 마련된 건축설비에 관한 조문이 위험방지와 직결되기도 하고(승강기 등), 위생과 관련된 요건이 화재를 의식하는(반자높이 등) 등 이곳에서 설명되는 요건들은 위험방지요건과 상당한

정도 겹칠 수도 있다.

## II. 건축설비

"건축설비"란 건축물에 설치하는 전기·전화 설비, 초고속 정보통신 설비, 지능형 홈네트워크 설비, 가스·급수·배수(配水)·배수(排水)·환기·난방·소화(消火)·배연(排煙) 및 오물처리의 설비, 굴뚝, 승강기, 피뢰침, 국기 게양대, 공동시청 안테나, 유선방송 수신시설, 우편함, 저수조(貯水槽), 방범시설 그 밖에 국토부령으로 정하는 설비를 말한다(법 제2조 제1항 제4호).

## III. 위생요건

건축법상 위생요건은 건축물에 습기를 막고, 위생적인 음용수를 확보하는 것, 채광을 확보하는 것, 수세식화장실을 설치하는 것 등을 위해 건축법령이 마련한 건축허가요건을 말한다. 이러한 허가요건은 건축법이 주의 깊게 체계적인 규정을 마련하고 있지 못하고, 한편으로 설비규칙·구조규칙에서, 다른 한편으로는 건축법상의 정의규정 등에서 다양한 형태로 규율하고 있다.

## 제4관 도시환경과 건축허가요건

## I. 서론

건축법에 존재하는 건축허가요건의 또 하나의 유형으로서 도시의 환경과 관련된 것이 있다. 도시의 환경과 관련된 건축허가요건은 건축물 자체의 위험을 방지하기 위한 건축경찰법상의 건축허가요건과는 성격이 다르고 국토계획법적 허가요건에 가까운 것이다. 그럼에도 불구하고 이들이 건축법에 남아 있는 것은, 한편으로 한국의 건축법이 상당한 기간 동안 국토계획법의 기능을 중첩적으로 수행해 왔다는 연혁적인 이유와, 또 다른 한편 부분적으로 위험방지에도 일정한 기여를 한다는 이유 때문이다. 이하에서는 이해의 편의를 위해 이를 건축경찰법상의 허가요건으로 설명하지만, 이들은 근본적으로 국토계획법적 성격을 갖는 것들이라는 점에 유의해야 한다.

예컨대 도로는 토지의 합리적 이용을 위해 건축물이 도시의 혈관기능을 하는 도로에 연결되어야 한다는 점, 건축물이 도로를 침범할 수 없다는 점 등에서 국토계획법적인 관점이 강한 허가요건이다. 그러나 다른 한편 화재시 소방차가 진입할 수 있는 조건으로서 도로망과의 연결(이른바 소방도로)은 건축경찰법적인 위험방지의 요소를 동시에 가지고 있다.

## II. 도로와 건축허가

### 1. 서론 - 건설법과 도로

#### (1) 도로의 의의

도로는 도시의 발달과 그 운명을 같이 해왔다. 역사상 모든 시가지가 먼저 도로의 위치를 잡는 것에서 출발했다는 점을 보면 도로와 도시는 불가분적 관계에 있다는 것을 알 수 있다.[20] 이러한 관점에서 도로는 도시의 골격과 같은 것이고, 그 골격을 기반으로 개별적인 건축과 건설이 진행된다. 도로는 토지의 사용관계와 밀접하게 관련되므로 민사적 관점[21]이나 국유재산법적 측면에서도 많은 쟁점을 제공한다. 도로는 또 개발사업법의 기반시설의 무상양도, 토지보상, 종전자산평가 등과도 연결되어 있다. 따라서 도로를 이해하는 것은 건설법의 전분야에 걸쳐 가장 어려운 작업이다. 만약 도로를 정확하게 이해할 수 있다면 건설법제의 절반 이상을 이해한 것이라 평가해도 좋다.

#### (2) 도로와 건축허가

도로는 한편으로는 건축물을 짓기 위한 기반을 마련하는 것이면서, 다른 한편으로는 건축물의 건축을 제약하는 요소이기도 하다. 건축하고자 하는 토지가 도로에 접할 것을

---

20) 손정목, 일제강점기 도시계획연구, 일지사, 1994, 43쪽 이하; 권용우 외, 도시의 이해, 박영사, 1998, 24쪽의 필라델피아의 도시계획도면(1682년) 등 참조.
21) 대법 1999. 6. 11. 선고 99다6746 판결(공유물분할과 도로현황).

건축허가요건으로 정하는 규정(법 제44조)과 도로상에 건축할 수 없도록 하는 건축선제도(법 제47조), 도로로 구획된 가로구역별로 건축물의 높이를 제한하는 제도(법 제60조) 등이 바로 이러한 도로와 건축허가의 관계를 잘 보여준다.

## 2. 건축법상 도로의 개념

### (1) 도로에 관한 법규정

현행법상 도시의 내부에 존재하는 도로는 국토계획법상 도시계획시설(국토계획법 제2조 제6호 가목)이기도 하고,[22] 다른 한편 건축법에 있어서 건축이 허용되기 위한 중요한 요소로서 기능하고 있다(법 제2조 11호, 제44조 – 제47조). 이로써 도로는 국토계획법과 건축법이 교착하는 매우 복잡한 영역을 형성한다.[23]

### (2) 건축법상 도로개념

건축법은 건축허가와 관련된 건축법의 적용에 도로라는 개념이 반드시 필요하기 때문에 도로의 개념을 정하고 있다. 건축법이 정하는 도로의 요건은 형체적 요소와 의사적 요소를 공히 충족하는 도로이다(법 제2조 제1항 제11호). 형체적(形體的) 요소는 일반공중의 이용에 제공될 수 있는 물리적인 구조를 말하고, 의사적(意思的) 요소는 도로로 제공하겠다는 행정주체의 의사표시이다.

### (3) 도로의 형체적 요건

도로가 갖추어야 할 형체적 요소로서 도로는 원칙적으로는 4미터의 폭을 확보하여야 한다(법 제2조 제1항 제11호). 다만 '막다른 도로[24]'는 그 길이에 따라 도로로 인정되기 위한 폭이 다르다(영 제3조의3 제2호).

---

22) 국토계획법상의 도로지정은 도시계획의 수립주체가 하도록 되어 있고 도로로서의 실체가 갖추어져 있지 않은 경우에도 도로가 되는 등 차이가 있지만, 원칙에 있어 건축법상의 도로로서 기능하도록 되어 있다. 정태용, "도로의 용례", 법제, 1994. 1, 52쪽 참조.
23) 대법 1992. 5. 26. 선고 91누10091 판결.
24) 법률상의 '막다른 도로'에 대응하여 일반도로를 관행상 '통과도로'라고 칭하고 있다.

| 막다른 도로의 길이 | 도로의 너비 |
|---|---|
| 10미터 미만 | 2미터 |
| 10미터 이상 – 35미터 미만 | 3미터 |
| 35미터 이상 | 6미터(읍면지역 4미터) |

이에 더하여 도로는 구조상 보행과 자동차통행이 공히 가능해야 한다.[25] 다만 시장·군수·구청장이 지형적 조건으로 인하여 차량 통행을 위한 도로의 설치가 곤란하다고 인정하여 그 위치를 지정·공고하는 구간의 도로는 너비 3미터 이상이면 된다(법 제2조 제1항 11호 본문괄호, 영 제3조의3 제1호).


### (4) 도로의 의사적 요건

건축법상 도로가 갖추어야 할 의사적 요소로서 도로지정행위는 다시 두 가지로 구별된다. 도시내 일정한 도로의 확보라고 하는 일반적 목적에 의한 도로의 지정이 있고(법 제2조 제1항 제11호 가목), 다른 한편 개별적인 건축허가와 관련하여 건축허가요건을 확보하기 위해 건축법에 근거한 도로의 지정이 있다(동호 나목, 건축법 제45조).

정식의 절차에 의해 도로가 건설되는 경우는 국토계획법, 도로법 등이 원칙적으로 개입하며, 그로 인한 토지수용과 손실보상에 관한 조문이 나름대로 잘 갖추어져 있다. 정식의 도로는 보통 건축허가 이전에 이미 존재하므로 건축허가시 당해 도로가 존재하고 있는가를 검토하는 것으로 충분하다.[26]


### (5) 건축법에 의해 지정되는 도로

도로는 정식의 도로가 아직 존재하지 않을 때 건축법에 의한 도로지정으로도 성립할 수 있는데(법 제45조), 구 시가지에서 우발적으로 발생해서 형태적 요소만을 겨우 구비한 사실상의 도로를 대상으로 한다. 건축법에 의해 지정되는 도로는 정식의 도로지정에 비해 절차도 간이하고 정식의 도로와 법적 지위에서도 상당한 차이가 있다. 정식의 도로가 건축물을 압도하는 지위에서 건축물을 철거할 수 있는 권능까지 보유하는 반면, 건축법상의 도로지정은 건축물에 종속되는 지위에 머문다.

---

25) 대법 1992. 9. 14. 선고 91누8319 판결.
26) 대법 2000. 4. 25. 선고 2000다348 판결; 대법 1995. 9. 5. 선고 93다44395 판결 등.

## (6) 법률상 도로와 사실상 도로의 구별

앞서 설명한 바와 같이 도로가 갖추어야 할 요건을 모두 충족한 도로를 법률상의 도로라고 부르고, 이를 사실상의 도로와 대비시킨다.[27] 사실상의 도로란 도로로서 형체적 요건을 갖추었으나 의사적 요소를 결여한 도로를 말한다. 사실상의 도로는 건축법이 말하는 도로에 해당되지는 않는데, 건축법에서 말하는 도로는 의사적 요소까지 포함된 것이기 때문이다(법 제2조 제1항 11호). 이러한 의미에서 법률상 도로와 사실상 도로의 구별실익이 있다. 예컨대 법적인 도로는 건축선이 되므로 그 지상에 건축할 수 없지만, 사실상의 도로는 건축선을 구성하지 않으므로 건축이 금지되지 않는다.[28]

## 3. 건축법상 도로지정

### (1) 의의

시장·군수가 개별적으로 건축허가를 발급하면서, 당해 건축허가를 발급하기 위하여 도로를 지정하는 경우에 이를 건축법에 의한 도로지정이라 한다. 이를 소방도로라고 부르기도 하는데,[29] 소방도로는 사실상의 명칭으로서 실무상 반드시 건축법에 의해 지정된 도로만을 소방도로라고 부르는 것은 아니다. 이러한 도로의 개별적인 지정행위도 공용지정 또는 도로지정의 한 형태이므로, 도로로 지정될 수 있는 것은 실제 도로로서의 효용을 다할 수 있는 정도의 구조형태를 갖추어야 한다. 다만 기성시가지에서 건축법상 도로가 지정되는 경우에는 이해관계인이 사후에 개축을 하면서 후퇴할 것을 약속하는 경우가 일반적이므로, 형태적 요소가 상당한 기간이 지난 후에 갖추어질 수도 있다.

### (2) 도로지정과 동의

건축법상 도로가 지정되면 도로에 제공되는 토지의 소유자가 그 토지상(도로상)에 건축을 할 수 없게 되므로 인접주민간의 이해관계를 조절할 필요성이 매우 높다. 그러므로 이러한 경우에는 이해관계인, 즉 당해 도로로 지정되는 토지의 소유자에게 개별적으로 동의

---

27) 대법 1999. 12. 7. 선고 97누12556 판결.
28) 대법 1987. 3. 10. 선고 86누574 판결.
29) 정태용, "도로의 용례", 법제, 1994. 1, 56쪽; 정태용, 건축법해설, 한국법제연구원, 2006, 290쪽 각주 5).

를 얻어야 하는데(법 제45조 제1항), 이는 사실상의 동의에 한정된다. 따라서 판결에 의한 주위토지통행권도 동의요건을 충족하지 못한다.[30]

예외적으로 이해관계인이 해외에 거주하는 등 이해관계인의 동의를 얻기가 곤란하다고 허가권자가 인정하는 경우 또는 주민이 장기간 통행로로 이용하고 있는 사실상의 도로로서 당해 자치단체의 조례가 정하는 도로인 경우에는 건축위원회의 심의를 거쳐 동의를 생략하고 도로를 지정할 수 있다(법 제45조 제1항 각 호).

### (3) 막다른 도로의 뜻

막다른 도로란 건축법이 사용하는 실정법상의 명칭으로서, 도로의 한쪽 끝이 막혀 있는 도로를 의미한다. 그러나 건축법에서 말하는 막다른 도로는 건축과정에서 우발적으로 발생한 사실상의 도로 또는 현황도로를 지칭하는 것으로 보아야 한다. 그러므로 막다른 도로와 막다른 도로, 막다른 도로와 도시계획도로를 이어주는 통과도로나 막다른 도로에 연결된 추가적인(지선과 유사한) 막다른 도로도 이에 포함되는 개념으로 해석된다.

## 4. 건축선

### (1) 건축선의 뜻

건축법이 말하는 건축선은 도로와 접한 부분에 있어서 건축물을 건축할 수 있는 선을 의미하며, 이러한 건축선은 원칙적으로 대지와 '도로'의 경계선이 된다(법 제46조 제1항). 이때 도로는 '법률상의 도로'로서 형체적 요소와 의사적 요소를 모두 갖춘 엄격한 의미의 도로를 말한다.[31] 통상적으로 국토계획법이나 도로법 등에 의해 설치된 도로 또는 설치될 것으로 정해진 예정도로를 말하는 것으로 이해하면 된다. 물론 건축법상 도로지정을 받는 도로도 건축선을 구성하는 도로로 해석된다.

---

30) 대법 1993. 5. 25. 선고 91누3758 판결.
31) 대법 1999. 2. 9. 선고 98두12802 판결.

## (2) 건축선의 법적 효과

건축법 제46조는 건축선을 정의하면서, 동법 제47조에서 "건축물과 담장은 건축선의 수직면을 넘어서는 아니 된다."고 규정하고 있다. 이 건축법의 규정에 따라 건축선이 확정되고, 그 건축선을 넘는 어떠한 건축물도 허용될 수 없으므로[32] 건축선은 건축허가요건의 해석에 있어 매우 중요한 역할을 한다.[33] 도로모퉁이에 있어 건축선은 도로폭과 교차각에 따라 대통령령에서 정하고 있다(법 제46조 제1항 단서 후단, 영 제31조).

## (3) 건축법상 도로지정제도의 한계

이 경우는 막다른 도로 내부의 새로운 건축허가가 동시에 신청되지 않는 한 허가권자가 도로를 지정할 수 있는 계기가 없어서 특히 문제가 된다(개별적 지정의 요건). 아마도 입법자는 제46조 제1항 단서의 규정만으로 이러한 문제가 해결될 수 있을 것으로 상정했을 것이나, 그 전제가 되는 도로의 범위를 착각한 것이다. 이 문제는 허가권자에게 직권으로 도로를 지정할 수 있는 권한을 부여하고 그에 따른 손실보상조항을 마련하지 않는 한 해결될 수 없다.

## 5. 접도요건(接道要件)

### (1) 접도요건과 맹지

접도요건이란 건축물이 건축되는 대지가 도로와 폭 2미터 이상을 접할 것을 요구하고 있는 건축법상의 건축허가요건을 말한다(법 제44조). 모든 건축물은 건축허가요건으로서 그 대지가 도로와 접하고 있어야 하는데,[34] 이러한 요건이 충족되지 않는 대지를 '맹지(盲地)'라 부르고 맹지상의 건축은 금지된다.[35]

건축법상 접도요건을 충족시키는 도로는 폭 4미터 이상의 통과도로이거나 건축법상 도로지정에 의해 장차 법률상의 폭을 확보할 수 있는 막다른 도로 등이다. 다만 도로 중에

---

32) 대법 2002. 11. 8. 선고 2001두1512 판결(건축선위반부분에 대한 철거명령).
33) 대법 2007. 3. 16. 선고 2006도8935 판결.
34) 대법 2003. 3. 11. 선고 2002다35928 판결.
35) 대법 2003. 12. 26. 선고 2003두6382 판결.

서도 차량의 통행이 불가능하거나 자동차만의 통행에 사용되는 도로는 접도요건을 충족시키는 도로가 될 수 없다.

### (2) 강화된 접도요건

건축물의 연면적의 합계가 2,000 제곱미터 이상인 건축물의 대지는 예외적으로 너비 6미터 이상의 도로에 4미터 이상 접해야 한다(영 제28조 제2항). 이는 토지의 사용관계에 영향을 줄 수 있는 대규모 건축물에 대해 접도요건을 강화하고 있는 조항이다.

## 6. 가로구역별 높이제한

구 건축법상으로는 사선제한이 원칙을 이루고, 시장·군수 등 허가권자가 특별히 조례로 정하는 경우가 예외를 이루었다.[36] 그러나 이러한 구법상의 사선제한제도는 산정방법이 복잡하고, 하천·공원·2 이상의 도로·막다른 도로 등 예외적용 사항이 많아[37] 무분별한 스카이라인이 형성되는 원인을 제공하기도 했다.

이런 점을 고려해서 현행 건축법은 가로구역별 높이를 허가권자가 따로 정하는 것을 원칙으로 하고(법 제60조 제1항), 광역시장 또는 특별시장이 이를 보충하여 조례를 제정할 수 있도록 개정되었다(동조 제2항). 그리고 오랜 기간 도로폭을 통해 건축물의 높이를 제한하던 사선제한에 관한 조항은 사라졌다.

---

36) 1998년 건축법 제51조 제1항은 "건축물 각 부분의 높이는 그 부분으로부터 전면도로의 반대쪽 경계선까지의 수평거리의 1.5배를 초과할 수 없다."고 규정하고 있었으며, 동조 제2항은 대통령령이 정하는 기준에 따라 조례로 예외적인 경우를 정할 수 있도록 규정하고 있었다.
37) 대법 2000. 7. 6. 선고 98두8292 판결.

## III. 일조권[38]

## 1. 일조권의 의의

### (1) 일조권개념의 등장

최근 도시내 주거환경에 대한 높은 관심은 내 집 마련만이 지상의 과제였던 종래의 전통적 관념이 변화하고 있음을 시사한다. 비교적 최근까지도 한국에서 건축물을 바라보는 주된 시각은 주택을 중심으로 한 것이었고, 그것도 주택의 공급과 관련된 것들이었다. 그러나 대도시내 절박한 주거난이 어느 정도 해소되는 시점에 이르자, 건축물들 상호간의 토지이용조절이라는 주제가 부각되고 있다.[39]

### (2) 건축허가요건으로 나타나는 일조권

건축법에 의해 보장되는 일조권은 일반적으로 생각하는 것과는 달리 일조를 보장받고자 원하는 건축물 사용자의 권리로 규정되지 않고 신축건축물의 건축허가요건으로 규정되어 있다. 이는 건축법상의 일조관련 규정이 건축주의 의무로 규정될 수밖에 없다는 기술적인 한계에 기인한 것이다. 이 때문에 형식적으로 보면 건축법상 일조권이라는 개념은 소극적인 형태를 띠게 된다.

### (3) 일조권개념의 상대성

일조권이란 건축물에서 생활하면서 타인의 건축물로 인해 태양의 광선을 차단당하지 않을 권리이다. 그러나 토지의 집약적 사용이 일반화된 대도시에서 타인의 건축물로 태양광선이 전혀 차단되지 않고 생활한다는 것은 사실상 불가능하다. 이 때문에 일조권이라는 개념은 완전하고, 순수한 개념일 수 없으며 토지의 사용관계에 의존하는 상대적인 것이다.

---

38) 더 상세한 사항은 김종보, "건축법상 일조권", 환경법연구 제23권 제2호, 2001. 12, 185 – 210쪽 참조.
39) 대법 2007. 6. 28. 선고 2004다54282 판결(조망권).

## 2. 일조권소송의 다양성

### (1) 법체계와 일조소송

현재 우리 사회에서 일조권이 침해된 소유자가 권리를 구제받기 위해 사용하는 수단은 매우 다양하다. 일조권이라는 개념이 헌법, 행정법, 민사법의 모든 영역에서 독자적으로 발전하면서 전체 법질서를 관통하는 일조권 관념이 아직 정립되어 있지 못하기 때문이다. 현재 일조와 관련된 분쟁의 형태는 민사와 행정법의 영역에 공히 걸쳐 있다. 또한 아직 활용되고 있지 않지만, 일조관련 분쟁이 헌법재판소의 헌법소원의 문제로 발전될 수 있는 가능성도 무시할 수는 없다.

### (2) 민사상 손해배상소송

현재 일조분쟁의 가장 중심에 있는 것은 일조침해에 대한 민사상 손해배상소송이다. 최근 고층의 아파트를 중심으로 사업시행자인 건설회사를 피고로 하는 손해배상소송이 상당한 성공을 거두고 있고, 이에 대해 대법원의 판례들도 다수 누적되어 있다.[40] 손해배상소송은 건설회사나 건축주들에 대해 향후 건축행위를 할 때 타인의 일조권을 침해하지 못하도록 하는 강력한 예방적 기능을 한다. 또한 일조를 침해당한 토지 또는 건축물의 소유자는 자신이 입은 피해를 금전으로나마 배상받음으로써 인접지 토지소유자간의 토지사용가치의 조절이 이루어진다.

그러나 손해배상소송에서 일조권이 침해된 이웃주민의 권리구제는 현재 '진행되고 있는 침해'에 대한 구제로는 미흡하고, 원칙적으로는 침해행위가 완성된 단계에서의 구제수단이라는 점에서 사후적이라는 한계를 갖는다.

### (3) 건축을 저지하기 위한 소송

현재 진행중인 일조권침해, 즉 건축물의 신축에 대한 저지 가능성은 다시 민사상 소유권에 기한 방해배제청구소송을 본안으로 하는 공사중지가처분이라는 형태와, 건축허가취

---

40) 대법 2004. 10. 28. 선고 2002다63565 판결(일반상업지역); 대법 2004. 9. 13. 선고 2004다24212 판결(주거환경개선사업지구내 일조침해); 대법 2000. 5. 16. 선고 98다56997 판결; 대법 1999. 1. 26. 선고 98다23850 판결 등.

소소송이라는 취소소송을 본안으로 하는 집행정지신청의 방식으로 병존하고 있다.

우선 일반적으로 채택되는 일조권침해에 대한 구제수단이 민사소송으로 진행되는 것과 행정소송으로 진행되는 경우에 그 달성하려고 하는 궁극적인 목적이 동일하다는 점에 주목할 필요가 있다. 물론 기술적으로는 건축허가의 발급단계에서부터 취소소송을 제기할 수 있다는 점 등에서 행정소송이 시기적으로 유리한 경우도 있지만, 일반적으로 민사소송이 더 선호되고 있음에 미루어 행정소송보다는 민사소송이 원고에게 더 유리한 것이라는 추측이 가능하다.

## 3. 건축을 저지하는 위법성과 손해배상으로 충분한 위법성

### (1) 건축법과 민법의 괴리

민사상 일조권은 행정법상 일조규정과 동전의 앞뒤를 구성한다. 따라서 항상 민사상 일조권의 범위와 행정법상 일조권이 동일한 것은 아니라 하여도 대체적인 골격에서 합치되도록 해석하는 것이 타당하다. 현재 우리 대법원은 건축허가 또는 아파트사업계획승인이 모든 건축 관계법령에 따라 적법하게 발급된 것이라 하여도 그로 인한 일조권의 침해가 사회적 수인한도를 넘는 한 불법행위를 구성하는 것으로 판단하고 있다.[41] 이를 통해 이미 건축법(또는 행정법)상의 일조권 규정과 민사상 일조권의 범위가 일치하지 않는다는 점이 명백해졌다.

### (2) 민사판결 상호 간의 문제

우리의 법원이 일조권침해소송에서 불법행위를 인정하는 취지가 가치를 보장하기 위한 것이라는 견해를 일관한다면, 역시 민사소송에서 일조침해를 이유로 한 방해배제소송이나 공사중지가처분을 용인해서는 안 될 것이다.[42] 이렇게 해석한다면 방해배제소송에 있어서 건축을 금지하기 위한 정도의 위법은 손해배상소송에 있어 위법과 다른 기준에 의해 판단되어야 하는 것으로 이해된다.

---

41) "구체적인 경우에 있어서는 어떠한 건물 신축이 건축 당시의 공법적 규제에 형식적으로 적합하다고 하더라도 현실적인 일조방해의 정도가 현저하게 커 사회통념상 수인한도를 넘은 경우에는 위법행위로 평가될 수 있다."(대법 2000. 5. 16. 선고 98다56997 판결)
42) 서울민사지법에서는 일조권침해를 이유로 한 공사중지가처분을 받아들인 것으로 알려졌다(2001. 4. 20. 민사합의50부 판결).

## (3) 건축을 저지할 수 없는 일조침해

결론적으로 본다면 건축법에 의해 건축허가요건으로 설정된 일조기준은 공동체의 질서를 유지하기 위한 공법적 결단으로서 이 한계선을 넘는 건축은 소송을 통해 저지될 수 있다. 그러나 건축법이 설정한 한계를 넘지 않는 건축물의 위법성은 약한 위법성에 그쳐 그것이 비록 민사상 손해배상의 원인이 될 수 있다는 것은 별론으로 하고, 건축행위 자체를 저지할 권원이 될 수 없다.

## 4. 손해배상액의 귀속문제

### (1) 일조침해의 피해자

일조침해를 이유로 하는 민사상 손해배상소송에서 과연 침해된 것이 재산권으로서의 일조권인가, 환경권으로서의 일조권인가 하는 문제를 잠시 생각해 보아야 한다. 이 글의 앞부분에서 지적한 바와 같이 일조권개념은 한편으로는 환경권의 내용을 구성하는 것이면서 동시에 헌법상 재산권의 한 부분을 이루는 것이기 때문이다.

재산권으로서의 일조권이라면 이러한 재산권은 원칙적으로 일신에 전속되는 것은 아니라고 보아야 한다. 통상 토지소유권의 한 내용으로 인정되는 일조권은 역시 토지소유권의 이전으로 같이 이전되는 것으로 보아야 하기 때문이다. 손해배상소송에서 당사자들의 주장과 같이 일조권침해로 건축물 등의 재산가치가 하락하였고, 이를 배상하라고 하는 주장은 재산권으로서의 일조권이라는 측면에 입각한 것이다.

### (2) 환경권의 일신전속성

그러나 헌법이 말하는 일조권은 단순히 토지나 건축물의 소유자에게만 보장되는 것은 아닐 것이다. 만약 인접 건축물의 건축으로 피해를 받는 사람이 있다면, 그는 그 집에 살고 있다는 사실에 의해 일조침해를 받는 것이지, 그 건축물을 소유하고 있다는 사실만으로 일조침해를 받는 것은 아니기 때문이다. 이러한 관점에서 본다면 경우에 따라서는 전세입자들의 일조침해문제도 역시 제기될 수 있다.

일조침해의 손해배상액을 청구하면서 위자료를 추가적으로 요구하는 경우라면, 이러한 주장은 반드시 재산권의 침해에 대한 것이라기보다는 헌법이 보장하고 있는 환경권에 대한 침해주장일 수 있음에 주목하여야 한다. 환경권침해에 대한 손해배상은 대물적 성격보다는 대인적 성격이 강하다고 하는 점에서 재산권침해와는 그 속성을 달리한다.

## 제3절 건축의 절차

### 제1관 개설

이 절에서 설명하는 '건축의 절차'는 건축허가를 신청하는 단계에서부터 건축물을 시공하고 완성하여 사용승인을 받기까지의 전 과정을 포괄하는 개념으로 사용된다. 더 넓게는 건축물이 완공된 이후에 건축물의 용도변경·대수선·유지관리와 관련된 건축법 규정도 이 범주에 포함시킬 수 있다. 그러므로 건축의 절차를 구성하는 요소는 건축허가절차, 시공절차, 사용승인절차, 유지관리절차 정도로 크게 구분될 수 있다.

건축의 절차에서 가장 중요한 비중을 차지하는 것은 역시 건축허가를 중심으로 구성되는 건축허가절차이다. 건축허가라는 행정처분은 오랜 동안 판례를 통해 그 법적 성격과 쟁점들이 정리된 것이며, 행정법에 있어 매우 중요한 지위를 차지한다.

### 제2관 건축허가

#### Ⅰ. 건축허가의 의의와 법적 성질

#### 1. 원칙적인 기속행위(羈束行爲)

건축법은 기본적으로 경찰법으로서의 성격을 가지고 있으며, 이러한 경찰법상의 허가제로서 대표적인 것이 바로 건축법상의 건축허가이다. 경찰법상의 허가제는 헌법적 관점에서 국민에게 허용되는 행위를 경찰목적으로 잠시 묶어 놓고 경찰법규가 정하는 요건이 충족되는 개별적인 사안마다 그 금지를 풀어 주는 제도로 이해되고 있다.[43] 그러므로 건축허가요건을 충족하는 건축물의 경우에는 그 금지를 풀어 줘야 할 법적 의무가 행정청에

---

43) 예컨대 김동희, 행정법Ⅰ, 박영사, 2017, 282쪽; 김철용, 행정법, 고시계사, 2018, 160쪽 등.

발생하는 것으로 이해되며, 이러한 성격의 처분을 행정법학에서는 강학상 허가로 부른다.

강학상 허가에 해당하는 전형적인 행위로서 건축허가는 그 허가요건을 충족하는 건축허가가 신청되는 한 반드시 발급되어야 하는 기속행위이다.[44] 기속행위란 재량행위에 대응하는 개념으로서 행정청이 그 발급여부에 선택권을 갖지 않는 행정행위를 말한다.[45] 반대로 건축법이 정하는 허가요건을 충족하지 못하는 건축허가는 행정청에 의해 거부되어야 한다.

## 2. 재량행위로 해석되어야 하는 건축허가들

### (1) 대규모 건축물과 건축허가

우리의 도시계획체계는 매우 불완전하기 때문에 개별 필지단위로 도시계획의 섬세한 통제가 존재하는 것은 아니다. 따라서 주상복합건물 또는 백화점과 같은 대규모 시설이 건축되어 도시계획적 상황 전체에 영향을 주는 경우에도 이를 통제할 수 있는 수단이 건축허가 하나인 경우가 얼마든지 발생할 수 있다. 이러한 경우에는 건축법상 건축허가 속에는 당해 시설물에 대한 도시계획적 판단이 당연히 포함되어야 하고 법적으로는 국토계획법상의 건축허가 속에 그 재량이 포함되는 것으로 해석된다.

### (2) 개발행위를 포함하는 건축허가

또한 건축법상 건축허가가 기속행위라는 대법원의 일관된 견해는 건축허가 속에 여타의 처분들이 의제되지 않던 시절에 타당한 입장이라는 점을 분명히 해야 한다. 건축법상의 건축허가가 위험방지의 건축허가요건만을 심사하던 시절에는 그 요건이 충족되는 한, 행정청이 허가를 반드시 발급해야 한다고 말하는 것이 원칙적으로 옳다. 그러나 건축허가 속에 무수히 많은 재량행위들이 의제되고 있는 현행법의 해석상 재량행위를 포함하는 건축허가는 더 이상 기속행위일 수 없다.[46] 대법원도 같은 입장이다.[47]

---

44) 대법 2004. 6. 24. 선고 2002두3263 판결; 대법 2003. 4. 25. 선고 2002두3201 판결; 대법 1996. 3. 8. 선고 95누7451 판결; 대법 1995. 6. 13. 선고 94다56883 판결; 대법 1995. 12. 12. 선고 95누9051 판결; 대법 1992. 6. 9. 선고 91누11766 판결 등 대법원의 일관된 견해이다. 이에 비해 주택법상의 사업승인은 재량행위로 해석된다. 대법 1997. 9. 5. 선고 96누10256 판결 등.

45) 기속행위와 재량행위에 대해서는 김동희, 행정법 I, 249쪽; 김철용, 행정법, 155쪽 등 참조; 기속행위에는 부관을 붙일 수 없는 것이 원칙이다. 대법 2000. 2. 11. 선고 98누7527 판결.

46) 이에 대해서 자세히는 김종보, "건축허가에 존재하는 재량문제", 행정법연구 제3호, 1998. 10, 158쪽 이하

## (3) 건축법 제11조 제4항과 건축허가의 재량성

건축법이 2000년대 초에 개정되면서 허가권자가 교육환경 등 주변환경을 고려하여 건축허가를 발급하지 않을 수 있게 되었다(법 제11조 제4항).[48] 건축법상의 건축허가를 거부하기 위해서는 법령에 명시적인 근거가 있어야 한다는 종래의 대법원 판례를 의식하고 만들어진 조항이다.[49] 다만 이 조문은 국토계획법적 성격을 갖는 것이라는 문제점을 가지고 있다.[50]

## (4) 개발제한구역과 건축허가

국토계획법상 건축이 금지되는 영역에서 건축허가는 예외적으로 승인되는 것이며, 이때 건축허가는 기속행위로 보기 어렵다. 예컨대 개발제한구역 내 건축허가, 도시계획시설부지 내 건축허가 등이 좋은 예이다.[51] 또한 건축허가를 사후에 신청하는 사후허가의 경우에도 역시 건축허가를 발급할 것인가에 대해 행정청이 재량을 갖는 것으로 해석하는 것이 옳다.

# II. 의제조항의 개념과 효과

## 1. 의제조항의 뜻과 유형

## (1) 의제조항의 의의

건축법은 그 목적이 앞서 설명한 바와 같이 위험을 방지하기 위한 경찰법이다. 그리고 건축허가도 그러한 목적에서 위험방지요건을 통제하기 위한 제도로 성립되었던 것이다.

---

참조; 건축허가에 개발행위허가가 의제되기 시작한 시점은 2000년 전문개정된 도시계획법부터였다.

47) 대법 2010. 2. 25. 선고 2009두19960 판결; 대법 2005. 7. 14. 선고 2004두6181 판결.
48) 대법 2005. 11. 25. 선고 2004두6822 판결(지구단위계획과 숙박시설); 대법 2000. 3. 14. 선고 98두4658 판결.
49) 최근 대법원도 건축허가가 기속행위라는 엄격한 입장에서 한 걸음 물러나는 듯한 판결을 내고 있다. 대법 1999. 8. 19. 선고 98두1857 판결 등.
50) 이 조문은 건축물의 위험방지의 문제가 아니라 토지의 합리적 이용이라는 관점에서 마련된 것이므로, 국토계획법에 규정되어야 할 조문이며 그 위치도 건축허가절차를 규정하는 곳이 아니라, 건축허가요건의 총칙부분에 자리잡아야 한다.
51) 대법 2001. 2. 9. 선고 98두17593 판결(용도변경).

그러나 오랜 세월 동안 건축물에 대한 규율을 담당하는 과정에서 여러 개의 다른 법률들이 건축행위에 대한 통제의 기본으로 건축법을 활용하게 되었다. 또한 이와 함께 절차간소화의 차원에서, 건축법상의 건축허가절차 속에 개별법들이 통제해야 하는 처분들이 통합되는 일련의 과정이 진행되어 왔다.

이를 통해 현재 건축법상의 건축허가를 받으면, 다른 법률에서 정하는 처분들이 같이 발급된 것으로 보는 의제조항이 마련되었다(법 제11조 제5항). 이 조문에 의해 건축법상의 건축허가를 발급받으면, 국토계획법상의 개발행위허가, 산림법상의 산림형질변경허가, 농지법상의 농지전용허가[52] 등이 폭넓게 의제된다.

### (2) 의제조항의 두 유형

현행 실정법상 의제조항은 크게 절차간소화를 위한 것과 필수적 요소를 의제하는 두 가지의 유형으로 분류될 수 있다. 전자는 두 개 이상의 절차를 간소화하기 위해 마련된 것으로 당사자가 하나의 절차에 다른 절차상 신청서를 추가로 제출해야 하고, 추가적인 신청서가 제출되지 않는 한 의제조항은 작동되지 않는 것이 원칙이다. 이에 비해 후자, 즉 필수적 요소를 위한 의제조항은 법체계상 당해 처분에 포함되어야 하는 처분을 의제하는 것으로 당사자의 신청을 요하지 않으며, 법률의 규정에 의해 포함된 처분도 발급된 것으로 본다.

## 2. 건축허가·건축신고와 개발행위허가의 의제

### (1) 2개의 건축허가

건축법과 국토계획법은 주로 건축물의 건축행위를 통제하는 기능면에서 서로 겹친다. 다만 건축법은 위험방지를 목적으로 위험방지요건을 정하는 반면, 국토계획법은 토지의 합리적 이용을 위한 건축물의 용도제한과 형태제한을 허가요건으로 정하고 있다는 점에서 차이가 있다. 이론상 양 법은 별개의 목적으로 건축허가요건과 건축허가를 정하고 있는 것이므로 도시계획이 존재하는 곳에서 건축주는 건축법상 건축허가와 국토계획법상 건축허가를 각각 별도로 받아야 한다.[53]

---

52) 대법 2000. 3. 24. 선고 98두8766 판결.
53) 이에 대해 자세히는 김종보, "건축법과 도시계획법의 관계", 공법연구, 한국공법학회, 1998. 6, 333−357

## (2) 개발행위허가의 등장과 의제조항

그러나 건축법과 국토계획법은 서로 명확하게 분화되지 못해 2000년까지는 건축법에 국토계획법상 허가요건이 같이 규정되어 있었다. 그래서 건축법상 건축허가를 받았을 때 국토계획법상의 건축허가도 또 받아야 하는가에 대해 논란의 여지가 있었다. 이 문제는 2000년 도시계획법이 전문개정되면서 건축물의 건축, 토지의 형질변경허가를 포괄하는 개념으로 개발행위허가를 정하고(동법 제46조) 또 건축법상 건축허가를 발급받으면 개발행위허가가 의제되는 것으로 건축법이 개정되면서(당시 건축법 제8조 제5항) 일단 해소된 것으로 받아들여졌다. 이렇게 개편된 제도는 단지 조문의 위치만이 변경되었을 뿐 현행법에서도 그대로 유효하다(국토계획법 제56조 및 건축법 제11조 제5항).

## (3) 건축허가와 형질변경허가의 차이

건축허가나 건축신고에 의해 의제되는 개발행위속에는 두 개의 이질적인 요소가 들어있다. 하나는 건축허가로서 이는 앞서 설명한 필수적 의제사항에 가깝다. 따라서 건축법상 건축허가를 신청할 때 국토계획법상의 건폐율, 용적률, 허용용도 등에 대한 내용이 같이 포함되어야 하며 이는 건축주의 의사와 무관하게 의제조항에 의해 의제된다. 그리고 국토계획법상의 건축허가는 건축법과 분리해서 별도의 절차로 발급될 수 없다고 보아야 한다.

이에 비해 토지형질변경 등 건축허용성과 관련된 개발행위는 건축법상 건축허가에 당연히 포함되는 처분은 아니다. 건축법상 건축허가에 의해 의제되는 형질변경허가는 전형적으로 절차간소화 의제조항으로 토지형질변경허가를 먼저 받고자 하면 그 절차를 먼저 진행하고 건축허가를 신청할 수도 있고, 건축허가와 동시에 관련 서류를 제출해서 의제를 받을 수도 있다. 그러므로 이 경우는 건축주가 건축허가에 의해 개발행위허가를 의제받을 것인가를 선택할 수 있다.

## (4) 건축신고의 처분성 대한 대법원 판례

최근 대법원이 건축신고를 두 유형으로 나누어 의제를 수반하는 건축신고는 수리를 요하는 것으로, 그렇지 않은 것은 자기완결적인 것으로 판단하고 있는 것[54]은 동의하기 어

---

쪽 참조.
54) 대법 2011. 1. 20. 선고 2010두14954 전원합의체 판결.

렵다. 건축법상 건축신고에도 국토계획법상 건축허가는 항상 의제되는 것이므로 이는 모든 건축신고가 수리를 요하는 것으로 선언하는 것과 마찬가지이다. 또 건축신고에 형질변경허가가 의제되고 있는 것도 입법의 오류인데, 이러한 조항을 근거로 건축신고의 법적 성질을 나누는 것도 옳지 않다. 뒤에서 설명하는 바와 같이 건축신고는 의제여부와 무관하게 항상 수리부 신고이고 이를 반려하면 취소소송이 허용된다고 보는 것이 옳다.

## III. 건축허가 취소소송

### 1. 두 가지 유형의 소송

건축허가를 둘러싼 소송은 두 가지의 유형으로 대별된다. 하나는 건축주가 건축허가를 신청하였으나 건축허가의 발급이 거부된 경우이고 다른 하나는 건축허가가 이미 발급되어 이웃이 이에 대해 취소소송을 벌이는 경우이다. 여기서는 주로 이웃이 소송을 제기하는 건축허가 취소소송에 대해 설명한다.

### 2. 원고적격의 뜻

취소소송은 원칙적으로 처분의 상대방 또는 그 취소를 구할 법률상 이익이 있는 자가 제기할 수 있다(행정소송법 제12조). 행정처분은 직접 상대방에 대한 효과를 전제로 발급되며, 건축허가의 경우에도 역시 건축주를 상대방으로 하여 발급된다. 그러나 일정한 행정처분 중에는 처분의 상대방에게는 수익적이지만 제3자에는 침익적인 것이 있다고 인정되고 있고(복효적 행정행위), 이 경우 제3자는 취소를 구할 법률상 이익이 있는 자에 속하게 된다. 행정법에서 복효적 행정행위이론이 발전하고 처분의 상대방이 아닌 제3자에게 취소소송을 허용하게 된 최초의 계기가 바로 건축허가에 대한 취소소송이었다. 행정소송법에서 말하는 원고적격이라는 개념도 이웃이 제기하는 건축허가 취소소송을 허용할 것인가에 대한 질문에서 시작된 것이다.

## 3. 도로와 원고적격

건축허가를 함에 있어 그 허가의 요건으로서 도로를 확보하기 위하여 소방도로를 지정하는 행위 및 그 건축허가에 대하여는 원칙적으로 이웃이 소송을 제기할 수 있는 것으로 보아야 할 것이고,[55] 사실상의 도로 위에 건축을 하려고 하는 경우 그 도로를 통로로 사용하고 있는 이웃에게는 건축허가의 취소를 구할 원고적격이 인정된다.[56]

## 4. 건축물의 완공과 협의의 소익

원고적격이 인정되는 건축허가 취소소송의 경우에도 소송진행 중에 건축물이 완공되어, 협의의 소익이 인정되지 않음을 이유로 각하되는 경우가 대부분이다.[57] 그리고 대부분의 이유는 건축물이 이미 완성되어 건축허가를 취소하는 경우, 당해 건축물은 불법건축물이 되어 이를 철거하여야 한다는 데에 있다.[58]

## 5. 집행정지제도의 뜻

법 또는 부당한 공권력의 행사에 대하여 행정소송을 인정하는 것은 개인의 권리보호를 위한 것이며, 그러한 권리구제는 그 효과가 보장될 때 비로소 실효를 거둘 수 있다. 따라서 효과적 권리구제를 위해서는 시간적 요인이 반드시 고려되어야 하며, 일정한 시간이 경과하여 권리구제의 필요가 상실되기 이전에 권리 또는 사실상태를 잠정적으로 변동되지 않도록 유지시킬 필요가 있고, 이러한 제도가 바로 집행정지제도이다.

---

55) 대법 1991. 12. 13. 선고 91누1776 판결.
56) 대법 1990. 2. 27. 선고 89누7016 판결; 그러나 동 사안에서는 협의의 소익이 인정되지 않아 이웃의 청구가 각하되었다.
57) 대법 2007. 4. 26. 선고 2006두18409 판결; 심지어는 건축주가 정당한 토지의 소유자가 아니고 건축허가가 무효라고 하더라도 건축허가의 취소나 무효확인소송은 소익이 인정되지 않는다. 대법 1981. 7. 28. 선고 81누53 판결.
58) 대법 1994. 1. 14. 선고 93누20481 판결; 같은 취지, 조용호, "인접건물소유자의 준공처분에 대한 쟁송", 법조, 1995. 11, 162쪽.

# 제3관 건축신고

## I. 건축신고의 의의

건축물의 건축은 원칙적으로 허가대상이지만, 예외적으로 소규모 건축물이거나 경미한 건축행위 등 통제의 필요성이 높지 않은 경우에는 건축허가가 건축신고로 대체된다(법 제14조 제1항). 이를 정하고 있는 것이 건축법 제14조이며, 이에 따라 건축허가대상이라 하여도 건축신고사항으로 규정되면 건축신고만으로 건축허가를 갈음하게 된다(동조 제1항 본문).

## II. 건축신고의 대상

### 1. 건축신고대상 일반

건축법이 신고대상으로 정하고 있는 건축물 또는 건축행위는 ① 바닥면적의 합계가 85제곱미터 이내의 증축·개축 또는 재축 ② 관리지역, 농림지역 또는 자연환경보전지역에서 연면적이 200제곱미터 미만이고 3층 미만인 건축물의 건축이다. 농림지역이라 해도 지구단위계획이 있거나 방재지구라면 건축허가를 받아야 한다(법 제14조 제1항). 도시지역이라면 작은 면적의 증축만이 신고대상이지만, 농림지역 등이라면 연면적 200제곱미터까지의 상당히 큰 규모의 건축물이 포함된다. 이렇게 이원적으로 규율되고 있는 건축신고에서 도시를 제외한 지역의 주택은 대부분 건축신고의 대상이 된다는 점에 유의해야 한다.

### 2. 건축허가와 건축신고의 관계

건축법이 정하는 이러한 건축물은 건축허가의 대상에서 제외되고 신고만으로 충분한 것이라 해석한다. 종전에 건축허가대상과 신고대상이 불일치하는 것으로 지적되었던 문제는 건축법 개정으로 해결되었다.[59] 건축신고는 건축허가의 예외조항이므로 건축신고의

---

59) 이에 대해 자세히는 김종보, 건축행정법, 2005, 146쪽 이하.

대상이 아니면 건축허가의 대상이 된다는 점이 법률에 반영되었다는 의미이다. 건축허가 대상인가 건축신고대상인가는 원칙적으로 건축법에 의해 판단되어야 하므로 개발제한구역 내에서 허가와 신고대상을 별도로 판단하고 있는 대법원 판례는 옳지 않다.[60]

## 3. 소규모 증축

85제곱미터 이내의 증축·개축 또는 재축만이 신고대상이 되므로 85제곱미터 이내의 건축행위라도 신축(新築)에 해당하는 경우에는 신고대상이 아니다. 바닥면적의 합계가 85제곱미터 이내의 증축이라는 것이 기존의 건축물 바닥면적을 포함하여 새로 증축되는 부분까지 85제곱미터 이내라고 하는 것인지, 증축되는 면적만이 85제곱미터라는 것인지 선명하지는 않지만, 실무에서는 후자로 해석하는 것이 통상적이다.

## Ⅲ. 건축신고의 처분성

## 1. 기존의 판례·학설

### (1) 건축신고와 처분성

1990년대 후반 대법원이 건축신고를 반려한 것이 취소소송의 대상인 처분에 해당하지 않는다는 판결[61]을 낸 이래 판례는 10년 넘게 동일한 태도를 유지했다. 학설[62]도 대체로 건축법상 건축신고가 자족적 신고이므로 신고만으로 그 의무를 다하는 것으로 보고 있었다. 이에 대해 이 책은 대법원 판례에 반대하고 건축신고의 수리를 건축허가와 거의 같은 것으로 보는 견해를 취해왔다.

---

60) 대법 2007. 3. 15. 선고 2006도9214 판결; "개발제한구역 내에서 행하여지는 주택의 신축행위에 대해서는, 신고에 의해 허가에 갈음할 수 있도록 규정하고 있는 건축법 제9조 제1항이 적용될 여지가 없다."; 그러나 개발제한구역 내에서도 건축법에 의해 건축신고대상으로 정해진 것은 건축신고만으로 건축할 수 있다고 보아야 한다.
61) 대법 1999. 10. 22. 선고 98두18435 판결(증축); 대법 1995. 3. 14. 선고 94누9962 판결(담장) 등.
62) 김철용, 행정법, 107쪽 등.

## (2) 자족적 신고와 수리부 신고

이러한 견해의 대립은 건축신고가 자족적 신고[63](또는 자기완결적 신고)인가 또는 수리를 요하는 신고(이하 수리부 신고)인가를 둘러싼 것이었다. 자족적 신고는 신고의무가 행정청에게 정보를 제공하기 위한 차원에서 부여된 것을 의미하고, 수리부(受理附) 신고는 허가와 유사하게 행정청에 의해 수락되어야 하는 신고를 말한다. 자족적 신고는 신고만으로 신고의무가 해소되므로 행정청의 수리거부가 있어도 이에 대한 취소소송이 허용되지 않는다. 이에 반해 수리부 신고는 행정청이 수리하지 않는 한 신고의무가 해소되지 않으므로 수리거부처분에 대한 취소소송이 허용된다.

## 2. 대법원판례의 변화와 내용

### (1) 판례의 입장변화

대법원은 10년 넘게 건축신고를 자족적인 것으로 보던 입장을 벗어나 최근 새로운 태도를 취하고 있다. 대법원은 2010년과 2011년 잇달아 전원합의체에 의한 판결을 내놓았는데, 두 판결은 대법원이 종래의 입장을 폐기하고 건축신고의 처분성을 인정하고 있다는 점에서 주목할 만하다. 그러나 오랜 기간 건축신고를 자족적으로 보아오던 대법원이 입장을 전면적으로 수정하지 못한 채 매우 기교적인 판결을 내놓으면서 다시 적지 않은 행정법적 논란거리를 제공하고 있다.

### (2) 처분성만을 인정한 판례

우선 2010년에 선고된 대법원 판결(제1판결)은 건축신고가 여전히 자족적이라고 전제하면서도 건축신고가 반려된 경우 공사중지, 철거명령 등을 받을 법적 불안이 있다고 보아 건축주에게 거부처분 취소소송을 허용하는 입장을 취했다.[64] 이 판결의 논리에 의하면

---

63) 행정법상 신고는 '자족적 신고(자기완결적 신고)' 및 '수리부 신고(수리를 요하는 신고)'로 크게 나눌 수 있다. 자족적 신고는 신고에 대하여 행정청은 형식적인 요건만을 심사할 수 있을 뿐이며, 신고만으로 행정법상의 신고의무가 해소되는 신고를 말한다. 이에 반하여 수리부 신고는 허가제와 마찬가지로 행정청이 실질적 요건을 심사하여 이를 수리하지 않는 한 신고의무가 해소되지 않고, 신고의무의 해소를 전제로 한 금지해제효과가 발생하지 않는다.

64) "행정청의 건축신고 반려행위 또는 수리거부행위가 항고소송의 대상이 되는지 여부(적극)."(대법 2010.

건축신고와 관련해서는 실체법과 소송법이 괴리되는 결과가 된다. 판례의 논리에 의할 때 실체법상으로는 건축신고를 한 건축주는 행정청의 수리여부와 무관하게 신고의무가 해소되어 공사에 착수할 수 있지만, 소송법상으로는 수리가 거부된 것을 이유로 취소소송도 할 수 있게 된다.

### (3) 건축신고의 이분(二分)

그 후 대법원은 다시 건축신고를 자족적 신고와 수리부 신고로 구별하는 전원합의체 판결(제2판결)을 다시 내 놓는다. 대법원은 이 판결을 통해 건축신고 중 개발행위허가 등이 의제되는 경우에 수리부 신고로 보고, 그렇지 않으면 자족적(자기완결적) 신고로 이분하면서 부분적으로 견해를 바꾸었다.[65] 이에 의해 수리부 신고로 분류되는 건축신고는 건축허가와 유사한 성격을 갖는 것으로 이해되어 행정청이 신고의 수리에 심사권을 갖게 된다. 만약 개발행위허가가 의제되는 건축신고라면 행정청에게 재량까지 인정될 수 있다. 수리부 신고가 거부되면 신고의무가 해소되지 않으므로 건축주는 건축행위로 나아갈 수 없다.

### (4) 판결의 장점과 단점

대법원이 건축신고를 반려한 것의 처분성을 부인하던 종래의 입장에서 벗어나 처분성을 인정하는 방향으로 전환한 것은 환영할 일이다. 또 부분적이라도 건축신고가 수리부 신고에 해당한다고 해석하는 것도 이론상 올바른 것이다. 그러나 대법원이 건축신고에 대한 논란의 매듭을 한칼에 베어 해결하지 않고, 정교한 논리를 동원하는 방식을 동원한 것은 유감스럽다. 이로 인해 건축신고에 대한 논쟁이 제3의 장소로 옮겨질 수 있기 때문이다.

### (5) 실체법과 소송법의 괴리

대법원이 제1판결[66]을 통해 건축신고를 자족적으로 이해하면서 신고의 수리가 거부된 경우에는 취소소송을 할 수 있다고 해석하는 것은 실체법과 소송법의 괴리를 전제하고

---

11. 18. 선고 2008두167 전원합의체 판결)
65) "인허가 의제효과를 수반하는 건축신고는 일반적인 건축신고와는 달리, 특별한 사정이 없는 한 행정청이 그 실체적 요건에 관한 심사를 한 후 수리하여야 하는 이른바 '수리를 요하는 신고'로 보는 것이 옳다." (대법 2011. 1. 20. 선고 2010두14954 전원합의체 판결)
66) 대법 2010. 11. 18. 선고 2008두167 전원합의체 판결.

있다는 점에서 우선 동의하기 어렵다. 대법원은 제2판결에서 건축허가에 포함된 의제사항을 기준으로 자족적 신고와 수리부 신고를 구별하고 있지만, 건축법상 건축허가에는 매우 다양한 인허가가 의제되므로 이 중 하나의 의제만 있어도 건축신고의 법적 성격이 달라진다는 해석은 받아들이기 어렵다.

## 3. 결론 – 수리부 신고인 건축신고

### (1) 수리부 신고의 논거

건축신고의 경우 신고라는 표현에만 의존하여 건축법상 요건을 충족하지 않아도 된다고 해석하는 것은 과도한 것이며, 건축법상의 각종 요건은 원칙적으로 건축신고의 수리요건도 되는 것으로 해석해야 옳다. 또 건축신고의 대상이 소규모라 해도 단독주택 등 연면적이 2층이며 200제곱미터에 가까운 건축물을 포함한다는 점에서 건축허가의 대상과 크게 다르지 않다. 건축신고의 대상도 건축물이고, 건축법이 허가요건 규정에서 건축허가를 전제하지 않고, 예컨대 "건축물은 … 안전한 구조를 가져야 한다."(법 제48조 제1항) 등의 표현을 사용하고 있으므로, 건축신고에 의한 건축물도 역시 그 요건을 충족하도록 해석하는 것이 타당하다.

### (2) 건축신고의 법적 성격

따라서 건축신고는 건축법상의 허가요건을 모두 심사해야 하고 형식적 요건만을 검토하는 것이 아니므로 자족적 신고라 볼 수 없고, 의제여부와 무관하게 모두 허가제에 준하는 수리부 신고이다. 건축신고는 실정법상의 명칭에 구애됨이 없이 반드시 신고가 수리되어야 신고의무가 해소되는 것으로 보며, 행정청은 이러한 건축신고가 건축법상의 요건에 반하는 경우 이를 거부할 수 있다. 신고가 거부되는 경우 건축이 불가능하므로 건축주는 건축신고 거부처분 취소소송을 제기할 수 있다.

### (3) 자족적 신고의 예

다만 건축법상 신고로서 광범위하게 건축신고로 불리지만, 건축법 제14조에 의한 건축신고가 아닌 신고제도들이 있다. 예컨대 건축물철거신고(법 제36조), 공사관계자변경신고(법 제16조 제1항, 영 제12조 제1항 제3호)와 같은 것이 그것이다. 이러한 신고는 대체로 자족적 신고에 가까운 것이며, 행정청에 정보를 제공하는 것만으로도 그 의무가 이행되는 것으로 이해될 수 있다. 그러나 이러한 건축법상의 신고제도와 건축허가를 갈음하는 좁은 의미의 건축신고는 법적 성격이 다른 것이며, 개념상 엄격하게 구별되어야 한다.

## 제4관 사용승인

### I. 사용승인의 의의

### 1. 사용승인의 의의와 기능

건축물의 건축행위는 건축허가의 대상이 되며, 행정청은 건축물의 설계도가 관계법령에 적합한가를 살펴 건축허가를 내 준다. 이렇게 건축허가를 통해 적법한 것으로 인정받은 건축설계도는 건축물이 적법한 건축물로 건축되기 위한 기초가 된다. 만약 설계도대로 건축물이 시공되지 않는다면, 건축허가를 통해 건축허가요건을 강제하려고 하는 건축법의 목적은 달성될 수 없다. 따라서 건축물이 완공되고 난 이후 건축허가 당시의 설계도대로 시공된 것인가를 통제하는 절차가 필요하게 되며, 건축법은 이 단계를 사용승인이라는 처분으로 묶고 있다. 사용승인은 건축허가대로 건축물이 시공되었는가를 확인하는 것을 주된 내용으로 하는 행정처분으로서 건축물과 설계도가 일치하면 발급해야 하는 기속행위이다.[67] 이미 건축물이 사실상 완성되면 사용승인을 거부할 수 있는 사유도 상당히 제한된다.[68]

### 2. 사용승인의 내용

구 건축법상 장기간 준공검사(竣工檢查)라 불리던 사용승인제도는 내용적으로 건축물의 준공을 검사한다는 측면과 그를 전제로 건축물의 사용을 허가한다는 측면으로 구성된다. 종래 준공검사가 확인적 행정행위로 이해되어 오던 것에 비하면, 사용승인은 건축물의 사용에 대한 행정청의 명시적인 허락까지 포함한다는 점에서 용어상 약간 차이를 보인다.

---

67) 대법 1999. 3. 23. 선고 98다30285 판결(준공검사지연과 손해배상).
68) 대법 2009. 3. 12. 선고 2008두18052 판결.

그러나 명칭의 변경과 상관없이 구 건축법상의 준공검사와 현행법상의 사용승인은 법적 성격면에서 크게 다르지 않다.


## II. 사용승인의 종속성

사용승인은 건축허가와는 독립된 별개의 처분이지만, 원칙적으로는 건축허가에 종속되는 관계에 있다.[69] 사용승인은 새로운 권리의무를 부여하는 것이 아니라, 건축허가에서 포괄적으로 부여된 건축물의 생성권능을 최종시점에서 확인하는 역할을 하는 것에 불과하기 때문이다.[70] 따라서 건축허가가 유효한 것이고 허가받은 내용대로 건축물이 건축되었다면 사용승인은 발급되는 것이 원칙이다. 심지어 건축허가에 하자가 있어도 무효가 아닌 한, 건축허가 속에 존재하는 하자를 이유로 행정청이 사용승인을 거부할 수 없다.[71] 만약 이러한 문제를 행정청에서 해결하고 싶은 경우 건축허가를 직권취소하는 것이 옳다.[72] 반대로 건축허가가 효력을 상실한 이상 새로운 건축허가가 없는 상태에서 사용승인의 절차로 진행하는 것도 허용될 수 없다.[73]


## III. 건축물대장의 작성[74]

### 1. 건축물대장의 의의

건축법에 의해 건축허가를 받은 건축물은 행정감독의 대상이 되며, 그 완공과 더불어 건축물과 관련된 각종의 기록을 행정청이 관리해야 한다. 이러한 목적으로 건축물 및 그 대지에 관한 현황을 기재하는 공적 장부가 바로 건축물대장이다.[75] 건축물대장작성의 주

---

69) 관련판례로 대법 2004. 6. 11. 선고 2004추41 판결(보일러조례안 무효).
70) 대법 1993. 11. 9. 선고 93누13988 판결.
71) 대법 1994. 4. 29. 선고 93누11968 판결.
72) 다만 건축신고, 용도변경신고 등을 자족적인 신고로 해석한다면, 신고과정에서 충분한 심사가 불가능하므로 다른 결론에 이를 수 있다. 대법 2006. 1. 26. 선고 2005두12565 판결.
73) 대법 1990. 8. 10. 선고 89누7955 판결.
74) 건축물대장과 관련된 구체적인 사안들에 대해서는 김종보, 생활속의 건축법, 177쪽 이하 참조.
75) 건축물대장(1992년 이후)은 가옥대장, 건축물관리대장 등 여러 차례의 명칭변경이 있었다. 이에 대해 약간 자세히는 윤혁경, 앞의 책, I-677쪽 참조.

된 목적은 건축법상의 각종 책임을 확정하고, 건축물에 대한 감독권을 유지하기 위한 것이다. 건축법도 이러한 점을 고려하여 허가권자에게 건축물의 소유·이용상태를 확인하거나 건축정책의 기초자료로 활용하기 위하여 건축물대장을 작성할 의무를 부과하고 있다(법 제38조 제1항 본문).

## 2. 건축물대장의 작성목적

이러한 점에서 건축물대장은 민사상 권리를 입증하는 등기부나 조세의 목적으로 작성되는 각종의 공부와 그 작성목적이 다르다.[76] 따라서 구체적인 사안마다 다른 해석이 가능하게 된다는 점에 유의해야 한다.[77] 건축물대장의 작성과 관련하여 의문이 있는 경우 원칙적으로 건축감독의 목적을 기준으로 건축물의 위험방지와 관련된 사항의 기재를 우선해야 한다.

## 3. 건축물대장의 작성시점

건축물대장이 작성되는 시점은 사용승인서가 신청되는 시점이며, 그 근거자료도 역시 사용승인시 제출된 서류이다(법 제38조 제1항 제1호 및 건축물대장규칙 제5조 제1항). 건축물대장이 작성되어야 하는 경우는 건축법상 사용승인서가 교부된 경우(법 제38조 제1항 제1호), 제11조에 따른 건축허가 대상 건축물 외의 건축물의 공사를 끝낸 후 기재를 요청한 경우, 기타 대통령령이 정하는 경우로서 집합건물 건축물대장의 신규등록 등의 경우가 있다(영 제25조 각 호).

---

76) 대법 2002. 4. 26. 선고 2000다16350 판결.
77) 대법 1999. 8. 20. 선고 99두3379 판결; 같은 취지 대법 1995. 3. 17. 선고 94누8549 판결; 대법 1993. 8. 24. 선고 92누15994 판결.

## 제5관 용도변경

## I. 용도변경의 개념

### 1. 용도변경의 뜻

용도변경이란 건축허가 및 사용승인을 받은 건축물을 전제로, 건축물대장상 그 건축물의 기존 용도를 포기하고, 새로운 용도의 건축물로 변경하는 행위를 말한다. 용도변경은 용도만을 변경하는 것이라는 점에서 건축물을 건축하는 행위에 포섭할 수는 없지만, 기존 건축물이 가지고 있는 중요한 요소(용도)를 변경시키는 것이므로 건축법적 관점에서 통제해야 할 필요성이 높은 행위이다. 따라서 건축법은 용도변경을 건축허가와는 별도의 조문에서 규율하면서, 허가를 받거나 신고를 해야 하는 것으로 정하고 있다. 이렇게 형사처벌되는 용도변경행위는 반드시 유형적인 변경을 수반해야 하는 것만은 아니지만,[78] 유형적 변경이 필요한 용도변경은 그 변경행위가 있어야 처벌할 수 있다.[79]

### 2. 용도변경과 건축행위

건축물의 용도변경은 건축법이 말하는 건축행위의 개념에 해당되지는 않지만, 기존건축물의 중요한 요소를 변경하는 것이며, 실제로는 '새로운 용도'의 건축물을 만들어 내는 기능을 한다. 건축허가가 기속행위라는 점을 고려하면 용도변경도 원칙적으로 기속행위라 해석하는 것이 옳다.[80] 또한 일정한 건축허가요건은 건축물의 용도를 기준으로 변화하므로, 용도가 변경되는 경우 기존건축물이 허가받을 당시의 요건들과는 다른, 추가적인 허가요건들이 필요해질 수 있다.[81] 따라서 용도변경을 허용하는 절차에서는 마치 새로운 용도의 건축물을 처음 건축(신축)하는 것처럼, 새로운 용도를 기준으로 모든 허가요건이 다시 심사되어야 한다(법 제19조 제1항).

용도변경은 기존 건축물을 전제로 한다는 점에서 신축과 구별되고 증·개축과 유사하지만, 기존건축물의 외관에 변화를 가져오지 않는다는 점에서는 증축이나 개축과도 다르

---

78) 대법 1992. 9. 22. 선고 92도1647 판결.
79) 대법 2002. 12. 24. 선고 2002도5396 판결.
80) 대법 2007. 6. 1. 선고 2005두17201 판결.
81) 대법 2005. 2. 18. 선고 2004도7807 판결(독서실과 고시원).

다.[82] 또한 용도변경은 대지상 새로운 용도의 건축물을 출현시킨다는 점에서는 신축과 공통점을 갖는다.

## 3. 용도변경 규제완화와 건축법체계의 붕괴

구 건축법상 규제완화의 일환으로 용도변경이 신고대상 이하로 격하되면서 심지어는 아무런 신고의무도 없는 자유로운 용도변경이 가능했던 적도 있다.[83] 최근 건축법이 개정되어 용도변경에 대한 통제가 강화되면서 이러한 문제가 어느 정도 해소되었지만, 용도변경이 갖는 의미를 정확하게 인식하지 못하는 한 이런 문제들은 지속적으로 발생할 우려가 있다. 규제개혁이라는 미명하에 용도변경을 모두 신고제 또는 신고도 필요없는 것으로 규정하고 있던 구 건축법은 자신이 정하는 건축허가제도를 스스로 부정하는 것이다. 건축허가요건이 엄격하지 않은 용도로 쉽게 건축허가를 받고, 용도변경을 통해 자신이 원하는 건축물로 사용할 수 있다면, 건축물의 용도별로 건축허가요건을 달리 정하고 있는 건축허가제도가 무력화되기 때문이다.

## II. 시설군과 허가신고

사용승인을 받은 건축물에 대해 용도변경을 하고자 하는 경우 원칙적으로 허가를 받거나 신고를 해야 한다(법 제19조 제2항). 하위시설군에서 상위시설군으로 이전하는 경우 허가대상이고, 상위시설군에서 하위시설군으로 변경하는 경우는 신고대상이며, 동일시설군 간의 용도변경은 대장변경신청만 하면 된다.

건축법은 용도변경의 기준이 되는 9개 시설군의 범위와 순서를 다음과 같이 정하고 있다(법 제19조 제4항).

---

82) 이에 따라 건축허가에 비해 용도변경은 이해관계를 갖는 제3자의 범위가 더 좁아질 수 있다. 대법 2007. 3. 16. 선고 2006도8935 판결 참조.
83) 대법 2001. 6. 29. 선고 2000도2530 판결.

| | |
|---|---|
| 1. 자동차 관련 시설군 | 6. 교육 및 복지시설군 |
| 2. 산업 등의 시설군 | 7. 근린생활시설군 |
| 3. 전기통신시설군 | 8. 주거업무시설군 |
| 4. 문화 및 집회시설군 | 9. 그 밖의 시설군 |
| 5. 영업시설군 | |

번호가 낮은 시설군이 상위시설군으로 더 위험한 것이고, 번호가 높은 시설군이 하위 시설군으로 상대적으로 위험요소가 많지 않은 것으로 보면 된다.


## Ⅲ. 기재내용 변경신청을 요하는 용도변경

### 1. 기재내용 변경신청의 대상

시설군 중 같은 시설군 안에서 용도를 변경하려는 자는 국토교통부령으로 정하는 바에 따라 허가권자에게 건축물대장 기재내용의 변경을 신청하여야 한다(법 제19조 제3항). 신고 대상인 용도변경보다도 더 경미한 용도변경이라 생각하고 신고보다 한 등급 더 낮춘 행 정처분으로 용도변경을 허용하고자 규정한 것이다. 명칭은 사실행위에 가깝게 보이지만 이 또한 행정처분이라는 점에 유의해야 한다.

### 2. 용도변경허가와 기재내용 변경신청 위반

건축법은 용도변경에 대하여 정하고 있는 제19조에서 허가대상, 신고대상, 건축물대장 기재내용변경을 위해서 신청을 해야 하는 경우를 나누고 있다. 허가나 신고대상에 대해서 는 형사처벌이 마련되어 있고(동법 제108조, 제110조) 기재내용변경신청에 대해서는 과태료 가 부과된다(동법 제113조 제1항 제1호). 건축법은 종래 신고와 기재내용을 구별하지 않고 2 년 이하의 징역에 처하던 것을 2014년 개정으로 변경했다.

# 제6관 공용건축물의 특례

## I. 공용건축물 특례의 뜻

국가 또는 자치단체가 건축을 하고자 하는 경우에는 당해 건축물의 공공성에 의해 일반건축물에 비해 건축의 절차가 간이화된다. 이를 공용건축물의 특례라고 하는데,[84] 이 특례는 건축의 절차에서 주로 인정되지만 단순히 그에 그치는 것은 아니고 건축물 자체의 실체법상 지위도 일반 건축물과 차이를 보일 수 있다. 2011년 건축법개정으로 건축물뿐 아니라 가설건축물, 공작물 등에 대해서도 특례가 적용되도록 범위가 확대되었다.

## II. 건축허가절차의 특례

우선 건축허가에 대한 특례로서, 국가 또는 자치단체는 제11조나 제14조에 의한 건축물을 건축하거나 대수선하려고 하는 경우에는 대통령령이 정하는 바에 의하여 미리 건축물의 소재지를 관할하는 시장·군수·구청장과 '협의'하여야 한다(법 제29조 제1항). 이러한 협의를 위해 그 공사의 착수전에 건축허가권자에게 설계도서 및 국토부령이 정하는 관계서류를 제출하여야 한다(영 제22조). 그리고 이와 같은 협의가 성립된 경우에는 건축물에 대하여 건축허가를 받았거나 신고의무를 이행한 것으로 본다(법 제29조 제2항).

## III. 협의와 건축허가

현상적으로 판단하면 일반건축물이나 공용건축물 모두 건축물의 외관을 갖는 것이므로 건축허가와 협의는 법적으로 동일한 성격을 갖는 것으로 해석될 여지가 높다. 그러나 공용건축물은 국가의 건축의도를 전제로 건축된다는 점, 완성된 후 행정재산으로 분류되고 관리된다는 점 등에서 국가권력의 행사에 가깝고 일반건축물과 건축감독권의 관계로 환원되기 어려운 측면이 있다. 그러므로 건축허가를 정하고 있는 건축법 제11조와 공용건축물에 협의의무를 부과하고 있는 건축법 제29조의 관계는 단순한 원칙조항과 예외조항의 관

---

84) 개발사업법과 공용건축물의 관계에 대해 자세히는 김종보, "공용건축물의 법적 지위", 행정법연구 제15호, 2006. 5, 229-244쪽 참조.

계가 아니다.

국가가 건축행위를 하기에 앞서 허가권자와 협의를 한다하더라도 그것이 건축허가처럼 상대방의 행위를 행정법적으로 승인한다는 의미를 갖는 것은 아니다. 오히려 공용건축물의 협의는 국가 기관간의 의사소통을 제도화하는 정도의 의미를 갖는 것이고, 협의는 정보제공적 의미의 통지에 가깝게 해석되어야 한다.


## Ⅳ. 협의거부와 취소소송

국가나 지방자치단체가 허가권자와 협의과정에서 협의가 결렬되었을 때 이를 취소소송 등으로 다투는 경우가 있다. 앞서 본 바와 같이 공용건축물에 대한 협의는 건축허가와 다르고 이에 대해 취소소송을 허용하는 것은 현명한 방법이 아니다. 이에 대해서는 국가가 내부적으로 행정주체들의 견해를 조율하는 방법을 사용하는 것이 옳기 때문이다. 그러나 대법원은 협의거부의 처분성을 인정하고 본안에서도 원고를 승소시키는 판결들을 내고 있다.[85] 대법원이 취소판결을 내린 후 상당한 기간이 지나도 역시 이 사건 건축물들이 건축되지 않고 있다는 점을 고려하면 이러한 유형의 분쟁이 취소소송을 통해 해결되기 어렵다는 것을 보여준다.


## V. 사용승인의 특례

공용건축물은 건축허가절차에서만 특례를 인정받는 것이 아니라, 사용승인절차를 면제받게 되며 단지 공사의 완료에 대한 통지의무만을 지게 된다(법 제29조 제3항).

---

85) 대법 2014. 3. 13. 선고 2013두15934 판결(법무부와 안양시 간의 안양교도소 증축); 대법 2014. 2. 27. 선고 2012두22980 판결(서울시와 양양시 간의 휴양시설협의).

# 제4절 불법건축의 통제수단

건축물이 위법하게 건축될 때 그 건축하는 행위 또는 그 행위의 결과를 불법건축이라 한다. 건축법이 가장 우려하는 상황이 이러한 불법건축인데 건축법은 이를 통제하기 위한 다양한 장치를 발전시켜 오고 있다. 여기서는 실무에서 가장 빈번하게 문제가 되는 철거명령, 이행강제금, 행정벌(형벌과 과태료)을 살펴본다.

## Ⅰ. 불법건축의 의의와 내용

## 1. 불법건축의 의의

### (1) 불법건축의 뜻

불법건축이라 함은 건축관계법에 반하여 건축물을 건축하는 행위를 말한다.[86] 건축관계법으로서 대표적인 것은 건축법, 국토계획법이며, 그 외 도로법, 도시공원법 등도 당해 법률의 제정목적에 따라 건축행위를 제한한다. 이러한 유형의 법률들 은 건축행위를 제한하는 공법이라는 의미에서 건설법의 영역에 속한다.

### (2) 형식적 불법과 실질적 불법

건축물의 건축과 관련된 규정은 요건조항과 절차조항으로 크게 나뉘는데, 건축허가를 받아 허가받은 내용대로 건축된다면 불법건축의 문제는 발생하지 않는다.[87] 그러나 건축허가를 받지 않고 건축물을 건축하거나(형식적 불법) 또는 허가를 받았다 하여도 허가요건에 위반하여 건축하면(실질적 불법)[88] 불법건축이 된다. 그 중에서 건축허가요건의 충족여부와 상관없이 건축허가 자체를 받지 않고 건축물을 건축하는 경우 이를 '형식적

---

86) 이에 대해 자세히는 김종보, "건축의 개념과 불법건축", 공법연구, 2000. 3, 281-302쪽 참조; 대법 1999. 8. 19. 선고 98두1857 판결.
87) 대법 1980. 10. 14. 선고 80누351 판결.
88) 대법 1999. 1. 26. 선고 98두15283 판결; 대법 1996. 12. 20. 선고 95누12705 판결; 대법 1994. 4. 29. 선고 94도44 판결 등.

불법[89]'이라 한다.

또한 건축허가 여부와 무관하게 건축물이 개별법이 정하는 건축허가요건을 충족하지 못해도 불법건축이 된다. 만약 일정한 건축물의 건축이 개별법의 허가요건을 충족하지 못하면 당해 법률이 실제로 금지하는 것이라는 점에서 '실질적 불법'이라 한다.

## 2. 형식적 불법

### (1) 형식적 불법의 뜻

형식적 불법은 건축허가를 받지 않고 건축물을 건축하는 행위이고 이러한 행위를 방치하는 것은 그 법이 정하고 있는 허가요건에 반하는 건축물(실질적 불법)이 출현하는 계기가 되므로 당연히 금지되어야 한다.[90] 개별법들은 형식적 불법을 막기 위해 소극적 · 사후적으로 형사처벌 등 행정벌을 규정함과 함께 적극적 · 사전적으로 불이익 처분을 발할 수 있는 근거규정들을 두고 있다.

### (2) 형식적 불법과 형사처벌

형식적 불법에 대해서는 우선 의무위반에 대한 사후적 제재로서 행정형벌이 마련되어 있다. 건축법상으로는 건축허가 없이 건축행위를 한 자를 2년 또는 3년 이하의 징역 등에 처할 수 있도록 정하고 있는 규정이 있고(법 제108조, 제110조), 국토계획법(동법 제140조) · 도시공원법(동법 제33조) 등에도 이와 동일한 취지의 규정이 있다. 형식적 불법으로 인한 행정형벌은 건축물의 완공여부와 상관없이 부과될 수 있으며, 이러한 점에서 행정형벌은 후술하는 불이익 처분권과 구별된다. 또한 행정형벌은 형식적 불법을 규제하고자 마련된 것이므로 실질적 불법여부와는 상관없이 결정된다.

---

89) 불법건축을 실질적 불법(materielle Illegalität)과 형식적 불법(formelle Illegalität)으로 나누는 것은 독일 건설법상 일반적으로 받아들여져 있는 용법이다. Hoppe/Grotefels, Öffentliches Baurecht, Verlag C.H. Beck, 1995, 598쪽; Finkelnburg/Ortloff, Öffentliches Baurecht, Band Ⅱ, Verlag C. H. Beck, 1994, 129쪽 등.

90) "건축법이 건축을 할 때에 미리 시장, 군수의 허가를 받도록 한 것은 … 불법건물의 발생을 예방코자 한 것이다."(대법 1993. 6. 25. 선고 93누2346 판결)

## 3. 실질적 불법

### (1) 실질적 불법의 뜻

형식적 불법은 단순히 건축허가만을 받지 않은 경우이므로, 이것만으로는 당해 법률이 실제로 금지하고 있는 건축물이 나타났는가 여부가 아직 확정되지 않는다. 건축행위가 건축허가를 받았는가의 형식적인 기준과는 별도로 당해 건축물이 건축허가요건을 충족하지 못하는 경우 이를 실질적 불법이라고 한다.

### (2) 실질적 불법과 철거명령

어떠한 건축물이 실질적 불법인가를 판단하는 것은 원칙적으로 건축허가요건의 해석문제이지만, 개별적인 경우에 이를 판단하는 것은 쉽지 않다. 우리 대법원은 실질적 불법이라는 개념을 명시적으로 사용하고 있지는 않지만, 일반적으로 철거명령이나 대집행계고의 요건으로서 '건축물의 방치가 심히 공익을 해할 것'을 요구하고 있다.[91] 이는 행정대집행법상 대집행 요건(행정대집행법 제2조)의 문구를 차용하고 있는 것인데, 이처럼 대법원이 심히 공익을 해친다고 하거나, 건축감독권을 무력화시킨다거나 하는 경우는 건축물이 실질적 불법성을 띠는 경우이다.

건축물이 실질적 불법성을 띠고 있는 것으로 판단되면, 이를 이유로 증축허가, 대수선허가, 용도변경허가 등을 거부할 수 있다.[92] 그러나 실질적 불법의 가장 중요한 법적 의미는 철거명령이나 이행강제금 등 실질적 불법을 제거하기 위한 적극적 수단과 관련되어 있다.

---

91) 대법 1995. 6. 29. 선고 94누11354·11361 판결; 대법 1995. 2. 17. 선고 94누13350 판결; 대법 1993. 9. 14. 선고 92누16690 판결; 대법 1991. 3. 8. 선고 90누9643 판결; 대법 1989. 10. 10. 선고 88누11230 판결 등.
92) 대법 1994. 4. 26. 선고 93누11326 판결.

## II. 철거명령의 의의와 요건

### 1. 철거명령의 의의

철거명령이란 법령이 금지하고 있는 용도와 형태의 건축물, 즉 법령이 정하고 있는 허가요건에 반하는 건축물에 대해 그 책임자에게 자진해서 철거할 것을 명하는 행정처분이다. 철거명령은 건축법 등 관계법령에서 정하고 만약 책임자가 이를 자진해서 이행하지 아니하면 대집행 또는 이행강제금의 절차로 연결된다.

### 2. 철거명령과 실질적 불법

실질적 불법은 건축법, 국토계획법 등에 근거를 둔 시정조치·철거명령 등으로 통제되며, 특히 건축물에 대하여 철거명령을 발하기 위한 요건으로서 실질적 불법개념은 매우 중요한 역할을 한다. 시정명령 또는 철거명령은 건축물 완공 전후를 불문하고 발급될 수 있다.[93] 다만 실질적 불법개념은 국민의 재산권에 대한 강력한 제한으로서 철거명령의 근거가 되므로 엄격하게 해석되어야 한다. 따라서 법령의 개정에 따라 실질적 불법이 탈락하기도 하고, 또한 경미한 사항의 위반에 그치는 경우에는 철거명령의 요건에 해당하지 않을 수도 있다.[94]

## III. 이행강제금

### 1. 이행강제금의 뜻

건축허가권자는 건축법상 시정명령(철거명령)을 받은 후 시정기간 내에 이를 이행하지 않은 건축주 등에 대하여 이행에 필요한 상당한 기간을 정하여 그 기간까지 시정명령을 이행하지 않은 경우에는 이행강제금을 부과할 수 있다(법 제80조 제1항).

이행강제금이란 행정법에서 말하는 집행벌로서, 현재의 의무불이행상태를 극복하기 위

---

93) 대법 2002. 8. 16. 선고 2002마1022 판결.
94) 대법 1991. 8. 27. 선고 91누5136 판결; 대법 1991. 3. 12. 선고 90누10070 판결 등.

하여 일정한 강제금을 부과하는 의무이행확보수단의 일종이다.[95] 건축법은 불법건축행위에 대한 철거명령과 그에 대한 집행벌로서 이행강제금제도를 마련하고 있다.[96] 이행강제금은 집행벌이므로 그 의무가 이행될 때까지 반복하여 부과될 수 있다는 점에서(법 제80조제4항)[97] 행정형벌과 차이를 보인다. 건축법에 이행강제금 제도가 도입된 이래 최근까지약 40여 개의 법률에서 이행강제금 제도가 도입되어 활용되고 있다

## 2. 이행강제금 부과사유

이행강제금을 부과할 수 있는 경우는 크게 건폐율·용적률 등을 위반한 경우 및 건축허가를 받지 않은 경우, 기타 불법건축인 경우의 셋으로 나뉜다.[98] 법률은 이러한 경우마다이행강제금을 부과하는 기준액을 설정하여 시가표준액의 50% 또는 10%의 금액 이하로정하고 있다(법 제80조 제1항 각 호). 이행강제금이 도입된 배경이 바로 건축법상 허가 없는면적의 확장행위인데(아파트베란다증축 등),[99] 건폐율이나 용적률에 위반하여 건축한 경우는 엄격한 의미에서 건축법위반이 아니고, 국토계획법상의 불법이다. 다만 국토계획법상건축허가가 건축법상 건축허가에 통합됨으로 인해(법 제8조 제5항) 그 의무위반의 통제수단도 건축법에 마련된 것이다.

## 3. 대집행과의 관계

이러한 이행강제금은 철거명령과 그 위반에 대한 조치로서 대집행절차로 진행하는 것에 대한 대체수단이라 해석해야 한다. 따라서 이행강제금과 대집행절차는 동시에 진행될수 없고, 행정청은 두 가지의 강제수단 중의 하나를 택할 수 있다고 보아야 한다. 헌법재판소는 대집행과 이행강제금을 선택적으로 활용할 수 있고, 합리적인 재량에 의해 선택하여 활용하는 이상 중첩적인 제재가 아니라고 보고 있다.[100] 그러나 이행강제금의 절차를개시하여 2, 3회 정도의 이행강제금 부과후에는 특별한 사정이 없는 한 대집행절차로 변경할 수 없다고 보아야 한다.

---

95) 집행벌에 대해 자세히는 김철용, 행정법, 371쪽 이하 참조.
96) 대법 2007. 7. 13. 자 2007마637 결정(시정행위와 이행강제금).
97) 대법 2005. 8. 19. 자 2005마30 결정(이중처벌 및 과잉금지 등).
98) 대법 1998. 12. 23. 선고 98마2866 판결(용도변경과 이행강제금).
99) 이행강제금의 도입배경에 대해 약간 자세히는 윤혁경, 앞의 책, Ⅰ-1350 이하 참조.
100) 헌재 2004. 2. 26. 선고 2002헌바26 결정; 헌재 2004. 2. 26. 선고 2001헌바80 결정.

## 4. 형식적 불법과 이행강제금

이행강제금은 건축물의 실질적 불법을 통제하기 위한 개념이다. 따라서 건축법이 건축허가를 받지 않은 형식적 불법행위만에 대해 이행강제금을 부과하도록 규정한 것은 논리적으로 모순이다. 이행강제금은 적법한 철거명령이 그 부과의 전제요건이라고 보아야 하기 때문이다. 따라서 실질적 불법이 없는 건축물에 대해서도 형식적 불법만으로 이행강제금을 부과할 수 있다고 보는 대법원의 견해101)에는 동의하기 어렵다

## Ⅳ. 형사처벌과 과태료

건축법상의 의무위반에 대해서 건축법은 다양한 행정벌을 정하고 있으며 구체적으로는 행정형벌과 행정질서벌로 나뉜다. 행정법상 행정벌은 행정의 실효성확보수단으로 설명되는 것들인데, 행정형벌은 처벌조항에서 징역형 등 형벌이 정해져 있는 것들이고 행정질서벌은 과태료가 부과되는 경우이다.

앞의 시정명령이나 이행강제금은 행정적 제재처분이지만, 여기서 말하는 행정벌들은 형사법의 법리에 더 가까운 것이고 실제 형사처벌의 경우에는 행정절차가 아닌 사법절차가 진행된다. 그러므로 허가를 담당하는 행정공무원도 형사고발을 할 수 있을 뿐이고 형사절차의 진행을 주도하는 것은 아니다. 다만 행정질서벌인 과태료는 행정청이 내리는 처분의 일종으로 분류된다. 과태료에 대한 불복절차를 별도로 정하기 위해 2007년 제정된 질서위반행위규제법에 따른다(질서위반행위규제법 제28조 등). 이런 점에서 이행강제금, 시정명령 등이 취소소송으로 다투어지는 것과 대조를 보인다.

건축법상의 범죄와 형벌을 이해하기 위해서는 건축법의 규정취지를 정확하게 이해해야 하므로, 형벌의 적용을 위해 행정법적 이해가 많이 필요한 분야이다.102) 예컨대 도시지역에서 무허가건축행위는 3년 이하의 징역에 처해지지만, 비도시지역에서는 2년 이하로 처벌되는 취지를 이해하지 않으면 공정한 법집행이 어렵다. 그 외에도 불법 용도변경의 처벌, 가설건축물에 대한 처벌 등도 역시 관련규정의 체계적 이해를 전제로 한다.

---

101) "적법하게 허가가 나지 않은 이상 개정 건축법 제83조 제1항에 의하여 이행강제금을 부과할 수 있다." (대법 1995. 11. 17. 선고 95마1048 판결)
102) 대법 1998. 6. 23. 선고 98도869 판결.

# 제3장 국토계획법

## 제1절 국토계획법의 이해

### I. 국토계획법의 의의

### 1. 국토계획법의 목적과 구성

국토계획법은 도시내 토지의 효율적인 이용과 도시의 원활한 기능유지에 중점을 두는 법률이다. 국토계획법의 특징은 이러한 목적을 달성하기 위하여 용도지역제 도시계획 등을 수립하고 이를 통해 건축물의 건축행위와 건축허가요건을 규제하는 소극적 방식을 사용한다는 점이다. 따라서 국토계획법에 있어서 논의의 중점은 도시계획의 작동체계, 도시계획의 수립절차 및 도시계획에 의한 건축허가요건이 된다.

국토계획법은 건축허가요건을 정하기 위해 불가피하게 도시계획의 수립에 관한 조문을 많이 할애해야 하고, 도시계획시설의 설치를 위한 조문도 다수 두어야 한다. 그러나 국토계획법의 종국적인 목적은 건축물의 건축을 통제하기 위한 것이며, 단지 도시계획 그 자체에 관한 법에 머무는 것은 아니라는 점에 유의해야 한다.

## 2. 도시계획 종류의 다양성

국토계획법에 근거해서 수립되는 도시계획들은 그 종류에 따라 다양한 형태로 건축물의 허가요건을 정하는데, 이러한 허가요건들은 건축법 제11조에 의한 건축허가절차에서 동시에 심사된다(동조 제5항). 도시계획의 종류에 따라 건축허가요건이 달라지므로 도시계획별로 그 도입취지나 건축허가요건을 정하는 목적 등을 섬세하게 이해하는 것이 국토계획법의 핵심이다.


# II. 국토계획법과 개발사업법의 관계

## 1. 수단의 적극성

국토계획법은 토지의 합리적 이용을 보장하기 위한 법률이라는 점에서 그 특별법적 지위를 갖는 개발사업법과 추구하는 공익을 같이 한다. 다만 개발사업법은 개발사업의 주체인 사업시행자를 정해 개발사업을 주도하게 하지만, 국토계획법은 건축행위의 주도권을 건축주에게 맡기므로 수단의 적극성 면에서 본질적인 차이를 보인다.

## 2. 도시계획의 실패와 개발사업법

국토계획법은 도시전체에 걸쳐 도시계획을 수립한 후 소극적으로 개별 건축주들의 행위상한선을 정하는 방식으로 도시를 관리한다. 도시계획 자체가 정교하지 않으면 도시가 생성되거나 관리되는 중에 난개발이 이루어지고 토지의 합리적 이용이라는 목표가 훼손될 수 있다. 또 도시의 물리적 시설은 생성과 동시에 노후화되는 속성을 띠는데, 이러한 속성과 경제적 상황이 맞물리는 특수한 지역에서는 국토계획법이 미처 예측하지 못한 급격한 쇠락현상이 나타난다. 개발사업법 중의 일부는 도시계획이 실패해서 토지의 합리적 이용이 불가능한 문제지역을 정비하기 위한 수단을 정하고 있다.

## 3. 개발사업법과 국토계획법의 우열

개발사업법은 국토계획법의 특별법이므로 개발사업법에 의한 구역지정이나 개발계획으로 국토계획법상의 도시계획이 변경될 수 있다(특별법 우선의 원칙). 따라서 국토계획법이 불가침의 상위법이라는 주장은 법리상 옳지 않다. 만약 개발사업에 난개발의 우려가 있다면 당해 개발사업법에서 그 위험을 조절하는 장치를 마련해야 할 뿐, 국토계획법상의 용도지역에 개발사업의 성패를 전적으로 의존시키는 것은 바람직하지 않다.


# 제2절 도시계획의 개념과 종류


## I. 도시계획의 의의

## 1. 법률용어로서 도시계획

전통적으로 도시계획법은 '도시계획'과 '도시기본계획'이라는 개념을 구별하여 전자는 구속적인 것으로 후자는 행정내부적인 것으로 정의해 왔다. 그러나 2003년 제정된 국토계획법은 도시계획의 개념을 변경하여 이를 도시기본계획과 도시관리계획을 포섭하는 상위개념으로 설정하였으며, 구법상 구속적 도시계획을 '도시관리계획'이라 새롭게 개념정의하고 있다. 또한 국토계획법에서는 국토이용계획이라는 개념을 폐지하고, 이를 도시(관리)계획의 일종으로 편입함으로써 계획체계 전반에 커다란 변화를 가져왔다.

도시관리계획은 종래 구속적 도시계획과 다르지 않고, 결국 국토계획법상의 가장 중요한 도시계획이므로 이 책에서는 도시관리계획이라는 명칭보다는 종래의 '도시계획'이라는 명칭을 고수한다. 특별히 도시기본계획을 포함하는 의미라고 지적되지 않는 한, 이 책에서 말하는 도시계획은 구속적 도시계획(도시관리계획)을 말하는 것으로 이해하면 될 것이다.

## 2. 도시계획의 개념

### (1) 국토계획법의 한계

도시계획의 명칭을 길게 바꾸기 위한 수많은 법률개정과는 대조적으로 국토계획법에 도시계획(또는 도시관리계획)과 여타의 처분을 명확히 구별할 수 있는 개념정의는 존재하지 않으며, 적극적으로 도시계획의 실체를 묘사하는 내용도 담겨있지 않다(법 제2조 제4호 참조). 국토계획법에는 도시를 개조하고, 건축을 규제하기 위한 '공학적(工學的) 수단'으로서 도시계획의 종류만이 거칠게 나열되어 있을 뿐이다.

### (2) 국토계획법의 정의

국토계획법의 정의에 의하면, 도시(관리)계획은 특별시 · 광역시 · 시 또는 군의 개발 · 정비 및 보전을 위하여 수립하는 토지이용 · 교통 · 환경 · 경관 · 안전 · 산업 · 정보통신 · 보건 · 후생 · 안보 · 문화 등에 관한 다음의 계획을 말한다(법 제2조 제4호).

가. 용도지역 · 용도지구의 지정 또는 변경에 관한 계획
나. 개발제한구역 · 시가화조정구역 · 수산자원보호구역의 지정 또는 변경에 관한 계획
다. 기반시설의 설치 · 정비 또는 개량에 관한 계획
라. 도시개발사업 또는 정비사업에 관한 계획
마. 지구단위계획구역의 지정 또는 변경에 관한 계획과 지구단위계획
바. 입지규제최소구역의 지정 또는 변경에 관한 계획과 입지규제최소구역계획

도시계획의 개념정의에 관한 국토계획법 조항은 도시계획의 종류를 나열하고 있을 뿐, 도시계획의 내용과 효과 등을 적극적으로 정의하지 않고 있다. 특히 용도지역제 도시계획(동호 가목)은 용도지역의 종류를 다시 어떻게 나열하는가에 따라 도시계획의 개념범위가 달라질 수 있다는 점에서 체계적인 개념정의와는 거리가 멀다.[103]

---

103) 후술하는 바와 같이 종래 국토이용계획의 규율대상으로 분류되던 농림지역 등이 국토계획법상 용도지역으로 분류됨으로써 구법상의 국토이용계획이 도시계획으로 간단히 편입되고 있다는 점은 국토계획법이 가지고 있는 커다란 맹점이다(법 제36조).

## (3) 도시계획의 개념

이론상 도시계획은 "도시(市街地) 내 토지의 합리적 이용을 위해 용도지역 및 기반시설과 건축단위를 설정하며, 각 건축단위의 건축허용성 및 건축허가요건을 정하는 구속적 행정계획"이라 정의할 수 있다. 건축단위의 설정, 건축허용성 등은 도시계획의 핵심적인 내용을 구성하기는 것이지만, 도시계획의 종류에 따라 이들을 포함하지 않는 도시계획도 있다(용도지역제, 개발제한제 도시계획 등).

도시계획의 개념을 구성하는 핵심적 요소를 법적으로 재구성하면 도시계획은 도시(市街地) 내 토지의 합리적 이용을 위해 규율대상지역의 ① 법적 성격을 확정하고(용도지역 지정) 대상지역 내, ② 기반시설(도로, 공원 등), ③ 건축단위(필지, 주택단지 등)와 ④ 건축단위별 건축허용성(지목 등), 그리고 ⑤ 건축허가요건(용적률 등) 등을 내용으로 한다.[104] 그러나 국토계획법의 조항들 속에서 이런 개념요소들이 적절하게 도출되지 않는다. 오랜 기간 도시계획을 규범적으로 이해하기보다 사실적 수단으로 인식하고 운용해 온 공학적인 실무 관행만이 법률에 반영되었기 때문이다.


## II. 도시계획의 종류

## 1. 용도지역제 도시계획(1962년)

1934년 이래 1960년대까지 도시계획법이 도시계획이라 칭하던 유일한 도시계획을 말한다. 이 도시계획은 도시 또는 시가지 전체를 용도지역으로 덮고 이를 주거지역, 상업지역, 공업지역, 녹지지역의 넷으로 나누었다.[105] 그 위에 용도 또는 형태에 따른 지구제를 활용하여 용도지역과 함께 중첩적으로 건축허가요건을 다양하게 통제할 수 있는 기법을 사용할 수 있다.


## 2. 개발제한제 도시계획(1971년)

1971년부터 약 8년간에 걸쳐 전국의 약 5.5%에 이르는 개발제한구역이 지정되었으며,

---

104) 김종보, "도시계획의 핵심기능과 지적제도의 충돌", 행정법연구 제16호, 2006. 10, 55－81쪽 참조.
105) 박병주, 도시계획, 형설출판사, 1990, 91쪽.

그 근거는 1971년 개정된 도시계획법 제21조에 있었다. 이 도시계획은 구역제라는 명칭으로 지역·지구에 대한 조문 뒤에 삽입되면서 개발제한구역으로 불리고 있었으나, 이는 단순한 계획기법을 추가한 것이 아니라 기존에 있던 용도지역제 도시계획과 다른 종류의 또 다른 도시계획이었다. 우선 용도지역제와 달리 건축물의 신축이 허용되지 않으며 따라서 건축허가요건이 불필요한 것이 원칙이다.[106] 개발제한제 도시계획은 당해 도시계획의 적용대상지역 전체를 하나로 규율하고 그 안에 다시 지역이나 지구 등이 나뉘지 않는 것이 특징이다.

## 3. 지구단위계획(1991년)

지구단위계획제도의 전신은 1991년 도시계획법에 도입된 상세계획구역이라는 명칭의 도시계획이었다. 종래 용도지역제 도시계획이 규율밀도가 너무 낮아 도시내 각종 건축행위나 개발사업을 통제하기에 한계를 보이자, 작은 지구단위에 국한하여 상세한 내용을 담는 도시계획 수법을 새로 도입했다. 이는 1980년 일본도시계획법에 도입된 지구계획제도(일본도시계획법 제12조의5)를 본받은 것이며, 그 근원은 독일의 지구단위계획(B-Plan)에 있다.

건축법에는 이와 별도로 1980년대 초에 도시설계제도가 도입되었고(1980년 개정건축법 제8조의2),[107] 법적 근거가 마련되기 전에도 잠실지구종합계획, 서울의 테헤란로 일대에 도시설계라는 수법이 사용된 바 있다.[108] 1991년 도시계획법에 상세계획구역제도가 도입되면서 제도의 중복이라는 주장이 제기되었고, 2000년 도시계획법 전부개정과정에서 도시설계제도와 상세계획구역을 통합하여 지구단위계획이라는 명칭으로 현재에 이르고 있다. 2016년 현재 전국의 지구단위계획구역은 9,334개에 이르고 면적은 2,424,638,143제곱미터에 이른다.[109]

---

106) 용도지역제와 개발제한제 도시계획이 다른 종류의 도시계획이었다는 점은 건축허가요건에서 잘 드러난다. 2000년 전부개정된 도시계획 이전까지 용도지역제 도시계획에 의한 건축허가요건(건폐율, 용적률, 건축물의 용도)은 건축법에 존재하고 있었지만, 개발제한구역 내 건축허가요건은 도시계획법 시행규칙 제7조에 별도로 존재하고 있었다. 개발제한구역의 지정 및 관리에 관한 특별조치법이 2000년 도시계획법에서 분리되어 존재하고 있다는 점도 두 개의 도시계획이 상이한 것이라는 논리적 근거에 기초한다.
107) 지구단위계획 수립메뉴얼, 서울시편, 2002, 20쪽.
108) 손정목, 서울 도시계획이야기, 전 5권 중 제3권, 한울출판사, 2003, 204쪽 등.
109) 도시계획정보 서비스(http://www.upis.go.kr) 중 지구단위계획자료 참조.

## 4. 도시계획시설계획(1962년)

1962년(더 엄밀하게는 1934년의 조선시가지계획령부터)의 도시계획법에는 이미 용도지역제 도시계획과 함께 기반시설의 설치를 위한 도시계획이 예정되어 있었으며, 법적으로는 이를 도시계획시설계획 또는 도시계획시설결정이라 부른다. 현행법에서는 제43조 이하에 근거조문을 갖고, 제88조의 실시계획에 의해 시설의 설치를 위한 절차가 진행된다.

도시계획시설계획이 결정·고시되면 기반시설의 설치목적에 맞지 않는 건축물의 건축 또는 토지의 형질변경이 금지된다. 원칙적으로 건축 및 개발행위가 금지되는 영역이며 예외적으로 그것이 허용되는 경우에도 그 허용여부는 기반시설의 설치목적에 반하는가를 기준으로 결정된다.


# 제3절 도시계획의 내용과 작동체계

## 제1관 서론

도시계획이 어떠한 내용을 담아야 하는가에 관하여 국토계획법은 직접적인 조항을 두고 있지 않다.[110] 그러므로 도시계획을 위한 기초조사사항, 도시계획시설의 종류에 관한 규정 또는 용도지역제 도시계획관련규정(법 제36조 이하)이나 지구단위계획의 내용(법 제52조) 등에 미루어 추측해 볼 수 있을 뿐이다.

도시계획의 종류에 따라 도시계획의 내용이 다르지만 국토계획법은 도시계획의 내용과 종류 상호간의 관계도 정립하지 못하고 있다. 이러한 상황은 도시계획의 입법자가 도시계획의 체계를 정확하게 이해하지 못하고 있다는 것을 잘 보여준다.

도시계획의 내용은 개념에서 도출되는 바와 같이 용도지역, 기반시설(도시계획시설), 건축단위, 건축허용성, 건축허가요건으로 구성되며 도시계획의 종류에 따라 내용의 포함범위가 다르다. 예컨대 도시계획이 아무런 내용을 갖지 않고 단지 구역만을 정하는 경우(개발제한제 도시계획 등)가 있고, 이보다 약간 발전된 형태로 용도지역을 정하는 도시계획이

---

110) 이는 도시계획(B-Plan)의 내용을 명확히 정하고 이에 해당하지 않는 도시계획(B-Plan)은 '단순도시계획(einfacher B-Plan)'과 구분해 효력에 차이를 두고 있는 독일 도시계획법(동법 제9조 및 제30조 제1항, 제2항)과 매우 대조적이다.

있다. 또한 도시계획시설을 설치하거나 변경하기 위하여 그에 관하여만 결정되는 도시계획시설계획, 일정한 지역을 상세히 규율하기 위한 지구단위계획 등이 모두 도시계획의 일종이다.

## 제2관 건축단위(垈地)의 설정

### Ⅰ. 토지의 단위

지표상에 존재하는 토지는 무한히 연접해 있는 하나의 일체이며, 이를 인위적으로 나누지 않는 한 대한민국 전체가 하나의 토지일 뿐이다. 토지의 단위는 다양한 의미를 가질 수 있는데, 예컨대 행정구역으로서 서울특별시, 경기도, 대구광역시 등도 하나의 토지단위가 될 수 있고, 토지소유권의 객체로서 개별 필지들도 토지의 단위가 될 수 있다.

토지의 단위를 건축 또는 개발사업과 관련해서 생각해보면 개별 건축물이 들어서는 대지, 아파트가 들어서는 주택단지, 재개발사업이 진행되는 재개발구역 등이 모두 하나의 토지단위를 이룬다. 이러한 토지단위들은 단일한 건축물 또는 개발사업을 기준으로 설정되는 공법적 의미를 갖는 것이므로 공간정보법에서 정하는 토지단위로서 '필지'와는 차원이 다르다.


### Ⅱ. 건축단위와 대지

건축물이 건축되는 경우 건축허가의 전제로서 일정한 건축물의 부지(垈地)가 정해져야 한다. 이렇게 정해진 건축물의 부지는 건폐율, 용적률의 산정기준이 되고 접도요건, 건축선 등을 결정하는 기능을 담당한다. 건축허가를 위해 기준이 되는 토지의 단위를 건축단위라고 하며 건축단위는 이론상 건축허가가 신청되기 이전단계에 이미 존재해야 한다. 토지를 지칭하는 일반적 용어로서 필지라는 표현이 사용되지만, 필지라는 개념은 공간정보법에 의해 기존의 토지소유권을 존중하면서 편성된 토지단위일 뿐 공법상의 건축단위를 상정하고 만들어진 것은 아니다. 공간정보법상의 필지개념은 제도의 취지상 민사적 거래의 기초를 제공하고 또한 과세의 기본이 되는 하나의 토지단위일 뿐이다.

## Ⅲ. 기성시가지의 건축단위

기성시가지의 용도지역제 도시계획처럼 도시계획이 건축단위를 설정하는 기능을 적극적으로 감당하지 못하면 도시계획에 의해 설정된 건축단위는 존재하지 않는다. 건축허가에 있어서 건축단위는 필수적인 것이므로 만약 건축허가를 발급할 때 공법상의 건축단위가 없으면 자연스럽게 건축법에게 건축단위를 마련해야 할 책임이 돌아간다. 건축법 입장에서는 스스로 건축단위를 만들어 내거나 기존의 토지단위들 중 가장 적합한 토지단위에 의존해서 건축단위를 정하는 방식을 취할 수밖에 없게 되는데, 건축법은 후자의 방법을 취했다.

1960년대 이래 기성시가지에서는 용도지역제 도시계획이 도입되면서 새롭게 건축단위를 설정할 기회를 부여받지 못했다. 이미 공간정보법에 의해 정해진 부정형의 개별필지들이 존재하고 그에 대한 사적 소유권이 강하게 버티고 있었기 때문이다. 그래서 초기에 도입된 용도지역제 도시계획은 개별 필지단위에 대해서는 도시계획적으로 전혀 개입하지 않은 채 일정한 대상지역 전체를 단일한 용도지역으로 묶어 건축허가요건만을 정했다.

## 제3관 건축허용성의 부여와 반영

### Ⅰ. 건축허용성의 의의

### 1. 건축허용성의 개념

건축허용성은 개별 필지 또는 일단의 토지를 하나의 토지단위(대지)로 상정할 때 그 지상에 건축물을 건축할 수 있는 공법적 지위로서 이를 승인하는 행정청의 공적인 견해표명에 의해 확정된다. 국토계획법은 토지의 합리적 이용을 위해 건축행위를 일반적으로 금지시키고 도시계획과 그에 따른 요건이 충족되는 경우에 일반적 금지를 해제하여 건축허가를 발급하는 방식을 취하고 있다. 다만 도시계획에 의해 건축허가요건이 정해지는 것은 당해 필지에서 건축이 허용된다는 전제에서 의미를 갖는다. 물론 이러한 전제가 충족되면 도시계획의 종류에 따라 건축물의 용적률, 건폐율, 허용되는 용도 등이 정해진다.

## 2. 도시인구와 건축허용성

도시를 계획하기 위한 기초요소 중의 하나는 도시에 거주하는 인구를 산정하는 것이며, 행정주체는 그에 기초해서 도로·공공시설 등을 확보하게 된다. 도시의 인구는 주택에 거주하게 되므로 주택의 수와 그를 위한 대지의 수가 도시계획이 관심을 기울여 규율하는 대상이다. 이런 이유로 도시계획은 개별 필지 또는 일단의 토지상에 건축물이 건축될 수 있는지 여부를 규율하게 되는데, 이는 결국 토지에 대한 건축허용성의 결정으로 나타난다. 도시를 설계하고 운영하는 역할을 담당하는 도시계획은 도시계획시설·용도지역·건축허용성·건축허가요건 등을 내용으로 도시를 관리하므로, 건축허용성이라는 개념은 도시계획을 구성하는 중요한 요소이다.

## II. 도시계획의 종류와 건축허용성

큰 틀에서 보면 도시계획의 종류에 따라 대상지역의 건축허용성(개발가능성) 전체를 봉쇄하는 도시계획이 있고, 추상적인 건축허용성 자체는 허용되지만 개별필지단위에 대해 건축허용성을 부여할 것인가에 대해서는 아직 개방적인 상태로 열어 두고 있는 도시계획이 있다. 전자에 해당하는 것은 개발제한제 도시계획이 정해져 있는 개발제한구역이나 도시계획시설의 설치가 예정된 도시계획시설구역 등이고, 후자에 속하는 것은 용도지역제 도시계획이나 지구단위계획과 같은 것들이다.

개발제한제 도시계획이 수립되어 있는 지역에서는 현재의 법률상태 그대로 건축허용성의 변화가 허용되지 않는다(개발제한구역의 지정 및 관리에 관한 특별조치법 제12조). 따라서 건축허용성이 이미 부여되어 있는 토지(대지)에서는 개축·증축, 경우에 따라 신축이 허용되지만 그렇지 않은 필지에 대해서는 건축허용성이 새로 부여될 수 없고 결국 신축도 불가능해진다.

이에 비해 용도지역제 도시계획은 당해 지역의 법적 성격을 정하고 있다는 점에서 도시계획의 일종이지만, 개별 필지단위의 건축허용성에 대한 개별적 판단까지는 이르지 못하는 매우 불완전한 성격을 갖는다. 여기서 도시계획이 불완전하다는 것은 예컨대 대상지역의 500필지에 대해 주거지역이라는 용도지역이 지정되었다고 해도, 개별 필지단위로 각 필지상에 건축이 가능한 것인가는 아직 미정이라는 의미이다.

## Ⅲ. 도시의 건설과 관리

### 1. 도시계획의 이중기능

도시 또는 시가지가 만들어지는 것과 도시를 계획하는 일은 선후관계가 모호한 복잡한 과정을 거치며 진행된다. 그래서 도시를 계획한다는 의미에서 사용되는 '도시계획'이라는 용어도 그 개념이나 기능이 역시 크게 두 가지로 나뉘는데, 하나는 도시를 건설하기 위한 도시계획이고 다른 하나는 완성된 도시를 관리하기 위한 도시계획이다. 이처럼 도시계획은 최초에 새로운 도시를 건설하기 위한 설계도 역할을 하면서 도시를 계획하는 기능을 갖지만, 동시에 도시가 어느 정도 형성되고 난 후 도시를 관리하기 위한 차원에서 도시를 계획하는 역할을 담당하기도 한다.

신도시가 의도적으로 건설될 때라면 먼저 도시의 건설을 위한 도시계획이 만들어져 운영되다가 도시의 형체가 어느 정도 갖추어지면서 도시계획의 건설기능이 줄어들고, 도시관리기능이 부각된다. 이와 달리 자연발생적으로 생겨난 '기성시가지'에 대해 도시계획이 뒤늦게 따라오면 도시를 건설하는 기능은 생략되고 도시계획은 도시관리기능만을 담당하게 된다. 그러므로 1950년대를 거치면서 형성된 기성시가지를 가지고 있던 서울 등 대도시에서 사후적으로 수립된 용도지역제 도시계획은 주로 도시관리기능을 위한 것이었다.

### 2. 도시계획가의 힘

도시가 형성될 때와 이미 형성된 도시에서 도시계획가가 할 수 있는 일은 약간 달라진다. 최초에 도시를 건설하는 과정에서부터 도시계획이 개입하면 도시계획가는 도시의 면적과 인구 등을 감안해서 토지이용계획을 수립하고 그 계획에 의해 토지를 가구(街區: block)와 획지(劃地: lot)로 나눈다. 물론 당해 획지들 중에서 건물을 지을 땅과 공원이나 임야처럼 건물을 지을 수 없는 토지를 정하는 것도 도시계획가의 권한과 책임이 된다. 우리가 알고 있는 분당이나 일산과 같은 신도시는 도시계획가의 역할에 의해 획지의 형태가 장방형이고 규모가 통일적이며, 개별 필지에서 건물을 지을 수 있는지(건축허용성) 여부가 이미 도시의 건설과정에서 정해진다.

이에 비해 이미 기성시가지가 존재하고 그 위에 도시계획을 수립해야 하는 경우라면 도시계획가가 할 수 있는 일은 매우 제약적이다.[111] 우선 이미 존재하는 기존의 토지소유권이 필지의 면적으로 정해져 있으므로 그 필지의 경계선을 교환하거나 분합하는 것이 매우 어렵다.[112] 건축허용성과 관련해서도 이미 건물이 존재하고 있는 필지에 대해 건축허용성을 부인하기 어려운 한편, 건물이 없는 필지들에 대해서도 개별적으로 건축허용성을 부여하거나 부인하는 작업은 개별 토지소유자들에 대한 설득을 요하는 어려운 과정을 거쳐야 한다. 그러므로 1950, 60년대 서울과 대도시의 기성시가지에 용도지역제 도시계획이 도입되던 시절에 도시계획가가 할 수 있는 일은 서울을 몇 개의 권역으로 나누어 그 위에 주거지역, 상업지역과 같은 용도지역을 지정하는 정도였다.

## 제4관 건축물과 건축행위의 규제

### I. 국토계획법상 건축물 개념

### 1. 도시계획과 건축규제

도시계획의 핵심기능에서 건축단위와 건축허용성을 논하는 것은 도시계획이 건축행위를 규제대상으로 한다는 전제하에 가능하다. 도시계획이 건축물이나 건축행위에 무관심하다면 처음부터 건축물이 지어질 건축단위나 그 토지상의 건축허용성 문제를 논할 필요가 없기 때문이다. 그러므로 도시계획에 의한 건축규제는 가장 초기에 언급되는 것이 논리적으로는 옳다. 다만 이 책에서는 이해의 편의를 위해 건축단위가 확정되고 그 지상의 건축허용성이 정해진 후 건축행위에 착수하는 시간적 순서에 따라 건축물과 건축행위를 이곳에서 설명한다.

---

111) "지구단위계획의 내용이나 취지가, 각 지정된 용도에 맞추어 건축물을 건축하거나 건축물의 용도를 변경하라는 범위를 넘어서, 토지소유자에게 부정형으로 되어 있는 지적 경계를 지구단위계획에서 정한 장방형의 용도구분의 경계와 일치시켜야 한다거나 기타 사용권의 취득을 강제하는 것이라고 볼 수는 없다." (대법 2006. 11. 9. 선고 2006두1227 판결)

112) 종래 국토계획법에 지구단위계획의 내용 중 토지소유자의 동의를 얻어 토지경계선을 교환 또는 분합할수 있는 조항이 존재한 적이 있지만, 이는 사실상 사문화되어 폐지되고 말았다(2007년 1월).
제정 국토계획법(법률 제6655호) 제55조(지구단위계획구역에서의 환지) ① 특별시장·광역시장·시장또는 군수는 지구단위계획구역안의 토지소유자 및 지상권자가 지구단위계획에서 정한 내용에 적합하게토지를 이용하기 위하여 <u>토지의 분할·합병 또는 교환을 위한 환지를 원하는 경우에는</u> 그 토지를 대상으로 환지계획을 작성하고 환지처분을 하는 등의 필요한 조치를 취할 수 있다.

## 2. 법률의 목적과 건축물 개념

국토계획법은 '건축물의 건축'에 대해 허가를 받도록 정하고 있지만(법 제56조) 건축물이나 건축의 개념에 관해서는 침묵하고 있다. 국토계획법도 건축물의 건축행위를 통제하는 것이므로, 이론상으로는 동법 자체에서 그 통제대상인 건축물의 개념을 확정하는 것이 옳다.

엄밀하게 보면 국토계획법에서 말하는 건축물의 개념은 건축법과 기본적으로 다른 관점에서 출발한다. 건축법상 '건축물'은 사람이 머물 수 있는 구조이고 사람이 그 안에 머물다가 위험한 상황을 맞을 수 있다는 점이 중요한 것이지만(위험방지), 국토계획법상의 건축물은 장기간 토지를 점유하여 주변토지의 이용상황에 영향을 주는 시설물이라는 점에 중점이 있다. 도시계획이 건축을 규제하고자 하는 목적은 토지의 이용관계에 영향을 미치는 행위를 통제하기 위한 것이다.

## 3. 건축법과의 통일성

다만 일반적인 용어로서 건축물이라는 개념이 건축법, 국토계획법을 모두 관통하고 있고, 건축법상의 건축물과 국토계획법상의 건축물이 구체적인 경우에서 차이를 보이는 것은 아니다. 따라서 국토계획법에서 말하는 건축물은 원칙적으로 건축법상의 정의에 의존하는 것으로 해석해도 좋다.

## 4. 건축물과 대지의 견련성

국토계획법에서 말하는 건축물은 건축물 그 자체만으로 평가되지 않는다. 이미 설명한 바와 같이 하나의 건축물이 등장하기 위해 토지의 단위로서 건축단위가 설정되고 이를 기준으로 다시 건축허용성이 평가된다. 건축법상의 건축허가요건이 대체로 건물 자체가 갖추어야 할 성상과 관련되어 있다는 점과 대조적이다.

국토계획법상의 건축물과 허가요건은 건축단위가 되는 대지와 긴밀하게 결합되어 있고, 대부분의 법적 평가가 대지를 기준으로 이루어진다. 건폐율, 용적률, 접도의무, 허용용도 등이 대지를 전제하거나 기준으로 하는 건축허가요건이다. 또한 대부분의 허가요건들은 대지와 건축물의 관계를 규율할 뿐 건축물 내부에 대해 깊은 관심을 기울이지 않는다. 후술하는 건축행위의 구별에 있어서도 대지는 중요한 의미를 갖는다.


## II. 국토계획법상의 건축행위

### 1. 건축행위 일반

#### (1) 건축행위의 구별필요성

국토계획법적 관점에서는 건축물이 신축인가, 개축인가, 증축인가 하는 점을 엄격하게 구별할 필요성이 높다. 국토계획법제의 법률들이 신축이나 증축에 대해서는 엄격한 제한을 가하지만 개축에 대해서는 상대적으로 너그러운 태도를 보이기 때문이다. 특히 개발제한구역 내에서는 건축물의 종류 및 건축행위의 종류에 따라 법적 취급이 달라지므로 건축행위를 구별하는 것이 건축허용성 및 건축허가요건을 결정하는 전제가 된다.[113]

건축법상 '건축행위'는 기본적으로 신축을 통제하는 것이고, 그 외 건축행위의 외연을 확대하기 위해 개축·증축 등의 행위도 건축행위로 포섭하는 형식을 취한다. 따라서 건축경찰법상으로는 어떠한 행위가 증축인가 또는 신축, 개축인가 하는 구별의 문제가 중요한 의미를 갖지 못한다. 다만 어떠한 행위가 건축행위에 해당되면 위험방지 차원에서 건축허가를 받아야 하는 의무로 연결될 뿐이다. 이러한 점에서 건축법시행령에 마련된 신축, 증축 등의 개념은 건축법상의 건축행위 개념이라기보다는 국토계획법상 건축행위의 개념정의에 더 가깝다(건축법시행령 제2조 제1호 내지 제4호).


#### (2) 존속보장과 건축행위

건축법의 목적은 위험방지이므로 기존건축물이든 신축건축물이든 또는 증축된 건축물이든 가리지 않고 위험한 건축물의 발생과 존속이 통제된다. 그러나 국토계획법의 목적은 토지의 합리적 이용으로 그 목적의 급박성이나 절박성 면에서 건축법과 다르다. 특히 건축법과 국토계획법은 기존건축물의 평가에서 차이를 보이는데, 국토계획법에서는 기존의 토지이용상황이 가급적 존중되어 기존건축물의 존속이 상대적으로 강하게 보장된다. 이

---

113) 대법 2000. 6. 23. 선고 98두3112 판결; 이에 대한 자세한 평석으로 김종보, "건축의 개념과 불법건축", 공법연구, 2000. 11, 509쪽 이하 참조.

점에서 국토계획법은 기존 건축물의 증축과 개축에 대해 매우 관대하고 특히 개축에 대해서는 거의 개입하지 않지만, 신축에 대해서는 강력한 통제기능을 발휘한다. 국토계획법이 신축과 증축, 개축을 구별하게 되는 주된 계기는 기존 건축물에 대한 '존속보장'이라는 개념과 연결된다.

### (3) 신축개념의 포괄성

국토계획법상 신축은 대표적인 건축행위로서 증축과 개축개념에 해당하지 않는 행위를 포괄하는 보충적 성격을 갖는다. 그러므로 만약 증축이나 개축에 해당하지 않으면 신축이라고 해석하는 것이 원칙이다. 국토계획법의 주된 통제대상은 신축이므로 만약 증축이나 개축의 요건이 충족되면 예외가 인정되는 것으로 해석하면 된다.

## 2. 증축행위

### (1) 증축의 개념

대지에 이미 존재하고 있는 건축물을 전제로 그 건축물의 면적이나 층수 등을 증가시키는 행위를 증축이라 한다. 국토계획법상의 증축개념은 토지이용관계에 추가적인 부담을 주는 행위이므로 반드시 건축물의 물리적·유형적 증가에 한정되지 않는다. 예컨대 다세대주택을 분할하여 세대수를 증가시키거나 또는 노대(베란다)에 경량재(輕量材) 섀시를 설치하여 내부공간으로 만드는 행위도 이론상 증축에 해당된다.

### (2) 신축과 증축의 구별

동일한 대지안에 기존의 건축물과는 별개의 동으로 건축물을 축조하는 경우도 건축행위의 개념이 나뉘게 된다. 건축경찰법적 관점에서 보면 이러한 행위는 증축이 아니라 신축이지만, 국토계획법적 관점에서는 이를 증축으로 처리하는 것이 이론적으로 옳다. 건축경찰법은 건축물단위로 건축행위를 파악하지만, 국토계획법은 대지단위로 건축행위를 파악하기 때문이다.

### (3) 개축과의 관계

건축물의 붕괴위험을 생각하는 건축법의 입장에서는 건축물의 일부를 증축하는 행위보다는 건축물 전체를 헐고 새롭게 짓는 개축행위가 더 엄격한 통제대상이 된다. 그러나 위험방지보다는 토지의 사용관계에 관심을 두는 국토계획법의 입장에서는 동일한 규모로 개축하는 것보다는 건축물의 면적을 늘리는 증축이 더 강한 통제의 대상이 된다. 예컨대 개발제한구역 내 증축이 개축보다 억제되는 것도 이러한 국토계획법의 목적과 연관되어 있다.

## 3. 개축행위

개축은 건축물이 있는 대지안에서 건축물을 철거하고 그와 동일한 규모로 건축물을 축조하는 행위를 말한다. 국토계획법적 관점에서 보면 개축행위는 특별한 사유가 없는 한 통제할 필요를 느끼지 않는 건축행위이다. 이미 존재하는 건축물을 그대로 사용하건 또는 개축을 통해 새로운 건축물이 들어서건 건축물의 규모가 동일하므로 주차장, 기반시설 등에 추가적인 부담이 없고 토지이용상황이 변하지 않기 때문이다.

## III. 건축법상 건축허가와 의제조항

## 1. 건축허가의 절차통합

### (1) 국토계획법상 건축허가

국토계획법상 개발행위를 하고자 하는 자는 개발행위허가를 받도록 정하고 있는데(법 제56조), 이 개발행위 속에는 건축물의 건축행위가 포함된다. 그러므로 이론상 건축물을 건축하고자 하는 자도 건축허가로서 개발행위허가를 받아야 하며 이를 하지 않고 건축을 하면 3년 이하의 징역에 처해진다(법 제140조).

## (2) 절차통합과 의제조항

다른 한편 건축법 제11조 제5항은 건축법상의 건축허가를 받은 경우 허가를 의제하는 조문을 두고 있고, 그 안에 국토계획법상의 개발행위허가가 의제된다(동항 제3호). 앞서 지적한 바와 같이 개발행위 속에는 건축행위가 포함되므로 건축행위에 대한 허가 역시 의제된다. 그러므로 건축법상의 건축허가절차에서 건축법상의 허가요건 및 국토계획법상의 허가요건이 동시에 심사되는데, 그렇다고 하여 두 허가요건이 혼화되어 단일한 허가요건이 되는 것은 아니다.

## 2. 건축허가와 개발행위허가의 관계

2000년 이전의 국토계획법은 건축행위와 토지형질변경행위 등을 병렬적으로 나열하면서 이들을 각각 별개의 허가제도로 이해하고 있었다(구 도시계획법 제4조).[114] 그러나 2000년 이후 국토계획법은 개발행위라는 용어를 도입하면서 이를 건축허가와 토지형질변경행위 등을 모두 포함하는 하나의 상위개념으로 사용하고 있다.

## 제5관 건축허가요건의 규제

## I. 서론 - 허가요건 개관

## 1. 도시계획과 용도제한

도시계획에 의해 정해지는 건축물에 대한 허가요건은 크게 용도제한과 형태제한으로 나뉜다. 용도제한은 하나의 용도지역내 용도가 서로 맞지 않는 건축물의 사용관계가 충돌하는 것을 막고 용도지역의 통일성을 유지하는 기능을 한다. 도시계획은 용도지역에서 허용되는 건축물 용도의 목록을 정하고 그에 속하지 않는 건축물은 불허하는 방식을 취한다.

---

114) 물론 구법하의 행위허가기준을 정하던 '토지형질변경규칙' 제4조는 이들을 묶어 규율하는 오류를 범하고 있었다. 이에 대해 자세히는 김종보, "도시계획의 수립절차와 건축물의 허용성에 관한 연구", 서울대학교 박사학위논문, 1997. 2, 378쪽 이하 참조.

## 2. 도시계획과 형태제한

도시계획이 건축물의 높이나, 크기를 제한하는 것을 건축물의 형태제한이라 하는데, 형태제한은 기반시설의 용량 등을 감안하여 용도지역별로 건축물의 밀도를 한정하거나 도시 미관을 보호하는 기능을 한다. 도시계획은 건폐율, 용적률, 공지율, 건축선으로부터의 후퇴,115) 대지안의 공지(건축법 제58조), 대지분할의 제한116)(건축법 제57조) 등의 방식으로 건축물의 형태를 규제한다. 형태제한은 용도지역제의 도시계획이 결정될 때 법령과 결합해서 도시계획의 규제내용을 이루며 건축물을 설계하는 단계에서 중요한 역할을 한다.

## II. 건축물의 용도제한

### 1. 용도지역의 세분

도시계획에 의한 용도지역은 크게 주거지역, 상업지역, 공업지역, 녹지지역의 넷으로 분류되지만, 이는 다시 세분된다(국토계획법 제36조, 영 제30조). 용도지역에서는 지역의 지정목적과 합치하는 용도의 건축물 목록이 법령에서 정해진다(법 제76조 및 영 별표). 도시계획에 의한 용도제한은 건축허용성이 부여되어 있음을 전제로 허용용도만을 통제한다.

### 2. 용도제한의 목적

국토계획법은 시행령 별표에서 용도지역에서 허용되는 용도의 목록을 지역에 따라 다르게 정하고 있을 뿐, 그 취지를 정확히 설명하지 않고 있다. 그러나 법률차원에서 용도지역의 개념과 허용되는 용도의 대강을 정하는 작업은 도시계획 자체의 정당성을 담보해주고, 개별 건축주들에게 도시계획의 구속력을 설득하는 중요한 기능을 한다.

---

115) 대법 1995. 9. 15. 선고 95누5035 판결; 대법 1994. 9. 27. 선고 94누5021 판결.
116) 대법 1982. 9. 28. 선고 82누303 판결.

## 3. 용도지역제와 조례

용도지역에 따른 건축물의 용도와 형태제한요건은 법률과 시행령에 의해 전적으로 규율되는 것은 아니다. 오히려 그 구체적인 범위를 정하여 위임받은 개별 자치단체들의 조례가 실질적인 사항을 정하고 있다고 보는 것이 더 현실에 맞는다(국토계획법 제77조, 제78조 및 영 별표 2 이하 참조). 이는 도시계획과 관련된 사무가 전형적인 자치사무라는 측면을 반영한 것이다.


## III. 건폐율

### 1. 건폐율의 의의

건폐율(建蔽率)[117]이란 건축하고자 하는 '대지의 면적 대 실제로 건축되는 면적'의 비율을 의미한다. 건폐율은 건축물이 대지의 몇 %를 덮을 수 있는가를 정하는 것이므로 건축물의 층수와 직접 관련되는 것은 아니다. 건폐율의 제한은 건축물의 형태제한의 일종으로 국토계획법 제6장 제77조 이하의 기타 형태규제에 관한 규정들과 나란히 규정되어 있다.

건폐율의 제한은 각 대지에 최소한의 공지를 확보하여 충분한 일조, 채광, 통풍 위생과 관련된 조건을 확보하고 재해발생시 각 건축물간의 연소를 방지하며, 소방, 피난 등을 용이하게 하는 데 목적이 있다. 건폐율은 용도지역이나 지구의 성격에 따라 다르게 적용되며, 실질적으로는 도시 내에서 지면이 건물로 덮이지 않고 대기에 노출될 수 있는 비율을 결정한다.


### 2. 용도지역별 건폐율

국토계획법은 용도지역에 있어서의 건축물의 형태제한으로서 건폐율을 다음과 같이 정하고 있다(법 제77조 제1항 제1호).

---

117) 용어에 관하여: 우리말에서는 건폐율이라고 하는 용어가 없다. 이는 일본식 한자 표현으로 '건축률' 정도로 표현하는 것으로 충분하다. 그리고 용적률이라고 하는 표현도 사실상은 건축물의 체적과 관련을 맺고 있는 것이 아니고 단지 건물의 전체면적과 관련되는 것이므로 전체면적률로 표현하는 것이 어법상으로도 정확하다.

ⓐ 주거지역에 있어서는 100분의 70 이하

ⓑ 상업지역에 있어서는 100분의 90 이하

ⓒ 공업지역에 있어서는 100분의 70 이하

ⓓ 녹지지역에 있어서는 100분의 20 이하

이러한 제한은 지방자치단체에 의해 조례로 다시 하향 조절될 수 있는데, 이에 대한 자치단체의 조례가 자치권의 일부로서 상당히 강하게 결정권을 행사할 수 있는 것으로 해석하여야 한다.


## Ⅳ. 용적률

### 1. 용적률의 의의

#### (1) 용적률의 뜻

용적률(容積率)이란 대지면적에 대한 건축물 연면적의 비율을 의미한다. 즉 허가받은 대지면적의 몇 배까지 건축물의 연면적으로 확보할 수 있는가를 정하는 건축허가요건이 바로 용적률이다. 용적률조항은 건축물의 층수(높이)를 결정하는 데 결정적인 영향을 미치므로 건축물에 대한 입체적 규제의 성격을 갖는다. 건폐율은 '건축면적'으로 계산되지만, 용적률은 '바닥면적'을 합한 '연면적'으로 계산된다.


#### (2) 용적률 제도의 연혁

용적률에 대한 규제는 역사적으로는 건축물전체에 대한 획일적인 고도제한을 완화하기 위한 편법으로 1960년대 미국에서 처음 제도화된 것이었다. 일정지역내 건축물의 고도를 일률적으로 제한하는 경우 개별 토지마다의 상황이 달라서 토지가 충분히 집약적으로 활용되지 못한다는 비판의식이 바로 용적률이라는 제도를 만들어 내게 된 동기였다.[118]

---

[118] 이는 뉴욕시의 1961년 지구제조례(地區制條例)의 개정에 의해 처음으로 제도화되었는데, 유명한 건축가인 르 꼬르뷔지에의 주장에 근거한 것으로 알려져 있다. 일본은 미국의 아이디어를 빠르게 받아들여, 1963년 건축기준법(建築基準法) 개정을 통해 용적지역제(容積地域制)라는 제도를 노입하였는데(大河原

## 2. 용도지역별 용적률

용적률제도는 각 용도지역에 따라 토지의 집약적 사용의 필요가 다르다는 점에 착안하여, 지역의 특성에 따라 다양한 건축높이가 가능하도록 비율을 조절하고 있다. 특히 상업지역에 있어서는 상당히 너그러운 용적률을 적용함으로써 도시공간 확보를 가능하게 하고 있다. 각 용도지역별로 허용가능한 용적률의 최고치는 다음과 같다(법 제78조).

- ㉠ 주거지역: 500퍼센트 이하
- ㉡ 상업지역: 1천500퍼센트 이하
- ㉢ 공업지역: 400퍼센트 이하
- ㉣ 녹지지역: 100퍼센트 이하

용적률의 경우에도 이러한 상한선의 제한하에 지방자치단체가 이보다 더 엄격한 비율을 정할 수 있다. 따라서 건축을 하고자 하는 경우 자치단체의 조례에서 용적률을 어떻게 정하고 있는가를 확인하여야 한다.


# 제4절 도시계획의 수립절차


## I. 서론


## 1. 절차일반

도시계획의 수립절차와 관련되는 주요내용은 계획수립의 주체, 계획수립과정에서 이해관계인의 참가, 도시계획위원회의 심의, 계획의 공고·공람, 계획변경절차 등이다. 실무에서는 도시계획위원회가 가장 중요한 역할을 하지만, 장기적으로 수립절차의 중점이 주민참가와 공고·공람으로 발전되어야 한다.

주민참가는 국민이 도시계획 수립절차에 참가하여 자신의 권리를 사전에 보호받을 수

---

春雄, 都市發展に對應へ建築法令, 東洋書店, 1991, 135쪽) 이 제도가 한국에도 1970년 건축법 개정으로 도입되었다(1970년 개정건축법 제40조 제1항 참조).

있는 기회로 삼는다는 소극적인 측면 이외에, 행정청도 국민들이 갖고 있는 자료를 반영할 기회를 갖는 적극적 기능을 한다. 따라서 도시계획의 수립에 있어 법제화된 주민참가(법 제28조)가 실질화되도록 노력을 기울여야 한다.

## 2. 도시계획의 종류와 수립절차

도시계획의 수립절차에 관한 국토계획법 조문은 다양한 도시계획 모두에 적용되는 절차이다. 따라서 용도지역제 도시계획, 도시계획시설계획, 개발제한구역을 정하는 도시계획, 지구단위계획 등 모든 도시계획은 그 수립에 있어서 이 절차규정을 지켜야 한다. 또한 개별적인 도시계획마다 특수한 절차규정이 추가되는 경우 일반적인 절차에 부가하여 또 하나의 절차가 마련되는 것으로 보면 된다(예컨대 지구단위계획).

## II. 도시계획의 수립권자

## 1. 입안권자

도시계획의 수립이라는 행위는 크게 입안과 결정으로 구분된다. 입안이란 구체적으로 계획안을 확정해 가는 작업을 말하는데 그 주체는 특별시장·광역시장·시장 또는 군수이다(법 제24조). 대도시인 특별시나 광역시는 법적 지위가 광역자치단체이지만, 하나의 도시가 성장한 결과로 통일적 공간을 구성하므로 공간형성에 대한 주도권이 도시의 중심에 집중될 필요가 있다. 이를 반영해서 법률도 기초자치단체장 중 구청장에게는 입안권을 부여하지 않고 특별시·광역시 등 대도시인 광역자치단체에서는 입안의 주체가 광역자치단체장이 된다. 이와 대조적으로 특별시·광역시에 속하지 않는 기초자치단체의 경우에는 시장·군수가 입안권을 갖는다.

## 2. 결정권자

시장·군수에 의해 입안된 도시계획은 도시기본계획과는 달리 승인하는 형식을 취하지 않고 법률에 의해 지정된 결정권자가 이를 '결정'한다(법 제29조). 국가계획에 관련된 도시계획을 국토부장관이 입안하고 결정할 수 있거나 기타 예외적인 경우를 제외하고 현행법상으로는 광역자치단체장이 도시계획의 원칙적인 결정권자이다. 지구단위계획과 같은 한정적 범위에서는 기초단체장이 결정권을 갖는 경우도 있다(동조 제1항 단서). 도시계획의 주체에 관한 하자, 특히 결정권자에 대한 하자는 계획을 무효로 만들기도 한다.[119] 대도시인 광역자치단체에서는 광역자치단체장이 입안권과 결정권을 모두 행사하도록 정해져 있다. 다만 도시계획의 종류별로 구청장에게 입안권이 위임되어 있는 자치단체가 많다.

## 3. 입안권과 결정권

도시계획의 수립권을 입안권과 결정권으로 섬세하게 나누고 있는 한국의 법제는 독특한 것이다.[120] 또 국토계획법은 수립절차상 입안권자가 진행할 절차와 결정권자가 진행할 절차를 명확하게 구분하고 있다. 이는 입안이라는 행위가 단순한 사실행위에 그치는 것이 아니라, 권한으로서 법률에 의해 근거를 부여받은 공식적인 절차진행권을 포함한다는 의미이다.

입안권자가 진행하는 절차는 기초조사(법 제27조), 주민참가 및 지방의회의 의견(법 제28조) 수렴절차 등이며, 결정권자가 진행하는 절차는 관계행정기관장과의 협의, 도시계획위원회의 심의, 결정고시 등의 절차이다(법 제30조). 따라서 법률이 정하는 바에 따라 절차가 입안권자와 결정권자에게 엄격하게 귀속되어야 하며, 권한범위를 넘는 절차의 진행은 절차하자가 된다.

---

119) 대법 1992. 9. 22. 선고 91누11292 판결.
120) 일본의 경우에는 입안권이라는 별도의 개념이 실정법에서 사용되지 않는다. 일본도시계획법 제15조 이하 참조. 독일은 입안과 결정을 구별하기는 하지만 모두 기초자치단체(Gemeinde)에 속한다. 이에 대해 자세히는 김종보, "도시계획의 수립절차와 건축물의 허용성에 관한 연구", 서울대학교 박사학위논문, 1997. 2, 68쪽 및 87쪽 참조.

## Ⅲ. 도시계획도서 및 계획설명서

### 1. 도시계획도서 및 계획설명서의 작성의무

도시계획의 입안자는 도시계획도서 및 계획설명서를 작성하여야 한다. 이러한 도시계획도서 및 계획설명서를 요구하는 제도는 2000년에 처음 채택된 것이며, 도시계획도서는 도시계획도 및 계획조서, 기초조사의 결과, 재원조달의 방안, 환경성 검토결과 등을 포함하는 내용으로 구성된다(법 제25조).

### 2. 계획도서 등의 기능

도시계획도서 및 설명서의 내용은 공람절차의 목표를 감안하여 정해져야 한다. 주민들이 공람절차를 통해 도시계획에 대한 의견을 제출한다는 것은, 주민들의 도시계획에 대한 이해를 전제로 한다. 이를 위해 국토계획법은 도시계획도서와 설명서를 작성하여 주민들의 이해를 도모하고자 한 것이다.


## Ⅳ. 사전적 주민참가

### 1. 의의

도시계획은 그 본질적 속성상 다수의 이해관계인이 관련되고 그 적용범위가 넓다. 그러므로 계획에 관계되는 다수 이해관계인의 이익 및 도시계획의 수립에 있어 고려하여야 하는 각종 공익에 대한 정보수집이 필수적이다. 이를 통하여 공익과 사익을 도시계획 속에서 형량하기 위한 자료들을 확보할 수 있다.

국토계획법은 국민의 사전적 권리구제라는 차원에서 주민참가에 관한 근거규정을 두고 있다(법 제28조). 주민참가는 단지 국민의 권리구제라는 측면뿐 아니라 행정의 정보취합목적도 같이 고려되고 있는 것이므로 이는 동법 제27조의 기초조사와도 긴밀히 연결되어 있는 절차이다.

## 2. 주민의견청취

도시계획을 입안하려는 국토부장관 또는 시·도지사, 시장·군수는 주민의 의견을 청취하여야 하며, 그 의견이 타당하다고 인정되는 때에는 이를 도시계획안에 반영하여야 한다(국토계획법 제28조 제1항). 만약 결정권자와 입안권자가 일치하지 않는 경우 이러한 주민참가절차를 주도하는 권한은 입안권자에게 있고, 결정권자가 간여할 수 없다.

## 3. 공고와 공람

도시계획의 입안에 관하여 주민의 의견을 청취하고자 할 때에는 일간신문에 2회 이상 공고하고 일반에게 14일 이상 공람한다(영 제22조 제2항). 이러한 공고·공람 등을 통하여 도시계획안의 내용에 관한 의견을 갖게 된 주민은 공람기일 안에 시장·군수에게 의견서를 제출할 수 있다(영 제22조 제3항). 입안권자는 공람기간이 종료된 후 60일 이내에 제출된 의견의 도시계획안 반영여부를 검토해서 의견제출자에 통지하여야 한다(동조 제4항).

## 4. 재공람의무

재공람규정에 의해 입안권자와 결정권자가 분리된 경우 결정권자의 임의적 수정결정은 상당한 제약을 받게 된다. 입안자가 제출한 도시계획안이 결정권자의 결정과정에서 중요한 변동을 겪게 되면 당연히 재공람되어야 할 것이며, 재공람절차 없이 수정심의하는 것은 중대한 절차위반이 되기 때문이다.[121]

## 5. 개별통지 필요여부

도시계획의 수립에 있어 국민이 그 절차에 참가한다는 것과 그 관계 토지의 소유자 등에게 도시계획결정을 개별통지한다는 것은 별개의 문제이다. 따라서 관계 행정청은 도시계획결정을 개별통지하여야 할 법적인 의무가 없고 이러한 개별통지가 없었다고 해도 행정청의 의무위반이 되는 것은 아니다.[122] 그러나 이와는 달리 제22조 제2항에서 제시된 주민의 의견이 타당한 경우 도시계획에 반영하여야 하므로 이에 대하여는 개별적인 처리

---

121) 대법 1999. 8. 20. 선고 97누6889 판결.
122) 대법 1993. 3. 23. 선고 92누8613 판결.

결과 통지가 필요하다(영 제22조 제4항). 다만 이러한 통지는 도시계획 자체의 효력 발생과는 직접 관련되지 않고, 절차하자의 한 유형이 될 뿐이다.


## V. 기초조사

국토계획법은 도시계획에 관한 기초조사의 근거규정을 두고 있고(제27조 및 영 제21조). 기초조사의 내용은 인구·경제·사회·문화·토지이용·환경·교통·주택 등이다(법 제13조). 도시계획의 수립에 있어 기초조사는 국민의 권익구제라는 목적을 직접 갖고 있는 것은 아니지만 주민참가의 기능이 정보의 수집이라는 측면도 있기 때문에 주민참가절차를 보충하는 의미도 있다.

기초조사절차를 규정하고 있는 국토계획법 규정은 강행규정이다.[123] 그러므로 행정청의 재량이 넓어 다시 동일한 도시계획을 수립할 수 있다고 예상되어도 기초조사의 하자는 도시계획의 취소사유가 된다.[124] 다만 기초조사절차의 위반이 취소사유에 해당할 수는 있어도 당연무효의 사유라 보기는 어렵다.[125]


## VI. 지방의회의 의견청취

도시계획의 입안자는 그 입안의 과정에서 도시계획안에 대하여 지방의회의 의견을 물어야 한다(법 제28조 제5항). 지방의회의 의견을 들어야 할 사항은 용도지역·용도지구 또는 용도구역의 지정 또는 변경지정, 광역시설의 설치·정비 등이다(영 제22조 제7항).

지방의회의 의견에 관한 절차는 종래 도시계획결정권에 관한 조문에 도시계획위원회의 심의와 함께 규정되어 결정권자의 절차였다. 그러나 현행법은 종래의 입법태도를 바꾸어 지방의회의 의견을 입안권자가 진행해야 하는 절차로서 주민참가와 함께 규율하고 있다. 따라서 현행법상 지방의회의 의견청취절차는 행정절차와 주민의견 수렴절차의 성격을 공유하는 것으로 해석해야 한다.

---

123) 기초조사규정의 연혁에 대해 약간 자세히는 정태용, 도시계획법, 법제연구원, 2001, 99쪽 각주 55 참조.
124) 대법 1988. 5. 24. 선고 87누388 판결; 부산고법 1993. 8. 18. 선고 92구251 판결.
125) 대법 1990. 6. 12. 선고 90누2178 판결.

## Ⅶ. 도시계획위원회의 심의

도시계획의 결정에 있어서 도시계획의 결정권자는 국토계획법에 근거하여 조직되는 중앙도시계획위원회의 심의를 거쳐야 한다(법 제30조 제3항). 앞의 절차들과는 달리 도시계획위원회의 심의절차는 도시계획의 안이 결정권자에게 제출된 이후에 결정권자에 의해 진행되는 절차이다. 건축물 높이의 최고한도 등을 정하는 것을 내용으로 하는 지구단위계획의 경우에는 대통령령이 정하는 바에 따라 '건축위원회'와 도시계획위원회가 공동심의 해야 한다(법 제30조 제3항 단서).

도시계획위원회에 부의되어야 할 도시계획의 안은 도시계획도서 및 설명서를 포함하여 주민참가절차에서 제출된 의견들이 모두 담겨있는 포괄적인 것이다. 반영되지 않은 의견의 경우에는 입안자가 반영하지 않은 사유를 첨부하고, 반영된 의견의 경우에도 그 반영의 사유를 제시해야 한다.

결정권자가 도시계획위원회와 필요한 협의절차를 모두 거친 후에는 도시계획을 결정하게 된다(법 제30조 제6항). 그러나 이러한 결정행위는 대외적으로 고시되기 전까지 행정내부적인 것에 그치며, 대외적인 구속력은 없다.


## Ⅷ. 도시계획의 결정고시

## 1. 도시계획결정의 고시

### (1) 효력발생요건인 고시

결정권자는 도시계획을 결정한 경우, 그 결정내용을 '관보 또는 공보에 고시'하여야 한다(법 제30조 제6항, 영 제25조 제5항). 이렇게 고시된 도시계획은 지형도면을 고시한 날로부터 효력을 발생한다(법 제31조 제1항).[126] 도시계획을 결정하여 고시한 경우 이를 시장·군수에게 송부하여야 하며, 관계 시장과 군수는 도시계획도면을 일반에 공람하여야 한다(동조 제6항).

---

126) 종래 국토계획법은 도시계획결정고시 후 5일이 지나면 효력을 발생하는 것으로 정하고 있었지만, 2013년 법개정을 통해 지형도면고시에 효력발생일을 의존시키는 것으로 개정되었다.

## (2) 고시의 방법

고시를 하는 경우 가능한 한 해당지역을 명확히 인식할 수 있도록 도면 등이 첨부되어야 하지만 고시 자체에 지번이나 그 지번의 면적까지 표시하여야 하는 것은 아니다.[127] 그러나 고시에 정해진 사업시행기간 경과 후 변경인가의 고시를 하면서 일부 사항을 종전의 것과 같다는 취지에서 생략하면 도시계획의 위법사유가 된다.[128] 국민 개인에 대한 개별적인 통지는 도시계획의 효력발생과 무관하다.

## 2. 지형도면의 고시

도시계획의 결정권자는 도시계획의 결정고시이후 지적이 표시된 지형도에 도시계획사항을 명시한 도면(지형도면)을 작성해서 고시해야 한다(법 제32조). 지형도면의 고시는 명시적으로 이루어져야 하며 도시계획의 결정이 있다는 사실만으로 지형도면의 고시가 행해졌다는 사실이 추정되지 않는다.[129]

국토계획법은 도시계획의 고시가 사실상 구체적인 내용을 담을 수 없다는 점을 고려해서 지형도면의 고시에 관한 의무를 정하고 있다. 종래 도시계획법상 지적고시라는 명칭이 지형도면의 고시로 변경된 것은 2000년 도시계획법 전부개정에 의해서이며, 국토계획법은 지형도면의 고시라는 표현을 사용하고 있다.

## 3. 도시계획의 효력요건인 고시

계획수립의 절차상 도시계획결정의 고시와 하급행정청의 지형도면 고시·공람이 합체되어, 도시계획의 효력발생 요건이 된다. 고시와 공람은 불가분적으로 작동하는데 공고(고시)는 도시계획의 기본적인 것만을 내용으로 하고, 공람절차에서 이를 보충하여 구체적인 것을 공람한다.[130]

따라서 만약 도시계획의 고시와 공람내용이 일치하지 않는 경우 그 불일치가 본질적인

---

127) 대법 1990. 1. 25. 선고 89누2936 판결.
128) 대법 1991. 11. 26. 선고 90누9971 판결.
129) 대법 1982. 3. 9. 선고 80누579 판결; 동 사안은 도시계획의 결정 이후 사업시행의 인가까지 행하여진 경우였다. 다툼의 주된 대상이 무엇이었는지 명확하지 않고 다만 지적고시(地籍告示)가 행하여졌다는 것을 전제로 한 원고의 주장을 기각한 판결이다.
130) 대법 1990. 4. 13. 선고 88누11247 판결.

것이라면 고시에 하자가 있는 것으로 고시의 유효성, 즉 도시계획의 유효성 전체가 문제된다. 가분적 일부분만이 불일치한다면 그 불일치하는 지역은 도시계획결정의 고시가 없어 도시계획의 효력이 미치지 않는다.

## Ⅸ. 도시계획의 변경절차

### 1. 도시계획변경의 의의

도시계획의 변경이란 유효한 구계획의 존재를 전제로 새로운 계획을 수립하는 것으로서 실질적으로 도시계획의 내용에 변동을 가져오는 것을 말한다. 그러므로 도시계획을 변경하기 위해서는 이전의 도시계획이 존재할 것을 그 최소한의 요건으로 한다.[131] 또한 형식이 어떠하든 도시계획의 내용에 실질적인 변동이 있으면 도시계획의 변경으로 해석된다.[132]

도시계획의 변경 속에는 도시계획의 수립이라는 요소가 있으므로 도시계획수립절차에 관한 모든 조항이 도시계획변경절차에도 준용된다. 이러한 원칙은 도시계획결정고시에만 적용되는 것이 아니라, 특히 지형도면의 고시에 관하여도 일반적으로 적용된다.[133] 물론 도시계획의 변경에 있어서도 고시만 하면 충분하고 개별적인 이해관계인에게 통지해야 하는 것은 아니다.[134]

### 2. 경미한 사항의 변경과 간이절차

#### (1) 경미한 사항의 뜻

경미한 사항이란 도시계획의 기초에 영향을 미치지 않는 것으로 그 범위가 작고, 성질상 도시계획의 비본질적 사항을 의미한다. 예컨대 전체공원면적은 그대로 둔 채 구역만을

---

131) 대법 1995. 12. 8. 선고 93누9927 판결.
132) 대법 1994. 12. 9. 선고 94누8433 판결 "주차장시설부지로 되어 있던 토지를 그 이용현황에 맞게 여객자동차정류장으로 변경한 것은 시설의 명칭만을 변경한 것이 아니고 도시계획시설의 변경결정에 해당한다."; 대법 1992. 12. 24. 선고 92누3809 판결(교육지구); 대법 1992. 7. 28. 선고 92누4123 판결(도로구역결정).
133) 대법 1993. 2. 9. 선고 92누5607 판결.
134) 대법 1991. 1. 11. 선고 90누1717 판결.

일부 조정한다면 경미한 사항의 변경에 해당된다.[135] 국토계획법은 도시계획의 결정절차 (관계행정기관장과의 협의, 도시계획위원회의 심의 등)에 관한 규정을 도시계획의 변경의 경우에도 준용한다고 하면서 단서조항에서 '경미한 사항'의 변경에 있어서는 그렇지 아니하다고 정하고 있다(법 제30조 제5항).

### (2) 경미한 사항의 내용

국토계획법은 상당히 넓은 범위의 변경까지도 경미한 사항에 포함시키고 있다(영 제25조 제3항).[136] 특히 동항 제1호에서 나열하고 있는 바와 같이 단위면적의 1/20 미만의 새로운 면적이 새롭게 도시계획구역에 포함되는 도시계획의 변경은, 토지수용권과 관련하여 상당히 강한 기본권 제한이 될 수 있다. 이러한 점을 고려해서 국토계획법 시행령은 도시계획위원회의 심의, 관계행정청과의 협의만이 생략될 수 있는 것으로 정하고 있다(영 제25조 제3항 본문). 아무리 경미한 사항이라고 하여도 고시하는 것까지 면제된다고 해석할 수는 없다. 도시계획의 경미한 변경은 고시를 그 효력요건으로 한다는 점에는 일반적인 계획수립·변경의 절차와 차이가 없다.[137]

## 제5절 개별 도시계획의 특성

이 책은 도시계획의 종류를 전형적인 형태의 도시계획으로서 지역·지구제를 내용으로 하는 도시계획(용도지역제), 지구단위계획, 개발제한제 도시계획, 기반시설의 설치를 위한 도시계획시설계획의 넷으로 분류한다. 또한 현행 국토계획법에서는 폐지되었으나 실질적으로 구법과 동일한 기능을 하는 국토이용계획도 일종의 도시계획에 준하는 것으로 보고 내용을 살펴본다.

---

135) 대법 1995. 8. 25. 선고 94누12494 판결.
136) 이러한 조항이 과연 국토계획법의 위임범위내인가에 대하여 의문이 없는 것은 아니나, 이에 대하여는 헌법재판소가 이미 합헌임을 확인한 바도 있으므로(헌재 1997. 10. 30. 선고 95헌바7 결정) 별도로 논하지 않는다.
137) 참고로 독일의 도시계획법(BauGB)은 제13조 제2항에서 경미한 사항만을 변경하는 경우 생략될 수 있는 절차로서 주민참가(제3조), 공익주체참가절차(제4조), 계획허가절차(제11조)만을 명시하고 있다. 따라서 독일은 고시를 효력요건이라고 정하고 있는 제12조가 경미한 사항의 변경에도 적용되는 것으로 해석된다(Ernst/Zinkahn/Bielenberg, BauGB 주석서, 1995. 5. C. H. Beck, §13 Rn. 9 등).

# 제1관 용도지역제 도시계획의 의의와 특성

## Ⅰ. 도시 내 공간획정의 두 방식

### 1. 지구단위 또는 도시단위

국토계획법적 관점에서 도시 내 토지를 구획하고 당해지역에서의 건축물의 용도나 형태를 제한하는 방식은 크게 두 가지가 있다. 첫째 도시의 상대적으로 좁은 공간을 몇 가지 특징에 착안하여 구획하고 당해지역 안에서만 건축물의 형태나, 용도를 제한하는 방식이 있다(지구제). 그리고 도시계획의 대상구역을 도시 전체로 하고 도시계획구역 내의 모든 토지를 주거지역이나 상업지역 등으로 구획하는 방식이 두 번째의 것이다(용도지역제). 전자는 미국에서 애용되고 있는 것이고,[138] 후자는 독일, 영국, 프랑스 등에서 채택되었거나 현재 채택되어 있는 것이다.

### 2. 지구단위와 도시단위의 혼합

한국의 국토계획법은 후자를 원칙적으로 채택하고 있지만 전자의 방식도 중첩적으로 도입하고 있다. 즉 한국의 도시계획은 '도시의 전체'를 대상으로 하는 도시계획을 제정하여 도시를 주거·상업·공업·녹지지역으로 크게 분류하면서, 그에 더하여 도시 내 좁은 공간을 지구로 또다시 구획하여 그 영역 내에서 건축물에 대한 형태제한이나 용도제한을 가능하도록 하고 있다.

### 3. 용도지역제와 지구제

앞의 원칙적인 도시계획을 협의의 용도지역제라 하고, 이러한 도시계획 위에 다시 소규모의 지구를 획정하여 기존의 허가요건과 중첩되는 또 다른 허가요건을 얹을 수 있도록 하는 제도를 지구제라 부른다. 그러나 지구제도 원칙적으로 용도 및 형태를 제한하는

---

138) 미국에서 지구제가 생겨난 최초의 동기는 주거지역내 중국인이 진입하는 것을 막기 위한 것으로, 주거단지 내에 세탁소를 금지하는 것을 내용으로 한 조례(1885년 캘리포니아주)가 지구제의 효시라 설명되고 있다. 이는 주로 건축물의 용도제한적 성격을 갖는 것이었지만, 그 외 수많은 조례들이 용도 또는 형태제한을 목적으로 제정되었다.

방식을 사용하고 있다는 점에서는 용도지역제와 차이를 보이지 않는다.

## 4. 지역과 지구의 관계

용도지역은 도시계획의 전 영역에 지정하는 것이 원칙이고, 중복되도록 지정할 수는 없지만, 지구는 중복되게 지정할 수 있으므로, 동일 용도지역 내에 수 개의 지구가 지정되거나 심지어는 한 개의 지구위에 여러 개의 지구를 중첩할 수도 있다. 도시계획의 도면상으로는 용도지역만이 표시되며, 지구는 별도 도면에서 표시된다.[139]

# II. 용도지역

## 1. 용도지역제의 뜻

국토부장관은 도시지역, 관리지역, 농림지역 등의 용도지역을 지정한다(법 제36조 제1항). 도시계획이 먼저 결정된 후에 그 후속조치로서 용도지역이 지정되는 것은 아니며 용도지역의 지정 자체가 도시계획의 내용이 된다(법 제2조 제4호 가목 참조). 보통은 일련의 도시계획내용 중 최초로 결정되는 내용이 이 용도지역의 지정에 관한 사항이다.[140] 용도지역은 도시의 전체에 대하여 지정된다.

## 2. 용도지역

용도지역제 도시계획은 용도지역을 건축물의 종류를 중심으로 크게 네 개로 분류하는데, 이는 주거지역, 상업지역, 공업지역, 녹지지역이다.[141] 이와 같은 용도지역이 도시계획에 의해 정해지면 용도지역별로 국토계획법상의 고려에 따른 건축물의 용도규제가 건축허가요건이 된다(국토계획법시행령 별표). 그리고 건축물의 종류 이외의 형태제한으로서 용적률·건폐율·대지면적의 최소한도·건축물의 높이 등이 또 다른 건축허가요건이 된다

---

139) 장명수, 도시계획학, 보성문화사, 1996, 216쪽.
140) 서원우, 부동산 공법, 박영사, 1991, 143쪽.
141) 건축법에서는 다시 이를 여러 가지의 종류로 세분하고 있는데, 여기서는 편의상 건축법시행령 별표상의 전용주거지역, 중심상업지역, 전용공업지역, 보전녹지지역을 그 전형으로 하여 설명한다. 이러한 지역이 가장 특징적인 규율을 받기 때문이다.

(법 제76조 이하).

용도지역제 도시계획에 의해 구획된 주거지역 등의 건축허가요건에 대해서는 앞에서 상술하였다.


# Ⅲ. 지구제

## 1. 지구제의 의의

용도지역의 지정을 통하여 경제적·합리적인 토지이용을 위한 건축물의 용도 및 형태가 제한되지만, 용도지역은 그 대상지역을 도시의 전체로 하므로 개별지역의 특수성을 감안하기에 부족함이 있다. 그리고 용도지역제는 원칙적으로는 기존지역의 특성을 최대한 반영하여 주거지역, 상업지역 등을 구획함이 원칙이므로, 특정하게 좁은 지역을 적극적으로 유도·형성하기에는 적합하지 않다.

이러한 문제점을 보완하기 위하여 국토계획법은 미국식의 소규모 지구제를 도입하고 있다. 지구의 지정을 통하여 건축물의 규모, 공지율 등의 형태가 제한되거나, 그 용도별 허가요건이 결정되기도 한다. 지구제는 하나의 지구에서 단일한 용도 또는 형태제한만을 내용으로 한다.


## 2. 지구의 종류

국토계획법에 의해 정해진 지구는 다음과 같다(제37조).

1. 경관지구: 경관의 보전·관리 및 형성을 위하여 필요한 지구
2. 고도지구: 쾌적한 환경 조성 및 토지의 효율적 이용을 위하여 건축물 높이의 최고한도를 규제할 필요가 있는 지구
3. 방화지구: 화재의 위험을 예방하기 위하여 필요한 지구
4. 방재지구: 풍수해, 산사태, 지반의 붕괴, 그 밖의 재해를 예방하기 위하여 필요한 지구
5. 이하 생략

# 제2관 지구단위계획의 의의와 특성

## I. 지구단위계획의 의의

### 1. 지구단위계획의 유래

한국의 용도지역제 도시계획에 대립되는 도시계획제도가 바로 독일의 지구단위계획(B--Plan)제도인데, 이는 일본을 거쳐 상세계획구역제 및 건축법상의 도시설계제도로 도입되어 있었다. 2000년 도시계획법의 전부개정을 통해 기존의 상세계획과 도시설계제도를 통합하고 지구단위계획이라 부르게 되었으며, 이는 현행 국토계획법에서도 그대로 이어지고 있다(법 제49조 이하).

독일의 도시계획이 한국과 달리 도시전체를 대상으로 하지 않고 상대적으로 작은 지구(地區) 규모로 행해지는 것이고 한국의 지구단위계획도 대체로 지구단위로 이루어지는 것이므로 표현을 '지구'단위계획으로 바꾸어도 실질을 반영한다는 점에서 큰 문제는 아니다. 다만 기존의 용도지역제 도시계획에 비하여 상세한 내용을 담을 수 있다는 특징이, 지구단위계획이라는 명칭에서는 잘 드러나지 않는다는 점은 새로운 명칭의 약점이다.

### 2. 부속규정의 법적 성격

지구단위계획이 기존의 용도지역제 도시계획과 차이를 보이는 또 하나의 부분이 바로 도면과 함께 구속력을 갖는 부속규정(민간부문 시행지침 등)의 존재이다. 종래 용도지역제 도시계획은 일종의 지도(地圖)라 관념되고 도면의 내용만이 구속력을 갖는 것으로 이해되어 왔다. 그러나 지구단위계획은 도시계획도면상 나타나는 내용과 함께, 각 구획마다 허용되는 건축물의 용도 등을 세밀하게 정하는 부속규정들이 마련되어야 한다. 지구단위계획에 있어 도시계획도면과 불가분적 일체를 이루는 이러한 부속규정들도 구속적 도시계획을 구성하는 것으로 정해져야 할 것이다. 비록 국토계획법에 명시적인 규정이 없다고 하여도 이러한 부속규정은 지구단위계획 그 자체라 해석된다.

## 3. 특별규정

국토계획법이 지구단위계획에 대해 마련하고 있는 별도의 조문은 6개(제49조 – 제54조)로 서 이들은 일반적인 용도지역제 도시계획에 대한 특별규정이라 해석하면 된다. 특히 수립 절차에 관한 규정은 용도지역제 도시계획의 수립절차규정을 원칙으로 하면서 추가적으로 마련된 것이다.

## II. 지구단위계획의 내용

### 1. 지구단위계획 내용의 의의

지구단위계획은 용도지역제와 다르게 상세한 내용을 담아야 하며(법 제52조 제1항), 도시 계획도면 외에도 일정한 규정(또는 문자적 표현)으로 구성되어야 한다. 지구단위계획제도는 기존의 도시계획제도와 상당히 차이를 보이며, 전통적 도시계획관념과는 잘 합치하지 않 는 측면이 있다.

### 2. 내용 일반

지구단위계획에서 규정되어야 할 사항은 용도지역의 세분 및 변경, 기반시설의 배치와 규모, 토지의 규모와 조성계획, 건축물의 용도제한[142] · 형태제한, 건축물의 배치 · 형태 · 색채와 건축선에 관한 계획, 환경관리계획 또는 경관계획, 교통처리계획 및 기타 대통령 령이 정하는 사항이다(법 제52조 제1항).

### 3. 기반시설의 배치와 규모

지구단위계획이 담을 수 있는 내용으로 대통령령이 정하는 기반시설의 배치와 규모 에 관한 사항이 있다(법 제52조 제1항 제2호). 기반시설이란 종래 도시계획시설로 통칭되 던 것의 범위를 더 넓혀서 도시계획으로 설치되지 않은 것까지를 포함하는 개념이다.

---

142) 헌재 2003. 6. 26. 선고 2002헌마402 결정.

개발사업법에 의한 개발사업지역인 경우, 당해 법률에 의해 설치되는 기반시설을 말하며 그렇지 않은 경우에는 도로·주차장·광장·공원 등이 기반시설이 된다(국토계획법시행령 제45조 제2항).

## 4. 도로로 둘러싸인 일단의 지역(가구)

또한 지구단위계획은 도로로 둘러싸인 일단의 지역(가구) 또는 계획적인 개발·정비를 위하여 구획된 일단의 토지의 규모와 조성계획을 그 내용으로 한다(법 제52조 제1항). 도로로 둘러싸인 일단의 지역은 종래 '가구(街區)'라는 표현을 대체한 것이며, 개발 등을 위해 구획된 일단의 토지도 이에 준하여 해석하면 될 것이다. 도시계획에 있어 가장 기본이 되는 단위가 바로 가구이며 일상적인 표현으로는 블록(Block) 정도의 관념에 해당된다.

## 5. 건축단위

지구단위계획에는 가구를 전제로 한 작은 건축단위들이 표현되어야 하는데, 국토계획법은 종래 사용하던 획지라는 표현 대신에 '일단의 토지의 규모'가 지구단위계획에 담겨야 하도록 정하고 있다. 토지의 규모를 지구단위계획이 정한다는 뜻은 건축단위를 설정한다는 의미로 해석하면 된다.[143] 구법에서 사용하던 획지라는 용어는 도로로 구획된 가구를 전제로 그 안의 개별적인 필지를 나누는 행위 또는 그 행위의 결과를 말한다.

## 6. 건축허가요건

지구단위계획에서 규정되어야 하는 사항 중에 가장 중요한 것으로 건축허가요건에 관한 규정이 있다(법 제52조 제1항 제4호, 제5호). 지구단위계획이 그 내용으로 하는 건축허가요건이란 앞서 용도지역제의 도시계획에 의한 건축물의 용도제한, 형태제한요건을 기초로 하여, 건축물의 배치, 색채 등을 추가적으로 포함하는 관념이다.

---

143) 대법 2006. 11. 9. 선고 2006두1227 판결(지구단위계획의 건축단위와 필지의 불일치: 삼각아파트사건).

## 7. 특별계획구역

특별계획구역은 국토계획법령에 근거한 개념은 아니고 국토부나 서울시의 수립지침에 근거해 설정되는 특수한 구역이다. 지구단위계획을 수립할 때 일정한 면적에 대해서는 장래의 발전방향만을 정하고 구체적인 사항은 미정으로 정해두는 지역을 특별계획구역이라 한다. 실무상 상당히 많은 특별계획구역이 존재하고 이에 근거해 이루어지는 각종의 절차에 대해 다양한 법적 이견들이 존재하지만, 법률은 개념이나 기준들에 대해 침묵하고 대부분의 사항을 국토부장관에게 위임하고 있다(법 제49조 제2항, 영 제42조의3 제2항 제4호). 이에 대해서는 지구단위계획수립지침이 규율하는데 특별계획구역 내 건축허가에 대해서는 도시계획위원회의 심의가 개입하는 등 특별한 절차가 마련되어 있다는 점에 유의해야 한다.[144]

## Ⅲ. 지구단위계획 수립절차의 특칙

### 1. 지구단위계획의 수립절차규정

도시계획 및 지구단위계획에 대한 우리 국토계획법의 규율태도는 총칙과 각칙의 단계로 나뉘어 있다. 즉 도시계획의 수립절차를 제4장 제1절에 배치하고, 용도지역제 도시계획(제2절) 및 도시계획시설계획(제3절)에 이어 제4절에 지구단위계획을 배치함으로써 제1절과 기타의 절들이 총칙과 각칙의 관계에 놓여 있음을 전제로 하고 있다. 따라서 도시계획의 수립절차에 관한 제1절의 조문들은 지구단위계획의 수립절차에 모두 적용된다. 다만 지구단위계획에 대한 특칙이 있는 경우 총칙의 절차조항은 보충되거나 수정을 겪는다.

### 2. 대상면적과 수립기간

용도지역제 도시계획이 도시전체에 수립되는 경우라면 지구단위계획과 수립준비 기간 면에서 큰 차이를 보인다고 할 수 없다. 그러나 도시내 특정한 지역에 한정하여 도시계획

---

144) 국토부 지구단위계획수립지침 3-15), 서울시 지구단위계획수립기준 등 참조.

이 수립(또는 변경)되는 경우라면 그것이 용도지역제의 도시계획인가 또는 지구단위계획인가에 따라 그 수립에 소요되는 기간의 차이가 상대적으로 커질 것이다. 한정된 지역을 기준으로 한다면 용도지역제 도시계획에 비하여 상세한 내용을 담는 지구단위계획은 상대적으로 긴 준비기간이 필요하며, 일정지역에 지구단위계획의 수립하기로 하는 경우 불가피하게 그 대상지역의 법적 상태가 불안정해지게 된다.

## 3. 구역지정과 계획결정

용도지역제 도시계획의 입안결정은 원칙적으로 아무런 효력을 발생하지 않으며, 입안권자가 도시계획을 입안하기로 확정한 경우에도 그 대상지역의 법적 성격에 변화가 없다. 따라서 예컨대 용도지역제의 도시계획을 변경하기로 하는 도시계획은 그 변경계획이 입안과정에 있는 경우에도 아직 구계획의 효력이 그대로 지속되며 입안중인 도시계획을 이유로 건축허가를 거부할 수 없다.[145] 그러나 지구단위계획은 입안대상지역이 먼저 확정되어 고시되고 이러한 지역을 지구단위계획구역이라 부른다.

입안개시결정 이후 3년의 기간내에 지구단위계획이 결정되지 못하면 자동 실효(失效)되도록 정한 조문은 주목할 만하다(법 제53조 제1항). 주민이 입안을 제안한 지구단위계획은 도시계획결정의 고시일부터 5년 이내에 허가·인가·승인 등을 받아 사업이나 공사에 착수하지 아니하면 그 5년이 된 날의 다음날에 그 지구단위계획에 관한 도시계획결정은 효력을 잃는다(동조 제2항).

## 제3관 개발제한제 도시계획의 의의와 특성

## I. 개발제한제 도시계획의 의의

## 1. 개발제한구역의 뜻

개발제한제 도시계획이란 도시의 무질서한 확산을 방지하고 도시주변의 자연환경을 보전하기 위하여, 또는 보안상 도시 개발을 제한할 필요가 있다고 인정되어 도시개발을 제한하는 도시계획을 말한다(법 제38조). 개발제한제 도시계획이 수립되어 있는 지역을 개발

---

145) 대법 1985. 12. 10. 선고 85누186 판결.

제한구역이라 부른다.

　도시가 무질서하게 확산되면 농경지의 잠식, 환경의 파괴, 생활환경의 악화 등의 문제가 발생하게 되고 또 국방상으로도 취약점이 노출될 수 있다. 개발제한구역은 흔히 '그린벨트'라고도 불리는데 도시가 평면적으로 무질서하게 확산되는 것을 막기 위한 것으로 도시 주변의 일정한 지역을 정하여 더 이상의 개발행위를 제한한다.[146] 이와 같은 개발제한제 도시계획은 도시계획의 일종이며, 건축허용성을 부여하기 위한 형질변경허가 및 건축물의 신축을 금지하고, 증개축도 강하게 제한한다.

## 2. 빈번한 개정

　개발제한제 도시계획은 국토계획법에 의해 규율되는 도시계획이지만, 1970년대 구역지정 후 수많은 법적 문제를 일으켜 왔다. 그리고 이에 대한 건축허가요건도 50회에 가깝게 개정을 거듭하였다. 2000년 도시계획법의 전문개정과 때를 같이 하여 개발제한구역의 지정 및 관리에 관한 특별조치법(2000년 1월 28일 법률 제6241호: 이하 "개발제한구역법"이라 한다)이 제정됨으로써 개발제한구역 내 건축허가요건 및 기타 사항들이 독립된 법에 의하여 규율된다.

　개발제한구역법은 개발제한제 도시계획구역을 별도로 관리하기 위해 제정된 특별법이지만, 크게 보면 국토계획법의 한 부분이다. 도시계획의 수립에 관한 사항이나, 건축허가요건에 관한 사항들도 대체로 국토계획법과 그 모양을 같이 한다. 통합하는 것이 매우 어려운 국토이용관리법과 도시계획법을 과감하게 통합시킨 2003년의 국토계획법의 태도와 국토계획법의 한 내용에 불과한 개발제한구역을 별도의 법률로 분리시킨 입법자의 태도는 극단적인 대조를 이룬다.

## 3. 행위제한 일반

　개발제한구역 안에서는 그 지정목적에 위배되는 건축물의 건축[147] 및 용도변경, 공작물의 설치,[148] 토지의 형질변경,[149] 죽목의 벌채, 토지의 분할, 물건을 쌓아 놓는 행위 또

---

146) 현재 한국의 개발제한구역은 국토의 약 4.1%를 차지하고 있어서(건설교통부, 현재 89마213 결정에 대한 의견서, 1992. 1.) 국토의 약 16%에 이르는 전체 도시지역 중 상당한 비중을 차지하고 있다.
147) 대법 1986. 5. 27. 선고 85누294 판결.
148) 대법 1996. 5. 31. 선고 95도254 판결.
149) 대법 1991. 11. 26. 선고 91도2234 판결.

는 도시계획사업의 시행 등을 할 수 없다(개발제한구역법 제12조 제1항). 이처럼 개발제한구역 내에서 금지되는 행위는 일반적인 도시계획에 의한 건축물의 용도 · 형태제한의 범위를 넘어 매우 다양하고도 강력하다.

## 4. 개발행위의 금지

개발제한구역의 가장 중요한 특징은 건축허용성을 부여하는 것이 사실상 금지되어 있다는 점이다. 토지의 분할금지, 토지의 형질변경금지, 도시계획사업의 금지 등은 (전면적 금지라는 점에서) 용도지역제의 도시계획에서는 규율되고 있지 않은 개발제한구역에만 존재하는 독특한 행위제한이다. 무엇보다도 형질변경이 금지됨으로써 개발제한구역 내 새로운 건축행위가 원천적으로 봉쇄된다는 점은 개발제한구역을 이해하는 데 있어 가장 중요한 것이다. 토지의 분할은 예외적으로 건축물의 신축 또는 증축 등의 행위가 수반되지 않거나 개발제한구역의 지정목적에 지장이 없다고 인정되는 경우에만 허가될 수 있다. 물론 허가받지 않은 불법건축 등에 대해서는 강력한 재제수단들이 마련되어 있다(법 제133조, 제142조).[150]

개발제한구역 내 재산권 제한이 경우에 따라서는 개발제한구역 내 토지소유자에게 수인한도를 넘는 재산권침해가 되기도 한다.[151] 이처럼 도시계획에 의하여 개발제한구역이 지정되면 그 구역 안에서는 토지소유권이 주로 제한되므로 개발제한구역지정행위가 손실보상을 필요로 하는 행위인가를 둘러싸고 심한 대립이 있다.[152]

## 5. 건축행위의 제한

개발제한구역은 도시계획의 일종이므로 개발제한구역도 역시 건축허가요건을 주로 규율하고 있는 것이라는 점에 유의해야 한다. 실질적으로도 개발제한구역 내의 행위제한은 건축행위제한 위주로 규정되고, 또 운영되고 있으므로 개발제한구역을 이해하기 위해서는 그 행위제한의 모습을 정확히 이해하여야 한다.

---

150) 대법 2005. 12. 22. 선고 2003도7494 판결; 대법 2004. 5. 14. 선고 2001도2841 판결.
151) 이에 관한 헌법재판소의 결정(헌재 1998. 12. 24. 선고 97헌바78 결정 등 병합사건)은 주목할 만하다. 이 결정에서 헌법재판소는 한정적인 범위의 토지에 대해서는 손실보상이 필요한 것으로 보고, 보상규정(補償規定)이 없는 개발제한구역제도에 대하여 헌법불합치결정을 내렸다.
152) 이에 관하여 자세히는 김종보, "계획제한과 손실보상논의의 재검토", 행정법연구 제2호, 1998. 4, 208쪽 이하 참조; 헌재 1999. 1. 28. 선고 97헌마9 결정(입법부작위) 등.

## 6. 건축허용성의 부여와 개발제한구역

　최초 개발제한구역이 지정될 당시 서울과 부산 등 대도시에 존재하고 있던 대부분의 토지는 건축물로 뒤덮였지만, 개발제한구역은 여전히 건축물이 없는 상태로 유지되고 있다. 그 이유는 도시계획을 보충하여 개별필지단위의 건축허용성을 부여하는 기능을 하는 형질변경허가를 금지하고 있기 때문이다. 개발제한제 도시계획은 그 도시계획 자체가 이미 개발제한을 전제로 한 것이므로 논리적 결과로서 건축허용성을 새롭게 부여하는 것도 당연히 금지된다. 따라서 개발제한구역 내 형질변경허가나 토지의 분할은 불가능해진다. 이렇게 건축을 목적으로 하는 토지의 형질변경이 엄격하게 제한되므로 이에 의해 개발제한구역 내의 실질적인 토지가액이 많은 영향을 받게 된다.[153]

## II. 개발제한구역과 건축

## 1. 건축물과 건축행위의 통제

### (1) 개발제한제와 건축행위

　개발제한제 도시계획도 건축허가요건을 규제하는 면에서는 용도지역제의 도시계획과 매우 유사하다. 개발제한구역 내의 건축행위는 용도 및 형태면에서 국토계획법이 정하는 건축허가요건을 충족해야 하기 때문이다. 다만 개발제한구역은 그 하위에 용도지역이라는 개념이 없어서 모든 토지가 단일한 허가요건의 적용을 받는다는 점, 또한 건축허가요건이 용도제한과 형태제한으로 명백히 분화되어 있지 못한 경우가 많다는 점 등에서 용도지역제 도시계획과 차이를 보인다. 그러므로 일반적 건축허가와 달리 개발제한구역 내 건축허가는 재량행위로 분류된다.[154]

---

153) 대법 1997. 6. 24. 선고 96누1313 판결(수용보상가산정).
154) 대법 2003. 3. 28. 선고 2002두11905 판결(축사 또는 콩나물재배사); 대법 1998. 9. 8. 선고 98두8759 판결.

### (2) 허용되는 건축물

개발제한구역에서는 법령이 허용하는 용도 및 형태의 건축물만이 건축허가를 받을 수 있다. 이러한 지역에서의 허용되는 건축물은 원칙적으로 구역지정목적에 반하지 않아야 한다. 이렇게 추상적인 구역지정목적을 구체화하기 위해 개발제한구역법에는 허용되는 개별적인 건축물의 종류가 나열되어 있다(법 제12조 제1항).

동조에서 나열하고 있는 건축물의 종류는 공원, 녹지, 실외체육시설 등 개발제한구역의 존치 및 보전관리에 도움이 될 수 있는 시설(가목), 개발제한구역이 아닌 지역에 입지가 곤란하여 개발제한구역 내에 입지하여야만 그 기능과 목적이 달성되는 시설(다목), 국방·군사에 관한 시설 및 교정시설(라목), 개발제한구역 주민의 주거·생활편익·생업을 위한 시설(마목) 등이다. 기타 대통령령이 정하는 시설은 헌법재판소의 결정에 따라 개발제한 구역지정 당시 지목이 대지였던 토지 및 경계선에 걸친 토지상의 건축물 등이다(영 제13조 제2항).[155]

### (3) 건축행위와 건축물

개발제한구역 내 건축물은 신축이 허용되는 건축물, 신축은 금지되지만 증축 및 개축이 허용되는 건축물, 신축·증축은 금지되고 개축만이 허용되는 건축물 등 세 가지 종류로 크게 나뉜다. 이하에서는 신축이 허용되는 건축물을 특권적 건축물로, 증축과 개축이 허용되는 건축물을 준특권적 건축물로 부른다. 특권적 건축물을 포함해서 허용되는 건축물의 종류와 증·개축할 수 있는 범위의 대강은 법률이 정하고 있으며 구체적인 것은 동법시행령(별표 1)에서 정해지므로 건축허가요건은 건축행위의 개념과 연동되어 있다.

## 2. 건축행위의 구별

### (1) 신축의 개념

신축(新築)이란 건축물이 없는 대지에 건축물을 축조하는 행위로서 '개축·재축'을 제외한 개념이다(건축법시행령 제2조 제1항 제1호). 이러한 신축개념은 개축·증축 등의 개념을

---

155) 헌재 1998. 12. 24. 선고 97헌바78 결정.

보충하는 것으로 만약 개축·증축에 해당하지 않는 건축행위라면 이는 신축이라 해석해야 한다(신축행위의 보충성).

원칙적으로 개축·재축뿐 아니라 '증축'도 신축과 중복될 수 없는 개념이다. 다만 법령이 증축을 신축에서 제외시키지 않고 있는 것은, 건축물이 존재하지 않는 순간이 개축·재축에만 있기 때문이다. 따라서 증축은 건축물의 형태가 증가된다는 점 이외에도 기존의 건축물을 활용할 것이 전제되어 있다. 개축(改築)의 중요한 개념요소는 건축물을 철거한다는 점, 새로운 건축물의 규모가 기존 건축물보다 작거나 동일한 범위 내라는 점이다.

## (2) 신축과 개축의 구별

신축과 개축은 기존 건축물을 전제로 하는가 여부로 크게 구별된다.[156] 그리고 법에 의해 기존건축물의 존속을 보장하기 위해 인정되는 개축행위는 구 건축물이 보유하고 있던 기득권의 범위 내에서만 허용된다. 새로운 건축물이 구 건축물의 기득권 범위 내에 있는가 여부는 다시 신구 건축물 간에 사회관념상의 동일성이 있는가 여부에 의해 판단된다. 따라서 하나의 대지 안에 존재하던 두 개의 건축물을 하나로 합하여 전체면적이 동일한 규모로 건축물을 만들어 내는 행위 또는 넓은 대지의 일부에 치우쳐 있던 건축물을 사회관념상 동일한 장소라 할 수 없는 동일대지 안의 제3의 장소로 옮겨 짓는 행위는 동일규모의 건축이라 해도 개축에 해당되지 않는다.

---

156) 대법 2000. 6. 23. 선고 98두3112 판결; 이에 대한 자세한 평석으로 김종보, "건축의 개념과 불법건축", 공법연구, 2000. 11, 509쪽 이하 참조.

## (3) 이축의 개념

개발제한구역 내에서는 기존의 건축물이 공익사업이나 빈발하는 수재 등으로 더 이상 사용될 수 없게 되는 경우에 기존 건축물을 옮겨 건축물을 짓는 행위가 허용되었다. 그리고 이를 일반적인 건축행위와 구별하여 이축이라 칭한다.[157] 개발제한구역법은 제정과정에서 이를 일부 축소하여 신축으로 흡수하였지만, 여전히 공익사업으로 인한 이축·취락지구로의 이축을 잔존시킴으로써 통일성을 잃고 있다. 신축은 이축을 포함하는 개념이므로 신축이 가능한 경우에는 이축이 가능한가 여부를 별도로 따질 필요가 없다.

## 제4관 비도시지역과 국토계획법

## Ⅰ. 국토계획법의 적용범위

국토계획법은 종래 국토이용관리법을 흡수하여 도시지역 이외에도 적용된다. 그러므로 동법은 '도시'보다는 큰 개념인 '국토'라는 명칭을 법률의 정식명칭으로 사용하고 있다. 그러나 앞서 여러 차례 지적한 바와 같이 국토계획법은 도시계획에 관한 법률이고, 국토이용관리법은 종래 도시계획법의 부속법률의 성격이 강했던 것이므로 이 명칭은 옳지 않다.

국토이용관리법은 도시계획법과 본질에 있어 큰 차이를 보이던 법률은 아니다. 두 법률 모두 건축경찰법과는 달리 토지의 합리적 이용을 목적으로 제정된 법률이기 때문이다. 다만 도시지역의 토지이용이 어느 나라에서나 먼저 문제가 되고, 이를 위해 도시계획법이 먼저 제정되는 것이 일반적이다. 그 후 전국적인 토지이용의 통제를 위한 별도의 법률이 제정되면 이러한 법률은 도시계획법이 선점하고 있는 지역 외곽을 규율하는 방식을 취하게 된다. 경우에 따라서는 도시계획법 자체를 전국적으로 확대하고 새로운 법률을 만들지 않을 수도 있다.

---

157) 개발제한구역 내 이축과 관련된 판례로 대법 1996. 6. 14. 선고 95누10471 판결; 대법 1992. 5. 12. 선고 91누8128 판결; 대법 1990. 4. 24. 선고 90누97 판결.

## II. 국토계획법의 제정

한국은 국토계획법 이전 시대에 도시계획법과 국토이용관리법이라는 양법체계를 사용하고 있었다. 2000년대 언론에 집중 보도된 준농림지역의 난개발이 문제되자 이에 대한 대책으로 양법체계를 포기하고, 단일법체계를 취하는 법개정이 이루어진 것이다. 국토계획법과 같은 단일법체계를 취하건, 과거의 양법체계를 취하건 변화하지 않는 것은 도시계획이 수립되어 있는 지역(실질적 도시계획구역)과 도시계획이 없는 지역으로 나뉘게 된다는 점이다. 전자의 지역에서는 도시계획이 전적으로 건축허가요건을 규율하지만, 후자의 지역에는 도시계획이 없으므로 건축허가요건 자체가 법률에 의해 직접 부여된다.

## III. 비도시지역의 건축허가

국토계획법은 관리지역이나 농림지역을 용도지역의 일종으로 보고 이러한 용도지역의 지정을 도시(관리)계획으로 한다고 정하고 있지만(제36조), 이는 입법의 오류이다. 이러한 구획설정행위를 위해 도시계획수립절차를 거치는 것이 불가능하고, 이를 도시계획으로 인정한다면, 전국이 도시계획구역이 되는 것이기 때문이다. 따라서 도시계획이 실질적으로 수립되지 않은 도시외곽지역을 구획하는 행위는 종래의 국토이용계획에 준하는 제3의 행정작용으로 이해되어야 할 뿐 국토계획법이 말하는 도시계획은 아니다.

## IV. 준농림지역의 폐지

종래 국토이용관리법상으로는 도시지역, 준도시지역, 농림지역, 준농림지역, 자연환경보전지역의 다섯 가지 용도지역이 있었고, 각각의 행위제한이 정해져 있었다. 국토계획법은 준도시지역과 준농림지역을 합하여 관리지역으로 명칭을 변경하고 농림지역과 자연환경보전지역은 그대로 존치시키고 있다. 이는 국토계획법의 주된 제정배경이 준농림지역의 난개발이었음을 잘 보여주고 있다.

현재 한국의 용도지역의 분포를 보면 도시지역이 약 16.5%, 관리지역이 약 25%, 농림지역이 약 46.9%, 자연환경보전지역이 약 11.5% 정도를 차지하고 있다.[158] 농림지역의 면적이 관리지역과 합쳐 약 70%를 상회하므로 전국적인 차원에서 대부분을 점하고 있음을 알 수 있다.


## V. 관리지역의 의의

국토계획법에 의해 가장 달라진 부분은 도시계획의 수립이 가능한 곳이 관리지역으로 확대되었다는 점이다. 도시계획이 수립된다는 의미는 한편으로는 난개발을 막는다는 측면을 갖지만, 다른 한편 도시계획을 통해 대상지역의 건축행위가 정당화된다는 측면을 갖는다. 그러므로 관리지역으로 도시계획이 확산되는 것은 난개발을 억제하기 위해 채택된 것이면서, 종합적 난개발에 악용될 수 있는 위험성이 있다는 점에 항상 유의해야 한다.


## 제6절 도시계획시설

도시계획시설은 도시계획의 일종인 도시계획시설계획에 의해 설치되는 기반시설을 말하며, 이러한 기능을 하는 도시계획시설계획 또는 도시계획시설결정도 제5절에서 말하는 도시계획의 한 유형이다. 다만 도시계획시설과 관련해서는 도시계획의 한 유형이라고 하는 측면 이외에도 다양한 법적 쟁점이 존재하기 때문에 별도의 절을 두어 설명하게 된다.


## I. 도시계획시설의 개념

도시계획시설은 다양한 요소를 전제로 하지만 특히 개념요소로서 중요한 것이 기반시설이다. 기반시설이 도시계획결정과 실시계획에 의해 설치되면 도시계획시설이 되는 것이기 때문이다.

---

158) 통계청 홈페이지(2011년 기준).

# 1. 기반시설의 의의

## (1) 기반시설의 뜻

근대화·산업화에 의한 사회구조의 변화는 인구의 도시집중을 초래하게 되었다. 도시가 통상적으로 기능하기 위해 교통시설, 유통시설, 통신시설 등이 필요해지고, 직장과 주택의 집중에 의해 상하수도, 학교, 공원과 같은 기반시설에 대한 수요가 높아졌다. 그러나 도시의 장기적이고 유기적인 기능과 맞물려 있는 기반시설은 그 수요가 시장원리에 따라 자연스럽게 충족되기 어렵다. 기반시설이 갖는 이러한 특성은 국가 또는 자치단체 등 도시를 관리할 책임을 진 행정주체가 이를 설치하고 관리할 책임으로 연결된다. 이런 이유로 도시에 필요한 각종 시설들은 국토계획법에 의해 기반시설로 정의되고 그 설치와 관리에 대해 규율되고 있다.[159]

## (2) 기반시설의 종류

국토계획법은 기반시설을

가. 도로·철도·항만·공항·주차장 등 교통시설
나. 광장·공원·녹지 등 공간시설
다. 유통업무설비, 수도·전기·가스공급설비, 방송·통신시설, 공동구 등 유통·공급시설
라. 학교·운동장·공공청사·문화시설·공공필요성이 인정되는 체육시설 등 공공·문화체육시설
마. 하천·유수지·방화설비 등 방재시설
바. 화장장·공동묘지·납골시설 등 보건위생시설
사. 하수도·폐기물처리시설 등 환경기초시설

중 대통령령이 정하는 시설로 나열하면서, 이 중에서 제30조의 규정에 의한 도시계획으로 결정된 시설을 도시계획시설이라 정의하고 있다(법 제2조 제6호, 제7호).

---

159) 이에 관하여 자세히는 김종보, "도시계획시설의 법적 의미", 공법연구, 1997. 6, 672쪽 이하 참조.

## (3) 기반시설의 공공성

법률이 기반시설을 개념정의하지 않은 채 단순히 시설들을 나열하고 있지만, 나열된 시설 모두가 기반시설이 되는 것은 아니며 그중에서도 공공성을 갖추고 있는 것들만이 국토계획법상의 기반시설이라고 보아야 한다.160) 예컨대 운동시설이 기반시설로 나열되어 있다고 해서 모든 운동시설이 기반시설이라고 해석할 수는 없고, 공공성 징표를 충족하는 운동시설만이 국토계획법상의 기반시설이라고 보아야 한다.161) 헌법재판소는 운동시설에 관한 사안을 판단하면서 이에 한정해서 공공성을 법률에 정하도록 설시하고 있지만, 공공성 요건은 법률에 나열된 모든 기반시설에 대해 요구되는 것으로 이해되어야 한다. 그러므로 헌법재판소의 결정에 따라 개정된 국토계획법이 체육시설에 대해서만 공공성을 요구하도록 규정된 것은(위 법령 밑줄) 결정의 취지를 잘못 이해한 결과이다.

## 2. 도시계획시설의 개념과 징표

### (1) 도시계획시설의 개념

도시계획시설을 거칠게 정의하면 '도시기능을 위해 필요한 기반시설 중 공공성과 영향력이 높아 원칙적으로 행정주체가 도시계획시설결정 및 실시계획의 절차를 거쳐 설치하는 시설' 정도로 표현할 수 있다. 높은 공공성은 도시계획시설부지에 대한 수용권으로 연결되고 높은 영향력은 도시계획결정절차의 엄정성과 연결된다. 일정한 기반시설에 대해 도시계획결정을 강요하고 이를 도시계획시설이라 부르는 이유는, 시설의 중요성을 고려해 특별한 취급을 할 필요가 있기 때문이다.162) 공공성을 갖춘 기반시설이 도시계획시설 결정을 통해 설치되는 경우 그 시설은 통상 절차적으로나 내용적으로 헌법이 말하는 공공필요를 충족하는 것으로 볼 수 있고, 수용권이 발동될 수 있다(헌법 제23조 제3항).

---

160) 헌재 2011. 6. 30. 선고 2008헌바166 결정, "그 자체로 공공필요성이 인정되는 교통시설이나 수도·전기·가스공급설비 등 국토계획법상의 다른 기반시설과는 달리, 기반시설로서의 체육시설의 종류와 범위를 대통령령에 위임하기 위해서는, 체육시설 중 공공필요성이 인정되는 범위로 한정해 두어야 한다."; 헌법재판소는 이 결정에서 기반시설의 공공성을 법률이 정하지 않고 대통령령에 위임한 것이 위헌이라고 선언하고 있다.

161) 헌법재판소의 헌법불합치결정에 따라 2012년 개정된 국토계획법이 체계적인 관점에서 기반시설의 개념 자체를 정의하거나 기반시설 일반에 대해 공공성을 요구하지 않은 채, 헌법재판소가 지적한 체육시설에 한정해서 공공성을 부가한 것은(개정 국토계획법 제2조 제6호 라목) 유감스럽다.

162) 정태용, 도시계획법, 한국법제연구원, 2001, 161쪽 참조.

## (2) 임의적 도시계획시설

국토계획법은 기반시설을 설치할 때 도시계획시설결정을 거치도록 선언하면서(필수적 도시계획시설), 예외적으로 용도지역, 기반시설의 특성을 고려해서 이를 생략할 수 있는 기반시설의 종류를 대통령령에 위임하고 있다(법 제43조 제1항 단서, 영 제35조). 이에 의해 자동차학원, 장례식장 등은 건축허가 등을 통해 설치할 수도 있고, 도시계획시설결정을 통해 설치할 수도 있는 시설이 되었다(임의적 도시계획시설). 그러므로 기반시설은 임의적 도시계획시설과 필수적 도시계획시설을 포함하는 도시계획시설의 상위개념이다. 임의적 시설에 대해 이를 도시계획결정으로 설치할 것인가 여부는 사업시행자, 토지소유자, 인근주민 등에 대해 각각 다른 효과를 미친다.[163]

# II. 도시계획시설의 설치절차

## 1. 설치절차 개관

### (1) 유형적 시설물 중심의 절차

도시계획시설의 설치절차는 도시계획시설결정과 실시계획 및 시공으로 구성되는데, 이는 도시계획시설이 유형적 시설물이라는 측면을 갖기 때문이다. 도시계획시설결정으로 시설의 종류, 사업대상지의 위치와 면적이 확정되고 실시계획에 의해 구체적인 설계도가 작성된다. 실시계획은 토지보상법상의 사업인정으로 의제되어 대상부지의 소유권을 수용할 수 있는 근거가 되므로 매우 중요한 의미가 있다. 실시계획이 인가되고 나면 수용과 시설물 설치공사 및 준공검사 등의 절차가 이어진다.

---

163) 통상 임의적 도시계획시설로 분류되면 일부 사업시행자들에게 더 유리한 것으로 인식되고 있다. 복잡한 절차를 거칠 필요가 없고, 도시계획위원회의 간섭이 없이 기반시설을 설치할 수 있기 때문이다. 그러나 이런 시설도 수용권이 필요할 때는 도시계획시설결정을 활용하므로 상황에 따라 이해관계가 달라질 수 있다.

## (2) 도시계획시설사업의 시행자

도시계획시설사업의 시행자는 원칙적으로 특별시장·광역시장·시장·군수이다(법 제86조). 이는 보통의 개발사업의 시행자가 공기업 또는 당해 사업구역의 토지소유자 또는 그 조합으로 구성되는 것과 대조된다. 도시계획시설은 공익성이 매우 높은 시설이므로, 보통의 주택건설사업과는 달리 공행정주체가 원칙적인 사업시행자로 법률상 정해져 있는 것인데, 물론 이러한 사업도 제3의 사업시행자가 지정될 수 있다(동조 제4항, 제5항).

## 2. 도시계획시설결정

### (1) 도시계획시설결정의 의의

국토계획법상으로 도시계획시설을 설치하기 위해서는 시·도지사 등이 결정·고시하는 도시계획결정이 필요하다(법 제30조, 제2조 제6호, 제7호). 이를 도시계획시설계획 또는 도시계획시설결정이라고 부른다. 도시계획시설사업을 위한 도시계획시설결정은 도시계획시설의 위치와 면적을 확정하고 또한 후속하는 실시계획을 위한 법적인 기초가 된다.[164]

### (2) 도시계획시설사업의 특징

도시계획시설계획과 관련된 가장 큰 특색은 도시계획시설이 비단 국토계획법뿐만 아니라, 개별법들에 의해서도 매우 상세하게 규율되고 있다는 점이다. 예컨대 도시계획시설인 도로나 철도 등에는 그 자체를 위한 개별법으로서 도로법, 도시철도법, 철도법 등이 별도로 존재한다. 그리고 이러한 법들은 도로, 철도 등의 유지·관리에 관한 사항뿐 아니라 그 설치 등을 위한 절차까지도 같이 규율하고 있다. 그럼에도 불구하고 도시계획시설은 도시계획으로 결정되어야 하므로 그 위치 및 면적에 관한 사항은 도시계획시설결정에 의하여 확정되어야 한다.

---

164) 대법 1995. 12. 8. 선고 93누9927 판결.

## 3. 실시계획의 인가

### (1) 실시계획의 뜻

도시계획시설사업의 실시계획은 사업시행에 필요한 설계도서, 자금계획 및 시행기간과 기타 필요한 사항을 내용으로 하며, 사업시행지의 위치도 등이 실시계획 인가를 신청할 때 같이 제출되어야 한다(법 제88조 제5항, 영 제97조).[165] 도시계획시설은 그 설치의 기준을 자세히 정하기 위하여, 도시계획시설결정·구조 및 설치기준에 관한 규칙(국토부령)이 제정되어 있으므로 그 기준에 적합하도록 작성되어야 한다.

### (2) 실시계획의 기능

용도지역제 도시계획, 지구단위계획과 같은 도시계획은 결정과 고시로 절차가 완결되므로, 후속하는 절차가 없고 도시계획에 대해 별도로 시행되거나 실시된다고 표현하지 않는다. 이에 비해 도시계획시설결정은 유형적 시설물을 설치하기 위한 후속절차와 공사를 수반하므로 사업을 시행한다거나 또는 실시한다는 표현이 법문에 나타나게 된다. 사업의 시행(施行)과 실시(實施)는 통상 유사한 개념으로 인식되고 실무상 혼용되지만 엄밀하게 보면 이 둘은 동의어가 아니다. 사업의 시행은 넓게 도시계획시설을 설치하기 위한 사업의 준비와 진행, 재원조달, 공사허가 등을 포괄하는 행위를 지칭하며 이러한 행위를 하는 자를 사업시행자라 한다. 이에 비해 사업의 실시는 좁게 공사의 준비 및 착공에서 준공에 이르는 행위를 지칭한다.

그러므로 실시계획은 일정한 시설물을 설치하기 위한 공사계획이며 실시계획의 인가는 공사를 허가한다는 의미를 갖는다. 공사허가로서 실시계획은 설계도를 중요한 구성요소로 하고 이 설계도에 의해 사업부지가 특정된다(법 제88조 참조). 이렇게 작성된 설계도는 건축허가, 대규모점포등록 등 다른 법률에 의해 통제되는 유형적 시설물을 포함할 수 있으므로 각종 인허가를 의제하기 위한 조항들도 마련되어 있다(법 제92조 제1항 제1호, 제18호 등). 그러므로 실시계획이 인가되면 사업시행자는 공사에 착수할 수 있는 지위를 얻게 된다.[166] 실시계획의 인가는 토지보상법 제20조 제1항 및 제22조에 의한 사업인정 및

---

165) 대법 2015. 7. 9. 선고 2015두39590 판결.
166) 실시계획이 준공검사와 연결되어 있다는 점은 실시계획이 갖는 공사허가로서의 성격을 잘 보여준다. 전형적으로 공사허가를 정하는 법률에서는 준공과 관련된 절차를 마련하고 있는데, 예컨대 건축법상 건축

그 고시로 의제되므로 시행자는 도시계획사업에 필요한 토지 등을 수용할 수 있다(법 제96조 제2항).

### (3) 도시계획시설의 장기미집행

기반시설을 설치하려면 그 시설의 종류 · 명칭 · 위치 · 규모 등을 <u>미리</u> 도시관리계획으로 결정하여야 하며(법 제43조 제1항), 이러한 도시계획시설결정은 엄격할 절차를 거쳐 발급되는 공식적 행정처분이다. 그러나 이에 의해 수용권이 바로 부여되는 것이 아니므로, 실시계획의 인가가 뒤따르지 않으면 사업시행자도 수용재결을 신청할 수 없고 토지소유자도 재결신청을 청구할 수 없다(토지보상법 제30조 제1항).[167] 이런 상태가 장기간 지속되는 시설을 장기미집행 도시계획시설이라 부른다. 이에 대해서는 후술한다.


## III. 도시계획시설의 수용권[168]

### 1. 공공성의 뜻

도시계획시설의 공공성은 시설의 기능이 도시를 위해 필요하고, 또 주로 공공의 이익을 위한 것일 때 충족된다.[169] 도시계획시설이 도시를 위해 필요하다는 것은 행정주체의 설치의무와 연관되는데, 그 필요성이 행정주체에게 즉시 그 설치의무를 지울 정도로 긴급해야 하는 것은 아니다. 만약 당해 시설과 유사한 기능을 담당하는 시설이 시장에서 공급되거나 공급될 가능성이 높으면 필요성은 약해지고, 그렇지 않으면 필요성이 높아진다.[170] 이익의 귀속이라는 관점에서도 도시계획시설이 반드시 비영리적인 것이어야 하는 것은 아니고 일정한 영리성을 포함할 수 있다. 다만 영리성의 비중이 일정한 한도를 넘어

---

허가와 사용승인, 국토계획법상 개발행위허가와 준공검사, 주택법상 사업승인과 사용검사 등이 그 예이다. 이에 반해 토지보상법상 사업인정은 준공검사에 관한 조항이 없다.

167) 헌재 1996. 11. 28. 선고 92헌마237 결정.
168) 이에 대해 자세히는 김종보, "도시계획시설의 공공성과 수용권", 행정법연구 30호, 2011. 8, 277 – 397쪽 이하 참조.
169) 공공성의 개념에 대해 약간 자세히는 금태환, "국토의 계획 및 이용에 관한 법률 제95조 제1항의 위헌성", 행정법연구 제27호, 2010. 8, 274쪽 참조.
170) 필요성 요건에 대해 약간 자세히는 김연태, "공용수용의 요건으로서 공공필요", 고려법학 제48호, 2007. 4, 94쪽 참조.

서게 되면 시설운영의 주된 이익이 공공에 귀속되어야 한다는 원칙에 반할 수 있다. 따라서 이러한 시설은 비록 형식상 도시계획결정이 되어 있다고 해도 도시계획시설이 요구하는 공공성을 충족하지 못하는 것으로 해석될 수 있다.

## 2. 의제조항

실시계획은 공공성 있는 도시계획시설을 설치하기 위한 공사허가이고 이를 위해 부지의 소유권이 필요할 수 있기 때문에 국토계획법은 실시계획과 수용권을 연동시키고 있다. 이에 따라 실시계획의 인가는 토지보상법 제20조 제1항 및 제22조에 의한 사업인정 및 그 고시로 의제되고 사업시행자는 도시계획사업에 필요한 토지 등을 수용할 수 있다(법 제96조 제2항). 만약 이 조항이 없다면 사업시행자는 실시계획의 인가 후 다시 토지보상법상 별도의 절차를 밟아 사업인정을 받아야 한다.[171]

---

171) 헌재 2007. 11. 29. 선고 2006헌바79 결정, "도시계획시설사업의 실시계획 인가를 사업인정으로 의제하는 국토계획법 제96조 제2항 본문이 적법절차원칙 및 헌법 제23조 제3항에 위배되는지 여부(소극)"

# 제4장 재건축 · 재개발

## 제1절 개발사업법과 재건축·재개발

### 제1관 개발사업법의 의의

#### I. 개발사업법의 개념

'개발사업'이란 토지의 합리적 이용을 위해 행정청 또는 조합 등이 사업시행자가 되어 시가지를 재정비하거나 신도시를 건설하는 사업을 말한다. 개발사업법은 도시정비법(이하 이 장에서 인용할 때에는 법이라고만 함), 도시개발법, 주택법, 택지개발촉진법 등 개발사업에 대해 규율하고 있는 각종 법률들을 통칭하여 부르는 강학상의 명칭이다.

#### II. 개발사업법과 국토계획법의 비교

목적 면에서 국토계획법은 도시의 기존질서를 존중하며, 새로운 건축물에 대한 건축허가요건을 규율하지만, 개발사업법은 급격한 주거수요 등을 위하여 새로운 주거단지를 개발할 긴급한 필요가 있거나, 퇴락한 도시의 일부 지역을 '적극적'으로 정비하는 기능을 담당한다.

수단의 적극성 면에서 국토계획법에 의해 수립된 도시계획이 토지소유자의 건축허가

신청이 있어야 비로소 작동되는 것과는 대조적으로, 개발사업법이 사용하는 수법은 매우 적극적이다. 개발사업법은 원칙적으로 개발하고자 하는 지역의 토지소유권을 소멸시키고, 그 지상의 건축물을 철거한 후, 아파트 등 공동주택을 건축할 수 있는 수단을 채택하고 있다.

## 제2관 도시정비법의 이해

### Ⅰ. 도시정비법의 의의

### 1. 도시정비법의 목적

도시정비법은 도시기능의 회복이 필요하거나 주거환경 등이 불량한 지역을 계획적으로 정비하고 노후·불량건축물을 효율적으로 개량하기 위한 법이다. 이를 통해 도시정비법은 도시 및 주거환경을 개선하는 목적을 추구한다(법 제1조).

### 2. 정비사업과 헌법상 공공필요

#### (1) 정비사업의 공공성

재개발사업이 헌법상 공공필요를 충족시키고 따라서 수용권이 부여된다는 점에 대해서는 일반적으로 받아들여지고 있으나 재건축사업에 대해서는 논란이 있다. 도시정비법에 따른 재건축사업은 정비사업의 일종으로서 도시기능을 회복하기 위한 사업이며 헌법상 공공필요가 인정된다고 해석하여야 한다.

#### (2) 헌법상 공공필요

헌법 제23조는 모든 국민의 재산권을 보장하면서(제1항), 그 의사에 반하는 소유권의 박탈을 원칙적으로 금지하고 있다. 그리고 헌법 제23조는 제3항에서 '공공필요'에 의해서만 의사에 반하는 소유권의 박탈(토지수용)이 허용될 수 있다는 예외 조항을 두고 있다. 도시정비법이 매도청구권(법 제64조)에 의해 재건축에 반대하는 토지등소유자의 소유권을 박탈할 수 있도록 정하고 있고, 이것이 헌법하에서 허용될 수 있는 이유는 재건축사업이 일정한 공익목적을 갖고 있다는 점 때문이다.


## II. 정비사업의 종류(법 제2조 제2호)

도시정비법상 정비사업은 재개발사업, 재건축사업, 주거환경개선사업의 세 가지로 크게 구분된다(법 제2조 제2호).[172) 재건축은 오래된 공동주택을 헐고 다시 아파트를 짓는 사업, 재개발은 기반시설이 열악하고 건축물이 불량한 주거지를 정비하거나 기능을 상실한 상업지역에서 도시환경을 개선하는 사업, 주거환경개선사업은 저소득주민이 밀집한 문제지역에서 국고를 지원해 도로나 공원을 확보하고, 주민의 개별적 건축행위를 권장하는 사업으로 이해하면 된다.


## III. 재건축과 재개발의 비교

도시정비법이 제정됨으로 인해 재건축사업과 재개발사업은 공법적 통제라는 관점에서 상당히 근접하고 있다. 예컨대, 구역지정을 해야 한다는 점, 관리처분계획을 수립하고, 이전고시를 한다거나, 추가부담금을 청산금부과처분으로 징수한다는 점 등에서 양자의 차이는 소멸되었다.

그러나 도시정비법에서도 매도청구소송과 토지수용·안전진단 등에서 여전히 재건축과 재개발은 차이를 보이며, 이러한 차이점은 재건축사업이 재개발사업에 비해 공공성이 부족하다는 점에 기인한다. 그렇지만 재건축사업이 이미 도시정비법상의 정비사업으로 명시적으로 편입된 이상, 이러한 차이가 재건축사업이 공공개발사업의 일종임을 부인하는 논거가 될 수는 없다.

---

172) 도시정비법 제정당시에는 도시재개발법에 의한 공장재개발과 도심재개발을 묶어 도시환경정비사업으로 새롭게 분류하고 재개발과 구분했었기 때문에 그 당시 정비사업은 결과적으로 재건축, 재개발, 도시환경정비, 주거환경개선사업으로 나뉘게 되었다. 그 후 가로주택정비사업, 주거환경정비사업 등이 추가되었다가 다시 빈집 및 소규모주택의 정비에 관한 특례법으로 이전되었다(2017). 2018년 새로 시행되는 도시정비법에서는 도시환경정비사업이 재개발사업으로 흡수되어 다시 정비사업이 셋으로 정리되었다.

## 제2절 구역지정과 조합설립

## 제1관 정비구역의 지정

## Ⅰ. 들어가면서

### 1. 정비구역의 기능

정비구역은 정비사업이 수행될 대상토지를 구획하여 위치와 면적으로 확정한 일단의 토지이다. 정비구역의 지정을 통해 조합원의 범위와 신축 아파트의 부지가 정해진다. 구법시대에 정비구역은 재개발에만 있고, 재건축에는 없던 제도였다. 정비구역이 지정되면 그 안의 토지등소유자가 조합원이 될 수 있다는 점에서 정비구역은 초기에 법적으로 매우 중요한 의미를 갖는다. 사업구역에서 배제되는 자는 아파트를 받지 못하고 결국 개발이익을 향유하지 못하게 되기 때문이다. 정비구역은 사업의 종료 후 새롭게 등장하는 아파트의 단지(주택단지)가 되고 정비구역의 지정은 도시계획의 효력을 갖는 것으로 국토계획법에 의한 도시계획 체계에도 영향을 미친다.

### 2. 정비계획과 정비구역 지정

정비구역의 지정은 정비계획과 동시에 이루어지므로 실제 정비계획과 정비구역의 지정 하나의 행정처분이라 보면 된다. 현행 도시정비법에서 정비구역의 지정과 정비계획의 수립은 동시에 이루어지도록 규정되어 있다(법 제8조).

## Ⅱ. 정비기본계획

특별시장·광역시장 또는 시장은 주거환경개선사업, 재개발·재건축사업 및 토지등소유자의 재개발의 기본방향, 정비사업의 계획기간, 정비예정구역의 개략적인 범위 등의 내용이 포함되어 있는 정비기본계획을 10년 단위로 수립한다(법 제5조 제1항). 이 정비기본계획은 도시기본계획(국토계획법)과 유사한 행정청의 내부계획이면서 정비계획의 상위계획이다. 정비기본계획은 뒤따르는 정비계획에 대해 행정 내부적인 구속력을 발휘하지만, 국민에 대한 구속력은 없는 행정청의 내부적 기준일 뿐이다.

## III. 구역지정과 정비계획

### 1. 정비구역과 정비계획의 의의

정비구역이라 함은 정비사업을 계획적으로 시행하기 위하여 제16조의 규정에 의하여 지정·고시된 구역을 말한다(법 제2조 제1호 내지 제2호). 구역지정과 별도로 정비기반시설은 어떻게 설치할지, 용적률·건폐율 등은 어떻게 할지 등 정비사업의 지침이 될 수 있는 구속적인 행정계획이 또 다시 필요하며, 법률은 이를 '정비계획'이라 부르고 있다. 과거 도시재개발사업에서는 구역의 지정과 정비계획이 시간적으로 분리되어 수립될 수 있었지만(구 도시재개발법 제4조 제6항), 현행 도시정비법은 정비구역의 지정과 정비계획 수립이 동시에 이루어지도록 한다.

### 2. 정비구역지정의 요건

정비구역의 지정요건은 원래 구도시재개발법에서 재개발구역을 정하기 위한 정량적인 요소들로 구성된 것이었다. 이때 정량적 요소의 중심에 존재하던 개념이 노후·불량건축물인데, 노후·불량건축물의 수나 일정면적내 밀도 등을 기준으로 구역지정요건이 정해져 있었고, 이는 현행 재개발구역 지정요건으로도 연결되어 있다. 특히 재개발구역지정을 위한 요건은 각 자치단체의 조례에 의존하고 있으므로 서울시나 경기도의 조례를 찾아보기 전에는 정확히 알기 어렵다.

이에 반해 구법시대 재건축은 구역지정제도가 없었으며 따라서 구역지정요건이라는 것도 존재하지 않았다. 그런데 도시정비법의 제정과정에서 재건축사업에도 구역지정을 요구하면서 재개발에서 사용되던 노후·불량건축물이라는 개념을 그대로 재건축사업의 구역 지정요건에 사용하였다. 이에 따라 노후·불량건축물 개념이 변질되면서 결국 준공된 후 20년 또는 30년이 경과한 아파트가 노후·불량건축물이 되는 것으로 정하게 되었다(법

제2조 제3호 라목 및 영 제2조 제3항). 이 때문에 노후·불량건축물의 개념이 재개발에서 생각하는 화장실이 없거나 건물의 구조가 매우 불량한 것에서 벗어나 잘 지어진 아파트까지 포함하는 개념으로 확대되었다. 그러나 본질적으로 다른 개념을 동일한 용어로 포섭하는 것은 올바른 입법이 아니다.

## 3. 정비계획의 내용

정비계획에는 다음 각호의 사항이 포함되어야 한다(법 제9조 제1항).

1. 정비사업의 명칭
2. 정비구역 및 그 면적
3. 「국토의 계획 및 이용에 관한 법률」 제2조 제7호에 따른 도시·군계획시설의 설치에 관한 계획
4. 공동이용시설 설치계획
5. 건축물의 주용도·건폐율·용적률·높이에 관한 계획
6. 환경보전 및 재난방지에 관한 계획
7. 정비구역 주변의 교육환경 보호에 관한 계획
8. 세입자 주거대책
9. 정비사업시행 예정시기
10. 기업형임대주택에 관한 사항 등
11. 「국토의 계획 및 이용에 관한 법률」 제52조 제1항 각 호의 사항에 관한 계획(필요한 경우로 한정한다)
12. 그 밖에 정비사업의 시행을 위하여 필요한 사항으로서 대통령령이 정하는 사항

## 4. 정비구역지정의 효과

### (1) 도시관리계획과 대등한 효력

정비구역의 지정 또는 변경지정에 대한 고시가 있는 경우 당해 정비구역 및 정비계획 중 국토계획법의 지구단위계획의 내용(국토계획법 제52조 제1항 각 호)에 해당하는 사항은

지구단위계획구역 및 지구단위계획으로 결정·고시된 것으로 본다(법 제17조 제1항). 정비구역지정 및 정비계획의 고시는 도시계획의 일종으로 파악되므로, 이는 국민의 권리의무에 대한 구속적 사항을 담는 행정처분으로서 취소소송의 대상이 된다. 따라서 그 절차나 내용상의 하자에 대해 다투고자 하는 자는 행정처분이 고시된 후 90일 이내에 행정법원에 취소소송을 제기해야 한다(행정소송법 제20조).

### (2) 건축제한

정비구역의 지정고시가 있은 날부터 당해 정비구역안에는 정비계획의 내용에 적합하지 아니한 건축물 또는 공작물을 설치할 수 없다. 다만, 시장·군수가 정비사업의 시행에 지장이 없다고 판단하여 허가하는 경우에는 그러하지 아니하다(법 제19조).

### (3) 토지등소유자의 확정

조합 또는 추진위원회의 구성원이 될 수 있는 토지등소유자는 '정비구역 안에 위치한' 토지등소유자를 말한다(법 제2조 제9호). 정비구역이 지정고시되어 효력을 발생하게 되면 대상구역의 위치와 면적이 확정되므로, 이에 따라 토지등소유자의 범위가 확정될 수 있게 된다.

### (4) 추진위원회 승인의 요건

토지등소유자의 확정은 정비구역 내 추진위원회를 구성하기 위한 전제가 되므로(법 제31조 제1항) 정비구역의 지정은 추진위원회의 승인을 위한 요건이 된다. 구역지정 없는 추진위원회의 승인은 무효이다.[173]

## 5. 정비구역의 해제

정비구역의 지정권자는 구역지정 후 일정한 기간이 경과하면 정비예정구역 또는 정비구역을 해제하여야 한다(법 제20조). 정비예정구역은 기본계획에서 정한 정비구역 지정 예

---

173) 대법 2009. 10. 29. 선고 2009두12297 판결.

정일부터 3년이 되는 날까지 정비구역이 지정되지 않을 때(동조 제1항 제1호), 조합이 추진하는 사업을 전제로 정비구역은 2년간 추진위승인신청이 없을 때, 추진위승인 후 2년간 조합설립인가신청이 없을 때, 조합설립인가 후 3년간 사업시행인가의 신청이 없을 때에는 정비구역을 해제하여야 한다. 이러한 요건 외 별도로 구역지정을 직권해제할 수 있는 경우로 사업의 추진상황에 비추어 목적 달성이 어렵다고 보이는 경우 등이 법률에 규정되어 있다(법 제21조).

## IV. 정비사업과 행정계획

### 1. 정비사업상의 행정계획

개발사업의 긴 과정을 준비하고 있는 도시정비법은 각 사업의 단계가 크게 3영역으로 나뉘고 각 영역은 초반에 등장하는 포괄적 행정계획으로 시작된다. 즉, 정비사업은 위치와 면적을 확정하는 제1차계획(정비구역의 지정 및 정비계획), 그 개발행위의 설계도 역할을 하면서 설계도를 현실화시키기 위해 필요한 모든 고권이 조합에 부여되는 제2차계획(사업시행계획), 조합에게 모두 귀속되었던 토지와 건축물에 대한 권리의무를 조합원에게 다시 분배하기 위한 포괄적인 계획으로서 제3차계획(관리처분계획)으로 이루어진다.

이러한 행정계획들은 입안권자와 결정권자가 구별되는 구조라는 점, 개별적 통지가 아니라 고시를 효력발생 요건으로 한다는 점, 계획수립절차규정이 마련되어 있다는 점, 행정계획 자체가 행정처분으로서 취소소송의 대상이 된다는 점, 계획에 의해 권리·의무가 확정되지만 후속 집행행위를 통해서 권리의 변동이 초래된다는 점 등을 공통으로 한다.

### 2. 행정처분인 행정계획

행정계획 중 도시정비법이 활용하는 정비계획, 사업시행계획, 관리처분계획 등 행정계획은 대상지역 내 토지등소유자의 권리·의무를 변동시키는 행정처분이다. 이러한 행정처분은 효력발생을 위해 반드시 권리·의무에 영향을 받는 상대방에게 통지되어야 하는데, 행정처분 중에서도 행정계획과 같이 다수의 이해관계인을 가지고 있는 행정처분은 '고시'를 효력발생요건으로 한다.

도시정비법상 정비계획, 사업시행계획, 관리처분계획은 모두 행정처분으로 취소소송의 대상이 되고, 취소소송은 처분의 효력발생일로부터 90일 내에 제기되어야 한다.

## 3. 행정계획과 집행행위

행정계획으로서의 정비계획은 대상지역의 사업을 위한 포괄적인 계획을 담고 있다. 그러나 행정계획이 '계획'하고 있는 내용은 반드시 집행행위를 통하여 구체화되게 된다. 예컨대 구역지정이 있으면 조합설립인가라는 집행행위가 따르게 되고, 사업시행계획의 인가가 있으면 토지수용(재건축은 제외)이라는 집행행위가 뒤따르게 된다. 관리처분계획도 권리를 배분하기 위한 내용을 담고, 그 구체적인 현실화는 이전고시 및 청산금 부과처분이라는 집행행위로 연결된다.

## 제2관 안전진단

안전진단이란 재건축사업의 시행을 위해 현존하는 아파트의 안전과 기능들을 진단해서 일정 수준 이상 위험하거나 기능이 열악한지 여부를 판단하는 검사행위를 말한다. 안전진단을 실시할 것인지를 결정하는 주체는 시장·군수이며 안전진단을 실제로 수행하는 기관은 대통령령이 정하는 안전진단기관이다(법 제12조 제4항).

도시정비법은 구역지정에 더해 종래 구법에 의해 요구되던 안전진단을 재건축사업에 대해 요구하고 있다. 안전진단은 재건축을 막기 위해 도입된 제도로서 구법시대에는 몰라도 현시점에서 별도로 존재할 정당성은 존재하지 않는다. 특히 정비구역 지정권을 행정주체가 보유하는 한 구역지정을 거부하는 것으로 재건축사업을 저지할 수 있으므로, 안전진단을 이유로 재건축을 미루거나 거부하는 것은 법리에 맞지 않는다.

## 제3관 시행과 시공

### Ⅰ. 시행과 시공의 의의

#### 1. 시행과 시공의 뜻

개발사업은 사업을 주도적으로 이끌어가는 행위와 물리적 시설물을 만들어내기 위한 행위를 주된 구성요소로 한다. 사업의 시행은 개발사업을 주도하는 행위를 말하고, 시공은 건설사가 물리적 시설물을 만들어 내는 행위를 뜻한다. 개발사업을 주도하는 자를 사업시행자, 공사를 담당하는 자를 시공자라 한다. 얼핏 보면 사업시행자와 시공자는 전혀 다른 주체로서 쉽게 구별될 것으로 생각되지만 실무에서 이를 구별하는 것이 매우 어렵다.

#### 2. 사업시행의 개념

사업시행이란 사업의 기획, 토지소유권 확보 등 개발사업의 진행, 자금의 조달, 주택의 분양 등 개발사업의 전(全)과정을 자신의 책임 하에 주도적으로 진행하는 일체의 행위를 말한다(최광의의 사업시행). 사업시행자는 이를 수행하는 자로서 사업비용을 조달하며 개발사업의 결과로 발생하는 개발이익이나 손실을 최종적으로 부담하는 주체이다.

#### 3. 시공의 개념

개발사업에 있어 물리적 시설물을 설치하기 위한 각종의 공사를 행하는 것을 시공이라 한다. 개발사업법의 일반법적 기능을 하는 건축법은 시공자를 건설산업기본법에 의한 '건설공사를 하는 자'로 정의하고 있는데(건축법 제2조 제16호), 물리적 시설공사를 시공이라 보는 것이다. 시공자는 사업시행자와 도급계약을 체결하고 수급인으로서 주택이나 시설 등을 건설하는 행위를 담당한다.

#### 4. 시행의 보조자

사업시행자 이외의 자로서는 컨설팅, 시행대행(주택법 제11조의2), 분양대행 등 사업시행의 단계별로 시행을 보조하는 자들이 있다.

## II. 사업시행자의 법적 지위

### 1. 의의

정비사업의 시행자 또는 사업시행자는 건축법상 건축주와 유사한 지위를 말한다. 재건축·재개발 사업을 직접 추진하는 주체이면서 권한과 의무의 최종 귀속주체이고 개발이익도 사업시행자에게 귀속된다. 사업시행자는 한편으로는 행정청의 행정처분의 상대방이라는 지위를 갖지만, 다른 한편 조합원 등 토지등소유자에 대해 행정청의 지위를 보유하는 경우도 있다.

사업시행자는 개발사업과정을 주도하는 중요한 역할을 하는 자로서 행정청에 의해 지정되거나 설립인가를 받는다. 개발사업법이 사업시행자에게 개별적인 행정처분권을 부여하고 있는 한도에서 사업시행자가 누리는 지위는 행정주체로서 행정청이며, 그 행정처분에 대하여 불복하고자 하는 자는 행정소송을 통하여 권리구제를 받게 된다.

### 2. 조합의 사업시행

정비사업에 있어서는 사업의 주체로서 사업시행자를 만들고 그 내부적인 관계를 규율하는 것이 중요한 의미를 갖는데, 특히 비용부담이나 권리배분에 관한 특별규정들이 필요하다. 일반적으로 정비사업을 이해하기 어려운 이유도 사업시행자인 조합과 관련된 규정이 복잡하기 때문이다.

### 3. 비용과 개발이익의 귀속

사업시행자는 개발사업에 소요되는 비용을 부담해야 하며(법 제92조, 도시개발법 제54조 등), 개발이익이 발생하는 경우 그 귀속주체가 된다. 사업시행자가 조합인 경우 비용조달을 위해 조합원에게 경비부과처분을 내릴 수 있고 조합원의 부동산을 신탁받아 이를 활용해서 재원을 마련할 수도 있다. 개발이익이 발생하는 경우 일차적으로 사업시행자가 그 개발이익을 향유하며 세법상으로도 그 이익의 주체로 간주된다. 다만 조합이 사업시행자가 된 경우 개발이익이 권리배분계획 등을 통해 조합원에게 다시 귀속될 수 있다.

## 4. 주택과 토지의 공급

사업시행자는 개발사업의 결과 조성된 택지 또는 주택을 보유하며 이를 일반에 분양 또는 공급하게 된다.

## 5. 수용과 매도청구

사업시행자인 조합은 사업대상지의 토지소유권 전체를 확보해야 하므로 사업에 반대하는 토지등소유자의 재산권을 박탈해야 한다. 이를 위해 도시정비법은 재개발사업에 대한 수용권과 재건축사업에 대한 매도청구권을 조합에게 부여하고 있다.

## III. 정비사업의 사업시행자

## 1. 공동시행 가부

재개발·재건축사업은 토지등소유자로 구성된 정비조합이 시행하는 것이 원칙이다. 예외적으로 시장·군수 등은 재건축·재개발사업이 천재지변 등 특수한 요건을 충족하는 경우에는 직접 정비사업을 시행하거나 토지주택공사 등을 사업시행자로 지정하여 정비사업을 시행하게 할 수 있다.

또한 조합이 조합원의 과반수 동의를 얻어 시장·군수 또는 한국토지주택공사등과 또 건설산업기본법에 따른 건설업자, 주택법 제12조 제1항에 따른 건설업자로 보는 등록업자와 공동으로 시행할 수 있다(법 제25조 제1항, 제2항). 조합이 원칙적인 사업시행자이지만 조합원 과반수 동의를 얻어 위에 열거한 자들과 함께 공동시행을 할 수도 있다. 2016년까지 재건축사업은 건설업자를 공동시행자로 선택할 수 없었으나 현행법상으로는 재건축사업에서도 조합은 건설업자를 공동시행자로 선정할 수 있다.

## 2. 토지등소유자가 시행하는 재개발사업

'토지등소유자가 시행하는 재개발사업'은 20명 미만의 토지등소유자가 정비구역내 존재할 때 조합을 결성하지 않아도 되는 특별한 경우이다. 정비구역내 토지나 건물의 소유자가 서너 명에 불과한 경우에 도시정비법이 정하는 추진위원회나 조합관련규정을 적용하는 것이 부적당하므로 예외적인 조항이 마련된 것이다.


## IV. 정비사업의 시공자

### 1. 시공자 개념의 등장

종래 개발사업법은 사업시행자와 시공자를 구별하여 권한과 책임을 나누는 것에 관심을 기울이지 않았으며, 시공자라는 용어 자체가 법에서 명시적으로 사용되기 시작한 것은 2003년 도시정비법 제정 이후이다.


### 2. 시공자선정시기의 제한

2003년 제정된 도시정비법은 처음으로 재건축·재개발사업에 간여하는 건설업자를 '시공자'로 칭했고, 이들이 사업시행계획(제2차계획)의 인가 이후에 선정될 수 있도록 제한했다(제11조 제1항). 재건축의 과열을 초래한 주범을 민간건설업자로 보고 이들이 개발사업의 초기에 개입하는 것을 막기 위해서였다. 그 후 도시정비법은 다시 재개발사업의 건설사가 '공동시행자'가 될 수 있도록 허용하고 그 선정시기를 제한하지 않다가(2005년 개정 도시정비법 제8조 제1항) 다시 재개발에 대해서도 시공자선정시기를 제한하는 방식으로 개편되었다.[174]

---

[174] 이에 대해 자세히는 김종보, "정비사업의 시공자선정과 형사처벌", 서울대학교 법학, 2007. 12, 206-236쪽 참조.

## 3. 공동시행

최근에는 다시 재건축의 경우에도 공동시행이 가능한 것으로 법률이 개정되어(2015년 9월 개정 도시정비법 제8조 제2항) 현행 도시정비법은 재개발사업과 재건축사업의 경우 모두 공동시행이 가능하도록 규정하고 있고(법 제25조), 조합설립인가를 받은 이후에 시공자를 선정할 수 있도록 규정하고 있다(법 제29조 제4항).

# 제4관 추진위원회

## I. 들어가면서

추진위원회는 조합설립 이전단계에서 조합을 대신해서 정비사업을 준비하는 예비적 사업시행자이다. 추진위원회가 맺은 각종 계약 등은 조합으로 이전되는 것이 원칙이고, 추진위원장도 뇌물죄 적용에 있어서는 공무원으로 의제된다.

2003년 도시정비법이 시행되기 전에는 추진위원회라는 제도가 재건축에도 재개발에도 없었다. 다만 재건축은 사업이 활황이었기 때문에 사실상의 추진주체라는 뜻에서 추진위원회라는 명칭이 사용되는 단체들이 많이 있었다. 이런 점을 고려해서 도시정비법은 추진위원회를 통제하기 위해 법률로 규율하고 통제의 대상으로 삼았다.

## II. 추진위원회의 의의와 업무

### 1. 추진위원회의 개념

#### (1) 조합설립과 추진위

추진위원회란 정비조합의 전(前) 단계로서 토지등소유자 과반수 이상의 동의를 전제로 토지등소유자의 5인 이상으로 구성되는 모임이다(법 제31조 제1항). 이 추진위원회는 정비사업의 준비행위와 조합설립을 위한 창립총회를 개최하도록 하며, 행위의 결과가 조합에게 포괄승계된다(법 제34조 제3항). 추진위원회를 구성하고자 하면 운영규정 및 추진위원장과 위원의 명단을 제출해서 시장·군수 등의 승인을 받아야 한다(법 제31조 제3항). 이렇게 받은 추진위의 승인처분은 조합설립인가처분에 대해 예비적 결정의 성격을 갖는다.

### (2) 단체설립을 위한 준비조직

일정한 단체를 설립하는 준비조직은 단체의 설립을 주된 목적으로 결성되어 단체설립을 향해 업무를 추진한다. 그리고 이러한 준비조직은 주된 단체를 만들어냄으로써 그 목적을 달성하고 해산하거나 주된 단체에 흡수된다. 준비조직이 행했던 대부분의 행위와 그로 인한 법적 효과도 새롭게 설립되는 주된 단체로 승계된다.

도시정비법이 제정되는 즈음에 이르면 추진위원회의 과열경쟁에 대한 법적 규제가 필요하다는 인식이 넓게 확산되었다. 도시정비법은 추진위원회에 대한 명시적 규정을 마련함으로써 하나의 주택단지 내에 한 개의 추진위원회만 가능하도록 제한하고 구성과 역할들을 규율하게 되었다.

정비조합을 설립하고자 하는 경우에는 정비구역지정 고시 후 위원장을 포함한 5인 이상의 위원 및 추진위원회 운영규정에 대한 토지등소유자 과반수의 동의를 얻어 조합설립을 위한 추진위원회를 구성하여175) 국토부령이 정하는 방법과 절차에 따라 시장·군수의 승인을 얻어야 한다(법 제31조 제1항). 조합설립인가의 신청권은 추진위원회에게만 있으므로(법 제35조 제2항, 제3항), 조합설립을 위해서는 반드시 추진위원회를 구성해야 한다.

## 2. 추진위원회의 업무

추진위원회는 다음 각 호의 업무를 수행할 수 있다(법 제32조 제1항).

1. 제102조에 따른 정비사업전문관리업자(이하 "정비업자"라 한다)의 선정 및 변경
2. 설계자의 선정 및 변경
3. 개략적인 정비사업 시행계획서의 작성
4. 조합설립인가를 받기 위한 준비업무

---

175) 이때 구성한다는 것은 승인 전 단계에 실체를 갖춘다는 의미일 뿐 법적으로는 승인처분에 의해 추진위원회가 비로소 성립한다는 점에 유의해야 한다.

5. 그 밖에 조합설립을 추진하기 위하여 대통령령으로 정하는 업무

추진위원회는 추진위원회가 행한 업무를 조합총회에 보고하여야 하며, 추진위원회가 행한 업무와 관련된 권리와 의무는 조합이 포괄 승계한다(법 제34조 제3항).

## III. 추진위원회와 동의

추진위원회의 구성을 위한 동의는 토지등소유자에 대해서만 과반수의 동의를 받아야 하며, 토지면적에 대한 동의는 필요하지 않다. 재개발사업에서 토지등소유자는 '토지소유자, 건축물소유자, 지상권자'를 합한 것으로 하며 그들 총수의 과반수 동의를 얻어야 한다. 공동주택 재건축의 경우에는 건축물 및 그 부속토지소유자의 과반수의 동의를 얻어야 한다.

## IV. 추진위원회 승인의 법적 성질

### 1. 예비결정과 본처분

#### (1) 본처분과 예비결정의 효력

추진위원회의 승인은 조합설립인가에 선행하는 예비결정적 성격을 갖고 있다. 예비결정이란 원자력발전소의 부지선정이나 건축법상 사전허가와 같이 본처분의 허가요건 중 일부를 선취하여 본처분보다 앞서 판단하는 결정을 말한다.[176] 예비결정이 내려진 후 본처분이 발급되면 예비결정은 본처분에 흡수되고 따라서 예비결정에 대한 취소소송은 소의 이익을 상실한다.

#### (2) 추진위 설립의 예비결정적 성격

추진위원회는 조합이라는 주된 단체를 위해 존속하다 소멸하는 종속적 단체이고, 따라

---

176) 김동희, 행정법 I , 2017, 236쪽 참조.

서 추진위원회에 대한 행정청의 승인처분도 역시 조합설립인가라는 처분에 대해 일정한 종속관계에 있다고 보아야 한다. 추진위원회 승인처분이 조합설립인가 후 소멸되고, 마치 예비결정과 유사하게 조합설립인가의 요건 중의 일부가 추진위원회 승인의 요소로 검토되는 관계에 있다.

## 2. 조합의 소멸과 추진위의 운명

조합설립인가처분이 판결에 의하여 취소되는 경우 이전의 추진위원회가 부활하는가 하는 문제가 있다. 조합설립인가에 흡수된 추진위원회의 승인은 종국적으로 효력이 소멸된 것으로 해석하고 사후에 조합설립인가가 판결에 의해 취소되어도 추진위원회가 다시 부활하지 않는 것으로 해석하는 견해와 조합설립인가의 효력이 소급적으로 소멸할 때 추진위승인처분도 다시 살아나는 것으로 해석하는 견해가 대립하고 있다. 대법원은 후자의 견해를 취하고 있는 것으로 보인다.177)

## 제5관 조합설립의 동의

## I. 조합설립 동의의 개념 - 조합설립행위

## 1. 조합설립행위의 다양한 양태

어떤 단체이든 단체를 설립하기 위해서는 구성원이 필요하고 또 이 구성원들이 동의하는 규약, 정관 등 단체를 운영하는 목적과 구성원의 권리의무 등을 정하는 단체법상의 합의문건이 필요하다. 이렇게 일정한 단체를 만들어내기 위해 회의체의 형태로 구성원들이 정관 등을 작성하고 효력을 부여하기로 의결하는 행위를 법적으로는 단체설립행위라고 한다.

정비조합을 설립하기 위해서 후술하는 조합설립의 인가라는 행정처분이 반드시 필요하지만 그보다 전단계에서 조합을 설립하기 위해 조합설립행위가 선행되어야 한다. 조합설립행위는 조합을 만들어내기 위한 단체법상의 합의이지만 국면에 따라 다양한 문구로 표

---

177) "조합설립인가처분이 법원의 판결에 의하여 취소된 경우에는 추진위원회가 지위를 회복하여 다시 조합설립인가신청을 하는 등 조합설립추진 업무를 계속 수행할 수 있다."[대법 2016. 12. 15. 선고 2013두17473 판결(추진위원변경신고반려처분취소)]

현될 수 있다. 합의체의 형태로 의결한다는 의미에서는 정비조합을 위한 '창립총회의 의결'이 조합설립행위로 표현되지만, 그 의결에 의해 법적 효과를 부여받게 된 '정관' 그 자체도 조합설립행위로 인식될 수 있다. 또 구성원 개개인의 입장에서는 조합이 설립되는 것을 전제로 조합에 가입하고 정관이 정하는 권리의무를 진다는 의미에서 '조합설립의 동의'로 표현할 수도 있다.

## 2. 조합설립동의 규정의 연혁

구법시대 재건축은 단체법상의 합의라는 점을 더 중요하게 보고 '재건축결의'라는 표현을 사용하고 4/5 이상의 동의율을 요구하고 있었지만, 구법시대 재개발은 특별한 용어를 사용하지 않고 토지등소유자 2/3 이상의 '동의'를 얻어 조합설립인가를 신청하는 것으로 표현하고 있었다(2002년 도시재개발법 제12조 제2항). 2003년 도시정비법이 제정될 당시 입법자는 재개발과 달리 조합설립행위에 대해 '조합설립의 동의'라는 별도의 명칭을 부여하였다(제정 도시정비법 제39조 참조).

## 3. 조합설립동의와 매도청구

도시정비법 제정 이후 재건축에서 조합설립의 동의는 매도청구권 행사의 중요한 요소였고, 오히려 조합설립인가와 같은 처분은 매도청구의 요건이 되지 못했다. 2018년 도시정비법이 전문개정되면서 현재는 사업시행인가의 고시가 있은 후에 비로소 매도청구가 가능하도록 변경되었다(법 제64조 제1항). 사업시행인가라는 행정처분을 매도청구권 발생의 기준시점으로 보았다는 점에서 진일보한 입법이며 이를 통해 매도청구권이 재개발사업의 수용재결보다 과도하게 일찍 행사되었던 점이 조정되었다. 다만 현행법의 문구가 개정됨에 따라 매도청구의 요건으로 여전히 조합설립동의를 요구할 것인가 하는 점은 해석에 맡겨지게 되었다. 이 책은 매도청구의 요건으로 법이 정한 동의율은 필요한 것으로 해석한다.

## Ⅱ. 동의율과 동의내용

### 1. 동의율

#### (1) 정비사업의 동의요건

정비사업에 있어 적법한 동의요건은 동의율과 동의의 내용으로 구성된다. 우선 동의율은 전체 토지등소유자 중에서 동의하는 자의 비율을 말하며, 동의의 내용은 동의자들이 동의하기 위한 구체적인 대상을 말한다. 조합원들의 조합설립 동의내용은 크게 정관에 대한 합의와 정비사업 자체에 대한 합의로 이뤄진다.

#### (2) 법률상 동의요건

정비사업을 시행하려는 자는 일정한 동의요건을 충족하여 조합설립인가를 신청하여야 한다(법 제35조). 재개발사업은 토지등소유자의 3/4 이상 및 토지면적의 1/2 이상의 동의를 얻어야 하고, 재건축사업은 각 동별 구분소유자 과반수 동의와 주택단지의 전체 구분소유자의 4분의 3 이상 및 토지면적의 4분의 3 이상의 토지소유자의 동의를 얻어야 한다.

### 2. 동의의 내용

#### (1) 구법시대 재개발사업의 동의의 내용

구법시대 재개발사업은 동의율만을 충족하면 되며, 그 동의의 내용이나 방식은 별도로 법령에서 규정하지 않았다. 공법상 동의의 전형적인 형태로 재개발사업을 추진하는 것에 큰 틀에서 찬성한다는 의미 정도가 재개발의 동의라고 해석되었다. 형식도 백지에 사업에 동의한다는 취지를 적어 기명날인하는 것으로 충분했다.

### (2) 구법시대 재건축사업의 동의의 내용

구법시대 재건축사업도 주촉법 자체에는 동의의 내용에 대하여 별도 규정이 없었다(주촉법 44조의3 제7항). 다만 주촉법상의 재건축사업은 불가피하게 집합건물법상의 매도청구를 활용할 수밖에 없었기 때문에, 크게 보면 동 규정도 재건축사업의 근거법이라 볼 수 있고, 매도청구를 위해 비용분담과 권리귀속에 관한 사항(집합건물법 47조 3항)이 포함되어야 했다.178)

### (3) 구법시대 재건축에서 동의의 내용

이와 같은 이유로 재건축의 실무에서는 조합설립인가를 위한 동의에는 주촉법이 정하는 동의율과 함께, 집합건물법이 요구하는 재건축결의의 방식까지 같이 갖추어져야 하는 것으로 이해되었다. 이는 재개발에서 생각하는 단순 동의와 전혀 다른 것이고, 일정한 계약에 합의한다는 의미에 더 가깝게 해석된다.

### (4) 재개발사업의 동의의 내용 변화

도시정비법이 제정되면서 종래 재건축사업에서만 요구되던 동의의 내용(비용분담 등)이 재개발사업에서도 조합설립 동의의 내용이 되었다. 즉, 동의서에 동의를 받는 방법으로서 '① 설계의 개요, ② 공사의 개략적 비용, ③ 비용의 분담, ④ 신축건물의 귀속에 관한 사항, ⑤ 조합정관' 등이 별도로 필요하다(영 제26조 제2항). 이러한 법령의 개정은 재개발사업에서도 토지등소유자의 동의를 조합계약에 대한 합의에 가깝게 해석하는 견해를 낳았다. 이런 견해는 재개발사업의 동의에서 구체적 의사합치가 없으면 단체법상의 조합설립 행위도 무효라는 주장으로 이어졌다.

---

178) "재건축의 결의를 할 때에는 건물의 철거 및 신건물의 건축에 드는 비용의 분담에 관한 사항과 신건물의 구분소유권의 귀속에 관한 사항을 정하여야 하고, 위와 같은 사항은 각 구분소유자 간의 형평이 유지되도록 정하지 않으면 안 된다고 규정하고 있는바, 위 재건축비용의 분담에 관한 사항은 구분소유자들로 하여금 상당한 비용을 부담하면서 재건축에 참가할 것인지, 아니면 시가에 의하여 구분소유권 등을 매도하고 재건축에 참가하지 않을 것인지를 선택하는 기준이 되는 것이고, 재건축 결의의 내용 중 가장 중요하고 본질적인 부분으로서, 재건축의 실행단계에서 다시 비용 분담에 관한 합의를 하지 않아도 될 정도로 그 분담액 또는 산출기준을 정하여야 하고 이를 정하지 않은 재건축 결의는 특별한 사정이 없는 한 무효이다."(대법 1998. 6. 26. 선고 98다15996 판결)

# 제6관 조합설립의 인가

## Ⅰ. 들어가면서

### 1. 정비조합의 공공성

정비조합은 정비사업을 진행하는 사업시행자 중의 하나이고, 그 외 구청이나, 한국토지주택공사 등이 사업시행자가 될 수 있다. 정비조합은 사적인 이익을 추구하는 개인들로 구성된 단체이지만, 조합설립인가를 통해 공법인으로 승인되고 구청에 준해 공법상의 권한과 의무를 지게 된다. 정비조합은 일정한 처분권이 있고 취소소송의 피고가 될 수도 있다.

### 2. 설권행위인 조합설립인가

구법시대 재건축에서 조합설립인가가 강학상 인가라는 대법원 판례가 있었고, 이에 따라 행정법 교과서와 실무가 모두 조합설립인가를 강학상 인가로 취급하고 있었다. 2003년 도시정비법 제정 이후에도 이러한 해석은 변경되지 않고 통용되다가 2009년 대법원 판결에 의해 번복되었다. 2009년 대법원은 도시정비법상 조합설립인가는 설권행위라는 입장으로 선회하면서, 종래 민사소송으로 다투어지던 재건축결의무효, 조합설립동의무효 소송을 모두 파기·이송하였다. 이에 따라 조합설립인가가 강학상 인가라는 잘못된 해석은 수정되었으나, 설권행위의 소급효문제, 단체법상 조합설립의 합의와 인가의 우열 등 여전히 해결되지 않고 있는 문제가 남아 있다.

## Ⅱ. 정비조합의 연혁

우리나라에서 1970년대 초반에 불량정착촌 정비를 위해 도입된 재개발사업은 전면철거, 전면재개발을 원칙으로 하고 있었다. 사업의 주체도 국가 등 공행정주체가 되는 것이 원칙이었다. 전면철거를 전제로 하는 이러한 사업방식은 주민들의 강한 반발을 불러 왔다.
지역주민의 반발에 대응하여 1970년대 중반 재개발사업상 의사결정에 주민들을 참여시킬 수 있는 방안이 모색되기 시작하였다. 도시재개발법은 주민들로 구성된 재개발조합에게 사업시행자의 지위를 우선적으로 부여하는 방식으로 개정되었고, 1980년대 초반 건설업자를 공동 시행자로 참여시키는 이른바 합동재개발 방식이 등장하게 되었다.

이러한 과정을 겪으면서 현재 재개발사업은 구역 내의 토지등소유자로 구성되는 조합이 사업시행자가 되는 것을 원칙으로 삼게 되었다. 다만 조합이 구성되지 않거나 특수한 공익상의 요청이 있을 때에 한하여 국가 또는 자치단체가 직접 시행할 수 있다. 이로써 국가 등 공행정주체는 도시 내 문제지역의 정비를 원만하게 진행시킬 수 있게 되었고, 구역내 토지등소유자 입장에서도 사업의 주요한 의사결정권을 확보하게 됨으로써 만족할 만한 타협점을 찾아낸 것이다.

다른 한편 1980년대 후반 주택건설촉진법에 처음 도입된 재건축조합은 주택조합의 일종으로 설계되었으며 재개발조합과는 무관하게 임의가입제, 매도청구권 등을 이용하며 사업주체로 인정되었다. 그럼에도 불구하고 재건축조합도 역시 토지등소유자로 구성되는 조합으로 행정청의 인가를 통해 성립되었다는 점에서 재개발조합과 유사한 구조를 갖추고 있다.


## III. 조합설립의 요소

### 1. 조합설립행위

개발사업에서 단체를 결성하는 것은 건축법상의 건축주를 만들어내는 행위와 매우 유사한데, 이렇게 만들어진 단체가 사업시행자로서 개발사업의 모든 책임을 부담하기 때문이다. 정비사업을 위해 만들어지는 조합은 특정한 사업목적을 갖고 구성원 개개인의 개성을 존중한다는 점에서 민사상 조합계약에 가까운 합의를 구성요소로 한다. 조합설립을 위한 이러한 합의를 조합설립의 동의 또는 조합설립행위라고 부른다.


### 2. 조합설립인가

조합설립인가란 토지등소유자 중 정비사업에 동의하는 자들의 합의에 의해 작성된 정관과 동의서 양식 등을 심사하여 그 요건이 충족되면 발급하는 행정법상의 행정처분이다. 정비조합은 조합설립인가를 통해 성립하며, 행정청의 인가 없이는 개발사업의 시행자로서 조합의 지위도 인정될 수 없다.

추진위원회가 조합설립인가를 받고자 제출하는 인가신청서에는 정관, 조합원명부, 조합설립동의서, 창립총회 회의록, 주택건설예정세대수, 도시관리계획상의 용도지역, 대지 및 주변현황을 기재한 사업계획서, 건축계획 등이 포함된다(법 제35조 제2항).

## IV. 조합설립인가의 법적 성질

### 1. 강학상 허가와 특허, 인가

행정법총론에서는 행정행위를 내용적으로 분류하면서 이들을 강학상의 목적으로 허가, 특허, 인가 등으로 구분하고 있다. 강학상 허가, 특허, 인가라고 하는 것은 실정법상 어떠한 명칭이 사용되었는가와 무관하게 법적 특성에 착안해서 그 처분을 분류한다는 의미이다. 예를 들어 운전면허는 면허라 불리지만 강학상 허가에 해당하고, 버스운송사업면허는 특허에 해당하며, 토지거래허가는 강학상 인가로 분류된다. 설권행위라는 명칭은 강학상 특허의 또 다른 명칭일 뿐 특별한 다른 의미가 있는 것은 아니다.

### 2. 정비조합설립인가와 특허

대법원은 구법시대에 재건축조합에 대한 행정청의 설립인가를 강학상 인가로 해석하고 이에 대한 취소소송을 허용하지 않았다.[179] 도시정비법 제정 이후에도 정비조합설립인가의 법적 성격에 대해 직접적인 판단을 내리지 않다가, 2009년 가을 종래 강학상 인가로 보던 견해를 바꾸어 이를 설권행위로 해석하는 입장으로 선회했다.[180] 대법원의 견해변경으로 이제 정비조합에 대해서는 설립인가 자체에 대한 취소소송이 허용되는

---

179) "기본행위인 조합설립에 하자가 있는 경우에는 민사쟁송으로써 따로 그 기본행위의 취소 또는 무효확인 등을 구하는 것은 별론으로 하고 기본행위의 불성립 또는 무효를 내세워 바로 그에 대한 감독청의 인가처분의 취소 또는 무효확인을 소구할 법률상 이익이 있다고 할 수 없다." (대법 2000. 9. 5. 선고 99두 1854 판결); 이에 대해 자세히는 건설법의 이해, 제6판, 473쪽 참조.

180) "행정청이 도시 및 주거환경정비법 등 관련 법령에 근거하여 행하는 조합설립인가처분은 단순히 사인들의 조합설립행위에 대한 보충행위로서의 성질을 갖는 것에 그치는 것이 아니라 법령상 요건을 갖출 경우 도시 및 주거환경정비법상 주택재건축사업을 시행할 수 있는 권한을 갖는 행정주체(공법인)로서의 지위를 부여하는 일종의 설권적 처분의 성격을 갖는다고 보아야 한다."(대법 2009. 9. 24. 선고 2008다60568 판결)

것으로 이해되며, 종래 민사소송의 형태로 진행되던 조합설립무효확인소송 등은 부적법한 것으로 바뀌었다.[181]

조합설립인가를 취소소송의 대상으로 변경하고 소송의 피고가 시장·군수 등이 되는 순간 사업의 인허가권을 보유한 행정청은 매우 긴장하고 사업의 절차를 더 이상 진행시키기 어렵다. 또 조합설립인가가 법원에 의해 취소되면 그 이후 구청이 용인해서 진행하던 모든 절차가 법적 근거를 상실해서 무효가 된다는 점이 구청과 조합, 조합원들 모두에게 자명하게 받아들여진다. 조합설립인가에 대해 행정소송으로 취소소송을 허용해야 하는 이유는 바로 여기에 있다.

강학상 특허에 해당하는 행정행위는 재량행위로 이해되고 따라서 그 발급여부에 대해 또는 여러 가지의 선택지 중의 하나를 선택하는 것에 대해 행정청에게 재량이 있다. 조합설립인가가 강학상 특허라는 대법원의 입장은 그 속에 조합설립인가가 재량행위라는 판단을 포함한다.

## V. 조합설립인가의 법적 효과

### 1. 법적 효과 일반

도시정비법에 의해 조합이 설립되면, 조합은 법률의 수권에 따라 일정한 행정처분을 발급할 행정청의 지위를 얻게 된다(법 제63조, 제92조 등). 조합이 행정청으로서 행하는 처분은 조합에게 일정한 행정법상의 지위가 부여되어 있음을 전제로 하는 것이며, 이와 같은 행정법상의 지위가 부여되는 포괄적인 기초는 바로 조합설립인가라는 행정처분(설권행위)이다.

조합설립인가는 사업시행자인 조합을 확정하고,[182] 조합이 각종 처분을 내릴 수 있는 포괄적 기초를 부여는 행위(설권행위)이다. 조합설립인가가 설권행위로서 취소소송의 대상

---

181) 구 판례에 대한 비판에 대해서는 김종보, "강학상 인가와 정비조합 설립인가", 행정법연구 제10호, 2003. 10, 325－344쪽; 김종보, "재건축창립총회의 이중기능", 인권과 정의, 2006년 8월호, 124－135쪽; 김종보, "재건축결의무효의 공법적 파장", 서울대학교 법학, 2008. 6, 193－216쪽; 김종보, "재건축재개발 비용분담론의 의의와 한계", 행정법연구 제24호, 2009. 8, 131－158쪽 등 참조.
182) 도시개발법상 사업시행자의 지정에 준하는 것이며(도시개발법 제11조 제1항), 대법원도 별다른 고민 없이 시행자지정의 처분성을 승인하고 있다(대법 2006. 10. 12. 선고 2006두8075 판결: 강일도시개발사업 시행자지정처분무효확인).

이 된다. 조합설립인가 취소소송의 피고는 시장·군수 등 인가처분을 한 행정청이다. 이는 관리처분계획에 대한 취소소송의 피고가 조합인 것과 대조된다.

## 2. 조합의 법적 지위 창설

정비조합인 재개발조합과 재건축조합은 정비사업에 있어 주된 사업시행자이다. 예외적인 경우를 제외하고 정비사업은 정비조합이 진행하는 것이 원칙이며 건설사와 공동시행도 가능하다(법 제25조 제1항, 제2항). 정비조합은 도시정비법 규정에 의해 명시적으로 법인격이 인정되므로 공법상 사단법인이다.

사업시행자인 정비조합은 정비사업과정에서 중요한 기능을 하는 행정계획의 입안권을 보유한다. 정비구역이 확정된 후 정비조합은 정비사업의 설계도면에 해당하는 사업시행계획을 작성하며 이는 시장·군수 등의 인가를 통해 확정된다(법 제50조 제1항). 이렇게 조합에 의해 작성되고 행정청의 인가를 통하여 확정된 사업시행계획은 정비조합이 사업을 시행하는 데 필요한 개별적 행정처분권을 위한 포괄적 기초가 된다.

## 3. 정관의 효력발생시기

최근 도시정비법 시행령의 개정 조문을 보면 창립총회 후 통과된 정관이 확정되고 이에 따라 조합장 등을 선임할 수 있는 것으로 규정하고 있다(영 제27조 제4항, 제5항). 조합정관의 효력발생시기에 관한 명시적인 대법원 판례는 없으나, 우선 조합창립총회에서 정관이 통과되면 일단 구성원들에 대해서는 효력을 발생하고, 대외적인 관계에서는 조합설립인가에 의해 정관이 효력을 발생한다고 해석하는 것이 바람직하다.

## 4. 조합임원과 조합원의 지위확정

조합설립인가라는 처분 속에는 조합원승인, 조합임원승인 등의 처분이 포함된 것으로 해석해야 한다. 조합원의 지위도 역시 정관 및 인가내용에 의존하게 되며, 조합임원의 지위도 역시 변경인가 등에 의존하는 것으로 해석해야 한다.

## 5. 주택법상 지위의 의제(擬制)

정비조합은 정비사업을 시행하는 경우 「주택법」상 주택을 공급할 때 사업주체로 보며, 조합설립인가일부터 주택건설사업 등의 등록을 한 것으로 본다(법 제35조 제6항). 이는 정비조합이 사업시행인가 속에 포함된 주택건설사업에 대해서도 주택법상 사업주체로 인정된다는 의미를 갖는다.

## VI. 조합설립 변경인가

정비조합이 인가받은 사항을 변경하고자 하는 경우에도 최초의 설립행위와 마찬가지로 일정한 동의율과 동의내용을 갖추어 변경인가를 신청하여야 한다(법 제35조 제5항). 다만, 대통령령으로 정하는 경미한 사항을 변경하려는 때에는 총회의 의결 없이 시장·군수 등에게 신고하고 변경할 수 있다(법 제35조 제5항).

## 제3절 정비사업의 시행

## 제1관 사업시행의 인가

## I. 들어가면서

사업시행의 인가는 중요한 두 개의 요소로 구성된다. 하나는 사업시행계획에 대한 조합총회의 결의이고, 또 다른 하나는 총회결의에 의해 정해진 사업시행계획을 인가하는 행정청의 행위이다. 사업시행인가의 단계에서 존재하는 유일한 처분은 (인가된)사업시행계획이고, 이는 취소소송에 의해서만 다툴 수 있다. 피고는 사업시행인가를 한 구청과 조합이 공동피고가 되는 것이 맞지만 최소한 구청이 피고가 되어야 한다.

## II. 사업시행계획의 의의

### 1. 설계도의 승인

사업시행계획이란 정비사업이 목적하는 건축물 및 정비기반시설 등을 위한 설계도이면서 동시에 그 설계도대로의 시공을 위해 필요한 각종의 계획을 포괄하는 것이다. 사업시행계획은 정비구역 내 토지등소유자의 권리·의무에 관한 사항을 정하는 것이므로, 인가를 통해 확정되면 그 내용은 이해관계인과 관계행정청을 구속한다.[183] 사업시행계획의 인가는 전형적인 재량처분으로 분류된다. 사업시행자는 사업시행계획의 인가를 통해 신축될 아파트를 건축할 포괄적이고 일반적인 권원을 부여받지만 이를 위해 추가로 필요한 수용권 등 개별적 집행권한은 법률의 규정에 의해 추가로 부여되어야 한다.

### 2. 사업시행계획의 내용

사업시행자는 정비계획에 따라 토지이용계획, 정비기반시설의 설치계획, 건축물의 건축계획, 주민이주대책, 정비사업비 등 법률이 규정하고 있는 사항을 포함하는 사업시행계획서를 작성하여야 한다(법 제52조).

## III. 사업시행계획 인가의 법적 성격

### 1. 행정계획인 사업시행계획

사업시행계획은 전형적인 행정계획이고 인가는 행정계획을 결정하는 행위이다. 도시계획의 결정에서 도시계획을 입안하는 자는 시장·군수·구청장 등이고 결정권자는 광역자치단체장인 것과 유사한 관계이다. 이미 조합설립인가 취소소송을 허용한 대법원 판례가 조합의 행정주체성을 인정하고 있으므로 사업시행계획은 조합이라는 행정주체가 입안하는 행정계획의 안(案)의 단계를 거쳐 시장·군수 등의 인가 및 고시에 의해 확정되어 법적

---

183) 대법 2008. 1. 10. 선고 2007두16691 판결; 대법 1997. 2. 28. 선고 96누10676 판결.

구속력을 확보한다. 따라서 관리처분계획의 취소소송과 마찬가지로 사업시행계획을 다투는 소송은 인가된 사업시행계획의 위법성을 소송물로 하는 소송이고, 피고는 조합과 시장·군수 등이 공동피고가 되는 것이 이론상 옳다.

## 2. 사업시행인가와 총회결의

실무에서는 사업시행계획에 대한 총회가 개최되는 것을 계기로 사업시행계획도 총회의 결의에 의존하는 것으로 해석하고 동의율이 충족되지 못하는 사업시행계획의 무효를 주장하는 민사소송들이 적지 않게 등장하고 있다. 그러나 사업시행계획은 순수하게 시설설치허가라는 차원에서 건축허가적 성격이 강한 것이고 그 초안을 마련하는 과정에서 총회를 통해 동의를 받도록 정하고 있는 절차의 요소일 뿐 총회의 결의가 사업시행계획의 본질적 구성요소라고 보는 것은 무리다. 그리고 총회결의를 독립시켜 민사소송으로 무효확인을 구하는 소송은 잘못된 것이다. 사업시행계획을 다시 총회의 결의와 그에 대한 행정청의 인가로 보고자 하는 강학상 인가이론은 처음부터 잘못된 것이라는 점에 유의해야 한다.

## 3. 취소소송의 피고

피고는 인가권자인 시장·군수 등이 되어야 하며 조합을 피고로 하는 것은 잘못된 것이다. 도시계획결정처분에 대한 취소소송에서 결정권자를 피고로 하고, 도시계획의 위법성을 소송물로 하는 것과 마찬가지로, 사업시행계획인가처분 취소소송에서 피고는 시장·군수 등(및 조합)이 되어야 하고 소송물은 (인가된)사업시행계획의 위법성으로 이해하는 것이 옳다.

# Ⅳ. 사업시행계획의 인가절차

## 1. 작성(입안)권자와 인가(결정)권자

### (1) 사업시행계획의 작성권자

사업시행계획을 입안하는 주체는 사업시행자이다. 공동시행의 경우에도 조합이 작성권자가 되는 것이라 해석되고(법 제52조 제1항), 시장·군수의 직접시행인 경우라면 사업시행자가 행정청이 되므로 사업시행계획의 작성권도 시장·군수·구청장에게 있다(법 제50조 제1항). 조합이 시행하는 정비사업은 사업시행계획서를 작성할 때 총회의 결의를 거쳐야 한다(법 제50조 제3항).

### (2) 사업시행계획의 인가권자

사업시행계획의 입안단계가 모두 종료되면 사업시행계획의 인가신청을 위해 인가권자에게 제출되며, 정비사업의 인가권자는 원칙적으로 시장·군수·구청장이다. 인가권자가 진행하는 절차는 공람 및 의견청취(법 제56조), 인가의 고시(법 제50조 제7항) 등이며, 고시는 인가의 효력발생요건으로 해석된다.

## 2. 총회의결 등

### (1) 수립절차로서 총회의결

사업시행자는 사업시행인가를 신청하기 전에 미리 총회의 의결을 거쳐야 한다(법 제50조 제3항). 지정개발자인 경우에는 정비구역안의 토지면적 50퍼센트 이상 토지소유자의 동의와 토지등소유자 과반수의 '동의'를 각각 얻어야 한다(법 제50조 제5항). 토지등소유자가 시행하는 정비사업의 경우에도 역시 '동의'를 받는 것으로 표현되고 있다(동조 제4항). 조합과 행정청이 공동시행하는 경우에도 동의를 받아야 하지만, 시장·군수·구청장이 직접 시행하는 경우에는 이러한 요건이 불필요하며, 경미한 사항의 변경인 경우에도 동의가 생략될 수 있다.

### (2) 동의의 대상과 동의율

동의의 대상은 법 제52조에서 정하고 있는 사업시행계획서의 내용이다. 따라서 총회의 결의 또는 토지등소유자의 동의를 받기 위해서는 사업시행계획서가 구체적인 형태를 갖추고 있어야 한다. 구법시대 사업시행인가에 대한 동의는 도시재개발사업에서만 필요한 것으로 규정되어 있었고, 주촉법에 의한 재건축사업(의 사업승인)에서는 요구되고 있지 않았다. 도시정비법 제정초기에는 재건축사업에 대해서는 동의를 요구하지 않고, 재개발사업 등에 대해 토지면적의 2/3, 토지등소유자의 4/5 동의를 요구하고 있었다(구 도시정비법 제28조 제4항). 그러나 2005년 3월 도시정비법이 개정되면서 재건축사업도 재개발사업과 마찬가지로 동의를 요하는 것으로 바뀌었고, 법률이 직접 정하고 있던 동의율을 삭제하고 개별 조합의 정관으로 정하도록 위임하였다.

### (3) 경미한 사항의 변경

사업시행인가를 최초로 신청하는 경우 뿐 아니라, 사업시행인가를 받은 후 변경인가를 신청하는 경우에도 역시 동의를 받아야 한다. 다만 대통령령이 정하는 경미한 사항의 변경인 경우에는 토지등소유자의 동의를 필요로 하지 아니하고, 시장·군수에게 신고하는 것으로 충분하다(법 제50조 제1항 단서).

## 3. 사업시행인가와 건축위원회 심의

2018년 도시정비법 개정 전에 정비구역이 지정되지 않은 재건축사업의 사업시행인가에 대해 건축위원회의 심의를 받도록 정하고 있는 경우가 있었다. 그러나 이론적으로는 사업시행계획에 대한 인가를 통해 건축법상의 건축허가와 주택법상 사업승인이 의제되므로 건축심의의 대상이 되는 건축허가와 사업승인은 건축심의의 대상이 되는 것으로 해석하는 것이 옳았다. 실제 실무상으로도 사업시행계획의 인가의 발급 전에 건축심의가 진행되는 것이 관행이다. 그러나 법적으로 이 둘의 관계가 명확하지 않아 건축심의를 먼저 거친 후 사업시행인가를 신청해야 하는 것인지, 또는 사업시행인가를 신청하고 그 절차의 하나로 건축심의를 거쳐야 하는 것인지 분명하지 않다. 서울시의 실무는 전자로 운영되고 있는 것으로 판단되는데, 이렇게 되면 건축심의가 사업시행인가절차와 공식적으로는 분리되는 사실상의 절차가 되고, 이 둘이 법적으로 어떤 관계인지도 모호해진다. 건축심의는 사업시행인가의 내부적 절차이자 필수적 절차로 해석하고 사업시행인가의 주된 내용도 건축심의의 대상이 되는 것으로 해석해야 한다.

## 4. 공람 등

공람절차란 일정한 행정계획을 공식적으로 확정하기 전에 이해관계인에게 그 내용을 열람시키고 의견을 제출하게 하는 일종의 주민참가절차이다. 시장·군수 등은 사업시행계획인가를 하려는 경우에는 관계 서류의 사본을 14일 이상 일반인이 공람할 수 있게 하여야 한다(법 제56조). 이해관계자는 의견을 제출할 수 있으며 시장·군수가 의견의 채택여부를 정한다(동조 제2항, 제3항).

시장·군수는 사업시행인가를 하거나 사업시행계획서를 작성함에 있어서 의제되는 인·허가 등에 해당하는 사항이 있는 경우에는 미리 관계행정기관의 장과 협의하여야 한다(법 제57조 제4항).

시장·군수는 사업시행인가(시장·군수가 사업시행계획서를 작성한 경우를 포함)를 하거나 그 정비사업을 변경·중지 또는 폐지하는 경우에는 그 내용을 당해 지방자치단체의 공보에 고시하여야 한다. 다만, 경미한 사항을 변경하고자 하는 경우에는 그러하지 아니하다(법 제50조 제7항).


## V. 사업시행인가의 법적 효과

## 1. 착공할 수 있는 지위

사업시행계획은 건축법상의 건축허가와 유사한 기능을 한다. 사업시행계획이 행정청에 의해 인가·고시되면 그 법적 효력이 발생하고, 그 효력 중에 가장 중요한 것이 바로 공사에 착수할 수 있는 법적 지위가 부여된다는 점이다. 만약 사업시행계획의 인가 없이 사업을 시행하는 경우 형벌에 처해진다(법 제137조 제7호).

## 2. 수용권·매도청구권의 부여

수용권은 재개발에 대해서만 부여되므로 사업인정의 의제도 재개발사업의 사업시행의 인가에만 부여된다. 즉 사업시행인가의 고시가 있은 때에는 토지보상법 제20조 제1항 및 제22조 제1항의 규정에 의한 사업인정 및 그 고시가 있는 것으로 본다(법 제65조 제2항). 이 조문에 의해 사업시행계획은 사업인정으로 의제되고 다음 단계의 수용재결이 가능해진다.

재건축사업의 경우에는 반대하는 자들에 대한 매도청구소송이 사업시행인가 이후에 가능하게 되어 매도청구의 법적 근거로 작동하게 되었다(법 제64조).

## 3. 이주대책 등의 기초

사업시행계획은 주로 정비구역 내 건축물 및 정비기반시설의 설치를 위한 설계도의 역할을 담당하는데, 이러한 설계도가 현실화되려면 여러 후속 조치가 필요하다. 우선 기존 건축물 내 거주하고 있는 조합원 또는 토지등소유자를 이주시켜야 하며(이주대책), 이들 중 소유권의 이전을 거부하는 자들을 수용재결 또는 매도청구소송으로 배제시켜야 한다(수용재결 등).

도시정비법은 이와 같은 집행행위들을 위하여 사업시행계획의 내용이 이들을 포함하도록 정함으로써(법 제52조 제1항 제3호, 제4호 등), 사업시행계획의 수립 시 이들이 충분히 고려될 수 있도록 정하고 있다.

## 4. 권리배분단계의 개시

사업시행계획은 그 자체로서 사업시행의 단계를 규율하기 위한 목적에서 인가되는 것이지만, 다른 한편 다음 단계의 절차를 개시할 수 있는 법적 기초가 된다. 사업시행의 단계에 연이어 진행되어야 할 절차는 권리배분을 위한 단계인데, 권리배분의 단계는 사업시행의 인가와 거의 동시에 진행되지만 유형적 시설물의 설치가 아니라 그 분배만을 목적으로 진행되는 절차이다.

사업시행계획이 인가·고시된 후 120일 이내에 사업시행자는 토지등소유자에게 분양대상 목적물, 부담금의 내역, 분양신청기간 등을 정하여 일간신문에 고시하여야 한다(법 제

72조). 고시한 날로부터 30일~60일의 기간 내에 토지등소유자의 분양신청을 받게 되고 이를 기초로 관리처분계획이 작성된다(동조 제2항, 제3항).

## 5. 인허가 의제

정비조합이 정비사업 진행을 위해 개별 법률에 따른 인·허가의 대상이 되는 행위(국유재산법에 따른 사용허가, 국토계획법에 따른 개발행위 허가 등)를 해야 할 경우 해당 법률에 따른 별도의 인허가 절차를 거쳐야 하는 것이 원칙이다. 그러나 이렇게 사업을 진행하는 경우에는 상당한 시일 등이 소요되므로, 절차간소화를 위하여 정비사업의 시행인가를 받은 경우에는 이러한 절차나 허가를 받은 것으로 간주하는 규정이 있는데 그것이 바로 인·허가 의제규정이다. 도시정비법은 사업시행계획인가의 고시가 있은 때에는 관계 법률이 정하고 있는 인·허가가 있는 것으로 의제한다(법 제57조 제2항). 유의할 것은 인허가 의제규정으로 다른 법령이 요구하고 있는 인허가의 요건이 생략되는 것은 아니고 당해 인허가를 위해 필요한 서류들은 모두 제출되고 심사받아야 한다는 점이다(법 제57조 제3항).

## 6. 국·공유재산관련 기준시점

정비사업을 목적으로 우선 매각하는 국·공유지의 평가는 '사업시행인가의 고시가 있은 날'을 기준으로 하여 행한다(법 제98조 제6항).

## 제2관 시공자 선정시기의 제한

## Ⅰ. 들어가면서

## 1. 시공자 선정시기 제한의 중요성

2003년 제정된 도시정비법의 가장 중요한 조문은 시공자 선정시기를 제한하는 제11조였다. 이 조항은 현재 별 의미를 갖지 못하지만, 그 당시에는 도시정비법 전체를 지배하는 막강한 조항이었다. 도시정비법이 제정될 당시 강남 재건축과열이 가장 커다란 사회적 문제였고 이를 막기 위한 강력한 제동장치가 시공자선정시기를 제한하는 제정 도시정비법 제11조였다.

## 2. 구법시대 정비사업에서의 건설사의 지위

구법시대에 건설사는 재건축에서는 공동사업주체, 재개발에서는 공동사업시행자였다. 전자는 의무적인 형태로 후자는 임의적인 형태로 규정되어 있었지만, 둘 다 건설사를 사업시행자로 인정하고 있었다는 점에서는 차이가 없다. 물론 구법시대에도 건설사들은 당연히 시공자였다는 점에는 차이가 없었다. 그러나 어떠한 법률조항도 건설사를 시공자로 한정하는 경우는 없었으며 건설사가 공동시행자인지 시공자인지도 항상 불분명했다.

## 3. 시공자 선정시기 제한의 불완전성

2003년 제정된 도시정비법은 건설사의 명칭을 '시공자'로 바꾸고 이렇게 정해진 시공자들을 일정시점(사업시행인가) 이전에는 선정하지 못하도록 제도화했다(제11조). 이 조항은 건설사의 사업시행권을 박탈하기 위한 조항이기도 하면서 동시에 건설사가 사업에 참여할 수 있는 시기도 제한하고 있다. 그러나 시공자로 선정되는 시기만을 제한하고 있을 뿐 시공자로 선정된 이후에 어떤 행위가 금지되는지 모호한 태도를 취했다. 2005년 도시정비법이 개정되면서 재개발사업에 한해 건설사가 공동시행자가 될 수 있도록 개정되었는데, 이 때문에 건설사가 시공자라는 것인지 공동시행자라는 것인지 또다시 불분명해졌다.

## 4. 시공자 선정제도의 변화

초기 도시정비법이 시공자선정시기를 사업시행인가 이후로 규제하던 입장은 서서히 변화되어 조합설립인가 후 시공자를 선정하는 것으로 제도가 개편되었다. 또 건설사들은 현행법상 재건축과 재개발을 불문하고 공동시행자가 될 수 있도록 제도가 변경되었다.

## II. 시공자선정 제도의 변천

### 1. 제도의 도입

개발사업법에서 사업시행이라는 행위의 개념이 명시적으로 정의되어 있지 않듯이 시공 또는 시공자라는 개념이 정의된 바 없다. 전통적으로 개발사업법에서는 사업시행과 관련된 참가자들의 역할과 책임에 대해 무관심했으며 "시공자"라는 용어가 법에서 명시적으로 사용되기 시작한 것도 2003년 도시정비법 제정 이후이다.

2003년 제정된 도시정비법은 재건축의 과열을 초래한 주범을 민간건설업자로 보고 이들을 정비사업의 단순한 '시공자'로 규정하면서, 그 선정시기를 사업시행계획의 인가 이후로 제한하였다(동법 제11조 제1항). 최초로 제정된 도시정비법상 시공자선정제한 제도에 따라 재건축·재개발, 도시환경정비사업(현행 토지등소유자의 재개발)을 불문하고 건설업자는 시공자일 뿐 시행자가 될 수 없는 것으로 취급되었다(동법 제8조).

> [2002. 12. 30.(2003. 7. 1. 시행)] 도시정비법 제정법률
> • 제11조(시공자의 선정) ① <u>조합 또는 토지등소유자</u>는 사업시행인가를 받은 후 건설산업기본법 제9조의 규정에 의한 건설업자 또는 주택건설촉진법 제6조의3 제1항의 규정에 의하여 건설업자로 보는 등록업자를 시공자로 선정하여야 한다.

### 2. 재건축과 재개발의 분리(2005년 개정법률)

#### (1) 재개발에 대한 완화조치

건설업자의 공동시행을 전면적으로 금지시켰던 도시정비법에 의해 가장 큰 타격을 받았던 분야는 사업이 부진했던 재개발사업이었다. 조합이 시행하는 재개발사업에 대해 건설업자의 공백을 채워 줄 다른 대안이 없었고, 정부는 재개발과 도시환경정비사업에 대해 시공자선정시기 제한을 완화하기 위해 도시정비법을 개정한다.

> [2005. 3. 18.] 도시정비법 개정법률
> • 제11조(시공자의 선정) ① 주택재건축사업조합은 사업시행인가를 받은 후 건설업자 또는 등록사업자를 시공자로 선정하여야 한다.
> • 제8조(주택재개발사업 등의 시행자) ① 주택재개발사업은 제13조의 규정에 의한 조합(이하 "조합"이라 한다)이 이를 시행하거나 조합이 조합원 과반수의 동의를 얻어 시장·군수, 주택공사등, 「건설산업기본법」 제9조의 규정에 의한 건설업자(이하 "건설업자"라 한다), 「주택법」 제12조 제1항의 규정에 의하여 건설업자로 보는 등록사업자(이하 "등록사업자"라 한다) 또는 대통령령이 정하는 요건을 갖춘 자와 공동으로 이를 시행할 수 있다.
> • 제84조의2(벌칙) 다음 각호의 1에 해당하는 자는 3년 이하의 징역 또는 3천만 원 이하의 벌금에 처한다.
>     1. 제11조의 규정을 위반하여 시공자를 선정한 자 및 시공자로 선정된 자

## (2) 시공과 시행의 혼동

2005년 도시정비법의 개정결과 재건축에서는 건설업자를 시공자로 보고 시공자선정시기가 제한되지만, 재개발과 도시환경정비사업에 대해서는 건설업자가 다시 공동시행자로 규정되고 선정시기의 제한을 받지 않게 되었다(2005년 개정 도시정비법 제8조 제1항 및 제3항).

이처럼 도시정비법이 시공자와 시행자를 구별하였던 최초의 태도를 바꾸어 다시 시공과 시행이라는 개념을 혼동하여 사용한 것은 입법적으로 큰 잘못이다. 재건축과 재개발은 사업의 법적 성격에 있어 본질적으로 다른 것이 아니므로 법적 성격이 동일한 건설업자를 시공자로 규정하기도 하고 공동시행자로도 규정하기도 하는 것은 법적용에 혼란을 가져오기 때문이다.

## 3. 재개발 시공자선정제도의 부활(2006년 개정법률)

### (1) 건설업자의 선정시기

2005년 개정법률은 재건축에서 활로를 찾을 수 없었던 건설업자들에게 아쉬우나마 재개발사업에서 돌파구를 열어주었다. 정부는 2005년 개정법률 이후 건설경기가 과열되는 조짐을 보이자 재개발사업도 조합이 설립된 이후에 건설업자를 선정하게 하려는 목적으로 도시정비법 제11조를 또 다시 개정한다.

## (2) 법률개정의 취지

이처럼 재개발 등에 대해 시공자 선정시기를 제한한 주된 이유는 이들 조합을 형사처벌하기 위한 것이 아니라 재개발사업에서 건설업자를 선정할 수 있는 시기에 대한 불명확성을 해소하기 위한 것이라는 측면이 더 강하다. 이 조항의 개정으로 건설업자들이 이 조항 시행일(2006. 8. 25.) 이전에 각 사업장의 추진위원회를 조합으로 전환하기 위해 일대 혼란이 벌어졌는데, 이는 공동시행자로 선정된 지위를 상실하지 않기 위한 것이었다. 법률개정으로 재개발사업에 대해서도 시공자선정시기 위반은 형사처벌되는 구조가 되었다.

## 4. 재건축에 대한 규제완화

참여정부의 시대가 지나고 정부가 바뀌면서 재건축에 대한 규제를 풀기 위한 다양한 방법들이 모색되었다. 2003년부터 5년간 가파르게 오르던 부동산 가격은 2008년을 정점으로 안정세로 돌아서고 2009년 전세계적인 금융위기가 한국에도 강력하게 영향을 미치자 재건축에 대한 규제완화가 가능하게 되었다. 재건축을 강력하게 통제하던 시공자선정시기에 대한 조항이 개정된 것도 이러한 환경에 영향을 받은 것이었다.

## Ⅲ. 시공자의 선정과 도급계약

### 1. 기본행위의 소급효

정비사업을 시공할 시공자는 철거업자 및 설계자와 마찬가지로 총회 결의를 거쳐 선정 또는 변경하여야 한다(법 제45조 제1항 제5호). 시공자의 선정 또는 변경은 사업추진과 조합원의 권익에 직결되는 매우 중요한 사항이므로, 총회의 결의에 의하도록 정한 것이다.

시공자를 선정하는 것은 조합총회이지만 조합총회결의에서 정해지는 것은 우선협상대상자이고 조합과 협상이 순조롭게 진행되어 도급계약을 맺으면 비로소 시공자가 되는 것이라 해석된다. 그러므로 시공자선정이라는 절차는 총회의 결의와 계약의 체결이라는 두 개의 요소로 구성된다. 그 중에서도 시공자 선정총회에서 우선 협상대상자를 선정하는 것이 시공자 선정의 핵심절차이다.

### 2. 공사계약 및 공동시행계약

조합과 시공자가 체결하는 공사계약은 형식상 도급계약의 형태를 띠지만 그것에 그치는 것은 아니다. 건설사는 주로 시공자로서 수급인지만 다른 한편 법적으로 또는 실질적으로 공동시행자의 역할을 담당하기 때문이다. 건설사가 '공동시행자'로 조합과 맺는 계약의 내용은 조합계약과 위임계약이 혼합되어 있다.

### 3. 지분제와 도급제

공사계약은 시공자의 개발이익 참여여부에 따라 지분제와 도급제로 나뉜다. 지분제는 조합원지분을 우선 결정하고 나머지는 모두 시공자가 자신의 이익 또는 손실로 사업을 진행하기로 하는 것이고, 도급제는 시공자가 대금으로 확정금액을 지급받기로 약속하는 방식이다. 지분제로 계약이 체결될 때 건설사는 공동시행자로서의 지위를 더 강하게 띠게 된다. 물론 도급제라고 해도 공사금액 속에는 여전히 시행대행비 등이 포함되어 있다는 점에는 지분제와 차이가 없다. 따라서 이론상으로는 지분제와 확정금액제로 부르는 것이 더 옳다.

# 제3관 정비사업전문관리업자

## Ⅰ. 들어가면서

구법시대 재건축에서 컨설팅이라 불리던 직역에 대해 도시정비법이 제정되면서 정비사업전문관리업자(이하 '정비업자'라 함)라는 명칭을 주고 많은 특권을 주었다. 이는 사업시행을 조합에 대신해서 진행하던 건설사들의 힘을 줄이기 위한 고육지책이었는데, 정비업자 집단은 2003년 제도 도입당시에 준비가 되어 있지 않았다. 그리고 현재까지도 정비업자는 전문성이나 신뢰성 면에서 아직 자리를 잡지 못하고 있다.

도시정비법은 건설사를 시공자로 격하하고, 정비업자의 조력을 받은 조합이 독점적 사업시행자의 역할을 하도록 제도를 설계했지만, 건설사 없는 정비사업은 여전히 불가능하다. 결국 다양한 형태의 탈법과 불법이 법률에 의해 예정되어 있다고 보아도 무리는 아니다.

## Ⅱ. 정비업자의 의의

구법시대의 재건축·재개발사업은 시공자가 사업초기단계부터 추진위원회를 만들어내거나 이들에게 대여금을 지급하는 등의 방법을 통하여 사업을 주도하였다. 과열된 수주경쟁에서 투입된 자본은 사후 공사비에 반영되고 이는 조합원의 추가부담금으로 이어진다. 이를 해소하기 위하여 도시정비법에서는 조합의 조력자로서 시공자와 별개의 전문가를 탄생시켰고, 그 역할을 담당하도록 한 것이 정비업자이다.

정비업자는 '정비사업의 시행을 위하여 필요한 사항을 추진위원회 또는 사업시행자로부터 위탁받거나 이와 관련한 자문을 하고자 하는 자'이다(법 제102조 제1항). 이러한 업무를 업으로 하고자 하는 자는 반드시 등록을 하여야 하며, 등록 없이 이러한 행위를 하는 경우 처벌된다(법 제137조 제9호).

추진위원회나 사업시행자는 자문이나 업무의 일부를 위탁하기 위해 필요하면 정비업자를 선정할 수 있으나, 선정하는 것이 법에 의해 강제되는 것은 아니다. 정비업자를 선정하고자 하는 추진위원회 또는 조합은 경쟁 입찰의 방법으로 정비업자를 선정해야 한다(법 제29조 제1항, 제3항).

## Ⅲ. 정비업자의 업무

### 1. 정비업자 업무 범위

정비업자는 ① 조합설립의 동의 및 정비사업의 동의에 관한 업무의 대행, ② 조합설립인가 신청에 관한 업무의 대행, ③ 사업성 검토 및 정비사업의 시행계획서의 작성, ④ 설계자 및 시공자 선정에 관한 업무의 지원, ⑤ 사업시행계획인가 신청에 관한 업무의 대행, ⑥ 관리처분계획의 수립에 관한 업무의 대행 등 법률이 정하는 업무를 자문하거나 위탁받을 수 있다(법 제102조 제1항).

### 2. 시공자 시행권과의 충돌

정비업자의 업무는 사업초기 조합설립인가에 필요한 업무 즉 동의서의 징구, 사업성검토 및 사업시행계획서의 작성 외에도 사업시행인가를 받은 후의 업무도 해당한다. 그러므로 시공자가 선정되고 시공자가 시행에 간여할 때 시공자의 공동시행권과 충돌이 생기는 문제가 있다.

### 3. 정비업자의 업무제한

기존의 정비사업에서 정비업자와 유사한 기능을 수행하던 자들은 철거업자·세무사 및 건축사 등이었다. 이러한 직역의 전문가들과 정비업자가 중복되면 정비업자의 중립성에 문제가 있을 수 있어 도시정비법은 그 업무의 중복을 제한하고 있다. 정비업자는 동일한 정비사업에 대해 건축물의 철거, 정비사업의 설계·시공·회계감사 및 그 밖에 정비사업의 공정한 질서유지에 필요하다고 인정하여 대통령령이 정하는 업무를 병행하여 수행할 수 없다(법 제103조).

# Ⅳ. 정비업자의 등록

## 1. 등록의무와 등록기준

정비사업의 시행을 위하여 필요한 사항을 추진위원회 또는 사업시행자로부터 위탁받거나 이와 관련한 자문을 하고자 하는 자는 대통령령이 정하는 자본·기술인력 등의 기준을 갖춰 국토부장관에게 등록하여야 한다(법 제102조 제2항).

## 2. 등록하지 않는 정비업자

### (1) 등록하지 않은 업체들

도시정비법이 시행되면서 정비업체가 추진위원회 또는 정비조합에 초기 사업자금을 조달해 줄 것을 예상하면서 '설계자 및 시공자 선정에 관한 업무'를 조합 대신 대행하도록 권한을 주었다. 이 조항은 추진위원회나 조합이 등록된 정비업자를 선택하는 것이 아니라, 정비업자가 조합의 업무를 위탁받거나 자문하려면 등록하라는 애매한 형식을 취하고 있다. 따라서 법적으로는 정비업자가 사업시행자의 위탁이나 자문을 받으려는 의사 없이 외부에서 시공자선정만 알선하거나 단순히 동의서만 징구하는 업무(이른바 OS 업체)를 하려면 이 법에 따른 등록이 필요하지 않다.

### (2) 등록제의 허점

조합이 시행하는 사업은 다양한 업무들을 포괄하며 그 중 정비업자의 업무로서 조합을 조력하는 업무들도 그에 포함된다. 그러나 동의서만을 징구하는 업무는 정비업자가 조합을 대행할 수 있으므로, 정비업자가 대행하는 업무를 다시 등록하지 않은 외부업체에 위탁할 수 있다. 이렇게 동의서 징구만을 업무로 하면서 등록하지 않은 업체들이 다양하게 생겨나면서 정비업자의 등록제도는 본래의 기능을 점점 잃고 있다.

## 3. 공무원의제

추진위원장 · 조합임원 · 청산인 · 전문조합관리인 및 정비업자의 대표자(법인인 경우에는 임원을 말한다) · 직원 및 위탁지원자는 「형법」 제129조부터 제132조까지의 규정을 적용할 때에는 공무원으로 본다(법 134조). 이에 따라 정비업자의 대표자나 직원은 형법상 뇌물죄를 적용할 때 공무원으로 본다. 정비업자가 뇌물죄로 처벌된다는 의미는 조합이 수행하는 임무가 공적 임무라는 전제하에 가능한 것이고, 이러한 임무를 대행하거나 지원하는 자의 지위도 그에 준하는 것이라는 이해를 전제로 한다.

## 제4관 매도청구소송

## I. 들어가면서

## 1. 수용소송

매도청구소송은 구법시대 재건축사업에 반대하는 토지등소유자의 소유권을 박탈하기 위해 주촉법과 집합건물법을 결합해서 운용되던 수용소송(收用訴訟)이었다. 판사가 재산권 박탈을 최종 결정한다는 점에서 토지수용위원회의 수용재결과 다르지만, 판결에 의해 소유자의 의사에 반하는 소유권박탈을 수권하고 있다는 점에서 헌법 제23조 제3항에서 말하는 '수용'에 해당된다.

매도청구소송은 도시정비법 전체의 공법적 기능을 이해하고 재개발의 수용재결과 잘 비교해 보아야 비로소 정체가 드러난다.

## 2. 재건축사업과 수용권

도시정비법이 제정될 때 재건축에 대해서도 수용권을 부여할 것인가를 둘러싼 논란이 있었지만, 결국 수용권을 부여하지 않는 것으로 정리되었다. 그래서 재건축은 종래 구법시대에 사용하던 집합건물법상의 매도청구권을 사용해서 반대하는 자들을 사업에서 배제하는 것으로 제도가 마련된 것이다. 그러나 재개발의 수용보다 매도청구소송이 반대하는 소유자들에 대해 훨씬 가혹한 측면이 있다는 점은 잘 알려져 있지 않다.

## 3. 재개발사업과 재건축사업의 탈퇴 방식

재개발에서는 사업에 반대하는 토지등소유자들도 조합이 설립되었을 때 자동적으로 조합원이 된다. 그리고 사업시행인가, 관리처분계획의 인가절차까지도 조합원의 지위를 계속 보유한다. 그러므로 조합이 설립되고 몇 년 가까이 재산권이 박탈되지 않는다. 이들에 대해서는 관리처분계획에 '청산대상 조합원'으로 명단이 확정된 후, 현금청산의 절차를 거쳐 다시 수용재결을 신청해야 한다. 재개발사업에 대해서는 전통적으로 토지수용위원회가 수용재결을 내리는 데 인색해서 사업시행자인 조합이 마지막까지 협의매수에 성실히 임해야 했다.

이에 비해 구법시대 재건축사업에서는 조합설립을 위한 동의율만 충족되면 심지어는 조합설립인가도 받지 않은 상태에서 매도청구를 할 수 있었다. 도시정비법이 제정된 후에도 2018년까지 조합은 동의율만 충족되면 매도청구를 할 수 있었으므로 재건축에서 사업에 반대하는 자는 조합원도 될 수 없고, 조기에 매도청구를 당해 1심에서 패소하고 가집행당하는 경우도 적지 않았다. 사업의 초기에 매도청구소송을 당하고 소유권을 조기에 박탈당하는 것은 수용재결과 비교할 때 반대하는 토지등소유자에게 커다란 불이익이다. 물론 재건축의 매도청구소송에서 보상액은 '시가'라는 점에서 재개발에 비해 유리하지만 그것만으로 양자간의 불균형이 해소되는 것은 아니다.

## II. 매도청구의 의의와 기능

## 1. 매도청구의 의의와 연혁

### (1) 매도청구의 뜻

매도청구제도란 재건축사업을 반대하는 자들의 소유권을 확보하기 위한 것으로서, 사업시행자가 조합설립에 동의하지 않은 자의 토지 및 건축물의 매도(賣渡)를 청구하는 제도이다. 이 장에서 설명하는 매도청구제도는 재건축사업에만 해당한다는 점에 유의해야 한다. 매도청구권은 형성권으로 상대방의 동의 없이 일방적으로 이루어지며 그 의사표시에 의해 법적 효과가 발생한다. 그러므로 매도청구의 의사가 적법하게 표시되면, 사업시행자와 미동의자 사이에는 매매계약과 유사한 법률관계가 생긴다.

### (2) 매도청구조문의 완성

2018년 개정된 도시정비법은 매도청구권의 시간적 요건을 사업시행인가 이후로 미루고 청구기간도 인가 고시 후 30일 이내로 한정하였다(법 제64조 제1항). 종래 도시정비법이 조합설립동의만 있으면 사업시행자가 매도청구를 할 수 있도록 정하고 있던 것에 대한 반성적 고려가 있었던 것이라 보아도 좋다.

### (3) 공법상 매도청구

2018년 개정은 도시정비법 자체에 매도청구조문을 완결적으로 규정한 것이라는 점에서 매도청구제도에 대해서는 커다란 변화가 있었다. 도시정비법은 공법으로서 헌법상 공공필요를 충족하는 정비사업에 대해 규율하는 법률이다. 개정 전 법률에서 헌법의 수권에 따라 재산권을 박탈하는 근거조항을 민사법의 일종인 집합건물법에 의존한다는 것이 법체계에 맞지 않는 것이었다.

### (4) 민사상 매도청구

집합건물법에서 매도청구권을 인정하는 취지는 헌법상 공공필요라기보다는 집합건물 자체가 가지고 있는 특수성을 고려해서 구분소유자들의 재산권의 내용을 제한하는 취지가 강하다. 개별적 건축물의 소유자가 갖는 일반적 소유권의 범위와 달리 집합건물법은 집합건물 구분소유권의 내용과 한계를 정하고 있으며(헌법 제23조 제1항 2문) 매도청구권도 그 내용과 한계의 일환이다.

### (5) 구법시대 매도청구제도

구법시대 주촉법 제44조의3 제7항에서는 재건축결의율(구분소유자 및 의결권의 각 2/3 이상 결의와 전체 구분소유자 및 의결권의 4/5 이상의 결의)에 대한 규정이 있었지만 재건축결의의 4가지 요건이나 매도청구권의 절차에 대해 별도의 조문이 없이 집합건물법에 전적으로 의존하였다. 도시정비법이 제정되면서 매도청구에 관한 조문(법 제39조)을 별도로 두고 집합건물법의 일부 조항(동법 제47조)을 도시정비법상 조합설립동의 조항에 받아들이고 제48조만을 준용하는 형태를 취했다. 재건축결의라는 용어대신 조합설립 동의라는 표현을 사용함으로써 도시정비법 시대에는 재건축결의라는 용어가 사라졌다.

## 2. 매도청구제도의 기능

### (1) 토지수용과 유사한 기능

#### 1) 소유권의 박탈

공공개발사업으로서의 정비사업은 조합 또는 사업시행자가 대상지역의 토지소유권을 확보하고 그 지상에 아파트 등을 건설하여 조합원에게 배분하는 과정을 거친다. 이 때 정비조합이 토지소유권을 확보하는 방법은 합의에 의해 이전하거나, 반대하는 자들에 대한 소유권박탈이라는 요소로 구성된다. 이 중 정비사업에 반대하는 토지등소유자의 권리를 박탈할 수 있는 제도적 장치가 바로 재개발사업의 토지수용과 재건축사업의 매도청구소송이다.

#### 2) 매도청구와 수용의 비교

재개발사업의 경우, 토지등소유자가 이를 자발적으로 이전하지 않는 경우 토지수용권을 발동할 수 있다(법 제63조). 이에 비해 재건축사업에서는 토지수용권이 부여되지 않으므로 매도청구제도를 활용하여 반대하는 토지등소유자의 권리를 확보하게 된다(법 제64조). 이와 같이 매도청구제도는 재개발사업에 있어 토지수용과 매우 유사한 기능을 수행한다. 다만, 토지등소유권 이전의 시기, 행사방법 등의 면에서 토지수용과 차이를 보일 뿐이다.

### (2) 정비사업과 소유권 확보의 필요성

신탁부분에서 더 설명되겠지만, 정비조합은 그 성격상 사업에 동의하는 자(조합원)들의 소유권을 전체적으로 조합으로 이전받는 것이 원칙이다. 정비조합에 법인격이 인정되는 가장 중요한 이유가 바로 토지소유권을 이전받아 기존의 노후·불량 주택을 철거한 뒤,

그 지상에 아파트 등을 건설하기 위하여 조합소유의 재산을 확보하기 위한 것이기 때문이다.

재개발사업과 달리 재건축사업은 찬성하는 조합원들의 재산을 신탁받고 반대하는 토지등소유자에 대해서는 매도청구권을 행사한다. 찬성하는 조합원에게 신탁을 요구하는 근거는 신탁의무를 정하는 조합정관이며, 신탁은 매도청구와 함께 조합의 소유권확보를 돕는다. 이러한 점에서 보면 재개발사업의 경우에도 사업시행인가 시에 동의자들의 소유권확보를 요청하는 것이 바람직하다.

## III. 매도청구제도와 헌법상 공공필요

### 1. 수용소송인 매도청구소송

#### (1) 재산권 보상과 공공필요

헌법 제23조는 모든 국민의 재산권을 보장하면서(제1항), 공공필요에 따른 수용·사용·제한 및 보상에 대해 법률로 정하되 정당한 보상이 지급되도록 정하고 있다(제3항). 헌법 제23조가 보장하는 재산권의 내용은 원칙적으로 자신의 의사에 반하는 소유권 등 재산권의 박탈이 허용되지 않는다는 것이며, 매우 예외적으로 '공공필요'라는 공익이 존재할 때 법률로써만 그 소유권을 박탈할 수 있고 이에 대해 정당한 보상이 지급되어야 한다는 것이다.

#### (2) 수용소송의 성격

매도청구제도는 그것이 비록 초기에는 민사법의 영역에 속하는 것으로 실무가 운영되어 왔지만, 그 본질은 공법적 영역의 수용에 해당하는 것이었다. 현행 도시정비법은 집합건물법과 절연하여 독자적인 매도청구제도를 마련하고 있으며, 이 조항은 전형적으로 헌법 제23조 제3항이 말하는 소유자의 의사에 반하는 '수용'에 해당된다. 기능상으로도 도시정비법상 매도청구제도는 재개발사업의 토지수용과 대응관계를 이루며, 사업에 반대하는 자들의 소유권을 소멸시키기 위한 목적에서 사용된다. 그러므로 매도청구제도의 정체는 실정법상 비록 수용이라는 단어가 사용되지 않는다고 해도 실질적인 관점에서 공용수

용이라 판단되어야 할 것이다.[184]

매도청구의 법률관계도 공법적 계기에 의한 것이므로 이에 대한 소송은 당사자소송으로 제기되어야 하며, 행정소송법상 당사자소송을 관할하는 행정법원에 제기되어야 한다.

## 2. 매도청구제도의 헌법 적합성

매도청구제도가 헌법 제23조 제3항의 공용수용에 해당하므로 그 유효한 성립과 행사를 위해 법률이 정하는 요건 이외에도 헌법상의 요청을 동시에 충족하여야 한다. 그 헌법상의 요청은 법률에 근거가 있을 것, 정당한 보상이 제공될 것, 공공필요라는 요건을 충족시킬 것 등이다.

법률에 근거가 있어야 한다는 것은 국회에서 제정된 법률에 권한을 주어야 한다는 뜻이며, 현행법상의 매도청구제도는 도시정비법 등에 그 근거를 갖고 있다는 점에서 형식적 요건은 충족된다. 정당한 보상이 제공되어야 한다는 요청은 도시정비법이 '시가에 따라' 매도를 청구할 수 있도록 규정하고 있어 재판의 과정에서 정당한 보상이라는 헌법적 관점이 반영될 수 있다.

## IV. 매도청구의 요건과 절차

## 1. 매도청구의 절차

재건축사업의 사업시행자는 사업시행계획인가의 고시가 있는 날부터 30일 이내에 조합설립에 동의하지 아니한 자에게 조합설립 또는 사업시행자의 지정에 관한 동의 여부를 회답할 것을 서면으로 촉구하여야 한다(법 제64조 제1항). 촉구를 받은 토지등소유자는 2개월의 회답기간을 부여받으며, 회답기간에 특별한 답을 하지 않은 토지등소유자는 조합설립 또는 사업시행자의 지정에 동의하지 아니하겠다는 뜻을 회답한 것으로 본다(동조 제2항, 제3항).

2개월의 회답기간이 지나면 사업시행자는 그 기간이 만료된 때부터 2개월 이내에 조합

---

184) 실정법에서도 의사에 반하여 토지소유권을 박탈하는 제도를 통상 '수용(재결)'이라 표현하는 것이 일반적이지만(토지보상법 제19조 등) 반드시 이러한 명칭만을 사용하는 것은 아니고 환지처분(도시개발법 제41조 제1항 후단), 징발(징발법 제19조) 등 다양한 명칭이 사용되고 있다.

설립 또는 사업시행자 지정에 동의하지 아니하겠다는 뜻을 회답한 토지등소유자와 건축물 또는 토지만 소유한 자에게 건축물 또는 토지의 소유권과 그 밖의 권리를 매도할 것을 청구할 수 있다.

## 2. 조합설립동의

### (1) 동의와 매도청구요건

현행법상 매도청구의 요건으로 가장 중요한 것은 사업시행인가를 받았는가 여부이고, 그 이전 단계의 조합설립 동의나 조합설립 인가 등은 간접적인 요건으로 숨게 되었다. 따라서 2018년 이전에 매도청구소송에서 명시적으로 요구되던 조합설립동의율을 매도청구의 요건으로 여전히 요구할 것인가에 대해 논란이 불가피하다.

### (2) 두 가지 해석의 가능성

조합설립동의가 현행 도시정비법상 매도청구소송의 요건이 될 것인가에 대해서는 해석에 맡겨져 있다. 종래 재건축에서는 토지등소유자의 동의가 매도청구의 요건으로 정해져 있었지만, 재개발은 그와 무관하게 수용권을 사업시행인가에 의존하고 있었다. 재개발사업과 마찬가지로 현행 매도청구소송은 더 이상 조합설립동의에 소송요건을 의존시키고 있는 것은 아니라고 해석하는 것이 하나의 방법이다. 2018년 도시정비법이 개정된 취지가 매도청구의 시점을 변경하기 위한 것일 뿐 매도청구의 요건을 변경하고자 한 것이 아니라면 조합설립동의는 여전히 숨어 있는 매도청구요건으로 해석할 수 있다. 이 책은 후자의 해석을 따른다. 만약 사업시행인가만으로 수용권을 부여하면 종래 판례가 매도청구를 제한하기 위해 발전시킨 논리들과 그로 인한 권리구제기능이 모두 폐기되어야 한다는 점도 고려한 것이다.

### (3) 구법시대 매도청구의 요건

구법시대부터 2018년 도시정비법 개정전까지 재건축결의 또는 조합설립동의가 반대자들에 대한 매도청구의 가장 중요한 소송요건이었기 때문에, 구법하의 재건축결의는 이들의 소유권을 박탈하는 핵심적인 역할을 했다. 초기에는 이러한 매도청구소송에서 대부분은 원고인 조합이 쉽게 승소했고 이 때문에 정당성이 결여된 채 형식적 요건만을 충족하는 재건축결의들도 나타나게 되었다. 형식적으로 서면동의 등을 통해 4/5의 동의율을 충족했으나 정당성이 결여된 재건축결의가 빈발하게 되자, 법원은 매도청구소송에서 재건축에 반대하는 피고들의 소유권을 보호할 방안을 모색하게 된다. 그 후 법원은 '비용분담에 관한 사항'들이 충분히 구체적이지 않은 재건축결의가 무효라는 피고들의 주장을 받아들여 재건축결의의 무효사유를 넓힌다.[185]

## (4) 초기 비용분담론의 취지

그러나 매도청구소송에서 재건축결의가 무효라는 의미는 매도청구권이 없다는 의미일 뿐이었으며 이 과정에서 탄생한 비용분담론은, 자의적으로 재건축사업을 진행하는 조합의 수용청구를 법원이 받아들이지 않는다는 정도의 의미를 갖는 것에 불과했다.[186] 또한 비용분담이 구체적이지 않아 재건축결의가 무효라는 판단은 주문에 나타나는 것도 아니었고 단순한 피고의 방어방법으로서 원고의 청구를 기각하는 판결이유를 구성하는 것이었다.[187]


# 제4절 관리처분

## 제1관 관리처분계획의 의의와 처분성

## Ⅰ. 들어가면서

사업시행계획이 확정되고 나면 아직 건물은 존재하지 않아도 새롭게 건축될 건물의 개요가 정해지므로 이 아파트들의 배분문제와 총공사비, 추가부담금 등이 결정되어야 한다. 도시정비법은 이 단계에 관리처분계획을 배치하고 이를 위한 분양공고, 분양신청 등의 절차를 정하고 있다.

---

185) 대법 1998. 6. 26. 선고 98다15996 판결.
186) 김종보, "재건축결의무효의 공법적 파장", 서울대학교 법학, 2008. 6, 193–216쪽 참조.
187) 대법 1998. 3. 13. 선고 97다41868 판결, 대법 2002. 3. 15. 선고 2001다77819 판결 등.

관리처분계획의 기준은 재건축과 재개발 사업에 공히 존재하는 것이며, 이를 규율하는 도시정비법의 관련규정에 따라 조합과 조합원의 비용부담과 아파트분양권 등이 결정되는 중요한 역할을 한다. 민사로 환원하면 조합이 분양하는 아파트를 조합원이 분양받으면서 그 분양의 조건에 해당하는 가격, 아파트의 종류, 대금납부시기 등을 정하는 것에 해당한다. 도시정비법은 이를 조합원 전원에 대한 관리처분계획으로 작성하도록 명하면서 그 기준까지 법정하고 있으므로 관리처분계획이 인가되면 그 기준들이 민사적 매매의 내용을 대체하게 된다.

관리처분계획은 원래 재개발사업에서 반드시 수립하여야 할 법정계획으로 구도시재개발법(제34조 제4항)에 규정되어 있었다. 그러나 주촉법에서의 재건축사업에서는 관리처분계획에 대한 관계 법령의 근거나 그 기준이 없었으며, 다만 실무상 대부분의 재건축사업에서 관리처분계획을 수립하고 있었을 뿐이었다. 도시정비법에서는 재건축사업의 경우에도 관리처분계획의 수립을 의무화 하고, 그 기준을 제시하고 있다는 점에서 구법과 큰 차이를 보인다.


## Ⅱ. 관리처분계획의 의의와 내용

### 1. 권리배분과 이전고시

행정청은 정비구역을 지정하고, 조합설립을 인가하며, 사업의 결과를 분배하는 단계에 있어서도 관리처분계획을 인가한다. 관리처분계획이 정하는 사항은 소유권의 귀속, 비용의 부담 등이며 이는 이전고시와 청산금부과처분에 의해 집행된다. 이때 이전고시나 청산금부과처분은 관리처분계획의 집행행위로서 관리처분계획에 그 법적 정당성의 기초를 두고 있으며 내용적으로도 관리처분계획에 구속된다. 관리처분계획이나 이전고시가 없는 한 새롭게 건설된 시설에 대한 소유권은 인정될 수 없다.[188]

### 2. 관리처분계획의 성립

관리처분계획이나 사업시행계획은 구속적 행정계획으로서 국민의 권리의무에 영향을

---

188) 대법 2006. 4. 27. 선고 2004다38150 판결.

주는 처분이므로[189) 조합의 가장 중요한 의사결정기관으로서 총회가 그 내용을 결정할 권한을 갖는다. 관리처분계획이나 사업시행계획은 정비조합총회의 결의사항이며(법 제45조 제1항 제9호, 제10호), 조합총회가 이에 대하여 세부항목들을 심의하여 결정하면 그 결정내용이 사업시행계획 또는 관리처분계획의 안(案)이 된다.[190) 그리고 이러한 행정계획의 안(案)은 행정청의 인가를 통해 확정되고 대외적으로 고시됨으로써 효력을 발생하게 된다.

## 3. 관리처분계획의 내용

관리처분계획에서 정해지는 사항은 분양설계, 분양대상자의 주소 및 성명, 분양예정대지 또는 건축물의 추산액과 종전의 토지 및 건축물의 명세와 사업시행고시가 있은 날을 기준으로 한 가액, 정비사업 비용의 추산액, 분양대상자의 종전의 토지 또는 건축물에 관한 소유권 외의 권리명세, 세입자별 손실보상을 위한 권리명세 및 그 평가액 등이 있다 (법 제74조 제1항).

## 4. 비례율

개발이익률이라고도 말하는 비례율은 정비사업이 끝난 후 조합이 벌어들인 총 수입금에서 사업비를 뺀 금액을 구역 내 토지 및 건물감정평가액으로 나눈 금액을 말한다. 비례율은 총수익을 각 조합원별로 나누어 이를 종전자산에 부여함으로써 조합원의 권리가액을 높이기 위한 수단이다. 관리처분계획의 비례율은 사업비 등을 기초로 정해지고 모든 조합원들에 대해 동일한 기준으로 적용된다. 따라서 비례율의 하자를 이유로 관리처분계획이 취소되면 그 하자는 관리처분계획 전체에 존재한다.[191)

## 5. 관리처분이 없는 정비사업

도시정비법에서 정하고 있는 각종 정비사업이 모두 관리처분단계로 이어지는 것은 아니다. 예컨대, 주거환경개선사업의 경우에는 현지개량방식이나 공동주택방식 모두에서

---

189) 대법 1995. 7. 28. 선고 95누4629 판결; 대법 1993. 3. 9. 선고 92누16287 판결 등.
190) 대법 2001. 10. 12. 선고 2000두4279 판결.
191) 대법 2002. 12. 10. 선고 2001두6333 판결.

관리처분의 절차가 적용되지 않는다.

## Ⅲ. 관리처분계획의 절차

### 1. 관리처분계획의 수립권자

관리처분계획의 절차는 사업시행의 인가·고시가 있은 후부터 개시된다. 관리처분계획의 입안의 주체는 사업시행자인 조합이고, 인가의 주체는 시장·군수가 된다. 관리처분계획은 도시계획과 마찬가지로 하나의 행정처분이므로 행정처분의 입안권자와 인가권자는 이론상 모두 수립권자이다. 그러므로 취소소송의 피고도 원칙적으로는 조합과 시장·군수 등이 공동으로 되는 것이 옳다.

### 2. 분양공고 및 분양신청

#### (1) 분양신청의 의의

분양신청에 대한 종래의 이해는 분양신청이 관리처분을 위한 사실상의 신청행위에 불과한 것이라 보는 것이 일반적이다. 그러나 분양신청은 조합설립 동의 후 다시 정비사업에 대한 동의의 의사를 표하는 매우 중요한 절차이다. 조합설립에 동의한 자라 해도 분양신청을 하지 않는 자에 대해 현금청산의 절차를 정하거나 또는 수용재결, 관리처분대상자에서 제외하는 등의 조항이 마련되어 있다는 점이 이를 잘 보여준다.

#### (2) 분양신청을 하지 않은 자 등에 대한 조치

사업시행자는 관리처분계획이 인가·고시된 다음 날부터 90일 이내에 다음 각 호에서 정하는 자와 토지, 건축물 또는 그 밖의 권리의 손실보상에 관한 협의를 하여야 한다. 다만, 사업시행자는 분양신청기간 종료일의 다음 날부터 협의를 시작할 수 있다(법 제73조 제1항).

1. 분양신청을 하지 아니한 자

2. 분양신청기간 종료 이전에 분양신청을 철회한 자

3. 투기과열지구 내 재당첨금지조항(제72조 제6항)에 따라 분양신청을 할 수 없는 자

4. 관리처분계획에 따라 분양대상에서 제외된 자

종래 현금청산으로 정해져 있던 조항에서 현금청산이라는 용어가 배제되고 150일이었던 협의기간을 90일로 단축하고 있다. 협의가 성립되지 않은 경우 수용 또는 매도청구의 방법을 사용할 수 있음이 2018년 개정으로 명시되었다(동조 제2항).

## 3. 관리처분계획(안)의 작성과 총회의결

사업시행자(주거환경개선사업은 제외)는 분양신청기간이 종료된 때에 분양신청의 현황을 기초로 관리처분계획을 수립하여 시장·군수의 인가를 받아야 한다(법 제74조 제1항).

법 제74조에 따른 관리처분계획의 수립 및 변경의 경우에는 조합원 총수의 과반수 찬성으로 의결한다. 다만, 정비사업비가 100분의 10 이상 늘어나는 경우에는 조합원 3분의 2 이상의 찬성으로 의결하여야 한다(법 제45조 제1항 제10호, 제4항).

## 4. 공람 및 의견청취

도시정비법상 사업시행자는 법 제74조에 따른 관리처분계획의 인가를 신청하기 전에 관계서류의 사본을 30일 이상 토지등소유자에게 공람하게 하고 의견을 들어야 한다. 대통령령으로 정하는 경미한 사항을 변경하고자 하는 경우에는 토지등소유자의 공람 및 의견청취절차를 거치지 않을 수 있다(법 제78조 제1항).

## 5. 관리처분계획의 인가 및 고시

시장·군수는 사업시행자의 관리처분계획의 인가신청이 있는 날부터 30일 이내에 인가여부를 결정하여 사업시행자에게 통보해야 하며, 시장·군수가 관리처분계획을 인가하는 때에는 그 내용을 당해 지방자치단체의 공보에 고시하여야 한다(법 제78조 제2항, 제4항).

관리처분계획의 인가는 고시를 효력발생 요건으로 하고, 조합에 대한 통지만으로 그 효력이 발생하지 않는다. 관리처분계획은 처분의 상대방이 조합에 국한되는 것이 아니라 정비구역 내 토지등소유자 전원이 그 상대방이기 때문이다.

## 6. 동·호수 추첨회의

관리처분계획이 행정청에 의해 인가되고 나면 일정한 기간 내에 조합원의 분양대상 주택을 확정하기 위해 동·호수 추첨회의가 개최된다. 이렇게 이루어진 동·호수 추첨회의는 사후적으로 관리처분계획과 일체가 되어 그 내용을 이루는 것으로 해석할 수밖에 없다.

## Ⅳ. 관리처분계획의 처분성과 소익

### 1. 처분인 관리처분계획

관리처분계획은 국민, 구체적으로는 도시정비사업의 결과에 이해관계를 갖는 자(주로 조합원)의 권리배분에 관한 사항을 구속적으로 확정하는 행정작용이다.[192] 관리처분계획은 조합원에 대해 아파트를 분양받을 수 있는 지위를 확정하고 이전고시는 그에 반할 수 없으므로 국민의 권리의무에 영향을 주는 처분이라 보아야 한다.[193]

또한 관리처분계획은 조합원에게 귀속되는 새로운 아파트의 가액과 그가 제공한 자산 등의 과부족분을 조절하는 청산금부과처분의 포괄적 기초가 된다. 청산금부과처분도 역시 관리처분계획에서 정한 바에 따라 집행되어야 하고 이에 반하는 청산금부과처분은 무효이다.

### 2. 관리처분과 민사소송

조합원은 관리처분계획이 작성되기 전 단계에서는 아직 공정력 있는 처분이 없으므로 조합원의 지위를 확보하기 위한 당사자소송을 제기할 수 있다.[194]

---

192) 대법 2003. 6. 27. 선고 2001두11021 판결(관리처분계획변경 무효확인).
193) 대법 2001. 10. 12. 선고 2000두4279 판결.

그러나 관리처분계획이 확정되어 조합원들의 권리의무배분에 관한 사항이 공법적인 효력을 발생하게 되면 분양대상자에서 제외된 이해관계인은 관리처분계획의 공정력에 구속된다.[195] 따라서 이들이 만약 관리처분계획을 다투지 아니하고 우회적인 방법으로 관리처분계획의 내용과 모순되는 수분양권확인소송 등을 제기하는 경우에도 법원은 관리처분계획의 효력을 부인할 수 없다.[196] 이는 정비사업의 결과를 관리처분계획이라는 공법상의 처분에 의해 일회적으로 확정하려고 한 도시정비법의 입법취지에 정면으로 반하기 때문이다. 2009년 대법원은 전원합의체 판결을 통해 이러한 원칙을 명확히 받아들이고 있다.[197]

## 3. 관리처분계획 취소소송과 소의 이익

원래 소의 이익은 매우 어렵고 기술적인 용어로 취소소송을 제기하기 위한 소송요건의 하나이다. 법관이 취소소송의 본안을 심리하기 전에, 취소소송에서 원고가 승소를 통해 실질적인 이익을 얻는가를 판단하고 그것이 결여되면 소의 이익이 없음을 이유로 취소소송을 각하한다. 취소소송을 각하하면 권리구제를 위한 원고의 청구 자체를 판단하지 않는다는 것이므로 원고의 권리구제의 길은 막힌다.

관리처분계획의 단계에서 소의 이익과 관련된 오래된 쟁점은 강학상 인가이론이다. 강학상 인가이론은 관리처분계획의 '인가'가 강학상 인가이므로 이에 대한 취소소송은 소의 이익이 없다는 판례이론이다. 또 하나 소의 이익이 문제되는 경우는 변경처분과 본처분의 관계를 전제로 하는 취소소송의 소송요건에 관한 것이다. 변경처분과 소의 이익이론은 본처분(관리처분계획인가)이 내려지고 이에 대해 취소소송이 계속되고 있을 때 관리처분계획 변경인가가 있으면 그 취소소송이 소의 이익을 잃고 각하된다는 대법원의 이론이다.

---

194) 대법 1999. 11. 9. 선고 99다34420 판결.
195) 자세히는 김종보, "관리처분계획의 처분성과 공정력", 행정판례연구 제7집, 2002. 12, 참조.
196) 대법 1996. 2. 15. 선고 94다31235 전원합의체 판결(수분양권존재확인 등).
197) 대법 2009. 9. 17. 선고 2007다2428 전원합의체 판결.

## 제2관 신탁과 이주

## Ⅰ. 들어가면서

신탁과 이주는 전혀 다른 주제이지만, 관리처분이 끝나고 나면 이주의 절차가 시작되므로 서로 견련되어 있기도 하다.

신탁은 법령에 근거해서 이루어지는 것은 아니고 구법시대부터 관행적으로, 또 현행법이 시행되고 나서는 표준정관에 터잡아 꾸준히 이루어졌다. 구법시대부터 재건축에서 신탁이 이루어졌던 이유는 사업시행자인 조합의 토지소유권이 확보되지 않으면 건축허가에 준하는 주택법상 사업승인이 발급되지 않았기 때문이다. 현행법은 사업시행의 인가에서 토지소유권을 요구하지 않지만 여전히 재건축 표준정관에 따라 신탁이 이루어지고 있다. 앞서 공용환권이론에서 살펴본 바와 같이 이론상으로는 재개발도 신탁이 이루어지는 것이 옳은데, 오랜 기간 잘못된 관행으로 토지소유권을 확보하지 않았던 재개발의 관행에 의거해서 재건축의 신탁을 폐지하자는 주장은 잘못된 것이다.

정비사업의 이주는 재개발에서 이루어지는 손실보상의 일환인 이주대책문제가 중요한 역할을 하고, 재건축에서는 신탁문제와 연결된다. 이주과정에서 필요한 이주비의 대출은 재건축과 재개발에 공통하는 문제이다. 이주대책은 원래 토지보상법에서 사용하는 전문적인 용어이고 특별공급과 이주대책처럼 매우 한정적인 맥락에서만 사용되는 용어이다. 판례상 나타나는 대부분의 이주대책은 공익사업으로 인해 주거를 잃는 자에 대해 새로운 집단적 주거단지를 개발해서 토지나 건물을 공급하는 것을 의미한다. 그러나 도시정비법은 토지보상법이 이주대책을 이렇게 고유한 방식으로 오랜 기간 사용해 온 것을 무시하고 용산참사 이후 사실상의 세입자 대책 등을 이주대책이라 불러 혼란이 초래되고 있다. 그러므로 도시정비법에서 이주대책을 언급할 때는 토지보상법상의 전통적인 이주대책을 말하는 것인지, 단지 관리처분이 이루어진 후 토지등소유자와 세입자를 이사시키기 위한 대책을 말하는 것인지 잘 구분해야 한다.

# Ⅱ. 재건축과 신탁제도

## 1. 신탁의 의의

신탁이란 정비사업 조합원(위탁자)이 조합(수탁자)에게 부동산 소유권을 이전하고 조합원의 이익 또는 정비사업 시행의 목적을 위하여 그 재산의 관리, 처분, 운용, 그 밖에 신탁목적의 달성을 위하여 필요한 행위를 하게 하는 법률관계를 말한다(신탁법 제2조 참조). 재건축조합 앞으로 하는 신탁은 등기를 통해 이루어지므로 신탁과 신탁등기는 거의 동의어에 가깝게 사용된다. 신탁등기는 '소유권이전 및 신탁등기'로 불리며 매매나 상속 등을 원인으로 하는 일반적인 '소유권이전등기'와는 전혀 다른 등기이다. 조합을 수탁자로 하여 재건축사업이 완료될 때까지 한시적으로 신탁을 하며 조합은 재건축사업의 시행 등 신탁의 목적 외에는 아무런 소유권행사를 할 수 없고, 사실상 소유권행사는 조합원이 하게 된다.

정비사업에 있어 신탁의 문제는 이주 및 자금조달과 깊이 연계되어 있으며, 재건축조합이 사업을 진행할 때 재개발과 달리 신탁이 자연스럽게 관행화된 것은 정비사업의 방식에 잘 맞는다는 점도 중요한 역할을 했다.

## 2. 신탁의 필요성

### (1) 재건축조합 표준정관

신탁의 법적 근거로 원용되고 있는 표준정관을 기준으로 개별적인 재건축조합이 정관을 만들면 비로소 당해 현장에서 법적 효력을 갖는 정관이 성립하게 된다. 재건축표준정관의 신탁관련 규정은 다음과 같다.

제10조(조합원의 권리·의무) ① 조합원은 다음 각 호의 권리와 의무를 갖는다.
<u>7. 조합원은 조합으로의 '소유권이전 및 신탁등기' 의무</u>

## (2) 사업시행인가의 요건

법적으로는 구법시대 사업계획을 승인하기 위해 사업주체가 소유권을 모두 확보하도록 요구하던 조항도 신탁제도가 강력하게 시행되던 계기였다(구주촉법 시행령 34조의4 제2호). 그러나 구법시대 재개발사업에서는 조합이 소유권을 확보했는가를 중시하지 않았고, 도시재개발법은 사업시행계획을 인가하기 위한 요건으로 소유권을 확보할 것을 명시적으로 정하고 있지 않았다. 도시정비법이 구 도시재개발법을 모법으로 제정되는 과정에서 재건축에 대해서도 소유권확보 조항이 같이 누락되었다.

## III. 정비사업의 이주비

### 1. 이주비의 중요성

재건축현장에서 법적으로는 조합원들의 신탁과 이주의무를 조합원 개인의 의무로 보고 조합은 이주기간만을 설정해서 이주를 요청할 수도 있다. 그러나 천 세대 이상의 대단지에서 조합원의 이주문제를 개인의 결정에 맡겨두면 사업이 지연될 수밖에 없다. 이 때문에 조합과 건설사가 이주비의 마련과 이주비 이자에 개입하게 되었고, 이는 신탁등기과정에서 같이 처리되었다.

재개발사업의 경우에도 역시 조합원 개개인의 소유권에 담보가 설정되는 방식으로 이주비가 대출되며 이에 대해서도 조합이나 건설사가 알선하고 보증하는 등의 방식이 사용된다.

### 2. 이주비와 근저당권

구법시대 재건축사업에서는 사업계획승인(사업시행인가)에 전후해서 건설사의 주도하에 금융기관으로부터 자금조달이 이루어졌다. 사업계획승인을 받은 후 조합은 건설사로부터 직접 또는 건설사의 보증을 매개로 이주비를 대여 받으면서 근저당권 설정등기와 동시에 신탁등기를 했다. 이 때 수탁자를 조합으로 하는 신탁등기가 이루어지면서 그보다 선순위로 저당권이 설정되고 이는 이주비에 대한 담보의 기능을 하게 되었다.[198]

---

198) 김종보 · 전연규, 재건축 · 재개발이야기 I, 도시개발연구포럼, 2010, 301쪽 이하.

구법시대부터 현재에 이르기까지 재개발사업에서 찬성하는 조합원 개개인의 소유권이 그대로 인정되었으므로 신탁은 이루어지지 않았고 건설사의 도움으로 조합원 소유의 재산권에 담보물권이 설정되는 형태를 취한다.

## Ⅳ. 이주와 철거

### 1. 사용수익의 정지

관리처분계획이 인가되고 나면 토지등소유자는 토지나 건축물의 사용수익권을 상실한다. 다만 사업시행자의 동의를 받거나 손실보상이 완료되지 않은 경우에는 그렇지 않다(법 제81조 제1항). 이렇게 사용수익권이 상실된 조합원들은 제3의 장소로 이주할 의무가 발생하며 조합원들의 이주를 전제로 건축물의 철거도 진행될 수 있다.

### 2. 철거의 제한

정비사업에서 철거문제는 재개발사업을 중심으로 많은 논쟁을 발생시켰고 재건축은 상대적으로 큰 문제가 없다. 재개발은 신속한 사업진행을 위해 기습적인 철거가 많았고 이 때문에 사업에 반대하는 조합원이나 세입자들과 큰 마찰을 빚어왔다. 사업시행자는 관리처분계획인가를 받은 후 기존의 건축물을 철거할 수 있으며(법 제81조 제2항). 다만 시장·군수 등은 일출 전과 일몰 후의 철거를 제한할 수 있다(동조 제4항).

### 3. 세입자와 철거문제

건축물[199]이 철거된다는 것은 세입자에 대해서는 계약관계의 종결을 의미하게 된다. 재개발사업에서 찬성하는 토지등소유자는 건축물이 철거된다고 해도 아파트를 분양받을 수 있는 공법상의 지위가 관리처분계획에 의해 담보된다. 반면, 세입자는 수용 또는 보상

---

199) 건물 또는 건축물 모두 실정법에서 사용되는 용어로서 민법, 토지보상법에서는 건물로 건축법, 국토계획법 등에서는 건축물이라는 용어가 사용되고 있다. 물적 시설의 요건 등을 통제할 때 건축물이라 하고, 민사적 소유와 보상의 측면에서 건물이라 부르지만 이를 구별할 특별한 실익은 없다. 단순한 실정법상 용어의 관행 정도로 이해하면 될 것이다.

의 대상인지조차 법적으로 불분명한 상태이기 때문에 건축물이 철거되는 순간 민사적 권리와 공법상 보상청구권이 실질적으로 소멸될 위험에 처한다.

## 4. 철거를 규율하는 법

통상적으로 철거에 대한 공법적 규율을 담고 있는 법률은 건축법과 주택법, 건설산업기본법이다. 건축법은 건축물의 철거에 대해, 주택법은 공동주택의 멸실신고에 대해, 건설산업기본법은 철거업자의 면허에 대해 각각 규율하는 구조를 띤다. 이 각각의 법률들이 마련하고 있는 개별법 단위의 철거조항은 상호 연계되지 않아 철거의 일반적 법제로 작동하기 미흡하고, 특히 복잡한 정비사업의 철거에 대해서는 사실상의 통제기능을 상실하고 있다.

건축법은 보통 건축물의 건축행위를 통제하는 것이 목적이기 때문에 건축물을 사용하지 않고 방치하거나 심지어는 건축물을 철거하는 행위에 대해서도 필요 최소한도의 개입만을 하고 있다. 그래서 건축법상 철거는 건축주가 자유롭게 선택할 수 있는 것을 전제로 단지 사전에 신고할 의무만을 부여하고 있다(건축법 제36조 제1항).

그에 비해 공동주택의 철거는 법조문에 명시적인 조항이 있고(공동주택관리법 제42조) 또 실무의 관행이 주택법상의 사업승인이 없으면 공동주택의 멸실은 불가능한 것으로 운영되어 왔다. 그러므로 건축법에 의해 건축허가를 받은 건축물에 대해서는 건축법에 의한 철거신고가, 주택법에 의해 사업승인을 받은 아파트에 대해서는 주택법상의 사업승인과 멸실신고가 건축물 철거를 위한 통상적인 절차가 된다. 철거에 관하여 재개발은 건축법이, 재건축은 주택법이 규율한다는 의미이다.

## 제3관 분양신청과 손실보상 협의 (현금청산)

## I. 분양신청의 의의

## 1. 분양신청의 의의

분양신청은 관리처분단계에서 조합원이 신축되는 아파트 중 일정한 평형을 분양받겠다는 취지를 조합에게 밝히는 행위를 말한다. 전통적으로 재개발사업에서 분양신청을 하지 않은 자들에 대해 합법적으로 소유권을 박탈하기 위해 현금청산조항이 활용되었다. 아파트 가격 상승기에 아파트를 배정하지 않고 금전으로 청산할 수 있다는 것은 조합의 입장에서는 이익이었고 조합원의 입장에서는 커다란 불이익이었다.

## 2. 분양공고와 분양신청

조합설립인가에 의해 그 실체가 갖추어진 조합은 일정한 기간 후 사업시행인가를 획득하고 조합원들과 관리처분을 위한 절차를 진행한다. 관리처분의 절차는 조합이 사업시행인가 후 120일 이내에 분양신청할 것을 공고함으로써 시작되며, 분양대상자별 종전의 토지 또는 건축물의 명세 및 사업시행계획인가의 고시가 있은 날을 기준으로 한 가격, 분양대상자별 분담금의 추산액, 분양신청기간 등을 내용으로 한다. 조합은 분양공고의 내용을 토지등소유자에게 통지하고 이를 일간신문에 공고한다(법 제72조). 토지등소유자가 분양신청을 하면 그에 기초하여 권리배분을 위한 관리처분계획이 수립된다.

## 3. 분양신청의 다양한 의미

분양신청을 하지 않는 것은 다양한 의미가 있다. 조합설립에 동의한 자가 분양신청을 하지 않는 것과 조합설립에 동의하지 않은 자가 분양신청을 하지 않는 것은 법적 평가가 달라져야 한다. 재건축조합은 조합설립에 동의하지 않은 자는 조합원이 아니고 분양신청을 할 기회조차 없기 때문에 분양신청을 하지 않는다는 의미는 찬성한 조합원이 분양신청을 하지 않는 경우이다.

재개발의 경우에는 조합설립에 동의한 조합원이 분양신청을 하지 않은 경우와 동의하지 않은 조합원이 분양신청을 하지 않은 것이 각각 존재할 수 있다. 이들 중 분양신청을 하지 않고 자연스럽게 손실보상협의의 대상이 될 수 있는 자는 재개발조합원 중 조합설립에 동의하지 않은 자뿐이며, 손실보상협의(현금청산)제도는 이들을 대상으로 해서 설계된 것이다.

## II. 분양신청의 법적 효과

### 1. 효과 일반

분양신청을 한 경우에는 관리처분의 기준이 되므로 관리처분의 전체절차에 영향을 미치고, 다른 한편 분양신청을 하지 않은 경우에는 손실보상의 협의를 거쳐 소유권을 박탈하기 위한 절차가 예정되어 있다. 분양신청을 하지 않는 것은 사업에서 이탈하겠다는 의사를 밝히는 것이며 이러한 행위만으로 조합의 법률관계에서 이탈할 수 있는가는 해석에 의존하는 문제이다.

### 2. 분양신청과 조합원 지위

분양신청이 조합설립동의와 긴밀하게 연동되지만 이 둘이 동일한 것은 아니므로 분양신청을 하지 않는 것을 조합설립동의를 하지 않은 것과 동일하게 평가될 수는 없다. 따라서 대법원이 토지등소유자에 대해 분양신청을 하지 않는 순간 조합원 지위를 상실한다고 판단하는 것은 잘못이다.[200] 이 판결은 재개발사업에서 정비구역 내 토지등소유자를 조합원으로 보도록 정하고 있는 조항(법 제39조 제1항)에 정면으로 반한다. 토지나 건축물에 대한 소유권을 보유하고 있는 한 토지등소유자이고, 토지등소유자인 한 조합원이기 때문이다.

### 3. 조합탈퇴의 제한

재건축의 조합원이나 재개발사업의 찬성조합원은 사업의 진행에 책임이 있는 자들이므로 관리처분계획의 단계에서 분양신청을 하지 않고 사업에서 임의롭게 이탈하는 것은 정당하지 않다. 따라서 아파트 가격하락기 등 사업의 수익성이 악화되었을 때 '조합설립에 동의한 자'들이 분양신청을 하지 않고 손실보상을 해주도록 요청하는 것에 대해서는 제한적 해석이 불가피하다. 이론적으로는 조합설립에 동의한 토지등소유자는 분양신청을 하지 않은 경우에도 관리처분계획에 분양대상자로 정해질 수 있다고 해석할 수 있다.

---

200) 대법 2010. 8. 19. 선고 2009다81203 판결.

## 4. 손실보상의 협의

분양신청을 하지 않은 자들에 대해서 사업시행자는 손실보상의 협의 절차 등 소유권을 정리하기 위한 절차를 진행할 수 있다. 분양신청을 한 이후에 이를 철회한 자들도 역시 그 대상이 된다(법 제73조). 과소토지소유자도 분양신청을 할 여지가 있으므로 절차면에서 약간 다를 수 있지만, 현금청산대상자가 된다는 점에서는 분양신청을 하지 않은 자들과 큰 차이가 없다.

## Ⅲ. 손실보상협의와 수용재결의 관계

### 1. 손실보상협의의 의의

강제가입제로 진행되는 정비사업은 정비구역 내 토지등소유자 전원이 조합원의 지위를 갖지만 조합원이라고 해서 모두 분양을 받는 것은 아니다. 분양받을 자격은 관리처분계획을 수립하는 과정에서 정해지는데 ① 분양신청을 하지 않거나 ② 분양신청을 철회한 자 ③ 그리고 과소필지 소유자로서 관리처분계획의 수립기준에 따라 분양대상에서 제외되는 자 등은 손실보상협의 대상자가 된다(법 제73조). 손실보상협의제도는 구법시대부터 2018년 도시정비법 개정 전까지 현금청산이라는 명칭으로 운영되어 왔다.

### 2. 손실보상협의와 현금청산의 차이

종래 사용되던 현금청산이라는 용어는 현금청산이라는 독립된 별도의 절차가 있고 이 제도가 탈퇴하는 조합원에게도 권리를 부여하는 것과 같이 잘못 이해될 소지가 있었다. 또 현금청산과 소유권박탈 문제가 선명하지 않아서 현금청산이 결렬되었을 때 후속하는 절차와의 관계도 불분명했다. 우선 현금청산은 조합에게 분양신청하지 않은 자를 정리할 수 있는 기회를 준 사실상의 절차였고 조합설립에 동의했던 조합원에게 탈퇴의 청구권을 준 것으로 볼 수는 없다. 그러한 취지에서 현금청산이라는 용어대신 조합이 손실보상의 협의를 하도록 용어를 변경한 것이다.

## 3. 협의와 수용청구기간 등

사업시행자는 분양신청을 하지 않은 자들에 대해 관리처분계획의 인가 후 60일 이내에 손실보상의 협의를 시작하되, 사업시행자가 원하면 분양신청기간 종료일 다음 날부터 협의를 시작할 수 있다(법 제73조 제1항). 이 기간 내에 협의가 성립되지 않을 때 재개발이면 수용재결의 신청을, 재건축이면 매도청구를 다시 60일 이내에 해야 한다(동조 제2항).[201]

## Ⅳ. 손실보상협의와 매도청구

### 1. 보상협의와 매도청구의 관계

재건축사업은 조합설립에 동의한 자들만이 조합원이 되고 이들은 매도청구소송의 대상이 되지 않았다. 그러나 이들이 분양신청을 하지 않는 경우에 이들에 대해 현금청산(손실보상)의 절차가 진행될 수밖에 없었으며, 협상이 결렬된 경우에 이들의 소유권을 어떻게 박탈할 것인가 하는 점이 문제되었다. 대법원은 이 경우에 매도청구소송으로 소유권을 박탈해야 한다는 입장을 취했고[202] 도시정비법이 이를 받아들이면서 손실보상협의와 매도청구의 관계가 정리되었다.

### 2. 현금청산의 중요성

조합원의 입장에서는 현금청산이 사실상의 협의절차이고 협의가 결렬되어도 무방한 것이었기 때문에 금액에 대해 합의가 되지 않으면 그것으로 그만이었지만, 조합은 당

---

201) 이 또한 대법원의 판례를 받아들인 것이다. "도시정비법 제47조에 따라 현금청산대상인 토지등소유자는 원칙적으로 현금청산기간 내에 협의가 성립되지 않은 경우 사업시행자에게 수용재결신청을 청구할 수 있고, 사업시행자는 이러한 수용재결신청의 청구를 받은 날로부터 60일 이내에 수용재결을 신청하지 아니하면 토지보상법 제30조 제3항에 따라 그 지연된 기간에 대하여 가산금을 지급하여야 한다."(대법 2015. 12. 23. 선고 2015두50535 판결)

202) [1] 도시 및 주거환경정비법상의 사업시행자인 재건축조합이 같은 법 제47조에 근거하여 곧바로 현금청산 대상자를 상대로 정비구역 내 부동산에 관한 소유권이전등기를 청구할 수 있는지 여부(소극), [2] 도시 및 주거환경정비법상의 사업시행자인 재건축조합이 현금청산 대상자를 상대로 같은 법 제39조에 정한 매도청구권을 행사할 수 있는지 여부(적극).[대법 2010. 12. 23. 선고 2010다73215 판결(소유권이전등기절차이행등)]

해 절차에서 협상을 완성해야 할 부담을 졌고 그래서 청산금액은 중요한 쟁점이 되었다. 이는 앞서 설명한 바와 같이 현금청산의 금액을 산정할 때 개발손실을 얼마나 반영할 수 있는가에 대한 논란으로 이어졌다. 조합이 현금청산에 집착한 이유는 두 가지 정도로 압축되는데, 우선 재건축에서 현금청산의 절차가 결렬되면 조합원의 소유권을 확보할 수 있는 방법을 찾기가 어려웠고, 둘째 만약 매도청구권이 인정된다고 해도 시가로 매수해야 한다는 점이 조합의 부담이었다. 이에 비해 재개발사업은 수용권이 부여되어 있고 가액도 토지보상법에 정한 감정가격으로 책정되므로 현금청산에 크게 의존할 필요가 없었다.

## 3. 법률의 개정

2018년 이전까지 도시정비법은 여러 차례 개정을 거듭하면서 현금청산금액의 평가를 감정평가사에게 맡기고 금액산정의 방법 등을 공식적으로 규율하였으나(구도시정비법 47조 1항 및 동시행령 48조) 현행 도시정비법은 손실보상협의의 절차를 협의매수절차와 유사하게 보아 보상액에 대해 규율하지 않는다. 따라서 현행 제도를 운영함에 있어서 손실보상의 협의는 조합과 조합원이 자유롭게 합의하고 협의가 성립하지 않을 때 매도청구 또는 수용의 절차에서 그 가격이 정해지는 것으로 해석하면 충분하다.

## 제4관 조합원 분양과 일반분양

## Ⅰ. 들어가면서

관리처분계획은 새롭게 신축되는 시설을 누군가에게 귀속시키는 기능을 담당해야 하는데 그 중 가장 중요한 부분이 조합원에게 아파트를 배분하는 일이다. 400세대의 아파트가 신축되고 조합원이 300명이면 300세대의 아파트가 조합원에게 분양되는데 이에 대해서는 전적으로 관리처분계획이 규율한다. 그리고 남게 되는 100세대의 아파트는 관리처분계획에서 보류지 또는 일반분양분으로 정해지고 일반분양분은 다시 주택법의 규정에 따라 일반에 공급되는 절차로 이어진다.

조합원 분양은 관리처분계획에 의해 이루어지고 그 근거가 처분에 의한 것이지만, 일반분양은 조합에게 귀속되는 체비시설(일반분양분)을 주택법상 절차에 따라 일반인에게 매각하는 사법적 행위이다. 조합원 분양이 정비사업 자체의 목적을 달성하는 과정이라면 일반분양은 정비사업을 원활하게 이루어지게 하기 위한 하나의 수단이다. 즉, 이러한 일반분양을 통해 정비사업은 사업자금을 공급받고 기존의 낡은 주거 공간을 개선할 수 있게 된다.

## II. 조합원 분양과 일반분양의 관계

조합원 분양과 일반분양은 관리처분계획에 의해 시작된다는 점에서 공통되지만 그 적용법조와 소유권의 취득계기는 다르다. 조합원이 주택을 공급받게 되는 법적 원인은 관리처분계획으로 이는 공법상 처분이다.[203] 다른 한편 일반분양은 사업시행자와 일반분양자 사이의 매매계약을 통해 주택이 공급된다. 조합원 분양은 주택법 제54조와 주택공급규칙의 적용을 받지 않지만, 일반분양에는 이 규정들이 모두 적용된다.

도시정비법은 조합원이 소유권을 취득한 대지 및 건축물은 도시개발법상의 환지로 보고(법 제87조 제2항), 보류지와 일반분양자가 소유권을 취득한 대지 및 건축물은 동법상 보류지 또는 체비지로 본다고 정하고 있다(동조 제3항). 환지는 환지를 받은 자가 바로 보존등기 하지만 체비지는 사업시행자 앞으로 보존등기한 후 소유권을 이전하므로(도시개발법 제42조 제5항), 조합원분양분은 조합원이 원시취득하고 일반분양분은 조합이 원시취득한 후 일반분양자에게 이전해야 한다.

대법원은 조합원이 민사소송으로 수분양권의 확인을 구할 수 없다는 입장을 취하고 수분양권에 대해서 이의가 있으면 관리처분계획 취소소송을 하도록 정리한 바 있다.[204]

## III. 조합원 분양의 의의와 절차

### 1. 조합원 분양의 개념

도시정비법의 재건축과 재개발사업은 새로 지은 아파트를 조합의 구성원인 조합원에게 분양하는 것을 골간으로 해서 구성되어 있다. 조합원 분양은 정비사업의 목적 자체이다. 정비사업에서는 통상 조합원 수를 초과해서 아파트가 건설되는데, 사업비용을 조달하기

---

203) 대법 1996. 2. 15. 선고 94다31235 전원합의체 판결.
204) 대법 1996. 2. 15. 선고 94다31235 전원합의체 판결.

위해서 사업시행자가 이를 일반에 매각하는 것을 일반분양이라 부른다. 일반분양은 분양계약의 체결에 의해 처음으로 아파트의 소유권을 이전하고 대금을 지불하기로 하는 쌍방간의 의무가 발생한다. 조합원 분양의 절차는 정비사업의 절차 그 자체를 의미한다. 도시정비법상 정비사업은 정비구역의 지정, 추진위승인, 조합설립인가, 사업시행계획의 인가, 관리처분계획의 인가, 이주와 착공, 준공인가와 이전고시, 입주 등의 순으로 진행된다.

## 2. 조합원 분양계약과 분양대금의 지급방식

조합원 분양계약은 관리처분계획 인가 이후 조합이 아파트를 분양하기로 하고 조합원이 그 대가로 일정한 금원을 지불하기로 약속하는 조합과 조합원 간의 계약이다. 조합원 분양계약은 이미 도시정비법과 관리처분계획 등이 예정하고 있는 수분양권과 분담금총액에 대한 합의를 담을 수 있고, 부당하게 수분양권을 부인하거나 분담금총액을 변경하지 않는 한 법령에 반하지 않는다. 문제는 조합원 분양계약에 부수하는 분양대금의 지급시기와 방법에 대한 당사자간의 합의이다.

일반분양분은 매매계약의 형태로 일반에 공급되며, 조합원 분양계약도 이와 거의 같은 시기에 체결된다. 일반분양분이 입주자모집공고안의 승인절차(주택공급규칙 제8조)를 거쳐 일반에 공급될 때 분양계약이 체결되는데, 분양대금은 계약금 20%를 지불하고 일정한 간격을 두고 60% 가량의 중도금이 지불되며 입주 시 마지막 20%를 잔금으로 지불하는 방식으로 납부된다(동규칙 제26조). 조합원 분양계약도 역시 종후자산에서 종전자산을 뺀 분담금을 기준으로 그 20%를 계약과 함께 지불하고 약 60%의 중도금을 분할하여 지불하다가 입주 시(또는 이전고시 이전까지) 20%를 지불하는 방식으로 일반분양분의 계약과 거의 같은 이행기를 예정하는 방식을 취한다.

## 3. 조합원 분양계약의 실질

조합원 분양계약이라는 표현은 법적으로 매매계약(민법 제563조) 또는 그에 준하는 계약으로 읽힌다. 그러나 재건축·재개발사업에서 조합원이 아파트를 분양받게 되는 법적 근거는 관리처분계획이며 이에 의해 아파트의 수분양권은 확정된다(법 제50조 제1항). 또 조합원 분양계약에서 조합원이 지불하기로 약속한 금원도 역시 계약에 의해 새롭게 발생하는 것이라기보다는 조합정관 및 관리처분계획에서 이미 확정된 분담금에 불과하다.

조합원 분양계약에 의해 새롭게 발생되는 권리의무 중에 가장 중요한 역할을 하는 것이 있다면 바로 분담금을 선납하기로 약속하는 조합원의 의무이다. 조합원 분양계약은 보통 금전 납부시기를 이전고시 이전으로 한정해서 사실상 분담금의 납부시점을 앞당기는 기능을 한다.[205]

## Ⅳ. 일반분양

사업시행자는 관리처분계획에서 조합원분양분을 제외하고 잔여분이 있으면 정관 또는 사업시행계획으로 정하는 목적을 위하여 그 잔여분을 보류지(건축물을 포함한다)로 정하거나 조합원 또는 토지등소유자 이외의 자에게 분양할 수 있다(법 제79조 제4항).

일반분양 시 입주자 모집절차는 앞서 언급한 대로 주택법 제54조 및 주택공급규칙의 규정들에 따른다. 다만 조합원에 공급하고 남은 잔여부분이 30세대 이상인 경우에 적용되며 30세대 미만인 경우에는 임의분양이 가능하다(주택공급규칙 3조 2항 7호).

## 제5관 이전고시

## Ⅰ. 이전고시의 의의와 요건

## 1. 이전고시의 뜻

### (1) 집행행위인 이전고시

이전고시는 정비조합 등 사업시행자가 정비사업으로 조성된 대지 및 건축물 등의 소유권을 관리처분계획에서 정한 바에 따라 분양받을 자에게 이전하는 집행행위이다. 도시정비사업의 시행은 법 제83조에 의한 준공인가의 고시로 완료되며, 이전고시에 의하여 관리처분계획에서 정한 내용에 따라 조합원들 및 사업시행자에게 대지 및 공동주택의 소유권이 귀속되게 된다.

---

205) 이에 대해 자세히는 김종보, "조합원분양계약의 위법성", 사법 23호, 2013. 3, 3-35쪽 참조.

## (2) 행정처분인 이전고시

사업시행자는 준공인가의 고시가 있은 때에는 지체 없이 관리처분계획에서 정한 사항을 분양받을 자에게 통지하고 대지 또는 건축물의 소유권을 이전하여야 한다(법 제86조 제1항). 이렇게 소유권을 이전하고자 하는 때에는 그 내용을 해당 지방자치단체의 공보에 고시하는데, 대지 또는 건축물을 분양받을 자는 고시가 있은 날의 다음 날에 소유권을 취득한다(동조 제2항). 도시정비법이 구 도시재개발법과 다르게 소유권귀속에 관한 표현을 '이전고시'로 부르고 있다고 하여도 이전고시의 법적 성격은 소유권을 부여하는 행정처분이라는 점에서 구법상의 분양처분과 차이가 없다.

## 2. 이전고시의 연혁

도시정비법은 구법시대에 각각 시행되던 재건축·재개발사업을 통합하면서 입법과정상의 많은 혼란을 겪었는데 그 중 대표적인 것이 이전고시와 관련된 조항이다. 도시정비법 제정 이전에 재건축사업에는 토지수용재결, 관리처분계획, 분양처분과 같이 권리관계를 공법적으로 확정하거나 변동시키는 행정처분이 존재하지 않았다.

반면 재개발을 규율하던 도시재개발법에서는 행정처분으로서 '분양처분'과 '분양처분 고시'라는 용어를 사용하고 있었고, 분양처분이라는 행정처분을 통하여 조합과 조합원은 대지 또는 건축물의 소유권을 원시취득하는 것으로 이해되었다. 사업의 시행이 종료된 후 소유권을 배분하던 전형적인 공법적 성격의 분양처분이 과연 민사적 측면이 강한 재건축에서도 인정될 수 있는가에 대한 불안감이 있었을 것이며, 이에 따라 분양처분과는 다른 '이전고시'라는 표현을 사용하면서, 원시취득이 아닌 것처럼 보이는 외형적 모습을 갖는 현재의 규정이 나타나게 되었다.

## 3. 이전고시의 요건

### (1) 준공인가

준공인가는 시장 또는 군수가 사업시행자에 대하여 사업시행계획대로 시공되었는지를 확인하는 행위로서 법적 성격은 확인적 행정행위이다. 이전고시의 절차를 개시하기 위해서는 준공인가가 먼저 있어야 한다.

## (2) 관리처분계획

이전고시는 조합원총회의 결의와 행정청의 인가 및 고시의 절차를 통해서 유효하게 성립한 관리처분계획의 집행행위이다. 따라서 관리처분계획이 이미 존재하고 그 유효성이 인정된 경우에만 이전고시의 절차가 시작될 수 있다. 만약 관리처분계획이 당연 무효이거나 행정청에 의해 직권 취소된 경우에는 이전고시의 절차도 진행될 수 없다. 또한, 이전고시는 관리처분계획의 내용대로 실현하는 행위에 불과하므로 관리처분계획이 확정한 바와 다르게 이전고시처분을 하는 경우 그 효력이 인정될 수 없다.

## (3) 토지소유권의 확보

정비사업은 조합에게 일차적으로 토지 등의 소유권을 확보시킨 후 그 지상에 건축물을 건설하여 조합원 등에게 배분하는 구조를 취한다. 토지수용(법 제63조: 재개발) 및 매도청구(법 제64조: 재건축) 등의 제도는 조합이 토지소유권을 확보하기 위한 보충적 수단이다. 그러므로 정비사업에 반대하는 자들의 소유권은 반드시 이전고시 이전에 확보되어야 할 것이다.

이전고시는 구소유권을 소멸시키는 힘을 갖지 못한다. 다만 이전고시 다음 날 대지 또는 건축물에 대해 새로운 권리를 부여할 뿐이다(법 제86조 제2항). 도시개발법상의 환지처분은 구소유권을 소멸시키는 것으로 정하고 있어 이 점에서 이전고시와 환지처분은 대조를 보인다(도시개발법 제42조 제1항). 만약 이전고시에 구(舊)소유권을 소멸시키는 힘이 인정되지 않는다면, 조합은 구소유권을 유효하게 확보하고 있어야 한다는 것이 이전고시의 적법요건이 된다. 소유권이 이전되려면 구소유자가 적법한 소유권을 보유하고 있어야 하는 것이기 때문이다.

## II. 이전고시의 법적 효과

### 1. 이전고시의 효과 일반

#### (1) 소유권의 변동

이전고시는 소유권을 변동시키기 위한 행정청의 처분이므로, 소유권이전행위는 이전고시라는 형식으로만 이루어지는 것으로 해석해야 한다. 따라서 이전고시가 효력을 발생하는 시점(이전고시의 다음 날)에 소유권은 취득된다. 또한 이러한 소유권변동은 처분에 의한 것이므로 등기를 요하지 않는다(민법 제187조).

#### (2) 대지 또는 건축물에 대한 권리의 이전

대지 또는 건축물을 분양받을 자에게 소유권을 이전한 경우 종전의 토지 또는 건축물에 설정된 지상권·전세권·저당권·임차권·가등기담보권·가압류 등 등기된 권리 및 주택임대차보호법의 요건을 갖춘 임차권은 소유권을 이전받은 대지 또는 건축물에 설정된 것으로 본다(법 제87조 제1항).

#### (3) 청산금절차의 개시

대지 또는 건축물을 분양받은 자가 종전에 소유하고 있던 토지 또는 건축물의 가격과 분양받은 대지 또는 건축물의 가격 사이에 차이가 있는 경우 사업시행자는 이전고시가 있은 후에 그 차액에 상당하는 금액을 분양받은 자로부터 징수하거나 분양받은 자에게 지급하여야 한다(법 제89조 제1항).

### 2. 이전고시의 처분성

관리처분계획은 정비사업과정의 가장 마지막에 등장하는 행정계획이다. 도시정비사업은 위치와 면적을 확정하는 제1차계획(정비구역의 지정 및 정비계획), 그 개발행위의 설계도 역할을 하면서 설계도를 현실화시키기 위해 필요한 모든 고권이 조합에 부여되는 제2차 계획(사업시행계획), 조합에게 모두 귀속되었던 토지와 건축물에 대한 권리의무를 조합원에게 다시 분배하기 위한 포괄적인 계획으로서 제3차계획(관리처분계획)으로 이루어진다. 관리처분계획은 전(前)단계에서 조합에 이전된 모든 권리와 의무를 개개인에게 분배하기 위한 행정계획이며 이전고시에 의하여 소유권 변동이 이루어진다.[206]

이전고시는 관리처분계획이 포괄적으로 확정한 권리의무의 관계를 집행하는 행위이고, 대지 또는 건축물의 소유권이라는 국민의 권리를 직접적으로 변동시키는 고권적 행위로서 처분성이 인정되며, 당연히 취소소송의 대상이 된다.

관리처분계획은 비록 국민의 권리의무를 확정하지만, 그 인가만으로 권리의무의 직접적인 변동이 초래되는 것은 아니고 이전고시라는 집행행위를 기다려 비로소 권리의무가 변동된다. 조합은 이전고시에 의하여 관리처분계획에서 확정한 권리의무관계를 집행할 뿐이며, 이전고시로 새롭게 권리의무에 관한 사항을 정할 수 없다. 이전고시는 관리처분계획의 내용에 따라야 하며, 그에 반하는 내용의 이전고시는 무효라고 보아야 한다.[207] 즉 이전고시의 법적인 정당성의 기초는 관리처분계획에 있으며, 내용적으로도 관리처분계획에 구속된다.[208]

---

206) 대법 2003. 8. 19. 선고 2001두11090 판결.
207) 대법 1993. 5. 27. 선고 92다14878 판결.
208) 대법 2006. 4. 27. 선고 2004다38150 판결.

# 제5장 도시개발과 주택건설

## 제1절 도시개발법

## 제1관 도시개발법의 의의

### I. 도시개발사업의 의의

도시개발법(구 토지구획정리사업법)은 1966년 국토계획법으로부터 분리·독립된 개발사업법이다. 동법은 기존의 도시지역을 재정비하는 개발사업법 중에서는 상대적으로 온건한 방식을 채택하고 있다. 특히 도시정비법상의 재개발사업이 대상구역의 원칙적 전면수용, 전면철거를 전제로 행해지는 개발사업임에 반하여, 도시개발사업은 기존의 토지소유권 및 건축물을 가급적 그대로 유지하면서 진행되는 사업이라는 점에서 그 특색을 보인다.

### II. 수용방식의 도시개발사업

도시개발법이 새로이 제정되면서 종래 구획정리사업에 더하여 '수용방식의 개발사업'이 하나 더 추가되었다(도시개발법 제22조 이하). 또한 종래 구획정리사업이라 불리던 개발사업을 '환지방식의 개발사업'(도시개발법 제11조 제1항 단서, 제3장 제3절의 제목 등)으로 칭하고 있다. 도시개발사업은 이 둘의 방식 중 하나를 선택하거나 이를 혼용하는 방법으로 시행될 수 있다(도시개발법 제21조).


## III. 환지방식과 감보율

환지방식의 도시개발사업은 토지소유자에게 실질적으로 상당한 개발이익을 부여한다. 따라서 환지방식의 도시개발사업과 같은 공익사업을 시행하는 경우에는 토지소유자에게 그에 상당하는 개발이익을 환수하고 사업시행에 필요한 경비를 부담시키게 되는데, 이는 구체적으로는 환지처분으로 받게 되는 환지면적의 감소로 나타난다(감보율).


## IV. 개발계획과 구역지정

환지방식의 개발사업은 사업대상토지의 소유자에게 가장 부담이 적은 방식으로 진행되고, 사업 자체로 인하여 건축물이 철거되는 것도 아니므로 거주자들과의 마찰도 그리 크지 않다. 이 때문에 구 토지구획정리사업법은 사업대상지역을 확정하는 단계에 법적인 의미를 따로 부여하고 있지 않았다. 그러나 도시개발법은 도시개발구역의 지정(도시개발법 제3조 및 제9조)에 관한 근거조문을 만들고 그 수립절차를 마련하고 있다(제6조 이하). 법적 명확성의 관점에서 좋은 입법이다.


## V. 환지방식과 수용권

도시정비법은 사업시행계획의 인가로 토지수용권을 부여하지만(도시정비법 제50조), 도시개발법은 환지방식의 도시개발사업을 위해 특별히 토지수용권을 발동할 수 있는 조항을 두고 있지 않다(도시개발법 제19조 및 제21조 제3항 참조).

그러나 환지방식의 도시개발사업은 토지의 구획정리를 주된 목적으로 하고, 건축물의 철거나 새로운 시설의 설치를 부수적인 목적으로 한다. 따라서 환지방식의 도시개발사업의 과정에서 토지의 수용이 반드시 필요한 것은 아니다. 오히려 그보다 약한 단계로서 토지에 대한 사용권을 시행자에게 확보하여 주는 것이 주된 관심사이다.

## VI. 실시계획과 이주대책

환지방식의 개발사업은 사업대상 토지를 수용해야 하는 것은 아니므로, 법은 수용에 관한 특별한 조항이나 임시수용시설 등에 대한 배려도 하고 있지 않다. 다만 수용방식의 개발사업에서는 이주대책에 대한 조문이 새롭게 마련되었다(도시개발법 제24조).

## VII. 환지계획

도시개발법(구 토지구획정리사업법)이 가장 많은 관심을 보이고 있는 부분은 환지방식의 개발사업 이후 토지소유권 등의 분배문제이다. 환지방식의 도시개발사업은 기존의 사법상 소유권 질서를 존중하지만, 사업의 성격상 불가피하게 권리관계의 변동을 초래한다.

## 제2관 구역의 지정과 실시계획

## I. 구역지정

구 토지구획정리사업법에 의한 사업은 사업계획의 인가에 의해 비로소 사업구역이 법적인 의미를 갖도록 규정하고 있었지만(동법 제39조), 도시개발법은 특별시장 등이 '도시개발구역'을 지정할 수 있도록 근거조문을 마련하였다(도시개발법 제3조). 개발구역의 지정은 그 수립절차에 대한 별도의 조문이 있고, 구역지정으로 인해 대상지역의 건축허가 요건이 '구역지정목적에 적합할 것'으로 변화하므로[209] 독립하여 취소소송의 대상이 될 수 있다.

## II. 도시개발조합

환지방식의 도시개발사업은 토지소유자 또는 그들에 의해 설립되는 도시개발조합에 의

---

209) 대법 1983. 2. 8. 선고 82도2690 판결.

하여 실시되는 것이 원칙이다(도시개발법 제11조 제1항 단서). 그러나 지정권자는 이러한 원칙적 사업시행자들이 사업계획의 인가를 신청기간 내에 제출하지 않거나, 실시계획의 인가를 받은 후 2년 이내에 공사에 착수하지 아니하는 경우 등 법률이 정한 경우에는 지방자치단체 또는 한국토지주택공사 등으로 시행자를 변경할 수 있다.

## Ⅲ. 실시계획의 인가

### 1. 실시계획의 의의

도시개발사업에서 실시계획의 인가는 개발사업을 위한 포괄적인 법적 근거가 되며, 이를 통해 사업시행자에게는 각종의 공권이 부여된다. 그러나 그 인가만으로 토지소유권이 시행자에게 귀속되는 것은 아니며, 소유권의 변동은 인가된 사업계획으로 부여된 사업시행자의 개별적 처분권의 행사(집행행위)에 의해 완성된다. 실시계획은 취소소송의 대상이 되며[210], 공사 등 집행행위가 모두 완료된 경우에도 이를 다투어 취소를 구할 이익이 인정된다.[211]

### 2. 실시계획의 내용

사업시행자는 도시개발사업에 관한 실시계획을 작성해야 하며, 이러한 실시계획에는 지구단위계획(국토계획법 49조 이하)이 포함되어야 하고, 개발계획에 부합되게 작성되어야 한다(도시개발법시행령 제38조 제1항). 사업비 및 자금조달계획서[212]·존치하고자 하는 공장 등의 명세서 등을 내용으로 자세하게 작성되어야 한다(도시개발법시행령 제38조 제3항, 도시개발법시행규칙 제20조 제1항).

### 3. 인가권자

환지방식의 도시개발사업은 지정권자가 시행자 등을 지정하고, 지정된 시행자가 다시

---

210) 대법 1999. 9. 3. 선고 98두18930, 18947, 18954 판결.
211) 대법 2005. 9. 9. 선고 2003두5402, 5419 판결.
212) 대법 1990. 5. 11. 선고 89다카8320 판결.

실시계획을 작성하여 지정권자에게 인가를 받는 방식으로 진행된다. 실시계획의 인가권자는 법률상 지정권자로 되어 있으므로 특별시장·광역시장·도지사가 된다(도시개발법 제17조).

## 4. 토지소유자의 동의

구법상 조합이 실시계획안을 제출하려면, 토지소유자 총수의 1/2 이상과 토지면적 2/3 이상에 해당하는 토지소유자가 동의하도록 하고 있었다(구 토지구획정리사업법 제11조).[213] 또한 실시계획안이 제출되면 이는 인가 전에 다시 14일간 일반에 공람됨으로써, 이에 관한 이해관계인의 의견제출기회가 보장되었다(동법 제12조, 동법시행령 제10조).[214] 그러나 도시개발법은 개발계획을 별도로 마련하면서 실시계획단계의 동의절차와 공람절차에 대한 규정을 두지 않고 있다. 동의권의 문제는 개발계획단계에서 규율될 수 있지만, 실시계획의 공람절차조차 없앤 것은 유감스러운 일이다.

## 5. 실시계획의 인가고시

실시계획인가는 관보 또는 공보에 고시하여야 하고, 이에 의해 지구단위계획의 고시가 이루어진 것으로 본다(도시개발법 제18조). 고시는 실시계획인가의 효력발생요건이다.[215]

## 제3관 환지방식과 환지절차

수용방식의 도시개발사업은 실시계획까지만 진행되고 권리배분에 관한 절차는 없다. 실시계획의 단계까지는 수용방식과 환지방식이 절차를 공유하지만, 이하에서 설명되는 환지계획의 절차는 환지방식에 대해서만 적용된다.

---

213) 대법 1971. 6. 22. 선고 71누50 판결.
214) 대법 1977. 1. 11. 선고 76다2247 판결.
215) 대법 1970. 5. 12. 선고 69다2123 판결; 대법 1970. 2. 10. 선고 69다2121 판결.

# Ⅰ. 환지계획

## 1. 환지계획의 의의

### (1) 환지계획의 뜻

환지계획이란 환지방식의 도시개발사업으로 인하여 조성된 대지의 분배에 관한 계획으로 사업시행자가 작성하는 행정계획이다. 환지계획에는 환지설계, 필별로 된 환지명세, 필지별과 권리별로 된 청산대상토지명세, 체비지 또는 보류지에 관한 명세, 기타 국토부령이 정하는 사항이 포함되어야 한다(도시개발법 제28조 제1항). 환지계획은 그 인가를 통하여 구체적으로 국민의 권리의무에 영향을 미치는 처분이므로 독자적인 취소소송의 대상이 되는 것으로 해석하여야 한다.

### (2) 환지계획의 절차

환지계획은 사업시행자가 작성하며(도시개발법 제28조 제1항), 토지의 가액은 감정평가업자에 의하여 평가를 거친 후, 토지평가협의회의 심의를 거쳐야 한다.[216) 환지계획의 인가신청 전에 사업시행자가 이를 14일간 일반에 공람시키고, 이해관계인의 의견을 묻는다(동법 제29조 제3항).

### (3) 환지계획의 고시

법은 토지분배의 가장 중요한 법적 근거가 되는 환지계획의 인가고시에 대하여는 침묵하고 있다. 환지계획은 권리배분계획으로서 인가의 상대방은 형식적으로는 시행자이지만, 그 인가로 인해 사업시행지구내 토지소유자 전원의 권리의무관계가 확정되는 효과가 발생한다. 따라서 이러한 환지계획인가의 고시를 법적인 의무로 정하고 있지 않은 도시개발법은 위헌의 소지가 높다. 환지계획이 확정되면 그 내용에 따라 권리를 분배함에 불과한 환지처분도 그 공고를 효력발생의 요건으로 정하고 있는 것과 비교할 때 이는 중대한

---

216) 대법 1992. 2. 14. 선고 90누9032 판결.

입법의 오류이다(도시개발법 제40조 제1항).


### (4) 환지계획의 변경절차

환지계획의 변경에 관하여도 환지계획의 인가와 동일한 절차가 적용되지만 대통령령이 정하는 경미한 사항[217]의 변경에 있어서는 그렇지 아니하다(도시개발법 제29조 제2항).


## 2. 환지계획의 내용


### (1) 환지의 확정

#### 1) 환지계획의 기준
환지계획에서는 구 토지소유자의 소유권이 새로운 환지에 대한 소유권으로 전환되는 방식으로 권리배분이 이루어진다. 환지계획을 입안함에 있어 시행자는 종전의 토지 및 환지의 위치·지목·면적·토질·수리·이용상황·환경 기타의 사항을 종합적으로 고려하여 합리적으로 정하여야 한다(도시개발법 제28조 제2항).


#### 2) 감보율
감보율이란 환지방식의 개발사업에서 종전토지의 면적에 비해 종후토지의 면적이 줄어드는 비율을 말한다. 원칙적으로 감보율은 면적을 중심으로 정해지던 것이었으나, 평가식(금액식)이 도입되어 종전자산의 금액과 종후자산가액을 비교하는 방식이 사용되고 있다. 이에 따라 환지의 면적과 과부족분이 정해지므로 감보율은 매우 중요한 개념이다.


#### 3) 환지와 과부족분
구 토지에 대한 대가로서 소유자에게 귀속되는 것은 원칙적으로 새로운 토지인 환지이지만, 시행자는 사업을 원활히 시행하기 위하여 특히 필요한 경우에는 토지소유자의 동의를 얻어 건축물의 일부와 그 건축물이 있는 토지의 공유지분을 부여할 수 있다(도시개발법 제32조). 이를 입체환지라고 한다. 입체환지의 과정에서 발생하는 과부족분은 청산금에 의

---

217) 대통령령이 정하는 경미한 사항이란 종전토지의 합필 또는 분필로 인한 환지계획의 변경, 토지소유자 간 합의에 의한 환지계획의 변경, 공사완료를 위한 확정측량 결과에 따른 환지계획의 변경인데, 이 또한 위임의 범위와 관련하여 의문이 있는 조항이다.

해 금전으로 보전된다(도시개발법 제41조).

### 4) 청산금처분의 기초

환지에 의한 청산의 경우에도 반드시 환지만으로 법률관계가 청산되는 것은 아니고, 오히려 대부분의 경우 금전에 의한 과부족분의 조절이 뒤따르게 된다. 다만 이러한 금전적 청산이 보충적인 성격을 강하게 띤다는 점에서 후술하는 환지없는 청산과 차이를 보인다. 이러한 청산금은 원칙적으로 후속하는 환지처분 시를 기준으로 산정한다(도시개발법 제41조 제2항).

## (2) 체비지의 확정

### 1) 체비지의 뜻

환지방식의 도시개발사업에서 사업의 경비는 임시적으로는 규약 등을 통하여 토지소유자 등이 그 사업비의 일부를 공동으로 부담하여야 하지만,[218] 이것만으로는 대규모의 개발사업이 성공적으로 시행되기 어렵다. 따라서 법에서는 환지방식의 도시개발사업의 결과 조성되는 토지의 일부를, 사업의 경비에 충당하기 위하여 시행자가 처분할 수 있는 길을 열어주고 있는데, 이를 체비지라 한다(도시개발법 제34조).

### 2) 체비지의 처분

체비지 등에 관한 실시계획이나 환지계획이 인가된다 하여도 그것만으로 체비지의 소유권이 시행자에게 이전되는 것은 아니고, 환지계획의 집행행위인 환지처분의 공고에 의하여 구체적인 소유권이 확정된다. 따라서 체비지 등을 사전에 처분하여 경비를 마련할 사실상의 필요와 소유권확정시점 사이에 시간적 간격이 존재하게 되고 이에 따라 많은 분쟁이 발생한다.[219]

## (3) 현금청산자의 확정

### 1) 현금청산자의 뜻

환지방식의 도시개발사업에서 새로 조성된 토지는 종전 토지소유자에게 환지되는 것이

---

218) 대법 1985. 5. 28. 선고 84누210 판결; 대법 1976. 7. 13. 선고 75누29 판결.
219) 대법 2000. 5. 12. 선고 98다12454 판결.

원칙이다. 그러나 법령의 규정 또는 개인의 신청에 의해 환지를 받지 않고 금전만으로 청산되는 자들도 있는데 이들을 현금청산대상자라 한다. 현금청산자에 대한 규정은 토지소유자를 보호하기 위한 제도라기보다는 사업시행자에게 이들을 사업절차에서 조기에 정리할 수 있는 법적 근거를 주기 위한 것이다.

### 2) 동의에 의한 현금청산

토지소유자가 환지받기를 원하지 않는 경우, 당해 토지에 관하여 임차권·지상권 기타 사용수익할 수 있는 권리를 가진 자가 있는 경우, 그 자의 동의를 얻어 환지계획에서 당해 토지의 전부 또는 일부에 대하여 환지를 정하지 아니할 수 있다(도시개발법 제30조).

### 3) 과소토지

또한 시행자는 환지면적을 조절하는 과정에서 특히 필요한 경우, 면적이 협소한 과소토지를 환지대상에서 제외할 수도 있다(도시개발법 제31조). 환지대상에서 제외하는 과소토지는 용도지역별로 대지분할의 제한에 관한 규정을 기준으로 시행자가 규약·정관 또는 시행규정으로 정한다(도시개발법 제31조 제2항, 시행령 제62조 제1항).

### 4) 폐지되는 공공시설용지

종전의 공공시설의 전부 또는 일부가 폐지 또는 변경되어 사용하지 못하게 될 토지에 대하여는 환지계획에 있어서 환지를 정하지 아니하며, 이를 다른 토지에 대한 환지의 대상으로 하여야 한다(도시개발법 제33조 제2항). 이러한 토지를 공공시설의 용지라 하며 이에 대하여도 당연히 금전에 의한 청산은 해야 한다.[220]

### 5) 현금청산의 시점

이처럼 소유자의 동의 또는 과소토지를 이유로 청산되는 토지소유권은 환지처분 이전의 일정 시점에 금전으로 청산할 수 있다(도시개발법 제46조 제1항 단서). 다만 이 경우 그 토지가액 산정시기도 환지처분 시가 아닌 청산금을 교부하는 시점이다(도시개발법 제41조 제2항 단서).

---

220) 서울고법 1985. 4. 17. 선고 83나3463 판결.

### (4) 공공시설 예정지

폐지되는 공공시설용지는 현금청산자를 정하는 기준에 불과하지만, 새롭게 설치될 공공시설용지는 환지설계에 명확하게 정해져 환지계획에도 반영되어야 한다. 이러한 시설에 대해서는 사업시행자가 매각하지 않고 보유하는 것이므로 세법상 보류지의 일종으로 간주된다.[221] 다만 학교는 공공시설이면서 매각되어 사업비용에도 충당되므로 체비지의 성격도 동시에 갖는다.

공공시설용지는 도시개발사업의 시행과정에서 공공시설이 설치되어야 할 부지이므로 시행자에게 시설철거권이 인정되며(도시개발법 제38조), 이에 대해서는 취득시효가 인정되지 않는다.[222] 공공시설예정지는 환지처분에 의해 자치단체 등에게 소유권이 귀속된다.[223]

## 3. 환지계획의 처분성

환지계획은 장차 변동하게 될 국민의 권리의무를 구속적으로 확정하는 구속적 행정계획이다. 그리고 이에 의해 정해지는 권리의무는 집행행위를 내용적으로 구속하게 된다. 이러한 행정작용은 그것이 대외적으로 고시되지 않는다 하여도 순수하게 행정내부적인 성격만을 갖는 것은 아니며, 대외적으로 국민의 권리의무에 영향을 미치는 것이다.

문제는 도시개발법이 환지계획의 인가에 관한 조문을 두면서 그 '고시(告示)에 관한 규정'을 두고 있지 않다는 점이다. 그러나 어떠한 행정작용이 국민의 권리의무에 영향을 미치는 행정처분인가 하는 것은 그 내용과 성격에 의해 결정되는 것이지 통지에 관한 조문이 있는가에 의해 결정되는 것은 아니다.

그러므로 환지계획의 처분성을 부인하는 대법원의 태도는 타당하지 않다.[224] 또한 이와 관련해서 대법원은 환지처분의 공고로 환지계획을 다툴 이익이 없다는 별개의 판결을 유지하고 있지만[225] 이 또한 의문이다.

---

221) 대법 2006. 9. 14. 선고 2005두333 판결.
222) 대법 1997. 2. 28. 선고 95다43136 판결.
223) 대법 1998. 8. 21. 선고 98다1607, 1614 판결.
224) 대법 1999. 8. 20. 선고 97누6889 판결.
225) 대법 1999. 10. 8. 선고 99두6873 판결.

## II. 환지처분

## 1. 환지처분의 의의와 절차

### (1) 환지처분의 뜻

환지처분은 공사의 완료 후 환지계획의 집행으로서, 시행지구 내 기존 토지에 대한 소유권을 소멸시키고, 법률상 전혀 새로운 것으로 간주되는 토지상에 새로운 권리의무관계를 창설하는 시행자의 처분이다. 이러한 처분의 본래적 효과는 구 토지상에 존재하던 소유권을 환지로 이전하는 것이지만, 다른 한편으로는 현금청산자들의 소유권이 이에 의해 종국적으로 소멸되고, 체비지 등에 대하여는 시행자에게 새로운 소유권이 부여된다(도시개발법 제42조).

### (2) 환지처분과 토지수용

그러므로 환지처분을 통하여 모든 토지의 소유권이 일시 수용되었다가, 토지소유자의 일부에게는 환지가 부여되고, 시행자에게는 체비지의 소유권이 부여된다. 그리고 현금청산자는 환지처분에 의하여 종국적으로 물권적 권리관계로부터 배제된다. 이처럼 환지처분은 환지를 지정받지 못하는 이해관계인에 대하여는 토지수용과 동일한 효과를 발생시킨다. 다만 수용의 절차 및 효과가 토지보상법의 적용을 받지 않는 독특한 방식으로 진행된다는 점에 차이가 있을 뿐이다.[226]

### (3) 환지계획과 환지처분

환지처분은 후술하는 바와 같이 엄격한 절차에 의하여 진행되기는 하지만, 그 본질에 있어서는 환지계획의 집행적 처분이다. 즉 환지처분은 환지계획의 내용에 따라서 행해져야 하고, 그에 반하는 경우 그 효력이 부인된다.[227] 그러므로 환지처분으로 인한 권리의

---

226) 대법 1993. 3. 26. 선고 92다16904 판결.
227) 대법 2000. 2. 25. 선고 97누5534 판결; 대법 1993. 5. 27. 선고 92다14878 판결; 대법 1967. 10. 6. 선고 67다1668 판결.

무관계의 변동이 환지계획에서 유래한 것이라면, 환지계획에 대하여 다투어야 하고, 환지처분의 일부만을 취소하기 위한 소송은 인정될 수 없다.[228]

다만 환지처분이 환지계획의 내용에 위반하여 행해지거나 중대·명백한 하자가 있는 경우라면, 무효등확인소송의 대상은 될 수 있을 것이고, 환지처분이 무효임을 전제로 민사소송을 진행할 수도 있다.[229]

### (4) 환지처분의 공고

사업시행자는 환지계획에서 정한 사항을 토지소유자에게 통지하고, 이를 공고한 후에 환지처분을 한다(동조 제5항). 환지처분의 공고가 있으면 그 다음날부터 효력을 발생하는데 그 효력은 토지소유자, 사업시행자, 공공시설 등에 대하여 각각 다르게 나타난다.

## 2. 환지처분의 효과[230]

### (1) 환지에 대한 효과

환지를 받는 토지소유자는 환지처분의 공고가 있은 다음날 환지에 대한 소유권을 취득하고, 구 토지에 대한 소유권을 상실한다(도시개발법 제42조 제1항). 다만 행정상 또는 재판상의 처분으로서 종전의 토지에 전속하는 것에 대하여는 영향을 미치지 않는다(동조 제2항).

### (2) 현금청산자에 대한 효과

환지를 받지 않고 금전으로 청산되는 자의 구 토지상 소유권은 환지공고가 있은 다음날 소멸한다. 이러한 자들에 대하여는 환지가 부여되지 아니하므로, 그 권리소멸에 대한 대가로서 금전이 지급되어야 한다.[231] 이들에 대한 청산금산정의 기준시도 원칙적으로 환지처분 시이다.

---

228) 대법 1990. 9. 25. 선고 88누2557 판결.
229) 대법 1998. 2. 13. 선고 97다49459 판결.
230) 환지처분의 효과에 대해 자세히는 김종보, "토지구획정리사업법상 환지처분의 실질", 행정법연구 제5호, 1999. 4, 181-198쪽 참조.
231) 대법 1980. 7. 8. 선고 79누160 판결.

## (3) 체비지 등에 대한 효과

### 1) 소유권의 귀속

환지처분의 공고로 체비지에 대하여는 사업시행자가, 보류지에 대하여서는 환지계획에 정한 자가 공고의 다음날 그 소유권을 취득하게 된다. 사업시행자 등이 취득하는 소유권은 새로운 소유권으로, 이를 취득하는 것은 원시취득이다.

### 2) 제3취득자의 소유권취득시기

구법하에서는 체비지를 환지예정지 지정처분 이후에는 처분할 수 있었고, 소유권 취득에 관해 별도의 조문이 없었으므로 체비지를 환지처분 이전에 양수한 제3취득자의 소유권 취득시기는 환지처분 이전에 대금을 완납한 때로 해석되었다.[232) 그러나 현행 도시개발법은 체비지의 사전처분에 관한 근거조문과 모순되게 체비지의 소유권은 원칙적으로 사업시행자에게 귀속되고 이를 제3취득자가 이전등기해야 소유권을 취득하는 것으로 정하고 있다(도시개발법 제42조 제5항 단서).

도시개발사업이 장기간의 사업이고, 체비지상에 이미 아파트 등이 건설되어 있을 수 있다는 점에 비추면 과도한 입법일 수 있다. 체비지가 환지예정지지정 이후 적법하게 처분된 경우라면 양수인이 환지처분에 의해 소유권을 취득하는 것으로 하는 등의 방안이 강구되어야 한다.

### 3) 공공시설의 귀속시기

종래 구획정리사업의 시행으로 인하여 생긴 공공시설용지는[233) 환지처분의 공고가 있은 날의 다음날에 그 관리자의 구분에 따라 국가 또는 지방자치단체에 귀속되는 것으로 규정되어 있었다(구 토지구획정리사업법 제63조).[234) 그러나 새로운 도시개발법상으로는 환지처분과 귀속시기는 직접적인 관련이 없고, 개발사업에 대한 준공검사(도시개발법 제50조)가 종료된 후 시행자가 그 종류 및 토지의 세목을 통지함으로써 관리청 등에게 귀속된 것으로 본다(도시개발법 제66조).

---

232) 대법 2003. 11. 28. 선고 2002두6361 판결; 대법 1999. 9. 17. 선고 98두11519 판결; 대법 1998. 10. 23. 선고 98다36207 판결; 대법 1988. 2. 9. 선고 87다카1149 판결.
233) 대법 1996. 7. 12. 선고 96다10508 판결.
234) 대법 1998. 8. 21. 선고 98다1607, 1614 판결.

# 제2절 주택법

## 제1관 주택의 건설

### Ⅰ. 주택법의 이해

#### 1. 주택법의 의의

##### (1) 주택법의 내용

주택법은 주택이 없는 국민의 주거생활의 안정을 도모하기 위한 목적으로 제정된 법으로(주택법 제1조) 효율적인 주택의 공급을 위하여 필요한 사항을 정한다. 주택법은 주택의 건설 이외에도 그 건축을 위한 재원, 건설사업자의 자격, 주택조합, 주택공급에 관한 사항, 주택건설기준 등에 관한 사항 등을 광범위하게 규율하고 있다. 다만 여기서는 주택법의 개발사업법으로서의 성격을 감안하여, 건설법적 규정을 중심으로 설명하기로 한다. 오랜 기간 주택법에 존재하던 공동주택의 관리에 대한 규정들은 공동주택관리법의 제정으로 주택법에서 분리되었다.

##### (2) 주택법의 적용범위

주택법은 형식상으로는 일정한 호수(30호) 또는 세대(30세대) 이상의 주택을 건설하는 경우 그에 대해 사업승인을 받도록 정하고 있지만(주택법 제15조 제1항, 주택법시행령 제27조 제1항), 사실상 여러 세대가 건물설비의 전부 또는 일부를 공동으로 사용하는 공동주택, 그중에서도 특히 아파트건설을 위한 특별법이라 할 수 있다.

##### (3) 아파트의 뜻

주택법상의 아파트는 주택법에 의해 건설, 공급 및 관리가 규율되는 5층 이상의 '주택단지'를 말하며, 층수에 의하여 4층 이하의 연립주택·다세대주택과 구분된다(주택법 제2조 제3

호). 또 주택법상 사업승인의 대상인 아파트는 세대수를 기준으로 해서 30세대 이상인 공동주택을 의미하므로, 예컨대 5층 이상의 공동주택이라 하여도 30세대에 미달하는 경우에는 주택법상의 사업승인대상에는 해당되지 않는다. 이에 대해서는 건축법이 규율하게 된다.

### (4) 주택단지

'건축법'이 규정하는 아파트는 한 동의 건물 안에 다수의 가구가 독립하여 생활을 영위하며, 건축시설의 일부를 공동으로 사용하는 한 개의 고층건축물을 의미한다. 그러나 주택법이 생각하는 아파트라는 관념은 한 동의 건축물을 지칭하지 않고, 여러 동의 공동주택으로 구성된 주택단지라는 의미로 사용된다. 따라서 주택법상 공동주택에 대한 정의 규정은 수정될 필요가 있다.

주택법은 공동주택을 "건축물의 벽·복도·계단이나 그 밖의 설비 등의 전부 또는 일부를 공동으로 사용하는 각 세대가 하나의 건축물 안에서 각각 독립된 주거생활을 할 수 있는 구조로 된 주택"으로 정의하고 있지만, "각 세대가 하나의 건축물 안에서 독립된 주거생활을 하되 복도, 계단 등 공동부분을 공유하는 구조의 주택과 그 부대시설 등을 내용으로 사업승인을 받은 단지"로 정의하는 것이 더 정확한 것이다. 주택법은 단지로서의 아파트개념을 채택하고 있기 때문이다.[235]

### (5) 주상복합과 건축허가

실질적으로는 30세대 이상의 공동주택인 경우에도 주택법이 정하는 특례에 해당하는 주상복합 건축물은 사업승인의 대상에서 제외된다. 즉 상업지역 또는 준주거지역에서 300세대 미만의 주택과 주택외의 시설을 동일건축물로 건축하는 경우로서 주택의 면적이 90% 미만인 경우에는 건축법상 건축허가의 대상이 된다(주택법 제15조 제1항 단서 및 주택법 시행령 제27조 제4항).

---

235) 대법 2005. 6. 24. 선고 2003다55455 판결.

## (6) 주택법상 다단계 행정계획

주택법에는 구역지정의 단계가 없이 사업승인이 발급되는 시점에 입지선정과 같은 도시계획적 판단이 함께 이루어진다. 주택법에 의한 주택은 일반에 공급되는 것이 원칙이므로 권리의 배분에 관한 절차도 원칙적으로 없다. 주택조합을 통하여 주택을 건축하고 공급하는 경우에도 법은 이를 조합의 문제로 규율하므로 권리배분계획이 전면에 부각되지는 않는다.

## (7) 주택조합의 특수성

주택법이 여타의 개발사업법과 크게 차이를 보이고 있는 것들 중의 하나가 민영주택사업과 더불어 인정되는 주택조합제도이다(주택법 제11조). 도시정비법이나 도시개발법에 의한 조합들과 주택조합은 상당한 차이를 보이고, 주택조합에 의한 주택건설사업은 민영주택건설사업의 일반적인 경우와도 차이를 보인다.

## 2. 주택법과 건축법의 관계

주택법이 건축물로서 아파트의 허가절차를 정하고, 그 허가요건을 정하고 있는 한도에서 주택법은 건축법의 특별법으로 기능한다. 다만 주택법이 마련하고 있는 조문들이 완결적인 구조를 이루지 못하여 건축법의 규정들이 보충적으로 적용되어야 한다.

대체로 건축허가절차에 관한 조문은 주택법의 적용에 의해 배제되는 것으로 해석하고, 이러한 허가절차에 위반한 행위에 대한 감독규정·행정형벌 등도 주택법만의 규정에 의할 것으로 해석한다. 다만 건축허가요건 및 바닥면적·용적률 같은 조항들은 개별적인 건축물과 공동주택에 공히 적용된다고 할 것이므로, 건축법·국토계획법 등의 조문이 주택법과 중첩적으로 적용된다.

## Ⅱ. 주택법의 법적 성격

### 1. 법적 성격 일반

주택법은 주택, 즉 주거용건축물의 건축에 관하여 규율하고 있으므로 건축법의 특별규정으로서의 성격을 띠지만, 다른 한편으로는 일단의 주거단지를 개발하는 것이므로 면적 위주의 개발사업을 규율하는 측면이 있다. 한편으로는 주택법에 의한 사업승인이 건축허가와 유사한 것으로 평가되기도 하고, 개별적 건축허가에 의한 건축물과 달리 집단적인 주거단지로서 아파트건설은 일종의 '마을'을 만들어내는 행위라는 점에서 도시계획적 판단이 중요한 기능을 하기도 한다.[236]

### 2. 도시계획으로서 구역지정

아파트는 건설로 인한 개발이익이 많고, 긴박한 주거수요를 감당하기에 대단히 적합한 건축물이지만, 단독주택으로 구성된 주거지역에 아파트가 건설되면 교통문제·조망권문제를 포함하여, 기존 주거지역의 단일성이 파괴되어 그 지역 정체가 아파트단지화 될 가능성이 높아지게 된다. 이러한 점들을 감안한다면, 아파트건설사업을 구역지정 없이 가능하도록 하고 있는 현행 주택법의 태도는 매우 비합리적인 것이다.

급속한 도시화와 서울집중을 경험하는 과정에서 제정되었던 주택건설촉진법(현행의 주택법)은 신속한 아파트건설을 위해 입지선정과 관련된 도시계획적 판단을 배제하도록 특권을 부여했다. 이러한 특권이 주택정책이 변화된 현행의 주택법에도 이어져 주택건설사업이 갖고 있는 개발사업법으로서의 의미가 부각되지 않는다. 현재 주택법이 마치 건축허가와 유사하게 손쉬운 주택건설사업을 허용하고 있는 것도 도시계획변경 없는 주택건설사업을 허용하고 있기 때문이다.

---

236) 대법 2002. 3. 29. 선고 2000두1393 판결.

## III. 사업계획의 승인

### 1. 사업계획승인의 뜻

아파트 등 공동주택을 건설하고자 하는 자는 사업계획을 작성하여 시장·군수의 승인을 받아야 하는데 이를 주택건설사업계획의 승인이라 한다(주택법 제15조). 사업승인을 얻고자 하는 자는 주택과 그 부대시설 및 복리시설의 배치도, 대지조성공사 설계도서 등 대통령령으로 정하는 서류를 첨부하여 승인권자에게 제출하여야 한다(동조 제2항). 승인권자가 사업계획을 승인한 경우 이에 관한 사항을 고시하여야 한다(동조 제6항).

### 2. 사업승인의 대상

사업계획의 승인대상은 30호 또는 30세대 이상의 단독·공동주택이며(주택법시행령 제27조 제1항), 동일한 사업주체가 수 개의 공구로 구분하여 시행하는 경우에는 전체규모를 기준으로 판단한다.[237]

### 3. 사업계획의 승인권자

사업승인권은 주택건설사업 또는 대지조성사업의 면적이 10만 제곱미터가 넘으면 광역자치단체장에게 전속된다. 만약 10만 제곱미터 미만인 경우라면 광역시에서는 동일하고, 그 외의 지역에서는 기초자치단체장이 된다(주택법 제15조 제1항).

### 4. 협의와 고시

사업계획을 승인함에 있어 사업계획으로 의제되는 사항에 관하여는 관계기관의 장과 협의를 거쳐야 한다(주택법 제19조). 사업계획승인권자는 제1항 또는 제3항에 따라 사업계획을 승인하였을 때에는 이에 관한 사항을 고시하여야 한다(주택법 제15조 제6항). 이러한 절차는 사업계획변경의 경우에도 거쳐야 한다.

---

237) 대법 1994. 12. 22. 선고 93누2483 판결.

## 5. 사업계획의 처분성

사업계획의 승인은 국민의 권리의무에 관한 사항을 직접 규율하는 것이므로 독립하여 취소소송의 대상이 되는 처분이다. 다만 사업계획을 승인받은 조합의 구성원은 이에 의하여 이익을 받는 자이므로 사업계획승인의 취소를 구할 이익이 없다.[238]

## 6. 사업승인의 재량성

사업계획도 일종의 행정계획이므로 행정청에게는 사업승인에 관한 광범위한 재량이 부여된다. 따라서 사업승인을 할 것인지의 여부는 행정청이 주거수요, 환경문제 등을 고려하여 종합적으로 판단하여야 할 것이고, 이를 계획재량이라 한다. 승인권자는 그 승인에 있어 법령에 근거가 없는 입지심사 등의 절차를 거치게 하거나,[239] 법령에 근거가 없는 사유를 들어서도 거부할 수 있고,[240] 심지어는 도시계획결정이 아직 내려지지 않아 법적으로는 전혀 구속력을 발생하지 않고 있는 경우에도 행정청은 이를 고려하여 사업계획의 승인을 거부할 수 있다.[241]

## 7. 재량과 부관

사업계획의 승인여부에 대하여 재량을 갖는 행정청은 사업계획의 승인에 대하여 부관을 부가할 수 있다.[242] 그러나 부관을 붙이는 경우에도 비례원칙 등에 적합한 부관만이 가능한 것이며 그 한계를 넘는 것은 위법한 부관이 된다.[243] 주택법은 최근 과도한 기부채납을 금지하는 조항을 명시적으로 도입하였다(제17조: 2016년 전부개정).

---

238) 대법 1998. 6. 26. 선고 97누2801 판결; 대법 1998. 8. 21. 선고 96누10379 판결.
239) 대법 1987. 9. 8. 선고 87누411 판결.
240) 대법 2007. 5. 10. 선고 2005두13315 판결; 대법 2005. 4. 15. 선고 2004두10883 판결; 대법 1997. 10. 24. 선고 96누12917 판결; 대법 1996. 10. 11. 선고 95누9020 판결; 대법 1997. 3. 14. 선고 96누16698 판결.
241) 대법 1997. 12. 9. 선고 97누4999 판결.
242) 대법 1997. 3. 14. 선고 96누16698 판결; 대법 1996. 1. 23. 선고 95다3541 판결.
243) 대법 1994. 1. 25. 선고 93누13537 판결.

## 8. 주택건설기준

주택법은 아파트를 건설하는 경우, 주택, 부속시설, 복리시설 등의 설치기준을 대통령령에 위임하고 있으며(주택법 제35조 제1항) 이에 따라 '주택건설기준 등에 관한 규정'이 마련되어 있다.[244] 동 규정에 마련된 기준으로 주택의 복리시설, 부대시설 등에 관한 조항은 사업승인의 허가요건이 된다. 동시에 주택건설기준들 중 일부는 주택의 건설 이후에도 공동주택의 운영을 위해 유지되어야 하므로 주택의 관리제도와 밀접하게 연결된다.

## 9. 사용검사

공동주택건설은 사업이 완료되면, 주택·부대시설·복리시설 및 대지에 대하여 국토부령이 정하는 바에 따라 사용검사를 받아야 한다(주택법 제49조). 사용검사는 완성된 주택이 사업계획 승인내용에 따라 적법하게 시공되었는가를 확인한다.

## 10. 사용검사의 효과

사용검사를 받으면 건축법상의 사용승인이 의제된다(주택법 제49조 제2항). 따라서 사용검사가 이루어지면 주택에 대한 입주가 가능해진다. 사용검사 이후에는 공간정보법이 정하는 바에 따라 지적정리절차가 진행되는데(공간정보법 제80조 제2항), 이러한 절차진행행위는 새로운 권리의무를 부과하는 것이 아니므로 취소소송의 대상이 되지 못한다. 사용검사는 소유권의 귀속과는 원칙적으로 관련이 없다.[245]

---

244) 대법 2007. 6. 15. 선고 2004다37904, 37911 판결; 서울고법 1990. 3. 29. 선고 89구9090 판결.
245) 대법 1998. 9. 22. 선고 98다26194 판결.

# 제2관 주택의 공급

## Ⅰ. 주택공급의 의의

### 1. 주택공급의 의의

#### (1) 개발사업과 주택공급

주택공급에 대한 제한은 주택법에 한정적으로 정해져 있는 제도이지만, 개발사업법들이 대부분 주택의 건설을 포함하므로 주택법의 주택공급과 관련된 조항들이 자동적으로 적용된다. 따라서 주택법과 하위법령에 존재하는 주택의 공급과 관련된 제도는 개발사업법의 총칙적 측면을 갖는다. 주택법의 개정이 부동산 시장에 강력한 영향을 미치는 것도 이 때문이다.

#### (2) 주택공급과 제한의 필요성

통상 건축법에 의해 건축되는 건축물은 그 건축과정만이 규율되고, 건축물분양에 관한 법률상의 제한을 제외하고는 분양 또는 매매와 관련된 영역은 건축주와 분양대상자 간의 자유로운 계약의 문제이다. 이와 대조적으로 주택법이 주택공급에 관해 자세한 조항을 두고 있는 것은 주택법 자체가 추구하는 공익의 특수성 때문이다.

#### (3) 주택공급과 제한의 근거법

주택법에 의하여 규율되는 주택에 관하여 사업주체와 주택(부대시설 및 복리시설을 포함한다)을 공급받고자 하는 자는 국토부령이 정하는 주택의 공급조건·방법·절차 등에 따라 주택을 건설·공급하거나 주택을 공급받아야 한다(주택법 제54조). 이에 대한 자세한 사항을 정하기 위하여 주택공급규칙(국토부령)이 제정되어 있다. 이러한 의무에 위반하는 사업자는 2년 이하의 징역 또는 2천 만 원 이하의 벌금에 처한다(주택법 제102조 제13호, 제14호).

## 2. 주택공급의 유형

### (1) 민영아파트의 일반공급

주택법은 등록사업자 등 사업주체가 주택건설사업을 진행하면서 일반에 주택을 공급하는 경우를 원칙적인 통제대상으로 정하고 주택의 공급에 대해 많은 제한 조항을 마련하고 있다. 사업주체가 입주자를 모집하고자 하는 때에는 공개모집을 해야 하며, 입주자모집공고안, 대지사용승낙서 등을 갖추어 시장·군수의 승인을 받아야 한다(주택공급규칙 제20조). 이러한 시장·군수의 승인은 행정소송의 대상이 되는 독립한 처분으로 취소소송의 대상이 된다.246)

### (2) 정비사업과 주택공급

개발사업에서 조합이 주택을 건설하는 경우에 주택은 조합원에게 공급되는 부분과 일반에게 공급되는 부분으로 나뉜다. 조합이 주도하는 개발사업의 경우에도 일반에 공급하는 부분은 전적으로 주택법에 의한 공급통제를 받는다. 이에 비해 정비조합의 구성원들에게 주택을 공급하는 경우에는 관리처분계획 등에 의해 아파트의 공급이 확정되며 이전고시를 통해 조합원에게 소유권이 이전되므로 주택법상의 주택공급조항이 적용될 여지가 없다.

### (3) 주택조합의 주택공급

주택조합의 경우에는 그 제도 자체가 주택법에 마련되어 있는 것이므로 주택법이 주택조합원의 자격을 통제하는 방식을 통해 조합원에 대한 주택공급을 통제한다. 주택조합원간의 주택배분기준은 조합정관이 정하는 바에 의한다.247)

---

246) 대법 1995. 6. 30. 선고 94누14230 판결.
247) 대법 1993. 1. 26. 선고 92도2991 판결; 대법 1993. 5. 14. 선고 92도2939 판결.

# 제6편

환경행정법

特別行政法

# 제1장 환경행정법 총론

## 제1절 총설

## I. 환경 및 환경법

### 1. 환경 및 환경법의 의의

환경법이란 환경보호에 관한 법규의 총체, 즉 환경보호법을 말한다. 환경법은 무엇보다 '자연적 생활기반의 보호'를 목적으로 하며, 이러한 보호에 기여하는 규율 총체를 가리킨다.[1] 여기서 '자연적 생활기반'이란 직접적으로는 토양, 물, 공기, 기후, 간접적으로는 식물상(植物相, flora)과 동물상(動物相, fauna)을 뜻하지만, 나아가 사람의 일상생활과 관계되는 생활환경의 보호 역시 환경법의 대상이라 할 것이다. 또한 오직 자연적 생활기반의 보호만을 목적으로 하는 것이 아니라, 이와 관련된 개인의 재산권, 인격권의 보호'까지' 목적으로 하는 법적 규율도 환경법의 영역으로 하고 있다.

환경정책기본법에 따르면 '환경'이란 자연환경과 생활환경을 말하며(제3조 제1호), '자연환경'이란 지하·지표(해양 포함) 및 지상의 모든 생물과 이들을 둘러싸고 있는 비생물적인 것을 포함한 자연의 상태(생태계 및 자연경관 포함)이며(제3조 제2호), '생활환경'이란 대기, 물, 토양, 폐기물, 소음·진동, 악취, 일조(日照), 인공조명, 화학물질 등 사람의 일상생

---

[1] Eifert, Umweltschutzrecht, in: Schoch, Besonderes Verwaltungsrecht, C.H.Beck, 2018, Rn. 7.

활과 관계되는 환경(제3조 제3호)이다. 우리나라의 환경법 체계에서는 이 자연환경과 생활환경에 관한 규율 총체를 환경법이라 할 수 있다.

## 2. 환경 및 환경법에 대한 접근방식

환경 및 환경법에 대하여 근본적으로 인간중심적으로(anthropo-centric) 접근할 수도 있고, 생태중심적으로(eco-centric) 접근할 수도 있다.

인간중심주의(Anthropocentrism)는 종(種)으로서의 인간은 다른 모든 존재나 생명체보다 본질적으로 우월하고, 다른 모든 존재나 생명체를 자신의 목적을 위한 도구로서 지배할 권리를 가진다는 환경관이다. 따라서 인간중심주의는 자연을 인간의 입장에서 인간의 목적 대상으로 본다. 인간중심주의에서도 자연에 대한 인간의 지나친 지배는 인간의 생존 자체를 위협하게 되므로, 우리와 우리 후손들의 생존을 위하여 자연을 보살필 필요가 있다고 보기도 한다.

생태중심주의(Ecocentrism)는 인간이 자연을 초월한 우월한 존재가 아니라, 인간 역시 다른 생명체와 마찬가지로 자연의 일부이며, 자연을 오직 인간만의 목적으로 마음대로 지배할 수 없다고 보는 환경관이다. 생태중심주의에 따르면 인간 역시 생태계의 구성원이며, 자연이란 인간적 가치를 초월하여 본래적으로 고귀한 것으로 이를 존중하고 보호해야 한다고 본다. 생태중심주의에 입각할 경우 환경법의 보호법익은 민법이나 행정법 등과는 달리 인류익(미래세대 이익 포함), 생태익, 지구익의 보호에 있고, '자연의 권리'라는 관념도 나오게 된다.[2]

생각건대, 우리 헌법은 모든 국민은 건강하고 쾌적한 환경에서 생활할 권리를 가진다고 하여(제35조) 문언상 '인간중심'보다도 협애한 '국민중심'적 환경관을 가지고 있고, 개별 환경법에서도 인간이 아닌 생명체나 무생물이 인간과 동등한 권리를 가진다는 환경관을 찾아보기 어렵다. 따라서 현행 법체계에서는 인간중심적 해석론과 입법론이 이루어질 수밖에 없다. 또한 자연의 권리 논의 역시 인간 이외의 자연은 당사자능력을 인정받을 수 없다는 한계에 봉착하게 된다. 그러므로 생태주의 담론은 열린 채로 발전시키되, 현행 환경법 체계는 인간중심주의를 바탕으로 전개해가야 할 것이다. 새로운 논리 전개나 충분한

---

[2] 가령 강재규, "생태주의 사회를 위한 현행 행정소송제도의 개편방안", 인제법학 창간호, 2010, 3쪽. 최근 이러한 논의가 더욱 발전하여 이른바 지구법학(Earth Jurisprudence)으로 발전하기도 하며(박태현, "인류세에서 지구공동체를 위한 지구법학", 환경법과 정책 26, 2021, 1-35쪽), 다른 한편 인간이 만든 새로운 지질시대라는 '인류세'(인류세, Anthropocene, Anthropozän)에 대한 환경법적 논의가 전개되기도 한다 (Winter, "Rechtsprobleme im Anthropozän", ZUR 2017, 267).

논증이 없는 생태중심주의는 오히려 현실적인 대안 제시를 막을 수 있음도 간과해서는 안 된다.


## II. 환경행정법의 의의 및 종류

### 1. 환경행정법의 의의

환경행정법이란 환경행정의 조직 · 작용 · 구제에 관한 법으로서, 특별행정법(행정법각론)의 한 영역인 환경행정에 관한 법이다. 환경행정법은 독자적 법영역인 환경법의 가장 중요한 부분이지만, 환경보호와 관련된 다양한 법영역이 어우러져 고유한 법영역으로 발전하고 있는 환경법의 현황을 간과할 수 없다. 즉 환경민사법, 환경국제법, 환경형법 등도 환경법의 구성요소이며, 이들은 환경행정법과 함께 환경법을 이루고 있다.

일반적으로 행정법을 국내 공법으로 파악하고 있지만, 오늘날 행정법에서 공법과 사법(私法)의 교차적 상보기능이 강조되고 있어 환경행정법에서 공법은 물론 사법까지 종합적으로 고려하는 접근방식이 필요하다. 아울러 행정법이 더 이상 국내법에 머물 수 없다는 점까지 고려하면 환경행정법으로서 국제법의 중요성까지 함께 생각해야 한다.[3] 따라서 환경행정법이란 환경행정의 조직 · 작용 · 구제에 관한 '국내 공법'이라기보다, 환경행정의 조직 · 작용 · 구제에 관한 '법'으로 정의해야 할 것이다.

우리나라 환경법은 1977년 환경보전법이라는 한 개의 법률로 출발하여, 현대국가의 환경보호 과제를 수행해 오면서, 다양한 환경분야에서 개별 환경법들이 발전해 왔다. 그 과정에서 반드시 일관된 발전노선이 분야별로 평행적으로 전개되어 온 것은 아니며, 때론 통일성이 없는 면도 나타난다. 이는 많은 국가의 환경법 발전에서 나타나는 불가피한 현상이라 할 것이지만, 환경법규정들 간의 조화가 새로운 과제로 대두됨은 물론이다. 그리고, 공동의 보호재(Schutzgut)를 지향하는 문제나 포괄적 성격의 환경문제도 나타나면서, 통합적 고찰이 필요한 경우도 많아지고 있다.[4] 문제중심의 횡단적 임무(problembezogene Querschnittsaufgabe), 즉 종합적 임무를 안고 있는 환경법에서 특히 정치와 학문 간 대화도 요청된다고 할 것이다.[5]

---

3) 상세는 후술하는 '제1장 제3절 환경행정법의 법원' 참조.
4) 그에 따라 통합환경법전의 제정을 검토할 만하다. 그러나 그 방대한 작업의 어려움은 독일에서 다양한 통합환경법전화 시도가 결실을 얻지 못했던 경험에서도 알 수 있다.

## 2. 환경행정법의 종류

환경행정법은 다음과 같은 기준에 따라 분류할 수 있다.

첫째, 매체별(medial)별로 환경법을 분류하는 것이다. 대기보호에 관한 법, 물 보호에 관한 법, 토양보호에 관한 법 등이 그 예이다.

둘째, 생육(生育)의 유형에 따른(vital) 분류이다. 자연환경보호에 관한 법, 동물보호에 관한 법, 생물다양성보호에 관한 법 등이 그 예이다.

셋째, 원인별(kausal) 분류, 즉 환경문제를 일으키는 원인이 되는 물질(Stoff)을 기준으로 환경법을 분류하는 것이다. 방사능 위험물질에 관한 법, 화학물질에 관한 법, 유전자 조작물질에 관한 법, 폐기물에 관한 법 등이 그 예이다.

그 밖에도 이상의 어느 하나의 분류기준이 아니라 통합적 성격을 가지는 환경법도 나타난다. 2017년부터 시행되는 「환경오염시설의 통합관리에 관한 법률」은 이러한 통합적 성격을 지향했지만, 엄밀히 보면 매체별 통합에 관한 법의 성격이 강하다. 「국토의 계획 및 이용에 관한 법률」과 같은 국토계획에 관한 법은 '국토계획을 통한 환경보호의 법'이라는 점에서 환경법으로 파악할 경우 통합적 성격의 환경법으로 볼 수 있다. 횡단적 규율 임무를 가진 환경영향평가에 관한 법 역시 통합적 성격의 환경법에 포함될 수 있다.


# 제2절 환경행정법의 기초로서 환경헌법


## I. 환경헌법과 환경권


## 1. 환경헌법

헌법 제35조 제1항은 "모든 국민은 건강하고 쾌적한 환경에서 생활할 권리를 가지며, 국가와 국민은 환경보전을 위하여 노력하여야 한다."고 하여 환경권을 규정하고 있다. 이어서 제2항에서는 "환경권의 내용과 행사에 관하여는 법률로 정한다."고 하여 그 구체적인 내용을 법률로써 정하도록 위임하고 있다. 우리나라에서 일종의 부분헌법(Teil–Verfassung)

---

5) Eifert, 앞의 책, Rn. 7, 10.

으로서 '환경헌법'을 인정하긴 어렵지만,[6] 환경관련 헌법조항을 환경헌법의 체계로 이해할 수 있으며,[7] 이를 통해 국가의 환경보호임무가 어떠한 모습으로 나타나고 있는지를 파악할 수 있다. 따라서 우리나라 환경헌법은 우선 헌법 제35조의 환경권조항에서 찾을 수 있고 해석론도 동 조항을 중심으로 이루어져야 하지만, 환경헌법 해석론은 제35조의 해석에 그치지 않고 헌법 전반을 대상으로 해야 하는 면도 있다.

환경권의 법적 성격에 관해 자유권, 사회권, 인격권 등에 각각 초점을 맞춘 다양한 견해가 주장되지만, 다수설은 종합적인 기본권이라고 본다.[8] 헌법재판소 역시 같은 취지에서, 환경권을 행사함에 있어 국민은 국가로부터 건강하고 쾌적한 환경을 향유할 수 있는 자유를 침해당하지 않을 권리를 행사할 수 있고, 일정한 경우 국가에 대하여 건강하고 쾌적한 환경에서 생활할 수 있도록 요구할 수 있는 권리가 인정된다고 하여, 환경권은 그 자체 종합적 기본권으로서의 성격을 가진다고 본다(헌재 2008. 7. 31. 2006헌마711 결정).

## 2. 환경권과 이른바 환경헌법주의

헌법 제35조 제1항의 환경권의 효력에 대해서는 학설이 다투어지고 있다. 먼저, 구체적 효력설은 명문의 환경권 규정이 있다는 점, 환경권의 범위와 내용은 향후 판례나 해석론으로 명료화할 수 있다는 점, 오늘날 수많은 환경관계법이 환경권의 내용과 행사방법을 제시하고 있다는 점, 최근 하급심 등에서 환경이익을 중시하는 판례들이 등장하고 있다는 점 등을 들어 환경권규정은 구체적 효력을 가진다고 본다.[9] 이에 반해, 추상적 효력설은 헌법 제35조 제2항의 위임규정은 그 추상성을 나타내고 있는 점, 환경권은 자유권과는 달리 그 내용과 행사가 법률에 유보된 만큼 국가의 급부능력을 고려한 적극적 배려를 통해 실현될 수 있다는 점, 사법부의 기관적 역량이나 민주적 정통성이 충분하지 않고 국민들의 환경권에 대한 법관념도 확고하지 않다는 점 등을 들어 환경권은 추상적 효력을 가지는 데 불과하다고 본다.[10]

---

6) 독일 기본법의 국가의 환경보호목표조항(제20a조)은 독일 재정헌법(Finanzverfassung)과는 달리 포괄적인 환경헌법이 되진 않는다고 보면서도, 환경보호관련 헌법조항을 총칭해서 환경헌법으로 설명하는 견해도 있고(Kloepfer, Umweltrecht, C.H.Beck, 2016, §3 Rn. 1), 환경헌법은 끊임없이 제기되는 주제이지만 환경보호의 헌법상 의무성은 명확하지 않다는 지적도 있다(Ekardt, "Umweltverfassung und Schutzpflichten", NVwZ 2013, 1105).
7) 독일과 같이 포괄적으로 재정질서를 두는 헌법이 아닌 우리나라에서도 재정헌법이라는 용어를 곧잘 쓰는 것도 이러한 취지에서 이해할 수 있다.
8) 허영, 한국헌법론, 박영사, 2018, 489쪽.
9) 이하의 구체적 권리설에 대한 상세는 김홍균, 환경법, 홍문사, 2017, 33-37쪽.
10) 추상적 효력설의 입장으로는 조홍식, 환경법, 박영사, 2020, 253쪽. 판례도 같은 입장이다(대법 1995. 5.

필자는 이와 관련하여 아직은 다분히 시론적 성격이 강하지만, '환경헌법주의'라는 관념을 주장하며 '환경법률주의'와 대비시키고자 한다. 여기서 환경헌법주의란 헌법 제35조 제1항의 의미를 강조하며 그에 대한 침해가 있는 경우 사법부, 특히 헌법재판소에 의한 보호가 이루어지고, 입법부와 행정부도 환경권에 구속되어야 하는 원리를 말한다. 환경헌법주의는 헌법상 환경권 중심의 환경법 해석론과 입법론이 전개되어야 한다고 보지만, 자칫 생태독재의 길은 가진 않도록 법치국가적·민주주의적 한계를 지켜야 한다는 점을 동시에 유념하고 있다. 환경헌법주의에 대응하는 관념인 환경법률주의는 헌법 제35조의 환경권을 프로그램적 규정 또는 추상적 효력을 가지는 규정으로 보는 바탕에서 출발한다. 즉, 환경권의 구체적인 효력은 국회의 입법을 기다리도록 함으로써 입법자의 독자성을 강조하며, 헌법재판소가 환경권규정을 통하여 위헌결정을 하는 데에는 소극적인 입장이다. 반면에, 환경헌법주의는 환경권에서 발생하는 기본권 보호의무 도그마틱을 바탕으로 환경권 보호의무가 환경권 내용의 핵심이 되어야 함을 강조하며, 특히 절차적 환경권을 환경권의 내용에 포함시킨다. 또한 환경권의 외연 확장에 힘쓰는 한편, 헌법상 환경권의 영향을 받으면서도 별도의 법체계에서 발전해 가야 하는 행정법상 환경권과 민사법상 환경권이 헌법상 환경권을 중심으로 서로 유기적 관련성을 이루면서 발전해 가야 함을 강조한다.[11]

## II. 헌법 제35조 제1항의 해석론

### 1. 실체적 환경권과 절차적 환경권

#### (1) 헌법 제35조 제1항과 실체적 환경권

실체적 환경권의 구체적 내용을 살펴보면 다음과 같다.[12]

첫째, 환경침해에 대한 배제청구권이다. 이는 주로 공권력[13]에 의한 환경침해에 대하여 그 배제를 요구할 수 있는 권리를 말한다. 이때 '공권력에 의한 환경침해'는 공권력이

---

23. 선고 94마2218 판결; 헌재 1998. 12. 24. 선고 89헌마214 결정 등).
11) 상세는 김현준, "환경헌법주의 - 서설적 검토", 사법 52, 2020, 77-111쪽.
12) 상세는 김현준, "環境權, 環境行政訴訟 그리고 司法接近性", 사법 17, 2011, 33-67쪽.
13) 기본권의 제3자적 효력에 따라 제3자에 의한 침해가 있다.

직접 환경을 침해하는 경우도 있지만, 사업자의 활동에 대한 행정작용을 통하여 환경침해의 결과가 초래되는 경우가 많다. 다시 말해서, 행정청이 그의 환경행정법규에 대한 집행권한을 제대로 행사하지 않아 환경침해의 결과가 초래된 경우 이를 배제할 수 있는 권리도 여기에 포함된다. 이러한 권리가 환경침해에 대한 배제청구권이며, 환경침해에 대한 원상회복청구권 또는 결과제거청구권이라고도 부를 수 있다.

둘째, 환경침해에 대한 예방청구권이다. 이는 발생개연성이 다소 낮은 '리스크(Risiko)의 사전배려'(Vorsorge)가 아니라, '위험의 방지'(Abwehr der Gefahren)를 청구할 수 있는 권리이다. 이때 위험의 방지는 이미 이루어진 침해의 배제만이 아니라 가까운 장래에 어느 정도 개연성을 가지고 일어날 수 있는 침해의 방지를 포함하는 개념이다. 이렇게 본다면 환경침해에 대한 예방청구권은 환경침해에 대한 배제청구권과 연속선상에 있다고 할 것이다.

셋째, 건강하고 쾌적한 환경에 대한 급부청구권(환경개선청구권)이다. '생활의 질'을 높이기 위해서 국가에 양질의 환경의 조성 등 환경급부적인 생존배려를 요구하는 것이다.[14] 환경권이 다른 기본권의 전제조건 보장적 성격을 갖는다는 점, 국가는 환경보전의무가 있다는 점 등을 들어 이러한 권리가 환경권에 포함된다고 본다.[15] 다만 환경권의 이러한 측면은 사회권적 성격을 강하게 가지고 있는 부분이어서 그 행사를 위해서는 이를 구체화하는 법률의 제정이 요청된다고 할 것이다.

넷째, 제3자에 대한 환경규제권의 발동청구권이다. 이는 국가(A), 가해자인 피규제자인 사인(B), 피침해자인 사인(C)이라는 3면관계에서 문제가 된다. 가령, 국가 A가 공해배출업체인 B에게 대기환경보전법상의 적절한 규제조치를 취할 것을 요구하는 C의 청구권이다. 여기에서 발전한 행정개입청구권은 행정법관계에서 제3자라고 할 수 있는 C가 적극적으로 행정청이 B에 대해 규제권한을 발동할 것을 요구하는 권리이다. 즉 기본권인 환경권으로부터 국가의 기본권(환경권)보호의무가 나타나는 경우라고 할 수 있다.

---

14) 이를 '생활환경조성청구권'이라는 이름으로 설명하는 허영, 헌법이론과 헌법, 박영사, 2004, 461쪽.
15) 환경권을 법적 성격에 대해서는, 사회적 기본권 또는 생존권적 기본권으로 이해하는 견해가 일반적이나 (조홍식, 환경법, 244쪽), 환경침해배제청구권은 자유권적 성격, 환경보호·보장청구권은 생존권적 기본권의 성격을 가짐으로써 양면성이 있다는 견해(김철수, "한국에서의 환경권과 환경입법", 한일법학, 1995, 26쪽), 기존의 자유권이나 사회권과는 다른 독자적 권리로 파악하려는 견해(김형성, "헌법상 환경규정의 규범적 성격", 환경법연구 26-4, 2004, 120쪽) 등도 주장되고 있다.

## (2) 헌법 제35조 제1항과 절차적 환경권

필자는 헌법 제35조 제1항의 환경권에는 실체적 환경권만이 아니라 절차적 환경권도 포함되어야 함을 비교적 오래 전부터 강조해왔다.[16] 실체적 환경권을 실현하기 위한 절차적 환경권도 우리 헌법상 환경권에 포함되지 않을 이유가 없다. 절차적 환경권은 다음과 같은 권리로 나눌 수 있다.[17]

첫째, 환경정보액세스권, 다시 말해서 환경정보에 접근·이용할 수 있는 권리이다. 국민들이 행정절차에 효율적으로 참여하려면, 즉 후술하는 환경행정절차가 효율적으로 이루어지려면, 충분하고 정확하며 최신의 내용을 가진 환경정보가 필요하다. 이처럼 환경정보액세스권은 환경행정절차참여권의 전제가 되는 역할을 한다. 뿐만 아니라, 민주국가에서의 의사형성 및 정치적 협력(Mitgestaltung)의 도구인 환경정보는 행정절차참여와 무관하게도 확보될 필요가 있으며, 환경정보액세스를 통한 투명성 제고는 절차효율 및 행정결정에 대한 수용도 제고에 기여한다. 여기서 정보액세스의 의미는 ① 공중이 공공기관으로부터 정보를 구할 권리를 가지며, 공공기관은 그 청구에 대응하여 정보를 제공할 의무를 가지는 경우인 '수동적 정보'(passive information)와, ② 공공기관이 공중의 특별한 청구가 없는데도 공익적인 정보를 수집·보급할 의무를 가지며, 공중은 이러한 정보를 받을 권리를 가지는 경우인 '능동적 정보'(active information)를 포함한다.

둘째, 환경행정절차참여권, 다른 말로 환경의사결정참여권이다. 국민들이 환경행정절차에 참여하는 경우에도 어떠한 요건 하에서 어떠한 자가 어떻게 참여할 것인지가 문제되는데, ① 특정한 환경활동에 관한 행정의사결정으로 인하여 영향을 받을 수 있는, 또는 그 의사결정에 이해관계를 가지는 국민이 행정절차에 참여하는 경우, ② 환경관련 계획·프로그램·정책의 개발에 국민이 참여하는 경우, ③ 법령의 준비과정에 국민이 참여하는 경우 등을 생각할 수 있다.[18] 환경행정절차참여권은 매우 넓은 범위에서 적용될 수 있지

---

16) 이러한 절차적 환경권은 1998년 유엔 유럽경제위원회 제4차 환경각료회의에서 채택되어, 2001. 10. 30.부터 발효되어, 국제적으로 관심을 받고 있는 오르후스협약(Aarhus Convention)에서 잘 나타난다. 이 협약은 ① 환경정보액세스(Access to Environmental Information), ② 환경행정절차참여(Public Participation in Environmental Decision−Making), ③ 환경사법(司法)액세스(Access to Environmental Justice)에 관한 권리, 즉 절차적 환경권을 내용으로 하고 있다. 우리나라의 입장에서도 이 협약에 주목하는 이유는 환경인권의 문제는 범지구적·인류적으로 타당한 가치라고 할 수 있고, 특히 헌법상 환경권규정을 두고 있는 우리나라에서는 이 내용은 바로 헌법상 환경권의 콘텐츠로 될 수 있다고 보기 때문이다. 오르후스협약에 관한 상세는 김현준, "環境情報에 대한 接近·利用權", 토지공법연구 37−2, 2007, 335쪽 이하; 김현준, 토지공법연구 38, 338쪽 이하; 김현준, "환경司法액세스권과 환경단체소송", 환경법연구 32−2, 2010, 133쪽 이하.
17) 이에 대해서는 김현준, "환경갈등 극복을 위한 환경민주화의 법적 과제", 저스티스, 2013. 2, 11−38쪽.

만, 특히 환경관련계획에서의 참여가 중요한 의미를 갖는다.

셋째, 환경사법(司法)액세스권이다. 환경사법액세스라 함은 환경문제로 인한 다툼이 있는 경우 사법으로의 액세스(접근성)를 보장받을 권리이다. 원칙적으로 법원으로의 접근성을 뜻하지만, 그 범위를 확장하여 준사법절차로의 액세스까지도 포함된다. 사법액세스(access to justice)는 법치주의원리 및 헌법 제27조의 재판받을 권리로부터 인정될 수 있지만, 환경문제에 관한 한 '환경권' 차원에서도 보장되어야 한다. 입법론으로서 일반 소송법 외에 환경문제에 관한 별도의 소송절차를 추가로 마련하는 것도 이러한 점에서 설득력을 가질 수 있다. 또한 환경사법액세스의 보장은 일반 국민들에게 환경법을 실효성 있게 하는 메커니즘을 제공하게 된다는 의미를 가진다.[19] 환경사법액세스권 보장은 현행 행정소송법 등의 해석론을 통해서도 가능하지만, 보다 확실한 실현수단으로 환경단체소송의 입법이 요청된다.

## 2. 헌법상 환경권과 행정법·민사법상 환경권

### (1) 민사법상 환경권과의 구분

헌법의 환경권을 민사적 법률관계에서 그대로 적용할 수 있는지가 다투어지는데, 이는 특히 민사상 유지청구권의 법적 근거로서 헌법상 환경권을 원용할 수 있는지가 논의되고 있다. 이 문제는 헌법상 환경권이 구체적 효력을 가지는지 여부의 문제이지만, 그와 함께 헌법상 환경권이 사법관계에 (어떻게) 적용될 수 있는지도 논의의 전제로서 다루어야 할 것이다. 기본권의 대사인적 효력에 관해서는 ① 성질상 사인 간에 적용될 수 없는 기본권, ② 사인 간에 직접적으로 적용되는 기본권, ③ 사인 간에 간접적으로 적용되는 기본권으로 나눌 수 있지만,[20] 헌법상 환경권이 사법관계에 직접 적용된다고 보긴 어렵다. 따라서 기껏해야 간접적으로 적용된다고 보지만, 헌법상 환경권 자체의 약한 권리성으로 인하여 간접적용을 통한 환경권의 대사인적 효력이 실효성을 거두기는 쉽지 않다. 그럼에도 불구하고, 오늘날 환경침해가 국가 등의 공권력에 의해 이루어지기보단 기업과 같은 사인에 의해 주로 이루어지고 있다는 점을 생각하면, 사법관계에서도 환경권이 작동해야 할

---

18) 환경행정절차참여권에 대한 상세는, 김현준, 토지공법연구 38, 339쪽 이하.
19) Stec/Casey-Lefkowitz/Jendroska, The Aarhus Convention: an implementation guide, United Nations, 2000, 6.
20) 한수웅, 헌법학, 법문사, 2015, 416-417. 국내 학설에 대한 비판으로는 같은 책, 417쪽.

필요성은 현실적으로 존재한다. 이에 대한 해법은 주로 국가의 기본권(환경권) 보호의무에서 찾아야 하지만, 이때 환경권은 주로 행정법관계에서의 권리, 즉 행정개입청구권으로서 환경권이며, 민사법상 환경권의 주된 논의실익인 물권이나 인격권이 없이도 (민사법상) 환경권을 근거로 유지청구권을 인정하는지의 문제와는 별개의 문제이다. 그렇다면 민사상 유지청구권의 근거로서 논의될 수 있는 환경권은 민사상 권리로서 별도로 구성해야 할 것이다. 다만, 헌법상 환경권을 구체적 권리로 볼 수 있다면, 이는 헌법규정이 민사상 권리로서 환경권의 성립을 촉구하고, 구성하는 데 기여할 수 있다. 그러나, 민사상 유지청구권 단계에서 현실적으로 원용되는 환경권은 민사상 권리로서 환경권이어야 하므로, 그것은 민사법 차원에서 독자적으로 그 본질, 성질, 주체, 객체, 내용 등을 구성해야 한다. 헌법상 환경권과 민사법상 환경권은 서로 밀접한 상관관계를 가지지만, 이들은 각각의 법체계에서 고유한 내용으로 고유한 기능을 하기 때문이다.[21] 따라서 구체적 효력을 가진 헌법상 환경권과 민사상 유지청구권의 근거로서 민사법상 환경권이 상보적으로 기능하는 해석론이 전개되어야 하며, 이와 관련하여 민사상 권리로서 환경공동이용권[22]은 검토할 만하다고 생각된다.

### (2) 행정법상 환경권과의 구분

행정법상 환경권이라는 용어는 잘 쓰이지 않지만, 우리나라 행정법관계에서 이러한 권리는 이미 인정되고 있다고 볼 수 있다. 환경행정소송의 원고적격 심사과정에서 나타나는 '자신의 환경상 이익이 그 처분의 근거 법규 또는 관련 법규에 의하여 개별적·직접적·구체적으로 보호되는 이익'[23]은 다름 아닌 행정법상 환경권이다. 취소소송의 소송물을 '처분의 위법성'[24]으로 볼 경우(대법 1990. 3. 23. 선고 89누5386 판결) 원고의 권리문제는 원

---

21) 中山充, 環境共同利用權, 成文堂, 2006, 21－102쪽 참조.
22) 민사상 환경권을 '환경공동이용권'으로 보는 견해에 따르면, 민사상 환경권은 주민 중 누구라도 언제나 이용할 수 있도록, 누구도 그에 대하여 전적인 권리를 가지지 않고, 단지 사실상 이익(반사적 이익)을 그로부터 얻고 있는데 불과하다고 생각하기 쉬운 환경을 주민의 권리객체로 구성한다. 그러한 환경은 상품교환의 대상이 될 수 없거나, 또는 본래 상품교환의 대상이 되어선 안 되는 것이기에, 개인에 의한 배타적 지배가 불가능하거나, 배타적 지배를 본래 인정해선 안 되는 것이다. 주민 각자가 그 환경을 이용한다는 것은 정당하고, 거기에는 그 이용을 유지·보호하기 위한 일정한 규율이 존재하며, 그 이용은 다른 다수의 사람들과 공동으로 일정한 이익을 향수할 수 있는 것이며, 법적으로 보호되어야 하는 이 환경이용의 이익의 범위를 획정하는 것이 환경권이라고 한다. 따라서 '환경공동이용권'으로서 민사법상 환경권이란 '다른 다수인에 의해 동일한 이용과 공존할 수 있는 내용을 가진 공존할 수 있는 법으로서, 각 개인이 특정한 환경을 이용할 수 있는 권리'라고 한다(中山充, 앞의 책, 103쪽 이하 참조).
23) 대법 2015. 12. 10. 선고 2011두32515 판결; 대법 2014. 11. 13. 선고 2013두6824 판결 등.
24) 취소소송의 소송물을 '처분의 위법성 일반'으로 보건, '처분의 개개의 위법사유'로 보건 이 문제에 관한

고적격 단계에서만 문제되기에[25] 항고소송의 본안판단에서 원고의 실체적 권리가 명확히 드러나지 않는다. 그러나 최소한 실체적 법률관계에서 원고의 방어권으로서 환경권(취소청구권)은 논리적으로 파악가능하다. 기본권 보호의무에서 기인하는 행정법상 환경권, 즉 행정개입청구권으로서 환경권은 의무이행소송이 인정되지 않는 우리나라에서 제대로 실현되지 못하는 면이 있긴 하다.[26] 그러나 국가배상청구소송에서는 – 권리침해 이후의 구제수단이긴 하지만 – 행정개입청구권으로서 환경권이 인정되고 있다고 볼 수 있다. 요컨대, 개별 환경(행정)법규를 근거로 하여 인정되는 행정법상 환경권은 – 그 실현수단인 행정소송제도가 여전히 불완전한 면이 있더라도 – 어쨌든 우리나라에서도 작동하고 있으며, 이때 환경헌법은 최소한 해석을 지도하는 원리로 기능하고 있다. 그러나, 무엇보다 행정소송으로서 의무이행소송과 예방적 금지소송이 인정되지 않는 상황은 개선되어야 하며, 이러한 확장된 소송유형을 통해 실효적이고 공백 없는 행정법상 환경권을 확보해 가야 한다. 환경헌법주의의 입장에서는 사인의 행정청에 대한 취소청구권 외에, 예방청구권, 의무이행청구권, 행정개입청구권이 입법론 차원에서만이 아니라, 해석론으로도 확보되어야 하며, 그 헌법적 근거를 헌법상 법치국가원리, 헌법상 재판청구권, 그리고 헌법상 환경권조항에서도 찾을 수 있다고 본다.

항고소송의 원고적격으로서 헌법상 환경권을 원용할 수 있는지가 문제되는데, 판례는 헌법 제35조 제1항에서 정하고 있는 환경권에 관한 규정만으로는 그 권리의 주체·대상·내용·행사방법 등이 구체적으로 정립되어 있다고 볼 수 없다는 이유로 헌법상의 환경권에 근거하여 무효확인을 구할 원고적격이 없다고 한다(대법 2006. 3. 16. 선고 2006두330 전원합의체 판결). 즉 헌법상 환경권의 구체적 권리성 결여가 '법률'상 이익의 부인으로 이끈 것이다. 그러나 환경권의 구체적 효력성과 무관하게, 원고적격 판단근거인 '법률상 이익'(행정소송법 제12조)에서의 '법률'에 헌법은 원칙적으로 포함되지 않는다고 보아야 한다. 신체의 자유나 직업의 자유는 구체적 권리성이 있지만, 이를 근거로 항고소송의 원고적격을 도출하긴 어려운 점을 생각하면 이 문제는 어렵지 않게 이해될 수 있다.

---

한 마찬가지이다.

25) 다만, 거부처분 취소소송의 경우에는 거부처분의 성립요건으로 '신청권'을 요구하고 있어(대법 2016. 7. 14. 선고 2014두47426 판결 등) '대상적격'에서까지 권리가 문제되는 경우도 있다.

26) 이례적으로 이를 인정한 것으로 볼 수 있는 판례로는 서울행법 2005. 2. 4. 선고 2001구합33563 판결(새만금 제1심판결).

## 3. 국가의 환경권 보호의무

### (1) 기본권으로서 환경권 보호의무

오늘날 환경문제는 기업과 같은 사인의 활동에 의해 발생하는 경우가 많다. 이러한 의미에서 환경권의 법적 성격을 국가의 기본권 보호의무에 초점을 맞추어 검토할 필요가 있다. 기본권 보호의무란 국민의 기본권을 또 다른 기본권주체인 사인의 위법한 침해 또는 급박한 침해의 위험으로부터 보호할 국가의 의무를 말한다. 그 헌법적 근거에 대해서는 다양한 견해가 대립하지만, 대체로 기본권의 객관적 가치질서, 헌법 제10조 제2문, 개별기본권의 규정 등에서 찾는다.

환경오염이나 환경훼손을 유발하는 사인으로부터 환경을 보호하는 문제는 오늘날 환경피해자가 환경권을 주장하는 한편, 환경오염·훼손 유발자는 재산권이나 직업의 자유와 같은 또 다른 기본권을 주장하는 이른바 '다극적인 법률관계'에서 나타난다. 그런데 기본권으로서 환경권을 가지고 있는 우리나라에서는 다름 아닌 헌법 제35조로부터 국가의 기본권 보호의무, 즉 환경권 보호의무를 도출할 수 있다고 보아야 한다. 독일 연방헌법재판소의 판례에서 발전해 온 '국가의 기본권 보호의무'(grundrechtliche Schutzpflicht des Staates) 도그마틱은 주관적 권리로서 명문의 환경권을 가진 우리나라에서는 환경권 보호의무 도출을 위하여 더 적극적으로 원용될 수 있다고 할 것이다.

### (2) 환경권 보호의무와 법률유보

국가는 환경권 보호를 위한 일반적 의무를 질 것인가? 이는 국가의 보호의무와 민주주의·법치국가 요청의 관계문제이다. 이에 대하여 헌법 그 자체는 기본권 제한을 위한 독자적인 권원(Eingriffstitel)이 될 수 없기에, 국가는 보호의무를 위한 일반적 의무가 없다고 할 것이다.[27] 즉, 헌법상 국가의 기본권 보호의무가 발생하려면 충분히 특정된 위임근거가 있어야 한다.[28] 다만, 입법권의 입장에서도 기본권에 구속될 수밖에 없는 한계가 있음을 간과할 수는 없다.

---

27) Wahl/Masing, "Schutz durch Eingriff", JZ 1990, 553 ff.
28) Gärditz, in: Landmann/Rhomer, Umweltrecht(2019), Rn. 81.

## (3) 환경권 보호의무의 보호법익 및 요건

헌법재판소는 생명·신체 외에도 환경권을 기본권 보호의무의 보호법익으로 보고 있다.[29] 기본권 보호의무는 원칙적으로 경찰법상 위험이 존재할 때 발생한다. 입법자는 그 보호의무를 이행하기 위하여 '추상적 위험'을 규율하게 되며, 행정은 구체적 상황에서 '구체적 위험'이 있는 경우 행정권을 발동하여 사인 간 법률관계에 개입한다. 이때 입법은 원칙적으로 행정의 결정재량을 인정하는 방식으로 이루어지지만, 이른바 '재량권 수축'의 상황에서는 국가의 보호책임이 기속적인 성격으로 전환될 수 있다. 재량권 수축이 되기 위해서는 '환경피해의 정도'와 '환경피해의 개연성'을 종합적으로 고려하여 판단해야 한다. 학문적·기술적으로 새로운 영역에서도 이를 규범적으로 규율해야 할, 일종의 고양된 책임이 존재한다.[30]

따라서, 국가의 환경권 보호의무는 ① 입법자가 객관화된 환경문제를 보고서도 단순히 부작위상태에 있는 경우, ② 환경위험에 대하여 취한 조치가 학문적 인식수준에 비추어 해당 환경위험을 충분히 억제하기엔 적합하지 않음이 명백한 경우, ③ 행정부가 (또는 행정통제 차원에서 사법부도) 입법에 의해 위임받은 환경보호조치를 해야 함이 기본권 침해강도에 비추어 요청되는데도 이를 하지 않는 경우에 발생한다.[31]


## (4) 환경권 보호의무의 법적 효과

환경권 보호의무는 통상적으로는 환경위험을 막기 위하여 특정한 규율을 하는 구체적 작용의무를 발생시키진 않고, 입법자에 대한 추상적 작용의무를 발생시킬 뿐이다. 또한 환경피해자의 환경권과 환경침해자가 가지는 다른 기본권(가령 재산권)을 형량해야 하며, 이로써 매우 다양한 규율가능성이 발생할 수 있다. 따라서 입법자는 그의 환경보호 관념에 어떠한 의미가 바탕을 이루는지, 그리고 어떠한 입법적 결과를 목표로 하는지를 판단해야 한다.

---

29) 헌재 2008. 7. 31. 선고 2006헌마711 결정(제1차 공직선거법상 소음규제 사건); 헌재 2019. 12. 27. 선고 2018헌마730 결정(제2차 공직선거법상 소음규제 사건) 참조.
30) Gärditz, 앞의 책, Rn. 86.
31) Gärditz, 앞의 책, Rn. 90.

## (5) 과소보호금지와 헌법재판소의 통제강도

국가가 국민의 건강하고 쾌적한 환경에서 생활할 권리에 대한 보호의무를 다했는지를 헌법재판소가 심사할 때, 국가가 이를 보호하기 위하여 적어도 적절하고 효율적인 최소한의 보호조치를 취하였는가 하는 이른바 '과소보호금지원칙'의 위반 여부가 기준이 될 수 있다(헌재 2019. 12. 27. 선고 2018헌마730 결정 참조). 그 심사에서 헌법재판소의 통제강도(통제밀도)가 어느 정도이어야 하는지가 문제되는데, 헌법재판소에 따르면 통제의 강도는 일률적인 것이 아니고 관련된 기본권적 법익의 중대성, 그 침해의 심각성, 그 침해의 빈도 등에 따라 달라진다. 그에 따라 통제강도는 ① 가장 약한 일견 명백한지의 여부에 대한 통제인 명백성통제(Evidenzkontrolle), ② 입법자가 문제의 법률을 통하여 제시한 보호구상 자체가 설득력이 있는지 여부에 국한되는 통제인 설득력통제(Vertretbarkeitskontrolle), ③ 가장 통제강도가 강한 입법내용에 대한 엄밀한 통제인 내용통제(Inhaltskontrolle)로 나눌 수 있다.[32]

헌법재판소는 기본권 보호의무에 관한 한 "기본권 보호의무 위반에 해당하여 헌법상 보장된 기본권의 침해로 인정되려면, 입법자가 국민의 기본권적 법익 보호를 위하여 적어도 적절하고 효율적인 최소한의 보호조치를 취했는가를 살펴서 그 보호조치 위반이 명백하여야 할 것이다."라는 명백성통제를 채택한 것으로 보인다(헌재 2008. 7. 31. 선고 2006헌마711 결정; 헌재 2015. 9. 24. 선고 2013헌마384 결정 참조). 그러나, 현대의 복잡한 환경문제를 생각하면 입법형성의 한계를 명백히 일탈하였는지 여부의 심사만으로는 실효성 있는 '과소보호금지'가 될 수 없을 것이다. 따라서 실효적인 환경권 보호를 위해서는 기본권 보호의무의 통제에서도 통제강도 강화를 전향적으로 검토할 필요가 있다고 생각된다.

---

32) 헌재 1997. 1. 16. 선고 90헌마110 결정. 이러한 3종류의 통제강도의 분류는 독일 연방헌법재판소에서 취하고 있는 입장이기도 하다. BVerfGE 50, 290 (333); BVerfGE 88, 203 (262 f.); Klein, in: Maunz/Dürig, Grundgesetz-Kommentar, 2019, Art. 48 GG, Rn. 154.

# 제3절 환경행정법의 법원(法源)

## I. 성문법원

### 1. 환경헌법

앞서 살펴본 바와 같다(제2절 I. 환경헌법과 환경권).

### 2. 환경법률

국회에서 만든 법률이 환경행정법의 중요한 법원임은 물론이다. 여기서는 일반적 논의는 생략하고, 오늘날 새로운 쟁점이 될 수 있는 행정법 법원으로서 사법(私法), 그리고 '글로벌 행정법 내지 국제행정법'을 보다 상세히 살펴본다.

#### (1) 환경행정법의 법원으로서 사법(私法)

개별 행정법의 영역에서 공법과 사법이 교착하는 상황, 즉 공 · 사법의 염격한 구분으로는 환경행정법을 이해하기 어려운 상황이 현대 환경법에서 나타난다.[33]

우선, '사법으로의 공법침투'로서 가령 자기 소유 토지에 토양오염을 유발하고 폐기물을 매립한 전전매도인의 불법행위책임을 구한 전전매수인의 주장을 인용한 대법 2016. 5. 19. 선고 2009다66549 전원합의체 판결[34]을 주목할 만한데, 여기서 민법상 불법행위책임의 법리에 공법(헌법, 환경정책기본법, 토양환경보전법, 폐기물관리법)이 침투하고 있음을 볼 수 있다.

다음으로 '공법으로의 사법 침투'도 나타난다. 사법원리의 행정법에서의 수용은 행정법의 역사와 같이할 만큼 오랜 역사를 가지지만,[35] 특히 새롭게 문제되는 경우로서 사인이

---

33) 이와 관한 상세는 김현준, "환경상 이익 침해에 대한 민 · 행정법상 유지청구권", 환경법연구 37−2, 2015; 김현준, "행정법과 사법(私法)", 저스티스 181, 2020, 80−108쪽.
34) 이 판례와 관련하여, 후술하는 제2장 제6절 II. 1. 참조.
35) 일찍이 Gerber에 따르면, 행정법학 방법론에서 사법(私法)은 참조(Referenz)로서 가장 중요한 역할을 한다고 보았다(Schmidt−Aßmann, Verwaltungsrechtliche Dogmatik, Mohr Siebeck, 2013, S. 11). 이는

만든 사적 기준을 행정법에서 수용하는 경우가 환경행정법에서 문제된다. 즉, 이처럼 사법은 이미 환경행정법의 법원으로 침투하고 있다. 행정법학에서는 이른바 '행정규칙 형식의 법규명령(법령보충적 행정규칙)'에 대한 법규성을 두고 다툼이 있지만, 행정규칙이 아니라 사법규정까지 행정법으로 침투하는 상황이 나타나는 것이다.36) 따라서 이러한 사법(私法)을 어떻게 행정법질서에서 수용할지를 고민해야 하며, 그와 관련하여 국가의 법규명령에 대한 요구사항에 준하는 통제절차가 요청된다고 할 것이다.37)

이와 같이 공법과 사법의 교착상황은 양 법질서 간 협력의 필요성을 잘 알 수 있게 한다. 이처럼 오늘날 전통적인 공사법관계의 틀을 넘어 서로 상호작용을 하며 상호보완하는 포용적 질서정립(Auffangordnungen)이 요청되고 있다.38) 따라서 환경행정법에서 오늘날 사법까지 포함하는 포용적 질서정립이 필요하게 되었음을 알 수 있다.

### (2) 환경행정법의 법원으로서 국제법

헌법 제6조 제1항에 따르면, 헌법에 의하여 체결·공포된 조약과 일반적으로 승인된 국제법규는 국내법과 같은 효력을 가진다. 이러한 수준의 국제환경법이 환경행정법의 법원(法源)이 됨은 의문의 여지가 없다. 아울러, 주목해야 할 것은 근대 국민국가의 성립과 함께 발전해 온 근대 공법학은 국가를 그 대상으로 하고, 국가에 의한 권력행사의 정통화와 그에 대한 개인의 방어권을 중심으로 발전해왔는데, 그 바탕에 회의가 생기고 있음에 주목해야 한다. 다양한 이해관계를 통합하는 단위로서 권리보호의 법리를 기능하게 하는 계류점(mooring point)이었던 국가 단위의 관련성이 글로벌화를 통하여 크게 약화되고, 그에 따라 자유주의, 민주주의, 기본권이라는 종래 공법학의 근간이 되는 국가관념의 재검토 역시 필요하게 되었다.39) 따라서 환경행정법을 포함한 행정법의 법원으로서 국제법은 새

---

오늘날 행정법 교과서에서 볼 수 있는 '행정법관계에 대한 사법규정의 적용'에서도 잘 나타난다(김남진·김연태, 행정법I, 법문사, 2020, 127쪽 이하). 그 밖에도 환경행정법 특유의 문제는 아니지만, 기본행위와 보충행위의 결합인 강학상 인가 등에서도 공·사법이 상호작용하는 문제를 볼 수 있다.

36) 김현준, "행정입법의 법규성과 규범통제 — 행정입법 변종 대응의 도그마틱 —", 공법연구 47-2, 2018, 12쪽("사적 규범과 법령이 연계되어 구속력을 인정하는 방안도 열린 자세로 검토해야 하리라 생각된다.").

37) 이에 대해서는 BVerfG, NJW 1993, S. 2559 (2600); BVerwG, DVBl 1993, 1149 (1150 f.).

38) 김철용, 행정법, 고시계사, 2021, 50쪽; 김중권, 행정법, 법문사, 2021, 23쪽.

39) 글로벌화와 함께 국제행정법 및 글로벌 행정법의 발전이 특히 환경행정법 영역에서 이루어지고 있음도 간과해선 안 된다. 글로벌화에 대한 행정법적 대응으로는 독일을 중심으로 발전한 국제행정법(Internationales Verwaltungsrecht)과 미국 뉴욕대를 중심으로 발전한 글로벌행정법(global administrative law)이 있다. 번역례에 따라 세계행정법, 지구행정법, 글로벌행정법, 국제행정법 등 다양한 용어로 소개되고 있는데, 양자는 공통점도 있지만, 연구방향 측면에서 일단 구분되어야 한다. '글로벌행정법'은 글로벌

로운 의미로 주목해야 하는 상황이 되었고, 환경행정법을 더 이상 국내법의 범주로 제한할 수 없게 되었다.

## 3. 환경행정입법

행정입법이란 행정기관이 법조문의 형식으로 일반적·추상적 규범을 정립하는 작용 또는 그에 따라 정립된 규범이다. 여기서 '일반적'이란 불특정 다수의 사람에게 적용된다는 의미이며, '추상적'이란 불특정 다수의 사례에 적용된다는 뜻이다. 행정입법의 이러한 일반·추상성은 행정행위의 개별·구체성과 구분된다. 행정입법은 '행정작용'으로서의 지위와 함께 (법규명령의 경우) '법원'(法源)으로서의 지위를 가진다. 전자는 통제의 대상이 되지만, 후자는 통제의 척도가 될 것이다. 행정입법의 문제가 제기되는 경우 이러한 2중적 지위 중 어떠한 문제인지를 우선 구분해야 한다.

20세기 이후 일반적·추상적 근거·기준을 법률로 정하고, 그 구체적·실질적 내용은 행정입법에 위임하는 이른바 골격입법이 많아지고 있다. 이는 현대국가에서 요구되는 입법의 내용이 복잡할 뿐만 아니라 전문적·기술적 사항이 많아져 보다 상세한 내용을 행정입법에 위임하는 현상이 늘어났기 때문이다(대법 2011. 11. 24. 선고 2011두15534 판결 참조). 따라서 전문적·기술적인 성격이 강한 환경법의 영역에서 행정입법이 많이 증대되는 현상은 불가피하다. 오히려 증대되는 행정입법이 그 헌법적 한계를 잘 지키며, 그로 인하여 국민들이 피해를 입을 경우 구제가 제대로 이루어지도록 해야 하는, '행정입법의 통제'가 환경행정법 영역에서 중요한 과제로 대두된다.

## 4. 환경조례

지방자치가 강화되면서 지역주민 간 갈등사례들에서 지방자치단체는 갈등의 해결을 더 이상 국가에 의존할 수는 없고, 환경행정과 같이 갈등잠재력이 높은 영역에서 지방

---

화된 행정활동(글로벌행정공간)에 대한 법적 대응인데, 종래의 국제법과 국내공법의 소재·발상이 융합되어 전통적인 국내공법규범에 가까운 형태로 이론화되고 있다. 국제행정법론도 이와 유사한 문제의식을 가지고 있지만, 글로벌 행정법은 글로벌 차원에서 행정활동만을 대상으로 하고 있어 국내행정법의 관념과는 접점이 약하다는 점, 글로벌행정법은 국가와 국가가 가지는 일원적인 집단적 의사형성과정을 전제로 하지 않고 글로벌한 행정활동에 대한 법적 규율의 관념을 정책분야별로 직접 구상하고 있는 점에서 국제행정법과 구분된다(原田大樹, "グローバル化時代の公法·私法関係論", 社會科學硏究 65－2, 2014, 東京大学社会科学硏究所, 15－16).

자치단체는 행정의 예측가능성, 공정성과 신뢰성을 높이는 이념으로서 법치행정의 원칙을 갈등관리행정의 핵심적인 지침으로 존중하여야 한다.[40] 이러한 배경에서 환경조례의 중요성이 강조되면서, 오늘날 환경기본조례를 중심으로 영역별로 폐기물, 상하수도, 자연경관보전, 대기오염, 가축분뇨, 환경영향평가 등 다양한 분야에서 환경조례가 제정되어 있다.

그러나 주민의 권리 제한 또는 의무 부과에 관한 사항이나 벌칙을 정할 때에는 법률의 위임이 있어야 한다는 지방자치법 제28조 단서의 한계로 인하여 규제적 성격의 환경조례를 두려면 환경법률의 위임이 있어야 한다(예: 환경영향평가법 제42조 제1항, 대기환경보전법 제16조 제3항, 폐기물관리법 제8조 제3항). 이러한 법률유보와 환경조례가 결부되어 환경행정제재가 이루어진다. 가령 토지소유자 등이 폐기물관리법 제7조 제2항에 따라 청결을 유지하지 아니하면 시장 등은 해당 지방자치단체의 조례에 따라 필요한 조치를 명할 수 있다(동법 제8조 제3항).

## II. 불문법원

환경행정법의 불문법원으로 관습법, 판례법, 행정법의 일반법원칙이 있다. 관습법의 예로는 하천용수권과 같은 민중적 관습법(대법 1977. 7. 12. 선고 76다527 판결)을 들 수 있다. 성문법국가인 우리나라에서 판례의 일반적 구속력은 인정될 수 없지만(법원조직법 제8조 참조). 대법원의 판례변경은 대법관 전원의 3분의 2 이상의 합의체에서 과반수 찬성으로 행하도록 하는 경직성이 있어(법원조직법 제7조 제1항), 대법원 판례가 판례법으로서 실질적 의미에서의 법원의 역할을 하기도 한다.

행정법의 법원(法源)으로서 '행정법의 일반법원칙'은 성문법이 존재하지 않는 경우에 불문법원칙으로서 중요한 역할을 하며, 신뢰보호의 원칙, 비례의 원칙 등이 여기에 해당한다. 환경행정법 영역에서 문제가 되는 것은 환경법에서 특유하게 발전해 온 원칙이 법원(法源)의 역할을 할 수 있는지 여부이다. 이는 절을 바꾸어 살펴본다.

---

40) 선정원, "환경조례의 입법재량에 관한 사법적 통제", 행정법연구 61, 2020, 59쪽.

# 제4절 환경(행정)법의 기본원칙

## I. 환경법의 기본원칙의 의의

전통적인 환경법의 3대 원칙으로 사전배려원칙, 원인자책임원칙, 협동원칙을 드는 것이 일반적인데, 오늘날 그 밖에 지속가능발전원칙, 통합원칙까지 포함하여 환경법의 5대 원칙을 주장하기도 한다.[41] 최근 '환경정의'가 명문으로 규정될 정도로 강조되고 있어(환경정책기본법 제2조 제2항, 제15조 제4호) 환경정의의 원칙도 우리나라에서는 중요한 환경법의 기본원칙으로 되고 있다.[42] 이들은 환경행정법의 기본원칙이라고도 할 수 있다.

환경(행정)법의 기본원칙은 법원(法源)성이 인정되는 행정법의 일반법원칙(비례원칙, 신뢰보호원칙 등)과는 구분된다. 행정법의 일반법원칙의 수준으로까지 되기 위해서는 환경법에 특유한 법형상이 환경법영역에서 보편적 효력을 가짐으로써 개별 환경법질서를 정립하는 그 보편적 효력성이 검증되어야 한다. 그러나 판례에 의해 축적된 행정법의 일반법원칙과는 달리 환경정책 차원에서 구상되고 발전해 온 환경법의 기본원칙인 사전배려원칙, 원인자책임원칙, 협동원칙 등은 이러한 단계에까지 이르렀다고 하긴 어렵다. 따라서 환경법의 기본원칙은 환경법영역을 형성하고 유지하는 기능을 함으로써 정책의 방향을 규율하고, 그 실현을 위한 권한배분을 지도하는 정도의 역할을 한다고 할 것이다.[43] 또한 환경법의 기본원칙은 환경법의 체계형성적 · 해석향도적 · 법정책적 역할을 담당하며, 이러한 역할은 특히 계획상 형성자유, 재량, 판단여지의 해석에서 의미 있게 나타난다.[44] 개별 규정이나 판례 등을 통하여 구체화됨으로써 이들의 법적 성질은 보다 분명해질 수 있고, 향후 행정법의 일반법원칙과 같은 법원(法源)으로서의 지위 획득도 기대할 수 있을 것이다.

---

41) Eifert, Umweltrecht, Rn. 36 ff.; Erbguth/Schlacke, Umweltrecht, C.H.Beck, 2021, §3 Rn. 1 ff.; Schmidt/Kahl/Gärditz, Umweltrecht, C.H.Beck, 2017, §4 Rn. 21; Ramsauer, in: Koch, Umweltrecht, Vahlen, 2014, §3 Rn. 27 ff.; Sparwasser/Engel/Voßkuhle, Umweltrecht, C.F.Müller, 2003, §2 Rn. 11, 15 ff.
42) 그 밖에도 자기책임원칙, 공동책임원칙 등의 환경법의 기본원칙을 들 수도 있다.
43) 김환학, "환경행정법의 기본원칙에 대한 재검토", 공법연구 40−4, 2012, 223−226쪽 참조.
44) Schmidt/Kahl/Gärditz, Umweltrecht, §4 Rn. 21.

## II. 환경법의 기본원칙의 종류

### 1. 위험방어 및 리스크사전배려의 원칙

위험은 경찰권발동의 전제가 된다. 따라서 환경위험이 발생하였다면 실질적 의미의 경찰권(위험방어권)으로서 환경경찰권이 발동될 수 있다. 법치국가에서 경찰권발동은 법적 근거가 있어야 하며, 그 한계가 지켜져야 함은 물론이다. 위험에 대한 국가작용은 '방어(Abwehr)', 즉 위험방어이다. 위험방어는 개념상 ① 위험이 발생하지 않도록 하는 '예방'적 국가활동과, ② 위험이 발생한 후의 '진압'적 국가활동으로 구분할 수 있다.[45] 이러한 위험방어 역시 환경법의 기본원칙의 하나로 들 수 있다. 즉 위험으로부터의 보호원칙(Schutzprinzip) 또는 위험방어원칙(Gefahrenabwehrprinzip)이라 함은 신체, 생명, 건강, 환경에 대한 위험을 방어해야 한다는 원칙을 말한다.[46] 이 원칙은 일반적으로 환경법의 전통적인 기본원칙[47]으로 들고 있는 사전배려원칙의 바탕이 된다. 위험방어원칙은 환경법에서 그다지 비중있게 다루지 않는 것이 일반적인데, 그 이유는 위험방어원칙이 사전배려원칙을 보완하는 정도의 역할을 하기 때문이다. 즉, 위험과 리스크의 개념을 전제로 할 때, 리스크사전배려(Risikovorsorge) 및 위험사전배려(Gefahrenvorsorge)를 총칭하는 사전배려의 원칙이 강조되면서,[48] 상대적으로 위험방어원칙은 주목을 받지 못하는 면도 있다.[49]

그러나, 일찍이 경찰법이 발달했고, 경찰법상 개괄적 수권조항이 위험방어에 큰 역할을 한 독일의 경우와 달리 우리나라에서는 환경법의 기본원칙으로서 이 '위험방어원칙'을 간과할 수 없다. 왜냐하면 '위험'을 방지(제거 포함)해야 한다는 기초적인 사고가 우리 환경법에서는 제대로 정립되지 못한 면이 있기 때문이다. 위험개념을 바탕으로 풀어야 할 공법상 책임을 사인의 이익조절을 기초로 하는 사법상 책임으로 파악하여 문제의 본질을 놓쳐서도 안 된다. 이는 후술하는 환경위험으로 인한 경찰책임론과 관련하여 특히 문제가 되고 있는데, 이러한 이유로 우리나라에서는 환경법의 기본원칙으로서 위험방어원칙의 역할 역시 전면에서 강조될 필요가 있다.

---

45) Schenke/서정범 역, 독일경찰법론, 세창출판사, 2003, 8쪽 각주 7.
46) Kniesel, in: Lisken/Denninger(Hrsg.), Handbuch des Polizeirechts, C.H.Beck, 2012, D. Rn. 18
47) 이른바 환경법의 3대 기본원칙으로 사전배려원칙, 원인자책임원칙, 협동원칙을 드는 것이 일반적이다.
48) 위험사전배려에 대한 상세는 Kloepfer, Umweltrecht, §4 Rn. 16 ff.
49) 위험－방지(Gefahr－Abwehr), 리스크－사전배려(Risiko－Vorsorge)를 정식화하는 경우가 일반적이고 기본적이지만, 그렇다고 위험－사전배려(Gefahr－Vorsorge)의 경우를 간과해선 안 된다.

위험과 비교되는 개념인 '리스크'는 '모호한 법형상'[50]으로 아직 법적 정의가 없을 뿐만 아니라, 특히 위험과의 관계도 논의가 분분하다. 일반적으로 '위험'은 충분히 큰 손해개연성을 전제로 함에 반하여, '리스크'는 손해의 단순한 가능성(bloße Möglichkeit eines Schadens)만으로 족한 것이다. 위험과는 반대로 리스크는 '불확실한 사안', '개별요소의 주관적인 불인식' 등까지 포괄하는 개념이다.[51] 리스크의 반대개념은 안전(Sicherheit)이다. 안전은 리스크가 없는 곳에서 존재한다. 왜냐하면 리스크로부터 전적으로 자유로운 기술이란 없기 때문이다. 그 리스크가 무시해도 좋을 정도로 경미하여 '받아들일 만한'(ak-zeptabel) 것으로 간주되는 기술시스템을 '안전한' 것이라고 할 수 있다. 사전배려의 원칙이란 환경보전이 현존하는 위험의 제거 또는 급박한 위험의 방지에 한정되는 것이 아니라, 그러한 위험상황이 발생하지 않도록 리스크단계에서 미리 사전배려조치를 취해야 함을 뜻한다. 사전배려의 원칙은 안전확보와 자원관리의 관점에서 파악할 수 있다. 자원관리의 관점에서의 사전배려원칙은 장래를 위하여 자연자원을 관리·보전하는 것을 내용으로 한다. 가령 폐기물법상의 책임을 생산자에게 이전하는 것은 자원관리의 관점에서 사전배려원칙을 실현하는 효과적인 수단이 될 수 있다.[52]

## 2. 원인자책임의 원칙

원인자책임의 원칙이란 환경오염에 대하여 원인을 제공한 자가 그 오염의 사전방지·사후제거와 원상회복에 대하여 책임을 져야 한다는 원칙이다. 원인자책임의 원칙은 처음에는 비용부담의 문제에서 출발하였지만, 원인자책임의 원칙을 단지 환경오염의 방지·제거 및 조정의 비용부담에 한정할 수는 없고, 명령·금지에 의해 직접적으로 행위를 통제하는 등 실질적인 책임에 대한 원칙으로 넓게 이해할 수 있다.[53] 원인자책임원칙은 누가 환경오염의 방지·제거 및 손해전보에 관하여 책임을 지는가에 관한 것으로, 자기 또는 자기의 영향권 내에 있는 자의 행위 또는 물건으로 인하여 환경침해의 발생에 원인을 제공한 자(원인자, Verursacher)는 그 환경침해의 방지·제거 및 손실전보에 관하여 책임을 져야 한다는 원칙을 말한다.

환경정책기본법 제7조는 자기의 행위 또는 사업활동으로 환경오염 또는 환경훼손의 원

---

50) Reich, Gefahr-Risiko-Restrisiko, Werner-Verlag, 1989, S. 1.
51) 상세는 김현준, "환경행정법에서의 위험과 리스크", 행정법연구 22, 2008, 133쪽 이하.
52) 김연태, "폐기물, 재활용, 순환자원에 관한 법체계", 고려법학 101, 2021, 1-43쪽.
53) 홍준형, 환경법특강, 박영사, 2017, 26쪽.

인을 발생시킨 자는 그 오염·훼손을 방지하고 오염·훼손된 환경을 회복·복원할 책임을 지며, 환경오염 또는 환경훼손으로 인한 피해의 구제에 드는 비용을 부담함을 원칙으로 한다고 규정하여, 원인자책임원칙이 환경법정책의 기본원칙이 됨을 천명하고 있다. 또한 환경오염 또는 환경훼손으로 피해가 발생한 경우에는 해당 환경오염 또는 환경훼손의 원인자가 그 피해를 배상하여야 하며(동법 제44조 제1항), 환경오염 또는 환경훼손의 원인자가 둘 이상인 경우에 어느 원인자에 의하여 제1항에 따른 피해가 발생한 것인지를 알 수 없을 때에는 각 원인자가 연대하여 배상하여야 한다(동법 제44조 제2항). 여기서 '원인자'는 자기의 행위 또는 사업활동을 위하여 자기의 영향을 받는 사람의 행위나 물건으로 환경오염을 야기한 자를 의미하며, 환경오염이 발생한 사업장의 사업자는 일반적으로 원인자에 포함된다고 본다(대법 2017. 2. 15. 선고 2015다23321 판결).

## 3. 협력의 원칙

협력의 원칙이란 국가와 사회(개인, 단체, 기업 등)가 협력하여 환경문제를 해결해야 한다는 것으로, 환경보전의 과제는 사회 여러 세력의 의사에 반해서 또는 국가 혼자만의 힘으로 달성할 수 없고 국가와 사회의 협력을 통해서 용이하게 해결할 수 있다는 원칙이다.

오늘날 국가가 국민과의 협력을 바탕으로 여러 국가목적을 추구해야 함에는 이론이 없다. 공사협력 내지 관민협력(Public–Private–Partnership)이 행정상 법률관계의 새로운 키워드로 대두되고 있는 것도 이러한 맥락에서 이해할 수 있다. 환경법에서 협력적 국가는 환경법상 기본원칙의 하나인 협력원칙(협동원칙)(Kooperationsprinzip)으로 나타난다. 환경법에서 협력원칙을 구현하는 것은 환경갈등을 예방하는 방법이기도 하다.

환경법상 협력원칙[54]은 환경정책기본법 제4조(국가 및 지방자치단체의 책무), 제5조(사업자의 책무), 제6조(국민의 권리와 의무)에서 일응 나타난다.[55] 그러나, 국가와 사회 간의 책임·임무의 분배, 그리고 국가를 통한 협력적 임무 수행이라는 요소를 함께 가지고 있는[56] 협력원칙이 이러한 협력만으로 동반자로까지 격상된 사인의 지위를 충분히 반영하고 있는지는 의문스러운 점도 있다. 협력적 국가라고 할 때의 협력은 국가가 일방적으로 의사를 결정하는 것이 아니라, 국가와 국민이 협력자 또는 동반자로서 함께 결정한다는

---

54) Kloepfer, Umweltrecht, §3 Rn. 56.
55) 김홍균, 환경법, 61쪽; 박균성·함태성, 환경법, 박영사, 2021, 81쪽; 홍준형, 환경법특강, 박영사, 2017, 28쪽.
56) Kloepfer, Umweltrecht, §3 Rn. 57.

쌍방적 의사결정을 뜻하므로, 협력의 강도와 관련하여 최소한 쌍방성의 요소가 있어야 하기 때문이다. 같은 취지에서 환경영향평가법에서 볼 수 있는 '주민의견수렴'(제13조 제1항, 제25조 등) 역시 쌍방향으로 이루어지는 의사소통(communication)에는 미치지 못하는 면도 있다고 생각된다.

## 4. 지속가능발전의 원칙

'지속가능성'이란 현재 세대의 필요를 충족시키기 위하여 미래세대가 사용할 경제·사회·환경 등의 자원을 낭비하거나 여건을 저하시키지 아니하고 서로 조화와 균형을 이루는 것이다(지속가능발전법 제2조 제1호). 그리고, '지속가능발전'이란 지속가능한 경제성장과 포용적 사회, 깨끗하고 안정적인 환경이 지속가능성에 기초하여 조화와 균형을 이루는 발전을 말한다(동법 제2조 제2호).

양립될 수 없을 것 같은 '환경'과 '개발' 간의 조화를 모색하는 이 '지속가능한 발전'이란 용어는 1987년 이른바 브룬트란트 보고서라고 불리는 '우리의 공동미래'(Our Common Future)'라는 보고서가 유엔총회에 제출되면서 알려졌고, 이 개념은 1992년 6월 리우데자네이루에서 개최된 유엔환경개발회의에서 핵심주제로 채택된 이후 전 세계적으로 알려지게 되었다. 오늘날 우리나라에서도 환경법의 기본원칙 중에서도 중요한 원칙으로 다루어지고 있다.[57]

지속가능발전의 내용은 오늘날 다양하게 말할 수 있지만, 2002년 국제법협회(ILA)가 채택한 뉴델리선언에 따르면, ① 천연자원의 지속가능한 이용을 확보하는 국가의 의무, ② 형평의 원칙 및 빈곤의 제거(세대 간·세대 내 형평 모두 포함), ③ 공통성이 있으면서 차이가 있는 책임원칙, ④ 인간의 건강, 천연자원 및 생태계에 대한 예방적 대응방법, ⑤ 정보액세스, 공중의 참여, 사법(司法)액세스, ⑥ 좋은 거버넌스의 원칙, ⑦ 인권 및 사회·경제·환경상 목적에 관한 통합 및 상호의존의 원칙이라는 7개 원칙을 들고 있다. 그 주된 내용은 ① 생태계 보전 등 자연이 감당할 수 있는 용량 내에서의 자연의 이용, 환경의 이용(리우선언 제7원칙), ② 세대 간 형평[58](동 제3원칙), ③ 남북 간의 형평이나 빈곤의 극복

---

57) 김홍균, 환경법, 44쪽; 박균성·함태성, 환경법, 81쪽; 조홍식, 환경법원론, 94쪽.

58) 세대 간 형평문제와 관련하여, 독일 연방헌법재판소는 2021. 3. 24. 이른바 기후변화소송에서 미래세대의 기본권 침해 등을 이유로 위헌결정을 한 바 있는데(BVerfG, NVwZ 2021, 951), 동 결정에서 이른바 '시간 간 자유권보장(intertemporale Freiheitssicherung)'이 새로운 환경법문제로 대두되고 있음은 주목할 만하다. 상세는 Schlacke, "Klimaschutzrecht - Ein Grundrecht auf intertemporale Freiheitssicherung", NVwZ 2021, 912 ff. 참조.

과 같은 세계적 차원의 공정(동 제5원칙)의 3개를 들 수 있다. 이 중 ①과 ②는 환경보호를 ③은 경제성장·발전, 나아가 남북격차의 시정을 의미하고 있음이 주목된다. ①에는 환경에 대한 부하의 한도를 정하는 '환경용량'의 관념이 포함되어 있다.[59]

우리나라 실정법으로는 지속가능발전법을 비롯하여, 환경정책기본법 제1조, 제2조, 환경영향평가법 제1조, 자연환경보전법 제3조 제1호, 야생생물 보호 및 관리에 관한 법률 제3조, 대기환경보전법 제1조, 물환경보전법 제1조, 자연공원법 제1조, 국토기본법 제2조, 국토계획법 제3조 등에서 지속가능발전원칙을 천명하고 있다.

## 5. 환경정의의 원칙

환경정의(environmental justice, Umweltgerechtigkeit)란 지속가능한 발전을 지지하고, 사람들이 그들의 환경이 안전하고 육성적이고 생산적이라는 확신을 지닐 수 있는 삶의 조건을 지지하며, 분배적 정의가 우선하는 지역사회를 지지하는 제도적 정책, 결정, 문화적 행태로 정의할 수 있다.[60] 1990년대 초 미국의 환경정의운동을 기원으로 하는 환경정의는 오늘날 초기 미국의 인종주의적 관점을 넘어 우리 사회에서의 환경적 위해와 이익의 분배를 다루고 환경적 결정에 영향을 받는 모든 지역사회 구성원이 실질적으로 참여할 수 있도록 절차적 개선을 추구하는 정치적·사회적 운동으로 이해되고 있다.[61] 즉 환경정의는 환경의 혜택을 누리고 피해를 나누는 데 인종과 소득, 사회·경제적 지위에 따른 차별 없이 동등해야 함을 요구하는 것으로, 환경정의운동의 태생적인 성격상 환경운동이면서 동시에 인권운동의 성격을 가진다. 환경정의는 분배적 측면과 절차적 측면으로 구분될 수 있는데, 이 중 전자는 환경편익과 비용의 분배적인 측면을 강조하며, 후자는 절차적 환경권(환경정보 액세스권, 환경행정절차 참여권, 환경사법액세스권)을 강조한다. 특히 환경정의는 UN환경개발회의(1992년 6월, 브라질)에서 채택된 리우선언(Rio Earth Charter)에 규정되어 환경적 혜택 및 부담에 있어서의 공평한 분배, 환경정책 수립 및 집행과정에서의 국민의 참여 보장, 환경오염 피해자에 대한 공정한 구제 등의 실현을 뜻하게 된다. 그 이후 국제사회는 정책을 추진함에 있어 환경정의를 고려해야 한다는 인식이 증대되어왔다.

우리나라 환경정책기본법은 "국가와 지방자치단체가 환경 관련 법령이나 조례·규칙을

---

59) 大塚直, 環境法, 有斐閣, 2020, 52頁. 우리나라 환경정책기본법에서는 '환경용량'을 '일정한 지역에서 환경오염 또는 환경훼손에 대하여 환경이 스스로 수용, 정화 및 복원하여 환경의 질을 유지할 수 있는 한계'로 정의한다(제3조 제7호).

60) 홍준형, 환경법특강, 21쪽.

61) 이은주, "환경정의와 리스크규제에 관한 연구", 홍익법학 14-1, 2013, 503-504쪽.

제정·개정하거나 정책을 수립·시행할 때 모든 사람들에게 실질적인 참여를 보장하고, 환경에 관한 정보에 접근하도록 보장하며, 환경적 혜택과 부담을 공평하게 나누고, 환경오염 또는 환경훼손으로 인한 피해에 대하여 공정한 구제를 보장함으로써 환경정의를 실현하도록 노력한다"(제2조 제2항)를 기본이념의 일종으로서 규정하는 등 환경정의를 명문으로 규정하고 있다.[62]

# 제5절 환경행정법의 작용형식

## I. 명령·통제의 형식(질서법적 수단)

오늘날 환경법 영역에서 간접적·경제적 수단이 새로이 조명되고 있지만, 전통적인 명령·통제(command & controll) 수단은 여전히 환경보호행정의 중심을 이루고 있다. 독일법적 관념으로 표현하면 경찰·질서법(Polizei- und Ordnungsrecht)적 수단에 해당되는 이러한 수단은 행정작용형식으로는 행정행위의 성격을 가지며, 항고소송의 대상이 되는 '처분'(행정소송법 제2조 제1항 제1호)에 해당함이 원칙이다. 이를 '행정절차 개시적 통제'(Eröffnungskontroll)와 '사후감시로서의 진압적 개입'(Überwachung und repressives Einschreiten der Verwaltung)으로 나누어 살펴본다.[63]

## 1. 행정절차 개시적 통제

### (1) 신고와 신고유보부 금지

환경법상 가장 경미한 통제 형태는 입법자가 환경에 미치는 영향이 허가를 요구할 정도로 위험하진 않다고 보는 경우에 사업자 등에게 신고의무를 부여하는 것이다. 이 경우 사업자 등이 (진압적으로) 통제되지 않는 한, 이미 신고를 통하여 그들의 산업활동 등이 행해질 수 있게 된다. 이러한 신고의 의미·목적은 관할행정청이 해당 행위를 행사함에 대한 정보를 제공받고, 이를 통하여 실효적인 감시 및 필요한 경우 진압적 개입을 가능하게

---

62) 그 밖에도 환경정책기본법 제15조 제4호, 국토기본법 제5조 제1항.
63) 이에 대해서는 Schmidt/Kahl/Gärditz, Umweltrecht, §4 Rn. 65 ff.

함에 있다. 신고를 할 때에는 심사에 필요한 일체의 서류를 제출해야 함이 원칙이다.

이처럼 신고의 본래 취지는 행정청에 대한 정보제공의 의미를 가지며 신고와 함께 금지가 해제되는 것이었으나, 최근 환경행정영역에서도 많이 나타나는 이른바 '수리를 요하는 신고'에서는 신고에 대한 행정청의 '수리'가 '예방적 금지 해제'의 의미를 가진다. 전자를 자기완결적 신고(수리를 요하지 않는 신고), 후자를 행정요건적 신고(수리를 요하는 신고)라고 하는데, 자기완결적 신고는 형식적·절차적 요건을 갖춘 신고서가 행정청에 도달하면 신고로서의 효과가 곧바로 발생한다(행정절차법 제40조 제1항, 제2항 참조). 반면에, 행정요건적 신고(수리를 요하는 신고)는 행정청의 신고서 수리가 있어야만 신고로서의 효과가 발생하는 것이다(행정기본법 제34조[64]). 양자의 구분이 반드시 용이한 것은 아니지만, 신고요건이 형식적 요건 이외에 실질적 요건도 포함하는 경우, 또는 신고의 수리로 구체적인 법적 효과가 발생하는 경우에는 원칙적으로 행정요건적 신고로 보아야 한다.

### (2) 허가와 허가유보부 예방적 금지

허가는 국민의 활동을 일반적으로 금지한 다음, 국민의 신청에 기한 심사를 하여 일정한 요건에 합치하는 경우 그 금지를 개별·구체적으로 해제하여 적법하게 할 수 있게 해주는 행위를 말한다. 허가는 절대적 금지가 아닌 상대적 금지에 대하여만 가능하다. 이와 같이 허가는 법적 요건을 갖춘 허가신청이 있으면 원칙적으로 허가해 주어야 하는 '허가유보부 금지의 해제'를 내용으로 하는 예방적 통제규범인데, 이러한 허가유보부 예방적 금지를 환경행정의 행위형식으로 이용하는 경우가 많다.

### (3) 예외적 승인과 면제유보부 진압적 금지

예외적 승인(예외적 허가)은 법률이 일반적으로 허용하지 않는 행위를 매우 예외적인 경우에 그 금지를 해제해 주는 '예외허용 유보부 금지의 해제'를 내용으로 하는 억제적 통제규범이다. 자연공원 안에서의 행위허가(자연공원법), 생태경관보전구역 내에서의 예외적인 행위허가(자연환경보전법), 토지의 형질변경을 목적으로 한 것을 제외한 토석채취허가(국토의 계획 및 이용에 관한 법률), 개발제한구역 내에서의 행위허가(개발제한구역의 지정 및 관리에 관한 특별조치법) 등을 예로 들 수 있다.

---

64) 수리를 요하지 않는 신고는 행정절차법(제40조)에서, 수리를 요하는 신고는 행정기본법(제34조)에서 규정하는 절차의 분절을 현행법 체계는 보여주고 있다.

## 2. 사후감시로서의 진압적 개입

환경행정청은 인허가 후에도 계속적인 감시(Überwachung)를 하는 경우가 많은데, 이는 환경행정의 특징이라 할 수 있다. 즉 인허가 당시에 이미 사업장이 환경보호를 위한 준수의무를 지키지 않을 경우 후속적인 통제(nachträgliche Anordnung)가 따른다는 것을 조건으로 하는 경우가 많은데, 이는 주로 법정부관의 형태로 이루어진다. 가령 환경오염물질을 배출하는 사업장에 대한 환경행정청의 허가는 법이 정한 배출허용기준 준수를 조건으로 이루어지며, 사업장에 대한 배출허가 이후에도 개선명령, 조업정지·취소, 배출부과금 부과와 같은 진압적 성격의 처분을 내리기도 한다. 이를 앞서 본 '행정절차 개시적 통제'와 구분하여 '사후감시로서의 진압적 개입'이라고 한다.

이러한 사후감시로서의 진압적 개입은 주로 사업자 등이 환경보호 준수의무를 지키지 않을 때, 가령 배출허용기준을 초과할 때 조업정지나 배출부과금 부과와 같은 불이익처분을 내리는 경우가 되겠지만(대기환경보전법 제33조, 제34조, 제35조, 물환경보전법 제39조, 제40조, 제41조), 그 이전에 사업자에게 정보제공적 신고의무(폐기물관리법 제17조 제1항, 토양환경보전법 제11조 제1항), 협력의무(폐기물관리법 제15조 제1항) 등이 부여되기도 한다.[65]


## II. 행정계획

환경보호수단으로서 계획과 계획법의 중요성은 복잡한 사실관계의 해결에 적합하다는 데에 있다. 계획은 전형적으로 복잡한 이해구조의 형성과 관련된다. 따라서 계획은 다양한 환경오염을 파악하고, 장기적인 안목으로 특히 국토와 관련된 환경문제를 해결하는 데 적절한 수단이다. 환경문제와 관련되는 수많은 이해관계 상충의 해결에 있어서 비계획적인 행정수단인 급부적 행정(leistende Verwaltung)이나 침해적 행정(eingreifende Verwaltung)만으론 한계가 있으며, 형성의 자유를 본질적 내용으로 하는 계획이 효율적 수단이 되며, 이는 환경법상 원칙인 사전배려의 원칙이나 협력의 원칙과도 조화될 수 있다. 이러한 이유로 행정의 행위형식 중 행정계획은 복잡한 환경문제를 사전배려적으로 해결하는 데 적절한 수단이 될 수 있다.

---

65) 독일법상 이러한 법리에 대해서는 Schmidt/Kahl/Gärditz, Umweltrecht, §4 Rn. 71, 72.

현행 환경법률은 다양한 환경계획에 관한 규정을 두고 있다. 환경부장관은 관계 중앙행정기관의 장과 협의하여 국가 차원의 환경보전을 위한 종합계획을 20년마다 수립하여야 하며(환경정책기본법 제14조 제1항, 국가환경종합계획), 시·도지사는 국가환경종합계획에 따라 관할 구역의 지역적 특성을 고려하여 해당 시·도의 환경계획을 수립·시행하여야 하고(동법 제18조 제1항, 시·도 환경계획), 시장·군수·구청장은 국가환경종합계획 및 시·도 환경계획에 따라 관할 구역의 지역적 특성을 고려하여 해당 시·군·구의 환경계획을 수립·시행하여야 한다(제19조 제1항, 시·군·구 환경계획). 그 밖에도 개별 환경법은 다양한 형태의 환경계획에 관한 규정을 두고 있는데, 때론 계획들 간의 통·폐합이 요청되기도 한다.

## III. 경제적 수단

환경보호행정의 경제적 수단에는 다양한 유형이 있다.

첫째, 조세 및 부과금제도이다. 이는 일정 단위의 오염물질의 배출이나 원료물질의 투입 등에 대하여 일정한 액수의 금원을 부과하는 것이다. 조세란 국민의 능력(담세력)에 따라 일반적으로 부과되는 것인 데 비하여, 부과금(부담금)이란 특정한 사업의 경비를 충당하기 위하여 그 사업과 특별한 관계가 있는 자로부터 그 관계에 따라 징수되는 것이다. 관계자가 광범위한지, 수익·원인의 정도를 개인별로 특정할 수 있는지 여부에 따라 조세와 부과금은 구별된다.

둘째, 보조금제도이다. 환경오염을 방지하는 활동이나 환경보전을 위한 신기술의 개발·이용, 또한 자연환경을 적극적으로 회복하는 행위를 재정적으로 지원·장려하는 제도로서 일반적으로 많이 이용되는 경제적 수단이다.

셋째, 환경보전을 위하여 새로운 인위적인 시장을 만들기도 한다. 대표적인 예는 배출권거래제도(emission trading system, ETS)라고 부르는 배출권 매매시장이다. 배출권거래는 국가가 오염물질의 허용배출총량(cap)을 결정하여 각 기업에 할당하고, 그 할당량을 넘어 배출하는 기업이 여유가 있는 다른 기업으로부터 배출권의 일부를 사는 것(trade)을 인정함으로써 전체적으로 효율적인 배출삭감을 목적으로 한다(cap & trade 방식). cap의 설정은 주로 거래 전과 같은 방식, 또는 보다 좋은 환경조건의 달성을 전제로 하는 방식이 된다. 배출권배분방식은 무상배분 또는 경매의 방식이 있는데, 무상배분은 그랜드파더링(Grandfathering, 과거 배출량 기준 할당방식)과 벤치마킹(배출효율 기준 할당방식)의 방식으로 구분된다. cap & trade(CAT)에 의한 배출권거래는 총량규제와 거래를 결합한 것이고, 규제적 수단과 경제적 수단의 복합수단이라 할 수 있다.

넷째, 환경부하를 초래할 가능성이 있는 제품(식품용기, 건전지, 포장재, 자동차 등)에 대하여 예탁금을 지불하게 하고, 그 제품을 반환하는 경우 예탁금을 반환하는 보증금(deposit) 제도가 있다. 이는 폐기물 회수라는 환경보전행위에 대하여 경제적 인센티브를 부여하는 것이며, 경제적 수단의 일종이다.


## IV. 계약 또는 비공식적 작용

환경법상의 협력을 실현하는 행정작용형식으로 계약과 비공식적 행정작용이 있다.

먼저, 계약에 의한 수단의 예를 「생물다양성 보전 및 이용에 관한 법률(이하, 생물다양성법이라 한다)」에서 볼 수 있다. 정부는 생태·경관보전지역(자연환경보전법), 습지보호지역(습지보전법), 자연공원(자연공원법), 야생생물 특별보호구역(야생생물법), 야생생물 보호구역이 보유한 생태계서비스의 체계적인 보전 및 증진을 위하여 토지의 소유자·점유자 또는 관리인과 자연경관 및 자연자산의 유지·관리, 경작방식의 변경, 화학물질의 사용 감소, 습지의 조성, 그 밖에 토지의 관리방법 등을 내용으로 하는 계약인 '생태계서비스지불제계약'을 체결하거나 지방자치단체의 장에게 생태계서비스지불제계약의 체결을 권고할 수 있다(생물다양성법 16조 1항). 이는 생물다양성의 증진을 위해, 종래 전통적인 수단인 명령·통제방식이 아닌 계약의 수단을 이용하고 있는 경우로서 일종의 공법상 계약이다. 행정청은 공법상 계약의 상대방을 선정하고 계약 내용을 정할 때 공법상 계약의 공공성과 제3자의 이해관계를 고려하여야 한다(행정기본법 제27조 제2항).

다음으로, 계약과 함께 협력적 사고에 바탕을 둔 행정의 행위형식으로서 비공식적 행정작용(informelles Verwaltungshandeln)의 중요성이 높아지고 있다. 비공식적 행정작용이란 그의 요건·효과·절차 등이 법에 정해져 있는 공식적(公式的) 작용이 아닌 행정작용을 총칭한다.[66] 행정주체와 사인 간의 타협 및 협력관계를 기초로 하는 비공식적 행정작용은 행정청의 일방적인 비공식 행정작용(경고, 권고, 시사 또는 정보제공 등)과 행정청과 개인의 협력에 의한 비공식 행정작용(교섭, 비구속적 합의, 사전절충, 사전조정, 규범대체적 협약 등)으로 나눌 수 있다. 이 중 합의적·협력적 행정작용인 비공식 행정작용은 특히 행정주체와

---

66) 김남진·김연태, 행정법 I, 415쪽; 김철용, 행정법, 324쪽; 정하중, 행정법개론, 법문사, 2021, 344쪽.

사인 간의 환경갈등문제에 있어서 중요한 역할을 하는데, (자발적) 협약이라는 이름으로 다수의 개별 환경법에 명문으로 규정되어 있다.[67] 자발적 협약은 이미 용어에서부터 계약적 성격보다는 비공식적 행정작용의 성격을 드러내지만, (공법상) 계약의 형식으로도 체결될 수 있다고 할 것이다. 비공식 행정작용과 공법상 계약의 차이는 구속력의 유무에 있다. 둘 다 사인의 준수를 통하여 재판절차로까지 가지 않고 법적 평화(Rechtsfrieden)를 확보할 수 있다는 점에서 공통점이 있지만, 합의결과를 안정적으로 이끌 수 있다는 면에서는 계약형식이, 구체적인 상황에서 융통·신속성 있다는 면에서는 비공식작용의 형식이 유용할 것이다.[68] 협약은 반드시 법적 근거가 있어야 하는 것은 아니다. 수익적 행정처분에 있어서는 법령에 특별한 근거 규정이 없더라도 그 부관으로서 부담을 붙일 수 있고, 그와 같은 부담을 부가하기 이전에 상대방과 협의하여 부담의 내용을 협약의 형식으로 미리 정한 다음 행정처분을 하면서 이를 부가할 수도 있다(대법 2009. 2. 12. 선고 2005다65500 판결). 그러나, 법령이나 조례에 그 근거가 있다면 더 적극적으로 활용될 수 있음은 물론이다.

## V. 정보제공적 수단

환경문제에 대한 기업의 자발적 대응을 촉진하는 중요한 시책으로서 정보제공적 수단이 있다. 정보제공적 수단이란 환경보전활동에 대하여 적극적인 사업자나 환경부하가 적은 제품 등을 평가하여 선택할 수 있도록 사업활동이나 제품·서비스에 관하여 환경부하에 대한 정보를 제공함으로써 각 주체의 환경배려활동을 촉진하려는 수단이다. 환경배려활동을 하고 있는 사업자는 그것이 사회적으로 평가되어 경쟁상 유리하게 작동하는 한편, 그렇지 않은 사업자는 불리하게 되는 시스템을 도입하는 것이다. 이 수단의 장점은 개인이나 사업자가 유연성을 잘 활용할 수 있도록 함으로써, 전통적인 행정작용 수단의 한계를 극복할 수 있다는 데 있다. 정보제공적 수단의 예로는 환경표지(에코라벨링)제도(환경기술 및 환경산업 지원법), 환경법령 위반사실 공표제도(환경정책기본법 시행령) 등을 들 수 있다. 그 밖에도 다양한 환경교육에 관한 사항(환경교육법, 환경교육진흥법)도 이러한 정보제공적 수단에 포함시킬 수 있다.

---

67) 폐기물관리법 제13조의5 제6항, 제16조 제1항, 자원의 절약과 재활용촉진에 관한 법률 제34조의8 제1항, 대기환경보전법 제32조 제5항, 물환경보전법 제31조 제2항, 제46조의4 제1항 등이 그 예이다.
68) 김현준, "자발적 환경협약", 환경법연구 29-1, 2007, 11쪽 참조.

## VI. 환경경영, 환경감사

그 밖에 사업자의 자발적 대응을 촉진하는 제도로서 환경경영시스템(Environmental Management System; EMS)과 환경감사시스템이 있다. 환경경영시스템이란 환경방침과 목표를 달성하기 위한 추진계획을 수립하고, 인적·물적 자원을 투입하여 운영한 후, 점검하고 개선 조치를 하는 체계적인 접근방법이다. 환경감사란 환경경영시스템(환경경영 행위가 아님)이 잘 이행되고 있는지를 감사하는 것이다.


## 제6절 환경행정법과 환경책임


## I. 환경책임의 문제상황

환경사고가 발생할 경우 그에 대한 책임자와 책임범위를 정하는 환경책임의 문제는 환경법학에선 영원히 피할 수 없는 주제일 것이다. 우리나라 전통적인 환경책임은 민법상 불법행위책임의 일반 법리를 원칙적으로 따르면서 인과관계 입증에 있어서 개연성론과 같은 법리가 발전해 왔고,[69] 무과실책임이 인정되어왔다(환경정책기본법 제44조 제1항, 대법 2017. 2. 15. 선고 2015다23321 판결 등). 또한 가습기살균제피해 등 개별 사안에 특유한 일종의 개별 환경책임법(가습기살균제 피해구제를 위한 특별법)이 제정되기도 했다. 최근에는 개별 환경피해에 대한 환경책임법이 없는 경우 적용될 수 있는 환경오염피해구제법이라는 일반 환경책임법이 제정되어, 우리나라에서 온전한 환경책임법의 체계가 갖춰진 듯 보이기도 한다.

그러나, 환경책임체계는 여기서 끝나선 안 된다. 이상에서 본 환경책임문제는 모두 '개별성' 내지 '개인성'을 본질적 요소로 하고 있다. 다시 말해서, 개인의 재산, 인격권, 건강권 등 개인적 법익이 환경문제와 결부된 것들이다. 이와는 달리, 개별적 이익과 무관한 오직 환경 그 자체의 이익이 침해된 경우 발생하는 책임문제도 간과해선 안 된다. 순수한 환경공익 그 자체는 개별이익을 보호하는 과정에서 부수적으로, 반사적으로, 중첩적으로

---

69) 대법 1974. 12. 10. 선고 72다1774 판결(한국전력사건), 대법 1984. 6. 12. 선고 81다558 판결(진해화학사건); 대법 2009. 10. 29. 선고 2009다42666 판결; 대법 2013. 10. 24. 선고 2013다10383 판결 등.

보호될 수도 있지만, 이들 사익과 공익이 언제나 중첩되는 것은 아니며, 전자는 문제되지 않은 채 오직 후자만이 문제되기도 한다. 그렇다면 이러한 순수한 환경공익이 침해된 경우, 즉 순수한 환경손해 또는 생태손해가 발생하는 경우 그 원인자에 대하여 누가, 어떠한 내용의 책임을 주장할 수 있으며, 이러한 이익의 침해를 다투는 소송을 어떻게 보장할 것인지가 문제된다. 따라서 환경책임을 종합적으로 파악할 필요가 있는데, 넓은 의미의 환경손해는 크게 2가지로 나누어, ① 환경영향에 기인하는 손해일반(광의의 환경손해), ② 환경영향에 기인하는 손해 중, 인격적 이익이나 재산적 이익에 관한 손해를 제외한 환경손해(협의의 환경손해)로 분류할 수 있다. 이러한 환경법상 보호이익의 위험·손해에 대한 공·사법상 책임체계를 정리하면 다음과 같다.[70]

**환경법상 보호이익의 위험·손해에 대한 공·사법상 책임체계**

| 환경법상 보호이익(ex. 물, 토양, 동·식물상, 공기, 자연, 경관) | 사인에 의한 위험·손해발생 | 국가·지자체 또는 그 직무수행자에 의한 위험·손해발생 |
|---|---|---|
| 공법질서를 통한 보호 | ① 사인의 위험방어·제거에 대한 공법상 책임 | ③ 이른바 행정주체의 경찰책임 |
| 이러한 환경법상 법익에 대한 주관적·사법적(私法的) 권리의 보호 | ② 원상회복 및 손해배상에 대한 사법상 책임 | ④ 행정상 손해배상책임 |

①은 이른바 공법상 환경손해책임, 즉 순수한 환경손해(생태손해)책임의 영역이다.

②는 민사상 환경책임으로 우리나라 환경정책기본법(제44조 제1항), 환경오염피해구제법, 독일 환경책임법(UmweltHG) 등이 규율하는 영역이다.[71] ①의 경우와는 원인자책임원칙이 공히 적용된다는 공통점을 가지기도 하지만, ①은 공법적 규율, ②는 사법적 규율이라는 결정적인 차이가 있다.

③에 대해서는 법질서가 원칙적으로 규율하지 않는다는 견해도 있지만,[72] 이른바 행정주체의 경찰책임의 형태로서 환경책임이 이루어지는 경우가 여기에 해당할 것이다. 가령 행정청이 개발행위를 허가받아 개발행위를 하는 과정에서 환경침해가 발생한 경우 행정

---

70) 김현준, "公法上 環境責任論의 전개를 위한 기초연구", 법제연구 36, 2009, 311-312쪽.
71) 독일 환경책임법에 관해서는 전경운, "환경책임법 제정의 필요성과 그 내용", 환경법연구 25-1, 2003, 27쪽 이하.
72) Becker, Das neue Umweltschadensgesetz, Beck Juristischer Verlag, München 2007, Rn. 360.

주체나 행정청이 책임을 지는 경우이다.

④도 마찬가지로 공법상 책임임은 물론이다. 그러나, 이는 전통적인 행정상 손해전보책임 내지 국가책임(Staatshaftung)의 범주에서 다루어진다. 이는 사인의 공법상 환경책임이 아니라 행정주체의 책임이다. 따라서 ①의 의미로 '공법상 환경책임'이라는 용어를 사용할 때 이 ④와 혼동문제가 생길 수 있는데, ①의 경우는 책임당사자가 원칙적으로 사인이며, ④의 경우는 국가·지방자치단체라는 점에서 구분된다.


## II. 공법(행정법)상 환경책임

### 1. 환경사익 침해로 인한 책임

공법상 환경책임과의 비교를 위하여, 전통적인 환경책임으로 환경책임론에서 여전히 중심을 이루는 민사법상 환경책임을 먼저 살펴본다.

첫째, 민법 제750조, 제758조에 따른 불법행위책임이다.

둘째, 환경상 이익이 국가배상법 제2조나 제5조에 따라 다투어지는 국가배상책임의 문제는 소송실무상으로는 민사소송으로 다루고 있지만,[73] 공법학자들은 이를 행정소송의 일종인 당사자소송으로 다투어야 한다고 주장하고 있고, 국가배상청구소송을 당사자소송의 일종으로 명문화하는 행정소송법 개정안이 제출된 적도 있다.[74] 따라서 실무상 관행에도 불구하고 이러한 환경상 이익의 침해가 국가배상책임으로 문제되는 경우를 공법상 환경책임으로 분류할 수도 있지만, 여기서 사법상 환경책임과 공법상 환경책임의 구분하는 기준은 '개인적 법익과 결부되는지 여부', 즉 '개별성 유무'에 있다. 개별성이라는 기준에서 본다면 국가배상책임 역시 민법 제750조, 제758조의 책임과 같은 영역에 포함되어 여기서의 공법상 환경책임영역에서 제외된다. 우리나라에선 아직 생소한 생태손해에 대한 책임이 종래의 환경책임과 다른 성격을 가진다는 점을 나타내기 위해 공법상 환경책임이라는 표현을 여기서 쓰지만, 국가배상책임의 경우에서 볼 수 있듯 '공법상'이라는 의미가 다의적으로 쓰일 수 있다는 점에 주의를 요한다.[75] 요컨대 국가배상책임은 여기

---

73) 가령, 대법 2004. 3. 12. 선고 2002다14242 판결(매향리사건); 대법 2005. 1. 27. 선고 2003다49566 판결(김포공항소음사건).
74) 2013년 법무부 행정소송법 개정안(법무부 공고 제2013 – 44호) 참조.
75) 국가배상책임까지 포함한 공·사법적 환경책임체계의 분류로는 김현준, 법제연구 36, 311쪽 참조.

서의 공법상 환경책임과 성질이 다르다.

셋째, 환경오염의 피해에 대한 원인자의 무과실책임을 인정하는 환경정책기본법 제44조 제1항은 민법의 불법행위 규정에 대한 특별규정으로서(대법 2018. 9. 13. 선고 2016다35802 판결; 대법 2020. 6. 25. 선고 2019다292026, 292033, 292040 판결) 대표적인 민사상 환경책임법 (규정)이다.

넷째, 2012년 구미 불산가스 누출사고라는 대형 환경사고를 겪으면서 피해자의 이익을 더욱 강화한 내용으로 2014. 12. 31. 제정되어, 2016. 1. 1. 이후 시행되고 있는 환경오염 피해구제법은 한국형 (민사)환경책임법이라 할 수 있다. 동법은 환경오염 위험성이 높은 시설을 적용대상으로 하여 그 사업자의 무과실책임과 인과관계추정 법리를 실체규정으로 체계화하여 피해자의 입증부담을 완화하고, 그 사업자로 하여금 책임보험에 가입하도록 하여 배상책임을 위한 재무적 수단을 확보하도록 하는 등 실효적인 환경오염피해 구제제 도를 마련하기 위한 것이다. 다만, 이 가운데 무과실책임원칙은 환경정책기본법 제44조 및 판례를 통하여 이미 인정되어 왔고, 인과관계 추정의 법리 역시 판례를 통하여 정립되 어 있었기에, 이러한 법리들을 일종의 환경책임법에서 명문화했다는 정도의 의미를 넘어 피해자의 구제가 실질적으로 확충되었다고 보긴 어렵다.[76]

## 2. 환경공익 침해로 인한 책임

환경공익적 가치, 가령 생물다양성, 기후, 깨끗한 공기와 물과 같은 순수한 순수한 생 태이익(환경이익)이 침해된 경우인 생태손해에 대해서는 누가 그 책임을 청구할 수 있으 며, 어떠한 방법으로 이를 보장받을 수 있을까?

---

76) 동법의 본문이라 할 수 있는 제2장 환경오염피해 배상(제6조~제16조), 제3장 환경오염피해 배상을 위한 보험 가입 등(제17조~제22조), 제4장 환경오염피해 구제(제23조~제37조) 가운데, 제4장은 피해자가 환 경오염피해의 배상을 받지 못하는 경우의 피해자등에 대한 구제급여에 관한 규정으로서 피해자와 가해자 간의 환경책임을 직접적으로 규정한 것이라고는 할 수 없다. 따라서 제2장과 제3장이 환경책임에 관한 주된 규정인데, 이는 개별적 법익(생명, 신체, 건강, 재산)의 보호를 목적으로 함으로써, 독일 환경책임법 과 유사한 구조를 가지고 있다. 즉, 개별 권리주체에게 귀속될 수 없는 법익인 환경공익은 환경오염피해 구제법의 보호대상이 아니다. 동법 제14조의 성격이 문제가 되지만, 이 역시 후술하는 바와 같이('제6절 2. (3) 1)') 개별적 법익의 한계를 넘지 못한다고 보아야 한다.

## (1) 생태손해에 대한 사법상 환경책임의 한계

우선 민사책임을 통하여 이러한 생태손해를 회복할 수 있을까?

가령, A가 B소유의 산림에 건설폐기물을 불법매립함으로써 B소유 산림에서 자연환경이 심각하게 침해되었다면 B는 A에 대하여 손해배상을 청구하게 될 것이다. 이때 B가 A에게 배상을 청구할 수 있는 손해는 주로 B소유 산림에 관하여 생긴 재산적 손해가 되겠지만, 기타 생명·신체 등에 관한 비재산적 손해가 있다면 이에 대한 배상도 포함하게 될 것이다. 그리고, 우리 민법상 손해배상의 방법은 금전배상이 원칙이며(민법 제394조), '당사자의 합의가 있는 경우에는'[77] B는 A에게 원상회복을 청구할 수도 있다. 어쨌든 B가 배상을 청구할 수 있는 손해는 B의 개인적 이익, 특히 재산상 이익에 관하여 발생한 불이익이다. 생태손해가 개인의 재산상 이익 등과 맞물리면서 때론 원상회복의 형태로 양자가 어우러져 회복될 수도 있지만, 금전배상원칙을 취하고 있는 우리 민법 하에서 생태손해가 원상회복의 형태로 배상이 이루어지는 것은 쉽지 않다.[78] 특히 생태손해의 배상이 침해물건의 가액을 상회하는 경우에는 원상회복을 기대하기 어렵다. 어떤 이유에서이건 민사관계에서 당사자가 금전배상을 원하는 경우에는 원상회복형태의 '생태손해'회복은 이루어지지 않는다. 결국, 순수한 '생태손해', 즉 사인(私人)에게는 배타적인 처분이나 이용이 허용되지 않는 이익에 대한 손해를 민사책임을 통하여 그 전보를 구한다는 것은 매우 어렵다고 할 수 있다. 손해배상책임의 형식이 아닌 방해제거청구권, 방해예방청구권에 의하는 경우에도 개인의 이익과 무관한 생태손해에 대해서는 같은 문제가 발생한다.

결국 생태손해가 민사책임을 통하여 그 전보가 이루어지는 것은 그것이 피해자의 개별이익과 맞물리고, 또한 원상회복의 가액이 침해물건의 가액을 넘지 않는 등의 '단지 우연

---

77) 민법 제394조의 "다른 의사표시가 없으면 손해는 금전으로 배상한다."에서 '다른 의사표시가 없으면'을 '채권자와 채무자의 합의가 있는 때에만'으로 해석하는 곽윤직, 채권총론, 박영사, 2005, 109쪽 참조.

78) 원상회복원칙을 취하면서 환경책임법(Umwelthaftungsgesetz)에서 원상회복원칙을 확대하려는 독일 민법체계도 생태손해를 제대로 배상할 수 없는 것으로 보고 있다. 민사특별법인 독일 환경책임법 제16조1항은 물건의 손상이 자연이나 경관의 침해를 가져오는 경우에 원상회복이 물건의 가액을 초과한다는 사실만으로는 원상회복을 위해 과도한 비용의 지출을 수반하는 것으로 인정되지 않는다고 한다. 원상회복이 과도한 비용지출에 의하여만 가능한 경우에는 배상자는 금전으로 배상할 수 있다는 독일민법 제251조2항1문의 예외를 인정하고 있다. 즉, 자연환경손해의 원상회복을 위한 비용이 물건의 가액을 넘는 경우에도 독일민법 제251조2항1문의 금전배상의 예외규정이 적용되지 않도록 하여, 결국 원상회복 확장을 통하여 생태손해의 복구를 지향하고 있다(전경운, 환경법연구 25-1, 50쪽). 이러한 규정에도 불구하고 개별적 성격을 갖는 민사책임의 성격상 당사자들에게 강제할 수 없어 피해자가 원상회복이 아닌 금전배상만을 원할 경우 이를 따를 수밖에 없고, 생태손해가 동시에 소유권침해 등 개별적 손해와 연결되는 경우가 아닐 때에는 환경책임법 제16조가 제대로 기능할 수 없어 민사책임으로는 생태손해를 규율하는 데에는 한계가 있을 수밖에 없다.

한'(nur zufällig) 상황에서 이루어질 뿐이다. 본질적으로 공공재인 '생태'에 대한 손해를 민사책임에서 다루는 것은 한계가 있다. 따라서, 순수한 환경손해인 '생태손해'는 환경침해로 인한 사인의 인격적 이익이나 재산적 이익에 관한 손해와는 구분되며, 그 책임문제도 개인의 이익조절을 목적으로 하는 전통적 시각이 아닌 새로운 시각으로 파악해야 한다.

그렇다면, 이 손해에 대한 회복을 국가의 책임으로 할 것인가? 그렇게 될 경우 이는 결국 납세자인 국민 전체에게 책임을 전가하는 셈이 되어, 원인자책임원칙이나 환경정의에 맞지 않다. 개별 환경법규에서 이를 단속하는 규정을 두어 해결하는 방안을 생각할 수 있지만, 전체 책임법체계에서 이를 규율할 필요성은 여전히 인정된다. 공공재인 환경이익 손해에 대한 책임은 '환경보호'라는 공법상 목적을 실현한다는 틀에서 다루고자 하는 새로운 책임체계의 모색이 요청된다. 따라서 일종의 공법상 환경손해책임에 관한 새로운 법체계를 구성할 필요가 있다.

### (2) 공법상 환경손해책임의 법이론적 근거

#### 1) 공공신탁이론

로마법이나 보통법에서 기원하여 주로 영미법에서 발전해 온 공공신탁이론(公共信託理論, public trust doctrine)은 야생동물과 같은 일정한 자연자원을 시민들을 위하여 유지하고 보전하려는 주권국가의 의무에 관한 것이다. 자연자원은 일반 국민에 속하는 것이며, 사적 소유자는 공중으로부터 이를 박탈할 수 없기에, 국가는 자연자원 침해에 대한 책임당사자에 대하여 손해배상청구이나 유지청구(injunctive relief)를 할 법적 권한을 가진다.[79]

수많은 학자들에 의해 매우 다양하게 전개되고 있는 이 공공신탁이론은 미국환경법에서는 원래 항행가능한 수역(navigable waters)이나 해안선을 보호하기 위한 것이었지만, 오늘날 야생동물, 연방정부 소유 공유지, 먹는 물 등 그 범위가 늘어가고 있다.[80] 일정한 환경손해가 있는 경우에는 그것이 사적 소유권의 보호차원이 아니라, 국가 등이 수탁자(trustee)로서 일반 국민에 속하는 환경재에 대한 권한을 행사함으로써 새로운 형태의 손해책임을 청구할 수 있는 것이다.

영미법에서 발전해 온 이 이론이 우리 법제에 그대로 적용시키기는 쉽지 않겠지만, 전

---

79) Joseph L. Sax, "The Public Trust Doctrine in Natural Resource Law", 68 MICH. L. REV, 1970, p.471 참조; 조홍식, "공공신탁이론과 한국에서의 적용가능성", 환경법연구 19, 1997, 192쪽 이하; 고문현, "환경보호의 패러다임으로서의 공공신탁이론", 공법학연구 7-4, 2006, 53쪽 이하.
80) 조홍식, 앞의 논문, 196-197쪽.

통적인 민사책임이 아닌 공법상 책임으로서 환경손해책임을 정립하고자 하는 입장에서 볼 때 공공신탁이론은 유용한 법리로서 원용할 수 있다. 즉 자연자원에 대한 손해로서의 환경침해에 대한 책임자에게 공공신탁(public trust)을 받은 국가(state)가 이를 묻고자 하는 공공신탁이론은 공법상 환경책임론의 근거가 될 수 있으며,[81] 독일의 경찰책임론과도 공법상 환경책임론의 근거로서 연결점이 있다고 생각된다.

### 2) 경찰책임론

공법상 책임으로서의 경찰책임은 공법상 환경책임을 이해함에 있어서 단초가 될 수 있는 법리이다. 경찰책임은 공공의 안녕과 질서에 대한 위험이 자기의 행위를 통하여 야기되지 아니하도록 하거나, 혹은 그러한 위험이 자기가 지배하는 물건을 통하여 발생하지 아니하도록 관리하는 것이다. 이때 자기의 행위가 위험을 야기하였거나(Verursachung der Gefahr), 자기가 지배하는 물건에서 위험이 발생하였다면(Ausgehen der Gefahr von der Sache), 그에 대하여 각각 행위책임 및 상태책임을 지는 것이 경찰책임의 내용이다.[82] 경찰책임의 단초가 되는 것은 경찰법상 '위험'인데, 환경침해가 '위험'의 수준이라면 이러한 '위험'수준의 환경손해에 대한 책임을 행위책임자나 상태책임자가 져야 한다.

일찍이 경찰법이 발달한 독일의 경우와는 달리, 우리 경찰관직무집행법과 같은 경찰법제에서 경찰책임을 곧바로 도출하긴 어렵지만, 경찰책임론은 공법상 환경책임법의 해석론 및 입법론의 중요한 길잡이 역할을 할 수 있다. 가령, 경찰책임론의 내용인 행위책임, 상태책임, 경찰책임의 승계, 다수의 경찰책임자 등은 토양정화책임자에 관한 토양환경보전법 제10조의4나 폐기물처리 조치명령대상자에 관한 폐기물관리법 제48조를 해석할 때 유용하게 원용할 수 있는 법리이다.

## (3) 공법상 환경책임에 관한 입법문제

### 1) 환경오염피해구제법 제14조의 한계

'원상회복비용 청구 등'이라는 제목을 가진 동법 제14조는 "시설로 인하여 발생된 환경오염피해가 동시에 자연환경보전법 제2조 제1호에 따른 자연환경이나 같은 법 제2조 제

---

81) 자연자원손해책임의 이론적 근거로서 공공신탁이론을 들고 있는 Hinteregger, "Internatinal and supra-national systems of environmental liability in Europe", in: Hinteregger(ed.), Environmental Liability and Ecological Damage in European Law, Cambridge Univ. Press, 2008, 9.
82) 김현준, "공법상 책임으로서의 경찰책임", 고시연구 2005. 10, 91쪽.

10호에 따른 자연경관의 침해를 발생시킨 경우 피해자는 해당 사업자에게 원상회복을 요청하거나 직접 원상회복을 할 수 있다. 피해자가 직접 원상회복을 한 때에는 그에 상당한 범위에서 해당 사업자에게 그 비용을 청구할 수 있다."고 하여 자연환경이나 경관과 같은 환경공익을 동법의 보호대상으로 하고 있는 것처럼 보인다. 여기서 '자연 그 자체의 피해복구'와 '원상회복'은 '개별성'과의 관계에 따라 다의적으로 해석될 수 있는 용어일 것이다. 그러나 분명한 것은 동법 제14조의 '동시에'라는 문언은 개별성과 무관한 자연 그 자체의 피해 복구를 청구할 수 있다는 의미로 해석하기 어렵게 만든다는 점이다. '자연 그 자체의 피해복구'를 구할 수 있다고 하더라도 개별적 이익과 중첩된 경우에만 책임을 물을 수 있다고 보아야 한다. 따라서 개별성과 무관하게 자연피해를 복구한다는 의미의 순수한 생태손해의 배상까지 환경오염피해구제법 제14조를 통하여 청구할 수 있다고 보긴 어렵다. 그렇다면 이 제14조의 의미를 어디서 찾을 수 있는지 문제가 되는데, 이는 손해배상의 방법으로서 우리나라 민법의 원칙과는 달리 원상회복을 우선적으로 고려한 규정이라는 의미 정도가 있을 것이다. 또한, 원상회복이 제대로 되려면 원상회복비용이 물건의 가액을 초과하는 경우에도 이를 가능하게 하는 것을 검토할 만한데, 제14조의 규정에 따른 비용청구는 '상당한 범위'에서만 가능하다. 더욱이, 우리나라 환경오염피해구제법 제14조는 독일 환경책임법 제16조 제1항에서와 같은 원상회복비용과 물건가액 간 비례성에 관한 규율도 포함하고 있지 않아 자연환경보호를 위한 원상회복 측면에서의 의미는 상대적으로 더 약화되어 있다고 볼 수밖에 없다. 요컨대 환경오염피해구제법 제14조의 규정을 통하여 개별성과 무관한 환경공익 그 자체를 보호할 수 없다.

### 2) 공법상 환경책임법 부재 현황

우리나라에서는 공법적 성격의 개별환경법인 자연환경보전법, 물환경보전법, 생물다양성 보호에 관한 법률 등이 환경공익을 보호하고 있지만, 자연환경, 물환경, 생물다양성 등이 침해되었다는 이유만으로 우리나라 행정소송법상 항고소송, 즉 취소소송, 무효등확인소송, 부작위위법확인소송을 제기할 수 없다. 취소소송은 법률상 이익이 있는 자만이 취소소송을 제기할 수 있고(행정소송법 제12조), 무효등확인소송(동법 제35조), 부작위위법확인소송(동법 제36조)도 마찬가지이기 때문이다. 즉 항고소송은 개별적 이익이 침해되지 않는 한 제기할 수 없어, 공법상 환경책임을 항고소송을 통하여 다툴 길은 막혀 있는 셈이다.

이러한 책임을 법적으로 다투려면 독일 환경손해법(Umweltschadensgesetz)과 같은 공법상 환경책임에 관한 일반법이 있어야 하는데, 우리나라에서는 이러한 법이 존재하지 않는다. 말하자면 독일은 일반법으로서 사법상 환경책임법과 함께 공법상 환경책임법까지 갖추고 있는 데 비하여, 우리나라는 사법상 환경책임법만을 일반법으로서 갖추고 있다고 볼 수 있다. 공법상 환경책임을 규율하는 것처럼 보이는 환경오염피해구제법 제14조 역시 개인의 피해와 동시에 자연환경·자연경관 침해가 발생할 것을 요하므로 한계가 있음을 확인했다. 따라서 일반적인[83] 공법상 환경책임을 해석론으로는 인정할 수 없기에 입법론적 해결방안을 모색할 수밖에 없다.

### 3) 환경책임법에서의 환경단체소송 입법

환경단체소송이란 환경단체가 그 단체의 목적인 일반적 이익의 보호(환경보호)를 위하여 제기하는 소송을 말한다. 개별적 이익의 보호가 아닌 일반적 이익의 보호, 즉 환경공익을 보호하기 위한 환경공익소송인데, 우리나라에선 아직 학문적 차원에서 논의되는 정도이고 정부 차원의 구체적인 도입 움직임도 없다. 공법상 환경책임법은 이러한 환경단체소송과 밀접한 관련이 있다. 따라서 공법상 환경책임에 관한 입법론 차원에서도 환경단체소송 도입을 검토할 수 있다고 생각된다.[84]


# 제7절 환경행정구제


## I. 환경행정소송

## 1. 환경행정소송에 대한 2중적 헌법상 요청

### (1) 법치국가원리에 따른 실효적이고 공백 없는 권리보호[85]

"행정재판을 통한 권리보호는 입법자가 임의로 주거나, 제한하거나, 뺏을 수 있는 입법

---

83) 개별법으로는 토양환경보전법 제10조의4의 토양정화책임과 같이 공법상 환경책임으로 볼 수 있는 경우도 있다(헌재 2012. 8. 23. 선고 2010헌바28 결정 참조).
84) 환경단체소송 및 환경손해법(환경훼손법)의 입법론에 대한 상세는 김현준, "사법상 환경책임과 공법상 환경책임", 법정책연구 20-1, 2020, 279쪽 이하.
85) 이에 관한 상세는 김현준, "실효적이고 공백 없는 권리보호의 행정소송", 법조 69-1, 2020, 34-63쪽 참조.

자의 선물이 아니라, 헌법이 명한 것이다."[86] 즉 행정소송법이 있다는 이유만으로 행정재판의 길이 열리는 게 아니라, 행정재판을 통한 권리보호는 헌법상 요청으로서 행정소송법은 이러한 헌법에 맞게 만들어지고, 해석되어야 한다. 이는 특정한 국가의 헌법[87]에서만 적용되는 것도 아니며, 법치국가를 표방하는 국가라면 당연히 법치국가원리의 핵심인 이러한 헌법상 요청에 따라야 한다. 우리나라 헌법과 같이 재판청구권을 규정하는 국가에서는 더더욱 그러한데, 일반적 사법(司法)청구권에 행정권력에 대한 사법청구권이 포함되기 때문이다.

헌법 제27조 제1항은 "모든 국민은 헌법과 법률이 정한 법관에 의하여 법률에 의한 재판을 받을 권리를 가진다."라고 규정하여 재판청구권을 보장하고 있다. 재판청구권은 법치국가 실현을 위한 중요한 요소인데, 여기서 '재판'이란 실효적인 권리보호를 제공하는 재판을 뜻한다. '실효적인 권리보호의 요청'은 재판청구권의 객관적 가치결정이자 헌법적 정신으로서 입법자가 재판청구권을 입법을 통하여 구체적으로 형성함에 있어서 입법자를 구속하는 헌법적 지침이다.[88] 법치국가 실현을 위한 중요한 요소인 재판청구권은 헌법상 법치국가원리에서 도출될 수 있지만, 우리 헌법은 이를 명문으로 규정하고 있다. 그리고 헌법 제27조 제1항에서 말하는 '재판'에 행정재판이 포함됨은 의문이 없다. 또한, 헌법상 법치국가원리 및 재판청구권의 요청상 '실효적인' 권리보호만이 아니라 '공백 없는' 권리보호가 되어야 한다. 여기서 '공백 없음'이란 '사인에게 침익적인 모든 행정작용을 재판상 통제의 대상으로 삼을 수 있다는 의미이다. 반드시 처분만을 행정소송으로 다툴 수 있는 게 아니라는 것이다. 공백 없는 권리보호는 행정소송사항에 있어서 개괄주의와도 밀접한 관련이 있다.[89] 즉 권리가 있는데도 이를 소송으로 다툴 수 없는 상황이 발생해서는 안 된다는 말이다. 그렇다고 적법한 소송요건을 결한 경우까지도 권리보호가 보장되어야 한다는 것은 아니어서, 이는 '가능한 한 공백 없는 권리보호'(möglichst lückenloser Rechtsschutz)라고도 할 수 있다.[90]

---

86) Finkelnburg/Dombert/Külpmann, Vorläufiger Rechtsschutz im Verwaltungsstreitverfahren, C.H.Beck, 2017, Rn. 1.
87) 가령 이는 기본법 제19조 제4항을 가지고 있는 독일에서나 타당한 요청이 아닌가 하는 의문이 있을 수 있지만, 그렇지 아니하다.
88) 한수웅, 헌법학, 법문사, 2015, 904－905쪽 참조.
89) Hufen, Verwaltungsprozessrecht, C.H.Beck, 2016, §13 Rn. 1 참조.
90) Schmidt－Aßmann, in: Maunz/Dürig, GG Kommentar, C.H.Beck, 2018, Art. 19 Abs. 4 GG, Rn. 11.

## (2) 환경권에 따른 사법액세스 보장

사법(司法)액세스(access to justice)권이란 헌법 제27조의 재판받을 권리, 법치주의 등으로부터 도출될 수 있는 국민들의 기본적인 권리이다. 여기서 한 걸음 더 나아가 '환경'사법액세스권이라 함은 환경문제를 법원에서 다룰 수 있는 권리를 말한다. 따라서 환경사법액세스권은 '통상적인 사법액세스 보장'과 '환경권 보장'이라는 2중적 헌법상 근거를 가진다.[91]

이러한 환경권에 따른 권리보호의 요청은 해석론은 물론 입법론에서도 전개되어야 하는데, 입법론으로서 무엇보다 환경단체소송의 도입이 요청된다. 환경단체소송은 환경단체에까지 환경사법액세스를 확장한다는 의미가 있을 뿐만 아니라, 자연인의 환경사법액세스까지도 실질적으로 확장하기 때문이다.

## 2. 환경항고소송: 취소소송을 중심으로

### (1) 취소소송의 대상적격(처분성)

취소소송의 대상인 '처분등'이란 행정청이 행하는 구체적 사실에 관한 법집행으로서의 공권력의 행사 또는 그 거부와 그 밖에 이에 준하는 행정작용("처분") 및 행정심판에 대한 재결을 말한다(행정소송법 제2조 제1항 제1호). 행정심판법상의 처분개념도 이와 마찬가지이다(행정심판법 제2조 제4호).[92] 아울러, 대법원은 '사인의 권리의무에 직접 관계되는지 여부'를 처분성 판단에서 중요한 기준으로 삼고 있다(대법 2011. 1. 27. 선고 2008두2200 판결 등).

구체적 사안에서 처분성은 다양한 요소를 참작하여 개별적으로 결정해야 한다. 즉 행정청의 어떤 행위가 항고소송의 대상이 될 수 있는지는 추상적·일반적으로 결정할 수 없고, 구체적인 경우 행정처분은 행정청이 공권력 주체로서 행하는 구체적 사실에 관한 법집행으로서 국민의 권리의무에 직접적으로 영향을 미치는 행위라는 점을 염두에 두고, 관련 법령의 내용과 취지, 행위의 주체·내용·형식·절차, 그 행위와 상대방 등 이해관계인이 입는 불이익과의 실질적 견련성, 그리고 법치행정 원리와 당해 행위에 관련한 행정청 및 이해관계인의 태도 등을 참작하여 개별적으로 결정해야 한다(대법 2012. 9. 27. 선고

---

91) 이에 관한 상세는 김현준, "환경司法액세스권과 환경단체소송", 환경법연구 32-2, 2010, 133-162쪽.
92) 소의 대상인 처분개념에 관한 한 무효등확인소송에서도 마찬가지이다. 즉 취소소송의 처분성이나 무효등확인소송의 처분성은 동일한 문제이다.

2010두3541 판결). 이러한 이유에서 국토해양부, 환경부, 문화체육관광부, 농림수산부, 식품부가 합동으로 2009. 6. 8. 발표한 '4대강 살리기 마스터플랜' 등은 4대강 정비사업과 주변 지역의 관련 사업을 체계적으로 추진하기 위하여 수립한 종합계획이자 '4대강 살리기 사업'의 기본방향을 제시하는 계획으로서, 행정기관 내부에서 사업의 기본방향을 제시하는 것일 뿐, 국민의 권리·의무에 직접 영향을 미치는 것이 아니어서 행정처분에 해당하지 않는다고 보았다(대법 2011. 4. 21. 자 2010무111 전원합의체 결정).

또한, 환경행정소송의 대상적격문제로서 '거부처분'이 자주 문제가 된다. 특히 문제가 되는 것은 제3자가 행정청에 대하여 행정권한 발동을 요청하는 경우인 행정개입청구권을 행사하는 소송(행정개입청구소송)을 제기하는 경우이다. 이는, 사인(A)이 행정청이 공해배출업자인 사인(B)에 대하여 환경규제를 할 것을 요구하는 소송인데, 의무이행소송이 인정되지 않는 우리나라 소송현실에서 오염자 B에 대한 대기환경보전법상 개선명령·조업정지명령을 행정청이 내려줄 것을 인근주민 A가 요청(신청)했는데도 행정청이 이를 거부하는 경우 행정청의 거부가 행정소송법상의 '거부처분'을 충족해야 A는 거부처분취소소송을 제기할 수 있다. 이러한 거부처분이 성립하기 위해서는 사인에게 이를 요구할 법규상 또는 조리상 신청권이 있어야 하는데,[93] 제3자의 요구가 이러한 신청권의 요건을 충족하기는 매우 어렵기에 행정개입청구소송은 대상적격 흠결로 각하될 가능성이 많다.[94] 이러한 상황이 '실효적인 권리보호', 그리고 '환경사법액세스권' 보장의 측면에서 문제가 있음은 물론이다. 근본적인 해결을 위해서는 의무이행소송을 이용할 수 있어야 할 것이다.

### (2) 취소소송의 원고적격: 주로 환경영향평가법 관련

원고적격이란 원고가 될 수 있는 자격이다. 원고적격이 없는 자가 취소소송을 제기할 경우 그 소는 부적법하여 각하된다. 취소소송을 제기할 수 있는 자격, 즉 원고적격에 대해서는 행정소송법 제12조 전단("취소소송은 처분등의 취소를 구할 법률상 이익이 있는 자가 제기할 수 있다.")에서 이를 규정하고 있다. 여기서의 '법률상 이익'을 판례는 당해 처분의 근

---

93) 신청에 대한 행정청의 거부가 처분성을 가지기 위해서는, 즉 '거부처분'이 되기 위해서는 ① 그 신청한 행위가 공권력의 행사 또는 이에 준하는 행정작용이어야 하고, ② 그 거부행위가 신청인의 법률관계에 어떤 변동을 일으키는 것이어야 하며, ③ 그 사인에게는 신청에 따른 행정행위를 해 줄 것을 요구할 수 있는 법규상 또는 조리상의 신청권이 있어야 한다(대법 2003. 9. 23. 선고 2001두10936 판결). 부작위위법확인소송의 대상인 '부작위'가 성립하기 위해서도 판례는 마찬가지로 당사자에게 처분을 구할 수 있는 조리상 또는 법규상의 신청권은 있어야 한다고 보고 있다(대법 1990. 5. 25. 선고 89누5768 판결).
94) 대법 2006. 6. 30. 선고 2004두701 판결 등.

거 법규 및 관련 법규에 의하여 보호되는 개별적·직접적·구체적 이익으로 본다(대법 2006. 7. 28. 선고 2004두6716 판결).

환경행정소송의 원고적격에서 특기할 만한 것은 대법원이 용화지구판결(대법 1998. 4. 24. 선고 97누3286 판결) 이후 취소소송의 원고적격 판단에서 환경영향평가법을 처분의 근거법규 내지 관련법규로서 인정한 점이다. 환경영향평가법을 '법률상 이익'에서의 '법률'로 보아, 환경영향평가법상 대상지역 내의 주민에게는 원고적격을 인정한 것인데, 자연공원법이라는 처분근거법규에서만이 아니라 그 처분에 이르는 절차에 관한 법규인 환경영향평가법에서라도 사익보호성을 찾을 수 있으면 법률상 이익요건을 충족한다고 보았다. 즉 환경영향평가법에 규정된 환경영향평가대상지역 내의 주민이면 법률에서 사익보호성을 인정하고 있는 것으로 보아 그 주민들의 원고적격을 인정했다.

그 이후 판례는 대상지역 밖의 주민들도 그의 이익의 침해(우려)를 입증하면 원고적격이 인정된다고 보았는데(대법 2006. 3. 16. 선고 2006두330 전원합의체 판결), 이를 긍정적으로 보는 견해도 있으나 그 입증의 어려움을 생각한다면 종래 판례에서 그다지 진일보했다고 볼 수 있을지 의문스럽다. 나아가, 판례는 환경영향평가법만이 아니라 그 영향권의 범위가 정하고 있는 법률이면 환경영향평가법의 경우와 같이 원고적격을 인정하고 있다. 즉 영향권 범위 내·외를 기준으로 원고적격의 인정여부를 결정하고 있다(대법 2010. 4. 15. 선고 2007두16127 판결; 대법 2015. 12. 10. 선고 2011두32515 판결).

## 3. 환경행정소송으로서 의무이행소송, 예방적 금지소송

### (1) 무명항고소송의 헌법적 보장: 입법자의 의사?

실효적이고 공백 없는 항고소송이 되기 위하여 이용한 가능한 항고소송의 유형을 행정소송법의 명문규정에서만 찾는 태도 역시 극복되어야 한다. 이용가능한 행정소송의 범위를 법정(法定) 항고소송만이 아니라 비(非)법정 항고소송에까지 넓혀야 한다. 행정소송은 입법자의 시혜적 선물이 아니라 헌법상 요청이기 때문이다. 법치국가원리, 재판받을 권리, 환경권 등의 헌법상 요청에 따라 실효적이고 공백 없는 환경행정소송이 되도록 입법을 통한 개선도 필요하지만, 현행 행정소송법 해석론에서도 실효적이고 공백 없는 환경행정소송이 되도록 해야 한다. 행정소송법 입법자의 의사에만 천착한 나머지, 더 상위의 가치인 헌법적 요청을 저버린다면 이는 올바른 해석론이 아니다. 입법자가 의무이행소송이나 예방적 금지소송을 행정소송법 개정을 통하여 선물할 때까지 마냥 기다릴 필요가 없고, 그래서도 안 된다. 우리나라 판례는 입법자의 선물만을 기다리는 듯하다.[95] 그러나, 공백 없는 권리보호를 해야 한다는 헌법적 요청은 이러한 법률 차원의 가치를 넘어서는 것임을 잊어서는 안 된다. 명문의 규정이 없는 의무이행소송이나 예방적 금지소송을 쉽게 인정할 수는 없겠지만, 도저히 '수인할 수 없는 극심한 경우'(unzumutbare Härtefall)에 예외적으로 이러한 행정소송유형을 인정하는 방식으로 해석론을 전개해야 할 것이다.

### (2) 예방적 금지소송의 공백

환경행정법관계에서 사인은 행정청이 '하려고 하는 것'으로 권리침해를 하는 경우 그 권리를 보호받을 수 있어야 한다. 이러한 권리는 대법원이 행정법관계에서 향후 가중적 제재적 처분을 받을 우려가 있는 경우 그로 인한 법률상의 지위에 대한 위험이나 불안을 제거하기 위하여 처분의 취소를 구할 법률상 이익이 있다고 판시한 데에서도 엿볼 수 있다(대법 2006. 6. 22. 선고 2003두1684 전원합의체 판결). 이는 가중적 처분의 취소소송에 관한 판례이긴 하지만, 여기서 처분을 받을 우려가 있을 때 '사전에 예방할 수 있는 권리'가 도출될 수 있음을 암시하고 있다.

공권력으로부터 침해방어를 기본으로 하는 시민적 법치국가의 입장에서는[96] 행정소송의 사후적 권리보호(nachträglicher Rechtsschutz) 내지 진압적 권리보호(repressiver Rechtsschutz)의 수단으로서 성격을 어디까지 인정할 것인지가 문제되는데, 분명한 것은 국가공권력에 대한 소송이 엄격한 사후소송에 그쳐야 한다는 요청은 우리 헌법상 인정하기 어렵다는 점이다. 따라서 사후소송을 기본으로 하더라도 사후소송만으로는 원고에게 수인할 수 없는(unzumutbar) 경우라면 사전적 구제수단(vorbeugender Rechtsschutz)이 예외적으로 인정되어야 한다.[97] 문제는 명문의 규정이 없는 우리나라 현행 행정소송법상 이러한 예방적 금지소송을 인정할 수 있는가이다. 이 물음에 대해서 이른바 '한정적 긍정설', 즉 ① 처분이 행하여질 개연성이 있고 절박하며, ② 처분요건이 일의적으로 정하여져 있으며, ③ 미리 구제하지 않으면 회복할 수 없는 손해가 발생할 우려가 있고, ④ 다른 구제방법이 없는 경우에는 예방적 금지소송이 인정되어야 한다는 입장은 적절히 답하고 있다.[98] 요컨대, 특별

---

95) 의무이행소송을 부인하는 대법 1986. 8. 19. 선고 86누223 판결; 대법 1992. 1. 10. 선고 92누1629 판결. 예방적 금지소송을 부인하는 대법원 1987. 3. 24. 선고 86누182 판결.
96) 김철용, 행정법, 541쪽.
97) Detterbeck, Allgemeines Verwaltungsrecht, Rn. 1450; BVerwGE 34, 69(73); 64, 298(300).
98) 한정적 긍정설이 다수설로 소개된다. 김철용, 행정법, 540쪽.

한 권리보호 이익을 요건으로 예방적 금지소송을 인정해야 한다.

또 다른 쟁점으로 처분에 대한 취소를 구하면서 집행정지신청을 하는 것만으로 예방적 금지소송과 같은 효과를 거둘 수 있는지의 문제가 있다. 생각건대, 집행정지는 가구제수단으로서 본안소송절차에 비하여 한계가 있을 뿐만 아니라, 본안소송절차에 대한 부종성이 특히 강한 현행 집행정지제도로는 예방적 금지소송의 기능이 충족될 수 없다고 할 것이다. 따라서 집행정지제도를 이유로 예방적 금지소송에 대하여 소극적인 입장[99]은 타당하지 않다.

그러므로, 사인의 방해예방청구권이라는 실체적 공권을 보호할 수 있는 예방적 금지소송은 입법을 통해 도입해야 하겠지만, 그 이전에 현행 행정소송법 해석론을 통해서도 인정해야 한다. 예방적 금지소송은 완성된 사실로부터 사인의 권리를 보호할 수 있는 장치로서 행정소송의 '실효성'과도 매우 밀접한 관계가 있어 실효적이고 공백 없는 권리보호를 위해 불가결한 소송유형이며 특히 환경행정소송으로서도 예방적 금지소송의 중요성은 긴 말을 요하지 않는다.

## (3) 의무이행소송의 공백

의무이행소송 역시 우리나라 행정소송 실무에서 철저히 부인되고 있다(대법 1992. 1. 10. 선고 92누1629 판결 등). 의무이행소송은 둘로 나눌 수 있는데, ① 수익적 처분의 신청의 거부에 대하여 수익적 처분의 이행을 구하는 소송과, ② 행정청이 행정상대방에 대한 규제권한발동과 같은 행정개입을 할 것을 제3자가 청구하는 소송인 행정개입청구소송이 그것이다. 일본 행소법에서는 이 둘을 구분하여 ①을 신청형 의무이행소송, ②를 직접형(비신청형) 의무이행소송이라고 한다.[100]

수익적 처분의 이행을 구하는 소송인 ①은 우리나라에서 인정되지 않아, 이를 주로 거부처분 취소소송이 대신하고 있는데 실효적인 권리보호로서는 한계가 있을 수밖에 없다. 이러한 문제에 대해서는 한계가 있긴 하지만, 거부처분 취소소송이나마 이용되고 있는 편이다. 행정개입청구소송인 ②는 우리나라 상황에서 더 심각한 권리보호의 사각지대가 생기는 경우이다. 즉, 거부처분 및 부작위의 성립요건으로 신청권을 요하는 판례에 따르면 이 경우 본안판단으로 이어지지 못하고 부적법한 소로서 각하될 가능성이 대단히 크다(대법 2006. 6. 30. 선고 2004두701 판결 등 참조). 행정절차에서 '신청'과 '직권'을 구분할 경우

---

99) 김중권, 행정법, 698쪽.
100) 일본 행소법 제3조 제6항은 신청형 의무이행소송(제2호)과 직접형 의무이행소송(제1호)으로 구분한다.

다극적 행정법관계에서 행정개입청구권자가 법령상 신청권을 가지는 경우를 생각하기 어렵기 때문이다. 우리 판례와 마찬가지로 거부처분의 성립요건으로 신청권을 판례가 요구하는 일본에서 의무이행소송을 도입하면서 신청형 의무이행소송과 직접형(비신청형) 의무이행소송으로 2원화하여 개정 행정사건소송법에 담은 것도 이러한 이유에 근본적으로 기인한다. 이러한 부조화를 해결하기 위하여 판례(대법 2017. 6. 15. 선고 2013두2945 판결 등)에서 '조리상 신청권'을 도입한 것은 거부처분·부작위의 성립요건으로 '신청권이 필요하다고 보는 한' 일종의 궁여지책으로서 일단 긍정적으로 보지만, 실효적이고 공백 없는 권리보호를 위해서는 행정개입청구권을 포함한 원고의 이행청구권을 중심으로 의무이행소송을 설계하여, 이를 활용할 필요가 있다. 오염물질 배출사업장 인근 주민이 행정청에 대하여 배출사업장에 규제권한을 발동해줄 것을 요구하는 소송에서 볼 수 있듯, 행정개입청구소송으로서 의무이행소송이 환경권실현을 위해 필요함은 물론이다.

## 4. 환경행정소송으로서 당사자소송

### (1) 항고소송 및 민사소송과의 구분

'실효적이고 공백 없는 권리보호'는 항고소송만을 위한 것이 아니다. 우리나라 행정소송 현실에서는 무명항고소송 인정에 못지않게 당사자소송 활성화도 필요하다. 당사자소송은 ― 부족한 형태이긴 하나 ― 법정되어 있음에도 불구하고 제대로 이용되지 못하고 있는 형편인데, 이 문제 역시 실효적이고 공백 없는 권리보호를 중심으로 파악해야 한다. 당사자소송의 그 독자적 의미를 정립하기 위해서는 항고소송과 민사소송을 제대로 구분하여, 각자의 역할을 제대로 할 수 있도록 해야 한다.

우선, 항고소송과 구분된다. 장기적으로 본다면 다양한 행정소송이 고유한 명칭을 가지고 작동해야 하며, 그렇게 된다면 굳이 항고소송과 당사자소송이라는 큰 틀이 필요 없게 될 수도 있지만, 아직은 이 2개의 틀을 중심으로 행정소송을 이해해야 할 것이다. 양자는 2가지 면에서 구분된다. 첫째, 처분성 유무이다. 처분성 있는 행정작용을 다투는 것은 항고소송이며, 처분성이 없는 행정작용에 대해서는 당사자소송으로 다투어야 한다. 둘째, 처분성 유무판단에 따라 처분성이 없는 행정작용의 경우 이를 취소소송과 같은 구조의 행위소송으로 다투는 것이 아니라 그 행정작용으로 인한 법률관계, 즉 공법상 법률관계를 다투게 된다. 처분을 다투는 항고소송 역시 넓은 의미에서는 공법상 법률관계소송이라고도 할 수 있지만, 항고소송은 직접적으로는 법률관계를 소송주제로 삼지 않고, '처분' 또는 '부작위'라는 '행위'를 소송주제로 삼는 행위소송이다. 요컨대 행정소송법은 <항고소송=행위소송, 당사자소송=법률관계소송>이라는 구조를 취하고 있다.

다음으로, 당사자소송은 민사소송과도 구분된다. 흔히 공·사법 구별실익으로서 행정소송과 민사소송의 관할권 구분을 드는 경우가 많지만, 실질적으로 공·사법 구별을 통한 관할권 구분은 당사자소송과 민사소송의 구분에서 나타난다. 행정소송의 대부분을 이루는 항고소송에서는 처분성 유무판단을 통한 '소적격'심사만 하면 되지, 현행 행정소송법 하에서 공·사법관계 구분을 굳이 따질 필요는 사실 거의 없다고 할 수 있다. 즉 같은 법률관계소송이지만, 공·사법 구분에 따른 관할권 구분은 결국 당사자소송과 민사소송의 구분에서 나타난다.


## (2) 당사자소송의 유형

당사자소송은 다양하게 이용 가능해야 하는데, 이는 주로 확인의 소, 이행의 소의 형태가 될 것이다. 취소소송은 처분의 공정력이라는 특수한 효력을 깨트리기 위한 것이어서 처분의 경우 형성소송이 필요하지만, 공정력이 없는 非처분의 경우 법률관계소송으로서 확인소송이나 이행소송이 충분히 실효성을 가질 것이다. 따라서 형성소송으로서 당사자소송의 활용필요성은 생각하기 어렵다.

확인소송으로는 행정입법권 부존재에 대한 확인소송, 행정입법 부작위를 다투는[101] 행정입법권 존재에 대한 확인소송, 처분성이 인정되지 않는 행정지도·행정계약·행정계획 등에서 행정작용으로 인한 법률관계 존부에 대한 확인을 구하는 소송유형을 환경행정소송에서 이용할 수 있다. 이행소송으로는 공법상 금전지급청구소송은 실무에서도 잘 활용되고 있는 편이지만(대법 2004. 7. 8. 선고 2004두244 판결 등) 환경행정소송으로서는 그 활용 가능성이 크지 않을 것이다. 오히려 非처분 의무이행소송, 非처분 개입청구소송의 이용가능성을 생각해볼 수 있다. 이는 처분과 무관한 행정작용을 구한다는 점에서 항고소송이 아닌 당사자소송으로서 의무이행소송이며, 처분과 무관한 행정법관계에 관한 소송이어서 거부처분성의 요건인 신청권의 문제도 없다.

그 밖에도 일종의 공법상 유지청구소송이라고 할 수 있는 非처분에 대한 예방적 금지소송의 활용가능성을 생각해볼 수 있는데, 이하에서 보다 상세하게 살펴본다.

---

101) 행정입법 부작위를 다툰 부작위위법확인소송을 인정하지 아니한 대법 1992. 5. 8. 선고 91누11261 판결 참조.

### (3) 공법상 유지청구소송: 非처분에 대한 예방적 금지소송

공항소음피해에 대하여 방해배제·예방을 구한 대법 2016. 11. 10. 선고 2013다71098 판결[102]은 소유권에 기한 유지(방지)청구소송에 관한 것이지만, 피고가 국가이며 실질적인 피해내용이 공항소음피해(환경피해)라는 점을 주목할 필요가 있다. 여기서 대법원은 민사소송으로 제기된 이 소를 아무런 의문도 제기하지 않은 채 받아들여 본안심사를 했는데, 이는 가령 후술하는 환경상 이익침해로 인한 국가배상법 제5조의 배상책임이 문제가 된 사례들에서 유지청구를 구하지 않고, 오직 손해배상청구만 구한 것과 비교되는 사안이다. 원심(대전고법)에서는 소유권에 기한 유지청구권(방지청구권)을 인정했지만, 대법원은 참을 한도를 넘어선 것이 아니라고 보아 원심을 파기·환송한 것이다. 이 점에서 이 판례는 비교법적으로 일본의 오사카국제공항 항공기소음판례나 아츠키기지 항공기소음사건(제1차~제3차)의 판례에서 이러한 문제를 민사소송에서 다룰 수 없다고 본 것과 구분된다. 이 판례에서 법원의 관할문제와 관련된 피고의 반대항변이 있어 이 점이 판단되었거나, 법원이 직권으로 이를 판단했으면 더 좋았을 것이다.

여기서 원고가 유지청구권을 주장하는 근거는 소유권에 기한 방해제거청구권, 즉 물권적 청구권이었다. 이는 통상적인 민사상 유지청구권에 있어서 종래 법원이 일관되게 유지해 온 입장이기도 하다. 즉 환경권이나 인격권에 기한 유지청구권은 일체 인정하지 않았음이 그간 판례의 입장이었고, 또한 인근 건축물의 소유권자인 이 사건 원고의 입장에서는 굳이 다른 권리를 원용할 필요성도 없었을 것이다. 그러나, 공항소음과 같이 다수의 피해자가 발생하는 사안의 경우 피해자 중에서는 그 소음피해지역에서의 소유권 등 물권을 가지고 있지 않는 자도 있어 물권적 청구권에 근거해서만 유지청구권을 인정하는 것은 문제가 없지 아니하다. 이는 민사상 유지청구권에서도 지적되는 문제점이지만, 국가나 지방자치단체를 상대로 유지청구를 구하는 공법상 법률관계에서도 마찬가지 문제가 아닐 수 없다. 나아가, 이 사안이 민사법원의 관할이 될 수 없는 행정사건이라고 볼 경우 우선 항고소송의 대상이 되는 '처분'이 존재하는지, 존재하지 않는다면 이를 당사자소송으로 다룰 수 있는지도 밝힐 필요가 있다.

---

102) "항공기의 비행으로 토지 소유자의 정당한 이익이 침해된다는 이유로 토지 상공을 통과하는 비행의 금지 등을 구하는 방지청구와 금전배상을 구하는 손해배상청구는 내용과 요건이 다르므로, 참을 한도를 판단하는 데 고려할 요소와 중요도에도 차이가 있을 수 있다. 그중 특히 방지청구는 그것이 허용될 경우 소송당사자뿐 아니라 제3자의 이해관계에도 중대한 영향을 미칠 수 있으므로, 방해의 위법 여부를 판단할 때는 청구가 허용될 경우 토지 소유자가 받을 이익과 상대방 및 제3자가 받게 될 불이익 등을 비교·형량해 보아야 한다."

예방적 금지의 대상이 처분인지 여부에 따라 처분인 경우에는 항고소송을 이용해야 하지만, 처분성 없는 행정작용의 예방적 금지를 구하는 경우에는 현행 행정소송법상 당사자소송을 이용할 수 있다. 그러나 이러한 소송유형이 제대로 이용되지 못하고 있어 우리나라에서 권리보호의 사각지대가 양산되고 있다. 예방적 금지대상이 처분이 아니라 단순 행정작용이라면 이는 당사자소송형태의 예방적 금지소송으로 다투어야 한다. 국도나 지방도에서 발생하는 소음피해의 경우도 같은 문제상황이다. 피해자는 국가나 지방자치단체에 대하여 소음피해로 인한 국가배상청구소송만이 아니라 예방적 금지청구소송도 제기할 수 있어야 한다. 아직 우리나라 소송실무에서는 이러한 소송을 활용하지 않고 있지만,[103] 이는 어렵지 않게 시정될 수 있는 문제라고 생각된다.[104]

## 5. 자연의 권리소송과 환경단체소송 입법론

판례는 이른바 자연의 권리를 부인하고 있다. 가령, 황금박쥐소송(청주지법 2008. 11. 13. 선고 2007구합1212 판결), 검은머리물떼새소송(서울행법 2010. 4. 23. 선고 2008구합29038 판결)은 행정소송의 형태로, 도롱뇽소송(대법 2006. 6. 2. 선고 2004마1148, 1149 판결)은 민사소송으로 제기되었지만 그 당사자능력에서부터 부인되었다. 이러한 자연의 권리소송에 대한 담론은 계속해 가더라도 당장 현실문제에 대한 해결책이 되긴 어렵다는 점을 부인할 수 없는데, 그 현실적 대안이 될 수 있는 것이 환경단체소송이라 할 수 있다. 환경단체소송이란 환경단체가 해당 단체가 목적으로 하는 일반적 이익 또는 집단적 이익의 보호를 위하여 제기하는 소송을 말한다. 환경단체소송을 이기적 단체소송과 이타적 단체소송으로 나눌 수 있는데, 이기적 단체소송(egoistisches Verbandsklage)이란 단체가 규범적으로 보호되는 단체 구성원의 개인이익을 고유한 이름과 권리로서 재판을 통해 추구하려는 단체의 권한으로 제기하는 소송이며, 사익적(私益的) 단체소송이라고도 한다. 이타적 단체소송(altruistische Verbandsklage)이란 오직 공익만을 보호하려는 법규정의 침해를 다툴 수 있는 소송상 자격을 일정한 요건 하에 단체에게 부여하는 소송이다. 사익을 보호하고 있는 법률규정에 근거하여 원고적격이 인정되는 통상적인 행정소송(행정소송법 제12조 참조)과는

---

103) 국도나 지방도가 아닌 경우인 한국도로공사가 관리하는 고속국도상에서 이러한 소음문제가 발생할 경우 (국가배상법 제5조와 비교할 만한) 민법 제758조에 따른 손해배상청구소송과 함께 예방적 금지의 취지라고 할 수 있는 '유지청구(방지청구)소송'을 제기할 수 있는 것과 비교된다.

104) 이에 대한 상세는 김현준, "환경상 이익 침해에 대한 민·행정법상 유지청구권, 환경법연구 37-2, 2015; 김현준, "公法上 留止請求權 實現의 法治國家的 課題 - 대법원 2016. 11. 10. 선고 2013다71098 판결 -", 행정판례연구 22-2, 2017.

달리, 공익을 보호하고 있는 법률규정에 근거하여 단체가 소송을 제기한다는 점에서 이를 공익적(公益的) 단체소송이라고도 한다. 이타적 단체소송이 협의의 단체소송이라고 할 수 있으며, 단체소송의 모델로 보고 있는 독일의 환경구제법(Umweltbehelfsgesetz) 또는 독일 연방자연보호법 제61조와 같은 규정은 통상적인 행정소송법에 대한 특별한 규정으로서 바로 이 이타적 단체소송의 모델이다.[105]

우리나라에서도 이러한 단체소송의 인정은 개인적 이익의 보호를 목적으로 하는 행정소송법 제12조의 취지와 배치되므로, 이는 별도의 입법을 제정하거나, 자연환경보전법에 이러한 규정을 두는 방식 등을 통하여 해결될 수 있을 것이다.[106]

## II. 환경행정심판

행정심판이란 행정청의 위법·부당한 처분 또는 부작위에 대한 불복에 대하여 행정기관이 심판하는 행정쟁송절차를 말한다. 행정소송의 경우와는 달리 '위법' 외에 '부당'까지 다룬다는 특징이 있으며(행정심판법 제1조, 제5조 참조), 행정심판을 규율하는 일반법으로는 행정심판법이 있다. 환경행정에 특유한 특별행정심판에 관한 법은 없기 때문에 행정심판법의 취소심판, 무효등확인심판, 의무이행심판을 환경권 실현을 위한 구제수단으로 활용할 수 있다. 특히 행정청의 거부처분이나 부작위로 인한 권익침해가 있는 경우 의무이행

---

105) 그밖에 넓은 의미에서 단체소송으로 논의되는 소송형태로 ① 참여소송과 ② 우회적 단체소송을 들 수 있는데, ①참여소송(Beteiligungsklage)이란 법률에 의해 특별히 인정된 단체의 참여(Verbandsbeteiligung)에 관한 권리가 침해된 경우에 단체가 제기하는 소송으로 절차법적 단체소송이라고도 부른다. 독일 연방자연보호법에서는 승인된 단체의 의견표명권 및 전문가감정 열람권과 같은 절차참여권을 규정하고 있는데, 절차참여권이 침해당하는 경우에 제기할 수 있는 참여소송에는 2가지가 있다. 하나는 절차참여를 구하는 일반적 이행소송으로서의 참여강제소송(Partizipationserzwingungsklage)이며, 다른 하나는 당해 행정결정에 대한 단체의 절차참여권이 배제되었다는 절차하자를 이유로 당해 행정결정의 취소를 구하는 취소소송이다. 이타적 단체소송과 이기적 단체소송이 실체법적 단체소송이라면, 이 두 유형의 참여소송은 절차법적 단체소송이라 할 수 있다. ② 우회적 단체소송이란 이타적 단체소송의 제기가 곤란한 경우에 우회적으로 그 목적을 달성하는 수단인 이른바 '저지를 위한 토지소송'(Sperrgrundstücksklage)이다. 이는 단체가 소유자 또는 인근주민의 지위에서 제기하는 소송, 즉 단체가 토지소유권 등 자기의 실체적 권리를 지킬 목적으로 제기하는 소송이다. 가령 대규모 개발사업허가처분을 다투기 위해 환경단체가 당해 개발사업 예정지 인근의 토지를 구입하여 이해관계 있는 제3자인 소유자 또는 인근주민으로서 소송을 제기하는 형태로서 우회적 단체소송 또는 단체피해자소송이라고 부른다. 이를 단체소송의 유형으로 보기도 하지만, 이타적 단체소송의 요건을 갖추지 못한 환경단체가 원고가 되기 위해 우회적으로 사용하는 방법에 불과하므로 진정한 의미의 환경단체소송으로 볼 수 없다. 환경단체소송에 대한 상세는 김현준, "독일 환경법상 단체소송의 새로운 전개", 환경법연구 29-2, 2007, 31쪽 이하.
106) 다양한 유형의 환경단체소송 입법론에 대해서는 김현준 외, 주요 국가의 환경손해법리 도입현황 및 국내 도입 방안 연구, 환경부/한국환경법학회, 2019. 5, 참조.

심판과 그와 맞물린 가구제인 임시처분(제31조)까지 이용할 수 있어 의무이행소송 및 가처분이 인정되지 않는 행정소송의 경우보다 더 적극적인 역할을 할 수 있다. 또한 재결의 집행력 확보수단으로서 직접처분제도(제50조)와 간접강제제도(제50조의2)도 환경행정영역에서 적극 활용할 수 있다.


## III. 환경국가책임법

### 1. 국가배상법 제2조: 주로 '부작위'로 인한 책임

#### (1) 문제상황

국가배상은 행정주체가 자기의 직무수행과 관련하여 위법하게 타인에게 손해를 가한 경우에 행정주체가 피해자에게 손해를 배상해주는 제도를 말한다. 국가배상법 제2조에 따르면, 국가나 지방자치단체는 공무원 또는 공무를 위탁받은 사인("공무원")이 직무를 집행하면서 고의 또는 과실로 법령을 위반하여 타인에게 손해를 입힌 경우 국가배상법에 따라 그 손해를 배상하여야 하는데, 환경법 영역에서 국가배상법 제2조는 주로 공무원의 부작위에 의한 책임으로 문제된다. 판례의 표현에 따르자면, 공무원의 권한 불행사가 현저하게 합리성을 잃어 사회적 타당성이 없는 경우에 국가배상책임이 인정된다(대법 2016. 8. 25. 선고 2014다225083 판결 등).

부작위에 의한 국가배상문제는 2면관계(행정주체-행정상대방)와 3면관계(행정주체-사인①-사인②)의 경우로 나누어 볼 수 있다. 특히 후자는 헌법상 국가의 기본권보호의무를 바탕으로 하며, 작위의무의 근거법령이 재량규정으로 되어 있는 경우 무하자재량행사청구권 및 행정개입청구권의 법리가 적용되는 문제이다. 제3자의 행정개입청구소송으로서 거부처분 취소소송을 제기하면 우리 행정소송 실무상 제3자의 신청권 불인정으로 대상적격이 흠결되는 경우가 많다. 그러나 후자(3면관계)의 경우에 행정개입청구권의 행사로서 국가배상청구소송은 소송실무상 큰 의미가 있다. 가령, 가습기 살균제 제조회사, 라돈침대업자, 기타 환경상 유해한 업자에 대하여 제대로 규제권한을 발동하지 않은 국가에 대하여 국가배상청구소송을 제기하는 경우를 생각해보면 이는 얼마나 유용한 구제수단인지 알 수 있다.

## (2) 부작위에 의한 국가배상책임

국가배상법 제2조의 책임 가운데 공무원의 부작위로 인한 국가배상책임의 요건으로 작위의무성(부작위가 위법이 되기 위해 작위의무가 도출될 수 있어야 함)과 사익보호성(그 작위 의무는 전적으로 또는 부수적으로라도 국민 개인의 사익을 보호하기 위한 것이어야 함)이 특히 문제된다.

### 1) 작위의무성

부작위의 상황이 주어져 있다면, 공무원의 '작위의무성'은 곧 배상책임 요건으로서 위법성("법령에 위반하여")이 될 것이다. 따라서 이 작위의무성을 어떻게 판단할 것인지가 문제인데, 2면관계의 경우 행정권발동청구권, 3면관계의 경우 행정개입청구권의 문제의 반대방향에서 이를 검토할 수 있는데, 작위의무는 발동청구권의 상대적 개념인 '발동의무', 개입청구권의 상대적 개념인 '개입의무'와 동일한 개념이다. 따라서 무하자재량행사청구권이 행정개입청구권이 되는 상황인 재량권수축이론은 여기에 그대로 적용될 수 있다.

판례는 주로 ① 손해의 절박·중대성, ② 결과의 예견가능성, ③ 결과의 회피가능성 등을 작위의무의 요소로 들고 있다. 이러한 요건들을 종합적으로 고려하여 공무원의 작위의무를 관련규정의 해석을 통해서 도출함으로써, 부작위가 현저하게 합리성을 잃어 사회적 타당성이 없다거나 객관적 정당성을 상실하여 위법한 경우를 판단하고 있다. 대법원은 위의 ①, ②, ③의 요건을 종합적으로 고려하여 판단하고 있지만(대법 1998. 10. 13. 선고 98다18520 판결), ①과 ②의 요소, 특히 ①을 강조하는가 하면(서울중앙지법 2010. 6. 22. 선고 2009가합120431, 120448 판결), ①의 요건은 빼고, ②,③의 요건만을 고려하기도 한다(대법 2010. 9. 9. 선고 2008다77795 판결). 판례의 작위의무 도출법리는 좀 더 정치하고, 체계적으로 발전해야 하며,[107] 무엇보다 행정법학에서 이미 상당히 체계화되어 있는 행정권발동청구권 및 행정개입청구권의 법리를 잘 활용할 필요가 있다.

### 2) 사익보호성

국가배상법 제2조의 배상책임의 요건으로 직무의 사익보호성을 요구할지 문제가 되나, 판례는 상당인과관계의 차원에서 이를 인정하고 있다. 즉 공무원이 고의 또는 과실로 그

---

107) 이에 대한 상세는 김현준, "규제권한 부행사에 의한 국가배상책임의 구조와 위법성 판단기준", 행정판례연구 16-1, 2016, 271-306쪽.

에게 부과된 직무상 의무를 위반하였을 경우라고 하더라도 국가는 그러한 직무상의 의무 위반과 피해자가 입은 손해 사이에 상당인과관계가 인정되는 범위 내에서만 배상책임을 지는 것이고, 이 경우 상당인과관계가 인정되기 위하여는 공무원에게 부과된 직무상 의무의 내용이 단순히 공공 일반의 이익을 위한 것이거나 행정기관 내부의 질서를 규율하기 위한 것이 아니고 전적으로 또는 부수적으로 사회구성원 개인의 안전과 이익을 보호하기 위하여 설정된 것이어야 한다(대법 2010. 9. 9. 선고 2008다77795 판결).

## 2. 국가배상법 제5조: 주로 '기능적 하자'로 인한 책임

국가배상법 제5조 제1항에 따르면, 도로·하천 기타 공공의 영조물의 설치나 관리에 하자가 있기 때문에 타인에게 손해를 발생하게 하였을 때에는 국가 또는 지방자치단체는 그 손해를 배상하여야 한다. 이러한 국가배상책임에서 주로 다투어지는 것은 공공의 영조물의 설치·관리의 '하자'의 해석문제인데, 이러한 '하자'에는 물적 하자만이 아니라, 기능적 하자(이용상 하자)까지 포함된다. 국가배상법 제5조의 책임으로서 기능적 하자는 다름 아닌 환경문제와 관련하여 발전된 것이다. 이용상 하자(기능적 하자)란 영조물이 공공의 목적에 이용됨에 있어 그 이용상태 및 정도가 일정한 한도를 초과하여 제3자에게 사회통념상 참을 수 없는 피해를 입히는 경우를 말한다(대법 2005. 1. 27. 선고 2003다49566 판결; 대법 2010. 11. 25. 선고 2007다20112 판결). 기능적 하자의 판단기준은 결국 '수인한도'가 되는데, 이러한 '수인한도'를 판단함에 있어서 '환경기준'이나 '배출허용기준'과 같은 공법상 기준은 하나의 고려요소가 된다.[108] 가령 공항소음, 국도·지방도에서의 소음 피해의 경우 기능적 하자가 문제되곤 한다.


## IV. 환경행정법상 ADR

## 1. ADR과 조정

환경행정상 법률관계에서 '대체적(대안적) 분쟁해결'(Alternative Dispute Resolution, ADR)이란 특히 중요한 역할을 한다. ADR은 소송에 대한 대안으로 제시된 분쟁해결제도라는

---

108) 기능적 하자에서의 '수인한도'와 관련하여 참고할 수 있는 대법 2010. 11. 11. 선고 2008다57975 판결 (웅천사격장 사건); 대법 2008. 8. 21. 선고 2008다9358 판결(부산 동서고가도로 등 소음사건) 참조.

측면에서 소송외적 분쟁해결절차이다. 환경분쟁조정법과 같은 우리나라 실정법에서는 '환경갈등' 대신에 '환경분쟁'이라는 용어를 쓰고 있는데, 여기서 '환경분쟁'이란 광범위하게 해석될 수 있는 환경갈등 가운데, 동법의 적용대상을 입법정책적으로 정한 개념이라 할 수 있다(동법 제2조 제2호 참조). 이러한 제도는 현대국가에서 문제가 되는 환경갈등과 밀접한 관련이 있다.109) 사인과 사인 간, 또는 행정주체와 사인 간 발생하는 환경문제로 인한 갈등에 대한 해결방안으로서 ADR제도가 주목받는 이유는 ① 소송에 비하여 시간·비용이 절감되며, ② 전부 아니면 전무(all or nothing)식의 해결이 아닌 진정한 법적 평화(갈등해소)를 꾀할 수 있다는 장점이 있기 때문이다. 우리나라의 환경분쟁조정의 이용현황, 즉 조정(調停, mediation)이 제대로 활성화되어 있지 않는 현실을 보면 ADR의 장점 중 ①에만 치중되어 있고, ②의 장점은 제대로 살리지 못하고 있음을 알 수 있다.

ADR수단 중에서도 대표적인 갈등해결수단으로 알려진 조정(調停)은 중립적 지위에 있는 제3자가 분쟁당사자들이 쉽게 협상하여 분쟁을 해결할 수 있도록 도와주는 분쟁해결 방법이다. 제3자의 위치에 있는 조정인에게는 독립성·중립성이 특히 중요한 의미를 가지며, 이들은 결정권한은 없고 단지 당사자들의 협상을 도울 권한만 인정된다. 조정의 이러한 특성은 현대 산업사회·지식사회에서 효율적인 수단으로 인정받고 있는 자율제어(Selbststeuerung)의 일종이다. 이는 당사자의 자율적 의사조절보다는 법령준수를 기본으로 하는 공법영역에서도 마찬가지인데, 가령 행정절차법에서 조정의 제도화를 통한 갈등극복의 시도 등을 생각할 수 있다.110) 국가는 더 이상 질서법적 위험방어 모델로 대표되는 일방적·고권적·계층적 제어수단으로서가 아니라, 좀 더 이른 단계에서 설득·절충하는 전략을 가져야 한다는 동반자적 법치국가(partnerschaftlicher Rechtsstaat)의 법리는 조정이라는 기제를 통하여 달성될 수 있다. 반면에 임의적으로 합의해 가는 조정은 결렬의 위험을 늘 안고 있고, 의견일치를 본 사안에 대하여 조정을 이행하는 데 실패할 경우 상황은 매우 어렵게 되는 것과 같은 조정의 단점도 없지 않다. 환경분쟁조정법 제33조의2에 따른 조정결정과 같은 제도는 이러한 단점을 보완하는 제도라고 할 수 있다. 동법 제30조에 따른 직권조정은 행정주체와 사인 간에 발생할 수 있는 대규모 환경갈등에 이용될 수

---

109) 동양문화권에서 갈등(葛藤)의 의미는 칡(葛)과 등나무(藤)가 서로 복잡하게 뒤얽혀 있다는 의미로, 일이나 인간관계에서 복잡하게 뒤얽혀 풀기 어려운 상태나, 인간 내면의 상충되는 생각 때문에 고민하는 심리적 상태를 나타낸다. 그리고 서양문화권에서 갈등(conflict)이란 라틴어 conflictus의 과거분사 형인 comfligere에서 유래된 com(together)＋fligere(to strike)라는 의미로서, 서로 때리거나 부딪치는 상황을 형상화한 말이다(지속가능발전위원회 편, 공공갈등관리의 이론과 기법(상), 논형, 2005, 72–73쪽). 이러한 동서양의 뉘앙스 차이를 감안한 적절한 균형 또는 통합적 접근이 필요하다고 한다. 같은 책, 73쪽.
110) Härtel, "Mediation im Verwaltungsrecht", JZ (2005), 753.

있지만, 아직 현실적으로 잘 이용되고 있지는 않다.111)

행정심판절차에서도 행정심판위원회는 당사자의 권리 및 권한의 범위에서 당사자의 동의를 받아 심판청구의 신속하고 공정한 해결을 위하여 조정을 할 수 있다(행정심판법 제43조의2 본문).

## 2. ADR과 헌법상 재판받을 권리, 법치국가원리

법원의 재판에 앞서 강제적으로 조정절차를 밟도록 한다면 이는 재판받을 권리에 반하는 것은 아닌지 문제될 수 있다. 이에 대하여 독일 연방헌법재판소는 노르트라인-베스트팔렌의 분쟁해결 및 조정법(Gütestellen- und Schlichtungsgesetz)에서, 갈등해결 및 법적 평화를 촉진하고 법원의 부담을 경감하기 위해 합의를 기초로 한 분쟁해결(einverständliche Streitbeilegung)을 민사재판에 앞서 행할 수 있다는 결정을 내린 바가 있다.112) 그 이유로서, 독일 헌법재판소가 정식재판에 앞서 ADR로서의 조정절차를 필수적 전치절차로 하더라도 정식재판절차가 배제되는 것도 아니고 법원의 부담경감에도 기여하는 것으로 헌법에 반하지 않는다고 보았다.113)

문제가 되는 것은 행정주체와 사인 간의 공공갈등에 있어서 이러한 비재판절차로서의 조정이 법적 근거가 없이도 이루어질 수 있는지, 즉 법치국가원리에 따른 법률유보가 필요한 것은 아닌가 하는 의문이다. 생각건대, 합의적 갈등해결에 기본권주체가 임의적인 협력을 하는 경우에는 그것은 기본권침해가 될 수 없다고 본다. 또한 당사자 간 조정의 결과는 원칙적으로 직접적인 구속효를 가지는 것도 아니며, 합의된 구체적인 내용은 행정절차로 전환하는 형식을 취하면 이러한 문제는 해소될 것이다. 어떠한 방식으로 조정의 효력이 발생할 것인가는 사안별·협상체결별로 다양하게 나타나며, 법치국가원리와 조화될 수 있는 방식으로 전개될 수 있다. 중요한 것은 환경행정법관계에서의 갈등, 즉 행정주체와 사인 간의 환경갈등을 해결할 수 있는 ADR제도는 환경행정법의 중요한 과제임을 잊어서는 안 된다는 점이다.

---

111) 후술하는 '제2장 제9절 (2)'참조.
112) BVerfG, Beschluss vom 14. Februar 2007 - 1 BvR 1351/01 = NJW-RR (2007), 1073.
113) 이에 관해서는 von Bargen, ZUR 2012, 468; Seibert, "Mediation in der Verwaltungsgerichtsbarkeit - Erfahrungen und Überlegungen zu einer alternativen Streitbeilegung", NVwZ (2008), 365 ff.

## 3. 환경분쟁조정에 관한 일반법

일종의 자율규제 내지는 자율제어로서 조정이 제 역할을 완수하기 위해서는 법적 근거가 필요하다는 견해도 있다. 우리나라에서는 환경분쟁조정법에 따른 환경분쟁조정(알선, 조정, 재정, 중재)을 이용할 수 있다. 이러한 환경분쟁조정제도는 환경행정법관계에서 나타나는 공공갈등문제에서는 제대로 이용되지 못하고, 환경단체의 조정신청에 관한 규정(제26조)도 '개별성'의 한계를 벗어나지 못하며, 진정한 ADR이라 할 수 있는 조정(調停, mediation)이 활성화되고 있지 않는 등 한계도 없지 않다. 그러나 환경분쟁을 해결하는 환경 ADR로서 환경분쟁조정제도는 중요한 환경구제수단으로써 일정한 역할을 하고 있는 점도 부인할 수 없는데, 그에 관한 일반법인 환경분쟁조정법에 대해서는 환경행정법각론에서 살펴본다(제2장 제9절).

# 제2장 개별 환경행정법

〈개별 환경행정법의 주요 법률〉

행정법이 그 총론과 각론이 유기적으로 연결되듯이, 환경행정법 역시 환경법총론(본서 제6편 제1장)을 바탕으로 개별 환경행정법을 전개해야 할 것이다. 다만, 방대한 개별 환경법 중에서도 한정된 지면의 제약상 여기서는 9개의 주요 환경법률(① 환경정책기본법, ② 환경영향평가법, ③ 대기환경보전법, ④ 물환경보전법, ⑤ 폐기물관리법, ⑥ 토양환경보전법, ⑦ 자연환경보전법, ⑧ 소음·진동관리법, ⑨ 환경분쟁조정법)에 초점을 맞추어 살펴본다. 주요 환경법률의 선택기준은 다양하겠지만, 이 9개 법률은 변호사시험 환경법 과목의 출제범위에 포함되어 환경법률 중에서도 그 대표성을 인정받은 것들이다. 참고로 일본 사법시험 환경법 과목의 출제범위인 10개 일본 법률[114])과 비교하면, 상당 부분 유사성을 볼 수 있어 환경문제가 가지는 일반·보편성을 볼 수 있다.

이 9개 환경법률 이외에도 중요한 개별 환경행정법이 많이 있음은 물론이다. 특히 기후위기 대응을 위한 탄소중립·녹색성장 기본법(탄소중립기본법), 저탄소 녹색성장 기본법(녹색성장법), 온실가스 배출권의 할당 및 거래에 관한 법률(배출권거래법), 환경오염시설의 통합관리에 관한 법률(환경오염시설법), 화학물질의 등록 및 평가 등에 관한 법률(화학물질등록평가법), 화학물질관리법, 그리고 최근 증대되는 해양수산부 소관의 해양환경에 관한 법률들, 국토교통부 소관의 계획관련 법률 등은 환경행정법 차원에서 간과할 수 없는 중요한 법들이다.

아울러, 지적해야 할 것은 본서에서 개별 환경행정법으로 다루는 법률 중 환경정책기본법, 환경영향평가법, 환경분쟁조정법은 '분야횡단적' 성격을 가지는 환경법들이어서, 사실 이들 내용을 환경행정법'총론'에서 다루는 게 더 논리적일 수도 있다. 그러나 아직 우리나라에서 '환경행정법'에 대한 논의가 일천한 상황에서, 주요 환경행정법들을 개별법 단위로 각론 차원에서 살펴보는 것도 의미가 있기에 편의상 여기서 다룬다.

---

114) 일본의 10개 환경법(環境基本法, 循環基本法, 環境影響評価法, 大氣汚染防止法, 水質汚濁防止法, 土壤汚染対策法, 廃棄物処理法, 容器包装リサイクル法, 自然公園法, 地球温暖化対策推進法)과 우리나라의 9개 환경법을 비교하면, 우리나라의 경우 소음·진동관리법과 환경분쟁조정법을, 일본의 경우 지구온난화대책법을 강조하는 편이라 볼 수 있다. 또한 우리의 경우 자원순환기본법이나 자원재활용법은 포함되어 있지 않고 폐기물관리법만 포함되어 있지만, 일본의 경우 폐기물처리법 이외에 이와 직결되는 순환기본법, 용기포장 리사이클법이 포함되어 있고, 일본에서도 우리의 자연환경보전법과 유사한 내용을 담고 있는 自然環境保全法이 있음에도 불구하고 自然環境保全法 대신 自然公園法을 포함시킨 점이 특기할 만하다.

## 제1절 환경정책기본법

## I. 총설

### 1. 환경정책기본법의 목적 및 체계

환경정책기본법은 환경보전에 관한 국민의 권리·의무와 국가의 책무를 명확히 하고 환경정책의 기본사항을 정하여 환경오염과 환경훼손을 예방하고 환경을 적정하고 지속가능하게 관리·보전함으로써 모든 국민이 건강하고 쾌적한 삶을 누릴 수 있도록 함을 목적으로 한다(제1조).

환경정책기본법은 5개의 장으로 되어 있다.

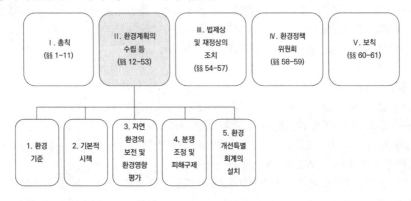

환경정책기본법은 연혁상 환경법 분법화의 과정에서[115] 총칙 등을 담는 그릇 역할을 해 왔다. 환경법 전반에 걸친 기본개념을 정의하거나(제3조), 환경법의 일반원칙(제7조, 제8조 등)을 규정함으로써 환경관계법의 해석기준의 역할도 하고 있다. 환경기준(제12조 이하), 환경계획(제14조 이하), 환경정책위원회 등(제58조 이하) 등은 환경법총칙에 해당하는 규정이다.

그러나 그 밖에도 헌법상 환경권과 개별 환경법과 매개하는 듯한 규정들인 제33조(화학물질의 관리), 제34조(방사성 물질에 의한 환경오염의 방지 등), 제40조(자연환경의 보전), 제41조

---

[115] 1977년 제정되었던 환경보전법이 1990년 6개의 환경법률(환경정책기본법, 대기환경보전법, 수질환경보전법, 소음·진동규제법, 유해화학물질관리법, 환경분쟁조정법)으로 분법화(分法化)된 것을 시작으로 지금까지 수많은 분법화가 이루어졌다.

(환경영향평가), 제42조(분쟁조정), 제43조(피해구제) 등은 그 존재이유가 의문스럽다. 이들 규정이 헌법과 개별 환경법을 매개한다는 아무런 근거가 없을 뿐만 아니라, 이들 규정이 없더라도 이에 관한 개별 환경법률들이 제·개정되는데 아무런 제약이 없기 때문이다. 또한 '기본법'이라고 해서 동일한 민주적 정통성을 가진 국회에서 만든 다른 환경법보다 환경헌법에 더 가까운 위상을 가지지도 않는다. 요컨대, 환경정책기본법은 환경헌법과 개별 환경법을 매개하지도 않고, 우월적 지위에 있지도 않으며,[116] 헌법적 지위에 있지 않음은 물론이거니와, 환경정책기본법 역시 환경관계법의 일종일 뿐이다.

환경정책기본법은 기본법의 법형식으로 되어 있다. 기본법은 대체로 ① 계몽적 성격, ② 자기완결적인 법률이 아닌 방침적·비완결적 성격, ③ 계획의 책정을 정부의 의무로 부과하고 있는 계획법적 성격, ④ 복수의 부처가 공통적으로 참여하는 업무를 규율하는 부처횡단적 성격, ⑤ 국민들의 권리·의무에 관한 규율성이 희박한 성격을 특징으로 한다.[117] 기본법의 성격을 이와 같이 이해한다면, 기본법에는 국민의 권리·의무를 규율하는 구체적 효력을 가진 규정이 포함되어서는 안 된다. 그런데 환경정책기본법에서는 이러한 기본법성이 의문시되는 규정이 여전히 포함되어 있다. 후술하는 무과실책임에 관한 환경정책기본법 제44조 제1항이 그 예이다. 이처럼 구체적 효력을 가진 규정이 기본법에 포함되는 것이 기본법의 성격에 맞지 않지만 이와 같이 포함되고 있는 현실을 부인할 수 없다면, 과연 기본법이라는 법형식이 어떠한 의미가 있는지 의문스럽게 된다.

환경정책에 관한 다른 법령 등을 제정하거나 개정하는 경우에는 이 법의 목적과 기본이념에 부합하도록 하여야 한다(제6조의2). 그런데, 환경헌법이 아닌 '환경정책 기본법'이 개별 환경법의 지침이 되어 헌법 → 기본법 → 통상적인 법률의 순으로 이어지는 일종의 계층제를 인정하거나, 환경정책기본법을 다른 환경법률의 우위에 둔다면 이는 문제이다. 환경정책기본법을 '환경관계법의 헌법과 같은 지위'로 보는 입장,[118] 헌법과 개별 법률 사이를 연결하는 '매개법'으로 보는 입장, 실질적으로 당해 분야에서 모법과 같은 우월한 지위를 가진다고 보는 입장[119]은 이런 이유에서 오해의 여지를 안고 있다. 기본법을 다른 법률에 비하여 특별한 지위를 가진 법체계로 보는 것은 헌법이 인정하지 않은 새로운 입법유형을 인정하는 것이기 때문이다. 환경정책기본법과 탄소중립기본법, 저탄소 녹색성장 기본법, 자원순환기본법, 물관리기본법과 같은 다른 환경관련 기본법과의 관계도

---

116) 환경정책기본법의 우월한 지위를 인정하지 않는 입장으로 홍준형, 환경법특강, 163쪽.
117) 김현준, "저탄소 녹색성장 기본법의 법적 성질 및 다른 법률과의 관계", 공법연구 39-2, 2010, 492-493쪽.
118) 김홍균, 환경법, 63쪽.
119) 조홍식, 환경법원론, 282쪽.

애매하다.[120) 상세는 김현준, "기본법의 정체성 문제와 이른바 행정기본법 명명의 오류", 법조 68, 2019, 15쪽 이하.

중요한 것은 '신법우선원칙', '특별법우선원칙'과 유사한 '기본법우선원칙'은 현행 헌법 하에서는 있을 수 없다는 점이다. 나아가, 환경정책기본법을 비롯한 환경관계 기본법에 포함된 규범성(Normativität)이 지나치게 결여된 조항들도 정리하여, 우리 법제 전반에서 나타나는 기본법 오·남용현상[121)을 환경관계 기본법에서부터 개선할 필요가 있다. 요컨대 환경헌법이 아닌 환경정책기본법에 통상적인 법률과는 다른 위상을 부여할 필요도 없고, 할 수도 없다.

## 2. 기본이념 및 책무·의무

환경의 질적인 향상과 그 보전을 통한 쾌적한 환경의 조성 및 이를 통한 인간과 환경 간의 조화와 균형의 유지는 국민의 건강과 문화적인 생활의 향유 및 국토의 보전과 항구적인 국가발전에 반드시 필요한 요소임에 비추어 국가, 지방자치단체, 사업자 및 국민은 환경을 보다 양호한 상태로 유지·조성하도록 노력하고, 환경을 이용하는 모든 행위를 할 때에는 환경보전을 우선적으로 고려하며, 기후변화 등 지구환경상의 위해(危害)를 예방하기 위하여 공동으로 노력함으로써 현 세대의 국민이 그 혜택을 널리 누릴 수 있게 함과 동시에 미래의 세대에게 그 혜택이 계승될 수 있도록 하여야 한다(제2조 제1항). 국가와 지방자치단체는 환경 관련 법령이나 조례·규칙을 제정·개정하거나 정책을 수립·시행할 때 모든 사람들에게 실질적인 참여를 보장하고, 환경에 관한 정보에 접근하도록 보장하며, 환경적 혜택과 부담을 공평하게 나누고, 환경오염 또는 환경훼손으로 인한 피해에 대하여 공정한 구제를 보장함으로써 환경정의를 실현하도록 노력한다(제2조 제2항).

동법은 책무 및 권리·의무에 관한 규정을 두고 있다. 또한 동법은 환경보전을 위한 국가와 지방자치단체의 책무(제4조), 사업자의 책무(제5조), 국민의 권리와 의무(제6조)를 천명하고 있다. 이 규정들로부터 환경법의 기본원칙 중 하나인 '협동의 원칙'을 인정하고 있다는 견해가 많다. 그런데 협동의 원칙이란 환경문제의 해결을 위하여 국가와 사회가 협력을 해야 한다는 이른바 공동환경책임(gemeinsame Umweltverantwortung)에 관한

---

120) 이와 관련하여, 박균성·함태성, 환경법, 254쪽은 환경정책기본법이 우월한 효력을 갖는 것으로 볼 수 없다고 하면서, 상위 기본법, 하위 기본법, 또는 전체의 기본법, 세부 분야의 기본법으로 구분하며, 환경정책기본법을 상위기본법으로, 물관리기본법 등을 하위기본법으로 분류하는데(같은책, 254–255쪽), 그 상·하위의 분류기준이나 의미가 명확하지 않다.

121) 상세는 김현준, "기본법의 정체성 문제와 이른바 행정기본법 명명의 오류", 법조 68, 2019, 15쪽 이하.

원칙을 말한다. 여기에는 사회를 구성하는 국민이나 사업자의 조기의 참여를 전제로
한다. 따라서 이러한 규정만으로 환경법의 일반원칙으로서 협동의 원칙이 충분히 나타
나고 있지 않은 면이 있다.

## 3. 환경법의 기본원칙 및 기본개념

환경법의 기본원칙들을 환경정책기본법에서 명문으로 규정하고 있는데, 오염원인자 책
임원칙(제7조), 환경오염 등의 사전예방원칙(제8조), 환경과 경제의 통합적 고려원칙(제9조)
이 그것이다. 또한 제3조의 정의규정에서는 환경법 전체에 걸쳐 기초가 되는 주요 용어들
을 정의하고 있는데, 가령 '환경'이란 자연환경과 생활환경을 말하며(제1호), '자연환경'이
란 지하·지표(해양 포함) 및 지상의 모든 생물과 이들을 둘러싸고 있는 비생물적인 것을
포함한 자연의 상태(생태계 및 자연경관 포함)(제2호), 그리고 '생활환경'이란 대기, 물, 토양,
폐기물, 소음·진동, 악취, 일조, 인공조명, 화학물질 등 사람의 일상생활과 관계되는 환
경(제3호)을 말한다.

'환경오염'과 '환경훼손'을 구분하고 있다. 환경오염이란 사업활동 및 그 밖의 사람의
활동에 의하여 발생하는 대기오염, 수질오염, 토양오염, 해양오염, 방사능오염, 소음·
진동, 악취, 일조 방해, 인공조명에 의한 빛공해 등으로서 사람의 건강이나 환경에 피해
를 주는 상태를 말하며(제4호), '환경훼손'이란 야생동식물의 남획 및 그 서식지의 파괴,
생태계질서의 교란, 자연경관의 훼손, 표토(表土)의 유실 등으로 자연환경의 본래적 기
능에 중대한 손상을 주는 상태를 말한다(제5호). 민사상 불법행위책임이나 국가배상책임
의 기본틀인 '개인의 손해'의 틀을 벗어나, 개별적 이익과는 무관한 순수한 생태 그 자
체 손해(생태손해, 환경손해, Umweltschaden)가 오늘날 문제가 되는데, 우리나라의 경우 이
러한 생태손해에 대한 배상책임에 대한 법제도가 마련되어 있지 않다. 그러나 생태손해
의 개념 그 자체는 여기서의 '환경훼손'의 개념과 대체로 동일한 것으로 이해할 수 있
다.[122]

---

122) 상세는 김현준, "사법상 환경책임과 공법상 환경책임", 법과정책연구 20-1, 2020, 259쪽.

## II. 환경기준 및 특별대책지역

## 1. 환경기준

### (1) 환경기준의 설정

환경기준이란 국민의 건강을 보호하고 쾌적한 환경을 조성하기 위하여 국가가 달성하고 유지하는 것이 바람직한 환경상의 조건 또는 질적인 수준을 말한다(제3조 제8호). 국가는 생태계 또는 인간의 건강에 미치는 영향 등을 고려하여 환경기준을 설정하여야 하며, 환경 여건의 변화에 따라 그 적정성이 유지되도록 하여야 하는데(제12조 제1항), 대통령령으로 3개 분야(대기, 소음, 수질 및 수생태계)에 대하여 정한다(시행령 제2조 별표1). 이러한 통상적인 환경기준 외에, 해당 시·도의 조례로 확대·강화된 별도의 지역환경기준을 설정 또는 변경할 수 있다(제12조 제2항).

### (2) 환경기준의 법적 성질

환경기준은 환경행정상 목표를 나타내는 지표이며, 직접 대국민적 구속력을 가지는 법규로서의 성질은 갖지 않는다. 이 점에서 대기환경보전법(제16조), 물환경보전법(제32조), 소음·진동관리법(제7조)에서 규정하는 '배출허용기준'이 국민에 대하여 직접적인 규제기준이 되는 것과 구분된다.

환경정책기본법상 인정될 수 있는 국가의 환경기준 준수의무는 직접 국민 개개인의 이익을 위한 것이 아니라 전체적으로 공공 일반의 이익을 위한 것이어서 그 의무 위반으로 인하여 국민에게 손해를 가하여도 국가 등은 국가배상법상 배상책임을 부담하지 아니한다(대법 2001. 10. 23. 선고 99다36280 판결, 낙동강 물 사건[123]).

### (3) 환경기준의 기능

환경기준은 손해배상청구나 유지청구에서 수인한도를 판단하는 종합적인 기준의 일종

---

123) 이에 대한 평석으로는 한국환경법학회/대법원 환경법연구회 편, 환경판례백선, 44쪽 이하(김현준 집필).

이다. 따라서 민사손해배상청구(제750조, 제758조), 국가배상청구(국가배상법 제5조), 유지청구의 성립요건의 일종으로서 기능한다. 이러한 환경기준을 준수하였는지를 판단할 때 측정지점을 어디로 할 것인지가 중요한 문제인데, 대법원은 도로소음으로 인한 생활방해를 원인으로 제기된 경우 일상생활이 실제 주로 이루어지는 장소인 거실에서 도로 등 해당 소음원에 면한 방향의 모든 창호를 개방한 상태로 측정한 소음도를 기준으로 환경정책기본법상 소음환경기준 등을 초과하였는지를 판단해야 한다고 보았다(대법 2015. 10. 15. 선고 2013다89433, 89440, 89457 판결).[124]

또한, 환경기준은 환경법령 제·개정, 행정계획의 수립 또는 사업집행시 목표(환경정책기본법 제13조), 특별종합대책의 수립(동법 제38조), 환경영향평가 협의기준의 설정기준(환경영향평가법 제2조 제5호), 대기오염경보의 근거(대기환경보전법 제8조), 엄격한 배출허용기준 및 특별배출허용기준의 근거(동법 제16조 제6항)[125], 총량규제의 근거(동법 제22조 제1항), 공공폐수처리시설의 설치·운영의 근거(동법 제48조 제1항), 폐기물처리업 (부)적합통보의 판단기준(폐기물관리법 제25조 제2항 제4호) 등으로 기능한다.

## 2. 특별대책지역

### (1) 특별대책지역에 대한 특별종합대책

환경부장관은 환경오염·환경훼손 또는 자연생태계의 변화가 현저하거나 현저하게 될 우려가 있는 지역과 환경기준을 자주 초과하는 지역을 관계 중앙행정기관의 장 및 시·도지사와 협의하여 환경보전을 위한 특별대책지역으로 지정·고시하고, 해당 지역의 환경보전을 위한 특별종합대책을 수립하여 관할 시·도지사에게 이를 시행하게 할 수 있고, 이러한 특별대책지역의 환경개선을 위하여 특히 필요한 경우에는 대통령령으로 정하는 바에 따라 그 지역에서 토지 이용과 시설 설치를 제한할 수 있다(제38조).

---

124) 「소음·진동공정시험기준」(환경부고시)에서는 소음피해지점에서 소음원 방향으로 창문·출입문 또는 건물벽 밖의 0.5~1m 떨어진 지점에서 측정된 실외소음에 의하여 판정하도록 되어 있으나, 도로의 공공성, 공법상 기준으로서 환경정책기본법의 환경기준은 환경행정에서 정책목표로 설정된 기준인 점 등을 고려하여 「소음·진동공정시험기준」의 측정방법을 대법원은 채택하지 않았다(같은 판례 참조).
125) 물환경보전법 제32조 제3항에 따른 엄격한 배출허용기준의 근거는 환경정책기본법 제12조 제3항에 따른 지역환경기준이며, 소음·진동관리법 제7조 제3항에 따른 조례에 의한 강화된 배출허용기준의 근거도 지역환경기준이다.

### (2) 대기보전/수질보전 특별대책지역

환경정책기본법상 특별대책지역에는 대기보전 특별대책지역과 수질보전 특별대책지역이 있다. 전자는 특별배출허용기준(대기환경보전법 제16조 제5항), 대기오염 총량규제(동법 22조 제1항), 배출시설 설치허가사유(동법 23조 제1항, 시행령 제11조), 배출시설 설치의 제한(동법 제23조 제8항 및 시행령 12조), 휘발성 유기화합물의 규제(동법 제44조 제1항, 제45조 제1항) 등에서 대기환경보전에 기여한다. 후자는 상수원의 수질보전을 위한 통행제한(물환경보전법 제17조 제1항), 특별배출허용기준(동법 제32조 제5항), 배출시설 설치제한(동법 제33조 제8항, 시행령 제32조), 상수원의 수질보전을 위한 비점오염저감시설 설치(동법 제53조의2 제1항) 등에서 수질보전에 기여한다.


## III. 환경오염의 피해에 대한 무과실책임

환경오염 또는 환경훼손으로 피해가 발생한 경우에는 해당 환경오염 또는 환경훼손의 원인자가 그 피해를 배상하여야 하며(제44조 제1항), 환경오염 또는 환경훼손의 원인자가 둘 이상인 경우에 어느 원인자에 의하여 제1항에 따른 피해가 발생한 것인지를 알 수 없을 때에는 각 원인자가 연대하여 배상하여야 한다(제44조 제2항). 이 무과실책임규정이 구체적 효력이 있음을 판례(대법 2017. 2. 15. 선고 2015다23321 판결, 대법 2020. 6. 25. 선고 2019다292026, 292033, 292040 판결)가 분명히 하고 있다. 즉 환경오염 또는 환경훼손으로 피해가 발생한 때에는 원인자는 환경정책기본법 제44조 제1항에 따라 귀책사유가 없더라도 피해를 배상하여야 한다. 한편, 환경오염피해구제법 제6조 제1항도 사업자의 환경오염피해에 대한 무과실책임에 관한 규정을 두고 있다.

## 제2절 환경영향평가법

## I. 총설

### 1. 환경영향평가법의 목적 및 체계

환경영향평가란 환경에 영향을 미치는 계획 또는 사업에 앞서 해당 계획 또는 사업이 환경에 미치는 영향을 미리 조사·예측·평가하여 해로운 환경영향을 피하거나 제거 또는 감소시킬 수 있는 방안을 마련하는 것을 말한다. 환경영향평가에 관한 법으로 환경영향평가법이 제정되어 있는데, 이 법은 환경에 영향을 미치는 계획 또는 사업을 수립·시행할 때에 해당 계획과 사업이 환경에 미치는 영향을 미리 예측·평가하고 환경보전방안 등을 마련하도록 하여 친환경적이고 지속가능한 발전과 건강하고 쾌적한 국민생활을 도모함을 목적으로 한다(제1조).

환경영향평가법은 전체 9장으로 구성되어 있는데, <제2장 전략환경영향평가>, <제3장 환경영향평가>, <제4장 소규모환경영향평가>가 법의 중심을 이룬다.

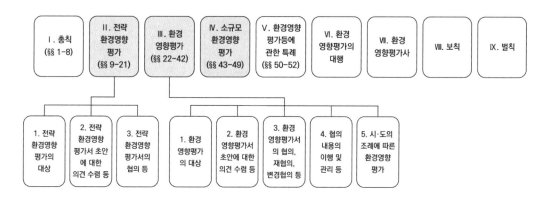

이들 3종류의 환경영향평가, 즉 '환경영향평가등(제2조 제2호)'이 각각 어떠한 진행절차에 따라 작동하는지를 잘 이해해야 한다. <평가대상결정 → 스코핑 → 평가보고서 → 의사소통 → 평가(협의) → 사후 모니터링>이라는 일련의 절차가 어떻게 작동하는지, 그 절차 중 어떤 부분이 어떠한 방식으로 기능하며, 경우에 따라 어떤 부분이 생략되는지를 잘

살펴보아야 한다.

3종류의 환경영향평가 중에서도 가장 핵심이 되는 것은 제3장(환경영향평가)이며, 제2장이나 제4장에 비하여 많은 조문을 차지한다. 그런데도 제2장이 제3장에 앞서 나오는 것은 계획단계에서 이루어지는 전략환경영향평가가 환경영향평가에 비하여 시간상 앞서 이루어진다는 점에 기인하는 것으로 보인다. 조문배열의 순서상 제3장의 규정이 앞서 나온 제2장의 규정을 준용하는 경우가 많다. 그러나 법조문 순서를 반드시 절차의 시간 순서에 맞출 필요는 없기 때문에, 입법론상으로는 중심제도인 환경영향평가에 관한 사항을 먼저 규정한 후 전략환경영향평가나 소규모환경영향평가에서 중복되는 내용이 있을 경우 환경영향평가에 관한 규정을 준용하는 형식이 더 바람직하리라 생각된다.

환경영향에 대한 평가는 결국 '평가보고서에 대한 평가'이다. 따라서 3종류의 환경영향평가에서 각각 평가보고서 작성주체는 누구인지, 이를 환경부장관이 어느 시점에 '협의'라는 형식으로 평가하고, 그 평가내용(협의내용)이 어떻게 반영되는지, 나아가 그 내용의 이행이 어떻게 확보되는지가 환경영향평가법의 중요한 입법포인트이자, 동법을 이해하는 포인트일 것이다.

## 2. 환경영향평가의 진행절차

환경영향평가제도는 일반적으로 다음과 같은 단계에 따른 진행절차를 가진다.

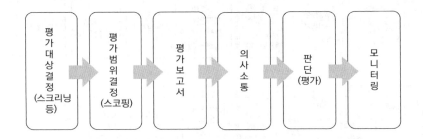

첫째, 평가대상을 결정하는 절차이다. 이를 스크리닝(screening)절차라고 하는데, 우리나라 환경영향평가법은 별도의 스크리닝절차를 두지 않고, 법령에서 적극적으로 평가대상을 명시하는 방식(positive list)을 취하고 있다(제9조, 제22조).

둘째, 평가범위·항목을 결정하는 스코핑(scoping)절차인데, 우리나라 법은 이 스코핑제도를 채택하고 있다(제11조, 제24조, 제43조).

셋째, 평가를 위한 보고서의 작성이다. 환경영향평가를 하는 기초자료가 되는 보고서는 본 평가를 위한 것만이 아니라, 주민의견수렴·스코핑을 위한 자료로서도 필요하다. 이들을 각각 평가서(제16조 제1항, 제27조 제1항), 평가서 초안(제12조 제1항, 제25조 제1항), 평가준비서(제11조 제1항, 제24조 제1항)라고 한다.

넷째, 의사소통절차이다. 우리나라 법은 '주민등의 의견수렴절차'라는 이름으로 이를 규정하고 있다(제13조, 제26조).

다섯째, 환경영향에 대한 판단인 평가이다. 우리나라 법에서는 환경문제에 대한 전문성이 있는 행정기관인 환경부장관의 판단을 받는 것으로 하는데, 환경부장관과의 '협의'라는 방식으로 이루어진다(제16조 이하, 제27조 이하). 즉 협의요청에 대하여 환경부장관이 협의의견(예: 동의, 부동의, 조건부 동의)을 통보하는 방식이다.

여섯째, 현대의 환경영향평가제도는 사후모니터링까지 포함한다. 협의 내용의 이행 및 관리(제35조), 사후환경영향조사(제36조) 등은 이에 관한 규정이다.


## 3. 환경영향평가의 종류

광의의 환경영향평가인 '환경영향평가등'에는 전략환경영향평가, 환경영향평가 및 소규모 환경영향평가가 있다(제2조 제4호).


## II. 전략환경영향평가

## 1. 의의 및 평가서 작성주체·시점

전략환경영향평가란 환경에 영향을 미치는 계획을 수립할 때에 환경보전계획과의 부합여부 확인 및 대안의 설정·분석 등을 통하여 환경적 측면에서 해당 계획의 적정성 및 입지의 타당성 등을 검토하여 국토의 지속가능한 발전을 도모하는 것을 말한다(제2조 제1호).[126]

---

126) 전략환경(영향)평가(Strategic Environmental Assessment, SEA)란 의사결정의 상위단계인 정책(Policy), 계획(Plan), 프로그램(Program)이라는 이른바 3P 단계에서부터 환경영향을 고려하는 전략적 접근을 뜻한다. 전략환경평가에서 '전략적'(strategic)이란 목적과의 관계개념으로서 합리적인 의사결정과정을 기초로 목적에 대한 대안을 비교·검토하여 최적의 대안을 선택해 나간다는 것, 그리고 필요할 경우에는 목적 자체도 재검토하여 수정할 수 있다는 의미를 포함한다. 이러한 국제적인 용례가 된 '전략적'이라는 말 대신에, 독일에서는 '전략적 환경평가'와 함께 '계획-환경심사'(Plan-UVP)라는 말이 병용되기도 하는데, 오히려 이 용어가 의미를 더 잘 나타내고 있지 않나 생각된다. 그 이유는 '전략적'이라는 말이 전략환경평가제도가 가지는 원취지를 제대로 표현하지 못하는 면이 있고, 자칫 환경규제를 피하는 요행

전략환경영향평가의 평가서 작성주체는 평가 대상계획을 수립하려는 행정기관의 장이다. 이를 환경영향평가업자에게 그 작성을 대행하게 할 수 있다(제53조 제1항). 평가서 제출시기는 해당 계획을 수립·확정하기 전까지이다. 전략환경영향평가 대상계획에 관한 구체적인 종류에 대해서는 법 시행령 제7조 제2항 별표2에서 대상계획들을 대상계획별 협의요청 시기와 함께 규정하고 있다. 후술하는 (사업) 환경영향평가가 사업 결정 이전에 실시되는 데 비하여, 전략환경영향평가는 그보다 앞선 시점인 최초의 입지 및 기본계획 이전단계에서 실시된다는 차이가 있다.

## 2. 전략환경영향평가의 절차

### (1) 평가대상의 결정

#### 1) 대상사업의 결정(positive list 방식)

전략환경영향평가절차로서 스크리닝제도는 우리 법에서는 채택하지 않고, 환경영향평가법은 전략환경영향평가 대상계획의 종류를 명시적으로 일일이 들고 있다(제9조 제1항, 이른바 positive list 방식).

그리고 전략환경영향평가 대상계획은 그 계획의 성격 등을 고려하여 '정책계획'과 '개발기본계획'으로 구분된다. 정책계획이란 국토의 전 지역이나 일부 지역을 대상으로 개발 및 보전 등에 관한 기본방향이나 지침 등을 일반적으로 제시하는 계획을 말하며, 개발기본계획이란 국토의 일부 지역을 대상으로 하는 계획으로서 구체적인 개발구역의 지정에 관한 계획 또는 개별 법령에서 실시계획 등을 수립하기 전에 수립하도록 하는 계획으로서 실시계획 등의 기준이 되는 계획을 말한다(제9조 제2항). 정책계획의 경우 주민등의 의견수렴절차가 요구되지 않지만, 개발기본계획의 경우 환경영향평가 수준으로 이러한 절차가 요구된다는 차이가 있다. 정책계획 및 개발기본계획의 구체적인 종류는 제10조의2에서 정한 절차를 거쳐 대통령령(시행령 제7조 제2항 별표2)으로 정한다(제9조 제3항).

#### 2) 전략환경영향평가 대상계획의 결정 절차

행정기관의 장은 소관 전략환경영향평가 대상계획에 대하여 대통령령으로 정하는 기간

으로 오해될 우려도 있기 때문이다. 또한 전략환경평가의 주된 내용은 결국 계획단계에서의 환경평가라고 할 수 있기 때문이다. 따라서 현행 '전략환경영향평가' 대신에 '계획환경평가'라는 용어가 더 적절하리라 생각된다(상세는 김현준, "독일의 전략환경평가제도", 토지공법연구 36, 2007, 299－325쪽 참조).

(*시행령 제7조의2 제1항: 5년)마다 계획에 따른 환경영향의 중대성, 계획에 대한 환경성 평가의 가능성, 계획이 다른 계획 또는 개발사업 등에 미치는 영향, 기존 전략환경영향평가 실시 대상계획의 적절성, 전략환경영향평가의 필요성이 제기되는 계획의 추가 필요성 등을 고려하여 전략환경영향평가 실시 여부를 결정하고 그 결과를 환경부장관에게 통보하여야 한다(제10조의2 제1항). 환경영향평가법은 원칙적으로는 스크리닝제도를 도입하고 있지 않지만, 이러한 규정을 통하여 계획수립기관의 장에게 제한적으로 스크리닝 권한을 부여하고 있다고 본다.[127]

## (2) 스코핑(평가 항목 및 범위 등의 결정)

### 1) 스코핑

전략환경영향평가 대상계획을 수립하려는 행정기관의 장은 전략환경영향평가를 실시하기 전에 '평가준비서'를 작성하여 환경영향평가협의회의 심의를 거쳐 전략환경영향평가항목등(전략환경영향평가 대상지역, 토지이용구상안, 대안, 평가 항목·범위·방법 등)을 결정하여야 한다(제11조 제1항 본문). 행정기관 외의 자가 제안하여 수립되는 전략환경영향평가 대상계획의 경우에는 전략환경영향평가 대상계획을 제안하는 자가 '평가준비서'를 작성하여 전략환경영향평가 대상계획을 수립하는 행정기관의 장에게 전략환경영향평가항목등을 결정하여 줄 것을 요청하여야 한다(제11조 제2항).

전략환경영향평가 대상계획을 수립하려는 행정기관의 장은 결정된 전략환경영향평가항목등을 대통령령으로 정하는 방법(*시행령 제10조 제1항: 대상지역을 관할하는 또는 대상계획을 수립하는 행정기관의 환경영향평가 정보지원시스템에 14일 이상 게시)에 따라 공개하고 주민등의 의견을 들어야 한다. 다만, 전략환경영향평가항목등에 환경영향평가항목이 모두 포함되는 경우에는 공개를 생략할 수 있다(제11조 제5항).

### 2) 약식전략환경영향평가를 할 수 있는 경우

전략환경영향평가 대상계획을 수립하려는 행정기관의 장은 해당 계획이 입지 등 구체적인 사항을 정하고 있지 않거나 정량적인 평가가 불가능한 경우 등에는 평가 항목·범위·방법 등의 사항(제11조 제1항 제4호)을 간략하게 하는 약식전략환경영향평가 실시를 결정할 수 있다(제11조의2 제1항). 약식전략환경영향평가 대상계획의 구체적인 종류는 시행

---

127) 김홍균, 환경법, 110쪽.

령에서 정한다(제11조의2 제2항, 시행령 제10조의2 별표 2의2). 이에 따라 전략환경영향평가 대상계획을 수립하려는 행정기관의 장은 약식전략환경영향평가를 실시하는 경우 전략환경영향평가의 분야별 세부 평가항목 중 일부 항목의 평가를 생략하거나 정성평가를 실시할 수 있다(시행령 제10조의2 제2항). 약식전략환경영향평가의 평가절차에 관하여는 의견수렴과 협의 요청을 동시에 할 수 있다(시행령 제10조의2 제3항).

### (3) 평가서 초안 작성 및 의견(재)수렴

개발기본계획을 수립하는 행정기관의 장은 결정된 전략환경영향평가항목등에 맞추어 전략환경영향평가서 초안을 작성한 후 주민 등의 의견을 수렴하여야 한다. 다만, 행정기관 외의 자가 제안하여 수립되는 개발기본계획의 경우에는 개발기본계획을 제안하는 자가 전략환경영향평가서 초안을 작성하여 개발기본계획을 수립하는 행정기관의 장에게 제출하여야 한다(제12조 제1항). 개발기본계획을 수립하는 행정기관의 장은 전략환경영향평가서 초안을 환경부장관, 승인기관의 장(승인등을 받아야 하는 계획의 경우), 그 밖에 대통령령으로 정하는 관계 행정기관의 장에게 제출하여 의견을 들어야 한다(제12조 제2항).

개발기본계획을 수립하려는 행정기관의 장은 개발기본계획에 대한 전략환경영향평가서 초안을 공고·공람하고 설명회를 개최하여 해당 평가 대상지역 주민의 의견을 들어야 한다. 다만, 공청회 개최가 필요하다는 의견을 제출한 주민이 30명 이상인 경우 또는 공청회 개최가 필요하다는 의견을 제출한 주민이 5명 이상이고, 전략환경영향평가서 초안에 대한 의견을 제출한 주민 총수의 50퍼센트 이상인 경우에 공청회의 개최를 요구하면 공청회를 개최하여야 한다(제13조 제1항, 시행령 제16조 제1항). 개발기본계획을 수립하려는 행정기관의 장은 개발기본계획이 생태계의 보전가치가 큰 지역으로서 대통령령으로 정하는 지역을 포함하는 경우에는 관계 전문가 등 평가 대상지역의 주민이 아닌 자의 의견도 들어야 한다(제13조 제2항).

의견 재수렴이 필요한 경우도 있는데, 개발기본계획을 수립하려는 행정기관의 장은 의견 수렴 절차를 거친 후 협의 내용을 통보받기 전에 개발기본계획의 규모의 30퍼센트 이상 증가하는 경우와 같이 개발기본계획 대상지역 등 중요한 사항을 변경하려는 경우에는 전략환경영향평가서 초안을 다시 작성하여 주민 등의 의견을 재수렴하여야 한다(제15조 제1항, 시행령 제20조). 또한 개발기본계획을 수립하려는 행정기관의 장은 공개한 의견의 수렴 절차에 흠이 존재하는 등 환경부령으로 정하는 사유가 있어 주민 등이 의견의 재수렴을 신청하는 경우에는 주민 등의 의견을 재수렴하여야 한다(제15조 제2항).

## (4) 평가서의 작성 및 협의

### 1) 평가서 작성 및 협의 요청

승인등을 받지 아니하여도 되는 전략환경영향평가 대상계획을 수립하려는 행정기관의 장은 해당 계획을 확정하기 전에 전략환경영향평가서를 작성하여 환경부장관에게 협의를 요청하여야 한다(제16조 제1항). 승인등을 받아야 하는 전략환경영향평가 대상계획을 수립하는 행정기관의 장은 전략환경영향평가서를 작성하여 승인기관의 장에게 제출하여야 하며, 승인기관의 장은 해당 계획에 대하여 승인등을 하기 전에 환경부장관에게 협의를 요청하여야 한다(제16조 제2항). 전략환경영향평가서를 작성하는 자는 의견수렴절차(제12조 제2항, 제13조 제1항~제3항)에서 제시된 의견이 타당하다고 인정할 때에는 그 의견을 전략환경영향평가서에 반영하여야 한다(제16조 제3항).

정책계획에 대한 전략환경영향평가의 경우 행정절차법상 행정예고절차가 적용된다. 즉, 정책계획을 수립하려는 행정기관의 장은 협의를 요청할 때 해당 계획의 전략환경영향평가서에 대한 행정예고를 「행정절차법」에 따라 실시하여야 한다(제15조의2).

### 2) 평가서의 검토

환경부장관은 협의를 요청받은 경우에는 주민의견 수렴 절차 등의 이행 여부 및 전략환경영향평가서의 내용 등을 검토하여야 한다(제17조 제1항). 환경부장관은 전략환경영향평가서를 검토한 결과 전략환경영향평가서를 보완할 필요가 있는 등 대통령령으로 정하는 사유가 있는 경우에는 전략환경영향평가 대상계획을 수립하려는 행정기관의 장(승인등을 받아야 하는 계획의 경우에는 승인기관의 장을 말한다. 이하 "주관 행정기관의 장")에게 전략환경영향평가서의 보완을 요청하거나 보완을 전략환경영향평가 대상계획을 제안하는 자 등에게 요구할 것을 요청할 수 있다. 이 경우 보완 요청은 두 차례만 할 수 있다(제17조 제3항).

환경부장관은 다음의 어느 하나에 해당하면 전략환경영향평가서를 반려할 수 있다(제17조 제4항).

- 보완 요청을 하였음에도 불구하고 요청한 내용의 중요한 사항이 누락되는 등 전략환경영향평가서가 적정하게 작성되지 아니하여 협의를 진행할 수 없다고 판단하는 경우
- 전략환경영향평가서가 거짓으로 작성되었다고 판단하는 경우

### 3) 협의내용의 통보

환경부장관은 협의를 요청받은 날부터 대통령령(*시행령 제25조: 원칙적으로 30일)으로 정하는 기간 이내에 주관 행정기관의 장에게 협의 내용을 통보하여야 한다. 다만, 부득이한 사정이 있을 때에는 그 기간을 연장할 수 있다(제18조 제1항). 환경부장관은 제1항 단서에 따라 협의 내용 통보기간을 연장할 때에는 협의기간이 끝나기 전에 주관 행정기관의 장에게 그 사유와 연장한 기간을 통보하여야 한다(제18조 제2항). 환경부장관은 보완하여야 할 사항이 경미한 경우나 해당 계획을 수립·결정하기 전에 보완이 가능한 경우에는 해당 계획에 관련 내용을 반영할 것을 조건으로 주관 행정기관의 장에게 협의 내용을 통보할 수 있다(제18조 제3항).

### 4) 협의 내용의 이행

주관 행정기관의 장은 통보받은 협의 내용을 해당 계획에 반영하기 위하여 필요한 조치를 하거나 전략환경영향평가 대상계획을 제안하는 자 등에게 필요한 조치를 할 것을 요구하여야 하며, 그 조치결과 또는 조치계획을 환경부장관에게 통보하여야 한다(제19조 제1항). 주관 행정기관의 장은 협의 내용을 해당 계획에 반영하기 곤란한 특별한 사유가 있을 때에는 대통령령으로 정하는 바에 따라 환경부장관과 협의한 후 해당 계획을 승인하거나 확정하여야 한다(제19조 제2항). 전략환경영향평가 대상계획을 수립하는 자는 제1항에 따른 조치결과 및 조치계획을 성실히 이행하여야 한다(제19조 제3항).

### 5) 재협의, 변경협의

개발기본계획을 수립하는 행정기관의 장은 협의한 개발기본계획을 변경하는 경우로서 개발기본계획 대상지역을 대통령령(*시행령 제28조 제1항: 30% 이상 등)으로 정하는 일정 규모 이상으로 증가시키는 경우 등에 해당하는 경우에는 제11조부터 제19조까지의 규정에 따라 전략환경영향평가를 다시 하여야 한다(제20조 제1항).

주관 행정기관의 장은 협의한 개발기본계획에 대하여 제20조 각 호에 해당하지 아니하는 변경을 하려는 경우로서 대통령령(*시행령 제29조 제1항: 5% 이상 30% 미만 증가 등)으로 정하는 사항을 변경하려는 경우에는 미리 환경부장관과 변경 내용에 대하여 협의를 하여야 한다(제21조 제1항).

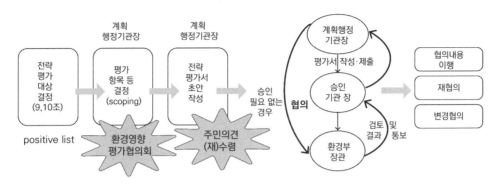

**전략환경영향평가의 절차**

## III. (사업) 환경영향평가

### 1. 의의 및 평가서 작성주체·시점

환경영향평가란 환경에 영향을 미치는 실시계획·시행계획 등의 허가·인가·승인·면허 또는 결정 등("승인등")을 할 때에 해당 사업이 환경에 미치는 영향을 미리 조사·예측·평가하여 해로운 환경영향을 피하거나 제거 또는 감소시킬 수 있는 방안을 마련하는 것을 말한다(제2조 제2호).

환경영향평가서의 작성주체는 환경영향평가 대상사업을 하려는 자, 즉 사업자이다(제22조). 사업자가 스스로 환경영향평가서를 작성하도록 하되, 전문적인 환경영향평가서가 작성될 수 있도록 하기 위하여 환경영향평가업자로 하여금 그 작성을 대행할 수 있다(제53조 제1항). 환경영향평가 대상사업별로 평가서의 제출 및 협의요청시기를 달리 정하고 있는데 대부분 실시계획의 인가(승인) 전으로 되어 있다(시행령 제31조 제2항 별표3 참조). 시행령에 정해진 제출시기 또는 협의요청시기는 해당 사업이 환경영향평가 대상에 해당하는지 여부를 결정하는 대상사업의 범위 중 사업의 규모를 판단하는 시점으로 작용한다(대법 2012. 7. 5. 선고 2007두19317 판결 참조).

### 2. 대상지역

환경영향평가 대상지역의 설정은 환경영향평가가 실시되는 지역적 한계를 정하고, 주민의견 수렴절차를 수행함에 있어 주민의견 수렴대상을 정하는 데 의미가 있으며, 행정소송(항고소송)의 원고적격을 판단하는 근거로서도 중요한 의미를 가진다. 판례는 환경영향평가 대상지역 안의 주민에게 항고소송(취소소송)의 원고적격을 인정하고 있다(대법 2006. 3. 16. 선고 2006두330 전원합의체 판결). 이와 같이 소송상 매우 중요한 환경영향평가 대상지역에 대하여 환경영향평가법은 단지 1개의 조문, 즉 환경영향평가등은 계획의 수립이나 사업의 시행으로 영향을 받게 되는 지역으로서 환경영향을 과학적으로 예측·분석한 자료에 따라 그 범위가 설정된 지역에 대하여 실시하여야 한다는 규정(제6조)을 두고 있을 뿐이다.

승인등을 받지 아니하여도 되는 사업의 경우 환경영향평가협의회의 심의를 거치긴 하지만(제8조), 범위를 결정하는 주체는 현실적으로 사업자이며(그 결정을 환경부장관에게 요청한 경우에는 환경부장관), 승인등을 받아야 하는 사업의 경우에는 승인기관의 장이다(승인기관을 거쳐 그 결정을 환경부장관에게 요청한 경우에는 환경부장관). 그런데, 대상지역 안의 주민에게는 원고적격이 있는 것으로 사실상 추정됨에 따라, 대상지역 안팎이 원고적격 인정의 중요한 기준이 되는데, 이와 관련하여 환경영향평가대상지역의 판단주체가 법원인지(법원주체설), 사업자인지(사업자주체설) 다투어질 수 있다.

시·도의 조례에 따른 환경영향평가의 가능성도 환경영향평가법은 열어두고 있다. 시·도는 환경영향평가 대상사업의 종류 및 범위에 해당하지 아니하는 사업으로서 대통령령으로 정하는 범위에 해당하는 사업에 대하여 지역 특성 등을 고려하여 환경영향평가를 실시할 필요가 있다고 인정하면 해당 시·도의 조례로 정하는 바에 따라 그 사업을 시행하는 자로 하여금 환경영향평가를 실시하게 할 수 있다(제42조 제1항).

## 3. (사업) 환경영향평가의 절차

### (1) 대상사업의 결정(positive list 방식)

스크리닝절차를 별도로 두고 있지 않으면서, 법 제22조 및 시행령 제33조 별표3에서 대상사업을 적극적으로 열거하고 있으며, 대상사업과 함께 협의요청시기까지 상세히 규정하고 있다.[128]

---

128) 재난 및 안전관리 기본법 제37조에 따른 응급조치를 위한 사업, 국방부장관이 군사상 고도의 기밀보호가 필요하거나 군사작전의 긴급한 수행을 위하여 필요하다고 인정하여 환경부장관과 협의한 사업, 국가정보원장이 국가안보를 위하여 고도의 기밀보호가 필요하다고 인정하여 환경부장관과 협의한 사업은 환경

형식적으로는 대상사업에 해당하지 않더라도 연접개발의 경우에는 대상사업에 해당하여 대상지역 내에 포함될 개연성이 충분하다고 보이는 주민들도 원고적격을 가지므로, 이른바 '토막치기'를 통해 환경영향평가 대상에서 제외될 수는 없다.[129]

## (2) 스코핑(평가 항목·범위 등의 결정)

승인등을 받지 아니하여도 되는 사업자는 환경영향평가를 실시하기 전에 '평가준비서'를 작성하여 대통령령으로 정하는 기간(*시행령 제32조: 환경영향평가 대상 사업계획을 수립한 날부터 환경영향평가서 초안 작성을 완료하기 전까지) 내에 환경영향평가협의회의 심의를 거쳐 다음의 사항('환경영향평가항목등')을 결정하여야 한다(제24조 제1항).
- 환경영향평가 대상지역
- 환경보전방안의 대안
- 평가 항목·범위·방법 등

승인등을 받아야 하는 사업자는 환경영향평가를 실시하기 전에 '평가준비서'를 작성하여 승인기관의 장에게 환경영향평가항목등을 정하여 줄 것을 요청하여야 한다(제24조 제2항).
환경부장관은 다음의 어느 하나에 해당하는 요청을 받은 경우에는 환경영향평가항목등을 결정할 수 있다(제24조 제3항).
- 승인등을 받지 아니하여도 되는 사업자가 환경영향평가협의회의 심의를 거치기 곤란한 부득이한 사유가 있거나 특별히 전문성이 요구된다고 판단하여 환경영향평가항목등을 정하여 줄 것을 요청한 경우
- 승인등을 받아야 하는 사업자가 환경영향평가협의회의 심의를 거치기 곤란한 부득이한 사유가 있거나 특별히 전문성이 요구된다고 판단하여 승인기관을 거쳐 환경영향평가항목등을 정하여 줄 것을 요청한 경우

제2항 및 제3항에 따른 요청을 받은 승인기관의 장이나 환경부장관은 대통령령으로 정하는 기간(*시행령 제32조 제2항: 30일) 내에 환경영향평가협의회의 심의를 거쳐 환경영향평가항목등을 결정하여 사업자에게 통보하여야 한다(제24조 제4항).
승인등을 받지 아니하여도 되는 사업자 또는 승인기관의 장("승인기관장등")이나 환경부장관은 환경영향평가항목등을 결정할 때에는 다음의 사항을 고려하여야 한다(제

영향평가대상에서 제외된다(제23조).
129) 대법 2006. 12. 22. 선고 2006두14001 판결 참조.

24조 제5항).

- 전략환경영향평가항목등(개발기본계획을 수립한 환경영향평가 대상사업만 해당)
- 해당 지역 및 주변 지역의 입지 여건
- 토지이용 상황
- 사업의 성격
- 환경 특성
- 계절적 특성 변화(환경적·생태적으로 가치가 큰 지역)

사업자는 제11조에 따른 전략환경영향평가항목등에 환경영향평가항목등이 포함되어 결정된 경우로서 환경부장관과 전략환경영향평가에 대하여 협의하였을 때에는 제1항 및 제2항에 따른 환경영향평가항목등의 결정 절차를 거치지 아니할 수 있다(제24조 제6항).

승인기관장등이나 환경부장관은 제1항과 제4항에 따라 결정된 환경영향평가항목등을 대통령령으로 정하는 방법에 따라 공개하고 주민 등의 의견을 들어야 한다(제24조 제7항).

### (3) 평가서 초안작성 및 주민 등의 의견 수렴

#### 1) 초안작성 및 의견수렴

사업자는 스코핑절차(제24조)에 따라 결정된 환경영향평가항목등에 따라 '환경영향평가서 초안'을 작성하여 주민 등의 의견을 수렴하여야 한다(제25조 제1항). 제1항에 따른 '환경영향평가서 초안'의 작성 및 주민 등의 의견 수렴 절차에 관하여는 전략환경영향평가에서의 같은 절차(제12조 및 제13조)를 준용한다(제25조 제2항). 따라서 공청회가 필요하다는 주민이 30명 이상이거나 또는 공청회가 필요하다는 주민이 5명 이상이고 '환경영향평가서 초안'에 대한 의견제출자의 50퍼센트 이상인 경우 공청회를 개최하여야 한다(시행령 제40조).

#### 2) 의견수렴 결과 및 반영 여부의 공개

사업자는 주민 등의 의견 수렴 결과와 반영 여부를 대통령령으로 정하는 방법(*시행령 제43조: 정보통신망 및 환경영향평가 정보지원시스템에 14일 이상 그 내용 게시)에 따라 공개하여야 한다(제25조 제4항).

### 3) 전략환경영향평가와의 중복 방지

사업자는 환경영향평가 대상사업에 대한 개발기본계획을 수립할 때에 전략환경영향평가서 초안의 작성 및 의견 수렴 절차를 거친 경우(제14조에 따라 의견 수렴 절차를 생략한 경우 제외)로서 다음의 요건에 모두 해당하는 경우 협의기관의 장과의 협의를 거쳐 환경영향평가서 초안의 작성 및 의견 수렴 절차를 거치지 아니할 수 있다(제25조 제5항).

- 전략환경영향평가서의 협의 내용을 통보받은 날부터 3년이 지나지 아니한 경우
- 협의 내용보다 사업규모가 30퍼센트 이상 증가되지 아니한 경우
- 협의 내용보다 사업규모가 제22조 제2항에 따라 대통령령으로 정하는 환경영향평가 대상사업의 최소 사업규모 이상 증가되지 아니한 경우
- 폐기물소각시설, 폐기물매립시설, 하수종말처리시설, 공공폐수처리시설 등 주민의 생활환경에 미치는 영향이 큰 시설의 입지가 추가되지 아니한 경우

### 4) 의견 재수렴

사업자는 의견 수렴 절차를 거친 후 협의 내용을 통보받기 전까지 환경영향평가 대상사업의 변경 등 대통령령(*시행령 제45조)으로 정하는 중요한 사항을 변경하려는 경우(예: 협의를 요청한 환경영향평가 대상사업의 규모의 30퍼센트 이상 증가되는 경우)에는 환경영향평가서 초안을 다시 작성하여 주민 등의 의견을 재수렴하여야 한다(제26조 제1항).

## (4) 평가서의 작성 및 협의

### 1) 평가서 작성 및 협의 요청

승인기관장등은 환경영향평가 대상사업에 대한 승인등을 하거나 환경영향평가 대상사업을 확정하기 전에 환경부장관에게 협의를 요청하여야 한다. 이 경우 승인기관의 장은 환경영향평가서에 대한 의견을 첨부할 수 있다(제27조 제1항). 승인등을 받지 아니하여도 되는 사업자는 제1항에 따라 환경부장관에게 협의를 요청할 경우 환경영향평가서를 작성하여야 하며, 승인등을 받아야 하는 사업자는 환경영향평가서를 작성하여 승인기관의 장에게 제출하여야 한다(제27조 제2항). 제1항과 제2항에 따른 환경영향평가서의 작성방법, 협의 요청시기 및 제출방법 등은 대통령령으로 정한다(제27조 제3항).

## 2) 환경영향평가서의 검토, 보완·조정 요청, 반려

환경부장관은 제27조 제1항에 따라 협의를 요청받은 경우에는 주민의견 수렴 절차 등의 이행 여부 및 환경영향평가서의 내용 등을 검토하여야 한다(제28조 제1항). 환경부장관은 환경영향평가서를 검토한 결과 환경영향평가서 또는 사업계획 등을 보완·조정할 필요가 있는 등 대통령령으로 정하는 사유가 있는 경우에는 승인기관장등에게 환경영향평가서 또는 사업계획 등의 보완·조정을 요청하거나 보완·조정을 사업자 등에게 요구할 것을 요청할 수 있다. 이 경우 보완·조정의 요청은 두 차례만 할 수 있으며, 요청을 받은 승인기관장등은 특별한 사유가 없으면 이에 따라야 한다(제28조 제3항).

환경부장관은 다음 어느 하나의 경우 환경영향평가서를 반려할 수 있다(제28조 제4항).

- 보완·조정의 요청을 하였음에도 불구하고 요청한 내용의 중요한 사항이 누락되는 등 환경영향평가서 또는 해당 사업계획이 적정하게 작성되지 아니하여 협의를 진행할 수 없다고 판단하는 경우
- 환경영향평가서가 거짓으로 작성되었다고 판단하는 경우


## 3) 협의 내용의 통보 및 반영

환경부장관은 협의를 요청받은 날부터 대통령령으로 정하는 기간(*시행령 제50조: 원칙적으로 45일) 이내에 승인기관장등에게 협의 내용을 통보하여야 한다(제29조 제1항). 환경부장관은 보완·조정하여야 할 사항이 경미한 경우 또는 해당 사업계획 등에 대한 승인등을 하거나 해당 사업을 시행하기 전에 보완·조정이 가능한 경우에는 해당 사업계획 등에 관련 내용을 반영할 것을 조건으로 승인기관장등에게 협의 내용을 통보할 수 있다(제29조 제4항).

환경부장관의 협의내용은 실무상 '동의', '부동의', '조건부동의'로 나타나는 환경부장관의 협의를 항고소송의 대상인 처분등으로 볼 수 있는지가 문제되는데, 이에 대하여 적극적으로 해석하는 주장이 있다.130) 이러한 적극설은 사업자나 승인기관의 장은 환경부장관으로부터 협의내용을 통보받았을 때에는 그 내용을 해당 사업계획 등에 반영하기 위하여 필요한 조치를 하여야 하고(제30조 제1항), 승인기관의 장은 사업계획 등에 대하여 승인등을 하려면 협의내용이 사업계획 등에 반영되었는지를 확인하여야 하며, 이 경우 협의내용이 사업계획 등에 반영되지 아니한 경우 이를 반영하게 하여야 한다는(제30조 제2항) 점에서 국민의 권리·의무에 영향을 준다는 점을 논거로 한다. 적극설은 환경영향평가의 실효성을 제고할 수 있고, 국민의 권리보호에 기여할 수 있는 장점이 있지만, 여기서 협의는

---

130) 김홍균, 환경법, 158쪽; 조홍식, 환경법원론, 382쪽.

말 그대로 행정기관 간의 내부적 행위로 보아야 하며, 국민을 직접 수범자로 하는 것으로 볼 수 없다는 점에서 항고소송의 대상으로 인정하기엔 어려움이 있다고 할 것이다. 이 협의가 국민의 권리·의무에 '직접' 영향을 주진 않기 때문이다.

대법원은 종래 미리 관계중앙행정기관의 장과 협의를 하라고 규정한 의미는 그의 자문을 구하라는 것이지 그 의견을 따라 처분을 하라는 의미는 아니라고 보았지만(대법 2000. 10. 13. 선고 99두653 판결; 대법 2006. 6. 30. 선고 2005두14363 판결), 최근 자율형 사립고등학교 지정 취소에 관한 초·중등교육법령 해석에서 교육부장관과의 사전 협의는 특별한 사정이 없는 한 교육부장관의 적법한 사전 동의를 의미한다고 보기도 했다(대법 2018. 7. 12. 선고 2014추33 판결). 생각건대, 여기서의 협의에 의미에 대해서도 해당 법령의 취지·문언의 해석에 따라 판단해야 하는바, 협의내용 반영에 관한 제30조 규정 등을 감안할 때 단순한 자문을 구하라는 취지가 아니라, 동의를 구하라는 의미로 볼 수 있다.

### 4) 협의 내용에 대한 조정 요청

사업자나 승인기관의 장은 제29조에 따라 통보받은 협의 내용에 대하여 이의가 있으면 환경부장관에게 협의 내용을 조정하여 줄 것을 요청할 수 있다. 이 경우 승인등을 받아야 하는 사업자는 승인기관의 장을 거쳐 조정을 요청하여야 한다(제31조 제1항). 환경부장관은 제1항에 따른 조정 요청을 받았을 때에는 대통령령으로 정하는 기간(*시행령 제53조: 원칙적으로 30일) 이내에 환경영향평가협의회의 심의를 거쳐 조정 여부를 결정하고 그 결과를 사업자나 승인기관의 장에게 통보하여야 한다(제31조 제2항). 승인기관장등은 협의 내용의 조정을 요청하였을 때에는 제2항에 따른 통보를 받기 전에 그 사업계획 등에 대하여 승인등을 하거나 확정을 하여서는 아니 된다. 다만, 조정 요청과 관련된 내용을 사업계획 등에서 제외시키는 경우에는 그러하지 아니하다(제31조 제3항).

### 5) 재협의, 변경협의

승인기관장등은 제27조부터 제29조까지의 규정에 따라 협의한 사업계획 등을 변경하는 경우 등 어느 하나에 해당하는 경우에는 환경부장관에게 재협의를 요청하여야 한다(제32조 제1항). 사업자는 제27조부터 제29조까지의 규정에 따라 협의한 사업계획 등을 변경하는 경우로서 재협의사유(제32조 제1항)에 해당하지 아니하는 경우에는 사업계획 등의 변경에 따른 환경보전방안을 마련하여 이를 변경되는 사업계획 등에 반영하여야 한다(제33조 제1항).

## 6) 사전공사의 금지

사업자는 협의·재협의 또는 변경협의의 절차가 끝나기 전에 환경영향평가 대상사업의 공사를 하여서는 아니 됨이 원칙이다(제34조 제1항).[131] 승인기관의 장은 협의·재협의 또는 변경협의의 절차가 끝나기 전에 사업계획 등에 대한 승인등을 하여서는 아니 된다(제34조 제2항). 승인기관의 장은 승인등을 받아야 하는 사업자가 제1항을 위반하여 공사를 시행하였을 때에는 해당 사업의 전부 또는 일부에 대하여 공사중지를 명하여야 한다(제34조 제3항). 환경부장관은 사업자가 제1항을 위반하여 공사를 시행하였을 때에는 승인등을 받지 아니하여도 되는 사업자에게 공사중지, 원상복구 또는 그 밖에 필요한 조치를 할 것을 명령하거나 승인기관의 장에게 공사중지, 원상복구 또는 그 밖에 필요한 조치를 명할 것을 요청할 수 있다. 이 경우 승인기관장등은 특별한 사유가 없으면 이에 따라야 한다(제34조 제4항).

그런데, 제34조에 따른 사전공사 금지의무를 저버리고 사전공사를 한 경우 해당 처분의 효력은 어떻게 볼 것인지가 문제인데, 판례는 이 경우 처분이 위법으로 되는 것은 아니라고 한다(대법 2014. 3. 13. 선고 2012두1006[132] 판결). 그러나 사전공사 금지의무 역시 중요한 환경영향평가절차에 해당하며, 이를 어긴 경우 평가절차의 하자가 되어서 해당 처분은 절차하자가 있는 처분으로 위법하다고 보아야 할 것이다.

## (5) 사후 모니터링

### 1) 협의 내용의 이행

사업자는 사업계획 등을 시행할 때에 사업계획 등에 반영된 협의 내용을 이행하여야 한다(제35조 제1항). 사업자는 협의 내용이 적정하게 이행되는지를 관리하기 위하여 협의

---

131) 예외: 제27조부터 제31조까지의 규정에 따른 협의를 거쳐 승인등을 받은 지역으로서 재협의나 변경협의 대상에 포함되지 아니한 지역에서 시행되는 공사, 착공을 준비하기 위한 현장사무소 설치 공사 또는 다른 법령에 따른 의무를 이행하기 위한 공사 등 환경부령으로 정하는 경미한 사항에 대한 공사의 경우에는 그러하지 아니하다.

132) "환경영향평가법 제16조 제1항, 제28조 제1항 본문, 제3항, 제51조 제1호 및 제52조 제2항 제2호의 내용, 형식 및 체계에 비추어 보면, 환경영향평가법 제28조 제1항 본문이 환경영향평가절차가 완료되기 전에 공사시행을 금지하고, 제51조 제1호 및 제52조 제2항 제2호가 그 위반행위에 대하여 형사처벌을 하도록 한 것은 환경영향평가의 결과에 따라 사업계획 등에 대한 승인 여부를 결정하고, 그러한 사업계획 등에 따라 공사를 시행하도록 하여 당해 사업으로 인한 해로운 환경영향을 피하거나 줄이고자 하는 환경영향평가제도의 목적을 달성하기 위한 데에 입법 취지가 있다. 따라서 사업자가 이러한 사전 공사시행 금지규정을 위반하였다고 하여 승인기관의 장이 한 사업계획 등에 대한 승인 등의 처분이 위법하게 된다고는 볼 수 없다."

내용 관리책임자("관리책임자")를 지정하여 환경부령으로 정하는 바에 따라 환경부장관 및 승인기관의 장에게 통보하여야 한다(제35조 제3항).

### 2) 사후환경영향조사

사업자는 해당 사업을 착공한 후에 그 사업이 주변 환경에 미치는 영향을 조사("사후환경영향조사")하고 그 결과를 환경부장관 및 (승인등을 받아야 하는 환경영향평가 대상사업의 경우) 승인기관의 장에게 통보하여야 하며(제36조 제1항), 사후환경영향조사 결과 주변 환경의 피해를 방지하기 위하여 조치가 필요한 경우에는 지체없이 그 사실을 통보하고 필요한 조치를 하여야 한다(제36조 제2항). 환경부장관은 이러한 사후환경영향조사의 결과 및 통보받은 사후환경영향조사의 결과 및 조치의 내용 등을 검토하여야 한다(제36조 제3항).

### 3) 사업 착공 등의 통보

사업자는 사업을 착공 또는 준공하거나 3개월 이상 공사를 중지하려는 경우에는 환경부령으로 정하는 바에 따라 환경부장관 및 승인기관의 장에게 그 내용을 통보하여야 한다(제37조 제1항). 이에 따라 사업착공등을 통보받은 승인기관의 장은 해당 내용을 평가 대상지역 주민에게 대통령령으로 정하는 방법에 따라 공개하여야 한다(제37조 제2항).

### 4) 협의 내용 등에 대한 이행의무의 승계 등

사업자가 사업을 양도하거나 사망한 경우 또는 법인이 합병한 경우에는 그 양수인이나 상속인 또는 합병 후 존속하는 법인이나 합병에 따라 설립되는 법인이 제35조부터 제37조까지의 규정에 따른 의무를 승계한다. 다만, 양도·상속 또는 합병으로 이전되는 시설의 운영자가 따로 있는 경우에는 그 시설의 운영자가 그 의무를 승계한다(제38조 제1항). 종전 사업자의 의무를 승계한 사업자는 협의 내용의 이행 상황과 승계 사유 등 환경부령으로 정하는 사항을 30일 이내에 승인기관의 장과 환경부장관에게 통보하여야 한다(제38조 제2항).

### 5) 협의 내용의 관리·감독 및 조치명령 등

승인기관의 장은 승인등을 받아야 하는 사업자가 협의 내용을 이행하였는지를 확인하여야 한다(제39조 제1항). 환경부장관 또는 승인기관의 장은 사업자에게 협의 내용의 이행에 관련된 자료를 제출하게 하거나 소속 공무원으로 하여금 사업장에 출입하여 조사하게 할 수 있다(제39조 제2항).

승인기관의 장은 승인등을 받아야 하는 사업자가 협의 내용을 이행하지 아니하였을 때에는 그 이행에 필요한 조치를 명하여야 한다(제40조 제1항). 승인기관의 장은 승인등을 받아야 하는 사업자가 제1항에 따른 조치명령을 이행하지 아니하여 해당 사업이 환경에 중대한 영향을 미친다고 판단하는 경우에는 그 사업의 전부 또는 일부에 대한 공사중지명령을 하여야 한다(제40조 제2항). 환경부장관은 협의 내용에 협의기준에 관한 내용이 포함되어 있으면 협의기준의 준수 여부를 확인하여야 한다(제40조 제3항).

환경부장관은 다음의 어느 하나에 해당하는 경우에는 승인등을 받지 아니하여도 되는 사업자에게 공사중지, 원상복구 또는 그 밖에 필요한 조치를 할 것을 명령하거나, 승인기관의 장에게 공사중지, 원상복구 또는 그 밖에 필요한 조치를 할 것을 명령하도록 요청할 수 있다. 이 경우 승인기관장등은 특별한 사유가 없으면 이에 따라야 한다(제40조 제4항).

－ 협의 내용의 이행을 관리하기 위하여 필요하다고 인정하는 경우
－ 사후환경영향조사의 결과 및 조치의 내용 등을 검토한 결과 주변 환경의 피해를 방지하기 위하여 필요하다고 인정하는 경우

### 6) 과징금

환경부장관 또는 승인기관의 장은 제40조 제4항에 따라 원상복구할 것을 명령하여야 하는 경우에 해당하나, 그 원상복구가 주민의 생활, 국민경제, 그 밖에 공익에 현저한 지장을 초래하여 현실적으로 불가능할 경우에는 원상복구를 갈음하여 총 공사비의 3퍼센트 이하의 범위에서 과징금을 부과할 수 있다(제40조의2 제1항). 제1항에 따른 과징금을 부과하는 위반행위의 종류·정도 등에 따른 과징금의 금액과 그 밖에 필요한 사항은 대통령령으로 정한다(제40조의2 제2항).

### 7) 재평가

환경부장관은 다음의 어느 하나에 해당하는 경우에는 승인기관장등과의 협의를 거쳐 한국환경정책·평가연구원의 장 또는 관계 전문기관의 장("재평가기관")에게 재평가를 하도록 요청할 수 있다(제41조 제1항).

－ 환경영향평가 협의 당시 예측하지 못한 사정이 발생하여 주변 환경에 중대한 영향을 미치는 경우로서 제36조 제2항 또는 제40조에 따른 조치나 조치명령으로는 환경보전방안을 마련하기 곤

란한 경우(1호)

- 제53조 제5항 제2호를 위반하여 환경영향평가서등과 그 작성의 기초가 되는 자료를 거짓으로
  작성한 경우(2호)

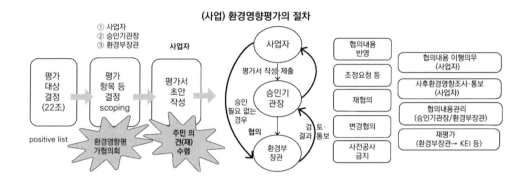

(사업) 환경영향평가의 절차

## 4. 환경영향평가의 하자와 사업승인처분의 효력

환경영향평가를 실시하여야 할 대상사업에 대하여 환경영향평가를 거치지 아니하였음에도 승인 등 처분을 하였다면 그 처분은 위법함에 의문이 없다. 이는 중대하고 명백한 하자로서 그 처분은 무효가 된다(대법 2012. 7. 5. 선고 2011두19239 판결).

그런데, 대상사업에 대하여 환경영향평가를 거쳤고 이에 승인 등 처분을 하였는데, 그 환경영향평가가 부실한 경우 그 해당 처분의 효력은 어떠한가? 대법원에 따르면, 그러한 절차를 거쳤다면, 비록 그 환경영향평가의 내용이 다소 부실하다 하더라도, 그 부실의 정도가 환경영향평가제도를 둔 입법 취지를 달성할 수 없을 정도이어서 환경영향평가를 하지 아니한 것과 다를 바 없는 정도의 것이 아닌 이상 그 부실은 당해 승인 등 처분에 재량권 일탈·남용의 위법이 있는지 여부를 판단하는 하나의 요소로 됨에 그칠 뿐, 그 부실로 인하여 당연히 당해 승인 등 처분이 위법하게 되는 것이 아니다(대법 2001. 6. 29. 선고 99두9902 판결; 대법 2004. 12. 9. 선고 2003두12073 판결; 대법 2006. 3. 16. 선고 2006두330 전원합의체 판결; 대법 2015. 12. 10. 선고 2012두6322 판결).

이러한 환경영향평가의 부실, 즉 환경영향평가의 하자를 어떻게 평가할 것인가와 관련하여 이때 하자를 절차적 하자와 실체적(내용적) 하자로 구분할 수 있다.[133] 환경영향평가

---

133) 여기서 하자는 '환경영향평가'의 하자문제이다. 행정소송에서 실체적 하자(위법)가 쟁점이 되는 경우는 환경영향평가를 거친 사업에 대한 승인과 같은 '처분의 하자'에 관한 문제이다. 처분하자를 판단함에 있어서 환경영향평가의 하자는 모두 절차적 하자에 포함된다. 이러한 환경영향평가절차의 하자문제 가운

의 절차적 하자에는 가령 주민의견수렴과정에서 공청회를 거쳐야 하는데 설명회를 하는데 그친 경우가 있고, 환경영향평가의 실체(내용)적 하자는 환경영향평가서의 부실과 같은 경우가 있다. 후자의 경우는 위법으로 판단하는 기준이 애매한 면이 있지만, 전자의 경우는 명백한 위법사항이어서 사업승인이라는 처분 자체의 위법성으로까지 이끌 여지가 더욱 크다고 할 것이다. 판례에서 문제되는 환경영향평가의 부실은 주로 환경영향평가의 실체적 하자에 관한 것이다. 그러나 이러한 환경영향평가서에서의 평가 부실 역시 보다 전향적으로 판단하여 그 부실의 정도에 따라 취소사유인 하자(위법) 수준으로 볼 수 있는 해석론이 전개될 필요가 있다고 생각된다.

## IV. 소규모 환경영향평가

### 1. 의의 및 대상사업

소규모 환경영향평가란 환경보전이 필요한 지역이나 난개발(亂開發)이 우려되어 계획적 개발이 필요한 지역에서 개발사업을 시행할 때에 입지의 타당성과 환경에 미치는 영향을 미리 조사·예측·평가하여 환경보전방안을 마련하는 것을 말한다(제2조 제3호). 환경영향평가와 구별되는 것은 그 대상사업의 규모가 소규모이며, 이러한 점을 고려하여 환경영향평가 항목 및 범위 결정(스코핑), 주민의견 수렴, 이의 조정, 사후환경영향조사, 재협의, 재평가절차 등을 생략한다는 점이다. 앞서 본 시·도의 조례에 따른 환경영향평가의 가능성도 소규모 환경영향평가에서는 없다(제42조 제1항).

소규모 환경영향평가의 대상사업은 환경영향평가 대상사업의 종류 및 범위에 해당하지 아니하는 개발사업이지만, 보전이 필요한 지역과 난개발이 우려되어 환경보전을 고려한 계획적 개발이 필요한 지역으로서 대통령령으로 정하는 지역("보전용도지역")에서 시행되는 개발사업이다(제43조 제1항, 시행령 제59조 별표 4 참조).

---

데 다시 절차적 하자와 실체적 하자가 있다는 것이다. 이 점을 혼동하지 않도록 주의해야 한다.

## 2. 소규모 환경영향평가의 절차

소규모 환경영향평가서의 작성 및 협의 요청(제44조), 소규모 환경영향평가서의 검토·통보, 보완·조정, 반려(제45조), 협의 내용의 반영 등(제46조), 변경협의(제46조의2), 사전공사의 금지 및 금지의무 위반에 대한 공사중지명령 및 조치명령(제47조), 사업착공등의 통보(제48조), 협의 내용 이행의 관리·감독(제49조)에 관한 절차를 두고 있다.

**소규모 환경영향평가의 절차**

그러나, 환경영향평가 항목 및 범위 결정, 주민의견 수렴, 이의 조정, 사후환경영향조사, 재협의, 재평가절차 등을 생략하고 있다는 점이 통상적인 환경영향평가의 절차와 다르다. 특히 의사소통 차원에서 이루어지는 주민의견수렴절차가 여기서는 생략되는데, 주민 반대가 예상되는 사업의 경우 사업자 입장에서는 사업 쪼개기 등으로 환경영향평가의 대상이 되지 않도록 하고, 소규모 환경영향평가만으로 대신하길 원할지도 모른다. 따라서 이러한 탈법이 이루어지지 않도록 대상결정 등에 있어서 엄격한 해석론이 이루어져야 할 것이다.

## V. 전략환경평가·환경영향평가의 통합실시 및 약식평가의 특례

## 1. 개발기본계획과 사업계획의 통합 수립에 따른 특례 등

개발기본계획과 환경영향평가 대상사업에 대한 계획을 통합하여 수립하는 경우에는 제

2조 제1호 및 제2호에도 불구하고 전략환경영향평가와 환경영향평가를 통합하여 검토하되, 전략환경영향평가 또는 환경영향평가 중 하나만을 실시할 수 있다(제50조 제1항).

제16조 제1항 및 제2항에 따른 전략환경영향평가 대상계획에 대한 협의시기와 제27조 제1항에 따른 환경영향평가 대상사업에 대한 협의시기가 같은 경우에는 환경영향평가만을 실시할 수 있다. 이 경우 제11조에 따른 전략환경영향평가항목등을 포함하여 환경영향평가서를 작성하여야 한다(제50조 제2항).

## 2. 환경영향평가의 협의 절차 등에 관한 특례: 약식평가

사업자는 환경영향평가 대상사업 중 환경에 미치는 영향이 적은 사업으로서 대통령령으로 정하는 사업(*시행령 제64조의 사업)[134]에 대하여는 환경영향평가항목등의 결정 및 조치 내용, 그리고 시행령 제34조 제1항에 따라 환경영향평가서 초안에 들어갈 사항이 포함된 환경영향평가서("약식평가서")를 작성하여 '의견 수렴'과 '협의 요청'을 함께 할 수 있다(제51조 제1항).

## 3. 약식절차의 완료에 따른 평가서의 작성 등

승인등을 받지 아니하여도 되는 사업자는 제51조 제1항에 따라 의견 수렴 절차와 협의 절차를 마치면 제출된 의견과 협의 내용 등이 포함된 환경영향평가서를 다시 작성하여야 한다(제52조 제1항). 승인등을 받아야 하는 사업자는 제51조 제1항에 따라 의견 수렴 절차와 협의 절차를 마치면 제출된 의견과 협의 내용 등이 포함된 환경영향평가서를 다시 작성하여 승인기관의 장에게 제출하여야 한다(제52조 제2항).

환경부장관은 제1항 단서 및 제2항 단서에 따른 의견을 통보하려면 대통령령으로 정하는 기간(*시행령 제67조 제1항: 40일) 내에 환경영향평가협의회의 심의를 거쳐 승인기관의 장과 사업자에게 그 의견을 통보하여야 한다(제52조 제3항). 승인기관장등은 제30조 제3항

---

134) 시행령 제64조(약식절차 대상사업의 범위) 법 제51조 제1항에서 "대통령령으로 정하는 사업"이란 다음 각 호의 모두에 해당하는 사업을 말한다.
　　1. 대상사업의 규모가 별표 3에 따른 최소 환경영향평가 대상 규모의 200퍼센트 이하인 사업으로서 환경에 미치는 영향이 크지 아니한 사업
　　2. 사업지역에 환경적·생태적으로 보전가치가 높은 다음 각 목의 어느 하나에 해당하는 지역이 포함되지 아니한 사업
　　가. 「자연환경보전법」 제34조에 따른 생태·자연도 1등급 권역
　　나. ~ 차. 생략

에 따라 환경부장관에게 협의 내용의 반영 결과를 통보할 때에 제1항 및 제2항에 따른 환경영향평가서를 함께 제출하여야 한다(제52조 제4항).


## 제3절 대기환경보전법


## I. 총설

### 1. 대기환경보전법의 목적 및 규율대상

대기환경보전법은 대기오염으로 인한 국민건강이나 환경에 관한 위해(危害)를 예방하고 대기환경을 적정하고 지속가능하게 관리·보전하여 모든 국민이 건강하고 쾌적한 환경에서 생활할 수 있게 하는 것을 목적으로 한다(제1조).

대기환경보전법은 주로 '대기오염물질'로 인한 대기오염으로부터의 보전을 규율하는 법이다. 여기서 대기오염물질이란 대기 중에 존재하는 물질 중 제7조에 따른 심사·평가 결과 대기오염의 원인으로 인정된 가스·입자상물질로서 환경부령(*시행규칙 제2조 별표1)으로 정하는 것을 말한다. 대기오염물질 중에서도 심사·평가를 통하여 유해성대기감시물질을 정하고, 나아가 그중에서도 심사·평가를 통하여 특정대기유해물질을 정하고 있다.[135]

---

135) 유해성대기감시물질: 대기오염물질 중에서도 제7조에 따른 심사·평가 결과 사람의 건강이나 동식물의 생육(生育)에 위해를 끼칠 수 있어 지속적인 측정이나 감시·관찰 등이 필요하다고 인정된 물질로서 환경부령(*시행규칙 제2조의2 별표 1의2)으로 정하는 것을 말한다(법 제2조 제1호의2). 또한 특정대기유해물질이란 유해성대기감시물질 중 제7조에 따른 심사·평가 결과 저농도에서도 장기적인 섭취나 노출에 의하여 사람의 건강이나 동식물의 생육에 직접 또는 간접으로 위해를 끼칠 수 있어 대기 배출에 대한 관리가 필요하다고 인정된 물질로서 환경부령(*시행규칙 제4조 별표 2)으로 정하는 것을 말한다(법 제2조 제9호).

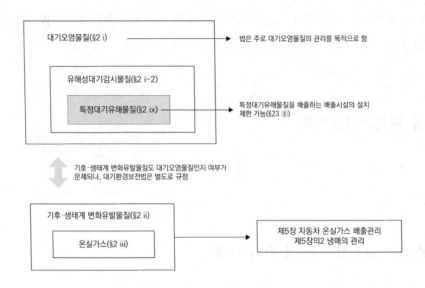

유해성대기감시물질과 특정대기유해물질은 대기환경개선 종합계획의 수립대상이 되어야 할 사항이다(제11조 제2항 제3의3호, 제3의4호). 특히 특정대기유해물질의 경우 배출시설의 설치 허가·신고 시 특정대기유해물질을 배출하는 배출시설의 설치 또는 특별대책지역에서의 배출시설 설치를 제한할 수 있도록 하고 있다(제23조 제8항).

## 2. 대기환경보전법의 체계

대기환경보전법은 대기오염물질의 배출규제를 사업장배출 규제(제2장), 생활환경상 배출 규제(제3장), 자동차·선박등 배출 규제(제4장)로 나누어 규율한다. 나아가 대기오염물질이 아닌 기후·생태계 변화유발물질(특히 온실가스)의 배출관리를 위하여 자동차온실가스 배출관리(제5장), 냉매의 관리(제5장의2)를 더하여 규율하고 있다. 이러한 대기오염물질의 배출규제에 관한 3유형의 규제(제2, 3, 4장)가 중심내용이 되는데, 그중에서도 사업장규제(제2장)가 핵심이다. 흔히들 대기오염이라 하면 공장굴뚝에서 나오는 매연을 생각하는데, 바로 이러한 오염에 대한 규제가 사업장규제이다.

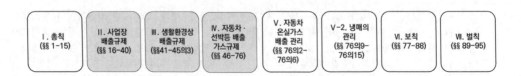

사업장배출 규제는 물환경보전법상 산업폐수 규제, 소음·진동관리법상 공장소음·

진동규제와 유사한 구조를 가지고 있다. 생활환경상 배출규제는 소음·진동관리법상 생활소음·진동규제와 같은 맥락에서 비교하며 살펴볼 수 있다. 아울러, '사업장'과 '생활'의 구분은 폐기물관리법에서 '사업장'폐기물과 '생활'폐기물로 구분·관리하는 것과도 관련되는 개념이다.

최근 지구온난화문제와 관련하여 문제되고 있는 온실가스와 냉매는 둘 다 기후·생태계 변화유발물질(제2조 제2호)이며, 이들은 각각 제5장과 제5장의2에서 규율하고 있다. 기후·생태계 변화유발물질을 대기오염물질(제2조 제1호)로 볼 수 있는지는 과학적·법적으로 논란이 있는 가운데,[136] 대기환경보전법은 양자를 달리 규정함으로써 기후·생태계 변화유발물질을 대기오염물질과 동일시하지 않는다. 그리고 대기환경보전법은 '대기오염'으로 인한 국민건강이나 환경에 관한 위해 예방 등을 목적으로 하므로(제1조 참조), 이 법의 체계상 '대기오염'과는 다른 문제인 '기후·생태계 변화'에 관하여 동법에서 규정하는 것은 (대기환경 차원에서 기후·생태계 변화유발물질을 관리하려는 입법자의 의지를 읽을 수 있지만) 대기오염물질과 기후·생태계 변화유발물질을 구분한 전체 체계와는 맞지 않는 면도 있다. 법률의 목적조항을 개정하건, 아니면 대기오염과 기후·생태계 변화의 관계를 재정립해야 하는 문제일 것이다.

사업장·생활·자동차등의 배출원별로 배출되는 대기오염물질을 규제하는 법이었던 대기환경보전법은 이러한 이유로 온실가스와 냉매의 관리까지 포함하는 법으로 그 규율범위가 확장되어 있다. 최근 대기오염물질 중 미세먼지의 문제가 심각해지고 있는데, 그 관리를 위하여 대기오염 경보(제8조)에서 이를 포함시켰고, 그리고 중국으로부터 넘어오는 미세먼지문제와 관련된 장거리이동대기오염물질에 관한 대책(제13조, 제14조)도 총칙에서 규율하고 있다.

## 3. 대기오염에 대한 측정, 경보 등

### (1) 대기오염 측정 등

대기환경보전법은 '총칙'부분에서 상시측정 등(제3조), 환경위성 관측망의 구축·운영 등(제3조의2), 측정망설치계획의 결정 등(제4조), 대기오염물질에 대한 심사·평가(제7조), 대기오염도 예측·발표(제7조의2), 국가 대기질통합관리센터의 지정·위임 등(제7조의3),

---

136) 이에 대해서는 김현준, "온실가스 규제의 환경법 서설 – 법적 규율대상으로서 온실가스 개념", 환경법연구 32-1, 2010, 275쪽 이하.

대기오염에 대한 경보(제8조), 기후·생태계 변화유발물질 배출 억제(제9조), 국가 기후변화 적응센터 지정 및 평가 등(제9조의2), 대기순환 장애의 방지(제10조), 대기환경개선 종합계획의 수립 등(제11조), 장거리이동대기오염물질(제13조, 제14조, 제15조) 등을 두고 있다.

## (2) 대기오염에 대한 경보

시·도지사는 대기오염도가 환경기준을 초과하여 주민의 건강·재산이나 동식물의 생육에 심각한 위해를 끼칠 우려가 있다고 인정되면 그 지역에 대기오염경보를 발령할 수 있고, 대기오염경보의 발령 사유가 없어진 경우 경보를 즉시 해제하여야 한다(제8조 제1항). 이러한 경보의 효과로서, 시·도지사는 대기오염경보가 발령된 지역의 대기오염을 긴급하게 줄일 필요가 있다고 인정하면 기간을 정하여 그 지역에서 자동차의 운행을 제한하거나 사업장의 조업 단축을 명하거나, 그 밖에 필요한 조치를 할 수 있다(제8조 제2항).

대기오염경보의 대상 오염물질 및 대기오염경보 단계는 다음과 같다(제8조 제4항, 시행령 제2조 제2항·제3항·제4항 참조).

- 미세먼지(PM-10): 주의보(주민의 실외활동 및 자동차 사용의 자제 요청 등), 경보(주민의 실외활동 제한 요청, 자동차 사용의 제한 및 사업장의 연료사용량 감축 권고 등)
- 미세먼지(PM-2.5)[137]: 주의보, 경보
- 오존($O_3$): 주의보, 경보, 중대경보(주민의 실외활동 금지 요청, 자동차의 통행금지 및 사업장의 조업시간 단축명령 등)

---

137) PM-2.5를 PM-10와 구분하여 초미세먼지로 부르기도 하는데, 대기환경보전법상으로는 '미세먼지(PM-2.5)'로 규정되어 있다.

## II. 사업장[138] 등의 대기오염물질 배출 규제

### 1. 배출허용기준

배출허용기준이란 대기오염물질배출시설에서 나오는 대기오염물질 배출의 허용기준으로서 관계 중앙행정기관의 장과 협의하여 환경부령이 정하는 것이다(제16조 제1항, 시행규칙 제15조 별표 8 참조). 이는 사업장 배출규제의 기준이 되며, 사업장 배출규제는 이 기준 준수 여부를 중심으로 이루어진다.

이러한 통상적인 배출허용기준 외에 시·도 또는 대도시(인구 50만 이상)는 지역 환경기준의 유지가 곤란하다고 인정되거나 대기관리권역의 대기질에 대한 개선을 위하여 필요하다고 인정되면 조례로 통상적인 배출허용기준보다 강화된 배출허용기준(기준 항목의 추가 및 기준의 적용 시기 포함)을 정할 수 있다(제16조 제3항).

또한, 환경부장관은 환경정책기본법 제38조에 따른 특별대책지역의 대기오염 방지를 위하여 필요하다고 인정하면 그 지역에 설치된 배출시설에 대하여 통상적인 배출허용기준보다 엄격한 배출허용기준을 정할 수 있으며, 그 지역에 새로 설치되는 배출시설에 대하여 특별배출허용기준을 정할 수 있다(제16조 제5항).

공동 방지시설의 배출허용기준은 제16조에 따른 배출허용기준과 다른 기준으로 정할 수 있으며, 그 배출허용기준 및 공동 방지시설의 설치·운영에 필요한 사항은 환경부령(*시행규칙 제33조 별표 11)으로 정한다(제29조 제3항).

### 2. 총량규제

주로 ppm(Parts Per Million, 백만분의 1)으로 표시되는 배출허용기준에 따른 대기오염물질의 규제는 농도규제라고 할 수 있다. 배출시설별로 배출허용기준(농도)을 설정하고 이를 준수하도록 하는 농도규제는 사후적 규제의 성격이 강하다. 반면에, 총량규제는 오염물질별 목표 대기질 달성을 위한 배출허용총량을 산정한 후 사업장별로 배출량을 할당하여 그 범위 내에서 오염물질 배출하도록 하는 사전 예방적 관리제도이며, 사업자에게는

---

138) 환경부장관은 배출시설의 효율적인 설치 및 관리를 위하여 그 배출시설에서 나오는 오염물질 발생량에 따라 사업장을 1종부터 5종까지로 분류하여야 하며, 사업장 분류기준은 대통령령(*시행령 제13조 별표 1의3)으로 정한다(대기환경보전법 제25조).

더 강한 규제라 할 수 있다.

대기환경보전법은 대기오염물질의 농도규제를 기본틀로 하면서, 총량규제의 가능성은 열어두고 있다. 즉, 환경부장관은 대기오염 상태가 환경기준을 초과하여 주민의 건강·재산이나 동식물의 생육에 심각한 위해를 끼칠 우려가 있다고 인정하는 구역 또는 특별대책지역 중 사업장이 밀집되어 있는 구역의 경우에는 그 구역의 사업장에서 배출되는 오염물질을 총량으로 규제할 수 있다(제22조 제1항).[139]

## 3. 배출시설에 대한 규제

### (1) 배출시설의 설치 허가 및 신고

배출시설을 설치하려는 자는 시·도지사의 허가를 받거나 시·도지사에게 신고하여야 하며(제23조 제1항 참조), 허가를 받은 자가 허가받은 사항 중 대통령령으로 정하는 중요한 사항을 변경하려면 변경허가를 받아야 하고, 그 밖의 사항을 변경하려면 변경신고를 하여야 한다(제23조 제2항).

이러한 허가 또는 변경허가의 기준으로 '배출시설에서 배출되는 오염물질을 배출허용기준 이하로 처리할 수 있을 것', '다른 법률에 따른 배출시설 설치제한에 관한 규정을 위반하지 아니할 것'이 요구된다(제23조 제7항).

환경부장관 또는 시·도지사는 배출시설로부터 나오는 특정대기유해물질이나 특별대책지역의 배출시설로부터 나오는 대기오염물질로 인하여 환경기준의 유지가 곤란하거나 주민의 건강·재산, 동식물의 생육에 심각한 위해를 끼칠 우려가 있다고 인정되면 대통령령으로 정하는 바에 따라 특정대기유해물질을 배출하는 배출시설의 설치 또는 특별대책지역에서의 배출시설 설치를 제한할 수 있는데(제23조 제8항), 그 대통령령에 따른 제한사유는 다음과 같다(시행령 제12조).

- 배출시설 설치 지점으로부터 반경 1킬로미터 안의 상주 인구가 2만명 이상인 지역으로서 특정대기유해물질 중 한 가지 종류의 물질을 연간 10톤 이상 배출하거나 두 가지 이상의 물질을 연간 25톤 이상 배출하는 시설을 설치하는 경우
- 대기오염물질(먼지·황산화물 및 질소산화물만 해당한다)의 발생량 합계가 연간 10톤 이상인 배

---

139) 대기환경보전법의 특별법적 성격을 가지는 「수도권 대기환경개선에 관한 특별법」 및 「대기관리권역의 대기환경개선에 관한 특별법」에서는 질소산화물(NOx), 황산화물(SOx), 먼지(TSP)에 대한 총량관리를 실시하고 있다.

출시설을 특별대책지역(법 제22조에 따라 총량규제구역으로 지정된 특별대책지역은 제외한다)에 설치하는 경우

배출허가는 기속행위인지 재량행위인가? 대기환경보전법 제23조 제7항에서 정한 허가 기준에 부합하고 제23조 제8항, 시행령 제12조에서 정한 허가제한사유에 해당하지 아니하는 한 원칙적으로 허가를 하여야 하며, 다만 시행령 제12조에서 정한 사유에 준하는 사유로서 환경 기준의 유지가 곤란하거나 주민의 건강·재산, 동식물의 생육에 심각한 위해를 끼칠 우려가 있다고 인정되는 등 중대한 공익상의 필요가 있을 때에는 허가를 거부할 수 있다고 보아야 한다(대법 2013. 5. 9. 선고 2012두22799 판결 참조). 따라서 시행령 제12조에 따른 제한사유는 허가를 결정함에 중요한 기준이 된다고 할 것이다.

이러한 허가·신고를 한 경우에는 물환경보전법, 소음·진동관리법상 배출시설의 설치 허가·변경허가 또는 신고·변경신고를 한 것으로 본다(제24조 제1항).


## (2) 방지시설(공동방지시설 포함)의 설치

허가·변경허가를 받은 자 또는 신고·변경신고를 한 자("사업자")가 해당 배출시설을 설치하거나 변경할 때에는 그 배출시설로부터 나오는 오염물질이 제16조의 배출허용기준 이하로 나오게 하기 위하여 대기오염방지시설("방지시설")을 원칙적으로 설치하여야 한다(제26조 제1항 참조). 산업단지나 그 밖에 사업장이 밀집된 지역의 사업자는 배출시설로부터 나오는 오염물질의 공동처리를 위하여 공동 방지시설을 설치할 수 있다. 이 경우 각 사업자는 사업장별로 그 오염물질에 대한 방지시설을 설치한 것으로 본다(제29조 제1항). 사업자는 공동방지시설을 설치·운영할 때에는 그 시설의 운영기구를 설치하고 대표자를 두어야 한다(동조 제2항). 공동방지시설의 배출허용기준은 제16조에 따른 배출허용기준과 다른 기준을 정할 수 있으며, 그 배출허용기준 및 공동 방지시설의 설치·운영에 필요한 사항은 환경부령으로 정한다(동조 제3항).


## (3) 권리와 의무의 승계 등

사업자가 배출시설이나 방지시설을 양도하거나 사망한 경우 또는 사업자인 법인이 합병한 경우에는 그 양수인이나 상속인 또는 합병 후 존속하는 법인이나 합병에 따라 설립되는 법인은 허가·변경허가·신고 또는 변경신고에 따른 사업자의 권리·의무를 승계한

다(제27조 제1항).

경매·환가·압류재산 매각 및 그에 준하는 절차에 따라 사업자의 배출시설 및 방지시설을 인수한 자는 허가·변경허가 또는 신고·변경신고 등에 따른 종전 사업자의 권리·의무를 승계한다. 이 경우 종전 사업자에 대한 허가 등은 그 효력을 잃는다(제27조 제2항).

### (4) 가동개시 신고 및 배출·방지시설 운영

사업자는 그 배출시설이나 방지시설을 가동하려면 미리 환경부장관 또는 시·도지사에게 가동개시 신고를 하여야 하며(제30조 제1항), 사업자는 배출시설과 방지시설을 운영할 때에는 다음의 행위를 하여서는 아니 된다(제31조 제1항).

- 배출시설을 가동할 때에 방지시설을 가동하지 아니하거나 오염도를 낮추기 위하여 배출시설에서 나오는 오염물질에 공기를 섞어 배출하는 행위. 다만, 화재나 폭발 등의 사고를 예방할 필요가 있어 환경부장관 또는 시·도지사가 인정하는 경우에는 그러하지 아니하다.
- 방지시설을 거치지 아니하고 오염물질을 배출할 수 있는 공기 조절장치나 가지 배출관 등을 설치하는 행위. 다만, 화재나 폭발 등의 사고를 예방할 필요가 있어 환경부장관 또는 시·도지사가 인정하는 경우에는 그러하지 아니하다.
- 부식이나 마모로 인하여 오염물질이 새나가는 배출시설이나 방지시설을 정당한 사유 없이 방치하는 행위
- 방지시설에 딸린 기계와 기구류의 고장이나 훼손을 정당한 사유 없이 방치하는 행위
- 그 밖에 배출시설이나 방지시설을 정당한 사유 없이 정상적으로 가동하지 아니하여 배출허용기준을 초과한 오염물질을 배출하는 행위

### (5) 측정기기의 부착 등

이른바 굴뚝원격감시체계(TMS, Telemonitoring Systems)에 관한 규정을 두고 있다. 사업자는 배출시설에서 나오는 오염물질이 배출허용기준에 맞는지를 확인하기 위하여 측정기기를 부착하는 등의 조치를 하여 배출시설과 방지시설이 적정하게 운영되도록 하여야 하고, 측정기기에 대하여 다음의 행위를 하여서는 아니 되며, 환경부장관 또는 시·도지사는 측정기기의 운영·관리기준을 지키지 아니하는 사업자에게 필요한 조치를 취할 것을 명할 수 있다. 조치명령을 받은 자가 이를 이행하지 아니하면 해당 배출시설의 전부 또는 일부에 대하여 조업정지를 명할 수 있다(제32조 참조).

- 배출시설이 가동될 때에 측정기기를 고의로 작동하지 아니하거나 정상적인 측정이 이루어지지 아니하도록 하는 행위
- 부식, 마모, 고장 또는 훼손되어 정상적으로 작동하지 아니하는 측정기기를 정당한 사유 없이 방치하는 행위(제1항 본문에 따라 설치한 측정기기로 한정한다)
- 측정기기를 고의로 훼손하는 행위
- 측정기기를 조작하여 측정결과를 빠뜨리거나 거짓으로 측정결과를 작성하는 행위

## (6) 사후감시로서의 진압적 개입

### 1) 개선명령과 조업정지명령 등

환경부장관 또는 시·도지사는 가동개시 신고를 한 후 조업 중인 배출시설에서 나오는 오염물질의 정도가 배출허용기준을 초과한다고 인정하면 기간을 정하여 사업자(제29조 제2항에 따른 공동 방지시설의 대표자 포함)에게 그 오염물질의 정도가 배출허용기준 이하로 내려가도록 필요한 조치를 취할 것(개선명령)을 명할 수 있다(제33조).

환경부장관 또는 시·도지사는 개선명령을 받은 자가 개선명령을 이행하지 아니하거나 기간 내에 이행은 하였으나 검사결과 배출허용기준을 계속 초과하면 해당 배출시설의 전부 또는 일부에 대하여 조업정지를 명할 수 있다(제34조 제1항). 환경부장관 또는 시·도지사는 대기오염으로 주민의 건강상·환경상의 피해가 급박하다고 인정하면 환경부령으로 정하는 바에 따라 즉시 그 배출시설에 대하여 조업시간의 제한이나 조업정지, 그 밖에 필요한 조치를 명할 수 있다(제34조 제2항).

### 2) 배출부과금

#### (가) 의의

환경부장관 또는 시·도지사는 대기오염물질로 인한 대기환경상의 피해를 방지하거나 줄이기 위하여 '대기오염물질을 배출하는 사업자' 또는 '허가·변경허가를 받지 아니하거나 신고·변경신고를 하지 아니하고 배출시설을 설치 또는 변경한 자'에 대하여 배출부과금을 부과·징수한다(제35조 제1항). 헌법재판소는 배출부과금을 과징금의 일종으로 본다(헌재 2001. 5. 31. 선고 99헌가18 결정).

배출부과금에 관한 상세한 사항을 대통령령에 위임한 것이 포괄위임입법 금지에 반하지 않는지가 문제된다. 이에 대하여 대법원은 위 시행령의 각 규정은 대기환경보전법에서 부과대상, 기본배출부과금, 초과배출부과금의 부과요건을 모두 정한 다음 배출기간 등 그

세부적 사항을 대통령령에 위임한 데에 근거한 것이어서 사업자로서는 배출부과금의 산정방법 및 그 기준의 대강을 쉽게 예측할 수 있을 뿐만 아니라 시행령에서 개선명령 이행완료예정일 이전의 조기 이행 등에 따른 배출부과금의 조정절차까지 마련하여 사업자가 불측·부당한 손해를 입지 않을 수 있도록 배려하고 있음에 비추어, 포괄위임입법 금지원칙에 위배된다고 볼 수도 없다고 한다(대법 2009. 12. 10. 선고 2009두14705 판결).

### (나) 기본부과금과 초과부과금

환경부장관 또는 시·도지사는 배출부과금을 부과할 때에는 배출허용기준 초과 여부, 배출되는 대기오염물질의 종류, 대기오염물질의 배출 기간, 대기오염물질의 배출량, 자가측정을 하였는지 여부 등을 고려해야 하는데(제35조 제3항 참조), 그 산정방법과 산정기준은 기본부과금과 초과부과금별로 나누어 대통령령에서 규정하고 있다(제35조 제4항).

기본부과금은 대기오염물질을 배출하는 사업자가 배출허용기준 이하로 배출하는 대기오염물질의 배출량 및 배출농도 등에 따라 부과하는 금액을 말한다. 기본부과금의 경우 3종의 오염물질(황산화물, 먼지, 질소산화물)을 대상으로 부과하며(시행령 제23조 제1항), 배출허용기준 이하로 배출하는 오염물질배출량에 오염물질 1kg당 부과금액, 연도별 부과금 산정지수, 지역별 부과계수, 농도별 부과계수를 각 곱하여 산정한다(시행령 제28조 제1항).

초과부과금은 배출허용기준을 초과하여 배출하는 경우 대기오염물질의 배출량과 배출농도 등에 따라 부과하는 금액이다(제35조 제2항). 초과부과금의 경우 9종의 오염물질(황산화물, 암모니아, 황화수소, 이황화탄소, 먼지, 불소화합물, 염화수소, 염소, 시안화수소)을 대상으로 부과하며(시행령 제23조 제2항), 개선계획서의 제출여부에 따라 산정방법 및 기준이 다르다(시행령 제24조, 제25조, 제26조 참조).

### (다) 배출부과금의 감면, 조정 등

배출부과금은 대통령령에 따라 부과하지 않는 경우(제35조의2 제1항)와 감면되는 경우(제35조의2 제2항)가 있다. 배출부과금 부과 후 오염물질 등의 배출상태가 처음에 측정할 때와 달라졌다고 인정하여 다시 측정한 결과 오염물질 등의 배출량이 처음에 측정한 배출량과 다른 경우 등에는 이를 다시 산정·조정하여 그 차액을 부과하거나 환급하여야 하는 배출부과금 조정(제35조의3 제1항)에 관한 규정도 두고 있다. 이러한 조정사유가 있더라도 그에 필요한 절차를 밟지 아니한 이상 이를 고려하지 않은 배출부과금 부과처분이 위법하게 되지 않는다(대법 2009. 12. 10. 선고 2009두14705 판결).

### 3) 허가의 취소, 폐쇄, 조업정지, 과징금 등

환경부장관 또는 시·도지사는 사업자가 제36조 각 호의 어느 하나에 해당하는 경우 배출시설의 설치허가 또는 변경허가를 취소하거나 배출시설의 폐쇄를 명하거나 6개월 이내의 기간을 정하여 배출시설 조업정지를 명할 수 있다. 다만, 거짓이나 그 밖의 부정한 방법에 의한 허가·변경허가, 신고·변경신고의 경우 등 일정한 경우에 해당하면 배출시설의 설치허가 또는 변경허가를 취소하거나 폐쇄를 명하여야 한다(제36조 제1항 참조).

환경부장관 또는 시·도지사는 의료기관의 배출시설 등 일정한 배출시설을 설치·운영하는 사업자에 대하여 조업정지를 명하여야 하는 경우로서 그 조업정지가 주민의 생활, 대외적인 신용·고용·물가 등 국민경제, 그 밖에 공익에 현저한 지장을 줄 우려가 있다고 인정되는 경우 등에는 조업정지처분을 갈음하여 2억원 이하의 과징금을 부과할 수 있다(제37조 제1항).

### 4) 위법시설에 대한 폐쇄조치 등

환경부장관 또는 시·도지사는 배출허가를 받지 아니하거나 배출신고를 하지 아니하고 배출시설을 설치하거나 사용하는 자에게는 그 배출시설의 사용중지를 명하여야 한다. 다만, 그 배출시설을 개선하거나 방지시설을 설치·개선하더라도 그 배출시설에서 배출되는 오염물질의 정도가 배출허용기준 이하로 내려갈 가능성이 없다고 인정되는 경우 또는 그 설치장소가 다른 법률에 따라 그 배출시설의 설치가 금지된 경우에는 그 배출시설의 폐쇄를 명하여야 한다(제38조).

## 4. 비산배출시설의 설치신고, 시설관리기준, 조치명령

이상에서 살펴본 사업장규제는 배출구로 통하여 대기오염물질을 배출하는 배출시설에 관한 규제이었는데, 때론 비산배출(굴뚝 등 배출구 없이 대기 중에 대기오염물질을 직접 배출하는 경우)을 규제해야 할 필요성도 있다. 따라서 대기환경보전법은 대통령령이 정한 특정업종에서 비산배출하는 공정 및 설비 등의 시설(비산배출시설)을 설치·운영하려는 자는 환경부장관에게 신고하여야 하도록 규정한다(제38조의2 제1항). 이러한 신고·변경신고를 한 자는 환경부령으로 정하는 비산배출의 저감을 위한 시설관리기준을 지켜야 하며(제38조의2 제5항), 이 시설관리기준을 위반하는 자에게 비산배출되는 대기오염물질을 줄이기 위한 시설의 개선 등 필요한 조치를 명할 수 있다(제38조의2 제8항).

## 5. 자가측정, 환경기술인

사업자가 그 배출시설을 운영할 때에는 나오는 오염물질을 자가측정하거나 측정대행업자에게 측정하게 하여 그 결과를 사실대로 기록하고, 환경부령으로 정하는 바에 따라 보존하여야 한다(제39조 제1항). 사업자는 배출시설과 방지시설의 정상적인 운영·관리를 위하여 환경기술인을 임명하여야 한다(제40조 제1항).

## III. 생활환경상의 대기오염물질 배출 규제

## 1. 비산먼지의 규제

비산먼지란 배출구 없이 비산배출되는 먼지를 말하며, 시멘트·석회·플라스터 및 시멘트 관련 제품의 제조업 및 가공업 등 일정한 비산먼지발생사업자는 (변경)신고와 함께, 비산먼지 억제시설 설치등 필요한 조치를 해야 한다(제43조 제1항). 여기서 비산먼지 억제시설의 '설치등 필요한 조치'는 설치하여 이를 가동하는 조치까지 포함하는 개념이다. 따라서 비산먼지 발생 사업장에서 먼지 억제시설인 자동식 세륜시설을 설치하였으나 고장으로 이를 가동하지 못하고 이동식 살수시설만을 사용하였다면 이러한 의무를 하지 않은 것으로 본다(대법 2008. 11. 27. 선고 2008도7438 판결). 이러한 조치를 하지 않거나 조치가 적합하지 않을 경우 관할행정청은 개선명령을 할 수 있고(제43조 제4항), 개선명령 불이행시 사업중지·시설 등의 사용 중지 또는 제한명령을 할 수 있다(제43조 제5항).

또한 제43조 제1항에 의한 비산먼지 발생 사업의 신고·시설조치의 의무는 건설업을 도급에 의하여 시행하는 경우에는 '발주자로부터 최초로 공사를 도급받은 자(최초수급인)'가 해야 하며, 최초수급인으로부터 도급을 받은 하수급인 등은 적용대상에 해당하지 않는다(대법 2016. 12. 15. 선고 2014도8908 판결).

## 2. 휘발성 유기화합물[140] 규제

일정한 지역(특별대책지역, 대기관리권역, 휘발성유기화합물 배출규제 추가지역)에서 휘발성유기화합물을 배출하는 시설로서 대통령령으로 정하는 시설을 설치하려는 자의 신고의무, 신고자의 조치의무, 배출 억제·방지시설 기준, 조례를 통한 강화된 기준, 행정청의 개선 등 필요한 조치명령 등을 규정하고 있다(제44조). 이러한 신고자의 권리·의무의 승계에 관한 규정도 두고 있다(제45조의2).

## 3. 기타 생활환경상 배출규제

그 밖에도 연료용 유류 및 그 밖의 연료의 황함유기준(제41조 참조), 연료의 제조와 사용 등의 규제(제42조)가 이루어지고 있다.

# IV. 자동차·선박 등의 배출가스 규제

## 1. 제작차의 배출가스규제

자동차(원동기 및 저공해자동차 포함)를 제작(수입 포함)하려는 자("자동차제작자")는 그 자동차("제작차")에서 나오는 대통령령으로 정하는 오염물질("배출가스")이 환경부령으로 정하는 허용기준("제작차배출허용기준")에 맞도록 제작하여야 한다. 다만, 저공해자동차를 제작하려는 자동차제작자는 환경부령으로 정하는 별도의 허용기준("저공해자동차배출허용기준")에 맞도록 제작하여야 한다(제46조 제1항). 제작차의 배출허용기준을 준수하기 위하여, 제작차에 대한 인증(제48조), 제작차배출허용기준 검사 등(제50조), 자동차의 평균 배출량등(제50조의2), 평균 배출허용기준을 초과한 자동차제작자에 대한 상환명령 등(제50조의3), 결함확인검사 및 (부품)결함의 보고, 시정(제51조), 인증의 취소(제55조), 과징금 처분(제56조) 등을 규정하고 있다.

---

140) 휘발성 유기화합물(Volatile Organic Compounds: VOC)이란 비점(끓는 점)이 낮아서 대기 중으로 쉽게 증발되는 액체 또는 기체상 유기화합물의 총칭으로서 대기 중에서 질소산화물($NOx$)과 함께 광화학반응으로 오존 등 광화학산화제를 생성하여 광화학스모그를 유발하기도 하고, 벤젠과 같은 물질은 발암성물질로서 인체에 매우 유해한 것으로 알려져 있다.

## 2. 운행차의 배출가스규제

자동차(이륜자동차 포함. 다만, 전기이륜자동차 등 환경부령으로 정하는 이륜자동차는 제외)의 소유자는 그 자동차에서 배출되는 배출가스가 환경부령으로 정하는 운행차 배출가스허용기준("운행차배출허용기준")에 맞게 운행하거나 운행하게 하여야 한다(제57조 제1항). 운행차배출허용기준을 준수하기 위하여 배출가스 관련 부품의 탈거 등 금지(제57조의2), 저공해자동차의 운행 등(제58조), 저공해자동차의 보급(58조의2), 공회전의 제한(제59조), 배출가스 저감장치 및 공회전제한장치의 인증 등(제60조), 배출가스저감장치 등의 관리, 운행차의 수시 점검(제61조), 운행차의 배출가스 정기검사(제62조), 운행차의 배출가스 정밀검사(제63조), 운행차의 개선명령 및 운행정지(제70조, 제70조의2).

## 3. 자동차연료등의 규제

제작차·운행차의 배출가스규제만이 아니라 자동차연료등 그 자체에 대한 규제수단으로서 자동차연료·첨가제 또는 촉매제의 제조·공급·판매 중지 및 회수(제75조), 친환경 연료의 사용 권고(제75조의2)에 관한 규정이 있다.

## 4. 선박의 배출가스규제

선박 소유자는 「해양환경관리법」 제43조 제1항에 따른 선박의 디젤기관에서 배출되는 대기오염물질 중 대통령령으로 정하는 대기오염물질을 배출할 때 환경부령으로 정하는 허용기준에 맞게 하여야 한다(제76조 제1항). 환경부장관은 필요하다고 인정하면 제1항에 따른 허용기준의 준수에 관하여 해양수산부장관에게 「해양환경관리법」 제49조 내지 제52조에 따른 검사를 요청할 수 있다(제76조 제3항).

# V. 자동차 온실가스 배출 관리, 냉매의 관리

## 1. 자동차 온실가스 배출허용기준 및 배출관리

자동차제작자는 「저탄소 녹색성장 기본법」 제47조 제2항에 따라 자동차 온실가스 배출허용기준을 택하여 준수하기로 한 경우 환경부령으로 정하는 자동차에 대한 온실가스 평균배출량이 환경부장관이 정하는 '온실가스 배출허용기준'에 적합하도록 자동차를 제작·판매하여야 한다(제76조의2).

자동차 온실가스 배출허용기준을 준수하기 위하여 자동차 온실가스 배출량의 보고(제76조의3), 자동차 온실가스 배출량의 표시(제76조의4), 자동차 온실가스 배출허용기준 및 평균에너지소비효율기준의 적용·관리 등(제76조의5), 과징금 처분(제76조의6), 온실가스 저배출 자동차에 대한 지원(제76조의7), 저탄소차협력금의 부과(제76조의8)에 관한 규정을 두고 있다.

## 2. 냉매의 관리

환경부장관은 냉매사용기기로부터 배출되는 냉매를 줄이기 위하여 냉매사용기기의 유지 및 보수, 냉매관리기준을 마련하여야 한다. 냉매사용기기의 소유자·점유자 또는 관리자("소유자등")는 냉매관리기준을 준수하여 냉매사용기기를 유지·보수하거나 냉매를 회수·처리하여야 한다(제76조의10 제1항).

# 제4절 물환경보전법

## I. 총설

### 1. 물환경보전법의 목적 및 체계

물환경보전법은 수질오염으로 인한 국민건강 및 환경상의 위해를 예방하고 하천·호소(湖沼) 등 공공수역의 물환경을 적정하게 관리·보전함으로써 국민이 그 혜택을 널리 향유할 수 있도록 함과 동시에 미래의 세대에게 물려줄 수 있도록 함을 목적으로 한다(제1조). 물환경 보전에 관하여 다른 법률로 정한 경우를 제외하고는 이 법에서 정하는 바에 따른다(제8조 제1항). 물환경 보전에 관하여 다른 법률을 제정하거나 개정하는 경우에는 이 법에 부합되도록 하여야 한다(제8조 제2항).

물환경보전법은 8개의 장으로 구성되며, 제2장, 제3장, 제4장에 따른 규제가 주로 문제된다. 법률명에서 보듯 수질만이 아니라 수량, 수생태계에 관한 사항까지 규율하는 물환경보전법에서 '수질' 이외의 사항에 대해서는 제2장과 제1장(총칙)에서도 관련 조문을 두고 있을 뿐이다.

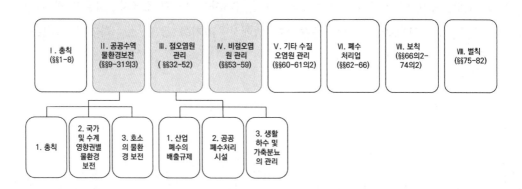

물환경보전법은 연혁상 수질환경보전법으로 출발하였다. 수질환경보전법(1990. 8. 1. 제정, 1991. 2. 2. 시행)은 1990년 환경보전법이 이른바 환경6법으로 분화되던 당시부터 존재했던 우리나라의 고전적 환경법이었다. 물환경문제를 공장에서 나오는 폐수의 수질오염문제로만 생각했던 시절의 법인 수질환경보전법은 2009년 동법이 수질 및 수생태계 보전에 관한 법률(수질수생태계법)로 개정되던(시행 2009. 5. 21.) 때까지 이어졌다. 이러한 개정은 국제적인 물관리의 기준으로 된 통합물관리의 관념[141])에 따른 것으로 볼 수 있다. 그 후 수질수생태계법은 이러한 통합물관리 관념을 더욱 발전시켜 2017. 1. 17. 물환경보전법으로 법률의 제명을 개정하여(시행: 2018. 1. 18.), 오늘에 이르고 있다.

통합물관리는 물관련 법률의 통합까지 요청함에도 불구하고, 현행 물관련 법률들은 다수의 법률들로 분산되어 있는 것이 현실이다. 통합물관리를 지향하며 2018년 물관리기본법이 제정되었지만(시행: 2019. 6. 13.), 하천법, 지하수법, 4대강수계법 등이 물환경보전법과 함께 각각 나름대로의 물관리를 규율하고 있어 통합물관리의 길은 아직 요원함을 알 수 있다.

수질환경보전법 시절의 물관리는 주로 폐수 관리에 치중했는데, 2005년 동법의 전부개정(시행 2006. 4. 1.)으로 수질오염원의 분류체계를 점오염원·비점오염원과 기타 수질오염원으로 분류하는 수질관리에 관한 현행법체계의 기본모습을 취하게 된다. 동시에 '제2장 공공수역의 수질보전'을 신설하여 '수계영향권별 수질관리'와 '호소의 수질보전'을 공공수역 보호에 포함시키는 현행법의 체계를 이때부터 가지게 된다.

그리고 물환경보전법 가운데, '공공수역의 물환경 보전(제2장)'은 지나치게 포괄적인 개념이라 할 수 있다. 수질관련조항을 포함한 물환경보전법 전체가 다름 아닌 '공공수역의 물환경 보전'에 관한 것이기 때문이다. 전통적으로 수질환경보전법의 규율사항이었던 점오염원, 비점오염원, 기타 오염원에 관리를 제외한 사항을 별도로 담는 장으로서 '공공수역의 물환경 보전'은 적확하지 않은 명명(naming)이라 생각된다. 총칙(제1장)에 포함시킨 '총량규제'도 마찬가지인데, 총량규제는 이 법의 개별조항들에 대한 총칙적 사항이라고 보긴 어렵기 때문이다. 수질환경보전법이 물환경보전법으로 발전하는 과정에서 체계성 없이 새로운 사항들이 편입되고 있는데, 체계를 갖춘 형태로 개정될 필요가 있다.

## 2. 수질오염물질의 총량관리

'수질오염물질 총량관리'에 관한 사항이 제1장 총칙에 포함된 것은 적절하지 않음은 앞서 보았다. 그리고 이는 현행 물환경보전법의 산업폐수관리에서와 같은 농도규제가 원칙적 관리수단이지만, 예외적으로 총량관리가 가능함을 보여준다.

---

141) 오늘날 통합물관리의 대표적인 모델로 되고 있는 유럽의 물관리기본지침(WFD, WRRL)에 대해서는 김현준, "유럽 물管理基本指針", 유럽헌법연구 제5호, 2009, 21–48쪽.

## (1) 총량관리 대상지역

환경부장관은 다음의 어느 하나에 해당하는 지역에 대해서는 제22조 제2항에 따른 수계영향권별로 배출되는 수질오염물질을 총량으로 관리할 수 있다(제4조 제1항본문).
- 제10조의2 제2항 및 제3항에 따라 물환경의 목표기준 달성 여부를 평가한 결과 그 기준을 달성·유지하지 못한다고 인정되는 수계의 유역에 속하는 지역
- 수질오염으로 주민의 건강·재산이나 수생태계에 중대한 위해를 가져올 우려가 있다고 인정되는 수계의 유역에 속하는 지역

다만, 4대강수계법142)을 적용받는 지역의 경우에는 4대강수계법의 해당 규정에서 정하는 바에 따르고, 해양환경관리법에 따라 오염총량 규제가 실시되는 지역의 경우에는 해양환경관리법의 해당 규정에서 정하는 바에 따른다(제4조 제1항 단서). 환경부장관은 수질오염물질을 총량으로 관리할 지역을 대통령령으로 정하는 바에 따라 지정하여 고시한다(제4조 제2항). 따라서 이 법에서의 총량관리는 4대강 이외의 공공수역인 지천(支川) 등에서 의미가 있을 것이다.

## (2) 시설별 오염부하량의 할당 등

환경부장관은 오염총량목표수질을 달성·유지하기 위하여 필요하다고 인정되는 경우에는 '방류수 수질기준' 또는 '배출허용기준'의 기준을 적용받는 시설 중 대통령령으로 정하는 시설143)에 대하여 환경부령으로 정하는 바에 따라 최종방류구별·단위기간별로 오염부하량을 할당하거나 배출량을 지정할 수 있다. 이 경우 환경부장관은 관할 오염총량관리 시행 지방자치단체장과 미리 협의하여야 한다(제4조의5 제1항). 오염부하량을 할당받거나 배출량을 지정받은 시설을 설치·운영하는 자("오염할당사업자등")는 대통령령144)으로 정하

---

142) 금강수계 물관리 및 주민지원 등에 관한 법률, 낙동강수계 물관리 및 주민지원 등에 관한 법률, 영산강·섬진강수계 물관리 및 주민지원 등에 관한 법률 및 한강수계 상수원수질개선 및 주민지원 등에 관한 법률.

143) 시행령 제8조(오염부하량 할당시설 등) 법 제4조의5 제1항 각 호 외의 부분 전단에서 "대통령령이 정하는 시설"이란 다음 각 호의 시설을 말한다. 1. 공공폐수처리시설, 2. 「하수도법」 제2조 제9호에 따른 공공하수처리시설("공공하수처리시설") 및 같은 법 제2조 제10호에 따른 분뇨처리시설, 3. 「가축분뇨의 관리 및 이용에 관한 법률」 제2조 제9호에 따른 공공처리시설

144) 시행령 제9조(오염부하량 또는 배출량 측정기기) ① 법 제4조의5 제4항에 따라 오염부하량을 할당받거나 배출량을 지정받은 시설을 설치·운영하는 자("오염할당사업자등")는 다음 각 호의 측정기기를 부착하여야 한다.

는 바에 따라 오염부하량 및 배출량을 측정할 수 있는 기기를 부착·가동하고 그 측정 결과를 사실대로 기록하여 보존하여야 한다. 다만, 제38조의3에 따른 측정기기부착사업자 등의 경우에는 그러하지 아니하다(제4조의5 제4항).

### (3) 초과배출자에 대한 조치명령, 조업정지·시설폐쇄명령, 오염총량초과과징금

환경부장관 또는 오염총량관리시행 지방자치단체장은 할당된 오염부하량 또는 지정된 배출량("할당오염부하량등")을 초과하여 배출하는 자에게 수질오염방지시설의 개선 등 필요한 조치를 명할 수 있다(제4조의6 제1항).

환경부장관 또는 오염총량관리시행 지방자치단체장은 제1항에 따른 조치명령을 받은 자가 그 명령을 이행하지 아니하거나 이행기간 내에 이행을 하였으나 검사 결과 할당오염부하량등을 계속 초과하는 경우에는 그 시설의 전부 또는 일부에 대하여 6개월 이내의 기간을 정하여 조업정지를 명하거나 시설의 폐쇄를 명할 수 있다. 다만, 수질오염방지시설을 개선하는 등의 조치를 하더라도 할당오염부하량등 이하로 내려갈 가능성이 없다고 인정되는 경우로서 환경부령으로 정하는 경우에는 시설의 폐쇄를 명하여야 한다(제4조의6 제4항).

환경부장관 또는 오염총량관리시행 지방자치단체장은 할당오염부하량등을 초과하여 배출한 자로부터 과징금("오염총량초과과징금")을 부과·징수한다(제4조의7 제1항). 오염총량초과과징금은 초과배출이익(오염물질을 초과 배출하여 지출하지 아니하게 된 오염물질의 처리비용)에 초과율별 부과계수, 지역별 부과계수 및 위반횟수별 부과계수를 각각 곱하여 산정한다(제4조의7 제2항).

---

1. 법 제4조의5 제1항 또는 제2항에 따라 할당된 수질오염물질을 자동으로 측정할 수 있는 기기
2. 배출량을 자동으로 측정할 수 있는 적산유량계
3. 제37조에 따른 수질원격감시체계 관제센터에 측정결과를 자동으로 전송할 수 있는 기기

## II. 공공수역의 물환경 보전

### 1. 공공수역 물환경 보전의 총칙

수질의 상시측정 등(제9조), 측정망 설치계획의 결정·고시 등(제9조의2), 수생태계 현황 조사 및 건강성 평가(제9조의3), 수생태계 현황 조사계획의 수립·고시(제9조의4)에 관한 규정을 두고 있다. 물환경목표기준 결정 및 평가의 규정(제10조의2)에 따라 결정된 물환경목표기준을 고시해야 하며(제10조의2 제1항), 그 달성 여부와 하천·호소등의 수질오염으로 사람이나 생태계에 피해가 우려되는 경우에 그 위해성에 대한 평가와 그 결과도 공개해야 한다(제10조의2 제2항). 나아가, 국가 물환경관리기본계획(제23조의2), 대권역 물환경관리계획(제24조), 중권역 물환경관리계획(제25조)에 물환경목표기준이 포함되어야 한다.

### (1) 공공시설의 설치·관리 등

환경부장관은 공공수역의 수질오염을 방지하기 위하여 특히 필요하다고 인정할 때에는 시·도지사, 시장·군수·구청장으로 하여금 관할구역의 하수관로, 공공폐수처리시설, 하수도법 제2조 제9호에 따른 공공하수처리시설("공공하수처리시설") 또는 폐기물관리법 제2조 제8호의 폐기물처리시설("폐기물처리시설") 등의 설치·정비 등을 하게 할 수 있다(제12조 제1항).

물환경보전법상 중요한 기준의 하나인 '방류수 수질기준'은 '공공폐수처리시설에서 배출되는 물의 수질기준'을 말한다.[145] 환경부장관은 공공폐수처리시설에서 배출되는 물의 수질이 방류수 수질기준을 초과하는 경우에는 해당 시설을 설치·운영하는 자에게 그 시설의 개선 등 필요한 조치를 하게 할 수 있다(제12조 제2항). 방류수 수질기준은 관계 중앙행정기관의 장과의 협의를 거쳐 환경부령으로 정하고, 공공하수처리시설 또는 폐기물처리시설에서 배출되는 물의 수질기준은 하수도법 또는 폐기물관리법에 따른다(제12조 제3항).

---

145) 방류수 수질기준의 개념은 제2조의 정의규정이 아니라, 제12조 제3항에서 정의하고 있음을 주의해야 한다.

## (2) 배출 등의 금지

### 1) 일반적 금지

일반적 금지규정의 형식으로 일정한 행위를 금지하고 있는데, 누구든지 정당한 사유 없이 다음의 어느 하나에 해당하는 행위를 하여서는 아니 된다(제15조 제1항).
- 공공수역에 특정수질유해물질, 지정폐기물, 유류, 유독물, 농약을 누출·유출하거나 버리는 행위
- 공공수역에 분뇨, 가축분뇨, 동물의 사체, 폐기물(지정폐기물 제외) 또는 오니를 버리는 행위
- 하천·호소에서 자동차를 세차하는 행위
- 공공수역에 환경부령으로 정하는 기준 이상의 토사(土砂)를 유출하거나 버리는 행위

여기서 '분뇨를 버린다'란 물리적, 화학적 또는 생물학적 방법에 의하여 분뇨를 안전하게 처리함이 없이 '분뇨인 상태' 그대로 버리는 것을 말하고(대법 1984. 12. 11. 선고 84도1738 판결 참조), '분뇨인 상태'란 분뇨 그 자체뿐만 아니라 수질오염으로 인하여 국민건강 및 환경상의 위해를 초래할 정도의 분뇨가 함유된 폐수도 포함된다(대법 1986. 7. 22. 선고 84도2248 판결 참조). 투기한 것이 분뇨 그 자체가 아닌 경우라면 적어도 '분뇨인 상태', 즉 수질오염으로 인하여 국민건강 및 환경상의 위해를 초래할 정도의 분뇨가 함유된 폐수로 볼 수 있는 경우에만 '분뇨를 버리는 행위'에 해당한다(대법 2008. 9. 25. 선고 2008도6298 판결).

씽크대에 버리는 방법으로 '공공수역에 버린 경우'도 금지행위에 해당하는데, 유독물질인 포름알데이드 성분이 들어 있는 시체방부처리용 포르말린 용액을 한병씩 영안실 씽크대에 쏟아 버리는 방법으로 버린 경우 역시 공공수역에 유독물을 누출·유출하거나 버리는 행위(제15조 제1항 제1호)에 해당하여 형사처벌될 수 있다(서울지법 2004. 1. 9. 선고 2001고단3598 판결 참조).

### 2) 방제조치

제15조 제1항 제1호·제2호 또는 제4호의 행위로 인하여 공공수역이 오염되거나 오염될 우려가 있는 경우에는 그 행위자, 행위자가 소속된 법인 및 그 행위자의 사업주("행위자등")는 해당 물질을 제거하는 등 환경부령으로 정하는 바에 따라 오염을 방지·제거하기 위한 조치("방제조치")를 하여야 한다(제15조 제2항). 판례에 따르면, 甲 → 乙 → 丙으로 순차적인 (하)도급이 있는 경우 丙(하수급인)이 발생시킨 화재로 공공수역이 오염된 데 대하여 甲(도급인)도 자기의 사업활동을 위하여 자기의 영향력 안에 있는 행위자 丙을 이용하는 자로서 제15조 제2항에 따른 방제조치를 해야 할 사업자에 해당한다(대법 2011. 12.

13. 선고 2011두2453 판결).

### 3) 방제조치 이행명령 및 대집행

시·도지사는 제2항에 따라 행위자등이 방제조치를 하지 아니하는 경우에는 그 행위자 등에게 방제조치의 이행을 명할 수 있고(제15조 제3항), 다음의 어느 하나의 경우에는 해당 방제조치의 대집행을 하거나 시장·군수·구청장으로 하여금 대집행을 하도록 할 수 있다 (제15조 제4항).

- 방제조치만으로는 수질오염의 방지 또는 제거가 곤란하다고 인정되는 경우
- 방제조치 명령을 받은 자가 그 명령을 이행하지 아니하는 경우
- 방제조치 명령을 받은 자가 이행한 방제조치만으로는 수질오염의 방지 또는 제거가 곤란하다고 인정되는 경우
- 긴급한 방제조치가 필요한 경우로서 행위자등이 신속히 방제조치를 할 수 없는 경우

### (3) 기타 공공수역의 물환경 보전조치

수질오염사고의 신고(제16조), 상수원의 수질보전을 위한 통행제한(제17조), 공공수역의 점용 및 매립 등에 따른 수질오염 방지(제18조), 특정 농작물의 경작 권고 등(제19조), 물환경 보전조치 권고(제19조의2), 수변생태구역의 매수·조성(제19조의3), 배출시설 등에 대한 기후변화 취약성 조사 및 권고(제19조의4), 낚시행위의 제한(제20조), 수질오염 경보제(제21조 제1항), 오염된 공공수역에서의 행위제한(제21조의2), 상수원의 수질개선을 위한 특별조치(제21조의3), 완충저류시설의 설치·관리(제21조의4), 조류에 의한 피해 예방(제21조의5)에 관한 규정을 물환경보전법은 두고 있다.

## 2. 국가 및 수계영향권별 물환경 보전, 환경생태유량

환경부장관 또는 지방자치단체의 장은 국가 물환경관리기본계획 및 수계영향권별 물환경관리계획에 따라 물환경 현황 및 수생태계 건강성을 파악하고 적절한 관리대책을 마련하여야 한다(제22조 제1항). 또한, 환경부장관은 공공수역의 상류와 하류 간 또는 공공수역과 수변지역 간에 물, 토양 등 물질의 순환이 원활하고 생물의 이동이 자연스러운 상태("수생태계 연속성")의 단절·훼손 여부 등을 파악하기 위하여 수생태계 연속성 조사를 실시할 수 있다(제22조의2 제1항).

특기할 만한 것은 종래 수질은 환경부, 수량은 국토교통부라는 2원적 관리체계에 따라 통일적인 물관리에 어려움이 있었는데, 2022년부터 하천법상 하천유지유량 등 하천법상 관리를 환경부로 일원화함으로써 환경생태유량 관리에 대한 획기적인 전환시점을 맞았다는 점이다. 환경생태유량이란 수생태계의 건강성을 유지할 수 있는 최소한의 유량을 말한다. 환경부장관은 수생태계 건강성 유지를 위하여 필요한 최소한의 유량("환경생태유량")의 확보를 위하여 하천의 대표지점에 대한 환경생태유량을 고시할 수 있다(제22조의3 제1항). 환경부장관은 하천법 제51조 제1항에 따라 하천유지유량을 정하는 경우 환경생태유량을 고려하여야 한다(제22조의3 제2항).[146]

## 3. 호소의 물환경 보전

수면관리자[147]는 호소[148] 안의 쓰레기를 수거하고, 해당 호소를 관할하는 특별자치시장·특별자치도지사·시장·군수·구청장은 수거된 쓰레기를 운반·처리하여야 한다(제31조 제1항). 수면관리자 및 특별자치시장·특별자치도지사·시장·군수·구청장은 제1항에 따른 쓰레기의 운반·처리 주체 및 쓰레기의 운반·처리에 드는 비용을 분담하기 위한 협약을 체결하여야 한다(제31조 제2항). 특히 집중호우 직후 댐호소의 부유쓰레기가 자주 문제되는데, 수거·처리에 관한 협약에서 쓰레기의 수거책임은 수자원공사와 같은 수면관리자가 지고, 운반·처리책임은 운반·처리비용을 받고 지자체가 지는 경우가 많다. 이러한 협약은 자발적 환경협약으로서 그 법적 성질은 '비공식적 행정작용'이 되는 경우가 많겠지만, 그 내용에 따라 법적 구속성을 갖는 형태인 '공법상 계약'으로 체결될 수도 있다.

환경부장관은 관계 중앙행정기관의 장과 협의를 거쳐 총저수용량이 1천만세제곱미터 이상인 저수지 등에 대하여 중점관리저수지로 지정하고, 저수지관리자와 그 저수지의 소재지를 관할하는 시·도지사로 하여금 해당 저수지가 생활용수 및 관광·레저의 기능을 갖추도록 그 수질을 관리하게 할 수 있다(제31조의2 제1항).

---

146) 환경생태유량에 대한 상세는 김현준, "환경생태유량의 법적 문제", 토지공법연구 68, 2015, 363－387쪽.
147) 수면관리자란 다른 법령에 따라 호소를 관리하는 자를 말한다. 이 경우 동일한 호소를 관리하는 자가 둘 이상인 경우에는 「하천법」에 따른 하천관리청 외의 자가 수면관리자가 된다(제2조 제15호).
148) 호소란 다음 각 목의 어느 하나에 해당하는 지역으로서 만수위(滿水位)[댐의 경우에는 계획홍수위(計劃洪水位)를 말한다] 구역 안의 물과 토지를 말한다(제2조 제14호).
　가. 댐·보(洑) 또는 둑(「사방사업법」에 따른 사방시설은 제외한다) 등을 쌓아 하천 또는 계곡에 흐르는 물을 가두어 놓은 곳
　나. 하천에 흐르는 물이 자연적으로 가두어진 곳
　다. 화산활동 등으로 인하여 함몰된 지역에 물이 가두어진 곳

## III. 점오염원의 관리

점오염원(點汚染源)이란 폐수배출시설, 하수발생시설, 축사 등으로서 관로·수로 등을 통하여 일정한 지점으로 수질오염물질을 배출하는 배출원을 말한다(제2조 제1호의2). 물환경보전법상 점오염원 관리는 주로 '산업폐수 배출규제'에 초점이 맞추어져 있고, 공공폐수처리시설도 점오염원 관리 가운데 규정되어 있다. 그 밖에도 생활하수 및 가축분뇨의 관리 역시 점오염원 관리에 포함되지만, 이는 하수도법 및 가축분뇨의 관리 및 이용에 관한 법률에 따르도록 되어 있다(제52조).

## 1. 산업폐수의 배출규제

### (1) 배출허용기준

폐수배출시설에서 배출되는 수질오염물질의 배출허용기준은 환경부령으로 정한다(제32조 제1항). 환경부장관은 제1항에 따른 환경부령을 정할 때에는 관계 중앙행정기관의 장과 협의하여야 한다(제32조 제2항). 시·도(해당 관할구역 중 대도시는 제외) 또는 대도시는 환경정책기본법 제12조 제3항에 따른 지역환경기준을 유지하기가 곤란하다고 인정할 때에는 조례로 제1항의 배출허용기준보다 엄격한 배출허용기준을 정할 수 있다. 또한 환경부장관은 특별대책지역의 수질오염을 방지하기 위하여 필요하다고 인정할 때에는 해당 지역에 설치된 배출시설에 대하여 제1항의 기준보다 엄격한 배출허용기준을 정할 수 있고, 해당 지역에 새로 설치되는 배출시설에 대하여 특별배출허용기준을 정할 수 있다(제32조 제5항).

그러나, '폐수무방류배출시설'이나 '폐수의 전량 재이용 등으로 공공수역에 폐수를 방류하지 아니하는 배출시설'의 경우 배출허용기준의 규정(제1항~제6항)을 적용하지 아니한다(제32조 제7항).

환경부장관은 공공폐수처리시설(*구 폐수종말처리시설) 또는 공공하수처리시설에 배수설비를 통하여 폐수를 전량 유입하는 배출시설에 대해서는 그 공공폐수처리시설 또는 공공하수처리시설에서 적정하게 처리할 수 있는 항목에 한정하여 따로 배출허용기준을 정하여 고시할 수 있다(제32조 제8항). 판례에 따르면, 이러한 공공폐수처리시설 등에 배수설비를 통하여 폐수를 전량 유입하는 배출시설에 대하여도 초과배출부과금이 부과될 수 있다 (대법 2011. 10. 27. 선고 2011두12986 판결).


## (2) 배출시설의 설치 허가 및 신고

### 1) 허가 및 신고

배출시설을 설치하려는 자는 대통령령으로 정하는 바에 따라 환경부장관의 허가를 받거나 환경부장관에게 신고하여야 한다. 다만, 폐수무방류배출시설을 설치하려는 자는 환경부장관의 허가를 받아야 한다(제33조 제1항).

이러한 허가 또는 변경허가의 기준은 다음과 같다(제33조 제11항).
- 배출시설에서 배출되는 오염물질을 배출허용기준 이하로 처리할 수 있을 것
- 다른 법령에 따른 배출시설의 설치제한에 관한 규정에 위반되지 아니할 것
- 폐수무방류배출시설을 설치하는 경우에는 폐수가 공공수역으로 유출·누출되지 아니하도록 대통령령으로 정하는 시설 전부를 대통령령으로 정하는 기준에 따라 설치할 것


### 2) 배출시설의 설치 제한

환경부장관은 상수원보호구역의 상류지역, 특별대책지역 및 그 상류지역, 취수시설이 있는 지역 및 그 상류지역의 배출시설로부터 배출되는 수질오염물질로 인하여 환경기준을 유지하기 곤란하거나 주민의 건강·재산이나 동식물의 생육에 중대한 위해를 가져올 우려가 있다고 인정되는 경우에는 관할 시·도지사의 의견을 듣고 관계 중앙행정기관의 장과 협의하여 배출시설의 설치(변경 포함)를 제한할 수 있다(제33조 제7항). 제7항에 따라 배출시설의 설치를 제한할 수 있는 지역의 범위는 대통령령(*시행령 제32조: 취수시설이 있는 지역, 수질 특별대책지역 등)으로 정하고, 환경부장관은 지역별 제한대상 시설을 고시하여야 한다(제33조 제8항).


### 3) 폐수무방류시설인 배출시설의 설치

환경부령으로 정하는 특정수질유해물질(*시행규칙 39조: '구리 및 그 화합물', '디클로로메탄', '1, 1-디클로로에틸렌'[149])을 배출하는 배출시설의 경우 배출시설의 설치제한지역에서

---

149) 특정수질유해물질 19종 중 이러한 3종에 대하여 적용되며, 나머지 16종의 경우 사고 누출에 따른 수계 영향, 물질의 생태 독성 등 상대적 위해도가 중하여 무방류배출시설이라도 배출시설의 입지가 허용되지 아니한다.

폐수무방류배출시설로 하여 이를 설치할 수 있다(제33조 제9항). 제9항에 따라 배출시설의 설치제한지역에서 폐수무방류배출시설을 설치할 수 있는 지역 및 시설은 환경부장관이 정하여 고시한다(제33조 제10항).

### (3) 다른 법률에 따른 변경신고의 의제

제33조 제2항 단서 및 같은 조 제3항에 따라 변경신고를 한 경우에는 그 배출시설에 관련된 다음의 변경신고를 한 것으로 본다. 다만, 변경신고의 사항이 사업장의 명칭 또는 대표자가 변경되는 경우로 한정한다(제33조의2 제1항).
  – 토양환경보전법 제12조 제1항 후단에 따른 특정토양오염관리대상시설의 변경신고
  – 대기환경보전법 제44조 제2항에 따른 배출시설의 변경신고

### (4) 폐수무방류배출시설의 설치허가

폐수무방류배출시설이란 폐수배출시설에서 발생하는 폐수를 해당 사업장에서 수질오염방지시설을 이용하여 처리하거나 동일 폐수배출시설에 재이용하는 등 공공수역으로 배출하지 아니하는 폐수배출시설을 말한다(제2조 제11호). 제33조 제1항 단서 및 같은 조 제2항에 따라 폐수무방류배출시설의 설치허가 또는 변경허가를 받으려는 자는 폐수무방류배출시설 설치계획서 등 환경부령으로 정하는 서류를 환경부장관에게 제출하여야 한다(제34조 제1항). 환경부장관은 제1항에 따른 허가신청을 받았을 때에는 폐수무방류배출시설 및 폐수를 배출하지 아니하고 처리할 수 있는 수질오염방지시설 등의 적정 여부에 대하여 환경부령으로 정하는 관계 전문기관의 의견을 들어야 한다(제34조 제2항).

### (5) 방지시설의 설치·설치면제 및 면제자 준수사항 등

허가·변경허가를 받은 자 또는 신고·변경신고를 한 자("사업자")가 해당 배출시설을 설치하거나 변경할 때에는 그 배출시설로부터 배출되는 수질오염물질이 배출허용기준 이하로 배출되게 하기 위한 수질오염방지시설(폐수무방류배출시설의 경우 폐수를 배출하지 아니하고 처리할 수 있는 수질오염방지시설)을 설치하여야 한다(제35조 제1항 본문).
그러나, 아래와 같이 대통령령(*시행령 제33조)으로 정하는 기준에 해당하는 배출시설(폐수무방류배출시설은 제외)의 경우에는 그러하지 아니하다(제35조 제1항 단서).

- 배출시설의 기능 및 공정상 수질오염물질이 항상 배출허용기준 이하로 배출되는 경우
- 법 제62조에 따라 폐수처리업의 등록을 한 자 또는 환경부장관이 인정하여 고시하는 관계 전문기관에 환경부령으로 정하는 폐수를 전량 위탁처리하는 경우
- 폐수를 전량 재이용하는 등 방지시설을 설치하지 아니하고도 수질오염물질을 적정하게 처리할 수 있는 경우로서 환경부령으로 정하는 경우

제1항 단서에 따라 수질오염방지시설("방지시설")을 설치하지 아니하고 배출시설을 사용하는 자는 폐수의 처리, 보관방법 등 배출시설의 관리에 관하여 환경부령으로 정하는 사항("준수사항")을 지켜야 한다(제35조 제2항).

환경부장관은 제1항 단서에 따라 방지시설을 설치하지 아니하고 배출시설을 설치·운영하는 자가 준수사항을 위반하였을 때에는 제33조 제1항부터 제3항까지의 규정에 따른 허가·변경허가를 취소하거나 배출시설의 폐쇄, 배출시설의 전부·일부에 대한 개선 또는 6개월 이내의 조업정지를 명할 수 있다(제35조 제3항).

사업자는 배출시설(폐수무방류배출시설 제외)로부터 배출되는 수질오염물질의 공동처리를 위한 공동방지시설을 설치할 수 있다. 이 경우 각 사업자는 사업장별로 해당 수질오염물질에 대한 방지시설을 설치한 것으로 본다(제35조 제4항). 사업자는 공동방지시설을 설치·운영할 때에는 해당 시설의 운영기구를 설치하고 대표자를 두어야 한다(제35조 제5항). 그 밖에 공동방지시설의 설치·운영에 필요한 사항은 환경부령으로 정한다(제35조 제6항).

공단 등에서 사업자들이 수질오염물질의 공동처리를 위한 공동방지시설을 운영하는 경우가 많은데, 여기서 수질오염물질이 배출허용기준을 초과하여 초과배출부과금을 부과하는 경우 ① 각 사업장이 실제로 배출한 '수질오염물질의 양' 및 '농도'를 기준으로 부과해야 하는지, ② 공동방지시설 사업자들의 자율적 부담비율에 따른 배출부과금 부과할 수 있는지가 다투어진다. ①의 방식이 자기책임의 원칙상 타당하겠지만, 개별 사업자들의 실제 오염물질 배출량의 산출이 현실적으로 어렵다는 점이 문제이다. 실무상 사업장별로 수십억에 달하기도 하는 배출부과금에 대한 납부저항이 많은 현실과도 맞물려 있는 문제이기도 하다. 이에 대하여 종래 대법원은 ①의 입장이었으나(대법 1996. 3. 22. 선고 95누18000 판결; 대법 1994. 5. 10. 선고 93누23763 판결). 최근 대법원 2017. 11. 29. 선고 2014두13232 판결은 공동방지시설을 설치하였고, 사업장별 폐수배출량 및 수질오염물질 농도를 측정할 수 없는 경우, 행정청이 사업자들이 제출한 '공동방지시설의 운영에 관한 규약'에서 정해진 '사업장별 배출부과금 부담비율'에 근거하여 각 사업자들에게 배출부과금을 부과하였다면, 그 규약에서 정한 분담기준이 현저히 불합리하다는

등 특별한 사정이 없는 이상, 이러한 배출부과금 부과처분이 위법하다고 볼 수는 없다고 하여, ②의 입장을 밝힌 점이 주목된다.[150)

### (6) 권리·의무의 승계

사업자의 상속인, 사업자의 배출시설·방지시설 양수인, 합병 후 존속하는 법인이나 합병으로 설립되는 법인은 종전 사업자의 허가·변경허가·신고 또는 변경신고에 따른 종전 사업자의 권리·의무를 승계한다(제36조 제1항). 또한, 경매·환가·압류재산 매각 및 그에 준하는 절차에 따라 사업자의 배출시설 및 방지시설을 인수한 자는 허가·변경허가 또는 신고·변경신고에 따른 종전 사업자의 권리·의무를 승계한다(제36조 제2항).

### (7) 배출시설 등의 가동시작 신고

사업자는 배출시설 또는 방지시설의 설치를 완료하거나 배출시설의 변경(변경신고를 하고 변경을 하는 경우에는 대통령령으로 정하는 변경의 경우로 한정한다)을 완료하여 그 배출시설 및 방지시설을 가동하려면 환경부령으로 정하는 바에 따라 미리 환경부장관에게 가동시작 신고를 하여야 한다. 신고한 가동시작일을 변경할 때에는 환경부령으로 정하는 바에 따라 변경신고를 하여야 한다(제37조 제1항). 제1항에 따른 가동시작 신고를 한 사업자는 환경부령으로 정하는 기간 이내에 배출시설(폐수무방류배출시설은 제외한다)에서 배출되는 수질오염물질이 제32조에 따른 배출허용기준 이하로 처리될 수 있도록 방지시설을 운영하여야 한다. 이 경우 환경부령으로 정하는 기간에는 개선명령·조업정지명령·배출부과금에 관한 규정(제39조~제41조)을 적용하지 아니한다(제37조 제2항).

### (8) 배출시설 및 방지시설의 운영

사업자(폐수무방류배출시설의 설치허가 또는 변경허가를 받은 사업자는 제외) 또는 방지시설을 운영하는 자는 다음의 어느 하나에 해당하는 행위를 하여서는 아니 된다(제38조 제1항).

---

150) 그 밖에도 원고는 사업장의 종류별 구분에 따른 위반횟수별 부과계수 적용의 위법과 위반횟수 적용의 위법을 주장했으나, 배출허용기준 위반횟수별 부과계수의 '위반횟수'는 위반행위로 개선명령·조업정지명령·허가취소·사용중지명령 또는 폐쇄명령을 받은 경우 수질오염물질의 종류를 불문하고 위반행위의 횟수를 의미한다고 하여, 대법원은 원고의 청구를 기각했다.

- 배출시설에서 배출되는 수질오염물질을 방지시설에 유입하지 아니하고 배출하거나 방지시설에 유입하지 아니하고 배출할 수 있는 시설을 설치하는 행위
- 방지시설에 유입되는 수질오염물질을 최종방류구를 거치지 아니하고 배출하거나 최종 방류구를 거치지 아니하고 배출할 수 있는 시설을 설치하는 행위
- 배출시설에서 배출되는 수질오염물질에 공정(工程) 중 배출되지 아니하는 물 또는 공정 중 배출되는 오염되지 아니한 물을 섞어 처리하거나 제32조에 따른 배출허용기준을 초과하는 수질오염물질이 방지시설의 최종 방류구를 통과하기 전에 오염도를 낮추기 위하여 물을 섞어 배출하는 행위. 다만, 환경부장관이 환경부령으로 정하는 바에 따라 희석하여야만 수질오염물질을 처리할 수 있다고 인정하는 경우와 그 밖에 환경부령으로 정하는 경우는 제외한다.
- 그 밖에 배출시설 및 방지시설을 정당한 사유 없이 정상적으로 가동하지 아니하여 제32조에 따른 배출허용기준을 초과한 수질오염물질을 배출하는 행위

폐수무방류배출시설의 설치허가 또는 변경허가를 받은 사업자는 다음의 어느 하나에 해당하는 행위를 하여서는 아니 된다(제38조 제2항).
- 폐수무방류배출시설에서 배출되는 폐수를 사업장 밖으로 반출하거나 공공수역으로 배출하거나 배출할 수 있는 시설을 설치하는 행위
- 폐수무방류배출시설에서 배출되는 폐수를 오수 또는 다른 배출시설에서 배출되는 폐수와 혼합하여 처리하거나 처리할 수 있는 시설을 설치하는 행위
- 폐수무방류배출시설에서 배출되는 폐수를 재이용하는 경우 동일한 폐수무방류배출시설에서 재이용하지 아니하고 다른 배출시설에서 재이용하거나 화장실 용수, 조경용수 또는 소방용수 등으로 사용하는 행위

## (9) 측정기기의 부착 등

다음의 어느 하나에 해당하는 자는 배출되는 수질오염물질이 배출허용기준, 방류수 수질기준에 맞는지를 확인하기 위하여 적산전력계, 적산유량계, 수질자동측정기기 등 대통령령으로 정하는 측정기기를 부착하여야 한다(제38조의2 제1항).
- 대통령령으로 정하는 폐수배출량 이상의 사업장을 운영하는 사업자. 다만, 제33조 제1항 단서 또는 같은 조 제2항에 따른 폐수무방류배출시설의 설치허가 또는 변경허가를 받은 사업자는 제외한다.
- 대통령령으로 정하는 처리용량 이상의 방지시설(공동방지시설을 포함한다)을 운영하는 자
- 대통령령으로 정하는 처리용량 이상의 공공폐수처리시설 또는 공공하수처리시설을 운영하는 자
- 제62조 제3항에 따른 폐수처리업자 중 폐수의 처리용량 또는 처리수의 배출형태가 대통령령으

로 정하는 기준에 해당하는 폐수처리시설을 운영하는 자. 다만, 제62조 제2항 제2호에 따른 폐수 재이용업만 영위하는 자는 제외한다.

측정기기부착사업자등은 측정기기를 운영하는 경우 다음의 어느 하나에 해당하는 행위를 하여서는 아니 된다(제38조의3 제1항).
- 고의로 측정기기를 작동하지 아니하게 하거나 정상적인 측정이 이루어지지 아니하도록 하는 행위
- 부식, 마모, 고장 또는 훼손으로 정상적인 작동을 하지 아니하는 측정기기를 정당한 사유 없이 방치하는 행위
- 측정 결과를 누락시키거나 거짓으로 측정 결과를 작성하는 행위
- 측정기기 관리대행업자에게 측정값을 조작하게 하는 등 측정·분석 결과에 영향을 미칠 수 있는 행위

환경부장관은 측정기기의 운영·관리기준을 정하며(제38조의3 제2항), 그 운영·관리기준을 준수하지 아니하는 자에게 대통령령으로 정하는 바에 따라 기간을 정하여 측정기기가 기준에 맞게 운영·관리되도록 필요한 조치를 할 것을 명할 수 있다(제38조의4 제1항). 즉 환경부장관은 제1항에 따른 조치명령을 이행하지 아니하는 자에게 6개월 이내의 기간을 정하여 해당 배출시설 등의 전부 또는 일부에 대한 조업정지를 명할 수 있다(제38조의4 제2항).

측정기기부착사업자등에 대해서는 지원 및 보고·검사를 면제할 수 있다. 즉 환경부장관은 측정 자료를 관리·분석하기 위하여 측정기기부착사업자등이 부착한 측정기기와 연결하여 그 측정 결과를 전산처리할 수 있는 전산망을 운영할 수 있고(제38조의5 제1항), 측정기기부착사업자등이 측정기기를 정상적으로 설치·유지·관리할 수 있도록 기술지원 등을 할 수 있으며(제38조의5 제2항), 측정기기부착사업자등에 대해서는 측정기기에서 측정되는 항목에 관하여 대통령령으로 정하는 바에 따라 제68조에 따른 보고 또는 검사를 면제할 수 있다(제38조의5 제4항).

### (10) 사후감시로서의 진압적 개입

### 1) 개선명령 및 조업정지명령
환경부장관은 신고를 한 후 조업 중인 배출시설(폐수무방류배출시설 제외)에서 배출되는 수질오염물질의 정도가 배출허용기준을 초과한다고 인정할 때에는 대통령령으로 정하는

바에 따라 기간을 정하여 사업자에게 그 수질오염물질의 정도가 배출허용기준 이하로 내려가도록 필요한 조치를 할 것("개선명령")을 명할 수 있다(제39조).

환경부장관은 개선명령을 받은 자가 개선명령을 이행하지 아니하거나 기간 이내에 이행은 하였으나 검사 결과가 배출허용기준을 계속 초과할 때에는 해당 배출시설의 전부 또는 일부에 대한 조업정지를 명할 수 있다(제40조).

### 2) 배출부과금

환경부장관은 수질오염물질로 인한 수질오염 및 수생태계 훼손을 방지하거나 감소시키기 위하여 수질오염물질을 배출하는 사업자 또는 허가·변경허가를 받지 아니하거나 신고·변경신고를 하지 아니하고 배출시설을 설치하거나 변경한 자에게 배출부과금을 부과·징수한다.

배출부과금은 '기본배출부과금'과 '초과배출부과금'으로 구분하여 다음의 경우에 부과하되, 그 산정방법과 산정기준 등 필요한 사항은 대통령령으로 정한다(제41조 제1항).[151]

&lt;기본배출부과금&gt;
- 배출시설(폐수무방류배출시설 제외)에서 배출되는 폐수 중 수질오염물질이 배출허용기준 이하로 배출되나 방류수 수질기준을 초과하는 경우
- 공공폐수처리시설 또는 공공하수처리시설에서 배출되는 폐수 중 수질오염물질이 방류수 수질기준을 초과하는 경우

&lt;초과배출부과금&gt;
- 수질오염물질이 제32조에 따른 배출허용기준을 초과하여 배출되는 경우
- 수질오염물질이 공공수역에 배출되는 경우(폐수무방류배출시설로 한정한다)

배출부과금을 부과할 때에는 배출허용기준 초과 여부, 배출되는 수질오염물질의 종류, 수질오염물질의 배출기간, 수질오염물질의 배출량, 자가측정 여부, 그 밖에 수질환경의 오염 또는 개선과 관련되는 사항으로서 환경부령으로 정하는 사항을 고려하여야 한다(제41조 제2항).

제1항의 배출부과금은 방류수 수질기준 이하로 배출하는 사업자(폐수무방류배출시설 운영 사업자는 제외)에 대해서는 부과하지 아니하며, 대통령령으로 정하는 양 이하의 수질오염물질을 배출하는 사업자 및 다른 법률에 따라 수질오염물질의 처리비용을 부담한 사업자

---

151) 헌법재판소는 제41조 제1항에서 배출허용기준의 여러 부분을 대통령령으로 위임한 것에 대하여 포괄적 위임입법금지에 위배되지 않는다고 보았다(헌재 2009. 10. 29. 선고 2008헌바122 결정).

에 대해서는 배출부과금을 감면할 수 있다. 이 경우 다른 법률에 따라 처리비용을 부담한 사업자에 대한 배출부과금의 감면은 그 부담한 처리비용의 금액 이내로 한정한다(제41조 제3항). 환경부장관은 배출부과금을 내야 할 자가 정하여진 기한까지 내지 아니하면 가산금을 징수한다(제41조 제4항).

### 3) 허가의 취소 등

환경부장관은 사업자 또는 방지시설을 운영하는 자가 배출허용기준을 초과한 경우, 거짓이나 그 밖의 부정한 방법으로 허가 · 변경허가를 받았거나 신고 · 변경신고를 한 경우 등 법이 정한 사유에 해당하는 경우 배출시설의 설치허가 또는 변경허가를 취소하거나 배출시설의 폐쇄 또는 6개월 이내의 조업정지를 명할 수 있다. 다만, 부정한 방법에 의한 허가 · 신고의 경우에는 배출시설의 설치허가 또는 변경허가를 취소하거나 그 폐쇄를 명하여야 한다(제42조 제1항).

환경부장관은 사업자 또는 방지시설을 운영하는 자가 변경신고를 하지 아니한 경우, 배출시설 및 방지시설의 운영에 관한 관리기록을 거짓으로 기록하거나 보존하지 아니한 경우, 환경기술인을 임명하지 아니하거나 자격기준에 못 미치는 환경기술인을 임명하거나 환경기술인이 상근하지 아니하는 경우의 어느 하나에 해당하는 경우에는 6개월 이내의 조업정지를 명할 수 있다(제42조 제2항).

### 4) 과징금 처분

환경부장관은 의료기관 · 발전소 · 학교 · 제조업의 배출시설 및 그 밖에 대통령령으로 정하는 배출시설(폐수무방류배출시설 제외)을 설치 · 운영하는 사업자에 대하여 조업정지를 명하여야 하는 경우로서 그 조업정지가 주민의 생활, 대외적인 신용, 고용, 물가 등 국민경제 또는 그 밖의 공익에 현저한 지장을 줄 우려가 있다고 인정되는 경우 조업정지처분을 갈음하여 매출액에 100분의 5를 곱한 금액을 초과하지 아니하는 범위에서 과징금을 부과할 수 있다(제43조 제1항).

그러나, 환경부장관은 다음의 어느 하나에 해당하는 위반행위에 대해서는 제1항에도 불구하고 조업정지를 명하여야 한다(제43조 제2항).

- 방지시설을 설치하여야 하는 자가 방지시설을 설치하지 아니하고 배출시설을 가동한 경우
- (*배출 · 방지시설에 관한) 제38조 제1항 각 호의 어느 하나에 해당하는 행위를 한 경우로서 30일 이상의 조업정지처분 대상이 되는 경우
- (*측정기기에 관한) 제38조의3 제1항 각 호의 어느 하나에 해당하는 행위를 한 경우로서 5일 이

상의 조업정지처분 대상이 되는 경우

- (*배출허용기준 초과로 인한) 제39조에 따른 개선명령을 이행하지 아니한 경우
- 과징금 처분을 받은 날부터 2년이 경과되기 전에 제42조의 조업정지 처분 대상이 되는 경우

### 5) 위법시설에 대한 폐쇄명령 등

환경부장관은 허가를 받지 아니하거나 신고를 하지 아니하고 배출시설을 설치하거나 사용하는 자에 대하여 해당 배출시설의 사용중지를 명하여야 한다. 다만, 해당 배출시설을 개선하거나 방지시설을 설치·개선하더라도 그 배출시설에서 배출되는 수질오염물질의 정도가 배출허용기준 이하로 내려갈 가능성이 없다고 인정되는 경우(폐수무방류배출시설의 경우에는 그 배출시설에서 나오는 폐수가 공공수역으로 배출될 가능성이 있다고 인정되는 경우를 말한다) 또는 그 설치장소가 다른 법률에 따라 해당 배출시설의 설치가 금지된 장소인 경우에는 그 배출시설의 폐쇄를 명하여야 한다(제44조).

### 6) 명령의 이행보고 및 확인

개선명령·조업정지명령·사용중지명령 또는 폐쇄명령을 받은 자가 그 명령을 이행하였을 때에는 지체 없이 이를 환경부장관에게 보고하여야 한다(제45조 제1항). 환경부장관은 제1항에 따른 보고를 받았을 때에는 관계 공무원으로 하여금 지체 없이 그 명령의 이행상태 또는 개선완료상태를 확인하게 하고, 폐수 오염도검사가 필요하다고 인정되는 경우에는 시료(試料)를 채취하여 환경부령으로 정하는 검사기관에 오염도검사를 지시하거나 의뢰하여야 한다(제45조 제2항).

## (11) 자발적 협약의 체결, 환경기술인

환경부장관 또는 지방자치단체의 장은 특정수질유해물질의 배출 저감 노력을 촉진하기 위하여 배출시설을 설치·운영하는 자 또는 이들로 구성된 단체와 협약을 체결할 수 있다(제46조의4 제1항). 환경부장관 또는 지방자치단체의 장은 제1항에 따라 협약을 체결한 자에게 그 협약의 자발적 이행에 필요한 지원을 할 수 있다(제46조의4 제2항). 사업자는 배출시설과 방지시설의 정상적인 운영·관리를 위하여 대통령령으로 정하는 바에 따라 환경기술인을 임명하여야 한다(제47조 제1항).

## 2. 공공폐수처리시설

### (1) 공공폐수처리시설의 설치

국가 · 지방자치단체 및 한국환경공단은 수질오염이 악화되어 환경기준을 유지하기 곤란하거나 물환경 보전에 필요하다고 인정되는 지역의 각 사업장에서 배출되는 수질오염물질을 공동으로 처리하여 배출하기 위하여 공공폐수처리시설을 설치 · 운영할 수 있으며, 국가와 지방자치단체는 한국환경공단, 산업단지개발사업의 시행자, 사회기반시설 사업시행자 등에 해당하는 자에게 공공폐수처리시설을 설치하거나 운영하게 할 수 있다. 이 경우 사업자 또는 그 밖에 수질오염의 원인을 직접 야기한 자("원인자")는 공공폐수처리시설의 설치 · 운영에 필요한 비용의 전부 또는 일부를 부담하여야 한다(제48조 제1항).

### (2) 공공폐수처리시설의 설치부담금 및 사용료의 부과징수

공공폐수처리시설을 설치 · 운영하는 자("시행자")는 그 시설의 설치에 드는 비용의 전부 또는 일부에 충당하기 위하여 원인자로부터 공공폐수처리시설의 설치부담금을 부과 · 징수할 수 있다(제48조의2 제1항). 공공폐수처리시설 설치부담금의 총액은 시행자가 해당 시설의 설치와 관련하여 지출하는 금액을 초과하여서는 아니 된다(제48조의2 제2항). 원인자에게 부과되는 공공폐수처리시설 설치부담금은 각 원인자의 사업의 종류 · 규모 및 오염물질의 배출 정도 등을 기준으로 하여 정한다(제48조의2 제3항).

공공폐수처리시설 설치부담금의 징수대상이 되는 공장 또는 사업장 등을 양수한 자는 당사자 간에 특별한 약정이 없으면 양수 전에 이 법에 따라 양도자에게 발생한 공공폐수처리시설 설치부담금에 관한 권리 · 의무를 승계한다(제49조의3). 즉 제49조의3의 권리 · 의무 승계의 경우 '양수'에 한하여 인정하고 있는 점이 제36조 제1항, 제2항과 같이 상속인, 합병 후 법인, 경매 · 환가 · 압류재산 매각에서도 공법상 권리 · 의무가 승계되는 것으로 인정하고 있는 것과 구별된다. 사실 제49조의3에서도 굳이 '양수'에만 한정할 이유가 있는지 의문스럽지만, 어쨌든 당사자의 권익을 침해할 수 있는 공법상 권리 · 의무는 명문의 규정이 있는 경우에 인정하는 것이 타당하다. 따라서 매도와 같은 통상적인 양도의 경우가 아닌 상속 · 합병 · 경매 · 환가 · 압류재산 매각의 경우에는 권리 · 의무가 승계될 수 없다. 대법원 판례도 같은 취지이다.[152]

---

152) "관계 법령의 규정과 그 입법 취지, 그리고 수질보전법 제36조 제1항과 제2항이 배출시설 등을 양도 · 양

시행자는 공공폐수처리시설의 운영에 드는 비용의 전부 또는 일부를 충당하기 위하여 원인자로부터 공공폐수처리시설의 사용료를 부과·징수할 수 있다(제48조의3 제1항). 원인자에게 부과되는 공공폐수처리시설 사용료는 각 원인자의 사업의 종류·규모 및 오염물질의 배출 정도 등을 기준으로 하여 정한다(제48조의3 제2항). 징수한 공공폐수처리시설 사용료는 공공폐수처리시설에 관한 용도 외에는 사용할 수 없다(제48조의3 제3항).

## 3. 생활하수 및 가축분뇨의 관리

생활하수 및 가축분뇨의 관리는 「하수도법」 및 「가축분뇨의 관리 및 이용에 관한 법률」에 따른다(제52조).

# IV. 비점오염원의 관리

## 1. 비점오염원의 설치신고·준수사항·개선명령 등

비점오염원(非點汚染源)이란 도시, 도로, 농지, 산지, 공사장 등으로서 불특정 장소에서 불특정하게 수질오염물질을 배출하는 배출원을 말한다(제2조 제2호). 다음의 어느 하나에 해당하는 자는 환경부령으로 정하는 바에 따라 환경부장관에게 신고하여야 한다. 신고한 사항 중 대통령령으로 정하는 사항을 변경하려는 경우에도 또한 같다(제53조 제1항).

- 대통령령으로 정하는 규모 이상의 도시의 개발, 산업단지의 조성, 그 밖에 비점오염원에 의한 오염을 유발하는 사업으로서 대통령령으로 정하는 사업을 하려는 자
- 대통령령으로 정하는 규모 이상의 사업장에 제철시설, 섬유염색시설, 그 밖에 대통령령으로 정하는 폐수배출시설을 설치하는 자
- 사업이 재개(再開)되거나 사업장이 증설되는 등 대통령령으로 정하는 경우가 발생하여 제1호 또는 제2호에 해당되는 자

---

수한 경우와 경매 절차에 따라 배출시설 등을 인수한 경우를 구분하여 규정하고 있는데, 동일한 법령에서 사용한 용어는 특별한 사정이 없는 한 동일하게 해석·적용하여야 하는 점 등을 원심이 설시한 사정들에 보태어 보면, 수질보전법 제49조의3이 정한 '공장 또는 사업장 등을 양수한 자'에 경매를 통하여 공장 또는 사업장 등의 소유권을 이전받은 사람은 포함되지 않는다고 본 원심의 판단은 정당하다."(대법 2013. 2. 14. 선고 2011두12672 판결)

비점오염원은 주로 강우유출수와 함께 수질을 오염시키는 경우가 많다. 강우유출수(降雨流出水)란 비점오염원의 수질오염물질이 섞여 유출되는 빗물 또는 눈 녹은 물 등을 말한다(제2조 제5호). 신고 또는 변경신고를 한 자("비점오염원설치신고사업자")는 환경부령으로 정하는 시점까지 환경부령으로 정하는 기준에 따라 비점오염저감시설을 설치하여야 한다. 다만, 다음의 어느 하나에 해당하는 경우 비점오염저감시설을 설치하지 아니할 수 있다(제53조 제5항).

- 사업장의 강우유출수의 오염도가 항상 배출허용기준 이하인 경우로서 대통령령으로 정하는 바에 따라 환경부장관이 인정하는 경우
- 완충저류시설에 유입하여 강우유출수를 처리하는 경우
- 하나의 부지에 제1항 각 호에 해당하는 자가 둘 이상인 경우로서 환경부령으로 정하는 바에 따라 비점오염원을 적정하게 관리할 수 있다고 환경부장관이 인정하는 경우

비점오염원설치신고사업자가 사업을 하거나 시설을 설치·운영할 때에는 다음의 사항을 지켜야 한다(제53조 제6항).

- 비점오염저감계획서의 내용을 이행할 것
- 비점오염저감시설을 제3항에 따른 설치기준에 맞게 유지하는 등 환경부령으로 정하는 바에 따라 관리·운영할 것
- 그 밖에 비점오염원을 적정하게 관리하기 위하여 환경부령으로 정하는 사항

환경부장관은 제6항에 따른 준수사항을 지키지 아니한 자에 대해서는 대통령령으로 정하는 바에 따라 기간을 정하여 비점오염저감계획의 이행 또는 비점오염저감시설의 설치·개선을 명할 수 있다(제53조 제7항).

## 2. 상수원의 수질보전을 위한 비점오염저감시설 설치

비점오염저감시설이란 수질오염방지시설 중 비점오염원으로부터 배출되는 수질오염물질을 제거하거나 감소하게 하는 시설로서 환경부령으로 정하는 것을 말한다(제2조 제13호). 국가 또는 지방자치단체는 비점오염저감시설을 설치하지 아니한 대통령령으로 정하는 도로가 '상수원보호구역', '상수원보호구역으로 고시되지 아니한 지역의 경우에는 취수시설의 상류·하류 일정 지역으로서 환경부령으로 정하는 거리 내의 지역', '특별대책지역', '4대강수계법에 따라 각각 지정·고시된 수변구역', '상수원에 중대한 오염을 일으킬 수

있어 환경부령으로 정하는 지역'의 어느 하나에 해당하는 경우에는 비점오염저감시설을 설치하여야 한다(제53조의2 제1항).

## 3. 비점오염원 관리 종합대책, 관리지역, 관리대책, 시행계획

환경부장관은 비점오염원의 종합적인 관리를 위하여 비점오염원 관리 종합대책을 관계 중앙행정기관의 장 및 시·도지사와 협의하여 대통령령으로 정하는 바에 따라 5년마다 수립하여야 한다(제53조의5 제1항).

환경부장관은 비점오염원에서 유출되는 강우유출수로 인하여 하천·호소등의 이용 목적, 주민의 건강·재산이나 자연생태계에 중대한 위해가 발생하거나 발생할 우려가 있는 지역에 대해서는 관할 시·도지사와 협의하여 비점오염원관리지역("관리지역")으로 지정할 수 있다(제54조 제1항). 시·도지사는 관할구역 중 비점오염원의 관리가 필요하다고 인정되는 지역에 대해서는 환경부장관에게 관리지역으로의 지정을 요청할 수 있다(제54조 제2항).

환경부장관은 관리지역을 지정·고시하였을 때에는 다음의 사항을 포함하는 비점오염원관리대책을 관계 중앙행정기관의 장 및 시·도지사와 협의하여 수립하여야 한다(제55조 제1항).
  - 관리목표
  - 관리대상 수질오염물질의 종류 및 발생량
  - 관리대상 수질오염물질의 발생 예방 및 저감 방안
  - 그 밖에 관리지역을 적정하게 관리하기 위하여 환경부령으로 정하는 사항

시·도지사는 환경부장관으로부터 관리대책을 통보받았을 때에는 다음의 사항이 포함된 관리대책의 시행을 위한 계획("시행계획")을 수립하여 환경부령으로 정하는 바에 따라 환경부장관의 승인을 받아 시행하여야 한다. 시행계획 중 환경부령으로 정하는 사항을 변경하려는 경우에도 또한 같다(제56조 제1항).
  - 관리지역의 개발현황 및 개발계획
  - 관리지역의 대상 수질오염물질의 발생현황 및 지역개발계획으로 예상되는 발생량 변화
  - 환경친화적 개발 등의 대상 수질오염물질 발생 예방
  - 방지시설의 설치·운영 및 불투수층 면적의 축소 등 대상 수질오염물질 저감계획
  - 그 밖에 관리대책을 시행하기 위하여 환경부령으로 정하는 사항

## 4. 농약잔류허용기준, 고랭지 경작지에 대한 경작방법 권고

환경부장관은 수질 또는 토양의 오염을 방지하기 위하여 필요하다고 인정할 때에는 수질 또는 토양의 농약잔류허용기준을 정할 수 있고(제58조 제1항), 수질 또는 토양 중에 농약잔류량이 농약잔류허용기준을 초과하거나 초과할 우려가 있다고 인정할 때에는 농약의 제조 금지·변경 또는 그 제품의 수거·폐기 등 필요한 조치를 관계 행정기관의 장에게 요청할 수 있다(제58조 제2항).

특별자치도지사·시장·군수·구청장은 공공수역의 물환경 보전을 위하여 환경부령으로 정하는 해발고도 이상에 위치한 농경지 중 환경부령으로 정하는 경사도 이상의 농경지를 경작하는 사람에게 경작방식의 변경, 농약·비료의 사용량 저감, 휴경 등을 권고할 수 있다(제59조 제1항).


## V. 기타수질오염원의 관리

기타수질오염원이란 점오염원 및 비점오염원으로 관리되지 아니하는 수질오염물질을 배출하는 시설 또는 장소로서 환경부령으로 정하는 것을 말한다(제2조 제3호). 기타수질오염원을 설치하거나 관리하려는 자는 환경부령으로 정하는 바에 따라 환경부장관에게 신고하여야 하며(제60조 제1항), 기타수질오염원을 설치·관리하는 자는 환경부령으로 정하는 바에 따라 수질오염물질의 배출을 방지·억제하기 위한 시설을 설치하는 등 필요한 조치를 하여야 한다(제60조 제4항).

환경부장관은 제4항에 따른 수질오염물질의 배출을 억제하기 위한 시설이나 조치가 적합하지 아니하다고 인정할 때에는 환경부령으로 정하는 바에 따라 기간을 정하여 개선명령을 할 수 있고(제60조 제5항), 신고를 한 자가 이러한 개선명령을 위반한 때에는 조업을 정지시키거나 해당 기타수질오염원의 폐쇄를 명할 수 있다(제60조 제6항).

그 밖에도 기타수질오염원의 관리 차원에서 골프장의 농약 사용 제한(제61조), 물놀이형 수경시설의 신고 및 관리(제61조의2)가 규정되어 있다.

# 제5절 폐기물관리법

## I. 총설

### 1. 폐기물관리법의 목적 및 기본원칙

폐기물관리법은 폐기물의 발생을 최대한 억제하고 발생한 폐기물을 친환경적으로 처리함으로써 환경보전과 국민생활의 질적 향상에 이바지하는 것을 목적으로 한다(제1조). 이 법은 원자력안전법에 따른 방사성 물질과 이로 인하여 오염된 물질에 대해서는 적용범위에서 제외하는 등 일정한 적용범위를 규정하고 있다(제3조 참조).

폐기물 관리의 기본원칙으로서, 사업자는 제품의 생산방식 등을 개선하여 폐기물의 발생을 최대한 억제하고, 발생한 폐기물을 스스로 재활용함으로써 폐기물의 배출을 최소화하여야 하며(제3조의2 제1항), 폐기물로 인하여 환경오염을 일으킨 자는 오염된 환경을 복원할 책임을 지며, 오염으로 인한 피해의 구제에 드는 비용을 부담하여야 하고(제3조의2 제4항), 폐기물은 소각, 매립 등의 처분을 하기보다는 우선적으로 재활용함으로써 자원생산성의 향상에 이바지하도록 한다(제3조의2 제6항).

### 2. 폐기물관리법의 체계

전체 7개의 장으로 구성된 폐기물관리법에서 폐기물의 법적 개념, 즉 동법상의 '폐기물성'은 폐기물법문제의 단초가 되는 개념으로 제1장 내 정의규정(제2조)에서 규정하고 있다.

최근 대폭 개정된 제48조(폐기물 처리에 대한 조치명령 등) 및 그와 관련된 규정들이 보칙(제6장)에 포함되어 있는데, 이러한 규정들을 묶어 별도의 제목을 가진 장을 신설하는 것

도 검토할 만하다. 마찬가지로 보칙에 규정되어 있는 폐기물 신고자(제46조) 역시 광의의 폐기물처리업자로 볼 수 있기에 그와 관련된 편제 조정 등도 생각해볼 수 있다. 폐기물관리는 곧 자원순환관리의 틀에서 이해해야 하며, 이는 자원재활용과도 뗄 수 없는 관계에 있기에 폐기물관리법과 자원순환기본법, 자원의 절약과 재활용촉진에 관한 법률은 향후 통합될 필요가 있다고 할 것이다.

폐기물은 생활폐기물과 사업장폐기물로 구분되며, 이 중 보다 비중있게 규율되고 있는 사업장폐기물의 경우 직접 처리할 수도 있고, 처리업자 등에게 위탁하여 처리할 수도 있다(제18조 제1항). 폐기물처리업을 하려면 폐기물처리 사업계획서를 제출하여, 적합통보(제25조 제2항) 및 허가(제25조 제3항)를 받아야 한다.

폐기물관리법에서는 그 특성상 배출허용기준과 같은 기준은 없고, 적법한 처리의 기준으로서 폐기물의 투기 금지 등(제8조), 그리고 '누구든지'(anyone, jedermann, 萬人) 규정형식으로 폐기물의 처리 기준 등(제13조), 폐기물의 재활용 원칙 및 준수사항(제13조의2)이 규정되어 있다. 제13조, 제13조의2를 기준으로 사업장폐기물배출자의 의무 등(제17조) 및 사업장폐기물의 처리제(18조)의 의무규정이 적용되며, 제8조, 제13조, 제13조의2를 기준으로 그에 반하는 자에게 폐기물 처리에 대한 조치명령규정(제48조)이 적용된다.

## 3. 폐기물관리법상 폐기물의 개념, 종류

### (1) 폐기물의 개념

#### 1) 폐기물관리법상 폐기물

폐기물관리법상 논의의 출발점은 '폐기물'의 법적 개념이다. 폐기물관리법에서 '폐기물'이란 쓰레기, 연소재, 오니(汚泥), 폐유, 폐산, 폐알칼리 및 동물의 사체(死體) 등으로서 사람의 생활이나 사업활동에 필요하지 아니하게 된 물질을 말한다(제2조 제1호). 이러한 개념정의의 앞부분('……등으로서')은 예시부분이어서, 결국 폐기물이란 '사람의 생활이나 사업활동에 필요하지 아니하게 된 물질'을 뜻한다. 따라서 폐기물개념의 핵심 징표인 '필요하지 아니하게 됨'을 주관적 의미로 이해할지, 객관적 의미로 이해할지 불명확한 면이 있다. 이에 관한 판단 주체 및 기준은 다투어지지만,[153] '필요하지 아니하게 된 물질'에는 환경보전 등 공공의 이익을 위하여 처리되어야 한다는 의미에서 주관적으로 필요하지 않

---

153) 이에 대하여는 조홍식, 환경법원론, 606쪽 이하; 황계영, 폐기물 관리 법제에 관한 연구, 서울대 박사학위 논문, 2015, 81쪽 이하; 김연태, "폐기물, 재활용, 순환자원에 관한 법체계", 고려법학 101, 2021.

게 된 물질만이 아니라 객관적으로 사회통념상 필요하지 아니하게 된 물질도 포함된다고 해석해야 할 것이다. 폐기물 개념에는 건강과 환경에 대한 위해 방지를 위하여 규제되어야 할 물질은 모두 포함되도록 정의해야 하므로 필요하기에 폐기물관리법상 폐기물개념에 대한 입법적 보완이 요청된다.

### 2) 폐기물개념에 관한 판례

폐기물관리법 위반 여부가 다투어지는 행정재판 또는 형사재판에서 자신이 부적절하게 처리했던 물질이 '폐기물'인지 여부가 우선 문제된다. 재활용을 위한 것이어서 폐기물이 아니라는 주장이 많은데, 재활용된다는 이유만으로 곧바로 폐기물성을 상실하진 않는다. 예컨대, 횡배수관 관로준설공사를 시행한 후 발생한 토사(준설토사)는 유실된 고속도로의 법면 보수공사에 사용하려 하였더라도 폐기물로서의 성질을 가지고(대법 2006. 5. 11. 선고 2006도631 판결), 액체비료가 공장의 원료로서 보관하던 것이더라도 그것이 일단 저장탱크로부터 유출되어 더 이상 생산 목적에 사용하기 어렵게 된 이상은 폐기물에 해당하며(대법 2009. 1. 30. 선고 2008도8971 판결), 물질이 재활용의 원료로 공급된다는 사정만으로는 폐기물로서의 성질을 상실하지 않으므로 폐기물중간처리업자가 자신이 경영하는 공장 옆 부지에 수거한 오니를 적치하고 그 위에 흙을 덮은 후 나무를 심은 행위는 폐기물관리법상 금지되는 '폐기물의 매립'에 해당한다(대법 2003. 2. 28. 선고 2002도6081 판결).

그러나, 그 물질을 공급받는 자의 의사, 그 물질의 성상 등에 비추어 아직 완제품에 이르지 않았더라도 가공과정을 거쳐 객관적으로 사람의 생활이나 사업활동에 필요하다고 사회통념상 승인될 정도에 이르렀다면 그 물질은 그 때부터는 폐기물로서의 속성을 잃고 완제품생산을 위한 원료물질로 바뀌었다고 본다(대법 2002. 12. 26. 선고 2002도3116 판결). 같은 취지에서, 밭에서 퇴비로 사용하기 위하여 닭털, 계분, 왕겨, 톱밥을 혼합하여 이를 발효시킨 후 임야로 옮겨 매립하고 일부는 그곳에 적치하여 3년에 걸친 숙성의 가공과정을 거친 도계부산물(屠鷄副産物)은 폐기물이 아니다(대법 2008. 6. 12. 선고 2008도3108 판결). 기름을 제거하고 염장처리하는 등의 방법으로 가공한 후 가죽공장에 원자재로 납품된 돼지가죽 역시 그 의사와 그 물건의 성상 등을 감안할 때 폐기물이 아니다(대법 2001. 12. 24. 선고 2001도4506 판결). '식용의 살아 있는 토끼'도 발열성 실험을 마친 것으로서 위생상·감정상 식용에 적합한 것이 아니라 할지라도 폐기물에 해당되지 않는다(대법 1992. 2. 14. 선고 91도792 판결).

이상과 같이 판례는 배출자의 주관적 의사와 물건의 객관적 성상 등을 감안하여 그 물질이 사업활동 등에 필요하지 않게 된 것인지를 기준으로 폐기물성을 판단하고 있다(대법 2001. 12. 24. 선고 2001도4506 판결 등). 그런데, 특기할 만한 것은 대법원이 '오염토양'은 폐기물 기타 오염물질에 의하여 오염될 수 있는 대상일 뿐 동산으로서 '물질'인 폐기물이 아니라고 본 판례이다(대법 2011. 5. 26. 선고 2008도2907 판결). 생각건대, 적출된 토양은 '물질'로 볼 수 있기에, 오염토양 역시 '더 이상 필요하지 아니하게 됨'의 기준에 따라 폐기물성을 판단해야 할 것이다.

## (2) 폐기물의 종류

폐기물은 크게 '생활폐기물'과 '사업장폐기물'로 나누며(제2조 제2호 참조), 폐기물관리법은 주로 후자에 중점을 두고 있다. '사업장폐기물'이란 대기환경보전법, 물환경보전법 또는 소음·진동관리법에 따라 배출시설을 설치·운영하는 사업장이나 그 밖에 대통령령(*시행령 제2조)으로 정하는 사업장에서 발생하는 폐기물을 말한다(제2조 제3호). '생활폐기물'이란 사업장폐기물 외의 폐기물을 말한다(제2조 제2호). 그리고 사업장폐기물 중 '지정폐기물'이란 폐유·폐산 등 주변 환경을 오염시킬 수 있거나 의료폐기물 등 인체에 위해를 줄 수 있는 해로운 물질로서 대통령령(*시행령 제3조 별표1)으로 정하는 폐기물을 말하며(제2조 제4호), 지정폐기물 중에서도 '의료폐기물'이란 보건·의료기관, 동물병원, 시험·검사기관 등에서 배출되는 폐기물 중 인체에 감염 등 위해를 줄 우려가 있는 폐기물과 인체 조직 등 적출물, 실험 동물의 사체 등 보건·환경보호상 특별한 관리가 필요하다고 인정되는 폐기물로서 대통령령(*시행령 제4조 별표 2)으로 정하는 폐기물을 말한다(제2조 제5호).

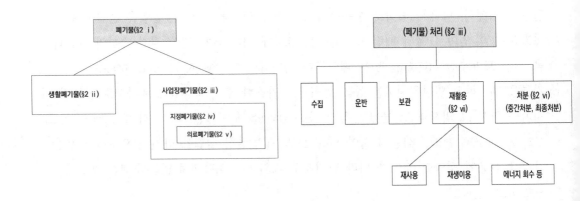

## 4. 폐기물의 처리, 처분, 재활용

폐기물의 '처리'란 폐기물의 수집, 운반, 보관, 재활용, 처분을 말하며(제2조 제5의3호). 처리의 일종인 '처분'이란 폐기물의 소각·중화(中和)·파쇄·고형화 등의 중간처분과 매립하거나 해역으로 배출하는 등의 최종처분을 말한다(제2조 제6호).

처리의 일종인 '재활용'이란 다음의 어느 하나에 해당하는 활동을 말한다(제2조 제7호).
- 폐기물을 재사용·재생이용하거나 재사용·재생이용할 수 있는 상태로 만드는 활동
- 폐기물로부터 「에너지법」 제2조 제1호에 따른 에너지를 회수하거나 회수할 수 있는 상태로 만들거나 폐기물을 연료로 사용하는 활동으로서 환경부령으로 정하는 활동

'폐기물처리시설'이란 폐기물의 중간처분시설, 최종처분시설 및 재활용시설로서 대통령령(시행령 제5조 별표3)으로 정하는 시설을 말한다(제2조 제8호). 폐기물처리업의 업종 역시 폐기물 처리의 종류에 따라 폐기물 수집·운반업, 폐기물 중간처분업, 폐기물 최종처분업, 폐기물 종합처분업, 폐기물 중간재활용업, 폐기물 최종재활용업, 폐기물 종합재활용업으로 구분된다(제25조 제5항 참조).

## 5. 국가·지방자치단체·국민의 책무, 폐기물의 광역관리

지방자치단체의 폐기물 적정처리에 대한 책무가 있으며 이를 위하여 폐기물처리시설을 설치·운영하여야 한다는 의무가 있다(제4조 제1항 참조).

폐기물의 광역 관리로서 환경부장관, 시·도지사 또는 시장·군수·구청장은 둘 이상의 시·도 또는 시·군·구에서 발생하는 폐기물을 광역적으로 처리할 필요가 있다고 인정되면 광역 폐기물처리시설(지정폐기물 공공처리시설 포함)을 단독 또는 공동으로 설치·운영할 수 있으며(제5조 제1항), 이러한 광역 폐기물처리시설의 설치 또는 운영을 환경부령으로 정하는 자에게 위탁할 수 있다(제5조 제2항).

일반적으로 책무규정에서는 단순한 노력의무를 규정하는 경우가 많지만, 제4조 제1항에서는 지방자치단체의 폐기물처리시설의 설치·운영의무, 제5조 제1항에서는 광역 폐기물처리시설의 설치·운영의무라는 실체적 의무규정을 두고 있음이 특기할 만하다. 또한 국민의 책무로서 토지나 건물의 소유자·점유자 또는 관리자는 그가 소유·점유 또는 관리하고 있는 토지나 건물의 청결을 유지하도록 노력하여야 한다(제7조 제2항). 이러한 국민의 청결의무 역시 단순한 노력규정이 아니라 지방자치단체의 조례에 따라 필요한 조치

명령의 대상이 될 수 있다(제8조 제3항).154)

## 6. 폐기물의 투기 금지 등

누구든지 특별자치시장, 특별자치도지사, 시장·군수·구청장이나 공원·도로 등 시설의 관리자가 폐기물의 수집을 위하여 마련한 장소나 설비 외의 장소에 폐기물을 버려서는 아니 된다(제8조 제1항). 사업장폐기물의 경우 시설의 관리자가 '폐기물의 수집을 위하여 마련한 장소나 설비'가 없다는 이유를 들어, 이 규정은 사실상 생활폐기물에만 적용되는 규정이라고 보는 견해가 있지만,155) 이러한 장소나 설비를 좁게 해석할 필요는 없으므로 생활폐기물뿐만 아니라 사업장폐기물에도 적용되는 규정으로 보아야 할 것이다.

누구든지 이 법에 따라 허가 또는 승인을 받거나 신고한 폐기물처리시설이 아닌 곳에서 폐기물을 매립하거나 소각하여서는 아니 된다. 다만, 제14조 제1항 단서에 따른 지역에서 해당 특별자치시, 특별자치도, 시·군·구의 조례로 정하는 바에 따라 소각하는 경우에는 그러하지 아니하다(제8조 제2항). 특별자치시장, 특별자치도지사, 시장·군수·구청장은 토지나 건물의 소유자·점유자 또는 관리자가 제7조 제2항에 따라 청결을 유지하지 아니하면 해당 지방자치단체의 조례에 따라 필요한 조치를 명할 수 있다(제8조 제3항). 제8조 제3항의 조치명령은 후술하는 제48조의 조치명령과는 별개의 제도이다(대법 2020. 6. 25. 선고 2019두39048 판결). 그리고 조문체계상 제8조 제3항은 제7조 제2항과 연계되는 것이어서 제8조가 아니라 제7조 내에서 규정하는 것이 바람직할 것이다. 보다 근본적으로는 제8조 제3항에 따른 조치명령을 제48조에 따른 조치명령에 통폐합하는 것도 검토할 만하다.156)

---

154) 폐기물관리법 제8조 제3항에서 말하는 '필요한 조치'에는 토지소유자 등이 폐기물관리법 제7조 제2항에 따른 토지의 청결유지의무를 다하지 못하여 환경상의 위해가 발생할 경우 토지상에 적치 또는 방치된 폐기물의 제거를 명하는 조치도 포함된다고 해석하여야 한다(대법 2020. 6. 25. 선고 2019두39048 판결).
155) 김홍균, 환경법, 588쪽 각주 28.
156) 김현준, 한국환경법학회 주제발표문(2022. 3. 25) 참조.

## II. 폐기물의 배출과 처리

## 1. 폐기물 처리·재활용의 기준

### (1) 폐기물의 처리 기준 등

누구든지 폐기물을 처리하려는 자는 대통령령(*시행령 제7조)으로 정하는 기준과 방법을 따라야 한다. 다만, 제13조의2에 따른 폐기물의 재활용 원칙 및 준수사항에 따라 재활용을 하기 쉬운 상태로 만든 폐기물("중간가공 폐기물")에 대하여는 완화된 처리기준과 방법을 대통령령(*시행령 제7조)으로 따로 정할 수 있다(제13조 제1항). 의료폐기물은 제25조의2 제4항에 따라 검사를 받아 합격한 의료폐기물 전용용기("전용용기")만을 사용하여 처리하여야 한다(제13조 제2항).

### (2) 폐기물의 재활용 원칙 및 준수사항

누구든지 다음을 위반하지 아니하는 경우에는 폐기물을 재활용할 수 있다(제13조의2 제1항).[157]

- 비산먼지, 악취가 발생하거나 휘발성유기화합물, 대기오염물질 등이 배출되어 생활환경에 위해를 미치지 아니할 것
- 침출수나 중금속 등 유해물질이 유출되어 토양, 수생태계 또는 지하수를 오염시키지 아니할 것
- 소음 또는 진동이 발생하여 사람에게 피해를 주지 아니할 것
- 중금속 등 유해물질을 제거하거나 안정화하여 재활용제품이나 원료로 사용하는 과정에서 사람이나 환경에 위해를 미치지 아니하도록 하는 등 대통령령으로 정하는 사항을 준수할 것
- 그 밖에 환경부령으로 정하는 재활용의 기준을 준수할 것

그러나, 다음 폐기물은 재활용을 금지하거나 제한한다(제13조의2 제2항).

---

157) 폐수처리오니에 생물학적 처리과정을 거쳐 '부숙토(腐熟土, *슬러지 퇴비)'를 만들어 매립시설 복토재 또는 토양개량제를 생산하는 것은 폐기물관리법령이 허용하는 폐수처리오니의 재활용 방법에 해당한다. 그러나 폐수처리오니로 (*폐기물관리법령이 폐수처리오니의 재활용 방법으로 허용하지 않는) '비탈면 녹화토'를 생산하는 것은 폐기물관리법령이 정한 재활용 기준을 위반하는 것이다(대법 2020. 5. 14. 선고 2019두63515 판결).

- 폐석면
- 폴리클로리네이티드비페닐(PCBs)이 환경부령으로 정하는 농도 이상 들어있는 폐기물
- 의료폐기물(태반은 제외)
- 폐유독물 등 인체나 환경에 미치는 위해가 매우 높을 것으로 우려되는 폐기물 중 대통령령으로 정하는 폐기물

### (3) 폐기물의 재활용 시 환경성평가

제13조의2 제1항에도 불구하고 다음에 해당하는 자는 재활용환경성평가기관(국공립 연구기관, 한국환경공단 등)으로부터 해당 폐기물의 재활용이 사람의 건강이나 환경에 미치는 영향을 조사·예측하여 해로운 영향을 피하거나 제거하는 방안 및 재활용기술의 적합성에 대한 평가("재활용환경성평가")를 받아야 한다. 폐기물의 종류, 재활용 유형 등 환경부령으로 정하는 중요사항을 변경하는 경우에도 또한 같다(제13조의3 제1항).
- 환경부령으로 정하는 규모 이상의 폐기물 또는 폐기물을 토양 등과 혼합하여 만든 물질을 토양·지하수·지표수 등에 접촉시켜 복토재·성토재·도로기층재 등 환경부령으로 정하는 용도 또는 방법으로 재활용하려는 자(둘 이상이 공동으로 재활용하려는 경우를 포함한다)
- 제13조의2에 따른 폐기물 재활용의 원칙 및 준수사항을 정하지 아니한 폐기물을 재활용하려는 자

### (4) 재활용 제품 또는 물질에 관한 유해성기준

환경부장관은 폐기물을 재활용하여 만든 제품 또는 물질이 사람의 건강이나 환경에 위해를 줄 수 있다고 판단되는 경우에는 관계 중앙행정기관의 장과 협의하여 그 재활용 제품 또는 물질에 대한 유해성기준("유해성기준")을 정하여 고시하여야 한다(제13조의5 제1항). 누구든지 유해성기준에 적합하지 아니하게 폐기물을 재활용한 제품 또는 물질을 제조하거나 유통하여서는 아니 되며(제13조의5 제2항), 환경부장관은 폐기물을 재활용한 제품 또는 물질이 유해성기준을 준수하는지를 확인하기 위하여 시험·분석을 하거나 그 제품 또는 물질의 제조 또는 유통 실태를 조사할 수 있다(제13조의5 제3항). 환경부장관은 제3항에 따른 시험·분석 또는 실태 조사 결과 유해성기준을 위반한 제품 또는 물질을 제조 또는 유통한 자에 대하여 해당 제품 또는 물질의 회수, 파기 등 필요한 조치를 명할 수 있다(제13조의5 제5항).

## 2. 생활폐기물의 처리

### (1) 생활폐기물의 처리

특별자치시장, 특별자치도지사, 시장·군수·구청장은 관할 구역에서 배출되는 생활폐기물을 처리하여야 하며(다만, 환경부령으로 정하는 바에 따라 지정하는 지역은 제외)(제14조 제1항), 해당 지방자치단체의 조례로 정하는 바에 따라 대통령령으로 정하는 자에게 생활폐기물의 처리를 대행하게 할 수 있다(제14조 제2항). 이러한 생활폐기물 처리 대행자의 법적 성질은 '행정보조인(Verwaltungshelfer)'이며, 행정권한을 위탁받은 자가 아니므로 행정주체인 '공무수탁사인'으로는 볼 수 없다.158)

생활폐기물을 처리할 때에는 배출되는 생활폐기물의 종류, 양 등에 따라 수수료를 징수할 수 있는데, 수수료는 해당 지방자치단체의 조례로 정하는 바에 따라 폐기물 종량제(從量制) 봉투 또는 폐기물임을 표시하는 표지 등("종량제 봉투등")을 판매하는 방법으로 징수하되, 음식물류 폐기물의 경우에는 배출량에 따라 산출한 금액을 부과하는 방법으로 징수할 수 있으며(제14조 제5항), 음식물류 폐기물에 대하여 수수료를 부과·징수하려는 경우에는 제45조 제2항에 따른 전자정보처리프로그램을 이용할 수 있다. 이 경우 수수료 산정에 필요한 내용을 환경부령으로 정하는 바에 따라 제45조 제2항에 따른 전자정보처리프로그램에 입력하여야 한다(제14조 제6항).

### (2) 생활폐기물 배출자의 협조 등

생활폐기물이 배출되는 토지나 건물의 소유자·점유자 또는 관리자("생활폐기물배출자")는 관할 특별자치시, 특별자치도, 시·군·구의 조례로 정하는 바에 따라 생활환경 보전상 지장이 없는 방법으로 그 폐기물을 스스로 처리하거나 양을 줄여서 배출하여야 한다(제15조 제1항). 여기서 생활폐기물배출자는 '자신의 행위로 위험을 야기한 자(행위책임자)'만이 아니라, 물건으로부터 위험이 발생했고, 그 물건을 사실상·법률상 지배하고 있다는 이유로 위험에 대하여 책임을 지는 자(상태책임자)까지 포함한다고 해석된다.

---

158) 제1항 본문 및 제2항에도 불구하고 제46조 제1항에 따라 폐기물처리 신고를 한 자("폐기물처리 신고자")는 생활폐기물 중 폐지, 고철, 폐식용유(생활폐기물에 해당하는 폐식용유를 유출 우려가 없는 전용 탱크·용기로 수집·운반하는 경우만 해당한다) 등 환경부령으로 정하는 폐기물을 수집·운반 또는 재활용할 수 있다(제14조 제3항).

생활폐기물배출자는 제1항에 따라 스스로 처리할 수 없는 생활폐기물의 분리·보관에 필요한 보관시설을 설치하고, 그 생활폐기물을 종류별, 성질·상태별로 분리하여 보관하여야 하며, 특별자치시, 특별자치도, 시·군·구에서는 분리·보관에 관한 구체적인 사항을 조례로 정하여야 한다(제15조 제2항).

### (3) 음식물류 폐기물 배출자의 의무

음식물류 폐기물을 다량으로 배출하는 자로서 대통령령으로 정하는 자는 음식물류 폐기물의 발생 억제 및 적정 처리를 위하여 관할 특별자치시, 특별자치도, 시·군·구의 조례로 정하는 사항을 준수하여야 한다(제15조의2 제1항). 제1항에 따른 음식물류 폐기물 배출자는 음식물류 폐기물의 발생 억제 및 처리 계획을 환경부령으로 정하는 바에 따라 특별자치시장, 특별자치도지사, 시장·군수·구청장에게 신고하여야 한다. 신고한 사항 중 환경부령으로 정하는 사항을 변경할 때에도 또한 같다(제15조의2 제2항).

음식물류 폐기물 배출자는 제14조 제1항 또는 제18조 제1항에도 불구하고 발생하는 음식물류 폐기물을 스스로 수집·운반 또는 재활용하거나 다음의 어느 하나에 해당하는 자에게 환경부령으로 정하는 위탁·수탁의 기준 및 절차에 따라 위탁하여 수집·운반 또는 재활용하여야 한다(제15조의2 제3항).

- 제4조나 제5조에 따른 폐기물처리시설을 설치·운영하는 자
- 제25조 제5항 제1호에 따른 폐기물 수집·운반업의 허가를 받은 자
- 제25조 제5항 제5호부터 제7호까지의 규정 중 어느 하나에 해당하는 폐기물 재활용업의 허가를 받은 자
- 폐기물처리 신고자(음식물류 폐기물을 재활용하기 위하여 신고한 자로 한정한다)

### (4) 협약의 체결

시·도지사나 시장·군수·구청장은 폐기물의 발생 억제 및 처리를 위하여 관할 구역에서 폐기물을 배출하는 자 또는 이들로 구성된 단체와 협약을 체결할 수 있다(제16조 제1항). 이른바 자발적 환경협약의 일종이며, 그 법적 성격은 협약의 구체적 내용에 따라 공법상 계약 또는 비공식적 행정작용이 될 것이다. 또한, 여기서 협약은 폐기물관리법 구조상 주로 생활폐기물에 관한 것이겠지만, 생활폐기물에 한정한 것은 아니라고 할 것이다.

# 3. 사업장폐기물에 대한 규제

## (1) 사업장폐기물배출자의 의무

### 1) 일반적 의무

생활폐기물에 대한 처리책임은 원칙적으로 지방자치단체에 있음에 반하여(제14조 제1항 참조), 사업장폐기물의 처리책임은 배출자에게 있다. 사업장폐기물을 배출하는 사업자("사업장폐기물배출자")는 다음의 사항을 지켜야 한다(제17조 제1항).

- 사업장에서 발생하는 폐기물 중 환경부령으로 정하는 유해물질의 함유량에 따라 지정폐기물로 분류될 수 있는 폐기물에 대해서는 환경부령으로 정하는 바에 따라 제17조의2 제1항에 따른 폐기물분석전문기관에 의뢰하여 지정폐기물에 해당되는지를 미리 확인하여야 한다.
- 사업장에서 발생하는 모든 폐기물을 제13조에 따른 폐기물의 처리 기준과 방법 및 제13조의2에 따른 폐기물의 재활용 원칙 및 준수사항에 적합하게 처리하여야 한다.
- 생산 공정(工程)에서는 폐기물감량화시설의 설치, 기술개발 및 재활용 등의 방법으로 사업장폐기물의 발생을 최대한으로 억제하여야 한다.
- 제18조 제1항에 따라 폐기물의 처리를 위탁하려면 사업장폐기물배출자는 수탁자가 제13조에 따른 폐기물의 처리 기준과 방법 또는 제13조의2에 따른 폐기물의 재활용 원칙 및 준수사항에 맞게 폐기물을 처리할 능력이 있는지를 환경부령으로 정하는 바에 따라 확인한 후 위탁하여야 한다. 다만, 제4조나 제5조에 따른 폐기물처리시설을 설치·운영하는 자에게 위탁하는 경우에는 그러하지 아니하다.

### 2) 신고의무

환경부령으로 정하는 사업장폐기물배출자는 사업장폐기물의 종류와 발생량 등을 환경부령으로 정하는 바에 따라 특별자치시장, 특별자치도지사, 시장·군수·구청장에게 신고하여야 한다. 신고한 사항 중 환경부령으로 정하는 사항을 변경할 때에도 또한 같다(제17조 제2항). 특별자치시장, 특별자치도지사, 시장·군수·구청장은 제2항에 따른 신고 또는 변경신고를 받은 날부터 20일 이내에 신고수리 여부를 신고인에게 통지하여야 한다(제17조 제3항).

### 3) 지정폐기물관련 서류제출의무

환경부령으로 정하는 지정폐기물을 배출하는 사업자는 그 지정폐기물을 제18조 제1항에 따라 처리하기 전에 법정의 서류를 환경부장관에게 제출하여 확인을 받아야 한다. 다만, 「자동차관리법」 제2조 제8호에 따른 자동차정비업을 하는 자 등 환경부령으로 정하는 자가 지정폐기물을 공동으로 수집·운반하는 경우에는 그 대표자가 환경부장관에게 제출하여 확인을 받아야 한다(제17조 제5항).

### 4) 감량지침 준수의무

대통령령으로 정하는 업종 및 규모 이상의 사업장폐기물배출자는 법 제17조 제1항 제2호에 따른 사업장폐기물의 발생 억제를 위하여 환경부장관과 관계 중앙행정기관의 장이 환경부령으로 정하는 기본 방침과 절차에 따라 통합하여 고시하는 지침을 지켜야 한다(제17조 제7항).

## (2) 사업장폐기물배출자의 권리·의무 승계

### 1) 양도·상속·합병·분할의 경우

사업장폐기물배출자가 그 사업을 양도하거나 사망한 경우 또는 법인이 합병·분할한 경우에는 그 양수인·상속인 또는 합병·분할 후 존속하는 법인이나 합병·분할에 의하여 설립되는 법인은 그 사업장폐기물과 관련한 권리와 의무를 승계한다(제17조 제8항).

### 2) 경매·환가·압류재산 매각 등의 경우

민사집행법에 따른 경매, 「채무자 회생 및 파산에 관한 법률」에 따른 환가(換價)나 국세징수법·관세법·지방세징수법에 따른 압류재산의 매각, 그 밖에 이에 준하는 절차에 따라 사업장폐기물배출자의 사업장 전부 또는 일부를 인수한 자는 그 사업장폐기물과 관련한 권리와 의무를 승계한다(제17조 제9항).

### 3) 소멸되지 않는 피승계인의 의무

종전 사업장폐기물배출자의 이 법에 따른 의무 위반으로 인한 법적 책임은 제8항 또는 제9항에 따른 권리·의무 승계에도 불구하고 소멸하지 아니한다(제17조 제10항). 2019년 개정으로 이 규정이 도입되어 승계에도 불구하고 피승계인의 의무는 소멸되지 않음이 명확하게 되었다. 이 규정이 없을 때에도 사업장 내에 폐기물을 방치한 자가 사업장을 양도만 하면 방치폐기물의 처리책임을 면한다고 보는 것은 부당하다는 이유로[159] 피승계인(종

---

159) 김홍균, 환경법, 604쪽; 조홍식, 환경법원론, 656쪽.

전 사업장폐기물배출자)의 의무는 소멸되지 않는다고 보았는데, 이를 명문화한 것이다. 현행법 제17조 제10항에 따라 양도의 경우만이 아니라 상속, 합병 등으로 인한 모든 유형의 승계에 있어서 피승계인의 의무는 존속하는 일종의 '병존적 책임승계'가 되었다. 이러한 논의는 후술하는 폐기물처리업자 등의 권리·의무 승계문제(제33조 제8항)에서도 마찬가지로 적용된다.

### 4) 공·사법상 의무 승계의 구분

이러한 승계규정은 방치되는 폐기물의 발생을 예방하기 위하여 오염원인자 책임원칙을 확장한 것으로서 위와 같은 인수자가 사업장폐기물배출자의 공법상 권리·의무를 승계한다는 취지일 뿐이고, 이로써 사업장폐기물배출자의 사법상 권리·의무까지 당연히 승계되는 것은 아니다(대법 2002. 10. 22. 선고 2002다46331 판결). 즉 공법상 의무의 승계는 사법상 의무의 승계와는 구분되기 때문에, 이러한 승계규정에도 불구하고 물권적 청구권에 대응하는 방해제거의무 등은 이와 무관하게 승계되지 않는다.

### (3) 사업장폐기물의 처리

#### 1) '자가처리' 또는 '위탁처리'의 의무

사업장폐기물배출자는 그의 사업장에서 발생하는 폐기물을 스스로 처리하거나, 제25조 제3항에 따른 폐기물처리업의 허가를 받은 자, 폐기물처리 신고자, 제4조나 제5조에 따른 폐기물처리시설을 설치·운영하는 자, 건설폐기물의 재활용촉진에 관한 법률 제21조에 따라 건설폐기물 처리업의 허가를 받은 자 또는 해양폐기물 및 해양오염퇴적물 관리법 제19조 제1항 제1호에 따라 폐기물 해양 배출업의 등록을 한 자에게 위탁하여 처리하여야 한다(제18조 제1항).

#### 2) 전자인계·인수제도

환경부령으로 정하는 사업장폐기물을 배출, 수집·운반, 재활용 또는 처분하는 자는 그 폐기물을 배출, 수집·운반, 재활용 또는 처분할 때마다 폐기물의 인계·인수에 관한 내용을 환경부령으로 정하는 바에 따라 제45조 제2항에 따른 전자정보처리프로그램에 입력하여야 한다. 다만, 의료폐기물은 환경부령으로 정하는 바에 따라 무선주파수인식방법을 이용하여 그 내용을 제45조 제2항에 따른 전자정보처리프로그램에 입력하여야 한다(제18조

제3항). 이를 미입력 또는 허위입력한 자는 폐기물 조치명령대상자가 된다(법 제48조 제1항 제5호).

### 3) 공동 폐기물처리시설

환경부령으로 정하는 둘 이상의 사업장폐기물배출자는 각각의 사업장에서 발생하는 폐기물을 환경부령으로 정하는 바에 따라 공동으로 수집, 운반, 재활용 또는 처분할 수 있다. 이 경우 사업장폐기물배출자는 공동 운영기구를 설치하고 그 중 1명을 공동 운영기구의 대표자로 선정하여야 하며, 폐기물처리시설을 공동으로 설치·운영할 수 있다(제18조 제5항).

### (4) 운반자, 수탁처리자의 의무

제18조 제3항에 따른 사업장폐기물을 운반하는 자는 그 폐기물을 운반하는 중에 제45조 제2항에 따른 전자정보처리프로그램에 입력된 폐기물 인계·인수 내용을 확인할 수 있도록 인계번호를 숙지하여야 하며, 관계 행정기관이나 그 소속 공무원이 요구하는 때에는 이를 알려주어야 하고(제19조 제1항), 폐기물을 수탁하여 처리하는 자는 영업정지·휴업·폐업 또는 폐기물처리시설의 사용정지 등의 사유로 환경부령으로 정하는 사업장폐기물을 처리할 수 없는 경우에는 환경부령으로 정하는 바에 따라 지체 없이 그 사실을 사업장폐기물의 처리를 위탁한 배출자에게 통보하여야 한다(제19조 제2항).

## III. 폐기물처리업 등

## 1. 폐기물처리업의 (부)적합통보 및 허가

폐기물의 수집·운반, 재활용 또는 처분을 업("폐기물처리업")으로 하려는 자(음식물류 폐기물을 제외한 생활폐기물을 재활용하려는 자와 폐기물처리 신고자는 제외한다)는 환경부령으로 정하는 바에 따라 지정폐기물을 대상으로 하는 경우에는 폐기물 처리 사업계획서를 환경부장관에게 제출하고, 그 밖의 폐기물을 대상으로 하는 경우에는 시·도지사에게 제출하여야 한다. 환경부령으로 정하는 중요 사항을 변경하려는 때에도 또한 같다(제25조 제1항).

환경부장관이나 시·도지사는 제1항에 따라 제출된 폐기물 처리사업계획서를 제25조 제2항 각 호의 사항에 관하여 검토한 후 그 적합 여부를 폐기물처리사업계획서를 제출한 자에게 통보하여야 한다(제25조 제2항). 강학상 사전허가(예비결정)의 성질을 가지는 이러한 (부)적합통보는 이 단계에서 이미 허가신청 자체를 제한하는 등 개인의 권리 내지 법률상의 이익을 개별적이고 구체적으로 규제하고 있어 항고소송의 대상인 처분의 성격을 가진다(대법 1998. 4. 28. 선고 97누21086 판결 등).

또한, 사업계획 적정 여부 통보를 위하여 필요한 기준을 정하는 것도 역시 행정청의 재량에 속하는 것이므로, 그 설정된 기준이 객관적으로 합리적이 아니라거나 타당하지 않다고 볼 만한 다른 특별한 사정이 없는 이상 행정청의 의사는 가능한 한 존중되어야 한다(대법 2020. 7. 23. 선고 2020두36007 판결).

적합통보를 받은 자는 그 통보를 받은 날부터 2년(폐기물 수집·운반업의 경우 6개월, 폐기물처리업 중 소각·매립시설의 설치가 필요한 경우 3년) 이내에 환경부령으로 정하는 기준에 따른 시설·장비 및 기술능력을 갖추어 업종, 영업대상 폐기물 및 처리분야별로 지정폐기물을 대상으로 하는 경우에는 환경부장관, 그 밖의 폐기물을 대상으로 하는 경우에는 시·도지사의 허가를 받아야 한다. 이 경우 적합통보를 받은 자가 그 적합통보를 받은 사업계획에 따라 시설·장비 및 기술인력 등의 요건을 갖추어 허가신청을 한 때에는 지체 없이 허가하여야 한다(제25조 제3항).

## 2. 폐기물처리업자의 의무

제25조 제5항 제2호부터 제7호까지의 규정에 해당하는 폐기물처리업 허가를 받은 자는 같은 항 제1호에 따른 폐기물 수집·운반업의 허가를 받지 아니하고 그 처리 대상 폐기물을 스스로 수집·운반할 수 있다(제25조 제6항). 환경부장관 또는 시·도지사는 제3항에 따라 허가를 할 때에는 주민생활의 편익, 주변 환경보호 및 폐기물처리업의 효율적 관리 등을 위하여 필요한 조건을 붙일 수 있다. 다만, 영업 구역을 제한하는 조건은 생활폐기물의 수집·운반업에 대하여 붙일 수 있으며, 이 경우 시·도지사는 시·군·구 단위 미만으로 제한하여서는 아니 된다(제25조 제7항).

제3항에 따른 폐기물처리업의 허가를 받은 자("폐기물처리업자")는 다른 사람에게 자기의 성명이나 상호를 사용하여 폐기물을 처리하게 하거나 그 허가증을 다른 사람에게 빌려주어서는 아니 된다(제25조 제8항). 그리고 이러한 폐기물처리업 허가의 성질은 대물적

허가 내지 대물적 성격이 강한 혼합적 허가로 보아야 하므로, 영업장 소재지, 시설·장비 등이 그 허가의 대상을 이루는 중요한 요소가 된다(대법 2008. 4. 11. 선고 2007두17113 판결).

폐기물처리업자는 다음의 준수사항을 지켜야 한다(제25조 제9항).

- 환경부령으로 정하는 바에 따라 폐기물을 허가받은 사업장 내 보관시설이나 승인받은 임시보관 시설 등 적정한 장소에 보관할 것(1호)[160]
- 환경부령으로 정하는 양 또는 기간을 초과하여 폐기물을 보관하지 말 것(2호)
- 자신의 처리시설에서 처리가 어렵거나 처리능력을 초과하는 경우에는 폐기물의 처리를 위탁받 지 말 것(3호)
- 그 밖에 폐기물 처리 계약 시 계약서 작성·보관 등 환경부령으로 정하는 준수사항을 지킬 것(4호)

의료폐기물의 수집·운반 또는 처분을 업으로 하려는 자는 다른 폐기물과 분리하여 별도로 수집·운반 또는 처분하는 시설·장비 및 사업장을 설치·운영하여야 한다(제25 조 제10항). 또한 제3항에 따라 허가를 받은 자가 환경부령(*시행규칙 제29조 제1항)으로 정 하는 중요사항을 변경하려면 변경허가를 받아야 하고, 그 밖의 사항 중 환경부령(*시행 규칙 제33조 제1항)으로 정하는 사항을 변경하려면 변경신고를 하여야 한다(제25조 제11항).

## 3. 허가의 취소, 영업의 정지, 과징금

환경부장관이나 시·도지사는 폐기물처리업자가 '속임수나 그 밖의 부정한 방법으로 허가를 받은 경우', '영업정지기간 중 영업 행위를 한 경우 등 법이 정한 사유에 해당하면 그 허가(변경허가 및 변경신고 포함)를 취소하여야 한다(제27조 제1항). 즉 기속행위로서 취소 해야 하는 사유를 제27조 제1항은 열거하고 있다.

환경부장관이나 시·도지사는 폐기물처리업자가 다음의 어느 하나에 해당하면 그 허가 를 취소하거나 6개월 이내의 기간을 정하여 영업의 전부 또는 일부의 정지를 명령할 수 있다(제27조 제2항). 즉 재량행위로서 취소 또는 정지할 수 있는 사유를 제27조 제2항은 열거하고 있다.

- 제8조 제1항 또는 제2항을 위반하여 사업장폐기물을 버리거나 매립 또는 소각한 경우(1호)
- 제13조 또는 제13조의2를 위반하여 폐기물을 처리한 경우(2호)

---

160) 폐기물관리법 제25조 제9항 제1호의 '적정한 보관장소'는 시행규칙의 규정에 의하여 승인이나 변경승인 을 받은 임시보관시설과 임시보관장소, 그리고 보관 대상 폐기물을 처분 또는 재활용할 시설이 있는 사 업장 내에 위치한 것으로서 폐기물처리업허가 또는 변경허가를 받은 보관시설에 한정된다고 보아야 한 다(대법 2020. 5. 14. 선고 2019도1118 판결).

- 제30조 제1항·제2항을 위반하여 검사를 받지 아니하거나 같은 조 제3항을 위반하여 적합판정을 받지 아니한 폐기물처리시설을 사용한 경우(11호)
- 제33조 제3항에 따른 권리·의무의 승계신고를 하지 아니한 경우(16호)
- 허가를 받은 후 1년 이내에 영업을 시작하지 아니하거나 정당한 사유 없이 계속하여 1년 이상 휴업한 경우(20호)

이상의 영업정지등의 처분사유는 엄격하게 해석해야 한다. 가령 폐기물관리법 제30조 제1항, 제2항을 위반하여 음식물 폐기물처리시설 중 사료화시설에 대한 검사를 받지 않은 이상 위 제27조 제2항 제11호에 따른 영업정지 등 행정처분의 대상이 될 수 있고, 위 행정처분을 위하여 검사를 받지 않은 폐기물처리시설을 사용할 것까지 요건으로 하는 것은 아니다(대법 2010. 11. 11. 선고 2010두14794 판결).

또한 제27조에 따른 영업정지는 법이 정한 일정한 경우 그 영업의 정지를 갈음하여 대통령령으로 정하는 매출액에 100분의 5를 곱한 금액을 초과하지 아니하는 범위에서 과징금을 부과할 수 있다(제28조 제1항).

## 4. 폐기물처리시설 설치의 승인, 신고, 사용개시신고

폐기물처리시설은 환경부령으로 정하는 기준에 맞게 설치하되, 환경부령으로 정하는 규모 미만의 폐기물 소각 시설을 설치·운영하여서는 아니 되며(제29조 제1항), 제25조 제3항에 따른 폐기물처리업의 허가를 받았거나 받으려는 자 외의 자가 폐기물처리시설을 설치하려면 환경부장관의 승인을 받아야 한다. 학교·연구기관 등 환경부령으로 정하는 자가 환경부령으로 정하는 바에 따라 시험·연구목적으로 설치·운영하는 폐기물처리시설(제29조 제1항 제1호)을 설치하는 경우는 제외하며, 환경부령으로 정하는 규모의 폐기물처리시설(제29조 제1항 제2호)을 설치하려면 환경부장관에게 신고하여야 한다(제29조 제2항). 승인을 받았거나 신고한 사항 중 환경부령으로 정하는 중요사항을 변경하려면 각각 변경승인을 받거나 변경신고를 하여야 한다(제29조 제3항).

폐기물처리시설을 설치하는 자는 그 설치공사를 끝낸 후 그 시설의 사용을 시작하려면 폐기물처리업자가 설치한 폐기물처리시설의 경우 제25조 제3항에 따른 허가관청에게, 기타 폐기물처리시설의 경우 제29조 제2항에 따른 승인관청 또는 신고관청에게 신고하여야 한다(제29조 제4항).

## 5. 다른 법령에 따른 허가·신고 등의 의제

폐기물처리시설을 설치하려는 자가 제29조 제2항에 따른 승인을 받거나 신고를 한 경우, 같은 항 제1호에 따른 폐기물처리시설을 설치하는 경우 및 제25조 제3항에 따른 폐기물처리업의 허가를 받은 경우에는 그 폐기물처리시설과 관련한 대기환경보전법·물환경보전법·소음·진동관리법에 따른 배출시설의 설치허가 또는 신고를 한 것으로 본다(제32조 제1항).

## 6. 폐기물처리업자 등의 권리·의무의 승계

폐기물처리업자등으로부터 폐기물처리업등을 양수·경매[161]·환가·압류재산 매각, 그 밖에 이에 준하는 절차에 따라 인수하는 경우에 해당 양수인 또는 인수인은 환경부령으로 정하는 바에 따라 허가를 받아야 한다. 이 경우 허가를 받은 양수인 또는 인수인은 폐기물처리업등의 허가·승인·등록 또는 신고에 따른 권리·의무를 승계한다(제33조 제1항). 또한 합병 후 존속하는 법인이나 합병 또는 분할로 설립되는 법인은 환경부령으로 정하는 바에 따라 환경부장관 또는 시·도지사의 허가를 받아야 한다. 이 경우 허가를 받은 합병 후 존속하는 법인이나 합병 또는 분할로 설립되는 법인은 폐기물처리업등의 허가·승인·등록 또는 신고에 따른 권리·의무를 승계한다(제33조 제2항). 폐기물처리업자등이 사망한 경우, 그 상속인은 폐기물처리업등의 허가·승인·등록 또는 신고에 따른 권리·의무를 승계한다. 이 경우 상속인은 환경부령으로 정하는 바에 따라 환경부장관 또는 시·도지사에게 권리·의무 승계신고를 하여야 한다(제33조 제3항). 환경법상 권리·의무의 승계를 허가사항으로 하는 경우는 많지 않은데, 폐기물처리업자등의 권리·의무 승계는 원칙적으로 허가사항(상속으로 인한 승계는 신고사항)임이 특기할 만하다.

환경부장관 또는 시·도지사는 제1항 또는 제2항에 따른 허가신청이나 제3항에 따른 신고가 있는 경우 다음의 사항에 관하여 검토한 후 허가 또는 신고수리 여부를 결정하고 허가신청인 또는 신고인에게 통보하여야 한다(제33조 제4항).

– 종전의 폐기물처리업자등이 이 법을 위반하여 발생하였으나 이행하지 아니한 법적 책임이 있는

---

161) 2010. 7. 23. 폐기물관리법이 개정되면서 경매 등으로 시설 등을 인수한 자도 인수 전의 권리·의무를 승계한다는 점이 비로소 명시되었는데, 이러한 개정 전의 법률 적용 당시에 경매로 인수하는 자의 경우 이러한 권리·의무의 승계는 법치행정의 원칙상 인정되지 않는다고 할 것이다(대법 2017. 10. 31. 선고 2017도9582 판결 참조).

지 여부 및 그 법적 책임 이행계획이 명확하고 합리적인지 여부
- 허가신청인 또는 신고인이 제26조에 따른 결격사유에 해당하는지 여부
- 허가신청인 또는 신고인이 허가 또는 신고의 대상이 된 영업 또는 시설을 계속하여 영위하거나 설치·운영하기 위한 환경부령으로 정하는 능력과 기준을 갖추고 있는지 여부

제1항 또는 제2항에 따라 권리·의무 승계가 이루어질 경우 종전의 폐기물처리업자등에 대한 허가·승인·등록 또는 신고는 그 효력을 잃는다. 다만, 종전 폐기물처리업자등의 이 법에 따른 의무 위반으로 인한 법적 책임은 권리·의무 승계에도 불구하고 소멸하지 아니한다(제33조 제8항). 이른바 '병존적 책임승계'를 인정하는 독특한 규정이다.


# IV. 폐기물처리업자 등에 대한 지도와 감독 등

## 1. 사업장폐기물 배출자에 대한 처리명령

환경부장관 또는 시·도지사는 사업장폐기물배출자가 제13조에 따른 폐기물의 처리 기준과 방법으로 정한 보관기간을 초과하여 폐기물을 보관하는 경우에는 사업장폐기물배출자에게 기간을 정하여 폐기물의 처리를 명할 수 있다(제39조의2 제1항).

환경부장관 또는 시·도지사는 제1항에 따라 사업장폐기물배출자에게 처리명령을 하였음에도 불구하고 처리되지 아니한 폐기물이 있으면 제17조 제8항 또는 제9항에 따라 권리와 의무를 승계한 자에게 기간을 정하여 폐기물의 처리를 명할 수 있다(제39조의2 제2항).


## 2. 폐기물처리업자·신고자에 대한 처리명령

### (1) 허가취소·영업정지의 경우

환경부장관 또는 시·도지사는 폐기물처리업자에 대하여 제27조에 따른 허가취소 또는 영업정지를 명하거나, 폐기물처리 신고자에 대하여 제46조 제7항에 따른 폐쇄명령 또는 처리금지명령을 하려는 경우에는 폐기물처리업자 또는 폐기물처리 신고자에게 기간을 정하여 보관하는 폐기물의 처리를 명하여야 한다(제39조의3).

## (2) 휴업·폐업 등의 경우

환경부장관 또는 시·도지사는 제40조1항에 따른 폐기물처리업자나 폐기물처리 신고자가 대통령령으로 정하는 기간(*법 시행령 제20조: 폐기물 종류에 따라 '15일', '3일~1달', '1달')을 초과하여 휴업을 하거나 폐업 등으로 조업을 중단(제27조에 따른 허가취소·영업정지 또는 제46조 제7항에 따른 폐쇄명령·처리금지명령에 따른 조업 중단은 제외한다.)하면 기간을 정하여 그 폐기물처리업자나 폐기물처리 신고자에게 그가 보관하고 있는 폐기물의 처리를 명할 수 있다(제40조 제2항). 허가취소 등의 경우를 제외하는 이유는 그것은 제39조의3에서 규정하고 있기 때문이며, 제재처분 경우의 기속규정인 제39조의3과 자발적 조업중단 경우의 재량규정인 제40조 제2항이 입법적으로 구분되어 있다.

## (3) 폐기물처리업자·신고자의 승계인에 대한 처리명령

환경부장관 또는 시·도지사는 제40조 제2항 또는 제39조의3에 따라 폐기물처리업자나 폐기물처리 신고자에게 처리명령을 하였음에도 불구하고 처리되지 아니한 폐기물이 있으면 제33조 제1항부터 제3항까지에 따라 권리·의무를 승계한 자에게 기간을 정하여 폐기물의 처리를 명할 수 있다(제40조 제3항).

## (4) 폐기물처리 공제조합에 대한 처리명령 등

### 1) 폐기물처리 공제조합 또는 보증보험

사업장폐기물을 대상으로 하는 폐기물처리업자와 폐기물처리 신고자는 폐기물의 방치를 방지하기 위하여 제25조 제3항에 따른 허가를 받거나 제46조 제1항에 따른 신고를 한 후 영업 시작 전까지 '폐기물처리 공제조합에 분담금 납부' 또는 '폐기물처리 보증보험 가입'을 하여야 한다. 다만, 폐기물처리 신고자 중 폐기물 방치 가능성 등을 고려하여 환경부령으로 정하는 자는 그러하지 아니하다(제40조 제1항).

폐기물처리 공제조합은 ① 조합원의 방치폐기물을 처리하기 위한 공제사업, ② 조합원의 폐기물 처리사업에 필요한 입찰보증·계약이행보증·선급금보증 업무를 한다. 다만, 생활폐기물을 처리 대상으로 하는 폐기물처리업자와 폐기물처리 신고자가 설립하는 조합은 ②의 업무만 수행할 수 있다(제42조).

### 2) 폐기물처리 공제조합에 대한 처리명령 등

환경부장관 또는 시·도지사는 제40조 제2항 또는 제3항에 따른 명령을 받은 자가 그 명령을 이행하지 아니하면 그가 보관하고 있는 폐기물("방치폐기물")의 처리에 관하여 폐기물처리 공제조합에 분담금을 낸 경우에는 폐기물처리 공제조합에 대한 방치폐기물의 처리 명령, 그리고 폐기물 처리보험에 가입한 경우 방치폐기물의 처리와 보험사업자에게서 보험금을 수령할 수 있다(제40조 제4항). 이때 폐기물처리공제조합의 조합원이 방치한 폐기물이면 그 종류 여하를 불문하고 공제조합이 이를 먼저 처리한 후 폐기물을 방치한 조합원에게 그 비용을 구상할 수 있으므로 공제조합에게 조합원의 영업대상폐기물이 아닌 방치폐기물에 대하여도 방치폐기물 처리명령을 할 수 있다고 보아야 한다(대법 2006. 5. 26. 선고 2004두4574 판결).

### 3) 폐기물처리 공제조합 처리책임의 한도

환경부장관 또는 시·도지사가 폐기물처리공제조합에 방치폐기물의 처리를 명할 때에는 처리량과 처리기간에 대하여 대통령령(시행령 제23조, 폐기물처리업자의 폐기물 허용보관량의 1.5배 이내, 폐기물처리 신고자의 폐기물 보관량의 1.5배 이내)으로 정하는 범위 안에서 할 수 있도록 명하여야 한다(제40조 제11항). 종래 폐기물처리공제조합에 명할 수 있는 방치폐기물의 처리량에 대하여 다툼이 있었으나 판례는 공제조합이 처리할 방치폐기물의 범위가 다른 방치폐기물 처리이행제도의 책임제한 한도인 허용보관량의 1.5배 이내의 폐기물로 한정된다고 보았는데(대법 2006. 5. 26. 선고 2004두4574 판결 참조), 이를 현행 법시행령 제23조는 명문으로 정하고 있다.

### 4) 폐기물처리 공제조합의 구상권 행사

폐기물처리 공제조합은 폐기물처리업자 또는 폐기물처리 신고자로부터 납부받은 분담금을 초과하여 폐기물을 처리한 경우에는 초과비용에 대하여 폐기물처리업자, 폐기물처리 신고자 또는 제33조 제1항부터 제3항까지에 따른 권리·의무를 승계한 자에게 구상권을 행사할 수 있다(제40조 제12항).

## V. 기타 (보칙)

### 1. 폐기물처리 신고

다음 어느 하나에 해당하는 자는 환경부령으로 정하는 기준에 따른 시설·장비를 갖추어 시·도지사에게 신고하여야 한다(제46조 제1항).

- 동·식물성 잔재물 등의 폐기물을 자신의 농경지에 퇴비로 사용하는 등의 방법으로 재활용하는 자로서 환경부령으로 정하는 자
- 폐지, 고철 등 환경부령으로 정하는 폐기물을 수집·운반하거나 환경부령으로 정하는 방법으로 재활용하는 자로서 사업장 규모 등이 환경부령으로 정하는 기준에 해당하는 자
- 폐타이어, 폐가전제품 등 환경부령으로 정하는 폐기물을 수집·운반하는 자

제46조 제1항에 따라 신고한 업자인 '폐기물처리 신고자'는 폐기물관리법 전체에 걸쳐 규정되어 있는(제14조 제3항·제4항, 제15조의2 제3항, 제18조 제1항, 제25조 제1항, 제33조 제1항, 제36조 제1항, 제37조 제1항·제4항, 제38조 제1항, 제39조 제1항, 제39조의3, 제40조, 제41조, 제42조) 중요한 개념이다.

폐기물처리 신고자는 제25조 제3항에 따른 폐기물 수집·운반업의 허가를 받지 아니하거나 제1항 제2호에 따른 신고를 하지 아니하고 그 재활용 대상 폐기물을 스스로 수집·운반할 수 있다(제46조 제5항).

폐기물처리 신고자는 신고한 폐기물처리 방법에 따라 폐기물을 처리하는 등 환경부령으로 정하는 준수사항을 지켜야 하며(제46조 제6항), 시·도지사는 폐기물처리 신고자가 준수사항을 지키지 아니한 경우 등에 해당하면 그 시설의 폐쇄를 명령하거나 6개월 이내의 기간을 정하여 폐기물의 반입금지 등 폐기물처리의 금지("처리금지")를 명령할 수 있고(제46조 제7항), 대통령령으로 정하는 바에 따라 그 처리금지를 갈음하여 2천만원 이하의 과징금을 부과할 수도 있다(제46조의2 참조).

### 2. 폐기물의 회수 조치, 폐기물의 반입정지명령

사업자는 제품의 제조·가공·수입 또는 판매 등을 할 때에 그 제조·가공·수입 또는 판매 등에 사용되는 재료·용기·제품 등이 폐기물이 되는 경우 그 회수와 처리가 쉽도록

하여야 하며(제47조 제1항), 환경부장관 또는 시·도지사는 폐기물처리업자의 보관용량, 처리실적, 처리능력 등 환경부령으로 정하는 기준을 초과하여 폐기물을 보관하는 경우에는 폐기물처리업자에게 폐기물의 반입정지를 명할 수 있다. 다만, 재난폐기물(재난 및 안전관리 기본법에 따른 재난으로 인하여 발생한 폐기물)의 처리 등 환경부령으로 정하는 사유에 해당하는 경우에는 그러하지 아니하다(제47조의2 제1항).

## 3. 폐기물 처리에 대한 조치명령 등

### (1) 조치명령대상자

환경부장관, 시·도지사 또는 시장·군수·구청장은 부적정처리폐기물(제13조에 따른 폐기물의 처리 기준과 방법 또는 제13조의2에 따른 폐기물의 재활용 원칙 및 준수사항에 맞지 아니하게 처리되거나 제8조 제1항 또는 제2항을 위반하여 버려지거나 매립되는 폐기물)이 발생하면 다음의 어느 하나에 해당하는 자("조치명령대상자")에게 기간을 정하여 폐기물의 처리방법 변경, 폐기물의 처리 또는 반입 정지 등 필요한 조치를 명할 수 있다(제48조 제1항).[162]
- 부적정처리폐기물을 발생시킨 자(1호)
- 부적정처리폐기물이 처리된 폐기물처리시설의 설치 또는 운영을 제5조 제2항에 따른 수탁자에게 위탁한 자(2호)
- 부적정처리폐기물의 처리를 제15조의2 제3항 또는 제18조 제1항에 따라 위탁한 음식물류 폐기물 배출자 또는 사업장폐기물배출자. 다만, 폐기물의 처리를 위탁한 자가 제15조의2 제3항·제5항, 제17조 제1항 제3호 또는 제18조의2 제3항에 따른 의무를 위반하거나 그 밖의 귀책사유가 있다고 인정되는 경우로 한정한다(3호).
- 부적정처리폐기물의 발생부터 최종처분에 이르기까지 배출, 수집·운반, 보관, 재활용 및 처분과정에 관여한 자(4호)
- 부적정처리폐기물과 관련하여 제18조 제3항을 위반하여 폐기물 인계·인수에 관한 사항과 폐기물처리현장정보를 전자정보처리프로그램에 입력하지 아니하거나 거짓으로 입력한 자(5호)
- 제1호부터 제5호까지의 규정 중 어느 하나에 해당하는 자에 대하여 부적정처리폐기물의 발생원인이 된 행위를 할 것을 요구·의뢰·교사한 자 또는 그 행위에 협력한 자(6호)
- 제1호부터 제6호까지의 사업장폐기물배출자에 대하여 제17조 제8항 또는 제9항에 따라 권리·

---

162) 2019. 11. 26. 폐기물관리법 제48조의 개정(2020. 5. 27. 시행)으로 종래 3유형의 조치명령대상자가 9유형으로 확대개편되었다. 이에 대한 상세한 (비판적) 검토에 대해서는 김현준, "폐기물조치명령 및 폐기물처리책임 - 2019년 개정된 폐기물관리법 제48조의 평가 및 해석 -", 환경법연구 44-1, 2022, 1-31쪽 참조.

의무를 승계한 자(7호)

- 제1호부터 제6호까지의 폐기물처리업자, 폐기물처리시설의 설치자 또는 폐기물처리 신고자에 대하여 제33조 제1항부터 제3항까지에 따라 권리·의무를 승계한 자(8호)
- 부적정처리폐기물을 직접 처리하거나 다른 사람에게 자기 소유의 토지 사용을 허용한 경우 부적정처리폐기물이 버려지거나 매립된 토지의 소유자(9호)

　환경부장관, 시·도지사 또는 시장·군수·구청장이 조치명령대상자 또는 조치명령의 범위를 결정하기 위하여 필요한 경우에는 제48조의3에 따른 폐기물처리자문위원회에 자문할 수 있다(제48조 제2항). 제1항에 따라 조치명령을 받은 자가 자기의 비용으로 조치명령을 이행한 경우에는 동일한 사유로 조치명령을 받은 자의 부담부분에 관하여 구상권을 행사할 수 있다(제48조 제3항). 환경부장관, 시·도지사 또는 시장·군수·구청장은 제48조 제1항 제1호부터 제8호까지의 규정 중 어느 하나에 해당하는 자가 폐기물을 부적정 처리함으로써 얻은 부적정처리이익(부적정 처리함으로써 지출하지 아니하게 된 해당 폐기물의 적정 처리비용 상당액)의 3배 이하에 해당하는 금액과 폐기물의 제거 및 원상회복에 드는 비용을 과징금으로 부과할 수 있다(제48조의5 제5항). 이러한 과징금은 제재(징벌)적 성격의 과징금이라 할 수 있다.

### (2) 제9호의 토지소유자의 상태책임

　제9호의 '토지의 소유자'가 조치명령대상자가 되는 근거에 대해서는 다투어진다.

　이에 대하여 부산고법 2003. 10. 24. 선고 2003누2731 판결은 '다른 사람에게 자기 소유의 토지 사용을 허용한 경우 폐기물이 버려지거나 매립된 토지의 소유자'란 그 법문의 해석상 용도를 불문하고 타인에게 자신의 토지의 사용을 허용한 경우를 모두 포함한다고 해석함이 상당하고, 달리 이를 폐기물의 투기나 매립을 위한 토지사용을 허용한 소유자에 한정되는 것으로 해석할 아무런 근거가 없다고 보았다. 헌재 2010. 5. 27. 선고 2007헌바53 결정에서 전원재판부는 "다른 사람에게 자기 소유의 토지 사용을 허용한 경우"에 관한 부분이 헌법상 재산권을 침해하지 않는다고 판시했다. 이는 후술하는 토양정화책임자에 토지소유자가 포함되는 것처럼(토양환경보전법 제10조의4 제1항 제4호), 위험을 발생시키는 법률상·사실상 물건에 대한 지배(Sachherschaft)가 책임귀속의 근거가 되는 상태책임으로 이해해야 할 것이다.[163]

---

163) 상태책임에 대한 상세는 김현준, "경찰법상 상태책임", 토지공법연구 22, 2004, 363－381쪽.

## (3) 제48조와 제8조 제3항의 관계

폐기물관리법 제8조 제3항에 따른 조치명령과 폐기물관리법 제48조에 따른 조치명령은 규율의 대상, 처분의 상대방과 요건, 위반 시의 효과 등이 서로 다른 별개의 제도이다.[164] 따라서 시장 등은 폐기물관리법 제48조에 따른 폐기물처리에 대한 조치명령과는 별도로 폐기물관리법 제8조 제3항 및 그 위임에 따른 조례에 의하여 그에 상응하는 '필요한 조치'로서 폐기물 제거 조치명령을 할 수 있다(대법 2020. 6. 25. 선고 2019두39048 판결).

## 4. 의견제출 및 대집행

### (1) 사전통지·의견제출의 특칙

환경부장관, 시·도지사 또는 시장·군수·구청장은 제39조의2, 제39조의3, 제40조 제2항, 제3항, 제47조의2 또는 제48조에 따른 명령을 하려면 미리 그 명령을 받을 자에게 그 이유를 알려 의견을 제출할 기회를 주어야 한다. 다만, 상수원 보호 등 환경 보전상 긴급히 하여야 하는 경우에는 그러하지 아니하다(제48조의2).

제39조의2, 제39조의3, 제40조 제2항, 제3항, 제47조의2 또는 제48조에 따른 명령은 이른바 '불이익처분'으로서 행정절차법 제21조에 따른 사전통지 및 동법 제22조에 따른 의견제출의 절차가 적용됨은 물론이다. 이러한 행정절차법의 규정에도 불구하고, 제48조의2는 사전통지·의견제출에 관한 규정을 두고 있다. 생각건대, 제48조의2의 의미는 오히려 단서부분에 있다고 할 것이다. 즉 상수원 보호 등 환경 보전상 긴급히 하여야 하는 경우 이러한 행정절차가 생략될 수 있다는 점에 규정을 둔 실익이 있다고 할 것이며, 행정상대방의 절차적 권리가 부당하게 침해되지 않도록 이 단서규정은 엄격하게 해석해야 할 것이다.

---

164) 폐기물관리법 제8조 제3항에 따른 조치명령은 제7조 제2항에서 정한 토지나 건물의 소유자·점유자 또는 관리자의 청결유지의무 이행을 확보하기 위한 수단으로서, 이를 위반하면 폐기물관리법 제68조 제3항 제2호에 따라 100만 원 이하의 과태료를 부과한다. 반면, 폐기물관리법 제48조에 따른 조치명령은 제8조 제1항에서 정한 폐기물 무단투기금지 등 폐기물관리법에서 정한 폐기물의 처리 기준·방법이 준수되도록 하기 위한 수단으로서 이를 위반하면 폐기물관리법 제65조 제23호에 따라 3년 이하의 징역이나 3천만 원 이하의 벌금에 처한다(대법 2020. 6. 25. 선고 2019두39048 판결).

## (2) 대집행 및 비용징수의 특칙

환경부장관, 시·도지사 또는 시장·군수·구청장(대집행기관)은 제39조의2, 제39조의3, 제40조 제2항, 제3항 또는 제48조에 따른 명령을 받은 자가 그 명령을 이행하지 아니하면 「행정대집행법」에 따라 대집행을 하고 그 비용을 징수할 수 있다(제49조 제1항). 이러한 통상적인 대집행 및 비용징수의 절차는 폐기물관리법에서 일정한 경우 특칙이 인정된다.

첫째, 이른바 '즉시 대집행'의 특칙이다.[165] 통상적인 행정강제로서 대집행을 하기 위해서는 의무이행명령 및 의무불이행이 앞서 존재해야 한다. 그러나, 대집행기관은 제1항에도 불구하고 아래의 어느 하나에 해당하는 경우에 제39조의2, 제39조의3, 제40조 제2항, 제3항 또는 제48조에 따른 명령을 내리지 아니하고 대집행을 할 수 있다. 이 경우 대집행기관은 제39조의2, 제39조의3, 제40조 제2항, 제3항 또는 제48조에 따른 명령대상자(제1호의 경우에는 대집행절차 도중 또는 완료 이후에 확인된 명령대상자를 말한다)로부터 행정대집행법에 따라 비용을 징수할 수 있다(제49조 제2항). 이는 대집행이라기보다 행정상 즉시강제에 가까운 것이라고 볼 수 있다.

- 제39조의2, 제39조의3, 제40조 제2항, 제3항 또는 제48조에 따른 명령대상자를 대집행기관이 확인할 수 없는 경우
- 제39조의2, 제39조의3, 제40조 제2항, 제3항 또는 제48조에 따른 명령대상자를 대집행기관이 확인하였으나 명령을 이행할 능력이 없다고 인정되는 경우
- 대집행기관이 침출수 누출, 화재 발생 등으로 주민의 건강 또는 주변 환경에 심각한 위해를 끼칠 우려가 있는 등 명령의 내용이 되는 조치의 전부 또는 일부를 긴급하게 실시하여야 할 필요가 있는 경우

둘째, 대집행비용 징수 확보의 특칙으로서 대집행비용 징수 확보를 위한 '확정전 보전압류'의 성격을 가지는 제도를 두고 있다. 즉, 대집행기관은 제39조의2, 제39조의3, 제40조 제2항, 제3항 또는 제48조에 따른 명령을 내린 경우 또는 제1항 및 제2항의 대집행절

---

165) 행정대집행은 의무자가 명령을 이행하지 아니하는 경우, 그 불이행을 방치함이 심히 공익을 해할 것으로 인정될 때 주어진다(행정대집행법 제2조 참조). 개별법도 원칙적으로 이러한 행정대집행법과 마찬가지의 요건을 규정해야 하지만, 개별법상 다음과 같이 특칙이 주어지는 경우도 있다. ① 약식(略式)대집행이다. 명령대상자를 특정할 수 없는 경우로서 그에 대한 과실이 없는 경우이다. ② 완화(緩和)대집행이다. '심히 공익을 해할 것으로 인정될 때'라는 요건을 생략하여 보다 빨리 대집행이 가능하게 하는 것이다. ③ 특별긴급(特別緊急)대집행이다. 긴급하여 명령을 할 시간적 여유가 없는 경우이다(이상 3유형의 대집행에 관해서는 北村喜宣, 環境法, 弘文堂, 2020, 184-185頁). 2019. 11. 26. 개정된(2020. 5. 27. 시행) 폐기물관리법 제49조 제2항은 이러한 ①, ②, ③의 특칙을 모두 담고 있는 규정이다.

차가 개시된 경우 징수권을 보전하기 위하여 법원에 재산조회, 가압류 신청을 하는 등 필요한 조치를 취할 수 있다(제49조 제3항). 생각건대, 이는 대집행비용 확보의 편의를 위한 불가피한 조치로 도입된 제도이지만, 국세징수법, 지방세기본법에서 예외적으로 인정되는 보전압류방식을 행정청의 대집행 '비용'의 확보를 위하여 이용한다는 것은 국민의 재산권과 관련하여 비례원칙의 위배 여지가 있다.[166]

셋째, 제1항 또는 제2항에 따라 대집행을 실시한 대집행기관은 제48조 제1항 제1호에 해당하는 자가 폐기물처리업자 또는 폐기물처리 신고자로 확인된 경우 그 폐기물처리업자 또는 폐기물처리 신고자를 관할하는 행정기관에 대집행에 소요된 비용을 청구할 수 있다. 이 경우 비용을 청구받은 행정기관은 조치명령대상자에게 비용을 징수할 수 있다(제49조 제4항). 이는 행정청이 막대한 대집행비용을 우려한 나머지 적극적으로 대집행에 나서지 않는 상황을 방지하기 위한 것이다. 따라서 대집행 비용징수의 책임이 있는 행정기관이 비용의 최종책임자가 되도록 하기 위해 마련한 규정인데, 제48조 제1항 제1호에 해당하는 자가 처리업자나 신고자로 확인된 경우에만 적용되어 그 효과가 제한된 면이 있고, 비용징수 책임이 있는 기관이 반드시 비용의 최종책임자가 되는 근거에 대해서는 명확하지 않은 면도 있다.


## 5. 폐기물처리시설의 사후관리 등

제29조 제2항에 따른 설치승인을 받거나 설치신고를 한 후 폐기물처리시설을 설치한 자(제25조에 따라 폐기물처리업의 허가를 받은 자 포함)는 그가 설치한 폐기물처리시설의 사용을 끝내거나 폐쇄하려면 환경부령으로 정하는 바에 따라 환경부장관에게 신고하여야 한다. 이 경우 폐기물을 매립하는 시설의 사용을 끝내거나 시설을 폐쇄하려면 제30조 제1항에 따른 검사기관으로부터 환경부령으로 정하는 검사에서 적합 판정을 받아야 한다(제50조 제1항). 환경부장관은 제1항에 따른 검사 결과 부적합 판정을 받은 경우에는 그 시설을 설치·운영하는 자에게 환경부령으로 정하는 바에 따라 기간을 정하여 그 시설의 개선을 명할 수 있다(제50조 제2항).

다음의 어느 하나에 해당하는 자는 그 시설로 인한 주민의 건강·재산 또는 주변환경의 피해를 방지하기 위하여 환경부령으로 정하는 바에 따라 침출수 처리시설을 설치·가동하는 등의 사후관리를 하여야 한다(제50조 제3항).

---

166) 국세징수법상 보전압류제도에 대해서도 재산권 침해 등의 문제가 제기됨도 주목된다. 황남석, "확정 전 보전압류에 관한 소고", 법조 통권 678호, 2013, 97쪽 이하.

- 제1항에 따라 신고를 한 자 중 대통령령으로 정하는 폐기물을 매립하는 시설을 사용종료하거나 폐쇄한 자(1호)
- 대통령령으로 정하는 폐기물을 매립하는 시설을 사용하면서 제31조 제5항에 따라 폐쇄명령을 받은 자(2호)

제3항에 따라 사후관리를 하여야 하는 자는 적절한 사후관리가 이루어지고 있는지에 관하여 제30조 제1항에 따른 검사기관으로부터 환경부령으로 정하는 정기검사를 받아야 한다. 이 경우 「환경기술 및 환경산업 지원법」 제13조에 따른 기술진단을 받으면 정기검사를 받은 것으로 본다(제50조 제4항).

환경부장관은 제3항에 따라 사후관리를 하여야 하는 자가 이를 제대로 하지 아니하거나 제4항에 따른 정기검사 결과 부적합 판정을 받은 경우에는 환경부령으로 정하는 바에 따라 기간을 정하여 시정을 명할 수 있다(제50조 제5항). 환경부장관은 제5항에 따른 명령을 받고도 그 기간에 시정하지 아니하면 대통령령으로 정하는 자에게 대행하게 하고 제51조 및 제52조에 따라 낸 사후관리이행보증금·이행보증보험금 또는 사후관리이행보증금의 사전적립금("사후관리이행보증금등")을 그 비용으로 사용할 수 있다. 이 경우 그 비용이 사후관리이행보증금등을 초과하면 그 초과 금액을 그 명령을 받은 자로부터 징수할 수 있다(제50조 제6항).

## 6. 폐기물처리시설 사후관리이행보증금

환경부장관은 사후관리 대상인 폐기물을 매립하는 시설이 그 사용종료 또는 폐쇄 후 침출수의 누출 등으로 주민의 건강 또는 재산이나 주변환경에 심각한 위해를 가져올 우려가 있다고 인정하면 그 시설을 설치한 자에게 그 사용종료(폐쇄 포함) 및 사후관리("사후관리등")의 이행을 보증하게 하기 위하여 사후관리등에 드는 비용의 전부를 「환경정책기본법」에 따른 환경개선특별회계에 예치하게 할 수 있다(제51조 제1항 참조).

환경부장관은 대통령령으로 정하는 폐기물을 매립하는 시설을 설치하는 자에게 그 시설의 사후관리등에 드는 비용의 전부를 매립하는 폐기물의 양이 허가·변경허가 또는 승인·변경승인을 받은 처분용량의 100분의 50을 초과하기 전에 「환경정책기본법」에 따른 환경개선특별회계에 사전 적립하게 할 수 있다. 다만, 다음의 어느 하나에 해당하면 사후관리이행보증금 사전적립금의 예치를 갈음하게 할 수 있다(제52조 제1항 참조).

## 7. 사용종료 또는 폐쇄 후의 토지 이용 제한 등

환경부장관은 사후관리 대상인 폐기물을 매립하는 시설의 사용이 끝나거나 시설이 폐쇄된 후 침출수의 누출, 제방의 유실 등으로 주민의 건강 또는 재산이나 주변환경에 심각한 위해를 가져올 우려가 있다고 인정되면 그 시설이 있는 토지의 소유권 또는 소유권 외의 권리를 가지고 있는 자에게 대통령령으로 정하는 기간(*시행령 제35조 제1항: 폐기물매립시설의 사용이 종료되거나 그 시설이 폐쇄된 날부터 30년 이내)에 그 토지 이용을 수목(樹木)의 식재(植栽), 초지(草地)의 조성 또는 공원시설, 체육시설, 문화시설, 신·재생에너지 설비의 설치에 한정하도록 그 용도를 제한할 수 있다(제54조 참조).

## 8. 폐기물 처리사업의 조정

환경부장관 또는 시·도지사는 제4조 제2항 또는 제4항에 따라 지방자치단체 간의 폐기물 처리사업을 조정할 때에 폐기물매립시설 등 폐기물처리시설을 공동으로 사용할 필요가 있으면 공동으로 사용하게 하고, 그 시설이 설치된 지역의 생활환경 보전과 개선을 위하여 필요한 지원대책을 마련하도록 관련 지방자치단체에 요구할 수 있다. 이 경우 관련 지방자치단체는 특별한 사유가 없으면 그 요구에 따라야 한다(제55조 제1항).

# 제6절 토양환경보전법

# I. 총설

## 1. 토양환경보전법의 목적 및 적용범위

토양환경보전법은 토양오염으로 인한 국민건강 및 환경상의 위해를 예방하고, 오염된 토양을 정화하는 등 토양을 적정하게 관리·보전함으로써 토양생태계를 보전하고, 자원으로서의 토양가치를 높이며, 모든 국민이 건강하고 쾌적한 삶을 누릴 수 있게 함을 목적으로 한다(제1조).

　동법은 방사성물질에 의한 토양오염 및 그 방지에 관하여는 적용하지 아니하며(제3조 제1항), 오염된 농지를 농지법 제21조에 따른 토양의 개량사업으로 정화하는 경우에는 제15조의3 및 제15조의6을 적용하지 아니한다(제3조 제2항). 그리고 기름유출 등으로 인한 주한 미군기지의 토양오염이 우리나라에서 심각한 문제가 되고 있지만, 이에 관한 한미주둔군지위협정(SOFA)에 따라 국내법이 적용되지 않아 토양환경보전법의 적용범위에서 제외된다는 문제점도 있다.

## 2. 토양환경보전법의 체계

　토양환경보전법은 6개의 장으로 되어 있는데, 주로 제1장, 제2장에 포함된 사항들이 문제된다. 제3장에 규정된 대책기준을 넘는 토양오염이 발생하는 경우도 있지만, 개별·구체적인 행정처분을 통한 정화명령 등은 대체로 대책기준의 1/3 수준인 우려기준 단계에서 이루어지기 때문에 그에 관한 제2장의 규정에서 자주 문제가 되고 있다.

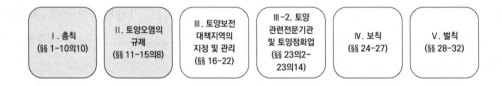

　토양정화명령 등 행정처분의 단초는 우려기준(제4조의2)의 초과이다. 우려기준 초과의 경우에 누구에게 토양정화등의 처분을 할 것인지에 관한 '오염토양의 정화책임 등'이라는 표제의 제10조의4는 이 법의 핵심규정이다. 여기서의 정화책임자에 해당하는지 여부에 따라 때론 수십억, 수백억 이상의 비용이 드는 토양정화책임 등을 지게 된다. 제10조의4의 정화책임자에게 명하는 처분(정화명령, 정밀조사 등)의 근거는 제11조 제3항, 제14조 제1항, 제15조 제1항·제3항이다. 이와 같이 토양환경보전법상 토양정화책임은 처분대상자(제10조의4)와 처분의 발동근거(제11조 제3항 등)가 별도로 규정되어 있는 점에서 양자가 함께 규정되어 있는 폐기물관리법상 폐기물처리책임(동법 제49조)과 구분된다.

　이러한 규정들은 제1장과 제2장에 집중되어 있다. 제3장의 제19조 제1항 역시 처분의 근거가 되지만, 이는 대책기준 초과의 경우에 내리는 처분이다. 제1장, 제2장이 중요하다는 의미는 자주 문제가 된다는 것이고, 대책기준·대책지역 지정 등에 관한 제3장의 규율은 우려기준위반의 약 3배 정도가 되는 더 높은 단계의 토양오염에 관한 것으로 환경보호 차원에선 더 심각한 문제에 관한 규율임은 물론이다.

## 3. 토양환경보전법상 민사책임과 공법상 책임

손해배상책임과 토양정화책임 중 전자의 책임은 민사책임으로 이해되지만, 후자의 책임은 민사책임이 아니라, 다음과 같은 이유에서 공법상 책임이다.[167]

첫째, 사법(私法)은 법체계 중에서 개인의 결정에 맡겨진 영역이며, 사법세계는 개인주의·자유주의를 기조로 하는 것인데, 정화책임을 민사책임인 일종의 특수한 불법행위책임의 한 형태로서 파악할 경우 가령 자기 소유토지에 오염을 유발한 자에 대해서는 어떻게 할 것이며, 토지소유자인 오염피해자가 토양정화 대신 금전배상만으로 만족하려는 경우 이를 허용할 것인가 하는 곤란한 문제가 생길 수 있다.

둘째, 토양오염이라는 사실은 그 자체가 이미 공공의 안녕과 질서에 대한 위험이라는 성격을 가진다. 토양정화책임은 개인주의·자유주의를 바탕으로 하는 사법이 추구하는 영역을 넘어 공익이 문제되는 영역임을 제1조의 목적조항에서도 알 수 있다.

셋째, 토양정화책임은 이 법에 따른 행정처분(제11조 제3항, 제14조 제1항, 제15조 제3항)과 연계되어 있다는 점에서 사법(私法)적 성격이 아니라, 공법적 성격을 가진다는 점을 알 수 있다.

넷째, 오염된 토양을 정화하는 법의 취지는 위험을 방지 혹은 제거하는 데 있지, 개인의 이익조절에 있지 않다. 따라서 오염된 토양에 관한 책임문제에 있어서는 그 위험을 방어 내지는 제거하는 데 주안점을 두어야 하므로, 토양정화책임을 공법적으로 파악할 필요가 있다. 여기서 공법적 책임이라 함은 강학상 위험방어책임 내지 경찰책임을 뜻한다. 경찰책임으로 파악할 경우 토양정화책임이 가지는 여러 문제를 가장 효율적으로 해결할 수 있고, 제10조의4의 규정을 비롯한 토양정화관련 법규정들을 보다 논리적으로 해석할 수 있다.

---

167) 상세는 김현준, "土壤淨化責任", 공법연구 34-2, 2005, 187-211; 김현준, "토양환경보전법 제10조의3에서의 정화책임", 법률신문(2006.1.12.) 참조. 여기서 토양정화책임을 행위책임, 상태책임, 승계책임 등으로 분류하고, '오염원인자'를 '정화책임자'로 개정해야 한다는 등의 제언을 한 바 있는데, 이는 2012년 헌법불합치결정 이후 개정된 토양환경보전법에 반영되어 있다.

## 4. 토양오염의 우려기준과 대책기준

사람의 건강·재산이나 동물·식물의 생육에 지장을 줄 우려가 있는 토양오염의 기준("우려기준")은 환경부령(*시행규칙 제1조의5 별표 3)으로 정한다(제4조의2).

토양오염 우려기준의 약 3배 수준이 되는, 보다 심각한 오염수준을 나타내는 것으로 토양오염 대책기준이 있다. 대책기준이란 우려기준을 초과하여 사람의 건강 및 재산과 동물·식물의 생육에 지장을 주어서 토양오염에 대한 대책이 필요한 토양오염의 기준으로 환경부령(*시행규칙 제20조 별표7)으로 정하는 것이다(제16조).

조사를 한 결과 오염도가 우려기준을 넘는 토양을 '오염토양'이라 하며, 토양환경보전법상 규제는 주로 이 우려기준을 척도로 이루어진다(제5조 제4항, 제6조의3 제1항, 제10조의2 제2항, 제11조 제3항, 제14조 제1항, 제15조 제3항·제6항, 제15조의4, 제15조의8 제1항). 제16조의 대책기준이 초과되는 경우 대책지역(제17조), 대책계획(제18조) 등의 조치가 이루어질 수 있다.

## 5. 토양환경평가

'토양오염관리대상시설', '공장', '국방·군사시설'이 설치되어 있거나 설치되어 있었던 부지, 그 밖에 토양오염의 우려가 있는 토지를 양도·양수(경매·환가·압류재산 매각 및 이에 준하는 인수 포함) 또는 임대·임차하는 경우에 양도인·양수인·임대인 또는 임차인은 해당 부지와 그 주변지역, 그 밖에 토양오염의 우려가 있는 토지에 대하여 토양환경평가기관으로부터 토양오염에 관한 평가("토양환경평가")를 받을 수 있다(제10조의2 제1항).

위의 시설이 설치되어 있거나 설치되어 있었던 부지, 그 밖에 토양오염의 우려가 있는 토지를 양수한 자가 양수 당시 토양환경평가를 받고 그 부지 또는 토지의 오염 정도가 우려기준 이하인 것을 확인한 경우에는 토양오염 사실에 대하여 선의이며 과실이 없는 것으로 추정한다(제10조의2 제2항). 토양환경평가의 의무를 규정한 것이 아니어서 동 규정의 실익이 문제될 수 있는데, 이는 실질적으로 제10조의2 제2항에 따른 선의·무과실 추정을 받기 위한 절차로서의 의미가 있다.

## II. 토양오염에 대한 무과실책임과 정화책임자

### 1. 토양오염의 피해에 대한 무과실책임 등

토양오염으로 인하여 피해가 발생한 경우 그 오염을 발생시킨 자는 그 피해를 배상하고 오염된 토양을 정화하는 등의 조치를 하여야 한다. 다만, 토양오염이 천재지변이나 전쟁, 그 밖의 불가항력으로 인하여 발생하였을 때에는 그러하지 아니하다(제10조의3 제1항). 토양오염을 발생시킨 자가 둘 이상인 경우에 어느 자에 의하여 제1항의 피해가 발생한 것인지를 알 수 없을 때에는 각자가 연대하여 배상하고 오염된 토양을 정화하는 등의 조치를 하여야 한다(제10조의3 제2항).

제10조의4에 따른 토양정화책임의 법적 성질은 공법상 (경찰)책임임에 비하여, 제10조의3에 따른 무과실책임은 민사법상 책임에 관한 것으로 보고 있다. 그러나 환경정책기본법(제44조 제1항)에서 민사법상 환경책임에 관하여 무과실책임을 규정하고 있기 때문에, 토양환경보전법에서 민사법상 무과실책임을 별도로 규정할 실익이 있는지는 의문스럽다.

민사법상 책임과 관련하여, 순차적으로 토지의 양도가 이루어지는 경우 이른바 전전양도인의 불법행위책임이 문제가 되는데, 헌법 제35조 제1항, 토양환경보전법, 폐기물관리법 등의 공법적 규정을 함께 근거로 들어 전전양도인의 불법행위책임을 인정하고 있는 대법원 2016. 5. 19. 선고 2009다66549 전원합의체 판결[168])에서는 '공법의 사법으로의 침투' 현상을 볼 수 있다.

---

168) "헌법 제35조 제1항, 구 환경정책기본법(2011. 7. 21. 법률 제10893호로 전부 개정되기 전의 것), 구 토양환경보전법(2011. 4. 5. 법률 제10551호로 개정되기 전의 것, 이하 같다) 및 구 폐기물관리법(2007. 1. 19. 법률 제8260호로 개정되기 전의 것)의 취지와 아울러 토양오염원인자의 피해배상의무 및 오염토양 정화의무, 폐기물 처리의무 등에 관한 관련 규정들과 법리에 비추어 보면, 토지의 소유자라 하더라도 토양오염물질을 토양에 누출·유출하거나 투기·방치함으로써 토양오염을 유발하였음에도 오염토양을 정화하지 않은 상태에서 오염토양이 포함된 토지를 거래에 제공함으로써 유통되게 하거나, 토지에 폐기물을 불법으로 매립하였음에도 처리하지 않은 상태에서 토지를 거래에 제공하는 등으로 유통되게 하였다면, 다른 특별한 사정이 없는 한 이는 거래의 상대방 및 토지를 전전 취득한 현재의 토지 소유자에 대한 위법행위로서 불법행위가 성립할 수 있다. 그리고 토지를 매수한 현재의 토지 소유자가 오염토양 또는 폐기물이 매립되어 있는 지하까지 토지를 개발·사용하게 된 경우 등과 같이 자신의 토지소유권을 완전하게 행사하기 위하여 오염토양 정화비용이나 폐기물 처리비용을 지출하였거나 지출해야만 하는 상황에 이르렀다거나 구 토양환경보전법에 의하여 관할 행정관청으로부터 조치명령 등을 받음에 따라 마찬가지의 상황에 이르렀다면 위법행위로 인하여 오염토양 정화비용 또는 폐기물 처리비용의 지출이라는 손해의 결과가 현실적으로 발생하였으므로, 토양오염을 유발하거나 폐기물을 매립한 종전 토지 소유자는 오염토양 정화비용 또는 폐기물 처리비용 상당의 손해에 대하여 불법행위자로서 손해배상책임을 진다."

## 2. 오염토양의 정화책임자

오염토양의 정화책임자에 관한 구 토양환경보전법에 대한 2012년 헌법재판소의 헌법불합치결정[169]에 따라 2014. 3. 24. 개정된 조문인 제10조의4는 토양환경보전법 전체에서 가장 중요한 의미를 가지는 조문이다.[170] 과잉금지원칙, 신뢰보호원칙 등을 배려해야 한다는 헌법재판소의 취지를 정치하게 반영하는 과정에서 여러 예외적인 면책규정들을 두게 되면서 상당히 복잡하게 되어 있다.[171]

### (1) 제10조의4 제1항의 정화책임자

다음의 어느 하나에 해당하는 자는 정화책임자로서 제11조 제3항, 제14조 제1항, 제15조 제1항·제3항 또는 제19조 제1항에 따라 토양정밀조사, 오염토양의 정화 또는 오염토양 개선사업의 실시("토양정화등")를 하여야 한다(제10조의4 제1항).

- 토양오염물질의 누출·유출·투기·방치 또는 그 밖의 행위로 토양오염을 발생시킨 자(1호)
- 토양오염의 발생 당시 토양오염의 원인이 된 토양오염관리대상시설의 소유자·점유자 또는 운영자(2호)
- 합병·상속이나 그 밖의 사유로 제1호 및 제2호에 해당되는 자의 권리·의무를 포괄적으로 승계한 자(3호)
- 토양오염이 발생한 토지를 소유하고 있었거나 현재 소유 또는 점유하고 있는 자(4호)

제1호의 책임은 자신의 행위를 통하여 토양오염이라는 위험을 야기한 경우인 일종의 행위책임이다. 즉 책임귀속이 귀책사유 여부와는 무관하게 위험을 야기했다는 인과관계에 따라 책임자로 결정된다. 다만, 단순히 자연과학적 의미의 인과관계가 아니라 당해 행위 그 자체가 경찰법상의 위험원을 넘어서는 경우 여기에 해당할 것이다(이른바 직접원인설).

---

169) 헌재 2012. 8. 23. 선고 2010헌바28 결정 및 헌재 2012. 8. 23. 선고 2010헌바167 결정. 이에 대한 평석으로는 김현준, "책임승계인의 신뢰보호와 상태책임의 한계, 공법학연구 14-1, 2013, 569-598쪽.
170) 우리법 제10조의4에 해당하는 독일 연방토양보호법(BBodSchG)상 정화의무자규정(제4조 제3항·제6항) 역시 '특별히 중요한' 규정으로 다루어진다(Kloepfer, Umweltrecht, C.H.Beck, 2016, §13 Rn. 240). 우리의 토양정화책임자와 비교할 수 있는 독일의 토양정화책임에 관한 상세는 김현준, "독일 연방토양보호법상의 정화의무자", 환경법연구 27-3, 2005, 137쪽 이하; Kloepfer, 앞의 책, Rn. 240-326.
171) 이에 대해서는 박종원, "2014년 개정 「토양환경보전법」에 따른 토양정화책임조항에 대한 평가와 전망", 환경법연구 36-1, 2014, 299-341쪽; 박종원, "복수의 토양정화책임자와 정화조치명령대상자의 선택", 환경법연구 36-2, 2015, 1-25쪽 참조.

제2호 및 제4호의 책임은 '토양오염 원인이 된 토양오염관리대상시설' 또는 '토양오염이 발생한 토지'를 소유·점유·운영하고 있다는 이유로, 즉 이 위험한 물건을 법률상 또는 사실상 지배하고 있다는 이유로 책임을 지는 상태책임이다.

제3호의 책임은 1·2호 책임의 승계, 즉 승계책임인데, 포괄승계의 경우만 규정하고 있다.


## (2) 예외적 면책사유

제1항에도 불구하고 다음의 어느 하나에 해당하는 경우에는 같은 항 제4호에 따른 정화책임자로 보지 아니한다. 다만, 1996년 1월 6일 이후에 제1항 제1호 또는 제2호에 해당하는 자에게 자신이 소유 또는 점유 중인 토지의 사용을 허용한 경우에는 그러하지 아니하다(제10조의4 제2항).

- 1996년 1월 5일 이전에 양도 또는 그 밖의 사유로 해당 토지를 소유하지 아니하게 된 경우(1호)
- 해당 토지를 1996년 1월 5일 이전에 양수한 경우(2호)
- 토양오염이 발생한 토지를 양수할 당시 토양오염 사실에 대하여 선의이며 과실이 없는 경우(3호)
- 해당 토지를 소유 또는 점유하고 있는 중에 토양오염이 발생한 경우로서 자신이 해당 토양오염 발생에 대하여 귀책사유가 없는 경우(4호)


토양오염이 발생한 토지의 과거 소유자, 현재 소유·점유자의 정화책임에 관한 제10조의4 제1항 제4호의 책임은 토양환경보전법이 제정되어 처음으로 시행된 시점인 1996. 1. 6.을 기점으로, 그 이전에(1996. 1. 5. 이전) 양도 등으로 소유관계로부터 벗어난 과거 소유자의 경우 면책이 된다(1호의 면책). 그 이유는 토양환경보전법이 시행되기 전에 이미 법률상 그 물건에 대한 지배(Sachherrschaft)를 벗어난 경우에까지 책임을 물게 함은 너무 과도하기 때문이다.

다음으로, 해당 토지를 1996년 1월 5일 이전에 양수한 경우의 면책(2호)은 양수인의 승계책임의 한계문제이다. 즉 상태책임자의 양수인도 승계책임이 있지만, 토양환경보전법이 시행되기 전의 양수에 대해서까지 승계책임을 묻는 것은 과도하다는 취지라고 할 수 있다.

그 밖에도 양수인의 승계책임과 관련해서 선의·무과실인 경우(3호) 마찬가지로 면책사유가 되며, 토지소유·점유자가 귀책사유가 없는 경우에도 면책이 된다. 양수인의 승계책임이나 상태책임자의 책임은 무과실책임이 원칙이지만 책임이 너무 과도해질 수 있다는 점을 고려한 것으로, 2012년 헌법불합치결정을 반영한 입법이라 할 수 있다.

### (3) 정화책임자가 복수인 경우 우선순위

시·도지사 또는 시장·군수·구청장은 제11조 제3항, 제14조 제1항, 제15조 제1항·제3항 또는 제19조 제1항에 따라 토양정화등을 명할 수 있는 정화책임자가 둘 이상인 경우에는 대통령령으로 정하는 바에 따라 해당 토양오염에 대한 각 정화책임자의 귀책정도, 신속하고 원활한 토양정화의 가능성 등을 고려하여 토양정화등을 명하여야 하며, 필요한 경우에는 제10조의9에 따른 토양정화자문위원회에 자문할 수 있다(제10조의4 제3항).

복수의 정화책임자가 있는 경우 이들 중 누구에게 먼저 정화명령등을 내릴 것인가는 매우 중요한 문제이다. 그 재량판단의 기준은 제10조의4 제3항에 따라 '각 정화책임자의 귀책정도, 신속하고 원활한 토양정화의 가능성 등'이 될 것이다. 그러나 구체적인 경우 그 판단이 쉽지 않은 점을 고려하여, 대통령령이 정하는 바에 따른 우선순위에 따라 명령을 내리도록 하였다. 결국 복수의 정화책임자 중 누구에게 먼저 정화명령등을 내릴 것인가는 제10조의4 제3항 및 법 시행령 제5조의3을 강행적으로 적용하여 집행해야 하는 기속사항으로 되어 있다.

복수의 정화책임자가 있는 경우 토양정화명령 등의 처분 시 행정청이 우선적으로 명해야 하는 순위는 다음과 같다(시행령 제5조의3 제1항).
- 법 제10조의4 제1항 제1호의 정화책임자와 그 정화책임자의 권리·의무를 포괄적으로 승계한 자
- 법 제10조의4 제1항 제2호의 정화책임자 중 토양오염관리대상시설의 점유자 또는 운영자와 그 점유자 또는 운영자의 권리·의무를 포괄적으로 승계한 자
- 법 제10조의4 제1항 제2호의 정화책임자 중 토양오염관리대상시설의 소유자와 그 소유자의 권리·의무를 포괄적으로 승계한 자
- 법 제10조의4 제1항 제4호의 정화책임자 중 토양오염이 발생한 토지를 현재 소유 또는 점유하고 있는 자
- 법 제10조의4 제1항 제4호의 정화책임자 중 토양오염이 발생한 토지를 소유하였던 자

그러나, 다음의 경우 후순위의 정화책임자가 선순위의 정화책임자를 앞설 수 있다(시행령 제5조의3 제2항).
- 선순위 정화책임자를 주소불명 등으로 확인할 수 없는 경우
- 선순위 정화책임자가 후순위 정화책임자보다 귀책사유가 매우 적은 것으로 판단되는 경우
- 선순위 정화책임자의 정화비용이 본인 소유의 재산가액을 현저히 초과하여 토양정화등을 실시하는 것이 불가능하다고 판단되는 경우
- 선순위 정화책임자의 토양정화등 실시에 대하여 후순위 정화책임자가 이의를 제기하거나 협조

하지 아니하는 경우
- 선순위 정화책임자의 확인을 위한 조사 등 조치에 후순위 정화책임자가 협조하지 아니하는 경우

이러한 기준이 있음에도 불구하고, 관할 행정청은 토양정화등을 명할 하나의 정화책임자를 정하기 곤란한 경우에는 토양정화자문위원회의 정화책임자 선정 및 각 정화책임자의 부담 부분 등에 대한 자문을 거쳐 둘 이상의 정화책임자에게 공동으로 토양정화등을 명할 수 있다(시행령 제5조의3 제3항).

## (4) 구상권

제11조 제3항, 제14조 제1항, 제15조 제1항·제3항 또는 제19조 제1항에 따라 토양정화등의 명령을 받은 정화책임자가 자신의 비용으로 토양정화등을 한 경우에는 다른 정화책임자의 부담부분에 관하여 구상권을 행사할 수 있다(제10조의4 제4항).

## (5) 국가가 정화비용을 지원하는 경우

국가는 다음 각 호의 어느 하나에 해당하는 경우에는 제11조 제3항, 제14조 제1항, 제15조 제1항·제3항 또는 제19조 제1항에 따라 토양정화등을 하는 데 드는 비용(제10조의4 제4항에 따른 구상권 행사를 통하여 상환받을 수 있는 비용 및 토양정화등으로 인한 해당 토지 가액의 상승분에 상당하는 금액은 제외)의 전부 또는 일부를 대통령령으로 정하는 바에 따라 지원할 수 있다(제10조의4 제5항).
- 제1항 제1호·제2호 또는 제3호의 정화책임자가 토양정화등을 하는 데 드는 비용이 자신의 부담부분을 현저히 초과하거나 해당 토양오염관리대상시설의 소유·점유 또는 운영을 통하여 얻었거나 향후 얻을 수 있을 것으로 기대되는 이익을 현저히 초과하는 경우(1호)
- 2001년 12월 31일 이전에 해당 토지를 양수하였거나 양도 또는 그 밖의 사유로 소유하지 아니하게 된 자가 제1항 제4호의 정화책임자로서 토양정화등을 하는 데 드는 비용이 해당 토지의 가액을 초과하는 경우(2호)
- 2002년 1월 1일 이후에 해당 토지를 양수한 자가 제1항 제4호의 정화책임자로서 토양정화등을 하는 데 드는 비용이 해당 토지의 가액 및 토지의 소유 또는 점유를 통하여 얻었거나 향후 얻을 수 있을 것으로 기대되는 이익을 현저히 초과하는 경우(3호)
- 그 밖에 토양정화등의 비용 지원이 필요한 경우로서 대통령령으로 정하는 경우(4호)

앞서 토양환경보전법의 시행일인 1996. 1. 6. 전·후가 면책기준일이 되는 경우를 보았는데(제10조의4 제2항), 토양환경보전법의 연혁상 또 하나의 중요한 시점은 바로 토양정화책임에 관한 조항이 맨 처음 도입·시행된 2002. 1. 1.이다. 사실 입법론상 1996. 1. 6.이 아닌 2002. 1. 1.을 제10조의4 제2항 제1호, 제2호의 면책 기준으로 삼는 것도 가능했겠지만, 입법자는 1996. 1. 6.을 면책 기준일로 삼았고, 그 대신 2002. 1. 1.을 제10조의4 제5항 제2호, 제3호에서 국가가 정화비용 지원을 할 수 있는 요건의 하나로 삼았다. 정화책임조항이 존재한 시점을 기준으로 정화책임자의 책임의 경중을 구분해야 한다는 취지로 해석된다.


## III. 토양오염의 규제

### 1. 토양오염의 신고 등

다음의 어느 하나에 해당하는 때에는 지체 없이 관할 특별자치시장·특별자치도지사·시장·군수·구청장에게 신고하여야 한다(제11조 제1항).
  - 토양오염물질을 생산·운반·저장·취급·가공 또는 처리하는 자가 그 과정에서 토양오염물질을 누출·유출한 때
  - 토양오염관리대상시설을 소유·점유 또는 운영하는 자가 그 소유·점유 또는 운영 중인 토양오염관리대상시설이 설치되어 있는 부지 또는 그 주변지역의 토양이 오염된 사실을 발견한 때
  - 토지의 소유자 또는 점유자가 그 소유 또는 점유 중인 토지가 오염된 사실을 발견한 때

특별자치시장·특별자치도지사·시장·군수·구청장은 제1항에 따른 신고를 받거나, 토양오염물질이 누출·유출된 사실을 발견한 때, 그 밖에 토양오염이 발생한 사실을 알게 된 때에는 소속 공무원으로 하여금 해당 토지에 출입하여 오염 원인과 오염도에 관한 조사를 하게 할 수 있다(제11조 제2항). 조사 결과 오염도가 우려기준을 넘는 토양("오염토양")에 대하여는 대통령령으로 정하는 바에 따라 기간을 정하여 정화책임자에게 토양관련전문기관에 의한 토양정밀조사의 실시, 오염토양의 정화 조치를 할 것을 명할 수 있다(제11조 제3항). 토양관련전문기관은 제3항에 따라 토양정밀조사를 하였을 때에는 조사 결과를 관할 특별자치시장·특별자치도지사·시장·군수·구청장에게 지체 없이 통보하여야 한다(제11조 제4항).

## 2. 특정토양오염관리대상시설의 신고 등

특정토양오염관리대상시설을 설치하려는 자는 대통령령으로 정하는 바에 따라 그 시설의 내용과 제3항에 따른 토양오염방지시설의 설치계획을 관할 특별자치시장·특별자치도지사·시장·군수·구청장에게 신고하여야 한다. 신고한 사항 중 환경부령으로 정하는 내용을 변경(특정토양오염관리대상시설의 폐쇄를 포함한다)할 때에도 또한 같다(제12조 제1항). 특정토양오염관리대상시설의 설치자(그 시설을 운영하는 자 포함)는 대통령령으로 정하는 바에 따라 토양오염을 방지하기 위한 시설("토양오염방지시설")을 설치하고 적정하게 유지·관리하여야 한다(제12조 제3항).

특정토양오염관리대상시설의 설치자는 대통령령으로 정하는 바에 따라 토양관련전문기관으로부터 그 시설의 부지와 그 주변지역에 대하여 토양오염검사("토양오염검사")를 받아야 한다(제13조 제1항 본문).

## 3. 특정토양오염관리대상시설의 설치자에 대한 명령

특별자치시장·특별자치도지사·시장·군수·구청장은 특정토양오염관리대상시설의 설치자가 다음의 어느 하나에 해당하면 대통령령으로 정하는 바에 따라 기간을 정하여 토양오염방지시설의 설치 또는 개선이나 그 시설의 부지 및 주변지역에 대하여 토양관련전문기관에 의한 토양정밀조사 또는 오염토양의 정화 조치를 할 것을 명할 수 있다(제14조 제1항).

- 토양오염방지시설을 설치하지 아니하거나 그 기준에 맞지 아니한 경우(1호)
- 제13조 제3항에 따른 토양오염도검사 결과 우려기준을 넘는 경우(2호)
- 제13조 제3항에 따른 누출검사 결과 오염물질이 누출된 경우(3호)

## 4. 토양오염방지 조치명령 등

시·도지사 또는 시장·군수·구청장은 제5조 제4항 제1호 또는 제2호에 해당하는 지역의 정화책임자에 대하여 대통령령으로 정하는 바에 따라 기간을 정하여 토양관련전문기관으로부터 토양정밀조사를 받도록 명할 수 있다(제15조 제1항). 토양관련전문기관은 제1항에 따라 토양정밀조사를 하였을 때에는 정화책임자 및 관할 시·도지사 또는 시장·군수·구청장에게 조사 결과를 지체 없이 통보하여야 한다(제15조 제2항).

시·도지사 또는 시장·군수·구청장은 상시측정, 토양오염실태조사 또는 토양정밀조사의 결과 우려기준을 넘는 경우에는 대통령령으로 정하는 바에 따라 기간을 정하여 '토양오염관리대상시설의 개선 또는 이전', '해당 토양오염물질의 사용제한 또는 사용중지', '오염토양의 정화' 중 어느 하나에 해당하는 조치를 하도록 정화책임자에게 명할 수 있다. 다만, 정화책임자를 알 수 없거나 정화책임자에 의한 토양정화가 곤란하다고 인정하는 경우에는 시·도지사 또는 시장·군수·구청장이 오염토양의 정화를 실시할 수 있다(제15조 제3항).

## 5. 오염토양의 정화

오염토양은 대통령령으로 정하는 정화기준 및 정화방법에 따라 정화하여야 한다(제15조의3 제1항). 오염토양은 토양정화업자에게 위탁하여 정화하여야 한다. 다만, 유기용제류(有機溶劑類)에 의한 오염토양 등 대통령령으로 정하는 종류와 규모에 해당하는 오염토양은 정화책임자가 직접 정화할 수 있다(제15조의3 제2항).

오염토양을 정화할 때에는 오염이 발생한 해당 부지에서 정화하여야 한다. 다만, 부지의 협소 등 환경부령으로 정하는 불가피한 사유로 그 부지에서 오염토양의 정화가 곤란한 경우에는 토양정화업자가 보유한 시설(제23조의7 제1항에 따라 오염토양을 반입하여 정화하기 위하여 등록한 시설을 말한다)로 환경부령으로 정하는 바에 따라 오염토양을 반출하여 정화할 수 있다(제15조의3 제3항). 오염토양을 반출하여 정화하려는 자는 오염토양반출정화계획서를 관할 행정청에 제출하여 적정통보를 받아야 한다(제15조의3 제4항).

오염토양을 정화하는 자는 '오염토양에 다른 토양을 섞어서 오염농도를 낮추는 행위'나 '오염토양을 반출하여 정화하는 경우 등록한 시설의 용량을 초과하여 오염토양을 보관하는 행위'를 하여서는 아니 된다(제15조의3 제7항).

## 6. 오염토양의 투기 금지 등

누구든지 다음 어느 하나에 해당하는 행위를 하여서는 아니 된다(제15조의4).
- 오염토양을 버리거나 매립하는 행위
- 보관, 운반 및 정화 등의 과정에서 오염토양을 누출·유출하는 행위
- 정화가 완료된 토양을 그 토양에 적용된 것보다 엄격한 우려기준이 적용되는 지역의 토양에 사용하는 행위

## 7. 위해성평가

환경부장관, 시·도지사, 시장·군수·구청장 또는 정화책임자는 제23조의2 제2항 제1호에 따라 지정을 받은 위해성평가기관으로 하여금 오염물질의 종류 및 오염도, 주변 환경, 장래의 토지이용계획과 그 밖에 필요한 사항을 고려하여 해당 부지의 토양오염물질이 인체와 환경에 미치는 위해의 정도를 평가("위해성평가")하게 한 후 그 결과를 토양정화의 범위, 시기 및 수준 등에 반영할 수 있다(제15조의5 제1항).

위해성평가는 다음 어느 하나(정화책임자의 경우 제4호 및 제5호만 해당)에 해당하는 경우에 실시할 수 있다(제15조의5 제2항).
- − 제6조의3에 따라 토양정화를 하려는 경우(1호)
- − 제15조 제3항 각 호 외의 부분 단서에 따라 오염토양을 정화하려는 경우(2호)
- − 제19조 제3항에 따라 오염토양 개선사업을 하려는 경우(3호)
- − 자연적인 원인으로 인한 토양오염이라고 대통령령으로 정하는 방법에 따라 입증된 부지의 오염 토양을 정화하려는 경우(오염토양을 반출하여 정화하는 경우 제외)(4호)
- − 그 밖에 위해성평가를 할 필요가 있는 경우로서 대통령령으로 정하는 경우(5호)


## 8. 토양정화의 검증

정화책임자는 오염토양을 정화하기 위하여 토양정화업자에게 토양정화를 위탁하는 경우에는 제23조의2 제2항 제2호에 따라 지정을 받은 토양오염조사기관으로 하여금 정화과정 및 정화완료에 대한 검증을 하게 하여야 한다. 다만, 토양정밀조사를 한 결과 오염토양의 규모가 작거나 오염의 농도가 낮은 경우 등 오염토양이 대통령령으로 정하는 규모 및 종류에 해당하는 경우에는 정화과정에 대한 검증을 생략할 수 있다(제15조의6 제1항). 토양정화업자가 제1항에 따라 정화과정 및 정화완료에 대한 검증을 받는 경우 토양관련전문기관에 의한 검증이 완료되지 아니한 상태에서 오염토양을 반출하여서는 아니 된다(제15조의6 제5항).


## 9. 토양관리단지의 지정 등

환경부장관은 제15조의3 제3항 단서에 따라 오염토양을 반출하여 정화하거나 정화된 토양을 재활용하기 위하여, 토양정화에 필요한 시설을 일정 지역에 집중시켜 효율적으로 토양정화를 할 필요가 있다고 인정하는 경우에는 국유재산 중 환경부장관이 중앙관서의 장인 토지를 토양관리단지로 지정할 수 있다(제15조의7 제1항).

## 10. 잔류성오염물질 등에 의한 토양오염

토양오염이 발생한 해당 부지 또는 그 주변지역(국가가 정화책임이 있는 부지 또는 그 주변지역으로 한정)이 우려기준을 넘는 토양오염물질 외에 잔류성유기오염물질 관리법에 따른 잔류성유기오염물질로도 함께 오염된 경우에는 이 법 또는 다른 법령에 따른 정화책임이 있는 중앙행정기관의 장("토양오염정화자")은 다음의 사항이 포함된 정화계획안을 작성하여 해당 지역주민의 의견을 들어야 한다(제15조의8 제1항).
- 잔류성오염물질을 포함한 오염토양의 정화시기 및 정화기간
- 잔류성오염물질을 포함한 오염토양의 정화목표치 및 정화방법
- 그 밖에 잔류성오염물질을 포함한 오염토양의 정화에 관한 사항

토양정화책임자와는 다른 개념인 '토양오염정화자'가 주목된다. 여기서 '다른 법령에 따른 정화책임이 있는 중앙행정기관의 장'은 주로 미군기지오염에 대한 정화책임이 있는 '국방부장관'을 의미한다. 토양오염정화자는 제1항에 따른 지역주민의 의견을 반영한 정화계획안에 대하여 환경부장관과의 협의를 거쳐 정화계획을 수립하여야 한다. 이 경우 협의 요청을 받은 환경부장관은 제15조의3 제1항 및 제3항에도 불구하고 정화방법 등을 달리 정하도록 할 수 있다(제15조의8 제2항). 이 조항이 규정된 배경에는 주한 미군기지 반환(예정) 부지에서 검출되는 다이옥신, 푸란 등 잔류성 오염물질에 의한 복합적 토양오염의 정화기준 및 정화방법이 마련되어 있지 않아 반출정화를 포함한 신속·안전한 토양정화 활동이 이뤄지지 않는 문제점이 있었다. 이를 개선하기 위하여 토양오염이 발생한 해당부지가 우려기준을 넘는 토양오염물질과 함께 다이옥신과 같은 잔류성오염물질에 의한 오염이 발생한 경우, 토양오염정화자는 오염토양의 정화기준 및 정화방법 등이 포함된 정화계획안을 작성해 해당 지역주민의 의견을 청취하도록 하려는 것이다.

# IV. 토양보전대책지역의 지정 및 관리

## 1. 토양오염대책기준 및 토양보전대책지역

우려기준을 초과하여 사람의 건강 및 재산과 동물·식물의 생육에 지장을 주어서 토양오염에 대한 대책이 필요한 토양오염의 기준("대책기준")은 환경부령으로 정한다 (제16조). 환경부장관은 대책기준을 넘는 지역이나 제2항에 따라 특별자치시장·특별자치도지사·시장·군수·구청장이 요청하는 지역에 대하여는 관계 중앙행정기관의 장 및 관할 시·도지사와 협의하여 토양보전대책지역("대책지역")으로 지정할 수 있다. 다만, 대통령령으로 정하는 경우에 해당하는 지역에 대하여는 대책지역으로 지정하여야 한다(제17조 제1항).

## 2. 토양보전대책지역 지정의 효과

### (1) 대책계획의 수립·시행 및 보고

특별자치시장·특별자치도지사·시장·군수·구청장[해당 대책지역이 둘 이상의 시·군·구에 걸쳐 있는 경우에는 대통령령으로 정하는 시장·군수·구청장을 말한다]은 대책지역에 대하여는 토양보전대책에 관한 계획("대책계획")을 수립하여 관할 시·도지사와의 협의를 거친 후 환경부장관의 승인을 받아 시행하여야 한다(제18조 제1항). 대책계획에는 '오염토양 개선사업', '토지 등의 이용 방안', '주민건강 피해조사 및 대책', '피해주민에 대한 지원 대책', '그 밖에 해당 대책계획을 수립·시행하기 위하여 필요하다고 인정하여 환경부령으로 정하는 사항'이 포함되어야 한다(제18조 제2항). 특별자치시장·특별자치도지사·시장·군수·구청장은 대책계획의 시행 결과를 환경부장관에게 보고하여야 한다(제18조의2).

### (2) 오염토양 개선사업, 토지이용 등의 제한, 행위제한

특별자치시장·특별자치도지사·시장·군수·구청장은 제18조 제2항 제1호에 따른 오염토양 개선사업의 전부 또는 일부의 실시를 그 정화책임자에게 명할 수 있다. 이 경우 특별자치시장·특별자치도지사·시장·군수·구청장은 토양보전을 위하여 필요하다고 인정하면 환경부령으로 정하는 토양관련전문기관으로 하여금 오염토양 개선사업을 지도·감독하게 할 수 있다(제19조 제1항). 제1항의 경우에 그 정화책임자가 존재하지 아니하거나 정화책임자에 의한 오염토양 개선사업의 실시가 곤란하다고 인정할 때에는 특별자치시장·특별자치도지사·시장·군수·구청장이 그 오염토양 개선사업을 할 수 있다(제19조 제3항). 특별자치시장·특별자치도지사·시장·군수·구청장은 대책지역에서는 그 지정 목적을 해할 우려가 있다고 인정되는 토지의 이용 또는 시설의 설치를 대통령령으로 정하는 바에 따라 제한할 수 있다(제20조). 그 밖에도 대책지역에서의 행위제한이 이루어진다(제21조 참조).

## 제7절 자연환경보전법

### I. 총설

### 1. 자연환경보전법의 목적 및 체계

자연환경보전법은 자연환경을 인위적 훼손으로부터 보호하고, 생태계와 자연경관을 보전하는 등 자연환경을 체계적으로 보전·관리함으로써 자연환경의 지속가능한 이용을 도모하고, 국민이 쾌적한 자연환경에서 여유있고 건강한 생활을 할 수 있도록 함을 목적으로 한다(제1조). 여기서 '자연환경'이라 함은 지하·지표(해양 제외) 및 지상의 모든 생물과 이들을 둘러싸고 있는 비생물적인 것을 포함한 자연의 상태(생태계 및 자연경관 포함)를 말한다(제2조 제1호). 그리고 '자연환경보전'이라 함은 자연환경을 체계적으로 보존·보호 또는 복원하고 생물다양성을 높이기 위하여 자연을 조성하고 관리하는 것을 말한다(제2조 제2호).

자연환경보전법은 다음과 같이 7개의 장으로 되어 있다.

| I. 총칙<br>(§§ 1-11) | II. 생태·경관<br>보전지역의<br>관리 등<br>(§§ 12-29) | III. 생물다양<br>성의 보전<br>(§§ 30-36) | IV. 자연자산<br>의 관리<br>(§§ 38-45의2) | IV-2. 자연환경<br>복원사업<br>(§§ 45의3-<br>45의6) | V. 생태보전<br>부담금<br>(§§ 46-50) | VI. 보칙<br>(§§ 51-61) | VII. 벌칙<br>(§§ 63-66) |
|---|---|---|---|---|---|---|---|

자연환경에 관한 국민의 권리·의무와 관련된 다양한 구체적인 법률문제는 자연공원법, 야생생물 보호 및 관리에 관한 법률, 생물다양성 보전 및 이용에 관한 법률(생물다양성법) 등 여러 자연환경에 관한 법률에서 규율되고 있고, 이러한 자연환경관련 법률들의 일반법 역할을 하는 자연환경보전법은 방침적·계몽적 성격을 가진 규정들이 많이 포함되어 있다.

## 2. 총칙규정

총칙에서는 용어의 정의(제2조), 자연환경보전의 기본원칙(제3조), 국가·지방자치단체 및 사업자의 책무(제4조), 자연보호운동(제5조), 자연환경보전기본방침(제6조), 주요시책의 협의 등(제7조), 자연환경보전기본계획의 수립(제8조), 자연환경보전기본계획의 내용(제9조), 자연환경보전기본계획의 시행(제10조), 자연환경정보망의 구축·운영 등(제11조) 등을 규정한다.

## II. 생태·경관보전지역의 관리 등

## 1. 생태·경관보전지역

### (1) 의의, 대상, 유형

생태·경관보전지역이란 생물다양성이 풍부하여 생태적으로 중요하거나 자연경관이 수려하여 특별히 보전할 가치가 큰 지역으로서 제12조 및 제13조 제3항에 따라 환경부장관이 지정·고시하는 지역을 말한다(제2조 제12호). 여기서 자연생태란 자연의 상태에서 이루어진 지리적 또는 지질적 환경과 그 조건 아래에서 생물이 생활하고 있는 모든 현상을 말하며(제2조 제4호), 생태계란 식물·동물 및 미생물 군집(群集)들과 무생물 환경이 기능적인 단위로 상호작용하는 역동적인 복합체(제2조 제5호), 소(小)생태계란 생물다양성을 높이고 야생동·식물의 서식지간의 이동가능성 등 생태계의 연속성을 높이거나 특정한 생물종의 서식조건을 개선하기 위하여 조성하는 생물서식공간(제2조 제6호)을 말한다.

환경부장관은 다음의 어느 하나에 해당하는 지역으로서 자연생태·자연경관을 특별히 보전할 필요가 있는 지역을 생태·경관보전지역으로 지정할 수 있다(제12조 제1항).
- 자연상태가 원시성을 유지하고 있거나 생물다양성이 풍부하여 보전 및 학술적연구가치가 큰 지역
- 지형 또는 지질이 특이하여 학술적 연구 또는 자연경관의 유지를 위하여 보전이 필요한 지역
- 다양한 생태계(제2조 제5호)를 대표할 수 있는 지역 또는 생태계의 표본지역
- 그 밖에 하천·산간계곡 등 자연경관이 수려하여 특별히 보전할 필요가 있는 지역으로서 대통령령이 정하는 지역

환경부장관은 생태·경관보전지역의 지속가능한 보전·관리를 위하여 생태적 특성, 자연경관 및 지형여건 등을 고려하여 생태·경관보전지역을 다음과 같이 구분하여 지정·관리할 수 있다(제12조 제2항).
- 생태·경관핵심보전구역(핵심구역): 생태계의 구조와 기능의 훼손방지를 위하여 특별한 보호가 필요하거나 자연경관이 수려하여 특별히 보호하고자 하는 지역
- 생태·경관완충보전구역(완충구역): 핵심구역의 연접지역으로서 핵심구역의 보호를 위하여 필요한 지역
- 생태·경관전이(轉移)보전구역(전이구역): 핵심구역 또는 완충구역에 둘러싸인 취락지역으로서 지속가능한 보전과 이용을 위하여 필요한 지역

## (2) 생태·경관보전지역에서의 행위제한

누구든지 생태·경관보전지역 안에서는 다음의 어느 하나에 해당하는 자연생태 또는 자연경관의 훼손행위를 하여서는 아니 됨이 원칙이다(제15조 제1항 참조).
- 핵심구역 안에서 야생동·식물을 포획·채취·이식(移植)·훼손하거나 고사(枯死)시키는 행위 또는 포획하거나 고사시키기 위하여 화약류·덫·올무·그물·함정 등을 설치하거나 유독물·농약 등을 살포·주입(注入)하는 행위
- 건축물 그 밖의 공작물("건축물등")의 신축·증축(생태·경관보전지역 지정 당시의 건축연면적의 2배 이상 증축하는 경우에 한한다) 및 토지의 형질변경
- 하천·호소 등의 구조를 변경하거나 수위 또는 수량에 증감을 가져오는 행위

- 토석의 채취
- 그 밖에 자연환경보전에 유해하다고 인정되는 행위로서 대통령령이 정하는 행위

## (3) 생태·경관보전지역에서의 금지행위

누구든지 생태·경관보전지역 안에서 다음의 어느 하나에 해당하는 행위를 하여서는 아니 됨이 원칙이다(제16조 참조).
- 물환경보전에 관한 법률 제2조의 규정에 의한 특정수질유해물질, 폐기물관리법 제2조의 규정에 의한 폐기물 또는 화학물질관리법 제2조에 따른 유독물질을 버리는 행위
- 환경부령이 정하는 인화물질을 소지하거나 환경부장관이 지정하는 장소 외에서 취사 또는 야영을 하는 행위(핵심구역 및 완충구역에 한한다)
- 자연환경보전에 관한 안내판 그 밖의 표지물을 오손 또는 훼손하거나 이전하는 행위
- 그 밖에 생태·경관보전지역의 보전을 위하여 금지하여야 할 행위로서 풀·나무의 채취 및 벌채 등 대통령령이 정하는 행위

## (4) 생태·경관보전지역의 출입제한

환경부장관은 다음의 어느 하나에 해당하는 경우에는 생태·경관보전지역의 전부 또는 일부에 대한 출입을 일정 기간 제한하거나 금지할 수 있다(제16조의2 제1항).
- 자연생태계와 자연경관 등 생태·경관보전지역의 보호를 위하여 특별히 필요하다고 인정되는 경우
- 자연적 또는 인위적인 요인으로 훼손된 자연환경의 회복을 위한 경우
- 생태·경관보전지역을 출입하는 자의 안전을 위한 경우

## (5) 중지명령 등

환경부장관은 생태·경관보전지역안에서 행위제한의 규정(제15조 제1항)에 위반되는 행위를 한 사람에 대하여 그 행위의 중지를 명하거나 상당한 기간을 정하여 원상회복을 명할 수 있다. 다만, 원상회복이 곤란한 경우에는 대체자연의 조성 등 이에 상응하는 조치를 하도록 명할 수 있다(제17조). 여기서 대체자연이란 기존의 자연환경과 유사한 기능을 수행하거나 보완적 기능을 수행하도록 하기 위하여 조성하는 것을 말한다(제2조 제11호).

## (6) 기타 생태·경관보전지역의 지정 효과

환경부장관의 생태·경관보전지역관리기본계획의 수립·시행의무(제14조), 자연생태·자연경관의 보전을 위한 토지등의 확보(제18조), 생태·경관보전지역 등의 토지등의 매수(제19조), 생태·경관보전지역의 주민지원(제20조), 생태·경관보전지역의 우선이용 등(제21조) 등이 있다.

## 2. 시·도 생태·경관보전지역

시·도지사는 생태·경관보전지역에 준하여 보전할 필요가 있다고 인정되는 지역을 시·도 생태·경관보전지역으로 지정하여 관리할 수 있다(제23조 제1항). 환경부장관은 시·도지사에게 당해 지역을 대표하는 자연생태·자연경관을 보전할 필요가 있는 지역을 시·도 생태·경관보전지역으로 지정하여 관리하도록 권고할 수 있다(제23조 제2항). 시·도지사는 제14조의 규정에 준하여 당해 지방자치단체가 정하는 조례에 따라 시·도 생태·경관보전지역관리계획을 수립·시행하여야 한다(제25조). 시·도지사는 제15조 내지 제17조의 규정에 준하여 당해 지방자치단체가 정하는 조례에 따라 시·도 생태·경관보전지역의 보전·관리를 위하여 필요한 조치를 할 수 있다(제26조).

## 3. 생물권보전지역 및 자연유보지역

관계 행정기관의 장은 유네스코가 선정한 생물권보전지역의 보전 및 관리를 위하여 필요한 재정적 지원을 할 수 있다(제21조의2).

환경부장관은 자연유보지역에 대하여 관계중앙행정기관의 장 및 관할 시·도지사와 협의하여 생태계의 보전과 자연환경의 지속가능한 이용을 위한 종합계획 또는 방침을 수립하여야 하는데(제22조), 여기서 "자연유보지역"이란 사람의 접근이 사실상 불가능하여 생태계의 훼손이 방지되고 있는 지역중 군사목적을 위하여 이용되는 외에는 특별한 용도로 사용되지 아니하는 무인도로서 대통령령으로 정하는 지역과 관할권이 대한민국에 속하는 날부터 2년간의 비무장지대를 말한다(제2조 제13호).

## 4. 자연경관의 보전

자연경관이란 자연환경적 측면에서 시각적·심미적인 가치를 가지는 지역·지형 및 이에 부속된 자연요소 또는 사물이 복합적으로 어우러진 자연의 경치를 말한다(제2조 제10호). 관계중앙행정기관의 장 및 지방자치단체의 장은 경관적가치가 높은 해안선 등 주요 경관요소가 훼손되거나 시계(視界)가 차단되지 아니하도록 노력하여야 하며(제27조 제1항), 지방자치단체의 장은 조례가 정하는 바에 따라 각종 사업을 시행함에 있어서 자연경관을 보전할 수 있도록 필요한 조치를 하여야 한다(제27조 제2항).

## 5. 자연경관영향의 협의 등

관계행정기관의 장 및 지방자치단체의 장은 다음의 어느 하나에 해당하는 개발사업등으로서 환경영향평가법에 따른 '전략환경영향평가 대상계획', '환경영향평가 대상사업' 또는 '소규모 환경영향평가 대상사업'에 해당하는 개발사업등에 대한 인·허가등을 하고자 하는 때에는 당해 개발사업등이 자연경관에 미치는 영향 및 보전방안 등을 전략환경영향평가 협의, 환경영향평가 협의 또는 소규모 환경영향평가 협의 내용에 포함하여 환경부장관 또는 지방환경관서의 장과 협의를 하여야 한다(제28조 제1항).

 - 자연공원법에 의한 '자연공원', 습지보전법에 의하여 지정된 '습지보호지역', '생태·경관보전지역' 중 어느 하나에 해당하는 지역으로부터 대통령령이 정하는 거리 이내의 지역에서의 개발사업등(제1호)
 - 제1호 외의 개발사업등으로서 자연경관에 미치는 영향이 크다고 판단되어 대통령령이 정하는 개발사업등(제2호)

## III. 생물다양성의 보전

생물다양성이란 육상생태계 및 수생생태계(해양생태계는 제외한다)와 이들의 복합생태계를 포함하는 모든 원천에서 발생한 생물체의 다양성을 말하며, 종내(種內)·종간(種間) 및 생태계의 다양성을 포함한다(제2조 제7호). 생물다양성에 관해서는 「생물다양성 보전 및 이용에 관한 법률」(생물다양성법)이 별도로 제정되어 있다.

자연환경보전법상 생물다양성 보전에 관한 것으로는 자연환경조사(제30조), 정밀조사와 생태계의 변화관찰 등(제31조), 자연환경조사원(제32조), 타인토지에의 출입 등(제33조), 생태·자연도의 작성·활용(제34조), 도시생태현황지도의 작성·활용(제34조의2), 생태계 보전 대책 및 국제협력(제35조), 생태계의 연구·기술개발 등(제36조)이 있다.

이 중 생태·자연도는 산·하천·내륙습지·호소(湖沼)·농지·도시 등에 대하여 자연환경을 생태적 가치, 자연성, 경관적 가치 등에 따라 등급화하여 제34조에 따라 작성된 지도를 말한다(제2조 제14호). 환경부장관은 토지이용 및 개발계획의 수립이나 시행에 활용할 수 있도록 하기 위하여 제30조 및 제31조의 규정에 의한 조사결과를 기초로 하여 전국의 자연환경을 1등급 권역, 2등급 권역, 3등급 권역, 별도관리지역의 구분에 따라 생태·자연도를 작성하여야 한다(제34조 제1항).

환경부장관이 생태·자연도의 등급변경을 하는 경우 이를 인근주민이 행정소송(항고소송)으로 다툴 수 있는가? 판례는 생태·자연도는 토지이용 및 개발계획의 수립이나 시행에 활용하여 자연환경을 체계적으로 보전·관리하기 위한 것일 뿐, 인근 주민들이 가지는 생활상 이익을 직접적·구체적으로 보호하기 위한 것이 아니고, 인근 주민들이 가지는 이익은 환경보호라는 공공의 이익이 달성됨에 따라 반사적으로 얻게 되는 이익에 불과하다는 이유로 원고적격을 부인한다(대법 2014. 2. 21. 선고 2011두29052 판결 참조).


## IV. 자연자산의 관리

자연자산이란 인간의 생활이나 경제활동에 이용될 수 있는 유형·무형의 가치를 가진 자연상태의 생물과 비생물적인 것의 총체를 말한다(제2조 제15호).

자연환경보전법은 자연자산의 관리를 위하여 자연환경보전·이용시설의 설치·운영(제38조), 자연휴식지의 지정·관리(제39조), 공공용으로 이용되는 자연의 훼손방지(제40조), 생태관광의 육성(제41조), 생태마을의 지정 등(제42조), 도시의 생태적 건전성 향상 등(제43조), 도시생태 복원사업(제43조의2), 우선보호대상 생태계의 복원 등(제44조), 생태통로의 설치 등(제45조), 생태통로의 조사 등(제45조의2)을 규정하고 있다.

여기서 생태통로란 도로·댐·수중보(水中洑)·하굿둑 등으로 인하여 야생동·식물의 서식지가 단절되거나 훼손 또는 파괴되는 것을 방지하고 야생동·식물의 이동 등 생태계의 연속성 유지를 위하여 설치하는 인공 구조물·식생 등의 생태적 공간(제2조 제9호), 생태마을이란 생태적 기능과 수려한 자연경관을 보유하고 이를 지속가능하게 보전·이용할 수 있는 역량을 가진 마을로서 환경부장관 또는 지방자치단체의 장이 제42조에 따라 지정한 마을(제2조 제17호), 생태관광이란 생태계가 특히 우수하거나 자연경관이 수려한 지역에서 자연자산의 보전 및 현명한 이용을 통하여 환경의 중요성을 체험할 수 있는 자연친화적인 관광(제2조 제18호)을 말한다.


## V. 자연환경복원사업

환경부장관은 다음에 해당하는 조사 또는 관찰의 결과를 토대로 훼손된 지역의 생태적 가치, 복원 필요성 등의 기준에 따라 그 우선순위를 평가하여 자연환경복원이 필요한 대상지역의 후보목록("후보목록")을 작성하여야 한다(제45조의3 제1항).
- 제30조에 따른 자연환경조사
- 제31조에 따른 정밀·보완조사 및 관찰
- 제36조 제2항에 따른 기후변화 관련 생태계 조사
- 습지보전법 제4조에 따른 습지조사
- 그 밖에 대통령령으로 정하는 자연환경에 대한 조사


환경부장관은 후보목록에 포함된 지역을 대상으로 자연환경복원사업을 시행할 수 있다. 이 경우 환경부장관은 다른 사업과의 중복성 여부 등에 대하여 관계 행정기관의 장과 미리 협의하여야 한다(제45조의3 제2항). 환경부장관은 다음의 어느 하나에 해당하는 자("자연환경복원사업 시행자")에게 후보목록에 포함된 지역을 대상으로 자연환경복원사업의 시행에 필요한 조치를 할 것을 권고할 수 있고, 그 권고의 이행에 필요한 비용을 예산의 범위에서 지원할 수 있다(제45조의3 제3항).
- 해당 지역을 관할하는 시·도지사 또는 시장·군수·구청장
- 관계 법령에 따라 해당 지역에 관한 관리 권한을 가진 행정기관의 장
- 관계 법령 또는 자치법규에 따라 해당 지역에 관한 관리 권한을 가지고 있거나 위임 또는 위탁받은 공공단체나 기관 또는 사인(私人)


자연환경복원사업은 그밖에도 자연환경복원사업계획의 수립등(제45조의4), 자연환경복원사업 추진실적의 보고·평가(제45조의5), 자연환경복원사업의 유지·관리(제45조의6)를 통하여 규율되고 있다.

## VI. 생태계보전부담금

### 1. 부과·징수 및 부과대상사업

환경부장관은 생태적 가치가 낮은 지역으로 개발을 유도하고 자연환경 또는 생태계의 훼손을 최소화할 수 있도록 자연환경 또는 생태계에 미치는 영향이 현저하거나 생물다양성의 감소를 초래하는 사업을 하는 사업자에 대하여 생태계보전부담금을 부과·징수한다(제46조 제1항). 부과대상사업은 원칙적으로 다음과 같다(제46조 제2항 참조).

- 전략환경영향평가 대상계획 중 개발면적 3만제곱미터 이상인 개발사업으로서 대통령령으로 정하는 사업
- 환경영향평가대상사업
- 「광업법」상 광업 중 대통령령이 정하는 규모 이상의 노천탐사·채굴사업
- 소규모 환경영향평가 대상 개발사업으로 개발면적이 3만제곱미터 이상인 사업
- 그 밖에 생태계에 미치는 영향이 현저하거나 자연자산을 이용하는 사업중 대통령령이 정하는 사업

### 2. 산정기준 및 강제징수

생태계보전부담금은 생태계의 훼손면적에 단위면적당 부과금액과 지역계수를 곱하여 산정·부과한다. 다만, 생태계의 보전·복원 목적의 사업 또는 국방 목적의 사업으로서 대통령령으로 정하는 사업에 대하여는 생태계보전부담금을 감면할 수 있다(제46조 제3항).

환경부장관은 생태계보전부담금을 납부하여야 하는 사람이 납부기한 이내에 이를 납부하지 아니한 경우에는 30일 이상의 기간을 정하여 이를 독촉하여야 한다. 이 경우 체납된 생태계보전부담금에 대하여는 100분의 3에 상당하는 가산금을 부과한다(제48조 제1항). 제1항에 따른 독촉을 받은 사람이 기한 이내에 생태계보전부담금과 가산금을 납부하지 아니한 경우에는 국세체납처분의 예에 따라 이를 징수할 수 있다(제48조 제2항).

# 제8절 소음·진동관리법

## I. 총설

### 1. 소음·진동관리법의 목적 및 체계

#### (1) 목적 및 전체 체계

소음·진동관리법은 공장·건설공사장·도로·철도 등으로부터 발생하는 소음·진동으로 인한 피해를 방지하고 소음·진동을 적정하게 관리하여 모든 국민이 조용하고 평온한 환경에서 생활할 수 있게 함을 목적으로 한다(제1조). 소음·진동관리법은 9개의 장으로 되어 있는데, 제2장, 제3장, 제4장이 중심이 되며, 그중에서도 제3장 생활소음문제가 가장 많이 문제된다. 생활진동의 문제는 상대적으로 자주 발생하진 않는다.[172]

| I. 총칙 (§§ 1-6) | II. 공장 소음·진동 의 관리 (§§ 7-20) | III. 생활 소음·진동 의 관리 (§§ 21-25) | IV. 교통 소음·진동 의 관리 (§§ 26-38) | V. 항공기 소음의 관리 (§ 39) | VI. 방음시설 설치기준 등 (§ 40) | VII. 확인 검사 대행자 (§§ 41-43) | VIII. 보칙 (§§ 44-55) | IX. 벌칙 (§§ 56-60) |
|---|---|---|---|---|---|---|---|---|

1990년 초창기 이른바 환경 6법으로 분법화될 당시에 유사한 규율이었던 이 '생활방해(Immission) 배출규제'와 관련된 3개 법률(소음·진동관리법, 대기환경보전법, 물환경보전법)은 30년 이상 각각 발전하면서 변모하는 과정을 거쳤지만, 여전히 유사한 부분들을 공유하고 있다. 이는 특히 소음·진동관리법의 제2장, 대기환경보전법의 제2장, 물환경보전법의 제3장 제1절에서 나타난다. 다만, 소음·진동규제에 관한 규정이 다른 두 법의 규정과 비교하여 상대적으로 간소하게 되어 있고, 다른 두 법에는 존재하는 배출부과금제도가 없다는 차이 정도가 있을 뿐이다. 그런데도 이들 법률상 용어, 특히 '사업장', '공장'의 의미가 다소 다르게 사용되고 있는 점은 개선될 필요가 있다.

---

[172] 소음과 관련된 다양한 민원사례에 대한 연구로는 김현준 외, 실무자를 위한 소음·진동관리법 해설서, 환경부, 2020, 참조.

| 대기환경보전법<br>(제2장)<br>사업장규제 | 물환경보전법<br>(제3장 제1절)<br>산업폐수규제 | 소음·진동관리법<br>(제2장)<br>공장규제 |
| --- | --- | --- |

배출허용기준, 베출시설 허가/신고, 방지시설(공동방지시설 포함) 설치,
후속 제재조치: 개선명령, 조업정지명령 등, 배출부과금(*소음·진동관리법엔 없음)

### (2) 소음·진동관리법의 개선과제

전통적 환경법 중 하나인 소음·진동관리법의 역사는 1990. 8. 1.(시행 1991. 2. 2.)의 소음·진동규제법으로까지 거슬러 간다. 2009년 법률명이 소음·진동규제법에서 소음·진동관리법으로 변경되었는데, '규제'수단 이외의 관리수단은 여전히 거의 찾을 수 없지만, 어쨌든 이 법은 규제를 포함한 종합적인 소음·진동의 관리에 관한 법을 지향하고 있다.

그리고 이 법에서 소음과 진동은 함께 규율되고 있는데, 실무상 주로 소음이 문제가 되지 진동이 문제되는 경우는 많지 않고, 양자는 성격이 다른 면이 있어 소음과 진동을 획일적으로 함께 규율하는 지금과 같은 입법방식이 타당한지는 의문스러운 면도 있다.

환경부령에 일정한 사항을 위임하면서까지 상세하게 소음개념을 정의규정에서 담을 필요가 없는데도, 이 법의 출발이 되는 '소음'개념(제2조 제1호)에서 너무 상세한 내용을 담으려 한다는 점도 문제이다. 그에 따라, 새로운 형태의 소음문제를 이 법에 담기 위해서는 해당되는 개별 규정을 신설하는 것 외에 '소음'개념 자체를 매번 새로이 규정해야 하는 문제점이 발생한다. 가령 최근 반려동물 소음문제, 즉 이른바 층견(層犬)소음이 층간소음처럼 문제되고 있어 이 법에서 새로이 규율해야 하는지의 논의가 있는데, 이러한 새로운 문제가 생길 때마다 '소음'개념을 재조정해야 한다는 매우 불합리한 상황이 나타나고 있다. 이러한 구체적인 내용은 '개념'이 아니라 '적용범위'의 문제이다. 따라서 '소음'개념 자체에 법적용 범위 문제까지 포함되지 않는 형태로 개정할 필요가 있다고 생각된다.

### 2. 소음·진동의 법적 개념

소음(騷音)이란 기계·기구·시설, 그 밖의 물체의 사용 또는 공동주택 등 환경부령[173]

---

173) 법 시행규칙 제2조(소음의 발생 장소) 법 제2조 제1호에서 "공동주택(「주택법」 제2조 제3호에 따른 공동

으로 정하는 장소에서 사람의 활동으로 인하여 발생하는 강한 소리를 말하며(제2조 제1호), "진동(振動)"이란 기계 · 기구 · 시설, 그 밖의 물체의 사용으로 인하여 발생하는 강한 흔들림을 말한다(제2조 제2호). 앞서 지적한 바와 같이 새로운 소음원에 대한 관리가 필요한 경우 이 소음개념을 규정해야 하는 문제가 있어 이처럼 소음의 개념을 환경부령과 연동하여 상세하게 규정할 필요가 있는지는 의문스럽다.

일상생활에서 소음을 제거 · 방지하여 정온한 환경에서 생활할 권리는 환경권의 한 내용을 구성한다(헌재 2008. 7. 31. 선고 2008헌마711 결정).[174] '건강하고 쾌적한 환경에서 생활할 권리'를 보장하는 헌법 제35조 제1항의 환경권의 보호대상이 되는 환경에는 자연환경뿐만 아니라 인공적 환경과 같은 생활환경도 포함된다. 환경정책기본법 제3조에서도 환경을 자연환경과 생활환경으로 분류하면서, 생활환경에 소음 · 진동 등 사람의 일상생활과 관계되는 환경을 포함시키고 있다(동조 제3호, 제4호 참조).

## 3. 기타 총칙규정

그 밖에도 동법 총칙에서는 소음 · 진동관리를 위한 국가와 지방자치단체의 책무(제2조의2), 환경부장관의 소음 · 진동관리종합계획 수립(제2조의3), 상시측정(제3조), 측정망 설치계획의 결정 · 고시(제4조), 소음지도 작성(제4조의2 제1항)을 규정하고 있고, 다른 법률과의 관계(제5조)에 따라 측정망 설치계획의 결정 · 고시가 있으면 하천법 · 도로법 · 공유수면법상 허가가 의제된다.

---

주택을 말한다. 이하 같다) 등 환경부령으로 정하는 장소"란 다음 각 호의 장소를 말한다.
1. 「주택법」 제2조 제3호에 따른 공동주택
2. 다음 각 목의 사업장
가. 「음악산업진흥에 관한 법률」 제2조 제13호에 따른 노래연습장업
나. 「체육시설의 설치 · 이용에 관한 법률」 제10조 제1항 제2호에 따른 신고 체육시설업 중 체육도장업, 체력단련장업, 무도학원업 및 무도장업
다. 「학원의 설립 · 운영 및 과외교습에 관한 법률」 제2조 제1호 및 제2호에 따른 학원 및 교습소 중 음악교습을 위한 학원 및 교습소
라. 「식품위생법 시행령」 제21조 제8호다목 및 라목에 따른 단란주점영업 및 유흥주점영업
마. 「다중이용업소 안전관리에 관한 특별법 시행규칙」 제2조 제3호에 따른 콜라텍
174) 헌법재판소는 공직선거법에서 소음 규제기준에 관한 규정을 두지 아니한 것은 국가의 기본권 보호의무를 과소하게 이행한 것으로서, 청구인의 건강하고 쾌적한 환경에서 생활할 권리를 침해하므로 헌법에 위반된다고 보았다(헌재 2019. 12. 27. 선고 2018헌마730 전원재판부 결정[공직선거법 제79조 제3항 등 위헌확인]).

## II. 공장의 소음·진동 관리

### 1. 공장의 소음·진동 배출허용기준

배출허용기준은 공장소음·진동 관리의 기초가 된다. 소음·진동 배출시설을 설치한 공장에서 나오는 소음·진동의 배출허용기준은 환경부령(*시행규칙 별표8)으로 정하며, 환경부장관은 이러한 환경부령을 정하려면 관계 중앙행정기관의 장과 협의하여야 한다(제7조 제1항·제2항). 특별시·광역시·특별자치시·도·인구 50만 이상의 대도시는 환경정책기본법 제12조 제3항에 따른 지역환경기준의 유지가 곤란하다고 인정되는 경우에는 조례로 제1항의 배출허용기준보다 강화된 배출허용기준을 정할 수 있다(제7조 제3항).

### 2. 배출시설의 설치 신고 및 허가 등

배출시설을 설치하려는 자는 대통령령으로 정하는 바에 따라 특별자치시장·특별자치도지사 또는 시장·군수·구청장에게 신고하여야 한다. 다만, 학교 또는 종합병원의 주변 등 대통령령으로 정하는 지역(종합병원, 도서관, 학교, 공공주택, 주거지역, 노인전문병원, 어린이집 등으로 시행령 제2조 제2항 참조)은 허가를 받아야 한다(제8조 제1항).

이러한 신고한 사항이나 허가를 받은 사항 중 환경부령으로 정하는 중요한 사항을 변경하려면 특별자치시장·특별자치도지사 또는 시장·군수·구청장에게 변경신고를 하여야 한다(제8조 제2항). 산업단지 등 대통령령으로 정하는 지역에 위치한 공장에 배출시설을 설치하려는 자의 경우에는 신고 또는 허가 대상에서 제외한다(제8조 제3항).

### 3. 방지시설의 설치·운영, 공동방지시설

배출시설의 설치 또는 변경에 대한 신고를 하거나 허가를 받은 자("사업자")가 그 배출시설을 설치하거나 변경하려면 그 공장으로부터 나오는 소음·진동을 배출허용기준 이하로 배출되게 하기 위하여 소음·진동방지시설("방지시설")을 설치하여야 한다(제9조 1문). 다만, 다음의 어느 하나에 해당하면 그러하지 아니하다(제9조 2문).

– 특별자치시장·특별자치도지사 또는 시장·군수·구청장이 그 배출시설의 기능·공정(工程) 또는 공장의 부지여건상 소음·진동이 항상 배출허용기준 이하로 배출된다고 인정하는 경우
– 소음·진동이 배출허용기준을 초과하여 배출되더라도 생활환경에 피해를 줄 우려가 없다고 환경부령으로 정하는 경우

지식산업센터의 사업자나 공장이 밀집된 지역의 사업자는 공장에서 배출되는 소음·진동을 공동으로 방지하기 위하여 공동 방지시설을 설치할 수 있다. 이 경우 각 사업자는 공장별로 그 공장의 소음·진동에 대한 방지시설을 설치한 것으로 본다(제12조 제1항). 공동 방지시설의 배출허용기준은 통상의 배출허용기준(제7조)과 다른 기준을 정할 수 있다(제12조 제2항).

## 4. 권리·의무의 승계

사업자가 배출시설 및 방지시설을 양도하거나 사망한 경우 또는 법인의 합병이 있는 경우에는 그 양수인·상속인 또는 합병 후 존속하는 법인이나 합병으로 설립되는 법인은 신고·허가 또는 변경 신고에 따른 사업자의 권리·의무를 승계한다(제10조 제1항). 민사집행법에 따른 경매, 채무자 회생 및 파산에 관한 법률에 따른 환가나 국세징수법·관세법 또는 지방세법에 따른 압류재산의 매각, 그 밖에 이에 준하는 절차에 따라 사업자의 배출시설 및 방지시설을 인수한 자는 신고·허가 또는 변경 신고에 따른 종전 사업자의 권리·의무를 승계한다(제10조 제2항).

## 5. 배출허용기준의 준수의무

사업자는 배출시설 또는 방지시설의 설치 또는 변경을 끝내고 배출시설을 가동한 때에는 환경부령으로 정하는 기간 이내에 공장에서 배출되는 소음·진동이 제7조 또는 제12조 제2항에 따른 소음·진동 배출허용기준 이하로 처리될 수 있도록 하여야 한다(제14조 1문).

## 6. 사후감시로서의 진압적 개입

### (1) 배출허용기준 초과로 인한 개선명령, 조업정지명령 등

특별자치시장·특별자치도지사 또는 시장·군수·구청장은 조업 중인 공장에서 배출되는 소음·진동의 정도가 배출허용기준을 초과하면 환경부령으로 정하는 바에 따라 기간을 정하여 사업자에게 그 소음·진동의 정도가 배출허용기준 이하로 내려가는 데에 필요한 조치("개선명령")를 명할 수 있다(제15조). 개선명령을 받은 자가 이를 이행하지 아니하거나 기간 내에 이행은 하였으나 배출허용기준을 계속 초과할 때에는 그 배출시설의 전부 또는 일부에 조업정지를 명할 수 있다(제16조 제1항). 특별자치시장·특별자치도지사 또는 시장·군수·구청장은 소음·진동으로 건강상에 위해와 생활환경의 피해가 급박하다고 인정하면 환경부령으로 정하는 바에 따라 즉시 해당 배출시설에 대하여 조업시간의 제한·조업정지, 그 밖에 필요한 조치를 명할 수 있다(제16조 제2항).

### (2) 기타 사유로 인한 조업정지, 사용중지, 폐쇄조치

허가의 취소, 폐쇄조치, 조업정지: 특별자치시장·특별자치도지사 또는 시장·군수·구청장은 사업자가 다음 어느 하나에 해당하면 배출시설의 설치허가 취소(신고 대상 시설의 경우 배출시설의 폐쇄명령)를 하거나 6개월 이내의 기간을 정하여 조업정지를 명할 수 있다(제17조).

- 거짓이나 그 밖의 부정한 방법으로 허가를 받았거나 신고 또는 변경신고를 한 경우(*다른 사유의 경우 제재처분은 재량행위이지만, 이 사유에 해당하는 경우에는 배출시설의 설치허가를 취소하거나 폐쇄를 명하여야 하는 기속행위가 적용됨. 제17조 단서 참조)
- 변경신고를 해야 함에도(제8조 제2항 참조) 하지 아니한 경우
- 방지시설을 설치하지 아니하고 배출시설을 가동한 경우
- 배출허용기준 준수의무(제14조)를 위반하여 공장에서 배출되는 소음·진동을 배출허용기준 이하로 처리하지 아니한 경우
- 조업정지명령 등(제16조)을 위반한 경우
- 환경기술인(제19조)을 임명하지 아니한 경우

특별자치시장·특별자치도지사 또는 시장·군수·구청장은 (제8조에 따른) 신고를 하지

아니하거나 허가를 받지 아니하고 배출시설을 설치하거나 운영하는 자에게 그 배출시설의 사용중지를 명하여야 한다. 다만, 그 배출시설을 개선하거나 방지시설을 설치·개선하더라도 그 공장에서 나오는 소음·진동의 정도가 배출허용기준 이하로 내려갈 가능성이 없거나 다른 법률에 따라 그 배출시설의 설치가 금지되는 장소이면 그 배출시설의 폐쇄를 명하여야 한다(제18조).

## 7. 환경기술인, 사업자의 명령 이행보고 및 확인

사업자는 배출시설과 방지시설을 정상적으로 운영·관리하기 위하여 환경기술인을 임명하여야 한다. 다만, 다른 법률에 따라 환경기술인의 업무를 담당하는 자가 지정된 경우에는 그러하지 아니하다(제19조 제1항). 사업자는 이상과 같은 제재처분(조치명령·개선명령·조업정지명령 또는 사용중지명령 등)을 이행한 경우에는 그 이행결과를 지체 없이 보고하여야 하며(제20조 제1항), 보고를 받은 관할행정청은 지체 없이 그 명령의 이행상태나 개선 완료상태를 확인하여야 한다(제20조 제2항).


## III. 생활소음·진동 관리

## 1. 평온한 생활환경과 사업장·공사장 등 소음·진동규제

### (1) 생활소음·진동의 의의

특별자치시장·특별자치도지사 또는 시장·군수·구청장은 주민의 조용하고 평온한 생활환경을 유지하기 위하여 사업장 및 공사장 등에서 발생하는 소음·진동(산업단지나 그 밖에 환경부령으로 정하는 지역에서 발생하는 소음과 진동은 제외하며, 이하 "생활소음·진동"이라 한다)을 규제하여야 한다(제21조 제1항). 즉 동법 규율대상 중 가장 빈번히 문제가 되고 있는 생활소음·진동이란 사업장 및 공사장 등에서 발생하는 소음·진동을 말하며, 그 중에서도 산업단지나 환경부령으로 정하는 지역에서 발생하는 소음·진동은 제외됨에 유의해야 한다.

## (2) 생활소음 · 진동의 규제대상, 규제기준

생활소음 · 진동의 규제 대상은 아래와 같다(제21조 제2항. 시행규칙 제20조 제2항).

 – 확성기에 의한 소음(집회 및 시위에 관한 법률에 따른 소음과 국가비상훈련 및 공공기관의 대국
   민 홍보를 목적으로 하는 확성기 사용에 따른 소음의 경우는 제외한다)
 – 배출시설이 설치되지 아니한 공장에서 발생하는 소음 · 진동
 – 생활소음 · 진동 규제제외지역(제21조 제1항, 시행규칙 제20조 제1항) 외의 공사장에서 발생하는
   소음 · 진동
 – 공장 · 공사장을 제외한 사업장에서 발생하는 소음 · 진동

생활소음 · 진동의 규제기준은 시행규칙 제20조 제3항 별표8에서 정한다(제21조 제2항).

## 2. 층간소음의 관리

최근 사회적으로 크게 문제가 되고 있는 층간소음도 생활소음의 일종으로 볼 수 있지
만, 소음 · 진동관리법은 층간소음의 범위와 기준에 대한 위임규정 등 극히 기본적인 사항
을 규율하고 있다.

환경부장관과 국토교통부장관은 공동으로 공동주택에서 발생되는 층간소음(인접한 세대
간 소음 포함)으로 인한 입주자 및 사용자의 피해를 최소화하고 발생된 피해에 관한 분쟁
을 해결하기 위하여 층간소음기준을 정하여야 한다(제21조의2 제1항). 층간소음의 피해 예
방 및 분쟁 해결을 위하여 필요한 경우 환경부장관은 대통령령으로 정하는 바에 따라 전
문기관으로 하여금 층간소음의 측정, 피해사례의 조사 · 상담 및 피해조정지원을 실시하도
록 할 수 있고(제21조의2 제2항), 층간소음의 범위와 기준은 환경부와 국토교통부의 공동부
령으로 정한다(제21조의2 제3항).[175]

---

175) 소음 · 진동관리법 제21조의2 제1항, 제3항에 따라 층간소음의 기준(*「공동주택 층간소음의 범위와 기준
    에 관한 규칙」제3조 별표)이 제정되어 있지만, 이 기준을 초과하더라도 취할 수 있는 행정처분은 소음 ·
    진동관리법령상 없다. 이러한 입법태도를 비판하며, 층간소음에 대한 강력한 규제수단이 필요하다는 주
    장도 제기되나, 층간소음의 기준 위반의 경우 그 측정의 현실적 어려움이 없지 않고, 층간소음기준을
    준수하지 않았다는 이유로 국민의 기본권을 침해하는 제재처분을 하는 것도 문제가 있는 쉽지 않은 난제
    이다. 이와 관련된 다양한 자율규제나 ADR의 필요성이 제기되는 것도 그 때문이다. 현행 층간소음의
    기준은 결국 손해배상이나 유지청구를 위한 수인한도 기준으로 기능하게 되는데, 지나치게 엄격해서 기
    준을 완화해야 한다는 주장도 제기되고 있다.

## 3. 생활소음·진동관리를 위한 조치

생활소음·진동관리를 위한 소음·진동관리법의 주요 조치로는 특정공사의 사전신고(제22조), 공사장 소음측정기기의 설치 권고(제22조의2), 이동소음의 규제(제24조), 폭약의 사용으로 인한 소음·진동의 방지(제25조) 등을 두고 있다.

특히 생활소음·진동의 규제기준을 초과한 자에 대한 조치명령으로서, 생활소음·진동이 규제기준을 초과하면 소음·진동을 발생시키는 자에게 작업시간의 조정, 소음·진동 발생 행위의 분산·중지, 방음·방진시설의 설치, 환경부령으로 정하는 소음이 적게 발생하는 건설기계의 사용 등 필요한 조치를 명할 수 있다(제23조 제1항). 관할 행정청이 이 규정에 따라 고소음장비를 사용하는 작업에 대하여 작업시간조정명령(가령, 그 소음이 규제기준 이내로 될 때까지 작업시간을 08:00~10:00까지로 제한할 것을 명함)을 한 경우 위 명령을 받은 자는 소음이 규제기준 이내로 되었으면 그 작업시간을 변경할 수 있는지 여부가 문제된다. 대법원은 위 작업시간조정명령은 고소음장비를 사용하는 작업 자체를 위 조정명령상의 작업시간 이내로 제한한 것이며 위 명령을 받은 자가 임의로 소음이 규제기준 이내가 되었다고 판단하여 그 작업시간을 변경할 수 없다고 판시했다(대법 2004. 3. 12. 선고 2002도2298 판결).

## IV. 교통소음·진동 관리

## 1. 교통소음·진동 관리기준

교통기관에서 발생하는 소음·진동의 관리기준(교통소음·진동 관리기준)은 환경부령으로 정한다(제25조 제1항). 이 경우 환경부장관은 미리 관계 중앙행정기관의 장과 교통소음·진동 관리기준 및 시행시기 등 필요한 사항을 협의하여야 한다(제25조 제2항).

## 2. 교통소음·진동관리지역 지정을 통한 관리

### (1) 교통소음·진동관리지역의 지정

특별시장·광역시장·특별자치시장·특별자치도지사 또는 시장·군수(광역시의 군수는 제외)는 교통기관에서 발생하는 소음·진동이 교통소음·진동 관리기준을 초과하거나 초과할 우려가 있는 경우에는 해당 지역을 교통소음·진동 관리지역으로 지정할 수 있다(제27조 제1항). 환경부장관은 교통소음·진동의 관리가 필요하다고 인정하는 지역을 교통소음·진동 관리지역으로 지정하여 줄 것을 특별시장·광역시장·특별자치시장·특별자치도지사 또는 시장·군수에게 요청할 수 있다(제27조 제2항). 각 지방자치단체에 따라 교통소음·진동 관리지역 지정의 기준이 달라질 수 있는 점에서 환경부장관의 이러한 요청권이 적절하게 행사될 필요가 있다.

### (2) 자동차 운행의 규제, 방음·방진시설의 설치

특별자치시장·특별자치도지사 또는 시장·군수·구청장은 교통소음·진동 관리지역을 통행하는 자동차를 운행하는 자(자동차운행자)에게 「도로교통법」에 따른 속도의 제한·우회 등 필요한 조치를 하여 줄 것을 지방경찰청장에게 요청할 수 있다(제28조). 또한, 특별시장·광역시장·특별자치시장·특별자치도지사 또는 시장·군수(광역시의 군수는 제외한다)는 교통소음·진동 관리지역에서 자동차 전용도로, 고속도로 및 철도로부터 발생하는 소음·진동이 교통소음·진동 관리기준을 초과하여 주민의 조용하고 평온한 생활환경이 침해된다고 인정하면 스스로 방음·방진시설을 설치하거나 해당 시설관리기관의 장에게 방음·방진시설의 설치 등 필요한 조치를 할 것을 요청할 수 있다(제29조 제1항).

## 3. 제작차 및 운행차의 소음규제

자동차 제작단계에서의 소음규제를 위해 제작차 소음허용기준(법 제30조, 시행령 제4조, 시행규칙 제29조 별표 13)을 척도로 하여, 제작차에 대한 인증 및 취소(제31조, 제32조, 제34조), 인증 또는 변경인증을 받은 자동차제작자가 그 사업을 양도하거나 사망한 경우 또는 법인이 합병한 경우의 권리·의무 승계(제32조), 인증시험대행기관의 지정 및 그 취소(제

31조의2, 제31조의3), 그와 관련된 과징금(제31조의4), 제작차의 소음검사(제33조)를 규정하고 있다. 또한, 타이어 소음허용기준(법 제34조의2, 시행규칙 제39조의2 별표 14의2)을 척도로 하여, 타이어 소음허용기준 초과에 따른 시정명령 등을 할 수 있다(제34조의3).

운행차의 소음규제를 위하여 운행차 소음허용기준(법 제35조, 시행령 제8조, 시행규칙 제40조 별표 13)을 척도로 하여, 운행차의 수시점검(제36조), 운행차의 정기검사(제37조), 개선명령(제38조) 등을 규정하고 있다.


## V. 항공기소음 관리

환경부장관은 항공기 소음이 대통령령으로 정하는 항공기 소음의 한도를 초과하여 공항 주변의 생활환경이 매우 손상된다고 인정하면 관계 기관의 장에게 방음시설의 설치나 그 밖에 항공기 소음의 방지에 필요한 조치를 요청할 수 있다(제39조 제1항). 제1항에 따른 조치는 항공기 소음 관리에 관한 다른 법률이 있으면 그 법률(가령, 항공법, 공항소음 방지 및 소음대책지원에 관한 법률 등)로 정하는 바에 따른다(제39조 제3항).

항공기 소음 피해에 대한 구제 역시 도로(국도 · 지방도)의 경우와 마찬가지로 영조물의 설치 · 관리의 하자에 관한 국가배상법 제5조에 따라 이루어지고 있다(김포공항소음사건, 대구K2공군기지소음사건 등).


## 제9절 환경분쟁조정법


## I. 총설

### 1. 환경분쟁의 의의 및 환경분쟁조정법의 목적

환경분쟁조정법은 환경분쟁의 알선(斡旋) · 조정(調停) · 재정(裁定) 및 중재(仲裁)의 절차 등을 규정함으로써 환경분쟁을 신속 · 공정하고 효율적으로 해결하여 환경을 보전하고 국민의 건강과 재산상의 피해를 구제함을 목적으로 한다(제1조). 이 법에서 '환경분쟁'이란 환경피해에 대한 다툼과 환경기술 및 환경산업 지원법 제2조 제2호에 따른 환경시설의 설치 또는 관리와 관련된 다툼을 말하며(제2조 제2호), '환경피해'란 사업활동, 그 밖에 사람의 활동에 의하여 발생하였거나 발생이 예상되는 대기오염, 수질오염, 토양오염, 해양오염, 소음·진동, 악취, 자연생태계 파괴, 일조 방해, 통풍 방해, 조망 저해, 인공조명에 의한 빛공해, 지하수 수위 또는 이동경로의 변화, 하천수위의 변화, 그 밖에 대통령령으로 정하는 원인으로 인한 건강상·재산상·정신상의 피해를 말하며, 다만, 방사능오염으로 인한 피해는 제외한다(제2조 제1호).

오늘날 환경문제로 인한 사인과 사인 간, 또는 행정주체와 사인 간의 갈등(conflict)이 현대국가에서는 크게 문제가 되고 있는 가운데, 이러한 환경갈등 문제 중 일정한 범위의 문제영역을 환경분쟁조정법에서는 '환경분쟁'으로 정의하고, 이에 대하여 소송에 의한 해결이 아닌 '대체적 분쟁해결'(ADR, Alternative Dispute Resolution) 수단으로서 알선, 조정, 재정, 중재의 해결방법을 환경분쟁조정법에서 규정하고 있다.

## 2. 환경분쟁조정법의 체계

환경분쟁조정법은 6개의 장으로 되어 있다. 이 중 가장 중심이 되는 '제3장 분쟁조정'에서는 분쟁의 종류인 알선, 조정, 재정, 중재의 절차를 규정하고 있다. 제4장 '다수인 관련분쟁의 조정'은 집단소송(class action)과, 제3장의 제26조는 단체소송(Verbandsklage)와 유사한 기능을 할 수 있는 제도라고 할 수 있다. 법 체계상 '다수인 관련분쟁의 조정'은 제26조의 환경단체의 신청과 함께 통상적인 신청(제16조)이 아닌 경우이다. 즉 조정(調整) 신청에는 ① 일반적인 조정신청(제16조) ② 환경단체의 조정신청(제26조), ③ 다수인관련분쟁의 조정신청(제46조 이하)이라는 3유형이 있다. 이 중 ③만 별도의 장으로 되어 있는데, 마찬가지로 특별한 조정신청의 경우인 ②도 제4장에서 함께 다룰 경우 보다 체계적인 구성이 되리라 생각된다. 후술하는 환경단체 조정신청의 문제점에 대한 보완과 함께 환경분쟁 조정절차에서나마 환경단체소송이나 환경집단소송과 유사한 구제절차가 활성화될 경우 향후 이러한 환경법 특유의 소송제도를 도입하는 데에도 기여할 수 있으리라 생각된다.

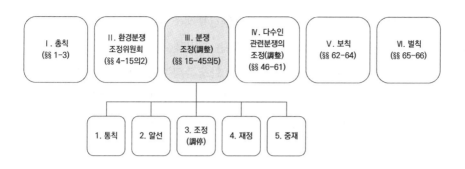

환경분쟁조정위원회에서는 모든 환경분쟁을 관할하는 것이 아니다. 가령 일조권분쟁은 과거 관할에 포함되지 않다가, 제한된 범위의 일조권분쟁을 관할로 포함시켰고, 점점 그 제한을 완화해 왔다. 그런데, 현행 법조문으로 이러한 관할을 법조문을 통하여 한눈에 파악하는 것은 쉽지 않다. 환경피해(제2조 제1호), 환경분쟁(제2조 제2호)을 순차적으로 이해해야 환경분쟁조정위원회의 관할사항을 파악할 수 있다. 따라서 '환경분쟁'의 의미를 '환경피해'와 연동시킬 필요가 없이, 한 조문에서 명확하게 함으로써 위원회의 관할사무를 바로 이해할 수 있도록 개정할 필요가 있다.

중앙조정위원회와 지방조정위원회의 관할구분도 이해하기 어렵게 규정되어 있다. 지방조정위원회의 관할은 '관할 구역에서 발생한 1억원 이하의 재정·중재사무(단, 일조 방해, 통풍 방해, 조망 저해로 인한 분쟁은 제외)'인데, 이 내용을 명확하게 규정하는 형식이 요청된다.

또 하나의 문제는 한글로는 같은 단어인 '조정'이 넓은 의미(調整) 또는 좁은 의미(調停)로 사용되고 있는 점이다. 환경분쟁'조정'(調整)이란 환경분쟁에 대한 알선·조정(調停, mediation)·재정 및 중재를 말한다(제2조 제3호). 과거 한자용어로는 쉽게 구분되었던 '조정'이 한글화가 된 오늘날 혼동의 우려가 있어 양자의 구분이 필요하게 되었다. 알선·조정·재정·중재를 포괄하는 조정(調整)을 대신할 적당한 용어를 찾기 어려운 것이 현실이지만, 해결해야 할 과제임은 분명하다.


## II. 환경분쟁조정위원회

### 1. 환경분쟁조정위원회의 사무 및 관할

환경분쟁 등의 소관사무(제5조)를 관장하기 위하여 환경부에 중앙환경분쟁조정위원회

("중앙조정위원회")를 설치하고, 시·도에 지방환경분쟁조정위원회("지방조정위원회")를 설치한다(제4조). 환경분쟁조정위원회의 소관 사무는 다음과 같다(제5조).

우선, 환경분쟁("분쟁")의 조정이다. 여기서 '환경분쟁'이란 환경피해에 대한 다툼과 환경시설의 설치 또는 관리와 관련된 다툼을 말한다(제2조 제2호). 그리고 '환경피해'란 사업활동, 그 밖에 사람의 활동에 의하여 발생하였거나 발생이 예상되는 대기오염, 수질오염, 토양오염, 해양오염, 소음·진동, 악취, 자연생태계 파괴, 일조 방해, 통풍 방해, 조망 저해, 인공조명에 의한 빛공해, 지하수 수위 또는 이동경로의 변화, 하천수위의 변화, 그 밖에 대통령령으로 정하는 원인으로 인한 건강상·재산상·정신상의 피해를 말하며, 방사능오염으로 인한 피해는 제외한다(제2조 제1호). 다만, 환경분쟁 중에서도 건축으로 인한 일조 방해 및 조망 저해와 관련된 분쟁의 조정은 그 건축으로 인한 다른 분쟁과 복합되어 있는 경우에만 해당하고, 지하수 수위 또는 이동경로의 변화와 관련된 분쟁의 조정은 공사 또는 작업(지하수의 개발·이용을 위한 공사 또는 작업은 제외)으로 인한 경우에만 해당한다.

다음으로, '환경피해와 관련되는 민원의 조사, 분석 및 상담', '분쟁의 예방 및 해결을 위한 제도와 정책의 연구 및 건의', '환경피해의 예방 및 구제와 관련된 교육, 홍보 및 지원', '그 밖에 법령에 따라 위원회의 소관으로 규정된 사항'과 같은 관련 사무도 소관사무에 해당한다.

## 2. 중앙조정위원회와 지방조정위원회

환경분쟁조정위원회 중에서도 중앙조정위원회는 분쟁 조정사무 중 다음의 사항을 관할한다(제6조 제1항).
- 분쟁의 재정 및 중재
- 국가나 지방자치단체를 당사자로 하는 분쟁의 조정
- 둘 이상의 시·도의 관할 구역에 걸친 분쟁의 조정
- 직권조정(職權調停)
- 원인재정과 원인재정 이후 신청된 분쟁의 조정
- 그 밖에 대통령령으로 정하는 분쟁의 조정

지방조정위원회는 해당 시·도의 관할 구역에서 발생한 분쟁의 조정사무 중 분쟁의 책임재정(원인재정은 중앙조정위원회의 전속 관할) 및 중재의 사항만을 관할하는데, 그중에서도 일조 방해, 통풍 방해, 조망 저해로 인한 분쟁은 제외한 것으로서 1억원 이하인 분쟁의 재정 및 중재사무만 해당하며, 중앙조정위원회에서 진행 중이거나 재정 또는 중재된 사건과 같은 원인으로 발생한 분쟁의 재정 또는 중재사무는 제외한다(제6조 제2항, 시행령 제3조 제2항). 따라서 대부분 중앙조정위원회의 관할사항이 되는데, 이는 다양한 환경분야의 조사인력 확보가 지방자치단체 차원에서는 용이하지 않은 현실적인 사정과 무관하지 않다. 이러한 이유로 환경분쟁조정은 주로 중앙조정위원회 중심으로 행해지고 있다.

## III. 분쟁조정

## 1. 신청자 구분에 따른 분류

### (1) 일반적인 환경분쟁조정(調整) 신청

조정을 신청하려는 자는 제6조에 따른 관할 위원회에 알선·조정(調停) 또는 재정 신청서를 제출하여야 한다(제16조 제1항). 국가를 당사자로 하는 조정에서는 환경부장관이 국가를 대표한다. 이 경우 환경부장관은 해당 사건의 소관 행정청 소속 공무원을 조정수행자로 지정할 수 있다(제16조 제2항). 위원회는 조정신청을 받았을 때에는 지체 없이 조정절차를 시작하여야 하며(제16조 제3항), 조정절차를 시작하기 전에 이해관계인이나 주무관청의 의견을 들을 수 있다(제16조 제4항). 위원회는 당사자의 분쟁 조정신청을 받았을 때에는 대통령령으로 정하는 기간 내에(원칙적으로 알선은 3개월, 조정·중재는 9개월, 원인재정은 6개월, 책임재정은 9개월의 기간 내에) 그 절차를 완료하여야 한다(제16조 제5항, 시행령 제12조).

### (2) 환경단체의 조정(調整) 신청

다음의 요건을 모두 갖춘 환경단체는 중대한 자연생태계 파괴로 인한 피해가 발생하였거나 발생할 위험이 현저한 경우에는 위원회의 허가를 받아 분쟁당사자를 대리하여 위원회에 조정을 신청할 수 있다(제26조 제1항).
- 민법 제32조에 따라 환경부장관의 허가를 받아 설립된 비영리법인일 것
- 정관에 따라 환경보호 등 공익의 보호와 증진을 목적으로 하는 단체일 것
- 그 밖에 대통령령으로 정하는 요건에 해당할 것

소송과 분쟁조정의 차이를 일단 접어두면, 마치 독일식 환경단체소송에서 볼 수 있는 공익·객관적 환경구제의 측면을 여기서 볼 수 있지만, '분쟁당사자를 대리하여'라는 주관적 요건은 공익·객관성을 떨어뜨리면서, 제도의 의미를 극히 저하시킨다. '중대한 자연생태계 파괴'의 요건 역시 지나치게 엄격하여, 환경단체가 제26조를 이용할 수 없게 만들고 있다. 따라서 제26조의 개정을 통하여 환경단체소송이 인정되지 않는 현행 제도에서 이 환경단체의 조정신청을 활성화할 필요가 있다.

### (3) 다수인관련분쟁의 조정(調整) 신청

다수인관련분쟁이란 같은 원인으로 인한 환경피해를 주장하는 자가 다수(多數)인 환경분쟁을 말한다(제2조 제4호). 다수인에게 같은 원인으로 환경피해가 발생하거나 발생할 우려가 있는 경우에는 그중 1명 또는 수인(數人)이 대표당사자로서 조정을 신청할 수 있다(제46조 제1항). 제1항에 따라 조정을 신청하려는 자는 위원회의 허가를 받아야 하며(제46조 제2항), 허가의 신청은 서면으로 하여야 한다(제46조 제3항).

다수인관련분쟁의 조정에 대하여 위원회가 허가할 수 있는 요건은 다음과 같다(제47조).

- 같은 원인으로 발생하였거나 발생할 우려가 있는 환경피해를 청구원인으로 할 것(1호)
- 공동의 이해관계를 가진 자가 100명 이상이며, 선정대표자에 의한 조정이 현저하게 곤란할 것(2호)
- 피해배상을 신청하는 경우에는 1명당 피해배상요구액이 500만원 이하일 것(3호)
- 신청인이 대표하려는 다수인 중 30명 이상이 동의할 것(4호)
- 신청인이 구성원의 이익을 공정하고 적절하게 대표할 수 있을 것(5호)

위원회는 다수인관련분쟁의 조정신청을 받았을 때에는 법이 정한 사항을 신청 후 15일 이내에 공고하고, 그 공고안을 그 분쟁이 발생한 지방자치단체의 사무소에서 공람할 수 있도록 하여야 한다(제51조 제1항). 대표당사자가 아닌 자로서 해당 분쟁의 조정결과와 이해관계가 있는 자는 이러한 공고가 있는 날부터 60일 이내에 조정절차에의 참가를 신청할 수 있으며(제52조 제1항), 제47조 제4호에 따라 동의를 한 자는 조정절차에 참가한 것으로 본다(제52조 제2항). 조정의 효력은 대표당사자와 제52조에 따라 참가를 신청한 자에게만 미친다(제53조). 제52조의 참가 신청을 하지 아니한 자는 그 신청원인 및 신청취지상 동일한 분쟁으로 인정되는 사건에 대하여는 다시 조정을 신청할 수 없다(제54조).

## 2. 조정(調整) 유형에 따른 분류

### (1) 알선(斡旋)

당사자의 자리를 주선하여 분쟁당사자 간의 합의를 유도하는 절차이다. 위원회에 의한 알선은 3명 이내의 알선위원이 한다(제27조 제1항).

### (2) 조정(調停)

#### 1) 의의

사실조사 후 조정위원회가 조정안을 작성하여 당사자 간의 합의를 수락 권고하는 절차이다. 조정은 당사자 간에 합의된 사항을 조서에 적음으로써 성립한다(제33조 제1항). 조정위원회가 조서를 작성하였을 때에는 지체 없이 조서의 정본(正本)을 당사자나 대리인에게 송달하여야 한다(제33조 제2항). 이러한 조정(調停, mediation)은 ADR제도의 핵심으로 진정한 법적 평화(Rechtsfrieden)를 추구하는 성격이 있어 준사법절차인 재정에 비하여 갈등해소의 측면에서는 더 큰 의미가 있다. 그러나 우리나라에서는 조정보다는 후술하는 재정이 주로 이용되는 것이 현실이다.

#### 2) 조정결정

조정위원회는 당사자 간에 합의가 이루어지지 아니한 경우로서 신청인의 주장이 이유 있다고 판단되는 경우에는 당사자들의 이익과 그 밖의 모든 사정을 고려하여 신청 취지에 반하지 아니하는 한도에서 조정을 갈음하는 결정(조정결정)을 할 수 있다(제33조의2 제1항). 조정결정은 문서로써 하여야 한다. 이 경우 조정결정 문서에는 사건번호, 사건명 등 법정사항을 적고 조정위원이 기명날인하여야 한다(제33조의2 제2항).

조정위원회가 조정결정을 하였을 때에는 지체 없이 조정결정문서의 정본을 당사자나 대리인에게 송달하여야 한다(제33조의2 제3항). 당사자는 조정결정문서 정본을 송달받은 날부터 14일 이내에 불복 사유를 명시하여 서면으로 이의신청을 할 수 있다(제33조의2 제4항).

### 3) 조정의 종결

조정위원회는 해당 조정사건에 관하여 당사자 간에 합의가 이루어질 가능성이 없다고 인정할 때에는 조정을 하지 아니한다는 결정으로 조정을 종결시킬 수 있다(제35조 제1항). 조정결정에 대하여 이의신청이 있는 경우에는 당사자 간의 조정은 종결된다(제35조 제2항). 조정절차가 진행 중인 분쟁에 대하여 재정 또는 중재 신청이 있으면 그 조정은 종결된다(제35조 제3항). 조정위원회는 조정이 종결되었을 때에는 그 사실을 당사자에게 통지하여야 한다(제35조 제4항). 통지를 받은 당사자가 통지를 받은 날부터 30일 이내에 소송을 제기한 경우 시효의 중단 및 제소기간의 계산에 있어서는 조정의 신청을 재판상의 청구로 본다(제35조 제5항).

### 4) 조정의 효력

제33조 제1항에 따라 성립된 조정과 제33조의2 제4항에 따른 이의신청이 없는 조정결정은 재판상 화해와 동일한 효력이 있다. 다만, 당사자가 임의로 처분할 수 없는 사항에 대해서는 그러하지 아니하다(제35조의2). 이러한 재판상 화해의 효력은 후술하는 재정문서의 효력이기도 하다.

### 5) 직권조정

중앙조정위원회는 환경오염으로 인한 사람의 생명·신체에 대한 중대한 피해, 환경시설의 설치 또는 관리와 관련된 다툼 등 사회적으로 파급효과가 클 것으로 우려되는 분쟁에 대하여는 당사자의 신청이 없는 경우에도 직권으로 조정절차를 시작할 수 있다(제30조 제1항). 시·도지사, 시장·군수·구청장(자치구의 구청장을 말한다) 또는 유역환경청장·지방환경청장은 직권조정이 필요하다고 판단되는 분쟁에 대해서는 중앙조정위원회에 직권조정을 요청할 수 있다(제30조 제2항).

## (3) 재정(裁定)

### 1) 의의 및 종류(원인재정, 책임재정)

사실조사 및 당사자 심문 후 재정위원회가 피해배상액을 결정하는 준사법적 절차이다. 재정위원회는 재정신청된 사건을 조정(調停)에 회부하는 것이 적합하다고 인정할 때에는 직권으로 직접 조정하거나 관할 위원회에 송부하여 조정하게 할 수 있다(제43조 제1항).

재정에는 다음 2종류가 있다(제35조의3).

- 원인재정: 환경피해를 발생시키는 행위와 환경피해 사이의 인과관계 존재 여부를 결정하는 재정
- 책임재정: 환경피해에 대한 분쟁당사자 간의 손해배상 등의 책임의 존재와 그 범위 등을 결정하는 재정

## 2) 원상회복을 명하는 책임재정

재정위원회는 환경피해의 복구를 위하여 원상회복이 필요하다고 인정하면 손해배상을 갈음하여 당사자에게 원상회복을 명하는 책임재정을 하여야 한다. 다만, 원상회복에 과다한 비용이 들거나 그 밖의 사유로 그 이행이 현저히 곤란하다고 인정하는 경우에는 그러하지 아니하다(제41조).

## 3) 재정문서의 효력

지방조정위원회의 재정위원회가 한 책임재정에 불복하는 당사자는 재정문서의 정본이 당사자에게 송달된 날부터 60일 이내에 중앙조정위원회에 책임재정을 신청할 수 있다(제42조 제1항). 재정위원회가 원인재정을 하여 재정문서의 정본을 송달받은 당사자는 이 법에 따른 알선, 조정, 책임재정 및 중재를 신청할 수 있다(제42조 제2항).

재정위원회가 책임재정을 한 경우에 재정문서의 정본이 당사자에게 송달된 날부터 60일 이내에 당사자 양쪽 또는 어느 한쪽으로부터 그 재정의 대상인 환경피해를 원인으로 하는 소송이 제기되지 아니하거나 그 소송이 철회된 경우(지방조정위원회의 책임재정에 불복하여 중앙조정위원회에 책임재정 신청)는 그 재정문서는 재판상 화해와 동일한 효력이 있다. 다만, 당사자가 임의로 처분할 수 없는 사항에 관한 것은 그러하지 아니하다(제42조 제3항). '재판상 화해와 동일한 효력'이 가지는 실무상 의미는 주로 피신청인의 의무불이행의 경우 별도로 그 집행을 위한 소송절차를 거치지 않고도 그 재정문서가 강제집행을 위한 집행권원으로서 효력이 있다는 점에 있다. 판례에 따르면, 재판상 화해조서에는 집행력뿐만 아니라 기판력도 인정되지만(대법 1962. 2. 15. 선고 4294민상914 판결), 기판력과 관련하여 재정절차의 실체적·절차적 정당성이 확보되었는지 등의 문제가 제기되기도 한다.

## 4) 재정신청 철회, 시효 중단, 소송과의 관계

재정절차가 진행 중인 분쟁에 대하여 중재신청이 있으면 그 재정신청은 철회된 것으로 본다(제43조의2). 당사자가 책임재정에 불복하여 소송을 제기한 경우 시효의 중단 및 제소기간의 계산에 있어서는 책임재정의 신청을 재판상의 청구로 본다(제44조).

재정이 신청된 사건에 대한 소송이 진행 중일 때에는 수소법원은 재정이 있을 때까지 소송절차를 중지할 수 있다(제45조 제1항). 재정위원회는 제1항에 따른 소송절차의 중지가 없는 경우에는 해당 사건의 재정절차를 중지하여야 한다. 다만, 제4항에 따라 원인재정을 하는 경우는 제외한다(제45조 제2항). 재정위원회는 재정이 신청된 사건과 같은 원인으로 다수인이 관련되는 같은 종류의 사건 또는 유사한 사건에 대한 소송이 진행 중인 경우에는 결정으로 재정절차를 중지할 수 있다(제45조 제3항). 환경분쟁에 대한 소송과 관련하여 수소법원은 분쟁의 인과관계 여부를 판단하기 위하여 필요한 경우에는 중앙조정위원회에 원인재정을 촉탁할 수 있으며, 이 경우 제16조 제1항에 따른 당사자의 신청이 있는 것으로 본다(제45조 제4항).

### (4) 중재(仲裁)

#### 1) 의의 및 중재위원의 구성

당사자 간의 합의로 분쟁을 법원의 재판이 아닌 중재위원회의 판정에 의하여 해결하는 절차이다. 중재는 3명의 위원으로 구성되는 중재위원회에서 한다(제45조의2 제1항). 중재위원은 사건마다 위원회 위원 중에서 위원회의 위원장이 지명하되, 당사자가 합의하여 위원을 선정한 경우에는 그 위원을 지명한다(제45조의2 제2항). 위원회의 규칙에서 정하는 위원이 중재위원회의 위원장이 되지만, 당사자가 합의하여 위원을 선정한 경우 그 위원 중에서 위원회의 위원장이 지명한 위원이 중재위원회의 위원장이 된다(제45조의2 제3항).

#### 2) 중재의 효력, 준용규정

중재는 양쪽 당사자 간에 법원의 확정판결과 동일한 효력이 있다(제45조의4). 중재위원회의 심문, 조사권, 증거보전, 중재의 방식 및 원상회복 등에 관하여는 재정에서의 관련 규정(제37조~제41조)을 준용한다(제45조의3). 중재에 대한 불복과 중재의 취소에 관하여는 중재법 제36조를 준용한다(제45조의5).

# 제7편

---

# 에너지행정법

特別行政法

# 제1장 에너지법 총론

## 제1절 에너지법의 체계

### Ⅰ. 에너지의 개념

에너지는 인류의 생존에 필요한 식량, 물과 함께 3대 재화에 속한다. 에너지는 개념적으로 어떤 물체나 사람이 일을 할 수 있는 힘 또는 능력을 말한다. 에너지의 어원은 그리스어로 "일"을 의미하는 "ergon"에 "속으로"를 의미하는 접두사 "en"을 결합한 "energon"에서 유래한 "energia"이다. 어원적으로 에너지는 "일을 하게 하는 내적인 무엇"이라고 할 수 있다. 「에너지법」은 에너지를 연료·열 및 전기로 에너지의 종류를 열거하고 있을 뿐이고, 에너지를 정의하지 않고 있다. 실정법에서 에너지의 개념을 정의하지 않고 있으나 에너지행정법에 접근을 위하여 에너지의 개념 정립은 학계에 주어진 과제라고 할 수 있다. 이러한 과제를 이행하기 위하여 에너지를 물건·기계·기기 등을 작동하게 하는 원동력으로 정의하여 볼 수 있다.

### Ⅱ. 에너지와 헌법

현행 「헌법」은 에너지라는 용어를 사용하지 않고 있다. 다만, 「헌법」 제120조제1항에서 "광물 기타 중요한 지하자원·수산자원·수력과 경제상 이용할 수 있는 자연력은 법률이 정하는 바에 의하여 일정한 기간 그 채취·개발 또는 이용을 특허할 수 있다"고 규정하고 있다. 에너지 중 석탄, 석유, 우라늄이나 천연가스는 광물에 속하고, 수력과 풍력은 자연력에 속한다. 그러므로 「헌법」 제120조는 에너지원으로 석탄, 석유, 가스, 우라늄과 같은 광물을 토지소유권과 분리하여 광업권을 법률로 특허로 설치할 수 있도록 정하고 있다.

「헌법」은 에너지에 관하여 특별한 규정을 하지 않고 있으나 「전기사업법」, 「고압가스 안전관리법」, 「에너지이용 합리화법」 등 에너지와 관련된 법률에서 에너지관련 사업자의 기본권을 보장하는 범위에서 의무를 부여하거나 기본권을 제한할 수 있도록 하고 있다. 이러한 의미에서 「헌법」은 에너지법의 방향을 설정하고, 적용에 대한 한계를 정하는 중요한 기능을 한다.

## III. 에너지법제

에너지법의 체계는 다양한 관점에 따라 정립하고 분류할 수 있다. 에너지와 관련된 실정법률을 중심으로 에너지법의 체계를 정리하면, 에너지 개발과 공급을 중심으로 하는 법률, 에너지사업과 관련된 법률, 에너지 안전과 관련된 법률, 에너지로 인한 환경보호와 관련된 법률, 에너지의 절약과 효율향상과 관련된 법률, 산업적 측면에서 에너지 육성·보급촉진과 관련된 법률로 분류할 수 있다.

이와 같은 분류에 따라 에너지법학의 대상이 되는 실정법을 구분할 수 있다. 우선 에너지 전반을 총괄하는 분야와 관련된 법률로 「에너지법」, 「저탄소 녹색성장 기본법」, 「에너지 및 자원사업 특별회계법」이 있다. 에너지의 개발과 공급과 관련된 법률로 「광업법」, 「해저광물자원개발법」, 「해외자원개발사업법」, 「전원개발에 관한 특례법」, 「발전소주변지역 지원에 관한 법률」, 「송·변전설비 주변지역의 보상 및 지원에 관한 법률」, 「한국가스공사법」, 「한국석유공사법」, 「한국전력공사법」, 「석탄공사법」, 「광물자원공사법」이 있다. 「광업법」은 국내 육상 지중에 매장된 연료인 석탄, 가스, 우라늄(uranium)을 채굴하여 에너지의 개발을 목적으로 하는 법률이고,[1] 「해저광물자원 개발법」은 국내 해양 지중에 매장된 석유, 천연가스의 탐사와 채굴을 위한 법률이며, 「해외자원개발 사업법」은 대한민

---

1) 에너지법학의 대상에 「광업법」을 포함하는 이유는 에너지에 해당하는 석탄과 석유를 법률에서 법정광물로 정하여 규율하고 있기 때문이다.

국 영토 밖에서 에너지자원 개발과 관련된 법률이라는 점에서 에너지 개발 관련 법률로 분류될 수 있다. 에너지는 인간의 생활에 필수품으로 정착한 현실에서 필요한 에너지원이 확보되어야 한다. 이와 관련된 에너지 법률이 위에서 언급한 법률들이다.

에너지사업과 관련된 법률은 에너지 소비자보호를 목적으로 하는 규제법으로서 에너지 사업자의 사업을 규제 하는 법률이다. 이에 속하는 국내의 실정법률은 「전기사업법」, 「도시가스사업법」, 「액화석유가스의 안전관리 및 사업법」, 「석유 및 석유대체연료 사업법」, 「석탄산업법」, 「집단에너지사업법」, 「전기공사업법」, 「전기공사공제조합법」이 있다.

에너지안전과 관련된 법률은 에너지의 개발, 운송, 저장, 사용을 함에 있어, 관련자의 생명, 건강을 보호하기 위하여 에너지 관련 기기, 설비 등의 안전성 확보를 목적으로 한다. 이에 속하는 국내실정법률은 「전기안전관리법」, 「전력기술관리법」, 「고압가스 안전관리법」, 「액화석유가스의 안전관리 및 사업법」, 「원자력안전법」, 「송유관안전관리법」, 「위험물안전관리법」, 「수소경제 육성 및 수소 안전관리에 관한 법률」이 있다.

에너지환경법으로 분류가능한 실정법률은 「신에너지 및 재생에너지 개발·이용·보급 촉진법」, 「지능형전력망의 구축 및 이용촉진에 관한 법률」, 「수소경제 육성 및 수소 안전관리에 관한 법률」, 「풍력발전 보급촉진 특별법」, 「에너지이용 합리화법」이 있다.

에너지 분야의 육성촉진법은 에너지기술개발과 관련된 「에너지법」, 「원자력진흥법」, 「에너지산업융복합단지의 지정 및 육성에 관한 법률」을 들 수 있다.


## 제2절 에너지법의 기본원리


## Ⅰ. 에너지 안정적 공급원리

에너지법의 제1원리는 에너지의 안정적인 공급원리이며, 에너지법의 기반을 이루고 있는 핵심원리이다. 에너지의 안정적 공급원리는 변동성 높은 에너지를 비축하는 에너지비축제도와 에너지의 다원성 확보, 에너지수입국가의 다원화 및 에너지의 보편적 공급을 통하여 실현된다. 즉, 에너지의 안정적 공급원리는 에너지안보의 원리라고도 할 수 있다. 특히 우리나라와 같이 에너지 해외의존도가 높은 국가로서 에너지의 안정적인 공급 없이는 경제성장은 물론이고 국민의 생활향상도 기대할 수 없기 때문이다. 국내 에너지를 특정된 에너지로 제한하여 사용하는 경우에 해당 에너지의 고갈이나 가격이 급등하는 경우 국민경제와 국민의 생활에 지대한 부정적 영향을 미치게 된다. 그러므로 에너지법은 에너지 다원화를 통하여 에너지의 안정적 공급을 실현하도록 에너지원별로 에너지의 사용을 할 수 있도록 하고 있다. 에너지분야에서 실질적으로 기본법적인 기능을 하는 「에너지법」도 목적규정에 안정적인 에너지수급 구조 실현을 천명하고 있다. 에너지의 안정적인 공급은 에너지법의 기반을 이루고 있는 가장 중요한 핵심원리라고 할 수 있다.

## II. 에너지 안전성 원리

에너지법의 제2원리는 에너지 안전성 원리이다. 에너지안전성 원리는 에너지의 안정적 공급원리와 대등할 정도로 에너지법에서 중요한 원칙이다. 아무리 풍부하고, 경제적이며, 친환경적인 에너지라고 하여도 개발, 생산, 운송, 저장 및 사용단계에서 안전할 수 없는 에너지는 사용하고 이용할 수 없다. 그러므로 에너지안전성의 원리는 에너지의 개발, 생산, 운송, 저장 및 사용에 따른 안전을 보장하도록 사업자와 사용자에게 안전에 필요한 의무를 부여하고 있다. 예를 들면, 프로판이나 부탄을 액화한 액화석유가스는 안전을 위하여 제조단계에서 제조허가의 요건으로 안전한 시설을 갖추도록 요구하고 있고, 액화석유가스를 저장하는 사용용기에 대하여 안전기준을 정하여 안전관리를 하고 있다.

## III. 에너지의 환경친화성 원리

에너지법의 제3원리는 환경친화성 원리이다. 환경친화성 원리는 에너지에 대한 환경규제와 관련된다. 에너지의 개발과 사용에서 친환경적이지 않은 에너지는 친환경적 에너지에게 자리를 내어주게 된다. 석탄발전이나 천연가스발전으로 인하여 배출되는 대기오염물질은 환경법적인 기준을 충족하여야 한다. 산업혁명 이후 화석에너지의 폭발적인 사용은 기후변화의 주된 원인으로 지목됨에 따라 에너지분야에서도 환경적 요인을 고려하지 않을 수 없다. 환경은 산업국가에서 에너지 분야를 넘어서 모든 인간의 활동에 관련된 인류공동의 가치로 자리매김하였다. 에너지도 에너지의 생산·운송·저장·사용이라는 전 과정에서 환경친화성이 요구되게 되었다.

# IV. 에너지경제성 원리

에너지법의 제4원리는 에너지 경제성 원리이다. 에너지는 모든 산업과 국민의 생활에 지대한 영향을 미치는 재화이다. 그러므로 에너지는 가능한 한 경제적으로 공급되어야 에너지를 사용하는 산업에 경쟁력을 강화할 수 있게 하고, 에너지의 보편적 공급에 기여하며, 국민의 생활에 편익을 제공할 수 있다. 에너지경제성 원리는 특히 에너지의 수입의존도가 높은 우리나라와 같은 국가에서 결코 포기할 수 없는 원리이다. 에너지 경제성 원리는 에너지 분야의 기술발전을 지속적으로 가능하게 하는 주요 원리이다. 에너지 경제성 원리는 에너지법에서 에너지 가격에 대한 정부의 인가에 대한 정당성을 부여하고, 주유소의 석유가격 게시의무를 석유판매자에게 부여할 수 있게 한다. 또한 에너지 경제성 원리는 경제성이 높은 발전소로 하여금 우선적으로 전력을 공급하게 하는 경제급전에 대한 정당성을 부여하는 근거가 된다.


# V. 에너지효율성 원리

에너지효율성 원리는 에너지생산과 사용 등 에너지 전반에 적용되는 원리이다. 에너지의 효율적 이용은 보다 적은 에너지사용으로 인간의 활동에 불편을 초래하지 않도록 하는 원리이다. 에너지효율성 원리는 에너지절약을 포함하는 원리이다. 에너지를 사용하는 냉장고나 에어컨의 효율등급을 표시하게 하는 제도는 에너지효율성 원리에 근거하는 제도에 속한다. 자동차의 연비기준을 정하여 일정한 연비에 미치지 못하는 자동차의 판매를 규제하는 제도도 역시 에너지 효율성 원리를 실현하는 제도라고 할 수 있다.

에너지가 부족한 국가나 해외 의존도가 높은 우리나라와 같은 국가에서 에너지효율성 원리는 보다 중요한 에너지법의 원리에 속한다. 특히 우리나라는 화석에너지자원을 거의 대부분 수입에 의존하고 있다. 이러한 상황에서 에너지사용 기기의 효율성을 증대하는 기술력으로 부존하는 에너지빈곤을 기술력으로 극복할 수 있게 하는 에너지법의 원리가 에너지효율성 원리라고 할 수 있다.

# 제2장 에너지개발법론

## 제1절 광업법 개관

## I. 광업법의 제정연혁

현행 「광업법」은 1951년 12월 23일 법률 제234호로 공포되었고, 1952년 2월 22일부터 시행된 이후 수차례의 개정을 거쳐 현재까지 효력을 유지하고 있는 법률이다. 동법률은 국내의 육상 지중에 매설된 석탄의 탐사, 채굴 등을 통하여 에너지 개발의 근거가 되는 법률이다. 동법률은 "지하자원을 합리적으로 개발함으로써 국가산업의 발달을 도모하기 위하여 광업에 관한 기본적 제도를 규정"하는 것을 목적으로 한다고 규정하고 있다. 그러나 「광업법」의 실질적인 역사는 조선 말기부터 시작되었다. 1895년 당시 대한제국은 우리나라 최초의 지하자원 개발에 관한 법규인 「사금개채(砂金開採)조례」를 제정하였다. 이는 현행 「광업법」의 실질적 모법이라고 할 수 있다. 1910년 한일 병합조약 이후 일본제국은 1915년 제령 제8호로 「조선광업령」을 공포하였고, 1916년에 동 시행규칙과 등록규칙을 제정하여 시행하였다.

일본제국주의 시대에 제정된 「조선광업령」은 1914년 1차 세계대전 영향으로 광물가격이 상승하여 일본제국이 산업자본 확립과 원료자원 확보를 명분으로 우리나라의 광물자원을 수탈할 목적으로 제정하였다. 일본제국주의 시대 광업정책은 일본제국이 외국으로부터 군수품을 비롯한 제품을 서양국가로부터 구매하기 위하여 금채굴을 주된 목적으로 하였다. 그 결과 일제 강점기에 국내의 광업은 금광업이 중심이 되었으며, 1937년 산금(産金)정책 및 1943년 제정된 금산정비령 제정은 모두 이의 일환이었다고 할 수 있다.

1951년 독립된 대한민국에서 제정된 「광업법」은 지하자원을 합리적으로 개발함으로써 국가산업의 발달을 도모하기 위하여 광업에 관한 기본적 제도를 규정할 목적으로 제정되었다. 제정당시 「광업법」은 총 8장 80조로 구성되었고, 부칙 12개의 조문으로 효력을 발하였다.[2] 「광업법」은 그 후 수차례의 개정과정을 거쳐 현행과 같은 법률로서 효력을 가지고, 육상 지중에 매장된 에너지와 관련된 석탄, 석유, 천연가스 개발에 관한 근거법으로 기능을 하고 있다. 그러나 현행 「광업법」은 우리나라의 육상 지중에 석유나 천연가스를 탐사나 발굴하지 못함으로써 실질적으로 에너지자원으로 석탄의 개발과 관련 실정법률로 기능을 하고 있다.[3] 해양 지중에 매장된 석유, 천연가스의 개발은 「광업법」이 아니라 「해저광물자원 개발법」에 따라 탐사와 채굴되고 있다.


## II. 광업법의 대상으로서 광업

### 1. 광업법상 광업

「광업법」은 광업을 규율하는 법으로서 육상 지중에 부존하는 에너지자원을 포함하는 광물 개발 관련 국내 공법이다. 광업은 사전적인 의미로 "광물의 탐사, 채굴, 제련, 제철 등을 행하는 사업"을 말한다. 광업의 광(鑛)은 "쇳돌 광"이다. 고전적인 의미에서 광업은 돌 속에 있는 쇠를 찾고, 끄집어내는 사업이다. 그러나 현대적 의미에서 광업은 돌 속에 있는 쇠와 관련된 사업으로 제한되지 않고, 쇠 외에 지하 또는 지표에 부존하는 지구의 지각변동으로 생성된 물질 중 인간의 활동에 필요한 물질을 찾아 채취하여 산업에 필요한 자원으로 활용하는 사업으로 볼 수 있다. 현행 「광업법」 제2조도 광업을 광물의 탐사(探査) 및 채굴과 이에 따르는 선광(選鑛)·제련 또는 그 밖의 사업으로 규정하고 있다. 그러므로 현행법상 광업은 광물의 탐

---

2) 제정당시 「광업법」은 광업권을 향유할 수 있는 자를 규정하고, 광업권은 물권으로 하며, 존속기간은 25년을 초과할 수 없도록 하였다. 또한 「광업법」은 광업권을 설정받고자 하는 자로 하여금 주무부장관에게 출원하여 그 허가를 얻도록 하였고, 광업권의 취소사유를 규정하였다. 국영광업은 법인을 설립하여 경영하게 할 수 있도록 하고, 광업권자에게 광업상 필요에 의한 경우 타인의 토지를 사용·수용할 수 있도록 하였고, 광해의 배상에 관한 사항을 규정하였고, 이의신청이 있는 경우 광업조정위원회를 설치하여 심의하도록 하였다.
3) 육상 지중에서는 천연가스나 석유가 발견되지 않고 있다는 점에서 「광업법」은 석탄 개발과 관련된 법률로서 기능하고 있다.

사 · 채굴 · 선광 · 제련뿐만 아니라 이와 직접 연관되는 부속사업까지를 포함한다.

## 2. 광업법상 광물

「광업법」상 광물은 지중 또는 지표에 존재하는 모든 물질이 아니라 법률에서 정하는 광물에 국한된다. 법률상 광업법의 적용을 받는 광물을 법정광물이라고 한다. 광물은 산업에 필수적인 기본물자로서 국민경제에 미치는 영향이 크나, 산업에 필요한 법정광물은 지역적으로 편중되어 있고 한정되어 있다. 그러므로 국가는 국익을 위하여 광물을 체계적이고 효율적으로 개발할 필요가 있다.

현행 「광업법」은 법률의 적용대상인 법정광물의 종류를 열거적으로 규정하고 있다. 법정광물은 "광물을 탐사 · 채굴 및 이에 따른 선광 · 제련"을 하는 광업과 연계되므로 「광업법」의 적용대상과 관련된다. 법정광물의 확정은 우리나라에서의 광물의 부존 현황, 해당 광물의 조성상태 및 개발 가능성, 산업원료로서의 경제성 및 활용여건 등을 고려하여 시기별로 달리 정하고 있다.[4]

## III. 광업권법제의 유형

광물자원은 제조업의 천연소재이고 특정된 지역에 편중하여 매장되어 있을 뿐만 아니라 그 부존량도 한정적이어서 체계적이고 효율적인 탐사 · 채굴 · 선광 · 제련 등은 국가산업의 경쟁력과 밀접한 관련을 가지고 있다. 광물이 가지는 이와 같은 특징으로 인하여 광업권을 정하고 있는 「광업법」은 해당 국가의 산업여건에 따라 광업권의 체계와 내용을 각각 다르게 규정하고 있다. 광업법제는 광물과 토지소유권과의 관계를 일치하는 법제와 분리하는 법제로 분류되고 있다. 광업권도 역시 광물의 탐사 · 채굴 등에 대한 국가의 개입방식과 범위에 따라 국가별로 다르게 규정하고 있다. 광업권에 관한 법제는 토지소유권자에게 광업권을 부여하는 토지소유권주의를 취하는 국가와 토지소유권과 광업권을 분리하는 광업권주의로 분류된다.[5]

---

4) 2010년 이전 「광업법」은 법정광물을 법률에 64종, 동법 시행령에서 2종을 각각 열거하여 총 66종으로 하였으나, 2010년 개정법에서는 석면, 코키나, 사철(砂鐵) 및 사석(砂錫)을 광물에서 제외하고, 희토류광을 신설하여 2020년 현재는 62개종으로 정하고 있다.
5) 헌재 2014. 2. 27. 선고 2010헌바483 결정.

# 1. 토지소유권주의

토지소유권주의는 광물의 탐사·채굴을 할 수 있는 광업권을 토지소유권과 별도의 권리로 분리하지 않고 토지소유권에 포함하는 광업법체계를 말한다. 즉, 토지소유권주의는 광물자원에 대한 권한을 토지소유자의 권리 내용에 포함하는 법률체계를 가지는 국가로서 영국, 미국, 캐나다, 호주 등과 같은 영미법계 국가에서 채택하고 있다. 토지소유권주의를 채택하는 국가의 광업법은 광물채굴의 권리가 토지소유권자에게 귀속되기 때문에 사법(私法)의 일반원리를 따르게 된다. 그러므로 토지소유자는 소유하는 토지의 지표 또는 지하에 있는 광물의 탐사권과 채굴권을 국가의 관여 없이 토지소유권에 근거하여 행사할 수 있으며, 자기의 의사와 역량에 따라 광물을 개발할 수 있다. 토지소유자는 국가의 개입 없이 「민법」의 일반원리에 따라 당사자 간에 계약을 통하여 지표나 지하에 매장된 광물의 탐사권이나 채굴권을 양도하거나 임대하여 광물을 취득할 수 있다. 그 결과 토지소유권주의를 채택하고 있는 국가는 광물의 탐사·채굴에 관하여 별도의 권리를 설정하는 법률을 제정하지 않고, 민법상 소유권에 기반한 토지소유자와 광업개발자 간 계약에 따르도록 하고 있다.

토지소유권주의는 자원이 충분하지 않은 국가가 채택하는 경우 다음과 같은 문제점을 가지게 된다. 첫째, 광물은 매장지역이 편중되어 있고 유한하므로 국가가 개입하지 않게 되면 체계적이고 합리적인 개발이 되지 아니하여 국가공동체의 자산이 낭비될 우려가 적지 않다.

둘째, 광물의 탐사와 채굴은 지하 심층에 매장되어 있는 경우도 적지 않기 때문에 탐사·채굴을 위하여 전문적인 기술이 필요하다. 그러므로 농작물 재배나 건축과 같이 토지소유자가 전형적으로 토지를 이용하는 방식과는 상당히 구별되기 때문에 전문적 기술력이 없는 토지소유자가 광물을 채굴함으로써 사고발생의 위험성이 적지 않다.

셋째, 광물자원은 토지소유권의 지상 경계선과는 관계없이 지하의 넓은 지역에 걸쳐 부존하는 것이 특징이다. 그러므로 토지소유자가 자기 소유권의 범위 내에서 광물을 개발하는 경우 탐사로 인한 이익이 이웃에게 부당하게 귀속되는 결과가 발생할 수 있다. 특히 오늘날과 같이 토지소유권이 세분화 되어 있는 현실에서 토지소유자 간 광물의 탐사와 채굴을 둘러싼 분쟁이 과도하게 발생할 수 있어, 광물자원의 합리적·경제적인 개발이 쉽지 않다.

넷째, 석탄이나 석유와 같은 핵심적 에너지는 에너지의 안정적 공급이라는 중대한 공익을 실현하기 위하여 국가에 의한 체계적인 관리의 필요성이 있다. 그러므로 국가의 중요한 에너지자원을 토지소유자에게 귀속하게 하는 토지소유권주의는 국가의 중요한 자원을 체계적으로 관리할 수 없는 문제에 봉착하게 된다.

토지소유권주의는 이와 같은 적지 않은 문제가 있어 영국은 금과 은의 채광권을 국왕에 귀속시키고, 석탄의 채광은 국영으로 제도화하고, 석유의 채광권은 국가권한으로 하고 있다. 토지소유권주의를 채택하고 있는 영·미법계에서도 순수한 토지소유권주의에 집착하지 않고, 점차 광업권을 토지소유권과 분리하는 방향으로 법률을 개정하고 있다.

## 2. 광업권주의

광업권주의는 광업권을 토지소유권으로부터 분리하여 별도의 권리로 인정하려는 광업권 법체계이다. 광업권주의는 광물에 대한 탐사와 채굴에 관한 권리를 토지소유권으로부터 분리한다. 그러므로 광업권주의를 채택하는 국가에서는 토지소유자도 광업에 관한 권리 없이는 광물을 채굴할 수 없다. 이와 같은 광업권주의를 채택하는 국가는 독일, 이탈리아, 프랑스 등 대륙법계통의 국가이다.[6] 광업권주의는 광업권과 토지소유권이 분리되는 결과 광업의 수행과 토지소유자의 통상적인 토지이용과의 사이에 충돌이 발생할 여지가 있어, 이를 조정하기 위하여 토지소유권주의보다 공법적 규제의 필요성이 클 수밖에 없다. 광업권주의를 채택하는 국가는 토지소유자의 의사와는 관계없이 광물채굴권을 광업권자에게 부여함으로서 발생할 수 있는 토지사용에 대한 손실을 토지소유권자에게 보상하도록 하여 토지소유권자와 광업권자 간 이해관계를 조절하고 있다.

광업권주의를 채택하고 있는 프랑스, 일본, 이탈리아 등과 같은 대륙법계 다수 국가의 광업법의 구조는 광업권을 다시 '탐사권'과 '채굴권'으로 이원화하고 있다. 그러나 동일한 대륙법계 국가인 독일은 채굴권만을 광업권으로 인정하고 광물자원 탐사에 대하여 특정한 권리 없이 행할 수 있도록 하고 있다. 대부분의 대륙법계 국가는 채굴권을 통상 독립적 물권으로 인정하여 독점적 배타성을 부여하고 있다. 그러나 채굴권의 양도성 여부는 국가마다 각각 다르다. 탐사권은 독립된 권리를 인정하더라도 배타성·양도성 등에 있어서는 국가마다 다양한 법제를 채택하고 있다.

6) 광업권주의는 다시 국가의 개입방식과 범위에 따라 국가광업권 전속주의, 광업권 특허주의로 구분될 수 있다. 국가광업권 전속주의는 광업권을 국가가 독점하는 것으로서 중남미 국가가 이에 속한다. 국가광업권 전속주의를 채택하는 국가는 석유, 가스 또는 석탄 등의 광물 중 전부나 일부를 국가소유로 하여 광물자원을 토지소유권과 분리하여 국가에 귀속시키고 있다. 이와 달리 광업권 특허주의는 국가의 허가(특허)를 받아서 탐사·채굴을 할 수 있도록 하는 것을 말한다.

## 3. 우리나라의 광업권주의

우리나라 「광업법」은 프로이센 광업법을 계수한 일본 광업법의 영향을 받아 대한제국 시대에 제정된 「광업법」에서부터 광업권주의를 채택하고 있다. 「광업법」은 제2조에서 "국가는 채굴(採掘)되지 아니한 광물에 대하여 채굴하고 취득할 권리를 부여할 권능을 갖는다"고 규정함으로써 미채굴광물에 대하여 원칙적으로 국가에게 채굴권을 인정하고 있다. 즉, 토지소유권자에게 광물의 채굴과 취득권을 부여하지 않고 있음을 법률로서 확정하고 있다. 광업권주의를 채택하는 우리나라는 국가도 광업권의 권리주체가 될 수 있다. 국가도 영리의 목적으로 직접 광업권을 행사할 수 있고, 특수법인을 설립하여 광업권을 위탁하여 수행할 수 있다. 또한 「광업법」은 "석유에 관한 광업권은 정부만이 가질 수 있다"고 규정함으로써 석유자원의 국유화원칙[7]을 채택하고 있다(제9조).

현행 「광업법」상 광업권은 탐사권과 채굴권을 모두 포함하는 물권적 성격의 권리로서 산업통상자원부장관의 허가를 받아야 등록할 수 있고(제15조), 등록하여야 권리로 인정받는다. 광업권의 출원은 중복된 경우 출원서의 도달순위에 따라 광업권자가 결정된다(제18조). 「광업법」상 광업권의 존속기간은 25년을 넘을 수 없으나 산업통상자원부장관의 허가를 받아 25년 단위로 계속 연장할 수 있다(제12조). 스스로 탐사 또는 채굴을 할 수 없는 광업권자는 광업법상 조광권(組鑛權)을 설정하여 탐사 또는 채굴을 할 수 있다(제52조 및 제54조).

---

7) 석유광업권은 「광업법」 제정당시 법인과 개인 누구나 가질 수 있는 권리였으나, 2002. 7. 20.부터 시행된 「광업법」에 석유광업권의 국유화가 규정되었다. 이에 따르면 정부만이 석유광업권을 가질 수 있고, 정부가 석유를 채굴하고 취득하고자 할 때는 석유광업권을 등록하고, 일반인이 광업권을 소유할 때 적용되는 광업권의 출원·허가 및 등록관련조항, 사업개시의무, 채광계획인가, 조광권 조항 등의 적용을 배제하도록 하였다. 「광업법」은 석유탐사, 채취 등 석유개발과 관련된 사항에 관한 절차적 사항을 규정하고 있지 않아 「해저광물자원개발법」에서 규정하고 있는 석유탐사, 채취 등 개발관련 조항들을 각각 준용하도록 하고 있다. 다만, 석유광업권의 개발에 필요한 탐사권과 채취권은 소유권과 구별되므로 국가가 에너지정책차원에서 중요한 에너지자원에 대하여 국가 스스로 광업권을 소유하고 있더라도 민간에게 채취·개발·이용을 하게 할 수 있다.

# 제2절 광업권

## Ⅰ. 광업권 개관

### 1. 광업권의 창설법으로서 광업법

광업권은 물권으로서 「헌법」에 의하여 보장되는 재산권에 속한다. 「헌법」 제23조제1항은 "모든 국민의 재산권은 보장된다"고 규정함과 동시에 "그 내용과 한계는 법률로 정한다"고 규정하고 있다. 광업권은 「광업법」에 의하여 설정된 권리이고, 광업권자는 다른 재산권과 동일하게 헌법적 보장을 받으므로 사용·수익과 처분권이 보장되는 권리이다. 광업권의 내용과 한계를 규정하는 법률은 「광업법」뿐만 아니라 관련된 다른 법률도 있다. 그러므로 「광업법」이나 그밖에 다른 법률에 의하여 정하여지는 광업권의 내용은 광업권의 제한을 포함하는 광업권의 본질적인 사항이다. 이러한 의미에서 광업권은 자연적으로 존재하는 권리가 아니라 「광업법」에 의하여 창설된 권리라고 할 수 있다. 「광업법」은 광업권이라는 권리를 형성·보호·제한을 하는 근거법률이다.

### 2. 광업권의 부여

국가는 채굴되지 않는 광물을 탐사하거나 채굴할 수 있는 권리를 부여할 권능을 가지고 있다(「광업법」 제2조). 「헌법」 제120조제1항은 "광물 기타 중요한 지하자원·수산자원·수력과 경제상 이용할 수 있는 자연력은 법률이 정하는 바에 의하여 일정한 기간 그 채취·개발 또는 이용을 특허할 수 있다."고 규정하고 있다. 「광업법」은 지하자원을 채취·개발 또는 이용에 관한 특허를 구체화하는 법률이다.

국가는 광업권자에게 광물을 탐사하거나 채굴할 수 있는 권리를 토지소유권과 분리하여 창설할 수 있으며, 「광업법」은 선원주의를 원칙으로 광업권을 부여하고 있다.[8] 「광업법」은 광업권이 설정된 광구에서 등록광물에 대한 독점적·배타적 채굴을 할 수 있는 물

---

[8] 광업권 부여방식은 선원주의(先願主義)와 능력주의(能力主義)로 나눌 수 있다. 선원주의는 광업권 설정을 먼저 출원한 사람에게 광업권을 부여하는 광업권 부여방식이고, 능력주의는 신청인의 기술력·경제적 능력을 고려하여 광업권을 설정하여는 광업권 부여방식이다.

권으로 간주하고 있다(「광업법」 제10조). 광업권은 배타적 성질을 가지는 물권으로 간주되기 때문에 제3자가 광구에서 광업을 방해하는 경우 광업권자는 방해자에 대하여 방해배제청구권 및 방해예방청구권을 행사할 수 있다. 또한 광업권은 원칙적으로 동일 광구에 2개 이상의 광업권을 설정하는 것이 허용되지 않는다(「광업법」 제20조). 그러나 동일한 광구에서 채굴하는 광물이 다른 경우에는 광업권의 중복설정이 가능하다(「광업법」 제21조). 다른 사람의 광업권이 설정된 광구에서 고의 또는 과실로 광업권이 없는 자가 광물을 채굴하는 경우 「광업법」에 따른 처벌을 받을 뿐만 아니라 해당 채굴행위에 대한 민법상 불법행위로 인한 손해배상청구권이 성립한다.

또한 광구의 분할이나 합병을 위해서는 허가를 받도록 하고 있어(「광업법」 제26조), 광업권이 설정된 광구는 관할 행정기관의 허가 없이 임의적으로 합병이나 분할을 할 수 없다.

## 3. 광업권의 종류

광업권과 직접 관련된 탐사는 채굴의 경제성에 필수적인 사항에 해당하는 매장된 광물의 존부와 양에 대한 파악을 위한 행위이고, 채굴은 탐사하여 파악한 광물을 실질적으로 획득하는 행위이다. 현행 「광업법」은 광업권을 탐사권과 채굴권으로 이원화하고 탐사실적이 있는 광구에 대하여만 채굴권을 부여하고 있다. 그러므로 광업권을 출원하려는 자는 탐사권과 채굴권을 구분하여 출원하여야 한다. 탐사권은 등록을 한 일정한 토지의 구역(이하 "광구"라 한다)에서 등록을 한 광물과 이와 같은 광상(鑛床)에 묻혀 있는 다른 광물을 탐사하는 권리이다. 채굴권은 광구에서 등록을 한 광물과 이와 같은 광상에 묻혀 있는 다른 광물을 채굴하고 취득하는 권리를 말한다.

「광업법」에서 규정하는 탐사권이나 채굴권은 물권적 성격의 권리로서 산업통상자원부장관의 허가를 받아야 등록할 수 있다(「광업법」 제15조). 탐사권과 채굴권은 출원이 중복된 경우에 출원서의 도달순위에 따라 권리 부여가 결정된다(「광업법」 제18조 및 제41조). 채굴권의 존속기간은 20년을 넘을 수 없으나 산업통상자원부장관의 허가를 받아 20년 단위로 계속 연장할 수 있다(「광업법」 제12조). 탐사권자는 조광권을 설정할 수 없으나 채굴권자는 조광권을 설정하여 채굴할 수 있다(「광업법」 제11조).[9]

---

9) 광업권의 행사방식으로 자영주의원칙은 광업권자가 아닌 제3자에게 광물의 탐사·채굴 등과 같은 개발을 하지 못하도록 금지하여 광업권자가 직접 광업권을 행사·운영해야 하는 원칙을 말한다. 「광업법」이 광업권행사의 자영주의를 채택한 이유는 광업권을 허가하는 행정청이 광업권에 근거하여 광물을 개발할 수 있

## 4. 광업권의 범위

우리나라는 광업권주의를 채택하고 있어 토지소유권과 광업권이 분리되므로, 광업권 설정은 토지소유자의 동의를 필요로 하지 않는다. 「민법」 제212조에 의하면 원래 토지에 대한 소유권은 지표나 지상의 공간을 포함하여 지하에도 미친다. 광업권은 토지를 전제로 설정되나 토지소유권과 분리되는 독자적인 권리로서 토지소유자의 권리를 제한한다. 그러므로 광업권은 토지소유자 또는 그로부터 토지사용권을 부여받은 자의 통상적인 토지 사용권과 충돌이 발생할 수 있다. 토지소유자도 광업권자의 채굴행위를 방해할 수 없지만, 광업권자도 해당 토지지하의 사용을 독점하거나 토지소유자의 정당한 토지 이용을 배제할 권한이 없다.


## II. 광업권설정 허가

## 1. 광업권의 출원자

광업권의 출원자는 광업권의 설정허가를 받을 수 있는 자격이 있는 자로서 대한민국 법인 또는 국민이다. 또한 외국인이나 외국법인도 국내의 광업권 출원을 할 수 있다(「광업법」 제10조의2제1항). 우리나라는 지하자원이 상당히 부족한 국가로서 상당한 광물을 외국으로부터 수입하거나 개발·수입하고 있어, 「광업법」도 상호주의원칙에 따라 외국인에게 광업권의 출원을 허용하고 있다.

광업권설정의 출원은 원칙적으로 2명 이상이 공동으로 할 수 있다. 공동광업출원인은 그 중 1명을 대표로 정하여 산업통상자원부장관에게 신고하여야 한다. 공동광업출원인은 대표자를 변경한 경우에도 산업통상자원부장관에게 신고하여야 하며, 신고하지 아니하면 대표자의 변경은 효력이 발생하지 아니한다. 대표자는 국가에 대하여 공동광업출원인을 대표한다.

---

는 자격과 능력을 가진 자에게 광업권을 부여하였으나 해당 광업권을 행사할 수 있는 자격과 능력이 없는 자에게 원칙적으로 임대하거나 위탁하지 못하도록 하는 데에 있다.

## 2. 광업권출원의 절차

광업권 출원은 「광업법」에 따라 광업권 출원자가 광업권설정 출원서를 산업통상자원부장관에게 제출하는 행위를 말한다. 광업권 출원은 일반적으로 광업권 설정에 대한 신청행위이다. 광업권을 출원하는 자는 산업통상자원부장관에게 광업권설정 출원서와 광상설명서 등 출원허가에 필요한 서류를 첨부하여 제출하여야 한다(「광업법」 제15조).

광업권의 출원을 받은 산업통상자원부장관은 우선 광업권설정의 출원 서류가 완비되지 아니한 때에는 상당한 기간을 정하여 수정·보완하게 할 수 있다. 산업통상자원부장관은 광업권설정을 결정하기 위하여 현장조사를 하여야 한다. 광업권설정 허가절차에 현장조사를 하도록 하는 「광업법」의 목적은 광업권 출원서류의 진정성에 관한 확인에 있다. 산업통상자원부장관은 광업권설정 허가를 위하여 현장조사를 통하여 출원한 서류가 사실에 부합하는지를 조사하여야 한다. 광업권은 광구를 단위로 하여 설정되기 때문에 현장조사도 출원광구에 출원광물의 부존여부를 파악하기 위한 것이다[10].

## 3. 광업권설정 허가의 요건

광업권설정 허가는 강학상 특허에 해당한다. 그러므로 허가관청은 광업권설정 허가를 함에 있어 비교적 광범위한 재량을 가진다. 그러나 「광업법」은 광업권설정 허가거부처분의 근거를 상세하게 명시하고 있다. 특히 「광업법」은 광업권설정 허가를 거부할 수 있는 근거를 다음과 같이 특별하게 규정하고 있다.

첫째, 「광업법」은 광업권의 존속기간이 끝나 광업권이 소멸한 경우, 광업권이 취소되어 광업권이 소멸한 경우, 광업권의 포기로 소멸한 경우로서 그 광업권이 소멸한 후 1년 이내에는 소멸한 광구에 등록되었던 광물 및 그 광물과 같은 광상에 묻혀 있는 다른 광물을 목적으로 하는 광업권설정의 출원(광구를 늘리는 증구 출원을 포함한다)을 할 수 없다고 규정하고 있다(「광업법」 제16조).

둘째, 광업권 허가의 요건은 이중광구금지이다. 「광업법」은 광업권설정에 관하여 소위 이중광구금지의 원칙 또는 일광구일광업권 원칙을 채택하고 있다. 일광구일광업권 원칙에 따라 「광업법」은 광업권설정의 출원이 같은 광구에 중복 출원된 경우에는 광업권설정 출원서의 도달 일시가 앞선 출원인에게 우선적으로 광업권을 부여한다(「광업법」 제18조).

---

10) 대법 1991. 8. 9. 선고 90누7326 판결(광업권출원각하처분취소).

광업권설정출원서가 동시에 도달한 경우에는 채굴권설정의 출원이 탐사권설정의 출원보다 우선하고, 같은 종류의 광업권설정의 출원이 여럿이면 산업통상자원부장관이 추첨에 따라 우선권자를 정한다. 산업통상자원부장관은 일광구일광업권 원칙을 위반하여 이미 광업권이 설정된 동일광구에 동종광업권의 설정을 착오로 허가한 경우에 설정된 하나의 광업권을 취소하거나 광업권 변경처분을 하여야 한다.[11] 그러나 일광구일광업권 원칙에도 불구하고 하나의 광구에 다른 종류의 광물(異種 鑛物)을 각각 탐사 또는 채굴하여도 운영에 지장이 없다고 인정되는 경우에 일광구일광업권 원칙의 예외가 허용된다.

셋째, 광업권 허가의 요건은 공익침해성이 없어야 한다. 즉, 산업통상자원부장관은 광업권설정의 출원구역에서 광물을 탐사하거나 채굴하는 것이 공익을 해친다고 인정하는 경우에 광업권설정허가를 거부할 수 있다(「광업법」 제24조제1항). 산업통상자원부장관은 국가중요건설사업지 또는 그 인접지역에서 광업을 할 경우 국가중요건설사업에 지장이 있다고 인정하면 광업권설정의 출원구역을 줄여 허가하거나 광업권설정을 허가하지 아니할 수 있다.

넷째, 광업권 허가요건은 경제성원칙이다. 광업권의 허가는 산업통상자원부장관이 정하여 고시하는 광물의 종류별 광체(鑛體)의 규모 및 품위(品位) 등 기준을 충족하여야 한다.


## 4. 광업권설정 허가의 법적 성질

광업권이란 등록을 한 일정한 토지의 구역에서 등록을 한 광물과 이와 같은 광상에 묻혀 있는 다른 광물을 탐사 및 채굴하여 취득하는 권리이다(「광업법」 제3조제3호부터 제3호의 3까지). 광업권설정의 허가는 국가가 채굴되지 아니한 광물에 대한 탐사·채굴·취득을 할 권리인 광업권을 산업통상자원부장관이 부여하는 행정처분이다.[12] 광업권설정 허가는 광업권 출원자에게 기본권이 부여하지 아니한 타인 소유의 토지 지하에 부존하는 광물을 탐사·채굴할 수 있는 포괄적 권리를 부여하는 전형적인 강학상 특허에 해당한다. 광업권은 등록한 광구에서 광물을 배타적으로 탐사·채굴·취득할 수 있는 잠재적·추상적 권리를 의미할 뿐이다.

광업권의 행사로 광물을 채굴·취득하기 위하여 광업권자는 광업권의 설정과 별개로 반드시 사전에 탐광신고나 채광계획인가를 받아야 한다. 「광업법」에 따라 설정된 광업권은 「민법」상 토지소유권자의 권리를 제한하지 못한다. 광업권의 행사를 위한 타인 토지

---

11) 대법 1962. 12. 20. 선고 62누186 판결(광업권추가등록처분취소).
12) 대법 2009. 5. 14. 선고 2009두638 판결(광업권설정허가처분취소등).

의 사용·수용권은 광업권 설정허가 자체에 부여되지 않고, 별도로 이에 필요한 채광계획인가를 받아야 부여받는다. 그러므로 광업권설정 허가는 광구 주변지역 주민, 토지소유권자 및 토지사용권자의 권리나 이익에 어떠한 영향도 미친다고 볼 수 없다. 광업권자는 채광계획인가를 받아야 광업권에 근거하여 구체적 개발행위를 할 수 있다. 그러므로 산업통상자원부장관은 채광계획인가를 하에 있어 공익과 사익에 관한 여러 사정들에 대한 구체적 내용을 비교·형량하여야 한다.[13]

## III. 광업권의 등록

### 1. 등록권자 및 등록절차

광업권을 출원하여 허가를 받은 광업권자는 광업권설정의 허가 통지를 받은 날부터 산업통상자원부장관에게 등록을 신청하여야 한다(「광업법」 제28조). 등록을 신청하지 아니하면 광업권설정허가의 효력은 실효된다. 광업권출원자가 등록을 위하여 우선 등록세를 납부한 후 등록신청서에 등록세영수증명 확인서와 영수증명통지서를 첨부하여 60일 이내에 제출하여야 한다.

### 2. 광업권 등록의 법적 성질

광업권등록은 관할 행정청이 발한 광업권설정허가에 대한 광업권출원자의 수인행위에 해당한다. 일반적으로 법률에 따른 허가나 특허를 받은 자는 그 자체로 허가나 특허의 내용대로 행위를 할 수 있는 권리가 발생한다. 그러나 광업권설정 허가는 다른 사업허가와는 달리 등록이라는 추가적인 행위를 하여야 비로소 광업권설정 허가의 효력이 유지된다. 그러므로 광업권등록은 광업권의 창설행위에 해당한다. 광업권설정 허가를 받은 자가 광업권 등록을 신청함으로써 광업권을 얻게 되고, 광업권 등록신청을 받은 산업통상자원부장관은 광업원부에 등록을 한다. 그러나 광업권의 등록과는 달리 광업원부에 등록은 산업통상자원부장관의 광업권 설정 허가처분을 전제로 하는 직권행위에 불과하다. 산업통상자원부장관의 광업원부에 등록행위 자체는 광업권을 부여하는 처분

---

13) 대법 2009. 5. 14. 선고 2009두638 판결(광업권설정허가처분취소등).

에 해당하지 않는다.[14]

## 3. 광업권 등록 사항

광업원부에 등록하여야 하는 사항은 광물 및 광업권의 종류, 광업권 또는 저당권의 설정·변경·이전·소멸 및 처분의 제한, 광업권의 존속기간, 공동광업권자의 탈퇴에 관한 사항 등이다(「광업법」 제38조). 광업원부 등록은 등기를 갈음한 것으로 본다. 광업권설정 허가를 받아 등록을 한 광업권자가 등록된 광구에서 광물을 채굴하는 과정에서 등록한 광물이 아닌 광종을 추가로 확인한 경우에 해당 광물을 채굴·취득하기 위하여 추가 확인한 광종을 다시 출원하여 등록하여야 한다. 왜냐하면 「광업법」 제15조에 따르면, 추가 확인한 광종은 광업권설정 허가를 받지 않은 광종이기 때문이다.

광업권 등록은 대통령령인 「광업등록령」에서 구체적으로 규정하고 있다. 광업권등록의 소관 행정기관은 산업통상자원부 소속 광업등록사무소장이다. 광업권설정허가를 받은 출원자는 광업등록사무소장에게 광업원부 광업권등록에 필요한 사항을 제출하여야 한다. 광업권등록은 법령에 따라 광업등록사무소장의 직권, 신청 또는 촉탁으로만 할 수 있다. 촉탁에 의한 등록의 절차에 관하여 법령에 특별한 규정이 없는 경우에 신청에 의한 광업권 등록에 관한 규정을 준용한다. 광업권등록은 등록권리자(등록으로 법률상 이익을 받는 자를 말한다)와 등록의무자(등록으로 법률상 불이익을 받는 자를 말한다)가 신청하여야 한다.

## 4. 광업권의 효력

광업권자는 광업권등록이 된 바에 따라 광물을 탐사·채굴할 수 있다. 일단 설정되거나 등록된 광업권은 「광업법」에 따라 취소되거나 당연무효로 되는 사유가 없는 한 효력을 가지고 존속한다. 광업권설정 광구 안의 광물이 채굴할 경제적 가치가 없는 경우에 설정되어 등록된 광업권은 효력이 유지된다.[15] 그러므로 등록된 광업권은 설정되거나 등록된 광업권의 광구 안에 매장된 납석, 장석이 채굴할 만한 경제적 가치가 없어도 그 사정만으로 동일구역 내에 중복된 광업권출원을 허가할 수 없다.[16] 광업권이 수차에 걸쳐 양도되

---

14) 대법 1966. 4. 6. 선고 65누145 판결(광업권취소처분취소).
15) 대법 1984. 12. 26. 선고 84누635 판결.
16) 대법 1987. 2. 24. 선고 84누617 판결(광업권설정불허가처분취소).

어도 당초 양도인의 동의 없이 경유된 중간생략등록이라 하여도 실체관계에 부합하는 이상 특별한 사유가 없는 한 유효하다.[17]

「광업법」은 광업권자에게만 미채굴광물을 채굴할 수 있도록 하고, 광업권자가 아닌 자가 광물을 채굴한 경우 처벌하도록 규정하고 있다. 또한 「광업법」은 상속, 양도, 저당, 체납처분과 강제집행 이외에는 광업권자 아닌 자에게 광업권을 부여하거나 그 광업의 관리경영을 일임하도록 하는 내용의 계약을 무효로 하고 있다.[18]

## 5. 광업권의 제한

우리나라 「광업법」은 토지소유권과 광업권을 분리함으로써 지하에 매장된 광물을 원칙적으로 국가 소유로 본다. 그러므로 토지소유권자도 해당 토지의 지하에 매장된 광물을 탐사하거나 채굴하기 위해서는 산업통상자원부장관의 허가를 받아야 한다. 2011년 1월 28일부터 시행된 「광업법」[19]은 광업권을 등록하고도 광물자원을 개발하지 않거나 무분별한 개발로 환경에 악영향을 주는 사례를 개선하기 위하여 광산개발 단계에 따라 광업권을 탐사권과 채굴권으로 구분하고, 권리의 존속기간을 탐사권 7년과 채굴권 20년으로 각각 달리 규정하고 있다. 다만, 채굴권의 존속기간은 연장가능하며, 연장기간은 20년을 넘을 수 없다.

광업권은 처분에 대한 제한을 받는다. 탐사권은 상속, 양도, 체납처분 또는 강제집행의 경우 외에는 권리의 목적으로 하거나 타인이 행사하게 할 수 없다. 채굴권은 상속, 양도, 조광권·저당권의 설정, 체납처분 또는 강제집행의 경우 외에는 권리의 목적으로 하거나 타인이 행사하게 할 수 없다(「광업법」 제11조).

공동광업권자의 권리관계는 조합계약을 한 합유관계로 보며(「광업법」 제17조), 공유관계가 아니다. 조합의 합유관계에서 지분은 「민법」 제273조의 합유에 관한 규정[20]에 따라 전원의 동의 없이는 처분할 수 없다. 그러므로 공동광업권자의 광업권의 지분은 다른 공동광업권자의 동의 없이는 양도하거나 조광권 또는 저당권의 목적으로 할 수 없다.

---

17) 대법 1969. 8. 19. 선고 69다765 판결(광업권이전등록말소등).
18) 대법 1962. 2. 15. 선고 4294민상986 판결; 1966. 7. 5. 선고 66다423 판결(손해배상).
19) 법률 제9982호, 시행일 2011. 1. 28.
20) 「민법」 제273조(합유지분의 처분과 합유물의 분할금지) ① 합유자는 전원의 동의없이 합유물에 대한 지분을 처분하지 못한다.

## Ⅳ. 광업권의 행사

### 1. 탐사권계획 신고 및 실적 제출

탐사권자는 탐사권 설정등록이 된 날부터 1년 이내에 탐사계획을 산업통상자원부장관에게 신고하여야 한다. 탐사권자가 탐사계획을 신고하는 때에는 물리탐사, 지화학탐사, 시추탐사(사광상의 경우 시정탐사를 말한다), 굴진탐사 중 어느 하나의 탐사방법에 따른 탐사계획을 수립하여 신고하여야 한다. 신고한 탐사계획을 변경하는 경우에도 신고를 하여야 한다. 「광업법」은 굴진탐사[21]를 원칙적으로 금지하고 있으나, 예외적으로 불가피한 사유로 산업통상자원부장관의 허가를 받은 경우에는 굴진탐사가 허용된다.

탐사권자는 탐사계획을 신고한 날부터 3년 이내에 산업통상자원부장관에게 탐사실적을 제출하여야 한다(「광업법」 제41조). 그러나 예외적으로 탐사권자가 자신의 귀책사유가 아닌 「광업법」 제25조에 따라 부과된 조건 이행 때문에 기간이 지연된 경우, 해당 탐사권과 관련하여 소송이 진행 중인 경우, 천재지변이나 그 밖의 불가항력으로 탐사를 시작할 수 없거나 탐사가 지연된 경우에는 3년의 범위에서 한 차례 탐사실적의 제출기간을 연장할 수 있다. 다만, 이 경우에도 탐사계획 및 탐사실적의 제출기간을 더한 전체 기간이 탐사권의 존속기간인 7년을 넘을 수는 없다.

정부는 탐사권자가 탐사한 결과를 기초로 채굴의 경제성을 판단하여 채굴의 허가 여부를 판단하게 된다. 정부는 채굴허가에 대한 판단을 위하여 제출한 탐사실적에 대한 진정성을 확인할 필요가 있다. 탐사실적의 인정을 받고자 하는 탐사권자는 탐사실적의 제출기간이 끝나기 전까지, 탐사실적 제출기간을 연장 받은 자는 그 연장기간이 끝나기 3개월 전까지 탐사실적 인정신청서에 탐사결과를 반영한 광상설명서, 광량보고서, 굴진갱도가 표시된 광구도, 탐사실적 보고서를 첨부하여 광업등록사무소장에게 제출하여야 한다. 광업등록사무소장은 탐사권자로부터 탐사실적 인정신청서를 받은 경우에 14일 이내에 인정 여부를 결정하여야 하고, 실적을 인정한 경우에는 탐사실적인정서를 신청인에게 발급하여야 한다. 탐사권자의 탐사실적 제출은 채굴권설정의 출원으로 간주된다.

---

21) 광체의 분포·품위 등을 파악하기 위하여 갱도를 만들어 수행하는 탐사방법을 말한다.

## 2. 탐사실적인정과 채굴권허가의 관계

탐사실적의 제출은 바로 채굴권설정에 대한 출원으로 간주되기 때문에 제출받은 탐사실적이 「광업법」 제24조제1항에 따른 광물의 종류별 광체의 규모 및 품위 등 기준에 적합하여 산업통상자원부장관으로부터 탐사실적을 인정받은 경우에 채굴권설정 허가를 받게 된다. 광업권의 허가는 원칙적으로 특허에 해당하기 때문에 「광업법」에서 특별하게 정하지 않는 한 광업권 허가권자는 이론적으로 관할 행정청이 폭넓은 재량을 가진다. 그러나 현행 「광업법」 제41조는 광업등록사무소장으로부터 탐사실적인정서를 받아서 탐사실적을 제출한 자에게 채굴권설정의 허가를 의무적으로 해주도록 하고 있다. 그러므로 산업통상자원부장관은 탐사실적에 대한 인정을 받은 탐사권자에 대하여는 채굴권설정 허가를 할 때 재량이 없다. 「광업법」은 이론적으로 인정되는 관할 행정청의 재량권을 법률규정으로 허용하지 않고 있다.

## 3. 채굴권 설정등록

탐사권자는 채굴권허가를 받은 경우 다시 채굴권설정 등록을 하여야 한다. 탐사권은 탐사권을 설정한 자가 채굴권설정을 등록하면, 탐사권의 존속기간에도 불구하고 자동적으로 소멸된다. 왜냐하면 탐사권은 채굴권 행사의 전제이기 때문에 탐사권이 채굴권으로 전환되면 더 이상 탐사권을 유지할 필요성이 실질적으로 없기 때문이다.

채굴권설정 등록은 등록한 구역에서 등록된 광물을 지중으로부터 채굴·취득하는 물권으로 지중의 광물을 독점적이고도 배타적으로 채굴·취득할 수 있는 권리를 등록자에게 부여한다. 채굴권설정 등록으로 광업권은 광구의 지중에 있는 광물을 채굴하여 취득할 수 있으나 해당 토지의 지표에는 효력이 미치지는 않는다. 그러므로 광업권자가 지표의 토지를 사용하기 위하여는 토지 소유자와 사법상의 계약을 체결하여 토지사용권을 취득하거나 「광업법」에 따라 산업통상자원부장관의 인정을 받아 토지의 사용·수용권을 취득하여야 한다(「광업법」 제72조). 광업권자는 토지 지표의 사용에 관한 다른 배타적인 권원이 없는 한 적법한 권원에 근거하여 광구의 지표에 설치된 영조물에 대하여는 광업권에 근거하여 방해배제청구권의 효력으로 그 철거를 요구할 수 없다.[22] 채굴권설정 등록은 채굴권이 설정된 광구에서 채굴된 광물에 대한 채굴권·취득권과 동시에 채굴되지 않은 광물

---

22) 대법 1996. 4. 26. 선고 94다57336 판결(광업권배제등).

에 대한 소유권도 가지는 법적 효과가 있다. 그러므로 광구 안에서 토지로부터 분리된 광물은 그 광업권자 또는 조광권자의 소유로 된다.[23]

## 4. 채굴계획의 인가

채굴권설정등록을 한 채굴권자는 채굴을 시작하기 전에 산업통상자원부장관의 채굴계획 인가를 받아야 하고, 인가받은 채굴계획을 변경하려는 경우에도 변경인가를 받아야 한다(「광업법」 제42조). 채굴인가를 받지 않으면 채굴권자는 광물의 채굴이나 취득을 하지 못한다. 채굴계획의 인가는 채굴권설정의 등록이 된 날부터 3년 이내에 채굴계획의 인가를 신청하여야 한다.

채굴계획의 인가는 광업권의 행사를 보장하면서도 광산개발에 따른 자연경관의 훼손, 상수원의 수질오염등 공익침해 방지를 목적으로 한다. 이를 위하여 광업권설정 등록을 하여도 실제 광물을 채굴하기 위하여 채굴계획인가를 관할 행정청으로부터 받도록 하고 있다. 채굴계획인가시 관할 행정기관은 채굴계획이 중대한 공익에 배치된다고 판단하는 경우에 그 인가를 거부할 수 있다. 그러나 채굴계획 인가를 거부하는 경우 관할 행정기관은 정당한 사유를 제시하여야 한다.[24] 또한 채굴권자가 이미 채굴계획의 인가를 받은 경우에도 산업통상자원부장관은 광업의 합리적 개발을 위하여 필요하다고 인정하는 때에는 채굴권자에게 채굴계획의 변경을 명할 수 있다. 이 명령에 따르지 않으면 산업통상자원부장관은 채굴권을 취소할 수 있다. 행정청의 채굴계획 인가의 변경대상과 범위는 행정법의 일반원칙에 따라야 하나 산업통상자원부장관에게 상당한 재량이 부여되어 있다.

채굴계획인가는 광업권자로 하여금 채굴제한 등 특별한 사유가 없는 한 인가된 채광계획구역에서 등록된 광물을 채굴하여 자유롭게 처분할 수 있도록 하고 또한 동일광상 중에 부존하는 다른 광물이나 골재를 부수적으로 채굴·채취할 수 있게 한다. 광업권자는 채굴계획인가를 받음으로써 채굴계획인가를 받은 광물을 채굴할 수 있는 권리를 가지게

---

23) 대법 2014. 12. 11. 선고 2012다70760 판결.
24) 채광계획 인가신청 대상토지는 국토이용관리법상 자연환경보전지역으로 고시되고, (구)환경보전법에 의하여 상수원 수질보전 특별대책지역 1권역으로 지정 고시된 지역으로서 이 사건 원고의 채광계획에 의하는 경우 입목의 벌채, 토지의 형질변경행위 등으로 인하여 자연경관을 해할 우려가 있으며, 대청호와 불과 160미터의 거리에 위치하고 있어 채광으로 인한 폐수, 폐석 및 분진 등이 대청호에 유입되어 수질을 현저하게 오염시킬 위험이 상존하므로 이 사건 채광계획은 산림법, 국토이용관리법, 공유수면관리법 등에 비추어 공익에 반한다고 인정한 다음, 피고가 같은 취지의 이유를 들어 원고의 채광계획에 대하여 불인가처분을 한 것은 적법하고, 재량권의 범위를 일탈한 위법이 없다[[대법 1993. 5. 27. 선고 92누19477 판결 (채광계획인가신청불허가처분취소)]].

된다. 그러므로 광업권자는 채굴계획에 포함되지 않은 광물을 채굴하지 못한다. 광업권자가 채광계획의 인가를 받았다고 하더라도 당해 광물이 함유된 암석을 골재용으로 채취하는 경우에는 「산지관리법」 제25조에 따른 채석허가를 별도로 받아야 한다.[25] 광업권자가 광물을 채굴하면서 부수적으로 골재를 채취하는 경우 골재채취허가를 받지 아니하여도 되나 광물의 채굴과 무관하게 골재를 채취하는 경우에는 골재채취허가를 받아야 한다.[26]

산업통상자원부장관이 채굴계획인가 또는 변경인가하는 경우 「광업법」 제43조 제1항 각 호에서 열거된 법률[27]에 관하여 관할 행정기관의 장과 협의한 사항에 대하여는 인허가 의제의 효과가 발생한다. 인허가 의제 제도는 "하나의 목적사업을 수행하기 위하여 여러 법률에서 규정된 인허가등을 받아야 하는 경우 행정절차를 효율적으로 하기 위하여 관할 행정기관과 관련 행정절차를 일원화하는 행정제도로서 의제되는 관할 행정기관과의 협의를 통하여 다른 법률에 따른 인허가의 실체적 요건을 갖추었는지 여부를 확인한 후 그것을 전제로 주된 행정기관에서 다른 인허가등을 의제해 주는 것"[28]이다. 인허가 의제 제도는 특정된 사업의 계획이 승인되면 그 시행에 필요한 다른 법률의 인허가 등을 받은 것으로 간주하여 절차를 간소화하고 그에 따라 해당 사업계획의 시행을 촉진할 목적으로 다수의 법률에 도입되어 있다.[29] 인허가 의제와 관련하여 협의에 응하는 관계 행정기관은 실체적 요건에 위반되는지 여부를 확인하면 충분하고, 해당 인허가 시 요구되는 절차상의 요건까지 구비하여 협의에 응하지 않는다.[30] 인허가제도는 주된 사업계획에 대한 인허가를 관장하는 행정기관이 관계기관의 장과의 협의를 거쳐 주된 인허가를 한 이상 그 절차와 별도로 관계 법률에 따른 절차를 거칠 필요는 없다.[31]

## 5. 채굴중단 및 채굴제한

채굴권자는 광물채굴을 시작한 후에는 원칙적으로 중단할 수 없다. 다만, 채굴권자가 계속하여 1년 이상의 기간 동안 채굴을 중단하려면 기간을 정하여 산업통상자원부장관의 인가를 받아야 한다. 또한 채굴중단 인가를 받아도 그 기간은 6년을 초과하지 않아야 한

---

25) 대법 1999. 7. 23. 선고 99도1981 판결; 대법 2001. 11. 13. 선고 2001도3716 판결.
26) 대법 1998. 12. 23. 선고 98도588 판결.
27) 「공유수면관리법」 제5조에 따른 공유 수면의 점용 및 사용의 허가, 「국토의 계획 및 이용에 관한 법률」 제56조에 따른 개발행위허가에 따른 허가·해제 및 협의 등 10개의 법률 등.
28) 법제처 법령해석 2012. 3. 2. 회신 12-0060 해석례 참조.
29) 법제처 2007. 11. 21. 회신 07-0360 해석례.
30) 법제처 2009. 8. 26. 회신 09-0173 해석례.
31) 대법 1992. 11. 10. 선고 92누1162 판결.

다. 인가를 받아 채굴을 중단한 채굴권자가 채굴을 다시 시작한 경우 지체 없이 그 사실을 산업통상자원부장관에게 신고하여야 한다.

「광업법」은 채굴권의 효력이 미치더라도 행정청의 허가나 소유자 또는 이해관계인의 승낙이 없으면 채굴권자가 광물을 채굴할 수 없는 장소를 특별하게 규정하고 있다(「광업법」 제44조[32]). 「광업법」은 채굴과정에서 영조물 등의 안전에 위해를 가할 우려가 있는 경우 일정 거리 내에서의 채굴을 제한함으로써 공익상, 보안상, 종교, 문화상 보호할 가치가 있는 물건들이 채굴행위로 파손되지 않도록 하고 있다. 그러므로 「광업법」 제44조에 열거되어 있는 시설들은 이러한 목적을 예시한 것에 불과하다. 동조에서 규정한 "그 밖의 영조물"은 좁은 의미의 공공용물뿐만 아니라 공용물이나 공적보존물 중 위에 열거된 물건들에 준하는 공익상, 보안상, 종교, 문화상 보호되어야 할 물건들이 모두 포함되는 것으로 해석하여야 한다.[33] 광업권은 도로 등과 같은 공익상, 보안상, 종교, 문화상 보호할 가치가 있는 물건이 설치될 당시에 광업권의 설정여부를 고려하지 않고 제한된다(「광업법」 제44조). 이미 설치되어 있는 영조물과 관련하여서는 광업권설정허가 또는 채굴계획인가 단계에서 영조물의 보호와 관련된 공익과의 관계에 법익의 형량을 거쳐 광업권설정 허가여부를 결정하거나 채굴계획인가를 할 때에 이미 법익형량을 하기 때문에 「광업법」 제44조에 의한 광업권의 제한은 광업권설정허가 이후 도로 등 영조물이 설치되는 경우에도 적용된다.

「광업법」 제44조 제1항은 철도, 도로의 관할 관청, 소유자 또는 이해관계인의 승낙이 없으면 광물을 채굴하지 못하도록 하고 있다. 그러나 「광업법」 제44조 제2항에 의하면 철도, 도로의 관할 관청, 소유자 또는 이해관계인은 정당한 이유 없이 광업권자의 광물채굴에 대한 허가 또는 승낙을 거부할 수 없도록 하고 있다. 이때의 정당한 이유는 지질 및 광상에 따라 그 광물채굴행위가 영조물 등에 대하여 인용할 수 없는 손해를 가져온다고 인정되는 것을 말한다. 구체적으로 도로 등 영조물의 보존유지의 가치성과 승낙거부로써 광물채굴에 미치는 손해의 정도를 비교형량하여 결정하여야 한다.

「광업법」 제44조에 따른 채굴제한은 도로 등 영조물이 광업권자의 채굴로 인하여 파손

---

32) 철도·궤도(軌道)·도로·수도·운하·항만·하천·호(湖)·소지(沼地)·관개(灌漑)시설·배수시설·묘우(廟宇)·교회·사찰의 경내지(境內地)·고적지(古蹟地)·건축물, 그 밖의 영조물의 지표 지하 50미터 이내의 장소 또는 묘지의 지표 지하 30미터 이내의 장소는 행정청의 허가를 받거나 소유자나 이해관계인의 승낙을 받아야 채굴을 할 수 있다.

33) 과거 판례에서는 「문화재보호법」에 의하여 "문화재를 보존하여 이를 활용함으로써 국민의 문화적 향상을 도모하는 동시에 인류문화의 발전에 기여할 목적"으로 천연기념물로 지정하고 허가 없이 이의 현상을 변경하거나 기타 관리 보전에 영향을 미치는 행위를 금하고 있는 천호동굴도 당연히 공적보존물로서 「광업법」 제44조의 "그 밖의 영조물"에 해당한다고 한 바 있다[대법 1974. 6. 11. 선고 73다1411 판결(소유물방해제거); 대법 1981. 9. 8. 선고 80다2904 판결(소유물방해배제)].

되는 것을 방지하고, 광업권이 토지소유자 또는 토지사용권자 등의 정당한 토지사용권 및 영조물의 관리권과 충돌할 우려가 있는 경우 이를 조정함으로써 광업권에 따른 채굴로 빈번하게 발생하는 분쟁을 예방하는 데에 목적이 있다. 「광업법」은 광업권주의를 채택함으로써 토지소유권과 분리된 광업권을 인정하고 있다. 또한 광업권이 설정된 토지에 대하여 토지소유자 또는 토지사용권자와 같은 정당한 토지사용권을 가진 자는 토지를 사용하여 그 지상 또는 지중에 영조물을 설치할 권리가 있고, 공익상 보호할 가치가 있는 영조물들이 설치된 경우에는 이러한 영조물들이 채굴행위로 인하여 파손되는 것을 방지할 권리를 가진다. 광업권의 특성상 다른 권리와의 충돌가능성이 내재되어 있다. 채굴제한은 광업권자의 일부 채굴행위를 제한하더라도, 충돌하는 권리 사이의 조정을 위한 최소한의 제한이라는 점에서 광업권자가 수인하여야 하는 재산권의 사회적 제약의 범주에 속한다. 그러므로 「광업법」 제44조는 「헌법」 제23조에 따른 재산권에 대한 사회적 제약의 범위 내에서 광업권을 제한한 것으로 비례의 원칙에 위배되지 않고 재산권의 본질적 내용도 침해하지 않는다.

## V. 광업권의 취소

### 1. 광업권 취소의 개념

「광업법」 제35조는 광업권의 취소에 관하여 규정하고 있다. 「광업법」 제35조에 따른 광업권의 취소는 적법하게 성립한 광업권허가에 대하여 사후에 그 효력을 존속시킬 수 없는 새로운 사정의 발생을 이유로 장래에 향하여 그 효력의 전부 또는 일부를 소멸시키는 행정처분의 근거이다. 그러므로 「광업법」 제35조에 따른 광업권의 취소는 강학상 광업권의 철회에 해당한다. 이러한 점은 처음부터 하자 있게 성립한 광업권을 법률적합성 실현을 위하여 효력을 소멸시키는 강학상 광업권 취소와 구별된다.

한편, 「광업법」 제34조는 광업권자의 이익보다 광업으로 인해 침해될 공공의 이익이 더욱 큰 경우에 광업권의 취소 또는 광구의 감소처분을 하도록 산업통상자원부장관에게 의무를 부과하고 있다. 또한 산업통상자원부장관은 국가중요건설사업지 또는 그 인접 지역의 광업권이나 광물의 채굴이 국가중요건설사업에 지장을 준다고 인정할 때에는 광업권의 취소 또는 그 지역에 있는 광구의 감소처분을 할 수 있다. 이는 탐사권자의 의무위반으로 인한 광업권의 취소를 정하는 「광업법」 제35조와는 달리 공익적 목적을 이유로 사후에 광업권을 취소하는 것이라는 점에서 차이가 있다. 다만, 「광업법」에서 정하는 광업권의 취소는 법률상 요건을 충족한 경우에도 관할 행정기관은 취소로 인한 공익과 광업권을 존속시킴으로써 발생하는 사익을 형량하여 결정하여야 한다.

## 2. 광업권 취소사유

산업통상자원부장관은 탐사허가를 받은 탐사권자에 대한 취소사유로 탐사계획의 신고(변경신고는 제외한다)를 하지 아니한 경우, 산업통상자원부장관의 허가를 받지 아니하고 굴진탐사를 한 경우, 탐사실적을 제출하지 아니한 경우, 제출한 탐사실적에 대하여 인정을 받지 못한 경우, 이종광물 중복에 따라 그 중복된 부분의 광업이 타인의 광업을 방해하여 받은 방해제거명령이나 광업정지명령을 위반한 경우, 「광산안전법」 제15조의2에 따른 명령을 위반한 경우를 규정하고 있다(「광업법」 제35조 제1항). 채굴권의 취소 역시 법률유보원칙에 따라 법률에 명확한 근거를 두고 있으며, 채굴계획의 인가를 신청하지 아니한 경우, 채굴계획에 대한 인가를 받지 못한 경우, 채굴계획 인가를 받은 날부터 3년이 지나도 일정한 생산이나 투자실적이 없거나 생산보고를 3년간 계속하여 하지 아니한 경우, 채굴계획의 인가를 받지 아니하고 광물을 채굴한 경우, 채굴계획의 변경명령을 이행하지 아니한 경우, 인가를 받지 아니하고 계속하여 1년 이상 채굴을 중단한 경우(다만, 채굴 중단 전 3년 내 일정 생산실적이나 투자실적이 있는 경우 제외), 채굴계획과 다르게 채굴행위에 대한 시정명령을 이행하지 아니한 경우, 이종 광물 중복에 대한 광업 제한명령을 위반한 경우, 「광산안전법」 제15조의2에 따른 명령을 위반한 경우 취소할 수 있다(「광업법」 제35조 제2항).

## 3. 광업권 취소와 손실보상

「헌법」 제23조 제1항은 재산권을 보장하고, 내용과 한계를 법률로 정하도록 하고 있다. 「헌법」에 따른 재산권 보장은 광업권에도 적용된다. 광업권은 「광업법」에 따라 창설된 재산권으로서 존속보장, 사용과 처분을 헌법적으로 보장받는다. 헌법적으로 보장되는 광업권은 광업권자의 주관적 권리이기 때문에 광업권을 창설한 「광업법」도 헌법적 정당성 없이 박탈하거나 제한할 수 없다. 즉, 「헌법」은 「광업법」에 의하여 형성된 광업권을 박탈하거나 그 내용을 광업권자에게 불리하게 변경하는 경우에 헌법적 근거를 요구하고 있다. 헌법적으로 보장되는 광업권은 결과적으로 광업권자에게 귀속된 광업권의 존속을 보장하게 된다.

헌법적으로 보장되는 광업권은 일차적으로 광업권자에게 부여되는 광업권의 존속보호에 있다. 그러나 공공의 필요에 의하여 광업권에 대한 침해가 불가피한 경우에 「헌법」 제23조 제1항에 의한 존속보호는 「헌법」 제23조 제3항에 의하여 가치보호로 전환된다. 「헌법」 제23조 제3항에 의하면 "공공필요에 의한 재산권의 수용·사용 또는 제한 및 그에 대한 보상은 법률로써 하되, 정당한 보상을 지급하여야 한다."

광업권의 취소는 재산권의 수용과 용어적으로 다를 수 있다. 이러한 이유로 헌법은 재산권의 수용·사용·제한만을 공용침해로 정당화할 수 있고, 광업권의 취소를 "수용"에 포함할 수 없기 때문에 광업권의 취소는 헌법적으로 정당화되지 않는 것이라는 주장도 있을 수 있다. 즉, 「헌법」 제23조 제3항에 따른 "수용"을 "재산권을 전면적으로 박탈하여 다른 소유권자에게 이전"하는 것으로 좁게 해석하게 되면, 광업권자의 광업권을 박탈하고, 다른 사람에게 이전하지 않고 소멸시키는 광업권의 취소는 "수용"에 포함되지 않게 된다. 그러나 「헌법」 제23조 제3항에 따른 재산권의 수용은 광업권의 취소와 같이 재산권의 박탈도 포함한다고 보아야 한다.

헌법상 광업권에 대한 공용침해는 특정한 공적 과제를 수행하기 위하여 광업권을 전부 또는 일부를 박탈하는 고권적 행위이다. 그러므로 「광업법」에 의하여 설정한 광업권을 "공공의 이익"이나 "국가중요건설사업"을 위하여 취소하는 행정처분은 「헌법」 제23조 제3항에 따른 공용침해 중 공용수용에 해당한다. 「광업법」은 광업권을 설정하는 근거인 동시에 광업권을 공용침해할 수 있는 법률에 해당하며, "공공의 이익"이나 "국가주요건설사업"을 위하여 필요한 경우에 광업권을 박탈할 수 있으나 이에 대한 정당한 보상을 하여야 한다.

광업권의 취소에 따른 보상대상과 범위는 "관계 기관의 장이 지정, 고시한 국가 또는 지방자치단체가 건설하는 중요 건설사업지 및 그 인접 지역 안의 광업권이나 광물채굴이 동 사업에 지장을 초래한다고 인정할 때에는 광업권의 취소 또는 광구의 감소처분을 할 수 있고, 이로 인하여 통상 발생하는 손실을 보상하도록 규정하고 있으나(「광업법」 제34조), 관계 기관의 장이 지정, 고시한 국가 또는 지방자치단체가 건설하는 중요 건설사업지 및 그 인접 지역 밖의 광업권으로서 광업권을 취소하거나 광구의 감소처분을 하지도 아니한 부분에 대하여는 보상하지 않는 것을 의미한다".[34]

---

34) 대법 1996. 9. 20. 선고 96다24545 판결.

손실보상의 범위는 채굴의 제한에 관한 「광업법」 제44조와 관계에 의하여 제한을 받는다. 「광업법」 제44조 제1항은 광업의 수행과정에서 공공시설이나 종교시설 그 밖의 건축물이나 묘지 등의 관리운영에 지장을 초래하는 사태의 발생을 미연에 방지하기 위하여, 그 부근에서 광물을 채굴하는 경우에는 관할 관청의 허가나 소유자 또는 이해관계인의 승낙을 받아야 한다. 그러므로 광업권자가 광물채굴에 관하여 관할 관청의 허가나 이해관계인의 승낙을 받지 못하여 광업권이 설정된 광물을 채굴하지 못하여도 손실보상을 받을 수 없다. 왜냐하면 관할 관청의 허가나 이해관계인의 승낙을 받지 못하여 채굴의 제한을 받는 광업권은 손실보상에 필요한 광업권의 특별희생이 아니라 법률에 근거하는 일반희생에 해당하기 때문이다.

## 4. 광업권취소와 행정소송

취소소송의 소익은 행정청이 행한 처분에 대하여 불복하여 행정소송을 통하여 취소를 구하기 위하여 취소소송을 청구할만한 정당한 법률상 이익을 말한다. 즉, 취소소송의 소익은 원고가 처분이 취소된 경우에 현실적으로 법률상 이익이 회복될 수 있는 상태에 있어야 한다.

위법한 행정처분의 취소를 구하는 소는 위법한 처분에 의하여 발생한 위법상태를 배제하여 원상으로 회복시키고, 그 처분으로 침해되거나 방해받은 권리와 이익을 보호, 구제하고자 하는 소송이므로 비록 그 위법한 처분을 취소한다고 하더라도 원상회복이 불가능한 경우 그 취소를 구할 이익이 없다고 할 것이다. 「광업법」 제12조 제3항, 같은 법 시행령 제4조 제1항에 의하여 광업권자는 채굴권 존속기간 연장허가신청을 그 존속기간이 끝나기 1년 전부터 3개월 전까지의 기간에 하여야 한다. 광업권의 존속기간이 만료되어, 광업권 존속기간의 연장허가신청을 하였으나 반려된 경우 광업권 취소처분이 취소되더라도 광업권의 회복이 불가능하다면, 광업권 취소처분의 취소를 구할 소의 이익이 없게 된다.[35]

---

35) 대법 1997. 1. 24. 선고 95누17403 판결(광업권등록취소처분취소).

# 제3절 조광권

## I. 조광권 개관

### 1. 조광권의 의의

조광권은 "설정행위에 의하여 타인의 광구에서 채굴권의 목적이 되어 있는 광물을 채굴하고 취득하는 권리를 말한다(「광업법」 제3조 제4호). 광업권은 탐사권과 채굴권을 포함하나, 조광권은 광업권을 가진 채굴권자의 광구에서 대상이 되는 광물을 채굴하고 취득하는 권리이다.

조광권은 채굴권자와 계약에 의하여 채굴권자의 광구에서 광물을 채굴하고 취득할 수 있는 권리로서 스스로 광산개발 능력이 없는 광업권자가 조광료를 받고 타인에게 광산을 개발하도록 하는 권리이다. 조광권제도는 광업권 부여방식인 선원주의를 보완하는 제도라고 할 수 있다. 1951년 「광업법」 제정 당시에는 광업권 행사의 자영주의원칙에 따라 광업권의 임대개발행위를 금지하였다. 법원도 여러 형태의 덕대(德大)계약[36]을 무효라고 판시하였다.

1973년 개정 「광업법」은 일정한 제한 아래 임대개발행위를 허용하는 조광권을 신설하였다. 조광권을 신설한 목적은 당시 부존상태가 불확실하거나 경제성이 맞지 않아 자영(自營)을 꺼리는 대규모 탄광 개발을 촉진하기 위한 것이었다. 조광권은 기존의 덕대계약을 법적으로 제한된 범위에서 인정한 권리이다. 기존의 덕대계약은 채굴권을 가진 광업권자가 광물채굴에 관한 자기의 권리를 타인에게 수여(덕대)하고, 그 타인은 자기의 자본과 관리하에 광물을 채굴하여 채굴된 광물의 일부 또는 금전으로 광업권 사용의 대가를 지급하는 광업권의 임대차계약을 말한다. 기존의 덕대계약은 광업권행사에 관한 국가감독을 어렵게 하고, 책임소재를 불명확하게 하여 「광업법」상 허용되는 광업권양도의 절차를 잠탈하는 탈법행위에 해당되어 무효인 계약이었다. 그러나 광업권의 임대차를 무효로 하는 것에 대한 문제를 해결하기 위하여 1973년 개정된 「광업법」은 조광권제도를 도입하였다.

---

36) 덕대계약(德大契約)이란 광업권자가 광물 채굴에 관한 권리를 타인에게 주고 그 타인은 광업권사용의 대가를 지급하는 광업권의 임대차계약을 말하는 것으로, 판례는 광업권의 임대를 금지한 광업권의 내용을 위반하여 무효라고 결정함.

## 2. 조광권의 법적 성질

조광권의 근원인 광업권은 물권이다. 그러므로 조광권은 「광업법」에서 특별하게 정하지 않는 한 개인 간에 부동산의 매매나 임대에 적용되는 「민법」과 그 밖의 법령의 규정을 준용한다(「광업법」 제47조 제1항). 조광권은 물권이기 때문에 상속이나 그 밖에 일반승계의 목적이 될 수 있다. 조광권은 상속이나 그 밖의 일반승계의 경우 외에는 권리의 목적으로 하거나 타인이 행사하게 할 수 없다(「광업법」 제47조 제2항). 조광권은 시·도지사의 인가를 받아야 설정될 수 있다.

## II. 조광권설정 인가

## 1. 조광권설정 인가 절차

조광권을 설정하려는 경우에 조광권자가 되려는 자와 채굴권자는 산업통상자원부장관의 인가를 받아야 한다(「광업법」 제52조). 조광권을 설정받으려는 자는 산업통상자원부장관의 인가를 위하여 조광권설정인가신청서(전자문서로 된 신청서를 포함한다)에 조광권설정계약서, 개발계획서, 조광권설정구역 광상의 평면도 및 단면도, 주민등록증 등 공공기관이 발행한 본인 및 주소 확인이 가능한 신분증 사본, 산업통상자원부장관이 정하는 재무능력이 있음을 증명하는 서류를 산업통상자원부장관에게 제출하여 인가를 신청하여야 한다. 산업통상자원부장관의 조광권설정인가에 관한 권한은 시·도지사에게 위임되어 있다.

## 2. 조광권설정 인가요건

조광권은 광업권 중 채굴권을 전제로 한다. 조광권은 채굴권자가 직접 광물을 채굴하지 않고, 조광권자에게 채굴을 하도록 함으로써 성립한다. 그러므로 조광권은 채굴권자와 조광권자가 되려는 자 사이에 조광권 설정계약인 사법상 계약에 의하여 채굴권자의 채굴권과 광물취득권을 이전받은 권리라고 할 수 있다(「광업법」 제51조). 현행 「광업법」은 조광권의 설정을 허용함으로써 채굴권자만이 해당 광물을 채굴하여 취득할 수 있게 하지 않고, 채굴권자는 필요에 따라 채굴권을 취득한 권리를 다른 사람에 판매하거나 승계할 수 있도록 함으로써 광물의 채굴과 취득에 대한 시장참여자의 폭을 확대하고 있다. 조광권자는 조광권 설정계약을 통하여 채굴권자의 채굴권과 취득권을 이전받아 조광권자의 책임과 자본으로 광물을 채굴 및 취득할 수 있다. 그러므로 조광권 설정계약은 소위 덕대계약에 속한다.

## 3. 조광권의 존속기간

조광권의 존속기간은 그 채굴권의 존속기간과 같다. 그러나 조광권의 존속기간은 채굴권자와 조광권자가 되려는 자 사이의 협의에 의하여 채굴권의 존속기간보다 단축할 수 있다. 채굴권자와 조광권자가 되려는 자가 협의하여 조광권의 존속기간을 정하는 경우 그 존속기간은 산업통상자원부장관이 정하는 범위에서 해당 광물의 채굴과 취득에 지장이 없는 기간으로 하여야 한다. 조광권의 존속기간을 연장할 경우에도 또한 같다.


## Ⅲ. 조광권의 등록

## 1. 등록권자 및 등록절차

조광권자가 되려는 자는 시·도지사로부터 조광권설정의 인가통지서를 받으면 인가통지서를 받은 날부터 60일 이내에 등록세를 내고 산업통상자원부장관에게 등록을 신청하여야 한다(「광업법」 제58조). 조광권설정의 인가를 받은 자가 조광권설정 등록을 하려는 경우에 등록신청서에 등록세영수증명확인서와 영수증명통지서를 첨부하여 산업통상자원부장관에게 제출하여야 한다. 산업통상자원부장관은 등록신청서류에 갖추어지지 아니한 경우에 기간을 정하여 보완하게 할 수 있다. 조광권 설정등록을 신청하지 아니하면 조광권 설정 인가는 효력을 상실한다. 그러므로 조광권 설정인가는 등록조건부 인가에 해당한다. 조광권은 등록하지 아니하면 그 효력이 발생하지 아니한다. 그러나 상속과 그 밖의 일반 승계로 인한 조광권의 이전, 사망으로 인한 공동조광권자의 탈퇴, 채굴권의 소멸·존속기간만료 또는 혼동으로 인한 조광권의 소멸의 경우에는 조광권은 등록하지 아니하여도 효력이 발생한다.

## 2. 조광권 등록의 효력

조광권의 설정은 채굴권허가를 받지 않은 조광권자에게 광물을 채굴할 수 있는 권리를 부여하게 된다. 그러므로 광업권자가 「광업법」에 규정된 조광권 설정 방법에 의하지 아니하고 광업권자 아닌 자에게 광물을 채굴케 하는 권리를 부여하거나 그 광업의 관리경영을 일임하는 내용의 계약은 「광업법」에 비추어 무효라고 할 것이다. 조광권을 설정하지 아니하는 광업의 관리경영계약은 「광업법」에 위반되는 계약으로서 무효이다.[37]

## Ⅳ. 조광권과 채굴권의 관계

채굴권자는 광구의 감소·분할·합병의 출원, 폐업 등으로 인한 소멸등록의 신청 또는 등록한 광물 종류의 감소 출원을 하려면 조광권자의 동의를 받아야 한다(「광업법」 제53조). 조광권의 설정 또는 조광구의 증가가 있을 때에는 「광업법」에 따라 채굴권자가 행한 절차와 그 밖의 행위는 조광권의 범위에서 조광권자에게도 효력을 가진다(「광업법」 제55조). 조광권의 소멸 또는 조광구의 감소가 있을 경우에는 「광업법」에 따라 조광권자가 행한 절차와 그 밖의 행위는 채굴권의 범위에서 채굴권자에게도 효력이 미친다. 채굴권자가 조광권자에게 조광권설정계약을 체결하는 경우 조광권자는 해당 광구에서 채굴권자가 가진 채굴권리를 행사할 수 있다.[38]

## V. 조광권의 폐지

조광권자가 설정된 조광권행사 계약을 이행하지 않는 경우 채굴권자는 이행을 최고하고, 불이행시 조광권의 소멸을 산업통상자원부장관에게 신청할 수 있고, 산업통상자원부장관은 상당한 이유가 있다고 인정하면 해당 조광권을 소멸시킬 수 있다. 그러므로 조광권을 설정한 자가 조광권설정계약을 위반하더라도 관할 행정청에 의하여 조광권 소멸에

---

37) 대법 1962. 1. 11. 선고 4294민상608,609 판결; 대법 1962. 2. 15. 선고 4294민상986 판결; 대법 1966. 7. 5. 선고 66다423 판결; 대법 1981. 7. 28. 선고 81다145 판결(광업권대표등록말소).
38) 예를 들어 광부운송업무는 채탄작업과 밀접하게 관련된 업무에 해당하고, 광부운송차량 사고는 광의의 광산사고에 포함되기 때문에 광업권자는 조광권자의 피용자에 의한 광부운송차량 전복사고에 대하여 손해배상책임을 지게 된다[대법 1982. 4. 27. 선고 81다카957 판결(손해배상)].

대한 인정받지 않으면 조광권은 소멸하지 않는다. 산업통상자원부장관은 조광권자가 채굴계획의 인가를 신청하지 아니한 경우에도 조광권자가 「광업법」에 따른 조광권 취소요건에 해당하는 경우에는 조광권을 취소할 수 있다(「광업법」 제57조).

# 제3장 에너지사업법론

## 제1절 에너지사업법의 체계

### Ⅰ. 에너지사업의 개념

에너지사업은 에너지의 생산·운송·저장 등을 생활영위의 활동으로 수행하는 경제활동을 말한다. 에너지사업에는 에너지원별로 고압가스사업, 액화석유가스사업, 도시가스사업, 석탄사업, 석유사업 및 전기사업이 있다. 에너지사업법제는 에너지사업에 대한 규율을 하는 법학 영역으로, 대부분 에너지사업에 대한 규제를 내용으로 하고 있다. 에너지사업에 대한 규율은 안정적 공급을 핵심적인 요소로 하므로 에너지사업을 수행할 기술적·경제적 역량이 없는 자가 에너지사업을 수행하는 경우 에너지소비자는 안정적으로 에너지를 공급받지 못하여 예측불가의 피해가 발생할 수 있다. 또한 에너지사업의 불이행으로 인한 해당 에너지 소비자 피해는 규모가 적지 않아 사회적 문제를 유발되게 된다. 또한 에너지사업은 사업구조상 독점적 성질이 있어 시장자율보다는 국가에 의한 사업개입이 상당히 정당화된다. 그러나 에너지사업에 대한 규제는 에너지사업자의 기본권에 대한 제한이다. 그러므로 국가에 의한 에너지사업에 대한 규제에 관하여 헌법적 정당성과 법치국가원칙에 따른 법률적 근거가 필요하다. 에너지사업에 관한 법률은 에너지사업자로부터 에너지를 공급받는 소비자의 보호를 위하여 진입, 사업활동 및 퇴출에 대하여 규율하고 있다.

## II. 에너지사업의 유형

### 1. 가스사업

에너지원인 가스는 천연가스, 액화석유가스(LPG),[39] 바이오가스, 수소가 있다. 천연가스는 발전용, 공업용, 수소용, 가정용으로 사용되고 있고, 액화석유가스는 운송용, 가정용 및 상업용으로 사용되고 있으며, 바이오가스와 수소는 발전용과 운송용으로 사용되고 있다. 에너지로서 천연가스, 액화석유가스, 바이오가스 및 수소는 공급안정성과 가격안정성이 요구되어 해당 사업자에 대한 각종 규제를 도입하고 있다.

액화석유사업을 관장하는 법률은 「액화석유가스 안전관리 및 사업법」이다. 도시가스[40]는 「도시가스사업법」, 수소의 사업을 관장하는 법률은 「고압가스 안전관리법」이 있다. 도시가스사업은 수요자에게 도시가스를 공급하거나 도시가스를 제조하는 사업(「석유 및 석유대체연료 사업법」에 따른 석유정제업은 제외한다)으로서 가스도매사업, 일반도시가스사업, 도시가스충전사업, 나프타부생가스·바이오가스제조사업 및 합성천연가스제조사업을 말한다. 액화석유가스사업은 액화석유가스 수출입업, 충전사업, 집단공급사업, 배관망공급사업, 판매사업, 위탁운송사업 및 가스용품 제조사업을 말한다.

### 2. 석유사업

석유는 원유, 천연가스 및 석유제품을 말한다. 석유제품은 휘발유, 등유, 경유, 중유, 윤활유와 이에 준하는 탄화수소유 및 석유가스이다. 석유 중 천연가스는 공업용으로 사용되거나 운송용으로 사용되는 석유로 분류되며, 「석유 및 석유대체연료 사업법」의 적용을 받는다. 석유대체연료란 석유제품 연소 설비의 근본적인 구조 변경 없이 석유제품을 대체하여 사용할 수 있는 연료(석탄과 천연가스는 제외한다)로서 바이오디젤연료유, 바이오에탄올연료유, 석탄액화연료유, 천연역청유(天然瀝青油), 유화연료유, 가스액화연료유, 디메틸

---

39) 액화석유가스는 프로판이나 부탄을 주성분으로 한 가스를 액화(液化)한 것[기화(氣化)된 것을 포함한다]을 말한다. 액화석유가스는 프로판(Propane, C3H8)과 부탄(Butane, C4H10)을 액화한 것이다. 이 프로판과 부탄은 용도에 차이가 있다. 프로판은 가정이나 음식점 등의 취사 및 난방용 연료로, 부탄은 차량용 연료로 사용된다.

40) 도시가스는 천연가스(액화한 것을 포함한다. 이하 같다), 배관(配管)을 통하여 공급되는 석유가스, 나프타부생(副生)가스, 바이오가스, 합성천연가스, 그 밖에 메탄이 주성분인 가스로서 도시가스 수급 안정과 에너지이용 효율향상을 위해 보급할 필요가 있다고 인정하는 가스이다.

에테르연료유, 바이오가스연료유, 그 밖에 에너지 이용효율을 높이기 위하여 이용 보급을 확대할 필요가 있고 사용기기[자동차 또는 이와 비슷한 내연기관, 보일러 및 노(爐)를 말한다]에 적합한 품질과 성능 및 안전성 등을 갖추고 있다고 인정하여 산업통상자원부장관이 관계 행정기관의 장과 협의하여 산업통상자원부령으로 정하는 연료이다.

석유사업은 석유정제업, 석유수출입업, 국제석유거래업, 석유판매업을 말하고, 각각 사업별로 적용되는 법률규정이 다르며, 석유대체연료사업은 석유대체연료 제조·수출입업, 판매업으로 「석유 및 석유대체연료 사업법」의 적용을 받고 있다.

## 3. 석탄사업

석탄사업은 석탄광업 및 석탄가공업을 말하며, 석탄사업을 관장하는 법률은 「석탄산업법」이다. 석탄산업법은 "석탄사업법"으로 제명의 개정이 필요한 법률이다. 「석탄산업법」은 석탄사업의 규제로 주된 내용으로 하고 있음에도 불구하고 "석탄사업법"이 아니라, "「석탄산업법」"이라는 제명을 사용하고 있다. 석탄산업법은 용어적으로 석탄이나 관련 사항의 육성이나 지원을 내용하는 법률을 의미하는 반면, 석탄사업법은 석탄광업이나 석탄가공업에 대한 규제를 내용으로 한다. 현행 「석탄산업법」은 석탄광업과 석탄가공업에 대한 규제를 내용으로 하고 있어, "석탄사업법"이 적합한 제명이라고 할 수 있다

## 4. 전기사업

전기사업이란 사업의 주된 목적에 따라 발전사업·송전사업·배전사업·전기판매사업 및 구역전기사업을 말한다. 「전기사업법」 중 발전사업은 전기를 생산하는 사업을 말하고, 전기를 생산하는 연료의 종류에 따라 석탄발전, 천연가스복합발전, 석유발전, 원자력발전, 수소연료전지발전, 재생에너지발전 및 집단에너지발전이 있다. 그러나 「전기사업법」은 발전 에너지원에 따른 사업을 특별하게 구별하지는 않고 있다. 한편, 「전기사업법」은 전기사업과 전기신사업을 구별하고 있다. 전기신사업이란 전기자동차충전사업[41], 소규모전력중개사업[42] 및 재생에너지전기공급사업[43]을 말한다. 전기사업은 「전기사업법」에 따

---

41) 전기자동차충전사업은 「환경친화적 자동차의 개발 및 보급 촉진에 관한 법률」 제2조 제3호에 따른 전기자동차(이하 "전기자동차"라 한다)에 전기를 유상으로 공급하는 것을 주된 목적으로 하는 사업을 말한다.
42) 소규모전력중개사업은 소규모 신에너지 및 재생에너지 설비, 전기저장장치, 전기자동차 등에서 생산 또는 저장된 전력을 모아서 전력시장을 통하여 거래하는 것을 주된 목적으로 하는 사업을 말한다.
43) 재생에너지전기공급사업은 「신에너지 및 재생에너지 개발·이용·보급 촉진법」 제2조 제2호에 따른 재생

라 정부의 허가를 필요로 하는 사업임에 반하여 전기신사업의 경우 등록을 전제로 하는 사업이라는 점에서 구분된다.

## 5. 집단에너지사업

집단에너지사업은 2개 이상의 사용자를 대상으로 공급되는 열 또는 열과 전기를 공급하는 사업을 말한다. 집단에너지사업은 열과 전기를 동시에 공급하는 융합(하이브리드)사업으로 공급의 대상이 되는 열과 전기를 분리하여 공급할 수 없는 사업적 특성이 있다. 집단에너지사업은 열과 전기 매출을 수익으로 하는 사업이다. 집단에너지사업에서 열은 원가주의로 안정적인 수익을 얻고 있으나 전기는 변동성이 심한 전력도매시장에서 가격이 결정된다. 집단에너지사업은 열과 전기를 동시에 공급하나 본질이 제한된 지역에 열공급을 주된 사업으로 하는 특성때문에 「전기사업법」에 따른 전기사업 허가를 받지 않고, 「집단에너지사업법」에 따라 산업통상자원부장관의 허가 대상인 사업이다.

## Ⅲ. 에너지사업법의 체계

### 1. 에너지유형별 법체계

에너지사업은 에너지에 따른 특성을 고려하여 에너지종류별로 독립된 법률로 운영되고 있다. 도시가스사업, 전기사업, 집단에너지사업과 같은 에너지사업은 특정된 지역에서 독점적 사업을 하고 있어 경쟁을 전제로 하는 시장경제원칙이 적용되지 않으므로 정부의 허가, 등록 등과 같은 규제를 받는 사업이다. 현행 에너지사업과 관련된 법률로는 「전기사업법」, 「도시가스사업법」, 「액화석유가스의 안전관리 및 사업법」, 「석유 및 석유대체연료 사업법」, 「석탄산업법」, 「집단에너지사업법」 등이 있다.

에너지사업법은 에너지의 안정적인 공급원칙에 따라 에너지사업자에 대한 공급의무를 부여하고, 가격에 대한 인가를 받도록 함으로써 해당 에너지 사용자를 보호하고 있다. 예를 들면, 「도시가스사업법」은 도시가스의 사용자에게 도시가스를 안정적으로 공급할 수 있는 사업능력이 있는 자에게 사업허가를 하고 있다. 도시가스사업자에게 공급역량이 불

---

에너지를 이용하여 생산한 전기를 전기사용자에게 공급하는 것을 주된 목적으로 하는 사업을 말한다.

안정한 경우 도시가스 사용자는 생활의 중요기능과 연계된 도시가스를 공급받지 못하게 되어 심각한 불편이 발생하게 된다. 그러므로 「도시가스사업법」은 도시가스사업 허가제도를 통하여 도시가스를 안정적으로 공급할 수 있도록 하고 있다.

## 2. 에너지사업법의 구조

에너지공급은 사용자의 생활에 지대한 영향을 미치기 때문에 에너지사업법제는 허가나 등록 등과 같은 사업규제를 하고 있다. 에너지사업규제는 진입규제, 행위규제, 퇴출규제로 분리할 수 있다. 진입규제는 「전기사업법」 등과 같은 에너지사업법에서 규정하는 사업허가 또는 등록제도이고, 행위규제는 사업활동에 대한 규제이다. 예를 들면, 「전기사업법」은 발전사업자에게 직접 소비자에 대한 판매가 허용되지 않으며, 전력거래소를 통하여 전기를 판매할 수 있도록 규제하고 있다. 또한 전기판매사업자는 전기요금을 시장의 수요와 공급에 따라 최적의 이윤이 발생되는 수준에서 가격을 결정하지 못하고, 정부의 인가를 받는 전기기본공급약관에 따라 판매할 수 있다.

에너지사업법은 위와 같이 진입규제, 행위규제 및 퇴출규제로 구성되어 있고, 진입규제의 세부적 사항은 에너지원 특성을 고려하여 각 에너지사업을 관장하는 에너지사업법에서 정하고 있다. 에너지는 그 특성별로 공급자, 수요자 및 공급형태 등에서 동일하지 않다. 그러므로 진입규제, 행위규제 및 퇴출규제는 각각 에너지의 특성에 따라 세부적인 규제의 기준, 절차 또는 방법을 다르게 규정하고 있다. 이에 관하여는 개별 에너지사업법에서 유사하면서도 상이하게 규정되어 있으나, 이하에서는 대표적인 에너지사업법인 「전기사업법」상의 규율에 한정하여 자세하게 다루고자 한다. 「전기사업법」 외의 에너지사업법에 관한 내용은 다른 지면에서 자세하게 다루고자 한다.

# 제2절 전기사업 관련 행정계획

## I. 전기사업의 원칙

### 1. 전기사용자 보호의 원칙

전기사용자의 보호는 전기사업자와 전기신사업자에게 부여된 의무이다. 전기사용자 보호의 내용은 우선 전기의 안정적인 공급, 전기품질의 유지, 전기신뢰도 유지를 통한 전기사용에 불편함이 없도록 할 의무 등이다. 전기사업의 원칙으로 전기사용자 보호는 전기사용자에게 공정한 전기요금으로 제공할 것도 포함한다.

### 2. 환경보호의 원칙

전기사업자등은 전기설비를 설치하여 전기사업 및 전기신사업을 할 때에는 자연환경 및 생활환경을 적정하게 관리·보존하는 데 필요한 조치를 마련하여야 한다(「전기사업법」 제5조). 「전기사업법」은 전기사업의 환경보호원칙을 천명하고 있다. 이 규정은 전기사업자에게 온실가스 배출을 줄이는 등 환경에 관한 사회적 책임을 다할 의무를 부여하는 내용을 포함하고 있다. 2015년 12월 제21차 유엔기후변화협약(UNFCC) 당사국 총회에서 파리기후변화협정(Paris Climate agreement)을 채택하면서 우리나라는 2030년까지 2030년 배출전망치 대비 37%를 감축하는 것을 온실가스 감축목표(NDC)로 제출하였다. 정부는 이 목표를 달성하기 위해 2016년 12월 '2030 국가온실가스감축 기본로드맵'을 발표하였고, 온실가스 배출의 주범 중 한 분야로 발전부문은 국내에서 가장 많은 6,450만톤(BAU대비 19.4%)을 감축할 계획이다. 또한 최근 정부는 2050년까지 이산화탄소 총배출량을 "0"으로 하는 소위 탄소중립을 선언하고, 정책을 추진하고 있다. 이러한 목표를 달성하기 위해서는 정부 차원에서의 노력뿐만 아니라 전기사업자들의 노력 역시 필수적이다.

## 3. 보편적 공급의 원칙

전기사업자등에게는 전기의 보편적 공급의무가 있다(「전기사업법」 제6조). 전기의 보편적 공급은 전기사용자가 언제 어디서나 적정한 요금으로 전기를 사용할 수 있도록 전기를 공급하는 것을 말한다. 전기는 우리나라에서 식량이나 공기와 같이 생활에 필수적인 재화로 발전된 현실에서 모든 국민에서 보편적으로 공급될 필요성이 있는 재화라고 할 수 있다.

"전기의 보편적 공급원칙[44]"은 2000년 「전기사업법」 전면 개정을 할 당시에 도서·벽지 주민에 대한 전기공급과 장애인·노인 등 사회적 약자에 대한 전기요금 감면 등 전기사업이 경쟁체제로 전환됨에 따른 사각지대가 발생하지 않도록 규정하기 위하여 법률에서 천명하였다. 「전기사업법」 제6조는 전기의 보편적 공급의 기준을 전기기술의 발전 정도, 전기의 보급 정도, 공공의 이익과 안전, 사회복지의 증진으로 정하고 있다. 그러나 전기의 보편적 공급에 저소득층에 대한 복지를 포함될 수 있는가는 논란이 되고 있다.


## II. 전력산업기반조성계획의 수립

### 1. 수립주기와 절차

산업통상자원부장관은 전력산업의 지속적인 발전과 전력수급의 안정을 위하여 전력산업의 기반조성을 위한 계획을 3년 단위로 수립·시행하여야 한다(「전기사업법」 제47조). 전력산업기반조성계획에는 전력산업발전의 기본방향, 전력산업기반기금의 사용과 관련된 사업, 전력산업전문인력의 양성, 전력 분야의 연구기관 및 단체의 육성·지원, 「석탄산업법」 제3조에 따른 석탄산업장기계획상 발전용 공급량의 사용, 그 밖에 전력산업의 기반조성을 위하여 필요한 사항을 포함한다. 전력산업기반조성계획은 전력정책심의회의 심의를 거쳐서 확정된다.

---

44) "보편적 공급"이란 전기사용자가 언제 어디서나 적정한 요금으로 전기를 사용할 수 있도록 전기를 공급하는 것을 말한다.

## 2. 법적 성질

전력산업기반조성계획은 전형적인 행정계획에 해당한다. 행정계획은 특정된 법형식에 구속되지 않고 다양한 형태로 수립되고 시행된다.[45] 전력산업기반조성계획은 전기사업허가에 특별한 구속력을 가진 계획이 아니므로 해당 계획에 대하여 산업통상자원부장관이 법적 구속을 받지 않으나 사실상의 구속을 받는다. 특히 전력산업기반조성계획은 전력산업기반조성기금의 사용과 관련된 사안에 영향을 미친다. 특히, 산업통상자원부장관이 전력산업기반조성계획의 내용에 전력산업기반기금의 사용에 관한 사항을 포함하는 경우에 실제 계획의 내용과 동일하게 실행하지 않게 되면, 관련된 당사자가 계획준수청구권이나 계획존속청구권을 행사할 수 있다.

## Ⅲ. 전력수급기본계획

### 1. 수립의무 및 주기

산업통상자원부장관은 전력수급의 안정을 위하여 전력수급기본계획을 수립하여야 한다(「전기사업법」 제25조 제1항). 전력수급기본계획은 전력산업이 경쟁체제로 전환된 경우 발전사업에 대한 투자가 민간기업에 의해 자율적·분산적으로 수행되기 때문에 현행과 같은 중앙집권적·구속적 장기전력수급계획의 수립·시행은 적절하다고 할 수 없다. 전력수급기본계획은 전력공급의 예측성 확보와 전력수급의 균형유지를 위해 민간부문의 투자계획·공급계획 등 전력수급의 기초자료를 입수하여 전력수급을 유도하기 위해 잠정적으로 유지될 필요가 있다.

일반적으로 행정계획은 수립주기와 계획기간을 법률이나 시행령에서 정하고 있으나 전력수급기본계획은 수립주기를 시행령에서 2년으로 정하면서도 계획기간은 규정하지 않고 있다. 그러나 관례상 전력수급기본계획은 법령상 근거는 없으나 15년으로 설정하여 운용하고 있다. 15년의 계획기간은 급변하는 전력산업의 흐름과 기술발전 속도에 비추어 볼 때 지나치게 장기적이라는 비판도 있다. 그러나 전력공급과 직결되는 발전소 건설은 장기간의 시간이 필요한 점을 고려할 때에는 전력수급기본계획의 계획기간을 15년으로 할 필

---

45) 정남철, 한국행정법론, 법문사, 2020, 200쪽.

요성이 있다고 할 수 있다. 다만, 전력수급기본계획은 절차적으로 복잡하고, 「환경영향평가법 시행령」 개정에 따라 2018년 1월부터 6개월 이상 소요되는 전략환경영향평가[46]의 대상에 속한다. 전력수급기본계획은 수립·변경을 하는 경우 기초조사·관계부처 협의·공청회·전력정책심의회를 거쳐야 하고, 국회에 보고해야 하는 전력산업과 전력공급에 가장 중요한 계획에 해당한다. 이와 같이 중요한 계획으로 복잡한 절차를 거쳐야 하는 계획은 안정성과 신뢰성을 유지하기에 2년마다 수립하는 것은 효율성 측면에서 적합하다고 할 수 없다. 전력수급기본계획은 해당 계획의 안정성, 신뢰성, 행정의 효율성 등을 고려하는 경우 계획수립주기를 5년 단위로 할 필요가 있다.

## 2. 법적 성질

전력수급기본계획은 다른 에너지 관련된 계획과는 달리 발전사업의 허가를 위한 중요한 기준을 제시하고 있다. 「전기사업법」은 발전사업의 허가기준으로 전력수급기본계획에의 적합할 것을 요구하고 있다는 점에서 전력수급기본계획은 발전사업 허가처분에 직접적인 영향을 미치는 계획이라고도 할 수 있다.

## 3. 수립절차

산업통상자원부장관은 전력수급기본계획을 수립하거나 변경하는 경우에 관계중앙행정기관의 장과 협의하고 공청회를 거쳐 의견을 수렴한 후 전력정책심의회의 심의를 거쳐서 확정한다(「전기사업법」 제25조 제2항). 전력수급기본계획의 확정절차는 기본계획의 절차적 투명성과 정당성을 확보하게 한다. 산업통상자원부장관은 전력수급기본계획을 확정한 때에는 지체 없이 이를 공고하고, 관계 중앙행정기관의 장에게 통보하여야 한다. 산업통상자원부장관은 기본계획을 수립하거나 변경하는 경우 국회 소관 상임위원회에 보고하여야 한다(「전기사업법」 제25조 제5항).

---

[46] 환경에 영향을 미치는 상위계획을 수립할 때, 환경보전계획과의 부합 여부 확인 및 대안의 설정·분석 등을 통하여 환경적 측면에서 해당 계획의 적정성 및 입지의 타당성 등을 검토하여 국토의 지속가능한 발전을 도모하는 것을 말한다.

# 제3절 전기사업의 허가

## I. 전력산업의 구조

　정부는 「전력산업구조 개편 촉진법」의 제정과 「전기사업법」의 개정을 통하여 전력산업 분야에서 기존의 독점적인 시장에서 경쟁체계로 전환하는 정책적 변경을 하였다. 당시 계획은 다음과 같이 추진전력을 수립하였다.

　「전력산업구조 개편 촉진법」은 전력산업구조개편 기본계획에 따라 기존에 한국전력이 발전사업, 송전사업, 배전사업 및 판매사업 모든 전력사업을 독점하고 있었던 잔력사업 중 발전사업을 5개 화력발전회사와 1개 원자력수력발전사로 분할하고, 송전·배전·판매를 한국전력이 잠정적으로 수행하도록 하고, 전기위원회와 전력거래소를 설립하게 하였다. 정부는 전력산업구조정의 일환으로 2002년 7월 1차로 한국전력에서 분할된 남동발전사의 매각을 추진하였으나 시장여건 악화로 경영권 매각을 중단하고, 증시상장도 중단하였다. 참여정부는 정권초기에 배전분할을 추진했으나 노사정위원회의 권고로 2006년 9월 한전의 독립사업부제도를 시행하고 구조개편을 사실상 중단하였다.

　전력산업구조개편은 사회적 갈등이 극심하여 당초 수립한 계획과 달리 당시 전력산업 구조를 유지하면서 운영상 효율성을 제고하는 방향으로 정책을 변경하였다. 그동안 발전 경쟁을 통해 연료구매비 절감 등 효율성이 상당히 향상된 성과가 있었다고 분석하고, 이를 바탕으로 발전과 판매의 경쟁을 더욱 확대하고 발전회사에 자율과 책임을 부여해야 한다는 방향으로 대안이 제시되었다. 이로써 현재와 같이 발전부문은 한국수력원자력발전, 화력발전 5사 체제를 유지하고, 판매부문은 전기요금 현실화 등 판매경쟁을 위한 여건조성을 추진하고, 계통과 시장부문은 계통운영의 공정성 확보를 위해 전력거래소가 담당하기로 결정되었다.

## II. 전기사업의 허가

### 1. 일반적 전기사업의 종류

「전기사업법」은 전기사업을 발전사업·송전사업·배전사업·전기판매사업 및 구역전기사업으로 구분하여 정의함으로써 전기와 관련된 다른 사업을 전기사업에서 제외하고 있다. 발전사업은 전기를 생산하여 이를 전력시장을 통하여 전기판매사업자에게 공급하는 것을 주된 목적으로 하는 전기사업의 일종이다. 송전사업이란 발전소에서 생산된 전기를 배전사업자에게 송전하는 데 필요한 전기설비를 설치·관리하는 것을 주된 사업으로 하는 전기사업의 일환이다. 배전사업이란 발전소로부터 송전된 전기를 전기사용자에게 배전하는 데 필요한 전기설비를 설치·운용하는 전기사업의 일환에 속하는 사업이다. 전기판매사업이란 전기사용자에게 전기를 공급하는 것을 주된 목적으로 하는 사업(전기자동차 충전사업은 제외한다)을 말한다. 구역전기사업은 3만5천kW 이하의 발전설비를 갖추고 특정한 공급구역의 수요에 맞추어 전기를 생산하여 전력시장을 통하지 아니하고 그 공급구역의 전기사용자에게 공급하는 것을 주된 목적으로 하는 사업을 말한다.

### 2. 전기사업허가의 법적 성질

전기사업은 산업통상자원부장관의 허가를 필요로 하는 사업이다. 「전기사업법」 제7조에 따라 전기사업을 하려는 자는 전기사업의 종류별로 산업통상자원부장관의 허가를 받아야 한다. 전기사업허가는 건축허가나 영업허가와 같은 안전이나 소비자보호를 목적으로 하는 허가와 구별된다. 전기사업허가는 국가나 공동체의 특정된 자원을 합리적으로 할당할 목적으로 수행되는 조정적 허가라고 할 수 있다. 조정적 허가는 행정청이 시장참여자에게 공통적인 기회를 부여하고 시장참여자 중에서 관련된 자원을 가장 효율적으로 분배할 수 있는 자에게 허가를 하는 것이라고 할 수 있다. 「전기사업법」은 전기사업을 하려는 자가 무분별하게 발전소, 송전선, 배전선을 건설·설치함으로써 발생할 수 있는 국가자원의 비효율적 활용을 산업통상자원부장관으로 하여금 방지하도록 전기사업허가권 부여하고, 전기의 안정적 공급과 자원의 효율적 이용을 조정하여 정하도록 하고 있다.

## 3. 전기사업허가의 기준

「전기사업법」은 전기사업허가의 기준을 다음과 같이 정하고 있다(「전기사업법」 제7조 제5항). 첫째, 전기사업을 하려는 자는 전기사업을 적정하게 수행하는 데 필요한 재무능력 및 기술능력이 있어야 한다. 둘째, 전기사업이 계획대로 수행될 수 있어야 한다. 셋째, 배전사업 및 구역전기사업의 경우 둘 이상의 배전사업자의 사업구역 또는 구역전기사업자의 특정한 공급구역 중 그 전부 또는 일부가 중복되지 않아야 한다. 넷째, 구역전기사업의 경우 특정한 공급구역의 전력수요의 50퍼센트 이상으로서 해당 특정한 공급구역의 전력수요의 60퍼센트 이상의 공급능력을 갖추고, 그 사업으로 인하여 인근 지역의 전기사용자에 대한 다른 전기사업자의 전기공급에 차질이 없어야 한다. 다섯째, 발전소나 발전연료가 특정 지역에 편중되어 전력계통의 운영에 지장을 주지 않아야 한다. 여섯째, 발전연료가 어느 하나에 편중되어 전력수급(電力需給)에 지장을 주지 않아야 한다. 일곱째, 전력수급기본계획에 부합하여야 한다. 여덟째, 「저탄소 녹색성장 기본법」에 따른 온실가스 감축 목표 달성에 지장을 주지 않아야 한다.

## 4. 허가절차

발전사업허가는 전력수급기본계획에 부합할 것을 허가기준으로 하고 있다. 발전사업을 하려는 자는 석탄발전, 천연가스발전, 원자력발전 중 어떠한 발전소를 건설하여 발전사업을 할 것인가를 결정하여야 한다. 발전소의 종류를 정하여 발전사업 허가를 받으려는 자는 전력거래소에 발전사업 의향서를 제출하여 전력수급기본계획에서 정하여진 발전용량을 할당받을 수 있는지를 우선 확인을 받은 후 발전사업 허가를 산업통상자원부장관에게 신청하여야 한다. 발전사업의 허가를 받은 자가 발전소의 건설을 하기 위하여 우선 환경영향평가를 받고, 공사계획 인가를 거쳐 실제 건설에 착수하게 된다.

## 5. 사업의 영업정지 및 허가취소

전기사업의 허가는 재량행위이나, 전기신사업의 등록은 기속행위이다. 이에 반하여 전기사업의 허가취소와 전기신사업의 영업정지 또는 등록취소는 법률에 특별한 규정이 없는 한 재량행위라고 할 수 있다. 전기사업허가의 취소와 전기신사업의 영업정지 또는 등록취소는 그 효과가 전기사업자 또는 전기신사업자의 권리를 제한하는 측면에서 침익적 행정처분이고, 침익적 행정처분은 법률유보원칙에 따른 법률상 근거가 필요하다.

전기사업허가의 취소와 영업정지를 하는 행정처분의 권한은 산업통상자원부장관에게 부여되어 있다(「전기사업법」 제12조). 산업통상자원부장관이 허가취소 또는 영업정지를 하는 경우 전기위원회의 심의절차를 거쳐야 한다. 전기사업의 취소와 사업정지는 대표적인 침익적 행정처분에 해당한다. 그러므로 법치행정원칙에 따라 「전기사업법」은 전기사업의 취소와 영업정지에 관한 명확한 근거를 두고 있다. 산업통상자원부장관은 6개월 이내에서 영업정지처분을 할 수 있으나 전기사업은 전기사업자가 영업을 정지하는 경우 전기사용자에게 심한 불편을 주거나 공익을 해칠 우려가 있는 경우에는 사업정지명령을 갈음하여 5천만원 이하의 과징금을 부과할 수 있는 근거를 두고 있다. 여기서의 과징금은 대표적인 영업정지 대체 과징금에 해당한다.

## 6. 사업의 양수·합병·분할

전기사업은 공공성이 있어 사업 자체에 대한 허가제도와 전기사업의 양수, 분할·합병, 경영권 지배목적의 주식취득에 대하여 인가를 받도록 하고 있다(「전기사업법」 제10조 제1항). 전기사업의 양수, 분할·합병, 경영권지배목적 주식취득은 산업통상자원부장관의 인가를 받아야 한다. 인가기준은 해당 전기사업의 허가기준에 적합하여야 하고, 양수 또는 분할·합병 등으로 인하여 전력수급에 지장을 주거나 전력의 품질이 낮아지는 등 공공의 이익을 현저하게 해칠 우려가 없어야 한다.

산업통상자원부장관은 전기사업의 양수·합병·분할에 대하여 인가를 하는 경우 인가를 한 날부터 10일 이내에 양수 또는 분할·합병 당사자의 성명(법인의 경우에는 명칭 및 대표자의 성명) 및 주소, 내용 및 예정 연월일을 공고하여야 하며, 인가대상 전기설비가 원자력발전소인 경우에는 원자력안전위원회와 협의하여야 한다.

## Ⅲ. 전기신사업의 등록

## 1. 전기신사업 등록제도

현행 「전기사업법」은 2001년 전부 개정을 통하여 발전·송전·배전·판매사업만을 전기사업으로 허용하였다. 이후 2004년에 「전기사업법」은 일부개정을 통하여 특정 구역의 전기소비자에게 직접 전기를 공급하는 구역전기사업자 제도를 도입한 이후로 지금까지 이어지고 있다. 그러나 최근 신·재생에너지 발전사업, 전기차충전사업 등 예전에는 없었던 새로운 전기사업 들이 등장하고 있다. 전기사업분야에서 새롭게 등장하는 사업은 기존 「전기사업법」을 적용하는 것이 적합하지 않게 되었다. 「전기사업법」은 새로운 유형의 전기사업을 기반으로 전기산업의 확산을 위해서는 기존의 대형 전기사업자들과는 다른 형태로 에너지 신산업을 뒷받침할 수 있는 법체계 마련이 필요하게 되었다.

당시 정부는 에너지신산업 유형 중 현재 수요가 있을 것으로 예상되는 전기자동차충전사업, 소규모전기공급사업, 소규모전력중개사업 등 3가지 유형의 사업의 확산을 위해 기존의 전기사업자와는 별도의 법체계를 마련할 목적으로 「전기사업법」의 개정을 시도하였으나 소규모전기공급사업이 삭제되고, 전기자동차충전사업과 소규모전력중개사업만 도입되었다. 2021년 「전기사업법」의 개정으로 전기신사업에 재생에너지전기공급사업을 포함하였다. 전기신사업은 일정한 요건을 갖추면 등록만으로 사업을 수행할 수 있고 약관도 신고만 하면 사용할 수 있어 전기판매사업보다 훨씬 용이하게 사업을 시작할 수 있다.

전기판매사업의 허가요건을 갖춘 사업자는 전기판매사업을 할 수 있다. 그러나 현실적으로 전기판매사업자는 한국전력공사가 독점하고 있다. 전기신사업의 도입은 전력판매시장에 민간 참여를 확대하는 시발점에 해당한다. 전기신사업은 전기자동차충전사업, 소규모전력중개사업 및 재생에너지전기공급사업으로 누구든지 등록요건을 갖추면 전기신사업을 할 수 있다(「전기사업법」 제7조의2 제1항). 특히 재생에너지로 전기를 생산하는 사업자는 재생에너지전기공급사업자로서 「전기사업법」의 기본적인 구조에 해당하는 겸업금지의 예외로 도입되었다. 재생에너지전기공급사업자는 자기가 발전한 전기를 직접 전기사용자에게 판매할 수 있도록 함으로써 겸업금지의 예외적인 사업자가 되었다.

2018년 「전기사업법」의 개정으로 도입된 전기판매사업으로 전기자동차충전사업과 소규모전력중개사업은 신·재생에너지와 관련된 특정 분야부터 일단 소규모로 민간에 개방하고, 시장의 반응이라든가 민간 참여 확대의 장단점 등을 파악한 뒤 향후 점점 전력판매시장의 민간 참여 폭을 넓히기 위하여 도입되었다. 2021년 다시 「전기사업법」은 모든 재생에너지전기공급자에게 직접 판매사업을 할 수 있도록 하였다.

## 2. 전기판매시장의 개방 논의

전력판매시장의 개방 여부에 관한 논의는 전력시장과 관련하여 전기판매정책과 「전기사업법」의 중요한 쟁점사항에 속한다. 이는 우리나라의 전기판매시장이 가지고 있는 독특한 구조에 기인하고 있다.

전기판매시장의 개방론은 다음과 같은 이유로 전기판매시장을 개방하여 전기판매사업의 허가기준을 최소한으로 정하자는 견해이다. 첫째, 전기판매시장의 개방은 전력소비의 효율성을 제고할 수 있다. 즉, 전기판매시장이 개방되지 않고 지금과 같이 독점체제를 유지하는 경우 전기요금은 정부의 인가를 받아서 정해지기 때문에 전기요금에 비용이 제대로 반영하지 못하거나 요금조정이 적시에 이루어지지 못하여 전력소비에 비효율이 발생할 여지가 있다. 둘째, 전기판매시장의 개방은 소비자의 선택권 확장에 기여한다. 전기판매시장 개방은 다양한 전기요금 제도를 개발하게 하여 소비자의 선택권을 확대할 수 있다. 셋째, 전기판매시장의 개방은 중·장기적으로 전기요금의 인하에 기여한다. 전기판매시장을 개방하는 경우 전기판매사업자는 중·장기적으로 경쟁을 통해 전기 공급서비스의 품질을 높이고, 전기요금을 낮추는 노력을 지속적으로 하게 된다. 넷째, 전기판매시장은 필연적으로 개방되어야 하는 시장이다. 전력판매시장은 언젠가는 개방되어야 하는 시장이기 때문에 가능한 신속하게 개방할 필요가 있다.

이에 반하여 전력판매시장 개방을 반대하는 견해는 다음과 같은 이유를 들고 있다. 첫째, 전기판매시장의 개방은 전기요금을 상승하게 한다. 한국전력공사가 국내 전기판매시장을 독점적으로 운영하면서 규모의 경제를 통해 전기요금의 수준을 OECD 국가들 중에서도 하위권으로 유지하고 있다. 수익창출이 핵심적 목적인 민간에 전력판매시장을 개방하는 경우에 연료비 상승 등 가격 인상 요인이 최종 소비자에게 그대로 반영되어 전기요금이 오를 수밖에 없다. 둘째, 전기판매시장의 개방은 낙후지역의 전기공급을 위하여 전기요금의 인상이 불가피하다. 현재 전기판매사업자인 한전은 수익성이 떨어지는 벽지·도서 지역에도 손해를 보면서 전기를 공급하고 있다. 전기판매시장의 개방은 장기적으로 낙후지역의 전기요금을 상승하게 할 수밖에 없다. 셋째, 전기판매시장의 개발은 농수산업용

전기요금에 대한 상승폭이 클 수밖에 없다. 전력판매시장의 개방은 새롭게 진입하는 전기판매사업자로 하여금 대규모 일반용, 산업용, 대용량 주택 등 수익성이 높은 분야 전기공급을 하게 할 수밖에 없다. 그러므로 전기요금이 원가 이상인 분야에만 신규 전기판매사업자가 진입하고, 원가 이하인 분야에 대한 전기공급을 공기업인 한국전력공사가 맡을 개연성이 높다. 이렇게 될 경우 결국 한전의 재무상황이 악화되어 가정용이나 농업용 전기요금은 오를 수밖에 없다.

## 3. 전기신사업의 제한

전기신사업은 전기자동차충전사업, 소규모전력중개사업 및 재생에너지전기공급사업으로 한정된다(「전기사업법」 제2조 제12의2호). 전기자동차충전사업은 전기자동차[47]에 전기를 유상으로 공급하는 것을 주된 목적으로 하는 사업으로, 그 규모나 종류에 특별한 제한이 없다(법 제2조 제12의4호). 전기자동차 충전사업은 사업의 형태상 전기판매사업에 해당하나 현행 「전기사업법」에서 전기판매사업과 구별하여 전기신사업으로 분류하여 규정하고 있다.

소규모전력중개사업은 전력거래소가 개설하는 시장에서 소규모의 신·재생에너지 설비, 전기저장장치(ESS), 전기자동차 등 설비를 모집·관리하고, 이 전기설비들에서 생산된 전력을 거래하는 것을 주된 목적으로 하는 사업을 말한다. 소규모전력중개사업의 대상 설비는 발전설비용량 1천킬로와트 이하의 신에너지 및 재생에너지 설비, 충전·방전설비용량 1천킬로와트 이하의 전기저장장치 또는 전기자동차로 제한된다. 재생에너지전기공급사업은 「신에너지 및 재생에너지 개발·이용·보급 촉진법」 제2조 제2호에 따른 재생에너지를 이용하여 생산한 전기를 전기사용자에게 공급하는 것을 주된 목적으로 하는 사업을 말한다.

## 4. 전기판매사업과 전기신사업의 사업구별

전기신사업은 사업수행 요건, 결격사유 및 등록이나 허가 취소사유 등에서 전기판매사업과 기본적으로 사업규제의 구조를 동일하게 하고 있으나, 규모가 비교적 소규모임을 감안하여 전기신사업의 확산을 위하여 기존의 전기판매사업에 비해 규제를 많이 완화하고 있다.

---

47) 전기 공급원으로부터 충전받은 전기에너지를 동력원(動力源)으로 사용하는 자동차를 말한다.

전기판매사업은 위에서 언급한 바와 같이 산업통상자원부장관의 허가를 받아야 하나 전기신사업은 등록기준에 적합한 자본금·인력·시설 등을 갖추고 등록을 신청할 경우 결격사유에 해당하지 않는 한 산업통상자원부장관이 등록을 하여야 하는 기속행위로 규정하고 있다. 또한 전기판매사업은 공급약관의 작성과 사업 양수에 대하여 산업통상자원부장관의 인가를 받아야 한다. 이에 반하여 전기신사업은 공급약관의 작성과 사업양수에 대하여 산업통상부장관에게 신고로 법률상 의무를 이행한다. 전기신사업에 대하여 현재 한국전력공사가 독점하고 있는 전기판매사업과 같은 수준의 엄격한 요건을 요구할 경우 사실상 그 요건을 모두 충족시킬 수 있는 전기신사업자가 많지 않아 전력판매시장의 일부를 개방할 목적으로 도입하려는 전기신사업제도의 기본 목적에 부합하지 않을 수 있어 규제를 완화하고 있다.

## 제4절 전기사업자의 의무

### Ⅰ. 전기사업자의 일반적 의무

#### 1. 전기공급의무

발전사업자, 전기판매사업자, 전기자동차충전사업자 및 재생에너지전기공급사업자는 정당한 사유 없이 전기의 공급을 거부하여서는 아니 된다(「전기사업법」 제14조). 발전사업자 등에게 부여되는 전기공급의무는 전기가 모든 국민에게 필수불가결한 성격을 가지고 있으므로 전력산업이 경쟁체제로 전환되더라도 전기사용자가 언제 어디서나 적정한 품질과 요금으로 전기를 안정적으로 공급받도록 하기 위해서 「전기사업법」에서 특별하게 규정하고 있다.

#### 2. 사업개시의무

전기사업자는 산업통상자원부장관이 지정한 준비기간에 사업에 필요한 전기설비를 설치하고 사업을 시작하여야 한다. 준비기간은 10년을 넘을 수 없다. 전기사업자는 사업을 시작한 경우 지체 없이 그 사실을 산업통상자원부장관에게 신고하여야 한다. 다만, 발전 사업자의 경우에는 최초로 전력거래를 한 날부터 30일 이내에 신고하여야 한다.

## 3. 전기품질유지의무

전기는 다른 재화와는 달리 안정적인 공급을 필요로 한다. 전기사용자는 전기를 사용하기 위한 기기·기계·설비를 사용하여 생산활동이나 소비활동을 하게 된다. 전기공급의 단절은 단순히 해당 전기 자체를 사용하지 않는 것으로 끝나지 않고, 이와 연계된 생활과 생산활동이 중단되어 사회적 파급효과가 아주 큰 사건으로 발전하게 된다. 전기사업자나 전기신사업자는 그가 공급하는 전기의 품질을 유지하여야 한다(「전기사업법」 제18조 제1항). 전기품질은 전압과 주파수에 의하여 결정되기 때문에 전압과 주파수의 안정적인 유지의무를 말한다. 전기사업자 중 발전사업자와 송전사업자는 전압과 주파수를, 배전사업자와 전기판매사업자는 전압을 안정적으로 유지하여야 한다. 한국전력거래소는 전기품지유지의무를 이행하기 위하여 주파수를 매년 1회 이상 측정하여야 하며 측정 결과를 기록하여 3년간 보존하여야 한다.

## 4. 전력량계 설치·관리의무

전기사업자의 또 다른 의무는 전력량계의 설치와 관리이다. 전력량계란 계기용변성기와 조합하여 전기에너지의 생산과 소비를 측정, 기록, 저장하는 전자식 계량장치로 전기공급시설이나 사용하는 시설 등에서 설치된다. 전자식 전력량계는 시간대별 전력거래량을 측정할 수 있는 기기이다. 전력량계의 설치·관리의무자는 전력시장에서 전력거래를 하는 발전사업자, 자가용전기설비를 설치한 자 및 구역전기사업자, 배전사업자, 전력시장에서 전력을 직접 구매하는 전기사용자이다(「전기사업법」 제19조).

## 5. 전력설비의 이용·제공의무

송전사업자와 배전사업자는 전력시장의 공정한 경쟁을 위하여 그 송전설비와 배전설비를 전기사업자 또는 전력을 전력시장에서 직접 구매하는 전기사용자에게 차별 없이 이용하게 하여야 한다(「전기사업법」 제20조 제1항). 송전설비(송전용전기설비)는 송전선로, 변압기, 개폐장치, 모선, 무효전력보상설비 및 이에 부속하는 전기설비의 집합체를 말하며 공용송전망과 접속설비이다. 배전설비(배전용전기설비)란 발전소 또는 변전소에서 다른 발전소나 변전소를 거치지 않고 전기사용장소에 이르는 22,900V 이하의 전선로와 이에 속하는 개폐장치, 변압기 및 기타 부속설비로서 배전사업자가 소유하는 것을 말하며, 공용배전설비와 접속설비로 구성되어 있다.

## 6. 전기설비의 정보공개의무

우리나라의 송·배전사업자는 현재 한국전력공사이다. 전기설비의 정보공개는 전력계통별 누적연계용량 및 연계가능용량과 전력수급계약을 신청한 순서 등을 상시적으로 조회할 수 있게 한다. 태양광발전사업과 직접적 관계가 있는 송배전전선로의 전기설비용량 등에 대한 정보공개는 망중립성에 기여한다. 태양광발전사업자와 풍력발전사업자는 발전된 전기를 송배전 전선로를 사용하여 공급할 수 있다. 그러나 송배전전선로의 용량이 부족한 경우에 발전된 전기를 판매할 수 없게 된다. 그러므로 태양광발전사업이나 풍력발전사업을 하는 자에게 전기설비의 용량 등에 관한 송배전사업자의 정보공개는 중요한 의미를 가진다.

## II. 전기사업자의 특별의무

## 1. 특정행위 금지의무

「전기사업법」 제21조는 전기사업자 일반에 대해 전력시장에의 공정한 경쟁 등을 해치는 행위를 방지하기 위하여 전기사업자의 금지행위를 정하고 있다. 동법률은 이러한 금지행위를 위반하는 경우 사실조사[48]를 통한 시정요구[49]를 하거나 과징금의 부과[50] 또는 벌칙[51]을 부과하여 행정의 실효성을 확보하는 수단을 정하고 있다.

---

48) 「전기사업법」 제22조(사실조사 등).
49) 「전기사업법」 제23조(금지행위에 대한 조치).
50) 「전기사업법」 제24조(금지행위에 대한 과징금의 부과·징수).
51) 「전기사업법」 제101조(벌칙) 다음 각 호의 어느 하나에 해당하는 자는 3년 이하의 징역 또는 3천만원 이하의 벌금에 처하거나 이를 병과(倂科)할 수 있다.
　　2. 제21조제1항에 따른 금지행위를 한 자

첫째, 전력거래가격을 부당하게 높게 형성할 목적으로 발전소에서 생산되는 전기에 대한 거짓 자료를 한국전력거래소에 제출하는 행위는 금지된다. 둘째, 송전용 또는 배전용 전기설비의 이용을 제공할 때 부당하게 차별을 하거나 이용을 제공하는 의무를 이행하지 아니하는 행위 또는 지연하는 행위는 금지된다. 셋째, 전기사업자는 송배전용 전기설비 관련 정보를 공정하게 이용하여야 한다. 정보의 공정이용의무는 전기사업자가 송전용 또는 배전용 전기설비의 이용을 제공함으로 인하여 알게 된 정보 등을 자신의 사적이익을 위해 부당하게 사용하거나 이러한 정보 등을 이용하여 다른 전기사업자등의 영업활동 또는 전기사용자의 이익을 부당하게 해치는 행위를 방지하는 것을 목적으로 한다. 넷째, 수익을 부당하게 분류하여 전기요금이나 송전용 또는 배전용 전기설비의 이용요금을 부당하게 산정하는 행위는 금지된다. 다섯째, 전기사업자는 전기사업자등의 업무처리 지연 등 전기공급 과정에서 전기사용자의 이익을 현저하게 해치는 행위를 하여서는 아니 된다. 여섯째, 전력거래소의 지시를 불이행하여서는 아니 된다.

전기사업 허가권자는 공공의 이익을 보호하기 위하여 필요하다고 인정되거나 전기사업자등이 금지행위를 한 것으로 인정되는 경우 전기위원회 소속 공무원, 허가권자가 시·도지사인 전기사업자의 경우에는 해당 시·도 소속 공무원으로 하여금 이를 확인하기 위하여 필요한 조사를 하게 할 수 있다(「전기사업법」 제22조 제1항). 잔기사업 허가권자는 사실조사 결과 전기사업자등이 금지행위를 한 것으로 인정하는 경우에 전기위원회의 심의를 거쳐 전기사업자에게 송전용 또는 배전용 전기설비의 이용제공, 내부 규정 등의 변경, 정보의 공개, 금지행위의 중지, 금지행위를 하여 시정조치를 명령받은 사실에 대한 공표, 금지행위로 인한 위법사항의 원상회복을 위하여 필요한 조치를 명하거나 금지행위에 관여한 임직원의 징계를 요구할 수 있다.

## 2. 전기설비계획과 전기공급계획의 신고의무

국가는 전기를 안정적으로 공급하여야 한다. 정부는 전기의 안정적인 공급을 위하여 전기수요를 예측하고, 이에 적합한 전기공급을 하여야 하고, 전기공급에 필요한 전기설비를 전기사업자로 하여금 설치하도록 하여야 한다. 이를 위하여 전기사업자는 매년 12월 말까지 계획기간을 3년 이상으로 한 전기설비의 시설계획 및 전기공급계획을 작성하여 산업통상자원부장관에게 신고하도록 하고 있다(「전기사업법」 제26조). 전기설비시설계획 및 전기공급계획의 제출의무자는 발전사업자, 송·배전사업자 및 판매사업자이다.

## 3. 송배전설비의 설치·관리의무

전기의 안정적인 공급은 전기수요를 충당할 수 있을 정도로 발전, 송전, 배전에 필요한 설비가 갖추어질 때에 가능하게 된다. 발전사업자가 전기수요에 필요로 하는 발전설비를 갖추어도 송배전사업자가 송전설비나 배전설비를 충분하게 설치하지 못하는 경우 전기의 안정적인 공급이 될 수 없다. 그러므로 송배전사업자는 송배전설비를 설치하여야 하고, 이를 사용할 수 있도록 관리하여야 한다.

## 4. 전력계통 신뢰도 유지의무

전력계통 신뢰도란 전력계통을 구성하는 제반 설비 및 운영체계 등이 주어진 조건에서 의도된 기능을 적정하게 수행할 수 있는 능력이다. "전력계통"이란 전기의 원활한 흐름과 품질유지를 위하여 전기의 흐름을 통제·관리하는 체제를 말한다(「전기사업법」 제2조 제14호). 전력계통 신뢰도는 국가별로 전력시장 환경에 따라 다르나 정부의 감독이 필요로 하여 법률에서 전력계통 감독기구를 정하고 있다. 미국의 경우 NERC(North American Electric Reliability Corporation), 일본의 경우 ESCJ(Electric Power System Council of Japan)의 중립적 기구 설립을 통해 신뢰도 기준의 재·개정 및 관리, 신뢰도 기준준수의 감시 등을 하고 있다.

## 5. 원자력발전연료의 제조·공급계획서의 작성 및 승인의무

우리나라의 발전량 중 원자력은 전력공급에 있어 중요한 발전원에 해당한다. 현재 원자력발전의 비중이 비교적 높은 우리나라는 전력계통의 안정에 원자력발전에 사용되는 원자력발전연료의 안정적인 공급이 결정적으로 중요하다. 원자력발전사업자는 전력의 안정적 공급을 위하여 원자력발전연료의 제조·공급계획서를 작성하여 산업통상자원부장관의 승인을 받아야 한다.

## 제5절 전력거래체계

### Ⅰ. 전력도매시장

### 1. 전력시장 거래의 원칙

발전사업자와 전기판매업자는 전력시장에서 전력거래를 하는 것을 원칙으로 한다. 다만, 예외적으로 전력계통에 연결되어 있지 아니한 도서지역에서 전력을 거래하는 경우와 재생에너지발전사업자가 생산한 전력을 거래하는 경우에는 전력시장을 통하지 않고, 발전사업자와 사용자가 직접 전력거래를 할 수 있다.

전력시장에서 전력공급자는 발전사업자 외에 구역전기사업자와 수요관리사업자이다. 「지능형전력망의 구축 및 이용촉진에 관한 법률」제12조 제1항에 따라 지능형전력망 서비스 제공사업자로 등록한 자 중 대통령령으로 정하는 자(이하 "수요관리사업자"라 한다)는 전력시장운영규칙으로 정하는 바에 따라 전력시장에서 전력거래를 할 수 있다(「전기사업법」 제31조 제5항). 수요관리사업자는 전력공급 상황 및 피크 부하율에 따라 전력사용량을 조정(수요반응: Demand Response)할 수 있는 고객을 발굴하여 고객이 감축 가능한 용량을 전력거래소와 계약한 후에 예비전력 부족 시 거래소의 지시에 따라 고객의 전력수요를 원격 제어·감축하는 사업자이다.

### 2. 전력시장에서의 전력판매자

전력생산자는 「전기사업법」에 따라 전력시장에서 전기를 판매하거나 한국전력공사와 계약을 통하여 전기를 판매하도록 하고 있다. 전력시장에서 전력의 판매자는 발전사업자, 구역전기사업 및 수요관리사업자이다. 전기의 생산은 전기설비[52]가 있어야 한다. 「전기사업법」은 전기사업용 전기설비는 원칙적으로 전력시장에서 전력거래만을 가능하도록 하고, 자가용 전기설비에 대하여는 원칙적으로 전력시장에서의 전력거래를 허용하고 있지 않으나 예외적인 경우에 한하여 전력거래를 허용하고 있다.

---

52) 전기설비는 전기사업용 전기설비, 자가용 전기설비, 일반용 전기설비로 구분된다. 베란다 태양광 등 주택 태양광설비의 대부분은 설비 용량이 10kW 미만인 일반용 전기설비에 해당한다.

전력거래방법은 크게 전력시장에서 거래하거나 전력시장을 통하지 아니하고 전기판매사업자인 한국전력공사와 거래하는 방법으로 구분할 수 있다. 전력시장을 통하지 아니 한 전력거래는 현금정산으로 하는 상계거래이다. 「전기사업법」 제31조 제2항에 따르면, 자가용 전기설비는 원칙적으로 전력시장에서 전력거래를 금지하고 있다. 단지, 상계거래를 통한 거래를 예외적으로 허용하고 있다.

## 3. 신재생에너지 등 우선구매원칙

전기판매사업자는 소규모 발전사업자·자가용전기설비설치자·신재생에너지발전사업자·집단에너지사업자·수력발전사업자가 생산하는 전력을 우선적으로 구매할 수 있도록 특례를 두고 있다. 전기판매사업자는 전력시장에서 전력을 구매하는 경우 설비용량이 2만kW 이하인 발전사업자, 자가용전기설비를 설치한 자, 신에너지 및 재생에너지를 이용하여 전기를 생산하는 발전사업자, 집단에너지사업자, 수력발전사업자가 생산한 전력을 「전력시장 운영규칙」으로 정하는 바에 따라 우선적으로 구매할 수 있다.

## 4. 전기판매자의 전력시장에서 독점구매원칙

전기사용자는 전력시장에서 전력을 발전사업자로부터 직접 구매할 수 없고 전기판매사업자만 전력시장에서 발전사업자가 생산한 전기를 구입할 수 있다(「전기사업법」 제31조). 그러나 예외적으로 수전설비(受電設備)의 용량이 3만kVA 이상인 전기사용자는 전기판매사업자를 통하지 않고 전력시장에서 전기를 직접 구매할 수 있다. 전력거래를 반드시 전력시장에서 하도록 하는 이유는 전력산업의 구조개편에 따른 경쟁시장을 조기에 형성토록 하고, 대체에너지·집단에너지 등 일부 경쟁에 적합하지 않은 발전사업자가 생산한 전력을 우선적으로 구매토록 하여 에너지이용을 합리화하려는 데에 있다. 또한 일정 규모 이상의 전기사용자로 하여금 전력을 전력시장에서 직접 구매할 수 있도록 함으로써 경쟁효과의 극대화를 도모하기 위하여 전력거래를 전력시장에서 하도록 하고 있다.

## II. 전력거래 가격과 정산

### 1. 전력시장에서 가격 결정

전력시장에서 이루어지는 전력거래가격은 시간대별로 전력의 수요와 공급에 따라 결정된다(「전기사업법」 제33조). 전력거래의 정산은 시간대별로 결정되는 전력거래가격을 기초로 한다. 구체적인 정산방법은 전력시장 및 전력계통의 운영에 관한 규칙인 「전력시장 운영규칙」에 따른다. 전력시장에서 전력거래가격은 용량요금과 계통한계가격(SMP: System Marginal Price)[53]의 합으로 구성된다. 용량가격은 고정비 보상의 성격으로 발전기의 건설비 보상 및 신규투자 유인을 위해 지급되는 가격이다. 계통한계가격(SMP)은 변동비 보상의 성격으로 발전에 소요되는 연료비 등을 보상하기 위해 지급되고 시간대별로 전력의 수요와 공급에 따라 결정된다. 계통한계가격은 전력수요를 충족시키기 위해 변동비가 싼 순서로 발전기를 투입하여 급전계획을 수립할 때 마지막에 투입된 발전기의 변동비, 즉 급전계획된 발전기 중 가장 비싼 발전기의 변동비로 결정된다.

### 2. 계통한계보정제도

「전기사업법」은 전력가격이 결정되는 기본원칙과 방법만을 정하고, 한전의 6개 발전자회사에 대한 전력거래가격 정산시에 정산금의 보정을 위해 적용되고 있는 '계통한계가격 보정계수'에 대하여는 별도의 규정을 두지 않고 있다. 현재 전력시장은 「전력시장 운영규칙」에 따라 민간발전사와 한전의 발전자회사 간 상이한 변동비 정산방법이 적용되고 있다. 전력시장에서 전력가격은 민간발전사(부생가스 제외)의 경우에 계통한계가격(SMP)으로 정산되고, 발전자회사의 경우에는 계통한계가격 보정계수의 적용을 통해 발전차익(계통한계가격 – 변동비)의 일정 부분만이 변동비에 더해 정산된다.

### 3. 정산상한가격

현재 전력거래는 전기판매사업자인 한국전력이 발전사업자에게 전력시장에서 전력을

---

53) 계통한계가격(SMP, System Marginal Price)은 거래시간에 가동된 발전기의 발전가격 중 가장 높은 발전가격을 말한다. 시간대별로 최종적으로 전력생산에 투입되는 발전기의 발전가격이다.

구매하여 전기사용자에게 공급하는 방식으로 운영되고 있다. 전력 거래시 구체적인 정산방법은 「전력시장 운영규칙」에서 정하고 있다(「전기사업법」 제33조). 「전력시장 운영규칙」은 전기판매사업자가 전력시장에서 구입한 전력량에 대한 가격을 책정함에 있어서 해당 거래시간의 '계통한계가격(SMP)'을 적용하도록 규정하고 있다. 그러나 전력수요의 증가 및 기저발전기(원자력·석탄 등) 고장 등으로 인해 연료비가 비싼 피크발전기(유류기력, 디젤 등)의 가동시간이 늘어나게 되는 경우에 전력시장의 거래가격이 급등하여 '정산조정계수'의 적용을 받지 않는 민간발전사가 적정수준 이상의 이윤을 얻는 상황이 발생할 수 있다. 이에 대한 대책으로 한국전력거래소는 전력거래가격에 상한을 두는 '정산상한가격제도'를 도입하여 운영하고 있다.

## 4. 정부승인 차액계약제

「전기사업법」은 발전사업자와 전력구매자(전기판매사업자, 구역전기사업자 등) 상호 간에 일정 기간의 발전량에 대해 가격을 사전에 계약하고 이를 정부가 승인하는 '정부승인 차액계약'[54] 제도를 도입하고 있다. 발전사업자는 전력구매자(전기판매사업자, 구역전기사업자 또는 직접 구매 전기사용자)와 전력거래가격의 변동으로 인하여 발생하는 위험을 줄이기 위하여 일정한 기준가격을 설정하고 그 기준가격과 전력거래가격 간의 차액 보전(補塡)에 관한 것을 내용으로 하는 계약(이하 "차액계약"이라 한다)을 체결할 수 있다(「전기사업법」 제33조 제1항).

---

54) 차액계약이란 일정한 기준가격을 설정하고 그 기준가격과 전력거래가격 간의 차액 보전(補塡)에 관한 것을 내용으로 하는 계약으로, 정부승인 차액계약(Vesting Contract): 차액계약을 정부가 강제하여 체결하도록 한 계약을 말한다.

# 제6절 전기요금

## I. 전기요금의 인가

### 1. 기본공급약관

전기요금은 전기사용자에 판매되는 소비자가격으로 7종(주택용, 산업용, 일반용, 농업용, 교육용, 가로등용, 심야)의 용도별로 구분되어 있다. 전기요금은 전기사용자가 전기사용량에 따라 부담하는 비용으로 기본공급약관으로 정하여 진다. 기본공급약관은 전기판매사업자인 한국전력이 작성하고 산업통상자원부장관의 인가를 받아야 하고, 전기요금과 그 밖의 공급조건에 관하여 정하고 있다.

전기요금은 상법상 주식회사인 한국전력공사와 소비자가 계약을 통해 정하는 사적 자치의 영역에 해당하나 전기가 공익성을 가지고 있고, 시장독점으로 공급되어 전기요금에 관하여 정부의 인가를 받는 기본공급약관에서 정하고 있다. 또한 전기요금은 생산비용 등 변동가능성이 많기 때문에 법률로 직접 규정할 경우 개정절차가 복잡하고 장시간이 소요되므로 탄력적인 운용이 어렵다. 이러한 이유로 전기요금은 계약의 일종인 기본공급약관에서 정하고 있다.

### 2. 전기요금의 인가절차

전기요금의 인가는 행정기관이 전기요금과 관련된 다양한 요인을 고려하여 결정하고 있다. 현재 전기요금은 전기판매사업자인 한국전력공사가 전기요금 개정안에 대하여 이사회 의결을 거친 후에 산업통상자원부에 인가를 신청하면, 산업통상자원부장관은 "전기요금 및 소비자보호 전문위원회"의 심의를 거쳐 기획재정부장관과 협의하고 전기위원회의 심의를 거친 후 전기요금의 개정을 인가한다. 그러나 전기요금에 대한 일정한 한계를 법률로 정하도록 하는 「전기사업법」 개정법률안이 다수가 국회에 제출되었다.[55] 그러나 법률로 전기요금의 종별을 나누고 그 상한이나 하한을 정하는 것은 적합하지 않다.

---

[55] 예를 들면, 전기요금을 주택용·일반용·교육용·산업용 및 농사용 등 계약종별로 구분하고, 농사용, 교육용 전기요금을 전체 전기요금 평균 단가의 30%를 넘지 않는 범위에서 정하도록 하는 방식 등이다.

현재 가스요금, 도시철도요금 등 대부분의 공공요금도 약관에서 규정하거나 사업자의 신고를 수리하는 방식으로 정하고 있다. 법률에서 직접 특정한 전기요금의 기준을 규정하고 있는 사례는 없으며, 외국에서도 전기공급원가에 기초하여 요금이 책정되고 있다.

## 3. 기본공급약관의 법적 성질

전기요금을 포함하는 전기공급에 관한 기본공급약관은 전기사용자들이 약관의 내용에 대해 협상할 수 없다. 대법원[56]은 주택용 전기요금 공급규정에 대해 계약자유의 원칙을 배제하는 성질을 지닌 보통계약약관이라고 판시하고 있다.

# II. 전기요금 산정과 부과

## 1. 전기요금 산정

모든 종류의 전기요금은 기본요금과 전력사용량에 비례하여 해당 전기사용자에게 부과된다. 주택용을 제외한 5종의 전기요금은 매월 기본요금을 책정할 때 1년간 월평균 사용량을 기준으로 하는 것이 아니라 검침 당월을 포함한 직전 12개월 중 동절기(12월, 1월, 2월)와 하절기(7월, 8월, 9월) 및 당월분에서 가장 높은 순간최대전력을 기준으로 당월의 기본요금을 산정한다.

## 2. 전기요금 유형

첫째, 누진제요금제가 있다. 현행 전기요금은 주택용 요금에만 누진제를 적용하고 있으며, 누진율(최고구간과 최저구간의 요금 차이)은 3배이고, 누진단계는 3단계로 정하고 있다. 주택용 전기요금 누진제는 에너지 소비절약 유도 및 저소득층 지원을 위해 1973년에 도입되었으며, 누진단계가 6단계이고, 누진율은 11.7배로 유지되었으나 현재 누진단계가 3단계로 축소되어 운영되고 있다.

둘째, 전압별요금제가 있다. 현행 전기요금은 용도별로 차등 요금제로 운영되고 있다.

---

56) 대법 1989. 4. 25. 선고 87다카2792 판결; 대법 2002. 4. 12. 선고 98다57099 판결.

전기요금의 산정기준을 용도별로 구분하여 부과함으로써 자원배분 왜곡 및 소비자 간 형평성 문제 등을 야기하고 있어, 대부분 국가에서 운영하는 공급전압을 기준으로 요금을 구분하는 전압별 요금체계를 운영하는 방안이 지속적으로 논의되고 있다. 현행 용도별 요금체계를 전압별 요금제도로 전환하는 것은 용도별 교차보조를 해소하고 소비자 간 요금 부담의 형평성을 확보할 수 있는 적합한 제도라고 할 수 있다. 그러나 전압별 요금제도로 전환은 전기요금의 단계적 현실화와 함께 용도별 요금격차 추이 완화, 용도별 통합에 따른 보완대책 등 마련 후에 추진되어야 과도기적인 혼란을 줄일 수 있다.

셋째, 연료비 연동제가 있다. 연료비 연동제란 연료비 변동분을 반영해 전기요금에 주기적으로 자동 반영하는 제도를 말한다. 연료비 연동제는 미국에서 1차 세계대전 중 도입한 이후 석유파동을 거치며 보편화하였다. 2021년부터 전기요금 제도는 연료비연동제로 운영되고 있다. 연료비 연동제는 그동안 연료값 변동으로 발생했던 "원가 리스크"를 해결할 수 있는 장점이 있다. 그러나 연료비 상승으로 전기요금의 급격한 인상이 될 수 있다. 이러한 문제를 방지하기 위해 '가격 상한제'를 두어 운영하고 있다. 우리나라는 현재 연료비 연동제를 도입하고 있다. 전기요금에 대한 연료비 연동제를 시행하기 전에 천연가스, 지역난방, 항공부분에서 연료비 연동제가 시행되고 있다.

넷째, 시간대별·계절별 요금제이다. 일반용·산업용 전기요금은 계절별·시간대별로 전기요금 단가를 다르게 정하고 있다. 계절별 요금은 봄·가을철 요금보다 여름·겨울철 요금을 같거나 높게 정하는 전기요금제도이다. 시간대별 요금은 경부하·중간부하·최대부하로 구분하여 차등요금을 적용하고 있다. 일반용·산업용 전기요금에 적용되는 시간대별·계절별 전기요금제를 주택용 전기요금에도 적용하는 경우 일반용·산업용에 적용하고 있는 방식과 동일하게 적용할 수밖에 없다. 이러한 경우 전력을 많이 사용할수록 요금 단가가 높아지는 주택용에 적용되는 누진제도의 체계를 보완하면서 계절별·시간대별 차등 요금제 적용을 통해 수요관리가 가능할 수 있다.

## III. 전기신사업 약관의 신고

### 1. 약관신고의무

전기신사업자는 전기사업자와 달리 전기신사업약관의 적용범위, 당사자의 권리와 의무, 요금 또는 가격의 산정기준 및 산정방식, 요금 또는 가격의 수수 및 환급, 전기신사업자의 책임과 배상, 면책 등을 포함하는 약관을 작성하여 산업통상자원부장관에게 신고하여야 한다(「전기사업법」 제16조의2).

## 2. 약관신고의 법적 성질

전기신사업자의 약관신고는 수리를 요하는 신고에 해당한다. 일반적으로 신고는 학설·판례상 '수리를 요하지 않는 신고'와 '수리를 요하는 신고'로 구별되고 있다. 양자의 신고는 법적 효과, 신고수리의 의미 및 수리거부에 대한 쟁송가능성 등에서 차이가 있다. 법률조문에서 수리를 요하는 신고인지 아닌지를 명시하지 않은 경우 수리의 요건으로 실질적 심사규정을 두고 있는지 여부, 수리거부 또는 신고수리의 취소근거 규정 여부 등을 종합적으로 고려하여 판단하고 있다. 전기신사업자의 약관의 신고 또는 변경신고는 신고의 요건을 「전기사업법」 제16조의2 제3항에서 수리에 관하여 명확하게 규정하고 있으므로 수리를 요하는 신고에 해당한다.

## 3. 신고수리의 간주

산업통상자원부장관은 신고 또는 변경신고를 받은 날부터 7일 이내에 수리(受理) 여부 또는 수리 지연 사유 및 민원 처리 관련 법령에 따른 처리기간의 연장을 신고한 전기신사업자에게 통지하여야 한다. 이 경우 7일 이내에 수리 여부 또는 수리 지연 사유 및 처리기간의 연장을 통지하지 아니하면 7일(민원 처리 관련 법령에 따라 처리기간이 연장 또는 재연장된 경우에는 해당 처리기간을 말한다)이 경과한 날의 다음 날에 신고 또는 변경신고가 수리된 것으로 보도록 하는 수리간주제도를 도입하고 있다.

## 4. 표준약관

산업통상자원부장관은 전기신사업의 공정한 거래질서를 확립하기 위하여 공정거래위원회 위원장과 협의를 거쳐 표준약관을 제정 또는 개정할 수 있다. 약관의 신고 또는 변경신고를 하지 아니한 전기신사업자는 제6항에 따른 표준약관을 사용하여야 한다.

# 제7절 전력계통의 운영

## Ⅰ. 전력계통의 개념과 범위

전력계통이란 발전소에서 생산한 전기를 전기사용자에게 공급하기 위하여 물리적으로 상호 연결된 전기설비(발전·송변전·배전설비 등)를 말한다. 전력계통이 문제가 발생하는 경우에 전기생산, 송전, 배전을 비롯하여 관련된 계통에 연결된 모든 분야에서 이상현상이 발생한다. 전력계통의 운영은 고도의 전문성이 필요로 하는 업무이다. 우리나라의 경우 특수법인으로 설립된 전력거래소가 전력계통운영과 전력시장운영에 관한 업무를 담당하고 있다(「전기사업법」 제35조).

## Ⅱ. 전력계통운영의 유형

전력공급과 관련된 계통운영의 유형은 송전망의 소유와 계통운영의 분리 또는 통합 여부에 따라 독립계통운영(ISO: Independent System Operator) 및 송전계통운영(TSO: Transmission System Operator) 방식이 있다. 우리나라는 한국전력공사가 송전망을 소유하고 전력거래소가 계통운영 및 시장운영 업무를 담당하고 있어 독립계통운영방식에 해당한다.

독립계통운영방식은 경쟁적인 전력시장에서 송전망 관리부문과 계통운영 부문을 분리하여 운영하고, 하루 전 및 실시간 시장운영[57]을 계통운영과 결합하여 운영하는 체제로서 계통운영자가 시장참여자 및 송전망소유자의 이해관계로부터 독립성을 유지할 수 있고, 시장과 계통운영의 밀접한 연계를 기반으로 통합적 효율성을 확보할 수 있다. 이러한 독립계통운영방식은 1개 전력시장에 다수의 송전망소유자가 존재하는 경우 비차별적이고 공정한 송전망 이용을 보장하기 위하여 채택하는 방식이다. 그러나 우리나라는 단일회사가 송전망을 소유하고 있음에도 불구하고 판매경쟁이 도입되지 않고 있어 독립계통운영방식으로 운영되고 있다.

송전계통운영방식은 경쟁적인 전력시장에서 송전망 관리부문과 계통운영 부문을 통합

---

57) 시장운영(MO)의 종류는 ① 1일 전 시장, ② 실시간 시장, ③ 선물, 선도 시장이 있다.

하여 운영하는 방식이다. 송전계통운영방식은 시장운영에 관하여 상업적인 거래업무를 별도로 수행58)하는 방식으로서 송전망소유자가 계통운영 기능을 수행하여 전력계통과 송변전 건설·운영의 연계로 효율성을 높일 수 있다. 송전계통운영방식은 1개 전력시장에 단일 송전망소유자가 존재하는 경우 채택되고 있는 방식이다.

## Ⅲ. 전력계통운영시스템의 설치

한국전력거래소는 전기사업자 및 수요관리사업자에게 전력계통의 운영을 위하여 필요한 지시를 할 수 있는 권한을 가지고 있다. 계통운영에 필요한 발전사업자 및 수요관리사업자에 대한 전력거래소의 지시는 전력시장에서 결정된 우선순위에 따라야 한다(「전기사업법」 제45조 제1항). 「전력시장 운영규칙」 제5.3.1조 제5항에 따르면 "급전정지중인 발전기의 기동은 연료비 순위를 원칙으로 하되 발전기의 Cold, Warm, Hot 등의 상태59)에 의한 기동시간을 고려할 수 있다." 이에 따라 전력거래소는 원칙적으로 경제성을 가장 우선 기준으로 하여 연료비가 낮은 발전기부터 급전지시를 내리고 있다.

## Ⅳ. 전력계통운영 조사

전력계통의 운영에 문제가 발생하는 경우 대규모 정전이 발생할 수 있다. 교류 전력계통은 수요와 공급의 균형이 이루어지지 않으면 주파수 유지 등의 문제가 발생하여 전체 전력계통에 연결된 발전기가 정지하는 광역정전(cascaded blackout)이 발생할 위험이 있다. 전력계통 운영기관은 이와 같은 광역정전을 예방하기 위하여 전력수요의 일부분을 차단하는 인위적인 정전을 실시하게 된다. 이를 광역 순환정전이라고 한다.60) 그러므로 전력계통은 항상 일정한 정도의 신뢰도를 유지하여야 한다. 이를 위하여 산업통상자원부장관은 전력계통의 신뢰도 유지를 위한 기준을 정하여 고시하고, 한국전력거래소 및 전기사업자는 산업통상자원부장관이 정한 기준에 따라 전력계통의 신뢰도를 유지하여야 한다(「전

---

58) 송전운영체제에서도 실시간 시장(수급균형, 계통운영 보조서비스)운영은 계통운영 기관이 수행한다.
59) 발전기의 현재 온도를 뜻함. 발전기의 현재 온도에 따라 얼마나 빨리 발전기를 기동할 수 있는지 기동시간이 달라진다.
60) 우리나라는 2011년 9월 15일에 광역 순환정전이 발생하여 전국적으로 많은 혼란과 피해가 야기되었다.

기사업법」제27조의2).

　전력계통운영의 신뢰도란 전력계통을 구성하는 제반 설비 및 운영체계 등이 주어진 조
건에서 의도된 기능을 적정하게 수행할 수 있는 정도로 정상상태 또는 상정고장발생 시
소비자가 필요로 하는 전력수요를 공급해 줄 수 있는 "적정성"과 예기치 못한 비정상 고
장 시 계통이 붕괴되지 않고 견디어 낼 수 있는 "안전성"을 말한다. 산업통상자원부장관
은 전력계통의 신뢰도 유지 여부를 위하여 전력계통 신뢰도 유지를 위한 기준의 준수 여
부를 상시적으로 감시하여야 한다(「전기사업법」제27조의2 제3항).

## 제8절 전기설비의 안전관리

### I. 전기설비의 종류와 안전관리제도

#### 1. 전기설비의 종류

　전기설비는 발전·송전·변전·배전·전기공급 또는 전기사용을 위하여 설치하는 기
계·기구·댐·수로·저수지·전선로·보안통신선로 및 그 밖의 설비로서 전기사업용 전
기설비, 일반용전기설비, 자가용전기설비를 말한다. 다만,「댐건설 및 주변지역지원 등에
관한 법률」에 따라 건설되는 댐·저수지와 선박·차량 또는 항공기에 설치되는 것, 전압
30Volt 미만의 전기설비로서 전압 30볼트 이상의 전기설비와 전기적으로 접속되어 있지
아니한 것,「전기통신기본법」제2조 제2호에 따른 전기통신설비(다만, 전기를 공급하기 위한
수전설비는 제외한다)는 전기설비에 포함되지 아니 한다.

#### 2. 전기설비의 기술기준

　전기사업자는 전기설비를 기술기준에 적합하도록 유지하여야 한다(「전기사업법」제68
조). 전기설비는 전기설비의 기술기준에 적합하게 유지할 때 전기안전이 확보될 수 있
다. 산업통상자원부장관은 원활한 전기공급 및 전기설비의 안전관리를 위하여 필요한
기술기준을 정하여 고시하여야 한다(「전기사업법」제67조 제1항). 이를 변경하는 경우에도

또한 같다. 기술기준은 전자파가 인체에 미치는 영향을 고려한 전자파 인체보호기준을 포함하여야 한다.

## 3. 전기설비 안전관리제도

전기설비의 안전관리는 설치단계에서 전기설비의 공사계획 인가·신고제도, 완공단계에서 사용전 검사제도, 사용중 자체점검과 정기검사제도로 실현하고 있다.

전기설비에 대한 사용전 검사제도는 전기설비공사계획과 동일하게 공사가 되었는가를 확인하기 위한 제도이다. 전기설비의 설치공사 또는 변경공사를 한 자는 허가권자가 실시하는 검사에 합격한 후에 이를 사용하여야 한다 (「전기사업법」 제63조). 전기설비의 설치 및 변경공사 내용은 인가 또는 신고를 한 공사계획에 적합하여야 하고, 기술기준에 적합하여야 하며, 그 밖에 산업통상자원부장관이 정하는 검사절차 또는 전기설비 검사항목 등의 기준에 적합하여야 할 것을 요구한다.

허가권자는 사용전 검사에 불합격한 경우에도 안전상 지장이 없고 전기설비의 임시사용이 필요하다고 인정되는 경우에는 전기설비의 사용 기간 및 방법을 정하여 그 설비를 임시로 사용하게 할 수 있도록 하는 임시사용제도를 두고 있다(「전기사업법」 제64조).

전기설비는 공사계획의 인가·신고제도, 사용전 검사를 통하여 기술기준에 적합하게 설치되어도 일정 기간 사용하게 되면 마모나 사용으로 인한 노후화가 진행됨으로써 설치 당시와 달리 기술기준에 적합하지 않게 된다. 이러한 문제를 방지하기 위하여 일정 주기로 정기적으로 전기설비가 기술기준에 적합하게 유지되고 있는가를 검사함으로써 안전관리를 하는 제도가 정기검사제도이다. 정기검사는 전기설비의 소유자가 아닌 제3의 기관에 의하여 기술기준에의 적합성을 검사하는 고권적 사실행위이다. 전기설비를 전기사업자 및 자가용전기설비의 소유자 또는 점유자는 산업통상자원부령으로 정하는 전기설비에 대하여 허가권자로부터 정기적으로 검사를 받아야 한다(「전기사업법」 제65조).

전기설비는 기술기준에 적합하게 설치되고 유지되어야 한다. 허가권자는 전기설비의 공사계획, 사용전 검사에 따른 검사의 결과 전기설비 또는 전기통신선로설비가 기술기준에 적합하지 아니하다고 인정되는 경우에는 해당 전기사업자, 자가용전기설비·일반용전기설비의 소유자나 점유자(전기통신선로설비를 설치한 자를 포함한다)에게 그 전기설비 또는 전기통신선로설비의 수리·개조·이전 또는 사용정지나 사용제한 등을 명할 수 있다(「전기사업법」 제71조).

## II. 전선로보호

### 1. 물밑선로의 보호

전기사업자는 물밑에 설치한 전선로(물밑선로)를 보호하기 위하여 필요한 경우에는 물밑선로보호구역의 지정을 산업통상자원부장관에게 신청할 수 있고(「전기사업법」 제69조), 신청을 받은 산업통상자원부장관은 물밑선로보호구역을 지정할 수 있다.

해저에 매설된 수중선로는 선박의 항로 및 항로 인접해역으로서 준설공사를 하는 경우 선로의 손상이 발생하여 전기공급이 중단될 수 있다. 물밑선로보호구역 지정은 전선로의 훼손으로 인한 전기공급 중단을 방지하기 위하여 물밑선로보호구역으로 지정된 지역에서 선로를 훼손할 수 있는 행위를 금지하거나 준설공사를 하는 자에게 산업통상자원부장관의 승인을 받도록 하고 있다.

### 2. 물밑선로의 손상금지

산업통상자원부장관이 지정한 물밑선로보호구역에서는 누구든지 산업통상자원부장관의 승인을 받지 않고는 물밑선로 손상, 선박의 닻을 내리는 행위, 물밑에서 광물·수산물을 채취하는 행위, 안강망어업·저인망어업 또는 트롤어업 행위, 연해·근해 준설(浚渫) 작업, 해저탐사를 위한 지형변경, 어초(魚礁) 설치를 할 수 없다.

## III. 설비이설

### 1. 일반적 이설(移設)

전기설비 상호 간 또는 전기설비와 다른 물건 간에 상호 장애가 발생하거나 지장을 주는 경우에는 그 원인을 제공한 자는 이를 시정하기 위하여 필요한 조치를 하거나 그 조치에 드는 비용을 부담하여야 한다(「전기사업법」 제72조 제1항). 즉, 송·배전선로[61] 이설은

---

61) 송전선로는 발전소 상호 간, 변전소 상호 간 또는 발전소와 변전소 간의 전선로(통신전용선을 제외한다)와 이에 속하는 개폐소 및 기타 전기설비를 말하고, 배전선로는 발전소, 변전소 또는 송전선로에서 다른

원칙적으로 그 원인을 제공한 자가 이설비용을 부담하도록 한다. 또한 전기사업용 전기설비가 타인이 설치하거나 설치하려는 지상물 등으로 인해 동법 「전기설비기술기준」에 부적합하게 된 경우에는 그 지상물 등을 설치하거나 하려는 자가 이를 시정하기 위하여 필요한 조치를 하거나 전기사업자로 하여금 필요한 조치를 할 것을 요구할 수 있다(「전기사업법」 제72조 제2항).

## 2. 지중이설

송·배전선로 지중화사업은 기존에 설치되어 있는 가공배전선로 등을 지하에 매설하는 사업(좁은 의미의 지중화사업)과 처음부터 지중선로로 건설되는 사업(지중신규사업)이 있다. '기본공급약관'에 의하면 한국전력공사가 시설하는 전선로[62]는 원칙적으로 가공전선로로 시설한다. 시장·군수·구청장 또는 토지소유자는 전주와 그 전주에 가공으로 설치된 전선로(전주에 설치된 전기통신선로설비를 포함한다)의 지중이설이 필요하다고 판단하는 경우 전기사업자에게 이를 요청할 수 있다. 이 경우 지중이설에 필요한 비용은 그 요청을 한 자가 부담한다(「전기사업법」 제72조의2). 지중이설의 대상은 전선로이고, 전선로는 송전선로와 배전선로를 포함한다. 그러므로 송전선로와 배전선로는 모두 지중이설을 시장·군수·구청장이나 토지소유자가 요청할 수 있는 대상에 속한다.

기존 가공(架空)배전선로 지중화사업은 지중화를 요청한 자가 그 비용을 전액 부담하여야 한다. 그러나 지방자치단체가 공익을 목적으로 요청한 경우 산업통상자원부 고시인 「가공배전선로의 지중화사업 처리기준」과 한국전력공사의 자체 내규인 '지자체요청 지중화사업 업무지침', '기설 송전선로 지중화운영 기준'에 따라 한국전력공사가 연간 지중화 예산의 범위 내에서 비용의 일부(50%)를 선별적으로 지원하고 있다. 전선로 지중신규사업은 「주택법」 등 개별 법령에 의한 경우에는 지중화 요청자와 한전이 각각 50%씩 부담하나, 개별 법령에 근거가 없는 경우에는 요청자가 전액을 부담하여야 한다.

---

발전소나 변전소를 거치지 않고 수급지점에 이르는 전선로와 이에 속하는 개폐장치, 변압기 및 기타 전기설비를 말한다(전기공급약관).

62) 전선로란 발전소·변전소·개폐소 및 이에 준하는 장소와 전기를 사용하는 장소 상호 간의 전선 및 이를 지지하거나 수용하는 시설물을 말한다(「전기사업법」 제2조 제16의2호).

# 제4장 에너지안전법론

## 제1절 에너지안전법 개관

### Ⅰ. 에너지안전법과 안전기술

### 1. 에너지안전의 개념

에너지안전은 에너지 생산, 저장, 수송, 사용과정에 발생하는 위험의 방지와 피해 최소화를 말한다. 에너지안전법에서 안전은 에너지의 생산·저장·수송·사용으로 인하여 사람의 생명, 신체 또는 재산적 피해가 발생하지 않도록 하는 법령의 내용과 제도를 말한다. 에너지안전은 절대적 안전으로 완전할 정도로 피해가 발생하지 않도록 하는 것을 궁극적 목표로 하나, 에너지안전과 관련된 다양한 가치를 고려하여 수인가능한 위험과 관리가능한 위험에 대한 적합한 제도를 통하여 실현하게 된다. 그러므로 에너지의 생산·저장·수송·사용으로 인해 미래에 발생할 수 있는 피해가능성의 완전한 차단은 에너지안전법이 추구하는 합리적 안전에 해당하지 않는다. 피해의 발생의 원천적인 차단은 에너지사용을 하지 않아야 실현되는 이상적인 목표이다. 즉, 에너지 사용을 전제로 하고 경제성과 편의성을 고려한 현실에서 완전한 에너지안전이란 불가능하다.

인간은 미래에 발생할 수 있는 에너지의 생산·저장·수송·사용으로 인한 위험을 완전하게 인식하고 평가하는 경험지식과 규율지식에 대한 한계가 있기 때문이다. 인간은 에너지안전과 관련한 사고발생을 모두 예측하여 적합한 대응과 제도를 구축할 수 있으나 그 실현은 인간이 가지는 불완전성으로 인하여 현실에서 불가능하다고 할 수 있다. 과학과 기술의 발전은 새로운 지식을 제공하여 기존에 고려하지 못한 에너지와 관련된 잠재된 안전을 보완할 수 있다. 에너지안전법의 과제는 인간의 인식범위 안에서 위험을 인식(위험인식과 안전인식)하고, 해당 위험을 방지할 수 있는 최적의 방법(안전지식)을 강구하여 이를 제도화하고 법제화하여 행위하고 실행(안전실행)할 수 있도록 하는 것이다.

## 2. 에너지안전법과 기술의 관계

### (1) 에너지안전기술의 발전 유도

에너지안전법과 기술은 다양한 측면으로 인해 그 관계 정립이 간단하지 않다. 에너지안전법은 에너지의 생산·저장·수송·사용에 있어 에너지용품과 에너지시설을 규율대상으로 하는 법학 분야이다. 고압가스용기와 같은 에너지용품이나 발전소와 같은 에너지시설은 에너지기술의 성과물로서 에너지안전과 관련된 법령의 적용을 받는다. 에너지안전, 에너지효율향상 등 에너지 관련 기술은 법적으로 규정된 형식 속에 머물러 있지 않고 다른 분야의 과학기술과 협력적으로 발전하고 변화한다.

에너지기술은 지속적으로 발전하고 변화하나, 에너지안전이나 에너지효율향상과 관련된 법령에 상당히 많은 영향을 받고 있다. 에너지용품이나 에너지시설은 대부분 인증기관의 인증을 받거나 행정청의 허가를 받아야 판매·설치 또는 운영을 할 수 있다. 에너지안전법령을 준수하지 않은 에너지용품이나 에너지시설은 현실에서 사용하거나 설치할 수 없다. 이러한 측면에서 에너지안전법은 에너지기술의 발전방향을 설정하고 제시한다.

### (2) 에너지기술의 에너지안전법 발전 유도

에너지기술을 규율하는 법은 일반적 법영역과 달리 특별한 구조를 가지고 있다. 에너지기술은 다층적이고 복잡하며 다른 사회현상과 혼재된 사회적 영역에 속한다. 에너지기술의 본질에 관하여 오늘날까지 포괄적이며 통일적인 방향이 설정되어 있지 않는 것도 에너지기술의 특징을 고려할 때에 당연한 결과라고 할 수 있다.

현대적 에너지기술은 동태적이며, 지속적인 발전을 하고 있다. 에너지기술의 변화와 발전은 한편으로 에너지기술을 규율·통제하고, 다른 한편으로 에너지안전법의 제정과 개정에 중요한 영향을 미치게 된다. 에너지안전법은 에너지안전과 관련된 기술적 변화를 수용하지 않으면 규범이 현실에 부합하지 않게 되거나 에너지기술을 관장할 수 없게 되어 오히려 에너지 안전을 저해하는 법으로 변모하게 된다. 그러므로 에너지안전법은 에너지기술의 발전을 고려하여 에너지안전의 정도와 수준을 적합하게 지속적으로 변화되어야 한다. 만약 에너지안전법이 첨단 에너지기술로도 실현할 수 없을 정도의 에너지안전기준을 실현하도록 에너지 사업자에게 요구한다면, 이는 헌법상 과잉금지원칙에 위반되는 에너지법령이 된다.

에너지기술은 인간의 인식능력과 판단력을 기반으로 발전한다. 에너지안전기술도 인간이 인식할 수 있는 위험을 방지하는 범위에서 개발된다. 에너지안전법은 에너지안전기술의 발전에 따라 안전기준을 강화하여 안전한 에너지용품이나 에너지시설을 사용하도록 한다. 이러한 과정을 통하여 에너지기술은 결과적으로 에너지안전법에 근거하는 안전기준을 강화하게 한다.


## (3) 교호적 관계

에너지안전법과 에너지기술의 관계는 존재와 당위 관계로 충분한 설명이 되지 못한다. 에너지안전법은 법적 안정성, 자유 및 공공복리의 보장이라는 국가목적을 위하여 사회생활의 구성요건을 지속적으로 규율하는 역할을 한다. 또한 에너지안전법은 과거에 실현된 자유보장·공공복리를 현재에 기반하여 미래로 진화하도록 하여 관련 에너지사업자로 하여금 국가의 행위 방향을 예측하게 하는 역할을 한다. 에너지안전법은 역사적으로 특정한 사회적 변화과정에서 발생한 사회적·정치적 가치에 규범적 효력을 부여한다. 그러므로 에너지안전법은 지속적인 제·개정을 통하여 전통과 역사에 기반하여 현재 국민의 의식과 생활에 바탕을 두고 미래를 지향하여야 한다.

기술의 발전은 경제적 이해관계, 정치적 권력관계 및 문화적 가치관에 영향을 주는 사회적·역사적인 과정에 속한다. 기술의 발전에 영향을 받은 경제적·정치적·문화적인 가치관은 다시 기술의 발전에 영향을 주어 그 방향을 설정한다. 에너지안전기술 발전의 동태성과 변화하는 사회의 관계는 에너지안전법의 기술에 대한 원칙적인 관계를 항상 새로이 생각하게 한다.

에너지안전법은 인간이 인식 가능한 범위에서 에너지안전이라는 가치를 실현하도록 통제하거나 에너지기술이 발전하도록 동기를 부여하고 기술발전을 유도한다. 이를 통하여 에너지안전법은 에너지기술을 에너지사용자의 안전을 보장하는 방향으로 발전하게 한다. 에너지안전법과 기술 간에는 에너지기술의 발전과 에너지안전에 대한 국민의 요구수준에 따라 상호 교호적 영향을 주고받는 관계를 가진다.

에너지기술을 적용하여 에너지의 생산효율성·편의성·안전성을 증진하는 에너지용품이나 에너지시설은 에너지안전법에 의하여 규율을 받는다. 또한 에너지 관련 기술변화의 산물로서 에너지용품이나 에너지시설의 발전은 에너지안전 관련 법령의 제·개정에 영향을 주게 된다. 에너지안전법은 에너지 관련 기술의 변화를 한편으로는 통제하고 다른 한편으로는 수용한다. 그 결과 에너지기술은 다른 과학기술과 마찬가지로 관련 법령에 끊임없이 새로운 과제를 제시하고, 에너지안전 관련 법령의 발달에 영향을 주고 있다.

## II. 에너지안전법의 헌법적 한계

### 1. 에너지안전의 헌법적 정당성으로 국가의 안전보호의무

#### (1) 국가목적론적 근거

국가는 에너지의 생산·저장·수송·사용이라는 에너지 전 과정에서 발생할 수 있는 국민의 생명, 신체적 온전 및 재산을 보호하여야 할 의무를 헌법적으로 부여받고 있다. 오늘날 국가는 에너지 전 과정에서 발생할 수 있는 위험을 방지하여 안전을 실현할 의무를 진다. 에너지안전을 실현하여야 하는 국가의 의무는 국가의 존립정당성과 관련되어 있다.

국가의 에너지안전 보장의무는 헌법 전문에서 천명하고 있을 뿐만 아니라 기본권보호의무에 근거하고 있다. 「헌법」은 그 전문에서 "우리들과 우리들의 자손의 안전과 자유와 행복을 영원히 확보할 것을 다짐하면서"라고 규정함으로써 대한민국이라는 국가에게 국민의 생명과 신체 등의 안전을 확보하기 위하여 노력해야 하는 의무를 부여하고 있다.

#### (2) 기본권보호의무

「헌법」은 국민의 기본권을 보장함으로써 기본권의 전제라고 할 수 있는 가치를 당연하게 보장하는 것으로 해석된다. 「헌법」은 기본권의 주체인 국민의 생명과 신체적 안전을 국가가 스스로 침해하여서도 아니 될 뿐만 아니라 개인에 의하여 다른 개인의 생명이나 신체적 온전성이 침해되지 않도록 보호하여야 할 의무가 있다. 이러한 의무를 기본권보호의무라고 한다. 국가는 「헌법」에 의하여 부여된 국민의 생명과 신체 안전을 실현하기 위하여 에너지의 생산·저장·수송·사용과정에서 발생할 수 있는 에너지용품이나 에너지시설에 관하여 안전관리제도를 구축하여야 한다.

국가는 에너지안전과 관련된 국가의 보호의무의 실현을 위하여 기본권 주체로서 사인의 기본권 영역을 설정한다. 국가는 기본권 주체인 국민 개개인이 기본권을 합리적으로 행사할 수 있도록 법질서를 형성하고 안전을 유지하는 의무수행의 일환으로 에너지안전 관련 법령을 구축하여 집행하고 있다.

## 2. 과소금지원칙

국가는 안전보호의무를 구체적으로 실현을 하기 위하여 다른 헌법상 의무와 기본권을 존중하면서 최적의 법제도적 수단을 결정하여 법령을 제정하여 운영하여야 한다. 입법자는 국민의 생명과 신체 등의 안전을 실현하기 위하여 다양한 제도를 에너지안전과 관련된 법률에서 보호법익과 에너지와 관련된 위험의 특성을 고려하여 효과적인 제도를 정한다. 입법자는 우선 에너지의 위험을 파악하고, 파악된 위험이 최소화될 수 있는 제도를 개발·선택하여 도입한다. 입법자는 국민을 보호하기 위하여 에너지안전에 필요한 적합한 수단을 선택할 수 있는 광범위한 입법재량권을 가지게 된다. 그러나 에너지안전과 관련된 입법재량권은 헌법상 과소금지원칙과 과잉금지원칙에 의하여 제한을 받게 된다.

입법자는 에너지안전을 실현할 수 있는 최소한의 수단을 관련된 법률에 도입하여야 한다. 에너지안전과 관련된 제도와 조치를 에너지안전과 관련된 법률에서 도입하더라도 이것이 현실적으로 에너지안전을 실현할 수 없다면 이는 헌법상 과소금지원칙을 위반하게 된다. 에너지사업자의 사업활동으로 발생할 수 있는 생명이나 건강상의 위험으로부터 국민을 보호하기 위하여 에너지 관련 법률은 최소한으로 에너지사업자의 기본권을 제한하거나 의무를 부여하는 것이 불가피하다. 그러므로 에너지안전과 관련된 과소금지원칙은 에너지와 관련된 국민의 생명, 건강유지 및 재산권을 보호할 수 있는 제도와 조치를 법률에 도입하도록 한다. 과소금지의 원칙은 에너지안전과 관련하여 어떠한 제도나 조치가 국민을 보호할 수 있는 적합한 수준에 이르는가의 기준이 된다.

## 3. 과잉금지원칙

에너지안전은 에너지 관련 위험을 유발하는 에너지사업자의 기본권을 제한할 수밖에 없다. 즉, 에너지생산사업자에게 에너지시설을 안전하게 설치·운영하도록 에너지시설에 대한 허가·승인·검사·신고 등과 같은 의무를 부여하고, 에너지저장사업자에게 저장시설의 안전한 설치·운영을 위해 저장시설 설치에 관한 허가·신고 등을 하도록 한다. 에너지사업자에 대한 새로운 의무의 부과는 에너지사업자의 직업자유에 대한 제한이다. 에너지안전을 실현하기 위하여 에너지사업자에게 부여되는 의무는 다양하다. 에너지사업자에 부여하는 안전실현과 관련된 의무와 기본권의 제한은 해당 기본권을 제한하지 않거나 의무를 부여하지 않고서도 충분히 안전실현이라는 공익목적을 달성할 수 있거나 보다 더 약한 기본권의 제한이나 의무부과로서 충분히 안전을 실현할 수 있다면, 보다 강한 기본권의 제한이나 의무부과는 헌법상 과잉금지원칙을 위반하게 된다. 즉, 에너지안전을 위한 기본권을 제한하는 법률은 법치국가에서 도출된 비례의 원칙(과잉금지의 원칙)에 합치하여야 한다. 여기에 에너지안전을 위한 법령의 한계가 있다.

## 4. 에너지안전 관련 실정법

### (1) 에너지안전 관련 법률

국내 에너지안전과 관련된 실정법은 앞서 언급한 과소금지원칙과 과잉금지원칙에 적합하게 제정되어야 한다. 현행 에너지안전과 관련된 실정법은 가스분야의 안전관리에 관한 법률로 「고압가스 안전관리법」, 「액화석유가스의 안전관리 및 사업법」, 「도시가스사업법」 및 「수소경제 육성 및 수소 안전관리에 관한 법률」이 있다. 가스분야의 안전관리에 관한 실정법은 해당 가스의 안전관리와 사업규제를 동시에 규정하고 있다. 「고압가스 안전관리법」은 제명만으로 파악하면, 고압가스의 안전관리만을 규정하고 있는 것으로 파악될 수 있으나 내용적으로 사업규제와 안전을 동시에 규정하고 있다. 「액화석유가스의 안전관리 및 사업법」과 「도시가스사업법」도 사업규제와 안전을 동시에 규정하고 있다. 「수소경제 육성 및 수소 안전관리에 관한 법률」은 수소 안전에 관하여는 저압수소의 용품만을 관장하고, 수소사업자의 사업규제와 고압수소의 안전관리는 「고압가스 안전관리법」에서 관장하고 있다.

전기안전은 기존에 「전기사업법」에서 관장하였으나 2021년 4월 1일부터 시행되는 「전기안전관리법」에서 관장하고 있다. 석유의 안전에 관하여는 화재의 위험성으로 인하여 소방청에서 운영하는 「위험물안전관리법」에서 관장하고 있다.

이 교과서에서 다루는 에너지법분야는 모든 에너지안전법을 대상으로 할 수 있는 지면적인 여유가 충분하지 않다. 그래서 이 교과서는 에너지안전분야의 대표적인 법률로서 「고압가스안전관리법」을 중심으로 에너지안전을 기술하고자 한다.[63]

## (2) 에너지안전법의 대상

에너지안전분야는 상온에서 기체상태로 존재하는 에너지로 가스분야를 관장하는 법률, 액체상태로 존재하는 석유분야를 관장하는 법률, 전자 흐름과 관련된 전기안전을 관장하는 법률이 모두 에너지안전과 관련된 실정 법률에 속한다.

원자력에너지도 현재 사용되고 있는 중요한 에너지원에 속한다. 원자력에서 가장 중요한 사항인 원자력안전은 「원자력안전법」이 관장한다. 원자력안전은 그 자체로 중요한 에너지안전에 속하나, 그 구조와 내용에서 다른 에너지안전보다 월등히 복잡하게 구성되어 있다. 또한 원자력관련 법률은 과학기술법학의 대상이 될 수도 있고 에너지법학에 포함할 수도 있을 뿐만 아니라 원자력법 그 자체가 독립된 학문분야로 자립할 수도 있다.

## (3) 에너지안전법의 공통적 체계

에너지안전은 안전의 대상이 되는 에너지로서 고압가스, 도시가스(천연가스), 액화석유가스(프로판과 부탄), 수소의 제조와 관련된 안전관리에 관한 제도가 있다. 그러나 천연가스는 자연상태에서 채굴하는 에너지이다. 그러므로 제조상 안전관리에 관하여는 도시가스안전과 관련된 법률에서 규율의 대상으로 하지 않고 있다. 천연가스의 탐사·채굴과 안전관리는 「광산안전법」에서 관장한다. 그러나 액화석유가스와 고압가스는 제조라는 행위를 필요로 하고, 이로써 위험이 발생할 수 있어 고압가스법과 액화석유가스법에서 제조시설의 안전관리와 제조행위에 대한 관리를 하고 있다.

에너지안전법은 제조되거나 자연에서 채굴된 에너지의 저장·운송·사용으로 발생하는

---

63) 에너지안전법은 범위와 대상이 다수의 실정법으로 구성되어 있어 이 책에서 모두 기술하기에 지면적인 한계가 있다. 이러한 측면에서 기회가 될 때에 저자는 에너지법학이라는 독립된 저서를 통하여 자세하게 기술하고자 한다.

위험을 방지하는 역할을 한다. 가스와 석유와 같은 에너지는 폭발성, 발화성 및 인화성을 가지는 물질이다. 해당 에너지의 특성으로 인한 위험은 저장단계, 운송단계, 사용단계에서 발생할 수 있다. 에너지안전법은 에너지 저장시설, 운송시설, 사용시설과 에너지사용용품의 안전관리에 관한 기술기준을 설정하여 관리하고, 안전관리자를 정하여 관리하는 사람의 과실로 인하여 발생할 수 있는 사고를 방지하기 위한 제도를 두고 있다. 그러나 에너지의 특성에 따라 안전관리의 방법과 기준이 각각 달리서 현행 에너지안전관리에 관한 법령은 에너지원별로 안전관리를 관장하는 법률을 두고 있다.

## 제2절 고압가스 안전관리법

### I. 고압가스 안전관리법의 체계와 구조

### 1. 고압가스 안전관리법의 체계

「고압가스 안전관리법」(이하 "고압가스법"이라 한다)은 고압가스의 안전관리를 목적으로 제정된 법률이다. 동 법률은 고압가스의 제조·저장·판매·운반·사용과 고압가스의 용기·냉동기·특정설비 등의 제조와 검사 등에 관한 사항을 규정하고 있다. 고압가스법은 국내에서 생산·유통되는 고압가스에 대하여 제조·저장·판매 시에 허가를 받게 하고(고압가스법 제4조), 특정고압가스에 대해서는 사용 시 신고를 하도록 하며(고압가스법 제20조), 고압가스의 제조·저장 및 사용시설에 대하여는 정기적으로 검사를 받도록 하는 등(고압가스법 제16조의2 및 제20조) 매우 엄격하고 체계적인 안전관리제도를 두고 있다. 고압가스의 안전관리 체계는 고압가스시설과 동 시설의 운영에 관한 사항을 규율한다. 고압가스시설은 시설규모, 사용목적 등에 따라 고압가스제조(충전 포함)시설, 저장시설, 판매시설 및 사용시설로 구분된다. 또한 고압가스제조시설은 저장능력, 처리능력 또는 사업의 종류에 따라 고압가스특정제조, 고압가스일반제조, 고압가스냉동제조로 구분되어 관리되고 있다.

## 2. 고압가스의 정의와 종류

고압가스법의 대상이 되는 고압가스는 상용의 온도에서 압력이 1MPa(10kg/㎠) 이상인 압축가스, 압력이 0.2MPa(2kg/㎠) 이상인 액화가스를 말하며, 구체적인 고압가스의 종류 및 범위는 동법 시행령 제2조에서 정하고 있다. 고압가스는 형태별로 분류할 수 있고, 성질별로 분류할 수도 있다. 먼저 고압가스의 형태를 기준으로 압축가스와 액화가스로 구분할 수 있으며, 그 범위는 다음과 같다.

**고압가스의 형태에 따른 구분**

| 형태별<br>구 분 | 범 위 |
|---|---|
| 압축가스 | 상용(常用)의 온도에서 압력(게이지압력을 말함)이 1메가파스칼 이상이 되는 압축가스로서 실제로 그 압력이 1메가파스칼 이상이 되는 것 또는 섭씨 35도의 온도에서 압력이 1메가파스칼 이상이 되는 압축가스(아세틸렌가스는 제외) |
| | 섭씨 15도의 온도에서 압력이 0파스칼을 초과하는 아세틸렌가스 |
| 액화가스 | 상용의 온도에서 압력이 0.2메가파스칼 이상이 되는 액화가스로서 실제로 그 압력이 0.2메가파스칼 이상이 되는 것 또는 압력이 0.2메가파스칼이 되는 경우의 온도가 섭씨 35도 이하인 액화가스 |
| | 섭씨 35도의 온도에서 압력이 0파스칼을 초과하는 액화가스 중 액화시안화수소·액화브롬화메탄 및 액화산화에틸렌가스<br>[냉매가스인 프레온은 액화가스에 해당] |

고압가스의 성질을 기준으로 가연성, 독성, 불연성, 조연성으로 구분할 수 있으며, 그 범위는 다음과 같다.

**규제목적에 따른 규제의 유형**

| 성질별<br>구 분 | 범 위 |
|---|---|
| 가연성 가스 | 공기 중에서 연소하는 가스로서 폭발한계(공기와 혼합된 경우 연소를 일으킬 수 있는 공기 중의 가스 농도의 한계를 말함)의 하한이 10퍼센트 이하인 것과 폭발한계의 상한과 하한의 차가 20퍼센 |

| 성질별<br>구 분 | 범 위 |
|---|---|
| | 트 이상인 것<br>(지정가스) 아크릴로니트릴·아크릴알데히드·아세트알데히드·아세틸렌·암모니아·수소·황화수소·시안화수소·일산화탄소·이황화탄소·메탄·염화메탄·브롬화메탄·에탄·염화에탄·염화비닐·에틸렌·산화에틸렌·프로판·시클로프로판·프로필렌·산화프로필렌·부탄·부타디엔·부틸렌·메틸에테르·모노메틸아민·디메틸아민·트리메틸아민·에틸아민·벤젠·에틸벤젠 |
| 독성 가스 | 공기 중에서 일정량 이상 존재하는 경우 인체에 유해한 독성을 가진 가스로서 허용농도(해당 가스를 성숙한 흰쥐 집단에게 대기 중에서 1시간 동안 계속하여 노출시킨 경우 14일 이내에 그 흰쥐의 2분의 1 이상이 죽게 되는 가스의 농도를 말함)가 100만분의 5000 이하인 것<br>(지정가스) 아크릴로니트릴·아크릴알데히드·아황산가스·암모니아·일산화탄소·이황화탄소·불소·염소·브롬화메탄·염화메탄·염화프렌·산화에틸렌·시안화수소·황화수소·모노메틸아민·디메틸아민·트리메틸아민·벤젠·포스겐·요오드화수소·브롬화수소·염화수소·불화수소·겨자가스·알진·모노실란·디실란·디보레인·세렌화수소·포스핀·모노게르만 |
| 불연성 가스 | 가연성가스와 같이 공기 중에서 연소하거나 폭발하지 않는 것으로 연소하고 있는 화염을 꺼지게 하는 가스(예: 질소, 아르곤, 이산화탄소 등)<br>[냉매가스인 프레온은 불연성가스에 해당] |
| 조연성 가스 | 불연성가스와 같이 연소하거나 폭발되지 않지만 연소를 지지하는 가스<br>(예: 산소, 아산화질소 등) |

## II. 고압가스제조시설의 설치안전관리

## 1. 고압가스제조시설의 제조허가

고압가스의 안전은 고압가스 제조단계에서 고압가스 그 자체가 아니라 고압가스시설의 안전관리를 통하여 고압가스 안전을 관리한다. 즉, 고압가스의 제조시설을 통하여 고압가스의 위험을 방지하는 제도를 고압가스법이 규정하고 있다. 고압가스는 대부분 산업용으로 사용되는 산업용가스이다. 산업용가스는 제조과정에서 고압으로 압축되어 저장·운송되거나 독성가스이기 때문에 폭발·발화·유독성이 있다. 그러므로 고압가스의 폭발·발화·유출에 대한 위험을 사전에 예방하기 위하여 고압가스의 제조자에게 시장·군수·구청장의 허가를 받거나 신고를 하도록 하고 있다(고압가스법 제4조). 고압가스법은 고압가스의 위험성 정도에 따라 허가 또는 신고의 대상이 되는 고압가스제조를 구분함으로써 고압가스 제조자의 직업자유에 대한 제한을 비례의 원칙에 적합하게 하고 있다.

고압가스 제조허가는 위험도에 따라 시설기준과 기술기준을 다르게 적용하기 위하여 그 종류와 대상범위를 대통령령에 위임하여 다음과 같이 정하고 있다.

**고압가스제조의 유형**

| 고압가스제조 종류 | 내 용 |
|---|---|
| 고압가스 특정제조 | 산업통상자원부령으로 정하는 시설에서 압축·액화 또는 그 밖의 방법으로 고압가스를 제조(용기 또는 차량에 고정된 탱크에 충전하는 것을 포함)하는 것으로서 그 저장능력 또는 처리능력이 산업통상자원부령으로 정하는 규모 이상인 것 |
| 고압가스 일반제조 | 고압가스 제조로서 고압가스 특정제조의 범위에 해당하지 아니하는 것 |
| 고압가스 충전 | 용기 또는 차량에 고정된 탱크에 고압가스를 충전할 수 있는 설비로 고압가스를 충전하는 것으로서 다음 각 목의 어느 하나에 해당하는 것(고압가스 특정제조 또는 고압가스 일반제조의 범위에 해당하는 것은 제외) 가. 가연성가스(액화석유가스와 천연가스는 제외) 및 독성가스의 충전 나. 가목 외의 고압가스(액화석유가스와 천연가스는 제외)의 충전으로서 1일 처리능력이 10세제곱미터 이상이고 저장능력이 3톤 이상인 것 |
| 냉동제조 | 1일의 냉동능력이 20톤 이상(가연성가스 또는 독성가스 외의 고압가스를 냉매로 사용하는 것으로서 산업용 및 냉동·냉장용인 경우에는 50톤 이상, 건축물의 냉·난방용인 경우에는 100톤 이상)인 설비를 사용하여 냉동을 하는 과정에서 압축 또는 액화의 방법으로 고압가스가 생성되게 하는 것. 다만, 다음 각 목의 어느 하나에 해당하는 자가 그 허가받은 내용에 따라 냉동제조를 하는 것은 제외함 가. 고압가스 특정제조의 허가를 받은 자 나. 고압가스 일반제조의 허가를 받은 자 다. 「도시가스사업법」에 따른 도시가스사업의 허가를 받은 자 |

고압가스 제조허가는 고압가스저장소 설치허가와 고압가스 판매허가에 관한 허가요건으로 ① 사업의 개시 또는 변경으로 국민의 생명 보호 및 재산상의 위해(危害)방지와 재해발생방지에 지장이 없을 것, ② 고압가스법 제28조에 따른 한국가스안전공사의 기술검토 결과 안전한 것으로 인정될 것, ③ 허가관청이 국민의 생명 보호 및 재산상의 위해방지와 재해발생방지를 위하여 설치를 금지한 지역에 해당 시설을 설치하지 아니할 것, ④ 고압가스법 및 고압가스법 시행령과 그 밖의 다른 법령에 적합할 것으로 정하고 있다.

## 2. 허가기준으로 시설·기술기준

고압가스 제조허가의 요건은 위험을 유발하지 않도록 제조시설을 설치하고, 저장용기가 안전하게 제조되도록 정하고 있다. 그러나 제조시설과 저장용기의 안전성 정도는 고압가스법과 그 하위규범에서 정하고 있는 시설기준과 기술기준에서 확정된다. 즉, 고압가스법은 고압가스의 제조·저장·판매의 허가를 위한 안전성 정도와 운반용기의 안전정도는 시설기준과 기술기준에서 세부적으로 규정함으로써 확정된다.

고압가스법 적용 제13조는 사업자등에게 시설기준과 기술기준의 준수의무를 부여하고 있다. "사업자등"은 고압가스법 제4조에 따른 고압가스의 제조허가 등에 따른 허가를 받거나 신고를 한 자와 동법 제5조에 따른 용기·냉동기 및 특정설비의 제조등록 등, 동법 제5조의3에 따른 고압가스 수입업자의 등록 및 동법 제5조의4에 따른 고압가스 운반자의 등록에 따른 등록을 한 자를 말한다. 즉, 고압가스법에 따른 사업자등은 고압가스 제조허가를 받은 자, 고압가스 제조신고를 한 자, 고압가스 용기·냉동기·특정설비 제조등록을 한 자, 고압가스 수입업등록을 한 자, 고압가스 운반등록을 한 자 모두를 말한다.

## 3. 고압가스 제조신고의무

### (1) 제조신고의무 대상사업

고압가스법 제4조는 고압가스의 위험성 등을 고려하여 제조허가와 제조신고의 대상을 각각 구분하고 있다. 제조허가의 대상은 위험성이 높은 고압가스의 제조이고, 제조신고의 대상은 위험성의 정도가 낮은 고압가스를 대상으로 한다. 동법 시행령 제4조는 고압가스 충전과 냉동제조를 제조신고의 대상으로 하고 있다.

### (2) 제조신고의 법적 성질

일반적으로 신고는 법적 효과, 신고수리의 의미 및 수리거부에 대한 쟁송가능성 등에서 차이가 있어 수리가 필요한 신고와 필요하지 않은 신고로 구별된다. 법률에서 수리가 필요한 신고임을 명시적으로 규정하지 않는 경우 수리의 요건으로 실질적 심사규정을 두고 있는지 여부, 수리거부 또는 신고수리의 취소근거 규정 여부 등을 종합적으로 고려하여 수리를 필요로 하는 신고와 수리를 필요로 하지 않는 신고를 구별할 수밖에 없다.[64] 고압가스법 제4조 제2항에 따른 고압가스의 제조신고(일정규모 이하의 고압가스 충전과 냉동 제조)는 수리를 필요로 하는 신고이다. 왜냐하면 고압가스의 제조신고를 한 후에 관할 행정기관은 2일 이내에 신고수리 여부를 통지하도록 하고, 신고의 수리나 연장여부를 통지하지 않는 경우 신고를 수리한 것으로 간주하기 때문이다.

고압가스법 제4조 제2항에 따른 제조신고는 수리를 요하는 신고에 해당함으로써 고압가스법의 집행과정에서 처리지연 등 부당한 처리로 행정의 예측가능성과 신뢰가 저하할 우려가 있다. 이를 방지할 목적으로 동법 제4조 제3항은 시장·군수·구청장으로 하여금 신고를 받은 날부터 2일 이내에 신고수리 여부를 신고인에게 통지하도록 하고 있다.

## 4. 검사

「고압가스법」은 다수의 검사제도를 두고 있다. 일반적으로 검사는 행정처분에 해당하지 않고, 사실행위에 해당한다. 고압가스법 제4조에 따라 고압가스제조의 허가나 신고를 한 자 또는 제5조의3에 따라 고압가스 수입업을 등록한 자에 대하여 허가·신고 또는 등록한 바와 같이 해당 시설을 설치하였는지 여부에 관한 확인을 위하여 검사제도를 규정하고 있다(고압가스법 제16조 및 제16조의2). 고압가스제조의 허가·신고 또는 등록과 관련되는 중간검사·완성검사는 가스시설의 설치가 시설 및 기술기준에 적합한지 여부를 검사하여 적합한 시설에 한해 사용을 허가하는 검사이다. 검사는 고압가스제조 시설의 설치과정과 완공단계에서 실시하는 중간검사 및 완성검사, 유지관리실태를 검사하는 정기검사 및 수시검사로 구분하고 있다.[65]

고압가스제조의 허가·신고 또는 등록과 관련된 중간검사, 완성검사, 정기검사 및 수시검사는 그 자체로 행정처분이 아니라 사실행위에 속한다. 중간검사, 완성검사, 정기검사

---

64) 수리를 요하는 신고와 수리를 요하지 않는 신고의 구별은 법률에서 특별하게 정하고 있지 않는 경우에 해당 법령의 목적과 해당 법령의 관련 조문에 대한 합리적·유기적인 해석을 통해 판단한다. 판례는 다음을 기준으로 판단하고 있다: ① 법률에 명시적으로 수리에 관한 규정의 존재 여부, ② 신고·등록·허가를 동시에 대비시켜 규정하고 있는지 여부, ③ 법률 연혁 상 규제 완화 등의 차원에서 허가·등록제에서 신고제로 개정된 규정인지 여부, ④ 신고사항의 사실여부 등을 심사하여 그 수리거부를 할 수 있도록 정하고 나 신고사항의 흠이 발견되는 경우에는 그 신고수리 자체를 취소할 수 있는 규정을 두고 있는지 여부, ⑤ 신고행위의 효력 시기에 관한 규정 유무, ⑥ 아무런 요건을 규정하지 아니하거나 형식적 요건만을 규정하고 있는지 여부, ⑦ 수리의 요건으로서 형식적 요건 외에 검토와 확인 등 실질적 심사규정을 두고 있는지 여부, ⑧ 수리 없는 행위의 처벌 유무 등을 종합적으로 고려하여야 한다(대법 2011. 9. 8. 선고 2010도7034 판결; 창원지법 2015. 12. 9. 선고 2015노798 판결 등).
65) 정기검사 및 수시검사에 관한 부분은 사업운영상 안전관리에서 다룬다.

또는 수시검사의 결과에 따라 행정기관은 제조허가 또는 거부를 하거나 정기검사 또는 수시검사의 결과에 따라 고압가스법령에서 정하는 행정처분을 하게 된다.

## 5. 수입고압가스 안전관리

고압가스의 수입을 업(業)으로 하려는 자는 시장·군수 또는 구청장에게 등록하여야 한다(고압가스법 제5조의3). 고압가스 수입업의 등록제도와 고압가스 수입 신고제도(동법 제21조)는 모두 고압가스의 수입·유통에 대한 현황을 정확하게 파악하여 국내에서 유통되는 고압가스에 대한 안전관리체계를 강화하는 것을 목적으로 하고 있다. 오늘날 산업의 발전에 따라 독성가스의 사용량도 점점 증가하고 있어 사고 발생의 가능성이 높아지고 있어 고압가스 안전관리를 위하여 고압가스법은 고압가스 수입업의 등록의무와 수입행위에 대한 신고의무를 부여하고 있다.

## 6. 사업의 개시·재개·중단·폐지 신고

고압가스법은 고압가스 관련 사업 또는 저장소 사용의 개시, 중단·폐지 및 재개 시의 신고제도를 도입하고 있다(고압가스법 제7조). 이는 고압가스의 유통과정에서 발생할 수 있는 위험요소를 줄여 공공의 안전을 확보하고, 실효성 있는 안전관리를 하는 데에 목적이 있다.
사업 개시의 신고의무는 허가·신고나 등록업무를 소관하는 행정기관이 당해 사업자의 안전관리의무 준수 여부를 확인하고, 사업 휴지 후 재개의 경우에도 정기검사의 기간을 확정하기 위하여 도입되어 운영되고 있다.

## 7. 특정고압가스의 사용신고

저장능력이 일정규모 이상인 특정고압가스[66]를 사용하려는 자는 관할관청에 사용 전에 신고하도록 하여야 하고, 저장시설의 설치에서 완성검사 및 정기검사를 받도록 하고 있다. 특정고압가스는 대부분 독성·가연성가스로 위험성이 크고 전체 고압가스 사고 중 특정고압가스 사고가 사고의 상당부분을 차지하고 있어 특정고압가스에 대하여 보다 강화된 안전관리 규정을 두어 사용 전에 관할 관청에 신고하도록 하고 있다(고압가스법 제20

---

66) 수소·산소·액화암모니아·아세틸렌·액화염소·천연가스·압축모노실란·압축디보레인·액화알진, 그 밖에 대통령령으로 정하는 고압가스를 말한다.

조). 특정고압가스 사용자에 대하여 전문성이 있는 제조자·판매자에게 사용자 시설의 신고 여부, 완성검사·정기검사 여부 등 적합성 확인을 거친 후에 특정고압가스를 공급받을 수 있도록 함으로써 특정고압가스 사용에 있어서의 안전이 확보될 수 있다. 고압가스법은 공급자의 의무로 고압가스 사용자의 시설에 대하여 안전점검을 하도록 하고, 사용자 시설의 신고나 완성검사·정기검사를 확인하도록 규정하고 있다.

## Ⅲ. 사업운영상 안전관리

## 1. 안전관리자 선임제도

고압가스 사업자 및 특정고압가스 사용신고자는 그 시설 및 용기 등의 안전 확보와 위해 방지에 관한 직무 수행을 위하여 사업 개시 전이나 특정고압가스의 사용 전에 안전관리자를 선임하여야 한다(고압가스법 제15조 제1항). 또한 고압가스 제조자 중 냉·난방용 냉동제조사업자, 비가연성·비독성 고압가스저장자 중 소화설비에 비가연성·비독성 고압가스를 저장하고 있는 자 및 특정고압가스 사용신고자가 그 시설관리를 전문으로 하는 자에게 위탁하는 경우에는 그 수탁관리자도 안전관리자를 직접 선임하고, 안전관리자에 대한 각종 신고도 직접 하여야 한다. 그러나 예외적으로 위험성이 낮은 냉·난방용 냉동제조사업과 특정고압가스 사용시설에 한하여 수탁관리자가 안전관리자를 선임할 수 있도록 하여 그 의무를 완화하고 있다. 또한 고압가스 저장소 중 소화설비용으로 비가연성·비독성 고압가스를 저장하고 있는 시설은 위탁관리하여도 안전관리가 큰 문제가 없는 시설에 대하여 안전관리자 선임의무를 부여하지 않고 있다.

안전관리자 선임의무자는 안전관리자를 선임 또는 해임하거나 안전관리자가 퇴직한 경우에는 지체 없이 이를 허가관청·신고관청·등록관청 또는 사용신고관청에 신고하고, 해임 또는 퇴직한 날부터 30일 이내에 다른 안전관리자를 선임하여야 한다. 다만, 그 기간 내에 선임할 수 없으면 허가관청·신고관청·등록관청 또는 사용신고관청의 승인을 받아 그 기간을 연장할 수 있다.

## 2. 정기·수시검사

고압가스법 제4조에 따른 허가를 받았거나(고압가스판매자 중 용기에 의한 고압가스판매자는 제외한다)나 신고를 한 고압가스제조사업자 또는 동법 제5조의3에 따라 등록을 한 고압가스수입업자는 정기적 또는 수시로 허가관청·신고관청 또는 등록관청의 검사를 받아야 한다(고압가스법 제16조의2). 정기·수시검사는 가스시설의 유지관리실태 및 안전관리시스템 전반을 전문기관으로 하여금 정기적 또는 수시로 검사하게 하여 부적합 사항을 개선하게 함으로써 사고를 예방하는 단속차원의 적부검사이다.

허가·신고 또는 등록을 하는 단계에서 시설이나 기술력 등에 관하여 검사를 받아도 일정한 기간이 경과하게 되면 당시의 허가·신고·등록한 것과 다르게 운영될 수 있어 고압가스제조나 수입으로 인한 위험성이 증대하게 되는데, 이러한 문제를 해소하기 위한 제도가 정기·수시검사이다. 정기·수시검사는 지속적으로 고압가스 제조사업자 또는 수입업자로 하여금 안전기준을 준수하게 하는 기능을 한다.

정기검사의 주기는 검사대상에 따라 매 1년, 2년 또는 4년으로 받아야 하는 사업자가 각각 다르게 정하여, 비례원칙에 적합하게 제도를 구축하고 있다.

## 3. 정밀안전검진

설치 후 오래된 노후 가스시설은 정기검사 또는 수시검사를 받더라도 정밀한 검사를 받는 것이 아니기 때문에 일정한 주기로 정밀안전검진을 통하여 고압가스 제조시설이나 기술기준에 적합 여부를 검사할 필요가 있다. 정밀안전검진은 정기검사 또는 육안으로 확인이 불가능한 가스시설에 대하여 첨단장비를 이용하여 검사하고, 시설의 계속 사용의 여부와 수명을 예측하여 사업자 스스로가 시설의 교체시기를 결정할 수 있도록 하는 자율안전관리 유도형 제도이다.

고압가스시설은 설치 후 기간이 경과할수록 부식, 침식 등 설비노후가 진행된다. 설비노후화 같은 문제점은 장치의 연결부, 배관내부 등 육안으로 확인이 불가능한 부분에서 발생하기 때문에 첨단장비를 이용한 정밀안전검진을 통하여 파악할 수 있다. 완성검사증명서를 받은 날부터 15년이 경과한 시설을 운영하는 고압가스제조자는 4년마다 정기적으로 정밀안전검진을 받아야 한다(고압가스법 제16조의3). 우리나라의 대형 고압가스 제조시설 대부분은 1970년대 석유화학 공업단지 조성과 함께 설치되어 전체시설 중 24% 이상이 15년 이상 경과한 노후시설에 해당한다. 정밀안전검진제도는 정기검사의 한계를 극복할 수 있는 제도라고 할 수 있다.

## 4. 안전성향상계획

안전성향상계획은 기업이 안전관리활동 전반에 존재하는 위해요인을 찾기 위해 안전성평가를 실시하고, 그 결과를 분석·평가하기 위해 작성하는 계획이다. 고압가스법에 따른 안전성향상계획의 작성과 관리 절차는 다음 표와 같다.

**안전성향상계획 작성 및 관리 절차**

| 사업자 | 가스안전공사 | 사업자 | 행정관청 | 사업자 |
|---|---|---|---|---|
| 안전성평가 및 안전성향상 계획서 작성 | 안전성향상 계획서 심사 | 안전성향상 계획서 행정관청 제출 | 공공안전 필요시 변경명령 | 5년마다 안전성평가 실시 |

안전성향상계획의 제출대상은 석유정제, 화학공업 및 비료생산업자로서 고압가스를 대량 취급하는 사업자, 즉, 100톤 이상 저장능력을 보유한 석유정제사업자, 100톤(또는 처리능력 1만㎥) 이상 저장능력 보유 석유화학공업자 또는 지원사업을 하는 자, 100톤(또는 처리능력 10만㎥) 이상 저장능력 보유 비료생산업자이다. 제출시기는 안전성 평가 대상시설을 설치·이전하거나, 반응기·플레어스택 등 주요 구조 부분을 변경하는 경우이다.

대규모 고압가스시설을 보유한 고압가스제조자[67]는 안전성 평가를 하고 안전성향상계획을 작성하여 허가관청에 제출하거나 사무소에 갖추어 두어야 한다. 이 경우 안전성향상계획에는 한국가스안전공사의 의견서를 첨부하여야 한다. 고압가스제조자로부터 고압가스시설에 대한 안전성향상계획을 제출받은 허가관청은 7일 이내에 관할 소방서장에 제공하여야 한다. 이는 비상조치계획 등의 정보를 소방관서에 제공하도록 함으로써, 사고피해 확산 방지 및 초동대응 업무를 수행하는 소방관서가 업체(고압가스제조자)에서 취급하는 가스의 물성정보 및 비상조치방법 등을 사전에 인지하여 효율적으로 대처할 수 있도록

---

67) 안전성향상계획의 제출대상에 해당하는 석유정제, 화학공업 및 비료생산업자로서 고압가스를 대량 취급하는 사업자로서 고압가스법 시행령 제9조에 따른 종합적 안전관리대상자를 말한다.

하기 위함이다.

## 5. 긴급안전조치

고압가스법은 행정청에 대하여 고압가스 관련 시설로 인하여 위해가 발생하거나 발생할 우려가 있다고 인정할 때는 그 시설 등의 이전·사용정지 또는 제한을 명하거나 그 시설 등의 안에 있는 고압가스의 폐기를 명할 수 있으며 그 시설 등을 봉인할 수 있는 긴급안전조치권을 부여하고 있다. 긴급안전조치권의 발동은 일시적이라고 하여도 사업자에게는 사업 그 자체의 중단을 초래할 수 있는 중대한 재산권 침해가 될 수 있어 이러한 강제처분에 의하여 발생하는 손실에 대하여 보상규정을 함께 두고 있다.

## 6. 사고통보제도

사업자등과 특정고압가스사용자는 그의 시설이나 제품과 관련하여 사람이 사망한 사고, 사람이 부상당하거나 중독된 사고 등이 있을 때에는 즉시 한국가스안전공사에 통보하도록 하고, 통보를 받은 한국가스안전공사는 이를 시장·군수 또는 구청장에게 보고하여야 한다(고압가스법 제26조). 사고통보제도는 가스사고에 대한 신속한 보고체계를 구축하여 대형사고 등으로 이어지지 않도록 방지하는 것을 목적으로 한다.

통보대상 사고는 모든 가스사고가 아니라 고압가스법 제26조 제1항 각 호에서 열거하고 있는 일부 사고이다. 이에 따르면 "사람이 사망한 사고", "사람이 부상당하거나 중독된 사고", "가스누출에 의한 폭발 또는 화재사고", "가스시설이 손괴되거나 가스누출로 인하여 인명대피나 공급중단이 발생한 사고" 및 "사업자등의 저장탱크에서 가스가 누출된 사고"로 통보대상을 한정하고 있다.

## 7. 이송안전관리

고압가스 운반차량을 이용하여 고압가스를 운반하려는 자는 시장·군수 또는 구청장에게 등록하여야 한다(고압가스법 제5조의4). 고압가스는 제조과정에서 뿐만 아니라 사용이나 저장을 목적으로 이송되는 경우에 운반차량의 부적합으로 인하여 관계자 및 일반 국민에게 피해를 유발할 수 있다. 그러므로 고압가스 운반차량도 안전성이 보장될 수 있어야 한다.

고압가스 운반자의 등록의무대상은 허용농도가 100만분의 200 이하인 독성가스를 운반하는 차량, 차량에 고정된 탱크로 고압가스를 운반하는 차량 등 고압가스법 시행령 제5조의4 제1항에서 열거하고 있다. 고압가스 운반자의 등록기준은 고압가스법 시행령 제5조의4 제2항에서 정하고 있다.

고압가스법은 고압가스배관의 안전성을 담보하기 위하여 고압가스사업자에 대하여 안전관리규정 제정·준수의무, 시설기준·기술기준 유지의무, 안전관리자 선임의무, 설치공사·변경공사 시 허가·신고관청의 감리(監理)의무, 시공기록·완공도면 작성·보존(고압가스제조자의 경우)의무, 정기·수시검사 수검 등의 의무를 규정하고 있다.

고압가스는 생산 후 저장 또는 사용을 위하여 고압가스가 필요로 하는 수요지까지 운송되어야 한다. 고압가스는 탱크로리 등과 같은 자동차나 철도로 운송하거나 가스배관망을 통하여 이송한다. 가스배관은 대부분 지하에 매설된다. 지하에 매설된 가스배관은 상하수도 공사나 건설공사 등으로 땅을 굴착하는 경우 비의도적으로 파열될 수 있고, 이 경우 가스배관을 통하여 이송 중인 고압가스가 누출될 가능성이 있다. 고압가스 배관이 파손될 경우 가스누출·폭발로 인한 대규모 인명피해와 재산피해가 발생할 수 있다. 그러므로 고압가스법은 가스사업자의 안전유지 의무와 배관 손괴에 대한 사후처벌 외에 굴착공사자가 작업 전에 배관을 확인하고 필요한 조치를 하도록 하는 등 굴착공사로 인한 파손 위험으로부터 고압가스배관을 보호할 수 있는 장치를 마련하고 있다.


## Ⅳ. 고압가스용기의 안전관리

### 1. 용기·냉동기·특정설비의 제조등록

고압가스 용기·냉동기 또는 특정설비(이하 "용기등"이라 한다)를 제조하려는 자는 시장·군수 또는 구청장에게 등록하여야 한다(고압가스법 제5조). 고압가스 용기의 제조는 고압가스를 충전하기 위한 용기(내용적 3데시리터 미만의 용기는 제외), 그 부속품인 밸브 및 안전밸브를 제조하는 것을 말한다. 냉동기 제조는 냉동능력이 3톤 이상인 냉동기를 제조하는 것을 말한다. 특정설비 제조는 고압가스의 저장탱크(지하 암반동굴식 저장탱크는 제외), 차량에 고정된 탱크 및 산업통상자원부령으로 정하는 고압가스 관련 설비를 제조하는 것을 말한다.

용기의 제조등록기준은 용기별로 제조에 필요한 단조설비·성형설비·용접설비 또는 세척설비 등을 갖추어야 한다. 냉동기의 제조등록기준은 냉동기 제조에 필요한 프레스설비·제관설비·건조설비·용접설비 또는 조립설비 등을 갖추어야 한다. 특정설비의 제조등록기준은 특정설비의 제조에 필요한 용접설비·단조설비 또는 조립설비 등을 갖추어야 한다. 용기등의 제조등록기준은 산업통상자원부령으로 정하는 시설기준 및 기술기준에 적합하여야 한다. 제조등록은 기속행위에 해당한다. 그러므로 시장·군수 또는 구청장은 용기등의 제조자가 등록신청을 하는 경우에 시설기준 및 기술기준에 적합한 때에는 등록을 하여야 한다.

## 2. 수리자격제도

고압가스 용기등의 수리는 일정한 자격을 가진 자가 하도록 제한하고 있다(고압가스법 제5조 제3항). 고압가스법 제5조 제3항에서 열거하고 있는 아니한 자는 고압가스 용기등을 수리할 수 없다. 또한 고압가스 용기등의 소유자나 점유자도 용기등의 수리자격을 가진 자로 하여금 수리하게 하여야 한다. 고압가스 용기등의 수리를 할 수 있는 자의 범위를 법률에서 제한한 것은 능력이 없는 자가 용기등을 수리함으로써 기술 부족으로 인하여 용기등이 기술기준이나 시설기준을 위반하여 수리될 경우 발생할 수 있는 위험을 방지하기 위함이다.

## 3. 제조사업자의 용기 안전확인의무

고압가스제조자는 고압가스를 용기에 충전하는 경우에 미리 용기의 안전을 점검한 후 점검기준에 맞는 용기에 충전하여야 한다(고압가스법 제13조). 고압가스제조자가 충전하려는 용기에 대해서 안전점검을 한 결과 부적합한 용기를 발견하였을 때는 점검기준에 맞게 수선·보수를 하는 등 용기를 안전하게 유지·관리하여야 한다. 또한 고압가스제조자와 고압가스판매자는 고압가스 용기를 안전하게 유지·관리하여야 할 의무도 있다.

고압가스법은 외국에서 국내로 수출하기 위하여 고압가스 용기등을 제조하고자 하는 자로 하여금 수출하기 전에 산업통상자원부장관에게 등록하도록 하고(고압가스법 제5조의2), 산업통상자원부장관에 등록한 자(이하 "외국용기등 제조자"라 함)에 대한 등록취소나 국내 수입 제한(동법 제9조의3), 국내 판매 전의 검사규정(동법 제17조 제1항)을 두고 있다.

국내 고압가스설비 제조업자는 제조업 등록을 하고 생산된 제품에 대해서도 현장에서 재질과 용접등을 검사받아야 한다. 외국 고압가스설비 제조업자도 동일한 의무를 부여받고 있다.

## 4. 용기검사

고압가스 용기등을 제조·수리 또는 수입한 자(외국용기등 제조자를 포함)는 그 용기등을 판매하거나 사용하기 전에 산업통상자원부장관, 시장·군수 또는 구청장의 검사를 받아야 한다. 고압가스 용기(容器)란 고압가스를 충전(充塡)하기 위한 것(부속품을 포함)으로서 이동할 수 있는 것(고압가스법 제2조 제2호)을 말한다. 동법 시행규칙은 고압가스 용기등의 종류를 제작방식에 따라 이음매 없는 용기, 용접용기, 접합 또는 납붙임용기, 초저온용기 등으로 세분하고 있다.

고압가스법 제17조는 고압가스 용기등의 판매나 사용 전에 검사를 받도록 하고(제1항), 검사받은 후 일정한 사유가 발생하면 용기의 소유자가 재검사를 받도록 하며(제2항), 검사나 재검사에 불합격한 용기는 파기하도록 규정하고 있다(제3항).

고압가스 용기제조의 검사기준은 신규검사기준과 재검사기준으로 구분된다. 신규검사는 설계단계검사와 생산단계검사를 실시하도록 하고 있다. 설계단계검사는 용기가 안전하게 설계되었는지를 검사하는 행정처분으로 재료의 기계적·화학적 성능, 내압성능 등 용기의 안전 확보에 필요한 성능에 대하여 검사를 실시한다. 설계단계검사는 일반적으로 사실행위에 해당할 수 있으나, 고압가스용품의 설계단계검사는 단순한 사실행위가 아닌 행정처분에 해당한다. 설계단계검사에 합격하지 못한 고압가스 용기의 제조자는 해당 용기를 생산할 수 없다. 생산단계검사는 설계단계검사에 합격한 용기설계에 적합하게 생산되었는지 여부를 검사하는 행정처분이다. 그러므로 생산단계검사는 용기가 안전하게 제조되었는지를 명확하게 판정할 수 있도록 단열성능, 내압성능, 기밀성능, 그 밖에 용기의 안전 확보에 필요한 성능 중 필요한 항목에 대하여 용기를 생산한 후 판매 전에 적절한 방법으로 실시한다.

## 5. 안전설비 인증

안전설비는 고압가스의 제조·저장·판매·운반 또는 사용시설에서 설치·사용하는 가스검지기 등의 안전기기와 밸브 등의 부품으로서 특정설비를 제외한 것으로 산업통상자원부령으로 정하는 것이다. 고압가스법 제18조의4는 안전설비를 제조 또는 수입한 자는 그 안전설비를 판매하거나 사용하기 전에 「산업표준화법」 제15조에 따른 인증을 받아야 한다. 다만, 다른 법령에 따라 안정성에 관한 검사나 인증을 받은 안전설비 등 대통령령으로 정하는 안전설비에 대하여는 인증의 전부 또는 일부를 면제할 수 있다. 그러므로 안전인증을 받지 아니한 안전설비는 양도, 임대, 사용 또는 판매가 금지된다.

고압가스의 사용량이 급증하고 종류도 다양해지고 있어 관련 시설에 설치해야 하는 검지경보장치, 제독설비 등 독성안전설비와 수소 및 압축천연가스(CNG)충전소에 설치되는 초고압설비에 대한 성능인증기준과 시스템을 구축할 필요가 있다. 이를 목적으로 도입한 제도가 안전설비 인증제도이다. 안전설비 인증제도는 고압가스시설에 설치되는 부품, 안전설비 등의 안전성을 확보하여 고압가스로 인한 사고를 방지하는 것을 목적으로 하고 있다.

## 6. 리콜제도

고압가스 용기등의 안전관리를 위하여 필요하다고 인정할 경우 산업통상자원부장관 및 시장·군수·구청장 등 기초지방자치단체의 장은 용기등에 대해 수집검사를 실시하고, 검사 결과 중대한 결함이 있다고 인정되면 그 용기등의 제조자나 수입자에게 회수 등을 명할 수 있다. 산업통상자원부장관에게도 회수명령권을 부여함으로써 전국적으로 유통되는 용기등에서 위해요소가 발견될 경우 긴급 회수 등의 조치를 할 수 있다(고압가스법 제18조 제2항). 산업통상자원부장관은 가스사고조사위원회가 유사한 사고의 재발 방지를 위하여 용기등에 대한 회수등의 조치가 필요하다고 권고 또는 건의하는 경우와 유통 중인 고압가스 용기등에서 공공의 안전에 위해를 일으킬 수 있는 명백하고 중대한 결함이 발견되어 긴급하게 용기등에 대한 회수등의 조치가 필요한 경우에 수집검사를 하지 아니하고 그 용기등의 제조자 또는 수입자에게 회수등을 명할 수 있다. 산업통상자원부장관은 중대한 가스 사고의 조사가 필요하다고 인정하는 때에는 가스사고조사위원회를 구성하여 사고 조사를 실시하게 하고, 동 위원회가 재발방지대책을 수립하여 관할 행정기관에 권고 또는 건의할 수 있다. 산업통상자원부장관은 동 위원회의 권고 또는 건의를 받은 경우에 용기등에 대한 수집검사 결과 중대 결함이 있다고 인정되면 그 용기등의 제조자나 수입자에 대하여 회수 등 리콜명령을 할 수 있다.

# 제5장 에너지환경법론

## 제1절 에너지환경법 개관

### Ⅰ. 에너지환경법의 체계

### 1. 에너지환경법의 대상

인간이 사용하는 에너지원은 지속적인 변화를 거듭하여 왔다. 처음에는 자연에 있는 나무, 풀 또는 동물의 마른 배설물, 산업혁명 이후에는 지하에 매장되거나 노천에 있는 석탄, 기계문명의 발달과 자동차의 등장으로 석유를 핵심 에너지원으로 사용하게 되었다. 또한 채굴 기술의 발전으로 천연가스를 발전용이나 난방용 에너지원으로 사용할 수 있게 되었다. 그러나 화석연료의 급격한 사용 증가는 온실가스의 대량 배출로 이어져 기후변화의 주범으로 주목받게 되었다. 이에 오늘날 에너지원은 기후변화대응이라는 시대적 요구에 부합하기 위하여 온실가스를 배출하지 않는 재생에너지로 발전하고 있다.

에너지환경법은 에너지의 개발·저장·운송·이용에 이르는 전 과정에서 발생하는 온실가스와 환경오염물질의 배출을 감축하는 법령과 제도를 대상으로 한다. 우리나라의 에너지 관련 법제 중 「신에너지 및 재생에너지 개발·이용·보급 촉진법」(이하 "신재생에너지법"이라 한다)은 이러한 측면에서 에너지환경법의 주된 대상이 된다.[68] 또한 「에너지이용

---

[68] 현재 발전기의 발전 순서는 연료비에 기준한 경제급전이나 배출권 실제 거래비용을 원가에 반영하는 환경급전이 시행된다면, 이를 에너지환경법의 대상에 포함할 수도 있으나 「전기사업법」의 주된 규율 대상이

합리화법」은 에너지의 효율 향상을 목적으로 하는 실정법률이다. 「에너지이용 합리화법」은 에너지를 효율적으로 사용하여 환경오염을 경감하는 데에 기여한다는 점에서 에너지환경법의 대상에 포함할 수 있다. 그러나 「에너지이용 합리화법」은 에너지 이용이나 발전과정에서의 효율성 증대를 통해 에너지 절약 및 효율 개선과 관련된 기술경쟁력 확보를 주된 목적으로 하고 있어, 에너지 이용과정에서 발생하는 환경오염을 저감하는 것과는 다른 측면이 있다. 또한 신재생에너지법은 에너지의 생산단계와 에너지 전과정에서 지속가능한 에너지원의 사용과 온실가스의 감축을 목적으로 하나 「에너지이용 합리화법」은 에너지의 사용단계에서 에너지의 효율향상을 주된 대상으로 한다.

## 2. 에너지환경법의 범위

에너지환경법은 다수의 법률과 관련성이 있지만 대부분 환경보전과 관련성이 있다. 그러한 점에서 에너지환경법의 범위는 온실가스 및 환경오염물질의 배출 억제와 직접적인 관련성을 가지는 법률로 한정하고자 한다. 즉, 재생에너지 및 신에너지 중 수소와 관련된 실정법률인 「수소경제 육성 및 수소 안전관리에 관한 법률」(이하 "수소법"이라 한다)도 에너지환경법의 범위에 포함하되, 이하에서는 신재생에너지법을 중심으로 논의한다. 수소에너지는 수소법의 규율 대상에 속할 뿐만 아니라 동시에 신재생에너지법의 신에너지에 포함된다. 그러므로 수소법도 에너지환경법의 대상에 포함할 수 있다. 그러나 현행 수소법은 수소산업의 육성과 수소안전을 주된 목적으로 하고 있어, 에너지환경법에 온전하게 포함하기에는 상당한 한계가 있다. 수소는 재생에너지의 간헐성을 보완할 수 있는 에너지원에 포함되고, 앞으로 지속적인 변화를 통하여 에너지환경법의 주요대상으로 발전할 것으로 보인다.

## II. 신재생에너지의 보급배경

## 1. 에너지 다원성의 실현

에너지의 안정적 공급의 원리는 에너지법의 핵심적 원리이다. 에너지의 안정적 공급은

---

전기사업이라는 점에서 해당 법률은 제외하는 것이 바람직하다. 환경급전에 관한 사항은 「전기사업법」 제43조에 따른 전력시장운영규칙에서 정하고 있으며, 2022년 1월 1일 이내 시행예정으로만 시행일을 정하고 있다.

국가경제의 지속가능한 발전에 있어 필수불가결한 사항이다. 국가의 에너지정책은 일차적으로 에너지의 안정적 공급을 내용으로 하는 에너지안보에 초점을 맞추고, 이를 전제로 친환경에너지의 공급 확대, 에너지 안전성 확보와 에너지효율성의 향상을 지향하고 있다. 이와 같은 에너지정책의 방향은 우리나라뿐만 아니라 모든 국가의 공통적인 에너지정책 방향이기도 하다.

에너지정책은 위에서 언급한 세 가지 외에는 해당 국가의 다양한 경제적·자원적 요인에 의하여 정하여진다. 에너지의 안정적 공급은 에너지안보라고도 한다. 에너지 안보는 에너지의 안정적 공급을 위하여 특정 에너지원에 의존하지 않고 다양한 에너지원을 사용하여, 에너지원의 공급과 관련된 국제적 정세에 변동이 있더라도 다른 에너지원으로 대체할 수 있는 정책과 제도를 구축하게 된다. 그러므로 에너지안보를 위한 일차적인 에너지정책수단은 에너지원의 다원성 확보이다. 우리나라의 화석에너지 대외 의존도는 약 97%로 매우 높은 수준이다. 국내 산업이 철강, 시멘트, 화학 산업과 같은 에너지다소비형 구조를 가진 현실에서 에너지안보는 절대적으로 중요한 가치라고 할 수 있다.

## 2. 기후변화협약의 이행수단

유엔은 기후변화협약(UNFCCC)을 채택하고 전 세계 154개국이 서명함으로써 1994년 3월에 발효되었고, 우리나라도 회원국으로 참가하고 있다. 기후변화협약은 산업국가에 속하는 우리나라가 이행하여야 하는 국제협약으로 자리매김하였다. 2015년 제21차 당사국총회(COP21, 파리)는 2020년부터 모든 국가가 참여하는 신기후체제의 근간이 될 파리협정(Paris Agreement)을 채택하였다. 파리협정은 모든 국가가 광범위하게 참여하는 신기후체제로서 각국이 자국의 상황을 감안하여 마련하는 '국가별 기여방안(INDC)'이 핵심이라고 할 수 있다. 이로써 선진국에만 온실가스 감축 의무를 부과하던 기존의 교토의정서 체제를 넘어 모든 국가가 자국의 상황을 반영하여 참여하는 보편적인 체제가 마련되었다.

우리나라는 2015년 6월 "2030년 온실가스 배출전망(BAU) 대비 37% 감축"이라는 목표를 포함한 국가별 기여방안(INDC)을 제출함으로써 국제사회에 약속을 하였다. 2019년 10월에는 신기후체제 출범에 따른 기후변화 전반에 대한 대응체계 강화 및 '2030 국가 온실가스 감축 로드맵'의 이행점검·평가체계 구축을 조기에 수립하기 위해 제2차 기후변화대응 기본계획을 수립하였다. 파리협정의 이행은 화석에너지 중심에서 재생에너지로 전환하지 않고는 불가능하다는 점에서 신재생에너지의 보급은 기후변화협약의 이행수단으로서 중요한 의미를 가진다.

## III. 신재생에너지 보급촉진제도의 발전

### 1. 신재생에너지법의 제정과 기술개발 지원

현행 신재생에너지법은 1987년 12월 4일 법률 제3990호로 제정된 "대체에너지개발촉진법"에 기원하고 있다. "대체에너지개발촉진법"은 대체에너지의 기술개발을 종합적으로 추진하기 위하여 필요한 사항을 규정함으로써 에너지원의 다양화를 도모하여 국민경제의 건전한 발전과 국민생활의 안정에 이바지하기 위한 목적으로 제정되었다. 이때 "대체에너지"는 석유·석탄·원자력·천연가스가 아닌 에너지로서 태양에너지, 풍력, 해양에너지 등을 말한다. 그러나 당시 법률은 현재와 같이 대체에너지의 개발, 이용 및 보급을 종합적인 정책 하에서 추진할 수 있는 제도적 수단을 포함하지는 않고 있었다.[69] 그럼에도 동법은 처음으로 대체에너지 기술개발에 대하여 국가가 지원 정책을 실시한다는 정책방향을 제시했다는 점에서 의미를 가진다.

### 2. 신재생에너지 이용·보급의 촉진 시도

「대체에너지개발촉진법」은 1997년 12월 13일 법률 제5446호에 의하여 「대체에너지개발및이용·보급촉진법」으로 제명을 변경하여 국가로 하여금 대체에너지의 개발뿐만 아니라 이용과 보급도 대체에너지의 촉진대상에 포함하였다. 이와 같은 대체에너지 정책방향의 변화는 「기후변화에 관한 국제연합 기본협약」[70]과 태양에너지 등 일부 대체에너지가 그동안 기술개발 성과로 상업화됨으로써 시장형성의 시기가 왔다는 정책적 판단에서 기인하였다. 이에 따라 환경친화적인 대체에너지의 이용·보급을 촉진하기 위하여 대체에너

---

69) 이종영, "신재생에너지의 이용보급을 위한 제도", 환경법연구 제27권 제1호, 2005, 197쪽 이하; 이종영, "신재생에너지의 대상에 관한 법적 문제", 환경법연구 제31권 제2호, 2009, 249쪽 이하 참조.
70) 유엔기후변화협약(UNFCCC: UN Framework Convention on Climate Change)은 1992년 189개국이 가입한 리우 세계환경정상회의에서 채택되었고, 1994년 3월 21일 발효되었으며, 우리나라는 1993년 12월에 가입하였다. 기후변화협약 제4조제1항에 의하면 모든 당사국은 온실가스 배출저감정책의 자체적 수립 및 시행, 온실가스 통계 및 정책이행 등 국가보고서를 작성하여 제출하여야 한다. 기후변화협약에 기반하여 기후변화협약의 구체적 이행방안과 선진국의 의무적인 온실가스 감축목표치를 정한 교토의정서(Kyoto Protocol)가 1997년 12월 제3차 기후변화협약당사국 총회 때 채택되어 2005년 2월에 발효되었다.

지 기본계획 및 대규모 에너지 관련 사업자에 대한 투자 권고대상에 대체에너지의 이용·보급에 관한 사항을 포함시키게 되었다.

"대체에너지개발및이용·보급촉진법"은 기존의 "대체에너지개발촉진법"보다 진일보한 측면은 있으나 이용과 보급을 위한 효과적인 제도를 도입하지는 않았다. 그러나 대체에너지 이용·보급의 촉진을 위한 시범사업을 보다 적극적으로 추진하여 대체에너지산업의 활성화에 기여한 것으로 평가할 수 있다. 또한 관할 중앙행정기관의 장(당시 통상산업부장관)이 국가기관·지방자치단체·정부투자기관 등에 대하여 대체에너지의 이용을 권고할 수 있는 권한을 부여하여 대체에너지 초기시장을 창출하도록 하는 데에도 기여하였다. 그러나 대체에너지는 기존의 화석에너지와 경제성 측면에서 시장경쟁력이 없어 대체에너지의 이용과 보급은 미미한 수준에 머물게 되었다.

## 3. 신재생에너지 보급 확산을 위한 제도 도입

2002년 3월 25일 법률 제6672호로 일부개정된 「대체에너지개발및이용·보급촉진법」은 대체에너지의 보급에 획기적인 기여를 하였다. 개정 법률은 국가가 대체에너지로 발전한 전기에 대하여 기준가격을 고시하고, 대체에너지발전으로 공급한 전기의 전력거래가격이 기준가격보다 낮은 경우에 그 차액을 대체에너지 발전사업자에게 지급하는 소위 발전차액지원제도를 도입하였다. 이후 다양한 에너지원의 개발 및 환경친화적인 에너지구조로의 전환 추진이라는 입법취지에 부합하도록 법률의 적용대상을 표현하기 위하여 대체에너지 대신 신재생에너지라는 용어를 사용하는 전부개정이 2004년 12월 31일에 이루어졌다.

발전차액지원제도는 신재생에너지의 보급에 기여하는 바가 있으나 확대에는 한계가 있다는 점에서 에너지 공급사업자에게 일정 양 이상의 에너지를 신재생에너지를 이용하여 공급하도록 의무화하는 공급의무화제도가 2010년 4월 12일 신재생에너지법 일부개정을 통해 도입되었다.

신재생에너지에 의한 발전은 에너지다원성을 확보하고 에너지사용으로 인한 온실가스 배출을 획기적으로 감축하는 데에 기여하나, 가격경쟁력이 낮다는 문제점이 병존하고 있다. 그러나 국가는 기후변화협약의 이행과 에너지다원성 확보를 위하여 신재생에너지의 보급을 확대할 필요성이 있다. 이를 위하여 국가는 에너지정책적 차원에서 경제성이 낮은 신재생에너지의 보급 확대를 위한 다양한 제도를 구축하여야 하며, 발전(發電)분야의 대표적인 제도가 발전차액지원제도와 공급의무화제도이다.

## 제2절 신재생에너지 대상의 변천

### I. 기술개발 대상으로서 대체에너지

제정「신재생에너지법」은 신재생에너지(대체에너지)의 대상을 8개(태양에너지, 바이오에너지, 풍력, 소수력, 연료전지, 석탄액화·가스화에너지, 해양에너지, 폐기물에너지), 시행령에서 4개(석탄에 석탄 이외의 물질을 혼합한 유동상연료, 지열, 수소에너지, 기본계획에 포함된 에너지)로 규정하였다.[71] 법률 제정 당시에는 재생에너지와 신에너지를 구분하지 않고 혼합하여 규정함으로써 양자의 대등한 가치를 염두에 두고 출발하였다. 신에너지가 화석에너지에 그 기원을 두고 있음에도 불구하고 재생에너지와 같이 촉진의 대상에 포함된 것은 에너지의 안정적 공급에 기인하고 있다. 우리나라는 해외에 화석에너지를 대부분 의존하고 있어, 에너지안보에 취약한 에너지공급 구조를 가진 국가이다. 이러한 문제를 극복하기 위하여 가능한 다양한 에너지를 활용할 필요성이 있다. 다른 국가와 달리 재생에너지뿐만 아니라 신에너지도 개발·이용·보급의 대상에 포함하는 이유는 바로 여기에 있다.

### II. 신재생에너지 대상의 확대 및 구체화

신재생에너지(대체에너지)의 개발 및 보급 확대 필요성이 커지면서 원유를 정제하고 남은 최종 잔재물인 중질잔사유(원유를 정제하고 남은 최종 잔재물로서 감압증류 과정에서 나오는 감압잔사유, 아스팔트와 열분해 공정에서 나오는 코크, 타르 및 피치 등을 말한다.) 가스화에너지가 2002년 신재생에너지법 일부개정 시 대체에너지의 범위에 추가되었다. 2004년 신재생에너지법 전부개정을 통해 신재생에너지 중 바이오에너지, 석탄액화·가스화에너지, 중질잔사유 가스화에너지 및 폐기물에너지의 기준과 범위를 구체화하여 이용·보급촉진의 대상을 명확히 하였다.

---

71) 법률이나 시행령에서 구체적으로 열거하지 않았으나 기술개발의 필요성 때문에 기본계획에 포함된 에너지를 신재생에너지(대체에너지)로 인정하던 규정은 1998년 신재생에너지법 시행령 전부개정으로 삭제되었다.

## Ⅲ. 신에너지와 재생에너지의 정의 구분

2013년 「신재생에너지법」의 개정으로 "신에너지 및 재생에너지"로 결합한 신재생에너지로 용어 정의를 하던 방식에서 벗어나 "신에너지"와 "재생에너지"로 구분하여 용어를 정의하게 되었다. 기존에는 신에너지와 재생에너지를 하나의 용어로 사용하여 양자의 개발·이용·보급에 관한 정책을 실질적으로 구분하지 않았다. 그러나 국제에너지기구(IEA)와 통계자료의 국제적 비교 용이성과 양자의 개념적 특성이 다름을 고려하여 신에너지와 재생에너지라는 용어 정의를 구분하게 되었다.

「신재생에너지법」은 석유·석탄·원자력 또는 천연가스가 아닌 에너지로서 대통령령으로 정하는 에너지를 재생에너지로 포함하는데, 2015년 동법 시행령 개정으로 수열에너지가 재생에너지의 대상에 추가되었다. 수열에너지는 해수표층열을 변화시켜 얻어지는 에너지로 그 범위를 제한하고 있어서, 주로 화력발전소나 원자력발전소의 냉각을 위하여 사용한 것이 수열에너지가 된다.


## Ⅳ. 현행 신에너지와 재생에너지의 대상

### 1. 신에너지

현행 신재생에너지법은 신에너지와 재생에너지를 구분하여 규정하고 있다. 신에너지는 "기존의 화석연료를 변환시켜 이용하거나 수소·산소 등의 화학 반응을 통하여 전기 또는 열을 이용하는 에너지로서 수소에너지, 연료전지, 석탄액화·가스화에너지 및 중질잔사유(重質殘渣油) 가스화에너지, 석유·석탄·원자력 또는 천연가스가 아닌 에너지로서 대통령령으로 정하는 에너지"이다. 수소에너지와 연료전지는 모두 신에너지에 해당하나, 석탄액화·가스화에너지 및 중질잔사유 가스화에너지는 대통령령으로 정하는 기준과 범위에 적합하여야 한다.

석탄액화·가스화에너지는 석탄을 액화 및 가스화하여 얻어지는 에너지로서 다른 화합물과 혼합되지 않은 에너지로서 증기 공급용 에너지와 발전용 에너지로 제한된다. 또한 중질잔사유 가스화에너지도 합성가스로서 중질잔사유를 가스화한 공정에서 얻어지는 연료 또는 중질잔사유를 연소 또는 변환하여 얻어지는 에너지로 제한된다.

## 2. 재생에너지

「신재생에너지법」에 따른 재생에너지는 "햇빛·물·지열(地熱)·강수(降水)·생물유기체 등을 포함하는 재생 가능한 에너지를 변환시켜 이용하는 에너지로서 태양에너지, 풍력, 수력, 해양에너지, 지열에너지, 생물자원을 변환시켜 이용하는 바이오에너지, 폐기물에너지(비재생폐기물로부터 생산된 것은 제외한다) 및 석유·석탄·원자력 또는 천연가스가 아닌 에너지로서 대통령령으로 정하는 에너지"를 말한다.

태양에너지는 태양광에너지와 태양열에너지를 포함한다. 태양광에너지는 햇빛을 받으면 광전효과에 의해 전기를 발생하는 태양전지를 사용하여 태양의 빛에너지를 전기로 변환할 수 있게 하는 에너지이다. 태양열에너지는 태양열난방장치를 사용하여 태양에서 나오는 열에너지를 바로 사용할 수 있게 하거나 한꺼번에 모아서 난방이나 물을 데워 사용할 수 있는 에너지이다. 풍력은 풍력발전기를 이용하여 바람으로 전기를 생산하게 하는 에너지이다.

풍력발전기는 소위 풍력발전기의 날개인 블레이드가 회전하면서 발생하는 기계에너지를 전기에너지로 변환하여 전기를 생산한다.

수력은 물의 낙하나 압력으로 발생하는 에너지이다. 수력을 이용해 전기를 만들어 내는 것을 수력발전이라고 한다. 수력발전은 하천 또는 호소(湖沼) 등에서 물이 갖는 유동에너지를 수차를 이용하여 기계에너지로 변환하고 이것을 다시 전기에너지로 변환하는 발전방식이다.

해양에너지는 바다에서 발생하는 에너지로서 파도가 칠 때 사용 할 수 있는 파력에너지, 바다속과 바다 표면의 온도차를 이용해 만드는 온도차 에너지, 밀물과 썰물 때의 물의 깊이가 달라지는 현상인 조력에너지 등이 있다.

지열에너지는 토양, 지하수, 지표수 등이 태양 복사열 또는 지구 내부의 마그마 열에 의해 축적된 에너지이다.

「신재생에너지법」은 바이오에너지, 폐기물에너지 및 수열에너지에 대하여는 그 기준과 범위를 정하고 있다. 바이오에너지는 생물유기체를 변환시켜 얻어지는 기체, 액체 또는 고체의 연료와 이를 연료로 하여 연소 또는 변환시켜 얻어지는 에너지이다. 바이오에너지 중에서 생물유기체를 변환시킨 바이오가스, 바이오에탄올, 바이오액화유 및 합성가스, 쓰레기매립장의 유기성폐기물을 변환시킨 매립지가스, 동물·식물의 유지(油脂)를 변환시킨 바이오디젤 및 바이오중유, 생물유기체를 변환시킨 땔감, 목재칩, 펠릿 및 숯 등의 고체 연료만을 바이오에너지로 인정하고 있다.

폐기물에너지는 폐기물을 변환시켜 얻어지는 기체, 액체 또는 고체의 연료, 이를 연료로 연소 또는 변환시켜 얻어지는 에너지, 폐기물의 소각열을 변환시킨 에너지로 제한하고 있다.

수열에너지는 물의 열을 히트펌프(heat pump)를 사용하여 변환시켜 얻어지는 에너지 중 해수(海水)의 표층 및 하천수의 열을 변환시켜 얻어지는 에너지로 제한하고 있다.


## 제3절 발전부문의 신재생에너지 보급촉진제도


## Ⅰ. 발전차액지원제도

### 1. 발전차액지원제도의 체계

신재생에너지는 기존의 화석에너지 또는 원자력과 경제성 측면에서 현재의 상황에서 경쟁력이 약한 에너지이다. 그러므로 신재생에너지의 보급을 확대하기 위하여 신재생에너지의 경제적 약점을 보완하는 제도를 구축할 필요가 있고, 이러한 목적으로 도입된 제도가 발전차액지원제도와 공급의무화제도이다. 발전차액지원제도(Feed-In Tariff, FIT)는 발전사업자가 신재생에너지 발전에 의하여 공급한 전기의 전력거래가격이 정부가 정한 기준가격보다 낮은 경우에 기준가격과 전력거래가격(SMP)과의 차액을 지원해주는 제도이다.[72] 발전차액지원제도는 정부가 기준가격을 미리 정하여 제시하기 때문에 사업자 스스로가 시장참여 여부 및 공급량을 결정할 수 있는 장점이 있다. 발전차액지원제도는 신재생에너지 발전사업자로 하여금 시장참여 전에 투자로 인한 수익에 대하여 손익예측을 가능하게 함으로써 정부의 차액보전을 통해 손실위험을 낮출 수 있도록 한다. 그러나 발전

---

[72] 발전차액지원제도는 고정가격매입제도로 불릴 뿐만 아니라 기준가격의무구매제도로 불리기도 한다. 발전차액지원제도는 미국의 연방기준가격의무구매제도에 기원하는 제도로서 미국이 1978년 도입한 후 폐지되었고, 1990년대 초에 유럽으로 전해져서 독일, 덴마크, 그리스, 이탈리아, 스페인 등 국가에서 부활된 제도이다(이창호 외 다수, 신재생에너지 의무할당제(RPS) 국내운영방안 수립, 지식경제부, 2009, 18면 이하 참조).

차액지원제도는 발전사업자의 자율적 의사에 기초한다는 점에서 정부의 신재생에너지 공급목표 달성 여부를 불확실하게 하고 가격이 경직되어 있어 합리적인 가격결정이 어려운 단점이 있다.

발전차액지원제도는 기준가격을 고시하여 고시된 금액을 발전요금으로 지급하기 때문에 사업에 대한 리스크가 없고, 동시에 수익이 이자율보다 높으면 신재생에너지 발전사업에 진입을 위한 확실한 유인적 수단으로 작동하게 된다.[73] 이에 반하여 해당 국가에서 신재생에너지의 보급 속도를 조정할 필요성이 있는 경우에는 기준고시 가격을 조정하여 정할 수도 있다. 이러한 측면에서 발전차액지원제도는 신재생에너지의 에너지원별로 기준고시가격을 달리 설정하여 신재생에너지의 보급정책을 다양하게 달성할 수 있는 제도라고 할 수 있다.

## 2. 발전차액지원제도의 문제점

발전차액지원제도는 신재생에너지의 보급촉진을 목적으로 도입되었으나, 2013년 3월 「신재생에너지법」 일부개정을 통하여 공급의무화제도를 도입하면서 폐지되었다. 이 제도의 운영과정에서 발전차액지원에 필요한 예산 부족과 신재생에너지 보급 목표 달성의 어려움을 확인했기 때문이다. 우리나라의 발전차액지원제도는 발전차액에 대한 보전을 전력산업기반기금에서 지불하는 방식으로 운영해 왔다. 이러한 구조는 신재생에너지 발전량이 증대할수록 발전차액지원금도 늘어난다. 이로 인하여 전력산업기반기금의 부족이라는 재정적 문제에 봉착하게 되었다. 또한 정부가 신재생에너지의 보급목표를 설정하더라도, 목표달성 여부가 유동적인 발전사업자의 신재생에너지 발전량에 달려있다는 문제도 병존하고 있다.

반면, 독일이 발전차액지원제도를 성공적으로 정착시킨 배경[74]에는 발전차액에 대한 지원을 전기판매사업자가 지급한 데에 있다. 전기판매사업자는 발전차액을 신재생에너지 발전사업자에게 우선 지급하고, 해당 금액을 전기요금에 전가함으로써 최종적으로 전기사용자에게 부담시키는 구조를 취했다. 전기사용자는 친환경에너지에서 발전한 재생에너지 전기를 사용하는 대가를 전기요금으로 부담하게 된다. 결국 우리나라의 발전차액지원

---

73) 일반적으로 기준가격은 정해진 기간(10년~20년) 동안 보장되기 때문에 신재생에너지 발전사업자는 투자자금을 몇 년 안에 회수할 수 있을 것인가를 충분하게 전망할 수 있어 비교적 안정적인 투자를 할 수 있다.

74) 이종영, "독일 재생에너지보급촉진법", 환경법연구 제26권 제4호, 2004, 235쪽 이하 참조.

제도는 재생에너지 선진국들과 같이 신재생에너지 발전으로 인한 친환경적 이익과 에너지다원성에 대한 혜택을 전기소비자가 부담하도록 전환하거나 공급의무화제도로 전환할 수밖에 없는 구조적인 문제점을 안고 있었다.

## II. 공급의무화제도

### 1. 도입배경

공급의무화제도(Renewable portfolio standards, RPS)는 발전사업자가 공급하는 에너지의 일정량을 신재생에너지로 공급하도록 의무를 부과하는 제도이다.[75] 공급의무화제도는 정부에서 신재생에너지 보급목표량을 설정하고 이를 공급의무자에게 할당하면 국가 전체적으로 신재생에너지 공급규모의 예측이 가능하여 보급목표의 달성에 용이할 뿐만 아니라 정부의 재정적 부담도 완화할 수 있는 신재생에너지 보급제도이다.[76] 그러나 신재생에너지법에 도입하는 과정에서 발전차액지원제도가 공급의무화제도로 변경할 때 발생할 수 있는 다양한 권리관계에 관한 문제로 인하여 국회에서 장기간 논의를 거친 후 통과하게 되었다.[77]

온실가스 배출권거래제도를 도입하고 있는 국가에서 공급의무화제도는 신재생에너지의 사용에 의한 온실가스 감축량을 배출권거래와 연계할 경우에 공급의무화에 따른 발전의무할당량 충족과 배출권거래제에 따른 온실가스 배출량 저감이 가능하기 때문에 신재생에너지 발전에 대한 상당한 인센티브가 발생한다.[78]

---

75) 공급의무화제도는 발전사업자에게 전체 발전량 중 신재생에너지로 발전할 비율을 할당하여 법적 의무를 부과한다는 측면에서 "신재생에너지발전 의무할당제도"라고도 한다.
76) 권태형, "신재생에너지 지원정책의 지대발생 효과와 규제: 신재생에너지 공급의무화제도(RPS)를 중심으로", 에너지경제연구 제11권 제2호, 2012, 141쪽 이하; 김수동, "2012년부터 시행되는 발전의무할당제: 신재생에너지 공급의무화제도(RPS)", 환경미디어 통권 277호, 2012, 36쪽 이하 참조.
77) 정부의 신재생에너지법 개정안은 국회에 2008년 12월 31일에 제출되었으나, 2010년 4월 12일 공포 후 2012년 1월 1일부터 시행되었다.
78) 공급의무화제도와 온실가스 배출권거래제를 연계하여 운영한 영국의 경우에 온실가스 배출권거래에 재생에너지 인증서에 대한 전환계수를 적용하여 온실가스 배출권으로 환산하여 판매가 가능하도록 하고 있다.

## 2. 공급의무화제도의 구조

신재생에너지 공급의무화제도는 발전차액지원제도와 비교할 때에 신재생에너지 발전사업자 간의 경쟁 촉진으로 발전비용이 낮아질 수 있는 장점도 있지만, 신재생에너지 발전사업자가 상대적으로 사업에 대한 리스크를 크게 부담하는 단점도 있다. 이 제도는 발전사업자로 하여금 경제성이 높은 신재생에너지에 대한 투자를 선호하게 하여 경제성이 높은 신재생에너지부터 경제성이 낮은 순서대로 발전하는 경향을 보이게 된다. 이에 반하여 발전차액지원제도는 상대적으로 다양한 신재생에너지가 고르게 발전하는 형상을 보일 수 있다. 그러나 이러한 문제점은 공급인증서의 가중치를 다르게 적용하는 방법으로 극복할 수 있으므로 공급의무화제도의 문제점으로 지적되는 신재생에너지원 간의 불균형적 발전은 우려할 필요성이 없다.

공급의무화제도는 발전사업자에게 신재생에너지를 이용한 공급의무를 부과하는 제도이기 때문에 그들이 경제성을 확보할 수 있도록 제도를 구축해 놓고 있다. 공급의무화제도 하에서 신재생에너지 발전사업자는 신재생에너지로 발전한 전력의 판매수익과 신재생에너지 공급인증서 거래를 통한 수익을 얻는다. 신재생에너지법은 신재생에너지의 공급의무자를 제한적으로 정하고, 신재생에너지원과 설비공간에 따라 공급인증서의 발급 시 가중치를 다르게 정하고 있다. 공급인증서의 가중치는 신재생에너지법의 목적을 달성하기 위한 수단이기 때문에 신재생에너지법의 이념과 철학에 적합하게 설정되어야 한다. 또한 공급인증서의 가중치는 신재생에너지 보급을 위한 다양한 정책적 재량을 할 수 있는 정책적 수단에 해당한다.

## 3. 공급의무자

신재생에너지 공급의무자는 「신재생에너지법」 제12조의5 제1항에서 「전기사업법」 제2조에 따른 발전사업자, 「집단에너지사업법」 제9조 및 제48조에 따라 「전기사업법」 제7조 제1항에 따른 발전사업의 허가를 받은 것으로 보는 자, 공공기관 중 대통령령으로 정하도록 규정하고 있다. 이에 근거하여 동법 시행령 제18조의3 제1항은 50만킬로와트 이상의 발전설비(신재생에너지 설비는 제외)를 보유하는 자, 「한국수자원공사법」에 따른 한국수자원공사 및 「집단에너지사업법」 제29조에 따른 한국지역난방공사를 공급의무자를 정하고 있다. 현재 신재생에너지 공급의무자는 한국전력공사의 6개 발전자회사(한국동서발전, 한국남부발전, 한국서부발전, 한국남동발전, 한국중부발전, 한국수력원자력), 한국지역난방공사, 한국수자원공사와 포스코에너지와 같은 민간발전사이다.

## 4. 의무공급량

### (1) 의무공급량 확정과 법률유보

신재생에너지 공급의무자는 법령으로 정하는 신재생에너지 발전의무량을 공급하여야 한다. 공급의무화제도는 공급의무자를 정당하게 선정하더라도 의무공급량의 정도에 따라 공급의무자에게 감당할 수 없을 정도가 되면 과잉금지원칙[79]을 위반할 수도 있다. 반대로 신재생에너지 의무공급량을 아주 낮게 정하게 되면, 공급의무자의 직업자유 제한에 대한 문제는 발생하지 않으나 제도의 실효성이 낮게 된다. 그러므로 공급의무화제도에서 의무공급량의 확정은 공급의무자의 기본권과 밀접한 사항으로 법률유보원칙에 따라 법률에서 정하는 것이 헌법상 법치국가원리에 부합한다.

### (2) 의무공급량의 확정

「신재생에너지법」 제12조의5 제2항은 공급의무자가 의무적으로 신재생에너지를 이용하여 공급해야 하는 발전량(의무공급량)의 합계를 총전력생산량의 25% 이내의 범위에서 연도별로 대통령령으로 정하도록 하고 있다.[80] 이 경우에도 신재생에너지의 균형 있는 이용·보급이 필요하다면 총의무공급량 중 일부에 한하여 특정 신재생에너지를 이용한 공급도 가능하다. 이는 공급의무량의 한계를 명시함과 동시에 신재생에너지원 간의 이용·보급에 대한 균형을 유지하기 위함이다.

의무공급량의 확정은 실질적으로 신재생에너지 사용기술의 발전 수준과 에너지정책을 고려하여 정하기 때문에 이를 정하는 행정기관의 상당한 정책적 재량(에너지믹스정책에 따른 신재생에너지의 보급목표, 공급의무자의 수용가능성 등)이 인정된다.[81] 그럼에도 불구하고

---

[79] 과잉금지원칙에 관하여는 헌재 2012. 6. 27. 선고 2011헌마288 결정; 헌재 2013. 2. 28. 선고 2011헌바398 결정; 헌재 2010. 10. 28. 선고 2007헌마890 결정 참조.

[80] 2021년 4월 20일 개정된 신재생에너지법은 재생에너지의 보급 촉진을 위한 '재생에너지 3020' 정책의 실효적 추진을 위하여 신재생에너지 의무공급량의 상한을 '총전력생산량의 25% 이내'로 상향 조정하였으며, 개정된 사항은 2021년 10월 21일부터 시행될 예정이다.

[81] 신재생에너지 의무공급량의 결정 시에는 국내 재생에너지 자원의 보급 가능 잠재력, 이를 상용화할 수 있는 기술수준과 산업적 현실이 고려될 수 있다(관하여는 이창호 외 다수, 신·재생에너지 의무할당제

신재생에너지법 시행령 제18조의4 제1항은 공급의무자에게 예측가능성을 부여하기 위하여 신재생에너지 연도별 의무공급량의 비율을 매년 상향하는 방식으로 규정하고 있다. 연도별 의무공급량의 비율은 3년마다 신재생에너지 관련 기술 개발의 수준 등을 고려하여 재검토해야 하며, 신재생에너지의 보급 목표 및 그 달성 실적과 그 밖의 여건 변화 등을 고려하여 재검토 기간을 단축할 수도 있다. 만약 연도별 의무공급량의 비율 변동이 발생하는 경우에는 공급의무자의 적응기간을 고려하여 충분한 유예기간을 주는 것이 필요하다. 의무공급량은 동법 시행령 제12조의5 제3항에 따라 최종적으로 공급의무자의 총발전량 및 발전원(發電源) 등을 고려하고 공급의무자의 의견 수렴 후 산업통상자원부장관이 공급의무자별로 고시한다.

### (3) 특별 의무공급량

「신재생에너지법」 제12조의5 제2항 후단은 "균형 있는 이용·보급이 필요한 신재생에너지에 대하여는 대통령령으로 정하는 바에 따라 총의무공급량 중 일부를 해당 신재생에너지를 이용하여 공급하게 할 수 있다."고 규정하고 있다. 현행 신재생에너지법이 공급의무화제도를 도입하면서 특정 신재생에너지(예: 태양광에너지)를 다른 신재생에너지와 달리 의무공급량을 별도로 정하는 것은 모든 신재생에너지가 항상 동일한 경쟁조건에 있지 않다는 점을 고려한 것이다.[82]

공급의무화제도의 중요한 장점은 공급의무화의 대상이 되는 신재생에너지원 간에 경쟁을 통하여 경쟁력 있는 신재생에너지의 우선적 활성화에 있다. 우리나라가 신재생에너지 보급촉진을 위하여 발전차액지원제도에서 공급의무화제도로 전환도 신재생에너지원 간에 경쟁촉진을 포함하고 있다. 그러나 모든 신재생에너지원이 동일한 조건으로 경쟁하는 경우에 공급비용에서 경쟁력 있는 신재생에너지원이 대폭적으로 공급될 수밖에 없다. 이로 인하여 공급의무화제도는 특정 신재생에너지원의 보급이 과도하게 확대될 수 있고, 경제성이 낮은 신재생에너지는 더 이상 보급될 수 없게 되는 문제가 발생할 수 있다. 현재 국내 신재생에너지의 환경적 여건이나 기술의 미성숙으로 인해 미래 잠재적인 경쟁력을 확보할 수 있는 다른 신재생에너지원까지 퇴출시키는 부작용을 발생시킬 수 있다. 이러한

---

(RPS) 국내운영방안 수립, 지식경제부, 2009, 185쪽 이하 참조).

82) 송기인, "RPS에서 태양광 발전산업 현황과 전망", 기계저널 제52권 제3호, 2012, 42쪽 이하; 소병욱, 신재생에너지 공급의무화(RPS) 제도의 태양광 사업 분석에 관한 연구, 전북대학교 경영대학원 석사학위논문, 2012, 34쪽 이하 참조.

문제점을 극복하여 위하여 「신재생에너지법」에 도입된 제도가 특별 의무공급량제도이다.

신재생에너지법 시행령 제18조의4 제3항 전단에 따라 특별 의무공급량제도가 적용되는 대상은 태양광에너지이다.[83] 태양광에너지는 전형적인 재생에너지로서 발전사업자가 가장 많은 분야이지만, 현재 기술수준으로는 다른 신재생에너지 발전원가에 비하여 경쟁력이 낮으나 새로운 기술개발이 이루어지면 충분히 가격경쟁력을 갖출 수 있을 것으로 예측된다. 이러한 특징을 고려하여 태양광에너지를 동 제도의 적용대상으로 정한 것이므로 정당성을 갖추었다고 할 수 있다.

그러나 특별 의무공급량제도는 경우에 따라서 도입목적에 반하는 신재생에너지 시장을 왜곡시킬 수 있다. 신재생에너지법은 태양광에너지가 신재생에너지 시장에서 일정한 경쟁력을 가질 수 있도록 제도를 도입하였으나, 오히려 현실에서는 발전부문에 있어 태양광에너지 보급확대의 장애물로 작용하고 있다. 신재생에너지 공급의무자는 태양광에너지의 공급량을 법령에서 부여된 의무량만큼만 충당하고, 더 이상 공급을 하지 않을 수 있다. 특별 의무공급량제도는 태양광에너지, 즉 특별 의무공급량의 대상에너지에 대한 한계를 설정하는 것이 아니라, 최소한의 공급량 확보에 주된 의미가 있으나, 신재생에너지 시장은 제도의 도입목적과 다르게 움직이고 있다.


## 5. 공급인증서

### (1) 공급인증서의 발급 및 거래

신재생에너지 공급의무화제도는 공급의무자의 의무공급량을 확정하고, 공급의무자가 부여된 의무공급량을 이행하지 않는 경우에 의무이행확보수단으로 과징금을 부과하고 있다.[84] 이 제도는 국가가 설정한 발전량의 일정한 비율을 신재생에너지로 공급하는 데 주된 목표가 있는 것이고, 개별 공급의무자가 각각에게 부여된 의무공급량을 반드시 직접 이행하도록 강요하지는 않는다. 일반적으로 공급의무자는 부여된 의무공급량을 직접 이

---

83) 신재생에너지법 시행령 "별표 4"는 특별 의무공급량제도의 적용대상을 태양에너지 중 태양의 빛에너지를 변환시켜 전기를 생산하는 방식인 태양광에너지로 한정하고, 2015년 이후부터는 의무공급량을 1,971GWh로 규정하고 있다.

84) 강희찬, "신재생에너지 공급의무화제 2012년 시행·점검 및 향후 정책제언", 에너지포커스 제8권 제4호, 2011, 23쪽 이하; 박병춘, "신재생에너지 공급의무화제도", 에너지&기후변화 통권 419호, 2011, 70쪽 이하; 김태은, "신재생에너지 성장의 영향요인 연구: FIT와 RPS의 효과성 검증을 중심으로", 한국행정학보 제45권 제3호, 2011, 305쪽 이하 참조.

행하거나 다른 신재생에너지 발전사업자[85) 또는 의무공급량을 초과하여 이행한 공급의무자로부터 공급인증서를 구매하는 방식으로 이행할 수도 있다. 이와 같은 구조에서 공급인증서의 거래가 가능하기 위하여는 공급인증서의 발급이 전제되어야 한다.

「신재생에너지법」 제12조의7 제1항은 "신재생에너지를 이용하여 에너지를 공급한 자는 산업통상자원부장관이 신재생에너지를 이용한 에너지 공급의 증명 등을 위하여 지정하는 기관으로부터 그 공급 사실을 증명하는 인증서(전자문서로 된 인증서를 포함한다)를 발급받을 수 있다. 다만, 「신재생에너지법」 제17조에 따라 발전차액을 지원받거나 신재생에너지 설비에 대한 지원 등 대통령령으로 정하는 정부의 지원을 받은 경우에는 대통령령으로 정하는 바에 따라 공급인증서의 발급을 제한할 수 있다."고 규정하고 있다.

공급의무화제도는 신재생에너지 발전사업자에 의하여 발전된 전력을 우선 계통한계가격(System Marginal Price, SMP)에 따라 한국전력거래소를 통하여 판매하고, 이와 별도로 공급인증기관으로부터 신재생에너지 공급인증서를 발급받아 공급인증기관이 개설한 거래시장에서 이를 판매하도록 한다. 신재생에너지 발전사업자가 발전단가가 높은 신재생에너지로 발전한 전력을 화석에너지나 원자력에너지로 발전된 전력과 동일한 가격으로 전력시장에 판매하게 되면 손실이 발생할 수밖에 없다. 공급인증서는 신재생에너지 발전으로 공급한 전력을 계통한계가격으로 판매함으로써 발생하는 손실을 보전하기 위한 수단이라 작용하고 있다. 이로써 공급의무화제도에서 신재생에너지 발전사업자는 계통한계가격에 따라 판매한 전력수익과 공급인증서를 판매한 수익을 신재생에너지 발전에 대한 수익으로 가지게 된다.

### (2) 공급인증기관

신재생에너지 발전사업자는 공급인증기관으로부터 공급인증서를 발급받아서 거래시장에 판매한다. 공급인증기관은 신재생에너지 발전량에 대한 인증과 거래업무를 포함한 사실상 공급의무화제도 전반을 관리·운영하는 역할을 수행하고 있다.[86) 산업통상자원부장관이 「신재생에너지법」 제12조의8에 따라 공급인증기관을 지정한다. 현재 신재생에너지법 제31조에 따른 한국에너지공단 소속의 신재생에너지센터가 공급인증기관으로 지정되어 있다.

---

85) 공급의무자가 아닌 신재생에너지 발전사업자는 공급인증기관으로부터 신재생에너지 발전량에 대하여 공급인증서를 발급받아 거래시장에 판매함으로써 공급인증서 거래시장에 참여하게 된다.
86) 신재생에너지법 제12조의9는 공급인증기관의 업무로 공급인증서의 발급, 등록, 관리 및 폐기, 국가가 소유하는 공급인증서의 거래 및 관리에 관한 사무의 대행, 거래시장의 개설, 공급의무자가 의무 이행을 위해 지급한 비용의 정산 업무, 공급인정서 관련 정보의 제공 등을 열거하고 있다.

## 6. 공급의무 불이행에 대한 과징금

「신재생에너지법」 제12조의6에 의하면 산업통상자원부장관은 공급의무자가 의무공급량에 부족하게 신재생에너지를 이용하여 에너지를 공급한 경우에는 그 부족분에 제12조의7에 따른 신재생에너지 공급인증서의 해당 연도 평균거래 가격의 150%의 범위에서 과징금을 부과할 수 있다. 신재생에너지 공급의무를 이행하지 않은 공급의무자에 대한 과징금 부과는 공급의무화제도의 의무이행확보수단으로서 과징금의 산정방법에 따라 공급인증서 거래규모, 신재생에너지설비 규모 등에 영향을 미치게 된다. 만약 신재생에너지 공급의무자가 공급의무량을 공급하지 못하는 경우에 과징금을 납부하거나 공급인증서 시장에서 공급인증서를 구매하여야 한다. 이 경우에 공급의무자는 과징금 액수보다 공급인증서 금액이 높은 경우에  공급의무자는 공급인증서 구매 대신 과징금을 부담하는 방향으로 행위를 할 것이다.

과징금 액수는 정액으로 고정하는 방식과 공급인증서 거래가격과 연동하는 방식이 있을 수 있다. 현행 신재생에너지법은 연동제 형식으로 공급인증서 평균거래가격의 150%의 범위에서 부과하도록 규정하고 있다. 공급의무자의 자체적인 신재생에너지설비 설치 및 공급인증서 거래규모 확대 등을 유도하기 위해서는 공급인증서 거래가격과 연동하여 신재생에너지 공급인증서 가격보다 과징금을 높게 책정하는 것이 효과적이라고 할 수 있다.[87] 현행 「신재생에너지법」 제12조의6에 의한 과징금은 재원확보를 위한 수단이라기보다 벌칙적인 성격이 강한 소위 징벌적 과징금이라고 할 수 있다.

---

[87] 정부가 발의한 법률안은 과징금을 해당 연도 평균거래 가격의 130% 범위 내로 하였으나 국회의 심의과정에서 150%로 상향조정되었다. 정부의 법률안과 같이 130%로 하는 경우에는 외국 국가에 비하여 낮은 비율이어서 실효적인 의무이행확보수단으로 작용할 수 없다고 판단했기 때문이다.

# 제6장 에너지효율법론

## 제1절 에너지효율법 개관

### I. 에너지효율법의 체계

우리나라는 그간 국가의 성장을 고려한 에너지안보 차원에서의 에너지정책에 집중해 왔다. 그 결과 에너지정책도 에너지의 효율적 이용과 관련된 수요관리보다 에너지 공급에 무게 중심을 두어 왔다. 특히 제조업의 발전을 위한 에너지정책은 에너지의 저가 공급에 기여하였으나, 에너지의 수요를 지속적으로 증가시키는 결과를 가져왔다. 이러한 이유로 최근에는 에너지 공급에 대한 관리보다 수요를 관리하는 에너지의 절약 및 효율향상과 같은 수요관리정책의 중요성이 부각되고 있다. 국가는 「에너지이용 합리화법」에 따른 에너지절약 경제구조로의 전환과 에너지효율의 향상을 위하여 에너지기본계획 및 에너지이용합리화계획을 수립하고 다양한 시책들을 추진하고 있다. 그럼에도 불구하고 우리나라의 에너지효율은 아직 주요 선진국에 비해 낮은 수준이며, 수요관리정책에도 한계를 보이고 있다.

에너지의 효율적 이용과 관련된 수요관리부문의 법제도 및 법체계는 「에너지이용 합리화법」에 한정되지 않는다. 「저탄소 녹색성장 기본법」과 「에너지법」도 「에너지이용 합리화법」의 집행과 제도를 지원하는 기능을 하고 있다.

## II. 에너지기본계획과 연계

### 1. 에너지기본계획 수립

「저탄소 녹색성장 기본법」(이하 "녹색성장법"이라 한다) 제41조는 에너지기본계획에 관하여 규정하고 있다. 에너지기본계획은 국내 에너지 관련 계획의 최상위에 위치하는 계획으로 20년을 계획기간으로 하여 5년 주기로 수립되는 장기계획이다. 에너지기본계획에는 국내외 에너지 수요와 공급의 추이 및 전망, 에너지의 안정적 확보, 도입·공급 및 관리를 위한 대책, 에너지 수요 목표, 에너지원 구성, 에너지 절약 및 에너지 이용효율 향상에 관한 사항 등이 포함되어 있다.[88] 2019년에 수립된 제3차 에너지기본계획은 "소비구조 혁신 중심으로의 전환"을 에너지정책 패러다임의 중점과제 중 하나로 선정함으로써 에너지효율향상의 중요성을 강조하고 있다.

### 2. 에너지기본계획과 에너지기본법의 제정

연혁적으로 볼 때 제1차 국가에너지기본계획은 원래 현행 「에너지법」의 전신인 "에너지기본법"에 근거를 두고 수립되었다. 에너지기본계획의 수립근거가 되었던 당시 "에너지기본법"은 실질적으로 에너지분야의 기본법에 해당하는 법률로서 에너지의 개발, 안전적 공급, 에너지정책의 방향을 설정한 법률이고, 에너지의 효율적 이용과 절약을 위한 기술개발에 대한 지원의 근거를 제시하는 역할을 하기 위하여 제정된 법률이었다.[89] 그러나 "에너지기본법"은 녹색성장법의 제정으로 법률 제명도 "에너지기본법"에서 「에너지법」으로 변경되고, "에너지기본법"의 핵심적인 규정인 "국가에너지기본계획의 수립 등"에 관한 규정이 녹색성장법으로 이관되었다.[90] 이로 인해 현행 「에너지법」은 에너지정책

---

88) 에너지절약은 사용하지 않아도 되는 에너지를 사용자가 약간의 인내를 통하여 감수하면서 사용하지 않는 것을 의미하며, 에너지효율향상은 에너지사용자에게 에너지를 사용하지 않는 불편함을 야기하지 않으면서 에너지를 절약하도록 하는 것을 말한다.

89) 국회는 "에너지기본법"을 제정할 당시에 에너지 관련 법률이 28개가 있음에도 상호 연계를 통한 에너지정책과 법률의 일체성을 지향하는 법률이 없었다는 배경에서 출발하였다. 당시 에너지 관련 법제는 별도의 기본법이나 일반법 없이 에너지원 또는 기능 위주의 개별법들이 에너지 관련 정책이나 사업의 내용에 따라 병렬적으로 제정·시행되고 있었다. 그러나 에너지정책이 국정 전 분야와 밀접하게 관련되어 있고 에너지원의 해외의존도가 매우 높은 점을 고려할 때 국가에너지정책은 장기적·통합적인 관점에서 다뤄질 필요성이 있다는 점에서 "에너지기본법"이 제정되었다.

90) 에너지기본계획 수립의 법제적 현황과 문제점에 관하여는 이종영 외, 저탄소 녹색성장을 위한 에너지 법

의 기본원칙, 에너지기본계획의 수립 등이 삭제되어 에너지분야의 기본법으로서의 역할은 상실한 채로 남아있다.


## 제2절 에너지이용 합리화법의 기능과 체계


### I. 에너지이용 합리화법의 기능

「에너지이용 합리화법」은 에너지수요관리를 주된 목적으로 하는 법률이다. 이 법률은 에너지수요관리를 의미하는 에너지절약과 에너지효율향상에 관한 제도적 수단을 체계적으로 구성하여 에너지이용 합리화 추구를 목적으로 한다. 동법은 「에너지법」이 제정되기 이전에는 실질적으로 에너지기본법으로서 기능을 수행해 왔다. 그러나 "에너지기본법"의 제정으로 「에너지이용 합리화법」은 에너지수요관리에 관한 기능을 수행하는 법률로 규율범위가 제한되었다.

에너지수요관리는 주로 에너지이용효율을 향상시키는 제도로 구성되어 있고, 최종에너지사용자에 의한 에너지효율 향상뿐만 아니라 연료를 2차 에너지인 전기로 전환하는 발전분야에서의 에너지효율향상도 포함할 수 있다. 에너지수요관리는 기후변화에 대응을 위한 이산화탄소 배출감축을 위한 핵심적 정책으로 세계적인 공감대를 얻고 있다. 그간 우리나라는 에너지 빈곤국가이자 산업국가로서 에너지수급이 에너지정책의 핵심이었으나, 이제 에너지정책의 무게중심이 에너지수요관리로 옮겨지고 있다. 이러한 점에서 「에너지이용 합리화법」은 에너지수요관리 전반을 관장하는 법률로서 다양하고 동태적인 정책과 제도의 근거로서 기능하고 있다.

---

제의 현황 분석과 개선방안 연구, 법제처, 2012, 15쪽 이하 참조.

## Ⅱ. 에너지이용 합리화 기본계획

### 1. 에너지이용 합리화 기본계획의 의미

「에너지이용 합리화법」 제4조에 따른 에너지이용 합리화 기본계획은 에너지절약과 에너지효율향상에 관한 법정계획으로 관련 정책방향에 대한 정부의 목표이자 국민과의 약속에 해당한다. 이를 통해 정부는 에너지절약제도와 에너지효율향상제도의 체계적이고 효율적인 추진을 위한 로드맵을 제시하게 된다.

에너지 이용합리화 기본계획은 동법에서 도입되어 있는 에너지이용 합리화를 위한 제도의 적용과 실시에 강도를 조정하고, 법률에서 명시할 수 없는 예산집행과 추진절차 등을 제시하여 국민으로 하여금 정부정책에 대한 예측가능성을 가질 수 있도록 하는 기능을 수행하기도 한다.

### 2. 에너지이용 합리화 기본계획의 내용

일반적으로 법률에서 기본계획의 수립에 관한 규정을 두는 경우에는 계획의 수립주체, 계획내용, 수립절차 및 수립주기를 법률에서 명시한다. 그러나 「에너지이용 합리화법」 제4조에 따른 에너지이용 합리화 기본계획은 법률이 아닌 시행령에서 5년 주기로 산업통상자원부장관이 수립하도록 규정하고 있다.91) 에너지이용 합리화 기본계획은 동법 제4조 제2항에서 열거하고 있는 에너지절약형 경제구조로의 전환, 에너지이용효율의 증대, 에너지이용 합리화를 위한 기술개발, 에너지이용 합리화를 위한 홍보 및 교육, 에너지원 간 대체(代替), 열사용기자재의 안전관리, 에너지이용 합리화를 위한 가격예시제(價格豫示制)의 시행, 에너지의 합리적인 이용을 통한 온실가스의 배출을 줄이기 위한 대책 등이 포함되어야 한다.

이 중에서 "열사용기자재의 안전관리"에 관한 사항은 에너지이용 합리화와 이질적인 사항으로 볼 수 있다. 이는 에너지 관련 법률의 연혁상 「에너지법」이 제정되기 이전에 「에너지이용 합리화법」이 에너지분야의 기본법으로서 기능하는 과정에서 포함된 것이다. 해당 사항을 다른 법률에 규정하거나 독립된 법률로 제정하는 것도 적합하지 않으나 정

---

91) 에너지이용 합리화 기본계획의 계획기간은 법령에서 명시적으로 규정하고 있지 않으나, 실무적으로는 계획의 수립주기가 5년임을 고려하여 계획기간도 5년으로 하고 있다.

책적으로 법률적 근거가 필요한 제도라는 점에서 「에너지이용 합리화법」에 규정하게 되었다.

## 3. 에너지이용 합리화 기본계획의 수립절차

기본계획의 수립에 있어 수립절차에 관한 사항도 중요하다. 「에너지이용 합리화법」 제4조 제3항은 에너지이용 합리화 기본계획의 수립 시 계획수립권자인 산업통상자원부장관이 관계 행정기관의 장과 협의한 후 「에너지법」 제9조에 따른 에너지위원회의 심의를 거치도록 하고 있다.[92] 이때 협의주체에 해당하는 관계 행정기관의 장은 관계 중앙행정기관의 장을 의미하며, 지방자치단체의 장은 제외된다. 동법 제6조 제1항은 "관계 행정기관의 장과 특별시장·광역시장·도지사 또는 특별자치도지사는 기본계획에 따라 에너지이용 합리화에 관한 실시계획을 수립하고 시행하여야 한다."고 규정하고 있어 관계 행정기관의 장과 지방자치단체의 장을 구분하고 있다. 「에너지이용 합리화법」에서 사용하는 특정 용어에 대한 해석은 동일해야 한다는 점에서 관계 행정기관의 장은 관계 중앙행정기관의 장을 의미한다.

에너지이용 합리화 기본계획의 수립 시 심의기관인 에너지위원회는 산업통상자원부장관 소속으로 주요 에너지정책 및 에너지 관련 계획에 관한 사항의 심의를 통하여 산업통상자원부장관의 의사결정에 도움을 주는 자문위원회이다.

# 제3절 에너지기자재의 에너지소비효율 관리제도

## I. 에너지효율관리기자재 지정제도

## 1. 에너지기자재 효율관리의 의의와 기능

에너지기자재의 에너지소비효율 관리제도는 에너지효율성이 낮은 에너지기자재를 시장에서 퇴출하거나 에너지기자재의 제조사업자로 하여금 지속적인 기술개발을 통해 에너

---

92) 「에너지법」 제10조 에너지위원회의 심의사항 중 "다른 법률에서 위원회의 심의를 거치도록 한 사항"이 제10호에 포함되어 있어 에너지이용 합리화 기본계획에 대한 심의를 수행하고 있다.

지효율성을 높이도록 하는 것을 목적으로 하고 있다.[93] 소비자제품의 환경적 영향은 제품의 원료선택에서부터 생산, 운송, 저장, 설치, 사용, 재활용, 재사용 및 폐기까지의 전 주기적 과정에서 나타나고 있다. 에너지효율향상을 통한 환경보호는 특정인에게 요구되는 것이 아니라 소비자제품과 관련된 모든 국민과 관련된 문제에 해당한다. 그러므로 환경친화적인 제품은 생산단계에서 제품의 생산에 필요한 전기나 에너지를 가능한 적게 사용하면서 동시 품질이 좋은 제품을 생산한 제품이 된다.

소비측면에서 볼 때 소비자는 사용하는 제품을 환경친화적인 제품으로 사용하기 위하여 이에 대한 인식전환이 필요하다. 소비자는 에너지사용제품에 대한 정보를 쉽게 이해할 수 있는 제품표시에 의하여 제품의 환경친화성을 인식할 수 있다.[94] 에너지기자재의 선택에 있어 소비자의 행동에 영향을 미치기 위해서는 에너지효율성이나 소비량 또는 온실가스배출량 등에 관한 사항을 제품에 표시하도록 하여 제조자가 에너지효율성이 높은 제품을 개발·제조하도록 유인할 수 있다. 이러한 제품에 대한 수요가 증가하면 제조자는 에너지효율성이 높고 이산화탄소의 배출이 적은 제품의 개발과 제조에 적극적으로 관심을 가지게 된다.

에너지기자재는 천연자원과 에너지 소비의 주요한 요인에 해당할 뿐만 아니라, 그 밖의 중요한 환경침해와 관련된다. 시장에 출시되는 대다수 에너지기자재는 기능상 동일성과 유사성을 가지고 있음에도 불구하고 에너지효율성에서 많은 차이가 있다. 정부는 기후변화대응 및 환경친화적인 에너지 수급 구조를 실현하기 위하여 과도한 비용을 수반하지 않는 범위 내에서 에너지기자재의 에너지효율향상을 위한 전반적·지속적 제도 개선정책을 수립할 필요성이 있다.

## 2. 에너지효율관리기자재의 대상

「에너지이용 합리화법」은 에너지이용 합리화를 위하여 필요성이 인정되는 에너지기자재 중에서 산업통상자원부장관으로 하여금 관리가 필요한 대상을 효율관리기자재로 지정하도록 규정하고 있다. 효율관리기자재의 대상은 동법 시행규칙 제7조 제1항에서 전기냉장고, 전기냉방기, 전기세탁기, 조명기기, 삼상유도전동기(三相誘導電動機), 자동차, 그 밖에

---

93) 에너지기자재는 상당량의 에너지를 소비하는 기자재로서 일반적으로 널리 보급되어 있는 에너지사용기자재와 에너지를 사용하지 아니하나 그 구조 및 재질에 따라 열손실 방지 등으로 에너지절감에 기여하는 에너지관련기자재를 모두 포함한다.
94) 유럽연합에서는 환경친화적인 제품의 소비를 촉진하기 위하여 환경친화마크가 표시된 제품에 대하여 부가가치세를 감소시키는 조세법적인 정책을 고려하였다.

산업통상자원부장관이 그 효율의 향상이 특히 필요하다고 인정하여 고시하는 기자재 및 설비로 규정하고 있다. 「에너지이용 합리화법 시행규칙」 제7조 제1항에서 규정하는 에너지효율관리기자재는 대표적인 효율관리기자재의 대상일 뿐이고, 구체적인 범위는 「효율관리기자재의 운용규정」(산업통상자원부고시 제2021-69호) 제4조 제1항 각호에서 열거하고 있는 총 33개이다. 효율관리기자재의 범위는 신제품의 출시, 제품의 보급현황, 에너지사용량 등을 고려하여 관리의 필요성에 따라 정해는 것으로 가변성이 있다.

## 3. 에너지소비효율등급의 표시

효율관리기자재는 「효율관리기자재 운용규정」에서 정한 측정방법에 따라 효율관리시험기관의 측정이나 산업통상자원부장관의 승인의 받은 제조업자 또는 수입업자의 경우에는 자체측정을 하여 해당 효율관리기자재의 에너지소비효율등급 또는 에너지소비효율을 표시하여야 한다. 표시의무의 주체는 효율관리지자재의 제조업자 또는 수입업자이다. 에너지소비효율등급은 소비효율등급부여지표 적용 시 해당하는 최상위 1등급부터 5등급까지를 말한다.

효율관리기자재에 표시해야 하는 사항은 소비효율 또는 소비효율등급라벨로서 각 제품에 따라서 상이하다. 예를 들면, 전기냉장고의 경우 월간소비전력량, 용량, 1시간 사용시 $CO_2$배출량, 연간에너지비용, 소비효율등급이나 전기밥솥의 경우 1인분소비전력량, 1회 취사보온소비전력량, 1시간 사용시 $CO_2$배출량, 연간에너지비용, 소비효율등급이며, 전기냉난방기의 경우 냉난방효율, 정격냉방능력, 정격난방능력, 보조히터용량, 소비효율등급이다. 효율관리기자재에 표시해야 사항도 점차적으로 확대되어, 현재는 해당 제품의 사용시 $CO_2$ 배출량 및 연간에너지비용도 표시사항에 포함하고 있다.

## 4. 최저소비효율기준 미달 기자재의 생산·판매금지

최저소비효율기준은 에너지소비효율이 낮은 제품이 시장에 유통될 경우 지속적으로 에너지를 낭비하는 요인이 될 수 있음으로 이를 사전에 방지하기 위하여 정부가 제시하는 최소한의 에너지효율기준을 말한다. 정부는 「에너지이용 합리화법」 제16조 제2항에 따라 최저소비효율기준을 미달하거나 최대사용량기준을 초과한 효율관리기자재의 제조업자·수입업자 또는 판매업자에게 그 생산이나 판매의 금지를 명할 수 있도록 함으로써 에너지효율향상을 달성하고자 최저소비효율기준 미달 기자재의 생산·판매금지제도를 도입하고 있다. 최저소비효율기준 제도는 최저소비효율기준을 충족하는 제품에 대하여 시장 진입 자체를 금지함으로써 에너지사용기자재 제조자 또는 수입자의 직업자유를 침해할 소지도 있다. 그러나 에너지기자재의 효율향상 및 에너지절약을 실현하고 저효율 제품으로 불합리한 에너지비용을 부담하게 되는 소비자를 보호할 수 있다는 점에서 공익적 요소가 커서 정당성이 인정되는 것이다.

## II. 평균에너지소비효율제도

### 1. 평균에너지소비효율제도의 의의와 기능

평균에너지소비효율제도는 「에너지이용 합리화법」 제17조에 따라 효율관리기자재의 에너지소비효율 합계를 그 기자재의 총수로 나누어 산출한 평균에너지소비효율에 대하여 총량적인 에너지효율의 개선이 특히 필요하다고 인정되는 기자재로서 「자동차관리법」 제3조 제1항에 따른 승용자동차 등 산업통상자원부령으로 정하는 기자재(평균효율관리기자재)를 제조하거나 수입하여 판매하는 자에게 평균에너지소비효율기준을 준수하도록 하는 제도이다.

평균에너지소비효율제도는 자동차의 연비를 향상을 목적으로 하는 제도이다. 평균에너지소비효율을 향상시키도록 하는 대상은 에너지사용기자재 자체가 아니라 에너지사용기자재를 제조하거나 수입하는 사업자이다. 이러한 측면에서 「에너지이용 합리화법」은 에너지사용기자재의 에너지효율향상과 더불어 에너지사용기자재의 제조업자와 수입업자에게 국내에서 생산하거나 해외에서 수입하는 에너지사용기자재의 총괄적인 효율향상에 특별한 목적을 두고 있다.

### 2. 평균에너지소비효율제도의 법적 내용

평균에너지소비효율제도와 관련하여 고려되어야 하는 법률은 「녹색성장법」 제47조 제2항이다. 이에 따르면 "정부는 자동차의 평균에너지소비효율을 개선함으로써 에너지 절약을 도모하고, 자동차 배기가스 중 온실가스를 줄임으로써 쾌적하고 적정한 대기환경을 유지할 수 있도록 자동차 평균에너지소비효율기준 및 자동차 온실가스 배출허용기준을 각각 정하되, 이중규제가 되지 않도록 자동차 제작업체(수입업체를 포함한다)로 하여금 어느 한 기준을 택하여 준수토록 하고 측정방법 등이 중복되지 않도록 하여야 한다."고 규정하고 있다.

「대기환경보전법」제50조의2 제1항에 따르면 "자동차제작자는 제작하는 자동차에서 나오는 배출가스를 차종별로 평균한 값(평균 배출량)이 환경부령으로 정하는 기준(평균 배출허용기준)에 적합하도록 자동차를 제작하여야 한다."고 규정하고 있다. 자동차의 평균에너지소비효율과 관련하여 전체적으로 종합하면, 「에너지이용 합리화법」은 자동차의 평균에너지소비효율을 관장하고, 「대기환경보전법」은 자동차의 평균 온실가스배출허용기준을 관장하며, 녹색성장법은 자동차의 평균에너지소비효율과 평균 온실가스배출허용기준에 관하여 개별 법률에서 정하도록 근거를 제공하는 역할을 하고 있다.

## III. 대기전력저감대상제품 지정제도

## 1. 대기전력저감대상제품 지정의 의의와 기능

「에너지이용 합리화법」제18조에 의하면 "산업통상자원부장관은 외부의 전원과 연결만 되어 있고, 주기능을 수행하지 아니하거나 외부로부터 켜짐 신호를 기다리는 상태에서 소비되는 전력(대기전력)의 저감(低減)이 필요하다고 인정되는 에너지사용기자재로서 산업통상자원부령으로 정하는 제품(대기전력저감대상제품)에 대하여 대기전력저감대상제품의 각 제품별 적용범위, 대기전력저감기준, 대기전력의 측정방법, 대기전력 저감성이 우수한 대기전력저감대상제품(대기전력저감우수제품)의 표시, 그 밖에 대기전력저감대상제품의 관리에 필요한 사항으로서 산업통상자원부령으로 정하는 사항[95]을 정하여 고시하여야 한다."고 정하고 있다. 대기전력저감대상제품은 동법 시행규칙 제13조 제1항에 따른 별표 2를 통해 구체화하고 있다.

대기전력(Standby Power)은 컴퓨터, 셋톱박스 등 전자제품이 실제로 사용되지 않는 전기사용 대기상태에서 소비되는 전력을 말한다. 동제도의 목적은 사용하지 않는 대기시간

---

[95] 산업통상자원부령으로 정하는 사항은 법 제19조 제2항에 따른 대기전력시험기관 또는 자체측정의 승인을 받은 자가 측정할 수 있는 대기전력저감대상제품의 종류, 측정결과에 관한 시험성적서의 기재 사항 및 기재방법과 측정결과의 기록 유지에 관한 사항을 의미한다.

에 절전모드 채택과 대기전력 최소화를 유도하고 대기전력저감기준 만족제품에 에너지절약마크를 임의표시하고, 미달제품은 경고표지를 의무표시 하는 제도이다. 이 제도는 전자제품의 대기전력 저감 기능 구현을 촉진하고 대기전력저감우수제품의 보급 확대를 위하여 도입되었다.

## 2. 대기전력저감우수제품의 표시 및 우선구매

「에너지이용 합리화법」제20조 제1항에 따르면 대기전력저감대상제품의 제조업자 또는 수입업자가 해당 제품에 대기전력저감우수제품의 표시를 하려면 대기전력시험기관의 측정을 받아 해당 제품이 동법 제18조 제2호의 대기전력저감기준에 적합하다는 판정을 받아야 한다. 다만, 동법 제19조 제2항 단서에 따라 산업통상자원부장관의 승인을 받은 자는 자체측정으로 대기전력시험기관의 측정을 대체할 수 있다. 산업통상자원부장관은 동법 제20조 제3항에 따라 대기전력저감우수제품의 보급 촉진을 위해 국가, 지방자치단체, 공공기관에 대하여 해당 제품의 우선 구매나 공장·사업장 및 집단주택단지 등에 대하여 대기전력저감우수제품의 설치 또는 사용을 장려할 수 있다.

대기전력저감우수제품의 표시는 사업자에 대한 의무적인 사항이 아니라 자율적으로 대기전력저감이 우수한 제품의 개발·제조를 유도하는 기능을 한다.

## 3. 대기전력경고표시대상제품의 제조업자 등의 의무

대기전력경고표지대상제품[96]의 제조업자 또는 수입업자는 동법 제19조에 따라 대기전력경고표지대상제품에 대하여 대기전력시험기관의 측정을 받거나 산업통상자원부장관의 승인을 받아 자체측정으로 대기전력시험기관의 측정을 대체하여야 한다. 대기전력경고표지대상제품의 제조업자 또는 수입업자는 동법 시행규칙 제18조에 따라 대기전력시험기관으로부터 측정 결과를 통보받은 날 또는 자체측정을 완료한 날부터 각각 60일 이내에 그 측정 결과를 한국에너지 공단에 신고하여야 한다. 만약 대기전력경고표지대상제품이 대기전력저감기준에 미달하는 경우에는 해당 제품에 대기전력경고표지를 하도록 제조업자 또는 수입업자에게 의무를 부과하고 있다.

---

96) 대기전력경고표지대상제품은 대기전력저감대상제품 중 대기전력 저감을 통한 에너지이용의 효율을 높이기 위하여 「에너지이용 합리화법」제18조 제2호의 대기전력저감기준에 적합할 것이 특히 요구되는 제품으로서 산업통상자원부령으로 정하는 제품을 말하며, 동법 시행규칙 제14조에서 구체적인 대상을 열거하고 있다.

## Ⅳ. 고효율에너지기자재 인증제도

### 1. 고효율에너지기자재 인증의 의의와 기능

고효율에너지기자재 인증제도는 고효율에너지기자재에 대한 인증을 확대하여 고효율 제품 시장을 확장하고 보급을 가속화하여 에너지효율향상 및 저탄소 녹색성장 기반구축에 목적을 둔 제도이다. 고효율에너지기자재 인증제도는 고효율에너지기자재로 인증을 받은 에너지기자재에 관하여 인증서교부 및 고효율에너지기자재마크를 표시할 수 있도록 하여 에너지효율성이 높은 제품이 시장에서 소비자에게 우선적인 선택을 받을 수 있도록 유인하는 제도라고 할 수 있다. 즉, 에너지소비효율 및 품질시험 결과 전 항목을 만족해 에너지 절약 효과가 입증된 제품의 보급을 활성화하기 위해 도입된 효율보증제도라 할 수 있다.

고효율 에너지기자재 인증제도는 임의인증제도로 강제인증제도가 아니기 때문에 모든 에너지기자재의 제조업자 또는 수입업자가 인증을 받아야 하는 것은 아니다. 고효율에너지기자재 인증제도의 도입을 통하여 에너지절약효과가 큰 설비·기기를 고효율기자재로 인증함으로써 초기시장 형성 및 보급을 촉진하고 특히, 중소기업 기술기준의 상향을 통해 에너지절감효과를 극대화하는 데에 목적이 있다. 고효율에너지기자재 인증제도는 「에너지이용 합리화법」 제22조에 근거를 두고 있으며, 고효율에너지기자재의 보급촉진을 위해 필요한 사항을 구체적으로 규정하기 위하여 「고효율에너지기자재 보급촉진에 관한 규정」 (산업통상자원부고시 제2021-68호)이 제정되어 있다.[97]

### 2. 고효율에너지인증대상기자재의 범위

고효율에너지기자재인증의 대상이 되는 기자재의 범위는 「에너지이용 합리화법 시행규칙」 제20조 제1항에서 직접 열거한 5개[98]와 산업통상자원부장관이 특히 에너지이용의

---

97) 건물부문에 대한 에너지효율 정책 강화 및 상업·공공건물에 주로 사용되는 금속제커튼월에 대한 효율관리 필요성이 대두됨에 따라 건축물에 고정되어 설치·이용되는 고효율에너지인증대상기자재의 인증에 필요한 사항을 규정하기 위해 「건축용 고효율에너지기자재 보급촉진에 관한 규정」이 2021년 4월 30일 산업통상자원부(산업통상자원부고시 제2021-67호)와 국토교통부의 공동고시(국토교통부고시 제2021-330호)로 제정되었으며, 적용대상은 고기밀성 단열문, 냉방용 창유리필름 및 금속제 커튼월 총 3개 품목이다.
98) 「에너지이용 합리화법 시행규칙」 제20조 제1항은 펌프, 산업건물용 보일러, 무정전전원장치, 폐열회수형

효율성이 높아 보급을 촉진할 필요성이 있다고 인정하여 고시하는 기자재 및 설비이다. 「고효율 에너지기자재 보급촉진에 관한 규정」은 고효율에너지기자재 인증제도를 도입한 1996년에 6개 품목을 대상으로 인증을 시작하였으나, 현재 산업·건물용 가스보일러, 펌프, LED 유도등, 전력저장장치(ESS) 등 총 20개 품목을 인증대상으로 지정하고 있다. 인증대상의 범위는 기술 수준 및 보급 정도 등을 고려하여 정하는 것으로 가변적이기 때문에 인증대상에 포함되었다가 제외되는 경우에 동규정 부칙에서 인증제외 품목예고 규정을 둠으로써 예측가능성을 담보하고 있다.

## 3. 인증고효율에너지기자재의 지원

고효율에너지기자재 인증제도는 임의인증제도이나 인증을 받은 경우에 인증표시를 할수 있고, 인증을 받지 못한 에너지기자재는 고효율에너지기자재로 표시할 수 없다. 또한 고효율에너지기자재로 인증받은 기자재는 「에너지이용 합리화법」제22조 제6항 및 「공공기관 에너지이용 합리화 추진에 관한 규정」(산업통상자원부고시 제2020-197호) 제11조에 따라 공공기관에 에너지기자재의 신규 또는 교체 수요 발생 시 특별한 사유가 없는 한 우선 구매의 대상이 된다.[99] 또한 「에너지소비제품 구매운용기준」(조달청훈령 제1906호) 제4조에 따라 조달 구매 시에 고효율에너지기자재 인증제품의 우선 구매, 제5조에 따라 수요기관에 대한 고효율에너지기자재 등의 사용 권고 등을 통해 간접적으로 고효율에너지기자재의 생산과 판매를 지원하고 있다.[100]

---

환기장치, 발광다이오드(LED) 등 조명기기를 고효율에너지인증대상기자재로 규정하고 있으나, 각 기자재별 적용범위는 「고효율 에너지기자재 보급촉진에 관한 규정」제3조에 따른 별표 1에서 구체화하고 있다.
99) 「공공기관 에너지이용 합리화 추진에 관한 규정」제11조 제1항은 고효율에너지기자재 인증제품 이외에 「효율관리기자재 운용규정」에 따른 에너지소비효율 1등급 제품에 대해서도 공공기관의 우선 구매를 규정하고 있다.
100) 「에너지소비제품 구매운용기준」제4조 및 제5조에 따라 우선 구매 및 사용권고 대상이 되는 품목은 고효율기자재로 인증 받은 제품, 효율관리기자재 중 최고등급표시제품, 대기전력저감프로그램에 참가하여 등록된 에너지절약마크제품이다.

# 제4절 산업 및 건물의 에너지이용 효율화제도

## Ⅰ. 에너지절약전문기업 지원제도

### 1. 에너지절약전문기업의 의의

에너지절약전문기업(Energy Service Company, ESCO)은 에너지사용자가 노후화되었거나 효율이 낮은 에너지사용시설을 고효율 에너지사용시설로 교체 또는 보완하고자 하여도 기술적·경제적 부담으로 사업을 시행하지 못하는 경우에 에너지절약전문기업이 에너지 절약형 설치사업에 참여하여 기술 및 자금을 제공하고 투자시설에서 발생하는 에너지 절감액을 투자비로 회수하는 것을 말한다. 에너지 사용자는 에너지절약전문기업의 사업을 통해서 투자에 대한 위험부담 없이 에너지 절약을 위한 시설투자가 가능하고, 에너지절약전문기업은 투자의 수익성을 보고 투자위험을 부담하는 사업이라고 할 수 있다.

에너지절약전문기업의 등록 및 지원은 「에너지이용 합리화법」 제25조에 근거하고 있으며, 동법상의 에너지절약전문기업은 법령이 정하는 장비, 자산 및 기술 인력을 갖추고 산업통상자원부장관에게 등록한 업체를 말한다

### 2. 에너지절약전문기업 등록의 임의성

「에너지이용 합리화법」 제25조는 에너지절약전문기업에 대한 등록의무를 규정하고 있다. 즉, 동법에 따른 에너지절약사업을 수행하는 기업이더라도 산업통상자원부장관에게 등록을 하지 않으면 에너지절약전문기업이 될 수 없다. 이 규정은 에너지절약사업을 수행하는 모든 기업이 등록을 해야 사업을 할 수 있다는 의미는 아니지만, 적어도 동법에 따라 에너지절약전문기업으로서 지원을 받기 위해서는 등록이 필요하다는 의미이다. 따라서 에너지절약전문기업의 등록은 임의성을 가지나, 정부의 지원을 받고자 할 때는 강제성을 가지는 지원요건으로 볼 수 있다.

## 3. 에너지절약전문기업의 공제조합 가입

「에너지이용 합리화법」 제27조의2는 에너지절약전문기업의 공제조합 가입에 관한 규정을 두고 있다. 에너지절약전문기업의 투자사업은 에너지절약전문기업이 에너지사용업체에 에너지절약시설을 먼저 투자한 후 투자시설에서 발생하는 에너지절감액으로 투자비 및 이윤을 회수하는 계약의 형태로 이루어지는 경우가 많다. 사업자 대다수가 신용도가 낮은 중소기업인 업계의 특수성으로 인해 부채비율이 높을 수밖에 없고, 금융권으로부터 자금을 조달하거나 보증보험회사로부터 채무보증·이행보증 등의 보증서를 제공받는 데에 상당한 애로사항이 있는 현실적인 문제가 있다. 이를 해소하기 위하여 에너지절약전문기업의 공제조합 가입에 관한 근거를 2011년 법률에 신설하였으며, 현재 에너지절약전문기업은 엔지니어링공제의 조합원으로 가입할 수 있다.

## II. 자발적 협약체결기업 지원제도

### 1. 자발적 협약의 의의

#### (1) 자발적 협약의 의의

「에너지이용 합리화법」 제28조 및 동법 시행령 제31조는 자발적 협약을 한 자가 에너지절약형 시설이나 에너지절약형 공정개선을 위한 시설, 에너지이용 합리화를 통한 온실가스의 배출을 줄이기 위한 시설, 그 밖에 에너지절약이나 온실가스의 배출을 줄이기 위하여 필요하다고 산업통상자원부장관이 인정하는 시설 또는 이와 관련된 기술개발에 투자하는 경우에 정부가 지원할 수 있는 근거를 마련하고 있다.[101] 이는 에너지절약에 대한 자발적 협약의 체결과 지원을 통하여 에너지효율향상을 추진하려는 제도이다. 이때 자발적 협약(Voluntary Agreement, VA)이란 "에너지사용자 또는 에너지공급자가 에너지의 절약과 합리적인 이용을 통한 온실가스의 배출을 줄이기 위한 목표와 그 이행방법 등에 관한 계획을 자발적으로 수립하여 이를 이행하기로 한 정부나 지방

---

101) 과거 자발적 협약의 운영에 관한 사항을 규율하기 위해 「에너지절약 및 온실가스배출 감소를 위한 자발적협약운영규정」(지식경제부 공고 제2009–327호)을 제정·시행하였으나, 동규정은 2012년 7월 31일까지 효력을 가지는 것으로 유효기간을 정하고 있어 현재는 실효된 상태이다.

자치단체와의 약속"을 말한다.

자발적 협약은 행정청과 사인(주로 기업이나 경제단체) 간에 일정한 목적을 가지고 장래의 행위에 대하여 합의 또는 약속하는 것을 말한다. 행정주체는 개인이나 사업자에게 비공식적 접촉을 통하여 여러 국가적 목표의 달성을 위해 협조를 구하는 경우가 있다. 이경우 협조는 자발적인 것으로서 강제할 수 없지만, 행정주체는 사업자의 자발적 협조를 문서화 하는 것을 원할 수 있다. 자발적 협약의 주체 중 일방은 국가나 지방자치단체와 같은 행정주체이고 상대방은 에너지사용자 또는 에너지공급자이다.

### (2) 제도의 도입배경

정부와 지방자치단체는 「에너지이용 합리화법」 제3조에 따라 에너지의 수급안정과 합리적이고 효율적인 이용을 도모하고 이를 통한 온실가스의 배출을 줄이기 위한 기본적이고 종합적인 시책과 지역에너지시책을 강구하고 시행할 책무를 진다. 또한 에너지사용자와 에너지공급자는 국가나 지방자치단체의 에너지시책에 적극 참여하고 협력하여야 하며, 에너지의 생산·전환·수송·저장·이용 등에서 그 효율을 극대화하고 온실가스의 배출을 줄이도록 노력하여야 함을 명시적으로 규정하고 있다. 이를 이행하기 위한 제도의 하나로서 자발적 협약과 협약기업에 대한 지원제도를 도입한 것이다.

## 2. 자발적 협약의 내용

「에너지이용 합리화법」 제28조 제1항은 에너지사용자나 에너지공급자에게 자발적 협약체결을 하여야 하는 의무를 부여하지 않고, 자발적으로 협약을 체결하는 자가 에너지절약형 시설 등에 투자한 경우 지원할 수 있는 근거를 마련한 규정이다.

자발적 협약의 목표, 이행방법의 기준과 평가에 관하여 필요한 사항은 환경부장관과 협의하여 정하며, 자발적 협약에는 협약 체결 전년도의 에너지소비 현황, 에너지를 사용하여 만드는 제품, 부가가치 등의 단위당 에너지이용효율 향상목표 또는 온실가스배출 감축목표(이하 "효율향상목표 등"이라 한다) 및 그 이행 방법, 에너지관리체제 및 에너지관리방법, 효율향상목표 등의 이행을 위한 투자계획 등이 포함되어야 한다.

## 3. 자발적 협약체결기업의 지원

「에너지이용 합리화법」제28조는 자발적 협약체결기업에 대한 지원을 할 수 있도록 규정하고 있다. 다만, 동법 시행규칙 제29조 제1항 제1호에서 에너지절약 이행실적이 우수한 자발적 협약체결기업에 대한 에너지진단의 면제 또는 에너지진단주기의 면제에 관한 규정을 두고 있다. 자발적 협약을 체결한 자로서 동법 시행규칙 제26조 제2항에 따른 자발적 협약의 평가기준[102])에 따라 자발적 협약의 이행 여부를 확인한 결과 이행실적이 우수한 사업자로 선정된 자가 중소기업인 경우에는 에너지진단 1회 면제, 중소기업이 아닌 경우에는 1회 선정에 에너지진단주기 1년 연장이 가능하다.

## Ⅲ. 에너지경영시스템 지원제도

### 1. 에너지경영시스템의 의의

에너지경영시스템(Energy Management System, EnMS)은 에너지절약을 목적으로 하는 기업이 에너지 경영계획, 실행, 검증, 반영에 관한 사항을 자율적으로 정하고, 이에 대한 이행 적합성 여부를 공인기관인 제3자가 평가·인증하는 시스템 인증제도이다.[103]) 에너지경영시스템은 기업이 자율적으로 에너지절약시스템을 도입함으로써 원가절감 및 에너지효율 향상 활동과 같은 경영전략을 구축·추진할 수 있도록 체계적인 전략을 수립하는 것이다.

에너지경영시스템은 기술적인 측면뿐만 아니라 경영관리기술을 연계하여 에너지경영 계획과 실행, 운영 등에 관한 사항을 규정하여 에너지절약효과를 내고자 하는 것이며, 주로 환경경영에 기초한 에너지경영시스템, 에너지효율향상을 위한 에너지경영시스템, 독자적 에너지경영시스템 등으로 분류된다.

국제적으로 표준화된 에너지경영시스템은 국제표준화기구에서 제정한 'ISO 50001'이다. 우리나라 대부분의 기업에서 에너지절약과 효율향상을 담당하는 부서는 에너지공급 부서이다. 에너지는 기업이나 조직의 모든 부서에서 에너지를 사용하고 있음에도 불구하

---

102) 자발적 협약의 평가기준은 에너지절감량 또는 에너지의 합리적인 이용을 통한 온실가스배출 감축량, 계획 대비 달성률 및 투자실적, 자원 및 에너지의 재활용 노력, 그 밖에 에너지절감 또는 에너지의 합리적인 이용을 통한 온실가스배출 감축에 관한 사항을 말한다.
103) 임기추, 주요국의 에너지경영시스템 추진현황 및 국내 도입방안 연구, 에너지경제연구원, 2007, 9쪽.

고 직접적으로 관련되지 않는 부서는 에너지절약과 효율향상에 관심을 두지 않는다. 이러한 현상은 에너지절약과 효율향상을 추구하는 조직으로 하여금 성과달성을 어렵게 한다. 에너지경영시스템은 이와 같은 조직상의 문제를 해결할 수 있는 수단이 된다.

에너지경영시스템은 최고경영자의 에너지절약과 효율향상에 관한 경영방침을 정하고, 기존의 관행적인 에너지사용에 대한 면밀한 분석과정을 거쳐 에너지절약과 효율향상의 목표를 수립하게 된다. 설정한 목표는 조직의 모든 부서와 종사자가 해당 분야에 대하여 에너지절약과 효율향상에 관한 실행계획을 수립하고, 이를 실행하고 실행결과에 대한 문제점을 발견하고, 이를 다시 실행계획에 반영하여 실행하는 조직의 전사적 활동이다. 에너지경영시스템인 ISO 50001은 이러한 활동을 체계적으로 할 수 있는 모든 조직구성원의 행동요령을 정하고 있다. 에너지경영시스템은 에너지경영시스템을 조직에 도입함으로써 에너지의 체계적인 관리를 할 수 있도록 한다.

## 2. 에너지경영시스템의 도입 지원

### (1) 지원대상

「에너지이용 합리화법」 제28조의2는 산업통상자원부장관이 에너지사용자 또는 에너지공급자에게 에너지효율 향상을 위한 전사적(全社的) 에너지경영시스템의 도입을 권장하여야 하며,[104] 이를 도입하는 자에게 필요한 지원을 할 수 있는 근거를 마련하고 있다. 에너지사용자 또는 에너지공급자가 에너지경영시스템 도입과 관련된 지원을 받기 위해서는 동법 시행규칙 제26조의2 제3항에 따라 에너지경영시스템을 도입하여 인증을 받아야 한다.

### (2) 지원의 방법 및 절차

에너지경영시스템의 지원방법은 에너지경영시스템 도입을 위한 기술의 지도 및 관련 정보의 제공, 에너지경영시스템 관련 업무를 담당하는 자에 대한 교육훈련, 그 밖에 에너지경영시스템의 도입을 위하여 산업통상자원부장관이 필요하다고 인정한 사항이 포함된다. 에너지경영시스템의 도입 지원을 받으려는 에너지사용자나 에너지공급자는 에너지사용량 현황, 에너지이용효율의 개선을 위한 경영목표 및 그 관리체제, 주요 설비별 에너지

---

104) 에너지경영시스템의 도입 권장 대상은 연료·열 및 전력의 연간 사용량의 합계가 2천 티오이 이상인 자를 의미하는 에너지다소비업자이다.

이용효율의 목표와 그 이행 방법, 에너지사용량 모니터링 및 측정 계획이 포함된 계획서를 산업통상자원부장관에게 제출하여야 한다. 이와 관련한 구체적인 사항은 「에너지경영시스템의 지원 등에 관한 규정」(산업통상자원부고시 제2018-9호)에서 규정하고 있다.

## Ⅳ. 냉난방온도제한건물 지정제도

### 1. 건물의 냉난방온도제한의 의의

「에너지이용 합리화법」 제36조의2는 산업통상자원부장관이 에너지의 절약 및 합리적인 이용을 위하여 필요하다고 인정하면 냉난방온도의 제한온도 및 제한기간을 정하여 냉난방온도를 제한하는 건물을 지정할 수 있는 근거 규정이다. 건물의 냉난방온도 제한은 에너지 수급안정을 위한 에너지 사용제한 조치의 일환으로, 하절기나 동절기에 냉난방기기의 과다한 사용을 억제함으로써 에너지소비를 절감하는 것을 목적으로 한다. 이에 따라 냉난방온도를 제한할 수 있는 대상이 되는 건물은 국가, 지방자치단체, 「공공기관의 운영에 관한 법률」 제4조 제1항에 따른 공공기관이 업무용으로 사용하는 건물 및 에너지다소비사업자의 에너지사용시설 중에서 에너지사용량이 연간 2천toe 이상인 건물로 의무부과의 대상에 공공뿐만 아니라 민간을 포함하고 있다.

### 2. 냉난방온도제한건물의 지정

냉난방온도제한건물로 지정받은 건물 운영자는 냉난방온도의 제한기간 동안 해당 건물을 제한온도에 적합하도록 유지·관리해야 하는 의무를 부여 받는다. 냉난방온도의 제한온도는 냉방의 경우 26℃ 이상, 난방의 경우 20℃ 이하이며, 판매시설 및 공항의 경우 냉방온도는 25℃ 이상으로 규정하고 있다. 냉난방온도제한 건물 중 「산업집적활성화 및 공장설립에 관한 법률」 제2조 제1호에 따른 공장과 「건축법」 제2조 제2항 제2호에 따른 공동주택은 지정대상에서 제외된다. 또한 「의료법」 제3조에 따른 의료기관의 실내구역, 식품 등의 품질관리를 위해 냉난방온도의 제한온도 적용이 적절하지 않은 구역, 숙박시설 중 객실 내부구역 등에 대해서는 에너지이용 합리화법 시행규칙 제31조의3 제2항에 따라 냉난방온도의 제한온도를 적용하지 않을 수 있다.

# 제8편

공무원법

# 제1장 총설[*]

## 제1절 행정조직법과 공무원법의 관계

### Ⅰ. 행정의 내부관계와 외부관계

과거의 행정법이론은 엄격한 2분론에 근거하여, 행정상 법률관계를 행정의 내부관계와 외부관계로 나눈다. 전자, 즉 행정주체 상호 간 또는 그 행정기관 상호 간의 법률관계를 규율하는 법을 행정조직법이라고 하고, 후자, 즉 행정주체와 그 상대방인 행정객체인 사인의 행정의 외부관계, 즉 행정주체와 행정객체의 관계를 규율하는 법을 행정작용법이라고 하여 양자를 엄격히 구별하여 서로 다른 법원리가 적용된다는 것이었다. 즉 전자, 즉 행정내부를 다루는 행정조직법은 행정 내부의 특별권력관계의 원리가 적용되고 후자, 즉 행정외부를 다루는 행정작용법은 법치행정의 원리가 적용된다는 것이다. 이에 따라서 종래 사법심사가 배제되는 행정내부의 특별권력관계로만 파악했었던 공무원의 근무관계를 규율하는 공무원법을 행정조직법의 일부분으로 파악하는 것은 당연시되었다.

### Ⅱ. 행정조직법과 공무원법

우리나라에서는 일반적으로 행정조직법을 광의로 파악하면 행정주체의 조직에 관한 모든 법으로서 국가행정조직법, 지방자치조직법 및 특별행정주체조직법, 공무원법, 공물법 등을 포괄한다.[1] 이 광의의 행정조직법의 개념에서 공무원법과 공물법을 제외한 국가행정조직법, 지방자치조직법 및 특별행정주체조직법을 협의의 행정조직법이라고 하고, 이 중 국가행정조직법만을 최협의의 행정조직법이라고 한다.

이와 같이 행정조직법의 개념을 광협으로 파악함에 따라서 공무원법이 행정조직법에 포함되기도 하고 제외되기도 한다. 광의의 행정조직법 개념에 따르면, 공무원법을 행정조직법의 한 내용으로 파악하게 되어 공무원의 근무관계가 행정의 내부의 관계, 즉 특별권력관계의 일종으로 파악하게 되는 문제가 있으므로 공무원법을 행정조직법에서 분리하여 파악하는 것이 타당하다.[2]

공무원법은 행정조직의 인적 요소인 공무원을 대상으로 규율하는 법이기는 하지만, 공무원이 국가나 지방자치단체의 기관이 아니라 그 기관의 구성자라는 점에서 공무원법 자체가 행정조직법이 아니라고 할 수 있다.[3]

## III. 현대 공무원법의 위치

현대의 공무원에게는 공무원법상 소청이나 행정소송을 제기할 수 있는 권익구제제도가 마련되어 있다는 점에서 공무원을 단지 사법심사가 배제되는 행정내부를 규율하는 행정조직법상의 인적 구성요소로서만 파악하기가 어렵게 되었다.[4] 즉 행정조직법의 개념을 광협

---

\* 제9편 공무원법의 서술에 있어서는, 김철용, 행정법(전면개정 제10판), 고시계사, 2021 제8편 공무원법의 기본적인 서술체계 및 내용을 참고하였다. 그러나 부득이한 경우 일부 체계를 변형하거나 내용과 학설을 보충하였다. 이로 인하여 발생하는 체계부정합이나 미진한 부분은 전적으로 필자에게 있음을 밝힌다.

1) 공물법 대신에 영조물법, 공기업법으로 파악하는 견해로는, 홍정선, 행정법론(하)(제29판), 박영사, 2021, 5쪽 참조.

2) 예컨대 광의의 행정조직법을 채택하여 공무원법제를 행정조직법제의 일부로 다루고 있는 견해로는 김남진/김연태, 행정법 II (제24판), 법문사, 2020, 218쪽 이하; 김동희, 행정법 II (제25판), 박영사, 2020, 131쪽 이하 참조. 이에 반하여 공무원법제를 행정조직법제로부터 분리독립하여 파악하는 것이 타당하다는 견해(김철용, 행정법, 752-753쪽)가 있다.

3) 홍정선, 행정법론(하), 295쪽.

4) 독일에서는 국가법인 불가침투성이론이 극복되어 행정내부법에도 법관계가 성립이 가능하다는 것(우미형, "Hans J. Wolff의 행정조직법 이론에 관한 연구 - 공법상 '법인' 및 '기관'이론을 중심으로-", 서울대학교 박사학위논문, 2018. 8.)이고, 행정내부의 기관에게도 이른바 "상대적 인격론" 내지 "부분적 권리능력론"이 널리 인정된다고 한다. 김철용, 행정법, 104쪽 주 1) 참조.
그에 따라서 공무원 이외에도 나아가 내부법주체로서 기관에게는 언제나 의무만이 지워지는 것이 아니라 일종의 기관권(Organrechte)이라는 것이 주어진다는 전제하에서는 기관들 사이의 분쟁이 단지 자기소송(Insichprozess)의 금지만으로 해결될 문제는 아니라고 한다. Maurer/Waldhoff, Allgemeines Verwaltungsrecht, 19. Aufl., 2017, §21 Rn. 28.

으로 보아 공무원법제를 행정조직법에 포함시키는지 여부와는 상관없이, 오늘날 공무원에게는 공무원법상의 소청이나 행정소송 제기권이 인정된다는 점은 주지의 사실이다.

따라서 공무원의 근무관계를 단지 행정작용법적인 법치행정원리의 적용이 전적으로 배제되는 공법상 특별권력관계의 일종으로만 이해할 수는 없다는 점에는 아무런 이의가 없다. 이미 특별권력관계론은 과거의 역사적 유물에 불과하기 때문이다.

이러한 점을 의식하면, 기존의 공무원법을 행정조직법 편에 포함시키는 문제점을 지적하면서도 편의상 또는 관례에 따라 공무원법을 행정조직법 편에 포함시킬 수밖에 없다는 입장5)도 어느 정도 이해할 만하다. 이러한 점에서 본다면, 오늘날 공무원법을 행정조직법의 일환으로 파악하는지 여부에 관한 논의의 실익은 반감된다.

## 제2절 공무원법의 헌법적 근거와 법원

## I. 헌법적 근거

우리 헌법에는, 국민주권주의(헌법 제1조 제2항)에 입각한 국민의 공무원선거권을 규정한 헌법 제24조, 공무담임권을 규정한 헌법 제25조, 공무원이 국민 전체에 대한 봉사자이며 국민에 대하여 책임을 지는 것임을 규정하고 있는 헌법 제7조 제1항, 공무원의 신분과 정치적 중립성을 보장하는 헌법 제7조 제2항의 규정이 있다. 한편 공무원은 국민으로서의 지위 이외에 국민 전체에 대한 봉사자로서의 지위에서 공무원으로서의 기본권은 제한이 가능하고 이는 헌법 제37조 제2항의 해석에 의하게 된다. 위와 같은 헌법규정들이 공무원 내지 공무원법은 물론이고 나아가 직업공무원제도의 헌법적인 근거가 된다고 할 수 있으며, 헌법재판소 판례도 이를 확인하고 있다.6)

---

5) 공무원은 행정조직의 구성원 이외에 국민 또는 사회의 구성원, 근로자의 지위를 가진다는 점을 지적한다. 김남진/김연태, 행정법Ⅱ, 218쪽. 참고로 이 견해에서는 지방자치의 주민은 행정조직이 아니라는 점에서 지방자치법도 행정조직법이 아니라는 점을 지적하고 있다. 김남진/김연태, 행정법Ⅱ, 69쪽.
6) 헌재 1993. 9. 27. 선고 92헌바21 전원재판부 결정; 헌재 2002. 8. 29. 선고 2001헌마788, 2002헌마173 (병합) 전원재판부 결정; 헌재, 2008. 6. 26. 선고 2005헌마1275 전원재판부 결정.

## Ⅱ. 공무원과 기본권

### 1. 공무원의 2중적 지위

공무원도 역시 대한민국 국민이라는 점에서 당연히 기본권의 향유주체로서의 기본권이 보장된다. 그런데 공무원은 국민임과 동시에 공무원이라는 2중적 지위를 가진다. 즉 헌법 재판소는, "공무원은 공직자인 동시에 국민의 한 사람이기도 하므로 국민 전체에 대한 봉 사자로서의 지위와 기본권을 향유하는 기본권주체로서의 지위라는 이중적 지위"를 가진 다고 한다.[7]

### 2. 공무원의 권리보장

공무원으로서의 권리보장은 "공무원의 신분과 정치적 중립성은 법률이 정하는 바에 의 하여 보장된다"는 헌법 제7조 제2항에 의하여 법률로 정하는 바에 의하는데, 법률에 의한 보장의 정도는 기본적으로 공무원은 전체 국민의 대한 봉사자이며 국민에 대하여 책임을 진다는 헌법 제6조의 규정을 감안하여 헌법 제37조 제2항의 규정 취지에 따른다.

### 3. 공무원의 기본권 제한의 정도

공무원은 국민전체에 대한 봉사자의 지위로 인하여 헌법규정에 의한 직접적인 제한이 따른다. 즉 헌법 제7조 제2항에 의하여 정치적 중립성을 지켜야 하고, 헌법 제29조 제2항 에 의하여 경찰 등 공무원은 국가배상에 있어서 2중배상이 금지되며, 헌법 제33조 제2항 및 제3항에 의하여 근로3권이 제한되고, 그 외에 헌법 제110조에 의하여 군사법원의 재 판을 받을 수도 있다. 또한 공무원에 대하여는 헌법 제37조 제2항에 의하여 기본권 제한 입법이 가능하다.

공무원의 기본권을 제한하는 정도에 관하여 헌법재판소는, "공무원은 공직자인 동시에 국민의 한 사람이기도 하므로 국민전체에 대한 봉사자로서의 지위와 기본권을 향유하는 기본권주체로서의 지위라는 이중적 지위를 가지는바, 공무원이라고 하여 기본권이 무시

---

7) 헌재 2012. 3. 29. 선고 2010헌마97 전원재판부 결정.

되거나 경시되어서는 안 되지만, 공무원의 신분과 지위의 특수성상 공무원에 대해서는 일반 국민에 비해 보다 넓고 강한 기본권 제한이 가능하게 된다."[8]라고 한다.

특히 군인·군무원이나 경찰공무원, 소방공무원, 선거관리위원회 공무원 등 공무원의 종류에 따라서 법률로서 기본권이 제한될 수 있다. 예컨대 판례도 선관위 공무원에 대하여 특정 정당이나 후보자를 지지·반대하는 단체에의 가입·활동 등을 금지함으로써 선관위 공무원의 정치적 표현의 자유 등을 제한하고 있다고 한다.[9]

## III. 제도적 보장

### 1. 독일에서의 논의[10]

헌법상의 제도적 보장이론은 칼 슈미트(C. Schmitt)가 기초한 것인데, 원칙적으로 무제한적인 자유의 영역인 기본권과 달리 헌법상의 제도 자체가 입법자의 입법형성권 의하여 제도 자체가 폐지되는 것을 방지하기 위한 이론이다. 이에 따라서 직업공무원제도에 있어서는 실적주의, 공무원관계의 공법적 직무관계, 적절한 보수의 제공, 정치적 중립성 등과 같은 핵심적인 사항이 제도적으로 보장된다고 한다.[11]

이런 공무원제도에 관한 입법에는 폭넓은 입법형성의 자유가 보장된다. 다만 독일헌법(GG)은 제33조 제5항에서 입법 시에는 법은 전래 또는 계승된 직업공무원제도의 원칙(hergebrachte Grundsätze des Berufsbeamtentums zu berücksichtigen)을 고려하여야 한다는 규정을 두고 있다. 따라서 독일에서는 공무원에게는 예컨대 보수청구권이 침해되는 경우에는 독일 헌법 제33조 제5항을 근거로 기본권 유사한 내용으로 헌법소원과 행정소송으로 그 침해를 구제받을 수 있으나, 이와 같은 독일 헌법과 같은 규정이 없는 우리나라에서는 헌법소원과 행정소송을 직접적으로 제기할 수 없다는 견해가 있다.[12]

---

8) 헌재 2012. 3. 29. 선고 2010헌마97 전원재판부 결정.
9) 헌재 2012. 3. 29. 선고 2010헌마97 전원재판부 결정.
10) 이에 관한 논의로는, 송진호, "국가공무원법 제65조 및 국가공무원 복무규정 제27조의 해석에 대한 헌법적 검토", 저스티스 제162호, 2017. 10, 31−80쪽; 우미형, "헌법상 직업공무원제에 관한 연구 − '공무'와의 관계를 중심으로 −", 행정법연구 제58호, 2019. 8, 27−52쪽; 조성혜, "독일의 직업공무원제도와 공무원연금", 법과 정책연구 제15권 제4호, 2015, 1719−1763쪽; 정호경, "공직가치 논의의 법적 함의와 문제점 −직업공무원제 및 공무원법과의 관계를 중심으로−", 법학연구 제50집, 2016. 11, 333−354쪽 참조.
11) 류지태/박종수, 행정법신론, 박영사, 2010, 836쪽 이하.
12) 류지태/박종수, 행정법신론, 837쪽 이하.

## 2. 우리나라에서의 논의

헌법규정 중 공무원의 신분과 정치적 중립성을 보장한 헌법 제7조 제2항의 규정과 관련하여 공무원제도가 독일식의 제도적 보장으로 인정되는가의 문제가 있다. 공무원의 신분과 정치적 중립성을 보장하는 헌법 제7조 제2항을 이른바 헌법이 공무원제도의 제도적 보장을 인정한 것이라는 것이 학계와 실무계의 지배적인 견해라고 할 수 있다.[13)]

공무원제도에 관한 입법형성에는 광범위한 재량이 인정된다. 즉 기본권 보장은 최대한 보장의 원칙이 적용되는 반면에, 제도적 보장은 제도의 본질적인 내용의 침해가 없다면 입법자에게 광범위한 입법형성의 자유가 부여된다는 것이다.[14)] 제도적 보장의 경우 입법자에게 광범위한 입법형성의 자유가 부여되었다고 해서 당연히 무제한적인 입법형성의 자유가 인정되는 것은 아니라고 할 수 있다.[15)] 입법권자는 공무원제도에 관한 헌법규정을 구체화시킬 의무가 발생하나, 공무원제도의 내용에 반하는 입법을 할 수 없으며, 공무원제도 자체를 폐지할 수 없는 구속을 받게 된다고 한다.[16)]

## IV. 공무원제도와 법률유보

헌법 제7조 제2항에서 "공무원의 신분과 정치적 중립성은 법률이 정하는 바에 의하여 보장된다."라고 규정되어 있으므로 공무원관계의 형성을 비롯한 공무원제도 전반에 관하여는 법률에 유보한 것이다.

다만 위에서 고찰한 바와 같이, 공무원제도에 관한 입법에 있어서 광범위한 입법형성의 자유가 부여되어 있다. 입법부가 헌법제도인 공무원제도를 입법으로 구체화시킬 의무는 있으나 사실상 헌법상의 공무원제도 자체를 폐지하는 것과 같은 입법은 허용되지 아니한다는 점에서, 공무원제도에 관한 입법은 무제한적인 자유재량이 아니라 헌법적인 합리적인 정당성이라는 일정한 제한을 받는다.

---

13) 류지태/박종수, 행정법신론, 836쪽; 우미형, "공무원 제도의 재정립에 관한 고찰", 행정법이론실무학회 제250회 발표논문집, 17쪽 이하; 홍정선, 행정법론(하), 295쪽; 홍준형, 행정법, 법문사, 2007, 1127쪽.
14) 홍준형, 행정법, 1127쪽.
15) 이와 관련하여 예컨대 정부혁신 차원에서 공무원 인사제도를 개혁할 경우 직업공무원제도라는 제도적 보장하에서 구체적으로 범위와 기준이 검토되어야 한다고 한다. 홍준형, 행정법, 1129쪽 참조.
16) 류지태/박종수, 행정법신론, 837쪽.

# 제3절 공무원제도의 기본원칙

## Ⅰ. 의의

우리나라의 공무원법 내지 공무원제도의 특질 또는 기본원칙에 관하여는, 절대관료제·정당관료·현대관료제의 3단계의 발전으로 설명하고, 현대관료제는 국민전체에 대한 봉사를 위한 것이라고 하는 경우,[17] 민주적 공무원제도와 비정치적·과학적 공무원제도로 설명하는 경우[18]도 있지만, 민주적 공무원제도와 직업공무원제도를 드는 것이 일반적이다.[19]

연혁적으로 시민혁명의 성과로서 근대국가의 성립과 동시에 근대적 공무원제도가 시작되었으며, 최근에는 엽관제에서 성적주의로 그리고 엘리트집단에서 보편적 근무집단으로 이행되어 공무원의 고용관계를 일종의 고용관계로 보는 경향이 있다.[20]

최근 사회가 변화됨에 따라서 기존의 직업공무원제도가 부분적으로는 변화하는 시대에 맞지 않고, 공무원에 대한 전통적 가치관 또한 붕괴된 21세기의 시점에서 공무원의 공직수행에 대한 새로운 좌표점을 제시하고자 하는 공직가치 논의가 필요하다.[21]

## Ⅱ. 민주적 공무원제도

### 1. 의의

우리 헌법에 국민주권주의(헌법 제1조 제2항)에 입각한 국민의 공무원선거권을 규정한 헌법 제24조, 공무담임권을 규정한 헌법 제25조, 공무원이 국민 전체에 대한 봉사자이며

---

17) 홍정선, 행정법론(하), 294쪽 참조.
18) 박윤흔/정형근, 최신행정법강의(하)(제28판), 박영사, 2009, 189쪽 이하 참조.
19) 김철용, 행정법, 880쪽 이하; 홍준형, 행정법, 1126쪽 이하.
20) 근대적 공무원제도의 특징은, 공무원이 개인의 고용이 아니라 국가 등 행정주체의 기관이고, 공무원의 사생활과 공생활이 명확히 구별되고, 공무원직이 세습되지 않는다고 한다. 김남진/김연태, 행정법Ⅱ, 221쪽 이하.
21) 이러한 상황에서 국내적으로 일부 공무원들의 무사안일과 책임회피, 부패와 비리로 인한 공복(公僕)의식 부족, 공직자 청렴성 부재 문제 등이 부각되면서, '공직가치'에 대한 관심이 고조됨과 아울러 공직가치에 대한 논의가 활발하게 진행되고 있다고 하는 것에는, 정호경, 앞의 논문, 333-354쪽 참조.

국민에 대하여 책임을 지는 것임을 규정하고 있는 헌법 제7조 제1항 등 규정되어 있다는 것은, 우리나라는 과거의 조선·일제시대의 공무원제와 같은 봉건적·신분예속적·관료적 관리제가 아닌 민주적 공무원제를 채택하고 있음을 의미한다.[22]

민주적 공무원제도의 내용으로는, 국민 전체에 대한 봉사자, 국민에 대한 책임, 공무원 임용의 민주성과 공무담임의 기회균등, 인사행정의 법률주의와 민주적 통제 등을 들 수 있다.

## 2. 국민 전체에 대한 봉사자

"공무원은 국민 전체에 대한 봉사자"라는 헌법 제7조 제1항 전단 규정에서, 국민 전체에 대한 봉사자란 특정인이나 특정의 정당·계급·종교·지역 등 부분 이익만의 봉사자가 아닐 뿐만 아니라, 직무수행이 공평무사하여야 하고 국민 전체의 최대의 이익(공익)에 부합하여야 한다는 것을 의미한다. 전체 국민에 대한 봉사자라는 것은 대한민국이 국민주권주의에 입각한 민주공화국이라는 것을 의미하는 것이다.[23]

따라서 공무원은 특정 개인이나 집권정당의 봉사자가 아니다.[24] 다만 국민 전체에 대한 봉사의 정도는 정치적 공무원과 비정치적 공무원 사이에 차이가 있다.[25] 이처럼 공무원은 국민 전체에 대한 봉사자로서 국민 전체의 이익을 위하여 직무를 수행하므로 그 한도 내에서 일반 국민과는 다른 특별한 의무와 책임을 지며 기본권도 제한받을 수 있다. 예컨대 공무원의 경우에는 영리업무 겸직금지의무, 근로기본권의 제한, 집단행위금지의무, 정치적 기본권이 제한될 수 있다.[26]

## 3. 국민에 대한 책임

공무원은 "국민에 대하여 책임"을 진다는 헌법 제7조 제2항 후단의 규정에서, 공무원의 국민에 대한 책임은 국민 전체에 대한 봉사자로서의 책임, 헌법과 법률에 따라 그 직

---

22) 김철용, 행정법, 888쪽 이하.
23) 홍정선, 행정법론(하), 296쪽.
24) 김동희, 행정법Ⅱ, 137쪽; 다만 이와 관련하여 국민 전체에 대한 봉사자로서 성실복무의무가 있는 공무원이 범법행위를 한 경우 그에 대한 제재방법에 관하여는 박윤흔/정형근, 최신행정법강의(하), 190쪽 참조.
25) 이와 같은 공무원의 봉사의 자세를 정치적 공무원과 비정치적 공무원으로 구별하여, 정치적 공무원에게는 정치적 신조에 따른 정치적 활동을, 비정치적 공무원에게는 충실한 법의 집행자의 직무를 강조한다. 홍정선, 행정법론(하), 296쪽 이하.
26) 근로기본권, 선거운동·입후보권 등을 예를 들고 있는 것으로는, 김동희, 행정법Ⅱ, 137쪽.

무를 성실히 수행하여야 할 책임 등을 그 내용으로 한다. 이와 같은 헌법에서 규정한 공무원의 책임은 단순한 도의적 책임이 아니라 헌법이 직접 인정하는 헌법적 책임이다.[27] 그 외에 정치적 책임과 법적 책임을 부담한다.[28]

## 4. 공무원 임용의 민주성과 공무담임의 기회균등

### (1) 공무원 임용의 민주성

공무원의 임용은 민주적으로 이루어져야 한다. 따라서 대통령·국회의원은 국민이 직접 선거로 선출할 뿐만 아니라, 중요한 공무원의 경우, 예컨대 대법원장·헌법재판소장·국무총리·감사원장·중앙선거관리위원회의 위원·국회선출 헌법재판소 재판관 등은 국회에서 인사청문회를 거쳐 동의를 받아 임명하도록 하고 있다. 헌법재판소는 공무원의 임용과 관련하여 공무원제도의 민주성을 인정하고 있다.[29]

### (2) 공무담임의 기회균등

공무담임권이란 입법부, 집행부, 사법부는 물론 지방자치단체 등 국가, 공공단체의 구성원으로서 그 직무를 담당할 수 있는 권리를 말한다. 여기서 직무를 담당한다는 것은 모든 국민이 현실적으로 그 직무를 담당할 수 있다고 하는 의미가 아니라, 국민이 공무담임에 관한 자의적이지 않고 평등한 기회를 보장받음을 의미하는바, 공무담임권의 보호영역에는 공직취임의 기회의 자의적인 배제뿐만 아니라, 공무원 신분의 부당한 박탈까지 포함된다. 왜냐하면, 후자는 전자보다 당해 국민의 법적 지위에 미치는 영향이 더욱 크다고 할 것이므로, 이를 보호영역에서 배제한다면, 기본권 보호체계에 발생하는 공백을 막기 어려울 것이며, 공무담임권을 규정하고 있는 위 헌법 제25조의 문언으로 보아도 현재 공무를 담임하고 있는 자를 그 공무로부터 배제하는 경우에는 적용되지 않는다고 해석할 수 없기 때문이다.[30]

---

27) 홍정선, 행정법론(하), 295쪽.
28) 이를 "책임추궁의 방식"이라고 하여, 정치적 공무원은 선거(정치적 추궁)와 탄핵심판(법적 추궁)을 부담하고, 일반직 공무원은 징계책임, 변상책임, 형사책임을 부담한다고 하는 것에는, 홍정선, 행정법론(하), 297쪽 참조.
29) 헌재 1999. 12. 23. 선고 98헌마363 전원재판부 결정.
30) 헌재 20020. 8. 29. 선고 2001헌마788, 2002헌마173(병합) 전원재판부 결정; 동일 취지의 판결로는, 헌재 2000. 12. 14. 선고 99헌마112 등 전원재판부 결정; 헌재 1997. 3. 27. 96헌바86 전원재판부 결정 참조.

공무담임의 전제로 한국인임과 헌법질서를 수호하고 기타 공무담임에 일정한 자격으로 연령, 거주요건을 비롯 결격사유가 없을 것을 요구하는 경우가 있다.[31] 여기서의 공무담임권의 보장은 추상적인 권리의 보장에 불과한 것이고 구체적인 개인적인 공권은 아니므로, 국가나 지방자치단체는 헌법과 법률에 의하여 공무원을 임명할 권한을 가진다.[32]

## 5. 인사행정의 법률주의와 민주적 통제

오늘날 공무원관계는 특별권력관계를 극복하게 되어서 공무원관계의 기본적인 사항은 법률에 의하여 규율되고 있다. 이는 군주제하의 군주의 명령에서 벗어나서 민주적 공무원 제도하에서는 공무원에 대한 기본적인 사항을 법률로 정하게 된다는 것을 의미한다.[33] 그리하여 공무원의 직급 · 직위분류 · 임용 · 복무 · 보수 · 징계, 기타 공무원의 인사행정에 관한 사항은 원칙적으로 법률로 정한다(헌법 제25조, 제78조 및 국가공무원법 등).

또한 공무원의 인사사무를 처리하는 기관은 민주적으로 구성될 것이 요구될 뿐만 아니라 공정성을 위하여 담당기관의 전문성과 독립성의 확보가 요청되는 합의제 위원회제도가 요청된다. 이러한 위원회제도로서 인사위원회 · 고위공무원임용심사위원회 · 승진심사위원회 · 징계위원회 · 소청심사위원회 등은 이러한 요청에 따른 것이다.

## Ⅲ. 직업공무원제도

## 1. 서설

### (1) 의의

직업공무원제도란 공무원이 집권세력의 논공행상의 제물이 되는 엽관제도(spoils system)를 지양하고, 정권교체에 따른 국가작용의 중단과 혼란을 예방하며, 일관성 있는 공무수행의 독자성을 유지하기 위하여 헌법과 법률에 의하여 공무원의 신분이 보장되는 공

---

31) 홍정선, 행정법론(하), 298쪽.
32) 임명주체가 임명 · 승진을 확약한 경우에는 발령청구권이 발생할 수 있다고 하는 것에는, 홍정선, 행정법론(하), 298쪽 참조.
33) 박윤흔/정형근, 최신행정법강의(하), 191쪽.

직구조에 관한 제도를 말한다.[34]

　　직업공무원제도하에 있어서는 과학적 직위분류제(직위분류제), 성적주의 등에 따른 인사의 공정성을 유지하는 장치가 중요하지만 특히 공무원의 정치적 중립과 신분보장은 그 중추적 요소이다. 그러나 보장이 있음으로 해서 공무원은 어떤 특정정당이나 특정 상급자를 위하여 충성하는 것이 아니고 국민 전체에 대한 공복으로서 법에 따라 그 소임을 다할 수 있게 되는 것으로서 이는 당해 공무원의 권리나 이익의 보호에 그치지 않고 국가통치 차원에서의 정치적 안정의 유지와 공무원으로 하여금 상급자의 불법부당한 지시나 정실(정실)에 속박되지 않고 오직 법과 정의에 따라 공직을 수행하게 하는 법치주의의 이념과 고도의 합리성, 전문성, 연속성이 요구되는 공무의 차질없는 수행을 보장하기 위한 것이다.[35]

## (2) 제도보장

　　헌법 제7조 제2항은 "공무원의 신분과 정치적 중립성은 법률이 정하는 바에 의하여 보장된다."라고 규정하고 있다. 이는 정권교체에 따른 국가작용의 중단과 혼란을 예방하며, 일관성 있는 공무수행의 독자성과 영속성을 유지하기 위하여 공직구조에 관한 제도적 보장으로서의 직업공무원제도를 마련해야 함을 의미한다.[36] 일반적으로 우리 헌법은 제도적 보장으로서 직업공무원제도를 도입하고 있는 것으로 파악한다. 직업공무원제도와 제도보장에 관하여는 전술하였다.

## (3) 엽관제와 실적제

### 1) 엽관제

　　엽관제란 공무원을 임용함에 있어서 자격이나 능력보다는 인사권자의 혈연·지연·학벌·정당관계 등 귀속적인 기준에 두는 것을 말한다. 이러한 엽관제는 과거 서부개척시대 미국의 잭슨대통령이 행정의 민주화를 위하여 공직을 개방하고 자신에 대한 지지에 대한 보상책으로 실시하였다.[37] Marbury v. Madison 사건에서 보여진 바와 같이, 매우 정치적

---

34) 독일에서의 직업공무원제도에 관하여는, 류지태/박종수, 행정법신론, 837쪽 이하 참조.
35) 헌재 1989. 12. 18. 선고 89헌마32, 33 전원재판부 결정.
36) 헌재 2019. 11. 28. 선고 2018헌마222 전원재판부 결정.
37) 엽관제의 연혁 등에 관하여는, 박윤흔/정형근, 최신행정법강의(하), 192쪽 참조.

인 배경에 근거한 엽관적이었던 미국 공무원의 인사가 실적주의로 전환된 것은, 1883년 인사위원회를 둔 펜들톤법(Pendleton Act)이었다. 그 후 1978년 공무원제도개혁법(Civil Service Reform Act)에 의해 공무원임용제도가 합리적으로 운영되게 되었다.[38]

### 2) 실적제

엽관제는 단순한 행정사무환경에서 실시되었으나, 엽관제 자체는 태생적으로 행정능률의 저하를 가져오고 부정부패의 온상이어서, 특히 전문기술성을 중시하는 현대국가에는 적합하지 않게 되었다. 이런 엽관제 대신에 공무원 개인의 실적에 초점을 맞추는 실적제가 수립되었다.[39] 다만 고도의 정치적 정책결정을 하는 정무직공무원인 경우에는 정권담당자의 정치적 이념에 합치될 필요가 있다는 점에서 엽관제가 어느 정도 존속한다.[40]

실적제와 관련되는 구체적인 내용으로는, 공무담임의 기회균등, 성적주의, 정치적 중립성, 신분보장 등을 들 수 있다.

### (4) 내용

직업공무원제도에 관한 내용으로는, 신분보장, 정치적 중립성, 과학적 직위분류제, 성적주의를 들고 있는 것이 일반적이다.[41]

## 2. 신분보장

### (1) 의의

직업공무원인 경력직공무원이 공무에 전념하고 능률적으로 사무를 처리하도록 하기 위해서는 정권담당자에 따라 영향을 받지 않는 강력한 신분보장이 필수적이다. 헌법 제7조 제2항은 공무원의 신분보장을 규정하고 있는 것은 바로 이 때문이다. 이 규정에 근거하여 공무원의 권리로서 신분보장권이 인정된다. 공무원의 신분보장은 공무원이 특정정파로

---

38) 명재진, "미국 공무원제도와 공무원 기본권", 미국헌법연구 제19권 제2호, 2008. 12, 111-143쪽 참조.
39) 직업공무원제는 실적제의 수립만으로 불가능하고, 공무원에 대한 높은 사회평가, 젊은 사람의 채용, 훈련·승진·전직을 통한 능력의 발전, 보수의 적정화 등의 요건이 갖추어져야 한다는 것에는, 박윤흔/정형근, 최신행정법강의(하), 196쪽 이하 참조.
40) 박윤흔/정형근, 최신행정법강의(하), 193쪽.
41) 박윤흔/정형근, 최신행정법강의(하), 192쪽 이하; 정하중, 행정법개론(제14판), 법문사, 2020, 984쪽 이하; 홍정선, 행정법론(하), 299쪽 이하;

구성된 정권의 영향을 받지 않고 정권교체시에도 계속 그 직을 유지할 수 있는 것을 의미한다는 점에서, 일평생을 염두에 두고 근무하는 직업공무원제도의 핵심적인 요소라고 할 수 있다. 특히 공무원의 신분보장[42]은 능력 있는 공무원이 특정 정파에 영향을 받지 않고 공무에만 전념하여 공정하고 효율적인 공행정업무처리를 위해서 필수적인 요소이기도 하다.[43]

### (2) 계약제 등 개방형 인사제도

원래 공무원의 신분보장은 종신제 공무원 보장을 의미하였으나, 최근에 도입된 계약제 등 개방형 인사제도는 종래의 종신제 신분보장에 중대한 영향을 미치게 되었다. 특히 사회의 모든 부문에서 종신제의 신화는 이미 오래 전에 깨졌다고 한다.[44] 한시적 공무원제도로서 계약제나 개방형 인사제도를 일반화시키는 것은 엽관제의 폐단이나 정당이나 단체의 후견 등 행정의 불안정화를 초래할 위험성 있으므로 특별한 헌법적 정당화가 필요하다.[45]

### (3) 신분보장의 예외

1급공무원과 시보임용 또는 수습임용중의 공무원은 신분보장이 이루어지지 아니하고, 행정현실상 권고사직이 인정되고 있을 뿐만 아니라, 직위해제제도(국가공무원법 제73조의3, 지방공무원법 제65조의3)를 채택한 것은 공무원의 신분보장과 어긋나는 문제점이 있고, 공무원을 반드시 종신제로 할 필요는 없고 정년제를 도입하는 것은 일반적으로 허용된다.[46] 특히 판례[47]에 따르면, 직위해제는 징벌적 제재로서의 징계와는 그 성질을 달리하는 것이나 공무원은 사실상 징계로 받아들이고 있는 것이 현실임을 부정할 수 없다.

---

42) 정치적 중립과 관련된 공무원의 신분보장에 관한 좌담으로는, 강황선/강영철/김대건 외 3명, "[신춘좌담] 인사권에 휘둘리지 않는 공무원의 정치적 중립과 신분보장", 월간 공공정책 제77호, 2012. 3, 한국자치학회, 59-65쪽; 한준수, "양심선언문-공무원의 정치적 중립과 신분 보장을 위한 양심선언", 정세연구, 민족민주운동연구소, 1992. 10, 214-219쪽 참조.
43) 정하중, 행정법개론, 984쪽.
44) 이에 따라서 시보제도, 국공립대학교교원의 재임용제도, 계약직공무원제, 개방형 전문직위제 등이 활용되고, 이와 아울러 정년단축이나 계급정년제가 시행되고 있다고 한다. 홍준형, 행정법, 1128쪽.
45) 홍준형, 행정법, 1129쪽.
46) 박윤흔/정형근, 최신행정법강의(하), 194쪽; 홍정선, 행정법론(하), 300쪽 참조.
47) 대법 2014. 10. 30. 선고 2012두25552 판결.

## 3. 정치적 중립성

현대행정국가에서 공무원의 정치적 중립성이 요구되는 이유는, 자본주의의 발달로 인한 이질적인 사회적 대립의 조정과 공익의 대변자로서의 조정자적 역할을 할 필요성, 현대행정의 전문적 지식과 경험이 풍부한 공무원을 장기간 안정적으로 확보하여 근무하게 할 필요성, 엽관제의 폐해라고 할 수 있는 정권의 교체나 정치적 영향력으로부터 벗어난 일관성 있는 공무수행의 보장과 부패·비능률의 폐해를 예방할 필요성 등이 있기 때문이다.[48] 이에 따라서 헌법 제7조 제2항이 공무원의 정치적 중립성 보장을 규정하고 있다.

공무원의 정치적 중립성을 실질적으로 보장하기 위하여는 정무직공무원을 제외한 공무원의 정치활동금지의무도 부과된다. 공무원의 정치적 중립성과 정치활동의 금지와 관련된 입법에는 입법형성의 자유가 있으나 일정한 제한이 따른다. 공무원의 정치적 중립성과 독립성을 보장하기 위하여 독립적인 인사행정기구가 확립될 필요가 있다.[49]

## 4. 성적주의

성적주의란 공무원의 임용에 있어서 당파성이나 정실을 배제하고 개인의 능력에 따라 행하는 인사제도를 말한다. 성적주의는 위와 같은 공무원 임용뿐만 아니라 공무원제도에 있어서 광범위하게 적용된다. 예컨대 공무원의 신규채용에 있어서는 공개경쟁 채용시험으로 한다고 규정하고 있는 국가공무원법 제28조(지방공무원법 제27조), 경쟁시험 합격자의 우선임용 및 결원 보충의 조정을 규정한 국가공무원법 제31조(지방공무원법 제30조), 근무성적평정·경력평정, 그 밖에 능력의 실증에 의하도록 하는 승진을 규정한 국가공무원법 제40조, 제40조의2(지방공무원법 제38조, 제39조), 특별승급시키거나 성과상여금을 지급하는 성과급제도(국가공무원법 제51조2, 지방공무원법 제76조 제2항) 등을 보면, 성적주의는 임용등 신규채용뿐만 아니라 결원보충이나 승진 등 공무원 관련 모두 영역에서 적용되는 것을 원칙으로 한다.

이런 성적주의의 요청에 따라서 임용시험제와 직위분류제가 채택되고 있다.

---

48) 박윤흔/정형근, 최신행정법강의(하), 194쪽; 정하중, 앞의 책, 985쪽.
49) 김동희, 행정법Ⅱ, 138쪽.

## 5. 임용시험제

### (1) 임용시험제의 변화

임용시험제는 공무원의 신규채용에 있어서는 공개경쟁 채용시험으로 한다고 규정하고 있는 국가공무원법 제28조(지방공무원법 제27조)에 따라서 공개경쟁 채용시험이 원칙이다. 이는 성적주의의 적용이다. 근대적 관료는 한마디로 '품행단정 하고 재능과 기술이 있는 관료'를 말하는데, 그러나 관료의 인격보다 기능을 중시하면서, 실제로는 지난 1세기 동안 공무원에 대한 시대적인 역할이나 기대에 상관없이, 법학 위주의 '재능과 기술이 있는 관료'를 선발해 온 문제가 있다.[50]

이에 대한 대책으로, 단순한 지식암기 정도를 측정하는 내용의 평가방식을 지양하고 다양한 지역사회의 문제해결에 부응할 다양성, 창의성, 변화대응능력, 학습능력 등을 실질적으로 평가할 수 있도록 시험제도를 개편할 필요성이 제기되고 있다.[51] 이와 더불어서 '공무원 전문성 제고'를 목적으로 한 인사제도로 개방형 직위제도, 역량평가제도, 경력개발제도, 상시학습제도에 관한 논의가 증가하고 있다.[52]

---

50) 예컨대 실무지식이 필요한 7·9급 시험에는 법률지식과 함께 국어와 국사 같은 최소한의 교양을 검정해왔으나, 주로 정책결정에 참여할 고급관료는 풍부한 교양과 철학지식이 필요한데도, 행정고등고시는 법률지식 중심으로 검정해온 문제가 있다. 1980년대 후반 이후는 우국지사형 관료보다는 조정력이 뛰어난 관료가 더 필요해짐에 따라, 이들에게는 교양과 사회과학지식이 더 요구된다고 하는 것에는, 한승연, "행정관료의 변화에 관한 역사적 연구 –관료 임용시험제도를 중심으로–", 한국행정논집 제19권 제4호, 2007. 12, 한국정부학회, 1,009 – 1,052쪽 참조.
51) 이에 대한 해결책으로 암기 위주의 시험과목을 종합적 사고방식 검정으로, 시험과목을 통합하고 필기시험을 축소하고, 교양능력을 강화하고, 인성 및 면접 강화를 제시한다. 한상암(원광대학교), 한국콘텐츠학회 한국콘텐츠학회 종합학술대회 논문집, 한국콘텐츠학회, 2010, 춘계 종합학술대회 2010. 5, 227 – 229쪽 참조.
52) 이에 관하여는, 이은진, "공무원 전문성 제고 관련 인사제도 연구: 법령 변화 및 문헌검토를 중심으로", 한국정책연구 제18권 제2호, 2018. 9, 경인행정학회, 25 – 52쪽 참조.

### (2) 개방형 임용제도의 도입[53]

능력위주의 경쟁사회에서는 종신제 직업공무원제도는 이제 변화되어야 한다. 특히 전문성이 요구되거나 효율적인 정책수립능력자 충원, 계약직공무원의 확대, 국제관계전문가 임용, 민간전문가의 공직파견제, 자격증소지자의 특별채용 확대 등으로 개방형 임용제가 확대되고 있는 추세인데 이로써 전통적인 직업공무원제도 내지는 신분보장제에 중대한 변화가 초래되었다고 할 수 있다.[54]

## Ⅳ. 우리나라의 공직분류제

### 1. 의의

현행 국가공무원법은 공직의 분류방식에 관하여 계급제를 중심으로 하여 직위분류제를 부분적으로 채용하고 있다. 직위분류제는 직무 또는 직위(job or position)라는 개념에 착안한 직무지향적 분류모형으로서,[55] 직무의 종류, 곤란도, 책임도 등을 기준으로 하여 공직을 분류하는 제도로서 시험이나 임용, 보수 등에 관한 과학적 인사행정의 합리화를 위한 중요한 전제가 된다.[56] 이 공직분류의 영역은 행정법과 행정학의 교차영역으로서 대표적으로 학제간의 융합 내지는 협업이 필요한 영역이라고 할 수 있다.

---

53) 개방형 인사제도에 관하여는, 노영숙, "지방자치단체의 개방형직위제 발전방안 연구", 사회과학연구 제21권 제3호, 2014. 12, 동국대학교 사회과학연구원, 217-235쪽; 박환두/노영숙, "개방형직위제에 관한 인식조사: 충북공무원 중심", 사회과학연구 제22구 제4호, 2015. 12, 동국대학교 사회과학연구원, 155-178쪽; 문명재/이주호, "개방형 국가인재관리제도의 도입과 과제", 선진화 정책시리즈, 한반도선진화재단, 2017. 4, 149-202쪽; 박천오/한승주, "개방형 직위제도의 성과에 관한 실증 연구: 관련 공무원들의 인식비교", 한국인사행정학회보 16(3), 2017, 1-30쪽; 배귀희, "개방형직위제도의 효과적인 정착여부에 관한 연구: 관련 공무원의 인식을 중심으로", 한국정책과학학회보 13(2), 2009, 175-202쪽 등 참조.
54) 박윤흔/정형근, 최신행정법강의(하), 198쪽.
55) 오석홍, 인사행정론(제8판), 박영사, 2016, 81쪽 이하.
56) 박천오/권경득/권용수/조경호/조성환/최성주(이하 "박천오 외"로 인용), 인사행정론(제2판), 법문사, 2020, 101쪽.

## 2. 계급제

### (1) 의의

사람 중심인 계급제는 일정한 절차를 거쳐 선발된 자에게 일정한 신분(계급)의 공무원으로 임용한 후에 일정한 직을 부여하는 방식으로서, 공무원을 그 학력·경력·능력 등 신분을 기준으로 계급으로 분류하는 사람 중심의 인사제도를 말한다. 즉 계급은 한 개인의 신분과 밀접하게 연결된다. 우리나라에서는 이런 계급제는 정부뿐만 아니라 일반기업에서도 널리 제도화 되어 있다. 이러한 계급제는 직업의 분화가 심하지 않았던 농경사회나 신분서열의식이 강한 국가에서 주로 발달하여 왔다. 이런 계급제를 채택하고 있는 나라는 대부분 교육제도와 관련성이 있다.[57]

계급제의 주요 특징으로는 계급 간의 폐쇄성과 차등성, 계급의 신분화, 신분보장 및 고급공무원의 엘리트화, 전직과 전보의 탄력적 운용 및 그로 인한 경력개발의 기회 증진, 폐쇄형 임용제의 채택, 조직구성원의 조직몰입의 제고, 만능선수(all-round player)와 같은 일반능력주의의 지향을 들 수 있다.[58]

### (2) 장점과 단점

계급제의 장점은 일반능력주의를 지향하여 교양과 능력이 있는 사람을 채용할 수 있고, 다른 직원이나 기관과 횡적 협조가 용이하고, 동일한 계급 내의 인사이동이 가능하므로 인력활용의 신축성·융통성이 확보되고, 공무원의 신분보장과 직업공무원제의 수립에 기여할 수 있다는 장점이 있다.[59]

일반능력을 중시하므로 행정의 전문화를 저해하고, 폐쇄적 충원으로 외부 전문가의 충원이 배제되고, 직무의 곤란성과 책임성 대신에 계급과 연공서열을 중시하는 보수가 결정되고, 계급·직위 간의 경계가 불분명하므로 그 권한과 책임의 한계가 불명확하고, 강한 신분보장으로 관료제의 병폐를 야기하고, 연고주의나 정치적 고려에 의한 정실인사로 인

---

57) 김렬, 인사행정론, 박영사, 2016, 83쪽 이하; 박천오 외, 인사행정론, 107쪽 이하; 윤민봉/박성민, 한국인사행정론(제5판), 박영사, 2020, 107쪽.
58) 김렬, 인사행정론, 84쪽 이하; 윤민봉/박성민, 한국인사행정론, 110쪽 이하.
59) 김렬, 인사행정론, 86쪽 이하; 박윤흔/정형근, 최신행정법강의(하), 195쪽. 이에 비하여 계급군간의 폐쇄성과 차등성, 일반행정가의 원리, 폐쇄형 충원, 계급의 신분화, 신분보장 그리고 조직과 자신과의 동일시 경향을 제시하고 있는 것으로는, 유진식, "국가공원법과 직위분류제", 공법학연구, 제8권 제2호, 2007. 5, 68쪽 참조.

사행정의 합리성과 공정성이 훼손될 가능성이 크다.[60]

## 3. 직위분류제

### (1) 의의

직위분류제는 직무중심의 고전적 조직편성이론[61]에 입각하여 미국에서 20세기 초엽에 엽관제개혁 즉 민주적·과학적 인사행정의 확립과정에서 과학적 관리법이라고 한다.[62] 국가공무원법 제22조에 규정에 따르면, 직위분류제란 모든 대상 직위를 직무의 종류와 곤란성 및 책임도에 따라 직군·직렬·직급 또는 직무등급별로 분류하되, 같은 직급이나 같은 직무등급에 속하는 직위에 대하여는 동일하거나 유사한 보수가 지급되도록 분류하여야 하는 것을 말한다. 직위분류제의 주요 특징으로는 직위 간의 횡적 폐쇄성, 직무의 가치에 따른 차등화, 개방형 임용제의 채택, 전문능력주의의 지향, 약한 신분보장과 단기적 관점의 인사행정을 들 수 있다.[63]

### (2) 직위·직렬·직급 등

국가공무원법 제5조 제1호에서 정한 "직위"란 1명의 공무원에게 부여할 수 있는 직무와 책임을 말한다. 즉 직위란 직무와 책임을 합친 개념이다. 같은 조 제2호에서 정한 "직급"이란 직무의 종류·곤란성과 책임도가 상당히 유사한 직위의 군을 말한다(예: 경무관, 총경). 같은 조 제3호에서 정한 "정급"이란 직위를 직급 또는 직무등급에 배정하는 것을 말한다. 같은 조 제7호에서 "직군"이란 직무의 성질이 유사한 직렬의 군을 말한다(예: 직렬로서 학예연구와 편사연구를 합하여 직군으로서 학예직). 같은 조 제8호에서 정한 "직렬"이란 직무의 종류가 유사하고 그 책임과 곤란성의 정도가 서로 다른 직급의 군을 말한다(예: 경찰직, 교정직). 같은 조 제9호에서 정한 "직류"란 같은 직렬 내에서 담당 분야가 같은 직무의 군을 말한다.

---

60) 김렬, 인사행정론, 87쪽 이하; 박천오 외, 인사행정론, 112쪽 이하; 오석홍, 인사행정론, 80쪽; 윤민봉/박성민, 한국인사행정론, 87쪽 이하.
61) 고전적 조직편성이론이란 조직이란 직무·직책의 체계이며 조직의 개개 직위(position)에는 그 직위에 할당되어 있는 범위의 직무·직책을 수행하는 데에 필요하고 충분한 자격·능력을 가진 인재를 임용해야 한다는 이론이다. 유진식, 앞의 논문, 68쪽.
62) 유진식, 앞의 논문, 69쪽.
63) 김렬, 인사행정론, 99-100쪽.

## (3) 장점과 단점

직위분류제의 장점은 인사행정의 전문화와 급격한 행정환경변화에 적절히 대응할 수 있고, 동일직무에 대한 동일보수의 원칙에 따르는 직무급 수립에 유용, 근무성적평정의 기준 설정에 유리하고, 인사행정의 합리적인 기준을 제공하여 채용시험·전직·승진 등 인사배치의 기준이 되고, 직위별 권한과 책임의 횡종·종적 한계의 명확화와 조직의 분업화·전문화·합리화에 기여하고, 직업소개·정원관리·작업연구에 도움이 된다.[64]

직위분류제의 단점으로는 동일한 직렬이나 직군 안에서만 배치이동한다는 점에서 타 부서와 타 직원에 대한 이해가 부족하여 탄력성과 융통성이 떨어지고, 신분보장의 불안으로 사기가 저하되고, 분업화 전문화로 유기적 협조가 어렵고 폭넓은 시각과 조직관리능력을 갖춘 지도자 양성이 어렵다.[65] 사회의 분화에 따라서 직위분류제가 도입되기 시작하였으나, 공무원의 능력의 신축성이라는 행정수용의 충족을 위하여 계급제의 논의가 이루어지고 있다.[66]

## 4. 우리나라의 상황

### (1) 현황

현재 우리나라의 공직분류제는 실질적으로 계급제에 토대를 두고 행정환경 변화에 따라 행정의 민주성과 대응성, 나아가 효율성을 확보하기 이하여 직위분류제적 요소를 도입하고 있다. 계급제적 요소로는 국가공무원 관련 법령에 경력직공무원이 대부분이 계급으로 구분되고, 공직진입이 계급별로 이루어지고 있고, 승진이나 보수도 계급별로 제도화되어 있다. 직원분류제의 요소로는 모든 인사·조직 관련 법규에 직위라는 용어를 사용하고 있으며, 일반직공무원 직위의 대부분이 직군, 직렬, 직류 등으로 종적 분류되고, 직무등급과 직급으로 횡적 분류되어 있는 것이 그 예이다.[67]

행정환경의 급격한 변화에 탄력적이고 효율적으로 대응하기 위해서는 공무원들의 종류

---

64) 김렬, 인사행정론, 100쪽; 박천오 외, 인사행정론, 106쪽; 오석홍, 인사행정론, 83쪽: 박윤흔/정형근, 최신행정법강의(하), 195쪽. 서로 다른 직무 사이에 엄격한, 경계를 구분하는 수평적 폐쇄성, 전문행정가의 원리, 개방형 충원, 약한 신분보장 그리고 담당 직무와 자신과의 동일시 경향을 제시하고 있는 것으로는, 유진식, 앞의 논문, 68쪽 참조.
65) 김렬, 인사행정론, 101쪽; 박천오 외, 인사행정론, 107쪽; 오석홍, 인사행정론, 83쪽.
66) 박윤흔/정형근, 최신행정법강의(하), 195쪽.
67) 김렬, 인사행정론, 108쪽 이하; 윤민봉/박성민, 한국인사행정론, 133쪽.

와 직급체계에 대한 전면적인 개선이 필요한 것이 현실이다. 최근 공직분류체계의 현황과 실태 분석을 통하여, 현행 공무원의 종류구분 및 직급체계의 개선방안에 관한 논의가 되고 있다.

### (2) 우리나라의 공무원 종류와 직급의 문제점과 개선방안

현행 공무원 종류 구분과 관련된 문제점으로는, 종류구분의 무원칙성, 행정직 위주의 일반직 분류구조, 종류구분의 다양성 부족을 들 수 있다. 직급체계와 관련해서는, 공무원 종류별 직급체계의 미비, 9직급체계의 한계, 기술직군의 승진 한계, 직렬 간 승진 기회의 불균형, 기능직 등급체계의 하위직 집중 등이 지적된다.[68]

공무원 종류구분의 개선방안으로는, 먼저 선행적으로 직무분석이 필요하고 다양한 공무원 종류를 활용하는 직무성격, 경력관리, 근무형태에 따른 공무원 종류의 구분이 제시되고 있다.[69] 직급구조의 개선방안으로는, 현재의 9직급을 직무성격과 책임도 및 난이도에 따라서 정책계층, 관리계층, 일반계층의 3계층으로 단순화하는 직급체계의 단순화, 직급간 승진 개념을 보수등급 간 승격 개념으로 전환할 필요가 있다는 보수등급체계로의 전환 등이 제시되고 있다.[70]

### (3) 계급제와 직위분류제의 조화 문제

일반직과 특정직 간의 계급차등, 행정직과 기술관련직 간의 승진기회차별, 동일계급 내에서의 직무불균등, 잦은 보직변경으로 전문성의 저하 등이 지적되나 결국 계급제와 직위분류제 간의 조화가 가장 큰 문제라고 할 수 있다. 우리나라에서는 직위분류제는 형식적이고 부분적으로 다루어지고 있는 것이 현실이다. 즉 일부 채용·승진·진직 등에 있어서만 직위분류제가 인정되는 것이고, 직위분류제의 도입이 정체되는 이유는 변혁에 대한 두려움, 보수의 절대액이 적어서 등급 간의 차액이 너무 적어서 실익이 없다는 분석도 있다.[71] 보다 근본적으로 논리적으로 양립하기 어려운 계급제와 직위분류제 양 제도를 혼

---

68) 하태권/이선우/조경호, "한국정부 공직분류체제의 실태분석 및 대안모색: 공무원의 종류구분과 직급체계를 중심으로", 한국정치학회보 제34권 제2호, 2000. 12, 103−128쪽.
69) 정무직은 비경력직이면서 상근 또는 비상근공무원으로 근무할 수 있으며, 연구개발직은 특정직이나 사무직에도 경력직 또는 한시적 공무원을 보충할 수 있으며, 이 들은 상근 또는 비상근으로 근무할 수 있다고 한다. 하태권/이선우/조경호, 앞의 논문, 123쪽.
70) 하태권/이선우/조경호, 앞의 논문, 119쪽 이하.
71) 박윤흔/정형근, 최신행정법강의(하), 196쪽.

합하여 규정하고 있는 것 자체가 국가공무원법에 대한 정확한 이해의 부족과 효율적인 인사행정을 수행하는 큰 지장을 주고 있다고 하는 견해도 있다.[72]

세계 각국의 공직분류체계는 직위분류제와 계급제의 조화의 길을 걷고 있다. 미국은 직위분류제의 한계를 깨닫고 계급제적 요소를 도입하고 있고, 영국은 계급제적 분류방식의 문제점을 개선하기 위하여 분위분류제의 요소를 도입하고 있다. 즉 개인의 책무와 전문성을 중시하는 미국식 직위분류제의 전통도 1980년대 이후 인력운용의 탄력성을 강화하고, 인사권자의 리더십을 제고하고, 공무원의 삶의 질을 증진하기 위하여 계급제를 도입하여 고위공무원단(Senior Executive Service: SES)과 다양한 보수등급의 통합하여 채용과 내부임용의 범위를 넓히는 작업을 해왔다. 반대로 전통적인 신분사회인 영국은 1996. 4. 공직에서 계급을 철폐하고 공직의 비교를 계급이 아닌 보수등급(pay band)을 기준으로 하고, 전통적인 계급제 대신에 책임도 개념에 입각한 공직을 분류하는 직위분류제적 요소를 강화하고 있다.[73]

우리나라는 공직분류는 물론 인사행정 전반에 계급제적 요소를 너무 강하게 받아들이고 있으므로 보다 과학적이고 객관적인 인력관리를 위하여 직위분류제의 실질적 도입을 통한 계급제적 요소의 완화가 절실한 상황에 있다. 즉 계급제적 요소의 축소와 직위분류제적 요소의 확대가 목표이다. 그렇다고 해서 직위분류제를 급격하게 도입하기보다는 점진적인 직위분류제의 요소를 받아들이는 것이 바람직하다. 예컨대 너무 세분화된 직위분류제 대신에 유연하고 탄력적인 형태의 직위분류제의 도입이 바람직하다. 구체적으로는 계급(직급) 간, 직렬 간의 형평성의 유지, 정문성의 제고, 인사관리의 탄력성의 확보, 전문성의 제고와 탄력성 간의 조화, 외부와의 인사교류의 확대방안 등이 제시되고 있다.[74]

---

72) 유진식, 앞의 논문, 67쪽.
73) 박천오 외, 인사행정론, 113쪽 이하 참조.
74) 김렬, 인사행정론, 110쪽 이하; 박천오 외, 인사행정론, 132쪽 이하; 윤민봉/박성민, 한국인사행정론, 133쪽 이하.

# 제2장 공무원

## 제1절 서설

### I. 의의

공무원은 공무의 담당자로서 국가, 지방자치단체 또는 특별행정주체의 기관의 구성원이 된다. 이러한 공무원을 단일한 개념으로 일률적으로 설명하기가 어렵다. 이하에서는 공무원의 개념을 종래의 학문상의 개념을 비롯하여, 실정법 및 판례상의 개념으로 나누어 고찰해 보기로 한다.

### II. 학문상의 개념

#### 1. 의의

공무원의 개념에 관하여는 최광의(일체의 공무담당자), 광의(공법상 근무관계를 맺고 공무를 담당하는 기관구성자), 협의(국가 또는 지방자치단체와 특별행정법관계를 맺고 공무를 담당하는 기관구성자)로 나누는 견해[75]와, "형식적 의미의 공무원"(헌법상의 공무원과 공무원법상의 공무

---

75) 김도창, 일반행정법론(하), 청운사, 1993, 204쪽 이하.

원)과 "실질적 의미의 공무원"(공법상의 근무의무를 지는 자)을 구별하는 견해[76] 등이 있으나, 대체로 광의와 협의의 개념으로 고찰한다.

## 2. 광의와 협의의 공무원 개념

광의의 공무원이란 국가·지방자치단체·특별행정주체의 공무를 담당하는 기관구성자를 말한다. 이 개념은 위로는 국가의 최고기관 구성자인 대통령·국회의원 등으로부터 아래로는 사법상 계약 등에 의하여 국가·지방자치단체·특별행정주체의 기관을 구성하여 한정된 행정사무를 담당하는 자까지 모두 포함한다. 헌법에서 사용되고 있는 공무원의 개념(예, 헌법 제7조 등), 국가배상법에서 사용되고 있는 공무원의 개념(국가배상법 제2조) 및 형법에서 사용되고 있는 공무원의 개념(예, 형법 제122조 등) 등은 대체로 광의의 공무원 개념에 해당한다.

협의의 공무원이란 국가 또는 지방자치단체와 공법상의 근무관계에 있는 기관구성자를 말한다. 국가공무원법·지방공무원법 그 밖에 이들 법의 특례를 정한 각종 특별공무원법상의 공무원이 대체로 이에 해당한다. 여기서는 주로 협의의 공무원을 주된 고찰의 대상으로 한다.

## III. 실정법상의 개념

법단계설에 따라서 헌법상의 공무원 개념부터 검토하여야 한다. 헌법 제7조 제1항에 따르면, 공무원은 국민 전체에 대한 봉사자[77]이며, 국민에 대하여 책임을 지는 주체로서의 공무원을 규정하고 있다. 이 헌법상의 공무원에는 행정권의 수반인 대통령을 비롯하여 모든 공무원이 포괄적으로 포함된다. 대통령은 헌법 제69조에 따라서 선서할 의무[78]가 있다.

일반직 공무원의 종류를 규정한 국가공무원법 제2조, 제2조의2, 지방공무원법 제2조와, 특정직 공무원의 종류를 규정한 예컨대 경찰공무원법 제2조, 교육공무원법 제2조 등의

---

76) 이상규, 신행정법론(하), 법문사, 1996, 198쪽 이하.
77) 그럼에도 불구하고 일부 공무원은 국민보다 우월적 지위에 있다고 생각하고 오로지 상급공무원에게만 충성하려는 성향이 있어서 문제라는 지적이 있다. 이공주, "공무원책임 강화방안에 관한 연구", 법학연구 제17권 제4호, 2017, 330쪽 이하.
78) 공무원은 국가공무원법 제55조에 의하여 선서할 의무가 있다.

규정, 국가배상책임을 규정한 국가배상법 제2조상의 공무원, 공무원의 직무에 관한 죄를 규정한 형법(제7장 제122조 직무유기 이하)상의 공무원 등 다양한 실정법규정이 있고, 그와 관련된 시행령 및 시행규칙 등이 있다.

공무원의 범위는 모든 법률에서 국가공무원법과 동일하게 규정하고 있는 것은 아니며, 형법과 국가배상법상의 목적과 취지상 이들 법률상의 공무원의 범위는 국가공무원법보다는 포괄적이라고 할 수 있다.[79]

## IV. 판례상의 개념

모든 법률에 공통적으로 적용되는 단일한 공무원 개념을 규정한 법 규정은 존재하지 않을 뿐만 아니라, 구체적으로 각 개별 법률상의 공무원의 개념에 해당하는지 여부는 결국 당해 법률상의 공무원 개념을 해석판단할 권한이 있는 법원의 판례에 의하여 확정된다.

## 제2절 공무원의 종류

## I. 국가공무원과 지방공무원

## 1. 구별기준

공무원은 국가에 의하여 임명되는 공무원을 국가공무원으로, 지방자치단체에 의하여 임명되는 공무원으로 구별하는 것이 일반적이다. 임명이 아니라 선거에 의하여 선출되는 공무원도 있고, 국가에 의하여 선출되는 지방공무원도 있으므로 임명주체를 기준으로 구별하는 것은 문제가 있다고 지적하면서, 국가공무원이 지방자치단체의 사무를 담당하는 경우도 있고, 그 반대로 지방공무원이 국가사무를 담당하는 경우가 있으며, 국가공무원의 보수 기타 경비를 지방자치단체가 부담하는 경우도 있으며, 그 반대로 지방공무원의 보수

---

79) 박윤흔/정형근, 최신행정법강의(하), 200쪽.

기타 경비를 국가가 부담하는 경우가 있다고 하는 견해가 있다.[80]

임명주체만으로 국가공무원과 지방공무원으로 구별하는 것은 일면적인 구별기준에 불과하므로, 구체적으로는 임명주체를 비롯하여, 근로의무를 부담하는 행정주체 여하와 보수, 그 밖에 경비부담주체 여하를 종합적으로 판단하여 국가공무원과 지방공무원으로 나누는 것이 타당하다고 할 수 있다.[81] 그러나, 국가공무원의 경우에는 국가공무원법과 공무원임용령이, 지방공무원의 경우에는 지방공무원법과 지방공무원과 지방공무원임용령이 적용될 뿐만 아니라, 최근 소방공무원의 국가직으로 전환[82]된 예에서 보듯이, 소방공무원의 신분이 국가직으로 전환되기 위해서는 임명과 관련된 법령의 개정이 선행되어야 한다는 점에서, 국가공무원과 지방공무원은 그 각각의 임명관련 법령을 기준으로 구별하는 것이 타당하다.

## 2. 국가공무원과 지방공무원

국가공무원이라 함은 국가에 의하여 임명되고 국가의 공무에 종사하는 공무원을 말한다. 현행 국가공무원에는 입법, 사법, 행정에 따라서 입법공무원, 사법공무원, 행정공무원이 모두 포함된다. 현행 국가공무원법은 이들을 통합적으로 규율하나 상호 전입을 하는 경우에는 국가공무원법 제28조의2에 의하여 전입시험을 통하여야 한다는 점에서 구별의 실익이 있다.[83]

국가공무원의 직은 국가공무원법 제2조 제1항에 따라서 경력직과 특수경력직으로 나눈다.

지방공무원이라 함은 지방자치단체에 의하여 임명되고 지방자치사무에 종사하는 공무원으로서 지방공무원법, 지방공무원임용령, 지방공무원보수규정, 지방공무원수당규정 등의 적용을 받는다. 지방공무원제도는 효율적인 지방자치를 활성하기 위한 기본 요소이다.

---

80) 홍정선, 행정법론(하), 307쪽 이하.
81) 홍정선, 행정법론(하), 307-308쪽 참조.
82) 소방직 공무원의 국가직 전환에 관하여는, 안영훈, "[정책제안] 효과적인 소방 국가직화를 위한 정책적 보완방안", 한국자치학회월간 공공정책공공정책 Vol. 168, 2019. 10, 52-55쪽; 류상일/이대성, "소방공무원의 국가직화 필요성에 관한 상대적 중요도 분석", 위기관리 이론과 실천Crisisonomy 제11권 제2호, 2015, 97-106쪽 참조
83) 박윤흔/정형근, 최신행정법강의(하), 200쪽.

## II. 경력직공무원과 특수경력직공무원

### 1. 경력직공무원

경력직공무원이란 실적과 자격에 따라서 임용되고 그 신분이 보장되고 정년이나 임기 기간동안 근무할 것이 예정되는 국가공무원법 제2조 제2항, 지방공무원법 제2조 제2항상의 공무원이다. 이 경력직공무원은 일반업무를 담당하는 일반직공무원과, 특수업무를 담당하는 특정직공무원으로 구성되어 있다.[84]

일반직공무원은 일반행정·기술 또는 연구업무를 담당하는 공무원으로서 직군과 직렬로 분류되는 공무원이다.

특정직공무원은 담당업무의 특수성으로 임용자격, 신분보장, 복무규율 등에 있어서 특성을 인정할 필요가 있고 계급체계도 달리 정하는 공무원이다. 이 특정직공무원은 국가공무원인 경우와 지방공무원인 경우로 나누어서, 먼저 국가공무원인 경우의 특정직공무원은 법관, 검사, 외무공무원, 경찰공무원, 소방공무원, 교육공무원, 군인, 군무원, 헌법재판소 헌법연구관, 국가정보원의 직원과 특수 분야의 업무를 담당하는 공무원으로서 다른 법률에서 특정직공무원으로 지정하는 공무원을 말하고, 지방공무원인 경우의 특정직공무원은 공립의 대학 및 전문대학에 근무하는 교육공무원, 교육감 소속의 교육전문직원, 자치경찰공무원 및 지방소방공무원과 그 밖에 특수분야의 업무를 담당하는 공무원을 말한다.

### 2. 특수경력직공무원

특수경력직공무원이란 경력직공무원 외의 공무원을 말한다. 특수경력직공무원은 임용에 있어서 실적과 자격을 반드시 필요로 하지 않고 신분이 보장되지 않는다. 따라서 특수경력직공무원은 평생토록 공무원으로 근무할 것이 예정되어 있지 않은 공무원이다. 다만 일부 특수경력직공무원(예: 감사위원)에 있어서는 임기제가 적용되어 임기 동안에는 신분보장이 보다 강화되는 경우도 있다.

---

84) 담당업무의 특수성을 어느 정도 인정할 필요는 있다고 해서 그러한 특수업무를 모두 특정직공무원에게 맡기는 것보다는 모든 공무원을 가급적 일원적인 법체계로 규율하는 것이 바람직하다고 하는 견해로는, 박윤흔/정형근, 최신행정법강의(하), 201쪽 참조.

특수경력직공무원은 다시 정무직공무원, 별정직공무원으로 나뉜다. 정무직공무원은 대통령·국회의원·지방자치단체장 등과 같이 선거에 의하여 취임하거나, 임명에 있어서 국회·지방의회의 동의를 필요로 하는 공무원 및 고도의 정책결정업무를 담당하거나 이러한 업무를 보조하는 공무원으로서 법령 또는 조례에서 정무직으로 지정하는 차관급 이상의 공무원을 말한다(국가공무원법 제2조 제3항 제1호, 지방공무원법 제2조 제3항 제1호).[85]

별정직공무원은 비서관·비서 등 보좌업무 등을 수행하거나 특정한 업무를 담당하기 위하여 별도의 자격기준에 의하여 임용되는 공무원으로서 국가공무원의 경우 법령에서 별정직으로 지정하는 공무원을 말하고(국가공무원법 제2조 제3항 제2호), 지방공무원의 경우 법령 또는 조례에서 별정직으로 지정하는 공무원을 말한다(지방공무원법 제2조 제3항 제2호).


## Ⅲ. 고위공무원단 소속 공무원과 그 밖의 공무원

고위공무원단이란 전체 정부에 걸쳐 통합적으로 관리·운영되는 고위직 공무원의 인력풀로서 주요 정책의 결정 및 관리에 있어서 핵심적 역할을 담당하는 고위공무원을 다른 공무원과 분리하여 범정부적 차원에서 하나의 통합집단을 형성하고, 이들에게는 다른 공무원과 차별화된 인사원리가 적용되는 제도이다.[86] 따라서 국가공무원은 고위공무원단에 속하는가의 여부에 따라서 고위공무원단 소속 공무원과 그 밖의 공무원으로 나뉜다.

고위공무원단의 특징은 민간인의 유입을 가능하게 하는 개방형직위제도, 직위공모제도를 도입하고, 역량평가제, 교육훈련 등을 통하여 고위공무원의 능력을 발전시키고, 고위공무원의 성과와 책임성을 제고시키고, 폭넓은 시야로 국익을 위해 일할 수 있도록 통합관리하는 것이다.[87]


## Ⅳ. 계약직공무원과 임기제공무원

계약직공무원은 국가 또는 지방자치단체와 채용계약에 의하여 주로 전문·기술직에 일

---

85) 참고로 검찰총장, 경찰청장 및 합동참모의장은 국회의 인사청문 대상이지만 특정직공무원이다.
86) 김렬, 인사행정론, 128쪽 이하.
87) 박천오 외, 인사행정론, 136쪽.

정기간 종사하는 공무원을 말한다. 그런데 계약직공무원에 관한 근거규정은 2012. 12. 11. 법률 제11530호로 삭제되어 그 법적 근거가 상실되었고, 계약직공무원은 일반직 또는 별정직으로 전환되었다. 계약직공무원은 임기제공무원으로 대체되었으나,[88] 그럼에도 계약에 의한 공무원채용 자체가 금지되는 것은 아니다.[89]

과거 계약직공무원에 관한 판례에 따르면, 계약직공무원의 채용계약은 공법상 계약이고,[90] 계약직공무원의 채용계약에는 공권력성이 없다고 하여 항고소송의 대상이 되는 처분성이 부정되어 공법상 당사자소송에 의하여야 하고,[91] 계약직공무원 채용계약해지의 의사표시는 일반공무원에 대한 징계처분과는 달라서 행정절차법상 이유제시의무가 인정되지 않는다고 하고,[92] 계약직공무원의 보수삭감은 공권력성이 강하여 사실상 감봉과 같은 징계처분이라고 판시한 바가 있다.[93] 이러한 판례의 태도는 임기제공무원은 공법상 계약이라는 점에서 원칙적으로 유지되나, 행정사법 내지 사법상 계약에 의한 채용인 경우에는 구체적·개별적으로 판단할 필요가 있다.

## V. 그 밖의 종류

이외에도 개별적인 구별징표에 따라서, 정공무원·준공무원, 임기제[94]·시간선택제공무원[95](국가공무원법 제26조의2), 계약직(지방계약직공무원)·무기계약직·정규직 공무원, 입법·행정·사법공무원, 정치적·비정치적 공무원, 직접·간접공무원, 직업·명예직공무원, 전문직·비전문직공무뭔, 전문임기제공무원·전문경력관, 선거직·임명직·임기제공무원 등으로 분류하기도 한다.[96]

---

88) 그 예로 국가공무원 복무규정 제28조상 사실상 노무에 종사하는 공무원으로서 우정직공무원의 정원을 대체하여 임용된 일반임기제공무원 및 시간선택제일반임기제공무원을 들 수 있다.
89) 박균성, 행정법론(하), 박영사, 2020, 248쪽.
90) 서울특별시립합창단원의 위촉이 공법상 계약이라고 판시한 판례(대법 1995. 12. 22. 선고 95누4636 판결)가 있다.
91) 대법 1993. 9. 14. 선고 92누4611 판결.
92) 대법 2002. 11. 26. 선고 2002두5948 판결.
93) 대법 2008. 6. 12. 선고 2006두16328 판결.
94) 임기제공무원은 일반임기제·전문임기제·시간선택제임기제·한시임기제공무원으로 나눈다.
95) 시간선택제공무원은 시간선택제채용·시간선택제전환공무원으로 나눈다.
96) 홍정선, 행정법론(하), 310쪽 이하.

# 제3절 공무원의 인사행정기관

## I. 인사행정기관의 체계

우리나라 공무원법제에 있어서 인사행정기관의 체계가 어떻게 되어 있는가는 공무원의 개념이 다의적일 뿐 아니라 인사행정의 범위도 임용·복무감독·징계·소청 등에 걸쳐 있어서 간단하지 않다. 그러나 일반적으로 말하면 임용권뿐만 아니라 복무감독권·징계권 등이 임용권자에게 집중되어 있다. 정치적 중립성의 확보, 과학적 인사관리의 수행이란 관점에서 보면 적절하지 못하다.

## II. 중앙인사관장기관과 인사위원회

중앙인사관장기관이란 인사행정에 관한 기본정책의 수립 및 국가공무원의 운영에 관한 사무 등 국가의 인사행정을 전문적·집중적으로 관장하는 기관을 말한다. 따라서 각 부처의 인사업무를 제한적으로 행사하는 기관별 인사부서(주로 인사과 또는 운영지원과)와는 구별된다. 중앙인사관장기관의 설립은 전통적인 엽관적·정실적 인사관행을 방지하기 위한 것으로서, 실적주의 인사제도를 도입·운영하였다. 이 중앙인사관장기관은 실적주의를 위한 감사기능, 인사행정에 관한 규칙을 제정할 수 있는 준입법기능, 위법·부당한 인사처분에 대한 당해 공무원의 소청이 있을 때에는 이를 재결할 수 있는 준사법기능을 비롯하여 인사행정에 관한 구체적인 사무를 수행하는 집행기능 등에 관한 권한을 가진다.[97]

지방자치단체가 발전함에 따라서 지방자치단체의 행정은 중앙행정기관의 통제로부터 분리되어 왔다. 그런데 지방자치단체의 인사기능 역시 발전하여 지방자치단체의 장의 인사전횡을 막기 위한 인사위원회가 설립되었다.[98]

인사위원회는 지방자치단체에 임용권자[99]별로 설치된다.

---

97) 박천오 외, 인사행정론, 69쪽 이하.
98) 김렬, 인사행정론, 158쪽 이하; 박천오 외, 인사행정론, 96쪽 이하;
99) 임용권을 위임받은 자를 제외하되, 그 중 시의 구청장과 지방자치단체의 장이 필요하다고 인정하는 소속 기관의 장을 포함한다.

# 제3장 공무원관계

## 제1절 서설

### Ⅰ. 의의

공무원관계는 공무원과 공무원의 임용주체인 행정주체 간의 법률관계를 말한다. 공무원은 보수청구권, 연금수급권과 같은 권리를 가짐과 동시에 신분상의 의무와 직무상의 의무를 부담한다. 공무원관계는 종래 공법상의 특별권력관계[100]와 같은 개괄적·추상적 개념에 의하여 이해되어 왔으나, 오늘날의 공무원관계는 법치행정의 원리가 적용되게 됨에 따라서 법령에 의하여 규율되게 되었다. 따라서 공무원에게도 소청이나 행정소송을 제기할 수 있는 권리가 인정된다.[101] 다만 공익성의 원칙상 공무원의 직무의 성질·특성이 고려되어야 하므로 공무원관계를 규율하는 공무원법제를 개별적·구체적으로 검토하여야 한다.

---

[100] 김철용, "공법상 특별권력관계와 기본적 인권", 서울대학교 법학석사학위 논문, 1963. 8; 김철용, "서독의 특별권력관계", 법정 1964. 8월호, 42쪽 이하.

[101] 우리나라의 과거 오래전에 징계에 관하여 특별권력관계를 언급하면서 행정소송이 허용되지 아니한다는 내용의 판례가 있었다(대법 1952. 9. 23. 선고 4285행상3 판결).

## II. 법적 성질

공무원관계 특히 공무원의 근무관계의 법적 성질에 관하여는 오늘날 특별권력관계설[102] 은 찾아보기 어렵고 사법관계설(사법상 근무계약관계설), 공법관계설로 나누고 공법관계설은 다시 공법상 법정근무관계설,[103] 공법상 계약에 의한 근로고용관계설[104]로 나뉜다.

공무원의 근무관계가 사법상 계약에 의한다는 사법계약설을 취한다고 하더라도 공무원 신분이라는 점에서 일정한 공법적인 제약이 불가피하고, 최근 개방형 공직채용과 임기제 공무원이 증가하는 추세에 있다는 점에서 공법상 계약에 의한 근로고용관계로 볼 여지는 있다. 그러나 공무원의 보수, 근로조건 등이 계약에 의해서가 아니라 공무원 관련 법률에 의하여 정하여 있다는 점에서 문제가 있다.

현행법의 추세로 보면 공무원관계의 성질은 특별권력관계와 같은 개괄적·추상적 개념 에 의하여 설명되어야 할 것이 아니다. 개방형 공직채용이나 임기제공무원의 계약[105]도 공무원법제 내에 포섭가능하다는 점에서 결국 공무원의 근무관계를 규율하는 공무원법제 의 해석에 의하여 직무의 성질·내용에 따라 공무원의 공익성이 개별적·구체적으로 검토 되어야 한다.[106]

또한 공무원의 권리·의무도 공무원관계를 규율하는 공무원법제 규정의 해석을 중심으 로 파악되어야 할 것이다.

---

102) 종래 학설의 대립은 과거 선진국에서 존재했던 것이므로 오늘날 우리나라에서는 논의의 실익이 없다고
한다. 박균성, 앞의 책, 249쪽.
103) 홍정선, 행정법론(하), 304쪽.
104) 이상규, 앞의 책, 202쪽.
105) 전술한 바와 같이, 과거 계약직공무원의 채용계약은 공법상 계약으로 보는 것이 일반적이었고, 오늘날
계약직공무원은 임기제공무원으로 대체되었으나, 계약에 의한 공무원채용 자체가 금지되는 것은 아니
다. 다만 사법상 계약에 의해 채용되어 공무수행에 종사하는 사람들은 공무원의 신분을 가지지는 못한다
고 하는 견해로는 박균성, 앞의 책, 251쪽 참조.
106) 박균성, 앞의 책, 250쪽; 홍준형, 행정법, 1132쪽.

## Ⅲ. 공무원관계에 적용되는 법규정

공무원의 보수, 근로조건 등 근무관계는 법정되어 있으며(국가공무원법 제5장, 제7장, 제9장 등, 지방공무원법 제5장, 제6장, 제7장 등), 종래 특별권력관계에 근거하여 공무원의 신분상의 불이익을 가하는 징계처분에 있어서도 아무런 법적 근거가 없어도 가능하였고, 이 징계처분에 대해서는 사법심사 자체가 부정되었다.[107] 그러나 오늘날 공무원징계에도 법치주의가 적용되어 공무원법에 징계처분에 대하여 소청(국가공무원법 제9조 내지 제16조, 지방공무원법 제13조 내지 제21조)을 비롯해서 처분성이 인정되어 항고소송을 제기하여 불복할 수 있게 되었다(행정소송법 제2조 제1항 제1호, 제4조, 제20조).

공무원관계에 법치주의가 적용된다고 하더라도 공무원사회의 기능의 특수성·전문성을 어느 정도 감안하여 일반법인 공무원법의 특별법의 성격을 가지는 법률을 입법하는 경우가 있다. 그 대표적인 예가 법관, 검사, 외무공무원, 경찰공무원, 소방공무원, 교육공무원, 군인, 군무원, 헌법재판소 헌법연구관, 국가정보원의 직원과 특수 분야의 업무를 담당하는 공무원을 들 수 있다. 예컨대 경찰공무원은 책임 및 직무의 중요성과 신분 및 근무조건의 특수성에 비추어 경찰공무원의 임용·교육훈련·복무·신분보장 등에 관하여 국가공무원법에 대한 특례를 규정한 경찰공무원법의 적용을 받게 된다(경찰공무원법 제1조).

공무원관계에 있어서 각 개별법률의 적용 여부는 결국 판례에 의하여 형성된다고 할 수 있다.


## Ⅳ. 공무원관계의 변동(임용)

### 1. 의의

행정학에서는 공무원관계의 변동, 즉 임용을 주로 "결원보충활동", "정부조직에서 사람을 선발하여 쓰는 활동" 또는 "공무원관계를 발생·변경·소멸시키는 행위"로 이해하기도 한다. 이는 임용의 특징과 범위에 관한 표현이다.[108]

공무원법상의 공무원관계의 변동은 공무원관계의 발생·변경·소멸을 말하고, 이러한

---

107) 대법 2019. 10. 31. 선고 2013두20011 판결.
108) 김렬, 인사행정론, 165쪽; 박천오 외, 인사행정론, 203쪽 이하.

공무원관계의 변동을 일으키는 모든 행위를 임용이라고 한다(공무원임용령 제2조 제1호). 따라서 행정학적 현상인 공무원관계의 변동의 공무원법령상의 표현이 임용이다. 이 임용에는 공무원관계를 발생시키는 임명, 공무원관계를 변경시키는 승진임용, 전직, 전보, 겸임, 파견, 강임, 휴직, 직위해제, 정직 및 복직, 공무원관계를 소멸시키는 면직, 해임 및 파면이 있다(공무원임용령 제2조 제1호).

## 2. 임용의 유형

### (1) 내부임용과 외부임용

임용의 유형에는 외부임용과 내부임용이 있다. 내부임용은 정부조직 내부에서 이루어지고, 외부임용(신규채용)을 통해 설정된 공무원의 신분을 유지하면서 인사이동 등을 하는 것을 말한다. 정부 내의 임용인 내부임용과 달리 외부임용은 정부 외에서 공무원으로 신규채용한다. 신규채용은 실적주의와 공개성의 원리에 따라 시험 등을 통하여 이루어지고 채용방식으로는 공개경쟁채용시험(공채)과 경력경쟁채용시험(경채)이 있다. 최근 급변하는 행정환경과 다양한 국민의 행정수요에 대응하기 위하여 각 부처의 자율적인 채용권한이 확대되어서 특별채용, 계약직 채용 등이 가능하게 되었다.[109]

### (2) 혼합형 임용

#### 1) 의의

혼합형 임용은 정부 내 특정 직위의 문호를 정부 내외·외부에 적극적으로 개방하여 전문성을 갖춘 유능한 인재를 임용하는 것을 말한다. 이에는 민간과 경쟁하여 최적격자를 임용하는 개방형직위제도와, 타부처 공무원과 경쟁하여 최적격자를 임용하는 공모직위제도가 있다.

---

[109] 김렬, 인사행정론, 167쪽 이하; 박천오 외, 인사행정론, 204쪽 이하.

### 2) 개방형 직위제도

개방형 직위제도는 정부의 각종 직위의 업무특성을 분석한 결과 다른 정부기관에 소속된 공무원뿐만 아니라 민간인에 의하여도 수행되는 것이 바람직하다고 판단되는 직위에 공개모집 절차를 거쳐서 적격자를 선발하는 제도로서 2000년에 도입되었다. 개방형 직위제도는 기존의 계급 및 계층제 중심의 조직관리 형식에서 탈피하여 직무수행의 성격에 따라 직위에 대한 적합한 직무수행요건을 충족하는 외부인사를 활용하는 제도로서 일종의 직무중심의 직위분류제적 성격을 내포하는 제도이다.[110]

### 3) 공모직위제도

공모직위제도는 폐쇄적인 순환보직 위주의 인사관리시스템을 전문성 부족 및 책임성 저하라는 문제점을 해소하고 공직사회의 경쟁력을 제고시키기 위하여 2006년 도입되었다. 공모직위는 경력직 고위공무원단 직위 수의 30% 범위에서 지정하고, 직무공통성, 정책통합성, 변화필요성 등의 기준을 고려하여 부처별 "공모직위 운영심의위원회"의 심의를 거쳐 직위를 선정한다.[111]


## 제2절 공무원관계의 발생


## I. 의의

공무원관계는 여러 원인에 의하여 발생한다. 공무원을 광의로 이해하는 경우에는 공무원관계는 선거에 의하여 발생하기도 하고(예; 대통령·국회의원·지방자치단체의 장 등), 행정계약에 의하여 발생하기도 하며, 또는 사무위임·위탁 등에 의하여 발생하기도 한다. 공무원을 협의로 이해하는 경우에도 임명에 의하여 발생하기도 하고, 법률의 규

---

110) 김렬, 인사행정론, 168쪽; 박천오 외, 인사행정론, 210쪽 이하; 그럼에도 예컨대 경찰과 같이 직무의 성격이 타 공조직과 달리 특수한 환경을 가지고 있는 경우에는 일반적인 개방형 직위제도를 그대로 활용할 수 있는지 논란이 되고 있다. 조현빈, "한국경찰의 개방형임용제 도입가능성에 대한 검토", 한국콘텐츠학회논문지 제11권 제2호, 397−407쪽; 개방형 직위 임용자가 기존 조직문화에 쉽게 적응, 전문성을 발휘하여 제도의 운영취지를 살리는 방안에 관하여는, 장현주/윤경준, "개방형 임용에 대한 지방 관료사회의 수용성", 한국정책과학학회보 제12권 제4호, 2008. 12, 179−202쪽 참조.

111) 박천오 외, 인사행정론, 212쪽.

정에 의하여 발생하기도 한다(예; 징집된 현역병). 이들 중에서 가장 일반적인 발생원인은 임명이다.

## II. 임명의 의의와 법적 성질

### 1. 임명의 의의

임명이란 특정인에게 공무원의 신분을 새로이 설정하는 행위, 즉 공무원관계를 발생시키는 행위를 말한다. 임명은 임용과 구별된다. 임용이란 공무원관계를 발생, 변경, 소멸시키는 모든 행위, 즉 공무원관계를 처음 발생시키는 신규채용, 공무원관계의 변경에 해당하는 승진·전직·전보·파견·휴직 및 공무원관계를 소멸시키는 면직행위를 모두 포함하는 것을 말한다. 그러나 임용이라는 개념도 좁은 의미에서는 임명이란 뜻으로 사용된다. 임명은 보직과 구별된다. 보직이란 공무원의 신분을 취득한 자에게 일정한 직위를 부여하는 행위를 말한다. 그러나 임용이란 개념을 보직을 포함하여 사용하는 경우도 있다.

### 2. 임명의 법적 성질

#### (1) 동의의 결여를 취소사유로 하는 행정행위설

이 설은 국가 등과 사인 간에는 공법상 계약이 성립할 수 없고, 따라서 국민 등의 공법상의 복무는 반드시 국가 등의 일방적 행정행위에 의거하여야 하지만 국민 등을 공무원으로 복무시키는 것이 일반적인 국가 등의 행위에 의하여 행하여진다는 것은 오늘날의 법률관념에 전혀 맞지 않으므로 거기에는 적어도 상대방의 동의가 있어야만 한다는 견해[112]이다. 즉 효력을 발생케 하는 것은 국가 등의 의사인 행정행위이지만 그것이 완전히 유효하기 위해서는 상대방인 국민 등의 동의를 얻지 않으면 아니 된다. 만일 국가 등이 상대방의 동의를 얻지 아니하고 그 자를 공무원에 임명하여도 그 임명행위 자체는 당연무효인 것은 아니지만 취소를 면할 수 없게 된다.

---

112) 한태연/정희채, 행정법학(상), 법문사, 2000, 396-397쪽.

## (2) 동의의 결여를 무효사유로 하는 행정행위설

이 설은 공무원의 임명행위가 상대방인 공무원의 동의를 요하는 행정행위라는 점에서는 동의의 결여를 취소사유로 하는 행정행위설과 같으나, 다른 점은 상대방의 동의가 행정행위를 유효하게 성립하기 위한 절대적 요건으로서 만일 그 요건을 결여하게 되면 그 행정행위는 취소를 기다리지 아니하고 당연무효라는 견해이다. 우리나라의 다수설이다.[113]

## (3) 공법상 계약설

이 설은 임명행위를 국가 등과 상대방의 의사의 합치로 성립하는 계약이되, 공법상 근무관계의 설정이라는 공법적 효과를 발생시키는 계약이므로 공법상 계약으로 보아야 한다는 견해이다. 다만 공무원관계의 구체적인 내용은 국가 등에 의하여 정형적·일방적으로 정하여지고 공무원의 신분을 취득하고자 하는 자는 그것을 포괄적으로 받아들이는 형식을 취하는 것이 보통임에 비추어 공법상 부합계약이라고 한다.[114]

## (4) 검토

위의 제 이론은 일면적인 측면에서 고찰한 것으로 보인다. 임명행위 자체는 국가 등의 일방적인 의사표시라는 점에서 행정행위의 성격을 가지고 있고, 특히 임명행위를 수익적 행정행위라는 측면에서 이해하면 동의의 결여를 취소사유로 하는 행정행위설이 타당하고, 피임명자의 동의를 중요시하게 되면 동의의 결여를 무효사유로 이해하게 된다. 뿐만 아니라 임명행위의 결과 발생하는 공무원의 근무관계의 내용은 법령으로 정해지는 것이어서 정형적이고 일방적인 부합계약의 성격을 가질 수밖에 없을 뿐만 아니라, 최근 개방형직위, 공모직위, 시보임용을 비롯하여 임기제공무원의 증가추세를 반영하면 공법상 계약의 성질도 가진다.[115]

---

113) 쌍방적 행정행위를 "동의의 결여를 무효사유로 하는 행정행위"로 이해하는 견해[김도창, 일반행정법론 (상), 청운사, 1993, 372-373쪽; 박윤흔, 최신행정법론(상), 박영사, 2004, 307쪽]에 의하면 동의의 결여를 무효사유로 하는 행정행위설은 쌍방적 행정행위설이 된다[김도창, 일반행정법론(하), 청운사, 1993, 222쪽; 박윤흔, 최신행정법론(상), 박영사, 2004, 209쪽]. 그러나 쌍방적 행정행위를 "동의의 결여를 취소 또는 무효사유로 하는 행정행위"로 이해하면서도[김동희, 행정법 I (제25판), 박영사, 2020, 263쪽], 임명의 법적 성질에 관하여 쌍방적 행정행위설을 지지하는 견해(김동희, 행정법 II, 141쪽)도 있다.
114) 이상규, 앞의 책, 213쪽.
115) 이런 점에서 임명행위를 행정행위와 공법상계약으로 둘로 나누어 설명하는 견해도 이해 못할 바 아니다.

따라서 결국 공무원이 특별권력관계에서 일반적 권력관계로 이행하는 상황에 맞추어서, 임명행위가 종래의 일방적인 권력적 단독행위인 행정행위의 성격에서 점차로 이른바 행정사법적인 성격으로 이행하고 있는 것으로 보인다. 이런 점에서 계약직공무원을 포함한 공무원의 종류에 따른 임명행위의 성질을 파악하여야 한다. 예컨대 경력직공무원에 대한 임명행위의 성질에 관한 한 동의의 결여를 무효사유로 하는 행정행위설이 일응 타당하나, 공무원의 종류에 따라서 동의가 결정적인 요소가 아닌 경우에는 취소사유로 하는 것도 가능하다고 보아야 한다. 임기제공무원인 경우에는 일반적으로 공법상 계약설이 일응 타당하나, 행정사법 내지 사법상 계약에 의한 채용 자체가 완전히 부정되는 것은 아니다.

## 3. 현대 인사행정과 입법지체

공무원은 집단에 대한 충성이 아닌 전체 국민에 대한 봉사자라는 점에서 사람에 대한 충성이나 정실을 기준으로 한 공무원의 인사를 방임해서는 아니 되고 이를 근절하기 위해서는 법적 규율을 하여야 한다.[116] 한편 현대 인사행정은, 세계화, 다양화, 개방화, 분권화, 전문화, 정보화의 토양하에서, 인간주의적, 소비자중심주의적, 통제주의 내지 경직성의 완화, 연공서열에 의한 계급제보다는 성과주의의 구현, 정보화의 추진 등을 추구할 필요가 있다.[117] 따라서 이러한 현대 인사행정이 가능하도록 하려면 공무원의 인사에 있어서 법적인 경직성을 완화할 필요가 있다. 예컨대 공무원 임명등 인사와 관련된 법제도를 신속하고 탄력적으로 정비를 하여 현대 인사행정에 있어서 입법지체를 최소화하여야 한다.

---

홍정선, 행정법론(하), 313쪽 이하 참조.
116) 유민봉/박성민, 한국인사행정론, 박영사, 2020, 14쪽, 31쪽 이하 참조.
117) 김렬, 인사행정론, 10쪽 이하; 오석홍, 인사행정론, 62쪽 이하; 임도빈/유민봉, 인사행정론, 박영사, 2019, 42쪽 이하.

## III. 임명의 요건

### 1. 소극적 요건

#### (1) 결격사유

공무원 임명의 요건 중 소극적 요건(능력요건이라고도 한다)은 각 공무원법에서 결격사유로 정리되어 있다(국가공무원법 제33조, 지방공무원법 제31조 등). 결격사유는 공무원의 당연퇴직사유이기도 하다(국가공무원법 제69조, 지방공무원법 제61조).

외국인이 공무원이 될 수 있는가가 문제된다. 법률에 명문으로 대한민국의 국적을 가지지 아니한 자를 공무원의 결격사유로 규정하고 있는 경우[118]가 있다.

#### (2) 결격사유 있는 경우의 임명의 효과

결격사유에 해당하는 자의 임용행위는 당연무효가 된다. 경찰관임용 결격사유가 있었다면 비록 임용권자의 과실에 의하여 임용결격자임을 밝혀내지 못하였다 하더라도 그 임용행위가 당연무효라고 하는 것이 학설·판례이다.[119] 공무원이 재직 중 이 사유에 해당할 때에는 당연 퇴직된다.

### 2. 적극적 요건

공무원으로 되기 위해서는 소극적으로 결격사유에 해당하지 아니하여야 할 뿐만 아니라 적극적으로 개별법령에서 요구하는 일정한 자격을 갖추어야 하고(자격요건), 소정의 임용시험에도 합격하여야 한다(성적요건).

경력직공무원의 임명은 시험성적·근무성적 그 밖에 능력의 실증에 의하여 행한다(국가

---

118) 예: 외무공무원법 제9조 제2항, 국가정보원직원법 제8조 제2항, 대통령등의 경호에 관한 법률 제8조 제2항, 경찰공무원법 제7조 제2항, 군인사법 제10조 제2항, 군무원인사법 제10조 등.
119) 다만 서울특별시 경찰국장이 일반사면령 등의 공포로 현재 결격사유에 해당하지 아니한다는 이유로 당연퇴직은 불가하다는 조치를 내렸고 정년퇴직 시까지 계속 근무한 사건(대법 1996. 2. 27. 선고 95누9617 판결)에서 결격사유가 치유된 것으로 믿을 만한 신뢰보호 및 법적안정성을 이유로 결격사유의 하자가 치유된 것으로 보는 것이 타당하다는 것에는, 박균성, 앞의 책, 260쪽 이하.

공무원법 제26조, 지방공무원법 제25조). 그러나 특수경력직공무원의 임명에는 이러한 적극적 요건을 반드시 지키도록 법이 요구하고 있지 않다. 그러나 임용권자는 이에 준하여 임용시험을 부과하여도 무방하다. 경력직공무원의 신규채용은 공개경쟁시험[120]에 의함을 원칙으로 하며, 예외적으로 경력경쟁시험에 의할 수 있다(국가공무원법 제28조, 지방공무원법 제27조). 공개경쟁에 의한 채용시험은 동일한 자격을 가진 모든 국민에게 평등하게 공개하여야 한다(국가공무원법 제35조, 지방공무원법 제33조).

성적요건이 결여되면 그 임용은 취소할 수 있다. 당초 임용 당시 공무원 결격사유가 있었던 자를 그 후의 공무원 경력을 바탕으로 특별임용하였으나 특별임용 당시에는 공무원 결격사유가 없는 경우는 당연무효가 아니라고 한다.[121]


## Ⅳ. 임명절차

시험실시기관의 장은 채용시험에 합격한 자를 채용후보자명부에 등재하여야 한다(국가공무원법 제38조 제1항, 지방공무원법 제36조 제1항). 시험실시기관의 장은 채용후보자명부에 등재된 채용후보자를 임용권자 또는 임용제청권자에게 추천하여야 한다(국가공무원법 제39조 제1항 본문, 지방공무원법 제37조 제3항).

개방형 직위제는 특정 직위에 결원이 발생하면 공적 내외의 공개모집을 통하여 적격자를 선발하여 해당 직원에 임용하는 제도이다. 즉 그 적격자가 해당기관의 공무원이든 다른 기관의 공무원이든 또는 외부 민간이든 상관하지 아니하는 제도이다. 이 제도는 공직을 개방하여 민간과의 경쟁을 유도하여 주로 폐쇄형 임용제의 문제점을 해소하고 특히 고위직 공무원의 전문적 정책능력을 향상시키기 위한 제도이다.[122]

공모직위제는 공개모집에 의한 직위제로서 특정 직위에 결원이 발생하면 해당 기관의 내외에 근무하는 공무원의 공모방식으로 적격자를 선발·임용하는 제도이다. 개방형직위제와 공모직위제는 모두 폐쇄형 임용제를 탈피하기 위한 제도이지만, 전자는 공무원뿐만 아니라 민간인에게도 그 직위를 개방하는 반면, 후자는 재직공무원을 대상으로 한다는 점에서 차이가 있다.[123]

---

120) 공무원채용시험 시행계획공고가 공권력의 행사에 해당한다고 한다(헌재 2000. 1. 27. 선고 99헌마123 전원재판부 결정).
121) 대법 1998. 10. 23. 선고 98두12932 판결; 대법 2008. 12. 24. 선고 2008두8970 판결.
122) 김렬, 인사행정론, 273쪽 이하; 박천오 외, 인사행정론, 210쪽.
123) 김렬, 인사행정론, 263쪽 이하; 박천오 외, 인사행정론, 212쪽.

시보(probationer)란 "시험삼아 맡김"의 뜻으로 정규공무원으로 임용(제청)되기 전에 시보기간 중에 있는 공무원의 신분을 말한다. 이와 같은 시보공무원의 신분을 부여하는 행위를 시보임용이라 한다. 시보제도는 공식적인 선발활동을 통해 배제하지 못한 부적격자를 파악하려는 선발절차의 기능을 한다. 다른 한편으로는 실무를 배워 수습하면서 공직에 대한 이해도를 높여서 공직에 적응시키려는 부수적인 목적도 있으며, 시보임용을 통해 선발수단에서의 오류를 최종적으로 시정할 기회를 가진다.[124]

국가공무원법상에는 근무시간의 단축 임용(국가공무원법 제26조의2), 외국인과 복수국적자의 임용, 지역인재의 추천 채용 및 수습근무(국가공무원법 제26조의4), 근무기간을 정하여 임용하는 공무원(국가공무원법 제26조의5), 국가유공자 등의 우선임용(국가공무원법 제42조), 장학금지급 조건부 임용(국가공무원법 제85조) 등이 있다.


## V. 임명의 형식과 효력발생

문서주의의 원칙상 공무원의 임명 형식은 임명장 또는 임용통지서의 교부에 의한다(행정절차법 제24조 제1항). 임명의 효력은 임명장 또는 임용통지서에 적힌 날짜에 발생한다(공무원임용령 제6조 제1항, 지방공무원법임용령 제5조 제1항). 공무원의 임용은 그 일자를 소급하여서는 아니 됨이 원칙이다(공무원임용령 제7조, 지방공무원임용령 제6조).

행정행위의 하자론에 따라서 부존재, 무효, 취소의 문제로 된다. 임기제공무원인 경우에는 원칙적으로 공법상 계약이나, 행정사법 내지 사법에 의한 채용인 경우에는 원칙적으로 사법상 계약의 문제로 되고 경우에 따라서는 공법상의 제한이 따를 수 있다.

---

124) 김렬, 인사행정론, 205쪽 이하; 박천오 외, 인사행정론, 231쪽; 유민봉/박성민, 앞의 책, 290쪽.

# 제3절 공무원관계의 변경

## I. 의의

공무원관계의 변경이란 공무원의 신분을 유지하면서 공무원관계의 내용을 변경하는 것을 말한다. 공무원 관계의 변경은 공무원임명행위와는 달리 일방적 단독행위로 행하여지는 것이 원칙이다. 공무원관계의 변경에는 수직적·수평적 변경, 무보직 변경으로 나누고, 수직적 변경에는 승진과 강임이 있고, 수평적 변경에는 전보, 전직, 전입, 인사교류, 겸임 및 파견이 있고, 무보직 변경에는 휴직, 직위해제, 정직·강등이 있다.[125]

## II. 수직적 변경

### 1. 승진

일반적으로 승진이란 상위직에 결원이 생겼을 때 하위직급에서 상위직급으로 이동하는 것으로 책임과 권한의 증대를 수반하는 것이고 승급이란 직책의 변동없이 동일 직급에서 호봉이 상승하는 것이다. 보수의 증액으로 공무원의 지위를 향상시킨다는 점에서 승진과 승급은 공통된 요소를 갖는다.[126] 공무원법상에서의 승진이란 동일한 직렬 안에서 하위직급에 있는 자가 바로 상위 직급에 임용되는 것을 말한다. 따라서 직렬이 다른 상위직급으로 승진할 수 없고 직렬이 다른 하위직급으로 전직한 후 승진하여야 한다. 승진정체현상을 해소하기 위하여 상위직급대우공무원제가 시행되고 있는데 상위직급에 상응하는 보수상의 우대를 하는 것일 뿐이고 승진은 아니다(공무원임용령 제35조의3).[127] 승진에는 일반승진과 특별승진이 있다.

---

125) 공무원에게 부여된 ① 기존의 특정직위를 다른 직위로 변경시키는 경우와, ② 기존의 특정직위를 박탈하여 무직위로 변경하는 경우로 나누고 전자 ①의 경우에는 상위직급, 동등직급, 하급직급 및 이중직위로 변경하는 경우와, 후자 ②의 경우에는 휴직, 직위해제, 정직이 문제된다고 하는 것에는, 홍정선, 행정법론(하), 323쪽 참조.
126) 박천오 외, 인사행정론, 267쪽; 오석홍, 인사행정론, 181쪽.
127) 박윤흔/정형근, 최신행정법강의(하), 216쪽.

승진과 관련된 승진임용청구권은 개인적 공권으로서 존재하지 아니한다고 하고, 다만 승진의 자격·능력·전문적 지식 등에 따른 판단은 임명권자의 평가적인 인식행위로서 제한된 범위 내에서만 사법심사의 대상이 된다는 견해[128]가 있으나, 판례에 따르면, 승진임용인사발령에서 제외하는 행위가 항고소송의 대상인 처분에 해당하고,[129] 임용권자에 대하여 조리상 승진임용신청권이 인정된다.[130] 따라서 승진임용과 관련하여서는 항고쟁송 및 부작위위법확인소송이 인정된다. 그 외에 승진임용권이 있는 공무원을 고의·과실로 승진대상자에서 누락 또는 제외한 경우에는 국가배상이나 민사상의 손해배상이 인정될 여기가 있고,[131] 그 외 헌법소원 등의 구제방법이 있다.

## 2. 강임

강임이란 동일한 직렬 안에서의 하위의 직급에 임명되거나 하위 직급이 없어 다른 직렬의 하위 직급으로 임명되거나 고위공무원단에 속하는 일반직공무원이 고위공무원단 직위가 아닌 하위 직위에 임명되는 것을 말한다(국가공무원법 제5조 제4호, 지방공무원법 제5조 제4호).

## III. 수평적 변경

## 1. 전보·전직·전입

전보란 동일한 직급 안에서의 보직변경(예: 서기관을 A과장직에서 B과장직으로 보하는 것) 또는 고위공무원단 직위 간의 보직변경(국가공무원법 제4조 제2항의 규정에 의하여 계급을 달리 정한 공무원의 경우에는 고위공무원단 직위와 대통령령이 정하는 직위간의 보직변경을 포함)을 말한다(국가공무원법 제5조 제6호, 지방공무원법 제5조 제6호). 공무원에 대한 전보명령은 상대방 있는 행정처분이므로 그 의사표시가 상대방에게 도달하여야 효력이 발생한다.[132]

---

128) 홍정선, 행정법론(하), 324쪽.
129) 대법 2018. 3. 29. 선고 2017두34162 판결.
130) 4급 공무원이 당해 지방자치단체 인사위원회의 심의를 거쳐 3급 승진대상자로 결정되고 임용권자가 그 사실을 대내외에 공표까지 한 사례이다(대법 2009. 7. 23. 선고 2008두10560 판결).
131) 대법 1998. 2. 10. 선고 95다39533 판결.
132) 대법 1993. 4. 27. 선고 92도2688 판결.

전보는 소위 좌천성 인사로 악용될 소지가 있다. 판례도 전보가 공무원의 근무환경 또는 근무조건과 직무의 연속성 및 일상생활의 안정성을 침해하는 경우 취소소송의 제기할 법률상 이익이 인정된다고 한다.[133) 전직이란 직렬을 달리하는 임용(예: 행정사무관을 검찰사무관으로 임용하는 것)을 말한다(국가공무원법 제5조 제5호, 지방공무원법 제5조 제5호). 직렬은 인사행정의 전문성을 높이고 직위분류제의 성격을 가미하기 위한 것으로서 공무원의 채용이나 전보, 승진의 기준으로 삼고 있다. 전입이란 국회 · 법원 · 헌법재판소 · 선거관리위원회 · 행정부 상호 간의 인적 교류, 즉 중앙인사관장기관을 달리하는 기관으로 이동하는 것을 말한다.

## 2. 인사교류

인사교류란 행정부 내에서 행정기관과 교육 · 연구기관 또는 공공기관 간, 교육부 또는 행정안전부와 지방자치단체 간, 광역지방자치단체 및 관할구역 안의 기초지방자치단체 상호 간 등에 인사교류계획(인사교류기준)에 따라 행하여지는 수평이동을 말한다(국가공무원법 제32조의2, 지방공무원법 제30조의2). 이 제도는 인력의 균형 있는 배치와 효율적인 활용, 국가정책 수립과 집행의 연계성 확보, 행정기관 상호 간의 협조체제 증진 및 공무원의 종합적 능력발전 기회의 부여, 연고지 배치 등을 위하여 행하여지고 있다(공무원임용령 제48조, 지방공무원법임용령 제27조의5).[134)

## 3. 겸임

겸임이란 현재 특정한 직위를 갖고 있는 공무원을 그 직위를 보유한 채로 다른 공직을 임용하거나 다른 기관 · 단체의 임직원을 공무원으로 임용하는 것을 말한다. 겸임의 요건은 직위 및 직무 내용이 유사하고 담당 직무 수행에 지장이 없다고 인정되는 경우에 한한다(국가공무원법 제32조의3, 지방공무원법 제20조의3, 공무원임용령 제40조).

---

133) 서울고법 1998. 3. 26. 선고 97구6200 판결.
134) 대법 2005. 6. 24. 선고 2004두10968 판결에 대한 평석으로 김중권, "인사교류계획이 결여된 전출결정(명령)의 효력에 관한 소고", 행정판례연구 XV-1, 273쪽 이하.

## 4. 파견

파견이란 공무원이 다른 기관의 업무를 지원하거나 연수, 그 밖에 능력개발 등을 위하여 자기 본래의 직무를 일정기간 동안 떠나 다른 기관에서 근무하는 것을 말한다(국가공무원법 32조의4, 지방공무원법 제30조의4, 공무원임용령 제41조). 파견을 본직을 가진 채로 다른 기관의 업무를 수행하는 겸임과 구별되며, 자기 직무에서 완전히 이탈하여 다른 기관이나 부서에서 근무하는 전보와도 구별된다. 또한 출장과는 본직을 가지 채로 다른 기관에서 직무를 수행하는 점에서 유사하나, 직무상 명령이 아닌 임용행위라는 점과 담당업무의 성격·신분·급여·복무관계·기간 등에서 차이가 있다. 파견직원의 급여는 원 소속기관에서 지급한다.


## Ⅳ. 무보직 변경

## 1. 휴직

휴직이란 일정기간 동안 직무에 종사할 수 없는 사유가 발생한 경우에 공무원관계는 계속 유지하되, 본인의 신청이나 임용권자의 직권에 의하여 직무수행의 의무만을 해제하는 것을 말한다. 이 제도는 행정기관의 입장에서는 휴직기간 동안 면직 후 재임용하는 등의 복잡한 절차가 필요 없어 인사의 효율성을 도모할 수 있을 뿐만 아니라, 공무원 본인에게도 안심하고 다른 직무에 종사할 수 있는 여건을 부여하는 점에서 직업공무원제도를 표방하고 있는 대부분의 국가에서 채택하고 있다. 휴직은 공무원의 신분을 계속 갖고 있으면서 직무에 종사하지 않는다는 점에서는 직위해제나 정직과 같으나, 본인의 원에 의하여 휴직할 수도 있고 제재의 효과가 없다는 점에서 직위해제나 정직 등과 구분된다. 휴직제도는 특정한 사유가 발생하면 직무에서 이탈할 수 있다는 적극적 의미와 함께 법정사유 외에는 임용권자가 자의로 휴직을 명할 수 없다는 소극적 의미도 동시에 갖고 있다. 휴직에는 본인의 의사와 상관없이 임용권자가 휴직을 명하는 직권휴직과 본인의 원에 의하여 임용권자가 휴직을 명하는 청원휴직(의원휴직)이 있다.

휴직 중인 공무원은 신분은 보유하나 직무에 종사하지 못한다(국가공무원법 제73조 제1항, 지방공무원법 제65조 제1항). 휴직기간은 승진소요최저연수에 포함되지 아니하는 것이 원칙이다(공무원임용령 제31조 제2항). 휴직기간 중 그 사유가 소멸된 때에는 30일 이내에 임용권자 또는 임용제청권자에게 이를 신고하여야 하며, 임용권자는 지체없이 복직을 명하여야 한다.[135]

## 2. 직위해제

### (1) 의의

직위해제란 공무원으로서 신분은 유지하되 직무담임을 강제로 해제하는 행위를 말한다. 국가공무원법상의 직위해제란 일반적으로 공무원이 직무수행능력이 부족하거나 근무성적이 극히 불량한 경우, 공무원에 대한 징계절차가 진행 중인 경우, 공무원이 형사사건으로 기소된 경우 등에 있어서 당해 공무원이 장래에 있어서 계속 직무를 담당하게 될 경우 예상되는 업무상의 장애 등을 예방하기 위하여 일시적으로 당해 공무원에게 직위를 부여하지 아니함으로써 직무에 종사하지 못하도록 하는 잠정적인 조치로서의 보직의 해제를 의미한다.[136]

제도의 취지는 징계벌을 대체하는 관리수단으로서 기관장의 지휘감독권을 강화함과 아울러 정직처분을 위해서는 징계위원회의 사전심사절차가 필요하여 비능률적인 측면이 있으므로 이를 보완하기 위한 것이다. 직위해제는 본인의 귀책사유가 있는 점에서 휴직과 달리 제재적인 성격을 가지기는 하나, 과거의 공무원의 비위행위에 대하여 기업질서 유지를 목적으로 행하여지는 징벌적 제재로서의 징계와는 그 성질이 다르다.[137]

직위해제가 된 때에는 직무에 종사하지 못한다. 다만 직무능력이 부족하거나 근무성적이 극히 불량한 자에 대하여 3월 이내의 기간 대기를 명하여 능력회복이나 근무성적의 향상을 위하여 임용(제청)권자는 교육훈련 또는 특별한 연구과제의 부여 등 필요한 조치를 하여야 한다.

### (2) 직위해제처분과 직권면직처분

직위해제처분을 받은 자가 직권면직처분을 받은 경우, 선행처분인 직위해제처분의 위

---

135) 대법 2014. 6. 12. 선고 2012두4852 판결.
136) 대법 2003. 10. 10. 선고 2003두5945 판결.
137) 대법 2003. 10. 10. 선고 2003두5945 판결.

법을 이유로 후행처분인 직권면직처분의 위법을 다툴 수 있는가의 문제가 있다. 이에 대하여 종래의 하자승계론과 판례는 직위해제처분과 직권면직처분 양 처분은 별개의 법률효과를 발생하는 처분이라는 점에서 하자의 승계를 부정한다.[138] 이에 대하여 직위해제처분에 대한 쟁송제기의 기대가능성이 적은 점, 소청제기기간이 짧은 점 등을 고려하여 하자의 승계를 긍정하면서 이를 일반화하여 선행정행위의 후행정행위에 대한 구속력(규준력) 또는 행정행위의 하자의 승계를 재검토할 필요가 있다는 견해[139]가 있다.

우리나라 행정소송의 대상이 처분인가 행위행위인가는 별론으로 하더라도, 어느 경우나 하자를 다툴 수 있는 기회를 무제한적으로 부여한다는 것은 불가쟁력에 근거한 쟁송기간을 정하고 있는 법제도를 무용지물로 만들 위험성이 있기 때문이다. 따라서 적정행정의 유지와 행정권에 대한 사인의 권익구제 간의 조화점에서 그 기준을 찾아야 한다. 판례도 오래전 1970년대에는 주로 종래의 선행처분과 후행처분의 법률효과가 별개인가 여부만을 판단하는 입장을 취해왔으나 이제 그런 단선적인 입장에서 벗어나서 구체적 개별적으로 판단하는 입장으로 선회하였다. 즉 선행처분과 후행처분이 서로 독립하여 별개의 효과를 목적으로 하는 경우라고 하더라도 선행처분의 불가쟁력이나 구속력이 그로 인하여 불이익을 입게 되는 자에게 수인한도를 넘는 가혹함을 가져오고 그 결과가 당사자에게 예측가능한 것이 아닌 경우에는 국민의 재판받을 권리를 보장하고 있는 헌법의 이념에 비추어 선행처분의 후행처분에 대한 구속력은 인정될 수 없다고 판단하고 있다.[140]

그렇다면 선행처분의 하자의 주장을 인정해 주지 아니하면 권익구제의 요청을 충분히 부응할 수 없는 경우뿐만 아니라 반대로 권익구제의 절차를 만연히 태만한 경우와 같은 개별적 사정 등 절차법적 고려도 기준이 되어야 한다. 따라서 직위해제처분과 면직처분이 그 법적 성질이 아무리 다르다고 하더라도 현실적으로 공무원이 직위해제처분을 징계와 다름없이 생각한다는 점, 그러면서도 즉시 다투기가 어려운 것이 공직자의 행정현실이라는 점, 그뿐만 아니라 변호사제도 등 소송제도나 현실도 감안하여야 한다는 점 등을 고려하여 최종적으로는 재판청구권의 실질적 보장이라는 차원에서 검토하여야 한다.

---

138) 대법 1984. 9. 11. 선고 84누191 판결.
139) 김남진/김연태, 행정법Ⅱ, 238쪽, 344쪽 이하; 명확하지는 않으나 이에 동조하는 입장으로는 류지태/박종수, 행정법신론, 795쪽; 홍정선, 행정법론(하), 331쪽.
140) 대법 1998. 3. 13. 선고 96누6059 판결.

## (3) 기타 관련 문제

### 1) 무죄추정의 원칙

직위해제 제도는 유죄의 확정판결을 받아 당연퇴직되기 전단계에서 형사소추를 받은 공무원이 계속 직위를 보유하고 직무를 수행한다면 공무집행의 공정성과 그에 대한 국민의 신뢰를 저해할 구체적인 위험이 생길 우려가 있으므로 이를 사전에 방지하고자 하는데 그 목적이 있다. 따라서 헌법상의 무죄추정의 원칙이나 위와 같은 직위해제제도의 목적에 비추어 볼 때, 형사사건으로 기소되었다는 이유만으로 직위해제처분을 하는 것은 정당화될 수 없다.[141]

### 2) 행정절차법

공무원은 직위해제를 잠정적인 불이익처분을 넘어서 실제로는 중징계에 상응하는 가혹한 징계의 하나로 받아들이면서도 섣불리 소청등에 나서지 못하는 것이 공직사회의 현실이다. 이런 열악한 지위에 있는 직위해제처분을 받은 공무원에게 직위해제처분의 사전통지 및 의견청취 등의 행정절차법의 규정이 별도로 적용되지 아니한다[142]는 것은 의문이다.[143]

### 3) 협의의 소의 이익

#### (가) 직위해제처분의 실효

직위해제처분에 기하여 발생한 효과는 당해 직위해제처분이 실효되더라도 소급하여 소멸하는 것이 아니므로, 인사규정 등에서 직위해제처분에 따른 효과로 승진·승급에 제한을 가하는 등의 법률상 불이익을 규정하고 있는 경우에는 직위해제처분을 받은 근로자는 이러한 법률상 불이익을 제거하기 위하여 그 실효된 직위해제처분에 대한 구제를 신청할 이익이 있다.[144]

---

141) 대법 1999. 9. 17. 선고 98두15412 판결; 헌재 1998. 5. 28. 선고 96헌가12 전원재판부 결정.
142) 대법 2014. 5. 16. 선고 2012두16180 판결; 동일 취지의 판결로는 대법 2003. 10. 10. 선고 2003두5945 판결, 2013. 5. 9. 선고 2012다64833 판결, 헌재 2006. 5. 25. 선고 2004헌바12 전원재판부 결정 등이 있다.
143) 헌재 1994. 7. 29. 선고 93헌가3, 7(병합) 전원재판부 결정.
144) 대법 2010. 7. 29. 선고 2007두18406 판결.

### (나) 복직발령

복직발령을 받았으나, 직위해제처분은 여전히 유효하기 때문에, 승진소요최저연수의 계산에 있어서 직위해제기간은 산입되지 않으며(공무원임용령 제31조 제2항), 직위해제기간 중 봉급의 감액을 감수할 수밖에 없는(공무원보수규정 제29조) 등 제청신청인들에게 법적으로 불리한 효과가 그대로 남아 있으므로 제청신청인들에게는 승급이나 보수지급 등에 있어서의 불리함을 제거하기 위하여 직위해제처분의 취소를 구할 소의 이익이 인정된다.[145]

### (다) 새로운 직위해제사유에 기한 직위해제처분

행정청이 공무원에 대하여 새로운 직위해제사유에 기한 직위해제처분을 한 경우 그 이전에 한 직위해제처분은 이를 묵시적으로 철회하였다고 봄이 상당하므로, 그 이전 처분의 취소를 구하는 부분은 존재하지 않는 행정처분을 대상으로 한 것으로서 그 소의 이익이 없어 부적법하다.[146]

### 4) 증명책임

항소소송에 있어서 특별한 사유에 대한 주장·증명책임은 원고에게 있으므로 직위해제 후에 해제사유가 소멸되었다는 주장과 증명책임은 원고, 즉 직위해제처분을 받은 공무원에게 있다.[147]


## 3. 정직·강임

정직이란 1월 이상 3월 이하의 기간 안에서 직무에 종사하지 못하고 보수도 전액이 감액되는 징계벌의 일종을 말한다(국가공무원법 제79조, 제80조 제3항, 지방공무원법 제70조, 제71조 제2항). 정직도 기간이 미리 확정되어 있으므로 소정의 처분기간이 끝나면 별도의 직위해제처분이나 휴직 등이 없는 한 당연히 복직된다. 정직보다 더 무거운 징계벌인 강등이 되면 1계급 아래로 임용될 뿐만 아니라 3개월간 직무에 종사할 수 없고 보수도 전액 삭감된다.

강임이란 임용권자가 직제 또는 정원의 변경이나 예산의 감소 등으로 직위가 폐지되거

---

145) 헌재 1998. 5. 28. 선고 96헌가12 전원재판부 결정.
146) 대법 2003. 10. 10. 선고 2003두5945 판결.
147) 대법 1970. 1. 27. 선고 68누10 판결.

나 하위의 직위로 변경되어 과원이 된 경우 또는 본인이 동의한 경우에는 소속 공무원을 강임할 수 있는 것을 말한다(국가공무원법 제73조의4, 지방공무원법 제65조의4). 강임은 징계처분이 아니라는 점에서 징계처분인 강등과는 구별된다.

## 제4절 공무원관계의 소멸

### I. 당연퇴직

당연퇴직이란 공무원 임명의 소극적 요건인 결격사유, 사망·임기만료·정년, 국적상실 등 일정한 사유를 법률에서 미리 정해 놓고 그 사유에 해당하면 별도의 처분을 기다릴 필요없이 바로 공무원관계가 소멸되는 것을 말한다. 징계면직으로 인한 당연퇴직은 파면처분 후 5년, 해임 후 3년 이내에 공무원으로 임용된 것이 발견되어 당연퇴직되는 경우를 말하고, 파면이나 해임으로 면직되는 것은 당연퇴직이 아니다.

행정실무에서는 당연퇴직사유가 발생하면 퇴직발령통보를 행한다. 그러나 당연퇴직통보의 성질은 법률상 당연히 발생하는 퇴직의 효과를 공적으로 알려주는 사실(관념)의 통지행위에 불과하고 파면처분 등과 같은 형성적 행위가 아니므로 항고소송의 대상이 되는 처분이 아니라는 것이 판례148)이다. 마찬가지로 당연퇴직통보서가 없다고 해서 위법·부당한 것은 아니며 이를 소송의 대상으로 할 수 없다는 것이 판례149)이다.

### II. 의원면직

#### 1. 의의

의원면직이란 공무원 자신의 사직의사표시에 의하여 임용권자가 공무원관계를 소멸시키는 것을 말한다. 실제로는 공무원의 자유로운 의사가 아니라 사실상 사직을 강요하는

---

148) 대법 1995. 11. 14. 선고 95누2036 판결. 같은 취지의 판결로는 대법 1981. 1. 13. 선고 79누279 판결; 대법 1985. 7. 23. 선고 84누374 판결; 대법 1991. 1. 21. 선고 91누2687 판결 등이 있다.
149) 대법 1979. 12. 28. 선고 78누75 판결.

권고사직인 경우가 있어서 공무원의 신분보장을 잠탈하는 문제가 있다. 예컨대 공무원이 감사기관이나 상급관청 등의 강박에 의하여 사직서를 제출한 경우, 그 강박의 정도와 당해 사직서에 터잡은 면직처분의 효력이 문제되고 있다.[150] 의원면직은 사직의 의사표시만으로 효력을 발생하는 것이 아니라 임용권자의 면직처분[151]이 있어야 하므로, 면직처분이 있을 때까지는 공무원관계가 지속되며 사표를 제출한 뒤 직장에 출근하지 않으면 허가 없이 직장이탈로 징계사유가 될 수 있다.

공무원이 사직의 의사를 표명하였을 경우 임용권자에게 수리의무가 있는가에 대하여는, 병역의무 기타 법률상 의무가 있는 경우 외에는, 국민에게 일반적인 공무담임의무가 없고 직업선택의 자유가 있다는 점에서, 임용권자는 원칙적으로 수리의무가 있다는 것이 통설이다. 언제까지 수리하여야 하는가는 후임의 보충, 기타 업무의 공백을 막기 위하여 필요한 조치를 취할 수 있는 상당한 기간까지로 본다.

## 2. 관련 문제

징계사유에 해당하는 공무원이 징계벌을 면탈할 목적으로 사표를 제출한 경우에는 공무원관계의 내부질서유지와 비위공무원의 퇴직 후 공무원 재임용문제 등을 고려하여 이를 수리하지 않을 수 있다. 사표를 수리하기 전에 사망한 경우에는 처분의 효력이 아직 발생되지 않는 것이므로 당연퇴직이 된다.

임용권자가 일괄사표제출을 명하였다 하여도 사표제출이 본인의 자유의사에 반하지 않는 한 의원면직처분은 유효하다.[152] 즉 민법상의 비진의의사표시의 무효에 관한 규정(민법 제107조 제1항 단서)은 사인의 공법행위에는 적용되지 아니한다[153](행정법관계에 있어서 사인의 행위 중 의사와 표시의 불일치). 사직의사표시의 철회는 임용권자의 면직처분이 있을 때까지 할 수 있으나, 일단 면직처분이 있고 난 후에는 불가능하다.[154] 정년이 되기 전에 사표를 내고 수당을 받는 명예퇴직도 의원면직의 일종이다.

150) 홍준형, 행정법, 1147쪽: 대법 1997. 12. 12. 선고 97누13962 판결.
151) 대법 2007. 7. 26. 선고 2005두15748 판결.
152) 대법 1981. 11. 24. 선고 81누120 판결.
153) 대법 2000. 11. 14. 선고 99두5481 판결.
154) 대법 1993. 7. 27. 선고 92누16942 판결.

## Ⅲ. 징계면직

징계면직은 공무원이 공무원법상 요구되는 의무를 위반하였을 때 가해지는 제재인 파면과 해임을 의미한다. 파면과 해임은 둘 다 공무원관계에서 배제되는 점은 같으나, 공직에의 취임제한(국가공무원법 제33조 제7호, 제8호, 지방공무원법 제31조 제7호, 제8호), 공무원연금법상의 급여의 제한 등(공무원연금법 제64조) 부수적인 효과의 면에서 차이가 있다.

## Ⅳ. 직권면직

### 1. 의의

직권면직이란 공무원법상 일정한 법정사유에 해당하는 경우 본인의 의사에 관계 없이 임용권자가 일방적으로 공무원관계를 소멸시키는 것을 말한다. 직권면직은 법정사유에 해당하면 법적으로 바로 면직의 효과가 생기는 것이 아니라 임용권자의 별도 처분[155]이 있어야 면직의 효과가 발생한다는 점에서 당연퇴직과 다르다.

공무원에게 당해 직무를 계속 수행할 수 없는 경우가 발생하면 그 신분을 종료시키는 것이 조직 전체의 효율성을 높이고 공무원 본인에게도 바람직한 경우가 있다. 공무원관계를 소멸시키는 방법에는 여러 가지가 있고 직권면직 사유의 일부에 대하여는 징계책임을 통하여 면직시킬 수도 있다. 그러나 징계에는 배제징계뿐만 아니라 교정징계도 있고, 그 처분결과가 불확실하며, 징계위원회의 사전심사 등 행정절차가 번잡하기 때문에 직권으로 면직할 수 있는 별도의 제도를 법이 마련하고 있다.

공무원의 직무능률을 유지하고 아울러 행정조직 운영의 효율·적정을 기하기 위한 것으로서, 위 규정에 따른 직권면직 처분은 그 규정형식 등에 비추어 볼 때 임용권자에게 재량권이 부여되어 있는 재량행위에 속한다.

---

155) 대법 2007. 8. 24. 선고 2005두16598 판결.

## 2. 직권면직 사유

1. 직제와 정원의 개폐 또는 예산의 감소 등에 따라 폐직(廢職) 또는 과원(過員)이 되었을 때, 2. 휴직 기간이 끝나거나 휴직 사유가 소멸된 후에도 직무에 복귀하지 아니하거나 직무를 감당할 수 없을 때, 3. 대기 명령을 받은 자가 그 기간에 능력 또는 근무성적의 향상을 기대하기 어렵다고 인정된 때,156) 4. 전직시험에서 세 번 이상 불합격한 자로서 직무수행 능력이 부족하다고 인정된 때, 5. 병역판정검사·입영 또는 소집의 명령을 받고 정당한 사유 없이 이를 기피하거나 군복무를 위하여 휴직 중에 있는 자가 군복무 중 군무(軍務)를 이탈하였을 때, 6. 해당 직급·직위에서 직무를 수행하는 데 필요한 자격증의 효력이 없어지거나 면허가 취소되어 담당 직무를 수행할 수 없게 된 때, 7. 고위공무원단에 속하는 공무원이 제70조의2에 따른 적격심사 결과 부적격 결정을 받은 때이다(국가공무원법 제70조 제1항, 지방공무원법 제62조 제1항).

## V. 기타 소멸사유

국가공무원법 제70조와 지방공무원법 제62조에 의한 직권면직은 아니지만, 임용권자는 자기의 직무권한에 기하여 공무원을 면직할 수 있다. 직권에 의한 면직이 직권면직과 다른 점은 징계위원회의 동의나 의견청취가 필요 없고, 사유가 법정화되어 있지 않다는 점이다. 직권에 의한 면직의 대상이 되는 공무원은 1급공무원과 법 제23조에 따라 배정된 직무등급이 가장 높은 등급에 임용된 고위공무원단에 속하는 공무원이다.

임용권자가 임용처분에 흠이 있음을 이유로 취소하게 되면 이로써 공무원관계는 소멸하게 된다.157) 그 외에 국회가 탄핵의 소추를 의결하고, 헌법재판소가 탄핵결정을 한 때에는 공무원관계는 소멸하게 된다(헌법 제65조, 제111조).

---

156) 한동안 회자된 일이 있는 공무원퇴출제는 일정기간 동안 능력 또는 근무성적을 평가하여 그 향상을 기대하기 어려운 공무원을 직위해제시킨 후 보직을 주지 않는 방식으로 공무원 관계를 소멸시킨다. 공무원퇴출제의 현황과 그 법적 문제점에 관하여는, 김광수, "공무원퇴출문제의 법적 문제", 고시계 2008. 5, 96쪽 이하 참조.

157) 대법 2002. 2. 5. 선고 2001두5286 판결.

# 제5절 불이익조치에 대한 구제

## I. 의의

헌법 제7조 제2항은 공무원의 신분은 법률이 정하는 바에 의하여 보장된다고 규정하고 이 규정에 의거하여 공무원의 신분을 보장(국가공무원법 제8장, 지방공무원법 제7장)함과 동시에 이에 대한 당연한 결과로 공무원의 권익을 보장하고 있다(국가공무원법 제9장, 지방공무원법 제8장). 공무원에 대한 위법·부당한 불이익조치에 대한 구제수단으로는 고충심사, 소청, 행정소송 등이 있다.

## II. 고충심사와 소청

공무원의 신분상의 권리로 고충심사청구권과 소청심사청구권이 인정된다(국가공무원법 제9조 내지 제16조, 지방공무원법 제13조 내지 제21조, 지방공무원징계 및 소청규정 제16조).[158]

## III. 행정소송

### 1. 일반공무원의 항고소송

#### (1) 예외적 행정심판전치주의

소청을 제기한 자가 소청심사위원회의 결정에 대하여 불복이 있는 때에는 위법한 경우에 한하여 항고소송을 제기할 수 있다. 항고소송은 반드시 소청심사위원회(심사위원회)의 심사·결정을 거친 후라야 가능하다(국가공무원법 제16조 제1항, 지방공무원법 제20조의2). 이

---

158) 교육공무원인 경우에는 소청심사위원회의 소청, 교원징계재심위원회 행정심판의 일종인 재심청구를 거쳐서 현재 "교원의 지위향상 및 교육활동 보호를 위한 특별법" 제9조에 의하여 교원소청심사위원회의 소청심사청구로 바뀌었다.

행정심판전치주의는 취소소송에 한하여 적용되므로, 기타의 행정소송인 무효등확인소송, 부작위위법확인소송 및 공법상 당사자소송에는 적용되지 아니한다.


### (2) 취소소송

행정소송의 대상은 원처분이며(원처분주의) 소청심사위원회의 결정이 아니다. 그러나 소청심사위원회의 결정 자체의 고유한 위법이 있을 때에는 행정소송의 대상이 된다.[159] 따라서 항고소송의 피고는 원칙적으로 원처분청이다. 그러나 대통령이 원처분청인 경우에는 소속 장관(대통령령이 정하는 기관의 장을 포함)을, 중앙선거관리위원장이 원처분청인 경우에는 중앙선거관리위원회사무총장을 피고로 하여야 한다(국가공무원법 제16조 제2항).


## 2. 교육공무원의 행정소송

교육공무원은 사립학교교원과 함께 교육부에 설치되어 있는 교원소청심사위원회의 소청심사결정에 대하여 그 결정서의 송달을 받은 날로부터 90일 이내에 행정소송법이 정하는 바에 의하여 행정소송을 제기할 수 있다(교원의 지위향상 및 교육활동 보호를 위한 특별법 제10조 제3항). 이 경우의 행정소송의 대상은 일반공무원의 경우처럼 원처분인 징계처분 등 불이익처분(재임용 거부처분을 포함)이고, 교원소청심사위원회의 소청심사결정은 고유한 위법이 있을 때에만 행정소송의 대상이 될 수 있다.[160]
이에 대하여는 교원소청심사위원회에 불복하는 자는 심사위원회위원장을 피고로 하여 원처분이 아닌 심사위원회의 소청심사결정의 취소변경을 구하는 항고소송(취소소송)을 제기하여 한다는 견해[161]도 있다. 이는 사립학교 교원이 소속 학교법인의 징계처분에 대하여 교원소청심사위원회에 소청을 제기하였으나, 동 위원회에서 기각 또는 각하한 경우 행정소송을 제기하기 위해서는 불이익처분을 행한 교원소청심사위원회를 피고로 할 수밖에 없기 때문이다.

---

159) 대법 1993. 8. 24. 선고 93누5673 판결.
160) 대법 1994. 2. 8. 선고 93누17874 판결, 헌재 2006. 2. 23. 선고 2005헌가7, 2005헌마1163(병합) 전원재판부 결정.
161) 박윤흔/정형근, 최신행정법강의(하), 244쪽.

## Ⅳ. 그 밖의 불이익조치에 대한 구제

### 1. 소급 재임용과 정원

파면처분·해임처분·면직처분 또는 강등처분에 대하여 소청심사위원회나 법원에서 무효나 취소의 결정 또는 판결을 하면 소급해서 재임용을 하여야 하는데 이미 결원충원이 되어 정원이 없는 경우가 있다. 이런 문제를 해결하기 위하여 파면처분·해임처분·면직처분 또는 강등처분에 따라 결원을 보충하였던 때부터 파면처분·해임처분·면직처분 또는 강등처분을 받은 사람의 처분 전 직급·직위에 해당하는 정원이 따로 있는 것으로 간주하여 소급재임용을 가능하게 하였다(국가공무원법 제43조 제3항, 제4항, 지방공무원법 제41조 제3항, 제4항).

### 2. 면직 또는 징계처분 등이 취소된 공무원의 보수 지급

면직 또는 징계처분 등이 취소된 공무원에게는 원래의 정기승급일을 기준으로 한 당시의 보수의 전액 또는 차액을 소급하여 지급하도록 한다(공무원보수규정 제30조).

# 제4장 공무원의 권리

## 제1절 서설

### I. 공무원관계와 공무원의 권리

공무원의 권리란 공무원관계라는 기본관계에서 파생되는 개별적인 권리를 말한다. 전술한 바와 같이, 공무원관계에 관하여는 특별권력관계를 비롯한 여러 가지 학설이 있으나, 현행 공무원법제(국가공무원법·지방공무원법)가 공무원의 근무관계의 내용을 비교적 상세히 규정하고 있을 뿐만 아니라, 공무원의 불이익처분에 대하여 소청 및 소송에의 구제를 명확히 규정하고 있기 때문에, 적어도 공무원관계를 특별권력관계로 설명하는 실익은 거의 없다고 할 수 있다.

따라서 공무원관계의 성질은 특별권력관계와 같은 개괄적·추상적 개념에 의하여 설명되어야 할 것이 아니라, 공무원의 근무관계를 규율하는 공무원법제의 해석에 의하여 직무의 성질·내용에 따라 공무원의 공익성이 개별적·구체적으로 검토되어야 한다.

## II. 공무원 권리의 종류

### 1. 제 학설

공무원의 권리의 종류에 관하여는, 신분상의 권리와 재산상의 권리로 나누는 견해,[162] 공무원의 권리를 헌법이 보장하는 기본권과 개별법상의 권리로 나누고 다시 개별법상의 권리를 신분상의 권리와 재산상의 권리로 나누는 견해,[163] 신분상의 권리, 재산상의 권리 및 노동법상의 권리로 나누는 견해,[164] 신분상의 권리, 재산상의 권리, 노동법상의 권리, 근무환경개선 등의 청구권 및 불이익처분에 대한 시정청구권, 인사상담 및 고충심사청구권으로 나누는 견해[165] 등이 있다.

### 2. 결어

이러한 견해의 대립은 공무원 권리의 내용 자체가 달라지는 것이 아니라 단지 분류하는 방법의 차이에 지나지 않는다. 본래 공무원의 권리는 헌법상 직업공무원제도와 공무담임권이 본질을 이루고 있다는 점에서 신분보장권과 직무상의 권리를 인정하여야 한다. 그뿐만 아니라 공무원의 신분보장을 위한 헌법상 적법절차에서 연원하는 절차적 권리가 강조되어야 한다는 점에서 처분사유 내지 처분이유설명서 교부권이 인정되어야 하고, 헌법상의 기본권 등 기본적 인권은 공무원에게는 보충적으로 인정되어야 점도 고려되어야 한다. 이에 따라 공무원의 권리는 신분상의 권리, 직무상의 권리, 재산상의 권리, 기본적 인권으로 나누어 파악하는 것이 타당하다.

---

162) 홍정선, 행정법론(하), 339쪽 이하.
163) 김남진/김연태, 행정법Ⅱ, 244쪽 이하.
164) 김동희, 행정법Ⅱ, 158쪽 이하.
165) 박윤흔/정형근, 최신행정법강의(하), 234쪽 이하.

# 제2절 신분상 권리

## I. 의의

공무원의 신분상 권리의 보장을 위하여 헌법상 적법절차에 근거한 절차적 권리를 강조하는 것이 바람직하다는 차원에서 소청심사청구권, 처분사유설명서(처분이유설명서) 교부청구권 및 고충심사청구권을 공무원의 신분상의 권리로서 파악하는 것이 타당하다.

## II. 신분보장권

공무원이 직무수행에 있어서 특정 정당이나 정파 및 집단의 부당한 영향을 받지 않고 국민 전체에 대한 봉사자로서 소임을 다하기 위해서는 무엇보다도 그 신분이 법적으로 보장되지 않으면 아니 된다. 신분이 불안정한 상태에서 공평무사한 직무수행을 기대하기 어렵기 때문이다. 그래서 헌법은 직권공무원제도를 확립하는 요체이기도 한 신분보장을 정치적 중립과 더불어 보장하고 있다(헌법 제7조 제2항).

경력직공무원은 원칙적으로 신분보장을 받으나, 1급공무원과 직위와 정급에 관한 국가공무원법 제23조의 규정에 따라서 직무등급이 가장 높은 등급의 직위에 임용된 고위공무원단에 속하는 공무원(국가공무원법 제68조 단서[166]), 시보임용 중에 있는 공무원(국가공무원법 제29조 제3항[167])은 신분보장을 받지 못한다. 그 외에 특수경력직공무원도 신분보장을 받지 못하나 감사위원은 임기동안만 신분보장을 받는 경우도 있다.

한편 공무원의 신분을 지나치게 보호만 할 경우 무사안일을 초래하고 조직의 정체 우려가 있으므로 신분보장에 있어서도 적정한 한계가 필요하다.

---

166) 공무원은 형의 선고, 징계처분 또는 이 법에서 정하는 사유에 따르지 아니하고는 본인의 의사에 반하여 휴직·강임 또는 면직을 당하지 아니하나, 1급 공무원과 고위공무원단에 속하는 공무원은 제외된다는 규정이다.

167) 시보 임용 기간 중에 있는 공무원이 근무성적·교육훈련성적이 나쁘거나 명령을 위반하여 공무원으로서의 자질이 부족하다고 판단되는 경우에는 신분보장규정에도 불구하고 면직시키거나 면직을 제청할 수 있다는 규정이다.

## Ⅲ. 처분사유설명서(처분이유설명서) 교부청구권

처분사유설명서는 불이익처분이 공무원의 신분에 관련된 중대한 처분이므로 처분권자 또는 처분제청권자의 자의적 판단을 억제시키고 판단의 근거를 알려줌으로써 피처분자인 공무원에게 이에 대한 방어방법을 강구하게 함과 동시에 처분의 결정과정을 공개시키며 그 절차를 보다 투명하게 하려는 데에 있다.

공무원에 대하여 징계처분을 행할 때나 강임·휴직·직위해제 또는 면직처분을 행할 때 (본인의 원에 의한 강임·휴직·직위해제 또는 면직처분의 경우에는 제외)에는 그 처분권자 또는 처분제청권자는 처분의 사유를 적은 설명서를 교부하여야 하는 것이 원칙이다(국가공무원법 제75조, 지방공무원법 제67조 제1항). 이 규정에 의하여 공무원은 처분사유설명서 교부청구권을 가진다.

공무원법상으로는 "처분사유"설명서라고 규정하고 있으나, 행정절차법 제23조 제1항에서는 "처분이유"라고 규정하고 있다는 점에서 이른바 처분사유와 처분이유의 이동의 문제가 제기될 수 있다. 그러나 공무원법상의 처분사유설명서는 행정절차법상의 처분이유 제시의무의 일환으로 인정된 것이라는 점에서 이 공무원법상의 처분사유는 행정절차법상의 처분이유에 해당하는 것은 물론이다. 따라서 이 공무원법상의 처분사유와 행정절차법상의 처분이유는 동일한 절차법적 차원에서의 성질을 가진다는 점에서, 행정절차와 행정소송의 관계에 있어서 논의되고 있는 행정절차법상의 처분이유와 행정소송의 판례에서의 처분사유의 이동의 문제는 아니다.


## Ⅳ. 소청심사청구권

### 1. 의의

소청을 단지 공무원의 징계에 대한 구제제도로서 이해하는 견해가 일반적이다.[168] 그러나 소청심사는 공무원이 자신에 대한 신분상 불이익처분에 대한 구제절차로서 헌법상의 적법절차에 근거한 절차적 권리라는 측면에서 공무원의 신분상의 권리인 소청심사청

---

168) 김동희, 행정법Ⅱ, 181쪽; 박윤흔/정형근, 최신행정법강의(하), 287쪽; 홍정선, 행정법론(하), 381쪽.

구권으로 파악하는 것이 타당하다.

## 2. 행정심판으로서의 소청심사

소청심사란 징계처분, 그 밖에 의사에 반하는 불리한 처분을 받고 불복하는 자의 심사청구에 대하여 소청심사위원회가 심사·결정하는 행정심판의 일종이다.[169] 행정심판전치주의가 임의적 전치주의로 전환되었지만, 공무원의 소청심사는 행정소송을 제기하기에 앞서 반드시 거쳐야 하는 필요적 전치절차로 유지되고 있다(국가공무원법 제16조 제1항, 지방공무원법 제20조 제2항). 소청심사제도는 공무원의 권익구제를 주된 목적으로 하고 있으나, 동시에 행정의 자기통제 또는 자기감독의 목적도 갖고 있다.

## 3. 소청사항

### (1) 징계처분 기타 불이익처분

소청사항은 공무원의 징계처분 기타 그 의사에 반하는 불리한 처분이나 부작위이다(국가공무원법 제9조 제1항, 지방공무원법 제13조). 여기서 말하는 처분은 "행정청이 행하는 구체적인 사실에 관한 법집행으로서의 공권력의 행사 또는 그 거부와 그 밖에 이에 준하는 행정작용"으로, 부작위는 "행정청이 당사자의 신청에 대하여 상당한 기간 내에 일정한 처분을 하여야 할 법률상 의무가 있음에도 불구하고 이를 하지 아니하는 것"(행정심판법 제2조 제1항 제1호, 제2호)으로 보아, 소청사항에는 징계처분 외에 강임·휴직·직위해제·직권면직·의원면직의 형식에 의한 면직·대기명령·전보·전직[170] 등은 물론이고 승진 제외, 임용 철회·취소, 불문경고[171] 등을 포함시키는 것이 일반적이다.[172]

---

169) 행정심판법 제3조 제1항은 다른 법률에서 특별한 불복절차를 정하고 있는 경우에는 행정심판법에 의한 행정심판을 제기할 수 없도록 규정하고 있으므로, 소청심사의 대상이 되는 사건에 대해서는 행정심판법에 의한 행정심판을 청구할 수 없다.

170) 이경운, "공무원근무관계와 사법심사 -전보명령의 경우-", 고시계, 1996. 5, 177쪽 이하: 이경운, "공무원 전보발령의 처분성", 행정판례연구(한국행정판례연구회) Ⅳ, 277쪽 이하 참조. 독일의 경우 다른 소송형태의 구제는 별론으로 하고 전보에 대하여 처분성을 인정하지 않는 것이 최근의 경향이라고 한다(김철용/최광진, 주석 행정소송법, 박영사, 2004, 534쪽 [집필 김유환]).

171) 대법 2002. 7. 26. 선고 2001두3532 판결은 포상추천 제한사유, 징계감경사유 제외 대상에 해당하는 불문경고에 대하여 항소소송의 대상인 처분성을 인정하였으나, 대법 2004. 4. 23. 선고 2003두13687 판결은 경고에 대하여 불문경고와는 달리 처분성을 부인하였다.

172) 다만 소청제도를 엄격한 소송이나 행정심판으로 이해할 필요가 없다는 점에서, 소청사항에는 당연퇴직

### (2) 적용범위

소청은 경력직공무원에 대해서만 적용되며, 특수경력직공무원에 대해서는 원칙적으로 적용되지 아니한다. 국가공무원법과 지방공무원법은 별정직공무원의 인사상 불이익처분에 대한 소청적용을 배제하고 있기 때문이다(국가공무원법 제3조 제1항 본문, 지방공무원법 제3조 제1항).

## 4. 소청심사기관

소청제도의 취지에 비추어 소청심사기관은 어떤 외부의 부당한 압력으로부터 영향을 받지 않고 공정한 결정을 할 수 있어야 함은 말할 나위가 없다. 우리 공무원법은 소청심사위원회를 설치하여 소청심사기관의 독립성과 합의성을 보장하고 있다(국가공무원법 제9조 이하, 지방공무원법 제13조 이하). 즉 소청심사위원회는 독립적인 합의제기관이다.

소청심사위원회는 인사혁신처·국회사무처·법원행정처·헌법재판소사무처·중앙선거관리위원회사무처 및 시·도에 둔다.

소청심사제도가 본래의 기능을 다하기 위해서는 심사기관의 독립성과 합의성을 확보하는 것도 중요하지만 무엇보다도 실제 소청사건의 심사·결정을 직접 담당하는 심사위원이 외부로부터 아무런 간섭과 영향을 받지 않고 법령에 의하여 양심에 따라 업무를 수행하도록 하는 것이 필요하다. 이를 위해서 소청심사위원의 임명자격과 기준이 법정되어 있고 임기제를 통하여 그 신분을 엄격히 보장하고 있다(국가공무원법 제10조, 제11조. 지방공무원법 제14조 제2항, 제3항, 제15조의2 참조).

## 5. 소청절차

### (1) 소청제기

공무원에 대하여 징계처분·강임·휴직·직위해제 또는 면직처분을 행할 때에는 처분(제청)권자는 원칙적으로 공무원에게 처분사유설명서(처분이유설명서)를 교부하여야 한다(국가공무원법 제75조, 지방공무원법 제67조 제1항). 처분사유설명서(처분이유설명서)를 받은 공

---

발령·복직청구·근무평정시정청구 등도 포함되는 것으로 넓게 해석하여야 한다는 견해가 있다. 박윤흔/정형근, 최신행정법강의(하), 239쪽 이하.

무원은 그 처분에 불복이 있는 때에는 그 설명서를 받은 날로부터, 처분사유설명서를 받지 아니한 그 밖의 본인의 의사에 반하는 불이익처분을 받은 공무원은 그 처분이 있음을 안 날로부터 각각 30일 이내에 소청심사위원회에 심사를 청구할 수 있다(국가공무원법 제76조 제1항, 지방공무원법 제67조 제2항).

## (2) 심리

소청심사위원회가 소청을 접수하면 지체없이 이를 심사하여야 한다(국가공무원법 제12조 제1항, 지방공무원법 제17조 제1항). "지체없이"란 특별한 이유없이 심사를 보류하거나 지연하지 말고 일단 형식상·절차상 흠 없이 접수된 소청사건은 곧바로 본안심리에 들어가라는 의미이다. 소청심사위원회는 필요한 경우에는 검증·감정, 그 밖의 사실조사를 하거나 증인을 소환하여 질문하거나 관계 서류의 제출을 명할 수 있고, 소속 직원으로 하여금 사실조사를 하게 하거나 특별한 학식·경험이 있는 자에게 검증 또는 감정을 의뢰할 수 있다(국가공무원법 제12조, 지방공무원법 제17조). 소청심사위원회는 소청인 또는 그 대리인에게 진술의 기회를 주어야 하며, 진술의 기회를 주지 아니한 결정은 무효이다(국가공무원법 제13조, 지방공무원법 제18조).

## (3) 결정

소청심사위원회는 소청심사청구가 파면 또는 해임인 경우이거나 대기발령을 받은 자에 대한 면직처분의 경우에는 심사청구를 접수한 날로부터 5일 이내에 당해 사건의 최종결정이 있을 때까지 후임자의 보충발령을 유예하게 하는 임시결정을 할 수 있으며, 이 임시결정을 한 경우를 제외하고는 심사청구 접수일로부터 원칙적으로 60일 이내에 소청사건을 심리한 후 결정하여야 한다(국가공무원법 제76조 제3항, 제5항, 지방공무원법 제67조 제4항, 제6항).

결정에는 각하, 기각, 취소 또는 변경, 취소·변경명령, 무효등확인, 이행명령 등이 있다(국가공무원법 제14조 제6항, 지방공무원법 제19조 제3항). 소청심사위원회의 취소·무효결정으로 피처분자는 당연히 복직되는 등의 효과를 받게 되므로, 소청심사결정은 행정소송에서 이행판결을 인정하지 않는 현재의 법제도하에서는, 불복구제의 실효성이라는 면에서 실익이 인정된다.

소청심사위원회가 징계처분 또는 징계부가금 부과처분을 받은 자의 청구에 따라 소청을 심사할 경우에는 원징계처분에서 과한 징계 또는 징계부가금 부과처분보다 중한 징계를 과하는 결정을 하지 못한다(국가공무원법 제14조 제8항, 지방공무원법 제19조 제5항).[173]

결정은 그 이유를 구체적으로 밝힌 결정서로 하여야 하며, 처분행정청을 기속한다(국가공무원법 제14조 제7항, 제15조, 지방공무원법 제19조 제6항, 제20조).

### (4) 행정소송

소청을 제기한 자가 소청심사위원회의 결정에 대하여 불복이 있을 때에는 행정소송을 제기하여 다툴 수 있고, 항고소송은 반드시 소청심사위원회의 심사·결정을 거친 후에야 가능하다.

공무원에 대한 파면처분이 소청절차에서 해임으로 감경된 경우, 원처분을 대상으로 다투어야 하는지, 소청심사위원회의 결정, 즉 재결을 다투어야 하는가의 문제가 있다. 원처분에 대한 일부인용재결이나 수정재결(변경재결 포함)에도, 원처분주의가 적용되므로, 원칙적으로 재결은 소송의 대상이 되지 못하고 재결에 의하여 일부취소되고 남은 원처분이나 수정된 원처분이 소송의 대상이 된다. 즉 원처분청을 상대로 해임처분으로 수정된 원처분을 다투어야 함이 원칙이다. 그러나 일부 인용재결이나 수정재결로 인하여 비로소 권리·이익을 침해·제한받은 자가 있게 될 경우에는 그 재결에 대하여 다툴 수 있다.

## V. 고충심사청구권

### 1. 의의

공무원은 누구나 인사·조직·처우 등 각종 직무조건과 그 밖에 신상문제에 대하여 인사상담이나 고충의 심사를 청구할 수 있다. 공무원은 이를 이유로 불이익한 처분이나 대우를 받지 아니한다(국가공무원법 제76조의2 제1항, 지방공무원법 제67조의2 제1항). 청구를 받은 중앙인사관장기관의 장·임용(제청)권자는 이를 고충심사위원회(지방공무원의 경우에는

---

173) 대법 2008. 10. 9. 선고 2008두11853, 11860 판결.

인사위원회)에 부의하여 심사하게 하거나 소속 공무원으로 하여금 상담하게 하고, 그 결과에 따라 고충의 해소 등 공정한 처리를 위하여 노력하여야 한다(국가공무원법 제76의2 제2항, 지방공무원법 제67조의2 제2항). 공무원의 고충을 심사하기 위하여 중앙인사관장기관에 중앙고충심사위원회를, 임용권자 또는 임용제청권자 단위로 보통고충심사위원회를 두되, 중앙고충심사위원회의 기능은 소청심사위원회에서 관장한다(국가공무원법 제76조의2 제4항).

고충심사제도는 특수경력직공무원에게도 준용할 수 있다(국가공무원법 제76조의3, 지방공무원법 제67조의3).

## 2. 소청심사와의 차이

고충심사와 소청심사는 심사대상, 제도의 성격 및 심사결과의 효력 등에서 차이가 있다.

고충은 공무원의 모든 신상문제가 대상이나, 소청은 징계처분 그 밖의 불리한 처분이 주요 대상이다. 고충은 단순히 적정한 행정상 조치를 구하는 심사기능이므로 심사청구기간도 별도로 정하여져 있지 않으나, 소청은 정식의 절차에 의하는 행정심판의 일종이다. 고충은 심사결과에 기속력이 없으나 소청은 결정에 기속력이 있다.

## 3. 절차

국가공무원의 경우, 고충심사위원회에는 중안인사관장기관에 두는 중앙고충심사위원회와 임용(제청)권자 단위로 두는 보통고충심사위원회가 있다. 전자는 원칙적으로 보통고충심사위원회의 심사를 거친 재심청구와 5급 이상 공무원의, 후자는 소속 6급 이하 공무원의 고충을 각각 심사한다(국가공무원법 제76조의2 제3항, 제4항). 지방공무원인 경우, 인사위원회는 임용권자로부터 고충심사의 요구를 받으면 지체 없이 이를 심사하고 임용권자에게 보고하거나 알려야 한다(지방공무원법 제67조의 제3항).

중앙인사관장기관의 장·임용(제청)권자는 심사결과 필요하다고 인정될 때에는 처분청 또는 관계기관의 장에 대하여 그 시정을 요청할 수 있으며, 요청을 받은 처분청 또는 관계기관의 장은 원칙적으로 특별한 사유가 없는 한 이를 이행하고 그 처리결과를 통보하여야 한다(국가공무원법 제76의2 제6항, 지방공무원법 제67조의2 제4항).

## 4. 행정쟁송

### (1) 소청심사청구권과의 관계

고충심사청구권은 행정심판법에 의한 행정심판 내지 다른 특별법에 따른 이의신청, 심사청구, 재결의 신청 등의 불복구제절차와는 제도의 취지나 성격을 달리하고 있고, 공무원의 징계처분등에 대한 불복은 소청심사위원회의 관할이므로 고충심사청구권과 소청심사청구권은 구별된다.[174)

### (2) 행정소송과의 관계

고충심사제도는 공무원으로서의 권익을 보장하고 적정한 근무환경을 조성하여 주기 위하여 근무조건 또는 인사관리 기타 신상문제에 대하여 법률적인 쟁송의 절차에 의하여서가 아니라 사실상의 절차에 의하여 그 시정과 개선책을 청구하여 줄 것을 임용권자에게 청구할 수 있도록 한 제도로서, 고충심사결정 자체에 의하여는 어떠한 법률관계의 변동이나 이익의 침해가 직접적으로 생기는 것은 아니므로 고충심사의 결정은 행정상 쟁송의 대상이 되는 행정처분이라고 할 수 없다.[175)

또한 고충심사절차는 행정소송을 제기하기 위한 전심절차가 될 수 없다.[176)

# 제3절 직무상 권리

## I. 의의

공무원은 임용되면 직위해제나 정직처분 등과 같이 법령에서 따로 정하는 경우를 제외하고는 일정한 직위를 보유하고 직무를 집행할 권리를 가진다. 이는 헌법상 공무담임권의 본질적 내용을 구성한다. 따라서 이런 직무상의 권리를 신분보장권의 한 내용으로 보는

---

174) 대법 1995. 9. 29. 선고 95누5332 판결.
175) 대법 1987. 12. 8. 선고 87누657, 87누658 판결.
176) 대법 2018. 3. 22. 선고 2012두26401 전원합의체 판결.

견해177)도 있으나, 독립적으로 파악하는 것이 타당하다.

공무원의 직무상의 권리로는 직위보유권·직무집행권, 직명사용권, 제복착용권 외에도 교육훈련권 및 능률증진권 등이 있다.


## II. 직위보유권·직무집행권

### 1. 의의

직무상의 권리의 명칭 및 종류에 관하여는, 신분보유권과 직위보유권을 구별하고 직무집행권 내지 직무수행권을 직위보유권의 한 내용으로 파악하는 견해,178) 이 경우에도 직무수행권을 직위보유권과 구별하는 견해,179) 직무수행권, 직명사용권 및 제복착용권으로 나누는 견해,180) 여기에다 직위보유권을 추가로 드는 견해181)로 나누어진다. 그런데 직위보유권은 공무원이 특정한 직위를 보유하는 권한을 의미하는 것이 아니므로 직무집행권은 직위보유권의 한 내용으로 보는 것이 타당하다.182)

### 2. 직위보유권

공무원법 규정에 따르면, 임용권자나 임용제청권자는 법령으로 따로 정하는 경우 외에는 소속 공무원의 직급과 직류를 고려하여 그 직급에 상응하는 일정한 직위를 부여하여야 한다. 다만, 고위공무원단에 속하는 일반직공무원과 국가공무원법 제4조 제2항 제1호에 규정한 특수 업무 분야에 종사하는 공무원 중 계급 구분 및 직군·직렬의 분류가 적용되지 아니하는 공무원에 대하여는 자격·경력 등을 고려하여 그에 상응하는 일정한 직위를 부여하여야 한다(국가공무원법 제32의5 제1항, 지방공무원법 제30조의5 제1항). 이러한 규정에 따라서 일정한 직위를 보유하는 권리는 직위보유권이라고 한다. 공무원이 직위해제를 당한 경우에는 그 사유가 소멸된 때에는 지체없이 직위를 부여받을 권리가 인정된다(국가

---

177) 예컨대 김남진/김연태, 행정법 II , 246쪽; 김동희, 행정법 II , 235쪽.
178) 홍정선, 행정법론(하), 339쪽 이하.
179) 김남진/김연태, 행정법 II , 246쪽.
180) 박윤흔/정형근, 최신행정법강의(하), 235쪽.
181) 김남진/김연태, 행정법 II , 246쪽.
182) 윤세창/이호승, 행정법(하), 박영사, 1994, 43쪽; 홍정선, 행정법론(하), 340쪽.

공무원법 제32의5 제1항, 지방공무원법 제20조의5 제1항).

## 3. 직무집행권

공무원이 직위보유권에 따라서 당연히 직무를 집행할 권리를 직무집행권이라고
하고 직무수행권이라고도 한다. 공무원이 직무집행권을 행사함에 있어서는 의무가
따른다. 공무원의 직무집행을 방해한 자는 공무집행방해죄(형법 제136조, 제137조)를
구성한다.

## III. 직명사용권과 제복착용권

공무원은 직명을 사용할 권리와 군인·경찰관 등 공무원은 제복, 제모를 착용할 권리를
가진다. 직명사용권을 공무원의 신분상 권리로 파악하는 견해와,[183] 그와 반대로 직명사
용이 단지 행정조직 및 행정업무 수행의 편의상 인정되는 것이라는 이유로 직명사용권은
공무원의 공권이 아니라는 견해가 있다.[184] 생각건대 공무원이 아닌 사람의 경우에는 관
명사칭 등 경범죄처벌이 되고 공무원 신분을 보유한 사람만이 가진다는 점에서 공권의
성질을 가지고 있고, 다만 그 권리가 행정조직 및 행정업무 수행 편의상 인정되는 것으로
보는 것이 타당하다.

직명사용권 및 제복착용권을 위반하여 직명 및 제복을 착용하는 관명사칭의 경우에는
경범죄에 처벌되는 경우가 있다(경범죄처벌법 제3조 제7호).[185]

---

183) 김남진/김연태, 행정법 II, 246쪽; 박윤흔/정형근, 최신행정법강의(하), 235쪽.
184) 박균성, 앞의 책, 294쪽.
185) 경범죄처벌법 제3조 제7호 (관명사칭 등) 국내외의 공직(公職), 계급, 훈장, 학위 또는 그 밖에 법령에
    따라 정하여진 명칭이나 칭호 등을 거짓으로 꾸며 대거나 자격이 없으면서 법령에 따라 정하여진 제복,
    훈장, 기장 또는 기념장(記念章), 그 밖의 표장(標章) 또는 이와 비슷한 것을 사용한 사람.

# Ⅳ. 교육훈련권

## 1. 의의

인사행정에 있어서 교육훈련은 공무원의 능력을 향상시키는 활동이다.[186] 공무원에게 교육훈련을 실시하는 목적은 직무의 요구능력과 공무원 개인의 보유능력을 일치시켜서 행정의 생산성을 높이고 국민에게 질 좋은 행정서비스를 제공하는 것이다. 교육훈련을 통해서 공무원 개인은 공직과 직무에 적응하고, 자신의 경력발전을 촉진시키고 사기가 앙양되고 자기실현을 할 수 있고, 조작차원에서는 인적관리를 개선하고 조직역량을 제고시켜 행정수준을 향상에 기여하는 것이다.[187]

## 2. 권리성과 의무성

우리나라 국가공무원을 국민 전체에 대한 봉사자로서 공직가치가 확립되고 직무수행의 전문성과 미래지향적 역량을 갖춘 인재로 개발하는 것을 목적으로 함에 따라서 모든 공무원은 교육훈련을 받게 하고 있다(공무원인재개발법 제1조, 지방공무원 교육훈련법 제1조).

공무원은 담당직무와 관련하여 학식·기술 및 응용능력의 배양을 위하여 훈련을 받을 수 있는 권리를 가진다. 이는 헌법상 교육을 받을 권리가 동시에 의무도 되는 것과 같이 의무의 성격도 갖고 있는 것이지만(국가공무원법 제50조, 지방공무원법 제74조), 직업공무원에게는 자신의 직무와 관련된 교육훈련을 통하여 근무평정이나 승진, 보직관리에 유리하게 활용할 수 있으므로 중앙인사관장기관에서 시행하는 각종 교육프로그램에 직접 참여하여 자신의 직무능력을 향상시킬 권리로서의 성격이 보다 강하다.

## 3. 교육훈련의 내용

교육훈련기관으로는 행정안전부 소속인 중앙공무원교육원, 지방행정연수원, 각종의 중

---

186) 오석홍, 인사행정론, 259쪽.
187) 김렬, 인사행정론, 337쪽 이하; 박천오 외, 인사행정론, 239쪽 이하; 유민봉/박성민, 한국인사행정론 317쪽 이하.

앙행정기관 교육훈련기관 및 각 시·도의 지방공무원교육원으로 구성되어 있다.

현행 공무원 교육훈련은 훈련장소와 훈련분야에 따라서 교육훈련기관 교육훈련(기본교육훈련, 전문교육훈련), 직장교육훈련, 위탁교육훈련(국내 위탁교육훈련, 국외 위탁교육훈련) 등 3가지로 분류된다. 교육훈련의 내용에 따라서 기본교육, 전문교육, 기타교육, 자기개발학습으로 분류된다.

중앙공무원교육원의 교육과정으로는 기본교육과정, 전문교육과정, 국제교육과정, 정보화교육과정, 특별교육과정으로 구성되어 있다(중앙공무원교육원 학칙 제4조).

### 4. 공무원 교육훈련의 문제점과 개선방안

현재 공무원 교육훈련의 문제점으로는, 공급자중심의 교육운영으로 인한 교육훈련수요와 교육내용 간의 연계성, 교육훈련 효과에 대한 검증체계, 교육훈련의 형식화로 인한 활용성, 교육훈련기관의 비효율성 및 대외적 협력체계 등의 미흡이 지적되고 있다.

공무원 교육훈련의 개선방안으로는 교육훈련에 대한 적극적인 인식의 제고, 인력개발의 핵심 지향가치 명확화, 교육훈련수요조사의 고도화 및 적절성 검증 도구의 보편적 활용, 자기주도형 학습조직화를 위한 지원 강화, 교육훈련프로그램의 우수성 및 현장적용성 제고 등이 제시되고 있다.[188]

### V. 능률증진권

공무원은 중앙인사관장기관 또는 지방자치단체의 장이 공무원의 근무능률의 증진을 위하여 보건·휴양·안전·후생 그 밖에 필요한 사항에 대하여 기준을 설정하고 이를 실시하여야 할 법적의무(국가공무원법 제52조, 지방공무원법 제77조)에 대응한 권리를 가진다. 민주국가에서는 공무원의 고용주라 할 수 있는 국가 또는 지방자치단체는 공무원이 근로자로서의 지위에서 안심하고 직무에 전념할 수 있는 안전장치를 마련하여야 함은 말할 나위가 없다.

---

188) 박천오 외, 인사행정론, 256쪽 이하 참조.

# 제4절 재산상 권리

## Ⅰ. 개설

공무원은 사용주에 해당하는 국가 또는 지방자치단체에 대하여 보수청구권, 연금수급권, 실비변상청구권, 공무재해보상청구권 등 여러 가지 재산상의 권리를 가진다.


## Ⅱ. 보수청구권

### 1. 보수

#### (1) 의의

공무원의 보수란 공무원이 국가 또는 지방자치단체로부터 받는 봉급과 그 밖의 각종 수당을 합산한 금액을 말한다. 다만, 연봉제 적용대상 공무원은 연봉과 그 밖의 각종 수당을 합산한 금액을 말한다(공무원보수규정 제4조 제1호).

최근 국가공무원법 제51조 제2항에 "근무성적평정 결과 근무성적이 우수한 자에 대하여는 상여금을 지급하거나 특별승급시킬 수 있다"는 규정을 도입하여 공무원에게도 공직사회의 경쟁력을 강화하고 생산력을 높이기 위하여 연봉제를 도입하는 등 성과급보수체계로 전환할 수 있는 근거를 마련하였다.


#### (2) 보수의 성질

보수, 그 중에서도 봉급의 성질의 관하여는 종래 반대급부설과 생활자금설(생활부양설, 생활자료설)이 대립되어 있다. 반대급부설은 공무원의 봉급이란 근무에 대한 대가로서 지급되는 보수라는 견해이고, 생활자금설은 공무원의 봉급이란 공무원의 생활보장을 위하여 국가 등이 지급하는 금품이라는 견해이다.

보수의 성질에 관하여 관련 법규정을 보면, 공무원의 보수는 직무의 곤란성과 책임의 정도에 맞도록 계급별·직위별 또는 직무등급별로 정하도록 하고(국가공무원법 제46조), 결근기간 등의 봉급감액(공무원보수규정 제27조), 휴직기간 중의 봉급감액(공무원보수규정 제28조), 직위해제기간 중의 봉급감액(제29조) 규정을 둔 것은 보수의 반대급부적 성질을 나타낸 것이다. 이에 반하여 보수 결정의 원칙에 관한 국가공무원법 제46조 제2항(지방공무원법 제44조 제2항)에 따르면, "공무원의 보수는 일반의 표준 생계비, 물가 수준, 그 밖의 사정을 고려하여 정하되, 민간 부문의 임금 수준과 적절한 균형을 유지하도록 노력하여야 한다."라는 규정과, 보수의 압류를 제한하는 규정(민사집행법 제246조, 국세징수법 제33조)이나 가계보전수당(가족수당, 자녀학비보조수당, 주택수당규정)(공무원수당 등에 관한 규정 제10조, 제11조, 제11조의2)은 생활자금설적인 입장이라고 할 수 있다.[189]

우리 현행법 아래에서는 근무와 직무수행에 대한 반대급부인 동시에 공무원과 그 가족의 생계를 유지하기 위한 생활보장적 급부라는 이중적 성질을 가지고 있다는 것이 통설이며, 이설이 없다.[190]

### (3) 보수의 내용

#### 1) 봉급

봉급이란 직무의 곤란성과 책임의 정도에 따라 직책별로 지급되는 기본급여 또는 직무의 곤란성과 책임의 정도 및 재직기간 등에 따라 계급(직무등급이나 직위를 포함한다)별, 호봉별로 지급되는 기본급여를 말한다(공무원보수규정 제4조 제2호). 공무원의 봉급월액은 공무원별 봉급표에 명시된 금액으로 한다(공무원보수규정 제5호). 강임, 전직 및 호봉획정 방법이 변경된 경우에는 봉급의 보전에 관한 규정이 있다(공무원보수규정 제6조).

#### 2) 수당

수당이란 봉급 이외에 직무여건 및 생활여건 등에 따라 지급되는 부가급여(공무원보수규정 제4조 제3호)로서, 예산의 범위에서 봉급 외에 필요한 수당을 지급할 수 있다(공무원보수규정 제31조 제1항). 수당의 종류로는 공무원보수규정상의 겸임수당(공무원보수규정 제32조),

---

189) 김동희, 행정법Ⅱ, 160쪽, 김남진/김연태, 행정법Ⅱ, 250쪽; 박균성, 앞의 책, 300쪽; 박윤흔/정형근, 최신행정법강의(하), 236쪽.
190) 한편 공무원에게는 청렴의무, 영리업무 및 겸직금지의무 등이 부과된다는 점에서 보수가 생활자료임을 나타내는 간접적인 근거라고 하는 것에는, 홍정선, 행정법론(하), 346쪽 참조.

봉급조정수당(공무원보수규정 제32조의2)과, 공무원수당 등에 관한 규정상의 수당으로서, 상여수당, 가계보전수당, 특수지근무수당, 특수근무수당, 초과근무수당 등이 있다(공무원수당 등에 관한 규정 제5조 이하).[191]

## (4) 보수의 결정과 예산과의 관계 – 근무조건 법정주의

보수에 관한 근무조건 법정주의[192]라 함은 보수는 관련 법령에 의하여 결정되어야 하고 예산의 범위 내에서 지급되어야 한다는 것이다. 즉 국가공무원법은 제46조 제5항에서 "이 법이나 그 밖의 법률에 따른 보수에 관한 규정에 따르지 아니하고는 어떠한 금전이나 유가물도 공무원의 보수로 지급할 수 없다."라고 규정한 다음, 제47조 제1항에서 공무원의 봉급·호봉 및 승급에 관한 사항(제1호),[193] 수당에 관한 사항(제2호), 보수 지급 방법, 보수 계산, 그 밖에 보수 지급에 관한 사항(제3호)은 대통령령으로 정하도록 함으로써 국가공무원의 보수에 관하여 이른바 근무조건 법정주의를 채택하고 있다.

이에 근거한 공무원보수규정 제31조가 공무원에게 예산의 범위에서 봉급 외에 필요한 수당을 지급할 수 있다고 규정하면서 수당의 종류, 지급범위, 지급액, 그 밖에 수당 지급에 필요한 사항은 대통령령으로 정하도록 유보함에 따라, 공무원수당 등에 관한 규정은 근무명령에 따라 규정된 근무시간 외에 근무한 사람에게 시간외근무수당(제15조)을, 주간·야간 교대근무자로서 야간근무를 하는 사람에게 야간근무수당(제16조)을, 휴일에 근무하는 사람에게 휴일근무수당(제17조)을 각 '예산의 범위에서' 해당 조항에 정해진 방식으로 산출하여 지급하도록 정하고 있다. 한편 국가공무원법 제46조 제1항은 공무원의 보수는 직무의 곤란성과 책임의 정도에 맞도록 정한다고 규정하고 있고, 국가공무원 복무규정 제12조는 현업기관 및 그 외 직무 성질상 상시근무 체제를 유지할 필요가 있거나 토요일 또는 공휴일에도 정상근무를 할 필요가 있는 기관 등에 소속된 공무원의 근무시간과 근무일은 그 기관의 장이 따로 정할 수 있도록 하고 있다.[194]

---

191) 대법 2019. 10. 31. 선고 2013두5845 판결.
192) 근무조건 법정주의에 관한 판례로는, 대법 2019. 11. 14. 선고 2015두52531 판결; 대법 2019. 11. 15. 선고 2015두3492 판결 참조.
193) 공무원에게 호봉획정 및 승급 시행권자에 대한 호봉정정 청구권이 있다고 한 하급심 판결이 있다(서울고법 1998. 7. 16. 선고 97구30563 판결). 이와 관련된 부작위위법확인소송과 관련하여서는 대법 1992. 6. 9. 선고 91누11278 판결 참조.
194) 대법 2019. 11. 15. 선고 2015두3492 판결. 이와 같은 취지의 판결로는, 대법 2019. 10. 31. 선고 2013두5845 판결; 대법 2019. 11. 14. 선고 2015두52531 판결 등이 있다.

## 2. 보수청구권

### (1) 개설

보수청구권에 관하여는, 근무조건 법정주의에 근거한 보수청구요건, 보수청구권에 대한 쟁송절차의 민사소송인가 행정소송인가의 문제, 보수청구권의 압류의 성질 및 소멸시효기간에 관한 다툼이 있다.

### (2) 보수청구권에 대한 쟁송절차

#### 1) 보수청구권의 성질

공무원의 보수청구권은 직접 공무원관계에서 발생하는 권리이므로 공법상 권리 즉 공권이라는 것이 다수설이다.[195] 보수청구권이 사권이 아니라 공권이라는 점에서 보수청구권에 대한 쟁송절차, 압류 및 소멸시효의 특별취급문제가 있다.

#### 2) 보수청구권에 대한 쟁송절차

##### (가) 보수청구권의 성립요건 - 근무조건 법정주의

보수의 결정과 예산과의 관계에 관한 근무조건 법정주의의 채택에 따라 보수청구권이 성립하기 위한 전제요건이다. 즉 공무원이 국가를 상대로 실질이 보수에 해당하는 금원의 지급을 구하려면 공무원의 '근무조건 법정주의'에 따라 국가공무원법령 등 공무원의 보수에 관한 법률에 그 지급근거가 되는 명시적 규정이 존재하여야 하고, 나아가 해당 보수항목이 국가예산에도 계상되어 있어야만 한다.[196]

##### (나) 소송형식 - 공법상 당사자소송

공무원의 보수청구권은 성질상 사권이 아니라 공권이므로 그에 대한 쟁송절차는 민사소송이 아니라 행정소송이다.[197] 다만, 재직기간합산처분이 무효임을 전제로 하여 그 합산처분에 기하여 반납한 퇴직급여액에 대한 이자의 반환을 구하는 경우, 이는 민사상의

---

195) 김남진/김연태, 행정법 II, 250쪽; 박균성, 앞의 책, 301쪽; 정하중, 행정법개론, 1017쪽.
196) 대법 2018. 2. 28. 선고 2017두64606 판결. 이와 같은 취지의 판결로는 대법 2016. 8. 25. 선고 2013두14601 판결이 있다.
197) 대법 1991. 5. 10. 선고 90다10766 판결.

부당이득반환 청구로서 민사소송절차에 따라야 하고, 공무원연금법 제80조에 따라 위 합산처분에 대한 심사청구를 거쳐 행정소송을 제기하여야 하는 것은 아니다.[198]

그런데 보수청구권은 법령상 정해진 요건이 충족되면 그 자체만으로 지급기준일 또는 보수지급기관의 장이 정한 지급일에 구체적으로 발생하고 행정청의 지급결정에 의하여 비로소 발생하는 것은 아니다. 따라서 행정청이 공무원에게 보수를 지급하지 아니한 행위로 인하여 공무원의 보수청구권 등 법률상 지위에 아무런 영향을 미친다고 할 수는 없으므로 행정청의 보수 부지급 행위는 항고소송의 대상이 되는 처분이라고 볼 수 없다. 따라서 공무원의 보수청구권은 공법상 법률관계에 관한 청구라는 점에서 공법상 당사자소송이다.[199]

### (3) 보수청구권의 포기, 양도 및 압류

보수청구권의 생활보장적 성격으로 인하여 포기나 양도가 금지되고 압류가 제한된다.

보수청구권의 압류가 원칙적으로 보수의 금액의 2분의 1을 초과하지 못하도록 제한한 것이(민사집행법 제246조 제1항 제4호, 국세징수법 제33조), 보수청구권을 공법상 권리로 보기 때문에 인정되는 특성인지 여부에 대하여 견해가 나뉜다. 공법상 권리이기 때문에 인정되는 특수성으로 보는 견해가 다수설이나 사법상 권리의 보수에도 제한된다는 점에서 찬성하기 어렵다.

### (4) 보수청구권의 소멸시효

보수청구권의 소멸시효에 관하여는 소멸시효기간이 5년이라는 견해[200]와 3년이라는 견해[201]로 나뉜다. 국가재정법 제96조 제1항의 "금전의 급부를 목적으로 하는 국가의 권리로서 시효에 관하여 다른 법률에 규정이 없는 것은 5년간 행사하지 아니할 때에는 시효로 인하여 소멸한다"에서 말하는 다른 법률 속에는 민법도 포함한다는 것이 판례[202]이므로, 판례에 의하면 민법 제163조 제1호에 의하여 보수청구권의 소멸시효기간은 3년이 된다.

---

198) 대법 1996. 4. 23. 선고 94다446 판결.
199) 대법 1999. 7. 23. 선고 97누10857 판결.
200) 이상규, 앞의 책, 231쪽; 김남진/김연태, 행정법Ⅱ, 250쪽; 김동희, 행정법Ⅱ, 160쪽; 박균성, 앞의 책, 301쪽.
201) 박윤흔/정형근, 최신행정법강의(하), 237쪽; 홍정선, 행정법론(하), 347쪽.
202) 대법 1966. 9. 20. 선고 65다2506 판결.

## Ⅲ. 연금수급권

### 1. 공무원연금제도의 의의

공무원연금제도는 공무원의 퇴직 또는 사망과 공무로 인한 부상, 질병, 폐질에 대하여 적절한 급여를 지급함으로써, 공무원이나 그 유족의 생활안정과 복리향상에 기여함을 목적으로 하는 사회보장제도이다. 한편, 공무원연금은 연금 운용에 필요한 재원 형성에 국가나 지방자치단체뿐만 아니라 수급권자인 공무원도 참여하는 등 지급사유 발생 시 부담을 나누어 구제를 도모한다는 점에서 사회보험제도의 일종이기도 하다.[203]

### 2. 연금의 의의와 종류

공무원법상의 연금이란 공무원이 퇴직 또는 사망한 경우와 공무로 인하여 부상·질병·폐질에 이르게 된 경우에 공무원과 그 유족에게 지급되는 급여를 말한다(국가공무원법 제77조 제1항, 지방공무원법 제69조 제1항).

공무원연금법에 따라 지급되는 연금의 종류로는 단기급여와 장기급여로 나누고(공무원연금법 제25조), 다시 단기급여는 보건급여, 재해급여, 사망조위금으로 나누어지고, 장기급여는 퇴직급여, 퇴직유족급여, 비공무상 장해급여, 퇴직수당으로 나누어진다(공무원연금법 제28조).

### 3. 연금의 성질

연금의 성질에 관하여는 봉급연불설, 사회보장설, 은혜설로 견해가 나뉜다. 봉급연불설은 연금을 지급이 지연된 봉급으로 보는 견해이고, 사회보장설은 연금을 퇴직공무원 또는 공무원의 유족에 대한 사회보장을 위한 급여로 보는 견해이며, 은혜설은 연금을 국가로부터 은혜적으로 지급되는 금품으로 보는 견해이다.[204] 그런데 공무원의 봉급의 일부가 연금기여금으로 그리고 고용주인 국가 등은 연금부담금으로 각각 납부하는 점 그리고 퇴직뿐만 아니라 질병이나 부상의 경우에도 연금이 지급된다는 고려하면 봉급연불설과 사회

---

203) 헌재 2011. 12. 29. 선고 2011헌바41 전원재판부 결정.
204) 정하중, 행정법개론, 1018쪽; 홍정선, 행정법론(하), 348쪽.

보장설의 양면의 성질을 가지고 있다고 보는 것이 옳다.[205]

또한 공무원연금은 기여금 납부를 통해 공무원 자신도 재원의 형성에 일부 기여한다는 점에서 후불임금의 성격도 가지고 있다. 그러므로 공무원연금법상 연금수급권은 사회적 기본권의 하나인 사회보장수급권의 성격과 재산권의 성격을 아울러 지니고 있다.[206] 공무원연금의 재원이 공무원이 납부하는 기여금과 국가 또는 지방자치단체가 부담하는 부담금으로 구성되지만, 이 재원을 사회보장급여, 보험료, 후불임금으로 구분하여 정확히 귀속시킬 수는 없다.[207]

## 4. 연금수급권

### (1) 연금수급권의 성질

공무원의 연금수급권은 공법상의 권리로서 재산권적인 성격을 갖는다. 그런데 공무원연금수급권이 재산권으로서의 성격과 함께 사회보장수급권의 성격도 가지고 있으므로, 입법자는 공무원연금수급권의 구체적 내용을 정할 때 사회보장수급권적 요소에 보다 더 중점을 둘 수 있다.[208] 따라서 입법자는 공무원연금수급권의 구체적 내용, 즉 그 시행시기나 지급대상과 범위 및 지급액 등은 물론 급여액 산정의 기초가 되는 재직기간 산정을 어떻게 할 것인지 여부 등을 법률로 규정할 때 폭넓은 형성의 자유를 가진다.[209]

연금급여를 받을 권리는 양도·압류하거나 담보에 제공할 수 없고(공무원연금법 제39조), [210][211] 그 급여의 사유가 발생한 날로부터 5년간 이를 행사하지 아니하면 시효로 인하여 소멸한다(공무원연금법 제88조 제1항).

---

205) 헌재 2005. 6. 30. 선고 2004헌바42 전원재판부 결정.
206) 헌재 2016. 3. 31. 선고 2015헌바18 전원재판부 결정.
207) 헌재 2016. 3. 31. 선고 2015헌바18 전원재판부 결정.
208) 헌재 2010. 4. 29. 선고 2009헌바102 결정; 헌재 2014. 5. 29. 선고 2012헌마555 전원재판부 결정.
209) 헌재 1999. 4. 29. 선고 97헌마333 결정; 헌재 1999. 9. 16. 선고 97헌바28등 결정; 헌재 2016. 3. 31. 선고 2015헌바18 전원재판부 결정.
210) 헌재 2000. 3. 30. 선고 98헌마401 결정; 헌재 99헌바53, 2000헌바9(병합) 전원재판부 결정.
211) 다만 대통령령이 정하는 금융회사에 담보로 제공할 수 있고, 국세징수법·지방세기본법 그 밖의 법률에 의한 체납처분의 대상으로 할 수 있다.

## (2) 구체적 연금수급권의 발생

공무원연금법에 의한 급여를 받을 권리는 법령의 규정에 의하여 직접 발생하는 것이 아니라 위와 같은 급여를 받으려고 하는 자가 소속하였던 기관장의 확인을 얻어 신청함에 따라 인사혁신처장[212]의 결정으로 공무원연금공단이 지급한다(공무원연금법 제29조). 그런데 이 인사혁신처장의 결정권한은 공무원연금공단에 위탁되어 있으므로(공무원연금법 제29조 제2항, 같은 법 시행령 제25조), 따라서 인사혁신처장 대신에 공무원연금공단의 결정으로 구체적 연금수급권의 발생한 다음에 공무원연금공단이 지급한다.

공무원연금관리공단이 하는 급여지급결정의 의미는 단순히 급여수급 대상자를 확인·결정하는 것에 그치는 것이 아니라 구체적인 급여수급액을 확인·결정하는 것까지 포함한다.[213] 따라서 공무원연금관리공단이 급여지급결정을 함으로써 구체적인 연금수급권이 발생한다.

## (3) 연금수급권에 대한 쟁송절차

### 1) 공무원재해보상연금위원회의 심사청구

급여에 관한 결정 등에 이의가 있는 자는 대통령령으로 정하는 바에 따라 공무원재해보상법 제52조에 따른 공무원재해보상연금위원회에 심사를 청구할 수 있으며 심사청구는 급여에 관한 결정 등이 있었던 날부터 180일, 그 사실을 안 날부터 90일 이내에 하여야 한다(공무원연금법 제87조). 급여에 관한 결정, 기여금의 징수, 그 밖에 이 법에 따른 급여에 관하여는 행정심판법에 의한 행정심판의 대상이 되지 아니한다(공무원연금법 제87조 제3항).

### 2) 항고소송

공무원연금관리공단이 급여지급결정을 함으로써 구체적인 연금수급권이 발생하고, 이 급여지급결정의 의미는 단순히 급여수급 대상자를 확인·결정하는 것에 그치는 것이 아니라 구체적인 급여수급액을 확인·결정하는 것까지 포함한다. 따라서 이 공무원연금관리공단의 급여지급결정은 국민의 권리에 직접 영향을 미치는 것이어서 항고소송의 대상이

---

212) 과거에는 안전행정부장관이었다. 국민연금법 제59조에 다른 장해연금 또는 장해일시금, 제63조 제3항에 따른 급여제한사유 해당 여부 등 대통령령으로 정하는 사항은 공무원재해보상법 제6조에 따른 공무원재해보상심의회의 심의를 거쳐야 한다.
213) 대법 2010. 5. 27. 선고 2008두5636 판결.

되는 행정처분에 해당한다. 이 공무원연금관리공단의 급여결정에 불복하는 자는 공무원연금급여재심위원회의 심사결정을 거쳐 공무원연금관리공단의 급여결정을 대상으로 취소소송등 항고소송을 제기하여야 한다.[214]

### 3) 공법상 당사자소송

공무원연금급여재심위원회의 급여결정 및 이에 대한 항고소송으로 구체적인 권리를 인정받은 다음 공무원연금관리공단을 피고로 하는 당사자소송으로 그 급여의 지급을 소구하여야 한다.[215]

따라서 공무원연금법령상 급여를 받으려고 하는 자는 우선 관계 법령에 따라 공단에 급여지급을 신청하여 공무원연금관리공단이 이를 거부하거나 일부 금액만 인정하는 급여지급결정을 하는 경우 그 결정을 대상으로 항고소송을 제기하는 등으로 구체적 권리를 인정받은 다음 비로소 당사자소송으로 그 급여의 지급을 구하여야 하고, 구체적인 권리가 발생하지 않은 상태에서 곧바로 공무원연금관리공단 등을 상대로 한 당사자소송으로 급여의 지급을 소구하는 것은 허용되지 않는다.[216]


## Ⅳ. 실비변상청구권과 연구과제처리보상

공무원은 보수 외에 직무수행에 소요되는 실비변상을 받을 권리를 가진다(국가공무원법 제48조 제1항, 지방공무원법 제46조 제1항). 또한 공무원은 소속기관의 장의 허가를 받아 본래의 업무수행에 지장이 없는 범위 안에서 담당직무 외에 특수한 연구과제를 위탁받아 처리한 경우에는 그 보상을 지급받을 권리를 가진다(국가공무원법 제48조 제1항, 지방공무원법 제46조 제2항).


## Ⅴ. 공무원 재해보상권

공무원은 공무원재해보상법의 정하는 바에 따라 보상을 받을 권리를 가진다.

---

214) 대법 1996. 12. 6. 선고 96누6417 판결.
215) 대법 1996. 12. 6. 선고 96누6417 판결.
216) 대법 2010. 5. 27. 선고 2008두5636 판결.

# 제5절 기본적 인권

## Ⅰ. 의의

공무원도 헌법상의 기본권을 향유한다. 그러나 이들 기본권은 헌법, 법률에 의하여 일정한 제한을 받는다.[217]

## Ⅱ. 노동법상의 권리

헌법은 공무원도 근로자이기는 하지만 그 신분상의 특수성에 비추어 법률이 정하는 자에 한하여 단결권, 단체교섭권 및 단체행정권을 가진다라고 규정하고 있다(헌법 제33조 제2항).

이를 구체화하여 공무원법은 노동운동과 기타 공무 이외의 일을 위한 집단적 행위를 금지하면서 국회규칙·대법원규칙·헌법재판소규칙·중앙선거관리위원회규칙·대통령령 또는 조례로 범위를 정하는 사실상 노무에 종사하는 공무원을 금지에서 제외하고 있다(국가공무원법 제66조 제1항, 지방공무원법 제58조 제1항).[218]

헌법 제33조 제2항의 규정에 의한 공무원의 노동기본권을 보장하기 위하여 노동조합 및 노동관계조정법 제5조 단서의 규정에 따라 공무원의 노동조합설립 및 운영 등에 관한 법률과 교원의 노동조합설립 및 운영 등에 관한 법률이 제정되어 주로 6급 이하 일반직 공무원과 교원의 노동조합 설립 및 단체교섭권을 인정하고 있다.[219]

---

217) 공무원의 정치적 기본권 제한에 관한 헌재 2020. 4. 23. 선고 2018헌마551 전원재판부 결정 참조. 이와 관련된 국가공무원법 제65조 제1항의 개정문제에 관하여는, 김용섭, "공무원법의 제문제", 국가법연구 제17집 제3호, 2021. 10, 25쪽 이하 참조.
218) 헌재 1992. 4. 28. 선고 90헌바27내지34, 36내지42, 44내지46, 92헌바15 전원재판부 결정.
219) 공무원의 노조활동을 공무원의 보호 내지는 공무원의 권익보호 차원으로 이해하는 것으로는, 임도빈/유민봉, 앞의 책, 378면 이하 참조.

# 제5장 공무원의 의무

## 제1절 서설

### I. 공무원관계와 공무원의 의무

오늘날 공무원관계의 성질은 특별권력관계와 같은 개괄적·추상적 개념에 의하여 설명되어야 할 것이 아니라, 공무원의 근무관계를 규율하는 공무원법제의 해석에 의하여 직무의 성질·내용에 따라 공무원관계의 공익성이 개별적·구체적으로 검토되어야 한다. 이런 차원에서 공무원의 권리·의무도 공무원관계를 규율하는 공무원법제 규정의 해석을 중심으로 파악되어야 할 것이다. 이하 공무원의 의무를 설명하기로 한다.

### II. 공무원의 의무의 범위

공무원법은 "공무원은 국민 전체에 대한 봉사자"라는 헌법상의 기본복무기준을 바탕으로 구체적인 공무원의 의무를 규정하고 있다(국가공무원법 제7장, 지방공무원법 제6장).[220]

이들 공무원법이 규정하고 있는 공무원의 의무는 대체로 열거적·제한적인 것으로 보

---

220) 대법 2008. 10. 9. 선고 2006두13626 판결.

고 있다. 그러나 공무원법은 소속 상관의 직무명령을 별도의 개별적인 법률상 근거에 의하지 아니하고도 발할 수 있게 하고 있으므로 직무명령의 대상범위가 넓어질 수 있고, 그렇게 되면 당연히 의무의 범위도 넓어지게 된다.

## Ⅲ. 징계사유로서의 공무원의 직무상 의무

공무원의 징계사유로서 규정된 직무상 의무위반(국가공무원법 제78조 제1항 제2호, 지방공무원법 제69조 제1항 제2호)은 공무원이 직무상 담당업무와 관련하여 법령이나 훈령상의 의무를 합법적일 뿐만 아니라 적극적이고 타당하게 수행하지 아니한 경우와 법령상 당연히 해야 할 직무를 성실하게 수행하지 아니한 경우를 말하고 여기서의 직무상의 의무에는 국가공무원법을 비롯한 다른 법령에서 규정한 신분상의 의무를 포함하는 망라적인 개념이다.[221]

## Ⅳ. 서술방법

공무원의 의무의 분류 방법으로는, 선서의무, 성실의무, 직무상 의무 등으로 나열하는 방법,[222] 일반적 의무와 직무상 의무로 나누는 방법,[223] 공무원법상의 의무와 개별법상의 의무로 나누는 방법[224] 등이 있다. 여기서는 편의상 우선 공무원법상 직무의 내외를 불문하고 공무원의 신분을 보유하고 있는 한 당연히 지게 되는 신분상 의무와 직무에 관련하여 지게 되는 직무상의 의무로 나누어 설명한다. 이어서 공무원법 외의 특별법률상의 의무를 설명하기로 한다.

---

221) 대법 2019. 5. 30. 선고 2017다289569 판결.
222) 김동희, 행정법Ⅱ, 165쪽 이하; 정하중, 행정법개론, 1025쪽 이하.
223) 류지태/박종수, 행정법신론, 804쪽 이하.
224) 예: 홍정선, 행정법론(하), 351쪽 이하.

# 제2절 신분상 의무

## I. 선서의무

공무원은 취임할 때에 소속 기관장 앞에서 국회규칙·대법원규칙·헌법재판소규칙·중앙선거관리위원회규칙·대통령령 또는 조례가 정하는 바에 따라 선서를 하여야 한다(국가공무원법 제55조, 지방공무원법 제47조).[225] 이에 따라 모든 공무원은 국가공무원 복무규정에 의한 선서문[226]과 선서의 방법, 절차 등을 따라 선서하여야 한다(국가공무원 복무규정 제2조). 선서의무는 모든 공무원이 부담하나, 정무직공무원 중 선출직인 대통령은 헌법 제69조에 의하여, 국회의원은 국회법 제24조에 따라 선서를 한다.

공무원이 선서를 하지 않는 경우에는 공무원 임명행위에는 직접 영향을 미치지 아니하나 선서를 거부한 것은 징계사유가 된다.[227]

## II. 외국정부의 영예등 허가

### 1. 내용

공무원이 외국정부로부터 영예 또는 증여를 받을 경우에는 대통령의 허가를 얻어야 한다(국가공무원법 제62조, 지방공무원법 제54조). 이는 공무원이 국민 전체에 대한 봉사자로서 국가적 이익의 추구에 충실하여야 함에 비추어 외국정부로부터 영예 또는 증여를 받는 것이 우리나라의 국시나 국익에 저촉되는지 여부 등 그 적격성을 심사하기 위한 것이다. 국가의 기밀에 접하기 쉬운 공무원이 외국정부에 유리한 정보를 제공하는 대가로 당해 국가로부터 영예를 받을 수 있기 때문에 외국정부로부터 영예를 받기 위해서는 그 사유와 내용에 대하여 미리 검증할 필요가 있다.

---

225) 헌재 2004. 5. 14. 선고 2004헌나1 전원재판부 결정.
226) 나는 대한민국 공무원으로서 헌법과 법령을 준수하고, 국가를 수호하며, 국민에 대한 봉사자로서의 임무를 성실히 수행할 것을 엄숙히 선서합니다(국가공무원 복무규정 제2조 제2항 [별표 1]).
227) 박균성, 앞의 책, 306쪽.

## 2. 공직자윤리법상의 선물신고의무

이와 관련하여 공직자윤리법에서도, 모든 공무원에게 외국정부나 직무와 관련하여 외국인(외국단체를 포함)으로부터 선물을 받으면 지체없이 소속기관의 장에게 신고하도록 의무를 과하고 있다(공직자윤리법 제15조).

## Ⅲ. 품위유지의무

### 1. 의의

국가공무원법 제63조는 "공무원은 직무의 내외를 불문하고 그 품위가 손상되는 행위를 하여서는 아니 된다."라고 규정하고 있다. 국민으로부터 널리 공무를 수탁받아 국민 전체를 위해 근무하는 공무원의 지위를 고려할 때 공무원의 품위손상행위는 본인은 물론 공직사회에 대한 국민의 신뢰를 실추시킬 우려가 있으므로, 모든 공무원은 국가공무원법 제63조에 따라 직무의 내외를 불문하고 품위를 손상하는 행위를 하여서는 아니 된다.

여기서 '품위'는 공직의 체면, 위신, 신용을 유지하고, 주권자인 국민의 수임을 받은 국민 전체의 봉사자로서의 직책을 다함에 손색이 없는 몸가짐을 뜻하는 것으로서, 직무의 내외를 불문하고, 국민의 수임자로서의 직책을 맡아 수행해 나가기에 손색이 없는 인품을 말한다. 이와 같은 국가공무원법 제63조의 규정 내용과 의미, 입법 취지 등을 종합하면, 국가공무원법 제63조에 규정된 품위유지의무란 공무원이 직무의 내외를 불문하고, 국민의 수임자로서의 직책을 맡아 수행해 나가기에 손색이 없는 인품에 걸맞게 본인은 물론 공직사회에 대한 국민의 신뢰를 실추시킬 우려가 있는 행위를 하지 않아야 할 의무라고 해석할 수 있다.[228]

### 2. 공무원징계사유로서의 기능

실제 공무원징계 실무상 공무원 징계사유로서 품위유지의무 위반은 성실의무 위반과 함께 매우 광범위하게 제시된다. 예컨대 공무원의 각종 형사상의 범죄행위(예컨대 폭행, 절

---

228) 대법 2017. 11. 9. 선고 2017두47472 판결. 같은 취지의 판결로는 대법 2017. 4. 13. 선고 2014두8469 판결이 있다.

도, 뇌물수수, 강간 등), 막말 등 갑질행위, 각종 성희롱, 성추행 및 성폭력 행위를 비롯하여 동료직원과의 성교행위 등 애정행위, 가정폭력 등의 경우를 비롯하여 심지어 음주운전의 경우에까지 거의 모든 징계행위에 포괄적으로 적용된다.

## 3. 범위

이 의무는 공직의 체면·위신·절도·신용을 유지하기 위한 것으로 직무와 관련이 있든 없든 모두 포함하지만, 직무와 관련이 없는 것은 축첩·도박·아편·알코올중독 등 공직의 체면 등에 직접적인 영향이 있는 것을 제외하고 공무원의 사생활까지는 미치지 아니한다는 것이 통설이다. 구체적으로 어떠한 행위가 품위손상행위에 해당하는가는 수범자인 평균적인 공무원을 기준으로 구체적 상황에 따라 건전한 사회통념에 따라 판단하여야 한다.[229]

## 4. 과잉금지원칙 위배

국가공무원법 제63조에 규정된 품위유지의무란 공무원이 직무의 내외를 불문하고, 국민의 수임자로서의 직책을 맡아 수행해 나가기에 손색이 없는 인품에 걸맞게 본인은 물론 공직사회에 대한 국민의 신뢰를 실추시킬 우려가 있는 행위를 하지 않아야 할 의무라고 해석할 수 있고, 수범자인 평균적인 공무원이 구체적으로 어떠한 행위가 여기에 해당하는지를 충분히 예측할 수 없을 정도로 규정의 의미가 모호하다거나 불분명하다고 할 수 없으므로 위 규정은 명확성의 원칙에 위배되지 아니하고, 또한 적용범위가 지나치게 광범위하거나 포괄적이어서 공무원의 표현의 자유를 과도하게 제한한다고 볼 수 없으므로, 위 규정이 과잉금지의 원칙에 위배된다고 볼 수도 없다.[230]

---

229) 대법 2017. 11. 9. 선고 2017두47472 판결. 같은 취지의 판결로는 대법 2015. 11. 26. 선고 2013두 13174 판결이 있다.
230) 대법 2017. 4. 13. 선고 2014두8469 판결.

## Ⅳ. 영리업무·겸직금지의무

### 1. 영리업무금지

공무원은 공무원의 직무 능률을 떨어뜨리거나, 공무에 대하여 부당한 영향을 끼치거나, 국가의 이익과 상반되는 이익을 취득하거나, 정부에 불명예스러운 영향을 끼칠 우려가 있는 경우에는 그 업무에 종사할 수 없다(국가공무원 복무규정 제25조). 그 예로는 1. 공무원이 상업, 공업, 금융업 또는 그 밖의 영리적인 업무를 스스로 경영하여 영리를 추구함이 뚜렷한 업무, 2. 공무원이 상업, 공업, 금융업 또는 그 밖에 영리를 목적으로 하는 사기업체의 이사·감사 업무를 집행하는 무한책임사원·지배인·발기인 또는 그 밖의 임원이 되는 것, 3. 공무원 본인의 직무와 관련 있는 타인의 기업에 대한 투자, 4. 그 밖에 계속적으로 재산상 이득을 목적으로 하는 업무이다(국가공무원 복무규정 제25조).

### 2. 겸직금지의무

#### (1) 의의

공무원은 공무 이외의 영리를 목적으로 하는 업무에 종사하지 못하며, 소속 기관의 장의 허가 없이 다른 직무를 겸할 수 없다. 영리를 목적으로 하는 업무의 한계는 국회규칙·대법원규칙·헌법재판소규칙·중앙선거관리위원회규칙 또는 대통령령으로 정한다(국가공무원법 제64조, 지방공무원법 제56조). 영리를 목적으로 하는 업무는 공무원의 직무범위나 성격에 비추어 당해 영리행위에 부당한 영향을 미칠 소지가 있고 또한 국민 전체의 봉사자로서의 역할에 지장을 초래할 수 있기 때문에 소속 기관장의 허가 여부와 관계없이 일체 금지하는 것이다. 겸직금지의무 위반의 예로는 대학교수가 타대학교에 주 15시간을 출강한 행위[231]를 들 수 있다.

---

231) 대법 1993. 9. 10. 선고 93누5741 판결.

### (2) 겸직허가

공무원이 제25조의 영리업무에 해당하지 아니하는 다른 직무를 겸하려는 경우에는 소속 기관의 장[232]의 사전허가를 받아야 한다. 이 경우의 허가는 담당 직무 수행에 지장이 없는 경우에만 한다(국가공무원 복무규정 제26조 제1항, 제2항). 겸직금지의무는 영리업무가 아닌 직무(예: 입주하고 있는 아파트 자치회의 감사 등)라는 본래의 공무수행에 전념하는 데 방해가 될 수 있기 때문에 소속 기관장의 사전허가를 얻어서 겸직할 수 있게 한 것이다. 공무원의 허가신청에 대하여 소속 기관장은 당해 기관의 업무형편이나 신청 공무원의 담당 직무의 내용 등을 종합적으로 판단하여 겸직대상 직위와 종사할 수 있는 시간의 범위 등을 구체적으로 정하여 허가를 명하게 된다.


## V. 정치운동금지의무

### 1. 의의

헌법 제7조에 규정된 공무원의 정치적 중립성을 법률적으로 보장하기 위하여 공무원법은 공무원의 정치운동을 금지하고 있다(국가공무원법 제65조, 지방공무원법 제57조, 검찰청법 제43조). 공무원의 정치적 중립성 보장을 정치로부터 행정을 완전히 단절시키려는 것이 아니라 공무원을 정당·압력단체 등 정치세력의 부당한 영향과 간섭·침해로부터 보호하여 행정의 안정성과 계속성을 유지함으로써 공익을 증진하는 데 근본목적이 있다.


### 2. 비례원칙

공무원도 국민의 한 사람으로서 헌법상 참정권을 행사할 수 있고 표현·결사의 자유를 가지고 있으므로 일체의 정치적 활동을 금지할 수는 없다. 즉 공무원은 공무원임과 동시에 시민으로서의 정치적 기본권을 가진다는 점에서 공무원 개인의 기본권과의 조화의 문제가 있다.[233]

---

232) 여기서 "소속 기관의 장"이란 고위공무원단에 속하는 공무원 이상의 공무원에 대해서는 임용제청권자, 3급 이하 공무원 및 우정직공무원에 대해서는 임용권자를 말한다(국가공무원 복무규정 제26조 제3항).
233) 김남진/김연태, 행정법Ⅱ, 265쪽; 박균성, 앞의 책, 317쪽.

## 3. 과잉금지원칙

법이 공무원에게 정당이나 정치단체결정에 관여하거나 가입하지 못하게 하는 것이 정치적 중립성 보장을 위해서 필수불가결한 요건인가에 관하여 논의가 있다. 공무원의 정치적 중립성 요구는 직무집행에 있어서 국민 전체의 봉사자로서 특정집단의 이해관계를 대변하는 것을 방지하고자 하는 취지이다. 이러한 목적을 넘어서서 정당이나 정치단체 결성에 관여하거나 가입하는 것 자체를 못할 정도로 공무원 개인의 정치적 기본권을 제한하는 것은 비례원칙(과잉금지의 원칙)에 비추어 문제가 있다는 견해[234]와 우리의 정당정치의 역사와 운영의 현실로 보아 공무원의 정당가입 자체가 바로 공무원의 "직무수행에 있어서"의 중립성에 영향을 미칠 우려가 있다고 할 것이기 때문에 공무원의 정당가입 등의 문제는 현재로서는 검토하기 어렵다는 반론[235]이 있다. 이 문제는 개개 공무원의 지위나 직무내용에 응하여, 특히 공무원이 정치활동을 행함으로써 공무에 미치는 경향 등을 고려하여 개별적·구체적으로 정하여야 할 문제이다.[236]

## 4. 금지 또는 제한되는 행위

공무원의 정치운동이 금지되는 행위는 1. 정당 그 밖의 정치단체의 결성에 관여하거나 가입하는 행위, 2. 선거에 있어서 특정정당이나 특정인의 지지 또는 반대를 하기 위하여 투표를 하거나 하지 아니하도록 권유하는 것, 서명운동을 기획·주재하거나 권유하는 것, 문서 또는 도화를 공공시설 등에 게시하거나 게시하게 하는 것, 기부금품을 모집 또는 모집하게 하거나 공공자금을 이용 또는 이용하게 하는 것, 타인으로 하여금 정당 그 밖의 정치단체에 가입하게 하거나 가입하지 아니하도록 권유하는 것 등 행위, 3. 다른 공무원에게 1., 2.의 행위를 요구하거나 또는 정치적 행위의 보상 또는 보복으로서 이익 또는 불이익을 약속하는 행위 등이다. 이들 행위를 공무원이 행한 경우에는 처벌의 대상이 된다 (국가공무원법 제84조, 지방공무원법 제82조).

---

234) 류지태/박종수, 행정법신론, 809쪽 이하.
235) 박윤흔, 최신행정법강의(하), 박영사, 2004, 261쪽.
236) 대법 2012. 4. 19. 선고 2010도6388 전원합의체 판결.

## 5. 예외

공무원 중에도 대통령령으로 정하는 특수경력직공무원에게는 정치운동금지규정이 적용되지 아니한다(국가공무원법 제3조 제2항, 지방공무원법 제3조 제3항). 또한 공무원이라도 배우자가 입후보할 경우에는 선거운동을 할 수 있다(공직선거법 제60조).

# VI. 집단행위금지의무

## 1. 의의

헌법 제33조 제2항은 "공무원인 근로자는 법률이 정하는 자에 한하여 단결권, 단체교섭권 및 단체행동권을 가진다"라고 규정하고, 이에 근거하여 공무원법은 "공무원은 노동운동이나 그 밖에 공무 이외의 일을 위한 집단행위를 하여서는 아니 된다."(국가공무원법 제66조 제1항 본문, 지방공무원법 제58조 제1항 본문)고 하여 집단행위를 금지하면서 "대통령령으로 정하는 특수경력직공무원"(국가공무원법 제3조, 지방공무원법 제3조)과 "사실상 노무에 종사하는 공무원"(국가공무원법 제66조 제1항 단서, 지방공무원법 제58조 제1항 단서)을 예외로 규정하며, 금지위반에 대하여는 벌칙을 규정하고 있다(국가공무원법 제84조, 지방공무원법 제82조).

## 2. 취지

공무원도 광의의 근로자의 개념에 포함될 수 있으므로 근로조건의 향상을 위한 노동운동권을 갖는 것이 필요하다. 그럼에도 불구하고 현행법이 공무원의 집단행위를 원칙적으로 금지하고 있는 것은 1. 공무원이 국민 전체의 봉사자로서 공익을 위하여 근무하는 지위에 있는 자라는 점,[237] 2. 공무원이 담당하는 업무의 공공성 때문에 공무원의 활동 정지가 국민생활에 미치는 효과가 너무 크다는 점, 3. 공무원의 근로조건 결정과정에 시장의 억지력이 결여되어 있다는 점, 4. 충분한 대상조치가 강구되어 있다는 점(예: 신분보장) 등이 그 이유이다.

이와 관련하여 법이 집단행위 자체를 전면적으로 금지하는 것은 공무원이 갖는 기본권

---

[237] 대법 1952. 9. 23. 선고 4285행상3 판결.

인 근로자로서의 단결권의 중요성에 비추어 지나친 제한이 아닌가에 관하여 논의가 있다. 최소한 노동조합결성권은 인정되는 것이 바람직하다는 견해[238]와 모든 공무원에 대한 노동조합결성권의 인정 여부는 공무원 이외의 근로자의 노동3권의 행사가 보다 정착된 뒤에 검토할 사항이라는 반론[239]이 있다.

## 3. "공무 이외의 일을 위한 집단행위"의 의미

공무원은 노동운동이나 그 밖에 공무 이외의 일을 위한 집단행위를 하여서는 아니 된다. 여기서 말하는 노동운동이란 근로자의 근로조건의 향상을 위한 단결권·단체교섭권·단체행동권 등 이른바 노동3권을 기초로 하여 이에 직접 관련된 행위를 의미한다.[240] 공무 이외의 일을 위한 집단행위란 공무원이 행하는 공무가 아닌 어떤 일을 위한 모든 집단적 행위를 의미하는 것이 아니라 공익에 반하는 목적을 위하여 직무전념의무를 해태하는 등의 영향을 가져오는 집단적 행위를 의미한다.[241] 집단적 행위는 연서와 같은 서면에 의한 집단의사의 표시[242]이든 구체적 행동[243]이든 불문한다. 정부활동의 능률을 저해하기 위한 집단적 태업행위로 볼 수 있는 경우에 속하거나 이에 준할 정도로 집단성이 인정되면 이에 해당한다.

## 4. 사실상 노무에 종사하는 공무원

### (1) 의의

사실상 노무에 종사하는 공무원은 예외로 집단행위를 할 수 있다. 이에 해당하는 공무원은 과학기술정보통신부 소송의 현업기관 작업현장에서 노무에 종하는 우정직공무원이다. 이 중에서 1. 서무·인사 및 기밀업무에 종사하는 공무원, 2. 경리 및 물품출납사무에 종사하는 공무원, 3. 노무자의 감독사무에 종사하는 공무원, 4. 보안업무규정에 따른 국가보안시설의 경비업부에 종사하는 공무원, 5. 승용자동차 및 구급차의 운전에 종사하는

---

238) 류지태/박종수, 행정법신론, 810쪽.
239) 박윤흔, 최신행정법강의(하), 박영사, 2004, 263쪽.
240) 헌재 1992. 4. 28. 선고 90헌바27내지34, 36내지42, 44내지46, 92헌바15(병합) 전원재판부 결정.
241) 대법 2017. 4. 13. 선고 2014두8469 판결.
242) 대법 2013. 6. 27. 선고 2009추206 판결.
243) 대법 1992. 3. 27. 선고 91누9145 판결.

공무원은 제외된다(국가공무원 복무규정 제28조). 지방공무원의 경우 사실상 노무에 종사하는 공무원의 범위는 조례로 정한다(지방공무원법 제58조 제2항).

### (2) 소속장관의 허가

사실상 노무에 종사하는 공무원으로서 노동조합에 가입된 자가 조합 업무에 전임하려면 소속 장관의 허가를 받아야 하고(국가공무원법 제66조 제3항, 지방공무원법 제58조 제3항), 허가에 필요한 조건을 붙일 수 있다(국가공무원법 제66조 제4항, 지방공무원법 제58조 제4항).

### (3) 벌칙

집단행위금지의무를 위반한 자는 다른 법률에 특별히 규정된 경우 외에는 1년 이하의 징역 또는 1천만원 이하의 벌금에 처한다(국가공무원법 제84조의2, 지방공무원법 제83조).

## 제3절 직무상 의무

### I. 개설

국가공무원법과 지방공무원법상의 공무원의 직무상의 의무로는, 법령준수의무, 성실의무, 복종의무, 직장이탈금지의무, 친절공정의무, 종교중립의무, 비밀엄수의무, 청렴의무가 있다.

## II. 법령준수의무

### 1. 서설

#### (1) 의의

모든 공무원은 법령(또는 법규)을 준수하여야 할 의무를 진다(국가공무원법 제56조 전단, 지방공무원법 제48조 전단). 법령준수의무는 법치행정의 원리에 근거를 두고 있다. 즉 법치행정의 원리는 행정이 법률 및 법에 적합하여야 하는 것인바, 행정은 행정기관에 의하여 행하여지는 것이고 행정기관은 공무원에 의하여 구성되는 것이므로 공무원에게 법령준수의무를 부과함으로써 법치행정의 원리는 달성될 수가 있다.

#### (2) 규정체계 및 성격

국가공무원법 제56조에는 성실의무라는 표제하에 "모든 공무원은 법령을 준수하며 성실히 직무를 수행하여야 한다."라고 규정되어 법령준수의무를 성실의무의 한 내용으로 규정하고 있다. 이런 점 때문에 성실의무의 윤리성에 비하여 법치행정의 원칙을 구현한 법적의무의 성격을 갖는다고 한다.244)

#### (3) 적용범위

국가공무원법 제56조에는 단순히 "공무원"이 아니라 "모든 공무원"이라고 규정한 것은 국가공무원법 제2조의 공무원 이외에 공법상 근무관계에 있는 광의의 공무원을 의미한다.245)

### 2. 공무원의 법령심사권

공무원의 법령준수의무는 공무원의 법령을 해석하고 적용함에 있어서 법령심사권이 인정되는지 여부가 문제가 된다. 이에 관하여는 공무원은 효력을 발생한 법령에만 구속되고

---

244) 홍준형, 행정법, 1161쪽.
245) 홍준형, 행정법, 1162쪽.

입법예고단계 또는 시행 전 법령에는 구속되지 아니한다는 점에서 법령이 효력을 발생했는지 여부에 대한 형식적 심사권만이 있고 법령에 대한 실질적 심사권은 부인되며, 만일 어떤 법령이 상위법에 저촉되는 경우에는 공무원은 그에 대한 의견을 상관에서 제시하는 조치를 취할 수 있을 뿐이고 그 적용을 배제할 수 없다는 견해가 있다.[246]

　　그러나 어떤 법령이 상위법령에 저촉되는지 여부가 불확실하고, 공무원의 법령해석능력은 사법부에 비하여 떨어지고, 상위법령에 저촉여부와 당해 법령을 적용하는 문제는 별개의 문제이고, 특히 결과적으로 공무원이 법령해석을 잘못하여 손해가 발생한 경우에는 그 잘못된 해석에 근거한 행정처분이 당연무효라고 보기 어렵고 손해배상의 요건에 관하여는 소위 위법무과실의 문제가 발생할 여지가 있다.[247]

## 3. 법령준수의무 위반 효과

　　법령준수의무를 위반한 경우 그에 근거한 행정처분에 대한 행정쟁송을 제기할 수 있고, 국가배상법상의 손해배상이 가능하다. 다만 행정쟁송에 있어서 객관적 위법여부를 판단하기 어렵다는 점에서 당연무효가 성립하기 어렵고, 과실증명이 어렵다는 점에서 즉 위법무과실이어서 국가배상이 성립하기 어렵다. 기타 당해 공무원에 대한 처벌, 징계 등의 원인이 된다.

## Ⅲ. 성실의무[248]

## 1. 의의

　　국가공무원법 제56조는 "모든 공무원은 법령을 준수하며 성실히 직무를 수행하여야 한다."라고 규정하고 있다. 이러한 성실의무는 공무원의 가장 기본적이고 중요한 의무로서 최대한으로 공공의 이익을 도모하고 그 불이익을 방지하기 위하여 전인격과 양심을 바쳐서 성실히 직무를 수행하여야 하는 것을 내용으로 한다(지방공무원법 제48조 후단). 성실의

---

246) 김남진/김연태, 행정법 Ⅱ, 258쪽.
247) 이에 관한 상세한 내용은, 홍준형, 행정법, 1162쪽 이하 참조.
248) 공무원의 성실의무에 관하여는, 이진수, "공무원의 성실의무에 대한 재검토 – 충실의무(Treuepflicht)와의 관계를 중심으로 –", 행정법연구 제60호, 2020. 2, 141–164쪽 참조.

무는 최대한 공공의 이익을 도모하고 그 불이익을 방지하기 위하여 전인격과 양심을 바쳐서 성실히 직무를 수행하여야 하는 것을 그 내용으로 한다는 점에서 공무원의 직무상 의무 중 가장 기본이 되는 의무라는 것이 통설이고 판례이다.[249] 또한 성실의무는 윤리성을 본질로 하고 있으나 민주국가에 있어서는 절대군주국가와 달리 국가에의 봉건적 종속을 의미하는 무한 충성의무가 아니라 원칙적으로 주어진 직무에 관련하여 국민 전체의 이익을 도모하는 법적 의무라는 것이 통설이다.

## 2. 정부의 정책수립과 성실의무

정책을 수립·시행하는 고위공무원이 국가적인 사업을 추진하는 경우에, 당시 정부의 정책, 산업 분야의 경제적 영향 등 다양한 정책적 요소에 대한 고도의 전문적 판단이 요구되므로 상당히 폭넓은 재량이 인정된다. 그러나 정부의 정책과 행정에 대한 공적 신뢰를 유지하고 공공의 이익을 도모할 수 있도록 주의를 기울여야 하며, 이는 공무원에게 부과된 가장 기본적이고 중요한 의무인 성실의무의 내용을 이룬다.[250]

## 3. 성실의무 위반과 징계

### (1) 공무원 징계사유로서의 기능

전술한 성실의무에서 고찰한 바와 같이, 실제 공무원징계 실무상 공무원 징계사유로서 성실의무는 품위유지의무 위반과 함께 매우 광범위하게 제시된다. 본래 공무원 징계재량에 대한 사법심사에 있어서 우리나라 판례의 특징은, 징계재량에 대한 사법심사의 일반적 판단 기준들을 적용함에 있어서는 어느 하나의 판단 기준에만 의거하여 판결하지 아니하고 제 판단 기준을 망라하여 포괄적으로 심사하는 방법을 채택하고 있다. 이러한 경향에 따라서 성실의무 위반도 품위유지의무 위반과 마찬가지로 포괄적인 의미의 징계사유로 제시되고 있다.[251]

한편, 면장인 원고가 자기 소유의 임야에 허가도 없이 중장비를 이용하여 잡목을 베어

---

249) 대법 2017. 11. 9. 선고 2017두47472 판결. 같은 취지의 판결로는 대법 1989. 5. 23. 선고 88누3161 판결, 2017. 12. 22. 선고 2016두38167 판결 등이 있다.
250) 대법 2017. 12. 22. 선고 2016두38167 판결.
251) 대법 2009. 6. 23. 선고 2006두16786 판결; 대법 2017. 4. 13. 선고 2014두8469 판결은 성실의무와 직무 전념의무를 종합적으로 판단하였다.

내고 단감나무 300여 그루를 심는 등 산림을 훼손하고, 이것이 신문에 보도되어 도지사가 군수에게 원고를 비위공무원으로서 엄중 문책할 것을 지시하자 원고는 관내 출장 또는 병가를 빙자하여 군수의 승인 또는 허가 없이 3회에 걸쳐 6일간 직장을 이탈한 경우에는, 성실의무, 품위유지의무, 직장이탈금지의무 등 무려 3가지 징계사유를 제시하였다.[252]

### (2) 성실의무와 결과발생

이와 관련하여 성실의무에 위반하였다고 하기 위해서는 현실적으로 직무수행에 지장을 주는 결과나 손해가 발생하는 것을 필요로 하는가가 문제된다.

판례는 국가적인 사업을 추진하는 경우에 그 사업 추진 결과가 기대에 미치지 못한다고 하여 그 사유만을 징계사유로 삼기는 어렵고 정부의 정책과 행정에 대한 공적 신뢰를 유지하고 공공의 이익을 도모할 수 있도록 주의를 기울여야 하며, 이는 공무원에게 부과된 가장 기본적이고 중요한 의무인 성실의무의 내용을 이룬다고 하고,[253] 토지형질변경허가업무처리를 주관하는 공무원이 건축행위가 불가능한 자투리땅에 대한 토지형질변경허가를 함에 있어 당해 토지에 건축행위가 없을 때 동의한다는 조건문언이 삭제된 군협의공무사본을 제출받으면서 그 삭제사실을 간과하였다고 하더라도 이러한 사정이 토지형질변경허가를 함에 있어 아무런 장애가 되지 아니하는 것이라면 이를 공무원으로서 성실의무에 위배된 것이라고 할 수 없다[254]고 판시한 바 있다.


## IV. 복종의무

## 1. 의의

공무원은 직무를 수행함에 있어서 소속 상관의 직무상의 명령에 복종하여야 할 의무를 진다(국가공무원법 제57조, 지방공무원법 제49조 본문).

공무원의 복종의무는 계층적 조직체로서 결합과 분배라는 행정조직의 원리상 필수적이다. 공무원의 직무집행방법은 법령에서 직접 규정된 경우에는 그대로 따르나, 대체로 법

---

252) 대법 1991. 12. 13. 선고 91누4157 판결.
253) 대법 2017. 12. 22. 선고 2016두38167 판결.
254) 대법 1987. 3. 10. 선고 86누580 판결.

령에서는 일반기준이나 원칙만 정해놓고 구체적인 집행은 권한 있는 기관의 판단과 지침에 따라 행하는 것이 통례이다. 이 경우 법령 집행의 유기적 통일성을 기하고 조직 목적을 효율적으로 달성하기 위하여 공무원은 상관의 직무상 명령을 충실히 따라야 함은 당연하다.

## 2. 소속 상관

직무상 명령을 발하는 소속 상관이란 그 기관의 장 또는 보조기관인지의 여부에 관계없이 당해 공무원의 직무에 관하여 실질적인 지휘·감독권을 갖는 자를 말한다. 즉 공무원의 진퇴상벌을 행하거나 그 제청권을 가진 신분상 소속 상관이 아니라 직무상 소속 상관을 말한다.255) 파견근무 중인 공무원은 파견되어 근무 중인 기관의 상급자의 명령을 따라야 한다.

## 3. 직무명령

### (1) 서설

#### 1) 개념

직무명령 또는 직무상의 명령이란 상관이 직무에 관하여 부하공무원에게 대하여 발하는 명령을 말한다. 출장명령·휴일근무명령 등이 대표적인 예이다. 그 개념은 개별·구체적일 수도 있고, 일반·추상적일 수도 있고, 직무집행과 직접적인 관계가 있는 것 이외에 복장 등도 포함되나, 직무집행과 전혀 관계없는 사생활은 제외된다.256)

#### 2) 요건

직무명령이 적법·유효하기 위해서는 형식적 요건과 실질적 요건을 갖추어야 한다. 형식적 요건은 1. 권한이 있는 상관이 발할 것, 2. 부하공무원의 직무의 범위 내에 속하는 사항일 것,257) 3. 부하공무원의 직무상 독립의 범위에 속하는 사항이 아닐 것, 4. 법정의 형식·절차가 있으면 이를 갖출 것 등이다. 법정의 형식이 없으면 구술에 의한 직무명령

---

255) 정하중, 행정법개론, 1026쪽; 홍정선, 행정법론(하), 355쪽.
256) 박윤흔/정형근, 최신행정법강의(하), 248면; 홍정선, 행정법론(하), 355쪽.
257) 대법 2013. 9. 12. 선고 2011두20079 판결.

이든 문서에 의한 직무명령이든 무방하다. 실질적 요건은 직무명령의 내용이 명백하고 실현가능하고 적법한 것이어야 한다.

### 3) 형식

법령상의 특별한 규정이 없으면 형식의 제한은 없으므로 구술이나 서면으로 가능하다.

## (2) 법적 성질

### 1) 훈령과 직무명령

훈령이 상급(관)청이 하급(관)청의 권한행사를 지휘·감독하기 위하여 발하는 명령임에 대하여 직무명령은 공무원의 직무에 관한 명령이라는 점에서 양자는 성질상의 차이가 있다.

구체적으로 첫째, 훈령은 법률의 수권이 없어도 발령할 수 있다는 것이 통설이나 직무명령은 행정주체가 독립된 인격을 가진 공무원에게 복종의무를 부과하는 것이므로 법률의 근거가 필요한가의 여부에 대하여 견해가 나뉜다. 둘째, 훈령은 상하급관청 간의 문제인데 직무상 명령은 상하공무원 간의 문제이다.[258] 즉 행정기관의 기관의사를 구속함에 반하여 직무명령은 공무원 개인을 구속하는 것이므로, 훈령은 발령기관이 이를 취소하거나 기관 자체가 폐지되지 아니하는 한 기관구성자인 공무원의 경질·변동 등과 관계없이 그 효력을 지속함에 반하여, 직무명령은 명령을 받은 공무원의 변동에 의하여 그 효력을 상실한다. 셋째, 훈령은 원칙적으로 항고소송의 대상인 처분이 아니라는 것이 통설이나, 직무명령이 공무원의 법적 지위나 이익에 변동을 발생하는 경우에는 처분이 된다.

### 2) 법규적 효력

직무명령은 하급공무원을 구속하고 일반 국민을 구속하는 것은 아니므로 직무명령은 법규가 아니다. 따라서 공무원의 직무명령 위반은 위법이 아니고 징계사유가 된다.[259]

---

258) 홍정선, 행정법론(하), 356쪽.
259) 박윤흔/정형근, 최신행정법강의(하), 248쪽; 홍정선, 행정법론(하), 356쪽; 대법 1969. 11. 25. 선고 69누 121 판결.

## (3) 위법한 직무명령과 심사권

### 1) 의의

적법한 직무상 명령에 복종하여야 한다는 것은 소속상관의 명령을 이행하여야 한다는 것을 말한다. 그 명령의 내용에 따라서 작위의무, 부작위의무, 수인의무를 이행하여야 한다.[260] 그런데 복종의무와 관련하여서는 그 전제로 기본적으로 직무명령의 형식적 요건과 실질적 요건 심사의 문제가 있다.

### 2) 형식적 요건심사

공무원이 적법·유효한 형식적 요건을 갖추지 못한 직무명령에 대한 복종을 거부할 수 있는가가 문제된다. 직무명령의 형식적 요건에 관하여는 그 구비 여부가 외관상 명백한 것이 보통이므로 부하 공무원이 이를 심사할 수 있고 그 요건이 결여되었다고 판단되면 복종을 거부할 수 있다는 것에 이설이 없다.

### 3) 실질적 요건심사

(가) 학설

실질적 요건을 심사하여 내용상의 흠이 어느 정도일 때 하급 공무원은 직무명령에 대한 복종을 거부할 수 있는가인데, 직무명령의 내용상의 흠이 중대하고 명백한 당연무효인 경우(예: 범죄행위의 명령)에는 심사를 하여 거부할 수 있다는 데에는 이설이 없다.

문제는 단순위법의 경우와 관련하여 복종의무가 있는지 여부에 관하여 견해가 갈린다. 이에 관하여는 단순위법 또는 부당의 문제가 있는 경우까지 거부하게 되면 행정의 계층적 질서가 무너진다는 이유로 거부할 수 없다는 견해가 있고,[261] 직무명령의 내용상의 흠이 있어 법규위반으로 판단되는 경우에는 복종의무가 없다는 견해가 있다.[262]

그러나 직무명령이 내용상 흠이 명백한 법규위반으로 판단되는 경우에도 복종을 거부하여야 한다는 것이 다수설이다. 즉 이 경우는 조직체의 통일적·효율적 운영의 확보라는 행정조직의 질서유지와, 공무원의 법령준수의무와 같은 행정의 합법성의 원칙 간의 비교형량의 문제이고, 법치행정의 원칙상 행정의 합법성의 원칙이 우월하므로, 공무원의 법령준수의무가 복종의무보다 우선하게 된다는 것이다. 이 경우 공무원이 직무명령이 위법함

---

260) 정하중, 행정법개론, 1027쪽; 홍정선, 행정법론(하), 356쪽.
261) 김도창, 일반행정법론(하), 237쪽; 홍정선, 행정법론(하), 357쪽.
262) 이상규, 앞의 책, 236쪽.

을 알고 복종하였으면 그에 대한 책임(징계책임·민사책임·형사책임)을 부담하게 된다.[263] 실질적 요건에 관하여도 하급 공무원이 흠의 유무를 심사할 수 있고 심사의 결과 의견을 진술할 수 있다는 것(지방공무원법 제49조 단서)에 대하여는 우리나라에서는 이설이 없다.

### (나) 판례

대법원은, 설령 대공수사단 직원은 상관의 명령에 절대 복종하여야 한다는 것이 불문률로 되어 있다 할지라도 국민의 기본권인 신체의 자유를 침해하는 고문행위 등이 금지되어 있는 우리의 국법질서에 비추어 볼 때 소속 상관의 명령이 참고인으로 소환된 사람에게 가혹행위를 하라는 것과 같이 명백히 위법한 때에는 그에 복종할 의무가 없다거나,[264] 대통령 선거를 앞두고 특정후보에 대하여 반대하는 여론을 조성할 목적으로 확인되지도 않은 허위의 사실을 담은 책자를 발간·배포하거나 기사를 게재하도록 하라는 것과 같이 명백히 위법 내지 불법한 명령인 때에는 이는 벌써 직무상의 지시명령이라 할 수 없으므로 이에 따라야 할 의무가 없다고 하고,[265] 군인이 상관의 지시나 명령에 대하여 재판청구권을 행사하는 경우에 그것이 위법·위헌인 지시와 명령을 시정하려는 데 목적이 있을 뿐, 군 내부의 상명하복관계를 파괴하고 명령불복종 수단으로서 재판청구권의 외형만을 빌리거나 그 밖에 다른 불순한 의도가 있지 않다면, 정당한 기본권의 행사이므로 군인의 복종의무를 위반하였다고 볼 수 없다[266]라고 판시한 바 있다.


### (4) 복종의무와 의견진술

지방공무원법 제49조에는, "공무원은 직무를 수행할 때 소속 상사의 직무상 명령에 복종하여야 한다. 다만, 이에 대한 의견을 진술할 수 있다."라고 규정하고 있다. 상관의 명령이 위법·부당하다고 판단되면 상관에게 의견을 진술할 수 있고 이는 명문의 근거규정이 없는 국가공무원에게도 마찬가지로 적용된다고 하는 것이 타당하다.[267]

그러나 이 법조문 자체에서는 상사의 명령이 위법·부당한 경우라는 제한이 없다는 점

263) 김남진/김연태, 행정법 II, 259쪽; 김동희, 행정법 II, 168쪽; 류지태/박종수, 행정법신론, 807쪽; 정하중, 행정법개론, 1027-1028쪽; 직무명령을 행정조직 간의 지휘·감독권으로서 행하여지는 훈령적인 경우에는 소속상관의 직무명령에 대한 공무원의 적법성심사는 행정조직의 통일성확보차원에서 허용되지 않는다는 내용을 소개하고 있는 것에는 박윤흔, 최신행정법론(상), 박영사, 2004, 249쪽 이하 참조.
264) 대법 1988. 2. 23. 선고 87도2358 판결.
265) 대법 1999. 4. 23. 선고 99도636 판결.
266) 대법 2018. 3. 22. 선고 2012두26401 전원합의체 판결.
267) 홍정선, 행정법론(하), 357쪽.

에서 명령을 받은 공무원은 위법·부당 여부와 아무런 관계없이 직무상 의견진술을 할 수 있는 권리로 보아야 하고, 오히려 만일 위법·부당의 혐의가 있는 명령인 경우임에도 불구하고 아무런 의견진술을 하지 아니하는 경우에는 일정 책임(예: 징계책임은 물론 공동불법행위책임 내지 국가배상책임, 형사책임 등)을 지게 된다고 보아야 한다.

## 4. 직무명령이 경합된 경우

둘 이상의 상하관계에 있는 상관으로부터 서로 모순되는 직무명령을 받았을 경우에 어느 상관의 직무명령에 복종하여야 하는가에 관하여는 상급의 상관의 직무명령에 복종하여야 한다는 견해가 있으나,[268] 행정조직의 계층적 질서에 비추어 직근상관의 직무명령에 복종하여야 한다는 것이 타당하므로 직근상관의 직무명령에 복종하여야 한다는 것이 다수설이다. 국가공무원법 제57조, 지방공무원법 제49조가 소속상관의 직무상 명령에 복종하여야 한다고 규정하고 여기서 소속상관이란 당해 공무원의 직무에 관하여 실질적인 지휘·감독권을 갖는 자를 말한다는 것은 앞서 본 바와 같다.

그러나 위법한 직무명령이 문제가 되는 경우에는 단지 행정의 일차적 판단권보다는 법치행정 내지 합법성의 원칙이 더 중요하다는 점에서, 둘 이상의 상관의 직무명령의 위법성 정도를 형량할 필요성이 있다고 할 수 있다. 따라서 반드시 위법한 직근상관의 명령에만 복종할 필요는 없다.

## 5. 불복종의 효과

당연무효인 위법한 직무상 명령에는 법령준수의무가 있는 공무원으로서는 복종을 거부하여야 할 의무가 발생하고 그럼에도 복종한 경우에는 공동불법행위책임 내지는 국가배상책임과 징계책임 나아가 형사책임도 받게 된다.[269]

적법한 직무상 명령, 단순위법 또는 부당한 명령에 대해서 불복종 시에는 공무원법상의 복종의무 위반으로 징계책임을 받게 된다는 것이 다수설이다(국가공무원법 제78조 제1항 제1호, 지방공무원법 제69조 제1항 제1호). 다만 이 경우에도 명령의 적법, 단순위법 또는 부당의 정도에 따라서 징계양정에 차등이 있어야 함은 물론이다.

---

268) 김용래, "공무원의 복종의무의 성질과 한계", 법정, 1965. 6, 27쪽.
269) 홍정선, 행정법론(하), 357-358쪽.

## V. 직장이탈금지의무

### 1. 의의

공무원은 소속상관의 허가 또는 정당한 이유 없이 직장을 이탈하지 못한다(국가공무원법 제58조 제1항, 지방공무원법 제50조 제1항). 이러한 직장이탈금지의무는 공휴일, 휴가, 휴직이나 직위해제인 경우에는 해당하지 아니한다. 상관의 허가는 구술 또는 문서 등 어느 형식이든 상관이 없다. 직장이탈금지의무는 휴가를 신청하거나 사직원을 제출하는 것만으로 면해지는 것은 아니고 권한 있는 소속상관의 명령이 있어야 한다.

행정기관의 장이 민원편의 등 공무수행을 위하여 필요하다고 인정할 때에는 근무시간 외, 토요일 또는 공휴일 근무를 명하는 경우도 있다. 이 경우 그 다음 정상근무일을 휴무하게 할 수 있으며, 이 경우에도 임신 중인 공무원이나 출산 후 1년 이내인 경우에는 오후 10시부터 오전 6시까지 근무를 시킬 수 없다(국가공무원 복무규정 제11조).

### 2. 직장의 개념

직장의 개념은 일반적으로 공무원이 소속되어 근무하고 있는 공간개념으로서의 부서라고 보는 것이 타당하다.

그러나 빈번한 외근과 훈련, 작전수행 등 일정한 건물을 중심으로 직장개념을 파악하기 곤란한 국가정보원직원의 경우에는 직장이 아니라 상관으로부터 지시받거나 본래 수행해야 할 '직무'의 범위를 이탈하여서는 아니 되도록 규정하고 있다(국가정보원직원법 제16조).

### 3. 공무원의 인신구속

공무원도 범죄요건을 구성할 경우 수사기관에서 입건 수사할 수 있음은 말할 나위가 없다. 그러나 공무원을 직무에 전념할 수 있게 하기 위해서는 현행범이 아닌 한 구속하고자 할 때에는 사전에 그 소속기관의 장에게 통보하여야 한다(국가공무원법 제58조 제2항, 지방공무원법 제50조 제2항). 그것은 공무원이 구속되어 직무를 수행할 수 없게 되는 경우 결원보충을 미리 준비할 수 있게 하고 당해 공무원의 직무상 인계 인수 등을 차질 없이 수행할 수 있게 하기 위한 것이다.


## VI. 친절공정의무

공무원은 국민 또는 주민 전체의 봉사자로서 친절하고 공정하게 집무하여야 한다(국가공무원법 제59조, 지방공무원법 제51조). 공정이라는 의미는 공사(公私)를 엄격히 분별하라는 뜻이다. 친절과 공정은 공무원에게 있어서는 하나의 단순한 도덕적 의무에 그치는 것이 아니라 법적 의무로 고양되어 있으므로 이에 위반하면 징계사유가 된다.


## VII. 종교중립의무

공무원은 종교에 따른 차별 없이 직무를 수행하여야 한다(국가공무원법 제59의2조 제1항, 지방공무원법 제51조의2 제1항). 공무원은 소속상관이 이 의무에 위배되는 직무상 명령을 한 경우에는 이에 따르지 아니할 수 있다(국가공무원법 제59의2 제2항, 지방공무원법 제51조의2 제2항). 종교중립의무는 헌법상 정교분리의 원칙에 의한 것이라고 할 수 있다. 다만 공무원의 종류에 따른 특별한 고려가 필요한 경우가 있다.[270]


## VIII. 비밀엄수의무

### 1. 의의

공무원은 재직 중은 물론 퇴직 후에도 직무상 알게 된 비밀을 엄수하여야 한다(국가공무원법 제60조, 지방공무원법 제52조). 직무상 알게 된 비밀이란 공무원 자신의 직무범위와 관련되는 비밀뿐만 아니라 직무를 수행하는 과정에서 직접 또는 간접으로 들어서 알게 된 타인 또는 타부서 소관의 비밀까지도 포함된다.

---

270) 대법 2019. 12. 27. 선고 2019두37073 판결.

비밀엄수의무는 직무상의 비밀과 행정상 비밀을 보호하고, 국민 전체의 이익을 위한 것이므로 공무원의 비밀엄수의무가 특정 정파의 정치적 이익을 보호하기 위한 수단이 되어서는 안 된다.[271] 비밀엄수의무는 국민의 알권리와 표현의 자유와의 충돌문제가 있으므로 조화가 문제된다.

국가공무원복무규정은 공무원의 비밀엄수의무의 대상이 되는 비밀을 법령에 따라 비밀로 지정된 사항, 정책의 수립이나 사업의 집행에 관련된 사항으로서 외부에 공개될 경우 정책결정이나 사업집행에 지장을 초래하거나 특정인에게 부당한 이익을 줄 수 있는 사항, 개인의 신상이나 재산에 관한 사항으로서 외부에 공개될 경우 특정인의 권리나 이익을 침해할 수 있는 사항, 그 밖에 국민의 권익보호 또는 행정목적 달성을 이하여 비밀로 보호할 필요가 있는 사항 등으로 구체적으로 정하고 있다(국가공무원 복무규정 제4조의2).

## 2. 비밀의 의미

법이 보호하는 비밀의 의미에 관하여는 형식설과 실질설이 나뉜다. 형식설은 행정기관이 1급·2급·3급비밀 등과 같이 명시적으로 지정한 비밀으로서 결국 행정기관이 비밀로 취급하는 사항은 모두 비밀이라는 견해이다. 이에 대하여 실질설은 비밀로서 보호할 가치가 있는 비밀을 말한다는 견해이다. 오늘날 민주국가에서 행정의 공개원칙 및 국민의 알권리를 고려하는 실질설이 통설,[272] 판례[273]이다.

## 3. 비밀엄수의 예외

### (1) 증언 및 감정

#### 1) 국회에서의 증언·감정

공무원 또는 공무원이었던 자가 국회로부터 증언을 요구받는 경우에 증언할 사항이 직무상 비밀에 속한다는 이유로 증언을 거부할 수 없다. 다만 군사·외교·대북관계의 국가기밀에 관한 사항으로서 그 발표로 말미암아 국가안위에 중대한 영향을 미친다는 주무부장관(대통령 및 국무총리의 소속기관에서는 당해 관서의 장)의 소명이 증언의 요구를 받은 날로

---

271) 박윤흔/정형근, 최신행정법강의(하), 255쪽; 홍정선, 행정법론(하), 353쪽.
272) 김남진/김연태, 행정법Ⅱ, 261–262쪽; 김동희, 행정법Ⅱ, 171쪽; 홍정선, 행정법론(하), 353쪽.
273) 대법 1996. 10. 11. 선고 94누7171 판결.

부터 5일 이내에 있는 경우에는 그러하지 아니하며, 또한 위 소명을 수락하지 아니하여 국회가 본회의 의결로(폐회 중에는 해당 위원회의 의결로) 국회가 요구한 증언이 국가의 중대한 이익을 해친다는 취지의 국무총리의 성명을 요구한 때에 국무총리가 요구를 받은 날로부터 7일 이내에 성명을 발표한 경우에는 그러하지 아니하다(국회에서의 증언·감정 등에 관한 법률 제4조).

### 2) 법원에서의 증인 또는 감정인

공무원 또는 공무원이었던 자가 법원 등의 증인 또는 감정인이 되어 직무상 비밀에 대하여 신문을 받게 된 때에 소속 공무소 또는 감독관공서의 승낙을 받은 경우에는 직무상 비밀도 진술할 수 있다(형사소송법 제147조, 제177조, 민사소송법 제306조, 제333조).

판례에 따르면, 공무원 또는 공무원이었던 자가 직무상 비밀에 속한다는 이유로 지방의회의 증언 또는 서류제출 요구 등을 거부할 수 없도록 규정한 조례안은 공무원의 비밀엄수의무를 위반한 것이라고 한다.[274]

### (2) 행정상 정보공개의 요청

공공기관이 보유·관리하는 정보 중 국민이 청구하면 공개해야 하는 정보는 비밀엄수를 논할 여지가 없다. 공공기관의 정보공개에 관한 법률은 비공개대상정보를 정하고 있으나, 이 비공개대상정보도 기간의 경과 등으로 인하여 비공개의 필요성이 없어진 경우에는 이를 비공개대상으로 하여야 한다. 따라서 공무원은 동일한 사안에 대하여 직무상 알게 된 비밀을 지켜야 하는 의무가 있는 반면, 행정기관의 입장에서는 공개의 의무를 지게 되어 동일한 비밀(정보)에 대하여 반대방향의 의무를 지고 있다.[275] 입법이나 판례를 통하여 직무상 비밀의 범위를 구체적으로 정하는 일이 필요하다.

### (3) 고발의무와의 관계

형사소송법 제234조 제2항은 "공무원은 그 직무를 행함에 있어 범죄가 있다고 사료하

---

274) 대법 1995. 6. 30. 선고 93추83 판결.
275) 공공기관의 정보공개에 관한 법률상의 공개·비공개결정과 공무원의 비밀엄수의무와의 관계에 관하여는, 김창조, "정보공개법상 비공개사유와 공무원의 비밀엄수의무", 공법연구 제35집 제2호, 2006, 337쪽 이하 참조.

는 때에는 고발하여야 한다"라고 규정하고 있다. 여기에 비밀엄수의무와 고발의무와의 관계가 문제된다. 비밀엄수의무가 우선된다는 견해와 고발의무가 우선된다는 견해가 있을 수 있다. 후자의 견해를 취할 경우에는 비밀엄수의무의 예외가 된다.

### (4) 문서제출의무와의 관계

민사소송법 제344조는 문서의 제출의무를 규정하고 있다. 여기에 비밀엄수의무와 문서제출의무의 관계가 문제된다. 이에 대하여도 비밀엄수의무가 우선된다는 견해와 문서제출의무가 우선된다는 견해가 있을 수 있다. 국세기본법 제81조의13 제1항 제3호는 법원이 제출명령 또는 법관이 발부한 영장에 의하여 과세정보를 요구하는 경우에는 그 사용목적에 맞는 범위 안에서 납세자의 과세정보를 제공할 수 있다고 규정하고 있다.

### 4. 비밀엄수의무 위반

공무원이 직무상 알게 된 비밀을 누설한 때에는 비밀엄수의무 위반은 물론 행정기관이 명시적으로 지정한 비밀을 누설한 때에는 복종의무 위반으로 징계사유가 된다. 뿐만 아니라 공무원이 법령에 의한 직무상 비밀을 누설한 때에는 범죄를 구성한다(형법 제126조, 제127조). 퇴직한 공무원이 비밀엄수의무에 위반한 때에는 징계책임을 물을 수 없으나 형사책임을 물을 수 있고, 또한 이를 이유로 장래의 공무원관계의 설정을 거부할 수 있다는 것이 우리나라의 다수설이다.

## IX. 청렴의무

공무원은 직무와 관련하여 직접 또는 간접을 불문하고 사례·증여 또는 향응을 수수할 수 없으며, 직무상의 관계 여하를 불문하고 그 소속 상관에 증여하거나 소속 공무원으로부터 증여를 받아서는 아니 된다(국가공무원법 제61조, 지방공무원법 제53조). 공무원법이 청렴의무를 규정한 취지는 공무원이 직무에 관하여 사전에 부당한 청탁을 받고 직무상 부정행위를 행하는 것을 방지하려는 데 그치는 것이 아니라, 공무원의 직무와 관련한 금품수수행위를 방지하여 공무원의 순수성과 직무행위의 불가매수성을 보호하고 직무집행의

적정성을 보장하려는 데 있다.[276]

청렴의무위반은 징계사유가 될 뿐만 아니라, 일정한 경우에는 범죄를 구성한다(형법 제129조 내지 135조).

# 제4절 개별법률상의 의무

## Ⅰ. 개설

개별법률상의 의무는, 공직자윤리법상의 의무, 공직자 등의 병역사항신고 및 공개에 관한 법률상의 의무, 부패방지 및 국민권익위원회의 설치와 운영에 관한 법률상의 의무, 부정청탁 및 금품 등 수수의 금지에 관한 법률상의 의무 등이 있다.

이들 개별법상의 의무는 공무원의 신분상의 의무와 직무상의 의무의 2중적 성격을 가진다고 할 수 있다.

## Ⅱ. 공직자윤리법상의 의무

### 1. 재산등록의무

공직자윤리법은 공직자의 자기반성과 주변정리를 통하여 부패를 사전에 방지하기 위하여 법정 공무원에게 자신과 가족의 재산을 국가기관에 등록할 의무, 주식의 매각 또는 신탁의무를 부과하고 있다(공직자윤리법 제3조 이하).

### 2. 선물신고의무

모든 공무원에게 외국정부나 직무와 관련하여 외국인(외국단체를 포함)으로부터 선물을 받으면 지체없이 소속기관의 장에게 신고하도록 의무를 과하고 있다(공직자윤리법 제15조).

---

276) 대법 1992. 11. 27. 선고 92누3366 판결.

## 3. 영리기업에의 취업제한의무

일정한 직급 또는 직무분야에 종사하였던 공무원은 퇴직 전 5년 동안 소속하였던 부서의 업무와 밀접한 관련이 있는 일정 규모 이상의 영리사기업체 또는 영리사기업체의 공동이익과 상호협력 등을 위하여 설립된 법인·단체("협회"등)에 퇴직 후 3년간 취업이 제한된다(공직자윤리법 제17조 제1항 본문).

그러나 관할 공직자윤리위원회의 승인을 얻은 때에는 예외로 취업이 가능하다(공직자윤리법 제17조 제1항 단서). 법에 위반하여 취업한 자가 있을 때에는 관계중앙행정기관의 장은 사기업체의 장에게 해임을 요구하여야 하며, 사기업체의 장은 지체없이 이에 응하여야 한다(공직자윤리법 제19조)

한편, 공직자가 재직 중 직무와 관련된 부패행위로 당연퇴직, 파면, 또는 해임되거나 공직자였던 자가 재직중 직무나 관련된 부패행위로 벌금 300만원 이상의 형의 선고를 받은 경우에는 퇴직일 또는 형 집행 종료일부터 5년 동안 공공기관 등 영리사기업체에 취업할 수 없다(부패방지 및 국민권익위원회의 설치와 운영에 관한 법률 제82조).

## III. 공직자 등의 병역사항신고 및 공개에 관한 법률상의 의무

공직자 등의 병역사항신고 및 공개에 관한 법률 제3조는 공직자인 신고의무자에게 그 자신 및 18세 이상 직계비속의 병역복무사항을 신고할 의무를 과하고 있다.

## IV. 부패방지 및 국민권익위원회의 설치와 운영에 관한 법률상의 의무

### 1. 공직자의 청렴의무

부패방지 및 국민권익위원회의 설치와 운영에 관한 법률 제7조에 따르면, 공직자는 법령을 준수하고 친절하고 공정하게 집무하여야 하며 일체의 부패행위와 품위를 손상하는 행위를 하여서는 아니 된다고 규정하고 있다.

이 규정에 따라 공직자가 준수하여야 할 행동강령은 대통령령·국회규칙·대법원규칙·

헌법재판소규칙·중앙선거관리위원회규칙 또는 공직유관단체의 내부규정으로 정한다(같은 법 제8조 제1항).

## 2. 공무원 행동강령

### (1) 입법경과

부패방지 및 국민권익위원회의 설치와 운영에 관한 법률 제8조 제1항에 따른 공직자 행동강령은, 1. 직무관련자로부터의 향응·금품 등을 받는 행위의 금지·제한에 관한 사항, 2. 직위를 이용한 인사관여·이권개입·알선·청탁행위의 금지·제한에 관한 사항, 3. 공정한 인사 등 건전한 공직풍토 조성을 위하여 공직자가 지켜야 할 사항, 4. 그 밖에 부패의 방지와 공직자의 직무의 청렴성 및 품위유지 등을 위하여 필요한 사항을 규정한다(같은 조 제2항).

### (2) 적용범위

위 같은 법 제8조에 따라 공무원이 준수하여야 할 행동기준을 규정하는 것을 목적으로 하는 공무원 행동강령이 2020. 4. 7. 대통령령 제30607호로 제정되었으며, 국가공무원(국회, 법원, 헌법재판소 및 선거관리위원회 소속의 국가공무원은 제외한다)과 지방공무원(지방의회의원은 제외한다)에게 적용된다(공무원 행동강령 제3조).

공무원 행동강령의 적용이 제외되는 국회, 법관 및 법원공무원, 선거관리위원회, 헌법재판소 공무원경우에는 별도로 각각 국회공무원 행동강령, 법관 및 법원공무원 행동강령, 선거관리위원회 공무원 행동강령, 헌법재판소 공무원 행동강령이 제정되어 있다. 이하의 내용은 공무원 행동강령을 기준으로 한다.

### (3) 주요 내용

공무원 행동강령은 제2조에서 직무관련자, 직무관련공무원, 금품등의 정의 규정을 하고, 그 주요 내용으로는, 부패방지 및 국민권익위원회의 설치와 운영에 관한 법률 제8조 제1항의 예에 따라서, 공정한 직무수행(공무원 행정강령 제2장), 부당이득의 수수 금지 등

(공무원 행동강령 제3장), 건전한 공직풍토의 조성(공무원 행동강령 제4장) 및 위반 시의 조치(공무원 행동강령 제5장) 등을 규정하고 있다.

### (4) 위반 시의 조치

#### 1) 위반 여부에 대한 상담
공무원은 알선·청탁, 금품등의 수수, 외부강의 등의 사례금 수수, 경조사의 통지 등에 대하여 공무원 행동강령을 위반하는 지가 분명하지 아니할 때에는 행동강령책임관과 상담한 후 처리하여야 한다(공무원 행동강령 제18조).

#### 2) 위반행위의 신고 및 확인
누구든지 공무원이 공무원 행동강령을 위반한 사실을 알게 되었을 때에는 그 공무원이 소속된 기관의 장, 그 기관의 행동강령책임관 또는 국민권익위원회에 신고할 수 있으며(공무원 행동강령 제19조 제1항), 신고하는 자는 본인과 위반자의 인적 사항과 위반 내용을 구체적으로 제시해야 한다(같은 조 제2항). 위반행위를 신고받은 소속 기관의 장과 행동강령책임관은 신고인과 신고내용에 대하여 비밀을 보장하여야 하며, 신고인이 신고에 따른 불이익을 받지 아니하도록 하여야 한다(같은 조 제3항). 행동강령책임관은 신고된 위반행위를 확인한 후 해당 공무원으로부터 받은 소명자료를 첨부하여 소속 기관의 장에게 보고하여야 한다(같은 조 제4항).

#### 3) 징계 등
부패방지 및 국민권익위원회의 설치와 운영에 관한 법률 제8조 제3항에 따라 공직자가 공무원 행동강령을 위반한 때에는 징계처분을 할 수 있다. 이에 따른 징계의 종류, 절차 및 효력 등은 당해 공직자가 소속된 기관 또는 단체의 징계관련 사항을 규정한 법령 또는 내부규정이 정하는 바에 따른다(같은 조 제4항). 이 근거규정에 따라서 제정된 공무원 행동강령 제20조에 따라서 신고된 공무원 행동강령을 위반행위를 보고를 받은 소속 기관의 장은 해당 공무원을 징계하는 등 필요한 조치를 할 수 있다(공무원 행동강령 제20조).

#### 4) 수수 금지 금품등의 신고 및 처리
공무원은 1. 공무원 자신이 수수 금지 금품등을 받거나 그 제공의 약속 또는 의사표시를 받은 경우, 2. 공무원이 자신의 배우자나 직계 존속·비속이 수수 금지 금품등을 받거나 그 제공의 약속 또는 의사표시를 받은 사실을 알게 된 경우에 해당하는 경우에는 소속 기관의 장에게 지체 없이 서면으로 신고하여야 한다(공무원 행동강령 제21조 제1항). 이 경우 제공받은 금품등을 지체 없이 반환하거나 반환하도록 하거나 그 거부의 의사를 밝히거나 밝히도록 하여야 하고(같은 조 제2항), 금품등을 반환한 경우에는 증명자료를 첨부하여 그 반환 비용을 소속 기관의 장에게 청구할 수 있으며(같은 조 제3항), 반환하거나 반환하도록 하여야 하는 금품등이 1. 멸실·부패·변질 등의 우려가 있는 경우, 2. 제공자나 제공자의 주소를 알 수 없는 경우, 3. 그 밖에 제공자에게 반환하기 어려운 사정이 있는 경우에는 소속 기관의 장에게 인도하거나 인도하도록 하여야 한다(같은 조 제4항).

## 3. 비위면직자등의 취업제한

### (1) 비위면직자등

비위면직자등이라 함은 1. 공직자가 재직 중 직무와 관련된 부패행위로 당연퇴직, 파면 또는 해임된 자, 2. 공직자였던 자가 재직 중 직무와 관련된 부패행위로 벌금 300만원 이상의 형의 선고를 받은 자를 말한다(부패방지 및 국민권익위원회의 설치와 운영에 관한 법률 제82조 제1항).

### (2) 취업제한

비위면직자는 당연퇴직, 파면, 해임된 경우에는 퇴직일, 벌금 300만원 이상의 형의 선고를 받은 경우에는 그 집행이 종료(종료된 것으로 보는 경우를 포함한다)되거나 집행을 받지 아니하기로 확정된 날부터 5년 동안, 1. 공공기관, 2. 대통령령으로 정하는 부패행위 관련 기관, 3. 퇴직 전 5년간 소속하였던 부서 또는 기관의 업무와 밀접한 관련이 있는 영리사기업체 등, 4. 영리사기업체 등의 공동이익과 상호협력 등을 위하여 설립된 법인·단체(이하 "협회"라 한다)에 취업할 수 없다(같은 조 제2항).

### (3) 자료제출 요구

국민권익위원회는 비위면직자등의 취업제한의 위반 여부를 확인하기 위하여 형의 실효 등에 관한 법률 제2조 제5호 (가)목에 따른 범죄경력자료 등 대통령령으로 정하는 자료의 제출을 요구할 수 있다. 이 경우 요구를 받은 해당 공공기관의 장은 정당한 사유가 없으면 이에 따라야 한다(같은 법 제82조의2).

### (4) 취업자의 해임요구

국민권익위원회는 비위면직자등의 취업제한에 위반하여 공공기관에 취업한 자가 있는 경우 당해 공공기관의 장에게 그의 해임을 요구하여야 하며, 해임요구를 받은 공공기관의 장은 정당한 사유가 없는 한 이에 응하여야 한다(같은 법 제83조 제1항).

국민권익위원회는 비위면직자등의 취업제한에 위반하여 대통령령으로 정하는 부패행위 관련 기관, 영리사기업체 등 또는 협회에 취업한 자가 있는 경우 관계공공기관의 장에게 그 취업자에 대한 취업해제조치의 강구를 요구하여야 하며, 요구를 받은 관계공공기관의 장은 그 취업자가 취업하고 있는 부패행위 관련 기관, 영리사기업체 등 또는 협회의 장에게 그의 해임을 요구하여야 한다. 이 경우 해임요구를 받은 부패행위 관련 기관, 영리사기업체 등 또는 협회의 장은 정당한 사유가 없는 한 지체 없이 이에 응하여야 한다(같은 조 제2항)

## V. 부정청탁 및 금품 등 수수의 금지에 관한 법률상의 의무

### 1. 의의

공직자 등에 대한 부정청탁 및 공직자 등의 금품 등의 수수를 금지함으로써 공직자 등의 공정한 직무수행을 보장하고 공공기관에 대한 국민의 신뢰를 확보하는 것을 목적으로 하는 「부정청탁 및 금품등 수수의 금지에 관한 법률」(이하 "청탁금지법"이라 한다)이 제정되었다. 실무상 공무원의 주요한 징계사유가 된다.

## 2. 주요 내용

### (1) 부정청탁의 금지

직접 또는 제3자를 통하여 직무를 수행하는 공직자등에게 15가지 유형의 부정청탁을 하거나 부정청탁을 받은 공직자등이 부정청탁에 따라 직무를 수행하는 행위는 금지된다(청탁금지법 제5조 제1항, 제6조). 이에는 부정청탁의 예외사유(청탁금지법 제5조 제2항)가 있다.

### (2) 금품등의 수수 금지

공직자등 또는 그 공직자등의 배우자가 직무관련 여부 및 기부·후원·증여 등 그 명목에 관계없이 동일인으로부터 1회 100만원, 매 회계연도 300만원을 초과하는 금품등을 받거나 요구 또는 약속하는 행위(공직자등 또는 그 공직자등의 배우자에게 제공하거나 제공의 약속 또는 의사표시 행위), 공직자등 또는 그 공직자등의 배우자가 직무와 관련하여 100만원 이하의 금품등을 받거나 요구 또는 약속하는 행위(공직자등 또는 그 공직자등의 배우자에게 제공하거나 제공의 약속 또는 의사표시 행위), 공직자등이 외부강의 시 청탁금지법 시행령에서 정하는 금액을 초과하여 사례금을 수수하는 행위가 금지된다(청탁금지법 제8조, 제10조). 이에는 금품등 수수 금지 예외사유(청탁금지법 제8조 제3항)가 있다.

## 3. 직무관련성

공무원이 청탁금지법에 의율하여 처벌 및 징계를 받게 되는 경우는 특히 직무관련성이 있는 경우라고 할 수 있는데 직무관련성이 불확정개념인 관계로 명확하지 아니하다. 판례에 따르면, 직무관련성이란 공무원이 직무에 관하여 사전에 부정한 청탁을 받고 직무상 부정행위를 방지하려는 데에 그치는 것이 아니고, 사전에 부정한 청탁이 있었는지의 여부나 금품수수의 시기 등을 가릴 것 없이 공무원의 직무와 관련한 금품수수 행위를 방지하여 공무원의 순결성과 직무행위 불가매수성을 보호하고 공무원의 직무집행의 적정을 보장하려는 데에 있다고 할 수 있다고 하고, 이 직무의 범위에는 공무원이 직무의 결정권을 갖고 있지 않더라도 그 직무행위와 밀접한 관계가 있는 경우 및 사실상 관리하는 직무행위도 포함된다고 한다.[277]

---

277) 대법 2000. 1. 21. 선고 99도4940 판결.

또한 금품수수가 사교적인 의례와의 구별이 문제가 되는데, 판례에 따르면, 공무원이 그 직무의 대상이 되는 사람으로부터 금품 기타 이익을 받은 때에는 그것이 그 사람이 종전에 공무원으로부터 접대 또는 수수받은 것을 갚는 것으로서 사회상규에 비추어 볼 때에 의례상의 대가에 불과한 것이라고 여겨지거나, 개인적인 친분관계가 있어서 교분상의 필요에 의한 것이라고 명백하게 인정할 수 있는 경우 등 특별한 사정이 없는 한 직무와의 관련성이 없는 것으로 볼 수 없고, 공무원의 직무와 관련하여 금품을 수수하였다면 비록 사교적 의례의 형식을 빌어 금품을 주고 받았다 하더라도 그 수수한 금품은 뇌물이 된다고 한다.[278)]

## 4. 처벌기준

청탁금지법 주요 위반사항에 따른 처분기준은 아래 표와 같다.

| 유형 | 위반행위 | 제재수준 |
|---|---|---|
| 부정청탁 | 제3자를 통해 부정청탁을 한 이해당사자 | 과태료 |
| | 제3자를 위해 부정청탁을 한 자 | 과태료 |
| | 부정청탁에 따라 직무를 수행한 공직자등 | 형벌 |
| 금품등 수수 | 직무와 관련하여 1회 100만원 이하 금품을 수수한 공직자등과 제공자 | 과태료 |
| | 1회 100만원, 연간 300만원을 초과하는 금품등을 수수한 공직자등과 제공자 | 형벌 |
| | 상한기준을 초과하여 외부강의 사례금을 수수한 공직자등 | 과태료 |

---

278) 대법 1992. 11. 27. 선고 92누3366 판결.

# 제6장 공무원의 징계책임

## 제1절 서설

### Ⅰ. 의의

공무원의 책임이란 공무원 자신의 권한에 근거한 행위(작위 및 부작위)에 대해 조직 내 · 외로부터의 설명 요청에 대한 응답의무 및 행위 결과에 대한 직 · 간접적 구속을 의미한다.[279] 이러한 공무원의 책임의 유형으로는, 전통적으로 상명하복관계의 계층적 책임과 법적의무 위반에 대한 법적 책임, 행정전문가로서의 전문가적 책임과 민주주의의 실현을 위한 공익의 봉사자로 활동해야 할 정치적 책임으로 나누어 볼 수 있다.[280]

### Ⅱ. 공무원의 법적 책임과 유형

### 1. 공무원의 2중적 지위

공무원은 공무를 집행하는 공무원으로서의 지위와 일반 사인으로서의 지위라는 2중적 지위에 있다. 따라서 공무원의 법적 책임은 이 2중적 지위에 각 법영역과의 교집합과 관

---

279) 박천오/한승주, "공무원의 책임성 딜레마 인지와 대응", 정부학연구, 제21권 제3호, 2015, 4쪽.
280) 이는 Romzek의 유형화에 근거한 공무원의 4개의 책임유형이다. 박천오/한승주, 앞의 논문 3쪽 이하 참조.

련하여 나누어 볼 수 있다. 즉 공무원이 공무를 집행하는 공무원으로서의 지위에서 헌법을 위반하는 경우에는 헌법상의 책임[281]을 부담하고, 공무원 관련 법령을 위반한 경우에는 당해 법령상의 책임을 지는 것은 당연하다. 한편 공무원이 일반 사인과 동등한 지위에서 각종 행정법규를 위반한 경우에는 행정법상의 책임을 비롯하여 형사법상의 책임과 민사법상의 책임을 부담한다.

이러한 공무원으로서의 공무원의 법적 책임은 공무원이 일반 국민과 동등한 지위에서 부담하는 책임과는 일단 구별되는 것이나, 경우에 따라서는 상호영향을 미친다.[282]

## 2. 광·협의의 공무원

협의의 공무원의 법적책임은 공무원이 공무를 집행하는 공무원으로서 부담하는 주로 공무원법상의 책임으로서 징계책임과 변상책임을 말한다. 광의의 공무원의 법적책임은 공무원법상의 책임 이외에도 일반 사인으로서의 행정법상의 책임[283]과 형사법상의 책임과 민사법상의 책임을 포함한다.

## III. 공무원의 징계벌과 징계책임

### 1. 의의

공무원이 공무원법상의 의무를 위반한 경우에 국가 또는 지방자치단체가 공무원관계의 질서를 유지하기 위하여 그 위반에 대하여 과하는 공무원법상의 제재절차 또는 제재처분 자체를 징계라고 한다. 이런 징계를 부과하기 위한 공무원법상의 절차를 징계절차라고 하

---

281) 헌법상의 책임으로는 주로 정무직 또는 특정직공무원에 대한 선거·탄핵·해임건의에 의한 책임추궁과 청원권행사를 들 수 있다. 홍정선, 행정법론(하), 371쪽.
282) 예컨대 공무원이 직무견련성과 아무 관계없이 차량을 운전하다가 교통사고를 일으켰거나, 가정불화로 폭행이나 재물손괴를 한 경우 보통의 경우에는 공무원으로서의 책임은 없다고 할 수 있으나, 가령 교통사고가 음주운전에 기인했거나 폭행의 정도가 강하여 중상해를 입힌 경우에는 공무원으로서의 징계책임을 받을 수 있다.
283) 공무원의 "행정법상의 책임"은 공무원법상의 책임을 주로 의미하나, 엄밀하게는 공무원의 공무원으로서 부담하는 공무원법상의 책임과 일반 사인의 동등한 지위로서의 부담하는 행정법규위반 책임을 포함하는 개념이라고 할 수 있다. 물론 여기에 행정범의 문제도 포괄시킬 수 있으나 행정범은 형사법적 책임으로 보는 것이 일반적이다. 김남진/김연태, 행정법 II, 270; 김동희, 행정법 II, 270쪽; 홍정선, 행정법론(하), 372쪽.

고, 이러한 징계절차에서의 징계의결이 이루어지고 이러한 징계의결을 거친 최종적인 결과물이 징계처분이다. 공무원의 징계책임은 공무원이 징계절차에 회부되어 징계처분에 의하여 부담하게 되는 행정제재인 징계벌을 받게 되는 법적 지위이다. 징계벌은 형사벌과 행정벌에 대비되는 개념이다. 그러나 징계벌도 행정벌·형사벌과 마찬가지로 법치행정원리의 적용을 받아야 한다는 점에서, 현행법도 징계의 사유·종류·절차·불복 등을 법률에서 직접 규정하고 있다고 설명하는 것이 오늘날 일반적 견해이다.[284)]

## 2. 징계벌과 행정벌·형사벌

### (1) 양자의 상이점

공법상의 특별권력관계를 긍정하는 견해에 의하면 양자는 권력적 기초에 차이가 있다. 즉 징계벌은 직접적으로 특별권력관계에 입각한 특별권력에 기초를 두고 있음에 대하여 행정벌·형사벌은 일반통치권에 그 기초를 두고 있다. 징계벌은 공무원관계의 내부 질서 유지를 목적으로 하고 있음에 대하여 행정벌·형사벌은 국가사회의 일반적 법질서유지를 목적으로 하고 있다. 징계벌은 공무원법상의 의무위반을 대상으로 하고 있음에 대하여 행정벌·형사벌은 일반행정법 또는 형법상의 의무위반, 즉 행정범 또는 형사범을 그 대상으로 한다. 징계벌은 공무원의 신분상 이익의 박탈이 주된 내용이 되고 재산상의 이익의 박탈이 부수적임에 반하여 행정벌·형사벌은 생명·신체적 자유 및 재산적 이익의 박탈이 주된 내용이 된다.

### (2) 병과

징계벌과 행정벌·형사벌은 위와 같이 그 목적·대상 등을 달리하고 있으므로 하나의 행위가 양자의 요건을 모두 충족할 경우에는 병과할 수 있다. 즉 양자의 병과는 일사부재리의 원칙(헌법 제13조 제1항)에 저촉되지 아니한다.[285)]

---

284) 김도창, 일반행정법론(하), 246쪽.
285) 대법 1983. 10. 25. 선고 83누184 판결; 대법 1996. 10. 29. 선고 95누15926 판결; 대법 2003. 10. 10. 선고 2003두5945 판결.

## 3. 징계절차와 형사절차

### (1) 형사소추선행의 원칙

형사소추선행의 원칙이라 함은 징계절차에 앞서서 형사절차가 우선되어야 한다는 원칙이다. 그러나 우리나라의 징계제도에 있어서는 형사소추선행의 원칙을 강제하고 있지 않으므로 동일한 사안에 대하여 형사재판결과를 기다릴 필요 없이 바로 징계처분을 행할 수 있으며 동시에 진행할 수도 있으므로 형사소추선행의 원칙이 인정되지 않는다.286) 따라서 공무원에게 징계사유가 인정되는 이상 그와 관련된 형사사건의 수사·재판의 결과와 무관하게 징계처분을 할 수 있다.287)

### (2) 징계실무상 징계절차 보류의결의 문제점

징계위원회가 징계심의·의결의 공정성·신중성을 확보하고 징계혐의자의 권익보호라는 취지로 형사재판의 결과를 기다려 징계절차를 보류의결하는 경우가 있다. 그런데 징계혐의자가 유죄 판결판결을 받은 후 7일의 상소기간 내에 이해득실을 감안하여 상소를 포기하고 합당한 징계처분을 받지 아니하고 당연퇴직하는 사례가 발생한다. 이에 대한 대책으로 형사소추가 되면 무조건 재판결과 통과 시까지로 징계를 보류의결할 것이 아니라, 사실관계가 불투명하여 명백한 다툼이 있는 경우로 제한하여 보류의결을 최소화할 필요가 있다.

## IV. 최근 징계관련 주요 개정 및 징계기준 강화

최근 2019년 이래로 대대적으로 징계 관련 법령의 개정 및 신설로 공무원 징계에 엄청난 지형변화가 이루어지고 있으며 징계에 대한 공무원들의 관심이 고조되고 있다. 그동안 공직자 사회에서 갑질, 성비위, 음주운전 등이 근절되지 아니하고 만연하여 이에 대한 대책으로 징계를 강화하였다. 그 밖에도 감독자의 책임과 행정기본법 제정논의와 관련하여

---

286) 류지태/박종수, 행정법신론, 814쪽. 다만 감사원에서 조사 중인 사건인 경우에는 징계절차를 진행할 수 없다는 감사선행의 원칙은 인정된다(국가공무원법 제83조 제1항).
287) 대법 2001. 11. 9. 선고 2001두4148 판결.

적극행정 면책을 강화하였고, 전 세계적인 재앙인 코로나사태로 인한 영상회의 등에 관한 근거규정을 마련하였다.


## 제2절 징계사유(원인)


### Ⅰ. 의의

징계사유란 징계처분을 받지 않으면 아니 될 공무원의 의무위반행위로서 징계의결요구 권자는 소속 공무원에게 징계사유가 있는 경우에는 반드시 징계의결을 요구하여야 하고 징계의결의 결과에 따라서 징계처분을 해야 한다(국가공무원법 제78조 제1항, 지방공무원법 제69조 제1항).


### Ⅱ. 징계사유의 내용

### 1. 국가공무원법 및 국가공무원법에 의한 명령(지방공무원의 경우에는 이 외에 조례 또는 규칙을 포함한다)에 위반한 때(국가공무원법 제78조 제1항 제1호, 지방공무원법 제69조 제1항 제1호)

공무원의 직무집행방법은 법령에서 직접 규정된 경우에는 그대로 따르나, 대체로 법령에서는 일반기준이나 원칙만 정해놓고 구체적인 집행은 권한 있는 기관의 판단과 지침에 따라 행하는 것이 일반적이다. 따라서 법령 집행의 유기적 통일성을 기하고 조직 목적을 효율적으로 달성하기 위하여 공무원은 상관의 직무상 명령을 충실히 따라야 하는 복종의무(국가공무원법 제57조, 지방공무원법 제49조 본문)와도 관련성이 있다. 다만 위법한 상관의 명령에는 복종하여야 하는지 여부의 문제가 따른다.[288] 여기에는 대통령령·총리령·부령 등 일반적·추상적 행정명령뿐만 아니라, 훈령·지침·유권해석 등 개별적·구체적 집행명령 등을 포괄적으로 포함한다.

---

288) 이에 관하여는 전술한 공무원의 복종의무 참조.

## 2. 직무상의 의무[289]에 위반하거나 직무를 태만한 때(국가공무원법 제78조 제1항 제2호, 지방공무원법 제69조 제1항 제2호)

### (1) 직무상의 의무위반

공무원이 직무상 담당업무와 관련하여 법령이나 훈령상의 의무를 합법적일 뿐만 아니라 적극적이고 타당하게 수행하지 아니한 경우와 법령상 당연히 해야 할 직무를 성실하게 수행하지 아니한 경우를 말한다.

여기서의 직무상 의무에는 국가공무원법을 비롯한 다른 법령에서 규정한 신분상의 의무를 포함하는 포괄한다. 예컨대 공무원의 직무상의 의무인 법령준수의무, 성실의무, 복종의무, 직장이탈금지의무 등의 의무 이외에도 예컨대 선서의무, 품위유지의무, 영리업무·겸직금지 의무 등 신분상의 의무도 당연히 포함된다고 보아야 한다.[290] 판례도 이와 같이, 예컨대 지방철도청 소속 공무원이던 갑이 계엄법 위반죄(계엄사령관 포고령 제1호 위반) 및 협박죄로 구속·기소되자, 지방철도청이 계엄포고령을 위반하고 타인을 협박한 행위는 국가공무원법 제56조(성실의무), 제63조(품위유지의무)를 위반한 행위로 파악한다.[291]

### (2) 직무태만

직무태만이란 직무수행하는 공무원의 주의의무를 이행하지 아니하는 것으로, 최근 정부법률안으로 제안되고 있는 행정기본법제정안 규정된 적극행정 규정도 일정 고려되어야 할 것이다.[292]

---

289) 다른 법령에서 공무원의 신분으로 인하여 부과된 의무를 포함한다.
290) 박균성, 앞의 책, 331쪽.
291) 대법 2019. 5. 30. 선고 2017다289569 판결.
292) 2021. 2. 26. 행정기본법이 국회에서 가결되었는데 제4조에 적극행정이 다음과 같이 규정되었다. 행정기본법 제4조(행정의 적극적 추진) ① 행정은 공공의 이익을 위하여 적극적으로 추진되어야 한다. ② 국가와 지방자치단체는 소속 공무원이 공공의 이익을 위하여 적극적으로 직무를 수행할 수 있도록 제반 여건을 조성하고, 이와 관련된 시책 및 조치를 추진하여야 한다. ③ 제1항 및 제2항에 따른 행정의 적극적 추진 및 적극행정 활성화를 위한 시책의 구체적인 사항 등은 대통령령으로 정한다.

## 3. 직무의 내외를 불문하고 그 체면 또는 위신(지방공무원의 경우에는 품위)을 손상하는 행위를 한 때[293](국가공무원법 제78조 제1항 제3호, 지방공무원법 제69조 제1항 제3호)

공무원의 행위가 예컨대 동료간의 불륜관계, 성희롱 등 성폭력, 폭언 등 갑질행위 등으로 공직의 체면·위신을 손상하는 데 직접적인 영향이 있는 행위로서 사회일반 통념상 비난가능성을 갖고 있는 경우를 들 수 있다. 예컨대 불륜관계를 계속하거나,[294] 불륜관계가 있는 것으로 의심할 만한 행위를 하였으며, 급기야는 이러한 행동으로 인해 가정이 파탄에 이르게 된 경우[295]가 이에 해당한다.

## Ⅲ. 징계사유와 고의·과실

형사범에 있어서는 책임주의 원칙상 고의·과실이 있어야만 처벌이 가능하다. 그러나 형사범과 달리 행정범에 있어서는 공무원의 징계사유는 고의·과실의 유무와 관계없이 성립한다는 것이 판례와 다수설이다.[296] 다만 고의·과실의 유무가 징계양정에 있어서 고려하여 징계처분을 하지 않을 수 있는 것은 당연한 일이다.[297]

## Ⅳ. 징계사유의 발생시점 – 임용 전 행위

징계사유는 재직 중의 행위임을 원칙으로 하나, 국가공무원으로 임용되기 전의 행위는 국가공무원법 제78조 제2항, 제3항의 경우 외에는 원칙적으로 재직 중의 징계사유로 삼을 수 없다. 그러나 비록 임용 전의 행위라 하더라도 이로 인하여 임용 후의 공무원의 체면 또는 위신을 손상하게 된 경우에는 징계사유로 삼을 수 있다. 판례에 따르면, 뇌물을 공여한 행위는 공립학교 교사로 임용되기 전이었더라도 그 때문에 임용 후의 공립학교 교사로서의 체면과 위신이 크게 손상되었다는 이유로 징계사유가 된다고 한다.[298]

---

293) 대법 2008. 10. 9. 선고 2006두13626 판결.
294) 대법 1990. 2. 23. 선고 89누7290 판결.
295) 대법 1996. 4. 26. 선고 95누18727 판결.
296) 김남진/김연태, 행정법Ⅱ, 273쪽; 김동희, 행정법Ⅱ, 177쪽; 박균성, 앞의 책, 331쪽.
297) 김남진/김연태, 행정법Ⅱ, 273쪽; 대법 1979. 11. 13. 선고 79누245 판결.
298) 대법 1990. 5. 22. 선고 89누7368 판결.

## V. 징계사유의 승계

### 1. 내용

징계에 관하여 다른 법률의 적용을 받는 공무원이 국가공무원법의 징계에 관한 규정을 적용받는 공무원으로 임용된 경우에 임용 이전의 다른 법률에 따른 징계사유는 그 사유가 발생한 날부터 이 법에 따른 징계 사유가 발생한 것으로 본다(국가공무원법 제78조 제2항)라는 규정은, 다른 법률의 적용을 받는 공무원(예, 지방공무원)이 국가공무원법상의 징계규정의 적용을 받는 공무원으로 임용되거나 그 반대의 경우,[299] 임용 이전의 다른 법률에 의한 징계사유는 현재의 신분을 적용하는 법률에 의한 징계사유로 승계된다는 것을 의미한다(국가공무원법 제78조 제2항, 지방공무법 제69조 제2항). 따라서 임용 이전의 다른 법률에 따른 징계사유는 그 사유가 발생한 날로부터 국가공무원법에 따른 징계사유가 발생한 것으로 본다.

### 2. 특수경력직공무원의 경우

특수경력직공무원이 경력직공무원으로 임용된 경우에 임용 전의 해당 특수경력직공무원의 징계를 규율하는 법령상의 징계 사유는 그 사유가 발생한 날부터 징계에 관한 제10장에 따른 징계 사유가 발생한 것으로 본다(국가공무원법 제78조 제3항, 지방공무원법 제69조 제3항). 징계는 경력직공무원에게만 해당하는 것이 원칙이다. 그러나 특수경력직공무원에 대하여도 경력직공무원에 준하여 징계절차에 의하여 징계처분을 행할 수 있다(국가공무원법 제83조의3, 지방공무원법 제73조의3).

## VI. 임용행위의 취소·철회

임용 전의 행위가 재직을 허용하지 못할 만한 중대한 것인 경우에는 임용행위를 취소·철회할 수 있다. 이 경우에는 임용행위의 취소·철회는 결국 징계처분을 함에 있어서 징

---

299) 예, 국가공무원이 지방공무원법상의 징계규정의 적용을 받는 공무원으로 임용된 경우가 이에 해당한다.

계종류의 선택을 파면이나 해임 등 배제징계를 하게 된다.[300]

## VII. 수개의 징계사유

수개의 징계사유 중 그 일부가 독립하여 징계사유가 되지 않는다 하더라도, 인정되는 타의 일부 징계사유만으로도 징계처분을 함에 족하다고 인정되는 경우에는 그 징계처분 자체가 무효로 되거나 취소되어야 한다고 볼 수 없다.[301]

## 제3절 징계권자와 징계의결기관(징계위원회)

## I. 징계권자

징계권에는 징계요구권, 징계의결권과 징계처분권이 있다. 이 경우 징계요구권만 있는 자가 있고, 징계요구권과 징계처분권이 있는 자도 있고, 징계처분권만 있는 자도 있다.[302] 징계권은 임용권에 포함되는 것이므로 징계권자도 원칙적으로 임용권자가 되어야 하나, 법률은 징계권을 임용권으로부터 분리하여 별개의 독립된 기관에게 부여하거나 또는 소속 기관에게 부여하는 일이 있다.

국가공무원의 징계는 징계위원회의 의결을 거쳐 징계위원회가 설치된 소속 기관의 장이 행하되, 국무총리 소속하에 설치된 징계위원회에서 행한 징계의결에 대하여는 중앙행정기관의 장이 행한다. 다만, 파면과 해임은 징계위원회의 의결을 거쳐 각 임용권자 또는 임용권을 위임한 각급감독기관의 장이 행한다(국가공무원법 제82조 제1항).

지방공무원의 징계는 인사위원회의 의결을 거쳐 임용권자가 행한다. 다만, 5급 이상 공무원 또는 이와 관련된 하위직 공무원의 징계와 소속 기관(구·시·군)을 달리하는 동일사건에 관련된 자의 징계는 시·도의 인사위원회의 의결로 행한다(지방공무원법 제72조 제1항).

---

300) 대법 1996. 3. 8. 선고 95누18536 판결.
301) 대법 1982. 9. 14. 선고 82누46 판결.
302) 박균성, 앞의 책, 334쪽.

## II. 징계의결기관(징계위원회)

### 1. 종류

징계위원회는 국회규칙·대법원규칙·헌법재판소규칙·중앙선거관리위원회규칙 또는 대통령령으로 정하는 기관에 설치된 징계의결기관이다(국가공무원법 제81조 제1항, 공무원징계령 제2조, 제3조). 징계위원회를 설치한 이유는 인사권자의 자의적인 징계운영을 견제하여 공무원의 권익을 보호함과 동시에 징계의결의 공정성과 적정성을 담보할 수 있도록 절차의 합리성과 공정한 징계운영을 도모하기 위한 것이다. 징계위원회는 국무총리 소속의 중앙징계위원회와 중앙행정기관 소속의 보통징계위원회로 구분되고, 지방공무원의 징계의결기관으로 인사위원회가 있다.

### 2. 중앙징계위원회

#### (1) 의의

고위공무원단에 속하는 공무원의 징계등을 관할하는 중앙징계위원회는 공무원징계령 제3조에 따라서 국무총리 소속으로 설치된다. 중앙징계위원회를 국무총리 소속으로 설치한 것은 인사권자의 자의적인 징계운영을 견제하여 징계혐의자의 권익을 보호하고 징계의 객관성과 공정성을 도모하기 위한 것이라는 점에서 중앙징계위원회는 일종의 준사법적인 독립기구의 성격을 갖도록 한 것이다.

#### (2) 중앙징계위원회의 구성과 운영

중앙징계위원회는 위원장인 인사혁신처장을 포함하여 17명 이상 33명 이하의 공무원위원과 민간위원으로 구성한다. 이 경우 민간위원의 수는 위원장을 제외한 위원 수의 2분의 1 이상이어야 한다.303) 위원들은 2개의 부(部)로 나누어서 운영되며304) 인사혁신처장이

---

303) 현재 중앙징계위원회는 당연직인 위원장(인사혁신처장), 공무원 위원 6명, 민간위원 19명으로 구성되어 있다.
304) 현재 공무원위원 6명과 민간위원 19명이므로, 각 부별로 공무원 3명, 민간위원 각각 9명과 10명으로 이

위원장으로서 회의를 주재하고 회의 정족수는 위원장과 민간위원 5명 이상 포함된 8명의 위원으로 구성되며, 위원 5명 이상의 출석과 출석위원 과반수의 찬성으로 의결된다.[305] 위원회는 월 1회 정도로 개최되므로 2개의 부로 나누어진 위원들의 실제 참석은 2월에 1회 정도가 된다.

### (3) 관할

중앙징계위원회의 관할은 고위공무원단에 속하는 공무원 및 5급 이상의 공무원등 사건, 다른 법령에 따라 중앙징계위원회에 징계의결 또는 징계부가금 부과의결을 하는 특정직공무원의 징계등 사건, 대통령 또는 국무총리의 명령에 의한 감사 결과 국무총리가 징계의결들을 요구한 6급 이하 공무원의 징계등 사건, 중앙행정기관 소속의 6급 이하 공무원등에 대한 중징계 또는 중징계 관련 징계부가금 요구사건, 중앙행정기관에 설치된 징계위원회(중앙행정기관의 소속기관에 설치된 징계위원회는 제외)의 의결에 대한 심사청구 사건을 담당한다(공무원징계령 제2조 제2항).

## 3. 보통징계위원회

중앙행정기관 소속의 보통징계위원회는 6급 이하 공무원의 징계등 사건 중 중앙징계위원회의 관할이 아닌 사건과 소속기관의 6급 이하 공무원에 대한 중징계 요구 사건을 관할로 한다(공무원징계령 제2조 제3항).

## 4. 인사위원회

인사위원회는 지방공무원의 징계의결기관으로서, 지방공무원의 징계는 반드시 당해 인사위원회의 의결을 거쳐야 한다(지방공무원법 제7조, 제8조 제1항 제4호).

---

루어져 있다.
305) 실제 징계양정 시에는 징계협의자에게 불리한 양정 순으로부터 과반수 되는 징계양정으로 결정된다.

## III. 징계위원

### 1. 임명 또는 위촉

징계위원은 징계의결기관인 징계위원회를 구성하는 인적요소이다. 이에는 위원장과 징계위원으로 구성되어 있으며, 그 구체적인 임명 및 위촉절차는 징계위원회의 종류인 중앙징계위원회와 보통징계위원회에 따라서 다르다. 즉 중앙징계위원회의 위원은 국무총리가 임명 또는 위촉하며(공무원징계령 제4조 제3항), 보통징계위원회의 위원은 보통징계위원회가 설치된 행정기관의 장이 위촉한다(공무원징계령 제5조 제4항).

### 2. 위원의 제척·기피·회피

징계위원회의 위원 중 징계등 혐의자의 친족 또는 직근 상급자(징계 사유가 발생한 기간 동안 직근 상급자였던 사람을 포함한다)나 그 징계등 사유와 관계가 있는 사람은 그 징계등 사건의 심의·의결에 관여하지 못한다(공무원징계령 제15조 제1항). 징계등 혐의자는 위원장이나 위원 중에서 불공정한 의결을 할 우려가 있다고 인정할 만한 상당한 사유가 있을 때에는 그 사실을 서면으로 밝히고 기피를 신청할 수 있다(같은 조 제2항). 징계위원회의 위원장 또는 위원은 전자에 해당하면 스스로 해당 징계등 사건의 심의·의결을 회피하여야 하며, 후자에 해당하면 회피할 수 있다(같은 조 제3항).

### 3. 징계위원의 의무

공무원징계령에 따르면 징계위원회에 부과된 의무는 회의의 비공개의무(공무원징계령 제20조), 비밀누설 금지의무(제21조)와 회피의무 위반 등으로 인한 위원의 해촉(제5조의3) 등이 있다.

# 제4절 징계절차

## I. 의의

### 1. 징계업무처리 과정

실무상 징계업무처리 과정을 보게 되면, 최초의 감사원, 검찰, 경찰, 국무총리실 조사, 자체감사, 인사감사 등을 통하여 비위사실이 적발되면 비위행위자인 공무원이 소속된 행정기관의 장은 징계등 의결요구306)를 하게 되면 관할징계위원회에서 심의를 거쳐 의결하여 징계의결서를 작성하여 징계처분권자와 징계의결요구권자에게 징계의결을 통보한다. 징계의결서를 통보받은 징계처분등의 처분권자가 징계처분을 하거나 심사 · 재심사307) 청구를 할 수 있다. 징계처분을 받은 혐의자는 소청308) 및 행정소송309)을 제기할 수 있다. 소청 또는 행정소송에서 징계처분에 대하여 무효, 취소 결정 또는 판결이 있게 되면 징계처분권자는 재징계의결310)을 요구한다.

### 2. 징계절차와 행정절차법

징계처분은 공무원인 피징계자에게는 불이익한 처분이지만 징계절차에 관하여 행정절차법은 적용제외사항으로 규정하고 있다(행정절차법 제3조 제2항 제9호, 같은 법 시행령 제2조 제3항). 그러나 주의할 것은 적용제외사항도 그 전부에 대하여 행정절차법규정이 배제되는 것이 아니라는 점이다.311)

---

306) 감사통보를 받은 날로부터 1개월 이내에 중징계 또는 경징계로 구분한 징계의결요구권자의 의견을 기재한 징계의결요구서 사본을 징계혐의자에게 통보한다.
307) 징계의결서를 통보받은 날로부터 15일 이내에 직근 상급기관에 설치된 징계위원회에 청구한다. 단 중앙징계위원회의 의결은 중앙징계위원회에 청구한다.
308) 징계처분등의 사유설명서를 받은 날로부터 30일 이내 소청심사 청구할 수 있다.
309) 소청결정을 받은 날로부터 90일 이내에 행정소송을 제기할 수 있다.
310) 재징계의결의 요구는 소청심사위원회의 결정 또는 법원의 판결이 확정된 날로부터 3개월 이내이다. 다만 징계양정이 과다하다는 이유로 무효 · 취소결정 또는 판결을 받은 견책 · 감봉처분에 대해서는 재징계의결을 요구하지 아니 할 수 있다.
311) 대법 2007. 9. 21. 선고 2006두20631 판결.

## II. 징계요구절차

### 1. 징계의결요구

징계절차는 법정 징계사유가 있다고 인정될 때에 징계위원회 등 징계의결기관에 징계의결을 요구함으로써 시작된다. 징계의결기관에 대한 징계의결요구는 통상 임용권자가 하게 되나(지방공무원징계 및 소청 규정 제2조 등),[312] 임용권자 아닌 소속 장관·소속 기관의 장·소속 상급기관의 장 또는 국무총리·중앙인사관장기관의 장 및 대통령령 등으로 정하는 각급기관의 장도 할 수 있다(국가공무원법 제78조 제4항). 감사원은 국가공무원법과 그 밖의 법령에 규정된 징계사유에 해당하거나 정당한 사유 없이 감사원법에 의한 감사를 거부하거나 자료의 제출을 게을리한 공무원에 대한 징계요구를 관할 징계의결기관에 직접 할 수는 없고 소속장관 또는 임용권자에게 할 수 있다(감사원법 제32조 제1항).

### 2. 조사 및 증명자료 첨부의무와 징계부과금 부과의결 요구

징계권자가 징계의결을 요구할 때에는 징계사유에 대한 충분한 조사를 한 후 그 증명에 필요한 자료를 첨부하여 징계위원회에 제출하여야 한다(공무원징계령 제7조 제6항).[313] 징계의결을 요구하는 경우 그 징계사유가 금품 및 향응수수, 공금의 횡령·유용인 경우에는 해당 징계 외에 금품 및 향응수수액, 공금의 횡령액·유용액의 5배 내의 징계부과금 부과의결을 징계위원회에 요구하여야 한다(국가공무원법 제78조의2 제1항).

### 3. 징계의결요구서 송부

징계의결요구서를 관할 징계의결기관에 송부할 때에는 징계의결요구권자는 징계의결요구서의 사본을 징계혐의자에게 송부하여야 한다(공무원징계령 제7조 제7항, 지방공무원징계 및 소청 규정 제2조 제7항). 이는 행정절차법상의 처분의 사전통지(행정절차법 제21조)에 해당하는 것으로 징계혐의자로 하여금 자신의 혐의사실을 확인하고 이에 대한 방어를 실효성 있게 하기 위한 것이다. 따라서 징계의결요구서의 사본의 송부 없이 진행된 징계절차는

---

312) 대법 2007. 7. 12. 선고 2006도1390 판결.
313) 대법 2012. 6. 28. 선고 2011두20505 판결.

원칙적으로 위법하다.314)

## III. 징계의결절차

### 1. 의의

징계위원회의 의결은 일종의 형식적 쟁송을 거친 준사법적 행정행위로서 징계등 처분권자는 징계위원회의 의결에 기속된다. 징계위원회는 일종의 준독립적 행정기관이므로 징계의결 요구권자의 경징계·중징계요구 의견에 기속되지 아니하고 징계의결을 할 수 있다. 이 경우 각종 소속 위원회의 결정에도 기속되지 아니한다.

징계위원회의 의결 자체는 행정기관 내부의 의사표시에 불과한 것이며, 징계처분을 함으로써 비로소 대외적인 징계효력이 발생한다. 다만 징계의결에 중대한 하자가 있는 경우에는 징계등 처분 자체의 무효 또는 취소의 원인이 된다.

징계의결요구가 있으면 징계의결기관은 사실조사를 거쳐 심의하게 되는데, 의결은 원칙적으로 징계의결요구서를 받는 날로부터 30일 이내315)에 하여야 한다(공무원징계령 제9조, 지방공무원징계 및 소청 규정 제3조).316)

최근 코로나사태로 반영하여 2020. 7. 28. 개정된 공무원징계령 제12조의2에 의하여 원격영상회의 방식이 도입되었다.

### 2. 징계혐의자 등 심문

#### (1) 징계혐의자 심문

##### 1) 출석진술 원칙

징계의결기관은 징계혐의자를 출석시켜 충분한 진술을 할 수 있는 기회를 부여하여야 하므로(공무원징계령 제11조, 지방공무원 징계 및 소청 규정 제5조), 징계혐의자의 출석진술이

---

314) 대법 1993. 6. 25. 선고 92누17426 판결.
315) 중앙징계위원회의 경우에는 60일 이내이고 위원회의 의결로 60일 연장이 가능하다.
316) 징계등 절차의 진행이 국가공무원법 제83조에 따라 중지된 경우에는 그 중지된 기간은 징계의결등의 기한에 포함되지 아니하고, 감사원의 조사개시 통보 또는 수사기관의 수사개시가 통보된 경우에는 다른 징계절차는 중단된다.

원칙이고 징계혐의자에 대한 출석통지서는 징계위원회 개최 3일 전까지 교부하여야 한다. 징계혐의자에게 진술의 기회를 부여하지 아니한 징계의결은 무효이다(국가공무원법 제81조 제3항). 징계혐의자가 출석진술을 원하지 아니할 때에는 진술권포기서를 제출하게 하고 서면심사로 의결한다. 징계혐의자가 정당한 사유 없이 출석하지 아니하거나 우선심사를 신청한 경우에는 그 사실을 명시하고 서면심사로 의결한다.

### 2) 징계혐의자의 진술방법

진술의 방법은 서면이나 구술 모두 가능하며 증인도 신청할 수 있다. 징계의결기관은 징계의결이 요구된 사유가 아닌 사유를 들어 징계의결할 수 없다.[317]

### (2) 증인심문

징계혐의자는 증인심문을 신청할 수 있으며, 징계위원회는 증인채택 여부를 결정하여야 한다. 징계의결 등 요구자 및 신청자는 필요하다고 인정할 때에는 징계위원회에 출석하거나 서면으로 의견을 진술할 수 있다.[318] 다만 2020. 7. 28. 이후 징계의결등이 요구된 사건 중에서 중징계등 요구사건의 경우에는 특별한 사유가 없는 한 징계위원회에 출석하여 의견을 진술하여야 한다.

### (3) 감사원 소속공무원 심문

감사원이 2018. 5. 15. 이후 중징계 이상 징계처분을 요구한 사건[319]의 경우에는 감사원은 소속공무원의 해당 징계위원회에 출석을 요청할 수 있고, 관할 징계위원회는 출석허용 여부를 결정한다.

### (4) 피해자 심문

2019. 4. 16. 이후 중징계등 요구사건의 피해자가 신청하는 경우에는 그 피해자에게 징계위원회에 출석하여 해당 사건에 대하여 의견을 진술한 기회를 주어야 한다. 다만 피해

---

317) 대법 1984. 9. 25. 선고 84누299 판결.
318) 이 경우 징계혐의자에 대한 징계양정의 가중 및 감경에 관한 내용이 주류를 이룬다.
319) 감사원이 2018. 5. 15. 이후 징계요구한 사건에 한한다.

자가 이미 해당 사건에 관하여 징계의결 등 요구과정에서 충분히 의견을 진술하여 다시 진술할 필요가 없다고 인정되거나, 피해자의 진술로 인하여 징계위원회의 절차가 현저하게 지연될 우려가 있는 경우에는 진술의 기회를 부여하지 아니할 수 있다.

## 3. 징계의결의 정족수

징계의결기관은 의원 5명 이상의 출석과 출석위원 과반수의 찬성으로 의결하되 의견이 분립하여 출석의원 과반수에 달하지 못하는 때에는 출석위원 과반수에 이르기까지 징계혐의자에게 가장 불리한 의견에 차례로 유리한 의견을 더하여 가장 유리한 의견을 합의된 의견으로 본다(공무원징계령 제12조 제1항).

## 4. 징계의결의 통보

징계의결기관이 징계의결을 할 때에는 지체없이 징계의결서의 정본을 첨부하여 징계의결요구자에게 통보하여야 하며, 징계의결요구자와 징계처분권자가 다를 때에는 원칙적으로 징계처분권자에게도 통보하여야 한다(공무원징계령 제18조, 지방공무원징계 및 소청 규정 제9조).

## 5. 징계의결에 불복 - 심사 및 재심사청구

징계의결기관의 의결이 경하다고 인정하는 때에는 그 처분을 하기 전에 징계의결요구권자는 징계의결을 통보받은 날로부터 15일 이내에 직근 상급기관에 설치된 징계위원회(없는 경우에는 그 징계위원회)에 심사 또는 재심사를 청구할 수 있다. 이 경우 소속 공무원을 대리인으로 지정할 수 있다(국가공무원법 제82조 제2항, 지방공무원법 제72조 제2항, 공무원징계령 제24조).[320]

## 6. 재징계의결 등의 요구

처분권자(대통령이 처분권자인 경우에는 처분제청권자)가 1. 법령의 적용, 증거 및 사실조사

---

320) 대법 2012. 4. 13. 선고 2011두21003 판결.

에 명백한 흠이 있는 경우, 2. 징계위원회의 구성 또는 징계의결, 그 밖에 절차상의 흠이 있는 경우, 3. 징계양정 및 징계부과금이 과다한 경우에 해당하는 사유로 소청심사위원회(심사위원회) 또는 법원에서 징계처분의 무효 또는 취소(취소명령 포함)의 결정이나 판결을 받은 경우에는 다시 징계의결을 요구하여야 한다.

## 제5절 징계의 종류

### Ⅰ. 개설

#### 1. 의의

징계의 종류에 관하여는, 배제징계와 교정징계, 중징계와 경징계, 국가공무원법 및 지방공무원법상의 징계와 그 밖의 법상의 징계로 나누어 볼 수 있다.

#### 2. 배제징계와 교정징계

징계는 공무원관계의 소멸 여부를 기준으로 배제징계와 교정징계로 나뉜다. 배제징계는 공무원관계를 완전히 해제하여 공무담임권을 상실시키는 징계이며, 교정징계는 일정기간 공무를 수행할 수 없게 하거나 승진이나 보수 등 인사관리상 상당한 불이익을 주는 등 공무원관계를 유지하면서 장래의 의무위반을 방지하기 위하여 신분적인 이익의 일부를 박탈함을 내용으로 하는 징계이다. 파면·해임은 전자의 예이고, 강등·정직·감봉·견책은 후자의 예이다. 파면이 취소되면 같은 배제징계인 해임으로 재징계하지 못하고 강등 이하로 징계를 선택하여야 한다.

#### 3. 중징계와 경징계

징계는 징계의 정도를 기준으로 중징계와 경징계로 나뉜다. 일반공무원의 경우에는 파면·해임·강등·정직을 중징계로, 감봉·견책을 경징계로 분류한다(공무원징계령 제1조의

2). 군인의 경우에는 장교, 준사관 및 부사관에 대한 징계처분은 중징계와 경징계로 나눈다. 이 경우 중징계는 파면·해임·강등 또는 정직으로 하며, 경징계는 감봉·근신 또는 견책으로 한다(군인사법 제57조 제1항). 법관의 경우에는 징계의 종류는 정직·감봉·견책의 세 종류인데 그 중 정직만이 중징계이다(법관징계법 제3조). 검사의 경우에는 징계의 종류는 해임, 면직, 정직, 감봉 및 견책으로 구분되는데 이 중 해임, 면직, 정직이 중징계이고, 감봉과 견책이 경징계이다(검사징계법 제3조).

## II. 국가공무원 및 지방공무원법령상의 징계의 종류

### 1. 규정

국가공무원법과 지방공무원법에 그 근거를 둔 징계의 종류는 파면·해임·강등·정직·감봉·견책의 6가지로 나눈다(국가공무원법 제79조, 지방공무원법 제70조). 그 외에 공무원법상의 징계처분은 아니나 공무원징계령 시행규칙 제6조 제2항에 그 근거를 둔 불문경고가 있다.

### 2. 공무원법상의 징계의 종류

파면은 공무원관계를 해제하는 배제징계로 가장 중한 징계벌이다. 파면을 당한 자는 퇴직급여 및 퇴직수당의 일부가 감액되며(공무원연금법 제65조) 5년간 다시 공무원으로 임용될 수 없다(국가공무원법 제33조 제7호, 지방공무원법 제31조 제7호)는 점에서 단순한 직권면직이나 해임과 구별된다.

해임은 공무원관계를 해제하는 배제징계로 파면 다음으로 중한 징계벌이다. 해임을 당한 자는 퇴직금을 모두 받되 3년간 공무원으로 재임용될 수 없다(국가공무원법 제33조 제8호, 지방공무원법 제31조 제8호)는 점에서 위의 파면 등과 구별된다.

강등은 교정징계로 해임 다음으로 중한 징계벌이다.[321] 따라서 보통 파면이나 해임처분의 취소를 받은 후에 주로 강등으로 재처분하게 된다.

정직은 교정징계로 강등 다음으로 중한 징계벌이다. 정직은 1월 이상 3월 이내의 기간

---

321) 대법 2017. 12. 22. 선고 2016두38167 판결.

으로 하고, 정직처분을 받은 자는 그 기간 중 공무원의 신분은 보유하나 직무에 종사하지 못하고, 보수는 전액 삭감되며(국가공무원법 제80조 제3항, 지방공무원법 제71조 제3항), 정직처분기간과 18개월 동안 승진·승급이 제한된다(국가공무원법 제80조 제3항, 지방공무원법 제71조 제5항, 공무원임용령 제32조).

감봉은 교정징계로 경한 징계벌이다. 감봉은 1월 이상 3월 이내의 기간으로 하되 직무에는 종사하나 보수의 3분의 1이 감액되며(국가공무원법 제80조 제4항, 지방공무원법 제71조 제3항), 12개월 동안 승진·승급이 제한된다(공무원임용령 제32조).

## 3. 불문경고

### (1) 의의

#### 1) 법적 근거

공무원법상의 징계처분은 아니나 공무원징계령 시행규칙 제6조 제2항에 그 근거가 있는 불문경고가 있다. 징계위원회가 견책에 해당하는 비위를 불문으로 감경하여 의결하였거나 불문으로 의결하였으나 경고할 필요가 있다고 인정하는 경우에는 징계등 의결서의 의결주문란에 "불문으로 의결한다. 다만, 경고할 것을 권고한다"라고 적는다(공무원징계령 시행규칙 제6조 제2항)는 데에서 불문경고가 유래한다.

#### 2) 불문경고의 불이익

불문경고는 법률상의 징계처분은 아니나 차후 다른 징계처분이나 경고를 받게 될 경우 징계감경사유로 사용될 수 있었던 표창공적의 사용가능성을 소멸시키는 효과와 1년 동안 인사기록카드에 등재됨으로써 그동안 표창대상자에서 제외되는 등으로 사실상 징계에 준하는 불이익이 따르는 행정처분이다.[322] 그 밖에 부처에 따라서 행정자치부 훈령인 '공무원 경고 등 처분에 관한 규정'은 훈계(불문경고를 포함한다)를 받은 공무원에 대하여 전보인사·성과상여금 지급·표창 등에 있어 불이익을 줄 수 있는 경우가 있다(공무원징계령 시행규칙 제4조).[323]

---

322) 대법 2002. 7. 26. 선고 2001두3532 판결.
323) 대법 2007. 7. 12. 선고 2006도1390 판결.

## (2) 불문경고와 경고

불문경고는 공무원징계령 시행규칙상의 근거가 있지만, 문책경고장[324)]과 같은 서면으로 하는 "경고"는 법령상의 근거가 없이 실무상 가장 가벼운 징계로 행해지고 있다.[325)] 여기서 불문경고와 경고 간의 구별이 문제된다.

이 경고의 법적 성질에 관하여 공무원의 신분에 영향을 미치는 국가공무원법상의 징계의 종류에 해당하지 아니하고, 근무충실에 관한 권고행위 내지 지도행위로서 그 때문에 공무원으로서의 신분에 불이익을 초래하는 법률상의 효과가 발생하는 것도 아니고,[326)] 또는 경고 자체로부터 직접 발생되는 법률상 효과라기보다는 경고를 받은 원인이 된 비위사실이 인사평정 당시의 참작사유로 고려되는 사실상 또는 간접적인 효과에 불과한 것[327)]이라는 등의 이유로 경고가 국가공무원법상의 징계처분이나 행정소송의 대상이 되는 행정처분이라고 할 수 없다고 한다.


## Ⅲ. 징계부가금

징계부가금이라 함은 공무원의 업무질서를 유지하기 위하여 공무원의 금품비위에 대하여 국가가 사용자의 지위에서 행정절차를 통해 부과하는 행정적 제재로서, 개별 비위행위의 위법정도에 비례하는 상당한 금액의 범위에서 5배 이내의 부가금을 병과하여 소액금품비위에 효과적으로 대응하기 위한 것이다. 2010. 3. 22. 이후 최초로 비위사실이 발생한 경우부터 적용된다.[328)] 부가금이므로 징계처분이 없이 징계부가금을 부과할 수 없다. 따라서 불문경고나 불문을 선택하고 징계부가금을 부과할 수 없다.

---

324) 대법 2005. 2. 17. 선고 2003두10312 판결.
325) 대법 2013. 12. 26. 선고 2011추63 판결.
326) 대법 1991. 11. 12. 선고 91누2700 판결.
327) 대법 2004. 4. 23. 선고 2003두13687 판결.
328) 배임, 절도, 사기의 경우에는 2015. 11. 19. 이후 발생하는 비위사실에 적용한다.

# 제6절 징계처분

## I. 의의

징계처분이라 함은 징계책임을 부담하는 공무원에게 징계벌을 부과하는 처분이다. 그런데 이 공무원의 징계처분은 징계원인사실의 확정 내지는 징계사유의 인정, 징계의결의 요구, 징계위원회의 심의와 징계의결, 징계양정 및 징계의 집행 등 연속적인 절차과정의 산물이다. 따라서 여러 단계의 복합적인 절차로 구성된 공무원의 징계절차 속에서 징계처분을 고찰할 필요가 있다.

## II. 징계처분의 법적 성질

### 1. 학설·판례

징계처분의 법적 성질은 일반적으로 징계권자의 재량행위라는 것이 통설[329)]이고, "공무원인 피징계자에게 징계사유가 있어서 징계처분을 하는 경우 어떠한 처분을 할 것인가는 징계권자의 재량에 맡겨진 일"이라고 하는 것이 판례[330)]의 입장이다.

공무원의 징계처분에 있어서 징계사유가 있는 한 반드시 징계를 하여야 한다는 점에서 이른바 결정재량은 부인되고, 다만 징계의 종류 중에서 어느 징계를 선택할 것인가의 선택재량만이 인정된다고 하고, 징계원인사실의 인정과 관련하여서는 판단여지가 인정될 수 있다고 하는 것이 일반적이다.[331)]

---

329) 김동희, 행정법 II, 178쪽; 김남진/김연태, 행정법 II, 275쪽; 박균성, 앞의 책, 339쪽.
330) 대법 2008. 10. 9. 선고 2006두13626 판결.
331) 김남진, 행정법 II, 법문사, 2001, 239쪽; 김남진/김연태, 행정법 II, 행정법 II, 법문사, 2020, 243 – 244 쪽, 275쪽에 여전히 4. 징계에 있어서의 재량 및 판단여지(징계의 양정)이라고 기술하여 징계의 양정을 재량과 연결시켜서 설명하고 있다; 류지태/박종수, 행정법신론, 817쪽에서는 징계의결요구권자가 당해 공무원에게 징계사유가 존재하는지를 판정함에 있어서는 재량이 인정된다고 한다.

## 2. 검토

공무원의 징계는 징계요구권자의 징계사유의 인정 여부부터 시작하여 징계요구와 징계위원회의 징계의결을 거쳐서 징계처분권자의 징계처분이라는 일련의 절차가 순서대로 진행한다. 따라서 징계사유의 해당, 징계요구, 징계의결 및 징계처분 그 각각의 단계별로 결정재량 및 선택재량인지 여부를 검토할 필요가 있고 일견 각 단계별로 재량이 인정될 여지도 있다.[332]

그런데 이 단계들 중 징계처분권자의 징계처분만이 소청의 대상이 되는 것이 원칙이다.[333] 따라서 징계처분권자의 징계처분 이외의 절차는 모두 징계처분에 이르는 절차·과정상의 문제에 불과하여 일단 행정쟁송의 대상이 되지 아니하다는 점에서 이들 절차가 재량처분인지 여부의 논의 자체가 그다지 실익이 있는 것은 아니다.[334]

한편 징계처분과 관련되어 판단여지가 인정된다는 주장은, 효과재량설과 직권탐지주의에 근거한 나머지 법원의 부담경감을 위하여 안출된 도구개념에 불과한 판단여지를 인정하는 독일 행정소송에서라면 몰라도, 적어도 변론주의가 직권탐지주의가 절충되어 변론주의가 기본적으로 인정되는 있을 뿐만 아니라 판단여지를 비롯해서 계획재량을 일괄하여 재량권의 일탈·남용 여부로 처리하고 있는 우리나라 행정소송 실무에서는 받아들이기 어렵다.[335]

---

332) 그리고 징계사유 해당 여부뿐만 아니라 징계사유의 인정의 범위, 대상 및 방법 등의 결정도 그 재량권의 범위 내에 있다고 할 수 있다고 한다. 김향기, "공무원법상의 징계처분과 그 불복방법", 천봉석종현박사 화갑기념논문집, 757쪽; 각 단계별 징계처분의 법적 성질에 관하여는, 최선웅, "경찰공무원 징계처분의 법적 성질", 행정법연구 제18호, 2007. 8, 473−499쪽.

333) 감찰위원회의 징계의결 자체는 행정소송의 대상이 되지 아니한다(대법 1952. 9. 23. 선고 4285행상3 판결). 다만 지방자치법 제78조 내지 제81조의 규정에 의거한 지방의회의 의원징계의결은 그로 인해 의원의 권리에 직접 법률효과를 미치는 행정처분의 일종으로서 징계를 당한 의원은 행정심판을 거치지 아니하고 바로 소속의회를 관할하는 고등법원에 행정소송을 제기할 수 있다(서울고법 1998. 2. 19. 선고 97구31788 판결).

334) 징계의결에 대한 징계의결요구권자의 불복절차로서 심사 및 재심사청구와 징계처분권의 재징계의결 요구등의 절차는 있다. 또한 물론 행정심판의 재결에 해당하는 소청심사위원회의 결정 자체에 고유한 위법이 있는 경우에는 항고소송의 대상이 된다.

335) 최선웅, "행정소송에서의 재량행위에 대한 사법심사사유", 행정법연구 제59호, 2019. 11, 44쪽 이하; 판단여지에 관해서는, 최선웅, "불확정법개념과 판단여지", 행정법연구 제28호, 2010. 12, 최선웅, "재량과 판단여지에 대한 사법심사", 행정판례연구 ⅩⅧ, 2013. 12, 참조; 변론주의와 직권탐지주의에 관해서는, 최선웅, "행정소송법 제26조의 해석에 관한 일 고찰 − 우리나라 행정소송의 독자성을 모색하며 −", 행정법연구 제10호, 2003. 10, 참조.

## Ⅲ. 징계처분의 효력

징계의 효력은 보통 공무원 신분 배제 여부와 승진 등 제한기간[336]과 관련된 신분상 효력과 급여와 수당 등 보수상 효력으로 나눈다.

중징계중 파면과 해임등 배제징계 중, 파면은 공무원 신분이 배제되고 5년간 공무원의 임용결격사유가 되고, 퇴직급여와 퇴직수당의 2분의 1이 감액된다.[337]

해임의 경우에는 공무원 신분배제와 3년간 공무원 임용결격사유가 되고, 퇴직급여 및 퇴직수당은 전액지급이 되나, 단 금품·향응수수, 공금횡령·유용으로 해임된 경우에는 퇴직급여와 퇴직수당의 4분의 1이 감액된다.[338]

교정징계 중 강등은 1계급을 내리고 3개월의 정직처분이 내려진다. 강등과 정직은 공히 정직처분 처분기간 동안 신분은 보유하나 직무에서 배제되나, 승진 등 제한기간이 주어진다.[339] 강등된 후의 보수를 기준으로 3개월간 보수 전액이 삭감되고,[340] 그 외에 각종 수당이 삭감된다.

감봉은 처분기간에 12개월, 견책은 6개월의 승진 등 제한기간이 주어진다. 보수상의 효력으로는 감봉은 처분기간 동안 보수와 각종 수당의 3분의 1이 삭감되고, 견책은 수당 등은 전액 지급되나, 정근수당 지급대상기간 중 견책처분을 받은 경우에는 정근수당은 미지급된다.

공무원이 집행유예 이상의 형벌을 받은 경우에는 당연퇴직을 하게 되는데 이 경우 신분상의 효력은 형 종료 후 5년, 집행유예기간 종료 후 2년간의 임용결격사유가 발생하고, 보수상의 효력은 배제징계인 파면과 동일하다.

---

336) 해당 기간을 승진소요 최저연수에서 제외하고 승진임용 및 특별승진임용이 제한된다.
337) 단 5년 미만 재직자는 퇴직급여의 4분의 1이 감액된다.
338) 단 5년 미만 재직자는 퇴직급여의 8분의 1이 감액된다.
339) 승진 등 제한기간은, 강등의 경우에는 3개월의 정직처분기간에 18개월이 더해져서 총 21개월이 되고, 정직의 경우에는 정직기간(1-3월)에 18개월이 더해져 정해진다.
340) 2016. 6. 25. 이전에는 3분의 2가 감액된다.

## Ⅳ. 징계효력의 승계와 집행

징계에 관하여 다른 법률의 적용을 받는 공무원이 국가공무원법의 징계에 관한 규정의 적용을 받는 공무원으로 임용된 경우, 다른 법률에 따라 받은 징계처분은 그 처분일로부터 국가공무원법에 따른 징계처분을 받은 것으로 본다.

징계처분권자 또는 임용권자는 징계의결서를 받은 날로부터 15일 이내에 이를 집행하여야 하며, 이 경우 원칙적으로 피징계자에게 지체 없이 징계처분 등의 사유설명서를 징계의결서 등의 사본을 첨부하여 교부하여야 한다(공무원징계령 제19조, 지방공무원징계 및 소청 규정 제10조).

## 제7절 징계양정

## Ⅰ. 의의

징계양정은 징계등의 대상이 되는 비위사실(징계사유등)에 대하여 징계등의 종류를 선정하는 것으로 주로 선택재량의 성격을 갖는 재량행위이다. 징계양정도 재량행위인만큼 당연히 재량권의 한계가 준수되어야 하며, 징계양정을 함에 있어서는 각급 징계위원회 간에 징계등 양정의 형평을 유지하고 징계등의 공정성을 확보하기 위한 판단 기준인 "공무원 비위사건 처리규정(요구기준)", "공무원징계령 시행규칙(양정기준)"을 준수하여야 한다.

## Ⅱ. 징계양정의 기준

## 1. 법령상의 기준

공무원 징계령 제17조에서는, 징계위원회가 징계등 사건을 의결할 때에는 징계등 혐의자의 혐의 당시 직급, 징계등 요구의 내용, 비위행위가 공직 내외에 미치는 영향, 평소 행실, 공적, 뉘우치는 정도 또는 그 밖의 정상을 참작해야 한다고 규정하고 있다. 이를 구체화하는 공무원 징계령 시행규칙 제2조에 따르면, 징계위원회는 징계 또는 국가공무원법 제78조의2에 따른 징계부가금 혐의자의 비위의 유형, 비위의 정도 및 과실의 경중과 혐의 당시 직급, 비위행위가 공직 내외에 미치는 영향, 수사 중 공무원 신분을 감추거나 속인 정황, 평소 행실, 공적, 뉘우치는 정도, 규제개혁 및 국정과제 등 관련 업무 처리의 적극성 또는 그 밖의 정상 등을 고려하여 여러 징계양정기준341)에 따라서 징계 또는 징계부가금 사건을 의결해야 한다.

## 2. 징계양정 기준의 최근 동향

최근 징계양정이 강화되고 있는 추세에 있다고 할 수 있다. 징계양정이 강화되고 있는 영역으로는, 성비위, 성희롱, 갑질행위, 음주운전, 적극행정과 소극행정, 지휘감독자와 부패행위 제안 주선자에 대한 처벌, 부작위, 직무태만 등 소극행정 등을 들 수 있다.

## 3. 징계양정과 징계재량

### (1) 의의

징계처분에 있어서 재량권의 일탈·남용의 여부의 문제는 사실상 징계양정의 문제라고 할 수 있다. 징계양정 시에는 징계 또는 징계부가금의 기준을 정한 공무원 징계령 시행규칙 제2조상의 징계양정기준을 비롯하여 여러 가지 정상들을 참작하여 협의사실과 징계등의 정도 사이에 비례원칙, 평등원칙 등 행정법의 일반원칙을 비롯하여 재량행위에 대한 사법심사사유가 널리 인정된다.

징계처분에서 재량권의 행사가 비례의 원칙을 위반하였는지는 징계사유로 인정된 비행의 내용과 정도, 경위 내지 동기, 비행이 당해 행정조직 및 국민에게 끼치는 영향의 정도, 행위자의 직위 및 수행직무의 내용, 평소의 소행과 직무성적, 징계처분으로 인한 불이익의 정도 등 여러 사정을 건전한 사회통념에 따라 종합적으로 판단하여 결정하여야 한다.342)

---

341) 공무원 징계령 시행규칙에는, [별표 1]의 징계기준, [별표 1의2]의 청렴의 의무 위반 징계기준, [별표 1의3]의 음주운전 징계기준 및 [별표 1의4]의 징계부가금 부과기준이 있다.
342) 대법 2015. 1. 29. 선고 2014두40616 판결.

징계양정기준 및 여러 정상들을 참작하여 징계혐의사실과 징계등의 정도 사이에 비례원칙이 유지되어야 한다.

## (2) 징계재량의 한계

### 1) 징계재량의 일탈·남용

징계사유에 해당하는 행위가 있더라도, 징계권자가 그에 대하여 징계처분을 할 것인지, 징계처분을 하면 어떠한 종류의 징계를 할 것인지는 징계권자의 재량에 맡겨져 있다. 그러나 그 재량권의 행사가 징계권을 부여한 목적에 반하거나, 징계사유로 삼은 비행의 정도에 비하여 균형을 잃은 과중한 징계처분을 선택함으로써 비례의 원칙을 위반하거나 또는 합리적인 사유 없이 같은 정도의 비행에 대하여 일반적으로 적용하여 온 기준과 어긋나게 공평을 잃은 징계처분을 선택함으로써 평등의 원칙을 위반한 경우에는, 그 징계처분은 재량권의 한계를 벗어난 것으로서 위법하다.[343]

또한 징계권자의 징계처분이 사회통념상 현저하게 타당성을 잃어 징계권자에게 맡겨진 재량권을 남용하였다고 인정되는 경우에 한하여 그 처분이 위법하다고 할 수 있다. 징계처분이 사회통념상 현저하게 타당성을 잃어 재량권의 범위를 벗어난 위법한 처분이라고 할 수 있으려면 구체적인 사례에 따라 징계의 원인인 비위사실의 내용과 성질, 징계로 달성하려는 목적, 징계양정의 기준 등 여러 요소를 종합하여 판단할 때에 징계 내용이 객관적으로 명백히 부당하다고 인정되어야 한다.[344]

### 2) 판례

#### (가) 재량권 일탈·남용이라고 한 사례

징계위원회 심의과정에서 비위행위가 상훈감경 제외사유에 해당한다는 이유로 공적 사항을 징계양정에 전혀 고려하지 아니한 경우,[345] 육군사관생도 갑이 여자 친구와 원룸에서 동침하거나 성관계를 맺은 행위를 이유로 한 육군사관학교장이 한 퇴학처분,[346] 이른바 '심재륜 사건'에서 기자회견문 발표행위가 검사로서의 체면이나 위신을 손상시키는 행위라는 이유로 한 면직처분[347] 등이 있다.

---

343) 대법 2017. 10. 31. 선고 2014두45734 판결.
344) 징계권자가 재량권의 행사로서 한 징계처분이 재량권의 한계를 벗어난 처분으로서 위법한지 여부에 관한 판단이 지방의회에서 의원에 대한 징계에 관하여도 같은 법리가 적용된다는 판례(대법 2017. 3. 15. 선고 2013두26750 판결)가 있다.
345) 대법 2015. 11. 12. 선고 2014두35638 판결.
346) 대법 2014. 5. 16. 선고 2014두35225 판결.

(나) 재량권 일탈·남용이 아니라고 한 사례

청원경찰로서 과적차량단속업무를 담당하던 갑이 건설장비 대여업자에게서 과적단속을 피할 수 있는 이동단속반의 위치정보 등을 알려달라는 청탁을 받고 이를 알려준 대가로 6회에 걸쳐 190만 원의 뇌물을 받았다는 이유로 지방국토관리청장이 파면처분,[348] 초등학교 교감인 원고가 회식을 마치고 귀가하던 길에 여성인 택시운전기사를 강제추행하였음을 사유로 한 해임처분,[349] 동일인 대출한도 제한규정을 위반한 대출금이 20억 원을 초과하고 이러한 위법한 대출이 고의 또는 중과실로 인한 경우의 제재처분,[350] 연구비를 편취한 행위, 고가 구매계약의 대가로 금품을 수령한 행위 등을 이유로 국립대학교 교수에 대하여 한 해임처분,[351] 경찰공무원 업무의 특성, 금품제공자의 지위, 금품수수의 액수, 횟수, 방법 등에 비추어 유흥업소를 운영하는 사람의 형으로부터 다액의 금전을 수년간에 걸쳐 정기적으로 수수한 경찰공무원에 대한 해임처분[352] 등이 있다.

## Ⅲ. 징계면제

### 1. 의의

징계면제로는 감독자의 징계면제, 직무무관비위, 적극행정과 사전컨설팅에 의한 업무처리 등에 의한 징계면제가 있는데 앞 2가지는 재량사항이지만 적극행정과 사전컨설팅에 의한 업무처리 등에 의한 징계면제는 재량사항이 아닌 기속이다.

### 2. 감독자의 징계면제

비위행위자와 감독자에 대한 문책기준에 관한 감독자의 공무원 징계령 시행규칙 [별표 2]에 따른 문책정도의 순위 1이 아니면서 1. 해당 비위를 발견하여 보고하였거나 이를 적

---

347) 대법 2001. 8. 24. 선고 2000두7704 판결.
348) 대법 2011. 11. 10. 선고 2011두13767 판결.
349) 이 사안에서 대법원은, 강화된 징계양정 기준이 도입될 당시의 사회적 상황 및 성폭력범죄 행위에 대한 일반 국민의 법감정 등 여러 가지 요소들을 종합적으로 고려하였을 때, 비례의 원칙에 어긋나거나 합리성을 갖추지 못하였다고 단정할 수 없다고 하였다(대법 2018. 10. 12. 선고 2016두46670 판결).
350) 대법 2019. 5. 30. 선고 2018두52204 판결.
351) 대법 2008. 11. 27. 선고 2008두15404 판결.
352) 대법 2008. 6. 26. 선고 2008두6387 판결.

법·타당하게 조치한 징계사건, 2. 비위의 정도가 약하고 경과실인 징계사건, 3. 철저하게 감독하였다는 사실이 증명되는 감독자의 징계사건에 해당하는 경우에 징계가 면제된다 (공무원징계령 시행규칙 제3조 제2항).

## 3. 직무무관비위

감경제외 대상이 아닌 비위 중 직무와 관련이 없는 사고로 인한 비위로서 사회통념에 비추어 공무원의 품위를 손상하지 아니한 경우이다. 대표적인 사례가 인적피해가 없는 경미한 비업무용 자동차를 운전하다가 발생한 접촉사고, 가정 내 가정불화로 경미한 폭행이 112에 신고된 경우를 들 수 있다.

## 4. 적극행정과 사전컨설팅 의견에 의한 업무처리

### (1) 적극행정에 해당하는 경우

고의 또는 중과실에 의하지 않은 비위이면서 1. 불합리한 규제의 개선 등 공공의 이익을 위한 정책으로서, 이는 국가적으로 이익이 되고 국민생활에 편익을 주는 정책 또는 소관 법령의 입법목적을 달성하기 위하여 필수적인 정책 등을 수립·집행하거나, 정책목표의 달성을 위하여 업무처리 절차·방식을 창의적으로 개선하는 등 성실하고 능동적으로 업무를 처리하는 과정에서 발생한 것으로 인정되는 경우와,[353] 2. 국가의 이익이나 국민생활에 큰 피해가 예견되어 이를 방지하기 위하여 정책을 적극적으로 수립·집행하는 과정에서 발생한 것으로서 정책을 수립·집행할 당시의 여건 또는 그 밖의 사회통념에 비추어 적법하게 처리될 것이라고 기대하기가 극히 곤란했던 것으로 인정되는 경우가 이에 해당한다(공무원징계령 시행규칙 제3조의2).

### (2) 사전컨설팅 의견대로 업무를 처리했을 경우

감사원이나 "공공감사에 관한 법률" 제2조 제5호에 따른 자체감사기구로부터 사전에 받은 의견대로 업무를 처리한 경우에는 징계의결등을 하지 않으나, 다만 사적인 이해관계

---

[353] 고의 또는 중과실에 의하지 않은 것으로 추정하는 경우로는, 사적인 이해관계가 없을 것, 중대한 절차상의 하자가 없었을 것.

가 있거나 감사원이나 자체감사기구가 의견을 제시하는 데 필요한 정보를 충분히 제공하지 않은 경우는 제외된다.


## Ⅳ. 징계의 가중과 감경

### 1. 징계의 가중

#### (1) 비위의 경합

서로 관련 없는 둘 이상의 비위가 경합되는 경우 공무원징계령 시행규칙 제5조 제2항에 따라서 가중되고, 승진임용 제한기간이 끝난 후부터 1년 이내에 발생한 비위이므로 공무원 징계령 시행규칙 제5조 제2항에 따라서 가중된다.[354]


#### (2) 징계처분 또는 승진임용제한 기간 중 발생한 비위

징계처분 또는 승진임용제한 기간 중에 발생한 비위로 징계의결이 요구된 경우 당해 비위에 해당하는 징계보다 2단계 위의 징계로 의결이 가능하다. 예컨대 견책 = 6개월, 감봉 = 처분기간 + 12개월, 정직 = 처분기간 + 18개월, 강등 = 3개월 + 18개월이고 금품 및 향응수수, 공금의 횡령·유용, 성폭력, 성희롱 및 성매매에 따른 징계처분의 경우에는 각각 6개월을 더한다. 이 가중은 재량사항이므로 실무상 2단계 위로 징계의결하는 경우는 거의 없다고 할 수 있다.


#### (3) 승진임용 제한기간 종료 후 1년 이내에 발생한 비위

당해 비위에 해당하는 징계보다 1단계위의 징계로 의결 가능하다.

---

354) 예를 들면, 2019. 12. 2. 정직 3월의 처분을 받은 경우에는 정직처분 집행기간 3월 + 승진임용 제한기간 18개월 + 성비위 가중 6개월 = 총 27개월이 경과한 시점인 날이 2022. 1. 1. 이후 1년 이내의 비위가 있는 경우에는 그 비위에 해당하는 징계보다 1단계 위의 징계의결이 가능하다. 다만 실무상 수개의 비위를 1건으로 보아 종합하여 징계심의를 경하게 양정하는 사례가 있을 수 있다.

## 2. 징계의 감경

징계가 감경되는 경우로는 공적에 의한 감경, 성실능동적 업무에 대한 감경, 직무와 무관한 사고 관련 비위에 대한 감경 등이 있다. 이들 모두는 재량사항이므로 실무상 비위가 중한 경우에는 감경을 하지 않는 경우도 있다.

징계의 종류에 따라서 한등급 아래로 감경을 한다. 다만 정직을 감경하는 경우에는 감봉으로 하고 기간은 1~3월까지 처분기간 선택이 가능하다. 동종의 징계 사이에 예컨대 정직3월을 1월로 처분기간만의 감경은 불가능하다. 불문경고를 선택하여 불문으로 감경할 수 없다.


# 제8절 징계시효

## Ⅰ. 의의

징계시효라 함은 공무원에게 징계사유에 해당하는 비위가 있더라도 그에 대하여 징계의결요구권자의 징계의결 요구가 없어서 징계절차를 진행하지 않았거나 못한 경우 그 사실상태가 일정기간 계속되면 그것의 적법·타당성 등 진실된 법률관계를 묻지 아니하고 그 상태를 존중함으로써 공직의 안정성을 보장하려는 제도를 말한다.[355]

징계시효는 징계의결요구권자가 공무원에게 대한 징계사유가 발생한 날로부터 일정기간 지난 후에는 징계의결등을 요구할 수 없는 제도라는 점에서 징계시효는 징계의결요구권자의 징계의결 요구 여부가 기준이 된다.

징계의결등의 요구는 징계 등의 사유가 발생한 날부터 3년이 지나면 하지 못한다(국가공무원법 제83조의2 제1항). 과거 징계시효가 2년이었으나 공직자의 징계책임을 강화하는 차원에서 2012. 3. 12. 법률 제11392호로 국가공무원법 제83조의2 제1항을 개정하여 3년으로 연장하였다. 징계시효가 개정되어 2년에서 3년으로 연장된 경과 징계의결등의 요구가 징계등의 사유가 발생한 날로부터 3년이 지나지 않을 것이 요구된다.[356] 단 징계부가금에 관한 공무원법 제78조의2 제1항 각 호의 금품비위에 해당하는 경우에는 징계시효가 5년이다.[357]

---

355) 대법 2007. 7. 12. 선고 2006도1390 판결.
356) 단 2012. 6. 22. 이전 발생 비위는 징계시효가 2년이다.

징계사유의 발생기산점은 비위행위가 종료된 때이며, 3년을 경과한 때의 계산은 징계의결요구서가 관할 징계의결기관에 도달(접수)된 때를 기준으로 한다. 일단 징계의결요구서가 접수되면 시효는 중단되나, 시효가 완성된 비위사실에 대하여는 징계의결요구권을 행사할 수 없으므로 이에 대한 징계처분은 위법이다.


## II. 개별 구체적 기준

비위행위 자체에 대한 징계시효가 만료된 경우 비위행위에 대하여 나중에 수사나 언론보도 등이 있더라도 이로 인해 새로운 징계사유가 생긴 것으로 보거나 수사나 언론보도 등의 시점을 새로운 징계시효의 기산점으로 볼 수 없다.[358]

징계사유에 해당하는 비위사실이 계속적으로 행하여진 일련의 행위라면 설사 그 중에 징계의결 시 징계시효를 경과한 것이 있다 할지라도 그 징계시효의 기산점은 위 일련의 행위 중 최종의 것을 기준하여야 한다.[359]

공무원 임용과 관련하여 부정한 청탁과 함께 뇌물을 공여하고 공무원으로 임용되었다면 공무원의 신분을 취득하기까지의 일련의 행위가 국가공무원법상의 징계사유에 해당한다고 할 것이므로 국가공무원법 제83조의2 제1항에 정하는 징계시효의 기산점은 원고가 뇌물을 공여한 때가 아니라 공무원으로 임용된 때로부터 기산하여야 한다.[360]


## III. 감사원 조사 및 수사기관의 수사 중인 사건

국가공무원법 제83조 제1항에 따라 감사원에서 조사 중인 사건, 제2항에 따라 검찰·경찰, 그 밖의 수사기관에서 수사 중인 사건이 징계절차를 진행하지 못하여 징계 등의 사유가 발생한 날로부터 3년이 지나거나 그 남은 기간이 1개월 미만인 경우에는 제1항의 기간은 제83조 제3항에 따른 조사나 수사의 종료 통보를 받은 날부터 1개월이 지난 날에 끝나는 것으로 본다(국가공무원법 제83조의2 제2항).

---

357) 금품 및 향응수수, 공금의 횡령과 유용은 2008. 12. 31. 이전 발생비위는 징계시효가 3년이다.
358) 대법 2019. 10. 18. 선고 2019두40338 판결.
359) 대법 1986. 1. 21. 선고 85누841 판결.
360) 대법 1990. 5. 22. 선고 89누7368 판결.

## Ⅳ. 재징계의결

징계위원회의 구성·징계의결 등, 그 밖에 절차상의 흠이나 징계양정 및 징계부가금의 과다를 이유로 소청심사위원회 또는 법원에서 징계처분등의 무효 또는 취소의 결정이나 판결을 한 경우에는 징계등의 사유가 발생한 날로부터 3년의 기간이 지나거나 그 남은 기간이 3개월 미만인 경우에도 그 결정 또는 판결이 확정된 날부터 3개월 이내에는 다시 징계의결등을 요구할 수 있다(국가공무원법 제83조의2 제3항).

## 제9절 징계처분에 대한 구제

### Ⅰ. 개설

공무원의 징계처분에 대한 구제는 헌법상의 적법절차보장은 물론이고 재판청구권의 실질적 보장의 차원에서 운영되어야 한다. 징계처분에 대한 구제제도로는 소청심사와 행정소송 그 외에 헌법소원 등이 있다.

### Ⅱ. 소청심사

징계처분을 받은 자가 그 처분에 불복이 있을 때에는 징계처분사유설명서를 교부를 받은 날로부터 30일 이내에 소청심사위원회에 심사를 청구할 수 있다(국가공무원법 제76조 제1항, 지방공무원법 제67조 제2항). 소청심사청구권은 공무원의 신분상의 권리이다.

## Ⅲ. 행정소송

### 1. 일반

소청심사위원회의 결정에 불복이 있는 자는 심사결정서 정본을 송달받은 날로부터 90일 내에 항소소송을 제기할 수 있다(행정소송법 제20조).[361] 이때의 항고소송의 대상은 원징계처분이 되며, 소청심사위원회의 결정에 고유한 위법이 있는 경우에는 소청심사위원회의 결정도 그 대상이 될 수 있다(행정소송법 제19조).[362]

### 2. 소송의 대상

일부인용결정이나 수정결정(변경결정 포함)에 있어서도 원처분주의의 원칙상 결정은 소송의 대상이 되지 못하고 결정에 의하여 일부 취소되고 남은 원처분이나 수정된 원처분이 소송의 대상이 됨이 원칙이다.

### 3. 사법심사사유

적법한 징계요구권자의 징계요구가 아니거나 적법한 징계의결절차를 거치지 아니하는 등 절차상의 하자인 경우, 징계사유가 아니거나, 징계시효를 도과한 경우 등을 들 수 있다. 그런데 대부분의 사례는 징계처분이 과중하다는 것이다. 즉 징계처분이 재량행위라는 점에서 징계재량권의 일탈·남용의 사유는 주로 징계양정에 관한 재량권의 일탈·남용의 문제라고 할 수 있다. 이에 관하여는 징계양정에서 자세히 고찰한 바가 있다.

### 4. 협의의 소의 이익

정직처분을 받은 자가, 정직기간이 경과한 이후에 제기한 항고소송이라 하더라도, 정직기간이 경과한 이후에도 일정한 기간에 걸쳐 승진임용이나 승급이 제한되는 등의 불이익조치가 관계 법령에 별도로 규정되어 있는 경우에는, 정직처분에 대한 취소나 무효확인을

---

361) 대법 1993. 7. 13. 선고 92다47564 판결.
362) 대법 2018. 4. 12. 선고 2017두74702 판결.

구할 법률상 이익이 있다.363)

## 5. 징계사유의 추가·변경

행정소송에서 논해지는 처분사유의 추가·변경의 경우와 마찬가지로 징계처분절차에서 징계사유의 추가·변경의 논의가 있을 수 있다. 행정소송에서의 처분사유의 추가·변경은 소송경제와 분쟁의 1회적 해결의 요청을 원고의 방어권과 절충하여 기본사실관계 동일성을 기준으로 인정하는 것이 다수설과 판례364)라고 할 수 있다.

그러나 징계벌을 형사벌 못지 않게 경우에 따라서는 형사벌보다 더 가혹한 불이익으로 받아들이는 공무원의 입장에 서게 되면, 징계절차에 있어서는 분쟁의 1회적 해결이라는 요청은 인정될 수가 없다. 나아가 행정의 조사의무, 불이익 처분의 사전통지를 비롯하여 처분이유제시제도를 몰각하는 문제가 있으므로 징계사유의 추가·변경을 엄격하게 해석하여야 한다.

판례도 이런 차원에서 원래의 징계처분에서 징계사유로 삼지 아니한 징계사유를 추가하는 것은 추가된 징계사유에 대한 재심의 기회를 박탈하는 것으로 되어 특별한 사정이 없는 한 허용되지 아니한다고 판결하고 있다.365)

## Ⅳ. 헌법소원

위법한 징계처분으로 기본권을 침해받은 자는 보충성의 원칙에 따라서 상기의 구제절차에 따라 침해된 기본권의 구제를 받기 위한 모든 수단을 다하였음에도 그 구제를 받지 못한 경우에 헌법재판소에 헌법소원 심판을 청구할 수 있다.366)

---

363) 대법 2002. 11. 26. 선고 2002두1496 판결; 대법 2010. 10. 14. 선고 2010다36407 판결. 직위해제처분 후 새로운 사유로 다시 직위해제처분을 한 경우에 종전 직위해제처분은 묵시적으로 철회되었으므로 그 처분을 다툴 소의 이익이 없다(대법 1996. 10. 15. 선고 95누8119 판결).
364) 대법 2006. 6. 30. 선고 2005두364 판결.
365) 대법 1996. 6. 14. 선고 95누6410 판결.
366) 헌재 1993. 12. 23. 선고 92헌마247 전원재판부 결정.

## V. 기타

예컨대 동료직원의 모함으로 징계처분을 받게 된 경우에는 그 동료직원에 대한 민사상 손해배상 또는 국가배상을 청구할 수 있으며, 기타 무고, 명예훼손 등의 고소·고발등 형사상의 조치도 가능하다.

# 제7장 공무원의 기타 책임

## 제1절 변상책임

### Ⅰ. 의의

#### 1. 의의

변상책임이란 공무원이 국가 또는 지방자치단체에 대하여 직무상 손해를 발생하게 한 경우 그 손해에 대하여 책임을 부담하는 공무원의 국가 또는 지방자치단체에 대한 배상 책임을 말한다.

#### 2. 종류

변상책임으로는 국가배상법상의 변상책임과 회계관계직원 등의 변상책임으로 나누고 있는 것이 일반적이다. 이와 별도로 공무원이 사경제적 직무행위를 민법 제756조 제3항 상의 책임을 드는 경우[367]도 있다. 즉 공무원이 사경제적 직무행위를 행함에 있어서 고의 또는 과실로 타인에게 손해를 가한 경우에 국가는 사용자로서 민법에 의한 배상책임을 부담하고(민법 제756조 제1항), 이 경우 국가는 공무원에게 손해의 원인에 대하여 책임이

---

367) 박윤흔/정형근, 최신행정법강의(하), 268쪽; 정하중, 행정법개론, 1044쪽.

있는 때에는 구상할 수 있다고 한다(민법 제756조 제3항). 그러나 민법 제756조상의 책임관계는 공무원을 포함하는 사용자관계에서 일반적으로 인정되는 책임이라는 점에서 본래 공무원이라는 행위주체의 책임에 한정되는 변상책임과는 그 성질을 달리한다.

## 3. 일반법과 특별법으로서의 「회계관계직원 등의 책임에 관한 법률」

국가회계법 제28조, 물품관리법 제45조, 군수품관리법 제28조·제29조, 지방재정법 제71조 등은 회계관계공무원 등의 책임에 관하여, "다른 법률로 정하는 바에 따른다"라는 식의 규정을 두고 있고, 그에 따라서 제정된 법률이 「회계관계직원 등의 책임에 관한 법률」(이하, '회계직원책임법'이라 한다) 이라는 점에서, 이 법률이 회계관계직원 등의 변상책임에 관하여 일반법의 지위를 가진다는 견해가 있다.[368]

그런데 회계관계직원은 공무원임에 틀림없으므로 국가배상법상의 공무원이 고의와 중대한 과실이 있는 경우 당해 공무원이 국가에 지방자치단체에 구상권에 응해야 하는 변상책임을 인정하는 한 국가배상법상의 변상책임이 일반법이고 회계직원책임법은 특별법이라고 할 수 있다. 한편 국가배상법도 민법의 불법행위법의 특별법으로 파악하는 것이 보통이다.

회계직원책임법은 제1조 목적규정에 나타난 바와 같이, 회계관계직원 등의 책임을 명확히 하여 회계사무를 적정하게 집행하는 것을 목적으로 한다고 규정한 바와 같이 주체와 책임이 제한되어 규정된 점에서는 오히려 국가회계법, 물품관리법, 군수품관리법 등 다른 법률들의 특별법적 지위를 갖는다고 할 수 있다.

## II. 국가배상법상의 변상책임

## 1. 국가배상법 제2조 제2항의 경우

공무원이 직무상 불법행위로 타인에게 손해를 발생하게 한 때에는 피해자는 국가 또는 지방자치단체에 대하여 손해배상을 청구할 수 있고, 공무원에게 고의 또는 중대한 과실이 있는 때에는 직접 가해공무원에 대하여도 손해배상을 청구할 수 있다.[369] 이 경우에 피해

---

368) 홍정선, 행정법론(하), 384쪽.
369) 대법 1996. 2. 15. 선고 95다38677 전원합의체 판결.

가자 국가 또는 지방자치단체에 손해배상을 청구하고, 국가 또는 지방자치단체가 그 손해를 배상한 때에는 국가 또는 지방자치단체는, 공무원에게 고의 또는 중대한 과실이 있는 때에 한하여, 그 공무원에게 구상할 수 있다(국가배상법 제2조 제2항). 공무원은 이 구상에 따라 변상책임을 진다.

## 2. 국가배상법 제5조 제2항의 경우

영조물의 설치 또는 관리에 흠(하자)이 있기 때문에 타인에게 발생한 손해를 국가 또는 지방자치단체가 배상한 경우에 공무원에게 그 원인에 대한 책임이 있을 때에는 국가 또는 지방자치단체는 그 공무원에게 구상할 수 있다(국가배상법 제5조 제2항). 이 경우 국가배상법 제2조 제2항과의 균형상 당해 공무원에게 고의 또는 중과실이 있는 때에만 구상이 가능하다고 보아야 한다. 공무원은 이 구상에 따라서 변상책임을 진다.

## III. 회계관계직원 등의 변상책임

### 1. 회계관계직원의 의의

회계관계직원이란 국가재정법, 국가회계법, 국고금관리법, 지방재정법, 지방회계법 등 국가 또는 지방자치단체의 예산 및 회계에 관계되는 사항을 정한 법령의 규정에 의하여 국가 또는 지방자치단체의 회계사무를 집행하는 자, 감사원법에 따라 감사원에 따라 감사원의 감사를 받는 단체 등의 회계사무를 집행하는 자 중 법정해당자 및 이들의 보조자로서 그 회계사무의 일부를 처리하는 자를 말한다(회계직원책임법 제2조)

회계관계직원은 법령, 그 밖의 관계 규정 및 예산에 정하여진 바에 따라 성실하게 직무를 수행하여야 한다(같은 법 제3조).

### 2. 회계관계직원의 변상책임

1. 회계관계직원은 고의 또는 중과실로 법령, 그밖의 관계규정 및 예산에 정하여진 바에 위반하여 국가·지방자치단체 등의 재산에 손해를 끼친 때에는 변상책임이 있다(회계

직원책임법 제4조 제1항).370)

2. 현금 또는 물품을 출납보관하는 회계관계직원은 선량한 관리자로서의 주의를 게을리하여 그가 보관하는 현금 또는 물품이 망실되거나 훼손된 때에는 변상책임이 있다(회계직원책임법 제4조 제2항). 망실에는 분실·도난 등 당사자의 의사에 의하지 아니하고 그 점유를 상실한 경우뿐만 아니라 편취 등 당사자의 흠 있는 의사에 의하여 그 점유를 상실한 경우까지를 포함한다.371) 이 경우 현금 또는 물품을 출납보관하는 회계관계직원은 스스로 사무를 집행하지 아니한 것을 사유로 그 책임을 면할 수 없다(같은 법 제4조 제3항).

3. 손해가 2인 이상의 회계관계직원의 행위로 인하여 발생하였을 때에는 각자의 행위가 손해발생에 미친 정도에 따라 각각 변상책임을 진다. 그 손해발생에 미친 정도가 분명하지 아니한 때에는 그 정도가 동일한 것으로 본다(같은 법 제4조 제4항).

4. 회계관계직원의 상급자가 회계관계직원에게 위법한 회계관계행위를 지시 또는 요구한 경우 그에 따른 회계관계행위로 인하여 변상의 책임이 있는 손해가 발생한 때에는 당해 상급자도 연대하여 변상책임을 진다(같은 법 제8조 제1항).

## 3. 중앙관서의 장 등의 통지의무

중앙관서의 장, 지방자치단체의 장, 감독기관의 장 또는 해당 기관의 장은 회계관계직원등의 책임에 관한 법률 제4조 제1항 또는 제2항에 따른 변상책임이 있는 손해가 발생한 경우에는 지체 없이 기획재정부장관과 감사원에 알려야 한다(같은 법 제7조).

## 4. 변상책임의 판정

### (1) 행정기관의 장의 변상명령

중앙관서의 장,372) 지방자치단체의 장, 감독기관373)의 장 또는 당해 기관374)의 장은 회계관계직원이 변상책임이 있다고 인정되는 때에는 감사원이 판정하기 전이라도 당해 회계관계직원에 대하여 변상을 명할 수 있다(회계직원책임법 제6조 제1항) 변상명령을 받은 회

---

370) 대법 2002. 10. 11. 선고 2001두3297 판결.
371) 대법 2002. 10. 11. 선고 2001두3297 판결.
372) 국가재정법 제6조의 규정에 의한 중앙관서의 장을 말한다.
373) 국가기관이나 지방자치단체의 기관이 아닌 경우를 말한다.
374) 국가기관이나 지방자치단체의 기관이 아는 경우로서 감독기관이 없거나 분명하지 아니한 경우에 한한다.

계관계직원은 이의가 있는 때에는 감사원장이 정하는 판정청구서에 의하여 감사원에 판정을 청구할 수 있다(같은 조 3항). 위의 변상명령서가 당해 회계관계직원에게 송달된 때에는 시효중단의 효력이 있다(같은 조 5항).

### (2) 감사원의 판정

공무원에 대한 변상책임의 유무는 감사원이 판정한다(감사원법 제31조 제1항). 감사원은 변상책임이 있다고 판정하였을 때에는 변상판정서를 소속 장관 또는 감독기관의 장 등을 경우하여 변상책임자에게 교부하여야 한다(같은 법 제31조 제2항, 제3항). 변상책임자는 감사원이 정한 기한 내에 변상하여야 하며(같은 법 제31조 제3항), 기한 내에 변상의 책임을 이행하지 아니하는 때에는 소속 장관 또는 감독기관의 장은 관계세무서장에게 위탁하여 국세징수법 중 체납처분의 규정을 준용하여 이를 집행한다(같은 법 제31조 제5항).

### (3) 재심의와 행정소송

변상책임자는 감사원의 변상판정이 위법·부당하다고 인정할 때에는 변상판정서가 도달한 날로부터 3월 이내에 감사원에 재심의를 청구할 수 있고(감사원법 제36조 제1항), 감사원의 재심의판정에 대하여는 감사원을 당사자로 행정소송을 제기할 수 있다(같은 법 제40조 제2항).


## 제2절 형사책임


## I. 형사벌

형사벌에는 직무행위 자체가 범죄를 구성하는 직무범죄로 인한 책임과 공무원이라는 신분상 또는 그 행위 직무와 관련되기 때문에 범죄를 구성하는 준직무범죄로 인한 책임의 두 가지가 있다. 직무유기죄(형법 제122조), 직권남용죄(형법 제123조), 불법체포·불법감금죄(형법 제124조), 폭행·가혹행위죄(형법 제125조), 피의사실공표죄(형법 제126조), 공무상 비밀누설죄(형법 제127조) 및 선거방해죄(형법 제128조) 등은 전자의 예이며, 수뢰·사전수뢰죄(형법 제129조), 제3자뇌물제공죄(형법 제130조), 수뢰후부정처사·사후수뢰죄(형법 제131조), 알선수뢰죄(형법 제132조) 및 뇌물공여등죄(형법 제133조) 등은 후자의 예이다.

뿐만 아니라 「특정범죄 가중처벌 등에 관한 법률」은 공무원의 일정한 형사벌에 대하여 가중처벌하고 있다(같은 법 제2조 내지 5조).


## II. 형사책임을 규정한 개별행정법규

공무원법을 비롯한 개별행정법규에는 공무원의 형사책임을 규정하고 있는 경우가 적지 않다(예: 국가공무원법 제84조, 지방공무원법 제82조, 공직선거법 제241조 제2항). 이에는 행정벌에 관한 일반이론이 적용된다.


## 제3절 민사책임

공무원이 직무상 불법행위로 타인에게 손해를 발생하게 한 때에는 피해자는 국가 또는 지방자치단체에 대하여 손해배상을 청구할 수 있다(국가배상법 제2조 제1항). 문제는 피해자가 직접 가해공무원에 대하여 손해배상을 청구할 수 있는가에 있다. 즉 선택적 청구권과 공무원 불법행위책임의 인정문제이다.

이에 관하여는 견해가 나뉘고, 국가배상법상의 국가의 책임을 위험책임설적 자기책임으로 보는 견지에서,[375] 그리고 국가가 피해자에게 배상하고 공무원에게 고의 또는 중과실이 있는 경우에 한하여 국가가 구상할 수 있게 한 점을 고려하여,[376] 선택적 청구권을 부정하고 공무원의 민사상 불법행위책임을 부정하는 견해가 있다. 그러나 전원합의체 판결에 의하면 공무원에게 고의 또는 중과실이 있는 때에는 공무원은 피해자에게 직접 배상책임을 진다.[377]

---

375) 홍정선, 행정법론(하), 386쪽.
376) 박윤흔/정형근, 최신행정법강의(하), 273~274쪽; 정하중, 행정법개론, 1046쪽.
377) 대법 1996. 2. 15. 선고 95다38677 전원합의체 판결.

# 제9편

공물법

特別行政法

# 제1장 공물법의 의의

공물법은 물건에 관한 공법, 즉 공물(公物)에 관한 법으로서, 오랜 역사적 전통을 가지고 있지만 오늘날 그 정체성이나 실천성에 관하여 심각한 도전을 받고 있다. 현실의 복잡다기한 문제 제기에 충분히 대응할 수 있는지에 관한 답을 찾기 위한 첫걸음으로, 공물법의 역사적 전개 과정을 비교법의 관점에서 분석한다. 우리 공물법은 로마법에서 시작되고 프랑스법을 거쳐 독일법에 이르는 공물법의 역사적인 발전 경로에서 크게 벗어나 있지 않다. 우리 공물법이 전체 경로에서 어디 즈음에 자리하고 있는지를 확인하는 일은 복잡한 실타래처럼 꼬여 있어 쉽사리 풀기 어려운 문제들을 해결하는 실마리가 될 수 있다. 다만, 공물법이 근대국가가 처음 등장한 때로부터 200년 이상 지난 오늘날 그 시대적 사명을 다하기 위해서는 전통적인 공물 개념 외에 그에 인접한 공공시설과 영조물의 개념까지 포괄하는 광의의 공물법으로 거듭날 필요가 있다. 공물법은 「도로법」(이하 이 장에서 '도로법'이라 한다), 「하천법」(이하 이 장에서 '하천법'이라 한다) 등이 하나의 다발로 묶인 개별행정법의 한 분야이지만 그와 동시에 행정조직법, 행정작용법, 행정구제법에 기초적이고 핵심적인 법리를 제공하는 일반행정법으로서 속성도 가진다. 이러한 특수한 지위를 가지는 공물법이 하나의 고유한 영역으로 발전하기 위해서는 도로나 하천 등 종류별로 공물의 법률관계를 설명하면서 그에 대한 「국유재산법」(이하 '국유재산법'이라 한다)이나 「공유재산 및 물품관리법」(이하 '공유재산법'이라 한다)의 지위를 일반법과 특별법의 관계로 설명하는 구조적 관점에만 머물러서는 안 되고, 더 나아가 공물과 직접적으로나 간접적으로 관련이 있는 법제 전체를 공물의 설치, 공물의 관리, 공물의 사용, 공물의 책임이라는 체계적 관점에서 구성할 것이 추가로 요청된다.

# 제1절 공물법의 현황

## I. 배경

공물법에 관하여 학계의 관심이 원래 많았다고 보기는 어렵겠지만 최근 들어 행정법 교과서가 단권으로 출간되는 경향[1]이 두드러지면서 행정법 전체에서 공물법의 비중이 갈수록 낮아지는 추세에 있는 것은 부인할 수 없는 사실이다. 이러한 시점에서 공물법을 연구하고 강의하는 의의는 무엇인가 자문을 하는 것은 공물법에 관한 글을 시작하는 좋은 출발점이 된다.

공물법의 가장 큰 난점은 공물이라는 용어가 법제에서 실증되지 않는다는 것이다.[2] 이점은 공물법이 제도적으로 발전하는 데 큰 장애가 된다. 공물이라는 용어는 실정법에서 전혀 사용되고 있지 않지만, 그와 밀접한 행정재산,[3] 보전재산,[4] 기반시설,[5] 공공시설,[6] 영조물[7]과 같은 다양한 용어가 우리 법제 전반에 걸쳐 사용되고 있다. 이와 같이 서로 유사하지만 구별되는 용어들이 산발적으로 사용되면서 제도 전체에 관한 직관적인 이해가 어렵게 된다. 이는 일반법이 없는 결과이기도 하다. 국유재산법이나 공유재산법이 일반법의 기능을 일부 수행하지만 그 초점은 어디까지나 재무관리이기 때문에 한계가 분명하다.[8] 이러한 어려움을 해소하기 위해서 법리가 발전하는데, 입법자와 달리 판례는 공물이라는 개념을 일찍부터 실증해 왔다.[9] 문제는 사안의 해결에 주력하는 판례의 속성상

---

1) 대표적으로, 김철용, 행정법(전면개정 제10판), 고시계사, 2021.
2) 국가법령정보센터(www.law.go.kr)에서 법령명, 법령내용, 조문제목, 조문내용을 공물이라는 용어로 검색한 결과이다.
3) 「국유재산법」 제6조 제2항.
4) 「문화유산과 자연환경자산에 관한 국민신탁법」 제2조 제4호.
5) 「국토의 계획 및 이용에 관한 법률」 제2조 제6호.
6) 「국토의 계획 및 이용에 관한 법률」 제2조 제13호.
7) 「국가배상법」 제5조 제1항, 「광업법」 제44조 제1항 제1호.
8) 이러한 재무관리의 관점에서 국유재산법을 설명한 문헌으로는 이귀택/이운수, 국유재산론, 부연사, 2021. 참고로, 우리의 국유재산법이나 공유재산법에 상응하는 프랑스의 공공재산법전(Code général de la propriété des personnes publiques)은 우리의 행정재산에 해당하는 공물(domaine public)만이 아니라 우리의 일반재산에 해당하는 사물(domaine privé)에 관하여도 규정하는 점에서 재무관리의 목적도 있지만 그것을 넘어 공물의 법률관계를 포괄적으로 규율한다.
9) 대법 1964. 6. 2. 선고 63다927 판결: 공물의 설치자는 먼저 하천이 될 토지에 대한 매매계약 또는 토지수용 등으로 그 권리를 취득하여야 함이 원칙일 것이나 하천법은 하수로 인한 피해의 예방과 하천사용의 이익을 증진시킴으로써 하천관리의 적정과 공공복리를 증진케 한다는 공적목적을 위하여 매매 또는 수용의

전체적인 시각에서 공물의 법리를 발전시키는 데 역부족이라는 것이다. 예를 들어, 포락(浦落)에 관하여 일찍이 판례는 "조선하천령에 의하면, 조선총독이 공공의 이해 관계상 특히 중요하다고 인정하여 그 명칭과 구간을 지정한 하천은 국유로 한다고 규정되어 있고, 하천의 구역은 관리청의 인정하는 바에 의한다고 규정되어 있으므로, 비록 사유지가 하천의 부지가 되어 포락되었다고 하더라도 포락되었다는 그 사실 자체만으로써는 포락지에 대한 사권이 당연히 소멸되는 것은 아니고, 하천 구역으로 인정되었을 때에 비로소 그 포락지에 대한 종전 사권이 소멸되는 것이다."고 설시하였다.10) 여기서 포락으로 인하여 사권이 소멸하는 이유가 하천의 국유화(행정행위나 행정계약 없이 국가가 소유권을 취득하는 일종의 입법적 수용을 말한다)이고, 이것을 위해서는 하천구역의 지정이라는 공용개시가 필요하다는 점을 지적한 것까지는 논리적이다. 하지만 국가가 하천을 소유한다는 의미가 무엇인지에 관한 충분한 고민이 없다. 하천은 구조적으로는 유수(流水)와 하상(河床)으로 구성되고, 기능적으로는 수면(水面)과 용수(用水)로 구성된다. 여기서 하천이 국유라는 의미는 구조적으로는 하상에 대한 것으로, 기능적으로는 수면에 대한 것으로 좁게 이해할 필요가 있다. 그러면 포락은 수면의 기초가 되는 하상에 관하여 사권이 소멸하고 국가에 그 소유가 귀속하는 현상을 말하는 것이 되는데, 이것을 위해서 하천구역의 지정이 반드시 필요하다는 논리는 다소 궁색하게 보일 수 있다. 이에 관한 다른 판례는 "국유 하천부지는 자연의 상태 그대로 공공용에 제공될 수 있는 실체를 갖추고 있는 이른바 자연공물로서 별도의 공용개시행위가 없더라도 행정재산이 된다."고 설시하는데,11) 이것이 더 설득력이 있다. 하천의 국유화 제도(2007. 4. 6. 법률 제8338호에 의한 하천법의 전면개정으로 폐지되었다)를 부정한다면 모르겠으나 이를 인정하는데도 하상의 국유화를 위해서는 하천구역의 지정이라는 공용개시가 필요하다는 결론은 논리적이지 않다. 하천구역(유수의 여부와 무관하게 양측 제방 사이에 있는 토지 전부를 말하는 제외지와 제방의 부지를 포함한다)을 하상과 그 나머지로 구분한 다음에 전자는 포락과 함께 국유화가 발생하는 것으로 보고, 그 나머지는 포락에 해당하지 않기 때문에 하천구역에 해당한다고 해서 소유권이 당연히 상실된다고 볼 수 없지만 그럼에도 불구하고 국유화를 해야 하겠다면 하천구역의 지정이라는 공용개시가 필요하다는 해석이 좀 더 자연스럽다.12) 이처럼 판례가 가지는 본성적인 한계를 극

---

절차 없이 구역지정만으로 당연히 국가소유로 귀속하도록 규정하였으므로 그 하천구역으로 지정된 토지의 소유자 기타 권리자는 하천법에 의하여 보상을 청구할 수 있는 권리가 있다고 해석하여야 할 것이다.
10) 대법 1979. 8. 28. 선고 79다726 판결.
11) 대법 2007. 6. 1. 선고 2005도7523 판결.
12) 좀 더 구체적으로 분석하면, 판례는 하천구역의 '지정제도'(판례가 말하는 결정고시를 의미한다. 이하 같다)와 '법정제도'를 대립시키고, 하천법이 그중 어느 입장을 선택하는가에 따라 판시를 달리해 왔다. 전자에 해당하는 경우에는 "하천이 통상 자연적 상태에 의하여 공물로서의 성질을 가진다고 하더라도 그 종적

복해 가면서 법리를 발전시켜야 할 책임은 학설에 있다. 그동안 학설은 공물법에 관한 외국의 이론을 소개하고 발전시켜서 이를 바탕으로 법제를 개편하고 판례를 개선하는 데 큰 역할을 수행해 왔지만 빠르게 변하는 실무적인 수요에 대응하는 실천적인 법리를 충분히 제시하기 쉽지 않은 형편이다.


## II. 현안

다음의 사례들을 분석하면 최근에 공물에 관한 법리적인 수요가 얼마나 다채롭고 입체적인지를 알 수가 있다. 첫째, 공공시설의 무상귀속에 관한 법리이다. 도시계획사업의 시행으로 공공시설이 설치되는 경우에 그 소유권이 언제 귀속하는지에 관하여, 그 준공검사와 동시에 당해 공공시설을 구성하는 토지와 시설물의 소유권이 그 시설을 관리할 국가

구간과 횡적 영역에 관하여 행정행위나 법규에 의한 공용지정이 이루어져야 비로소 국가가 공공성의 목적과 기능을 수행하기 위하여 필요한 행정재산이 된다."(대법 1999. 5. 25. 선고 98다62046 판결)라고 설시하고, 후자에 해당하는 경우에는 "횡적 구역인 하천구역의 결정방법에 관하여 구 하천법이 결정고시 제도를, 개정 하천법이 법정제도를 각각 채택하고 있었기 때문에 구 하천법 시행 당시에는 하천의 관리청이 그 명칭과 구간을 지정, 공고하더라도 이로써는 하천의 종적 구역인 구간만 결정될 뿐이고, 하천의 횡적 구역인 하천구역은 관리청이 이를 따로 결정, 고시함으로써 비로소 정해졌으나, 개정 하천법 시행 이후부터는 법이 스스로 하천구간 내의 일정한 구역을 하천구역으로 정하고 있어 그에 해당하는 구역은 당연히 하천구역이 된다."라고 설시한다. 이러한 하천구역에 관한 방법론적 입장의 대립이 하천의 국유화 제도와 결합하면서, 포락을 위해서 하천구역의 지정이 필요한지에 관한 논란이 전개된 것이다. 하지만 하천구역에 관하여 지정제도에 따르는가 아니면 법정제도에 따르는가 하는 쟁점은 하상에서 일어나는 포락만을 염두에 둔 것이 아닐뿐더러 하천의 국유화 제도와 반드시 결부되어야 할 이유도 없다. 포락을 위해서는 하천의 국유화가 전제되어야 하지만 하천의 국유화라는 결과가 포락만을 원인으로 하지는 않는다. 하천구역은 하상의 범위보다 넓고 포락은 오직 하상에서만 가능하기 때문이다. 그 결과, 포락이 아니더라도 하천의 국유화는 얼마든지 발생할 수 있는데, 대표적으로 제방의 부지가 이에 해당한다. 하천의 국유화를 전제하는 이상 포락에는 아무런 조건을 붙이지 않는 것이 타당하다. 하천구역은 하상의 범위를 넘어서므로 하상이 아닌 것도 국유화가 가능하지만 하천의 국유화 계기는 다름 아닌 하상을 특별하게 취급할 필요성에서 찾아야 하기 때문이다. 하천구역에 관하여 지정제도를 따를 것인가 아니면 법정제도를 따를 것인가는 하상을 제외한 나머지 하천구역에 관하여 필요한 논의라고 보아야 한다. 이와 같이 하천구역의 지정제도나 법정제도에 관한 논의는 하천의 국유화 제도나 그것을 전제한 포락의 법리와 밀접하기는 하지만 그럼에도 불구하고 서로 구별되어야 한다. 이해를 돕기 위해서, 지정제도가 아닌 법정제도에 따라서 당연히 하천구역에 편입되지만 하상은 아니라서 포락과는 전혀 무관한 토지에 대해서, 하천의 국유화가 적용되는 경우(이른바 구법상 적용하천)에 관한 판결과 그렇지 않은 경우(이른바 구법상 준용하천)에 관한 판결을 대비하면 다음과 같다. 전자에 관하여 판례는 "하천의 제방 부지는 관리청에 의한 지정처분이 없어도 법률의 규정에 의하여 당연히 하천구역이 되어 국유가 된다고 할 것인바, 그것이 유수지 및 제외지와 더불어 하천구역이 되어 국유로 된 이상 그로 인하여 소유자가 입은 손실은 보상되어야 한다."(대법 1995. 11. 24. 선고 94다34630 판결)라고 설시하는 한편으로, 후자에 관하여 판례는 "하천의 관리청이 토지에 관한 권원을 취득하지 아니한 채 시행한 제방신축공사로 인한 것이라고 하여도 토지가 하천구역에 해당하게 되는 이상 그 토지의 소유자는 사용 수익에 관한 사권의 행사 제한을 받게 되며, 이와 같이 하천구역에 편입됨으로써 손실을 받은 토지의 소유자는 손실보상을 받을 수 있다."라고 설시한다.

또는 지방자치단체에 직접 원시적으로 귀속된다고 보는 입장과 시행자가 사업완료통지를 관리청에 함으로써 비로소 공공시설이 국가 또는 지방자치단체에 귀속하는 것이고 사업 완료통지를 하기 전에는 준공검사를 마친 다음에도 여전히 시행자의 소유로 남아 있다고 보는 입장 중에, 전자가 전원합의체 판결의 다수의견이다.[13] 이에 대해 소수의견은 국가 나 지방자치단체가 공물의 소유권 없이 그 관리권을 가질 수는 있어도 공물의 관리권 없 이 그 소유권을 가질 수는 없다는 점을 들어 다수의견에 반대한다.[14] 여기서 공물의 소유 권과 관리권의 관계에 관한 진지한 고민이 있었다는 점은 이론적인 관점에서 고무적이지 만 공공시설을 개념적으로 공물과 동일시 할 수 있는 것인지에 관한 고민이 없다는 점은 문제가 된다.

둘째, 도로점용허가에 관한 법리이다. 판례는 주민소송은 원칙적으로 지방자치단체의 재무회계에 관한 사항의 처리를 직접 목적으로 하는 행위에 대하여 제기할 수 있고, 「지 방자치법」(이하 이 장에서 '지방자치법'이라 한다)에서 주민소송의 대상으로 규정한 '재산의 취득·관리·처분에 관한 사항'에 해당하는지 여부도 그 기준에 의하여 판단하여야 하는 데, 공물을 특정 사인이 배타적으로 사용하도록 하는 점용허가가 도로 등의 본래 기능 및 목적과 무관하게 그 사용가치를 실현·활용하기 위한 것으로 평가되는 경우에는 주민소송의 대상이 되는 재산의 관리·처분에 해당하는 것으로 보아야 한다고 설시한다.[15] 사안에서 문제가 되는 도로점용허가의 대상은 도로의 지하 부분으로서 본래 통행에 제공되는 대상 이 아니므로 그에 관한 점용허가는 일반 공중의 통행이라는 도로 본래의 기능 및 목적과

---

13) 대법 1999. 4. 15. 선고 96다24897 전원합의체 판결.

14) 다수의견이 공공시설의 소유권이 먼저 국가 또는 지방자치단체에게 귀속된 후에 그 관리권은 시행자의 사업완료통지에 의하여 비로소 관리청에게 귀속된다고 보는 것은 공물의 성립 및 관리에 관한 일반이론 과 국유재산법·지방재정법 조문에 배치될 것이다. 도시계획법상의 공공시설과 같은 인공공물은 그 요건 을 갖추어 공물로서 성립하면 그 성립과 동시에 그 관리청의 관리 하에 들어가게 되는 것이고, 또한 어떤 재산이 국가 또는 지방자치단체에게 귀속된 때에는 그것은 국·공유재산으로서 국유재산법 제6조, 제16 조, 지방재정법 제73조에 의하여 당연히 당해 관리청이 이를 관리하게 된다. 따라서 <u>공물에 관한 한, 국가 나 지방자치단체에게 소유권이 있으면서 관리권이 없는 경우는 상정하기 어렵다. 그러므로 다수의견과 같이 도시계획법상의 공공시설의 소유권이 원시적으로 국가 또는 지방자치단체에게 귀속되었다고 보면서 그 관리권이 관리청에 없는 상태로 있다가 시행자가 관리청에 사업완료통지를 함으로써 비로소 관리청으 로 넘어간다고 보는 것은 공물의 성립 및 관리에 관한 일반이론과 위 국유재산법 및 지방재정법 조문에도 배치된다</u> 할 것이다. 다수의견과 같이 해석할 경우, 공공시설이 준공된 이후 그 사업완료통지 전까지 그 공공시설의 관리권이 누구에게 있으며 관리상의 과실로 손해가 발생하였을 때 누가 책임을 져야 하는지, 시행자가 끝내 사업완료통지를 하지 않으면 그 관리청이 없는 것인지 등 여러 가지 문제를 야기할 수밖에 없을 것이다. 반면에, 국가 또는 지방자치단체가 공물의 소유권을 가지고 있지 않으면서도 그 관리권을 가지고 있는 경우(타유공물)는 실제로 있으므로 국가 또는 지방자치단체가 타유공물인 공공시설의 관리 권만 가지고 있다가 시행자의 사업완료통지에 의하여 그 소유권을 취득한다고 풀이하는 것이 공물의 성 립 및 관리에 관한 일반이론에 맞는 것이다.

15) 대법 2016. 5. 27. 선고 2014두8490 판결.

직접적인 관련성이 없고, 그 점용허가의 목적은 특정 종교단체로 하여금 그 부분을 지하에 건설되는 종교시설 부지로서 배타적으로 점유·사용할 수 있도록 하는 데 있으므로 그 허가의 목적이나 점용의 용도가 공익적 성격을 갖는 것이라고 볼 수 없다는 점에 비추어 보았을 때, 그 도로점용허가로 인해 형성된 사용관계의 실질은 전체적으로 보아 도로부지의 지하 부분에 대한 사용가치를 실현시켜 그 부분에 대하여 특정한 사인에게 점용료와 대가관계에 있는 사용수익권을 설정하여 주는 것으로서 실질적으로 도로 지하 부분의 사용가치를 제3자로 하여금 활용하도록 하는 임대 유사한 행위라는 것이다. 이러한 판례의 해석은 공법이 적용되는 도로의 공물로서 속성을 교통의 제공이라는 측면에 한정하고, 그와 무관한 도로의 지하 부분에 대한 이용은 일반사용을 초과하지만 일반사용을 침해하지 않는 특별사용으로서 사적인 소유권의 차원으로 이해하는 독일법의 태도와 결과적으로 유사하다.[16] 도로의 지하 부분에 에너지 공급시설을 설치하는 경우가 대표적으로 이에 해당한다.[17]

셋째, 변상금에 관한 법리이다. 판례는 국유재산의 무단점유자에 대한 변상금 부과는 공권력을 가진 우월적 지위에서 행하는 행정처분이고 그 부과처분에 의한 변상금 징수권은 공법상의 권리인 반면에 민사상 부당이득반환청구권은 국유재산의 소유자로서 가지는 사법상의 채권이라는 점, 변상금을 부당이득금보다 할증된 금액으로 부과·징수하는 목적은 국유재산의 사용·수익으로 인한 이익의 환수를 넘어 국유재산의 효율적인 보존·관리라는 공익을 실현하는 데 있다는 점, 변상금 부과·징수의 요건과 민사상 부당이득반환청구권의 성립요건이 일치하지 않는다는 점을 들어, 변상금 부과·징수권은 민사상 부당이득반환청구권과 법적 성질을 달리하므로 국가는 무단점유자를 상대로 변상금 부과·징수권의 행사와 별도로 국유재산의 소유자로서 민사상 부당이득반환청구의 소를 제기할 수 있다는 입장이다.[18] 이러한 전원합의체 판결의 다수의견에 대해서 소수의견은 변상금 부과·징수는 국유재산의 무단점유자에 대한 부당이득반환청구를 공법적인 형태로 규율하는 것으로 볼 수 있는 점에서 변상금 부과·징수권과 민사상 부당이득반환청구권은 그 본질이 다르지 않다고 본다. 다수의견에 따르면 변상금을 부과하거나 징수하는 처분의 공정

---

16) Hans−Jürgen Papier, Recht der öffentlichen Sachen, in: Hans−Uwe Erichsen/Dirk Ehlers(Hrsg.), Allgemeines Verwaltungsrecht. 12.Auflage, De Gruyter Recht, 2002, 668쪽. 일반사용을 초과하는 특별사용이 일반사용을 침해하지 않는 경우에 공법적인 특별사용에 대한 허가는 필요로 하지 않고 민법의 형식에 따라 도로의 소유자로부터 승낙을 받으면 된다는 점에 관하여 송시강, "행정행위 유형론에 대한 재검토 − 허가와 특허, 인가 개념을 중심으로", 홍익법학 제12권 제1호, 2011, 517쪽 이하.

17) Thomas von Danwitz, Straßen− und Wegerecht, in: Eberhard Schmidt−Aßmann(Hrsg.), Besonderes Verwaltungsrecht. 13.Auflage, De Gruyter Recht, 2005, 889쪽 이하.

18) 대법 2014. 7. 16. 선고 2011다76402 전원합의체 판결.

력이 부당이득반환청구에 미치지 않는다는 것인데, 이러한 법리가 그 자체로 타당하다는 전제에 서더라도 공물에 해당하는 경우와 그렇지 않은 경우를 구별하지 않는 것이 과연 논리적으로 타당한지에 관하여 검토가 필요하다. 변상금의 부과와 징수는 사물(私物)의 경우에는 편의적인 것이지만 공물의 경우에는 본성적인 것이기 때문이다.

넷째, 사실상 공물에 관한 법리이다. 토지 소유자가 그 소유의 토지를 도로, 수도시설의 매설 부지 등 일반 공중을 위한 용도로 제공한 경우에, 소유자가 토지를 소유하게 된 경위와 보유기간, 소유자가 토지를 공공의 사용에 제공한 경위와 그 규모, 토지의 제공에 따른 소유자의 이익 또는 편익의 유무, 해당 토지 부분의 위치나 형태, 인근의 다른 토지들과의 관계, 주위 환경 등 여러 사정을 종합적으로 고찰하고, 토지 소유자의 소유권 보장과 공공의 이익 사이의 비교형량을 한 결과, 소유자가 그 토지에 대한 독점적·배타적인 사용·수익권을 포기한 것으로 볼 수 있다면, 국가나 지방자치단체가 그 토지를 점유·사용하고 있다 하더라도 특별한 사정이 없는 한 그로 인해 토지 소유자에게 어떤 손해가 생긴다고 볼 수 없으므로, 토지 소유자는 국가나 지방자치단체를 상대로 부당이득반환을 청구할 수 없고, 토지의 인도 등을 구할 수도 없다는 것이 판례의 입장이다.[19] 원래는 사인이 권원 없이 토지를 점유하거나 사용하는 경우에 발전한 법리인데, 나아가 국가나 지방자치단체가 권원 없이 토지를 점유하거나 사용하는 경우에 대해서까지 그 적용이 확대된 것이다. 그 결과, 마치 공물인 것처럼 행정에 의해서 공적인 제공이 이루어지고 있지만, 행정이 그 권원을 취득한 적도 없고 심지어는 공물의 성립에 필요한 공용개시를 한 적도 없는 물건의 이용관계가 이로써 정당성을 획득할 수 있을 뿐만 아니라 소유자에게 불법행위나 부당이득으로 피해를 전보할 필요도 없다는 결론에 이른다. 이는 우리 민법에서 인정하지 않는 인역권(人役權)을 인정하는 것과 유사한 결과로서, 법률에 근거 없는 재산권의 침해에 해당하는 점을 판례도 의식하고 있기에 나름대로 일정한 한계를 제시하는데, "소유권의 핵심적 권능에 속하는 사용·수익 권능의 대세적·영구적인 포기는 물권법정주의에 반하여 허용할 수 없으므로, 토지 소유자의 독점적·배타적인 사용·수익권의 행사가 제한되는 것으로 보는 경우에도, 일반 공중의 무상 이용이라는 토지이용현황과 양립 또는 병존하기 어려운 토지 소유자의 독점적이고 배타적인 사용·수익만이 제한될 뿐이고, 토지 소유자는 일반 공중의 통행 등 이용을 방해하지 않는 범위 내에서는 그 토지를 처분하거나 사용·수익할 권능을 상실하지 않는다."는 것이 바로 그것이다. 이 문제는 우리에게는 친숙한 개념이 아니지만 프랑스법이나 독일법에서는 중요하게 다루어지는 행정법상 역권

---

19) 대법 2019. 1. 24. 선고 2016다264556 전원합의체 판결.

의 부담(Verwaltungsrechtliche Dienstbarkeit)20)이라는 관점에서 접근할 필요가 있다.

다섯째, 용수권(用水權)의 손실보상에 관한 법리이다. 하천수 사용권은 하천점용허가권과 마찬가지로 특허에 의한 공물사용권의 일종으로서 양도가 가능하고 이에 대한 민사집행법상의 집행 역시 가능한 독립된 재산적 가치가 있는 구체적인 권리인 점에서, 하천수 사용권은 「공익사업을 위한 토지 등의 취득 및 보상에 관한 법률」(이하 이 장에서 '토지보상법'이라 한다)이 손실보상의 대상으로 규정하고 있는 물의 사용에 관한 권리에 해당한다는 것이 판례의 입장이다.21) 하천은 앞서 지적한 바와 같이 기능적인 측면에서는 수면과 용수로 구성되는데, 하천의 점용허가를 전자에 관한 공법상 권리의 설정으로 보는 판례는 비교적 일찍 등장했지만 하천수의 사용허가를 후자에 관한 공법상 권리의 설정으로 보는 판례는 최근에서야 나타나고 있다.

그 밖에 판례가 말하는 주파수의 공공성에 관한 법리도 공물의 관점에서 이해할 필요가 있다.22) 이와 같이 공물법을 둘러싸고 있는 환경의 빠른 변화는 그에 대한 공물법의

---

20) 공공복리를 위하여 일정한 수인의무나 금지의무가 토지의 소유권에 부과되는 것을 말한다. 이와 같이 토지의 소유자 자신에게 귀속되지 않는 이익을 위하여 자신이 소유하는 토지에 대한 권리의 행사가 제한되는 상태를 프랑스법에서는 'servitude'라고 부르고, 독일법에서는 'Dienstbarkeit'라고 부른다. 커먼로에서도 프랑스법에서와 마찬가지로 'servitude'라고 부르는데, 'easement'나 'covenant' 또는 'profit'은 그 대표적인 유형에 해당한다. 이를 우리는 역권(役權)이라고 부르는데, 대륙법에서는 이를 다시 지역권(地役權)과 인역권(人役權)으로 구분하는 것이 일반적이지만, 우리 민법은 그중 지역권만을 규정하고 있다. 이러한 역권의 개념은 사법에서 발전한 것이지만 그와 마찬가지로 공법적인 역권도 가능한 것이다. 한편 역권이라는 용어는 권리자의 관점이 투영된 것으로, 만일 의무자의 관점에서 부른다면 역무(役務)라는 용어가 적절할 것이다. 그러나 역무라는 용어는 이미 행정법에서 다른 의미로 널리 사용되는 점에서 역권의 부담이라는 표현이 적절하다. 이러한 용례로는 송시강, "공법상 부담금에 관한 연구 – 재원조달책임에 있어서 평등원칙", 행정법연구 제57호, 2019, 109쪽.

21) 대법 2018. 12. 27. 선고 2014두11601 판결.

22) 대법 2019. 11. 21. 선고 2015두49474 전원합의체 판결은 "주파수는 한정된 자원으로서 공공재적 성격을 가지고 있다. 이러한 주파수를 무상으로 지정받아 사용함에 따라 시청자들이 대가를 지불하지 않고도 자유롭게 접근 가능한 방송매체와 채널이 있는 반면, 시청자들이 계약을 체결하는 등의 방법을 통해 대가를 지불하여야만 접근할 수 있는 방송매체나 채널도 있다. 이러한 접근가능성의 차이에 따라 방송매체나 채널이 국민의 생활이나 정서 및 여론형성 등에 미치는 영향력의 정도나 범위는 다를 수밖에 없다. 따라서 방송통신심의위원회는 방송의 객관성·공정성·균형성을 심사할 때 해당 방송프로그램을 방영한 방송매체나 채널이 국민의 생활이나 정서 및 여론형성 등에 미치는 영향력의 정도나 범위를 충분히 고려하여, 방송매체나 채널의 자율성, 전문성, 다양성이 침해되지 않도록 주의하여야 한다. 그리고 해당 방송프로그램을 방영한 방송매체나 채널이 국민의 생활이나 정서 및 여론형성 등에 미치는 영향력의 정도나 범위가 크지 않은 한편 다양한 정보와 견해의 교환을 가능하게 하는 데에 주로 기여하는 것이라면 방송의 객관성·공정성·균형성에 관한 심사기준을 완화함이 타당하다. 여기에서 심사기준을 완화한다는 것은 방송통신심의위원회가 방송내용이 심의규정상의 객관성·공정성·균형성을 준수하였는지를 심사하는 기준을 완화한다는 것으로서, 이는 결국 방송내용의 심의규정상의 객관성·공정성·균형성 유지의무 위반은 엄격하게 인정해야 한다는 의미이다. 이를 통해 해당 방송프로그램의 자율성, 전문성, 다양성을 최대한 존중함으로써 궁극적으로 방송과 언론의 자유 보장을 강화하는 데 그 목적이 있다."고 설시한다. 이는 방송의 객관성·공정성·균형성이라는 불확정개념에 대한 원리적인 해석으로서, 가치의 형량에 있어서 매체나 채널의 영향력이라는 요소가 고려되어야 한다는 것이다. 그 과정에서 방송통신위원회의 재량은 실질적으로 부인되고

합리적 대응과 함께 새로운 발전을 요구하고 있다.


# 제2절 공물법의 연혁


## I. 로마의 공물법

유스티니아누스(Justinian I)는 물건을 그에 대한 권리에 따라 4가지로 구분하지만 이는 물건이 가지는 속성의 문제이기도 하다. 물건은 특정인의 소유에 속하는 재산과 그렇지 않은 재산이 있고, 후자는 다시 4가지로 구분된다. 첫째, 공동재산(res communis)은 모두가 공동으로 소유하는 재산이다. 예를 들어, 공기, 유수, 바다, 연안이 여기에 해당한다. 둘째, 국가재산(res publicae)은 도로, 하천, 항만 등을 말하는데, 누구나 교통이나 어로 등에 이용할 수 있다. 셋째, 집단재산(res universitatis)은 도시의 극장이나 경기장 그 밖에 집단에 속하는 재산을 말한다. 넷째, 무주재산(res nullius)은 누구의 소유도 아닌 재산으로서, 신성한 것과 세속의 것으로 구분된다. 전자는 상거래의 대상이 될 수 없고, 후자는 선

---

있다. 첫째, 언론의 자유 보장의 최후의 보루로서 법원이라는 측면에서 보면 방송통신위원회의 재량은 부인되어야 한다. 불확정개념의 사용으로 인한 규율의 공백만을 이유로 행정의 재량이 인정된다고 보아서는 안 되고 행정의 재량은 그럴 만한 필요가 있는 경우에만 인정할 수 있다고 보아야 하는데, 이는 방송통신위원회의 재량을 쉽사리 인정하면 언론의 자유 보장을 위한 법원의 역할은 실질적으로 포기될 수밖에 없기 때문이다. 그리고 판례가 불확정개념에 관한 방송통신위원회의 판단과 무관하게 독자적인 관점에서 불확정개념을 원리적으로 해석한 것을 두고 방송통신위원회의 재량을 부인한 것으로 생각한다면 그것은 논리적인 오류이다. 법의 원리를 발견하여 적용하는 문제는 행정의 재량을 인정하는 문제와 전혀 별개인 점에서 그러하다. 이에 관하여는 송시강, "행정재량과 법원리 - 서론적 고찰", 행정법연구 제48호, 2017, 143쪽 이하. 둘째, 종래 주파수라는 공물을 이용하는 지상파 방송은 공공성이 요청되기 때문에 그렇지 않은 방송에 비해서 강한 규제를 받아야 한다는 명제는 일반적으로 승인되어 있다. 그러나 우리 법제는 지상파 방송과 그렇지 않은 방송을 동등하게 규제하는 것을 원칙으로 삼아 왔고, 그 결과 지상파가 아닌 방송 채널에서 제공되는 프로그램에 대해서도 방송의 객관성·공정성·균형성이라는 기준이 무차별적으로 적용된 것이다. 이러한 관행에 대해 판례는 방송의 객관성·공정성·균형성이라는 기준이 매체나 채널의 영향력에 따라 차별적으로 적용되어야 한다는 해석을 새롭게 제시한 것이다. 하지만 결과적인 영향력이 크다는 이유만으로 강한 규제가 적용되어야 한다는 논리는 수긍하기 어려운 점에서, 공물에 해당하는 주파수를 이용하는 경우나 국가가 직접 제공하는 경우나 국가에 의한 특별한 보호를 받거나 지원을 받는 경우와 같이 사안의 본성상 달리 취급해야 할 필요가 있는 경우에 상대적으로 강하게 규제하는 쪽으로 법리를 발전시켜 나가는 것이 타당하다. 이와 관련하여, 박재윤, "방송의 공정성과 법의 포기", 행정판례연구 제25권 제2호, 2020, 188쪽 이하는 방송프로그램을 제공하는 매체나 채널의 영향력에 따라 방송의 객관성·공정성·균형성의 기준이 달라져야 한다는 판례의 논리는 사안에 급급한 처방만 하는 식이라서 불확정개념의 원리적 해석을 통해 일반적으로 타당한 명제를 도출할 법원의 책무를 회피하는 점에서 '법의 포기'(Law's Abnegation)에 다름이 없다고 비판한다.

점으로 취득할 수 있다. 야생동물이나 소유를 포기한 재산이 후자의 대표적 사례이다.[23]

　이러한 로마법의 태도가 오늘날의 공물법에 직접적인 영향을 미쳤다고는 보기 어렵다. 다만, 민법상 소유권의 대상으로 보기에 적합하지 않은 재산이 있다는 점에 관하여 충분한 시사가 되었다는 점은 분명하다. (ㄱ) 로마법상 공동재산은 오늘날의 관점에서 보면 자연공물에 해당하는 것으로서, 근대적인 재산권과 양립할 수 없는 점에서 'domaine public'으로 관념이 된다.[24] 이 경우 국가의 소유에 귀속한다고 하지만 모두가 공동으로 소유한다는 속성은 그대로 유지가 되기 때문에, 국가의 소유권은 일종의 형식적인 의제로서 실질적으로 모두의 소유에 귀속하는 재산을 합리적으로 관리하기 위한 도구가 된다. (ㄴ) 로마법상 국가재산은 오늘날의 관점에서 보면 인공공물에 해당하는 것으로서, 이 경우 근대적인 재산권의 대상으로 삼기에 기술적으로 어려움이 없는 물건을 대상으로 하는 점에서 분명한 실질을 가지고 있다. 이 점은 하천을 구조적으로 유수와 하상으로 구별해서 보면 쉽게 드러나는데, 하천의 유수와 달리 하상은 등록이나 등기와 같은 공시도 가능한 점에서 근대적인 재산권의 대상으로 삼는 데 특별한 어려움이 없다. 그럼에도 불구하고 필요한 경우에 모두가 사용할 수 있어야 한다는 점에서 일반적인 물건과 동일하게 취급할 수 없는 특별한 어려움이 있다. 여기서 공물의 소유권을 사적인 소유권과 전혀 다른 공적인 소유권으로 구성하는 접근(이른바 공적 소유권설)과 공법의 원리에 의해서 일부 수정되는 사적인 소유권으로 구성하는 접근(이른바 수정된 사적 소유권설)이 대립한다. 전자가 프랑스법의 태도인 반면에 후자는 독일법에서 원칙적인 태도이다. 양자가 공물을 바라보는 관점은 본질적으로 다르다. 그러나 이러한 관점의 차이를 넘어서는 물 자체(Ding an sich)로서 공물은 하나일 뿐이고, 이는 어느 관점인가에 따라 그 본질이 달라지지 않는다. 공적 소유권설은 근대적인 재산권이 제도적으로 충분히 정비되기 전에 서둘러 공물이 수행하는 공익성을 보장하기 위해 고안된 것이다. 재산권(Vermögensrecht)이 고권(Hoheitsrecht)을 배제할 위험이 있다고 보았기 때문에 고권의 보전을 위해서 재산권을 배제하고자 한 것이다.[25] 근대적인 재산권이 제도적으로 정착된 다음에는 그럴 필요가 없어서 사적인 소유권이 공법의 원리에 의해서 일부 수정되는 것만으로도 공물이 수행하는 공익성의 보장이 충분히 가능하게 되었다. 공적 소유권설에 따르더라도 민법상 소유와 점유에 관한 규정만

23) William Warwick Buckland, A Text-Book of Roman law from Augustus to Justinian, CAMBRIDGE, 1921, 184쪽 이하.
24) 프랑스 민법전 제714조: 누군가에게 귀속하지 않고 모두가 이용하는 물건의 관계에 관하여는 공법에서 정한다(Il est des choses qui n'appartiennent à personne et dont l'usage est commun à tous. Des lois de police règlent la manière d'en jouir).
25) Matthias Knapp, Gemeingebrauch und Staatseigentum - Private und öffentliche Sachenrechte an öffentlichen Straßen, peniope, 2003, 173쪽 이하.

적용이 제외되는 것일 뿐 전적으로 다른 재산권의 법리가 형성되는 것이 아니고, 수정된 사적 소유권설에 따르더라도 행정법상 역권의 부담으로 인하여 민법상 소유와 점유에 관한 규정이 그대로 적용될 수 없기 때문이다. (ㄷ) 로마법상 집단재산은 오늘날의 관점에서 보면 국가가 아닌 공공단체의 소유에 귀속하는 인공공물에 해당한다. 우리는 공물의 개념을 국가와 지방자치단체에 의하여 제공되는 것에 한정하고 있는 실정인데, 그것이 논리의 필연이 아니라는 점을 추론케 한다.26) (ㄹ) 로마법상 무주재산 중 종교적인 것은 오랜 기독교의 역사를 가지는 유럽에서는 교회재산을 공물의 개념으로 포섭하는 바탕이 되고 있고, 세속적인 것은 무주의 부동산을 국가의 소유로 귀속시키는 근거가 될 수 있는 점에서 직접적으로는 아니더라도 공물에 중요한 영향을 미친다고 볼 수 있다.

## II. 프랑스의 공물법

### 1. 공물(domaine public)

프랑스법은 공물에 관한 일반법을 통해 공적 소유권설의 입장에서 공물의 개념을 정의한다. 국유공물법전(Code du domaine de l'Etat)과 공공재산법전(Code général de la propriété des personnes publiques)이 일반법에 해당한다. 다만, 공공재산법전은 공물 외에 사물(domaine privé)까지도 규율하는데, 우리 국유재산법이나 공유재산법이 행정재산과 일반재산을 함께 규율하는 것과 유사한 체제이다.

---

26) 프랑스에서 공물이 성립하기 위해서는 반드시 소유권이 확보되어야 하는데, 국가나 지방자치단체가 아닌 공공단체에도 공물이 귀속할 수 있다는 점이 일반법에 명시되어 있다. 독일에서는 일반법이 따로 없어 개별법에서 정하는 바에 따르는데, 공물의 성립에 반드시 소유권이 필요한 것도 아니기 때문에, 어떤 공물이 그 속성상 오로지 국가나 지방자치단체에 귀속되어야 하는 예외적인 경우가 아닌 이상 국가나 지방자치단체가 아닌 공공단체에 귀속하는 것이 허용되지 말아야 할 이유가 딱히 없다. 다만, 독일법에서 어떤 주체에게 공물이 귀속한다는 것은 그 사적인 소유권의 귀속과 무관하게 공물에 관한 공법적 권한을 행사하는 주체가 된다는 의미라는 점에 주의가 필요하다. 우리의 경우에는 일단 일반법의 차원에서는 오로지 국가나 지방자치단체에만 공물이 귀속하는데, 국유재산법이나 공유재산법이 국가나 지방자치단체에 귀속하는 행정재산만을 규정하기 때문이다. 정책적인 관점에서 보면 국가나 지방자치단체가 아닌 공공단체에 공물의 귀속을 불허해야 할 이유가 없고, 나아가 적극적으로 요청되는 경우가 적지 않다. 이는 행정에 귀속하는 재산을 공물법이 아니라 단순한 재무관리의 측면에서 바라보기에 나타나는 문제라는 생각이다. 국가나 지방자치단체가 아닌 공공단체에 공적 소유권설에 입각한 국유재산법이나 공유재산법에 따른 행정재산의 개념을 당장 전면적으로 적용하는 것이 시기상조라고 생각한다면 우선 개별법의 차원에서라도 수정된 사적 소유권설에 입각한 공물 개념을 적재적소에 도입하여 국가나 지방자치단체가 아닌 공공단체에 적용하는 노력이 필요하다.

여기서 용어 문제를 짚고 넘어갈 필요가 있다. 프랑스법은 공적 소유권설의 입장에 서 있는 점에서 'domaine public'은 우리의 행정재산이라고 번역하고, 'domaine privé'은 우리의 일반재산이라고 번역하는 것이 타당할 수 있다. 그 연장선상에서 공물이라는 용어는 독일법의 개념인 'öffentliche sache'의 번역으로 이해하는 것이 타당할 수 있다. 하지만 독일법의 'öffentliche Sache'뿐만 아니라 프랑스법의 'domaine public'까지 모두 공물(公物)이라는 용어로 통일해서 번역하고, 그 당연한 결과로 'domaine privé'는 사물(私物)로 번역하고자 한다. 그 이유는 다음과 같다. 첫째, 'domaine public'은 프랑스에서 실정법상 용어이기도 하지만 이론적인 개념이기도 하다. 이론적인 개념은 실정법적 용어가 되는 과정에서 의미의 변화를 겪을 수 있다. 이 점에서 이론적인 의미로 공물이라는 개념을 사용하고 실정법상 용어로 행정재산이라는 개념을 사용하는 것은 오해의 방지에 도움이 될 수 있다. 이러한 맥락에서 공공재산법전에서 사용되는 공물에 속하는 재산(bien rele-vant du domaine public)이라는 표현을 행정재산이라고 번역하고, 사물에 속하는 재산(bien relevant du domaine privé)이라는 표현을 일반재산이라고 번역하는 것이 적절하다. 둘째, 독일법에서는 수정된 사적 소유권설이 일반적인 입장이기는 하지만 예외적으로 함부르크와 같은 일부 주(州)에서 공적 소유권설의 입장을 취하기도 한다.[27] 독일법에서는 공적 소유권설의 입장에 서 있는 경우나 그렇지 않은 경우나 동일하게 'öffentliche Sache'라는 개념을 사용하는데, 어느 경우인가를 떠나 공통적으로 공물이라고 번역하는 것이 자연스러운 일이다. 독일법에서도 우리의 행정재산에 해당하는 'Verwaltungsvermögen'이라는 용어를 사용하고, 우리의 일반재산에 해당하는 'Finanzvermögen'이라는 용어를 사용한다.[28] 다만, 우리의 국유재산법이나 공유재산법에 해당하는 법제가 없어서 이론적인 차원에서만 사용되는 것으로 보인다.

학설은 대체로 공물법을 다음과 같이 구성한다.[29]

## ※ 프랑스 공물법의 구성

| | 목차 | |
|---|---|---|
| 1 | les critères de la domanialité publique | 공물의 기준 |

---

27) Hans-Jürgen Papier, 앞의 책, 594쪽.
28) Otto Depenheuer, §9 "Dem Staate, was des Staates ist" - Legitimation und Grenzen des Staatseigentums, in: Otto Depenheuer/Bruno Kahl(Hrsg.), Staatseigentum - Legitimation und Grenzen, Springer, 2017, 120쪽 이하.
29) 다음 3개의 문헌에 기초한 것이다. Jean-Marie Auby/Pierre Bon/Jean-Bernard Auby/Philippe Terneyre, Droit administratif des biens, 6e édition, Dalloz, 2011; Jean Dufau, Le domaine public, 5e édition, LE MONITEUR, 2001; René Chapus, Droit administratif général, Tome 2, 15e édition, Montchrestien, 2001.

| 2 | la composition du domaine public | 공물의 구성 |
|---|---|---|
| 3 | l'incorporation au domaine public | 공물의 성립 |
| 4 | la sortie du domaine public | 공물의 소멸 |
| 5 | la délimitation des dépendances du domaine public | 공물의 구역 |
| 6 | la protection du domaine public | 공물의 보호 |
| 7 | l'utilisation du domaine public | 공물의 사용 |
| 8 | les rapports de voisinage | 공물의 인인 |
| 9 | la gestion du domaine public | 공물의 관리 |

　프랑스법에서 공물은 국가와 지방자치단체 기타 공공단체의 소유로서, 공공의 이용에 직접 제공되거나 공공서비스의 수단으로 제공되는 물건을 말한다. 여기서 공물은 그 소유가 반드시 행정에 귀속해야 하는 점에서 개념 자체는 그리 이해하기 어렵지 않지만 그 개념의 표지들이 사안의 적용에 있어 언제나 명확한 기준으로 작동하는 것은 아니다. 공물이 성립하기 위해서는 행정의 소유에 귀속되어야 하고, 행정의 공용개시가 필요한 경우가 있으며, 행정에 의한 제공이 있어야 한다. 우리 학설상 공물법에 관한 설명과 비교하였을 때 도드라지는 것은 공물의 구역에 관한 사항과 공물의 보호에 관한 사항이다.

　공물의 범위 결정(délimitation des dépendances du domaine public), 다시 말해, 구역의 지정은 공물의 경계에 관한 결정으로서, 우리 도로법상 도로구역의 결정이나 하천법상 하천구역의 결정과 유사한 것이지만 그 구체적 내용에는 차이가 있다. 자연공물의 경우에 구역의 지정은 자연의 현상에 따라 공물의 경계를 설정하는 것으로서 확인적인 성격만을 가지고 형성적인 성격이 없기에, 사인의 소유에 귀속하는 재산이 필요하다고 판단되는 경우라고 하더라도 구역에 편입시켜서는 안 된다. 인공공물의 경우에 구역의 지정은 확인적인 것에 그치지 않고 나아가 형성적인 성격을 가지기 때문에, 도로를 정비하기 위해서 도로에 인접한 토지를 침해하는 경계를 설정할 수 있다. 먼저 도로를 정비하는 계획을 수립한 다음에 그것을 도로에 인접한 토지에 개별적으로 적용하는 과정을 거친다. 나지(裸地)의 경우에는 곧바로 도로로서 제공이 이루어지는데, 손실보상이 필요하다. 이와 달리 건축물이 건축되어 있는 경우에는 협의취득이나 공용수용을 통하여 소유권을 취득하여야 한다. 다만, 토지의 소유자는 현상을 유지할 의무가 있기 때문에 신축이나 개축 등을 할 수 없는 것이 원칙이다. 이는 「국토의 계획 및 이용에 관한 법률」(이하 이 장에서 '국토계획법'이라 한다)에 따른 기반시설에 관한 도시관리계획의 결정, 즉 도시계획시설결정으로 재산권의 행사가 제한되는 것과 유사한 결과이다. 구역의 지정에서 해제되는 토지에 대해서

는 도로에 인접한 토지의 소유자가 선매권을 행사할 수 있다.[30]

공물의 보호(protection du domaine public)를 위하여 원칙적으로 공물을 처분하거나 집행할 수 없고, 공물경찰의 권한이 특별하게 수권되며, 공물의 침해에 대해 행정벌을 부과할 수 있다. 여기서 첫째, 우리 학설이 공물의 특성으로 설명하는 내용(융통성의 제한, 강제집행의 제한, 시효취득의 제한, 공용수용의 제한)이 사실은 공적 소유권설에 입각한 프랑스법에서 공물의 보호를 위해서 특수하게 고안된 제도적인 장치라는 점을 알 수 있다. 둘째, 공물경찰(police de la conservation du domaine public)은 특정한 공물의 물질적인 보전을 목적으로 하는 점에서 일반적인 공공질서의 유지(공물의 사용 개선을 포함한다)를 목적으로 하는 일반경찰(police générale de l'ordre public)과 구별되는 한편으로, 공물의 특별사용을 허가하고 그 사용을 규율하는 공물관리(gestion du domaine public)와도 구별된다. 공물경찰과 일반경찰의 경우에는 행정벌이 수반되지만 공물관리의 경우에는 그러하지 않다. 공물경찰의 근거를 일반적인 공물의 소유권에서 찾는 견해도 있지만 공물을 보호하기 위한 입법자의 개별적인 수권에서 찾는 견해가 타당하다. 공물경찰과 일반경찰의 관계와 관련하여, 공물경찰의 목적으로, 다시 말해, 재정적이거나 재산적인 목적으로 일반경찰의 권한을 행사하면 위법한 것이 원칙이다. 참고로, 우리는 프랑스법의 공물경찰이 공물관리라는 개념에 포섭되는 것으로 보고 프랑스법의 일반경찰을 공물경찰이라고 부르면서 양자를 대비하는 것이 통설적인 견해이다. 셋째, 프랑스에서는 공법을 민사법과 구별하는 것뿐만 아니라 형사법과 구별하는 것도 중요하다. 행정벌을 부과하기 위한 소추가 행정소송으로 이루어지는 경우도 있기 때문이다. 도로법을 위반하는 사건이 대표적으로 여기에 해당한다. 다만, 언제나 행정소송의 대상인 것은 아니고 형사소송의 대상인 경우도 있다.[31]

한편, 학설은 공물법의 차원을 넘어 공공재산법(droit administratif des biens)의 관점에서 공물법과 그와 밀접한 관계를 가지는 영역을 묶어 다음과 같이 구성하기도 한다.[32] 공물법만 보아서는 공물법을 이해하기 어렵기 때문이다.

※ 프랑스 공공재산법의 구성

| 목차 | | |
|---|---|---|
| 1 | le droit du domaine public | 공물법 |

---

30) Jean-Marie Auby/Pierre Bon/Jean-Bernard Auby/Philippe Terneyre, 앞의 책, 86쪽 이하.
31) Jean-Marie Auby/Pierre Bon/Jean-Bernard Auby/Philippe Terneyre, 앞의 책, 166쪽 이하.
32) 다음 2개의 문헌에 기초한 것이다. Jean-Marie Auby/Pierre Bon/Jean-Bernard Auby/Philippe Terneyre, Droit administratif des biens, 6$^e$ édition, Dalloz, 2011; René Chapus, Droit administratif général, Tome 2, 15$^e$ édition, Montchrestien, 2001.

| 2 | le droit du domaine privé | 사물법 |
|---|---|---|
| 3 | les travaux publics | 공공건설법 |
| 4 | l'ouvrage public | 공공시설법 |
| 5 | l'expropriation pour cause d'utilité publique | 공용수용법 |

앞서 공물은 국가와 지방자치단체 기타 공공단체의 소유로서, 공공의 이용에 직접 제
공되거나 공공서비스의 수단으로 제공되는 물건이라고 했는데, 국가와 지방자치단체 기
타 공공단체의 소유에 속하는 물건 중에서 공물을 제외한 나머지를 사물이라고 한다. 공
물이 성립하기 위해서 공용개시가 필요한 경우가 있지만 언제나 필요한 것은 아니기 때
문에, 공용개시가 없는 경우에도 사물이 아니라 공물에 해당할 수 있다. 앞서 공물은 처
분이나 집행이 금지되기 때문에 특별히 보호가 된다고 설명했는데, 공공재산법전은 이러
한 특례를 사물에 대해서까지 확대하고 있다. 공공재산법전은 또한 공물이거나 사물이거
나 간에 영리적인 주체에게 정상적인 가치 아래로 처분하는 것을 금지한다.[33]

공공건설(travaux publics)은 행정에 귀속되는 건축으로서 공익을 수행하는 것을 말한다.
공공건설은 공공의 이용에 직접 제공되거나 공공서비스의 수단으로 제공되는 토지에 정
착된 공작물, 즉 공공시설(ouvrage public)을 목적으로 하는 경우가 많지만 반드시 그런 것
은 아니다. 예외적으로 사인에 귀속되는 건축인 경우에도 공공건설에 해당할 수 있다. 예
를 들어, 사인에 귀속하는 건물이 문화재로 지정되어 있으나 사인의 부작위로 건물의 보
전에 위험이 초래되어 국가가 직권으로 건축을 하는 경우가 그러하다. 공공건설은 행정에
의하여 직접 수행될 수도 있지만 전문적인 자격을 가지는 자에게 도급을 하는 경우가 대
부분인데, 단순한 조달계약을 통할 수도 있지만 특허(concession de travaux publics)[34] 기타
민관합동(public private partnership)을 통해서도 할 수 있다. 도급인과 수급인의 관계는 공
법상 계약에 해당한다. 공공건설을 수행하는 경우에는 타인의 토지를 임시로 사용할 수
있는 권한이 있고, 공공건설을 수행하기 위해서는 경쟁절차를 거쳐야 하며, 공공건설을
수행한 결과 인접한 토지의 가치가 상승한다면 그 가치를 환수할 수 있다. 공공건설로 인

---

33) Jean-Marie Auby/Pierre Bon/Jean-Bernard Auby/Philippe Terneyre, 앞의 책, 21쪽 이하.
34) 프랑스법의 특허(concession)는 일찍이 재정의 부담을 경감하기 위한 민관합동의 한 형태로 발전한 것이
다. 이는 공공서비스특허(concession de service public)와 공공건설특허(concession de travaux publics)
로 구분된다. 양자는 사인이 건축물을 완공하여 기부채납 하고 그 대가로서 이용자로부터 직접 요금을
징수해서 수익한다는 점에서 공통적이다. 전자의 경우에는 나아가 공무수탁사인으로서 행정의 임무를 자
신의 명의로 수행하지만 후자의 경우에는 그러하지 않는다. 다만, 후자의 경우에도 내부적으로는 다양한
형태로 민관합동이 이루어진다. 이에 관하여는 송시강, "민간투자와 리스크 그리고 손실보상 - 표준실시
협약상 위험분담에 관한 공법적 해명", 홍익법학 제22권 제2호, 2021, 265쪽 이하.

하여 손해가 발생한 경우에 만약 피해자가 공공건설의 참여자라면 하자(faute)[35]가 있어야 하고 나아가 그 하자를 피해자가 입증해야 손해의 전보가 가능하다. 만약 피해자가 공공시설의 이용자라면 여전히 하자는 있어야 하지만 그 하자가 추정이 되므로 상대적으로 쉽게 손해의 전보가 가능하다. 예외적으로 공공시설이 특별하게 위험한 경우에는 하자와 무관하게 손해의 전보가 가능해진다. 만약 피해자가 공공건설의 참여자도 아니고 공공시설의 이용자도 아닌 제3자에 해당한다면 하자와 무관하게 손해의 전보가 가능하다.[36]

공용수용은 크게 행정절차와 소송절차로 구분된다. 전자는 다시 사업협의, 사업인정, 수용재결로 구분되고, 후자는 다시 수용재판과 보상재판으로 구분된다. 사업협의에 관한 절차(consultation sur l'utilité publique)는 사전조사의 신청으로 시작되고, 사전조사의 개시는 재량적인 결정이며, 사전조사가 종료되면 관계기관에 조회한 의견까지 포함한 일체의 자료가 사업인정에 관한 절차(constatation de l'utilité publique)로 넘어간다. 사업인정(déclaration d'utilité publique)의 결정은 재량행위로서 확인적 효력을 가지는 데 그친다. 사업인정의 결정이 나면 수용재결의 절차(détermination des biens à exproprier)로 넘어가는데, 여기서 토지조사(enquête parcellaire)를 거쳐 수용재결(arrêté de cessibilité)에 이르게 된다. 수용재결은 재량행위에 해당하고, 수용의 대상이 되는 토지와 권리자를 확인하는 효력만을 가진다. 당사자 간에 합의가 있다면 소유권이 이전될 수 있지만 그렇지 않으면 통상법원의 일종인 수용법원(juge de l'expropriation)에 의한 판결이 있어야만 소유권의 변동이 발생한다. 수용판결(ordonnance d'expropriation)은 구 소유권을 소멸시키는데 그에 수반하여 점유 이전의 의무도 발생하지만 보상금의 지급이 선행되어야 한다. 사전조사의 개시가 결정되어 사업인정의 결정에 이르렀고 나아가 수용하고자 하는 토지가 결정되었다면 수용자는 이해관계가 있는 당사자가 손실보상으로 받을 수 있는 금액을 통지하여야 한다. 그 통지 이후 1개월 이내에 합의에 이르지 못하는 경우에 수용자는 사전조사의 개시가 결정되어 사업인정의 결정에 이른 상태에 있다면 바로 수용법원에 소송을 제기할 수 있고, 피수용자는 수용판결이 내려진 상태에 있다면 바로 수용법원에 소송을 제기할 수 있다.[37]

---

35) 이와 달리 '과실'이라고 하거나 '과책'이라고도 하지만 '하자'라고 번역하는 것이 타당하다는 점에 관하여는 송시강, "분석철학의 관점에서 바라본 국가책임법상 논쟁", 행정법연구 제56호, 2019, 63쪽 이하.
36) René Chapus, Droit administratif général, Tome 2, 15ᵉ édition, Montchrestien, 2001, 545쪽 이하.
37) Jean-Marie Auby/Pierre Bon/Jean-Bernard Auby/Philippe Terneyre, 앞의 책, 534쪽 이하.

## 2. 공공시설(ouvrage public)

공공시설은 공공의 이용에 직접 제공되거나 공공서비스의 수단으로 제공되는 토지에 정착된 공작물을 말한다. 공공시설이 공공건설의 결과에 해당하는 경우도 많고, 그 반대로 공공건설이 공공시설에 해당하는 재산에 관하여 수행되는 경우가 많다. 하지만 양자의 관계가 필연적인 것은 아니다.[38)

공공건설은 공공시설의 존재나 공공시설의 건설과 무관할 수 있고, 공공시설의 존재는 공공건설의 결과가 아닐 수 있으며, 공공시설에 관하여 수행된 건설이 공공건설에 해당하지 않을 수 있다. 공공시설은 공물과도 구별된다. 공공시설은 부동산만 대상으로 하지만 공물은 동산도 포함한다. 공물에 속할 수 없어서 사물에 해당하는 것도 공공시설이 될 수 있다. 공공시설은 행정의 소유에 귀속될 필요가 없기 때문에 사인이 소유하는 공공시설도 가능하다.[39)

공공시설은 잘못 설치된 경우에도 철거될 수 없다는 법리, 즉 불가침성(intangibilité)의 원리에 따라 특별한 보호를 받는다.[40) 여기서 공공시설을 철거할 수 없다는 것은 행정재판소가 아니라 통상법원에 한하여 타당한 것인데, 결국 공공시설의 설치에 관한 행정행위의 공정력을 존중해야 한다는 것이다.

## 3. 영조물(travaux publics)

앞서 'travaux publics'을 공공건설로 번역하여 설명하였다. 그러나 여기서는 영조물이라는 용어를 사용하고자 한다. 그 이유는 「국가배상법」(이하 이 장에서 '국가배상법'이라 한다) 제5조에 있다. 우리 국가배상법 제5조는 '공공시설' 등의 하자로 인한 책임이라는 제목 아래에 도로나 하천 그 밖의 공공의 '영조물'의 설치나 관리에 하자가 있기 때문에 타인에게 손해를 발생하게 하였을 때에 그 손해를 배상하여야 한다고 규정한다. 여기서 '공공시설'의 의미를 프랑스법의 공공시설, 즉 공공의 이용에 직접 제공되거나 공공서비스의 수단으로 제공되는 토지에 정착된 공작물로 이해하면 해석이 자연스럽게 된다. 다만, 국가배상법 제5조가 적용되기 위해서는 프랑스법의 공공시설을 국가나 지방자치단체가 소유하거나 점유하는 경우이어야 한다. 여기서 앞서 설명한 사실상 공물에 관한 법리가 중

---

38) René Chapus, 앞의 책[Tome 2], 557쪽 이하.
39) René Chapus, 앞의 책[Tome 2], 562쪽 이하.
40) René Chapus, 앞의 책[Tome 2], 566쪽 이하.

요한 역할을 할 수 있다. 마치 공물인 것처럼 행정에 의해서 현실적으로 제공되고 있지만 행정이 그 권원을 취득한 적이 없고 심지어는 공물의 성립에 필요한 공용개시조차 없는 경우에도 국가배상법 제5조의 적용이 가능하다.[41]

그렇다면 여기서 '영조물'은 어떤 의미일까. 우리 학설이 일반적으로 사용하는 영조물의 개념은 독일법의 'Anstalt'가 일본법을 거쳐 우리에게 전해진 것으로 알려져 있다. 독일법의 영조물 개념은 크게 3가지 용례를 가진다. 첫째, 공법상 법인의 한 종류이다. 사단법인, 재단법인과 구별되는 영조물법인(Anstalt des öffentlichen Rechts)이 바로 그것이다. 영조물법인은 자신이 주체가 되지 못하고 다른 주체에 의해서 설립된 것이라는 점에서 사단법인과 다르고 재단법인과 유사하지만, 주체의 현재적 의사에 지배된다는 점에서 재단법인과 다르고 사단법인과 유사하다.[42] 둘째, 특별권력의 일종이다. 국립대학, 국립병원, 교도소 등 일회적이지 않고 계속적이며 수평적이지 않고 위계적인 점에서 신분적인 성격을 가지는 이용관계를 내용으로 하는 영조물권력(Anstaltsgewalt)이 바로 그것이다. 셋째, 공물의 한 종류로서 영조물사용공물(Sache im Anstaltsgebrauch)이 바로 그것이다. 독일법에서는 공물의 사용에 초점을 맞추어 공물을 일반사용공물, 특별사용공물, 영조물사용공물, 행정사용공물로 구분한다. 그중 영조물사용공물은 영조물의 이용관계에 제공되는 점에서 제한적 범위의 사람이 제한적 용법으로 사용할 수 있는 공물을 말한다.

이러한 독일법의 다층적인 구조의 영조물 개념은 우리 국가배상법 제5조의 '영조물'과는 전혀 관계가 없다. 국가배상법 제5조의 제목에 포함되어 있는 '공공시설'이 프랑스법의 공공시설 개념에 상응한다는 점, 프랑스법에서 공공시설은 공공건설과 동일하지는 않지만 밀접한 관계에 있고, 특히 공공건설로 인하여 손해가 발생한 경우에 만약 피해자가 공공시설의 이용자라면 하자가 추정된다는 점에 착안한다면, 국가배상법 제5조의 '영조물'이 프랑스법의 공공건설을 의미한다는 결론을 추론할 수 있다. 다시 말해, 국가배상법 제5조는 프랑스법의 공공건설로 인한 손해의 전보에 관한 법리를 거의 그대로 도입하면서 그 표현만을 영조물의 설치나 관리로 인한 손해의 배상으로 수정해서 입법한 것이다. 그러나 하자의 추정에 관한 법리는 아직 전개되지 않고 있다. 참고로, 판례가 국가배상법 제5조의 해석에서 전개하고 있는 이른바 기능상 하자에 관한 법리[43] 또한 프랑스법에서

---

41) 대법 1998. 10. 23. 선고 98다17381 판결: 국가배상법 제5조 제1항 소정의 '공공의 영조물'이라 함은 국가 또는 지방자치단체에 의하여 특정 공공의 목적에 공여된 유체물 내지 물적 설비를 말하며, 국가 또는 지방자치단체가 소유권, 임차권 그 밖의 권한에 기하여 관리하고 있는 경우뿐만 아니라 사실상의 관리를 하고 있는 경우도 포함된다.

42) 송시강, "공법상 법인에 관한 연구", 홍익법학 제20권 제1호, 2019, 599쪽 이하.

43) 대법 2004. 3. 12. 선고 2002다14242 판결: 국가배상법 제5조 제1항에 정하여진 '영조물의 설치 또는 관리의 하자'라 함은 공공의 목적에 공여된 영조물이 그 용도에 따라 갖추어야 할 안전성을 갖추지 못한

공공건설로 인한 피해자가 공공건설의 참여자도 아니고 공공시설의 이용자도 아닌 제3자에 해당하는 경우에 하자와 무관하게 손해의 전보가 가능하다는 명제에서 그 뿌리를 찾을 수 있다.[44]


## III. 독일의 공물법

### 1. 공물(öffentliche sache)

독일법은 연방정부의 차원에서나 주정부의 차원에서나 공물에 관한 일반법을 알지 못한다. 그 결과 이론적인 성격이 좀 더 강하게 나타난다. 학설은 대체로 공물법을 다음과 같이 구성한다.[45]

※ 독일 공물법의 구성

| | 목차 | |
|---|---|---|
| 1 | Begriff der öffentlichen Sachen | 공물의 개념 |
| 2 | Arten der öffentlichen Sachen | 공물의 종류 |
| 3 | Begründung der öffentlichen Sachen | 공물의 성립 |
| 4 | Beendigung der öffentlichen Sachen | 공물의 소멸 |
| 5 | Umstufung der öffentlichen Sachen | 공물의 등급 |
| 6 | Planung der öffentlichen Sachen | 공물의 계획 |
| 7 | Benutzung der öffentlichen Sachen | 공물의 사용 |
| 8 | Nachbarrecht | 공물의 인인 |
| 9 | Verwaltung der öffentlichen Sachen | 공물의 관리 |

---

상태에 있음을 말하고, 여기서 안전성을 갖추지 못한 상태, 즉 타인에게 위해를 끼칠 위험성이 있는 상태라 함은 당해 영조물을 구성하는 물적 시설 그 자체에 있는 물리적·외형적 흠결이나 불비로 인하여 그 이용자에게 위해를 끼칠 위험성이 있는 경우뿐만 아니라 그 영조물이 공공의 목적에 이용됨에 있어 그 이용상태 및 정도가 일정한 한도를 초과하여 제3자에게 사회통념상 참을 수 없는 피해를 입히는 경우까지 포함된다고 보아야 할 것이고, 사회통념상 참을 수 있는 피해인지의 여부는 그 영조물의 공공성, 피해의 내용과 정도, 이를 방지하기 위하여 노력한 정도 등을 종합적으로 고려하여 판단하여야 할 것이다.

44) 송시강, 앞의 글[분석철학의 관점에서 바라본 국가책임법상 논쟁], 76면 이하.
45) 다음 4개의 문헌에 기초한 것이다. Hans−Uwe Erichsen/Dirk Ehlers(Hrsg.), Allgemeines Verwaltungsrecht. 12.Auflage, De Gruyter Recht, 2002; Eberhard Schmidt−Aßmann(Hrsg.), Besonderes Verwaltungsrecht. 13.Auflage, De Gruyter Recht, 2005; Michael Sauthoff, Öffentliche Straßen. 3.Auflage, C.H.Beck, 2020; Albrecht Friesecke/Beate Heinz/Michael Reinhardt, Bundeswasserstrßengesetz Kommentar. 7.Auflage, Carl Heymanns Verlag, 2000.

독일법에서 공물은 공적인 목적에 지정되어 특별한 법적 지위를 가지는 재산으로서, 그렇기에 사법적인 질서를 따르지 않거나 사법적인 질서를 따르더라도 그와 함께 공법적인 질서에 종속되는 것을 총칭한다.46) 이 설명이 다소 모호하기에 좀 더 프랑스적인 설명으로 다시 하면, 그 사용을 통해 공공복리에 직접 제공되도록 또는 행정 자체의 필요에 제공되도록 정해진 물건으로서, 공용개시에 의하여 정해지는 목적에 구속되는 범위 내에서 공법의 규정, 특히 공법적인 물건의 지배권(öffentliche Sachherrschaft)에 종속되는 것을 말한다.47) 이처럼 독일법의 공물 개념은 직관적으로 이해하기가 쉽지 않다. 무엇보다 구체적인 개념의 표지가 잘 드러나지 않는다. 그 이유로는 첫째, 공물에 관한 일반법이 없기 때문이다. 일반법과 달리 개별법은 도로나 하천과 같이 특정한 공물을 정의할 뿐이다. 일반법이 있거나 없거나 간에 이론을 위해서는 추상화(abstraction)가 필요한 것이지만 구심점이 없다면 그만큼 혼란이 가중될 수 있다. 둘째, 공적 소유권설이 아니라 수정된 사적 소유권설을 취하고 있기 때문이다. 커먼로에서는 공공신탁론(public trust doctrine)48)과 같은 특수한 사례가 없지 않지만 공물 개념을 정면으로 인정하지는 않는다. 이와 달리 만약 공물 개념을 인정한다면 프랑스법에서 그러하듯이 행정의 소유에 귀속되는 물건만을 공물로 인정하는 것이 구체적인 타당성을 떠나 직관적인 이해에 유리하다. 이와 달리 수정된 사적 소유권설은 한편으로는 사법적으로 접근하고 다른 한편으로는 공법적으로 접근하는 이원적인 구성이기 때문에 논리적으로 명쾌하지 않다. 셋째, 수정된 사적 소유권설로 통일되어 있지 않고 공적 소유권설을 취하는 예외가 인정되기 때문이다. 그 결과 공물을 보편적으로 정의하기 위해서는 공적 소유권설까지 염두에 두어야 한다. 공물의 개념이 결코 단순하게 정리될 수 없는 형편인 것이다.

이에 독일법의 공물 개념을 충분히 이해하기 위해서는 공물의 본질을 두고 대립하는 공적 소유권설과 수정된 사적 소유권설을 구체적으로 분석하는 것에서 출발할 필요가 있다. 먼저, 공물의 본질을 공적인 소유권(öffentliches Eigentum)으로 보는 견해는 오토 마이

---

46) Hans-Jürgen Papier, 앞의 책, 591쪽.
47) Hans J. Wolff/Otto Bachof/Rolf Stober, Verwaltungsrecht. Band 2. 6.Auflage, Verlag C.H.Beck, 2000, 678쪽.
48) 일정한 자연적이거나 문화적인 자원은 공공의 필요에 의하여 국가의 소유로 귀속시키고 이를 통해서 공공의 이용에 제공되도록 해야 한다는 것을 말한다. 미국에서 공공신탁론의 역사적 전개에 관하여는 조홍식, "공공신탁이론과 한국에서의 적용가능성", 환경법연구 제19권, 1997, 194쪽 이하. 이러한 공공신탁의 법리는 로마의 공물법에 그 연원이 있다. 로마법상 공동재산(res communis)의 개념에 부합하면서도 무주재산(res nullius)의 개념에도 부합하는 측면이 있다. 모두가 누려야 한다는 점을 강조하면 공동재산의 관점이 강조되고, 무엇보다 보전이 우선이라는 점을 강조하면 무주재산의 관점이 강조된다. 이 논점은 국제법에서도 중요하게 다루어진다. 사안에 따라 공동재산으로 구성하는 방안과 무주재산으로 구성하는 방안을 두고 많은 이론적인 논의가 전개된다. 「문화유산과 자연환경자산에 관한 국민신탁법」에 따른 보전재산은 이러한 공공신탁의 법리에 기초한 것으로 보인다.

어(Otto Mayer)가 프랑스법의 공물 개념을 독일법에 계수하려는 시도에서 비롯하였다. 그는 프랑스법의 'domaine public'과 'domaine privé'를 'öffentliches Eigentum'과 'Eigentum der öffentlichen Hand'로 번역해서 도입하였으나 학설에서는 받아들여지지 않았고 함부르크를 비롯한 일부 주(州)의 입법에 반영되는 데 그쳤다. 대표적으로, 함부르크 도로법 제4조 제1항은 도로로 공용개시가 있는 함부르크의 소유에 귀속하는 모든 토지에 공적인 소유권이 성립한다고 규정한다. 그리고 민법, 그중에서 특히 소유와 점유에 관한 규정이 적용되지 않는다고 규정한다. 함부르크의 도로법에 따르면 도로의 부지에 대해서는 오로지 고권적인 물건의 지배권(hoheitliche Sachherrschaft), 공법적인 사용형식, 공법적인 책임만이 적용된다. 공적인 소유권은 아무런 제한이 없는 사적인 소유권을 취득하고 도로의 공용개시가 있으면 성립한다. 사적인 공작물은 도로의 구성요소가 아니다. 공용폐지로 도로의 부지에서 제외가 되면 함부르크는 민법상 소유자가 된다. 이와 같이 주정부가 입법으로 공적인 소유권을 창설하는 것은 민법의 입법에 관한 연방의 권한을 침해하지 않는다는 것이 연방헌법재판소의 입장이다.[49]

다음, 공물의 본질을 수정된 사적인 소유권(modifiziertes Privateigentum)으로 보는 견해에 따르면 공물도 민법에 의한 소유권의 질서에 따른다. 따라서 공물은 시민의 이용에 제공되는 경우나 그렇지 않은 경우나 사법상 소유권의 대상이 된다. 또한 공물에 대해서는 특별한 공법상 지배권이 적용된다. 사법상 지배권에 누적하여 공법상 지배권이 적용되는 것이다. 이러한 공법상 지배권은 행정법상 역권의 부담을 통해서 성립한다. 공법상 지배권은 이중적인 의미를 가진다. 첫째, 지배권을 가지는 주체와 제3자가 공물을 이용하는 권리, 공물을 설치하고 유지하는 공법의 특수한 의무가 여기서 비롯한다는 것이다. 둘째, 공법상 지배권의 범위 내에서 사법상 지배권이 배제된다는 것이다. 그 결과 사법상 소유권에 대해서 민법전 제903조[50]에 의한 제한을 넘어 특수한 공익과 합목적성에 근거하는 제한이 이루어진다. 이러한 누적적인 구조는 사적인 소유권의 심각한 제한이므로 법률에서 명시적으로 규정하는 경우에만 가능하다. 따라서 지방자치법상 공공시설(öffentliche Einrichtung)의 경우에는 그 지정으로 사적인 소유권을 제한하는 공법상 지배권이 성립하지 않는다. 그에 필요한 법률의 규정이 없기 때문이다. 소유권과 공법상 지배권이 경합하는 경우에 사적인 소유권은 공법적인 목적과 부합하지 않는다면 후퇴한다. 공익적인 요청으로 사권이 위축되는 결과 권리의 본질적 내용의 상실에 이를 수도 있다. 다른 한편, 공

---

49) Hans J. Wolff/Otto Bachof/Rolf Stober, 앞의 책[Band 2], 700쪽 이하.
50) 제903조(소유자의 권한) 물건의 소유자는 법률에 위배되지 않고 제3자의 권리를 침해하지 않는 범위 내에서 그 물건을 임의로 처분할 수 있고 타인을 그 어떠한 영향으로부터 배제할 수 있다.

물을 설치하거나 유지하는 의무와 책임을 행정이 가져가는 점은 소유자에게 유리하다.[51]

독일법에서 공물의 본질에 관한 이론이 어떻게 전개되는지에 관한 분석은 우리 공물법이 앞으로 나아가야 할 방향의 모색에 중요한 시사가 된다. 공적 소유권설이 전면적으로 받아들여지지 않은 이유는 무엇일까. 공적 소유권설에 따른다고 해서 공물이 성립하는 경우에 그 물건이 당연히 행정의 소유로 귀속하는 것은 아니기 때문에 법률에 의하여 직접 수용의 효과가 발생하는 예외적인 경우가 아니라면 별도로 소유권을 취득하는 절차를 거쳐야 한다. 공적 소유권설과 수정된 사적 소유권설의 실질적인 차이는 공물이 성립하는 경우에 그 물건에 대한 기존의 사법상 권리가 소멸하는지 여부와 공물에 대해서도 민법상 소유와 점유에 관한 규정이 그대로 적용되는지 여부에 불과하게 된다. 하지만 이러한 차이는 사정에 따라 개별법에서 충분히 규율할 수 있는 것이라는 점을 고려하면 굳이 공적 소유권설을 취해야 할 실천적인 이유가 충분하지 않을 수 있다. 수정된 사적 소유권설에 입각하더라도 공법적인 목적에 부합하지 않는 법률행위라면 그것이 강제집행이나 공용수용에 의한 경우라고 하더라도 무효가 될 수밖에 없다.[52] 심지어는 공적 소유권설에 입각한 도로법을 가지고 있는 함부르크에서도 소유권은 행정에 귀속하지만 제3자의 권리가 소멸되지 않아서 공적인 소유권이 성립하지 않거나 소유권이 여전히 제3자에게 귀속되어 있어서 공적인 소유권이 성립하지 않는 도로가 적지 않게 있는 것이 현실이다.[53] 한편 독일이 단일국가이고 집권적인 프랑스와 달리 연방국가이고 분권적이라는 점도 고려되었을 수 있다. 공물을 사법적으로 소유하는 주체(Eigentümer), 공물에 관하여 공법적인 권한을 행사하는 주체(Sachherr), 공물을 설치하고 유지해야 하는 주체(Unterhaltungspflichtige)가 서로 다를 수 있기 때문이다. 이와 같이 서로 다른 주체를 하나로 통일하기 위한 입법적인 노력이 계속되고 있는데,[54] 이러한 현상은 주체가 서로 달라질 수밖에 없는 역사적 배경이 있다는 것을 짐작하게 한다. 또 하나 지적하여야 할 점은 공물의 성립에 요구되는 공용개시에 부여하는 의미가 독일법과 프랑스법이 서로 다르다는 것이다. 프랑스법에서는 공용개시를 공물의 성립에 필요한 하나의 요소 정도로만 이해하기 때문에 언제나 공용개시가 필요한 것은 아니어서, 자연공물은 공용개시가 없더라도 성립하지만 공용폐지 없이는 소멸하지 않는다는 결론에 이른다. 이와 달리, 독일법에서는 공용개시라는 법률행위를 통해서 비로소 공물의 성립이라는 법률효과가 발생하는 것으로 관념하기 때문에 공

---

51) Hans J. Wolff/Otto Bachof/Rolf Stober, 앞의 책[Band 2], 698쪽 이하.
52) Hans J. Wolff/Otto Bachof/Rolf Stober, 앞의 책[Band 2], 702쪽 이하.
53) Hans-Peter Strenge, Wegerecht, in: Wolfgang Hoffmann-Riem/Hans-Joachim Koch(Hrsg.), Hamburgisches Staats- und Verwaltungsrecht. 3.Auflage, Nomos, 2006, 341쪽 이하.
54) Hans J. Wolff/Otto Bachof/Rolf Stober, 앞의 책[Band 2], 699쪽 이하.

용개시 없이는 공물이 성립할 수 없고 이점은 자연공물이라고 해도 예외가 없다는 결론에 이른다.

이상에 비추어 보건대, 공적 소유권설과 수정된 사적 소유권설의 차이가 실제로 그리 크지 않은 것일 수 있다. 직관적으로는 프랑스법의 태도가 이해하기 더 쉬울지 모르겠으나 실천적으로는 독일법의 태도가 더 유용할 수도 있다. 그럼에도 불구하고 양자는 공물이라는 현상을 설명하는 방법에 있어서 적지 않은 차이가 있고, 이 점을 자각하는 것은 이론적인 차원에서는 여전히 중요하다. 어느 쪽의 입장을 취하든 이론적으로 일관되게 설명하는 노력이 중요하기 때문이다. 예를 들어, 자연공물의 성립에 공용개시가 필요한지에 관하여 논의를 할 때에 공적 소유권설의 입장에 선다면 프랑스법에서 그런 것처럼 공용개시가 필요 없다고 보는 것이 자연스럽지만 이와 달리 공용개시가 필요하다고 보더라도 논리적인 모순이라고 할 수는 없다. 하지만 수정된 사적 소유권설에 입각하는 경우에는 독일법에서 공용개시에 부여하는 의미를 이해한다면 인공공물에 대해서 그런 것처럼 자연공물에 대해서도 공용개시가 필요하다고 보아야 한다.

※ 공물법 체계의 비교

| | 프랑스 공물법 | 독일의 공물법 |
|---|---|---|
| 1 | 공물의 기준<br>la critères de la domanialité publique | 공물의 개념<br>Begriff der öffentlichen Sachen |
| 2 | 공물의 구성<br>la composition du domaine public | 공물의 종류<br>Arten der öffentlichen Sachen |
| 3 | 공물의 성립<br>l'incorporation au domaine public | 공물의 성립<br>Begründung der öffentlichen Sachen |
| 4 | 공물의 소멸<br>la sortie du domaine public | 공물의 소멸<br>Beendigung der öffentlichen Sachen |
| 5 | 공물의 구역<br>la délimitation des dépendances du domaine public | 공물의 등급<br>Umstufung der öffentlichen Sachen |
| 6 | 공물의 보호<br>la protection du domaine public | 공물의 계획<br>Planung der öffentlichen Sachen |
| 7 | 공물의 사용<br>l'utilisation du domaine public | 공물의 사용<br>Benutzung der öffentlichen Sachen |
| 8 | 공물의 인인<br>les rapports de voisinage | 공물의 인인<br>Nachbarrecht |
| 9 | 공물의 관리<br>la gestion du domaine public | 공물의 관리<br>Verwaltung der öffentlichen Sachen |

프랑스법과 비교하였을 때 독일법의 구성적인 특징은 다음과 같다. 첫째, 공물의 개념에 관한 설명이 심층적이다. 이와 관련하여, 프랑스법의 공물 개념은 직관적으로 이해하기 쉽지만 독일법의 공물 개념은 추상적일 수밖에 없다는 점을 이미 앞서 설명하였다. 둘째, 공물의 종류에 관한 설명이 분석적이다. 공물의 종류와 관련하여 프랑스법에서 중요한 것은 자연공물과 인공공물을 구분하고, 공공용물과 공용물을 구분하는 것이다. 그러나 이러한 구별은 당장 공물의 개념이나 그 성립에서부터 중요한 역할을 하기 때문인지 굳이 공물의 종류라는 별도의 항목을 만들어서 설명하지는 않는다. 그중 공공용물과 공용물의 구분은 공물의 사용에서도 중요한 차이를 만들어 내는데도 말이다. 이와 달리 독일법에서는 공물의 종류에 관한 설명에서 공물의 사용에 초점을 맞추어 일반사용공물, 특별사용공물, 영조물사용공물, 행정사용공물을 구분하는 것이 중요하게 취급된다. 셋째, 프랑스법에서는 잘 다루지 않는 공물의 등급에 관한 설명이 상세하다. 다 같은 도로나 하천이라고 하더라도 그 등급이 무엇인가에 따라 규율에 적지 않은 차이가 있기 때문이다. 이는 독일이 프랑스와 달리 연방국가일뿐만 아니라 분권적이라는 점에 기인하는 것으로 보인다. 넷째, 공물의 계획이라는 목차를 통해서 공물을 구체적으로 실현하는 행정절차를 설명한다. 프랑스의 경우에는 공물법만 보아서는 공물법을 이해하기 어렵기 때문에 폭넓게 공공재산법의 관점에서 공공건설법, 공용수용법 등을 종합적으로 다룬다고 앞서 설명하였는데, 독일법은 주로 공물법이라는 범주 안에서 공물이 실현되는 과정에서 거치는 계획확정절차(Planfeststellungsverfahren)를 비롯한 다양한 행정절차를 설명하는 방식을 취한다. 여기서는 이러한 구성적인 차이를 간단히 지적하는 것에 만족하고, 더 나아가 구체적인 법리의 차이에 관하여는 우리 법제를 설명할 때 관련 쟁점을 다루면서 설명하기로 한다.

## 2. 공공시설

독일법에서 사용되는 공공시설의 개념은 크게 2가지 차원을 가진다. 첫째, 도시계획법에서 말하는 공공시설(Erschließungsanlage)을 의미한다. 우리의 국토계획법에서 정하는 공공시설[55]에 상응하는 개념이다. 국토계획법은 공공시설을 좀 더 엄격한 개념으로 사용하고, 그보다 넓은 의미로는 기반시설[56]이라는 용어를 사용한다. 독일법도 이와 유사하다.

---

55) 제2조(정의) 이 법에서 사용하는 용어의 뜻은 다음과 같다.
　13. "공공시설"이란 도로·공원·철도·수도, 그 밖에 대통령령으로 정하는 공공용 시설을 말한다.
56) 제2조(정의) 이 법에서 사용하는 용어의 뜻은 다음과 같다.
　6. "기반시설"이란 다음 각 목의 시설로서 대통령령으로 정하는 시설을 말한다.
　가. 도로·철도·항만·공항·주차장 등 교통시설

다만, 독일법은 우리처럼 용어 자체를 구분하지는 않는다. 'Erschließungsanlage'라는 하나의 용어를 사용하면서 그중 일부를 특별하게 취급하는데, 우리 식으로 이해하면 기반시설 중에서 일부가 특별하게 취급되는 공공시설이 되는 것이다. 이에 맥락에 따라 기반시설이라는 번역이 타당할 때가 있고 공공시설이라는 번역이 타당할 때가 있다. 이점에서 보면 우리 도시계획의 법제도 독일법의 영향을 받았다고 볼 수 있으나 그 구체적인 운용에는 상당한 차이가 있다. 둘째, 지방자치법에서 말하는 공공시설(öffentliche Einrichtung)을 말한다. 우리 지방자치법도 이와 동일한 공공시설이라는 용어를 사용하고 있다. 대표적으로, 제161조는 '공공시설'이라는 제목 아래, 지방자치단체는 주민의 복지를 증진하기 위하여 공공시설을 설치할 수 있다고 규정한다. 그 밖에 제17조(주민의 권리), 제47조(지방의회의 의결사항), 제153조(사용료), 제155조(분담금), 제156조(사용료의 징수조례 등)에서도 사용되고 있다. 이는 누가 보더라도 독일법을 계수한 결과이지만 그 법리까지 충분히 전수된 것으로는 보이지 않는다.

이러한 공공시설의 개념은 한편으로는 공물과 밀접한 관계를 가진다는 점에서, 다른 한편으로는 그럼에도 불구하고 공물과 동일한 의미가 아니라는 점에서 중요하다. 도시계획법상 공공시설의 개념은 공물법이 물건에 관한 공법이기 때문에 국토행정의 기초가 되지만 그렇다고 해서 그 자체로 국토행정에 관한 법이 되는 것은 아니라는 점을 시사한다. 이와 마찬가지로 지방자치법상 공공시설의 개념은 공물법이 물건에 관한 공법이기 때문에 급부행정의 수단이 되지만 그렇다고 해서 그 자체로 급부행정에 관한 법이 되는 것은 아니라는 점을 시사한다.


## (1) 도시계획법상 공공시설(Erschließungsanlage)

연방건설법전 제123 내지 135조에 따른 기반시설의 설치는 어떠한 토지에 대한 건축허용성(Bebaubarkeit)에 관한 도시계획상 최종 조건이 된다. 어떠한 용도지구(Baugebiet)[57]를

---

나. 광장·공원·녹지 등 공간시설
다. 유통업무설비, 수도·전기·가스공급설비, 방송·통신시설, 공동구 등 유통·공급시설
라. 학교·공공청사·문화시설 및 공공필요성이 인정되는 체육시설 등 공공·문화체육시설
마. 하천·유수지(遊水池)·방화설비 등 방재시설
바. 장사시설 등 보건위생시설
사. 하수도, 폐기물처리 및 재활용시설, 빗물저장 및 이용시설 등 환경기초시설
57) 용도지구(Baufläche) 외에 용도지역(Baugebiet)도 건축이 예정되어 있는 일단의 토지를 말한다. 후자는 건축적 이용의 일반적 형태에 따라 주거지역, 혼합지역, 상업지역, 특별지역으로 구분된다. 우리의 도시기본계획과 유사한 토지이용계획(Flächennutzungsplan)의 내용이 된다. 전자는 건축적 이용의 특별한 형태에 따라 전원주택지구, 전용주거지구, 일반주거지구, 특별주거지구, 촌락주거지구, 혼합지구, 핵심지구,

사회적으로 적합하게 이용하는 데 필요한 조치, 예를 들어, 도로와 광장, 녹지, 놀이터, 주차장, 지역상수도시설, 지역에너지공급시설, 지역폐수처리시설, 환경보호시설의 설치가 이에 포함된다. 연방건설법전은 기반시설을 최초로 설치하는 것에 관하여 규정할 뿐이고 그 유지 기타 후속 조치는 도로법 기타 주법에 따른다. 기반시설을 설치하는 부담(Erschließungslast)은 자치사무로서 지방자치단체에 귀속하고, 국가의 감독조치는 도시계획의 차원에서처럼 합법성 통제에 국한된다. 기반시설을 설치하는 부담은 예외적으로 연방에 귀속할 수도 있고, 연방건설법전 제124조에 따라 계약을 통해서 제3자에 위탁될 수도 있다. 이 경우에 제3자는 건축주로서 기반시설의 설치 비용을 부담하는 토지를 매수하여 자신의 비용으로 기반시설을 설치한다. 기반시설을 설치하는 의무(Erschließungspflicht)는 성립하지 않는 것이 원칙이지만, 합당한 예산 수행의 범위 내에서 지방자치단체 의한 기반시설의 설치가 요청되는 예외적인 경우도 있다. 연방건설법전 제123조 제3항은 기반시설의 설치에 대해서 청구할 수 없다고 규정하지만, 이와 달리 판례는 지방자치단체가 건축허가를 발급하는 등 그에 걸맞은 행위가 있다면 사인이 적절한 기반시설의 설치를 청구할 수 있다는 입장이다. 연방건설법전 제127조 제2항에서 정하는 기반시설, 다시 말해 공공시설의 설치는 도시계획을 보조하는 것인 점에서 지구단위계획(Bebauungsplan)을 전제하여야 하는 것이 원칙이지만, 이에 대해서는 연방건설법전 제125조 제2항과 제3항에 따른 예외가 인정된다. 공공시설 설치 분담금(Erschließungsbeitrag)은 공공시설이 설치되는 경우에 그 공공시설을 이용하는 토지에 발생할 수 있는 이익에 대한 반대급부이다. 공공시설 설치 분담금의 징수는 지방자치단체의 재량이 아니다. 이를 통하여 지방자치단체는 도시계획의 실현을 적기에 할 수 있고, 나지(裸地)의 소유자가 건축의 의사가 있는 자에게 토지를 양도하도록 촉진할 수 있다. 이 점에서 공공시설 설치 분담금을 포기하는 합의는 무효이지만, 연방건설법전 제135조 제5항은 형평에 입각한 예외를 인정하고 있다. 건축부지로서 성격이 있는 토지에 대해서 공공시설 설치 분담금이 부과된다. 여기서 건축부지로서 성격은 건축허용성, 다시 말해 지구단위계획상 확정에 근거하는 영리적인 이용의 가능성이 있는 경우뿐만 아니라 어떠한 토지가 거래에서 건축부지로 취급되고 있고 합당한 건축적인 발전이 임박해 있는 경우에도 인정된다. 공공시설의 준공과 함께 분담금 납부 의무가 성립하는데, 만약 도로와 같이 공용개시가 필요한 경우에는 그것까지 갖추어야 한다. 연방건설법전 제133조 제3항 제1문에 따라 사전에 부과될 수도 있다. 분담금 납부 의무가 있는 자는 소유자, 다시 말해서 분담금 결정의 통지 시점에 공공시설이 설치되어 그것을 이용

상업지구, 공업지구, 특별지구로 구분된다. 우리의 도시관리계획에 유사한 지구단위계획(Bebauungsplan)의 내용이 된다.

할 수 있는 토지에 건축을 할 수 있는 자이다. 이러한 분담금 납부 의무는 토지에 대한 공용부담으로서, 소유권의 양도나 상속과 함께 이전한다.[58]

## (2) 지방자치법상 공공시설(öffentliche Einrichtung)

공공시설은 지방자치단체가 급부를 제공하는 수단 중에서 가장 중요하고 전형적인 수단이다. 다목적 강당이나 폐수처리시설, 도서관의 설치와 축제나 시장이 열릴 수 있는 초지나 광장의 유지를 통하여 기본권의 행사를 위한 공간이 만들어진다. 해당 급부가 현대 사회의 실존에 필수적인 것인지 여부와 무관하게 변함없이 중요하고 필요한 급부가 이른바 생존배려(Daseinvorsorge)를 위하여 제공된다. 공공시설의 운영은 모든 주(州)의 지방자치법에서 명시적으로 예정하고 있고 또한 규율하고 있다. 공공시설은 지방자치단체가 주민을 상대로 활동하는 수단이다. 여기서 대부분 조례의 행위형식이 사용되지만, 그 수단은 고권적이지 않고 경제적이다. 다시 말해, 기업적인 급부와 반대급부의 교환에 의한다. 공공시설의 설치, 유지, 확대에 대한 의무는 성립하지 않지만, 법률에서 그에 관한 지방자치단체의 의무적 사무를 규정하는 경우는 예외가 된다. 그러나 어느 경우에나 공공시설의 설치, 유지, 확대에 대해 공권은 성립하지 않는다. 다만, 이미 존재하는 공공시설에 대한 허가나 이용에 대한 공권은 성립할 수 있다. 그 반대로, 어떤 사람이 공공시설을 이용하고 싶지 않은데도 지방자치단체에 의하여 그 이용이 강제되는 경우도 있다.[59]

공공시설은 일정한 인력과 물적인 수단의 결합으로서, 지방자치단체가 생존배려의 목적에서 주민이 일정한 규정에 따라 이용할 수 있도록 지정하여 관리하는 것을 말한다. 일정한 인력과 물적인 수단의 임의적인 결합이 공공시설이 되기 위해서는 지방자치단체에 의한 지정(Widmung)[60]이 필요하다. 공공시설의 지정은 조례를 통해 이루어질 수도 있고 일반처분을 통해 이루어질 수도 있으며 단순히 제공하는 것만으로도 이루어질 수 있다. 공공시설의 지정을 통해서 해당 공공시설을 어떻게 이용하는지가 드러난다. 공공시설의 지정에 법적인 형식이 결여되어 있는 경우에는 표시(Indiz)를 통해서 이루어져야 한다. 공공시설은 일반사용공물과 구별되는바, 일반사용공물의 경우에는 이용에 허가가 필요하지

---

58) Wilfried Erbguth/Jörg Wagner, Grundzüge des öffentlichen Baurechts. 4.Auflage, Verlag C.H.Beck, 2005, 205쪽 이하.

59) Martin Burgi, Kommunalrecht. 4.Auflage, Verlag C.H.Beck, 2012, 213쪽 이하.

60) 공공시설에 대해서뿐만 아니라 도로나 하천 등 공물에 대해서도 공통으로 'Widmung'이라는 용어가 사용되지만, 후자의 경우에만 공용개시라고 번역하고 전자의 경우에는 단순히 '지정'이라고 번역한다. 법률효과에 상당한 차이가 있기 때문이다. 다만, '公用開始'라는 특별한 용어도 그 일차적인 의미는 여전히 '공물의 지정'이라는 점에 유의해야 한다.

않고 마치 이용자가 도로를 물적으로 점유하는 것과 같은 결과가 발생한다. 공공시설은 행정사용공물과 구별되는바, 행정사용공물은 공공의 이용에 제공되지 않는다. 공공시설의 이용이 가지는 특성을 영조물사용(Anstaltsnutung)이라고 부르는 견해가 많지만, 행정조직법에 속하는 영조물이라는 개념을 여기에 사용하는 것이 타당하지 않다는 이유로 영조물사용공물(öffentliche Sache im Anstaltsgebrauch) 대신에 공공시설사용공물(öffentliche Sache im Einrichtungsgebrauch)이라고 불러야 한다는 견해도 있다. 공공시설은 공법적인 조직 형식으로 제공될 수도 있고 사법적인 조직 형식으로 제공될 수도 있다. 모든 주(州)의 지방자치법에서 지방자치단체의 모든 주민은 일정한 조건이 충족되는 경우에 공공시설을 이용할 권리가 있다고 규정한다. 따라서 기속적인 청구권이 성립한다. 다만, 법에서 허용하는 범위 내에서(in Rahmen des geltenden Rechts) 그러하다.[61]

## 3. 영조물(Anstalt des öffentlichen Rechts)

앞서 독일법에서 영조물 개념은 서로 다른 의미의 3가지 차원을 가진다는 점을 설명했다. 영조물법인에서 말하는 영조물, 영조물권력에서 말하는 영조물, 영조물사용공물에서 말하는 영조물이 바로 그것이다. 우리의 경우 독일법의 영조물 개념을 그대로 계수하는 한편으로, 앞서 설명한 대로 프랑스법에서 유래하는 영조물배상책임에서 말하는 영조물 개념이 추가되면서 총 4가지 차원의 영조물 개념이 사용된다. 이러한 영조물 개념은 영조물사용공물의 개념에서 보다시피 공물법과 직접적으로 관련이 있기도 하지만 그와 별개로 일반행정법의 차원에서 공물법에 영향을 미치는 많은 접점을 가지고 있다. 예를 들어, 영조물의 이용관계라는 관점은 공물을 수단으로 하는 급부행정에서 공법상 법률관계와 사법상 법률관계를 구별하는 방법에 관하여 중요한 지침을 제시하고, 오늘날 급부행정의 체계에서 핵심이 되는 공기업(公企業)[62]이라는 개념의 이해에 있어서도 그와 연혁적으로 밀접한 관련이 있는 영조물 개념에 대한 이해가 중요하다.

### (1) 오토 마이어의 영조물 개념

영조물이라는 개념은 그 의미가 이렇게 다층적이다가 보니 이해하기가 쉽지 않다. 독

---

61) Martin Burgi, 앞의 책, 215쪽 이하.
62) 공기업 개념의 현황과 그 조직 형식에 관하여 이원우, "공기업의 의의와 공법적 통제의 법적 과제", 공법연구 제45집 제3호, 2017, 280쪽 이하.

일법에서도 처음부터 복잡한 개념은 아니었다. 행정법의 영역을 넘어 법질서 전체의 관점에서 보면, 영조물법인에서 말하는 영조물 개념이 독일법에서 일반적으로 사용되는 영조물이라는 용어가 가지는 보편적인 의미에 가깝다. 이러한 의미의 영조물(營造物)은 사단(社團)이나 재단(財團)이 그러한 것처럼 독일의 전통적인 조직의 형태를 포착한 것이다. 그렇기에 원래는 사법에서 오랫동안 발전한 개념이지만 독일 민법전이 제정되면서 법인의 형태가 원칙적으로 사단과 재단에 한정된 것을 계기로 이후로는 공법에서 더 활발하게 사용되고 있다. 이렇게 독일법의 고유한 전통에 속하는 개념이 지금처럼 난해한 의미의 구조를 가지게 된 것은 오토 마이어가 프랑스법에서 '행정에 의해 제공되는 공공서비스'를 말하는 공역무(service public)[63]의 개념을 계수하여 공기업(öffentliches Unternehmen)이라는 개념을 만들어 내고 그 이용관계를 설명하는 데 영조물의 개념을 활용하면서이다.[64] 그 핵심은 침해유보(Eingriffsvorbehalt)[65]에도 불구하고 법률에 의한 행정(Gesetzmäßigkeitsprinzip)에 대해서 예외로 인정되는 특별권력관계(besonderes Gewaltverhältnis)의 개념에 있다. 복지국가라는 관념이 아직 뿌리내리지 못한 당시에 학교, 병원 등 급부행정이 점차 확대되는 현상을 자유에 대한 침해로부터 보호에 초점이 맞추어진 법치국가(Rechtsstaat)의 이론으로는 충분히 해명할 수 없었기에, 그렇다고 해서 공기업의 이용관계에 사법을 전면적으로 적용하거나 유추하는 것은 오토 마이어 입장에서 용납할 수 없었기에, 라반트(Laband)가 고안한 특별권력관계의 개념을 가져와서 설명하고자 한 것이다. 문제는 왜 굳이 법률에 의한

---

63) 좀 길더라도 이렇게 '행정에 의해서 제공되는 공공서비스'라고 표현하는 것이 가장 정확한 번역이다, 다만, 지면이나 문맥 등의 이유에서 부득이할 때는 짧게 '공공서비스'라고 표현하더라도 무리가 없다. 학설은 관행적으로 '공역무'라고 번역을 하지만 과연 적절한지 의문이 있다. 번역을 통해서 원어의 의미가 조금이라도 더 구체화 되어야 하지만 그렇지 못하기 때문이다. 이 점은 '영조물'이라는 번역도 마찬가지이지만 그래도 실정법상 용어에 해당하는 점에서 일단은 유지할 명분이 있다.

64) 오토 마이어가 영조물 개념을 구성하는 데 프랑스 행정법이 미친 영향에 관하여는 이상덕, "영조물에 관한 연구 – 공공성 구현 단위로서 '영조물' 개념의 재정립", 행정법연구 제26호, 2010, 292쪽 이하. 이 글의 핵심은 영조물 개념이 가지는 조직법적인 측면을 해체하고 순수하게 작용법적인 의미로만 개념을 구성해서 생존배려의 관점에서 접근해야 한다는 데 있다. 그 연장선상에서 국립대학에 영조물 개념을 적용하는 관행을 포기해야 한다는 견해로는 이기춘, "국립대학의 법적 지위에 관한 전통적 행정법이론의 비판적 고찰 – 특히 전통적 영조물 개념과의 결별을 위하여", 공법학연구 제16권 제4호, 2015, 287쪽 이하. 그러나 영조물이라는 용어는 오토 마이어가 자신의 개념으로 활용하기에 앞서 그와 무관하게 독일에서 고유하게 발전한 조직의 한 형태를 지칭하는 개념으로 널리 사용되고 있었다는 점을 간과해서는 안 된다.

65) 자유와 재산을 침해하는 공권력의 행사는 법률에 유보되어야 한다는 것이다. 오토 마이어 당시 법률유보는 당연히 침해유보를 의미한다. 이러한 침해유보는 국가권력을 제한하는 것이 아니라 입법권과 집행권 사이에 국가권력을 배분하는 의미가 있다. 자유와 재산에 대한 보호가 의회에 맡겨지는바, 법률이 제정되는 과정에 국민의 대표가 참여하는 점에 대한 신뢰가 반영된 것이다. 자유와 재산에 대한 침해는 의회의 동의가 있어야만 가능하다는 명제는 자유주의적 시민계급의 최후의 보루와도 같은 것이다. 이러한 법률유보가 입법자를 구속하는 내용 없이 오로지 행정만을 제한하는 데 그치면서, 기본권을 형성하는 '국가로부터 자유'는 단순히 '행정의 자유'에 불과한 것이 되고 만다. 이에 관하여 Alfons Hueber, Otto Mayer – Die "juristische Methode" im Verwaltungsrecht, Duncker & Humblot, 1982, 87쪽 이하.

행정이라는 시대적 요청에 맞지 않는 특별권력관계라는 개념을 가져왔고, 왜 하필 법률에 의한 행정의 관념과는 논리적으로 아무런 관련이 없는 영조물이라는 개념을 특별권력관계의 개념과 결부시켰는가에 있다.

우선 영조물과 특별권력관계는 서로 별개의 개념이라는 점에 대한 이해가 중요하다. 영조물은 독일법에 고유한 조직의 한 형태를 포착한 개념이지만 오토 마이어는 그것을 행정이 시민에게 집단적으로 급부를 제공하는 수단으로 이해한 것이다.[66] 원래 영조물이라는 조직은 그 설치 목적에 적합한 설비, 즉 교육시설이나 치료시설, 보호시설 등을 핵심적인 요소로 한다. 이러한 특수한 시설을 운영하기 위해서는 전문적인 인력 또한 필요하다. 이러한 영조물은 중세에는 주로 교회가 설치해서 운영해 왔다.[67] 이러한 영조물을 근대국가가 탄생한 이후로는 행정이 설치해서 운영하는 현상이 나타났는데, 오토 마이어가 바로 이 점을 주목한 것이다. 이러한 영조물 개념을 공법상 법인의 한 형태로 발전시켜 나가는 것도 중요한 일이겠지만 오토 마이어에게 더욱 중요한 점은 이러한 영조물을 통한 집단적인 급부의 제공을 이에 관하여 법률이 개입하기 전부터 심지어는 법률과 무관하게 행정이 자신의 고유한 임무로 수행해 왔고 그에 대해서 시민은 자발적으로 복종하는 상태(freiwillige Unterwerfung)가 되었다는 것이다. 오토 마이어는 특별권력관계를 구체적으로 5가지 유형, 즉 공무원의 신분관계에서 직무권력(Dienstgewalt), 영조물의 이용관계에서 영조물권력(Anstaltsgewalt), 공기업 특허(Verleihung öffentlicher Unternehmungen)의 경우에 직무권력에 준하는 감독권(Aufsichtsrecht), 재정하명(Finanzbefehl)을 위한 감독권력(Überwachungsgewalt), 사단법인의 내부관계에서 조직권력(Vereinsgewalt)으로 구분한다.[68] 이러한 특별권력관계는 법령이나 행정행위를 통해서 성립하기도 하지만 오토 마이어가

---

66) Werner Seifart/Axel Freiherr von Campenhausen, Handbuch des Stiftungsrechts. 2.Auflage, C.H.Beck'sche Verlagsbuchhandlung, 1999, 451쪽 이하: 영조물과 재단은 친족관계에 있는 개념이다. 양자는 모두 누군가가 설치한 조직이라는 점에서 공통적이다. 역사적으로 19세기 말 영조물이 조직의 한 형태로 발전하기 전까지는 재단이 영조물의 역할을 제공하였다. 또한 재단을 영조물의 일종으로 여기는 것이 일반적이었다. 기르케(Girke)에게 재단은 인격이 인정되는 영조물이었다. 플라이너(Fleiner)와 오토 마이어도 이러한 영조물의 맥락에서 재단을 다루었다. 이러한 영조물과 재단의 개념적인 유사성에도 불구하고 제도적으로 양자는 엄연히 별개이다.

67) 영조물이라는 독일어는 우리 역사적 사례와 비교해 보면, '성균관'이라고 할 때 관(館)이나 '도산서원'이라고 할 때 원(院)에 해당한다. 일정한 사업을 목적으로 설치되고 운영되는 조직이라는 점에 의미의 핵심이 있다. 그렇기에 사업을 떼어놓고는 생각하기 어려운 조직이다. 그렇지만 조직이 수행하는 사업과 그 조직 자체는 개념적으로 구별하는 것이 타당하다.

68) Otto Mayer, Deutsches Verwaltungsrecht. Band I. 3.Auflage, Duncker & Humblot, 1924, 351쪽 이하(재정하명을 위한 감독권력); Otto Mayer, Deutsches Verwaltungsrecht. Band II. 3.Auflage, Duncker & Humblot, 1924, 181쪽 이하(공무원 신분관계에서 직무권력), 257쪽 이하(공기업 특허의 경우에 직무권력에 준하는 감독권), 284쪽 이하(영조물의 이용관계에서 영조물권력), 347쪽 이하(사단법인의 내부관계에서 조직권력).

특별히 주목한 것은 자발적 복종으로도 특별권력관계가 성립한다는 점이다. 이로써 법률에 의한 행정이 아니더라도 특별권력관계를 법적으로 구성하는 것이 가능해진다. 나아가 특별권력관계는 법률유보(Vorbehalt des Gesetzes)의 예외에 해당하지만 그와 무관하게 법률우위(Vorrang des Gesetzes)는 특별권력관계에 적용된다는 것이 오토 마이어의 입장으로, 이는 특별권력관계를 고안하면서 법률에 의한 행정을 전적으로 배제하고자 한 라반트에 비해 진일보한 것이다.[69]

지금은 독일에서도 오토 마이어의 영조물 개념을 그대로 사용하지 않는다. 다만, 그 영

---

[69] 이와 같이 오토 마이어가 특별권력관계를 법률유보의 예외로 인정하면서도 그에 대한 법률우위의 적용을 인정하는 것은 분명하지만, 그와 별개로 법률에 유보되지 않는 공권력의 행사, 다시 말해 자유의 침해와 무관한 공권력의 행사에 대한 법률우위의 적용을 일반적으로 인정하고 있는지는 논리적으로 명쾌하지 않다. 이에 관하여 오토 마이어는 "법률유보가 가지는 고유한 속성은 스스로 작동하고 일반적으로 사전에 작동하는 점에서, 먼저 법률이 있고 나서 작용하는 법창조력(rechtssatzschaffende Kraft)이나 법률우위와 대조가 된다. 여기서 법률유보를 유보된 영역에서 효력을 가질 수 있는 법률의 예외적인 능력으로 부르기도 한다. 그러나 법률은 일단 법률이 되고 나면 유보되지 않은 영역에서도 이른바 법으로서 효력, 다시 말해 법창조력과 법률우위를 가진다. 하나만 첨언을 하면 다음과 같다. 법률유보는 말하자면 집행권에 대한 새로운 제한이 아니라 그 반대로 어떠한 법률이 이전에 법률이 없어 집행권이 할 수 없던 것들을 위해 예비하고 있는 권력확대(Machterweiterung)에 상응하는 것으로서, 법률은 집행권을 위해서 문을 열고 그 결과 집행권은 이제 그곳에서 적절한 범위 내에서 수권을 받는다."(Otto Mayer, 앞의 책[Band I], 72쪽 이하)라고 설명한다. 이 점만 보면 오토 마이어는 법률에 유보되지 않는 공권력의 행사에 대해서도 법률우위의 적용을 일반적으로 인정하고 있는 것으로 평가할 수 있고, 실제 그렇게 평가하는 견해(Reimund Schmidt–De Caluwe, Der Verwaltungsakt in der Lehre Otto Mayers - Staatstheoretische Grundlagen, dogmatische Ausgestaltung und deren verfassungsbedingte Vergänglichkeit, Mohr Siebeck, 1999, 129쪽)도 있다. 그러나 법률에 유보되지 않는 공권력의 행사에 대해서까지 법률우위의 적용을 일반적으로 인정한다면 법률유보의 원래 의미(자유와 재산을 침해하는 공권력의 행사는 법률에 유보되어야 한다는 침해유보는 국가권력을 제한하는 의미가 아니라 입법권과 집행권 사이에 국가권력을 배분하는 의미인 점에서, 법률의 법창조력도 그 범위 내에서만 인정되는바, 그 결과 법률우위는 법률에 유보되지 않는 공권력의 행사에 대해서는 적용되지 않는다)와 본질적으로 달라질 수밖에 없는데, 그렇게 달라진 의미의 법률유보를 종래와 같이 법률우위와 구별되면서 그와 병렬적인 원리로 설정할 이유가 없고, 그렇게 의미가 달라진 사실을 간과하고 기존과 같이 법률유보를 독자적인 원리로 인정할 경우에는 법률우위와 논리적으로 양립할 수 없게 된다는 것이 맹점이다. 어떤 공권력 행사가 그에 필요한 수권 없이 이루어진 경우에 흔히 법률유보에 위반된다고 설명하지만 그 본질은 오히려 법률우위에 있다. 해당 공권력 행사의 수권에 관한 법률을 위반한 것이기 때문이다. 그럼에도 불구하고 이때 법률유보라는 용어를 쓰는 것은 편의적인 수사(修辭)에 불과하다는 생각이다. 그렇기에 프랑스, 영국, 미국 등에서는 독일에서와 마찬가지로 법률에 의한 행정에 관한 이론은 있지만 독일에서와 다르게 법률유보라는 개념은 찾을 수 없다. 이렇게 시대적 사명을 다한 법률유보가 앞으로도 계속해서 고유한 의의를 가지기 위해서는 법률우위와 차별적인 내용을 가져야 하는바, 이를 위해서 공권력 행사의 수권에 관하여 기존처럼 '존부'의 문제가 아니라 새롭게 '본질'의 문제로 접근할 필요가 있다. 독일의 이른바 본질성설(Wesentlichkeitstheorie)이 그 대표적인 사례에 해당하는데, 이에 대해서는 미국의 포괄수권금지원칙(non delegation rule)이 영향을 미친 것으로 알려져 있다. 입법자의 수권이 있는지에 관한 문제가 이제 입법자가 수권을 어떻게 해야 하는가의 문제로 전환된 것이다. 이에 관하여 송시강, "경찰작용과 법률유보 – 일반수권조항에 관한 논의의 재론", 홍익법학 제18권 제1호, 2017, 574쪽 이하; 이혜진, "입법권 위임금지법리로서의 법률유보 – 법률유보에 대한 헌법과 행정법의 정합적 이해", 공법학연구 제20권 제4호, 2019, 315쪽 이하; Jürgen Staupe, Parlamentsvorbehalt und Delegationsbefugnis - Zur "Wesentlichkeitstheorie" und zur Reichweite legislativer Regelungskompetenz, insbesondere im Schulrecht, Duncker & Humblot, 1986, 74쪽 이하.

향력은 지금도 남아 있다. 앞서 설명한 것처럼 영조물이라는 용어는 원래 독일법에서 전통적인 조직의 한 형태를 말한다. 다시 말해, 조직법적인 개념인 것이다. 그런데 오토 마이어가 공기업의 이용관계를 특별권력관계의 개념으로 구성할 목적으로 활용하면서부터 영조물은 행정과 시민 사이 공법상 법률관계를 설명하는 작용법적인 개념이 되었다. 서로 다른 조직법적 차원과 작용법적 차원이 오토 마이어에 의해서 하나로 결합되어 영조물 개념의 재탄생이 일어난 셈인데, 그 반작용으로 이후의 역사는 영조물 개념에서 조직법적인 측면과 작용법적인 측면이 다시 분화되는 과정으로 나타난다. 한편 영조물의 개념에서 교육시설, 치료시설, 보호시설 등 물적인 요소는 그 핵심이기 때문에, 이러한 특수한 물건의 설치와 관리를 바탕으로 영조물의 이용관계가 성립하고 변경하며 소멸하는 것은 당연하다. 이로부터 영조물의 이용관계를 공물법의 관점에서 접근하는 것도 가능하다는 점을 추론할 수 있다. 문제는 영조물의 이용관계에서 공물의 사용관계를 관념적으로 구별해내는 방법이 무엇인가이다.

### (2) 조직법적 영조물 개념

오토 마이어는 영조물을 "공공주체의 수중에 있는 특별한 공적 목적에 계속해서 제공하기로 정해진 물적이면서 동시에 인적인 존재"로 정의한다.[70] 이러한 영조물에 인격이 부여되면 영조물법인이 되는 것이다.[71] 이러한 영조물 개념은 언뜻 순수하게 조직법적인 맥락을 가지는 것처럼 보이지만 실제로는 그렇지 않다. 분명 조직법적인 맥락에서 출발한 것이지만 의도적으로 작용법적인 맥락으로 사용되었고, 나아가 작용법적인 맥락이 오히려 주가 되면서 조직법적인 맥락은 작용법적인 맥락의 전제에 불과한 것이 되었다. 이러한 영조물 개념은 오늘날 작용법의 차원에서는 별론으로 하더라도 조직법 차원에서는 그대로 통용되기 어렵다. 그 이유를 설명하면 다음과 같다.

독일법에서 영조물 개념은 이제 더는 특별권력관계의 개념과 결부되지 않는다. 그 결과, 영조물은 사단, 재단과 함께 공법적인 조직의 원칙적인 형태로 자리 잡고, 법률에 위반되지 않는 범위 내에서 행정은 자신의 선택에 따라서 공법적인 조직을 선택해서 공공서비스를 제공할 수 있을 뿐 아니라 사법적인 조직을 선택해서 공공서비스를 제공할 수도 있으며, 공법적인 조직을 선택하는 경우라도 반드시 공법적인 형식에 의해서 공공서비스를 제공해야만 하는 것은 아니고 법률에 위반되지 않는 범위 내에서 자신의 선택에 따

---

70) Otto Mayer, 앞의 책[Band II], 268쪽.
71) Otto Mayer, 앞의 책[Band II], 331쪽.

라서 사법적인 형식에 의해서 공공서비스를 제공하는 것도 가능하다.[72] 조직법적 의미의 영조물과 작용법적 의미의 영조물이 하나의 개념으로 함께 가야 할 이유가 없어지자, 조직법의 차원에서 영조물 개념은 그 이용관계와 무관하게 오로지 사단이나 재단과 대비가 될 뿐이고, 작용법의 차원에서 영조물 개념은 전적으로 사법적인 형식에 의한 이용관계도 포함하는 쪽으로 발전한 것이다.

여기서 다음과 같은 의문이 제기된다. 영조물은 원래 조직법에서 발전한 개념인데 오토 마이어에 의하여 작용법적인 맥락으로 사용된 것이라면, 조직법적인 차원과 작용법적인 차원이 분리되는 경우에 조직법적인 맥락을 가지는 영조물 개념이야 원래의 자리로 돌아가면 된다고 하지만 작용법적인 차원의 영조물 개념은 돌아갈 원래의 자리가 없으니 이제 사라져야 하지 않는가 하는 것이다. 그러나 작용법적인 맥락을 가지는 영조물 개념은 여전히 살아남는다. 그 이유는 오토 마이어가 작용법의 차원에 속하는 공기업의 이용관계를 설명하기 위해서 그와 무관하게 조직법에서 발전한 영조물 개념을 가져오긴 했으나 원래의 조직법적인 맥락이 강하다 보니 그대로는 작용법적인 맥락에서 사용할 수 없어서 작용법적인 맥락을 추가하기 위하여 개념 자체를 변경했기 때문이다. 다시 말해, 조직법적인 영조물 개념이 그와 동시에 작용법적인 개념이 될 수 있도록 개념을 조작한 것인데, 그 과정에서 프랑스법이 중요하게 참고가 된 것으로 보인다. 이 점을 이해하기 위해서는 프랑스와 독일의 급부행정을 비교할 필요가 있어서 간단한 도식으로 정리하면 다음과 같다.

※ 급부행정의 법률관계 비교

| 프랑스의 급부행정 | | | 독일의 급부행정 | | | | |
|---|---|---|---|---|---|---|---|
| 작용 \ 조직 | 영조물(법인) | | 사단법인 | 영조물법인 | 재단법인 | 조직 \ 작용 | |
| | 행정적인 영조물 | 상공업적 영조물 | | | | | |
| 공공서비스의 방식 | | | 영조물 | | | 영조물의 이용관계 | |
| 공공서비스 | 행정적인 공공서비스 | 공법적 조직을 통한 공법적 형식에 의한 공공서비스 | 공법적 조직을 통한 공법적 형식에 의한 공공서비스 | 공법적 조직을 통한 공법적 형식에 의한 공공서비스 | | | 공법상 법률관계 | 이용관계 |
| | | | | 공법적 조직을 통한 혼합적 형식에 의한 공공서비스 | | | |
| | 상공업적 공공서비스 | 공법적 조직을 통한 사법적 형식에 의한 공공서비스 | 공법적 조직을 통한 사법적 형식에 의한 공공서비스 | 공법적 조직을 통한 사법적 형식에 의한 공공서비스 | | | 사법상 법률관계 | |

---

72) Hans−Uwe Erichsen, Das Verwaltungshandeln, in: Hans−Uwe Erichsen/Dirk Ehlers(Hrsg.), Allgemeines Verwaltungsrecht, 12.Auflage, De Gruyter Recht, 2002, 455쪽.

독일법상 영조물의 이용관계(anstaltliche Rechtsverhältnisse)라는 쟁점을 프랑스법에서는 행정에 의해서 제공되는 공공서비스를 수행하는 방식(mode de gestion de service public)이라는 관점에서 접근한다. 프랑스에서는 행정에 의해 제공되는 공공서비스라고 해서 언제나 공법이 적용되는 것은 아니다. 오히려 사법이 주로 적용되는 경우도 있고, 이를 상공업적 공공서비스(service public industriel et commercial)라고 부른다. 그렇지 않은 경우를 행정적인 공공서비스(service public administratif)라고 부른다. 이러한 공공서비스를 국가나 지방자치단체가 영조물(établissement public)[73]을 통해서 제공하는 경우는 상황이 더 복잡하다. 여기서 영조물은 행정에 의해서 제공되는 공공서비스의 수행을 목적으로 설치되는 공법인을 말한다.[74] 프랑스에서는 영조물에 해당하면 당연히 인격이 인정되기 때문에 법인이라는 표현을 굳이 사용할 필요가 없다.[75] 그리고 독일에서처럼 법인을 사단, 재단, 영조물의 유형으로 구별하지 않고 영조물이라는 하나의 포괄적인 개념을 사용하는 것이 원칙이기 때문에, 프랑스법의 영조물 개념은 독일법의 영조물법인 외에 사단법인, 재단법인까지 포괄하는 것이다. 프랑스법의 영조물은 행정에 의해 제공되는 공공서비스의 수행을 목적으로 설치되기 때문에 조직법적인 개념이지만 작용법적인 맥락을 아울러 가진다. 이러한 영조물을 행정적인 공공서비스를 목적으로 설치하는 경우와 상공업적 서비스를 목적으로 설치하는 경우로 다시 구별하기 때문에 상황이 더 복잡해지는 것이다. 전자를 행정적인 영조물(établissement public à caractère administratif)이라고 부르고, 후자를 상공업적 영조물(établissement public à caractère industriel et commercial)이라고 부른다. 어떤 영조물이 행정적인가 상공업적인가는 대부분 상대적인 것으로서, 양자의 성격을 공유하는 경우에 비중이 큰 어느 한 쪽이 전체적인 성격을 결정한다. 이에 따라 행정적인 영조물은 공법상 법률관계에 해당하는 경우가 대부분이지만 사법상 법률관계에 해당하는 경우도 일부 있을 수 있고, 상공업적 영조물은 사법상 법률관계에 해당하는 경우가 대부분이지만 공법상 법률관계에 해당하는 경우도 일부 있을 수 있다.[76] 이와 같이 행정적인 영조물이나 상공업적 영조물은 조직법적인 개념이지만 그와 동시에 작용법적인 함의를 가지고 있다.

---

73) 앞서 프랑스법의 공공건설(travaux publics)을 우리 국가배상법 제5조와 관련하여 영조물이라고 번역했는데, 그와는 별개이다. 독일어의 'Anstalt'에 상응하는 것이 프랑스어의 'établissement'이다. 다만, 오토 마이어의 영조물 개념이 이러한 언어적 유사성에서 착안한 것인지는 분명하지 않다.

74) Jean Rivero/Jean Waline, Droit administratif, 21ᵉ édition, Dalloz, 2006, 165쪽.

75) 다만, 법인에 부여하는 의미는 프랑스법과 독일법이 서로 다르다. 프랑스법에서 영조물은 언제나 공법인이라고 하지만 그 설치 목적에 필요한 범위에 국한되는 제한적인 주체성을 가질 뿐이다. 이 점에서 보면 권리능력이 없는 영조물에도 제한적인 범위 내에서 주체성을 인정하는 독일법과 실질적인 차이가 없을 수 있다.

76) René Chapus, Droit administratif général, Tome 1, 15ᵉ édition, Montchrestien, 2001. 354쪽 이하.

양자는 모두 공법인에 해당하지만 주로 공법적인 형식으로 작용하는지 아니면 주로 사법적인 형식으로 작용하는지를 기준으로 구분이 되는데, 양자의 차이점은 이러한 공공서비스를 수행하는 방식에 그치지 않고 더 나아가 근로관계, 회계기준 등으로 확대된다.[77]

이러한 프랑스법의 영조물 개념에 상응하는 것은 독일법에 없다. 독일법에서도 조직법적인 영조물 개념은 고유하게 발전하였지만 작용법적인 맥락을 가지지 않는 점에서 프랑스법의 영조물 개념과 다르다. 그뿐 아니라, 앞서 지적한 것처럼 독일법의 영조물 개념은 프랑스법의 영조물 개념에 비해 협소하다. 바로 이 지점에서 오토 마이어에 의한 영조물 개념의 조작이 이루어진 것이다. 오토 마이어는 마치 막스 베버(Max Weber)의 관료제 개념과 같은 일종의 이념형(ideal type)으로서 작용법적인 차원의 영조물 개념을 고안한 것이다. 전적으로 새로운 개념을 만들어 낸 것이 아니라 조직법적인 맥락을 가지는 영조물 개념을 가져와서 작용법적인 맥락을 추가하는 방법으로 조작한 것이다. 이로써 프랑스법에서 행정에 의해 제공되는 공공서비스를 수행하는 방식으로 설명하는 내용을 영조물의 이용관계라는 관점에서 설명할 수 있게 되었다. 아울러, 특별권력관계라는 개념과의 결합을 통해서 영조물의 이용관계에 전적으로 사법이 적용되는 결과를 피할 수도 있게 되었다. 오토 마이어 이후에 영조물의 개념에서 특별권력관계의 개념이 분리되어 영조물 개념이 가지는 조직법적인 차원과 작용법적인 차원이 서로 분화되어 발전하였는데도 불구하고 지금까지도 오토 마이어가 고안한 영조물의 이용관계라는 접근이 그 기본적인 틀을 유지한 채로 통용되고 있는 이유가 바로 여기에 있다.

요컨대, 독일법에서 영조물이라는 개념을 사용할 때는 그것이 조직법적인 차원인지 아니면 작용법적인 차원인지를 구분해야 한다. 양자의 관계는 혼란스러울 수 있는데, 이는 특히 영조물법(Recht des öffentlichen Anstalts)이라는 제목 아래 영조물의 조직법적인 차원과 작용법적인 차원을 함께 설명할 때 더욱 그러하다.[78] 여기서 영조물의 주체(Anstaltsträger)라는 개념이 중요하다. 영조물의 주체는 일반적으로 영조물을 설치한 고권적인 인격으로서, 영조물은 그 주체의 임무를 자신의 임무로 수행하고 그 주체의 의지는 영조물을 통해서 그리고 영조물 안에서 실현된다.[79] 이러한 영조물의 주체는 국가나 지방자치단체일 수도 있고 그 밖의 공공단체일 수도 있다. 독일법에서 공법인은 사단, 재단, 영조물로 구

---

77) Stéphane Braconnier, Droit des services publics, 2$^e$ édition, Presses Universitaires de France, 2003, 201쪽 이하.

78) 대표적으로, Hans J. Wolff/Otto Bachof/Rolf Stober, Verwaltungsrecht. Band 3. 5.Auflage, Verlag C.H.Beck, 2004, 352쪽 이하는 영조물법의 기초(Grundlagen des öffentlichen Anstaltsrechts)라는 제목을 사용하고 있다.

79) Hans J. Wolff/Otto Bachof/Rolf Stober, 앞의 책[Band 3], 360쪽.

분하는 점에서, 공법상 사단법인이나 재단법인도 영조물의 주체가 될 수 있는데, 이와 마찬가지로 영조물법인도 영조물의 주체가 된다. 영조물법인이 영조물의 주체가 될 수 있다는 명제는 다소 어색해 보이지만 이를 이해하는 것이 영조물 개념의 작용법적 맥락에서 중요하다. 최근에 우리 법제에 도입되고 있는 국립대학법인의 사례로 설명하면 다음과 같다. 국립대학은 "대학교육이라는 특정한 국가목적에 제공된 인적·물적 종합시설로서 공법상의 영조물"로서,[80] 「국립학교 설치령」에 의해서 설치되는 것이 원칙이다. 이러한 국립대학을 공법인으로 발전시킨 것이 바로 국립대학법인으로, 서울대학교나 인천대학교가 그 대표적인 사례이다. 「고등교육법」에 따라 국립대학은 국립대학을 설치하는 자와 개념적으로 구별된다. 일반적인 국립대학은 국가가 설치하는 반면에 서울대학교나 인천대학교를 설치하는 자는 국가가 아니라 국가가 설치하는 국립대학법인이다. 국립대학법인은 상당한 자율성을 보장받고 있는 영조물법인에 해당한다. 그러면 서울대학교나 인천대학교는 영조물법인이 설치하는 영조물이 되는 것이다. 이와 달리 국립대학법인을 영조물법인이 아닌 사단법인이나 재단법인으로 본다고 하더라도 서울대학교나 인천대학교가 영조물이라는 점은 달라지지 않는다. 여기서 영조물이라는 개념은 첫째, 사단이나 재단과 대비되는 차원을 가지고, 이 경우에 영조물은 그 주체에 의해서 설치되는 것이지만 나아가 스스로 영조물의 주체가 될 수도 있다. 둘째, 영조물의 주체와 대비되는 차원을 가지고, 이 경우에 영조물의 주체는 어떤 형태의 조직이더라도 무방하다. 전자는 조직법적인 맥락을 가지는 영조물 개념으로서, 여기서 중요한 것은 영조물의 지배구조, 즉 영조물의 주체가 가지는 현재의 의사가 영조물을 지배한다는 점이다. 이와 달리, 후자는 작용법적인 맥락을 가지는 영조물 개념으로서, 여기서 중요한 것은 영조물의 이용관계인바, 앞서 언급한 "특정한 국가목적에 제공된 인적·물적 종합시설로서 공법상의 영조물"이라는 진술은 바로 영조물의 이용관계를 압축적으로 표현하는 것이다. 오토 마이어에 의한 영조물의 개념 정의도 이와 동일선상에서 이해되어야 한다. 오토 마이어는 영조물의 이용관계에 초점을 맞추어 영조물의 개념을 정의한 것이다. 그렇기에 오토 마이어의 영조물 개념에서 핵심이 되는 것은 어디까지나 작용법적인 차원이며 조직법적인 차원은 이에 전제되어 있을 뿐이다.

오늘날 조직법의 차원에서는 오토 마이어의 개념과는 전혀 무관하게 영조물을 정의한다. 관행적으로 오토 마이어의 개념 정의를 원용하기도 하지만 그에 따라서 영조물 개념을 조직법적인 관점에서 설명하지는 않는다. 그러므로 "영조물 개념은 학설이나 실무에서 사단이나 재단과 구별되는 조직 형태로 나타날 때만 의미가 있다. 영조물 개념은 법적

---

80) 대법 2015. 6. 25. 선고 2014다5531 전원합의체 판결.

으로 주관화와 제도화가 이루어진 조직을 전제로 한다. 따라서 영조물은 사단이나 재단에 해당하지 않는 모든 조직화가 이루어진 행정주체를 말한다. 권리능력은 요구되지 않는바, 법적으로 독립한 영조물뿐만 아니라 법인격은 없지만 조직상 독립된 행정단위까지 영조물 개념에 포함된다."[81] 오토 마이어에 의한 "공공주체의 수중에 있는 특별한 공적 목적에 계속해서 제공하기로 정해진 물적이면서 동시에 인적인 존재"라는 설명이 조직법의 차원에서 이제 더는 필요하지 않게 되었을 뿐 아니라 적절하지도 않게 된 것이다.

## (3) 작용법적 영조물 개념

오토 마이어는 프랑스법에 기원하는 공기업의 이용관계를 특별권력관계로 설명하기 위해서 영조물의 개념을 활용하였다. 특별권력관계로 구성되는 공기업의 이용관계가 바로 영조물의 이용관계인 것이다. 이러한 영조물의 이용관계를 표상하는 것이 바로 작용법적인 영조물 개념이다. 이러한 작용법적인 영조물 개념의 전제로 삼고자 오토 마이어가 끌어온 것이 조직법적인 영조물 개념이지만, 오늘날 영조물 개념이 가지는 조직법적인 맥락은 그 작용법적인 맥락과 전혀 무관하게 전개되고 있다.

※ 독일법상 영조물 개념의 다층적 구조

| 개념 | 초점 | 정의 | 비교* | | |
|---|---|---|---|---|---|
| 조직법적인 영조물 | 영조물적 지배구조 | 사단이나 재단에 해당하지 않는 모든 조직화가 이루어진 행정주체(Papier) | 영조물 | 행정적인 영조물 | 상공업적 영조물 |
| 작용법적인 영조물 | 영조물적 이용관계 | 특별한 공적 목적에 계속해서 제공하기로 정해진 물적이면서 동시에 인적인 존재(Otto Mayer) | 공공서비스 | | |
| 공물법적인 영조물 | 영조물적 공물사용 | 영조물의 이용관계에서 특별한 허가를 받고 규칙에 따라서 이용하는 공물(Wolff) | 공용물 | | |

* 프랑스법에서 비교가 되는 개념이지만 전적으로 동일한 개념은 아님에 유의

오토 마이어가 말하는 공기업의 이용관계를 프랑스법에서는 행정에 의해서 제공되는 공공서비스를 수행하는 방식으로 설명한다. 이 점에서 보면 영조물의 이용관계가 곧 공기

---

81) Hans—Jürgen Papier, 앞의 책, 608쪽.

업의 이용관계로서, 행정에 의해서 제공되는 공공서비스를 수행하는 방식을 말하는 것이다. 오토 마이어의 관점에서 공기업과 영조물은 하나의 현상을 서로 다른 측면에서 설명하는 개념으로, 양자가 같은지 아닌지를 논의할 수 있는 성질의 것이 못 된다. 유럽연합법의 영향으로 공기업의 개념이 달라졌기 때문에,[82] 이제는 독일법에서도 영조물과 공기업을 개념적으로 구별하지만, 이러한 공기업 개념의 변화는 조직법적인 영조물 개념에 영향을 미칠 지언정 영조물 개념의 작용법적인 맥락은 이와 무관하다. 그렇기에 독일법에서는 지금까지도 공기업의 이용관계라는 것을 특별히 관념하지 않는다.[83] 그럼에도 불구하고 우리 학설은 영조물의 이용관계와 공기업의 이용관계가 마치 별개인 것처럼 설명하는 관행이 있는데, 이는 오토 마이어가 말한 공기업의 개념이 우리에게 전수되는 과정에서 의미의 변화가 있었다는 것을 암시한다. 공기업의 개념이 영조물의 개념과 같은지 다른지, 어떤 점에서 다른지에 관한 견해의 대립[84]은 영조물 개념에 대한 우리의 이해가 독일법에서 상당히 멀어졌다는 사실을 단적으로 드러내는 대목이다.

영조물의 이용관계에 관한 오토 마이어의 설명은 다음과 같다. 영조물은 계속적인 공공시설로서 존재하는 점에서, 사전에 정해진 목표의 달성으로 종료하는 일시적인 활동에 해당하는 공기업과 구별된다. 예를 들어, 철도는 공기업이면서 그와 동시에 영조물이지만 철도의 건설은 단지 공기업에 그친다. 영조물은 대중에게 다수의 개별적인 이익을 주는바, 학교, 은행, 병원, 우편, 철도와 같은 급부를 제공한다. 여기서 영조물의 주체와 수익을 하는 개인 사이에 관계가 성립하는바, 이것을 급부의 수령자 관점에서 영조물의 이용관계라고 부른다.[85] 영조물은 공적인 행정의 일부로서 공법적인 질서에 해당하지만, 이로써 상황에 따라 영조물의 이용관계에 민법이 적용될 수 있다는 점이 배제되지 않는다. 여기서 영조물의 이용관계가 효력이 통용되는 범위가 문제가 된다. 국가의 그 목적을 위한 활동은 공적인 행정의 성격을 가지는 점에서, 사법의 적용은 예외적이어야 한다.[86] 영조

---

82) Matthias Herdegen, Europarecht, 22.Auflage, C.H.Beck, 2020, 424쪽: 유럽연합기능조약 제106조 제1항에 따라 공기업에 대해서도 유럽연합기능조약의 경쟁질서가 적용된다. 이 규정에서 의미하는 공기업은 공공주체가 계약이나 법률을 통해서 기업의 활동에 참여하는 것을 계기로 지배적인 영향력을 가지는 기업을 말한다. 예를 들어, 연방정부가 모든 주식을 소유하는 독일철도주식회사가 이에 해당한다. 유럽연합기능조약 제106조 제1항의 규정은 경쟁에 관한 규율이 회원국가에서 특별하거나 배타적인 권리를 수권한 기업에 대해서까지 미치는 것을 원칙으로 한다.

83) Winfried Kluth, Öffentliches Wirtschaftsrecht, C.H.Beck, 2019, 237쪽 이하는 '공기업과 기업참가에 관한 법'(Recht der öffentlichen Unternehmen und Beteiligungen)이라는 제목 아래에서, 공기업과 기업참가(간단하게 말해, 다른 기업의 지배권 일부를 확보하는 것을 의미한다)의 개념, 공기업과 기업참가의 법적 형태, 공기업과 기업참가의 한계, 공기업과 기업참가에 대한 조종과 통제를 설명한다. 우리 학설이 설명하는 공기업의 이용관계에 관한 내용은 다루어지지 않는다.

84) 박균성, 행정법론(하)(제19판), 박영사, 2021, 437쪽 이하.

85) Otto Mayer, 앞의 책[Band II], 268쪽 이하.

1330 제9편 공물법

물은 공공복리의 실현을 목적으로 하고 자신이 공공복리를 대표한다는 점에서 추진력을 얻는다. 영조물은 개별적인 이용을 그에 대한 요청을 기다려 제공한다. 영조물은 어떤 활동을 어떻게 할지에 관한 조건을 영조물명령(Anstaltsordnung)으로 규정한다. 이러한 조건을 충족하였다고 제시하는 것을 신청(Inanspruchnahme)이라고 부른다. 영조물이 규정에 따라 그 이용을 제공해야 한다는 점이 인정되면 허가(Zulassung)가 발급된다. 영조물 입장에서는 허가를 무조건 발급해야 하는 것은 아니다. 당사자의 입장에서 영조물의 급부를 이용할 수 있는지 아닌지는 매우 중요하다. 영조물명령에 포함되고 당사자가 열람이 가능한 행정규칙에 따른 기속적인 허가는 당사자에게 안정성을 제공한다. 이러한 안정성은 법률의 규정을 통해서 제고될 수도 있는바, 이 경우에는 개별적인 사례를 위한 예외 규정의 적용이 제외됨으로써 일반적인 조건이 충족된다면 영조물의 이용에 대해서 법적인 청구(Rechtsanspruch)[87]가 인정된다. 일반적인 조건을 충족하는 경우에 보편적으로 급부를 제공해야 하는 영조물의 이용관계가 가지는 기속성의 대구(對句)로서, 영조물의 이용관계에 강제성이 인정되는 경우가 있다. 어떠한 허가로 말미암아 영조물에 혼란이 초래될 수도 있지만 영조물은 그 혼란을 자신의 경과에 맞추어서 자신의 안정성과 규칙성을 통해 해결할 수 있다. 영조물의 이용관계는 영조물이 허가의 목적이 되는 급부를 모두 이행하거나 급부를 이행할 수 없는 경우에 종료한다.[88]

오토 마이어는 나아가 영조물의 이용관계가 가지는 특별권력관계의 측면에 관하여 다

---

86) Otto Mayer, 앞의 책[Band II], 272쪽 이하.

87) 청구권을 의미한다. 청구권이 성립한다는 것은 이대로 소송을 제기하면 승소할 수 있다는 것을 의미한다. 독일법계에서만 통용되는 개념이다. 권리는 개념적으로 3단계로 구성이 된다. 첫째는 대상에 초점이 맞추어진 개념이다. 이 경우에 권리는 이익과 사실상 동의어이다. 둘째는 관계에 초점이 맞추어진 개념이다. 권리를 논증하기 위해서는 그에 대한 의무가 논증되어야 한다. 예를 들어, 다 같이 부동산의 사용을 대상으로 하는 권리이지만 채권에 해당하는 임차권과 물권에 해당하는 전세권을 구별하는 것은 이러한 관계적 측면이 고려된 것이다. 셋째는 쟁송에 초점이 맞추어진 개념이다. 청구권이 바로 이에 해당한다. 이러한 청구권이 인정되기 위해서는 실체법적인 조건만 충족해서는 안 되고 절차법적인 조건도 충족해야 한다. 이러한 관점에서 행정법에서 설명하는 공권의 성립에 필요한 3가지 요소, 즉 강행법규성, 사익보호성, 소구가능성을 분석할 수도 있다. 그중 사익보호성은 대상적인 권리 개념과 연결되고, 강행법규성은 관계적인 권리 개념과 연결되며, 소구가능성은 쟁송적인 권리 개념과 연결된다. 이렇게 공권의 성립에 소구가능성까지 요구된다는 것은 공권이라는 개념이 청구권에 해당한다는 것을 보여준다. 학설에 따라서는 소구가능성이 더는 실천적인 의미가 없는 것처럼 설명하기도 하지만, 소송대상 열기주의(列記主義)의 폐지와 무관하게 지금도 여전히 중요한 개념이다. 한편 원고적격의 광협(廣狹)을 둘러싼 논란은 표면적인 양상에만 주목해서는 입장이 다른 쪽을 논리적으로 설득할 수 없다. 본질적인 문제는 강행법규성과 사익보호성 사이에 어떠한 관련을 요구할 것인가, 어느 정도로 관련을 요구할 것인가에 있다. 이 점을 해명하는 개념이 이른바 위법성 견련성(Rechtswidrigkeitszusammenhang)이다. 이는 눈에 드러나지 않지만 공권의 성립에 결정적인 역할을 수행하는 점에서, 공권의 숨은 성립요소이다. 이러한 위법성 견련성에 관하여는 박정훈, 행정소송의 구조와 기능[행정법연구 2], 박영사, 2006, 154쪽.

88) Otto Mayer, 앞의 책[Band II], 277쪽 이하.

음과 같이 설명한다. 영조물은 공공질서에 대한 교란의 경우와 마찬가지로 평온상태를 교란하고자 외부로부터 침해하는 것을 즉시강제에 의하여 권력적으로 진압하는바, 이것을 영조물경찰(Anstaltspolizei)이라고 한다. 이를 넘어 영조물의 급부에 참여하는 사람에게, 그리고 물건이나 가치가 영조물의 행정에 포함되는 사람에게 포괄적인 권력이 행사된다. 이러한 권력은 최후의 수단으로 보류되는 방어나 퇴출로만 나아가지 않는다. 그 목적은 모든 것을 바로 잡아서 영조물의 좋은 행정(geordneten Betrieb)에 이르게 함으로써 영조물의 이용관계가 침해되지 않고 유용하게 되도록 하는 데 있다. 영조물규율(Anstaltsdisziplin)은 영조물이 일정한 범위의 이용자를 대인적으로 상당히 계속적으로 내부에 수용해서 처우하는 경우에 언급되는 권력이다. 예를 들어, 병원, 구빈원(救貧院), 학교가 이에 해당한다. 이 모든 현상은 특별권력관계에 수렴이 된다.[89] 이러한 자유가 축소된 상태는 예외적인 것으로서 그 정당화가 필요한바, 이용의 강제에 근거할 수 있지만 많은 경우에 급부의 신청에서 확인되는 자발적 복종이 근거가 된다. 영조물권력은 영조물의 이용자에게 사실적으로 일어나는 모든 것이 적법하다는 것을 의미하지는 않는다. 영조물권력은 그 목적에 비추어 무엇이 법인지를 행정적으로 규정할 수 있다는 것을 의미할 뿐이다. 이렇게 규정된 것은 실행을 통해서 영조물권력과 그 물건에 대해서 집행된다. 이러한 규정은 법규성이 없는 일반적인 기준으로서 일반처분이나 행정규칙의 형태로 나타날 수 있다. 영조물의 운영에서 직무권력은 스스로 효력을 가지고, 영조물의 관리자는 영조물에서 활동하는 공무원에게 직무상 의무를 위반하지 않고서는 벗어날 수 없는 필요한 지시를 할 수 있다.[90]

이와 같이 작용법적인 측면에 초점을 맞추어 특별권력관계의 관점에서 접근한 오토 마이어의 영조물 개념은 이후 특별권력관계 개념의 해체에 당면하여 전면적인 수정을 겪게 된다. 다만, 그 방법이 하나로 통일된 것은 아니어서 영조물의 이용관계에 관한 서로 다른 설명 방식이 등장하게 된다. 첫째는 오토 마이어의 개념적인 틀을 최대한으로 유지하는 쪽이다.[91] 이용명령(Benutzungsordnung), 영조물권력, 이용허가, 이용관계의 종료 등을 다루면서 오토 마이어의 설명 방식을 거의 그대로 사용하지만 특별권력관계의 관점은 배제한다. 둘째는 영조물의 이용관계를 설명하면서도 오토 마이어의 유산인 영조물이라는 개념을 추방하는 쪽이다.[92] 공법상 이용관계(öffentlich-rechtliches beutzungsverhältnis)라는 개념을 제시하는데, 이에는 영조물의 이용관계 외에 공물의 이용관계, 공공시설의 이용관

---

89) Otto Mayer, 앞의 책[Band II], 284쪽 이하.
90) Otto Mayer, 앞의 책[Band II], 285쪽 이하.
91) Hans J. Wolff/Otto Bachof/Rolf Stober, 앞의 책[Band 3], 379쪽 이하가 대표적이다.
92) Hans-Uwe Erichsen, 앞의 책, 454쪽 이하가 대표적이다.

계가 포함되지만 여전히 핵심적인 내용은 영조물의 이용관계이다.


## (4) 공물법적 영조물 개념

오토 마이어는 공물사용허가와 그 특허를 설명하면서 영조물의 행정(anstaltmäßiger Betrieb)에서 공물사용허가와 그 특허가 발급되는 경우에 관하여 특별히 설명한다. 먼저, 영조물의 행정에서 발급되는 공물사용허가에 관하여 다음과 같이 설명한다. 급부를 제공하는 목적은 공물의 특수성이 지배적인 것은 아니어서 다른 관점이 고려될 수 있는 상황에서만 전면에 등장한다. 이러한 목적에 따라 이러한 상황으로 인하여 공물은 직무의 지시와 영조물의 경영에 따라 규율되는 일종의 대규모 행정(Großbetrieb)에 놓이게 된다. 개별 법규들도 이에 더해질 수 있다. 공물사용허가는 공통의 형식을 사용하지만 일반사용공물이 아닌 경우에는 개별적인 접근(Zugänglichmachung)을 통해서 발급이 이루어진다. 일반사용에 놓이지 않는 공물에 대해서는 공식적인 법적인 청구를 내세울 수 없는바, 이 점은 특허의 경우와 같다. 법규가 개입하는 경우에는 개별적인 급부가 이로써 확정될 수 있으나, 이로부터 이것이 전체적인 급부 자체에 대한 법적인 청구를 의미한다고 추론해서는 안 된다. 시장의 점포에 대한 허가가 특정한 장소에 대한 권리를 성립시키지 않는바, 이 점은 우편물의 수령이 그 운송에 대한 권리를 성립시키지 않는 것과 마찬가지이다. 이것이 바로 영조물의 이용관계에 의한 질서이다.93) 다음, 영조물의 행정에서 발급되는 공물사용특허에 관하여 다음과 같이 설명한다. 공물사용특허는 상대방의 신청이 있어야 발급이 된다. 특허를 발급할 것인지 말 것인지는 관할 행정청의 자유재량에 속하는 것이 원칙이다. 기속행위가 되기 위해서는 특별한 법적인 근거가 필요하다. 공물사용허가와 마찬가지로 공물사용특허도 영조물의 행정에서 발급될 수 있는데, 이 경우 일반적인 조건이 충족되고 상대방의 신청이 있다면 발급되어야 한다. 공물사용허가의 경우와 마찬가지로 오로지 직무규칙을 통해서 규정될 수 있는데, 이로써 신청자에게 어느 정도의 사실상 안정성이 보장된다. 법규에 근거하는 경우에 이것은 보충적인 영조물명령이 있거나 없거나 간에 공물사용특허의 발급에 대한 법적인 청구를 의미한다.94)

이와 같이 오토 마이어가 영조물의 행정에서 발급되는 공물사용허가와 특허에 관하여 특별히 설명한 내용에서 영조물사용공물이라는 개념이 발전한 것이다. 영조물사용공물은 영조물의 이용관계에서 특별한 허가를 받고 규칙에 따라서 이용하는 공물을 말한다.95)

---

93) Otto Mayer, 앞의 책[Band II], 92쪽 이하.
94) Otto Mayer, 앞의 책[Band II], 100쪽.

다만, 이에 관한 오토 마이어의 설명은 하나의 개념을 구성할 정도에는 이르지 않기에, 지금의 영조물사용공물에 관한 법리는 오토 마이어가 고안한 영조물의 이용관계라는 영조물 개념의 작용법적인 맥락에서 논리적으로 추론된 결과로 보인다. 영조물의 이용관계는 공물을 수단으로 하는 경우가 대부분이지만 그렇다고 공물의 사용관계에 매몰되지 않는다. 공물의 사용관계 또한 영조물의 이용관계에 의하여 가려지거나 사라지지 않는다. 양자의 개념은 양립이 가능하지만 일부 법리가 충돌하는 수가 있고 그 범위 내에서 개념이 수정된 결과가 영조물사용공물이라고 이해하면 쉽다. 시민에게 제공되는 공물은 누구나 타인의 자유로운 사용을 방해하지 않는 범위 내에서 자유롭게 사용하는 일반사용과 그것이 아니면 일반사용을 초과하는 특별사용에 놓인다고 보는 것이 자연스럽지만 이러한 일도양단적인 접근은 급부행정이라는 적극적 목적에 그 수단으로 제공되는 공물에는 적합하지 않다. 이에 굳이 배제되어야 할 이유가 없다면 마땅히 허용되어야 하는 점에서 일반사용의 측면을 가지고, 그와 동시에 영조물의 이용관계라는 적극적 질서에 순종하는 경우에만 허용되어야 하는 점에서 특별사용의 측면을 가지는 중간적인 공물의 사용관계에 적합한 개념을 고안할 필요가 있는 것이다. 시민의 관점에서 보면 일반사용공물은 물권적 성격을 가지는 데 반하여 영조물사용공물은 채권적 성격을 가진다는 지적[96]은 이상의 설명을 압축적으로 표현하는 것이다.


## Ⅳ. 소결

지금까지 공물법이 역사적으로 발전한 경과를 비교적으로 분석해 보았다. 그 내용을 요약하면서 우리에게 시사하는 바를 정리하면 다음과 같다.


### 1. 공물

프랑스법상 공물과 독일법상 공물을 개념적으로 비교하면 다음과 같다.

---

95) Hans J. Wolff/Otto Bachof/Rolf Stober, 앞의 책[Band 2], 682쪽.
96) Hans-Jürgen Papier, 앞의 책, 610쪽.

※ 공물 개념의 비교

| 구분 | 권원의 보유 | | 공적인 제공 | | 의사의 표시 | |
|---|---|---|---|---|---|---|
| 프랑스법상 공물 (domaine public) | 소유권이 행정에 귀속하는 물건 | 공적 소유권설 | 공공의 이용에 직접 제공되거나 공공서비스의 수단으로 제공되는 물건 | 공용개시 classement | 공용개시가 필요한 것이 원칙이지만, 반드시 필요한 것은 아님 | |
| 독일법상 공물 (öffentliche Sache) | 소유권 기타 공적인 제공에 필요한 권리가 행정에 귀속하는 물건 | 수정된 사적 소유권설. 단, 공적 소유권설의 예외가 있음 | 그 사용을 통해 공공복리에 직접 제공되도록 또는 행정 자체의 필요에 제공되도록 정해진 물건 | 공용개시 Widmung | 공용개시는 반드시 필요하지만, 묵시적인 것으로 충분한 경우가 있음 | |

프랑스법의 공물 개념과 독일법의 공물 개념은 적지 않은 점에서 차이가 나지만, 프랑스법에서나 독일법에서나 공물이라고 하기 위해서는 행정이 해당 물건에 대해서 공적인 제공에 필요한 권원을 보유해야 하고 행정에 의해서 해당 물건의 공적인 제공이 이루어져야 한다는 점은 공통적이다. 나아가 공용개시라는 의사의 표시가 필요한지에 관하여, 프랑스법에서는 공용개시가 필요한 것이 원칙이기는 하나 그렇지 않은 예외적인 경우도 있는데 반하여, 독일법에서는 공용개시가 언제나 필요하다. 여기서 우리 학설은 종래 공물의 본성에서 나타나는 차이점에 주목하는 경향이 있었지만 공용개시에서 나타나는 차이점도 매우 중요하다는 것을 알 수 있다. 그런데 공용개시라는 개념이 프랑스법이나 독일법에서는 실정법상 용어로 그대로 사용될 정도로 형식적인 의미를 가지는 데 반하여, 우리 판례가 공용개시에 관하여 전개하는 법리를 보면 하나의 특수한 형식이 아니라 실질적인 의미가 초점이 되고 있다는 것을 알 수 있다. 예를 들어, 판례는 "도로는 도로로서의 형태를 갖추어야 하고, 도로법에 따른 노선의 지정 또는 인정의 공고 및 도로구역 결정·고시가 있는 때부터 또는 도시계획법 소정 절차를 거쳐 도로를 설치하였을 때부터 공공용물로서 공용개시행위가 있다고 보아야 한다."[97]는 입장으로, 어느 하나의 행위를 꼬집어 공용개시로 인정하는 것이 아니라 그동안의 경과와 전체적인 상황을 종합적으로 고려하건대 어느 시점에 이르면 공용개시가 있은 사실이 넉넉하게 인정되거나 추인된다는 식이다. 이러한 판례의 태도를 공용개시의 개념에 관한 실질설의 입장이라고 한다면, 이와 달리 프랑스법이나 독일법에서 그러하듯이 어느 특수한 형식의 행위를 공용개시라고 보는 입장은 공용개시의 개념에 관한 형식설이라고 할 수 있다.

---

97) 대법 1995. 9. 5. 선고 93다44395 판결.

※ 공용개시 개념의 비교

| 구분 | 공용개시(법률요건설) | 공용개시(법률사실설) | 비고 |
|---|---|---|---|
| 공용개시(형식설) | | 프랑스 | 공적 소유권설 |
| | 독일 | | 수정된 사적 소유권설 |
| 공용개시(실질설) | | 국유재산법·공유재산법 | 공적 소유권설 |
| | | 도로법·하천법 | 수정된 사적 소유권설 |

　프랑스법과 독일법은 공용개시의 개념에 관하여 형식설이라는 점에서는 공통적이지만 프랑스법은 공물의 성립에 공용개시가 요구되지 않는 예외적인 경우도 있는 점에서 그렇지 않은 독일법과 차이가 난다. 이러한 차이점을 우연한 결과로만 치부해서는 안 되고 그 이면에 있는 개념의 구조적인 측면에 주목해야 한다. 프랑스법에서 공용개시는 공물의 성립하는 데 필요한 하나의 요소 정도로만 의미를 가지는 반면에, 독일법에서는 공용개시가 공물의 성립이라는 법률효과를 발생시키는 조건의 총체로서 법률요건에 해당한다. 이에 따라 권원의 보유라거나 공적인 제공이라는 것은 프랑스법에서는 공용개시와 마찬가지로 공물의 성립에 필요한 하나의 요소라는 위상을 가지지만, 독일법에서는 공용개시라는 법률요건을 구성하는 법률사실에 해당한다. 이점에 입각한 독일법의 태도를 공용개시의 개념에 관한 법률요건설이라고 한다면, 이와 대비가 되는 프랑스법의 태도는 공용개시의 개념에 관한 법률사실설이라고 할 수 있다. 양자의 차이점을 사례를 들어 설명하면 다음과 같다. 어떠한 물건이 공적으로 제공되고 나아가 공용개시까지 있었지만 행정이 공적인 제공에 필요한 권원을 확보하지 못한 경우에 독일법에서 그것은 공용개시의 위법사유가 된다. 그러나 그 위법성이 중대하고 위법하게 되는 예외적인 경우가 아니라면 이로써 공용개시가 당연무효가 되지는 않기에 취소가 되기 전까지는 공물로서 지위를 그대로 유지한다. 이와 달리 프랑스법에서는 행정이 소유권을 확보하지 못한다면 공용개시의 위법을 따질 필요 없이 공물이 성립하지 않는다. 그렇기에 프랑스법에서 공용개시는 공물이 성립하기 전 어느 적절한 시점에 인정되면 족하지만, 독일법에서는 공물이 성립하는 데 필요한 다른 조건이 모두 갖추어진 상태에서 최후로 공용개시를 통해 비로소 공물이 성립하는 것이다.

　여기서 법률요건설을 취하는 독일법이 수정된 사적 소유권설을 취하고 있고, 법률사실설을 취하는 프랑스법이 공적 소유권설을 취하고 있는 점에 유의할 필요가 있다. 우리 판례에 의한 실질적 의미의 공용개시 개념은 법률요건설보다는 법률사실설에 잘 호응하는 것으로 보인다. 어떤 특수한 형식의 행위가 아니라 제반 사정을 종합적으로 고려하여 공용개시가 있는지 여부를 판단하는 구조에서 공용개시가 공물의 성립에 필요한 모든 조건의 총체로서 법률요건이라는 논리는 가능하지 않기 때문이다. 그러면 행정이 권원을 확보하지 못한 상태에서 물건을 공적으로 제공하면서 공용개시를 한 경우라고 해도 그 자체로 공용개시가 위법하게 되지 않는다. 여기서 프랑스법이라면 행정이 소유권을 보유하지 못하는 이상 공물이 성립하지 않으니까 문제가 되지 않는데, 우리는 도로법이나 하천법이 수정된 사적 소유권설에 입각하고 있어서 행정이 아무런 권원 없이 공적으로 제공하고 있는 물건이라고 하더라도 공물이라는 지위는 그대로 유지할 수 있다. 그런데 행정이 권원을 보유하지 못하더라도 이로써 공용개시가 위법하게 되는 것은 아니라고 하게 되면 소유자가 원상회복을 청구하는 길이 논리적으로 봉쇄되는 다소 이상한 결과가 발생한다. 재산권의 존속보장 우선의 원칙을 고려한다면 결코 일어날 수 없고 절대 일어나서는 안 되는 사태가 일상적으로 발생할 수 있는 환경이다. 실제로 우리 판례가 공용수용의 절차를 거치지 않고 불법으로 설치한 도로에 대해 손해배상청구뿐만 아니라 부당이득반환청구까지 인정하면서도 원상회복청구는 한사코 인정하지 않는 숨은 이유가 바로 여기에 있다고 볼 수 있다.[98]

이 문제를 앞으로 어떻게 해결할 수 있을까. 문제의 핵심은 공용개시의 개념에 관한 실질설의 입장이 법률사실설로 논리적으로 귀결되고 나아가 공물의 본질에 관한 수정된 사적 소유권설과 결합한다는 데 있다. 그런데 법률사실설을 취하는 프랑스법이 공물의 성립에 공용개시를 반드시 요구하지 않는 것과 달리 공물의 성립에 공용개시가 언제나 필요하다는 것이 우리 판례의 입장이다. 이는 우리 판례가 입장을 바꾸어 법률요건설을 취하더라도 아무런 문제가 없다는 것이다. 그러나 공용개시의 개념에 관하여 실질설에 입각하고서 법률요건설을 취한다는 것은 논리적으로 말이 안 된다. 이에 공용개시에 관하여 우리 판례가 취하는 실질설을 우선 프랑스법이나 독일법에서 그러하듯이 형식설로 변경해야 한다. 그런 후에 공적 소유권설을 취하는 프랑스법과 달리 수정된 사적 소유권설에 입각한 독일법이 취하는 법률요건설을 선택하는 것이다. 그러면 자연스럽게 법률요건설과 수정된 사적 소유권설이 결합하는 독일법과 동일선상에 놓이게 되어, 기존의 우리 판례가 초래하는 역설적인 상황을 충분히 극복할 수 있다. 도로법을 사례로 보면 도로노선의 지정이나 도로구역의 결정이 아니라 사용개시의 공고가 바로 공용개시에 해당한다. 그러면 기존의 판례에 따라 사용개시의 공고 이전에 도로구역의 결정에 머물러 있는 상태에서도

---

98) 대법 1968. 10. 22. 선고 68다1317 판결: 도로를 구성하는 부지에 대하여는 사권을 행사할 수 없으므로 그 부지의 소유자는 불법행위를 원인으로 하여 손해배상을 청구함은 별론으로 하고 그 부지에 관하여 그 소유권을 행사하여 인도를 청구할 수 없다.

공사가 완료되어서 공공의 이용에 사실상 제공되고 있다면 공용개시를 인정할 수 있던 것이 앞으로는 가능하지 않게 된다. 그 결과로 공물의 범위가 축소되는 것을 우려하는 시각이 있을 수 있겠지만 그러한 우려는 예정공물[99]이라는 개념을 통해서 극복할 수 있다. 도로구역의 결정이 있었으나 아직 공사 중인 상태라서 공공의 이용에 제공되고 있지 않은 물건에 대해서 예정공물이라는 이유로 공물에 관한 법리를 거의 그대로 적용하는 것이 기존 판례의 입장인 점에서, 앞으로 달라진 판례가 도로구역의 결정이 있고 공사도 완료하여 사실상 공공의 이용에 제공되고 있으나 사용개시의 공고가 아직 없는 물건에 대해서 공물의 지위를 인정할 수 없겠지만 예정공물의 위상은 인정할 수 있을 것이다. 그러나 단순한 실수가 아니라 의도적으로 공용수용의 행정절차를 회피하는 과정에서 사실상 공물이 초래된 상황이라면 예정공물로서 지위를 인정해서는 안 될 것이므로, 소유자의 원상회복청구권의 행사를 바로 허용해야 한다.

## 2. 공공시설

우리 법제에서 공공시설의 개념은 도시계획법, 지방자치법, 국가배상법에서 등장한다. 각각은 서로 다른 유래를 가지고 있고 우리법에서 수행하는 역할도 다르다. 다만, 공물 개념과 밀접한 관련이 있다는 점에서는 공통적이다.

※ 우리 공공시설 개념의 다층적 구조

| 개념 | 초점 | 정의 | 비교 |
|---|---|---|---|
| 도시계획법상 공공시설 | 국토행정 | 기반시설 중에서 공공성이 상대적으로 강한 것 | 독일 도시계획법상 공공시설 개념과 유사함 |
| 지방자치법상 공공시설 | 급부행정 | 일정한 인력과 물적인 수단의 결합으로서, 지방자치단체가 생존배려의 목적에서 | 독일 지방자치법상 공공시설의 개념을 계수한 것으로서, 공법적인 조직 외에 사 |

99) 대법 1994. 5. 10. 선고 93다23442 판결: 이 사건 토지에 관하여 <u>도로구역의 결정, 고시 등의 공물지정행위는 있었지만 아직 도로의 형태를 갖추지 못하여 완전한 공공용물이 성립되었다고는 할 수 없으므로 일종의 예정공물이라고</u> 볼 수 있는데, 국유재산법 제4조 제2항 및 같은법시행령 제2조 제1항, 제2항에 의하여 국가가 1년 이내에 사용하기로 결정한 재산도 <u>행정재산으로</u> 간주하고 있는 점, 도시계획법 제82조가 도시계획구역 안의 국유지로서 도로의 시설에 필요한 토지에 대하여는 도시계획으로 정하여진 목적 이외의 목적으로 매각 또는 양도할 수 없도록 규제하고 있는 점, 위 토지를 포함한 일단의 토지에 관하여 도로확장공사를 실시할 계획이 수립되어 아직 위 토지에까지 공사가 진행되지는 아니하였지만 도로확장공사가 진행중인 점 등에 비추어 보면 이와 같은 경우에는 <u>예정공물인 토지도 일종의 행정재산인 공공용물에 준하여 취급하는</u> 것이 타당하다고 할 것이므로 구 국유재산법 제5조 제2항이 준용되어 시효취득의 대상이 될 수 없다.

| | | 주민이 일정한 규정에 따라 이용할 수 있도록 지정하여 관리하는 것 | 법적인 조직을 통해서도 공공서비스를 제공할 수 있는 점에서 영조물의 이용관계와 구별됨 |
|---|---|---|---|
| 국가배상법상 공공시설 | 국가책임 | 공공의 이용에 직접 제공되거나 공공서비스의 수단으로 제공되는 토지에 정착된 공작물 | 직접적으로는 프랑스법상 공공시설의 개념을 계수한 것으로서, 이것을 포괄하는 국가배상법상 영조물은 프랑스법상 공공건설의 개념을 계수한 것임 |

## 3. 영조물

조직법적인 영조물, 작용법적인 영조물, 공물법적인 영조물이 모두 오토 마이어의 영조물 개념에 하나로 통합되었다가 오토 마이어 이후에 서로 다른 개념으로 발전하였다는 점을 앞서 설명하였다. 우리 법제는 독일법에 없는 책임법적인 영조물 개념을 하나 더 가지고 있는데, 이는 오토 마이어의 영조물 개념과는 전혀 무관하고, 프랑스법상 공공시설, 공공건설의 개념에서 유래한 것이라는 점을 앞서 설명하였다. 이중에서 조직법적인 영조물 개념은 공물과 관련이 없고, 나머지 작용법적인 영조물 개념, 공물법적인 영조물 개념, 책임법적인 영조물 개념은 공물과 밀접한 관련이 있다.

※ 우리 영조물 개념의 다층적 구조

| 개념 | 초점 | 정의 | 비교 |
|---|---|---|---|
| 조직법적인 영조물 | 영조물적 지배구조 | 사단이나 재단에 해당하지 않는 모든 조직화가 이루어진 행정주체(Papier) | 오토 마이어에 의하여 하나의 영조물 개념에 통합되어 있다가 오토 마이어 이후에 서로 다른 개념으로 분화되어 발전한 것임 |
| 작용법적인 영조물 | 영조물적 이용관계 | 특별한 공적 목적에 계속해서 제공하기로 정해진 물적이면서 동시에 인적인 존재(Otto Mayer) | |
| 공물법적인 영조물 | 영조물적 공물사용 | 영조물의 이용관계에서 특별한 허가를 받고 규칙에 따라서 이용하는 공물(Wolff) | |
| 책임법적인 영조물 | 영조물적 불법행위 | 행정에 귀속되는 건축으로서 공익을 수행하는 것 | 국가배상법상 영조물은 프랑스법상 공공건설의 개념을 계수한 것임 |

우리 법제에서 영조물이라는 용어가 사용되는 경우로는 국가배상법 제5조(공공시설),

「광업법」(이하 '광업법'이라 한다) 제44조(채굴의 제한)가 있지만, 전자가 독일법의 영조물 개념과 전혀 무관하다는 점은 앞서 설명한 바와 같고, 후자는 공물법적인 맥락에서 검토가 필요하다. 광업법에서 정하는 영조물에 관하여 판례는 좁은 의미의 공공용물뿐 아니라 공용물이나 공적 보존물 중 공익상, 보안상, 종교, 문화상 보호되어야 할 물건들은 모두 이에 포함된다고 보아야 하므로 천연기념물로 지정된 천호동굴도 당연히 공적 보존물로서 광업법 소정의 영조물에 해당하고,[100] 도로에는 도로법 소정의 도로만이 아니라 일반공중의 교통을 목적으로 이에 필요한 설비와 형태를 갖춘 도로까지도 포함된다는 입장이다.[101]

이와 같이 우리 법제에서 발견되는 두 가지 사례 모두 조직법적인 영조물 개념과는 아무런 관련이 없다. 그러나 조직법적인 맥락을 가지는 영조물 개념으로 포섭이 가능한 실무적인 용어는 우리 법제 전반에 걸쳐서 두루 사용되고 있다. 「정부기업예산법」에서 정하는 정부기업, 「책임운영기관의 설치·운영에 관한 법률」에서 정하는 책임운영기관, 「지방공기업법」에서 정하는 지방직영기업은 권리능력이 없는 영조물의 대표적인 사례에 해당한다. 「지방공기업법」에서 정하는 지방공사, 지방공단을 비롯하여 개별법에 따라 설치되는 각종의 공사, 공단, 기금 등은 모두 영조물법인에 해당한다. 이와 같이 영조물의 개념이 폭넓은 범위를 가지는 점을 지적하면서 개념 자체의 무용성을 지적하는 견해도 있다. 그러나 독일법에서는 조직법적인 차원에서 영조물을 사단이나 재단과 대비하면서 그 고유한 법리를 전개하고 있고, 독일법의 사단이나 재단까지 포괄하는 영조물 개념을 가지는 프랑스법에서도 다양한 조직법적인 법리를 전개하고 있다.[102] 개념의 범위가 폭넓은 것 자체가 문제인 것은 아니라 그에 합당한 법리의 발전이 없는 것이 문제인 것이다. 한편 판례는 일찍부터 영조물 개념을 사용해 왔는데, 그 시작은 조직법적인 맥락이었다.[103] 이러한 조직법적인 영조물 개념은 공적인 주체뿐만 아니라 사적인 주체에도 적용된다는 점이 참고할 만하다.[104]

---

100) 대법 1974. 6. 11. 선고 73다1411 판결.
101) 대법 2000. 9. 8. 선고 98두6104 판결.
102) 영조물을 포함하여 프랑스와 독일의 공법인에 관한 법리의 간단한 소개로는 송시강, 앞의 글[공법상 법인에 관한 연구], 599쪽 이하.
103) 대법 1955. 8. 4. 선고 4288민상64 판결: 서울농업고등학교는 지방자치단체인 서울특별시가 설립 경영하는 학교임이 공지의 사실인바 이와 같은 지방자치단체의 영조물은 법인이 아님은 물론이요 민사소송법 제46조 규정의 사단 또는 재단에도 해당하지 않으므로 당사자 능력이 없는 것이다.
104) 광주고법 1967. 5. 5. 선고 66나414 제3민사부 판결: 광주 숭일중·고등학교는 이러한 물적, 인적 수단의 유기적인 결합에 의하여 성립 존속하는 영조물이라 할 것이니 이러한 영조물에 있어서는 그 경영주체만이 물적 수단의 직접 점유자가 되는 것이고, 그 인적 수단을 이루는 개개인은 물적 수단을 직접 점유하는 점유권의 주체가 될 수는 없고 다만 경영자에 부수 종속하여 물건을 지배하는 점유보조자에 불과하다.

한편 영조물의 이용관계에 관하여, 판례는 공립학교 입학시험 불합격 처분은 영조물의 사용권에 대하 허가를 거부하는 것으로서 행정처분에 해당하고,[105] 전화가입계약은 영조물 이용의 계약관계로서 그 성질은 사법상의 계약관계에 불과하므로 전화국장에 의한 전화가입계약의 해지는 행정처분이 아니고,[106] 분교를 폐지하는 조례는 취학아동과의 관계에서 영조물인 특정의 학교를 구체적으로 이용할 이익을 직접적으로 상실하게 하는 것이므로 행정처분에 해당하고,[107] 국가가 설립·운영하는 국립대학으로서 공법상의 영조물이므로 공권력 행사의 주체가 될 수 있는 공주대의 학칙이 그 학칙에 기초한 별도의 집행행위의 개입 없이도 그 자체로 구성원의 구체적인 권리나 법적 이익에 영향을 미치는 등 법률상의 효과를 발생시키는 경우라면 행정처분에 해당하고,[108] 국립대학과 학생 사이의 재학관계는 국립대학이 학생에게 강의, 실습, 실험 등 교육활동을 실시하는 방법으로 대학의 목적에 부합하는 역무를 제공하고 교육시설 등을 이용하게 하는 한편, 학생은 국립대학에 그와 같은 역무제공에 대한 대가를 지급하는 등의 의무를 부담하는 영조물 이용관계에 해당한다는 입장이다.[109]

# 제3절 공물법의 법원

## Ⅰ. 공물법의 인식

법원(法源)은 법을 인식하는 근거를 말한다. 어떠한 법에 대한 인식의 첫 번째 관문은 그 존재이다. 그러나 그 존재가 인정된다고 곧장 법을 따르지는 않는다. 여기서 다음 단계인 법의 효력에 관한 인식이 중요해진다. 어떠한 법이 효력을 가지기 위해서는 어떤 논리적인 경로를 통하든지 간에 법의 준수에 대해서 만약 이를 거부하면 불이익을 감수할 수밖에 없다는 의미로서 임의로 거부할 수 없는 요청을 확인할 수 있어야 한다. 최후로는 법의 본성에 관한 인식 단계가 남는다. 이는 사물의 본성이라는 관점에서 하는 법의 반성을 말한다. 이를 통해서 법의 충돌이 해결되고 법의 흠결이 보충되며 법의 한계가 그어진

---

105) 서울고법 1966. 3. 31. 선고 66구23 제1특별부 판결.
106) 대법 1982. 12. 28. 선고 82누441 판결.
107) 대법 1996. 9. 20. 선고 95누8003 판결.
108) 대전지법 2008. 3. 26. 선고 2007구합4683, 4850 판결.
109) 대법 2015. 6. 25. 선고 2014다5531 전원합의체 판결.

다. 여기서 특히 법의 원리적 해석이 중요하다.[110]

　다른 개별 영역에서 그러하듯이 공물법에서도 어떠한 법이 과연 존재하는지에 관한 인식이 가장 어렵다. 예를 들어, 하천과 관련되는 법률을 보더라도 하천법 외에도 「하천편입토지 보상 등에 관한 특별조치법」, 「소하천정비법」, 「공유수면 관리 및 매립에 관한 법률」, 「수자원의 조사·계획 및 관리에 관한 법률」, 「지하수법」, 「댐건설 및 주변지역지원 등에 관한 법률」, 「저수지·댐의 안전관리 및 재해예방에 관한 법률」, 「내수면어업법」, 「수상레저안전법」, 「수상에서의 수색·구조 등에 관한 법률」, 「유선 및 도선 사업법」 등이 있다. 이만한 법률의 존재를 알기도 어렵거니와 설령 안다고 하더라도 공물법과 어떤 관련이 있는지를 알기는 더욱 어렵다.

　여기서 공물법을 인식하는 데 일정한 준거가 필요하다는 점을 알 수 있다. 이는 과연 무엇이 고유한 공물법을 만드는가의 문제이다. 공물법의 경계를 분명히 하기 위해서는 이처럼 내부 영역에 해당하는 고유한 공물법의 정체성을 규명하는 일이 급선무이다. 하지만 외부 영역에 해당하는 경우에 고유한 공물법에 속할 수 없는 이유가 무엇인지, 나아가 고유한 공물법과는 어떤 관계에 있는지를 규명하는 것 또한 중요하다. 공물법이 하나의 법체계라면 다른 법체계와의 상호작용을 통해서만 항상성을 유지할 수 있는 점에서 그러하다. 고유한 공물법은 아니지만 고유한 공물법과 상호작용을 하는 다른 법이야말로 고유한 공물법이 존재하는 이유가 된다. 고유한 공물법을 분석하면서 그와 함께 고유한 공물법과 상호작용을 하는 다른 법을 분석함으로써 공물법의 전모를 인식하는 길이 열린다.

　여기서 고유한 공물법을 인식하는 준거는 물건에 관한 공법(öffentliches sachenrecht)이라는 공물법의 정체성이다. 그리고 고유한 공물법과 상호작용을 하는 다른 법을 인식하는 준거는 행정법을 일반행정법과 개별행정법으로 구분하고, 전자를 다시 행정작용법, 행정조직법, 행정구제법으로 구분하며, 후자를 다시 경찰행정법, 경제행정법, 사회행정법으로 구분하는 방법론이다.


## II. 고유한 공물법 - 물건에 관한 공법

　공물법을 공물에 관한 법이라고 하면 친숙하게 느껴지는 데 반하여 물건에 관한 공법이라고 하면 어색한 것이 사실이다. 하지만 근대적인 공물법의 시대를 시작한 프랑스에서

---

110) 공법철학의 관점에서 법원론에 관한 설명으로는 박정훈, 행정법의 체계와 방법론[행정법연구 1], 박영사, 2005, 113쪽 이하.

공물법은 물건에 관한 사법의 대항마(對抗馬)로 등장한 것이다. 간단히 말해, 사법상 물권법에 대비되는 공법상 물권법이 공물법의 요체이다. 이 점을 자각하게 되면, 공물이 공공서비스의 수단이 되는 점에 주목하는 경우 공물법 자체가 급부행정법에 해당하는 것처럼 보이고, 공물을 위해서 도시계획으로 규제가 이루어지는 점에 주목하는 경우 공물법 자체가 국토행정법에 해당하는 것처럼 보이지만, 공물법은 급부행정법이나 국토행정법과 구별되는 독자적인 영역이라는 것을 어렵지 않게 이해할 수 있다. 근대적인 공물법이 시작할 당시와 모든 상황이 달라진 요즘 공물법이 지금도 이전과 같이 중요한 역할을 수행할 수 있는가 하는 의문은 전혀 별개의 문제이다. 예를 들어, 지금처럼 도시계획이 법제적으로 발전하기 전에는 행정법상 역권의 부담에 관한 법리가 공공복리를 위한 재산권 행사의 제한에서 중요한 역할을 수행해 왔고, 그런 만큼 공물법을 이해하는 데 있어 필수적인 개념으로 발전하였지만, 지금 우리 법제에서는 이름조차 생소할 정도로 그 역할이 미미하다. 하지만 이는 공물법의 현대화 요청을 역설하는 것이지 공물법의 정체성 변화를 의미하는 것은 아니다.

요컨대, 공물법의 정체성은 물건에 관한 공법이라는 데 있고, 그 정체성에 관하여 규정하는 법이 바로 고유한 공물법에 해당한다. 이에 공법상 물권법에 해당하는 사항을 논리적으로 상정할 수 있다면 그것이 바로 고유한 공물법의 내용이 될 것이다. 참고로, 민법상 물권에 관한 규정을 살펴보면, 물건에 관한 규정(제98 내지 102조), 총칙에 관한 규정(제185 내지 191조), 점유에 관한 규정(제192 내지 210조), 소유에 관한 규정(제211 내지 278조), 용익에 관한 규정(제279 내지 319조), 담보에 관한 규정(제320 내지 372조)이 있다. 여기에 앞서 분석한 프랑스법과 독일법의 공물법 체계를 추가해서 고려한다면, 다음의 항목을 고유한 공물법의 표지로 인정할 수 있다.

※ 고유한 공물법의 표지

| | | 국유재산법 | 도로법 | 하천법 | 전파법 |
|---|---|---|---|---|---|
| 1 | 공물의 개념 | 제2조(정의)<br>제5조(국유재산의 범위)<br>제6조(국유재산의 구분과 종류) | 제2조(정의) | 제2조(정의) | 제2조(정의) |
| 2 | 공물의 성립 | 제40조(용도폐지) | 제12조(일반국도의 지정·고시)<br>제19조(도로 노선의 지정·고시 방법 등)<br>제21조(도로 노선의 변경과 폐지) | 제7조(하천의 구분 및 지정)<br>제27조(하천관리청의 하천공사 및 유지·보수) | 제5조(전파자원의 확보)<br>제9조(주파수분배) |

| | | | | | |
|---|---|---|---|---|---|
| | | | 제39조(도로의 사용개시 및 폐지) | 제84조(폐천부지 등의 관리) | |
| 3 | 공물의 등급 | | 제10조(도로의 종류와 등급) | 제7조(하천의 구분 및 지정) | 제9조(주파수분배) |
| 4 | 공물의 구역 | | 제25조(도로구역의 결정)<br>제26조(주민 등의 의견청취)<br>제27조(행위제한 등)<br>제29조(다른 법률에 따른 인·허가등의 의제)<br>제82조(토지 등의 수용 및 사용) | 제10조(하천구역의 결정 등)<br>제79조(토지등의 매수청구) | |
| 5 | 공물의 보호 | 제7조(국유재산의 보호)<br>제11조(사권 설정의 제한)<br>제27조(처분의 제한)<br>제73조의2(도시관리계획의 협의 등) | 제4조(사권의 제한) | 제4조(하천관리의 원칙)<br>제6조(다른 국가사업 등과의 관계) | |
| 6 | 공물의 계획 | 제9조(국유재산종합계획) | 제5조(국가도로종합계획망의 수립)<br>제6조(도로건설·관리계획의 수립) | 제25조(하천기본계획)<br>제27조(하천관리청의 하천공사 및 유지·보수)<br>제32조(다른 법률에 따른 인·허가 등의 의제) | 제8조(전파진흥기본계획)<br>제18조의6(공공용 주파수 수급계획의 수립) |
| 7 | 공물의 사용 | 제29조(관리위탁)<br>제30조(사용허가)<br>제31조(사용허가의 방법)<br>제32조(사용료)<br>제72조(변상금의 징수) | 제47조(고속국도 통행 방법)<br>제49조(자동차전용도로의 통행방법 등)<br>제61조(도로의 점용 허가)<br>제66조(점용료의 징수)<br>제72조(변상금의 징수) | 제33조(하천의 점용허가 등)<br>제34조(기득하천 사용자의 보호)<br>제50조(하천수의 사용허가 등)<br>제50조의2(일시적 하천수의 사용신고 등)<br>제53조(하천수 사용의 조정) | 제10조(주파수할당)<br>제14조(주파수이용권)<br>제18조의2(주파수 사용승인의 신청 등)<br>제18조의4(주파수 지정)<br>제67조(전파사용료) |
| 8 | 공물의 인인 | | 제40조(접도구역의 지정 및 관리)<br>제41조(접도구역에 있는 토지의 매수청구)<br>제45조(도로보전입체구역)<br>제46조(도로보전입체구역에서의 행위제한 등) | 제12조(홍수관리구역)<br>제38조(홍수관리구역 안에서의 행위제한) | 제6조의3(주파수 공동사용)<br>제27조(통신방법 등)<br>제29조(혼신 등의 방지) |

| 9 | 공물의 관리 | 제8조(국유재산 사무의 총괄과 관리) 제74조(불법시설물의 철거) | 제23조(도로관리청) 제31조(도로공사와 도로의 유지·관리 등) 제55조(도로표지) 제76조(통행의 금지·제한 등) 제85조(비용부담의 원칙) 제96조(법령 위반자 등에 대한 처분) 제97조(공익을 위한 처분) | 제8조(하천관리청) 제14조(하천시설의 관리규정) 제59조(비용부담의 원칙) 제69조(법령위반자 등에 대한 처분 등) 제70조(공익을 위한 처분 등) 제83조(하천표지) | 제6조(전파자원 이용 효율의 개선) 제19조(허가를 통한 무선국 개설 등) 제19조의2(신고를 통한 무선국 개설 등) 제47조의3(전자파적합성 등) 제49조(전파감시) 제58조의2(방송통신 기자재등의 적합성 평가) 제72조(무선국의 개설허가 취소 등) |
| --- | --- | --- | --- | --- | --- |

이상과 같은 표지를 비록 전부는 아니더라도 상당수 가지고 있는 법이라면 고유의 공물법으로 인정할 수 있다. 이 점에서 보면 국유재산법, 도로법, 하천법, 「전파법」(이하 이 장에서 '전파법'이라 한다)은 가장 전형적인 공물법에 해당한다. 국유재산법은 공물법의 총칙에 관한 규정을 가지고 있고, 도로법은 인공공물에 관하여 대표성이 있는 규정을 가지고 있고, 하천법은 자연공물에 관하여 대표성이 있는 규정을 가지고 있으며, 전파법은 무체물에 해당하는 공물에 관하여 대표성이 있는 규정을 가지고 있다. 도로, 하천, 전파가 아닌 철도, 항공, 학교, 병원 등의 공물에 관하여 직접적으로나 간접적으로 규정하는 많은 법이 있지만 도로법, 하천법, 전파법이 그런 것처럼 고유한 공물법에 관한 사항을 전형적으로 다루는 경우는 찾기가 어렵다. 부분적인 규정을 가지는 경우가 대부분인데, 그때는 도로법 유형, 하천법 유형, 전파법 유형으로 구분해서 접근하는 것이 분석에 도움이 될 것이다.

## 1. 공물의 개념

공물의 기준, 공물의 구성, 공물의 종류 등에 관한 내용이 이에 해당한다. 이 내용은 공물의 본질론에서 직접적인 영향을 받는다. 공물은 행정이 그 권원을 보유하고 공적으로 제공하는 물건으로서 그에 관한 의사의 표시가 있는 것을 말하는데, 그 권원이라는 것을 어떻게 이해할 것인지에 관하여 공적 소유권설과 수정된 사적 소유권설의 대립이 있다. 도로법 제4조(사권의 제한)와 하천법 제4조(하천관리의 원칙) 제2항이 수정된 사적 소유권설에 입각해 있다는 점에 대해서는 이견이 없는 것으로 보인다.

문제는 국유재산법의 행정재산 개념을 공적 소유권설과 수정된 사적 소유권설 중 어느 쪽으로 이해할 것인지이다. 이는 국유재산법이 도로법, 하천법, 전파법과 관계에서 일종의 총칙으로서 역할을 수행하는 점에서 더욱 중요한 문제가 된다. 국유재산법의 행정재산을 공적 소유권설에 따라 이해하면서 도로법과 하천법을 수정된 사적 소유권설에 입각해서 설명하면 양자의 관계에서 모순이 발생할 수 있기 때문이다. 이러한 문제를 해결하고자 국유재산법의 행정재산을 수정된 사적 소유권설에 입각해서 설명한다고 해서 문제가 다 해결되는 것도 아니다. 그러면 국유재산법에서 행정재산을 민법상 시효취득에서 배제하는 한편으로 임의로 처분할 수 없도록 하는 규정과 조화롭게 해석하기 어려울 뿐만 아니라 전파법상 주파수는 공적 소유권설에 입각해서 설명하는 것이 타당한 점에서 이 경우에는 국유재산법상 행정재산을 수정된 사적 소유권설에 따라 설명하는 것이 모순적인 결과를 초래하기 때문이다. 이 문제에 대해서 판례는 일반법과 특별법의 관계로 접근하고 있지만,[111] 그것만으로 문제가 해결되지 않는 상황이 앞으로 발생할 수 있다.

## 2. 공물의 성립

공물의 성립뿐만 아니라 변경, 소멸에 관한 사항이 이에 해당한다. 공물이 성립하기 위해서는 행정이 그 권원을 보유하는 물건을 공적으로 제공하여야 하고 그에 관한 의사의 표시가 있어야 한다. 이에 관하여 국유재산법은 국가가 소유권을 취득하는 경우만을 행정재산으로 정의하고 있을 뿐이다. 입법적인 수용에 해당하는 국유화에 관한 규정도 없고, 소유권을 취득하지 못해 행정재산은 못되지만 그래도 공물이 성립할 수 있는 가능성에 관하여도 언급이 없다. 결국 이 점은 개별법에 맡겨진 것이 되고, 이에 관하여 도로법과 하천법은 비록 명시적인 규정은 없지만 그 부지에 관한 사권 행사의 가능성을 제한적이나마 긍정함으로써 행정이 소유권을 확보하지 못하더라도 공물이 성립할 수 있는 가능성을 묵시적으로 인정하고 있다. 다만, 여기서 주의할 점은 반드시 소유권일 필요가 없다는 것에 불과하고 어떠한 형태로든지 간에 권원은 확보해야 한다는 것이다. 여기서 행정이 도로부지를 수용하거나 사용하는 행정절차를 거치지 않고 무단으로 점유한 경우인데도 민법상 소유권에 기한 방해배제청구권의 행사로 나타나는 결과제거청구권을 일절 인정하지 않는 판례의 입장은 쉽게 납득할 수 없다. 도로나 하천의 부지에 대해서 사권의 행사

---

111) 대법 2019. 10. 17. 선고 2018두104 판결: 공유재산법은 공유재산 및 물품의 취득, 관리·처분에 대한 사항 일반을 규율하는 일반법의 성격을 지니는 반면, 도로법은 일반 공중의 교통에 제공되는 시설이라는 도로의 기능적 특성을 고려하여 그 소유관계를 불문하고 특수한 공법적 규율을 하는 법률로서 도로가 공유재산에 해당하는 경우 공유재산법보다 우선적으로 적용되는 특별법에 해당한다고 보아야 한다.

가 제한적이나마 허용된다는 명제에서 아무런 권원 없이 도로나 하천의 부지를 점유하더라도 그 반환을 청구할 수 없다는 결론이 추론되지는 않기 때문이다.

한편, 전파법은 비록 명시적인 규정을 가지고 있는 것은 아니나 주파수의 국유화를 전제하고 있다고 보아야 한다. 이와 달리 전파를 로마법상 무주재산으로 보는 견해가 없지는 않지만 그렇게 볼 경우에는 전파법이 이른바 선점의 논리를 부정하면서 공권력의 행사를 통해 주파수의 사용을 치밀하게 관리하도록 규정하고 있는 이유를 설명할 수 없다. 이에 그보다는 로마법상 공동재산에 해당하고, 그 합리적 관리를 위해서 주파수의 국유화가 이루어진 것이라고 이해하는 것이 타당하다.

공물의 성립에 관한 법제에서 가장 논란이 되는 부분은 공용개시이다. 프랑스법이나 독일법에서 공용개시는 형식적으로 정의가 된다. 그에 부합하는 것을 우리 법제에서 찾는다면, 국유재산법은 공용폐지에 관한 규정이 있지만 공용개시는 전혀 언급하지 않는다. 도로법에서 찾는다면 프랑스법의 공용개시에 해당하는 것은 도로노선의 지정이고 독일법의 공용개시에 해당하는 것은 사용개시의 공고이다. 프랑스법에서 공용개시는 이제 공물로 분류한다는 의미에 가깝고, 이와 달리 독일법에서 공용개시는 이제 공물로서 효력이 발생한다는 의미에 가깝기에 나타나는 차이점이다. 그러나 어느 경우에나 일정한 형식을 갖춘 것만이 공용개시라는 점은 차이가 없다. 이와 달리 우리 판례는 도로법상 도로노선의 지정(제19조)과 도로구역의 결정(제25조)이 있고 그에 따라 도로가 설치되면 그동안의 경과와 전체적인 상황을 종합적으로 고려하건대 공용개시가 있은 사실이 넉넉하게 인정되거나 추인된다는 식인데, 이것은 어떠한 형식에 얽매이지 않고 종합적인 관점에서 의사의 표시가 있었는지를 판단하겠다는 것으로서 공용개시의 개념을 실질적으로 이해한 결과로 보인다. 이 경우에는 공용개시의 위법을 다투고자 할 때 과연 무엇을 다투어야 할지가 분명하지 않게 되는 심각한 문제가 발생한다. 하천법에서 찾는다면, 하천구역의 결정(제10조)이 공용개시에 해당한다. 현행법은 하천구간의 지정(제7조)만으로는 하천구역에 편입되지 않고 유수지라고 하더라도 하천구역의 결정이 있어야만 하천구역에 편입되도록 규정하고 있기 때문이다. 독일법에서 법령에 의한 하천구간의 지정만으로 공물이 성립하는 것과 다른 점이다.[112] 전파법에서 찾는다면, 주파수분배(제9조)가 공용개시에 해당한다. 주파수분배에 앞서 모든 주파수는 국가에 귀속하지만, 주파수분배를 통하여 공물이 성립한다.

---

112) 독일의 하천법은 '内水路法'(Wasserstraßengesetz)과 '水資源法'(Wasserhaushaltsgesetz)으로 구분되는바, 양자 모두 법령에 의하여 공용개시가 이루어지는 체계이다. Franz-Joseph Peine, §1 Wasserhaushaltsrecht, in: Norbert Achterberg/Günter Püttner/Thomas Würtenberger(Hrsg.), Besonderes Verwaltungsrecht. Band 1. 2.Auflage, C.F.Müller, 2000, 935쪽 이하.

## 3. 공물의 등급

공물의 등급은 공물을 수직적으로 구분하는 것이다. 이러한 공물의 등급은 상대적으로 독일 공물법에서 중요하게 취급되는데, 독일이 분권적인 체제이기 때문으로 추측된다. 어느 등급인가에 따라 중요한 점에서 공물의 취급이 달라진다. 우리 하천법도 과거에는 적용하천과 준용하천을 구별하면서 그 취급에 상당한 차이를 둔 적이 있었으나, 지금은 국가하천과 지방하천을 구별하기는 해도 양자를 취급하는 데 근본적인 차이는 없다. 공물의 등급에 관하여는 도로법에 상대적으로 많은 규정이 있으나 그 등급에 따라 현격한 차이가 발생하는 경우는 전파법상 주파수분배(제9조)에서다. 주파수분배는 연속선상에 있는 주파수의 대역을 복수의 구간으로 범주적인 구분을 하고 그에 따라 허용되는 주파수 사용의 대강을 정하는 결정이다. 이에 따라 상업적인 사용이 가능한 경우와 그렇지 않은 경우가 정해지는 한편으로, 자유로운 사용이 가능한 경우와 그렇지 않은 경우가 정해진다.

## 4. 공물의 구역

공물의 구역은 프랑스법에서 사용되는 것으로서, 첫째는 공물의 경계를 설정하는 기능을 수행하지만 그에 그치지 않고, 둘째는 행위제한을 통해서 우리 국토계획법상 도시계획시설결정과 유사한 기능을 수행하며, 셋째는 우리 국토계획법상 실시계획이나 그에 대한 인가와 유사하게 사업허가로서 기능을 수행한다. 이러한 프랑스법상 공물의 구역과 제도적으로 가장 근접하는 것이 바로 도로법상 도로구역의 결정(제25조)이다. 이와 달리 하천법상 하천구역의 지정(제10조)에는 사업허가로서 기능이 없다. 그 대신에 하천법은 하천공사시행계획(제27조)을 수립하도록 하고 그에 대해서 다른 법률에 따른 인·허가등의 의제(제32조)를 인정하고 있는바, 이는 독일법상 계획확정절차의 체계에 준하는 것으로서, 법제 전반을 살펴보면 도로법과 같은 유형보다는 하천법과 같은 유형이 더 보편적이다.

## 5. 공물의 보호

이는 우리 학설이 공물의 특성으로 설명하는 융통성의 제한, 강제집행의 제한, 시효취득의 제한, 공용수용의 제한을 말한다. 이는 원래 공적 소유권설에 입각하고 있는 프랑스법에서 유래하는 것으로서 국유재산법이 이와 전적으로 동일한 것은 아니라고 하더라도 상당히 유사한 태도를 취하고 있다. 문제는 도로법이나 하천법은 이와 상반되는 태도를 취하고 있다는 점이다.

## 6. 공물의 계획

공물의 설치와 관리에 관한 행정계획을 말한다. 국유재산법은 재무적인 관점에서 관리에 관한 계획을 규정한다. 이와 달리, 도로법은 도로의 관리에 관한 계획뿐만 아니라 도로의 설치에 관한 계획도 규정한다. 하지만 공물의 설치에 관한 계획을 수립하는 행정절차(행정계획의 행정절차)를 마친 다음에는 그 계획을 사업으로 실행하는 행정절차(사업계획의 행정절차)가 필요하기 마련인데, 이에 관하여 규정하고 있지 않다. 이 점은 하천법이 하천공사시행계획을 규정하고 있는 것과 대비된다. 도로법은 그 대신에 도로구역의 결정에 도로공사세부계획(도로법 시행령 제24조)을 포함시키고, 도로구역의 결정에 하천공사시행계획에 인정되는 것과 유사한 효력을 부여한다. 전파법에서도 행정계획은 중요하다. 주파수를 사용하는 방송통신사업은 대부분 중장기적인 투자를 바탕으로 하기 때문이다.

## 7. 공물의 사용

이는 물권법의 용익적인 측면에 해당한다. 공물의 사용관계는 어떤 공물인가에 따라 달라질 수밖에 없다. 여기서 프랑스법은 공공용물과 공용물의 구분에 따라 설명하고, 독일법은 일반사용공물, 영조물사용공물, 특별사용공물, 행정사용공물의 구분에 따라 설명한다. 일반사용으로 제공되는 공물에 대해서 특별사용을 허가하는 경우가 논의의 핵심이 된다. 여기서 일반사용은 타인의 자유로운 사용을 침해하지 않는 범위 내에서 자유롭게 사용하는 것을 말하고, 특별사용은 일반사용을 초과하는 사용을 말한다. 특별사용은 허가를 필요로 하는데 그 성격이 단순한 허가에 해당하는 것과 나아가 특허에 해당하는 것으로 구분된다. 오토 마이어는 전자를 허가사용이라고 후자를 특허사용이라고 하여 양자를 대비하면서, 상대방이 누리는 이익은 전자의 경우에 반사적 이익에 불과하지만 후자의 경우에 법적인 권리라고 설명하였다. 이것이 그 유명한 공물사용허가와 공물사용특허의 구별이지만 후자에서 말하는 특허는 프랑스법의 공공건설특허를 계수한 개념으로서 오늘날의 관점에서 설명하면 민간투자의 한 방식에 해당하는 것인 점에서 일반적인 허가와 단순하게 대비하기에는 어려운 측면이 있다. 따라서 일반사용으로 제공되는 공물의 특별사용에 대한 허가는 특별한 사정이 없는 한 공물사용허가에 해당한다. 이에 관하여 우리 학설이 공물사용허가와 공물사용특허를 구별하면서, 일반사용에 대한 침해를 기준으로 전자는 그 침해가 일시적이고 경미한 데 반하여 후자는 그 침해가 계속적이고 중대하다고 설명하거나 전자는 기속행위인 데 반하여 후자는 재량행위라고 설명하는 것은 적어도 오토 마이어의 관점에서는 논리적으로 타당하지 않다.

우리 국유재산법은 제30조에서 용도나 목적에 장애가 되지 아니하는 범위에서만 사용허가를 할 수 있다고 규정하고 있어서 이를 행정재산의 목적 외 사용에 대한 허가라고 부르는데, 이는 프랑스에서나 독일에서 일반사용을 넘어서는 특별사용에 대해서 허가하는 것과는 성격이 다르다. 일반사용에 제공되는 공물에 대해서 특별사용을 위해서 허가를 하는 것도 이에 해당하겠지만, 행정사용공물인 청사에 편의점을 설치하기 위해서 허가를 하는 것도 이에 해당한다. 한편 국유재산법은 관리위탁(제29조)의 경우에 상대방이 위탁받은 재산의 일부를 사용·수익하거나 다른 사람에게 사용·수익하게 할 수 있다고 규정하는데, 이는 오토 마이어가 말한 공물사용특허의 법률관계와 유사한 측면이 있다. 이러한 국유재산법상 사용허가나 관리위탁은 일반사용에 제공되는 공물의 특별사용에 대한 허가라는 개념과는 딱 들어맞지 않지만, 도로법상 도로의 점용허가(제61조)나 하천법상 하천의 점용허가(제33조)는 그 전형적인 사례에 해당한다. 전파법상 주파수에 대한 할당, 사용승인, 지정 모두 주파수에 대한 특별사용의 허가로서 성격을 가진다. 주파수할당 중에 할당대가를 납부해야 하는 경우가 있는데, 이 경우에는 공물사용허가에 그치지 않고 공물사용특허에 해당하는바, 이 경우에 상대방에게 인정되는 주파수이용권(제14조)은 공물사용특허가 공물사용허가와 본질적으로 구별되는 이유가 어디에 있는지를 잘 보여준다.

공물사용허가는 일반사용에 제공되는 공물의 특별사용에 대해서만 요구되는 것이 아니라 다양한 경우에 요구된다. 일반사용에 제공되는 공물의 일반사용에 대해서만 허가가 필요 없을 뿐이고 나머지의 경우에는 허가가 면제되는 예외적인 경우가 아닌 이상 언제나 필요하다고 보는 것이 타당하다. 하천법상 하천수의 사용허가(제50조)도 마찬가지이다. 하천법상 하천의 점용허가는 하천의 수면에 대한 것이고, 하천수의 사용허가는 용수에 대한 것이라서, 양자는 성격을 달리한다. 이와 같이 허가가 필요한 공물의 특별사용에 대해서 사용료가 부과된다. 다만, 일반사용에 제공되는 공물의 일반사용에 대해서는 허가가 필요 없지만 사용료는 부과될 수 있다. 허가가 필요한데도 허가 없이 공물을 사용하면 변상금이 부과된다.

## 8. 공물의 인인(隣人)

이는 민법상 상린관계에 관한 규정(제216 내지 244조)의 대구(對句)가 되는 공법상 법률관계를 말한다. 이러한 공법상 상린관계는 공물에 유리한 경우와 공물에 불리한 경우로 구분된다. 공물에 유리한 경우로서, 도로법은 접도구역의 지정(제40조)과 도로보전입체구역의 지정(제45조)에 의한 행위제한을 규정한다. 이는 행정법상 역권의 부담의 일종이다. 이와 유사하게 하천법도 홍수관리구역의 지정(제12조)에 의한 행위제한을 규정한다. 공물에 불리한 공법상 상린관계에 관하여는 딱히 규정이 없다. 여기서 공물의 인인이 민법상 상린관계에 기한 권리를 행사할 수 있는지가 문제가 된다. 프랑스에서는 그 적용이 일반적으로 배제되지만 독일에서는 그 유추를 통하여 공법상 결과제거청구권의 행사가 가능하다. 우리는 이에 관한 논의가 아직 성숙하지 않은 상황이다. 한편, 전파법이 주파수의 사용에 있어 서로 혼신이 없도록 다양한 규정을 두는 것도 공법상 상린관계의 일종으로 이해할 수 있다.

## 9. 공물의 관리

프랑스법에서는 공물관리, 공물경찰, 일반경찰의 개념이 명확하게 구분된다. 공물관리는 공물의 사용이 최선의 결과를 내도록 공물의 상태를 최적으로 유지하는 것을 목적으로 하는 데 반하여, 공물경찰과 일반경찰은 위험방지 기타 공공질서의 유지를 목적으로 한다. 공물경찰은 공물의 보존을 목적으로 하는 특별경찰로서, 이와 달리 공물을 포함하여 일반적인 공공질서의 유지를 목적으로 하는 일반경찰과 구별된다. 이러한 공물경찰이 공물의 소유자로서 지위에 근거하는 것인지 아니면 일반적인 권력관계에 근거하는 것인지에 관하여 지금의 통설은 후자의 견해인바, 이에 따라 공권력의 행사를 위해서는 공물의 소유자로서 지위만으로는 부족하고 법률상 수권이 필요하다.

독일법상 공물의 관리에 관한 법리도 대체로 이와 유사하다. 다만, 독일법에서는 공물경찰이라는 개념이 분명하지 않다. 오토 마이어는 프랑스법에 따라 공물경찰이라는 개념을 사용하였으나 지금은 그 용례를 찾기가 쉽지 않다. 도로에 관한 위험방지가 공물의 관리에서 중요한 요소라는 점은 분명하지만, 이를 위하여 공물의 관리자는 관리권을 행사할 뿐이고 경찰권을 행사하는 것은 아닌 점에서, 특별경찰로서 공물경찰이라는 개념은 이에 적용되지 않는다. 공물에 대한 경찰권의 행사는 일반경찰의 일환이다. 공물의 관리권과 경찰권의 관계는 도로법과 도로교통법의 관계에서 잘 드러난다. 양자의 권한 사이에 충돌이 발생하지 않도록 조정이 필요하다. 그 밖에 양자의 충돌을 해결하기 위해서 도로법의 유보(Vorbehalt des Straßenrechts)와 도로교통법의 우위(Vorrang des Straßenverkehrsrechts)라는 원칙이 발전하였다.[113]

이 문제를 우리는 공물관리와 공물경찰의 관계로 설명하지만 우선 공물경찰이라는 용어 자체가 적절하지 않은 측면이 있다는 점을 지적할 필요가 있다. 이는 교통경찰을 염두에 둔 것이지만, 교통경찰은 어디까지나 일반경찰인 점에서, 프랑스법에서 말하는 특별경찰로서 공물경찰과는 다르다. 그리고 프랑스법에서와 달리 독일법에서는 공물경찰이라는 개념이 사용되지 않고, 프랑스법의 공물경찰에 해당하는 임무는 경찰권의 행사가 아니라 공물의 관리 차원에서 수행된다. 우리 법제의 형식은 프랑스법보다는 독일법에 가깝다. 이러한 상황에서 교통경찰을 공물경찰이라고 부르는 것은 독일법의 관점에서 타당하지 않을 뿐 아니라 프랑스법의 관점에서도 타당하지 않다. 개념의 혼란을 피하기 위해서는 공물의 관리권과 일반적 경찰권의 관계라고 표현하는 것이 적절하다.


## III. 공물법과 행정법

고유한 공물법만으로는 공물법을 온전하게 이해할 수 없다. 이에 고유한 공물법과 상호작용을 하는 법을 추가적으로 인식할 필요가 있고, 행정법의 구조와 체계를 그 준거로 삼는 것이 이에 도움이 된다. 행정법은 한편으로 일반행정법과 개별행정법의 구조를 가진다. 다른 한편으로, 일반행정법은 다시 행정작용법, 행정조직법, 행정구제법의 체계를 가지고, 개별행정법은 경찰행정법, 경제행정법, 사회행정법의 체계를 가진다.


### 1. 공물법과 일반행정법


#### (1) 공물법과 행정작용법

행정의 작용은 크게 규제와 급부로 구분할 수 있다. 규제는 원래 경제행정의 영역에서 시작된 개념이지만 오늘날 경제행정의 영역을 넘어 사회행정, 나아가 경찰행정의 영역에

---

113) Michael Sauthoff, Öffentliche Straßen - Straßenrecht·Straßenverkehrsrecht · Verkehrssicherungspflichten. 3.Auflage, C.H.Beck, 2020, 11쪽 이하.

서도 널리 쓰이고 있다. 간단히 말해, 행정이 시민의 자유를 제한하는 일체의 활동을 말한다. 급부는 원래 물건의 점유를 이전한다는 의미인데 점차 용역을 제공한다는 의미가 더 중요해지고 있다. 간단히 말해, 행정이 시민에게 자원을 배분하는 일체의 활동을 말한다. 이러한 급부의 대구(對句)가 바로 규제이다.114) 규제와 급부는 모두 행정작용의 양태(참고로, 행정학에서는 정책의 유형으로 설명한다)에 불과한 것인 점에서, 그 자체가 행정작용의 고유한 영역인 것처럼 생각해서는 안 된다. 따라서 규제행정이나 급부행정은 경찰행정(공공질서의 유지에 관한 행정을 말한다)이나 경제행정(재화의 생산과 분배 및 소비에 관한 행정을 말한다)이나 사회행정(재화의 재분배에 관한 행정을 말한다)과 동일한 차원에 있지 않다. 대표적으로 경제행정에서는 규제행정과 급부행정 모두가 고르게 나타난다. 다만, 경찰행정에서는 규제행정이 압도적으로 많고 사회행정에서는 급부행정이 상대적으로 많기에, 규제행정을 경찰행정으로 오해하거나 급부행정을 사회행정으로 오해할 소지가 있다.115) 특히 경찰행정의 개념은 그동안 공공질서의 유지에 관한 행정이라는 측면에서만 사용되지 않고, 오늘날 규제행정이라고 부르는 자유를 제한하는 공권력의 행사라는 측면에서도 사용되어왔기에 더욱 혼란스러운 것도 사실이다. 이때는 반대말이 무엇인지를 생각하면 이해하기 쉽다. 경찰행정이라는 용어는 급부행정의 반대말로 사용되는 경우(행정작용의 양태적 측면)도 있고, 경제행정이나 사회행정의 반대말로 사용되는 경우(행정작용의 영역적 측면)도 있으니, 양자의 맥락상 차이에 유의할 필요가 있다.

## (2) 공물법과 행정조직법

공물이 물건에 관한 공법이라는 점을 이해하면 그 물건을 재산으로 관리하는 것에 관한 법과 그 물건을 행정의 수단으로 제공하기 위한 재원의 조달에 관한 법이 중요하다는 점을 자연스럽게 추론할 수 있다. 이는 모두 행정조직법의 차원에 속한다. 흔히 국유재산법이나 공유재산법을 공물에 관한 일반법이라고 말한다. 그러나 국유재산법이나 공유재

---

114) 이러한 규제 개념을 경제학에서는 총 4가지 측면으로 분석한다. 첫째는 경제적 규제(economic regulation)이다. 둘째는 사회적 규제(social regulation)이다. 셋째는 반독점법(competition and merger law)이다. 넷째는 법체계(legal system)이다. 이에 관하여 Cento Veljanovski, Economic approaches to regulation, in: Robert Baldwin/Martin Cave/Martin Lodge(eds.), The Oxford Handbook of REGULATION, OXFORD UNIVERSITY PRESS, 2010, 18쪽 이하.

115) 경찰 개념의 역사적 형성에 관하여, 오늘날 규제 개념이 그 본고장에 해당하는 경제 영역을 넘어 사회 영역, 나아가 경찰 영역에서도 널리 사용되는 점에 관하여, 규제 개념이 경찰 개념을 점차 대체하는 현상에 관하여는 송시강, 제2장 규제개혁 일반론: 한국공법학회, 혁신을 위한 규제개혁에 관한 법적 연구, 2020, 69쪽 이하 그리고 90쪽 이하.

산법에 공물에 관한 일반법으로서 속성이 없다고 말할 수는 없지만 국유재산법이나 공유재산법의 방점은 어디까지나 재무관리의 측면에 있다. 이는 다시 말해, 국유재산법을 잘 이해하기 위해서는 「국가재정법」까지 고려하여야 하고, 공유재산법을 잘 이해하기 위해서는 「지방재정법」까지 고려하여야 한다는 것을 말한다. 그뿐만 아니라 공물의 설치나 관리에 필요한 재원을 확보하는 측면까지 적절하게 고려하기 위해서는 「부담금관리 기본법」 등에 관한 이해도 필요하다. 이러한 맥락에서 우리 법제에서 점점 더 확산되고 있는 공공시설의 무상귀속 제도에 대해서 비판적으로 접근할 필요가 있다. 이로써 공물을 설치하여야 하는 행정의 책임이 사업자에게 전가되고, 사업자는 그것을 사업적인 이익으로 충당할 것이다. 만약 공공시설의 무상귀속이 인정되지 않았더라면 행정이 스스로 그 필요성과 시급성을 판단하여 공물을 설치하고 그에 소요되는 비용을 재원조달책임의 평등원칙에 입각하여 시민들에게 부담을 지웠을 테지만 이제 공공시설의 무상귀속으로 인하여 공공성과 형평성을 기반으로 하는 공물의 재정법적 기제에 왜곡이 발생하는 것이다.

### (3) 공물법과 행정구제법

행정구제는 원상적인 회복에 관한 것과 금전적인 회복에 관한 것으로 구분된다. 행정소송, 그중에서 특히 항고소송을 원상적인 회복을 위한 행정구제의 대표로 설명하는 것이 일반적이지만 그뿐만 아니라 당사자소송, 나아가 민사소송도 원상적인 회복을 위한 행정구제에서 중요하다. 그리고 금전적인 회복을 위한 행정구제의 대표로 언급이 되는 손해배상청구권이나 손실보상청구권도 결국에는 행정소송 아니면 민사소송으로 행사되는 점에서, 원상적인 회복을 위한 행정구제라는 말만 나오면 도식적으로 행정소송을 떠올리는 것은 적절하지 않은 측면이 있다. 이 점에서 모든 권리구제를 실체법상 청구권으로 정리하는 독일법의 체계적인 장점이 있다. 이에 따르면 어떠한 공권력의 행사로 인한 권리구제로는 원상적인 회복을 위한 것으로서 공법상 이런저런 청구권과 사법상 이런저런 청구권이 있고, 금전적인 회복을 위한 것으로서 공법상 이런저런 청구권과 사법상 이런저런 청구권이 있다는 식으로 설명이 가능하다.

공물법은 물건에 관한 공법으로서 행정구제, 그중에서도 특히 원상적인 회복을 위한 것에 남다른 점이 있다. 사법상 법률관계와 유사하게 논리가 전개되는 측면이 있기 때문이다. 예를 들어, 공물의 인인이 공물 때문에 지는 역권의 부담이라는 것도 원래는 사법상 역권에서 비롯한 것이고, 공물의 인인이 공물로 인한 생활방해에 대해서 권리를 행사하는 것도 민법상 상린관계 규정에서 그 출발점을 찾을 수 있기 때문이다. 하지만 그 때문에 더욱 이해가 쉽지 않은 측면도 있다. 사법상 법률관계의 법리와 공법상 법률관계의 법리가 뒤섞일 수밖에 없기 때문이다. 가장 대표적인 문제가 행정이 공용수용의 행정절차를 거치지 않고 무단으로 토지에 도로를 설치하여 공공에 제공하는 경우에 소유자의 원상적인 회복을 위한 행정구제의 방안이다. 소유권을 침해한 자가 행정이 아니거나 그렇게 해서 설치된 물건이 도로가 아니라면 일반적인 사법상 법률관계에 따라 문제가 해결될 것이지만 행정에 의하여 공물이 설치되어 공공에게 제공되기 때문에 해결이 매우 어려운 문제가 된다.

이는 공물법에 특수한 행정구제의 법리적 발전이 요청된다는 것을 잘 보여주는 것이다. 국가배상법 제5조에 따른 영조물배상책임 또한 이러한 고려에서 나온 것이다. 그러나 우리 실정은 전체적으로 보았을 때 이러한 공물법에 대한 행정구제법적 요청에 잘 대응하지 못하고 있는 형편이다. 우리 국가배상법 제5조의 규정이 프랑스법의 공공시설, 공공건설을 계수한 것임에도 불구하고 프랑스법에서처럼 온전하게 기능을 수행하지 못하는 기능부전의 현상만 보더라도 이 점을 알 수 있다.

## 2. 공물법과 개별행정법

### (1) 공물법과 경찰행정법

여기서 경찰행정의 개념은 경제행정이나 사회행정과 대비되는 하나의 독자적인 영역으로서이다. 이러한 경찰행정법과 공물법의 접점으로 가장 대표적인 것은 공물경찰과 공물관리의 관계에 관한 논의이다. 공물경찰이라는 개념은 원래는 프랑스에서 일반경찰과 대비가 되고 또한 공물관리와도 대비되는 것으로서, 공물의 보존을 위해서 일반경찰과 마찬가지로 하지만 일반경찰과 별도로 공권력을 행사하고 심지어는 형사소추까지 할 수 있는 권한을 말한다. 다만, 이러한 공권력의 행사는 공적인 소유권에서 바로 나오는 것이 아니라 별도의 수권이 필요하다고 이해하는 것이 오늘날 일반적이다. 이러한 공물경찰 개념은 오토 마이어가 독일법에 계수하고자 하였으나 채택은 되지 않았고, 그 결과 독일법은 오늘날 공물경찰이라는 것을 특별히 관념하지 않는다. 그 대신 공물관리의 일환으로 이해하지만 법률유보의 원칙에 따라 공권력의 행사를 위해서는 별도의 수권이 필요하다. 이러한 권한의 행사로 인하여 일반적인 경찰권을 행사하는 기관과 관할의 중복이 발생할 수 있고, 그 충돌을 피하기 위한 조정이 필요하게 된다. 도로법과 도로교통법의 관계가 가장 대표적인 사례가 된다. 우리는 아직 이러한 법리를 충분히 발전시키지 못한 상태이다.

### (2) 공물법과 경제행정법

공물이 급부행정의 수단으로서 그 기초가 된다고 했을 때 오늘날 사회행정과 복지국가를 먼저 떠올리기 쉽지만 사실은 경제행정에서 급부행정의 역사가 시작되었다고 해도 과언이 아니다. 행정에 의해서 제공되는 버스, 철도, 선박, 항공 등 교통서비스를 생각하면 이를 이해하기 쉽다. 그럼에도 불구하고 급부행정과 경제행정의 관계가 낯설게 느껴지는 이유는 국가임무가 직접적으로 급부를 제공하는 것(이른바 급부국가)에서 민간에서 급부가 제공되는 것을 보장하는 것(이른바 보장국가)으로 전환되었기 때문이다. 그 과정에서 민영화의 개념이 대두되었고, 그와 함께 발전한 것이 바로 규제라는 개념이다.116) 이렇게 시작된 규제 개념이 경제행정의 영역을 넘어 사회행정의 영역, 심지어는 경찰행정의 영역까지 침범하면서 규제라는 개념은 이제 영역을 가리지 않고 자유를 제한하거나 의무를 부과하는 공권력의 행사라는 의미로 널리 쓰이게 된 것이다.117)

이렇게 국가의 임무가 급부국가(Leistungsstaat)에서 보장국가(Gewährleistungsstaat)로 급격하게 전환되면서 급부행정을 설명하는 영조물의 이용관계라는 개념은 오늘날 경제행정에서는 거의 사용되지 않는다. 그 대신 공기업의 이용관계라는 개념이 우리나라에서는 널리 쓰이고 있지만 프랑스법이나 독일법에서는 경제행정의 영역에서 공기업의 개념은 중요하게 설명하지만 나아가 영조물의 이용관계에 준하는 공기업의 이용관계라는 것은 딱히 관념하지 않는다. 영조물의 이용관계에서 핵심은 급부행정이 사법적인 형식에 의해서 수행되더라도 여전히 공법적인 조직에 의해서 수행된다는 점인데, 공기업의 이용관계에서 공기업은 반드시 공법적인 조직이어야 할 필요가 없고 공법적인 조직이라고 하더라도 더는 행정의 임무라고 보기 어려운 경우가 많기 때문이다.

---

116) 법적인 규제 개념의 이론적인 발전 경과에 관하여는 이원우, "규제국가의 전개와 공법학의 과제 – 과학기술혁신에 따른 공법적 대응을 중심으로", 경제규제와 법 제14권 제2호, 2021, 9쪽 이하.

117) 이 점에서 규제 개념은 경찰 개념을 대체하지만 양자는 방법론적인 차이가 있다. 이러한 규제는 조종(Steuerung)의 수단이 되는 점에서 이른바 조종과학에서 핵심적 개념이 되고, 이러한 조종과학은 국가임무에 관한 보장국가론과 밀접한 관련이 있다. 행정법의 방법론으로서 조종과학에 관하여는 이원우, "21세기 행정환경의 변화와 행정법학방법론의 과제", 행정법연구 제48호, 2017, 100쪽 이하.

## (3) 공물법과 사회행정법

사회행정은 다른 말로 복지행정이라고도 하는데, 사회적 약자에 대해서 선별적으로 하는 공공부조, 동질적인 집단을 대상으로 하는 공공보험, 보편적으로 제공되는 사회서비스로 구분된다. 공공부조는 약자의 배려를 강조하는 자유주의적 기초를 가지고, 공공보험은 사회적 연대를 강조하는 공화주의적 기초를 가지며, 사회서비스는 결과적 평등을 강조하는 사회주의적 기초를 가진다. 관점과 방법은 다르지만 결국은 재화의 재분배를 목적으로 한다.

이러한 사회행정은 복지국가의 초기에 당연히 국가가 직접 급부를 제공하는 방식으로 수행되었으나 경제행정에서와 마찬가지로 사회행정에서도 급부국가가 보장국가로 전환되면서 규제행정이 중요한 역할을 수행하게 되었다. 이를 잘 보여주는 것이 바로 바우처 (voucher)라는 개념이다. 그래도 경제행정에서와 비교하면 급부행정의 역할이 상대적으로 크다고 할 수 있다. 그만큼 급부행정을 위해서 고안된 영조물의 이용관계라는 개념도 여전히 유효하다.


# IV. 소결 - 새로운 공물법의 구성

우리 공물법은 심각한 도전에 직면해 있다. 그동안 일본법을 통해서 프랑스와 독일의 공물법을 계수하여 빠르게 정착시키는 데는 성공하였으나, 그 역사적인 발전 경로를 비교적으로 추적하는 노력이 부족하여 어떤 개념이 가지는 역사성과 현재성, 보편성과 특수성에 관한 이해가 충분하지 않았다. 이는 변화하는 환경에 신속하고 적절하게 대응하는 역량의 약화로 나타날 수밖에 없다. 최근 공공신탁론에 입각한 법률[118]이 만들어진 사례에서 보다시피 미국법의 영향력이 갈수록 커지고 있고 그 반사적 결과로 대륙법에서 유래하는 공물법이 점점 더 의의를 상실해 가고 있는 측면도 무시할 수 없을 것이다. 여기서 다음과 같은 진단과 처방이 가능하다. 첫째, 전통적인 공물을 넘어 그에 인접한 공공시설, 영조물을 포괄하는 광의의 공물 관점에서 법제가 편제되고 있다. 둘째, 종류별 공물의 법률관계를 설명하면서 그에 대한 일반법을 찾아 일반법과 특별법의 관계에서 공물법을 설명하는 구조적 관점은 여전히 유효하지만 이로써 충분한 시대는 이미 지나가고 있

---

118) 「문화유산과 자연환경자산에 관한 국민신탁법」을 말한다.

다. 셋째, 새로운 체계적 관점에서 공물법을 구성할 필요가 있다. 공물과 직접적으로나 간접적으로 관련이 있는 법제 전체를 공물의 설치, 공물의 관리, 공물의 사용, 공물의 책임이라는 관점에서 체계적으로 구성할 것이 요청된다.

## 1. 공물법의 범위

공물법은 애당초 사적인 재산권이 고권적 지배권을 대체하게 될지 모른다는 우려에서 시작되었다. 그렇기에 공물의 개념을 엄격하게 제한하고 이를 그와 인접한 공공시설이나 영조물의 개념과 구별해 내는 것은 공물법의 사수(死守)라는 관점에서 불가피한 일이었을 것이다. 이러한 초기의 우려는 점차 불식되었고 공공시설이나 영조물의 개념은 이제 단순히 공물의 인접 개념으로서가 아니라 공물과 무관하게 중요한 역할을 수행하는 독자의 개념으로 발전하였다. 지금도 공물법은 여전히 중요하지만 상대적인 중요성이라는 관점에서 보면 공공시설이나 영조물 개념의 중요성이 오히려 압도한다. 오늘날 공물법에 주어진 과제는 전통적인 공물법(이른바 협의의 공물법)으로는 충분히 감당하기 어렵고, 공공시설이나 영조물 개념까지 포괄해서 이른바 광의의 공물법으로 대처할 필요가 있다. 공적 소유권설에 입각한 프랑스의 공물법이 독일에 전해져서 수정된 사적 소유권설에 입각한 공물법이 되면서 그 외연이 대폭 확장된 것처럼, 이제 광의의 공물법을 통해서 다시 한 번 공물법의 외연을 대폭 확장할 것이 요청된다.

## 2. 공물법의 구조

### (1) 일반법

국유재산법과 공유재산법이 가장 바탕이 되는 법제를 구성한다. 하지만 국유재산법과 공유재산법은 공물의 취득에 관하여는 규율하지 않고 있어서 국토계획법상 도시계획시설사업에 관한 규정이 국유재산법과 공유재산법의 결함을 상당한 정도로 메우고 있다. 이 점에서는 국토계획법상 도시계획시설사업에 관한 규정이 공물의 설치에 관한 일반법으로서 역할을 수행한다고 볼 수 있다. 이 점에서 보면, 독일법의 계획확정절차를 우리 법제에 도입하는 방안에 관하여 오랜 시간에 걸쳐 논의가 계속되고 있는데, 국토계획법의 도시계획시설사업에 관한 행정절차 안에 편입시키는 것이 가장 현실적인 방안이 될 수 있다.

## (2) 특별법

개별법 중에서도 도로법, 하천법, 전파법은 표준으로서 역할을 수행한다. 특히 도로법이나 전파법에 비하여 하천법은 최근 빠르고 폭넓게 변화하고 있다. 하천을 구성하는 유수와 하상, 수면과 용수에 관한 법제가 고유하게 발전해 나가고 있기 때문이다. 그 밖에 많은 개별법이 전개되고 있지만 그 전형으로서 도로법, 하천법, 전파법의 역할은 계속해서 중요하고 앞으로 더 중요해질 것으로 기대한다.


## 3. 공물법의 체계

이상과 같이 종류별로 공물의 법률관계를 설명하면서 그에 대한 일반법으로서 국유재산법 등을 일반법과 특별법의 관계에서 설명하는 구조적 관점은 공물법을 이해하는 전통적인 방법론이지만 오늘날에도 여전히 중요하고, 특히 도로법, 하천법, 전파법와 같은 전형적인 공물의 법률관계에 관한 법제는 앞으로도 갈수록 더 중요해질 것이다. 그러나 앞으로 공물법이 자신에게 요청되는 변화에 충분히 대응하기 위해서는 이러한 구조적 관점 외에 체계적 관점이 추가로 고려되어야 한다. 이는 공물법이 물건에 관한 사법, 즉 물권법(物權法)이 그러한 것처럼 물건에 관한 공법으로서 고유하게 하나의 체계를 구성해서 발전하는 데 필수적이다.


## (1) 공물의 설치에 관한 법

하나의 공물이 온전하게 기능하기 위해서는 설치, 관리, 사용, 책임의 측면이 종합되어야 한다. 공물의 성립과 관련하여, 그동안 학설은 공용개시라는 개념에만 초점을 맞추어 피상적인 설명을 하는 데 그치고 있어서, 하나의 공물이 성립하는 과정에서 일어나는 행정계획, 사업계획, 공용수용, 공용부담의 단계적인 행정절차에 법리적인 대응을 제대로 하지 못하고 있다. 이제는 어떠한 개념이 구체적인 행정절차에서 충분한 실천성을 가질 수 있도록 법리를 전개할 필요가 있다.

## (2) 공물의 관리에 관한 법

공물의 관리라는 측면에서 공물법은 재무행정의 출발이자 기초이다. 그러나 한쪽에서는 경영학이나 행정학에서 경제성의 관점으로만 접근하고, 다른 쪽에서는 시대에 뒤처진 고답적인 법리만 반복하는 수준으로는 공물을 둘러싼 이해관계가 갈수록 복잡해지고 첨예해지는 시대적 추세를 따라갈 수가 없다. 과거의 유산으로 남은 개념이 앞으로는 어떤 실천성을 가질 것인지에 관한 고민과 함께 경영학이나 행정학에서 고민하는 문제까지 법리적으로 대응할 수 있는 개방적인 접근이 필요하다.

## (3) 공물의 사용에 관한 법

공물의 사용이라는 측면은 공물법에서 핵심 중의 핵심이다. 공법상 질서에서 물건에 관한 법이 공물법이고, 시민이 공물을 어떻게 이용할 수 있고 또 어떻게 이용해야 하는지에서부터 공물법이 시작된 것이기 때문이다. 이 점에서 공물법은 급부행정, 나아가 복지국가의 출발이자 기초가 된다. 또한 시대적 변화에 대응하기 위해서 더는 공법이나 사법만을 고집하지 않고 혼합적으로 발전하는 법질서에 관한 고민이 계속되고 있다.

## (4) 공물의 책임에 관한 법

우리는 권리의 구제와 책임의 분배라는 관점에서 요청되는 공물에 관한 연구가 아직 미미한 수준이다. 이와 달리 프랑스나 독일의 공물법은 이에 관한 고유한 법리를 일찍부터 다양하게 발전시켜 왔다. 그리고 이러한 특수한 책임의 법리는 이제 협의의 공물법을 넘어 광의의 공물법에 대해서까지 확대되고 있다. 예를 들어, 영미법의 공공시설(public utility)이나 공익사업자(common carrier)에 관한 법리는 민간에 의해서 제공되는 통신 기타 공익적이지만 여전히 영리적인 서비스에 관한 권리의 구제와 책임의 분배에 실천적인 해법을 제시하고 있다.

# 제2장 공물과 행정절차

공물은 행정이 권원을 취득하여 공적으로 제공하는 물건으로서, 그에 관하여 특별한 의사의 표시가 있는 것을 말한다. 공적 소유권설에 입각하는 경우에 공물은 임의로 처분하는 데 제약이 있거나 제3자의 시효취득이 금지되는 등 특별한 보호를 받고, 수정된 사적 소유권설에 입각하는 경우에 공물은 행정법상 역권의 부담(Verwaltungsrechtliche Dienstbarkeit)[1]을 지는 상태가 된다. 이러한 공물에 특수한 법리는 공적 소유권설의 입장에 서거나 수정된 사적 소유권설의 입장에 서거나 간에 사법상 재산권의 행사에 관하여 예외를 인정하는 것이기 때문에 공물이 성립하기 위해서는 엄격한 조건이 충족되어야 한다.

이에 (ㄱ) 행정은 공적으로 제공하는 데 필요한 권원을 보유하여야 하는바, 공적 소유권설에 입각하면 행정은 반드시 소유권을 취득하여야 하지만 이와 달리 수정된 사적 소유권설에 입각하면 반드시 소유권을 취득할 필요는 없고 다만 공적인 제공에 관하여 소유자 기타 권리자의 동의가 필요하고, (ㄴ) 행정에 의하여 공공의 이용에 직접 제공되거나 공공서비스의 수단으로 제공되는 방법으로 공적인 제공이 이루어져야 하는바, 이러한 공적인 제공으로 평가를 받기 위해서는 반드시 행정의 점유나 사용이 인정되어야 하며, (ㄷ) 이러한 공적인 제공에 관한 특별한 의사의 표시가 있어야 하는바, 이 점에 관하여는 독일법이 그러한 것처럼 공용개시를 반드시 요구하는 입장도 가능한 반면에 프랑스법이 그러한 것처럼 공용개시는 원칙적으로 요구되지만 반드시 그런 것은 아니라는 입장도 가능하다.

그러나 이러한 설명은 어디까지나 공물 개념의 논리적인 구성에 불과하다. 공물의 성립은 그에 관한 행정절차를 통해서 이루어지지만, 이러한 공물 개념의 논리적 구성의 순서 그대로 행정절차가 진행되지는 않는 것이다. 공물의 성립과 관련하여 자주 언급이 되

---

1) 이를 언급하는 선행연구로는 이현수, "국유재산법상 행정재산의 성립요건", 행정법연구 제23호, 2009, 245쪽이 거의 유일하다. 다만, 'Dienstbarkeit'를 사법학의 일반적인 용례에 따라 '역권'이라 번역하고 있다.

는 행정절차는 「도로법」(이하 이 장에서 '도로법'이라 한다)에 따른 도로노선의 지정(제19조), 도로구역의 결정(제25조), 도로의 사용개시 공고(제39조), 「하천법」(이하 이 장에서 '하천법'이라 한다)에 따른 하천구간의 지정(제7조), 하천구역의 결정(제10조), 하천공사시행계획(제27조) 등이다. 이 모두는 공물의 성립에 꼭 필요한 행정절차이지만 공물의 성립에 필요한 행정절차의 전부는 아니다. 따라서 공물 개념의 논리적 구성과 직접적인 관련이 있는 행정절차만 미시적으로 분석하면 공물이 성립하는 전체적인 과정을 제대로 파악하지 못할 수 있다.

이에 공물의 성립에 관한 행정절차를 거시적으로 접근하여 크게 4가지의 단계, 즉 행정계획, 사업계획, 공용수용, 공용부담으로 구분하고, 각 단계에서 공물 개념의 논리적 구성이 어떻게 절차적으로 실현되는지를 분석할 필요가 있다. 이러한 순서에 따라 행정절차를 전체적으로 거치는 과정에서 자연스럽게 행정은 어떠한 물건에 대한 권원을 확보한 다음에 그 물건을 공적으로 제공하면서 그에 관하여 특별한 의사를 표시하는바, 이로써 공물이 성립하는 것이다.

## 제1절 행정계획

### Ⅰ. 의의

공물의 성립에는 중장기적인 행정계획(Verwaltungsplan)이 필요하다. 공물의 성립은 공간에 관한 종합계획(Gesamtplan)에서 고려되는 한편으로, 이를 위하여 도로나 하천 기타 종류별로 전문계획(Fachplan)이 수립된다. 이와 관련하여, 「국토기본법」은 국토계획을 국토종합계획, 도종합계획, 시·군종합계획, 지역계획, 부문별계획으로 구분하는데(제7조), 그중 국토종합계획, 도종합계획, 시·군종합계획은 종합계획에 해당하고, 부문별계획은 전문계획에 해당한다. 지역계획은 일종의 특수계획으로서, 종합계획에 부가적인 것일 수도 있고, 전문계획에 부가적인 것일 수도 있다.[2]

---

2) 예를 들어, 수도권의 인구와 산업이 집중하는 것을 억제하고 적정하게 배치하기 위한 수도권정비계획(수도권정비계획법 제4조)은 전자에 해당하고, 광역시설(둘 이상의 지방자치단체의 관할구역에 걸쳐 있거나 둘 이상의 지방자치단체가 공동으로 이용하는 기반시설)의 설치에 초점이 맞추어져 있는 광역도시계획(국토의 계획 및 이용에 관한 법률 제10조 이하)은 후자에 해당한다.

공물의 성립과 관련하여 가장 중요한 종합계획은 「국토의 계획 및 이용에 관한 법률」(이하 이 장에서 '국토계획법'이라 한다)에 따른 도시·군관리계획(이하 이 장에서 '도시관리계획'이라 한다)이다. 기반시설을 설치하려면 그 시설의 종류·명칭·위치·규모 등을 미리 도시관리계획으로 결정하여야 한다(국토계획법 제43조 제1항). 이와 같이 도시관리계획으로 결정된 기반시설을 도시·군계획시설(이하 이 장에서 '도시계획시설'이라 한다)이라고 하고, 도시계획시설에 대한 도시관리계획의 결정을 '도시·군계획시설결정'(이하 이 장에서 '도시계획시설결정'이라고 한다)이라고 한다. 일정한 도시계획시설에 대해서는 도시계획시설결정을 하는 경우에 그 시설의 기능 발휘를 위하여 설치하는 중요한 세부시설에 대한 조성계획을 함께 결정하여야 한다.[3] 도시계획시설의 설치 장소로 결정된 지상·수상·공중·수중 또는 지하에 대해서는 그 도시계획시설이 아닌 건축물의 건축이나 공작물의 설치를 허가해서는 안 되는 것이 원칙이다(국토계획법 제64조). 지방자치단체의 장은 도시계획시설에 대하여 재원조달계획, 보상계획 등을 포함하는 단계별 집행계획을 수립하여야 한다(국토계획법 제85조 제1항). 도시계획시설사업(도시계획시설을 설치·정비 또는 개량하는 사업을 말한다)은 지방자치단체의 장이 시행하는 것이 원칙이다(국토계획법 제86조 제1항). 도시계획시설사업의 시행을 위해서는 실시계획이 작성되어야 하고(국토계획법 제88조 제1항), 국토교통부장관, 시·도지사, 대도시 시장(서울특별시와 광역시 및 특별자치시를 제외한 인구 50만 이상의 대도시 시장을 말한다)이 사업을 시행하는 경우가 아니라면 실시계획에 대해서 인가를 받아야 한다(국토계획법 제88조 제2항). 이로써 행정계획이 사업계획으로 전환된다. 한편 도시계획시설결정이 아닌데도 기반시설에 관한 사항을 도시관리계획으로 결정하는 경우가 있다. 일정한 기반시설의 배치와 규모에 관한 사항을 포함하는 지구단위계획의 결정이 바로 그것이다(국토계획법 제52조). 다만, 이와 같이 기반시설에 관한 사항을 포함하는 지구단위계획이 기반시설에 관한 내용만을 가지는 도시계획시설결정과 동일한 효력을 가지는지는 분명하지 않다.[4] 도시계획시설결정에 관한 규정 전부는 아니더라도 일부는 준용될 수 있다.

이러한 도시계획은 공간이용의 합리성 제고라는 목적에서 기반시설의 설치에 초점을 맞추고 있고, 그에 따라 설치되는 기반시설은 공물이 성립하는 기초가 되기는 하지만 그

---

3) 「도시·군계획시설의 결정·구조 및 설치기준에 관한 규칙」 제2조 제2항.
4) 이에 관하여 김종보, 건설법의 이해(제6판) 피데스, 2018, 207쪽은 "지구단위계획에서는 도시계획시설계획이 별도로 존재할 필요가 높지 않다. 이점이 현재 지구단위계획에 포함된 도로와 공원 등의 법적 지위를 어떻게 평가할 것인가 하는 문제와 연결된다."고 설명하고, 302쪽은 "지구단위계획에서 내용으로 삼는 기반시설에 관한 계획은 원칙적으로 위치와 면적을 정하는 도시계획시설결정을 의미한다. 따라서 지구단위계획에 포함된 도시계획시설결정은 당해 시설에 대한 실시계획이 인가될 수 있는 법적 근거로 해석될 수 있다."고 설명한다.

자체로 공물인 것은 아니기 때문에, 도시계획을 공물의 성립에 관한 직접적인 행정계획으로 보기에는 어려움이 있다. 이에 비해서 도로와 하천 등 공물의 종류별 입법에 따라 수립되는 전문계획은 공물의 성립에 관한 직접적인 행정계획에 해당한다. 도로법은 국가도로망종합계획(제5조), 도로건설·관리계획(제6조), 대도시권 교통혼잡도로 개선사업계획(제8조)을 규정한다. 도로와 달리 하천에 관한 입법은 단순하지 않다. 하천법은 하천기본계획(제25조)을 규정하고, 「수자원의 조사·계획 및 관리에 관한 법률」은 하천유역수자원관리계획(제18조), 지역수자원관리계획(제19조), 특정하천유역치수계획(제20조)을 규정하며, 「공유수면의 관리 및 매립에 관한 법률」은 공유수면매립 기본계획(제22조)을 규정한다. 이러한 전문계획이 공물의 성립에 직접적인 영향을 미치는 점은 분명하다. 다만, 공물의 성립과 좀 더 직접적인 관련이 있는 것은 도로법에 따른 도로노선의 지정(제19조)과 도로구역의 결정(제25조), 하천법에 따른 하천구간의 지정(제7조)과 하천구역의 결정(제10조)이다. 하지만 이는 행정계획에 해당하지 않는다. 도로노선의 지정과 하천구간의 지정은 공용개시(Widmung)와 관련이 있다.[5] 도로구역의 결정과 하천구역의 결정은 프랑스법상 공물의 범위 결정(délimitation des dépendances du domaine public)에 상응하는 것으로서, 행정법상 역권의 부담에 해당하는 행위제한이라는 법률효과를 초래하는 점에서 국토계획법상 도시계획시설결정과 유사하기는 하지만 그렇다고 행정계획인 것은 아니다. 한편, 하천구역의 결정과 별개로 하천공사시행계획이라는 행정절차를 가지고 있는 하천법과 달리, 도로법은 도로구역의 결정에 하천공사시행계획의 경우에 준하는 법률효과를 부여하고 있는 바, 이 또한 프랑스법과 유사한 점이다.

5) 프랑스법에서는 이로써 공용개시가 인정되지만 독일법에서는 그렇지 않다. 독일법에서 공용개시는 공물의 성립이라는 법률효과가 발생하기 위한 조건의 총체로서 법률요건에 해당하는 점에서, 어떤 물건을 공적으로 제공할 수 있어야 할 뿐만 아니라 해당 물건을 공적으로 제공하는 데 필요한 권원을 취득한 상태에서 비로소 공용개시가 가능하다(이를 법률요건설이라고 부를 수 있다). 이와 달리 프랑스법에서 공용개시는 공물의 성립에 원칙적으로 요구되는 의사적인 요소이지만 반드시 요구되는 것은 아니다(이를 법률사실설이라고 부를 수 있다). 우리 도로법이나 하천법은 프랑스법과 유사한 태도를 취하고 있으나 우리 판례는 이를 꼭 그렇게 해석하지는 않는다. 첫째, 우리 판례는 프랑스법에서와 달리 공용개시를 공물의 성립에 필수적인 요소로 보고 있다. 그렇기에 공용개시가 없더라도 공물이 될 수 있는가는 우리 판례의 고민거리가 아니다. 공용개시는 당연히 필요한 것이고, 다만 언제 공용개시가 있다고 볼 것인가 하는 시점 문제가 우리 판례의 중요한 현안이다. 둘째, 도로노선의 지정과 같은 특수한 형식의 행위가 있는지를 기준으로 판단하는 방식(이를 형식설이라고 부를 수 있다. 프랑스법은 법률사실설이고 독일법은 법률요건설인 점에서 입장의 차이가 있지만 모두 형식설이라는 점에서는 공통적이다)이 아니라 도로노선의 지정과 도로구역의 결정이 있고 그에 따라 도로가 설치되면 그동안의 경과와 전체적인 상황을 종합적으로 고려하건대 공용개시가 있은 사실이 넉넉하게 인정되거나 추인된다는 식으로 판단하고 있다(이를 실질설이라고 부를 수 있다). 다만, 도로법이 아니라 국토계획법에 따라 설치되는 도로에 관하여는 "도로를 설치하였을 때에 공용개시행위가 있다."라는 것이 판례의 입장인바, 이는 공용개시가 필요 없다는 의미가 아니라 후술하는 바와 같이 공용개시의 의제나 사전적 공용개시를 말하는 것으로 보아야 한다.

## II. 프랑스와 독일의 법제 비교

공물의 성립에 종합계획과 전문계획이 함께 작용하는 점은 동일하다. 다만, 종합계획에 해당하는 도시계획에 초점을 맞추어 비교하고자 한다.

## 1. 프랑스 도시계획법

프랑스법에는 우리의 도시기본계획에 상응하는 형식의 도시계획이 따로 없다. 다만, 우리의 도시관리계획에 상응하는 도시관리계획(plan local d'urbanisme: PLU. 이하 'PLU'라고 표시한다)의 부속도서 중 하나에 해당하는 도시정비 및 지속가능한 개발계획(projet d'amé-nagement et de développement durable: PADD. 이하 'PADD'라고 표시한다)이 우리의 도시기본계획과 유사한 기능을 수행한다. 도시관리계획(PLU)이 수립되지 않으면 법정도시계획사항(règlement national d'urbanisme)이 적용된다. 그러나 도시관리계획(PLU)이 수립되어 있는 경우에도 법정도시계획사항의 일정한 규율은 여전히 적용된다. 도시관리계획(PLU)은 모든 지방자치단체에서 수립할 수 있으나 그 수립이 의무인 것은 아니다. 도시관리계획(PLU)은 직접적인 구속력을 가지는 것이 원칙이다. 그러나 도시관리계획(PLU)이 구속력을 가지는 유일한 토지이용규제는 아니다. 이에 도시관리계획(PLU)에 종합계획으로서 성격을 부여하고자 그 부록에 도시관리계획(PLU)을 수립하는 근거가 되는 도시계획법전이 아닌 다른 법률에서 정하는 다양한 도시계획적 역권의 부담(servitude d'urbanisme)6)을 기재하도록 하고, 이를 위반할 경우에는 구속력이 상실되도록 하였다. 도시관리계획(PLU)은 복수의 문서가 하나로 통합된 양식으로서, 현황보고서(rapport de présentation), 지형도면(document graphique), 토지이용규제(réglement), 도시정비 및 지속가능한 개발계획(PADD), 부록(annexe)으로 구성된다. 도시관리계획(PLU)은 지구단위계획(zonage)의 형태로 수립된다. 지구단위계획의 기초가 되는 용도지구(zone)는 크게 도시지역, 관리지역, 농림지역,

---

6) 행정법상 역권의 부담(servitude administrative)의 일종이다. 프랑스 민법전 제650조는 공공필요를 위한 역권의 부담(servitude établie pour l'utilité publique ou communale)을 규정하면서 그에 관하여는 특별한 법령에서 정하는 바에 따르도록 하고 있다. 'servitude administrative' 외에 'servitude d'utilité pub-lique' 또는 'servitude publique' 또는 'servitude de droit public'의 표현이 사용되기도 한다. 이에 해당하는 독일어가 'Verwaltungsrechtliche Dienstbarkeit'이다. 이러한 역권의 부담을 의무의 부담이라는 측면에서 공용부담의 일종으로 보는 견해도 있으나 권리의 제한이라는 점에 주목하여 공용침해의 일종으로 다루는 것이 일반적이다. 이 점에서 보면, 여기서 설명하는 '도시계획적 역권의 부담'은 우리가 사용하는 '계획제한'의 개념에 상응하는 것이 된다.

자연지역으로 구분된다. 도시지역은 다시 중심지구, 주거지구, 상업지구, 공업지구, 녹지지구, 공공시설지구로 구분된다. 도시지역은 이미 도시화가 이루어진 지역이거나 도시화가 진행 중인 지역인 점에서 이곳에서는 통상적으로 건축이 가능하다. 도시지역을 제외한 나머지 용도지역은 즉각적인 도시화가 가능하지 않다. 특별지역이 지정되는 경우가 있는데, 그중에 보류지(emplacement réservé)의 지정이 우리의 도시계획시설결정과 유사하다. 보류지는 장래 행정이 공용수용 등을 통해 취득하고자 하는 토지에 대해서 일종의 옵션을 부여하는 것이다. 보류지로 지정되면 토지이용이 동결되고 그 결과 지가가 상승하지 않게 된다. 이에 대응해서 토지소유자는 매수청구권을 행사할 수 있다. 보류지는 도로 기타 공공시설, 공익시설, 시설녹지의 설치를 목적으로 설치되고, 그 시설은 반드시 행정이 설치하는 것일 필요가 없다.[7]

이와 같이 우리의 도시계획시설결정과 유사한 보류지의 지정이라는 제도를 가지고 있는 점, 독일의 지구단위계획(Bebauungsplan)이 조례에 의해서 수립되는 것과 대조적으로 독자의 형식으로 수립되고 있는 점, 여기서는 따로 설명하지 않지만 우리의 개발행위허가와 유사한 제도를 가지고 있는 점은 우리에게 친숙한 측면이다. 그러나 도시관리계획(PLU)이 지방자치단체의 관할구역 전체에 걸쳐서 하나의 문서로 수립되는 점, 우리의 도시기본계획에 해당하는 도시계획의 형식이 없는 점, 우리의 도시계획시설사업에 해당하는 제도가 없는 점에서 우리 도시계획의 법제와 차이가 난다. 이어서 설명하는 독일의 도시계획법까지 아울러 우리와 프랑스 그리고 독일의 제도를 도식적으로 비교하면 다음과 같다.

※ 도시계획 법제의 비교

| 구분 | | 우리 | 프랑스 | 독일 |
|---|---|---|---|---|
| 도시기본계획 | | 있음 | 없음 | 있음 |
| 도시관리계획 | 법적인 형식 | 독자의 형식 | 독자의 형식 | 조례의 형식 |
| | 지리적 범위 | 제한적 지역을 대상으로 복수의 계획이 분할되어 수립됨 | 관할구역 전체를 대상으로 하나의 통합적 계획이 수립됨 | 제한적 지역을 대상으로 복수의 계획이 분할되어 수립됨 |
| | 계획의 형태 | 용도지역, 용도지구, 용도구역, 도시계획시설, 지구단위계획이 하나의 토지에 대해서 누적적으로 수립 | 지구단위계획으로 통일 (하나의 토지에 대해서 하나의 지구단위계획만 수립) | 지구단위계획으로 통일 (하나의 토지에 대해서 하나의 지구단위계획만 수립) |

---

7) 송시강, "프랑스 건축공법의 현황과 쟁점 - 도시계획을 중심으로", 행정법연구 제32호, 2012, 296쪽 이하.

| 기반시설의 부지 | | 도시계획시설, 지구단위계획 | 지구단위계획 | 지구단위계획 |
|---|---|---|---|---|
| 기반시설의 설치 | | 도시계획시설사업(실시계획의 수립이나 그에 대한 인가) | 없음 | 계획확정절차(연방건설법전이 아니라 연방행정절차법) |
| 개발행위허가 | | 있음 | 있음 | 없음 |
| 건축법상 건축허가 | | 있음 | 없음 | 있음 |

## 2. 독일의 도시계획법

연방건설법전에 따른 도시계획(Bauleitplan)은 우리의 도시기본계획에 상응하는 토지이용계획(Flächennutzungsplan)과 우리의 도시관리계획에 상응하는 지구단위계획(Bebauungsplan)으로 구분된다. 독일의 지구단위계획은 그 명칭에서 드러나는 것처럼 일정한 토지에 대해서 건축허용성(Bebaubarkeit)을 명시적으로 수권한다. 지방자치단체의 관할구역 전체를 대상으로 하는 도시계획을 하나의 문서로 작성하는 것이 아니라 그 일부만을 대상으로 도시계획을 수립하고 그것을 하나의 단위로 삼아 복수의 문서가 작성되는 점, 토지의 이용을 규제함에 있어서 건물의 형태, 용도, 높이를 평면적으로 규제하는 데 그치지 않고 현장에 적합한 규제를 입체적으로 구성하는 것이 가능한 점에서 우리의 지구단위계획과 유사한 측면이 있다. 그러나 우리의 지구단위계획이 다른 도시관리계획(용도지역결정, 용도지구결정, 용도구역결정, 도시계획시설결정)에 누적적으로 적용되는 것과 다르게 독일의 지구단위계획은 그 자체로 완결적인 구조를 가지고 있어서 최종적인 규제를 확인하기 위하여 다른 도시관리계획을 참고할 필요가 없다. 독일의 경우에 지구단위계획을 통해서 건축허용성이 확정되는 것과 달리 우리의 경우에 지구단위계획에 적합하더라도 다시 국토계획법에 따른 개발행위허가(제56조), 그중에서도 특히 토지의 형질 변경에 대한 허가를 받아야 건축허용성이 비로소 확정된다는 것도 중요한 차이점이다.[8]

연방건설법전은 지방자치단체가 기반시설의 설치를 부담하는 주체라고 규정한다(제123조). 연방건설법전 제127조 제2항에서 정하는 기반시설, 즉 공공시설[9]을 설치하기 위해서

---

8) 이에 관하여, 김종보, 앞의 책, 231쪽은 "기성시가지에서 개별 필지 단위의 건축허용성을 부여해 온 형질변경허가제도는 한국 도시계획의 특수한 상황에 의존해 강력한 위력을 발휘해 왔다. 그러나 건축허용성의 부여는 원칙적으로 도시계획에서 규율해야 할 사항이며, 개별적인 처분에 의해 건축허용성을 부여하는 것은 전체 도시계획의 체계나 이상과는 거리가 있다. 그러므로 형질변경허가제도가 적용되는 범위는 지구단위계획을 포함한 각종 토지이용계획이 필지 단위에 이르기까지 섬세하게 규율하지 않고 있는 지역에 한정된다."고 설명한다.

는 사전에 지구단위계획이 수립되어야 한다(제125조). 기반시설의 설치도 지구단위계획으로 확정된 바에 따라 토지를 이용하는 것인 점에서 이를 위한 공용수용이 가능하지만(제85조), 기반시설의 설치라고 해서 특별한 취급을 받는 것은 아니기 때문에 공용수용의 조건이 되는 공공필요에 관한 심사가 면제되지는 않는다. 이와 같이 기반시설의 설치에 관한 사항을 도시관리계획으로 결정하고 공공시설을 설치하기 위해서는 사전에 도시관리계획이 수립되어야 하는 것이 원칙인 점, 지방자치단체가 기반시설을 설치하는 것에 관하여 일반적인 수권이 있고 나아가 공용수용에 대해서도 수권이 있다는 점은 우리 국토계획법의 태도와 유사하다. 그러나 다음과 같은 점에서는 차이가 있다. 첫째, 우리의 경우에 기반시설에 관한 도시관리계획은 다른 도시관리계획과 구별되어 수립되는 것이 원칙이지만, 독일의 경우에 지구단위계획이라는 단일한 종류의 도시관리계획만 있고 기반시설에 관한 사항은 이에 포함된다. 둘째, 국토계획법의 도시계획시설사업에 관한 규정, 즉 사업시행자가 실시계획을 수립하거나 그에 대해서 인가하는 행정절차는 연방건설법전에서 규정하지 않는다. 따라서 주(州)의 건축법에서 정하는 건축에 관한 일반적인 행정절차를 거쳐야 한다. 행정주체가 건축주인 경우에는 허가 대신에 동의를 받아야 한다.[10] 연방건설법전과 그에 따라 수립되는 도시계획은 결국 주(州)의 건축법에서 정하는 행정절차를 통해서 그 준수가 강제된다. 그러나 주(州)의 건축법에서 정하는 건축에 관한 일반적인 행정절차는 기반시설의 설치와 같이 도시계획을 형성하는 건축을 염두에 둔 것이 아니다. 바로 여기서 전문계획법(Fachplanungsrecht)이 요청되는바, 이로써 기반시설의 설치에 관한 특별한 행정절차가 마련되는 것이다. 다만, 전문계획법은 대부분의 경우에 스스로 고유한 절차를 규율하는 대신에 연방행정절차법에서 정하는 계획확정절차(Planfeststellungsverfahren)를 그대로 적용하거나 일부 수정해서 적용하는 방식으로 규정한다.[11] 여기서 독일법의 계획확정절차가 우리의 도시계획시설사업에 관한 행정절차와 유사한 기능을 수행하는 것임을

---

9) 국토계획법은 공공시설을 엄격한 개념으로 사용하고, 그보다 넓은 의미로 기반시설이라는 용어를 사용한다. 독일법도 이와 유사하지만 용어 자체를 구분하지는 않는다. 'Erschließungsanlage'라는 하나의 용어를 사용하면서 그중 일부를 특별하게 취급하는데, 우리 식으로 이해하면 기반시설 중에서 일부가 특별하게 취급되는 공공시설이 되는 것이다. 연방건설법전 제127조 제2항에서 정하는 기반시설은 일반적인 기반시설과 다른 특별한 취급을 받는 점에서 공공시설이라 부르는 것이 맥락에 맞다.

10) 예를 들어, 브레멘 주(州) 건축법은 제64조의a에서, 건축감독청이 공공주체의 건축사업에 대해서는 제64조에 따른 허가절차의 진행을 포기할 수 있지만 그 건축물에 대해서는 건축감독청의 동의가 필요하다고 규정한다.

11) 연방간선도로법 제17조(필수적 계획확정) 연방간선도로는 계획이 사전에 확정된 경우에만 신설되거나 개설될 수 있다. 계획확정의 경우에 환경적합성을 포함하여 사업으로 영향을 받는 공적인 이익과 사적인 이익이 형량의 차원에서 고려되어야 한다. 계획확정절차에 대해서는 연방행정절차법의 제72 내지 78조를 이 법에서 정하는 바에 따라 적용한다. 절차가 주법에 따라서 연방행정절차법을 통해서 규율되는 경우에도 이와 같다.

알 수 있다. 셋째, 우리는 사업시행자에 의한 실시계획의 작성이나 그에 대한 인가가 있으면 「공익사업을 위한 토지 등의 취득 및 보상에 관한 법률」(이하 이 장에서 '토지보상법'이라 한다)에 따른 사업인정이 의제되어 공용수용절차에서는 공공필요에 관한 심사를 하지 않지만, 연방건설법전에는 이러한 공용수용절차의 특례가 없다. 다만, 전문계획법이나 공용수용법에서 정하는 바에 따라 계획확정절차를 거치는 경우에는 이른바 선취효 (Vorwirkung)[12]를 통해서 우리 법제에서 사업인정이 의제되는 것과 유사한 결과가 발생한다. 넷째, 독일에서도 지방자치단체가 아닌 자가 기반시설을 설치하는 경우를 배제하지 않고 있지만 제3자가 사업시행자인 경우에는 사업시행자가 지방자치단체와 행정계약을 체결하고 그 사무를 위탁받아 수행하는 형태가 된다. 다만, 고권적인 권한의 행사는 위탁의 범위에서 제외되는 점에서, 사업시행자가 공무수탁사인이 되는 것은 아니다.[13] 여전히 지방자치단체는 기반시설의 설치를 부담하는 주체로서 지위를 가지고 그에 따른 책임을 져야 한다. 다시 2가지 경우로 구분된다. 우선, 사업시행자가 연방건설법전 및 그에 따른 도시계획을 준수하면서 기반시설을 설치하는 경우가 있다. 이에 관하여는 연방건설법전 제124조가 규정한다. 다음, 사업시행자가 연방건설법전 및 그에 따른 도시계획에서 일부 벗어나서 기반시설을 설치하는 경우가 있다. 이른바 사업적 지구단위계획 (Vorhabenbezogener Bebauungsplan)이 수립되는 경우를 말한다. 이에 관하여는 연방건설법전 제12조가 규정한다. 이에 반하여, 우리는 사인이 기반시설을 설치하는 경우를 당연하게 여기고 있다. 다만, 남용의 방지를 위해 사업시행자로 지정되기 위한 요건으로 일정한 면적의 소유권의 취득과 일정한 비율의 소유자의 동의를 요구하고 있지만(국토계획법 제86조 제7항), 이러한 기준은 사업시행자가 수립하는 실시계획에 대해 인가가 있으면 의제가 되는 토지보상법상 사업인정에 요구되는 공공필요를 충분히 반영하지 못한다는 비판을 받고 있다.[14]

---

12) 이와 달리 '사전효'나 '선제효'라고 번역하는 경우도 있다. 그 용례는 행정절차에 국한되지 않는다. 예를 들어, 상속의 효과에 있어 태아의 권리능력을 인정하는 것도 이에 해당한다.

13) Ulrich Battis/Michael Krautzberger/Rolf−Peter Löhr, Baugesetzbuch Kommentar. 9.Auflage, Verlag C.H.Beck, 2005, 1102쪽.

14) 최계영, "민간기업에 의한 수용", 행정판례연구 제16권 제1호, 2011, 261쪽: 엄밀하게 논리적으로 따지면, 토지취득 요건 자체는 수용의 합헌성을 판단하는 두 가지 요소인 공공필요와 정당한 보상의 판단과는 무관한 문제일 것이다.

## III. 행정계획과 사업계획의 관계

먼저 용어의 문제를 짚고 넘어갈 필요가 있다. 우리가 법적으로 사용하는 계획이라는 용어는 서로 다른 2가지 차원을 가진다. 첫째는 행정계획(Verwaltungsplanung)이다. 둘째는 사업계획(Planung von Vorhaben)이다. 여기서 2가지 문제가 생긴다. 첫째는 행정계획과 사업계획을 혼동하는 문제이다. 둘째는 사업(Vorhaben) 자체의 의미로 사업계획이라는 용어를 사용하면서 생기는 혼란의 문제이다. 이는 우리 법제에 대한 이해뿐만 아니라 독일법, 그중에서 특히 계획확정절차의 이해에 있어서도 중요하다. 우리 법제를 더 잘 이해하기 위해서 비교법을 수행하는 것인데, 번역의 오해까지 더해지면서 사태가 더 어려워진 측면이 있다. 단순한 용어의 선택이 아니라 개념의 정립 차원의 문제이기 때문에 중요한 것이다.

※ 용어의 정리

| 개념 | 용례 | 절차와 효력 | | 관점과 접근 | | 비고 |
|---|---|---|---|---|---|---|
| 계획<br>Verwaltungsplan | 종합계획<br>Gesamtplanung | 계획수립<br>Plan-<br>aufstellung | 기준의 설정<br>as a rule | 거시적<br>macro | 정태적<br>static | 정책결정<br>policy<br>decision |
| | 전문계획<br>Fachplanung | | | | | |
| 사업<br>Vorhaben<br>(Projekt) | 사업계획<br>Planung von<br>Vorhaben | 계획확정<br>Plan-<br>feststellung | 기준의 적용<br>as a case | 미시적<br>micro | 동태적<br>dynamic | 정책집행<br>policy<br>implementation |
| | 사업시행<br>Durchführung des<br>Vorhabens | | | | | |

독일어 'Vorhaben'은 'Projekt'와 동의어이다. 양자 모두 무언가 도모하고 있는 일이나 어떤 계획 중에 있는 일을 의미한다. 여기서 만약 후자를 '사업'이라고 번역한다면 전자도 마찬가지로 번역하는 것이 자연스럽다. 이와 달리, 도모하거나 계획 중에 있다는 어감을 살리기 위해서 전자를 '사업계획'이라고 번역하는 경우가 적지 않다. 그러나 계획 중에 있는 일이라는 것과 그 일에 관한 계획이라는 것은 개념적으로 구별되어야 한다. 따라서 'Vorhaben'은 '사업'으로 번역하고, '사업계획'은 'Planung von Vorhaben'의 번역으로 이해해야 한다. 한편 계획확정절차에서 계획을 확정한다는 것은 무언가 도모하고 있는 일이나 어떤 계획 중에 있는 일을 어떻게 실천할 것인지에 관한 구체적인 계획을 수립한 다음에 종국적으로 확인한다는 것이다. 따라서 계획확정(Planfeststellung)은 사업계획

(Planung von Vorhaben)에 대한 일종의 확인(Feststellung)에 해당한다. 다만, 엄격한 절차에 따라 이루어지고 중요한 효력이 부여되는 점에서 좀 더 공식적인 어감을 가지는 '확정'이라는 표현이 번역에서 채택된 것으로 보인다.

이와 같이 사업계획을 사업 그 자체와 개념적으로 구별하면, 사업계획을 행정계획과 개념적으로 구별하는 일도 쉬워진다. 사업계획이라는 것은 말 그대로 사업에 관한 계획에 불과하므로 행정계획과는 개념적으로 무관하다. 다만, 사업계획의 성격은 그 사업이 무엇인가에 따라 달라질 수 있다. 예를 들어, 「건축법」(이하 이 장에서 '건축법'이라 한다)에 따른 건축물의 건축도 사업에 해당하고, 국토계획법에 따른 도시계획시설의 설치도 사업에 해당한다. 어느 경우든지 간에 사업에 관하여 계획을 수립하고 문서로 작성해서 행정에 제출할 것이 요구된다. 그러나 전자의 경우에 건축법은 건축계획[15]이라는 표현을 사용하기도 하지만 사업계획이라는 개념을 분명하게 인식하지 못하고 있다. 이와 달리, 독일에서는 주(州)의 건축법에 따라 건축허가를 받아야 하는 경우에 사업계획이 제출되어야 하고, 여기서 말하는 사업은 바로 건축물의 건축이다. 단순히 건축물을 건축하는 경우도 사업계획의 개념에 포섭되는 것이다. 한편 후자의 경우에 국토계획법은 실시계획이라는 표현을 사용하는바, 이는 전형적으로 사업계획의 개념에 해당한다. 검토의 범위를 좀 더 확대해 보면 「주택법」(이하 이 장에서 '주택법'이라 한다)에 따른 사업계획승인(제15조), 「도시 및 주거환경 정비법」(이하 이 장에서 '도시정비법'이라 한다)에 따른 사업시행계획인가(제50조), 「도시개발법」(이하 이 장에서 '도시개발법'이라 한다)에 따른 실시계획인가(제17조) 등 다양한 용어가 사업계획의 개념을 내포하고 있다는 것을 확인할 수 있다. 이러한 사업계획은 단순히 건축물을 건축하는 경우와 비교했을 때 개념적인 차이는 없으나 서로 다른 사업을 내용으로 하는 점에서 그 성격에는 차이가 있다. 그 차이점은 바로 행정계획과의 관계 설정에서 나타난다. 건축법에 따른 건축허가는 일차적으로는 건축법의 준수를 강제하기 위한 것이지만 나아가 도시계획의 준수를 강제하기 위한 수단도 되는 점에서 도시계획과 무관하지 않다. 그러나 도시계획을 형성하는 목적은 아니다. 이와 달리 국토계획법에 따른 실시계획의 작성이나 그에 대한 인가, 주택법에 따른 사업계획승인, 도시정비법에 따른 사업시행계획인가, 도시개발법에 따른 실시계획의 작성이나 그에 대한 인가는 도시계획의 준수를 강제하기 위한 것이 아니라 도시계획의 형성을 목적으로 한다. 다시 말해, 내용적으로만 보면 도시계획의 일부인 것이다. 이와 관련하여, 실질적 의미의 행정계획(materielle Planung)[16]이라는 개념에 주목할 필요가 있다. 앞서 설명한 바와 같이, 건축법

---

15) 건축법 제11조 제2항.
16) Hans J. Wolff/Otto Bachof/Rolf Stober, Verwaltungsrecht. Band 2. 6.Auflage, Verlag C.H.Beck, 2000,

상 건축허가의 경우와 국토계획법상 실시계획의 작성이나 그에 대한 인가의 경우 모두 도시계획과는 개념적으로 무관하다. 다만, 여기서 말하는 도시계획은 명목상 개념(nominal concept)으로서[17] 국토계획법이 정하는 도시계획, 그중에서도 특히 도시관리계획을 뜻한다. 국토계획법상 실시계획의 작성이나 그에 대한 인가는 도시관리계획에 해당하지 않는다. 하지만 도시관리계획의 형성을 목적으로 하는 점에서 도시관리계획의 실질을 가지는바, 실질적 의미의 행정계획에 해당하는 것이다. 국토계획법상 실시계획의 작성이나 그에 대한 인가는 실질적 의미의 행정계획에 해당하는 점에서, 그렇지 않은 건축법상 건축허가와 구별된다. 사업계획이라는 개념은 동일하지만 단순한 건축물의 건축을 사업으로 하는지 아니면 도시계획시설의 설치를 사업으로 하는지에 따라 성격에 차이가 나는 것이다.

이와 같이 사업계획 중에는 실질적 의미의 행정계획에 해당하는 사업을 내용으로 하는 것이 있는 점에서 개념적인 혼란이 있을 수 있다. 그러나 여전히 사업계획은 개념적으로 행정계획과 무관하다고 보아야 한다. 경우에 따라 실질적 의미의 행정계획에 해당하는 사업을 내용으로 하는 사업계획도 있지만 그렇다고 사업계획 자체가 행정계획으로 취급되지는 않기 때문이다. 다만, 주택법상 사업계획승인에서처럼 후술하는 '관련 인ㆍ허가 등의 의제'의 효과가 지구단위계획과 같은 도시관리계획에 대해서까지 미치는 수도 있는데,[18] 이 경우에는 도시관리계획에 관한 행정절차를 거치지 않았음에도 불구하고 도시관리계획의 효력이 인정되는바, 그 범위 내에서는 사업계획이 동시에 행정계획에 해당하는

---

368쪽 이하.

17) 행정계획의 정의는 명목적인 것, 실질적인 것, 형식적인 것으로 구분할 수 있다. 어느 법에서 계획이라고 정의하는 것은 명목적인 개념에 해당한다. 이와 대비가 되는 것이 바로 실질적 개념이다. 비록 법에서 계획이라고 정의하고 있지 않지만 그럼에도 불구하고 계획으로 취급할 것이 요청되는 경우에 실질적 개념이 적용된다. 이러한 명목적 개념이나 실질적 개념과는 다른 차원에 속하는 것이 형식적 개념이다. 이는 행정계획이 기존의 전형적인 행위형식인 행정입법, 행정행위 등에 해당하지 않고 독자적인 행위형식에 해당하는 경우를 말한다. 이러한 형식적인 측면에서 분석하면 독일의 도시관리계획은 조례에 해당한다. 다만, 행정소송에서 일반적인 조례와는 달리 취급된다. 이와 달리, 프랑스의 도시관리계획은 행정입법도 아니고 그렇다고 행정행위도 아닌 독자의 유형에 해당한다. 다만, 행정소송에서는 행정입법과 유사하게 취급된다. 우리의 도시관리계획은 프랑스법에서와 마찬가지로 독자의 행위형식으로 다루어진다. 다만, 항고소송의 대상적격 문제를 넘어서는 좀 더 심층적인 논의는 아직 진전이 없다.

18) 주택법 제19조(다른 법률에 따른 인가ㆍ허가 등의 의제 등) ① 사업계획승인권자가 제15조에 따라 사업계획을 승인 또는 변경 승인할 때 다음 각 호의 허가ㆍ인가ㆍ결정ㆍ승인 또는 신고 등(이하 "인ㆍ허가등"이라 한다)에 관하여 제3항에 따른 관계 행정기관의 장과 협의한 사항에 대하여는 해당 인ㆍ허가등을 받은 것으로 보며, 사업계획의 승인고시가 있은 때에는 다음 각 호의 관계 법률에 따른 고시가 있은 것으로 본다.
5. 「국토의 계획 및 이용에 관한 법률」 제30조에 따른 도시ㆍ군관리계획(같은 법 제2조제4호다목의 계획 및 같은 호 마목의 계획 중 같은 법 제51조제1항에 따른 지구단위계획구역 및 지구단위계획만 해당한다)의 결정, 같은 법 제56조에 따른 개발행위의 허가, 같은 법 제86조에 따른 도시ㆍ군계획시설사업시행자의 지정, 같은 법 제88조에 따른 실시계획의 인가 및 같은 법 제130조제2항에 따른 타인의 토지에의 출입허가

특이한 사태가 발생한다. 앞서 설명한 독일법상 사업적 지구단위계획도 이와 유사한 결과를 초래하지만, 독일에서는 도시관리계획에 관한 행정절차가 생략되지 않는다는 점에서 근본적인 차이가 있다.

이와 같이 실질적 의미의 행정계획은 실천적으로 중요한 개념인데도 불구하고 이에 관한 우리의 논의는 일부의 예외[19]를 제외하고는 충분하지 않은 점에서 이에 관한 독일의 논의를 좀 더 살펴보는 것이 도움이 된다. 연방건설법전은 제1조에서 "도시계획의 임무는 지방자치단체에서 건축 기타 토지의 이용을 이 법전의 기준에 따라 지도하고 안내하는 것이다."라고 규정하고(제1항), "도시계획은 지침적인 도시계획으로서 토지이용계획과 구속적인 도시계획으로서 지구단위계획이 있다."라고 규정하며(제2항), "지방자치단체는 도시건설의 개발과 질서가 필요한 경우에는 곧바로 그 범위 내에서 도시계획을 수립하여야 한다. 도시계획과 도시건설에 관한 조례의 수립에 대해서는 청구권이 성립하지 않고, 이러한 청구권은 계약에 의하더라도 성립하지 않는다."라고 규정한다(제3항). 이로부터 토지이용의 지도와 안내는 그것이 도시건설과 관련이 있는 한 도시계획을 통해서 해야 한다는 명제가 도출되는바, 이것을 계획에 의한 행정의 원칙(Planmäßigkeitsprinzip)[20]이라고 한다. 그러나 연방건설법전 제1조는 이에 그치지 아니하고 도시계획의 내용적 조건에 관하여도 규정한다. 다시 말해, 도시계획이 나아가야 할 노선을 설정하고(제5항), 그 노선의 구체화 차원에서 도시계획을 수립할 때 특별히 고려해야 하는 요청이나 이익에 관한 예시적인 목록을 제시하며(제6항), 도시계획을 수립할 때 서로 대립하고 엮이어 있는 공적인 이익과 사적인 이익의 정당한 형량을 명령한다(제7항). 이는 무엇이 행정계획인지에 관한 척도를 제공하는바, 그 핵심은 형량명령(Abwägungsgebot)에 있다. 이는 다양한 이익을 단순히 고려하는 것으로는 충분하지 않고 충돌하는 이익의 조정이 불가피하며 나아가 이익의 충돌을 극복할 수 있어야 한다는 것을 의미한다. 이로써 실질적 의미의 행정계획 개념이 구성된다. 계획적인 결정의 경우에는 계획적인 형성의 자유를 인정하는 한편으로, 서로 다른 이해와 이익을 하나의 통합적인 결정에 이르는 과정에서 형량하여야 한다는 명령에 대한 기속을 인정하는 법리가 발전하였는데, 여기서 어떤 경우에 계획적인 결정이 있는 것인지를 판단하는 기준으로서 실질적 의미의 행정계획 개념이 고안된 것이다. 이러한 실질적 의미의 행정계획 개념은 어떤 행정작용이 계획이라는 이름을 가지는지와 무관하게 그리고 그 법적인 형식이 무엇인지를 떠나 계획에 관한 특수한 법리가 적용되는 경

---

19) 김종보, 앞의 책, 228쪽: 이때 토지형질변경허가가 담당하는 기능은 아직 완성되지 않은 개별 필지 단위의 도시계획 내용을 완성해주는 것이며, 법적으로는 '필지 단위의 도시계획'이라는 실질을 가진다.

20) Ulrich Battis/Michael Krautzberger/Rolf–Peter Löhr, 앞의 책, 30쪽.

우를 발견해 내는 도구가 된다.[21]


## Ⅳ. 소결

행정계획이 공물의 성립에 미치는 영향에 관한 논의는 아직 성숙하지 않은 상태이다. 다만, 국토계획법에 따른 도시관리계획의 수립에서 공용개시를 도출할 수 있는지, 그 결과 「국유재산법」(이하 이 장에서 '국유재산법'이라 한다)이나 「공유재산 및 물품 관리법」(이하 이 장에서 '공유재산법'이라 한다)에 따라 시효취득이 제한되는 효과가 발생하는지에 관한 판례는 쉽게 확인할 수 있는 편이다. 이를 포함한 몇 가지 중요한 판결을 분석하면 다음과 같다. 여기서 주목해야 할 것은 사안에 대한 판례의 결론이 아니라 행정계획의 수립이 공물이 성립하는 과정에 거쳐야 하는 행정절차라는 점, 공물의 성립에 요구되는 공용개시나 공적인 제공이 그 과정에서 이루어진다는 점이다.


### 1. 도시계획시설결정이 공용개시에 해당하는지 여부

국유재산법은 '보존재산'이라 함은 법령의 규정에 의하거나 기타 필요에 의하여 국가가 보존하는 재산을 말한다고 규정하고, 같은 법 시행령은 '기타 필요에 의하여 국가가 보존하는 재산'이라 함은 관리청이 앞으로 5년 내에 사용하기로 결정한 재산, 국가에서 사용할 필요성이 있다고 인정되어 총괄청이 보존하기로 결정한 재산이라고 규정하고 있다. 그러나 구 도시계획법 제12조에 의하여 도시계획시설인 주차장용지로 결정된 토지에 포함되었다고 해서 법령에 의거하여 보존공물로 지정하는 행위가 있었다고 할 수 없고, 나아가 '관리청이 앞으로 5년 내에 사용하기로 결정한 재산'이나 '국가에서 사용할 필요성이 있다고 인정되어 총괄청이 보존하기로 결정한 재산'이 되었다고도 할 수 없다는 것이 판례의 입장이다.[22]

국토계획법에 따른 도시계획시설결정이 있는 경우에는 그 도시계획시설이 아닌 건축물의 건축이나 공작물의 설치가 금지되는 것이 원칙이지만 그렇다고 이것이 국가가 보존하겠다는 의미는 아니라는 점을 분명히 했다는 데 판결의 의의가 있다. 공물이 성립하기 위해

---

21) 이상의 내용은 Hans J. Wolff/Otto Bachof/Rolf Stober, 앞의 책[Band 2], 368면 이하; Ulrich Battis/Michael Krautzberger/Rolf‒Peter Löhr, 앞의 책, 68쪽 이하를 종합한 것이다.
22) 대법 1996. 9. 6. 선고 94다53914 판결.

서는 행정이 권한을 보유하는 물건을 공적으로 제공하면서 의사의 표시로 나아가야 하는 점에서, 이에 따라 공물이 성립하는 경우와 그렇지 않고 행정법상 역권의 부담을 지는 결과 단순히 재산권의 행사가 제한되는 상태에 불과한 경우는 논리적으로 구별되어야 한다.

## 2. 문화재보호구역의 지정이 공용개시에 해당하는지 여부

국유재산법상의 행정재산 또는 일반재산 중 어느 것에 해당하는지를 판단하기 위하여는 국가가 공법인으로서 특수한 지위를 가지고 공공성의 목적과 그 기능을 수행하기 위하여 필요한 한도 내에서 공법적 규율을 가하고 있는지, 아니면 국가도 일반 권리의 주체인 법인으로서 사인과 대등한 권리관계를 형성하여 매각 등 처분행위와 사권의 설정행위를 할 수 있는지가 우선 검토되어야 한다. 「문화재보호법」(이하 이 장에서 '문화재보호법'이라 한다)에 의하면 문화부장관은 문화재의 지정에 있어 특히 필요한 경우에는 이를 위한 보호구역을 지정할 수 있고, 문화재보호구역에 해당하는 토지에 대하여는 문화재의 관리·보존이라는 공공성의 목적과 그 기능수행을 위하여 각종의 공법적 규율이 행하여지고 있고, 특히 양도·매각 등의 처분행위와 사권의 설정이 금지되고 있다. 문제는 문화재보호법이 문화재보호구역 내의 국유지에 관하여는 원칙적으로 양도하거나 사권을 설정할 수 없도록 하는 등의 엄격한 제한을 가하고 있지 아니하다는 점이다. 하지만 일반적으로 문화재보호구역 내의 토지에 관하여도 문화재의 경우와 같이 비교적 강한 공법적 규제를 받고 있고, 문화재보호구역으로 지정된 토지에 가하여지는 공법적 규제는 문화재를 보호하기 위하여 해당 구역의 현상보존을 기하려는 데 주된 목적이 있다는 점에서 보면, 문화재보호구역 내의 국유토지는 법령의 규정에 의하여 국가가 보존하는 재산, 즉 국유재산법 소정의 보존재산에 해당한다는 것이 판례의 입장이다.[23]

문화재가 공물이 되기 위한 조건에 관하여 중요한 의미가 있는 판결이다. 첫째는 권원의 보유라는 측면에서다. 통설은 문화재를 보존공물의 대표적인 사례로 설명하지만 문화재라고 해서 다 공물이 되는 것은 아니다. 행정이 권원을 보유하는 물건을 공적으로 제공하면서 나아가 의사를 표시하여야 비로소 공물이 성립하는 점은 보존공물이라고 해서 다르지 않기 때문이다. 그러므로 문화재 중에서 국가나 지방자치단체가 소유하는 것만이 공물이 될 가능성이 크다. 행정의 소유에 속하지 않는 문화재는 행정이 공적으로 제공하는 데 필요한 권원을 따로 확보하는 경우에나 공물이 될 수 있다. 둘째로 문화재보호법에 따

---

23) 대법 1994. 5. 10. 선고 93다23442 판결.

른 전문계획의 측면에서다. 문화재로 취급되기 해서는 우선 지정이 있어야 한다. 하지만 문화재로 취급된다는 것이 바로 공물이 된다는 것을 의미하지 않고, 문화재의 지정을 반드시 공용개시라고 단정할 수 있는 것도 아니다. 문화재가 지정되고 관리되는 전체적인 과정을 이해하기 위해서는 문화재보호법에 따른 문화재기본계획(제6조), 문화재 보존 시행계획(제7조)에서 시작해야 한다. 문화재의 지정이 어떤 경우에 공물의 성립으로 이어지는가는 이러한 큰 그림 속에서 파악되어야 한다. 이점은 문화재의 지정에 수반되는 문화재보호구역의 지정에 대해서도 마찬가지이다.

## 3. 예정공물이 성립하기 위한 조건에 관하여

국유재산법에 의하면, 행정재산은 국가가 공용, 공공용 또는 기업용으로 사용하거나 1년 이내에 사용하기로 결정한 재산을 말한다. 도로와 같은 인공적 공공용재산은 법령에 의하여 지정되거나 행정처분으로써 공공용으로 사용하기로 결정한 경우 또는 행정재산으로 실제로 사용하는 경우의 어느 하나에 해당하여야 행정재산이 된다. 도로는 도로로서의 형태를 갖추어야 하고, 도로법에 따른 노선의 지정 또는 인정의 공고 및 도로구역 결정·고시가 있는 때부터 또는 도시계획법 소정 절차를 거쳐 도로를 설치하였을 때부터 공공용물로서 공용개시행위가 있다고 보아야 한다. 이와 달리, 지목지정, 도시계획 결정 및 지적승인의 고시나 국유재산관리청의 지정만으로 아직 공용개시행위가 있었다고 할 수 없다는 것이 판례의 입장이다.[24)

판례는 도로로 사용하기 전에 도로로 사용하기로 결정한 경우에도 공물이 성립한다는 전제에 서 있지만 이를 도로법에 따라 설치되는 도로에 대해서만 적용하고 나아가 도시계획시설사업으로 설치되는 도로에 대해서는 적용하지 않는다. 공물의 성립에 요구되는 공적인 제공은 현실적으로 이루어지는 것이 원칙이 되어야 하고, 예외적으로 공적인 제공이 있기 전에 공물의 성립을 인정하는 이른바 예정공물은 제한적인 범위 내에서만 인정되어야 한다. 하지만 이는 도로법에 따라 설치되는 도로와 도시계획시설사업으로 설치되는 도로에 동등하게 적용되어야 하는 명제이다. 그럼에도 불구하고 판례가 양자를 차별적으로 취급하는 이유는 도로법 제108조[25)에서 '도시계획시설사업으로 설치된 도로'에 도

---

24) 대법 1995. 9. 5. 선고 93다44395 판결.
25) 도로법 제108조(도시·군계획시설 도로 등에 대한 준용) 제10조 각 호에 열거된 도로 외에 「국토의 계획 및 이용에 관한 법률」 제2조제10호에 따른 도시·군계획시설사업으로 설치된 도로 등 대통령령으로 정하는 도로는 제2조제2호·제9호, 제4조, 제31조제1항, 제32조부터 제37조까지, 제54조, 제55조, 제61조부터 제66조까지, 제67조(제72조제4항에 따라 준용되는 경우를 포함한다), 제68조, 제69조(제72조제4항, 제94

로법의 일부 규정이 준용된다라고 규정하는 점에 그 이유가 있는 것으로 보인다. 판례는 도로법에 따라 설치되는 도로와 달리 도시계획시설사업으로 설치되는 도로에 대해서는 공용개시에 관하여 논증하지 않은 채로 도로가 설치되어야 공물이 성립하는 것으로 보고 있다. 하지만 도로법이 아닌 국유재산법에서 이른바 예정공물의 근거를 찾는다면 이를 동등하게 적용하는 것이 타당하다. 그렇다면 도시계획시설사업으로 도로가 설치되기 전에도 실시계획의 작성이나 그에 대한 인가가 있는 경우에는 도로법에 따라 도로구역의 결정이 있는 경우에 준하여 예정공물의 성립을 인정할 수 있다. 다만, 도로구역의 결정이 있다면 나아가 실시계획의 작성이나 그에 대한 인가가 있다면 언제나 예정공물이 성립한다는 취지는 아니다. 예정공물은 예외적인 개념이기 때문에 제한적인 범위 내에서 인정되어야 한다는 점은 변함이 없다. 다만, 도로법에 의한 경우와 도시계획시설사업에 의한 경우를 차별해야 할 이유가 없다는 것이다.

# 제2절 사업계획

## I. 의의

국토계획법에 따른 도시계획시설결정이라는 행정계획이 실시계획의 작성이나 그에 대한 인가를 통해서 사업계획으로 전환되는 과정에 관하여는 앞서 설명한 바와 같다. 국토교통부장관, 시·도지사(특별시장·광역시장·특별자치시장·도지사·특별자치도지사를 말한다. 이하 같다)와 대도시 시장(서울특별시와 광역시 및 특별자치시를 제외한 인구 50만 이상의 대도시 시장을 말한다. 이하 같다)이 사업을 시행하는 경우를 제외하면 사업시행자는 실시계획에 대해서 인가를 받아야 한다. 국토계획법은 사업시행자가 작성한 실시계획이 법령에서 정하는 "도시계획시설의 결정·구조 및 설치의 기준 등에 맞다고 인정하는 경우에는 실시계획을 인가하여야 한다. 이 경우 국토교통부장관, 시·도지사 또는 대도시 시장은 기반시설의 설치나 그에 필요한 용지의 확보, 위해 방지, 환경오염 방지, 경관 조성, 조경 등의 조치를 할 것을 조건으로 실시계획을 인가할 수 있다."라고 규정한다(제88조 제3항). 문언 그대로 이해할 경우에는 실시

조에 따라 준용되는 경우를 포함한다), 제70조(제72조제4항, 제94조에 따라 준용되는 경우를 포함한다), 제72조, 제73조, 제75조부터 제77조까지, 제81조, 제83조부터 제85조까지, 제89조, 제90조부터 제93조까지, 제95조부터 제99조까지, 제101조부터 제103조까지, 제106조, 제107조, 제111조, 제113조제1항제2호, 제114조부터 제116조까지의 규정을 준용한다.

계획이 법령에 적합하다면 조건을 붙일 수는 있더라도 거부할 수 없다는 의미로 읽힌다. 하지만 그렇게 이해할 경우에는 도시계획에 관한 고권의 행사에 치명적인 결함이 생길 수 있다. 이와 관련하여, 계획재량이라는 개념을 둘러싼 학설의 논의를 검토할 필요가 있다.

실시계획을 작성하거나 인가하려면 그 사실을 공고하고, 관계 서류의 사본을 14일 이상 일반이 열람할 수 있도록 하여야 한다(국토계획법 제90조 제1항). 그 열람기간 동안 도시계획시설사업의 시행 지구의 토지·건축물 등의 소유자 기타 이해관계자는 의견서를 제출할 수 있고, 제출된 의견이 타당하다고 인정되면 그 의견을 실시계획에 반영하여야 한다(국토계획법 제90조 제2항). 실시계획을 작성하거나 인가한 경우에는 그 내용을 고시하여야 한다(국토계획법 제91조). 이러한 절차는 실시계획을 작성하거나 인가하는 행정절차에 이해관계자가 관여하는 길을 열어 준 것이지만 이로써 참가의 권리가 충분히 보장된다고 보기는 어렵다. 특히 대규모 사업은 이해의 첨예한 대립과 심각한 충돌이 불가피한 점에서 행정절차에 참가하는 기회를 최대한 보장하는 한편으로,[26] 법률관계의 조기 확정을 위해 행정소송을 제기하기 위한 조건으로 사전적인 행정절차의 참가를 요구하는 것이 필요하다. 이에 관하여는 독일법의 계획확정절차가 시사하는 바가 크다.

실시계획이 작성되거나 그에 대한 인가가 있는 때에는 '관련 인·허가 등의 의제'의 효과가 발생한다(국토계획법 제92조 제1항). 다만, 미리 관계 행정기관의 장과 협의하여야 하고(국토계획법 제92조 제3항), 관계 행정기관의 장과 협의한 대상에 대해서만 그 효과가 발생한다. 나아가 그 실시계획에 반영된 국토계획법 제30조 제5항 단서에 따른 경미한 사항의 범위에서 도시관리계획이 변경된 것으로 본다(국토계획법 제88조 제6항). 이러한 '관련 인·허가 등의 의제'는 도시계획시설사업에 그치지 않고 법제 전반에 걸쳐서 폭넓게 도입되어 있다. 여기서 말하는 의제의 의미에 관하여 최근에 판례의 주목할 만한 발전이 있다. 종래의 행정실무에서는 의제되는 인허가를 따로 존재하지 않는 것으로 취급해 왔는데,[27] 최근의 판례는 '부분 인허가의제'라는 개념을 통해서 적어도 효력 차원에서는 의제되는 인허가가 별도로 존재하는 것처럼 취급하고 있다.[28] 이 점에 주목하면 우리 인허가

---

26) 이와 관련하여,「폐기물처리시설 설치촉진 및 주변지역지원 등에 관한 법률」은 주민대표가 참여하는 입지선정위원회를 설치하여 해당 폐기물처리시설의 입지를 선정하도록 하도록 규정한다(제9조 제3항).

27) 이광제, "인·허가의제 제도의 입법적 대안 연구", 법제 2015권 제4호, 2015, 111쪽: 주된 인·허가에 대한 행정처분서 양식에는 오직 주된 인·허가하는 행정처분 내용만 기재되어 있을 뿐 의제되는 인·허가에 대한 구체적인 처분내용은 기재되어 있지 않다. 주된 인·허가의 행정처분서 양식에는 주된 인·허가 행정청만 처분권자로서 기재되어 있을 뿐, 의제된 인·허가 관계 행정청은 기재되어 있지 않다. 행정처분 근거법률도 주된 인·허가 법령만 기재되어 있을 뿐 의제되는 인·허가 관계법률은 일체 기재되어 있지 않다.

28) 대법 2018. 11. 29. 선고 2016두38792 판결: 인허가의제 대상이 되는 처분에 어떤 하자가 있더라도, 그로써 해당 인허가의제의 효과가 발생하지 않을 여지가 있게 될 뿐이고, 그러한 사정이 주택건설사업계획 승인처분 자체의 위법사유가 될 수는 없다. 또한 의제된 인허가는 통상적인 인허가와 동일한 효력을 가지

의제에 관한 법리를 독일의 집중효(Konzentrationswirkung)에 관한 법리에 견주어 설명하는 학설의 관행에 의문이 생긴다. 더 자세한 내용은 후술하기로 하고 여기서 간단하게만 지적한다면, 독일의 집중효는 어떤 인허가가 없는데도 마치 있는 것처럼 본다는 의미의 '의제'가 아니라 어떤 인허가가 이제 필요 없다는 의미의 '대체'에 해당하고, 특히 계획확정절차에서 다른 인허가를 집중하는 계획확정결정(Planfeststellungsbeschluss)이 아니라 이로써 집중되는 다른 인허가를 직권으로 취소한다거나 그에 대해 취소소송을 제기한다는 것은 논리적으로 쉽게 상정할 수 없다. 우리 인허가의제에 관한 법리가 독일의 집중효에 관한 법리와는 다른 길을 가고 있는 것이다.

　도시계획시설결정의 고시일로부터 10년 이후에 실시계획을 작성하거나 그에 대한 인가를 받은 사업시행자가 그 고시일로부터 5년 이내에 토지보상법에 따른 수용재결을 신청하지 아니하면 그 고시일로부터 5년이 지난 다음 날에 실시계획의 효력이 상실된다(국토계획법 제88조 제7항).[29] 이러한 실시계획의 실효는 도시계획시설결정의 효력에도 영향을 미치는 점에서 중요하다. 도시계획시설결정의 고시일부터 10년 이내에 도시계획시설사업이 시행되지 아니하는 경우(실시계획의 인가나 그에 상당하는 절차가 진행된 경우는 제외) 그 도시계획시설의 부지에 해당하는 토지[30]의 소유자는 그 토지의 매수를 청구할 수 있다(국토계획법 제47조 제1항). 도시계획시설결정의 고시일부터 10년 이내에 도시계획시설사업이 시행되지 아니하는 경우(실시계획의 인가나 그에 상당하는 절차가 진행된 경우는 제외)[31]에는 그 도시계획시설의 부지에 해당하는 토지의 소유자는 그 토지의 도시계획시설결정의 해제를 위한 도시관리계획 입안을 신청할 수 있다(국토계획법 제48조의2 제1항). 도시계획시설결정이 고시된 도시계획시설에 대하여 그 고시일부터 20년이 지날 때까지 도시계획시설사업이 시행되지 아니하는 경우(실시계획의 인가나 그에 상당하는 절차가 진행된 경우는 제외) 그 도시계획시설결정은 그 고시일부터 20년이 되는 날의 다음 날에 그 효력을 잃는다(국토계획법 제48조 제1항). 다만, 도시계획시설결정의 고시일부터 20년이 되는 날의 다음 날 이후

---

　　므로, 적어도 '부분 인허가의제'가 허용되는 경우에는 그 효력을 제거하기 위한 법적 수단으로 의제된 인허가의 취소나 철회가 허용될 수 있고, 이러한 직권 취소·철회가 가능한 이상 그 의제된 인허가에 대한 쟁송취소 역시 허용된다.

29) 다만, 그 고시일로부터 5년이 지나기 전에 토지 면적의 3분의 2 이상을 소유하거나 사용할 수 있는 권원을 확보한 경우에는 그 고시일로부터 7년 이내에 수용재결을 신청하지 아니하면 그 고시일로부터 7년이 지난 다음 날에 실시계획은 효력을 상실한다. 수용재결의 신청이 없더라도 도시계획시설사업에 필요한 모든 토지·건축물 또는 그 토지에 정착된 물건을 소유하거나 사용할 수 있는 권원을 확보한 경우에는 실시계획은 효력을 유지한다.

30) 다만, 지목이 대(垈)인 토지에 한한다.

31) 다만, 국토계획법 제85조 제1항에 따른 단계별 집행계획상 해당 도시계획시설의 실효 시까지 집행계획이 없는 경우에 한한다.

실시계획이 효력을 상실하는 경우에는 실시계획의 효력을 잃은 날 도시계획시설결정도 효력을 상실한다(국토계획법 제88조 제9항).

국토교통부장관, 시·도지사와 대도시 시장을 제외한 사업시행자는 도시계획시설사업의 공사를 마친 때에는 공사완료보고서를 작성하여 시·도지사나 대도시 시장의 준공검사를 받아야 한다(국토계획법 제98조 제1항). 준공검사를 한 결과 실시계획대로 완료되었다고 인정되는 경우에는 준공검사증명서를 발급하고 공사완료 공고를 하여야 한다(국토계획법 제98조 제3항). 국토교통부장관, 시·도지사 또는 대도시 시장이 도시계획시설사업을 시행하는 경우에는 도시계획시설사업의 공사를 마친 때에 공사완료 공고를 하여야 한다(국토계획법 제98조 제4항). 국토교통부장관, 시·도지사 또는 대도시 시장은 준공검사를 하거나 공사완료 공고를 할 때에 그 내용에 의제되는 인허가에 따른 준공검사·준공인가 등에 해당하는 사항이 있으면 미리 관계 행정기관의 장과 협의하여야 하고(국토계획법 제98조 제7항), 이에 따라 행정기관의 장과 협의한 사항에 대하여는 그 준공검사·준공인가 등을 받은 것으로 본다(국토계획법 제98조 제5항).

한편 여러 전문계획에 관한 법에서도 사업계획에 관한 행정절차를 특수하게 규정하고 있다. 하천법에서 정하는 하천공사시행계획(제27조)이 대표적이다. 이와 달리 도로법은 하천공사시행계획에 상응하는 규정이 없다. 그런데도 도로법의 체계에 흠결이 생기지는 않는데, 도로구역의 결정에 그와 동등한 효과가 인정되기 때문이다(제29조). 그 결과, 도로구역의 결정은 하천구역의 결정과 본질적으로 다른 성격을 가지게 된다. 이러한 입법은 프랑스법의 영향으로 보이기는 하지만 순수하게 논리적인 측면에서는 설명이 잘 안 되는데, 입법자도 문제점을 인식하고 있는지 도로법 시행령에서 도로구역을 결정할 때 도로공사세부계획을 작성하도록 규정하고 있다(제24조 제1항). 도로공사세부계획이 도로구역의 결정에 포함되도록 해서 하나의 행정절차로 동시에 진행하려는 것이겠지만, 도로구역의 결정과 도로공사세부계획은 그 성격이 전혀 다르다는 점에서 행정절차를 분리해서 진행하는 것이 타당하다는 생각이다.

이러한 국토계획법의 도시계획시설사업에 관한 행정절차의 이해에 있어 독일법의 계획확정절차에 관한 분석은 많은 시사가 된다. 독일법의 계획확정절차는 다면적으로 분석이 가능하다. 첫째, 기반시설의 설치에 관한 특별한 행정절차이다. 이 점에서 보면 우리 국토계획법의 도시계획시설사업에 관한 행정절차와 상당히 유사하다.[32] 이러한 특별한 행

---

32) 일찍이 양자의 유사점을 지적한 견해로는 김종보, "행정절차로서의 계획절차와 도시계획수립절차 - 독일의 계획확정절차, 연방건설법전의 건설계획수립절차와 관련하여", 행정법연구 제1호, 1997, 184쪽 이하. 그 연장선상에서 김종보, "계획확정절차의 도입 - 계획확정절차의 형식과 실질", 행정법학 제5호, 2013,

정절차가 없다면 건축법으로 돌아가서 단순한 건축물의 건축에 적용되는 일반적인 행정절차를 이용할 수밖에 없다. 독일법의 계획확정절차는 개별법에서 그 적용을 정하고 있는 경우에 한하여 적용되는 점에서 엄밀히 일반법으로 보기는 어렵지만, 일단 적용이 된다고 한다면 개별법에서 달리 정하지 않는 이상 연방행정절차법의 규정이 적용되는 점에서 사실상 일반법의 역할을 수행한다. 이와 비교하여 우리 국토계획법상 도시계획시설사업에 관한 행정절차는 명실상부하게 기반시설의 설치에 관한 일반법에 해당한다. 기반시설이 공물과 개념적으로 일치하지 않기 때문에 쉽게 단언할 수 없지만 적어도 공물에 해당하는 기반시설에 한해서는 국토계획법상 도시계획시설사업에 관한 행정절차가 공물의 설치에 관한 일반법에 해당한다고 평가할 수 있다. 이는 국유재산법이 공물의 관리에 관한 사항만을 규정하고 그 취득에 관하여는 규정이 없는 결함을 보충하는 점에서 중요한 의의가 있다. 둘째, 집중효가 인정된다. 우리 국토계획법상 실시계획의 작성이나 그에 대한 인가에 '관련 인·허가 등의 의제'라는 효과가 인정되는 것과 유사하다. 하지만 그 효력이 동등하다고 보기는 어렵다. 그리고 이러한 집중효는 계획확정절차에 고유한 것이 아니다.[33] 예를 들어, 연방임미시온방지법 제13조[34]는 제10조에 따른 허가에 계획확정절차가 아닌데도 불구하고 집중효를 인정한다. 따라서 우리 법제에서 '관련 인·허가 등의 의제'의 효과가 인정되는 경우라고 해서 그 이유만으로 독일법의 계획확정절차에 견주면 안 된다. 독일법의 계획확정절차와 비교가 되기 위해서는 더 나아가 앞서 설명한 실질적 의미의 행정계획에 해당해야 한다.[35] 셋째, 배제효(Präklusion)가 인정된다. 이에 관한 사항은 우리 국토계획법에서 규정하지 않는다. 이러한 배제효는 집중효와 논리적으로 별개이다. 이는 집중효가 인정되지 않는 경우에도 배제효는 인정될 수 있는 점을 보면 알 수 있다. 예를 들어, 연방행정절차법 제71조의d에 따른 방사형(放射型) 행정절차(Sternverfahren)

---

156쪽 이하는 만약 독일법의 계획확정절차를 우리 행정절차법에 도입한다면 '공공건설사업'이라는 용어를 사용하는 것이 법률의 이해를 높이는 방안이라고 제안한다. 그동안 수차례에 걸쳐 독일법의 계획확정절차를 우리 행정절차법에 도입하려고 한 입법적 시도에 관한 평가와 앞으로의 과제에 관한 설명으로는 김철용, "계획확정절차의 도입문제", 행정법연구 제4호, 1999, 1쪽 이하.

33) Wolf−Rüdiger Schenke, §9 Bauordnungsrecht, in: Norbert Achterberg/Günter Püttner/Thomas Würtenberger(Hrsg.), Besonderes Verwaltungsrecht. Band 1. 2.Auflage, C.F.Müller, 2000, 765쪽 이하.

34) 제13조(허가와 다른 행정청의 결정) 허가는 그 시설과 관련이 있는 다른 행정청의 결정, 특히 공법상 인가, 허가, 특허, 승인을 포함하지만, 계획확정, 광업법상 사업계획의 승인, 원자력법의 규정에 따른 행정청의 결정, 수자원법 제8조 및 제10조에 따른 허가는 그러하지 아니하다.

35) 이 점에서 '관련 인·허가 등의 의제'에 관하여 가장 대표적인 건축법 제11조 제5항을 설명하면서 독일법의 계획확정절차를 원용하는 우리 학계의 관행에는 분명 문제가 있다. 특히 독일에서는 주(州)의 건축법상 건축허가에 집중효가 인정되지 않는다는 점에서 문제가 심각하다. 다른 법률에 따른 인·허가에 집중효가 인정되기 때문에 주(州)의 건축법에 따른 건축허가가 생략되는 경우는 있지만 그 반대의 경우는 없는 것이다. 만일 필요하다면 집중효에 관한 내용만 골라서 해야 한다. 물론 독일의 집중효 법리가 우리의 '관련 인·허가 등의 의제'에 그대로 대입할 수 있는 것인지는 추가적인 검토가 필요하다.

가 그러하다. 이는 다른 행정기관과 협의가 필요한 사항에 관하여 해당 행정기관이 일정한 기간 내 협의에 응하지 않는 경우에 이후로는 해당 행정기관의 의견을 고려하지 않는 것이다. 이는 행정절차의 신속성을 위한 것으로서 최근 우리 입법에도 다수 도입되고 있다.36) 한편 공용수용을 이용하는 사업은 당연히 적법한 것이어야 하고 사업시행자는 그 사업을 수행할 의사와 능력이 있어야 한다. 이는 공용수용의 논리적인 전제가 되는바, 그에 관한 판단을 수용기관에 맡기는 경우에는 마지막까지 재산권의 보장에 충실할 수 있다는 장점이 있지만 수용기관의 심리부담이 과중해지고 그 결과 수용절차가 지연되는 단점이 있기에 권한을 적정하게 배분하고 특별한 사정이 없는 한 그 권한의 행사를 존중할 필요가 있다. 이러한 목적에서 집중효를 도입함으로써 사업과 관련되는 모든 위법의 문제가 행정절차에서 다루어지게 되고, 나아가 배제효를 도입함으로써 행정절차에 참가해서 이의를 제기하지 않는다면 이후로 위법의 주장이 차단되는 결과가 발생한다. 그 결과, 계획확정결정의 구속력은 일반적인 행정행위에 비하여 매우 강하게 된다. 이에 수용기관으로서는 특별한 사정이 없는 한 계획확정결정의 효력을 그대로 존중함으로써 수용절차의 신속성을 제고할 수 있다. 이 점은 이어서 설명하는 공용수용에 대한 선취효도 마찬가지이다. 결국 계획확정결정의 구속력을 강화해서 행정절차의 안정을 제고하고 신속한 행정절차를 촉진하는 것이다. 넷째, 공용수용에 대한 선취효가 인정된다. 우리 국토계획법상 실시계획의 작성이나 그에 대한 인가에 토지보상법상 사업인정의 의제라는 효과가 인정되는 것과 유사하다. 그 결과 계획확정결정의 구속력이 수용재결에 미치기 때문에, 공용수용의 조건이 되는 공공필요에 관하여 수용기관이 판단할 수 없다. 다만, 여기서 구속되는 것은 어디까지나 일반적 관점에서 어떤 사업이 공공필요의 조건을 충족하는지에 관한 판단이고, 나아가 그것이 충족됨을 전제로 어느 토지에 대한 공용수용이 구체적으로 공공필요의 조건을 충족하는지에 관하여 판단하는 것은 계획확정결정의 선취효에서 자유롭다. 이 쟁점을 우리는 하자의 승계에 관한 논의로 전개한다. 앞서 집중효와 배제효의 결합으로 강화되는 계획확정결정의 구속력이 행정절차의 안정을 제고하고 신속한 행정절차를 촉진한다는 점을 지적하면서 공용수용에 대한 선취효도 이와 동일한 논리라고 설명했다. 이와 같이 독일의 계획확정결정에 인정되는 집중효, 배제효, 선취효가 결과적으로 계획확정결정의 구속력을 강화함으로써 행정절차의 안정을 제고하고 신속한 행정절차를 촉진하는 문제를 우리는 그저 선행처분의 하자는 원칙적으로 후행처분에 승계되지 않는다는 명제 하나로 해결하고 있다. 결과적으로 하자가 승계되지 않는다면 그만큼 행정절차는

---

36) 예를 들어, 건축법 제11조 제6항은 "협의 요청을 받은 날부터 15일 이내에 의견을 제출하지 아니하면 협의가 이루어진 것으로 본다."고 규정한다.

신속하게 진행되겠지만 독일의 계획확정절차에서와 같이 이해관계자가 참가할 수 있는 권리가 충분히 보장되지 않은 상황에서 수용절차의 신속성만 강조하는 것은 분명 문제가 있다. 최근 우리 판례가 수용권의 남용이라는 법리[37]를 통해 토지수용위원회의 심리범위를 확대하는 경향도 이러한 측면에서 이해할 수 있다.

## II. 독일법의 계획확정절차

계획은 미래적이고 목적적이며 예측적인 국가활동의 형성으로서, 일차적으로는 정치의 임무이다. 계획은 헌정적 차원의 기준과 법의 일반원칙에만 구속되는 점에서, 폭넓은 계획적인 형성의 자유가 인정된다. 전통적으로 행정은 특히 공간에 관한 종합계획을 통해서 국가계획의 분업에 참여한다. 국토계획(Raumordnungsplanung)과 도시계획(Bauleitplanung)은 이를 위한 수단이다. 특히 간선도로와 수로(水路), 철도의 건설과 같은 공간에 관한 대규모 사업은 법치국가적이고 환경국가적인 요청이 제고됨에 따라 이제 더는 행정 내부적으로 결정할 수 없게 되었다. 하지만 전통적으로 건축행정법이나 경제행정법에서 익숙한 허가절차는 이러한 사업에 적합하지 않다. 그래서 전통적인 허가결정과 다른 형식으로 등장한 것이 바로 계획확정절차이다. 계획확정절차의 특별한 임무는 사업에 관한 허가절차에 포괄적인 형량과 조정의 과정을 기능적으로 결합시키는 것이다. 연방건설법전 제38조는 도시계획보다 계획확정결정에 우위를 부여한다. 이와 같이 도시계획을 배제하는 성격까지 고려하면 계획확정절차에 요구되는 바는 엄격할 수밖에 없다.[38]

---

37) 대법 2011. 1. 27. 선고 2009두1051 판결: 사업인정이라 함은 공익사업을 토지 등을 수용 또는 사용할 사업으로 결정하는 것으로서 공익사업의 시행자에게 그 후 일정한 절차를 거칠 것을 조건으로 일정한 내용의 수용권을 설정하여 주는 형성행위이므로, 해당 사업이 외형상 토지 등을 수용 또는 사용할 수 있는 사업에 해당한다고 하더라도 사업인정기관으로서는 그 사업이 공용수용을 할 만한 공익성이 있는지의 여부와 공익성이 있는 경우에도 그 사업의 내용과 방법에 관하여 사업인정에 관련된 자들의 이익을 공익과 사익 사이에서는 물론, 공익 상호간 및 사익 상호간에도 정당하게 비교·교량하여야 하고, 그 비교·교량은 비례의 원칙에 적합하도록 하여야 한다. 그뿐만 아니라 해당 공익사업을 수행하여 공익을 실현할 의사나 능력이 없는 자에게 타인의 재산권을 공권력적·강제적으로 박탈할 수 있는 수용권을 설정하여 줄 수는 없으므로, 사업시행자에게 해당 공익사업을 수행할 의사와 능력이 있어야 한다는 것도 사업인정의 한 요건이라고 보아야 한다. 그리고 앞서 본 바와 같이 공용수용은 헌법상의 재산권 보장의 요청상 불가피한 최소한에 그쳐야 한다는 헌법 제23조의 근본취지에 비추어 볼 때, 사업시행자가 사업인정을 받은 후 그 사업이 공용수용을 할 만한 공익성을 상실하거나 사업인정에 관련된 자들의 이익이 현저히 비례의 원칙에 어긋나게 된 경우 또는 사업시행자가 해당 공익사업을 수행할 의사나 능력을 상실하였음에도 여전히 그 사업인정에 기하여 수용권을 행사하는 것은 수용권의 공익 목적에 반하는 수용권의 남용에 해당하여 허용되지 않는다고 할 것이다.

38) Hans J. Wolff/Otto Bachof/Rolf Stober, 앞의 책[Band 2], 364쪽.

계획확정절차의 대상은 사업(Vorhaben)이다. 이에 관한 가장 중요한 사례로는 도로, 공항, 철도의 건설이 있다. 이러한 사업은 사업시행자(Vorhabenträger)가 계획한다. 여기서 사업시행자는 대부분 행정주체이지만 사인도 이러한 사업시행자가 될 수 있다. 사업시행자는 우선 법에 적합하도록 사업의 수행에 관한 계획, 즉 사업계획(Plan für Vorhaben)을 수립한다. 사업시행자는 사업계획이 준비되면 계획확정의 청문기관(Anhörungsbehörde)에 제출한다. 여기서 청문기관은 계획확정의 재결기관(Planfeststellungsbehörde)[39]과 일치하지 않는 경우가 일반적이다. 이로써 계획확정절차가 개시한다. 그러면 청문기관은 각자의 임무 영역과 관계가 있는 전문기관을 계획확정절차에 참가시키고, 해당 사업계획의 이해관계인을 계획확정절차의 청문절차에 참가시킨다. 이해관계인이 제기한 이의에 대한 심리 후에 해당 사업계획은 청문기관에서 재결기관으로 송치된다. 재결기관은 해당 사업계획이 강행법규에 위반되는지, 그리고 해당 사업과 관련된 공익과 사익을 균형 있게 고려하였는지에 관하여 심사한다. 해당 사업에 강행법규에 위반되는 사정이 없고 그밖에 해당 사업계획의 형량에 문제가 없다면 계획확정결정이 내려진다.[40]

계획확정절차의 어려움은 단지 하나의 절차에서 엄격한 법적인 기준과 함께 다양한 공적인 이익과 사적인 이익까지 고려해야 한다는 데 그치지 않는다. 더 나아가 계획확정의 재결기관이 사업시행자가 아니고 또한 전문계획에 관하여 권한을 가지고 있지 않다는 점에 계획확정절차의 또 다른 어려움이 있다. 심지어는 사인을 위한 계획확정도 허용될 수 있다. 계획확정절차는 사업시행자가 수립한 사업계획이 제출됨으로써 시작되는데, 이것은 계획확정의 재결기관이 계획적인 형성의 자유에 관하여 시원적인 권한을 행사할 수 없다는 의미이다. 따라서 계획확정 재결기관의 임무는 사업계획의 심사라고 부르는 것이 더 적절하다. 계획확정이라는 것은 허가결정을 계획적인 측면에서 윤색한 것에 불과하고, 진정한 계획적인 행위와는 구별된다. 이와 같이 개방적인 계획과 기속적인 허가 사이에 있는 계획확정의 특수한 지위는 특별한 법원리를 요구한다. 이러한 법원리는 하지만 입법자에 의해서 만들어지거나 행정법원의 일반원칙에서 도출될 수 있는 것이 아니었다. 그래서 학설과 판례는 도시계획의 영역에서 발전한 법원리, 특히 형량의 법리를 가져다 흠결

---

39) 대심적 심리를 거쳐서 내리는 처분에 대해서 '재결'이라는 용어를 사용하는 것이 우리 입법의 관행이다. 즉, 일종의 준사법적 행정행위를 일컫는 것이다. 최초의 처분을 사후적으로 심사해서 내리는 행정심판위원회의 재결뿐만 아니라 최초의 처분으로 내리는 토지수용위원회의 재결도 여기에 해당한다. 독일법의 계획확정결정 또한 행정행위로서 대심적 심리를 거치는 점에서 우리 입장에서 보면 재결이라고 부르는 것이 타당하다. 신청에 대해서 인용하는 재결인 것이다. 이에 계획확정결정을 관할하는 행정청을 '재결기관'이라고 번역하는 것이 타당하다. 그러면 계획확정결정의 사전절차를 주관하는 '청문기관'과 자연스럽게 대비가 된다.

40) Hans J. Wolff/Otto Bachof/Rolf Stober, 앞의 책[Band 2], 363쪽.

을 메꾸었고, 이후로 수정에 수정을 거쳐서 계획확정에 적합한 법원리가 되었다. 이와 같이 계획확정을 위한 도그마틱을 제공하는 새로운 법영역이 만들어져 전문계획법의 형태로 등장하였다. 이러한 전문계획법은 절차법적인 측면과 실체법적인 측면이 긴밀하게 결합되어 있고 상호침투적이라는 특징을 가진다. 예를 들어, 전문계획법에 있어 실체법적인 권리구제는 절차법을 통해서 그리고 절차법 안에서 실현될 수 있다. 다만, 전문계획법의 원리는 계획확정이 필요 없는 행정결정에 대해서도 적용이 가능하다. 적어도 계획확정절차의 관점에서는 실체법적인 측면에서 절차법적인 측면을 분리하는 것은 가능하지 않은 일이다. 연방행정절차법 제74조에 따른 조정에 관한 규율에서 이 점은 특히 명백하다. 이러한 이유에서 계획확정절차는 전문계획법의 고려 없이는 설명할 수 없다.[41]

계획확정절차는 연방행정절차법에서 정하는 특별한 행정절차 중 하나이다. 연방행정절차법은 일반적 행정절차에 관한 규정에 이어서 '특별한 행정절차'라는 제목 아래 '요식행정절차'(Förmliches Verwaltungsverfahren)와 '계획확정절차'를 규정한다. 계획확정절차는 다음과 같은 구조로 되어 있다. (ㄱ) 우선, 법령에서 계획확정절차가 적용되도록 규정하여야 한다. 이를 계획확정유보(Planfeststellungsvorbehalt)라고도 한다. (ㄴ) 사업시행자의 신청으로 계획확정절차가 개시된다. (ㄷ) 계획확정의 재결기관이 사업시행자에 해당하는 국가 기타 행정주체에 속하는 경우에는 계획확정에 대한 청구권이 성립하지 않는다. (ㄹ) 계획확정절차의 신청은 사업계획을 제출하는 것이다. (ㅁ) 신청이 도달하면 계획확정의 청문기관이 절차를 주관하는데, 계획확정의 청문기관은 그 재결기관과 다른 것이 일반적이다. (ㅂ) 계획확정의 청문기관은 청문절차를 진행하고 그 결과에 다른 전문기관의 입장 및 자신의 입장을 첨부하여 계획확정의 재결기관에 송부한다. (ㅅ) 계획확정의 재결기관은 형량적인 결정을 통하여 이의제기에 대해서 답변한다. (ㅇ) 계획확정의 재결기관은 종국적인 결정을 내리는바, 계획확정결정과 함께 아직 답변하지 않은 이의제기와 특별한 희생이 발생하지 않도록 하는 조정적 조치에 관하여도 결정한다. 연방행정절차법은 계획확정결정의 효력으로, 허가(Genehmigungswirkung), 집중(Konzentrationswirkung), 형성(Gestaltungswirkung), 취소의 제한(Erheblichkeit von Abwägungsmängeln), 수인(Duldungswirkung), 조정(Ausgleichswirkung), 실효(Nichtdurchführung des Vorhabens), 배제(Präklusion)에 관하여 규정한다.[42] 다만, 선취(Enteignungsrechliche Vorwirkung)는 연방행정절차법에서 규정하지 않고 전문계획법이나 공용수용법에서 규정한다.

---

41) Hans J. Wolff/Otto Bachof/Rolf Stober, 앞의 책[Band 2], 364쪽 이하.
42) Hans J. Wolff/Otto Bachof/Rolf Stober, 앞의 책[Band 2], 372쪽 이하.

※ 계획확정결정의 효력

| 효력 | | 근거 | 내용[43] |
|---|---|---|---|
| 허가 | Genehmigungswirkung | 제1항 제1문 전단 | 이로써 사업의 가능성이 확인되는바, 단순히 확인적인 성격에 그치지 않고 사업의 수행에 대한 허가를 포함한다. 허가의 효력은 건설뿐만 아니라 운영에 대해서도 미치고, 사업 자체뿐만 아니라 집행행위에 대해서도 미친다. |
| 집중 | Konzentrationswirkung | 제1항 제1문 후단 | 이로써 원칙적으로 다른 법령에서 요구하는 허가, 인가, 계획확정을 모두 대체한다. 다른 법령에서 요구하는 예외나 면제에 대해서도 마찬가지이다. 집중되는 인허가 등은 계획확정결정에서 특정할 필요가 없는바, 계획확정결정에 다발로 묶이는 것이 아니라 단일한 성격을 가지는 계획확정결정에 의해서 대체되는 것이다. |
| 형성 | Gestaltungswirkung | 제1항 제2문 | 이로써 사업시행자와 계획으로 권리가 침해되는 제3자 사이 모든 공법상 법률관계가 형성된다. 다만, 직접적으로 공법적인 관계만 형성되고, 사법상 법률관계는 직접적으로 변동이 되지 않는다. |
| 수인 | Duldungswirkung | 제2항 제1문 | 이로써 민법전 제823조, 제861조 이하, 제906조, 제907조, 제1004조에 따른 금지청구권, 변경청구권, 원상회복청구권이 제외된다. 오로지 계획확정결정의 대상이 되고 계획확정결정으로 규율이 되는 사업의 결과에 대해서만 그러하다. 계획확정결정이 발급되는 때가 아니라 불가쟁력이 생기는 때에 그 효력이 발생한다. 그때까지는 권리가 침해되는 제3가 가지는 방어청구권이나 금지청구권은 원칙적으로 존속한다. |
| 취소의 제한 | Erheblichkeit von Abwägungsmängeln | 제1항의a | 사업과 관련이 있는 사익과 공익의 형량상 결함이 현저한 경우(결함이 명백하고 나아가 형량의 결과에 영향을 미치는 경우를 말한다) 그리고 이러한 현저한 결함이 계획의 보충과 보충적인 절차를 통해 해소될 수 없는 경우에만 계획확정결정이나 계획허가를 취소할 수 있다.[44] 계획확정결정의 존속력을 제고하고 계획확정절차의 부담을 경감하기 위한 것이다. |
| 조정 | Ausgleichswirkung | 제2항 제2 내지 5문, 제3항 | 사업이나 확정된 계획에 해당하는 시설이 타인의 대한 권리에 대해서 예상치 못한 효과를 발생하는 경우에 권리가 침해된 자는 방지 또는 침익적 효과를 배제하는 시설의 설치와 유지를 요구할 수 있다. 이러한 방지 또는 시설이 적절하지 않거나 사업에 양립할 수 없는 경우에는 적절한 금전적인 손실보상청구권이 인정된다. |
| 실효 | Nichtdurchführung des | 제4항 | 불가쟁력이 발생한 때로부터 5년 이내에 계획의 |

근거 란에는 "연방행정절차법 §75"가 세로로 표기되어 있음.

---

43) Ferdinand O. Kopp/Ulrich Ramsauer, Verwaltungsverfahrensgesetz Kommentar. 9.Auflage, Verlag C.H.Beck, 2005, 1382쪽 이하.

| | | | | |
|---|---|---|---|---|
| | Vorhabens | | | 수행에 착수하지 않으면 계획확정결정은 효력이 상실된다. |
| 배제 | Behördenpräklusion | § 7 3 | 제3항의a 제2문 | 사업으로 임무에 영향을 받는 행정기관은 청문기관이 3개월을 넘지 않는 범위에서 정하는 기간 내에 의견을 제출하여야 한다. 심리기일 이후에 제출되는 의견은 이로써 제시되는 이익이 재결기관에서 이미 알고 있는 것이거나 알았어야 하는 것인 경우 또는 결정의 적법성에 중요한 경우가 아닌 이상 더는 고려되지 않는다. 실질적 배제효에 해당한다. |
| | Materielle Präklusion | | 제4항 제3문 | 사업에 이해관계가 있는 자는 누구나 공람기간이 경과한 때로부터 2주일 이내에 문서에 의하거나 청문기관 또는 지방자치단체의 조서를 통하여 계획에 대해 이의를 제기할 수 있다. 이의제기기간이 경과하면 특별한 사법적인 권원에 기한 것이 아닌 모든 이의는 배제된다. 이로써 이의제기기간을 도과한 주장은 이후의 소송절차에서도 제외된다. 실질적 배제효에 해당하는바, 이는 기간을 도과하는 경우에 시민이 실질적인 법적 지위를 상실하고, 그 범위 내에서 소송을 제기할 수 있는 법적 지위도 상실한다는 것을 의미한다. |
| 선취 | Enteignungsrechliche Vorwirkung | 연방간선도로법 §19 제2항 | | 전문계획법에서 수용절차에 대한 구속력을 규정하는 경우에, 계획확정결정의 대상이 되는 사업이 공공복리에 적합하다는 점과 그 사업을 위한 수용이 기본법 제14조 제3항에 따라 정당하다는 점이 수용절차에 대해서 구속적으로 확정된다. |

---

44) 여기서 말하는 취소는 'Aufhebung'으로, 직권취소를 말하는 'Rücknahme'와 직권철회를 말하는 'Widerruf'의 상위개념이다. 이러한 광의의 취소를 폐지라고 번역하는 경우가 적지 않으나 판결에 의한 취소를 말할 때에도 'Aufhebung'이라는 용어가 사용되는 점에서 적절하지 않다. 이와 관련하여, 연방행정절차법은 지금 설명하는 제75조(계획확정결정의 효력) 외에 제47조(절차하자와 형식하자의 결과)에서도 'Aufhebung'이라는 용어를 사용하는데, 명시적으로 판결에 의한 취소라고 표현하고 있지는 않으나 그에 초점이 맞추어져 있다는 점은 부정할 수 없다. 이에 직권취소가 취소의 전부가 아니라 일부에 불과하고 직권철회 또한 취소의 일부라고 보는 것이 더 정확한 이해이다. 이러한 의미에서 취소는 일단 효력이 발생한 법률행위에 대해서 사후적으로 그 효력을 소멸시키는 단독행위로서, 직권취소와 직권철회를 포괄하는 개념이 된다. 여기서 주의할 점은 직권취소와 직권철회가 취소의 전부가 아니라는 점이다. 다시 말해, 직권취소와 직권철회는 취소의 전형적인 일부에 불과하고, 취소는 직권취소와 직권철회를 합한 것보다 넓은 개념이다. 이러한 취소는 한편으로 불법을 사유로 취소하는 경우와 불법이 없는데도 취소하는 경우로 구분할 수 있고, 다른 한편으로 소급효가 있는 경우와 그렇지 않은 경우로 구분할 수 있다. 여기서 불법을 사유로 취소한다는 의미에도 주의가 필요하다. 이는 일차적으로는 취소의 대상에 불법이 있다는 것이지만, 그렇기에 취소하지 않는 것이 불법이 된다는 이차적인 의미를 또한 가진다. 이 점에서 보면 취소를 하는 시점에 취소의 대상에 불법이 있어야 한다. 따라서 행정행위의 발급 당시에 위법이 있더라도 행정행위의 존속에 대한 정당한 신뢰가 형성되어 불법이 전적으로 상쇄된다면 더는 불법을 사유로 하여 취소할 수 없고, 행정행위 발급 당시에는 위법이 없더라도 사정변경으로 불법이 발생하면 그때부터는 불법을 사유로 하여 취소할 수 있다. 후자의 경우에 취소하더라도 소급효를 인정할 수는 없다. 여기서 직권취소는 행정행위의 발급 당시에 위법이 있는 경우에 소급적으로 효력을 소멸시키는 것이라는 널리 알려진 명제가 실은 제한적인 의미만을 가진다는 것을 알 수 있다. 행정행위가 발급된 후에 공익적인 사유로

한편 절차 촉진과 간소화를 위해 계획확정절차에 도입된 것이 계획허가(Plangenehmigung)
이다. 계획허가가 적용되기 위해서는 타인의 권리가 침해되지 않는 경우(이해관계인이 자신
의 소유권 기타 권리의 사용에 관하여 문서로 명백하게 동의한 경우를 포함한다)로서, 자신의 임무
영역에 영향을 받는 공적인 이익의 주체와 협의가 이루어져야 한다. 계획허가에는 계획확
정결정과 동등한 효력이 인정되지만 공용수용에 대한 선취효는 부인된다. 그리고 계획확
정과 계획허가 모두 경미한 사안(Fall von unwesentlicher Bedeutung)에는 적용되지 않는다.
다른 공적인 이익에 영향을 미치지 않는 경우(필수적인 행정기관의 결정이 있지만 그 결정이
계획과 저촉되지 않는 경우를 포함한다)나 다른 권리에 영향을 미치지 않는 경우(그에 상응하는
합의가 계획의 이해관계인과 이루어진 경우를 포함한다)가 이에 해당한다. 이 경우에는 절차를
중단하고 절차를 적용할 의무가 없다는 점을 확인하여야 한다.[45]

---

장래에 향하여 효력을 소멸시키는 것을 직권철회라고 이해하는 것도 마찬가지이다. 이러한 논리는 그 자
체로 오류가 없지만 이를 취소에 관한 법리의 전부인 것처럼 생각한다면 그것은 잘못이다. 한편 불법이
없는데도 하는 취소는 그 취소라는 용어에도 불구하고 일종의 공용침해(헌법 제23조 제3항에서 정하는
재산권의 수용·사용·제한을 말한다)에 해당한다. 이와 같이 실질적으로 공용침해에 해당하는 취소는 권
력분립의 원칙상 법원이 판결로 할 수 없고 오로지 행정에 의해서 행사될 수 있을 뿐이며 아울러 특별한
희생에 따른 손실보상이 요청된다. 이와 관련하여, 연방행정절차법 제48조(위법한 행정행위의 직권취소)
가 제3항에서, 제49조(적법한 행정행위의 직권철회)가 제6항에서 조정적 성격의 손실보상을 규정한다. 다
만, 불법이 없는데도 하는 취소에 대해서는 법률유보의 원칙이 적용된다. 이와 관련하여, 직권철회에 법률
유보의 원칙이 적용되는지에 관하여 견해가 대립하는데, 직권철회라는 개념에는 불법이 없는데도 취소하
는 경우(취소를 하지 않는 것이 불법이 되지 않는데도 공공복리를 위하여 취소하는 경우)뿐만 아니라 불
법을 사유로 취소하는 경우(사정변경으로 인하여 취소하지 않는 것이 오히려 불법이 되는 경우)도 포함되
는 점에서 좀 더 섬세한 분석이 필요하다. 직권철회이거나 직권취소이거나 간에 불법을 사유로 하는 취소
에 해당하면 취소하지 않는 것이 오히려 불법이 되는 점에서 법률유보가 요구되지 않지만, 이와 달리 불
법이 없는데도 하는 취소에 해당하면 공용침해의 실질을 가지는 점에서 법률유보가 필요하다. 이상의 설
명은 행정소송법에서 위법판단의 기준시와 관련하여 중요한 의의를 가진다. 이에 관한 판결시설은 처분시
설을 배척하는 것이 아니라 처분시설에서 진일보한 것이다. 행정행위의 발급 당시에 위법이 있다는 사정
은 판결시설에서도 중요하게 고려되어야 한다. 다만, 그것만으로는 충분하지 않고 판결을 하는 시점에
불법이 있어야 한다는 것이다. 이때는 앞서 설명한 것처럼 취소하지 않는 것이 오히려 불법이 된다. 이
점을 두고 독일의 학설은 취소청구권(Anspruch auf Aufhebung eines Verwaltungsaktes)이 성립한다는
표현을 자주 사용한다. 예를 들어, Ferdinand O. Kopp/Ulrich Ramsauer, 앞의 책, 843쪽은 "절차위반과
형식위반으로 인한 위법성은 그 위반이 사안의 결정에 영향을 미치지 않았다는 것이 명백한 때에는 행정
행위의 취소청구권을 성립시킬 수 없다."라고 설명한다. Ferdinand O. Kopp/Wolf-Rüdiger Schenke,
Verwaltungsgerichtsordnung Kommentar. 14.Auflage, Verlag C.H.Beck, 2005, 1330쪽 이하는 "판결시
설에 따르면 청구취지로 특정되는 취소청구권에 관한 판결은 오로지 변론종결시(무변론의 경우에는 판결
시)의 사실상태와 법률상태에 의거해서 한다."라고 설명하고, 나아가 "처분시설과 판결시설의 중대한 차
이점은 사후적으로 성립하는 행정행위의 제거에 관한 청구권(Anspruch auf Beseitigung des
Verwaltungsaktes)을 소송법적으로 어떻게 주장해야 하는가의 문제에 관한 답변에 있다. 처분시설은 행
정소송법 제113조 제1항 제1문에서 정하는 위법성을 원시적인 위법성으로 이해하고 사후적으로 발생하는
위법성에 대해서는 당사자에게 의무이행소송을 제기하도록 하는 반면에, 판결시설에 따르면 사후적인 위
법성은 취소소송에서 고려될 수 있고 행정행위는 위법하게 되는 시점에 취소할 수 있다."라고 설명한다.
45) Hans J. Wolff/Otto Bachof/Rolf Stober, 앞의 책[Band 2], 373쪽.

## III. 의제절차와 계획재량

사업계획의 가장 큰 특징으로는 첫째, 신속성을 위한 의제절차(fiktiver Verwaltungsakt)를 들 수 있고, 둘째, 실질적 의미의 행정계획의 속성인 계획재량(Planerisches Ermessen)을 들 수 있다.

### 1. 의제절차

우리 인허가의제에 관한 법리는 말 그대로 '의제'(Fiktion)라는 점에 주목해야 한다. 여기서 법적인 의제를 입법기술적 의제와 법정책적 의제로 구분하는 것이 유용하다. 입법기술적 의제는 입법자가 입법의 편의를 위하여 입법기술적 차원에서 사용하는 것을 말한다. 입법기술적 의제는 일정한 구성요건에 대한 규칙을 다른 구성요건에 대하여 적용한다는 점에서 준용과 다름없다. 법정책적 의제는 입법자가 추구하는 정책목표를 달성하기 위하여 정책적 차원에 사용하는 것을 말한다. 법정책적 의제는 의식적인 반사실적 사실인정이라는 의제의 본질이 가장 잘 드러나는 의제의 유형이다. 거소를 주소로 의제하는 민법 제19조는 전자의 사례이고, 태아의 출생의제를 규정한 민법 제762조는 후자의 사례이다.[46]

입법기술적 의제와 법정책적 의제 모두 '준용'(entsprechende Anwendung)이라는 측면에서는 공통적이다.[47] 그리고 준용의 원리로 가장 중요한 것은 '유추'(Analogie)이다. 유추는 어느 사안(예: a)과 다른 사안(예: b)을 비교하여 같은 점과 다른 점을 구별하고 전자에 대한 법(예: A)을 후자에 대한 법(예: B)으로 삼는 것이다. 유추는 법적용의 확대를 가져오는 점에서, 목적론적인 법적용의 축소(teleologische Reduktion)와 대비가 된다.[48] 하지만 이와 달리 생각할 수도 있다. 법적용의 확대인지 아니면 축소인지를 말할 때는 먼저 기준점을 분명히 해야 한다. 유추가 되는 법(예: A)을 기준으로 말하면 원래 적용되는 사안(예: a)이 아닌 다른 사안(예: b)에 적용되면 당연히 법적용의 확대에 해당한다. 그 결과, 유추의 경우에는 언제나 법적용이 확대된다는 결론에 이른다. 하지만 유추를 하는 사안(예: b)을 기준으로 말하면 원래 적용되는 법(예: B)과 유추가 되는 법(예: A)을 비교해 보아야만 법적

---

46) 오세혁, "법에 있어서의 의제", 중앙법학 제17권 제1호, 2015, 351쪽 이하.
47) 김중권, "의제적 행정행위에 관한 소고", 법제 제520호, 2001, 57쪽: 의제를 통해 행정행위 자체가 아닌 그것에서 통용되는 법규정만이 준용되는 셈이다.
48) 박정훈, "행정법과 법해석 - 법률유보 내지 의회유보와 법형성의 한계", 행정법연구 제43호, 2015, 24쪽 이하.

용의 확대인지 축소인지를 알 수 있다. 유추를 하기 전과 비교해 보면 유추를 통해서 법적용이 확대되는 경우도 있고 그 반대로 법적용이 축소되는 경우도 있는 것이다. 형사법에서 강조되는 유추적용의 금지라는 법리는 유추가 되는 법을 기준으로 말하는 경우가 대부분이지만, 엄밀히 보면 유추 자체를 금지하겠다는 것이 아니라 유추를 하는 사안을 기준으로 했을 때 법적용의 확대라는 결과가 발생해서는 안 된다는 의미이다. 다시 말해, 불이익한 유추적용금지인 것이다. 그렇기에 형사법에서 발전한 유추적용금지의 법리는 행정법에 그대로 통용될 수 없다. 행정법에서는 유추적용의 결과가 불이익하다고 단정할 수 없는 경우가 많을 뿐만 아니라 설사 불이익한 결과가 발생하더라도 그보다 우월한 공익이 인정될 수 있다면 유추의 정당화가 가능할 수 있기 때문이다.[49]

이러한 유추 외에 의제도 준용의 중요한 원리이다. 준용에서 유추라는 것은 논리적인 당위를 제공한다. 사물의 본성에 비추어 순리(順理)에 따르는 것이 유추이기 때문에 만약 논리적인 오류가 없다면 유추 자체로 준용이 정당화가 된다. 이와 달리 사물의 본성에 비추어 역리(逆理)를 일부러 만들어 내는 것이 의제이기 때문에 준용은 의제 자체로는 논리적인 정당화가 안 되고 추가적인 정당화 사유가 필요하다. 이와 관련하여, 의제라는 표현이 사용되지만 실제로는 유추에 해당하는 경우가 있어서 주의가 필요하다. 앞서 말한 입법기술적 의제라는 것이 바로 이에 해당한다. 다시 말해, 입법기술적 의제는 비록 의제라고 말은 하지만 실제로는 유추 자체만으로 준용의 논리적인 정당화가 가능한 경우이다. 이와 달리 법정책적 의제라는 것은 진정한 의미의 의제에 해당하고 그렇기에 준용의 논리적인 정당화가 가능하지 않아서 법정책이라는 추가적인 정당화 사유가 필요한 경우이다. 예를 들어, 건축법 제14조 제1항은 "신고를 하면 건축허가를 받은 것으로 본다."고 규정한다. 이는 건축신고에 대해서 건축허가에 관한 규정을 준용하겠다는 것이다. 건축신고가 건축허가의 규제를 완화하기 위한 것이라는 점을 고려한다면 건축신고에 대해서 건축허가에 관한 규정을 적용하는 것은 사물의 본성에 비추어 순리에 따르는 것으로서 그 정당화를 위해서 설명이 더 필요한 내용이 없다. 한편, 건축법 제11조 제6항은 "건축허가를 받으면 다음 각 호의 허가 등을 받거나 신고를 한 것으로 본다."라고 규정한다. 이는 건축허가에 대해서, 예컨대, 국토계획법상 개발행위허가(제56조)에 관한 규정을 준용하겠다는 것이다. 하지만 건축허가를 받았다는 이유로 그와 전혀 별개인 개발행위허가에 관한 규정을 적용해야 한다는 것이 사물의 본성에서 비롯하는 순리라고 보기는 어렵다. 행정절차의 간소화가 요청되고 아울러 관계 행정기관의 참여가 보장된다는 점이 강조되어야 추

---

49) 유추와 준용의 관계에 관하여 송시강, "공법의 발견과 사법의 준용 – 손실보상금 채권의 준점유자에 대한 변제의 효과에 관한 판례 평석", 전북대학교 법학연구 제51호, 2017, 61쪽 이하.

가적인 정당화가 가능할 수 있다.

　이와 같이 우리 인허가의제에 관한 법리는 법적인 의제라는 관점에 접근해야 한다.[50] 그럼에도 불구하고 그동안 학설은 관행적으로 독일법의 계획확정절차에서 인정되는 집중효에 관한 법리를 준거로 해서 우리 인허가의제에 관한 법리를 전개해 왔다. 그 반대로 독일법의 계획확정절차에서 인정되는 집중효에 관한 법리를 분석하면서 의제적 행정행위의 관점에서 접근하는 것 또한 문제가 있다. 집중(Konzentration)으로 대체(Ersetzung)가 일어나고 그 결과 준용이 나타날 수 있는 점에서 집중은 의제와 유사한 측면이 있다. 이는 집중도 의제, 나아가 유추처럼 준용의 원리를 구성하기 때문이다. 하지만 집중은 유추와 구별되는 것처럼 의제와도 구별되어야 한다. 집중이 가지는 의미의 핵은 대체에 있는 점에 비추어 보았을 때, 집중은 법적용의 우선순위에 초점이 맞추어진 개념이라는 것을 알 수 있다. 집중하는 법이 우선적으로 적용되는 결과 집중되는 법의 적용은 면제되는 것이다. 신법 우선의 원칙이나 특별법 우선의 원칙과 같은 차원으로, 사실은 집중효라는 표현을 사용하지 않고 있을 뿐이지 우리에게 친숙한 논리이다.[51] 의제나 유추는 대구(對句)의 관계에 있는 두 개의 사안과 그에 대한 각각의 법을 전제로 하지만, 집중은 하나의 사안에 대한 두 개의 법을 상정한다. 그 결과, 집중으로 인한 법적용의 확대는 논리적으로 가능하지 않다. 오로지 법적용의 축소만을 목적으로 한다. 다만, 집중하는 법이 가지는 우선적 지위가 어느 범위에서 배타적인지(예: 관할의 집중, 절차의 집중, 실체의 집중), 어느 정도로 배타적인지(예: 전면적 집중, 제한적 집중)에 관하여는 여러 가능성이 열려 있다. 이렇게 접근하면 우리 학설이 독일의 학설을 차용하여 설명하는 '절차집중설'과 '실체집중설'의 차이가 무엇인지, 나아가 '제한적 실체집중설'은 '실체집중설'과 어떤 점에서 같고 어떤 점에서 다른지를 직관적으로 이해할 수 있다. 문제는 우리 인허가의제에 관한 법리를 설명하면서 독일의 집중효에 관한 법리를 그대로 차용하고 있다는 점이다.

　이와 같이 집중과 의제는 엄연히 구별되어야 하는 개념인데도 그 차이를 간과하고 있는 학설의 관행은 문제가 있다. 또한 우리 인허가의제에 관한 법리가 적용되는 범위는 인허가에 그치지 않고 이를 넘어 행정계획이나 사업인정에까지 이르는 점에서 결과적으로 독일의 집중효에 관한 법리가 적용되는 범위를 훨씬 초과한다. 이점에 착안하여 이하에서는 우리 인허가의제에 관한 법리를 그에 상응하는 독일의 집중효에 관한 법리 등과 비교

---

50) 이러한 관점에서 접근하는 견해로는 김중권, "의제된 인·허가의 취소와 관련된 문제점 - 대법원 2018. 7. 12. 선고 2017두48734 판결", 법조 제731호, 2018, 509쪽 이하.

51) 예를 들어, 「사회기반시설에 대한 민간투자법」 제3조는 '관계법률과의 관계 등'이라는 제목 아래 "이 법은 민간투자사업에 관하여 관계법률에 우선하여 적용한다."라고 규정한다. 이는 법적용의 우선순위를 정하는 것으로서, 독일의 집중효에 관한 법리에 견주면 '실체집중설'에 가까운 내용이다.

하면서 설명하기로 한다.

## (1) 인가·허가 등의 의제

### 1) 독일의 경우

우리 학설은 연방행정절차법상 집중효에 관한 독일의 견해를 관할집중설, 절차집중설, 실체집중설, 제한적 실체집중설로 구분하여 상당히 도식적으로 소개하고 있지만,[52] 독일의 대표적인 문헌을 조사해 보면 이론적으로 집중효는 형식적인 차원도 있고 실체적인 차원도 있으며 연방행정절차법은 그중 형식적인 차원의 집중효를 규정하고 있다고 이해하는 것이 학설의 일반적인 입장이고, 그에 관한 이견은 딱히 없는 것으로 보인다.

이와 같이 집중효는 형식적인 차원과 실체적인 차원으로 구분된다. 전자는 관할과 절차가 집중되는 것으로서, 사업의 허용성에 관한 결정이 하나의 행정기관에 그리고 하나의 행정절차에 주어지는 경우를 말한다. 그 행정기관은 다른 행정기관의 참가 아래 행정절차를 수행하고 관계되는 실체법적인 기준을 누적적으로 고려하여 전체적인 결정을 내려야 할 임무가 있다. 하나의 행정절차에서 하나의 행정기관이 사업에 관한 다수의 법적인 기준을 적용한다는 점이 특징이다. 후자는 어떤 사업이 오로지 하나의 법률에서 정하는 법적인 기준에 종속되는 경우를 말하는바, 여기서 다른 모든 적용이 가능한 법률은 적용에서 제외되고, 유일하게 적용되는 법은 일종의 특별법이 된다. 실체적인 집중은 그와 동시에 관할과 절차의 집중을 가져오는바, 오직 하나의 법적인 기준만이 존재하는 경우에는 오직 하나의 절차와 하나의 결정기관이 필요할 뿐이기 때문이다.[53]

그중에서 형식적인 차원의 집중효를 연방행정절차법이 규정하고 있는 것이다. 집중효로 인하여 다른 행정기관의 관할은 탈락되는바, 다시 말해, 연방행정절차법 제73조 제2항에 따른 참가로 축소된다. 그 범위 내에서 관할의 이전이 발생한다. 집중되는 인허가를 위해서 준수하여야 하는 개별법상 행정절차 또한 계획확정절차에 의해서 전적으로 제외된다. 이 점은 개별법에서 정하는 참가의 권리에 대해서도 원칙적으로 타당하다. 계획확정에 대해서는 계획확정절차의 절차적 규율만 준수하면 되고, 집중효로 인하여 대체가 되는 인허가에 관한 절차적 규정은 추가로 준수할 필요가 없다. 다만, 특별한 참가절차를 규정하는 법이 있어서 절차의 집중에도 불구하고 예외적으로 대체가 안 되는 경우는 그

---

52) 이에 관한 상세한 소개로는 박종국, "독일법상의 계획확정결정의 집중효", 공법연구 제32집 제1호, 2003, 318쪽 이하; 한귀현, "독일행정법상의 집중효에 관한 연구", 법제연구 제26호, 2004, 270쪽 이하.
53) Hans J. Wolff/Otto Bachof/Rolf Stober, 앞의 책[Band 2], 379쪽.

러하지 아니하다. 이와 같이 계획확정절차는 필요한 일체의 행정기관의 결정과 그 결정에 관한 행정절차 및 그 규율을 대체하지만, 계획확정의 재결기관은 대체되는 결정을 관할하는 행정기관이 하는 것과 동일한 범위에서 실체적인 법을 원칙적으로 준수하여야 한다. 다만, 개별법에서 실체적인 집중을 규정하는 경우에는 그러하지 아니하다.[54)]

이러한 형식적인 차원의 집중효는 관할이나 절차의 측면 외에 실체의 측면도 아울러 가진다. 첫째, 관할의 집중이라는 측면이다. 계획확정결정이 다른 법률에서 요구하는 인허가 등을 대체하는 경우에 결정의 관할은 포괄적으로 계획확정의 재결기관에 귀속되어야 한다. 둘째, 절차의 집중이라는 측면이다. 계획확정의 경우에는 연방행정절차법 제72조 이하 또는 특별법상 규율을 통하여 개별법상 절차적 규정을 전적으로 제외하는 특별한 절차법이 적용된다. 이는 결정의 다발(Bündelung)이 아니라 단일한 결정을 위한 단일한 행정절차에 해당한다. 셋째, 수평적인 실체의 집중이라는 측면이다. 계획확정결정은 모든 이해관계자에 대해서 하나의 단일한 결정을 내린다. 개별적인 이해관계자에 대한 개별적인 법적인 효과는 그 적법성의 관점에서 분리해서 심리되어야 한다. 넷째, 수직적인 실체의 집중이라는 측면이다. 실체적인 관점에서 보면 전문계획법과 개별법은 경합적인 관계에 있다. 계획확정결정은 사업시행자와 사업계획의 이해관계자 사이 모든 공법상 법률관계를 종국적으로 그리고 형성적으로 규율하는 점에서, 모든 공법적인 문제에 관하여 결정을 하여야 한다. 이러한 결정에서는 다수의 법률상 규율이 엄격하게 적용되어야 하기에 형량으로 극복될 수 없는 강행규정에 해당하는지 혹은 그에 해당하지 않아서 형량의 대상이 되고 따라서 극복될 수 있는 경우인지가 심사되어야 한다. 이 문제가 특히 집중효에서 골치 아픈 지점이다. 형량을 통해 개별적인 이해를 극복할 수 있다는 것이 기존의 법적인 구속으로부터 자유롭다는 것을 의미하지는 않는다. 그러한 자유를 위해서는 그것을 명령하거나 허락하는 법률이 필요하다. 다시 말해, 계획확정의 규율로는 해당 사업에 실체법상 특권이 인정되지 않는다.[55)]

이중에서 수직적 실체의 집중이라는 측면에 관하여 추가로 설명하면 다음과 같다. 실체법적인 규율은 집중효를 통해 제외되지 않으므로 계획확정의 재결기관은 이에 구속된다. 문제는 여기서 구속된다는 의미가 무엇인가이다. 강행규정은 계획확정절차에서 무조건 준수되어야 하고, 그에 따른 명령이나 금지는 계획적인 형량을 통해서 극복될 수 없다. 나머지 규정은 일정한 이익의 고려나 최적화를 요구할 뿐이고, 이로써 일정한 이익에 가중치가 부여될 수 있으나 그 이익은 형량의 과정에서 대립적인 이익에 밀릴 수 있는바,

---

54) Ferdinand O. Kopp/Ulrich Ramsauer, 앞의 책, 1383쪽 이하.
55) Hans J. Wolff/Otto Bachof/Rolf Stober, 앞의 책[Band 2], 379쪽 이하.

결국 무조건적인 구속에 이르지 않는 것이다. 엄격한 명령이나 금지에 해당하는지 아니면 단순한 최적화명령(Optimierungsgebot)에 해당하는지는 개별적으로 해당 규범의 해석을 통해서 규명해야 한다. 이와 관련하여, 연방행정절차법 제75조는 이른바 대체설(Ersetzunagstheorie)을 따르는 것도 아니고, 그렇다고 이른바 존속설(Fortgeltungstheorie)을 따르는 것도 아니다. 전자에 따르면, 계획확정결정은 계획확정절차를 제외한 나머지 함께 적용되는 모든 실체적인 결정의 조건을 면제하는바, 그 결과 다른 법령에 따라 필수적인 행정기관의 결정도 대체적 결정 없이 탈락하고 오로지 그 대신 적용되는 실체적인 계획확정규정을 통해서 대체된다. 후자에 따르면, 대체되는 고권적 행위의 배후에 있는 실체적 규범은 강행규정으로 남는바, 그 결과 계획확정결정은 전문계획법을 제외한 나머지 대립적인 실체적 법령의 전체를 반드시 제외해야 한다. 연방행정절차법 제75조가 그밖의 행정기관의 결정이 필요 없다고 규정하는 것은 그저 추가적이고 개별적인 행정절차를 면제하는 것일 뿐이다. 실체적인 규범은 그 법적인 존재나 효력에 영향이 없고, 다른 법률에서 이와 달리 규정하지 않는 이상 그 적용이 양적으로 축소되거나 상대화되지 않는다.[56]

### 2) 우리의 경우

학설은 크게 2가지 경향으로 나뉜다. 독일의 학설에 따라 관할집중설, 절차집중설, 실체집중설, 제한적 실체집중설 등을 논의하는 것이 첫째이다.[57] 이는 앞서 설명한 것처럼 독일의 집중효에 관한 법리가 우리 인허가의제에 관한 법리와 출발점에서 큰 차이가 있다는 점[58]을 간과한 문제가 있다. 독일의 집중효에 관한 학설은 법적용의 우선순위에 관한 해법으로 제시된 것이다. 그렇기에 관할이나 절차의 집중에 그치지 않고 나아가 실체의 집중도 진지하게 고려할 가치가 있는 문제가 된다. 그에 비하여 우리는 의제를 통하여 준용되는 법령의 범위가 쟁점이다. 행정행위를 의제하고 있는데 의제되는 행정행위에 적용되는 법령이 의제하는 행정행위에 준용되지 않는다는 것은 논리적으로 상정하기 어렵다. 실체의 집중 문제는 애당초 고려될 여지가 없는 것이다. 오히려 초점은 있는 그대로

---

56) Paul Stelkens/Heinz Joachim Bonk/Michael Sachs(Hrsg.), Verwaltungsverfahrensgesetz Kommentar, 6.Auflage, Verlag C.H.Beck, 2001, 2342쪽 이하.

57) 대표적으로, 김재광, "행정법상 집중효제도의 검토", 토지공법연구 제9집, 2000, 78쪽 이하. 이러한 독일의 학설을 우리 인허가의제의 맥락에 맞게 수정해서 설명하는 견해로는 선정원, "인·허가의제와 심사촉진", 공법연구 제38집 제2호, 2009, 87쪽 이하.

58) 이 점에서 집중효를 규정하는 독일의 입법과 인허가의제를 규정하는 우리 입법의 기술적인 차이를 강조하는 견해로는 선정원, "독일과 우리나라의 인허가의제 제도의 비교고찰", 명지법학 제16권 제2호, 2018, 24쪽 이하. 나아가 우리 판례가 말하는 '부분 인허가의제'는 독일의 집중효에 관한 법리로는 설명이 안된다는 점에 관하여 선정원, "인허가의제의 효력범위에 관한 고찰", 행정법연구 제34호, 2012, 56쪽 이하.

다 준용하려고 하지 말고 준용되는 범위를 줄이고자 하는 데 있다. 준용의 범위를 확대할수록 법률유보의 원칙이나 명확성의 원칙에 있어 심각한 문제가 발생한다는 점이 핵심이다. 어떤 하나의 측면에서 주목을 받아 의제된 행정행위가 가지는 또 다른 측면까지 일률적으로 준용할 경우에 심각하게 불이익이 수반되어서 원래 의제를 하고자 한 취지에 어긋나는 결과가 발생한다면 법률유보의 원칙이라는 관점에서 심각한 문제가 된다.[59] 어떤 행정행위를 의제하니까 그 행정행위에 또 다른 법령이 준용되고 있어서 그 또 다른 법령까지 의제가 되는지의 문제는 명확성의 원칙이라는 관점에서 진지한 문제가 된다.[60] 이는 독일의 집중효에 관한 법리에서는 고유한 문제로 부상하지 않는다. 이처럼 우리 인허가의제의 관점에서 접근하는 경우에는 의제되는 행정행위에 적용되는 법령이 의제하는 행정행위에 준용되는 것은 논리적으로 당연하므로 그 반작용으로 준용되는 범위를 줄이는 쪽으로 힘이 작동한다. 이와 달리 독일의 집중효라는 관점에서 접근하는 경우에는 집중이 되는 행정행위에 적용되는 법령이 집중을 하는 행정행위에 준용되는 결과는 논리적으로 당연한 것이 아니기에 그 반작용으로 준용되는 범위를 특별한 제한이 없는 원래의 상태로 되돌리기 위해서 확대하는 쪽으로 힘이 작동한다.

둘째는 의제되는 행정행위가 실재하는지에 관한 논의이다. 이에 관하여는 실재를 긍정하는 견해[61]와 부정하는 견해[62]가 대립한다. 하지만 어떠한 행정행위가 실재하지 않기 때문에 의제하는 것인데, 의제되는 행정행위가 실재할 수는 없는 것이다. 다시 말해, 긍

---

59) 대법 2004. 7. 22. 선고 2004다19715 판결: 구 건축법 제8조 제4항은 건축허가를 받은 경우, 구 도시계획법 제25조의 규정에 의한 도시계획사업 실시계획의 인가를 받은 것으로 본다는 인가의제규정만을 두고 있을 뿐, 구 건축법 자체에서 새로이 설치한 공공시설의 귀속에 관한 구 도시계획법 제83조 제2항을 준용한다는 규정을 두고 있지 아니하므로, 구 건축법 제8조 제4항에 따른 건축허가를 받아 새로이 공공시설을 설치한 경우, 그 공공시설의 귀속에 관하여는 구 도시계획법 제83조 제2항이 적용되지 않는다고 봄이 상당하다.

60) 대법원 2016. 11. 24. 선고 2014두47686 판결: 구 학교용지 확보 등에 관한 특례법 제2조 제2호는 부과대상 사업의 근거 법률로 구 국민임대주택건설 등에 관한 특별조치법(이하 '공공주택건설법'이라 한다)을 들고 있지 아니하다. 그리고 공공주택건설법 제12조 제1항이 단지조성사업 실시계획의 승인이 있는 때에는 도시개발법에 의한 실시계획의 작성·인가(제11호), 주택법에 의한 사업계획의 승인(제20호)을 받은 것으로 본다고 규정하고 있으나, 이는 공공주택건설법상 단지조성사업 실시계획의 승인을 받으면 그와 같은 인가나 승인을 받은 것으로 의제함에 그치는 것이지 더 나아가 그와 같은 인가나 승인을 받았음을 전제로 하는 도시개발법과 주택법의 모든 규정들까지 적용된다고 보기는 어렵다. 따라서 공공주택건설법에 따른 단지조성사업은 학교용지법 제2조 제2호에 정한 학교용지부담금 부과대상 개발사업에 포함되지 아니하고, 이와 달리 학교용지부담금 부과대상 개발사업에 포함된다고 해석하는 것은 학교용지부담금 부과에 관한 규정을 상대방에게 불리한 방향으로 지나치게 확장해석하거나 유추해석하는 것이어서 허용되지 아니한다.

61) 대표적으로, 박균성, "의제된 인·허가의 취소 - 대법원 2018. 7. 12. 선고 2017두48734 판결", 행정판례연구 제24권 제1호, 2019, 19쪽 이하.

62) 대표적으로, "김중권, 의제된 인·허가의 취소와 관련한 문제점 - 대법 2018. 7. 12. 선고 2017두48734 판결을 중심으로", 법조 제731호, 2018, 516쪽 이하.

정설이라고 해서 이 문제를 존재론적으로 접근하는 것은 아니라고 보아야 한다. 결국 이에 관한 논의의 실익은 의제되는 행정행위에 적용되는 법령을 의제하는 행정행위에 준용하는 범위를 어떻게 정할 것인가에 있다. 의제되는 행정행위의 실재를 긍정하는 견해는 간단히 말해, 의제되는 것이기는 하지만 실재하는 행정행위와 전적으로 동일하게 취급하자는 것이고, 이와 달리, 그 실재를 부정하는 견해는 동등하게 취급하기 위해서 의제를 하는 것이지만 실재하는 행정행위와 전적으로 동일하게 취급하는 데에는 한계가 있다는 것이다. 양자가 가장 첨예하게 대립할 수 있는 지점은 의제되는 행정행위를 독립적으로 취소할 수 있는가이다. 실재를 긍정하는 견해에서는 의제되는 행정행위를 독립적으로 취소할 수 있다고 보는 것이 자연스럽다. 이와 달리, 실재를 부정하는 견해에서는 의제하는 행정행위의 일부에 불과한 것이기 때문에 의제되는 행정행위를 독립적으로 취소할 수 없다는 결론에 이르기 쉽겠으나,[63] 그렇다고 하더라도 행정행위의 일부취소에 관한 법리에 따라 의제되는 행정행위만을 독립적으로 취소하는 것이 가능한 경우가 있을 수 있다.[64] 여기서 판례가 말하는 '부분 인허가의제'라는 개념이 유용하다. 이른바 부분 인허가의제라는 것은 의제되는 행정행위에 의제하는 행정행위가 논리적으로 종속되지 않아서 전자가 위법하다고 해서 반드시 후자가 위법하게 되지는 않고 전자가 취소되어 무효가 되더라도 후자의 효력에 영향이 없는 경우를 말한다. 그렇기에 애당초 인허가의제의 절차가 필수가 아닌 선택에 불과하고, 인허가의제를 위한 협의가 실패하는 경우에는 그에 대한 의제를 제외하거나 유보하고 나머지에 대해서만 인허가의제를 인정하는 것이 가능하다. 다만, 의제되는 행정행위를 독립적으로 취소할 수 있는 경우라고 하더라도 그에 관한 권

---

63) 대법 2015. 7. 9. 선고 2015두39590 판결: 건축법에서 인·허가의제 제도를 둔 취지는, 인·허가의제사항과 관련하여 건축허가의 관할 행정청으로 그 창구를 단일화하고 절차를 간소화하며 비용과 시간을 절감함으로써 국민의 권익을 보호하려는 것이지, 인·허가의제사항 관련 법률에 따른 각각의 인·허가 요건에 관한 일체의 심사를 배제하려는 것으로 보기는 어려우므로, 도시계획시설인 주차장에 대한 건축허가신청을 받은 행정청으로서는 건축법상 허가 요건뿐 아니라 국토계획법령이 정한 도시계획시설사업에 관한 실시계획인가 요건도 충족하는 경우에 한하여 이를 허가해야 한다고 보아야 한다.

64) 대법 2018. 11. 29. 선고 2016두38792 판결: 구 주택법 제17조 제1항에 의하면, 주택건설사업계획 승인권자가 관계 행정청의 장과 미리 협의한 사항에 한하여 그 승인처분을 할 때에 인허가 등이 의제될 뿐이고, 그 각호에 열거된 모든 인허가 등에 관하여 일괄하여 사전협의를 거칠 것을 주택건설사업계획 승인처분의 요건으로 규정하고 있지 않다. 따라서 인허가 의제 대상이 되는 처분에 어떤 하자가 있다고 하더라도, 그로써 해당 인허가 의제의 효과가 발생하지 않을 여지가 있게 될 뿐이고, 그러한 사정이 주택건설사업계획 승인처분 자체의 위법사유가 될 수는 없다. 또한 의제된 인허가는 통상적인 인허가와 동일한 효력을 가지므로, 적어도 '부분 인허가 의제'가 허용되는 경우에는 그 효력을 제거하기 위한 법적 수단으로 의제된 인허가의 취소나 철회가 허용될 수 있고, 이러한 직권 취소·철회가 가능한 이상 그 의제된 인허가에 대한 쟁송취소 역시 허용된다. 따라서 주택건설사업계획 승인처분에 따라 의제된 인허가가 위법함을 다투고자 하는 이해관계인은, 주택건설사업계획 승인처분의 취소를 구할 것이 아니라 의제된 인허가의 취소를 구하여야 하며, 의제된 인허가는 주택건설사업계획 승인처분과 별도로 항고소송의 대상이 되는 처분에 해당한다.

한은 의제하는 행정행위를 관할하는 기관에게 있다고 보아야 하고,[65] 의제되는 행정행위의 취소를 구하는 소송은 실질적으로 의제하는 행정행위의 일부에 대해 그 취소를 구하는 것이기 때문에 의제하는 행정행위를 관할하는 기관을 피고로 해야 한다.[66] 이러한 '부분 인허가의제'는 독일의 집중효에 관한 법리에서는 논리적으로 상정하기 어려운 사태이다. 특히 계획확정절차의 경우에는 법률관계의 조속한 확정을 위해서 집중효 외에 배제효까지 인정되는 점에서 더욱 그러하다.

## (2) 행정계획의 의제

### 1) 독일의 경우

행정계획이 기준을 설정하는 것이라면 사업은 기준을 적용하는 것인 점에서, 사업계획은 행정계획에 위반되지 않는 범위 내에서 허용된다. 그런데 사업계획을 결정하는 과정에서 행정계획에 저촉되는 결과를 피하고자 행정계획을 변경할 필요성이 제기되는 경우가 적지 않다. 이 경우에 행정계획이 변경되기를 기다렸다가 사업계획의 결정을 추진하면 사업 자체가 지연될 수밖에 없는 점에서 신속성이 강조되는 특별한 행정절차가 요청된다. 이에 선진 각국의 도시계획법제는 일반적 속성을 가지는 행정계획 외에 어떤 사업에 적합하도록 개별적 속성을 가지는 행정계획을 특수하게 고안하고 있는바, 그에 해당하는 것이 독일법의 사업적 지구단위계획이다. 이는 기존의 절차를 생략하는 것이 아니라 기존의 계획에서 벗어나는 특수한 계획의 수립을 가능하게 함으로써 신속성을 제고하는 방안이다.

연방건설법전 제12조에서 정하는 사업적 지구단위계획은 3가지 요소로 구성된다. 사업시행자가 수립하는 기반시설의 설치를 포함하는 사업계획(Vorhaben– und Erschließungsplan), 지방자치단체가 조례의 형식으로 수립하는 사업적 지구단위계획, 사업시행자와 지방자치

---

65) 이와 관련하여, 「행정기본법」은 제26조 제1항에서 "인허가의제의 경우 관련 인허가 행정청은 관련 인허가를 직접 한 것으로 보아 관계 법령에 따른 관리·감독 등 필요한 조치를 하여야 한다."라고 규정한다. 여기서 말하는 '조치'에 직권취소나 직권철회와 같은 행정행위가 포함되는지 문제가 된다. 의제되는 행정행위를 독립적으로 취소하는 것은 논리적으로 보았을 때 의제하는 행정행위의 일부취소에 해당하는 점, 의제되는 행정행위의 독립적인 취소가 가능한 경우는 이른바 부분 인허가의제에 국한되는 점, 이른바 부분 인허가의제에 해당하는지에 관한 판단은 의제되는 행정행위의 관할기관이 아니라 의제하는 행정행위의 관할기관이 하는 것이 법적 안정성의 관점에서 바람직한 점을 종합적으로 고려하건대, 의제되는 행정행위의 관할기관은 직권취소나 직권철회와 같은 행정행위를 스스로 할 수 없다는 해석이 타당하다. 「행정기본법 시행령」이 제5조 제2항에서 "주된 인허가가 있은 후 이를 변경했을 때에는 지체 없이 관련 인허가 행정청에 그 사실을 통지해야 한다."라고 규정하는 것도 이와 동일한 맥락이다.
66) 이와 달리 김중권, 앞의 글[의제된 인·허가의 취소와 관련한 문제점], 527쪽 이하는 의제되는 행정행위를 관할하는 기관을 상대로 하여 취소소송을 제기하여야 한다는 입장이다.

단체가 사업적 지구단위계획의 수립 전에 체결하는 수행계약(Durchführungsvertrag)이 바로 그것이다. 첫째, 기반시설의 설치를 포함하는 사업계획에 관하여 설명하면 다음과 같다. 이는 사업시행자의 책임에 속한다. 사업시행자는 자신이 계획한 사업을 수행할 수 있는 상태에 있어야 하는바, 이를 위해서 사업시행자는 토지의 소유권 기타 권원을 보유하여야 한다. 통상적으로는 사업시행자가 건축사무소나 계획사무소에 맡기면 사무소에서 지방자치단체와 조율하여 작성한다. 이렇게 완성된 사업계획은 지방자치단체의 결정으로 사업적 지구단위계획의 대상이 된다. 그렇기에 통상적 지구단위계획에 상응하는 내용이 사업계획에 포함되어야 한다. 다만, 사업적 지구단위계획의 구역에서는 사업적 지구단위계획에 위반되지 않고 기반시설의 설치가 보장되는 사업이라면 허용되고, 사업적 지구단위계획은 연방건설법전 제9조에 따라 통상적 지구단위계획으로 확정되는 사항과 다르게 사업을 허용할 수 있는 점에서, 통상적인 지구단위계획과 차별적인 내용이 사업계획에 포함될 수 있다. 사업을 통해서 나타나는 토지의 이용이나 형성과 무관한 내용도 사업계획에 포함될 수 있으나 사업적 지구단위계획의 대상은 될 수 없다. 둘째, 사업적 지구단위계획에 관하여 설명하면 다음과 같다. 사업시행자가 수립하는 사업계획은 해당 사업의 허용성을 정하는 사업적 지구단위계획의 본질적 내용이 되는바, 이러한 사업적 지구단위계획은 지방자치단체가 조례의 형식으로 수립한다. 지방자치단체는 계획고권의 주체로서 사업적 지구단위계획을 통하여 사업시행자에게 사업을 위하여 건축할 권리를 수권한다. 이 점에서 사업적 지구단위계획은 통상적 지구단위계획과 효력이 동등하다. 연방건설법전이 사업의 허가효(Zulassungswirkung)에 관하여 제30조 제1항에서 통상적 지구단위계획의 경우를 규정하면서, 그와 평행하게 제30조 제2항에서 사업적 지구단위계획를 규정하는 것도 이러한 이유에서다. 연방건설법전 제12조 제3항에 따라 지방자치단체는 사업적 지구단위계획의 구역에서 사업의 허용성에 관하여 규정할 때는 연방건설법전 제9조에 따라 확정되는 사항에 구속되지 않는다. 그리고 연방건설법전 제30조 제2항은 사업적 지구단위계획의 구역에서는 그 지구단위계획에 위반되지 않고 기반시설의 설치가 보장되는 사업이라면 허용된다고 규정한다. 따라서 사업적 지구단위계획으로 허용되는 사업계획은 그렇지 않은 경우에 비하여 그 범위가 확대될 수 있다. 다만, 연방건설법전 제85조에 따른 공용수용을 위해서는 연방건설법전 제9조에 따라 확정되는 사항에 구속되어야 한다. 통상적 지구단위계획의 수립에 적용되는 실체적 기준은 사업적 지구단위계획에도 그대로 적용된다. 이에 따라 조례는 국토계획에 적합하여야 하고, 연방건설법전 제1조 제5 내지 7항에 따라 이익을 고려하고 형량하여야 한다. 또한 토지이용계획에서 발전된 것이어야 한다. 셋째, 수행계약에 관하여 설명하면 다음과 같다. 사업시행자가 수립하는 기반시설의 설치를 포함하는 사업계획과 이에 따라 지방자치단체가 수립하는 사업적 지구단위계획을 연결하고 보충하는 것이 사업적 지구단위계획의 수립 전에 체결되는 수행계약이라 불리는 도시건설계약이다. 이로써 사업시행자는 기반시설의 설치를 포함하는 사업계획의 실현에 대해서 의무를 지고, 행정계획의 수립과 공공시설의 설치에 관한 비용의 전부 또는 일부를 부담하는 의무를 진다. 나아가 사업의 실현에 관한 세부적인 사항도 그에 관한 합의가 있다면 수행계약에 포함될 수 있다. 그에 대한 반대급부로서 지방자치단체는 조례의 절차를 수행할 의무가 있다. 그러나 이러한 의무에서 사업시행자가 제안한 대로 지구단위계획을 수립하는 것에 대한 청구권은 성립하지 않는데, 계획고권은 오로지 지방자치단체에 귀속하는 것이기 때문이다. 경우에 따라 손실보상청구권은 성립할 수 있다.[67]

사업적 지구단위계획이나 통상적 지구단위계획 모두 건축할 권리를 설권하는 점에서 공통적이다. 그럼에도 불구하고 양자는 구별되는바, 사업적 지구단위계획은 사업시행자가 구체적으로 의도하는 사업에 기초해서 수립된다는 점에서, 토지의 건축허용성에 관하여 지방자치단체가 제시하는 내용(Angebot)에 해당하는 통상적 지구단위계획과 다르다. 사업적 지구단위계획의 경우에 사업시행자는 법규상 신청권을 통해서 자신이 준비한 대로 지구단위계획이 수립되도록 지방자치단체를 유도할 수 있는 한편으로 행정계획의 비용을 부담하는 데 반하여, 통상적 지구단위계획의 경우에는 지구단위계획의 발의와 수립, 비용 전부에 관하여 지방자치단체가 책임을 진다. 사업적 지구단위계획의 경우에는 사업의 조속한 실현을 보장하는 기간이 계약으로 정해지는 반면에, 통상적 지구단위계획의 실현은 건축주가 지구단위계획으로 제시되는 내용을 실행하는가에 달려 있다. 사업적 지구단위계획에서 사업시행자는 처음부터 사업부지에 관한 권원을 보유하고 있어야 하고, 통상적 지구단위계획의 경우와 달리 수용이나 환지에 관한 권한이 없다.[68]

## 2) 우리의 경우

독일의 경우에는 사업시행자가 도시계획시설사업을 수행하는 과정에서 지구단위계획을 변경할 필요가 생기면 사업적 지구단위계획을 수립할 수 있다. 이는 어디까지나 특수한 지구단위계획을 수립할 수 있다는 것에 불과하고, 지구단위계획을 수립하는 행정절차를 생략할 수 있다는 의미가 아니다.

---

67) Peter J. Tettinger/Wilfried Erbguth, Besonderes Verwaltungsrecht. 8.Auflage, C.F.Müller Verlag, 2005, 386쪽 이하.
68) Peter J. Tettinger/Wilfried Erbguth, 앞의 책, 389쪽 이하.

우리는 사정이 다르다. 앞서 설명한 것처럼 도시계획시설사업 실시계획을 수립하거나 그에 대한 인가가 있는 경우에 비록 경미한 사항에 그치기는 하지만 도시관리계획의 결정이 의제되고, 나아가 주택법상 사업계획승인의 경우에는 도시관리계획의 결정이 제한 없이 의제된다. 이러한 입법은 그 밖에도 곳곳에서 그리 어렵지 않게 찾을 수 있다. 이 점은 학설의 주목을 받고 있지 않으나 법리적인 정당화가 쉽지 않다는 생각이다.[69]

독일법의 관점에서 보면, 계획확정절차를 거치는 일부 예외적인 사례에 대해서 연방건설법전의 도시계획에 관한 규정 일부가 적용에서 제외될 수는 있지만,[70] 계획확정절차를 통해서 계획수립절차가 그 자체로 대체된다는 것은 논리적으로 쉽게 상정할 수 없다.[71] 우리 도시계획시설사업 실시계획절차는 독일의 계획확정절차와 비교하였을 때 이해관계자에게 행정절차에 참가할 기회를 충분히 제공하지 못하고 있는 형편인데, 나아가 이로써 도시관리계획의 수립에 필요한 행정절차까지 생략할 수 있도록 한다면 정당한 이익의 형량에 요청되는 최소한의 절차적 권리의 보장이 무력하게 될 우려가 있다. 이를 떠나 논리적인 측면에서도 우리 법제가 집중이 아니라 의제라는 개념을 사용하고 있는 점을 고려하건대 어떤 행정행위로 그보다 절차적 요청의 수준이 높은 도시관리계획이 의제된다는 것은 그야말로 본말전도(本末顚倒)가 아닐 수 없다. 이에 중장기적인 관점에서 도시관리계획의 의제를 폐지하는 쪽으로 법률 개정을 추진하는 한편으로, 당장 해석론의 차원에서는 도시관리계획이 의제되는 경우에 도시관리계획의 수립에 필요한 행정절차는 별도로 거쳐야 하는 것으로 법리를 발전시켜 나갈 필요가 있다.

---

69) 이른바 부분 인허가의제를 명시적으로 인정한 대법 2018. 11. 29. 선고 2016두38792 판결은 지구단위계획이 의제되는 경우를 사안으로 한 것인데, 이에 관하여 "주택건설사업계획 승인권자가 구 주택법 제17조 제3항에 따라 도시·군관리계획 결정권자와 협의를 거쳐 관계 주택건설사업계획을 승인하면 같은 조 제1항 제5호에 따라 도시·군관리계획결정이 이루어진 것으로 의제되고, 이러한 협의 절차와 별도로 국토계획법 제28조 등에서 정한 도시·군관리계획 입안을 위한 주민 의견청취 절차를 거칠 필요는 없다."고 설시하였다.

70) 연방건설법전 제38조(계획확정절차에 근거하는 초지역적으로 중요한 건설과 공공폐기물처리시설) 계획확정절차와 그 밖에 법적인 효력을 가지는 절차에 근거하는 초지역적으로 중요한 사업과 연방임미시온방지법에 근거하는 공공폐기물처리시설의 설치와 운영에 대해서는 지방자치단체가 참가하고 도시건설적 이해가 고려되는 경우에는 제29 내지 37조를 적용하지 않는다. 제7조에 따른 구속력은 이와 무관하게 인정된다. 제37조 제3항은 적용한다.

71) 참고로, 연방건설법전 제38조에 따라 계획확정절차에 근거하는 초지역적으로 중요한 사업에 대해서 적용이 제외되는 연방건설법전 제29 내지 37조는 모두 사업의 허용성에 관한 실체적인 규율로서 행정절차와 무관하다. 도시계획의 수립 기타 절차적인 규율은 연방건설법전 제2 내지 4조의b에서 규정한다. 이는 행정계획절차가 계획확정절차를 통해서 집중될 수 없다는 점을 방증한다. 이와 관련하여, Ferdinand O. Kopp/Ulrich Ramsauer, 앞의 책, 1383면은 "계획확정절차의 사전 절차에 해당하는 국토계획절차(Raumordnungsverfahren)나 도로노선지정(Linienbestimmung), 그 사후행정 행정절차에 해당하는 공용수용절차(Enteignungsverfahren)나 행정집행절차(Vollstreckungsverfahren)는 집중의 대상이 아니다."라고 설명한다.

### (3) 사업인정의 의제

#### 1) 독일의 경우

계획확정결정에 인정되는 선취효는 수용재결에 요구되는 공공필요에 관한 판단이 수용재결에 이르기 전에 계획확정결정으로 선취된다는 것을 의미한다. 이는 다시 말해, 공공필요의 판단에 관하여 선행행위(계획확정결정)가 후행행위(수용재결)에 구속력을 가진다는 것이다. 이러한 선취효는 전문계획법에서 공용수용을 수권하면서 규정하는 경우[72]도 있고, 공용수용법에서 자체적으로 규정하는 경우[73]도 있다. 연방행정절차법은 공용수용에 대한 선취효를 적극적으로 규정하지 않는다. 다만, "계획허가는 공용수용에 대한 선취효를 제외한 나머지 계획확정결정의 법적인 효력을 가진다."라고 규정함으로써(제74조 제6항), 계획확정결정의 선취효를 소극적으로 인정하고 있다. 이러한 선취효의 이해에 있어서는 우리 토지보상법상 사업인정에 해당하는 절차가 독일의 공용수용법에는 따로 없다는 점에 주목해야 한다. 그 결과, 공용수용에 요청되는 공공필요에 관한 판단은 수용기관의 소관인 것이 원칙이다. 다만, 전문계획법이나 공용수용법에서 특별히 정하는 바에 따라 예외적으로 계획확정결정에 선취효가 인정되는바, 이로써 우리 토지보상법상 사업인정을 거친 것과 유사한 결과가 나타난다.

계획확정결정에는 공용수용의 효력이 인정되지 않는다. 계획확정결정은 사업의 수행이나 이용에 필수적인 사법상 권리나 권한이라고 하더라도 이를 사업시행자에게 수권하지 않는다. 예를 들어, 타인의 토지를 이용할 수 있는 권리가 그러하다. 사업의 실현에 타인의 권리를 사용해야 한다면, 예를 들어, 필수적인 건축물의 건축에 타인의 토지가 필요한

---

[72] 연방간선도로법 제19조(공용수용)
  (1) 연방간선도로의 도로건설부담의 주체는 그 임무의 수행을 위하여 수용권을 가진다. 공용수용은 제17조에 따라 확정되거나 허가된 건설계획의 수행에 필요한 경우에 한하여 허용된다. 공용수용의 허용성에 관한 추가적인 확인은 필요로 하지 않는다.
  (2) 확정되거나 허가된 사업계획은 수용절차에서 기초가 되고 수용기관을 구속한다.
  (2a) 소유권 기타 권리의 이전이나 제한과 관련된 당사자가 문서로 합의를 표시한 경우에는 곧바로 보상절차가 진행될 수 있다.
  (2b) 제1항, 제2항, 제2항의a는 제17조의f에서 정하는 시설에 준용한다.
  (3) 삭제
  (4) 삭제
  (5) 그 밖의 사항은 도로에 적용되는 주(州)의 공용수용법에 따른다.

[73] 바이에른 주(州) 공용수용법 제28조(구속력) 계획확정절차나 그 밖의 공식적인 절차에서 사업의 선취와 그 방식에 관하여 당사자에 구속적인 결정이 내려진 경우에, 불가쟁력이 발생하거나 즉시 집행이 가능한 결정은 수용절차에서 기초가 되고 수용기관을 구속한다. 계획확정절차나 그 밖의 공식적인 절차에서 그 사안에 관하여 이미 결정이 있은 이의나 계획확정절차나 그 밖의 공식적인 절차에서 더는 제기할 수 없게 된 이의를 수용재결에 대해서 제기할 수 없다.

경우에는 개별적인 공용수용절차가 진행되어야 하는바, 이러한 공용수용절차는 계획확정에 대해 법적인 독립성을 가지고 있고 계획확정으로 필요 없게 되거나 대체되지 않는다. 다만, 대부분의 전문계획법은 계획확정결정이 이후의 공용수용절차에 구속력을 가진다고 규정한다. 이러한 경우를 일컬어 공용수용법적 선취효(enteignungsrechtliche Vorwirkung)라고 하는바, 이러한 구속력은 이후의 공용수용절차에서 당사자의 권리보호를 사실상 현저하게 제한하는 점에서, 계획확정결정에 의한 공용수용법적 사전결정(enteignungsrechtliche Vorentscheidung)은 계획확정절차에서 숙고의 대상이 되어야 하고 나아가 사법심사의 대상이 되어야 한다. 연방행정절차법은 계획확정결정의 이후의 공용수용절차에 대한 구속력을 규정하고 있지 않기에, 공용수용법적 선취효는 특별법에서 규정하는 경우에만 인정된다. 이러한 선취효가 인정되는 경우에, 계획으로 확정된 사업은 실현이 허용되고 그 실현은 기본법 제14조 제3항에서 정하는 공공복리에 기여하며 이로써 공용수용이 정당하게 된다는 점이 공용수용절차에 대해서 확정된다. 이에 따라 공용수용절차에서는 제3자의 권리에 대한 수용권의 행사가 사업의 실현에 필요한지 여부, 공용수용의 절차법적인 조건이 충족되는지 여부, 손실보상의 금액이 얼마인지만 심사할 수 있다. 이러한 선취효가 인정되지 않는다면, 계획확정에 따른 사업의 허용성은 공용수용절차에서 기초가 되지만 사업이 공공복리에 기여하는지 그래서 공용수용이 정당하게 되는지 여부의 결정은 최초로 공용수용절차에서 독자적으로 하게 된다.[74]

이러한 선취효가 사인을 위한 사업(privatnütziges Vorhaben)에 대해서도 인정될 수 있는지에 관하여 논란이 있다. 연방헌법재판소의 이른바 복스베르크(Boxberg) 결정[75]에 따르면 2가지 조건이 충족되어야 한다. 첫째, 사업이 전문계획법에서 설정하고 있는 목표에 기여하여야 한다. 둘째, 공용수용으로 수익하는 사업이 공법적인 목표에 지속적으로 기여하는 것이 적절한 조치를 통해서 지속적으로 보장되어야 한다. 이에 관한 헌법적인 문제와 법리적인 문제는 아직 해결되지 않은 상태이다.[76]

## 2) 우리의 경우

토지보상법상 사업인정은 공익사업을 토지 등을 수용하거나 사용할 사업으로 결정하는

---

74) Ferdinand O. Kopp/Ulrich Ramsauer, 앞의 책, 1385쪽 이하.
75) BVerfGE 74, 264. Urteil vom 24.03.1987 – 1 BvR 1046/85: 사법적으로 조직된 기업을 위한 공용수용은 공공복리에 대한 기여가 대상 기업 자체가 아니라 기업 활동의 간접적인 결과에서 나온다는 이유만으로 불허되지는 않는다. 그러나 기본법 제14조 제3항에 따라 단지 간접적으로 실현되는 수용의 목적만을 분명하게 규정하는 법률은 기초가 되는 공용수용의 조건과 그 조건을 조사하는 절차, 그리고 추구하는 공공복리의 목적을 보장하는 방안을 규정할 것이 요구된다.
76) Ferdinand O. Kopp/Ulrich Ramsauer, 앞의 책, 1386쪽 이하.

것을 말한다(제2조 제7호). 사업시행자는 토지 등을 수용하거나 사용하려면 국토교통부장관의 사업인정을 받아야 한다(제19조 제1항). 국토교통부장관은 사업인정을 하려면 관계 중앙행정기관의 장 및 특별시장·광역시장·도지사·특별자치도지사 및 중앙토지수용위원회와 협의하여야 하며, 미리 사업인정에 이해관계가 있는 자의 의견을 들어야 한다(제21조 제1항). 사업인정이 있는 것으로 의제되는 공익사업의 허가·인가·승인권자 등은 사업인정이 의제되는 지구지정·사업계획승인 등을 하려는 경우 중앙토지수용위원회와 협의하여야 하며, 사업인정에 이해관계가 있는 자의 의견을 들어야 한다(제21조 제2항). 국토교통부장관은 사업인정을 하였을 때에는 지체 없이 그 뜻을 사업시행자, 토지소유자 및 관계인, 관계 특별시장·광역시장·도지사·특별자치도지사에게 통지하고 사업시행자의 성명이나 명칭, 사업의 종류, 사업지역 및 수용하거나 사용할 토지의 세목을 관보에 고시하여야 한다(제22조 제1항). 사업인정은 고시한 날부터 그 효력이 발생한다(제22조 제3항).

사업인정의 성격에 관하여 수용권을 수권하는 설권행위라는 견해와 공익사업에 해당하는 점을 인정하는 확인행위라는 견해가 대립하고 있다. 설권행위설은 사업인정을 재량행위로 보고 확인행위설은 사업인정을 기속행위로 보는 점에서 논의의 실익을 찾는 견해도 있으나, 기속행위와 재량행위의 구별은 일차적으로 법률의 규정에 따라야 한다는 지적이 타당하다.[77] 이에 관하여 판례는 "사업인정은 수용권을 설정해 주는 행정처분으로서, 이에 따라 수용할 목적물의 범위가 확정되고, 수용권자가 목적물에 대한 현재 및 장래의 권리자에게 대항할 수 있는 공법상 권한이 생긴다."라고 설시하는데,[78] 이 점만 보면 설권행위설에 해당한다. 하지만 근본적인 관점에서 설권행위설과 확인행위설이 과연 서로를 배척하는 것인지 의문이다. 수용권을 수권하는 점에서는 분명 설권행위에 해당하지만, 수용재결이 있기 전에는 수용권의 행사가 불가할 뿐만 아니라 사업시행자가 수용권을 직접 행사하는 것이 아니라 토지수용위원회를 통해서 행사하는 점까지 고려하면, 설권행위라는 것만으로는 사업인정의 성격에 관한 충분한 해명이 안 된다. 수용권의 수권을 위해서는 무엇보다 공익사업에 해당하여야 하는 점에서, 사업인정은 수용권의 수권에 앞서 공익사업에 해당하는 점을 확인하는 행위에 해당하는바, 이로써 헌법 제23조 제3항에서 정하는 공공필요에 관한 판단이 이루어진다. 결국 사업인정은 수용권을 수권하는 점에서 설권행위이고 그와 동시에 공익사업에 해당하는 점을 인정하는 측면에서 확인행위이다.

이러한 사업인정의 확인행위로서 측면은 사업인정과 수용재결의 관계를 이해하는 단서가 된다. 앞서 설명한 독일법상 계획확정절차에 인정되는 공용수용법적 선취효의 본질은

---

77) 김철용, 행정법(제10판), 고시계사, 2021, 1011쪽 이하.
78) 대법 2019. 12. 12. 선고 2019두47629 판결.

공용수용법적 사전결정이라는 점에 있다. 수용재결의 조건 중 일부가 공용수용절차에 앞서 계획확정절차에서 결정되고 그것이 계획확정결정에 포함되어서 수용재결을 구속하는 것이다. 수용재결에서 하는 판단의 일부를 계획확정절차에 앞당겨서 하는 것인 점에서 선취라는 표현을 사용하는 것인데, 여기서 핵심은 수용재결의 판단을 수용재결에 앞서 판단한다는 것이다. 따라서 결정의 시점이 달라질 뿐이지 결정의 과정이 생략될 수는 없다. 이 점에서 선취는 집중과 다른 차원의 개념이 된다. 선취의 경우에 결과적으로 대체가 일어나는 것은 맞지만 집중의 경우에는 대체가 되는 범위와 정도를 다시 검토하여야 하는데 반하여 선취의 경우에는 그러한 논란이 발생하지 않는다. 이러한 선취와 동일선상에 있는 것이 바로 우리 토지보상법상 사업인정이다. 수용재결에서 하는 판단 중 일부를 수용재결에 앞서 판단하기 위한 절차가 바로 사업인정인 것이다. 다만, 우리 토지보상법상 사업인정은 수용재결과 함께 공용수용절차를 구성하는 점에서, 공용수용절차와 별개인 독일의 계획확정절차와 그 제도적인 위상이 다르다. 이에 공용수용법적 선취효에 정확하게 대구(對句)가 되는 것은 사업인정 자체가 아니라 의제되는 사업인정이다. 사업인정을 의제하는 인허가 등은 공용수용절차와 별개인데다가 반드시 그런 것은 아니지만 적지 않은 경우가 사업계획절차에 해당하는 점에서 그러하다. 이 점에서 보면, 사업인정의 의제에서 사업인정이라는 것은 공용수용법적 사전결정을 말하고, 의제는 준용의 원리를 구성하는 점에서, 사업인정의 의제라는 것은 결국 공용수용법적 사전결정에 관한 토지보상법의 규정이 준용된다는 것을 의미한다.

여기서 토지보상법이 준용되는 범위가 중요하다. 어떠한 행정행위가 실재하지 않기 때문에 의제하는 것인 점에서 절차적 규정은 법률에서 달리 정하는 경우가 아닌 한 준용에서 제외된다. 이와 같이 의제라는 법리의 속성상 의제되는 절차는 면제될 수밖에 없는데도 사업인정에 대해서 의제를 적용하는 제도는 공용수용절차에서 특히 요청되는 폭넓은 참가의 보장이라는 측면에서 중대한 결함이 아닐 수 없다. 이와 달리 실체적 규정의 경우에는 의제되는 행정행위에 적용되는 법령이 의제하는 행정행위에 준용되지 않는다는 것은 논리적으로 상정하기 어렵다. 다만, 실재하는 행정행위와 전적으로 동일하게 취급할 것인지에 관하여는 논란이 있을 수 있다. 이와 관련하여, 의제하는 사업계획절차에서 의제되는 사업인정에 관하여 판단하는 것인지 아니면 의제되는 사업인정에 관한 판단이 의제하는 사업계획절차에서 생략되는 것인지 문제가 된다.[79] 사업인정이라는 절차가 공용

---

79) 예를 들어, "건축허가를 받으면 개발행위허가를 받은 것으로 본다."(건축법 제11조 제5항 제3호)라는 규정은 건축허가절차에서 개발행위허가에 관하여 판단하도록 하는 것인데 반하여, "건축신고를 하면 건축허가를 받은 것으로 본다."(건축법 제14조 제1항)라는 규정은 건축신고절차에서 건축허가에 관한 판단이

수용법적 사전결정을 위해서 고안된 것이라는 점을 고려한다면, 사업인정의 의제를 통하여 공용수용법적 사전결정 자체가 제외되는 결과가 발생한다는 것은 논리적인 모순이 아닐 수 없다. 따라서 사업인정이 의제된다고 해서 사업인정에 관한 판단이 생략될 수는 없다. 만약 사업계획절차를 진행하는 과정에서 사업인정에 관한 판단이 실제로 이루어지지 않았다면 사업인정이 의제된다는 규정에도 불구하고 사업인정의 효과는 발생하지 않는다고 보아야 하고, 만약 이점을 간과하고 그대로 수용재결이 내려졌다면 그 수용재결은 위법하다고 보아야 한다.

요컨대, 독일에서 말하는 공용수용법적 선취효에 상응하는 것이 바로 우리가 말하는 사업인정의 의제라는 것인데, 여기서 사업인정은 공용수용법적 사전결정에 해당하고 의제는 준용을 가능케 하는 것인 점에서, 이는 결국 공용수용법적 사전결정에 관한 토지보상법 규정의 준용으로 이해된다. 여기서 어느 범위에서 수용재결의 판단이 사업인정에 선취되는 것인지 문제가 된다. 이에 관하여 판례는 제1단계로 일반적인 관점에서 공용수용에 요청되는 공익성이 인정되는지를 검토하고, 제2단계로 개별적인 관점에서 공익을 사익과 비교하여야 한다고 설시한다.[80] 여기서 말하는 제1단계는 어떠한 사업이 헌법 제23조 제3항에서 정하는 공공필요에 해당하며 이로써 공용수용이 정당하게 되는지에 관한 심사이고, 제2단계는 헌법 제23조 제3항에서 정하는 공공필요에 관한 구체적인 접근으로

---

생략되도록 하는 규정이다. 후자와 관련하여, 건축허가에 관한 규정 중에 인허가의제에 관한 사항이 준용 범위에 속하는지를 두고 논란이 있다. 이에 대법 2011. 1. 20. 선고 2010두14954 전원합의체 판결이 선고된 것이다. 인허가의제에 관한 사항도 건축허가에 관한 규정의 일부인 만큼 당연히 준용되어야 한다는 소수의견과 달리, 다수의견은 인허가의제에 관한 사항이 준용되기 위해서는 건축신고에 수리가 필요하다고 해석해야 한다는 입장이다. 다수의견과 반대의견은 결론적인 차이에도 불구하고 인허가의제에 관한 사항에 대하여 심사가 요청된다면 행정청의 수리가 있어야 비로소 신고의 효력이 발생하는 것으로 보는 데 이견이 없다. 이에 관하여는 송시강, "행정법상 신고 법리의 재검토 ―「전기통신사업법」상 이용약관 신고를 중심으로", 홍익법학 제13권 제4호, 2012, 660쪽. 이러한 다수의견은 결국 인허가의제에 관한 사항이 준용되는 경우에는 건축허가에 관한 판단이 생략되어서는 안 된다는 것인바, 이에 건축신고절차에서 건축허가에 관하여 판단할 수 있도록 논리를 구성하다 보니 수리를 요하는 신고로 해석할 수밖에 없는 것이다. 하지만 그러면 하나의 법률 규정을 사안에 따라 달리 해석한다는 비판을 면하기 어렵다. 그보다는 건축허가에 관한 규정이 준용된다고 해서 인허가의제에 관한 사항까지 당연히 준용되는 것은 아니라고 결론을 내는 것이 적어도 논리적인 측면에서는 좋았다. 그렇게 해석했다면 건축신고가 가능한 사안이라고 하더라도 건축허가의 의제를 넘어 다른 인허가의제까지 필요한 경우에는 건축허가를 받아야 한다는 해법이 제시될 수 있었을 것이다.

80) 대법 2019. 2. 28. 선고 2017두71031 판결: 사업인정이란 공익사업을 토지 등을 수용 또는 사용할 사업으로 결정하는 것으로서 공익사업의 시행자에게 그 후 일정한 절차를 거칠 것을 조건으로 일정한 내용의 수용권을 설정하여 주는 형성행위이다. 그러므로 해당 사업이 외형상 토지 등을 수용 또는 사용할 수 있는 사업에 해당한다고 하더라도 사업인정기관으로서는 그 사업이 공용수용을 할 만한 공익성이 있는지 여부와 공익성이 있는 경우에도 그 사업의 내용과 방법에 관하여 사업인정에 관련된 자들의 이익을 공익과 사익 사이에서는 물론, 공익 상호 간 및 사익 상호 간에도 정당하게 비교·교량하여야 하고, 그 비교·교량은 비례의 원칙에 적합하도록 하여야 한다.

서 제3자의 권리에 대한 수용권의 행사가 사업의 실현에 필요한 것인지에 관한 심사이다. 그밖에 공용수용의 절차법적인 조건이 충족되는지 여부, 손실보상의 금액이 얼마인지는 수용재결에서 판단된다. 이러한 선취 범위는 독일법에 비해서 넓은데, 이는 우리 사업인정에 '수용하거나 사용할 토지의 세목'을 고시하는 것이 포함되는 점(토지보상법 제22조 제1항)에서 그 이유를 찾을 수 있다. 지금까지 독일법과 비교를 통해 설명한 내용에다가 뒤에서 설명할 프랑스의 법제에 관한 사항까지 포함하여 도식으로 정리하면 다음과 같다.

※ 공용수용의 사전결정 법제의 비교

| 구분 | 독일 | 프랑스 | 우리 |
| --- | --- | --- | --- |
| 공용수용절차상 사업인정 | 없음 | 있음 | 있음 |
| 사업계획절차상 사전결정 | 공용수용법적 선취효 | | 사업인정의 의제 |
| 수용재결에 대한 구속력 | 하자의 승계 부인 | 하자의 승계 인정 | 하자의 승계 부인 |

사업인정이라는 절차가 수용재결에서 분리가 되어 있는 것은 우리에게 너무나 익숙한 제도라서 그렇지 않은 경우를 상정한다는 것이 쉽지 않을 정도이다. 이 점만 보면 우리 공용수용법제는 프랑스법과 상당히 유사한 측면이 있으나 프랑스법에서 사업인정은 대중이 의견을 제출하는 절차(enquête public)를 거친 다음에 내려지는 점에 유의할 필요가 있다. 독일법에서는 사업인정이라는 일반적인 행정절차는 따로 없으나 당사자의 참가가 충분히 보장되는 계획확정절차를 거치는 경우에 전문계획법이나 공용수용법을 통해 별도로 선취효를 인정함으로써 마치 사업인정을 거친 것과 유사한 결과가 발생하는바, 양국의 제도는 근본적인 차이가 있음에도 불구하고 절차적 참가의 보장이라는 맥락에서는 동일선상에 있다. 이에 비하여 우리 사업인정은 절차적으로 당사자의 참가에 대한 보장이 충분하지 않아 문제가 있다. 거기다가 사업인정을 의제하는 과정에서 안 그래도 부족한 절차적 보장이 더욱 축소되는 불합리한 결과가 발생한다. 이에 최근에 토지보상법을 개정해서 사업인정을 하거나 의제하는 절차에서 중앙토지수용위원회와 협의하고 이해관계자의 의견을 수렴하도록 제도를 개선하였으나(제22 제1항, 제2항), 선진 국가에 비하면 여전히 역부족이다. 지나치게 행정의 편의를 고려하여 제도가 설계된 것인데 이러한 상황에서 사업인정의 구속력을 제한 없이 인정하여 수용재결에서 그 하자의 승계를 부인한다면 재산권에 대한 본질적 침해의 우려를 피할 수 없다. 이에 중장기적으로 법률 개정을 통한 제도

의 개선을 도모하는 한편으로, 당장 해석론 차원에서는 하자의 승계에 관한 법리의 근본적인 변화를 끌어내는 일이 중요하다.

## (4) 공용개시의 의제와 사전적 공용개시

앞서 설명한 바와 같이, 판례는 도로법에 따라서가 아니라 도시계획시설사업으로 설치되는 도로에 대해서는 "국토계획법이나 도시정비법이 정한 절차를 거쳐 도로를 설치하였을 때에 공공용물로서 공용개시행위가 있다."는 입장이다.[81] 여기서 공용개시는 딱히 요구되지 않는데, 그 논리적인 정당화가 쉽지 않다. 이에 관하여 참고할 만한 것으로 독일법상 공용개시의 의제(Widmungsfiktion)와 사전적 공용개시(Vorgezogene Widmung)가 있다.

### 1) 독일의 경우

도로의 공용개시는 행정행위에 해당한다. 공용개시가 행정행위에 해당하는 점을 선언적으로 규정하는 법률이 다수 있지만 그렇지 않은 경우에는 연방행정절차법 제35조 제2문이 근거가 된다. 도로법이 특별하게 규정하지 않고 있고 연방행정절차법의 규율이 그 의미나 목적에 비추어 적용될 수 없는 경우에는 주(州)의 행정절차법이 적용된다. 공용개시의 관할은 도로의 등급에 따라서 달라진다. 도로건설부담의 주체나 도로감독기관의 관할이 원칙이다. 공용개시는 일반처분에 해당하는 점에서, 소유자(소유자의 동의가 필요한 경우를 말한다)나 인인(隣人)의 청문은 제외될 수 있다. 공용개시는 도로법에 따라 문서로 하여야 경우에도 연방행정절차법 제37조 제2항 제1문에 따라 전자적으로 하거나 구두 기타 방법으로도 할 수 있다. 공용개시는 연방행정절차법 제39조 제2항 제5호에 따라 이유제시가 필요 없지만, 재량의 고려(Ermessenserwägung)[82]는 행정과정에서 납득할 수 있는 것이어야 하는바, 그러면 사법심사의 강도가 낮아진다. 공용개시의 대외적인 효력은 오로지 공고가 이루어지는 문언에 달려 있다. 공용개시에 대해 행정심판이 제기되면 행정심판의 재결은 그 이유를 제시하여야 하는바, 여기서 연방행정절차법 제39조 제1항 제2문에 따라 재량결정의 사유 또한 명백하게 나타나야 한다.[83]

이상의 설명은 도로법에서 정하는 바에 따라 공용개시를 하는 경우에 관한 것이다. 주

---

81) 대법 2013. 6. 27. 선고 2011두22419 판결.
82) 박정훈, 행정소송의 구조와 기능[행정법연구 2], 박영사, 2006, 483쪽은 이를 '재량고려사유'로 번역한다.
83) Michael Sauthoff, Öffentliche Straßen – Straßenrecht·Straßenverkehrsrecht·Verkehrssicherungspflichten. 3.Auflage, C.H.Beck, 2020, 36쪽 이하.

(州)의 도로법은 공식적 계획절차(förmliches Planungsverfahren)에서 도로의 건설에 관한 계획이 결정되는 경우에 그 과정에서 공용개시가 결정되는 변칙(abweichende Möglichkeit)을 규정한다. 크게 2가지 유형으로 구분된다. 첫째, 공용개시가 의제되는 경우이다. 다른 법률에 따른 공식적 계획절차에 근거하여 건설되는 도로의 경우에 교통의 제공(Verkehrsübergabe)에 공용개시의 효력이 인정된다. 둘째, 공용개시가 사전에 결정되는 경우이다. 공식적 계획절차에서 미리 공용개시를 할 수 있는 경우에, 공용개시에 해당하는 규율에서 도로의 등급과 도로건설부담의 주체가 정해져 있다면, 교통의 제공에 공용개시의 효력이 인정된다. 이 경우에 원래 공용개시를 관할하는 행정기관은 교통의 제공, 도로의 등급, 도로사용의 제한을 공고하여야 한다. 이러한 2가지 유형 외에도 공식적 계획절차에서 하는 공용개시에 관하여 아무런 규정을 두지 않는 도로법도 있다. 공식적 계획절차에서 공용개시가 이루어질 수 있는지, 어떤 공식적 계획절차에서 공용개시가 이루어질 수 있는지는 도로법에서 정한다. 도로법에서 명시적으로 정하는 절차가 이에 해당하는 점은 문제가 없다. 도로법에서 공식적 계획절차를 열거하고 있는 경우에는 다른 절차는 이에 해당할 수 없다. 도로법에서 단순히 공식적 계획절차라고만 규정하고 있는 경우에는 어떤 절차가 이에 해당하는지를 결정하여야 한다. 법률에서 명시적으로 달리 정하지 않는 이상 계획확정절차는 도로법에서 말하는 공식적 계획절차에 해당한다. 다만, 반드시 연방간선도로법이나 주(州)의 도로법에 따른 계획확정절차일 필요는 없다. 도로를 위해서 수행되고 공용개시가 성립할 수 있는 계획확정절차이면 된다. 그밖에 경지정리절차(Flurbereinigunsverfahren)나 환지절차(Umlegunsverfahren)도 이에 해당할 수 있다. 도로법에서 지구단위계획을 명시하는 경우도 있다. 도로법에서 단순히 공식적 계획절차라고만 규정하는 경우에도 지구단위계획은 이에 해당한다. 그러나 도로법에서 계획확정결정이라고만 규정하면 지구단위계획은 이에 해당하지 않는바, 지구단위계획이 계획확정결정을 대체하는 경우에도 그러하다.[84]

　　바덴뷔르템베르크, 브란덴부르크, 헤센, 자알란트 주(州)의 도로법에 따르면, 도로가 공식적 계획절차에 근거하여 건설되는 경우에는 교통의 제공을 공고하면서 그와 함께 도로의 등급과 만약에 있다면 도로사용의 제한을 공고하면 교통의 제공에 공용개시의 효력이 인정된다. 이러한 규정은 공용개시의 원칙에 위배되는 것으로 이해된다. 교통의 제공에 공용개시의 의제가 직접 결합이 되는 결과 그 연결점에 해당하는 공적인 제공이 성립한다. 이러한 규정은 법률요건이 충족되는 경우에만 계획과 결부되는바, 이에 따라 계획의

---

84) Michael Sauthoff, 앞의 책, 54쪽.

결정은 행정행위에 해당하는 경우에 유효한 것이어야 하지만 반드시 적법한 것일 필요는 없다. 기왕에 사실상 교통에 제공되고 있는 토지는 사후적인 공식적 계획절차의 수행을 통해서 이러한 규정에 따른 공법적인 물건으로서 지위를 획득할 수 있다. 실무에서 중요한 문제는 도로부지의 확정에 공용개시가 적법하기 위해 필요한 내용 전부가 포함되어야 하는지이다. 계획으로 확정되는 내용과 공용개시에 필수적인 내용이 일치하지 않는다면 의제적인 공용개시는 위법하게 될 뿐만 아니라 계획에 위반하여 경계를 넘어서 건설되는 도로부지를 정당화하지도 않는다. 공식적인 계획의 결정에 도로의 등급에 관한 확정이 포함되지 않은 경우도 이와 마찬가지인바, 도로의 등급이 없는 공용개시는 무효인 점에서 그러하다. 도로의 등급이 교통의 제공 이후에 정해지는 경우, 예를 들어, 교통의 제공을 공고하면서 도로의 등급을 정하는 경우에는 그때부터 공용개시의 의제가 효력을 발생한다. 의제적 공용개시의 하자는 사후적 공용개시를 통하여 치유될 수 있다. 공용개시의 내용에 대해서 지구단위계획에서 정하는 기준은 구속력이 있다. 의제적 공용개시는 공용개시의 내용을 도로의 사용방법, 사용범위, 사용목적의 제한에 관한 계획으로 전환한다. 연방건설법전 제9조 제1항 제11호에 따라 지구단위계획으로 확정된 사항은 도로법적인 결과를 초래하는바, 지구단위계획에서 정하는 바에 따라 사용목적 등이 제한되는 도로부지를 종국적으로 교통에 제공하면 그에 따라 도로사용이 제한되는 공용개시의 효력이 발생한다. 지구단위계획에서 보도(步道)로 확정하는 경우에 그렇게 제한되는 공용개시가 효력을 발생하는 것이다. 사후적으로 계획이 실효되는 것은 공용개시의 존속이나 내용에 영향을 미치지 않는다. 일부 도로법은 교통의 제공이 공고되어야 한다고 규정한다. 이러한 공고의 요청에 따라 교통의 제공은 공고되어야 공용개시의 효력이 발생하는바, 공용개시가 외부관계만으로 이루어지는 것은 아니기 때문이다. 이러한 규정이 없는 도로법도 마찬가지로 해석해야 한다. 법치국가적 공공성의 관점에서 종국적인 교통의 제공과 이를 통한 도로의 법적인 성립은 공고되어야 한다. 공용개시의 의제는 공식적인 계획에 근거하여 건설되는 도로에 대해서 이후에 공식적인 공용개시가 있는 경우에는 인정되지 않는다. 이 경우에 도로사용을 제한하는 공용개시는 예를 들어, 지구단위계획으로 확정된 사항에서 도출되지 않는다. 이후에 공고를 통해서 비로소 도로사용을 제한하는 공용개시는 부분적인 공용폐지에 해당한다.[85)]

바이에른, 베를린, 브란덴부르크, 헤센, 메클렌부르크포르프메른, 니더작센, 노르트라인베스트팔렌, 작센, 작센안할트, 슐레스비히홀슈타인, 튀링엔, 라인란트팔츠 주(州)에서, 도

85) Michael Sauthoff, 앞의 책, 56쪽 이하.

로의 건설이나 변경이 다른 법률상 규정에 근거하는 공식적 계획절차에서 정해지고 그 내용에 공용개시가 포함되는 경우에, 도로에 대해 공용개시가 있고 도로의 등급이 정해지며 도로건설부담의 주체가 정해져 있고 도로건설부담의 주체가 처분할 권한이 있다면, 교통의 제공에 공용개시의 효력이 인정된다. 이러한 법률에서 정하는 바에 따라 그 자체로는 필수적인 공용개시절차가 다른 법률에 따른 공식적 계획절차를 통해 대체된다. 절차의 집중이 일어나는 셈이다. 여기서 공용개시는 가상의 것이 아니다. 공용개시는 따라서 고유한 처분으로 인식된다. 공용개시는 도로의 등급이 정해지지 않는다면 효력이 발생하지 않는다. 교통의 제공은 효력이 발생하기 위한 조건이다. 그 공고는 확인적 성격을 가지고, 법적 안정성의 결함을 보충한다. 공용개시는 공식적 계획절차에서 이루어질 수 있으나 반드시 그래야 하는 것은 아니다. 공용개시가 없다고 해서 계획에 결함이 생기지 않는다. 지구단위계획에서 연방건설법전 제9조 제1항 제11호에 따라 도로로 확정되는 것으로는 충분하지 않다. 공용개시가 지구단위계획에서 효력이 발생하거나 규율되는 경우에, 공용개시는 행정행위로서 연방건설법전 제10조 제3항에서 정하는 형식의 지구단위계획을 통해서 공고되고, 지방자치단체는 도로건설부담의 주체이어야 한다. 공용개시는 계획확정결정에서 규율되는 경우에도 새로운 건설에 관한 집중효에는 포함되지 않는바, 공용개시는 사업의 허용성이나 다른 시설의 필수적인 집행행위와 관계가 없는 점에서 그러하다. 공용개시가 계획확정절차에 포함되는데도 불구하고 공용개시에 추가적인 절차가 유보되고 이로써 고유한 권한이 보전되는 것은 법률의 목적에 위반되는 것이다.[86]

### 2) 우리의 경우

이상의 내용을 정리하면, 지구단위계획이나 계획확정결정이 공용개시의 조건을 갖추고 있는 경우에는 이로써 공용개시가 의제되고, 교통의 제공, 도로의 등급, 도로사용의 제한을 공고하면 교통의 제공에 공용개시의 효력이 인정된다. 이와 달리, 지구단위계획이나 계획확정결정에 공용개시의 사전결정이 포함되는 경우에는 이로써 원래 공용개시에 요구되는 행정절차는 대체가 되지만 고유하게 행정절차를 거친다는 점에는 변함이 없는바, 이에 교통의 제공을 공고하면 교통의 제공에 공용개시의 효력이 인정된다. 이와 관련하여, 헤센 주(州) 도로법 제6조의a는 공용개시의 의제(제2문)를 규정함과 아울러 사전적 공용개시(제1문)를 규정하는바, 이에 참고로 제시하면 다음과 같다.

---

86) Michael Sauthoff, 앞의 책, 58쪽 이하.

※ 헤센 주(州) 도로법

제4조(공용개시) (1) 공적인 교통을 위한 도로의 지정은 도로건설부담의 주체가 처분한다. 지방자치단체가 도로건설부담의 주체와 일치하지 않는 경우에는 문서에 의한 신청에 따라 도로의 감독기관이 지방자치단체와 협의하여 처분한다. 공용개시를 일정한 이용방법에 제한하는 것은 처분에서 정한다.
(2) 공용개시를 위해서는 도로건설부담의 주체가 도로로 제공되는 토지의 소유자이거나 토지의 이용에 대해서 물권을 가지는 자가 공용개시에 대해서 동의하였거나 도로건설부담의 주체가 공용수용절차를 통해서 도로로 제공되는 토지의 점유를 잠정적으로 취득했어야 한다.
(3) 주(州)의 도로와 크라이스(Kreis)의 도로는 헤센 주(州)의 관보에, 나머지 도로는 해당 지역에서 공고되어야 한다. 제2조 제1항 제2문의 경우에는 도로건설부담의 주체가 교통의 제공을 공고한다.
(4) 도로로 제공되는 토지나 그에 대한 권리에 관한 사적인 처분이나 강제집행을 통한 처분은 공용개시에 영향을 미치지 않는다.
(5) 도로가 제3조 제1항에서 정하는 유형 중 어디에 해당하는지(도로의 등급)는 공용개시로 정한다.
(6) 도로의 확장, 직선화, 경미한 이전이나 추가의 경우에는 제2항의 조건이 충족된다면 새로이 도로에 해당하는 부분에 대해서는 교통의 제공에 공용개시의 효력이 인정된다. 제3항에 따른 공고는 필요하지 않다.

제6조의a(계획확정결정에 의한 공용개시, 등급변경, 공용폐지) 제4조에 따른 공용개시, 제5조에 따른 등급변경, 제6조에 따른 공용폐지는 계획확정결정에서 결정될 수도 있는바, 이를 위해서는 교통의 제공을 통한 공용개시(Widmung mit der Verkehrsübergabe), 변경된 사용을 통한 등급변경(Umstufung mit der Ingebrauchnahme für den neuen Verkehrszweck), 교통의 차단을 통한 공용폐지(Einziehung mit der Sperrung)가 유효한 것이어야 한다. 이미 공용개시, 등급변경, 공용폐지의 대상이 되는 도로가 계획확정절차에서 공고된 계획에서 그 자체로 공지가 되고 제1문에 따른 결정이 계획확정결정을 통하여 공고가 된 경우에는 제1문에 따른 결정을 공고할 필요 없다.

연방건설법전은 우리 국토계획법상 실시계획절차에 상응하는 사업계획절차에 관한 고유한 규율을 가지고 있지 않다. 이러한 사업계획절차에 관한 일반적 규정이 바로 연방행정절차법상 계획확정절차이다. 다만, 연방행정절차법상 계획확정절차는 당연히 적용되지 않고 그 적용을 명하는 법률을 필요로 한다. 도로법, 하천법 등은 스스로 사업계획절차를 규정하지 않고 연방행정절차법상 계획확정절차가 그대로 적용되거나 그 대부분이 준용되도록 규정한다. 이러한 사업계획절차는 공용개시와는 논리적으로 별개이다. 지구단위계획의 행정절차 또한 공용개시와 전혀 별개이다. 그러나 독일의 도로법제는 사업계획절차나 지구단위계획절차를 통하여 공용개시가 의제되거나 사전에 결정될 수 있도록 함으로써 행정절차의 간소화를 도모하고 있다. 우리는 이와 사정이 다르다. 우리 국토계획법은 일반적인 사업계획절차로서 실시계획절차에 관한 규율을 가지고 있다. 그리고 이와 무관하게 도로법 또한 국토계획법상 실시계획절차에 준하는 행정절차를 가지고 있다. 독일법에는 없는 도로구역의 결정이라는 행정절차가 바로 그것인바, 도로구역의 결정은 행위제한이라는 행정법상 역권의 부담을 초래하는 점에서 국토계획법상 도시계획시설결정과 유사한 측면이 있고, 나아가 하천법상 하천공사시행계획에 준하는 효력을 가지는 점에서 일종의 사업계획절차로서 기능한다. 한편 도로법 제29조 제1항 제4호는 도로구역이 결정되면 관계 행정기관의 장과 협의한 경우에 국토계획법상 도시계획시설결정 및 그 실시계획인가를 받은 것으로 본다고 규정하는바,[87] 이로써 도로법은 국토계획법과 체계적으로 연동된다. 그러나 이러한 의제는 필수가 아닐 뿐 아니라 의제를 위해서는 관계 행정기관의 장과 협의를 거쳐야 하는 점에서, 도로법이 국토계획법과 반드시 연동된다고 단정할 수 없다. 그 결과, 우리 법제는 도로법에 따라 도로가 개설되는 경우와 국토계획법에 따라 도로가 개설되는 경우로 분열된다. 이에 관한 설명을 도식적으로 표현하면 다음과 같다.

※ 도로개설에 관한 법제의 구도[88]

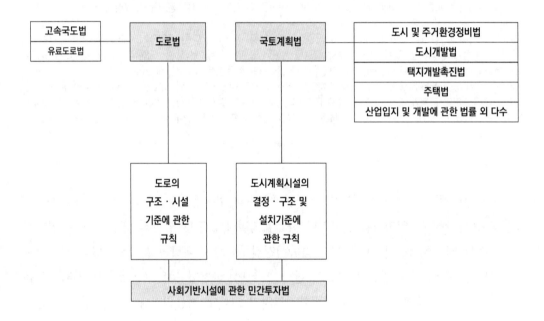

---

87) 이 규정은 구「도시계획법」(이하 '도시계획법'이라 한다)과 구「국토이용관리법」(이하 '국토이용관리법'이라 한다)이 지금의 국토계획법으로 통합되기 전까지는 도시계획법상 도시계획시설결정 및 그 실시계획인가를 의제하고 있었다. 도시계획법은 도시지역에 대해서만 적용되고, 비도시지역에 대해서는 국토이용관리법이 적용되었다. 도시지역에서는 도시계획법상 도시계획시설결정 및 그 실시계획인가를 통해서 도로를 건설하고, 비도시지역에 도로를 건설하는 경우에는 도로법상 도로구역의 결정이 이용되었다. 그러나 도로구역의 결정을 통해서 도로를 건설하는 사업에서도 도시계획법상 도시계획시설결정 및 그 실시계획인가가 필요한 경우(예: 도시지역과 비도시지역에 걸쳐서 건설하는 도로)가 있었는데, 이 경우에 절차의 간소화를 위해 도시계획법상 도시계획시설결정 및 그 실시계획인가의 의제가 요구되었다. 이후 도시지역과 비도시지역을 통일적으로 규율하는 국토계획법이 발효된 다음에도 기존의 틀은 그대로 남아 지금의 규정이 되었다. 이에 관하여 윤지은, "도로개설의 법체계", 행정법연구 제24호, 2009, 174쪽 이하.
88) 윤지은, 앞의 글, 171쪽에서 전재한 것임.

이와 같이 도로법과 사업계획절차(연방행정절차법상 계획확정절차)가 자연스럽게 연동되는 독일과 달리, 우리는 도로법과 사업계획절차(국토계획법상 실시계획절차)가 별개로 작동한다. 이러한 전제에서 독일법상 공용개시의 의제나 사전적 공용개시가 우리 법에 가지는 함의를 분석해야 한다. 독일법에서 공용개시의 의제나 사전적 공용개시는 지구단위계획이나 계획확정결정이 일정한 조건을 충족하는 경우에 도로법에서 정하는 공용개시의 행정절차를 생략하는 것이다. 이와 달리 우리는 국토계획법상 실시계획절차에 결핍된, 하지만 공물의 성립에 요구되는 공용개시를 독일법상 공용개시의 의제나 사전적 공용개시에 상응하는 법리를 통해서 충당해야 하는 상황이다. 이와 관련하여, 앞서 설명한 대로 판례가 도시계획시설사업으로 설치되는 도로에 대해서 "도로를 설치하였을 때에 공용개시행위가 있다."라고 설시하는 점에 주목하여, 판례가 말하는 공용개시행위라는 것은 사실행위에 해당하는 점에서 학설이 말하는 법률행위로서 공용개시와는 개념적으로 구별되어야 한다는 견해가 있다.[89] 이는 공용개시 없이 공적인 제공만으로도 공물의 성립이 가능하다는 점을 강조하는 것으로서, 공물의 성립에 요청되는 공적인 제공의 중요성을 판례를 통해 실증한 측면에서 탁월한 지적이지만, 왜 공용개시가 없는데도 공적인 제공만으로 공물의 성립이 가능한가에 관한 논증은 이로써 충분하지 않다. 이에 독일법상 공용개시의 의제나 사전적 공용개시에 준하는 법리를 구성할 필요가 있다. 국토계획법상 실시계획의 수립이나 그에 대한 인가는 도로구역의 결정에 비하여 절차적으로 엄격할 뿐 아니라 상세한 내용을 가지고 있는 점에서, 도로노선의 지정에서 시작하여 도로구역의 결정에 이르는 동안에 형성되는 공용개시의 의사와 그 표시는 실시계획의 내용에 충분히 포함된다고 보는 것이 자연스럽다. 그 결과, 독일법상 공용개시의 의제나 사전적 공용개시의 경우에 그러하듯이 교통의 제공, 즉 공적인 제공만으로도 공물이 성립하는 것이다. 다만, 독일법에서는 교통의 제공만으로는 부족하고 나아가 교통의 제공을 공고해야 비로소 교통의 제공에 공용개시의 효력이 인정되는 데 반하여, 우리는 그에 관한 입법이 있는 것도 아니므로 교통의 제공을 공고하지 않더라도 교통의 제공에 공용개시의 효력이 인정된다고 보는

---

89) 이상덕, "공로 개념을 통한 도로에 관한 법적 규율의 재구성", 사법논집 제60집, 2015, 486쪽 이하: 도로를 인공공물의 일종으로 보면서도 행정처분 형식의 공용지정 없이 공도로서 실제로 사용되면 행정재산(공공용물)이 된다고 하는 것이 우리 대법원의 확립된 판례이다. 다만, 우리 학설이 독일의 강학상 개념인 'Widmung', 즉 법규나 행정처분의 형식으로 어떤 물건을 공물로 사용하기로 결정하는 행위를 공용지정 또는 공용개시행위로 번역하여 사용하고 있음에 반해, 우리 판례는 공물의 성립요건을 모두 갖춘 후(예를 들어, 공용지정을 하고 설치공사를 거쳐 공물로서의 형태를 갖춘 후) 실제로 공물로의 사용을 시작하는 것을 공용개시행위라고 표현하고 있음을 주의하여야 한다. 'Widmung'은 공공주체의 의사표시·결정을 지칭하는 개념이므로 이에 대한 적절한 번역어는 '공용지정'이다. 공용개시행위라는 표현은 의사표시·결정이 아니라 사실행위를 지칭하는 어감이 강하며, 우리 판례가 이미 그러한 의미로 사용하고 있으므로, 학설과 판례의 원활한 소통을 위해서도 'Widmung'은 공용지정이라고 번역함이 타당하다.

것이 타당하다.

※ 사업계획절차의 촉진에 관한 법제의 비교

| | 독일 계획확정절차 | 우리 실시계획절차 | 비고 |
|---|---|---|---|
| 인허가 | 집중 | 의제 | |
| 행정계획 | 사업적 지구단위계획 | 도시관리계획의 의제 | |
| 사업인정 | 공용수용법적 선취 | 사업인정의 의제 | 실질적으로 공용수용의 사전 결정에 해당 |
| 공용개시 | 공용개시의 의제 사전적 공용개시 | | 공적인 제공만으로 공용개시의 효력 발생 |

지금까지 사업계획절차에서 핵심이 되는 절차의 신속성에 관한 법제를 의제에 초점을 맞추어 독일법과 비교하면서 설명하였다. 우리 법제는 곳곳에서 의제라는 용어를 편의적으로 사용하고 있으나 그 의미가 언제나 분명한 것은 아니다 보니 심각한 오용도 있다. 실시계획의 수립이나 그에 대한 인가에 도시관리계획의 의제가 인정되는 것이 대표적으로 그러하다. 사업인정의 의제가 실질적으로 공용수용의 사전결정에 해당하는 점은 사업계획절차와 공용수용절차의 관계를 맥락적으로 이해하는 데 핵심이 된다. 도시계획시설사업으로 설치되는 도로의 경우에 공용개시 없이 공적인 제공만으로 공물이 성립하는 현상의 이해에 있어서 독일법상 공용개시의 의제나 사전적 공용개시는 중요한 참고가 된다.

## 2. 계획재량

사업계획절차에서 말하는 사업계획은 사업에 관한 계획으로서 그 자체로는 명목상 개념의 행정계획(도시계획)과는 무관한 것이나, 사업의 성격이 명목상 개념의 행정계획(도시계획)을 단순히 집행하는 데 그치지 않고 적극적으로 형성하는 성격을 가지는 경우, 사업계획은 실질적 의미의 행정계획에 해당한다. 사업계획이 행정계획과 연결되는 지점이 바로 실질적 의미의 행정계획이고, 그 핵심은 계획재량에 있다.

## (1) 재량(Ermessen)과 여지(Spielraum)

독일법에서 행정재량은 효과재량(Folgeermessen)을 의미한다. 이러한 효과재량은 법률요건에 사용되는 불확정개념에 대해 예외적으로 인정되는 판단여지(Beurteilungsspielraum), 지구단위계획의 수립이나 계획확정결정에서 인정되는 계획재량(planendes Ermessen)과 본질적으로 다르게 인식된다. 여기서 서로 다른 효과재량, 판단여지, 계획재량을 포괄하는 의미로 행정활동의 여지(Handlungsspielraum) 또는 행정결정의 여지(Entscheidungsspielraum)라는 개념이 사용된다. 이와 달리, 우리 판례는 행정에게 인정되는 활동이나 결정의 여지 전체를 행정재량이라는 통합적인 개념으로 이해한다. 다시 말해, 행정이 자신에게 주어진 선택지에서 선택한 결과가 소송절차 기타 사후적인 심사에서 존중받는 경우를 개념적으로 구성한 것이 행정재량이다.[90]

이와 같은 재량 개념의 차이는 계획재량에 대한 이해의 차이를 가져온다. 계획재량의 본질에 관하여 계획재량은 일반적인 행정재량과 질적인 차이가 있다는 견해와 양자의 차이는 양적인 것에 불과하다는 견해가 대립한다.[91] 논리적인 관점에서 보면 독일의 삼원적 여지 개념에 입각하면 양자의 차이를 질적으로 보는 것이 자연스럽고, 우리 판례의 일원적 재량 개념에 입각하면 양자의 차이를 양적으로 보는 것이 자연스럽다. 이는 어느 한쪽이 맞고 다른 쪽은 틀리거나 어느 한쪽이 다른 쪽보다 우월한 문제가 아니다. 오히려 중요한 것은 논리적인 일관성과 정합성이다. 이에 독일법에서 발전한 계획재량과 그에 수반되는 형량명령의 법리를 우리 법제에 도입하거나 참고할 때는 독일법의 고유성에 대한 이해와 자각이 필요하다.

## (2) 실질적 의미의 행정계획(materieller Plaungsbegriff)

앞서 설명한 실질적 의미의 행정계획에 인정되는 것이 계획재량이다. 따라서 명목적 의미의 행정계획에 해당하는 연방건설법전상 도시계획뿐 아니라 행정행위의 형식에 해당하는 연방행정절차법상 계획확정결정에 대해서도 계획재량이 인정되는데, 문제는 이러한 계획재량에 관한 독일법상 논의를 우리가 그대로 차용할 수 있는지이다. 실질적 의미의 행정계획에서 핵심이 되는 개념이 계획재량인 것처럼, 계획재량의 법리에서 중심이 되는

---

90) 독일의 삼원적 여지 개념과 우리 판례의 일원적 재량 개념에 관하여는 송시강, "행정재량과 법원리 - 서론적 고찰", 행정법연구 제48호, 2017, 126쪽 이하.
91) 박균성, 행정법론(상)(제20판), 박영사, 2021, 283쪽 이하.

것은 형량명령이다. 그런데, 이러한 형량명령은 연방건설법전과 연방행정절차법의 용어에서 비롯한 것이고, 이러한 실정법의 해석으로 전개되고 있는 것이 계획재량의 법리인 점에서 그러하다.

독일에서 상당수 교과서는 행정계획을 행위형식의 하나로 설명하지 않거나 설명하더라도 큰 비중을 두지 않고, 행정행위에서 연방행정절차법상 계획확정절차를 설명하면서 실질적 의미의 행정계획에 초점을 맞춘다.[92] 독일에서 행정계획이라는 이름을 가지는 행정작용, 다시 말해, 명목상 행정계획은 다양한 형식으로 이루어지는데, 법률, 법규명령, 행정규칙, 행정행위, 사실행위가 아닌 독자의 행위형식일 수도 있다. 대표적으로, 연방건설법전상 토지이용계획이 그러하다. 그러나 여기서 말하는 독자성은 기존에 알려진 행위형식과 종류가 다르다는 의미에 그치고, 이러한 변태적인 행위형식을 포괄하는 하나의 통일적인 유형이 개념적으로 성립하는 것은 아니다. 이 점에서 기존에 알려진 행위형식에 속하지 않는 행정계획, 다시 말해, 형식적 의미의 행정계획은 개념으로서 실천성이 상대적으로 떨어진다. 예를 들어, 우리 국토계획법상 도시계획은 기존에 알려진 어느 행위형식에도 해당하지 않는 점에서 독자의 행위형식이지만 그에 속하는 도시기본계획과 도시관리계획은 절차적 규율이나 법적인 효력에 있어 상당한 차이가 있다. 이러한 상황에서 행정계획을 법적으로 특별하게 취급하는 것을 비로소 가능하게 해 주는 개념이 바로 실질적 의미의 행정계획이다. 이로써 명목상 행정계획이 가지는 다양한 형식에도 불구하고 그에 대한 공통적인 법리를 제시할 수 있고, 명목상 행정계획은 아니나 그와 동등한 취급이 필요한 경우에 대해서까지 공통적인 법리를 적용할 수 있다. 예를 들어, 독일의 연방행정절차법상 계획확정절차는 실질적 의미의 행정계획에 해당하는 사업만을 대상으로 한다. 따라서 단순히 건축물을 건축하는 사업계획에는 적용되지 않는다.

앞서 설명한 바와 같이, 실질적 의미의 행정계획에서 핵심이 되는 개념적 표지는 형량

---

92) 이와 달리, 우리 교과서 대부분은 행정계획을 행위형식의 하나로 설명한다. 이와 관련, Hartmut Maurer, Allgemeines Verwaltungsrecht, 17.Auflage, Verlag C.H.Beck, 2009, 424쪽 이하가 우리 학설에 영향을 미친 것으로 보인다. 다만, 같은 책, 428쪽은 "수립자, 상대방, 내용, 관련분야, 존속기간, 효력, 법적 구속에서 서로 다른 다양한 계획은 하나의 통일적이고 포괄적인 '계획'이라는 법적 개념에 수렴되지 않는다. 따라서 독자적인 행정법상 행위형식으로서 계획이라는 것은 없고, 계획은 매우 다양한 현상의 집합적 명칭으로서 각자의 형식에 따라 그리고 그 적용법령에 따라 판단되어야 한다."라고 설명한다. 이에 대해, 행위형식(Handlungsform)과 법적 형식(Rechtsfom)을 혼동한 결과라는 비판이 있다. 이에 관하여 정남철, "이익형량의 문제해결수단으로서 계획법상의 최적화명령 - 독일의 건축, 계획 및 환경법에 있어서의 논의를 중심으로", 공법연구 제31집 제5호, 2003, 301쪽. 하지만 행위형식을 법규명령, 행정규칙, 행정행위, 행정계약, 사실행위로 구분함은 행위형식을 법형식으로 이해하기 때문이다. 이러한 상황에서 행정계획을 하나의 행위형식으로 인정한다면 그것은 전혀 차원이 다른 문제가 되는바, 이는 행정조사나 행정집행을 하나의 행위형식으로 인정하는 것과 마찬가지이다.

의 필요성이다. 이러한 형량의 필요성은 공익의 차원에서 갈등이 해소되어야 할 때 인정된다.[93] 행정계획은 목표의 설정과 수단의 선택에 있어서 상당한 정도의 자율성을 내포한다. 행정계획에 형성의 자유가 없다면 그 자체로 모순이다. 행정계획에 고유한 책임이 있는 결정의 여지가 귀속되는 것은 필수이다. 계획재량의 인정이 법적 구속으로부터의 자유를 의미하는 것은 아니다. 계획적인 형성의 자유는 헌법으로 인하여 법적 구속 없이는 수권이 될 수 없다. 행정계획에 대한 헌법적인 구속은 국가권력의 기능적인 질서와 법치국가 그리고 기본권에서 비롯한다. 법치국가원리와 기본권에 근거하여, 그리고 비례원칙과 평등원칙의 매개를 통해서, (ㄱ) 계획의 필요성이라는 측면에서 요청되는 바가 있고, (ㄴ) 계획과정과 계획결정이라는 측면에서 요청되는 바가 있으며, (ㄷ) 계획결정의 보장이라는 측면에서 요청되는 바가 있다. 첫째는 계획의 정당화(Planrechtfertigung)이고, 둘째는 형량명령(Abwägungsgebot)이며, 셋째는 계획의 보장(Plangewährleistung)이다.[94]

## 1) 제1의 요청 – 계획의 정당화

입법자는 계획법률에서 계획의 임무를 표현하면서, 일반적인 계획목표를 제시하고 계획의 실체적인 기준을 정한다. 여기서 법률이 계획의 임무를 정하는 것은 추상적인 계획의 필요성을 지시하는 것에 그치고 구체적인 계획의 필요성을 강제하는 것은 아니다. 예를 들어, 주거지역, 상업지역, 기반시설은 그 특별한 공간적 중요성으로 말미암아 계획이 필요하다. 하지만 이로써 지방자치단체에 어느 구체적인 도로가 필요한지에 대한 답이 도출되는 것은 아니다. 고권적 계획은 그 자체로는 정당화가 이루어지지 않고, 구체적인 계획행위에 대하여 이로써 발생하는 제3자의 권리에 대한 영향이라는 관점에서 정당화가 요구되는 것이다. 이러한 정당화의 필요성이 제3자의 권리라는 측면에서만 있는 것은 아니다. 어떤 불필요한 계획이 한정적일 수밖에 없는 공적인 자원을 속박하는 경우에는 비례원칙의 특수한 형태로서 경제성의 명령(Wirtschaftlichkeitsgebot)이라는 관점에서 정당화가 안 될 수 있다. 정당화의 척도가 되는 것은 필요성의 명령(Erforderlichkeitsgebot)이다. 이러한 명령은 예를 들어, 연방건설법전 제1조 제3항(도시건설의 발전과 질서가 필요한 경우에 그 범위 내에서)에서 보다시피 개별법의 규정에서 찾을 수도 있다. 이러한 규율은 무계획적인 개별 허가로부터 계획에 의한 행정의 원칙(Planmäßigkeitsprinzip)을 지키는 것에 그 기능이 있지만, 불필요한 계획의 금지로서도 일반적으로 이해된다. 계획의 정당화가 특별

---

93) Hans J. Wolff/Otto Bachof/Rolf Stober, 앞의 책[Band 2], 368쪽.
94) Wolfgang Köck, §37 Pläne, in: Wolfgang Hoffmann–Riem/Eberhard Schmidt–Aßmann/Andreas Voßkuhle(Hrsg.), Grundlagen des Verwaltungsrecht. Band II. 2.Auflage, C.H.Beck, 2012, 1440쪽 이하.

히 중요한 경우는 계획확정절차이다. 전문계획법의 특수한 목표설정을 달성하기 위한 사업은 객관적으로 필요한 것이어야 한다. 다만, 계획의 불가피성(Unausweichlichekit)을 의미하는 것은 아닌 점에서 합리적으로 명령된 것만으로도 충분하다.[95]

이러한 불필요한 계획의 금지로서 계획의 정당화에서 형량명령을 넘어서는 실체적인 요청이 과연 도출될 수 있는지 의문이 제기된다. 형량명령을 척도로 하면 그 유지의 이익에 대해서 수요가 없는 계획은 실패라고 결정할 수밖에 없다. 따라서 계획의 정당화가 가지는 고유한 가치는 이점에 대해 계획이 전면적인 사법적 통제 아래에 놓이는 때에만 인정될 수 있다. 그러나 이러한 전면적 통제에 대해서는 의문이 제기될 수밖에 없는데, 도시계획의 필요성은 지방자치단체의 도시건설적 발전의 표상에 결정적으로 의존하여 판단된다는 것에 이론이 없는 점에서 그러하다. 이와 전적으로 유사한 경향이 계획확정절차에서 나타난다. 연방간선도로에 대해서는 입법자에 의한 수요 규정(Bedarfsbestimmung)이 계획의 정당화로서 효력이 있다. 연방행정법원은 '중대하고 상당히 명백한 오류가 있는 경우'에만 계획의 정당화에 하자가 인정된다는 입장이다. 여기서 '중대하고 상당히 명백한 오류가 있는 경우'라는 설시는 증거의 통제(Evidenzkontrolle)를 암시하는 것이다. 따라서 계획의 정당화가 가지는 특별한 가치는 사전적인 조사절차와 평가절차에 있고, 그 결과가 공식적이거나 비공식적인 수요의 확정이다. 국가적이거나 초국가적인 도로계획이나 에너지망계획에서 사전적인 수요 심사의 특별한 가치는 세밀한 조사행위와 전문법적인 진단에서 나타난다. 이러한 수요는 세밀한 조사와 진단의 문제일 뿐 아니라 가장 우선하는 문제(Präferenz)인 점에서, 이러한 단계에서도 대중의 참가는 중요한 의미가 있다.[96]

### 2) 제2의 요청 - 형량명령

계획적인 형성의 자유는 서로 다른 2가지 법적인 구속을 받는다. 첫째는 강행규정을 통한 계획재량의 외적인 한계로서, 형량을 통해서는 극복될 수 없는 것이다. 이는 계획핵심규정(Plaungsleitsatz)[97]이라고도 불린다. 둘째는 계획재량의 내적 한계로서, 연방건설법전

---

95) Wolfgang Köck, 앞의 책, 1441쪽 이하.
96) Wolfgang Köck, 앞의 책, 1442쪽 이하.
97) 이를 '계획엄수규범'이라고 번역하는 경우로는 김병기, "도시·군관리계획 변경입안제안 거부와 형량명령 - 대법원 2012. 1. 12. 선고 2010두5806 판결을 중심으로", 행정법연구 제37호, 2013, 185쪽; 김현준, "행정계획에 대한 사법심사 - 도시계획소송에 대한 한·독 비교검토를 중심으로", 공법학연구 제16권 제3호, 2015, 311쪽. 한편, 강현호, "계획적 형성의 자유와 통제수단으로서 형량명령", 토지공법연구 제66집, 2014, 207쪽은 '계획지도원칙'이라고도 번역한다. 원문에 충실하게 번역하면 '계획지도원칙'이 적절하고, 그 의미를 강조해서 번역하면 '계획엄수규범'이 적절하다. 양자를 절충하는 한편으로, 규범이나 원칙과 같은 추상적인 차원이 아니라 개개의 실정법상 규율을 지칭하는 용어인 점에서 '계획핵심규정'으로 번역하고자 한다.

제1조 제5항과 같은 법률상 형량지침규정(Abwägungsdirektive)과 연방건설법전 제1조 제6항 및 제7항과 같은 형량명령을 통해서 정해진다. 계획재량의 내적 한계 영역에서 결정의 여지에 인정되는 특징은 이익의 서열에 관하여 법률이 규정하지 않는다는 점으로서, 그 결과 계획의 주체는 관념적인 조정의 가능성을 통해서 고유하게 이익의 정렬(Interessenordnen)을 할 수 있다.98)

## 가. 계획재량의 외적 한계

예를 들어, 도시계획의 국토계획상 목표에 대한 적합성 명령에 관한 연방건설법전 제4조 제1항과 같이 계획법률에서 직접 규정하는 강행규정도 있지만, 다른 법률, 나아가 그 하위법령에서 규정하는 강행규정도 있는데, 예를 들어, 자연보호 법규명령이 도시계획의 외적 한계를 정하는 경우가 그러하다. 이러한 강행규정은 계획의 수립에 대한 결정의 자유에 적용될 수도 있고, 내용적인 형성의 자유에 적용될 수도 있다. 계획의 주체가 형량을 통해서 극복할 수 있는 것은 강행규정이 아니다. 그 대표적인 사례가 연방임미시온방지법 제50조이다. 이는 공간적으로 중요한 계획과 행위를 결정하는 계획의 주체에게 환경적으로 불리한 영향이 최소화가 되도록 사전에 정해진 용도가 같은 토지끼리 배치할 것을 요구한다. 후속적인 허가의 결정을 기다리지 않고 이미 계획에서 제시함으로써 상충하는 이용의 공간적인 분리가 배려되는 것이다. 이러한 법적인 기준을 최적화명령(Optimierungsgebot)이라고 부르는바, 입법자가 이러한 규율을 통해서 그 규율에 포함되어 있는 목표기준에 특별한 비중(besonderes Gewicht)을 두고자 하여 이로써 기존의 이익 간 규범적 서열의 동등성이 변경되었다는 점을 표현한 것이다. 이러한 최적화명령은 법철학적인 용례에서와 그 의미가 다른 점에서 개념적인 혼란이 있을 뿐 아니라 기본권에 대한 고려가 없는 객관적인 규범이라는 점에서 헌법적인 정당성에 대한 이의도 제기되고 있다. 그러나 정당한 형량의 원칙은 구체적인 사안에서 비례원칙으로부터 유래하는 이익의 조정을 보장하는 것인 점에서, 입법자가 일정한 이익에 규범적으로 특별한 비중을 두는 것은 허용되는바, 입법자는 공동체의 결정을 전적으로 계획행정에 일임해서는 안 되는 점에서 그러하다. 입법자는 법률의 규율을 통해서 형량의 범위를 제한할 의무가 있는 것이다. 따라서 문제는 최적화명령 규범화의 헌법적 허용성보다는 최적화명령의 식별 자체의 실천적인 어려움에 있다. 이에 따라 그동안 판례는 최적화명령의 인정에 매우 신중하게 되었다. 최적화명령은 형량에서 극복될 수 있는 점에서 결코 강행규정이 아니다. 바로 이 점에서

---

98) Wolfgang Köck, 앞의 책, 1443쪽 이하.

최적화명령은 계획핵심규정을 지칭하는 절대우위규정(absolute Vorrangbestimmung)과 대비가 되는 상대우위규정(relative Vorrangbestimmung)으로 불린다.99)

## 나. 계획재량의 내적 한계

형량명령, 즉 정당한 형량의 명령(Gebot gerechter Abwägung)은 계획재량의 내적 한계에서 그 핵심에 해당하는바, 원래는 도시계획법에서 통제의 척도로 발전한 것이지만 일찍이 계획의 결정에 대한 일반적인 규범적 요청의 하나가 되었다. 이는 법치국가원칙의 요소로서 입법자가 임의로 처분할 수 없는 것인 점에서, 예를 들어, 연방건설법전 제1조 제7항과 같은 법률의 명시적 규정이 없는 경우라고 하더라도 효력이 있다. 이러한 형량명령은 계획적 형량(planerische Abwägung)의 핵심적 요소로서, 이른바 구성적 형량(nachvollziehende Abwägung)과는 구별되어야 한다. 서로 다른 공익 간에 조정은 원칙적으로 가능하지 않다. 공익을 위한 사업이 가져오는 이익을 그와 반대되는 공익에 대한 손해와 조정하거나 상쇄하는 것은 적절하지 않다. 이와 달리 계획적 형량에서는 개별 공익과 사익을 함께 고려하는 것, 다시 말해, 포괄적으로 평가하고 융합하는 것이 가능하고 또한 적합하다. 이는 계획에서 중요한 것은 이익의 망사(網紗)를 형성하는 것이고, 이러한 이익의 망사에서는 어떤 이익에 추가로 이익을 인정하는 것은 일종의 연쇄작용으로 그와 동시에 다른 많은 이익을 침해하지 않고서는 가능하지 않다는 점에서 비롯한다. 이러한 형성적 동인(動因)은 사전에 정해진 형량의 발견을 지향하고 법원의 전면적인 통제 아래에 놓이는 구성적 형량에는 없다. 이러한 구성적 형량의 대표적인 사례로는 연방자연보전법 제15조 제5항100)에 따른 조정적 규율을 들 수 있다.101)

계획적 결정에 대한 형량명령에 따른 요청은 우선 사법적 통제의 척도로서 소극적으로 규정된다. 연방행정법원102)은 일찍이 사안에 적합한 형량이 전혀 이루어지지 않았거나

---

99) Wolfgang Köck, 앞의 책, 1444쪽 이하.
100) 제15조(원인자의무, 허용되지 않는 침해, 법규명령의 수권) (5) 침해적 결과(Beeinträchtigung)가 회피되거나 적정한 기간 내에 조정되거나 대체될 수 없고 자연보호와 경관보호의 이익이 자연과 경관에 대한 모든 요청의 형량에서 다른 이익보다 우위에 있는 경우에 침해적 행위(Eingriff)는 허용되거나 수행될 수 없다.
101) Wolfgang Köck, 앞의 책, 1446쪽 이하.
102) BVerwGE 34, 301. Urteil vom 12.12.1969 − BVerwG IV C 105.66. 연방건설법전 제10조 제2항은 제8조 제2항 제2문(지구단위계획은 토지이용계획에 기초하여야 하는 것이 원칙이지만, 예외적으로 지구단위계획이 도시건설의 발전을 정렬하기에 충분하여 토지이용계획이 불필요한 경우), 제3항 제2문(지구단위계획의 수립과 토지이용계획의 수립이 동시에 진행되는 절차에서, 지구단위계획이 토지이용계획에 기초할 것이라는 점의 인정을 조건으로 지구단위계획을 토지이용계획에 앞서 공고할 수 있는 경우), 제4항(지구단위계획을 수립하기 위해서는 그전에 토지이용계획이 수립되어 있어야 하는 것이 원칙이지만, 예외적으로 긴급한 사유가 있고 지구단위계획이 예정된 도시건설의 발전과 모순되지 않는 것을 조건으로

형량에서 사물의 본성상 고려되어야 마땅한 이익이 고려되지 않았거나 침해되는 이익의 중요성을 오인하였거나 계획으로 침해되는 공익 간의 조정이 개개 이익의 객관적인 비중에 비례하지 않게 이루어지는 경우에는 형령명령에 위반된다고 설시하였다. 연방행정법원의 이른바 판유리 판결(Flachglas-Entscheidung)[103]을 통해서 형량의 결과에 관하여서뿐 아니라 형량의 과정에 관하여서도 사법적 통제가 이루어진다는 점이 분명해졌다. 형량의 과정에 대한 통제는 계획의 주체에 의한 이유제시를 대상으로 한다. 이러한 형량과정과 형량결과의 구분은 계획의 보전(Planerhaltung)에 관한 법리에서 중요하다. 이와 같은 통제규범(Kontrollnorm)으로서 형량명령으로부터 학설은 계획적 결정에 관한 적극적인 명령을 추론하였고, 나아가 이를 행위규범(Handlungsnorm)으로 발전시켰다. 이러한 행위명령(Handlungsanweisung)에 따라서 ㉠ 전체적으로 형량이 수행되어야 하고, ㉡ 사물의 본성상 현저한 모든 이익은 조사되고 형량에서 고려되어야 하고, ㉢ 형량에 중요한 개별 이익에 대해서 그에 상응하는 비중을 두어야 하며, ㉣ 대립하는 이익 간에 수긍할 수 있는 조정이 이루어져야 한다. 이에 따라 조사(Ermittlung)하는 단계, 이익을 고려(Einstellung)하는 단계, 비중(Gewichtung)을 두는 단계, 종국적으로 계획을 결정(Entscheidung)하는 단계가 구분된다.[104] 이러한 형량명령의 요소의 구조화가 제시하는 바는 이러한 요청에 대한 통제가 제한적이어야 한다는 점이다. 전체적으로 형량이 수행되었는지, 계획의 주체가 자신의 결정에 있어서 엄격하게 구속을 받는다는 점에서 출발하였는지는 전면적인 사후적인 심사가 가능하다. 이 점은 형량의 소재,[105] 즉 조사의 대상인 이익과 수요와 결정의 선택지에 대해서도 마찬가지이다. 이와 달리 형량의 소재에 비중을 두고 계획으로 침해되는 이익을 조정하는 것은 계획적 형량의 핵심이다. 따라서 이익의 비중을 어떻게 할지는 계

---

토지이용계획의 수립에 앞서 지구단위계획을 수립하는 경우)에 따라 수립되는 지구단위계획에 대해서 상급 행정기관의 인가를 받도록 규정한다. 이에 따라 지방자치단체가 지구단위계획에 대해서 인가를 신청하였으나 거부되었기에 그 인가의 발급을 청구한 사건이다. 강현호, 앞의 글, 209쪽에서 이 사건을 계획인가사건(Plangenehmigungsfall)이라고 부르는 이유가 여기에 있다. 이를 계획확정절차상 계획허가(Plangenehmigung)와 혼동하면 안 된다.

103) BVerwGE 45, 309. Urteil vom 05.07.1974 — BVerwG IV C 50.72. 이 사건의 내용에 관하여는 강현호, 앞의 글, 209쪽.

104) 이와 관련하여, 김현준, 앞의 글[행정계획에 대한 사법심사], 312쪽은 'Einstellung'을 '편입'으로 번역하고, 'Gewichtung'을 '평가'로 번역한다. '형량'이라고 번역하는 'Abwägung'은 저울로 무게를 다는 것이다. 저울대에 물건을 올리는 것이 'Einstellung'인 점에서 이를 '편입'이라고 번역하는 것은 적절하다. 다만 형량이 가지는 사유적 성격이 드러나도록 '고려'라고 번역하고자 한다. 그리고 'Gewichtung'은 저울에 무게추를 다는 것이다. 이를 '평가'라고 번역하는 것은 그 핵심을 표현하는 것이기는 하지만 충분하지는 않다. 그에 앞서 분석이 필요하기 때문이다. 이에 '비중'이라고 번역하고자 한다.

105) 이는 연방건설법전 제2조 제3항에서 규정하는 'Abwägungsmaterial'을 번역한 것이다. 이와 달리 '형량자료'라고 번역하는 문헌이 대부분이기는 하나, 형량에서 중요한 이익(Belange, die für die Abwägung von Bedeutung sind)을 의미하는 것인 점에서 '형량의 소재'라고 번역하는 것이 타당하다는 생각이다.

획의 주체에게 가장 중요한 임무이다. 이에 따라 계획에 대해서 권한이 있는 기관이 서로 다른 이익 간 충돌에서 어떤 이익을 우선하기 위해서 불가피하게 다른 이익을 거부하는 결정을 한다면 형량명령의 위반은 없다. 수긍할 수 없는 방식으로 이익에 비중을 두어서는 안 된다는 것이 판례에서 나타나는 한계의 최대치이다. 계획통제의 4번째 요소, 즉 이익을 조정하는 것은 이익에 비중을 두는 것과 불가분의 것으로서 이에 관한 통제 또한 반드시 제한적이어야 한다. 법적으로 이의를 제기할 수 있는 것은 비례성에 결함이 있다거나 불균형적인 발전이어서가 아니라 조정이 비례적이지 않아서 도저히 수긍할 수 없는 것으로 보인다는 점이다. 형량명령은 행위기준(Handlungsanleitung)으로서는 결정의 최적화를 지향하는 것이지만, 통제척도(Kontrollmaßstab)로서는 전적으로 수긍할 수 없는 것의 방지에 만족하여야 한다.106)

### 다. 계획의 보전

계획의 보전(Planerhaltung)이라는 제목 아래에 하자가 있어서 위법한 계획의 존속을 만일 가능하다면 보전하기 위한 노력이 총괄된다. 예를 들어, 일정한 하자가 현저하지 않다고 선언하는 것(연방건설법전 제214조 제1항)이나 하자를 보충적인 절차에서 제거할 가능성을 주는 것(연방건설법전 제214조 제4항)이 그러하다. 계획을 보전하는 이익은 한편으로 절차경제적인 동기를 가지는바, 그 자체로는 정당한 계획, 다시 말해, 실체적으로 잘 성립하고 결과적으로도 일견 타당한 것으로 보이는 계획을 부차적이거나 제한적인 하자를 이유로 값비싼 계획절차를 한 번 더 거쳐야 하는 점에서 그러하다. 또한 계획을 보전하는 이익은 전통적인 법규의 효력과는 다르게 그동안의 사실상태의 변경으로도 기능이 상실되어 무효가 될 수 있다는 계획의 특별한 기능적 조건에서도 생긴다. 이러한 동기를 모두 고려하더라도 계획의 보전은 좁은 범위에서만 정당화가 가능하다. 이러한 계획의 보전에 관한 법리는 애초에는 법규로서 효력을 가지는 결과 이른바 무효의 도그마에 따르는 특수성, 다시 말해, 행정행위와 달리 존속력이 인정되지 않는 점에서 착안한 것이었다. 지금은 계획의 보전에 관한 규정이 다수의 계획법에 도입되어 있는데, 계획확정절차(연방행정절차법 제75조 제1조의a)도 이에 해당한다. 계획의 보전에 관한 규율에서 핵심은 절차의 하자가 있는 경우, 형량과정에 하자가 있는 경우, 계획의 보충에서 제한적으로 고려되어야 하는 내용상 하자가 있는 경우에 있다. 내용상 하자의 제거를 위한 계획의 보충은 계획적 결정의 근본적인 요청에 그 자체로 위반된다. 계획적 결정에서 개별적 조치는 서로

---

106) Wolfgang Köck, 앞의 책, 1447쪽 이하.

연결되어 있다는 점에서 그러하다. 결정의 구조에서 개개의 요소를 빼내는 것을 상정하기 위해서는 제거되는 결함이 그 종류나 중요성에 있어서 계획 전체를 위태롭게 하거나 계획의 요체를 침해하는 것이어서는 안 된다. 개개의 사후적인 개선이 가능해야 하는바, 다시 말해, 나머지 전체의 형량에 침해가 없어야 한다. 형량과정의 결함은 명백하고 형량결과에 영향을 미치는 경우에만 현저한 것이 된다(연방건설법전 제214조 제3항 제2문, 연방행정절차법 제75조 제1항의a 제1문). 다만, 이러한 규정을 연방행정법원은 형량명령이 헌법에 근거하고 있는 점을 이유로 엄격하게 해석하였는바, 계획적 결정이 결함 없는 형량과정에서는 결과가 달라졌을 것이라는 구체적인 가능성이 인정되지 않는 한 형량과정상 명백한 결함은 형량결과에 영향을 미치지 않는다는 것이다.107) 다시 말해, 형량이 결함 없는 과정에서는 결과가 달라졌을 것이라는 점에 대한 법적인 가능성뿐 아니라 사실상 근거까지 확인되지 않는다면, 단순한 타당성, 다시 말해, 형량결과의 적법성만으로도 충분히 계획은 존속한다. 이러한 계획의 보전에 관한 법률상 규율에 대해서는 한편으로 계획절차에 대한 경시라는 비판이 제기된다. 절차법이 계획결정에서 기본권을 보장하는 기능을 수행하는 점에서 그러하다. 또한 연방건설법전 제214조가 성급하게 형량과정을 절차적인 것으로 취급하고 실체적인 결정을 발견하는 대상으로 보지 않은 점에 대한 비판도 있다.108)

### 3) 제3의 요청 - 계획의 보장

계획은 효력이 있게 만드는 것이 아니라 실현이 되게 만드는 것이다. 계획의 상대방이 되는 공적이거나 사적인 주체는 계획에 의거 투자절차를 진행하는 점에서, 계획의 존속에 대해서 이익을 가진다. 이를 안정성의 이익(Stabilitätsinteresse)이라고 한다. 그와 동시에, 계획은 미래에 대한 배려, 특히 리스크의 감소를 보장하는 기능을 수행할 수 있도록 적응성이 있어야 한다. 이를 유연성의 이익(Flexibilitätsinteresse)이라고 한다. 관계가 달라지거나 처음부터 잘못 평가되었던 것이면, 계획은 그에 상응하여 수정되어야 하는바, 다만 계획이 목적을 상실한 상태가 되거나 목적에 위반한 상태가 되지 않는 한에서 그러하다. 이러한 긴장관계에 있는 것이 계획보장의 문제로서, 계획의 취소나 변경이나 미준수의 경우에 계획의 주체와 계획의 상대방 간에 위험을 분담하는 것이 중요하다. 이는 신뢰보호원

---

107) BVerwGE, 64, 33. Urteil vom 21.08.1981 - BVerwG 4 C 57.80. 형량과정의 명백한 결함이 형량결과에 미치는 영향은 사안의 사정에 비추어 그 영향의 구체적인 가능성이 있는 때에 인정된다(Ein offensichtlicher Mangel im Abwägungsvorgang ist dann auf das Abwägungsergebnis von Einfluß gewesen, wenn nach den Umständen des Einzelfalls die konkrete Möglichkeit eines solchen Einflusses besteht)는 것이 그 요지이다.
108) Wolfgang Köck, 앞의 책, 1449쪽 이하.

칙을 계획의 법적 형식에 적합한 형태로 적용함으로써 수행된다. 그동안 위험의 분담이 해당 계획법상 명시적인 규율의 대상이었던 적은 매우 제한적으로서, 도시계획법은 그 예외적인 사례에 해당한다. 지구단위계획을 통해서 열리는 이용가능성에 대한 신뢰는 계획적 결정을 통한 이용의 개시로부터 7년 이내는 전적으로 보상되어야 하고, 7년이 도과한 후에는 이미 실행된 이용의 침해에 대해서 보상되어야 한다(연방건설법전 제42조 제2항, 3항). 이러한 계획보장의 개념은 서로 다른 청구권과 결부된다. 계획존속청구권(Anspruch auf Planfortbestand)은 인정될 수 없는 것이 원칙인바, 이러한 청구권이 국가의 계획적 기능과 모순이 될 수 있는 점에서 그러하다. 계획은 상황에 적합한 것이어야 하므로 변경될 수 있어야 한다. 여기서 계획의 법적 형식에 따라 그에 해당하는 규율이 적용된다. 행정행위의 형식으로 만들어지는 계획에 대해서는 연방행정절차법상 변경에 관한 규율, 특히 제49조에 따른 직권철회에 관한 규율이 적용된다. 법률로 통과된 계획은 진정 소급효 그리고 부진정 소급효의 한계를 준수하여야 한다. 부진정 소급효는 원칙적으로 허용되나 불이익의 경감을 위한 경과규정이 필요한 경우가 있는바, 이에 경과조치청구권(Anspruch auf Übergangsregelung und Anpassungshilfe)이 인정될 수 있다. 계획준수청구권(Anspruch auf Planbefolgung)은 원칙적으로 인정될 수 없다. 다만, 제3자의 청구권이 실제로 논의되는 영역이 있는바, 대기오염방지계획에 있어서 청구권에 대한 고려는 오로지 대기오염방지계획 또는 법률이 스스로 정하고 있는 건강보호의 우선적인 보장수단인 실행계획의 특수한 기능에 근거하는 것이다. 그리고 손실보상청구권(Entschädigungsanspruch)은 일반적인 국가책임법과 개별법상 규율에 따른다.[109]

### (3) 형량명령(Abwägungsgebot)

#### 1) 독일의 경우

이상과 같이 형량명령은 한편으로는 도시계획의 수립에 관한 연방건설법전에, 다른 한편으로는 계획확정절차에 관한 연방행정절차법에 그 근거를 가지고 있는 개념으로서, 입법자가 폭넓은 계획적인 형성의 자유를 행정에 인정하면서 그와 동시에 법률에서 정하는 바에 따라 이익의 충돌을 조정하고 나아가 극복할 것을 명하는 것이다. 이러한 형량명령을 이해하기 위해서는 형량명령뿐 아니라 이를 포함하는 계획재량 전반에 관한 이해가 필요하다. 또한 실질적 의미의 행정계획이라는 관점에서 명목상 행정계획에 관한 연방건

---

109) Wolfgang Köck, 앞의 책, 1451쪽 이하.

설법전의 이해를 넘어 연방행정절차법상 계획확정절차를 이해하고 나아가 양자를 통합적으로 이해하는 것도 중요하다. 이에 편의상 연방건설법전과 연방행정절차법의 규정 중에서 계획재량에 관한 핵심적인 규정을 정리해서 비교하면 아래와 같다.

※ 계획재량에 관한 독일의 법제 비교

| 연방건설법전<br>(명목적 행정계획 개념) | | 연방행정절차법<br>(실질적 행정계획 개념) | |
| --- | --- | --- | --- |
| §1 | (3) 지방자치단체는 도시건설의 발전과 질서에 필요한 경우에 그 범위 내에서 도시계획을 수립하여야 하고, 도시계획의 수립은 특히 주거용 건축이 가능한 지역을 지정하는 때 고려될 수 있다. 도시계획과 도시건설에 관한 조례의 수립에 대해서는 청구권이 성립하지 않고, 계약을 통해서도 청구권은 성립할 수 없다. | §72 | (1) 법령에서 계획확정절차를 정하는 경우에 제73 내지 78조가 적용되고 법령에서 달리 정하지 않는다면 이 법률의 다른 규정이 적용되지만, 제51조와 제71조의a 내지 e는 적용될 수 없고 제29조는 의무에 합당한 재량에 따라 서류의 열람이 보장되도록 적용되어야 한다. |
| | (4) 도시계획은 국토계획의 목표에 적합하여야 한다. | §75 | (1) 계획확정을 통해서 다른 시설에 대한 필수적인 집행행위를 포함하는 사업의 허용성이 사업으로 인해 침해되는 모든 공익의 관점에서 확정되고, 계획확정을 제외한 다른 행정기관의 결정, 특히 공법상 인가, 특허, 허가, 승인, 동의와 계획확정은 필요하지 않게 된다. 계획확정을 통해서 사업의 주체와 계획으로 침해되는 자 사이 모든 공법상 법률관계가 형성적으로 규율된다. |
| | (5) 도시계획은 사회적이고 경제적이며 환경적인 요청에 적합하고 또한 미래 세대에 대해서도 책임을 지는 지속 가능한 도시건설의 발전을 보장하여야 하고, 공공복리에 적합하고 주민의 주택에 대한 수요에 비추어 보건대 사회적으로 적절한 토지의 이용을 보장하여야 한다. 도시계획은 인간다운 환경을 보전하고, 자연생태의 기초를 보전하고 발전시키며, 특히 도시발전에 있어서도 기후보전과 기후적응을 촉진하여야 하고, 도시건설의 외관과 건축문화적 경관을 유지하고 발전시켜야 한다. 이를 위하여 도시건설의 발전은 우선 내부영역의 개발행위를 통해서 이루어져야 한다. | | (1a) 사업으로 침해되는 공익과 사익의 형량상 결함은 명백하고 형량결과에 영향을 미친 경우에만 현저한 것이 된다. 형량상 현저한 결함이나 절차규정 또는 형식규정의 위반은 그것이 계획의 보충이나 보충적 절차를 통해서 제거될 수 없는 경우에만 계획확정결정이나 계획허가의 취소에 이르고, 제45조와 제46조는 이와 무관하다. |
| | (6) 도시계획을 수립하는 때 다음 각호의 사항을 특히 고려하여야 한다.<br>1. 건강한 주거상태와 근로상태, 거주자와 근로자의 안전을 위한 일반적 조건<br>2. 주민, 특히 다자녀 가정의 주택에 대한 수요, 사회적으로 안정적인 주택의 설치와 유지, 폭넓은 주민에 의한 재산권의 형성, 건축비용의 절감 조건과 인구의 증가<br>3. 주민의 사회적이고 문화적인 수요, 특히 가 | | (2) 계획확정결정에 불가쟁력이 발생하면 사업의 금지, 시설의 제거나 변경, 그 이용의 금지에 대한 청구권은 배제된다. 사업이나 확정된 계획에 해당하는 시설이 계획의 불가쟁력이 발생한 후에 비로소 타인의 권리에 대해 예측하지 못한 영향을 미치는 경우에 권리가 침해되는 자는 방지대책 또는 불리한 영향을 배제하는 시설의 설치나 유지를 청구할 수 있다. 이는 재결기관의 결정을 통해서 사업시행자에게 부과되어야 한 |

<table>
<tr>
<td>

족, 청소년, 노인, 장애인의 수요, 남성과 여성에 대한 차별적인 효과 및 교육, 운동, 여가, 오락의 이익

4. 기존 지역의 보전, 정비, 개발, 조정, 개량과 중심상업지역의 보전과 개발

5. 건축문화적 이익, 문화재를 보호하고 보전하는 이익, 역사적으로나 예술적으로나 도시건설적으로 중요한 보전의 가치가 있는 지역, 도로, 광장과 경관의 형성

6. 교회와 공법상 종교단체에서 정하는 예배와 목회의 필요

7. 특히 다음 각목에 해당하는 자연보호, 경관보호를 포함하는 환경보호의 이익

a) 동물, 식물, 토지, 토양, 물, 공기, 기후에 미치는 영향과 이들의 상호작용, 경관과 생물적 다양성

b) 연방자연보호법상 천연 2000 지역(Natura 2000-Gebiete)의 보전목표와 보호목적

c) 인간과 그 건강 및 주민 전체에 대한 환경적 영향

d) 문화재 기타 재화에 대한 환경적 영향

e) 폐기물과 폐수 배출의 회피와 적절한 처리

f) 재생 에너지의 사용과 에너지 사용의 절약과 효율적 사용

g) 경관계획과 그 밖의 계획, 특히 수자원법, 폐기물법, 임미시온방지법상 계획의 제시

h) 유럽연합의 법률행위의 이행을 위한 법규명령에서 정하는 임미시온의 한계량을 초과할 수 없는 지역에서 공기를 가능한 범위 내에서 최선으로 유지

i) a목 내지 d목에 해당하는 환경보호의 개개 이익 간 상호작용

j) 연방임미시온방지법 제50조 제1문에도 불구하고, 지구단위계획에 따라 허용되는 사업이 심각한 재해나 재난을 초래하는 때 a목 내지 i목의 이익에 예상되는 효과

8. 다음 각목에 해당하는 이익

a) 경제와 소비자 지향적으로 주민에게 공급하는 중소기업적 경제구조

b) 농업과 임업

c) 일자리의 보전, 보호, 창출

d) 우편, 통신, 특히 이동통신

e) 공급, 특히 에너지, 상수도의 공급과 그 안전

f) 광물 생산의 안전

9. 여객 운송과 화물 운송 및 주민 이동의 이익, 또한 차량의 운행에 있어 발전을 고려하여, 예를 들어, 전기자동차, 대중교통과 비자동

</td>
<td>

다. 이러한 방지대책이나 시설이 적절하지 않거나 사업에 부합하지 않는다면 적절한 금전적 보상에 대한 청구권이 인정된다. 계획확정절차의 종결 후에 인접한 토지에 변경이 발생하였기 때문에 방지대책 또는 제2문에서 말하는 시설이 필요한 경우에는 그 변경이 자연적인 사건이나 불가항력으로 인하여 발생한 것이 아니라면 그로 인한 비용은 인접한 토지의 소유자가 부담해야 하고, 제4문은 적용될 수 없다.

---

(3) 시설의 설치를 청구하거나 제2항 제2문 및 제4문에 따른 적절한 보상을 청구하는 신청은 문서로 재결기관에 하여야 한다. 그 신청은 확정되고 불가쟁력이 발생한 계획에 해당하는 사업이나 시설의 불리한 영향으로 권리가 침해되는 자가 이를 알았던 때로부터 3년 이내에만 가능하고, 계획에 상응하는 상태의 조성으로부터 30년이 경과하면 배제된다.

</td>
</tr>
</table>

<table>
<tr><td></td><td>차교통을 포함하여, 교통의 회피와 감소를 지향하는 도시건설의 발전을 특별히 고려하여<br>10. 국방과 민방위 및 군사용 부동산에 대한 민간의 연계적 사용<br>11. 지방자치단체가 결정한 도시건설적 발전의 구상 또는 지방자치단체가 결정한 그 밖의 도시건설적 계획의 결과<br>12. 연안보호와 홍수방지 및 홍수예방의 이익, 특히 홍수피해의 회피와 감소<br>13. 난민과 망명 및 그 수용시설의 이익<br>14. 녹지와 공지의 충분한 공급</td><td></td></tr>
<tr><td></td><td>(7) 도시계획을 수립하는 경우에는 공익과 공익, 사익과 사익, 공익과 사익 사이에서 정당하게 형량을 하여야 한다.</td><td></td></tr>
<tr><td>§1a</td><td>(1) 도시계획을 수립하는 경우에 환경보호를 위하여 아래 규정이 적용되어야 한다.<br><br>(2) 토지와 토양은 아끼고 소중히 다루어야 하고, 건축적 이용을 목적으로 하는 추가적 사용을 줄이기 위해서는 특히 토지의 재사용, 사후적 고밀화 기타 내부영역의 개발행위를 통한 지방자치단체의 발전 가능성을 이용하여야 하고, 토양의 봉인을 필요한 범위 내로 제한하여야 한다. 농업적으로, 산림으로서, 주거 목적으로 사용되는 토지는 필요한 범위 내에서만 전용되어야 한다. 제1문과 제2문에 따른 원칙은 제1조 제7항에 따른 형량에서 고려되어야 한다. 농업적으로나 산림으로서 사용되는 토지 전용의 필요성에 대해서는 이유제시가 되어야 하는바, 그 이유제시는 유휴지, 나지(裸地), 공지(空地) 기타 사후적 조밀화의 가능성을 포함하는 내부적 개발의 가능성에 대한 조사에 기초하여야 한다.<br><br>(3) 경관과 제1조 제6항 제7호 a목에서 정하는 요소에 있어 자연관리의 지도와 기능의 능력(연방자연보전법에 따른 침해에 관한 규율)에 대한 예측 가능한 현저한 침해의 회피와 조정이 제1조 제7항에 따른 형량에서 고려되어야 한다. 조정은 제5조와 제9조에 따라 지역이나 조정적 조치를 적절하게 제시하고 확정하는 것을 통해서 이루어진다. 지속 가능한 도시건설의 발전과 국토계획, 자연보호, 경관보전의 목표에 부합하는 한에서는 제시와 확정은 침해</td><td></td></tr>
</table>

| | |
|---|---|
| | 가 있는 곳이 아닌 곳에서도 이루어질 수 있다. 제시와 확정을 대신하여 제11조에 따른 계약인 합의 기타 적절한 조정적 조치가 지방자치단체가 지정하는 지역에 대해 이루어질 수 있다. 연방자연보전법 제15조 제3항을 준용한다. 침해가 계획적인 결정 이전에 이미 발생하거나 발생할 수 있었다면 조정은 필요하지 않다. |
| | (4) 제1조 제6항 제7호 b목에서 정하는 어떠한 지역이 보전목표나 보호목적에 기준이 되는 요소에 있어 현저하게 침해될 수 있다면, 유럽위원회에 의견을 구하는 것을 포함하여 이러한 침해의 가능성이나 실행에 관한 연방자연보전법의 규정이 적용되어야 한다. |
| | (5) 기후보호의 필요성은 기후변화에 대항하는 조치를 통해서뿐 아니라 기후변화에 적응하게 하는 조치를 통해서도 고려되어야 한다. 제1문에 따른 원칙은 제1조 제7항의 형량에서 고려되어야 한다. |
| §2 | (3) 도시계획을 수립하는 경우에는 형량에 중요한 이익(형량의 소재)을 조사하고 평가하여야 한다. |
| | (4) 제1조 제6항 제7호와 제1조의a에 따른 이익에 대해서 환경심사가 수행되어야 하는바, 환경심사에서는 예측할 수 있는 현저한 환경적 영향을 조사하여 별지 1에 따른 환경보고서에 기술하고 평가한다. 지방자치단체는 도시계획에 대해서 형량을 위한 이익의 조사가 어느 범위에서 얼마나 상세하게 필요한지를 결정한다. 환경심사는 현재의 지식 상태와 일반적으로 승인된 시험 방법 및 도시계획의 내용과 상세한 정도에 따라 적절하게 요구될 수 있는 것을 대상으로 한다. 환경심사의 결과는 형량에서 고려되어야 한다. 국토계획절차, 토지이용계획절차, 지구단위계획절차에서 계획이 수립되는 지역이나 그 일부에 대한 환경심사가 수행되는 경우에, 후속적으로나 동시적으로 수행되는 도시계획절차에서 환경심사는 추가적이거나 현저한 환경적인 영향에 제한된다. 제1조 제6항 제7호 g목에 따른 경관계획 그 밖의 계획이 있다 |

| | |
|---|---|
| | 면, 그에 대한 조사와 평가는 환경심사에서 고려되어야 한다. |
| §2a | 지방자치단체는 수립절차에서 도시계획안에 이유제시를 첨부하여야 한다. 그 이유제시에서 절차의 단계에 상응하여 다음 각호에 해당하는 사항이 진술되어야 한다.<br>1. 도시계획의 목표, 목적, 중요한 효과<br>2. 별지 1에 따른 환경보고서에서 제2조 제4항에 따른 환경심사에 의거 조사되고 평가된 환경보호의 이익<br>환경보고서는 이유제시를 구성하는 하나의 장(章)이 된다. |
| §214 | (1) 이 법의 절차규정이나 형식규정의 위반은 토지이용계획과 이 법에 따른 조례의 효력에 관하여 다음 각호의 어느 하나에 해당하는 경우에만 고려한다.<br>1. 제2조 제3항을 위반하여, 계획으로 침해되는 이익으로서 지방자치단체가 알고 있었거나 알았어야 하는 것이 본질적인 점에서 적절하게 조사되거나 평가되지 못함으로써, 그 결함이 명백하고 절차의 결과에 영향을 미친 경우<br>2. 제3조 제2항, 제4조 제2항, 제4조의a 제3항, 제4항 제1문, 제5항 제2문에 따른, 제13항 제2항 제1문 제2호 및 제3호에 따른, 또한 제13조의a 제2항 제1호, 제13조의b와 결부된, 제22조 제9항 제2문, 제34조 제6항 제1문, 제35조 제6항 제5문에 따른 대중의 참가와 행정청의 참가에 관한 규정을 위반한 경우. 다만, 다음 각목의 1에 해당하는 경우에는 고려되지 않는다.<br>a) 규정의 적용에 있어서 개별 인격과 행정청 그 밖에 공적인 이익의 주체가 참여하지 않았으나 그에 해당하는 이익이 현저한 것이 아니거나 결정에 고려된 경우<br>b) 어떤 종류의 환경적인 정보가 이용이 가능한지에 관한 개별적인 진술이 결여된 경우<br>c) (삭제)<br>d) 제3조 제2항 제1문에 따른 중요한 이유가 있는데도 적절하게 더 긴 기간 동안 공람하지 않았고 중요한 이유가 없었다는 판단의 이유제시가 설득력이 없는 경우<br>e) 제4조의a 제4항 제1문의 적용에 있어서 공고의 내용과 공람의 서류가 인터넷에 게시되었으나 주(州)의 핵심적인 인터넷포털을 통해서 접근할 수 없는 경우<br>f) 제13조 제3항 제2문의 적용에 있어서 환경 |

심사에서 제외된다는 점에 대한 진술이 누락된 경우

g) 제4조의a 제3항 제4문 또는 제13조의 적용에 있어서, 또한 제13조의a 제2항 제1호와 제13조의b와 결부하여, 이 규정에 따른 참가의 수행을 위한 조건을 오인한 경우

3. 제2조의a, 제3조 제2항, 제5조 제1항 제2문 제2단 및 제5항, 제9조 제8항, 제22조 제10항에 따른 토지이용계획, 조례와 그 안의 이유제시에 관한 규정을 위반한 경우. 다만, 토지이용계획이나 조례 또는 그 안의 이유제시가 불충분한 경우에는 고려하지 않고, 제5조 제1항 제2문 제2단에도 불구하고 이유제시가 단지 비본질적인 점에서 불충분한 경우에는 환경보고서에 관한 규정의 위반은 고려하지 않는다.

4. 지방자치단체의 토지이용계획이나 조례에 관한 결정이 이루어지지 않아 허가가 발급되지 않거나 토지이용계획이나 조례의 공고를 통한 안내의 목적이 달성되지 않은 경우

제1문 제3호의 경우에 이유제시가 본질적인 점에서 불충분하다면 지방자치단체는 요청이 있는 경우에 정당한 이익이 진술된다면 설명을 해야 한다.

(2) 도시계획의 효력에 관하여 다음 각호의 어느 하나에 해당하는 경우에는 고려하지 않는다.

1. 독립적인 지구단위계획(제8조 제2항 제2문)의 수립에 관한 요건 또는 제8조 제4항에서 말하는 사전적 지구단위계획을 위한 급박한 사유에 관한 요건이 잘못 판단된 경우

2. 지구단위계획이 토지이용계획에 기초하도록 규정하는 제8조 제2항 제1문에 위반하였지만 토지이용계획에서 비롯하는 도시건설의 발전에 관한 명령을 침해하지 않는 경우

3. 지구단위계획이 토지이용계획에 기초하였으나 지구단위계획의 공포 이후에 토지이용계획이 제6조를 포함하는 절차규정이나 형식규정의 위반으로 인하여 무효가 되는 경우

4. 병행절차에서 제8조 제3항을 위반하였으나 도시건설의 발전에 관한 명령을 침해하지는 않은 경우

(3) 형량에 대해서는 토지이용계획이나 조례에 관한 결정 시점의 사실상태와 법률상태가 기준이 된다. **제1항 제1문 제1호에서 규율의 대상이 되는 결함은 형량의 결함으로 주장될 수 없**

| | | |
|---|---|---|
| | 고, 그 밖의 형량과정상 결함은 명백하고 형량결과에 영향을 미친 경우에만 현저한 것이 된다. | |
| | (4) 토지이용계획이나 조례는 하자의 제거를 위한 보충적인 절차를 통해서 소급적인 효력을 가지도록 규정될 수도 있다. | |
| §215 | (1) 토지이용계획이나 조례의 공고로부터 1년 이내에 지방자치단체에 대해서 위반의 사유가 되는 사실관계를 제시하는 문서로 주장되지 않았다면, 다음 각호의 어느 하나에 해당하는 사유는 현저한 것이 아니게 된다.<br>1. 제214조 제1항 제1문 제1 내지 3호에서 정하는 절차규정과 형식규정의 현저한 위반<br>2. 제214조 제2항을 고려하건대, 지구단위계획과 토지이용계획의 관계에 관한 규정의 현저한 위반<br>3. 제214조 제3항 제2문에 따른 형량과정의 현저한 결함<br>제1문은 제214조 제2항의a에 따른 하자가 현저한 경우에 준용한다. | |

독일법상 형량명령을 소개하는 우리 학설[110]의 방점은 다음과 같이 정리할 수 있다. 첫째, 계획재량과 행정재량의 관계이다. 대부분의 문헌은 독일의 통설적인 견해에 따라 계획재량이 행정재량과 본질적으로 구별된다는 입장을 취하고 있다. 다만, 계획재량과 행정재량의 유사성을 강조하면서 양자는 규범구조의 차이에 불과하다는 점을 지적하는 견해[111]가 있는바, 이에 따르면 전통적인 행정재량론은 복잡한 구조의 사안 해결에 적합하지 않으므로 계획재량에 따른 형량명령의 법리가 보편적으로 적용되어야 한다. 둘째, 계획재량과 사법심사의 관계이다. 계획적 형성의 자유는 계획의 주체에게 최종적인 형성의 권한을 인정하는 것인 점에서 사법심사의 약화로 이어진다는 설명[112]에 대해서, 행정계

---

110) 이에 관한 다수의 문헌 중에 주로 참고한 것은 다음과 같다. 강현호, "계획적 형성의 자유의 통제수단으로서 형량명령", 토지공법연구 제66집, 2014; 김병기, "도시·군관리계획 변경입안제안 거부와 형량명령 – 대법원 2012. 1. 12. 선고 2010두5806 판결을 중심으로", 행정법연구 제37호, 2013; 김해룡, "법치국가원리로서의 형량명령", 외법논집 제34권 제1호, 2010; 김현준, "계획법에서의 형량명령", 공법연구 제30집 제2호, 2001; 김현준, "행정계획에 대한 사법심사 – 도시계획소송에 대한 한·독 비교검토를 중심으로", 공법학연구 제16권 제3호, 2015; 정남철, "이익충돌의 문제해결수단으로서 계획법령상의 최적화명령 – 독일의 건축, 계획 및 환경법에 있어서의 논의를 중심으로", 공법연구 제31집 제5호, 2003.

111) 김해룡, 앞의 글, 12쪽 이하.

112) 김현준, 앞의 글[행정계획에 대한 사법심사], 313쪽.

획에 합당한 통제의 메커니즘으로 탄생한 형량명령은 사법적 통제의 강화를 의미한다는 반론113)이 있다. 셋째, 형량명령과 비례원칙의 관계이다. 형량명령은 비례원칙의 구체적인 요청이므로 형량명령과 비례원칙을 이질적인 것으로 보는 것은 타당하지 않다는 설명114)에 대해서, 일반적인 재량을 통제하는 비례원칙이 어떤 결과를 초래하는지에 초점이 맞추어져 있고 그 결과를 수인할 수 있는지만을 심사하는 것과 달리 계획적 재량을 통제하는 형량명령은 과정적 고찰을 기본으로 하고 있고 형량명령에서는 계획에 나타나지 않은 대안의 고려가 요청된다는 반론115)이 있다. 넷째, 형량명령과 최적화명령의 관계이다. 최적화명령은 상대적 우위규정인 점에서 절대적 우위규정인 강행규정과 구별되는 한편으로 동등한 서열을 가지는 단순한 고려명령과도 구별되는 점116)에 대해서는 이견이 없는 것으로 보인다. 나아가 형량명령이 최적화명령에 상응한다는 견해117)와 최적화명령을 구체화된 형량명령으로 보는 견해118)가 있다.

### 2) 우리의 경우

독일에서와 같은 실정법적 기초도 없고 재량의 본질에 대한 이해도 독일과 같지 않다면 이러한 형량명령의 개념을 바탕으로 하는 계획재량의 법리를 과연 그대로 수용할 수 있는 것인지에 관하여 진지하게 성찰할 필요가 있다. 그만큼 논리적인 기초나 배경에 있어서 차이가 나는 것이다. 예를 들어, 우리 판례는 법령에서 행정에게 일정한 권한을 수권하면서도 그 권한 행사의 기준과 절차에 관하여는 규정을 하지 않아서 생기는 것이 재량이라고 이해하고 있다.119) 행정이 계획적인 재량을 행사할 때 반드시 준수하도록 입법자가 명시하는 의무라는 것이 전혀 실증되지 않고 있는 형편이다. 참고로, 계획적인 형성

---

113) 강현호, 앞의 글, 208쪽. 나아가 210쪽은 "형량명령은 일견적 인식이나 정책적 좌표에 기초하여 행정을 하는 관행에 비추어 볼 때 얼마나 엄격한 기준인지 알 수 있다. 이러한 엄격성은 형량명령의 적용으로 인하여 많은 계획이 무효가 된 사정을 통해서 알 수 있다. 형량명령의 엄격한 적용으로 계획행정의 수행에 어려움을 겪게 되자 입법자는 형량명령에 다소간의 하자가 존재하더라도 이를 중요하지 않은 것으로 보는 규정을 다수 제정하였다. 이러한 점에서 보았을 때 형량명령이 계획적 결정에 대해서 가지는 심사의 엄격성은 대단히 높은 수준이라고 볼 수 있을 것이다."라고 설명한다.
114) 김현준, 앞의 글[행정계획에 대한 사법심사], 311쪽.
115) 강현호, 앞의 글, 215쪽 이하.
116) 김현준, 앞의 글[계획법에서의 형량명령], 363쪽 이하.
117) 김병기, 앞의 글, 185쪽.
118) 정남철, 앞의 글, 303쪽.
119) 대법 2015. 6. 11. 선고 2015두35215 판결: 구 도로법 제24조에 의한 도로구역의 결정은 행정에 관한 전문적·기술적 판단을 기초로 도로망의 정비를 통한 교통의 발달과 공공복리의 향상이라는 행정목표를 달성하기 위한 행정작용으로서, 구 도로법과 하위법령에는 추상적인 행정목표와 절차만이 규정되어 있을 뿐 도로구역을 결정하는 기준이나 요건에 관하여는 별다른 규정을 두고 있지 않아 행정주체는 해당 노선을 이루는 구체적인 도로구역을 결정함에 있어서 비교적 광범위한 형성의 자유를 가진다.

의 자유와 그 한계로서 형량에 관한 우리 판례의 대표적인 설시를 명목상 행정계획(도시계획시설결정)에 관한 것과 실질적 행정계획(하천공사시행계획)에 관한 것으로 구분하여 정리한 다음에 비교하면 아래와 같다. 이로써 하나의 동일한 논리가 적용되고 있다는 점을 알 수 있다.

※ 계획재량에 관한 판례의 법리 비교

| 행정계획120)<br>(명목적 행정계획 개념) | 사업계획121)<br>(실질적 행정계획 개념) |
|---|---|
| 행정계획은 특정한 행정목표를 달성하기 위하여 행정에 관한 전문적·기술적 판단을 기초로 관련되는 행정수단을 종합·조정함으로써 장래의 일정한 시점에 일정한 질서를 실현하기 위하여 설정한 활동기준이나 그 설정행위를 말한다. **행정주체는 구체적인 행정계획을 입안·결정할 때 비교적 광범위한 형성의 자유를 가진다. 다만 행정주체의 위와 같은 형성의 자유가 무제한적이라고 할 수는 없고, 행정계획에서는 그에 관련되는 자들의 이익을 공익과 사익 사이에서는 물론이고 공익 사이에서나 사익 사이에서도 정당하게 비교·교량하여야 한다는 제한이 있으므로,** 행정주체가 행정계획을 입안·결정할 때 이익형량을 전혀 행하지 아니하거나 이익형량의 고려 대상에 마땅히 포함시켜야 할 사항을 누락한 경우 또는 이익형량을 하였으나 정당성과 객관성이 결여된 경우에는 그 행정계획 결정은 이익형량에 하자가 있어 위법하게 될 수 있다. 이러한 법리는 행정주체가 주민 등의 도시관리계획 입안제안을 받아들여 도시관리계획결정을 할 것인지를 결정하는 경우뿐만 아니라, 입안제안에 따라 결정된 기존의 도시관리계획결정을 변경·폐지할 것인지 여부를 결정할 때에도 마찬가지로 적용된다. 이때 입안제안자 등이 가지는 종전 도시관리계획결정에 대한 신뢰이익 등 이해관계나 종전 도시관리계획결정에서 적절하게 고려되지 못한 제반 사정 역시 이익형량의 고려 대상에 당연히 포함될 수 있고, 이는 종전 도시관리계획결정을 변경하여야 할 공익 등 제반 공익 및 사익들과 정당하게 비교·교량되어야 한다. | 행정계획은 행정에 관한 전문적·기술적 판단을 기초로 하여 특정한 행정목표를 달성하기 위하여 서로 관련되는 행정수단을 종합·조정함으로써 장래의 일정한 시점에 일정한 질서를 실현하기 위한 활동기준으로 설정된 것으로서, 관계 법령에 추상적인 행정목표와 절차만이 규정되어 있을 뿐 행정계획의 내용에 관하여는 별다른 규정을 두고 있지 아니하는 경우에, **행정주체는 구체적인 행정계획의 입안·결정에 관하여 비교적 광범위한 형성의 자유를 가진다. 다만 행정주체가 가지는 이와 같은 형성의 자유는 무제한적인 것이 아니라 그 행정계획에 관련되는 사람들의 이익을 공익과 사익 사이에서는 물론이고 공익 상호 간과 사익 상호 간에도 정당하게 비교교량하여야 한다는 제한이 있으므로,** 행정주체가 행정계획을 입안·결정하면서 이익형량을 전혀 하지 아니하거나 이익형량의 고려 대상에 마땅히 포함시켜야 할 사항을 누락한 경우 또는 이익형량을 하였으나 정당성과 객관성을 갖추지 못한 경우에는 그 행정계획결정은 형량에 하자가 있어 위법하다. |

독일법상 형량명령의 법리를 우리가 그대로 수용하지는 못한다고 하더라도 우리 고유의 법리를 발전시키는 데 중요한 참고가 될 것임은 분명하다. 이에 앞으로의 법리 전개에

---

120) 대법 2018. 10. 12. 선고 2015두50382 판결.
121) 대법 2015. 12. 10. 선고 2011두32515 판결.

있어 진지한 고려가 필요한 몇 가지 점을 지적하면 다음과 같다.

첫째, 계획재량의 본질론은 형량명령의 법리에 영향을 미치지 않는다. 독일에서 계획적인 형성의 자유를 의미하는 계획재량이 효과재량을 의미하는 행정재량과 본질적으로 다른 개념으로 형성된 것은 논리의 차원에 그치지 않고 역사의 차원을 아울러 가진다.[122) 다시 말해, 계획재량의 본질론은 그 자체로 독일법에 고유한 역사적 성격을 가지는바, 이점은 결코 부인할 수 없다. 다만, 이러한 본질론이 양자의 공통점에 주목하는 것에 방해가 되고 사태를 불필요하게 복잡하게 만들었다는 반성[123)이 독일에서 나타나는 점을 고려하건대, 우리에게 중요한 것은 계획재량의 개념을 효과재량의 개념이나 판단여지의 개념과 차별해서 취급할 논리적 필요가 있는지, 그렇게 하면 실천적으로 어떤 차별적 결과가 발생하는지를 철저하게 기능적 관점에서 평가하는 것이다. 이 점은 자연스럽게 계획재량의 실정법적 근거의 문제로 연결된다.

둘째, 계획재량의 법리가 독자적으로 발전하기 위해서는 이를 뒷받침하는 실정법의 변화가 필요하다. 독일법에서 계획재량과 그 핵심이 되는 형량명령의 법리가 연방건설법전과 연방행정절차법의 규정 해석을 중심으로 발전하였다는 점은 앞서 설명한 바와 같다. 다만, 이러한 법리는 헌법상 법치국가적 요청에서 그 근거를 찾을 수 있는 점에서 전적으로 입법자의 처분에 맡겨져 있는 것은 아니고, 개별 법률에 규정이 없더라도 행정법의 일반원칙으로서 적용이 가능하다고 보는 것이 독일의 통설적 견해이고, 이에 동의하는 우리 학설[124)도 있다. 그러나 이에 관한 독일의 법리가 지금처럼 섬세하게 발전할 수 있었던 것은 판례와 입법의 상호작용을 통한 상승효과가 있었기 때문이다. 우리 판례가 계획적형성의 자유에 관한 형량의 법리를 피상적으로만 설시하는 데 그치고 있는 점에 대한 광범위한 비판이 제기되고 있지만, 기존의 법제가 근본적으로 달라지지 않는다면 앞으로도 큰 발전을 기대하기는 쉽지 않다.

셋째, 실질적 행정계획 개념을 정립하고 이를 중심으로 형량명령의 법리를 전개하여야 한다. 우리 학설의 가장 큰 문제는 연방행정절차법상 계획확정절차를 계획재량과 그 핵심이 되는 형량명령의 법리를 통해 분석하지 않는다는 것이다. 그 결과, 독일의 연방행정절차법상 계획확정절차에 상응하는 우리 국토계획법상 실시계획절차 등을 계획재량과 그핵심이 되는 형량명령의 법리로써 분석하려는 노력이 없다. 도시계획시설결정을 제외하

---

122) 독일에서 재량 개념이 역사적으로 발전하는 과정과 그 경로상 계획재량의 위치에 관하여는 박정훈, 불확정 개념과 판단여지, 행정작용법[중범 김동희교수 정년기념논문집], 박영사, 2005, 252쪽 이하, 특히 255쪽.
123) Wolfgang Köck, 앞의 책, 1441쪽.
124) 김병기, 앞의 글, 185쪽; 김현준, 앞의 글[행정계획에 대한 사법심사], 303쪽.

고는 도시관리계획이 재판의 대상이 되거나 재판의 전제가 되어 그 위법성이 다투어지는 경우는 실무에서 좀처럼 찾기 어렵다. 그에 비해 도시계획시설사업 실시계획 기타 사업계획절차가 소송에서 다투어지는 경우는 흔할 수밖에 없는데, 바로 여기서 계획재량과 그 핵심이 되는 형량명령의 법리를 발전시킬 수 있는 계기를 찾도록 해야 한다.

넷째, 형량명령의 통제규범으로서 측면과 행위규범으로서 측면을 구별해야 한다. 계획적인 형성의 자유에 관한 형량의 법리가 판례에 의해서 발전되기 어려운 이유는 역설적이지만 제대로 하는 형량이 실제로 없어서 모범이나 준거를 찾을 수 없기 때문이다. 이에 대한 근본적인 대책은 형량의 과정과 그에 따른 형량의 결과에 관한 법제를 마련하는 것이지만, 그와 별도로 행위규범으로서 형량명령의 법리를 구체적으로 전개하는 것 역시 필요하다. 일찍이 지적한 것처럼, 법원리의 발견과 사법심사의 강도는 논리적으로 별개의 문제이다. 계획재량과 그 핵심이 되는 형량명령에 관한 기준과 절차가 섬세하게 발전한다고 해서 그만큼 당연히 사법심사의 강도가 높아지는 것은 아니다. 다시 말해, 전자는 후자의 필요조건이지만 충분조건은 아니다. 이에 행위규범의 발전은 그 자체로도 의미가 크지만 나아가 통제규범이 발전하는 조건이 된다는 점에서도 중요하다.


## Ⅳ. 소결

지금까지 한 설명을 요약하는 차원에서 도로의 사례를 가지고 공물의 성립에 관한 우리와 독일의 법제를 도식적으로 비교하면 다음과 같이 정리할 수 있다. 우리 법제를 분석할 때는 국토계획법에 따른 기반시설에 관한 일반적 행정절차와 도로법에 따른 도로라는 기반시설에 관한 특수한 행정절차로 구분하는 것이 타당하다. 양자가 전혀 별개의 제도로 설계되어 운용되고 있기 때문이다. 이와 달리 독일의 법제는 연방건설법전, 연방행정절차법, 연방간선도로법에 따른 행정절차를 서로 구분하지 않고 하나로 통합하여 분석하는 것이 타당하다.

※ 도로에 관한 행정절차 비교

| | 우리(국토계획법) | 우리(도로법) | | 독일 |
|---|---|---|---|---|
| 행정계획 | | 도로 지정 | 노선지정 | 노선지정 |
| | | | 등급결정 | |

| 사업계획 | | 도시관리계획 | | 도로구역결정 | 행위제한 | 도시관리계획 | |
|---|---|---|---|---|---|---|---|
| 사업계획 | 실시계획인가 | 사업허가 | | 도로구역결정 | 사업허가* | 계획확정결정 | 사업허가 |
| | | 인허가의제 | | | 인허가의제 | | 집중효 |
| | | 사업인정의제 | | | 사업인정의제 | | 선취효 |
| 공물의 성립 | 권원확보 | 공용수용 | | 공용수용 | | 공용수용 | |
| | 공적제공 | 지배주체로서 점유 개시 | | 지배주체로서 점유 개시 | | 지배주체로서 점유 개시 | |
| | 의사표시 | | | 사용개시 | | 공용개시 | |
| | | | | | | 등급결정 | |

\* 명시적인 것이 아니라 도로공사세부계획이 도로구역의 결정에 포함되는 점 등에서 추론한 것임

이상과 같이 행정계획에 이은 사업계획의 행정절차를 통해 공물의 성립이 촉진된다. 공물은 행정이 권원을 보유하는 물건을 공적으로 제공하면서 그 의사표시가 있어야 성립하는바, 이러한 논리적 구성이 사업계획의 행정절차에서 구현되는 과정을 대표적인 판례를 통해 확인하는 것은 의미가 있는 일이다.

## 1. 행정계획절차로서 도로구역의 결정과 그 계획재량에 관하여

당초의 도로계획노선이 도로시설기준에 부적합하고 주거밀집지역을 관통하여 교통사고의 위험이 많아 외곽으로 우회도로를 신설하는 도로구역의 변경 결정은 도로법에 따른 처분으로서 사전에 주민들의 의견청취, 공람절차 등 구 도시계획법 소정의 절차를 거칠 필요가 없어 이를 거치지 아니하였다 하여 위법하다고 할 수 없고 공공복리에 적합하므로 일부 주민들의 이익에 반하고 그 동의를 얻은 바 없다는 사유만으로는 재량권 남용 또는 일탈의 위법이 있다고 할 수 없다는 것이 판례의 입장이다.[125]

도로법상 도로구역의 결정은 일찍이 지적한 바와 같이 행정계획에 해당하지 않는다. 그러나 도로부지에 관한 행정계획의 성격을 가지는 점에서 국토계획법상 도시계획시설결정과 유사하고, 그렇기에 "행정주체는 해당 노선을 이루는 구체적인 도로구역을 결정함에 있어서 비교적 광범위한 형성의 자유를 가진다."[126] 다시 말해, 명목상 행정계획 개념

---

125) 대법 1992. 7. 28. 선고 92누4123 판결.

에는 해당하지 않으나 실질적 의미의 행정계획 개념에 해당한다. 다만, 실질적 의미의 행정계획에 해당한다고 해서 곧이어 설명하는 사업계획절차의 실질을 가진다는 의미가 아니라는 점에 주의해야 한다. 여기서 설명하는 도로구역의 결정은 국토계획법상 실시계획절차(사업계획절차)가 아니라 도시계획시설결정(행정계획절차)을 대신하고 있다. 그러나 이해관계인이 행정절차에 참가할 수 있는 권리에 관한 법제는 미비한 상태이다. 이 문제는 근본적으로 입법으로 해결해야 할 성질의 것이기는 하지만 급한 대로 유추해석 등을 통해서 이해관계인이 행정절차에 참가할 수 있는 권리를 실질적으로 확대해 나가는 노력이 필요하다. 그러나 판례는 토지보상법상 의견청취절차의 적용도 인정하지 않을 뿐만 아니라 도로구역의 결정이 고시에 의하는 점을 근거로 행정절차법상 의견청취절차의 적용도 인정하지 않고 있는바,[127] 대중의 행정절차에 대한 참가에 관하여 배려가 전혀 없는 점에서 심각한 문제가 있다.

## 2. 사업계획절차로서 도로구역의 결정과 그 계획재량에 관하여

도로관리청은 도로에 관한 공사, 조사, 측량 또는 도로의 유지를 위하여 필요한 경우에는 타인의 토지에 출입할 수 있지만 미리 당해 토지의 점유자에게 이를 통지하여야 하는데, 미리 그 토지의 점유자에게 이를 통지하지 않았다 하여 도로구역의 결정이 위법하다고 할 수 없다는 것이 판례의 입장이다.[128] 도로구역의 결정에 앞서 측량 등을 위하여 타인의 토지에 출입하는 것은 그 성질상 도로구역 결정 절차의 일부를 이루는 것이 아니라 이와 독립한 별개의 공용수용이라는 것이 그 이유이다.

이는 도로구역의 결정이 행정계획절차에 해당하는 도시계획시설결정을 대신하는 데 그치지 않고 도로건설의 사업계획절차로서 실질을 가지고 있는 점을 잘 보여주는 판결이다. 그 연장선상에서 판례는 사업시행자의 지정과 도로구역의 결정은 서로 별개의 법률효과를 목적으로 하므로 선행처분에 불가쟁력이 생겨 그 효력을 다툴 수 없게 된 경우에는 선행처분의 하자가 중대하고 명백하여 당연무효인 경우에만 선행처분의 하자를 이유로 후행처분의 효력을 다툴 수 있다고 설시한다.[129]

한편 도로구역의 결정은 공물의 성립에 요구되는 공적 제공이나 의사의 표시 여부에

---

126) 대법 2015. 6. 11. 선고 2015두35215 판결.
127) 대법 2008. 6. 12. 선고 2007두1767 판결.
128) 대법 2001. 4. 27. 선고 2000두1157 판결.
129) 대법 2009. 4. 23. 선고 2007두13159 판결.

관한 판단에 있어도 중요한 역할을 한다. 판례는 국가가 도로구역의 결정을 하였다 하더라도 이로써 종전의 사실상 지배주체의 점유를 배제할 의사가 있었다고 보이는 특별한 사정이 없는 한 이것만으로 국가가 도로구역의 부지에 대한 점유를 개시하였다고 볼 수는 없고,[130] 도로는 도로로서의 형태를 갖추어야 하고 도로법에 따른 노선의 지정 및 도로구역의 결정이 있는 때부터 공용개시가 있다는 입장이다.[131]

## 3. 하천공사시행계획의 계획재량과 그 하자에 관하여

하천법에 따르면 하천관리청이 하천공사를 시행하려는 때에는 하천공사시행계획을 수립하여야 하고, 이를 고시하여야 한다. 국가재정법령에 규정된 예비타당성조사는 하천공사시행계획과 형식상 전혀 별개의 행정계획인 예산의 편성을 위한 절차일 뿐 하천공사시행계획에 앞서 거쳐야 하거나 그 근거 법규 자체에서 규정한 절차가 아니므로, 예비타당성조사를 실시하지 아니한 하자는 원칙적으로 예산 자체의 하자일 뿐, 그로써 곧바로 하천공사시행계획의 하자가 된다고 할 수 없다는 것이 판례의 입장이다.[132] 예산이 하천공사시행계획을 위한 재정 지출을 그 내용으로 하고 있고, 그 예산의 편성에 절차상 하자가 있다 하더라도, 이러한 사정만으로 곧바로 하천공사시행계획에 취소사유에 이를 정도의 하자가 존재한다고 보기는 어렵다는 것이다. 다만 판례는 예산 편성 절차상 하자로 말미암아 하천공사시행계획을 하면서 하천법에서 요구하는 타당성이나 사업성 등에 관한 이익형량을 전혀 하지 아니하거나 그에 관한 이익형량의 고려 대상에 마땅히 포함시켜야 할 사항을 누락한 경우 또는 그에 관한 이익형량을 하였으나 정당성과 객관성이 결여된 경우에 해당한다고 볼 수 있는 구체적 사정이 있고, 그로 인하여 이 사건 사업에 이익형량의 하자가 있다고 인정될 수 있는 때에는 하천공사시행계획이 재량권을 일탈·남용하여 위법하다고 평가할 수 있다고 본다. 예비타당성조사의 누락이 하천공사시행계획에 관한 형량의 하자를 판단하는 과정에서 고려되는 하나의 요소가 될 수는 있다는 것이다.

이 판결은 당시 정치적인 쟁점으로 관심을 받았으나 그보다는 법리적인 측면에서 중요한 함의가 있다. 우선 하천공사시행계획이 사업계획절차로서 실질적 의미의 행정계획에 해당하고, 계획적인 형성의 자유에 관한 형량의 하자가 쟁점이 되고 있다는 점에 대한 환기가 필요하다. 앞서 설명한 바와 같이, 판례는 행정계획절차에 해당하는 도시계획시설결

---

130) 대법 2000. 12. 8. 선고 2000다14934, 14941 판결.
131) 대법 1995. 9. 5. 선고 93다44395 판결.
132) 대법 2015. 12. 10. 선고 2011두32515 판결.

정에 관한 계획재량의 법리를 사업계획절차에 해당하는 하천공사시행계획에 대해서도 그대로 적용하는바, 그 결과 계획재량의 법리는 행정계획절차를 대상으로 하는 경우나 사업계획절차를 대상으로 하는 경우나 아무런 논리적인 차이가 없다. 우리 형편에서 계획적인 형성의 자유에 관한 형량의 법리에서 조속한 발전을 기대하기 위해서는 행정계획절차보다는 사업계획절차에 초점을 맞추어서 이에 관한 행정의 실무와 법원의 판단을 잘 분석해서 좀 더 섬세한 기준과 절차를 제시할 필요가 있다.

한편 이 사건은 좀 더 복잡한 쟁점을 내포하고 있다. 어느 행위가 어느 시점에 동시적으로 복수의 법령을 준수해야 하는 경우(횡적으로 병렬적인 법의 적용)도 있고, 어느 행위에 이르기까지 역사적으로 복수의 법령에 따라야 하는 경우(종적으로 병렬적인 법의 적용)도 있다. 어느 경우이거나 간에, 법령에서 따로 정하고 있는 경우133)가 아니라면, 어떤 행위가 하나의 법에 적합한지를 판단하는 과정에서 다른 법에 적합한지도 함께 고려해야만 하는 것인지가 해석상 쟁점이 될 수 있다. 이 쟁점은 하천공사시행계획과 같은 사업계획절차에서 특히 중요한데, 실질적 의미의 행정계획으로서 성격을 가지는 사업계획은 종적으로나 횡적으로나 병렬적인 법의 적용을 무수하게 겪어야 하기 때문이다. 이 판결에서는 하천공사시행계획이 하천법에 적합한지를 판단할 때 하천공사시행계획에 이르는 과정에서 국가재정법을 위반한 적이 있는지를 함께 고려해야 하는지가 쟁점이 되었는데, 이에 관하여 국가재정법에 위법이 인정된다고 해서 곧바로 하천공사시행계획에 위법이 인정되지는 않는다는 것이 대법원의 결론으로, 이러한 결론 자체는 타당하다고 하더라도 그 결론에 이르는 과정에서 논증이 충분하지 않은 문제가 있다.

이와 유사한 상황에 관한 프랑스의 법리로 법제의 독자성 원칙(principe de l'indépendance des législations)이 있다. 이는 간단히 말해, 어떤 법령상 허가의 적법성을 다른 법령을 근거로 다투어서는 안 된다는 것이다. 그 결과, 행정기관은 어느 사업이 그 근거가 되는 법령상 조건이 아닌 다른 법령상 조건을 충족하는지 여부를 확인하지 않는다. 이러한 법제의 독자성 원칙을 이 판결에 적용하면, 하천관리청은 하천공사시행계획을 수립하면서 국가재정법에 위반되는지 여부를 확인하지 않고, 그에 따라 법원 역시 하천공사시행계획의 위법성을 판단할 때 국가재정법의 위반 여부를 고려하지 않는다. 다만, 서로 독자적인 법제라고 하더라도 상호간섭(interférence)이 일어날 수 있고 그 범위 내에서는 법제의 독자성 원칙의 적용이 제한될 수밖에 없는데, 우리 판례가 국가재정법의 위반이 그 자체로 하

---

133) 예를 들어, 건축법은 허가권자가 건축허가를 하는 경우에 해당 건축물을 건축하려는 대지에 건축하는 것이 건축법의 규정 외에 국토계획법 제54조, 제56조부터 제62조까지 및 제76조부터 제82조까지의 규정과 그 밖에 대통령령으로 정하는 관계 법령의 규정에 맞는지를 확인하여야 한다고 규정한다(제12조 제1항).

천공사시행계획을 위법하게 만들지는 않지만 하천공사시행계획에 관한 형량의 하자를 판단하는 과정에서 하나의 요소로 고려될 수 있다고 설시한 것은 이에 부합해 보인다.[134] 그러나 판례는 다른 사건에서는 이 쟁점을 정면으로 다루지 않는다. 도시계획시설결정의 위법이 실시계획인가의 위법으로, 실시계획인가에 의한 사업인정의 의제를 통하여 다시 수용재결의 위법으로 이어지는 연쇄적 법률관계를 하자의 승계에 관한 법리로 설명하고 있다.[135] 이는 도시계획시설 사업시행자 지정의 위법이 실시계획인가의 위법으로, 실시계획인가에 의한 사업인정의 의제를 통하여 수용재결의 위법으로 이어지는 연쇄적 법률관계에 대해서도 마찬가지이다.[136] 국토계획법과 토지보상법 사이에 법제의 독자성 원칙이 적용되는지에 관한 판단이 없다. 도시계획시설결정의 위법이나 사업시행자 지정의 위법이나 실시계획인가의 위법만을 이유로 수용재결을 위법하다고 볼 것인가. 만약 그렇다고 한다면 수용재결이 국토계획법에 위반한 결과가 되는지, 다시 말해, 도시계획시설결정이나 사업시행자의 지정이나 실시계획인가에 위법이 있는지까지 토지수용위원회가 검토해야 한다는 것인데, 이것이 과연 가능한 요구인가. 이러한 의문에 대해서 판례는 선행처분의 하자가 후행처분에 승계되지 않는 것이 원칙이라는 해법을 제시하는 것이다. 이렇게 접근하면 선행처분에 위법이 있더라도 그 이유만으로 후행처분이 취소되는 사태는 막을 수 있다. 그러나 선행처분에 위법성이 중대하고 명백한 사정이 있는 경우에는 그렇지 못한 점에서 여전히 문제가 남는바, 근본적인 법리의 개선이 필요하다.

## 제3절 공용수용

## I. 의의

어느 물건이 자신의 이익이 아니라 공공복리를 위한 이용에 제공되고 있는 상태를 행정법상 역권의 부담이라고 한다. 그러나 이로써 공물이 성립하는 것은 아니다. 행정에 의해서 공적으로 제공된 물건이기 때문에, 다시 말해, 행정에 의하여 공공의 이용에 직접

---

134) 프랑스법에서 법제의 독자성 원칙은 주로 도시계획법을 중심으로 논의한다. 이에 관하여는 Jean-bernard Auby/Hugues Périnet-Marquet/Rozen Noguellou, Droit de l'urbanisme et de la construction, 8e édition, Montchrestien, 2008, 203쪽 이하.
135) 대법 2012. 11. 15. 선고 2011두16124 판결.
136) 대법 2017. 7. 11. 선고 2016두35120 판결, 대법 2017. 7. 11. 선고 2016두35144 판결.

제공되거나 공공서비스의 수단으로 제공된 물건이기 때문에 행정법상 역권의 부담이 발생하고, 그 결과 공물이 성립한다고 말하는 것이다. 이는 물론 수정된 사적 소유권설에 입각한 설명이다. 이와 달리 공적 소유권설에 입각하면 공물의 개념 설명에 행정법상 역권의 부담이라는 개념이 필요하지 않다. 사적 소유권 개념을 그대로 가져와서 공물의 개념을 구성할 경우에 사적인 소유권과 구별되는 점을 설명하는 데 유용한 개념이 바로 행정법상 역권의 부담이다. 그 대신에 공적 소유권설에 입각할 경우에는 사적인 소유권이 아닌 새로운 소유권 개념이 구성되어야 한다. 여기서 시사점은 다음과 같다. 첫째, 공적 소유권설이나 수정된 사적 소유권설 모두 행정이 소유권을 취득하는 경우를 전제로 공물의 개념을 구성한다는 것이다. 수정된 사적 소유권설이라고 해서 다르지 않다. 다만, 그 소유권의 본질이 무엇인가에 관하여 입장의 차이가 있을 뿐이다. 둘째, 행정에 의해서 공적으로 제공되는 물건이지만 행정이 소유권을 취득하지 않는 경우는 행정 활동의 안정적 수행이라는 측면에서 보았을 때 바람직하지 않을지언정 실제로는 얼마든지 있을 수 있다. 이 경우에는 어떤 물건을 공적으로 제공하는 데 필요한 권원을 확보해야 한다. 여기서 수정된 사적 소유권설이 가지는 장점이 드러난다. 공적 소유권설에 입각하면 행정이 소유권을 취득하는 경우에만 공물의 법리가 적용될 수 있지만,[137] 수정된 사적 소유권설에 입각하면 소유권은 아니더라도 어떤 물건을 공적으로 제공하는 데 필요한 권한만 취득한다면 공물의 법리가 적용될 수 있다. 공적 소유권설에 입각하는 경우에 비하여 공물의 법리가 적용이 되는 범위가 확대되는 것이다. 공적 소유권설에 입각하면 행정이 소유권을 취득하지 못할 경우에는 애당초 공물이 성립하지 않는다. 이와 달리 수정된 사적 소유권설에 입각하면 행정이 소유권을 취득하지 못하더라도 일단 공물은 성립할 수 있고, 이 경우에 행정은 비록 소유권은 아니더라도 어떤 물건을 공적으로 제공하는 데 필요한 권원을 취득해야 하는바, 이는 공용개시의 필수적인 조건이 된다. 그 결과, 어떤 물건을 공적으로 제공하는 경우에 그에 필요한 권원을 취득하지 않은 상태에서 공용개시를 한 것이라면 그 공용개시는 위법하게 되고, 그 위법성이 중대하고 명백한가에 따라 무효가 되거나 아니면 취소할 수 있는 상태가 된다. 재산권을 침해당한 자가 결과제거청구권을 행사하기 위해서는 다시 말해, 점유의 회복을 청구하기 위해서는 우선 공용개시의 효력을 무위로 만들어야 한다. 공적 소유권설을 취하는 프랑스법에서는 이런 문제 자체가 발생하지 않는다. 수정된 사적 소유권설을 취하는 독일법에서는 공용개시에 대해 취소소송을 제기하는 경우

---

137) 프랑스법에서 행정에 의하여 공공의 이용에 직접 제공되거나 공공서비스의 수단으로 제공되더라도 그 소유권이 행정에 귀속하지 않는다면 공물(domaine public)이 될 수 없으나 공공시설(ouvrage public)에 해당할 수는 있다.

에 그 취소판결에 따른 결과제거의무의 일환으로 점유의 회복이 가능한 것이 원칙이다. 이와 달리 우리의 경우에는 다른 나라에 없는 특수한 문제가 발생한다. 점유의 회복을 청구하기에 앞서 공용개시의 취소를 구하려고 해도 그 공용개시라는 것을 특정하는 일이 쉽지 않기 때문이다. 독일법에서처럼 권원을 취득한 물건을 공적으로 제공하면서 의사를 표시하는 것이 공용개시라고 이해해야만 권원 없는 공용개시에 대해서 그 취소를 구한다는 것을 논리적으로 쉽게 상정할 수 있다. 이와 달리 우리처럼 도로노선의 지정과 도로구역의 결정을 거쳐 도로로서 제공이 되면 공용개시가 있은 사실이 넉넉하게 인정되거나 추인된다는 식으로 막연하게 이해하는 개념으로는 권원 없는 공용개시에 대해서 취소를 구한다고 했을 때 도대체 무엇을 취소해 달라고 요구해야 하는지부터가 막막하다. 일찍이 판례138)가 불법적인 점유인 경우라고 하더라도 도로법에 따르면 도로를 구성하는 부지는 사권을 행사할 수 없다는 이유 하나만으로 임료 상당의 손해의 배상을 청구할 수 있을지 언정 도로의 부지가 된 대지의 인도를 청구할 수 없다고 설시한 것도 바로 이러한 논리적인 결함과 무관하지 않다. 판례의 논리 속에는 점유의 회복을 청구하기 위해 공용개시에 대해 취소소송을 제기한다는 관념 자체가 없는 것일 수 있다.

이상과 같은 공용개시에 필요한 소유권 기타 권원의 취득에 중요한 수단이 되는 것이 공용수용이다. 공용수용은 개념적으로 공용제한, 공용부담과 구별되어야 한다. 공용수용은 공공필요139)에 의하여 재산권을 박탈하는 것으로서, 여기서 말하는 박탈은 가치의 단순한 감소가 아닌 강제적 이전을 의미한다. 이때 강제로 이전되는 가치가 교환가치인 경우도 있지만 사용가치인 경우도 있다. 전자를 공용수용이라고 하고 후자를 공용사용이라고 한다. 공용사용은 부분적이기는 하지만 가치의 박탈에 해당하는 점에서 공용수용과 공통적이다. 이와 달리, 공용제한은 공공필요에 의하여 재산권을 제한하는 것으로서, 그 결과 가치가 감소할 뿐이고 강제로 이전되지 않는다. 우리 헌법은 제23조 제3항에서 '재산권의 수용·사용 또는 제한'을 규정하는데, 이는 바로 공용수용, 공용사용, 공용제한을 말하는 것이다. 이러한 공용수용, 공용사용, 공용제한은 모두 권리를 침해하는 공권력의 행사로서 공용침해(Eingriff in das Eigentum)라고 부를 수 있는바, 이와 달리 공공필요에 의하여 의무를 부과하는 공권력의 행사를 의미하는 공용부담(Öffentliche Last)과 개념적으로 구별된다. 공공질서를 본질로 하는 경찰권의 행사는 시민의 관점에서 보면 공용침해 아니면

---

138) 대법 1968. 11. 5. 선고 68다1770 판결.
139) 공공필요는 공공복리와 본질이 같다. 양자 모두 개인의 자유와 전체의 질서 간 합리적인 경계를 설정하기 위한 개념이다. 공공복리라는 용어가 자유를 침해하고 이로써 우월한 공익을 달성하는 국가의 적극적인 역할이라는 맥락에 좀 더 부합한다면 공공필요는 국가가 공공선을 달성하는 데 있어 자유의 침해가 최후의 수단이 되어야 한다는 소극적인 맥락에 좀 더 부합한다.

공용부담에 해당한다. 다만, 이렇게 공용침해와 구별되는 공용부담을 '인적 공용부담'이라고 부르고, 앞서 설명한 공용수용, 공용사용, 공용제한에 공용환지, 공용환권을 더해서 '물적 공용부담'이라고 부르면서, 양자의 총칭으로 단순히 '공용부담'이라는 용어를 사용하는 것이 우리 학설의 관행이다. 이러한 넓은 의미의 '공용부담'은 독일법에서 공적 부담 앞의 평등원칙을 의미하는 'Belastungsgleichheit'[140]에서 유래한 것으로 보인다. 공적 부담 앞의 평등원칙은 손실보상과 본질적 연관이 있는바, 재산권의 차원을 넘어 모든 손실보상에 관하여 통일적인 기초를 제공한다.[141] 여기서 말하는 공적 부담(Belastung)은 공용부담 외에 공용침해까지 포함하는 개념이다. 그러나 권리의 제한과 의무의 부과는 논리적으로 서로 구별하는 것이 타당하다.[142] 다만, 양자의 구별이 쉽지 않은 때가 있는 것은 사실이다. 예를 들어, 공용부담이 재산권을 대상으로 하는 경우 재산권의 내용규정 (Inhalts- und Schrankenbestimmung)에 해당하는 점에서,[143] 재산권의 내용규정이 공용침해와 동시에 공용부담을 포함하는 수도 있다.[144] 그러나 적어도 공물의 성립이라는 측면에서는 공용침해를 공용부담과 다른 개념으로 이해하고 사용하는 것이 실천적인 이해에 도움이 된다. 이 점은 후술하는 공공시설의 무상귀속에 관한 법리에서 두드러진다. 국토계획법상 공공시설의 무상귀속은 입법적 수용의 외관에도 불구하고 공용부담에 해당한

---

140) Hermann v. Mangoldt/Friedrich Klein/Christian Starck, Kommentar zum Grundgesetz. Band 1. 5.Auflage, Verlag Franz Vahlen, 2005, 1370쪽.

141) 이는 1791년의 '인간과 시민의 권리와 의무에 관한 선언'에 소급하는 것으로서, 이로부터 프랑스법은 국가가 시민에 가한 모든 손해에 대한 위험책임 형태의 국가책임에 관한 일반법을 도출한다. 바이마르 헌법과 달리 현재의 기본법은 이에 관한 명문의 규정이 없으나 이를 실질적으로 수용하고 있다는 점에 대해서는 견해가 일치한다. 이는 조세를 넘어 모든 종류의 공용부담에 적용되고, 이와 결부되는 재산권의 희생(Vermögensopfer)에서도 준수되어야 한다. Hans J. Wolff/Otto Bachof/Rolf Stober, 앞의 책 [Band 2], 623쪽.

142) 송시강, "공법상 부담금에 관한 연구 – 재원조달책임에 있어서 평등원칙", 행정법연구 제57호, 2019, 98쪽 이하.

143) Hans-Jürgen Papier, Art. 14, in: Theodor Maunz/Günter Dürig, Grundgesetz Kommentar. Band II. 53.Auflage, Verlag C.H.Beck, 2009, 107쪽.

144) 공용침해와 공용부담의 경계에 있는 개념이 바로 행정법상 역권의 부담이다. 역권의 성립에 따라 의무를 부담하는 측면에서 보면 공용부담에 해당하지만, 그 의무가 재산권의 행사에 관한 금지 또는 수인을 내용으로 하는 측면에서 보면 공용침해에 해당한다. 전자의 관점에서 Hans J. Wolff/Otto Bachof/Rolf Stober, Verwaltungsrecht. Band 1. 11.Auflage, Verlag C.H.Beck, 1999, 615쪽 이하는 행정법상 역권의 부담을 공용부담의 일종으로 설명하면서도 이와 같이 행정법상 역권의 부담까지 포괄하는 의미로 공용부담의 개념을 사용하는 법령이나 문헌의 예는 찾을 수 없다는 점을 스스로 밝히고 있다. 후자의 관점에서 행정법상 역권의 부담을 공용침해로 취급하는 것이 일반적이다. 이 점은 행정법상 역권의 부담이 도시계획으로 나타나는 현상을 계획제한이라는 개념으로 설명하는 학설의 관행에서 잘 드러난다. 또한 미국법에서 규제적 수용(regulatory taking)에 관한 판례, 예를 들어, 놀란 판결(Nollan v. Calfornia Coastal Commission)이나 돌란 판결(Dolan v. City of Tigard)에서 쟁점이 된 것이 모두 'easement'라는 점에서도 잘 드러난다. 이에 관하여는 Julian Conrad Juergensmeyer/Thomas E. Roberts, Land use planning and development regulation law, WEST GROUP, 2003, 480쪽 이하.

다.[145) 이에 공용수용에 관한 헌법 제23조 제3항은 적용되지 않고, 헌법 제11조 제1항에 근거하는 공적 부담 앞의 평등원칙에 따라서 심사되어야 한다. 다만, 재산권을 대상으로 하는 공용부담에 해당하는 점에서 헌법 제23조 제1항 제2문이 직접적인 근거가 된다.[146)

우리 공용수용에 관한 일반법으로 토지보상법이 있다. 토지보상법은 공용수용에 관한 일반법이지만 그렇다고 손실보상에 관한 일반법인 것은 아니다. 손실보상은 공공필요에 따른 특별한 희생으로 인한 피해의 회복을 말한다. 헌법 제23조 제3항에 따른 '재산권의 수용·사용 또는 제한'에 따른 손실보상도 있지만 이와 무관한 손실보상도 있다. 이렇게 다양한 손실보상 중에 공용수용으로 인한 손실보상에 초점을 맞추고 있는 것이 바로 토지보상법이다. 따라서 공용수용으로 인한 손실보상에 관한 일반법이라고 말할 수는 있다. 그렇다고 토지보상법이 수용적 보상(재산의 수용을 위한 보상을 말한다)만을 규정하는 것은 아니다. 더 나아가 공용수용의 기회에 발생하는 조정적 보상(이익의 조정을 위한 보상을 말한다), 연대적 보상(사회적 연대를 위한 보상을 말한다)까지 규정하고 있다는 점이 특징이다. 이러한 손실보상의 구분을 도식적으로 정리하면 다음과 같다.

※ 손실보상의 유형화[147)

| 유형 | 강도 | 재산적 법익의 침해 | | 비재산적 법익의 침해 | |
|------|------|------|------|------|------|
| | | 금전적 보상 | 현물적 보상 | 금전적 보상 | 현물적 보상 |
| 수용적 보상 | 강한 보상 | 현금보상을 원칙으로 한다. 경우에 따라서는 채권보상도 가능하다. | 현물보상이 예외적으로 가능하다.[148) 다만, 수용을 대신하는 환지와 환권의 경우에는 현물보상을 원칙 | 피징용자에 대한 보상[150) | |

---

145) Hans-Jürgen Papier, 앞의 책, 288쪽은 현물적 공용부담(Naturalleistungspflicht)은 그것이 특정채권에 대한 의무(Speziesschuld)가 아니라면, 다시 말해, 특정한 물건이나 특정한 권리를 대상으로 하는 것이 아니라면, 공용침해에 해당하지 않으므로 공용수용이 될 수 없다고 설명한다.

146) 헌재 2003. 8. 21. 선고 2000헌가11 등 결정은 "공공시설의 소유권을 당사자의 동의도 없이 보상에 관한 규정도 두지 아니한 채, 무상으로 국가 등에게 무조건 귀속하게 하는 것은 실질적인 입법수용으로 헌법 제23조 제3항에 위반된다."는 위헌제청이유에 대해 "공공시설의 무상귀속은 공공시설과 관련한 공적 부담의 형평성을 유지하고, 적기에 공공시설을 확보하며, 그 권리귀속관계를 둘러싼 이해관계인들간의 법적 분쟁을 사전에 예방하기 위하여 사업주체가 공공시설의 무상귀속을 조건으로 사업승인을 받아 그의 비용부담으로 직접 이를 설치하되, 그 소유권을 국가 등으로 귀속하게 한 것으로 수익자부담금이 공공시설이라는 현물로 변형된 것이라 할 수 있다."는 입장에서 "헌법 제23조가 정하는 재산권에 대한 사회적 제약의 범위 내에서 토지재산권의 내용과 한계를 구체적으로 정한 것으로 비례의 원칙에 어긋나지 아니하므로 헌법에 위반되지 아니한다."고 설시한다. 나아가 헌재 2013. 10. 24. 선고 2011헌바355 결정은 정비기반시설 무상귀속 규정에 관하여 "재산권의 법률적 수용이라는 법적 외관을 가지고 있으나 그 실질은 정비기반시설의 설치와 그 비용부담자 등에 관하여 규율하는 것으로, 재산권의 내용과 한계를 정한 것으로 이해함이 타당하다."고 설시한다. 이와 같이 헌법재판소가 공공시설의 무상귀속을 공용수용이 아니라 공용부담으로 보는 것은 타당하나 재산권 제23조 제1항 제2문에 따른 심사에서 공적 부담 앞의 평등원칙을 특별히 고려하지 않는 점은 문제이다.

| | | | | | |
|---|---|---|---|---|---|
| | | | 으로 하고 현금보상은 예외적으로 가능하다.149) | | |
| 조정적 보상 | 강한 보상 | 재산권의 전부나 일부가 사실상 박탈되는 경우에는 예외적으로 현금보상이 가능하다.151) 매수청구권의 행사는 실질적으로 현금보상의 역할을 수행한다.152) | | 예방접종에 따른 피해의 보상153) | |
| | 약한 보상 | | 손해의 경감을 목적으로 이주대책,154) 지역개발계획,155) 주민편익시설,156) 주민지원기금157) 등의 조치를 시행하는 것이 원칙이다. 이 경우에 지급되는 현금은 손해를 직접적으로 보전하기 위한 것이 아닌 점에서 현물에 해당한다. | 감염병환자에 대한 생활지원158) | |
| 연대적 보상 | 강한 보상 | 국가유공자에 대한 보훈급여금159) | 헌법은 국가유공자에게 우선적인 근로의 기회를 보장하고 있다. 이에 취업지원,160) 교육지원161) 등을 시행한다. | 민주유공자에 대한 보상금162) | 국가유공자에 대한 의료지원163) |
| | 약한 보상 | 재난지원금,164) 생활지원금165) | 이주대책,166) 교육지원,167) 금융지원168) | 의사상자에 대한 보상금169) | 의사상자에 대한 의료지원170) |

---

147) 송시강, "민간투자와 리스크 그리고 손실보상 – 표준실시협약상 위험분담에 관한 공법적 해명", 홍익법학 제22권 제2호, 2021, 290쪽에서 전재한 것임. 여기서 '강한 보상'은 입법자의 재량이 작아지고 '약한 보상'은 입법자의 재량이 커진다는 의미이다. 헌법 제23조가 적용되는 범위(음영으로 처리된 부분)는 수용적 보상과 조정적 보상에 한정된다. 연대적 보상과 비재산적 법익의 침해는 이에 포함되지 않는다. 다만, 유추적용이 가능하다.
148) 토지보상법 제63조(현금보상 등).
149) 도시개발법 제41조(청산금).
150) 구「징발에 관한 특별조치령」제14조는 "징발목적물 또는 피징용자에 대하여는 따로 대통령이 정하는 바에 의하여 원상회복 또는 보상을 한다."고 규정한다.
151) 토지보상법 제73조(잔여지의 손실과 공사비 보상).
152) 토지보상법 제74조(잔여지 등의 매수 및 수용 청구).
153) 「감염병의 예방 및 관리에 관한 법률」제71조(예방접종 등에 따른 피해의 국가보상).
154) 「폐기물처리시설 설치촉진 및 주변지역지원 등에 관한 법률」제18조(이주대책).
155) 「폐기물처리시설 설치촉진 및 주변지역지원 등에 관한 법률」제19조(지역개발계획에의 반영).
156) 「폐기물처리시설 설치촉진 및 주변지역지원 등에 관한 법률」제20조(주민편익시설의 설치).
157) 「폐기물처리시설 설치촉진 및 주변지역지원 등에 관한 법률」제21조(주민지원기금의 조성).
158) 「감염병의 예방 및 관리에 관한 법률」제70조의4(감염병환자등에 대한 생활지원).
159) 「국가유공자 등 예우 및 지원에 관한 법률」제11조(보훈급여금의 종류).
160) 「국가유공자 등 예우 및 지원에 관한 법률」제31조(채용시험의 가점 등).
161) 「국가유공자 등 예우 및 지원에 관한 법률」제23조(취학시킬 의무).
162) 「민주화운동 관련자 명예회복 및 보상 등에 관한 법률」제7조(보상금).
163) 「국가유공자 등 예우 및 지원에 관한 법률」제42조(진료).

여기서 관심의 대상이 되는 것은 손실보상의 기준이 아니라 공용수용과 그에 따른 손실보상의 행정절차라는 측면이다. 이러한 행정절차라는 측면에서 보면 우리 토지보상법은 비교법적으로 상당히 독특하다고 평가할 수 있다. 우선 간단하게만 지적하면, (ㄱ) 사업인정이라는 행정절차를 종국적인 행정절차인 수용재결에서 분리하고 있으나, 이는 당연한 것이 아니라는 점, (ㄴ) 사업인정의 행정절차를 실제로 거치는 경우는 거의 없고 대부분 사업계획에 관한 행정절차를 통해 사업인정이 의제가 되는 점, (ㄷ) 수용재결이라는 행정처분만으로 권리의 변동이라는 효과가 곧바로 발생하고 이를 위하여 별도로 법원의 판결을 거칠 필요가 없다는 점, (ㄹ) 보상금의 증감을 청구하는 소송이 민사소송이 아니라 행정소송이라는 점을 들 수 있다. 이처럼 절차적으로 특수성이 있는 만큼 법리적으로 특수한 문제도 적지 않게 발생하고 있는데, 이에 관한 우리 학설의 관심은 그리 크지 않다. 그 이유 중의 하나로 공물의 성립에 관한 행정절차 전체에서 공용수용이 차지하는 위치와 역할에 관한 자각이 부족한 점을 들 수 있다. 행정이 토지를 수용하는 경우의 대부분은 공물을 설치하기 위함이다. 적잖게 사인을 위한 수용도 일어나고 있는데, 이때에도 그것이 정당할 수 있는 이유 중의 하나가 공용수용에 이어진 공용부담의 결과로 공물이 성립한다는 데 있다. 다시 말해, 공물의 성립을 위한 공용부담은 공용수용과 밀접한 관계가 있는 것이다. 공용수용에 관한 중요한 판결의 상당수가 공물의 성립에 직접적으로나 간접적으로 영향을 미치는 쟁점을 가지고 있는 점에서, 공용수용에 관한 법리로 문제가 잘 해결이 안 되는 경우 공물법의 관점에서 접근하는 것이 도움이 될 수 있다.


## II. 프랑스와 독일의 법제 비교

프랑스법과 독일법의 비교를 통해서 우리 공용수용의 행정절차가 어떤 점에서 특수한지 설명하고, 나아가 그것이 공물법과의 접점에서 어떤 특수한 문제를 야기하는지를 특히 사업인정과 수용재결의 관계에 초점을 맞추어 설명하고자 한다.

---

164) 「재난 및 안전관리 기본법」 제66조(재난지역에대한 국고보조 등의 지원).
165) 「4·16세월호참사 피해구제 및 지원 등을 위한 특별법」 제23조(생활지원금 등).
166) 토지보상법 제78조(이주대책의 수립 등).
167) 「4·16세월호참사 피해구제 및 지원 등을 위한 특별법」 제28조(교육비 지원과 특별전형 등).
168) 「4·16세월호참사 피해구제 및 지원 등을 위한 특별법」 제30조(피해자의 금융거래 관련 협조 요청).
169) 「의사상자 등 예우 및 지원에 관한 법률」 제8조(보상금).
170) 「의사상자 등 예우 및 지원에 관한 법률」 제11조(의료급여).

## 1. 프랑스의 법제

### (1) 절차의 개관

공용수용은 크게 행정절차와 소송절차로 구분된다. 전자는 다시 사업협의절차(consultation sur l'utilité publique), 사업인정절차(constatation de l'utilité publique), 수용재결절차(détermination des biens à exproprier)로 구분되고, 후자는 수용재판 및 그 불복절차로서, 이는 다시 수용판결에 관한 것과 보상판결에 관한 것으로 구분된다. 사업협의절차에서 핵심이 되는 것은 사전조사(enquête préalable)이다. 이는 공용수용에 관하여 대중이 의견을 제출하는 절차로서, 사업인정절차에 앞서 수행되는 점에서 사전적이다. 대중이 절차에 참가한다는 점에서 공공조사(enquête publique)라고도 한다. 사전조사는 사업시행자의 신청에 대한 도지사의 결정으로 개시되는바, 이를 위하여 사업시행자는 사업설명서(notice explicative), 입지계획(plan de situation) 및 공사계획(plan général des travaux), 핵심시설의 중요사항(caractéristiques principales des ouvrages les plus importants), 비용추계(appréciation sommaire des dépenses), 대규모 기반시설의 영향평가분석(étude d'impact et l'évaluation des grands projets d'infrastructure de transports)을 제출하는 것이 원칙이다. 사전조사는 청문관(commissaire enquêteur) 또는 청문위원회(commission d'enquête)에 의해서 수행되고, 환경을 침해할 수 있는 사업에 대해서는 통상적 절차(enquête préalable de droit commun)와 비교하여 청문관 또는 청문위원회 위원의 선임과 청문의 구체적 진행에 관하여 특별한 규율을 가지는 특수한 절차(enquête préalable spécifique)가 적용된다. 이러한 사전조사를 통한 대중의 의견(observation)과 관계기관이 의무로 제출하거나 임의로 제출하는 의견(avis)을 포함하는 서류 일체가 송부되면서 사업인정절차가 개시된다. 사업인정(déclaration d'utilité publique)의 결정은 재량행위로서 확인적 효력을 가지는 데 그치고, 수용재결절차에서 토지조사(enquête parcellaire)를 거쳐 수용재결(arrêté de cessibilité)에 이르게 된다. 수용재결은 재산의 양도를 선고하는 것이 아니라 그 양도가능성을 선언하는 것으로서 재량행위에 해당하고, 수용의 대상이 되는 토지와 권리자를 확인하는 효력만을 가진다. 당사자의 합의(accord amiable)가 없다면 특수한 통상법원에 해당하는 수용법원(juge de l'expropriation)의 수용판결(ordonnance d'expropriation)[171]이 있어야 비로소 소유권의 변동이 발생한다. 그

---

171) 여기서 'ordonnance d'expropriation'는 변론 없이 하는 재판인 점에서 '수용결정'이라는 번역이 더 정확하지만, 'arrêté de cessibilité'를 '수용재결'이라고 번역하는 점에서 그 차이를 강조하기 위해서 '수용판결'이라고 번역한다. 공용수용의 공법적 효과는 수용재결에 의하여 발생하고 그 사법적 효과는 수용판

수용판결로 구 소유권이 소멸하지만 보상금의 지급이 선행되어야 한다. 수용자는 사업인 정이 결정되면 수용법원에 소송을 제기할 수 있고, 피수용자는 수용판결이 내려지면 수용 법원에 소송을 제기할 수 있다. 수용법원이 관할하는 손실보상청구는 공용수용을 직접적 인 원인으로 하는 것에 국한되고, 공용수용의 대상이 되는 토지에서 수행되는 공공건설이 나 공공시설의 운영으로 인한 손해는 수용법원의 관할이 아니고 행정소송의 대상이다. 행 정이 불법적인 재산침해(emprise irrégulière) 또는 폭력행위(voie de fait)를 범하는 경우에 그 손해의 전보는 불법적인 재산침해 또는 폭력행위가 공용수용의 수행에서 유래하는 것이 더라도 수용법원의 관할이 아니고 일반적인 통상법원의 관할이다. 불법적인 재산침해를 구성하는 불법적인 점유로 인한 손해와 폭력행위로 인한 손해는 일반적인 통상법원의 전 속관할에 속하는 점에서 그러하다.172)

## (2) 사업인정에 대한 월권소송

사업인정의 위법으로 주장할 수 있는 사유는 법제의 독자성 원칙에 의한 제약을 받는 다. 사업인정의 위법에 관한 주장은 다시 사업인정이 아닌 다른 행정작용의 위법을 주장 하는 경우와 사업인정 자체의 위법을 주장하는 경우로 구분된다.

### 1) 법제의 독자성 원칙

사업인정에 대한 월권소송(recours pour excès de pouvoir)173)에서는 앞서 설명한 법제의

---

결에 의하여 발생한다. 이에 따라 공용수용에 대한 불복 또한 수용재결에 대한 취소청구(월권소송에 해 당한다)와 수용판결에 대한 취소청구(항소는 허용되지 않고 파기원에 상고할 수 있다)로 구분된다.
172) Jean-Marie Auby/Pierre Bon/Jean-Bernard Auby/Philippe Terneyre, Droit administratif des biens, 6e édition, Dalloz, 2011, 534쪽 이하.
173) 프랑스의 대표적인 행정소송은 월권소송과 완전심판소송(recours de pleine juridiction)이다. 이와 관련 하여, René Chapus, Droit administratif général, Tome 1, 15e édition, Montchrestien, 2001, 785쪽 이하 는 완전심판소송의 대구(對句)로서 광의의 월권소송(contentieux de l'excès de pouvoir)이라는 개념을 사용하면서 이를 다시 협의의 월권소송(recours pour excès de pouvoir), 무효확인소송(recours en appréciation de légalité), 부존재확인소송(recours en déclaration d'inexistence)으로 구분한다. 협의의 월권소송은 우리 행정소송법상 취소소송에 상응하는 것이다. 다만, 소송의 대상이 되는 행정처분의 범위 가 우리보다 넓고, 적법성의 통제라는 객관소송으로서 성격이 우리보다 강하다. 월권소송의 본질과 그 비교법적 시사점에 관하여는 박정훈, 행정소송의 구조와 기능[행정법연구 2], 박영사, 2006, 119쪽 이하. 무효확인소송은 통상법원에서 행정작용의 위법성이 선결문제(question préjudicielle)가 되는 경우에 통상 법원이 심리를 중단하고 제청(renvoi)을 하면 당사자가 행정재판소에 행정작용에 대한 위법성 심사를 청 구하는 것을 말한다. 그 대상은 행정처분에 한정되지 않고 행정계약이나 행정규칙도 이에 포함된다. 행정 처분을 대상으로 하는 경우라고 하더라도 제소기간의 적용이 없다. 행정재판소의 판결이 있으면 통상법원 은 심리를 재개하여 그 판결에 따른 결론을 도출한다. 이러한 부대소송은 월권소송의 제소기간이 도과하 여 발생하는 행정처분의 확정력을 본질적으로 침해하는 것이 아니기에 허용될 수 있는 점, 이와 무관하게

독자성 원칙에 따라 환경유해시설(installation classée pour la protection de l'environnement)에 관한 법령의 위반을 주장할 수 없는바, 사업인정이 결정된 사업이 환경유해시설에 해당하는데도 그러하다. 또한 원자력발전소에 관한 법령의 위반을 주장할 수 없는바, 공용수용이 원자력발전소의 건설을 목적으로 하는데도 그러하다. 이와 마찬가지로 산림개발에 관한 법령이나 중요시설의 보호에 관한 법령의 위반을 주장할 수도 없다. 그러나 이러한 법제의 독자성 원칙의 적용을 배제하는 명시적인 규정이 있는 경우에는 그러하지 아니하다. 이에 해당하는 경우는 공용수용법과 도시계획법의 관계에서 찾을 수 있다. 과거 판례는 사업인정이 도시계획에 위반된다는 점에서 비롯하는 공격방어방법(moyen)은 소용이 없고 건축계획이 도시계획의 규율에 일치하는 것을 보장하는 것은 건축허가뿐이라고 여겼으나, 도시계획법전 L153-54조는 사업인정이 도시관리계획(PLU)의 규율에 일치하여야 한다는 점을 간접적으로 규정한다. 이에 따르면 도시관리계획(PLU)의 규율에 위반되는 사업에 대해서 사업인정을 하기 위해서는 그 사업과 도시관리계획(PLU)의 일치를 위한 조치로서, 첫

---

행정처분에 대해서는 제소기간 내에 월권소송을 제기하는 것이 원칙이라는 점을 고려하건대 원래의 명칭에도 불구하고 무효확인소송이라는 번역이 타당하다는 생각이다. 부존재확인소송은 행정처분이 그 위법성이 중대하여 처음부터 존재하지 않는 점(nul et non avenu)에 대한 확인을 청구하는 것을 말한다. 행정처분이 부존재에 해당하는 경우에는 행정처분의 위법성이 선결문제가 되더라도 통상법원이 행정재판소에 제청할 필요 없이 스스로 행정처분의 위법성을 심사할 수 있다. 다만, 제청을 통해서 당사자가 부대소송을 제기하는 것도 가능하고, 독립소송으로 부존재확인소송을 제기하는 것 또한 가능하다. 이러한 프랑스법상 행정처분의 부존재가 독일법상 행정행위의 무효(Nichtigkeit)에 상응한다는 설명은 박정훈, "행정입법에 대한 사법심사 - 독일법제의 개관과 우리법의 해석론 및 입법론을 중심으로", 행정법연구 제11호, 2004, 157쪽. 이와 동일한 맥락에서 양자를 기능적으로 비교하는 분석은 Sandrine Biagini-Girad, L'inexistence en droit administatif - Contribution à l'étude de la fonction des nullités, L'Harmattan, 2010, 430쪽 이하. 그러나 부존재라는 용어 자체를 무효라고 번역해서는 안 된다. 프랑스법에서 행정처분의 부존재는 폭력행위(voie de fait)와 같이 공권력의 행사로서 성격이 부인되기에 통상법원이 그 위법성을 직접 심사할 수 있는 극히 예외적인 사례에서만 인정되는바, 프랑스법에 고유한 재판권의 분리라는 제도적 관점이 고려된 개념이기 때문이다. 부존재(사실적으로나 법률적으로 존재하지 않는 것을 말한다), 무효(처음부터 효력이 발생하지 않는 것을 말한다), 취소(일단 발생한 효력을 소멸시키는 행위를 말한다. 직권취소 외에 직권철회도 포함한다), 실효(일단 발생한 효력이 별도의 행위 없이 소멸하는 것을 말한다)는 모두 무(無)라는 결과를 초래하는 점에서 본질적으로 동일하고 상대적인 차이에 불과하다. 이는 다시 존재의 측면과 효력의 측면으로 구분되는바, 사실적인 사태는 존재의 측면에서 부존재, 무효, 취소, 실효의 사유가 되고, 법률적인 사태는 효력의 측면에서 부존재, 무효, 취소, 실효의 사유가 된다. 어떠한 사태가 부존재의 사유가 될지 무효의 사유가 될지 취소의 사유가 될지 실효의 사유가 될지는 어떠한 법질서의 고유한 속성에 달려 있다. 독일의 연방행정절차법은 부존재라는 관념이 없기에 그 대신에 행정행위의 무효 개념이 프랑스법상 행정처분의 부존재 개념까지 포괄할 수밖에 없다. 프랑스법에서 행정처분의 무효는 제소기간의 도과로 인하여 월권소송으로 직접적인 취소를 구할 수 없고 그렇다고 부존재에 해당하지도 않는 행정처분의 위법성이 선결문제가 되는 소송에서 이루어지는 그 위법성의 항변(exception d'illégalité)에 유용한 개념이다. 만약 위법성의 항변이 통상법원에서 제출이 된다면 앞서 설명한 대로 부대적인 무효확인소송을 거쳐야 한다. 행정처분이 위법하다는 항변은 그 취소를 구하는 취지가 아닌 점에서 결국 그 무효를 주장하는 것인바, 그에 따라 소송의 결론을 도출해야 한다는 것이다. 이러한 위법성의 항변은 월권소송의 제소기간이 도과하여 발생하는 행정처분의 확정력을 본질적으로 침해하지 않는 범위 내에서 허용된다는 의미에서 예외적이다.

째는 사업의 공공필요에 대해서뿐 아니라 사업의 결과가 도시관리계획(PLU)과 일치하는 점에 대해서도 공공조사가 이루어져야 하고, 둘째는 도시관리계획(PLU)의 변경 제안에 대해 국가와 지방자치단체 등에 의한 공동심사(examen conjoint)를 거쳐야 한다. 다시 말해, 사업인정은 공용수용에 고유한 절차규정에 종속될 뿐 아니라 도시관리계획의 변경에 관한 절차규정에도 종속되고, 나아가 새로운 도시관리계획에 대한 승인을 포함한다.[174]

## 2) 위법성의 항변(exception d'illégalité)[175]

원고가 주장하는 공격방어방법은 직접적으로 사업인정에 관한 것일 수도 있지만 사업

---

174) Jean‑Marie Auby/Pierre Bon/Jean‑Bernard Auby/Philippe Terneyre, 앞의 책, 500쪽 이하.

175) 이에 관한 거의 유일한 선행연구는 박정훈, 앞의 책[행정소송의 구조와 기능], 120쪽 그리고 180쪽. 프랑스 법상 위법성의 항변에 관한 법리는 우리 하자의 승계에 관한 법리에 직접적인 영향을 미쳤으나 양자가 전적으로 동일한 것은 아니다. 양자의 비교에 관하여는 송시강, "입국금지의 사증발급에 대한 효력과 그 한계 - 서울고등법원 2017. 2. 23. 선고 2016누68825 판결에 대한 평석", 특별법연구 제17권, 2020, 62쪽 이하. 프랑스법에서 행정처분의 위법성을 다투는 방법은 크게 제소에 의하는 경우(par voie d'action)와 항변에 의하는 경우(par voie d'exception)로 구분된다. 후자를 위법성의 항변이라고 하는바, 이는 실질적으로는 행정처분의 무효를 주장하는 것으로서, 그 관할에 따라 다시 행정재판소에서 위법성을 항변하는 경우와 통상법원에서 위법성을 항변하는 경우로 구분된다. (ㄱ) 제소에 의하는 경우는 월권소송이 원칙이고, 그 제소기간이 도과한 경우에는 부존재확인소송을 제기할 수 있다. (ㄴ) 행정재판소에서 위법성의 항변이 있는 경우에는 관할 행정재판소가 선결문제가 되는 행정처분의 위법성을 스스로 판단하는바, 다만 그 항변은 적법해야 한다. 월권소송에서 선행처분이 위법하므로 후행처분을 취소해야 한다는 항변이 적법하기 위해서는 후행처분이 선행처분을 적용한 결과이거나 후행처분의 적법성이 선행처분의 적법성에 종속되는 경우(dans la mesure où la décision don't l'annulation est demandée constitue une mesure d'application de celle don't l'illégalité est invoquée par voie d'exception et où sa légalité est subordonnée à celle du premier texte)에 해당하여야 한다. 둘째, 선행처분에 불가쟁력이 발생하지 않아서 아직 확정되지 않아야 하는 것이 원칙이다. 그러나 법규적인 행정처분(법규명령 외에 독자의 행위형식에 해당하는 도시관리계획도 이에 포함된다)의 위법성은 법률에서 달리 정하지 않는 이상 제소기간과 무관하게 영구적으로 항변할 수 있고, 선행처분이 개별적인 것이라고 하더라도 후행처분과 복합적 작용(opération complexe)을 구성하는 경우에는 법률에서 달리 정하지 않는 이상 제소기간이 도과한 다음에도 항변할 수 있으며, 선행처분이 부존재인 경우에도 제소기간과 무관하게 그 위법성을 항변할 수 있다. 여기서 선행처분에 불가쟁력이 발생하였음에도 불구하고 그것이 후행처분과 복합적 작용을 구성한다는 이유로 위법성의 항변을 예외적으로 허용하는 법리가 우리 통설과 판례에 영향을 미쳐서, 선행처분에 불가쟁력이 발생하였음에도 불구하고 그것과 후행처분이 동일한 행정목적을 달성하기 위하여 단계적인 일련의 절차로 연속하여 행하여지고 서로 결합하여 하나의 법률효과를 발생한다는 이유로 예외적으로 하자의 승계를 인정하는 법리가 나타난 것이다. 한편 국가배상을 청구하는 완전심판소송에서는 행정처분에 불가쟁력이 발생하여 확정적인 것이 되었다고 하더라도 그 위법성을 항변할 수 있다. (ㄷ) 통상법원에서 위법성의 항변이 있는 경우에 법률에서 따로 정하지 않는 이상 관할 통상법원은 선결문제가 되는 행정처분의 위법성을 스스로 판단할 수 없고 행정재판소에 제청하여야 하고, 그에 따라 당사자가 행정재판소에 무효확인소송, 즉 위법성의 확인을 구하는 부대소송을 제기하여야 한다. 이러한 부대소송은 제소기간이 따로 없다. 다만, 행정처분에 불가쟁력이 발생하여 확정된 상태라면 그 효력을 존중하는 취지에 위반되지 않아야 한다는 점이 전제되어 있는 것으로 보인다. 폭력행위 등으로 인한 행정처분의 부존재는 관할 통상법원이 행정재판소에 대한 제청 없이 스스로 판단할 수 있다. 이에 관하여는 René Chapus, Droit du contentieux administratif, 12e édition, Montchrestien, 2006, 665쪽 이하; René Chapus, 앞의 책[Droit administratif général, Tome 1], 1013쪽 이하; Charles Debbasch/Jean‑Claude Ricci, 8e édition, Dalloz, 2001, 400쪽 이하.

인정과 관계가 있는 다른 작용에 관한 것일 수도 있는바, 그것은 사업인정의 예비적 행위일 수도 있고 사업인정과 함께 복합적 작용을 구성하는 행위일 수도 있다. 첫째, 예비적 작용의 이론(théorie des mesures préparatoires)은 월권소송의 직접적인 대상이 될 수 없는 작용이지만 이를 예비로 삼는 후속적 행정처분에 대해서 제기되는 소송에서 예비적 작용의 위법성을 항변할 수 있도록 한다. 둘째, 복합적 작용의 이론(théorie des opérations complexes)은 월권소송의 직접적인 대상이 될 수 있는 행정처분이 그에 대한 제소기간이 도과한 상태임에도 그와 함께 복합적 작용을 구성하는 다른 행정처분에 대해서 제기되는 소송에서 그 위법성을 항변할 수 있도록 한다. 이 두 개의 이론은 서로 다르지만 그 결과는 동일한바, 다툼이 대상이 되는 행정처분에 고유한 하자가 없을 수 있는데도 그 행정처분과 직접적으로 관계가 없는 위법성의 항변을 할 수 있도록 하는 점에서 그러하다. 이에 따라 사업인정에 대한 월권소송에서 공용수용절차의 개시를 요구하거나 제3자에 의해서 개시된 공용수용절차에 관하여 의견을 제시하는 지방의회의 의결의 위법성을 항변할 수 있다. 사전조사에 관한 모든 이유가 주장될 수 있는바, 그 조사에 제출된 서류의 구성에 관한 것일 수도 있고 그 조사를 개시하는 결정에 관한 것일 수도 있으며 그 조사의 전개에 관한 것일 수도 있다. 이와 마찬가지로, 공중보건상 유해성을 이유로 하는 특별한 공용수용의 경우에 부동산의 유해성을 인정함과 아울러 그에 대한 공용수용의 조건이 되는 도지사의 결정은 확정이 되더라도 사업인정에 대한 소송에서 그 위법성을 주장할 수 있는바, 그 도지사의 결정과 사업인정이 복합적 작용을 구성한다고 보는 것이 판례의 입장이다. 그 반면에, 지방의회의 의결이 기반시설(équipement public)의 설치를 결정하기만 하고 이를 위해 도지사에게 공용수용절차의 개시를 요구하지는 않았다면 그 위법성은 사업인정에 대한 소송에서 주장될 수 없는바, 지방의회의 의결과 사업인정 사이에는 복합적 작용이 인정되지 않는 점에서 그러하다.176)

### 3) 사업인정 자체의 하자

사업인정의 권한, 형식, 절차와 같은 외적인 위법성이 주장되는 경우도 많지만, 사업의 공공필요(utilité publique)가 없으므로 사업인정이 위법이라는 점도 자주 주장된다. 이에 따라 행정재판소는 계획된 사업의 공공필요가 있는지 판결하여야 한다. 이는 법적 평가의 차원에서는 공용수용법에 관한 가장 까다로운 문제이다. 이 문제는 다시 공공필요의 결여가 권한남용에서 유래하는 것인지 또는 권한남용과 전혀 무관한지에 따라 상황이 달라진

---

176) Jean-Marie Auby/Pierre Bon/Jean-Bernard Auby/Philippe Terneyre, 앞의 책, 599쪽 이하.

다. 행정재판소는 전자의 경우에 권한남용(détournement de pouvoir)에 관한 통제의 고전적인 어려움에 직면해 왔고, 후자의 경우에 대체로 고유한 평가 수단을 만들어 내야 했다.177)

### 가. 권한남용의 위법사유

행정기관이 공익이 아닌 목적을 추구하는 것으로 인정되면 공용수용의 공공필요가 부인된다. 사업인정이 결정된 사업의 유일한 목적이 행정기관이 상당한 부동산 이익을 실현하도록 하는 것인 경우나 특정인을 유리하게 하는 것인 경우나 특정인에게 손해를 끼치는 것인 경우가 그러하다. 이러한 위법성에 대한 통제는 다음 두 가지 측면에서 까다롭게 이루어진다. (ㄱ) 이는 행위자의 실제 의사가 확인될 수 있어야 한다는 것을 전제로 한다. 행정을 움직이게 한 진정한 동기가 공익이 아닌 경우에만 권한남용이 인정된다. 행정이 공식적으로 내세운 명분이 무엇인지를 떠나 실제로 입법자가 의도한 것이 아닌 목적을 위하여 자신의 특권을 이용하는 것에 관한 고의의 의사(volonté consciente et délibérée)가 있어야 한다. 이러한 의도가 존재하지 않는다면 행정이 공익의 판단에 있어 실수가 있더라도 권한남용은 인정되지 않는다. 어느 한쪽에서 권한남용에 해당하는 공용수용이 다른 쪽에서는 권한남용에 해당하지 않을 수도 있는바, 행정의 의도가 서로 다른 경우에 그러하다. 권한남용은 입증하기가 어려운 행정의 내적인 의사에 근거하는 점에서 판사로서는 이를 적용하기가 까다로울 수밖에 없다. (ㄴ) 권한남용을 적용하기가 까다롭다는 것은 공공필요의 개념이 시대에 따라 변한다는 측면에서도 설명할 수 있다. 공익과 사익의 대립에 기초하는 전통적인 법적인 추론은 일정한 사익은 공익의 개념에 포섭된다는 점에 기초하는 새로운 논리에 의해서 대체가 되는바, 그 결과 권한남용의 경계가 모호하게 된다. 다시 말해, 공용수용이 일정한 사익의 충족을 허용하더라도 그 사익이 실제로 공익의 충족을 허용한다면 당연히 권한남용이 되는 것은 아니다. 이러한 공익과 사익 사이 까다로운 변증법에서, 공익을 위한 공용수용이 사익의 충족을 허용하더라도 사익의 충족이 사업의 결정적인 목적이 아닌 한 권한남용에 해당하지 않는다는 관념이 추론된다. 이와 마찬가지로, 공익을 위한 공용수용이 행정에 재정적 이익이 되는 경우라고 하더라도 재정적 이익이 사업의 주된 목적이 아닌 한 권한남용에 해당하지 않는다.178)

---

177) Jean—Marie Auby/Pierre Bon/Jean—Bernard Auby/Philippe Terneyre, 앞의 책, 600쪽 이하.
178) Jean—Marie Auby/Pierre Bon/Jean—Bernard Auby/Philippe Terneyre, 앞의 책, 601쪽 이하.

## 나. 그 밖의 위법사유

사업인정이 사익의 충족을 유일한 목적으로 하는 경우가 아니더라도 공공필요가 인정되지 않는다는 이유로 위법하게 될 수 있다. 이러한 공공필요에 관한 평가를 위해서 최근 판례는 전통적인 통제척도(technique de contrôle)을 넘어서는 새로운 통제척도를 마련하기에 이르렀는바, 이로써 추상적 통제(contrôle in abstracto)뿐 아니라 구체적 통제(contrôle in concreto)를 할 수 있다. 통상적으로 판사는 첫째로 어떤 사업이 공공필요를 제시하는지를 그 목적과 관련하여서 해당 사업이 충족하고자 하는 수요를 고려하여 검사하고, 둘째로 해당 사업을 실현하기 위해서 공용수용이 필수적인지를 검사하고, 셋째로 그 필요성이 인정되는 경우 해당 계획이 비교교량의 관점에서(en termes de bilan) 그것이 제시하는 이익에 비하여 과도한 불이익을 포함하는지를 검사한다. 다시 말해, 판사는 다음 3개의 연속적인 문제 제기에 직면하게 될 수 있다. 첫째, 기획된 사업이 구체적으로 공익적인 수요를 충족하는가? 만일 그렇다면, 둘째, 공용수용이 필수적인가? 다시 말해, 행정이 공익적인 수요를 충족시킬 수 있도록 하는 방안으로 공용수용 외에는 없는가? 만일 그렇다면, 셋째, 공익의 관점에서, 사업의 유리한 점이 사업이 제시하는 불리한 점을 초과하는가?[179]

### 4) 사업인정 취소판결의 효과

사업인정의 취소 효과는 고려되는 행위가 무엇인지에 따라 다르다. 사업인정의 취소가 다른 행정작용에 특별한 어려움을 주지는 않는다. 사업인정의 취소는 사업인정의 실행을 위한 모든 행정작용의 법적 기초를 박탈하는바, 특히 수용재결에 대해서 그러하다. 하지만 공공필요가 인정된 건설의 수행은 사업인정의 취소에도 불구하고 폭력행위(voie de fait)에 해당하지 않는다. 이와 달리, 사업인정의 취소는 행정재판소에 의하는 점에서 그것이 사법작용, 특히 소유권의 이전을 초래하는 수용판결에 미치는 효과는 공용수용의 행정절차와 그 사법절차 간 독립성의 원칙을 고려하건대 심각한 문제가 된다. 이 문제는 결국 입법으로 해결이 되었다.[180]

### 가. 전통적 해결

이 문제는 수용판결이 아직 선고되지 않은 경우인지 혹은 수용판결이 선고되었으나 아직 확정되지 않은 경우인지 아니면 수용판결이 확정된 경우인지에 따라 다르게 취급되었

---

179) Jean－Marie Auby/Pierre Bon/Jean－Bernard Auby/Philippe Terneyre, 앞의 책, 603쪽 이하.
180) Jean－Marie Auby/Pierre Bon/Jean－Bernard Auby/Philippe Terneyre, 앞의 책, 612쪽 이하.

다. 수용판결이 아직 선고되지 않았거나 수용판결이 선고되었으나 아직 상고심에 계속 중이어서 확정되지 않은 때에 행정재판소가 사업인정을 취소하는 경우라면 상황이 비교적 단순하다. (ㄱ) 수용판결이 아직 선고되지 않았다면 더는 가능하지 않게 된다. (ㄴ) 수용판결이 선고되었으나 아직 확정되지 않았다면 수용법원은 가구제(en référé)를 통해서 파기원(Cour de cassaion)의 판결이 선고될 때까지 수용되는 재산의 취득(prise de possession)에 대해서 정지를 명할 수 있는 권한이 있다. 여기서 파기원은 행정재판소의 입장에서 판결을 선고하는바, 그 결과 행정재판소에 대한 제청 없이(sans renvoi) 문제가 되는 수용판결을 취소한다. 이는 사업인정이 없다면 수용을 선고한 판결은 월권의 위법이 있고 파기원에 의해서 취소되어야 한다는 관념에 의한 것이다. 수용판결의 파기는 지급되어야 하는 보상금에 관한 수용법원의 판결이 취소되는 결과를 초래하는바, 이는 수용법원의 보상판결이 파기되는 수용법원의 수용판결 이전에 있었는지 아니면 이후에 있었는지를 묻지 아니한다. 수용되는 부동산의 취득이 이미 발생하였다면 불법적인 것이 되고 아직 발생하지 않았다면 가능하지 않게 된다. 또한 통상법원은 불법적인 점유로 인한 손해와 이익에 관한 판결을 선고할 수 있게 된다. (ㄷ) 수용판결에 대해 상고가 제기되지 않거나 그 상고가 각하 또는 기각되어 수용판결이 확정되고 나서 행정재판소에 의해서 사업인정이 취소되는 경우가 빈번한데, 여기서 행정은 수용되는 토지를 취득하고 보상금을 지급한 상태이다. 이 경우에 사업인정의 취소는 수용판결, 보상판결, 재산의 취득에 대해 불복할 가능성을 열어주지 않는다. 그 결과, 수용되는 부동산의 사업시행자에 대한 이전은 확정적인 것으로 된다. 이는 공용수용의 행정절차와 그 사법절차 간 독립성 원칙의 부작용이다. 여기서 종전 소유자가 환매권(rétrocession)을 행사할 수 있는지가 검토된다. 이는 사업인정이 취소되면 수용되는 부동산에 공공필요의 목적이 인정될 수 없다는 관념에 의한 것이다. 그러나 통상법원은 이에 관한 환매권의 행사를 예외적으로만 인정한다. 그뿐 아니라, 행정은 언제든지 사업인정을 다시 받을 수 있는데, 그러면 환매권의 행사는 실패하게 된다. 또한 수용되는 토지에 공공시설이 설치되면 그 불가침성의 원리에 의하여 환매권을 행사할 수 없게 된다.[181]

### 나. 입법적 해결

이상과 같이 사업인정의 취소에도 불구하고 수용판결의 확정으로 인하여 수용되는 부동산의 소유권 이전이 확정적인 것이 되는 결과는 재판에 대한 효과적인 접근을 보장하

---

181) Jean-Marie Auby/Pierre Bon/Jean-Bernard Auby/Philippe Terneyre, 앞의 책, 613쪽 이하.

는 유럽인권협약 제6조의1에 위반되는 점에서 프랑스가 언제든지 유럽인권법원에 제소당할 우려가 있기에 입법적 개선을 위한 2가지 방안이 검토되었는바, 첫째는 행정재판소가 사업인정을 취하는 판결이 확정되면 수용판결의 효력이 당연히 상실되고 피수용자가 그 확인을 구할 필요가 없도록 하는 것이고, 둘째는 사업인정을 취소하는 행정재판소의 판결이 확정되더라도 피수용자의 명시적인 청구가 있는 경우에만 수용판결의 효력이 상실되도록 하는 것이다. 그중 후자가 입법자에 의해서 선택이 되었는바, 피수용자가 소유권의 회복을 바라지 않고 손실보상에 만족할 수도 있는 점에서 그러하다. 이에 따라 공용수용법전 L223-2조는 "L233-1조[182])에도 불구하고, 사업인정 또는 수용재결을 취소하는 행정재판소의 판결이 확정되면 피수용자는 수용법원에 소유권의 이전을 초래하는 수용판결이 그 법적 기초를 상실하였다는 점에 대한 확인과 그 취소를 청구할 수 있다. 소유권의 이전을 초래하는 수용판결의 법적 기초가 없다는 점이 확인되면 수용법원은 그 결과를 바탕으로 수용판결의 취소를 선고한다."라고 규정한다. 이제 피수용자는 사업인정을 취소하는 행정재판소의 판결이 확정되면 수용판결이 확정되었다고 하더라도 수용판결을 선고한 수용법원에 수용판결의 법적인 기초가 상실된 것에 관한 소송을 제기할 수 있다. 그러면 수용법원은 사업인정의 취소가 확정이 된 점, 그리고 다툼의 대상이 되는 수용판결이 해당 사업인정에 상응하는 것인 점을 확인한 다음에 수용판결이 그 법적인 기초를 상실한 점을 확인한다.[183)

## (3) 수용재결에 대한 월권소송

수용의 대상이 되는 토지 또는 부동산에 관한 권리의 목록을 결정할 권한은 도지사에게 있다. 도지사는 수용재결을 거부할 수 있는 재량을 가지는바, 사업인정이 결정되고 토지조사가 이루어졌다고 하더라도 수용재결의 거부는 월권소송에서 제한적으로만 심사된다. 도지사는 수용재결을 결정하는 경우에도 그 처리에 있어 일정한 여지를 가진다. 첫째, 도지사는 사전조사에 제출된 계획에서 언급된 토지 중에서 일부만이 계획된 사업의 시행에 필요한 경우에는 그 토지의 전부에 대해 양도가능성을 선언할 필요가 없다. 둘째, 그 반대로, 계획된 사업으로 수용되는 토지를 제한된 범위 내에서 확대할 수도 있다. 셋째, 도지사는 사업인정에서 직접적으로 언급되지 않은 시설이라고 하더라도 그것이 사업인정에서 명시적으로 언급되는 주된 시설의 필수적이고 직접적인 결과에 해당하는 부수

---

182) 수용판결은 오로지 상고를 통해서 그리고 무권한, 월권, 형식의 위반을 이유로만 다툴 수 있다.
183) Jean-Marie Auby/Pierre Bon/Jean-Bernard Auby/Philippe Terneyre, 앞의 책, 617쪽 이하.

적인 시설이라면 그 시행에 필요한 토지에 대해서 양도가능성을 선언할 권한이 있다. 이는 수용재결이 사전조사에 제출된 사업이나 사업인정이 결정된 사업과 다른 사업의 시행을 위한 토지에 대해서 양도가능성을 선언하는 경우에도 마찬가지이다. 수용재결은 사업인정이 결정된 사업의 시행 기간 내에 이루어져야 한다. 수용재결은 양도가 필요한 재산이나 그 일부를 특정하여야 하고, 해당 토지 소유자의 신원을 특정하여야 한다. 사업인정이 결정된 사업에 해당하는 토지 중에 국가가 아닌 공법인의 공물에 해당하여 공용수용이 될 수 없는 토지가 있는 경우에 수용재결은 사업인정의 수익자를 위하여 해당 토지에 대한 관리의 이전(transfert de gestion)을 가져온다. 수용재결은 다수의 개별적 행정처분을 포함하는 하나의 행위이다. 따라서 수용재결은 이해관계가 있는 소유자에게 의무적으로 통지되어야 하는바, 이 점은 공고를 해야 하는 사업인정과 다른 점이다. 한편 수용재결은 소유자를 위하여 권리를 설권하는 행위가 아니다. 따라서 다른 결정으로 변경될 수 있다. 도지사는 수용재결을 결정하면 6개월 내에 수용법원의 사무국(greffe)에 그 사본을 송부하여야 하고, 그 기간을 경과하면 수용재결은 실효된다. 이에 따라 수용법원은 수용판결을 거부할 의무가 있다. 수용재결의 실효에도 불구하고 행정기관은 사업인정의 유효기간이 아직 만료되지 않았다면 다시 수용재결을 할 수 있는바, 이 경우에 사정변경이 없다면 토지조사를 다시 거칠 필요가 없다. 수용재결은 행정절차를 종결하는 것으로서 토지에 대한 양도가능성(cessibilité)을 선언하는 것이지 그 양도(cession)를 선고하는 것이 아닌바, 당사자 간에 합의가 안 되는 때 소유권의 이전을 초래할 수 있는 것은 오직 통상법원인 점에서 그러하다.[184]

수용재결에 대한 월권소송에 관한 규율은 사업인정에 대한 월권소송의 경우와 대동소이하다. 행정재판소의 관할에 속한다. 제소기간은 원칙에 따라 2개월이다. 수용재결은 이해관계가 있는 소유자에게 통지되어야 하고, 제소기간은 그 결정의 통지로부터 기산하는바, 이는 수용재결이 사전에 공고되어야 하는 때에도 마찬가지이다. 사업인정과 수용재결이 동시에 이루어지는 경우라고 하더라도 각각의 행위가 있은 것으로 보는 것이 판례의 입장이다. 그 결과, 사업인정에 대한 월권소송의 제소기간은 그 공고로부터 기산되지만, 수용재결에 대한 월권소송의 제소기간은 소유자에 대한 통지로부터 기산된다. 수용재결에 대한 월권소송에서 허용되는 항변의 범위는 매우 폭넓다. 원고는 수용재결의 위법성뿐만 아니라 그에 선행하는 토지조사, 나아가 사업인정의 위법성까지 주장할 수 있다. 이는 사업인정이 제소기간의 도과로 확정이 되는 때에도 마찬가지이다. 원래 위법성의 항변이

---

184) Jean—Marie Auby/Pierre Bon/Jean—Bernard Auby/Philippe Terneyre, 앞의 책, 629쪽 이하.

영구적인 것은 법규적인 처분의 경우에 한정된다. 그러나 사업인정은 법규적인 처분이 아니다. 그런데도 위법성의 항변이 인정되는바, 판례가 복합적 작용의 이론을 적용하기 때문이다. 이는 수용재결은 사업인정이 있은 다음에만 있을 수 있는 점에서 양자가 매우 밀접한 관계에 있다고 생각하는 것이다. 그 결과, 원고는 수용재결에 대한 소송에서 사업인정을 통해서 확인된 사업의 공공필요에 관하여 다툴 수 있고, 사업인정에 선행하는 사전조사의 절차를 다툴 수 있으며, 공용수용의 절차를 개시하도록 요구하는 지방의회의 의결과 같이 사업인정과 수용재결을 준비하는 행위의 위법성을 주장할 수 있다. 수용재결을 취소한 효과는 수용판결이 아직 선고되지 않은 경우, 수용판결이 선고되었으나 아직 확정되지 않은 경우, 수용판결이 선고되어 확정된 경우를 구분해서 살펴보아야 한다. 수용판결이 아직 선고되지 않았다면 수용판결은 더는 가능하지 않다. 수용판결이 선고되었으나 상고로 인하여 아직 확정되지 않았다면 파기원(Cour de cassaion)이 취소할 것이다. 이와 달리, 수용재결이 취소되더라도 수용판결이 이미 확정된 상태라면 수용판결을 더는 다툴 수 없기에 소유권의 이전은 확정적이라는 것이 전통적인 결론이다. 이러한 불합리한 상황은 공용수용법전 L223-2조에 의하여 끝나게 되었다. 이에 따르면, 수용재결을 취소하는 판결이 확정되는 경우 소유권의 이전을 초래하는 수용판결이 그 법적인 기초를 상실하였다는 것을 수용법원이 확인할 수 있다. 이제 수용재결을 취소하는 판결이 확정되는 경우의 사태는 단순해지는바, 수용판결이 아직 선고되지 않았다면 수용판결이 더는 가능하지 않게 되고, 수용판결이 이미 선고되었다면 그 확정 여부를 떠나 그 법적 기초를 상실하였다는 것을 수용법원이 확인할 수 있다.[185]

## 2. 독일의 법제

연방 차원에서는 공용수용에 관한 일반법이 따로 마련되어 있지 않다. 그 대신에 연방건설법전 제5편이 공용수용이라는 제목 아래에 공용수용과 손실보상의 기준과 절차를 규정하고 있다. 그와 별도로 주별로 공용수용에 관한 일반법이 제정되어 있다. 전체적으로 보면 독일의 공용수용법은 우리와 유사하다. 다만, 전적으로 동일한 것은 아닌데, 다음과 같은 차이점이 있다. 첫째, 사업인정이라는 절차가 없다. 그러나 전문계획법이나 주(州)의 공용수용법에서 수권을 하면 계획확정절차에서 공공필요에 관하여 사전결정을 할 수 있고, 이 경우에는 계획확정결정에 공용수용법적 선취효가 인정되는바, 이로써 우리 법제에

---

185) Jean-Marie Auby/Pierre Bon/Jean-Bernard Auby/Philippe Terneyre, 앞의 책, 634쪽 이하.

서 사업인정이 의제되는 것과 유사한 결과가 발생한다. 둘째, 수용재결이 바로 효력을 발생하는 것이 아니기 때문에 불가쟁력이 발생하기를 기다려 그 집행명령을 신청하는 절차가 따로 마련되어 있다. 셋째, 수용재결에 대한 불복은 우리와 마찬가지로 수용재결 자체를 다투는 소송과 보상금액을 다투는 소송으로 구분되는바, 전자의 경우에 행정소송을 제기하는 점은 우리와 같지만, 후자의 경우에 민사소송을 제기하는 점은 우리와 다르다. 손실보상청구의 관할이 행정법원이 아니라 통상법원인 점은 기본법에서 정하는 사항이다. 참고로, 연방건설법전에는 수용재결에 대한 불복절차에 관한 규정이 따로 없다.

이와 같이 독일법에서도 프랑스법에서와 마찬가지로 공용수용은 행정절차와 소송절차로 구분되지만, 프랑스법에서와 달리 행정절차는 수용재결 한 단계로만 되어 있다. 그 결과, 수용재결에 이르기까지 있을 수 있는 모든 위법의 주장이 일시에 분출하여 재결기관의 절차적인 부담이 가중될 수 있다. 이 문제를 회피할 수 있게 해 주는 것이 계획확정절차와 그 결정에 대해서 특별히 인정되는 선취효이다. (ㄱ) 이른바 배제효(Präklusion)를 통해서 우리가 말하는 공정력의 한 측면에 해당하는 행정행위의 존속력(Bestandskraft)[186]이

---

186) 행정행위의 공정력이라는 개념은 일본법에서 유래한 것이다. 이에 관하여, 홍강훈, 「독자적 행정행위 효력론」에 근거한 행정행위 효력의 새로운 재구성 – 공정력, 존속력, 구속력 개념 간의 역사적·이론적 비교분석, 공법연구 제49집 제1호, 2020, 133쪽 이하. 프랑스법의 예선적 특권(privilège du préalable)이라는 개념이 행정행위의 공정력 개념의 형성에 영향을 미쳤으리라는 점은 일본 행정법의 역사적 발전 경로를 고려한다면 합리적인 추론으로 보인다. 다만, 예선적 특권은 행정이 자신의 고유한 수단으로 자신의 권리를 실현할 수 있는바, 그 결과로서 사전에 판결이 요구되지 않는 특권을 말하는 점(Pierre–Laurent Frier/Jacques Petit, Précis de droit administratif, 4e édition, Montchrestien, 2006, 265쪽)에서, 우리가 이해하는 공정력 개념과 직접적인 연결은 어렵다. 이에 관하여, 박균성, 행정행위의 공정력과 구성요건적 효력, 행정법연구 제3호, 1998, 81쪽 이하. 여기서 우리 학설의 상당수는 독일법의 존속력 개념을 계수하고 이로써 공정력의 개념을 대체하고자 한다. 대표적으로, 정하중, 행정행위의 공정력, 구속력 그리고 존속력, 공법연구 제26집 제3호, 1998, 338쪽 이하; 김중권, 행정행위의 효력과 구속력의 체계에 관한 연구, 공법학연구 제13권 제2호, 2012, 351쪽 이하; 홍강훈, 앞의 글, 138쪽 이하. 이와 관련하여, 최근에 제정된 「행정기본법」의 행정처분의 효력에 관한 규정이 독일의 연방행정절차법상 행정행위의 효력에 관한 규정과 거의 동일한 내용인 점은 향후의 논의에 중대한 영향을 미칠 것으로 예상된다.

※ 행정행위의 효력에 관한 규정 비교

| 연방행정절차법 제43조(행정행위의 효력) | 행정기본법 제15조(처분의 효력) |
| --- | --- |
| (2) 행정행위는 직권취소, 직권철회 등으로 취소*되지 않는 한 혹은 기간의 경과 등으로 실효되지 않는 한 효력이 있다. (3) 무효인 행정행위는 효력이 없다. | 처분은 권한이 있는 기관이 취소 또는 철회하거나 기간의 경과 등으로 소멸되기 전까지는 유효한 것으로 통용된다. 다만, 무효인 처분은 처음부터 그 효력이 발생하지 아니한다. |

\* 직권취소, 직권철회를 포함하는 광의의 취소(Aufhebung)로서, 이와 달리 '폐지'라고 번역하는 경우가 다수임

독일법의 존속력 개념은 연방행정절차법 제43조에서 규정하는 행정행위의 효력(Wirksamkeit)에 그 기초가 있다. 이러한 효력은 의사의 도달로써 효과가 발생하는 점에 관한 외적인 효력의 측면과 내용적인 규율의 존중(Beachtlichkeit des Regelungsinhalts)에 관한 내적인 효력의 측면으로 구분되는바, 후자에서 핵심은 행정행위의 구속력이다. 이러한 구속력은 당해 행정절차의 차원, 다른 행정절차의 차원, 법원

강화된다. 계획확정결정의 위법은 행정절차에서 정해진 기간 내에 이의를 제기해야 하고

과 국회에 대한 차원으로 구분된다. 이에 관하여, Christian Bumke, §35 Verwaltungsakte, in: Wolfgang Hoffmann−Riem/Eberhard Schmidt−Aßmann/Andreas Voßkuhle(Hrsg.), Grundlagen des Verwaltungsrecht. Band II. 2.Auflage, C.H.Beck, 2012, 1240쪽 이하. 행정행위의 구성요건적 효력(Tatbestandswirkung)과 확인적 효력(Feststellungswirkung)은 행정행위의 구속력이 다른 행정절차에 미치는 차원에 해당한다. 행정행위에 대한 제소기간이 도과하면 그 구속력에 법적 안정성이 부가되는바, 이것이 바로 존속력의 개념이다.

이러한 행정행위의 존속력은 확정된 판결의 효력, 즉 'Rechtskraft'에 상응하는 것이다. 여기서 'Rechtskraft'를 '확정력'으로 번역하고 그 확정력의 실질적 측면(materielle Rechtskraft)을 '기판력'으로 번역하는 것이 우리 학설의 관행이다. 취소판결의 기속력이 기판력과 본질적으로 같은 것인지 다른 것인지의 논쟁도 이러한 개념 설정에서 시작된 것이다. 이러한 태도는 독일의 일부 학설이 'Rechtskraft'를 판결에 국한하지 않고 행정행위나 행정심판 재결에 대해서도 사용하는 점을 고려하면 타당한 측면이 있다. 그러나 단순히 확정력이라고 번역하면 확정된 판결의 효력이라는 원래의 의미가 충분히 전달되지 않는 점에서, 'Rechtskraft'를 '기판력'이라고 번역하는 것이 타당하다는 생각이다. 그러면 기판력은 이제 더는 불복할 수 없다는 형식적 측면(formelle Rechtskraft)뿐 아니라 당사자와 법원을 구속한다는 실질적 측면(materielle Rechtskraft)도 가진다. 후자와 관련하여 종래 법원을 구속하는 측면을 기판력이라고 부르는 것에 반하여 당사자를 구속하는 측면을 기속력이라고 불렀던 것이나, 양자는 확정된 판결의 효력이 가지는 실질적 측면이라는 점에서 본질을 같이 한다.

이러한 접근은 존속력에 관한 독일의 학설을 이해하는 데에도 도움이 된다. 불가쟁력이 발생하는 측면을 형식적 기판력(formelle Rechtskraft)에 상응하여 형식적 존속력(formelle Bestandskraft)이라고 하고, 실질적 기판력(materielle Rechtskraft)에 상응하는 측면을 실질적 존속력(materielle Bestandskraft)이라고 하는 것이다. 실질적 존속력은 실질적 기판력이 그러한 것처럼 대물적 한계(sachliche Grenze), 대인적 한계(persönliche Grenze), 시간적 한계(zeitliche Grenze)를 가진다. 이에 관하여는 Paul Stelkens/Heinz Joachim Bonk/Michael Sachs(Hrsg.), 앞의 책, 1425쪽 이하. 이처럼 행정행위의 효력에 관한 독일법의 이해가 기판력에 관한 법리의 차용에서 시작되었다는 점에 관하여는 최계영, 행정행위가 갖는 특별한 효력의 근거 - 그 역사적 기원과 헌법적 근거에 관한 고찰, 법조 제596호, 2006, 182쪽 이하. 그러나 우리 공정력 개념을 군이 독일법의 존속력 개념으로 대체해야 할 이유가 있는지 의문이다. 그보다는 그동안 판례를 통해 실증된 공정력 개념에 관한 이론적 분석을 독일법에서 이루어지는 존속력 개념의 분석에서 그러한 것처럼 더 섬세하면서도 실천적으로 발전시키는 것이 중요하다는 생각이다. 판례가 공정력 개념을 실증한 것은 오래전 일이다. 예를 들어, 대법 1985. 9. 10. 선고 85다카571 판결은 "조세의 부과처분과 같은 행정행위는 그것이 중대하고 명백한 하자가 있어 당연무효인 경우를 제외하고는 행정행위의 공정력에 의하여 유효하게 존속하고 단지 권한 있는 기관 또는 행정쟁송절차에 의하여 그 부과처분이 취소된 때에, 비로소 그 부과 징수한 금액은 법률상 원인 없이 이득한 것이 되어 그 범위 내에서 부당이득의 성질을 갖는다"라고 설시한다. 판례는 이윽고 개념을 적극적으로 정의하기에 이르는바, 대법 1994. 4. 12. 선고 93누21088 판결에 따르면, 행정행위의 공정력은 "행정행위가 위법하더라도 취소되지 않는 한 유효한 것으로 통용되는 효력을 의미하는 것"이다. 판례는 하자의 승계에 관한 법리를 행정행위의 공정력 개념에 의지하여 풀어간다. 예를 들어, 대법 1993. 11. 9. 선고 93누14271 판결은 "행정행위의 공정력이라 함은 행정행위에 하자가 있더라도 당연무효가 아닌 한 권한 있는 기관에 의하여 취소될 때까지는 잠정적으로 유효한 것으로 통용되는 효력에 지나지 아니하는 것이므로, 행정행위가 취소되지 아니하여 공정력이 인정된다고 하더라도 그 상대방이나 이해관계인은 언제든지 그 행정행위가 위법한 것임을 주장할 수 있는 것일 뿐만 아니라, 대집행의 계고·대집행영장에 의한 통지·대집행의 실행·대집행에 요한 비용의 납부명령 등은, 타인이 대신하여 행할 수 있는 행정의무의 이행을 의무자의 비용부담하에 확보하고자 하는, 동일한 행정목적을 달성하기 위하여 단계적인 일련의 절차로 연속하여 행하여지는 것으로서, 서로 결합하여 하나의 법률효과를 발생시키는 것이므로, 선행처분인 계고처분이 하자가 있는 위법한 처분이라면, 후행처분인 대집행비용납부명령의 취소를 청구하는 소송에서 청구원인으로 선행처분인 계고처분이 위법한 것이기 때문에 그 계고처분을 전제로 행하여진 대집행비용납부명령도 위법한 것이라는 주장을 할 수 있다."는 입장이다.

그렇지 않으면 이후의 행정절차에서 배제되며 소송을 제기할 원고적격을 상실한다. 다시 말해, 배제효로 인하여 계획확정결정에 대한 취소소송을 제기할 수 없는 것이다. 이렇게 계획확정결정에 대한 취소소송도 제기할 수 없는데 계획확정결정의 위법을 뒤늦게 수용 재결절차에서 주장한다는 것은 배제효의 관점에서 논리적으로 가능하지 않은 일이다. 이와 관련하여, 연방행정절차법 제75조 제1항의a에 따라 형량상 현저한 결함이 보충적 절차를 통해 제거될 수 있다는 이유로 취소소송을 제기할 수 없는 경우에는 계획확정결정의 위법성과 그 집행이 불가하다는 점에 대한 확인소송이 가능한데,[187] 그 청구에 대한 인용 판결이 확정되면 수용재결을 할 수 없게 되나 이러한 소송을 제기하지 않은 채로 수용재결에 대한 취소소송에서 계획확정결정의 위법성을 주장할 수는 없다. (ㄴ) 전문계획법이나 공용수용법에 따라 계획확정결정에 인정되는 공용수용법적 선취효는 프랑스에서 사업인정의 결정이 있는 것과 같은 효과를 발생시킨다. 이로써 공공필요에 관한 심사의 부담이 경감되어 그만큼 수용재결절차의 신속성이 제고된다. 지금까지 프랑스와 독일의 비교를 통하여 공용수용 및 보상절차에 관하여 설명한 내용을 도식으로 정리하면 다음과 같다.

※ 공용수용 및 보상절차의 비교

| | | 프랑스 | 우리 | 독일 | |
|---|---|---|---|---|---|
| 행정절차 | 사업협의절차 | 사전조사 | 의견청취 | 계획확정절차 | 공용수용법적 선취 |
| | | 의견 | 협의 | | |
| | 사업인정절차 | 사업인정 | 사업인정 | | |
| | | | 세목고시 | | |
| | 수용재결절차 | 토지조사 | 수용재결 | 수용재결 | |
| | | 수용재결 | | 집행명령 | |
| 소송절차 | 수용재판절차 | 수용판결 | | * | |
| | | 보상판결 | | | |
| | 불복절차 | 수용취소청구** | 행정소송 | 행정소송 | 행정소송 |
| | | | 민사소송 | | |
| | | 손실보상절차 | 민사소송 | 행정소송 | 민사소송 |

* 프랑스법에서는 수용법원(통상법원의 일종)의 수용판결에 의하여 비로소 소유권이 이전되고 그 보상판결에 의하여 비로소 보상금이 결정되는 반면에, 독일법에서는 행정기관의 수용재결만으로 소유권이 이전되고 보상금이 결정되는바, 우리는 프랑스법(사법절차 모델)과 독일법(행정절차 모델) 중에 후자와 유사함

**프랑스법에서 수용재결에 대한 취소청구는 행정소송에 해당하는 반면에, 수용판결에 대한 취소청구는 민사소송에 해당함

187) Paul Stelkens/Heinz Joachim Bonk/Michael Sachs(Hrsg.), 앞의 책, 2353쪽.

## Ⅲ. 공용수용과 선행처분의 관계

공용수용은 재산권의 박탈을 가져오는 점에서 최종적인 결정에 앞서 모든 위법성을 검토하는 것이 재산권을 보장하는 취지에 부합한다. 독일법에서 수용재결을 단일한 행정절차로 구성하여 사업인정의 단계를 분리하지 않는 이유도 여기서 찾을 수 있을 것이다. 그러나 그러면 수용재결의 심리가 과도해지고 그 결과 사업계획의 실현이 지연되는 문제가 발생한다. 이에 프랑스법은 사업인정의 절차를 분리하면서 그 대신에 대중의 절차 참가를 강화하고 있다. 이와 동일선상에서 독일법에서도 예외적으로 절차적 보장이 충실한 계획확정절차를 거치는 경우에 한하여 선취효를 인정함으로써 프랑스법에서 사업인정을 별도로 하는 것과 같은 효과를 달성하고 있다. 이와 비교할 때 우리는 사업인정이 별도의 절차로 분리되어 있지만, 그 절차가 충실하지 못할 뿐만 아니라 사업인정 자체보다는 그 의제가 널리 이용됨으로써 사실상 절차의 신속성만 강조되는 실정이다. 이러한 상황에서 판례가 사업인정의 하자를 비롯한 수용재결에 선행하는 일련의 행정절차에서 발생하는 일체의 하자에 대해서 그 승계를 인정하지 않음으로써 심각한 재산권 침해의 우려가 제기되고 있다. 그 반면에, 선행처분이 무효라면 어떤 경우에도 그 하자가 수용재결에 승계가 되게 만드는 법리를 통해서 이 경우에는 불필요하게 절차의 안정성을 해치는 부작용을 초래하고 있다. 한편으로는 사업인정과 수용재결의 관계를 제도적으로 개선하는 방안을 강구해야 하고, 다른 한편으로는 양자의 관계를 대상으로 하는 하자의 승계에 관한 법리의 반성이 필요한 상황이다.

### 1. 하자승계 법리의 쟁점

판례는 "사업인정은 그 후 일정한 절차를 거칠 것을 조건으로 하여 일정한 내용의 수용권을 설정해 주는 행정처분의 성격을 띠는 것으로서 그 사업인정을 받음으로써 수용할 목적물의 범위가 확정되고 수용권으로 하여금 목적물에 관한 현재 및 장래의 권리자에게 대항할 수 있는 일종의 공법상의 권리로서의 효력을 발생시킨다."라는 점을 들어서 "사업인정단계에서의 하자를 다투지 아니하여 이미 쟁송기간이 도과한 수용재결단계에 있어서는 사업인정처분에 중대하고 명백한 하자가 있어 당연무효라고 볼만한 특단의 사정이 없다면 그 처분의 불가쟁력에 의하여 사업인정처분의 위법, 부당함을 이유로 수용재결처분의 취소를 구할 수 없다."라고 설시한다.[188] 이는 사업인정의 하자가 수용재결에 승계되지 않는다는 결론을 사업인정의 설권행위로서 성격에서 추론하는 것이나, 논리적인 비약이 아닐 수 없다. 사업인정과 수용재결의 관계는 앞서 살펴본 것처럼 우리와 제도가 유사한 프랑스법에서 위법성의 항변이 허용되는 복합적 작용의 개념에 포섭된다. 프랑스법에서 법규적 행정처분이 아닌 개별적 행정처분에 불가쟁력이 발생하는 경우에는 그 위법을 이유로 후속적인 행정처분을 취소할 수 없는 것이 원칙이지만 예외적으로 복합적 작용에 해당하는 경우에는 그러하지 아니하다. 다시 말해, "목표로 하는 종국적 결정에 이르기 위해서 하나 또는 복수의 연속적 결정이 개입되도록 법령이 특별히 정하는 경우"에는 선행처분의 위법을 이유로 후행처분을 취소할 수 있는 것이다.[189] 이러한 개념은 우리 판례가 말하는 하자의 승계에 관한 법리(2개 이상의 행정처분이 연속적 또는 단계적으로 이루어지는 경우 선행처분과 후행처분이 서로 합하여 1개의 법률효과를 완성하는 때에는 선행처분에 하자가 있으면 그 하자는 후행처분에 승계된다. 이러한 경우에는 선행처분에 불가쟁력이 생겨 그 효력을 다툴 수 없게 되더라도 선행처분의 하자를 이유로 후행처분의 효력을 다툴 수 있다)[190]에 직접적인 영향을 미친 것으로 보인다. 그렇다면 프랑스법에서 사업인정과 수용재결 사이에 위법성의 항변이 허용되는 것과 동일하게 우리도 사업인정과 수용재결 사이에 하자의 승계가 인정된다고 보는 것이 논리적으로 자연스럽다.

그런데도 판례가 사업인정의 하자가 수용재결에 승계되지 않는다고 보는 이유가 무엇일까. 판례가 수용재결의 본질을 어떻게 이해하는지를 살펴보면 그 속내를 짐작할 수 있다. 이에 관하여 판례는 "사업시행자가 과실없이 진정한 토지소유자를 알지 못하여 등기부상 소유자로 등기된 자를 토지소유자로 보고 그를 피수용자로 하여 수용절차를 마쳤다 하더라도 그 수용의 효과를 부인할 수는 없다."라는 것을 논리적인 출발점으로 삼는다. 그 결과, "사업시행자가 과실 없이 피수용자를 확정하지 못할 때에는 형식상의 권리자를 그 피수용자로 확정하더라도 적법하고 수용의 효과는 수용목적물의 소유자가 누구임을 막론하고 이미 가졌던 소유권이 소멸함과 동시에 기업자가 완전하고 확실하게 그 권리를 취득하며 사업시행자나 중앙토지수용위원회가 수용토지의 소유자가 따로이 있음을 알 수 있음에도 과실로 인하여 타인의 소유로 다루고 실체적 소유권자의 참여 없이 수용절차가 이루어진 것은 위법이라 하더라도 그 사유만으로 이미 이루어진 수용재결이 당연무효라고는 할 수 없다."라는 결론에 이른다.[191] 여기서 판례가 수용재결로 인한 권리변동의 효

---

188) 대법 1987. 9. 8. 선고 87누395 판결.
189) René Chapus, 앞의 책[Droit administratif général, Tome 1], 803쪽 이하.
190) 대법 2019. 1. 31. 선고 2017두40372 판결.

과를 가능한 한 보전하고자 하는 경향이 있다는 점을 알 수 있다. 이렇게 수용재결을 무색투명한 것으로 만드는 대물적인 논리의 구성192)은 자연스럽게 수용재결을 사업인정으로부터 절연시키는 노력으로 연결된다. 이러한 맥락에서 판례는 "토지보상법은 수용·사용의 일차 단계인 사업인정에 속하는 부분은 사업의 공익성 판단으로 사업인정기관에 일임하고 그 이후의 구체적인 수용·사용의 결정은 토지수용위원회에 맡기고 있는바, 이와 같은 토지수용절차의 2분화 및 사업인정의 성격과 토지수용위원회의 재결사항을 열거하고 있는 토지보상법의 규정 내용에 비추어 볼 때 토지수용위원회는 행정쟁송에 의하여 사업인정이 취소되지 않는 한 그 기능상 사업인정 자체를 무의미하게 하는, 즉 사업의 시행이 불가능하게 되는 것과 같은 재결을 행할 수는 없다."는 입장을 취하고, 이에 따라 "광업법에 의하여 사업인정을 받았다면 설사 그 수용의 필요성이 약하다고 하더라도 사업인정을 무의미하게 하고 수용목적사업인 광업개발이 불가능하도록 토지수용신청 자체를 기각할 수는 없다."고 설시한다.193) 공공필요가 인정되지 않으면 수용재결의 정당화는 불가능한데도 수용재결에서 공공필요에 관하여 사업인정과 다르게 판단할 가능성을 사실상 봉쇄한 것이다.

이와 동일한 맥락에서 판례는 사업인정 자체의 하자뿐 아니라, 사업인정으로 의제되는 실시계획의 수립이나 그 인가의 하자, 나아가 도시관리계획의 하자까지도 수용재결에 승계되지 않는다는 입장이다. 이에 관한 대표적인 판시를 적시하면 다음과 같다. (ㄱ) 토지보상법은 사업인정을 하였을 때에는 지체없이 그 뜻을 사업시행자, 토지소유자 및 관계인, 관계 시·도지사에게 통지하고 사업시행자의 성명이나 명칭, 사업의 종류, 사업지역 및 수용하거나 사용할 토지의 세목을 관보에 고시하여야 한다고 규정하고 있는바, 위와 같은 절차를 누락한 경우 이는 절차상의 위법으로서 수용재결 단계 전의 사업인정 단계에서 다툴 수 있는 취소사유에 해당하기는 하나 이러한 위법을 들어 수용재결처분의 취소를 구하거나 무효확인을 구할 수는 없다.194) 토지세목의 고시를 누락한 것은 절차상의 위법

---

191) 대법 1991. 11. 12. 선고 91다27617 판결.
192) 이러한 수용재결의 대물적 성격은 대법 1994. 6. 28. 선고 94누2732 판결(협의단계에서 사업시행자와 토지소유자 사이에 협의가 성립되어 그를 원인으로 사업시행자 앞으로 소유권이전등기가 경료되었다 하더라도 그 협의에 대하여 토지수용위원회의 확인을 받지 아니한 이상, 재결에 의한 수용의 경우와는 달리 그 토지를 원시취득한 것으로 볼 수 없고, 원래의 소유자로부터 승계취득한 것이라고 볼 수밖에 없다)이나 대법 2001. 1. 16. 선고 98다58511 판결(수용재결의 효과로서 수용에 의한 사업시행자의 토지소유권취득은 토지소유자와 수용자와의 법률행위에 의하여 승계취득하는 것이 아니라, 법률의 규정에 의하여 원시취득하는 것이므로, 토지소유자가 부담하는 토지의 인도의무에는 수용목적물에 숨은 하자가 있는 경우에도 하자담보책임이 포함되지 아니하여 토지소유자는 수용시기까지 수용 대상 토지를 현존 상태 그대로 사업시행자에게 인도할 의무가 있을 뿐이다)에서도 잘 드러난다.
193) 대법 1994. 11. 11. 선고 93누19375 판결.

으로서 취소사유에 불과하여 선행처분인 사업인정단계에서 그 사유를 들어 다투었어야 할 것이고 그 쟁송기간이 이미 도과한 후인 이 사건 수용재결단계에 있어서는 이를 들어 이 사건 수용재결처분의 취소를 구할 수는 없다.[195] 택지개발계획을 승인함에 있어서 토지보상법에 의한 이해관계자의 의견을 듣지 아니하였거나 토지보상법 소정의 토지소유자에 대한 통지를 하지 아니한 하자는 중대하고 명백한 것이 아니므로 사업인정 자체가 당연무효라고 할 수 없고, 이러한 하자는 수용재결의 선행처분인 사업인정단계에서 다투어야 할 것이므로 쟁송기간이 도과한 이후에 위와 같은 하자를 이유로 수용재결의 취소를 구할 수 없다.[196] (ㄴ) 도시계획의 수립에 있어서 국토계획법 소정의 공청회를 열지 아니하고 토지보상법 소정의 이주대책을 수립하지 아니하였다 하더라도 이는 절차상의 위법으로서 취소사유에 불과하고 이러한 위법을 선행처분인 도시계획결정이나 사업시행인가 단계에서 다투지 아니하였다면 그 쟁송기간이 이미 도과한 후인 수용재결 단계에 있어서는 위와 같은 위법을 들어 재결처분의 취소를 구할 수는 없다.[197] 고시에서 위치를 표시하는 데 '리'의 기재를 누락한 것이 잘못이기는 하지만, 가사 그와 같은 하자가 취소사유가 되는 위법이라고 하더라도, 이는 선행처분인 도시계획결정단계에서 다투었어야 할 것이고 그 쟁송기간이 이미 도과된 후인 이 사건 수용 재결단계에 있어서는 그 처분의 불가쟁력에 의하여 이를 주장할 수 없는 것이다.[198] 도시계획사업의 실시계획인가는 그 자체가 행정처분의 성격을 띠는 것으로서 독립하여 행정쟁송의 대상이 된다고 할 것이고, 이 선행처분을 다투지 아니하고 그 쟁송기간이 도과한 후인 수용재결단계에 있어서는 그 처분의 불가쟁력에 의하여 도시계획사업실시계획 변경인가가 새로운 도시계획사업의 실시계획인가로서 위법이 있음을 들어 수용재결처분의 취소를 구할 수는 없다.[199] 택지개발촉진법에 의하면, 택지개발은 택지개발예정지구의 지정, 택지개발계획의 승인, 이에 기한 수용재결 등의 순서로 이루어지는바, 위 각 행위는 각각 단계적으로 별개의 법률효과가 발생되는 독립한 행정처분이어서 선행처분에 불가쟁력이 생겨 그 효력을 다툴 수 없게 된 경우에는 선행처분에 위법사유가 있다고 할지라도 그것이 당연무효의 사유가 아닌 한 선행처분의 하자가 후행처분에 승계되는 것은 아니다.[200]

---

194) 대법 2000. 10. 13. 선고 2000두5142 판결.
195) 대법 1988. 12. 27. 선고 87누1141 판결.
196) 대법 1993. 6. 29. 선고 91누2342 판결.
197) 대법 1990. 1. 23. 선고 87누947 판결.
198) 대법 1990. 1. 25. 선고 89누2936 판결.
199) 대법 1991. 11. 26. 선고 90누9971 판결.
200) 대법 2000. 10. 13. 선고 99두653 판결.

## 2. 사업인정 제도의 쟁점

제도적인 분석은 사업인정이 실질적으로 공용수용법적 사전결정이라는 점에서 출발할 필요가 있다. 독일법에서 사전결정은 후속적 행정행위에 대해서 구속력을 가진다. 그 구속력이 인정되는 범위 내에서는 사전결정의 위법성을 이유로 후속적 행정행위가 위법해지는 결과는 발생하지 않는다. 이와 달리 우리 판례는 사전결정이 후속적 행정행위에 흡수되어 소멸된다는 입장이다.[201] 그 결과 사전결정의 위법은 후속적 행정행위의 위법이 되어 마치 하자가 승계되는 것과 같은 결과가 된다. 이러한 결과를 회피하고 싶다면 독일법상 사전결정의 구속력에 관한 법리에 좀 더 충실하게 따라야 할 것이다. 그렇지 않고 지금처럼 하자의 승계의 법리로 접근한다면 하자의 승계를 인정하는 것이 논리적으로 자연스럽다.

더 큰 문제는 사업인정 이전의 도시관리계획, 사업인정으로 의제되는 실시계획의 수립이나 그 인가의 하자가 승계되는지이다. 이와 관련하여, 프랑스법과 독일법 모두 도시계획의 위법성을 후속적인 소송에서 주장할 가능성을 절차적으로 또는 시간적으로 특별히 제한하고 있는바, 이를 특히 독일법에서 배제효라고 하는 것이다. 어떠한 행정작용에 인정되는 배제효는 해당 행정작용을 대상으로 하는 소송에서 작용할 수도 있고, 해당 행정작용에 기초하는 다른 행정작용에 대한 소송에서 작용할 수도 있다. 독일법에서는 명목상 도시계획 외에 계획확정결정에 대해서도 배제효가 인정되는 반면에, 프랑스법은 독일법의 계획확정절차와 같은 제도가 없는 점에서 명목상 도시계획에 대해서만 배제효를 인정한다. 그렇다고 프랑스법에서 행정행위의 형식이지만 실질적 의미의 도시계획에 해당하는

---

201) 대법 1998. 9. 4. 선고 97누19588 판결: 원자력법 제11조 제3항 소정의 부지사전승인제도는 원자로 및 관계 시설을 건설하고자 하는 자가 그 계획중인 건설부지가 원자력법에 의하여 원자로 및 관계 시설의 부지로 적법한지 여부 및 굴착공사 등 일정한 범위의 공사(이하 '사전공사'라 한다)를 할 수 있는지 여부에 대하여 건설허가 전에 미리 승인을 받는 제도로서, 원자로 및 관계 시설의 건설에는 장기간의 준비·공사가 필요하기 때문에 필요한 모든 준비를 갖추어 건설허가신청을 하였다가 부지의 부적법성을 이유로 불허가될 경우 그 불이익이 매우 크고 또한 원자로 및 관계 시설 건설의 이와 같은 특성상 미리 사전공사를 할 필요가 있을 수도 있어 건설허가 전에 미리 그 부지의 적법성 및 사전공사의 허용 여부에 대한 승인을 받을 수 있게 함으로써 그의 경제적·시간적 부담을 덜어 주고 유효·적절한 건설공사를 행할 수 있도록 배려하려는 데 그 취지가 있다고 할 것이므로, 원자로 및 관계 시설의 부지사전승인처분은 그 자체로서 건설부지를 확정하고 사전공사를 허용하는 법률효과를 지닌 독립한 행정처분이기는 하지만, 건설허가 전에 신청자의 편의를 위하여 미리 그 건설허가의 일부 요건을 심사하여 행하는 사전적 부분 건설허가처분의 성격을 갖고 있는 것이어서 나중에 건설허가처분이 있게 되면 그 건설허가처분에 흡수되어 독립된 존재가치를 상실함으로써 그 건설허가처분만이 쟁송의 대상이 되는 것이므로, 부지사전승인처분의 취소를 구하는 소는 소의 이익을 잃게 되고, 따라서 부지사전승인처분의 위법성은 나중에 내려진 건설허가처분의 취소를 구하는 소송에서 이를 다투면 된다.

것이 전혀 없는 것은 아니다. 예를 들어, 협의정비구역(zone d'aménagement concerté)[202]의 결정은 비법규적 행정처분이지만 도시계획으로서 실질을 가진다. 그러나 독일법의 계획확정결정과 같은 엄격한 절차나 특별한 효력을 가지지 않는 점에서 여기서 특별히 고려하지 않는다.

※ 도시계획 하자의 배제에 관한 법제 비교

| | 독일 | | 프랑스 |
|---|---|---|---|
| | 연방건설법전 제215조 | 연방행정절차법 제73조 | 도시계획법전 L600-1조 |
| 행정계획 | (1) 토지이용계획이나 조례의 공고로부터 1년 이내에 지방자치단체에 대해서 위반의 사유가 되는 사실관계를 제시하는 문서로 주장되지 않았다면, 다음 각호의 어느 하나에 해당하는 사유는 현저한 것이 아니게 된다.<br>1. 제214조 제1항 제1문 제1 내지 3호에서 정하는 절차규정과 형식규정의 현저한 위반<br>2. 제214조 제2항을 고려하건대, 지구단위계획과 토지이용계획의 관계에 관한 규정의 현저한 위반<br>3. 제214조 제3항 제2문에 따른 형량과정의 현저한 결함<br>제1문은 제214조 제2항의a에 따른 하자가 현저한 경우에 준용한다. | | 광역도시계획(SCT), 도시관리계획(PLU), 간이도시계획(CC)과 이에 갈음하는 도시계획도서의 형식 또는 절차의 위반에 해당하는 위법성은 해당 도시계획도서의 효력이 발생한 날로부터 6개월이 경과한 다음에는 항변으로 주장할 수 없다. 제1문의 규정은 도시계획도서의 수립이나 수정을 정하는 행위나 협의정비구역(ZAC)을 정하는 행위에도 적용된다. 제1문과 제2문은 광역도시계획(SCT), 도시관리계획(PLU), 간이도시계획(CC)에 대한 공공조사 규정의 본질적인 오인 또는 위반, 현황보고서 또는 지형도면의 누락에 해당하는 형식의 위반이 있는 경우에는 적용되지 않는다. |
| 사업계획 | | (4) 사업에 이해관계가 있는 자는 누구나 공람기간이 경과한 때로부터 2주일 이내에 문서에 의하거나 청문기관 또는 지방자치단체의 조서를 통하여 계획에 대해 이의를 제기할 수 있다. 제3항 제2문의 경우에는 청문기관이 이의제기기간을 정한다. 이의제기기간이 경과하면 특별한 사법적인 권원에 기한 것이 아닌 모든 이의는 배제된다. 이 점은 공람의 공표 또는 이의제기기간의 | |

---

202) 프랑스 도시계획법에서 'aménagement'이라는 것은 독일 도시계획법의 'Städtebau'의 용어에 상응하는 것인 점에서, 소극적인 관리와 적극적인 개발을 모두 포함하는 의미이다. 따라서 '정비'라고 번역하면 그 의미가 다소 협소하게 전달될 우려가 있지만 다른 합당한 번역을 찾을 때까지 사용하기로 한다.

| | | 공고에 언급되어야 한다. 다른 법령에서 인정하는 바에 따라 제74조에 따른 결정에 대해서 행정소송법상 권리구제를 제기할 권한이 있는 단체는 제1문에 따른 기간 내에 계획에 대한 의견을 제출할 수 있다. 제2 내지 4문을 준용한다. | |

프랑스법은 독일법의 계획확정절차에 상응하는 제도는 가지고 있지 않지만, 그와 유사한 결과를 의도하면서 최근 적법성 심사 청구(demande en appréciation de régularité)라는 제도를 시범적으로 도입하였기에 주목할 필요가 있다. 이는 판례에 의하여 위법성의 항변이 인정되는 일부 행정작용을 대상으로 그 적법성을 확인하는 특별한 소송을 허용하고, 이로써 그 적법성이 판결을 통해서 확인된다면 해당 행정처분의 위법성을 그 후속적인 행정처분에 대한 소송에서 항변할 수 없도록 하는 것이다. 구체적으로, 사업인정의 결정이 그 대상에 포함되어 있는바, 그 결과 사업인정에 대해서 적법성 심사를 청구하여 판결을 통하여 그 적법성이 확인되면 수용재결에서 사업인정의 하자를 주장할 수 없게 된다.

※ 적법성 심사 청구에 관한 법령

| 사회적 신뢰를 위한 국가를 위한<br>2018년 8월 10일의 2018-727호 법률 | | 적법성 심사 청구의 시범에 관한<br>2018년 12월 4일의 2018-1082호 데끄레 | |
|---|---|---|---|
| 제54조 | (1) 시범적으로, 제1항 제2문에서 정하는 범주에 속하는 비법규적 행정처분의 수익자 또는 행위자는 행정재판소에 그 행정처분의 외적인 위법성의 심사를 청구할 수 있다. 제1항 제1문은 제5항에 따른 국사원의 데끄레(décret)에서 정하는 바에 따라 공용수용법전, 도시계획법전, 공중보건법전 L1331-25조 내지 L1331-29조에 근거하여 이루어진 것으로서 확정된 상태임에도 후속적 행위에 대한 변론(conclusions)을 뒷받침하기 위해 그 잠재적인 위법성이 주장될 수 있는 행정처분에 적용된다. 제1문은 데끄레에 의한 행정처분에 대해서는 적용되지 않는다. | 제1조 | 전술한 2018년 8월 10일 법률 제54조에서 정하는 시범소송은 보르도(Bordeaux), 몽펠리에(Montpellier), 몽트뢰유(Montreuil), 낭시(Nancy)의 행정재판소 관할에 제기된다. |
| | (2) 적법성 심사 청구(demande en appréciation de régularité)는 해당 행정처분의 통지나 공고로부터 3개월 이내에 제기된다. 적법성 심사 청구는 그 행정처분에 대해 소송을 제기할 이익이 있는 모든 사람이 절차에 참가할 수 있도록 공지된다. 적법성 심사 청구에 관한 제소, 심리, 재판은 행정재판소법전의 규정에 따르지만 필요한 경우에는 법규명령으로 정하는 바에 따라 변경된 규정 | 제2조 | 전술한 2018년 8월 10일 법률 제54조 제1항 제2문의 영역에 속하는 비법규적 행정처분은 다음과 같다.<br>1. 공용수용법전 L121-1조에 근거하는 사업인정의 결정과 같은 법전 L121-5조에 근거하여 이루어지는 기간연장의 결정<br>2. 공용수용법전 R121-1조 내지 R112-3조에 근거하여 이루어지는 사업인정에 선행하는 공공 |

| | |
|---|---|
| 에 따른다. 적법성 심사 청구는 해당 행정처분에 대해서 제기된 소송과 외적인 위법성이 공격방어방법(moyen)으로 제출된 소송의 심사를 중단시키지만, 행정재판소법전 제5편에서 정하는 가구제는 그러하지 아니하다. 행정재판소는 법규명령으로 정하는 기간 내에 판결한다. 행정재판소는 당사자가 제출한 외적인 위법성의 공격방어방법 전부에 대해서, 그리고 강행규정(ordre public)에 해당하지 않는 경우를 포함하여 직권으로 심리해야 한다고 여겨지는 외적인 위법성에 관한 모든 이유에 대해서 선고한다. | 조사의 개시결정<br>3. 공용수용법전 R131-4조에 근거하여 이루어지는 토지조사의 개시결정<br>4. 도시계획법전 L313-4-1조에 근거하여 이루어지는 재개발사업에 관한 사업인정<br>5. 도시계획법전 R311-1조에 근거하는 협의정비구역을 정하는 도지사의 결정<br>6. 공중보건법전 L1331-25조에 근거하는 주거용도의 건물과 시설에 대한 유해성 인정 결정<br>7. 공중보건법전 L1331-28조에 근거하는 회복불가의 유해 부동산 인정 결정 |
| (3) 행정재판소의 판결에 대해서는 항소할 수 없으나 상고할 수는 있다. 행정재판소가 해당 행정처분의 적법성을 확인하는 경우에는 그 법적인 사유에서 비롯하는 어떠한 공격방어방법도 그 행정처분에 대한 제소를 통해서나 항변(exception)을 통해서 주장될 수 없다. 행정절차법전(code des relations entre le public et l'administration) L242-1조에도 불구하고 행정기관은 해당 행정처분이 위법하다고 여긴다면 적법성 심사 청구 절차가 진행되는 동안 언제든지 그리고 행정재판소의 판결이 통지된 날로부터 2개월이 경과하기 전까지 그 행정처분을 직권철회 또는 직권취소를 할 수 있다.<br><br>제3조 | 적법성 심사 청구는 그 청구에 국한되는 별도의 서면으로 제출된다. 적법성 심사 청구는 해당 행정처분에 대해서 부수적이다. 적법성 심사 청구는 해당 행정처분의 외적인 위법성 심사에 유용한 요소들에 관한 진술(exposé)을 포함한다. 이러한 진술이 없는 상태에서 2018년 8월 10일 법률 제54조 제2항 제1문에 정하는 기간이 경과하면 그때부터 적법성 심사 청구는 적법하지 않게 된다. |
| (4) 시범소송은 제5항에 따른 국사원의 데끄레가 공표된 때로부터 3년 동안에 4곳을 초과하지 않는 범위 내에서 위 데끄레가 정하는 행정재판소의 관할에 제기된다. 시범소송에 대해서는 위 데끄레가 정하는 바에 따라 평가한다. | |
| (5) 국사원의 데끄레는 제1항 제2문의 영역에 속하는 것으로서 적법성 심사 청구의 대상이 될 수 있는 행정처분을 규정하는바, 특히 그 행정처분이 얼마나 많은 이의제기를 초래할 수 있는지 고려해서 한다. 또한 제5항 제1문에 따른 데끄레는 제54조가 적용되는 방식, 특히 이해관계가 있는 자에게 한편으로 어떠한 행정처분에 대한 적법성 심사 청구에 관하여 그리고 그 청구가 후속의 소송에 미칠 수 있는 결과에 관하여 알리고 다른 한편으로 그 청구에 대한 재판소의 응답에 관하여 알리는 것을 어떻게 하는지 규정한다. | |

　　이러한 프랑스법의 최근 동향까지 고려한다면, 우리 판례가 사업인정과 수용재결 사이에 하자의 승계를 인정하는 쪽으로 변경되어야 한다는 명제는 절대적으로 옳은 것이 아닐 수도 있다. 그러나 그보다 더 중요한 점은 판례가 논리의 부족으로 인하여 어떤 경우

에 하자의 승계를 인정하고 어떤 경우에 하자의 승계를 부정하는지가 자의적일 수 있고 그 결과 예측가능성이 떨어져서 법적인 안정을 해칠 소지가 있다는 것이다. 다시 말해, 하자의 승계가 인정되는 범위가 좁게 유지된다는 이유만으로 법적인 안정을 달성할 수는 없는 것이다. 게다가 논리적인 결함이 뜻하지 않게 하자의 승계가 인정되는 범위를 도리어 확대할 수도 있다. 대표적으로, 선행처분의 위법성이 중대하고 명백하여 무효라면 그에 따른 후속처분 또한 당연무효라는 명제가 그러하다. 우리 학설과 판례는 법규명령이 위법한 경우에는 취소할 수 있는 행위가 아니라 당연무효인 것으로 취급하는데, 이에 따라 무효가 되는 법규명령에 근거하는 행정행위는 위법성이 중대하기는 해도 명백하지는 않아서 특별한 사정이 없는 한 취소할 수 있는 상태가 되는 것에 불과하다고 본다. 여기서 선행 행정작용이 법규명령인 경우와 행정행위인 경우를 비교해 보면, 선행적인 법규명령이 위법해서 무효가 되면 그에 근거하는 후속적인 행정행위는 취소할 수 있는 것에 그치는 데 반하여, 선행적인 행정행위가 위법하고 나아가 무효가 되면 그에 따른 후속적인 행정행위 또한 무효라는 결론에 이른다. 그뿐 아니라, 이러한 당연무효의 연쇄고리는 무한하게 반복될 수 있으므로 법적 안정성에 심각한 위협이 될 수 있다.


## Ⅳ. 소결

하자의 승계는 행정행위의 공정력과 직결되어있는 문제이다. 행정행위의 공정력까지 고려하는 종합적인 관점에서 하자의 승계에 관한 법리는 다음과 같이 새롭게 구성되어야 한다. (ㄱ) 우선, 판례에서 지적하는 바와 같이, "행정행위의 공정력이 인정된다고 하더라도 그 상대방이나 이해관계인은 언제든지 그 행정행위가 위법한 것임을 주장할 수 있다." 라는 점에서 출발하여야 한다. (ㄴ) 프랑스법상 위법성의 항변에 관한 법리를 고려하건대, 하자의 승계는 동일한 법률의 규율에 해당하는 행정작용 사이에서 가능하다. 나아가 후행행위가 선행행위를 적용한 결과이거나 선행행위가 후행행위의 법적 기초가 되는 경우이어야 한다. (ㄷ) 행정행위의 공정력에 비추어 보건대, 선행행위의 효력을 존중하는 취지에 위반되지 않는다면 그 하자는 후행행위에 승계된다. 행정행위 구속력의 한계를 벗어나기 때문이다. (ㄹ) 선행행위의 효력을 존중하는 취지에 위반되더라도 그로 인한 문제가 딱히 발생하지 않거나 그 반대로 어떠한 목적을 위해서 오히려 위반을 감수해야 하는 특별한 사정이 있다면 그 하자는 후행행위에 승계된다. 행정행위의 구속력에 대한 예외로 인정되

는 것이다.203)

## 1. 수용재결에서 심사되는 법률의 범위에 관하여

프랑스법상 법제의 독자성 원칙을 참고한다면, 가장 먼저 판단해야 할 사항은 수용재결의 직접적인 근거가 되는 법률의 위반이 문제가 되는지 혹은 그렇지 않은 법률의 위반이 문제가 되는지이다. 전자에 해당하면 하자 승계의 가능성이 열리고, 후자에 해당하면 그 가능성이 닫힌다. 다만, 단순히 하나의 법률인지 아닌지의 형식적인 기준으로 판단해서는 안 되고, 별도의 법률이라고 하더라도 그 규율이 교차하는 경우에는 직접적인 근거가 되는 법률로 인정할 수 있다. 이 점에 주목하여, 표준지공시지가결정과 수용재결 사이에 하자의 승계를 인정하는 판례204)를 음미할 필요가 있다. 표준지공시지가결정은 엄연히 별개의 법률에서 정하는 절차이지만 그 결정을 통한 표준지공시지가가 수용재결에서 손실보상을 산정하는 기준이 된다는 점에서 보면, 표준지공시지가결정과 수용재결은 실질적으로 동일한 법률의 규율에 해당하다고 볼 수 있다. 이와 같이 수용재결의 직접적인 근거가 되는 법률의 범위에 포섭이 된다면 토지수용위원회가 그 위법성에 관하여 심사할 가능성이 열리고, 그래야만 나중에 법원이 수용재결을 취소할 가능성이 열린다.

여기서 도시계획이 수용재결과 동일한 법률의 규율에 해당한다고 볼 것인지가 어려운

---

203) 송시강, 앞의 글[입국금지의 사증발급에 대한 효력과 그 한계], 73쪽 이하.

204) 대법 2008. 8. 21. 선고 2007두13845 판결: 표준지공시지가결정은 이를 기초로 한 수용재결 등과는 별개의 독립된 처분으로서 서로 독립하여 별개의 법률효과를 목적으로 하는 것이나, 표준지공시지가는 이를 인근 토지의 소유자나 기타 이해관계인에게 개별적으로 고지하도록 되어 있는 것이 아니어서 인근 토지의 소유자 등이 표준지공시지가결정 내용을 알고 있었다고 전제하기가 곤란할 뿐만 아니라 결정된 표준지공시지가가 공시될 당시 보상금 산정의 기준이 되는 표준지의 인근 토지를 함께 공시하는 것이 아니어서 인근 토지 소유자는 보상금 산정의 기준이 되는 표준지가 어느 토지인지를 알 수 없으므로(더욱이 표준지공시지가가 공시된 이후 자기 토지가 수용되리라는 것을 알 수도 없다) 인근 토지 소유자가 표준지의 공시지가가 확정되기 전에 이를 다투는 것은 불가능하다. 더욱이 장차 어떠한 수용재결 등 구체적인 불이익이 현실적으로 나타나게 되었을 경우에 비로소 권리구제의 길을 찾는 것이 우리 국민의 권리의식임을 감안하여 볼 때 인근 토지소유자 등으로 하여금 결정된 표준지공시지가를 기초로 하여 장차 토지보상 등이 이루어질 것에 대비하여 항상 토지의 가격을 주시하고 표준지공시지가결정이 잘못된 경우 정해진 시정절차를 통하여 이를 시정하도록 요구하는 것은 부당하게 높은 주의의무를 지우는 것이라 아니할 수 없고, 위법한 표준지공시지가결정에 대하여 그 정해진 시정절차를 통하여 시정하도록 요구하지 아니하였다는 이유로 위법한 표준지공시지가를 기초로 한 수용재결 등 후행 행정처분에서 표준지공시지가결정의 위법을 주장할 수 없도록 하는 것은 수인한도를 넘는 불이익을 강요하는 것으로서 국민의 재산권과 재판받을 권리를 보장한 헌법의 이념에도 부합하는 것이 아니라고 할 것이다. 따라서 표준지공시지가결정에 위법이 있는 경우에는 그 자체를 행정소송의 대상이 되는 행정처분으로 보아 그 위법 여부를 다툴 수 있음은 물론, 수용보상금의 증액을 구하는 소송에서도 선행처분으로서 그 수용대상 토지 가격 산정의 기초가 된 비교표준지공시지가결정의 위법을 독립된 사유로 주장할 수 있다.

쟁점이다. 이와 관련하여, 프랑스법에서는 도시계획법전과 공용수용법전이 서로 다른 법률인데도 양자의 동일성을 인정하고 있다. 우리의 경우에는 구체적으로 도시계획과 수용재결이 어떤 관계에 있는지를 살펴서 판단하는 것이 적절하다. 이와 관련하여, 판례는 "용도지역 변경은 행정처분으로서 독립하여 행정쟁송의 대상이 되므로, 이에 대한 제소기간이 지난 후의 수용재결이나 이의재결의 단계에서는 용도지역변경처분에 당연무효라고 볼 만한 특별한 사정이 없는 한 위 변경처분의 위법을 이유로 재결의 취소를 구할 수 없는 것이다."라는 입장이다.[205] 이는 결론적으로 하자의 승계를 부인하는 것이지만 그 논리적인 전제로서 법률상 규율의 동일성은 인정한 것일 수 있는 점에서, 도시계획과 수용재결이 동일한 법률의 규율에 해당할 가능성은 여전히 열려 있다.[206] 최근 판례는 도시정비법상 재개발조합의 분양신청절차의 위반을 이유로 재개발조합의 신청에 따른 수용재결을 취소하였는바, 이는 수용재결의 직접 근거가 되는 법률의 범위를 그 실질의 관점에서 폭넓게 인정한 결과로 분석할 수 있다.[207]

---

205) 대법 1997. 4. 8. 선고 96누11396 판결.

206) 이와 관련하여, 대법 2006. 11. 9. 선고 2006두1227 판결을 주목할 필요가 있다. 동 판결은 "지구단위계획은 타인 소유 토지의 취득이나 자기 소유 토지의 처분을 강제할 수는 없다 할 것이므로 지구단위계획에 의해 지적의 경계와 용도구분에 의한 경계가 달라진 경우에 그 지구단위계획의 내용이나 취지가 토지소유자에게 지적 경계를 지구단위계획에서 정한 용도구분의 경계와 일치시켜야 한다거나 기타 사용권의 취득을 강제하는 것이라고 볼 수는 없다."라는 점을 들어서, 용도구분의 경계에 관한 지구단위계획에 위반된다는 이유로 건축허가를 거부한 처분이 그 지구단위계획의 내용이나 취지에 어긋나므로 위법이라고 판시하였다. 이는 실질적으로는 용도구분의 경계에 관한 지구단위계획의 위법을 이유로 건축허가거부처분을 취소한 것이다. 그런데도 지구단위계획이 위법이라고 판단한 다음에 그에 따른 건축허가거부처분이 위법하다고 설시하는 것이 아니라, 지구단위계획을 합법적인 의미로 축소하여 해석한 다음에 건축허가거부처분이 그 지구단위계획을 위반하였으므로 위법하다고 설시하였다. 이는 상당히 부자연스러운 논리가 아닐 수 없는데, 하자의 승계 법리를 적용하지 않으려는 의도가 아닐까 추측한다. 용도지역의 결정과 마찬가지로 도시관리계획으로서 행정처분에 해당하는 지구단위계획에 불가쟁력이 발생한 상태에서 그 지구단위계획의 위법을 이유로 건축허가처분을 취소하는 데 자신이 없었던 것일 수 있다. 그러나 우리와 마찬가지로 도시관리계획이 독자의 행위형식인 프랑스법에서나 이와 달리 조례의 형식으로 도시관리계획이 수립되는 독일법에서나 도시관리계획의 하자를 이유로 그에 따른 건축허가처분을 취소하는 것은 당연히 가능한 일이다. 그 승계의 범위를 제한하기 위해 배제효가 입법적으로 도입되어 있지만, 그 논리적인 전제는 하자가 승계되는 것이 원칙이라는 점이다.

207) 대법 2007. 3. 29. 선고 2004두6235 판결: 재개발사업의 시행자는 사업시행고시가 있은 날부터 14일 이내에 토지 등의 소유자에게 분양신청기간을 통지하고 일간신문에 공고하여야 하며, 이 경우 분양신청기간은 사업시행고시가 있은 날부터 30일 이상 60일 이내로 하여야 하고, 대지 또는 건축시설에 대한 분양을 받고자 하는 토지 등의 소유자는 분양신청기간 내에 시행자에게 대지 또는 건축시설에 대한 분양신청을 하여야 하며, 한편 시행자는 분양신청을 하지 아니한 자, 분양신청을 철회한 자, 관리처분계획의 기준에 의하여 분양대상에서 제외된 자의 토지·건축물 기타의 권리는 수용할 수 있는바, 분양신청기간의 통지 등 절차는 재개발구역 내의 토지 등의 소유자에게 분양신청의 기회를 보장해 주기 위한 것으로 토지수용을 하기 위하여 반드시 거쳐야 할 필요적 절차라고 할 것이고, 또한 그 통지를 함에 있어서는 분양신청기간과 그 기간 내에 분양신청을 할 수 있다는 취지를 명백히 표시하여야 할 것이므로, 이러한 통지 등의 절차를 제대로 거치지 않고 수용재결에 이르렀다면 그 수용재결은 위법하다 할 것이다.

## 2. 선행처분의 무효로 인한 수용재결의 효력에 관하여

선행처분과 후행처분이 서로 독립하여 별개의 법률효과를 목적으로 하는 때에도 선행처분이 당연무효이면 선행처분의 하자를 이유로 후행처분의 효력을 다툴 수 있다. 도시계획시설사업의 시행자가 작성한 실시계획을 인가하는 처분은 도시계획시설사업 시행자에게 도시계획시설사업의 공사를 허가하고 수용권을 부여하는 처분으로서 선행처분인 도시계획시설사업 시행자 지정 처분이 처분 요건을 충족하지 못하여 당연무효인 경우에는 사업시행자 지정 처분이 유효함을 전제로 이루어진 후행처분인 실시계획 인가처분도 무효라고 보아야 한다. 사업인정처분이 당연무효이면 그것이 유효함을 전제로 이루어진 수용재결도 무효라고 보아야 한다. 국토계획법상 도시계획시설사업의 실시계획 인가·고시에는 토지보상법에 따른 사업인정과 그 고시가 있었던 것으로 간주된다. 실시계획 인가처분이 당연무효이므로, 그에 기초한 수용재결 역시 무효라는 것이 판례이다.[208]

그러나 사업시행자의 지정은 그 실질을 보건대 실시계획인가의 사전결정으로서 성격을 가지는바, 사업시행자의 지정이 그 요건을 일부 충족하지 못한다고 해서 쉽게 무효로 보아서는 안 된다. 판례는 하자의 승계가 인정되는 범위에 대해 지나치게 엄격한 데 반하여, 선행처분이 무효라면 후행처분도 무효라는 법리는 남용하는 경향이 있다. 하자의 승계에 관한 법리를 경직되게 적용하면서 발생하는 문제를 선행처분이 무효라는 예외적 사정을 통해서 탄력적으로 해결하려는 것이나, 하자가 승계되기 위해서는 선행처분과 후행처분 사이에 일정한 조건이 필요하고 그 조건은 선행처분이 무효인 경우라고 해서 달라질 것이 없다는 점을 간과한 잘못이 있다. 실시계획인가를 통해서 사업인정이 의제되고 그 사업인정에 핵심이 되는 공공필요는 실시계획인가에 전적으로 의존하는 점에서, 실시계획인가의 하자는 이로써 의제되는 사업인정과 그에 따른 수용재결에도 승계가 된다고 보아야 한다. 또한 조합설립인가에 하자가 있더라도 그 변경인가를 통해 하자의 치유를 인정하는 것과 유사한 결론을 도출하는 판례[209]의 법리를 사업시행자의 지정에 대해서도

---

208) 대법 2017. 7. 11. 선고 2016두35144 판결.

209) 대법 2014. 5. 29. 선고 2013두18773 판결: 종전의 조합설립인가처분의 위법 여부 또는 효력 유무 등에 관한 다툼이 있어 조합이 토지 등 소유자로부터 새로 법정사항이 포함된 동의서에 의한 동의를 받는 등 처음부터 다시 조합설립인가에 관한 절차를 밟아 조합설립변경인가처분을 받은 경우에 그 조합설립변경인가처분이 새로운 조합설립인가처분의 요건을 갖추었다고 보기 위하여는, 다른 특별한 사정이 없는 한 조합설립변경인가의 신청 전에 총회를 새로 개최하여 조합정관의 확정·조합임원의 선임 등에 관한 결의를 하는 등의 절차적 요건을 구비하여야 한다. 다만 이 경우 새로 개최된 총회의 의사결정은 종전의 조합설립인가의 신청 전에 이루어진 창립총회의 결의를 추인하는 결의를 하거나 총회의 진행 경과 등에 비추어 그러한 추인의 취지가 포함된 것으로 볼 수 있는 사정이 있으면 충분할 것이다.

확대 적용할 필요가 있다.

## 3. 사업인정의 구속력과 수용권의 남용에 관하여

헌법 제23조의 근본취지는 우리 헌법이 사유재산제도의 보장이라는 기조 위에서 원칙적으로 모든 국민의 구체적 재산권의 자유로운 이용·수익·처분을 보장하면서 공공필요에 의한 재산권의 수용·사용 또는 제한은 헌법이 규정하는 요건을 갖춘 경우에만 예외적으로 허용한다는 것으로 해석된다. 이와 같은 우리 헌법의 재산권 보장에 관한 규정의 근본취지에 비추어 볼 때, 공공필요에 의한 재산권의 공권력적, 강제적 박탈을 의미하는 공용수용은 헌법상의 재산권 보장의 요청상 불가피한 최소한에 그쳐야 한다. 사업인정이라 함은 공익사업을 토지 등을 수용 또는 사용할 사업으로 결정하는 것으로서 공익사업의 시행자에게 그 후 일정한 절차를 거칠 것을 조건으로 일정한 내용의 수용권을 설정하여 주는 형성행위이므로, 해당 사업이 외형상 토지 등을 수용 또는 사용할 수 있는 사업에 해당한다고 하더라도 사업인정기관으로서는 그 사업이 공용수용을 할 만한 공익성이 있는지의 여부와 공익성이 있는 경우에도 그 사업의 내용과 방법에 관하여 사업인정에 관련된 자들의 이익을 공익과 사익 사이에서는 물론, 공익 상호간 및 사익 상호간에도 정당하게 비교·교량하여야 하고, 그 비교·교량은 비례의 원칙에 적합하도록 하여야 한다. 그뿐만 아니라 해당 공익사업을 수행하여 공익을 실현할 의사나 능력이 없는 자에게 타인의 재산권을 공권력적·강제적으로 박탈할 수 있는 수용권을 설정하여 줄 수는 없으므로, 사업시행자에게 해당 공익사업을 수행할 의사와 능력이 있어야 한다는 것도 사업인정의 한 요건이라고 보아야 한다. 그리고 공용수용은 헌법상의 재산권 보장의 요청상 불가피한 최소한에 그쳐야 한다는 헌법 제23조의 근본취지에 비추어 볼 때, 사업시행자가 사업인정을 받은 후 그 사업이 공용수용을 할 만한 공익성을 상실하거나 사업인정에 관련된 자들의 이익이 현저히 비례의 원칙에 어긋나게 된 경우 또는 사업시행자가 해당 공익사업을 수행할 의사나 능력을 상실하였음에도 여전히 그 사업인정에 기하여 수용권을 행사하는 것은 수용권의 공익 목적에 반하는 수용권의 남용에 해당하여 허용되지 않는다. 사업인정을 받은 이후 재정상황이 더욱 악화되어 수용재결 당시 이미 사업을 수행할 능력을 상실한 상태에 있었다고 볼 여지가 있다면 사업시행자가 수용재결을 신청하여 그 재결을 받은 것은 수용권의 남용에 해당한다는 것이 판례의 입장이다.[210] 이는 수용재결의 본질이 공공필요에 관한 판단이라는 점을 상기시켜 준 매우 중요한 판결이다. 사업인정 이후의 사정변경을 이유로 하는 점에서 수용권의 '남용'이라는 법리가 고안된 것이지만, 이러한 판례의 법리를 좀 더 근본적인 관점에서 발전적으로 이해한다면, 공용수용으로 인하여 재산권의 본질적인 침해가 야기되는 결과가 발생하는 특수한 상황에서는 사업인정의 구속력이 인정되는 경우라고 하더라도 예외적으로 그 구속력을 부인하고 하자의 승계를 인정하여야 한다는 명제가 추론된다.211) 이러한 구속력에 대한 예외 인정의 필요성은 하자의 승계라는 논리를 부정하는 독일법에서도 마찬가지이다.212)

---

210) 대법 2011. 1. 27. 선고 2009두1051 판결.

211) 이와 관련하여, 표준지공시지가결정과 수용재결 사이에 하자의 승계를 인정하는 판례(대법 2008. 8. 21. 선고 2007두13845 판결)가 "수용재결 등 후행 행정처분에서 표준지공시지가결정의 위법을 주장할 수 없도록 하는 것은 수인한도를 넘는 불이익을 강요하는 것으로서 국민의 재산권과 재판받을 권리를 보장한 헌법의 이념에도 부합하는 것이 아니다."라고 설시한 것은 결과적으로 타당하나 그 논리적인 구성에 있어 적절하지 않은 측면이 있다. 행정행위의 공정력을 행정행위의 효력에 대한 존중이라는 측면에서 이해한다면 여기서 다음과 같은 질문이 필요하다. 표준지공시지가는 지가를 산정하는 기준이 되는바, 표준지공시지가가 위법하기 때문에 수용재결의 보상금액이 위법하다는 주장을 보상금증감청구소송에서 주장하는 것이 과연 표준지공시지가의 효력을 존중하는 취지에 위반되는 것일까? 표준지공시지가는 어디까지나 지가를 산정하는 기준에 불과하고 표준지공시지가를 기준으로 산정된 지가는 필요한 경우 가감 조정하여 적용할 수 있다는 점(부동산 가격 공시에 관한 법률 제8조 제1항 단서)을 고려한다면, 보상금증감청구소송에서 표준지공시지가가 위법하기 때문에 수용재결의 보상금액이 위법하다고 주장하는 것은 그 효력을 존중하는 취지에 위반되지 않는다고 보는 것이 타당하다. 수용재결에서 위법한 표준지공시지가를 바로 잡는 것은 실질적으로 표준지공시지가를 기준으로 산정된 지가를 가감 조정하여 적용하는 일에 해당하는 점에서 그러하다. 위법한 표준지공시지가를 당연히 시정하여야 함에도 그리하지 않은 수용재결은 위법한 것일 수밖에 없다. 이러한 결과를 설명하는 데 '수인한도를 넘는 불이익의 강요'라는 명분은 다소 과도하다. 그 명분은 다른 이유로는 하자의 승계를 정당화할 수 없는 경우에 최후의 수단으로 사용하는 것이 적절하다는 생각이다. 이상의 설명은 개별공시지가결정과 과세처분 사이에 하자의 승계를 인정하는 판례(대법 1994. 1. 25. 선고 93누8542 판결)에 대해서도 마찬가지이다.

212) Hans-Uwe Erichsen/Ulrich Knoke, Bestandskraft von Verwaltungsakten, NVwZ, 1983, 192쪽 이하: 행정행위가 상대방의 기본권을 침해하면 기본권을 통해서 보장되는 보호가 행정행위의 존속력과 충돌할 수 있다. 이러한 충돌은 행정결정의 존속력이 다른 절차에 미치거나 동일 절차의 후속 단계에 미치는 것이 문제가 되는 경우에 국한되지 않는다. 행정행위의 형식적 존속력에 관한 결정 자체가 법적 안정성에 대한 명령과 그 결정을 통해서 침해되는 기본권 사이의 긴장관계 속에 있다. 개별적인 기본권, 특히 기본법 제14조에 따른 재산권의 보장은 연방헌법재판소의 판례에 따르면 효과적인 권리보호에 대한 기본권주체의 청구권을 포함한다. 최대한으로 빠짐없이 포괄적이고 효과적인 법원에 의한 보호는 비록 우선적인 것은 아니더라도 기본법 제19조 제4항에 의하여 보장된다. 이러한 권리보호가 국가에 의하여 보장되는데도 권리가 침해된 자가 소송법에서 정하는 기간 내에 이를 이용하지 않는 경우, 이는 기본법 제19조 제4항에 의한 권리보호의 보장에 대한 위반에 해당하지 않는다. 그뿐 아니라, 재산권과 같은 개별적인 기본권은 원칙적으로 그와 동등한 위상을 가지는 법적 안전성이라는 헌법상 이익과 형량이 이루어지는 점에서, 그 기본권적 지위에서 계속적인 권리보호에 대한 청구권이 도출되지도 않는다. 존속력이 있는 행정행위가 다른 행정절차, 특히 후속적인 행정결정에 영향을 미치는 경우도 사전적인 결정에 대해서 효과적인 권리보호가 존재하고 있었음에도 권리가 침해된 자가 이를 이용하지 않았다는 점에서 이와 사정이 다르지 않다. 연방행정법원은 어떠한 행정행위가 후속적 행정결정에 대한 선결문제를 포함하고 있는 점이 인정된다면 다시 한번 법원에 의한 심사가능성을 보장하는 것이 그 행정행위에 대한 권리보호의 가능성을 사용하지 않은 자에게 효과적인 기본권의 보호를 제공한다고 설시한다. 하지만 이러한 해법은 존속력을 통해서 달성하고자 애쓰는 법적 안정성에 부담이 된다. 추가로 고려해야 할 짐은 기본법

# 제4절 공용부담

## I. 의의

학설상 광의의 공용부담은 협의의 공용부담에 해당하는 인적 공용부담 외에 공용침해에 해당하는 물적 공용부담을 포함하는 개념이다. 협의의 공용부담에 해당하는 인적 공용부담은 현물적인 공용부담과 현금적인 공용부담으로 구분이 되고, 상품경제에서 화폐경제로 발전하면서 선진 국가에서는 현물적인 공용부담이 현금적인 공용부담으로 대체되어 가는 추세에 있다. 공공시설은 행정이 설치하고 그 재원을 마련하기 위하여 현금적인 공용부담을 부과하는 것이다. 이 경우에 공공시설의 설치에 필요한 비용을 해당 공공시설의 설치를 통하여 이익을 누리는 것이 추정되는 자에게 그 이익의 범위 내에서 부담시키는 분담금(Beitrag)이라는 형식이 자주 활용된다. 이와 달리 우리의 경우 지금도 현물적인 공용부담이 곳곳에서 널리 사용되고 있고, 국토계획법만 보더라도 개정을 거치면서 점점 더 현물적인 공용부담의 활용을 늘려 가는 추세에 있다. 그리고 그 핵심에 공공시설의 무상귀속이 있다. 이는 앞서 설명한 것처럼 입법적 수용의 외관을 가지나 그 실질은 공용부담에 해당하는바, 지금과 같은 남용의 추세는 법리적으로 우려가 크다. 그렇다고 금전적 공용부담이 활용되지 않는 것도 아니다. 국토계획법은 기반시설부담구역을 지정하고 그 안에서 일정한 건축행위에 대해서 기반시설설치비용을 부과할 수 있도록 규정하고 있다(제67 내지 70조). 이러한 기반시설설치비용은 앞서 설명한 분담금의 형식으로서, 이와 달리 공공시설의 설치에 필요한 비용의 조달보다는 개발이익의 환수에 일차적인 목적이 있는 특별부담금(Sonderabgabe)과 구별된다. 이러한 특별부담금의 대표적인 사례로는 「개발이익 환수에 관한 법률」에 따른 개발부담금이나 「재건축초과이익 환수에 관한 법률」에 따

---

제14조에 따른 재산권의 보장에 관한 연방행정법원의 판결들에서 나타나는 견해는 존속력과 충돌하는 다른 기본권, 예를 들어, 영업자에 관한 기본법 제12조, 망명자에 관한 기본법 제16조 제2항 제2문에 대해서도 관철되리라는 점이다. 존속력이 있는 행정행위의 선결적 효력은 언제나 이로써 침해되는 기본권 보호의 후위에 있어야 한다는 명제는 충돌하는 헌법적 가치는 원칙적으로 동등한 위상을 가진다는 명제와 조화롭기 어렵다. 이 점에서 충돌하는 법적인 가치와 이익 간에 형량이 이루어져야 한다. 여기서 고려되어야 할 점은 시민의 기본권적 지위에 대한 침해의 강도와 효과적인 권리보호의 보장이 선결적 효력의 나머지 요건, 즉 존속력의 객관적이고 주관적이며 시간적인 한계, 그리고 규율의 명백성과 선결문제의 포함(Vorfragecharakter)에 관한 예측가능성의 요청을 통해서 이미 대부분 해결된다는 것이다. 더 나아가 기본권적 지위와 법적 안정성에 대한 명령 사이에 요청되는 형량이 입법자에 유보되는 영역에 해당하는지를 검토할 필요가 있어 보인다.

른 재건축부담금을 들 수 있다.213) 그동안 분담금보다는 특별부담금의 형식이 더 널리 사용되어왔다. 이러한 특별부담금은 공공시설의 무상귀속과 같은 현물적 공용부담과 공통점이 있는바, 그것은 바로 민간사업자에게 개발이익이 발생해야만 부과의 정당성이 인정된다는 것이다. 그 때문에 행정이 나서서 개발이익의 발생을 조장한다는 비판을 면하기 어렵다. 그에 비해 행정이 공공시설을 설치하고 그 비용을 조달하기 위해서 민간에 분담금을 부과하는 체계는 개발이익이 국가에 귀속하는 것을 전제하는 점에서 시장을 자극하지 않는다는 장점이 있지만, 민간의 수요에 탄력적으로 대응하기가 어려울 뿐만 아니라 공공시설의 설치라는 이익의 배분이나 분담금이라는 의무의 부과에 있어 평등이나 형평의 관점에서 제기되는 반발에 대처하기가 쉽지 않다.

국토계획법상 공공시설은 그 기반시설의 일종이다. 국토계획법은 기반시설을 설치할 의무가 행정에 있다는 점을 인정하면서도 공공시설의 무상귀속을 비롯한 현물적인 공용부담에 관한 여러 근거를 마련하고 있다. (ㄱ) 제도의 원형이 되는 것은 개발행위허가를 받은 자가 설치하는 공공시설의 무상귀속이다. 개발행위허가를 받은 자가 행정청인 경우와 그렇지 않은 경우가 다르다. 전자의 경우에는 개발행위허가를 받은 자가 새로 공공시설을 설치하거나 기존의 공공시설에 대체되는 공공시설을 설치하면 새로 설치된 공공시설은 그 시설을 관리할 관리청에 무상으로 귀속되고, 종래의 공공시설은 개발행위허가를 받은 자에게 무상으로 귀속된다. 개발행위허가를 받은 자는 개발행위가 끝나 준공검사를 마친 때에는 해당 시설의 관리청에 공공시설의 종류와 토지의 세목을 통지하여야 한다. 그러면 공공시설은 그 통지한 날에 해당 시설을 관리할 관리청과 개발행위허가를 받은 자에게 각각 귀속된 것으로 본다(제65조 제1항, 제5항). 후자의 경우에는 개발행위허가를 받은 자가 새로 설치한 공공시설은 그 시설을 관리할 관리청에 무상으로 귀속되고, 개발행위로 용도가 폐지되는 공공시설은 새로 설치한 공공시설의 설치비용에 상당하는 범위에서 개발행위허가를 받은 자에게 무상으로 양도할 수 있다. 개발행위허가를 받은 자는 관리청에 귀속되거나 그에게 양도될 공공시설에 관하여 개발행위가 끝나기 전에 시설의 관리청에 그 종류와 토지의 세목을 통지하여야 하고, 준공검사를 한 특별시장·광역시장·특별자치시장·특별자치도지사·시장 또는 군수는 그 내용을 해당 시설의 관리청에 통보하여야 한다. 그러면 공공시설은 준공검사를 받음으로써 그 시설을 관리할 관리청과 개발행위허가를 받은 자에게 각각 귀속되거나 양도된 것으로 본다(제65조 제2항, 제6항). (ㄴ) 도시계획시설사업에 의하여 설치되는 공공시설의 무상귀속 제도이다. 도시계획시설사업에 의하여

---

213) 재건축부담금의 성격에 관하여는 송시강, 앞의 글[공법상 부담금에 관한 연구], 119쪽 이하. 특별부담금에 관한 일반론은 송시강, "기금에 관한 다층적 법리 분석", 홍익법학 제16권 제1호, 2015, 753쪽 이하.

새로 공공시설을 설치하거나 기존의 공공시설에 대체되는 공공시설을 설치한 경우는 개발행위허가를 받은 자가 새로 공공시설을 설치하거나 기존의 공공시설에 대체되는 공공시설을 설치한 경우에 준한다(제99조). 여기서 국토계획법상 개발행위허가(제56조)가 공공시설의 무상귀속에 있어서는 도시계획시설사업과 동등하게 취급된다는 것을 알 수 있다. 국토계획법상 개발행위허가는 건축법상 건축허가에 상응하는 것부터 도시계획시설사업에 이르기까지 다양하여 그 법적인 성격을 규정하기가 쉽지 않은데, 적어도 공공시설의 설치를 수반하는 개발행위허가는 도시계획시설사업이 그러한 것과 마찬가지로 실질적 의미의 도시계획에 해당한다고 평가할 수 있다. (ㄷ) 민간에 의한 공공시설의 설치를 유인하는 제도이다. 국토계획법은 건축물의 주위에 공원·광장·도로·하천 등의 공지가 있거나 이를 설치하는 경우에는 조례로 용적률을 따로 정할 수 있도록 규정한다(제78조 제4항). 구체적으로, 준주거지역·중심상업지역·일반상업지역·근린상업지역·전용공업지역·일반공업지역 또는 준공업지역 안의 건축물로서 공원·광장(교통광장을 제외한다)·하천 그 밖에 건축이 금지된 공지에 접한 도로를 전면도로로 하는 대지 안의 건축물이나 공원·광장·하천 그 밖에 건축이 금지된 공지에 20미터 이상 접한 대지 안의 건축물 또는 너비 25미터 이상인 도로에 20미터 이상 접한 대지 안의 건축면적이 1천제곱미터 이상인 건축물에 대한 용적률은 경관·교통·방화 및 위생상 지장이 없다고 인정되는 경우에는 법령에서 정하는 해당 용적률의 120퍼센트 이하의 범위 안에서 조례가 정하는 비율로 완화할 수 있다(국토계획법 시행령 제85조 제7항). 그리고 상업지역이나 도시정비법에 따른 정비구역 안에서 건축물을 건축하고자 하는 자가 그 대지의 일부를 공공시설부지로 제공하는 경우에는 당해 건축물에 대한 용적률을 법령에서 정하는 해당 용적률의 200퍼센트 이하의 범위 안에서 대지면적의 제공 비율에 따라 조례가 정하는 비율로 완화할 수 있다(국토계획법 시행령 제85조 제8항). 이에 따른 공공시설의 설치에는 기부채납의 형식이 이용될 가능성이 크지만, 만일 공공시설의 무상귀속에 관한 규정이 적용된다면 그에 따르게 될 것이다.[214] (ㄹ) 민관합동(public private partnership)에 해당하는 이른바 공공기여 제도이다.[215] 지구단위계획으로 개발이익이 발생하는 경우에는 개발이익의 환수를 위하여 지구단위계획으로 정하는 바에 따라 지구단위계획의 구역 안에서 건축물을 건축하려는 자에게 공공시설 기타 기반시설의 부지를 제공하게 하거나 그 시설을 설치하여 제공하게 하거나 그 비용을 납부하게 할 수 있다(제52조의2). 이는 앞서 설명한 독일의 연방건설법전 제12조에서 규정

---

214) 무상귀속의 대상인 공공시설을 기부채납한 경우의 법률관계에 관하여 이승민, "공공시설의 무상귀속에 관한 소고", 행정법연구 제34호, 2012, 360쪽 이하.

215) 김종보·허지인, 지구단위계획과 공공기여의 산정, 행정법연구 제67호, 2022, 139쪽 이하.

하는 사업적 지구단위계획(Vorhabenbezogener Bebauungsplan)에 상응하는 것이다. 이와 유사한 것이 프랑스법에도 있는데 그것이 바로 협의정비구역(zone d'aménagement concerté) 제도이다. 독일의 법제와 비교하면, 우리의 공공기여 제도는 몇 가지 중대한 문제점이 있다. 첫째, 사전협상을 거쳐 지구단위계획이 수립되고 그에 따른 공공기여에 이르는 과정에 관한 행정절차적 규율에 중대한 결함이 있다. 이에 관하여 독일법은 법률에서 행정계약이라는 법적인 형식을 명시적으로 규정하고 있지만 우리는 그렇지 못하다. 둘째, 국토계획법 제52조의2는 공공시설의 설치비용에 초점을 맞추어 규정하고 있고, 그 결과 민간이 주도하는 지구단위계획이라는 점이 드러나지 않는다. 이른바 사인에 의한 행정계획의 수립이라는 관념을 애써 무시하는 것이다. 셋째, 독일법이나 프랑스법에서도 우리의 공공기여와 유사한 제도가 있는 것은 사실이나, 그 나라에서는 원칙적으로 허용되지 않는 현물적인 공용부담이 민관합동을 계기로 예외적으로 허용되는 것이다. 이와 달리, 우리는 이미 현물적인 공용부담 제도가 광범위하게 도입되어 있는데, 이에 더해 민관합동에 의한 현물적인 공용부담을 추가하는 것이 과연 적절한지에 관한 고민이 없다. 이 점에서 보면 이른바 공공기여 제도의 활성화를 위해서는 역설적으로 기존의 현물적인 공용부담 제도를 축소해 나갈 필요가 있다.

## II. 공공시설의 무상귀속에 관하여

### 1. 공공시설의 무상귀속에 관한 특별법

앞서 공공시설의 무상귀속에 관한 일반법에 해당하는 국토계획법의 규정을 살펴보았으나, 이에 관한 특별법에 해당하는 규정들이 있고, 그중 가장 대표적인 것으로는 국토계획법에서 말하는 공공시설에 상응하는 정비기반시설의 무상귀속에 관한 도시정비법 제97조를 들 수 있다. 이에 따라 시장·군수등 또는 토지주택공사등이 정비사업의 시행으로 새로 정비기반시설을 설치하거나 기존의 정비기반시설을 대체하는 정비기반시설을 설치한 경우에는 국유재산법 및 공유재산법에도 불구하고 종래의 정비기반시설은 사업시행자에게 무상으로 귀속되고, 새로 설치된 정비기반시설은 그 시설을 관리할 국가 또는 지방자치단체에 무상으로 귀속된다(제1항). 시장·군수등 또는 토지주택공사등이 아닌 사업시행자가 정비사업의 시행으로 새로 설치한 정비기반시설은 그 시설을 관리할 국가 또는 지방자치단체에 무상으로 귀속되고, 정비사업의 시행으로 용도가 폐지되는 국가 또는 지방자치단체 소유의 정비기반시설은 사업시행자가 새로 설치한 정비기반시설의 설치비용에 상당하는 범위에서 그에게 무상으로 양도된다(제2항). 시장·군수등은 정비기반시설의 귀속 및 양도에 관한 사항이 포함된 정비사업을 시행하거나 그 시행을 인가하려는 경우에는 미리 그 관리청의 의견을 들어야 한다(제4항). 사업시행자는 제1항부터 제3항까지의 규정에 따라 관리청에 귀속될 정비기반시설과 사업시행자에게 귀속 또는 양도될 재산의 종류와 세목을 정비사업의 준공 전에 관리청에 통지하여야 하며, 해당 정비기반시설은 그 정비사업이 준공인가되어 관리청에 준공인가통지를 한 때에 국가 또는 지방자치단체에 귀속되거나 사업시행자에게 귀속 또는 양도된 것으로 본다(제5항). 정비사업의 시행으로 용도가 폐지되는 국가 또는 지방자치단체 소유의 정비기반시설의 경우 정비사업의 시행 기간 동안 해당 시설의 대부료는 면제된다(제7항).

이러한 도시정비법은 정비사업의 시행으로 용도가 폐지되는 국가 또는 지방자치단체 소유의 정비기반시설이 사업시행자가 새로 설치한 정비기반시설의 설치비용에 상당하는 범위에서 그에게 "무상으로 양도된다."라고 규정하는 것에 반하여, 국토계획법은 개발행위허가를 받은 자가 행정청이 아닌 경우에는 개발행위로 용도가 폐지되는 공공시설을 국유재산법과 공유재산법에도 불구하고 새로 설치한 공공시설의 설치비용에 상당하는 범위에서 개발행위허가를 받은 자에게 "무상으로 양도할 수 있다."라고 규정하는바,[216] 바로 여기서 양자의 가장 큰 차이가 나타난다.[217] 이에 관하여, 국토계획법이 "무상으로 양도할 수 있다."라고 규정하는 것은 재량규정으로 보아야 하고, 도시정비법이 "무상으로 양

---

[216] 무상양도의 신청에 대한 거부에 대해서 결과적으로 그 처분성을 부인한 대법 2007. 4. 26. 선고 2005두11104 판결(피고는 2002. 11. 5. 원고들의 주택건설사업계획에 대한 사업계획승인을 하면서 원고들로 하여금 피고 소유인 이 사건 토지를 유상으로 매입하도록 하는 부관을 부가하였는데, 원고들은 2003. 7. 24.에 이르러 비로소 위 토지를 무상으로 양도해 달라는 내용으로 위 부관의 변경을 구하는 이 사건 신청을 하였으며 이에 대해 피고가 같은 해 8. 25. 이를 거절하는 취지의 이 사건 통지를 하였다는 것이다. 그렇다면 원고들의 이 사건 신청은 제소기간 경과로 이미 불가쟁력이 생긴 이 사건 사업계획승인상의 부관에 대해 그 변경을 요구하는 것으로서, 구 주택건설촉진법 등 관련 법령에서 그러한 변경신청권을 인정하는 아무런 규정도 두고 있지 않을 뿐 아니라, 나아가 관계 법령의 해석상으로도 그러한 신청권이 인정된다고 볼 수 없으므로 원고들에게 이를 구할 법규상 또는 조리상의 신청권이 인정된다 할 수 없고, 그러한 이상 피고가 원고들의 이 사건 신청을 거부하였다 하여도 그 거부로 인해 원고들의 권리나 법적 이익에 어떤 영향을 주는 것은 아니라 할 것이므로 그 거부행위인 이 사건 통지는 항고소송의 대상이 되는 행정처분이 될 수 없다)에 관하여 이현수, 도시정비법상 정비기반시설의 법적 쟁점, 행정법연구 제30호, 행정법이론실무학회, 2011, 361면 이하. 이와 달리, 동 판결의 제1심에 해당하는 서울행정법원 2004. 10. 12. 선고 2003구합35625 판결은 무상양도의 신청에 대한 거부에 처분성을 인정하였는바, 그에 관하여는 최계영, "용도폐지된 공공시설에 대한 무상양도신청거부의 처분성", 행정법연구 제14호, 2005, 421쪽 이하.

[217] 그 밖에 무상양도의 대상이 되는 정비기반시설의 범위가 그와 같은 용도로 대체되어 새로 설치되는 정비기반시설의 설치비용에 한정되지 않는 점(대법 2007. 7. 12. 선고 2007두6663 판결), 정비사업시행인가 이전에 이미 국토계획법에 의하여 도시관리계획으로 결정되어 설치된 국가 또는 지방자치단체 소유의 기반시설에 한정되는 점(대법 2011. 2. 24. 선고 2010두22498 판결)에 관하여는 이현수, 앞의 글[도시정비법상 정비기반시설의 법적 쟁점], 355쪽 이하.

도된다."라고 규정하는 것은 기속규정으로 보아야 하는바, 이러한 차별에 합리성이 인정된다는 것이 판례의 입장이다.[218]

## 2. 공공시설의 무상귀속에 관한 판례의 법리

공공시설의 무상귀속에 관한 법리는 국토계획법 제65조와 도시정비법 제97조의 해석론을 중심으로 판례가 주도하고 있다. 아직도 한창 형성 중인 상태로서, 그중 중요한 몇 가지 쟁점에 관한 판례를 정리하면 다음과 같다.

### (1) 적용범위

판례는 공공시설의 무상귀속 제도가 가지는 장점을 인정하면서도 이것이 재산권 질서에 미치는 중대한 영향을 고려하여 그 적용범위를 엄격하게 제한하는 추세에 있다. (ㄱ) 행정청이 아닌 도시계획사업시행자가 도시계획사업을 시행하여 새로이 설치한 공공시설로서 그 시설을 관리할 국가 또는 지방자치단체에 무상으로 귀속하게 되는 것은 도시계획사업으로 설치된 도로, 공공용물인 도로지하에 설치된 지하통로와 이에 부수된 상가, 하수도, 하천, 제방 등의 공공시설을 의미하고, 공원시설 중의 휴게소부지나 휴게소시설은 공공시설에 포함되지 아니한다.[219] (ㄴ) 국토계획법 제65조 제1항, 제2항은 개발행위허가를 받거나 개발행위허가가 의제되는 모든 개발사업에 대하여 적용되는 것이 아니라, 넓은 면적의 사업구역을 대상으로 하는 '단지형 개발사업'에 한하여 적용되는 것이며, 종래의 공공시설이 해당 개발사업의 시행으로 용도가 폐지되는 경우에 해당할 때 사업시행자에게 무상으로 귀속되거나 양도될 수 있는 대상이 된다.[220] (ㄷ) 도시정비법에서 말하는 정비사업의 시행으로 인하여 용도가 폐지되어 사업시행자에게 무상으로 '양도'되는 정비기반시설은 '정비구역 안'에 있는 정비기반시설만을 의미하는 것으로 해석할 것이고, 사업시행자가 정비사업의 시행으로 새로이 설치한 정비기반시설로서 국가 또는 지방자치단체에 무상으로 '귀속'되는 정비기반시설도 이와 마찬가지로 새겨야 할 것이다. 따라서 사업시행자가 정비사업의 시행으로 새로이 설치한 정비기반시설이지만 정비구역 밖에 위치한 것은 도시정비법 제65조 제2항에 의하여 당연히 국가나 지방자치단체에 무상으로 귀속된

---

218) 대법 2014. 1. 29. 선고 2013다200483 판결.
219) 대법 1990. 7. 10. 선고 90다카7460 판결.
220) 대법 2022. 2. 11. 선고 2017두63245 판결.

다고 할 수 없다.[221] (ㄹ) 주된 인·허가에 관한 사항을 규정하고 있는 어떠한 법률에서 주된 인·허가가 있으면 다른 법률에 의한 인·허가를 받은 것으로 의제한다는 규정을 둔 경우에는, 주된 인·허가가 있으면 다른 법률에 의한 인·허가가 있는 것으로 보는 데 그치는 것이고, 그에서 더 나아가 다른 법률에 의하여 인·허가를 받았음을 전제로 한 다른 법률의 모든 규정들까지 적용되는 것은 아니라고 할 것인바, 구 건축법 제8조 제4항은 건축허가를 받은 경우, 구 도시계획법 제25조의 규정에 의한 도시계획사업 실시계획의 인가를 받은 것으로 본다는 인가의제규정만을 두고 있을 뿐, 구 건축법 자체에서 새로이 설치한 공공시설의 귀속에 관한 구 도시계획법 제83조 제2항을 준용한다는 규정을 두고 있지 아니하므로, 구 건축법 제8조 제4항에 따른 건축허가를 받아 새로이 공공시설을 설치한 경우, 그 공공시설의 귀속에 관하여는 구 도시계획법 제83조 제2항이 적용되지 않는다.[222] 이에 따라 공공시설의 무상귀속 규정이 적용되기 위해서는 그 준용의 명시적 근거가 필요하다.


## (2) 강행규정

공공시설의 무상귀속에 관한 규정은 임의로 그 적용을 배제할 수 없고 이를 위반한 법률행위는 위법하거나 무효가 된다. (ㄱ) 정비사업의 시행으로 인하여 용도가 폐지되는 국가 또는 지방자치단체 소유의 정비기반시설은 그가 새로이 설치한 정비기반시설의 설치비용에 상당하는 범위 안에서 사업시행자에게 무상으로 양도된다는 규정은 민간 사업시행자에 의하여 새로 설치될 정비기반시설의 설치비용에 상당하는 범위 안에서 용도폐지될 정비기반시설의 무상양도를 강제하는 강행규정이라 할 것이다.[223] (ㄴ) 민간 사업시행자에 의하여 새로 설치될 정비기반시설의 설치비용에 상당하는 범위 안에서 용도폐지될

---

221) 대법 2014. 2. 21. 선고 2012다78818 판결: 다만 주택재건축사업시행 등의 인가는 상대방에게 권리나 이익을 부여하는 효과를 가진 이른바 수익적 행정처분으로서, 법령에 처분의 요건이 일의적으로 규정되어 있지 아니한 이상 행정청의 재량행위에 속하므로, 인가관청으로서는 법령상의 제한에 근거한 것이 아니라 하더라도 공익상 필요 등에 의하여 필요한 범위 내에서 여러 조건이나 부담을 부과할 수 있다. 따라서 정비사업의 시행으로 정비구역 밖에 설치하는 정비기반시설이라 하더라도 사업시행 인가관청이 사업시행인가처분을 하면서 인가조건으로 그 시설을 설치하도록 하는 부담을 부과하고 사업시행자가 그 부담의 이행으로써 이를 설치한 때에는, 그 부관이 다른 법률의 규정에 위반되거나 부당결부금지의 원칙이나 비례의 원칙에 반하여 위법하다고 볼 특별한 사정이 없는 한, 그 인가조건의 내용에 따라 당해 정비기반시설은 무상으로 또는 정산을 거쳐 그 시설을 관리할 국가 또는 지방자치단체에 귀속될 수 있다고 할 것이다.
222) 대법 2004. 7. 22. 선고 2004다19715 판결.
223) 대법 2007. 7. 12. 선고 2007두6663 판결.

정비기반시설의 무상양도를 강제하는 강행규정을 위반하여 사업시행자와 국가 또는 지방자치단체 사이에 체결된 매매계약 등은 무효이다.[224] (ㄷ) 무상귀속과 무상양도에 관한 규정은 강행규정으로 해석된다. 그러므로 새로 설치한 정비기반시설의 설치비용이 용도폐지되는 정비기반시설의 평가가액을 초과함에도 불구하고 사업시행 인가관청이 새로이 설치한 정비기반시설의 설치비용을 산정함에 있어 그중 일부를 제외하는 등으로 사업시행자에게 양도한 용도폐지 정비기반시설의 가액에 미달한다고 보아 그 차액 상당의 정산금을 부과하였다면 이는 위 강행규정에 반하는 것으로서 무효라 할 것이므로, 사업시행자는 그 부과처분에 따라 납부한 정산금 상당에 대하여 부당이득반환을 청구할 수 있다.[225]

### (3) 처분적 규율

공공시설의 무상귀속에 관한 규정은 이로써 곧바로 법률효과의 발생, 변경, 소멸을 초래하는 점에서 처분적 성격을 가진다. (ㄱ) 정비사업의 시행으로 새로이 설치한 기반시설의 무상귀속은 강행규정에 의한 물권변동으로서 원시취득이고, 증여계약 또는 증여계약의 일종인 기부채납으로 인한 소유권의 취득과는 구분된다.[226] (ㄴ) 도시정비법 관련 규정의 내용과 입법 취지 등을 고려하면, 사업시행자가 새로 설치한 정비기반시설은 설치비용의 범위와 무관하게 관리청에게 소유권이 원시적으로 귀속되므로, 새로 설치한 정비기반시설의 설치비용이 용도폐지되는 정비기반시설의 평가가액을 초과하더라도 사업시행자가 사업시행 인가관청이나 관리청을 상대로 그 초과액을 정산해 줄 것을 요구하거나 이를 부당이득으로 반환해 줄 것을 요구할 권리가 있다고 볼 수 없다.[227] (ㄷ) 정비기반시설의 무상양도 및 무상귀속 여부는 구 도시정비법 제65조 제2항에 의하여 결정되는 것으로서, 같은 조 제3항은 인가청으로 하여금 이해관계의 조정을 위하여 미리 관리청의 의견을 듣도록 규정한 것에 불과하고, 같은 조 제4항도 제1항 및 제2항의 규정에 의하여 관리청에 귀속될 정비기반시설과 사업시행자에게 귀속 또는 양도될 재산의 종류와 세목을 정비사

224) 대법 2009. 6. 25. 선고 2006다18174 판결.
225) 대법 2014. 2. 21. 선고 2012다82466 판결.
226) 대법 2019. 1. 31. 선고 2017다205523 판결: 이 사건 토지에 개설된 도로는 '정비사업의 시행으로 새로이 설치한 기반시설'이므로, 그에 관한 별도의 법률행위가 있었는지를 불문하고 도시정비법에 따라 준공인가통지가 있은 때 그 시설을 관리할 지방자치단체인 피고에 무상으로 귀속되었다. 따라서 이 사건 각 조건에 따라 원고와 피고 사이에 이 사건 토지에 관한 증여계약이 체결되었고 그에 따라 피고가 이 사건 토지의 소유권을 취득하였으나, 이 사건 각 조건이 취소됨으로써 원고와 피고 사이의 증여계약도 당연히 무효가 되었다는 전제에서, 피고가 이 사건 토지의 소유권을 취득한 것이 법률상 원인이 없다는 원고의 주장은 이유 없다.
227) 대법 2019. 1. 31. 선고 2017다205523 판결.

업의 준공 전에 관리청에 통지하도록 하는 절차적 규정이므로, 같은 조 제3항, 제4항의 절차를 거치지 않았다고 하여 용도폐지되는 정비기반시설이 무상양도의 대상이 되지 않는다고 볼 수는 없고, 그러한 절차를 거치지 않았다는 사정만으로 같은 조 제2항을 위반하여 체결된 계약을 유효로 볼 것은 아니다.[228]

## (4) 귀속의 시점

새로 설치되는 공공시설 무상귀속의 효과가 발생하는 시점이 언제인가에 관한 대법원의 전원합의체 판결[229]이 있다. (ㄱ) 도시계획사업의 시행으로 공공시설이 설치되면 그 사업완료(준공검사)와 동시에 당해 공공시설을 구성하는 토지와 시설물의 소유권이 그 시설을 관리할 국가 또는 지방자치단체에 직접 원시적으로 귀속된다는 것이 다수의견이다. 한편, 시행자는 관리청에 귀속될 공공시설과 시행자에게 양도될 재산에 관하여 도시계획사업의 완료 전에 그 종류와 세목을 관리청에 통지하여야 하고 그 사업이 완료되어 준공검사를 필한 후에 시행자가 사업완료통지를 관리청에 함으로써 관리청에의 귀속과 그 시행자에의 양도가 된 것으로 본다는 규정이 있으나, 이는 관리권 귀속에 관한 일반적 규정으로 이해하여야 할 것이지 권리귀속에 관한 기준시점을 규정한 것이라고 볼 것은 아니라고 한다. (ㄴ) 행정청이 아닌 시행자가 설치한 공공시설의 소유권이 국가 또는 지방자치단체에 귀속되는 시기는 사업완료 통지시라고 풀이함이 옳다는 것이 소수의견이다. (ㄷ) 시행자가 사업완료통지를 행한 때는 물론, 그러한 통지의 실현이 사실상 불가능하게 된 때에도 시행자가 사업완료통지를 한 것으로 보아 그 소유권이 국가 또는 지방자치단체에 귀속하는 효력이 발생하는 것으로 해석해야 한다는 것이 별개의견이다.

이 판결에서 주목할 부분은 소수의견이 다수의견에 대해서 "공물의 성립 및 관리에 관한 일반이론과 국유재산법·지방재정법의 관련 조문에도 맞지 아니한다."라고 비판하는 대목이다. 이에 따르면, "다수의견이 공공시설의 소유권이 먼저 국가 또는 지방자치단체에게 귀속된 후에 그 관리권은 시행자의 사업완료통지에 의하여 비로소 관리청에게 귀속된다고 보는 것은 공물의 성립 및 관리에 관한 일반이론과 국유재산법·지방재정법 조문에 배치될 것이다. 도시계획법은 도시계획사업 시행 전부터 그 공공시설을 관리할 관리청이 이미 정하여져 있음을 전제로 하고 있다. 도시계획법상의 공공시설과 같은 인공공물은 그 요건을 갖추어 공물로서 성립하면 그 성립과 동시에 그 관리청의 관리하에 들어가게

---

228) 대법 2009. 6. 25. 선고 2006다18174 판결.
229) 대법 1999. 4. 15. 선고 96다24897 전원합의체 판결.

되는 것이고, 또한 어떤 재산이 국가 또는 지방자치단체에게 귀속된 때에는 그것은 국·
공유재산으로서 국유재산법과 공유재산법에 의하여 당연히 당해 관리청이 이를 관리하게
된다. 따라서 공물에 관한 한, 국가나 지방자치단체에게 소유권이 있으면서 관리권이 없
는 경우는 상정하기 어렵다. 그러므로 다수의견과 같이 도시계획법상의 공공시설의 소유
권이 원시적으로 국가 또는 지방자치단체에게 귀속되었다고 보면서 그 관리권이 관리청
에 없는 상태로 있다가 시행자가 관리청에 사업완료통지를 함으로써 비로소 관리청으로
넘어간다고 보는 것은 공물의 성립 및 관리에 관한 일반이론과 위 국유재산법 및 지방재
정법 조문에도 배치된다 할 것이다. 다수의견과 같이 해석할 경우, 공공시설이 준공된 이
후 그 사업완료통지 전까지 그 공공시설의 관리권이 누구에게 있으며 관리상의 과실로
손해가 발생하였을 때 누가 책임을 져야 하는지, 시행자가 끝내 사업완료통지를 하지 않
으면 그 관리청이 없는 것인지 등 여러 가지 문제를 야기할 수밖에 없을 것이다. 반면에,
국가 또는 지방자치단체가 공물의 소유권을 가지고 있지 않으면서도 그 관리권을 가지고
있는 경우(타유공물)는 실제로 있으므로 국가 또는 지방자치단체가 타유공물인 공공시설
의 관리권만 가지고 있다가 시행자의 사업완료통지에 의하여 그 소유권을 취득한다고 풀
이하는 것이 공물의 성립 및 관리에 관한 일반이론에 맞는 것이다."

소수의견의 요지는 다수의견에 따르면 준공검사와 동시에 공공시설의 소유권이 국가나
지방자치단체에 귀속되지만, 그 관리권은 사업시행자에 의한 사업완료통지가 있어야 비
로소 국가나 지방자치단체에 귀속하는 점에서, 준공검사와 사업완료통지 사이에 행정이
공물의 소유권을 취득하였는데도 그에 대한 관리권이 없는 이상한 상태가 발생한다는 것
이다. 그러니까 정반대로 준공검사와 동시에 공공시설의 관리권이 국가나 지방자치단체
에 귀속하고, 그 소유권은 사업완료통지가 있어야 비로소 국가나 지방자치단체에 귀속한
다고 해석해야 한다는 것이다. 그러나 국가나 지방자치단체가 공공시설의 소유권만을 가
지고 그에 대한 관리권이 아직 없는 상태라면 그것을 공물이라고 볼 수는 없다. 공물이
성립하기 위해서는 행정에 의한 공적인 제공이 있어야 하는 점에서 그러하다. 소수의견은
공공시설을 공물과 개념적으로 동일하게 이해하면서 오류에 빠진 것이다. 그러나 소수의
견의 다수의견에 대한 비판 중에 소유권과 관리권의 불일치로 인한 법적인 불안정에 관
한 지적은 경청할 가치가 있다. 소유권과 관리권의 불일치를 방치하거나 조장해야 할 이
유가 없는 점에서, 준공검사와 동시에 공공시설의 소유권과 함께 그에 대한 관리권까지
국가나 지방자치단체에 귀속한다고 보는 것이 타당하다. 사업완료통지라는 제도는 위험
부담에 관한 민법 규정의 특칙에 해당하고, 공법상 법률관계와는 직접적인 관련이 없는

것으로 보인다.

## III. 소결

공공시설과 그 무상귀속의 법리는 공물법과 밀접한 관계가 있지만, 법령이나 판례의 표면만 보아서는 그 관계가 잘 드러나지 않는다. 그 가운데 공물의 개념이나 그 법리가 언급된 일부 판례를 정리하면 다음과 같다.

### 1. 공공시설과 행정재산의 관계에 관하여

어느 토지가 무상귀속의 대상이 되는 종래의 공공시설에 해당하기 위해서는 택지개발사업실시계획승인 이전에 이미 적법하게 행정재산으로 된 경우라야 한다. 그런데 국유재산법상의 행정재산이란 국가가 소유하는 재산으로서 직접 공용, 공공용 또는 기업용으로 사용하거나 사용하기로 결정한 재산을 말하고, 그중 도로와 같은 인공적 공공용 재산은 법령에 의하여 지정되거나 행정처분으로써 공공용으로 사용하기로 결정한 경우 또는 행정재산으로 실제로 사용하는 경우의 어느 하나에 해당하여야 비로소 행정재산이 되는데, 특히 도로는 도로로서의 형태를 갖추고 도로법에 따른 노선의 지정 또는 인정의 공고 및 도로구역 결정·고시를 한 때 또는 도시계획법 또는 도시재개발법에서 정한 절차를 거쳐 도로를 설치하였을 때에 공공용물로서 공용개시행위가 있으므로, 토지의 지목이 도로이고 국유재산대장에 등재되어 있다는 사정만으로 바로 토지가 도로로서 행정재산에 해당한다고 할 수는 없다. 이는 국유재산대장에 행정재산으로 등재되어 있다가 용도폐지된 바가 있더라도 마찬가지이다.[230]

### 2. 권원 없이 설치한 공공시설에 관하여

행정이 무단으로 점유한 도로부지에 대해서는 손해배상청구나 부당이득반환청구는 인정하지만, 원상회복청구권의 행사는 허용하지 않는 것이 판례의 입장이다. 이와 달리, 공공시설의 무상귀속 규정은 행정이 공공시설에 대해서 권원을 보유하는 경우에만 적용된

---

230) 대법 2016. 5. 12. 선고 2015다255524 판결.

다는 것이 판례의 입장이다.

㈀ 도시계획 사업시행자는 도시계획 구역 내에 도시계획 사업에 필요한 타인 소유의 토지가 있을 때에는 늦어도 사업시행 기간 내에 사법상 계약에 의하여 이를 양수하거나, 토지수용법에 의한 공용수용의 절차 등의 방법으로 당해 토지에 관한 권리를 반드시 취득하여야 하고, 이러한 권리취득절차가 선행되지 않는 한 실시계획인가의 효력자체가 실효되는 것으로 해석함이 상당하고, 공공시설 무상귀속의 규정은 사업시행자가 그 공공시설에 필요한 토지에 관한 권리를 적법히 취득하여 여기에 공공시설을 설치하고 사업이 완료된 경우에 한하여 적용되는 것이다.[231] ㈁ 구 택지개발촉진법 제25조 제1항은 택지개발사업의 시행에 따른 공공시설의 귀속에 관하여 국토계획법 제65조의 규정을 준용하고 택지개발사업의 시행자를 국토계획법상 개발행위허가를 받은 행정청으로 보도록 규정하고 있다. 그리고 구 국토계획법 제65조 제1항은 "행정청인 개발행위허가를 받은 자가 새로 공공시설을 설치하거나 기존의 공공시설에 대체되는 공공시설을 설치한 경우에는 종래의 공공시설은 그 개발행위허가를 받은 자에게 무상으로 귀속된다."라고 규정하고 있는데, 이 규정은 국가나 지방자치단체가 종래의 공공시설에 필요한 토지의 소유권을 취득하고 있는 경우에 한하여 적용되는 것이지, 공공시설에 필요한 토지를 적법하게 취득하지 아니한 채 여기에 공공시설을 설치하여 국가 또는 지방자치단체가 이를 점유·사용하고 있었던 경우에까지 적용되는 것은 아니다.[232] ㈂ 국토계획법의 규정들은 행정청인 사업시행자가 도시·군계획시설사업의 시행으로 새로이 설치할 공공시설에 필요한 토지를 사법상의 계약이나 공법상의 절차에 따라 취득하여 여기에 공공시설을 설치하고 사업을 마친 경우에 적용된다. 이때 종래 공공시설의 관리청과 새로 설치되는 공공시설의 관리청이 일치하는지 여부는 문제되지 않는다. 그러나 사업시행자가 공공시설에 필요한 토지를 적법하게 취득하지 않은 채 여기에 공공시설을 설치하여 국가 또는 지방자치단체가 이를 점유·사용하고 있는 경우에는 적용되지 않는다. 이러한 해석은 공공시설의 설치에 필요한 토지가 국유지인 경우에도 마찬가지이다.[233]

## 3. 무상귀속과 공물사용의 관계에 관하여

무상귀속으로 인하여 용도가 폐지되는 공공시설에 대해서 점용료 또는 사용료를 부과

---

231) 대법 1981. 12. 22. 선고 80다3269 판결.
232) 대법 2015. 1. 29. 선고 2013다204386 판결.
233) 대법 2018. 10. 25. 선고 2017두56476 판결.

할 수 있는 경우에 그 면제와 관련된 판례가 있다. (ㄱ) 행정청이 아닌 재개발사업 시행자가 당해 사업시행으로 용도가 폐지될 기존의 공공시설에 대체되어 사업시행구역 안에 새로이 설치되는 공공시설에 관하여 부지를 제공하여 그 위에 시설물을 직접 설치하는 경우뿐만 아니라 시행자는 단지 당해 시설의 부지만을 제공하고 시설물의 설치는 시장·군수가 법 제65조의2의 규정에 의한 도시계획사업으로 시행하는 경우에도 법 제65조 제1항의 규정에 의하여 도시계획법 제83조 제2항이 적용되어 새로이 설치한 공공시설은 그 부지와 시설물이 당해 시설을 관리할 행정청에 무상으로 귀속된다고 보아야 할 것이고, 따라서 위와 같은 사항이 포함된 재개발사업의 시행에 관하여 당해 공공시설 관리청의 의견을 들어 인가를 한 경우에는 새로이 설치되는 공공시설 부지의 제공과 용도가 폐지되는 기존 공공시설 상호간에 사업시행계획상 실질적인 대가관계가 있는지 여부를 불문하고 도시계획법 제83조 제4항이 적용되어 기존 공공시설에 관한 시행자의 점용 및 사용에 관하여 관계 법령의 규정에 의한 점용 및 사용료가 면제된 것으로 보아야 한다. 그리고 도시계획사업의 원활한 시행을 위하여 시행자의 재정상 부담을 경감하고자 하는 점용료 등 면제간주 규정의 취지에 비추어 재개발사업 시행자가 위와 같은 내용의 사업시행인가를 받은 후 기존 공공시설의 점용에 관하여 관리청의 점용료 부과 시에는 이를 납부하겠다는 취지의 각서를 작성하였다고 하더라도 이는 점용료 부과처분을 적법하게 하는 근거가 되지 못한다고 할 것이다.[234] (ㄴ) 구 도시정비법 제32조 제1항 제3호는 '사업시행자가 사업시행인가를 받은 때에는 도로법 제61조의 규정에 의한 도로의 점용허가를 받은 것으로 본다.'라고 정하고, 같은 조 제6항은 "정비사업에 대하여 제1항이나 제2항에 따라 다른 법률에 따른 인허가 등을 받은 것으로 보는 경우에는 관계 법률 또는 시·도 조례에 따라 해당 인허가 등의 대가로 부과되는 수수료와 해당 국유지·공유지의 사용 또는 점용에 따른 사용료 또는 점용료를 면제한다."라고 정하고 있다. 구 도시정비법 제32조 제6항의 문언 해석과 구 도시정비법 관련 규정들을 종합하면, 도로가 용도폐지로 일반재산이 된 경우에 용도가 폐지되기 이전에 의제된 점용허가의 효력은 소멸되어 대부계약 체결의 대상이 된다. 주택재건축조합이 사업의 시행으로 용도가 폐지되는 기존 정비기반시설 부지를 점유·사용하는 경우 대부계약에 따른 대부료를 지급해야 하고, 대부료에 대해서는 구 도시정비법 제32조 제6항의 사용료 또는 점용료 면제 규정이 적용될 수는 없다.[235] 참고로, 도시정비법이 2017. 2. 8. 법률 제14567호로 개정되면서 제97조 제7항에 "제1항 및 제2항에 따라 정비사업의 시행으로 용도가 폐지되는 국가 또는 지방자치단체 소유의 정

---

234) 대법 2000. 1. 18. 선고 97누19267 판결.
235) 대법 2021. 7. 15. 선고 2019다269385 판결.

비기반시설의 경우 정비사업의 시행 기간 동안 해당 시설의 대부료는 면제된다."라는 규정이 신설되었다.

# 제3장 공물의 법률관계

공물의 법률관계에서 핵심이 되는 것은 공물의 성립과 소멸, 공물의 관리와 경찰, 공물의 사용과 인인이고, 이러한 법률관계를 종합적으로 고려하여 공물의 개념이 구성되고 또 분류된다고 볼 수 있다. 이와 같이 현실적으로는 가장 늦게 등장하는 공물의 개념과 분류가 이론적으로는 가장 앞에서 설명이 되어야 하는바, 그로 인한 어려움은 절대 작지 않다. 다만, 앞서 제1장에서 우리는 공물 개념이 역사적으로 형성되는 과정을 비교법을 통해서 고찰하였기 때문에 공물의 개념과 분류의 이해에 중요한 많은 단서를 입수한 상태에 있다. 아울러, 제2장에서는 공물이 현실적으로 어떠한 절차를 거쳐서 성립하는가에 관하여 전체적으로 살펴보았는바, 이를 통해 공물이 단순하고 피상적인 존재가 아니라 복잡다기한 이해의 충돌 속에서 설치되고 운영된다는 것을 알 수 있게 되었다. 이러한 이해를 바탕으로 본 장에서는 공물의 개념과 분류를 종합적인 관점에서 정리하고, 공물의 성립과 소멸이 관념적으로 어떻게 설명되는지를 살펴본 다음에, 공물의 관리와 경찰이 제도적으로 어떻게 설계되고 운영되는지를 분석한다. 끝으로, 공물의 사용과 인인을 주제로 하여 공물을 매개로 행정과 시민이 만나는 현장에서 필요한 법리의 기초를 공부한다.

## 제1절 공물의 개념과 분류

### I. 공물의 개념

우리 학설은 공물이 '행정주체에 의하여 직접 공적인 목적에 제공된 물건'이라는 점에 견해가 일치한다.[1] 다만, 그 물건의 범위에 관하여는 '유체물'이라는 견해(협의설), '유체물과 무체물 및 집합체'라는 견해(광의설)가 대립하나, 물건에 관한 민법상 정의를 고려한다면,[2] '유체물 및 관리할 수 있는 자연력'으로 정의하는 견해가 타당하다.[3] 그러나 더 중요한 쟁점은 따로 있다. 첫째는 어떠한 물건을 공적인 목적에 제공하기 위한 권원의 보유가 필요한지, 그 권원은 반드시 소유권이어야 하는지, 소유권은 공적인 소유권(öffentliches Eigentum)인지 아니면 수정된 사적인 소유권(modifiziertes Privateigentum)인지 문제이다. 공적 소유권설에 따르면 공물에 대해서는 민법상 소유와 점유에 관한 규정이 적용되지 않고, 수정된 사적 소유권설에 따르면 공물에 대해서 행정법상 역권의 부담(Verwaltungsrechtliche Dienstbarkeit)이 작용한다. 이는 공물의 본질에 관한 논의의 핵심이 된다. 둘째는 공적인 제공만으로 충분한지 아니면 그에 관한 의사표시가 필요한지 문제이다. 이는 공용개시를 어떻게 이해할 것인지에 달려있고, 공물의 본질에 관한 공적 소유권설과 수정된 사적 소유권설의 대립과 무관하지 않다.

한편, 행정주체의 행정활동에 필요한 물적 수단을 그 자본가치에 의하여 간접적으로 행정목적에 기여하는 물건과 그 사용가치에 의하여 직접 행정목적에 제공되는 물건으로 구분하면서, 전자를 사물(私物)로, 후자를 공물(公物)로 설명하기도 한다.[4] 하지만 사물이라는 개념은 공물 개념을 공적 소유권설에 따라 이해할 경우에 사용할 수 있는 것이다. 따라서 공적 소유권설에 따르는 프랑스법에서는 공물(domaine public)과 사물(domaine privé)이 서로 대비가 된다. 그러나 수정된 사적 소유권에 기초하는 공물 개념을 사용하는 독일에서는 그와 대비되는 사물이라는 개념을 사용하지 않는다. 그 대신 행정재산(Verwaltungsvermögen)에 대비되는 일반재산(Finanzvermögen)이라는 용어가 사용된다.

---

1) 김철용, 행정법(제10판), 고시계사, 2021, 948쪽; 김남진/김연태, 행정법 II(제25판), 법문사, 2021, 417쪽; 김남철, 행정법강론(제7판), 박영사, 2021, 1214쪽; 김동희, 행정법 II(제26판), 박영사, 2021, 261쪽; 김민호, 행정법, 박영사, 2018, 699쪽; 김성수, 개별행정법 - 협조적 법치주의와 행정법이론, 법문사, 2001, 713쪽; 김유환, 현대행정법(제6판), 박영사, 2021, 772쪽; 류지태/박종수, 행정법신론(제18판), 박영사, 2021, 1074쪽; 박균성, 행정법론(하)(제19판), 박영사, 2021, 353쪽; 정하중/김광수, 행정법개론(제15판), 법문사, 1097쪽; 정형근, 행정법(제3판), 피앤씨미디어, 2015, 755쪽; 하명호, 행정법(제3판), 박영사, 2021, 842쪽; 한견우, 현대행정법신론2, 세창출판사, 2014, 85쪽; 홍정선, 행정법원론(하)(제29판), 박영사, 2021, 531쪽.
2) 제98조(물건의 정의) 본법에서 물건이라 함은 유체물 및 전기 기타 관리할 수 있는 자연력을 말한다.
3) 김철용, 앞의 책, 947쪽 이하.
4) 김동희, 앞의 책, 261쪽.

## 1. 구성요소

프랑스법에서나 독일법에서나 공물이라고 하기 위해서는 ㈀ 행정이 해당 물건에 대해서 공적인 제공에 필요한 권원을 보유해야 하고, ㈁ 행정에 의해서 해당 물건의 공적인 제공이 이루어져야 한다. 나아가 ㈂ 공용개시라는 의사표시가 필요한지에 관하여, 프랑스법에서는 공용개시가 필요한 것이 원칙이기는 하나 그렇지 않은 예외적인 경우도 있는데 반하여, 독일법에서는 공용개시가 언제나 필요하다. 이와 달리 우리 학설은 대체로 권원의 보유라는 측면이나 의사표시의 측면에 특별히 주목하지 않는다. 다만, 권원의 보유가 필요하지만 그것이 반드시 소유권일 필요는 없다는 점을 지적하는 견해,[5] 사실상 제공만으로 공물이 되는 것은 아니며 공용개시가 있어야 한다는 견해,[6] 관습법에 의한 공용개시도 가능하다는 견해[7]가 제시되고 있다.

그중 의사표시의 필요성에 관한 쟁점은 공물의 성립과 소멸을 설명하면서 다루는 것이 통설의 일반적인 경향인 점에서 후술하지만, 그에 앞서 개념 자체를 구성하는 문제라는 점을 강조할 필요가 있다. 권원의 보유에 관한 쟁점 또한 공물의 성립과 소멸을 설명하면서 다루는 경우가 적지 않은바,[8] 이에 따라 구체적인 내용은 후술하지만 우선 통설이 공물의 법률적 특색이나 공물의 관리권에 관한 설명에서 다루는 공물의 본질론에 입각하여 권원의 보유라는 요소가 공물의 개념 구성에서 가지는 함의를 여기서 설명한다. 이는 이론적인 공물 개념이 「국유재산법」(이하 이 장에서 '국유재산법'이라 한다)이나 「공유재산 및 물품관리법」(이하 이 장에서 '공유재산법'이라 한다)에 따른 행정재산의 제도와 어떠한 관계에 있는지에 관한 해명에서 특히 중요하다.

국유재산법상 국유재산은 행정재산과 일반재산으로 구분되고, 이 점은 공유재산법상 공유재산도 마찬가지이다. 일반재산은 행정재산을 제외한 나머지를 포괄하는 소극적 개념이다. 국유재산법과 공유재산법은 행정재산을 일정한 행정 목적으로 사용하거나 사용하기로 결정한 재산과 필요에 따라 보존하는 재산으로 규정한다. 행정재산은 그 행정 목적이 무엇인가에 따라 공용재산, 공공용재산, 기업용재산, 보존용재산으로 구분된다. 이러한 행정재산의 개념이 이론적인 공물 개념과 어떠한 관계에 있는지에 관하여 통설은

---

5) 김철용, 앞의 책, 948쪽; 김동희, 앞의 책, 263쪽; 하명호, 앞의 책, 843쪽; 홍정선, 앞의 책, 532쪽; 김남진/김연태, 앞의 책, 417쪽.
6) 김남철, 앞의 책, 1214쪽; 홍정선, 앞의 책, 532쪽.
7) 하명호, 앞의 책, 843쪽; 김남진/김연태, 앞의 책, 417쪽; 정하중/김광수, 앞의 책, 1098쪽.
8) 김철용, 앞의 책, 954쪽; 김남철, 앞의 책, 1218쪽; 박균성, 앞의 책, 363쪽 이하; 김남진/김연태, 앞의 책, 425쪽 이하; 정하중/김광수, 앞의 책, 1101쪽.

다음 두 가지 측면에서 설명한다. 첫째, 공물은 소유권이 누구에게 귀속하는가와 무관한 이론적인 개념이지만, 국유재산과 공유재산은 소유권이 누구에게 귀속하는가에 따라 구별되는 실정법상 용어이다. 국유재산과 공유재산도 공물에 해당할 수 있다.[9] 둘째, 행정재산 중 공용재산은 공용물에 해당하고 공공용재산은 공공용물에 해당하며 보존용재산은 보존공물에 해당한다. 일반재산은 공물의 개념에 포함되지 않는다.[10] 이로써 공물이라고 해서 언제나 행정재산인 것은 아니라는 점이 분명해진다. 그러면 행정재산은 언제나 공물에 해당하는가? 이에 관하여 명시적인 답을 제시하는 견해는 찾기 어렵다. 이론적으로 곤란한 처지를 잘 보여주는 대목은 공물의 종류를 행정재산에 준하여 공용물, 공공용물, 보존공물로 구분하면서 그 과정에서 기업용재산이라는 항목을 누락시키는 것이다. 양자의 관계에 관한 또 하나의 시금석은 예정공물이라는 개념이다. 이는 아직 공적인 제공이 이루어지지 않고 있으나 장차 공적인 제공을 하기로 결정한 물건을 말한다.[11] 통설은 예정공물을 설명하면서 구법상 도로예정지나 하천예정지를 사례로 제시하면서도 국유재산법과 공유재산법이 행정재산을 정의하면서 그에 해당하는 표현(일정한 행정 목적으로 사용하기로 결정한 재산)을 사용하고 있다는 점을 언급하지 않는다. 이처럼 주저하는 모습에서 추론되는 바는 학설이 공물을 이해하는 출발점과 국유재산법이나 공유재산법의 논리적인 출발점이 일치하지 않을 수 있고 바로 그 때문에 행정재산이라는 용어를 곧바로 공물의 개념으로 해석하는 데 신중한 것일 수 있다는 것이다. 실제로 국유재산법이나 공유재산법은 공적 소유권설을 따르는 프랑스법으로부터 직접적인 영향을 받은 것으로 보이나, 통설에 의한 공물 개념은 수정된 사적 소유권설을 따르는 독일법의 영향을 상대적으로 크게 받은 것으로 보인다.

바로 이 지점에서 공물의 본질론이 중요하다. 행정재산은 국가나 지방자치단체의 소유를 전제로 하지만 그 소유권이 공적 소유권에 해당하는지 아니면 수정된 사적 소유권에 해당하는지를 국유재산법이나 공유재산법은 명시하지 않는다. 다만, 행정재산에 대해서 시효취득을 배제하는 규정(국유재산법 제7조 제2항, 공유재산법 제6조 제2항), 행정재산의 처분을 원칙적으로 금지하는 규정(국유재산법 제27조 제1항, 공유재산법 제19조 제1항)은 공적 소유권설에 따르는 프랑스법에서 공물의 보호(protection du domaine public)에 관한 법리로 발전한 것이다. 그러나 민법상 물권에 관한 규정이 이로써 전적으로 배제된다고 단정할 수는 없고 이와 양립이 가능한 범위 내에서 행정재산에도 적용된다고 보아야 한다. 그렇다

---

9) 김철용, 앞의 책, 950쪽.
10) 하명호, 앞의 책, 843쪽.
11) 김철용, 앞의 책, 956쪽.

면 국가나 지방자치단체의 행정재산에 대한 소유권은 과연 공적인 소유권으로 이해하는 것이 타당한가 아니면 수정된 사적인 소유권으로 이해하는 것이 타당한가? 이 점에 대한 직접적인 해명을 회피하는 통설이 공물의 성립은 소유권의 귀속과 무관하다는 명제를 내세우고 있지만, 이는 다음 2가지 점에서 문제가 있다. 첫째, 소유권의 귀속과 무관하게 공물이 성립한다는 것은 수정된 사적 소유권설에 따라 공물 개념을 구성한 결과이다. 그와 무관하게 행정재산을 공적 소유권설에 따라 이해할 것인지 아니면 수정된 사적 소유권설에 따라 이해할 것인지 해명할 필요가 있다. 둘째, 수정된 사적 소유권설에 따르면 소유권의 귀속과 무관하게 공물이 성립할 수 있지만 실제로는 소유권이 행정에 귀속되는 경우가 대부분이다. 행정재산은 국가나 지방자치단체의 소유를 전제하는 것이지만 그렇다고 그 소유권을 반드시 공적인 소유권으로 보아야 할 것은 아니며 수정된 사적인 소유권으로도 볼 수 있는 이유가 바로 여기에 있다. 행정재산을 수정된 사적 소유권설에 따라 이해하면 수정된 사적 소유권설에 따라 공물 개념을 구성하는 통설의 견해와 일치하는 점에서 행정재산은 공물 중에서 특히 국가나 지방자치단체의 소유에 속하는 것을 의미할 뿐이다. 이와 달리 행정재산을 공적 소유권설에 따라 이해하면 수정된 사적 소유권설에 따라 공물 개념을 구성하는 통설과 다르게 공적 소유권설에 따라 공물 개념이 구성될 수 있다는 점을 인정해야 한다. 이에 따라 공물은 수정된 사적인 소유권에 기초하는 경우와 공적인 소유권에 기초하는 경우로 구분되고, 행정재산은 후자에 해당하는 점에서 전자에 해당하는 나머지 공물과 구별된다.[12]

이 문제는 국유재산법이나 공유재산법이 공물의 법률관계 전부에 관하여는 아니더라도 적어도 그 일부의 법률관계에 관하여는 일반법으로서 역할을 하는 점에서 심각하다. 「도로법」(이하 이 장에서 '도로법'이라 한다)과 「하천법」(이하 이 장에서 '하천법'이라 한다)은 수정된 사적인 소유권에 기초하는 공물 개념에 적합하고, 「전파법」(이하 이 장에서 '전파법'이라 한다)은 공적인 소유권에 기초하는 공물 개념에 적합하다. 국유재산법이나 공유재산법에서 정하는 행정재산의 개념을 공적 소유권설에 따라 이해하면 도로법이나 하천법의 규율과 상충이 생길 수 있는 반면에 수정된 사적인 소유권설에 따라 이해하면 전파법의 규율

---

12) 이와 같이 공물의 본질론은 입법론에 그치는 것이 아니라 당장의 해석론에서 중요하다. 다만, 김남진/김연태, 앞의 책, 433쪽 이하(공물에 대한 법제로서 공적 소유권 제도와 수정된 사적 소유권 제도 중에서 어느 것을 받아들일지는 입법사항이다. 공물관청의 공물에 대한 권리 또는 권능은 공물의 관리권으로서 공물에 대한 소유권의 행사와는 구별되어야 한다. 그러한 의미에서 공적 소유권의 문제를 깊이 논할 실익은 없다)와 박균성, 앞의 책, 375쪽(공적 소유권설과 수정된 사적 소유권설은 공물상의 권리와 성질에 관한 양 극단의 이상적 모델을 보여주는 이론이며 개개의 실정법에서는 이 두 이론을 포함하여 중간적인 여러 입장이 채택될 수 있다)은 이와 견해를 달리한다. 그러나 우리 공물법의 논의가 곳곳에서 난맥상을 보이는 이유는 본질론에 충실하지 않기 때문이라는 생각이다.

과 상충이 생길 수 있다. 이와 관련하여, 판례는 행정재산에 대해서 시효취득의 적용을 배제하는 국유재산법이나 공유재산법의 규정을 별다른 고민 없이 도로법상 도로에 그대로 적용하고 있는바,[13] 이는 도로법을 국유재산법이나 공유재산법의 특별법으로 보는 관점에 따른다면 논리적으로 정당하다고 볼 수도 있겠으나, 만약 행정재산을 공적 소유권설에 따라 이해하는 반면에 도로법상 도로를 수정된 사적인 소유권에 기초하는 공물 개념으로 이해한다면, 전자에 대해서 시효취득의 적용을 배제하는 국유재산법이나 공유재산법의 규정은 그와 기초를 달리하는 도로법상 도로에 적용될 수 없다는 해석이 논리적으로 타당할 수도 있다. 구체적으로, 도로법 제4조[14]는 소유권을 이전하는 경우나 저당권을 설정하는 경우에는 도로에 대해서 사권을 행사할 수 있다고 규정하는바, 이 점에 주목하면 도로법상 도로에 대해서 굳이 시효취득의 적용을 배제할 이유를 찾을 수 없다. 수정된 사적 소유권설에 따르면 시효취득으로 소유권이 이전되더라도 도로법상 도로의 공물로서 성격에는 변함이 없기 때문이다. 하천법도 제4조 제2항[15]에서 이와 유사하게 규정하는 점에서, 하천법상 하천의 경우에도 행정재산에 대해서 시효취득의 적용을 배제하는 국유재산법이나 공유재산법의 규정이 적용되지 않는다고 보는 것이 논리적으로 타당할 수 있다.

한편 판례는 도로에 대해서 제한적이나마 사권의 행사를 허용하는 도로법 제4조를 이유로 행정이 도로부지를 수용하거나 사용하는 행정절차를 거치지 않고 무단으로 점용하

---

13) 대법 1994. 9. 13. 선고 94다12579 판결: 행정재산은 공용이 폐지되지 않는 한 사법상의 거래의 대상이 될 수 없으므로 취득시효의 대상이 되지 아니하며, 공용폐지의 의사표시는 명시적이든 묵시적이든 상관없으나 적법한 의사표시가 있어야 하고, 행정재산이 사실상 본래의 용도에 사용되지 않고 있다는 사실만으로 용도폐지의 의사표시가 있었다고 볼 수는 없으며, 원래의 행정재산이 공용폐지되어 취득시효의 대상이 된다는 사실에 대한 입증책임은 시효취득을 주장하는 자에게 있다 할 것이다. 이 사건 토지가 가사 소론과 같이 오랫동안 도로로서 사용되지 않았고, 오히려 원심 현장검증 및 측량감정의 각 결과에 나타나듯이 이 사건 토지의 일부에는 건물이 세워져 있으며 그 주위에 담이 둘려져 있어 이 사건 토지가 사실상 대지화 되어 있다고 하더라도, 이는 그 관리청의 적법한 의사표시에 의한 것이 아니라 그 인접토지의 소유자들이 임의로 이 사건 토지를 봉쇄하고 독점적으로 사용해 왔기 때문이므로, 그 사정만으로는 피고가 묵시적으로 이 사건 토지의 도로로서의 용도를 폐지하였다고 볼 수는 없다 할 것이고, 따라서 원심이 이 사건 토지가 공용폐지된 바가 없었다고 판단한 것 또한 정당하다 할 것이다. 그렇다면 원심이 이 사건 토지가 행정재산으로 취득시효의 대상이 되지 않는다고 하여 원고들의 청구를 배척한 것은 정당하고, 원심판결에 소론과 같이 채증법칙을 위배하여 사실을 오인하였거나 이유불비 또는 심리를 다하지 아니하여 판결결과에 영향을 미친 위법이 있다고 볼 수 없으므로, 논지는 모두 이유가 없다.
14) 제4조(사권의 제한) 도로를 구성하는 부지, 옹벽, 그 밖의 시설물에 대해서는 사권(私權)을 행사할 수 없다. 다만, 소유권을 이전하거나 저당권을 설정하는 경우에는 사권을 행사할 수 있다.
15) 제4조(하천관리의 원칙) ② 하천을 구성하는 토지와 그 밖의 하천시설에 대하여는 사권(私權)을 행사할 수 없다. 다만, 다음 각 호의 어느 하나에 해당하는 경우에는 그러하지 아니하다.
  1. 소유권을 이전하는 경우
  2. 저당권을 설정하는 경우
  3. 제33조에 따른 하천점용허가(소유권자 외의 자는 소유권자의 동의를 얻은 경우에 한정한다)를 받아 그 허가받은 목적대로 사용하는 경우

는 경우인데도 민법상 소유권에 기한 방해배제청구권의 행사로 나타나는 결과제거청구권을 일절 인정하지 않는바,16) 이는 수정된 사적 소유권설을 오해한 결과이다. 수정된 사적 소유권설에 따르면 소유권의 귀속과 무관하게 공물이 성립할 수 있지만, 이는 행정이 반드시 소유권을 확보할 필요는 없다는 의미에 불과하고 어떠한 형태로든지 간에 공적인 제공에 필요한 권원을 확보해야 한다는 점은 당연하다. 도로나 하천의 부지에 대해서 사권의 행사가 제한적이나마 허용된다는 법률 규정에서 행정이 아무런 권원도 없는 상태에서 도로나 하천의 부지를 점유하더라도 소유자가 그 반환을 청구할 수 없다는 결론이 바로 도출되지는 않는다. 따라서 사후적으로나마 공용수용의 행정절차를 거치는 것이 일차적인 해법이다. 그렇지 않은 상황에서는 공용개시가 있었는지 나아가 그 효력이 인정되는지가 중요하다. 공용개시가 있었고 그것이 아직 효력이 있다면 소유자로서는 먼저 그 효력을 제거하기 위하여 행정소송을 제기하여야 하고, 그 취소판결이 확정되는 경우에는 판결의 기속력에 의한 원상회복의무를 통해서 소유자의 점유가 회복될 것이다. 이와 달리 만일 행정이 공용개시도 없는 상태에서 점유하고 있거나 설사 공용개시가 있었다고 하더라도 그 위법성이 중대하고 명백하여 무효가 되는 경우라면 법원으로서는 소유자의 반환청구를 무조건 거부할 수 없는바, 그 거부가 사안에 따라 정당하기 위해서는 결과의 제거가 가능하지 않다거나 설사 가능한 경우에도 기대할 수 없다는 결과제거청구권(Folgenbeseitigungsanspruch) 행사의 제한에 관한 법리를 발전시켜 나가야 한다. 그런데 실무적으로는 소유자가 결과제거청구권의 행사에 앞서 공용개시에 대해 취소소송을 제기하고자 하더라도 공용개시에 관한 판례의 법리에 따르면 도대체 어느 행정작용을 공용개시로 보아서 취소소송의 대상으로 삼아야 하는지가 분명하지 않다는 점에서 문제가 있다. 이는 판례가 어느 하나의 행위를 꼬집어 공용개시로 인정하는 것이 아니라 그동안의 경과와 전체적인 상황을 종합적으로 고려하건대 어느 시점에 이르면 공용개시가 있은 사실이 넉넉하게 인정되거나 추인된다는 식으로 법리를 전개하기 때문이다.17)

---

16) 대법 1968. 10. 22. 선고 68다1317 판결: 도로를 구성하는 부지에 대하여는 사권을 행사할 수 없으므로 그 부지의 소유자는 불법행위를 원인으로 하여 손해배상을 청구함은 별론으로 하고 그 부지에 관하여 그 소유권을 행사하여 인도를 청구할 수 없다.

17) 대법 1995. 9. 5. 선고 93다44395 판결: 행정재산은 국가가 공용, 공공용 또는 기업용으로 사용하거나 1년 이내에 사용하기로 결정한 재산을 말하는바, 도로와 같은 인공적 공공용재산은 법령에 의하여 지정되거나 행정처분으로써 공공용으로 사용하기로 결정한 경우 또는 행정재산으로 실제로 사용하는 경우의 어느 하나에 해당하여야 행정재산이 된다고 하겠는데, 도로는 도로로서의 형태를 갖추어야 하고, 도로법에 따른 노선의 지정 또는 인정의 공고 및 도로구역 결정·고시가 있는 때부터 또는 도시계획법 소정절차를 거쳐 도로를 설치하였을 때부터 공공용물로서 공용개시행위가 있다고 할 것이다.

## 2. 구별개념

### (1) 영조물

우리 법제에서 영조물이라는 용어가 사용되는 경우는 「국가배상법」(이하 이 장에서 '국가배상법'이라 한다)과 「광업법」(이하 이 장에서 '광업법'이라 한다)이 있다. 국가배상법 제5조[18]에서 말하는 영조물은 프랑스법상 공공건설(travaux publics)의 개념을 계수한 것인바, 이는 프랑스법에서 공물보다는 공공시설(ouvrage public)과 관련이 있는 책임법적 개념이다. 광업법 제44조[19]에서 말하는 영조물은 공물에 해당하는 경우가 있으나 그에 국한되지 않는다. 이와 관련하여, 국가배상법 제5조와 광업법 제44조에서 규정하는 영조물은 그 용어에도 불구하고 공물에 해당한다는 설명이 있으나,[20] 이는 공물이 이에 해당할 수 있다는 것이지 반드시 공물을 의미한다는 것은 아니다.

다만, 학설이 관심을 가지는 것은 이러한 실정법상 용어가 아니라 이론적 개념으로서 영조물이다. 공물은 인적 수단과 물적 시설이 일체가 되어 특정한 공적 목적에 제공된 영조물과 구별된다.[21] 이와 같이 공물을 영조물과 개념적으로 구별하는 것은 타당하나, 공물과 영조물은 단순하게 비교할 수 없는 서로 차원이 다른 개념이라는 점에 대한 주의가 필요하다. 공물이라는 개념은 어디까지나 물건의 차원이고 통설이 이와 대비하는 영조물이라는 개념은 작용의 차원이다. 이렇게 서로 다른 차원이 교차하는 지점도 발생하는데, 그것이 바로 영조물사용공물(Sache im Anstaltsgebrauch)이라는 개념이다. 이는 영조물의 이용관계에서 특별한 허가를 받고 규칙에 따라 이용하는 공물을 말한다.

### (2) 공공시설

학설은 공물의 개념을 설명하면서 공공시설의 개념과 비교하기도 한다. 공공시설의 개

---

18) 제5조(공공시설 등의 하자로 인한 책임) ① 도로·하천, 그 밖의 공공의 **영조물(營造物)**의 설치나 관리에 하자(瑕疵)가 있기 때문에 타인에게 손해를 발생하게 하였을 때에는 국가나 지방자치단체는 그 손해를 배상하여야 한다. 이 경우 제2조제1항 단서, 제3조 및 제3조의2를 준용한다.
19) 제44조(채굴의 제한) ① 광업권자는 다음 각 호의 어느 하나의 장소에서는 관할 관청의 허가나 소유자 또는 이해관계인의 승낙이 없으면 광물을 채굴할 수 없다.
   1. 철도·궤도(軌道)·도로·수도·운하·항만·하천·호(湖)·소지(沼地)·관개(灌漑)시설·배수시설·묘우(廟宇)·교회·사찰의 경내지(境內地)·고적지(古蹟地)·건축물, 그 밖의 영조물의 지표 지하 50미터 이내의 장소
   2. 묘지의 지표 지하 30미터 이내의 장소
20) 김철용, 앞의 책, 949쪽.
21) 김철용, 앞의 책, 949쪽; 김동희, 앞의 책, 264쪽; 김남진/김연태, 앞의 책, 417쪽.

념에 대해서는 영조물과 동일한 개념이라는 견해, 공물과 영조물 및 공기업을 포괄하는 개념이라는 견해, 공공용물에 해당하는 공물과 행정주체에 귀속하는 영조물을 포함하나 공용물은 제외되는 개념이라는 견해가 대립한다.[22] 그러나 이러한 논의에도 불구하고 공공시설의 의미는 여전히 분명하지 않다. 이와 관련하여, 「지방자치법」(이하 이 장에서 '지방자치법'이라 한다)에 따른 공공시설의 개념과 「국토의 계획 및 이용에 관한 법률」(이하 이 장에서 '국토계획법'이라 한다)에 따른 공공시설의 개념을 구체적으로 제시하는 견해[23]가 있는바, 이러한 실증적인 접근이 공공시설의 개념을 정립하고 나아가 그것이 공물 개념과 어떠한 관계에 있는지를 해명하는 데 도움이 된다.

지방자치법에 따른 공공시설의 개념은 그 연원이 되는 독일의 법제를 검토해 보면 그 자체로는 공물 개념과 별개라는 점을 알 수 있다. 이는 앞서 설명한 영조물의 개념과 마찬가지로 작용법의 맥락에서 이해하여야 하는바, 공공시설의 이용관계는 사법적 조직을 통한 공공서비스까지도 포함하는 것이므로 법적인 형식이라는 측면에서 영조물의 이용관계보다 그 범위가 넓다. 어떠한 물건이 지방자치법상 공공시설에 해당하는 동시에 공물에 해당할 수 있으나 우연한 일치에 불과하다. 이와 관련하여, 지방자치단체가 설치하는 공공시설에 대한 조례에 의한 지정을 영조물사용공물에 대한 조례에 의한 공용개시의 사례로 설명하는 견해[24]가 있으나, 수정된 사적 소유권설에 따르는 경우에 공용개시를 통한 공물의 성립은 행정법상 역권의 부담을 통해서 공물의 기초가 되는 재산권의 제한을 초래하는 점에서 법률에 유보되어야 하는바, 지방자치법은 공물의 성립에 관한 사항을 따로 규정하지 않기 때문에 이에 따라 지방자치단체가 설치하는 공공시설에 대해서 조례를 통하여 지정을 하더라도 이로써 공물이 성립하는 것은 아니다.[25]

국토계획법에 따른 공공시설은 기반시설 중에서 공공성이 상대적으로 강한 것을 말한다. 이러한 공공시설의 개념은 그 자체로는 공물 개념과 구별되지만, 공물의 성립에 가장 중요한 계기가 되는 점에서 공물 개념과 매우 밀접한 관계에 있다. 어떠한 물건에 대해서 (ㄱ) 행정이 공적으로 제공하는 데 필요한 권원을 보유하고 (ㄴ) 행정에 의해서 공공의 이용에 직접 제공되거나 공공서비스의 수단으로 제공되는 방법으로 공적인 제공이 이루어지며 (ㄷ) 그에 관한 의사의 표시가 이루어지는 과정을 거쳐서 공물이 성립하지만, 이는 어디까지나 관념적인 차원에 불과하고 실제로는 국토계획법상 공공시설이 설치되는 과정을

---

22) 김철용, 앞의 책, 949쪽.
23) 김동희, 앞의 책, 264쪽.
24) 김남진/김연태, 앞의 책, 424쪽; 하명호, 앞의 책, 848쪽.
25) Hans J. Wolff/Otto Bachof/Rolf Stober, Verwaltungsrecht, Band 2. 6.Auflage, Verlag C.H.Beck, 2000, 699쪽.

통해서 공물이 성립하는 경우가 대부분이다. 그 과정에서 행정계획, 사업계획, 공용수용, 공용부담이 단계적으로 중요한 역할을 한다. 공물 개념이 물건 그 자체에 관한 공법을 표상하는 점에서 정태적인 성격을 가지는 것에 반하여, 국토계획법상 공공시설 개념은 물건의 설치를 위한 계획과 그 실현에 관한 공법을 표상하는 점에서 동태적이다. 오랜 전통의 공물법은 뒤늦게 발전한 도시계획법에 의하여 그 역할이 점차 대체되어 가고 있는바, 앞으로는 국토계획법상 공공시설의 개념까지 포괄하는 광의의 공물법을 발전시켜 나갈 필요가 있다.

### (3) 보전재산

이는 학설이 공물의 한 종류로 설명하는 보존공물과 다른 실정법상 용어이다. 「문화유산과 자연환경자산에 관한 국민신탁법」(이하 이 장에서 '문화유산신탁법'이라 한다)은 국민신탁(국민·기업·단체 등으로부터 기부·증여를 받거나 위탁받은 재산 및 회비 등을 활용하여 보전가치가 있는 문화유산과 자연환경자산을 취득하고 이를 보전·관리함으로써 현세대는 물론 미래세대의 삶의 질을 높이기 위하여 민간차원에서 자발적으로 추진하는 보전 및 관리 행위)을 위해 설립되는 국민신탁법인의 재산 중 문화유산 또는 자연환경자산에 해당하는 것을 보전재산이라 규정하고 그 나머지를 일반재산으로 규정하는 한편으로(제2조), 보전재산은 이를 매각·교환·양여·담보 또는 신탁하거나 출자의 목적으로 제공하지 못하며 이를 위반한 행위는 무효로 한다고 규정하는 것에 반하여 일반재산은 문화유산 및 자연환경자산의 매입 및 보전·관리와 국민신탁법인의 운영에 소요되는 경비 등으로 사용할 수 있다고 규정한다(제10조).

이는 일정한 자연적이거나 문화적인 자원은 공공의 필요에 의하여 국가의 소유로 귀속시키고 이를 통해서 공공의 이용에 제공되도록 해야 한다는 커먼로상 공공신탁론(public trust doctrine)의 직접적인 영향을 받은 것으로 보인다. 이러한 공공신탁의 법리는 공공적인 성격을 가지는 자원을 모두가 누려야 한다는 점을 강조하는 경우 로마법상 공동재산(res communis)의 개념에 부합하는 측면을 가지고, 무엇보다 보전이 우선이라는 점을 강조하는 경우에는 무주재산(res nullius)의 개념에 부합하는 측면을 가진다. 그러나 공공신탁론은 전통적으로 프랑스법과 독일법에서 발전한 공물 개념을 알지 못하는 커먼론에서 예외적인 경우에 프랑스법과 독일법에서 공물법이 하는 것과 유사한 기능을 수행하는 것인 점에서, 로마법에서 시작되고 프랑스법을 거쳐 독일법에 이르는 공물법의 역사적 발전 경로를 충실히 따르고 있는 우리 법제에 커먼로상 공공신탁론을 그대로 반영하는 것이 과연 타당한지에 관한 고민이 필요하다. 문화유산신탁법이 공공신탁의 법리를 도입하여 달성하고자 하는 목적은 공물법의 실천적인 전개를 통해서도 충분히 달성할 수 있다.

## (4) 사실상 공물

토지 소유자가 그 소유의 토지를 도로, 수도시설의 매설 부지 등 일반 공중을 위한 용도로 제공한 경우에, 소유자가 토지를 소유하게 된 경위와 보유기간, 소유자가 토지를 공공의 사용에 제공한 경위와 그 규모, 토지의 제공에 따른 소유자의 이익 또는 편익의 유무, 해당 토지 부분의 위치나 형태, 인근의 다른 토지들과의 관계, 주위 환경 등 여러 사정을 종합적으로 고찰하고, 토지 소유자의 소유권 보장과 공공의 이익 사이의 비교형량을 한 결과, 소유자가 그 토지에 대한 독점적·배타적인 사용·수익권을 포기한 것으로 볼 수 있다면, 국가나 지방자치단체가 그 토지를 점유·사용하고 있다 하더라도 특별한 사정이 없는 한 그로 인해 토지 소유자에게 어떤 손해가 생긴다고 볼 수 없으므로, 토지 소유자는 국가나 지방자치단체를 상대로 부당이득반환을 청구할 수 없고, 토지의 인도 등을 구할 수도 없다.[26] 그 결과, 행정에 의해서 공적인 제공이 이루어지고 있지만, 행정이 그 권원을 취득한 적도 없고 심지어는 공물의 성립에 필요한 공용개시를 한 적도 없는 물건의 이용관계가 이로써 정당성을 획득할 수 있는바, 이는 우리 민법에서 인정하지 않는 인역권(人役權)을 인정하는 것과 유사한 결과이다. 우리에게는 친숙한 개념이 아니지만 프랑스법이나 독일법에서는 중요하게 다루어지는 행정법상 역권의 부담이라는 관점에서 분석해 보면, 수정된 사적 소유권설의 관점에서 공물은 사적인 소유권이 행정법상 역권의 부담 아래 놓이는 상태를 말하는 것이고, 이러한 행정법상 역권의 부담은 공용개시를 통해서 발생하는 것이며, 이러한 공용개시가 적법하기 위해서는 공적인 제공에 필요한 권원을 행정이 보유하고 있어야 하지만, 행정에 의한 공적인 제공만 인정될 뿐이고 그에 필요한 권원의 보유도 없을 뿐 아니라 공용개시도 없는 상태인데도 정상적으로 공물이 성립한 경우와 동등하게 사적인 소유권이 행정법상 역권의 부담 아래에 놓이는 것이다. 이와 같이 공물이 성립할 수 없는 조건인데도 공물이 성립한 것과 동등한 상황을 사실상 공물이라고 한다. 이러한 사실상 공물에 대해서는 공물에 관한 법리가 적용되지 않지만, 일부 법리의 유추는 가능하다. 이와 같이 사법적인 질서를 통해 사실상 공물의 성립이 쉽게 허용되면 공물의 성립에 요청되는 법률에 의한 행정의 원칙(Gesetzmäßigkeitsprinzip)이 후퇴

---

26) 대법 2019. 1. 24. 선고 2016다264556 전원합의체 판결.

할 수 있는 점에서 우려가 있다.

## II. 공물의 분류

프랑스법에서는 자연공물과 인공공물을 구분하고, 공공용물과 공용물을 구분하는 것이 중요하다. 다만, 자연공물과 인공공물의 구분이 중요한 맥락과 공공용물과 공용물의 구분이 중요한 맥락이 서로 다르다. 예를 들어, 자연공물과 인공공물의 구분은 공물의 성립에서는 중요하지만, 공물의 사용관계에서는 의미가 없다. 공공용물과 공용물의 구분은 공물의 사용관계에서뿐만 아니라 공물의 성립에서도 중요하지만, 자연공물과 인공공물의 구분이 공물의 성립에서 중요한 것과는 다른 맥락을 가지는 점에서 중복적이지 않는다. 독일법에서는 일반사용공물, 특별사용공물, 영조물사용공물, 행정사용공물의 구분이 중요하고, 자연공물과 인공공물의 구분은 중요하지 않다. 우리 통설은 자연공물과 인공공물을 구분하는 한편으로, 공공용물과 공용물 및 보존공물의 구분을 중요하게 취급한다. 그러나 공물을 공공용물과 공용물로 구분하는 것 외에 추가로 보존공물로 구분하는 이유가 논리적이지 않은 점에서 문제가 있다. 그리고 공공용물, 공용물, 보존공물의 구분을 자연공물과 인공공물의 구분과 결합해서 의사표시의 필요성이라는 측면에서 공물의 성립과 소멸에 관한 하나의 전체적인 분석의 틀을 만들어 내는 것이 통설의 입장이지만, 서로 다른 두 가지 구분을 중복적으로 적용하는 것이 과연 합당한지에 관하여는 의문이 있는바, 이에 관하여는 후술한다.

### 1. 성격에 따른 분류

통설은 실체적인 성립과정의 차이를 기준으로 자연공물과 인공공물을 구분한다. 자연공물은 자연의 상태 그대로 이미 공적 목적에 제공될 수 있는 공물을 말한다. 예를 들어, 하천, 호수, 늪, 바닷가, 영해가 여기에 해당한다. 이와 달리, 인공공물은 인공을 가하여 공적 목적에 제공함으로써 비로소 공물이 되는 것을 말한다. 예를 들어, 운하, 도로, 공원이 여기에 해당한다.[27] 하지만 좀 더 세심한 분석이 필요한 때가 있다. 일반적으로 하천을 자연공물이라고 하지만 하천을 구성하는 요소 중에는 인공공물에 해당하는 것이 있다.

---

27) 김철용, 앞의 책, 951쪽.

제방이나 댐, 운하 등이 그러하다. 이에 하천법은 하천을 다시 자연공물에 해당하는 하천구역과 인공공물에 해당하는 하천시설로 구분하고 있다(제2조). 하천시설에 대해서는 관리규정이 따로 있고(제14조), 관리대장이 작성된다(제15조).

프랑스법에서 자연공물과 인공공물을 구분하는 실익은 인공공물은 원칙적으로 공용개시가 있어야 성립하는 데 반하여 자연공물은 원칙적으로 공용개시가 없어도 성립하는 데 있다. 이를 '사실상 성립이 곧 법적인 성립이다.'(l'incorporation de fait crée l'incorporaion jurdique)라고 한다. 다만, 공물의 성립에 필요한 다른 조건이 모두 충족되어야 하는바, 예를 들어 소유권이 행정에 귀속되어야 한다. 자연공물의 범위를 결정하기 위해서 행정이 개입하더라도 그것은 공물의 성립을 확인하는 의미에 그치고 형성적인 성격이 없다. 따라서 만조 수위 아래의 토지는 공물에 속하는바, 그 토지가 침수되기 전에 사적인 재산권에 속해 있었다고 하더라도 마찬가지이다. 그러나 법률에서 공용개시를 요구하는 예외적인 경우에는 그에 따른다. 예를 들어, 어느 하천이 항해가 가능한 하천의 범주에 속하지 않는다면 공물의 성립에 공용개시가 필요하다.[28] 한편 공물의 소멸을 위해서는 공용폐지가 필수적인바, 이는 자연공물에 대해서도 마찬가지이다.[29]

프랑스법에서와 달리 독일법에서는 자연공물인가 인공공물인가를 불문하고 공물의 성립에 공용개시가 필요하다. 다만, 공용개시는 반드시 행정행위일 필요는 없으며 법률에 의할 수도 있고 관습법에 의할 수도 있다.[30] 이에 따라 공물의 성립에서 자연공물과 인공공물을 구별하는 실익은 없다.


## 2. 사용에 따른 분류

공물의 사용이 그 자체로 공적 목적을 추구하는 경우에 공물은 공공복리에 직접적으로 기능하게 된다. 이 점에서 독일법이나 프랑스법에서는 공물의 사용관계를 기준으로 공물을 구분하는 것이 일반적이다. 독일법에서는 일반사용공물(Sache im Gemeingebrauch), 특별사용공물(Sache im Sondergebrauch), 영조물사용공물(Sache im Anstaltsgebrauch), 행정사용공물(Sache im Verwaltungsgebrauch)로 구분하는 것이 일반적이다.[31] 일반사용공물은 일반사용(타인의 자유로운 사용을 침해하지 않는 범위 내에서 누구나 자유롭게 사용하는 점에서 일반적

---

28) Jean–Marie Auby/Pierre Bon/Jean–Bernard Auby/Philippe Terneyre, Droit administratif des biens, 6e édition, Dalloz, 2011, 73쪽 이하.
29) Jean–Marie Auby/Pierre Bon/Jean–Bernard Auby/Philippe Terneyre, 앞의 책, 77쪽.
30) Hans J. Wolff/Otto Bachof/Rolf Stober, 앞의 책(Band 2), 689쪽.
31) Hans J. Wolff/Otto Bachof/Rolf Stober, 앞의 책(Band 2), 681쪽 이하.

사용)으로 제공되는 공물을 말하고, 특별사용공물은 특별사용(일반사용을 초과하는 것으로서 타인의 자유로운 사용을 침해하는 점에서 특별한 사용)으로 제공되는 공물을 말하며, 영조물사용공물은 영조물이용관계에서 제공되는 공물을 말하고, 행정사용공물은 행정 자신의 사용에 제공되는 공물을 말한다. 프랑스법에서는 공공용물(bien affecté à l'usage direct du public)과 공용물(bien affecté aux besoins d'un service public)로 구분하는 것이 일반적이다.32) 공공용물은 일반사용이나 특별사용으로 제공되는 공물을 말하고,33) 공용물은 공공서비스의 수단으로 제공되는 공물을 말한다. 프랑스법의 공공용물은 독일법의 일반사용공물과 특별사용공물을 포괄하는 것이고,34) 프랑스법의 공용물은 독일법의 행정사용공물 외에 영조물사용공물까지 아우르는 것이다.

우리의 통설은 프랑스법에서와 같이 공공용물과 공용물을 구분하면서 여기에 보존공물이라는 유형을 추가한다. 그러나 이러한 구분은 다음과 같은 문제가 있다. 첫째, 우리 통설이 말하는 공용물이라는 것이 과연 무엇을 의미하는지 분명하지 않다. 이와 관련하여, 우리의 공용물을 독일의 행정사용공물과 같은 개념으로 보고 나머지 독일의 일반사용공물, 영조물사용공물, 특별사용공물을 우리의 공공용물에 개념적으로 대응시키는 견해가 있다.35) 이에 따르면 우리의 공용물은 프랑스의 공용물보다 협소한 개념이 된다. 그러나 학설이 공용물의 일반사용에 해당하는 사례로 설명하는 국공립대학 구내의 자유통행36)의 경우에 국공립대학의 캠퍼스는 독일법에서 영조물사용공물의 개념에 포섭된다. 학설이 공용물의 사례로 설명하는 국영철도시설37)도 마찬가지이다. 학설은 영조물사용공물이라

---

32) Jean-Marie Auby/Pierre Bon/Jean-Bernard Auby/Philippe Terneyre, 앞의 책, 43쪽 이하.
33) 프랑스법상 공공용물은 일반사용에 제공되는 경우 외에 특별사용(utilisation privative)에 제공되는 경우까지 포함하지만, 잠재적인 이용자의 일부에만 유보되는 경우와 공공서비스의 수단으로 제공되는 경우는 여기서 제외된다. 프랑스법상 공공용물이 일반사용과 무상사용을 전제하는 것이라고 보는 일부 학설과 판례도 있지만, 일반사용과 무상사용은 예외가 많으므로 그렇게 단정할 수 없다는 견해도 있다. Jean-Marie Auby/Pierre Bon/Jean-Bernard Auby/Philippe Terneyre, 앞의 책, 44쪽.
34) 독일법상 특별사용공물의 사례로 하천수의 사용을 들 수 있다. 이를 위해서는 원칙적으로 허가가 필요한 점에서 일반사용공물과 구별된다. Hans J. Wolff/Otto Bachof/Rolf Stober, 앞의 책(Band 2), 686쪽; Hans-Jürgen Papier, Recht der öffentlichen Sachen, in: Hans-Uwe Erichsen/Dirk Ehlers(Hrsg.), Allgemeines Verwaltungsrecht. 12.Auflage, De Gruyter Recht, 2002, 605쪽 이하. 프랑스법상 공공용물 중 독일법상 특별사용공물에 해당하는 사례로 공공묘지의 사용을 들 수 있다. Jean-Marie Auby/Pierre Bon/Jean-Bernard Auby/Philippe Terneyre, 앞의 책, 43쪽.
35) 홍정선, 앞의 책, 533쪽 이하: 공공용물은 사인사용공물이라고도 한다. 공공용물은 다시 사인이 아무런 허가 없이 사용할 수 있는 일반사용공물, 공물관리청의 명시적이거나 묵시적인 허가를 받아야 사용할 수 있는 특별사용공물, 영조물관리청의 명시적 또는 묵시적 허가를 받아 사용하는 영조물사용공물로 구분할 수 있다. 공용물은 국가나 지방자치단체의 기관구성자의 사용에 제공되는 공물을 말한다. 이것은 기관구성자의 사용을 통해 직접 공적 임무 수행에 기여하는 물건을 말한다. 공용물은 행정사용공물이라 부르기도 한다.
36) 김철용, 앞의 책, 973쪽.
37) 박균성, 앞의 책, 358쪽.

는 개념을 공물의 사용관계에서 설명하는 경우는 있지만,[38] 공물의 개념적인 구분에서는 잘 다루지 않는다. 여기서 두 번째 문제가 드러난다. 통설은 국유재산법이나 공유재산법에서 행정재산의 한 유형으로 설명하는 기업용재산이 공물과 어떠한 개념적 연관이 있는지를 충분히 해명하지 않는다. 다만, 일부 견해가 "기업용재산의 대부분이 공용물에 해당한다."라고 설명할 뿐이다.[39] 기업용재산이라는 용어는 독일법의 영조물사용공물 개념과 동일하지 않으나 그에 포섭될 여지가 있다. 영조물사용공물을 공물의 독자적인 유형으로 설정하지 않는다면 그것은 공공용물이 아니라 공용물의 개념에 포섭하는 것이 타당하다. 우리의 공공용물 개념은 프랑스법에서와 마찬가지로 일반사용 또는 특별사용으로 제공되는 공물을 말하는 것으로서, 독일법상 일반사용공물과 특별사용공물에 해당하는 것만을 의미한다고 보아야 한다. 셋째는 공공용물과 공용물의 구분과 아무런 논리적인 관련이 없는 보존공물을 그와 병렬적인 개념으로 설정하는 것이다. 그 결과, 공용용물, 공용물, 보존공물을 구분하는 기준은 공물의 사용관계가 아니라 그 이용목적이 된다. 엄밀히 말해, 공물의 사용에 따른 분류는 존재하지 않는 셈이다. 이상의 설명을 도식으로 정리하면 다음과 같다.

※ 공물의 구분 비교

| 이용목적 기준 | 사용 관계 기준 | 프랑스 | 우리 | 독일 | |
|---|---|---|---|---|---|
| | | 공공용물 | 공공용물 | 일반사용공물 | 시민 사용 공물 |
| | | | | 특별사용공물 | |
| | | 공용물 | 공용물 | 영조물사용공물 | |
| | | | | 행정사용공물 | |
| | | | 보존공물 | | |

## 3. 관리에 따른 분류

통설은 이용목적을 기준으로 공공용물, 공용물, 보존공물을 구분하는데, 이러한 유형화는 국유재산법이나 공유재산법의 영향을 받은 것으로 보인다. 다만, 국유재산법이나 공유

---

38) 김남진/김연태, 앞의 책, 459쪽: 공물을 그 자체 독립한 개체로서 사용하는 경우가 일반적으로 말하는 공물의 사용관계이고, 공물이 영조물의 구성부분에 해당하는 경우 그것을 사용하는 것이 공물의 영조물적 사용이다. 사용자의 공물에 대한 관계가 전자의 경우 물권적인 지위에 서는 데 반하여 후자의 경우 채권적인 지위에 있게 된다.

39) 김남진/김연태, 앞의 책, 418쪽; 정하중/김광수, 앞의 책, 1098쪽.

재산법은 공공용재산, 공용재산, 보존용재산 외에 기업용재산을 추가로 규정하고 있다. 통설은 이러한 유형에 따라 공물의 법적 성질이나 성립 절차 등에 차이가 있다고 본다. 첫째, 공공용물은 일반 공중의 공동사용에 제공되는 까닭에 공공적 성격이 특히 강하나 공용물은 행정주체 자신의 사용에 제공된다는 의미에서 공공적 성격이 공공용물보다 약하며 보존공물은 공익적 견지에서 그 물건 자체의 보존을 목적으로 하므로 공공적 성격이 약하다.[40] 둘째, 공물의 성립이나 소멸에 있어서 의사적 요소가 필수적인지에 관하여 학설과 판례는 그것이 공공용물인, 공용물인지, 보존공물인지에 따라 결론을 달리한다.

### (1) 공공용재산

국유재산법이나 공유재산법은 공공용재산을 '직접 공공용으로 사용하거나 사용하기로 결정하거나 사용을 목적으로 건설 중인 재산'으로 규정한다. 이것을 소유권의 귀속과 무관한 개념으로 정의한 것이 공공용물로서, 통설은 '직접 일반의 공동사용에 제공된 공물'이라고 설명한다. 예를 들어, 도로, 광장, 공원, 하천, 호소, 운하, 제방, 교량, 바닷가, 항만, 영해와 이들의 부속 물건이 여기에 해당한다.[41] 여기서 말하는 공동사용은 일반사용에 제공되는 경우가 대부분이지만 특별사용에 제공되는 경우도 포함하는 것으로 보아야 한다. 이와 같이 일반사용 또는 특별사용에 제공되는 것만이 공공용물의 개념에 포섭된다.

### (2) 공용재산

국유재산법이나 공유재산법은 '직접 사무용·사업용 또는 공무원의 주거용으로 사용하거나 사용하기로 결정하거나 사용을 목적으로 건설 중인 재산'으로 규정한다. 이것을 소유권의 귀속과 무관한 개념으로 정의한 것이 공용물로서, 통설은 '직접 행정주체 자신의 사용에 제공된 공물'이라고 설명한다. 예를 들어, 관공서의 청사, 등대, 공무원의 숙사, 병기, 요새, 군용견, 잡기 비품이 여기에 해당한다.[42] 그러나 공용물을 행정 자신의 사용에 제공되는 공물이라고 정의하면서 청사, 무기, 비품의 수준을 넘어 등대, 요새와 같이 행정의 내부적 사용이라고 단정할 수 없는 경우나 앞서 설명한 국공립대학의 캠퍼스나 국영철도시설과 같이 영조물의 이용관계에 제공되는 경우를 공용물의 사례로 설명하는

---

40) 김철용, 앞의 책, 951쪽.
41) 김철용, 앞의 책, 950쪽.
42) 김철용, 앞의 책, 950쪽.

것은 문제가 있다. 이는 우리 공용물의 개념을 정의하면서 독일법의 행정사용공물 개념을 지나치게 의식한 결과로 보인다. 독일법의 행정사용공물에 전형적인 사례는 청사, 업무용 주차장, 경찰장비, 소방시설 등 행정의 기능적 능력에 중요한 것들이다.[43] 우리 공용물의 개념은 프랑스법에서 그러한 것처럼 공공서비스의 수단으로 제공되는 물건으로 새롭게 정의할 필요가 있다. 그러면 독일법의 행정사용공물 외에 영조물사용공물가지 아우르는 개념이 된다.

### (3) 기업용재산

국유재산법이나 공유재산법은 기업용재산을 '기업의 직접적인 사무용이나 사업용 또는 그 기업에 종사하는 직원의 거주용으로 사용하거나 사용하기로 결정하거나 사용을 목적으로 건설 중인 재산'으로 규정한다. 여기서 기업은 국가가 직접 설치하여 기업적으로 운영하는 사업을 의미하는 정부기업(정부기업예산법 제2조)과 지방자치단체가 직접 설치하여 기업적으로 운영하는 사업을 의미하는 지방직영기업(지방공기업법 제2조 제1항)을 말한다. 이는 이론적으로 행정기업(Regiebetrieb)과 구별되는 자기기업(Eigenbetrieb)에 상응하는 것으로서, 예를 들어, 과학기술정보통신부 소속의 우정사업본부나 서울특별시 소속의 상수도사업본부가 여기에 해당한다. 이러한 기업용재산은 영조물의 이용관계에 제공되는 공물, 즉 독일법의 영조물사용공물 개념에 포섭될 여지가 있다. 그러나 모두 그런 것은 아닌데, 사무용이나 거주용과 같이 행정사용공물에 상응하는 것도 있다. 그리고 독일법의 영조물사용공물의 범위가 우리 기업용재산에 국한되어야 할 이유가 없다. 공용재산에도 기업용재산과 마찬가지로 사업용이 포함되는 점에서 독일법의 영조물사용공물에 해당하는 공용재산도 있을 수 있고, 별도의 공법인에 의한 영조물의 이용관계에 제공되는 경우에는 비록 국유재산법이나 공유재산법은 적용되지는 않으나 독일법의 영조물사용공물 개념에 포섭될 수 있다.

### (4) 보존용재산

국유재산법이나 공유재산법은 보존용재산을 '법령이나 그 밖의 필요에 따라 보존하고 있거나 보존하기로 결정한 재산'이라고 규정한다. 이것을 소유권의 귀속과 무관한 개념으

---

43) Hans J. Wolff/Otto Bachof/Rolf Stober, 앞의 책(Band 2), 682쪽.

로 정의한 것이 보존공물로서, 통설은 '공적 목적을 위하여 그 물건 자체의 보존을 주안으로 그 소유권에 공법적 제한이 가하여지고 있는 공물'이라고 설명한다. 예를 들어, 보물, 국보 등 중요한 문화재, 향교재산, 보안림이 여기에 해당한다.[44]

이와 관련하여, 보존공물은 사용에 제공되는 것이 아니고 그에 대한 규율은 물건의 보존을 위하여 재산권 행사를 제한하는 것을 주된 내용으로 하는 점에서 공물에 해당하지 않고 공용제한의 하나에 불과하다는 견해가 있다. 이에 따르면 보존공물을 공물로 보더라도 공공용물이나 공용물과는 성격이 다르다.[45] 그러나 행정법상 역권의 부담 아래에 있는 상태만으로는 공물이 성립하지 않는다. 무엇보다 행정에 의해서 공적인 제공이 이루어져야 하는 점에서, 예를 들어 문화재로 지정되었다는 이유만으로 공물이 성립하는 것은 아니다.

## 4. 기타

통설은 공물의 소유권이 누구에게 귀속하는가에 따라 국유공물, 공유공물, 사유공물로 구분한다. 국유공물은 물건의 소유권이 국가에 있는 공물을 말하고, 공유공물은 물건의 소유권이 지방자치단체에 있는 공물을 말하며, 사유공물은 물건의 소유권이 사인에 있는 공물을 말한다. 또한 통설은 공물의 소유권이 그 관리권과 동일하게 귀속하는가에 따라 여부에 따라 자유공물, 타유공물을 구분한다. 자유공물은 공물의 소유권이 귀속하는 주체와 관리권이 귀속하는 주체가 일치하는 공물을 말하고, 타유공물은 양자가 일치하지 않는 공물을 말한다. 예를 들어, 사유지를 사용하는 도로는 사유공물이자 타유공물이다.[46] 사권의 목적이 될 수 있는 공물과 그렇지 않은 공물을 구분하는 견해도 있다. 후자는 대체로 자연공물의 범위와 일치하고, 전자는 대체로 인공공물의 범위와 일치한다. 사권의 목적이 될 수 없는 공물에는 부동산등기법의 적용이 배제되는 경우가 있으나, 사권의 목적이 될 수 있는 공물에 있어서는 일반적으로 그에 관한 물권변동에 등기를 요한다는 점에서 구별의 실익이 있다.[47] 일부 견해는 공공용물을 그 관리를 위한 법의 제정 여부에 따라 하천이나 도로와 같이 공물관리법이 적용되거나 준용되는 법정공물과 광장과 같이 공공용으로 제공되고 있지만 이를 관리하기 위한 법이 제정되지 않은 법정외 공물로 구분

---

44) 김철용, 앞의 책, 950쪽.
45) 박균성, 앞의 책, 359쪽.
46) 김철용, 앞의 책, 951쪽 이하.
47) 김동희, 앞의 책, 266쪽.

하나,[48] 사법상 재산권의 행사에 중대한 영향을 미치는 공물의 성립은 법률에 근거해야 하는 점에서, 법률에 근거가 없는데도 공물이 성립할 수 있다고 보는 것은 타당하지 않고, 경우에 따라 사실상 공물에 해당할 수 있을 뿐이다.

## 제2절 공물의 성립과 소멸

통설은 공물의 성립과 소멸에 관하여 공물의 형체적 요소와 그 의사적 요소를 구분해서 설명한다. 통설이 말하는 공물의 형체적 요소와 그 의사적 요소는 앞서 설명한 공물 개념의 구성요소 중에서 '공적인 제공'과 그에 관한 '의사표시'에 상응하는 것이다. 그리고 상당수의 학설은 공용개시에 관하여 설명하면서 그 전제로서 '권원의 보유'에 관하여 설명하나, 권원의 보유는 독립적인 구성요소로 다루는 것이 타당하다. 이에 공물의 개념을 구성하는 3가지 요소, 즉 권원의 보유, 공적인 제공, 의사표시에 초점을 맞추어 공물의 성립과 소멸에 관하여 설명하면 다음과 같다.

## Ⅰ. 권원의 보유

물건의 소유권이 누구에게 귀속하는가, 즉 국유인가 공유인가 사유인가를 묻지 아니한다. 행정주체가 물건을 공물로서 제공하기 위해서는 물건을 지배할 권원이 필요하지만 그것이 소유권일 필요는 없다.[49]

### 1. 학설

공적으로 제공하고 나아가 공용개시를 하기 위해서는 행정주체가 그 물건에 관하여 일정한 권원을 가져야 한다. 이러한 권원의 보유 문제는 공용개시의 차원에 국한되는 것이 아닌데도 학설은 대체로 공용개시의 전제라는 관점에서 접근한다. 이는 독일법의 영향으로 보이지만, 독일법은 우리 통설과 그 출발점이 다르다. 독일법에서 공용개시는 공물의 성립이라는 법률효과를 발생시키는 조건의 총체로서 법률요건에 해당한다. 이에 따라 권

---

48) 김동희, 앞의 책, 267쪽; 김남철, 앞의 책, 1216쪽; 박균성, 앞의 책, 361쪽.
49) 김철용, 앞의 책, 948쪽.

원의 보유는 공용개시와 대등한 위상을 가지는 것이 아니라 공용개시라는 법률요건을 구성하는 법률사실에 불과한 것이 된다. 그렇기에 독일법에서는 권원의 보유를 공용개시가 적법하기 위한 조건의 하나로 다루는 것이다. 이와 달리 우리 통설은 공용개시에 그만한 의미를 부여하고 있지 않다.[50)]

행정주체는 자신이 소유하는 물건에 대해서는 임의로 공용개시를 할 수 있지만 타인이 소유하는 물건을 공적 목적에 제공하기 위해서는 공용수용 등으로 소유권을 취득하거나 임차권 기타 지배권을 취득하거나 그 물건의 소유자로부터 동의를 얻어야 한다. 이러한 권원 없이 행한 공용개시가 위법하다는 점에 대해서는 다툼이 없으나 무효사유에 해당하는지 아니면 취소사유에 해당하는지에 관하여는 견해가 대립한다. 무효사유와 취소사유의 구별에 관한 중대명백설의 입장에서 보면 일률적으로 취소사유로 볼 것은 아니다.[51)] 공용개시에 하자가 있는 경우에 그 법적 효과는 공용개시가 어떤 형식으로 행해지는가에 따라 다르다는 점을 지적하는 견해도 있다. 공용개시가 법규를 통해 행해진 경우에 그 하자가 있다면 해당 공용개시는 무효가 된다. 이에 반하여 공용개시가 행정행위를 통해서 행해진 경우에는 그 하자의 정도에 따라 공용개시가 취소할 수 있는 행위가 되기도 하고 무효가 되기도 한다는 것이다.[52)]

한편, 보존공물은 공공용물이나 공용물과 달리 물건의 사용이 아니라 그 보존에 주안점이 있는 것이므로, 어떤 물건이 보존공물이 되더라도 그 물건에 대한 권리의 본질을 침해하지 않는 것이 보통이다. 따라서 보존공물의 공용개시에 있어서 행정주체는 일반적으로 그 물건 위에 권원을 취득할 필요는 없다는 견해가 있다.[53)] 그러나 보존공물이라고 하더라도 그것이 공물인 이상 그 성립을 위해서는 행정에 의한 권원의 보유가 필요하다고 보아야 한다. 다만, 법률에 의해서 소유자가 공적인 제공에 협력할 의무가 있을 수 있다. 권원의 보유가 없는데도 공적인 제공이 이루어지고 그 상태가 그대로 정당화가 되어서 소유권에 기한 반환청구권을 행사할 수 없고 아울러 부당이득반환이나 손해배상의 청구도 불가하다면 사실상 공물이 성립하는 것이다.

---

50) 이러한 맥락에서 독일법의 공용개시 개념을 정확하게 설명하는 선행연구로는 류지태, "공물법 체계의 재검토", 고려법학 제37권, 2001, 74쪽 이하가 거의 유일하다.
51) 김철용, 앞의 책, 954쪽.
52) 김남진/김연태, 앞의 책, 425쪽 이하.
53) 김남진/김연태, 앞의 책, 428쪽; 박균성, 앞의 책, 369쪽.

## 2. 판례

이에 관한 판례의 법리에 주목할 필요가 있다. 첫째, 대법원 1968. 10. 22. 선고 68다 1317 판결은 도로를 확장하는 공사로 도로부지에 편입된 토지에 대해서 지방자치단체가 적법한 사용권을 취득함이 없이 사용하고 있는 경우에 소유자가 그 토지의 인도를 청구한 사건에서, 도로법 제4조에 따라 도로를 구성하는 부지에 대하여서는 사권을 행사할 수 없으므로, 원고는 도로를 구성하는 부지가 되는 토지에 관하여 그 소유권을 행사하여 피고에게 그 인도를 청구할 수 없고, 피고의 불법행위를 원인으로 하는 원고의 손해배상액을 산정함에 있어서는 토지의 시가가 아니라 임대료 상당액을 기준으로 하여야 한다고 설시하였다. 이는 도로법 제4조를 근거로 결과제거청구권의 행사를 제한한 거의 최초의 판결이다. 하지만 도로법 제4조는 도로의 성립이라는 법률효과를 발생시키는 법률행위에 하자가 없는 것을 전제로 하고 있다. 공용개시 자체가 없는 상태라면 행정행위의 부존재에 해당하고, 공용개시가 있는 상태라면 행정행위의 무효사유 또는 취소사유에 해당한다. 취소사유에 해당하는 경우에는 공용개시의 효력을 존중할 필요가 있는 점에서 행정행위의 공정력이 미쳐서 결과제거청구권의 행사가 차단되지만, 국가배상청구권의 행사에서는 공용개시의 효력을 존중할 필요가 없기에 행정행위의 공정력과 무관하게 국가배상책임이 인정될 수 있다. 이와 달리 당연무효인 공용개시는 결과제거청구권의 행사에 장애가 되지 않는다.

둘째, 대법원 1982. 12. 14. 선고 82다카846 판결은 지방자치단체가 도시계획법 또는 도로법상 적법한 권원을 취득함이 없이 토지를 점유하고 있다면 토지소유자와의 사이에는 법률상 권원 없이 이를 점유, 사용하고 있는 것이라 할 것이므로 해당 토지가 도로법의 적용을 받는 여부에 관계없이 피고는 그 점유로 인한 부당이득반환의무가 있으므로, 원심이 도로법 제4조의 규정에 따른 사권의 제한이 붙은 소유권만 있다 하여 그 도로의 폐지가 없는 한 그 토지소유권에 가하여진 위 제한은 소멸하지 아니한다는 이유로 임료 상당의 부당이득반환청구를 할 수 없는 것이라고 판단한 것은 도로법 제4조 또는 부당이득에 관한 법리를 오해한 것이라고 설시하였다. 이는 도로법 제4조가 부당이득반환청구권의 행사에 장애가 되지 않는다는 점을 분명히 한 것이다. 문제는 부당이득반환청구권의 행사가 행정행위의 공정력에 저촉되지 않는가이다. 부당이득반환청구권의 행사에서 공용개시의 효력을 존중할 필요가 없다면 부당이득반환청구가 인용되더라도 행정행위의 공정력에 저촉되지 않지만, 그렇지 않고 공용개시의 효력을 존중할 필요가 있는데도 부당이득반환청구를 인용하는 것은 특별한 사정이 없는 한 행정행위의 공정력에 저촉된다. 공용개시의 효력을 존중할 필요성은 결과제거청구권의 행사에서도 인정되는데 부당이득반환청구권의 행사에서 부인될 수는 없다. 다만, 공용개시의 효력을 존중할 것이 요청되는 경우에도 그 요청을 따르지 않아 오히려 우월한 공익을 달성할 수 있다면 그렇게 하더라도 행정행위의 공정력에 저촉된다고 볼 수 없다. 토지가 무단으로 도로부지에 편입되면 재산권의 중대한 침해가 발생한다. 결과제거청구권의 행사를 부인하는 것에 그치지 않고 더 나아가 부당이득반환청구까지 인정하지 않는다면 권리구제에 중대한 결함이 발생한다. 바로 이러한 이유에서 판례가 무단으로 도로부지에 편입된 토지에 대해서는 언제나 임대료 상당의 부당이득이 반환되어야 하고, 이 점은 공용개시가 있어서 도로가 성립하는 경우라고 하더라도 다르지 않다고 보는 것이다.

셋째, 대법원 1987. 7. 7. 선고 85다카1383 판결은 지방자치단체가 도시계획시설결정 및 지적승인고시를 한 상태에서 소유권 기타 사용권을 적법하게 취득하지 않고 도로부지로 점유하고 있는 토지의 지하에 상수도관을 매설하여 인근주민의 식수공급에 제공하고 있는 경우에 그 토지의 소유자가 상수도관의 철거를 청구한 사건에서, 도시계획시설결정 및 지적승인고시가 있어 도로부지에 편입되었다 하더라도 피고가 아직 그 도로개설에 관한 도시계획사업을 진행하여 원고로부터 이 사건 대지를 협의매수하거나 수용하는 등으로 소유권 기타 사용권을 적법하게 취득하였음을 주장·입증하지 아니한 이상 피고가 상수도관을 매설할 적법한 권원이 있다고 할 수 없고, 피고가 공익사업으로서 공중의 편의를 위하여 매설한 상수도관을 철거할 수 없다거나 이를 이설할 만한 마땅한 다른 장소가 없다는 사유만으로서는 원고의 청구가 오로지 타인을 해하기 위한 것으로서 권리남용에 해당한다고 보기 어렵다고 설시하였다. 여기서 상수도관이 매설된 토지는 도시계획시설사업이 시행되지 않은 점에서 아직 공용개시가 없는 상태로 보이고,[54] 상수도관은 토지에 매설되어 있는 종물에 불과한 점에서 특별한 사정이 없는 한 그 자체가 공물은 아니다. 결과제거가 가능하지 않거나 원상회복을 기대할 수 없는 사정이 있는지와는 전혀 무관하게 결과제거청구권의 행사에 장애가 없는 상황인 것이다.

넷째, 대법원 2006. 9. 28. 선고 2004두13639 판결은 지방자치단체가 도시계획사업으로 도로를 설치하기 위하여 소유권을 협의취득하여 도로부지로 편입한 토지에 도로공사

---

54) 대법 1992. 9. 14. 선고 92다1162 판결: 도시계획법에 의한 도시계획사업으로 설치된 도로로서 도로법의 규정이 준용되기 위하여는 도시계획사업실시계획의 인가·고시와 수용·사용대상 토지에 대한 토지조서 작성의 절차가 이루어져야 한다고 할 것인바, 이 사건 토지는 도시계획상 도로예정지 지정 및 지적승인의 고시가 있었으나 그 이후의 절차인 도시계획사업 실시계획인가 및 고시 등의 조치는 이루어지지 아니한 상태이므로 결국 위 토지는 도시계획사업으로 설치된 도로로 볼 수 없는 것이다.

를 완성하여 적법하게 공용개시가 이루어진 후에 지방자치단체의 협의취득 전에 설정된 근저당권이 실행되어 그 경매절차에서 낙찰받아 토지의 소유권을 취득한 자가 도로법 제 99조[55]에 따른 손실보상을 청구한 사건에서, 도로의 공용개시로 인하여 공물로 성립한 사인 소유의 도로부지 등에 대하여 도로법에 의하여 사권의 행사가 제한됨으로써 그 소유자가 손실을 받았다고 하더라도 이와 같은 사권의 제한은 행정청이 행한 것이 아니라 도로법이 도로의 공물로서의 특성을 유지하기 위하여 필요한 범위 내에서 제한을 가하는 것이므로, 소유자는 국가나 지방자치단체를 상대로 하여 부당이득반환청구나 손해배상청구를 할 수 있음은 별론으로 하고 도로법 제99조에 따른 손실보상청구를 할 수는 없다고 설시하였다. 앞서 설명한 것처럼 도로법 제4조는 결과제거청구권의 행사를 절대적으로 금지하는 취지가 아니다. 도로라는 법률효과를 발생시키는 행정행위가 부존재이거나 당연무효이거나 효력을 상실하는 경우에는 결과제거청구권의 행사가 제한되지 않는다. 이 점에서 보면 판례의 취지는 공용개시의 효력을 존중할 필요성으로 인하여 결과제거청구권의 행사가 제약되는 상태는 그 자체로 손실보상이 요청되는 특별한 희생에 해당하지 않는다는 점을 분명히 한 것에 불과하다.

## II. 공적인 제공

공물에 해당하기 위해서는 행정주체에 의하여 공적 목적에 제공되는 물건이어야 한다. 공적 목적에 제공되어야 하고 그것이 행정주체에 의해 제공되어야 한다. 이에 관하여 통설은 공물의 형체적 요소라는 관점에서 접근하고 있다. 공물이 성립하기 위해서는 그 물건이 공적 목적에 제공될 수 있도록 형태를 구비하여야 하고, 이러한 형태를 구비하지 못한 물건은 공용개시가 있어도 공물이 될 수 없다는 것이다.[56] 하천, 해변 등과 같은 자연공물은 자연적 상태 그대로 일반 공중의 사용에 제공될 수 있으므로 형체적 요소를 갖기

---

55) 제99조(공용부담으로 인한 손실보상) ① 이 법에 따른 처분이나 제한으로 손실을 입은 자가 있으면 국토교통부장관이 행한 처분이나 제한으로 인한 손실은 국가가 보상하고, 행정청이 한 처분이나 제한으로 인한 손실은 그 행정청이 속해 있는 지방자치단체가 보상하여야 한다.
② 제1항에 따른 손실의 보상에 관하여는 국토교통부장관 또는 행정청이 그 손실을 입은 자와 협의하여야 한다.
③ 국토교통부장관 또는 행정청은 제2항에 따른 협의가 성립되지 아니하거나 협의를 할 수 없는 경우에는 대통령령으로 정하는 바에 따라 관할 토지수용위원회에 재결을 신청할 수 있다.
④ 제1항부터 제3항까지의 규정에서 정한 것 외에 공용부담으로 인한 손실보상에 관하여는 「공익사업을 위한 토지 등의 취득 및 보상에 관한 법률」을 준용한다.
56) 김철용, 앞의 책, 953쪽.

위한 특별한 행위를 요하지 않으나, 도로나 운동장과 같은 인공공물의 경우는 토지 기타의 물건에 공사를 시행하여 시설을 설치하는 등 인력을 가하여 일반 공중이 사용할 수 있는 형태를 갖출 것이 필요하다.[57]

이러한 공물의 형체적 요소라는 통설의 관점은 독일이나 프랑스의 학설에서는 찾기가 어렵다. 가장 근접한 내용은 공물의 구성에 관한 설명이다. 예를 들어, 도로나 하천과 같은 공물을 구성하는 요소들을 논리적으로 분석해 내는 것이다. 하지만 공물은 범위가 포괄적인 개념이기 때문에 모든 공물에 공통적인 구성요소를 설명한다는 것은 가능하지 않은 일이다. 그래서 독일의 경우에는 도로나 하천에 관한 개별법에서 공물의 구성에 관하여 규정할 뿐이다. 프랑스의 경우에는 일반공물법에 해당하는 문헌에서 대표적인 공물별로 그 구성요소에 관한 설명을 하지만 여러 공물에 공통적인 사항에 관한 설명은 역시나 없다. 따라서 일반론의 차원에서 공물의 형체적 요소에 관하여 중요한 것은 공물의 구성에 관한 분석적 설명이 아니라 어떤 경우에 공적인 제공이 있다고 판단할 것인지에 관한 기준이다.

## 1. 제공의 유무

어떤 경우에 공적인 제공이 있다고 판단할 것인지에 관한 기준은 실무적으로 첨예한 쟁점이 되는 수가 많다. 이 문제는 특히 국가나 지방자치단체가 도로관리청으로서가 아니라 사실상 지배주체로서 사실상 도로를 점유하는 경우에 발생한다. 판례[58]는 기존의 사실상 도로에 대하여 도로법에 의한 도로구역 결정이 있거나 도시계획법에 의한 도시계획사업의 시행으로 도로 설정이 된 때에는 이때부터 도로관리청으로서의 점유를 인정할 수 있으나, 이러한 도로법 등에 의한 도로설정행위가 없더라도 국가나 지방자치단체가 기존의 사실상 도로에 대하여 확장, 도로포장 또는 하수도설치 등 도로의 개축 또는 유지·보수공사를 시행하여 일반공중의 교통에 공용한 때에는 이때부터 그 도로는 국가나 지방자치단체의 사실상 지배하에 있는 것으로 보아 사실상 지배주체로서의 점유를 인정할 수 있다는 입장이다. 이에 따라 주민자조사업의 형태로 시공한 도로라고 할지라도 국가나 지방자치단체에서 그 공사비의 상당 부분을 부담하고 공사 후에도 도로의 유지·보수를 담당하면서 공중의 교통에 공용하고 있다면 실질적으로 그 도로는 국가나 지방자치단체의 사실상 지배 하에 있다고 볼 수 있다. 다만 국가나 지방자치단체가 주민자조사업의 공사비 일부를 부담한 사실이 있다는 것만으로 곧 그 점유주체를 국가나 지방자치단체라고

---

57) 김남진/김연태, 앞의 책, 420쪽.
58) 대법 1991. 9. 24. 선고 91다21206 판결.

단정할 수는 없다. 이 경우에 국가나 지방자치단체에 의해서 제공된 것이 아니라고 판단되면 소유자가 자신의 토지를 도로로 제공하여 자신의 독점적이고 배타적인 사용수익권을 포기하고 주민들에게 무상으로 통행할 수 있는 권리를 부여한 것으로 볼 수 있다. 이는 우리 민법에서 규정하지 않는 인역권을 인정하는 것과 유사한 결과가 된다. 다만, 행정에 의한 공적인 제공이 없는 점에서 사실상 공물은 아니다.[59]

## 2. 예정공물

아직 이용에 제공할 수 있는 형태를 구비하고 있지 않지만 장차 공적 목적에 제공하기로 결정한 물건을 예정공물이라고 한다. 예정공물에 대하여는 장래 공적 목적을 위하여 제공되는 데 지장이 없도록 공물에 준하는 법적인 취급을 하는 것이 보통이다.[60] 도로구역 예정지(도로법 제27조 제1항)를 그 사례로 설명하는 견해가 있다.[61] 도로구역 예정지에 해당하는 경우 개발행위는 원칙적으로 금지되고 예외적으로 허가를 받아야만 가능하다. 이는 행정법상 역권의 부담에 해당한다. 하지만 행정법상 역권의 부담은 다양한 형태로 발생하는 점에서, 이로써 공물이 성립하는 것은 아니다. 다시 말해, 행정법상 역권의 부담은 공물이 성립하기 위한 요건이 아니라 공물이 성립한 결과이다.

이러한 도로구역 예정지는 판례가 말하는 예정공물의 개념과 다르다. 판례는 국유재산법이 행정재산의 개념을 규정하면서 공적 목적에 사용하는 재산 외에 사용하기로 결정한 재산도 포함하고 있는 점을 근거로, 도로를 확장하기 위한 공사가 진행 중인 토지를 일종의 예정공물로 보아 시효취득의 대상에서 제외하였다.[62] 아직 현실적인 이용의 제공이

---

59) 사실상 도로는 도로의 설치에 관한 법령에 따라서 설치된 것은 아니나 그 설치의 정당성이 전체적인 법질서에 의하여 승인된 것인 점에서 그 설치의 정당성이 부인되는 것을 전제로 하는 소유물반환청구권, 부당이득반환청구권, 손해배상청구권 등이 성립하지 않는 경우를 말한다. 그중에는 사실상 공도(公道)에 해당하는 것도 있고 사실상 사도(私道)에 해당하는 것도 있다. 행정에 의한 공적인 제공이 없다면 사실상 공물에 해당하지 않는 점에서 사실상 사도에 불과한 것이 된다.

60) 김남진/김연태, 앞의 책, 428쪽.

61) 김철용, 앞의 책, 956쪽.

62) 대법 1994. 5. 10. 선고 93다23442 판결: 이 사건 토지에 관하여 도로구역의 결정, 고시 등의 공물지정행위는 있었지만 아직 도로의 형태를 갖추지 못하여 완전한 공공용물이 성립되었다고는 할 수 없으므로 일종의 예정공물이라고 볼 수 있는데, 국유재산법 제4조 제2항 및 같은법시행령 제2조 제1항, 제2항에 의하여 국가가 1년 이내에 사용하기로 결정한 재산도 행정재산으로 간주하고 있는 점, 도시계획법 제82조가 도시계획구역 안의 국유지로서 도로의 시설에 필요한 토지에 대하여는 도시계획으로 정하여진 목적 이외의 목적으로 매각 또는 양도할 수 없도록 규제하고 있는 점, 위 토지를 포함한 일단의 토지에 관하여 도로확장공사를 실시할 계획이 수립되어 아직 위 토지에까지 공사가 진행되지는 아니하였지만 도로확장공사가 진행중인 점 등에 비추어 보면 이와 같은 경우에는 예정공물인 토지도 일종의 행정재산인 공공용물에 준하여 취급하는 것이 타당하다고 할 것이므로 구 국유재산법 제5조 제2항이 준용되어 시효취득의 대상

이루어지지 않았지만 마치 그런 것처럼 취급할 수 있는 경우를 예정공물로 이해하는 것이다.[63] 이는 프랑스의 판례와 입장이 동일하다. 프랑스에서는 잠재적 공물(domanialité publique virtuelle)이라고 부르는데, 공적인 제공을 확실하게 예상할 수 있는 경우에는 곧바로 공물법의 적용을 받는다는 것이 판례의 입장이다.[64]

## 3. 형체의 멸실

형체의 소멸이 공물의 소멸에 어떤 영향을 미치는지가 쟁점이다. 첫째로는 형체의 멸실만으로 공용폐지 없이 공물이 소멸되는지 문제가 된다. 그 반대로, 공용폐지만으로 형체의 멸실 없이 공물이 소멸되는지가 두 번째 문제이다.

### (1) 공용폐지 없는 형체의 멸실

통설은 공공용물, 공용물, 보존공물을 구분해서 설명한다. 견해에 따라서는 공공용물을 다시 자연공물과 인공공물로 구분하는 것도 중요하다. (ㄱ) 공공용물의 형체적 요소가 소멸하는 경우에 공물로서 성격을 상실하게 되는지에 관하여 견해가 대립한다. 긍정설에 따르면 공물은 자연적으로나 인위적으로 공물의 형체가 소멸하고 그 형체의 회복을 기대할 수 없게 되면 당해 공물은 당연히 소멸한다고 본다. 이에 대해서 제한적 긍정설은 자연공물에 있어서는 그 성립에 있어 공용개시를 요하지 않으므로 그 자연적 상태의 멸실에 의하여 당연히 공물로서 성질을 상실하는 데 반하여 인공공물은 그 형체가 멸실하여 회복이 불가능하게 되었다고 하더라도 그것만으로 공물이 소멸하지 않는다고 한다.[65] 이와 달리, 명시적 의사표시가 필요하다고 볼 것인가 아니면 묵시적 의사표시로 충분하다고 볼

---

이 될 수 없다.

63) 대법 1998. 9. 4. 선고 97다24481 판결: 도시계획법상 공원으로 결정·고시된 국유토지라고 하여도 적어도 도시공원법 제4조에 의하여 조성계획이 결정되어 도시공원법 제2조에 정한 공원시설의 종류, 위치 및 범위 등이 구체적으로 확정되어야만 국유재산법 제4조 제2항 제2호, 그 시행령 제2조 제1항에서 규정하고 있는 '공공용으로 사용하기로 결정한 재산'으로서 행정재산이 된다 할 것이므로, 원심으로서는 이 사건 임야에 관하여 도시계획법과 도시공원법상의 공원의 종류, 구역, 면적 등이 구체적으로 확정된 조성계획이 언제 결정되었는지 여부를 심리하여 이 사건 임야가 공공용 재산인 공원으로 사용하기로 결정한 재산인지의 여부를 확정하였어야 할 것이다. 그럼에도 불구하고, 원심은 이 사건 임야가 도시계획법상의 공원으로 확정, 고시되었다는 이유만으로 공공용 재산이 된 것으로 판단하였으니, 원심판결에는 행정재산에 관한 법리를 오해하였거나 심리를 미진하여 판결에 영향을 미친 위법이 있다.

64) Jean-Marie Auby/Pierre Bon/Jean-Bernard Auby/Philippe Terneyre, 앞의 책, 51쪽 이하.

65) 김남진/김연태, 429쪽 이하.

것인가의 문제로 접근하는 견해도 있다. 이에 따르면 문제는 공공용물의 형체적 요소가 멸실된 경우에도 항상 공용폐지의 명시적 의사표시가 필요한지 여부이다. 법령에 명시적 의사표시를 요한다는 규정을 두고 있는 경우에는 그에 따라야 할 것이다. 그러나 법령상 특별한 규정이 없는 경우에는 명시적 의사표시가 필요하다는 견해와 묵시적 의사표시로 충분하다는 견해가 대립한다.[66] (ㄴ) 공용물은 그 형체적 요소의 소멸이나 행정주체에 의한 사실상의 폐지에 의하여 소멸하며 별도의 공용폐지를 필요로 하지 않는다는 것이 통설이다. 이에 대해서 공용물의 경우에도 사용의 폐지는 묵시적인 공용폐지를 전제로 하는 것이라는 반대견해가 있다.[67] (ㄷ) 보존공물의 경우에는 주로 문화재를 상정하여 논의하는 바, 형체의 멸실이 보존공물의 소멸사유가 된다는 견해와 문화재의 지정을 해제할 수 있는 사유에 불과하다는 견해가 대립한다. 전자의 견해에 따르면 공용폐지는 소멸사실의 확인행위에 불과한 것이 된다.[68]

　이 쟁점은 보기에는 형체의 멸실이 공물의 성립에 미치는 영향에 관한 것이지만 내용적으로는 공물의 성립에 의사표시가 반드시 필요한지에 관한 것이다. 프랑스법에서는 의사표시가 필요한 것이 원칙이지만 반드시 그런 것은 아니고, 이와 달리 독일법에서는 의사표시가 반드시 필요하다. 이는 공용개시의 성격을 어떻게 이해하는가에 달려 있다. 앞서 설명한 바와 같이, 독일법에서 공용개시는 공물의 성립이라는 법률효과가 발생하기 위한 조건의 총체로서 법률요건인바, 공용개시가 없이는 공물이 성립할 수 없고, 그 반대로 공용폐지가 없이는 공물이 소멸할 수도 없다. 우리 통설이 말하는 형체의 멸실에도 불구하고 말이다. 다만, 묵시적 의사표시만으로 충분하다고 보면 이러한 엄격한 요청은 다소 완화될 수 있다. 행정사용공물의 경우가 대표적으로 그러하다. 이와 달리, 프랑스법에서 의사표시는 공물의 성립이라는 법률효과가 발생하기 위한 조건의 하나에 불과하다. 다시 말해, 법률요건이 아니라 법률사실에 불과한 것이다. 이에 따라 의사표시가 필요한 것이 원칙이나, 앞서 설명한 바와 같이, 자연공물의 성립은 예외적으로 의사표시 없이도 공물이 성립하는 대표적인 경우이다. 그러나 그 반대로 자연공물이라고 하더라도 공용폐지 없이는 소멸하지 않는다고 본다. 이러한 법리는 우리 판례[69]의 입장과 전적으로 동일하다.

---

66) 김동희, 앞의 책, 271쪽 이하.
67) 김남진/김연태, 앞의 책, 431쪽.
68) 김동희, 앞의 책, 273쪽.
69) 대법 2007. 6. 1. 선고 2005도7523 판결: 국유 하천부지는 자연의 상태 그대로 공공용에 제공될 수 있는 실체를 갖추고 있는 이른바 자연공물로서 별도의 공용개시행위가 없더라도 행정재산이 되고 그 후 본래의 용도에 공여되지 않는 상태에 놓여 있더라도 국유재산법령에 의한 용도폐지를 하지 않은 이상 당연히 잡종재산으로 된다고는 할 수 없으며, 농로나 구거와 같은 이른바 인공적 공공용 재산은 법령에 의하여 지정되거나 행정처분으로 공공용으로 사용하기로 결정한 경우, 또는 행정재산으로 실제 사용하는 경우의

다만, 이러한 결론은 일차적으로는 실정법의 태도에 의지하는 바가 크다. 예를 들어, 판례는 바닷가가 자연공물에 해당하는 점을 당연한 전제로 국가에게 귀속하는 바닷가의 관리권이 매립공사로 인하여 곧바로 소멸하는 것이 아니라 공유수면매립의 준공인가를 통해 비로소 소멸하는 것으로 보는데,[70] 이는 「공유수면 관리 및 매립에 관한 법률」 제46조가 그렇게 규정하고 있기 때문이다.

## (2) 형체의 멸실 없는 공용폐지

우리와 달리 프랑스법이나 독일법에서 더 주목하는 쟁점은 공적인 제공이 중단되지 않은 상태에서 공용폐지만으로 공물이 소멸하는지에 관한 것이다. 프랑스법에서 원칙은 '법률행위는 반드시 공적인 제공을 수반해야 한다.'(l'acte juridique devoir nécessairement être suivi d'une affectation de fait)는 것이다. 따라서 공용폐지가 효과를 발생하기 위해서는 공적인 제공이 중단되어야 한다. 그 논리적인 이유로는 의사표시 없이 공적인 제공만으로 공물이 성립하기도 하는 점에서, 공적인 제공이 중단되지 않은 상태라면 공용폐지가 있더라도 언제든지 공물이 성립할 수 있다는 점을 든다.[71] 비록 이유는 다르나 공적인 제공의 중단 없이 공용폐지만으로는 공물이 소멸하지 않는다는 결론은 독일법에서도 타당하다.[72]

---

어느 하나에 해당하면 행정재산이 된다.

70) 대법 2014. 5. 29. 선고 2011다35258 판결: 자연공물인 바닷가는 만조수위선으로부터 지적공부에 등록된 지역까지의 사이를 뜻하므로 수시로 그 형상과 위치가 변동하여 유일한 관리권자인 국가도 그 현황을 정확히 파악하고 있기 힘든 반면 매립사업의 시행자는 매립공사를 하면서 바닷가와 바닷가 매립지의 위치와 면적을 정확히 파악할 수 있는 점, 바닷가는 매립공사가 있기 전부터 육지였던 점 등의 사정을 종합하면, 산업단지개발사업에 포함된 공유수면매립사업의 시행자로서 공유수면매립의 준공인가를 받고자 하는 지방자치단체는 매립공사를 준공한 후 산업단지개발사업의 실시계획승인권자에게 준공인가신청서를 제출함에 있어서 구 공유수면매립법 제26조 제1항 제2호 등의 규정에 의하여 집합구획하여 위치와 지목 등을 특정하고 국가에 소유권을 귀속시켜야 하는 바닷가 매립지 등의 내역서를 첨부함으로써 위 실시계획승인권자의 준공인가를 통하여 자연공물인 바닷가의 관리권자인 국가로 하여금 바닷가에 관한 관리권을 상실하는 대신에 집합구획한 바닷가 매립지의 소유권을 취득하게 할 법령상의 의무가 있다고 봄이 상당하다. 따라서 지방자치단체가 위와 같은 법령상의 의무에 위반하여 국가가 관리하는 자연공물인 바닷가를 매립하고도 구 공유수면매립법 제26조 제1항 제2호 등에 의하여 집합구획하여 위치와 지목 등을 특정하고 국가에 소유권을 귀속시켜야 하는 바닷가 매립지에 관한 내용을 누락한 채 매립된 공유수면 전부를 자신 앞으로 소유권을 귀속시키는 내용의 위법한 준공인가신청을 하여 그와 같은 내용의 준공인가가 나게 함으로써 국가로 하여금 자연공물인 바닷가의 관리권을 상실하게 하고 집합구획한 바닷가 매립지에 관한 소유권을 취득하지 못하게 하는 한편, 자신은 위 준공인가일에 바닷가 매립지에 관한 소유권을 원시취득한 것은 자연공물인 바닷가의 관리권자이자 매립공사의 준공인가에 의하여 바닷가 매립지에 대한 소유권을 취득할 지위에 있는 국가에 대한 불법행위가 될 수 있다. 이는 국가가 준공인가권자의 지위를 동시에 가지고 있더라도 마찬가지이다.

71) Jean-Marie Auby/Pierre Bon/Jean-Bernard Auby/Philippe Terneyre, 앞의 책, 79쪽.

72) Hans J. Wolff/Otto Bachof/Rolf Stober, 앞의 책(Band 2), 684쪽.

# III. 의사의 표시

## 1. 학설과 판례의 현황

행정은 공물을 성립시키기 위해 자신이 권원을 보유하는 물건을 공적으로 제공하면서 그에 관하여 의사표시를 하는바, 이를 공용개시라고 한다. 이와 달리, 공물의 소멸을 위한 의사표시를 공용폐지라고 한다. 공용개시의 성질에 관하여 사실행위설과 행정행위설이 대립하는 것으로 보고 그중 행정행위설이 타당하다고 보는 견해가 있다. 그러나 오늘날 사실행위설을 주장하는 학자는 찾아볼 수 없고, 공용개시는 행정행위뿐 아니라 법률, 법규명령, 조례, 관습법과 같은 법규의 형식에 의해서도 행해질 수 있다는 점에서 타당하지 않다.[73] 묵시적 공용개시도 가능하다. 해변과 같은 공공용물의 공용개시는 관습법을 통해서 이루어진다고 볼 수 있다. 다만, 통설은 자연공물의 경우에는 공용개시가 필요하지 않다는 입장이다.[74]

하천이나 해변과 같은 자연공물에 관하여는 공용개시를 필요로 하지 않는다는 것이 통설이다. 이에 대해서 자연공물은 법규에 의하여 공용개시가 이루어지는 것으로 보아야 한다는 견해가 있다.[75] 관공서의 청사 등 공용물이 성립하기 위해서는 공용물로서 형체를 갖추어 행정주체가 사실상 사용을 개시하는 것으로 족하며 별도로 공용개시는 필요로 하지 않는다고 보는 것이 통설이다. 이에 대해서 공용물의 성립에 있어서도 명시나 묵시의 공용개시가 필요하다는 반대의 견해가 있다.[76] 보존공물은 특정한 물건 그 자체의 보존을 목적으로 하는 공물이다. 어떤 물건이 보존공물로 되면 공물로서 공법적인 제약을 받기 때문에 보존공물의 성립에는 공물로서의 형체를 갖추는 외에 의사적 행위로서 공용개시가 필요하다. 이 경우 공용개시도 법규에 의한 것과 행정행위에 의한 것으로 구분된다.[77] 공물의 성립과 소멸에 있어서 의사표시의 요부에 관한 학설과 판례를 도식으로 정리하면 다음과 같다.

---

73) 김남진/김연태, 앞의 책, 421쪽 이하.
74) 김남진/김연태, 앞의 책, 425쪽.
75) 김남진/김연태, 앞의 책, 421쪽.
76) 김남진/김연태, 앞의 책, 427쪽.
77) 김남진/김연태, 앞의 책, 427쪽.

| 구분 | 공공용물 | | 공용물 | 보존공물 |
|---|---|---|---|---|
| | 인공공물 | 자연공물 | | |
| 형체적 요소가 구비되면 공물이 성립하는지에 관하여 | 통설과 판례는 공용개시가 필요하다는 입장임 | 다수설과 판례는 공용개시가 필요없다는 입장이나, 공용개시가 필요하다는 소수설이 있음 | 통설과 판례[79]는 공용개시가 필요없다는 입장이나, 이에 반대하여 공용개시가 필요하다는 견해도 있음 | 문화재로 지정하면 그 취지를 관보에 고시함과 동시에 소유자 등에게 알려야 함 |
| 형체적 요소가 멸실되면 공물이 소멸하는지에 관하여 | 학설은 긍정설과 부정설로 대립하고, 판례는 공용폐지가 필요하지만 묵시적인 것으로 족하다는 입장임 | 다수설은 공용폐지가 필요없다는 입장이나, 소수설과 판례는 공용폐지가 필요하다는 입장임 | 다수설은 공용폐지가 필요없다는 입장이나, 소수설과 판례는 공용폐지가 필요하다는 입장임 | 문화재의 지정 해제가 필요하다는 견해와 필요없다는 견해가 대립함 |

비교법적으로 보면, 자연공물과 인공공물의 구별이 공용개시나 공용폐지와 관련하여 의미가 있는 것은 프랑스법이고, 독일법에서는 그와 같은 문제가 발생하지 않는다. 그리고 프랑스법에서는 공공용물과 공용물의 구분은 공용개시나 공용폐지와 관련하여 특별한 의미가 없다. 한편, 독일법에서 묵시적 의사표시의 인정 여부에 관한 논의는 주로 행정사용공물을 대상으로 하는 것인바, 독일법의 행정사용공물 개념이 프랑스법이나 우리의 공용물 개념에 포함되는 것이라는 점을 고려하면, 공공용물과 공용물을 구분하는 것은 독일법의 관점에서 공용개시나 공용폐지와 관련하여 일부 의미가 있다고 볼 수 있다. 그런데,

---

78) 김철용, 앞의 책, 952 내지 958면의 해당 내용을 요약한 것이다.
79) 대법 1997. 3. 14. 선고 96다43508 판결. 다만, 동 판결이 공용물의 성립에 공용개시가 필요 없다는 취지인지에 관하여는 견해가 일치하지 않는 것으로 보인다. 동 판결의 원심은 이 사건 계쟁 부분의 토지가 여주교육청사 부지로 사용되고 있는 행정재산이므로 취득시효의 대상이 될 수 없다는 피고의 주장에 대하여, 교육청사 부지와 같은 인공적인 공용재산이 행정재산이 되기 위하여는 법령에 의하여 교육청사 부지로 지정되거나 행정처분으로서 공용으로 사용하기로 결정한 경우 또는 행정재산으로 실제로 사용하는 경우의 어느 하나에 해당하여야 할 것이라고 전제한 다음, 피고 소유인 이 사건 토지가 1962. 1. 16.부터 군유재산대장에 여주교육청사 부지로 등재된 사실은 인정이 되나, 이 사건 계쟁 부분 토지의 현황, 점유의 현황, 점유 경위 등에 비추어 볼 때 이 사건 계쟁 부분의 토지가 군유재산대장에 등재된 사실만으로는 이를 행정재산이라고 볼 수 없다는 이유로 피고의 위 주장을 배척하였다. 이에 대해서 동 판결은 "원심이 확정한 바와 같이 피고 소유인 이 사건 토지 전부가 1962. 1. 16. 군유재산대장에 등재될 당시부터 그 용도가 여주교육청사 부지로 지정되었고, 또한 실제로 1971.경 이 사건 토지 위에 여주교육청사가 신축되어 지금까지 여주교육청사 부지로 제공되어 오고 있는 것이라면, 특별한 사정이 없는 한, 이 사건 계쟁 부분의 토지를 포함한 이 사건 토지 전부는 그 취득시효가 완성되기 전에 이미 사법상의 거래대상에서 제외되는 행정재산이 되었다고 봄이 상당하다고 할 것이다."라고 판시하였다. 동 판결은 우리 판례가 후술하는 공용개시의 개념에 관한 실질설의 입장이라는 점을 잘 보여준다. 어떤 특정한 행위가 있는지 없는지에 따라 공용개시의 유무를 판단하는 형식설과 달리, 그동안의 경과와 전체적인 상황을 종합적으로 고려하건대 어느 시점에 이르면 공용개시가 있은 사실이 넉넉하게 인정되거나 추인된다는 식으로 판단한다. 이러한 실질설의 입장에서 보면 동 판결은 공용물의 성립에 공용개시를 요구한 것이라고 보아야 한다. 이와 달리 형식설의 입장에서는 공용개시라고 볼 만한 행위가 딱히 없었기 때문에 공용개시가 없는데도 공용물의 성립을 인정한 것으로 해석할 여지가 있다.

우리 통설은 공공용물, 공용물, 보존공물의 구분에 자연공물과 인공공물의 구분까지 더하여 의사표시의 필요성이라는 측면에서 공물의 성립과 소멸에 관한 하나의 전체적인 분석의 틀을 제시하고 있는바, 이러한 접근이 얼마나 실천적일 수 있을지 의문이 제기된다. 이는 공용개시나 공용폐지가 공물법 전체에서 차지하는 위상과 역할을 간과하고 지나치게 개념을 단순화하여 표면적으로만 분석을 하기에 생기는 문제점이라고 볼 수 있다.

## 2. 문제점과 개선방안

공용개시는 프랑스법에서 공물의 성립에 필요한 하나의 요소에 불과하지만, 독일법에서는 공물의 성립이라는 법률효과를 발생하는 조건의 총체로서 법률요건이다. 독일법적인 이해를 법률요건설이라고 부른다면 프랑스법적인 이해는 법률사실설이라고 부를 수 있다. 그중 법률요건설의 관점에서 공용개시를 다시 설명하면, 공용개시는 어떠한 물건이 특정한 공적 목적에 제공되며 그로 인하여 그 물건에 대한 사권의 행사가 제한되는 등 공법상의 특별한 지위를 갖게 된다는 것을 선언하는 법적 행위이다.[80] 공용개시의 개념을 논리적으로 어떻게 구성할 것인지는 공물의 성립과 소멸에 관한 법리의 핵심이다. 이를 위해서는 공용개시의 개념에 관한 법률요건설과 법률사실설의 대립 외에 공용개시의 개념에 관한 형식설과 실질설의 대립을 이해하는 것도 중요하다. 이는 나아가 공물의 본질에 관한 공적 소유권설과 수정된 사적 소유권설의 대립과도 연결된다. 이 모두는 결국 공용개시에 관한 우리 판례의 태도를 이해하기 위함이다. 이에 따르면, "도로와 같은 인공적 공공용 재산은 법령에 의하여 지정되거나 행정처분으로써 공공용으로 사용하기로 결정한 경우 또는 행정재산으로 실제로 사용하는 경우의 어느 하나에 해당하여야 행정재산이 되는데, 도로는 도로로서의 형태를 갖추어야 하고, 도로법에 따른 노선의 지정 또는 인정의 공고 및 도로구역 결정·고시가 있는 때부터 또는 도시계획법 소정 절차를 거쳐 도로를 설치하였을 때부터 공공용물로서 공용개시행위가 있다."[81] 이러한 판례의 법리는 공용개시에 대한 프랑스법적 이해나 독일법적 이해와 일치하지 않는다. 그러나 그 논리적 분석을 위해서는 공용개시에 대한 프랑스법적 이해나 독일법적 이해가 중요하다.

본격적인 논의에 앞서 용어 문제를 간단히 정리하면 다음과 같다. 독일어의 'Widmung'을 공용개시라고 번역하는 것이 통례이지만, 'Widmung'은 본래 어떤 물건에 대해서 공법상 특별한 지위를 부여하는 법적 행위로서 성질을 가지는 것인데도 공용개시라고 번역

---

80) 김남진/김연태, 앞의 책, 420쪽 이하.
81) 대법 1995. 9. 5. 선고 93다44395 판결.

하는 경우에는 준공식에서 테이프를 끊는 행사와 같은 사실행위로 오해할 우려가 있는 점에서 공용지정이라고 번역하는 것이 타당하다는 견해가 있다.[82] 그리고 위 판례가 "도로를 설치하였을 때에 공용개시행위가 있다."라고 설시하면서 말하는 공용개시행위라는 것은 사실행위에 해당하는 점에서 학설이 말하는 법률행위로서 공용개시와는 개념적으로 구별되어야 한다는 견해가 있다. 도로를 인공공물의 일종으로 보면서도 행정처분 형식의 공용지정 없이 공도로서 실제로 사용되면 공공용물이 된다고 하는 것이 확립된 판례라는 것이다.[83] 이에 대해서, 첫째, 'Widmung'이라는 용어가 공물을 지정한다는 의미라는 지적은 타당하다. 하지만 독일법에서는 도로나 하천 등 공물에 대해서뿐만 아니라 지방자치법에 따른 공공시설에 대해서도 공통으로 'Widmung'이라는 용어가 사용되는 점에서 이 모두를 공용지정이라고 번역할 경우에 혼란을 초래할 수 있다. 양자 사이에는 법률효과에 상당한 차이가 있는 점에서 전자의 경우에 특별하게 '公用開始'라는 용어를 사용하고 후자의 경우에는 단순히 '지정'이라고 번역하는 것이 합리적이다. 둘째, 판례의 법리에 따르면 공용개시 없이 공적인 제공만으로도 공물의 성립이 가능한 경우가 있다는 점에 대한 지적은 탁월하다. 그러나 왜 공용개시가 없는데도 공적인 제공만으로 공물의 성립이 가능한가에 관한 논증은 이로써 충분하지 않다. 판례가 공용개시행위라고 말하는 사실행위를 법률행위에 해당하는 공용개시와 구별되는 개념으로 구성할 필요 없이 공적인 제공이라는 용어만으로도 충분히 소기의 목적을 달성할 수 있다.

공용개시에 대한 프랑스법적 이해와 독일법적 이해를 법률요건설과 법률사실설의 대비, 형식설과 실질설의 대비, 공적 소유권설과 수정된 사적 소유권설의 대비의 측면에서 종합하여 도식으로 정리하면 다음과 같다.

※ 공용개시 개념의 대비

| 구분 | 프랑스법 | 독일법 | 우리 |
|---|---|---|---|
| 법적인 성격 | 법률사실설 | 법률요건설 | 법률사실설 |
| 판단의 기준 | 형식설 | 형식설 | 실질설 |
| 공물의 본질 | 공적 소유권설 | 수정된 사적 소유권설 | 공적 소유권설(국유재산법) |
| | | | 수정된 사적 소유권설(도로법·하천법) |

---

82) 김남진/김연태, 앞의 책, 421쪽.
83) 이상덕, "공로 개념을 통한 도로에 관한 법적 규율의 재구성", 사법논집 제60집, 2015, 486쪽 이하.

도로법상 도로노선의 지정, 도로구역의 결정, 사용개시의 공고 중에서 어느 것이 공용개시에 해당하는지에 관하여 견해가 대립한다. 도로구역의 결정을 공용개시로 보는 것이 타당하다는 견해도 있고,[84] 사용개시의 공고를 공용개시로 보는 것이 타당하다는 견해도 있다. 후자에 따르면, 공용개시는 공물의 형체적 요소가 갖추어진 후에 행하여져야 하는 점에서, 도로구역의 결정을 공용개시로 볼 수는 없다는 것이다.[85] 판례가 도로구역의 결정을 공용개시로 본다고 평가하는 견해가 있으나,[86] 판례는 어느 하나의 행위를 꼬집어 공용개시로 인정하는 것이 아니라 그동안의 경과와 전체적인 상황을 종합적으로 고려하건대 어느 시점에 이르면 공용개시가 있은 사실이 넉넉하게 인정된다거나 추인된다는 식이다. 도로로서 형태를 갖추고 도로법에 따라 도로노선의 지정과 도로구역의 결정이 있으면 공용개시가 인정된다는 판시가 바로 그것이다. 이러한 판례의 태도를 실질설이라고 부를 수 있다. 이에 대해 프랑스법이나 독일법에서는 어느 특수한 형식의 행위를 공용개시라고 보는바, 이를 형식설이라고 부를 수 있다. 구체적으로, 프랑스법적인 이해에 따르면 도로노선의 지정이 공용개시에 해당하고, 독일법적인 이해에 따르면 사용개시의 공고가 공용개시에 해당한다. 한편, 판례는 도로법에 따라 도로노선의 지정, 도로구역의 결정을 거쳐서 설치하는 경우와 달리, 국토계획법 소정 절차를 거쳐 설치하는 경우에는 도로를 설치하였을 때 공용개시가 인정된다고 설시한다. 이는 공용개시가 없는데도 공용개시가 있다고 인정하겠다는 것으로서, 독일법상 공용개시의 의제 또는 사전적 공용개시에 상응하는 법리이다.

결국 우리 판례의 입장은 도로법에 따라서 도로를 설치하는 경우와 국토계획법에 따라 도로를 설치하는 경우를 구별해서 평가할 필요가 있다. 후자의 경우에는 비교법을 통해서 법리를 발전시켜 나가면 되는 점에서 당장 특별한 문제는 없다. 문제는 전자의 경우에 있다. 프랑스법과 독일법은 공용개시의 개념에 관하여 형식설이라는 점에서는 공통적이지만 프랑스법은 공용개시의 개념에 관하여 법률사실설을 취하는 점에서 법률요건설을 취하는 독일법과 다르다. 그리고 법률요건설을 취하는 독일법이 수정된 사적 소유권설을 취하고 있고, 법률사실설을 취하는 프랑스법이 공적 소유권설을 취하고 있는 점에 유의할 필요가 있다. 어떠한 물건이 공적으로 제공되고 나아가 공용개시까지 있었지만 행정이 공적인 제공에 필요한 권원을 확보하지 못한 경우에 독일법에서 그것은 공용개시의 위법사유가 된다. 그러나 그 위법성이 중대하고 위법하게 되는 예외적인 경우가 아니라면 이로

---

84) 김남진/김연태, 앞의 책, 424쪽.
85) 박균성, 앞의 책, 367쪽.
86) 홍정선, 앞의 책, 539쪽.

써 공용개시가 당연무효가 되지는 않기에 취소가 되기 전까지는 공물로서 지위를 그대로 유지한다. 이와 달리 프랑스법에서는 행정이 소유권을 확보하지 못한다면 공용개시의 위법을 따질 필요 없이 공물이 성립하지 않는다. 그렇기에 프랑스법에서 공용개시는 공물이 성립하기 전 어느 적절한 시점에 인정되면 족하지만, 독일법에서는 공물이 성립하는 데 필요한 다른 조건이 모두 갖추어진 상태에서 최후로 공용개시를 통해 비로소 공물이 성립하는 것이다. 한편, 우리는 도로법이나 하천법이 수정된 사적 소유권설에 입각하고 있어서 행정이 아무런 권원 없이 공적으로 제공하고 있는 물건이라고 하더라도 공물이라는 지위는 그대로 유지할 수 있다. 그런데 우리 판례는 형식설을 취하는 프랑스법이나 독일법과 다르게 실질설을 취한다. 그리고 실질설은 논리적으로 법률요건설과 결합될 수 없다. 그 결과 수정된 사적 소유권설과 법률사실설이 결합하면 행정이 권원을 확보하지 못한 상태에서 물건을 공적으로 제공하면서 공용개시를 한 경우라고 해도 그 자체로는 공용개시가 위법하게 되지 않는 다소 이상한 결과가 발생한다. 실제로 우리 판례가 공용수용의 절차를 거치지 않고 불법으로 설치한 도로에 대해 손해배상청구뿐만 아니라 부당이득반환청구까지 인정하면서도 원상회복청구는 한사코 인정하지 않는 숨은 이유가 바로 여기에 있다고 볼 수 있다.[87]

문제의 핵심은 공용개시의 개념에 관한 실질설의 입장이 법률사실설로 논리적으로 귀결되고 나아가 공물의 본질에 관한 수정된 사적 소유권설과 결합한다는 데 있다. 공용개시의 개념에 관하여 실질설에 입각하고서 법률요건설을 취한다는 것은 논리적으로 말이 안 된다. 이에 공용개시에 관하여 우리 판례가 취하는 실질설을 우선 프랑스법이나 독일법에서 그러하듯이 형식설로 변경해야 한다. 이를 위해서는 도로노선의 지정, 도로구역의 결정, 사용개시의 공고 중에서 공용개시로 인정할 것을 선택해야 하는데, 그중 사용개시의 공고를 공용개시로 인정하는 것이 법률요건설과 잘 부합된다. 그러면 자연스럽게 법률요건설과 수정된 사적 소유권설이 결합하는 독일법과 동일선상에 놓이게 되어, 기존의 우리 판례가 초래하는 역설적인 상황을 충분히 극복할 수 있다.

---

87) 대법 1968. 10. 22. 선고 68다1317 판결: 도로를 구성하는 부지에 대하여는 사권을 행사할 수 없으므로 그 부지의 소유자는 불법행위를 원인으로 하여 손해배상을 청구함은 별론으로 하고 그 부지에 관하여 그 소유권을 행사하여 인도를 청구할 수 없다.

# 제3절 공물의 관리와 경찰

## Ⅰ. 공물의 관리

### 1. 공물의 본질

공적 소유권설은 공물을 민법상 소유권의 대상에서 배제하여 오로지 공법의 적용을 받는 공적 소유권의 대상으로 보려는 견해이다. 수정된 사적 소유권설은 공물이 그 목적을 달성하기 위하여 필요한 범위 안에서 사법규정의 적용이 배제되거나 공법적 규율이 가하여짐을 인정하면서도 그 목적이 방해되지 아니하는 한 사법규정의 적용을 긍정하고 사권의 대상이 될 수 있다는 견해이다. 두 가지 견해는 공물의 법률적 구조의 가능한 유형을 제시한 것으로서 실정법상 어느 견해이든 채택할 수 있다.[88]

프랑스에서는 도로, 하천 등의 공물에 대해서 국가의 공적인 소유권을 인정한다. 이에 따라 공물은 양도할 수 없고 시효취득을 할 수 없다는 특징이 있다. 독일에서도 함부르크 등 일부 주에서 공적 소유권 제도를 도입하고 있다. 독일의 나머지 주는 수정된 사적 소유권 제도를 채택하고 있다. 여기서 수정된 사적 소유권 제도라 함은 공물에 대한 행정주체나 사인의 사법상 소유권을 일단 인정하면서 그 공물이 공용개시를 통해서 공적 목적에 제공되는 한도에서 사적인 소유권의 행사가 제한을 받는 것을 말한다. 우리 공물법은 독일의 수정된 사적 소유권 제도를 기본으로 하고 있다. 도로법 제4조는 도로를 구성하는 부지, 옹벽, 그 밖의 물건에 대해서 사권을 행사할 수 없지만, 소유권을 이전하거나 저당권을 설정하는 경우에는 사권을 행사할 수 있다고 규정하는 것이 그러하다. 그러나 국유재산법이나 공유재산법상 행정재산은 처분할 수 없고 이에 사권을 설정할 수 없는바, 이는 실질적으로 공적 소유권 제도가 채택된 것이나 다름없다.[89]

공적 소유권설에 따르면 공물이 성립하기 위해서는 반드시 행정이 소유권을 확보하여야 한다. 이를 위하여 이른바 입법적 수용에 해당하는 국유화에 관한 법률이 입법되는 경우가 있지만 그렇다고 이러한 국유화 입법이 공적 소유권설의 논리적인 전제가 되는 것은 아니다. 양자는 논리적으로 별개이다. 이와 관련하여, 구 하천법상 국유화 규정이 공

---

88) 김철용, 앞의 책, 959쪽.
89) 김남진/김연태, 앞의 책, 433쪽 이하.

적 소유권설을 채택한 것이고 국유화 규정의 삭제가 수정된 사적 소유권설을 채택한 것이라고 설명하는 견해[90]가 있으나, 하천의 국유화를 통해 곧바로 공적인 소유권이 성립하는 것은 아니다. 하천에 대한 소유권의 확보는 공적인 소유권에 기초하는 공물의 성립을 위한 조건이 될 뿐이다.

## 2. 공물의 속성

공물은 직접 공적 목적에 제공되어 있으므로 그 목적의 달성에 필요한 범위 안에서 공법의 특수한 규율을 받게 되는바, 공물이 구체적으로 어떠한 범위에서 공법의 특수한 규율을 받게 되는가는 공물에 관한 개개 실정법이 정하는 바에 따라 판단할 문제이다.[91] 이러한 공물의 속성에 관한 설명은 공적 소유권설을 따르는 프랑스법에서 공물의 보호를 위하여 고안된 것이다. 그리고 그 핵심은 바로 처분의 불가성(inaliénabilité)과 시효의 배제성(imprescriptibilité)에 있다.[92] 독일법에서는 이에 관한 논의를 찾을 수 없다. 수정된 사적인 소유권에 기초하는 공물 개념에서는 행정법상 역권의 부담을 통해 사적인 재산권의 행사가 제한되는 상태 그 자체가 바로 공물의 속성이다. 이에 비추어 보았을 때 우리 학설은 지나치게 많은 내용을 공물의 속성으로 설명하는 경향이 있다. 따라서 처분의 불가성과 시효의 배제성과 관계가 있는 융통성의 제한, 강제집행의 제한, 공용수용의 제한, 시효취득의 제한 이상 4가지에 국한하는 것이 바람직하다. 참고로, 공물의 범위 결정 (délimitation des dépendances du domaine public)을 공물의 속성에 포함해서 설명하는 것이 통설이지만,[93] 이는 프랑스법에 고유한 제도이고, 공물의 일반적인 속성으로 인정하기는 어렵다. 우리 도로법상 도로구역의 결정과 성격이 유사한 것으로서, 행정법상 역권의 부

---

90) 김남진/김연태, 앞의 책, 433쪽: 구 하천법은 '하천은 이를 국유로 한다.'라고 규정하고 있었는바, 이는 프랑스법상 공적 소유권을 채택한 것으로 보인다. 그러나 하천으로 편입되는 사유의 토지가 보상이나 등기 없이 국유로 됨에 따라 사유재산권을 침해한다는 논란이 있었고, 막대한 보상비 마련으로 국가재정의 어려움이 있어서 2007. 4. 6.자 전면개정으로 하천의 국유제를 폐지하면서 그 대신 하천을 구성하는 사유의 토지 등에 대해서는 소유권 이전, 저당권 설정 등 일부 사권 행사를 제외하고는 사권을 행사할 수 없도록 하고, 매수청구 제도를 도입하였다.

91) 김철용, 앞의 책, 960쪽.

92) Jean-Marie Auby/Pierre Bon/Jean-Bernard Auby/Philippe Terneyre, 앞의 책, 166쪽.

93) 김철용, 앞의 책, 963쪽: 공물의 법률적 특색으로 공물관리자의 일방적 행정행위에 의한 공물의 범위결정을 들 수 있다. 사유토지의 경계획정은 소유권의 한계를 확인하는 행위로서 성질상 민사사건이므로 법원의 판결에 의하여 확정된다. 그러나 공물에 있어서는 공물의 관리자인 행정청이 일방적으로 공물의 범위를 결정하는 처분을 할 수 있게 하고 있다. 예컨대, 도로구역을 결정하고 하천구역을 결정하며 공원구역을 결정하는 것이 그러하다. 이 경우의 범위결정은 공물의 소유권의 범위를 결정하는 것이 아니라 공적으로 제공되는 공물의 범위를 구체적으로 확정하는 것으로서 공물관리권의 발동인 확인적 행정행위이다.

담에 해당하는 행위제한이라는 법률효과를 초래하는 점에서 국토계획법상 도시계획시설 결정과 유사하기는 하지만 그렇다고 행정계획인 것은 아니다. 한편, 하천구역의 결정과 별개로 하천공사시행계획이라는 행정절차를 가지고 있는 하천법과 달리, 도로법은 도로구역의 결정에 하천공사시행계획의 경우에 준하는 법률효과를 부여하고 있는바, 이 또한 프랑스법과 유사한 점이다.

  구체적으로 설명하면 다음과 같다. ㈀ 융통성이 제한된다. 그러나 공물은 공물이기 때문에 당연히 융통성이 제한되는 것이 아니다. 융통성의 제한 여부 및 그 정도는 개별 실정법규에 의하여 결정된다. ㈁ 강제집행이 제한된다. 「민사집행법」 제192조는 국고금을 제외한 국가의 소유에 속하는 물건에 대한 강제집행을 금지하고 있다. 여기서 공물에 대한 강제집행의 인정은 사유공물에 한한다는 견해와 사유공물뿐 아니라 공유공물에도 인정된다는 견해의 대립이 있다. 강제집행의 제한 정도는 공물의 융통성을 제한하는 개개 실정법규에 달려 있다. 국유공물에서와 같이 강제집행이 불가능한 경우를 제외하고는 공유공물이든지 사유공물이든지 융통성이 인정되는 한 강제집행의 대상이 된다고 보아야 한다. 다만, 공유공물의 융통성은 극히 제한되어 있으므로 그 범위 내에서 강제집행도 극히 제한될 것임은 부인될 수 없다. 강제집행에 의하여 소유권을 취득하더라도 공물로서의 제한은 여전히 존속한다. ㈂ 공용수용이 제한된다. 공물의 수용은 이미 공적 목적에 제공되고 있는 공물의 목적에 반하기 때문이다. 그러나 판례[94]는 보존공물에 대하여 공용수용의 대상이 된다고 판시한 바 있다. 이와 관련하여 토지보상법은 "공익사업에 수용되거나 사용되고 있는 토지 등은 특별히 필요한 경우가 아니면 다른 공익사업을 위하여 수용하거나 사용할 수 없다."라고 규정한다. 이 경우에 예외적으로 공용수용을 하기 위해서는 먼저 공용폐지가 필요하다고 보는 견해와 그렇지 않다고 보는 견해가 대립한다. ㈃ 시효취득이 제한된다. 공물의 경우에 시효취득의 대상이 되느냐에 관하여 견해가 대립한다. 다만, 국유재산법과 공유재산법은 행정재산이 시효취득의 대상이 되지 않는다고 규정한다. 따라서 국유공물과 공유공물은 시효취득의 대상이 되지 않으며 사유공물의 경우에는 명문의 규정이 없으므로 논의의 대상이 된다. 부정설은 민법이 정하는 일정한 기간 소유의 의사로 평온하고 공연하게 점유한다는 것은 공물의 목적과 양립할 수 없으므로 공물은 시효취득의 대상이 될 수 없다는 견해이다. 다만, 묵시적 공용폐지의 가능성을 인정한

---

94) 대법 1996. 4. 26. 선고 95누13241 판결: 토지수용법은 제5조의 규정에 의한 제한 이외에는 수용의 대상이 되는 토지에 관하여 아무런 제한을 하지 아니하고 있을 뿐만 아니라, 토지수용법 제5조, 문화재보호법 제20조 제4호, 제58조 제1항, 부칙 제3조 제2항 등의 규정을 종합하면 구 문화재보호법 제54조의2 제1항에 의하여 지방문화재로 지정된 토지가 수용의 대상이 될 수 없다고 볼 수는 없다.

다. 제한적 시효취득설은 사권의 목적이 될 수 있는 공물은 공물로서 공적 목적의 제공에 방해되지 아니하는 한 공법적 제한이 붙은 채로 시효취득의 대상이 될 수 있다는 견해이다. 완전한 시효취득설은 공물의 평온하고 공연한 점유가 계속되고 관리자도 그대로 방치한 경우에는 공물에 대한 묵시적 공용폐지가 있었던 것으로 보아 완전한 시효취득이 된다는 견해이다.[95] 앞서 설명한 것처럼 국유재산법이나 공유재산법상 행정재산을 만일 공적인 소유권에 기초하는 개념으로 이해한다면 행정재산에 대해서 시효취득을 배제하는 국유재산법이나 공유재산법의 규정이 수정된 사적 소유권설에 따르는 도로법상 도로나 하천법상 하천에 과연 적용될 수 있는 것인지에 관하여 앞으로 논란이 제기될 수 있다.

## 3. 공물관리권

공물은 그 존립을 유지한다든가 그 목적을 증진시킨다든가 또는 목적을 저해하는 행위를 금지한다든가 하는 관리작용이 필요하다. 이러한 관리작용을 행할 수 있는 행정주체의 권한을 공물관리권이라 한다. 공물관리권의 성질에 관하여는 견해가 대립한다. (ㄱ) 공적 소유권설은 공물관리권의 성질을 공적인 소유권에 근거하여 행하여지는 행정적 지배권으로 이해한다. (ㄴ) 공물의 공법상 지배권설은 공물관리권의 성질을 행정 목적을 위하여 소유권의 효과를 제한함을 내용으로 하는 일종의 공법적인 물건의 지배권으로 이해하는 견해이다. 공물관리권과 소유권은 별개의 권리임을 강조한다. (ㄷ) 포괄적 관리권능설은 공물관리권의 성질을 공법적인 물권의 지배권과는 별개의 관리권으로서 법률에 의하여 부여된 특수한 포괄적 권능으로 이해하는 견해이다. (ㄹ) 공물에 대한 권원인 소유권 기타의 이용권이 공물관리권의 근거라고 보고 공물관리법이 제정된 경우에는 관리권의 근거는 이에 흡수된다고 보는 견해가 있다.[96] 이중에 행정이 공물의 목적을 달성하기 위하여 행사하는 공물의 공법상 지배권이라고 보는 것이 통설의 견해이다.[97] 공물의 공법상 지배권(öffentliche Sachherrschaft)[98]이라는 것은 공물의 사법상 소유자(privatrechtlicher Sacheigentümer)와 무관하게 공물에 관한 고권적 주체(Träger der Hoheitsrechte, die sich aus dem öffentliche-rechtlichen Nutzungsregime ergeben)가 된다는 의미이고,[99] 그 자체로 권력적인 성격

---

95) 김철용, 앞의 책, 960쪽 이하.
96) 김철용, 앞의 책, 965쪽 이하; 박균성, 앞의 책, 388쪽 이하.
97) 김남진/김연태, 앞의 책, 460쪽 이하.
98) 'öffentliche Sachherrschaft'를 좀 더 직접적으로 번역하면 '공법적인 물건의 지배권'이 될 것이다. 그러나 그 물건이 공물인 경우라면 '공물의 공법상 지배권'으로 번역하는 것이 자연스럽다. 다만, 맥락에 따라서는 '공법적인 물건의 지배권'으로 번역하기도 한다.
99) Hans-Jürgen Papier, 앞의 책, 627쪽.

을 내포하는 것은 아니다. 공물의 본질에 관하여 공적 소유권설에 따를 경우에 공물의 관리권 또한 공적인 소유권에서 그 근거를 찾게 되고, 수정된 사적 소유권설에 따를 경우에 공물의 관리권은 공물의 공법상 지배권의 성격을 가지게 된다. 나머지 견해들은 공물의 관리권이 점차 공물법에 특수한 이론적인 것에서부터 입법자에 의한 수권으로 그 성격이 변하는 추세를 보여준다. 과거에는 공적인 소유권이나 공물의 공법상 지배권만으로 정당화가 가능했던 공물의 관리에 관한 권한의 행사가 이제는 법률상 수권이 요구되는 쪽으로 점차 변화 중인 것이다. 결국 법률유보의 원칙, 즉 공물의 관리에 관한 입법자의 포괄적인 수권이 어느 정도로 허용될 것인가 또는 입법자의 명시적인 수권이 없는 상태에서 어느 범위까지 공물의 관리에 관한 권한을 행사할 수 있는지가 핵심이다.

수정된 사적 소유권설에 따른다면 공물의 공법상 지배자와 공물의 사법상 소유자가 관념적으로 구분되고, 공물에 관한 고권의 행사를 말하는 공물관리권은 공물의 사법상 소유자가 아니라 공물의 공법상 지배자에게 속한다. 다만, 도로의 경우에는 도로를 건설하고 유지하는 부담을 지는 건설부담의 주체(Träger der Bau – und Unterhaltungslast)가 추가적으로 관념된다.[100] 만일 국도를 설치하고 유지하는 부담이 국가에게 귀속하는 경우에는 국가는 국도의 소유자이자 관리권자이자 건설부담주체가 되지만, 그렇지 않고 국도의 건설부담이 지방자치단체에 귀속하는 경우에는 지방자차단체가 국도의 건설부담주체가 되고, 나아가 국도의 관리권까지 지방자치단체에게 귀속될 수도 있다. 우리 도로법 제85조[101]는 국도라고 해서 언제나 국가가 그 관리권자가 되는 것은 아니고 국가가 관리권자가 되는 국도에 대해서만 그 비용을 국가가 부담하고 그렇지 않은 국도는 도로관리청이 속해 있는 지방자치단체가 부담한다고 규정하는바, 이는 도로의 사법상 소유자가 아닌 공법상 지배자에게 도로의 건설부담을 귀속시키는 대표적인 사례에 해당한다.

공물관리권의 작용은 추상적 규칙의 정립일 때도 있고 구체적인 처분일 때도 있고 사실행위일 때도 있다. 공물관리권의 내용은 법령 또는 자치입법으로 정하여지는 것이 원칙이다. 그 구체적인 내용은 공물에 따라 다르지만 공통적인 것은 다음과 같다. (ㄱ) 공물의 신설, 개축, 유지, 수선, 보관은 공물관리권의 가장 중요한 작용이다. (ㄴ) 공물을 위하여 토지를 수용하고 타인의 토지에 출입하고 노무의 제공을 요청할 수 있다. (ㄷ) 공물을 공적

---

100) Hans–Jürgen Papier, 앞의 책, 627쪽 이하.
101) 제85조(비용부담의 원칙) ① 도로에 관한 비용은 이 법 또는 다른 법률에 특별한 규정이 있는 경우 외에는 도로관리청이 국토교통부장관인 도로에 관한 것은 국가가 부담하고, 그 밖의 도로에 관한 것은 해당 도로의 도로관리청이 속해 있는 지방자치단체가 부담한다. 이 경우 제31조제2항에 따라 국토교통부장관이 도지사 또는 특별자치도지사에게 일반국도의 일부 구간에 대한 도로공사와 도로의 유지·관리에 관한 업무를 수행하게 한 경우에 그 비용은 국가가 부담한다.

목적에 제공하는 것도 공물관리권의 중요한 내용이다. 도로를 제공하고 점용을 허가하는 것이 그러하다. (ㄹ) 무단으로 도로를 점용하는 자에게 변상금을 부과한다. (ㅁ) 환경에 대한 배려도 공물관리권의 한 내용이다. (ㅂ) 공물관리에 필요한 비용은 관리권자가 부담하는 것이 원칙이지만 도로법 제86조 이하와 같은 특례가 있다.[102]

## 4. 비용의 부담

개별법에서 공물의 관리청이 속하는 행정주체가 공물의 관리비용을 부담하도록 규정하는 경우가 적지 않다. 앞서 설명한 것처럼, 도로법은 국토교통부장관이 관리하는 국도에 관한 비용만 국고의 부담으로 하고, 그 밖의 도로에 관한 비용은 그것이 국도라고 하더라도 관리청이 속하는 지방자치단체의 부담으로 하는 것을 원칙으로 하고 있다. 여기서 특별시, 광역시 또는 시 관할구역 안의 국도는 국가의 도로로서 그 관리는 국가사무에 해당하고, 도로법상 특별시장, 광역시장 또는 시장이 관리청으로 규정되어 있는 것은 시 지역을 통과하는 국도의 관리를 특별시장, 광역시장, 시장에게 기관위임한 것이라고 해석하는 것이 다수설이다. 그렇다면 당해 도로의 관리비용을 국가가 부담하여야 할 것임에도 도로법은 시 지역을 통과하는 국도의 관리비용을 당해 관리청이 소속한 지방자치단체가 부담하는 것을 원칙으로 하고 있어 문제가 된다. 이에 시 지역을 통과하는 국도의 관리비용은 원칙상 국가가 부담하는 것으로 도로법 제85조를 개정해야 한다는 지적이 있다.[103]

이 견해는 국도를 건설하고 유지하는 부담이 국가에 귀속한다는 것을 당연한 전제로 삼고 있다. 그러나 국가가 아니더라도 국도를 건설하고 유지하는 부담을 질 수도 있다는 점을 전제한다면 상황은 달라진다. 국도를 건설하고 유지하는 부담이 과도하여 지방자치단체의 재정에 심각하게 부정적 영향을 미치는 예외적인 상황에서는 국가가 그 비용을 지원해야겠으나 국도라는 이유만으로 모든 비용이 국가에 귀속되어야 한다는 주장은 수익자 부담의 원칙을 고려하건대 설득력이 부족할 수 있다. 지방자치단체의 관할구역 안에 설치되어 있는 국도의 관리는 그것이 국가의 사무라는 점은 부정할 수 없으나 지방자치단체에 위임된 것으로 볼 수 있고, 그렇다면 도로의 관리청에 해당하는 단체장은 국가기관으로서 그 위임사무를 수행하는 것이 아니라 소속 지방자치단체에 위임된 국가사무를 수행하는 것이라는 해석이 자연스럽다.

---

102) 김철용, 앞의 책, 966쪽 이하.
103) 박균성, 앞의 책, 395쪽 이하.

## II. 공물의 경찰

## 1. 공물경찰

공물의 안전을 해하거나 사회공공의 질서에 영향을 미치는 경우 또는 공물의 사용이 사회공공의 질서에 장해를 발생하게 하는 경우에 사회공공의 질서를 유지하고 그 장해를 제거하기 위하여 필요한 한도에서 공물 위에 경찰권이 발동되는 경우가 있다. 이와 같이 공물의 안전을 유지하고 공물의 사용관계의 질서를 유지하기 위하여 공물에 대해서 공권력을 행사하는 일반경찰을 공물경찰이라고 한다.[104]

그러나 공물경찰이라는 용어는 사용에 주의를 요한다. 오늘날 독일법에서는 사용되지 않기 때문이다. 이 용어는 프랑스법의 공물경찰을 의미하는 'police de la conservation'에서 유래한 것이다. 이를 오토 마이어(Otto Mayer)가 'Polizei der öffentlichen sache'의 개념으로 계수하였고,[105] 이것이 공물경찰이라는 이름으로 전수된 것이다. 프랑스법의 공물경찰은 경우에 따라 행정형벌의 소추까지도 할 수 있는 특별경찰의 일종이다. 그러나 이러한 특별경찰로서 공물경찰은 현재 독일법에 존재하지 않는다. 따라서 독일법에서 더는 사용되지 않는 개념인데, 우리는 그 내용을 달리해서 지금도 사용하고 있다. 공물을 대상으로 하는 일반경찰을 공물경찰이라고 부르는 것이다. 가장 대표적인 것은 교통경찰이다. 그러나 교통경찰에 공물경찰이라는 이름을 지어주면 마치 특별경찰처럼 보여서 오해의 소지가 있다. 그리고 프랑스법에서는 지금도 특별경찰로서 공물경찰이 존재한다. 따라서 프랑스법의 공물경찰을 일반경찰이라고 말해서는 안 되는 상황인 점에서, 공물을 대상으로 하는 일반경찰의 의미로 공물경찰이라는 용어를 사용하면 혼란이 초래될 수밖에 없다. 이러한 공물경찰이라는 용어는 앞으로 사용하지 않거나 프랑스법의 특별경찰을 의미하는 용도로만 사용하는 것이 적절하지만 일단은 종래대로 사용하기로 한다. 참고로, 공물경찰 관련 개념을 도식으로 정리하면 다음과 같다.

---

104) 김철용, 앞의 책, 968쪽.
105) Otto Mayer, Deutsches Verwaltungsrecht. Band II. 3.Auflage, Duncker & Humblot, 1924, 66쪽.

| 프랑스 | | | 독일 | |
|---|---|---|---|---|
| 경찰관청 | 공물관청 | | 경찰관청 | 공물관청 |
| 일반경찰 | 공물경찰 | 공물관리 | 일반경찰 | 공물관리 |

| | 공물관청 | | 경찰관청 |
|---|---|---|---|
| 프랑스 | 공물관리 | 공물경찰 | 일반경찰 |
| 독일 | 공물관리 | | 일반경찰 |
| 우리 | 공물관리 | | 공물경찰 |

프랑스법에서 공물관청은 공물관리(gestion du domaine public) 외에 특별경찰로서 공물경찰의 권한까지 행사한다. 여기서 공물경찰은 공물의 보존(conservation du domane public)을 위한 경찰을 말한다. 과거에는 공물관리뿐 아니라 공물경찰에 대해서까지 공적인 소유권을 그 근거로 여겼으나, 현재 공물경찰은 경찰권의 행사인 점에서 법률에서 수권한 범위 내에서만 권한을 행사할 수 있고, 공적인 소유권에 근거하는 것은 공물관리에 관한 권한의 행사에 한한다. 공물에 대한 일반경찰(police générale de l'ordre public)의 권한 행사는 공물의 보존을 목적으로 하는 경우에는 원칙적으로 허용되지 않지만, 공공질서를 목적으로 하는 경우에는 가능하다.[106]

## 2. 공물경찰과 일반경찰

통설이 말하는 공물경찰은 일반경찰에 해당하는 점에서 양자는 일치한다. 다만, 프랑스법의 공물경찰은 특별경찰에 해당하는 점에서 공물경찰과 일반경찰의 관계는 특별경찰과 일반경찰의 관계로서 문제가 된다. 이에 관하여는 이미 설명한 바와 같다.

## 3. 공물경찰과 공물관리

통설이 말하는 공물경찰은 제도적 의미의 경찰이 공물에 대해서 위험방지 기타 공공질서에 관한 권한을 행사하는 것이다. 이를 전제로 하면, 공물관리권과 공물경찰권은 그 대상이 모두 공물이라는 점에서 같다. 그러나 양자는 목적, 주관기관, 발동의 범위 및 위반

---

106) Jean-Marie Auby/Pierre Bon/Jean-Bernard Auby/Philippe Terneyre, 앞의 책, 172쪽 이하.

에 대한 제제와 강제방법 등에 있어서 차이가 있다. (ㄱ) 공물관리권과 공물경찰권은 그 목적에 있어 차이가 있다. 공물관리권은 적극적으로 공물 본래의 목적을 달성함을 목적으로 함에 반하여, 공물경찰권은 소극적으로 공물의 안전을 유지하고 공물의 사용과 관련하여 발생하는 사회공공의 질서에 대한 위해를 예방 또는 제거함을 목적으로 한다. (ㄴ) 공물관리권과 공물경찰권은 그 주관기관에 차이가 있다. 공물관리권은 당해 공물관리청의 소관에 속하는 데 반하여, 공물경찰권은 일반경찰기관의 권한에 속한다. (ㄷ) 공물관리권과 공물경찰권은 그 발동의 범위에 차이가 있다. 공물관리권에 의거하여서는 공물을 계속적으로 사용할 특별한 권리를 설정할 수 있음에 반하여 공물경찰권에 의거하여서는 그와 같은 공물의 계속적인 특별한 사용권을 설정할 수 없음은 물론이고 공물의 안전과 공공의 질서유지라는 견지에서 공물에서의 일정한 행위를 금지하는 데 그치는 것이 보통이다. (ㄹ) 공물관리권과 공물경찰권은 그 위반에 대한 제재 및 강제방법에 차이가 있다. 공물관리권의 작용에 의해서는 그 의무위반자에 대하여 법률에 규정이 있는 경우에 제재나 강제집행의 발동이 가능하지만 일반적으로는 위반자를 그 이용관계에서 배제함에 그치는 데 반하여, 공물경찰권의 작용에 의해서는 그 의무위반자에 대하여 제재를 과하거나 경찰상의 강제집행을 할 수 있다.[107]

공물관리권과 공물경찰권은 동일한 공물에 대하여 경합하는 경우가 있다. 도로나 하천 등의 공물에서 볼 수 있다. 예를 들어, 도로법 제77조 제1항은 도로관리청은 도로구조를 보전하고 운행의 위험을 방지하기 위하여 필요하다고 인정하면 차량의 운행을 제한할 수 있다고 규정하고 있고, 「도로교통법」(이하 이 장에서 '도로교통법'이라 한다) 제6조 등도 도로에서의 위험을 방지하고 교통의 안전과 원활한 소통을 확보하기 위하여 일정한 구간을 정하여 차마의 통행을 금지하거나 제한할 수 있도록 규정하고 있다. 이와 같이 공물관리권의 작용과 공물경찰권의 작용이 동일한 공물 위에서 경합하는 경우에 양자는 각각 독립된 효력을 가지므로 상호간에 그 권한을 존중하지 않으면 안 된다. 동시에 양자는 조정을 필요로 한다. 도로교통법 제6조 제2항이 경찰서장으로 하여금 도로에서의 위험을 방지하고 교통의 안전과 원활한 소통을 확보하기 위하여 필요하다고 인정하는 때에는 우선 보행자나 차마의 통행을 금지하거나 제한한 후 그 도로관리자와 협의하여 금지 또는 제한의 대상과 구간 및 기간을 정하여 도로의 통행을 금지하거나 제한할 수 있게 한 것은 그러한 취지의 표현이다. 공물관리권과 공물경찰권의 관계에 관한 문제는 공공용물뿐 아니라 공용물에 대하여도 발생한다. 외부인이 관공서를 점거하고 있는 경우가 그러하다.[108]

---

107) 김철용, 앞의 책, 968쪽 이하.
108) 김철용, 앞의 책, 969쪽.

특히 도로법과 도로교통법의 관계가 문제된다. 도로법은 상태법(Statusrecht)이고 도로교통법은 질서법(Ordnungsrecht)이다.[109] 도로교통법은 도로법에 대해 독립적이다. 도로교통법의 시행과 유지에 권한 있는 기관은 도로교통행정청이다. 도로를 안전하게 관리하고 보전할 의무는 이를 위하여 필요한 처분을 할 수 있는 자가 부담하여야 하는 것이므로 소유권자가 아니라 공물의 공법상 지배권을 가지는 자가 부담하여야 한다. 다시 말해, 도로의 건설과 유지에 책임 있는 도로관리청이 부담하여야 한다. 교통경찰은 도로교통의 감시에 대해 권한을 갖는다. 경찰은 또한 표시, 지시, 신호기를 통해 교통을 규율하는 권한을 갖는다. 도로교통의 구체적 감시는 교통경찰의 임무이다. 현행 도로법은 경찰법의 성격까지 갖는다(도로법 제77조). 교통에 적합한 청소와 경찰상의 청소는 구분되어야 한다. 교통상의 청소는 교통의 안전과 원활을 위한 것으로서 교통의 장해요소를 제거하는 것이다. 이는 도로유지의 한 부분이다. 경찰상의 청소는 교통에 적합한 청소를 능가한다. 그것은 질서에 반하는 더러움을 제거하고 겨울의 위험을 제거하는 경우이다.[110] 도로에서의 시가행진이나 고수부지에서의 정치집회와 같이 공공의 질서에 장해를 야기할 우려가 있는 공물의 사용관계에 있어서는 공물관청의 허가 외에 경찰허가도 아울러 얻어야 한다.[111]

이와 관련하여, 도로나 광장과 같은 공공용물에서 집회나 시위가 이루어지는 경우에, 이에 관한 공물의 관리권 행사는 표현의 자유를 중대하게 침해할 수 있는 점에서 통상적인 공물의 사용관계에서보다 신중할 필요가 있다. 그렇지 않으면 표현의 자유를 보장하기 위해서 집회나 시위에 대해서 단순히 신고만을 요구하는 「집회 및 시위에 관한 법률」(이하 이 장에서 '집시법'이라 한다)에 드러나는 입법자의 의지에 정면으로 반하는 결과가 발생한다. 집시법은 그 행정관할에 비추어 보건대 도로교통법에 대한 특례를 규정할 뿐이고 나아가 도로법에 대한 특별법이라고 볼 수는 없지만, 표현의 자유 보장이라는 집시법의 목적은 도로법의 해석에서도 중요하게 고려되어야 한다.[112] 그러나 이는 어디까지나 공물의 관리권 행사에 있어서 표현의 자유를 우선하는 원리적 해석이 필요하다는 것일 뿐

---

109) 홍정선, 앞의 책, 552쪽.
110) 홍정선, 앞의 책, 568쪽.
111) 김동희, 앞의 책, 284쪽.
112) 이와 관련하여, 미국법상 공적 광장의 법리(public forum doctrine)를 참고할 필요가 있다. 이는 정부는 자신이 소유하는 공공재산(public property)에 대해서 사적인 소유권의 경우와 마찬가지로 완전한 소유권을 행사할 수 있으나, 이러한 정부의 소유권 행사는 시민의 표현의 자유를 위해서 제한될 수 있다는 것이다. 도로나 공원과 같은 공적 공간은 공공의 사용을 위해서 오래전부터 정부에게 신탁되어 왔기 때문에 정부는 수탁자로서 공공의 이익을 위하여 공적 공간에 대한 접근권을 보장해야 한다는 것이다. 이로써 정부의 지위는 소유자에서 수탁자로 변경된다. 이러한 공적 광장의 법리에 관하여는 권혜령, "집회·시위의 전제로서 '장소' 개념에 대한 고찰 – 미국의 '공적 광장 이론'과 새로운 공간전술에 대한 비판 논의를 중심으로", 공법학연구 제11권 제3호, 2010, 6쪽 이하.

이고, 표현의 자유에 대한 특별한 고려가 공물의 관리권 자체를 부정하는 결과가 되어서는 안 된다. 그리고 이러한 집회나 시위의 특수성에 대한 고려는 원칙적으로 공공용물에 대해서만 타당하고, 공용물의 경우에는 표현의 자유가 고려되더라도 당연히 우월하게 고려되는 것은 아니다. 도로에서 집회나 시위를 하는 경우와 지하철 역사에서 집회나 시위를 하는 경우에 그 법적인 평가가 같을 수 없다.

## 제4절 공물의 사용과 인인

### Ⅰ. 공물의 사용

### 1. 서론

공물의 사용관계는 공물의 사용에 관하여 관리자와 사용자 사이의 법률관계를 말한다.[113] 이러한 사용관계에 관하여 통설은 한편으로는 공공용물, 공용물을 구분하고, 다른 한편으로는 일반사용, 허가사용, 특허사용을 구분한 다음에 이를 종합하여 하나의 전체적인 분석의 틀을 제시한다. 여기에 관습법에 의한 특별사용, 행정재산의 목적 외 사용 등에 관한 설명을 추가해 나가는 식이다. 그러나 이러한 접근방법은 그 한계에 다다르고 있기에 새로운 접근방법이 강구되어야 한다.

#### (1) 전통적 방법론

공물의 사용관계는 공공용물과 공용물에 따라 다르다. 공공용물은 본래 일반 공중의 사용에 제공함을 목적으로 하는 공물이므로 당연히 그 사용의 법률관계가 문제되는 것과 달리, 공용물은 본래 행정주체가 자기의 공동사용에 제공함을 직접의 목적으로 하는 공물이므로 일반 공중의 사용관계의 문제는 발생하지 않는 것이 원칙이고, 다만 자기의 공동사용에 지장이 없는 범위 내에서 예외적으로 일반 공중의 사용관계가 문제될 뿐이다. 공물의 사용관계는 그 사용방법을 기준으로 일반사용과 특별사용으로 나누고, 특별사용은

---

113) 김철용, 앞의 책, 970쪽.

다시 그 사용의 법률상의 성질을 기준으로 하여 허가사용, 특허사용, 관습법에 의한 특별사용, 행정재산의 목적 외 사용으로 나누는 것이 일반적이다. 다만, 오늘날 일반사용, 허가사용, 특허사용의 내용과 특색이 점차 상대화되고 있음에 유의할 필요가 있다.[114]

## (2) 새로운 방법론

공용물은 개념이 폭넓기에 다양한 내용의 법률관계가 포함될 수밖에 없는데도 이를 일률적으로 분석하는 것은 적절하지 않다. 그 법률관계를 적절하게 분석하기 위해서는 공용물 개념을 독일법에서 그러하듯이 행정사용공물과 영조물사용공물로 다시 구분할 필요가 있다. 그리고 일반사용과 특별사용을 구분하는 분석은 공공의 이용에 직접 제공되는 공공용물에 관한 것인데, 이를 그대로 공용물에 적용하는 것은 문제가 있다. 또한 공물의 허가사용과 특허사용은 오토 마이어에 의해 개념적으로 구분된 것이나, 지금은 서로 다른 차원의 개념으로 발전하고 있는 점에 주의가 필요하다. 나머지 관습법에 의한 특별사용, 행정재산의 목적 외 사용 등에 관하여 단순히 나열식으로 설명하는 것으로는 적절한 분석이 어렵다. 이에 새로운 방법론을 고안할 필요가 있다.

여기서 공물의 사용관계에 관한 모형을 수립하는 것이 전체적인 이해에 도움이 된다. 먼저, 이론적 모형과 실무적 모형으로 구분한다. 이론적 모형은 전통적인 일반사용, 허가사용, 특허사용 등에 관한 논의를 다시 구성한 것이고, 실무적 모형은 행정재산의 목적 외 사용, 관습법에 의한 특별사용, 계약에 의한 사용관계 등 학설이 최근에 하나씩 설명을 추가해 나가는 내용을 다시 구성한 것이다. 첫째, 이론적 모형은 크게 공공용물과 공용물을 구분하여, 전자의 경우에 일반사용공물과 특별사용공물을 다루고, 후자의 경우에 행정사용공물과 영조물사용공물을 다룬다. 그중 일반사용공물은 다시 일반사용을 하는 경우와 특별사용을 하는 경우로 구분된다. 그리고 일반사용공물이든지 특별사용공물이든지 간에 특별사용에 대해서는 허가가 필요한데, 이러한 공공용물의 특별사용에 대한 허가가 특수하게 취급되는 경우를 특허사용이라고 하는바, 이를 추가로 다룬다. 둘째, 실무적 모형은 크게 행정재산의 사용관계, 계약에 의한 공물사용, 관습법에 의한 사용관계로 구분한다. 그중 행정재산의 사용관계는 행정재산의 목적 외 사용, 행정재산의 기부채납 사용으로 구분한다. 그리고 행정재산의 무단사용에 대한 변상금을 추가로 다룬다. 이상의 설명을 도식으로 정리하면 다음과 같다.

---

114) 김철용, 앞의 책, 970쪽.

| 이론적 모형 | | | | 실무적 모형 | | | |
|---|---|---|---|---|---|---|---|
| 공공용물의 사용관계 | | 공용물의 사용관계 | | 행정재산의 사용관계 | | 계약에 의한 공물사용 | 관습법에 의한 사용관계 |
| 일반사용공물 | 특별사용공물 | 영조물사용공물 | 행정사용공물 | 목적 외 사용 | 기부채납 사용 | | |
| 일반사용 | 특별사용 | 특별사용 | | | | | | |
| 특허사용 | | | | 변상금 | | | |

## 2. 공공용물의 사용관계

### (1) 개관

공공용물은 일반사용 또는 특별사용으로 제공되는 공물을 말한다. 여기서 일반사용은 타인의 자유로운 사용을 침해하지 아니하는 범위 내에서 누구나 자유롭게 사용하는 것을 말한다. 일반사용공물, 즉 일반사용으로 제공되는 공물에 대해서 일반사용을 하는 것은 그 목적에 부합하는 점에서 허가가 필요 없다. 일반사용을 초과하여 타인의 자유로운 사용을 침해하는 사용을 특별사용이라고 하는바, 일반사용으로 제공되는 공물에 대해서 특별사용을 하는 것은 그 목적에 위배되는 점에서 허가가 필요하다. 특별사용공물, 즉 특별사용으로 제공되는 공물에 대해서 특별사용을 하는 것은 그 목적에 부합하는 것이지만 여전히 허가가 필요하다. 이러한 일반사용과 특별사용의 구분이 양적인 측면이라면, 이와 달리 질적인 측면으로서 그 사용관계에서 주관적인 이익을 얼마나 향수하고 또한 그 이익에 대한 법적인 보호를 얼마나 받는지에 따라 단순한 사용과 고양된 사용이 구분된다. 이에 따른 경우의 수를 도식으로 표현하면 다음과 같다.

※ 일반사용 · 허가사용 · 특허사용의 관계[115]

| 구분 | 일반사용 | 특별사용 |
|---|---|---|
| 고양된 사용 | 고양된 일반사용 | 특허사용 |
| 단순한 사용 | 단순한 일반사용 | 허가사용 |

---

115) 이는 볼프(Hans J. Wolff)의 견해를 도식으로 표현한 것임. Hans J. Wolff, Verwaltungsrecht I. Dritte

여기서 고양된 일반사용이라는 개념이 구성되는 한편으로, 허가사용과 특허사용의 구분이 이루어진다. 고양된 일반사용은 단순한 일반사용과 비교하여 이로써 누리는 이익이나 그에 대한 보호의 정도가 강화된다. 그렇지만 여전히 일반사용이기 때문에 타인의 자유로운 사용을 침해하여서는 안 된다는 한계가 있다. 일반사용을 침해하는 특별사용에 해당하면 일단 허가를 받아야 한다. 다만, 허가를 받는 자가 누리는 이익의 범위와 그에 대한 보호의 정도가 강화될 때 그것을 특허사용이라고 하는 것이다. 특허사용은 허가사용과 마찬가지로 특별사용이지만, 이로써 누리는 이익과 그에 대한 보호의 정도가 허가사용과 다른 것이다.

이러한 도식이 처음으로 고안된 당시만 하더라도 단순한 사용으로 누리는 이익은 법적인 권리가 아니라 반사적 이익에 불과한 것이었다. 고양된 일반사용은 이로써 누리는 이익과 그에 대한 보호가 강화된다고는 하나 여전히 일반사용에 머무는 점에서 법적인 권리로서 가치가 그리 크지 않은 것과 다르게, 특허사용은 사인의 행정에 대한 법적인 권리가 이례적인 당시에 진정한 권리로서 가치를 가지는 것이었고,116) 오토 마이어의 도그마틱이 역사적으로 높은 평가를 받는 것은 바로 이 점에서다. 다만, 지금은 단순한 일반사용까지도 기본권적인 자유로서 보호를 받는 점에서 그 의미가 예전과 같을 수 없고, 허가사용과 특허사용의 구분은 마치 양자가 그 본질이 서로 다른 것처럼 오인을 불러일으킬 수 있는 점에서 부정적인 측면도 있다. 이하에서는 기존의 논의를 소개하면서 필요한 범위 내에서 설명을 추가하는 방식으로 서술한다.


### (2) 일반사용

일반사용은 자유사용이나 보통사용이라고도 한다. 공공용물의 일반사용이란 일반사용 공물의 본래의 목적에 따라 타인의 공동사용을 방해하지 아니하는 범위 안에서 일반 공중이 허가나 특허 등을 따로 받지 아니하고 자유로이 공공용물을 사용하는 것을 말한다. 예를 들어, 도로의 통행, 공원에서의 산책, 해수욕을 위한 바닷가의 사용, 하천에서의 수영이나 세탁 등이 그러하다.117)

공공용물의 일반사용의 법적 성질에 관하여 반사적 이익설과 공권설이 대립하지만, 후

---

Auflage, C.H.Beck'VERLAGSBUCHHANDLUNG, 1919, 306쪽 이하.

116) 이에 관하여는 송시강, "행정행위 유형론에 대한 재검토 - 허가와 특허, 인가 개념을 중심으로", 홍익법학 제12권 제1호, 2011, 500쪽 이하.

117) 김철용, 앞의 책, 970쪽.

자가 다수설이다. 다수설에 따르면 다른 개인이 공공용물에 대하여 가지는 이익 내지 자유를 침해하지 아니하는 범위 안에서 행정주체에 대하여 당해 공공용물을 자유로이 사용할 수 있는 공권을 갖는다. 그러나 이 공권은 적극적 권리, 즉 공물의 사용 청구권이 아니라 소극적이고 방어적인 권리, 즉 사용의 자유가 침해된 경우의 구제 청구권이다. 그러므로 행정주체의 침해가 있는 경우에 개인은 그 침해에 대한 배제청구권 또는 손해배상청구권을 가지나 행정주체가 공공용물을 폐지하거나 변경을 한 경우에 그 시정을 구할 수 없다. 공물과의 지리적 밀접성으로 인하여 일반 공중에 비하여 고양된 권리보호 또는 일반 공중의 일반사용을 넘어서는 공공용물의 사용을 인접 주민의 고양된 일반사용이라고 한다. 일반 공중의 일반사용을 넘어서는 공공용물의 사용이라는 측면을 강조하는 것이 통설적인 견해이나, 이에 대해서 고양된 일반사용의 침해에 대해서 항고소송의 원고적격을 인정함으로써 인접 주민의 고양된 권리보호의 측면을 동시에 강조하는 견해가 있다.[118]

공공용물의 일반사용의 범위와 방법은 공공용물의 성질에 따라 다르지만, 타인의 자유로운 이용과 국가와 지방자치단체 등의 공공목적을 위한 개발, 관리, 보존을 방해하지 않는 범위 내에서만 허용된다. 공공용물의 일반사용의 범위와 방법은 법령에 의하여 정해지거나 법령에 의거하여 공물관리자가 정하는 것이 보통이다. 공물관리권에 의하여 허용되는 범위 안에서도 그것이 사회공공의 질서에 영향을 미칠 우려가 있는 경우에는 공공용물의 일반사용이 제한되거나 금지될 수 있다. 공공용물의 일반사용의 경우에는 사용료를 징수하지 아니하는 것이 원칙이지만 법령에 근거하여 사용료를 징수하는 경우가 있다. 공공용물의 일반사용에 사용료를 징수하는 경우에도 사용료의 징수는 일반사용의 성질과 모순되지 아니한다는 것이 통설이다.[119] 왜냐하면 사용료를 지불한다는 것은 공물사용에 대한 허락을 의미하는 것은 아니기 때문이다. 사용료의 징수는 공물의 일반사용권을 제한하는 것이므로 반드시 법령에 근거가 있어야 하며, 일반사용권을 본질적으로 침해해서는 안 된다.[120]

## (3) 특별사용

공물의 사용이 일반사용의 범위를 넘어서 타인의 공동사용을 방해하거나 혹은 사회공공의 질서에 장해를 미칠 우려가 있는 경우에 이것을 방치하거나 또는 그 사용관계를 조

---

118) 김철용, 앞의 책, 970쪽 이하.
119) 김철용, 앞의 책, 973쪽.
120) 김남진/김연태, 앞의 책, 446쪽.

정하기 위하여 일반적으로는 그것의 자유로운 사용을 제한하고 특정한 경우에 그 제한을 해제하여 그것의 사용을 허가하는 때가 있다. 이것을 허가사용 또는 특별사용의 허가라고 한다.[121] 이와 관련하여, 여기서 허가는 공물사용의 일반적 금지를 해제하는 것에 지나지 않는 점에서 공물사용의 특별한 권리를 설정하는 공물사용의 특허와 구별된다는 견해[122]가 있으나, 공물의 특별사용에 대한 허가는 경찰허가, 즉 위험의 방지를 목적으로 하는 일반적 금지의 개별적 해제와는 다르다는 점에 유의하여야 한다. 일반사용공물에 대해서 특별사용을 하는 것은 그 목적에 부합되지 않는 점에서 처음부터 허용되지 않는 것일 뿐이지 별도로 금지를 한 것은 아니고, 특별사용에 대한 허가를 통해 비로소 허용되는 것이다. 특별사용공물에 대해서 특별사용을 허가하는 것 또한 그 목적에 부합하기 때문이지, 위험의 방지를 목적으로 하는 일반적 금지를 개별적으로 해제하는 취지는 아니다.

공공용물의 허가사용은 일반사용의 범위를 넘어서 특별한 사용을 허용한다는 점에서 공공용물의 본래의 목적에 따라 사용하는 일반사용과 다르다. 공공용물의 본래의 목적에 따른 사용인가, 일반사용의 범위를 넘어선 사용인가의 구별은 용이한 일이 아니다. 이와 관련하여, 종래의 학설은 (ㄱ) 공공용물의 허가사용은 공물사용의 일반적 금지를 해제하는 것에 그치며, 또한 공물의 본래의 목적인 공공의 사용을 방해하지 않을 정도의 일시적 사용에 한한다는 점에서 공물사용의 권리를 설정받아 공물을 계속적으로 사용하는 특허사용과 다르다고 보았다. (ㄴ) 허가사용의 전제가 되는 일반적 금지는 타인의 공동사용을 방해하거나 혹은 사회공공의 질서에 장해를 미칠 우려가 있는 경우에 이것을 방지하기 위한 것이므로, 허가사용의 신청이 있을 경우에 그러한 우려가 없는 때에는 반드시 허가하여야 한다는 기속행위라고 보았다. (ㄷ) 허가사용에 의하여 사용자가 받는 이익은 반사적 이익이라고 보았다. 공공용물의 사용허가는 공공용물의 사용에 관한 일반적인 제한을 해제하여 제한이 없는 상태로 만듦으로써 일반사용의 경우와 같은 법률상태를 회복으로 하는 것이라고 한다.[123]

그러나 특별사용에 대한 허가는 앞서 설명한 것처럼 위험의 방지를 목적으로 하는 일반적 금지의 개별적 해제가 아니고, 특허사용에 비하여 이로써 누리는 이익과 그 보호의 정도가 약하겠지만 그렇다고 반드시 일시적 사용에 한정되어야 할 이유도 없다. 위험의 방지를 목적으로 하는 일반적 금지를 전제하는 것이 아닌 만큼 특별사용에 대한 허가가 기속행위이어야 할 이유도 없다. 공물관리자는 공물을 그 목적달성을 위하여 적정하게 관

---

121) 김철용, 앞의 책, 974쪽.
122) 김남진/김연태, 앞의 책, 448쪽.
123) 김철용, 앞의 책, 974쪽 이하.

리하여야 할 의무를 지고 있으므로 헌법에서 보장하고 있는 표현의 자유나 집회의 자유를 필요 이상으로 규제하거나 평등원칙에 위반하여 불허가처분을 할 수 없으며 만일 그러한 불허가처분이 행하여진 경우에 이해당사자가 다툴 수 있는 법적 지위에 있다는 의미에서 공권성이 인정된다.[124]

공공용물의 허가사용을 공물관리권에 의한 경우와 공물경찰권에 의한 경우로 구분하는 것이 통설의 입장이다. 이에 따르면, 전자는 공공용물의 사용이 공물의 관리에 지장을 초래할 우려가 있는 경우에 이를 방지하기 위하여, 또는 타인의 공동사용을 방해할 우려가 있는 경우에 다수인의 사용관계를 조정하기 위하여 공물관리권에 근거하여 일반적으로 그 자유로운 사용을 제한하거나 금지하고 특정한 경우에 그 제한을 해제하여 적법하게 사용하게 하는 경우이다. 후자는 공공용물의 사용이 사회공공의 질서에 장해를 미칠 우려가 있는 경우에 장해를 방지하거나 제거하기 위하여 공물경찰권에 의거하여 일반적으로 그 자유로운 사용을 제한하거나 금지하고 특정한 경우에 그 제한을 해제하여 적법하게 사용하게 하는 경우이다. 예를 들어, 도로교통법 제28조 제2항이 그러하다.[125] 공물경찰권에 의한 허가사용은 우리 실정법상으로는 그 예가 거의 없다고 한다.[126] 이러한 설명은 전술한 공물관리와 공물경찰의 관계를 공공용물의 허가사용에 그대로 대입한 결과로 보인다. 우리나라에서 공물경찰은 공물에 대한 일반경찰권의 행사를 의미하는 점에서 공물관리와 개념적으로 혼동해서는 안 되는바, 공물경찰권에 의한 허가사용은 그것이 실재한다고 하더라도 여기서 설명하는 공물관리권에 의한 허가사용과는 차원을 달리하는 것으로 봐야 한다.

### (4) 특허사용

특허사용은 특별사용에 대한 허가 중에 이로써 누리는 이익과 그에 대한 보호의 정도가 강한 것을 의미하는 것이다. 이와 같이 허가사용과 단지 상대적인 차이에 불과한 특허

---

124) 김철용, 앞의 책, 974쪽 이하.
125) 김철용, 앞의 책, 975쪽.
126) 김남진/김연태, 앞의 책, 448쪽: 일부 문헌에서는 경찰서장이 도로에서의 위험방지를 위하여 보행자 또는 차량의 통행을 금지 또는 제한한 다음 일정한 조건 하에 그것을 해제하는 경우를 공물경찰권에 의한 허가사용의 예로 들고 있지만, 동 규정은 단지 위험방지를 위하여 도로의 통행을 금지하거나 제한할 수 있음을 규정하고 있고 그의 해제에 대하여는 규정하고 있지 않으며, 또한 그 금지나 제한은 위험방지를 위한 특별한 경우에 행하여지는 것으로 그것의 해제는 예외적으로 행하여진 금지나 제한을 위험방지의 필요가 없어짐으로써 본래의 사용상태로 돌려놓는 금지나 제한의 철회에 해당하고 일반적 금지나 제한을 특별한 경우에 해제하는 사용허가라 할 수 없다.

사용은 오늘날 독자적인 개념으로서 실익이 크지 않은바, 특별사용에 대한 허가라는 통일적인 개념의 사용으로 충분하고 굳이 허가사용과 구별하여 특허사용이라는 개념을 따로 사용할 필요가 없는 점에서 그러하다. 우리 법제 역시 도로나 하천의 점용에 대한 허가만을 규정할 뿐이고 더 나아가 허가사용과 특허사용을 구별하지 않는다. 그럼에도 불구하고 허가사용과 특허사용을 대비하고 양자가 본질에 있어 차이가 있는 것처럼 설명하는 학설의 일반적인 경향은 쉽게 사라지지 않는데, 어쩌면 오토 마이어가 특허사용의 법적 권리를 논증하기 위해서 이를 허가사용과 일대일의 구도로 대비하면서부터 예정된 결과일지도 모른다. 특허사용과 허가사용은 논리적으로는 일대일의 구도가 되지만 존재론적 관점에서 특허사용은 허가사용의 특수태(特殊態)에 불과한 것인데도 직관적인 호소력이 강하다 보니 이론적인 영향력이 지금까지도 크게 남아 있는 것으로 보인다. 오늘날 독일법에서는 특별사용에 대한 허가만 설명하고 이러한 특별사용의 허가를 다시 허가사용과 특허사용으로 구분하여 설명하지 않는바, 우리 법리도 그렇게 발전해 나가리라 기대한다. 다만, 특허사용의 개념은 오늘날 전혀 새로운 맥락에서 재발견의 과정을 거치고 있다. 허가사용과 단지 상대적인 차이에 불과한 특허사용으로서가 아니라 이러한 상대적 차이만을 보이는 허가사용과 특허사용을 대신하여 양자를 포괄하는 특별사용이라는 개념과도 본질적인 차이를 보이는 특허개념이 새롭게 구성되고 있다. 이러한 현상에 가장 결정적인 계기가 되는 것은 민간투자사업이다. 대규모 기반시설의 설치가 재정사업을 대신해 민간투자사업으로 수행되고 그 준공 이후에 이용자로부터 요금을 징수하여 투자금과 함께 이익금을 회수하는 행정절차가 전 세계에 보편적으로 도입되면서 민간투자사업자에게 귀속되는 대규모 기반시설의 운영권과 이를 통한 수익권을 특별하게 보호하는 법적인 장치가 필요하게 되었고, 그 수요에 상응하여 오토 마이어의 특허사용 개념이 새롭게 조명되고 있다. 사실 오토 마이어의 특허사용 개념은 이와 짝이 되는 공기업의 특허 개념과 함께 프랑스법상 특허계약(concession)의 법제에서 유래한 것인데,127) 그 법제가 오늘날의 관점에서 보면 일종의 민간투자사업을 위한 것인 점에서 지금과 같은 부활은 결코 우연이 아닐 수 있다. 오토 마이어가 관념적으로는 특허사용을 허가사용과 일대일의 구도로 설정했지만 이미 그때 특허사용의 사례로 상정한 것들이 실은 민간투자로 설치되는 대규모 기반시설이었다. 허가사용과 단지 상대적인 차이에 불과한 것이 되도록 특허사용의 개념을 사용한 것은 오토 마이어가 아니라 후대의 학자들인 것이다. 우리도 특허사용의 개념을 허가사용과 단지 상대적인 차이만 보이는 의미로는 앞으로 사용하지 말고, 그와 다른 차

---

127) 송시강, "민간투자와 리스크 그리고 손실보상 - 표준실시협약상 위험분담에 관한 공법적 해명", 홍익법학 제22권 제2호, 2021, 265쪽 이하.

원에서 독자적인 유용성을 가지는 개념으로 발전시켜 나갈 필요가 있다. 이하에서는 이러한 관점에서 종래의 학설을 소개하면서 필요한 범위 내에서 설명을 부가하고, 이어서 최근에 부각되고 있는 특허사용에 관한 쟁점을 다룬다.

### 1) 종래의 학설

공공용물의 특허사용은 특정인에게 공물을 계속적으로 사용할 특별한 권리를 설정한다는 점에서 공물사용의 일반적 금지를 해제하는 것에 그치며 또한 공물의 본래의 목적인 공공의 사용을 방해하지 않을 정도의 일시적 사용에 한정되는 공공용물의 허가사용과 구별된다고 보는 것이 우리 학설의 오래된 도그마틱이다.[128] 이에 따라서, 공물의 사용이 일반사용의 범위를 넘어서 공물을 계속적으로 사용할 특별한 권리를 공물관리권에 의하여 특정인을 위하여 설정하는 경우, 이것을 공물사용권의 특허라고 하며, 특허에 의한 사용관계를 특허사용이라고 한다. 예를 들어, 도로에 전주를 세운다든가 수도관이나 가스관 등을 매설한다든가 수력발전을 위하여 하천에 댐을 건설한다든가 또는 공원에 노외주차장을 건설한다든가 비관리청이 항만시설을 무상으로 사용한다든가 하는 것이 이에 해당한다. 공공용물의 특허사용도 일반사용의 범위를 넘어서 특별한 사용을 허용한다는 점에서 공공용물의 본래의 목적에 따라 사용하는 일반사용과 구별된다.[129] 그러나 앞서 설명한 바와 같이 허가사용은 일반적 금지의 해제가 아니고 반드시 일시적 사용에 한정되어야 할 이유도 없다. 다만, 특별한 권리를 설정한다는 점에 대한 지적은 타당하다. 특허사용은 고양된 특별사용인 점에서 단순한 특별사용인 허가사용과 구별되는 것이기 때문이다. 그러나 허가사용의 경우에 어떠한 권리도 성립하지 않는다고 생각한다면 그것은 오해이다. 단순한 일반사용도 기본권적 자유에 해당하는 점에서, 허가사용 또한 그에 상응하는 법적인 권리를 성립시킨다. 다만, 특허사용으로 성립하는 권리와 비교하여 권리의 내용이나 그에 대한 보호의 정도가 충분하지 않을 뿐이다.

---

128) 김남진/김연태, 앞의 책, 454쪽: 원래 공물법상 허가사용과 특허사용의 구별은 독일의 경우에 구 도로법에서 사용기간의 장단, 사용기간 만료 전 철회의 가능성, 그에 따른 손실보상의 필요성 등을 기준으로 행해졌다. 그러나 독일의 현재 법제에서는 대체로 특별사용만 공물의 사용관계로 인정되는 경향에 있다. 도로법, 하천법, 국유재산법 등 우리 실정법 역시 양자의 구별을 하지 않고 있는 점에 비추어 이론상으로도 양자의 확연한 구별은 실익이 없는 것으로 보인다. 종래 우리 통설은 허가사용의 법적 성질을 반사적 이익으로 보고 특허사용의 그것만을 공권으로 보는 태도를 견지하였기에 후자의 권리성에 대해서만 장황하게 설명하는 태도를 취했다. 그러나 실정법이 양자의 구별을 거의 하지 않고 있고 또한 공물의 일반사용 역시 공권으로서의 측면이 있음이 인식되어 있는 이상 유독 공물의 특허사용의 공권성에 대해서만 역설할 필요가 적어졌다.
129) 김철용, 앞의 책, 975쪽 이하.

특허행위에 관하여 ㉠ 그 성질을 두고 공법상 계약설과 쌍방적 행정행위설이 대립한다. 전자는 특허행위를 공물사용권을 얻으려는 자와 공물관리청과의 사이의 합의에 의하여 이루어지는 계약으로 보아야 한다는 견해이고, 후자는 특허행위를 공물사용권을 얻으려는 자의 신청에 의하여 공물관리청이 공물사용권을 설정하여 주는 행정행위로 보아야 한다는 견해이다. ㉡ 특허행위는 공물법규에서 달리 규정하고 있지 아니하는 한 원칙적으로 재량행위라는 것이 통설이고 판례이다. 공물이용자 간의 조정이라는 공물의 기능관리에서 보나 환경의 보전 및 공물의 특허사용에 의하여 영향을 받게 될 제3자의 이익과의 조정 등을 고려하여 보면 특허행위를 재량행위로 하여 공물이 처해 있는 사정을 고려하여 판단하게 하는 것이 바람직할 수 있다. 그러나 특허행위는 행정법규에서 그 기준을 규정하고 이는 경우에는 물론 규정하고 있지 아니한 경우에도 행정절차법에 의하여 처분청이 처분기준을 구체적으로 설정하여 공표하여야 할 의무를 지고 있으므로 특허행위의 성질을 개별적이고 구체적으로 판단하여야 하는 것이지 원칙적으로 재량행위라고 단정할 것은 아니다. ㉢ 특허행위는 권리설정행위이고, 특허행위로 상대방이 향수하는 이익은 권리로서의 이익이며 반사적 이익이 아니다.130)

특허사용권에 관하여 ㉠ 공권인가 사권인가에 관하여 견해가 대립한다. 공권설은 특허사용권이 특허라는 행정행위에 의하여 성립된다는 점, 특허사용권이 직접으로 공공의 이익을 위하여 유지되고 관리되는 공물의 사용에 관한 것이라는 점을 든다. 이에 따르면 특허사용권은 공권이기 때문에 사권과 같이 절대적이고 배타적인 것은 아니고 다른 공익을 위한 제한을 받고 행정주체에 의하여 특허사용권이 침해되는 경우에는 행정쟁송의 방법에 의하여 다투어야 한다. 다만, 공권설이라고 해서 특허사용권의 재산권성을 부인하는 것은 아니다. 이에 대해서 사권설은 특히 하천법상 유수사용권에 관하여 하천법이 유수를 사권의 대상으로 규정하고 있지 않으나 그렇다고 해서 사권의 대상이 되지 않는다는 직접적인 규정도 없다는 점, 특허사용권이 일반적인 사권과 내용이 다를 것이 없다는 점, 어업권과 광업권이 물권으로 규정되어서 사권으로서 성질을 가지는 것과 마찬가지로 특허를 통해서 설정되는 사용권 역시 사권으로 볼 수 있다는 점을 든다. 공권설과 사권설은 커다란 차이가 있는 것처럼 보이더라도 실제로는 상당히 접근되어 있다. 공권설도 특허사용권을 그 실질에 있어서는 사법상 재산권과 동일한 성질을 가진다고 보고 있고, 사권설도 특허사용권을 절대적이고 배타적인 것이 아니라 그 사용권의 범위를 사용을 목적을 달성하기 위하여 필요한 한도로 한정함으로써 사용권의 한계를 인정하고 있다. 요컨대 공

---

130) 김철용, 앞의 책, 976쪽 이하.

물관리자에 대해서는 공권으로서 성질을 가지고, 권리의 실체에서 보면 특별한 규정이 없는 한 사법상 재산권으로서 성질을 가진다. (ㄴ) 특허사용권의 성질이 채권인가 물권인가에 관하여 견해가 대립한다. 채권설은 특허사용권을 공권으로 보는 견해에서 주장한다. 이에 따르면 특허사용권자는 공용폐지를 거부할 수 없으며 공용폐지가 있으면 제3자에게 대항할 수 없다. 이에 대해서 물권설은 특허사용권을 사권으로 보는 견해에서 주장된다. 특허사용권은 채권으로서 성질과 물권으로서 성질을 아울러 가진다. 공물관리자에 대해서는 채권의 성질을 가진다. 그러나 특허에 의하여 성립된 권리의 실체에서 보면 제3자에 대한 관계에서는 사법상 재산권적 성질을 가지며, 제3자의 침해에 대한 방해배제청구권, 원상회복청구권 등이 인정되는 점에서 일종의 물권적 성질을 가진다. 실정법규 중에는 특허사용권을 물권으로 명시하고 있는 경우가 있는바, 「댐건설 및 주변지역 지원에 관한 법률」(이하 이 장에서 '댐건설법'이라 한다) 제29조가 대표적으로 그러하다.131)

공물사용권의 특허를 받는 자는 특허의 내용에 따라 공공용물을 사용할 권리를 취득함과 동시에 법령 등에서 정하는 바에 따라 일정한 의무를 부담한다. 공공용물은 직접 일반 공중의 공동사용에 제공되어 국민 또는 주민의 복리를 적극적으로 향상 증진시켜야 하는 것이므로 특정인이 공공용물에 대하여 완전히 배타적이고 독점적인 사용권을 갖는다는 것은 공공용물로서의 성질에 반한다. 따라서 특허사용권의 범위는 그 사용의 목적을 달성하기 위하여 필요한 범위 한도에 한정되며, 타인의 권리를 해하지 아니하는 정도로 사용권이 행사되어야 한다. 특허사용권자는 법령 등에 따라 특히 부관이 정하는 바에 따라 공물관리자에게 여러 가지 공법상 의무를 가진다. 그중 중요한 것으로 사용료를 납부할 의무가 있다.132) 국유재산법, 공유재산법, 지방자치법은 사용료 부과에 관한 일반적 규정을

---

131) 김철용, 앞의 책, 977쪽 이하.
132) 여기서 말하는 사용료는 요금을 의미한다. 요금 외에 수수료, 분담금, 특별부담금이 공물의 특허사용에서 부과될 수 있다. 일반적으로 사용료는 급부의 대가를 말하는바, 이는 다시 공공시설을 이용하는 대가에 해당하는 요금(Benutzungsgebühr)과 누군가가 행정의 어떠한 활동을 야기하거나 행정이 누군가를 위해 어떠한 활동을 하는 경우에 그 대가에 해당하는 수수료(Verwaltungsgebühr)로 구분된다. 다른 관점에서, 요금이 시장의 거래대상이 되는 급부의 대가라면, 수수료는 그렇지 않은 급부의 대가이다. 수수료는 신청서의 접수나 증명서의 발급 등 행정의 부수적 활동의 대가에 해당하는 경우가 많지만, 반드시 그런 것은 아니어서, 예를 들어, 행정대집행의 비용도 수수료에 해당한다. 상대방이 누리는 현실적인 이익에 대해서 그 이익의 범위 내에서 징수하는 사용료와 다르게, 행정의 어떠한 활동으로 인하여 일정한 집단에 귀속되는 이익을 추정하고 그 이익의 범위 내에서 해당 활동의 비용을 해당 집단의 구성원에게 부과하는 것이 분담금(Beitrag)이다. 사용료와 분담금은 동시에 부과하더라도 중복은 아니다. 이는 임대차계약에서 임대료와 별도로 관리비를 부담하는 것과 같은 이치이다. 이러한 사용료와 분담금은 모두 이익이 있는 경우에 그 이익의 범위 내에서 부과되는 점에서 수익적 부담(Vorzugslast)이라고 부른다. 이와 달리 특별부담금(Sonderabgabe)은 조세처럼 이익과 무관하게 부과되지만, 조세와 달리 제한적인 범위의 사람에게 부과된다. 이러한 특별부담금은 특별한 행정임무의 활동에 대해 재원조달책임을 지는 특별한 집단에 부과되어야 한다. 그 밖에 설권료(Verleihungsgebühr)라는 범주의 인정 여부에 관한 논

가지고 있다. 동시에 사용료를 납부하지 않을 경우에 대비하여 행정상 강제징수에 관한 규정을 가지고 있다. 법률에 근거가 없는 경우에도 사용료를 부과할 수 있는지에 관하여 긍정설과 부정설의 견해가 대립한다. 이익의 대가라고 하더라도 법률의 근거 없이 사용료를 부과할 수 없다고 보아야 한다. 그리고 특허사용권자는 특허사용기간이 만료되거나 기타 특허가 실효되는 경우에는 원상회복의무를 진다.[133]

특허사용관계는 공물이 소멸하거나 특허사용기간이 만료하거나 해체조건이 도래하거나 특허사용권이 포기되면 실효된다. 특허의 철회에 관하여 법령에서 철회권을 유보하거나 특허를 하면서 부관으로 철회권을 유보하는 경우가 있다. 특허의 철회에는 청문의 실시가 필요하다.[134] 공물사용의 특허는 상대방의 의무위반, 공익상 필요 등을 이유로 철회될 수 있는데, 어느 경우나 사전에 청문을 하여야 한다. 특히 후자의 경우에는 그로 인한 손실에 대해 정당한 보상을 하여야 한다. 부정한 방법으로 특허를 받은 경우에는 취소의 원인이 된다. 철회나 취소의 원인이 있다 하여 그 철회나 취소가 자유로운 것은 아니고 비례원칙 등에 의한 제한을 받는다.[135]

### 2) 최근의 경향

우리 학설이 말하는 특허사용 개념에 직접적인 영향을 미친 독일법의 현재 상황을 설명하면 다음과 같다. 과거 독일의 도로법령이 공법적인 특별사용을 허용하는 형식에는 2

---

의가 있다. 설권료는 공공재의 경제적 이용을 위하여 특허를 행사할 수 있는 가능성에 대한 대가로서, 여기서 특허는 독점적 지위를 설정할 수도 있다. 이를 자원사용료(Ressourcenutzungsgebühr)로 평가하는 견해도 있다. 이러한 설권료가 사물의 본성상 사용료의 제3 유형에 해당한다고 보는 견해도 있고, 사용료와 구별되는 수익적 부담에 해당한다고 보는 견해도 있다. 후자의 견해에 따르면, 공공주체에 의한 공권 형태의 특별한 재산적 가치가 있는 급부에 대한 반대급부이다. 설권료에 대해서는 반대와 찬성이 입장이 갈린다. 반대 입장은 설권료가 행정의 상업화에 이르게 된다고 주장한다. 이에 대해 찬성 입장은 특별한 자원의 이용을 금전적인 부담을 지는 수권에 결부시킬 수 있고, 그 결과 인위적인 시장을 만들 수 있다고 주장한다. 이에 관하여는 송시강, "공법상 부담금에 관한 연구 - 재원조달책임에 있어서 평등원칙", 행정법연구 제57호, 2019, 105쪽 이하. 그러나 설권이라는 것은 부담금 부과의 계기가 될 뿐이고 부담금 부과를 정당화할 수 없는 점에서, 설권료는 독자적인 부담금의 범주가 될 수 없다는 생각이다. 이와 관련하여, 주파수 할당대가의 법적 성격에 관한 사용료설, 설권료설, 특별부담금설의 대립은 송시강, "주파수재할당 제도의 법적 문제 - 특히 재할당대가에 관한 쟁점을 중심으로", 경제규제와 법 제13권 제2호, 2020, 63쪽 이하. 현행 전파법상 주파수 할당대가는 특별부담금으로 이해하는 것이 타당하다. 그리고 이러한 특별부담금의 정당화에 그 수입과 지출을 고유하게 처리하기 위한 기금의 설치가 중요하다는 점에 대해서는 송시강, "기금에 관한 다층적 법리 분석", 홍익법학 제16권 제1호, 2015, 752쪽 이하. 이와 달리 주파수 할당대가의 법적 성격을 설권료로 보는 견해는 김태오, "주파수 경매대가와 주파수 이용권의 관계 및 주파수 이용권의 재산권성", 경제규제와 법 제3권 제2호, 2010, 319쪽 이하.

133) 김철용, 앞의 책, 977쪽 이하.
134) 김철용, 앞의 책, 979쪽 이하.
135) 김남진/김연태, 앞의 책, 453쪽.

가지가 있었는데, 단순한 사용허가(schlichtes Gebraucherlaubnis)와 물건으로서 본질을 계속적으로 침해하는 사용, 즉 고양된 특별사용(gesteigerte Sondernutzung)에 대한 공권의 특허(Verleihung eines subjektiven öffentlichen Rechts)가 바로 그것이다. 그러나 현행 연방과 주의 도로법은 공법적인 단순한 특별사용과 고양된 특별사용을 더 이상 구별하지 않는다. 이제 공법적인 특별사용허가(öffentlich-rechtliches Sondernutzungserlaubnis)라는 하나의 형식만이 존재한다. 이러한 허가는 일반사용을 초과하는 동시에 침해하는 모든 특별사용에 언제나 필요하다. 일반사용을 단순히 초과하는 특별사용은 일반사용을 침해하는 효과가 없기 때문에, 공법과 사법이 혼합적으로 구성되는 현행 도로법에서는 공물관리권과 무관하다. 따라서 이러한 특별사용은 공물소유자와 사법계약을 체결하는 방식으로 가능하다. 과거에 공법적 사용허가와 공법적 사용권의 특허를 구별하는 것에 대신해서, 공법적인 특별사용과 사법적으로 성립하는 사용권이 대립하는 것이다. 양자를 구별하는 기준으로 결정적인 것은 일반사용에 미치는 효과이다. 특별사용을 통해 일반사용이 침해되면 오로지 공법에 따라 규율되고, 그렇지 않으면 오로지 사법이 기준이 된다. 우선, 도로의 지면에 대한 특별사용은 반드시 일반사용을 침해하고, 따라서 공법적인 것이다. 다음, 도로의 지상에 대한 특별사용은 구체적인 경우에 타인의 개별적인 일반사용을 실제로 위해하는지를 따질 필요 없이 공법적인 것이 원칙이다. 다만, 도로가에 과수를 식재하거나 잔디밭을 조성하거나 창공을 사용하는 경우와 같이 추상적으로 일반사용을 침해할 수 없는 예외가 있다. 한편, 지상에 대한 특별사용과 대비되는 것이 도로의 지하를 특별사용하는 것이다. 이것은 도로에 공법적으로 설정된 목적, 즉 교통기능을 침해하지 않는다. 이러한 사용권은 소유자와 사법계약을 체결하는 것만으로 성립한다. 공익적인 서비스를 위해 케이블이나 도관을 도로의 지하에 매설하기 위한 공사 또한 마찬가지이다. 일반사용에 대한 침해가 되기 위해서는 그 침해가 일시적이 아니라 계속적이어야 한다.[136]

일반사용을 초과하는 특별사용이 지속적으로 일반사용을 침해하는 효력이 없는 경우에는 공법적인 특별사용에 대한 허가는 필요하지 않다. 그 대신에 민법의 형식에 따라 도로소유자로부터 승낙을 받으면 된다. 그 승낙에는 사법적인 대가가 결부될 수 있다. 다만, 베를린과 함부르크에서는 그렇지 않다. 이러한 도로소유자의 승낙은 채권적인 계약일 수도 있고, 나아가 물권을 성립시킬 수도 있다. 가장 중요한 사례가 전기공급사업자가 도로에 도관을 설치하기 위해서 체결하는 특허계약(Konzessionsvertrag)이다. 일반사용이 침해되더라도 그 침해가 일시적인 것에 불과하고, 공적인 서비스를 목적으로 침해한 것이면,

---

136) 송시강, 앞의 글(행정행위 유형론에 대한 재검토), 515쪽 이하.

민법적인 특별사용에 불과하다. 이러한 공공서비스에 해당하는 것으로는 가스, 상수, 전력, 난방, 수도가 있다. 이러한 시설에 대해서는 베를린, 함부르크 주(州)를 제외하고는 오로지 사법계약이 적용된다. 그 공사로 인하여 일반사용이 침해되는 것은 일시적이기 때문이다. 다만, 전신과 전화에 대해서는 통신법이 도관개설권을 별도로 규정한다. 도로소유자가 공공주체인 경우에 그는 기본권구속 아래에 놓인다. 특히 평등권에 대해서 그러하다. 일반사용을 초과하는 공적인 행정목적에 도로를 사용하는 것 또한 간접적이나마 행정목적의 수행이기 때문에 행정사법의 영역에 해당한다. 민법의 행위형식으로 도피하는 것이 기본권 구속의 면제를 가져오지는 않는다. 하지만 신청자와 소유자의 분쟁은 사법적인 성격을 가지고, 따라서 통상법원의 관할이다. 허가의 거부나 과도한 대가의 요구는 선량한 풍속에 위반될 수 있다. 이 점은 도로소유자가 도관개설권의 발급에 사실상 독점적인 지위를 가지는 경우에 특히 그러하다.137)

　　이러한 독일법상 특허계약과 밀접한 관련이 있는 비교적 최근의 판례138)가 있었다. 동 판결은 지방자치법상 주민소송 제도에 관한 쟁점과 아울러 도로법상 도로점용 제도에 관한 쟁점을 가지고 있고 나아가 두 개의 쟁점이 교차하는 사건을 대상으로 한 것이다. 핵심은 도로점용에 대한 허가는 공권력의 행사로서 성격을 가지는 것인데도 불구하고 주민소송의 대상이 되는 '재산의 취득·관리·처분에 관한 사항'에 포섭될 수 있는지의 문제이다. 이 사건이 더욱 관심을 받게 된 계기는 점용허가의 대상이 되는 도로가 통상적으로 예상하는 지상이 아니라 그 지하 부분이었다는 점에 있다. 이에 관하여 동 판결은 "이 사건 도로점용허가의 대상인 도로 지하 부분은 본래 통행에 제공되는 대상이 아니어서 그에 관한 점용허가는 일반 공중의 통행이라는 도로 본래의 기능 및 목적과 직접적인 관련성이 없다고 보인다. 또한 위 점용허가의 목적은 특정 종교단체인 참가인으로 하여금 그 부분을 지하에 건설되는 종교시설 부지로서 배타적으로 점유·사용할 수 있도록 하는 데 있는 것으로서 그 허가의 목적이나 점용의 용도가 공익적 성격을 갖는 것이라고 볼 수도 없다. 이러한 여러 사정에 비추어 보면, 위 도로점용허가로 인해 형성된 사용관계의 실질은 전체적으로 보아 도로부지의 지하 부분에 대한 사용가치를 실현시켜 그 부분에 대하여 특정한 사인에게 점용료와 대가관계에 있는 사용수익권을 설정하여 주는 것이라고 봄이 상당하다. 그러므로 이 사건 도로점용허가는 실질적으로 위 도로 지하 부분의 사용가치를 제3자로 하여금 활용하도록 하는 임대 유사한 행위로서, 지방자치단체의 재산인 도로부지의 재산적 가치에 영향을 미치는 '재산의 관리·처분에 관한 사항'에 해당한다."라

---

137) 송시강, 앞의 글(행정행위 유형론에 대한 재검토), 517쪽.
138) 대법 2016. 5. 27. 선고 2014두8490 판결.

고 설시하였다. 이 사건에 문제가 되는 도로점용은 도로의 일반사용을 침해하지 않는 점에서, 앞서 설명한 바와 같이, 독일법에서는 공법적인 점용허가의 대상이 아니라 특허계약의 대상이 되는 것이다.[139] 우리도 이 사건을 계기로 도로점용에 대한 허가의 범위를 지금보다 분명하게 제시하는 한편으로, 계약에 의한 공물사용에 관한 법률상 근거가 없더라도 해석을 통해서 당연히 허용되는 것으로 법리를 발전시켜 나갈 필요가 있다.

한편, 하천법 제50조에 따른 하천수 사용허가로 성립하는 하천수 사용권[140]의 손실보상에 관한 최근의 판례[141]도 특허사용이라는 개념의 독자적인 유용성이 배타적 권리의 설권이라는 측면에서 극대화가 될 수 있다는 점을 잘 보여줌으로써 특허사용에 관한 고유한 법리의 발전을 가져왔다. 동 판결은 "물을 사용하여 사업을 영위하는 지위가 독립하여 재산권, 즉 처분권을 내포하는 재산적 가치 있는 구체적인 권리로 평가될 수 있는 경우에는 댐건설법 및 토지보상법에 따라 손실보상의 대상이 되는 '물의 사용에 관한 권리'에 해당한다고 볼 수 있다. 하천법에 의한 하천의 점용허가는 특정인에게 하천이용권이라는 독점적 권리를 설정하여 주는 처분에 해당하므로, 그러한 점용허가를 받은 자는 일반인에게는 허용되지 않는 특별한 공물사용권을 설정받아 일정 기간 이를 배타적으로 사용할 수 있다. 하천의 점용허가에 따라 해당 하천을 점용할 수 있는 권리(하천점용허가권)는 특허에 의한 공물사용권의 일종으로서 하천의 관리주체에 대하여 일정한 특별사용을 청구할 수 있는 권리에 해당하고, 독립된 재산적 가치가 있다. 하천의 점용허가를 받은 자는 관할관청의 허가 없이 그 하천점용허가권을 자유로이 양도할 수 있고, 강제집행을 할 수도 있다. 또한 하천의 점용허가를 받은 사람은 그 하천부지를 권원 없이 점유·사용하는 자에 대하여 직접 부당이득의 반환 등을 구할 수도 있다. 하천법에 의한 하천수 사용권은 하천법에 의한 하천점용허가권과 마찬가지로 특허에 의한 공물사용권의 일종으로서, 양도가 가능하고 이에 대한 민사집행법상의 집행 역시 가능한 독립된 재산적 가치가 있는 구체적인 권리라고 보아야 한다. 따라서 하천법에 의한 하천수 사용권은 토지보상법이 손실보상의 대상으로 규정하고 있는 '물의 사용에 관한 권리'에 해당한다."라고 설시하였다. 이와 같이 공물의 특별사용에 대한 허가로 성립하는 권리의 성격이 통상적인 경

---

139) 점용허가의 대상이 아닌데도 허가가 발급된 점에서 애당초 허가 자체가 위법한 것일 수 있다는 점에 대해서는 박건우, "도로점용허가와 주민소송 - 대법원 2019. 10. 17. 선고 2018두104 판결 사례", 행정법연구 제62호, 2020, 179쪽 이하.

140) 용수권(用水權)을 말한다. 수리권(水利權)이라고도 부른다. 이에 관한 대표적인 선행연구로는 김성수, "수리권의 법적 근거와 한계", 토지공법연구 제43집 제1호, 2009, 345쪽 이하; 김현준, "수리권과 물사용의 비용부담", 토지공법연구 제71집, 2015, 392쪽 이하; 강현호, "수자원 관리에 대한 공법적 고찰", 토지공법연구 제73집 제2호, 2016, 11쪽 이하.

141) 대법 2018. 12. 27. 선고 2014두11601 판결.

우에 비하여 월등하게 큰 가치를 가지는 경우에 특허사용의 개념을 사용하는 것은 오토 마이어의 의도에도 부합하는 것이다. 이에 해당하는 또 다른 사례로는 전파법 제14조에 따른 주파수이용권을 들 수 있다.[142]

## 3. 공용물의 사용관계

종래의 학설은 공용물에 대한 일반사용과 허가사용이 성립하는 것을 전제로 설명을 하였다. 이에 따르면, 공용물은 직접 행정주체 자신의 사용에 제공된 공물이므로 공공용물과 달리 일반사용이 당연히 예정되어 있는 것은 아니다. 그러나 공용물의 본래의 목적에 방해되지 아니하는 범위 안에서 일정한 조건 아래서 일반사용이 허용될 경우가 있다. 예를 들어, 국공립대학 구내의 자유통행이 그러하다.[143] 공용물의 허가사용은 원칙적으로 인정되지 아니하지만, 예외적으로 그의 목적에 반하지 아니하는 범위 안에서 공물관리권에 의거하여 그 사용이 허가될 경우가 있다. 행정재산의 목적 외 사용에 대한 허가가 이에 해당한다.[144] 다만, 행정재산의 목적 외 사용에 대한 허가 중에는 사용특허로 새겨야하는 경우도 있다고 한다.[145] 이러한 통설의 설명은 논리적으로 문제가 있다. 공용물은 애당초 공공의 이용에 직접 제공되는 공물이 아니다. 그런데도 공공용물에 대한 일반사용과 특별사용에 관한 법리를 그대로 공용물에 적용하는 점에서 문제가 있는 것이다. 다만, 영조물사용공물에 해당하는 국공립대학의 캠퍼스를 묵시적인 승낙 아래 자유롭게 통행하면 마치 공공용물에 대한 일반사용과 유사한 결과가 나타난다. 그러나 표면적으로 공공용물의 사용관계와 유사하더라도 공용물의 사용관계는 그에 고유한 법리로 다루어야 한다.

### (1) 행정사용공물

행정사용공물의 대표적인 사례는 청사와 관사이다. 청사와 관사에서는 공무원의 가택권 (öffentlich-rechtliches Hausrecht)[146]이 인정된다. 청사에 설치되어 있는 민원실에 방문을 하는

---

142) 송시강, "주파수이용권의 성질과 효율적 전파관리제도", 행정법연구 제28호, 2010, 16쪽 이하.
143) 김철용, 앞의 책, 973쪽.
144) 김철용, 앞의 책, 975쪽.
145) 김남진/김연태, 앞의 책, 449쪽.
146) 김성태, 공법상 가택권, 홍익법학 제13권 제4호, 2012, 555쪽: 가택권은 자신의 지배영역에 놓인 건물, 주거, 토지 등 공간적 범주에서 그 공간의 지배권을 갖는 자가 제3자의 출입·체류 등에 대하여 자유로이 정할 수 있는 법적 권한의 전체를 의미한다. 공간에 대한 지배권을 갖는 자는 가택권의 행사를 통하여 그에게 귀속된 공간에 대한 특정 목적으로의 이용을 확보할 수 있게 된다. 공간의 일정 목적으로의

경우에도 공무원의 명시적이거나 묵시적인 승낙이 있어야 이용할 수 있다. 다만, 우리나 독일 법과는 다르게 프랑스법은 청사와 관사를 공용물의 범위에서 제외하는 것이 원칙이다.[147]

## (2) 영조물사용공물

영조물의 이용관계에 제공되는 공물은 사전에 정해진 상대적으로 복잡한 기준과 절차에 따라 이용해야 하는 경우가 대부분이다. 이용하기 위해서는 승낙을 받아야 하지만 묵시적인 것으로도 충분하기에 마치 일반사용인 것처럼 보이더라도 공공용물과 다르다.

## 4. 행정재산의 사용관계

국유재산법[148]은 제30조에서 공공재산, 공공용재산, 기업용재산은 그 용도나 목적에 장애가 되지 아니하는 범위에서만, 보존용재산은 보존목적의 수행에 필요한 범위에서만 사용허가를 할 수 있다고 규정한다(제1항). 이를 국유재산법은 단순히 '사용허가'라고 규정하지만, 이와 달리 학설은 행정재산의 목적 외 사용에 대해서 허가하는 것으로 이해한다. 이러한 허가는 기부채납이 그 원인이 되는 수가 있다. 이에 국유재산법 제13조는 기부에 조건이 붙은 경우에는 받아서는 안 된다고 규정하면서도 행정재산으로 기부하는 재산에 대하여 기부자, 그 상속인, 그 밖의 포괄승계인에게 무상으로 사용허가하여 줄 것을 조건으로 그 재산을 기부하는 경우에는 예외를 인정하는 한편(제2항 제1호), 국유재산법 제30조는 이에 따라 사용허가를 받은 자는 그 재산을 다른 사람에게 사용·수익하게 하여서는 안 된다고 규정하면서도 기부를 받은 재산에 대하여 사용허가를 받은 자가 그 재산의 기부자이거나 그 상속인, 그 밖의 포괄승계인인 경우에는 예외를 인정하고 있다(제2항 제1호). 이러한 허가의 법적인 성격에 관하여 이론적으로 해명된 것은 아직 많지 않은데, 이와 대구(對句)가 되는 것이 관리위탁이다. 국유재산법은 제29조에서 행정재산을 효율적으로 관리하기 위하여 필요하면 국가기관 외의 자에게 그 재산의 관리를 위탁할 수 있도록 하고, 이에 따라 관리위탁을 받은 자는 미리 승인을 받아 위탁받은 재산의 일부를 사용·수익하거나 다른 사람에게 사용·수익하게 할 수 있다고 규정한다. 관리위탁은 상

---

사용은 공간의 지배자가 공간적 지배범위 내에서 출입에 대한 권능을 갖고 사회적 이용에 관한 행위수칙을 발함으로써 비로소 보장될 수 있는 것이다.

147) Jean-Marie Auby/Pierre Bon/Jean-Bernard Auby/Philippe Terneyre, 앞의 책, 68쪽.
148) 해당 내용은 공유재산법에도 동일하거나 유사하게 규정되어 있다. 공유재산법 제7조 제2항 제1호, 제20조 제1항 및 제2항 제2호, 제27조 참고.

대방이 직접 사용하거나 수익하는 목적도 있겠지만 그보다는 제3자의 사용이나 수익을 전문적으로 매개하는 데 방점이 있는 것으로 보인다.[149]

## (1) 목적 외 사용에 대한 허가

행정재산은 그 사용가치를 통하여 그 자체가 직접적으로 행정상의 목적에 제공된 재산이므로 이를 대부, 매각, 교환, 양여, 신탁 또는 대물변제하거나 출자를 목적으로 하지 못하며 이에 사권을 설정하지 못함이 원칙이다. 그러나 행정재산이라도 예컨대 관공청사에 식당이나 기타 매점을 위하여 사인에게 사용하게 하는 것과 같이 반드시 그 사용이 행정재산의 용도 또는 목적에 반하지 아니하는 경우도 있다. 그래서 법률도 그 용도 또는 목적에 장해가 되지 아니하는 범위 안에서 행정재산의 사용 또는 수익을 허가할 수 있는 규정을 두고 있다. 행정재산의 용도 또는 목적에 장해가 되지 아니하는 범위 안에서의 사용을 행정재산의 목적 외 사용이라고 한다.[150] 행정재산의 목적 외 사용이 주로 문제가 되는 것은 공용물의 목적 외 사용이다.[151]

행정재산의 목적 외 사용의 성질에 관하여는 견해가 대립한다. 공법관계설은 행정재산의 목적 외 사용의 법률관계를 공법관계로 보는 견해이다. 이 견해는 국유재산법이나 공유재산법이 허가라는 행정행위의 형식에 의하도록 규정하는 점, 사용료의 징수에 관하여 행정상 강제징수를 인정하고 있는 점, 허가의 취소와 철회를 통해서 법률관계가 소멸되는 점을 근거로 제시한다. 이에 대해서 사법관계설은 행정재산을 사용하는 내용이 오로지 사

---

149) 관리위탁은 사용허가와 다른 제도임에도 불구하고 재무관리의 관점에서 사용허가에 비하여 상대방에게 유리한 점이 있어서 실질적으로 사용허가에 불과한데도 관리위탁이 이용될 수 있다는 우려에 관하여, 김민호, 국유재산법, 박영사, 2022, 160쪽 이하.

150) 행정재산의 용도나 목적에 장애가 되지 아니하는 범위에서만 사용허가를 할 수 있다는 법률 규정에서 그 명칭이 유래한 것으로 보이지만 과연 적절한지에 관하여는 의문이 있다. 비록 허가의 기준으로 제시된 것이기는 하지만 행정재산의 용도나 목적에 장애가 되어서는 안 된다는 점은 허가를 떠나 행정재산의 사용 자체에 수반되는 본성적인 한계라고 할 것이다. 이 점에서 프랑스의 공공재산법전은 L2121−1조에서 "행정재산은 공공복리를 위한 공적인 제공에 합당하게 이용된다. 이러한 공적인 제공을 준수하는 것에 방해가 되는 어떤 권리도 인정될 수 없다."라고 규정한다. 이러한 한계는 행정재산에 대해서 허가를 받아 이를 사용하는 경우에도 당연히 준수되어야 하는 것이다. 이 점에 비추어 보건대, 우리 국유재산법이 행정재산의 사용허가에서 그 용도나 목적에 장애가 되지 않는 범위를 강조하는 것은 허가에 앞서 행정재산을 사용할 때 당연히 준수하여야 하는 본성적 한계를 확인하는 취지에 불과하다. 그런데도 이 점에 착안하여 행정재산의 목적 외 사용에 대해서 허가하는 것이라는 특별한 의미를 부여하는 이유를 이해하기 어렵다. 그렇게 특별한 의미가 부여되면서 국유재산법상 사용허가의 적용 범위가 학설이 말하는 대로 공용물의 목적 외 사용에 국한되는 경향이 있는 것으로 보인다. 그러나 국유재산법상 사용허가는 도로법이나 하천법에 따른 점용허가 등에 대해서 일반법의 위상을 가진다는 점이 강조될 필요가 있다. 그렇게 보면 공공용물의 경우에도 개별법상 사용허가의 규정이 없을 때 국유재산법이 그 역할을 할 수 있을 것이다.

151) 김철용, 앞의 책, 981쪽.

적 이익을 도모하는 데 있다는 점, 행정상 강제징수에 의한 사용료의 징수가 가능하다는 점만으로 반드시 공법관계로 보아야 하는 것은 아니라는 점, 허가의 취소와 철회는 계약의 해제로 볼 수도 있다는 점을 근거로 들고 있다. 이원적 법률관계설은 법률관계의 발생과 소멸, 사용료의 징수는 공법관계로 보는 반면에 특수한 공법적 규율이 없는 그 외의 법률관계는 사법관계로 보는 견해이다. 구법과 달리 현행의 국유재산법이나 공유재산법의 취지는 행정재산의 목적 외 사용의 법률관계를 공법적으로 규율할는 의도가 분명하므로 사법관계설은 타당하지 않다. 이원적 법률관계설 역시 행정재산의 사용관계를 개별적으로 판단하는 것이 아니라 당연히 사법관계를 전제로 하고 있는 점에서 문제가 있다.[152]

행정재산의 목적 외 사용에 대한 허가기간은 5년 이내로 한다. 다만, 행정재산으로 할 목적으로 기부를 채납한 재산에 대하여 기부자 또는 그 상속인 그 밖의 포괄승계인에게 허가한 때에는 사용료의 총액이 기부를 채납한 재산의 총액에 달하는 기간 이내로 한다. 허가기간이 종료된 경우에는 허가기간을 갱신할 수 있고 갱신기간은 5년을 초과할 수 없다. 관리청이 허가를 취소 또는 철회하고자 하는 경우에는 청문을 실시해야 한다. 그 철회로 인하여 당해 허가를 받은 자에게 손실이 발생한 경우에는 보상하여야 한다. 지방자치단체의 장이 공유재산법에 근거하여 기부채납 및 목적 외 사용 허가 방식으로 민간투자사업을 추진하는 과정에서 사업시행자를 지정하기 위한 전 단계에서 우선협상자를 선정하는 행위와 우선협상대상자를 그 지위에서 배제하는 행위는 허가를 우선적으로 받을 수 있는 지위를 박탈하는 조치이므로 항고소송의 대상이 되는 행정처분으로 보아야 한다는 것이 판례의 입장이다.[153]


### (2) 기부채납 사용에 대한 허가

사인이 공공시설을 건설하고 국가 등에 기부하여 공물로 지정되고 그 대신 건설비용 및 일정한 이윤을 회수할 수 있도록 하기 위하여 기부채납을 한 자에게 일정기간 동안 무상으로 사용하도록 허가하는 경우가 있다. 여기서 기부채납에 따른 사용허가에 관하여, 기부채납과 일체로서 이루어지는 점에서 사법상 계약으로 보아야 한다는 견해와 기부채납은 사적 자치의 영역이지만 그에 따른 공물의 사용허가는 다른 사용허가와 다르지 않다는 견해가 대립한다. 판례는 일반적인 경우와 동일하게 행정행위로 본다.[154]

---

152) 김철용, 앞의 책, 981쪽 이하.
153) 김철용, 앞의 책, 983쪽 이하.
154) 박균성, 앞의 책, 431쪽 이하; 하명호, 앞의 책, 871쪽.

## (3) 변상금

국유재산법 제72조와 공유재산법 제81조는 무단점유자에 대한 변상금의 부과를 규정한다. 이에 따라 변상금은 행정재산뿐만 아니라 일반재산에도 적용되고, 사용료 또는 대부료의 100분의 120에 해당하는 금액으로 산정된다. 그 연장선상에서 도로법 제72조와 하천법 제37조 또한 변상금의 부과에 관하여 규정한다.

이러한 변상금의 성격을 무단점유자에 대한 부당이득반환청구권으로 이해하는 견해가 있다. 이에 따르면 변상금의 부과는 강제징수를 가능하게 함으로써 행정의 편의를 도모하는 데 목적이 있다. 여기서 변상금의 부과와 부당이득반환청구권의 행사의 관계가 문제가 된다. 변상금의 부과는 공법의 영역이고 부당이득반환청권구권의 행사는 사법의 영역이므로 서로 중복되지 아니하고 그 요건이나 금액의 산정 방법도 다르다는 점을 이유로 변상금의 부과나 그 강제징수와 무관하게 부당이득반환청구권을 행사할 수 있다는 것이 전원합의체 판결[155]에서 다수의견의 입장이다. 따라서 무단점유자에게 변상금을 부과하였다고 하더라도 이로써 부당이득반환청구권의 소멸시효가 중단된다고 할 수 없고, 변상금의 부과 및 징수권과 부당이득반환청구권은 동일한 금액의 범위 내에서 경합하여 병존하므로, 부당이득반환청구권이 만족을 얻어 소멸하면 그 범위 내에서 변상금의 부과 및 징수권도 소멸한다.[156]

이 쟁점을 분석함에 있어서는 변상금의 부과요건과 부당이득반환청구권의 성립요건이 얼마나 같고 다른지 등에 관한 논의를 떠나, 전원합의체 판결의 소수의견에서 제시된 대로 "행정주체가 효율적으로 권리를 행사·확보할 수 있도록 관련 법령에서 간이하고 경제적인 권리구제절차를 특별히 마련해 놓고 있는 경우에는, 행정주체로서는 그러한 절차에 의해서만 권리를 실현할 수 있고 그와 별도로 민사소송의 방법으로 권리를 행사하거나 권리의 만족을 구하는 것은 허용될 수 없다고 보아야 한다. 이렇게 보는 것이 신속하고 경제적인 행정목적의 실현을 위하여 특별구제절차를 마련한 관련 법령의 취지에 부합할 뿐만 아니라, 기존 대법원 판례의 일관된 태도이기도 하다."라는 누가 보더라도 설득력이 있는 강력한 반대에도 불구하고 다수의견이 형성되고 관철된 이유에 주목할 필요가 있다. 여기서 다수의견의 설시 중에 "국유재산의 무단점유자에 대한 변상금 부과는 공권력을 가진 우월적 지위에서 행하는 행정처분이고, 그 부과처분에 의한 변상금 징수권은 공법상의 권리인 반면, 민사상 부당이득반환청구권은 국유재산의 소유자로서 가지는 사법상의

---

155) 대법 2014. 7. 16. 선고 2011다76402 전원합의체 판결.
156) 하명호, 앞의 책, 867쪽 이하.

채권이다."라는 부분이 중요하다. 이로써 드러나는 다수의견의 내심은 표면적으로 내세우는 명분(변상금을 부과하고 징수하는 것과 부당이득반환을 청구하는 것은 별개다!)과는 정반대로 변상금의 본질이 사법관계라는 믿음이다. 절차의 경제성을 위하여 변상금을 부과하고 징수하는 절차가 도입되고 그 변상금은 공법적인 성격을 가지게 되었지만 본래 사법적인 것을 편의상 공법적인 절차에 맡긴 것에 불과하니 변상금을 부과하고 징수하는 것과 무관하게 여전히 부당이득반환을 청구할 수 있다고 본 것이다. 이는 부당해고에 대해서 노동위원회의 절차와 그 결정에 대한 항고소송과 무관하게 민사소송으로 해고무효확인소송을 제기하는 것이 허용되는 이치와 같다고 할 것이다.157) 이러한 시각에서 보면 절차의 중복으로 인한 혼란과 불편은 선택의 자유에 따른 부수적 결과일 뿐이다.

그러나 좀 더 근본적인 관점에서 접근할 필요가 있다. 변상금을 부당이득반환청구권의 행사에 편의를 주기 위한 수단으로 보는 것은 일반재산의 경우에는 또 모르겠으나158) 행정재산의 경우에는 타당하지 않다. 행정재산의 경우에 사용료의 부과는 행정행위에 해당한다. 그리고 사용료는 일반사용을 침해하는 특별사용에 해당하기만 하면 부과되는 것이지 반드시 그 특별사용에 대해서 허가가 발급되어야만 부과할 수 있는 것이 아니다. 이와 관련하여, 프랑스법159)이나 독일법160)에서는 허가를 받아 점유하는 경우나 무단으로 점유하는 경우나 동등하게 사용료를 부과한다. 이에 대해 사용료의 부과는 행정제재와 구별된다는 설명을 한다.161) 이와 달리 우리 변상금은 사용료의 120%에 해당하는 금액을 부

---

157) 이와 같이 민사적인 사건이 행정소송에서 다루어지고, 그 반대로 공법적인 사건이 민사소송에서 다루어지는 현상에 대한 지적은 송시강, "공법의 발견과 사법의 준용 – 손실보상금 채권의 준점유자에 대한 변제의 효과에 관한 판례 평석", 법학연구 제51집, 2017, 40쪽 이하.

158) 위 전원합의체 판결에서 문제가 된 것은 일반재산의 무단점유자에 대해서 부과된 변상금이다.

159) 공공재산법전은 L2122 – 1조에서 "별도의 수권 없이는 그 누구도 공법인에 속하는 공물을 점용하거나 일반사용을 초과하는 범위에서 사용할 수 없다."라고 규정하고, L2125 – 1조에서 "공법인에 속하는 공물의 특별사용에 대해서는 부담금을 지급해야 하는바, 다만 국가가 교통안전을 개선하기 위한 시설을 설치하거나 도로의 이용에 대해 징수하는 요금 지급의 불법성 확인이나 정산에 필요한 시설을 설치하는 경우에는 그러하지 아니하다."라고 규정하고, L2321 – 1조에서 "국유재산에 관한 수입과 부담금의 징수 그리고 국유재산의 수입을 책임지는 회계관이 징수를 담당하는 모든 금액의 징수는 조세절차법전(Livre des procédures fiscales) L252조와 L252A조에 따른다."라고 규정한다. 여기서 특별사용에 대해서 허가가 필요하다는 명제와 특별사용에 대해서 부담금을 지급해야 한다는 명제는 별개로 취급되고 있다. 한편 행정재산에 대한 사용료분 아니라 일반재산에 대한 대부료도 조세와 동등하게 징수할 수 있는바, 이는 우리 변상금의 부과가 행정재산분 아니라 일반재산도 대상으로 하는 점에 시사가 된다.

160) 예를 들어, 연방간선도로법 제8조 제3항은 "특별사용에 대해서는 그 사용료를 징수할 수 있다."라고 규정한다. 이와 관련하여, Michael Sauthoff, 앞의 책, 214쪽은 "사용료의 징수는 특별사용에 대한 허가에 달려 있지 않다. 애당초 특별사용이 허가될 수 없는 경우라고 하더라도 마찬가지이다."라고 설명한다.

161) Jean Dufau, Le domaine public, 5e édition, LE MONITEUR, 2001, 416쪽: 모든 특별사용은 원칙적으로 부담금을 지급하여야 한다. 이러한 부담금은 공물의 점유를 통한 특별한 이익의 대가로서, 아무런 허가 없이 사용하는 경우라고 해도 부과할 수 있다. 그러나 불법적인 사용이라고 하더라도 벌칙의 성격을 가지는 가산금은 부과할 수 없다.

과하는바, 이는 사용료의 성격에 더해서 행정제재로서 성격이 추가된 것이라고밖에는 달리 설명할 길이 없다.[162] 결국 사용료 100%와 제재금 20%의 결합으로서, 후자에 대해서 전자와 별도로 처분이 이루어지는 것은 아닌 점에서, 구 국세기본법상 가산금[163]의 부과와 유사한 구조이다. 이와 같이 행정제재로서 성격이 가미되어 있으나 사용료로서 성격이 여전히 변상금에 남아 있는 점을 고려하건대, 사용료의 부과와 부당이득반환청구권의 행사가 양립할 수 없는 것처럼 변상금의 부과와 부당이득반환청구권의 행사는 양립할 수 없다고 보는 것이 논리적으로 자연스럽다. 그렇지 않고 전원합의체판결의 다수의견과 같이 변상금의 부과와 부당이득반환청구권의 행사가 행정에 의해서 선택적인 관계에 있다고 본다면, 사용료의 부과와 부당이득반환청구권의 행사 또한 행정의 선택지에 속한다고 보아야 할 터인데, 이는 사용료의 부과와 그에 따른 강제징수 제도 자체를 부인하는 취지가 아닐 수 없다.

## 5. 계약에 의한 공물사용

국가 등 행정주체와 사인 간 공법상 계약을 통하여 사인에게 공물의 사용권을 설정할 수 있는 가능성 자체를 부인할 수 없다. 또한 사용허가나 특허에 갈음하는 공법상 계약의 체결 가능성 역시 인정된다. 사법상 계약을 통한 공물사용의 가능성을 배제할 수 없음도 마찬가지이다. 사용관계의 설정은 행정행위로 하고 이후 문제를 사법관계로 구성하는 이원적 법률관계도 가능할 수 있다.[164]

---

162) 헌재 2017. 7. 27. 선고 2016헌바374 결정: 공유재산의 효용 및 공유재산을 점유하기 위한 절차 규정에 비추어 보면, 공유재산을 무단점유하는 자로부터 그 사용료 또는 대부료 상당의 부당이득을 환수하고 이에 덧붙여 추가로 일정한 금액을 징벌적으로 징수하는 것은, 그것이 과도한 금액의 책정이 아닌 한 점유의 목적이나 용도와 관계없이 공유재산을 점유하려는 자를 사전에 적법한 절차에 따라 공유재산에 대한 권원을 취득하도록 유도하여 지방자치단체가 정상적으로 사용료 또는 대부료를 징수하며 공유재산을 적절히 보호·관리하는 데 필요한 적합한 수단이다.

163) 대법 1996. 4. 26. 선고 96누1627 판결: 국세징수법 제21조가 규정하는 가산금은 국세가 납부기한까지 납부되지 않는 경우, 미납분에 관한 지연이자의 의미로 부과되는 부대세의 일종으로서 과세권자의 가산금 확정절차 없이 국세를 납부기한까지 납부하지 아니하면 위 법규정에 의하여 당연히 발생하고, 그 액수도 확정되는 것이며, 그에 관한 징수절차를 개시하려면 독촉장에 의하여 그 납부를 독촉함으로써 가능한 것이므로, 그 가산금 납부독촉이 부당하거나 그 절차에 하자가 있는 경우에는 그 징수처분에 대하여 취소소송에 의한 불복이 가능할 것이나, 과세관청이 가산금을 확정하는 어떤 행위를 한 바가 없고, 다만 국세의 납세고지를 하면서 납기일까지 납부하지 아니하면 납기 후 1개월까지는 가산금으로 얼마를 징수하게 된다는 취지를 고지하였을 뿐이고, 납부기한 경과 후에 그 납부를 독촉한 사실이 없다면 가산금 부과처분은 존재하지 않는다고 할 것이므로, 그러한 가산금 부과처분의 취소를 구하는 소는 부적법하다.

164) 김남진/김연태, 앞의 책, 455쪽.

## 6. 관습법에 의한 공물사용

공공용물에 대한 사용권은 행정주체의 특허행위에 의하여 성립하는 것이 보통이나 드물게는 특허행위에 의하지 아니하고 관습법에 의하여 성립하는 경우도 있다. 이와 같이 관습법에 의하여 성립된 사용권에 의한 공공용물의 사용을 관습법에 의한 특별사용이라고 한다. 예를 들어, 하천, 호수, 늪, 바닷가 등의 자연공물의 관리 및 사용관계에서 발견된다. 판례는 공유하천으로부터 용수를 함에 있어서 하천법에 의하여 하천관리청으로부터 허가를 얻어야 한다고 하더라도 그 허가를 필요로 하는 법령이 공포되어 시행되기 전에 원고가 화덕상보에 의하여 용수할 수 있는 권리를 취득하였음이 뚜렷하므로 하천법의 규정에도 불구하고 그 기득권이 있다는 입장이다.[165]

관습법상 공공용물에 대한 사용권이 성립하기 위해서는 그 사용이 다년간의 관습에 의하여 특정인이나 일정한 범위의 사람에게 특별한 이익으로 성립하고 동시에 그 사용이 장기간에 걸쳐 계속하여 평온하고 공연하게 행하여져서 일반적으로 정당한 사용으로서 사회적으로 승인되기에 이를 것을 요한다. 이와 달리 공공용물이 사회 일반에 개방되어 누구든지 자유로이 향유할 수 있는 이익에 그치는 경우에는 단순히 공물의 일반사용에 그친다. 관습법에 의하여 그 특별사용이 승인된 자는 그 관습법에 따라 사용할 권리를 취득함과 동시에 그에 따른 일정한 의무를 부담한다.[166]

## II. 공물의 인인(隣人)

공물법이 물건에 관한 공법이라는 점을 인정한다면 공물과 인인의 법률관계에 관한 분석이 공물의 법률관계에 관한 전체 설명에서 중요한 위상을 가져야 한다는 점을 부정할 수 없다. 실제로 프랑스법에서는 'Rapports du domaine public et des propriétés voisines'라는 제목으로,[167] 독일법에서는 'Nachbarrecht'라는 제목으로[168] 비중 있게 다루어지고 있다. 그에 비하여 우리 학설의 관심은 아직 부족한 편이다.

---

165) 김철용, 앞의 책, 980쪽.
166) 김철용, 앞의 책, 980쪽 이하.
167) Jean-Marie Auby/Pierre Bon/Jean-Bernard Auby/Philippe Terneyre, 155쪽 이하.
168) Hans-Jürgen Papier, 앞의 책, 670쪽 이하.

## 1. 고양된 일반사용

인접주민의 고양된 일반사용은 행정청의 특별한 허락을 받지 아니하고 공물을 사용할 수 있다는 점에서는 통상의 일반사용과 성질을 같이 한다. 그러나 인접주민에게는 통상의 일반사용을 넘어서는 사용이 허락되는 점에서 통상의 일반사용과 구별된다. 이러한 인접주민의 공물사용권은 개별법에 명문의 규정이 없더라도 관습법 또는 헌법상 재산권보호 조항에 의해 보장된다. 공물의 변경이나 폐지 등으로 인하여 공물의 일반사용이 침해된 경우에 일반인에게는 수인한도 내의 것일지라도 인접주민에게는 수인한도를 넘어서는 것이어서 손실보상이 필요한 경우가 있을 수 있다.[169] 도로에 인접한 토지나 영업장의 소유자인 도로의 인접주민은 그 인접한 도로를 그 토지 또는 영업을 위해 적정하게 이용할 수 있는 권리, 즉 강화된 이용권을 가진다. 누구나 누리는 단순한 공동사용의 일반적인 범위를 능가하여 토지의 이용권뿐 아니라 공공의 도로망에 접속할 수 있는 권리도 갖는다.[170]

## 2. 상린관계

공물에 관하여는 공물의 목적 달성을 위하여 공물 그 자체에 여러 가지 공법상 제한을 두는 외에 공물에 인접하는 토지와 물건에 대하여도 여러 가지 제한을 가하는 특별한 규정을 두고 있는 경우가 있다. 예를 들어, 도로법상 접도구역 등에 있어서의 행위제한이 그러하다. 그러나 이러한 특별한 규정이 없는 경우에는 민법의 상린관계에 관한 규정이 유추적용된다. 공물의 설치 또는 관리에 하자가 있기 때문에 타인에게 손해를 가하였을 때에는 국가배상법 제5조에 따라 국가나 지방자치단체가 배상할 책임이 있다. 적법한 공물의 설치와 관리로 인하여 손실을 받은 자는 법률이 정하는 바에 따라 손실보상을 청구할 수 있다.[171]

이상과 같은 통설의 설명을 부연하면 다음과 같다. 공물의 보호를 위해서 인접주민에게 가해지는 재산권의 제한은 행정법상 역권의 부담에 해당한다. 이 경우에 특별한 희생이 발생하지 않도록 조정적 손실보상의 차원에서 매수청구권 등의 도입을 검토할 필요가 있다. 그리고 민법상 상린관계에 관한 규정이 유추될 수 있는지에 관하여는 다시 공물의 본질론으로 돌아가서 살펴볼 필요가 있다. 수정된 사적 소유권설에 따르는 독일법에서는

---

169) 김남진/김연태, 앞의 책, 447쪽.
170) 홍정선, 앞의 책, 572쪽.
171) 김철용, 앞의 책, 960쪽 이하.

다른 법령에 배치되지 않는 이상 민법상 상린관계에 관한 규정이 원칙적으로 적용될 수 있지만, 공적 소유권설을 따르는 프랑스법에서는 공물의 보호를 위하여 민법상 상린관계에 관한 규정은 원칙적으로 적용되지 않는다.172) 끝으로, 공물의 설치 또는 관리상 하자로 인한 손해에 대해서는 국가배상법 제5조가 일차적으로 적용된다. 국가배상법 제5조는 프랑스법의 공공건설(travaux publics)에 관한 책임의 법리로부터 직접적인 영향을 받은 것인 점에서, 앞으로 공물의 상린관계에 관한 법리의 발전에 중요한 역할을 할 것으로 기대한다.

---

172) Jean−Marie Auby/Pierre Bon/Jean−Bernard Auby/Philippe Terneyre, 155쪽.

# 참고문헌

**[국내-단행본]**

강현호, 환경국가와 환경법, 신론사, 2015.

국무조정실, 규제샌드박스 시행 2년 주요 사례, 2021. 2.

권용우 외, 도시의 이해, 박영사, 1998.

김남진/김연태, 행정법 I(제25판), 법문사, 2021.

김남진/김연태, 행정법 II(제25판), 법문사, 2021.

김남철, 행정법강론(제7판), 박영사, 2021.

김도창, 일반행정법론(상), 청운사, 1993.

김동희, 행정법 I(제25판), 박영사, 2020.

김동희, 행정법 II(제26판), 박영사, 2021.

김렬, 인사행정론, 박영사, 2016.

김민호, 국유재산법, 박영사, 2022.

김민호, 행정법, 박영사, 2018.

김성수, 개별행정법 – 협조적 법치주의와 행정법이론, 법문사, 2001.

김유환, 현대 행정법강의(제6판), 박영사, 2021.

김일환, 개인정보보호법제의 정비에 관한 연구, 한국법제연구원, 1997.

김종보, 건설법의 이해(제6판), 피데스, 2018.

김종보, 건축행정법, 학우, 2005.

김종보, 생활속의 건축법, 학우, 2005.

김종보/전연규, 재건축·재개발이야기 I, 도시개발연구포럼, 2010.

김중권, 행정법, 법문사, 2021.

김철용, 행정법(전면개정 제10판), 고시계사, 2021.

김철용/최광진, 주석 행정소송법, 박영사, 2004.

김현준 외, 실무자를 위한 소음·진동관리법 해설서, 환경부, 2020.

김형훈, 경찰비용법 — 경찰법의 완성으로서 —, 좋은 땅, 2013.

김홍균, 환경법, 홍문사, 2017.

류지태/박종수, 행정법신론(제18판), 박영사, 2021.

박균성, 행정법강의(제18판), 박영사, 2021.

박균성, 행정법론(상)(제20판), 박영사, 2021.

박균성, 행정법론(하)(제19판), 박영사, 2021.

박균성/김재광, 경찰행정법(제4판), 박영사, 2019.

박균성/함태성, 환경법, 박영사, 2021.

박병주, 도시계획, 형설출판사, 1990.

박세일/민경국 공역, 아담 스미스 저, 도덕감정론, 비봉출판사, 1996.

박영도, 自治立法의 理論과 實際(한국법제연구원 연구보고 98−2), 1998.

박영도/김호정, 과징금제도의 운용실태 및 개선방안, 한국법제연구원, 2002.

박윤흔, 최신행정법론(상)(개정27판), 박영사, 2004.

박윤흔, 최신 행정법강의(하)(개정27판), 박영사, 2004.

박윤흔/정형근, 최신행정법강의(하)(제28판), 박영사, 2009.

박정훈, 행정법의 체계와 방법론[행정법연구 1], 박영사, 2005.

박정훈, 행정소송의 구조와 기능[행정법연구 2], 박영사, 2006.

박천오/권경득/권용수/조경호/조성환/최성주, 인사행정론(제2판), 법문사, 2020.

서원우, 부동산 공법, 박영사, 1991.

서정범, 경찰행정법, 세창출판사, 2020.

서정범/김연태/이기춘, 경찰법연구(제3판), 세창출판사, 2018.

서정범/박상희, 행정법총론(제3판), 세창출판사, 2017.

선정원 외 5인 공저, 자치입법론, 경인문화사, 2020.

손재영, 경찰법(제4판), 박영사, 2018.

손정목, 서울 도시계획이야기, 제3권, 한울출판사, 2003.

손정목, 일제강점기 도시계획연구, 일지사, 1994.

오석홍, 인사행정론(제8판), 박영사, 2016.

유민봉/박성민, 한국인사행정론(제5판), 박영사, 2020.

윤혁경, 건축법·조례해설, 기문당, 2001.

이귀택/이운수, 국유재산론, 부연사, 2021.

이기우/하승수, 지방자치법, 대영문화사, 2007.

이상규, 신행정법론(하), 법문사, 1996.

이순자, 환경법, 법원사, 2015.

이원우, 경제규제법론, 홍문사, 2010.

이진원 역, 대니얼 캐너먼 저, 생각에 관한 생각(Thinking Fast and Slow), 김영사, 2012.

장명수, 도시계획학, 보성문화사, 1996.

전경운, 환경사법론, 집문당, 2009.

전광석, 헌법 제119조, 헌법주석서 I, 법제처, 2010. 2.

정남철, 한국행정법론, 법문사, 2021.

정태용, 건축법해설, 한국법제연구원, 2006.

정태용, 도시계획법, 한국법제연구원, 2001.

정하중, 행정법개론(제14판), 법문사, 2020.

정하중/김광수, 행정법개론(제15판), 법문사, 2021.

정형근, 행정법(제3판), 피앤씨미디어, 2015.

조홍식, 환경법원론, 박영사, 2020.

지속가능발전위원회 편, 공공갈등관리의 이론과 기법(상), 논형, 2005.

최봉석, 지방자치법론, 삼원사, 2018.

최송화, 공익론 - 공익적 탐구, 서울대학교출판부, 2002.

최송화/이원우 역, 롤프 슈토버 저, 경제행정법, 법문사, 1994.

최창호·강형기, 지방자치학, 삼영사, 2014.

하명호, 행정법(제3판), 박영사, 2019.

한견우, 현대행정법신론 2, 세창출판사, 2014.

한국환경법학회/대법원 환경법연구회 편, 환경판례백선, 박영사, 2019.

한수웅, 헌법학, 법문사, 2015.

행정안전부, 2021년도 지방자치단체 통합재정 개요(상), 2021.

허영, 한국헌법론, 박영사, 2018.

허영, 헌법이론과 헌법, 박영사, 2004.

홍정선, 신 행정법특강(제20판), 2021.

홍정선, 신경찰행정법 입문(초판), 2019.

홍정선, 新지방자치법(제3판), 박영사, 2015.

홍정선, 新행정법특강(제19판), 박영사, 2020.

홍정선, 행정법론(하)(제29판), 박영사, 2021.

홍준형, 행정법, 법문사, 2007.

홍준형, 환경법특강, 박영사, 2017.

Schenke/서정범 역, 독일경찰법론, 세창출판사, 2003.

Schmidt-Aßmann/김현준 역, 행정법 도그마틱, 법문사, 2019.

田村 正博, 황순평/김혁(공역), 경찰행정법, 도서출판 그린, 2017.


**[국내-연구논문]**

강경근, "경제적 자유 보장과 국가의 경제제도 형성의 방향과 한계", 공법연구 제38집 제2
　　호, 2009. 12.

강재규, "생태주의 사회를 위한 현행 행정소송제도의 개편방안", 인제법학 창간호, 2010.

강현호, "계획적 형성의 자유의 통제수단으로서 형량명령", 토지공법연구 제66집, 2014.

강황선/강영철/김대건 외 3명, "[신춘좌담] 인사권에 휘둘리지 않는 공무원의 정치적 중립
　　과 신분보장", 월간 공공정책 제77호, 2012. 3.

강희찬, "신재생에너지 공급의무화제 2012년 시행·점검 및 향후 정책제언", 에너지포커스
　　제8권 제4호, 2011.

고문현, "환경보호의 패러다임으로서의 공공신탁이론", 공법학연구 제7권 제4호, 2006.

권건보, "정보주체의 개인정보자기결정권", 고학수 편, 개인정보보호의 법과 정책, 박영사,
　　2016.

권경선, "지방선거에서의 정당공천제에 관한 법적 과제에 관한 연구", 지방자치법연구 제21
　　권 제1호, 2021. 3.

권태형, "신재생에너지 지원정책의 지대발생 효과와 규제: 신재생에너지 공급의무화제도
　　(RPS)를 중심으로", 에너지경제연구 제11권 제2호, 2012.

권혜령, "집회·시위의 전제로서 '장소' 개념에 대한 고찰 – 미국의 '공적 광장 이론'과 새로
　　운 공간전술에 대한 비판 논의를 중심으로", 공법학연구 제11권 제3호, 2010.

금태환, "국토의 계획 및 이용에 관한 법률 제95조 제1항의 위헌성", 행정법연구 제27호,
　　2010. 8.

김광수, "공무원퇴출문제의 법적 문제", 고시계 2008. 5.

김길수, "광역행정 實效化를 위한 특별지방자치단체의 도입에 관한 연구", 한국자치행정학
　　보 제22권 제2호, 2008.

김남욱, "대도시 및 특례시의 발전을 위한 공법적 과제", 지방자치법연구 제21권 제3호,
　　2021. 9.

김남진, "위험의 방지와 리스크의 사전배려", 고시계, 2008년 3월호.

김남철, "지방자치법 전부개정에 대한 평가와 과제", 국가법연구 제17집 제1호, 2021. 2.

김명연, "지방자치행정의 제도적 보장의 의의와 내용", 공법연구 제32집 제5호, 2004. 6.

김문현, "한국헌법상 국가와 시장", 공법연구 제41집 제1호, 2012. 10.

김병기, "도시·군관리계획 변경입안제안 거부와 형량명령 – 대법원 2012. 1. 12. 선고 2010
　　두5806 판결을 중심으로", 행정법연구 제37호, 2013.

김성태, "공법상 가택권", 홍익법학 제13권 제4호, 2012.

김성수, "헌법상 경제조항에 대한 개정론", 공법연구 제34집 제4호, 2006. 6.

김성태, "위험에 대한 의심과 위험여부의 확인: 법치주의에서의 안전을 위한 시론적 고찰", 행정법연구 제51권, 2017.

김수동, "2012년부터 시행되는 발전의무할당제: 신재생에너지 공급의무화제도(RPS)", 환경 미디어 통권 277호, 2012.

김연태, "경찰책임의 승계", 고려법학 제51권, 2008.

김연태, "공용수용의 요건으로서 공공필요", 고려법학 제48호, 2007. 4.

김연태, "폐기물, 재활용, 순환자원에 관한 법체계", 고려법학 101, 2021.

김용래, "공무원의 복종의무의 성질과 한계", 법정, 1965. 6.

김용섭, "공무원법의 제문제", 국가법연구 제17집 제3호, 2021. 10.

김용주, "테러방지법 제정의 기본방향에 관한 연구", 경찰학연구 제13권 제3호, 2013.

김용주, "행정조사와 특별사법경찰관리의 수사의 경계획정 – 특별사법경찰관리의 직무를 중심으로 –", 경찰학연구 제14권 제4호, 2014.

김재광, "행정법상 집중효제도의 검토", 토지공법연구 제9집, 2000.

김종보, "가설건축물의 개념과 법적 성격", 행정법연구 제12호, 2004. 10.

김종보, "강학상 인가와 정비조합 설립인가", 행정법연구 제10호, 2003. 10.

김종보, "건축법과 도시계획법의 관계", 공법연구, 1998. 6.

김종보, "건축법상 일조권", 환경법연구 제23권 제2호, 2001. 12.

김종보, "건축의 개념과 불법건축", 공법연구, 2000. 3.

김종보, "건축허가에 존재하는 재량문제", 행정법연구 제3호, 1998. 10.

김종보, "계획제한과 손실보상논의의 재검토", 행정법연구 제2호, 1998. 4.

김종보, "계획확정절차의 도입 – 계획확정절차의 형식과 실질", 행정법학 제5호, 2013.

김종보, "공용건축물의 법적 지위", 행정법연구, 제15호, 2006. 5.

김종보, "관리처분계획의 처분성과 공정력", 행정판례연구 제7집, 2002. 12.

김종보, "도시계획시설의 공공성과 수용권", 행정법연구 30호, 2011. 8.

김종보, "도시계획시설의 법적 의미", 공법연구, 1997. 6.

김종보, "도시계획의 수립절차와 건축물의 허용성에 관한 연구", 서울대학교 박사학위논문, 1997. 2.

김종보, "도시계획의 핵심기능과 지적제도의 충돌", 행정법연구 제16호, 2006. 10.

김종보, "재건축결의무효의 공법적 파장", 서울대학교 법학, 2008. 6.

김종보, "재건축재개발 비용분담론의 의의와 한계", 행정법연구 제24호, 2009. 8.

김종보, "재건축창립총회의 이중기능", 인권과 정의, 2006년 8월호.

김종보, "정비사업의 시공자선정과 형사처벌", 서울대학교 법학, 2007. 12.

김종보, "조합원분양계약의 위법성", 사법 23호, 2013. 3.

김종보, "토지구획정리사업법상 환지처분의 실질", 행정법연구 제5호, 1999. 4.

김종보, "행정절차로서의 계획절차와 도시계획수립절차 - 독일의 계획확정절차, 연방건설법 전의 건설계획수립절차와 관련하여", 행정법연구 제1호, 1997.

김종보·허지인, "지구단위계획과 공공기여의 산정", 행정법연구 제67호, 2022.

김중권, "의제된 인·허가의 취소와 관련한 문제점 - 대법원 2018. 7. 12. 선고 2017두48734 판결을 중심으로", 법조 제731호, 2018.

김중권, "의제적 행정행위에 관한 소고", 법제 제520호, 2001.

김중권, "인사교류계획이 결여된 전출결정(명령)의 효력에 관한 소고", 행정판례연구 ⅩⅤ-1.

김중권, "행정행위의 효력과 구속력의 체계에 관한 연구", 공법학연구 제13권 제2호, 2012.

김창조, "정보공개법상 비공개사유와 공무원의 비밀엄수의무", 공법연구 제35집 제2호, 2006.

김철수, "한국에서의 환경권과 환경입법", 한일법학, 1995.

김철용, "계획확정절차의 도입문제", 행정법연구 제4호, 1999.

김철용, "공법상 특별권력관계와 기본적 인권", 서울대학교 법학석사학위 논문, 1963. 8.

김철용, "서독의 특별권력관계", 법정 1964. 8월호.

김태오, "경제적 가치 있는 허가와 새로운 재산권 법도그마틱", 공법연구 제42권 제4호, 2014. 6.

김태오, "규제행정법의 관점에서 본 유료방송 인수·합병의 쟁점 - 최근 종합유선방송사업 자 인수·합병 사례를 중심으로 -", 법과 기업연구 제10권 제1호, 2020. 4.

김태오, "기술발전과 규율공백, 그리고 행정법의 대응에 대한 시론적 고찰 - 정보통신 진흥 및 융합 활성화 등에 관한 특별법(소위 ICT 특별법)상 임시허가제도를 중심으로", 행정 법연구 제38호, 2014. 2.

김태오, "데이터 주도 혁신 시대의 개인정보자기결정권 - 정보통신망법과 EU GDPR의 동 의 제도 비교를 통한 규제 개선방향을 중심으로 -", 행정법연구 제55호, 2018. 11.

김태오, "제4차 산업혁명의 견인을 위한 규제패러다임 모색: 한국의 규제패러다임을 중심으 로", 경제규제와 법 제10권 제2호, 2017. 11.

김태오, "주파수 경매대가와 주파수 이용권의 관계 및 주파수 이용권의 재산권성", 경제규 제와 법 제3권 제2호, 2010.

김태오, "현대적 재산권의 본질과 한계에 관한 연구: 공법상 권리의 재산권성을 중심으로", 서울대학교 박사학위 논문, 2011.

김태은, "신재생에너지 성장의 영향요인 연구: FIT와 RPS의 효과성 검증을 중심으로", 한국 행정학보 제45권 제3호, 2011.

김해룡, "법치국가 원리로서의 형량명령", 외법논집 제34권 제1호, 2010.

김향기, "공무원법상의 징계처분와 그 불복방법", 천봉석종현박사 화갑기념논문집.

김현준 외, "주요 국가의 환경손해법리 도입현황 및 국내도입 방안 연구", 환경부/한국환경
  법학회, 2019. 5.

김현준, "경찰법상 상태책임", 토지공법연구 22, 2004.

김현준, "계획법에서의 형량명령", 공법연구 제30집 제2호, 2001.

김현준, "公法上 留止請求權 實現의 法治國家的 課題", 행정판례연구 22－2, 2017.

김현준, "공법상 책임으로서의 경찰책임", 고시연구 2005. 10.

김현준, "公法上 環境責任論의 전개를 위한 기초연구", 법제연구 36, 2009.

김현준, "규제권한 부행사에 의한 국가배상책임의 구조와 위법성 판단기준", 행정판례연구
  16－1, 2016.

김현준, "기본법의 정체성 문제와 이른바 행정기본법 명명의 오류", 법조 68, 2019.

김현준, "독일 연방토양보호법상의 정화의무자", 환경법연구 27－3, 2005.

김현준, "獨逸 環境法上 團體訴訟의 새로운 展開", 환경법연구 29－2, 2007.

김현준, "독일의 전략환경평가제도", 토지공법연구 36, 2007.

김현준, "사법상 환경책임과 공법상 환경책임", 법과정책연구 20－1, 2020.

김현준, "실효적이고 공백 없는 권리보호의 행정소송", 법조 69－1, 2020.

김현준, "온실가스 규제의 환경법 서설", 환경법연구 32－1, 2010.

김현준, "유럽 물管理基本指針", 유럽헌법연구 제5호, 2009.

김현준, "자발적 환경협약", 환경법연구 29－1, 2007.

김현준, "저탄소 녹색성장 기본법의 법적 성질 및 다른 법률과의 관계", 공법연구 39－2,
  2010.

김현준, "책임승계인의 신뢰보호와 상태책임의 한계", 공법학연구 14－1, 2013.

김현준, "土壤淨化責任", 공법연구 34－2, 2005.

김현준, "토양환경보전법 제10조의3에서의 정화책임", 법률신문, 2006. 1. 12.

김현준, "행정계획에 대한 사법심사 － 도시계획소송에 대한 한·독 비교검토를 중심으로",
  공법학연구 제16권 제3호, 2015.

김현준, "행정법과 사법(私法)", 저스티스 181, 2020.

김현준, "행정입법의 법규성과 규범통제 — 행정입법 변종 대응의 도그마틱 —", 공법연구
  47－2, 2018.

김현준, "환경갈등 극복을 위한 환경민주화의 법적 과제", 저스티스, 2013. 2.

김현준, "環境權, 環境行政訴訟 그리고 司法接近性", 사법 17, 2011.

김현준, "환경司法액세스권과 환경단체소송", 환경법연구 32－2, 2010.

김현준, "환경상 이익 침해에 대한 민·행정법상 유지청구권, 환경법연구 37－2, 2015.

김현준, "환경생태유량의 법적 문제", 토지공법연구 68, 2015.

김현준, "환경인권으로서의 환경행정절차 참여권", 토지공법연구 38, 2007.

김현준, "環境情報에 대한 接近·利用權", 토지공법연구 37－2, 2007.

김현준, "환경행정법에서의 위험과 리스크", 행정법연구 22, 2008.

김현준, "환경헌법주의 － 서설적 검토", 사법 52, 2020.

김형성, "헌법상 환경규정의 규범적 성격", 환경법연구 26－4, 2004.

김환학, "환경행정법의 기본원칙에 대한 재검토", 공법연구 40－4, 2012.

노영숙, "지방자치단체의 개방형직위제 발전방안 연구", 사회과학연구 제21권 제3호, 2014. 12.

류지태, "공물법 체계의 재검토", 고려법학 제37권, 2001.

류상일/이대성, "소방공무원의 국가직화 필요성에 관한 상대적 중요도 분석", 위기관리 이론과 실천CrisisonomyCrisisonomy 제11권 제2호, 2015.

명재진, "미국 공무원제도와 공무원 기본권", 미국헌법연구 제19권 제2호, 2008. 12.

문명재/이주호, "개방형 국가인재관리제도의 도입과 과제", 선진화 정책시리즈, 한반도선진화재단, 2017. 4.

문상덕, "국가와 지방자치단체의 관계에 관한 기본원칙의 정립 － 분권국가적 재구조화와 객관적 법치주의의 확립의 관점에서", 행정법연구 제9호, 2003. 5.

문상덕, "기초 지방의회의 재의결에 대한 제소권자 － 주무부장관의 제소권 인정 여부를 중심으로", 행정판례연구 제22권 2호(통권 2호), 2017.

문상덕, "주민자치조직의 법제화 － 주민자치회에 관한 법률 제정의 방향 모색", 행정법연구 제48호, 2017. 2. 28.

문상덕, "지방분권시대의 자치행정과 법치의 확립", 토지공법연구 제16집 제2호, 2002. 12.

문상덕, "지방의회제도의 문제점과 발전방안", 행정법연구 제34호, 2012. 12.

문상덕, "지방자치 관련 소송제도의 재검토", 행정법연구 제54호, 2018. 8.

문상덕, "지방자치단체 연계 협력 강화를 위한 지방자치법의 개정과 공법적 평가 － 정부의 특별지방자치단체 도입안을 중심으로 －", 지방자치법연구 제19권 제3호, 2019. 9.

문상덕, "지방자치와 감사(監査)제도－현황과 과제", 행정법연구 42호, 2015. 7.

문상덕, "지방자치와 법치주의 － 분권적 법치국가시스템을 지향하며", 법과 사회 제25호, 2003.

문상덕, "현행 지방자치법의 한계와 개선방안", 지방자치법연구 제18권 제2호, 2018. 6.

박건우, "도로점용허가와 주민소송 - 대법원 2019. 10. 17. 선고 2018두104 판결 사례", 행정법연구 제62호, 2020.

박균성, "의제된 인·허가의 취소 - 대법원 2018. 7. 12. 선고 2017두48734 판결", 행정판례연구 제24권 제1호, 2019.

박균성, "행정행위의 공정력과 구성요건적 효력", 행정법연구 제3호, 1998.

박민지/서정범, "사물인터넷을 활용한 경찰활동에 관한 연구 － 그 현황과 허용성에 관한 논의를 중심으로 - ", 경찰학연구 제19권 제3호, 2019.

박병욱, "경찰상 온라인 수색의 법률적 문제", 경찰법연구 제7권 제1호, 2009.

박병욱/황문규, "위험예방을 위한 경찰법과 범죄진압을 위한 형사법의 목적·수단상 몇 가지 차이점: 경찰의 활동을 중심으로", 형사정책연구 제23권 제3호, 2012.

박병춘, "신재생에너지 공급의무화제도", 에너지&기후변화 통권 419호, 2011.

박재윤, "방송의 공정성과 법의 포기", 행정판례연구 제25권 제2호, 2020.

박정훈, "불확정개념과 판단여지", 행정작용법[중범 김동희교수 정년기념논문집], 박영사, 2005.

박정훈, "지방자치단체의 자치권을 보장하기 위한 행정소송", 지방자치법연구 제1권 제2호, 2001. 12.

박정훈, "행정법과 법해석 - 법률유보 내지 의회유보와 법형성의 한계", 행정법연구 제43호, 2015.

박정훈, "행정입법에 대한 사법심사 - 독일법제의 개관과 우리법의 해석론 및 입법론을 중심으로", 행정법연구 제11호, 2004.

박종국, "독일법상의 계획확정결정의 집중효", 공법연구 제32집 제1호, 2003.

박종원, "2014년 개정 「토양환경보전법」에 따른 토양정화책임조항에 대한 평가와 전망", 환경법연구 36-1, 2014.

박종원, "복수의 토양정화책임자와 정화조치명령대상자의 선택", 환경법연구 36-2, 2015.

박천오/한승주, "개방형 직위제도의 성과에 관한 실증 연구: 관련 공무원들의 인식비교", 한국인사행정학회보 16(3), 2017.

박천오/한승주, "공무원의 책임성 딜레마 인지와 대응", 정부학연구, 제21권 제3호, 2015.

박태현, "인류세에서 지구공동체를 위한 지구법학", 환경법과 정책 26, 2021.

박환두/노영숙, "개방형직위제에 관한 인식조사: 충북공무원 중심", 사회과학연구 제22권 제4호, 2015.12.

배귀희, "개방형직위제도의 효과적인 정착여부에 관한 연구: 관련 공무원의 인식을 중심으로", 한국정책과학학회보 13(2), 2009.

서정범, "거짓신고에 관한 법적 문제", 경찰법연구 제17권 제1호, 2019.

서정범, "경찰개념의 역사적 발전에 관한 고찰", 중앙법학 제9권 제3호, 2007.

서정범, "경찰권 발동의 규율원리로서의 헌법", 공법학연구 제11권 제4호, 2011.

서정범, "경찰권발동의 근거 - 개괄적 수권조항을 중심으로", 중앙법학 제8권 제1호, 2006.

서정범, "경찰법에 있어서의 공공의 안녕의 개념", 공법학연구 제9권 제2호, 2008.

서정범, "경찰법에 있어서의 공공의 질서의 개념 - 성도덕에 관한 실증적 사례분석을 토대로 하여", 경찰학연구 제8권, 2005.

서정범, "경찰비용의 국민에의 전가가능성", 홍익법학, 제15권 제4호, 2014.

서정범, "경찰책임의 귀속원리로서의 원인야기", 강원법학 제10집, 1998.

서정범, "경찰행정법의 새로운 이론적 체계의 구축", 홍익법학 제18권 제1호, 2017.

서정범, "다수의 경찰책임자에 관한 법적 문제", 공법연구 제24권 제2호, 1996.

서정범, "비책임자에 대한 경찰권 발동에 관한 법적 고찰", 안암법학 제25집, 2007.

서정범, "상태책임의 한계에 관한 고찰 – 이른바 연계원칙의 종언(終焉)? –", 토지공법연구 제48집, 2010.

서정범, "행정경찰에의 초대 – 경찰작용의 Paradigm Shift –", 경찰학연구 제12권 제4호, 2012.

서정범/박병욱, "경찰법상의 위험개념의 변화에 관한 법적 고찰 – 전통적 위험개념의 작별 (?) –", 안암법학 제36집, 2011.

선정원, "독일과 우리나라의 인허가의제 제도의 비교고찰", 명지법학 제16권 제2호, 2018.

선정원, "인가론의 재검토", 행정법연구 제10호, 2003.

선정원, "인·허가의제와 심사촉진", 공법연구 제38집 제2호, 2009.

선정원, "인허가의제의 효력범위에 관한 고찰", 행정법연구 제34호, 2012.

선정원, "주민소송과 변상명령", 지방자치법연구 통권 제9호, 2005. 6.

선정원, "침익적 위임조례에 있어 위임의 포괄성과 그 한계", 지방자치법연구 제18권 제4호, 2018. 12.

선정원, "환경조례의 입법재량에 관한 사법적 통제", 행정법연구 61, 2020.

소병욱, "신재생에너지 공급의무화(RPS) 제도의 태양광 사업 분석에 관한 연구", 전북대학교 경영대학원 석사학위논문, 2012.

송기인, "RPS에서 태양광 발전산업 현황과 전망", 기계저널 제52권 제3호, 2012.

송시강, "경찰작용과 법률유보 – 일반수권조항에 관한 논의의 재론", 홍익법학 제18권 제1호, 2017.

송시강, "공법상 법인에 관한 연구", 홍익법학 제20권 제1호, 2019.

송시강, "공법상 부담금에 관한 연구 – 재원조달책임에 있어서 평등원칙", 행정법연구 제57호, 2019.

송시강, "공법의 발견과 사법의 준용 – 손실보상금 채권의 준점유자에 대한 변제의 효과에 관한 판례 평석", 전북대학교 법학연구 제51호, 2017.

송시강, "기금에 관한 다층적 법리 분석", 홍익법학 제16권 제1호, 2015.

송시강, "민간투자와 리스크 그리고 손실보상 - 표준실시협약상 위험분담에 관한 공법적 해명", 홍익법학 제22권 제2호, 2021.

송시강, "분석철학의 관점에서 바라본 국가책임법상 논쟁", 행정법연구 제56호, 2019.

송시강, "입국금지의 사증발급에 대한 효력과 그 한계 - 서울고등법원 2017. 2. 23. 선고 2016누68825 판결에 대한 평석", 특별법연구 제17권, 2020.

송시강, "주파수이용권의 성질과 효율적 전파관리제도", 행정법연구 제28호, 2010.

송시강, "주파수재할당 제도의 법적 문제 – 특히 재할당대가에 관한 쟁점을 중심으로", 경제규제와 법 제13권 제2호, 2020.

송시강, "프랑스 건축공법의 현황과 쟁점 – 도시계획을 중심으로", 행정법연구 제32호, 2012.

송시강, "행정법상 신고 법리의 재검토 –「전기통신사업법」상 이용약관 신고를 중심으로", 홍익법학 제13권 제4호, 2012.

송시강, "행정재량과 법원리 – 서론적 고찰", 행정법연구 제48호, 2017.

송시강, "행정행위의 유형론에 대한 재검토 – 허가와 특허, 인가 개념을 중심으로", 홍익법학 제12권 제1호, 2011.

송진호, "국가공무원법 제65조 및 국가공무원 복무규정 제27조의 해석에 대한 헌법적 검토", 저스티스 제162호, 2017. 10.

안영훈, "[정책제안] 효과적인 소방 국가직화를 위한 정책적 보완방안", 한국자치학회월간 공공정책공공정책 Vol.168, 2019. 10.

오세혁, "법에 있어서의 의제", 중앙법학 제17권 제1호, 2015.

우미형, "Hans J. Wolff의 행정조직법 이론에 관한 연구 – 공법상 '법인' 및 '기관'이론을 중심으로 –", 서울대학교 박사학위논문, 2018. 8.

우미형, "공무원 제도의 재정립에 관한 고찰", 행정법이론실무학회 제250회 발표논문집.

우미형, "헌법상 직업공무원제에 관한 연구 – '공무'와의 관계를 중심으로 –", 행정법연구 제58호, 2019. 8.

유진식, "국가공원법과 직위분류제", 공법학연구, 제8권 제2호, 2007. 5.

윤지은, "도로개설의 법체계", 행정법연구 제24호, 2009.

이경운, "공무원 전보발령의 처분성", 행정판례연구(한국행정판례연구회) Ⅳ.

이경운, "공무원근무관계와 사법심사 – 전보명령의 경우 –", 고시계, 1996. 5.

이공주, "공무원책임 강화방안에 관한 연구", 법학연구 제17권 제4호, 2017.

이광제, "인·허가의제 제도의 입법적 대안 연구", 법제 2015권 제4호, 2015.

이기우, "조례활성화를 위한 지방의회의 역할 강화", 지방자치법연구 통권 제20호, 2008. 12.

이기춘, "경찰법상 공공의 질서개념의 재설정에 관한 연구", 공법학연구 제19권 제1호, 2018.

이기춘, "경찰질서법상 위험개념 및 표현위험과 위험의 의심", 공법연구 제31권 제4호, 2003.

이기춘, "국립대학의 법적 지위에 관한 전통적 행정법이론의 비판적 고찰 – 특히 전통적 영조물 개념과의 결별을 위하여", 공법학연구 제16권 제4호, 2015.

이기춘, "우리나라에의 경찰법독일경찰질서법상 개괄적 수권조항 혹은 경찰일반조항의 고찰과 시사점의 도출", 법학연구, 제59권 제1호, 2018.

이덕연, "한국헌법의 경제적 좌표", 공법연구 제33집 제2호, 2005. 2.

이상덕, "공로 개념을 통한 도로에 관한 법적 규율의 재구성", 사법논집 제60집, 2015.

이상덕, "영조물에 관한 연구 – 공공성 구현 단위로서 '영조물' 개념의 재정립", 행정법연구 제26호, 2010.

이상수, "지방자치단체 간 사무의 공동 처리를 위한 협력방안의 연구", 지방정부연구 7(1), 2003. 5.

이상해, "고권주체의 경찰책임에 관한 일고찰", 토지공법연구 50집, 2010.

이성용, "경찰책임자의 비용상환에 관한 연구", 경찰학연구 제8권 제1호, 2008.

이성용, "독일 경찰법상 공공의 질서개념의 국내법적 수용", 경찰학연구 제12권 제2호, 2013.

이승민, "공공시설의 무상귀속에 관한 소고", 행정법연구 제34호, 2012.

이원우, "개인정보 보호를 위한 공법적 규제와 손해배상책임 – 개인정보 누출을 중심으로", 행정법연구 제30호, 2011. 8.

이원우, "계열금융사 의결권제한을 둘러싼 법적 쟁점", BFL 제16호, 2006. 3.

이원우, "공공주체의 영리적 경제활동에 대한 법적 고찰", 공법연구 제29집 제4호, 2001. 5.

이원우, "공기업 민영화와 공공성 확보를 위한 제도개혁의 과제", 공법연구 제31권 제1호, 2002. 11.

이원우, "공기업의 의의와 공법적 통제의 법적 과제", 공법연구 제45집 제3호, 2017. 2.

이원우, "규제국가의 전개와 공법학의 과제", 규제국가와 공법적 대응: 과거, 현재, 미래, 2021년 한국공법학회 국제학술대회 자료집.

이원우, "규제형평제도의 구상 – 좋은 규제 시스템 구축을 위한 제언", 행정법연구 제27호, 2010. 8.

이원우, "신용합산업 활성화를 위한 규제개혁입법의 현황과 과제", 경제규제와 법 제12권 제2호, 2019. 11.

이원우, "21세기 행정환경의 변화와 행정법학방법론의 과제", 행정법연구 제48호, 2017.

이원우, "지능정보사회에 대응한 개인정보보호법제 개선 방향", 고 류지태 교수 10주기 추모논문집 간행위원회 편, 현대 행정법의 이해, 박영사, 2018.

이원우, "통신시장에 대한 공법상 규제의 구조와 문제점", 행정법연구 제11호, 2004. 5.

이원우, "통신시장에 대한 규제법리의 특징과 행정지도에 의한 통신사업자간 요금관련 합의의 경쟁법 적용제외", 행정법연구 제13호, 2005. 5.

이원우, "혁신과 규제 – 상호 갈등관계의 법적 구조와 갈등해소를 위한 법리와 법적 수단", 경제규제와 법 제9권 제2호, 2016. 11.

이은주, "환경정의와 리스크규제에 관한 연구", 홍익법학 14-1, 2013.

이은진, "공무원 전문성 제고 관련 인사제도 연구: 법령 변화 및 문헌검토를 중심으로", 한국정책연구, 제18권 제2호, 2018. 9.

이종영, "독일 재생에너지보급촉진법", 환경법연구 제26권 제4호, 2004.

이종영, "신재생에너지의 대상에 관한 법적 문제", 환경법연구 제31권 제2호, 2009.

이종영, "신재생에너지의 이용보급을 위한 제도", 환경법연구 제27권 제1호, 2005.

이진수, "경찰권의 확대·집중 경향과 이에 대한 법치주의적 전제 – 행정경찰과 사법경찰 구별론의 관점에서", 법학논집 제21권 제3호, 2017.

이진수, "공무원의 성실의무에 대한 재검토 – 충실의무(Treuepflicht)와의 관계를 중심으로 –", 행정법연구 제60호, 2020. 2.

이창호 외 다수, 신재생에너지 의무할당제(RPS) 국내운영방안 수립, 지식경제부, 2009.

이현수, "국유재산법상 행정재산의 성립요건", 행정법연구 제23호, 2009.

이현수, "도시정비법상 정비기반시설의 법적 쟁점", 행정법연구 제30호, 2011.

이혜진, "입법권 위임금지법리로서의 법률유보 – 법률유보에 대한 헌법과 행정법의 정합적 이해", 공법학연구 제20권 제4호, 2019.

장현주/윤경준, "개방형 임용에 대한 지방 관료사회의 수용성", 한국정책과학학회보 제12권 제4호, 2008. 12.

전경운, "환경책임법 제정의 필요성과 그 내용", 환경법연구 25-1, 2003.

정남철, "이익형량의 문제해결수단으로서 계획법상의 최적화명령 – 독일의 건축, 계획 및 환경법에 있어서의 논의를 중심으로", 공법연구 제31집 제5호, 2003.

정태용, "도로의 용례", 법제, 1994. 1.

정하중, "행정행위의 공정력, 구속력 그리고 존속력", 공법연구 제26집 제3호, 1998.

정호경, "공직가치 논의의 법적 함의와 문제점 – 직업공무원제 및 공무원법과의 관계를 중심으로 –", 법학연구 제50집, 2016. 11.

조성규, "지방자치단체 파산제 도입의 법적 문제", 행정법연구 제38호, 2014. 2.

조성규, "지방자치의 보장과 헌법개정", 공법연구 제34집 제1호, 2005. 11.

조성규, "지방자치제의 헌법적 보장의 의미", 공법연구 제30집 제2호, 2001. 12.

조성규, "지방재정과 자치조직권", 지방자치법연구 제14권 4호, 2014. 12.

조성규, "참여정부의 행정분권법제에 대한 평가", 지방자치법연구 통권 제9호, 2005. 6.

조성혜, "독일의 직업공무원제도와 공무원연금", 법과 정책연구 제15권 제4호, 2015. 1.

조용호, "인접건물소유자의 준공처분에 대한 쟁송", 법조, 1995. 11. 지구단위계획 수립메뉴얼, 서울시편, 2002.

조정찬, "지방자치법제에 관한 뉴 패러다임", 법제 2010년 4월호, 법제처.

조현빈, "한국경찰의 개방형임용제 도입가능성에 대한 검토", 한국콘텐츠학회논문지 제11권 제2호.

조홍식, "공공신탁이론과 한국에서의 적용가능성", 환경법연구 19, 1997.

최갑선, "경제관련 헌법규정들에 관한 고찰", 헌법논총 제9집, 1998.

최계영, "민간기업에 의한 수용", 행정판례연구 제16권 제1호, 2011.

최계영, "용도폐지된 공공시설에 대한 무상양도신청거부의 처분성", 행정법연구 제14호, 2005.

최계영, "행정행위가 갖는 특별한 효력의 근거 - 그 역사적 기원과 헌법적 근거에 관한 고찰", 법조 제596호, 2006.

최봉석, "지방분권형 개헌과 지방자치법제 발전방안", 지방자치법연구 제18권 제4호, 2018. 12.

최봉석, "지방자치단체 상호간의 관계와 자치법제 이력의 변화와 발전(上)", 지방자치법연구 제20권 제3호, 2020. 9.

최상한, "입헌주의적 지방자치론과 자치제도의 확대", 정부학연구 제18권 제3호, 2012.

최선웅, "경찰공무원 징계처분의 법적 성질", 행정법연구 제18호, 2007. 8.

최선웅, "불확정법개념과 판단여지", 행정법연구 제28호, 2010. 12.

최선웅, "재량과 판단여지에 대한 사법심사", 행정판례연구 XVIII, 2013. 12.

최선웅, "행정소송법 제26조의 해석에 관한 일 고찰 - 우리나라 행정소송의 독자성을 모색하며 -", 행정법연구 제10호, 2003. 10.

최선웅, "행정소송에서의 재량행위에 대한 사법심사사유", 행정법연구 제59호, 2019. 11.

최우용, "지방자치법상 지방자치단체조합에 관한 한·일 비교", 지방자치법연구 제19권 제1호, 2019. 3.

최우용, "특별지방자치단체의 의미와 과제", 지방자치법연구 제21권 제3호, 2021. 9.

최철호, "자치재정권의 확보방안의 법적 고찰 - 조세법률주의와 지방세조례주의를 중심으로", 지방자치법연구 제16권 제4호, 2016. 12.

최춘규, "지방의회 정책지원전문인력 도입에 관한 입법적 연구 - 제주도의회 정책자문위원의 법적 고찰 및 시사점을 중심으로", 입법학연구 제17집 제2호, 2020. 8.

하태권/이선우/조경호, "한국정부 공직분류체제의 실태분석 및 대안모색: 공무원의 종류구분과 직급체계를 중심으로", 한국정치학회보 제34권 제2호, 2000. 12.

한귀현, "독일행정법상의 집중효에 관한 연구", 법제연구 제26호, 2004.

한상암, 한국콘텐츠학회한국콘텐츠학회 종합학술대회 논문집, 한국콘텐츠학회, 춘계 종합학술대회 2010. 5.

한승연, "행정 관료의 변화에 관한 역사적 연구 - 관료 임용시험제도를 중심으로 -, 한국행정논집 제19권 제4호, 2007. 12.

한준수, "양심선언문 - 공무원의 정치적 중립과 신분 보장을 위한 양심선언", 정세연구, 민족민주운동연구소.

홍강훈, "「독자적 행정행위 효력론」에 근거한 행정행위 효력의 새로운 재구성 - 공정력, 존속력, 구속력 개념 간의 역사적·이론적 비교분석", 공법연구 제49집 제1호, 2020.

홍정선, "자치사무의 규정방식에 대한 입법상 개선에 관하여", 지방자치법연구 제11권 제4호, 2011. 12.

홍정선/방동희, "지방자치 70년, 회고와 과제 – 헌법과 지방자치법의 제정·개정을 중심으로, 지방자치법연구 제19권 제3호, 2019. 9.

황계영, "폐기물 관리 법제에 관한 연구", 서울대 박사학위 논문, 2015.

황남석, "확정 전 보전압류에 관한 소고", 법조 통권 678호, 2013.


## [국내-연구보고서 등]

박정훈, 사권보호를 위한 경찰권발동의 연구 – 경찰공공의 원칙에 대한 비판적 검토 –, 치안연구소 연구보고서, 2001.

송시강, 제2장 규제개혁 일반론: 한국공법학회, 혁신을 위한 규제개혁에 관한 법적 연구, 한국법제연구원, 2020.

이종영 외, 저탄소 녹색성장을 위한 에너지 법제의 현황 분석과 개선방안 연구, 법제처, 2012.

이창호 외 다수, 신·재생에너지 의무할당제(RPS) 국내운영방안 수립, 지식경제부, 2009.

임기추, 주요국의 에너지경영시스템 추진현황 및 국내 도입방안 연구, 에너지경제연구원, 2007.


## [국외-단행본]

宇賀克也, 地方自治法概說(第7版), 有斐閣, 2017.

大河原春雄, 都市発展に對應へ建築法令, 東洋書店, 1991.

大塚直, 環境法, 有斐閣, 2020.

北村喜宣, 自治体環境行政法, 良書普及會, 1997.

北村喜宣, 環境法, 弘文堂, 2020.

塩野宏, 行政法Ⅲ, 有斐閣, 2012.

田村 正博, 『今日における警察行政法の基本的な考え方』, 立花書房, 平成 14년.

中山充, 環境共同利用権, 成文堂, 2006.

日笠 端·日端康雄, 都市計劃, 共立出版株式會社, 1998.

渡辺俊一, 「都市計画」の誕生, 柏書房, 1996.

Albrecht    Friesecke/Beate    Heinz/Michael    Reinhardt,    Bundeswasserstrßengesetz

Kommentar. 7.Auflage, Carl Heymanns Verlag, 2000.

Alfons Hueber, Otto Mayer - Die "juristische Methode" im Verwaltungsrecht, Duncker & Humblot, 1982.

Badura, Peter/Huber, Peter M., in: Schmidt—Aßmann, Besonderes Verwaltungsrecht, 13. Aufl., 2005, 3. Kap.

Becker, Das neue Umweltschadensgesetz, Beck Juristischer Verlag, 2007.

Cento Veljanovski, Economic approaches to regulation, in: Robert Baldwin/Martin Cave/Martin Lodge(eds.), The Oxford Handbook of REGULATION, OXFORD UNIVERSITY PRESS, 2010.

Charles Debbasch/Jean—Claude Ricci, 8e édition, Dalloz, 2001.

Christian Bumke, §35 Verwaltungsakte, in: Wolfgang Hoffmann—Riem/Eberhard Schmidt—Aßmann/Andreas Voßkuhle(Hrsg.), Grundlagen des Verwaltungsrecht. Band II. 2.Auflage, C.H.Beck, 2012.

Detterbeck, Allgemeines Verwaltungsrecht, C.H.Beck, 2016.

Drews/Wacke/Vogel/Martens, Gefahrenabwehr, 9. Aufl., 1986.

Eifert, Umweltschutzrecht, in: Schoch, Besonderes Verwaltungsrecht, C.H.Beck, 2018.

Erbguth/Mann/Schubert, Besonderes Verwaltungsrecht: Kommunalrecht, Polizei— und Ordnungsrecht, Baurecht, 13. Aufl., 2020.

Erbguth/Schlacke, Umweltrecht, C.H.Beck, 2021.

Ferdinand O. Kopp/Ulrich Ramsauer, Verwaltungsverfahrensgesetz Kommentar. 9.Auflage, Verlag C.H.Beck, 2005.

Ferdinand O. Kopp/Wolf—Rüdiger Schenke, Verwaltungsgerichtsordnung Kommentar. 14.Auflage, Verlag C.H.Beck, 2005.

Finkelnburg/Dombert/Külpmann, Vorläufiger Rechtsschutz im Verwaltungsstreitverfahren, C.H.Beck, 2017.

Finkelnburg/Ortloff, Öffentliches Baurecht, Band Ⅱ, Verlag C. H. Beck, 1994.

Franz—Joseph Peine, §11 Wasserhaushaltsrecht, in: Norbert Achterberg/Günter Püttner/Thomas Würtenberger(Hrsg.), Besonderes Verwaltungsrecht. Band 1. 2.Auflage, C.F.Müller, 2000.

Gärditz, in: Landmann/Rhomer, Umweltrecht, C.H.Beck, 2019.

Götz/Geis, Allgemeines Polizei— und Ordnungsrecht, 17. Aufl., 2020.

Griesbeck, Die materielle Polizeipflicht des Zustandsstörers und die Kostentragungspflicht nach unmittelbarer Ausführung und Ersatzvornahme, 1991

Gusy, Polizei— und Ordnungsrecht, 10. Aufl., 2017.

Hans J. Wolff, Verwaltungsrecht I. Dritte Auflage, C.H.Beck'VERLAGSBUCHHANDLUNG, 1919.

Hans J. Wolff/Otto Bachof/Rolf Stober, Verwaltungsrecht. Band 1. 11.Auflage, Verlag C.H.Beck, 1999.

Hans J. Wolff/Otto Bachof/Rolf Stober, Verwaltungsrecht. Band 2. 6.Auflage, Verlag C.H.Beck, 2000.

Hans J. Wolff/Otto Bachof/Rolf Stober, Verwaltungsrecht. Band 3. 5.Auflage, Verlag C.H.Beck, 2004.

Hans—Jürgen Papier, Recht der öffentlichen Sachen, in: Hans—Uwe Erichsen/Dirk Ehlers(Hrsg.), Allgemeines Verwaltungsrecht. 12.Auflage, De Gruyter Recht, 2002.

Hans—Peter Strenge, Wegerecht, in: Wolfgang Hoffmann—Riem/Hans—Joachim Koch(Hrsg.), Hamburgisches Staats— und Verwaltungsrecht. 3.Auflage, Nomos, 2006.

Hans—Uwe Erichsen, Das Verwaltungshandeln, in: Hans—Uwe Erichsen/Dirk Ehlers(Hrsg.), Allgemeines Verwaltungsrecht. 12.Auflage, De Gruyter Recht, 2002.

Hartmut Maurer, Allgemeines Verwaltungsrecht. 17.Auflage, Verlag C.H.Beck, 2009.

Hans—Jürgen Papier, Art. 14, in: Theodor Maunz/Günter Dürig, Grundgesetz Kommentar. Band II. 53.Auflage, Verlag C.H.Beck, 2009.

Hermann v. Mangoldt/Friedrich Klein/Christian Starck, Kommentar zum Grundgesetz. Band 1. 5.Auflage, Verlag Franz Vahlen, 2005.

Hinteregger (ed.), Environmental Liability and Ecological Damage in European Law, Cambridge Univ. Press, 2008.

Hoppe/Grotefels, Öffentliches Baurecht, Verlag C.H. Beck, 1995.

Huber, P. M., §5 Ⅰ. Konkurrentenklagen, in: Stober(Hg.), Rechtsschutz im Wirtschaftsverwrlaungs-und Umweltrecht, Stuttgart, 1993.

Huber, P. M., Konkurrentenschutz im Verwaltungsrecht, Tübingen, 1991.

Hufen, Verwaltungsprozessrecht, C.H.Beck, 2016.

Jean Dufau, Le domaine public, 5e édition, LE MONITEUR, 2001.

Jean—Marie Auby/Pierre Bon/Jean—Bernard Auby/Philippe Terneyre, Droit administratif des biens, 6e édition, Dalloz, 2011.

Jean Rivero/Jean Waline, Droit administratif, 21e édition, Dalloz, 2006.

Jellinek, Verwaltungs recht, 3. Aufl., 1931.

Julian Conrad Juergensmeyer/Thomas E. Roberts, Land use planning and development regulation law, WEST GROUP, 2003.

Kloepfer, Umweltrecht, C.H.Beck, 2016.

Knemeyer, Polizei— und Ordnungsrecht, 11. Aufl., 2007.

Knemeyer/Schmidt, Polizei— und Ordnunngsrecht, 4. Aufl., 2016.

Koch, Umweltrecht, Vahlen, 2014.

Kugelmann, Polizei— und Ordnungsrecht, 2. Aufl., 2012.

Lepsius, Oliver, Verfassungsrechtlicher Rahmen der Regulierung, in: Fehling/Ruffert (Hg.), Regulierungsrecht, Tübingen, 2010.

Lisken/Denninger Handbuch des Polizeirechts, 4. Aufl., 2007.

Lisken/Denninger(Hrsg.), Handbuch des Polizeirechts, C.H.Beck, 2012.

Martin Burgi, Kommunalrecht. 4.Auflage, Verlag C.H.Beck, 2012.

Matthias Knapp, Gemeingebrauch und Staatseigentum - Private und öffentliche Sachenrechte an öffentlichen Straßen, peniope, 2003.

Maunz/Dürig, Grundgesetz—Kommentar, C.H.Beck, 2019.

Maurer, Allgemeines Verwaltungsrecht, 19. Aufl., 2017.

Merkl, Allgemeines Verwaltungsrecht, 1927.

Michael Sauthoff, Öffentliche Straßen - Straßenrecht · Straßenverkehrsrecht · Verkehrssicherungspflichten. 3.Auflage, C.H.Beck, 2020.

Otto Depenheuer, §9 "Dem Staate, was des Staates ist" — Legitimation und Grenzen des Staatseigentums, in: Otto Depenheuer/Bruno Kahl(Hrsg.), Staatseigentum - Legitimation und Grenzen, Springer, 2017.

Otto Mayer, Deutsches Verwaltungsrecht. Band I. 3.Auflage, Duncker & Humblot, 1924.

Otto Mayer, Deutsches Verwaltungsrecht. Band II. 3.Auflage, Duncker & Humblot, 1924.

Paul Stelkens/Heinz Joachim Bonk/Michael Sachs(Hrsg.), Verwaltungsverfahrensgesetz Kommentar. 6.Auflage, Verlag C.H.Beck, 2001.

Peter J. Tettinger/Wilfried Erbguth, Besonderes Verwaltungsrecht. 8.Auflage, C.F.Müller Verlag, 2005.

Pierre—Laurent Frier/Jacques Petit, Précis de droit administratif, 4e édition, Montchrestien, 2006.

Pieroth/Schlink/Kniesel, Polizei— und Ordnungsrecht, 8. Aufl., 2014.

Reich, Gefahr—Risiko—Restrisiko, Werner—Verlag, 1989.

Reimund Schmidt—De Caluwe, Der Verwaltungsakt in der Lehre Otto Mayers - Staatstheoretische Grundlagen, dogmatische Ausgestaltung und deren verfassungs— bedingte Vergänglichkeit, Mohr Siebeck, 1999.

René Chapus, Droit administratif général, Tome 1, 15e édition, Montchrestien, 2001.

René Chapus, Droit administratif général, Tome 2, 15e édition, Montchrestien, 2001.

René Chapus, Droit du contentieux administratif, 12e édition, Montchrestien, 2006.

Ruffert, Matthias, § 2 Europäisches Ausland, in: Michael Fehling/Matthias Ruffert (Hg.), Regulierungsrecht, Tübingen, 2010.

Ruffert, Matthias, § 7 Begriff, in: Michael Fehling/Matthias Ruffert (Hg.), Regulierungsrecht, Tübingen, 2010.

Ruthig, Josef/Storr, Stefan, Öffentliches Wirtschaftsreht, 2. Aufl., Heidelberg, 2008.

Sandrine Biagini−Girad, L'inexistence en droit administatif - Contribution à l'étude de la fonction des nullités, L'Harmattan, 2010.

Schenke, 『Polizei − und Ordnungsrecht』, 10. Aufl., 2018.

Schmidt/Kahl/Gärditz, Umweltrecht, C.H.Beck, 2017.

Schmidt−Aßmann, Verwaltungsrechtliche Dogmatik, Mohr Siebeck, 2013.

Schoch, Polizei− und Ordnungsrecht, in: Schmidt−Aßmann(Hrsg.), Besonderes Verwaltungsrecht, 12. Aufl., 2003.

Schultes, Die Polizeipflicht von Hoheitsträgern, 1984.

Sparwasser/Engel/Voßkuhle, Umweltrecht, C.F.Müller, 2003.

Stec/Casey−Lefkowitz/Jendroska, The Aarhus Convention: an implementation guide, United Nations, 2000.

Stéphane Braconnier, Droit des services publics, 2e édition, Presses Universitaires de France, 2003.

Stober, Rolf, Allgemeines Wirtschaftsverwaltungsrecht, 15. Aufl., Stuttgart, 2006, S. 10.

Sunstein, Cass R., A Constitution of Many Minds, New Jersey, 2009.

Sunstein, Cass R., After the Rights Revolution: Reconceiving the Regulatory State, Cambridge, 1990.

Sunstein, Cass R., Going to Extremes: How Like Minds Unite and Divide, New York, 2009

Thoma, Richard, in: Anschütz/Thoma (Hg.), Handbuch des Deutschen Staatsrechts, Bd.I, 1.Aufl., 1930, unveränderter Nachdruck, 1998.

Thomas von Danwitz, Straßen− und Wegerecht, in: Eberhard Schmidt−Aßmann(Hrsg.), Besonderes Verwaltungsrecht. 13.Auflage, De Gruyter Recht, 2005.

Ulrich Battis/Michael Krautzberger/Rolf−Peter Löhr, Baugesetzbuch Kommentar. 9.Auflage, Verlag C.H.Beck, 2005.

Werner Seifart/Axel Freiherr von Campenhausen, Handbuch des Stiftungsrechts.

2.Auflage, C.H.Beck'sche Verlagsbuchhandlung, 1999.

Wilfried Erbguth/Jörg Wagner, Grundzüge des öffentlichen Baurechts. 4.Auflage, Verlag C.H.Beck, 2005.

William Warwick Buckland, A Text−Book of Roman law from Augustus to Justinian, CAMBRIDGE, 1921.

Winfried Kluth, Öffentliches Wirtschaftsrecht, C.H.Beck, 2019.

Wolff/Bachof, Verwaltungsrecht Ⅰ, 9. Aufl., 1978.

Wolff/Bachof, Verwaltungsrecht Ⅲ, 4. Aufl., 1978.

Wolfgang Köck, §37 Pläne, in: Wolfgang Hoffmann−Riem/Eberhard Schmidt−Aßmann/Andreas Voßkuhle(Hrsg.), Grundlagen des Verwaltungsrecht. Band Ⅱ. 2.Auflage, C.H.Beck, 2012.

Wolf−Rüdiger Schenke, §9 Bauordnungsrecht, in: Norbert Achterberg/Günter Püttner/Thomas Würtenberger(Hrsg.), Besonderes Verwaltungsrecht. Band 1. 2.Auflage, C.F.Müller, 2000.

Würtenberger/Hekmann/Tanneberger, Polizeirecht in Baden−Württemberg, 7.Aufl., 2017.

Ziekow, Jan, Öffentliches Wirtschaftsrecht, Müchen, 2007.


## [국외-연구논문]

原田大樹, "グローバル化時代の公法·私法関係論", 社會科學硏究 65−2, 東京大学社会科学研究所, 2014.


Di Fabio, "Gefahr, Vorsorge, Risiko", Jura 1996, 566 ff.

Ekardt, "Umweltverfassung und Schutzpflichten", NVwZ 2013.

Erbel, "Zur Polizeipflichtigkeit des sog. Zweckveranlassers", JuS 1985, 257 ff.

Fehling, Michael, Struktur und Entwicklungslinien des Öffentlichen Wirtschaftsrechts, JuS 2014, S. 1057ff.

Friauf, "Zur Problematik des Rechtsgrundes und der Grenzen der polizeilichen Zustandshaftung", in: FS Wacke, 1972, 293 ff.

Hans−Uwe Erichsen/Ulrich Knoke, Bestandskraft von Verwaltungsakten, NVwZ, 1983.

Härtel, "Mediation im Verwaltungsrecht", JZ 2005.

Hoppe, W., Gerichtliche Kontrolldichte bei komplexen Verwaltungsentscheidung, in: Verwaltungsrecht zwischen Freiheit, Teilhabe und Bindung, FG BVerwG, 1978.

Hösch, Ulrich, Probleme der wirtschaftsverwaltungsrechtlichen Konkurrentenklage, Die

Verwaltung 1992.

Jakobs, "Der Grundsatz der Verhältnismäßigkeit", DVBl. 1985, 97 ff.

Jung—Bum, Suh/Yeong Jin, Kim, "A Study on Countermeasures against False Report from the Perspective of Police (Administrative) Law", Dongguk Law Review, Volume 11, 2018, pp 1.

Kugelmann, "Der polizeiliche Gefahrenbegriff in Gefahr?", DÖV 2003, 761 ff.

Maurer, Hartmut, Die verfassungsrechtlichen Grenzen der Privatisierung in Deutschland: Gliederungübersicht, JURIDIC INTERNATIONAL XVI/2009.

Muckel, "Abschied vom Zweckveranlasser", DÖV 1998, 18 ff.

Papier, "Altlasten und polizeiliche Störerhaftung", DVBl. 1985, 873 ff.

Pietzcker, "Polizeirechtlich Störerbestimmung nach Pflichtwidrigkeit und Risikosphäre", DVBl. 1984, 457 ff.

Rott, "100 Jahre, Kreuzberg—Urteil des Pr.OVG", NVwZ 1982, 364 ff.

Sax, Joseph L., "The Public Trust Doctrine in Natural Resource Law", 68 MICH. L. REV, 1970.

Schiller, Preisstabilität durch globale Steuerung der Wirtschaft, Walter Eucken Institute, Vorträge und Aufsätze, Bd. 15, Tübingen, 1966.

Schlacke, "Klimaschutzrecht - Ein Grundrecht auf intertemporale Freiheitssicherung", NVwZ 2021.

Schoch, "Doppelfunktionale Maßnahmen der Polizei", Jura 2013, 1115 ff.

Schoch, "Grundfälle zum Polizei— und Ordnungsrecht", JuS 1994, 391 ff.

Schoch, "Störermehrheit im Polizei— und Ordnungsrecht", Jura 2012, 685 ff.

Seibert, "Gesamtschuld und Gesamtschuldnerausgleich im Polizei— und Ordnungsrecht", DÖV 1983, 964 ff.

Seibert, "Mediation in der Verwaltungsgerichtsbarkeit", NVwZ 2008.

Wahl/Masing, "Schutz durch Eingriff", JZ 1990.

Winter, "Rechtsprobleme im Anthropozän", ZUR 2017.

# 사항색인

## (ㄴ)

# 판례색인

## 공저자 소개(목차 순서에 따름)

**김철용**
(현) 건국대학교 법학전문대학원 명예교수
(현) 한국행정법학회 이사장
(현) 한국공법학회 고문
(현) 한국환경법학회 고문

**문상덕**
(현) 서울시립대학교 법학전문대학원 교수
(전) 행정법이론실무학회 회장
(전) 한국지방자치법학회 부회장
(전) 한국행정법학회 부회장

**서정범**
(현) 경찰대학 법학과 교수
안암법학회장
한국공법학회/한국행정법학회 부회장
경찰청 손실보상위원장

**이원우**
(현) 서울대학교 법학전문대학원 교수/서울대학교 기획부총장
(전) 서울대학교 법과대학장 겸 법학전문대학원장
(전) 한국공법학회 회장/정보통신정책학회 회장/행정법이론실무학회 회장
(전) 정보공개위원회 위원장/개인정보분쟁조정위원회 위원장/규제개혁위원회 위원

**김태오**
(현) 창원대학교 법학과 교수
정보통신정책연구원 연구위원 역임

**김종보**
(현) 서울대학교 법학전문대학원 교수
(현) 서울대학교 법학전문대학원 원장
국가권익위, 중앙토지수용위원회 위원 역임
행정법이론실무학회장 역임

김현준
(현) 영남대학교 법학전문대학원 교수
한국환경법학회 회장 역임. 현 고문
한국행정법학회 행정법학 편집위원장
중앙행정심판위원회 비상임위원

이종영
(현) 중앙대학교 법학전문대학원 명예교수
(현) 한국에너지법학회 회장
(전) 한국환경법학회 회장
(전) 산업통상자원부 에너지정책위원회 위원

최선웅
(현) 충북대학교 법학전문대학원 교수
(현) 한국행정법학회 부회장
(현) 한국토지공법학회 부회장
(현) 한국자치경찰연구학회 부회장

송시강
(현) 홍익대학교 법과대학 교수
(전) 대법원 재판연구관(시간제전문임기제)
(전) 법무법인 영진 소속변호사

특별행정법

| | |
|---|---|
| 초판발행 | 2022년 1월 30일 |
| 엮은이 | 김철용 |
| 펴낸이 | 안종만·안상준 |
| 편 집 | 장유나 |
| 기획/마케팅 | 조성호 |
| 표지디자인 | BEN STORY |
| 제 작 | 고철민·조영환 |
| 펴낸곳 | (주)**박영사** |
| | 서울특별시 금천구 가산디지털2로 53, 210호(가산동, 한라시그마밸리) |
| | 등록  1959. 3. 11. 제300-1959-1호(倫) |
| 전 화 | 02)733-6771 |
| f a x | 02)736-4818 |
| e-mail | pys@pybook.co.kr |
| homepage | www.pybook.co.kr |
| ISBN | 979-11-303-4145-3  93360 |

copyright©김철용 외 9인, 2022, Printed in Korea

정 가     89,000원